J. von Staudingers
Kommentar zum Bürgerlichen Gesetzbuch
mit Einführungsgesetz und Nebengesetzen
Buch 2 · Recht der Schuldverhältnisse
Einleitung zum Schuldrecht; §§ 241–243
(Treu und Glauben)

Kommentatorinnen und Kommentatoren

Dr. Karl-Dieter Albrecht
Vorsitzender Richter am Bayerischen Verwaltungsgerichtshof a. D., München

Dr. Christoph Althammer
Professor an der Universität Regensburg

Dr. Georg Annuß, LL.M.
Rechtsanwalt in München, Außerplanmäßiger Professor an der Universität Regensburg

Dr. Christian Armbrüster
Professor an der Freien Universität Berlin, Richter am Kammergericht a. D.

Dr. Arnd Arnold
Professor an der Universität Trier, Dipl.-Volksw.

Dr. Markus Artz
Professor an der Universität Bielefeld

Dr. Marietta Auer, S.J.D.
Professorin an der Universität Gießen

Dr. Martin Avenarius
Professor an der Universität zu Köln

Dr. Ivo Bach
Professor an der Universität Göttingen

Dr. Christian Baldus
Professor an der Universität Heidelberg

Dr. Wolfgang Baumann
Notar in Wuppertal, Professor an der Bergischen Universität Wuppertal

Dr. Winfried Bausback
Professor a. D. an der Bergischen Universität Wuppertal, bayerischer Staatsminister der Justiz a. D., Mitglied des Bayerischen Landtags

Dr. Roland Michael Beckmann
Professor an der Universität des Saarlandes, Saarbrücken

Dr. Dr. h. c. Detlev W. Belling, M.C.L.
Professor an der Universität Potsdam

Dr. Andreas Bergmann
Professor an der Fernuniversität Hagen

Dr. Falk Bernau
Richter am Bundesgerichtshof, Karlsruhe

Dr. Marcus Bieder
Professor an der Universität Osnabrück

Dr. Werner Bienwald
Professor an der Evangelischen Fachhochschule Hannover, Rechtsanwalt in Oldenburg

Dr. Tom Billing
Rechtsanwalt in Berlin

Dr. Claudia Bittner, LL.M.
Außerplanmäßige Professorin an der Universität Freiburg i. Br., Richterin am Hessischen Landessozialgericht

Dr. Eike Bleckwenn
Rechtsanwalt in Hannover

Dr. Reinhard Bork
Professor an der Universität Hamburg

Dr. Wolfgang Breyer
Rechtsanwalt in Stuttgart

Dr. Jan Busche
Professor an der Universität Düsseldorf

Dr. Georg Caspers
Professor an der Universität Erlangen-Nürnberg

Dr. Dr. h. c. Tiziana Chiusi
Professorin an der Universität des Saarlandes, Saarbrücken

Dr. Michael Coester, LL.M.
Professor an der Universität München

Dr. Dr. h. c. Dagmar Coester-Waltjen, LL.M.
Professorin an der Universität Göttingen

Dr. Thomas Diehn
Notar in Hamburg

Dr. Katrin Dobler
Richterin am Oberlandesgericht Stuttgart

Dr. Heinrich Dörner
Professor an der Universität Münster

Dr. Werner Dürbeck
Richter am Oberlandesgericht Frankfurt a. M.

Dr. Anatol Dutta, M. Jur.
Professor an der Universität München

Dr. Christina Eberl-Borges
Professorin an der Universität Mainz

Dr. Dres. h. c. Werner F. Ebke, LL.M.
Professor an der Universität Heidelberg

Dr. Jan Eickelberg, LL.M.
Professor an der Hochschule für Wirtschaft und Recht, Berlin

Jost Emmerich
Richter am AG München

Dr. Volker Emmerich
Professor an der Universität Bayreuth, Richter am Oberlandesgericht Nürnberg a. D.

Dipl.-Kfm. Dr. Norbert Engel
Ministerialdirigent a. D., Rechtsanwalt in Erfurt

Dr. Cornelia Feldmann
Rechtsanwältin in Freiburg i. Br.

Dr. Timo Fest, LL.M.
Professor an der Universität zu Kiel

Dr. Karl-Heinz Fezer
Professor an der Universität Konstanz, Honorarprofessor an der Universität Leipzig, Richter am Oberlandesgericht Stuttgart a. D.

Dr. Philipp S. Fischinger, LL.M.
Professor an der Universität Mannheim

Dr. Holger Fleischer
Professor am Max-Planck-Institut, Hamburg

Dr. Robert Freitag, Maître en droit
Professor an der Universität Erlangen-Nürnberg

Dr. Jörg Fritzsche
Professor an der Universität Regensburg

Dr. Tobias Fröschle
Professor an der Universität Siegen

Dr. Susanne Lilian Gössl, LL.M.
Akad. Rätin a. Z. an der Universität Bonn

Dr. Beate Gsell, Maître en droit
Professorin an der Universität München, Richterin am Oberlandesgericht München

Dr. Karl-Heinz Gursky
Professor an der Universität Osnabrück

Dr. Thomas Gutmann, M. A.
Professor an der Universität Münster

Dr. Martin Gutzeit
Professor an der Universität Gießen

Dr. Martin Häublein
Professor an der Universität Innsbruck

Dr. Johannes Hager
Professor an der Universität München

Dr. Felix Hartmann, LL.M.
Professor an der Freien Universität Berlin

Dr. Wolfgang Hau
Professor an der Universität München

Dr. Rainer Hausmann
Professor an der Universität Konstanz

Dr. Stefan Heilmann
Vorsitzender Richter am Oberlandesgericht Frankfurt, Honorarprofessor an der Frankfurt University of Applied Sciences

Dr. Jan von Hein
Professor an der Universität Freiburg i. Br.

Dr. Christian Heinze
Professor an der Universität Hannover

Dr. Stefan Heinze
Notar in Köln

Dr. Tobias Helms
Professor an der Universität Marburg

Dr. Dr. h. c. mult. Dieter Henrich
Professor an der Universität Regensburg

Dr. Carsten Herresthal, LL.M.
Professor an der Universität Regensburg

Christian Hertel, LL.M.
Notar in Weilheim i. OB.

Dr. Stephanie Herzog
Rechtsanwältin in Würselen

Joseph Hönle
Notar in München

Dr. Ulrich Hönle
Notar in Waldmünchen

Dr. Clemens Höpfner
Professor an der Universität Münster

Dr. Bernd von Hoffmann †
Professor an der Universität Trier

Dr. Dr. h. c. Heinrich Honsell
Professor an der Universität Zürich, Honorarprofessor an der Universität Salzburg

Dr. Norbert Horn
Professor an der Universität zu Köln,
Vorstand des Arbitration Documentation
and Information Center e.V., Köln

Dr. Rainer Hüttemann
Professor an der Universität Bonn

Dr. Martin Illmer, MJur
Richter am Landgericht Hamburg,
Privatdozent an der Bucerius Law School

Dr. Florian Jacoby
Professor an der Universität Bielefeld

Dr. Rainer Jagmann
Vorsitzender Richter am Oberlandesgericht Karlsruhe a. D.

Dr. Ulrich von Jeinsen
Rechtsanwalt und Notar in Hannover,
Honorarprofessor an der Universität
Hannover

Dr. Joachim Jickeli
Professor an der Universität zu Kiel

Dr. Dagmar Kaiser
Professorin an der Universität Mainz

Dr. Bernd Kannowski
Professor an der Universität Bayreuth

Dr. Rainer Kanzleiter
Notar a. D. in Ulm, Honorarprofessor
an der Universität Augsburg

Dr. Christoph A. Kern, LL.M.
Professor an der Universität Heidelberg

Dr. Sibylle Kessal-Wulf
Richterin des Bundesverfassungsgerichts,
Karlsruhe

Dr. Christian Kesseler
Notar in Düren, Honorarprofessor
an der Universität Trier

Dr. Fabian Klinck
Professor an der Universität Bochum

Dr. Frank Klinkhammer
Richter am Bundesgerichtshof, Karlsruhe,
Honorarprofessor an der Universität
Marburg

Dr. Steffen Klumpp
Professor an der Universität Erlangen-
Nürnberg

Dr. Jürgen Kohler
Professor an der Universität Greifswald

Dr. Sebastian Kolbe
Professor an der Universität Bremen

Dr. Stefan Koos
Professor an der Universität
der Bundeswehr München

Dr. Rüdiger Krause
Professor an der Universität Göttingen

Dr. Heinrich Kreuzer
Notar in München

Dr. Lena Kunz, LL.M.
Akad. Mitarbeiterin an der Universität
Heidelberg

Dr. Clemens Latzel
Privatdozent an der Universität München

Dr. Arnold Lehmann-Richter
Professor an der Hochschule für Wirtschaft
und Recht Berlin

Dr. Saskia Lettmaier
Professorin an der Universität Kiel

Stefan Leupertz
Richter a. D. am Bundesgerichtshof,
Honorarprofessor an der TU Dortmund

Dr. Johannes Liebrecht
Professor an der Universität Zürich

Dr. Martin Löhnig
Professor an der Universität Regensburg

Dr. Dr. h. c. Manfred Löwisch
Professor an der Universität Freiburg i. Br.,
Rechtsanwalt in Lahr (Schw.), vorm.
Richter am Oberlandesgericht Karlsruhe

Dr. Dirk Looschelders
Professor an der Universität Düsseldorf

Dr. Stephan Lorenz
Professor an der Universität München

Dr. Katharina Lugani
Professorin an der Universität Düsseldorf

Dr. Robert Magnus
Professor an der Universität für Wirtschaft
und Recht, Wiesbaden

Dr. Ulrich Magnus
Professor an der Universität Hamburg,
Affiliate des MPI für ausländisches und
internationales Privatrecht, Hamburg,
Richter am Hanseatischen Oberlandes-
gericht zu Hamburg a. D.

Dr. Peter Mankowski
Professor an der Universität Hamburg

Dr. Heinz-Peter Mansel
Professor an der Universität zu Köln

Dr. Peter Marburger †
Professor an der Universität Trier

Dr. Wolfgang Marotzke
Professor an der Universität Tübingen

Dr. Sebastian A. E. Martens
Professor an der Universität Passau

Dr. Dr. Dr. h. c. mult. Michael
Martinek, M.C.J.
Professor an der Universität
des Saarlandes, Saarbrücken, Honorar-
professor an der Universität Johannesburg,
Südafrika

Dr. Annemarie Matusche-
Beckmann
Professorin an der Universität
des Saarlandes, Saarbrücken

Dr. Gerald Mäsch
Professor an der Universität Münster

Dr. Jörg Mayer †
Honorarprofessor an der Universität
Erlangen-Nürnberg, Notar in Simbach
am Inn

Dr. Dr. Detlef Merten
Professor an der Deutschen Universität
für Verwaltungswissenschaften Speyer

Dr. Tanja Mešina
Staatsanwältin, Stuttgart

Dr. Rudolf Meyer-Pritzl
Professor an der Universität zu Kiel,
Richter am Schleswig-Holsteinischen
Oberlandesgericht in Schleswig

Dr. Morten Mittelstädt
Notar in Hamburg

Dr. Peter O. Mülbert
Professor an der Universität Mainz

Dr. Dirk Neumann
Vizepräsident des Bundesarbeitsgerichts
a. D., Kassel, Präsident des Landes-
arbeitsgerichts Chemnitz a. D.

Dr. Hans-Heinrich Nöll
Rechtsanwalt in Hamburg

Dr. Jürgen Oechsler
Professor an der Universität Mainz

Dr. Hartmut Oetker
Professor an der Universität zu Kiel,
Richter am Thüringer Oberlandesgericht
in Jena

Wolfgang Olshausen
Notar a. D. in Rain am Lech

Dr. Dirk Olzen
Professor an der Universität Düsseldorf

Dr. Sebastian Omlor, LL.M.,
LL.M.
Professor an der Universität Marburg

Dr. Gerhard Otte
Professor an der Universität Bielefeld

Dr. Lore Maria Peschel-Gutzeit
Rechtsanwältin in Berlin, Senatorin
für Justiz a. D. in Hamburg und Berlin,
Vorsitzende Richterin am Hanseatischen
Oberlandesgericht zu Hamburg i. R.

Dr. Frank Peters
Professor an der Universität Hamburg,
Richter am Hanseatischen Oberlandes-
gericht zu Hamburg a. D.

Dr. Christian Picker
Professor an der Universität Konstanz

Dr. Andreas Piekenbrock
Professor an der Universität Heidelberg

Dr. Jörg Pirrung
Richter am Gericht erster Instanz
der Europäischen Gemeinschaften i. R.,
Honorarprofessor an der Universität Trier

Dr. Dr. h. c. Ulrich Preis
Professor an der Universität zu Köln

Dr. Maximilian Freiherr
von Proff zu Irnich
Notar in Köln

Dr. Thomas Raff
Notarassessor, Kandel

Dr. Manfred Rapp
Notar a. D., Landsberg am Lech

Dr. Dr. h.c. Thomas Rauscher
Professor an der Universität Leipzig,
Professor h.c. an der Eötvös Loránd
Universität Budapest, Dipl.Math.

Dr. Peter Rawert, LL.M.
Notar in Hamburg, Honorarprofessor
an der Universität Kiel

Eckhard Rehme
Vorsitzender Richter am Oberlandesgericht Oldenburg i. R.

Dr. Wolfgang Reimann
Notar a. D., Honorarprofessor
an der Universität Regensburg

Dr. Tilman Repgen
Professor an der Universität Hamburg

Dr. Dieter Reuter †
Professor an der Universität zu Kiel, Richter am Schleswig-Holsteinischen Oberlandesgericht in Schleswig a. D.

Dr. Christoph Reymann, LL.M. Eur.
Notar in Neustadt b. Coburg, Professor an der Privaten Universität Liechtenstein

Dr. Reinhard Richardi
Professor an der Universität Regensburg, Präsident des Kirchlichen Arbeitsgerichtshofs der Deutschen Bischofskonferenz, Bonn

Dr. Volker Rieble
Professor an der Universität München, Direktor des Zentrums für Arbeitsbeziehungen und Arbeitsrecht

Daniel Rodi
Wiss. Mitarbeiter an der Universität Heidelberg

Dr. Anne Röthel
Professorin an der Bucerius Law School, Hamburg

Dr. Christian Rolfs
Professor an der Universität zu Köln

Dr. Dr. h. c. Herbert Roth
Professor an der Universität Regensburg

Dr. Ludwig Salgo
Apl. Professor an der Universität Frankfurt a. M.

Dr. Renate Schaub, LL.M.
Professorin an der Universität Bochum

Dr. Martin Josef Schermaier
Professor an der Universität Bonn

Dr. Gottfried Schiemann
Professor an der Universität Tübingen

Dr. Eberhard Schilken
Professor an der Universität Bonn

Dr. Peter Schlosser
Professor an der Universität München

Dr. Martin Schmidt-Kessel
Professor an der Universität Bayreuth

Dr. Günther Schotten
Notar a. D. in Köln, Honorarprofessor an der Universität Bielefeld

Dr. Robert Schumacher, LL.M.
Notar in Köln

Dr. Roland Schwarze
Professor an der Universität Hannover

Dr. Andreas Schwennicke
Rechtsanwalt und Notar in Berlin

Dr. Maximilian Seibl, LL.M.
Oberregierungsrat im Bayerischen Staatsministerium für Gesundheit und Pflege, München

Dr. Stephan Serr
Notar in Ochsenfurt

Dr. Reinhard Singer
Professor an der Humboldt-Universität Berlin, vorm. Richter am Oberlandesgericht Rostock

Dr. Dr. h. c. Ulrich Spellenberg
Professor an der Universität Bayreuth

Dr. Sebastian Spiegelberger
Notar a. D. in Rosenheim

Dr. Ansgar Staudinger
Professor an der Universität Bielefeld

Dr. Malte Stieper
Professor an der Universität Halle-Wittenberg

Dr. Markus Stoffels
Professor an der Universität Heidelberg

Dr. Michael Stürner
Professor an der Universität Konstanz

Burkhard Thiele
Präsident des Oberlandesgerichts Rostock, Präsident des Landesverfassungsgerichts Mecklenburg-Vorpommern

Dr. Christoph Thole
Professor an der Universität zu Köln

Dr. Karsten Thorn
Professor an der Bucerius Law School, Hamburg

Dr. Gregor Thüsing, LL.M.
Professor an der Universität Bonn

Dr. Judith Ulshöfer
Notarassessorin in Ludwigshafen am Rhein

Dr. Barbara Veit
Professorin an der Universität Göttingen

Dr. Bea Verschraegen, LL.M., M.E.M.
Professorin an der Universität Wien, adjunct professor an der Universität Macao

Dr. Klaus Vieweg
Professor an der Universität Erlangen-Nürnberg

Dr. A. Olrik Vogel
Rechtsanwalt in München

Dr. Markus Voltz
Notar in Offenburg

Dr. Reinhard Voppel
Rechtsanwalt in Köln

Dr. Rolf Wagner
Professor an der Universität Potsdam, Ministerialrat im Bundesjustizministerium

Dr. Christoph Andreas Weber
Privatdozent an der Universität München

Dr. Johannes Weber, LL.M.
Notarassessor, Geschäftsführer des Deutschen Notarinstituts, Würzburg

Gerd Weinreich
Vorsitzender Richter am Oberlandesgericht Oldenburg a. D., Rechtsanwalt in Oldenburg

Dr. Matthias Wendland, LL.M.
Privatdozent an der Universität München

Dr. Domenik H. Wendt, LL.M.
Professor an der Frankfurt University of Applied Sciences

Dr. Olaf Werner
Professor an der Universität Jena, Richter am Thüringer Oberlandesgericht Jena a. D.

Dr. Daniel Wiegand, LL.M.
Rechtsanwalt in München

Dr. Wolfgang Wiegand
Professor an der Universität Bern

Dr. Peter Winkler von Mohrenfels
Professor an der Universität Rostock, Richter am Oberlandesgericht Rostock a. D.

Dr. Felix Wobst
Notarassessor

Dr. Hans Wolfsteiner
Notar a. D., Rechtsanwalt in München

Heinz Wöstmann
Richter am Bundesgerichtshof, Karlsruhe

Redaktorinnen und Redaktoren

Dr. Christian Baldus

Dr. Dr. h. c. mult. Christian von Bar, FBA

Dr. Michael Coester, LL.M.

Dr. Heinrich Dörner

Dr. Hans Christoph Grigoleit

Dr. Johannes Hager

Dr. Dr. h. c. mult. Dieter Henrich

Dr. Carsten Herresthal, LL.M.

Sebastian Herrler

Dr. Dagmar Kaiser

Dr. Dr. h. c. Manfred Löwisch

Dr. Ulrich Magnus

Dr. Peter Mankowski

Dr. Heinz-Peter Mansel

Dr. Peter O. Mülbert

Dr. Gerhard Otte

Dr. Lore Maria Peschel-Gutzeit

Dr. Peter Rawert, LL.M.

Dr. Volker Rieble

Dr. Christian Rolfs

Dr. Dr. h. c. Herbert Roth

Dr. Markus Stoffels

Dr. Wolfgang Wiegand

J. von Staudingers
Kommentar zum Bürgerlichen Gesetzbuch
mit Einführungsgesetz und Nebengesetzen

Buch 2
Recht der Schuldverhältnisse
Einleitung zum Schuldrecht; §§ 241–243
(Treu und Glauben)

Neubearbeitung 2019
von
Dirk Looschelders
Dirk Olzen
Gottfried Schiemann

Sellier – de Gruyter · Berlin

Die Kommentatorinnen und Kommentatoren

Neubearbeitung 2019
Einl zum SchuldR; §§ 241, 241a: Dirk Olzen
§ 242: Dirk Looschelders/Dirk Olzen
§ 243: Gottfried Schiemann

Neubearbeitung 2015
Einl zum SchuldR; §§ 241, 241a: Dirk Olzen
§ 242: Dirk Looschelders/Dirk Olzen
§ 243: Gottfried Schiemann

Neubearbeitung 2009
Einl zum SchuldR; §§ 241, 241a: Dirk Olzen
§ 242: Dirk Looschelders/Dirk Olzen
§ 243: Gottfried Schiemann

Neubearbeitung 2005
Einleitung zu §§ 241 ff; §§ 241, 241a:
Dirk Olzen
§ 242: Dirk Looschelders/Dirk Olzen
§ 243: Gottfried Schiemann

Dreizehnte Bearbeitung 1995
Einleitung zu §§ 241 ff; §§ 241 f: Jürgen Schmidt
§ 243: Gottfried Schiemann

Sachregister
Dr. Andreas Pichlmeier,
Regensburg

Zitierweise
Staudinger/Olzen (2019) Einl 1 zum SchuldR
Staudinger/Looschelders/Olzen (2019)
§ 242 Rn 1
Zitiert wird nach Paragraph bzw Artikel und Randnummer.

Hinweise
Das Abkürzungsverzeichnis befindet sich auf www.staudingerbgb.de.

Der **Stand der Bearbeitung** ist Oktober 2019.

Am Ende eines jeden Bandes befindet sich eine Übersicht über den aktuellen Stand des „Gesamtwerk Staudinger".

MIX
Papier aus verantwortungsvollen Quellen
FSC® C016439

Die Deutsche Nationalbibliothek verzeichnet diese Publikation in der Deutschen Nationalbibliografie; detaillierte bibliografische Daten sind im Internet über http://dnb.dnb.de abrufbar.

ISBN 978-3-8059-1283-9

© Copyright 2019 by oHG Dr. Arthur L. Sellier & Co. – Walter de Gruyter GmbH, Berlin. – Printed in Germany.

Dieses Werk einschließlich aller seiner Teile ist urheberrechtlich geschützt. Jede Verwertung außerhalb der engen Grenzen des Urheberrechtsgesetzes ist ohne Zustimmung des Verlages unzulässig und strafbar. Das gilt insbesondere für Vervielfältigungen, Übersetzungen, Mikroverfilmungen und die Einspeicherung und Verarbeitung in elektronischen Systemen.

Satz: jürgen ullrich typosatz, Nördlingen.

Druck und Bindearbeiten: Hubert & Co., Göttingen.

Umschlaggestaltung: Bib Wies, München.

∞ Gedruckt auf säurefreiem Papier, das die DIN ISO 9706 über Haltbarkeit erfüllt.

Inhaltsübersicht

Seite*

Buch 2 · Recht der Schuldverhältnisse

Einleitung zum Schuldrecht _____ 1

Abschnitt 1 · Inhalt der Schuldverhältnisse
Titel 1 · Verpflichtung zur Leistung (§§ 241–243) _____ 135

Sachregister _____ 787

---

* Zitiert wird nicht nach Seiten, sondern
nach Paragraph bzw Artikel und Randnummer;
siehe dazu auch „Zitierweise".

Buch 2
Recht der Schuldverhältnisse

Einleitung zum Schuldrecht

Schrifttum

ALTMEPPEN, Schadensersatz wegen Pflichtverletzung – Ein Beispiel für die Überhastung der Schuldrechtsreform, DB 2001, 1131
vAMIRA, Grundriss des Germanischen Rechts (3. Aufl 1913)
BALLERSTEDT, Zur Haftung für culpa in contrahendo bei Geschäftsabschluss durch Stellvertreter, AcP 151 (1950/51) 501
vBAR, „Nachwirkende" Vertragspflichten, AcP 179 (1979) 452
vBAR/MANKOWSKI, Internationales Privatrecht, Band I: Allgemeine Lehren (2. Aufl 2003)
dies, Internationales Privatrecht, Band II: Besonderer Teil (2. Aufl 2019)
BASEDOW, Grundfragen der Vertragsrechtsreform, ZVglRWiss 79 (1980) 132
BAUMBACH/LAUTERBACH/ALBERS/HARTMANN, Zivilprozessordnung (77. Aufl 2019)
Beck'scher Online-Kommentar BGB (50. Ed 1. 5. 2019)
BERGER, Einheitliche Rechtsstrukturen durch außergesetzliche Rechtsvereinheitlichung, JZ 1999, 369
vBERNSTORFF, Einführung in das englische Recht (4. Aufl 2011)
BEUTHIEN, Zweckerreichung und Zweckstörung im Schuldverhältnis (1969)
BGB-RGRK, Das Bürgerliche Gesetzbuch mit besonderer Berücksichtigung der Rechtsprechung des Reichsgerichts und des Bundesgerichtshofes, hrsg v Mitgliedern des BGH (12. Aufl 1974 ff)
BODEWIG, Vertragliche Pflichten „post contractum finitum", Jura 2005, 505
BOEHMER, Einführung in das Bürgerliche Recht (2. Aufl 1965)
BROX/WALKER, Allgemeiner Teil des BGB (42. Aufl 2018)
BROX/WALKER, Allgemeines Schuldrecht (43. Aufl 2019)
BUCHER, Die Entwicklung des deutschen Schuldrechts im 19. Jahrhundert und die Schweiz, ZEuP 2003, 353
ders, „Schuldverhältnis" des BGB: ein Terminus – drei Begriffe, in: FS Wiegand (2005) 93
Bundesminister der Justiz (Hrsg), Abschlussbericht der Kommission zur Überarbeitung des Schuldrechts (1992)
Bundesminister der Justiz (Hrsg), Gutachten und Vorschläge zur Überarbeitung des Schuldrechts, 3 Bände (Bände I und II 1981, Band III 1983)
BUNTE, Zur geplanten Überarbeitung des Schuldrechts, BB 1982, 685
BUSCHE, Privatautonomie und Kontrahierungszwang (Habil Tübingen 1999)
BUSCHMANN, Das Sächsische Bürgerliche Gesetzbuch von 1863/65, JuS 1980, 553
BYDLINSKI, Zu den dogmatischen Grundfragen des Kontrahierungszwanges, AcP 180 (1980) 1
CANARIS, Die Vertrauenshaftung im deutschen Privatrecht (1971)
ders, Ansprüche wegen „positiver Vertragsverletzung" und „Schutzwirkung für Dritte" bei nichtigen Verträgen, JZ 1965, 475
ders, Die Reform der Leistungsstörungen, JZ 2001, 499–524 (Synopse 524–529)
ders, Schutzgesetze – Verkehrspflichten – Schutzpflichten, in: FS Larenz (1983) 27
DÄUBLER, Die Reform des Schadensersatzrechts, JuS 2002, 625
DÄUBLER-GMELIN, Die Entscheidung für die so genannte Große Lösung bei der Schuldrechtsreform, NJW 2001, 2281
DAUNER-LIEB/HEIDEL/RING (Hrsg), Nomos Kommentar zum Bürgerlichen Gesetzbuch, Band I: Allgemeiner Teil (3. Aufl 2016)

dies (Hrsg), Nomos Kommentar zum Bürgerlichen Gesetzbuch, Band II: Schuldrecht (3. Aufl 2016)

dies (Hrsg), Nomos Kommentar zum Bürgerlichen Gesetzbuch, Band III: Sachenrecht (4. Aufl 2016)

DAUNER-LIEB/KONZEN/SCHMIDT, Das neue Schuldrecht in der Praxis (2002)

DAUNER-LIEB, Verbraucherschutz durch Ausbildung eines Sonderprivatrechts für Verbraucher (Diss Berlin 1983)

dies, Die geplante Schuldrechtsmodernisierung – Durchbruch oder Schnellschuß?, JZ 2001, 8

DE BOOR, Die Kollision von Forderungsrechten (1928)

DERNBURG, Pandekten, 2. Band: Obligationenrecht (4. Aufl 1894, 7. Aufl 1903)

EHRENZWEIG/MAYRHOFER, Schuldrecht AT (3. Aufl 1986)

EISENHARDT, Die Einheitlichkeit des Rechtsgeschäfts und die Überwindung des Abstraktionsprinzips, JZ 1991, 271

ENNECCERUS/KIPP/WOLF (Hrsg), Lehrbuch des Bürgerlichen Rechts, Recht der Schuldverhältnisse, Band II, Bearb: LEHMANN (15. Aufl 1958)

dies (Hrsg), Lehrbuch des Bürgerlichen Rechts, Allgemeiner Teil des Bürgerlichen Rechts, Band I 1, Bearb: NIPPERDEY (15. Aufl 1959)

ERMAN, Handkommentar zum Bürgerlichen Gesetzbuch (15. Aufl 2017)

ESSER/SCHMIDT, Schuldrecht, Band 1: Allgemeiner Teil (8. Aufl 1995/2000)

FIKENTSCHER/HEINEMANN, Schuldrecht (11. Aufl 2016)

FINGER, Die Verpflichtung des Herstellers zur Lieferung von Ersatzteilen, NJW 1970, 2049

FLUME, Allgemeiner Teil des Bürgerlichen Rechts, Band 2: Das Rechtsgeschäft (4. Aufl 1992)

GERNHUBER (Hrsg), Handbuch des Schuldrechts, Band 8: Das Schuldverhältnis (1989)

ders, Die Erfüllung und ihre Surrogate (2. Aufl 1994)

vGIERKE, Der Entwurf eines bürgerlichen Gesetzbuchs und das deutsche Recht (1889)

ders, Dauernde Schuldverhältnisse, JherJb 64 (1914) 355

GMÜR/ROTH, Grundriss der deutschen Rechtsgeschichte (13. Aufl 2011)

GREGER, Stellungnahme zum Entwurf eines Zweiten Gesetzes zur Änderung schadensersatzrechtlicher Vorschriften – BT-Drucks. 14/7752, NZV 2002, 222

GREULICH, Nachwirkungen bei Lieferverträgen, BB 1955, 208

GRIGOLEIT, Leistungspflichten und Schutzpflichten, in: FS Canaris (2007) 275

GRÖSCHLER, Die notwendige Unterscheidung von Leistungspflichten und Nebenleistungspflichten nach neuem Schuldrecht, in: FS Konzen (2006) 109

GRUNDMANN, Die Mietrechtsreform, NJW 2001, 2497

HADDING, Leistungspflichten und Leistungsstörungen nach „modernisiertem" Schuldrecht, in: FS Konzen (2006) 193

HAUPT, Über faktische Vertragsverhältnisse (1941), Nachdruck: FS Siber (1970) Band II 1

HAUSMANINGER/SELB, Römisches Privatrecht (9. Aufl 2001)

HAY, US-Amerikanisches Recht (6. Aufl 2015)

HEDEMANN, Der Dresdner Entwurf von 1866 (1935)

ders, Das Volksgesetzbuch der Deutschen (1941)

HEINISCH, Wohnraummiete im politischen System von BRD und DDR – eine rechtsvergleichende Untersuchung zum Einfluss sozialistischer Ideologie auf das Schuldrecht (Diss Düsseldorf 2004)

HENKEL, Einführung in die Rechtsphilosophie (2. Aufl 1977)

HENSS, Obliegenheit und Pflicht im Bürgerlichen Recht (Diss Frankfurt aM 1988)

HENSSLER, Risiko als Vertragsgegenstand (1994)

HENTSCHEL/KÖNIG/DAUER, Straßenverkehrsrecht (45. Aufl 2019)

HERHOLZ, Das Schuldverhältnis als konstante Rahmenbeziehung, AcP 130 (1929) 257

HILLGRUBER, Richterliche Rechtsfortbildung als Verfassungsproblem, JZ 1996, 118

HIRTE/HEBER, Haftung bei Gefälligkeitsfahrten im Straßenverkehr, JuS 2002, 241

vHOFFMANN/THORN, Internationales Privatrecht (9. Aufl 2007)

HOFFMANN, Der Einfluß des Gefälligkeitsmoments auf das Haftungsmaß, AcP 167 (1967) 394

HONSELL/VOGT/WIEGAND, Basler Kommentar – Obligationenrecht I (5. Aufl 2011)
HOPT, Nichtvertragliche Haftung außerhalb von Schadens- und Bereicherungsrecht – Zur Theorie und Dogmatik des Berufsrechts und der Berufshaftung, AcP 183 (1983) 608
HORN, Vertragsdauer, in: Gutachten und Vorschläge zur Überarbeitung des Schuldrechts Band I (1981)
HUECK, Der Treuegedanke im modernen Privatrecht (1947)
JAEGER/LUCKEY, Das Zweite Schadensersatzänderungsgesetz – Ein Überblick über das neue Recht, MDR 2002, 1168
JAKOBS, Unmöglichkeit und Nichterfüllung (1969)
JAKOBS/SCHUBERT, Die Beratung des BGB, Materialien zur Entstehungsgeschichte des BGB – Einführung, Biographien, Materialien (1978)
dies, Die Beratung des BGB, Recht der Schuldverhältnisse I, §§ 241 bis 432 (1978)
JAUERNIG, Bürgerliches Gesetzbuch (17. Aufl 2018)
ders, Trennungsprinzip und Abstraktionsprinzip, JuS 1994, 721
JOERGES, Die Überarbeitung des BGB-Schuldrechts, die Sonderprivatrechte und die Unbestimmtheit des Rechts, KJ 1987, 166
KASER/KNÜTEL, Römisches Privatrecht (21. Aufl 2017)
KEGEL/SCHURIG, Internationales Privatrecht (9. Aufl 2004)
KNÜTEL, Zur Schuldrechtsreform, NJW 2001, 2519
KÖBLER, Lexikon der europäischen Rechtsgeschichte (1997)
ders, Deutsche Rechtsgeschichte (6. Aufl 2005)
KÖTZ/WAGNER, Deliktsrecht (13. Aufl 2016)
KÖTZ, Rechtsvereinheitlichung – Nutzen, Kosten, Methoden, Ziele, RabelsZ 50 (1986) 1
KREBS, Sonderverbindung und außerdeliktische Schutzpflichten (Habil München 2000)
KROPHOLLER, Internationales Privatrecht (6. Aufl 2006)
LABAND, Zum zweiten Buch des Entwurfes eines bürgerlichen Gesetzbuches für das Deutsche Reich, I. Abschnitt, Titel 1 bis 3, AcP 73 (1888) 161

LANDO, Die Regeln des Europäischen Vertragsrechts, in: MÜLLER-GRAFF 567
LARENZ, Sozialtypisches Verhalten als Verpflichtungsgrund, DRiZ 1958, 245
ders, Methodenlehre der Rechtswissenschaft (6. Aufl 1991)
LARENZ, Die Begründung von Schuldverhältnissen durch sozialtypisches Verhalten, NJW 1956, 1897
LARENZ/CANARIS, Methodenlehre der Rechtswissenschaft – Studienausgabe (4. Aufl 2014)
dies, Lehrbuch des Schuldrechts, Band 2, Halbband 1 (13. Aufl 1986)
dies, Lehrbuch des Schuldrechts, Band 2, Halbband 2 (13. Aufl 1994)
LAUFS, Rechtsentwicklungen in Deutschland (6. Aufl 2006)
LEHMANN, Faktische Vertragsverhältnisse, NJW 1958, 1
ders, Die Unterlassungspflicht im Bürgerlichen Recht (1969, unveränderter Nachdruck der Ausgabe 1911)
LEONHARD, Allgemeines Schuldrecht des BGB (1929)
LIEB, Schutzbedürftigkeit oder Eigenverantwortlichkeit, DNotZ 1989, 274
LOOSCHELDERS, Schuldrecht Allgemeiner Teil (16. Aufl 2018)
ders, Schuldrecht Besonderer Teil (14. Aufl 2019)
ders, Die Mitverantwortlichkeit des Geschädigten im Privatrecht (Habil Tübingen 1999)
ders, Schadensersatz bei einseitiger Durchsetzung der Familienplanung durch den kinderwilligen (Ehe-)Partner?, Jura 2000, 169–175
ders, Bewältigung des Zufalls durch Versicherung?, VersR 1996, 529
ders, Internationales Privatrecht (2004)
LOOSCHELDERS/ROTH, Juristische Methodik im Prozess der Rechtsanwendung (1996)
LUTTER/HOMMELHOFF, GmbH-Gesetz (18. Aufl 2012)
MADAUS, Die Abgrenzung der leistungsbezogenen von den nicht leistungsbezogenen Nebenpflichten im neuen Schuldrecht, Jura 2004, 289
MAGNUS, Wesentliche Fragen des UN-Kaufrechts, ZEuP 1999, 642
MAIER, Gefälligkeit und Haftung, LG Kiel, NJW 1998, 2539, JuS 2001, 746

vMangoldt/Klein/Starck, GG (7. Aufl 2018)
Manigk, Handwörterbuch der Rechtswissenschaft, hrsg v Stier-Somlo/Elster, 8 Bände (1926 ff.)
Martiny/Witzleb (Hrsg), Auf dem Wege zu einem Europäischen Zivilgesetzbuch (1999)
Martiny, Europäisches Privatrecht – greifbar oder unerreichbar?; in: Martiny/Witzleb 1
ders, in: Reithmann/Martiny Rn 1
Medicus/Petersen, Bürgerliches Recht (26. Aufl 2017)
dies, Allgemeiner Teil des BGB (11. Aufl 2016)
Medicus/Lorenz, Schuldrecht I, Allgemeiner Teil (21. Aufl 2015)
dies, Schuldrecht II, Besonderer Teil (18. Aufl 2018)
ders, Probleme um das Schuldverhältnis (1987)
ders, Drittbeziehungen im Schuldverhältnis, JuS 1974, 613
Meinhof, Neuerungen im modernisierten Verbrauchervertragsrecht durch das OLG-Vertretungsänderungsgesetz – Heininger und die Folgen, NJW 2002, 2373
Meysen, Die Haftung aus Verwaltungsrechtsverhältnis (Diss Berlin 2000)
Mincke, Einführung in das niederländische Recht (2002)
Mitteis/Lieberich, Deutsche Rechtsgeschichte (19. Aufl 1992)
Mugdan, Die gesamten Materialien zum Bürgerlichen Gesetzbuch für das Deutsche Reich (1899)
Müller-Graff (Hrsg), Gemeinsames Privatrecht in der Europäischen Gemeinschaft (2. Aufl 1999)
ders, Europäisches Gemeinschaftsrecht und Privatrecht, NJW 1993, 13
Müller-Laube, Die Verletzung der vertraglichen Unterlassungspflicht, in: FS Rolland (1999) 261
Münchener Kommentar zum Bürgerlichen Gesetzbuch (6. Aufl 2012 ff)
Münchener Kommentar zur Zivilprozessordnung mit Gerichtsverfassungsgesetz und Nebengesetzen (5. Auflage 2016)
Musielak/Voit, Kommentar zur ZPO (16. Aufl 2019)
Neumann, Leistungsbezogene Verhaltenspflichten (Diss Augsburg 1988)

Oertmann, Kommentar zum Bürgerlichen Gesetzbuch, Band 2: Das Recht der Schuldverhältnisse (5. Aufl 1928)
ders, Verträge auf Handlungen dritter Personen, in: FS Zitelmann (1913) 4
Olzen/Wank, Die Schuldrechtsreform (2002)
Otten, Das neue Schadensersatzrecht – Haftungsfalle Unfallschadensregulierung, MDR 2002, 1100
Palandt, Bürgerliches Gesetzbuch (78. Aufl 2019)
Pechstein, Europäisches Zivilgesetzbuch und Rechtssetzungsbefugnisse der EG, in: Martiny/Witzleb (1998) 19
Picker, Positive Forderungsverletzung und culpa in contrahendo – Zur Problematik der Haftung „zwischen" Vertrag und Delikt, AcP 183 (1983) 369
Planck/Siber, Kommentar zum Bürgerlichen Gesetzbuch (1914)
Plander, Lottospielgemeinschaft und Rechtsbindungswille, AcP 176 (1976) 424
Prütting/Wegen/Weinreich, BGB Kommentar (13. Aufl 2018)
Ranieri, Europäisches Obligationenrecht (3. Aufl 2009)
Rauscher, Die Schadensrechtsreform, Jura 2002, 577
Rehm, Aufklärungspflichten im Vertragsrecht (Diss München 2002)
Reich, Reform des Rechts des Konsumentenkredites, JZ 1980, 329
ders, Zivilrechtstheorie, Sozialwissenschaften und Verbraucherschutz, ZRP 1974, 187
Reinicke/Tiedtke, Kreditsicherung (5. Aufl 2006)
Reischl, Grundfälle zum neuen Schuldrecht, JuS 2003, 40
Reithmann/Martiny (Hrsg), Internationales Vertragsrecht (7. Aufl 2010)
Reuss, Die Intensitätsstufen der Abreden und die Gentlemen-Agreements, AcP 154 (1955) 485
Reuter, Die ethischen Grundlagen des Privatrechts – formale Freiheitsethik oder materiale Verantwortungsethik?, AcP 189 (1989) 199
Rittner, Das Projekt eines Europäischen Privatrechtsgesetzbuches und die wirtschaftliche Praxis, DB 1996, 25

ders, Das Gemeinschaftsprivatrecht und die europäische Integration, JZ 1995, 849
RODIG, Verpflichtung des Herstellers zur Bereithaltung von Ersatzteilen für langlebige Wirtschaftsgüter und ausgelaufene Serien, BB 1971, 854
ROTH, Der faktische Vertrag, JuS-L 1991, L 89
ders, Die Anpassung von Gesellschaftsverträgen, in: FS Honsell (2002) 573
RÜTTEN, Zur Entstehung des Erfüllungszwangs im Schuldverhältnis, in: FS Gernhuber (1993) 939
SACHS, Grundgesetz (8. Aufl 2018)
SAVIGNY, System des heutigen Römischen Rechts, Bände I und III (1840)
SCHAPP, Empfiehlt sich die „Pflichtverletzung" als Generaltatbestand des Leistungsstörungsrechts?, JZ 2001, 583
ders, Das Zivilrecht als Anspruchssystem, JuS 1992, 537
SCHAUB, Arbeitsrechtshandbuch (17. Aufl 2017)
E SCHMIDT, Von der Privat- zur Sozialautonomie – Vorläufige Gedanken zur abnehmenden Gestaltungskraft konventioneller juristischer Dogmatik im Privatrechtssystem – Josef Esser zum 70. Geburtstag am 12. 3. 1980, JZ 1980, 153
SCHMIDT, Gesetzgebung und Rechtsfortbildung im Recht der GmbH und der Personengesellschaften, JZ 2009, 10
SCHMIDT-RÄNTSCH, Das neue Schuldrecht, Anwendung und Auswirkungen in der Praxis (2002)
SCHMOECKEL, Historisch-kritischer Kommentar zum BGB (2003 ff.)
SCHMUDE, Schuldrechtsüberarbeitung – eine Herausforderung an den Gesetzgeber, NJW 1982, 2017
SCHNORR/WISSING, Reform des Schadensersatzrechts (191), Aussteigerprogramm für Neonazis (191 f), Informationsfreiheitsgesetz (192), ZRP 2001, 191
SCHREIBER, Haftung bei Gefälligkeiten, Jura 2001, 810
ders (Hrsg), Die Vorlagen der Redaktoren für die erste Kommission zur Ausarbeitung des Entwurfs eines Bürgerlichen Gesetzbuches. Recht der Schuldverhältnisse: Teil 1 Allgemeiner Teil (1980)
ders (Hrsg), Akademie für Deutsches Recht, Protokolle der Ausschüsse 1933–1945: Band 3/1 Volksgesetzbuch – Teilentwürfe, Arbeitsberichte und sonstige Materialien (1988)
ders (Hrsg), Akademie für Deutsches Recht, Protokolle der Ausschüsse 1933–1945: Band 3/3 Ausschuss für Personen-, Vereins- und Schuldrecht (1990)
ders (Hrsg), Akademie für deutsches Recht, Protokolle der Ausschüsse 1933–1945: Band 3/5 Ausschuss für Schadensrecht (1993)
SCHULZE/SCHULTE-NÖLKE (Hrsg), Die Schuldrechtsreform vor dem Hintergrund des Gemeinschaftsrechts (2001)
SCHWARK, Grundsätzliche Fragen einer Überarbeitung des Schuldrechts des BGB, JZ 1980, 741
SCHWARZ, Zur Entstehung des modernen Pandektensystems, SZR 42 (1921) 578
SCHWERDTNER, Der Ersatz des Verlusts des Schadensfreiheitsrabattes in der Haftpflichtversicherung, NJW 1971, 1673
SERICK, Eigentumsvorbehalt und Sicherungsübertragung, Band II (1965)
SOERGEL, Bürgerliches Gesetzbuch (13. Aufl 2000 ff)
SONNENBERGER, Der Ruf unserer Zeit nach einer europäischen Ordnung des Zivilrechts, JZ 1998, 982
STAUDENMAYER, Perspektiven des Europäischen Vertragsrechts, in: SCHULZE/SCHULTE-NÖLKE 419
HANS STOLL, Kein Haftungsprivileg für Schenker bei unerlaubter Handlung (Integritätsschutz), JZ 1985, 384
ders, Vertrauensschutz bei einseitigen Leistungsversprechen, in: FS Flume (1978) 742
HEINRICH STOLL, Die Lehre von den Leistungsstörungen (1936)
STURM, Bemühungen um ein einheitliches europäisches Vertragsrecht, JZ 1991, 555
TIEDTKE, Die Rechtsprechung des BGH auf dem Gebiet des Bürgschaftsrechts in den Jahren 2001 und 2002, NJW 2003, 1359
vTUHR, Der Allgemeine Teil des Deutschen Bürgerlichen Rechts, Band I (1910)
ders, Der Allgemeine Teil des Deutschen Bürgerlichen Rechts, Band II/1 (1914)
ders, Der Allgemeine Teil des Deutschen Bürgerlichen Rechts, Band II/2 (1918)
VRANKEN, Einführung in das Niederländische Schuldrecht, AcP 191 (1991) 411

DE WALL, Die Anwendung privatrechtlicher Vorschriften im Verwaltungsrecht (1999)
WASSERMANN, Alternativkommentar zum Bürgerlichen Gesetzbuch, Band 2: Allgemeines Schuldrecht (1980)
WEBER/DOSPIL/HANHÖRSTER, Neues Schuldrecht (2002)
WEILER, Schuldrecht Allgemeiner Teil (2013)
WESTERMANN/BYDLINSKI/WEBER, BGB-Schuldrecht, Allgemeiner Teil (8. Aufl 2014)
WIEACKER, Privatrechtsgeschichte der Neuzeit (2. Aufl 1996)
WIESE, Beendigung und Erfüllung von Dauerschuldverhältnissen, in: FS Nipperdey Band I (1965) 837
WINDBICHLER, Gesellschaftsrecht (24. Aufl 2017)
WILLOWEIT, Die Rechtsprechung zum Gefälligkeitshandeln, JuS 1986, 96
ders, Schuldverhältnis und Gefälligkeit, JuS 1984, 909
ders, Abgrenzung und rechtliche Relevanz nicht rechtsgeschäftlicher Vereinbarungen (Diss Berlin 1969)
WINDHORST, Staatshaftungsrecht, JuS 1996, 605

WINDSCHEID, Lehrbuch des Pandektenrechts, Band I und II (7. Aufl 1891, 8. Aufl 1900, 9. Aufl 1906)
A WOLF, Weiterentwicklung und Überarbeitung des Schuldrechts, ZRP 1978, 249
ders, Die Überarbeitung des Schuldrechts, AcP 182 (1982) 80
E WOLF, Rücktritt, Vertretenmüssen und Verschulden, AcP 153 (1954) 97
WOLF/NEUNER, Allgemeiner Teil des Bürgerlichen Rechts (11. Aufl 2016)
WOLFF/BACHOF/STOBER/KLUTH, Verwaltungsrecht, Band 1 (13. Aufl 2017)
ZIMMERMANN, Die „Principles of European Contract Law", Teile I und II, ZEuP 2000, 391
ders, Die Principles of European Contract Law als Ausdruck und Gegenstand europäischer Rechtswissenschaft – Teil 1, Jura 2005, 289; Teil 2, Jura 2005, 441
ZIPPELIUS/WÜRTENBERGER, Deutsches Staatsrecht (32. Aufl 2008)
ZWEIGERT/KÖTZ, Einführung in die Rechtsvergleichung (3. Aufl 1996).

Systematische Übersicht

A.	**Einteilung des zweiten Buches**	1
B.	**Schuldrecht im System des Privatrechts**	
I.	**Stellung des Schuldrechts zwischen Allgemeinem Teil und Sachenrecht**	
1.	Historisch	3
2.	Inhaltlich	4
II.	**Sonstige Vorschriften im Schuldrecht**	5
III.	**Der Geltungsbereich des Schuldrechts**	6
1.	Gesetzestechnik	7
2.	Schuldrecht in den sonstigen Büchern des BGB	10
a)	Allgemeines	10
b)	Insbes die Anwendung des Schuldrechts auf dingliche Ansprüche	12
3.	Schuldrecht außerhalb des BGB	21
4.	Sonderprivatrecht (Arbeitsrecht, Handelsrecht) und Schuldrecht	22
5.	Sonstige Sondergesetze und Schuldrecht (Verbrauchergesetze)	23
C.	**Die Grundprinzipien des Schuldrechts**	
I.	**Allgemeine Grundprinzipien**	25
1.	Abstraktionsgrundsatz (Trennungsprinzip)	26
a)	Die historische Entwicklung des Abstraktionsprinzips	27
b)	Das Abstraktionsprinzip im BGB	28
c)	Zweck des Abstraktionsprinzips	33
d)	Abstraktionsprinzip und Teilnichtigkeit	34

e)	Ausnahmen	35	3.	Der Einfluss des römischen Rechts auf die Entwicklung des materiellen Schuldrechts	103
aa)	Fehleridentität	35			
bb)	Bedingungszusammenhang	36			
cc)	Geschäftseinheit	37	4.	Die Entwicklung des Handels- und Bankrechts	104
2.	Einstehenmüssen	38			
a)	Verschuldensprinzip	39			
b)	Schadensersatz	42	**II.**	**Die Herausbildung der systematischen Stellung des Schuldrechts im Gesamtsystem des Zivilrechts**	105
aa)	Art und Umfang	43			
bb)	Haftungshöchstbeträge	46			
			1.	Aktueller Stand der Diskussion	106
II.	**Grundprinzipien rechtsgeschäftlicher Schuldverhältnisse**		2.	Die Vorläufer	107
			a)	Entwicklung der Systematik im römischen Recht	108
1.	Entstehungsgründe	47			
2.	Rechtsgeschäftsordnung	48	b)	Die Kodifikationen zu Anfang des 19. Jahrhunderts	109
a)	Privatautonomie	49			
b)	Vertragsfreiheit	52	3.	Aufklärung und Naturrecht	110
aa)	Kein Typenzwang	53	4.	Historische Bewegung	111
bb)	Kontrahierungszwang	55	5.	Die Pandektistik	112
cc)	Formfreiheit	57			
dd)	Bestimmung der Leistung	60	**III.**	**Die innere Systematik des Schuldrechts**	119
c)	Vertragstreue	65			
d)	Äquivalenzprinzip	66			
3.	Haftung bei Beteiligung Dritter	71	**IV.**	**Der Begriff des Schuldverhältnisses**	120
4.	Gewährleistung	73			
5.	Praktische Bedeutung der Grundprinzipien des Schuldrechts	75	**E.**	**Entstehungsgeschichte des zweiten Buches des BGB**	121
			I.	**Der materiell-rechtliche Inhalt der einzelnen Regelungen**	122
III.	**Grundprinzipien der gesetzlichen Schuldverhältnisse**				
1.	Entstehungsgründe	78	**II.**	**Die Arbeit der 1. BGB-Kommission**	
2.	Geschäftsführung ohne Auftrag	79			
3.	Deliktsrecht	82	1.	Der Redaktor Franz Philipp von Kübel	123
4.	Bereicherungsrecht	87			
			2.	Die Arbeit von Kübels	124
IV.	**Sonderfall: Versicherbarkeit von Risiken**		3.	Die Beratungen der 1. Kommission	126
1.	Allgemeines	90	4.	Der Einfluss des Dresdener Entwurfs	127
2.	Auswirkungen auf das Schuldrecht	92			
			III.	**Das weitere Gesetzgebungsverfahren**	130
D.	**Die Entwicklung des Schuldrechts in Deutschland bis zum Inkrafttreten des BGB**	97			
			1.	Der Entwurf der 2. Kommission	131
			2.	Die Beratungen des Bundesrates	133
I.	**Die Entwicklung des materiellen Schuldrechts**	98	3.	Die Beratungen des Reichstages	134
1.	Gesellschaftliche Entwicklungen seit dem Mittelalter	99	**IV.**	**Die systematische Stellung des Schuldrechts in der Gesamtkodifikation**	135
2.	Deutschrechtliche Grundlagen	101			

V.	Die innere Gliederung des Schuldrechts	137	2.	Die Reformbemühungen der christlich-liberalen Koalition	186
F.	Schuldrecht außerhalb des BGB	139	II.	**Die Durchführung der Reformen im 21. Jahrhundert**	
			1.	Anlass der Schuldrechtsreform	188
G.	Entwicklungen des BGB nach seinem Inkrafttreten	147	2.	Die Entstehungsgeschichte des Regierungsentwurfs	189
			3.	Wesentliche Änderungen	193
I.	**Änderungen zum Allgemeinen Teil des Schuldrechts**		a)	Verjährungsrecht	194
			b)	Leistungsstörungsrecht	195
			c)	Kaufrecht	198
1.	Das Schadensersatzrecht und verwandte Rechtsgebiete	149	d)	Werkvertragsrecht	201
2.	Verzugsrecht	157	e)	Die Integration der Sondergesetze in das BGB	202
3.	Sonstige Änderungen des Schuldrechts, Allgemeiner Teil	158	f)	Übergangsregeln	203
			4.	Kritik der Schuldrechtsreform	205
II.	**Änderungen zum Besonderen Teil des Schuldrechts**		K.	**Zusammenfassende Würdigung**	206
1.	Verbraucherkreditrecht	162			
2.	Recht des Zahlungsverkehrs	163			
3.	Das Miet- und Pachtrecht	164	L.	**Richterliche Rechtsfortbildung im Schuldrecht**	
4.	Dienstvertragsrecht	169			
5.	Patientenrechtegesetz	170			
6.	Werkvertragsrecht	171	I.	**Allgemeines**	207
7.	Reisevertragsrecht	172	1.	Rechtsfortbildung und Gewohnheitsrecht	209
8.	Gastwirterecht	173			
III.	**Sondergesetze/Neue Vertragstypen**	174	2.	Rechtsfortbildung und Verfassung/Kritik an der richterlichen Rechtsfortbildung	210
H.	**Exkurs: Sonderentwicklungen im Privatrecht**		3.	Auswirkungen auf das Rechtssystem/Richterliche Rechtsfortbildung und Schuldrechtsreform	212
I.	Die Reformpläne des Nationalsozialismus	176	II.	**Einzelne Fälle von richterlicher Rechtsfortbildung**	
II.	Sonderentwicklungen in der ehemaligen DDR	179	1.	Richterliche Rechtsfortbildung im Allgemeinen Teil des Schuldrechts	213
			a)	Culpa in contrahendo	213
J.	**Die Schuldrechtsreform**		b)	Positive Vertrags-/Forderungsverletzung	215
			c)	Interessen Dritter	216
I.	Grundlegende Reformpläne ausgangs des 20. Jahrhunderts	180	aa)	Drittschadensliquidation	217
			bb)	Vertrag mit Schutzwirkung zu Gunsten Dritter	219
1.	Die Reformbemühungen der sozialliberalen Koalition	181	d)	Die Lehre vom Wegfall der Geschäftsgrundlage	222
			e)	Verwirkung	223

f)	Normativierung des Schadensbegriffs	224	2.	Internationales Privatrecht	258
g)	Kündigung von Dauerschuldverhältnissen	225	a)	Vertragliche Schuldverhältnisse	259
			b)	Gesetzliche Schuldverhältnisse	260
2.	Richterliche Rechtsfortbildung im Besonderen Teil des Schuldrechts	227	**II.**	**Zeitlicher Anwendungsbereich**	
			1.	Allgemeines	262
a)	Arbeitsrecht	227	2.	Inkrafttreten des BGB im Jahre 1900	263
aa)	Eingeschränkte Anfechtbarkeit von Arbeitsverträgen	228	3.	Wiedervereinigung Deutschlands	264
bb)	Haftung im Arbeitsverhältnis	229			
b)	Rechtsfortbildung und Gesellschaftsrecht	231	**III.**	**Personaler Anwendungsbereich**	265
aa)	Fehlerhafte Gesellschaft	231			
bb)	Die Rechtsnatur der Gesellschaft bürgerlichen Rechts	232	**O.**	**Schuldrecht und andere Rechtsmaterien**	
cc)	Durchgriffshaftung bei juristischen Personen	233	**I.**	**Schuldrecht und Verfassungsrecht**	267
c)	Richterliche Rechtsfortbildung im Deliktsrecht	234	1.	Verfassungsrechtliche Vorgaben für das Schuldrecht	268
aa)	Allgemeines Persönlichkeitsrecht	234	2.	Einflüsse des Verfassungsrechts auf bestehendes Schuldrecht	269
bb)	Unternehmensrecht als absolutes Recht iSv § 823 Abs 1	235			
d)	Kreditsicherung	237	**II.**	**Schuldrecht und Öffentliches Recht im Übrigen**	
			1.	Zur Anwendbarkeit privatrechtlicher Vorschriften im Öffentlichen Recht allgemein	271
M.	**Schuld und Haftung**				
I.	**Begriffsbestimmung**	239	2.	Schuldrechtliche Vorschriften im Öffentlichen Recht	275
II.	**Gegenstand der Haftung**	241			
III.	**Ausnahmen**	243	**III.**	**Schuldrecht und Zivilprozessrecht**	277
1.	Schuld ohne Haftung	244			
a)	Haftungsbeschränkungen	244	**P.**	**Europäisches und internationales Schuldrecht**	
aa)	Rechnerische Beschränkung	245			
bb)	Gegenständliche Beschränkung	246	**I.**	**Rechtsvereinheitlichung und Europäisches Zivilgesetzbuch**	
cc)	Haftungsverträge	247			
b)	Unvollkommene Verbindlichkeiten	248	1.	Allgemeines	280
2.	Haftung ohne Schuld	252	a)	Vereinheitlichungsprozess	280
a)	Dingliche Verwertungsrechte	253	b)	Grenzen der Vereinheitlichung	282
b)	Vollstreckungserweiternde Verträge	254	aa)	Antidiskriminierungsdebatte und AGG	285
			bb)	Weitere Vereinheitlichungsprobleme	289
N.	**Geltungsbereich des Schuldrechts/ Kollisionsrecht**	255	2.	Einzelne Kommissionen und Arbeitsgruppen	292
I.	**Räumlicher Anwendungsbereich, insbes Internationales Privatrecht**		a)	Sog „Lando-Kommission"	295
1.	Allgemeines, interlokales Privatrecht	257	b)	European Group on Tort Law	297

c)	Project Group „Restatement of European Insurance Contract Law"	299	V. Common Law	319
d)	Common Core of European Private Law	300	1. Das englische Recht	320
			2. Das US-amerikanische Recht	321
e)	Study Group on a European Civil Code	301	R. Stellungnahmen zum Schuldrecht des Zweiten Buches (Kritik des Schuldrechts)	
f)	Corpus academicum pro codificatione europea	302		
g)	Weitere Ansätze	303	I. Einleitung	323
3.	Schaffung eines „Gemeinsamen Referenzrahmens" (GRR)	304	II. Kritik des Schuldrechts	324
4.	Common European Sales Law/ Das Gemeinsame Europäische Kaufrecht	305	III. Vorschläge zur Veränderung des Schuldrechts	327
II.	Internationales Schuldrecht	307	1. Veränderung des Schuldrechts durch Veränderung des gesamten Zivilrechts	328
1.	UNIDROIT-Prinzipien	308		
2.	UN-Kaufrecht (CISG) und Haager Kaufrecht	309	2. Veränderung des Schuldrechtssystems	332
			a) Zerlegung des Schuldrechts in verschiedene Einzelmaterien	333
Q.	Schuldrecht in der Rechtsvergleichung	311	b) Erhöhung des Anteils gesellschaftlicher Wertungen	335
I.	Das Obligationenrecht der Schweiz	312	3. Veränderung einzelner grundlegender Institutionen des Schuldrechts	336
II.	Der französische Code civil	314	4. Veränderungen einzelner Normen des Schuldrechts	338
III.	Das österreichische ABGB	315	5. Zusammenfassung	339
IV.	Niederlande: Burgerlijk Wetboek	316	IV. Reformvorhaben im Bereich des Schuldrechtes	342

Alphabetische Übersicht

ABGB, österreichisches	315	Code civil	314
Abstraktionsgrundsatz/-prinzip	26 ff	Common Law	319 ff
– Ausnahmen	35 ff	Common Principles of European Private Law	281
– historische Entwicklung	27		
– im BGB	28 ff	culpa in contrahendo	213 f
– Teilnichtigkeit	34	Dauerschuldverhältnisse, Kündigung	225 f
– Zweck	33	DDR-Recht	179
Allgemeines Gleichbehandlungsgesetz/ AGG	285 ff	Deliktsrecht	82 ff, 234 ff
Äquivalenzprinzip	66 ff	– Rechtsfortbildung	234 ff
Arbeitsrecht	227 ff	– Allgemeines Persönlichkeitsrecht	234
		– Unternehmensrecht	235 f
Burgerlijk Wetboek	316 ff	Diskriminierungsrichtlinie	285

Draft Common Frame of Reference/ DCFR	304 f	Nationalsozialismus	176 ff
Dritter		Obligationenrecht, schweizerisches	312 f
– Interessen	216	Öffentliches Recht	271 ff
– Haftung bei Beteiligung	71 f	Patientenrechtegesetz	170
– Vertrag mit Schutzwirkung zu Gunsten	219 ff	Persönlichkeitsrecht, allgemeines	234
Drittschadensliquidation	217 f	Positive Vertrags-/Forderungsverletzung	215
Drittwirkung der Grundrechte		Principles of European Contract Law	296
– mittelbare	269	Privatautonomie	49 ff
– unmittelbare	269	Privatrecht	
Durchgriffshaftung	233	– interlokales	257
		– internationales	258
Einstehenmüssen	38 ff	– Sonderentwicklungen	176 ff
– Schadensersatz	42 ff		
– Verschuldensprinzip	39 ff	Rechtsfortbildung	207 ff
		– Arbeitsrecht	227 ff
Forderungs-/positive Vertragsverletzung	215	– culpa in contrahendo	213 f
Formfreiheit	57 ff	– Deliktsrecht	234 ff
		– Drittschadensliquidation	217 f
Geltungsbereich des Schuldrechts	6 ff	– Forderungs-/positive Vertragsverletzung	215
Gemeinsamer Referenzrahmen/GRR	304	– Gesellschaftsrecht	231 ff
Geschäftsgrundlage, Wegfall	222	– Interessen Dritter	216
Gesellschaft bürgerlichen Rechts	232	– Kreditsicherung	237 f
Gesellschaft, fehlerhafte	231	– Normativierung des Schadensbegriffs	224
Gesellschaftsrecht	231 ff	– Vertrag mit Schutzwirkung zu Gunsten Dritter	219 ff
– Durchgriffshaftung	233	– Verwirkung	223
– fehlerhafte Gesellschaft	231	– Wegfall der Geschäftsgrundlage	222
– Gesellschaft bürgerlichen Rechts, Rechtsnatur	232	Rechtsvereinheitlichung	280 ff
Gewohnheitsrecht	209	– Allgemeines Gleichbehandlungsgesetz/AGG	285 ff
Grundprinzipien		– Common European Sales Law	305 f
– allgemeine	25 ff	– Common Principles of European Private Law	281
– gesetzlicher Schuldverhältnisse	78 ff	– Diskriminierungsrichtlinie	285
– praktische Bedeutung	76 f	– Draft Common Frame of Reference/ DCFR	304 f
– rechtsgeschäftlicher Schuldverhältnisse	47 ff	– Gemeinsamer Referenzrahmen/GRR	304
Haager Kaufrecht	309	– Lando-Kommission	295 f
Haftung ohne Schuld	252 ff	– Principles of European Contract Law	296
– dingliche Verwertungsrechte	253	– Principles of European Insurance Contract Law	299
– vollstreckungserweiternde Verträge	254	Reformvorhaben	342
Haftungsbeschränkungen	244 ff	Richtlinie über den Warenkauf	206
Haftungsverträge	247	Richtlinie über digitale Inhalte	206
Kollisionsrecht	255 f		
Kontrahierungszwang	55 f		
Kreditsicherung	237 f		
Lando-Kommission	295 f	Schadensbegriff, Normativierung	224

Einl zum SchuldR

Schuld ohne Haftung	244 ff
– Haftungsbeschränkungen	244 ff
– Haftungsverträge	247
– unvollkommene Verbindlichkeiten	248 ff
Schuld und Haftung	239 ff
Schuldrecht	
– andere Rechtsmaterien	
– öffentliches Recht im Allgemeinen	271 ff
– Verfassungsrecht	267 ff
– Änderungen	
– zum Allgemeinen Teil	149 ff
– zum Besonderen Teil	162 ff
– Änderungsvorschläge	328 ff
– Anwendung auf dingliche Ansprüche	12 ff
– Anwendungsbereich	
– personaler	265 f
– räumlicher	257 ff
– zeitlicher	262 ff
– außerhalb des BGB	21, 139 ff
– Entstehungsgeschichte	121 ff
– Entwicklung	
– bis Inkrafttreten des BGB	97 ff
– nach Inkrafttreten des BGB	147 ff
– Entwurf	
– erster	123 ff
– zweiter	131 f
– europäisches	280 ff
– Geltungsbereich	6 ff, 255 f
– Gliederung, innere	137 f
– Grundprinzipien, s Grundprinzipien	
– in sonstigen Büchern des BGB	10 ff
– internationales	307 ff
– Haager Kaufrecht	309
– UNIDROIT-Prinzipien	308
– UN-Kaufrecht/CISG	309 f
– Kollisionsrecht	255 f
– Kommission, BGB-	
– erste	123 ff
– zweite	131 f
– Kritik	324 ff
– Rechtsfortbildung, richterliche	207 ff
– Rechtsvergleichung	311 ff
– ABGB/Österreich	315
– Burgerlijk Wetboek/Niederlande	316 ff
– Code civil/Frankreich	314
– Common Law/England, USA	319 ff
– Obligationenrecht/Schweiz	312 f
– Systematik, innere	119
– systematische Stellung	
– Herausbildung	105 ff
– im System des Privatrechts	3 ff
– in der Gesamtkodifikation	135 f
– Schuldrechtsreform	180 ff
– Anlass	188
– Durchführung	188 ff
– Kritik	205
– Regierungsentwurf	189 ff
– Vorläufer	180 ff
– Würdigung	206
Schuldverhältnis, Begriff	120
Schuldverhältnis, gesetzliches	78 ff
– Bereicherungsrecht	87 ff
– Deliktsrecht	82 ff
– Entstehungsgründe	78
– Geschäftsführung ohne Auftrag	79 ff
Schuldverhältnis, rechtsgeschäftliches	47 ff
– Äquivalenzprinzip	66 ff
– Bestimmung der Leistung	60 ff
– Entstehungsgründe	47
– Formfreiheit	57 ff
– Gewährleistung	73 f
– Grundprinzipien	47 ff
– Haftung bei Beteiligung Dritter	71 f
– Kontrahierungszwang	55 f
– Privatautonomie	49 ff
– Rechtsgeschäftsordnung	48 ff
– Typenzwang	53 f
– Vertragsfreiheit	52 ff
– Vertragstreue	65
Sondergesetze	174 f
– Integration	202
Typenzwang	53 f
UNIDROIT-Prinzipien	308
UN-Kaufrecht/CISG	309 f
Unternehmensrecht	235 f
Verbindlichkeiten, unvollkommene	248 ff
Verbraucherkreditrecht	162
Verbrauchsgüterkaufrichtlinie	188 ff
Verfassungsrecht	267 ff
Versicherbarkeit von Risiken	90 ff
Vertrag mit Schutzwirkung zu Gunsten Dritter	219 ff
Verträge, vollstreckungserweiternde	254
Vertragsfreiheit	52 ff

Vertragstreue	65	Wegfall der Geschäftsgrundlage	222
Verwertungsrechte, dingliche	253		
Verwirkung	223	Zivilprozessrecht	277 ff

A. Einteilung des zweiten Buches

Das **zweite Buch** des BGB umfasst die §§ 241–853 BGB und ist in 8 Abschnitte **1** unterteilt. Die ersten 7 enthalten allgemeine Regeln für das Schuldverhältnis sowie Vorschriften über die Mehrheit von Gläubigern und Schuldnern. Im 8. Abschnitt werden die einzelnen Schuldverhältnisse näher erläutert. Der **Allgemeine Teil** des Schuldrechts gilt für alle Schuldverhältnisse, soweit sich aus dem **Besonderen Teil** nichts anderes ergibt (vgl Medicus/Lorenz, Schuldrecht I Rn 36; Looschelders, Schuldrecht AT § 2 Rn 1). Der Besondere Teil ist in 27 Titel untergliedert und beinhaltet Regelungen über spezielle Schuldverhältnisse, wie zB Kauf, Tausch, Schenkung, Miete, Pacht oder Leihe. Die Gesetzestechnik, die den besonderen Abschnitten allgemeine Grundsätze vorgibt, findet sich auch noch einmal im Allgemeinen Teil des Schuldrechts selbst wieder. So enthält der 1. Titel des 3. Abschnitts allgemeine Regeln für Verträge (§§ 311–319 BGB: Begründung, Inhalt und Beendigung des Vertrages) und der 2. Titel besondere (§§ 320–326 BGB: gegenseitiger Vertrag). Allerdings wurde das System durch die Integration der Nebengesetze im Zuge der Schuldrechtsreform vom 1. 1. 2002 zT durchbrochen (vgl z Schuldrechtsreform iE Rn 180 ff), indem man zB die Vorschriften des AGBG in die §§ 305–310 BGB einfügte.

Die Einteilung des 2. Buches wurde häufig kritisiert. Viele bemängelten, dass die **2** Abschnitte unabhängig von den jeweiligen „zumeist irreführenden bzw aussagelosen" Überschriften teilw ganz andere Regelungen enthielten, als diese Überschriften es vermuten ließen (so Esser/Schmidt, Schuldrecht I § 3 II 2, 52; Larenz, Schuldrecht I § 3). Durch die Änderung des Schuldrechts ist die Einteilung der Titel und Untertitel jedoch übersichtlicher geworden, sodass die Kritik an Berechtigung verloren hat.

B. Schuldrecht im System des Privatrechts

I. Stellung des Schuldrechts zwischen Allgemeinem Teil und Sachenrecht

1. Historisch

Das „Schuldrecht" verdankt seine Position als 2. Buch des BGB vor allem zwei **3** Umständen: zum einen dem von den Pandektisten für Lehrzwecke entworfenen Aufbau des Zivilrechtssystems (dem sog „Pandektensystem"; vgl dazu Rn 112 ff), zum anderen der Entscheidung der 1. Kommission (vgl Jakobs/Schubert Einf 28), „Sachenrecht" und „Obligationenrecht" umzustellen, um dem Gesamtaufbau nach dem sog Klammerprinzip besser Rechnung tragen zu können (Mot II 4, III 398 f, 408 f = Mugdan II 2, III 222, 228; umfassend HKK/Michaels Vor 241 – Systemfragen Rn 14 ff; MünchKomm/Ernst Rn 4 ff; Palandt/Grüneberg Rn 6; Soergel/Teichmann Rn 9; z systematischen Fragen eingehend Esser/Schmidt, Schuldrecht I § 3 II, 51; detailliert z geschichtlichen Entwicklung des BGB s unten Rn 121 ff).

2. Inhaltlich

4 Da das BGB auch insgesamt vom Allgemeinen zum Besonderen konstruiert ist (vgl zB WESTERMANN/BYDLINSKI/WEBER, Schuldrecht AT § 1 III 2 Rn 1/43 ff), steht das 2. Buch mit seinen Sonderregeln für einzelne Schuldverhältnisse hinter dem Allgemeinen Teil. Die Aufteilung der Materie in Schuld- und Sachenrecht orientiert sich grds nicht am Tatbestand, sondern an der Rechtsfolge der einzelnen Normen (vgl MEDICUS/LORENZ, Schuldrecht I Rn 34). So umfasst das 2. Buch die **relativen Schuldverhältnisse**, die lediglich zwischen den Parteien Wirkung entfalten, und das 3. Buch die **absoluten Schuldverhältnisse**, die allgemein gelten (PALANDT/GRÜNEBERG Rn 5). Diese Unterscheidung wird jedoch nicht immer konsequent durchgehalten. Beispielsweise entfalten manche Schuldverhältnisse Drittwirkung, sind aber dennoch im 2. Buch geregelt, vgl die §§ 566, 578, 581 Abs 2, 613a BGB (näher MEDICUS, Drittbeziehungen im Schuldverhältnis, JuS 1974, 613, 616 ff). Die Stellung des Schuldrechts vor dem Sachenrecht kann zusätzlich dadurch erklärt werden, dass schuldrechtliche **Verpflichtungen** regelmäßig den **Rechtsgrund** für sachenrechtliche **Verfügungen** bilden. Zwar sind solche Verfügungen aufgrund des Abstraktionsprinzips auch ohne schuldrechtliche Verpflichtung wirksam; mangels eines Rechtsgrundes müssten sie aber gem § 812 Abs 1 S 1 1. Fall BGB rückgängig gemacht werden (FIKENTSCHER/HEINEMANN, Schuldrecht Rn 4; zur Stellung des Schuldrechts vor dem Sachenrecht s auch umfassend HKK/MICHAELS Vor 241 – Systemfragen Rn 18 ff).

II. Sonstige Vorschriften im Schuldrecht

5 Im Schuldrecht sind auf der anderen Seite einige sachenrechtliche Vorschriften zu finden, zB über Pfandrechte, §§ 562 ff, 581 Abs 2, 585, 704 BGB, und einen surrogierenden Eigentumserwerb, § 588 Abs 2 S 2 BGB. Zudem ist die Abtretung von Forderungen, dh eine **Verfügung**, in den §§ 398 ff geregelt. Durch § 398 BGB wird eine Auswechslung des Gläubigers in einem bereits bestehenden Rechtsverhältnis ermöglicht, ein Umstand, der zu einer „Verdinglichung" der Forderung führt (näher hierzu MünchKomm/ROTH/KIENINGER § 398 Rn 2). Das in § 242 BGB geregelte Gebot von Treu und Glauben ist hingegen eine Vorschrift, die mittlerweile im gesamten Privatrecht angewendet wird und könnte deshalb systematisch eher im 1. Buch Platz finden (vgl ESSER/SCHMIDT, Schuldrecht I § 3 II 1, 52; ENNECCERUS/NIPPERDEY BGB AT § 12 VI).

III. Der Geltungsbereich des Schuldrechts

6 Die Anwendung schuldrechtlicher Vorschriften reicht weit über das 2. Buch des BGB hinaus. Sie betrifft oft die übrigen Bücher des BGB, privatrechtliche Sondergesetze und sogar völlig andere Rechtsgebiete (z öffentlichen Recht s unten Rn 271 ff u insbes z Zivilprozessrecht s unten Rn 277 ff). Andererseits finden sich schuldrechtliche Regelungen auch außerhalb des 2. Buches.

1. Gesetzestechnik

7 Gesetzestechnisch erfolgt die Erweiterung des Geltungsbereichs in drei Formen: Zunächst gibt es **ausdrückliche Verweisungen**, die sich zT außerhalb, zT innerhalb des BGB befinden. So ordnet etwa § 62 S 1 VwVfG eine entsprechende Anwendung der Vorschriften des BGB auf den **öffentlich-rechtlichen Vertrag** an, soweit das VwVfG selbst keine abweichende Regelung enthält (ausf dazu s unten Rn 276). Innerhalb des BGB verweist zB § 992 BGB bzw § 993 Abs 1 2. HS BGB auf die §§ 823 ff, § 994 Abs 2 BGB auf die §§ 677 ff BGB und § 1011 BGB auf § 432 BGB.

Verweisungen sind aber nicht nur ausdrücklich möglich, sondern erfolgen auch durch den **Gebrauch eines juristischen Fachbegriffes**, indem zB § 990 Abs 2 BGB den Rechtsanwender durch Verwendung des Begriffs „Verzug" zur ergänzenden Anwendung der §§ 286 ff BGB auffordert. Gleiches gilt zB für § 922 S 3 und die Vorschriften über die Gemeinschaft, §§ 741 ff BGB. **8**

Noch komplizierter stellt sich der Geltungsbereich des Schuldrechts dar, wenn nicht einmal eine entsprechende Anwendung schuldrechtlicher Vorschriften vorgeschrieben ist. Zunächst gibt es außerhalb des zweiten Buches, aber innerhalb des BGB, Schuldverhältnisse, auf die die schuldrechtlichen Vorschriften (ganz oder teilw) **ohne entsprechende Verweisungsnormen** angewendet werden, zB die eheliche Lebensgemeinschaft, § 1353 BGB. Hier spricht der wirtschaftliche Charakter des Rechtsverhältnisses für eine Anwendung (HKK/Michaels Vor 241 – Systemfragen Rn 60; **aA** Erbarth NJW 2013, 3478). Außerhalb des BGB lässt sich kaum eine allgemeine Aussage treffen. Man kann sich manchmal auf den **Modellcharakter** der entsprechenden schuldrechtlichen Normen stützen (MünchKomm/Kramer [5. Aufl 2007] Rn 6; vgl Esser/Schmidt, Schuldrecht I § 3 IV, 55 f). Daneben kommt ferner eine Analogiebildung unter Beachtung der jeweiligen Besonderheiten des zu ergänzenden Rechtsgebietes in Betracht (BGHZ 49, 263, 265 f; Erman/Böttcher § 242 Rn 41 ff; Palandt/Grüneberg Rn 6; Soergel/ Teichmann Rn 9). Dafür spricht zuweilen, dass sich die außerhalb des BGB liegenden Rechtsdisziplinen, zB das **Arbeitsrecht**, aus diesem heraus entwickelt haben, bevor sie sich eigenständig etablierten (Esser/Schmidt, Schuldrecht I § 3 IV, 56). Daneben enthalten verschiedene Vorschriften Rechtsgedanken mit **universeller Geltung**, so zB der Grundsatz von **Treu und Glauben** in § 242 BGB oder auch derjenige, das **Mitverschulden** des Geschädigten bei der Berechnung des Schadensersatzes zu berücksichtigen, § 254 BGB. **9**

2. Schuldrecht in den sonstigen Büchern des BGB

a) Allgemeines

Regelungen über Schuldverhältnisse kennt bereits der Allgemeine Teil des BGB mit verschiedenen Verpflichtungstatbeständen, so zB zum Schadensersatz nach Anfechtung gem § 122 BGB, oder wenn während der Schwebezeit einer aufschiebenden Bedingung das entsprechende Recht schuldhaft beeinträchtigt oder vereitelt wurde, § 160 BGB. Schadensersatzverpflichtungen finden sich ferner bei der Vertretung ohne Vertretungsmacht, § 179 BGB. Aber auch im Sachenrecht gibt es (anspruchsbegründende) Schuldverhältnisse, zB zwischen Eigentümer und Finder, vgl § 971 BGB, oder Eigentümer und Besitzer, vgl §§ 987 ff BGB. Zu erwähnen ist weiterhin das Schuldverhältnis beim Nießbrauch, §§ 1041 ff BGB, oder beim Pfandrecht, §§ 1214 ff BGB. Im Familienrecht resultieren aus gesetzlichen Schuldverhältnissen etwa der Zugewinnausgleichsanspruch, § 1378 BGB, ferner die Unterhaltsansprüche der Ehegatten gem §§ 1360, 1360a, 1569 BGB bzw der Verwandten gem §§ 1601 ff BGB. Erbrechtlich ist an die Nachlassverbindlichkeiten, § 1967, das Vermächtnis gem § 2174 BGB und den Pflichtteilsanspruch, §§ 2303, 2314 ff BGB, zu erinnern. **10**

11 Obwohl der Allgemeine Teil des Schuldrechts auf alle Schuldrechtsverhältnisse außerhalb des 2. Buches und sogar außerhalb des BGB anzuwenden ist (s unten Rn 21; vgl Mot II 4 = MUGDAN II 2; RGZ 105, 84, 88; MünchKomm/BALDUS § 985 Rn 143 ff; HKK/MICHAELS Vor 241 – Systemfragen Rn 57 ff), muss in einer Einzelbetrachtung der jeweiligen Norm ihre Geltung untersucht werden. Dazu gehört eine Entscheidung, ob die entsprechende Norm unmittelbar oder gegebenenfalls analog oder modifiziert angewendet werden kann (zB BGHZ 49, 263 ff; MünchKomm/ERNST Rn 5; ERMAN/WESTERMANN Rn 1). Nicht das systematische Argument allein, sondern va Sinn und Zweck der entsprechenden Norm geben dabei eine Antwort auf die Frage des Geltungsbereichs.

b) Insbes die Anwendung des Schuldrechts auf dingliche Ansprüche

12 Schuldrechtliche Vorschriften gelten ferner für **dingliche Ansprüche**, wenn der Anspruch auf Leistung gegen eine Person gerichtet ist. Der Gesetzgeber war der Auffassung, in diesem Fall seien die dinglichen Ansprüche „schuldrechtsähnlicher" Art (Mot III 398 f = MUGDAN III 222). Zu Recht ist der BGH der Überzeugung, dass schuldrechtliche Regeln auf sachenrechtliche Probleme grds anwendbar seien, wenn der Zweck der sachenrechtlichen Vorschrift dies gebiete (BGHZ 49, 263 ff = NJW 1968, 788, 790). Bei dinglichen Ansprüchen ist deshalb in jedem Einzelfall zu prüfen, ob die allgemeinen Regeln diese Voraussetzungen auch wirklich erfüllen (BGHZ 49, 266; HKK/MICHAELS Vor 241 – Systemfragen Rn 61 ff).

13 Dies gilt insbes für die Frage, ob die **Unmöglichkeitsregeln** des Schuldrechts für dingliche Ansprüche gelten. Eine Anwendung des § 280 aF auf den **Herausgabeanspruch** hielt man wegen der Sondervorschriften in den §§ 989, 990 BGB für ausgeschlossen (STAUDINGER/GURSKY [1999] § 985 Rn 7 ff). Es ist nicht ersichtlich, dass die Schuldrechtsreform (iE Rn 180 ff) insoweit Änderungen herbeigeführt hat. Die Geltung des § 285 BGB (§ 281 aF) im Rahmen des Herausgabeanspruchs gem § 985 BGB wird überwiegend und ebenfalls zu Recht abgelehnt (**aA** früher RGZ 105, 84, 88 ff; abl aber schon: RGZ 115, 31, 33 f; 157, 40, 44 f; ferner HKK/MICHAELS Vor 241 – Systemfragen Rn 61; MünchKomm/KRAMER [5. Aufl 2007] Rn 9; MEDICUS/PETERSEN, BR Rn 599; JOCHEM, Eigentumsherausgabeanspruch [§ 985] und Ersatzherausgabe [§ 281] – Abschied von einem Wiedergänger, MDR 1975, 177 ff; HORSTMANN, Untersuchungen über die Anwendbarkeit schuldrechtlicher Normen auf dingliche Ansprüche 44 ff). Gegen eine entsprechende Gesetzeslücke sprechen die speziellen Wertungen des Eigentümer-Besitzer-Verhältnisses (näher STAUDINGER/GURSKY [1999] § 985 Rn 7). Eine Analogie wäre ferner auch nicht sachgerecht. Denn der Eigentümer hätte einen zweifachen Vorteil, wenn der Besitzer den durch Veräußerung erlangten Erlös gem § 285 BGB herausgeben müsste: Zum einen bliebe er weiterhin Rechtsinhaber, zum anderen bekäme er den Erlös (MEDICUS/PETERSEN, BR Rn 599; HKK/MICHAELS Vor 241 – Systemfragen Rn 61).

14 Umstr war weiterhin, ob § 283 aF, ein Vorläufer des § 281 BGB, auf § 985 BGB angewendet werden sollte. Die Diskussion spielte im Zusammenhang mit der Frage eine Rolle, ob der Eigentümer von einem **mittelbaren Besitzer** lediglich Abtretung des Herausgabeanspruchs gegen dessen Unterbesitzer verlangen konnte oder Herausgabe der Sache an sich selbst. Überwiegend wurde Letzteres vertreten (statt vieler MEDICUS/PETERSEN, BR Rn 448; **aA** ausf STAUDINGER/GURSKY [1999] § 985 Rn 72 f). Dies hatte jedoch uU zur Folge, dass der mittelbare Besitzer über § 283 aF schadensersatzpflichtig wurde, selbst wenn die Voraussetzungen der §§ 989, 990 BGB deshalb nicht vorlagen, weil es an seiner Unredlichkeit fehlte. Der BGH und ihm folgend ein Teil der Lit hatten zur Vermeidung dieses Wertungswiderspruchs § 283 aF nur dann angewendet, wenn er auch nach den Schadensersatzvorschriften des Eigentümer-Besitzer-Verhältnisses haftbar gewesen wäre (näher BGHZ 53, 29 ff = NJW 1970, 241, 242 = JR 1970, 222 = JZ 1970, 187 = MDR 1970, 134; vgl auch K Schmidt, Zum Prozessstoff bei Herausgabeklage aus Rücktritt, Wandlung und ungerechtfertigter Bereicherung, MDR 1973, 973, 975).

Durch die Schuldrechtsreform ist § 283 aF ersatzlos weggefallen, weil man der Auffassung war, die Vorschrift sei in § 281 BGB vollständig aufgegangen (Schmidt/Räntsch, Das neue Schuldrecht Rn 262). Das Problem der analogen Anwendung dieser Vorschrift auf § 985 BGB stellt sich aber in gleicher Weise wie früher, da der aufgezeigte Wertungswiderspruch erhalten bleibt. Denn auch für § 281 BGB gilt durch die Verweisung auf § 280 Abs 1 BGB die Beweislastverteilung zu Lasten des Schuldners, die das Eigentümer-Besitzer-Verhältnis nicht kennt. Ebenso setzt die Vorschrift keine Unredlichkeit des Besitzers beim Besitzerwerb voraus (vgl iE Münch-Komm/Baldus § 985 Rn 149 ff; gegen eine Anwendung des § 280 BGB auf § 985 BGB NK-BGB/Schanbacher § 985 Rn 47, 60; Wilhelm, Sachenrecht [5. Aufl 2016] Rn 1186 f; Katzenstein, Übergang vom vindikatorischen Herausgabeanspruch auf Schadensersatz nach § 281 BGB?, AcP 206 [2006] 96 ff; aA Vieweg/Werner, Sachenrecht [8. Aufl 2018] § 7 Rn 36; Wolf/Wellenhofer, Sachenrecht [33. Aufl 2018] § 21 Rn 33; wNw und Streitdarstellung bei Gursky, Der Vindikationsanspruch und § 281 BGB, Jura 2004, 433). **15**

Auf den **Beseitigungs- bzw Unterlassungsanspruch** gem § 1004 Abs 1 BGB wendet die hM dagegen die **Unmöglichkeitsregeln** an (BGH JZ 1968, 384 f; Lutter/Overath, Der Vermieter als Störer nach § 1004, JZ 1968, 345 ff; Medicus/Petersen, BR Rn 447). Auch wird zT angenommen, eine Mitverursachung des Gestörten sei gem § 254 BGB zu berücksichtigen (vgl BGH JZ 1995, 410; Anm Kreissl NJW 1997, 2234; ausf Staudinger/Gursky [2013] § 1004 Rn 157; kritisch MünchKomm/Baldus § 1004 Rn 245 ff; Looschelders, Mitverantwortlichkeit 269 ff). **16**

Ob die Regeln, nach denen bei Unzumutbarkeit der Naturalrestitution Geldersatz verlangt werden kann, §§ 249 Abs 2 S 1, 251 Abs 1 BGB, auf den Unterlassungs- und Beseitigungsanspruch passen (zum Streit nach alter Rechtslage vgl statt vieler MünchKomm/Baldus § 1004 Rn 236 ff), kann dahinstehen, da das Schuldrechtsmodernisierungsgesetz den Rückgriff auf § 251 Abs 2 S 1 BGB überflüssig gemacht hat. Die Beschränkung des Anspruchs aus § 1004 Abs 1 BGB folgt nunmehr aus § 275 Abs 2 BGB (BGH NJW 2008, 3122 f; aA Kolbe, Unzumutbarer Beseitigungsaufwand?, NJW 2008, 3618 f; vgl auch ausf MünchKomm/Baldus § 1004 Rn 239 ff; Lieder JuS 2011, 874 ff). **17**

Umstr ist schließlich, ob die **Verzugsvorschriften**, §§ 280 Abs 2, 286 Abs 1 BGB, auf sachenrechtliche Ansprüche anwendbar sind (MünchKomm/Baldus § 985 Rn 159 mwNw; für ihre Anwendbarkeit auf § 907 BGB Staudinger/Roth [2016] § 907 Rn 43). Manchmal gibt es Sondervorschriften. So ordnet § 990 Abs 2 BGB die Anwendung der Verzugsvorschriften auf den unredlichen Besitzer an. Diese Wertung muss man bei der Frage einer Geltung für den Herausgabeanspruch des § 985 BGB beachten. Für Hypothek bzw Grundschuld gem § 1192 Abs 1 BGB findet sich eine Haftungsvorschrift für Verzugszinsen in § 1146 BGB. In diesem Zusammenhang bleibt schließlich auf § 1118 BGB hinzuweisen (Medicus/Petersen, BR Rn 449 f). **18**

19 Für andere dingliche Ansprüche fehlen hingegen ausdrückliche Vorschriften. Dessen ungeachtet wird teilw angenommen, die **Verzugsvorschriften** seien jedenfalls auf die **petitorischen Rechtsverhältnisse** entsprechend anzuwenden (SCHWERDTNER, Verzug im Sachenrecht [Diss Bochum 1973]). Demgegenüber hat der BGH für die Zustimmungsverpflichtung des fälschlicherweise in das Grundbuch Eingetragenen gem § 888 BGB das umgekehrte Ergebnis vertreten (vgl BGHZ 49, 263 ff; **aA** REINICKE, Anm z Urt des BGH v 19. 1. 1968, NJW 1968, 788 ff; MEDICUS/PETERSEN, BR Rn 451; allg z Problematik: SCHWERDTNER 35 ff). Während gegen die Anwendung der Verzugsvorschriften uU ein Enumerationsprinzip sprechen könnte, ist auf der anderen Seite schwer zu begründen, dass die schuldhaft verzögerte Nichtleistung in derartigen Fällen konsequenzlos bleiben soll. Dies spricht bei einer entsprechenden Verpflichtung auf der Grundlage sachenrechtlicher Vorschriften für die Analogie.

20 Abschließend bleibt darauf hinzuweisen, dass § 281 BGB (der den früheren § 283 ersetzt haben soll, s oben Rn 15) nicht anwendbar ist. § 990 Abs 2 BGB betrifft nur den **Verzögerungsschaden**, nicht aber Schadensersatz für die mangelnde Herausgabe des Eigentums. § 281 BGB setzt aber als Rechtsfolge Schadensersatz „statt der Leistung" fest, sodass die Problematik der früheren analogen Anwendbarkeit des § 283 BGB (s oben Rn 15) auf diese Weise nicht zu lösen ist.

3. Schuldrecht außerhalb des BGB

21 Außerhalb des BGB sind und waren in verschiedenen **Sondergesetzen** schuldrechtliche Tatbestände geregelt. Die **Schuldrechtsreform** hat insoweit zum 1. 1. 2002 grundsätzliche Änderungen gebracht (vgl ausf Rn 180 ff), als ein Großteil dieser Spezialvorschriften Eingang in das BGB gefunden hat. Insoweit ist das Allgemeine Schuldrecht anwendbar, sofern sich in den entsprechenden Vorschriften keine abweichende Sonderregel findet (PALANDT/GRÜNEBERG Rn 6).

4. Sonderprivatrecht (Arbeitsrecht, Handelsrecht) und Schuldrecht

22 In diesen Zusammenhang gehört das sog **Sonderprivatrecht**. Dazu zählt man vor allem das Recht der **Kaufleute** (HGB v 10. 5. 1897), das Recht der **Wertpapiere** (WG v 21. 6. 1933, SchG v 14. 8. 1933, WpHG v 26. 7. 1994), das **Gesellschaftsrecht** (AktG v 6. 9. 1965, GmbHG v 20. 4. 1892 und GenG v 1. 5. 1889), das **Versicherungsrecht** (VVG v 30. 5. 1908) und auch das **Arbeitsrecht**. Hier finden sich einige abweichende oder ergänzende Bestimmungen zum Schuldrecht. Als Bsp hierfür lässt sich die **Untersuchungs- und Rügeobliegenheit** des Kaufmanns gem § 377 HGB bei Lieferung von Waren anführen, die zB die Gewährleistungsregeln des BGB beeinflusst. Im Recht der **Personenhandelsgesellschaften** ordnet § 105 Abs 3 HGB die ergänzende Anwendung des § 705 BGB auf die OHG an, eine Verweisung, die über § 161 Abs 2 HGB auch für die KG gilt.

5. Sonstige Sondergesetze und Schuldrecht (Verbrauchergesetze)

23 Zu den **verbraucherschützenden Sondergesetzen** zählten zB das AGBG (v 9. 12. 1976, in: BGBl I 1976, 3317), das VerbrKrG (v 17. 12. 1990, BGBl I 1990, 2840), das HWiG (v 16. 1. 1986, BGBl I 1986, 122) und das FernabsG (v 27. 6. 2000, BGBl I 2000, 897; z VerbrKrG: STAUDINGER/KESSAL-WULF [2001] Einl 2 zum VerbrKrG). Es entstand im Zuge der Vereinheitlichung der Rechtslage in der Europäischen Union. Abweichend davon bezweckte das HWiG zwar auch den Verbraucherschutz (vgl STAUDINGER/WERNER [2001] Vorbem 1 zum HWiG), beruhte jedoch ursprünglich nicht auf einer Richtlinie (STAUDINGER/WERNER [2001] Vorbem 42 zum HWiG; zum AGBG vgl PALANDT/HEINRICHS [60. Aufl 2001] Einf v AGBG; vgl z FernabsG: MARTINEK, Verbraucherschutz im Fernabsatz – Lesehilfe mit Merkpunkten zur neuen EU-Richtlinie, NJW 1998, 207; WILLINGMANN, Auf dem Weg zu einem einheitlichen Vertriebsrecht für Waren und Dienstleistungen in der Europäischen Union? – Die Richtlinie über den Verbraucherschutz, VuR 1998, 395). Im Zuge des **Schuldrechtsmodernisierungsgesetzes** sind die genannten Sondergesetze und das TzWrG in das BGB integriert worden (z Schuldrechtsreform iE Rn 180 ff).

Des Weiteren gibt es **haftpflichtrechtliche Nebengesetze** (ESSER/SCHMIDT, Schuldrecht I **24** § 3 I 2, 49), so zB das G über den Verkehr mit Kraftfahrzeugen (v 3. 5. 1909, RGBl 437, heute: StVG), ProdHaftG (v 15. 12. 1989, BGBl I 1989, 2198), HaftpflG (v 7. 6. 1871 [RGBl 207], idF v 4. 1. 1978, BGBl I 1978, 145), AtomG (v 31. 10. 1976, BGBl I 1976, 3053, idF v 15. 7. 1985), UHG (v 10. 12. 1990, in: BGBl I 1990, 2634) und GenTG (v 16. 12. 1993, BGBl I 1993, 2066). Sie ergänzen zB die §§ 823 ff BGB um gefährdungshaftungsrechtliche Tatbestände (vgl z ProdHaftG ERMAN/WILHELMI Vor § 1 ProdHaftG Rn 2). Für ihr Verhältnis zum zweiten Buch des BGB gilt das eingangs Gesagte (Rn 21), sodass dessen Wirkungsbereich weit über die ohnehin nicht kleine Materie des BGB hinausreicht.

C. Die Grundprinzipien des Schuldrechts

I. Allgemeine Grundprinzipien*

Das Schuldrecht behandelt rechtliche Verbindungen zwischen zwei Rechtssubjekten, **25** die man in Anlehnung an die „obligatio" des römischen Rechts als Schuldverhältnis bezeichnet (Mot II 1 = MUGDAN II 1). Es kann infolge eines **Rechtsgeschäfts** entstehen (s unten Rn 47 u § 241 Rn 69 ff) oder durch Verstoß gegen eine **gesetzliche Verhaltensnorm** (s unten Rn 78 u § 241 Rn 61 ff). Aufgrund der **Relativität** des Schuldverhältnisses (vgl § 241 Rn 299 ff) wirkt es grds nur **zwischen den Beteiligten** (z Ausnahmen vgl § 241 Rn 308 ff). Obwohl das Schuldrecht des BGB die rechtliche Grundlage einer Vielzahl unterschiedlicher Schuldverhältnisse vertraglicher oder gesetzlicher Art bildet, lassen sich eine Reihe allgemein gültiger Grundsätze herausarbeiten.

1. Abstraktionsgrundsatz (Trennungsprinzip)

Vermögensverschiebungen als Regelungsgegenstand des Schuldrechts basieren **26** regelmäßig auf **kausalen** oder **abstrakten Rechtsgeschäften** (FLUME AT II § 12 I 1, 152; ESSER/SCHMIDT, Schuldrecht I § 1 III 16). Das kausale Geschäft stellt für den Gläubiger den **rechtlichen Grund** zum Behaltendürfen der an ihn geleisteten Gegenstände dar, während der Übertragungsakt als abstraktes Geschäft davon rechtlich unabhängig zu betrachten ist (Näheres s unten Rn 28 ff). Im Gegensatz zu den meisten ausländischen

---

* **Schrifttum**: BYDLINSKI, System und Prinzipien des Privatrechts (1996); KOZIOL, Glanz und Elend der deutschen Zivilrechtsdogmatik, AcP 212 (2012) 1 ff; EISENHARDT, Die Einheitlichkeit des Rechtsgeschäfts und die Überwindung des Abstraktionsprinzips, JZ 1991, 271 ff.

Rechtsordnungen beruht das deutsche Recht damit also auf dem **Trennungsprinzip** (vgl bspw Sonnenberger, Einführung in das französische Recht [2012] 103, 109; Zweigert/Kötz § 33 II, 441 ff; zur Didaktik des Abstraktionsprinzips s Martinek, Kollegiale Reflexionen zur Didaktik des Abstraktionsprinzips, in: FS Rüßmann [2012] 95 ff). Mängel des kausalen Geschäfts schaden dem Verfügungs-(Erfüllungs-)geschäft grds nicht, weil beide Ebenen rechtlich voneinander getrennt sind. Die kondiktionsrechtlichen Vorschriften der §§ 812 ff BGB korrigieren aber solche rechtsgrundlosen Vermögensverschiebungen.

a) Die historische Entwicklung des Abstraktionsprinzips

27 Die Trennung von kausalem und abstraktem Geschäft entwickelte sich rechtsgeschichtlich anhand der Eigentumsübertragung. Ihr Ursprung lag im **römischen Recht** (die Unterscheidung zwischen causa u traditio wurde dort jedoch nicht eindeutig verfolgt, vgl Kaser/Knütel RPR § 24 Rn 11). Noch bis zum Beginn des 19. Jahrhunderts konnte eine Sache jedoch nur dadurch übereignet werden, dass die Übergabe im Zuge einer vorangegangenen Verpflichtung zur Eigentumsübertragung erfolgte. Erst im Laufe des 19. Jahrhunderts setzte sich die Erkenntnis durch, dass die Übereignung einer Sache ein eigener Vertrag sei, unabhängig von der zugrunde liegenden Verpflichtung (Savigny, System Bd III 312 f). Die Mot zum BGB (Mot II 3 = Mugdan II 2) begrenzten das **Abstraktionsprinzip** schließlich nicht mehr nur auf die Eigentumsübertragung. Vielmehr spricht die 1. Kommission von einem großen, den gesamten (1.) Entwurf beherrschenden Grundsatz, demzufolge das dingliche Rechtsgeschäft von der obligatorischen causa unabhängig sei (Mot II 3 = Mugdan II 2).

b) Das Abstraktionsprinzip im BGB

28 Der Unterscheidung von kausalem und abstraktem Geschäft entspricht die Trennung von **Verpflichtungs-** und **Verfügungsgeschäft**. „Kausales Geschäft" meint somit die den schuldrechtlichen Regelungen unterfallenden Verpflichtungsverträge, „abstraktes Geschäft" die regelmäßig dem Sachenrecht unterliegenden Rechtsgeschäfte. Da beide Arten von Rechtsgeschäften eine Zuwendung, entweder an den Vertragspartner oder an einen Dritten, enthalten, werden sie auch als **Zuwendungsgeschäfte** bezeichnet (Flume AT II § 12 I 1, 152).

29 Für **kausale** Geschäfte gilt der Grundsatz der **Vertragsfreiheit** (s unten Rn 52 ff), während das abstrakte, **dingliche** Rechtsgeschäft meist dem **Typenzwang** des Sachenrechts unterfällt (z Ausnahmen vgl Rn 53 und vor allem die Abtretung gem §§ 398 ff BGB). Das kausale Rechtsgeschäft erklärt (nur) den **Rechtsgrund** für eine Übertragung (causa). Davon ist das zugrunde liegende **Motiv** abzugrenzen. Es stellt den inneren Beweggrund des sich Verpflichtenden dar, während das kausale Geschäft die rechtsgeschäftlich **notwendigen Regelungen** enthält. Das Motiv ist deshalb grds nicht Bestandteil des Verpflichtungsgeschäfts (Flume AT II § 12 I 5, 158).

30 Nicht jedes kausale Geschäft enthält aber einen Rechtsgrund oder bildet einen solchen. Verschiedene Regelungen des BGB betreffen vielmehr **abstrakte Verpflichtungen** (zB §§ 780, 781, 784 BGB). Auch dem Abschluss eines solchen Rechtsgeschäfts geht regelmäßig ein Verpflichtungsgeschäft voraus und liegt ein Motiv zugrunde; der Inhalt bleibt jedoch von beiden völlig getrennt.

31 Das **abstrakte Verfügungsgeschäft** beinhaltet ebenfalls weder Rechtsgrund noch Motiv der Zuwendung. Der Übertragende mag etwa eine Eigentumsübertragung im

Zuge der Erfüllung seiner kaufvertraglichen Verpflichtung vornehmen, jedoch bleibt dieser Beweggrund im Rahmen des dinglichen Rechtsgeschäfts außer Betracht. Es gibt keine Verfügung kaufeshalber oder schenkungshalber (FLUME AT II § 12 I 1, 153), sondern lediglich die Verfügung als solche.

Obwohl kausales und abstraktes Geschäft rechtlich getrennt voneinander zu betrachten sind (Trennungsprinzip), begründet das kausale Geschäft noch keine vom Rechtsgrund getrennte Rechtsposition des Gläubigers, sondern lediglich einen schuldrechtlichen Erfüllungsanspruch. Erst das abstrakte (Verfügungs-)Geschäft schafft diese eigene Rechtsposition für den Gläubiger (FLUME AT II § 12 III 1, 173), selbst wenn ein Rechtsgrund für die Zuwendung fehlt. Der Gläubiger kann danach (zunächst) als Berechtigter über den Gegenstand verfügen. **32**

c) Zweck des Abstraktionsprinzips

Das dem deutschen Recht eigene und umstrittene (vgl bspw BEYERLE, Der dingliche Vertrag, in: FS Böhmer [1954] 164 ff; HARKE, Kausalprinzip, Abstraktion und gutgläubiger Erwerb, GPR 2012, 292 ff; JAHR, Romanistische Beiträge zur modernen Zivilrechtswissenschaft, AcP 168 [1968] 9, 14 ff; KEGEL, Verpflichtung und Verfügung – sollen Verpflichtungen abstrakt oder kausal sein?, in: FS Mann [1977] 57 ff; SCHÄFER, Das Abstraktionsprinzip beim Vergleich [Diss Bonn 1991/92] § 15 I–IV, 77 ff mwNw; STADLER, Gestaltungsfreiheit und Verkehrsschutz durch Abstraktion [Habil Tübingen 1996] 76 ff) **Abstraktionsprinzip** (s oben Rn 26) soll dem **Verkehrsschutz** dienen (Mot III 6 f = MUGDAN III 4; STAUDINGER/HEINZE [2018] Einl 126 zum SachenR). Für Schuldner und Gläubiger selbst macht es praktisch keinen Unterschied, ob die Rückübereignung eines Gegenstandes, der ohne Rechtsgrund übereignet wurde, bereits deshalb erfolgt oder erst in Erfüllung eines Kondiktionsanspruchs. **Dritterwerbern** gegenüber ist die Wirksamkeit der (abstrakten) Verfügung hingegen von erheblicher Bedeutung, da Mängel des Schuldverhältnisses außerhalb ihrer Sphäre liegen und von ihnen deshalb grds nicht beeinflusst werden können. Würden sie ihnen gegenüber dennoch wirken, schwächte dies die Relativität des Schuldverhältnisses und gefährdete den ungestörten Rechtsverkehr. **33**

d) Abstraktionsprinzip und Teilnichtigkeit

Die Regelung der **Teilnichtigkeit** in § 139 BGB ist Ausdruck der privatautonomen Entscheidungsmöglichkeit von Vertragsparteien über die Abhängigkeit einzelner Bestandteile eines Rechtsgeschäfts voneinander (vgl auch STAUDINGER/ROTH [2015] § 139 Rn 1; z Privatautonomie s unten Rn 49 ff). Die in Zusammenhang mit dem Abstraktionsprinzip auftauchende Frage lautet, ob kausales und abstraktes Rechtsgeschäft auf diese Weise wechselseitig in ihrer Wirksamkeit voneinander abhängen können – eine Überlegung, die den Ausgangspunkt für die Erwägung darstellt, dass sowohl vereinbarte als auch gesetzliche Ausnahmen vom Abstraktionsprinzip bestehen. **34**

e) Ausnahmen
aa) Fehleridentität

Sofern das kausale und abstrakte Geschäft an **demselben Wirksamkeitsmangel** leiden, liegt sog **Fehleridentität** vor. Dies gilt ausnahmsweise bei Irrtümern gem § 119 BGB, im Grundsatz dagegen bei Täuschung oder Drohung gem § 123 Abs 1 BGB, ferner bei Verstößen gegen gesetzliche Verbote gem § 134 BGB und Sittenwidrigkeit gem § 138 BGB. Alle genannten Fälle stellen aber keinen Widerspruch zum **35**

Abstraktionsprinzip dar, weil kausales und abstraktes Geschäft weiterhin getrennt zu betrachten sind, jedoch (eher zufällig) demselben Mangel unterliegen (vgl auch Staudinger/Wiegand [2017] § 929 Rn 18 ff).

bb) Bedingungszusammenhang

36 Der Begriff „**Bedingungszusammenhang**" kennzeichnet all diejenigen Fälle, in denen die Wirksamkeit des dinglichen Rechtsgeschäfts von der Wirksamkeit des Verpflichtungsgeschäfts abhängt (Jauernig, Trennungsprinzip und Abstraktionsprinzip, JuS 1994, 721, 723 unterscheidet zwischen echtem und unechtem Bedingungszusammenhang). Normiertes Bsp ist der **Eigentumsvorbehalt** gem § 449 BGB. Die Vertragsparteien können aufgrund der Vertragsfreiheit (s unten Rn 52 ff) aber auch darüber hinaus das dingliche Rechtsgeschäft durch die Wirksamkeit des obligatorischen aufschiebend oder auflösend gem § 158 BGB bedingen (vgl auch Staudinger/Wiegand [2017] § 929 Rn 29 ff; Eisenhardt, Die Einheitlichkeit des Rechtsgeschäfts und die Überwindung des Abstraktionsprinzips, JZ 1991, 271, 272). Eine solche Konstruktion ist nur in Fällen der Bedingungsfeindlichkeit eines Rechtsgeschäfts (so zB gem § 925 Abs 2 BGB) unzulässig, die umgekehrt ein Argument für die grundsätzliche Möglichkeit darstellt.

cc) Geschäftseinheit

37 Eine Abwandlung des Bedingungszusammenhangs sehen manche in der sog **Geschäftseinheit**. Damit sind diejenigen Fälle der Abhängigkeit des abstrakten vom kausalen Geschäft gemeint, die nicht durch rechtsgeschäftlich vereinbarte Bedingungen entstehen, sondern aufgrund **rechtlicher Zusammengehörigkeit** iSv § 139 BGB. Die Vertreter dieser Auffassung fordern einen sog **Einheitlichkeitswillen** der Parteien (Eisenhardt JZ 1991, 271, 274). Wenn der Wille einer Partei, beide Rechtsgeschäfte miteinander zu verknüpfen (BGH NJW-RR 1988, 348, 351), der anderen Partei erkennbar gewesen sei, liege Geschäftseinheit vor (BGH NJW-RR 1988, 348, 351; BGH NJW 1987, 2004, 2007), sodass Mängel der kausalen Ebene das Verfügungsgeschäft erfassten. Nach hM im Schrifttum liegt darin jedoch eine **unzulässige Umgehung** des Abstraktionsprinzips (Soergel/Hefermehl § 139 Rn 20; Erman/Arnold § 139 Rn 14; Medicus/Petersen, AT Rn 241, 504; Flume AT II § 12 III 4, 177 ff; Jauernig JuS 1994, 721, 724; **aA** BGHZ 31, 323; BGH NJW-RR 1989, 519; BB 1986, 1252; NJW 1982, 275 m Anm Jauernig, Zur Akzessorietät bei der Sicherungsübertragung, NJW 1982, 268 ff; BGH NJW 1967, 1128; Eisenhardt JZ 1991, 271 ff; Wufka, Rechtseinheit zwischen Kausalgeschäft und Einigung bei Erbbaurechtsbestellungen, DNotZ 1985, 651). Die Rechtsfigur ist mit dem Wortlaut des § 139 BGB schwer zu vereinbaren und wohl auch unnötig (vgl ausf z Geschäftseinheit Staudinger/Roth [2015] § 139 Rn 54; NK-BGB/Faust § 139 Rn 17).

2. Einstehenmüssen

38 Durch ein Schuldverhältnis soll eine Güterverschiebung geregelt ablaufen (Esser/Schmidt, Schuldrecht I § 1 III 14). Dabei kann eine Partei, die von der vertraglichen Vereinbarung abweicht, Rechtsgüter der anderen beeinträchtigen (z Schadensbegriff vgl Staudinger/Schiemann [2017] Vorbem 35 ff zu §§ 249 ff). Der Ausgleich erfordert die Feststellung des Verantwortlichen und den Umfang des Schadens. Das Prinzip, unter welchen Voraussetzungen man für Schädigungen und Beeinträchtigungen Dritter zur Verantwortung gezogen wird, durchläuft das Schuldrecht in verschiedenen Ausprägungen.

a) Verschuldensprinzip

Die Verpflichtung, Ersatz für eine schädigende Handlung zu leisten, entsteht regelmäßig durch Verletzung einer Pflicht des Handelnden. Unter einer solchen **Pflichtverletzung** versteht man das Zurückbleiben hinter dem Pflichtenprogramm des entsprechenden Schuldverhältnisses (ausf STAUDINGER/SCHWARZE [2014] § 280 Rn C 1 ff; DAUNER-LIEB ua, Das neue Schuldrecht II 5, 11; LOOSCHELDERS, Schuldrecht AT § 22 Rn 1; WEBER/DOSPIL/HANHÖRSTER, Neues Schuldrecht 50). Dazu gehört grds schuldhaftes Verhalten iSd § 276 BGB (Verschuldensprinzip; dieses ist abzugrenzen gegenüber dem Verursachungsprinzip, ausf STAUDINGER/CASPERS [2014] § 276 Rn 3 ff; vgl auch NK-BGB/DAUNER-LIEB § 276 Rn 6). Diese Anknüpfung der Ersatzpflicht an die schuldhafte Verletzung von Haupt- oder Nebenpflichten (vgl iE Erl § 241) bewirkt eine Abgrenzung von zufälligen Beeinträchtigungen. Das notwendige Verschulden wird allerdings gesetzlich vermutet. Der Schuldner hat sich deshalb im Bestreitensfalle gem § 280 Abs 1 S 2 BGB zu entlasten. 39

Der vom Schädiger zu leistende Ausgleich entlastet den Geschädigten von den Schadensfolgen. Das sichert dessen Lebensstandard (Mot II 19 = MUGDAN II 11) und genügt dem **Sozialstaatsprinzip** gem Art 20 Abs 1 GG (vgl SOMMERMANN, in: vMANGOLDT/KLEIN/STARCK GG II Art 20 Rn 98 ff; SACHS/SACHS GG Art 20 Rn 46 ff). Andererseits darf jedoch auch der Schädiger seinen Lebensstandard nicht vollständig verlieren, um eine Schadensübernahme durch die Solidargemeinschaft zu vermeiden (vgl MEDICUS/LORENZ, Schuldrecht I [20. Aufl 2012] Rn 621; z Versicherbarkeit von Risiken s unten Rn 90 ff). Die Solidargemeinschaft müsste ansonsten zum Schutz individueller Existenzgefährdungen einspringen. Diese Grenzziehung zwischen individueller und kollektiver Einstandspflicht bildet eines der zentralen Abwägungsprobleme des Gesetzgebers. 40

Zum Ausgleich von Interessenkonflikten wird beim Umfang des Schadensersatzes ein **Mitverschulden** des Geschädigten gem § 254 BGB berücksichtigt (LOOSCHELDERS, Mitverantwortlichkeit § 7 I 1). Als Gebot ausgleichender Gerechtigkeit verlangt das **Verantwortlichkeitsprinzip** (s oben Rn 39) ferner uU die Berücksichtigung einer eigenen Beteiligung des Geschädigten an der Schadensentstehung (LOOSCHELDERS, Mitverantwortlichkeit § 7 I 1, auch mwNw z Gegenansicht, die in § 254 BGB eine Ausprägung des „casum sentit dominus" Grundsatzes sieht). 41

b) Schadensersatz

Art und Umfang des zu leistenden Schadensersatzes bestimmt das Gesetz in den §§ 249 ff BGB (zur Funktion des Schadensersatzrechts vgl STAUDINGER/SCHIEMANN [2017] Vorbem 1 ff zu §§ 249 ff). Deren Stellung im Allgemeinen Schuldrecht zeigt, dass jeglicher Schadensersatz diesen Vorgaben zu folgen hat. Danach gilt zunächst das Prinzip der **Total-** und **Naturalrestitution**, § 249 Abs 1 BGB. Nur ausnahmsweise soll nach der gesetzgeberischen Idealvorstellung (Mot II 20 = MUGDAN II 11) der Ausgleich durch Zahlung eines Geldbetrages erfolgen, wie der Aufbau des Gesetzes verdeutlicht. 42

aa) Art und Umfang

Der Ersatzpflichtige hat also – unbeschadet der Voraussetzungen des § 254 BGB – gem § 249 Abs 1 BGB den von ihm verursachten Schaden vollständig zu ersetzen, sodass die wirtschaftliche Lage vor Eintritt des schädigenden Ereignisses wiederhergestellt wird (STAUDINGER/SCHIEMANN [2017] Vorbem 3 zu §§ 249 ff; z Reform des Schadensersatzrechtes s unten Rn 149 ff). Im Gegenzug ist der Geschädigte grds verpflichtet, den Schadensersatz in Form der Naturalrestitution anzunehmen (Mot II 20 = 43

Mugdan II 11; anders bei Personen- oder Sachbeschädigung, § 249 Abs 2 S 1 BGB; für die Unterscheidung zwischen sog fiktiven Reparaturkosten und der Zweckbindung eines z bestimmten Heilungszwecken z zahlenden Geldbetrages vgl BGH NJW 1986, 1538, 1539; z Reform schadensersatzrechtlicher Vorschriften vgl Rn 151).

44 Nur wenn die Wiederherstellung unmöglich ist, § 251 Abs 1 BGB, oder unverhältnismäßigen Aufwand erfordert, § 251 Abs 2 BGB, kann der Ersatzverpflichtete auch durch Zahlung einer Geldsumme Ersatz leisten (vgl z Ersatz des Vermögensschadens in Geld Larenz, Schuldrecht I § 29). Das Gleiche gilt bei immateriellen Schäden, § 253 BGB. Das Sozialstaatsprinzip (s oben Rn 40) verlangt aber auch hier, weder den Schuldner noch den Gläubiger in ihrer wirtschaftlichen Lebensgrundlage und somit in ihrer Zukunftsperspektive unangemessen zu gefährden.

45 Im Gegensatz zum anglo-amerikanischen Rechtskreis ist dem deutschen Privatrecht ein pönales Element beim Schadensersatz fremd, obwohl hohe Schadensersatzverurteilungen bei der Verletzung von Persönlichkeitsrechten in diese Richtung zu deuten scheinen (Müller, Punitive Damages und deutsches Schadensersatzrecht [Diss Augsburg 2000] § 3 I 1 b; z „damages" vgl Morrison, Fundamentals of American Law [Oxford, USA, 1996] Ch 10 I, II, III; vgl ferner Staudinger/Schiemann [2017] Vorbem 104 zu §§ 249 ff). Auch wenn die gesetzliche Anordnung von Schadensersatzpflichten ein präventives Element enthält, erfüllt sie aber doch keine Bestrafungsfunktion. Der zu leistende Ersatz dient nach der Grundstruktur des Gesetzes allein dem Ausgleich erlittener Einbußen und der Sicherung des Lebensstandards (z Reform des Schadensersatzrechtes s unten Rn 149 ff).

bb) Haftungshöchstbeträge

46 Schadensersatz muss grds **unbeschränkt** geleistet werden. Eine Ausnahme bildet die Schadensverursachung durch den Gebrauch besonders gefährlicher Anlagen und Sachgesamtheiten (Kfz, Atomkraftwerk etc), der Schadensersatzverpflichtungen in unüberschaubarer Höhe auszulösen vermag; entsprechendes gilt für Herstellung und Vertrieb gefährlicher Produkte. Um letztlich auch der Solidargemeinschaft (s oben Rn 40) ein solches Risiko handhabbar z machen (so schon RGZ 147, 353, 355), wird die durch **Gefährdungshaftung** (Larenz, Schuldrecht I § 31 II, 552) ausgelöste Schadensersatzpflicht in bestimmten Fällen **gesetzlich beschränkt** (bspw § 12 StVG; § 37 LuftVG; §§ 486 ff HGB; z Reform des Schadensersatzrechts vgl Rn 149). Auf der anderen Seite gibt es jedoch auch gesetzliche Haftungsbeschränkungsverbote, zB in den § 8a S 1 StVG; § 7 S 1 HPflG; § 49c Abs 1 LuftVG (vgl insgesamt z Art u Umfang der Haftung auch Kötz/Wagner, Deliktsrecht Rn 535 ff).

II. Grundprinzipien rechtsgeschäftlicher Schuldverhältnisse

1. Entstehungsgründe

47 Rechtsgeschäftliche Schuldverhältnisse kommen meist durch **Vertrag** zustande, § 311 Abs 1 BGB. Ausnahmen, bei denen die Bindungswirkung allein durch Abgabe eines **Angebotes** entsteht, bilden das **Stiftungsgeschäft** gem § 80 BGB und die **Auslobung** gem §§ 657 ff BGB (umstr ist die Rechtskonstruktion für Schuldverschreibungen auf den Inhaber, §§ 793 f BGB; lt Mot II 175 = Mugdan II 96 einseitige Bindungswirkung, mittlerweile hM Vertragstheorie, vgl Hueck/Canaris, Recht der Wertpapiere [12. Aufl 1986] § 3 I 2 mwNw). Nach Vertragsschluss wird den Parteien eine weitere, ggf auch einseitige Einflussnahme auf das Rechtsverhältnis ermöglicht (bspw durch Ausübung von Gestaltungsrechten, Geltendmachung von Sekundäransprüchen). Die relative Bindungswirkung eines Vertrages, die grds nur die Beteiligten erfasst, die entsprechende Willenserklärungen abgegeben haben, ist von der **Beschlusswirkung** des Gesellschafterbeschlusses zu unterscheiden. Dessen Bindungswirkung tritt im Regelfall auch gegenüber demjenigen Gesellschafter ein, der dem Beschluss nicht zugestimmt hat.

2. Rechtsgeschäftsordnung

Rechtsgeschäftliche Schuldverhältnisse unterliegen einer Reihe grundlegender Prinzipien, die im Folgenden entsprechend ihrer Bedeutung kurz dargestellt werden sollen. Die Summe aller die Abwicklung von Rechtsgeschäften prägenden Prinzipien bezeichnet man als **Rechtsgeschäftsordnung**. Sie umfasst die **Privatautonomie**, die **Vertragstreue** sowie das insbes von der Judikatur durch Rechtsfortbildung ausgeprägte **Äquivalenzprinzip**, bei dem es um die grundsätzliche Gleichwertigkeit der Leistungen bei Austauschverträgen geht. Erst das Zusammenwirken aller Elemente ermöglicht den reibungslosen Abschluss und Ablauf von Rechtsgeschäften (BYDLINSKI AcP 180 [1980] 1, 8). **48**

a) Privatautonomie*

Privatautonomie meint die Selbstbestimmung des Einzelnen bei der Gestaltung seiner Rechtsverhältnisse, uz unbeeinflusst vom Staat (BUSCHE, Privatautonomie § 2 I 14 mwNw). Sie findet ihren Ausdruck in zahlreichen bürgerlich-rechtlichen Vorschriften (einschl der Regelungen des Arbeitsrechts: ZÖLLNER, Privatautonomie und Arbeitsverhältnis, AcP 176 [1976] 222 ff [insb 227 ff]), hauptsächlich jedoch in § 311 BGB. Die Privatautonomie wird als unverzichtbarer Grundwert gem Art 1, 2 GG verfassungsrechtlich geschützt, weil sie zur **allgemeinen Handlungsfreiheit** gehört (vgl für die wirtschaftliche Handlungsfreiheit BVerfGE 74, 129, 151 f; 89, 214, 231 = NJW 1994, 36, 38; BVerfG NJW 1994, 2749, 2750; SACHS/MURSWIEK/RIXEN GG Art 2 Rn 54 mwNw), nicht weil sie eine eigene Rechtsquelle darstellt (STAUDINGER/DILCHER[12] Einl 7 zu §§ 104–185; BUSCHE, Privatautonomie § 2 I 15; bereits SAVIGNY, System Bd I 12 Fn b, verwies darauf, dass Privatautonomie nicht mit Rechtssetzungsbefugnis zu verwechseln sei). Im Zuge der Gesetzesreform des BGB, insbes der Integration der Verbraucherschutzgesetze im Rahmen der Schuldrechtsreform (vgl dazu iE Rn 180 ff), mehrten sich kritische Stimmen, die einen zunehmenden Verlust insbes der **49**

---

* **Schrifttum**: BACHMANN, Nationales Privatrecht im Spannungsfeld der Grundfreiheiten, AcP 210 (2010) 424 ff; BUNGEROTH, Schutz vor dem Verbraucherschutz?, in: FS Schimansky (1999) 279 ff; BUSCHE, Privatautonomie und Kontrahierungszwang (Habil Tübingen 1999); BYDLINSKI, Privatautonomie und objektive Grundlagen des verpflichtenden Rechtsgeschäfts (1967); vHIPPEL, Das Problem der rechtsgeschäftlichen Privatautonomie: Beiträge zu einem Natürlichen System des privaten Verkehrsrechts und zur Erforschung der Rechtstheorie des 19. Jahrhunderts (Habil Tübingen 1936, Nachdr 1995); LIEB, Schutzbedürftigkeit oder Eigenverantwortlichkeit? Kritische Überlegungen zur richterlichen Rechtsfortbildung im Vertragsrecht, DNotZ 1989, 274 ff; LOOSCHELDERS, Diskriminierung und Schutz vor Diskriminierung im Privatrecht, JZ 2012, 105 ff; MEDICUS, Abschied von der Privatautonomie im Schuldrecht? (2001); SCHMIDT-RIMPLER, Zum Vertragsproblem, in: FS Raiser (1974); REICHOLD, Sozialgerechtigkeit versus Vertragsgerechtigkeit – arbeitsrechtliche Erfahrungen mit Diskriminierungsregeln, JZ 2004, 384 ff; REPGEN, Kein Abschied von der Privatautonomie (2001); RITTNER, Der privatautonome Vertrag als rechtliche Regelung des Soziallebens, JZ 2011, 269.

Vertragsfreiheit befürchteten (BUNGEROTH, Schutz vor dem Verbraucherschutz?, in: FS Schimansky [1999]; LIEB DNotZ 1989, 274, 276 f; MEDICUS, Abschied von der Privatautonomie im Schuldrecht? [2001]; REICHOLD JZ 2004, 384 ff; REPGEN, Kein Abschied von der Privatautonomie [2001]; aA RITTNER, Der privatautonome Vertrag als rechtliche Regelung des Soziallebens, JZ 2011, 269). Dies hängt damit zusammen, dass nicht nur in Anwendung der Verbraucherschutzvorschriften, sondern auch bei Ausfüllung der Generalklauseln eine Tendenz zu beobachten ist, angebliche oder wirkliche Ungleichgewichtslagen der Vertragsparteien zu beseitigen (sehr krit STAUDINGER/HONSELL [2018] Einl 113 zum BGB). Stichworte bilden insoweit die Rspr zur Sittenwidrigkeit bei finanzieller Überforderung Mithaftender (vgl NK-BGB/LOOSCHELDERS § 138 Rn 243 ff) oder zur Inhaltskontrolle von Eheverträgen (STAUDINGER/LOOSCHELDERS/OLZEN § 242 Rn 964 ff; vgl nur GRZIWOTZ, Ehevertragsranking oder Ehevertragsgerechtigkeit? – Umsetzung der BGH-Entscheidungen zu Eheverträgen durch die Instanzgerichte, MDR 2005, 73 ff). Entsprechendes gilt für die Ausweitung der Aufklärungs- und Schutzpflichten (vgl § 241 Rn 442 ff u 487 ff). Ebenfalls schränken zunehmend Diskriminierungsverbote die Privatautonomie ein (vgl LOOSCHELDERS, Diskriminierung und Schutz vor Diskriminierung im Privatrecht, JZ 2012, 105, 106).

50 Die **Privatautonomie** ermöglicht dem Rechtssubjekt also grds, aber wohl mit rückläufiger Tendenz, die freie, eigenverantwortliche Teilnahme am Rechtsverkehr (vgl dazu auch COING, Grundzüge der Rechtsphilosophie [5. Aufl 1993] Kap IV II 3, 195). In den Grenzen der Rechtsordnung kann der Einzelne die Rechtsverhältnisse seinem Willen entsprechend gestalten. Das gilt sowohl für schuldrechtliche und dingliche als auch familien- und erbrechtliche Rechtsgestaltungen. Die Idealvorstellung zur Verwirklichung der Privatautonomie liegt dabei in der **Gleichberechtigung der handelnden Parteien** (FLUME AT II § 1 7, 10 ff). Dann wären staatliche Reglementierungen privatautonom vereinbarter Rechtsverhältnisse nicht notwendig (der gesetzl Ausdruck dieser Idealvorstellung findet sich in den Generalklauseln, zB §§ 138, 242 BGB; z Bedeutung der Generalklauseln STAUDINGER/HONSELL [2018] Einl 71 zum BGB). Mangels faktischer Gleichberechtigung der handelnden Parteien wurden allerdings in richterlicher Rechtsfortbildung und Gesetzesnovellierungen (s unten Rn 207 ff) zahlreiche Korrekturen entwickelt.

51 Die privatautonome Gestaltungsmöglichkeit gilt nur für eigene Rechtsverhältnisse der Parteien. Die Rechtsordnung lässt zwar Handlungen mit Wirkung für und gegen Dritte zu, darin kommt jedoch kein privatautonomes Handeln zum Ausdruck. Denn rechtsgeschäftliche Handlungen für Dritte, zB durch einen Vertreter, sind pflichtgebunden. Dies zeigt zB § 177 BGB. Lediglich in dem gegebenenfalls zwischen Drittem und Handelndem vorliegenden Rechtsverhältnis gelangt die Privatautonomie zur Anwendung. Nicht einmal die Begründung eines rechtlichen Vorteils für den Dritten gegen seinen Willen durch privatautonomes Handeln ist von der Rechtsordnung vorgesehen (arg e § 333 BGB), erst recht nicht eine Vereinbarung zu seinen Lasten.

b) Vertragsfreiheit

52 Häufig wird die Vertragsfreiheit als Synonym für die Privatautonomie gebraucht, obwohl sie lediglich einen ihrer Teilbereiche darstellt (FLUME AT II § 1 10 a, 18 spricht von einem pars pro toto [Privatautonomie]); allerdings bildet der Vertrag das bedeutendste Mittel zur Umsetzung der Privatautonomie. Die **Vertragsfreiheit** wird ergänzt durch die **Vereinigungs-** und **Satzungsfreiheit**, die **Eigentümer-** und **Testierfreiheit** (STAUDINGER/DILCHER[12] Einl 5 zu §§ 104–185). Man kann sie in **Abschluss-** und

Gestaltungsfreiheit unterteilen. Während die Gestaltungsfreiheit den Parteien die Festlegung der individuellen Leistung offen lässt, ermöglicht die Abschlussfreiheit die freie Wahl des Vertragspartners.

aa) Kein Typenzwang
Im Gegensatz zum Sachenrecht ist dem Schuldrecht ein **Typenzwang** fremd. Zwar gibt das BGB verschiedene Vertragstypen vor, es existiert jedoch insoweit kein numerus clausus, §§ 311 Abs 1, 241 Abs 1 BGB. Die Parteien können vertragliche Leistungen innerhalb der gesetzlichen Grenzen der §§ 125, 134, 138 BGB beliebig vereinbaren. 53

Da das gesetzgeberische Idealbild gleichberechtigter Parteien sich nicht verwirklicht hat (FLUME AT II § 17, 10; LARENZ, Schuldrecht I §§ 4, 6 I), bedurfte es bald auch außerhalb des Verbraucherschutzes normativer Regelungen, um die „Machtdifferenz" zwischen den Parteien der Rechtsgeschäfte auszugleichen. Exemplarisch dafür stehen Kündigungsschutzbestimmungen im Miet- oder Arbeitsrecht sowie das in richterlicher Rechtsfortbildung weiter entwickelte Äquivalenzprinzip (s unten Rn 66 ff). 54

bb) Kontrahierungszwang
Eines der wichtigsten Ausgleichsinstrumente liegt im **Kontrahierungszwang**. Er setzt die Vertragsfreiheit außer Kraft, weil ein erzwungener Vertragsschluss ihr am stärksten zuwider läuft (die Privatautonomie der unterlegenen Partei bleibt jedoch unangetastet, LARENZ, Schuldrecht I § 4 I a, 42 ff). Der Kontrahierungszwang ermöglicht Vertragsschlüsse mit Rechtssubjekten, die aufgrund ihrer Position entweder einseitig Vertragsbedingungen diktieren können oder einzelne Personen sogar völlig vom Vertragsschluss ausschließen wollen. Bsp für den Kontrahierungszwang finden sich in § 5 Abs 2 PflVG, § 36 Abs 1 EnergiewirtschaftsG, § 21 Abs 2 LuftVG. Ferner zählt hierzu das **Diskriminierungsverbot** gem § 20 Abs 1 GWB. 55

Das BGB hat von seinem geschilderten Ausgangspunkt keinen Kontrahierungszwang normiert, obwohl es bereits vor seinem Inkrafttreten Ansätze in der Rspr gab (RGZ 48, 114, 127). Dennoch hat sich auf der Grundlage des § 826 BGB ein Zwang zum Vertragsschluss für Monopolisten etabliert. Man geht davon aus, dass der Ersatz für die sittenwidrige Schädigung, die in der Ablehnung des Vertragsschlusses liegt, über § 249 Abs 1 BGB durch Naturalrestitution ausgeglichen werden muss. Auf diese Weise wird jemand zum Abschluss eines Vertrages verpflichtet (Münch-Komm/BUSCHE Vor § 145 Rn 12 ff; ausf z Kontrahierungszwang STAUDINGER/BORK [2015] Vorbem 12 ff zu § 145; z Frage der Marktwirtschaftskorrektur und Wirtschaftslenkung durch Kontrahierungszwang vgl LARENZ, Schuldrecht I § 4 I a, b, 43 ff). 56

cc) Formfreiheit*
Zivilrechtliche Verträge sind grds **formfrei**. Jedoch muss die Art der Erklärung für die andere Partei verständlich sein (LARENZ, Schuldrecht I § 5, 67). Den Parteien ist es allerdings unbenommen, vertraglich eine Formvorschrift festzulegen, § 127 BGB. 57

---

* **Schrifttum**: BERNARD, Formbedürftige Rechtsgeschäfte (1979); GERNHUBER, Formnichtigkeit und Treu und Glauben, in: FS Schmidt-Rimpler (1957) 151 ff; HAGEN, Die Form als „Schwester der Freiheit", DNotZ 2010, 644 ff; HELDRICH, Die Form des Vertrages, AcP 147 (1947) 89; JAHNKE, Rechtsformzwang und Rechtsformverfehlung bei der Gestaltung privater Rechtsverhältnisse, ZHR 146 (1982) 595 ff.

Das Prinzip der Formfreiheit tritt der aus Formzwang resultierenden Verkehrserschwerung entgegen (Mot I 180 = MUGDAN I 451). Aus Gründen der **Beweissicherung**, zum **Schutz vor Übereilung** sowie zur Erfüllung einer **Hinweis- und Warnfunktion** wird bei verschiedenen Rechtsgeschäften jedoch die Einhaltung einer bestimmten Form gem §§ 125 ff BGB verlangt (STAUDINGER/HERTEL [2017] § 125 Rn 35 ff). Bsp für gesetzlichen Formzwang finden sich in §§ 311b Abs 1, 518, 766 S 1 BGB. Diese Normen greifen zwar wiederum in die Vertragsfreiheit der Beteiligten ein, jedoch überwiegen die Vorteile der genannten Funktionen des Formzwangs.

58 Die Nichteinhaltung der vorgeschriebenen Form zieht gem § 125 S 1 BGB die **Nichtigkeit** des Rechtsgeschäfts nach sich, wobei das Gesetz allerdings häufig eine **Heilung durch Vollzug** des formbedürftigen Rechtsgeschäfts anordnet (vgl zB §§ 311b Abs 1 S 2 BGB; 518 Abs 2 BGB; 766 S 2 BGB). Darin zeigen sich wiederum einerseits die Schutzfunktion, andererseits auch der Verkehrsschutz (s oben Rn 57), da die Wirksamkeit eines vollständig abgewickelten Rechtsgeschäfts nicht durch einen Formmangel beeinträchtigt werden soll.

59 Der gesetzlich vorgeschriebene Formzwang bezieht sich nur auf das durchzuführende Rechtsgeschäft (Mot I 183 f = MUGDAN I 453 f). Rechtsgeschäftliche Willenserklärungen, die damit nur im Zusammenhang stehen (bspw Zustimmung gem § 182 BGB, Vollmacht gem § 167 BGB, Zustandekommen von Vorverträgen etc) bedürfen grds nicht der vorgeschriebenen Form. Eine Ausnahme gilt allerdings für die unwiderrufliche Vollmacht zum Abschluss von Verträgen über Grundstücke (BGH NJW 1996, 1467, 1468; LOOSCHELDERS, Schuldrecht AT § 7 Rn 9).

dd) Bestimmung der Leistung

60 Der Vertragsschluss dient unterschiedlichen Interessen der Beteiligten (ESSER/SCHMIDT, Schuldrecht I § 4 I 1, 66). Entgegen früheren Ansichten (Prot I 465 = JAKOBS/SCHUBERT §§ 241–432, 40) erfordert er aber **kein vermögensrechtliches Interesse** des Gläubigers (Mot II 3, 5 = MUGDAN II 2, 3; vgl auch JAKOBS/SCHUBERT §§ 241–432, 41).

61 Vertragsschuldverhältnisse sind meist auf **Leistungsaustausch** gerichtet. Art und Menge werden regelmäßig bei Vertragsschluss vereinbart. Die Parteien können das Schuldverhältnis inhaltlich frei gestalten (s oben Rn 49), sind jedoch an Treu und Glauben gebunden, § 242 BGB. Für synallagmatische Verträge (s unten Rn 69) enthält das Gesetz zT Vorgaben für die Gegenleistung (zB §§ 612, 632 BGB). Im Übrigen müssen die Vereinbarungen über den Leistungsaustausch nicht bereits bei Vertragsschluss vollständig vorliegen, sondern können auch nachträglich spezifiziert werden (s unten Rn 64), soweit nicht das Fehlen der essentialia negotii bereits den Vertragsschluss verhindert (STAUDINGER/BORK [2017] § 245 Rn 17). Ferner kommt eine ergänzende Vertragsauslegung in Betracht, §§ 157, 242 BGB.

62 Die Parteien des Schuldverhältnisses dürfen **Leistungs-** und **Erfüllungsort** grds frei bestimmen. Man unterscheidet **Holschuld** (Leistungs- und Erfolgsort beim Schuldner), **Bringschuld** (Leistungs- und Erfolgsort beim Gläubiger) und **Schickschuld** (Leistungsort beim Schuldner, Erfolgsort beim Gläubiger). Ohne entsprechende Vereinbarung bzw mangels spezieller Natur des Schuldverhältnisses greift § 269 BGB ein (Holschuld). Auch **Gefahrübergang** und **Gegenleistungsanspruch** richten sich nach der Parteivereinbarung.

Der (Sachleistungs-)Gläubiger erhält durch das Zustandekommen des Schuldverhältnisses ein **relatives Forderungsrecht** auf die Leistung (s unten § 241 Rn 305 ff). Diese Forderung ist also nicht absolut geschützt, sodass ein Dritter sie erwerben kann (Mot II 2 f = MUGDAN II 1 f), ohne dass die Abtretung sich auf die Wirksamkeit des Rechtsverhältnisses auswirkt. Bei Vereinbarung einer Sachleistung hat der Gläubiger dementsprechend keinen absolut geschützten Anspruch auf die vertraglich geschuldete Sache (jus ad rem), sondern ist im Fall der Nichterfüllung auf Schadensersatzansprüche beschränkt (vgl MEDICUS/PETERSEN, BR Rn 28). **63**

Gesetzliche Regelungen für **Leistungsbestimmungen** finden sich in den §§ 315–319 BGB. Demnach kann die Leistungsbestimmung einer Vertragspartei oder einem Dritten zukommen (z „Schiedsgutachter" vgl BGHZ 48, 25; 57, 47, 49), ggf auch nach Vertragsschluss. Zum Schutz der Vertragsgerechtigkeit fordert das Gesetz in solchen Fällen die Ausübung eines „billigen Ermessens" (§§ 315 Abs 1, 3; 317 Abs 1 BGB, bei Unbilligkeit mit der Folge des § 319 BGB; vgl iE STAUDINGER/RIEBLE [2015] § 315 Rn 299). **64**

c) Vertragstreue

Das Schuldrecht wird von dem stets akzeptierten, aber insbes von der Naturrechtslehre zum Axiom ihres Vertragsrechtes ausgestalteten Grundsatz „pacta sunt servanda" beherrscht. Vertragsschuldverhältnisse begründen einen Anspruch auf Erfüllung, der die Vertragstreue der Beteiligten voraussetzt (BYDLINSKI AcP 180 [1980] 1, 8). Das Prinzip der Vertragstreue war dem Gesetzgeber so selbstverständlich, dass er es nicht explizit in das BGB aufgenommen hat. Als ungeschriebene Voraussetzung wurde die Vertragstreue in § 326 Abs 1 S 1, 2 aF hineingelesen (vgl STAUDINGER/OTTO [2009] § 326 Rn B 70 ff) und ist nach der Schuldrechtsreform ebenfalls als ungeschriebene Voraussetzung im Rahmen der §§ 280 Abs 3, 281 Abs 1 S 1, 323 Abs 1 BGB zu verlangen, soweit es um Vertragsschuldverhältnisse geht (vgl STAUDINGER/SCHWARZE [2017] § 281 Rn B 82 f). Mangelnde Vertragstreue nimmt der untreuen Partei den Anspruch auf die Gegenleistung und ermöglicht den „tu-quoque"- und „unclean hands"-Einwand (so schon RGZ 67, 313, 317; vgl auch STAUDINGER/LOOSCHELDERS/OLZEN § 242 Rn 630 f u 1046). **65**

d) Äquivalenzprinzip*

Das **Äquivalenzprinzip** dient als Ausgangspunkt zum Ausgleich einer ungleichen Kräfteverteilung zwischen Vertragsparteien (vgl auch Rn 67). Entsprechend dem Wortsinn „Äquivalenz" (aequus [lat] = gleich, gerecht, günstig; valere [lat] = wert sein) zielt der Grundsatz auf die **Gleichwertigkeit** von **Leistung** und **Gegenleistung** in **Austauschverträgen** (HENKEL, Einführung in die Rechtsphilosophie § 32 VIII 1, 410). Dass diese Vorstellung bei den heutigen Marktverhältnissen kein tauglicher Anknüpfungspunkt für die Beurteilung mehr sein kann, bedarf keiner näheren Begründung (ausf STAUDINGER/SCHWARZE [2015] Vorbem 7 f zu §§ 320–326). Deshalb wendet vor allem **66**

---

* **Schrifttum**: BARTHOLOMEYCZIK, Äquivalenzprinzip, Waffengleichheit und Gegengewichtsprinzip in der modernen Rechtsentwicklung, AcP 166 (1966) 30; BYDLINSKI, Privatautonomie und objektive Grundlagen des verpflichtenden Rechtsgeschäftes (1967); HÄRLE, Die Äquivalenzstörung (Diss München 1995); OECHSLER, Gerechtigkeit im modernen Austauschvertrag (Habil Saarbrücken 1997); SCHAPP, Grundfragen der Rechtsgeschäftslehre (1986); M STÜRNER, Der Grundsatz der Verhältnismäßigkeit im Schuldrecht (Habil Köln 2010).

der BGH das Prinzip über die Generalklauseln des Privatrechts, insbes §§ 242, 307 BGB, vormals § 9 AGBG, bei gestörten Austauschverträgen zur Wiederherstellung der Vertragsgerechtigkeit an (vgl bspw BGHZ 96, 103, 108; 178, 227, 241; STAUDINGER/ LOOSCHELDERS/OLZEN § 242 Rn 456 ff). Dazu bedarf es eines Bewertungsmaßstabes. Diesen bildet ein sog **Nominalgut**, das also auf Leistungen jeglicher Art anzuwenden ist, mit anderen Worten: Geld (SCHIERENBECK/WÖHLE, Grundzüge der Betriebswirtschaftslehre [19. Aufl 2016] 4).

67 Dabei kann die Bewertung der Austauschleistungen anhand **objektiver** (objektiver Äquivalenzbegriff; zB Marktpreise etc) oder **subjektiver Maßstäbe** (subjektiver Äquivalenzbegriff) erfolgen. Daneben unterscheidet man den **weiten** vom **engen Äquivalenzbegriff**: Der weite Äquivalenzbegriff umfasst **Haupt-** und **Nebenleistungen** (vgl z möglichen Umfang BARTHOLOMEYCZIK AcP 166 [1966] 30, 31), der enge ausschließlich die Hauptleistung. Schließlich existiert noch ein sog **funktionaler Äquivalenzbegriff**, der die Funktion der auszutauschenden Leistungen ab Vertragsschluss beschreibt (von diesem Zeitpunkt an haben sie nur noch die Funktion, gegen die andere Leistung ausgetauscht zu werden).

68 Um zu einer angemessenen Bewertung einer evtl Störung der Vertragsgerechtigkeit zu gelangen, sind **alle Äquivalenzbegriffe** heranzuziehen (krit HÄRLE § 2 II 9). Die ausschließliche Anwendung des subjektiven Äquivalenzbegriffs wäre nur bei gleichen Kräfteverhältnissen denkbar, während die Bewertung allein anhand objektiver Kriterien die Privatautonomie beeinträchtigen würde. Ebenso wenig kann man ausschließlich den engen Äquivalenzbegriff anwenden, da Nebenleistungen uU erhebliche Bedeutung haben. Ein Bsp dafür, dass Nebenpflichten Wertbemessungsfaktoren darstellen, sind die unternehmerischen Rückstellungen für Gewährleistungsverpflichtungen (BAETGE/KIRSCH/THIELE, Bilanzen [9. Aufl 2007] 425; s auch ESSER/SCHMIDT, Schuldrecht I § 2 III 2, 36 iVm Fn 73, 36).

69 Im Zusammenhang mit dem Äquivalenzprinzip, aber durchaus auch von eigenständiger Bedeutung, sind **Synallagma** (Austausch) und die Lehre vom **Wegfall der Geschäftsgrundlage** zu nennen, die der Erklärung von Schuldverhältnissen dienen und wesentliche Rechtsfolgen auslösen (zB § 313 BGB, §§ 320 ff BGB). Die wechselseitige Abhängigkeit wirkt sich bei der **Begründung des Schuldverhältnisses** aus (genetisches Synallagma), bei seinem **Fortbestand** (konditionelles Synallagma) und bei seiner **Durchsetzung** (funktionelles Synallagma; vgl zum Ganzen ausf STAUDINGER/ OTTO/SCHWARZE [2015] Vorbem 17 ff zu §§ 320–326). Dabei versteht man unter dem Synallagma die Zweckstruktur, mit der die Parteien eines Austauschvertrages zumindest zwei primäre Hauptleistungspflichten so miteinander verknüpfen, dass die eine nicht ohne die andere eingegangen würde (ausf GERNHUBER, Schuldverhältnis § 13 II 1, 312 ff; wNw auch bei STAUDINGER/SCHWARZE [2015] Vorbem 6 ff zu §§ 320–326).

70 Äquivalenzprinzip und Synallagma liegt der gemeinsame Gedanke zugrunde, dass das Zustandekommen eines Vertrages von **subjektiven Kriterien** beeinflusst wird (STAUDINGER/SCHWARZE [2015] Vorbem 7 zu §§ 320–326). Das Äquivalenzprinzip geht jedoch weiter, da es auch objektive Kriterien bei der Bewertung berücksichtigt. Die Eigenständigkeit gegenüber der Lehre vom Wegfall der Geschäftsgrundlage ergibt sich aus unterschiedlichen zeitlichen Bewertungsansätzen. Während die Geschäftsgrundlage bei Vertragsschluss festgelegt wird, erfolgt die Bewertung im Rahmen des

Äquivalenzprinzips erst bei **Eintritt der Vertragsstörung** (vgl RGZ 100, 129, 131 ff). Die in § 313 BGB normierte Lehre vom Wegfall der Geschäftsgrundlage ist eine der wichtigsten gesetzgeberischen Antworten auf die **Störung der Vertragsgerechtigkeit** (vgl iE die Ausf z § 313; SCHMIDT-RÄNTSCH, Das Neue Schuldrecht Rn 615 ff).

3. Haftung bei Beteiligung Dritter

Das Schuldrecht geht grds davon aus, dass der Schuldner seiner Verpflichtung nicht **71** in Person nachzukommen hat (arg e § 267 Abs 1 S 1 BGB; Ausnahmen zB §§ 613, 664 BGB). Demnach kann er sich bei der Erfüllung auch der Hilfe Dritter bedienen. Dadurch verbessert sich die wirtschaftliche Situation eines Schuldners wesentlich, da er mehr Schuldverhältnisse begründen kann, als er allein zu erfüllen vermag. Im Gegenzug erwächst ihm daraus eine Aufsichts- und Überwachungspflicht. Denn die **Drittbeteiligung** schafft für die Vertragsparteien neue **Risiken**.

Wird ein Dritter im Pflichtenkreis eines anderen bei dessen Vertragserfüllung tätig, **72** so wäre eine ausschließlich eigene Haftung des Dritten unbillig. Der Schuldner, der die Vorteile der Tätigkeit des Dritten ausnutzen kann, muss auch den damit verbundenen Nachteil, dass rechtlich geschützte Interessen des Gläubigers verletzt werden können, in Kauf nehmen (BGHZ 95, 128, 132; vgl auch LOOSCHELDERS, Schuldrecht AT § 25 Rn 11). Diesen Sachverhalt regelt § 278 BGB, eine Zurechnungsnorm und keine Anspruchsgrundlage. Derjenige, der bei der Erfüllung einer eigenen Verbindlichkeit nicht selbst tätig wird, haftet ggf dennoch neben dem Schädiger (Erfüllungsgehilfen) aus eigenem Verschulden.

4. Gewährleistung

Eine Ausprägung der subjektiven Äquivalenz (s oben Rn 67) findet sich im **Ge-** **73** **währleistungsrecht** (BYDLINSKI, System und Prinzipien des Privatrechts [Wien ua 1996] 2. HauptTeil IV B 181 f). Sobald ein Leistungsaustausch zweier Parteien qualitativ nicht der vertraglichen Vereinbarung entspricht, kann die betroffene Partei unter bestimmten Voraussetzungen **statt Erfüllung oder Nacherfüllung**, §§ 433 Abs 1 S 1, 437 Nr 1, 439 BGB bzw §§ 633 Abs 1, 634 Nr 1, 635 BGB **Sekundärrechte** geltend machen (Rücktritt und Minderung, vgl zB §§ 437 Nr 2, 440, 323, 326 Abs 5, 441, 537 Abs 1, 581 Abs 2 iVm 537, 586, 651m BGB; z Bedeutung der Mängelrüge vgl auch HENKEL, Einführung in die Rechtsphilosophie § 32 VIII 1, 410). Ein **Mangel** wird grds anhand des **subjektiven Fehlerbegriffs** (vgl bspw BGH NJW-RR 1995, 364) ermittelt, der der Neufassung der §§ 434, 633 BGB zugrunde liegt (BGH BauR 2004, 1941 ff; MünchKomm/WESTERMANN § 434 Rn 6). Hieran zeigt sich die Bedeutung der Parteivereinbarung und des subjektiven Äquivalenzbegriffs, da die Sekundärrechte nur bei Abweichungen von der Parteivereinbarung entstehen. Das Prinzip der **Vertragstreue** (s oben Rn 65) verlangt teilw weitere Voraussetzungen (zB Fristsetzung beim Nacherfüllungsanspruch gem §§ 439, 635; vgl auch § 281 Abs 1 S 1 BGB). Die Gewährleistungsansprüche gleichen also grds das enttäuschte Vertrauen auf ordnungsgemäße Erfüllung und darauf beruhender Kalkulation (ERMAN/GRUNEWALD [10. Aufl] § 463 Rn 1) aus.

Aufgrund eingeschränkter Äquivalenz bedürfen Sekundärrechte bei einseitig ver- **74** pflichtenden und unvollkommen zweiseitigen Schuldverhältnissen über § 276 BGB hinausgehende Voraussetzungen für die Einstandspflicht der schlechtleistenden

Partei. Sie liegen regelmäßig in **Arglist** bzw **grober Fahrlässigkeit** (§§ 521, 523; 599, 600 BGB). Eine Abweichung kennt das **Auftragsrecht**. Obwohl der Beauftragte gem § 662 BGB unentgeltlich handelt, haftet er uneingeschränkt gem § 276 BGB und muss sich auch das Verschulden seiner Erfüllungsgehilfen gem § 664 Abs 1 S 3 BGB in vollem Umfang zurechnen lassen. Die Abweichung beruht auf dem **personalen Bezug** des Auftrags. Schenkung und Leihe richten sich auf Hingabe von Gegenständen, der Auftrag ist eine bewusste Einschaltung einer bestimmten Person (dies zeigt auch die Höchstpersönlichkeit, § 664 Abs 1 S 1 BGB). Der Beauftragte soll die Interessen des Auftraggebers so gut wie möglich wahrnehmen (arg e §§ 665, 666, 671 Abs 2 BGB). Damit verträgt sich keine Haftungsbeschränkung (z den sog Gefälligkeitsverträgen vgl u § 241 Rn 71 ff).

5. Praktische Bedeutung der Grundprinzipien des Schuldrechts

75 Die Normen des Schuldrechts sind im Wesentlichen aus sich selbst heraus verständlich. Deshalb stellt sich die Frage nach der Relevanz dogmatischer Grundprinzipien. Ihre Bedeutung entfalten sie vor allem bei der Auslegung der Generalklauseln, §§ 138, 157, 226, 242, 307, 826 BGB. Sie nehmen auf bestimmte **Werte** und Grundsätze Bezug, geben aber keinen konkreten Tatbestand vor. Der Richter erhält durch Anwendung der Grundprinzipien die Möglichkeit, auf bestimmte Aspekte der **Gerechtigkeit** zurückzugreifen. Dies hilft bei der Entwicklung der **Rechtskultur** (Staudinger/Honsell [2018] Einl 71 zum BGB) und kennzeichnet die **Dynamik des Rechts** (dazu sowie z Bedeutung der richterlichen Rechtsfortbildung s unten Rn 203 ff; vgl noch z Bedeutung der Grundprinzipien in Bezug auf § 9 AGBG aF Staudinger/Coester [1998] § 9 AGBG Rn 172).

76 Eine grundlegende Rechtsdogmatik hat nicht nur systematisierende Funktion. Sie dient ferner dazu, Widersprüche in der Rechtsordnung und der Rechtskontrolle aufzudecken, also der Lösung neuer und alter Probleme (Koziol, Glanz und Elend der deutschen Zivilrechtsdogmatik, AcP 212 [2012] 1, 2; Canaris, Funktion, Struktur und Falsifikation juristischer Theorien, JZ 1993, 377, 378 f; Stürner, Das Zivilrecht der Moderne und die Bedeutung der Rechtsdogmatik, JZ 2012, 10, 11). Ihre **praktische Bedeutung** zeigt sich beispielsweise, indem sie Maßstäbe für die **Anwendung der Generalklausel** des § 242 BGB gibt oder bei der Feststellung, ob eine AGB iS des § 307 Abs 2 BGB den Adressaten **unangemessen benachteiligt**, hilft.

77 Die Übernahme der meisten Verbraucherschutzgesetze in das BGB könnte die inhaltliche Ausgestaltung der Grundprinzipien, insbes im Hinblick auf die Beurteilung von Äquivalenz, Vertragstreue und Geschäftsgrundlage, beeinflussen. Hierauf deuten viele **Entwicklungen** in der Rspr hin. Schon lange vor der Schuldrechtsreform (vgl dazu iE Rn 180 ff) gab es daran heftige Kritik (Lieb DNotZ 1989, 274 ff). Eine Beeinflussung der Grundprinzipien durch punktuelle gesetzgeberische Änderungen zum Ausgleich von Ungleichgewichten ist insbes deshalb problematisch, weil Voraussetzungen und Folgen oft nicht klar herausgearbeitet werden (vgl z Einschränkung der Privatautonomie auch Staudinger/Looschelders/Olzen § 242 Rn 456 ff). Der Verbraucherschutz stellt zB einen ganz anderen Ansatz für die Bewertung dar als die (idealiter gegebene) Gleichwertigkeit der Leistungen und gleiche Stärke der Parteien, von der das BGB ursprünglich ausging.

III. Grundprinzipien der gesetzlichen Schuldverhältnisse

1. Entstehungsgründe

Gesetzliche Schuldverhältnisse entstehen (allein) durch die Erfüllung eines normativen Tatbestandes. Während **rechtsgeschäftliche Schuldverhältnisse** dem **Güteraustausch** dienen, verfolgen sie den **Güterschutz** (ESSER/SCHMIDT, Schuldrecht I § 4, 65) und geben deshalb den Beteiligten keine inhaltliche Mitbestimmung; es tritt vielmehr Fremdbindung ein. Darin zeigt sich ihr Charakter als Teil der **bürgerlich-rechtlichen Ausgleichsordnung** (ERMAN/BUCK-HEEB Vor § 812 Rn 1; LOOSCHELDERS, Schuldrecht AT § 12 Rn 5). Gesetzliche Ausprägung ausgleichender Gerechtigkeit sind **Bereicherungs-** und **Deliktsrecht** (lt COING, Grundzüge der Rechtsphilosophie [5. Aufl 1993] Kap IV, II 193 ff, sog justitia commutativa; HENKEL, Einführung in die Rechtsphilosophie § 32 VIII 3, 411, sieht darin eine iustitia correctiva als Unterfall ausgleichender Gerechtigkeit). 78

2. Geschäftsführung ohne Auftrag

Die **Geschäftsführung ohne Auftrag** (GoA) gem § 677 BGB ist ein **gesetzliches Schuldverhältnis** (vgl MünchKomm/SCHÄFER Vor § 677 Rn 13; FIKENTSCHER/HEINEMANN, Schuldrecht Rn 1259). Demzufolge kann jemand, der willentlich ein Geschäft für einen anderen tätigt, ohne dass er mit dessen (mutmaßlichen) Willen und dazu berechtigt oder verpflichtet ist, gem § 683 S 1 BGB Ersatz seiner Aufwendungen von demjenigen verlangen, in dessen Interesse gehandelt wurde. Dabei handelt es sich um einen schuldrechtlichen Ausgleichsanspruch im Innenverhältnis zwischen Geschäftsherrn und Geschäftsführer. Das gilt jedoch nur für die Fälle der sog „echten GoA" (MEDICUS/PETERSEN, BR Rn 405 f, 421). Davon spricht man, wenn die genannten Voraussetzungen vorliegen; Abweichungen finden sich in §§ 684 und 687 BGB. 79

In der GoA kommt die bürgerlich-rechtliche Ausgleichsordnung zum Ausdruck (aA MünchKomm/SEILER [6. Aufl 2012] Vor § 677 Rn 1, demzufolge es nicht möglich sei, einen die GoA kennzeichnenden Grundgedanken festzustellen). Derjenige, der in fremdem Interesse – also nicht aus Eigennutz – handelt, soll die finanziellen Folgen seines Handelns nicht selbst tragen müssen. Aus diesem Grundgedanken ergibt sich zugleich die Begrenzung des gesetzlichen Schuldverhältnisses „GoA": Nur wenn der Geschäftsführer auch tatsächlich das Interesse eines anderen wahrt, kann er von diesem Ausgleich verlangen; Aufwendungen für Handlungen in eigenem Interesse sind gem § 687 Abs 1 BGB nicht ersatzfähig (ausf STAUDINGER/BERGMANN [2015] Vorbem 1 zu §§ 677 ff). 80

Die Rechtsordnung behandelt im Rahmen der GoA die Wahrnehmung fremder Angelegenheiten also als eine Erscheinung des Gesellschaftslebens (LARENZ/CANARIS, Schuldrecht II/1 § 57, 436 f). Andererseits muss sich niemand eine ihm unerwünschte Leistung aufdrängen lassen. Deswegen tritt die Ersatzpflicht des Geschäftsherrn gem § 683 S 1 BGB auch nur unter eingeschränkten Voraussetzungen ein (LARENZ/CANARIS, Schuldrecht II/1 § 57, 436). So muss das Geschäft gem § 677 BGB zumindest **auch** eine Angelegenheit des Geschäftsherrn gewesen sein (FIKENTSCHER/HEINEMANN, Schuldrecht Rn 1280 ff; LARENZ/CANARIS, Schuldrecht II/1 § 57 I a; MEDICUS/PETERSEN, BR Rn 407 ff). Sein evtl entgegenstehendes Interesse kann allerdings außer Acht gelassen werden, wenn die Geschäftsführung der Erfüllung einer Pflicht des Geschäftsherrn 81 dient, die im öffentlichen Interesse liegt, § 679 BGB (z GoA ausf STAUDINGER/WITTMANN [1995] §§ 677 ff).

3. Deliktsrecht

82 Eine Beeinträchtigung fremder Rechtsgüter greift in den status quo des Geschädigten ein. Das **Deliktsrecht** dient dem **Ausgleich** und der **Wiederherstellung** des status quo ante auch unter Berücksichtigung seiner möglichen Fortentwicklung (z den Funktionen iE STAUDINGER/HAGER [1999] Vorbem 7 ff zu §§ 823 ff; ESSER/SCHMIDT, Schuldrecht I § 4 I 1, 67). Die status quo ante-Orientierung zeigt sich selbst in der **Wertbemessung** des Deliktsrechtes. Während sie in Vertragsschuldverhältnissen durch die Parteien geschieht (s oben Rn 49), erfolgt sie im Deliktsrecht im Hinblick auf die Mindesthöhe des Schadensersatzes anhand objektivierter Wertmaßstäbe (z Schadensbegriff vgl PALANDT/ GRÜNEBERG Vorb v § 249 Rn 9 ff; z Einfluss der Versicherbarkeit von Risiken s unten Rn 89 ff [insb Rn 91]; z ökonomischen Ansätzen vgl die Nachw bei STAUDINGER/HAGER [1999] Vorbem 14 ff zu §§ 823 ff). Das Gesetz räumt den Beteiligten Einwirkungsmöglichkeiten auf das Schuldverhältnis erst nach dessen Entstehung, also im Rahmen der Abwicklung, ein.

83 Die **Wiederherstellungspflicht** des Schädigers wird durch verschiedene Tatbestände ausgelöst; sie verlangt **Verschulden** oder eine tatbestandsmäßige **Gefährdung**. Das Verschulden bezieht sich entweder auf die schädigende Handlung oder auf die Verletzung einer Handlungs-, Verkehrs- oder Überwachungspflicht. Daneben sind oft mit dem Gebrauch gefährlicher bzw schwer zu kontrollierender Gegenstände verschuldensunabhängige Ersatzpflichten verbunden, ebenso mit der Herstellung von Produkten (vgl ausf z Verkehrspflichten STAUDINGER/HAGER [2009] § 823 Rn E 1 ff).

84 Die sehr weitgehende Einstandspflicht muss durch **Kausalitätsanforderungen** und **Zurechnung** sowie evtl den **Schutzzweck der Norm** begrenzt werden (STAUDINGER/ SCHIEMANN [2017] § 249 Rn 8 ff). Dies soll die Feststellung ermöglichen, ob und in welchem Umfang eine Ersatzpflicht besteht (Ausnahme: § 830). Damit ist auch die Einschränkung der Ersatzpflicht auf den/die beteiligten Schädiger verbunden. Sie stellt sich als Folge der Relativität auch gesetzlicher Schuldverhältnisse dar. Das Deliktsrecht kennt jedoch eine Ausnahme, da an der Schädigungshandlung Unbeteiligte evtl Ersatz verlangen können, §§ 844, 845 BGB (PALANDT/SPRAU § 844 Rn 1; ERMAN/WILHELMI § 844 Rn 1).

85 Ein weiteres tragendes Prinzip des gesamten BGB und damit auch des Schuldrechts besteht im Schutz bestimmter Personengruppen aufgrund **mangelnder Einsichtsfähigkeit** im Hinblick auf die Folgen eigenen Handelns (§ 276 Abs 1 S 2 BGB; Mot I 129 f = MUGDAN I 423; z Ausnahmen vgl STAUDINGER/DILCHER[12] § 105 Rn 6 ff). Es gilt im Rahmen gesetzlicher Schuldverhältnisse fort (Mot II 731 f = MUGDAN II 408), und kann sogar zu einem **Haftungsausschluss** für Schädiger führen (§§ 827, 828 BGB). Dem steht das grundsätzliche Ziel einer Wiederherstellung des status quo ante entgegen, sodass es zu einer Verlagerung der Wiederherstellungslast vom Schädiger auf den Geschädigten kommt, sofern kein **Aufsichtspflichtiger** eintreten muss (vgl zB § 832 BGB; Mot II 735 = MUGDAN II 410). Dieser kann sich aber von der vermuteten mangelhaften Aufsicht exculpieren oder ihre Kausalität für den Schadenseintritt bestreiten, § 832 Abs 1 S 2 BGB. Zur Vermeidung von Unbilligkeiten (Mot II 99 = MUGDAN II 1268)

besteht je nach wirtschaftlicher Lage von Schädiger und Geschädigtem uU auch ohne Verschulden eine Einstandspflicht des Schädigers gem § 829 BGB, wenn dem Ersatzpflichtigen durch den Schadensausgleich nicht die wirtschaftliche Existenzgrundlage entzogen wird.

Die **Risikoverlagerung** bei Einbeziehung Dritter zeigt sich auch in den gesetzlichen Schuldverhältnissen (s oben Rn 78). Wer jemanden zu einer **Verrichtung** bestellt, muss ihn sorgfältig auswählen und beaufsichtigen (Mot II 736 = MUGDAN II 411 spricht vom Sorgfaltsmaßstab eines „ordentlichen Hausvaters"). Eine verschuldensunabhängige Einstandspflicht allein aufgrund rechtlicher Nähebeziehung zum Schädiger ist dem BGB dagegen fremd. Daher hängt eine Ersatzpflicht vom eigenen Verschulden des Geschäftsherrn bzw Aufsichtspflichtigen ab, das allerdings in den §§ 831 Abs 1 S 2 BGB und 832 Abs 1 S 2 BGB **widerleglich vermutet** wird. Hierin liegt die Kehrseite der gesteigerten wirtschaftlichen Leistungsfähigkeit des Geschäftsherrn durch Einschaltung von Gehilfen (z den haftungsrechtlichen Besonderheiten im Arbeitsrecht vgl STAUDINGER/ RICHARDI/FISCHINGER [2016] § 611 Rn 182 ff). 86

4. Bereicherungsrecht

Das **Bereicherungsrecht** der §§ 812–822 BGB ist ein weiterer Bestandteil der bürgerlich-rechtlichen Ausgleichsordnung (s oben Rn 66). Das BGB hat nicht den gemeinrechtlichen Grundsatz übernommen, dass sich niemand mit dem Schaden eines anderen bereichern dürfe (Mot I 829 = MUGDAN II 461). Die heutigen Kondiktionen dienen vielmehr der **Rückgängigmachung rechtsgrundloser Vermögensverschiebungen** (Mot I 829 = MUGDAN II 461) und weisen auf die Funktion des Schuldrechts als Mittel der Güterbewegung hin (ausf STAUDINGER/LORENZ [2007] Vorbem 1 ff z §§ 812 ff; ERMAN/ WESTERMANN Rn 5). 87

Das **Abstraktionsprinzip** (s oben Rn 26) kann eine **wirksame**, aber gleichwohl **rechtsgrundlose** Güterumverteilung hervorrufen (ESSER/SCHMIDT, Schuldrecht I § 1 III 2, 16). Um sie rückabzuwickeln, stehen dem Schuldner Kondiktionsansprüche zu, etwa weil kein kausales Geschäft vorlag oder dieses unwirksam ist bzw wird (zB infolge Gesetzes- oder Sittenwidrigkeit, §§ 134, 138 BGB, Anfechtung, § 142 Abs 1 BGB). Dagegen bleibt der Erwerb kondiktionsfest, wenn der Anspruchsgegner einen **Rechtsgrund** zum Behalten hat, zB in Form eines wirksamen Vertrages. 88

Das Bereicherungsrecht gewährt als Ausprägung der Ausgleichsordnung grds einen **Anspruch** auf das durch die unrechtmäßige Umverteilung **Erlangte**, § 818 Abs 1 BGB. Im Gegensatz zum Deliktsrecht, das auf die Wiederherstellung des status quo ante zuzüglich der vermuteten Weiterentwicklung gerichtet ist, hat das Bereicherungsrecht also **abschöpfende Funktion** (LARENZ/CANARIS, Schuldrecht II/2 § 67 I 1 a, 128). Dem Vertrauensschutz wird dadurch Rechnung getragen, dass der Anspruch gegen den Gutgläubigen auf den (noch vorhandenen) Umfang des Erlangten begrenzt ist, § 818 Abs 3 BGB (Prot II 2982 = MUGDAN II 1182), der bösgläubige bzw verklagte Herausgabepflichtige dagegen in vollem Umfang Ersatz zu leisten hat (§§ 818 Abs 2, 820 Abs 1, 819, 818 Abs 4, 292, 989 BGB). Auch bei der aufgedrängten Bereicherung kann sich der Bereicherungsschuldner darauf berufen, dass die konkrete Bereicherung für ihn wertlos sei (LOOSCHELDERS, Schuldrecht BT § 56 Rn 10). 89

IV. Sonderfall: Versicherbarkeit von Risiken*

1. Allgemeines

90 Sowohl Körper- als auch Vermögensschäden können existenzbedrohend wirken, uz für den Geschädigten und für den Schädiger gleichermaßen. Grds wird der Schaden auf den Schädiger abgewälzt (s oben Rn 43), seine wirtschaftliche Existenz darf jedoch durch die Schadensverlagerung nicht gefährdet werden. Evtl Absicherungen bestehen in einer Inanspruchnahme des Staates (Subventionen, Sozialhilfe), in individueller Selbsthilfe durch Rücklagenbildung oder durch kollektive Hilfe im Rahmen einer **Versichertengemeinschaft** (STAUDINGER/HAGER [1999] Vorbem 7 ff zu §§ 823 ff BGB).

91 Der Rückgriff auf die Versichertengemeinschaft sichert das einzelne Mitglied gegen unvorhergesehene Schäden, sodass der (das Risiko kennzeichnende) ungewisse Bedarf an finanziellen Mitteln gedeckt ist. Die regelmäßige Beitragsleistung jedes Mitglieds ermöglicht insgesamt die Risikoverteilung auf die Gemeinschaft (ALBRECHT/SCHWAKE, in: FARNY/HELTEN/KOCH/SCHMIDT 651). Die Versicherbarkeit von Risiken schafft schließlich eine Rechtfertigung für die Zufallshaftung (LOOSCHELDERS VersR 1996, 529, 534 mwNw; MAKOWSKY 60 ff).

2. Auswirkungen auf das Schuldrecht

92 Entsprechend dem Grundsatz „casum sentit dominus" (s oben Rn 39) trägt jeder Teilnehmer am Rechtsverkehr grds sein eigenes Risiko und ist so gesehen sein eigener Versicherer. Der Eintritt in eine Versichertengemeinschaft kann dieses Risiko uU abwälzen, sodass im Falle einer Haftpflicht ein solventer Dritter, die Versicherungsgemeinschaft, für den Schaden einsteht, und der Einzelne entlastet wird. Gleichfalls begünstigt der von einer Versicherung vorgenommene Schadensausgleich den Geschädigten, der dadurch mit keinem (erheblichen) Anspruchsausfall zu rechnen hat (für eine Verteilung der Schadenslast bei Gefährdungshaftung unter Berücksichtigung von Leistungskraft und Versicherbarkeit BLASCHCZOK, Gefährdungshaftung und Risikozuweisung [Habil Passau 1993] § 2 I 2 a gg, 68; LOOSCHELDERS VersR 1996, 529, 534 mwNw) und das Risiko der Zahlungsunfähigkeit des Schädigers nicht tragen muss.

93 Die Rückgriffsmöglichkeit auf einen solventen Dritten hat eine kontinuierliche Änderung der Rspr hervorgerufen. So wurde die Auslegung haftungsbegründender Tatbestände erweitert, wie etwa die Interpretation des Begriffes **„Betrieb"** (eines Kfz) gem § 7 StVG zeigt. Unter Berücksichtigung der Tatsache, dass ein Kraftfahrzeughalter gem § 1 PflVersG eine Haftpflichtversicherung abzuschließen hat, fasste

---

* **Schrifttum**: vBAR, Das „Trennungsprinzip" und die Geschichte des Wandels der Haftpflichtversicherung, AcP 181 (1981) 289; FARNY/HELTEN/KOCH/SCHMIDT, Handwörterbuch der Versicherung (1988); HOFMANN, Privatversicherungsrecht (4. Aufl 1998); KOCH, Geschichte der Versicherungswissenschaft in Deutschland, in: FS zum 100jährigen Bestehen des Deutschen Vereins für Versicherungswissenschaft (1998); LOOSCHELDERS, Bewältigung des Zufalls durch Versicherung?, VersR 1996, 529; MAKOWSKY, Der Einfluss von Versicherungsschutz auf die außervertragliche Haftung (Diss 2013, Düsseldorf); PRÖLSS/MARTIN, VVG (28. Aufl 2010); SCHIMIKOWSKI, Versicherungsvertragsrecht (5. Aufl 2014); WEYERS/WANDT, Versicherungsvertragsrecht (6. Aufl 2016).

die Rechtsprechung zunächst nur den **tatsächlichen Betrieb** iS eines in Bewegung befindlichen Fahrzeugs (Hentschel/König/Dauer/König, Straßenverkehrsrecht § 7 StVG Rn 5a), während man später den Begriff auf den **ruhenden Verkehr** ausdehnte (Nachw bei Hentschel/König/Dauer/König, Straßenverkehrsrecht § 7 StVG Rn 5; zum Einfluss der Haftpflichtversicherung auf die Auslegung der Gefährdungshaftungstatbestände Makowsky 308 ff). Allgemein lässt sich darüber hinaus feststellen, dass die Versicherbarkeit von Risiken bei der Beurteilung von Schadensersatzansprüchen die **Höhe** und die **Zuweisung** von **Verantwortlichkeiten** beeinflusst hat. Dies verschärft gerade im Bereich der Verkehrspflichten die Anforderungen an die Sorgfalt so maßgeblich, dass die Verschuldenshaftung in die Nähe der Gefährdungshaftung gerät (Looschelders VersR 1996, 529, 537; zur rechtsdogmatischen Zulässigkeit Makowsky 281 ff). Dahinter steht die Annahme, die Verteilung des Schadens auf das Kollektiv sei gerechter, als ihn dem Einzelnen aufzubürden (Looschelders VersR 1996, 529, 537; vBar AcP 181 [1981] 289).

Es gibt aber noch weitere Auswirkungen der Versicherbarkeit von Schäden auf das Schuldrecht. So kann die **Rückgriffsmöglichkeit** auf eine Versicherung zum Verlust sonstiger (zivilrechtlicher) Schadensersatzansprüche des Geschädigten führen, zumeist dann, wenn der Geschädigte eine Kranken- oder Unfallversicherung in Anspruch nehmen kann. Ein Bsp bildet die Legalzession in § 116 Abs 1 S 1 SGB X. Die der Absicherung des Arbeiternehmers (Kötz/Wagner, Deliktsrecht Rn 593) dienende **Unfallversicherung** (erstmals eingeführt im Jahre 1884 durch die Bismarck'sche Sozialgesetzgebung, mittlerweile SGB VII; vgl dazu Olzen, Pflichtverletzungen des Durchgangsarztes, MedR 2002, 132) gewährt dem durch einen Arbeitsunfall, § 8 Abs 1 SGB VII, Wegeunfall, § 8 Abs 2 SGB VII, oder durch eine Berufskrankheit, § 9 SGB VII, Geschädigten einen Ausgleichsanspruch. Die Versichertengemeinschaft wird dabei von den berufsgenossenschaftlich verbundenen Arbeitgebern gebildet, die gem §§ 104 ff SGB VII bei Leistung durch die gesetzliche Unfallversicherung in ihrer Haftung privilegiert werden (Unternehmer, § 104 SGB VII; andere im [gleichen] Betrieb tätige Personen, § 105 SGB VII; Dritte, § 106 SGB VII). Dies bedeutet einen Einschnitt in das Zivilrechtssystem (Kötz/Wagner, Deliktsrecht Rn 599). **94**

Auch ein Schadensersatzanspruch gem § 829 BGB (s oben Rn 81 ff) entfällt uU, wenn der Geschädigte Mitglied einer Versichertengemeinschaft ist und dort Rückgriffsmöglichkeiten hat (Hk-BGB/Staudinger § 829 Rn 7; BGB-RGRK/Steffen § 829 Rn 15). Umstr ist jedoch, ob ein Versicherungsschutz des Schädigers zu den „Verhältnissen der Beteiligten" iSd § 829 BGB gerechnet werden kann. Bei einer gesetzlichen Pflichtversicherung gewährt die Rspr den Ersatzanspruch gem § 829 BGB (BGHZ 127, 186, 191 f), im Falle einer freiwilligen Haftpflichtversicherung misst sie dieser Rückgriffsmöglichkeit hingegen für die Anspruchshöhe Bedeutung bei (BGHZ 76, 279, 283 ff; 127, 186, 191; **aA** für eine generelle Einbeziehung einer Versicherung in die Billigkeitsprüfung: Soergel/Spickhoff § 829 Rn 20; Makowsky 203 ff). Da die Versicherungsleistung nicht nur den Schädiger, sondern auch den Geschädigten schützen soll, darf das Vorhandensein einer freiwilligen Haftpflichtversicherung jedenfalls nicht zu seiner Benachteiligung führen (Larenz/Canaris, Schuldrecht II/2 § 84 VII 1 b 652; s z der gesamten Fragestellung iÜ die Darstellung bei Staudinger/Oechsler [2018] § 829 Rn 45 ff; Makowsky 193 ff). **95**

Schließlich steht der Versicherungsschutz rechtlich im Zusammenhang mit der **Haftungssubsidiarität** (Staudinger/Wöstmann [2013] § 839 Rn 261 ff) gem § 839 Abs 1 S 2 **96**

BGB. Obwohl der Geschädigte durch die Versicherung eine Ersatzleistung erhält, wird ihm der Anspruch aus § 839 Abs 1 S 1 BGB deshalb aber nicht verwehrt. Seine eigene Leistung zur Begründung des Versicherungsschutzes in Form von Prämien soll keine Entlastung des schädigenden Hoheitsträgers bewirken (arg e § 86 VVG; krit Makowsky 338 ff; z weiteren Differenzierung vgl Hk-BGB/Staudinger § 839 Rn 33 mwNw).

D. Die Entwicklung des Schuldrechts in Deutschland bis zum Inkrafttreten des BGB

97 Die Entwicklung des Schuldrechts bis zum Inkrafttreten des BGB weist zwei miteinander korrespondierende Linien auf. Man kann zwischen der Entwicklung des materiellen Schuldrechts einerseits und der seiner Systematik andererseits unterscheiden. Im Hinblick auf die **Systematik** des Schuldrechts wird in der folgenden Darstellung ferner zwischen seiner Stellung im Zivilrecht an sich und seiner inneren Struktur differenziert.

I. Die Entwicklung des materiellen Schuldrechts

98 Die Geschichte der einzelnen Schuldverhältnisse und Institutionen lässt sich bis zu ihren **römischen** und **germanischen Rechtsquellen** zurückverfolgen. Die Einleitung zu einem Kommentar vermag jedoch nur einen kurzen allgemeinen Überblick über die wichtigsten gesellschaftlichen und rechtshistorischen Entwicklungsabläufe zu geben. Detaillierte Aussagen folgen jedoch später – soweit nötig – bei der Darstellung der einzelnen Rechtsinstitute.

1. Gesellschaftliche Entwicklungen seit dem Mittelalter

99 Im **Mittelalter** herrschte in Deutschland eine **agrarisch strukturierte Gesellschaft** vor, die sich durch bodenständige Bindung, örtliche Verschiedenheiten, soziale Abstufungen und Vorrang des unbeweglichen Vermögens vor den Mobilien auszeichnete (Staudinger/Coing/Honsell [2004] Einl 34 ff zum BGB). In den Städten gab es ein streng gegliedertes Gesellschaftssystem, das die Bewohner in ratsfähige Geschlechter, Zünfte und niedere Bevölkerung einteilte (vgl z den Ständen Mitteis/Lieberich, Deutsche Rechtsgeschichte 210 ff). Ein Wechsel zwischen den einzelnen Schichten war in einer solchen Gesellschaftsstruktur schwierig. Dieser „soziale Konservativismus" wurde vom deutschen Recht gefördert (Böhmer § 10 I 2, 61 ff).

100 Die auf **Naturalverkehr** basierende Hauswirtschaft erzeugte nur ein geringes Bedürfnis, Warenverkehr und Güteraustausch über Dorfgrenzen hinaus rechtlich zu regeln (vgl Coing, Epochen der Rechtsgeschichte in Deutschland [1967] 11). Eine Notwendigkeit für schuldrechtliche Normen bestand daher zunächst primär im **„Unrechtsverkehr"**, der damit den eigentlichen Ausgangspunkt des Schuldrechts bildete. **Selbsthilfe**, ursprünglich auf Buße und Genugtuung gerichtet, entwickelte sich dabei langsam zu einem auf **Schadensersatz** gerichteten System der Wiedergutmachung. Erst das **Münzgeld** verlagerte die Strafe von der personalen Buße zur Geldbuße. Hierher rührt die **Doppelbedeutung des Schuldbegriffs** als Verfehlung einerseits und der daraus resultierenden Verpflichtung zur Restitution andererseits (vAmira, Grundriss des Germani-

schen Rechts 211 ff; Larenz, Schuldrecht I § 2 IV; W Ogris, in: Handwörterbuch zur deutschen Rechtsgeschichte Bd 1 1901 ff).

2. Deutschrechtliche Grundlagen

Allgemeine Aussagen zum älteren deutschen Recht verbieten sich in der notwendigen Kürze fast vollständig wegen der **Rechtszersplitterung**, der oftmals nur rudimentären Kodifikation und der geringfügigen Durchdringung des Rechtsstoffes, die mit derjenigen des römischen Rechts nicht vergleichbar ist. Man kann aber sagen, dass das germanisch deutsche Recht aufgrund der geschilderten strengen, noch im Mittelalter vorhandenen, und starren Gesellschaftsstruktur lange Zeit ohne theoretische und dogmatische Rechtsansätze auskommen konnte. Gepflegt wurde überliefertes, durch Brauch und Sitte geprägtes, regional gebildetes und fortentwickeltes **Gewohnheitsrecht**, das in seinem Geltungsbereich zumeist auf Dörfer und Städte begrenzt war und von **Laienrichtern** angewendet wurde (vAmira, Grundriss des Germanischen Rechts 43; vgl Enneccerus/Nipperdey BGB AT § 2 I). **101**

Im **Mittelalter** entstand langsam das Bedürfnis nach einem über die geschilderte reine Unrechtshaftung hinausgehenden Schuldrecht, uz mit der Einführung des **Geld- und Kreditverkehrs**. Ein systematisches und einheitliches Schuldrecht ist nur solange entbehrlich, wie vornehmlich Tausch- oder jedenfalls Bargeschäfte getätigt werden. Mit dem Aufkommen von Zeit- und Kreditkauf sowie Darlehen und Dauerschuldverhältnissen wurde es notwendig, die dem Verpflichtungsgeschäft typischen Schwebe- und Spannungszustände auszugleichen bzw abzusichern. Erst ein geregeltes **Vertragsschuldrecht** konnte die von der Wirtschaft an den beschleunigten Warenaustausch gestellten rechtlichen Rahmenbedingungen schaffen, ohne die eine florierende Privatwirtschaft nicht denkbar ist (Böhmer § 24 I 1, 2, 245 f; z späteren Übergang vom Agrar- zum Industriestaat vgl auch Staudinger/Honsell [2018] Einl 9 f zum BGB; vgl auch Conrad, Deutsche Rechtsgeschichte Bd I [2. Aufl 1962] 422 ff; Köbler, Deutsche Rechtsgeschichte 96 ff). Der entscheidende Impuls ging dabei von den **Städten** aus, in denen die Verdrängung der Natural- durch die Geldwirtschaft begann. Das **freie Handwerk** löste den unfreien persönlichen Frondienst ab und die auf Bedarfsdeckung gerichtete Wirtschaftsweise wurde durch eine auf Gewinnerzielung gerichtete Ökonomie ersetzt (Wieacker, Privatrechtsgeschichte 110). Das Schuldrecht im mittelalterlichen Deutschland war zunächst meist in **ständischen** und **genossenschaftlichen Ordnungen** geregelt (Krause, Der deutschrechtliche Anteil an der heutigen Privatrechtsordnung, JuS 1970, 313, 319), die auch sonst das städtische Leben prägten. **102**

3. Der Einfluss des römischen Rechts auf die Entwicklung des materiellen Schuldrechts

Bereits Jahrhunderte zuvor hatte das **römische Recht** ein Schuldrecht entwickelt, das mit der **Rezeption** ab dem 14. Jahrhundert nach und nach in das deutsche Rechtsgebiet übernommen wurde (s unten Rn 106 ff; vgl Staudinger/Honsell [2018] Einl 54 zum BGB). Es enthielt bereits die wesentlichen Institute des heutigen Schuldrechts. Bekannt waren: die Trennung zwischen Schuld- und Sachenrecht, Regelungen bei Leistungsstörung sowie zur Erfüllung, Abtretung, Schuldübernahme und Novation, die meisten heute noch gültigen Vertragstypen, sowie die GoA und schließlich Bereicherungs- und Deliktsrecht (vgl Kaser/Knütel, RPR §§ 32–57). Ebenso wichtig **103** ist, dass sich bereits der dem heutigen Schuldrecht zugrunde liegende abstrakte Begriff des Schuldverhältnisses herausgebildet hatte (Kaser/Knütel, RPR § 32 Rn 1; z Begriff des Schuldverhältnisses vgl auch hier Rn 119).

4. Die Entwicklung des Handels- und Bankrechts

104 Für Handels-, Schifffahrts-, Berg- und Gewerberecht hatte das römische Schuldrecht hingegen noch keine Regelungen entwickelt. Diese für das Wirtschaftsleben besonders wichtigen Gebiete wurden daher auch nach der Rezeption von deutschrechtlichen Prinzipien beherrscht (Mitteis/Liebrich, Deutsche Rechtsgeschichte 331). Dennoch hat das römische Recht ihre systematische Ausgestaltung entscheidend mitgeprägt (s unten Rn 107 ff). Das für ein modernes Wirtschaftsleben unentbehrliche **Bankrecht** ist ebenfalls neueren Ursprungs. In den **oberitalienischen Städten** entstanden, erlangte es europaweite Geltung (Böhmer § 10 IV 64 ff; z Geschichte des Bankgeschäfts vgl Köbler, Lexikon Rechtsgeschichte 40 f) und kann als Pionier für die Rechtsvereinheitlichung und -fortbildung in Europa angesehen werden.

II. Die Herausbildung der systematischen Stellung des Schuldrechts im Gesamtsystem des Zivilrechts

105 Die **Systematik des Schuldrechtes** ist mit den Inhalten seiner Rechtsinstitute untrennbar verbunden. Die deutsche Rechtsentwicklung zeigt aber auch, dass nicht nur der Inhalt der Regelungen Auswirkungen auf die Systematik hat, sondern umgekehrt eine schulmäßig entwickelte Rechtssystematik ihrerseits das materielle Recht beeinflusst, zB im Wege der **systematischen Gesetzesauslegung**. Dieser Umstand dürfte die Harmonisierung des europäischen Rechts in der Zukunft bei ganz unterschiedlichen Ansätzen in den einzelnen Ländern der Gemeinschaft kaum unberührt lassen.

1. Aktueller Stand der Diskussion

106 Die Diskussion über die systematische Gliederung des Zivilrechts, die intensiv vor der Entstehung des BGB, insbes im 19. Jahrhundert, geführt wurde, war gegen Ende des 20. Jahrhunderts eher zum Erliegen gekommen, wohl auch deshalb, weil sie in dieser Zeit für unbedeutend gehalten wurde. Gerade die Schuldrechtsreform mit ihrer Integration der Verbraucherschutzgesetze in das BGB (s unten Rn 202), sowie andere Gesetzesänderungen, zB das Patientenrechtegesetz (v 20. 2. 2013, BGBl I 2013, 277, s unten Rn 170) tragen zu einer aktuellen Auseinandersetzung mit der Systematik des BGB bei. Die Bedeutung von Systematisierung für die praktische Rechtsanwendung darf auch heute nicht unterschätzt werden. Dies zeigen manche schnell ausgearbeiteten Gesetze, deren Anwendung aufgrund systematischer Ungenauigkeit oft Schwierigkeiten bereitet. Auch die bereits erwähnten Bemühungen um eine europäische Rechtsvereinheitlichung verdeutlichen, wie stark unterschiedliche systematische Ansätze die Entwicklung verlangsamen können.

2. Die Vorläufer

107 Für den **Aufbau** des heutigen Zivilrechtes war die bereits angesprochene **Rezeption** des römischen Rechts (z Rezeptionsvorgang vgl Laufs, Rechtsentwicklungen III 1, 2 48 ff; Wieacker, Privatrechtsgeschichte 2. Teil) von entscheidender Bedeutung (Kaser, Der römische Anteil am deutschen bürgerlichen Recht, JuS 1967, 337, 339). Sie wurde in erster Linie durch das Studium deutscher Rechtsstudenten an den Universitäten der oberitalienischen Städte verursacht, lange Zeit bevor es in Deutschland zu den ersten Fakultätsgründungen gekommen war. Die Rezeption (SCHLOSSER, Grundzüge der Privatrechtsgeschichte [10. Aufl 2005] 5 ff mwNw) führte primär zu einer **Verwissenschaftlichung** des deutschen Rechtswesens und zu einer **Ablösung des Laienrichterwesens** im germanisch deutschen Rechtskreis (ENNECCERUS/NIPPERDEY BGB AT § 3 II 2). Da hierdurch römisch-rechtliche Ansätze für unser heutiges Rechtsgebiet bestimmend wurden, dürfte einer der wichtigsten Ausgangspunkte der heutigen zivilrechtlichen Systematik die **Institutionen** des GAIUS (ca 160 nChr) gewesen sein (Deutsche Übersetzung von BEHRENDS/KNÜTEL/KUPISCH/SEILER [4. Aufl 2013]), die das gesamte Zivilrecht in „personae, res, actiones" einteilten. Das Schuldrecht stellte dabei zunächst eine Untergliederung des Sachenrechts („res") dar und wurde dort den „res incorporales" zugeordnet. Die „res corporales" enthielten das heutige Sachenrecht ieS, aber auch das Erbrecht.

a)   Entwicklung der Systematik im römischen Recht

Die ausgeprägte Systematik des römischen Rechts selbst ist kein Produkt wissenschaftlicher Arbeit, sondern der **Rechtspraxis**. Zur prozessualen Rechtsdurchsetzung wurden Streitformulare, sog „actiones" („actiones in rem" und „actiones in personam"), verwendet, die man für jede „actio" aufgestellt hatte, und aus denen sich Grund und Inhalt der Obligation ablesen ließen. Die Trennung zwischen materiellem Recht und Prozessrecht war dem römischen Recht noch unbekannt. An diesen festen Riten bildeten sich nicht nur das einzelne Schuldverhältnis, sondern auch die gesamte Systematik des Zivilrechts aus (KASER/KNÜTEL RPR § 2 Rn 26). **108**

b)   Die Kodifikationen zu Anfang des 19. Jahrhunderts

Die wichtigsten Kodifikationen zu Anfang des **19. Jahrhunderts** (vgl BUCHER ZEuP 2003, 353 ff), die sich noch an dieser Einteilung orientierten, ordneten dem Schuldrecht daher noch keinen eigenen Abschnitt zu. Im österreichischen **ABGB** von 1811 ist das Schuldrecht im 2. Teil („Von dem Sachenrechte") und dort in der 2. Abteilung („Von den persönlichen Sachenrechten") geregelt. Das preußische **ALR** aus dem Jahre 1794 wies dem Schuldrecht ebenfalls keinen eigenen, systematisch geschlossenen Teil zu. Schuldrechtliche Regelungen fanden sich vielmehr im Zusammenhang mit Regelungen zu Willenserklärungen und Verträgen (1. Teil, 4. und 5. Titel) sowie im Sachenrecht (11. Titel). Auch der französische **Code civil** von 1804 folgte dieser Systematik (z Einfluss auf das BGB vgl GROSS, Vom Code civil zum BGB – eine Spurensuche, JZ 2004, 1137 ff; SCHUBERT, Französisches Recht in Deutschland zu Beginn des 19. Jahrhunderts [1977]). **109**

3.   Aufklärung und Naturrecht

Die Kodifikationsbewegung des späten 18. und des 19. Jahrhunderts wurde ua durch das **Naturrecht** mit beeinflusst. Die naturrechtliche Bewegung entstand aus der **Aufklärung** und sah sich zunächst als Gegenbewegung zur Rezeption des römischen Rechts (vgl WIEACKER, Privatrechtsgeschichte 4. Teil § 18). Eine ihrer tragenden Ideen war die Verbreitung der Menschen- und Bürgerrechte (BÖHMER § 9 I 2, 58). Für das Verständnis der naturrechtlichen Lehre ist vor allem auf das von SAMUEL PUFENDORF (1632–1694, vgl WIEACKER, Privatrechtsgeschichte 306 f) entworfene System hinzuweisen. **110**

Danach wurde das Recht wie folgt gegliedert: Den Ausgangspunkt bildete das Recht der **Einzelpersonen** mit ihren **Vermögensrechten**, an das sich das Recht der **Familie** anschloss, daran wiederum das Recht des **Staates** und daran schließlich das **Völkerrecht** (Schwarz, Pandektensystem 578, 581 ff). Letztlich verdrängte das Naturrecht aber die Rezeption des römischen Rechts nicht, sondern sorgte für dessen Verfestigung im modernen Recht, indem es dessen systematische Ansätze zur Gliederung des Rechtssystems weiter vorantrieb (z Einfluss des Naturrechts auf die Systematik vgl Köbler, Deutsche Rechtsgeschichte 149 f). Dies zeigt sich daran, dass das preußische ALR von 1794, der Code civil von 1804 und das österreichische ABGB von 1811 sowohl dem System der gaianischen Institutionen als auch der Systemidee des Naturrechts folgten (Böhmer § 9 I 2, 58; vgl auch Staudinger/Honsell [2018] Einl 43 ff zum BGB).

4. Historische Bewegung

111 Die **historische Rechtsschule**, die vSavigny als Antwort auf die Kodifikationsbestrebungen Thibauts (zu Thibauts Schrift „Über die Nothwendigkeit eines allgemeinen bürgerlichen Rechts für Deutschland" siehe Gmür/Roth, Grundriss der deutschen Rechtsgeschichte Rn 401) Anfang des 19. Jahrhunderts gegründet hatte, wandte sich in Opposition zum Naturrecht der Suche nach dem „reinen römischen Recht" zu (vgl Gmür/Roth, Grundriss der deutschen Rechtsgeschichte Rn 402 f; die Nw bei Staudinger/Coing/Honsell [2004] Einl 17 zum BGB; Wieacker, Privatrechtsgeschichte 5. Teil §§ 20, 22). Sie erforschte dessen Originalquellen, um durch den Nachw ihrer Vollständigkeit und Handhabbarkeit die Kodifizierung eines Privatrechtes unnötig erscheinen zu lassen. Dennoch basierte ihre System- und Begriffsbildung auch auf den von der Naturrechtsbewegung entwickelten Methoden, die sie fortführte und verfeinerte (Böhmer § 9 I 3, 58 f). Die historische Rechtsschule nutzte in erster Linie die Figuren des römischen Obligationenrechts, um für die aufkommende kapitalistische Erwerbswirtschaft Strukturen eines geordneten Geschäfts- und Kreditwesens zu schaffen, ohne auf eine Kodifikation zurückgreifen zu müssen. Sie wurde damit in einem Bereich tätig, der im Wesentlichen in neuerer Zeit entstanden und bis dahin nach deutschrechtlichen Prinzipien beurteilt worden war (s oben Rn 101).

5. Die Pandektistik

112 Maßgeblichen Einfluss auf die Ausprägung der heutigen Systematik des BGB erhielt damit das seit dem 19. Jahrhundert die Rechtswissenschaft beherrschende **Pandektensystem** (Gmür/Roth, Grundriss der deutschen Rechtsgeschichte Rn 405 ff; HKK/Michaels Vor 241 – Systemfragen Rn 14; Staudinger/Honsell [2018] Einl 52 ff zum BGB), wie es die historische Schule geschaffen hat (Schwarz, Pandektensystem 578 ff; ders, Freiburger Rechts- und Staatswissenschaftliche Abhandlungen 13 [1960] 1 ff). Dessen prägende Wirkung auf die Stellung des Schuldrechts innerhalb des BGB ist hervorzuheben. Die Pandektenwissenschaft betonte die Bedeutung des Obligationenrechts dadurch, dass sie ihm **einen eigenen systematischen Abschnitt** zuwies. Über die leitenden Gesichtspunkte der Systematik im Übrigen bestand hingegen Streit (Lipp, Die Bedeutung des Naturrechts für die Ausbildung der Allgemeinen Lehren des deutschen Privatrechts [1980]; vgl auch Staudinger/Honsell [2018] Einl 68 zum BGB).

113 Die von der Pandektistik entwickelte Systematik ist heute selbstverständliche Grundlage der Zivilrechtswissenschaft in Deutschland. Sie liegt nicht nur dem BGB, sondern

auch dem schweizerischen Zivilgesetzbuch sowie einigen Nachahmungskodifikationen in Europa, aber auch zB dem japanischen Bürgerlichen Gesetzbuch zugrunde. Das Pandektensystem hat sich im 19. Jahrhundert gegenüber allen anderen Systematisierungsversuchen endgültig durchgesetzt (SCHWARZ, Pandektensystem 578, 579).

114 Das Zivilrecht wurde danach zumeist in folgende Abschnitte gegliedert: I. Vom Rechte überhaupt. II. Von den Rechten überhaupt. III. Sachenrecht. IV. Obligationenrecht. V. Familienrecht. VI. Erbrecht (vgl WINDSCHEID, Pandektenrecht I 34 Fn 2; STAUDINGER/HONSELL [2018] Einl 56 zum BGB). Den ersten und zweiten Abschnitt bezeichnete man zusammenfassend als **Allgemeinen Teil**, der Aufbau iE wurde aber durchaus unterschiedlich beurteilt. Dies betraf zum einen die Anordnung der einzelnen Teile zueinander, zum anderen die innere Gliederung der einzelnen Abschnitte.

115 Das den heute geltenden Kodifikationen zugrunde liegende System geht im Wesentlichen auf die Arbeiten von GUSTAV HUGO „Institutionen des heutigen römischen Rechts" (1789) und ARNOLD HEISE „Grundriß eines Systems des gemeinen Civilrechts zum Behuf von Pandecten – Vorlesungen" (1807) zurück. Deren Gliederungsansätze fußten auf römischen Rechtsgedanken, soweit es um die Trennung von Sachen- und Schuldrecht sowie die innere Gliederung der einzelnen Teile geht (LAUFS, Rechtsentwicklungen IX 2, 324). Auf neueren Überlegungen beruht hingegen die Idee eines Allgemeinen Teils sowie die Differenzierung zwischen **Erb- und Familienrecht** (LAUFS, Rechtsentwicklungen IX 2, 324 f).

116 Ein eigenes und wohl auch einzigartiges Gepräge hat das deutsche Privatrecht durch die Pandektistik vor allem insoweit bekommen, als sie einen Allgemeinen Teil herausgebildet hat, obwohl auch die Naturrechtslehrbücher insoweit schon gewisse Vorüberlegungen enthielten. Im 19. Jahrhundert etablierte sich das heutige System des Zivilrechts jedoch endgültig, das von einem **Fünf-Bücher-System** ausgeht und erstmals dem **sächsischen BGB** von 1863/65 zugrunde gelegt wurde (vgl BUSCHMANN JuS 1980, 553 ff). Die Technik, einen Allgemeinen Teil voranzustellen, ist im Ausland zumeist kritisch beurteilt worden, hat aber innerdeutsch auf die Gliederung anderer Rechtsgebiete starken Einfluss genommen (vgl ZWEIGERT/KÖTZ, Einführung in die Rechtsvergleichung § 11, 141 ff; z Krit an einem AT vgl WIEACKER, Privatrechtsgeschichte 5. Teil § 25 Exkurs). Das ZGB der Schweiz und der italienische Codice Civile von 1942 haben das Pandektensystem unter Verzicht auf einen Allgemeinen Teil übernommen (SCHWARZ, Pandektensystem 578 ff).

117 Die von den Pandektisten hervorgebrachte Systematik war immer wieder der Kritik ausgesetzt, dass sie auf uneinheitlichen gedanklichen Ansätzen beruhe. Die Unterscheidung zwischen Schuld- und Sachenrecht wurde auf den Gegensatz der mit den fraglichen Rechtsgeschäften verbundenen Wirkungen gestützt. Im Gegensatz dazu hat man das Familien- und Erbrecht nach tatbestandlichen Gesichtspunkten gegliedert. Man spricht daher noch heute von der **„Kreuzeinteilung"** des BGB (MEDICUS/LORENZ, Schuldrecht I Rn 34). Ferner brachten Kritiker vor, die Trennung von Sachen- und Schuldrecht spalte tatsächliche Lebenssachverhalte in ihrer rechtlichen Beurteilung und zerstöre damit deren rechtssoziologischen Unterbau. Eine nähere Befassung mit den Ursachen dieser Einteilung, insbes mit der Frage, ob dafür historische oder systematische Gründe ausschlaggebend waren, kann an dieser Stelle nicht erfolgen (näher STAUDINGER/J SCHMIDT [1995] Rn 4).

118 Festhalten lässt sich jedenfalls, dass die **Pandektenwissenschaft** die römisch-rechtliche **Trennung** zwischen **Sachen-** und **Schuldrecht** konsequent fortgeführt hat, nachdem diese zwischenzeitlich durch die naturrechtlichen Ansätze in Vergessenheit geraten war. Während die klassische Institutionenordnung das Sachenrecht noch dem Schuldrecht voranstellte, ist diese Reihenfolge im BGB umgekehrt worden (JAKOBS/ SCHUBERT §§ 241–432, 19, 28). Die Gründe dafür sind bis heute unklar. Vorläufer einer solchen Positionierung im Gesetz finden sich allerdings schon bei JOACHIM GEORG DARJES „Institutiones iurisprudentiae universis" von 1740 (SCHWARZ, Pandektensystem 578, 601).

III. Die innere Systematik des Schuldrechts

119 Die **innere Systematik** des Schuldrechts geht ebenfalls auf die Pandektistik zurück. Die Untergliederung des Schuldrechts in einen **Allgemeinen** und einen **Besonderen Teil** ist das Ergebnis eines Systematisierungsprozesses. Zunächst wurden in der Rspr verschiedene Lehren zum Allgemeinen Schuldrecht vertreten. Diese hat insbes die Naturrechtslehre systematisiert und schließlich zu einem Allgemeinen Teil zusammengefasst. Die Lehre tat sich dagegen mit der Herausbildung einer inneren Systematik des Besonderen Schuldrechts schwer. Der Versuch HEISES (Grundriss eines Systems des gemeinen Civilrechts zu Behufe von Pandectenvorlesungen [1807] Vorrede X f), die Einteilung nach dem **Inhalt der Obligationen** vorzunehmen, fand wenig Anklang und bis heute entbehrt das Besondere Schuldrecht einer zwingenden Aufbausystematik (SCHWARZ, Pandektensystem 578, 602).

IV. Der Begriff des Schuldverhältnisses

120 Der Begriff des Schuldverhältnisses, wie er sich heute in § 241 BGB findet (vgl § 241 Rn 36 ff), hat nach allem keine gradlinige geschichtliche Entwicklung erfahren. Im 19. Jahrhundert waren allerdings die Bemühungen um eine allgemeingültige, wissenschaftliche Begriffsdefinition so weit abgeschlossen, dass der Gesetzgeber des BGB auf eine weitgehend gesicherte Grundlage zurückgreifen konnte (vgl BLOHMEYER/DUDEN/WAHL RvglHWB VI 273 f; ausf z terminologischen Entwicklung BUCHER, in: FS Wiegand [2005] 93 ff).

E. Entstehungsgeschichte des Zweiten Buches des BGB

121 Bei der Darstellung der **Entstehungsgeschichte** des Zweiten Buches im BGB soll aus Gründen der Übersichtlichkeit ebenfalls zwischen dem **Inhalt** der materiellen Regelungen einerseits und der **Systematik** andererseits unterschieden werden (vgl z Entstehungsgeschichte des BGB STAUDINGER/HONSELL [2018] Einl 31 ff zum BGB).

I. Der materiell-rechtliche Inhalt der einzelnen Regelungen

122 Während der Entstehungszeit des BGB wurden der Regelungsinhalt des Schuldrechts und seine sprachliche Umsetzung zT stark kontrovers diskutiert, allerdings ohne einheitliche Linie, weil die Anknüpfungspunkte der Meinungsverschiedenheiten sehr unterschiedlich waren. ZT wurden wissenschaftliche, zT aber auch politische Auseinandersetzungen geführt (z Krit an den Entwürfen z BGB im Allgemeinen vgl

Wieacker, Privatrechtsgeschichte 5. Teil § 25 I 3–6). Deshalb kann man zur Entstehungsgeschichte des Schuldrechts auch nicht allgemein Stellung nehmen, soweit es um dessen Inhalt geht. Im Hinblick auf spezielle rechtshistorische Fragestellungen ist vielmehr auf die Kommentierungen zu den einzelnen Regelungen zu verweisen. Allgemeine Aussagen lassen sich dagegen über die Arbeit der BGB-Kommissionen im Gesetzgebungsverfahren selbst treffen (z Verfahren der BGB-Gesetzgebung Staudinger/Honsell [2018] Einl 74 ff zum BGB).

II. Die Arbeit der 1. BGB-Kommission

1. Der Redaktor Franz Philipp von Kübel

Für die inhaltliche Ausgestaltung der schuldrechtlichen Normen waren die Arbeit der 1. BGB-Kommission und des Redaktors für das Schuldrecht, Franz Philipp vKübel, von entscheidender Bedeutung (z seiner Person vgl Schubert, Vorlagen der Redaktoren, Recht der Schuldverhältnisse: Teil 1 Einl XIII ff; Westhoff, Die Entstehung grundlegender Vorschriften des BGB über Voraussetzungen und Inhalt deliktischer Haftung [1974] 5 ff mwNw; Jakobs/Schubert Einf 75 f). Der württembergische Senatspräsident (Obertribunalsdirektor) wurde auf Vorschlag des Vorsitzenden der 1. BGB-Kommission, Heinrich Pape (z seiner Person vgl Jakobs/Schubert Einf 79 f), als Redaktor für das Schuldrecht berufen (Staudinger/Coing/Honsell [2004] Einl 74, 78 zum BGB). vKübel als ausgewiesener Kenner des Schuldrechts verfügte über praktische Erfahrungen auf dem Gebiet der Gesetzgebung; er hatte bereits federführend am **Dresdener Entwurf zum Obligationenrecht** von 1866 mitgearbeitet (Jakobs/Schubert Einführung 41) und war **Mitglied der Vorkommission** zur Aufstellung von Plan und Methode zur Ausarbeitung des BGB (vgl dazu Staudinger/Honsell [2018] Einl 74, 78 zum BGB), die am 1. 3. 1874 in Berlin zusammentrat (Schubert, Vorlagen der Redaktoren, Recht der Schuldverhältnisse: Teil 1 Einl XV). 123

2. Die Arbeit von Kübels

Diese Kommission beauftragte vKübel mit der Erstellung eines **Teilentwurfes** für das gesamte Schuldrecht (z den Teilentwürfen s HKK/Dorn § 241 – Begriff des Schuldverhältnisses Rn 31 ff). Nach den von der Vorkommission festgelegten Arbeitsprinzipien war jedoch absehbar, dass die Arbeit für einen Redaktor allein kaum realisierbar sein würde (Schubert, Vorlagen der Redaktoren, Recht der Schuldverhältnisse: Teil 1 Einl XVII), denn der Gesetzesentwurf sollte unter Berücksichtigung der in den Einzelstaaten des deutschen Reichs geltenden Gesetze sowie der juristischen Lit erarbeitet werden. Erschwerend kam hinzu, dass vKübel 1878 erkrankte. Er verstarb 1884. Obwohl ihm mit Karl Vogel (z seiner Person vgl Jakobs/Schubert Einführung 91) und Karl Ege (z seiner Person vgl Jakobs/Schubert Einführung 88) zwei hervorragende Juristen zur Seite standen, konnte vKübel der 1. Kommission daher keinen abgeschlossenen Teilentwurf vorlegen. 124

vKübel erstellte aber ab 1874 in unsystematischer Reihenfolge zunächst 32 Vorlagen zu verschiedenen Teilgebieten des Obligationenrechts, von denen er 1882 die ersten 27 zu einem Allgemeinen Teil des Schuldrechts zusammenfasste. Damit schuf er eine wichtige Grundlage für die Diskussion der 1. Kommission. Daneben legte er mit den Vorlagen Nr 4, 5, 6, 10 und 32 Regelungsvorschläge für Kauf, Tausch, 125

Anweisung, Darlehen, GoA und ungerechtfertigte Bereicherung vor (Schubert, Vorlagen der Redaktoren, Recht der Schuldverhältnisse: Teil 1 Einl XI). Zwar konnte vKübel an den Beratungen der Kommission nicht mehr regelmäßig teilnehmen, brachte aber dennoch Entwürfe zu Miete, Pacht, Leihe, Dienstvertrag sowie zu Teilen des Gesellschaftsrechts ein, die allerdings keine Begründung mehr enthielten (Schubert, Vorlagen der Redaktoren, Recht der Schuldverhältnisse: Teil 1 Einl XII). Weitere Vorschläge wurden durch seine Krankheit verhindert.

3. Die Beratungen der 1. Kommission

126 Den Beratungen der **1. Kommission**, die im Oktober 1881 begannen, konnte also mangels eines fertig gestellten Besonderen Teils des Schuldrechts keine abgeschlossene Vorlage zum Schuldrecht zugrunde gelegt werden. Soweit vKübel aber Teilentwürfe erstellt hatte, waren diese Grundlage für die entsprechenden Passagen des Zweiten Buches. Die übrigen Bereiche können wegen seiner Mitarbeit am Dresdener Entwurf (s unten Rn 127 ff) zumindest mittelbar als sein Werk gelten (Staudinger/Honsell [2018] Einl 78 zum BGB).

4. Der Einfluss des Dresdener Entwurfs

127 Der Dresdener Entwurf eines Obligationenrechtes von 1866 war der erste Versuch, ein einheitliches Schuldrecht in allen deutschen Bundesstaaten zu etablieren. Er scheiterte jedoch, weil der **Deutsche Bund** aufgelöst wurde und damit der gewünschte Geltungsbereich entfiel (vgl Gmür/Roth, Grundriss der deutschen Rechtsgeschichte Rn 410; Hedemann, Der Dresdner Entwurf von 1866). Erst die **„lex Lasker"**, 1873, die eine **Reichskompetenz** zur Zivilrechtsgesetzgebung schuf, hat den Weg für ein einheitliches Schuldrecht eröffnet, das sich dann im BGB wieder findet (Staudinger/Honsell [2018] Einl 74 zum BGB).

128 Die 1. Kommission hatte unter den geschilderten Umständen beschlossen, bei den Beratungen des Schuldrechts anstelle fehlender Vorlagen die entsprechenden Passagen des Dresdener Entwurfs zu nutzen. Ergänzend dazu ließ man die juristischen Hilfsarbeiter eine Materialzusammenstellung anfertigen, die zum einen Aufschluss über die Motive des Dresdener Entwurfs und zum anderen über den Stand der Rechtsentwicklung geben sollte. Heute geht man davon aus, dass die Materialien zur Schenkung von Börner (z seiner Person vgl Jakobs/Schubert Einführung 92), diejenigen zur Miete, Pacht, Viehverstellung – darunter verstand man die entgeltliche Gebrauchsüberlassung von Nutzvieh –, Gebrauchsleihe und „zur Verteilung der Nutzungen und Lasten zwischen Verkäufer und Käufer" von Struckmann (z seiner Person vgl Jakobs/Schubert Einführung 107) erstellt wurden (Jakobs/Schubert Einführung 45). Die Materialien zum Anerkenntnisvertrag hat vLiebe (z seiner Person vgl Jakobs/Schubert Einführung 89) gefertigt. Im Übrigen lässt sich nicht mehr sicher feststellen, welcher Hilfsarbeiter welche Materialien zusammengestellt hat (Schubert, Vorlagen der Redaktoren, Recht der Schuldverhältnisse: Teil 1 Einl XIII).

129 Da der Dresdener Entwurf unter maßgeblichem Einfluss vKübels zustande kam, wurde er von ihm selbst bei der Erarbeitung seiner Vorlagen benutzt und weiterentwickelt. Daneben hat vKübel dem Entwurf zum schweizerischen Obligationenrecht besondere Aufmerksamkeit geschenkt (Schubert, Vorlagen der Redaktoren, Recht der Schuldverhältnisse: Teil 1 Einl XVII). Die Passagen, die aus dem Dresdener Entwurf herangezogen wurden, waren ihrerseits zT eng an das Sächsische Bürgerliche Gesetzbuch von 1863/65 angelehnt oder sogar aus diesem übernommen worden (BUSCHMANN JuS 1980, 559), wodurch auch diese Kodifikation maßgeblichen Einfluss auf das BGB erhielt (BUSCHMANN 558 f; HEDEMANN, Der Dresdner Entwurf von 1866, 41 ff). Der Entwurf der 1. Kommission als Mischung aus den Vorlagen von vKÜBEL und aus den Bestimmungen des Dresdner Entwurfs stellt sich so insgesamt doch noch als ein geschlossenes Werk dar.

III. Das weitere Gesetzgebungsverfahren

130 Die Vorlagen der 1. Kommission wurden im weiteren Gesetzgebungsverfahren (dazu STAUDINGER/HONSELL [2018] Einl 79 ff zum BGB) in unterschiedlichem Maße verändert. Entscheidend für den Grad der Einflussnahme auf den Entwurf war der Umstand, ob eine Regelung den Gegenstand wissenschaftlicher und/oder politischer Auseinandersetzungen bildete oder nicht (vgl zB z den Auseinandersetzungen um den Dienstvertrag VORMBAUM, Sozialdemokratie und Zivilrechtskodifikation [1977] 179 ff). Eine allgemeine, das gesamte Schuldrecht betreffende Kritik lässt sich nicht feststellen, während es eine heftige Kritik am ersten Entwurf insgesamt gab (GMÜR/ROTH, Grundriss der deutschen Rechtsgeschichte, Rn 415; STAUDINGER/HONSELL [2018] Einl 80 ff zum BGB).

1. Der Entwurf der 2. Kommission

131 Als Folge der öffentlichen Diskussion kam es zu einer Überarbeitung des 1. Entwurfes durch eine **2. Kommission** (STAUDINGER/HONSELL [2018] Einl 83 zum BGB). Diese bildete als Untergruppe eine **Redaktionskommission**, der eine besonders wichtige Rolle zukam. Systematische und sprachliche Fragen wurden nämlich nahezu ausschließlich von ihr und nicht von der Hauptkommission bearbeitet, vor allem auch deshalb, weil Letztere nicht ausschließlich aus Juristen bestand und die Kommissionsmitglieder daher zT fachlich überfordert gewesen wären (JAKOBS/SCHUBERT Einführung 59). Der **Entwurf der 2. Kommission von 1895** enthielt somit viele sprachliche Änderungen, berücksichtigte aber gegenüber der 1. Kommission auch Änderungsvorschläge der Bundesstaaten und einzelner Interessengruppen, insbes in Folge der geänderten Zusammensetzung (STAUDINGER/HONSELL [2018] Einl 93 f zum BGB).

132 Der von der 2. Kommission erarbeitete 2. Entwurf stellte sich dennoch letztlich als ein gemeinsames Werk aller ständigen Kommissionsmitglieder dar. Der Einfluss der einzelnen Redaktoren auf ihren jeweiligen Teilbereich war geringer als beim E I (s oben Rn 123 ff). Dabei darf der Referent der Redaktionskommission für das Schuldrecht, KARL JACUBEZKY (z seiner Person vgl JAKOBS/SCHUBERT Einführung 101), nicht unerwähnt bleiben, weil er vor allem wegen seiner dialektischen Fähigkeiten und juristischen Schärfe erheblichen Einfluss auf den 2. Entwurf hatte (JAKOBS/SCHUBERT Einführung 59).

2. Die Beratungen des Bundesrates

133 Bei den Beratungen im **Justizausschuss des Bundesrates**, die mit der Vorlage des 3. Entwurfs endeten (vgl STAUDINGER/HONSELL [2018] Einl 85 zum BGB), führte die Diskussion des Schuldrechts nur bei einzelnen Vorschriften zu längeren Debatten

(Jakobs/Schubert Einführung 63), nicht jedoch im Hinblick auf das Schuldrecht als Ganzes oder bzgl seines Systems (Jakobs/Schubert Einführung 63).

3. Die Beratungen des Reichstages

134 Im **Reichstag** wurden schließlich nur noch Fragen des Deliktsrechts ausführlicher diskutiert, während das Schuldrecht insgesamt und seine innere Systematik den Reichstag ohne entscheidende Änderungen passieren konnten (Jakobs/Schubert Einführung 68).

IV. Die systematische Stellung des Schuldrechts in der Gesamtkodifikation

135 Im Hinblick auf **die systematische Stellung** des Schuldrechts im Gesamtsystem des BGB bestand stets eine Übereinkunft darüber, dass ihm ein eigener Gliederungsabschnitt zugewiesen werden sollte. Die von den Pandektisten hervorgebrachte Einteilung war insoweit bereits selbstverständlich (vgl oben Rn 112 ff; Staudinger/Honsell [2018] Einl 68 zum BGB). Im Gegensatz dazu wurden die räumliche Einordnung des Obligationenrechts in das BGB und seine innere Gliederung unterschiedlich bewertet (Jakobs/Schubert §§ 241–432, 19, 28, 32).

136 Während die 1. Kommission sich noch für die klassische Gliederung des Pandektensystems entschieden hatte und das BGB dementsprechend in Allgemeinen Teil, Sachenrecht, Obligationenrecht, Familienrecht und Erbrecht einteilen wollte (Jakobs/Schubert §§ 241–432, 19), kam man in der Sitzung vom 30. 1. 1884 überein, dem Schuldrecht das Zweite Buch zuzuweisen (Jakobs/Schubert §§ 241–432, 28), eine bis heute erhaltene Reihenfolge.

V. Die innere Gliederung des Schuldrechts

137 Über die **innere Gliederung** des Schuldrechts konnte man – wie in der Pandektistik (s oben Rn 112 ff) – lange Zeit keine Einigung erzielen. Fest stand lediglich, welche Bereiche im Schuldrecht geregelt werden sollten (vgl dazu Jakobs/Schubert §§ 241–432, 19 ff). Im Übrigen standen zwei Vorschläge zur Diskussion. Zum einen erwog man eine Unterteilung des Schuldrechts in einen Allgemeinen und in einen Besonderen Teil (Jakobs/Schubert §§ 241–432, 32), zum anderen eine Untergliederung in folgende vier Abschnitte: 1. „Schuldverhältnisse im Allgemeinen", 2. „Schuldverhältnisse aus Verträgen und einseitigen Versprechen", 3. „Schuldverhältnisse aus unerlaubten Handlungen" und 4. „Schuldverhältnisse aus anderen Gründen" (Jakobs/Schubert §§ 241–432, 28 ff). Der 4. Abschnitt enthielt bei dieser Variante die Titel „Bereicherung", „Geschäftsführung ohne Auftrag", „Gemeinschaft" und „Vorlegung und Offenbarung". Später wurde dieser mit „Einzelne Schuldverhältnisse aus anderen Gründen" überschrieben, um klarzustellen, dass die dortige Aufzählung der Schuldverhältnisse nicht abschließend sein sollte (Jakobs/Schubert §§ 241–432, 39). Den Vermittlungsversuch mit einer Untergliederung in drei Teile hat man nicht weiter verfolgt (vgl Jakobs/Schubert §§ 241–432, 32).

138 Die 1. Kommission entschied sich mehrheitlich für eine **Untergliederung** in **vier Abschnitte**, ein Vorschlag, der von der 2. Kommission zunächst auch unverändert übernommen wurde. Die **Redaktionskommission** nahm später jedoch ohne erkennbaren

Grund von diesem System Abstand und beschloss die bis heute noch bestehende innere Gliederung des Zweiten Buches, die auch dem verabschiedeten BGB zugrunde lag (HKK/Dorn § 241 – Begriff des Schuldverhältnisses Rn 75 ff; Jakobs/Schubert §§ 241–432, 39).

F. Schuldrecht außerhalb des BGB

Das Schuldrecht wurde von vornherein nicht abschließend kodifiziert. Schon in der Entstehungsphase des BGB hat man ihm **drei wichtige sonderprivatrechtliche Gesetze** zur Seite gestellt: **139**

Das **Handelsgesetzbuch** (HGB) vom 10. 5. 1897 (RGBl I 1897, 219) regelt das Sonderprivatrecht der Kaufleute und trat zusammen mit dem BGB in Kraft (Art 1 Abs 1 EGHGB; RGBl I 1897, 437). **140**

Das **Abzahlungsgesetz** (AbzG) vom 16. 5. 1894 (RGBl I 1894, 450), welches das Sonderprivatrecht des Abzahlungskaufes betraf, blieb gem Art 32 EGBGB aF neben dem BGB in Kraft und galt bis zum Inkrafttreten des VerbrKrG am 1. 1. 1991. Durch das G v 26. 11. 2001 (BGBl I 2001, 3138) wurde das VerbrKrG aufgehoben. Die Regelungen zum Verbraucherkredit finden sich nun in den §§ 491 ff BGB. **141**

Das „Gesetz betreffend die Verbindlichkeit zum Schadenersatz für die bei dem Betriebe von Eisenbahnen, Bergwerken usw herbeigeführten Tötungen und Körperverletzungen" (**RHaftpflG**) vom 7. 6. 1871 (RGBl I 1871, 207) regelte schließlich als Sonderprivatrecht die Haftung aus Spezialdelikten (so Mot II 746) bei dem Betriebe von **Eisenbahnen** und **Bergwerken**. Auch dieses Gesetz blieb bei Inkrafttreten des BGB gem Art 42 EGBGB in Kraft, uz bis zum 31. 12. 1977. **142**

Daneben gab es noch folgende nicht unbedeutende Gesetze mit schuldrechtlichen Sonderregelungen außerhalb des BGB: Die **Allgemeine Deutsche Wechselordnung** vom 27. 11. 1848 (dazu Gmür/Roth, Grundriss der deutschen Rechtsgeschichte Rn 408), die mit Novellen am 6. 4. 1871 als Reichsgesetz in Kraft trat und neben dem BGB galt. Sie wurde am 1. 4. 1934 (RGBl I 1019) durch das **Wechselgesetz** abgelöst. Hierher gehört auch das **BörsenG** vom 22. 6. 1896 idF der Bekanntmachung vom 27. 5. 1908 (RGBl 1908, 215), das in den §§ 58 ff BörsenG aF Ausnahmen zu den §§ 762 ff BGB enthielt. **143**

Die Unvollständigkeit der Kodifikation hat in erster Linie historische Gründe. Die alten zünftisch-ständischen Rechtsordnungen sahen stets ein **Sonderprivatrecht** für bestimmte Personengruppen vor. Auf diese Tradition lässt sich die Regelung des Sonderprivatrechts der Kaufleute im HGB zurückführen. Dementsprechend beinhaltete zB das pr ALR von 1794 die Möglichkeit, ein besonderes Privatrecht außerhalb der Kodifikation zu regeln (vgl im ALR Teil II Titel 8). Einem solchen historischen Vorbild folgte auch Frankreich, während das Schweizerische Zivilrecht im OR und im ZGB von 1907, das italienische Zivilrecht im codice civile von 1940/42 darauf verzichteten. Auch das neue niederländische Zivilrecht in dem „Nieuw Burgerlijk Wetboek" von 1992 sieht kein solches Sonderprivatrecht vor (s unten Rn 316 ff). **144**

145 Beim **AbzG** wurde die Konkurrenz zum BGB bewusst in Kauf genommen. Das Inkrafttreten des BGB war noch nicht abzusehen, und der Gesetzgeber wollte schnell den Missständen durch zunehmende Abzahlungsgeschäfte abhelfen (vgl HECK, Wie ist den Mißbräuchen, welche sich bei den Abzahlungsgeschäften herausgestellt haben, entgegen zu wirken?, in: Verhandlungen des Einundzwanzigsten Deutschen Juristentages, 2. Bd [1891]). Warum man dann das AbzG aber nicht in das BGB integrierte, sondern auch nach dem Entwurf der 2. Kommission als Spezialgesetz aufrechterhielt (vgl Prot I 475), ist nicht klar. Ein Grund könnte in der Annahme liegen, das BGB solle nur die alle Bürger treffenden Tatbestände und nicht einzelne Übelstände regeln (z weiteren Einzelheiten vgl STAUDINGER/J SCHMIDT [1995] Rn 19).

146 Das **RHaftpflG** fand deshalb keine Aufnahme in das BGB, weil es nicht das denkbare Fehlverhalten aller Bürger normierte, sondern nur auf bestimmte Gruppen von Schädigern zutraf.

G. Entwicklungen des BGB nach seinem Inkrafttreten

147 Nach Inkrafttreten des BGB am 1. 1. 1900 wurde das Schuldrecht in vielerlei Hinsicht modifiziert. Es gab nicht nur Änderungen des Zweiten Buches, sondern man hat auch zahlreiche weitere **sonderprivatrechtliche Regelungen** geschaffen. Ferner nahmen Rspr und Lehre Einfluss auf die Rechtsmaterie. Mit einigem Recht hat WIEACKER festgestellt, dass infolge der Veränderungen durch die Rspr „das wirklich ‚geltende' Privatrecht, besonders ... das Schuldrecht, ... nicht mehr aus dem Gesetzestext ... abgelesen werden" kann (WIEACKER, Privatrechtsgeschichte 514 f; ähnlich GERNHUBER: „Wer das Schuldrecht der Zeit sucht, wird es im Text der §§ 241–853 BGB kaum finden", Handbuch des Schuldrechts Bd 1: Schadensersatz [1979] V; vgl auch MünchKomm/SÄCKER Einl zum BGB Rn 52; LAUFS, Beständigkeit und Wandel – Achtzig Jahre deutsches Bürgerliches Gesetzbuch, JuS 1980, 856 ff; SCHWARK JZ 1980, 742 f). Eine übersichtliche Darstellung der Reformen ist deshalb schwierig, weil sie sich weder nach Sach- noch nach Zeitgesichtspunkten nahtlos aneinander anschließen. Demzufolge werden unabhängig vom Zeitpunkt des Inkrafttretens der jeweiligen Reformen die Gesetzesnovellen möglichst weitgehend entsprechend dem Aufbau des Schuldrechts dargestellt. Die **Schuldrechtsreform** im Jahre 2002 nimmt jedoch eine so tiefgreifende Sonderstellung ein, dass sie separat geschildert wird (s unten Rn 180 ff).

148 Viele Änderungen des Schuldrechts (vgl die Aufzählung der Änderungen bis z 18. 3. 1994 in STAUDINGER/J SCHMIDT [1995] Rn 22 u im SCHÖNFELDER, Ordnungszahl 20) waren zum einen Reaktionen auf die Novellierung oder Reformierung anderer Gesetze, zB die Anpassung einiger Regelungen im Schuldrecht aufgrund des Einführungsgesetzes zur **Insolvenzordnung** (EGInsO v 5. 10. 1994, BGBl I 1994, 2911). Zum anderen handelte es sich um kurzfristige Not- oder punktuelle Maßnahmen, wie zB die mehrfache Änderung des § 247 (1986 aufgehoben und 2002 als Basiszins wieder eingeführt) oder die der §§ 835 (1952 aufgehoben), 840 (einmal geändert aufgrund jagdrechtlicher Vorschriften). Ausnahmen, hinter denen größere und weiterreichende legislatorische Konzepte zu erkennen waren, betrafen mit Ausnahme der Schuldrechtsreform (vgl Rn 180 ff) nur einige Gebiete des Schuldrechts. Im Übrigen lassen die Reformen – abgesehen vom **Verbraucherschutzgedanken** – nur wenige gemeinsame Linien erkennen.

I. Änderungen zum Allgemeinen Teil des Schuldrechts

1. Das Schadensersatzrecht und verwandte Rechtsgebiete

Nach 1900 sind **gesetzliche Schuldverhältnisse** vermehrt in **Sondergesetzen** geschaffen worden. Sie gewähren einem Geschädigten Ansprüche auf Schadensersatz, enthalten aber auch Haftungsausschlüsse für solche Fälle, in denen nach dem Schuldrecht des BGB eine Haftung „an sich" begründet wäre (krit hierzu: STAUDINGER/J SCHMIDT [1995] Rn 35). Ihre Durchsetzung brachte jedoch häufig Schwierigkeiten mit sich. Hierfür kann man folgende Bsp nennen: **149**

Im Hinblick auf die Begründung von Schadensersatzansprüchen sind vor allem die Neuregelungen der **Gefährdungshaftung** zu nennen (z Theorie grundlegend ESSER, Grundlagen und Entwicklung der Gefährdungshaftung [1941]; umfassende Aufarbeitung bei WEYERS, Unfallschäden [1971]). In diesen Zusammenhang gehört auch das **HaftpflG** idF der Bekanntmachung v 4. 1. 1978 (BGBl I 1978, 145), vorher: RhaftpfG (RGBl 1871, 207). Weitere Bsp finden sich in § 7 StVG; § 33 LuftVG; § 22 WHG; §§ 25 ff AtomG; § 29 BJagdG uä. Daneben ist vor allem das **ProdHaftG** v 15. 12. 1989 von Bedeutung (BGBl I 1989, 2198), das auf der EG-Richtlinie Produkthaftung v 25. 7. 1985 beruht. Erwähnenswert ist das **UmwelthaftG** v 10. 12. 1990, das am 1. 1. 1991 in Kraft trat (BGBl I 1990, 2634). Schließlich sind das AMG (v 12. 12. 2005, BGBl I 2005, 3394) und das MPG (v 7. 8. 2002, BGBl I 2002, 3146) anzuführen. **150**

Am 1. 8. 2002 trat das **2. G zur Änderung schadensersatzrechtlicher Vorschriften** in Kraft (vgl BR-Drucks 358/02). Die Reform zielte darauf ab, das Schadensersatzrecht unter Berücksichtigung der Interessen aller Betroffenen fortzuschreiben und neueren Entwicklungen und Erkenntnissen anzupassen (so der Gesetzesentwurf der Bundesregierung BT-Drucks 14/7752, 11). Änderungen ergaben sich dadurch sowohl innerhalb als auch außerhalb des BGB. **151**

Neben kleineren Änderungen in § 825 BGB und § 844 Abs 2 S 2 BGB enthielt die Reform wesentliche Veränderungen der §§ 249 ff BGB. Die Sachschadensberechnung wurde dadurch geändert, dass gem § 249 Abs 2 S 2 BGB die **Umsatzsteuer** dem Geschädigten nur noch zu ersetzen ist, wenn sie tatsächlich anfällt. Damit bleibt zwar die Möglichkeit der Abrechnung eines **fiktiven Schadens** erhalten, jedoch durch die Umsatzsteuer gemindert (vgl ausf Gesetzesentwurf der Bundesregierung BT-Drucks 14/7752, 22 ff; RAUSCHER Jura 2002, 577, 582 f; DÄUBLER JuS 2002, 629; OTTEN MDR 2002, 1100; krit hierzu: GREGER NZA 2002, 222 f). **152**

Ferner ist die Neuregelung des Anspruchs auf Ersatz von **Nichtvermögensschäden** durch Wegfall des § 847 BGB und Ergänzung des § 253 BGB um einen Abs 2 zu nennen. Dadurch wurde erstmals Ersatz immaterieller Schäden auch bei Vertragsverletzung und aus Gefährdungshaftungstatbeständen gewährt (ausf hierzu: GREGER NZA 2002, 223; DÄUBLER JuS 2002, 625 ff; RAUSCHER Jura 2002, 577, 579). **153**

Zwei neue Absätze in § 828 BGB haben die Rechtsstellung von **Kindern** bei Unfällen im **Straßen- und Bahnverkehr** gestärkt. Ein Kind ist danach grds bis zur Vollendung des **10. Lebensjahres** für einen Schaden, den es bei einem Unfall mit einem Fahrzeug etc einem anderen zufügt, nicht verantwortlich, es sei denn, es hat **154**

vorsätzlich gehandelt (vgl hierzu GREGER NZA 2002, 224; RAUSCHER Jura 2002, 577, 580 f; OTTEN MDR 2002, 1102; SCHNORR/WISSING ZRP 2001, 191; DÄUBLER JuS 2002, 628). Ein Jugendlicher zwischen **10 und 18 Jahren** muss für einen entsprechenden Schaden, den er einem anderen zufügt, nur dann Ersatz leisten, wenn er bei der schädigenden Handlung die zur Erkenntnis der Verantwortlichkeit erforderliche Einsicht hatte. Der BGH hat bereits zum Ausdruck gebracht, dass diese Privilegierung nur für die spezielle Überforderungssituation des Straßenverkehrs gilt, nicht dagegen, wenn der Minderjährige in ruhendem Verkehr einen Schaden – zB mit seinem Fahrrad an einem parkenden Auto – verursacht (grundlegend BGH NJW 2005, 354 ff u 356 ff; zur Beweislast BGH NJW 2009, 3231).

155 Schließlich hat der Gesetzgeber in § 839a BGB die Haftung des **gerichtlichen Sachverständigen** für vorsätzlich oder grob fahrlässig erstattete unrichtige Gutachten eingeführt (DÄUBLER JuS 2002, 625, 629 f; JAEGER/LUCKEY MDR 2002, 1172; RAUSCHER Jura 2002, 577, 584; ausf JACOBS, Haftung des gerichtlichen Sachverständigen, ZRP 2001, 489 ff). Eine solche Regelung wurde erforderlich, weil sich die Haftung bislang nur nach Richterrecht beurteilte.

156 Entscheidende Modifikationen verursachte das 2. G zur Änderung schadensersatzrechtlicher Vorschriften im Hinblick auf Schadensersatzansprüche außerhalb des BGB. Diese finden sich vor allem im **AMG** und im **StVG**. Durch die Änderungen des **Arzneimittelgesetzes** wurde die Rechtsstellung des Anwenders von Medikamenten verbessert, zB durch die Einführung einer **Beweislastumkehr** in § 84 Abs 3 AMG oder eines **Auskunftsanspruchs** gem § 84a AMG gegen Pharma-Unternehmen und Behörden (BGBl I 2002, 2674; vgl hierzu SCHNORR/WISSING ZRP 2001, 191; JAEGER/LUCKEY MDR 2002, 1168, 1173; DÄUBLER JuS 2002, 628 f). Die wichtigste Änderung des StVG geht dahin, dass im Rahmen des § 7 Abs 2 StVG die Berufung auf ein **„unabwendbares Ereignis"** weggefallen ist. Die Schadensersatzverpflichtung entfällt jetzt nur noch bei **„höherer Gewalt"**. Außerdem wurde zB die Kraftfahrzeughalterhaftung auf Schäden von Fahrzeuginsassen, die nicht entgeltlich oder geschäftsmäßig befördert werden, ausgedehnt (DÄUBLER JuS 2002, 627 f; RAUSCHER Jura 2002, 577, 582). Zudem hat man die **Haftungshöchstbeträge** angehoben und harmonisiert (vgl zB § 12 StVG; §§ 9, 10 HaftpflG; §§ 37, 46, 50 LuftVG; § 88 AMG).

2. Verzugsrecht

157 Zur **Beschleunigung fälliger Zahlungen** wurde am 30. 3. 2000 ein gleich lautendes Gesetz beschlossen (BGBl I 2000, 330). Ziel war die Verbesserung der Zahlungsmoral, indem man insbes die Regeln für ausgebliebene oder verspätete Rechnungen verschärfte und darüber hinaus einen gesetzlichen Anspruch auf **Abschlagszahlungen** bei **Teilleistungen** einführte. Das Gesetz änderte neben den werkvertraglichen Regelungen (s unten Rn 171) auch § 288 Abs 1 S 1 BGB und fügte § 284 BGB einen Abs 3 an (vgl hierzu allg: BITTER, Gesetz zur „Verzögerung" fälliger Zahlungen, WM 2000, 1282; HUBER, Das neue Recht des Zahlungsverzugs und das Prinzip der Privatautonomie, JZ 2000, 734 ff; ders, Das Gesetz zur Beschleunigung fälliger Zahlungen und die europäische Richtlinie zur Bekämpfung von Zahlungsverzug im Geschäftsverkehr, JZ 2000 957 ff; LOOSCHELDERS/DANGA, Der Schuldnerverzug bei Geldforderungen nach Inkrafttreten des Gesetzes zur Beschleunigung fälliger Zahlungen, VersR 2000, 1049 ff). Letzterer sollte den Verzugseintritt bei Geldforderungen nach Ablauf von 30 Tagen ab Zugang einer Rechnung oder einer vergleichbaren

Zahlungsaufforderung ohne Mahnung oder Ersatztatbestand eintreten lassen. Die missverständliche Formulierung des § 284 Abs 3 BGB hatte jedoch zur Folge, dass die Norm im Rahmen des SchuldrechtsmodernisierungsG (s unten Rn 188 ff) kurz nach ihrem Inkrafttreten revidiert werden musste. Dies hat dem Gesetzgeber viel Kritik eingebracht. Durch § 288 BGB wurde ferner der gesetzliche Verzugszinssatz geändert. Er beträgt gem § 288 Abs 1 S 2 BGB für Verbrauchergeschäfte 5 % über dem Basiszinssatz, für sonstige Rechtsgeschäfte gem § 288 Abs 2 BGB 9 % über dem Basiszinssatz, § 247 BGB.

3. Sonstige Änderungen des Schuldrechts, Allgemeiner Teil

Das am 27. 6. 2000 in Kraft getretene Widerrufs- und Rückgaberecht bei **Verbrau-** 158 **cherverträgen** gem §§ 361a, b ist zwischenzeitlich durch das SchuldrechtsmodernisierungsG wieder aufgehoben worden (s unten Rn 188 ff). Auf den Bereich des **Verbraucherrechts** hat das SchuldrechtsmodernisierungsG aber auch in anderen Bereichen maßgeblichen Einfluss gehabt (s dazu u Rn 193 ff). Durch die Einführung der §§ 361a, b fallen die ersten Anfänge eines deutlich verstärkten Verbraucherschutzes im BGB selbst jedoch schon in das Jahr 2000.

Versteckt im Rahmen zT völlig anderer Rechtsprobleme hat dann das **OLG-Ver-** 159 **tretungsänderungsgesetz**, welches am 1. 8. 2002 in Kraft trat (vgl BGBl I 2002, 2850; z den Folgen der Änderung bei arbeitsrechtlichen Aufhebungsverträgen: SCHLEUSENER, Zur Widerrufsmöglichkeit von arbeitsrechtlichen Aufhebungsverträgen nach § 312 BGB, NZA 2002, 949 ff; ANNUSS, Der Arbeitnehmer als solcher ist kein Verbraucher!, NJW 2002, 2844), neben anderen Rechtsgebieten (z den berufsrechtlichen Änderungen vgl ausf HENSSLER/KILIAN, Die Neuregelung des Rechts der Vertretung durch Rechtsanwälte vor den Oberlandesgerichten durch das OLG-Änderungsgesetz, NJW 2002, 2817 ff) auch das schuldrechtliche **Verbrauchervertragsrecht** reformiert. Auslöser der Änderung war ein Urteil des EuGH (NJW 2002, 281 ff, sog Heininger-Rspr) v 13. 12. 2001, in dem die Richter bei einem Streit um ein **Immobiliardarlehen** zu dem Ergebnis kamen, dass das **Widerrufsrecht bei Haustürgeschäften** weder generell ausgeschlossen noch befristet werden darf.

Das Widerrufsrecht für Haustürgeschäfte gem § 312 Abs 1 S 1 iVm § 355 BGB galt 160 nicht für **Verbraucherdarlehensverträge**, die „an der Haustür" geschlossen worden waren. Diese konnten nur unter den Voraussetzungen des § 495 widerrufen werden, die bei einem Immobiliardarlehen jedoch nicht vorlagen. Das Problem löste der Gesetzgeber, indem er in § 491 Abs 3 aF das Immobiliardarlehen als Ausschlusstatbestand gestrichen hat, sodass seitdem auch diese Art von Darlehensverträgen gem § 495 BGB widerruflich ist (MEINHOF NJW 2002, 2273 f). Hierdurch wurden allerdings Folgeänderungen erforderlich (vgl bspw § 492 Abs 1a aF; § 497 Abs 2, Abs 3 S 1, 2, 4, 5 iVm Abs 4 aF).

Des Weiteren hat man § 355 Abs 3 BGB geändert. Vorher galt, dass der Vertrags- 161 partner, der nicht entsprechend den Vorgaben in § 355 Abs 2 BGB belehrt wurde, sein Recht zum Widerruf gem § 355 Abs 3 S 1 aF **sechs Monate** nach Abschluss des Vertrages verlor. Die Gesetzesänderung führte dazu, dass das Widerrufsrecht bei mangelnder Belehrung **nicht erloschen ist**, vgl § 355 Abs 3 S 3 aF (ausf hierzu MEINHOF NJW 2002, 2273 f). Das G zur Änderung der Vorschriften über **Fernabsatzverträge bei Finanzdienstleistungen** v 2. 12. 2004 (BGBl I 2004, 3102) führte ebenfalls zu erheblichen

Änderungen im Bereich des allgemeinen Fernabsatzrechts, va in Bezug auf die fernabsatzrechtlichen Informationspflichten und die Kostenerstattung für die Rücksendung beweglicher Sachen bei Ausübung des Widerrufsrechts (vgl krit Vander, Eingriffe in das allgemeine Fernabsatzrecht – Gesetz zur Änderung der Vorschriften über Fernabsatzverträge bei Finanzdienstleistungen, MMR 2005, 139 ff). Weitere Informationspflichten werden durch die Verbraucherrechterichtlinie hervorgerufen. Art 8 Abs 2 der Verbraucherrichterichtlinie gibt vor, dass den Unternehmer im Falle eines im elektronischen Geschäftsverkehr geschlossenen Vertrags zahlreiche Informationspflichten treffen sollen (Button-Lösung). Eine Teilumsetzung hat der deutsche Gesetzgeber bereits durch die Regelung des § 312g Abs 2–4 aF der Richtlinie durch das G zur Änderung des Bürgerlichen Gesetzbuchs zum besseren Schutz der Verbraucherinnen und Verbraucher vor Kostenfallen im elektronischen Geschäftsverkehr und zur Änderung des Wohnungseigentumsgesetzes vom 10. 5. 2012 (BGBl I S 1084) vorgenommen. Durch die sog Button-Lösung des § 312g Abs 2–4 aF (heute § 312j Abs 2–4 BGB) soll der Verbraucher bei einer Nichtbeachtung der Rechtspflicht durch den Unternehmer nicht an den Vertrag gebunden sein.

II. Änderungen zum Besonderen Teil des Schuldrechts

1. Verbraucherkreditrecht

162 Als Reaktion auf tatsächliche Änderungen im Kreditwesen, aber vor allem zur Umsetzung europäischer Vorgaben, änderte der Gesetzgeber das bereits erwähnte (s oben Rn 159 ff) Recht der Kreditverträge mehrfach. Im Fokus der Änderungen stand wiederum der Ausbau des Verbraucherschutzes. Zum Schutze der Darlehensnehmer bei Kreditverkäufen trat zunächst das G zur Begrenzung der mit Finanzinvestitionen verbundenen Risiken (**Risikobegrenzungsgesetz**) v 12. 8. 2008 (BGBl I 2008, 1666) in Kraft. Ein enormer Anstieg der Verkäufe und Abtretungen von Darlehnsforderungen mitsamt ihren Sicherungsmitteln bewirkte große Unsicherheit bei den Darlehensnehmern (BT-Drucks 16/9447). Nach der bis dato geltenden Rechtslage bestand für den Schuldner, der zur Sicherung der Forderung eine Grundschuld bestellt hatte, die Gefahr, dass er seine Einreden aus dem Sicherungsvertrag im Falle einer Übertragung der Grundschuld einem **gutgläubigen Erwerber** nicht entgegenhalten konnte. Dieser erwarb die Grundschuld vielmehr einredefrei (§ 1192 Abs 1 iVm § 1157 S 2 BGB) und konnte deshalb ohne Berücksichtigung der zwischen Eigentümer und bisherigen Gläubiger bestehenden Sicherungsvereinbarung aus ihr vorgehen. Eine solch schnelle Realisierung der Forderung führte idR zu einer finanziellen Überforderung des Schuldners. Dem wirkte Art 6 des Risikobegrenzungsgesetzes ua mit Einführung des § 1192 Abs 1a BGB entgegen. Nach dieser Vorschrift können die Einreden aus dem Sicherungsvertrag auch dem Erwerber entgegengehalten werden. Auf schuldrechtlicher Ebene wurde der Kreditnehmer zusätzlich durch Einführung umfassender **Hinweis- und Unterrichtungspflichten** über Möglichkeit und Folgen einer solchen Abtretung geschützt (§§ 491a Abs 1, 3, 492, 496 Abs 2 BGB).

Die wohl **umfangreichste Reform seit der Schuldrechtsreform** (Grundmann, Das neue Recht des Zahlungsverkehrs – Teil 1, WM 2009, 1109, 1110) erfolgte aufgrund des Gesetzes zur Umsetzung der **Verbraucherkreditrichtlinie**, des zivilrechtlichen Teils der Zahlungsdiensterichtlinie sowie zur Neuordnung der Vorschriften über das Widerrufs-

und Rückgaberecht v 29. 7. 2009 (BGBl I 2009, 2355), welche die VerbrKrRl 1986 zum 11. 6. 2010 ablöste. Ziel der Richtlinie war die Angleichung der divergierenden Rechtslagen zum Kreditrecht in den Mitgliedsstaaten. Als Mittel der Rechtangleichung bediente man sich der **Vollharmonisierung**, welche die nationalen Gesetzgeber in weitem Umfang bei der Umsetzung der Richtlinien bindet (ausführl zum Harmonisierungskonzept RIEHM/SCHREINDORFER, Obligationenrecht [einschl ziviles Verbraucherschutzrecht], GPR 2008, 244). Aus diesem Grunde war auch eine erneute Überarbeitung der durch das Risikobegrenzungsgesetz eingeführten Regelungen notwendig. Die Hinweis- und Unterrichtungspflichten sind seitdem inhaltlich erhalten geblieben, finden sich jetzt aber in § 491a Abs 4 BGB iVm Art 247 § 1 Abs 2 S 2 EGBGB, §§ 493, 496 Abs 2 BGB. **Übergangsregelungen** für vor dem 11. 6. 2010 entstandene Schuldverhältnisse sind in Art 229 § 22 EGBGB enthalten.

Der Gesetzgeber nahm zudem eine Neustrukturierung des Titels 3, Untertitel 1 vor. Kap 1 (§§ 488–490 BGB) beinhaltet nun den **allgemeinen Teil**, welcher auf sämtliche Darlehensverträge anwendbar ist, während für Verbraucherdarlehen das 2. Kapitel (§§ 491 ff BGB) einen **besonderen Teil für Verbraucherdarlehnsverträge** enthält. Darüber hinaus wurden zur Erhöhung des Verbraucherschutzniveaus weitere **vorvertragliche Informations- und Beratungspflichten** geschaffen, § 491a BGB iVm Art 247 EGBGB. Nach dem „Grundsatz verantwortungsvoller Kreditvergabe" ist der Unternehmer ferner gem § 505a BGB (damals noch § 509 aF) dazu verpflichtet, die **Bonität** des Verbrauchers vor Abschluss des Vertrags über eine entgeltliche Finanzierungshilfe zu prüfen.

Die letzten wesentlichen Änderungen erfolgten durch das G zur Umsetzung der Wohnimmobilienkredit-RL v 11. 3. 2016, welches am 21. 3. 2016 in Kraft getreten ist. Neben einer Reform der Immobiliardarlehensverträge wurde der 6. Untertitel über unentgeltliche Darlehensverträge und unentgeltliche Finanzierungshilfen zwischen einem Unternehmer und einem Verbraucher in den §§ 514 f BGB eingeführt (ausf BeckOK-BGB/MÖLLER [1. 5. 2019] § 491 Rn 22).

Zur Entwicklung des Darlehensvertragsrechts iE vgl auch STAUDINGER/KESSAL-WULF (2012) Einl z §§ 491 ff.

2. Recht des Zahlungsverkehrs

Das G zur Umsetzung der VerbrKrRL, des zivilrechtlichen Teils der Zahlungsdiensterichtlinie sowie zur Neuordnung der Vorschriften über das Widerrufs- und Rückgaberecht v 29. 7. 2009 (BGBl I 2009, 2355) setzte auch die Anforderungen an den Euro-Zahlungsverkehr, welche sich aus der Zahlungsdiensterichtlinie ergeben (Richtlinie 2007/64/EG des Europäischen Parlaments und des Rates v 13. 11. 2007 über Zahlungsdienste im Binnenmarkt) in nationales Recht um.

Durch das G zur Umsetzung der 2. Zahlungsdiensterichtlinie wurde der europäische Binnenmarkt für unbare Zahlungen weiterentwickelt. Wesentliche Inhalte betreffen die Erweiterung des Kreises der Zahlungsdienste um Zahlungsauslösedienste und Kontoinformationsdienste, die Verbesserung der Sicherheit bei der Zahlungsabwicklung und des Schutzes der Zahlungsdienstnutzer bei nicht autorisierten Zahlungsvorgängen (BT-Drucks 158/17, 1; BGBl I S 2446). Ausführl zu den Entwicklungen

im Recht des Zahlungsverkehrs vgl STAUDINGER/OMLOR (2012) Vorbem zu
§§ 675c–676c.

3. Das Miet- und Pachtrecht

164 Das **Mietrecht** reagierte nach Inkrafttreten des BGB einerseits auf Notzeiten, wandelte andererseits aber auch schon bald seine Schutzrichtung im Verhältnis zur Ursprungsfassung. Es kannte zwar schon zu Beginn des 20. Jahrhunderts einen gewissen **Mieterschutz**, aber die Regeln waren zumeist dispositiv. Das hatte zur Folge, dass die Vermieter die Rechte des Mieters in Vertragsformularen bis zur Grenze der Zulässigkeit beschränkten (vgl STAUDINGER/J EMMERICH [2018] Vorbem 2 ff zu § 535). Im 1. Weltkrieg und danach verschlechterte sich der Wohnungsmarkt derartig, dass man durch **Mieterschutzverordnungen** versuchte, Abhilfe zu schaffen (1. MieterschutzVO v 26. 7. 1917, RGBl I 659; 2. MieterschutzVO v 23. 9. 1918, RGBl I 1135). Auch im 2. Weltkrieg waren besondere Verordnungen erforderlich, um die Wohnungsnot zu bekämpfen (so zB die WohnraumlenkungsVO v 27. 2. 1942, RGBl I 124, und die VO zur Wohnraumversorgung der luftkriegbetroffenen Bevölkerung v 21. 6. 1943, RGBl I 355).

165 In der **Nachkriegszeit** hat man die dadurch entstehende Wohnungszwangswirtschaft schrittweise abgebaut und den Versuch eines **sozialen Mietrechtes** im BGB unternommen (G über den Abbau der Wohnungszwangswirtschaft und über ein soziales Miet- und Wohnrecht v 23. 6. 1960, BGBl I 1960, 389; 1. MietRÄndG v 29. 7. 1963, BGBl I 1963, 505; 2. MietRÄndG v 14. 7. 1964, BGBl I 1964, 457; MietRÄndG v 21. 2. 1967, BGBl I 1967, 1248; 3. MietRÄndG v 21. 12. 1967, BGBl I 1967, 1248). Die Folgejahre waren von dem Wunsch des Gesetzgebers geprägt, einerseits den Mietanstieg zu begrenzen (MietverbesserungsG v 4. 11. 1971, BGBl I 1971, 1745) andererseits das Angebot an Mietwohnungen zu erhöhen (G zur Erhöhung des Angebots an Mietwohnungen v 20. 12. 1982, BGBl I 1982, 1912). Später schränkte man allerdings aufgrund geänderter Verhältnisse am Wohnungsmarkt den **Kündigungsschutz** bei der Wohnraummiete teilw ein, um die Bereitschaft der Vermieter zum Vertragsabschluss und vor allem zu Investitionen in Vermieterprojekte zu fördern (WohnungsbauerleichterungsG v 17. 5. 1990, BGBl I 1990, 926). Auf der anderen Seite wurde auch der Mieterschutz verstärkt (G zur Verbesserung der Rechtsstellung des Mieters v 20. 7. 1990, BGBl I 1990, 1456).

166 Weitere Veränderungen resultieren aus dem 4. MietRÄndG vom 21. 7. 1993 (BGBl I 1993, 1257) und dem G zur Änderung des BGB v 29. 10. 1993 (BGBl I 1993, 1838; krit STAUDINGER/J EMMERICH [1995] Vorbem 29 zu §§ 535, 536). Letzteres sorgte für einen verbesserten Kündigungsschutz des Mieters bei **gewerblicher Miete**. Kleinere Änderungen ergaben sich durch das G zur Übernahme befristeter Kündigungsmöglichkeiten als Dauerrecht v 21. 2. 1996, nämlich die Änderung des § 564b aF (BGBl I 1996, 222), und durch die 2. Zwangsvollstreckungsnovelle v 17. 12. 1997 (BGBl I 1997, 3039), die § 592 S 3 BGB änderte.

167 Ferner wurde das Mietrecht im Jahre 2001 durch das **Mietrechtsreformgesetz** v 19. 6. 2001 umfassend umgestaltet (BGBl I 2001, 1149; dazu EISENSCHMID, Das Mietrechtsreformgesetz, WuM 2001, 215 ff). Es trat am 1. 9. 2001 in Kraft. Das Ziel bestand darin, die geänderten Interessen von Mieter und Vermieter auf dem Wohnungsmarkt

angemessen zu berücksichtigen, das Mietrecht zu modernisieren und zu vereinfachen (GRUNDMANN NJW 2001, 2497, 2498). Im Hinblick auf den Mieterschutz ist die Reduzierung der sog **Kappungsgrenze** bei Mieterhöhungen bis zur Vergleichmiete von 30% auf 20% in § 558 Abs 3 BGB zu beachten (GRUNDMANN NJW 2001, 2497, 2499, 2501). Ebenfalls dem Mieterschutz dient die Verkürzung seiner **Kündigungsfrist** auf maximal drei Monate unabhängig von der Dauer des Mietverhältnisses, § 573c BGB. Damit gibt es erstmalig **uneinheitliche Kündigungsfristen** für Vermieter und Mieter im BGB. In systematischer Hinsicht hat der Gesetzgeber das Mietrecht nach seinem tatsächlichen Ablauf vom Vertragsschluss bis zur Kündigung **neu gegliedert** (GRUNDMANN NJW 2001, 2497, 2498). Den Interessen des Vermieters dienen die Erleichterungen bei der **Staffelmiete** gem § 557a BGB sowie bei der **Vergleichsmiete** gem § 558 BGB. Zudem hatte der Mieter Maßnahmen zur **Untersuchung der Mietsache**, zur **Einsparung von Energie oder Wasser** oder zur **Schaffung neuen Wohnraums** gem § 554 Abs 2 aF zu dulden.

Eine weitere Umgestaltung des Mietrechts erfolgte durch das MietRÄndG 2013 (BGBl I 2013, 434), welches am 1. 5. 2013 in Kraft trat. Ein zentrales Reformziel bestand in der Erleichterung energiesparender Modernisierungen (BT-Drucks 17/10485, 1). Nach den neuen Regelungen der §§ 555a–555 f BGB hat der Mieter entsprechende Modernisierungsmaßnahmen zu dulden. Weiterhin wird der Mieter aber auch vor Mieterhöhungen geschützt (BT-Drucks 17/10485, 2). Gem § 558 Abs 3 BGB können die Landesregierungen durch Rechtsverordnung gewisse Gebiete bestimmen, in denen die ausreichende Versorgung der Bevölkerung mit Mietwohnungen zu angemessenen Bedingungen gefährdet ist. In diesen Gebieten beträgt die Kappungsgrenze (s oben) nicht die üblichen 20%, sondern lediglich 15%. Durch die Änderung der §§ 885, 885a ZPO wird zudem die Durchsetzbarkeit von Räumungstiteln vereinfacht, um ein effizientes Vorgehen gegen Mieter, die sich ihrer Zahlungspflicht planmäßig entziehen („Mietnomadentum"), abzusichern (BT-Drucks 17/10485, 1 f). Schließlich sind Teile des Wohnraummietrechts zu erwähnen, die nicht alle in das BGB rückeingegliedert wurden, teilw aber auch schon gegenstandslos geworden sind (vgl zB die Behandlung der sog „verlorenen Baukostenzuschüsse" durch das „G zur Änderung des 2. WoBauG, anderer wohnungsbaurechtlicher Vorschriften und über die Rückerstattung von Baukostenzuschüssen" v 21. 7. 1961 [BGBl I 1961, 1041], geändert durch G v 4. 7. 1964 [BGBl I 1964, 457] und durch G v 24. 8. 1965 [BGBl I 1965, 969] in seinem Art VI; erwähnenswert sind ferner die Regelungen des MHG in Art 3 des 2. G über den Kündigungsschutz für Mietverhältnisse von Wohnraum [2. WoKSchG] v 18. 12. 1974 [BGBl I 1974, 3603], die vielfach durch Folgegesetze geändert wurden, zB auch durch den EinigsV [vgl insoweit BGBl II 1990, 889, 1126]).

Die letzte Reform durch das am 1. 6. 2015 in Kraft getretene G zur Dämpfung des Mietanstiegs auf angespannten Wohnungsmärkten und zur Stärkung des Bestellerprinzips bei der Wohnungsvermittlung führte die sog „Mietpreisbremse" ein (vgl LOOSCHELDERS, Schuldrecht BT § 22 Rn 5; ausf STAUDINGER/EMMERICH [2018] Vorbem zu §§ 556d-556g Rn 16b). Demnach ist die zulässige Miete bei der Wiedervermietung von Wohnraum in angespannten Wohnungsmärkten gem § 556d Abs 1 BGB auf 110 Prozent der ortsüblichen Miete beschränkt. Bei Überschreitung dieser Grenze ist die Vereinbarung gem § 556g Abs 1 S 2 BGB insoweit unwirksam. Zudem wurde § 2 Abs 1a WoVermittG zur Stärkung des Bestellerprinzips eingeführt. Nur wenn ein Makler aufgrund eines Vertrages mit dem Wohnungssuchenden und ausschließlich in dessen

Interesse tätig wird, steht ihm demnach ein Vergütungsanspruch gegen diesen zu (BT-Drucks 18/3121, 17).

Insgesamt zeigt sich, dass das Mietrecht als ein Rechtsgebiet mit starken sozialen Auswirkungen besonders vielen Reformen unterlag, die an dieser Stelle nicht abschließend dargestellt werden können (vgl iE Staudinger/J Emmerich [2018] Vorbem 11 ff z § 535).

168 Im Zusammenhang mit dem Mietrecht ist auf die Fülle **pachtrechtlicher Vorschriften** hinzuweisen, die entweder geändert oder neu eingefügt wurden (G zur Neuordnung des landwirtschaftlichen Pachtrechtes v 8. 11. 1985, BGBl I 1985, 2065). In erster Hinsicht handelt es sich um die §§ 581–597 BGB, in letztgenannter um die §§ 582a, 583a, 584a, b, 585a, b, 586a, 590a, b, 591a, b, 593a, b, 594a–f, 595a, 596a, b BGB.

4. Dienstvertragsrecht

169 Vor allem nach dem 2. Weltkrieg gab es sehr viele Änderungen im **Dienstvertragsrecht**. So wurden zB unterschiedliche **Kündigungsregelungen** für die ordentliche Kündigung eines „Dienstverhältnis(ses), das kein Arbeitsverhältnis iSd § 622 ist", § 621, und des „Arbeitsverhältnis(ses) eines Arbeiters oder Angestellten" eingefügt, § 622 (z § 621: ArbeitsrechtsbereinigungsG v 14. 8. 1969 in BGBl I 1969, 1106; z § 622: neu eingef durch KündFG v 7. 10. 1993 in BGBl I 1993, 1668; geändert durch G v 25. 9. 1996 in BGBl I 1996, 1476 und G v 19. 12. 1998 in BGBl I 1998, 3843). Das Recht des **Arbeitsvertrages** ist, soweit überhaupt gesetzlich geregelt, überwiegend in SonderG außerhalb der §§ 611 ff BGB normiert worden. Im Zusammenhang mit der Kündigung ist auf das **KündigungsschutzG** idF der Bek v 25. 8. 1969 hinzuweisen (BGBl I 1969, 1317). Das **BetriebsverfassungsG** (v 15. 1. 1972 in BGBl I 1972, 13) führte zu § 613a BGB, der den neuen Inhaber bei einem **Betriebsinhaberwechsel** in die vertraglichen Rechte und Pflichten aus den Arbeitsverhältnissen eintreten lässt (Änderungen des § 613a BGB durch G v 13. 8. 1980, BGBl I 1980, 1308, durch das G über die Spaltung der von der Treuhandanstalt verwalteten Unternehmen v 5. 4. 1991, BGBl I 1991, 854, das G zur Bereinigung des Umwandlungsrechts v 28. 10. 1994, BGBl I 1994, 3210 und das G zur Änderung des SeemannsG und anderer G v 23. 3. 2002, BGBl I 2002, 1163). 1980 schrieb der Gesetzgeber ein geschlechtsbezogenes **Benachteiligungsverbot** in § 611a und ein geschlechtsneutrales **Arbeitsplatzausschreibungsgebot** in § 611b fest (G über die Gleichbehandlung von Männern und Frauen am Arbeitsplatz und über die Erhaltung von Ansprüchen bei Betriebsübergang [1. GleiBG] v 13. 8. 1980 in BGBl I 1980, 1308). Zur weiteren Durchsetzung der **Gleichstellung** von Männern und Frauen in Arbeitsverhältnissen folgte 1994 das 2. GleiBG (v 24. 6. 1994, BGBl I 1994, 1406, dazu die Änderung v Abs 5 durch G v 29. 6. 1998, BGBl I 1998, 1694) sowie 2006 das im Zuge des **G zur Umsetzung europäischer Richtlinien zur Verwirklichung des Grundsatzes der Gleichbehandlung** (v 18. 8. 2006, BGBl I 2006, 1897, das u a §§ 611a, 611b aufhob) erlassene **Allgemeine Gleichbehandlungsgesetz** (AGG). Eine weitere wesentliche Veränderung ergab sich im Jahre 2000 durch § 623 BGB, der die **Schriftform** als Wirksamkeitsvoraussetzung für Kündigung und Auflösungsvertrag einführte (ArbeitsgerichtsbeschleunigungsG v 30. 3. 2000, BGBl I 2000, 333. Z den noch nicht durchgeführten Reformvorhaben vgl Staudinger/J Schmidt [1995] Rn 84). Zuletzt erfuhr am 1. 1. 2003 die **GewO** eine umfassende Novellierung (G zur Änderung der Gewerbeordnung und sonstiger gewerberechtlicher Vorschriften v 24. 8. 2002, BGBl I 2002, 3412, 3420), indem va in Titel

VII allgemeine **arbeitsrechtliche Grundsätze** kodifiziert wurden, die gem § 6 Abs 2 GewO seither für alle Arbeitnehmer gelten (ausf Schöne, Die Novellierung der Gewerbeordnung und die Auswirkungen auf das Arbeitsrecht, NZA 2002, 829 ff).

Mit dem G zur Änderung des Arbeitnehmerüberlassungsgesetzes und anderer Gesetze v 21. 2. 2017 wurde in § 611a BGB erstmals der Arbeitsvertrag mit Wirkung zum 1. 4. 2017 gesetzlich geregelt (BGBl I S 258). Damit erfolgte keine Änderung der Rechtslage, sondern nur eine Kodifizierung des durch die höchstrichterliche Rspr entwickelten Arbeitnehmerbegriffs (BT-Drucks 18/9232, 31). Auf diesem Wege sollen die Umgehung der Arbeitnehmerschutzvorschriften durch die missbräuchliche Ausgestaltung von Arbeitsverträgen als Werk- oder Dienstverträge verhindert und die Rechtssicherheit erhöht werden (BT-Drucks 18/9232, 14).

5. Patientenrechtegesetz

Das Behandlungs- und Arzthaftungsrecht wurden vornehmlich richterrechtlich entwickelt. Gesetzliche Regelungen fanden sich nur lückenhaft in verschiedenen Gesetzen. Durch das **G zur Verbesserung der Rechte von Patientinnen und Patienten** vom 20. 2. 2013 (BGBl I 2013, 277) ist das Schuldrecht um den Vertragstypen des **Behandlungsvertrages** in den §§ 630a–h BGB ergänzt worden. Derartige Bestrebungen sind nicht neu. Bereits im Vorfeld des Schuldrechtsmodernisierungsgesetzes (2002) wurde über Vorzüge und Nachteile einer Normierung des Arztvertrages diskutiert (Deutsch/ Geiger, Medizinischer Behandlungsvertrag, in: Gutachten und Vorschläge zur Überarbeitung des Schuldrechts, Bd 2, 1049, 1090, hrsg v Bundesministerium der Justiz). Der Deutsche Bundestag hat dann am 29. 11. 2012 in 2./3. Lesung das Gesetz in der Beschlussempfehlung des Ausschusses für Gesundheit (BT-Drucks 17/11710 v 28. 11. 2012), die teilw Änderungen gegenüber der Entwurfsfassung (BT-Drucks 17/10488 v 15. 8. 2012) aufweist, verabschiedet (vgl zur Gegenüberstellung der beiden Entwürfe BT-Drucks 17/11710, 8 ff; zum neuen Gesetz unter Vergleich des (ersten) Regierungsentwurfs mit dem Referentenentwurf vgl Olzen/Uzunovic, Der Behandlungsvertrag im BGB – Ein Vergleich des Referenten- und des Regierungsentwurfs für ein Gesetz zur Stärkung der Patientenrechte, JR 2012, 447 ff, sowie zum Referentenentwurf Olzen/ Metzmacher, Erste Überlegungen zum Referentenentwurf für ein Patientenrechtegesetz, JR 2012, 271 ff). In den Neuregelungen finden sich – ausgerichtet vor allem an der bisherigen Rechtsprechung – die speziellen Rechte und Pflichten des Behandlungsvertrages und Regelungen für die in Haftungsfällen wichtigen **Beweislastfragen**. Mit der Kodifizierung sollte vor allem ein Ausgleich zwischen den Interessen von Behandler und Patient erreicht und eine Informationsquelle über die eigenen Rechte und Pflichten aus dem Behandlungsverhältnis eröffnet werden. Gem § 630b BGB handelt es sich beim Behandlungsvertrag als neuem Vertragstyp um eine spezielle Form des Dienstvertrages, auf den die §§ 611 ff BGB entsprechend anwendbar sind, soweit nicht die §§ 630a ff BGB Sonderregeln enthalten (vgl insgesamt Olzen/Kaya, Der Behandlungsvertrag, §§ 630a–h BGB, Jura 2013, 661; zu den Auswirkungen im Betreuungsrecht Olzen/Lilius-Karakaya, Patientenrechtegesetz und rechtliche Betreuung, BtPrax 2013, 127).

6. Werkvertragsrecht

Die Bestimmungen der §§ 631 ff BGB waren nach In-Kraft-Treten des BGB nur wenigen gesetzlichen Änderungen unterworfen. Erwähnenswert ist ua die Einführung der **Bauhandwerkersicherung** gem § 648a aF mit Wirkung zum 27. 4. 1993.

Zahlreiche Probleme hat die Rspr gelöst. Das oben genannte „G zur Beschleunigung fälliger Zahlungen" (s oben Rn 157) wirkte sich allerdings auf eine Fülle werkvertraglicher Regelungen aus (§§ 640 Abs 2, 648a Abs 1 S 1, 2, 632a, 640 Abs 1 S 2, 3, 641 Abs 2, 3, 641a, 648a Abs 5 S 3, 4 BGB eingef; bisheriger § 641 Abs 2 wird Abs 4 BGB). Die Einführung von § 640 Abs 1 S 2 BGB hatte bspw zur Konsequenz, dass die **Fälligkeit der Vergütung** des Werkherstellers nicht mehr an der mit geringfügigen Mängeln begründeten Annahmeverweigerung scheiterte. Die Anfügung des Abs 2 an § 641 BGB führte zu einer früheren **Fälligstellung** des Anspruchs des Werkherstellers (ausf z den Änderungen Kiesel, Das Gesetz zur Beschleunigung fälliger Zahlungen, NJW 2000, 1673). Weitere Änderungen ergaben sich mit dem Schuldrechtsmodernisierungsgesetz (s unten Rn 188 ff; z Entwicklung des Werkvertrages s auch Staudinger/Peters/Jacoby [2014] Vorbem 12 ff z §§ 631 ff). Schließlich führte das Forderungssicherungsgesetz v 23. 10. 2008 (BGBl I 2008, 2022), welches am 1. 1. 2009 in Kraft trat, zu erheblichen Änderungen innerhalb der §§ 632a, 641, 648a, 649 BGB sowie zur Aufhebung von § 641a aF (z Novellierung Gehlen, Das Gesetz zur Sicherung von Werkunternehmeransprüchen und zur verbesserten Durchsetzung von Forderungen, NZBau 2008, 612 ff). Erwähnenswert ist hierbei vor allem § 632a nF, nach welchem der Werkunternehmer unter nunmehr erleichterten Voraussetzungen Ansprüche auf **Abschlagszahlungen** gegenüber dem Besteller geltend machen kann (Abs 1), während Abs 3 nF eine Stärkung des Verbraucherschutzes bezweckt.

Die erste größere Änderung des Werkvertragsrechts erfolgte durch das G zur Reform des Bauvertragsrechts und zur Änderung der kaufrechtlichen Mängelhaftung v 28. 4. 2017, welches am 1. 1. 2018 in Kraft getreten ist. Für die meist komplexen und langfristig angelegten Bauverträge waren die Regelungen des Werkvertragsrechts häufig nicht detailliert genug und führten nicht zu einer interessengerechten und ökonomisch sinnvollen Abwicklung, sodass der Gesetzgeber in den §§ 650a ff BGB eigenständige Regelungen für den Bauvertrag eingeführt hat (BT-Drucks 123/16, 1, 21 f). Daneben erfolgte auch eine Kodifizierung des Verbraucherbauvertrages (§§ 650i ff BGB), des Architekten- und Ingenieurvertrages (§§ 650p ff BGB) und des Bauträgervertrages (§§ 650u f BGB).

Im Rahmen dieser Reform änderte der Gesetzgeber auch die kaufrechtliche Gewährleistung. Die BGH-Rspr zu den Ein- und Ausbaufällen, welche auf das Urteil des EuGH v 16. 6. 2011 (C-65/09 und C-87/09) zurückgeht, wurde nun in § 439 Abs 3 BGB umgesetzt. Hat der Käufer eine mangelhafte Sache bestimmungsgemäß in eine andere Sache eingebaut oder an eine andere Sache angebracht, so ist der Verkäufer im Rahmen der Nacherfüllung verpflichtet, dem Käufer die erforderlichen Aufwendungen für den Ausbau der mangelhaften und den Einbau der mangelfreien Sache zu ersetzen (BGBl I 2017, S 969). Dies gilt generell und nicht wie nach der bisherigen Rspr nur für Verbrauchsgüterkaufverträge. Als Kompensation steht dem Verkäufer gem §§ 445a, b BGB ein Rückgriffsanspruch gegen den Lieferanten zu (Looschelders, Schuldrecht BT § 4 Rn 10; Palandt/Weidenkaff § 445a Rn 1).

7. Reisevertragsrecht

172 In den sechziger Jahren gewannen **Pauschalreisen** an Bedeutung, waren aber rechtlich schwer einzuordnen. Dies schuf Bedarf für nationale Neuregelungen, die möglichst international in vereinheitlichter Form entstehen sollten (vgl z Brüsseler

Übereinkommen über den Reisevertrag KLATT, Gesetz über den Reisevertrag [1979] 37 ff; REBMANN DB 1971, 1949, 2003 ff). Durch das **ReisevertragsG** v 4. 5. 1979 (BGBl I 1979, 509) wurden deshalb die §§ 651a–k aF in das BGB eingefügt (z Entstehungsgeschichte vgl MünchKomm/TONNER Vor § 651a Rn 20–63l; TONNER, Die Entwicklung des Reisevertragsrechts durch Rechtsprechung, Gesetzgebung und Verbandsverhandlungen, AcP 189 [1989] 122 ff; WOLTER, Das Verhältnis des reiserechtlichen Gewährleistungsrechts der §§ 651c ff zum allgemeinen Recht der Leistungsstörungen, AcP 183 [1983] 39 f). Das Reisevertragsrecht stellte den ersten Schritt zur Eingliederung neuer Vertragstypen in das Gesetz dar, die vom ursprünglichen Gesetzgeber vernachlässigt oder nicht vorhergesehen worden waren, inzwischen jedoch eine maßgebliche soziale Bedeutung erlangt hatten, die ihre Regelung erforderte. Die betreffenden Vorschriften hat der Gesetzgeber später durch das „G zur Durchführung der Richtlinie des Rates v 13. 6. 1990 über Pauschalreisen" (v 24. 6. 1994 [BGBl I 1994, 1322]; vgl z Inhalt der Richtlinie TONNER, Reiserecht in Europa [1992] 249 ff; ders, Die EG-Richtlinie über Pauschalreisen, EuZW 1990, 409) modifiziert. So hängte er an § 651a aF drei weitere Absätze an, die ua die Richtlinienvorgaben über Preis- und Leistungsänderungen und die Absage der Reise durch den Reiseveranstalter umsetzten (näher hierzu MünchKomm/TONNER Vor § 651a Rn 30 ff). Kleinere Änderungen ergaben sich durch das „2. G zur Änderung des Rechtspflege-AnpassungsG und anderer Gesetze v 20. 12. 1996" (RpflAnpG, BGBl I 1996, 2090), die § 651k Abs 4 aF betrafen. Außerdem ist noch auf das Schuldrechtsmodernisierungsgesetz hinzuweisen, durch das § 651a aF einen neuen Abs 3 erhielt (insgesamt z Schuldrechtsmodernisierung s unten Rn 188 ff; z Entstehungsgeschichte des Reisevertragsrechts STAUDINGER/STAUDINGER [2016] Vorbem 7 ff zu § 651a–m).

Durch das Dritte G zur Änderung reiserechtlicher Vorschriften v 17. 7. 2017 erfolgte eine vollständige Novellierung des Reisevertragsrechts, welche die Richtlinie ins nationale Recht umgesetzt hat. Neben der Neufassung der Vorschriften über Pauschalreisen wurden Regelungen zur Reisevermittlung und zur Vermittlung verbundener Reiseleistungen eingefügt. Die §§ 651i bis 651p BGB enthalten die neu gefassten Rechte des Reisenden bei Reisemängeln, welche dem bisherigen Gewährleistungsrecht im Wesentlichen entsprechen. Neu eingeführt wurde in § 651k Abs 3 BGB das Recht des Reisenden, Ersatzleistungen zu verlangen. Das Kündigungsrecht des Reiseveranstalters bei höherer Gewalt entfällt. Insgesamt dienen die Änderungen einem hohen Verbraucherschutzniveau und der Beseitigung von Hindernissen für den Binnenmarkt (BT-Drucks 18/10822, 1).

8. Gastwirterecht

Die Reform des Gastwirterechts (G zur Änderung von Vorschriften des BGB über die Einbringung von Sachen bei Gastwirten v 24. 3. 1966, BGBl I 1966, 181) ist weniger bedeutend und beruht im Wesentlichen auf Konsequenzen, die die Bundesrepublik aus dem **Übereinkommen über die Haftung der Gastwirte** v 17. 12. 1962 für die von ihren Gästen eingebrachten Sachen (BGBl II 1966, 269; II 1967, 1210) gezogen hat. Das Übereinkommen geht auf Vorarbeiten des Instituts zur Vereinheitlichung des Privatrechtes in Rom zurück und hat sich das Ziel gesetzt, Reisenden in allen Vertragsländern einen Mindestschutz zu gewährleisten und damit den Reiseverkehr zu erleichtern.

173

III. Sondergesetze/Neue Vertragstypen

174 Die Zahl der nach 1900 entstandenen **sonderprivatrechtlichen Vorschriften** ist groß (vgl dazu auch noch STAUDINGER/J SCHMIDT [1995] Rn 526). Eine Sammlung des Bundesministeriums der Justiz ergab bereits 1982 nach Angaben des damaligen Ministers Schmude „etwa 250 Gesetze und Verordnungen mit nahezu 2700 Vorschriften" (SCHMUDE NJW 1982, 2017, 2018). Man kann verallgemeinernd feststellen, dass zwischen den 70er Jahren und dem Ende des 20. Jahrhunderts neue Rechtsfragen vornehmlich in SonderG abgearbeitet wurden, eine Entwicklung, die das Schuldrechtsmodernisierungsg 2002 in gewissem Umfang zurückdrängte. Wegen der entstandenen Vielfalt soll nur auf einige Bsp eingegangen werden, die für die Herausbildung legislativen Sonderprivatrechtes charakteristisch waren.

175 Für die **rechtsgeschäftlich begründeten Schuldverhältnisse** (z gesetzlichen Rechtsverhältnissen s oben Rn 78 ff) haben sich Spezialgesetze insbes dann herausgebildet, wenn es um den Schutz schwächerer Teilnehmer am Geschäftsverkehr ging (WEITNAUER, Der Schutz des Schwächeren im Zivilrecht [1975]; vgl ferner STAUDINGER/J SCHMIDT [1995] Rn 497 ff; PREIS, Kompensation von Ungleichgewichtslagen in der Rechtsprechung der Arbeitsgerichte und Zivilgerichte – ein Vergleich, AuR 1994, 139 ff, bes 141). Bsp hierfür bilden das **AGBG** v 9. 12. 1976 (BGBl I 1976, 3317); das **WoVermG** v 4. 11. 1971 (BGBl I 1971, 1745); das **FernUSG** v 24. 8. 1976 (BGBl I 1976, 2525); das **HausTWG** v 16. 1. 1986 (BGBl I 1986, 122) bzw die entsprechende EG-Richtlinie (ABl EG 1985 Nr L 372/31); weiterhin ist das **VerbrKrG** v 17. 12. 1990 (BGBl I 1990, 2840) aufgrund der EG-Richtlinie Nr 102/87 zu erwähnen, das die vorangehend genannten verbraucherschützenden Gesetze zT abänderte (vor allem das AbzG von 1894 vollständig ersetzte, vgl hierzu STAUDINGER/ J SCHMIDT [1995] Rn 19). Das „G über Fernabsatzverträge und andere Fragen des Verbraucherrechts sowie zur Umstellung von Vorschriften auf Euro" v 27. 6. 2000 (BGBl I 2000, 897, 1139; näher BÜLOW/ARTZ, Fernabsatzverträge und Strukturen eines Verbraucherprivatrechts im BGB, NJW 2000, 2049; FUCHS, Das Fernabsatzgesetz im neuen System des Verbraucherschutzrechtes, ZIP 2000, 1273) hat zahlreiche Vorschriften des Besonderen Schuldrechtes geändert, zB in § 661a BGB die Preisleistungsverpflichtung des Unternehmers für Gewinnzusagen gegenüber einem Verbraucher. Aber auch im Allgemeinen Teil des Schuldrechts entstanden vollständig neue Regelungen (s oben Rn 149).

H. Exkurs: Sonderentwicklungen im Privatrecht

I. Die Reformpläne des Nationalsozialismus

176 Der **Nationalsozialismus** wollte von seinem ideologischen Ansatz her eine große Anzahl von Schuldrechtsnormen erneuern. Den dahinterstehenden Reformgedanken beschreibt GEILER 1933: zunehmende **Entindividualisierung** des Rechts und des Rechtslebens, dh Hinwendung zum **Gemeinschaftsgedanken**, zur sozialrechtlichen Gebundenheit. Damit verbunden sei auch die Abkehr von der „Atomisierung des Rechts" und seine **Entrationalisierung** (vgl GEILER, Moderne Rechtswandlungen auf dem Gebiete des Privatrechts, in: Beiträge zum modernen Recht [1933] 1 ff; WALDMÜLLER, Die „königlichen Paragraphen" 157, 242 BGB [1940] 18 ff). Der Bruch mit dem Liberalismus, mit dem Glaubensdogma „Laissez faire, laissez aller; le monde va de lui même" wurde zur obersten Maxime einer totalitären Ideologiebildung (vgl WALDMÜLLER 18 ff). Die Hauptgebote der liberalistischen Wirtschaftsordnung – Konkurrenzfreiheit aufgrundlage privatautonomer Willensbildungsprozesse sowie das ungebundene Eigentum – sollten dem **Gemeinwohlgedanken**, also einer staatlichen „Beherrschung", untergeordnet werden. Die Gerichte wurden hierzu als Werkzeuge instrumentalisiert (vgl WALDMÜLLER 19 f). Von einer rassisch-biologischen Grundlage aus entwickelte man eine heroische Lebensauffassung, die Ablehnung eines einseitigen Intellektualismus, ein Denken in „konkreten Ordnungen". Betont wurden **Gemeinschaftswerte** wie Gefühl, Opfergeist, Charakter, Wahrheit, Treue und Ehre (WALDMÜLLER 22 f). Diese Prinzipien sah man auch als vorrangigen Maßstab für juristische Lebensbewertungen an. Die einzige Aufgabe der Rechtsfindung bestand in der **Sicherung des Volkslebens** (WALDMÜLLER 23). Diese totalitäre Ordnung durchdrang alle Lebensbereiche, auch die (schuldrechtliche) Privatrechtsordnung, die dazu insbes mit ihren Generalklauseln willkommene Ansatzpunkte gab (z Entwicklung des § 242 BGB im Nationalsozialismus s STAUDINGER/LOOSCHELDERS/OLZEN § 242 Rn 66 ff; z Behandlung des § 138 in dieser Zeit HKK/HAFERKAMP [2003] § 138 Rn 23 ff; WALDMÜLLER 24 ff).

Dazu wurde die **„Akademie für Deutsches Recht"** mit der Schaffung eines **„Volks-** **177** **gesetzbuches der Deutschen"** beauftragt (vgl dazu HEDEMANN, Das Volksgesetzbuch der Deutschen passim). Die Reformtendenz im Zuge der beabsichtigten „Rechtserneuerung" (HEDEMANN, Das Volksgesetzbuch der Deutschen 30) bestand insgesamt darin, eine „neue Staatsgesinnung" zu begründen, die auf dem **„Pflicht- und Gemeinschaftsgedanken"** fußen sollte (so LANGE, Liberalismus, Nationalsozialismus und Bürgerliches Recht [1933] 3).

Dieses allgemeine Rechtsprinzip wollte der Nationalsozialismus auch im Schuldrecht **178** durchsetzen. Allerdings kam es nicht zu einem vollständigen Gesetzesentwurf des Zweiten Buches (anders im Rahmen der „Grundregeln und Buch I" – vgl HEDEMANN/LEHMANN/ SIEBERT, Volksgesetzbuch: Grundregeln und Buch 1, Entwurf und Erläuterungen [1942]). Es wurden aber doch entsprechende Prinzipien entwickelt, die insbes in sog **„Grundregeln"** bestanden. Solche Grundregeln bildeten einen wesentlichen Bestandteil der Gesetzestechnik in allen Entwürfen des Nationalsozialismus zum „Volksgesetzbuch". So lautete zB die „Grundregel" zum Vertragsrecht: „Niemand darf sich durch Verträge seiner Ehre und Freiheit berauben. Niemand darf Verträge zur rücksichtslosen Verfolgung eigener Belange missbrauchen. Schuldner und Gläubiger müssen beim Abschluss eines Vertrages aufeinander gebührend Rücksicht nehmen und zur schließlichen Erreichung des Vertragszweckes vertrauensvoll zusammenwirken" (HEDEMANN, Das Volksgesetzbuch der Deutschen 31). Im Schadensrecht dachte man an eine ausgedehnte „Haftung aus Billigkeit", „wenn die Ablehnung jeglicher Haftung nach den besonderen Umständen des Falles gröblich gegen das gesunde Volksempfinden verstieße". Daneben sollte ein „bedeutender Ausbau" der Gefährdungshaftung stehen (HEDEMANN, Das Volksgesetzbuch der Deutschen 42; SCHUBERT, Protokolle: Volksgesetzbuch [1988]). Zudem wollte man das Leistungsstörungsrecht und das Mietrecht erneuern (zu den Beratungen des Ausschusses für Personen-, Vereins- und Schuldrecht zu Teilentwürfen – insbes von STOLL, HEDEMANN und LEHMANN – zu einem neuen Leistungsstörungsrecht und zu einem neuen Mietrecht vgl SCHUBERT, Protokolle: Schuldrecht [1990]; zu den Beratungen der Ausschüsse für Schadensersatzrecht, für das Recht der „Betätigungsverträge" [Geschäftsbesorgung; Werkvertrag] und für das landwirtschaftliche Pachtrecht vgl SCHUBERT, Protokolle: Schadensrecht [1993] – Zum Plan eines Volksgesetzbuches s auch BRÜGGEMEIER, Oberstes Gesetz ist das Wohl des deutschen Volkes, JZ 1990, 24 ff). Die während des Nationalsozialismus nicht zum Abschluss gebrachten Arbeiten wurden nach 1945 selbstverständlich nicht mehr weitergeführt.

II. Sonderentwicklungen in der ehemaligen DDR

179 Inhaltlich völlig anders als im Nationalsozialismus – und mit diesem deshalb nicht zu vergleichen – hat sich in der ehemaligen **DDR** das Schuldrecht in der Zeit staatlicher Eigenständigkeit abweichend vom BGB entwickelt. Nach der Staatsgründung wurde zwar zunächst bis in die späten 50er Jahre hinein am Schuldrecht des BGB festgehalten. Nach langer Diskussion fasste man aber in der 2. Hälfte der 60er Jahre den Entschluss, das Schuldrecht aufzuteilen und das Wirtschaftsrecht außerhalb des allgemeinen Zivilrechts zu kodifizieren (vgl Wünsche, Das entwickelte gesellschaftliche System des Sozialismus und das neue Zivilgesetzbuch der DDR, StuR 1968, 1555). Für das Allgemeine Zivilgesetzbuch blieb damit das Gebiet übrig, das sich mit der „rechtliche(n) Gestaltung von Lebenskomplexen der Bürger, ihren Beziehungen zu den Betrieben und untereinander" beschäftigte (so Ranke, Neues ökonomisches System und aktuelle Probleme des sozialistischen Zivilrechts, NJ 1967, 201 ff). Insgesamt wurden das **Zivilgesetzbuch** (ZGB v 19. 6. 1975, GBl DDR 1975 I 465), das **G über Internationale Wirtschaftsverträge** (GIW v 5. 2. 1976, GBl DDR 1976 I 61) und das **G über das Vertragssystem in der Sozialistischen Wirtschaft** (v 25. 3. 1982, GBl DDR 1982 I 293) geschaffen (z genaueren Darstellung der G vgl Staudinger/J Schmidt [1995] Rn 63 ff). Fast alle diese Gesetze fanden mit dem Beitritt der DDR zum Geltungsbereich des Grundgesetzes ihr Ende (s unten Rn 264). Vom ideologischen Ansatzpunkt her wurde das gesamte Zivilrecht zum Instrument einer sozialistischen Gestaltungs- und Erziehungsdiktatur (ausf Heinisch, Wohnraummiete 33 ff). Es enthielt ganz allgemein die Aufgabe, Versorgungsbeziehungen der Bürger zu gestalten und das sozialistische Eigentum zu schützen. Gerade das Schuldrecht der DDR sollte die Versorgung der Bevölkerung mit materiellen und kulturellen Gütern und Leistungen, insbes mit Wohnraum, Konsumgütern, ferner mit Dienstleistungen, sicherstellen (Heinisch, Wohnraummiete 35).

J. Die Schuldrechtsreform

I. Grundlegende Reformpläne ausgangs des 20. Jahrhunderts

180 In Hinblick auf die Bemühungen um eine grundlegende Reform des Zweiten Buches des BGB lassen sich in der Zeit nach dem 2. Weltkrieg zwei Phasen deutlich unterscheiden:

1. Die Reformbemühungen der sozial-liberalen Koalition

181 Im Zuge der Reformbemühungen hatte zunächst die **sozial-liberale Koalition** (unterstützt von einer Reihe von Bundesländern; vgl Bunte BB 1982, 685) durch Bundesjustizminister Vogel Anfang 1978 angekündigt, dass man an einer **grundlegenden Schuldrechtsreform** arbeite (BT-Prot 8/5374; vgl dazu Wolf ZRP 1978, 249; ders AcP 182 [1982] 80 ff; Schwark JZ 1980, 741; Vogel, Sozialstaatliche Rechtspolitik als Stabilitätsfaktor, ZRP 1981, 1; Schmude NJW 1982, 2017; Schulz, Reform des Schuldrechts, ZRP 1982, 249 ff).

Die Ziele der Überarbeitung stellten sich wie folgt dar: Zunächst sollten die zahl- **182** reichen Sonderregelungen, die materielles Schuldrecht enthielten, so weit wie möglich **in das BGB zurückgeführt** werden, um das BGB und va das Schuldrecht vor Zersplitterung zu bewahren und wieder übersichtlicher werden zu lassen.

Daneben war beabsichtigt, neu entstandene oder veränderte **Schuldverhältnisse** **183** **ebenfalls in das BGB aufzunehmen**, weil die von seiner Ursprungsfassung zur Verfügung gestellten Vertragstypen infolge der zwischenzeitlichen Entwicklung als nicht mehr ausreichend erachtet wurden. Man dachte in diesem Zusammenhang an den Arztvertrag (s oben Rn 170), den Krankenhaus- oder Heimaufnahmevertrag, an den Bank- sowie den Leasingvertrag und weitere Vertragstypen. Das gesetzgeberische Ziel bestand also darin, die soziale Wirklichkeit in der Bundesrepublik durch Ergänzung des Schuldrechtes rechtlich zu bewältigen.

Ferner wollte man die im BGB geregelten **Schuldverhältnisse** auf weitere Notwendig- **184** keit und Angemessenheit ihres Inhaltes **überprüfen**, vor allem angesichts der **Auswirkungen des GG** (vgl dazu WOLF ZRP 1978, 252 f). Bei dieser Gelegenheit war weiterhin beabsichtigt, die Entwicklung von Rspr und Lehre vor allem in Hinblick auf das Allgemeine Schuldrecht einzuarbeiten, etwa in Bezug auf cic und pVV (s unten Rn 197). Insgesamt bestand das Ziel darin, ein **soziales Privatrecht** zu entwickeln (SCHMUDE NJW 1982, 2020).

Zur Durchführung dieser Absichten holte das Bundesjustizministerium eine Fülle **185** von Gutachten ein (BMJ [Hrsg], Gutachten und Vorschläge zur Überarbeitung des Schuldrechts Bde I und II [1981], Bd III [1983]), die eine umfangreiche wissenschaftliche und rechtspolitische Diskussion zur Folge hatten (vgl weiterhin ausf Stellungnahmen v WOLF AcP 182 [1982] 80 ff; DIEDERICHSEN, Zur gesetzlichen Neuordnung des Schuldrechts, AcP 182 [1982] 101 ff und GRUNSKY, Vorschläge zu einer Reform des Schuldrechts, AcP 182 [1982] 453 ff; LIEB, Grundfragen einer Schuldrechtsreform, AcP 183 [1983] 327 ff; PICKER AcP 183 [1983] 369 ff; VOLLKOMMER, Die Konkurrenz des allgemeinen Leistungsstörungsrechts mit den Leistungsstörungsinstituten der besonderen Schuldvertragstypen, AcP 183 [1983] 525 ff; LESER, Zu den Instrumenten des Rechtsgüterschutzes im Delikts- und Gefährdungshaftungsrecht, AcP 183 [1983] 568 ff und HOPT AcP 183 [1983] 608 ff; vgl ferner die Beiträge v HERBER, Probleme der gesetzlichen Fortentwicklung des Handels- und Gesellschaftsrechts, ZHR 144 [1980] 47; LANDFERMANN, Die Überarbeitung des deutschen Schuldrechts aus internationaler Sicht, RabelsZ 45 [1981] 124; SCHMUDE NJW 1982, 2017; HEINRICHS, Reform des Verjährungsrechts, NJW 1982, 2021; SCHÜNEMANN, Wandlungen des Vertragsrechts, NJW 1982, 2027; WOLF, Kein Abschied vom BGB, ZRP 1982, 1; LIEB, Das Bereicherungsrecht de lege ferenda, NJW 1982, 2034; HÜBNER, Zur Reform von Deliktsrecht und Gefährdungshaftung, NJW 1982, 2041; DENCK, Verdrängung des Haftungsrechts durch Teilungsabkommen?, NJW 1982, 2048; BUNTE, Zur geplanten Überarbeitung des Schuldrechts, BB 1982, 685; STRÖFER, Reform des immateriellen Schadensersatzes nach dem BGB?, JZ 1982, 663; WOLF, Das BGB, eine unverzichtbare Grundlage des Rechtsstaats, ZRP 1983, 241; WESTERMANN, Verabschiedung oder Überarbeitung des BGB?, ZRP 1983, 249; SCHWARK, Schuldrechtsreform und Bankvertragsrecht, ZHR 147 [1983] 223; BECKER, Schuldrechtsreform und Bankvertragsrecht, ZHR 147 [1983] 245; BRÜGGEMEIER, Überarbeitung des Schuldrechts – Herausforderung oder Überforderung des Gesetzgebers?, KJ 1983, 386; HÜFFER, Die Reform des Schuldrechts im Spiegel weiterer Gutachten und Vorschläge, AcP 184 [1984] 584; schließlich noch FIKENTSCHER, Schuldrecht [8. Aufl 1992] Rn 1407 ff). Die geschilderten Bemühungen endeten jedoch nicht in einem Gesetzentwurf.

2. Die Reformbemühungen der christlich-liberalen Koalition

186 1982 wurde die sozial-liberale Koalition durch die **christlich-liberale Koalition** abgelöst. In dieser Umbruchphase betrieb der Gesetzgeber die Reform zunächst nicht weiter. Nachdem man sogar an eine völlige Aufgabe gedacht hatte (vgl den Hinweis von BRAUN, Vom Beruf unserer Zeit zur Überarbeitung des Schuldrechts, JZ 1993, 1, 5 Fn 53), nahm die damalige Regierung in der Folgezeit doch eine sog **„kleine Reform"** in Angriff. Dabei behielt sich der Bundesjustizminister Engelhard vor, ggf darüber „zu entscheiden ..., welche weiteren Bereiche des Schuldrechtes überarbeitet werden sollten" (ENGELHARD, Zu den Aufgaben einer Kommission für die Überarbeitung des Schuldrechts, NJW 1984, 1201, 1206). Zur Vorbereitung dieser „kleinen Reform" wurde 1984 die **„Kommission zur Überarbeitung des Schuldrechtes"** eingesetzt, die den Auftrag erhielt, „Vorschläge zu erarbeiten, die es dem Gesetzgeber erlauben, das allgemeine Leistungsstörungsrecht, das Gewährleistungsrecht des Kauf- und Werkvertrags sowie das Verjährungsrecht unter Berücksichtigung insbes der Ergebnisse der Rspr und der Praxis übersichtlicher und zeitgemäßer zu gestalten" (Abschlussbericht der Kommission zur Überarbeitung des Schuldrechts, hrsg v BMJ [1992] 15).

187 Die Kommission legte nach siebenjähriger Arbeit ihren Abschlussbericht vor (und einen Zwischenbericht, vgl zB SCHLECHTRIEM, Schuldrechtsreform – Voraussetzungen, Möglichkeiten und Gegenstände [1987]; MEDICUS, Zum Stand der Überarbeitung des Schuldrechts, AcP 188 [1988] 168), der am 21. 11. 1991 Justizminister Kinkel übergeben wurde (vgl ZRP 1992, 80). Er enthielt Gesetzesvorschläge zu den genannten Materien. Die wissenschaftliche Diskussion, die nach 1984 nie zum Erliegen gekommen war (vgl zB LÜDERITZ, Die Überarbeitung des deutschen Schuldrechts im Lichte internationaler Erfahrungen, insbes in den Niederlanden, in: FS Hübner [1984] 593 ff; JAKOBS, Gesetzgebung im Leistungsstörungsrecht [1985]; vBAR, Die Überarbeitung des Schuldrechtes am Bsp der Überarbeitung des Deliktsrechts [1991]), befasste sich im Anschluss sehr eingehend mit diesen Vorschlägen (vgl die Berichte der Kommissionsmitglieder ROLLAND, MEDICUS, HAAS und RABE bei ROLLAND, Schuldrechtsreform – Allgemeiner Teil, NJW 1992, 2377 ff; dazu zB ARMBRÜSTER, Reform des Schuldrechts – Die Vorschläge der Schuldrechtskommission, JR 1991, 322; KÖNDGEN, Immaterialschadensersatz, Gewinnabschöpfung und Privatstrafen als Sanktionen für Vertragsbruch?, RabelsZ 56 [1992] 696 ff; BRAUN, Vom Beruf unserer Zeit zur Überarbeitung des Schuldrechts, JZ 1993, 1 ff; KOHLER, Bemerkungen zur vorgeschlagenen Überarbeitung des Rücktrittsrechts, WM 1993, 45 ff; PRÄVE, Zum Für und Wider einer gesetzlichen Fixierung außerordentlicher Kündigungsrechte, VersR 1993, 265 ff; SCHAPP, Probleme der Reform des Leistungsstörungsrechts, JZ 1993, 637 ff; KRIECHBAUM, Pflichtverletzung und Rücktritt vom Vertrag, JZ 1993, 642 ff; SCHLECHTRIEM, Rechtsvereinheitlichung in Europa und Schuldrechtsreform in Deutschland, ZEuP 1993, 217 ff; ERNST, Zur Regelung des Versendungskaufs im Entwurf der Kommission zur Überarbeitung des Schuldrechts, ZIP 1993, 481 ff). So war der Kommissionsentwurf ua Gegenstand der Beratungen auf dem 60. Deutschen Juristentag im September 1994 (vgl FRIELÉ, Tagungsbericht: Der 60. Deutsche Juristentag in Münster, JZ 1995, 189 ff; 60. Deutscher Juristentag: Der Tagesverlauf, NJW 1994, 3069 f; 60. Deutscher Juristentag: Die Beschlüsse, NJW 1994, 3075). Nach der Vorstellung des Rechtsausschusses des Bundestages sollte das Reformwerk spätestens zum 1. 1. 2000 in Kraft treten (ZRP 1994, 88). Dazu kam es aber nicht. Es sollte vielmehr lange Zeit dauern, bis daran weitergearbeitet wurde; ua auch deshalb, weil die Wiedervereinigung Deutschlands erhebliche neue Probleme mit sich brachte.

II. Die Durchführung der Reformen im 21. Jahrhundert*

1. Anlass der Schuldrechtsreform

Im **Mai 2001** brachte die **Bundesregierung** einen **Gesetzesentwurf** zu wesentlichen Änderungen des Schuldrechts und des Verjährungsrechts in das Parlament ein (BT-Drucks 14/6040 v 14. 5. 2001). Der Anlass bestand in ihrer Verpflichtung zur **Umsetzung von drei EG-Richtlinien**. Der Gesetzgeber musste bis zum 31. 12. 2001 die

188

---

* **Schrifttum**: – Bis zur Schuldrechtsreform: ALTMEPPEN, Schadensersatz wegen Pflichtverletzung – Ein Beispiel für die Überhastung der Schuldrechtsreform, DB 2001, 1131 f; 1399 ff; ARTZ, Die Schuldrechtsreform vor dem Hintergrund des Gemeinschaftsrechts, NJW 2001, 1703 f; BRÜGGEMEIER/REICH, Europäisierung des BGB durch große Schuldrechtsreform? Stellungnahme zum Entwurf eines Schuldrechtsmodernisierungsgesetzes, BB 2001, 213 ff; CANARIS, Das allgemeine Leistungsstörungsrecht im Schuldrechtsmodernisierungsgesetz, ZRP 2001, 329 ff; CANARIS, Die Reform des Rechts der Leistungsstörungen, JZ 2001, 499 ff; DÄUBLER-GMELIN, Die Entscheidung für die so genannte Große Lösung bei der Schuldrechtsreform, NJW 2001, 2281 ff; DAUNER-LIEB, Die geplante Schuldrechtsmodernisierung – Durchbruch oder Schnellschuß?, JZ 2001, 8 ff; dies, Die Schuldrechtsreform – Das große juristische Abenteuer, DStR 2001, 1572 ff; DÖTSCH, Schuldrechtsmodernisierung und öffentliches Recht, NWVBl 2001, 385 ff; ERNST, Die Schuldrechtsreform 2001/2002, ZRP 2001, 1 ff; ders, Schuldrechtsreform und Öffentlichkeit, WM 2001, 728 ff; ERNST/GSELL, Nochmals für die „kleine Lösung", ZIP 2000, 1812 ff; ERNST/ZIMMERMANN, Zivilrechtswissenschaft und Schuldrechtsreform (2001); GSELL/RÜFNER, Symposium Schuldrechtsmodernisierung (2001) (Tagungsbericht Regensburg 17./18. 11. 2000), NJW 2001, 424 ff; HÄNLEIN, Die Schuldrechtsreform kommt!, DB 2001, 852 ff; HAMMEN, Zerschlagt die Gesetzestafeln nicht!, WM 2001, 1357 ff; HELDRICH, Ein zeitgemäßes Gesicht für unser Schuldrecht, NJW 2001, 2521 ff; HOFFMANN, Verbrauchsgüterkaufrechtsrichtlinie und Schuldrechtsmodernisierungsgesetz, ZRP 2001, 347 ff; HONSELL, Einige Bemerkungen zum Diskussionsentwurf eines Schuldrechtsmodernisierungsgesetzes, JZ 2001, 18 ff; JAKOBS, Tagungsbericht: Schuldrechtsmodernisierung, JZ 2001, 27 ff; KNÜTEL, Zur Schuldrechtsreform, NJW 2001, 2519 ff; KREBS, Die große Schuldrechtsreform, DB 2000, Beilage 14; LORENZ, Die Lösung vom Vertrag, insbesondere Rücktritt und Widerruf, in: SCHULZE/SCHULTE-NÖLKE 329 ff; MEDICUS, Dogmatische Verwerfungen im geltenden deutschen Schuldrecht, in: SCHULZE/SCHULTE-NÖLKE 33 ff; PALM, Die Schuldrechtsreform vor dem Hintergrund des Gemeinschaftsrechts, ZRP 2001, 431 ff; PICK, Der Entwurf des Schuldrechtsmodernisierungsgesetzes, in: SCHULZE/SCHULTE-NÖLKE 25 ff; ders, Zum Stand der Schuldrechtsmodernisierung, ZIP 2001, 1173 ff; ROTH, Europäischer Verbraucherschutz und BGB, JZ 2001, 475 ff; RÜFNER, Amtliche Überschriften für das BGB, ZRP 2001, 12 ff; SAFFERLING, Re-Kodifizierung des BGB im Zeitalter der Europäisierung des Zivilrechts – ein Anachronismus?, in: HELMS ua, JbJZivRWiss (2001) 133 ff; SCHLECHTRIEM, Entwicklung des deutschen Schuldrechts und europäische Rechtsangleichung, in: HELMS ua, JbJZivRWiss (2001) 9 ff; SCHMIDT-RÄNTSCH, Der Entwurf eines Schuldrechtsmodernisierungsgesetzes, ZIP 2000, 1639 ff; SCHULZE, Grundfragen zum Umgang mit modernisiertem Schuldrecht – Wandel oder Umbruch im Methodenverständnis?, in: HELMS ua, JbJZivRWiss (2001) 167 ff; SCHULZE/SCHULTE-NÖLKE, Schuldrechtsreform und Gemeinschaftsrecht, in: SCHULZE/SCHULTE-NÖLKE 1 ff; STAUDENMAYER, Perspektiven des Europäischen Vertragsrechts, in: SCHULZE/SCHULTE-NÖLKE 419 ff; WETZEL, Das Schuldrechtsmodernisierungsgesetz – der große Wurf zum 1. 1. 2002?, ZRP 2001, 117 ff; WIESER, Eine Revolution des Schuldrechts, NJW 2001, 121 ff; WILHELM, Schuldrechtsreform 2001, JZ 2001, 861 ff;

„Verbrauchsgüterkaufrichtlinie" (Richtlinie 1999/44/EG zu bestimmten Aspekten des Verbrauchsgüterkaufs und der Garantien für Verbrauchsgüter), bis zum 7. 8. 2002 die **„Zahlungsverzugsrichtlinie"** (Richtlinie 2000/35/EG zur Bekämpfung von Zahlungsverzug im Geschäftsverkehr) und bis zum 16. 1. 2002 Art 10, 11 und 18 der **„E-Commerce-Richtlinie"** (Richtlinie 2000/31/EG über den elektronischen Geschäftsverkehr) in nationales Recht umsetzen (BT-Drucks 14/6040 v 14. 5. 2001, 1). Die

ZIMMERMANN, Schuldrechtsmodernisierung?, JZ 2001, 171 ff.
– Zum Allgemeinen Schuldrecht nach der Schuldrechtsreform (ausgewählte Lit): ADOMEIT, Herbert Marcuse, der Verbraucherschutz und das BGB, NJW 2004, 579 ff; CEKOVIC-VULETIC, Haftung wegen Unmöglichkeit nach dem Schuldrechtsmodernisierungsgesetz: Haftungsregime, Haftungsfolgen, Grenzen der Haftung (2003); DAUNER-LIEB, Ein Jahr Schuldrechtsreform – Eine Zwischenbilanz, ZGS 2003, 10 ff; DAUNER-LIEB/DÖTSCH, Prozessuale Fragen rund um § 313 BGB, NJW 2003, 921 ff; DERLEDER, Der Wechsel zwischen den Gläubigerrechten bei Leistungsstörungen und Mängeln, NJW 2003, 998 ff; ders, Sachmängel- und Arglisthaftung nach neuem Schuldrecht, NJW 2004, 969 ff; EBERS/SCHULZE, Streitfragen im neuen Schuldrecht, JuS 2004, 265 ff; FEHRE, Unmöglichkeit und Unzumutbarkeit der Leistung: Voraussetzungen und Rechtsfolgen nach Inkrafttreten des Schuldrechtsmodernisierungsgesetzes (Diss Berlin 2005); GIESELER, Die Strukturen der Schlechterfüllung im Leistungsstörungsrecht, ZGS 2003, 408 ff; ders, Die Strukturen des Leistungsstörungsrechts beim Schadensersatz und Rücktritt, JR 2004, 133 ff; GURSKY, Der Vindikationsanspruch und § 281 BGB, Jura 2004, 433 ff; HÄUBLEIN, Der Beschaffenheitsbegriff und seine Bedeutung für das Verhältnis der Haftung aus culpa in contrahendo zum Kaufrecht, NJW 2003, 388 ff; HIRSCH, Schadensersatz statt der Leistung, Jura 2003, 289 ff; KAISER, Der Einwand des Unvermögens und der unechte Hilfsantrag nach Wegfall des § 283 BGB aF, MDR 2004, 311 ff; KLAUSCH, Unmöglichkeit und Unzumutbarkeit im System des allgemeinen Leistungsstörungsrechts nach der Schuldrechtsmodernisierung 2002 (2004); LORENZ, Zur Abgrenzung von Teilleistung, teilweiser Unmöglichkeit und teilweiser Schlechtleistung im neuen Schuldrecht, NJW 2003, 3097 ff; MADAUS, Die Abgrenzung der leistungsbezogenen von den nicht leistungsbezogenen Nebenpflichten im neuen Schuldrecht, Jura 2004, 289 ff; MEDICUS, Die Leistungsstörungen im neuen Schuldrecht, JuS 2003, 521 ff; PICKER, Schuldrechtsreform und Privatautonomie, JZ 2003, 1035 ff; REISCHL, Grundfälle zum neuen Schuldrecht, JuS 2003, 667 ff; ders, Grundfälle zum neuen Schuldrecht, JuS 2003, 865 ff; ders, Grundfälle zum neuen Schuldrecht, JuS 2003, 1076 ff; RING, Überblick über die Änderungen im Allgemeinen Schuldrecht infolge der Schuldrechtsreform, BuW 2003, 200 ff; ders, Die Integration des Haustürwiderrufsgesetzes in das BGB durch das SchuldRModG, BuW 2003, 554 ff; SCHWAB, Schadensersatzverlangen nach Ablehnungsandrohung nach der Schuldrechtsreform, JR 2003, 133 ff; STOFFELS, Vertragsgestaltung nach der Schuldrechtsreform – eine Zwischenbilanz, NZA 2004, Sonderbeilage 1, 19 ff; STOPPEL, Die beiderseits zu vertretende Unmöglichkeit nach neuem Schuldrecht, Jura 2003, 224 ff; VULTEJUS, Schuldrechtsmodernisierungsgesetz, ZRP 2003, 67; vWESTPHALEN, Drei Jahre Schuldrechtsreform, Versuch einer (vorläufigen) Bilanz, BB 2005, 1 ff; WIESER, Gleichzeitige Klage auf Leistung und auf Schadensersatz aus § 281 BGB, NJW 2003, 2432 ff.
– Zum Besonderen Schuldrecht und zu weiteren Rechtsgebieten nach der Schuldrechtsreform (ausgewählte Lit): BARNERT, Mängelhaftung beim Unternehmenskauf zwischen Sachgewährleistung und Verschulden bei Vertragsschluss im neuen Schuldrecht, WM 2003, 416 ff; BÄUNE/DAHM, Auswirkungen der Schuldrechtsreform auf den ärztlichen Bereich, MDR 2004, 645 ff; BRINK, Forfaitierung und Factoring im Licht der Schuldrechtsreform, WM 2003, 1355 ff; DOMBROWSKI, Die Auswirkungen des Gesetzes zur Modernisierung des Schuldrechts vom 26. November 2001 (SMG) auf Franchise-

Bundesregierung beschränkte sich nicht darauf, nur die unerlässlichen Änderungen vorzunehmen, die das Europarecht forderte, sondern nahm die Situation zum Anlass, anstehende Rechtsprobleme, die die frühere Regierung nicht gelöst hatte, ebenfalls zu regeln. Dieses Vorgehen bürgerte sich bald unter dem Stichwort der sog **„großen Lösung"** ein.

2. Die Entstehungsgeschichte des Regierungsentwurfs

Am 4. 8. 2000 hatte die **Bundesregierung** zum Zwecke der Umsetzung der oben genannten EG-Richtlinien zunächst ihren **Diskussionsentwurf** zur Schuldrechtsmodernisierung vorgestellt, der in wesentlichen Bereichen auf dem Kommissionsentwurf von 1991 basierte (vgl oben Rn 183). Er wurde vor allem von Vertretern der Rechtswissenschaft erheblich kritisiert (vgl ua ERNST/ZIMMERMANN, Zivilrechtswissenschaft **189**

verträge (Diss Frankfurt aM 2005); EBERT, Der deliktische „Rest-Schadensersatzanspruch" nach der Schuldrechtsreform, NJW 2003, 3035 ff; FELLER, Sachmängel beim Kauf, MittBayNot 2003, 81 ff; FEUERBORN, Der Verzug des Gläubigers – Allgemeine Grundzüge und Besonderheiten im Arbeitsverhältnis, JR 2003, 177 ff; GOTTHARDT, Arbeitsrecht nach der Schuldrechtsreform (2. Aufl 2003); HANSEN, Widerrufsrecht bei arbeitsvertraglichen Aufhebungsverträgen nach §§ 312, 355 BGB, ZGS 2003, 373 ff; HAU, Schuldrechtsmodernisierung 2001/ 2002 – Reformiertes Mietrecht und modernisiertes Schuldrecht, JuS 2003, 130 ff; HERWIG/ MASCH, Ad multos annos – die Haftung für Weiterfresser nach der Schuldrechtsreform, ZGS 2005, 24 ff; JANSSEN, Die Zukunft des „weiterfressenden Mangels" nach der Schuldrechtsreform, VuR 2003, 60 ff; JOUSSEN, Der anfängliche Mangel im Mietrecht – das Verhältnis von § 536a zu § 311a BGB, ZMR 2004, 1766 ff; KIENAST/SCHMIEDL, Rechtsprechung zum Widerrufsrecht bei arbeitsrechtlichen Aufhebungsverträgen nach §§ 312, 355 BGB, DB 2003, 1440 ff; KILIAN, Der Begutachtungsvertrag nach der Schuldrechtsreform, NZV 2004, 489 ff; KINDL, Unternehmenskauf und Schuldrechtsmodernisierung, BuW 2003, 112 ff; KRUG, Die Auswirkungen der Schuldrechtsreform auf das Erbrecht (2002); LAUER, Die Auswirkungen des neuen Schuldrechts auf das private Baurecht (2003); MERTENS, Culpa in contrahendo beim zustande gekommenen Kaufvertrag nach der Schuldrechtsreform, AcP 203 (2003) 818 ff; MÖLLMANN/TIEDTKE, Auswirkungen der Schuldrechtsreform im Leasingrecht, DB 2004, 36 ff; OTT, Die Auswirkungen der Schuldrechtsreform auf Bauträgerverträge und andere aktuelle Fragen des Bauträgerrechts, NZBau 2003, 233 ff; SCHLODDER, Der Arbeitsvertrag im neuen Schuldrecht: Auswirkungen des Schuldrechtsmodernisierungsgesetzes auf das Arbeitsrecht (2004); SCHMIDT-RÄNTSCH, Die Haftung des Verkäufers nach der Schuldrechtsreform am Beispiel des Unternehmenskaufs, AnwaltsBl 2003, 529 ff; ders, Vertrag und Haftung des Sachverständigen nach der Schuldrechtsmodernisierung, AUR 2003, 265 ff; SCHWAB, Neues Schuldrecht – Ende des Mieterschutzes?, NZM 2003, 50 ff; RICHARDI, Leistungsstörungen und Haftung im Arbeitsverhältnis, NZA 2003, Sonderbeilage zu Heft 16, 14 ff; RIECKERS/SPINDLER, Die Auswirkungen der Schuld- und Schadensrechtsreform auf die Arzthaftung, JuS 2004, 272 ff; RING, Das neue Werkvertragsrecht nach der Schuldrechtsreform, BuW 2003, 112 ff; UNBERATH, Mietrecht und Schuldrechtsreform, ZMR 2004, 309 ff; WANK, Das Recht der Leistungsstörung im Arbeitsrecht nach der Schuldrechtsreform, in: FS Schwerdtner (2003) 247 ff; WEINREICH, Auswirkungen der Schuldrechtsreform auf das Familienrecht, FuR 2003, 14 ff; WITTIG, Auswirkungen der Schuldrechtsreform auf das Insolvenzrecht, ZInsO 2003, 629 ff; WLACHOJIANNIS, Das Leasingrecht nach der Schuldrechtsreform, BuW 2004, 465 ff; ZERRES, Schuldrechtsreform – Haftungsausschlüsse und -beschränkungen beim Unternehmenskauf, MDR 2003, 368 ff.

und Schuldrechtsreform [2001]; SCHULZE/SCHULTE-NÖLKE; GSELL/RÜFNER, Symposium Schuldrechtsmodernisierung [2001] NJW 2001, 424 ff; ARTZ, Die Schuldrechtsreform vor dem Hintergrund des Gemeinschaftsrechts, NJW 2001, 1703 ff), zB in der Hinsicht, dass ein Entwurf, der das BGB aktualisieren sollte, selbst nicht auf dem neuesten Stand der nationalen und vor allem der internationalen Entwicklung sei (DAUNER-LIEB JZ 2001, 8, 18). Diese Kritik veranlasste die Bundesregierung dazu, die ursprüngliche Fassung von einer Expertenkommission unter dem Vorsitz von CANARIS überarbeiten zu lassen. Die danach geschaffene, sog **„konsolidierte Fassung"** des Diskussionsentwurfs wurde am 6. 3. 2001 veröffentlicht, stieß aber erneut auf zT heftigen Widerstand (vgl den Bericht z Sondertagung, JZ 2001, 473 f).

190 Nach abermaliger Diskussion brachten **Bundesregierung** und **Regierungsfraktionen** am 11. 5. 2001 bzw 14. 5. 2001 einen jeweils wortgleichen Entwurf eines „Gesetzes zur Modernisierung des Schuldrechts" in den Bundesrat und in das Parlament ein (vgl z Regierungsentwurf BR-Drucks 338/01; z Fraktionsentwurf BT-Drucks 14/6040). Der Grund für dieses Vorgehen lag darin, dass gem Art 76 Abs 2 GG Regierungsentwürfe zunächst dem Bundesrat zuzuleiten sind. Die Einbringung gleichlautender Entwürfe führte dazu, dass sich der Bundestag mit Änderungsvorschlägen des Bundesrates schneller beschäftigen konnte. Aber auch diese 3. Fassung des ursprünglichen Diskussionsentwurfs war starker Kritik seitens der Rechtswissenschaft und der Rechtspraxis ausgesetzt.

191 Der **Bundesrat** bezog erstmals am 13. 7. 2001 Stellung zum Entwurf der Bundesregierung (BR-Drucks 338/01 v 13. 7. 2001), woraufhin schließlich der letztgenannte Entwurf mit „Gegenäußerung der Bundesregierung zur Stellungnahme des Bundesrates" verabschiedet wurde (BT-Drucks 14/6857 v 31. 8. 2001. Der Text des Gesetzesentwurfs und der Begründung ist gleichlautend mit dem Text auf den S 3–286 der BT-Drucks 14/6040. Er enthält jedoch zusätzlich die Stellungnahme des Bundesrates und die Gegenäußerung der Bundesregierung). Die Regierung übernahm dabei viele der ca 100 Anregungen des Bundesrates, was erneut zu nicht unerheblichen Änderungen gegenüber der Fassung v 14. 5. 2001 führte.

192 Die **erste Lesung** des Regierungsentwurfs im Bundestag erfolgte am 27. 9. 2001 (Plenarprotokoll 14/190). Danach erschienen Bericht und Beschlussempfehlung v 9. 10. 2001 (BT-Drucks 14/7052). Der **Rechtsausschuss** hatte noch einmal wesentlichen Einfluss auf den Entwurf genommen, vor allem auf die Regelungen des **Verjährungsrechtes**. Nach 2. und 3. Lesung des Regierungs- und Fraktionsentwurfs am 11. 10. 2001 wurde das **G zur Modernisierung des Schuldrechts** idF der BT-Drucks 14/6040 und 14/7052 verabschiedet. Es passierte den **Bundesrat** am 9. 11. 2001, ohne dass man den Vermittlungsausschuss zu dem nicht zustimmungsbedürftigen Gesetz angerufen hätte (BR-Drucks 819/01 v 9. 11. 2001). Das **Schuldrechtsmodernisierungsgesetz** wurde am **29. 11. 2001** im Bundesgesetzblatt verkündet und **trat am 1. 1. 2002 in Kraft** (BGBl I 2001, 3138).

3. Wesentliche Änderungen

193 Um zu verdeutlichen, wie die **größte Reform des Schuldrechts** seit 1900 dessen Struktur modifiziert hat, sollen im Folgenden die wichtigsten Änderungen in Kürze dargestellt werden. Erwähnenswert ist in diesem Zusammenhang das neue **Verjährungsrecht**, obwohl es zum Allgemeinen Teil des BGB gehört. Innerhalb des Schuldrechts wurden neben dem **Leistungsstörungsrecht** vor allem das **Kauf-** und **Werkvertragsrecht** neu bearbeitet. Ferner gliederte man die meisten **vertragsrechtlichen Sondergesetze** in das BGB ein.

a) Verjährungsrecht

194 Ein Ziel der Reform des **Verjährungsrechts** war zunächst dessen **Vereinfachung**. Dazu diente die Neugestaltung der Vorschriften über Unterbrechung und Hemmung der Verjährung sowie die Unterteilung der §§ 194–218 BGB in drei Titel (1. Gegenstand und Dauer der Verjährung, 2. Hemmung und Neubeginn der Verjährung und 3. Rechtsfolgen der Verjährung). Des Weiteren hat man die Verjährungsregeln weitgehend **vereinheitlicht**, indem der Anwendungsbereich der **Regelverjährung** ausgedehnt und in seiner Länge den meisten Sondervorschriften angepasst wurde. Dadurch, dass der lange Katalog zT antiquierter Vorschriften in den §§ 196, 197 aF gestrichen wurde, erreichte der Gesetzgeber auch eine **Aktualisierung**. Der **Beschleunigung** diente die Verkürzung der regelmäßigen Verjährungsfrist in § 195 BGB von 30 auf 3 Jahre, die sich allerdings durch ein **subjektives Element** in § 199 BGB wieder relativiert (vgl hierzu DÄUBLER-GMELIN NJW 2001, 2281, 2282). In die gleiche Richtung zielte die Umwandlung der meisten Verjährungsunterbrechungsgründe in Hemmungstatbestände in den §§ 204 ff BGB (vgl allg z den Änderungen des Verjährungsrechts: OLZEN/WANK, Die Schuldrechtsreform Rn 552 ff; BYDLINSKI, Die geplante Modernisierung des Verjährungsrechts, in: SCHULZE/SCHULTE-NÖLKE 381 ff; HEINRICHS, Entwurf eines Schuldrechtsmodernisierungsgesetzes: Neuregelung des Verjährungsrechts, BB 2001, 1417 ff; LEENEN, Die Neuregelung der Verjährung, JZ 2001, 552 ff). Die Reform des Verjährungsrechts wurde durch das G zur Anpassung der Verjährungsvorschriften an das G zur Modernisierung des Schuldrechts (BGBl I 2004, 3214) fortgeführt. Es trat am 15. 12. 2004 in Kraft und führte vornehmlich zur **Abschaffung spezieller Verjährungsnormen** (vgl BT-Drucks 15/3653, BR-Drucks 436/04).

b) Leistungsstörungsrecht

195 Die einschneidende Reform des **Leistungsstörungsrechtes** (allg hierzu CANARIS JZ 2001, 499 ff; ders, Das allgemeine Leistungsstörungsrecht im Schuldrechtsmodernisierungsgesetz, ZRP 2001, 329 ff; STOLL, Notizen zur Neuordnung des Rechts der Leistungsstörungen, JZ 2001, 589 ff) beginnt mit der Einführung eines **allgemeinen Pflichtverletzungstatbestandes** in § 280 BGB. Der Gesetzgeber stellte damit klar, dass **jede Pflichtverletzung zum Schadensersatz führt**. Die unmittelbare Anknüpfung an besondere Leistungsstörungen wurde aufgegeben (vgl auch DAUNER-LIEB JZ 2001, 8, 12; CANARIS JZ 2001, 499, 511 f; DÄUBLER-GMELIN NJW 2001, 2281, 2284 f; krit SCHAPP, Empfiehlt sich die „Pflichtverletzung" als Generaltatbestand des Leistungsstörungsrechts?, JZ 2001, 583 ff; z Änderung des § 281 BGB vgl genauer ALTMEPPEN DB 2001, 1131 ff). Grundtatbestand ist jetzt in allen Fällen § 280 Abs 1 BGB, wobei sich in den Abs 2 und 3 dieser Norm Anknüpfungen an **besondere Leistungsstörungstatbestände** finden, wenn kein „einfacher" Schadensersatz geltend gemacht wird, sondern der **Verzögerungsschaden** oder der an die Stelle des früheren Schadensersatzes wegen Nichterfüllung getretene Schadensersatz „**statt der Leistung**".

196 Auch die **Unmöglichkeitsregeln** sind bestehen geblieben, obwohl der Diskussionsentwurf auf dieses Rechtsinstitut verzichten wollte, weshalb er allerdings heftig kritisiert wurde. Die Fassung des Gesetzes beruht im Wesentlichen auf der Arbeit der Expertenkommission (s oben Rn 186). § 275 Abs 1 BGB führt iVm § 311a Abs 1 BGB, anders als vorher, unabhängig von objektiver oder subjektiver, anfänglicher oder nachträglicher Unmöglichkeit oder vom Vertretenmüssen des Schuldners stets zur **Befreiung des Schuldners** von der Primärleistungspflicht, allerdings bei **Wirksamkeit des Vertrages. Schadensersatzpflichten** hängen vom **Verschulden** ab, das in § 276 BGB deutlich erweitert wurde. Die strenge Anknüpfung der Ursprungsfassung des BGB an die Unterscheidung zwischen gegenseitigen und nicht gegenseitigen Verträgen wird ebenfalls nicht mehr so strikt durchgeführt wie in den §§ 323 ff aF. Vielmehr ist das Schicksal der Gegenleistung in § 326 BGB zusammengefasst, wenn der Schuldner von seiner Leistungspflicht frei wird.

Große Änderungen hat ferner das **Rücktrittsrecht** nach den §§ 346 ff BGB erfahren. Die Regeln sind seit der Schuldrechtsreform auf gesetzliche und vertragliche Rücktrittsrechte gleichermaßen anwendbar und inhaltlich vereinfacht worden.

197 Erwähnenswert ist ferner, dass einige richterrechtlich entwickelte Rechtsinstitute kodifiziert wurden (allg hierzu DAUNER-LIEB JZ 2001, 8, 14; CANARIS JZ 2001, 499, 519 ff). Die sog **positive Forderungsverletzung** (pFV) findet sich in § 280 Abs 1 BGB iVm § 241 Abs 2 BGB. Die **culpa in contrahendo** hat ihre gesetzliche Regelung bei § 311 Abs 2 BGB gefunden (vgl z den Rechtsinstituten vor der Reform Rn 213 ff). § 311 Abs 3 BGB erkennt zumindest die **Schutzwirkung eines Vertrages** in Bezug auf dritte Personen an, ebenso die sog **Sachwalterhaftung**, regelt aber keine speziellen Voraussetzungen für diese Rechtsinstitute. Schließlich finden sich die Lehre vom **Wegfall der Geschäftsgrundlage** in § 313 BGB und das **Kündigungsrecht** von Dauerschuldverhältnissen **aus wichtigem Grund** in § 314 BGB.

c) Kaufrecht

198 Auch im **Kaufrecht** wurden viele Regeln vereinfacht (vgl WESTERMANN, Sondertagung Schuldrechtsmodernisierung, JZ 2001, 530 ff; DAUNER-LIEB JZ 2001, 8, 13 f) oder sogar gestrichen, wie zB die Sondervorschriften über den **Viehkauf** in den §§ 481 ff aF. Eine wichtige Änderung liegt darin, dass der Erfüllungsanspruch des Käufers nunmehr gem § 433 Abs 1 S 2 BGB auf **rechts- und sachmängelfreie Leistung** gerichtet ist. Insoweit, aber auch in anderen Bereichen, wurde eine starke Angleichung zwischen Kauf- und Werkvertragsrecht geschaffen. Eine weitere Vereinfachung stellt die gleichmäßige Behandlung von Sach- und Rechtsmängeln dar (vgl DÄUBLER-GMELIN NJW 2001, 2281, 2285).

199 Der **Sachmängelbegriff** selbst hat eine wesentliche Erweiterung in § 434 BGB erfahren. Zunächst wurde der **subjektive Fehlerbegriff** kodifiziert. Der Sachmangelbegriff wurde darüber hinaus auf die **Falschlieferung** und die Lieferung einer zu **geringen Menge** ausgedehnt. Ferner behandelt das Gesetz aber auch die **fehlerhafte Montage** und sogar die **fehlerhafte Montageanleitung** als Sachmangel iSd § 434 BGB. Die Zusicherung der §§ 459 Abs 2, 463 aF und die damit verbundene Problematik der Mangelfolgeschäden sind weggefallen bzw haben sich entschärft. An Stelle der zugesicherten Eigenschaft findet sich jetzt neben der Beschaffenheitsvereinbarung in § 434 Abs 1 S 1 BGB die **Garantie** in § 443 BGB einerseits und in § 276 Abs 1 S 1 BGB andererseits. Im Zusammenhang mit den Rechtsfolgen ist der **Nacherfüllungsanspruch** des Käufers gem § 439 BGB bemerkenswert, der als Konsequenz des erweiterten Erfüllungsanspruchs gegenüber den anderen Rechtsbehelfen des Gewährleistungsrechts Vorrang genießt (zu aktuellen Änderungen vgl oben Rn 171b). Im Übrigen fällt eine starke Verzahnung des Gewährleistungsrechts mit dem allgemeinen Schuldrecht in

§ 437 BGB auf. Dies gilt im Hinblick auf den Rücktritt, der die frühere Wandelung ersetzt, und auch bzgl des Schadensersatzes, § 437 Abs 1 Nr 2 und 3 BGB.

In Folge der Verbrauchsgüterkaufrichtlinie wurde die **Gewährleistungsfrist** beim Kauf beweglicher Sachen von früher sechs Monaten auf **zwei Jahre** verlängert, § 438 Abs 1 Nr 3 BGB. Da der Gesetzgeber das gesamte Kaufrecht umstrukturierte, mussten für den sog **Verbrauchsgüterkauf** nur wenige Sonderregelungen in den §§ 474 ff BGB vorgesehen werden. Sie befassen sich vor allem in § 476 BGB mit den sehr eingeschränkten Möglichkeiten des Verkäufers zur **Haftungsbeschränkung** bzw zum **Haftungsausschluss**, wenn ein Kaufvertrag über eine **bewegliche Sache** zwischen einem **Verbraucher** und einem **Unternehmer** iSd §§ 13, 14 BGB geschlossen wird.

200

d) Werkvertragsrecht

Auch im **Werkvertragsrecht** hat man die **Sach-** und **Rechtsmängelgewährleistung** vereinheitlicht und den **Fehlerbegriff** sowie die Rechtsfolgen von Mängeln an das Kaufrecht angelehnt. Der wesentliche Unterschied besteht in dem Recht des Bestellers zur **Selbstvornahme** gem § 634 Nr 2 BGB. Die **Gewährleistungsfrist** des § 438 Abs 1 Nr 3 BGB von zwei Jahren findet sich in § 634a BGB wieder. So wie im Kaufvertragsrecht § 463 aF weggefallen ist, wurde auch § 635 aF gestrichen und sowohl beim Schadensersatz als auch beim Rücktritt die Verzahnung mit dem allgemeinen Leistungsstörungsrecht hergestellt, § 634 Nr 3 und 4 BGB (Dauner-Lieb JZ 2001, 8, 14; Däubler-Gmelin NJW 2001, 2281, 2285). Damit wollte der Gesetzgeber die schwer vermittelbare Trennung zwischen nahen und entfernten Mangelfolgeschäden entschärfen sowie die unterschiedliche Behandlung dieser Problematik im Kauf- und Werkvertragsrecht beseitigen. Erwähnenswert sind noch die grundsätzliche Unentgeltlichkeit des **Kostenvoranschlages** gem § 632 Abs 3 BGB sowie die völlige Neufassung des § 651 aF (heute § 650 BGB). Die komplizierte Differenzierung zwischen **Werk- und Werklieferungsvertrag** erübrigte sich infolge der Angleichung des Kauf- und des Werkvertragsrechts weitgehend (zur aktuellen Entwicklung und insbesondere der Einführung des Bauvertrags s oben Rn 171b).

201

e) Die Integration der Sondergesetze in das BGB*

Das letzte wichtige Ziel der Schuldrechtsreform war die **Eingliederung** schuldrechtlicher **Sondergesetze**, vor allem um der oben dargestellten (Rn 174 f) „Rechtszersplitterung" aus Gründen des Verbraucherschutzes entgegenzuwirken (vgl BT-Drucks 14/6857 v 31. 8. 2001, 1; Dauner-Lieb JZ 2001, 8, 14 f). Deshalb hat man das **AGBG** in die

202

---

* Vgl hierzu Schmidt-Räntsch, Das neue Schuldrecht (2002) Rn 1036 ff; Dörner, Die Integration des Verbraucherrechts in das BGB, in: Schulze/Schulte-Nölke 177 ff; Habersack, Verbraucherkredit- und Haustürgeschäfte nach der Schuldrechtsmodernisierung BKR (2001) 72 ff; Micklitz, Gemeinschaftsrechtliche Vorgaben für ein Verbrauchervertriebsrecht oder für eine Regelung der Vertragsschlussmodalitäten? – Zur Integration von Haustür-, Fernabsatzgeschäft und E-Commerce in das BGB, in: Schulze/Schulte-Nölke 189 ff; Pfeiffer/Schinkels, Schuldrechtsmodernisierung und AGB-Gesetz, in: Micklitz/Pfeiffer/Tonner/Willingmann, Schuldrechtsreform und Verbraucherschutz (2001) 133 ff; Schmidt-Räntsch, Reintegration der Verbraucherschutzgesetze durch den Entwurf eines Schuldrechtsmodernisierungsgesetzes, in: Schulze/Schulte-Nölke 169 ff; Ulmer, Integration des AGB-Gesetzes in das BGB?, in: Schulze/Schulte-Nölke 215 ff; vWestphalen,

§§ 305 bis 310 BGB umgewandelt, ohne sie inhaltlich grundlegend zu ändern. Die Positionierung dieser Vorschriften, die dem Allgemeinen Teil näher stehen als dem Allgemeinen Schuldrecht, ergab sich daraus, dass dort durch den Wegfall der ursprünglichen Unmöglichkeit einige Normbezeichnungen frei wurden. Sie fand heftige Kritik. Die Vorschriften des früheren **HausTWG** wurden als §§ 312 und 312a aF in das BGB eingefügt und das **FernabsG** schloss sich bis § 312 f aF an. Heute finden sich die Regelungen zum Widerruf von außerhalb von Geschäftsräumen geschlossenen Verträgen und Fernabsatzgeschäften in den §§ 312b ff BGB. Die **E-Commerce-Richtlinie** wurde in § 312e aF (nun §§ 312i f BGB) umgesetzt. Das **TzWrG** findet sich in den §§ 481–487 BGB. Eine weitere Änderung besteht schließlich darin, dass der Gesetzgeber das **VerbrKrG** mit dem **Gelddarlehen** verschmolzen und in die §§ 488 ff BGB – mit gesonderter Normierung des Verbraucherdarlehensvertrages in den §§ 491 ff BGB – integriert hat (s zu neuen Entwicklungen in diesem Bereich oben Rn 161). Eine Intensivierung des Verbraucherschutzes im Falle eines Kreditverkaufes bezwecken ferner die durch das Risikobegrenzungsgesetz v 12. 8. 2008 (BGBl I 2008, 1666) in die §§ 491a Abs 1, 3, 492, 496 Abs 2 BGB eingefügten Hinweis- und Unterrichtungspflichten des Darlehensgebers. **Darlehensvermittlungsverträge** zwischen einem Unternehmer und einem Verbraucher sind in den §§ 655a–e BGB geregelt.

f) Übergangsregeln

203 Das neue Schuldrecht trat am 1. 1. 2002 in Kraft. Da ein wesentlicher Teil des BGB reformiert wurde und viele Verträge auf der Grundlage des zuvor geltenden Schuldrechts geschlossen worden waren, bedurfte es mehrerer **Übergangsregeln**. Diese finden sich in Art 229 §§ 5 ff EGBGB. Eine **allgemeine Übergangsvorschrift** zur Schuldrechtsreform enthält Art 229 § 5 S 1 EGBGB. Hierin wird bestimmt, dass auf Schuldverhältnisse, die vor dem 1. 1. 2002 entstanden sind, grds das „alte" Schuldrecht anzuwenden ist. Art 229 § 5 S 2 EGBGB modifiziert dies für **Dauerschuldverhältnisse**, für die das neue Schuldrecht erst ab dem 1. 1. 2003 gilt. Damit erhielten die Vertragsparteien die Möglichkeit, ihre Verträge der neuen Gesetzeslage anzupassen.

204 Für die **Verjährung** schreibt Art 229 § 6 Abs 1 S 1 EGBGB in einer komplizierten Übergangsregelung vor, dass die entsprechenden Vorschriften des BGB in der seit dem 1. 1. 2002 geltenden Fassung auf die an diesem Tag bestehenden und noch nicht verjährten Ansprüche prinzipiell Anwendung finden (Einzelheiten z Übergangsrecht im Bereich der Verjährung bei Mansel, in: Dauner-Lieb ua, Das neue Schuldrecht § 1 Rn 14).

4. Kritik an der Schuldrechtsreform

205 Die mehrfache Überarbeitung des Diskussionsentwurfes (Rn 189) hat nicht dazu geführt, dass die Kritik an der Schuldrechtsreform in den Folgejahren verstummt wäre. Wohl erstmals in der Rechtsgeschichte bildete sich eine durch Unterschriftenlisten zusammengefasste Oppositionsfront von ca 250 Rechtsprofessorinnen und -professoren gegen die Pläne der Bundesregierung im Allgemeinen und viele einzelne Sachfragen. Nicht wenige waren der Auffassung, man hätte – wie das Nach-

---

AGB-Recht ins BGB – Eine erste Bestandsaufnahme, NJW 2002, 12 ff; Wolf/Pfeiffer, Der richtige Standort des AGB-Rechts innerhalb des BGB, ZRP 2001, 303 ff; Rittner DB 1996, 25 f; Grundmann, Systembildung und Systemlücken in Kerngebieten des europäischen Privatrechts (2000) 2 f.

barland Österreich – das BGB nur an den unumgänglichen Stellen ändern sollen (sog „**kleine Lösung**"). Die Gegner kritisierten die **Übereilung** der Reform (STAUDINGER/HONSELL [2018] Einl 109 ff zum BGB; ALTMEPPEN DB 2001, 1131, 1133; KNÜTEL NJW 2001, 2519, 2519; **aA** DÄUBLER-GMELIN NJW 2001, 2281, 2288 f), die nach ihrer Auffassung zu einer „Unausgereiftheit" des neuen Vertragsrechts geführt hat (KNÜTEL NJW 2001, 2519, 2521). Dabei wurden die nahezu 20-jährigen Arbeiten an der Ursprungsfassung des BGB den wenigen Monaten der Arbeit an der Schuldrechtsreform gegenübergestellt (KNÜTEL NJW 2001, 2519, 2519). Manche bestritten auch die vollständige **Umsetzung** der Verbrauchsgüterkaufrichtlinie (so HOFFMANN, Verbrauchsgüterkaufrechtsrichtlinie und Schuldrechtsmodernisierungsgesetz, ZRP 2001, 347, 348, 350; KNÜTEL NJW 2001, 2519, 2519). Andere meinten, der RegE entspreche nicht der **internationalen Entwicklung** (vgl dagegen DÄUBLER-GMELIN NJW 2001, 2281, 2287) und wäre sogar geeignet, die Rechtsangleichung in Europa zu erschweren (SCHULZE/SCHULTE-NÖLKE, Schuldrechtsreform und Gemeinschaftsrecht, in: SCHULZE/SCHULTE-NÖLKE 1, 24).

Vor allem die **Anwaltspraxis**, aber auch die Rechtswissenschaft kritisierte die **hohen Umsetzungskosten** im Rechtsalltag. Anwälte beklagten, sie seien durch die schnelle Umsetzung des Gesetzes **Haftungsrisiken** ausgesetzt, weil sie zwischen der Verabschiedung des Gesetzes im Spätherbst des Jahres 2001 bis zu dessen Inkrafttreten am 1. 1. 2002 nicht in der Lage gewesen seien, Verträge und Geschäftsbedingungen zu überarbeiten (DAUNER-LIEB, Die Schuldrechtsreform – Das große juristische Abenteuer, DStR 2001, 1572, 1575). Ein weiterer genereller Vorwurf bestand darin, dass der Rückgriff auf die Reformvorschläge von 1991 dazu geführt hätte, dass die Reform schon bei ihrem Inkrafttreten **veraltet** gewesen wäre (so DAUNER-LIEB JZ 2001, 8, 18). Die Kritik konzentriert sich in neuerer Zeit jedoch zunehmend auf Einzelprobleme (DAUNER-LIEB, Ein Jahr Schuldrechtsreform – Eine Zwischenbilanz, ZGS 2003, 10 ff; SCHULZE/EBERS, Streitfragen im neuen Schuldrecht, JuS 2004, 265; vgl LORENZ, Schuldrechtsreform 2002: Problemschwerpunkte drei Jahre danach, NJW 2005, 1889 ff mwNw). Nunmehr 17 Jahre nach der Novellierung lässt sich feststellen, dass der Rechtspraxis nach einer zweifellos vorhandenen Phase der Unsicherheit die Bewältigung der neuen Rechtslage gelungen ist (zur Etablierung des neuen Rechts in der Rspr LORENZ, Fünf Jahre „neues" Schuldrecht im Spiegel der Rechtsprechung, NJW 2007, 1 ff; krit POPESCU, Zehn Jahre Schuldrechtsreform, NZBau 2012, 137 ff). Insgesamt scheinen die praktischen Auswirkungen damit geringer zu sein, als manche Kritiker befürchtet oder jedenfalls propagiert haben (so auch PALANDT/SPRAU [76. Aufl 2017] Einl Rn 10a mwNw). Die Vermittlung des Stoffes in der Vorlesung ist sogar eher einfacher geworden.

K. Zusammenfassende Würdigung

Betrachtet man die vielen Reformen des Schuldrechts bis zum Jahre 2002, so zeigt sich, dass – mit Ausnahme des Familienrechts – das Zweite Buch der am häufigsten geänderte Teil des BGB ist. Dieser Umstand kann deshalb nicht verwundern, weil es viele Normen enthält, die für die Wirtschaftsordnung maßgebend sind (vgl ESSER/SCHMIDT, Schuldrecht I § 1 I, 2 ff mwNw). Das gilt zum einen für das **Vertragsrecht**, das ein Regelungssystem für die Verteilung von Gütern (Waren und Dienstleistungen) enthält. Zum anderen beinhaltet das Zweite Buch das **Rechtsgüterschutzrecht** (unberechtigte GoA, Bereicherungs- und Deliktsrecht), also ein System von Normen zur Sicherstellung des marktmäßigen Verteilungsprozesses der Güter, mithin zur

Absicherung der Vertragskonstruktionen. Dieses Konzept bestimmt die **Wirtschaftsverfassung** unserer Gesellschaft in entscheidender Weise mit, sodass jede Änderung einerseits auf die Wirtschaftsordnung Einfluss hat, andererseits aber jede Änderung der Wirtschaftsverfassung Reformen des Schuldrechts verlangt. Was die Hinwendung zum **Verbraucherschutzgedanken** im Jahre 2002 endgültig zur Folge hat, ist noch immer nicht vollständig abzusehen. Man kann sich aber vorstellen, dass diese grundsätzliche Tendenz sowohl im Rahmen der Auslegungsmaßstäbe als auch bei der Anwendung der Generalklauseln nicht ohne Einfluss bleiben wird. Auch die Konsequenzen des **Allgemeinen Gleichbehandlungsgesetzes** (s oben Rn 169) sind noch nicht vollständig zu überblicken (ie s unten Rn 285 ff). Zu tiefgreifenden Veränderungen wenigstens im Kaufrecht werden die neuen Richtlinien über bestimmte vertragsrechtliche Aspekte der Bereitstellung **digitaler Inhalte** und **digitaler Dienstleistungen** (RL 2019/770/EU) und über bestimmte vertragsrechtliche Aspekte des **Warenkaufs** (RL 2019/771/EU) vom 20. 5. 2019 führen, die bis zum Juni 2021 umzusetzen sind (s § 242 Rn 1254).

L. Richterliche Rechtsfortbildung im Schuldrecht*

I. Allgemeines

207 Die **richterliche Rechtsfortbildung** (allg u ausf STAUDINGER/HONSELL [2018] Einl 201 ff zum BGB) hat im Schuldrecht einen besonders großen Anwendungsbereich, weil dieses Rechtsgebiet erhebliche Wandlungen seit dem Inkrafttreten des BGB erfahren hat (s oben Rn 147 ff). Methodisch liegen der richterlichen Rechtsfortbildung folgende Gesichtspunkte zu Grunde: Richter sind gem Art 20 Abs 3 GG an **Recht und Gesetz gebunden,** zugleich gem Art 92 GG gehalten, auf der Grundlage des Gesetzes **Recht zu sprechen** (CLASSEN, in: vMANGOLDT/KLEIN/STARCK, GG III Art 92 Rn 32). Gesetze sind aber notwendig **lückenhaft** (z Rechtsfindung praeter legem vgl CANARIS, Die Feststellung von Lücken im Gesetz [1964] § 5), da selbst abstrakt-generelle Normen nicht jeden denkbaren Fall regeln können. Es bedarf deshalb der Lückenschließung (so auch der gesetzgeberische Auftrag gem § 132 Abs 4 GVG [früher § 137 GVG, aufgehoben durch G v 17. 12. 1990, BGBl I 1990, 2847]). Sie findet durch **Auslegung** (z den Auslegungsmethoden vgl STAUDINGER/HONSELL [2018] Einl 138 ff zum BGB) und **richterliche Rechtsfortbildung** statt (dazu STAUDINGER/HONSELL [2018] Einl 201 ff zum BGB), wobei **gesetzesimmanente** und auch **gesetzesübersteigende Rechtsfortbildung** in Betracht kommt (LARENZ, Methodenlehre Kap 5 1, 366). Die Bindung des Richters an Recht und Gesetz bestimmt ihre Grenzen, uz unter Einbeziehung der Wertentscheidungen des Gesetzgebers (s nur LOOSCHELDERS/ROTH, Methodik E III 2 c, 293 ff). Die Rspr passt durch ihre Rechtsfortbildung die Rechtslage an die kontinuierliche Veränderung

---

* **Schrifttum**: Vgl zunächst die allg Hinw bei STAUDINGER/HONSELL (2018) Einl 201 ff zum BGB; DIEDERICHSEN, Zur Begriffstechnik richterlicher Rechtsfortbildung im Zivilrecht, in: FS Wieacker (1978) 325 ff; ESSER, Grundsatz und Norm in der richterlichen Fortbildung des Privatrechts (4. Aufl 1990); HERGENRÖDER, Zivilprozessuale Grundlagen richterlicher Rechtsfortbildung (Habil Tübingen 1995); LANGENBUCHER, Die Entwicklung und Auslegung von Richterrecht (Diss München 1995); REINHART, Richterliche Rechtsfortbildung: Erscheinungsformen, Auftrag und Grenzen, in: FS der Jur Fak zur 600-Jahr-Feier der Ruprecht-Karls-Universität Heidelberg (1986); WANK, Grenzen richterlicher Rechtsfortbildung (Diss Köln 1977).

der Gesellschaft an. Rechtsfortbildung hat vor allem dort ihren Platz, wo Kodifikationen fehlen, zB im **Arbeitsrecht** (BVerfGE 34, 269, 288; z Einzelfällen der richterlichen Rechtsfortbildung s unten Rn 209 ff; exemplarisch wird hier die Anrechnung von Gebrauchsvorteilen eines Kfz angeführt, BGHZ 98, 212, 221; aus jüngerer Zeit auch BGHZ 192, 148 im Anschluss an EuGH NJW 2011, 2269: Beim Verbrauchsgüterkauf soll § 439 Abs 3 S 3 BGB in europarechtskonformer Rechtsfortbildung teleologisch reduziert werden. Die Einrede der absoluten Unverhältnismäßigkeit von Nachlieferungskosten als einzig möglicher Form der Nacherfüllung berechtigt danach den Verkäufer nur zu einer Beschränkung des Anspruchs des Käufers aus § 439 Abs 1 BGB auf eine Kostenerstattung in Höhe eines angemessenen Betrags). Oft basiert richterliche Rechtsfortbildung auf Anregungen der Rechtswissenschaft, die durch ihre richterliche Anwendung etabliert werden und so zu allgemeinen Rechtssätzen führen (vgl auch CALLIES, Grundlagen, Grenzen und Perspektiven europäischen Richterrechts, NJW 2005, 929 ff).

Gesetzesimmanente Rechtsfortbildung findet unter Berücksichtigung des **Telos** einer **208** oder mehrerer Normen statt. Die gesetzesübersteigende Rechtsfortbildung greift dagegen Prinzipien der Gesamtrechtsordnung auf. Das Ziel der Rechtsfortbildung besteht in beiden Fällen in der **Schließung unbewusster Gesetzeslücken** (LARENZ/CANARIS, Methodenlehre Kap 5, 1, 2 [187, 194]), aber auch in der **einschränkenden Auslegung** von Gesetzen, deren Wortlaut zu weit geraten ist (LOOSCHELDERS/ROTH, Methodik Kap E, 220). Beide Ziele müssen unter Wahrung anerkannter Gerechtigkeitsgedanken verwirklicht werden (STAUDINGER/HONSELL [2018] Einl 201 ff zum BGB; SACHS/SACHS, GG Art 20 Rn 103 ff; ZIPPELIUS, Recht und Gerechtigkeit in der offenen Gesellschaft [2. Aufl 1996] Kap 6 III [91 ff]), die sich auch mit den dogmatischen Grundsätzen des jeweiligen Rechtsgebietes vereinbaren lassen (BVerfG Beschluss v 12. 11. 1997 [Az: 1 BvR 479/92; 1 BvR 307/94] = JZ 1998, 352 ff mit Besprechungsaufsatz STÜRNER JZ 1998, 317 ff; z Rechtsfortbildung durch den EuGH vgl EVERLING, Richterliche Rechtsfortbildung in der Europäischen Gemeinschaft, JZ 2000, 217 ff; BORCHARDT, Richterrecht durch den EuGH, in: GS Grabitz [1995] 29 ff). Rechtsfortbildung und Gesetzesauslegung sind nicht vollständig voneinander zu trennen, sondern stellen oft schwer zu unterscheidende, aber jedenfalls theoretisch verschiedene Stufen der Gesetzesanwendung dar. Während die Auslegung an der vorhandenen Regelung ansetzt, beginnt die Rechtsfortbildung dort, wo eine Regelung fehlt.

1. Rechtsfortbildung und Gewohnheitsrecht

Bei **ständiger Rspr** kann die richterliche Rechtsfortbildung **Gewohnheitsrecht** entstehen lassen, wenn sich daraus eine allgemeine Überzeugung bildet (LARENZ, Methodenlehre Kap 5 5, 433). Dies erfordert, dass der entsprechende Rechtssatz aus der Sicht des Anwenders bindenden Charakter erlangt, sich allerdings auch nicht gegen die bestehende Rechtslage entwickelt hat. Unter diesen Prämissen stellt die richterliche Rechtsfortbildung also eine wichtige, wenn auch nicht die einzige Grundlage von Gewohnheitsrecht dar (z Grundrechtskonformität der in richterlicher Rechtsfortbildung entstandenen Rechtssätze vgl STAUDINGER/J SCHMIDT [1995] Rn 536 ff). **209**

2. Rechtsfortbildung und Verfassung/Kritik an der richterlichen Rechtsfortbildung

Da die richterliche Rechtsfortbildung der **Lückenfüllung** dient, kann eine Kollision mit **210** der Gesetzgebungskompetenz auftreten. Gesetzliche Lücken, die der Gesetzgeber

bewusst offen gelassen hat oder die mangels parlamentarischer Mehrheit nicht geschlossen werden konnten, darf ein Gericht nicht eigenmächtig schließen (BVerfGE 86, 6, 12; HILLGRUBER JZ 1996, 118, 120). Sofern ein Richter eine Entscheidung des Gesetzgebers als unzureichend und verfassungswidrig erachtet, muss er gem Art 100 Abs 1 S 1 GG das Verfahren aussetzen und das entsprechende Gesetz dem Bundesverfassungsgericht zwecks Normenkontrolle vorlegen. Richterliche Rechtsfortbildung wäre dann unzulässig (HILLGRUBER JZ 1996, 118, 124; iE auch HIRSCH, Richterrecht und Gesetzesrecht, JR 1966, 334, 341). Genauso richtig ist aber auch, dass sich Gesetz und Recht nicht immer decken (BVerfGE 34, 269, 287). Diesen Konflikt muss der Richter dadurch lösen, dass er die vorhandenen Lücken unter Beachtung bestimmter Voraussetzungen durch Auslegung schließen darf (BVerfGE 49, 304, 318 = JZ 1979, 60 m Anm STARCK).

211 Daraus folgt, dass die Lückenfeststellung stets einer **ausführlichen Begründung** bedarf. Anderenfalls wäre die Rechtssicherheit erheblich beeinträchtigt. Eine solche Begründung erscheint umso leichter, je älter Gesetze werden, weil die Anpassung an veränderte soziale Situationen den häufigsten Fall richterlicher Rechtsfortbildung darstellt (LEIBHOLZ/RINCK/HESSELBERGER, GG Art 20 Rn 607). Bei Berücksichtigung dieser Umstände besteht an der Verfassungsmäßigkeit richterlicher Rechtsfortbildung kein Zweifel.

3. Auswirkungen auf das Rechtssystem/Richterliche Rechtsfortbildung und Schuldrechtsreform

212 Da richterliche Rechtsfortbildung der sich verändernden sozialen und wirtschaftlichen Werteordnung Rechnung trägt, verfeinert sie immer wieder die Güterverteilung und den Rechtsgüterschutz, die gemeinsam den Schwerpunkt des Schuldrechtes bilden und für das gesellschaftliche „Subsystem Wirtschaft" maßgeblich sind (z wirtschaftlichen Bedeutung des Schuldrechts vgl ESSER/SCHMIDT, Schuldrecht I § 1 I 1, 2 ff). Vieles, was sich auf diese Weise in den letzten Jahrzehnten entwickelt hat, hat im Schuldrechtsmodernisierungsgesetz mit Wirkung zum 1. 1. 2002 seinen legislativen Ausdruck gefunden (vgl Rn 188 ff). Dies wird im Folgenden kurz dargestellt.

II. Einzelne Fälle von richterlicher Rechtsfortbildung

1. Richterliche Rechtsfortbildung im Allgemeinen Teil des Schuldrechts

a) Culpa in contrahendo

213 Da ein rechtsgeschäftliches Schuldverhältnis nicht nur auf Leistungsaustausch gerichtet ist, erwachsen den Vertragsparteien bereits vor seinem Abschluss **Sorgfaltspflichten**, deren Verletzung (ausschließlich) Schadensersatzansprüche begründen. Die für die Anbahnung eines Schuldverhältnisses verlangten Sorgfaltspflichten sind aber nicht nur auf das Vorfeld des Vertragsschlusses (culpa in contrahendo) und die Vertragsabwicklung beschränkt, sondern müssen von den Beteiligten auch nach dessen Durchführung und selbst im Falle seiner Nichtigkeit beachtet werden (culpa post pactum perfectum, FIKENTSCHER/HEINEMANN, Schuldrecht Rn 98; z Konkurrenzproblemen vgl FLEISCHER, Konkurrenzprobleme um die culpa in contrahendo – Fahrlässige Irreführung versus arglistige Täuschung, AcP 200 [2000] 91 ff). Ebenso war stets die Pflicht anerkannt, in das Schuldverhältnis einbezogene Dritte sorgfältig auszuwählen (culpa in eligendo, FIKENTSCHER/HEINEMANN, Schuldrecht Rn 660).

Schließlich entfaltete die cic auch nach früherem Verständnis gegenüber den am **214** Schuldverhältnis unbeteiligten, jedoch diesem nahestehenden Dritten **Schutzwirkung** (Schutzwirkung für Dritte, s unten Rn 219). Die Ursprünge all dieser Überlegungen gehen auf vJHERING zurück, der im Jahre 1861 das Institut der cic begründete (vJHERING, Jahrb 4. Bd [1861]) und dabei auf römische Rechtsquellen Bezug nahm (vJHERING, Culpa in contrahendo [Nachdruck 1969] I 12 ff). Ihren Eingang in die Rspr fand die cic durch eine Entscheidung des RG, die als **„Linoleumrollenfall"** bekannt wurde (RGZ 78, 239 ff; z cic iE vgl STAUDINGER/SCHWARZE [2014] § 280). Sie wurde in Folge der ständigen Rspr später gewohnheitsrechtlich anerkannt. Die **Schuldrechtsmodernisierung** hat mit Wirkung z 1. 1. 2002 die cic in § 311 Abs 2 BGB iVm § 241 Abs 2 BGB kodifiziert (s oben Rn 197 sowie die Ausf z § 241).

b) Positive Vertrags-/Forderungsverletzung
Eine weitere, durch die Lehre angeregte Rechtsfortbildung stellte die **positive Ver-** **215** **trags- (Forderungs-)Verletzung** dar. STAUB erweiterte durch seine Abhandlung „Über die positiven Vertragsverletzungen und ihre Rechtsfolgen" (1902; zuletzt Nachdruck 1969) im Wege einer **Gesamtanalogie** zu den §§ 280, 286, 325, 326 aF das bis dahin auf Unmöglichkeit, Verzug und Gewährleistung beschränkte System der Leistungsstörungen um die **Schlechterfüllung**. Die positive Forderungsverletzung, die längst als **Gewohnheitsrecht** anerkannt worden war (LARENZ, Schuldrecht I § 24 I a; WERTHEIMER/ESCHBACH, Positive Vertragsverletzung im Bürgerlichen Recht und im Arbeitsrecht, JuS 1997, 605, 606), gab dem Gläubiger der Schlechtleistung eine eigene Anspruchsgrundlage für Schadensersatz (z Leistungsgegenstand bei der Erfüllung vgl STAUDINGER/OLZEN [2016] § 362 Rn 15 f). Daneben blieb dessen Anspruch auf Erfüllung bestehen. Durch das Schuldrechtsmodernisierungsgesetz wurde die pFV insofern in § 280 Abs 1 BGB kodifiziert, als der Gesetzgeber dort einen einheitlichen Haftungstatbestand für die Verletzung von Haupt- und Nebenpflichten schuf. Darunter sind auch alle Fallgruppen der früheren pFV zu fassen (OLZEN/WANK, Die Schuldrechtsreform Rn 243 ff; WEBER/DOSPIL/HANHÖRSTER, Neues Schuldrecht, C V 72 ff).

c) Interessen Dritter
Ein zentraler Bereich richterlicher Rechtsfortbildung liegt darin, unter Wahrung **216** anerkannter Gerechtigkeitsgedanken auch die **Interessen Dritter** zu berücksichtigen, die selbst nicht an einem Schuldverhältnis beteiligt, aber von ihm betroffen sind (vgl allg auch H P WESTERMANN, Drittinteresse und öffentliches Wohl als Elemente der Bewertung privater Rechtsverhältnisse, AcP 208 [2008] 141 ff). Sie können aufgrund **„zufälliger" Schadensverlagerungen** oder **mangels Einbeziehung** in das Schuldverhältnis manchmal keinen eigenen Anspruch geltend machen, aber gleichwohl einen Schaden erleiden. Dessen Liquidation nach Deliktsrecht scheitert nicht selten daran, dass dem Anspruchsgegner der Entlastungsbeweis des § 831 Abs 1 S 2 BGB gelingt. Um dieses als ungerecht empfundene Ergebnis zu beeinflussen, entwickelte sich im Wege der Rechtsfortbildung zum einen das Institut der sog **Drittschadensliquidation**, zum anderen der **Vertrag mit Schutzwirkung zu Gunsten Dritter**. IE haben beide Rechtsfiguren zur Folge, dass dem Geschädigten ein **vertraglicher** Schadensersatzanspruch verschafft wird.

aa) Drittschadensliquidation
Bei einer **zufälligen Schadensverlagerung** (Bsp: die Versendungskaufware wird auf **217** dem Weg zum Käufer durch die Transportperson zerstört; z Drittschadensliquidation als Rechtsfortbildung praeter legem vgl WINTERFELD, Drittschadensliquidation und Vertrag mit Schutz-

wirkung zu Gunsten Dritter [Diss Bonn 1983] 1. Abschn I 3 c [21 ff]) geht es um Fälle, in denen durch Auseinanderfallen von Anspruch und Schaden dem geschädigten Dritten kein Anspruch zur Verfügung steht, während der Vertragspartner zwar einen Anspruch geltend machen könnte, aber nicht geschädigt ist. Nach den Grundsätzen der Drittschadensliquidation besteht dann die Möglichkeit, dass der Vertragspartner den Schaden des Dritten liquidiert oder ihm gem §§ 275 Abs 1, 285 Abs 1 BGB seinen Anspruch abtritt (Medicus/Petersen, BR Rn 838; **aA** unter Ablehnung der Drittschadensliquidation Hagen, Die Drittschadensliquidation im Wandel der Rechtsdogmatik [Habil Kiel 1969] 287; Peters, Zum Problem der Drittschadensliquidation, AcP 180 [1980] 329 ff; Junker, Das „wirtschaftliche Eigentum" als sonstiges Recht im Sinne des § 823 Abs 1 BGB, AcP 193 [1993] 348 ff; Büdenbender, Wechselwirkungen zwischen Vorteilsausgleichung und Drittschadensliquidation, JZ 1995, 920; ders, Drittschadensliquidation bei obligatorischer Gefahrentlastung – eine notwendige oder überflüssige Rechtsfigur?, NJW 2000, 986). Ebenso kann der „Anspruchsberechtigte" auch auf Leistung an den geschädigten Dritten klagen, sofern dieser die Liquidation seines Schadens billigt (Medicus/Petersen, BR Rn 838). In dem Umstand, dass der Schaden zum (unvollständigen) Anspruch gezogen wird, liegt ein Unterschied zum Vertrag mit Schutzwirkung für Dritte (Looschelders, Schuldrecht AT § 46 Rn 10; s unten Rn 218).

218 Der **Anwendungsbereich** der Drittschadensliquidation liegt hauptsächlich im Bereich **vertraglicher Ersatzansprüche. Ausnahmsweise** findet sie auch im Zusammenhang mit obligatorischer Gefahrentlastung innerhalb der **deliktischen Ersatzansprüche** Anwendung (Palandt/Grüneberg Vorb v § 249 Rn 106, 110; z Fallgruppen der Drittschadensliquidation vgl Traugott, Das Verhältnis von Drittschadensliquidation und vertraglichem Drittschutz [Diss München 1996] § 2 II [18 ff]; Büdenbender, Vorteilsausgleichung und Drittschadensliquidation bei obligatorischer Gefahrentlastung: Gemeinsamkeiten, Berührungspunkte und Unterschiede [1996] B I, 63 ff). Anerkannte Fallgruppen bilden die **mittelbare Stellvertretung** und die **Obhut für fremde Sachen** (Looschelders, Schuldrecht AT § 46 Rn 11 ff). Im ursprünglichen Zentralbereich der Drittschadensliquidation, dem **Versendungskauf**, ist für den sog **Verbrauchsgüterkauf** mit Wirkung z 1. 1. 2002 eine Änderung eingetreten. Da § 475 Abs 2 BGB die Anwendung der Gefahrtragungsregel des § 447 BGB weitgehend ausschließt, wird die Ware nunmehr grundsätzlich auf Gefahr des Verkäufers transportiert. Die Zuordnung des Versendungskaufes zu den Fallgruppen der Drittschadensliquidation beschränkt sich damit auf Kaufverträge, die eine andere personelle Struktur haben als der Kauf zwischen einem Verbraucher und einem Unternehmer, §§ 13, 14 BGB. Aber auch insoweit hatte die Rechtsfigur der Drittschadensliquidation bereits durch die Reform des **Transportrechts** 1998 an Bedeutung verloren. Die §§ 421 Abs 1 S 2, 425 Abs 1 HGB sehen ausdrücklich vor, dass der Empfänger der Ware die Ansprüche aus dem Frachtvertrag gegen den Frachtführer im eigenen Namen geltend machen kann. Für die Drittschadensliquidation besteht dann kein Bedarf mehr.

bb) Vertrag mit Schutzwirkung zu Gunsten Dritter

219 Die Rechtsfigur des **Vertrags mit Schutzwirkung zu Gunsten Dritter** beruht auf der Überlegung, dass jedes Vertragsschuldverhältnis einen Schutzbereich entfaltet, der unter bestimmten Voraussetzungen auch Dritte erfasst. Im Unterschied zur Drittschadensliquidation (s oben Rn 217 f) wird beim Vertrag mit Schutzwirkung zu Gunsten Dritter die **Anspruchsgrundlage zum Schaden** gezogen, sodass der Geschädigte auch ohne vorausgegangene Abtretung gem § 398 BGB einen eigenen Ersatzanspruch erhält. (Die Herkunft des Vertrages mit Schutzwirkung zu Gunsten Dritter war umstritten. Nachdem man zunächst eine **Analogie** zu § 328 BGB gebildet hatte, wurde er später als Anwendungsbereich der **ergänzenden Vertragsauslegung** angesehen [RGZ 127, 218, 222; BGHZ 56, 269, 273; BGH NJW 2004, 3035, 3036; 2001, 512]. Nach aA stellt er eine auf § 242 BGB beruhende **richterliche Rechtsfortbildung** dar [BAYER, Vertraglicher Drittschutz, JuS 1996, 473, 475 f; zur Rechtsgrundlage des Vertrages mit Schutzwirkung zu Gunsten Dritter vgl ferner MünchKomm/GOTTWALD § 328 Rn 168 ff mwNw]).

Die anerkannten Erfordernisse des Rechtsinstituts liegen darin, dass sich der ge- **220** schädigte Dritte in bestimmungsgemäßer **Leistungsnähe** befindet, der Gläubiger ihm **Schutz** und **Fürsorge** schuldet (BGHZ 49, 350, 354), schließlich, dass der **Anspruchsgegner** die **Leistungsnähe** des Dritten **erkennen** konnte und dieser **schutzbedürftig** war. Letzteres ist dann der Fall, wenn er keinen eigenen, inhaltsgleichen Schadensersatzanspruch geltend machen kann (statt vieler BGH NJW 2004, 3420, 3421; 1996, 2927, 2929). Die Schutzbedürftigkeit wurde zunächst insbes für **personenrechtliche Fürsorgeverhältnisse** (zB Eltern/Kind-Verhältnis) angenommen. Die Rspr hat dafür die sog „**Wohl- und Wehe-Formel**" entwickelt (BGHZ 51, 91, 96). Sie setzt voraus, dass der Anspruchsgläubiger und der Dritte gleiche Schutzinteressen haben. In jüngerer Zeit wurde die Schutzwirkung allerdings auch bei **gegenläufigen Vermögensinteressen** bejaht. Es handelt sich insbes um Werkverträge zur **Gutachtenerstellung**, die zur Verwendung gegenüber Kreditgebern oder Kapitalanlegern bestimmt waren (vgl LOOSCHELDERS, Schuldrecht AT § 9 Rn 12; SCHWAB, Grundfälle zu culpa in contrahendo, Sachwalterhaftung und Vertrag mit Schutzwirkung für Dritte nach neuem Schuldrecht – Teil 2. Die Einbeziehung Dritter nach § 311 Abs 3 BGB, JuS 2002, 872, 875 ff; KILIAN, Der Begutachtungsvertrag nach der Schuldrechtsreform, NZV 2004, 489, 494 f, BGH NJW 2009, 512; NJW 2009, 1265; WM 2009, 1128; NJW-RR 2008, 286; NJW-RR 2007, 1329; NJW-RR 2007, 1479; NJW 2004, 3035; NJW 2001, 514; OLG Koblenz WM 2012, 316). Der Vertrag mit Schutzwirkung zu Gunsten Dritter wurde auf der Tatbestandsebene von der Drittschadensliquidation durch die **Erkennbarkeit** der Leistungsnähe des Dritten für den Schuldner abgegrenzt. Dadurch sollten Zufallshaftungen vermieden werden (MEDICUS/PETERSEN, BR Rn 841). Gerade aufgrund dieses Aspekts könnte die Haftung für fehlerhafte Expertisen aber auch Eingang in die Fallgruppe der Drittschadensliquidation finden.

Der Vertrag mit Schutzwirkung für Dritte ist ebenfalls durch das Schuldrechtsmo- **221** dernisierungsgesetz berührt worden. § 311 Abs 3 S 1 BGB stellt klar, dass ein Schuldverhältnis (einschl der daraus resultierenden Ersatzansprüche) auch gegenüber demjenigen entstehen kann, der nicht selbst Vertragspartei werden wollte. Die Entstehung unmittelbarer Schutzpflichten im Falle der Inanspruchnahme besonderen Vertrauens wird in dem bereits erwähnten § 311 Abs 3 S 2 BGB geregelt. Allerdings wird zT bestritten, dass der Vertrag mit Schutzwirkung zu Gunsten Dritter in § 311 Abs 3 BGB normiert wurde, da die Norm keine Tatbestandselemente nennt (OLZEN/WANK, Die Schuldrechtsreform Rn 310 ff mwNw).

d) Die Lehre vom Wegfall der Geschäftsgrundlage*
Man erkannte alsbald nach In-Kraft-Treten des BGB (dazu STAUDINGER/J SCHMIDT **222** [1995] § 242 Rn 942 ff), dass die Veränderung der die Vertragsabwicklung begleitenden sozialen, gesellschaftlichen und wirtschaftlichen Verhältnisse eine **Anpassung** ver-

---

* **Schrifttum**: CHIOTELLIS, Rechtsfolgenbestimmung bei Geschäftsgrundlagenstörungen in Schuldverträgen (1981); HAARMANN, Wegfall der Geschäftsgrundlage bei Dauerschuldver-

traglicher Abreden erfordern kann. Vor dem In-Kraft-Treten des Schuldrechtsmodernisierungsgesetzes (s oben Rn 192) wurde die Lehre vom **Wegfall der Geschäftsgrundlage** herangezogen, um die Fälle **gestörter Vertragsabwicklung**, deren Ursache nicht in Unmöglichkeit, Verzug oder Schlechtleistung lag, lösen zu können. In Fortführung des Prinzips „clausula rebus sic stantibus" überprüften die Gerichte den betreffenden Vertrag auf seine Geschäftsgrundlage, deren Fehlen oder Wegfall ggf festgestellt und (meist) gem § 242 BGB korrigiert wurde. Der Gesetzgeber übernahm diese Lehre im Zuge der Modernisierung des Schuldrechts in § 313 BGB, wonach Anpassung des Vertrages verlangt werden kann, wenn sich Umstände, die Grundlage des Vertrages geworden waren, schwerwiegend geändert haben und nicht in den Risikobereich einer Partei fallen (s oben Rn 197; OLZEN/WANK, Die Schuldrechtsreform Rn 144 ff). Gleiches gilt gem § 313 Abs 2 BGB, wenn sich Umstände, die die Parteien dem Vertrag zugrunde gelegt haben, nachträglich als falsch erweisen. Scheitert die Vertragsanpassung oder ist sie unzumutbar, kommt ein **Rücktrittsrecht** in Betracht, bei **Dauerschuldverhältnissen** eine **Kündigung**, § 313 Abs 3 BGB.

e) Verwirkung

223 Einen weiteren Fall richterlicher Rechtsfortbildung in Anwendung des § 242 BGB stellt die Rechtsfigur der **Verwirkung** dar. Das erkennbare Verhalten einer Partei kann danach bei einem Vertragspartner dahingehendes Vertrauen auslösen, dass jene bestimmte Rechte nicht (mehr) geltend machen werde. Dieses Vertrauen schützte die Rspr dadurch, dass der verwirkenden Partei die Geltendmachung dieser Rechte aberkannt wurde (z Verwirkung ausf STAUDINGER/LOOSCHELDERS/OLZEN § 242 Rn 300 ff), obwohl noch keine Anspruchsverjährung eingetreten war.

f) Normativierung des Schadensbegriffs

224 Ein iE bis heute noch nicht abgeschlossenes Gebiet richterlicher Rechtsfortbildung stellt ferner die sog **Normativierung des Schadensbegriffs** dar (vgl aus dem Schrifttum insbes SELB, Schadensbegriff und Regressmethoden [1963]; WILK, Die Erkenntnis des Schadens [1983]; MEDICUS, Normativer Schaden, JuS 1979, 233; ausf STAUDINGER/SCHIEMANN [2017] Vorbem 38 ff zu §§ 249 ff). Die regelmäßig durch Differenzberechnung ermittelte Schadenshöhe wird in solchen Fällen dahingehend modifiziert, dass einerseits tatsächlich nicht aufgetretene Vermögenseinbußen als ausnahmsweise ersatzfähig angesehen werden (zentral war die Entscheidung des Großen Senats z Schadensersatzanspruch einer verletzten Hausfrau, BGHZ 50, 304, 306; z Arbeitnehmerschäden erstmals BGHZ 7, 30 ff), andererseits aber auch tatsächlich eingetretene Einbußen aus normativen Gründen außer Betracht bleiben, zB unter dem (unschönen) Stichwort „Kind als Schaden" (STAUDINGER/SCHIEMANN [2017] Vorbem 33 zu §§ 249 ff).

g) Kündigung von Dauerschuldverhältnissen

225 Bereits vor In-Kraft-Treten des Schuldrechtsmodernisierungsgesetzes (s oben Rn 192) gab es Vorschriften, nach denen sich eine Partei im Rahmen eines Dauerschuldverhältnisses durch **Kündigung** davon lösen konnte (§§ 554a, 626, 723 aF). Zusätzlich hatten Rspr und Lehre das **Kündigungsrecht** von Parteien eines Dauerschuldverhältnisses bei Vorliegen eines **wichtigen Grundes** als Unterfall der pFV anerkannt (BGHZ

hältnissen (1979); KÖHLER, Die Lehre von der Geschäftsgrundlage als Lehre von der Risikobefreiung, in: CANARIS, FG 50 Jahre BGH Bd 1 (2000); vgl iÜ die Hinweise bei STAUDINGER/ J SCHMIDT (1995) § 242 Rn 942 ff; ferner die Kommentierung z §§ 313, 314.

29, 171, 172; BGH NJW 1989, 1482, 1483; Oetker, Das Dauerschuldverhältnis und seine Beendigung [Habil Kiel 1994] 265 ff). Dieses Kündigungsrecht wurde als Rechtsgrundsatz angesehen, der durch AGB nicht abbedungen oder eingeschränkt werden konnte (BGH NJW 1986, 3134).

Die Schuldrechtsreform hat zum 1. 1. 2002 das Kündigungsrecht bei Dauerschuldverhältnissen in § 314 Abs 1 S 1 BGB gesetzlich geregelt (s oben Rn 197). Daneben bestehen weitere Vorschriften im Besonderen Schuldrecht (bspw §§ 490, 498, 543 BGB), die der allgemeinen Vorschrift des § 314 BGB als leges speciales vorgehen (Olzen/Wank, Die Schuldrechtsreform Rn 315; Dauner-Lieb ua, Das neue Schuldrecht § 3 Rn 75; Jauernig/Stadler § 314 Rn 2; MünchKomm/Gaier § 314 Rn 3). **226**

2. Richterliche Rechtsfortbildung im Besonderen Teil des Schuldrechts

a) Arbeitsrecht
Im **Arbeitsrecht** finden sich viele Anwendungsfälle richterlicher Rechtsfortbildung. Erwähnenswert sind vor allem hier die Grundsätze über die **eingeschränkte Anfechtbarkeit** in Vollzug gesetzter Arbeitsverträge sowie die Haftungsgrundsätze für die (früher) sog **gefahrgeneigte Arbeit**. **227**

aa) Eingeschränkte Anfechtbarkeit von Arbeitsverträgen
Die **Rückabwicklung eines Arbeitsvertrages**, der nicht wirksam geschlossen oder später von einer Partei angefochten wurde, bereitet rechtliche Probleme. Sie hängen damit zusammen, dass die Arbeitsleistung nicht in Natur zurückerstattet werden kann, ebenso wenig wie die damit verbundenen Folgen aufhebbar sind (BAGE 5, 58, 65 f). Außerdem verlangt die Schutzbedürftigkeit des Arbeitnehmers besondere Berücksichtigung. Schließlich ist auch das Verhältnis zur außerordentlichen Kündigung nur schwer zu fassen (Picker, Die Anfechtung von Arbeitsverträgen. Theorie und Praxis der höchstrichterlichen Judikatur. Zugleich eine Auseinandersetzung mit der sog Kündigungstheorie, ZfA 1981, 1, 20 ff). Daher hat die Rspr die **rückwirkende Auflösung** eines in Funktion gesetzten Arbeitsverhältnisses durch Anfechtung **abgelehnt**, obwohl das BGB an sich keine Ausnahme zu § 142 Abs 1 BGB kennt (Anfechtung nur ex nunc, BAGE 5, 159, 161 f; Leinemann, in: Leinemann, Kasseler Handbuch zum Arbeitsrecht Bd 1. 1 [2. Aufl 2000] Rn 578; ErfK/Preis, Arbeitsrecht [18. Aufl 2018] Rn 145 ff). Der **fehlerhafte Arbeitsvertrag** wird für die Vergangenheit somit als wirksam betrachtet (BAGE 5, 58, 65 f; Leinemann, in: Leinemann, Kasseler Handbuch zum Arbeitsrecht Bd 1. 1 [7. Aufl 2000] Rn 577; vgl auch u § 241 Rn 107 f). **228**

bb) Haftung im Arbeitsverhältnis
Ein Arbeitnehmer kann in Abhängigkeit von seiner Tätigkeit schon bei geringster Nachlässigkeit hohe, für ihn nicht tragbare Schäden verursachen. Dieses Risiko steht in keinem Verhältnis zu seinen Verdienstmöglichkeiten. Deshalb wurde dieser als Gerechtigkeitsverstoß empfundene Tatbestand in richterlicher Rechtsfortbildung durch eine **Haftungsminderung** für den Arbeitnehmer abgemildert (BAG GS AP Nr 101 z § 611 [Haftung des Arbeitnehmers]; Künzl, in: Leinemann, Kasseler Handbuch zum Arbeitsrecht Bd 2. 1 [1997] Rn 246). Sie trat zunächst nur für die sog „**gefahrgeneigte Arbeit**" ein, wurde später aber auf **alle Schadensersatzverpflichtungen** des Arbeitnehmers ausgedehnt, die **im Zusammenhang** mit betrieblich veranlasster **Tätigkeit** entstanden sind (vgl nur BGH AuR 1994, 72 f; BAG EZA § 611 Nr 53 [Arbeitnehmerhaftung] Nr 58). Ihre **229**

Herleitung ist umstr. Sie kann aber jedenfalls aufgrund der Einbindung des Arbeitnehmers in die betriebliche Organisation der Wertung des § 254 BGB zugeordnet werden (BAG DB 2013, 705; NZA 2011, 345; EZA § 611 Nr 58 [Arbeitnehmerhaftung]).

230 Hinsichtlich der Haftung des Arbeitnehmers ist zwischen **Innen-** (Schädigung betriebsinterner Personen oder Gegenstände) und **Außenhaftung** (Schädigung betriebsexterner Personen oder Gegenstände) zu unterscheiden. Je nach Grad des Verschuldens führt die Haftungsmilderung im Bereich der **Außenhaftung** zu einem **Freistellungsanspruch** gegen den Arbeitgeber, während der Arbeitnehmer von der **Innenhaftung** entsprechend seiner **Verantwortlichkeit** ganz oder teilw **entbunden** wird. Die Schadensverteilung folgt dem Grundsatz, dass der Arbeitnehmer bei **Vorsatz** in vollem Umfang, bei **leichtester Fahrlässigkeit** gar nicht haftet. Im Falle **leichter** („normaler") **Fahrlässigkeit** erfolgt eine Verteilung der Schadensersatzverpflichtung nach Zumutbarkeit und Billigkeit (BAG NJW 1988, 2816 m Anm HANAU/PREIS JZ 1988, 1072, 1074 f). Im Falle **grober Fahrlässigkeit** haftete der Arbeitnehmer ursprünglich uneingeschränkt (BAG NJW 1958, 235), während heute differenziert wird: Bei einem Missverhältnis zwischen Vergütung und Schaden soll eine Haftungseinschränkung möglich sein (BAG NJW 1990, 468; NZA 1998, 310, 311; DB 1999, 288, 289; NZA 2007, 1230, 1235; DB 2011, 711). Entgegen seiner ursprünglichen Rechtsprechung (BAG 25. 9. 1997 – 8 AZR 288/96 juris Rn 29, NZA 1998, 310; **aA** damals HÜBSCH, Die neueste Rechtsprechung des BAG zur Fahrlässigkeit bei der Arbeitnehmerhaftung, NZA-RR 1999, 393, 397; ausf auch z Mankohaftung WALKER, Die eingeschränkte Haftung des Arbeitnehmers unter Berücksichtigung der Schuldrechtsmodernisierung, JuS 2002, 736 ff) lässt das BAG nun auch bei „gröbster Fahrlässigkeit" eine Haftungserleichterung zu (BAG 28. 10. 2010 – 8 AZR 418/09 juris Rn 23, NZA 2011, 345, 348).

b) Rechtsfortbildung und Gesellschaftsrecht
aa) Fehlerhafte Gesellschaft

231 Entsprechend den Überlegungen zur eingeschränkten Anfechtbarkeit von Arbeitsverträgen (s oben Rn 228) kann nach gefestigter Rspr auch ein **fehlerhafter Gesellschaftsvertrag**, der in Vollzug gesetzt wurde, nicht mit Wirkung für die Vergangenheit aufgehoben werden (etwa BGHZ 55, 5, 8; 62, 234; ZIP 2005, 253 f, 254 ff; z fehlerhaften Gesellschaft vgl GRUNEWALD, Gesellschaftsrecht [10. Aufl 2017] § 1 Rn 169 ff; ferner STAUDINGER/LOOSCHELDERS/OLZEN § 242 Rn 430 f). Vielmehr sieht man die Gesellschaft im **Außenverhältnis** als wirksam an, bis der Mangel durch die Gesellschafter geltend gemacht wird (ausf MünchKomm/SCHÄFER § 705 Rn 323 ff; insgesamt SCHÄFER, Die Lehre vom fehlerhaften Verband [2002]). Dies dient dem Bestandsschutz der Unternehmens- und Gesellschaftsorganisation im Interesse der gesellschaftsrechtlichen Personengruppen, zB der Arbeitnehmer und sonstigen Gesellschaftsgläubiger (EISENHARDT/WACKERBARTH, Gesellschaftsrecht I [16. Aufl 2015] Rn 434; WIEDEMANN, Gesellschaftsrecht Bd 1 [1980] § 3 I 2 a). Im **Innenverhältnis** werden die Ansprüche der Gesellschafter in einem solchen Fall nicht nach Bereicherungsrecht abgewickelt. Die Rechte und Pflichten der Gesellschafter richten sich vielmehr nach dem (unwirksamen) Gesellschaftsvertrag unter Beachtung der gesellschaftsrechtlichen Treuepflicht (MünchKomm/SCHÄFER § 705 Rn 343; z Treuepflicht auch STAUDINGER/LOOSCHELDERS/OLZEN § 242 Rn 939 ff). Nach Geltendmachung des Mangels erfolgt die Abwicklung der aufgelösten Gesellschaft auf der Grundlage der Liquidationsvorschriften, also etwa den §§ 730 ff BGB (vgl MünchKomm/SCHÄFER § 705 Rn 346). Lediglich bei **Gesetzes-** oder **Sittenwidrigkeit**, §§ 134, 138 BGB, bei Kollision mit Schutzvorschriften zu Gunsten nicht voll Geschäftsfähiger sowie

arglistiger Täuschung eines am Abschluss beteiligten Gesellschafters (ggf dann Anwendung v § 139 BGB) gilt etwas anderes: Entweder tritt das Vertrauen auf die Fortführung der Gesellschaft wegen der Schwere des Mangels gegenüber der Notwendigkeit ihrer Aufhebung insgesamt zurück, oder aber die Gesellschaft wird ohne die schutzwürdige Person fortgeführt (dazu ausf MünchKomm/SCHÄFER § 705 Rn 332 ff).

bb) Die Rechtsnatur der Gesellschaft bürgerlichen Rechts

Aufgrund der unvollständigen Regelungen wurde die Rechtsnatur der GbR lange mit dem Ziel diskutiert, das dem Gesetz zu Grunde liegende Gesamthandsprinzip praktisch handhabbar zu machen. Ob deshalb der Gesellschaft als solcher die Fähigkeit zukommen sollte, Träger von Rechten und Pflichten zu sein, war und blieb lange Zeit umstr. Während einige sich schon sehr früh dafür aussprachen (vGIERKE, Deutsches Privatrecht I [1895] § 80 V 4, 682; FLUME, Gesellschaft und Gesamthand, ZHR 136 [1972] 177, 189 ff) und sich diese Auffassung zunehmend verbreitete (SOERGEL/ HADDING, BGB [11. Aufl 1985] Vor § 705 Rn 20 f; ULMER, Gesellschaft des bürgerlichen Rechts [3. Aufl 1997] Vor § 705 Rn 8, § 705 Rn 130 ff; SCHMIDT, Gesellschaftsrecht [1986] § 8 III 4, 5), lehnten andere die Rechtsfähigkeit strikt ab und erkannten ausschließlich die einzelnen Gesellschafter als Träger von Rechten und Pflichten an (KRAFT/KREUTZ, Gesellschaftsrecht [11. Aufl 2000] C I 1d; KÜBLER/ASSMANN, Gesellschaftsrecht [6. Aufl 2006] § 4 IV 2, § 6 I 1, III 1). Die Rspr schloss sich in mehreren Schritten der zuerst genannten Auffassung an. Zunächst urteilte der BGH, dass die **Beteiligung einer GbR** an einer Genossenschaft, Handelsgesellschaft, Aktiengesellschaft oder auch einer GbR als Gründerin oder Gesellschafterin möglich sei (bzgl GmbH: BGHZ 78, 311, 313; bzgl Genossenschaft: BGHZ 116, 86, 88; bzgl AG: BGHZ 118, 83, 99; bzgl GbR: BGH NJW 1998, 376). Soweit keine speziellen Rechtsvorschriften entgegenstünden, könne die GbR grds in jeder Rechtsposition am Rechtsverkehr teilnehmen (BGHZ 136, 254, 257 f; PALANDT/ SPRAU § 705 Rn 24 f). Ebenfalls wurde der GbR die Fähigkeit zuerkannt, eine **Scheck- und Wechselverbindlichkeit** einzugehen (BGHZ 136, 254, 257 f). Die Frage nach der allgemeinen Rechtsfähigkeit der GbR blieb dabei noch offen (BGHZ 136, 254, 257; 78, 311, 313).

Im Jahre 2001 erkannte der BGH der Außen-GbR die Rechtsfähigkeit schließlich zu (BGH NJW 2001, 1056), ohne sie als juristische Person zu qualifizieren. Damit wollte er neueren Vorschriften Rechnung tragen, die nicht nur die GbR als **insolvenzfähig** erachten (§ 11 Abs 2 Nr 1 InsO), sondern auch eine identitätswahrende **Umwandlung der GbR in andere und aus anderen Rechtsformen** ermöglichen (§ 191 Abs 2 Nr 1 UmwG). Entsprechend wurde auch die **Parteifähigkeit** (§ 50 Abs 1 ZPO) der Außen-GbR anerkannt. Die Vorteile dieser Betrachtungsweise liegen vor allem in der Unabhängigkeit der rechtsgeschäftlichen oder prozessualen Verhältnisse von einem Mitgliederwechsel in der Gesellschaft. Ebenso ist es nunmehr möglich, die GbR als solche zu verklagen, während es früher nötig war, gegen die einzelnen Gesellschafter in notwendiger Streitgenossenschaft iSv § 62 Abs 1 ZPO vorzugehen. Den Mitgliederbestand ausfindig zu machen, gestaltete sich aufgrund mangelnder Eintragung der GbR im Handelsregister oft als mühselig. Deshalb hatte die Rspr schon früher bei fehlender oder unrichtiger Benennung einiger Gesellschafter die Klage nicht als unzulässig abgewiesen, sondern lediglich das Rubrum berichtigt (BGH NJW 2001, 1056, 1058 f). Somit stellt die Anerkennung der Parteifähigkeit praktisch keine bedeutsame Veränderung dar. Entgegen der sog **Doppelverpflichtungslehre** stellte der BGH klar, dass sich die persönliche Haftung der Gesellschafter nach der **Akzessorietätslehre**

232

richten soll, also analog der §§ 128 ff HGB. In der Folgezeit wurden weitere OHG-Vorschriften auf die GbR angewendet.

Insgesamt stellt die **richterliche Rechtsfortbildung** zur Rechtsfähigkeit der Außen-GbR eine lang erwartete (SCHMIDT, Die BGB-Außengesellschaft: rechts- und parteifähig – Bespr des Urt II ZR 331/00 v 29. 1. 2001, NJW 2001, 993; ders JZ 2009, 10, 13) Vereinfachung der Rechtsgeschäfts- und Prozesspraxis dar. Die Frage nach der Grundbuchfähigkeit der GbR hat der BGH (BGH 4. 12. 2008 – V ZB 74/08, FGPrax 2009, 6; Anm dazu von SCHMIDT, in: BauR 2009, 539 f) bejaht (entgegen der hM: OLG Schleswig NJW 2008, 306; STAUDINGER/ HABERMEIER [2003] Vorbem 26a zu §§ 705–740; SCHMIDT JZ 2009, 10, 14; **aA** OLG Stuttgart NJW 2008, 304), obwohl die Feststellung der Gesellschafter der GbR ähnlichen Schwierigkeiten begegnet wie in der Insolvenz. Das Problem der fehlenden Anpassung des Grundbuchrechts an die Veränderung der materiellen Rechtslage dürfte die Eintragung der GbR nicht verhindern. Vielmehr sei die planwidrige Regelungslücke durch eine analoge Anwendung der §§ 124 Abs 1, 161 Abs 2 HGB, § 7 Abs 2 PartGG und § 15 Abs 1 lit b GBV zu schließen. Zwischenzeitlich hat der Gesetzgeber die Frage durch Einführung des § 899a BGB beantwortet: Als Gesellschafterbestand werden die Personen vermutet, die im Grundbuch aufgeführt sind.

Die Frage, ob ein neu eintretender Gesellschafter für Altverbindlichkeiten der Gesellschaft haftet, hat der BGH ebenfalls grds bejaht. Um allerdings das aufgrund der bis dahin gegenteiligen Rechtsprechungspraxis bestehende Vertrauen des Neugesellschafters nicht zu enttäuschen, wurde das Datum des Urteils (BGH 7. 4. 2003 – II ZR 56/02) insoweit als Stichtag festgelegt. Offen gelassen hat der BGH bisher die Frage, ob für Altverbindlichkeiten aus Fällen der **Berufshaftung** eine Ausnahme gilt (BGH NJW 2003, 1803). Insgesamt dürfte die Rspr des BGH zur Anerkennung der Rechtsfähigkeit einer Außen-GbR eines der wichtigsten Bsp richterlicher Rechtsfortbildung im Schuldrecht/Personengesellschaftsrecht darstellen.

cc) Durchgriffshaftung bei juristischen Personen

233 Aufgrund der rechtlichen Selbstständigkeit einer juristischen Person **haftet** sie ihren Gläubigern grds nur mit dem **Gesellschaftsvermögen** (K SCHMIDT, Gesellschaftsrecht § 9 I 1 a [224], IV 1 [241 f]). Mitglieder, Gesellschafter und Organe müssen somit an sich nicht persönlich für die Verbindlichkeiten der juristischen Person einstehen (z weiteren Fällen der Durchgriffsproblematik vgl K SCHMIDT, Gesellschaftsrecht § 9 I 2 [188]). Ausnahmsweise lässt die Rspr allerdings eine sog **Durchgriffshaftung** im Hinblick auf die hinter der juristischen Person stehenden natürlichen oder juristischen Personen zu (RGZ 99, 232, 234; BGHZ 78, 318, 333; BGH ZIP 1992, 694 f; abl gegenüber der Durchgriffshaftung EHRICKE, Zur Begründbarkeit der Durchgriffshaftung in der GmbH, insbes aus methodischer Sicht, AcP 199 [1999] 257, 303), wenn die Berufung auf die rechtliche Selbstständigkeit der juristischen Person dem Grundsatz von Treu und Glauben, § 242 BGB, widerspräche (vgl dazu STAUDINGER/LOOSCHELDERS/OLZEN § 242 Rn 692 f). Diese Problematik tritt nicht nur bei juristischen Personen auf, sondern kann auch bei Verbandsorganisationen, wie zB OHG und KG, entstehen (JOHN, Personenrecht und Verbandsrecht im Allgemeinen Teil des Bürgerlichen Rechts – Werner Flumes Buch über „Die juristische Person", AcP 185 [1985] 209, 226; Bsp für Missbrauch der Rechtsform der KG bei FLUME, Allgemeiner Teil des Bürgerlichen Rechts 1. Teil: Die Personengesellschaft [1977] § 13 V [201 ff]).

c) **Richterliche Rechtsfortbildung im Deliktsrecht**
aa) **Allgemeines Persönlichkeitsrecht**
Mangels gesetzlicher Regelung (DIEDERICHSEN, Die Flucht des Gesetzgebers aus der politischen Verantwortung im Zivilrecht [1974] 56 ff) erfuhr das **allgemeine Persönlichkeitsrecht** in der ursprünglichen Fassung des BGB keinen zivilrechtlichen Schutz, während es durch die **allgemeine Handlungsfreiheit** gem Art 2 Abs 1 GG bzw als Teil der **Menschenwürde** gem Art 1 Abs 1 GG (SACHS/MURSWIEK/RIXEN GG Art 2 Rn 59 ff) verfassungsrechtlich geschützt ist (z Drittwirkung der GR im Privatrecht allg s unten Rn 269). Der Gesetzgeber nahm auch die Ehre nicht in den Tatbestand des § 823 Abs 1 BGB auf, sondern hielt Abs 2 der Norm iVm §§ 185 ff StGB für ausreichend zu ihrem Schutz (Prot II 2274). Daneben gab es früh den deliktischen Schutz des Persönlichkeitsrechts über § 826 BGB (COING, Zur Entwicklung des zivilrechtlichen Persönlichkeitsschutzes, JZ 1958, 558, 559; zum aktuellen Stand vGERLACH, Die neuere Entwicklung des Persönlichkeitsrechts, VersR 2012, 278 ff). Nachdem das RG sich deshalb gegen die Anerkennung eines allgemeinen Persönlichkeitsrechts als absolut geschütztes Rechtsgut iSd § 823 BGB gewandt hatte (Nw bei STAUDINGER/HAGER [1999] § 823 Rn C 1) wurde es vom BVerfG und vom BGH in richterlicher Rechtsfortbildung als tatbestandsmäßig iSd § 823 BGB Abs 1 anerkannt (BGHZ 50, 133, 138; 27, 284, 285 ff; 13, 334, 338 ff; BGH NJW 2014, 768 ff; NJW 1994, 1950, 1951; SACHS/MURSWIEK/RIXEN GG Art 2 Rn 67; für ein Rahmenrecht mit Fallgruppenbildung FIKENTSCHER/HEINEMANN, Schuldrecht Rn 1584; LARENZ/CANARIS, Schuldrecht II/2 § 80 I 3 b [493]). Sein Inhalt ist umfangreich und schwer zu bestimmen (vgl FIKENTSCHER/HEINEMANN, Schuldrecht Rn 1584). Die bedeutendsten Schutzgüter sind die **persönliche Sphäre** und das **Recht auf Selbstbestimmung**, ferner das Recht auf Kenntnis der eigenen Abstammung (vgl BVerfG 6. 5. 1997 – 1 BvR 409/90 Rn 25 ff, NJW 1997, 1769). Damit geht der Schutz vor Herabwürdigung sowie Belästigung und Diskriminierung einher. Umstr ist, ob das Persönlichkeitsrecht mit dem Tode einer Person endet. Jedenfalls wird das **postmortale Persönlichkeitsrecht** über § 823 Abs 2 BGB geschützt (ausf STAUDINGER/HAGER [1999] § 823 Rn C 34 ff). Anspruchsgrundlage für den Ersatz des **ideellen Schadens** als Folge einer Verletzung des allgemeinen Persönlichkeitsrechts stellte zunächst eine **Analogie** zu § 847 aF dar. Seit 1995 leitet der BGH sie **unmittelbar** aus § 823 Abs 1 BGB iVm Art 1 Abs 1 und Abs 2 GG ab (BGH NJW 1996, 984, 985; vgl zu Persönlichkeitsrechtsverletzungen durch Internetveröffentlichungen BGH MDR 2014, 216 f). Aus diesem Grund ändern auch die Streichung des § 847 aF sowie die absichtliche Nichteinbeziehung des Persönlichkeitsrechts in § 253 Abs 2 BGB (BT-Drucks 14/7752, 25) nichts an der Ersatzfähigkeit des ideellen Schadens (DÄUBLER JuS 2002, 625, 627; WAGNER, Das Zweite Schadensersatzänderungsgesetz, NJW 2002, 2049, 2056 f), obwohl eine Klarstellung hilfreich gewesen wäre.

234

bb) **Unternehmensrecht als absolutes Recht iSv § 823 Abs 1**
RG (RGZ 28, 238) und BGH (vgl nur BGHZ 29, 65) haben in ständiger Rspr die Ersatzfähigkeit von Schäden durch **Eingriff in den eingerichteten und ausgeübten Gewerbebetrieb** anerkannt. Schutzfähig ist dabei alles, „was in seiner Gesamtheit den wirtschaftlichen Wert des konkreten Betriebes ausmacht" (BGHZ 23, 157, 163; BGH NJW 2012, 2579; NJW 2011, 2204; NJW 2008, 2110; NJW 2006, 830; NJW-RR 2005, 1175; OLG Düsseldorf VersR 2003, 984). Ein **Eingriff** wird als Verletzung eines „sonstige[n] Recht[s]" iSv § 823 Abs 1 BGB aufgefasst (K SCHMIDT, Integritätsschutz von Unternehmen nach § 823 BGB – Zum „Recht am eingerichteten und ausgeübten Gewerbebetrieb", JuS 1993, 985, 987), allerdings teilw gegen Kritik aus dem Schrifttum (LARENZ/CANARIS, Schuldrecht II/2

235

§ 81 II 1, 2, IV; für eine analoge Anwendung v § 823 Abs 1 BGB Erman/Wilhelmi § 823 Rn 51). Die Anerkennung des Rechtsguts „eingerichteter und ausgeübter Gewerbebetrieb" im Wege richterlicher Rechtsfortbildung mag noch nicht eindeutig sein, lässt sich aber doch daraus ableiten, dass die höchstrichterliche Praxis Kriterien entwickelt hat, die seinen Anwendungsbereich bestimmen und zugleich begrenzen (Fikentscher/Heinemann, Schuldrecht Rn 1578; Medicus/Petersen, BR Rn 611 ff). Dies erfolgt anhand von Fallgruppen, denen gemeinsam ist, dass sie eine **Beeinträchtigung des Betriebsablaufs** voraussetzen, sei sie **unmittelbar** (zB sog Stromkabelfälle, BGHZ 29, 65, 70 ff) oder mittelbar (geschäftsschädigende Äußerungen, BGH NJW 1987, 2746 f, BGHZ 90, 113, 122 ff; z den einzelnen Fallgruppen vgl insgesamt MünchKomm/Wagner § 823 Rn 328 ff; Larenz/Canaris, Schuldrecht II/2 § 81 III [546 ff]).

236 Der Eingriff in das Recht am **Unternehmen** gem § 823 Abs 1 BGB ist abzugrenzen gegenüber speziellen Schutznormen, beispielsweise des GWB und UWG (vgl dazu Staudinger/Hager [1999] § 823 Rn D 21) und auch vom Schutzbereich der §§ 823 Abs 2, 826 und 824 BGB zu unterscheiden. Insofern ist das Recht am eingerichteten und ausgeübten Gewerbebetrieb **subsidiär**, insbes bei wettbewerbsbeeinflussenden Eingriffen (bspw BGHZ 43, 359, 361; z Subsidiarität des Rechts am Gewerbebetrieb insgesamt vgl BGH NJW 1998, 2141, 2142).

d) Kreditsicherung*

237 Das Recht der **Kreditsicherung** unterliegt einer ständigen Veränderung und ist damit ein wichtiger Anwendungsbereich richterlicher Rechtsfortbildung (vgl nur das Vorwort v Lwowski, Das Recht der Kreditsicherung [9. Aufl 2011] 5). In diesem Zusammenhang ist auf die Rspr zur **Sittenwidrigkeit von Bürgschaftsverträgen** naher Angehöriger hinzuweisen (vgl die Nw bei NK-BGB/Looschelders § 138 Rn 241 ff; ferner Tiedtke NJW 2003, 1359). Außerdem hat die Rspr Sicherungsinstrumente ausgearbeitet, die eine hohe Verkehrsfähigkeit mit umfangreicher Sicherheit verbinden, etwa die Sicherungsübereignung, die Sicherungszession sowie die Sicherungsgrundschuld (Reinicke/Tiedtke, Kreditsicherungsrecht Rn 213 ff, 401 ff).

238 Damit sind jedoch zahlreiche Probleme verbunden (ausf Staudinger/Wiegand [2017] Anh zu §§ 929–931 Rn 1 ff), von denen insbes das Stichwort „**Übersicherung**" erwähnenswert erscheint (Staudinger/Wiegand [2017] Anh zu §§ 929–931 Rn 154 ff; NK-BGB/Looschelders § 138 Rn 255 ff). Eine weitere Rechtsfrage taucht auf, wenn es im Falle einer mehrfach gesicherten Forderung, bei der eine Sicherung in einer Bürgschaft besteht, zu einem „**Wettlauf der Sicherungsgeber**" kommt. Um Zufallsergebnisse und hinsichtlich des Forderungsübergangs aufkommende Unbilligkeiten zu vermeiden, werden im Wege der Rechtsfortbildung die Regeln über die Gesamtschuldnerschaft angewendet (BGHZ 108, 179, 186 f; Ehlscheid, Die Ausgleichsansprüche unter Sicherungsgebern, BB 1992, 1290 ff; aA Reinicke/Tiedtke, Kreditsicherungsrecht Rn 1328 mwNw).

---

* **Schrifttum:** Lwowski, Das Recht der Kreditsicherung (9. Aufl 2011); Reinicke/Tiedtke, Kreditsicherungsrecht (5. Aufl 2006).

M. Schuld und Haftung

I. Begriffsbestimmung

Der Begriff des **Schuldens** bedeutet nach allgemeiner Auffassung **„leisten müssen"** (MünchKomm/ERNST Rn 33; FIKENTSCHER/HEINEMANN, Schuldrecht Rn 30). Der Begriff der **Haftung** wird dagegen **nicht einheitlich** verwendet. Man spricht zB von „Haftungsrecht", „Verschuldens-" und „Gefährdungshaftung", „Organhaftung" oder „Haftung des Bürgen" in § 767 Abs 2 BGB und misst dem unterschiedliche Bedeutungen zu. ZT werden „Haftung" und „Schuld" inhaltlich gleichgesetzt (SOERGEL/TEICHMANN Rn 5), andererseits bezeichnet man aber auch die Entstehung von Sekundäransprüchen wegen Schlechterfüllung als Haftung (ESSER/SCHMIDT, Schuldrecht I § 7 I 1, 115 f) oder die Verantwortlichkeit des Einzelnen mit der Folge einer möglichen Schadensersatzpflicht (LARENZ, Schuldrecht I § 2 IV [22]). Die unterschiedliche Begrifflichkeit ist historisch im sog Schulenstreit zwischen Romanisten und Germanisten angelegt (ausf STAUDINGER/WEBER[10/11] Rn 33, 111). 239

In dem Gegensatzpaar **„Schuld"** und **„Haftung"** versteht man unter Letzterem nach allgemeiner Ansicht das **Unterworfensein unter die Zwangsvollstreckung** (STAUDINGER/J SCHMIDT [1995] Rn 175; BGB-RGRK/ALFF § 241 Rn 10; MünchKomm/ERNST Rn 33; LOOSCHELDERS, Schuldrecht AT § 1 Rn 31; LARENZ, Schuldrecht I § 2 IV [24]). Somit bezeichnen **Schuld** und **Haftung** einerseits die **Leistungspflicht** des Schuldners und andererseits die damit korrespondierende **Erzwingungsmöglichkeit** des Gläubigers. Das Ziel der **Haftung** liegt dabei mit teilweisen Unterschieden zu anderen Rechtsordnungen grds in der **Durchsetzung der Schuld**, nicht in bloßer Schadloshaltung (so aber im römischen und klassischen englischen Recht, STAUDINGER/J SCHMIDT [1995] Rn 176; HAUSMANINGER/SELB, RömPrivatR [8. Aufl 1997] 264; z anderen Rechtsordnungen s unten Rn 312 ff). 240

II. Gegenstand der Haftung

Im römischen und germanischen Recht haftete der **Schuldner** nicht nur mit seinem Vermögen, sondern auch mit seiner **Person**, allerdings erst nach einem weiteren Begründungsakt, einem **Haftungsvertrag** (HAUSMANINGER/SELB, RömPrivatR [8. Aufl 1997] 262 f; vGIERKE, Schuld und Haftung im älteren Deutschen Recht [1910]; LARENZ, Schuldrecht I § 2 IV [24]; vgl auch STAUDINGER/WEBER[10/11] Rn K 3 ff; HKK/DORN § 241 Rn 49). Ein Haftungsvertrag ist nach heutigem Recht entbehrlich, weil jede Schuld grds Haftung nach sich zieht. Wer schuldet, haftet auch (z Ausnahmen s unten Rn 243 ff). 241

Der **Gegenstand der Haftung** hat sich ebenfalls geändert. Modernes Recht stellt nicht mehr die Person des Schuldners als Zugriffsobjekt des Gläubigers zur Verfügung, sondern nur noch sein **Vermögen** (krit STAUDINGER/J SCHMIDT [1995] Rn 176 ff; GERNHUBER, Schuldverhältnis 70 f). Haftungsobjekt ist das **gesamte Schuldnervermögen** (Prinzip der unbeschränkten Vermögenshaftung) mit **Ausnahme** der **unpfändbaren** Sachen und Forderungen gem §§ 811 ff, 850 ff ZPO (MünchKomm/KRAMER [5. Aufl 2007] Rn 47). Allein zur Erzwingung von Herausgabeansprüchen gem § 883 f ZPO, zur Durchsetzung unvertretbarer Handlungen oder Duldungs- und Unterlassungsansprüchen kann im Rahmen der §§ 888, 890, 892 ZPO im Wege der **Ordnungshaft** gegen die **Person des Schuldners** vorgegangen werden. 242

III. Ausnahmen

243 Grds korrespondieren Schuld und Haftung (LARENZ, Schuldrecht I § 2 IV [25]), jedoch nicht uneingeschränkt. Sowohl eine Leistungspflicht ohne korrespondierende Zugriffsmöglichkeit in das Schuldnervermögen (Schuld ohne Haftung, s unten Rn 244 ff) als auch eine von der Leistungspflicht unabhängige Zugriffsmöglichkeit (Haftung ohne Schuld, s unten Rn 252 ff) existieren in verschiedenen Ausformungen.

1. Schuld ohne Haftung

a) Haftungsbeschränkungen

244 Abweichend von dem Grundsatz der **uneingeschränkten Vermögenshaftung** (s oben Rn 242) bestehen Beschränkungen in folgenden Bereichen:

aa) Rechnerische Beschränkung

245 So gibt es **Haftungsbeschränkungen**, etwa bei der Kommanditistenhaftung gem § 171 HGB, auf die **Höhe der Einlage** oder im Rahmen der Straßenverkehrshaftung in Form von **Haftungshöchstsummen**, etwa gem § 12 StVG. Entsprechende Regeln begrenzen allerdings streng genommen nicht erst die Haftung, sondern bereits die Schuld (GERNHUBER, Schuldverhältnis 71 f). Der Schuldner ist nur im Rahmen der Haftungsbegrenzung einer Verbindlichkeit ausgesetzt. Der Gläubiger kann zur Durchsetzung dieses Anspruchs aber auf das gesamte Schuldnervermögen zurückgreifen (ENNECCERUS/LEHMANN, Schuldrecht § 2 III/3a; vgl ferner MünchKommHGB/K SCHMIDT [3. Aufl 2012] § 172 Rn 4). Richtigerweise müsste man also von **Schuldbeschränkungen** sprechen.

bb) Gegenständliche Beschränkung

246 Demgegenüber besteht die Möglichkeit, gesetzlich oder vertraglich (s unten Rn 247) die Haftung selbst zu beschränken, also nur bestimmte Vermögensgegenstände dem Zugriff des Gläubigers auszusetzen (MünchKomm/KRAMER [5. Aufl 2007] Rn 48). Unter die **gesetzlichen Anwendungsfälle** dieser sog gegenständlich beschränkten Haftung fallen zB die **beschränkte Erbenhaftung**, § 1975 ff BGB oder die **Haftung des Erbschaftskäufers** gem § 2383 BGB, die jeweils die Haftung auf den Nachlass beschränken. Dem Gläubiger steht nur eine geschlossene Vermögensmasse als Zugriffsobjekt zur Verfügung, diese allerdings unabhängig von der Höhe der Schuld.

cc) Haftungsverträge

247 Außerdem ist es möglich, die Haftung summenmäßig oder in anderer Beziehung vertraglich zu **beschränken** sowie **auszuschließen**. Schließlich gibt es Vereinbarungen über die rechtliche Wirkung von **Vollstreckungsverträgen** (ZÖLLER/SEIBEL, ZPO Vor § 704 Rn 24 mwNw; STAUDINGER/J SCHMIDT [1995] Rn 188). Die Zulässigkeit entsprechender Abreden ergibt sich daraus, dass dem Gläubiger die Entscheidung darüber zusteht, ob er überhaupt gegen den Schuldner vorgehen will. Deshalb muss er sich auch bzgl der Modalitäten dieses Vorgehens wirksam vertraglich binden können, soweit die Verträge auf **Beschränkung** gerichtet sind (BGH DB 1973, 1451; ZÖLLER/SEIBEL, ZPO Vor § 704 Rn 25; BAUMBACH/LAUTERBACH/ALBERS/HARTMANN, ZPO Grundz § 704 Rn 24; MünchKommZPO/RAUSCHER Einl Rn 443 ff). Bis heute besteht allerdings keine Einigkeit über die **rechtliche Wirkung** von Vollstreckungsverträgen (die Rechtslage war bereits bei Einführung des BGB umstr, JAKOBS/SCHUBERT, Einführung 43). Einerseits wird hier vertreten, eine vertragswidrige Vollstreckung sei (völlig) **unzulässig**, andere nehmen eine **Schadensersatzverpflichtung** bei Zuwiderhandlung an (STAUDINGER/ J SCHMIDT [1995] Rn 188; ausf auch SCHUG, Zur Dogmatik des vollstreckungsrechtlichen Vertrages [Diss Bonn 1969]). Jedenfalls berührt ein solcher Vertrag aber nicht die Schuld an sich, sondern nur die Haftung des Schuldners (STAUDINGER/J SCHMIDT [1995] Rn 188).

b) Unvollkommene Verbindlichkeiten
Von den gesetzlichen oder vertraglichen Haftungsbeschränkungen sind die sog **un-** **248** **vollkommenen Verbindlichkeiten** zu unterscheiden (Naturalobligationen, BGHZ 87, 309, 314 ff, Moralobligationen, Schulden ohne Haftung; s dazu MünchKomm/ERNST Rn 35), die allerdings in den Zusammenhang der Begrifflichkeiten von Schuld und Haftung gehören. Sie beruhen zum einen auf Vorschriften, die bereits die **gerichtliche Durchsetzbarkeit** der Verbindlichkeiten ausschließen (SOERGEL/TEICHMANN Rn 6), wie dies etwa bei Spiel und Wette, § 762 f BGB, oder im Ehemaklervertrag, § 656 BGB, der Fall ist. Teilw wird angenommen, hier entstehe keine Forderung (LARENZ, Schuldrecht I § 2 III, 20 f), andere sprechen von einer „verbindlichen, erfüllbaren Nichtschuld" (FIKENTSCHER/HEINEMANN, Schuldrecht Rn 69). Zum anderen gibt es echte Verbindlichkeiten, denen aber die **Vollstreckbarkeit** fehlt. Dies gilt gem § 120 Abs 3 FamFG zB für den Anspruch auf Herstellung der ehelichen Lebensgemeinschaft gem § 1353 Abs 1 BGB.

Gemeinsam ist allen unvollkommenen Verbindlichkeiten, dass sie **nicht mit Zwang** **249** **durchgesetzt** werden können (SOERGEL/TEICHMANN Rn 6). Der Ausschluss der Durchsetzbarkeit beschränkt sich nicht nur auf die gerichtliche Geltendmachung, auch Aufrechnung, Sicherung, Abtretung oder Schuldanerkenntnis sind unzulässig (SIBER, Die schuldrechtliche Vertragsfreiheit, Jherings Jb Bd 70, 223, 244; MünchKomm/KRAMER [7. Aufl 2007] Rn 49). Ihre einzige rechtliche Bedeutung liegt also in dem Umstand, dass sie einen **Rechtsgrund zum Behaltendürfen** iSd Bereicherungsrechtes bilden (MünchKomm/ERNST Rn 35; SOERGEL/TEICHMANN Rn 6). Auch die Regelung des § 1297 Abs 1 BGB gehört in diesen Zusammenhang. Danach kann aus einem Verlöbnis kein Antrag auf Eingehung der Ehe gestellt werden. Gegen **verjährte Forderungen** hingegen steht dem Schuldner gem § 214 Abs 1 BGB eine **peremptorische Einrede** zu. Sie unterscheiden sich ferner von den anderen genannten Fällen dadurch, dass sowohl Aufrechnung als auch die Ausübung von Sicherungsrechten nicht ausgeschlossen sind, §§ 215, 216 BGB. Ebenso bleibt die Abtretbarkeit von der Verjährung unberührt. Im praktischen Ergebnis gleichen sie allerdings nach Ausübung der Einrede den unvollkommenen Verbindlichkeiten.

Prozessual ergeben sich aus unvollkommenen Verbindlichkeiten unterschiedliche **250** rechtliche Situationen. Fehlt nur – wie im Falle des § 120 Abs 3 FamFG – die **Vollstreckungsbefugnis**, so steht weder der Zulässigkeit noch der Begründetheit eines Antrags auf Herstellung der ehelichen Lebensgemeinschaft gem § 1353 Abs 1 BGB ein Hindernis entgegen. Dagegen wäre ein Antrag auf Eingehung der Ehe wegen § 1297 Abs 1 BGB schon unzulässig. Für die Klage auf Ehemäklerlohn oder „Spiel-/ Wettschulden" schließlich ist es str, ob der Richter sie als **unzulässig** (STAUDINGER/ ARNOLD [2016] § 656 Rn 12) oder **unbegründet** (BGH NJW-RR 2004, 778) bewerten müsste. Dagegen weist das Gericht Klagen aus verjährter Forderung nach Einlegung der Einrede unstr als unbegründet ab; zulässig sind derartige Klagen stets.

251 Umstritten ist, ob die mangelnde Klagbarkeit von Forderungen auch vertraglich vereinbart werden kann (vgl dazu Rn 247).

2. Haftung ohne Schuld

252 Gibt es einerseits Schulden, denen keine entsprechende Haftung folgt, so besteht andererseits auch die Möglichkeit einer Haftung, ohne dass der Haftende zugleich Schuldner ist.

a) Dingliche Verwertungsrechte

253 Diese Konstruktion kennt das Gesetz insbes im Bereich der **Sachhaftung**. Wird zB ein **Pfandrecht** oder eine **Hypothek** zur Sicherung einer Geldforderung bestellt (STAUDINGER/J SCHMIDT [1995] Einl 196 zu §§ 241 ff mwNw), so entsteht an der verpfändeten Sache oder dem belasteten Grundstück ein **dingliches Verwertungsrecht**, das einen Zugriff in der Zwangsvollstreckung ermöglicht, unabhängig davon, ob der Pfandrechts- oder Hypothekenbesteller auch Schuldner der verhafteten Forderung ist. Solche dinglichen Verwertungsrechte behalten bei Veräußerung grds ihre Wirkung auch gegen den Erwerber und treten neben die allgemeine Haftung, verdrängen diese also nicht (MünchKomm/KRAMER [5. Aufl 2007] Rn 48). Deshalb bedürfen sie (im Gegensatz z allg Haftung, s oben Rn 239 ff) eines gesonderten Begründungsaktes, also einer Einigung und der Eintragung in das Grundbuch, § 873 Abs 1 BGB.

b) Vollstreckungserweiternde Verträge

254 Auch **vertragliche Haftungserweiterungen** – etwa der Verzicht auf die Erfordernisse des § 750 ZPO für die Zwangsvollstreckung – sind an sich denkbar, aber ihre Zulässigkeit wird grds abgelehnt (ZÖLLER/SEIBEL, ZPO Vor § 704 Rn 26 mwNw; BROX/WALKER, Zwangsvollstreckungsrecht [11. Aufl 2018] Rn 203), da der Vollstreckungsschutz in den meisten Fällen nicht nur im Interesse des Schuldners, sondern auch im Interesse der Allgemeinheit besteht. Schließlich wird befürchtet, dass derartige Regelungen Eingang in AGB finden könnten und dann standardmäßig verwendet würden. Ebenso haben die Vollstreckungsorgane nicht die Möglichkeit, materielle Wirksamkeit und Reichweite derartiger Abreden zu überprüfen. Sie beachten grds nur die formelle Rechtmäßigkeit der Zwangsvollstreckung.

N. Geltungsbereich des Schuldrechts/Kollisionsrecht

255 Die Frage nach dem Anwendungsbereich des Zweiten Buches des BGB lässt sich nicht einheitlich beantworten, sondern ist vielmehr für jede Norm zu untersuchen. Sie beschränkt sich überdies nicht auf die aus dem Internationalen Privatrecht bekannte Problematik des **räumlichen Anwendungsbereiches**, sondern sie muss auch im Hinblick auf die **zeitliche, persönliche und sachliche Anwendbarkeit** der jeweiligen Vorschrift beantwortet werden. Die Antwort kann sich zum einen aus der Norm selbst, zum anderen aber auch aus einer vorhandenen **Kollisionsvorschrift** ergeben (z Kollisionsvorschriften allg und ihrer Abgrenzung z Sachrecht vgl vBAR/MANKOWSKI, IPR I § 4 Rn 1 ff; KEGEL/SCHURIG, IPR § 1 VII 5, VIII; KROPHOLLER, IPR § 13 I). Ansonsten muss sie für die Rechtsanwendung geschaffen und begründet werden, zB durch Analogiebildung.

Das Problem des **sachlichen Geltungsbereichs** einer schuldrechtlichen Vorschrift stellt 256
sich dann, wenn sich ein Rechtsproblem nicht nur dort, sondern auch in anderen
Büchern des BGB oder sogar in anderen Rechtsgebieten bzw Gesetzen auswirkt.
Dabei kann es im Rahmen der Rechtsanwendung zu einer **Normenhäufung** kommen,
sodass eine Rechtsfrage nach unterschiedlichen Rechtsmaterien zu beantworten ist,
wenn kein Normenvorrang infolge Spezialität besteht. Ein Bsp dafür bildet etwa das
Verhältnis von Anfechtungs- und Gewährleistungsrecht. Bei mangelhafter Lieferung
wird dem Käufer eine uU mögliche Irrtumsanfechtung gem § 119 Abs 2 BGB (vgl
STAUDINGER/SINGER [2017] § 119 Rn 111) verwehrt, die Anfechtung wegen arglistiger
Täuschung gem § 123 Abs 1 BGB (vgl STAUDINGER/SINGER/vFINCKENSTEIN [2017] § 123
Rn 103) hingegen nicht. Von einem **Normenmangel** spricht man, wenn das in Betracht
kommende Rechtsgebiet eine Rechtsfolge offen lässt, aber zB auf das Schuldrecht
verweist, etwa in § 1959 BGB für den vorläufigen Erben auf die Vorschriften über
die GoA. In Wirklichkeit handelt es sich also weniger um ein kollisionsrechtliches
Problem, als um eine Frage des Geltungsbereichs schuldrechtlicher Normen (KEGEL/
SCHURIG, IPR § 1 VII 2 c ordnen diese Thematik nicht dem Kollisionsrecht zu, sondern sprechen
von den „Konkurrenz- oder Konfliktsnormen"). Es ist durch Auslegung der betroffenen
Norm(en) zu lösen.

I. Räumlicher Anwendungsbereich, insbes Internationales Privatrecht

1. Allgemeines, interlokales Privatrecht

Interlokales Kollisionsrecht regelt die Anwendbarkeit verschiedener Rechtsordnun- 257
gen in den verschiedenen Gebieten eines einzelnen souveränen Staates. Das **internationale Privatrecht** behandelt hingegen Kollisionen des materiellen Rechtes verschiedener souveräner Staaten. Das interlokale Privatrecht verlor in Deutschland
mit dem In-Kraft-Treten des BGB am 1. 1. 1900 zunächst fast völlig an Bedeutung,
trat dann aber noch einmal nach dem Zweiten Weltkrieg infolge der Teilung
Deutschlands hervor. Aufgrund der weiteren Entwicklung kann diese Entwicklungsphase aber weitgehend zurückstehen (vgl den Überblick bei KEGEL/SCHURIG, IPR § 1 VII 1 a
sowie § 18 I 6; ferner vBAR/MANKOWSKI, IPR I § 4 Rn 153 ff, insbes 283 ff; z intertemporalen
Anwendbarkeit des Rechts der ehemaligen DDR s unten Rn 264).

2. Internationales Privatrecht

Soweit es um die Anwendbarkeit verschiedener Rechtsordnungen geht, ist im 258
Schuldrecht zunächst zwischen **vertraglichen** und **gesetzlichen Schuldverhältnissen**
zu unterscheiden. Beide Formen knüpfen an unterschiedliche Aspekte an. Vertragliche Schuldverhältnisse werden von den Vertragsparteien durch Willenserklärungen
begründet, sodass eine **Rechtswahl** aufgrund eines Vorranges des Parteiwillens berücksichtigt werden muss (z weiteren denkbaren Anknüpfungen vgl KEGEL/SCHURIG, IPR § 18 I
1). Anders verhält es sich bei gesetzlichen Schuldverhältnissen. Dort hängt die Auswahl der Rechtsordnung jedenfalls bei der Entstehung nicht vom Willen der Parteien
ab, sodass aus Gründen der Rechtssicherheit die Verkehrsinteressen entscheiden.

a) Vertragliche Schuldverhältnisse
Seit dem 17. 12. 2009 bestimmt die **Rom I-Verordnung** das auf **vertragliche Schuld-** 259
verhältnisse anwendbare Recht (SCHULZE/STAUDINGER Vor Art 1 Rom I-VO Rn 1). Sie trat

gem Art 29 am 24. 7. 2008 in Kraft und ist gem Art 28 Rom I für **Verträge** anwendbar, die **ab dem 17. 12. 2009** geschlossen wurden. Die Verordnung ersetzt gem Art 24 Rom I das EVÜ v 19. 6. 1980. Zuvor dienten die Art 27–37 EGBGB aF der Einstellung des EVÜ in das EGBGB (BeckOK-BGB/Spickhoff [1. 2. 2019] Art 1 Rom I-VO Rn 2). Diese Normen wurden im Zuge der Reform aufgehoben; lediglich Art 29a EGBGB aF (Art 46b EGBGB nF), der Verbraucherrichtlinien umsetzt, bleibt bestehen (Thode, Die Rom I-Verordnung, NZBau 2011, 449). Die Rom I-Verordnung findet **in allen EU-Mitgliedstaaten mit Ausnahme Dänemarks** Anwendung, Art 1 Abs 4, 24 Rom I. Dort ist weiterhin das EVÜ maßgeblich; für die übrigen Mitgliedstaaten gilt dagegen auch bei Berührungspunkten mit Dänemark die Rom I-Verordnung (Staudinger/Steinrötter, Europäisches Internationales Privatrecht: Die Rom-Verordnungen, JA 2011, 241, 242). Die Rom I-Verordnung wurde gem ihres Art 2 als „loi uniforme" ausgestaltet, dh sie ist auch dann anzuwenden, wenn eine Rechtsangelegenheit Berührung zum Nicht-EU-Ausland hat. Gem Art 23, 25 Rom I bleiben Unionsrechtsakte und Staatsverträge, welche Kollisionsnormen für den vertraglichen Bereich enthalten, von der EU-Verordnung unberührt, so zB das **CISG** als vereinheitlichtes Sachrecht. Gem Art 1 Rom I gilt die Verordnung sachlich für vertragliche Schuldverhältnisse in **Zivil- und Handelssachen**, nicht jedoch für Steuer- und Zollsachen und verwaltungsrechtliche Angelegenheiten. Der sachliche Anwendungsbereich ist ferner für Verträge der in Art 1 Abs 2 Rom I-VO genannten Bereiche nicht eröffnet. Bezüglich der culpa in contrahendo (Art 1 Abs 2 lit i)) ist gem Art 12 Abs 1 Rom II grds diejenige Rechtsordnung des hypothetischen Vertragsstatuts anzuwenden, was iE eine Anknüpfung nach der Rom I-VO bedeutet (vBar/Mankowski, IPR II § 2 Rn 537). Dies gilt allerdings nur für **Vermögensschäden**; bei **Personenschäden** bleibt es gem Art 4 Rom II bei der deliktischen Grundsatzanknüpfung an den **Erfolgsort**, vgl Erwägungsgrund 30 zur Rom II-Verordnung (Staudinger/Steinrötter JA 2011, 241, 243). Art 3 Abs 1 Rom I trägt dem Grundsatz der Parteiautonomie durch eine **Rechtswahlmöglichkeit** Rechnung. Sie kann auch konkludent erfolgen, aber gem Art 3 Abs 1 S 2 Var 2 Rom I nur „eindeutig". Erwägungsgrund 12 verleiht einer **ausschließlichen Gerichtsstandvereinbarung** zugunsten eines mitgliedstaatlichen Gerichts indizielle Wirkung für die Anwendbarkeit des Sachrechts. Zustandekommen und Wirksamkeit einer Vereinbarung beurteilen sich gem Art 3 Abs 5 iVm Art 10 Rom I nach der gewählten **lex causae**. Eine Grenze der Parteiautonomie enthält Art 3 Abs 3 Rom I: Bei reinen Inlandssachverhalten, denen lediglich die Rechtswahl einen Auslandsbezug verleiht, umfasst die Rechtswahlmöglichkeit nur das **dispositive Recht**. Art 3 Abs 4 Rom I bestimmt weiterhin, dass bei Sachverhalten, die lediglich die EU betreffen, aber nach dem Parteiwillen dem Recht eines Drittstaates unterliegen sollen, die **zwingenden Vorschriften** des Unionsrechts beachtet werden müssen (sog Binnenmarktklausel). Bei fehlender oder beschränkter Rechtswahl erfolgt die Anknüpfung gem Art 4 Abs 1, Abs 2 Rom I. Im Rahmen des Abs 2 entscheidet regelmäßig der **gewöhnliche Aufenthaltsort** (vgl hierzu Art 19 Rom I) des **Sachleistungsschuldners** als Ort, an dem die „vertragscharakteristische Leistung" erbracht wird. Gem Art 4 Abs 3 Rom I ist jedoch in den Fällen, in denen sich **„offensichtlich"** eine engere Verbindung zu einem anderen als dem nach Abs 1 oder 2 ermittelten Staat ergibt, das Recht dieses Staates anzuwenden. Die geforderte Offensichtlichkeit verlangt eine restriktive Interpretation dieses Tatbestands; gegenläufige Faktoren müssen mithin eindeutig überwiegen (Staudinger/Steinrötter JA 2011, 241, 245). Ergibt sich das anzuwendende Recht nicht aus den Absätzen 1 oder 2, kommt es gem Art 1 Abs 4 Rom I auf das Recht des Staates, welcher zum Vertrag die **„engste Verbin-**

dung" hat, an. Für **Verbraucherverträge** ist Art 6 Rom I als Sonderanknüpfung zum Schutze des Verbrauchers zu beachten. Obwohl grds an den gewöhnlichen Aufenthaltsort des Verbrauchers angeknüpft wird, darf nicht übersehen werden, dass Abs 4 einige Ausnahmen von den möglichen Anknüpfungen der Absätze 1 und 2 enthält.

b) Gesetzliche Schuldverhältnisse

Im Hinblick auf **gesetzliche Schuldverhältnisse** (zB ungerechtfertigte Bereicherung, GoA, Delikt) waren lange Zeit keine geschriebenen Kollisionsregeln vorhanden; ein Mangel, den das „G zum Internationalen Privatrecht für außervertragliche Schuldverhältnisse und für Sachen" (BGBl I 1999, 1026; Überblick bei SPICKHOFF, Die Restkodifikation des internationalen Privatrechts – Außenvertragliches Schuld- und Sachenrecht, NJW 1999, 2209; STAUDINGER, Das Gesetz zum internationalen Privatrecht für außervertragliche Schuldverhältnisse und für Sachen v 21. 5. 1999, DB 1999, 1589) behoben hat. Dessen Umsetzung findet sich in den Art 38–42 EGBGB, die den von der Rspr entwickelten Anknüpfungsregeln entsprechen (PALANDT/HELDRICH [67. Aufl 2008] Vorb v Art 38 EGBGB Rn 1; LOOSCHELDERS, IPR Vorbem Art 38–42 EGBGB Rn 4; vHOFFMANN/THORN, IPR § 11 Rn 1). Bei den Art 38–42 EGBGB handelt es sich im Gegensatz zu den Art 27–37 EGBGB aF um Vorschriften, die nicht auf Staatsverträgen basieren (STAUDINGER/vHOFFMANN/FUCHS [2001] Art 38 EGBGB Rn 1 ff). Als Vereinbarung auf europäischer Ebene mit dem Ziel einer Vereinheitlichung (vgl vHEIN, Französisches und deutsches Internationales Deliktsrecht auf dem Weg nach „Rom II", ZEuP 2001, 150, 163 f; DETHLOFF, Europäisches Kollisionsrecht des unlauteren Wettbewerbs, JZ 2000, 179, 180; entsprechender Entwurf der Europäischen Gruppe für Internationales Privatrecht in IPRax 1999, 286 ff; dazu JAYME/KOHLER, Europäisches Kollisionsrecht 1999 – die Abendstunde der Staatsverträge, IPRax 1999, 401 ff), ist am 11. 1. 2009 die Verordnung (EG) Nr 864/2007 des Europäischen Parlaments und des Rates über das auf außervertragliche Schuldverhältnisse anzuwendende Recht (**Rom II-VO**; ABl EU 2007 Nr 199 L 40) in Kraft getreten, die innerhalb ihres Anwendungsbereichs die Art 38–42 EGBGB ablöst. Diese finden allerdings in einigen ausdrücklich aus dem Anwendungsbereich der Rom II–VO ausgenommenen Fällen weiterhin Anwendung. Hierbei handelt es sich um Sachverhalte, die **Persönlichkeitsverletzungen**, die Haftung für **Schäden aus Kernenergie** und die **Haftung des Staates** bei Ausübung hoheitlicher Tätigkeit betreffen (vgl PALANDT/THORN Vorb v Art 38 EGBGB Rn 1).

260

Anwendbares Recht für Ansprüche aus **ungerechtfertigter Bereicherung** (vgl PALANDT/THORN Vorb v Anh zu EGBGB 38–42 Rom II 10 Rn 4) ist gem Art 10 Abs 1 Rom II das Recht des zugrunde liegenden, eng mit der ungerechtfertigten Bereicherung verknüpften **Rechtsverhältnisses**, sofern ein solches besteht. Ansonsten bestimmt sich das anwendbare Recht gem Abs 2 nach dem **Recht des Staates**, indem die Parteien zum Zeitpunkt des Ereigniseintritts beide ihren **gewöhnlichen Aufenthalt** hatten. In den übrigen Fällen ist das Recht des Staates anwendbar, in dem die **ungerechtfertigte Bereicherung eingetreten** ist, Abs 3. Wenn sich aus der Gesamtheit der Umstände ergibt, dass das aufgrund der ungerechtfertigten Bereicherung bestehende Schuldverhältnis eine **offensichtlich engere Verbindung** mit einem anderen als in den Abs 1–3 bezeichneten Staat aufweist, ist gem Abs 4 das Recht dieses Staates anzuwenden. Eine entsprechende Regelung findet sich auch für die **Geschäftsführung ohne Auftrag** in Art 11 Rom II (vgl PALANDT/THORN Vorb v Anh zu EGBGB 38–42 Rom II 11 Rn 4). Das anwendbare Recht für Ansprüche aus **unerlaubter Handlung** (vgl PALANDT/THORN Vorb v Anh zu EGBGB 38–42 Rom II 4 Rn 4) richtet sich grds nach dem **Tatort**, Art 4 Abs 1 Rom II. Vorrangig gilt allerdings gem Art 4 Abs 2 Rom II die

261

Sonderanknüpfung an einen etwaigen gemeinsamen **gewöhnlichen Aufenthalt** der Beteiligten. Ansonsten geht auch im Rahmen der Ansprüche aus unerlaubter Handlung eine **offensichtlich engere Verbindung** der unerlaubten Handlung mit einem anderen als in Abs 1–2 bezeichneten Staat vor.

Abgesehen von den Regelungen der grds **vorrangigen** Rom II-VO ergibt sich für die eine ungerechtfertigte Bereicherung begründenden Ereignisse vor dem 10. 1. 2009 und für Kondiktionsansprüche aus Eingriffen in das Persönlichkeitsrecht (Münch-Komm/Junker Art 38 EGBGB Rn 4) aus den **nationalen Kollisionsvorschriften** folgende Bestimmung: Art 38 knüpft für die **Leistungskondiktion** im Rahmen einer ungerechtfertigten Bereicherung an das Recht des zugrunde liegenden **Rechtsverhältnisses**, für die **Nichtleistungskondiktion** an den **Eingriffsort** und für alle sonstigen Fälle an den Ort des **Eintritts der Bereicherung** an (näher Kropholler, IPR § 53 II). Den Anknüpfungspunkt für die GoA stellt gem Art 39 Abs 1 der **Geschäftsführungsort** dar (Einzelheiten bei Palandt/Heldrich [67. Aufl 2008] Art 39 EGBGB Rn 1; vHoffmann/Thorn, IPR § 11 Rn 8 ff), allerdings dürfte dieser Norm nach Inkrafttreten der Rom II-VO kaum mehr eine praktische Bedeutung zukommen. Im Bereich des **Familienrechts**, zB bei der Übernahme von Unterhaltspflichten eines Verwandten durch einen anderen, kann jedoch Art 1 Abs 2 lit a Rom II-VO einschlägig sein, mit der Folge, dass dann Art 39 EGBGB anzuwenden ist (BeckOK-BGB/Spickhoff [1. 2. 2019] Art 39 EGBGB Rn 4). Das für Ansprüche aus **unerlaubter Handlung** anwendbare Recht bestimmt sich grds nach dem **Tatort**, Art 40 Abs 1 EGBGB. Vorrangig gilt allerdings gem Art 40 Abs 2 EGBGB die Sonderanknüpfung an einen etwaigen gemeinsamen **gewöhnlichen Aufenthalt** der Beteiligten. Art 40 Abs 3 EGBGB soll eine Höhenbegrenzung deliktischer Schadensersatzansprüche erreichen (vertiefend vHoffmann/Thorn, IPR § 11 Rn 19 ff; Kropholler, IPR § 53 IV). Abweichend von den einzelnen Kollisionsregeln der genannten Art 38–40 EGBGB besteht für alle **außervertraglichen Schuldverhältnisse** die Möglichkeit einer **nachträglichen Rechtswahl** durch die Parteien, Art 42 EGBGB. Als Abweichung von der Anwendung der Art 38–40 unterfällt der zu beurteilende Sachverhalt vorrangig der Rechtsordnung des Staates, zu dem eine **wesentlich engere Verbindung** besteht als zu derjenigen, die über die Kollisionsregeln als anwendbar bestimmt wurde, Art 41 EGBGB.

II. Zeitlicher Anwendungsbereich

1. Allgemeines

262 Eine Entscheidung über die **zeitliche Anwendung** muss in Hinblick auf das Schuldrecht ebenso wie für jede andere Rechtsmaterie dann getroffen werden, wenn altes Recht durch neues ersetzt wird. Der Gesetzgeber hat zu bestimmen, ob und wie lange das alte Recht noch nach der Einführung des neuen angewendet werden soll. Solche Vorschriften nennt man **Kollisionsnormen**, soweit sie sich auf privatrechtliche Vorschriften beziehen, **Übergangsprivatrecht** oder **intertemporales Privatrecht** (z den Begrifflichkeiten s vBar/Mankowski, IPR I § 4 Rn 171; Kegel/Schurig, IPR § 1 VII 2 b; allg und ausf z intertemporalen Privatrecht mwNw vgl Hess, Intertemporales Privatrecht [1998]). Entsprechend der historischen Entwicklung hebt das EGBGB schon in seiner Gliederung diesbzgl zwei Ereignisse hervor: Einerseits das **Inkrafttreten** des BGB am 1. 1. 1900 mit Kollisionsnormen zum Verhältnis der Normen des BGB (und somit auch des Zweiten Buches) zum Recht des 19. Jahrhunderts (4. Teil, Art 157–218 EGBGB);

andererseits die **Wiedervereinigung Deutschlands** im Jahre 1990 mit Kollisionsnormen über das Verhältnis von Normen des BGB zum Recht der ehemaligen DDR (6. Teil, Art 230–237 EGBGB, eingefügt durch den Einigungsvertrag [BGBl II 1990, 889] Art 8 iVm Anl I Kap III Sachgebiet B Abschn II; s unten Rn 260). Sonstiges intertemporales Privatrecht findet sich im 5. Teil, Art 219–229 EGBGB, für die Schuldrechtsreform insbes in Art 229 §§ 5 ff EGBGB (s oben Rn 203 f).

2. Inkrafttreten des BGB im Jahre 1900

Das zeitliche Kollisionsrecht zum **Inkrafttreten des BGB** am 1. 1. 1900 besteht für das Zweite Buch im Wesentlichen aus der Generalklausel des Art 170 EGBGB, der nur vereinzelte Spezialvorschriften gegenüberstehen, zB Art 171 f EGBGB für Dienst-, Miet- und Pachtverhältnisse. Etwaige Lücken wurden von Rspr und Lit ausgefüllt. In Anbetracht der sinkenden Relevanz dieser Thematik kann auf die Voraufl verwiesen werden (STAUDINGER/J SCHMIDT [1995] Rn 553 f; STAUDINGER/WEBER[10/11] § 241 Rn W 1). **263**

3. Wiedervereinigung Deutschlands

Die **deutsche Wiedervereinigung** vollzog sich rechtstechnisch als **Beitritt der DDR** **264** zum Geltungsbereich des Grundgesetzes, vgl Art 1, 8 EinigungsV, sodass für Gesamtdeutschland zur (Wieder-)Herstellung der Rechtseinheit ab diesem Zeitpunkt weitgehend das vormals ausschließlich westdeutsche Recht gilt (JAUERNIG, Übergestülptes Recht? – Zur Rechts- und Bewusstseinslage nach dem Einigungsvertrag, NJW 1997, 2705: „übergestülptes Recht"). Als Alternative hätte der Einigungsvertrag einen Prozess der Rechtsangleichung mit allmählicher Ablösung des DDR-Rechts vorsehen können (dazu DROBNIG, Überlegungen zur innerdeutschen Rechtsangleichung, DtZ 1990, 116 ff; MAGNUS, Deutsche Rechtseinheit im Zivilrecht – die Übergangsregelungen, JuS 1992, 456). Gem Art 9 EinigungsV blieb ehemaliges DDR-Recht in Kraft, das mit dem Grundgesetz – ausgenommen Art 143 –, Bundesrecht und Europäischem Gemeinschaftsrecht nicht in Widerspruch stand. Es gilt allerdings – abgesehen von den in Art 9 Abs 4 EinigungsV aufgeführten Ausnahmen – nur als Landesrecht weiter. Für das BGB sind die durch den EinigungsV eingeführten Art 230 ff EGBGB zu beachten. Kollisionsnormen für das Schuldrecht enthält Art 232 EGBGB, der den allgemeinen Grundsätzen in Übergangsregelungen entspricht (vgl PALANDT/WEIDENKAFF [64. Aufl 2005] Art 232 EGBGB; SOERGEL/HARTMANN Art 232 EGBGB; STAUDINGER/RAUSCHER [2016] Art 232 EGBGB; DÖRNER, Die Einführung des BGB und EGBGB in den neuen Bundesländern [1993]; LÜBCHEN, Kommentar zum 6. Teil des EGBGB [1991]). Deshalb unterscheidet das Gesetz zwischen allgemeinen Schuldverhältnissen und Dauerschuldverhältnissen: Für **Dauerschuldverhältnisse** (Miete, Pacht) gelten seit dem Beitritt gem Art 232 §§ 2, 3 EGBGB die Vorschriften des BGB, für **andere Schuldverhältnisse** bleibt gem Art 232 § 1 EGBGB der Zeitpunkt ihrer Entstehung maßgeblich. Zu Arbeitsverträgen vgl überdies Art 232 § 5 EGBGB, zum Deliktsrecht Art 232 § 10 EGBGB.

III. Personaler Anwendungsbereich

Personales Kollisionsrecht befasst sich mit der Frage, ob bestimmte Personen und **265** Personengruppen in den Anwendungsbereich einer Sondervorschrift fallen und orientiert sich dabei an **persönlichen Eigenschaften** (allg vBAR/MANKOWSKI, IPR I § 4

Rn 163; KEGEL/SCHURIG, IPR § 1 VII 2 a; KROPHOLLER, IPR § 30 I). Es spielt im Inland (z mitunter erheblichen Bedeutung religiöser und stammesgebundener Partikularrechte im Ausland vgl MünchKomm/vHEIN Art 4 EGBGB Rn 239 ff; Schrifttum auch bei KEGEL/SCHURIG, IPR § 1 VII 2 a) eine entscheidende Rolle bei den sog **„Sonderprivatrechten"**, also neben dem HGB in den zahlreichen früheren Sondergesetzen, die im Zuge der Schuldrechtsmodernisierung überwiegend in das BGB integriert wurden (dazu BRÜGGEMEIER/REICH BB 2001, 213 ff; z Schuldrechtsmodernisierung s oben Rn 184 ff), zB dem VerbrKrG, dem HausTWG und dem AGBG. Entsprechendes gilt etwa für das **Arbeitsrecht**.

266 Gemeinsamer Rechtsgedanke aller europäischen Richtlinien, auf denen diese Gesetze basierten, war der Schutz verschiedener Personengruppen bei **Kräfteungleichgewichten** innerhalb bestimmter Rechtsverhältnisse, etwa Kaufverträgen. Es handelt sich dabei im Hinblick auf die Beteiligten begrifflich einerseits um **„Verbraucher"**, andererseits um **„Unternehmer"** (abw Bezeichnungen heute nur noch im FernUSG: „Veranstalter" und „Teilnehmer"). Diese Typisierung hat der Gesetzgeber in dem „G über Fernabsatzverträge und andere Fragen des Verbraucherschutzrechts sowie zur Umstellung von Vorschriften auf Euro" (BGBl I 2000, 897; s oben Rn 171) legaldefiniert, uz in den §§ 13, 14 BGB (allg z Verbraucherschutzrecht s oben Rn 23 f; DAUNER-LIEB, Verbraucherschutz; JOERGES, Verbraucherschutz als Rechtsproblem [1981]; MEDICUS, Schutzbedürfnisse [insbes der Verbraucherschutz] und das Privatrecht, JuS 1996, 761; speziell z Schuldrecht ESSER/SCHMIDT, Schuldrecht I § 1 IV 18 f, allerdings gegen eine „Abdrängung des Verbraucherschutzgedankens in ein Sonderprivatrecht"). Auf die personale Qualifizierung nehmen verbraucherschutzrechtliche Sondervorschriften wie zB die §§ 241a, 312, 312b, 355 f, 481, 474, 491 sowie 661a BGB Bezug. Die Bedeutung solcher Anwendungsentscheidungen wird im Schuldrecht noch zunehmen, weil der Staat verstärkt – oftmals auch aufgrund von Vorgaben der EU – in Marktvorgänge regulierend eingreift, um den geschilderten Ungleichgewichtungen zwischen Vertragsparteien in wirtschaftlicher, intellektueller oder sozialer Hinsicht Rechnung zu tragen.

O. Schuldrecht und andere Rechtsmaterien

I. Schuldrecht und Verfassungsrecht

267 Die Verfassung, insbes die in ihr enthaltene **Grundrechtsordnung**, entfaltet durch ihre objektiv-rechtliche Dimension in zweierlei Hinsicht Bedeutung für das Schuldrecht: Zum einen bildet sie einen äußeren Rahmen für die gesetzgeberische Gestaltung (s unten Rn 269), zum anderen beeinflusst sie das bestehende Schuldrecht bei seiner Auslegung (s unten Rn 269; STAUDINGER/HONSELL [2018] Einl 195 zum BGB).

1. Verfassungsrechtliche Vorgaben für das Schuldrecht

268 Schuldrecht – sei es kodifiziert oder durch Rechtsfortbildung entstanden (z Entstehungsgeschichte s oben Rn 121 ff) – muss wie jede Rechtsnorm mit dem höherrangigen Verfassungsrecht in Einklang stehen (z verfassungskonformen Auslegung s unten Rn 269). Die Verfassung ist somit Maßstab für seine gesetzgeberische Ausgestaltung, enthält sich jedoch weitgehend inhaltlicher Vorgaben und Wertungen („wirtschaftspolitische Neutralität"; s auch DI FABIO, in: MAUNZ/DÜRIG Art 2 Abs 1 Rn 76), sondern belässt dem Gesetzgeber einen weitreichenden **Gestaltungsspielraum**, dem sie lediglich äußere

Grenzen zieht (vgl BVerfGE 4, 7, 17 f; 50, 290, 336 f; z diesen Grenzen näher KORIOTH, in: SCHLAICH/KORIOTH, Das Bundesverfassungsgericht [11. Aufl 2018] Rn 530 f). Das bestehende Schuldrecht ist – soweit ersichtlich – verfassungskonform (s BVerfG NJW 1994, 36, 38; z umstrittenen Regelung des § 661a BGB vgl insofern SCHNEIDER, Erfüllungszwang bei Gewinnzusagen – verfassungsmäßig? Eine Kritik an § 661a BGB, BB 2002, 1653; bzgl der verfassungskonformen Anwendung s auch LOOSCHELDERS, Kein Ausschluss der Gewährleistungsrechte bei Selbstvornahme durch Beschaffung eines fehlerfreien Ersatzteils [Anm z BVerfG, Beschl v 26. 9. 2006], JA 2007 456, 457).

2. Einflüsse des Verfassungsrechts auf bestehendes Schuldrecht*

Die Einwirkung der Grundrechte und der Verfassung insgesamt auf das Verhältnis **269** der Privatrechtssubjekte untereinander ist heute nahezu unbestritten (s nur LOOSCHELDERS, in: WOLTER/RIEDEL/TAUPITZ, Einwirkungen der Grundrechte auf das Zivilrecht, Öffentliche Recht und Strafrecht [1999] 93 ff; NANNEN, Grundrechte und privatrechtliche Verträge [Diss Trier 2000]; CANARIS, Grundrechte und Privatrecht [1999]; LEISNER, Grundrechte und Privatrecht [1960]), nicht jedoch die methodische Konstruktion ihrer Geltung. Mit den unterschiedlichen Betrachtungsweisen sind bei der Beantwortung von Rechtsfragen keine wesentlichen Ergebnisunterschiede verbunden. Vereinfacht gesagt kann man zum einen die Konzeption einer **unmittelbaren Drittwirkung** der Grundrechte im Privatrecht vertreten, mit der Folge, dass grundrechtswidrige Rechtsgeschäfte gem § 134 BGB nichtig sind (NIPPERDEY, Grundrechte und Privatrecht [1961]; BAGE 4, 274, 276; HAGER, Grundrechte im Privatrecht, JZ 1994, 373 ff). Zum anderen gibt es die Lehre der **mittelbaren Drittwirkung** von Grundrechten, die die hinter ihnen stehenden Wertentscheidungen bei der Auslegung von Willenserklärungen und zivilrechtlichen Normen, insbes von **Generalklauseln** wie etwa den §§ 138, 242, 826 BGB berück-

---

* **Schrifttum**: CANARIS, Grundrechte und Privatrecht (1999); ders, Grundrechte und Privatrecht, AcP 184 (1984) 201 ff; DOHRN, Die Drittwirkung der Grundrechte, JA 1976, 181 ff; DÜRIG, Grundrechte und Zivilrechtsprechung, in: FS Nawiasky (1956) 157 ff; ECHTERHÖLTER, Grundrechte und Privatrecht, BB 1973, 393 ff; GUCKELBERGER, Die Drittwirkung der Grundrechte, JuS 2003, 1151 ff; HAGER, Grundrechte im Privatrecht, JZ 1994, 373 ff; KURTZ, Urteilskriterien zur Problematik der sogenannten „Drittwirkung" der Grundrechte als Vorarbeiten zu einer normativen Systemtheorie, die zugleich politische Rechtstheorie zu sein hätte (Diss Frankfurt aM 1972); LANGNER, Die Problematik der Geltung der Grundrechte zwischen Privaten (Diss Potsdam 1998); LEISNER, Grundrechte und Privatrecht (1960); LOOSCHELDERS, in: WOLTER/RIEDEL/TAUPITZ, Einwirkungen der Grundrechte auf das Zivilrecht, Öffentliche Recht und Strafrecht (1999) 93 ff; MEDICUS, Der Grundsatz der Verhältnismäßigkeit im Privatrecht, AcP 192 (1992) 35 ff; NANNEN, Grundrechte und privatrechtliche Verträge (Diss Trier 2000); NIPPERDEY, Grundrechte und Privatrecht (1961); REIMERS, Das Grundgesetz und das Privatrecht, MDR 1967, 533 ff; RÖTHEL, Verfassungsprivatrecht aus Richterhand? – Verfassungsbindung und Gesetzesbindung der Zivilgerichtsbarkeit, JuS 2001, 424 ff; SCHWABE, Die sogenannte Drittwirkung der Grundrechte. Zur Einwirkung der Grundrechte auf den Privatrechtsverkehr (1971); ders, „Drittwirkung" und kein Ende, NJW 1973, 229 f; ders, Bundesverfassungsgericht und „Drittwirkung" der Grundrechte, AöR 100 (1975) 442 ff; ders, Über den Wert von Gemeinplätzen für das Drittwirkungsproblem, JR 1975, 13 ff; RÜFNER, Drittwirkung der Grundrechte, in: GS Martens (1987) 215 ff; ZÖLLNER, Regelungsspielräume im Schuldvertragsrecht – Bemerkungen zur Grundrechtsanwendung im Privatrecht und zu den sogenannten Ungleichgewichtslagen, AcP 196 (1996) 1 ff.

sichtigen will („Einfallstore" oder „Einbruchstellen" des Verfassungsrechts; vgl BVerfGE 7, 198, 206; BVerfG NJW 1994, 36, 38 f; BVerfG 30. 7. 2003 – 1 BvR 792/03 Rn 22, NJW 2003, 2815; BAG BB 1994, 433; BAG 16. 11. 2010 – 9 AZR 573/09 Rn 38 NJW 2011, 1306; Di Fabio, in: Maunz/Dürig Art 2 Abs 1 Rn 67 f; Palandt/Grüneberg § 242 Rn 8; Staudinger/Honsell [2018] Einl 195 zum BGB; Schwabe, Bundesverfassungsgericht und „Drittwirkung" der Grundrechte, AÖR 100 [1975] 442 ff; Esser/Schmidt, Schuldrecht I § 3 V 3, 64; s aber auch Flume AT § 10, 10 b; zu dem eigenen Ansatz, wonach nicht subjektive Privatrechte mit Grundrechten kollidieren, sondern Grundrechte des einen Bürgers mit denen des anderen – weil allen subjektiven Privatrechten Grundrechte zugrunde liegen – vgl Staudinger/J Schmidt [1995] § 242 Rn 811 mwNw; praktische Konsequenzen ergeben sich daraus nicht; insbes z § 138 BGB vgl ausf NK-BGB/Looschelders Rn 40 ff; neuerdings ohne Rückgriff auf ein solches Einfallstor BVerfG 11. 4. 2018 – 1 BvR 3080/09 Rn 31 ff, NJW 2018, 1667, 1668 f), sofern die unmittelbare Wirkung nicht wie zB in Art 9 Abs 3 S 2 und Art 48 Abs 2 GG verfassungsrechtlich vorgegeben ist (vgl MünchKomm/Schubert § 242 Rn 53). Dafür wird angeführt, dass die Gerichte als Teil der Staatsgewalt über Art 1 Abs 3 GG an die Grundrechte gebunden und verpflichtet sind, einen entsprechenden Schutzauftrag bei der Urteilsfindung auszuführen, also nicht unter Missachtung der Grundrechte zu entscheiden (BVerfG NJW 1990, 1469; MünchKomm/Armbrüster § 134 Rn 34; ebenso Dreier/Dreier, Grundgesetz Bd 1 [3. Aufl 2013] Vorbem 98 ff). Letztlich geht es dabei um den Schutz eines beteiligten Privatrechtssubjekts vor zu umfangreicher Preisgabe seiner Grundrechte bzw um sozialstaatliche Korrekturen (vgl Di Fabio, in: Maunz/Dürig Art 2 Abs 1 Rn 67; Esser/Schmidt, Schuldrecht I § 2 II, 33). Die Notwendigkeit eines solchen Vorgehens liegt manchmal im Fehlen privatrechtlicher Kontroll- und Schutznormen. Zuweilen würden sich die Konflikte aber auch dadurch lösen lassen, dass man sich auf die Grundprinzipien des Schuldrechts besinnt (s oben Rn 25 ff), sofern nicht aufgrund geänderter Gesellschaftsverhältnisse eine Abkehr von den liberalen Auffassungen des Gesetzgebers notwendig erscheint. Man muss sich vergegenwärtigen, dass jede Einschränkung im Wege der Auslegung regelmäßig auch eine Reduktion der Privatautonomie mit sich bringt. Sie ist allerdings insofern gerechtfertigt, als das Schuldrecht zwar einen Güteraustausch reguliert, dabei aber nicht die Menschenwürde, die körperliche Integrität und sonstige Grundrechte der Privatrechtssubjekte einschränken oder ausschließen soll. Man hat dies damit zum Ausdruck gebracht, dass auch im rechtsgeschäftlichen Verkehr eine gewisse „personenrechtliche Enthaltsamkeit" geboten erscheine (Esser/Schmidt, Schuldrecht I § 3 V, 57; dort auch näher z einzelnen Verfassungsnormen und ihrem konkreten Einfluss auf das Zivilrecht). Die Grundrechte sind deshalb bei der Auslegung des Schuldrechts stets zu beachten. Allerdings geben Verfassung und Grundrechte lediglich einen äußeren Rahmen, der die privatautonome Gestaltungsmöglichkeit nicht iSd Vorgabe einer Lösung ausschließen darf (ebenso Esser/Schmidt, Schuldrecht I § 3 V 3, 64). In neuerer Zeit erkennt das BVerfG jedoch in einigen Fällen faktisch eine quasistaatliche Grundrechtsbindung Privater an (BVerfG 11. 4. 2018 – 1 BvR 3080/09 Rn 31 ff, NJW 2018, 1667, 1668 f; BVerfG 18. 7. 2015 – 1 BvQ 25/15 Rn 6 ff, NJW 2015, 2485 f; BVerfG 22. 2. 2011 – 1 BvR 699/06 Rn 45 ff, NJW 2011, 1201, 1202 ff; Heintz JM 2018, 474, 475).

270 Als Bsp für die Einflussnahme des Grundgesetzes und insbes der Grundrechte auf das Privatrecht kann aus der früheren Rspr die Entwicklung des **allgemeinen Persönlichkeitsrechts** als Schutzgut iSd § 823 Abs 1 BGB (s oben Rn 234) sowie die Ersatzfähigkeit daraus entstandener **immaterieller Schäden** dienen (BGHZ 13, 334, 338 ff; BVerfGE 34, 269). Ferner ist auf die umfangreiche Rspr zum **Bürgschaftsrecht** zu verweisen (vgl nur BVerfG NJW 1996, 2021; 1994, 36; 2749; BGHZ 132, 119; 125, 206; BGH NJW 1997, 52; dazu PAPE, BGH-aktuell: Bürgschaftsrecht – Entscheidungen und LM-Anmerkungen 1994, NJW 1995, 1006; ders, Die Entwicklungen des Bürgschaftsrechts im Jahre 1995, NJW 1996, 887; ders, Die Entwicklung des Bürgschaftsrechts im Jahre 1996, NJW 1997, 980; DIEDERICHSEN, Aktuelle Problem der Bürgschaft, Jura 1999, 229; TIEDTKE NJW 2003, 1359; vgl ferner ausf MünchKomm/ HABERSACK § 765 Rn 15 ff; NK-BGB/LOOSCHELDERS § 138 Rn 238 ff), die im Interesse der einkommens- und vermögenslosen Angehörigen des Hauptschuldners die Inhaltskontrolle von Bürgschaftsverträgen verschärft hat. In neuerer Zeit beschäftigte sich die Rechtsprechung häufig mit der möglichen Sittenwidrigkeit sog **Behindertentestamente**. Es handelt sich um Testamentsgestaltungen, bei denen der Erblasser, dessen behindertes Kind auf Kosten der Sozialhilfe untergebracht ist, sein Vermögen in der Weise an einen anderen Erben weiterleiten will, dass der Sozialhilfeträger keine Möglichkeit hat, wegen der ihm entstehenden Aufwendungen (Unterhaltszahlungen) auf den Nachlass zuzugreifen (BGHZ 111, 36, 40 f = JuS 1990, 937 f). Dies geschieht üblicherweise dadurch, dass der Behinderte zu einer den Pflichtteil übersteigenden Erbquote als Vorerbe, derjenige, der letztlich begünstigt werden soll, als Nacherbe bei Versterben des Behinderten und gleichzeitig als dessen Dauertestamentsvollstrecker eingesetzt wird. Insbes die betroffenen Sozialhilfeträger erhoben den Vorwurf sittenwidriger Testamentsgestaltung, zum einen wegen der Benachteiligung des Behinderten selbst, zum anderen wegen einer bewussten Umgehung des sozialrechtlichen Nachrangprinzips (Prinzip der Subsidiarität der Sozialhilfe). Der BGH hat die geschilderten Testamentsgestaltungen jedoch mit Verweis auf die Testierfähigkeit des Erblassers gemäß Art 14 Abs 1 S 1 GG und den besonderen Schutz der Familie durch Art 6 Abs 1 GG für sittenkonform gehalten (BGHZ 111, 36 = NJW 1990, 2055; BGHZ 123, 368 = NJW 1994, 248; NJW 2011, 1586, 1587). In der Entscheidung, in der ein Verein zur Unterstützung behinderter Kinder testamentarisch begünstigt worden war, wies er darauf hin, dass das Prinzip des Nachrangs der Sozialhilfe gerade bei der Versorgung Behinderter bereits kraft Gesetzes mehrfach durchbrochen sei. Das Prinzip beziehe sich auch nur auf das Vermögen des Kindes und nicht auf dasjenige der Eltern. Zudem schützt Art 14 Abs 1 auch die „negative Erbfreiheit", also die Freiheit, eine Erbschaft nicht anzutreten. Dieses Recht kann das Prinzip des Nachrangs der Sozialhilfe überwiegen, sodass der Erbverzicht eines Sozialhilfeempfängers nicht schon deshalb sittenwidrig ist, weil er den Zugriff auf die Erbmasse verhindert (vgl BGH 19. 1. 2011 – IV ZR 7/10 juris Rn 12, NJW 2011, 1586, 1588; LG Aachen 4. 11. 2004 – 7 T 99/04 juris Rn 7 f, ZEV 2005, 120 f; **aA** noch OLG Stuttgart 25. 6. 2001 – 8 W 494/99 juris Rn 21, NJW 2001, 3484, 3485). Auch bei der Beurteilung der Sittenwidrigkeit von **Eheverträgen** zeigt sich der Einfluss des Verfassungsrechts im Privatrecht. Die Gestaltungsfreiheit der Vertragsparteien ermöglicht es, grds auf gesetzliche Unterhaltsansprüche, auf Zugewinn- und Versorgungsausgleichsansprüche zu verzichten (NK-BGB/LOOSCHELDERS § 138 Rn 188). Eine Grenze bildet aber die Gleichberechtigung der Ehegatten, Art 3 Abs 2 GG. Diese wird verletzt, wenn einem der Beteiligten aufgrund seiner schwächeren Verhandlungsposition die vertraglichen Lasten einseitig aufgebürdet werden (BVerfG FamRZ 1994, 151; BVerfGE 103, 89 ff = NJW 2001, 957). Insbes beeinflussen die grundrechtlichen Wertungen demnach das Ergebnis der Beurteilung der Sittenwidrigkeit von Rechtsgeschäften gem § 138 BGB (MEDICUS/PETERSEN, BGB AT Rn 694). Eine uneingeschränkte Wirkung darf den Grundrechten zwischen den Privatpersonen dabei jedoch nicht zukommen (besonders mahnend hinsichtlich der Vorgehensweise des Bundesverfassungsgerichts ISENSEE, Bundesverfassungsgericht – quo vadis?, JZ 1996, 1085, 1090).

II. Schuldrecht und Öffentliches Recht im Übrigen

1. Zur Anwendbarkeit privatrechtlicher Vorschriften im Öffentlichen Recht allgemein

271 An verschiedenen Stellen wird die **Anwendung** privatrechtlicher Vorschriften im Öffentlichen Recht **gesetzlich angeordnet**, sei es **ausdrücklich**, vgl zB §§ 12 Abs 1 Nr 1 und 2, 31, 49a Abs 2, 59 Abs 1; 62 S 2 VwVfG oder durch **indirekten Verweis**, zB in § 19 Abs 5 SGB XII. Dort ist eine gesamtschuldnerische Haftung vorgesehen, sodass ergänzend die §§ 421 ff BGB heranzuziehen sind. Probleme bereitet der Umstand, dass der ausdrückliche oder indirekte Verweis auf die privatrechtlichen Vorschriften lediglich ihre „entsprechende Anwendung" vorsieht, vgl zB §§ 49a Abs 2, 62 S 2 VwVfG. Deshalb sind ähnlich wie bei der Lückenfüllung im Öffentlichen Recht durch privatrechtliche Vorschriften (s unten Rn 275 f) die **Anwendbarkeit** und ihre **Reichweite** im Einzelfall gesondert festzustellen. Ebenso verhält es sich, wenn privatrechtliche Vorschriften gewohnheitsrechtlich entsprechend angewendet werden.

272 Fehlt ein Verweis auf das Privatrecht, so stellt sich die Frage, ob **Lücken** im Öffentlichen Recht durch privatrechtliche Vorschriften gefüllt werden können. Dazu kommen unterschiedliche dogmatische Konstruktionen in Betracht (Einzelheiten bei DE WALL 53 ff), insbes die **Analogie** und die **rechtsgrundsätzliche Anwendung** (WOLFF/BACHOFF/STOBER/KLUTH Bd 1 § 25 Rn 10; ERICHSEN/EHLERS, Allgemeines Verwaltungsrecht [14. Aufl 2010] § 2 Rn 12; z Unterscheidung ausf DE WALL 62 ff; vgl auch BAUR, Neue Verbindungslinien zwischen Privatrecht und öffentlichem Recht, JZ 1963, 41; ferner BGHZ 21, 214, 218; 54, 299, 302; 59, 303, 305), von denen die Analogie vorzugswürdig erscheint (ebenso DE WALL 53 ff, 81 f). Schwierigkeiten bereitet aber oft schon das Problem, ob eine **planwidrige Lücke** des Öffentlichen Rechts vorhanden ist (PAWLOWSKI, Methodenlehre für Juristen [3. Aufl 1999] Rn 476 ff; SCHMALZ, Methodenlehre für das juristische Studium [4. Aufl 1998] Rn 372 ff; z Einzelheiten DE WALL 82 ff). Ihre Feststellung ergibt sich nur durch Vergleich zu einer geregelten Fallkonstellation, der zu dem Ergebnis gelangen muss, dass das Fehlen einer Regelung für den ungeregelten Fall gleichheitswidrig erscheint (vgl CANARIS, Die Feststellung von Lücken im Gesetz [2. Aufl 1983]). Ein vordergründiger Schluss von der mangelnden Existenz einer der BGB-Regelung entsprechenden Norm im Öffentlichen Recht auf eine dementsprechende Lücke missachtete allerdings die Verschiedenartigkeit beider Rechtsgebiete: Das Öffentliche Recht hält für ähnliche Problemstellungen vielfach eigene, andersartige Rechtsinstitute bereit, zB für Irrtumsfälle, sodass in Ermangelung einer ausdrücklichen Regelung nicht ohne weiteres die §§ 119 ff BGB herangezogen werden dürfen (MünchKomm/ERNST Rn 7; TRUTE, in: HOFFMANN-RIEM/SCHMIDT-ASSMANN, Öffentliches Recht und Privatrecht als wechselseitige Auffangordnungen [1996] 167, 178 f; Bsp auch bei DE WALL 86).

273 Vorsicht ist auch bei der Feststellung geboten, ob die **Ähnlichkeit** von geregeltem und ungeregeltem Fall eine Übertragung der bürgerlich-rechtlichen Norm erlaubt: Die Prüfung der wesensmäßigen Anwendbarkeit einer privatrechtlichen Vorschrift im Öffentlichen Recht muss dessen Eigenarten berücksichtigen, zB den zwingenden Charakter im Gegensatz zur Privatautonomie, die Interessen der Beteiligten, ggf ein Über-/Unterordnungsverhältnis (z alldem WOLFF/BACHOFF/STOBER/KLUTH Bd 1 § 22 Rn 14 ff), schließlich die Konzentration des Öffentlichen Rechts auf das Verfahren der Entscheidungsfindung (DE WALL 86). Diese Umstände dürfen jedoch andererseits nicht zu der Annahme führen, zur Lückenfüllung im Öffentlichen Recht seien stets öffentlich-rechtliche Vorschriften vorrangig vor privatrechtlichen heranzuziehen (ebenso DE WALL 86 f).

Die Anwendung privatrechtlicher Vorschriften im Öffentlichen Recht stößt also auf **274** Grenzen. Grds ist sie zwar in der praktischen Rechtsanwendung als Richterrecht verfassungsrechtlich zulässig, muss aber den **Vorbehalt des Gesetzes** beachten, der den Gesetzgeber „verpflichtet, in grundlegenden normativen Bereichen [...] alle wesentlichen Entscheidungen selbst zu treffen" (BVerfGE 49, 89, 126). Die Konsequenzen dieser Vorgabe sind mit „Blick auf den jeweiligen Sachbereich und die Intensität der geplanten und getroffenen Regelung" (BVerfGE 49, 89, 127) zu bestimmen. Die aufgezeigten Grenzen der Übertragung privatrechtlicher Vorschriften auf das Öffentliche Recht dürfen allerdings nach dem Zweck des Gesetzesvorbehaltes auch in wesentlichen Bereichen dann überschritten werden, wenn die dadurch getroffene Regelung des Rechtsverhältnisses für den Bürger vorhersehbar erscheint. Dabei kann es von Bedeutung sein, ob die Verwaltung das betreffende Rechtsverhältnis von vornherein privatrechtlich hätte begründen können. Denn dann wären die entsprechenden Normen des BGB direkt zur Anwendung gelangt, um deren analoge Anwendung es nun geht (näher DE WALL 93 ff).

2. Schuldrechtliche Vorschriften im Öffentlichen Recht

Öffentliches Recht begründet wie Privatrecht Rechtsverhältnisse zwischen den be- **275** teiligten Rechtssubjekten, die sog **Verwaltungsrechtsverhältnisse**. Einen Unterfall dazu bilden die **verwaltungsrechtlichen Schuldverhältnisse** (allg dazu MEYSEN, Haftung 55 ff; WINDHORST JuS 1996, 605), für die eine **bestimmte Forderung** kennzeichnend ist. Ähnlich wie im Privatrecht (dazu § 241 Rn 36 ff; FIKENTSCHER/HEINEMANN, Schuldrecht Rn 26) kann man auch im Öffentlichen Recht zwischen Schuldverhältnissen ieS und iwS (s unten § 241 Rn 36 ff) unterscheiden. Dabei bezeichnet Ersteres die einzelne Forderung, Letzteres das gesamte Schuldverhältnis zwischen den Beteiligten. Den Ausgangspunkt eines verwaltungsrechtlichen Schuldverhältnisses bilden durchaus unterschiedliche Entstehungstatbestände: Ein **verwaltungsrechtlicher Vertrag** oder ein **Verwaltungsakt**, eine **verwaltungsrechtliche Willenserklärung, schlichtes Verwaltungshandeln** oder eine **gesetzliche Anordnung** kommen in Frage (vgl dazu DE WALL 231 ff). Diese unterschiedlichen Umstände müssen bei der etwaigen Übernahme privatrechtlicher Vorschriften berücksichtigt werden, da zB das Schuldverhältnis aufgrund eines Verwaltungsaktes im VwVfG (und in verschiedenen Spezialgesetzen) eine umfangreiche und eigenständige gesetzliche Ausgestaltung erfahren hat, sodass sich deshalb uU die Anwendung privatrechtlicher Vorschriften verbietet. Bei anderen Entstehungstatbeständen dagegen gibt es zT so große Lücken, dass ein ganzes privatrechtliches Rechtsinstitut, zB die **GoA**, im Wege der Analogie aus dem Privatrecht übernommen werden muss (dazu SCHOCH, GoA im öffentlichen Recht, Jura 1994, 241; KNAPP, Geschäftsführung ohne Auftrag bei Beteiligung von Trägern öffentlicher Verwaltung [1999]; NEDDEN, Die Geschäftsführung ohne Auftrag im Öffentlichen Recht [1994]; WOLLSCHLÄGER, Geschäftsführung ohne Auftrag und Erstattungsanspruch [1977]). Allerdings verweisen auch schon verschiedene verwaltungsrechtliche Bestimmungen direkt auf die GoA, zB §§ 42 Abs 2 OBG NW; 41 Abs 2 OBG Bbg; 57 PolG BW.

276 Für **öffentlich-rechtliche Verträge** enthält § 62 VwVfG einen ausdrücklichen Hinweis auf die ergänzende Anwendung des Privatrechts (vgl Meyer, Das neue öffentliche Vertragsrecht und die Leistungsstörungen, NJW 1977, 1705). Doch auch darüber hinaus haben insbes haftungsrechtliche Tatbestände Eingang in das öffentliche Recht gefunden (allg dazu vor allem Meysen, Haftung; Stelkens/Bonk/Sachs/Schmitz § 9 VwVfG [9. Aufl 2018] Rn 18; weiterhin Windhorst JuS 1996, 605, 608 ff), so die in §§ 280 Abs 1, 311 Abs 2 und 3 BGB normierte **culpa in contrahendo** (BGHZ 71, 386, 392; 76, 343, 348 f; Jäckle, Die Haftung der öffentlichen Verwaltung aus culpa in contrahendo im Licht der oberinstanzlichen Rechtsprechung, NJW 1990, 2520 mwNw; ausf Keller, Vorvertragliche Schuldverhältnisse im Verwaltungsrecht [1997]; z Normierung auch Rn 210), die in § 313 BGB niedergelegten Grundsätze des **Wegfalls der Geschäftsgrundlage** (Littbarski, Der Wegfall der Geschäftsgrundlage im Öffentlichen Recht [1982]; z Normierung auch Rn 218), die in § 280 Abs 1 BGB geregelte **positive Forderungsverletzung** (BGHZ 135, 341; 109, 8, 9 ff; 61, 7, 11 ff; 59, 303; 54, 299, 302 f; 17, 191; Erichsen/Ehlers, Allgemeines Verwaltungsrecht [14. Aufl 2010] § 33 Rn 5; krit Papier, Die Forderungsverletzung im Öffentlichen Recht [1970]; z Normierung auch Rn 211) sowie die Regelungen der §§ 242, 254 BGB (ua BGH NJW 1983, 622; z § 242 s auch Staudinger/Looschelders/Olzen § 242 Rn 1064 ff), 276 (ua RGZ 65, 113, 117; BGHZ 54, 299, 302 ff), 278, 280 Abs 1 S 2, 286, 291. Auch die **Aufrechnungsvorschriften** der §§ 387 ff BGB finden im Öffentlichen Recht „sinngemäße" Anwendung (ausf und mit zahlreichen Nw MünchKomm/Schlüter § 387 Rn 3), so weit keine eigenständige Normierung des Problems vorhanden ist, vgl nur §§ 51 f SGB I; 333 SGB III; 28 SGB IV; 226 AO. Gleiches gilt für das **Kaufrecht** (BGHZ 59, 303, 305). Der **öffentlich-rechtliche Erstattungsanspruch** geht, obwohl heute an verschiedenen Stellen speziell normiert, vgl §§ 49a VwVfG; 50 SGB X; 87 BBG; 37 AO, auf eine analoge Anwendung der §§ 812 ff BGB zurück (dazu BVerwGE 4, 215, 218 f; 6, 1, 10; 18, 308, 314; Weber, Der Erstattungsanspruch – Die ungerechtfertigte Bereicherung im Öffentlichen Recht [1977]; ders, Der öffentlich-rechtliche Erstattungsanspruch, JuS 1986, 29, 33). Allerdings stößt der Einwand der **Entreicherung** gem §§ 818 Abs 3, 819 BGB auf Probleme: Während er dem Staat verwehrt sein soll (vgl BVerwGE 36, 108, 113 f; OVG Koblenz NVwZ 1988, 448), muss auf Seiten des Bürgers unterschieden werden, ob die zurückgeforderte staatliche Leistung auf einem Verwaltungsakt beruht oder nicht. Im erstgenannten Fall werden die einschlägigen Vertrauensschutzregelungen, zB §§ 48 ff VwVfG, angewendet. Andernfalls sind nach der Rspr des BVerwG nicht die §§ 818 Abs 3, 819 BGB anzuwenden, sondern **Vertrauensschutzgrundsätze** heranzuziehen (grundlegend u z den Unterschieden der beiden Ansätze BVerwGE 71, 85, 91 mwNw). Die **öffentlich-rechtliche Verwahrung** schließlich wird in erheblichem Umfang durch die privatrechtlichen Verwahrungsvorschriften, §§ 688 ff BGB, bestimmt (Einzelheiten bei MünchKomm/Henssler § 688 Rn 59 ff; z Übernahme all dieser und weiterer schuldrechtlicher Rechtsinstitute und Vorschriften in das Öffentliche Recht ausf de Wall 218 ff sowie Meysen, Haftung 299 ff; speziell für das Sozialrecht Gitter, Bundessozialgericht und Zivilrecht, NJW 1979, 1024, 1026 ff).

III. Schuldrecht und Zivilprozessrecht

277 Schuld- und **Zivilprozessrecht** sind in mehrfacher Hinsicht verzahnt. Zum einen finden sich in der ZPO Normen des materiellen Schuldrechts, zB §§ 89 Abs 1 S 3, 302 Abs 4 S 3 (ggf iVm § 600 Abs 2), 717 Abs 2, 840 Abs 2 S 2, 842, 945 und 1042 Abs 4 S 1 ZPO, die allesamt Schadensersatzansprüche vorsehen. Zum anderen sind verschiedene schuldrechtliche Rechtsfolgen mit prozessualen Sachverhalten verknüpft, ua bei den sog begünstigten Erfüllungsansprüchen, bei denen das stattgebende Urteil eine Anspruchsvoraussetzung bildet (vgl zB §§ 281, 323, 530 BGB, weitere Bsp bei ZÖLLER/GREGER ZPO § 255 Rn 3). „Begünstigt" sind diese Ansprüche deshalb, weil der Gläubiger gem § 255 Abs 1 ZPO die Möglichkeit hat, schon im Urteil eine Frist bestimmen zu lassen, nach deren erfolglosen Ablauf er im Falle der Nichtleistung ohne weiteres Schadensersatz statt der Leistung verlangen oder vom Vertrag zurücktreten kann (dazu näher MUSIELAK/VOIT/FOERSTE, ZPO § 255 Rn 1). Zudem gibt es schuldrechtliche Vorschriften, die auf die **Rechtshängigkeit** einer Klage Bezug nehmen, vgl ua §§ 286 Abs 1 S 2, 292 Abs 1, 818 Abs 4, 819 Abs 1 BGB. Umgekehrt kennt aber auch die ZPO Verweise auf schuldrechtliche Normen, zB § 717 Abs 3 ZPO.

Weiterhin haben verschiedene Rechtsgrundsätze und Institute des Schuldrechts Bedeutung im Prozessrecht erlangt, in erster Linie der Grundsatz von **Treu und Glauben** gem § 242 BGB (STAUDINGER/LOOSCHELDERS/OLZEN § 242 Rn 1102 ff). Er kommt als Einwand **unzulässiger Rechtsausübung** bzw der **Arglist** in Betracht, wenn der Kläger einer **Drittwiderspruchsklage** gem § 771 ZPO materiell-rechtlich selbst für die Forderung haftet, die dem Zahlungstitel des Drittwiderspruchsklägers zugrunde liegt, der als Vollstreckungsgrundlage dient. Denkbar ist diese Fallkonstellation in Bürgschaftsfällen, § 765 Abs 1 BGB, oder wenn wegen einer Schuld der OHG in das Vermögen des persönlich haftenden Gesellschafters vollstreckt wird, §§ 128, 161 Abs 2 HGB (näher MUSIELAK/VOIT/LACKMANN, ZPO § 771 Rn 33; ausf MünchKommZPO/ K SCHMIDT/BRINKMANN § 771 Rn 47 ff). § 826 BGB ist beim sog **Urteilsmissbrauch** bedeutsam. So darf zB der Geschädigte bei einem gegen ihn erschlichenen Urteil Unterlassung der Zwangsvollstreckung, Herausgabe des Titels und/oder Schadensersatz verlangen (näher z Voraussetzungen und Rechtsfolgen PALANDT/SPRAU § 826 Rn 52 ff; WIECZOREK/OLZEN, Zivilprozessrecht [4. Aufl 2013] Bd 8 § 700 Rn 19 ff; ZÖLLER/VOLLKOMMER, ZPO Vor § 322 Rn 72 ff). Damit wird je nach Anspruchsinhalt zugleich die **Rechtskraft** der Entscheidung **durchbrochen** (WIECZOREK/OLZEN, Zivilprozessrecht [4. Aufl 2013] Bd 8 § 700 Rn 19 ff; ZÖLLER/VOLLKOMMER, ZPO Vor § 322 Rn 72 ff).

Auch der **Prozessvergleich** liegt an der Schnittstelle zwischen Schuld- und Zivilprozessrecht. Als besonderer **schuldrechtlicher Vertragstyp** in § 779 BGB geregelt, erlangt er auch als **Prozesshandlung** Bedeutung. Die Regelung der ZPO wirkt in Anbetracht dieser Relevanz dürftig, vgl § 794 Abs 1 Nr 1 ZPO (MünchKommZPO/ WOLFSTEINER § 794 Rn 14; MUSIELAK/VOIT/LACKMANN, ZPO § 794 Rn 2). Str ist deshalb nach wie vor seine **Rechtsnatur**. Dazu lassen sich drei Ansätze unterscheiden: Die sog **prozessuale Theorie** (s BAUMBACH/LAUTERBACH/ALBERS/HARTMANN, ZPO Anh § 307 Rn 3 ff) sieht im Prozessvergleich eine reine Prozesshandlung, die deshalb ohne die Erfordernisse des § 779 BGB auskommt. Die sog **Trennungstheorie** (POHLE AP § 794 ZPO Nr 2–4, 10; JESSEN, Zur Anfechtung des Prozessvergleichs, JR 1956, 8 ff; ZEUNER AP § 794 ZPO Nr 8; wohl auch MünchKommZPO/WOLFSTEINER § 794 Rn 12 f) zerlegt den Vergleich hingegen in einen prozessualen und einen materiell-rechtlichen Tatbestand und wendet darauf die jeweiligen Vorschriften des entsprechenden Rechtsgebiets an. Herrschend ist die Lehre von der **Doppelnatur** des Prozessvergleichs (BGHZ 79, 71, 74; 16, 388, 390; BGH NJW 1988, 65; MUSIELAK/VOIT/LACKMANN, ZPO § 794 Rn 3; STEIN/JONAS/MÜNZBERG, Kommentar zur ZPO [22. Aufl 2002] § 794 Rn 58 ff; ZÖLLER/GEIMER, ZPO § 794 Rn 3), die ihn in Abgrenzung zur Trennungstheorie tatbestandlich als Einheit begreift, für die Einzelprobleme jedoch ebenfalls auf Prozess- oder Schuldrecht zurückgreift.

P. Europäisches und internationales Schuldrecht*

I. Rechtsvereinheitlichung und Europäisches Zivilgesetzbuch

1. Allgemeines

a) Vereinheitlichungsprozess

280 Die Entstehung der Europäischen Union verursachte auch im Bereich des Privat- und damit des Schuldrechts einen **Vereinheitlichungsprozess** (z Europäisierung des Privatrechts allg MünchKomm/SÄCKER Einl zum BGB Rn 214 ff, 218 ff; STAUDINGER/HONSELL [2018] Einl 112 zum BGB; HIRTE, Wege zu einem europäischen Zivilrecht [1996]; REMIEN, Ansätze für ein

---

* **Schrifttum:** ARMBRÜSTER, Das Versicherungsrecht im Common Frame of Reference, ZEuP 2008, 775 ff; BASEDOW, Grundlagen des europäischen Privatrechts, JuS 2004, 89 ff; ders, Ein optionales Europäisches Vertragsgesetz – opt-in, opt-out, wozu überhaupt?, ZEuP 2004, 1 ff; ders, Kodifikationsrausch und kollidierende Konzepte – Notizen zu Marktbezug, Freiheit und System im Draft Common Frame of Reference, ZEuP 2008, 673 ff; ders, Gemeinsames Europäisches Kaufrecht – Das Ende eines Kommissionsvorschlags, ZEuP 2015, 432 ff; BERGER, Einheitliche Rechtsstrukturen durch außergesetzliche Rechtsvereinheitlichung, JZ 1999, 369 ff; BONELL, Das UNIDROIT-Projekt für die Ausarbeitung von Regeln für internationale Handelsverträge, RabelsZ 56 [1992] 274 ff; COING, Europäisierung der Rechtswissenschaft, NJW 1990, 937 ff; DAUNER-LIEB, Auf dem Weg zu einem europäischen Schuldrecht, NJW 2004, 1431 ff; DREHER, Wettbewerb oder Vereinheitlichung der Rechtsordnungen in Europa?, JZ 1999, 105 ff; DROBNIG, Ein Vertragsrecht für Europa, in: FS Steindorff (1990) 1141 ff; EIDENMÜLLER/FAUST/GRIGOLEIT/JANSEN/WAGNER/ZIMMERMANN, Der gemeinsame Referenzrahmen für das Europäische Privatrecht, JZ 2008, 529 ff; ERNST, Der „Common Frame of Reference" aus juristischer Sicht, AcP 208 (2008) 248 ff; FIORENTINI, A report on the 2001 and 2002 „Common Core of european Private Law" Meetings, ZEuP 2003, 444 ff; GRUNDMANN, Europäisches Schuldvertragsrecht, ZGR-Sonderheft 1999, 22 ff; ders, Europäisches Vertragsrecht – Quo vadis?, JZ 2005, 860 ff; HAUSCHKA, Grundprobleme der Privatrechtsfortbildung durch die Europäische Wirtschaftsgemeinschaft, JZ 1990, 521 ff; HIRTE, Wege zu einem europäischen Zivilrecht (1996); HONSELL, Die Erosion des Privatrechts durch das Europarecht, ZIP 2008, 621 ff; JANSEN, Konturen eines europäischen Schadensrechts, JZ 2005, 160 ff; ders, Negotiorum gestio und Benevolent Intervention in Another's Affairs: Principles of European Law?, ZEuP 2007, 958 ff; JANSEN/ZIMMERMANN, Grundregeln des bestehenden Gemeinschaftsprivatrechts?, JZ 2007, 1113 ff; KOOPMANS, Towards a European Civil Code?, Europ Rev Priv L 5 (1997) 541 ff; LANDO, Principles of European Contract Law. An Alternative of a Precursor of European Legislation, RabelsZ 56 (1992) 261 ff; ders, Die Regeln des Europäischen Vertragsrechts, in: MÜLLER-GRAFF 567 ff; LEIBLE, Was tun mit dem Gemeinsamen Referenzrahmen für das Europäische Vertragsrecht? – Plädoyer für ein optionales Instrument, BB 2008, 1469 ff; ders, Europäisches Privatrecht am Scheideweg, NJW 2008, 2558 ff; MANSEL, Der Verordnungsvorschlag für ein Gemeinsames Europäisches Kaufrecht- Teil II, WM 2012, 1309 ff; MARTINEK, BGB aktuell 2012/2013, in: STAUDINGER/Eckpfeiler (2012) Rn 1 ff; MARTINY, Europäisches Privatrecht – greifbar oder unerreichbar?, in: MARTINY/WITZLEB 1 ff; MONTAG, Die Vereinheitlichung des Privatrechts in Europa – auf dem Weg zu einem Europäischen Zivilgesetzbuch?, JuS 2010, 767 ff; MÜLLER-GRAFF, Europäisches Gemeinschaftsrecht und Privatrecht, NJW 1993, 13 ff; ders, Gemeinsames Privatrecht in der Europäischen Gemeinschaft (2. Aufl 1999); ders, Europäisches Internationales Vertragsrecht vor der Reform, ZEuP 2003, 590 ff; MEYER, Auf dem Weg zu einem Europäischen

Europäisches Vertragsrecht, ZVglRWiss 87 [1988] 105 ff; SONNENBERGER JZ 1998, 982; vgl auch MÜLLER-GRAFF NJW 1993, 13; SCHWARTZ, Perspektiven der Angleichung des Privatrechts in der Europäischen Gemeinschaft, ZEuP 1994, 559 ff; ZIMMERMANN, Das römisch-kanonische ius commune als Grundlage europäischer Rechtseinheit, JZ 1992, 8 ff; SCHMIDT-JORTZIG, Perspektiven der Europäischen Privatrechtsangleichung, AnwaltsBl 1998, 63 ff; z Schadensrecht JANSEN JZ 2005, 160 ff), dessen weitere Entwicklung und Ziel sich bis heute noch nicht klar absehen

Zivilgesetzbuch, BB 2004, 1285 ff; NAJORK/ SCHMIDT-KESSEL, Der Aktionsplan der Kommission für ein kohärenteres Vertragsrecht: Überlegungen zu den von der Kommission vorgeschlagenen Maßnahmen, GPR 2003, 5 ff; PATTI, Kritische Anmerkungen zum Entwurf eines europäischen Vertragsgesetzbuches, ZEuP 2004, 118 ff; PECHSTEIN, Europäisches Zivilgesetzbuch und Rechtssetzungsbefugnisse der EG, in: MARTINY/WITZLEB, Auf dem Weg zu einem Europäischen Zivilgesetzbuch (1998) 19 ff; PFEIFFER, Von den Principles of European Contract Law zum Draft Common Frame of Reference, ZEuP 2008, 679 ff; RANIERI, Europäisches Obligationenrecht (2003); REMIEN, Ansätze für ein Europäisches Vertragsrecht, ZVglRWiss 87 (1988) 105; ders, Zwingendes Vertragsrecht und Grundfreiheiten des EG-Vertrags (Habil Tübingen 2003); RICHTER, Privatautonomie und Verbraucherschutz im Lichte der Pläne zur Schaffung eines Europäischen Zivilgesetzbuches – Dargestellt am Beispiel des Letztverkäuferregresses, AcP 206 (2006) 3 ff; RIESENHUBER, Europäisches Vertragsrecht (2. Aufl 2006); RITTNER, Das Gemeinschaftsprivatrecht und die europäische Integration, JZ 1995, 849 ff; ders, Das Projekt eines Europäischen Privatrechtsgesetzbuches und die wirtschaftliche Praxis, DB 1996, 25 ff, SCHLECHTRIEM, „Wandlungen des Schuldrechts in Europa" – wozu und wohin, ZEuP 2002, 213 ff; SCHMIDT-JORTZIG, Perspektiven der Europäischen Privatrechtsangleichung, AnwaltsBl 1998, 63 ff; SCHMIDT-KESSEL, Auf dem Weg zum gemeinsamen Referenzrahmen: Anmerkungen zur Mitteilung der Kommission vom 11. Oktober 2004, GRP 2005, 2 ff; SCHMUHL, Gemeinsames Europäisches Kaufrecht (1. Aufl 2016); SCHNEIDER, Europäische und internationale Harmonisierung des Bankvertragsrechts. Zugleich ein Beitrag zur Angleichung des Privatrechts in der Europäischen Gemeinschaft,

NJW 1991, 1985 ff; SCHULTE-NÖLKE, Mission impossible? – Schon 2007 soll ein erster Entwurf für ein europäisches Zivilrecht vorliegen, ZGS 2005, 201; ders, Arbeiten an einem europäischen Vertragsrecht – Fakten und populäre Irrtümer, NJW 2009, 2161 ff; SCHULZE, Ein Jahrhundert BGB – deutsche Rechtseinheit und europäisches Privatrecht, DRiZ 1997, 369 ff; ders, Auslegung europäischen Privatrechts und angeglichenen Rechts (1999); ders, Gemeinsamer Referenzrahmen und acquis communautaire, ZEuP 2007, 130 ff; SCHULZE/ZOLL, Europäisches Vertragsrecht (1. Aufl 2015); SCHWARTZ, Wege zur EG- Rechtsvereinheitlichung, in: FS vCaemmerer 1067 ff; SCHWINTOWSKI, Auf dem Weg zu einem Europäischen Zivilgesetzbuch, JZ 2002, 205 ff; STATHOPOULOS, Europäisches Recht, Vertragsrecht und ratio scripta – Zuständigkeiten und Perspektiven, ZEuP 2003, 243 ff; STAUDENMAYER, Der Aktionsplan der EG-Kommission zum Europäischen Vertragsrecht, EuZW 2003, 165 ff; STURM, Bemühungen um ein einheitliches europäisches Vertragsrecht, JZ 1991, 555 ff; TAUPITZ, Privatrechtsvereinheitlichung durch die EG: Sachenrechts- oder Kollisionsrechtsvereinheitlichung?, JZ 1993, 533 ff; TRÖGER, Zum Systemdenken im europäischen Schuldvertragsrecht – Probleme der Rechtsangleichung durch Richtlinien am Beispiel der Verbrauchsgüterkauf-Richtlinie, ZEuP 2003, 525 ff; ULMER, Vom deutschen zum europäischen Privatrecht?, JZ 1992, 1 ff; VOGENAUER/WEATHERILL, Eine empirische Untersuchung zur Angleichung des Vertragsrechts in der EG, JZ 2005, 870 ff; WAGNER, Für einen Wettbewerb der Ideen im Europäischen Privatrecht!, ZEuP 2003, 930 f; ders, Vom akademischen zum politischen Draft Common Frame of Reference, ZEuP 2008, 677 ff; WELLER, Die Struktur des Erfüllungsanspruchs im BGB, common law und DCFR – ein kritischer Vergleich, JZ 2008, 764 ff; WIESNER, Ist das

lassen. Er findet auf dreierlei Weise statt: durch unmittelbar **verbindliche EU-Verordnungen** (Art 288 Abs 2 AEUV), durch in **nationales Recht umzusetzende EU-Richtlinien** (Art 288 Abs 3 AEUV) sowie auch im Bereich der **Auslegung** (z Auslegung des Unionsrechts vgl COLNERIE, Auslegung des Gemeinschaftsrechts und gemeinschaftsrechtskonforme Auslegung, ZEuP 2005, 225 ff). Während die Einbeziehung der Grundfreiheiten und der EMRK weniger praktische Bedeutung hat, weil das GG meist Parallelwertungen enthält (z EMRK vgl aber EuGMR NJW 2004, 2647 [Caroline v Hannover]), gewinnen die in Richtlinien zugrunde gelegten Wertungen zunehmend Einfluss auf die Ausfüllung der Generalklauseln (NK-BGB/LOOSCHELDERS § 138 Rn 68 ff u STAUDINGER/LOOSCHELDERS/OLZEN § 242 Rn 149 z Treu und Glauben). Dies gilt va in der Zeit bis zur Umsetzung der Richtlinien, in der das deutsche Recht **richtlinienkonform** anzuwenden ist.

281 Über Einzelfragen hinausgehend hatte das **Europäische Parlament** im Wege einer Entschließung die Kommission schon 1989 und erneut 1994 aufgefordert, „die Arbeiten im Zusammenhang mit der möglichen Ausarbeitung eines einheitlichen Europäischen Gesetzbuches für das Privatrecht in Angriff zu nehmen" (ABl EG 1994 C-205/518; ZEuP 1995, 669; z Entschließung v 26. 5. 1989 s ABl EG 1989 C-158/400 = RabelsZ 56 [1992] 320 = ZEuP 1993, 613); dennoch dauerte es bis 1998, dass ein Forschungsnetzwerk **„Common Principles of European Private Law"** (dazu COSSMANN, Common Principles of European Private Law – Ein neues Forschungsprojekt, ZEuP 1998, 379) bewilligt wurde. Vorher beschränkte man sich auf die Unterstützung der sog „Lando-Kommission" bei der Ausarbeitung der „Principles of European Contract Law" (PECL; dazu u Rn 295 f). Das Europäische Parlament wiederholte seinen Aufruf sowohl 2006 als auch zuletzt 2011 mit weiteren Entschließungen (am 23. 3. und 7. 9. 2006; vgl dazu Rn 306 sowie am 8. 6. 2011). Das geplante Europäische Zivilgesetzbuch soll allerdings das nationale Recht nicht verdrängen, sondern (als optionales Instrument) in Konkurrenz zu diesem treten.

b) Grenzen der Vereinheitlichung

282 Trotz umfangreicher Arbeit und den Anstrengungen verschiedener **Arbeitsgruppen** (s unten Rn 292) ist ein umfassendes Gesetzeswerk zum Privatrecht nicht absehbar (vgl dazu ZYPRIES ZEuP 2004, 225, 230). Dazu trägt nicht zuletzt bei, dass kein einheitliches Meinungsbild zur Notwendigkeit einer solchen **Kodifikation** besteht (ausf z dieser Problematik STAUDINGER/J SCHMIDT [1995] Rn 94 f; LANDO, in: MÜLLER-GRAFF 567–569; DROBNIG, in: FS Steindorff [1990] 1141, 1145 ff). Die Gegner verweisen zum einen auf die **mangelnde demokratische Legitimation** der Unionsorgane (TAUPITZ JZ 1993, 533, 536; REMIEN, Möglichkeiten und Grenzen eines europäischen Privatrechts, in: JbJZivRWiss [1991] 25 f) zum

---

Europäische Zivilgesetzbuch noch zu stoppen?, DB 2005, 871 ff; WURMNEST, Common Core, Grundregeln, Kodifikationsentwürfe, Acquis-Grundsätze – Ansätze internationaler Wissenschaftlergruppen zur Privatrechtsvereinheitlichung in Europa, ZEuP 2003, 714 ff; ZIMMERMANN, Konturen eines Europäischen Vertragsrechts, JZ 1995, 477 ff; ders, Die Principles of European Contract Law als Ausdruck und Gegenstand europäischer Rechtswissenschaft (Teile I u II), Jura 2005, 289 ff, 441 ff; ders,

Vertrag und Versprechen – Deutsches Recht und Principles of European Contract Law im Vergleich, in: FS Heldrich (2005) 467 ff; ZOLL, Die Grundregeln der Acquis-Gruppe im Spannungsverhältnis zwischen acquis commun und acquis communautaire, GPR 2008, 106 ff; ZYPRIES, Der „Aktionsplan für ein kohärenteres europäisches Vertragsrecht" der Kommission – oder: Was ist zu tun im Europäischen Vertragsrecht?, ZEuP 2004, 225 ff.

anderen auf das **Subsidiaritätsprinzip** (Hauschka JZ 1990, 521, 523; Schelter, Subsidiarität – Handlungsprinzip für das Europa der Zukunft, EuZW 1990, 217 ff; Schneider NJW 1991, 1985, 1990 f; Martiny, in: Martiny/Witzleb 1, 15 f). Letzteres lässt einen Entzug von Kompetenzen der Mitgliedstaaten nur insoweit zu, als und so weit die angestrebten Ziele der Union einzelstaatlich nicht ausreichend und daher besser auf Unionsebene verwirklicht werden können. Selbst dann dürfen die Maßnahmen nicht über das für die Erreichung der Ziele des EU-Vertrages erforderliche Maß hinausgehen, vgl Art 5 EUV (z Subsidiaritätsprinzip allg Pipkorn, Das Subsidiaritätsprinzip im Vertrag über die Europäische Union – rechtliche Bedeutung und gerichtliche Überprüfbarkeit, EuZW 1992, 697 f). Ferner sehen viele im **„Wettbewerb der Rechtsordnungen"**, der durch ein einheitliches europäisches Zivilrecht zunichte gemacht würde, den Vorteil eines **Innovationszwangs**, der zu einer dynamischeren Rechtsentwicklung beitragen soll (Kötz RabelsZ 50 [1986] 1, 10 ff; Remien JbJZivRWiss [1991] 26; ausf Dreher JZ 1999, 105; s auch Grundmann, ZGR-Sonderheft 1999, 22 ff; **aA** etwa Stathopoulos ZEuP 2003, 243, 247).

Außerdem verhindert – wie bereits erwähnt – die **fehlende Kompetenz** der Union zur **283** umfassenden privatrechtlichen Rechtsetzung ein Europäisches Zivilgesetzbuch (s Martiny, in: Martiny/Witzleb 1, 14 ff; Rittner DB 1996, 25 ff; Sonnenberger JZ 1998, 982, 988; Stathopoulos ZEuP 2003, 243, 245; Koopmans, Europ Rev Priv L 5 [1997] 541, 544 f; Gamerith, Das nationale Privatrecht in der Europäischen Union – Harmonisierung durch Schaffung von Gemeinschaftsprivatrecht, ÖJZ 1997, 165, 169 ff; Tilmann, The legal basis for a European Civil Code, Europ Rev Priv L 5 [1997] 471 ff; ausf Pechstein, in: Martiny/Witzleb 19; Müller-Graff NJW 1993, 13, 16 f; Taschner, Privatrechtsentwicklung durch die Europäische Gemeinschaft – Rechtsgrundlagen, Ziele, Sachgebiete, Verfahren, in: Müller-Graff 225; Hayder, Privatrechtsentwicklung durch die Europäische Gemeinschaft – Kommentar zum Vortrag von Hans Claudius Taschner –, in: Müller-Graff 237), sodass eine Einführung im Wege der Verordnung ausscheiden dürfte (z Beibehaltung der Richtlinienpraxis auch Zypries ZEuP 2004, 225, 232). Denkbar wäre nach dem derzeitigen Stand des europäischen Rechts nur eine **Einführung durch völkerrechtlichen Vertrag** (vgl dazu auch Stathopoulos ZEuP 2003, 243, 251; **aA** Leible, Was tun mit dem Gemeinsamen Referenzrahmen für das Europäische Vertragsrecht? – Plädoyer für ein optimales Instrument, BB 2008, 1469, 1474 f).

Die Angleichungsbemühungen beschränken sich deshalb zwischenzeitlich auf Teil- **284** bereiche, wie zB das **Gesellschafts-** (s EuZW 1998, 625; Hopt, Europäisches Gesellschaftsrecht – Krise und neue Anläufe, ZIP 1998, 96 ff; Blaurock, Europäisches und deutsches Gesellschaftsrecht – Bilanz und Perspektiven eines Anpassungsprozesses, ZEuP 1998, 460; Habersack, Europäisches Gesellschaftsrecht [4. Aufl 2011]; Schwarz, Europäisches Gesellschaftsrecht [2000]), **Versicherungs-** (dazu Reiff, Die Auswirkungen des Gemeinschaftsrechts auf das deutsche Versicherungsvertragsrecht, VersR 1997, 267; Herrmann, Auslegung europäisierten Versicherungsvertragsrechts, ZEuP 1999, 663) und **Arbeitsrecht** (Preis, Entwicklungslinien in der Rechtsprechung des EuGH zum Arbeitsrecht, ZIP 1995, 891, 892; ausf auch Reichold, Sozialgerechtigkeit versus Vertragsgerechtigkeit – arbeitsrechtliche Erfahrungen mit Diskriminierungsregeln, JZ 2004, 384 ff). Im **Schuldrecht** selbst hatten zahlreiche Richtlinien (s unten Rn 285) zu einzelnen „europarechtlichen Inseln" geführt (Rittner JZ 1995, 849, 851; ders DB 1996, 25, 26; Kötz RabelsZ 50 [1986] 1, 12); zum einen dadurch, dass verschiedene Richtlinien umgesetzt und in das BGB übernommen wurden (vgl etwa die e-commerce-Richtlinie 2000/31/EG), zum anderen dadurch, dass in diesem Bereich der **EuGH** über die letztinstanzliche **Auslegungszuständigkeit** verfügt, Art 267 AEUV. Diese Entwicklung, dass das europäische Recht nur partielle Bereiche regelt, schwächt sich, durch einen größeren Einfluss des europäischen Rechts, zunehmend ab (vgl MünchKomm/ SÄCKER Einl zum BGB Rn 228).

aa) Antidiskriminierungsdebatte und AGG*

285 Dies zeigt sich am Bsp der umstrittenen **Diskriminierungsrichtlinie** vom 29. 6. 2000 (Richtlinie 2000/43/EG, ABl EG 2000 L 180/22), sog Antirassismusrichtlinie, nach der

* **Schrifttum:** ADOMEIT, Diskriminierung – Inflation eines Begriffs, NJW 2002, 1622 ff; ANNUSS, Das Allgemeine Gleichbehandlungsgesetz im Arbeitsrecht, BB 2006, 1629 ff; ARMBRÜSTER, Antidiskriminierungsgesetz – ein neuer Anlauf, ZRP 2005, 41 ff; ders, Kontrahierungszwang im Allgemeinen Gleichbehandlungsgesetz?, NJW 2007, 1494 ff; BAER, „Ende der Privatautonomie" oder grundrechtlich fundierte Rechtsetzung?, ZRP 2002, 290 ff; BAUER/THÜSING/SCHUNDER, Das Allgemeine Gleichbehandlungsgesetz – Alter Wein in neuen Schläuchen?, NZA 2006, 774 ff; BEZJAK, Die Auswirkungen des Allgemeinen Gleichbehandlungsgesetzes (AGG) auf privatrechtliche Versicherungsverträge, SchlHA 2008, 33 ff; BIESALSKI, Diskriminierungsschutz und Privatautonomie – Auswirkungen des AGG auf die Wohnraummiete (Hamburg 2011, Diss Trier 2011); BRAUN, Forum – Übrigens – Deutschland wird wieder totalitär, JuS 2002, 424 f; DERLEDER, Vertragsanbahnung und Vertragsabschluss über Mietwohnungen und die Diskriminierungsverbote des AGG – Realitätsnahe Fallkonstellationen für den Wohnungsmarkt, NZM 2007, 625 ff; FEUERBORN, Nachbesserungsbedarf beim Diskriminierungsschutz im Arbeitsrecht – Baumängel der Vorschriften des Allgemeinen Gleichbehandlungsgesetzes, JR 2008, 485 ff; HEIN, AGG x KSchG = Europa^2? – Die Kündigung zwischen allgemeinem und besonderem Kündigungsschutz, Allgemeinem Gleichbehandlungsgesetz und Europarecht, NZA 2008, 1033 ff; HINZ, Allgemeines Gleichbehandlungsgesetz – Überlegungen zur Umsetzung in der mietrechtlichen Praxis (Teile 1 u 2), ZMR 2006, 742 ff, 826 ff; MAIER-REIMER, Das Allgemeine Gleichbehandlungsgesetz im Zivilrechtsverkehr, NJW 2006, 2577 ff; NEUNER, Diskriminierungsschutz durch Privatrecht, JZ 2003, 57 ff; PICKER, Antidiskriminierungsgesetz – Der Anfang vom Ende der Privatautonomie, JZ 2002, 880 ff; ders, Antidiskriminierung als Zivilrechtsprogramm?, JZ 2003, 540 ff; RATH/RÜTZ, Ende der „Ladies' Night", der „Ü-30 Parties" und der Partnervermittlung im Internet?, NJW 2007, 1498 ff; ROLFS, Allgemeine Gleichbehandlung im Mietrecht, NJW 2007, 1489 ff; SCHIESS RÜTIMANN, Vertragsverweigerung gegenüber ausländischen Mietinteressenten, WuM 2006, 12 ff; SCHMIDT-RÄNTSCH, Auswirkungen des Allgemeinen Gleichbehandlungsgesetzes auf das Mietrecht, NZM 2007, 6 ff; SCHWAB, Schranken der Vertragsfreiheit durch die Antidiskriminierungsrichtlinien und ihre Umsetzung in Deutschland, DNotZ 2006, 649 ff; THÜSING, Richtlinienkonforme Auslegung und unmittelbare Geltung von EG-Richtlinien im Anti-Diskriminierungsrecht, NJW 2003, 3441 ff; ders, Vertragsfreiheit, Persönlichkeitsschutz und Effizienz – Das Antidiskriminierungsgesetz bringt weit reichende Änderungen für das Zivil- und das Arbeitsrecht, ZGS 2005, 49 ff; THÜSING/vHOFF, Vertragsschluss als Folgenbeseitigung: Kontrahierungszwang im zivilrechtlichen Teil des Allgemeinen Gleichbehandlungsgesetzes, NJW 2007, 21 ff; dies, Private Versicherungen und das Allgemeine Gleichbehandlungsgesetz, VersR 2007, 1 ff; vSTEINAU-STEINRÜCK/SCHNEIDER/WAGNER, Der Entwurf eines Antidiskriminierungsgesetzes: Ein Beitrag zur Kultur der Antidiskriminierung?, NZA 2005, 28 ff; vWESTFALEN, Einige Überlegungen zum Gesetzentwurf zur Verhinderungen von Diskriminierungen im Zivilrecht, ZGS 2002, 283 ff; WANDT, Geschlechtsabhängige Tarifierung in der privaten Krankenversicherung, VersR 2004, 1341 ff; WATZENBERG, Die Rechtsprechung zum Allgemeinen Gleichbehandlungsgesetz, NJ 2008, 433 ff; WISSKIRCHEN, Der Umgang mit dem Allgemeinen Gleichbehandlungsgesetz – Ein „Kochrezept" für Arbeitgeber, DB 2006, 1491 ff; WERNSMANN, Bindung Privater an Diskriminierungsverbote durch Gemeinschaftsrecht, JZ 2005, 224 ff.

die Mitgliedstaaten zu Regelungen verpflichtet sind, die den Betroffenen ermöglichen, sich gegen Diskriminierungen aufgrund der **Rasse** oder der **ethnischen Herkunft** beim Zugang zu Gütern und Dienstleistungen zur Wehr zu setzen (dazu auch NK-BGB/Looschelders § 138 Rn 76; Looschelders, Schuldrecht AT § 6 Rn 12 unter Hinweis auf OLG Stuttgart 12. 12. 2011 – 10 U 106/11, juris Rn 35, NJW 2012, 1085; z gemeinschaftsrechtlichen Grundlage des Art 13 EG Wernsmann JZ 2005, 224 ff). Für den Bereich des **Arbeitsrechts** beinhaltet eine weitere Richtlinie vom 27. 11. 2000 (Richtlinie 2000/78/EG, ABl EG 2000 L 303/16), die Gleichbehandlungsrahmenrichtlinie, Vorgaben, die den **Arbeitnehmer** vor einer Diskriminierung aufgrund von **Religion, Weltanschauung, Behinderung, Alter** oder **sexueller Ausrichtung** schützen sollen. Dazu tritt die revidierte Gleichbehandlungsrichtlinie 2002/73/EG vom 23. 9. 2002 (ABl EG 2002 L 269/15), welche sich auf die **Gleichbehandlung von Männern und Frauen** im **Arbeitsrecht** bezieht. Schließlich verfolgt die vierte Gleichstellungsrichtlinie zur Gleichstellung der Geschlechter außerhalb des Erwerbslebens vom 13. 12. 2004 (Richtlinie 2004/113/EG, ABl EG 2004 L 373/37) dieselbe Stoßrichtung in Bezug auf den Zugang zu **öffentlich angebotenen Gütern** und **Dienstleistungen** bei **Massengeschäften** und **privatrechtlichen Versicherungen**.

Die **Umsetzungsfrist** für die beiden erstgenannten Richtlinien war bereits im Juli bzw Dezember 2003 abgelaufen; die einheitliche Umsetzung aller vier Richtlinien erfolgte allerdings erst mit Inkrafttreten des Allgemeinen GleichbehandlungsG (AGG) zum 18. 8. 2006 (BGBl I 2006, 1897). Das AGG geht in seinem Kern auf den Entwurf des sog AntidiskriminierungsG (ADG) zurück, der bereits in der 15. Legislaturperiode erarbeitet und beraten, aber infolge der Diskontinuität des Gesetzgebungsprozesses nie Gesetz wurde (vgl dazu BT-Drucks 15/4538). Der Gesetzgeber verfolgte einen im Vergleich zum EG-Recht umfangreicheren Ansatz. Das Verbot der Diskriminierung erfasst nicht nur die Kriterien Rasse und ethnische Herkunft, sondern auch (obwohl nach europarechtlicher Vorgabe nur für das Arbeitsrecht zwingend) diejenigen des Geschlechts, der Religion, der Weltanschauung, der Behinderung, des Alters oder der sexuellen Identität grds im gesamten Bereich des Zivilrechts.

286

Der **dritte Abschnitt** des AGG enthält dementsprechend zahlreiche zivilrechtliche **Benachteiligungsverbote**. Ausgenommen bleiben gem § 19 Abs 4, 5 AGG das **Familien- und Erbrecht** sowie diejenigen Schuldverhältnisse, die einen besonders engen Bezug zur **Privatsphäre** haben. Im Rahmen seines Anwendungsbereiches verfolgt das Gesetz ein abgestuftes System. § 19 Abs 2 AGG soll Benachteiligungen wegen der **Rasse** oder der **ethnischen Herkunft** außerhalb des „privaten Nähebereichs" verhindern. Entsprechende Benachteiligungen wegen des **Geschlechts**, der **Religion**, einer **Behinderung**, des **Alters** oder der **sexuellen Identität** sind gem § 19 Abs 1 AGG unzulässig für **Massengeschäfte**, bei denen also die Person des Vertragspartners typischerweise nur geringe Bedeutung hat, ferner für privatrechtliche **Versicherungsverträge** (vgl dazu iE Looschelders, Schuldrecht AT § 6 Rn 12; Thüsing ZGS 2005, 49 ff; Thüsing/vHoff VersR 2007, 1 ff). § 21 AGG billigt den Benachteiligten auf der Rechtsfolgenseite bei einem Verstoß **Beseitigungs- und Unterlassungsansprüche** sowie – wie bisher im Arbeitsrecht – Ansprüche auf **Entschädigung und Schadensersatz** zu. Auf eine **entgegenstehende Vereinbarung** kann sich der Benachteiligende gem § 21 Abs 4 AGG nicht berufen.

287

288 Umstr ist, inwieweit sich aus dem **Beseitigungsanspruch** gem § 21 Abs 1 S 1 AGG inhaltlich die Verpflichtung zum Abschluss eines verweigerten Vertrages, also ein **Kontrahierungszwang**, herleiten lässt (zust Thüsing/vHoff NJW 2007, 21, 26; Wendt/ Schäfer, Kontrahierungszwang nach § 21 I 1 AGG?, JuS 2009, 206, 207 ff; Biesalski 151 ff; Looschelders, Schuldrecht AT § 6 Rn 11; **aA** Armbrüster, Kontrahierungszwang im Allgemeinen Gleichbehandlungsgesetz?, NJW 2007, 1494, 1498). Ob diese Verpflichtung einen ungerechtfertigten Eingriff in die Privatautonomie darstellt (so etwa Adomeit NJW 2002, 1622, 1623; Braun JuS 2002, 424 f; Schwab DNotZ 2006, 649, 678), wird die Handhabung der Vorschriften durch die Gerichte zeigen, da sie Raum für abweichende Interpretationen bieten (vgl dazu etwa Thüsing ZGS 2005, 49 ff). Dabei ist darauf hinzuweisen, dass gem § 20 AGG für die Merkmale **Geschlecht, Lebensalter, Behinderung, sexuelle Orientierung, Religion** und **Weltanschauung** eine unterschiedliche Behandlung aus **sachlichen Gründen** erfolgen kann. Dadurch soll die Regelung den Schutz vor Benachteiligung gerade mit dem Grundsatz der Privatautonomie (dazu auch oben Rn 49 ff) in ein ausgewogenes Verhältnis bringen (vgl dazu auch BT-Drucks 16/1780, 26 sowie Maier-Reimer NJW 2006, 2577, 2582; Rath/Rütz NJW 2007, 1498; Thüsing/vHoff NJW 2007, 21, 25). Trotz der bedeutenden Auswirkungen des Gesetzes auf das **Arbeitsrecht** (vgl Annuss BB 2006, 1629 ff; Feuerborn JR 2008, 485 ff; Wisskirchen DB 2006, 1491 ff) sowie im Bereich von **Miet- und Versicherungsverträgen** (ausf Bezjak SchlHA 2008, 33 ff; Biesalski 96 ff; Derleder NZM 2007, 625 ff; Hinz ZMR 2006, 742 ff, 826 ff; Rolfs NJW 2007, 1489 ff; Schiess Rütimann WuM 2006, 12 ff; Schmidt-Räntsch NZM 2007, 6 ff; Thüsing/vHoff VersR 2007, 1 ff), ist die ursprünglich befürchtete Klageflut bislang offenbar ausgeblieben (z bisherigen Rspr im Überblick Watzenberg NJ 2008, 433 ff).

bb) Weitere Vereinheitlichungsprobleme

289 Der tiefere Grund für die **Vereinheitlichungsprobleme** im europäischen Recht, für die die Antidiskriminierungsdebatte nur ein Bsp bildet, liegt neben nationalen Vorbehalten darin, dass der Gemeinschaft funktionelle und keine sachlichen Kompetenzen zugewiesen sind. Ihre Rechtssetzungskompetenz gründet sich also nicht auf den Inhalt des jeweiligen Rechtsgebietes, sondern fragt normzweckorientiert, ob die geplante Norm zB für das **Funktionieren des Gemeinsamen Marktes** gem Art 114 AEUV erforderlich ist (Rittner DB 1996, 25 f; Grundmann, in: Grundmann, Systembildung und Systemlücken in Kerngebieten des europäischen Privatrechts [2000] 2 f; ausf MünchKomm/ Säcker Einl zum BGB Rn 228).

290 Ferner ist der durch die **Richtlinien** erzielte **Angleichungserfolg** deshalb nur von begrenztem Umfang, weil den Mitgliedstaaten bei der Umsetzung ein nicht geringer **Gestaltungsspielraum** verbleibt und auch verbleiben muss, vgl Art 288 Abs 3 AEUV. (Begrifflich sollte man daher bei Richtlinien eher von „Angleichung" [approximation] statt „Vereinheitlichung" [unification] sprechen, Calliess/Ruffert/Korte EUV/ AEUV [5. Aufl 2016] Art 114 AEUV Rn 22; so auch hinsichtlich Art 249 Abs 3 EG: Berger JZ 1999, 369, 372; Schulze DRiZ 1997, 369, 373; Schwartz, Wege zur EG- Rechtsvereinheitlichung, in: FS vCaemmerer 1067 ff; eingehend Pechstein, in: Martiny/Witzleb 25 f; vgl Rittner DB 1996, 25 f; Sonnenberger JZ 1998, 982, 987). Eine völlige Rechtsvereinheitlichung wäre folglich nur im Wege der **Verordnung** zu erreichen, ein Weg, der jedoch die angesprochenen kompetenzrechtlichen Probleme aufwirft (s oben Rn 283; vgl aber auch Staudenmayer, in: Schulze/Schulte-Nölke 419).

Die Schwierigkeiten einer „**formalisierten Rechtsvereinheitlichung**" (Berger JZ 1999, **291**
369, 372; Ulmer JZ 1992, 1, 5; Coing NJW 1990, 937; z Konflikten mit der Rechtssicherheit Rittner
DB 1996, 25, 26) haben zur Folge, dass häufig „informelle Wege" (Berger JZ 1999, 369,
372) zur Erreichung dieses Ziels beschritten werden.

2. Einzelne Kommissionen und Arbeitsgruppen

Zunächst haben sich mehrere **Kommissionen** bzw **Arbeitsgruppen** (s oben Rn 282) **292**
zusammengefunden, die nach dem Vorbild amerikanischer „Restatements" (vgl dazu
zB Basedow JuS 2004, 89, 95; Schindler, Die Restatements und ihre Bedeutung für das amerikanische Privatrecht, ZEuP 1998, 277, 278 ff; Jansen JZ 2005, 160 f) **Prinzipien** eines **europäischen** oder sogar **internationalen Schuldrechts** erarbeiteten bzw noch immer erarbeiten (s unten Rn 295 ff). Geltung kann ihnen gegenwärtig allerdings nur im Wege der
Vereinbarung verschafft werden (vgl Art 1:101 Abs 1–3 PECL sowie die Präambel
der Grundregeln der internationalen Handelsverträge [„UNIDROIT-Prinzipien"]).
Gleichzeitig bilden diese Prinzipien jedoch Muster innerstaatlicher und internationaler Gesetzgebung. Sie sind Hilfsmittel bei der Auslegung bzw Ergänzung bestehender internationaler Abkommen und dienen schließlich als Leitfaden für die
Abfassung von Verträgen (Berger JZ 1999, 369, 373 f; Bonell RabelsZ 56 [1992] 274, 282 ff).
Zu diesen Gruppen zählen insbes die sog „**Lando-Kommission**" (s oben Rn 281 sowie u
Rn 295 f), die „**European Group on Tort Law**" (s unten Rn 297 f) und die Projektgruppe
„**Restatement of European Insurance Contract Law**" (s unten Rn 299).

Einen anderen Ansatz wählten verschiedene Wissenschaftlergruppen, die kasuistisch **293**
einen sog „Common Core" des Europäischen Privatrechts zusammenstellen (z den
Gruppen iE Wurmnest ZEuP 2003, 714, 716 ff). Im Bereich des Schuldrechts ist vor allem
das Projekt „**Common Core of European Private Law**" (s unten Rn 300) zu nennen.
Weitere Gruppen, insbes die „**Study Group on a European Civil Code**" (s unten
Rn 301), erarbeiteten Vorlagen von Teil- oder Gesamtentwürfen für die Kodifikation
eines Europäischen Zivil- bzw Vertragsgesetzbuches (vgl Wurmnest ZEuP 2003, 714,
732 ff). Schließlich leiten einige Wissenschaftler aus dem gemeinschaftsrechtlichen
„acquis communautaire" Grundsätze eines Europäischen Privatrechts ab oder schaffen aus der Verbindung des Gemeinschaftsrechts mit den nationalen Rechten Vorschläge für ein neues „ius commune".

Die wichtigsten dieser Ansätze sollen kurz vorgestellt werden (einen guten Überblick **294**
verschaffen Wurmnest ZEuP 2003, 714 ff; Zimmermann Jura 2005, 289 ff; Leible NJW 2008,
2558 ff; Metzger, Extra legem, intra ius: Allgemeine Rechtsgrundsätze im Europäischen Privatrecht
[Habil Hannover 2006] 223 ff; vgl ferner Riesenhuber, Europäisches Vertragsrecht [2. Aufl 2006]
Rn 55 ff).

a) Sog „Lando-Kommission"
Die „**Commission on European Contract Law**", die sog „Lando-Kommission", kon- **295**
stituierte sich im Jahre 1980 unter dem Vorsitz des inoffiziellen dänischen Namensgebers Ole Lando und bildete eine unabhängige private Vereinigung von Rechtswissenschaftlern aus der gesamten europäischen Gemeinschaft. Ihre Zielsetzung
lag – angelehnt an das Vorbild der US-amerikanischen Restatements – darin, moderne und sachgemäße allgemeine Regeln für ein europäisches Schuldrecht herauszuarbeiten (s Lando, Principles of European Contract Law. An Alternative of a Precursor of

European Legislation, RabelsZ 56 [1992] 261 ff). Die Arbeit wurde von insgesamt drei verschiedenen Kommissionen geleistet, die von 1982 bis 1990, von 1992 bis 1996 und von 1997 bis 2001 tagten. Jede hat sich mit einem Teilbereich des Schuldrechts befasst (Einzelheiten bei LANDO, in: MÜLLER-GRAFF 567, 569 ff; WURMNEST ZEuP 2003, 714, 722 ff; ZIMMERMANN ZEuP 2000, 391 ff; ders Jura 2005, 289 ff).

296 Die erarbeiteten **„Principles of European Contract Law"** (PECL) bestehen neben den allgemeinen Regeln jeweils aus deren Erläuterung („Comment") und rechtsvergleichenden Anmerkungen („Notes"). Zunächst wurde **Teil I** veröffentlicht, uz mit allgemeinen Bestimmungen, Vertragsinhalten, insbes Modalitäten der Leistungserbringung, und Leistungsstörungen (englischer Text bei LANDO/BEALE, Principles of European Contract Law [1999]; deutsche Übersetzung, allerdings ohne Erläuterungen u rechtsvergleichende Anm: ZEuP 1995, 864; vgl dazu ZIMMERMANN JZ 1995, 477). **Teil II** enthält das Recht des Vertragsschlusses, der Vollmacht, der Gültigkeit von Verträgen, der Auslegung sowie Inhalten und Wirkungen von Verträgen (englischer Text bei LANDO/BEALE, Principles of European Contract Law [1999]; deutsche Übersetzung wiederum nur der Regeln in ZEuP 2000, 675; dazu ZIMMERMANN ZEuP 2000, 391 ff). **Teil III**, der Anfang 2003 veröffentlicht wurde, befasst sich mit der Aufrechnung, Abtretung, Schuld- und Vertragsübernahme, Forderungsverjährung, Schuldner- und Gläubigermehrheiten, Gesetz- und Sittenwidrigkeit, Bedingungen sowie dem Zinseszins (vgl ZEuP 2003, 895 ff; insges auch WURMNEST ZEuP 2003, 714, 722 ff; zu den Inhalten iE ZIMMERMANN Jura 2005, 289, 292 ff sowie 441 ff). Mit Abschluss der Arbeit der 3. Kommission hat sich die „Lando-Kommission" aufgelöst, wobei allerdings einige Mitglieder in der „Study Group on a European Civil Code" (s unten Rn 301) weiterhin zusammenarbeiten (vgl EIDENMÜLLER/FAUST/GRIGOLEIT/JANSEN/WAGNER/ZIMMERMANN JZ 2008, 529, 532, Fn 29).

b) European Group on Tort Law

297 Die sog **„European Group on Tort Law"** konstituierte sich 1992 auf Initiative von JAAP SPIER in Tilburg. Sie sah sich in der Tradition der Lando-Kommission und folgt ebenfalls dem „Restatement-Prinzip", indem auch sie versuchte, einen gemeinsamen Kernbestand der verschiedenen Rechtsordnungen aller Mitgliedstaaten herauszufiltern und auf dieser Grundlage ein funktionstüchtiges System zu schaffen (JANSEN/ZIMMERMANN JZ 2007, 1113, 1114, Fn 22). Der Sitz der Gruppe befand sich am European Centre of Tort and Insurance Law in Wien. Ihr Ziel war die Ausarbeitung eines europäischen Deliktsrechts, wobei die entwickelten Prinzipien auch als allgemeine Rechtsgrundsätze bei der Auslegung von Einheitsrecht oder für EG-Richtlinien dienen sollten (vgl WURMNEST ZEuP 2003, 714, 725).

298 Verschiedene Forschungsergebnisse, etwa zu den Grundlagen der Haftung (zB SPIER, The Limits of Liability, Keeping the Floodgates Shut [Den Haag 1996]; ders, The Limits of Expanding Liability, Eight Fundamental Cases in a Comparative Perspective [Den Haag 1998]), der Rechtswidrigkeit (KOZIOL, Unification of Tort Law: Wrongfullness [Den Haag 1998]), der Kausalität (SPIER, Unification of Tort Law: Causation [Den Haag 2000]), zu Schaden und Ersatz (MAGNUS, Unification of Tort Law: Damages [Den Haag 2001]), zur Gefährdungshaftung (KOCH/KOZIOL, Unification of Tort Law: Strict Liability [Den Haag 2002]), zum Mitverschulden (MARTIN-CASALS/MAGNUS, Unification of Tort Law: Contributory Negligence [Den Haag 2004]) zur Haftung für Drittschäden (SPIER, Unification of Tort Law: Liability for Damage Caused by Others [Den Haag 2004]), zur deliktsrechtlichen Haftung mehrerer Personen (ROGERS, Unification of Tort Law: Multiple Tortfeasors [Den Haag 2005]) sowie zur

Schuld (WIDMER, Unification of Tort Law: Fault [Den Haag 2005]) wurden bereits publiziert (dazu auch WURMNEST ZEuP 2003, 714, 727 mwNw). Ein weiteres Projekt bestand in der Ausarbeitung sog „Principles of European Tort Law" (PETL; vgl dazu KOZIOL, Die „Principles of European Tort Law" der „European Group on Tort Law", ZEuP 2004, 234 ff). Die erste Phase dieses langjährigen Projekts wurde 2005 mit der Veröffentlichung des kommentierten Entwurfs eines gesamteuropäischen Schadensrechts abgeschlossen. Es stehen allerdings noch die abschließende Erörterung einiger Themen (zB Beweislast und Verjährung) sowie die Ausarbeitung eines Besonderen Teils aus. 2009 beschloss die Gruppe, die PETL zu überarbeiten und zu erweitern. Eine Veröffentlichung dieser neuen Version der PETL fehlt bisher.

c) **Project Group „Restatement of European Insurance Contract Law"**
Die Projektgruppe „**Restatement of European Insurance Contract Law**" wurde im September 1999 gegründet und wird wegen ihrer lokalen, fachlichen und personellen Verbindungen auch als Innsbruck/Hamburg- (dort insbes als MPI-)Gruppe bezeichnet. Nach dem Vorbild US-amerikanischer Restatements arbeitete die Gruppe Grundregeln zur Harmonisierung der Normen des **Versicherungsvertragsrechts** aus, um einen funktionierenden Versicherungsbinnenmarkt zu schaffen. Die Ergebnisse sollen auch nationalen Gesetzgebern als Modellgesetz und den Vertragsparteien eines Versicherungsvertrages als Muster dienen (vgl z Arbeitsweise u Veröffentlichungen auch WURMNEST ZEuP 2003, 714, 728 f sowie www.restatement.info). Ihren Entwurf für den versicherungsvertragsrechtlichen Teil des „Gemeinsamen Referenzrahmens" zum europäischen Vertragsrecht (s dazu ausf Rn 302), die „**Principles of European Insurance Contract Law**" (PEICL), hat die Projektgruppe am 17. 12. 2007 der Europäischen Kommission vorgelegt (vgl HEISS/BASEDOW/WANDT, Principles of European Insurance Contract Law [PEICL], EuZW 2008, 68; BRÖMMELMEYER, Principles of European Insurance Contract Law, ERCL 2011, 445; krit ARMBRÜSTER ZEuP 2008, 775 ff). Ihre endgültige Eingliederung in den Gemeinsamen Referenzrahmen (s dazu u Rn 304) blieb zunächst unklar (vgl WAGNER ZEuP 2008, 677, 678), letztendlich wurden sie nicht in den DCFR integriert (erl BASEDOW ZEuP 2008, 673, 676). Veröffentlicht wurden die PEICL 2009 (Project Group „Restatement of European Insurance Contract Law", Principles of European Insurance Contract Law [Berlin 2009]). Im Januar 2013 setzte die Europäische Kommission eine Expertengruppe (Commission Expert Group on a European Insurance Contract Law) ein. Diese hatte die Aufgabe, eine Analyse zu erstellen, ob die Unterschiede innerhalb der Rechtsordnungen der Mitgliedsstaaten grenzüberschreitenden Verträgen über Versicherungsprodukte entgegenstehen. Ihren Abschlussbericht hat die Gruppe im Februar 2014 der Europäischen Kommission vorgelegt. Ob es ein optionales Instrument für das Versicherungsvertragsrecht geben wird, ist also noch offen (vgl LOACKER, Insurance soft law? – Die Idee eines europäischen Versicherungsvertragsrechts zwischen akademischer Pionierleistung, Gemeinsamem Referenzrahmen und optionalem Instrument, VersR 2009, 289, 294; HEISS, Optionales europäisches Versicherungsvertragsrecht, RabelsZ 76 [2012] 316, 337). 2016 veröffentlichte die Projektgruppe „Restatement of European Insurance Contract Law" eine überarbeitete und erweiterte Fassung der PEICL (abrufbar unter www.restatement.info).

299

d) **Common Core of European Private Law**
In der Tradition des sog „Cornell-Projekts" von RUDOLF SCHLESINGER (SCHLESINGER, Formation of Contracts: A Study of the Common Core of Legal Systems, Vol I [New York/London 1968]) gründeten UGO MATTEI und MAURO BUSSANI 1993 das Trentiner Projekt

300

„Common Core of European Private Law" mit dem Ziel, einen Grundbestand gemeinsamer Rechtssätze aus den Rechten der Mitgliedstaaten abzubilden, ohne zwingend ein neues gemeinsames Recht schaffen zu wollen (vgl FIORENTINI ZEuP 2003, 444 ff; WURMNEST ZEuP 2003, 714, 716). Erst langfristig sollen die Prinzipien Grundlage eines einheitlichen Europäischen Zivilrechts werden. Die Forschungstätigkeit der Gruppe umfasst va Vertragsrecht, Deliktsrecht und Teile des Sachenrechts (vgl etwa z Treu und Glauben im Europäischen Vertragsrecht ZIMMERMANN/WHITTAKER, Good Faith in European Contract Law [Cambridge 2000]; z Durchsetzbarkeit von Versprechen GORDLEY, The Enforceability of Promises in European Contract Law [Cambridge 2001]; z Haftung für Vermögensschäden BUSSANI/PALMER, Pure Economic Loss [Cambridge 2003]; z weiteren Themengebieten vgl WERRO/PALMER, The Boundaries of Strict Liability in European Tort Law [Carolina 2004]; KIENINGER, Security Rights in Movable Property in European Private Law [Cambridge 2004]; SEFTON-GREEN, Mistake, Fraud and Duties to Inform in European Contract Law [Cambridge 2005]; GRAZIADEI/MATTEI/SMITH, Commercial Trusts in European Private Law [Cambridge 2005]; POZZO, Property and Environment [Carolina 2007]; MÖLLERS/HEINEMANN, The Enforcement of Competition Law in Europe [Cambridge 2008]; HINTEREGGER, Environmental Liability and Ecological Damage in European Law [Cambridge 2008]; CARTWRIGHT/HESSELINK, Precontractual Liability in European Private Law [Cambridge 2009]; BRÜGGEMEIER/COLOMBI CIACCHIO/O'CALLAGAHAN, Personality Rights in European Tort Law [Cambridge 2010] z weiteren Projekten der verschiedenen Arbeitskreise WURMNEST ZEuP 2003, 714, 718).

e) Study Group on a European Civil Code

301 Als (teilw) Weiterentwicklung der „Lando-Kommission" versteht sich die von CHRISTIAN VBAR initiierte **Study Group on a European Civil Code**, die ua die Principles of European Contract Law in einen European Civil Code einarbeiten will. Zudem sollen die rechtsvergleichenden Arbeiten der Gruppe als Hilfsmittel dem EU-Gesetzgeber und als Auslegungshilfe für die europäischen Gerichte dienen (vgl WURMNEST ZEuP 2003, 714, 732 f). Hauptforschungsgebiete der Gruppe liegen im Vermögensrecht, insbes dem **Vertrags-** und **Deliktsrecht** sowie in Teilbereichen des **Sachenrechts**. Europaweit tagen mehrere Arbeitsgruppen zu unterschiedlichen Themenbereichen (vgl WURMNEST ZEuP 2003, 714, 733; ZIMMERMANN ZEuP 2000, 391, 392 f), die seit Juni 2002 detaillierte Vorentwürfe veröffentlichen (vgl z den bisherigen im Überblick EIDENMÜLLER/FAUST/GRIGOLEIT/JANSEN/WAGNER/ZIMMERMANN JZ 2008, 529, 532, Fn 32; krit gegenüber den bereits erschienenen Principles of European Law für die Geschäftsführung ohne Auftrag JANSEN ZEuP 2007, 958 ff). Die Arbeitsergebnisse der Study Group sowie der Acquis Group (dazu noch Rn 303) werden seit 2006 in einem fortlaufenden Prozess durch ein „Compilation and Redaction Team" zusammengeführt, das Anfang 2008 eine erste, vorläufige Fassung des daraus entstandenen Entwurfs eines „Gemeinsamen Referenzrahmens" (auch Draft Common Frame of Reference [DCFR]) der Europäischen Kommission übermittelte und kurze Zeit später auch veröffentlichte (vgl Rn 304). Im Juni 2008 hat die hat die Gruppe ihre Arbeiten für abgeschlossen erklärt (http://hwb-eup2009.mpipriv.de/index.php/Study_Group_on_a_European_Civil_Code).

f) Corpus academicum pro codificatione europea

302 Ende 1990 konstituierte sich in Pavia auf Initiative des italienischen Rechtsgelehrten GUISEPPE GANDOLFI eine Gruppe von Zivilrechtswissenschaftlern unter dem Namen **Corpus academicum pro codificatione europea**, auch Groupe d'étude pour le droit européen commun (GEDEC) oder Akademie Europäischer Privatrechtswissenschaftler (www.accademiagiusprivatistieuropei.it). Sie hat sich zum Ziel gesetzt, parallel

zu den auch zu dieser Zeit schon bestehenden Projekten von UNIDROIT (s unten Rn 308) und der Lando-Kommission (s oben Rn 295 f u STURM JZ 1991, 555) einen weiteren Entwurf für eine europäische Zivilrechtskodifikation auszuarbeiten. Als Ausgangspunkt diente dabei ua das italienische ZGB (SCHULZE/ZOLL § 1 Rn 45; STURM JZ 1991, 555); die Arbeitsergebnisse sind bereits zT veröffentlicht worden (Accademia dei giusprivatisti europei [Hrsg], Code européen des contrats; vgl auch GANDOLFI, Pour un code européen des contrats, Revue trimestrielle de droit civil [1992] 707). So wurde zunächst Ende 2000 ein Entwurf des Ersten Buches eines Europäischen Vertragsgesetzbuches (Code européen des contrats oder Gandolfi-Code), welcher sich mit dem allgemeinen Vertragsrecht befasst, vorgelegt (vgl dazu etwa GANDOLFI, Der Vorentwurf eines Europäischen Vertragsgesetzbuches, ZEuP 2002, 1 ff; PATTI ZEuP 2004, 118 ff; SONNENBERGER, Der Entwurf eines Europäischen Vertragsgesetzbuches der Akademie Europäischer Privatrechtswissenschaftler – ein Meilenstein, RIW 2001, 409, 410; ZIMMERMANN Jura 2005, 289, 291 f). Momentan widmet sich die Akademie der Abfassung eines Zweiten Buches zum besonderen Vertragsrecht, dessen Erster Titel zum Kaufvertrag (Artt 174–220) bereits im Jahre 2006 veröffentlicht wurde (vgl GANDOLFI, La vendita nel „codice europeo dei contratti", Europa e Diritto Privato 2006, 1229 ff). Seitdem wurden keine weiteren Arbeitsergebnisse mehr publiziert (vgl www.accademiagiusprivatistieuropei.it).

g) Weitere Ansätze
Neben diesen vergleichenden Ansätzen leiten andere Gruppen die Grundsätze eines Europäischen Privatrechts **unmittelbar** aus dem **Gemeinschaftsrecht** ab oder wollen aus der Kombination von Gemeinschaftsrecht und nationalen Rechten ein einheitliches europäisches Recht entwickeln (Überblick bei WURMNEST ZEuP 2003, 714, 738 ff). Auf den ehemaligen EuGH-Generalanwalt VAN GERVEN geht etwa die Reihe „**Casebooks for the Common Law of Europe**" zurück, die bestehende „common principles" des Europäischen Privatrechts aufdecken soll (vgl etwa VAN GERVEN/LEVER/LAROUCHE/VBAR/VINEY, Tort Law – Scope of Protection [Oxford 1998]; VAN GERVEN/LEVER/LAROUCHE, Tort Law [Oxford 2000]; BEALE/HARTKAMP/KÖTZ/TALLON, Contract Law [Oxford 2002]; MICKLITZ/STUYCK/TERRYN, Consumer Law [Oxford 2010]). Eine ähnliche Methode, die ebenfalls einen gemeinsamen Europäischen „Privatrechtsbesitzstand" zugrunde legt, verfolgt die sog „**Acquis-Gruppe**" (European Research Group on the Existing EC Private Law) unter GIANMARIA AJANI und HANS SCHULTE-NÖLKE seit Mai 2002 (vgl iE ERNST AcP 208 [2008] 249, 253 f; WURMNEST ZEuP 2003, 714, 740 f sowie www.acquis-group. org). Erste Untersuchungen über den Acquis communautaire des Gemeinschaftsprivatrechts, insbes im Bereich der Informationspflichten und des Vertragsschlusses, wurden bereits früh vorgelegt (vgl SCHULTE-NÖLKE/SCHULZE/BERNADEAU, Europäisches Vertragsrecht im Gemeinschaftsrecht [Köln 2002]; TROIANO/SCHULZE/EBERS/GRIGOLEIT, Informationspflichten und Vertragsschluss im Acquis communautaire [Tübingen 2003]; SCHULZE/ZOLL § 1 Rn 46 ff). Seit 2006 hat man die Forschungsergebnisse, die sog „**Acquis-Grundregeln**" (vgl dazu ZEuP 2007, 896 ff), fortlaufend mit denen der Study-Group zum jetzigen DCFR zusammengeführt (s bereits Rn 301; z Integration der Acquis-Principles in den DCFR vgl PFEIFFER ZEuP 2008, 679, 695 ff; SCHULZE ZEuP 2007, 130 ff; eine krit Analyse der Acquis-Grundregeln nehmen JANSEN/ZIMMERMANN JZ 2007, 1113 ff u ZOLL GPR 2008, 106 ff vor). Zusammen mit der Study-Group handelt es sich um die tragendende Säule des gesamten Forschungsnetzwerks (zutr LEIBLE NJW 2008, 2558, 2560).

3. Schaffung eines „Gemeinsamen Referenzrahmens" (GRR)

304 Bereits im Juli 2001 leitete die Europäische Kommission ihrerseits eine breit angelegte Konsultation zur möglichen Einführung eines europäischen Vertragsrechts ein (vgl Mitteilung der Kommission v 11. 7. 2001 an den Rat u das Europäische Parlament – Zum europäischen Vertragsrecht, KOM [2001] 398 endg, ABl EU 2001 Nr C 255/1), die heftige Debatten auslöste (zu den Vorbehalten s oben Rn 282 ff). Unter Berücksichtigung der Kritik veröffentlichte die Kommission im Februar 2003 einen „Aktionsplan" mit verschiedenen konkreten Maßnahmen auf dem Weg zu einem „kohärenteren" Europäischen Vertragsrecht (vgl Mitteilung der Kommission v 12. 2. 2003 an das Europäische Parlament u den Rat – Ein kohärenteres europäisches Vertragsrecht – Ein Aktionsplan, KOM [2003] 68 endg, ABl EU 2003 Nr C 63/1; dazu auch die Entschließung des Rates v 14. 10. 2003 z Thema „Ein kohärenteres europäisches Vertragsrecht", ABl EU 2003 Nr C 246/1, ZEuP 2004, 424 f; DAUNER-LIEB NJW 2004, 1431, 1432; STAUDENMAYER EuZW 2003, 165 ff; ZYPRIES ZEuP 2004, 225 ff). Vorgeschlagen wurden etwa die Erarbeitung eines „Gemeinsamen Referenzrahmens" in den Mitgliedstaaten, die Entwicklung von EU-weiten Standard-AGB sowie die Prüfung eines „sektorübergreifenden optionalen Rechtsinstruments" für Vertragsparteien. In einer dritten Mitteilung erläuterte die Kommission am 11. 10. 2004, dass sie kein europäisches Zivilgesetzbuch schaffen wolle, das die Vertragsrechte der Mitgliedstaaten harmonisiere, sondern einen „Gemeinsamen Referenzrahmen", der evtl durch ein **optionales Instrument** ergänzt werde (Titel der Mitteilung: Europäisches Vertragsrecht und Überarbeitung des gemeinschaftlichen Besitzstands – weiteres Vorgehen, KOM [2004] 651 endg, ABl EU 2005 Nr C 14/6; m Anm dazu SCHMIDT-KESSEL GRP 2005, 2 ff; SCHULTE-NÖLKE NJW 2009, 2161 f; ausf z optionalen Instrument LEIBLE BB 2008, 1469, 1471 ff). Sein Zweck bestehe darin, vom europäischen Gesetzgeber bei der Überarbeitung existierender Gesetzgebung bzw bei der Ausarbeitung neuer Instrumente im Bereich des Vertragsrechts Verwendung zu finden. Die von der Kommission beauftragte Expertengruppe, das gemeinsame Netzwerk für das europäische Vertragsrecht, dem insbes die Forschungsgruppe „Study Group on a European Civil Code" (s oben Rn 301) und die „Research Group on EC Private Law (Acquis Group)" (s oben Rn 303) angehören, legte ihre Arbeiten am 31. 12. 2007 der Kommission offiziell vor. Der Entwurf eines „Gemeinsamen Referenzrahmens" (auch **Draft Common Frame of Reference** [DCFR]) wurde im Januar 2008 veröffentlicht (die Interim Outline Edition wurde im Februar 2008 unter dem Titel „Principles, Definitions and Model Rules of European Private Law – Draft Common Frame of Reference [DCFR]" von vBAR/CLIVE/SCHULTE-NÖLKE herausgegeben) und beinhaltet sieben Bände mit Modellregeln sowie einen Anhang mit Definitionen (ausf diskutiert v EIDENMÜLLER/FAUST/GRIGOLEIT/JANSEN/WAGNER/ZIMMERMANN JZ 2008, 529 ff; krit auch BASEDOW ZEuP 2008, 673 ff; ERNST AcP 208 [2008] 248 ff sowie WELLER JZ 2008, 764 ff). Nachdem der 67. Deutsche Juristentag den Entwurf 2008 in Erfurt thematisiert hatte (vgl NJW 2008, 2801), veröffentlichten die Herausgeber unter demselben Titel im Februar 2009 die – um drei weitere Bände komplettierte – endgültige Gesamtversion (sog „Final Outline Edition" des DCFR; s dazu ausf STAUDINGER/LOOSCHELDERS/OLZEN § 242 Rn 1235 ff). Obwohl sie bislang ausgeschlossen hat, dass es sich bei dem auf dessen Grundlage zu schaffenden optionalen Werk um ein Europäisches Zivilgesetzbuch handeln werde (vgl den Zweiten Fortschrittsbericht zum Gemeinsamen Referenzrahmen für ein Europäisches Vertragsrecht v 25. 7. 2007, s EuZW 2007, 554), ist der Entwurf in seiner bisherigen Ausgestaltung kaum von einem Zivilkodex zu unterscheiden (EIDENMÜLLER/FAUST/GRIGOLEIT/JANSEN/WAGNER/ZIMMERMANN JZ 2008, 529; GRUNDMANN JZ 2005, 860, 867; HONSELL ZIP 2008,

621, 629; ders, in: STAUDINGER/Eckpfeiler [2018] A Rn 48; LEIBLE BB 2008, 1469, 1471; MITTWOCH JuS 2010, 767, 770; WAGNER ZEuP 2008, 677; JANSEN/ZIMMERMANN, Was ist und wozu der DCFR?, NJW 2009, 3401, 3402; aM SCHULTE-NÖLKE, Arbeiten an einem europäischen Vertragsrecht-Fakten und populäre Irrtümer, NJW 2009, 2161, 2166). Die insgesamt sechs Bände enthaltende Vollversion des DCFR, dh der Regeltext mit den Erläuterungen und rechtsvergleichenden Hinweisen, ist seit Oktober 2009 veröffentlicht (Study Group of a European Civil Code and the Research Group on EC Private Law, Principles, Definitions and Model Rules of European Private Law – Draft Common Frame of Reference [DCFR] Full Edition von vBAR/ CLIVE). Freilich hat die Diskussion mit dem endgültigen DCFR keinen Abschluss gefunden. Vor diesem Hintergrund wurde daher in wachsendem Maße die Errichtung eines **„European Law Institute"** gefordert, um längerfristig eine Professionalisierung sowie eine institutionelle Absicherung des Vereinheitlichungsprozesses zu garantieren (EIDENMÜLLER/FAUST/GRIGOLEIT/JANSEN/WAGNER/ZIMMERMANN JZ 2008, 529, 550; ERNST AcP 208 [2008] 248, 280 ff; LEIBLE NJW 2008, 2558, 2562; ders, Der Gemeinsame Referenzrahmen zum Greifen nahe?, EuZW 2010, 401). Diesen Forderungen wurde durch die Errichtung eines solchen Institutes im Juni 2011 entsprochen (EuZW 2011, 491).

4. Common European Sales Law/Das Gemeinsame Europäische Kaufrecht

Um eines der Ziele der „Europa 2020", Strategie, Wachstum und Arbeitsplatzbeschaffung in Europa, zu erreichen, kündigte die Kommission im März 2010 an, dass sie einen Vorschlag für die Vereinheitlichung des Vertragsrechts unterbreiten werde (KOM [2010] 2020 endg). Sie beschloss daher im April 2010, eine Expertengruppe damit zu beauftragen, einen Gemeinsamen Referenzrahmen für ein europäisches Vertragsrecht zu entwickeln, wobei der DCFR den Ausgangspunkt der Überlegungen darstellen sollte (KOM [2010] 233 endg; krit DORALT, Strukturelle Schächen in der Europäisierung des Privatrechts- Eine Prozessanalyse der jüngeren Entwicklungen, RabelsZ 75 [2011] 260, 279; sowie RIESENHUBER, A Competitive Approach to EU Contract Law, ERCL 2011, 115, 123 f). Im Juli 2010 veröffentlichte die Kommission das Grünbuch „Optionen für die Einführung eines Europäischen Vertragsrechts für Verbraucher und Unternehmer" (KOM [2010] 348 endg; ausf TAMM, Die 28. Rechtsordnung der EU: Gedanken zur Einführung eines grenzüberschreitenden B 2 C-Vertragsrechts GPR 2010, 281, 283 ff; TONNER, Das Grünbuch der Kommission zum Europäischen Vertragsrecht für Verbraucher und Unternehmer – Zur Rolle des Verbrauchervertragsrechts im europäischen Vertragsrecht, EuZW 2010, 767). Dieses Grünbuch enthält sieben verschiedene Vorschläge zur Gestaltung eines europäischen Vertragsrechts. Vorgeschlagen wurde ua eine VO zur Einführung eines fakultativen, europäischen Vertragsrechtinstruments (Option 4), eine Richtlinie über ein europäisches Vertragsrecht (Option 5) sowie eine VO zur Einführung eines europäischen Zivilgesetzbuches (Option 7) (z den jeweiligen Kompetenzgrundlagen der Optionen GUTMAN, The Commission's 2010 Green Paper on European Contract Law: Reflections on Union Competence in Light of the proposed Options, ECL 2011, 152, 154 ff). Zu den vorgeschlagenen Themen konnten im Rahmen einer öffentlichen Beratung Stellungnahmen und Meinungen eingereicht werden. Im Mai 2011 präsentierte die Expertengruppe ihre Ergebnisse innerhalb einer Machbarkeitsstudie (abrufbar unter http://ec.europa.eu/justice/contract/files/ feasibility_study_final.pdf; erläuternd SCHULTE-NÖLKE, Der Blue Botton kommt – Konturen einer neuen rechtlichen Infrastruktur für den Binnenmarkt, ZEuP 2011, 749, 752 f, auch LEHMANN, Auf dem Weg zu einem europäischen Vertragsrecht: Die „Feasibility Study" der Expert Group on European Contract Law, GRP 2011, 218 ff), welche im Anhang IV 189 Artikel enthält, die laut den Experten für die Realisierung eines Gemeinsamen Europäischen

305

Kaufrechtes relevant sein würden (Synopse der Machbarkeitsstudie mit dem Verordnungsentwurf in: Schulte-Nölke/Zoll/Jansen/Schulze, Der Entwurf für ein optionales europäisches Kaufrecht [München 2012] 297 ff). Stellungnahmen zur Machbarkeitsstudie waren bis Juli 2011 möglich. Im Oktober 2011 verabschiedete die Kommission dann einen Vorschlag für eine VO über ein Gemeinsames Europäisches Kaufrecht (KOM [2011] 635 endg). Damit wurde die vierte Option des Grünbuches weiter ausgearbeitet (Martinek, in: Staudinger/Eckpfeiler [2014] A Rn 202). Der VO-Entwurf enthält nicht nur Vorschläge für kaufrechtliche Normen, sondern auch allgemeine Vertragsregelungen und Grundsätze (z Vorgeschichte der Verordnung ausf Schulte-Nölke, Vor- und Entstehungsgeschichte des Vorschlags für ein Gemeinsames Europäisches Kaufrecht, in: Schulte-Nölke/Zoll/ Jansen/Schulze, Der Entwurf für ein europäisches Kaufrecht [München 2012] 1 ff; s z Inhalt ausf Looschelders, Das allgemeine Vertragsrecht des Common European Sales Law, AcP 212 [2012] 581 ff; Schmidt-Kessel, Ein einheitliches europäisches Kaufrecht? [München 2012]; Eidenmüller/Jansen/Kieninger/Wagner/Zimmermann, Der Vorschlag für eine Verordnung über ein Gemeinsames Europäisches Kaufrecht- Defizite der neuesten Textstufe des europäischen Vertragsrecht, JZ 2012, 269, 271 f; Mansel WM 2012, 1309 ff). Der Entwurf des Gemeinsamen Europäischen Kaufrechts befindet sich im Anhang I zur VO. Insgesamt beinhaltet dieser Anhang 186 Artikel zu grenzüberschreitenden Kaufverträgen, Verträgen über die Bereitstellung digitaler Inhalte und über hiermit verbundene Dienstleistungen, wenn der Verkäufer Unternehmer ist sowie, wenn beide Vertragsparteien Unternehmer sind, eine Vertragspartei aber nur ein kleines oder mittleres Unternehmen iSd Art 7 Abs 2 GEKR-VO betreibt (Artt 4, 5 Abs 1, 7 Abs 1 GEKR-VO) (hierzu Stadler, Anwendungsvoraussetzungen und Anwendungsbereich des Common European Sales Law, AcP 212 [2012] 473, 484 ff; Mansel, Der Verordnungsvorschlag für ein Gemeinsames Europäisches Kaufrecht – Teil I, WM 2012, 1253, 1256). Das Gemeinsame Europäische Kaufrecht soll nur gelten, wenn beide Parteien sich ausdrücklich darauf einigen (vgl Artt 3, 8 GEKR-VO). Es handelt sich folglich – wie auch vorher angekündigt – um ein **optionales Vertragswerk**. Im Falle seiner Vereinbarung wäre es somit an Stelle des nationalen Rechtes anzuwenden (vgl Art 11 S 1 GEKR-VO).

306 Umstr ist vor allem die Kompetenzgrundlage einer solchen VO. Laut Kommission sollte die VO sich auf Art 114 AEUV stützen können (KOM [2011] 635 endg, 9; dem zust Ausschuss Europäisches Vertragsrecht des Deutschen Anwaltsvereins; Art 114 AEUV als Rechtsgrundlage für das Gemeinsame Europäische Kaufrecht, ZIP 2012, 809; krit Basedow, Art 114 AEUV als Rechtsgrundlage eines optionalen EU-Kaufrechts: Eine List der Kommission?, EuZW 2012, 1; Schmidt-Kessel, Der Vorschlag der Kommission für ein Optionales Instrument – Einleitung, in: Schmidt-Kessel, Ein einheitliches europäisches Kaufrecht?, 1, 9 ff [München 2012]; Roth; Der „Vorschlag für eine Verordnung über ein Gemeinsames Europäisches Kaufrecht" [KOM <2011> 635 endg], EWS 2012, 12, 16 ff; Ludwigs, Verwirklichung des Binnenmarkts durch ein „Gemeinsames Europäisches Kaufrecht?" – Das optionale Modell im Kreuzfeuer der Kompetenzkritik, EUZW 2012, 608 ff; Grigoleit, Der Entwurf für ein Gemeinsames Europäisches Kaufrecht: Funktionsbedingungen, EU-Kompetenz und Perspektiven, in: Remien/Herrler/Limmer, Gemeinsames Europäisches Kaufrecht für die EU?, 67, 75 ff [München 2012]; Müller-Graf, Der Introitus des optionalen Europäischen Kaufrechts: Das erste Kapitel im Kontext von Kodifikationskonzept und Primärrecht, in: Schmidt-Kessel, Ein einheitliches europäisches Kaufrecht?, 29, 59 f [München 2012]; Mansel WM 2012, 1309, 1315 f; vgl auch Schulze/Zoll § 1 Rn 57 f; ausf Schmuhl, Gemeinsames Europäisches Kaufrecht S 12 ff: für Art 352 als Kompetenzgrundlage). Doch der Bundestag sah die Kompetenzgrundlage als problematisch an und beschloss daher im Dezember 2011, eine entsprechende Subsidiaritätsrüge zu erheben

(BT-Drucks 17/800). Ursprünglich sollte die VO zum zwanzigjährigen Jubiläum des Binnenmarkts in Kraft treten (KOM [2011] 636 endg 13), also spätestens im Dezember 2012. Dieser Termin wurde jedoch nicht eingehalten. Im Februar 2013 erfolgte im Rechtsausschuss des Europäischen Parlamentes die Vorstellung eines Berichtsentwurfes zum VO-Vorschlag (PE505.998v02-00) mit einigen Änderungsvorschlägen, welcher im März 2013 veröffentlicht wurde. Im September 2013 nahm der Rechtsausschuss des Europäischen Parlamentes den überarbeiteten VO-Vorschlag an (ausf z neueren Etwicklung MAYER/LINDEMANN, Zu den akutellen Entwicklungen um das Gemeinsame Europäische Kaufrecht auf EU-Ebene, ZEuP 2014, 1, 2 ff). Gemäß dem überarbeiteten Entwurf findet die Verordnung allerdings allein auf grenzüberschreitende Fernabsatzverträge, insbesondere Online-Geschäfte, Anwendung. Am 26. Februar 2014 gab das Europäische Parlament die Zustimmung zum VO-Entwurf (P70_TA-[2014] 0159). Wann und ob der VO-Vorschlag in Kraft tritt, lässt sich momentan noch nicht abschätzen. Das gemeinsame Schreiben der Justizminister von Frankreich, Deutschland, dem Vereinigten Königreich, Österreich, den Niederlanden und Finnland an die Justizkommissarin (abgedruckt unter BASEDOW ZEuP 2015, 432, 433 ff), in welchem der Verordnungsentwurf insbesondere wegen den damit einhergehenden Rechtsunsicherheiten, der Absenkung des Schutzniveaus für Verbraucher und der zweifelhaften Rechtsgrundlage kritisiert wird, lässt ein baldiges Inkrafttreten der Verordnung nicht realistisch erscheinen (so auch BASEDOW ZEuP 2015, 432; MAGNUS ZEuP 2017, 140, 141).

Zu den neuen Richtlinien über bestimmte vertragsrechtliche Aspekte der Bereitstellung **digitaler Inhalte** und **digitaler Dienstleistungen** (RL 2019/770/EU) und über bestimmte vertragsrechtliche Aspekte des **Warenkaufs** (RL 2019/771/EU) vom 20. 5. 2019 vgl § 242 Rn 1254.

II. Internationales Schuldrecht

Nicht nur auf eine gemeinsame europäische Rechtsordnung, sondern auf weltweite Anwendung zielen das sog UN-Kaufrecht (United Nations Convention on Contracts for the International Sale of Goods – CISG) und die UNIDROIT-Principles for International Commercial Contracts. Ihrer Internationalität steht allerdings die Beschränkung allein auf das Kaufrecht und auf internationale Handelsverträge gegenüber.

1. UNIDROIT-Prinzipien

Das bereits 1926 gegründete International Institute for the Unification of Private Law (UNIDROIT) mit Sitz in Rom hat 1971 entschieden, die Ausarbeitung von Grundregeln zur Abfassung internationaler **Handelsverträge** zu entwickeln. Die Einsetzung einer dahingehenden Arbeitsgruppe erfolgte allerdings erst 1980 und ihre Ergebnisse wurden 1994 unter dem Titel **„Principles of International Commercial Contracts"** veröffentlicht (der deutsche Text ist – allerdings ohne Erläuterungen und Bsp – abgedr in ZEuP 1997, 890; die vollständige englische Originalfassung findet sich in der gleichnamigen, von UNIDROIT herausgegebenen Publikation; z den grundlegenden inhaltlichen Aspekten s BONELL RabelsZ 56 [1992] 274; mit dem 3. Kapitel [Gültigkeit von Verträgen] beschäftigt sich eingehend KRAMER, Die Gültigkeit der Verträge nach den UNIDROIT Principles of International Commercial Contracts, ZEuP 1999, 209 ff; vgl z den Principles of European Contract Law ZIMMERMANN

Jura 2005, 289, 292). Im April 2004 billigte der Direktionsrat die zweite, überarbeitete und erweiterte Ausgabe der Principles (SCHILF, Unidroit Principles 2004 – Auf dem Weg zu einem Allgemeinen Teil des Internationalen Einheitsprivatrechts, IHR 2004, 236 ff; Abdruck der revidierten Fassung in der IHR 2004, 257 ff). Die Prinzipien umfassen 185 Artikel, die sich auf insgesamt zehn Kapitel mit einer vorangestellten Präambel verteilen. Dort findet sich auch der Anwendungsbereich der Prinzipien: „International commercial contracts." Daraus ergibt sich eine zweifache Einschränkung ihrer Anwendbarkeit: Die Regeln gelten nur für Handelsverträge und nur für solche mit **internationalem Charakter** (näher dazu BONELL RabelsZ 56 [1992] 274, 279 f). Die Prinzipien entsprechen in ihrer knappen Abfassung eher kontinentaleuropäischen Kodifikationen als den ausführlichen Gesetzen der Common-Law-Staaten (BONELL RabelsZ 56 [1992] 274, 279). Im Jahr 2006 trat eine dritte Arbeitsgruppe zusammen, um eine dritte, erweiterte Version zu erarbeiten. Im Mai 2008 kam es zu einer Sitzung der Arbeitsgruppe in Rom, in der Entwürfe einzelner neuer Kapitel vorgestellt wurden (die vier sog „Draft Chapter" sind unter http://www.unidroit.org/english/documents/2008/contents.htm abrufbar). Die dritte Version der Grundregeln wurde schließlich im Mai 2011 vom Direktionsrat genehmigt (abgedruckt in ZEuP 2013, 165; ausf dazu VOGENAUER, Die UNIDROIT Grundregeln der internationalen Handelsverträge 2010, ZEuP 2013, 7, 18 ff). Nunmehr bestehen die Principles aus 211 Artikeln. Es wurde ein weiteres Kapitel (Kapitel 11), welches sich mit der Schuldner- und Gläubigermehrheit beschäftigt, eingeführt, ferner Vorschriften über die Behandlung rechtswidriger Verträge und über Bedingungen integriert. Im Mai 2012 fasste dann der Direktionsrat den Entschluss, eine Arbeitsgruppe mit der Entwicklung von Modell Klauseln für die Einbeziehung der Principles zu beauftragen. Das erste Treffen dieser Arbeitsgruppe hierzu fand im Februar 2013 in Rom statt. Im Mai 2013 hat der Direktionsrat die von dieser Arbeitsgruppe entwickelten Modell Klauseln einstimmig angenommen.

2. UN-Kaufrecht (CISG) und Haager Kaufrecht

309 Das **CISG** trat am 1. 1. 1988 in Kraft und gilt in der Bundesrepublik seit dem 1. 1. 1991 (BGBl 1989 II 588, berichtigt BGBl II 1990, 1699; z weiteren Entwicklung vgl MAGNUS, Aktuelle Fragen des UN-Kaufrechts, ZEuP 1993, 79 ff; ders, Stand und Entwicklung des UN-Kaufrechts, ZEuP 1995, 202 ff; ders, Das UN-Kaufrecht – Fragen und Probleme seiner praktischen Bewährung, ZEuP 1997, 823; ders ZEuP 1999, 642 ff; ders, Das UN-Kaufrecht – aktuelle Entwicklungen, ZEuP 2013, 111; PILTZ, Neue Entwicklungen im UN-Kaufrecht, NJW 2007, 2159 ff; ders, Neue Entwicklungen im UN-Kaufrecht, NJW 2011, 2261; ders, Neue Entwicklungen im UN-Kaufrecht, NJW 2013, 2567). Es geht in seinen Ursprüngen auf das Jahr 1928 zurück, als ERNST RABEL dem Präsidenten des 1926 gegründeten Institutes UNIDROIT (vgl oben Rn 308) den Vorschlag unterbreitete, eine Vereinheitlichung des Kaufrechts in Aussicht zu nehmen. Das daraufhin unter Rabels Federführung eingesetzte Komitee legte bis 1939 einen entsprechenden Entwurf vor (1. Entwurf von 1935 in RabelsZ 9 [1935] 8 ff, 45 ff; Entwurf von 1939 bei RABEL, Das Recht des Warenkaufs – Eine rechtsvergleichende Darstellung Bd II [1967] 395 ff). Infolge des 2. Weltkriegs kam das Komitee erst 1950 wieder zusammen. Mittlerweile hatte die Haager Konferenz eigene Arbeiten zur Kaufrechtsvereinheitlichung aufgenommen, die 1964 zum Abschluss kamen (ausf STAUDINGER/MAGNUS [2013] Einl 21 ff zum CISG). Der Anerkennung des sog **„Haager Kaufrechts"** hat es allerdings nachhaltig geschadet, dass die Entwicklungs- und die sozialistischen Länder dieses Übereinkommen mangels Beteiligung an seiner Ausarbeitung ablehnten. Deshalb widmete sich ab 1968 die Kommission der Vereinten

Nationen für Internationales Handelsrecht (United Nations Commission on International Trade Law – UNCITRAL) der Problematik und entwickelte bis 1976 den sog „**Genfer Entwurf**" für ein materielles Kaufrecht, der 1980 nach mehreren Änderungen (dazu STAUDINGER/MAGNUS [2013] Einl 24 ff zum CISG) auf der Wiener Konferenz verabschiedet und bis heute von fast 80 Staaten ratifiziert worden ist (z Ratifikationsstand STAUDINGER/MAGNUS [2013] Einl 27 f zum CISG; PILTZ NJW 2013, 2567).

Das **CISG** besteht aus insgesamt **vier Teilen** (Anwendungsbereich und allg Bestimmungen; Abschluss des Vertrages; Warenkauf; Schlussbestimmungen) mit 101 Artikeln und einer Präambel, die zum verbindlichen Konventionstext gehört (z inhaltlichen Fragen vgl ua den Überblick bei STAUDINGER/MAGNUS [2013] Einl 28 ff zum CISG; ferner die Kommentierung von STAUDINGER/MAGNUS [2013] CISG; HONSELL, Kommentar zum UN-Kaufrecht [2. Aufl 2010]; MünchKommHGB/MANGKOWSKI/FERRARI et al [4. Auflage 2018] CISG; in Lehrbuchform SCHLECHTRIEM/SCHROETER, Internationales UN-Kaufrecht [6. Aufl 2016]). Seine Schwäche hinsichtlich der Rechtsvereinheitlichung besteht darin, dass es – anders als bei der Rechtsharmonisierung auf europäischer Ebene – an einer verbindlichen Auslegungsinstanz wie dem EuGH fehlt (DROBNIG, in: FS Steindorff [1990] 1144 f). **310**

Q. Schuldrecht in der Rechtsvergleichung

Im Zuge der Internationalisierung der Rechtsordnungen gewinnt die **Rechtsvergleichung** vermehrt an Bedeutung. Nachfolgend werden deshalb exemplarisch einige andere Staaten im Hinblick auf ihre schuldrechtlichen Grundlagen betrachtet (z weiteren Staaten und Einzelheiten vgl zB RANIERI, Europäisches Obligationenrecht [2. Aufl 2003]). **311**

I. Das Obligationenrecht der Schweiz

Das Schweizerische **Obligationenrecht** geht als selbstständige Kodifikation auf die Jahre 1881–1883 zurück. Bei Schaffung des **ZGB** rund zwanzig Jahre später wurde es nicht mehr darin integriert, weil eine vollständige Neubearbeitung des Obligationenrechts überflüssig erschien. So blieb es neben dem ZGB mit eigener – weitgehend ursprünglicher – Artikel- und Titelzählung bestehen, wurde diesem jedoch als „BundesG betr die Ergänzung des schweizerischen ZGB" und damit als fünfter Teil angefügt. Man unterscheidet daher das ZGB ieS, dh ohne das Obligationenrecht, und das ZGB iwS unter Einschluss dieses Sondergesetzes (z geschichtlichen Entwicklung SCHWENZER, Schweizerisches Obligationenrecht AT [2012] 1 ff; SCHÖNENBERGER, in GAUCH/STÖCKLI, Schweiz ZGB mit OR [49. Aufl 2012] in der Einl zu OR; weiterhin SchweizOR/ BUCHER Einl vor Art 1 ff Rn 21 ff; BUCHER ZEuP 2003, 353 ff; allg z ZGB ZWEIGERT/KÖTZ § 13, 165 ff). Das ZGB und das „angehängte" leicht modifizierte Obligationenrecht traten zeitgleich zum 1. 1. 1912 in Kraft. **312**

Inhaltlich differenziert das Obligationenrecht – wie das BGB – zwischen Allgemeinen Bestimmungen (Entstehen, Wirkung und Erlöschen von Obligationen) in der 1. Abtl und den einzelnen besonderen Vertragsverhältnissen in der 2. Abtl. Über diese Regelungen hinaus enthält es allerdings in der 3., 4. und 5. Abtl noch Vorschriften, die in Deutschland Bestandteil ua des HGB als Sonderprivatrecht sind. Sie beziehen sich auf Handelsgesellschaften und die Genossenschaft, das Handelsregister, Firmen und **313** kaufmännische Buchführung sowie Wertpapiere (z diesem unitarischen System SchweizOR/ Bucher Einl vor Art 1 ff Rn 26 f, der es als moderne „Überwindung" einer zweigeteilten Kodifikation empfindet; ferner Bucher ZEuP 2003, 353, 360 ff). Seit 2007 arbeitet ein Forschungsprojekt an einer Überarbeitung des allgemeinen Teils des Schweizerischen Obligationenrechts (z diesem als OR 2020 bezeichneten Entwurf ausf Huguenin/Hilty, Schweizer Obligationenrecht 2020 [2013]; Huguenin, Obligationenrecht 2020: Aufgeräumter Entwurf, plädoyer 2013, 13 ff). Entsprechende Postulate für eine Reform des Obligationenrechts wurden im März 2013 sowohl beim Ständerat (Curia Vista 13. 3217) als auch beim Nationalrat eingereicht (Curia Vista 13. 316). Der Nationalrat sowie der Ständerat nahmen die Postulate an. Der Bundesrat sprach sich zuletzt jedoch gegen ein solches Vorhaben aus, da er keinen entsprechenden Handlungsbedarf sah (Bericht des Bundesrates in Erfüllung der Postulate 13. 3217 Bischof und 13. 3226 Caroni vom 31. 1. 2018).

II. Der französische Code civil

314 Der französische **Code civil** ist in gaianischer Tradition (z römischen Recht s oben Rn 103) in lediglich **drei Bücher** aufgeteilt (Des personnes; Des biens et des différentes modifications de la propriété; Des différentes manières dont on acquiert la propriété). Diese Einteilung liegt im Verzicht auf Trennungs- und Abstraktionsprinzip begründet (s oben Rn 26 ff). Das **Schuldrecht** ist im 3. Buch verankert, obwohl dieses seinem Titel nach die Regeln des Eigentumserwerbs beinhaltet. Dort finden sich auch das Erbrecht, das Ehegüterrecht, das Pfand- und Hypothekenrecht und die Verjährungsregeln – eine aus deutscher Sicht eigenartig erscheinende Zusammenstellung. Die Gliederung des schuldrechtlichen Teils selbst entspricht wiederum weitgehend derjenigen des BGB: Er enthält allgemeine Regelungen über vertragliche (Titre III: Des contrats ou des obligations conventionnelles en général) und nichtvertragliche Schuldverhältnisse (Titre IV: Des engagements qui se forment sans convention). Daneben finden sich Regeln zu einzelnen besonderen Vertragstypen wie Kauf (VI: De la vente) und Leihe (Titre X: Du prêt) (weitere Einzelheiten bei Sonnenberger, Französisches Zivilrecht Bd 1 u 2 [2. Aufl 1986]; ders, Einführung in das französische Recht [3. Aufl 2000]; Witz/Kull, Der französische Code civil – Bestandsaufnahme nach 200 Jahren, NJW 2004, 3757 ff). Seit der Zweihundertjahrsfeier des Code civil 2004 wurde eine umfassende Reform des französischen Schuldrechtes diskutiert (z 2005 veröffentlichten Vorentwurf für die Änderung der schuldrechtlichen Regelungen in Frankreich, dem sog „Projet Catala" vgl Sonnenberger ZEuP 2007, 421). Im September 2008 stellte das Justizministerium einen eigenen Entwurf vor und im Dezember 2008 stellte eine Arbeitsgruppe unter der Leitung von François Terré ihren Entwurf vor. 2015 wurde die französische Regierung parlamentarisch ermächtigt, eine Verordnung zur Reform des Schuldrechts als Teil des dritten Buchs des Code civil zu erlassen. Diese Verordnung erging am 10. 2. 2016 und wurde am 6. 7. 2016 durch das französische Parlament ratifiziert (Sonnenberger ZEuP 2017, 6, 7). Neben einer übersichtlicheren Gliederung und einer laienverständlichen Sprache (Sonnenberger ZEuP 2017, 778, 833 f) wurden auch inhaltlich erhebliche Änderungen vorgenommen, wie bspw die Einführung einer Regelung für den Fall des Fortfalls der Geschäftsgrundlage (Art 1195 Code civil, Sonnenberger ZEuP 2017, 6, 47 f). Die Reform des Haftungsrechts ist dem Parlament vorbehalten und steht daher noch aus (Sonnenberger ZEuP 2017, 778, 834 f).

III. Das österreichische ABGB

Auch das österreichische **ABGB** (ausf ZWEIGERT/KÖTZ § 12, 156 ff) aus dem Jahre 1811 **315** folgt dem geschilderten (s oben Rn 314) gaianischen Aufbau: Das **Schuldrecht** findet sich im 2. Teil des dreiteiligen ABGB. Dieser Zweite Teil („Von dem Sachenrechte") unterscheidet zwischen dinglichen (1. Abteilung) und persönlichen Sachenrechten (2. Abteilung). In Letztere gehören die schuldrechtlichen Vorschriften. Sie gliedern sich auf in einen AT „Von Verträgen und Rechtsgeschäften überhaupt", §§ 859–937 ABGB, und einen besonderen Teil mit den einzelnen Vertragstypen, §§ 938–1292 ABGB, sowie das Deliktsrecht, §§ 1293–1341 ABGB. Eine Arbeitsgruppe hat 2005 eine umfassende Novellierung des Deliktsrechtes geplant und einen entsprechenden Entwurf vorgelegt (abgedr und erläutert in GRISS/KATHREIN/KOZIOL, Entwurf eines neuen österreicherischen Schadensersatzrechts; ferner GRISS JBl 2005, 273; hierzu WAGNER, Reform des Schadensersatzrechts, JBl 2008, 2 ff). Ein Gegenentwurf hierzu wurde 2008 veröffentlicht (abgedr in REISCHAUER JBl 2009, 484 495; hierzu TAUPITZ/PFEIFFER, Der Entwurf und der Gegenentwurf für ein neues österreichisches Schadensersatzrecht – eine kritische Analyse, JBl 2010, 88 ff) und ein weiterer sog Schattenentwurf 2011 (hierzu NEUMAYER, in: Bundesministerium für Justiz, 200 Jahre ABGB, 257 ff [Wien/Graz 2012] REISCHAUER JBl 2013, 64 ff).

IV. Niederlande: Burgerlijk Wetboek

Das in französischer Rechtstradition (s oben Rn 314) stehende **Burgerlijk Wetboek** **316** (BW) der Niederlande von 1838 war über 150 Jahre hinweg die Grundlage des dortigen Privatrechts (MINCKE, Niederländisches Recht). Zwar war bereits 1947 Eduard Maurits Meijers beauftragt worden, ein neues Zivilgesetzbuch zu verfassen, und hatte eine Einteilung in neun Bücher vorgesehen (Personen- und Familienrecht; Juristische Personen; Allgemeines Vermögensrecht; Erbrecht; Sachenrecht; Allgemeines Schuldrecht; Besondere Verträge; See-, Binnenschifffahrts- und Luftfahrtsrecht; Rechte an geistigen Schöpfungen). Zu einer Ablösung des BW kam es aber erst am 1. 1. 1992, als das Vermögensrecht (3., 5., 6. und Teile des 7. Buches) als Hauptteil des neuen Gesetzbuches in Kraft trat (dazu HARTKAMP, Einführung in das neue Niederländische Schuldrecht, AcP 191 [1991] 396 ff; sowie VRANKEN AcP 191 [1991] 411 ff; REMIEN, Das neue Burgerlijk Wetboek der Niederlande und seine Erschließung durch die Rechtsliteratur, ZEuP 1994, 187 mwNw). Vorher waren bereits das 1. (1970), 2. (1976) und 8. (1991) Buch in Kraft getreten. Das 4. Buch folgte am 1. 1. 2003. Aus dem 7. Buch hat man bislang Regelungen über den Kauf bzw Tausch, den Auftrag, die Verwahrung und die Bürgschaft getroffen; für andere wichtige Vertragstypen, zB die Miete, sind die Vorschriften des alten Gesetzbuches als Buch 7 A vorerst bestehen geblieben. Die Arbeiten am 9. Buch zum Recht des geistigen Eigentums wurden aufgrund der internationalen Ausgestaltung dieser Thematik inzwischen eingestellt (SCHMIEDEL, Burgerlijk Wetboek, abrufbar unter: http://hwb-eup2009.mpipriv.de/index.php/Burgerlijk_Wetboek). Seit 2012 ist das zuvor nur in Einzelgesetzen und durch Richterrecht geregelte Internationale Privatrecht im 10. Buch normiert.

Das neue und alte BW unterscheiden sich zT erheblich (MINCKE, Niederländisches **317** Recht Rn 12, 80 f; BASEDOW, ZVglRWiss 79 [1980] 132 ff). So integriert das neue BW etwa das **Unternehmens-** und **Handels-** sowie das **Verbraucherschutzrecht** als Sondervorschriften am **systematischen Ort** des jeweiligen Regelungsgegenstandes. Bemerkenswert ist ferner nicht nur der Umfang des gesetzgeberischen Projektes, sondern auch die intensive Auseinandersetzung mit anderen Rechtsordnungen im Rahmen des Gesetzgebungsverfahren, insbes mit dem deutschen und schweizerischen Recht (s oben Rn 312 f) sowie mit dem Common Law (s unten Rn 319 ff; vgl dazu die Parlamentsakten [„Parlementaire Geschiedenis"]). Deren Züge sind im neuen BW deutlich erkennbar, so zB das Vorhandensein eines **Allgemeinen Teils**, der sich jedoch nicht unwesentlich von dem des BGB unterscheidet (MINCKE, Niederländisches Recht Rn 82 ff). Allerdings darf diese Auseinandersetzung mit fremden Rechtsordnungen nicht dahingehend missverstanden werden, dass sich die Niederlande in ihrer neuen Kodifikation aus dem französischen Rechtskreis entfernt hätten; viele Traditionen sind bestehen geblieben (BASEDOW ZVglRW 79 [1980] 132 ff; HARTKAMP Rev int dr comp 34 [1982] 319).

318 Inhaltlich steht auch im niederländischen Schuldrecht der **Vertrag** im Mittelpunkt (HARTKAMP, Einführung in das neue Niederländische Schuldrecht, AcP 191 [1991] 396 ff; z einzelnen Vertragstypen MINCKE, Niederländisches Recht Rn 257 ff), des Weiteren die **gesetzlichen Schuldverhältnisse** der **unerlaubten Handlung** (onrechtmatige daad), der **Geschäftsführung ohne Auftrag** (zaakwaarneming), der **ungeschuldeten Leistung** (onverschuldigde betaling) und der **ungerechtfertigten Bereicherung** (ongerechtvaardigde verrijking) (z den gesetzlichen Schuldverhältnissen VRANKEN AcP 191 [1991] 411 ff). Trotz der zentralen Bedeutung des Vertrags und dem Vorhandensein eines dinglichen Vertrags finden sich die Vorschriften über die Verträge nicht im allgemeinen Vermögensrecht (3. Buch), sondern im Allgemeinen Schuldrecht (6. Buch). Die einschlägigen Regelungen werden dann auf dingliche und eherechtliche Verträge entsprechend angewendet.

V. Common Law

319 Das **Common Law**, dessen Rechtsregeln ein Viertel bis ein Drittel der Weltbevölkerung betreffen (z Verbreitung [insbes auch aus historischer Sicht] ZWEIGERT/KÖTZ § 16, 214 ff; vBERNSTORFF 3 ff), unterscheidet sich grds von den kontinentalen Rechtsordnungen. Innerhalb seiner Rechtsfamilie (vgl nur DAVID/GRASMANN/WILL, Einführung in die großen Rechtssysteme der Gegenwart [2. Aufl 1988] Rn 282 ff; ZWEIGERT/KÖTZ §§ 14 ff, 177 ff) lassen sich insbes das **anglo-amerikanische** und das **englische** Recht unterscheiden.

1. Das englische Recht

320 Das **englische Recht** stützt sich in erster Linie auf das von den Gerichten geschaffene **Case Law** (Begriffsbestimmungen bei HAY Rn 16), welches zuweilen durch einzelne Spezialgesetze (Statutory Law; z dieser Regelungspraxis vBERNSTORFF 9 ff; ZWEIGERT/KÖTZ § 14 V, 194 ff) ergänzt bzw abgeändert wird. Eine zusammenfassende Kodifikation ist hingegen unterblieben. Auch das Vertragsrecht (z Rechtsgeschichte vBERNSTORFF 49 ff) kennt nur wenige gesetzliche Grundlagen; ein „Schuldrecht" im deutschen Sinne ist nicht vorhanden. Abgesehen vom **Kaufrecht** (Sale of Goods Act aus dem Jahre 1979, welche 2002 durch die Sale and Supply of Goods to Consumers Regulations an die europäische Richtlinie 1999/44/EG angepasst wurde) sind die einzelnen Vertragstypen nicht näher geregelt. Damit kennt das englische Recht auch nicht den Gedanken, dass sich die Parteien lediglich über einige Punkte (essentialia negotii) einigen (müssen) und der sonstige Inhalt des zwischen ihnen bestehenden Schuldverhältnisses durch die (dispositive) Rechtsordnung ausgestaltet wird. Abhilfe bietet hier zT die sog **„doctrine of implied terms"**, nach der durch das Gericht, Handelsbräuche oder entsprechende Vorschriften Ergänzungen erfolgen (z weiteren dogmatischen und methodischen Aspekten vgl LUNDMARK, Juristische Technik und Methodik des Common Law [1998]). Lediglich das Verbraucher- und Mieterschutzrecht, das Arbeits- und Sozialversicherungsrecht sowie einige andere Rechtmaterien (s ZWEIGERT/KÖTZ § 14 V, 194 ff) haben im englischen Recht eine – teilw schwer überschaubare – Kodifikation erfahren.

2. Das US-amerikanische Recht

Das **US-amerikanische Recht** wurde stark durch das englische Common Law geprägt (z Rechtsgeschichte HAY Rn 1 ff; ZWEIGERT/KÖTZ § 17 I, 233 ff), auch wenn einzelne Einflüsse des Civil Law (Recht Kontinentaleuropas, Gegenbegriff zum Common Law; vgl vBERNSTORFF 3 f) sowie nicht unerhebliche Abänderungen durch gesetzgeberische Tätigkeiten schon in der frühen amerikanischen Geschichte (dazu ZWEIGERT/KÖTZ § 17 I, 233 ff) unverkennbar sind. Dennoch basiert das amerikanische Rechtssystem nach wie vor vornehmlich auf **Fallrecht** (HAY Rn 19 ff). Wie das englische kennt es kein Schuldrecht im deutschen Sinne. Es unterscheidet stattdessen zwischen dem **Vertragsrecht** (Law of Contracts), dem Recht der **unerlaubten Handlungen** (Law of Torts) und dem Recht des **Quasi Contract** (dazu HAY 347). Diese Rechtsgebiete sind allerdings nicht immer scharf voneinander abgrenzbar (Einzelheiten bei HAY Rn 282), auch wenn sie in der amerikanischen Rechtswissenschaft getrennt betrachtet werden. Inhaltlich ist fraglich, ob man überhaupt jeweils von einem einheitlichen „nordamerikanischen" Recht sprechen kann. Durch das komplizierte Nebeneinander von Bundes- und Staatenrecht sowie die nur begrenzten Gesetzgebungskompetenzen des Bundes (einf ZWEIGERT/KÖTZ § 17 III, 244 ff) unterscheidet sich das Recht der verschiedenen Staaten mitunter stark voneinander. Dies gilt mangels Bundeszuständigkeiten insbes auch für die Kerngebiete des Privatrechts, in dem nicht nur unterschiedliche Gesetzgebungstendenzen vorherrschen, sondern sich va auch die Rspr in unterschiedliche Richtungen entwickelt hat. **321**

Verallgemeinernd kann dennoch festgehalten werden, dass das **Vertragsrecht** nach wie vor auf **Fallrecht** basiert (z einzelnen Gesetzgebungsaktivitäten vgl HAY Rn 284 f). Eine Ausnahme bildet das Recht des **Warenkaufs**. Hier kommt dem Uniform Commercial Code (UCC) prägende Bedeutung zu (vgl STAUDINGER/LOOSCHELDERS/OLZEN § 242 Rn 1216). Hinsichtlich des Verhältnisses von Fall- und Gesetzesrecht ist zu beachten, dass Gesetzesrecht gegenteiliges, früheres Fallrecht verdrängt, selbst allerdings wiederum von neuem Fallrecht überlagert wird. Eine Ausnahme von der vorherrschenden fallrechtlichen Prägung bildet der Staat **Louisiana**, der – französischer Rechtstradition folgend – bereits früh einen Civil Code in der Tradition des Code Napoléon geschaffen hat. In einigen anderen Staaten (Kalifornien, Nord- und Süddakota, Idaho, Montana) wurde in der zweiten Hälfte des 19. Jh ebenfalls eine Kodifikation des Zivilrechts in Kraft gesetzt (der nach seinem Schöpfer benannte „Field Code"), deren Bedeutung in der Rechtspraxis allerdings nicht derjenigen in den europäischen Rechtsordnungen entspricht (Einzelheiten – auch z Kodifikationsidee in den Vereinigten Staaten – bei ZWEIGERT/KÖTZ § 17 I, 233 ff mwNw). **322**

R. Stellungnahmen zum Schuldrecht des Zweiten Buches (Kritik des Schuldrechts)

I. Einleitung

323 Das Schuldrecht beeinflusst das Wirtschaftsleben. Deshalb verwundert es nicht, dass eine praktisch so bedeutende Rechtsmaterie im Laufe der Jahre häufig kritisiert worden ist (vgl z Auswirkung von Diskussionen über die Wirtschaftsverfassung auf das Schuldrecht zB REUTER AcP 189 [1989] 199 ff; ders, Freiheitsethik und Privatrecht, DZWir 1993, 45 ff; JOERGES KJ 1987, 166 ff – jeweils mwNw) und noch immer kritisiert wird (z Kritik an der Schuldrechtsreform 2002 s oben Rn 205).

II. Kritik des Schuldrechts

324 Die Kritik des Schuldrechts ist nicht neu. Bereits der 1. Entwurf des BGB aus dem Jahre 1889 wurde von O vGIERKE (Entwurf eines BGB) in wesentlichen Punkten bemängelt. Er erhob zunächst den Einwand, dass die 1. Kommission das Schuldrecht durch seinen allgemeinen Ansatzpunkt „Schuldverhältnis" so abstrakt gestaltet habe, dass es alle Sozialverhältnisse gleich behandele, obwohl sie inhaltlich völlig verschieden voneinander seien. Dieser **Abstraktionsgrad** rufe Ungerechtigkeiten hervor, als Bsp nannte er va das Dienstvertragsrecht. Schließlich warf er dem Schuldrecht vor, es sei aufgrund seiner römisch-rechtlichen Basis **nicht mehr zeitgemäß** (vGIERKE, Entwurf eines BGB 185; ders, Die soziale Aufgabe des Privatrechts [1889]).

325 In der Folgezeit geriet das Schuldrecht unter der Herrschaft des **Nationalsozialismus** im Rahmen der sog „Rechtserneuerung" (Vorstufe zur Schaffung eines „Volksgesetzbuches der Deutschen", s oben Rn 177 f) erneut in die Diskussion. Die Nationalsozialisten wollten eine neue Rechtsordnung entwickeln, deren Grundlage va der „Pflicht- und Gemeinschaftsgedanke" bilden sollte. Konkrete Ausprägungen dieses ideologischen Denkansatzes stellten im Schuldrecht der genannte „Gemeinschaftsgedanke" (vgl die Präambel des Gesetzentwurfs 1936 von STOLL, in: SCHUBERT, Protokolle: Schuldrecht [1990] 294 ff sowie 244 f, 259 ff; vgl allg hierzu: LARENZ, Rechtsperson und subjektives Recht, in: DAHM/HUBER/LARENZ/MICHAELIS/SCHAFFSTEIN/SIEBERT, Grundfragen der neuen Rechtswissenschaft [1935] insbes 251), der „Treuegedanke" (246, 261 ff sowie § 2 Abs 1 des Entwurfs von STOLL [1936] 297) sowie die „sozialistische Gestaltung des schuldrechtlichen Vertrages" dar. Diese Formulierungen sind zwar der Zeit entsprechend abstrakter formuliert als die Einwände, die vGIERKE gegen den 1. Entwurf des BGB erhoben hatte, finden aber doch in seiner Kritik teilw ihre gedankliche Grundlage.

326 Nach dem 2. Weltkrieg hat sich ua WIEACKER intensiv mit den Grundlagen des Schuldrechts auseinandergesetzt. Auch seine Analysen (va: Das Sozialmodell der klassischen Privatrechtsgesetzbücher und die Entwicklung der modernen Gesellschaft [1953]; Das bürgerliche Recht im Wandel der Gesellschaftsordnungen [1960]; Pandektenwissenschaft und industrielle Revolution [1966] – alle wieder abgedr in: Industriegesellschaft und Privatrechtsordnung [1974]; vgl auch kurz: Privatrechtsgeschichte 468 ff, 543 ff) ähneln in vieler Beziehung der Einschätzung, die vGIERKE hatte. Sie gehen aber insoweit über dessen Denkansätze hinaus, als sie hinter den von vGIERKE kritisierten Einzelerscheinungen ein **„Sozialmodell"** einer Privatrechtsordnung aufzeigen, das nach WIEACKER bei der Auslegung konkreter Einzelregelungen maßgeblich gewesen sein soll (ausf STAUDINGER/J SCHMIDT

[1995] Rn 510 ff). Im Hinblick auf seine geistesgeschichtlichen Grundlagen bezeichnet WIEACKER das BGB und damit auch das Schuldrecht als „spät geborenes Kind des klassischen Liberalismus" (Privatrechtsgeschichte 479 ff; ferner STAUDINGER/COING/HONSELL [2013] Einl 65 ff, 80 ff zum BGB).

III. Vorschläge zur Veränderung des Schuldrechts

327 Die Modelle, mit denen man national (also außerhalb der europäischen Rechtsentwicklung, s oben Rn 280 ff) versucht hat, das Schuldrecht zu verändern, lassen sich kategorisieren. So zielen einige Vorschläge auf **Veränderung des Schuldrechts durch Veränderung des gesamten Zivilrechts** (s unten Rn 328 ff). Andere wollen nur das **Schuldrecht als solches** novellieren (s unten Rn 332 ff), während es schließlich auch noch Überlegungen zur **Veränderung lediglich einzelner Institutionen** (s unten Rn 336 f) oder auch nur **einzelner Normen** des Schuldrechts (s unten Rn 338) gibt. Trotz der generellen Unterscheidbarkeit dieser Ansätze sind Überschneidungen nicht ausgeschlossen.

1. Veränderung des Schuldrechts durch Veränderung des gesamten Zivilrechts

328 Eine **grundlegende Veränderung des gesamten Zivilrechts** zöge naturgemäß auch eine solche des Schuldrechts nach sich. Die entsprechenden Vorschläge greifen allerdings so weit über die hier zu erörternden Zusammenhänge hinaus, dass sie nicht iE dargestellt werden können, zumal sie sich voneinander stark unterscheiden und in hohem Maße ausdifferenziert sind. (Ein auf materialistischer Analyse beruhender Denkansatz findet sich bei: MÜCKENBERGER, Legitimation durch Realitätsverleugnung. Am Beispiel Privatautonomie, KJ 1971, 248 ff; HART, Vom bürgerlichen Recht zur politischen Verwaltung, KJ 1974, 274 ff; REICH, Markt und Recht [1977]; BRÜGGEMEIER, Entwicklung des Rechts im organisierten Kapitalismus 2 Bde [1977/79]; REIFNER, Alternatives Wirtschaftsrecht am Beispiel der Verbraucherverschuldung [1979]; REICH JZ 1980, 329 ff – alle mwNw. Zur „Demokratisierung" des Privatrechtes vgl KÜBLER, Privatrecht und Demokratie – Zur Aktualität gesellschaftstheoretischer Vorstellungen in der Jurisprudenz, in: FS Raiser [1974] 697 ff sowie ders, Über die praktischen Aufgaben zeitgemäßer Privatrechtstheorie [1975] – jeweils mwNw. Zur „wirtschaftsrechtlichen Konzeption" des Privatrechtes zB WIETHÖLTER, Die Position des Wirtschaftsrechts im sozialen Rechtsstaat, in: FS Böhm [1965] 41 ff; ders, Privatrecht als Gesellschaftstheorie?, in: FS Raiser [1974] 645 ff; ders, Artikel „Bürgerliches Recht", „Wirtschaftsrecht", „Wirtschaftsverwaltungsrecht", „Zivilrecht", in: GÖRLITZ, Handlexikon zur Rechtswissenschaft 2 Bde [1974] – mwNw; ASSMANN ua, Wirtschaftsrecht als Kritik des Privatrechts [1980]; AK-BGB/DUBISCHAR Rn 6 ff, 36 ff. Zur „Aufhebung der Trennung von Staat und Gesellschaft", die implizit in den vorangegangenen Schriften auch immer eine Rolle spielte, vgl noch GOTTHOLD, Wirtschaftliche Entwicklung und Verfassungsrecht [1975] 21 f, 126 ff mwNw. Zur Erhöhung des „staatlichen Anteils" am Gesamtnormenvolumen [Erweiterung der nicht mehr im Rahmen des Zweiten Buches z regelnden Lebensbereiche] vgl die Diskussion um die „Investitionslenkung" und die „Marktregulierung", zB SCHEUNER, Die staatliche Einwirkung auf die Wirtschaft [1971] sowie BULL, Die Staatsaufgaben nach dem Grundgesetz [2. Aufl 1977] bes 254 ff; KRIELE, Wirtschaftsfreiheit und Grundgesetz. Rückblick und Bilanz am Verfassungstag, ZRP 1974, 105 ff; REICH, Markt und Lenkung, ZRP 1976, 67 ff; STEGER, JbSozWiss [1975] 71, 80 ff mit umfangreichen Literaturhinw; KILIAN, Kontrahierungszwang und Zivilrechtssystem, AcP 180 [1980] 47 ff, bes 78 ff – alle mit ausf Nw; vgl STAUDINGER/J SCHMIDT [1995] Rn 517 ff).

329 Der gemeinsame Nenner aller genannten Vorschläge liegt darin, dass sie sich auf das „**Sozialstaatsgebot**" des GG berufen (WEITENRAUER, Der Schutz des Schwächeren im Zivilrecht [1975]; WOLF, Rechtsgeschäftliche Entscheidungsfreiheit und vertraglicher Interessenausgleich [1970]; ders, Gleichbehandlungsgrundsatz und privatrechtliches Teilhaberecht, in: FS Raiser [1974] 597 ff). Alle wollen eine gerechte Zivilrechtsordnung dadurch verwirklichen, dass der Bereich privater Rechtsetzung entweder erheblich eingeschränkt oder sogar aufgehoben und durch demokratisch legitimierte **öffentliche Rechtsetzung** ersetzt wird. Die Gegensätzlichkeit dieser Betrachtungsweise zu den Grundprinzipien der **Abschlussfreiheit** und der **Gestaltungsfreiheit** (s oben Rn 52) ist evident. Dem entspricht, dass es alsbald eine Gegenbewegung gab, die die Verwirklichung der **Freiheit des Einzelnen** im Privatrecht stark in den Vordergrund stellte (REUTER AcP 189 [1989] 199 ff mwNw; vgl auch REICHHOLD JbJZivRWiss [1992] 63 ff; CANARIS, Verfassungs- und europarechtliche Aspekte der Vertragsfreiheit in der Privatrechtsgesellschaft, in: FS Lerche [1993] 873 ff; z Kritik dieser Vorschläge ferner MEDICUS, Abschied von der Privatautonomie im Schuldrecht? [1994] 11 ff; ferner LIEB DNotZ 1989, 274 ff).

330 Im Zusammenhang mit Veränderungen des gesamten Zivilrechts ist schließlich noch der Hinweis auf die **„ökonomische Analyse des Rechts"** erforderlich, die von anderen Wertungen ausgeht als das BGB (STAUDINGER/HONSELL [2018] Einl 199 zum BGB mwNw; umfangreiche Nw bei STAUDINGER/J SCHMIDT [1995] Rn 518).

331 Den genannten Vorschlägen ist in praktischer Hinsicht gemeinsam, dass sie nach der Reform des Schuldrechts zum 1. 1. 2002 (s oben Rn 192) und nach Inkrafttreten des Gesetzes zur Änderung schadensersatzrechtlicher Vorschriften (s oben Rn 151) am 1. 8. 2002 in absehbarer Zeit wohl wenig Aussicht auf Verwirklichung haben, soweit sie nicht in diese große Reform bereits eingeflossen sind.

2. Veränderung des Schuldrechtssystems

332 Dies gilt in ähnlicher Weise für Pläne zu Veränderungen des Zweiten Buches als solchem. Auch hier handelt es sich mehr um rechtstheoretische Überlegungen als um Projekte mit Aussicht auf baldige Verwirklichung, wenngleich dass GG in seiner wirtschaftspolitischen Neutralität dem Gesetzgeber einen großzügigen Gestaltungsspielraum einräumt, von dem im Rahmen der Schuldrechtsmodernisierung auch Gebrauch gemacht wurde.

a) Zerlegung des Schuldrechts in verschiedene Einzelmaterien

333 Frühere Überlegungen gingen hin zu einer **Auflösung** des Schuldrechts und seiner **Zerlegung** in verschiedene **Einzelmaterien**. Zumindest sollten größere Partien ausgegliedert werden. Man kann dies am besten mit dem Stichwort des **Sonderprivatrechts** charakterisieren (s unten Rn 334). So hat man zT die Bildung von drei schuldrechtlichen Bereichen in Erwägung gezogen, dh eines **Unternehmensrechts**, eines **Verbraucherrechts** und eines **Bürgerrechts** (REICH ZRP 1974, 187 ff; ähnlich: RAISER, Die Zukunft des Privatrechts [1971]; ders, Die Aufgabe des Privatrechts [1977] 208 ff, 220 ff, der das Privatrecht in vier Funktionsbereiche gliedert; REBE, Privatrecht und Wirtschaftsordnung [1978] insbes 164 ff). Andere forderten die Schaffung eines **„Sozialrechts"** (s z den geistesgeschichtlichen Grundlagen vGIERKE Rn 299 ff) auf der Schnittstelle zwischen einem „reinen" Privatrecht und einem „reinen" öffentlichen Recht. Dort wollte man eine dritte Rechtsmaterie aus einer Mischung „privatrechtlicher" und „öffentlich-rechtlicher" Grundsätzen ansiedeln (vgl BULLINGER, Öffentliches Recht und Privatrecht [1968] 81 ff; PAWLOWSKI, Allgemeiner Teil des BGB [7. Aufl 2003] Rn 17 ff; krit MEDICUS/PETERSEN, AT Rn 4 ff).

Systematisch weniger einschneidend waren die Vorschläge, die das Schuldrecht des **334**
BGB im Wesentlichen unverändert lassen wollten, aber für „Ungleichgewichtslagen" **„Sonderprivatrechte"** entwickelten und darauf abzielten, das Zweite Buch nur noch als lex generalis anzuwenden (z dieser Diskussion vgl einerseits: REICH ZRP 1974, 187 ff und JZ 1980, 329 ff; DAMM, Verbraucherrechtliche Sondergesetzgebung und Privatrechtssystem, JZ 1978, 173 ff; E SCHMIDT JZ 1980, 153 ff; GILLES, Verbraucherpolitische Vertragsrechtsreformen im Bürgerlichen Gesetzbuch, ZRP 1979, 265 ff; ders, Zur neueren Verbraucherschutzgesetzgebung in ihrem Verhältnis zum klassischen Privatrecht, JA 1980, 1 ff; AK-BGB/DUBISCHAR Rn 34 f; SCHWARK, Die Abgrenzung von Schuldrecht und Handelsrecht als legislatorisches Problem, in: KINDERMANN, Studien z einer Theorie der Gesetzgebung [1982] 11 ff; ders JZ 1980, 741; vHIPPEL, Der Schutz des Schwächeren [1982]; JOERGES KJ 1987, 166 ff; ESSER/SCHMIDT, Schuldrecht I § 1 II, 8 ff, IV, 18 ff – Andererseits: WESTERMANN, Sonderprivatrechtliche Sozialmodelle und das allgemeine Privatrecht, AcP 178 [1978] 150 ff; LIEB, Sonderprivatrecht für Ungleichgewichtslagen?, AcP 178 [1978] 196 ff; ders, Grundfragen einer Schuldrechtsreform, AcP 183 [1983] 327, 348 ff; MERTENS, Deliktsrecht und Sonderprivatrecht – Zur Rechtsfortbildung des deliktischen Schutzes von Vermögensinteressen, AcP 178 [1978] 227 ff; DAUNER-LIEB, Verbraucherschutz; vgl auch: EMMERICH, Das Verbraucherkreditgesetz, JuS 1991, 705; MEDICUS/PETERSEN, AT Rn 13 ff; KRAMER, Zur Konzeption des Konsumentenschutzrechts, KritV 1986, 270, 285 f; LIMBACH, Die Kompensation von Ungleichgewichtslagen, KritV 1986, 165 ff [Rezensionsabhandlung]. Z allg Problem BYDLINSKI, Zivilrechtskodifikation und Sondergesetze, in: FS Walter [1991] 105 ff). Die va in den 70er und 80er-Jahren entstandenen „Sonderprivatrechte" sind im Zuge der Schuldrechtsreform aber gerade in das BGB integriert worden (s oben Rn 202). Der Gesetzgeber hat die frühere Neigung zu Sondergesetzen zu Gunsten einer Gesamtkodifikation aufgegeben. Gegenteilige Anregungen dürften deshalb gegenwärtig wenig Aussicht auf Erfolg haben und sind vor allem wegen der damit verbundenen Zersplitterung und Unübersichtlichkeit auch nicht wünschenswert.

b) Erhöhung des Anteils gesellschaftlicher Wertungen
Andere haben eine Verstärkung des Niederschlags **gesellschaftlicher Wertungen** in **335** den Normen des Zweiten Buches gefordert. Diese Wertungen sollten nicht nur im Einzelfall oder für einzelne Rechtsinstitute, sondern verstärkt in das gesamte Schuldrecht einbezogen werden. Im Unterschied zu den vorangegangenen Vorschlägen setzt diese Methode keine Gesetzesänderung voraus. Ihr Ziel liegt darin, in Anwendung der Maßstäbe „sozialer Gerechtigkeit" von einer „individualistischen Schuldrechtskonzeption" zu einem **„sozialen Obligationsmodell"** zu gelangen (ESSER/SCHMIDT, Schuldrecht I § 2 II, 33; E SCHMIDT JZ 1980, 153 ff; BRÜGGEMEIER/HART, Soziales Schuldrecht [1987]; FUCHS, Zivilrecht und Sozialrecht [1992]; KNIEPER, Das Schuldverhältnis – Geld gegen Ware in der Zeit, KJ 1992, 1 ff; RÜTHERS, Die unbegrenzte Auslegung [8. Aufl 2017]). IE laufen viele der Vorschläge darauf hinaus, bei der Anwendung des Schuldrechts im stärkeren Umfang die jeweiligen gesellschaftlichen Wertungen anstelle individueller Parteiinteressen zu berücksichtigen (iS einer „Entprivatisierung des Privatrechts"; vgl GROSSFELD, Zivilrecht als Gestaltungsaufgabe [1977] bes 15 f, 78 ff; HENKE, Die Sozialisierung des Rechts, JZ 1980, 369 ff). Eine derartige Methode kann allerdings nicht auf alle Lebenssachverhalte angewendet werden, sondern allenfalls in besonderen Bereichen, in denen dafür ein erhöhtes Bedürfnis besteht, wie etwa bei der Ausfüllung von Treu und Glauben oder von Sittenwidrigkeitsmaßstäben.

3. Veränderung einzelner grundlegender Institutionen des Schuldrechts

336 Zahlreiche Modernisierungsvorschläge zielten auch darauf ab, **Institute** (Normengruppen) des Schuldrechts **umzugestalten**. Als Methode wurde zum einen die „normale Auslegung", zum anderen die Heranziehung höherrangigen Rechts, insbes des Verfassungsrechts im Wege **verfassungskonformer Auslegung**, vorgeschlagen (s oben Rn 269). Dementsprechend bezogen sich die beiden wichtigsten Veränderungsvorschläge einerseits auf ein geändertes Verständnis der Funktion von **dispositivem Recht**, andererseits auf eine verstärkte Berücksichtigung der **Auswirkungen des Grundgesetzes** auf das Schuldrecht (s oben Rn 267 ff; STAUDINGER/J SCHMIDT [1995] Rn 536 ff).

337 Der zunächst genannten Überlegung liegt die Erkenntnis zugrunde, dass die Parteien ihre Vereinbarungen in den Grenzen etwa der §§ 134, 138 BGB frei gestalten können (z Vertragsfreiheit s oben Rn 52 ff), häufig jedoch davon keinen Gebrauch machen. Fehlen ihrem Rechtsgeschäft notwendige Regelungen, die durchaus auch „unvernünftig" und „unbillig" sein können (vgl COESTER-WALTJEN, Die Inhaltskontrolle von Verträgen außerhalb des AGBG, AcP 190 [1990] 1, 15), so greifen die dispositiven Regelungen der Rechtsordnung als „Reserveordnung" ein (vgl schon LABAND AcP 73 [1888] 161 ff; vTUHR AT I 25 f; daneben auch MAYER-MALY, Privatautonomie und Wirtschaftsverfassung, in: FS Korinek [1972] 152 ff; STEINDORFF, Wirtschaftsordnung und -steuerung durch Privatrecht?, in: FS Raiser [1974] 621 ff, bes 625 f). NIPPERDEY war der Ansicht, dass diese Normen des dispositiven Rechts auch eine bestimmte **„Ordnungsfunktion"** insofern hätten, als Parteien nach seiner Auffassung nur von ihnen abweichen dürften „als dafür sachliche Gründe, namentlich aus der besonderen, vom Gesetz nicht zugrunde gelegten Sach- und Interessenlage vorliegen" (ENNECCERUS/NIPPERDEY BGB AT § 49 III mwNw z Lit; ähnl: RAISER, Das Recht der AGB [1935, Nachdr 1961] 239 ff; HAUPT, Vertragsfreiheit und Gesetz, ZAkDR 1943, 84 ff). Dementsprechend hat man das dispositive Recht auch als „halbzwingend" bezeichnet. Der BGH ist diesem Ansatz in seiner Rspr zur Richtlinien- und Leitbildfunktion des dispositiven Rechts va bei der Beurteilung von **AGB** gefolgt, soweit es um die Auslegung des § 9 Abs 2 Nr 1 AGBG aF bzw § 307 Abs 2 Nr 1 BGB ging (vgl zB BGH NJW 1985, 2328; NJW 1984, 2404; WM 1978, 406, 408; NJW 1973, 990 und 1276; NJW 1971, 1133; NJW 1967, 1225; ESSER/SCHMIDT, Schuldrecht I § 10 II 3, 165 f; E SCHMIDT, Grundlagen und Grundzüge der Inzidentkontrolle allgemeiner Geschäftsbedingungen nach dem AGB-Gesetz, JuS 1987, 929, 933; FASTRICH, Richterliche Inhaltskontrolle im Privatrecht [1992] § 10 II, 284 ff; vHOYNINGEN-HUENE, Die Inhaltskontrolle nach § 9 AGBG [1992] Rn 13 ff). Nach einer neueren Tendenz in der Rspr soll auch bei Individualverträgen nicht beliebig vom dispositiven Recht abgewichen werden können („Inhaltskontrolle"; vgl zB BGHZ 101, 350 mit ausf Nw; 108, 164; STAUDINGER/J SCHMIDT [1995] § 242 Rn 457 ff, 473; STAUDINGER/LOOSCHELDERS/OLZEN § 242 Rn 475 f). Die **Inhaltskontrolle** erfolgt dann über § 242 BGB, in jüngerer Zeit sehr häufig bei **Eheverträgen** mit dem Ziel der Beseitigung sog „Ungleichgewichtslagen" (vgl STAUDINGER/COING/HONSELL [2004] Einl 198 zum BGB; ferner MünchKomm/BASEDOW § 305 Rn 24 ff; s z Inhaltskontrolle STAUDINGER/LOOSCHELDERS/OLZEN § 242 Rn 964 ff).

4. Veränderungen einzelner Normen des Schuldrechtes

338 Die große Mehrzahl der Veränderungsvorschläge betrifft allerdings nur **einzelne Normen** des Zweiten Buches. Die laufende rechtswissenschaftliche Diskussion sowie die Rspr führen zu neuen Rechtssätzen, zu neuen Tatbestands- oder Rechtsfolgemerkmalen. Einzelerörterungen sprengen allerdings den Rahmen dieser Einleitung, sodass auf die Erläuterungen zu den jeweiligen Vorschriften des Zweiten Buches verwiesen werden muss.

5. Zusammenfassung

Die Entwicklung des Schuldrechts ist von der Entwicklung des gesamten Privatrechts schwer zu trennen und weder genau vorauszusehen noch in Kürze zu beschreiben. Gleichwohl lassen sich Tendenzen erkennen: Das Schuldrecht wird auch in Zukunft in zunehmendem Maße durch die europäische Rechtsentwicklung beeinflusst, wenn auch nicht in absehbarer Zeit ersetzt. Entsprechende Neuerungen entwickeln sich eher rückläufig. Dies mag zu Bedenken Anlass geben (sehr krit STAUDINGER/HONSELL [2018] Einl 113 zum BGB), aber kaum geändert werden können. Der Einfluss des europäischen Rechts erfolgt oft nicht über verbindliche Verordnungen, sondern durch Richtlinien. Die Umsetzungsgesetze finden sich nicht mehr in Sondergesetzen, sondern zunehmend im BGB. Hinzu treten die europarechtskonforme Auslegung und die Ausfüllung der Generalklauseln (vgl STAUDINGER/LOOSCHELDERS/OLZEN § 242 Rn 149). Sollte tatsächlich (irgendwann) ein Europäisches Zivilgesetzbuch geschaffen werden (dazu s oben Rn 280 ff), wäre dies von entscheidender Bedeutung für das BGB: Es könnten sich viele Probleme ergeben, wenn den Parteien die Möglichkeit eingeräumt würde, zwischen nationalem und europäischem Recht zu wählen (vgl RICHTER AcP 206 [2006] 3 ff, insbes 4). Dann wäre es von entscheidender Bedeutung für die Rechtsanwendung in Deutschland, wie das Europäische Zivilgesetzbuch sich inhaltlich zum BGB verhält. **339**

Das 20. Jh hat ferner in Abkehr vom Liberalismus der Entstehungszeit soziale Korrekturen, insbes im Bereich des Miet- und (Dienstvertrags-) Arbeitsrechts in den Vordergrund gestellt, methodisch im Wege der Ersetzung des dispositiven Rechts durch zwingende Vorschriften. Am Ende des 20. Jh trat immer mehr der Konsumentenschutz in den Vordergrund; zunächst durch Sondergesetze, im Rahmen der Schuldrechtsreform wurden diese dann zunehmend in das BGB integriert (wenn man vom ProdHaftG absieht). **340**

Aber auch der zunehmende Einfluss des Verfassungsrechts hat die Parameter verändert und an die Stelle der Idee einer (vielleicht manchmal zu Unrecht angenommenen) Gleichgewichtigkeit der Parteien und einer damit verbundenen weitgehenden Vertragsfreiheit neue Maßstäbe gesetzt. Vertragsgerechtigkeit, Sozialverträglichkeit und die Beseitigung bzw der Ausgleich sog vertraglicher „Ungleichgewichtslagen" treten an vielen Stellen in den Vordergrund. Gerade dabei hat die Rspr zur Inhaltskontrolle von AGB, zunehmend aber auch bezogen auf individuelle Vereinbarungen, einen immer stärkeren Einfluss ausgeübt. Stichworte bilden die sittenwidrige finanzielle Überforderung Mithaftender, ehevertragliche Regelungen und immer zahlreichere und intensivere Anforderungen an Aufklärungs- und Schutzpflichten. Die Sorge vieler geht deshalb dahin, welche Bedeutung der Privatautonomie in Zukunft noch bleiben wird (vgl dazu RICHTER AcP 206 [2006] 3 ff, insbes 4, 19 und 27, der darauf hinweist, dass sich die Bedeutung der Privatautonomie durch die Schaffung eines Europäischen Zivilgesetzbuches wieder ändern könnte). Die Entwicklungen des Miet- oder Arbeitsrechts haben jedenfalls gezeigt, dass Eingriffe in die Vertragsfreiheit erhebliche (auch negative) Einflüsse auf den Markt haben. Diese Gefahr sollte im Zusammen- **341** hang mit dem Verbraucherschutz ernst genommen werden. Beide Parteien haben berechtigte Interessen, nicht nur ein Schuldner oder Verbraucher.

IV. Reformvorhaben im Bereich des Schuldrechts

342 Derzeit sind umfangreiche Reformvorhaben im Bereich des Schuldrechts nicht ersichtlich, nachdem in den vergangenen Jahren grundlegende Themen wie der Behandlungsvertrag und der private Bauvertrag, aber auch das gesamte Zahlungsdiensterecht in das Schuldrecht übernommen worden sind.

Abschnitt 1
Inhalt der Schuldverhältnisse
Titel 1
Verpflichtung zur Leistung

§ 241
Pflichten aus dem Schuldverhältnis

(1) Kraft des Schuldverhältnisses ist der Gläubiger berechtigt, von dem Schuldner eine Leistung zu fordern. Die Leistung kann auch in einem Unterlassen bestehen.

(2) Das Schuldverhältnis kann nach seinem Inhalt jeden Teil zur Rücksicht auf die Rechte, Rechtsgüter und Interessen des anderen Teils verpflichten.

Systematische Übersicht

A. Vorbemerkung	1	
B. Vor- und Entstehungsgeschichte	2	
I. Der Begriff „Schuldverhältnis" vor Inkrafttreten des BGB	3	
II. Vorbilder für § 241	5	
1. Die Pandektenlehre	6	
2. Das prALR von 1794	7	
3. Der code civil	8	
4. Das österreichische ABGB	9	
5. Das schweizerische Obligationenrecht	10	
6. Der Dresdner Entwurf	11	
III. Grundentscheidungen des BGB-Gesetzgebers		
1. § 241 als einleitende Regelung	12	
2. Wesen und Inhalt des Schuldverhältnisses	13	
a) Vermögenswert der Leistung	14	
b) Recht zur Sache	19	
c) Leistungsverpflichtung des Schuldners	23	
d) Rechtsfolgen der Nichterfüllung	25	
aa) Erfüllungsanspruch	25	
bb) Schadensersatz	30	
e) Haftungsbeschränkungen	31	
C. Weitere Entwicklungen nach dem Inkrafttreten des § 241	32	
I. Das Volksgesetzbuch	33	
II. Die Rechtsprechung zu § 241	34	
III. Die Behandlung von § 241 in der Lehre	35	
D. Das Schuldverhältnis		
I. Das Schuldverhältnis ieS und iwS		
1. Einleitung	36	
2. Historische Ursachen	37	
3. Der Begriff „Schuldverhältnis iwS"	39	
4. Streitpunkte	40	
II. Abgrenzung von gesetzlichen, rechtsgeschäftlichen und rechtsgeschäftsähnlichen Schuldverhältnissen		
1. Einteilungskriterien	46	
2. Systematik	52	
a) Unterscheidung nach der Anzahl der Beteiligten	53	
b) Unterscheidung nach geregelten und ungeregelten Schuldverhältnissen	57	
c) Unterscheidung nach der inneren Verknüpfung der Forderungen	58	

E. Entstehung gesetzlicher Schuldverhältnisse

I. Allgemeines ... 61

II. Abgrenzung nach Art der erzeugten Pflichten ... 64

III. Sonderproblem: Zum Schuldverhältnis parallel verlaufendes Schutzpflichtverhältnis ... 68

F. Entstehung vertraglicher Schuldverhältnisse

I. Vertragsschluss ... 69

II. Abgrenzung zur Gefälligkeit ... 71
1. Abgrenzung bei Verhaltensvereinbarungen ... 75
   a) Merkmale der Gefälligkeit (Nicht-Rechtsverhältnis) ... 76
      aa) Objektiver Ansatz (Vermögensinteresse) ... 78
      bb) Subjektiver Ansatz (Rechtsgeschäftliches Verständnis) ... 79
      cc) Die Willensermittlung ... 83
   b) Ausschluss eines Leistungsanspruchs („gentlemen's agreement") ... 89
2. Rücksichtspflichtverletzungen und Haftung bei Gefälligkeiten ... 93

III. Faktischer Vertrag
1. Allgemeines ... 94
2. Fallgruppen ... 96
   a) Sozialtypisches Verhalten (Massenverkehr, Daseinsvorsorge) ... 97
   b) Fehlerhafte Dauerschuldverhältnisse ... 104
      aa) Allgemeines ... 104
      bb) Gesellschaftsverhältnisse ... 106
      cc) Arbeitsverhältnisse/Dienstverträge ... 107
      dd) Wohnungseigentümergemeinschaft ... 109
      ee) Miet- und Pachtverhältnisse ... 110
   c) Faktische Vertragsverhältnisse kraft sozialen Kontakts ... 111

G. Wirkungen des Schuldverhältnisses: Entstehung von Forderungen

I. Begriff der Forderung und Abgrenzungen ... 112

II. Forderungskollisionen ... 115

III. Abgrenzung der Forderung: unvollkommene Verbindlichkeiten und Obliegenheiten
1. Allgemeines zu Obliegenheiten ... 120
2. Rechtsnatur der Obliegenheit ... 124
3. Abgrenzung der Obliegenheit von der Verbindlichkeit ... 128
4. Zusammenfassung ... 131

H. Leistung

I. Der Leistungsbegriff
1. Allgemeines ... 133
2. Ambivalenz des Leistungsbegriffs ... 135
3. Die Unterlassung ... 136

II. Die Einteilung der Leistungspflichten
1. Allgemeines ... 141
2. Terminologie ... 142
   a) Primär- und Sekundärpflichten ... 142
   b) Haupt- und Nebenleistungspflichten ... 144
      aa) Hauptleistungspflichten ... 146
      bb) Nebenleistungspflichten ... 147

III. Abgrenzung zu Rücksichtspflichten iSd Abs 2
1. Allgemeines ... 153
2. Terminologie ... 154
3. Kriterien der Abgrenzung von Leistungs- und Rücksichtspflichten ... 157
   a) Klagbarkeit als Unterscheidungsmerkmal ... 158
   b) Zeitpunkt als Unterscheidungsmerkmal ... 160
   c) Zielsetzung als Unterscheidungsmerkmal ... 161

Titel 1
Verpflichtung zur Leistung **§ 241**

IV.	**Arten von Nebenleistungspflichten**	
1.	Allgemeines	163
a)	Gesetzliche Nebenleistungspflichten	164
b)	Außergesetzliche Nebenleistungspflichten	166
2.	Auskunft und Rechenschaft	168
a)	Allgemeines	168
b)	Gesetzlich normierte Pflichten	169
c)	Außergesetzliche Pflichten	171
d)	Prozessuales	172
3.	Mitwirkungs- und Unterstützungspflichten	173
a)	Allgemeines	173
b)	Mitwirkung im Vorfeld des Vertragsschlusses	178
aa)	Allgemeines	178
bb)	Gesetzlich normierte Mitwirkungspflichten vor Vertragsschluss	180
cc)	Außergesetzliche Mitwirkungspflichten vor Vertragsschluss	182
(1)	Allgemeines	182
(2)	Voraussetzungen	186
(3)	Prozessuales	189
(4)	Einzelfälle	190
c)	Mitwirkung bei der Durchführung des Vertrages	192
aa)	Allgemeines	192
bb)	Gesetzliche Mitwirkungspflichten	193
(1)	Pflichten innerhalb des Bürgerlichen Gesetzbuches	194
(2)	Weitere Pflichten außerhalb des BGB	201
cc)	Außergesetzliche Mitwirkungspflichten	203
(1)	Mitwirkung zur Beseitigung von Erfüllungshindernissen	204
(a)	Allgemeines	204
(b)	Einzelfälle	205
(2)	Mitwirkung zur Durchführung der Leistung	210
(a)	Allgemeines	210
(aa)	Pflichten des Schuldners	211
(bb)	Pflichten des Gläubigers	213
(b)	Einzelfälle zur Mitwirkung des Schuldners bei der Leistungserbringung	216
(aa)	Pflichten im Austauschverhältnis	216
(bb)	Pflichten bei Gebrauchsgewährung	221
(cc)	Pflichten bei Sicherung und Treuhand	226
(dd)	Pflichten in Arbeits-, Dienst- und sonstigen Dauerschuldverhältnissen	227
(ee)	Pflichten in atypischen Vertragsverhältnissen	237
(c)	Einzelfälle zur Mitwirkung des Gläubigers bei der Leistungserbringung	238
(3)	Mitwirkung als Mehrleistung	246
(a)	Allgemeines	246
(b)	Einzelfälle	247
(4)	Mitwirkung zur Schaffung von Rechtssicherheit	248
(a)	Allgemeines	248
(b)	Einzelfälle	249
(5)	Mitwirkung und Unterstützung gegenüber Dritten	257
(a)	Allgemeines	257
(b)	Einzelfälle	260
d)	Mitwirkungspflichten in gesetzlichen Schuldverhältnissen	261
aa)	Allgemeines	261
bb)	Gesetzlich normierte Mitwirkungspflichten	262
cc)	Nicht geregelte Mitwirkungspflichten in gesetzlichen Schuldverhältnissen	263
4.	Leistungssicherungspflichten	265
a)	Allgemeines	265
aa)	Gesetzliche Leistungssicherungspflichten	270
bb)	Außergesetzliche Leistungssicherungspflichten	272
cc)	Abgrenzung zu den Rücksichtspflichten iSd Abs 2	274
b)	Einzelfälle gesetzlich normierter Leistungssicherungspflichten	276
c)	Einzelfälle außergesetzlicher Leistungssicherungspflichten	277
J.	**Relativität und Ausnahmen**	
I.	**Allgemeines**	299
II.	**Relativität der Wirkungen des Schuldverhältnisses**	
1.	Gesetzlich begründete Schuldverhältnisse	301

2. Rechtsgeschäftlich begründete Schuldverhältnisse ... 302

III. Relative Wirkung der Forderung ... 305
1. Grundsatz ... 306
2. Ausnahmen vom Grundsatz der Relativität ... 308
   a) Gesetzliche Ausnahmen ... 309
   b) Sonstige Ausnahmen von der Relativität der Forderung ... 314
      aa) Die Forderung als Eigentumsrecht ... 315
      bb) Die Lehre von der absoluten Rechtszuständigkeit des Gläubigers ... 316
      cc) Kritik an der Lehre von der absoluten Rechtszuständigkeit ... 319
      dd) Folgen des Meinungsstreits ... 323
3. Tatbestandswirkungen des Schuldverhältnisses auf Dritte (weitere Ausnahmen zur Relativität) ... 331
   a) Drittbeteiligung am Schuldverhältnis ohne Zurechnung ... 335
   b) Fremdzurechnung von Tatbestandsverwirklichungen ... 339
      aa) Verpflichtung Dritter ... 340
      bb) Berechtigung Dritter ... 343
      cc) Haftungsbegrenzungen zu Gunsten Dritter ... 352
      dd) Haftungsbegrenzungen zu Lasten Dritter ... 355

K. Dauer des Schuldverhältnisses ... 356

I. Einfache Schuldverhältnisse ... 357

II. Dauerschuldverhältnisse ... 358
1. Gesetzlicher Terminus ... 359
2. Dogmatische Kategorie ... 361
   a) Zeitliche Abgrenzungskriterien ... 361
   b) Andere Abgrenzungsversuche ... 366
      aa) Dauerschuldverhältnisse ieS und iwS ... 367
      bb) Sukzessivlieferungsverhältnisse ... 368
      cc) Wiederkehrschuldverhältnisse ... 372
      dd) Vertragsverhältnisse mit personenrechtlichem Einschlag ... 374
      ee) Relationale Verträge ... 375
3. Beendigung ... 378
   a) Kündigung ... 379
   b) Rücktritt ... 382
   c) Erfüllung ... 384
   d) Fehlerhafte Dauerschuldverhältnisse ... 387

L. § 241 Abs 2

I. Entstehungsgeschichte
1. Entwicklung der Rücksichtspflichten ... 388
2. Normierung der Rücksichtspflichten ... 389

II. „Schuldverhältnis" ... 392
1. Entstehung der Rücksichtspflichten durch gesetzliches oder rechtsgeschäftliches Schuldverhältnis? ... 393
   a) Der Meinungsstand ... 393
   b) Problemfälle ... 401
      aa) Gefälligkeiten ... 404
      bb) Nichtige Verträge ... 407
      cc) Nachbarliches Gemeinschaftsverhältnis ... 409
2. Der Inhalt des Schuldverhältnisses ... 417

III. „kann" ... 419

IV. „jeden Teil"/„des anderen Teils" (Beteiligte) ... 420

V. „Rücksicht" ... 421

VI. „Rechte, Rechtsgüter, Interessen" ... 423

VII. „verpflichten" ... 424

VIII. Arten von Rücksichtspflichten
1. Allgemeines ... 434
2. Informationspflichten ... 437
   a) Allgemeines ... 437
   b) Aufklärungspflichten ... 442
      aa) Gesetzliche Aufklärungspflichten ... 443
      bb) Außergesetzliche Aufklärungspflichten ... 446
      (1) Voraussetzungen ... 447
      (a) Informationsgefälle ... 447
      (b) Erkennbarkeit des Informationsgefälles ... 450
      (c) Entscheidungserheblichkeit ... 452
      (d) Schutzwürdigkeit ... 453
      (e) Abwägung ... 454
      (f) Mitverschulden ... 457

(g)	Vorsatzerfordernis	458	bb)	Gesetzlich normierte Wettbewerbsverbote	519
(h)	Sonderfall: Auf Nachfrage erteilte Falschinformation	459	cc)	Außergesetzliche Wettbewerbsverbote	520
(2)	Inhalt	460	c)	Geheimhaltungspflichten	521
(3)	Rechtsfolgen	463	d)	Unberechtigte Geltendmachung von Forderungen/Unberechtigte Geltendmachung von Gestaltungsrechten	524
(4)	Einzelfälle	464			
(a)	Kaufvertrag	465			
(b)	Mietvertrag	466			
(c)	Dienstvertrag	467			
(d)	Behandlungsvertrag	469	e)	Sonstige Unterlassungspflichten	525
(e)	Arbeitsvertrag	472	f)	Störung der Vertrauensgrundlage	528
(f)	Werkvertrag	474			
(g)	Reisevertrag	477	**IX.**	**Haftungsmilderungen bei Rücksichtspflichten**	**529**
(h)	Banken	479			
(i)	Versicherungsvertrag	481	1.	Haftungsmodifikationen in bestehenden Verträgen	530
(k)	Parteien im Zivilprozess	482			
(l)	Sonstige Aufklärungspflichten	483	2.	Haftungsmodifikationen beim nichtigen Vertrag	535
c)	Beratungspflichten	485			
3.	Obhuts- und Fürsorgepflichten	487	3.	Haftungsmodifikationen bei Gefälligkeitsverhältnissen	537
a)	Allgemeines	487			
b)	Gesetzliche Obhuts- und Fürsorgepflichten	491	4.	Die Auswirkung der Haftungsbeschränkungen auf die deliktische Haftung	540
aa)	Fürsorgepflichten	492			
bb)	Obhutspflichten	493			
c)	Außergesetzliche Obhuts- und Fürsorgepflichten	495	**X.**	**Rechtsfolgen der Pflichtverletzung**	
aa)	Voraussetzungen	495	1.	Allgemeines	548
(1)	Wissensgefälle/Einflussmöglichkeit	496	2.	Schadensersatz	550
(2)	Abwägung	497	a)	Schadensersatz gem § 280 Abs 1	550
bb)	Einzelfälle	500	b)	Schadensersatz statt der Leistung gem § 280 Abs 3 iVm § 282	551
(1)	Kaufvertrag	501			
(2)	Gelddarlehensvertrag	503	c)	Aufwendungsersatz gem § 284	552
(3)	Mietvertrag	504	3.	Rücktritt gem § 324	553
(4)	Dienst- und Arbeitsverträge	507	**XI.**	**Prozessuale Aspekte**	
(5)	Werkvertrag	510	1.	Klagbarkeit der Rücksichtspflichten	554
(6)	Sonstige Fälle von Obhuts- und Fürsorgepflichten	512	2.	Anwendbarkeit des § 29 ZPO auf Rücksichtspflichten?	559
4.	Leistungsunabhängige Treuepflichten	513	**XII.**	**Kritik an der Regelung des Abs 2**	
a)	Allgemeines	513	1.	Die generelle Kritik	561
b)	Wettbewerbsverbote	518	2.	Kritik an der Formulierung	562
aa)	Allgemeines	518			

Alphabetische Übersicht

Abs 2 der Norm	388 ff	– Tatbestandsmerkmale	392 ff
– Kritik an der Regelung	561 ff	– „jeden Teil"/„des anderen Teils"	420
– Pflichtverletzung, Rechtsfolgen der	548 ff	– „kann"	419
– prozessuale Aspekte	554 ff	– „Rechte, Rechtsgüter, Interessen"	423

- „Rücksicht" .... 421 f
- „Schuldverhältnis" .... 392 ff
- „verpflichten" .... 424 ff
Aufklärungspflichten .... 442 ff
- außergesetzliche .... 446 ff
  - Einzelfälle .... 464 ff
  - Arbeitsvertrag .... 472 f
  - Banken .... 479 f
  - Behandlungsvertrag .... 469 ff
  - Dienstvertrag .... 467 f
  - Kaufvertrag 465
  - Mietvertrag 466
  - Reisevertrag .... 477 f
  - sonstige .... 483 f
  - Versicherungsvertrag 481
  - Werkvertrag .... 474 ff
  - Zivilprozess, Parteien im 482
  - Inhalt .... 460 ff
  - Rechtsfolgen 463
  - Voraussetzungen .... 447 ff
- Abwägung .... 454 ff
  - Entscheidungserheblichkeit .. 452
  - Falschinformationen auf Nachfrage .. 459
  - Informationsgefälle .... 447 ff
  - Mitverschulden 457
  - Schutzwürdigkeit 453
  - Vorsatzerfordernis 458
- gesetzliche .... 443 ff
Auskunfts- und Rechenschafts-
pflichten .... 168 ff
- außergesetzliche 171
- gesetzliche .... 169 f

Beratungspflichten .... 485 f

Dauerschuldverhältnisse .... 358 ff
- Beendigung .... 378 ff
  - Erfüllung .... 384 ff
  - Kündigung .... 379 ff
  - Rücktritt .... 382 f
- dogmatische Kategorien
  - ieS und iwS 367
  - relationale Verträge .... 375 ff
  - Sukzessivlieferungsverhältnisse .. 368 ff
  - Verhältnisse mit personenrechtlichem Einschlag 374
  - Wiederkehrschuldverhältnisse .. 372 f
- fehlerhafte .... 104 f, 387

Dritte, Tatbestandswirkungen des
Schuldverhältnisses auf .... 331 ff
- Drittbeteiligung ohne Zurechnung .. 335 ff
- Fremdzurechnung .... 339 ff
  - Berechtigung Dritter .... 343 ff
  - Haftungsbegrenzungen .... 352 ff
  - Verpflichtung Dritter .... 340 ff

Entstehungsgeschichte der Norm .. 2 ff
- Entwicklungen nach Inkrafttreten
  des § 241 .... 32 ff
- Grundentscheidungen des Gesetzgebers .... 12 ff
- vor Inkrafttreten des BGB ..... 3 f
- Vorbilder .... 5 ff
Entstehungsgeschichte des § 241 Abs 2 388 ff

Forderung
- Abgrenzung zu Obliegenheiten .. 120 ff
- Begriff .... 112 ff
- Eigentumsrecht, als 315
- Entstehung .... 112 ff
- Kollisionen .... 115 ff
- Lehre von der absoluten Rechtszuständigkeit .... 316 ff

Gefälligkeiten .... 71 ff, 404 ff
- Abgrenzung zum Schuldverhältnis .. 75 ff
- „Gentlemen's agreement" ...... 89 ff
- Haftung 93
- Merkmale .... 76 ff
  - objektiver Ansatz 78
  - Rücksichtspflichtverletzungen .. 93
  - subjektiver Ansatz .... 79 ff
  - Willensermittlung .... 83 ff
Geheimhaltungspflichten .... 521 ff
„Gentlemen's agreement" .... 89 ff

Haftungsbegrenzungen
- zu Gunsten Dritter .... 352 ff
- zu Lasten Dritter 355
Haftungsmilderungen bei Rücksichtspflichten .... 529 ff
- Auswirkungen auf die deliktische
  Haftung .... 540 ff
- bestehenden Verträgen, in ..... 530 ff
- Gefälligkeitsverhältnissen, bei .. 537 ff
- nichtigen Vertrag, beim .... 535 f

Titel 1
Verpflichtung zur Leistung   § 241

Informationspflichten _____ 437 ff
– Aufklärungspflichten _____ 442 ff
– Beratungspflichten _____ 485 f

Klagbarkeit der Rücksichtspflichten ___ 554 ff
Kritik an § 241 Abs 2 _____ 561 ff

Leistung _____ 133 ff
– Begriff _____ 133 ff
  – Allgemeines _____ 133 f
  – Ambivalenz _____ 135
– Leistungspflichten, s Pflichten _____ 141 ff
– Unterlassung _____ 136 ff
Leistungssicherungspflichten _____ 265 ff
– Abgrenzung zu Rücksichtspflichten __ 274 f
– außergesetzliche _____ 272 f
– gesetzliche _____ 270 f

Mitwirkungs- und Unterstützungs-
  pflichten _____ 173 ff
– gesetzliche Schuldverhältnisse _____ 261 ff
– Vertragsdurchführung, bei _____ 192 ff
  – Beseitigung von Erfüllungs-
    hindernissen _____ 204 ff
  – Dritten gegenüber _____ 257 ff
  – Durchführung der Leistung _____ 210 ff
  – atypische Vertragsverhältnisse ___ 237
  – Austauschverhältnis _____ 216 ff
  – Dauerschuldverhältnisse _____ 227 ff
  – Gebrauchsgewährung _____ 221 ff
  – Sicherung und Treuhand _____ 226
  – Mehrleistung _____ 246 f
  – Schaffung von Rechtssicherheit __ 248 ff
– Vorfeld des Vertrages, im _____ 178 ff

Nachbarschaftliches Gemeinschafts-
  verhältnis _____ 409 ff
Nebenleistungspflichten _____ 163 ff
– Auskunft und Rechenschaft _____ 168 ff
– außergesetzliche _____ 166 f
– gesetzliche _____ 164 f
– Mitwirkung und Unterstützung ____ 173 ff
– Leistungssicherungspflichten _____ 265 ff

Obhuts- und Fürsorgepflichten _____ 487 ff
– außergesetzliche _____ 495 ff
  – Einzelfälle _____ 500 ff
  – Dienst- und Arbeitsverträge ____ 507 ff
  – Gelddarlehensvertrag _____ 503

– Kaufvertrag _____ 501 f
– Mietvertrag _____ 504 ff
– sonstige _____ 512
– Werkvertrag _____ 510 f
– Voraussetzungen _____ 495 ff
– Abwägung _____ 497 ff
– Gefälle _____ 496
– gesetzliche _____ 491 ff
Obliegenheiten
– Abgrenzung von Verbindlichkeit ___ 128 ff
– Allgemeines _____ 120 ff
– Rechtsnatur _____ 124 ff

Pflichten
– Leistungspflichten _____ 141 ff
  – Hauptleistungspflichten _____ 144 ff
  – Nebenleistungspflichten _____ 144 ff
  – Primärpflichten _____ 142 f
  – Sekundärpflichten _____ 142 f
  – Rücksichtspflichten _____ 153 ff

Relationale Verträge _____ 375 ff
Relativität und Ausnahmen _____ 299 ff
– der Forderung _____ 305 ff
  – Dritte, Wirkung auf _____ 331 ff
– der Wirkungen des Schuldverhält-
  nisses _____ 301 ff
Rücksichtspflichten _____ 153 ff
– Abgrenzung zu Leistungspflichten __ 153 ff
– Abgrenzung zu Leistungssicherungs-
  pflichten _____ 274 f
– Arten _____ 434 ff
  – Informationspflichten _____ 437 ff
  – Obhuts- und Fürsorgepflichten __ 487 ff
  – Treuepflichten, leistungsunab-
    hängige _____ 513 ff
– Entstehung _____ 388 ff
– Gefälligkeiten _____ 404 ff
– nachbarschaftliches Gemein-
  schaftsverhältnis _____ 409 ff
– nichtige Verträge _____ 407 f
– Entwicklung _____ 388
– Grundlage und Inhalt _____ 417 f
– Haftungsmilderungen _____ 529 ff
– Normierung _____ 389 ff
– Pflichtverletzung, Rechtsfolgen der __ 548 ff
– prozessuale Aspekte _____ 554 ff
– Klagbarkeit _____ 554 ff
– Anwendbarkeit des § 29 ZPO _____ 559 f

Dirk Olzen

Schuldverhältnis	36 ff, 392 ff	Sozialer Kontakt	111
– Abgrenzung nach	46 ff	Sozialtypisches Verhalten	97 ff
– Anzahl der Beteiligten	53 ff	Sukzessivlieferungsverhältnisse	368 ff
– innerer Verknüpfung der Forderungen	58 ff	Treuepflichten, leistungsunabhängige	513 ff
– Regelung	57	– Geheimhaltungspflichten	521 ff
– Begriff ieS	36 ff	– Unterlassungspflichten	525 ff
– Begriff iwS	39	– Vertrauensgrundlage, Störung der	528
– Dauer	356 ff	– Wettbewerbsverbote	518 ff
– Dauerschuldverhältnisse	358 ff		
– einfache Schuldverhältnisse	357	Unterlassung	136 ff
– gesetzliches		Unterlassungspflichten	518 ff
– Abgrenzung innerhalb	64 ff		
– Entstehung	61 ff	Verbindlichkeiten, unvollkommene	120 ff
– Streitpunkte	40 ff	Vertrag, faktischer	94 ff
– vertragliches		– Arbeitsverhältnisse/Dienstverträge	107 f
– Abgrenzung zur Gefälligkeit	71 ff	– fehlerhafte Dauerschuldverhältnisse	104 f
– Entstehung	69 f	– Gesellschaftsverhältnisse	106
– faktischer Vertrag	94 ff	– Miet- und Pachtverhältnisse	110
– Wirkungen	112 ff	– sozialer Kontakt	111
Schuldverhältnis, Wesen und Inhalt	13 ff	– sozialtypisches Verhalten	97 ff
– Haftungsbeschränkungen	31	– Wohnungseigentümergemeinschaft	109
– Leistungsverpflichtung des Schuldners	23 f	Vertrag, nichtiger	407 f
– Recht zur Sache	19 ff	Vertrauensgrundlage, Störung der	528
– Rechtsfolgen der Nichterfüllung	25 ff		
– Vermögenswert der Leistung	14 ff	Wettbewerbsverbote	518 ff
Schutzpflichtverhältnis	68	Wiederkehrschuldverhältnisse	372 f

A. Vorbemerkung

1 Nach mehr als 100 Jahren wurde § 241 BGB zum 1. 1. 2002 erstmals geändert: Das an diesem Tag in Kraft getretene G zur Modernisierung des Schuldrechts vom 26. 11. 2001 (vgl Einl 188 ff zum SchuldR) fügte einen zweiten Abs an (s unten Rn 388 ff). Abs 1 blieb unverändert; ihm kommt keine große praktische Bedeutung zu (MünchKomm/BACHMANN Rn 1; aA PWW/SCHMIDT-KESSEL/KRAMME Rn 2). Er definiert weder das Schuldverhältnis noch den Leistungsbegriff. Sein Regelungsgehalt erschöpft sich vielmehr darin, die Wirkungen des Schuldverhältnisses aufzuführen, allerdings nicht einmal abschließend. Diese weite Fassung ist auf die bewusste Entscheidung des historischen Gesetzgebers zurückzuführen, die Ausfüllung des Begriffs „Schuldverhältnis" der Wissenschaft zu überlassen (MUGDAN II 1). Abs 1 S 1 stellt aber jedenfalls die Klagbarkeit der Leistung (MünchKomm/BACHMANN Rn 1) einerseits und die Relativität des Schuldverhältnisses andererseits klar (vgl Rn 301 ff; GERNHUBER, Schuldverhältnis § 3 II–V). Dass die Leistung auch in einem Unterlassen bestehen kann, ergibt sich aus Abs 1 S 2 (s unten Rn 133). Seit der Schuldrechtsreform ist die dogmatische Bedeutung des § 241 BGB insofern gewachsen, als die Norm den Anknüpfungspunkt für die Einteilung der Schuldnerpflichten bildet und damit im Kern des neuen Leistungsstörungsrechts steht.

B. Vor- und Entstehungsgeschichte

Der Blick auf die Entwicklung des § 241 BGB verdeutlicht, dass der Gesetzgeber der Vorschrift über den geschilderten Inhalt hinaus eine Klarstellungsfunktion zugedacht hat. Er hilft zudem, die Grundsätze der gegenwärtigen Schuldrechtsdogmatik aus ihrer Entwicklung heraus besser zu verstehen. **2**

I. Der Begriff „Schuldverhältnis" vor Inkrafttreten des BGB

Im **19. Jahrhundert** war der Terminus „Schuldverhältnis" noch nicht fest im juristischen Sprachgebrauch verankert (KÖBLER, Lexikon Rechtsgeschichte 528); selbst den Autoren der späten Pandektistik war er fremd (BUCHER, in: FS Wiegand [2005] 93, 109 mwNw). Der deutschsprachige Rechtskreis kannte die Begriffe „Forderung", „Schuld" und „Verbindlichkeit", die jeweils nur eine Seite des Schuldverhältnisses bezeichneten. Das prALR von 1794, das österreichische ABGB von 1811 und das Züricher Bürgerliche Gesetzbuch von 1856 benutzten diese Bezeichnungen in Verbindung miteinander, um das zu umschreiben, was man heute allgemein unter „Schuldverhältnis" versteht. Das sächsische Bürgerliche Gesetzbuch von 1863 sprach nur von „Forderung" (SCHUBERT, Vorlagen der Redaktoren, Recht der Schuldverhältnisse: Teil 1, 3, Fn 1; vgl ferner Rn 6 ff). **3**

Andererseits kannte man seit der **Rezeption** aus dem römischen Recht (vgl Einl 103 zum SchuldR) den Begriff der **obligatio**, der beide Seiten des Schuldverhältnisses bezeichnete. Darunter verstanden das klassische und das justinianische Recht ein Rechtsverhältnis, das den Schuldner zu einer Leistung verpflichtete und dem Gläubiger gegen den Schuldner ein Forderungsrecht verschaffte (vgl KASER/KNÜTEL RPR § 32 Rn 1; COING, Europäisches Privatrecht Bd I [1985] 393). Der Obligationenbegriff wurde allerdings unterschiedlich ausgefüllt (vgl dazu DUMONT, Obligatio, in: FS Meylan I [1963] 77 ff); es kam also zu keiner begrifflichen Klärung. Die Verfasser des BGB gingen davon aus, dass der Begriff der Obligation iSd klassischen römischen Rechts die Rechtsstellungen der Parteien aus der Sicht eines neutralen Beobachters beschrieb. Darüber hinaus meinte man aber, der Ausdruck „obligatio" sei auch geeignet, allein das Forderungsrecht oder die Verbindlichkeit zu bezeichnen (SCHUBERT, Vorlagen der Redaktoren, Recht der Schuldverhältnisse: Teil 1, 3, Fn 1). Der vom Gesetzgeber gewählte Begriff des Schuldverhältnisses sollte nach seinem Willen klarstellend das gesamte Obligationenverhältnis bezeichnen und zugl das Fremdwort „Obligation" durch einen deutschen Ausdruck ersetzen (SCHUBERT, Vorlagen der Redaktoren, Recht der Schuldverhältnisse: Teil 1, 3, Fn 1). Damit folgte man dem bayerischen und dem Dresdner Entwurf von 1861 bzw 1866, die sich schon zuvor dieses Begriffs bedient hatten (MUGDAN II 1; zu den Vorläufern des BGB vgl auch STAUDINGER/HONSELL [2018] Einl 59 ff zum BGB; zur Rolle der genannten Entwürfe s auch BUCHER, in: FS Wiegand [2005] 93, 109 ff). **4**

II. Vorbilder für § 241

Sprachlich und inhaltlich orientierte sich § 241 BGB einerseits an den Definitionen der Pandektenlehre. Andererseits hatten aber auch die dem BGB vorangehenden großen Kodifikationen und Kodifikationsentwürfe Vorbildcharakter, weil sie vielfach eine entsprechende allgemeine Regelung zur Kennzeichnung des Schuldverhältnisses und zur Einführung in das Schuldrecht enthielten, obwohl eine solche **5**

Vorschrift nicht allgemein für notwendig erachtet wurde. Diese Grundlagen des § 241 BGB sollen im Folgenden kurz dargestellt werden (z Begriff der Obligation [als Grundlage der Vorschrift] vgl Bucher, in: FS Wiegand [2005] 93, 104 ff; zur Entwicklung des Obligationsbegriffs ausf HKK/Dorn [2007] § 241 Rn 6 ff).

1. Die Pandektenlehre

6 Die Pandektenlehre (Einl 112 ff zum SchuldR; vgl dazu Staudinger/Honsell [2018] Einl 53 ff zum BGB) griff zwar zur Beschreibung des Schuldverhältnisses auf die Definitionen in Inst 3, 13 pr und in D 44, 7, 3 pr zurück (Die Digestenstelle stammt v dem im 3. Jahrhundert tätigen Juristen Iulius Paulus; z seiner Person Liebs, Die Jurisprudenz im spätantiken Italien [1987]; z Obligation des klassischen römischen Rechts vgl Kaser, Das römische Privatrecht Bd I [2. Aufl 1971] §§ 113, 115. Dort hieß es „obligationum substantia non in eo consistit, ut aliquod corpus nostrum aut servitutem nostram faciat, sed ut alium nobis obstringat ad dandum aliquid vel faciendum vel praestandum".) Sie entwickelte aber ein eigenständiges, vom römischen Recht abweichendes Obligationenverständnis (Windscheid, Pandektenrecht II [8. Aufl 1900] § 251 Fn 3). Unter der Obligation verstand sie ein Rechtsverhältnis, das durch eine Verpflichtung des Schuldners zu einer Leistung an den Gläubiger gekennzeichnet sein sollte. Diese Leistung konnte in einem Tun, Dulden oder in Unterlassungen liegen (Dernburg, Pandekten II [4. Aufl 1894] § 1 I). Die sprachliche Fassung des Abs 1 zeigt, wie stark sich der Gesetzgeber des BGB an die Definition der Pandektenlehre angelehnt hat.

2. Das prALR von 1794

7 Im 1. Buch des prALR war innerhalb der Abgrenzung der „persönlichen Rechte" unter dem 2. Titel „Von Sachen und deren Rechten überhaupt" in § 123 BGB geregelt, dass ein persönliches Recht die Befugnis enthielt, von dem Verpflichteten zu fordern, etwas zu geben, zu leisten, zu verstatten oder zu unterlassen (vgl z prALR insgesamt Wolff, Das Preußische Allgemeine Landrecht [1995]).

3. Der code civil

8 Der code civil von 1804 sprach zwar in Art 1140 die Wirkungen der Obligationen in Bezug auf Immobilien an („les effets de l'obligation de donner ou de livrer un immeuble") und verwies dafür intern auf andere Vorschriften. Eine wirkliche Stellungnahme zum Obligationenbegriff erfolgte aber nur innerhalb der Regelungen über schuldrechtliche Verträge (HKK/Dorn [2007] Rn 24). Die strenge Differenzierung des römischen Rechts zwischen der dinglichen Berechtigung sowie dem obligatorischen Recht auf die geschuldeten Leistungen, wurde nicht mehr praktiziert (HKK/Dorn [2007] Rn 24). Eine Schadensersatzpflicht des Schuldners bei der Nichterfüllung einer Verpflichtung zu einem Tun oder Unterlassen begründete Art 1142 („Tout obligation de faire ou de ne pas faire se résout en dommages et intérêts en cas d'inexécution de la part du débiteur."). Dem code civil entsprachen die Parallelregelungen im Rheinischen Recht und im Badischen Landrecht (z Einfluss des code civil auf die deutsche Privatrechtsgeschichte vgl Wieacker, Privatrechtsgeschichte 345 f; Böhmer, Der Einfluß des code civil auf die Rechtsentwicklungen in Deutschland, AcP 151 [1950/51] 289; Schubert, Französisches Recht in Deutschland zu Beginn des 19. Jahrhunderts [1977]; Gross, Der code civil in Baden [1993]; vgl auch Einl 314 zum SchuldR).

4. Das österreichische ABGB

Das österreichische ABGB aus dem Jahr 1811 enthielt überhaupt keine dem § 241 **9**
BGB entsprechende Regelung. Nur ein Nebensatz des § 859 ABGB bestimmte, dass das sog „persönliche Sachenrecht" eine Leistungspflicht zwischen den Vertragsparteien begründete. Die Erklärung für ein solches Vorgehen des Gesetzgebers folgt aus der Systematik des ABGB, das dem Schuldrecht keinen eigenständigen Abschnitt zuwies, sondern es dem Sachenrecht zuordnete (z österreichischen ABGB vgl Wieacker, Privatrechtsgeschichte 337; vgl auch Einl 315 zum SchuldR).

5. Das schweizerische Obligationenrecht

Im schweizerischen Obligationenrecht von 1881 fehlte ebenfalls eine § 241 Abs 1 **10**
BGB entsprechende Regelung (z schweizerischen Obligationenrecht vgl Köbler, Lexikon Rechtsgeschichte 532; vgl auch hier Einl 312 f zum SchuldR). Es wurde insoweit vom Dresdner Entwurf beeinflusst (s unten Rn 11; Staudinger/Coing/Honsell [2004] Einl 60 zum BGB).

6. Der Dresdner Entwurf

Der Dresdner Entwurf eines allgemeinen deutschen Gesetzes über Schuldverhält- **11**
nisse von 1866 (vgl Köbler, Deutsche Rechtsgeschichte 189; Hedemann, Der Dresdner Entwurf von 1866; zu dem Kodifikationsentwurf Hessens sowie Bayerns und dem Sächsischen Bürgerlichen Gesetzbuch s HKK/Dorn [2007] Rn 27 ff), der das 2. Buch des BGB, vor allem auch durch den Tod des Redaktors vKübel, entscheidend prägte (vgl Einl 123 ff zum SchuldR), sah zwei einleitende, präambelartige Artikel zum Wesen des Schuldverhältnisses vor. Gem Art 2 sollte ein Schuldverhältnis ein Rechtsverhältnis zwischen wenigstens zwei Personen sein, vermöge dessen die eine als Gläubiger eine Leistung zu fordern berechtigt, die andere als Schuldner zu dieser Leistung verpflichtet war. Art 3 bestimmte, dass die Leistung in einem Tun oder Unterlassen bestehen konnte, dass sie möglich sein musste und nicht den Gesetzen oder den guten Sitten widerstreiten durfte (vgl den unveränderten Nachdruck des Dresdner Entwurfs hrsg v Franke [1973]).

III. Grundentscheidungen des BGB-Gesetzgebers

1. § 241 BGB als einleitende Regelung

Die Verfasser des BGB (zu der Gesetzgebungsarbeit vgl Staudinger/Honsell [2018] Einl **12**
74 ff zum BGB) sprachen sich bei den Vorberatungen zunächst grds für eine das Schuldrecht einleitende Regelung aus (Jakobs/Schubert §§ 241–432, 42). Einigkeit bestand auch darüber, den Begriff „Schuldverhältnis" (s oben Rn 3 f) zu verwenden (Mot II 5 = Mugdan II 3).

2. Wesen und Inhalt des Schuldverhältnisses

Die Anschauungen über Wesen und Inhalt des Schuldverhältnisses gingen zur Ent- **13**
stehungszeit des BGB noch stark auseinander (Schubert, Vorlagen der Redaktoren, Recht der Schuldverhältnisse: Teil 1, 4). Man beurteilte vor allem unterschiedlich, ob ein Schuldverhältnis stets auf eine **geldwerte Leistung** gerichtet sein müsse. Streit herrschte auch darüber, ob das Schuldverhältnis ein **Recht zur Sache** begründete. Fragen nach

der **Leistungspflicht des Schuldners** sowie den **Rechtsfolgen der Nichterfüllung** wurden ebenfalls uneinheitlich beantwortet. In der Klärung dieser Streitfragen lag die besondere Funktion des § 241 BGB (NK-BGB/Krebs Rn 3; Soergel/Teichmann Rn 2).

a) Vermögenswert der Leistung

14 Eine der umstrittensten Fragen lautete also, ob der Leistungsgegenstand **Geldwert** haben müsse (vgl für die gegensätzlichen Positionen zB Dernburg, Pandekten II [7. Aufl 1903] § 17 – für einen Vermögenswert – und Windscheid, Pandektenrecht II [7. Aufl 1891] § 250 – gegen einen Vermögenswert – [beide mwNw]; vgl auch Schubert, Vorlagen der Redaktoren, Recht der Schuldverhältnisse: Teil 1, 13 ff).

15 Überwiegend wurde ein Geldwert der Leistung für unverzichtbar gehalten, um ein wirksames Schuldverhältnis entstehen zu lassen (Dernburg, Pandekten II [7. Aufl 1903] § 17). Ausreichend sollte aber ein **Geldinteresse** sein, während reine Affektionsinteressen nur ausnahmsweise über eine Konventionalstrafe Gegenstand einer Forderung werden konnten (Schubert, Vorlagen der Redaktoren, Recht der Schuldverhältnisse: Teil 1, 14 mwNw). Das Erfordernis des Geldwerts einer Leistung beruhte auf den Vorstellungen des römischen Rechts (Schubert, Vorlagen der Redaktoren, Recht der Schuldverhältnisse: Teil 1, 14). Der klassische Formularprozess verlangte für jedes Leistungsurteil eine Geldsumme (vgl Kaser/Knütel RPR § 34 Rn 5). Die Befürworter dieser Ansicht leiteten ihre Betrachtungsweise daraus ab, dass somit auch der Leistungsgegenstand selbst stets in Geld abschätzbar sein müsse (Windscheid, Pandektenrecht II [8. Aufl 1900] § 250 Fn 3). Abgrenzungsschwierigkeiten zu reinen Gefälligkeitsverhältnissen sollten auf diese Weise ebenso vermieden werden (vgl vGierke, Entwurf eines BGB 195) wie eine Überlastung der Rspr mit rechtsmissbräuchlichen Verfahren zur Durchsetzung nicht schützenswerter Affektionsinteressen (Laband AcP 73 [1888] 173; vgl auch zur Schranke der guten Sitten Prot II, 560 = Mugdan II 501).

16 Von den Vertretern der Gegenansicht (vgl Windscheid, Pandektenrecht II [8. Aufl 1900] § 250 Fn 3; Schubert, Vorlagen der Redaktoren, Recht der Schuldverhältnisse: Teil 1, 13 f mwNw) wurde das Schuldverhältnis als wirksam anerkannt, wenn es ein **berechtigtes, rechtlich schutzwürdiges Interesse** zum Gegenstand hatte – ein Umstand, über den der Richter entscheiden sollte. Damit folgte man den Art 3–5 des Dresdner Entwurfs (Schubert, Vorlagen der Redaktoren, Recht der Schuldverhältnisse: Teil 1, 13). Zur Begründung wurde angeführt, dass das römisch-rechtliche Prinzip der **Geldkondemnation**, wonach Vollstreckungsgegenstand nur eine Geldforderung sein konnte, zum Zeitpunkt der Entstehung des BGB bereits überholt gewesen sei (s ie u Rn 25).

17 Auch der Redaktor des Schuldrechts, vKübel (z seiner Person vgl Einl 123 ff zum SchuldR), vertrat die Ansicht, es müsse ausreichen, wenn die Leistung **irgendein Interesse** für den Schuldner habe (Schubert, Vorlagen der Redaktoren, Recht der Schuldverhältnisse: Teil 1, 6 ff). Er befand sich damit im Einklang mit der damals neueren Rspr, die im Hinblick auf die Anforderungen des modernen Rechtsverkehrs nicht einmal ein schutzwürdiges Leistungsinteresse forderte. Abgrenzungskriterium sollte allein der **Rechtsbindungswille** der Parteien sein. Gegen die guten Sitten oder die öffentliche Ordnung durfte das Rechtsgeschäft aber nicht verstoßen (Mot II 2 = Mugdan II 1).

18 Bei den Vorberatungen zur Entstehung des BGB einigte man sich darauf, das Erfordernis des Vermögenswertes der Leistung des Schuldners nicht in das Gesetz

zu übernehmen (SCHUBERT, Vorlagen der Redaktoren, Recht der Schuldverhältnisse: Teil 1, 13 ff; JAKOBS/SCHUBERT §§ 241–432, 40; Prot II, 559 ff = MUGDAN II 501; Mot II 5 = MUGDAN II 3), verzichtete aber sowohl im Entwurf als auch in der späteren Fassung des § 241 BGB auf eine Klarstellung (SCHUBERT, Vorlagen der Redaktoren, Recht der Schuldverhältnisse: Teil 1, 40). Die Mehrheit der 1. Kommission war der Auffassung, ihr Standpunkt werde bereits durch den fehlenden Hinweis auf das Vermögensinteresse ausreichend deutlich (SCHUBERT, Vorlagen der Redaktoren, Recht der Schuldverhältnisse: Teil 1, 41).

b) Recht zur Sache

Man hat im 19. Jahrhundert auch unterschiedlich beurteilt, ob das auf die Leistung einer bestimmten Sache gerichtete **Forderungsrecht** ein **Recht des Gläubigers** am Gegenstand der Leistung begründen sollte (SCHUBERT, Vorlagen der Redaktoren, Recht der Schuldverhältnisse: Teil 1, 4 f). Der Streit erlangte Bedeutung im Zusammenhang mit der Frage, ob der Gläubiger von der Entstehung seines Anspruchs an gegen einen Dritterwerb schutzwürdig war oder nicht. **19**

Manche gingen davon aus, schon die Eingehung einer auf Sachleistung gerichteten Verbindlichkeit ergreife die Sache selbst und begründe so ein „**relativ dingliches Recht**" (ZIEBARTH, Die Realexekution und die Obligation [1866]; SCHUBERT, Vorlagen der Redaktoren, Recht der Schuldverhältnisse: Teil 1, 4 f). Zur Rechtfertigung verwies man auf das Vollstreckungsrecht. Aus der sog „**Realexekution**" wurde abgeleitet, dass dort, wo die Vollstreckung auf die Wegnahme einer Sache gerichtet sei, auch das zugrunde liegende Recht dinglich sein müsse (vgl RÜTTEN, in: FS Gernhuber [1993] 951 ff). **20**

Die zur Zeit der Entstehung des BGB hL lehnte dagegen ein durch Forderungsrecht begründetes Recht des Gläubigers zur Sache ab (dagegen SCHUBERT, Vorlagen der Redaktoren, Recht der Schuldverhältnisse: Teil 1, 4 f). Das Schuldverhältnis erzeugte danach nur Rechtswirkungen zwischen den Parteien. Zur Begründung führte man aus, dass Gegenstand des Schuldverhältnisses nicht der durch den Schuldner herbeizuführende Erfolg, sondern lediglich die **Handlung** selbst sei (vgl Rn 24; SCHUBERT, Vorlagen der Redaktoren, Recht der Schuldverhältnisse: Teil 1, 5). **21**

Der BGB-Gesetzgeber schloss sich der hL an und lehnte entgegen teilw heftiger Kritik (vgl vGIERKE, Entwurf eines BGB 189 f) ein durch das Forderungsrecht begründbares Recht des Gläubigers zur Sache ab (SCHUBERT, Vorlagen der Redaktoren, Recht der Schuldverhältnisse: Teil 1, 4 f; Mot II 5 = MUGDAN II 3). Das Forderungsrecht des Gläubigers konnte deshalb den Erwerb des Rechts, das ihm verschafft werden sollte, durch einen Dritten nicht verhindern (MUGDAN II 3). **22**

c) Leistungsverpflichtung des Schuldners

Ebenfalls uneinheitlich wurde bewertet, was der geschuldete **Leistungsgegenstand** sein sollte. **23**

Die überwiegende Lehre, der sich der Gesetzgeber des BGB anschloss, definierte die mit dem Recht des Gläubigers auf die Leistung korrespondierende Leistungspflicht des Schuldners als **Handlungspflicht** (WINDSCHEID, Pandektenrecht II [8. Aufl 1900] § 251 Fn 2; SCHUBERT, Vorlagen der Redaktoren, Recht der Schuldverhältnisse: Teil 1, 6, 7; vgl **24** näher Rn 133). Dagegen wurde zT vorgebracht, die Obligation begründe lediglich ein Recht des Gläubigers, etwas zu erhalten, sei es durch Handlung des Schuldners oder auf andere Weise. Die Handlung stellt nach dieser Ansicht mithin nur **ein** Mittel zur Befriedigung des Gläubigers dar (Hartmann, Die Obligation [1875] 20 ff, 119 ff; vgl z Problem iE Staudinger/Olzen [2016] Einl 57 ff zum §§ 362 ff).

d) Rechtsfolgen der Nichterfüllung
aa) Erfüllungsanspruch

25 Zur Zeit der Schaffung des BGB war man sich darüber einig, dass dem Gläubiger für den Fall der Nichterfüllung der Leistungspflicht ein Anspruch auf **zwangsweise Durchsetzung des Erfüllungsanspruchs** zustehen sollte, sodass er nicht auf Schadensersatzansprüche beschränkt war (vgl Schubert, Vorlagen der Redaktoren, Recht der Schuldverhältnisse: Teil 1, 15, 17; Jakobs/Schubert §§ 241–432, 41; Prot II 560 = Mugdan II 501). Wie bereits erwähnt, hielt man das aus dem klassischen römischen Recht bekannte Prinzip der Geldkondemnation (s oben Rn 16), das nur die Zwangsvollstreckung wegen Geldforderungen kannte, für überholt (Windscheid, Pandektenrecht II [9. Aufl 1906] § 250 Fn 3). Bereits in der Justinianischen Kodifikation wurde dieses System für Obligationen, die auf die **Übertragung von Eigentum** gerichtet waren, aufgehoben, D. 6. 1. 68 (Ulpian) (z klassischen Formularprozess im römischen Recht vgl Kaser, Das römische Zivilprozeßrecht [2. Aufl 1996] § 54 IV 1; z den starken Abänderungen im klassischen Kognitionsprozess u in der Nachklassik ders § 74 I 2 u § 93 II 2 b [jeweils mit ausf Nw z Quellen u Lit]). Die Richtigkeit dieser Ansicht wurde auch damit begründet, dass die ZPO bereits seit 1888 Zwangsmittel vorsah, um den Schuldner zur Vornahme einer **geschuldeten Handlung** zu zwingen (z Entstehung des Erfüllungszwangs im materiellen Recht vgl Rütten, in: FS Gernhuber [1993] 939 ff; vgl Nehlsen/vStryk, Grenzen des Rechtszwangs – zur Geschichte der Naturalvollstreckung, AcP 193 [1993] 529 ff).

26 Der **code civil** ging dagegen nach Art 1142 in Übereinstimmung mit dem klassischen römischen Recht noch vom Grundsatz der **Geldkondemnation** aus, allerdings nur für Leistungspflichten, die nicht auf **Sachleistungen** gerichtet waren. Für Letztere war dagegen wahlweise ein Anspruch auf **Naturalerfüllung** vorgesehen, Art 1184 Abs 2 (Rütten, in: FS Gernhuber [1993] 945 f).

27 Das **prALR** ordnete die **Naturalerfüllung** in den §§ 393 ff im 1. Buch unter dem 5. Titel ausdrücklich an. Auf die Vornahme von Handlungen gerichtete Urteile konnten nach der prAGO von 1793 durch Anwendung persönlichen Zwangs oder auch im Wege der Ersatzvornahme durchgesetzt werden. Erst bei Fruchtlosigkeit dieser Maßnahmen war der Gläubiger auf die Liquidation des Interesses angewiesen (Nehlsen/vStryk AcP 193 [1993] 553).

28 Der **bayerische** und der **hessische Entwurf** zum Bürgerlichen Recht von 1861 und 1865 nahmen den **Erfüllungszwang** ebenfalls ausdrücklich auf, ebenso das Gesetzbuch für das Königreich **Sachsen** aus dem Jahre 1863 in § 761 (Rütten, in: FS Gernhuber [1993] 955).

29 Der **Dresdner Entwurf** von 1866 sah das Prinzip der Naturalerfüllung schon als so selbstverständlich an, dass man von einer ausdrücklichen gesetzlichen Regelung absah (Rütten, in: FS Gernhuber [1993] 956).

bb) Schadensersatz

Darüber hinaus wurde – unter weiteren Voraussetzungen – ein Anspruch auf Ausgleich des „vernünftigen" **Interesses in Geld** für den Fall gewährt, dass die Leistung nicht erzwingbar sein sollte (Jakobs/Schubert §§ 241–432, 41). Dies galt allerdings nur für **Vermögensschäden**. Zur Sicherung eines Ausgleichs für ein **nicht vermögensrechtliches Interesse** musste der Gläubiger dagegen eine **Vertragsstrafe** vereinbaren, wenn er bei Nichterfüllung Geld verlangen wollte (Mugdan II 2). 30

e) Haftungsbeschränkungen

Im Hinblick auf die Frage, ob die Haftung des Schuldners bei Nichterfüllung auf Teile seines Vermögens beschränkt sein sollte, sprach sich der Redaktor vKübel für eine **unbeschränkte Vermögenshaftung** des Schuldners aus. Ausnahmen von diesem Prinzip sollten gesetzliche Bestimmungen erfordern (Schubert, Vorlagen der Redaktoren, Recht der Schuldverhältnisse: Teil 1, 11). Man diskutierte deshalb über die Unwirksamkeit rechtsgeschäftlicher Haftungsbeschränkungen auf einen Teil des Vermögens. Die Mehrheit der 1. Kommission beschloss aber, die Frage nicht zu entscheiden und die Lösung der Wissenschaft zu überlassen (Jakobs/Schubert §§ 241–432, 43; Mugdan II 2). 31

C. Weitere Entwicklungen nach dem Inkrafttreten des § 241

Wie bereits ausgeführt (Rn 1), blieb § 241 BGB lange Zeit unverändert und wurde erst zum 1. 1. 2002 durch das Schuldrechtsmodernisierungsgesetz grundlegend reformiert (ausf Einl 188 ff zum SchuldR). 32

I. Das Volksgesetzbuch

In der **nationalsozialistischen Zeit** gab es keine Gesetzesreform, jedoch recht weitgehende **Entwürfe** zu einem **„Volksgesetzbuch"**, das das BGB ablösen sollte (vgl Einl 176 ff zum SchuldR). Diese Pläne wurden allerdings nicht realisiert. Die Vorschläge ließen den Wortlaut von § 241 aF unangetastet, sahen jedoch weitere Absätze vor (ausf Staudinger/J Schmidt [1995] Einl 73 zu §§ 241 ff mwNw), die Elemente des heutigen § 242 BGB in § 241 aF übernahmen. Auch wollte man speziellere Regelungen über Inhalt und Grenzen der Leistungspflicht treffen. Gemeinsam war allen Entwürfen die Betonung des **Gemeinwohlgedankens** und des **Interessenausgleichs** zwischen den Vertragspartnern (ausf Staudinger/J Schmidt [1995] Rn 26 ff mwNw). Die Entwürfe zu einem „Volksgesetzbuch" enthielten ferner Regelungen für „Schutzpflichten", die im Wesentlichen dem heutigen Abs 2 entsprachen. Einschneidende Änderungen des § 241 aF sahen die im Rahmen der Vorarbeiten zum Volksgesetzbuch vom **Ausschuss für Schadensersatzrecht** erarbeiteten Entwürfe vor (vgl Schubert, Protokolle: Schadensrecht [1993]). Man strebte zum einen eine Zusammenfassung der Regelungsinhalte von § 241 aF und § 242 aF an, zum anderen die Kodifikation der culpa in contrahendo (vgl nur Staudinger/J Schmidt [1995] Rn 27 f mwNw). 33

II. Die Rechtsprechung zu § 241

§ 241 Abs 1 BGB kommt in der Rspr nach wie vor keine große Bedeutung zu (ausf zur Relevanz in der Rspr des RG und des BGH vgl Staudinger/Olzen [2015] Rn 34). 34

Insbesondere nannten viele Entscheidungen § 241 aF nur als Kürzel für die Begriffe „Schuldverhältnis", „Forderung" oder „Schuld" (vgl zB RGZ 97, 34, 37; 93, 234, 236; 88, 287, 288; 72, 393; 63, 116, 117; 51, 311, 313; BGHZ 97, 372; 40, 326, 331; 21, 102, 106; 2, 369, 376; in neuerer Zeit noch BGHZ 166, 369, 376), andere sogar nur als Kürzel für „Leistung" (BGHZ 97, 372; 42, 340, 344 und 352; ähnl in BGH NJW-RR 1990, 270 und NJW-RR 1989, 263; OLG Celle WM 1993, 591, 592). § 241 in seiner aF wurde allein in der Rspr des RG zur Entscheidungsfindung herangezogen, aber auch nur in Ausnahmefällen. RGZ 57, 353, 356 ff leitete zB aus § 241 aF ab, dass das BGB weder ein **Recht zur Sache** noch überhaupt eine **Drittwirkung** des Schuldverhältnisses kennt. Ebenfalls hat man aus § 241 aF geschlossen, dass **unbestimmbare Leistungsinhalte** kein Schuldverhältnis begründen (RGZ 85, 209).

III. Die Behandlung von § 241 in der Lehre

35 Die Lehre verwendete § 241 aF zumeist nur als gesetzlichen Ansatzpunkt für Überlegungen zu den Begriffen „Forderungsrecht" und „Leistung", nicht als Rechtssatz (vgl zB LARENZ, Schuldrecht I § 2 I und II; ENNECCERUS/LEHMANN, Schuldrecht § 1 IV; FIKENTSCHER/HEINEMANN, Schuldrecht Rn 21, 25; vgl auch schon HECK, Schuldrecht § 1, 8 und 9). Der Kommentarliteratur diente die Norm ebenfalls überwiegend als Grundlage für allgemeine Ausführungen zum Schuldverhältnis. Diese Herabsetzung der Bedeutung ist jedenfalls vor dem Schuldrechtsmodernisierungsgesetz darauf zurückzuführen, dass der Norminhalt selbstverständlich geworden ist und die Sachprobleme, die § 241 BGB ursprünglich lösen sollte (vgl Rn 13 ff), für die moderne Schuldrechtsdogmatik keine Streitpunkte mehr darstellen.

D. Das Schuldverhältnis

I. Das Schuldverhältnis ieS und iwS

1. Einleitung

36 Der Begriff „Schuldverhältnis" bezeichnet im BGB zum einen das **einzelne Forderungsrecht** (zB in §§ 243 Abs 2, 265 S 1, 362 Abs 1, 364 Abs 1, 366 Abs 1, 397, 405, 781 S 1, 3, 812 Abs 2 BGB sowie mit Einschränkungen auch in § 423 BGB; vgl auch STAUDINGER/SCHWARZE [2014] § 280 Rn B 1 ff). Man spricht insofern auch von einem **„Schuldverhältnis im engeren Sinn (ieS)"** (was der ursprünglichen Bedeutung von „Obligation" entspricht, s auch BUCHER, in: FS Wiegand [2005] 93, 118 f u oben Rn 3 ff). Zum anderen meint das Gesetz an vielen Stellen mit dem gleichen Begriff aber auch die Zusammenfassung **mehrerer Forderungen** (zB im Titel des 2. Buches sowie in den Titeln des 1., 3. und 4. Abschnitts und im Titel des 8. Abschnitts „Einzelne Schuldverhältnisse", daneben aber wohl auch in §§ 273 Abs 1, 292 Abs 1 BGB und § 425 Abs 1 BGB). Ein solches komplexes Rechtsverhältnis versteht man als **„Schuldverhältnis im weiteren Sinn (iwS)"** (bzw „Schuldverhältnis im erweiterten Sinn", so BUCHER, in: FS Wiegand [2005] 93, 119 f); ein Terminus, für den es weder in den romanischen noch in der englischen Sprache eine Entsprechung gibt (vgl BUCHER, in: FS Wiegand [2005] 93, 139). Die Differenzierung in „Schuldverhältnis ieS" und in „Schuldverhältnis iwS" findet sich auch schon früh in der BGH-Rspr (BGHZ 10, 391, 395 = NJW 1954, 231, 232).

2. Historische Ursachen

Die historischen Ursachen für die gleichzeitige Verwendung des Begriffs „Schuld- 37
verhältnis" für eine oder auch für mehrere Forderungen/Verbindlichkeiten liegen
darin begründet, dass insbes die Pandektistik darüber stritt, ob das Privatrechtssystem ein **„System der Rechte"** oder ein **„System der Rechtsverhältnisse"** sei (vgl
WINDSCHEID, Pandektenrecht I [7. Aufl 1891] § 34 Fn 2 mwNw). Dieser Streit war zur Zeit der
Entstehung des BGB noch nicht gänzlich ausgetragen (vgl zB noch die diskrepante
Benutzung v „Obligation/Forderung" bei DERNBURG, Pandekten [7. Aufl 1902/03] „Obligationen
sind *Rechte*" – Bd 1 § 22 1b–u „Obligationen sind *Rechtsverhältnisse*" – Bd 2 § 1 [Hervorhebungen
hier hinzugefügt]; LABAND schlug deshalb vor, die Bezeichnung „Recht der Schuldverhältnisse"
durch die Bezeichnung „Recht der Forderungen" zu ersetzen, AcP 73 [1888] 167).

Deshalb konnte es dazu kommen, dass man sowohl für das **Einzelrecht** als auch für 38
das Rechtsverhältnis als **Summe von Forderungen** (iS eines „Lebensverhältnisses",
wie zB das „Kaufverhältnis") den Begriff „Schuldverhältnis" verwendete. Dieses
Vorgehen wählte die erste Kommission, die den Schulenstreit so vernachlässigen
oder übergehen wollte (vgl Mot II 2 = MUGDAN II 1). Man nahm zu Recht an, dass der
„Doppelsprachgebrauch" nur selten Auslegungsschwierigkeiten hervorrufen würde
(so MANIGK, HdwRWiss V 375; genannt wird üblicherweise nur § 366 BGB) und betrachtete
den Streit deshalb wohl schon damals als eher theoretisch (auf den terminologischen
„Fehler" des BGB hatte schon BEKKER, Sprachliches und Sachliches zum BGB, JherJb 49 [1905] 13
u 57 hingewiesen).

3. Der Begriff „Schuldverhältnis iwS"

Seit dem Inkrafttreten des BGB sind zur besseren Kennzeichnung des Schuldver- 39
hältnisses „iwS" in Abgrenzung zum Schuldverhältnis „ieS" viele Begriffe gefunden
worden. HELLWIG (Anspruch und Klagrecht [1900] 41) bevorzugte den Begriff „Gesamtschuldverhältnis" im Gegensatz zur einzelnen Forderung. HERHOLZ (AcP 130 [1929]
257 ff) führte später den Ausdruck „Schuldverhältnis als konstante Rahmenbeziehung" ein. SIBER wiederum sprach vom Schuldverhältnis „als Organismus" (ausf schon
1914 in PLANCK/SIBER Vorbem I 1; SIBER, Grundriss des Deutschen Bürgerlichen Rechts Bd 2:
Schuldrecht [1931] 1), während STOLL (Gemeinschaftsgedanke und Schuldvertrag, DJZ 1936,
414, 415 ff) das Schuldverhältnis ein Verbandsverhältnis („Stück des Gemeinschaftslebens in genossenschaftlichem Verbundensein", eine typische Formulierung der
nationalsozialistischen Zeit) nannte. LARENZ (Schuldrecht I § 2 V mwNw) wählte den
Terminus „sinnhaftes Gefüge" oder „Prozeß" (der in der Zeit abläuft). Später prägte
WOLF den Begriff „Ursprungsverhältnis" (AcP 153 [1954] 97, 114 f Fn 82). ZEPOS (Zu einer
„gestalttheorethischen" Auffassung des Schuldverhältnisses, AcP 155 [1956] 486 ff) vertrat eine
„gestalttheoretische" Auffassung des Schuldverhältnisses. J SCHMIDT hingegen wollte das Schuldverhältnis (iwS) als „Plan" oder „Obligationsprogramm" erfassen (STAU-
DINGER/J SCHMIDT [1995] § 242 Rn 902 ff, 942 ff). In jüngerer Zeit sprach DUBISCHAR von
einem „Schuldverhältnis als Rahmenbeziehung in der Zeit" (AK-BGB/DUBISCHAR
Rn 8). Die Bsp für Wortkombinationen ließen sich noch weiter vermehren (vgl die
weiteren bei HKK/DORN [2007] § 241 Rn 71 aufgeführten Beispiele; WIESE, in: FS Nipperdey Bd I
[1965] 837, 838 f; GERNHUBER, Schuldverhältnis § 2 [„Schuldverhältnis als komplexe Einheit"];
SCHAPP JuS 1992, 537, 539 f; Berner Kommentar/KRAMER [1986] Einl zu Art 1 OR Rn 36–38;
EHRENZWEIG/MAYRHOFER, Schuldrecht AT 1 f; BUCHER, in: FS Wiegand [2005] 93, 122 spricht sich

für den Terminus „Obligation" zur Kennzeichnung des Schuldverhältnisses „ieS" und demgegenüber für den Begriff „Schuldverhältnis" zur Bezeichnung des Schuldverhältnisses „iwS" aus).

4. Streitpunkte

40 Dabei geht es zum einen um Begriffsbildung, zum anderen aber auch um Sachprobleme. So wird diskutiert, ob das „Schuldverhältnis iwS" ein **geeignetes Strukturmerkmal von Rechtsverhältnissen** darstellt (ausf STAUDINGER/J SCHMIDT [1995] Einl 209 ff zum §§ 241 ff); ein Streit, der nur verkürzt insoweit dargestellt wird, als die unterschiedlichen Betrachtungsweisen zu abweichenden Ergebnissen führen.

41 So sieht man in dem Streit um die Kategorien „Schuldverhältnisse ieS/Schuldverhältnisse iwS" eine Auseinandersetzung über die Frage, ob ein „Schuldverhältnis iwS" (zusätzliche) **Rechtsbeziehungen über das eigentliche Schuldverhältnis hinaus** begründet, vor allem in denjenigen Fällen, in denen es im 2. Buch des BGB an Regelungen für leistungsbegleitende Pflichten fehlt. Hierzu werden zwei Ansichten vertreten.

42 Dagegen wird eingewandt, dass das „Schuldverhältnis iwS" (oder ein ähnlicher Begriff) dogmatisch nur eine Sammelbezeichnung für die **Summe aller Einzelforderungen** darstelle, die in der Person desselben Gläubigers bestehen und gegen denselben Schuldner gerichtet seien (vgl AK-BGB/DUBISCHAR Rn 4; HERHOLZ AcP 130 [1929] 257, 261 f). „Nichts fügt das Schuldverhältnis (iwS) hinzu, was nicht schon in seinen einzelnen Elementen enthalten wäre." (GERNHUBER, Schuldverhältnis 9; ähnlich kann man auch BGHZ 10, 391, 395 verstehen). Daraus folgt, dass iE keine (zusätzlichen) Rechte und Pflichten aus dem „Schuldverhältnis iwS" begründet werden können. Rechtsfolgen treten danach kraft der Geltung von Rechtssätzen ein. „Zwischenursachen" – wie zB das „Schuldverhältnis iwS" – als „Quelle" von Rechtsfolgen seien deshalb überflüssig (wobei LARENZ darauf hingewiesen hat, dass das Bestehen v entspr Schuldverhältnissen uU aber im Tatbestand der Rechtssätze – zB in § 278 BGB – vorkommen kann).

43 Diese Betrachtungsweise fanden manche entbehrlich (so PLANCK/SIBER Vorbem I 1 a), andere haben sie als falsch verworfen (so zB WOLF AcP 153 [1954] 97, 114 f bes Fn 82 ff sowie ders, Zum Begriff des Schuldverhältnisses, in: FS Herrfahrdt [1961] 197 ff). Nach ihrer Auffassung ist das „Schuldverhältnis iwS" vielmehr nicht nur eine Quelle von Einzelforderungen, sondern darüber hinaus ein **anspruchserzeugender Tatbestand** (vgl dazu ENNECCERUS/LEHMANN, Schuldrecht § 1 III; vgl auch PLANCK/SIBER Vorbem I 1; STAUDINGER/WEBER[11] Einl zum 241 C 6 mit ausf Nw z älteren Lit; auch HENKE, Der Begriff des „Schuldverhältnis", JA 1989, 186, 188; SCHAPP JuS 1992, 537, 539 f). Als Folge daraus kann man aus dem „Schuldverhältnis iwS" Rechte und Pflichten herleiten, insbes die im BGB ursprünglich nur spärlich geregelten **leistungsbegleitenden Verhaltenspflichten** der Parteien.

44 Jedenfalls seit der Schuldrechtsreform (vgl Einl 188 ff zum SchuldR) zeigt Abs 2 (s unten Rn 388 ff), dass der Gesetzgeber **Schutz- und Verhaltenspflichten** aus dem Schuldverhältnis iSd Abs 1 ableitet. Damit wird nicht geleugnet, dass auch rechtsgeschäftliche Schuldverhältnisse ihre Begründung mittelbar im Gesetz finden, etwa in § 311 Abs 1 BGB. Die mittelbare Begründung auf gesetzlichen Vorschriften kann auch zwanglos erklären, wann ein Schuldverhältnis nach seinem Erlöschen noch nachvertragliche Pflichten erzeugen kann (zu diesen vgl BODEWIG Jura 2005, 505 ff).

Damit stellt die Abgrenzung des Schuldverhältnisses „ieS" vom Schuldverhältnis **45** „iwS" letztlich nur eine Verbesserung der Terminologie des Gesetzes zur Auflösung des Doppelsprachgebrauches dar (MANIGK, HdwRWiss V 375) und bleibt ohne große praktische wie auch theoretische Bedeutung (ähnl auch MünchKomm/ERNST Einl SchuldR Rn 10; sowie Berner Kommentar/KRAMER [1986] Einl zu Art 1 OR Rn 38). Immerhin lässt sich auf diese Weise ein Gläubiger- und Schuldnerwechsel besser verstehen, ebenso die Umwandlung von einem Leistungs- in ein Rückgewährschuldverhältnis, zB als Folge des Rücktritts gem §§ 346 ff BGB. Weitergehende Erkenntnisse sind mit der Unterscheidung indessen nicht verbunden.

II. Abgrenzung von gesetzlichen, rechtsgeschäftlichen und rechtsgeschäftsähnlichen Schuldverhältnissen

1. Einteilungskriterien

Weithin üblich ist die Unterscheidung der Schuldverhältnisse in solche **gesetzlichen** **46** und **rechtsgeschäftlichen** Ursprungs zum Zwecke ihrer Systematisierung (zB FIKENTSCHER/HEINEMANN, Schuldrecht Rn 52; LARENZ, Schuldrecht I 39; MEDICUS/LORENZ, Schuldrecht I Rn 9, 51 f; WESTERMANN/BYDLINSKI/WEBER, Schuldrecht AT 1/2). Dabei handelt es sich allerdings nicht um den einzig denkbaren bzw historisch praktizierten Ansatz (vgl aus neuerer Zeit zB nur die alternativen Ordnungsbemühungen v STAUDINGER/J SCHMIDT[12] Einl 398 ff zum § 241 ff; z Gefälligkeit, sozialtypischem Verhalten u den sog „faktischen Verträgen" s unten Rn 71 ff).

Daneben erkennt das BGB seit dem Schuldrechtsmodernisierungsgesetz in § 311 **47** BGB auch **rechtsgeschäftsähnliche** Schuldverhältnisse an (krit insoweit BUCHER, in: FS Wiegand [2005] 93, 125 ff, insbes 128 u 129: Durch § 311 Abs 2, 3 BGB habe der Gesetzgeber dem „Schuldverhältnis" einen weiteren Sinngehalt beigefügt). In der Vergangenheit wurden dieser Kategorie oftmals die Gefälligkeit, die cic, die Eigenhaftung des Vertreters oder Verhandlungsgehilfen, insbes die Sachwalterhaftung, der Vertrag mit Schutzwirkung für Dritte sowie schließlich die culpa post contractum finitum zugeschrieben (dazu insgesamt STAUDINGER/SCHWARZE [2014] § 280 Rn B 9 ff; z Vertrag mit Schutzwirkung auch u Rn 348 ff). Die seit jeher umstrittene Einordnung, ob sich diese Institute eher als gesetzliche oder rechtsgeschäftliche Schuldverhältnisse beschreiben lassen, hat mit ihrer gesetzlichen Anerkennung zumindest wesentlich an Bedeutung verloren (s unten Rn 68; ausf u Rn 393 ff, insbes Rn 398 ff). Fragen nach den Wirkungen vertraglicher Haftungsmilderungen oder Haftungsausschlüssen in AGB bleiben aber weiterhin davon abhängig, ob Maßstäbe für rechtsgeschäftliche oder gesetzliche Schuldverhältnisse angewandt werden. Dies zeigt sich insbes am Bsp der **Gefälligkeit** (ausf u Rn 73 ff u 304 ff).

Die Differenzierung zwischen **gesetzlichen** und **rechtsgeschäftlichen** Schuldverhält- **48** nissen spiegelt sich nicht im Aufbau des BGB wider. Zwar war ursprünglich noch eine Einteilung des Besonderen Schuldrechts nach „Schuldverhältnissen aus Rechtsgeschäften unter Lebenden", „Schuldverhältnissen aus unerlaubter Handlung" und „einzelnen Schuldverhältnissen aus anderen Gründen" vorgesehen; sie fiel indes der Redaktionskommission zum Opfer (Mot II 829 = MUGDAN II 463). Damit wurde zugl das herkömmliche gaianische bzw justinianische System mit der Unterscheidung von „obligationes ex contractu", „obligationes ex delicto", „obligationes quasi ex contractu" und „obligationes quasi ex delicto" (z Rechtsgeschichte ausf MünchKomm/ Ernst Einl SchuldRRn 36 ff sowie Fn 228; Staudinger/J Schmidt[12] Einl 398 ff zum § 241 ff mwNw; Kaser, Das römische Privatrecht [2. Aufl 1971] § 122 I u II; Gernhuber, Schuldverhältnis § 6, 2–3; beachte auch noch die Systematisierung v Enneccerus/Lehmann, Schuldrecht § 26) für das BGB endgültig aufgegeben, während die Qualifikation für die romanischen Gesetzbücher ihre prägende Bedeutung behalten hat. Auch die anglo-amerikanische Doktrin ist ihr im großen Umfang gefolgt. Ähnlich wie das deutsche BGB haben sich dagegen das schweizerische OR und das österreichische ABGB entschieden (iE Staudinger/J Schmidt [1995] Einl 402 zu §§ 241 ff).

49 Neben der geschilderten Kritik ist die Unterteilung in gesetzliche und rechtsgeschäftliche Schuldverhältnisse weiteren Einwänden ausgesetzt. Zum einen lässt sie zB die **faktischen Vertragsverhältnisse** außer Betracht, was allerdings wenig ins Gewicht fällt, da diese Rechtsinstitute ohnehin ihre Bedeutung verloren haben (s unten Rn 96 ff). Zum anderen sind aber die Begriffe, mit denen die Gruppen benannt werden, missverständlich (Kaser, Das römische Privatrecht [1955] § 121 II). Denn es hat den Anschein, dass ein „**rechtsgeschäftliches** Schuldverhältnis" im Gegensatz zu einem „**gesetzlichen** Schuldverhältnis" **nicht gesetzlich begründet** sei. Es gibt aber keine Schuldverhältnisse, deren Geltung nicht auf das Gesetz, zumindest auf die §§ 311, 241 BGB, zurückgeführt werden kann, mag ihr Inhalt auch frei verhandelbar sein (ebenso MünchKomm/Ernst Einl SchuldR Rn 36).

50 Alternativ bietet sich zB die Gliederung der Schuldverhältnisse in solche aus **Rechtsgeschäften**, in solche aus **Delikt** oder **objektiv zu verantwortender Schädigung** (Gefährdungshaftung) und in sonstige Schuldverhältnisse **kraft besonderer gesetzlicher Bestimmung** an (MünchKomm/Kramer [5. Aufl 2007] Einl zum § 241 ff Rn 36 ff). Dabei werden zB die **GoA** und die Schuldverhältnisse aus **ungerechtfertigter Bereicherung** der letzten Gruppe zugeschlagen, während die Ersatzpflicht aus Billigkeitsgründen gem § 829 BGB ähnlich wie die Gefährdungshaftung eingeordnet wird. Allerdings muss auch diese Ansicht die rechtsgeschäftlichen Schuldverhältnisse von den nicht rechtsgeschäftlichen abgrenzen (vgl MünchKomm/Kramer [5. Aufl 2007] Einl zum § 241 ff Rn 58), was wieder die oben skizzierten Probleme hervorruft. Ihre Vertreter sehen den **Unterschied** darin, dass bei den rechtsgeschäftlichen Schuldverhältnissen das Gesetz nur **mittelbare Geltungsgrundlage** der Schuldverhältnisse sei. Dem ist für die Gefährdungshaftung zuzustimmen, weil dort die Haftung allein an die Schadensverursachung, nicht aber an persönliche Merkmale anknüpft. Solche Schuldverhältnisse werden damit unmittelbar gesetzlich begründet. Etwas anderes gilt jedoch für deliktische Tatbestände, die ein Verschulden erfordern. Hier liegt die Anknüpfung für die Haftung in der Person des Schädigers, sodass das Gesetz in diesen Fällen ebenfalls lediglich eine mittelbare Geltungsgrundlage darstellt, was Anlass zur Kritik gegen die dargestellte Betrachtungsweise gibt (so etwa MünchKomm/Kramer [5. Aufl 2007] Einl z §§ 241 ff Rn 58).

51 Weitere Differenzierungsmöglichkeiten bestehen in dem Maß der **Einwirkungsmöglichkeit** der Parteien des Schuldverhältnisses, also der Frage, inwieweit sie seinen Inhalt zu bestimmen vermögen (Staudinger/J Schmidt[12] Einl 420 ff zum § 241 ff), sowie dem **sozialen Vorgang**, der den Begründungstatbestand des Schuldverhältnisses erfüllt (Staudinger/J Schmidt[12] Einl 407 ff zum § 241 ff; Esser/Schmidt, Schuldrecht I § 4; Gernhuber, Schuldverhältnis § 6, 4). Der letztgenannte Ansatz unterscheidet einerseits

Rechtsgeschäfte als all jene Handlungen, die von den §§ 104 ff BGB erfasst werden, und andererseits „**Nicht-Rechtsgeschäfte**" als eine heterogene Menge von Schuldverhältnissen, die nur durch die Abgrenzung zu den Rechtsgeschäften bestimmt werden. Dies vermeidet zwar begriffliche Unklarheiten (s oben Rn 49), führt jedoch wenig über den ursprünglichen Ansatz hinaus.

Eine zufriedenstellende Einteilung der Schuldverhältnisse ist damit bis heute nicht gelungen, ohne dass daraus allerdings praktische Probleme erwachsen wären.

2. Systematik

Legt man die weithin übliche Differenzierung zwischen gesetzlichen und rechtsgeschäftlichen Rechtsverhältnissen zugrunde, erfolgt die weitere Kategorisierung anhand unterschiedlicher Kriterien. 52

a) Unterscheidung nach der Anzahl der Beteiligten

Im Bereich der durch **Rechtsgeschäft** entstandenen Schuldverhältnisse kann nach der Anzahl der beteiligten Personen abgegrenzt werden. 53

Das **einseitige** Rechtsgeschäft besteht aus lediglich einer Willenserklärung, kann also von einer Person allein wirksam vorgenommen werden. Der Grund für eine solch weitreichende Rechtssetzungsmöglichkeit liegt teilw darin, dass die Rechtsfolgen nur die handelnde Person selbst betreffen (zB Aneignung, Derelikton) oder für betroffene weitere Personen vorteilhaft bzw neutral sind (zB Testament, Vollmacht). Sind hingegen die Rechtsfolgen für andere Personen nachteilig (zB Gestaltungsrechte), so muss sich der Handelnde auf eine gesetzliche oder vertragliche **Ermächtigung** berufen können (Medicus/Lorenz, Schuldrecht I Rn 58; Larenz, Schuldrecht I § 18 II 3 a). Die einseitigen Rechtsgeschäfte unterscheiden sich ferner nach ihrem **Entstehungszeitpunkt**. IdR sind Willenserklärungen empfangsbedürftig und lassen das Schuldverhältnis erst mit ihrem Zugang entstehen, § 130 BGB. Nicht empfangsbedürftige Willenserklärungen (zB Auslobung) werden hingegen bereits mit ihrer Abgabe wirksam. 54

Das **zweiseitige** Rechtsgeschäft, der **Vertrag**, kommt durch mindestens zwei übereinstimmende Willenserklärungen zustande. Es ist aber nicht notwendig auch zweiseitig verpflichtend (zB Schenkungsvertrag) und erst recht nicht stets gegenseitig. 55

Beim **mehrseitigen** Rechtsgeschäft stehen die Beteiligten gleichgeordnet und unabhängig nebeneinander. In diesem Fall handelt es sich um **Beschlüsse** (z den Besonderheiten vgl Medicus/Petersen, AT Rn 205 f). Ebenso können sich die Beteiligten aber wie beim zweiseitigen Rechtsgeschäft als Gruppen gegenüberstehen. Dann handelt es sich um einen Vertrag, bei dem die Vorschriften über **Mehrheiten** von Gläubigern bzw Schuldnern gem §§ 420 ff BGB zu berücksichtigen sind. 56

b) Unterscheidung nach geregelten und ungeregelten Schuldverhältnissen

Innerhalb der **gesetzlichen** Schuldverhältnisse wurde teilw zwischen geregelten und nicht geregelten Schuldverhältnissen unterschieden (Staudinger/J Schmidt [1995] Einl 430 zu §§ 241 ff). Eine solche Unterteilung war vor allem sinnvoll, um die ursprünglich durch Analogien gebildeten, später gewohnheitsrechtlich anerkannten und mittlerweile gesetzlich geregelten Institute des **vorvertraglichen Verschuldens** (culpa in 57 contrahendo) und der **positiven Forderungsverletzung** zu erfassen. Teilw bildete man insoweit auch eine Kategorie sui generis, da jene Schuldverhältnisse durch eine Analogie zu gesetzlichen Vorschriften begründet wurden, während in Bezug auf die Rechtsfolgen eine Nähe zu den vertraglichen Schuldverhältnissen bestand. Mit der gesetzlichen Erfassung der positiven Forderungsverletzung (§ 280 Abs 1 BGB) und des vorvertraglichen Verschuldens (§ 311 Abs 2 und 3 BGB iVm § 280 Abs 1 BGB) haben derartige Differenzierungen ihre Bedeutung verloren (zur Abgrenzung gesetzlicher und vertraglicher Schuldverhältnisse s oben Rn 46 ff sowie s unten Rn 393 ff).

c) Unterscheidung nach der inneren Verknüpfung der Forderungen

58 Unabhängig vom Entstehungsgrund ist die Pflichtenlage in einem Schuldverhältnis iwS meist durch ein Bündel von Forderungsbeziehungen geprägt. Daher bietet sich eine Unterteilung auch nach der inneren Verknüpfung dieser Forderungen an.

59 **Einseitig verpflichtende Schuldverhältnisse** zeichnen sich dadurch aus, dass die primären Leistungspflichten nur eine Partei treffen (zB Schenkung, gesetzliche Schuldverhältnisse, s allerdings z faktischen Synallagma innerhalb der Saldotheorie PALANDT/SPRAU § 818 Rn 47 ff).

60 Bei den **zwei- und mehrseitig verpflichtenden Schuldverhältnissen** befinden sich die Beteiligten in einer Doppelrolle: Sie sind jeweils sowohl Gläubiger der Leistung als auch Schuldner der Gegenleistung. Bei den **vollkommen** zwei- und mehrseitig verpflichtenden Schuldverhältnissen besteht zwischen den einzelnen Forderungen ein Zusammenhang (Synallagma) dergestalt, dass der jeweilige Schuldner seine Verpflichtung nur eingeht, um den Anspruch auf die Gegenleistung zu erwerben („do ut des"). Diese Gegenseitigkeit ist Voraussetzung für die Anwendung der §§ 320 ff BGB. Keine synallagmatische Verknüpfung besteht bei den **unvollkommen** zwei- und mehrseitig verpflichtenden Schuldverhältnissen (zB Leihe gem §§ 598 ff BGB).

E. Entstehung gesetzlicher Schuldverhältnisse

I. Allgemeines

61 Die Entstehung **gesetzlicher Schuldverhältnisse** hat das BGB nicht einheitlich geregelt; die Lit thematisiert sie kaum. Zunächst gibt es keine wirksamen Schuldverhältnisse, deren Geltung nicht in irgendeiner Weise auf das Gesetz, zumindest auf die §§ 311, 241 BGB, zurückgeführt werden kann, sodass alle Schuldverhältnisse zumindest „mittelbar gesetzlicher Art" sind (s oben Rn 50). Doch unterscheiden sich die gesetzlichen Schuldverhältnisse dadurch von den vertraglichen bzw rechtsgeschäftlichen, dass Letztere gem § 311 Abs 1 BGB grds durch Vertrag entstehen. Insoweit ist also eine **Negativabgrenzung** derart möglich, dass gesetzliche Schuldverhältnisse eben nicht durch Vertrag und damit **unfreiwillig** idS entstehen, dass zu ihrer Begründung keine Willenserklärung notwendig ist. Da das Schuldverhältnis jedoch zumindest zur Rücksichtnahme gem Abs 2 verpflichtet und damit die allgemeine Handlungsfreiheit beschränkt (vgl MEDICUS, Gesetzliche Schuldverhältnisse [5. Aufl 2007] 1), bedarf es einer Rechtfertigung für diese Einschränkung des Betroffenen. Im Rahmen **vertraglicher Schuldverhältnisse** liegt diese Rechtfertigung in der **freiwilligen** Eingehung; dadurch erklärt sich der Beteiligte mit der Beschränkung seiner Handlungsfreiheit einverstanden. Ohne dieses Einverständnis entstehende Schuldverhältnisse müssen demnach eine andere Rechtfertigung finden.

Zu den gesetzlichen Schuldverhältnissen zählen zB die Rechtsverhältnisse bei der **Geschäftsführung ohne Auftrag** gem §§ 677 ff BGB oder zwischen Personen, die durch **deliktische Ansprüche** gem §§ 823 ff BGB miteinander verknüpft sind. Ihnen ist gemeinsam, dass das Gesetz entweder eine **Vermögensverschiebung** oder **Schadenszufügung** als nicht gerechtfertigt ansieht und daher ihre Rückabwicklung bzw eine Restitution anordnet. Bis zum Zeitpunkt der Vermögensverschiebung oder des Schadenseintritts bestand zwischen den Beteiligten keinerlei Kontakt. Deshalb regelt das Gesetz auch erst ab diesem Zeitpunkt die jeweiligen Rechte und Pflichten der Beteiligten. Bei deren Erfüllung treffen die Parteien als **Reflexwirkungen** grds auch Pflichten zur Rücksichtnahme gem Abs 2 (dazu iE u Rn 434 ff). **62**

Jedoch existieren auch gesetzliche Schuldverhältnisse, die nicht an den Ausgleich von Schäden oder Vermögensverschiebungen anknüpfen, so zB das gesetzliche Schuldverhältnis zwischen Ehegatten; zT wird dieses Verhältnis auch als „Sonderverbindung" (BGH NJW 2013, 2108 2110) bzw als „familienrechtliches gesetzliches Schutzverhältnis" (Coester-Waltjen, in: FS Canaris [2007] 131, 136; Erbarth NJW 2013, 3478, 3480) bezeichnet, allerdings mit der (analogen) Anwendbarkeit des § 280 BGB (BGH NJW 2013, 2108 2110; Erbarth NJW 2013, 3478, 3483). Die Ehegatten werden gem § 1353 BGB Abs 1 S 2 zur **ehelichen Lebensgemeinschaft** mit **gegenseitiger Verantwortung** verpflichtet, was zu einem über das besondere Vertragsverhältnis der Ehe hinausgehenden Solidaritäts- bzw Schutzpflichtverhältnis führt (Palandt/Brudermüller Einf v § 1353 Rn 1; Krebs, Sonderverbindung 99 mwNw). Wegen der unterschiedlichen Ansatzpunkte für die Entstehung gesetzlicher Schuldverhältnisse liegt der gemeinsame Nenner für ihre Entstehung also nur darin, dass das Gesetz Pflichten zwischen zumindest zwei Personen anordnet, die unabhängig von freiwillig abgegebenen Willenserklärungen entstehen, bei deren Erfüllung die Beteiligten aber dennoch Rücksichtspflichten iSd Abs 2 treffen können. **63**

II. Abgrenzung nach Art der erzeugten Pflichten

Daran anschließend lässt sich eine weitere Differenzierung innerhalb der gesetzlichen Schuldverhältnisse nach der **Art der Pflichten** treffen, welche gem § 241 BGB durch das jeweilige Schuldverhältnis erzeugt werden. **64**

Dabei gibt es eine Gruppe, die sowohl **Haupt-** als auch **Neben(leistungs)pflichten** (z dieser Unterscheidung s unten Rn 144 ff) begründet (Krebs, Sonderverbindung 232, knüpft an das Bestehen einer „primären Leistungspflicht" an). So verpflichtet zB die **Geschäftsführung ohne Auftrag** den Geschäftsherrn grds gem § 683 BGB zum Aufwendungsersatz oder gem § 684 BGB zur Herausgabe des durch die Geschäftsführung Erlangten. Auch innerhalb des **Eigentümer-Besitzer-Verhältnisses** besteht neben dem Vindikationsanspruch gem § 985 BGB als Hauptpflicht ein Gegenanspruch des Besitzers aus § 994 BGB zumindest für notwendige Verwendungen und eine dementsprechende Verpflichtung des Eigentümers. Gleiches ließe sich für das Verhältnis von Bereicherungsgläubiger und -schuldner anführen, ebenso für diejenigen Personen, die durch deliktische Ansprüche miteinander verbunden sind. Bei der Erfüllung der gesetzlich angeordneten Pflichten sind die Beteiligten auch zur Rücksicht iSd Abs 2 verpflichtet **65** (s oben Rn 62). Zwar lässt sich bei den genannten Schuldverhältnissen nicht von eigentlichen Leistungspflichten oder vom Äquivalenzinteresse sprechen. Jedoch ist ebenso sicher, dass es bei der dort gesetzlich geregelten Pflichtenverteilung nicht allein und immer um die Sicherung des Integritätsinteresses der Beteiligten geht, die Abs 2 ausschließlich anspricht (eine gute Darstellung weiterer gesetzlicher Schuldverhältnisse u die Begründung v Rücksichtspflichten durch diese findet sich bei KREBS, Sonderverbindung 84 ff mwNw).

66 Es gibt jedoch darüber hinaus solche gesetzliche Schuldverhältnisse, die nur zum Schutz des Integritätsinteresses verpflichten, also allein **Rücksichtspflichten** (z diesem Begriff s unten Rn 421 ff, insbes 434 ff), nicht aber „Hauptpflichten" erzeugen. Dazu gehören zum einen die vom Gesetz jetzt in § 311 Abs 2, 3 BGB geregelten sog „**rechtsgeschäftsähnlichen Schuldverhältnisse**": das **vorvertragliche Schuldverhältnis**, welches zu einer Haftung aus cic führen kann, die **rechtsgeschäftsähnlichen Gefälligkeiten** und die **vertragliche Schutzwirkung für einen Dritten** (z deren Einordnung als gesetzliches Schuldverhältnis s oben Rn 47 u ausf unten Rn 393 ff). In diesen Fällen stellt bereits der Wortlaut des Gesetzes in § 311 Abs 2, 3 BGB klar, dass ausschließlich Rücksichtspflichten iSd Abs 2 begründet werden, wodurch sie sich von den zuvor dargestellten gesetzlichen Schuldverhältnissen unterscheiden.

67 Gleiches gilt für das **nachbarliche Gemeinschaftsverhältnis**. Sofern dessen Existenz anerkannt wird – und unabhängig von der hier bejahten Frage seiner Einordnung als gesetzliches Schuldverhältnis (das manche auf § 242 BGB gründen, s unten im Rahmen v Abs 2 Rn 409 ff) – besteht jedenfalls Einigkeit darüber, dass es keine selbstständigen Ansprüche begründet (vgl zuletzt BGH NJW-RR 2012, 1162; BGH NJW 2003, 1392; 2001, 3119, 3120 f). Das nachbarliche Gemeinschaftsverhältnis lässt sich damit in gleicher Weise von den sonstigen gesetzlichen Schuldverhältnissen abgrenzen wie die in § 311 Abs 2, 3 BGB geregelten rechtsgeschäftsähnlichen Schuldverhältnisse: Es erzeugt nur Rücksichtspflichten, nicht aber „Hauptpflichten" (zur Haftung bei fehlerhaft montierter Außenbeleuchtung durch einen Nachbarschaftshelfer s OLG Koblenz BeckRS 2014, 08625).

III. Sonderproblem: Zum Schuldverhältnis parallel verlaufendes Schutzpflichtverhältnis

68 Ob neben den Schuldverhältnissen – unabhängig von ihrem gesetzlichen oder rechtsgeschäftlichen Charakter – ein zu ihnen parallel verlaufendes gesetzliches Schuldverhältnis kraft Vertrauens besteht, das Rücksichtspflichten iSd Abs 2 begründet und über die Dauer des eigentlichen Schuldverhältnisses hinauswirken kann (dazu vor allem CANARIS JZ 1965, 475, 478 ff, ders, in: FS Larenz [1983] 27, 85 ff; BALLERSTEDT AcP 151 [1950/51] 501 ff), stellt eine umstrittene Frage dar, der wegen ihrer alleinigen Relevanz für die Begründung von Rücksichtspflichten aber bei der Erörterung des Abs 2 nachgegangen wird (s unten Rn 395).

F. Entstehung vertraglicher Schuldverhältnisse

I. Vertragsschluss

69 Das BGB hat für rechtsgeschäftliche Schuldverhältnisse mit dem Schuldrechtsmodernisierungsgesetz (vgl Einl 188 ff zum SchuldR) in § 311 Abs 1 BGB grds als Ent-

stehungstatbestand den **Vertrag** gewählt, der mindestens zwei übereinstimmende Willenserklärungen voraussetzt (z möglichen Alternativen GERNHUBER, Schuldverhältnis § 6, 5 u 6; vgl dazu auch ZIMMERMANN, Vertrag und Versprechen – Deutsches Recht und Principles of European Contract Law im Vergleich, in: FS Heldrich [2005] 467, 469 ff). Davon abweichend werden bei der Auslobung, §§ 657 ff BGB, sowie dem Stiftungsgeschäft, § 81 BGB bzw §§ 80 ff BGB, die entsprechenden Schuldverhältnisse ausnahmsweise **einseitig** begründet. Teilw wurde die im Jahr 2000 durch § 661a BGB eingeführte Gewinnzusage ebenfalls als rechtsgeschäftliches Schuldverhältnis angesehen (STAUDINGER/ BERGMANN [2016] § 661a Rn 16; PWW/MÖRSDORF § 661a Rn 3). Aufgrund der Tatsache, dass der Versender der Gewinnzusage durch sie grds aber gerade keinen Anspruch auf den Gewinn begründen will (BGH NJW 2006, 230 232), hat sich zu Recht die Meinung durchgesetzt, dass § 661a BGB eine geschäftsähnliche Handlung darstellt, die ein gesetzliches Schuldverhältnis begründet (BGH NJW 2006, 230 232; MünchKomm/SCHÄFER § 661a Rn 7; PALANDT/SPRAU § 661a Rn 1; JAUERNIG/MANSEL § 661a Rn 2). Aus dem Wertpapierrecht ist noch die **Patronatserklärung** gegenüber der Allgemeinheit zu erwähnen. Diese wurde zT als einseitiges Leistungsversprechen angesehen (SCHNEIDER, Patronatserklärungen gegenüber der Allgemeinheit, ZIP 1989, 619, 624), mittlerweile wird sie jedoch als annahmebedürftiges Vertragsangebot qualifiziert (MAIER-REIMER/ETZBACH, Die Patronatserklärung, NJW 2011, 1110, 1113; ebenso zur sog harten Patronatserklärung MünchKomm/HABERSACK Vor §§ 765–778 Rn 50 ff mwNw).

Der **Vertragsschluss** als solcher ist in den §§ 145 ff BGB geregelt, sodass dafür auf die 70 einschlägige Lit zum Allgemeinen Teil des BGB verwiesen werden kann. Neben den bekannten Problemen wie dem kaufmännischen Bestätigungsschreiben (allg z Schweigen im Rechtsverkehr GÖTZ, Zum Schweigen im rechtsgeschäftlichen Verkehr [1968]; KRAMER, Schweigen als Annahme eines Antrags, Jura 1984, 235; SCHWERDTNER, Schweigen im Rechtsverkehr, Jura 1988, 443) oder der Zugangsvereitelung (BROX/WALKER, BGB AT § 7 Rn 22 ff; GOTTWALD, BGB AT [2013] Rn 57; PALANDT/ELLENBERGER § 130 Rn 16 ff mwNw) hat die Frage des Vertragsschlusses durch **elektronische Medien** aufgrund der aktuellen technischen und wirtschaftlichen Entwicklungen zunehmend Bedeutung erlangt (monografisch dazu BORGES, Verträge im elektronischen Geschäftsverkehr [Habil Köln, 2. Aufl 2007], GLATT, Vertragsschluss im Internet [2002]; WILDEMANN, Vertragsschluss im Netz [2000]; LANGER, Verträge mit Privatkunden im Internet – Anbahnung, Abschluss und Abwicklung grenzüberschreitender Konsumentenverträge nach dem Recht der Europäischen Gemeinschaft, der Schweiz und Deutschlands [Diss Genève 2003]).

II. Abgrenzung zur Gefälligkeit*

Vertragliche Schuldverhältnisse sind durch die **Rechtsbindung** der Parteien als Folge 71 einer entsprechenden Willensbildung gekennzeichnet. Dabei gibt es vielfach eindeutige Sachverhalte, aber auch praktisch relevante Problemfälle, die unter der gemeinsamen Bezeichnung „**Gefälligkeit**" von den vertraglichen Schuldverhältnissen

---

* **Schrifttum**: DÖLLE, Außergesetzliche Schutzpflichten, ZStW 103 (1943) 67 ff; FÖTSCHL, Hilfeleistungsabreden und contrat d'assistance – eine rechtsvergleichende Untersuchung zum französischen, deutschen, österreichischen und englischen Recht (Diss Osnabrück 2004); GEHRLEIN, Vertragliche Haftung für Gefälligkeiten, VersR 2000, 415 ff; GERHARDT, Die Haftungsfreizeichnung innerhalb der gesetzlichen Schuldverhältnisse, JZ 1970, 535 ff; GRIGOLEIT VersR 2018, 769 ff; GRUNDMANN, Zur Dogmatik der unentgeltlichen Rechtsgeschäfte,

abzugrenzen sind. Schwierigkeiten bereitet dabei schon die Uneinheitlichkeit der Terminologie. Das Wort „Gefälligkeit" hat im juristischen Sprachgebrauch verschiedene Bedeutungen erlangt. In den im BGB geregelten **„Gefälligkeitsverträgen"**, etwa der Leihe gem § 598 BGB, oder der unentgeltlichen Verwahrung gem § 688 BGB, bedeutet es, dass die entsprechenden Leistungen des Schuldners **verbindlich**, aber **unentgeltlich** erbracht werden. Hier steht „gefällig" für „nicht-gewinnbringend". Im Zusammenhang mit **„Gefälligkeitsverhältnissen"** bedeutet es, dass die entsprechenden Leistungen **unverbindlich** erbracht werden, sodass dem Begriff hier die Bedeutung „nicht-verpflichtend" beigemessen wird (vgl auch REUSS AcP 154 [1955] 485, 496 ff; ebenso BGHZ 91 21, 106; s auch RGZ 165, 313; OLG Karlsruhe NJW 1961, 1866).

72 Eine Gemeinsamkeit zwischen den Gefälligkeiten und Gefälligkeitsverträgen besteht jedenfalls in ihrer **Unentgeltlichkeit**, sodass dieses Merkmal typisierend ist (RGZ 151, 203, 208; BGHZ 21, 102, 106; BeckOK-BGB/SUTSCHET [1. 5. 2019] Rn 18; MEDICUS/ PETERSEN, BR Rn 364 ff). Gefälligkeitsverhältnisse resultieren darüber hinaus sämtlich aus **sozialem Kontakt**, sei es, dass er im freundschaftlichen, nachbarlichen, kollegialen oder familiären Umgang wurzelt (ESSER/SCHMIDT, Schuldrecht I § 10 I 3 [159]).

73 Typischerweise geht es bei der Abgrenzung der Gefälligkeit vom Schuldverhältnis um **vier Fragestellungen**. So stellt sich zum einen das Problem, ob die entsprechenden Verhältnisse einen **durchsetzbaren (klagbaren) Leistungsanspruch** begründen (s unten Rn 77). Zum anderen wird diskutiert, ob **ohne** vertragliche **Leistungspflicht** zwischen den Beteiligten **Schutzpflichten** bestehen, die neben die allgemeinen Pflichten des Deliktrechts treten (s unten Rn 401 ff, insbes 404 ff). Bejaht man diese Frage, so muss weiterhin als drittes Problem diskutiert werden, mit welchem **Haftungsmaßstab** der Schuldner bei Verletzung dieser Pflichten einzustehen hat, anders ausgedrückt, ob die **Haftungsreduzierungen**, die es für Gefälligkeitsverträge des BGB gibt, auf Schutzpflichten aus unverbindlichen Gefälligkeitsverhältnissen anzuwenden sind. Abschließend ist zu erwägen, ob die **Haftungsreduzierungen** sich auch auf die daraus entstehenden allgemeinen Schadensersatzpflichten des **Deliktsrechts** auswirken. Dagegen

AcP 198 (1998) 457 ff; HABERKORN, Haftungsausschlüsse bei Gefälligkeitsfahrten, DAR 1966, 150; HOFFMANN, Der Einfluß des Gefälligkeitsmoments auf das Haftungsmaß, AcP 167 (1967) 394 ff; KALLMEYER, Die Gefälligkeitsverhältnisse: Eine rechtsdogmatische Untersuchung (Diss Göttingen 1968); KORNBLUM, Das verpasste Lottoglück, JuS 1976, 571 ff; KOST, Die Gefälligkeit im Privatrecht (1973); PALLMANN, Rechtsfolgen aus Gefälligkeitsverhältnissen (Diss Regensburg 1971); PLANDER, Lottospielgemeinschaft und Rechtsbindungswille, AcP 176 (1976) 424 ff; SCHEERER-BUCHMEIER, Die Abgrenzung des Rechtsgeschäfts von der nicht rechtsgeschäftlichen Vereinbarung unter besonderer Berücksichtigung der Diskussion im 19. Jahrhundert (Diss Köln 1990); G SCHMIDT, Gefälligkeitsfahrt und stillschweigender Haftungsausschluß, NJW 1965, 2189 ff; SCHREIBER, Haftung bei Gefälligkeiten, Jura 2001, 810; SCHWERDTNER, Der Ersatz des Verlusts des Schadensfreiheitsrabattes in der Haftpflichtversicherung, NJW 1971, 1673; THIELE, Leistungsstörung und Schutzpflichtverletzung, JZ 1967, 649 ff; WEIMAR, Erklärungen ohne Rechtsbindung, MDR 1979, 374 ff; WILLOWEIT, Abgrenzung und rechtliche Relevanz nicht rechtsgeschäftlicher Vereinbarungen (Diss Berlin 1969); ders, Schuldverhältnis und Gefälligkeit, JuS 1984, 909 ff; ders, Die Rechtsprechung zum Gefälligkeitshandeln, JuS 1986, 96 ff; ZWEIGERT, Seriositätsindizien – Rechtsvergleichende Bemerkungen zur Scheidung verbindlicher Geschäfte von unverbindlichen, JZ 1964, 349 ff.

bildet die Frage nach dem **Rechtsgrund zum Behaltendürfen** kein taugliches Abgrenzungskriterium, da auch gefälligkeitshalber erbrachte Leistungen nicht ohne Rechtsgrund erbracht sind. Dies gilt unabhängig davon, ob man diesen in der Gefälligkeit selbst oder in § 814 BGB sieht (STAUDINGER/J SCHMIDT [1995] Einl 220 zu §§ 241 ff; SOERGEL/WOLF Vor § 145 Rn 83; PALANDT/GRÜNEBERG Einl v § 241 Rn 8; WILLOWEIT JuS 1986, 96; SCHREIBER JuS 2001, 810, 811; unter diesem Aspekt erscheint die Ansicht v STAUDINGER/REUTER [1996] Vorbem zu §§ 598 ff nicht überzeugend).

In **tatsächlicher Hinsicht** liegen den Gefälligkeitsverhältnissen meist Verhaltensweisen zugrunde, bei denen eine Partei um eine Tätigkeit gebeten wird oder sich dazu bereit erklärt, ohne dass die Beteiligten **Vorstellungen von evtl Rechtsfolgen** haben (s unten Rn 76). Es kommt jedoch auch vor, dass die Beteiligten ihre rechtliche Bindung **gerade ausschließen wollen** (sog „gentlemen's agreement", Rn 89). Schließlich besteht noch die Möglichkeit, dass die Parteien eine **rechtlich bindende Vereinbarung** treffen möchten, dass ihr aber **Unwirksamkeitsgründe** entgegenstehen, zB Formnichtigkeit sowie Gesetzes- oder Sittenwidrigkeit. Besteht der angenommene Unwirksamkeitsgrund, liegt kein Rechtsverhältnis vor. **74**

Wenn der angenommene Unwirksamkeitsgrund dagegen nicht vorliegt, muss differenziert werden, ob er von beiden Parteien oder nur von einer Partei angenommen wird. Wenn nur eine Partei den Unwirksamkeitsgrund annimmt, ist § 116 S 1 BGB einschlägig und die Annahme des Unwirksamkeitsgrundes unbeachtlich für das Zustandekommen eines Rechtsverhältnisses. Nehmen hingegen beide Parteien einen Unwirksamkeitsgrund an, der tatsächlich aber nicht gegeben ist, ist es umstr, ob die Vereinbarung Wirksamkeit erlangt. Einige sind der Ansicht, dass in einer solchen Konstellation die Vereinbarung aufgrund der objektiven Tatsache, dass beide Parteien einen Unwirksamkeitsgrund annehmen, keine rechtliche Wirksamkeit entfaltet. Andere sehen dies lediglich als Indizmerkmal und stellen hauptsächlich auf den Parteiwillen im Einzelfall ab (ausf mwNw STAUDINGER/SCHMIDT [1995] Einl zum § 241 Rn 246 f).

1. Abgrenzung bei Verhaltensvereinbarungen

Da **keine gesetzlichen Regeln** für die Differenzierung zwischen Schuldverhältnis und Gefälligkeit vorhanden sind, fällt eine abstrakte Unterscheidung schwer (vgl aber ERMAN/WESTERMANN Einl § 241 Rn 14 ff; PALANDT/GRÜNEBERG Einl v § 241 Rn 7 ff; SOERGEL/TEICHMANN Rn 3; JAUERNIG/MANSEL Rn 24 [alle mwNw] sowie PLANDER AcP 176 [1976] 425 ff; SCHWERDTNER NJW 1971, 1673; aA STAUDINGER/J SCHMIDT [1995] Einl 214 zu §§ 241 ff; WILLOWEIT, Abgrenzung 44 ff; ders JuS 1984, 909 ff; ders JuS 1986, 96 ff [ausf Rechtsprechungsanalyse]. Einen informativen Überblick über die Rechtslehre im 19. u 20. Jahrhundert gibt SCHEERER-BUCHMEIER, Die Abgrenzung des Rechtsgeschäfts von der nicht rechtsgeschäftlichen Vereinbarung unter besonderer Berücksichtigung der Diskussion im 19. Jahrhundert [Diss Köln 1990] 165 ff; ferner MünchKomm/KRAMER [5. Aufl 2007] Einl z §§ 241 ff Rn 32 ff; HKK/DORN [2007] Rn 62 ff; GERNHUBER, Schuldverhältnis § 7 I 2 [124 ff]; MEDICUS/PETERSEN, BR Rn 365 ff). Die Abgrenzung (MünchKomm/KRAMER [5. Aufl 2007] Einl z §§ 241 ff Rn 32) läuft auf eine **einzelfallbezogene Betrachtung** hinaus (s unten Rn 86). **75**

a) Merkmale der Gefälligkeit (Nicht-Rechtsverhältnis)

Bei allem Streit lässt sich eine Fallgruppe vorweg entscheiden: Ergibt der Inhalt einer Vereinbarung, dass die Leistung im **Belieben des Schuldners** stehen soll, so liegt **76** mangels rechtlicher Gebundenheit kein vertragliches Schuldverhältnis vor. Das Gleiche hat der BGH zutreffend für den Fall angenommen, dass dem „Schuldner" durch Vereinbarung mit dem „Gläubiger" nachträglich das Recht genommen wurde, die „geschuldete Leistung" zu erbringen (BGHZ 23, 293, 300; BGB-RGRK/ALFF Vorbem zu § 241).

77 Im Übrigen konzentriert sich die Abgrenzungsproblematik zwischen Schuld- und Nicht-Schuldverhältnis auf die Frage, ob einem (potenziellen) Gläubiger ein **durchsetzbarer Leistungsanspruch** zusteht. Als zentrales Unterscheidungsmerkmal wird dafür der **Rechtsbindungswille** angesehen (STAUDINGER/SCHWARZE [2014] § 280 Rn B 14; FIKENTSCHER/HEINEMANN, Schuldrecht Rn 28). An seiner Feststellung entzündet sich ein Streit, da die Parteien meist nicht erklären, ja noch nicht einmal daran denken, ob ein Schuldverhältnis vereinbart werden soll oder nicht. Dies hat den nicht unberechtigten Vorwurf hervorgerufen, dass es sich regelmäßig um eine **Fiktion** handele (FLUME, AT § 7, 3 ff; krit PALLMANN, Rechtsfolgen aus Gefälligkeitsverhältnissen [Diss Regensburg 1971] 31 ff; GRIGOLEIT VersR 2018, 769, 781 f ordnet die Gefälligkeit daher als gesetzliches Schuldverhältnis ein; s ferner MünchKomm/KRAMER [5. Aufl 2007] Einl z §§ 241 ff Rn 31; vgl im Übrigen WILLOWEIT, Abgrenzung sowie dessen Hinweis in JuS 1984, 909 ff u 1986, 96 ff). Die Meinungsunterschiede haben zu zwei unterschiedlichen Denkansätzen für die Abgrenzung zwischen Vertragsschuldverhältnis und rechtlich unverbindlicher Gefälligkeit geführt.

aa) Objektiver Ansatz (Vermögensinteresse)

78 Der **objektive Ansatz** geht davon aus, dass in bestimmten Sozialbeziehungen überhaupt keine rechtlichen Bindungen eingegangen werden können (ausf Bsp bei FLUME, AT § 7, 2 ff), anders ausgedrückt, dass nur **Vermögensinteressen** der Beteiligten tauglicher Gegenstand von Vereinbarungen sind (vgl dazu ausf oben Rn 14 ff). Diese Betrachtungsweise wurde aber schon von den Gesetzgebern des BGB als überholt angesehen; eine so gravierende Ausnahme von der Privatautonomie bedurfte nach ihrer Ansicht einer näheren Begründung. OTTO VON GIERKE, der mit dem Merkmal des Vermögensinteresses die problematische Abgrenzung von Gefälligkeit und Vertrag vornehmen wollte (s oben Rn 15), überzeugte wegen der Pauschalität seines Arguments nicht, wenn er schrieb (Entwurf eines BGB 195), der Begriff des Schuldverhältnisses könne sich nicht auf jede Verbindlichkeit „zu irgendeinem Tuhn oder Unterlassen erstrecken, da sonst das Obligationenrecht zuletzt alle anderen Rechtsgebiete verschlänge". Der objektive Ansatz findet sich bis heute, allerdings in einer **umgekehrten Variante**: ZT wird vertreten, **vermögenswerte Leistungen** könnten immer **nur** in Form von Rechtsgeschäften überlassen werden, sodass zB die kurzfristige Gebrauchsüberlassung stets als Leihe zu werten sei, da es andernfalls zu Ansprüchen aus ungerechtfertigter Bereicherung komme (STAUDINGER/REUTER [1996] Vorbem 6, 11 zu §§ 598 ff mwNw aus der Rspr, allerdings z gegenteiligen Auffassung). Dieser Betrachtungsweise steht schon entgegen, dass auch die Gefälligkeit unstreitig ein Recht zum Behaltendürfen begründet (s oben Rn 73).

bb) Subjektiver Ansatz (Rechtsgeschäftliches Verständnis)

79 Demgegenüber betonen die Vertreter des **subjektiven Ansatzes** den **rechtsgeschäftlichen Charakter** der jeweiligen Vereinbarung (BGHZ 21, 102, 106 f; BGH VersR 1998, 1173, 1174; STAUDINGER/DILCHER[12] Vorbem 22 zu §§ 116–144; ders Vorbem 10 zu §§ 145 ff; SOERGEL/TEICHMANN Rn 3; vTUHR, AT II 1, 170; ESSER/SCHMIDT, Schuldrecht I § 10 I 3 [159]; FIKENTSCHER/

HEINEMANN, Schuldrecht Rn 28 f; LARENZ, Schuldrecht I § 31 III). Diese Ansicht war bereits von den Verfassern des BGB angelegt worden, die sich außerstande sahen, andere Kriterien als den verworfenen Vermögenswert (z Begriffs oben Rn 14 ff), zB das **„schutzbedürftige Interesse"**, in abgrenzungstauglicher Weise herauszuarbeiten. Man war sich darüber im Klaren, dass „eine bestimmte Grenze, wo das schutzwürdige Interesse aufhört ... sich nach der Natur der Sache [freilich] nicht [bestimmen] lasse" (SCHUBERT, Vorlagen der Redaktoren, Recht der Schuldverhältnisse: Teil 1, 15). Damit wurde der Weg zu der heute hM eröffnet, die die subjektive Abgrenzung zwischen Schuldverhältnis und Nicht-Rechtsverhältnis betreibt, sodass der **Wille** der Parteien das maßgebliche Kriterium darstellt (MünchKomm/KRAMER [5. Aufl 2006] Vor § 145 Rn 26). Die objektiven Merkmale der entsprechenden Parteivereinbarung finden dagegen (nur) im Rahmen der §§ 134, 138, 242 BGB Berücksichtigung (WILLOWEIT JuS 1984, 909, 910).

Dieser subjektive Ansatz hat sich zu Recht durchgesetzt (ERMAN/WESTERMANN Einl **80** § 241 Rn 14; STAUDINGER/DILCHER[12] Vorbem 10 ff zum § 145 ff mwNw; MünchKomm/KRAMER [5. Aufl 2007] Einl z §§ 241 ff Rn 30; GERNHUBER, Schuldverhältnis § 7, 2 a [124]; iE auch ESSER/ SCHMIDT, Schuldrecht I § 10 I 3 [159]; wNw bei SCHEERER-BUCHMEIER, Die Abgrenzung des Rechtsgeschäfts von der nicht rechtsgeschäftlichen Vereinbarung unter besonderer Berücksichtigung der Diskussion im 19. Jahrhundert [Diss Köln 1990] 165 ff), weil er mit dem Prinzip der **Privatautonomie** im Einklang steht (z Privatautonomie vgl Einl 49 ff zum SchuldR). In den Grenzen der objektiven Wertvorgaben (§§ 134, 138, 242 BGB) ist jeder gesellschaftliche und soziale Bereich einer Rechtsbindung sowie einer vertraglichen Haftung zugänglich und erzeugt dann auch einen durchsetzbaren Leistungsanspruch. Die pauschale Annahme wie Ablehnung rechtlicher Bindungen innerhalb bestimmter sozialer Verhältnisse lässt sich also nicht rechtfertigen, ebenso wenig kann die Abgrenzung allein aufgrund objektiver Kriterien vorgenommen werden (vgl STAUDINGER/ J SCHMIDT [1995] Einl 229 zu §§ 241 ff; SCHWERDTNER NJW 1971, 1673; PALLMANN, Rechtsfolgen aus Gefälligkeitsverhältnissen [Diss Regensburg 1971]). Die Kritik, der Verpflichtungswille sei oft nur Fiktion (FLUME, AT § 7, 8; CANARIS JZ 1965, 475, 482), stellt den subjektiven Ansatz nicht grds in Frage, sondern resultiert aus der Schwierigkeit des Einzelfalls. Vergleichbare Probleme tauchen bei der ergänzenden Vertragsauslegung ebenfalls auf und müssen hier wie dort gelöst werden.

Allerdings hat sich in der **Rechtspraxis** die Grenze zwischen der subjektiven und der **81** objektiven Betrachtungsweise zur Abgrenzung von Gefälligkeit und Vertrag verwischt, wie schon die grundlegende Entscheidung des BGH zeigt (BGHZ 21, 102 ff). Der BGH hat dort zum Ausdruck gebracht, dass die abgrenzende Auslegung (wie auch diejenige eines Rechtsgeschäfts) aus der Sicht eines **objektiven Erklärungsempfängers** unter Berücksichtigung der im Einzelfall gegebenen Umstände nach **Treu und Glauben** zu erfolgen hat (BGHZ 21, 102, 107), sodass in die Willensermittlung **objektive Kriterien** eingebracht werden (ERMAN/ARMBRÜSTER Vorb vor § 145 Rn 7; JAUERNIG/MANSEL Rn 24; z Stellung des „normativen Konsenses" im Zusammenhang mit dem Bindungswillen vgl MünchKomm/KRAMER [5. Aufl 2006] § 155 Rn 3, Einl z §§ 241 ff Rn 95; dazu vor allem HEPTING, Ehevereinbarung [1984] 307 ff, der über den Bereich der Ehevereinbarungen hinaus auf das Erfordernis des Rechtsbindungswillens verzichten will, uz zu Gunsten einer **normativen Bewertung** des geäußerten **„natürlichen Willens"**. In praktischer Hinsicht mögen beide Auslegungsmethoden nicht weit auseinander liegen; es besteht aber keine Notwendigkeit, auf den Rechtsbindungswillen grds zu verzichten, da man sonst nicht einmal mehr versuchen müsste, im Einzelfall Anknüpfungspunkte hierfür zu finden).

82 Damit ist die strikte Unterscheidung zwischen der **objektiven Theorie** einerseits und der **subjektiven Theorie** andererseits oft nur noch von theoretischem Interesse, weil die erstgenannte Theorie **konkrete Einzelfallmerkmale** hinzuzieht, während die zweite mit dem **normativen Begriff der Willenserklärung** arbeitet (dass der „Rechtsfolgewille" normativ bestimmt wird, zeigen folgende Quellen: BGHZ 92, 164, 168; 88, 373, 382; 43, 72; 21, 102, 106 ff = NJW 1956, 1313; BGH NJW 1992, 2474; 1992, 498; 1985, 313; 1968, 1874; BGH DB 1974, 1619, 1620; OLG Köln NJW-RR 1992, 1497; OLG Koblenz OLGZ 1991, 117, 120; OLG Nürnberg OLGZ 1967, 139, 140 f; OLG Celle NJW 1965, 2348; LG Düsseldorf NJW 1968, 2379; vgl auch Soergel/Wolf Vor § 145 Rn 91 ff; MünchKomm/Kramer [5. Aufl 2007] Einl z §§ 241 ff Rn 30 ff; Palandt/Grüneberg Einl v § 241 Rn 7; Staudinger/Dilcher[12] Vorbem 10 ff zum § 145 ff [alle mwNw]). IE ist wohl die Wertung entscheidend, ob man dem „Gefälligen" die Folgen einer vertraglichen Bindung zumuten will; sie erfordert eine **Abwägung** der **beiderseitigen Interessen**.

cc) Die Willensermittlung

83 Die Rspr ermittelt den (objektivierten) **Rechtsbindungswillen** durch Heranziehung von **Indizien** (grundlegend BGHZ 21, 102, 107).

84 So ist zunächst die **Unentgeltlichkeit** oder **Uneigennützigkeit** des von einer Partei zugesagten Verhaltens ein Kriterium dafür, dass sie sich keiner rechtlichen Bindung unterwerfen wollte (Brox/Walker, Schuldrecht AT § 2 Rn 29; Esser/Schmidt, Schuldrecht I § 10 I 3 [159]). Beide Kriterien allein erlauben aber keine abschließende Entscheidung, weil das BGB auch unentgeltliche, gleichwohl aber verbindliche Rechtsverhältnisse kennt (Looschelders, Schuldrecht AT § 5 Rn 7; Weiler, SchuldR AT § 3 Rn 14). Im Hinblick auf die Uneigennützigkeit wird manchmal zwischen **völliger Uneigennützigkeit** und einem **nicht nennenswerten Eigeninteresse** des „Gefälligen" unterschieden (LG Mannheim MDR 1965, 131). Letzteres soll ein Nicht-Rechtsverhältnis zumindest solange nahe legen, wie der Grad des Eigeninteresses wesentlich hinter dem Interesse an der zu erbringenden Leistung zurücksteht (Soergel/Wolf Vor § 145 Rn 95 ff mit Bsp aus der Rspr). Daneben ist umgekehrt die Entgeltlichkeit oder Eigennützigkeit insoweit bedeutsam, als in einem solchen Fall regelmäßig ein Rechtsverhältnis mit Leistungsanspruch vorliegt.

85 Weitere Indizien für die Abgrenzung sind die **Art der vereinbarten Leistung** sowie deren **Grund** und **Zweck**. Ihre **wirtschaftliche** und **rechtliche Bedeutung**, insbes für den **Empfänger**, werden ebenso in die Betrachtung einbezogen wie die **Umstände**, unter denen die Leistung erbracht werden soll bzw wird (BGHZ 92, 164, 168 = BGH NJW 1985, 1778, 1779). Außerdem kommt es auf die **Interessenlage** der Parteien an (so BGHZ 21, 107; vgl auch BGH LM § 254 [Da] Nr 12; BGHZ 97, 372 = NJW 1986, 2043; 92, 164, 168 = NJW 1985, 1778, 1779; 88, 373, 382 = NJW 1984, 1533; BGH NJW-RR 2006, 117, 120 Rn 37; NJW 1992, 498; OLG Celle NJW 1965, 2348). Der **Wert** der anvertrauten Sache (so auch RG LZ 1923, 275 = Recht 1923 Nr 508) und das **erkennbare Interesse des Begünstigten** (vgl auch Esser/Schmidt, Schuldrecht I § 8 III 2 [139]) sowie eine nicht dem Begünstigten, wohl aber dem Leistenden erkennbare **Gefahr**, in die der Erstgenannte durch eine **fehlerhafte Leistung** geraten kann (RG LZ 1923, 275), dienen weiterhin als Merkmale für die Annahme eines Rechtsverhältnisses (BGHZ 21, 102, 107; 88, 373, 382; 92, 164, 168).

86 Insgesamt gelangt man also iE doch zu weitgehend objektiven Beurteilungskriterien, hinter denen der wirkliche Wille der Parteien uU (mangels Erkennbarkeit oder

Beweisbarkeit) sogar zurücktritt. Die dargestellten Abgrenzungsmerkmale sind aber so weit gefasst, dass sie für eine Subsumtion oft noch der weiteren Konkretisierung bedürfen. Da es nach der Rspr auf die **„Umstände des Einzelfalles"** ankommt (vgl BGH VRS 20, 252; LG Mannheim MDR 1965, 131; MünchKomm/KRAMER [5. Aufl 2007] Einl zum § 241 ff Rn 33), hat sich insoweit eine umfangreiche Kasuistik gebildet (vgl PALANDT/ GRÜNEBERG Einl v § 241 Rn 9; SOERGEL/WOLF Vor § 145 Rn 85 ff; MünchKomm/KRAMER [5. Aufl 2007] Einl z §§ 241 ff Rn 33), die beispielhaft aufgeführt werden soll.

Die Hilfe beim **Abladen** von Transportgut begründet mangels entsprechender gesetzlicher Verpflichtung des Transportführers, § 412 Abs 1 S 2 HGB, kein Rechtsverhältnis (AG Bonn TrAnsatzpR 2000, 466 f). **Absprachen** unter Ehegatten über die Familienplanung werden unterschiedlich beurteilt (vgl insgesamt BRUNS, Absprachen unter Ehegatten über die Familienplanung [Diss Osnabrück 1990]; LOOSCHELDERS Jura 2000, 169 ff). Die Erklärung im Rahmen eines **Architektenwettbewerbes**, die Beklagte „beabsichtigt [...] einem oder mehreren Preisträgern weitere Leistungen [...] zu übertragen", begründet ein Rechtsverhältnis (BGHZ 88, 373, 382). Behandelt ein **Arzt** einen Kollegen, so liegt auch dann ein Rechtsverhältnis vor, wenn die Behandlung aus kollegialen Gründen kostenlos erfolgt (BGH NJW 1977, 2120). Durch die unentgeltliche Übernahme der **Ausbildung** eines Hundes wird idR ein Rechtsverhältnis begründet (OLG Koblenz OLGZ 1991, 117, 119 f = NJW-RR 1991, 26). Kompliziert sind die Verhältnisse bei der Erteilung einer **Auskunft** (vgl STAUDINGER/MARTINEK/OMLOR [2017] § 662 Rn 6 ff; MünchKomm/SCHÄFER § 662 Rn 23 ff; HALLER, Haftung für Rat und Auskunft, Jura 1997, 234 ff). Bei der „**Ausleihe**" eines Lkw-Fahrers liegt ein Rechtsverhältnis vor, wenn die Angelegenheit die geschäftliche Tätigkeit zweier Wirtschaftsunternehmen betrifft (BGHZ 21, 102, 106 ff = NJW 1956, 1313). Die Teilnahme an einem **Ballonflug** gegen Kostenerstattung begründet ebenfalls ein Rechtsverhältnis (OLG Düsseldorf VersR 1994, 228; OLG Karlsruhe VersR 1991, 343; OLG München NJW-RR 1991, 420). Unterschiedlich ist die rechtliche Bewertung der **Beaufsichtigung von Kindern**: Die Aufsicht über Nachbarskinder begründet idR kein Rechtsverhältnis (BGH JZ 1969, 232 m Anm DEUTSCH); gleichermaßen wurde bzgl der Mitnahme von Kindern in einem Pkw zum Kindergarten entschieden (LG Karlsruhe VersR 1981, 143); demgegenüber wurde ein Rechtsverhältnis angenommen, wenn Kinder beaufsichtigt werden mussten, die zu einem Kindergeburtstag eingeladen wurden (OLG Celle NJW-RR 1987, 1384). Die Übernahme der **Beaufsichtigung eines Hauses** in der Abwesenheit eines Nachbarn oder Verwandten soll kein Rechtsverhältnis begründen (BGH 26. 4. 2016 – VI ZR 467/15 juris Rn 8, NJW-RR 2017, 272, 273; OLG Hamm 17. 11. 2015 – 9 U 26/15 juris Rn 5, NJW-RR 2016, 287; OLG Hamburg VersR 1989, 468). Für die Übernahme des „Auftrages" zum **Einwerfen eines Briefes** gilt das Gleiche (SOERGEL/WOLF Vor § 145 Rn 95). Ebenso verhält es sich im Allgemeinen bei einer Absprache über **Empfängnisverhütung** zwischen den Partnern einer nichtehelichen Lebensgemeinschaft (vgl BGHZ 97, 372; MEDICUS/PETERSEN, BR Rn 372a; FEHN, Die Menschenwürde des nichtehelichen Kindes im Spannungsfeld zwischen Unterhalts- und Deliktsrecht – BGH, NJW 1986, 2043, JuS 1988, 602 ff; LOOSCHELDERS Jura 2000, 169 ff). Vereinbarungen zwischen Familienangehörigen über die gemeinsame **Errichtung und Finanzierung eines Zweifamilienhauses** zum Zwecke des Zusammenlebens lösen aufgrund der wirtschaftlichen Bedeutung für alle Beteiligten rechtliche Bindung aus (LG Gießen NJW-RR 1997, 905 ff). Bei **Fahrgemeinschaften** wird nach deren Zweck differenziert (vgl BGH NJW 1992, 498 sowie MÄDRICH, Haftungs- und versicherungsrechtliche Probleme bei Kfz-Fahrgemeinschaften, NJW 1982, 859, 860). Die Überführung eines **Fahrzeugs** in die Werkstatt, die der Eigentümer von einer anderen Person durchführen lässt, ist ein

87

Auftrag iSv § 662 BGB (OLG Frankfurt JA 1998, 742 m Bespr Roth). Die unentgeltliche Raumüberlassung durch einen **Gastwirt** begründet uU ein Rechtsverhältnis zu dem Leistungsempfänger (OLG Karlsruhe NJW 1961, 1866), nicht hingegen die Einwilligung des Gastwirtes an einen Gast, er könne Gegenstände hinter dem Buffet ablegen (LG Hagen VersR 1952, 124). Besonders zahlreich sind die Stellungnahmen zur **Gefälligkeitsfahrt**, die eine einmalige Tätigkeit darstellt und bei der keine wirtschaftlichen Interessen betroffen sind: IdR entsteht zwischen Fahrer und Mitfahrer kein Rechtsverhältnis (vgl RGZ 65, 18; 128, 231; 141, 263; BGH VersR 1967, 157; BGH 23. 7. 2015 – III ZR 346/14 juris Rn 8, NJW 2015, 2880 f; LG Düsseldorf NJW 1968, 2379; Stoll, Handeln auf eigene Gefahr [1961] 25 f mwNw), auch wenn der Fahrer die Mitnahme selbst gewünscht hat (BGH NZV 1993, 187; OLG Neustadt VRS Bd 8, 1). Das kann sich uU ändern, wenn der Mitfahrer an den Kosten beteiligt wird, insbes eine „Benzinkostenbeteiligung" übernommen hat (RGZ 145, 390, 394; BGH VRS 20, 252; OLG Stuttgart MDR 1959, 388; Böhmer, Definition des Begriffs der Gefälligkeitsfahrt, VersR 1964, 807; Hentschel/König/Dauer/König, Straßenverkehrsrecht § 16 StVG Rn 2, 9 mwNw und Bsp aus der Rspr; vgl insgesamt auch Heimbücher, Die Haftung für Gefälligkeiten auf dem Prüfstand, VW 1998, 178 ff; Hirte/Heber, Haftung bei Gefälligkeitsfahrten im Straßenverkehr, JuS 2002, 241 ff). Ein **Gefälligkeitsflug** begründet kein Rechtsverhältnis (BGHZ 76, 33). Die Zusage, vor der Wende **Gegenstände** aus Ostberlin zu überbringen, begründete ein Rechtsverhältnis (OLG Celle NJW 1965, 2348). Zu einer **Gesellschaft unter Ehegatten** vgl Staudinger/Voppel (2018) § 1356 Rn 50 ff. Die **Inobhutnahme** eines **Hundes** über mehrere Monate stellt einen Verwahrungsvertrag dar (OLG Hamm 24. 4. 2015 – 7 U 30/14 juris Rn 39, NJW-RR 2016, 91, 92). Die Vereinbarung einer **Kellerräumung** begründet kein Rechtsverhältnis (LG Mannheim MDR 1965, 131). Das Gleiche gilt für die Erlaubnis, ein **Kfz** auf einem Platz zum Verkauf aufzustellen, weil damit kein Vorteil irgendwelcher Art für den Erlaubenden verbunden ist (OLG Köln OLGZ 1972, 213). Absprachen eines **Klinikchefs** mit Mitarbeitern über die Beteiligung an seinen Einnahmen wurden nicht durchweg als verbindlich angesehen; vielmehr sollte es auf die „Umstände des Einzelfalles" ankommen (BGH WM 1977, 739). Die Zusage einer **Kulanzregelung** kann dagegen rechtlich verbindlich sein (OLG Köln Betrieb 1975, 2271; OLG München NJW 2011, 1369). Einer im Vorfeld wirtschaftlich komplexer Vertragswerke verfassten schriftlichen Absichtserklärung (sog **„Letter of Intent")** fehlt es regelmäßig an einem Rechtsbindungswillen: Durch sie soll dem potenziellen Vertragspartner lediglich die Bereitschaft zum Eintritt in ernsthafte Vertragsverhandlungen bekundet werden (z Problematik vgl Staudinger/Bork [2015] § 145 Rn 14; MünchKomm/Busche Vor § 145 Rn 58). Schwierigkeiten bei der Abgrenzung gerade zum Vorvertrag lassen sich durch Aufnahme einer „no binding clause" vermeiden (PWW/Brinkmann Vor §§ 145 ff Rn 39). Erklärt sich ein Mitglied einer **Lotto- oder Tippgemeinschaft** bereit, den entsprechenden Spielschein auszufüllen und einzureichen, so wird dadurch kein Rechtsverhältnis begründet (BGH NJW 1974, 1705; uU wird jedoch eine Pflicht nach § 242 BGB bejaht, worin man eine Auflockerung der „starren" Alternative „Rechtsverhältnis – kein Rechtsverhältnis" sehen kann: Medicus/Petersen, BR Rn 372; krit Kornblum, Das verpasste Lottoglück, JuS 1976, 571 ff sowie Plander AcP 176 [1976] 425 ff). Eine **Mietzinsvereinbarung** weit unter ortsüblichem Preis (sog „Gefälligkeitsmiete") führt stets zu einem Rechtsverhältnis (KrsG Nauen WuM 1993, 111). Die Übernahme einer **politischen Widerstandstätigkeit** begründet regelmäßig kein auf ihre Durchführung gerichtetes Rechtsverhältnis, also keinen Leistungsanspruch (BGHZ 56, 204, 209 = NJW 1971, 1404 f). Die kurzfristige Überlassung eines **Reitpferdes** in sportkameradschaftlichem Verkehr ist ein Gefälligkeitsverhältnis (BGH NJW 1974, 234, 235; OLG Zweibrücken NJW 1971, 2077, 2078; **aA** Knütel, Anm z Urt des OLG v 12. 10. 1970, NJW 1972, 163). Ebenso begründet das gelegentliche Durchführen von **Reinigungsarbeiten** in einem unbewohnten Haus kein Rechtsverhältnis (OLG Koblenz NJW-RR 2002, 595). Übernimmt der Vorsitzende eines Sozialrentnervereines die Aufgabe, für ein Nichtmitglied einen **Rentenantrag** zu stellen, so wird aufgrund oben genannter Kriterien (wirtschaftliche u rechtliche Bedeutung der rechtzeitigen Antragstellung sowie erkennbare Gefahr bei Fehlleistungen des Antragstellers für den anderen Teil) ein Rechtsverhältnis begründet (auftragsähnlich; OLG Nürnberg OLGZ 1967, 139, 141). Die Erlaubniserteilung, ein **Schiff** beim Betreten eines anderen Schiffes als Abstellfläche zu benutzen, führt nicht zur Entstehung eines Rechtsverhältnisses (OLG Hamburg VersR 1984, 58). „Gefälligkeitshalber" durchgeführte **Schweißarbeiten** lösen im Brandfall nur eine deliktische Haftung aus (OLG Düsseldorf VersR 1996, 512 ff = IBR 1996, 238 m Anm RUTKOWSKY). Das Verhängen einer **Spielsperre** auf Verlangen eines Spielers („Selbstsperre") durch die Spielbank begründet dagegen ein Rechtsverhältnis (BGH NJW 2006, 362; PETERS, Die Selbstsperre des Glücksspielers, JR 2002, 177; **aA** BGH NJW 1996, 248; differenzierend danach, ob eine Kontrollmöglichkeit besteht WEIS, Die Sperre des Glücksspielers, 36–39, 42–44 [Diss Hamburg 1999]). Eine **Starthilfegewährung** bei entleerter Autobatterie ist ein Gefälligkeitsvertrag, auf den die §§ 662 ff BGB anzuwenden sind (dabei stillschweigender Haftungsverzicht für leicht fahrlässig verursachte Schäden, AG Kaufbeuren NJW-RR 2002, 382). Hinweise, Aufforderungen und Winkzeichen im **Straßenverkehr**, die von einem Verkehrsteilnehmer an einen anderen Verkehrsteilnehmer gegeben werden, begründen regelmäßig kein Rechtsverhältnis (OLG Frankfurt NJW 1965, 1334). Die kurzfristige Überlassung eines Teleskopladers zum Zwecke der Freizeitgestaltung kann ebenfalls eine Gefälligkeit darstellen (OLG Hamm 17. 11. 2017 – 7 U 45/16, Rn 45 ff, BeckRS 2017, 138349). Eine nicht in Anspruch genommene **Tischreservierung** in einem Restaurant stellt keinen Vorvertrag (zum Abschluss späterer Bewirtungsverträge) dar (LG Kiel NJW 1998, 2539 f; MAIER JuS 2001, 746 ff [Bespr LG Kiel NJW 1998, 2537 f]). Die Einladung zu einer **Treibjagd** zieht ebenfalls keinen Leistungsanspruch nach sich (RGZ 128, 39, 42). Die **Überlassung** einer Gebirgsferienhütte an einen Sohn und dessen Verlobte stellt eine „keine Rechtswirkungen erzeugende Gefälligkeit" dar (OLG München NJW-RR 1993, 215). Etwas anderes muss jedoch für die unentgeltliche Überlassung eines neu errichteten Reihenhauses über mehr als ein Jahrzehnt gelten (BGH 20. 9. 2017 – VIII ZR 279/16, juris Rn 23 ff, NJW-RR 2017, 1479, 1480). Die **Übermittlung** eines Geldbetrages iHv 5000 € zur Weiterleitung an einen Dritten in einem Schenkkreis ist ein Auftrag iSd § 662 BGB (BGH NJW 2012, 3366). Die unentgeltliche Vermögensbetreuung stellt eine Geschäftsbesorgung iSd § 662 BGB dar, wenn erkennbar wesentliche Interessen des Auftraggebers auf dem Spiel stehen und er auf die ordnungsgemäße Verwaltung vertraut (OLG München 21. 12. 2017 – 23 U 3519/16 Rn 36 f, BeckRS 2017, 136014). Die Aufnahme von **Verwandten** als Gäste in einer Wohnung begründet kein Rechtsverhältnis zwischen dem Aufnehmenden und den Aufgenommenen (LG Osnabrück NdsRpfl 1947, 17; AG Köln MDR 1957, 41 m Anm WEIMAR; vgl auch LG Wiesbaden ZMR 1953, 177), die Erteilung einer **Vorsorgevollmacht** mit umfangreichen Befugnissen zugunsten des Bevollmächtigten dagegen schon (OLG Brandenburg BeckRS 2013, 06305; OLG Hamm BeckRS 2008, 20414; LITZENBURGER NOTBZ 2007, 1, 2). Die Übernahme der „Verpflichtung" zum **Wecken eines Mitreisenden** schließlich führt nicht zu einer Rechtspflicht (SOERGEL/LANGE/HEFERMEHL [10. Aufl] Vor § 145 Rn 68 sowie SOERGEL/WOLF Vor § 145 Rn 96; FLUME, AT § 7, 5). Vergleichbare Fälle aus der schweizerischen Rspr zur Abgrenzungsfrage finden sich im Berner Kommentar/KRAMER (1986) Einl zu Art 1 OR Rn 65.

88 Soweit man auf der Grundlage der dargestellten Abgrenzungskriterien ein Rechtsverhältnis bejaht, besteht ein **Anspruch** auf die versprochene **Leistung**. Da die damit verbundene Verbindlichkeit vom Schuldner jedoch jederzeit gekündigt werden kann, sei es in unmittelbarer oder analoger Anwendung des § 671 BGB, macht es für die Leistungspflicht letztlich keinen großen Unterschied, ob ein Schuldverhältnis oder ein Nicht-Schuldverhältnis vorliegt. Etwas anderes gilt für die Folgen einer Pflichtverletzung, da eine **Kündigung zur Unzeit** gem § 671 Abs 2 BGB Konsequenzen nach sich zieht (MünchKomm/KRAMER [5. Aufl 2007] Einl z §§ 241 ff Rn 35; MEDICUS/PETERSEN, BR Rn 370; FLUME, AT § 7, 5). Der Gläubiger hat ggf gem oder analog § 671 Abs 2 S 2 BGB einen **Schadensersatzanspruch** (BGH DB 1986, 476 f; NJW 1986, 978, 980; OLG Köln NJW-RR 1992, 1497).

b) Ausschluss eines Leistungsanspruchs („gentlemen's agreement")

89 Wie bereits erwähnt (s oben Rn 74), entfällt der Leistungsanspruch (auch) gerade deshalb, weil die Parteien ihn ausschließen wollen und nicht etwa, weil sie rechtliche Konsequenzen gar nicht bedacht haben. Solche Vereinbarungen nennt man zumeist **„gentlemen's agreement"**. Dahinter können verschiedene Absichten stehen (vgl z solchen Gründen zB MOSHEIM, Gentlemen's Agreement, DB 1963, 1035; ferner STAUDINGER/WEBER[11] Einl z § 241 J 6 ff; SOERGEL/WOLF Vor § 145 Rn 101; MünchKomm/KRAMER [5. Aufl 2007] Einl z §§ 241 ff Rn 44; HKK/DORN [2007] Rn 66 f; FLUME, AT § 7, 8; REUSS AcP 154 [1955] 485 ff; WILLOWEIT, Abgrenzung 86 ff; z Frage der rechtlichen Behandlung von Leistungen „ohne Anerkennung einer Rechtspflicht", wie zB Ruhegelder, Gratifikationen, Beihilfen etc, vgl FLUME, AT § 7, 8 aE). Ein Kennzeichen eines „gentlemen's agreement" besteht häufig darin, dass die Parteien die mangelnde rechtliche Bindungswirkung lieber durch Sanktionen im sozialen Bereich ersetzen möchten, zB durch ein „Ehrenwort". Vertragliche Vereinbarungen können jedoch auch aufgrund kaufmännischer Bräuche oder handelsüblicher Verhaltensweisen als unnötig erachtet werden (MünchKomm/KRAMER [5. Aufl 2007] Einl z §§ 241 ff Rn 44).

90 Allerdings muss es sich nicht bei jeder entsprechenden Vereinbarung um ein „gentlemen's agreement" handeln, sondern die Auslegung kann auch ergeben, dass zwar ein Rechtsverhältnis gewollt war, aber die **Klagbarkeit** des Anspruchs **ausgeschlossen** sein sollte (z klaglosen Verbindlichkeit s unten Rn 129). Auch diese Abgrenzung ist anhand der §§ 133, 157 BGB vorzunehmen: Falls nur eine Partei den Leistungsanspruch ausschließen wollte, kommt die Anwendung des § 116 BGB in Betracht, bei einem entsprechend übereinstimmenden Willen ist uU der Tatbestand des § 117 BGB erfüllt (z Frage des Parteiinteresses am Ausschluss des Leistungsanspruchs vgl STAUDINGER/J SCHMIDT [1995] Einl 239 ff z §§ 241 ff). Während bei einem **Scheingeschäft** die Bindung aber nur vorgespiegelt und nicht gewollt wird, ist sie bei einem „gentlemen's agreement" zwar vom Willen der Parteien umfasst, soll jedoch nicht im rechtlichen Bereich abgesichert werden. Die Auslegung führt schließlich uU auch dazu, dass trotz einer entgegenstehenden Parteibezeichnung ein „gentlemen's agreement" in Wirklichkeit rechtliche Verbindlichkeit entfaltet (BGH LM § 242 [Be] Nr 19; PALANDT/GRÜNEBERG Einl v § 241 Rn 7; WILLOWEIT, Abgrenzung 87 ff).

91 „Gentlemen's agreements" finden sich ferner im Zusammenhang mit **kartellrechtlichen Übereinkünften** (zB BGHZ 55, 104 = NJW 1971, 521), etwa hinsichtlich der Frage, ob allein bei wirtschaftlicher Rücksichtnahme oder moralischem Druck etc eine Vereinbarung iSv § 1 GWB erzeugt wird. Durch Einführung des Verbots **abgestimmten**

Titel 1
Verpflichtung zur Leistung § 241

Verhaltens gem § 1 GWB wurde die kartellrechtliche Erfassung verbindlicher Verhaltensweisen allerdings vereinfacht (vgl ZIMMER, in: IMMENGA/MESTMÄCKER, Gesetz gegen Wettbewerbsbeschränkungen [2001] § 1 Rn 88 ff; im Übrigen STAUDINGER/J SCHMIDT[12] Einl 246 zu §§ 241 ff mwNw).

Vom „gentlemen's agreement" sind diejenigen Fallkonstellationen zu unterscheiden, **92** in denen **Leistungsansprüche** aus wiederholtem **freiwilligem Verhalten** erwachsen (zB bei regelmäßiger Zahlung von Weihnachtsgeld an Arbeitnehmer in gleicher Höhe u z gleichen Zeitpunkt). Die sog „**betriebliche Übung**" (vgl dazu statt vieler AHREND, in: SCHAUB, Arbeitsrechtshandbuch § 110) begründet, wenn schon nicht durch konkludenten Vertragsschluss, jedenfalls im Wege des **Vertrauensschutzes** einen rechtlich durchsetzbaren **Anspruch** des Berechtigten. Die in Rede stehenden – regelmäßig wiederkehrenden – Zahlungen sind zwar laut Vorbehalt des Leistenden eine freiwillige Leistung, jedoch begründet der **Vertrauensschutz** des Empfängers letztlich doch einen rechtlich verbindlichen Anspruch (vgl AHREND, in: SCHAUB, Arbeitsrechtshandbuch § 110 Rn 18).

2. Rücksichtspflichtverletzungen und Haftung bei Gefälligkeiten

Streitigkeiten im Zusammenhang mit Gefälligkeitsverhältnissen treten häufig nicht **93** bei der Frage nach dem Leistungsanspruch, sondern im Zusammenhang mit der **Haftung** für **Schäden** auf. Die Herleitung der dafür die Grundlage bildenden Rücksichtspflichten im Rahmen von Gefälligkeiten sowie die mögliche Ausdehnung von Haftungsbeschränkungen auf diese Pflichten werden später ausführlich bei der Kommentierung des Abs 2 geschildert (z Begründung der Pflichten s unten Rn 404 ff u z Haftungsbeschränkung Rn 529 ff).

III. Faktischer Vertrag*

1. Allgemeines

Das Recht der vertraglichen Schuldverhältnisse gründet auf dem Begriff der **Willens-** **94** **erklärung**. Nur dadurch werden vertragliche Rechtsfolgen ausgelöst, wie bereits die Abgrenzung zu den Gefälligkeitsverhältnissen gezeigt hat (s oben Rn 71 ff). Nach der Lehre vom **faktischen Vertragsverhältnis** sollen Vertragsverhältnisse aber auch durch **tatsächliches** Verhalten entstehen können. Zu diesem Ergebnis gelangte insbes HAUPT in seiner Antrittsvorlesung im Jahre 1941, weil nach seiner Ansicht der Eintritt vertraglicher Rechtsfolgen nicht selten nur mit Hilfe von Fiktionen über das klassische Vertragsrecht erklärt wurde (HAUPT 6). Die Idee des faktischen Vertragsverhältnisses (von LEHMANN NJW 1958, 1, 5 als „Atombombe" des Vertragsrechts apostrophiert) beinhaltete also eine Abkehr vom klassischen Vertragsbegriff zu Gunsten

---

* **Schrifttum**: ESSER, Gedanken zur Dogmatik der faktischen Schuldverhältnisse, AcP 157 (1958/59) 86; HAUPT, Über Faktische Vertragsverhältnisse (1941), Neuabdruck: FS Siber (1970) Bd II 1 ff; LARENZ, Die Begründung von Schuldverhältnissen durch sozialtypisches Verhalten, NJW 1956, 1897; ders, Sozialtypisches Verhalten als Verpflichtungsgrund, DRiZ 1958, 245; LEHMANN, Faktische Vertragsverhältnisse, NJW 1958, 1; NIPPERDEY, Faktische Vertragsverhältnisse, MDR 1957, 129; ROTH, Der faktische Vertrag, JuS-L 89; SIBERT, Faktische Vertragsverhältnisse (1958).

rechtspolitisch gewünschter Ergebnisse (vgl Soergel/Wolf Vor § 145 Rn 102; Flume, AT II § 8, 2).

95 Der BGH ist der Lehre vom faktischen Vertrag vorübergehend gefolgt (BGHZ 21, 319, 334 [Hamburger Parkplatzfall]; 23, 175 [Stromversorgungsfall]; 23, 249, 258, 261 [Hoferbenfall]; ebenso LG Frankfurt aM MDR 1970, 843 [für den Bezug von Fernwärme]). Die rechtsgeschäftlichen Folgen wurden nicht angenommen, weil sie von den Parteien gewollt waren, sondern weil sie das Gericht für angemessen hielt (Medicus/Petersen, AT Rn 247). In der Lit geriet der Ansatz in die Kritik und wird heute ganz überwiegend abgelehnt, weil er keine Stütze im Gesetz findet (Palandt/Ellenberger Einf v § 145 Rn 25; Esser/Schmidt, Schuldrecht I § 10 I 2; Flume, AT II § 8, 2; Wolf/Neuner, AT § 37 Rn 47; Weiler, SchuldR AT § 3 Rn 5). Auch der BGH hat ihn seit 1958 nicht mehr angewandt und 1985 erklärt, dass die entstehenden Probleme über rechtsgeschäftliche Kategorien zu lösen seien (BGHZ 95, 399). Dies soll anhand der in Betracht kommenden Einzelfälle im Folgenden kurz erläutert werden.

2. Fallgruppen

96 Die Fallgruppen, die unter dem Begriff der faktischen Vertragsverhältnisse diskutiert werden bzw wurden, haben auf den ersten Blick wenig gemein. Die entscheidende Überschneidung liegt in dem Umstand, dass allein vertragliche Rechtsfolgen angemessen erscheinen, während die Feststellung der erforderlichen Willenserklärungen Probleme bereitet.

a) Sozialtypisches Verhalten (Massenverkehr, Daseinsvorsorge)

97 Die in den Bereich der **Daseinsvorsorge** fallenden Einrichtungen des Massenverkehrs (öffentliche Verkehrsmittel, Parkplätze, Elektrizitäts-, Gas- und Wasserversorgung) werden meist in Anspruch genommen, ohne dass die Vertragsparteien zum Austausch von Willenserklärungen direkt in Kontakt treten. Es wird andererseits nicht in Zweifel gezogen, dass das Verhältnis der beteiligten Personen nur durch die Anwendung des Vertragsrechts interessengerecht zu lösen ist (vgl nur Erman/Armbrüster Vor § 145 Rn 42), wohl aber, dass man dieses Ergebnis auch auf dem Boden der Rechtsgeschäftslehre erzielen kann.

98 Haupt hatte seine Bedenken vor allem am Bsp der Straßenbahnfahrt erläutert. Er hielt die Einigung vor dem Hintergrund, dass die Parteien gar keine Freiheit in der Entschließung hätten, für lebensfremd. Während der Fahrgast auf die Benutzung der Bahn angewiesen sei, müsse das Verkehrsunternehmen aufgrund seiner Monopolstellung leisten. Deshalb fehle es an jeglicher privatautonomer Entscheidung. Mit der Inanspruchnahme der Leistung entstehe deshalb ein Vertrag, zwar nicht auf der Grundlage rechtsgeschäftlicher Willensbindung, wohl aber durch ein soziales Verhalten, das die gleichen Rechtsfolgen rechtfertige (Haupt 22). Larenz prägte daran anknüpfend den neuen Verpflichtungsgrund des **sozialtypischen Verhaltens** (Larenz NJW 1956, 1897 f; ders DRiZ 1958, 245 ff). Im modernen Massenverkehr war auch nach seiner Auffassung die Grundlage vertragsrechtlicher Rechtsfolgen nicht in der Einigung zu finden, sondern im **öffentlichen Angebot** und der **tatsächlichen Inanspruchnahme**. Hierüber entschied nach seiner Auffassung die **Verkehrsanschauung** (Larenz DRiZ 1958, 245, 247).

Diesen Gedanken hat die Rspr in Anlehnung an § 242 BGB vorübergehend auf- **99** gegriffen (BGHZ 21, 319, 333; 23, 175, 177; LG Bremen NJW 1966, 2360), während heute die **einhellige Auffassung** in Rspr und Lit die Lehre vom faktischen Vertrag ablehnt (vgl BGH NJW 1983, 1777; Palandt/Ellenberger Einf v § 145 Rn 25; Esser/Schmidt, Schuldrecht I § 10 I 2; Flume, AT II § 8, 2; Medicus/Petersen, AT Rn 248; unter Aufgabe d früheren Auffassung Wolf/Neuner, AT § 37 Rn 47; Roth JuS-L 1991, 89). Das Schuldverhältnis kommt in den betreffenden Fällen regelmäßig durch **schlüssiges Verhalten** zustande (OLG Dresden NJOZ 2001, 874 f). Dabei ist die Bereitstellung der Einrichtung durch den Versorgungsträger iVm den festgesetzten Tarifen als Angebot in Form einer sog „**Realofferte**" zu werten (OLG Dresden NJOZ 2001, 874 f). Die **Inanspruchnahme der Leistung** führt zum Vertragsschluss, sofern das entsprechende Verhalten nach seinem objektiven Erklärungswert als Annahme zu werten ist (BGH NJW 1991, 564; zT problematisch, vgl BGH NJW-RR 2005, 639 ff; OLG Hamm NJOZ 2004, 31 ff [Entnahme von Strom]). Ein solches Auslegungsergebnis scheitert etwa im Falle des Diebstahls oder der erschlichenen Flugreise (BGHZ 55, 128) mangels indizierender Sozialtypik. Die schlüssige Annahmeerklärung erfordert sämtliche **Wirksamkeitsvoraussetzungen** einer Willenserklärung, zB Geschäftsfähigkeit (Medicus, Verpflichtung aus sozialtypischem Verhalten und Minderjährigenschutz, NJW 1967, 354), das Fehlen von Willensmängeln etc. Die falsche Bewertung der Verbindlichkeit des eigenen Handelns ist in solchen Situationen als Subsumtionsirrtum generell unbeachtlich (Canaris, Vertrauenshaftung 447), kann jedoch Bedeutung für die Anfechtbarkeit der Willenserklärung erlangen.

Der Verzicht auf die Voraussetzungen vertraglicher Bindung war also verfehlt, weil **100** sich auch anhand klassischer Auslegungskriterien interessengerechte Ergebnisse erzielen lassen (Wieacker, Anm z Urt des BGH v 14. 7. 1956, JZ 1957, 61) und zentralen **gesetzgeberischen Wertungen**, wie dem Schutz des Minderjährigen, der Bedeutung von Willensmängeln sowie Gesetzes- und Sittenverstößen besser Rechnung getragen werden kann (Wolf/Neuner, AT § 37 Rn 47).

Nach mittlerweile ständiger Rspr kommt ein wirksamer Vertrag selbst dann zustan- **101** de, wenn die angebotene Leistung unter **Widerspruch** gegen den Erklärungsinhalt der Inanspruchnahme angenommen wird (RGZ 111, 312; BGHZ 95, 393, 399 mwNw; 21, 319, 333). Dies bedarf keiner näheren Begründung, soweit der Widerspruch der Inanspruchnahme zeitlich nachfolgt, da in diesem Fall der Vertragsschluss bereits vorliegt. Der nicht geäußerte Vorbehalt ist ohnehin gem § 116 BGB unbeachtlich.

Aber auch der (ausdrückliche) Widerspruch gleichzeitig mit oder zeitlich vor der **102** Inanspruchnahme der Leistung ist unbeachtlich. Teilw wird dies mit der Lehre von der „**protestatio facto contraria**" begründet: Entsprechend dem aus § 242 BGB abgeleiteten Verbot widersprüchlichen Verhaltens soll die tatsächliche Inanspruchnahme der Leistung schwerer wiegen als der hierbei erklärte Protest (BGHZ 95, 393, 399; vgl z venire contra factum proprium Staudinger/Looschelders/Olzen § 242 Rn 286 ff; ferner Staudinger/Dilcher[12] Vorbem 13 aE z § 116, § 104 Rn 29).

Dieser Begründungsansatz wird jedoch von manchen Autoren in den Fällen für **103** verfehlt gehalten, in denen die protestierende Person glaubt, dies zu Recht zu tun, da dann kein treuwidriges Verhalten festgestellt werden könne (Medicus/Petersen, AT Rn 249; Roth JuS-L 1991, 89, 90). Stattdessen erfolgt ein Verweis auf den Rechtsgedanken der §§ 612 Abs 1, 632 Abs 1 BGB (MEDICUS/PETERSEN, AT Rn 250). Aber auch eine solche Analogie ist methodisch zweifelhaft. Denn § 612 fingiert eine Vergütungsvereinbarung nur für den Fall eines wirksamen Dienstvertrages (KÖHLER, Kritik der Regel protestatio facto contraria, JZ 1981, 464, 467 Fn 39), der aber gerade nicht zustande kommt, wenn eine Partei ausdrücklich erklärt, die Leistung nur unentgeltlich in Anspruch nehmen zu wollen. Die Norm enthält hingegen keine Vertragsfiktion. Andernfalls wären in derartigen Fällen tarifliche Formvorschriften oder sonstige Schutzvorschriften bedeutungslos (WALKER, Der Vollzug des Arbeitsverhältnisses ohne wirksamen Arbeitsvertrag, JA 1985, 138, 147). Es bleibt deshalb beim Rückgriff auf § 242 BGB und der Protest ist bei Inanspruchnahme der Leistung der Fallgruppe des **venire contra factum proprium** zuzuordnen.

b) **Fehlerhafte Dauerschuldverhältnisse**
aa) **Allgemeines**

104 **Fehlerhafte Dauerschuldverhältnisse** unterscheiden sich von den anderen faktischen Verträgen dadurch, dass nach dem äußeren Erscheinungsbild zwar alle Merkmale des Vertragsschlusses gegeben sind – insbes was den Austausch von Willenserklärungen angeht –, der Vertrag jedoch wegen geltend gemachter Willensmängel, Gesetzes- oder Sittenverstoß bzw aus sonstigen Gründen nicht wirksam ist. Kondiktionsrechtliche Abwicklungen gem § 812 Abs 1 S 1 BGB haben sich in diesem Bereich als nicht interessengerecht und wenig praktikabel erwiesen (BGHZ 55, 5, 8; SOERGEL/ WOLF Vor § 145 Rn 106), da ein Dauerschuldverhältnis fortwährend neue Rechte und Pflichten erzeugt, die rückwirkend nicht mehr zu beseitigen sind. Dies hat dazu geführt, dass man den **Anfechtungs-** und **Nichtigkeitsgründen** nach Austausch der Leistungen lediglich **ex nunc-Wirkungen** beimisst (ERMAN/ARMBRÜSTER Vor § 145 Rn 41). Für eine Reihe von Dauerschuldverhältnissen ist dies mittlerweile anerkannt (ERMAN/ARMBRÜSTER Vor § 145 Rn 41; MünchKomm/BUSCHE § 142 Rn 17; SOERGEL/WOLF Vor § 145 Rn 102; LEHMANN NJW 1958, 1, 3). Im Gegensatz zur Rspr, die in diesem Zusammenhang noch von faktischen Verträgen spricht (BGH NJW 1998, 3567), werden von Stimmen in der Lit ein eigenständiger schuldrechtlicher Verpflichtungsgrund sowie ein entsprechender Terminus vielfach nicht für erforderlich gehalten, da sich die entsprechenden Ergebnisse auch aus einer **teleologischen Reduktion** der Nichtigkeitsfolgen auf eine Wirkung allein für die Zukunft herleiten lassen (MünchKomm/KRAMER [5. Aufl 2007] Einl z §§ 241 ff Rn 73; MünchKomm/BUSCHE Vor § 145 Rn 44). Für das Verhältnis zu Dritten ergibt sich die Rechtfertigung hierfür aus dem Gedanken der **Rechtsscheinhaftung** (MünchKomm/KRAMER [5. Aufl 2007] Einl z §§ 241 ff Rn 73), im Verhältnis der an dem Dauerschuldverhältnis Beteiligten aus deren **Treuebindung** untereinander, die es verbietet, sich auf die Unwirksamkeit des als wirksam behandelten Dauerschuldverhältnisses zu berufen. Jedenfalls ist der Terminus „faktischer Vertrag" in diesen Fällen missverständlich.

105 Ob ein fehlerhaftes Dauerschuldverhältnis mit der Konsequenz vorliegt, dass seine Unwirksamkeit nur mit Wirkung für die Zukunft geltend gemacht werden kann, hängt von seiner Art ab. Man muss im Einzelfall klären, ob die Bestandsschutzinteressen der Vertragsparteien oder Verkehrsschutzgesichtspunkte eine solche Bewertung rechtfertigen. So scheidet die Aufrechterhaltung fehlerhafter Dauerschuldverhältnisse für die Vergangenheit nach höchstrichterlicher Rspr aus, wenn gewichtige **Interessen der Allgemeinheit oder** einzelner **schutzwürdiger Personen** entgegenstehen. Dies ist regelmäßig der Fall bei einem Verstoß gegen ein **Verbotsgesetz** oder die **guten Sitten** (BGHZ 97, 243, 250; 62, 234, 241; 55, 5, 9; 26, 330, 334; 17, 160, 167; 3, 285, 288; BAG JZ 1976, 688; MEDICUS/PETERSEN, AT Rn 255 mwNw).

bb) Gesellschaftsverhältnisse

Im Bereich des Gesellschaftsrechts ist anerkannt, dass es mit dem Sinn und Zweck der Anfechtungs- und Nichtigkeitsvorschriften nicht vereinbar wäre, wenn ein **in Vollzug** gesetztes Gesellschaftsverhältnis, das die beteiligten Gesellschafter aufgrund ihrer Einigung als **wirksam betrachtet** haben, aufgrund der Nichtigkeit oder Anfechtbarkeit des zugrunde liegenden Gesellschaftsvertrags rückwirkend aufgelöst werden würde (BGHZ 55, 5, 8; BGH WM 1972, 1056; MEDICUS/PETERSEN, AT Rn 253 mwNw; WOLF/NEUNER, AT § 41 Rn 145 ff, § 55 Rn 10; vgl dazu auch Einl 227 zum SchuldR). Stattdessen erfolgt auch hier lediglich eine **Auflösung für die Zukunft**. Für das Recht der **Kapitalgesellschaften** ergibt sich dies bereits aus dem Gesetz, uz für das Aktienrecht aus §§ 275 ff AktG iVm § 397 S 1 FamFG, für das Recht der GmbH aus §§ 75 ff GmbHG und für die Genossenschaft aus §§ 94 ff GenG. Im Hinblick auf das Recht der **Personengesellschaften** fehlen entsprechende Regelungen. Dennoch vertrat schon das RG die Auffassung, dass eine Rückabwicklung nur ex nunc erfolgen könne. Zunächst wurde dies im Interesse des Verkehrsschutzes nur für das Verhältnis zu Dritten (RGZ 142, 98, 104; nunmehr einhellige Auffassung in Rspr und Lehre; anders noch RGZ 127, 186, 191), später auch für das Innenverhältnis der Gesellschafter angenommen (RGZ 165, 193, 201; WINDBICHLER, GesellschaftsR § 12 Rn 11 ff; dagegen RÖDIG, Bereicherung ohne Rechtfertigung durch Gesellschaftsvertrag [1972] 54 f). Bei der OHG und der KG erfolgt die Beendigung im Wege der Auflösungsklage nach § 133 HGB, bei der GbR durch Kündigung gem § 723 BGB (BGHZ 55, 5, 8). Diese Grundsätze gelten auch für den **fehlerhaften Beitritt** zu einer Gesellschaft (RGZ 142, 98, 105; BGH NJW 1992, 1501; einschränkend HONSELL/HARRER, Die Haftung für Altschulden nach §§ 28, 130 HGB bei arglistiger Täuschung, ZIP 1983, 259, 260).

Dies gilt auch dann, wenn es sich nur um den Beitritt eines atypischen stillen Gesellschafters handelt (OLG Frankfurt NJW-RR 2004, 36). Der Bestandsschutz der Gesellschaftsverhältnisse spielt zwar bei der stillen Gesellschaft eine untergeordnete Rolle, aber dennoch rechtfertigt es die tatsächliche und gewollte Leistungsgemeinschaft der Beteiligten (BGHZ 55, 5 f), die Wirkungen einer Auflösung nur für die Zukunft eintreten zu lassen (z Anwendbarkeit der Grundsätze der fehlerhaften Gesellschaft auf die stille Gesellschaft BGH NJW 2005, 1784; BGH NJW-RR 2006, 178; WERTENBRUCH, Rückabwicklung einer Kapitalanlage in Form einer stillen Gesellschaft – Urteilskomplex „Göttinger Gruppe", NJW 2005, 2823, 2823 f), weil nur auf diese Weise eine sachgerechte Abwicklung ermöglicht wird (OLG Dresden BB 2002, 1776, 1777).

Der Ausschluss der kondiktionsrechtlichen Rückabwicklung erfolgt dabei unter der Voraussetzung, dass zumindest eine **Einigung** der Gesellschafter **im natürlichen Sinne** vorliegt. Eine rein tatsächliche Gemeinschaft reicht demgegenüber nicht aus (BGHZ 11, 190 f). Auf der Grundlage dieser Einigung muss das Gesellschaftsverhältnis tatsächlich **in Vollzug gesetzt** worden sein, da nur in diesem Fall Tatsachen geschaffen werden, die eine Rückabwicklung mit Wirkung für die Vergangenheit als verfehlt erscheinen lassen (BGH NJW 1992, 1501, 1502; OLG Frankfurt NJW-RR 1994, 1321, 1323). Schließlich darf der **Zweck** der die Unwirksamkeit auslösenden Norm der faktischen Wirksamkeit des Gesellschaftsverhältnisses nicht entgegenstehen (BGHZ 3, 285, 288; vgl zu den Voraussetzungen MünchKomm/SCHÄFER § 705 Rn 326 ff).

cc) Arbeitsverhältnisse/Dienstverträge

107 Mit ähnlichen teleologischen Erwägungen können **vollzogene Arbeitsverträge** im Falle ihrer Unwirksamkeit ebenfalls lediglich mit Wirkung für die **Zukunft** aufgehoben werden (hM; BAG 5, 58, 59; PALANDT/WEIDENKAFF § 611 Rn 22 f; WOLF/NEUNER, AT § 41 Rn 146; LINCK, in: SCHAUB, Arbeitsrechtshandbuch § 34 Rn 47 ff; vgl Einl 228 zum SchuldR). Zwar spielt das Vertrauen Dritter im Arbeitsrecht keine Rolle; die Geltung der sozialen Schutzbestimmungen zu Gunsten von Arbeitnehmern knüpft jedoch an das tatsächliche Arbeitsverhältnis und nicht an dessen rechtliche Wirksamkeit an (ERMAN/ARMBRÜSTER Vor § 145 Rn 41). Außerdem ist die Arbeitsleistung als Vermögenswert dem Arbeitgeber nach ihrer Erbringung auch dann zugeflossen, wenn der Arbeitsvertrag unwirksam war, sodass dem Arbeitnehmer die Gegenleistung nicht verwehrt werden darf. Teilw wurde versucht, über den Gedanken des § 612 BGB die Wirksamkeit von Arbeitsverträgen trotz fehlerhaften Vertragsschlusses zu fingieren (HANAU, Objektive Elemente im Tatbestand der Willenserklärung, AcP 165 [1965] 220, 225). Eine solche Fiktion beruht aber deshalb auf einem Zirkelschluss, weil § 612 BGB einen wirksamen Vertrag voraussetzt (s oben Rn 103). Allerdings findet die Behandlung eines nichtigen Arbeitsvertrages als wirksam auch Grenzen, zB bei schweren Gesetzesverstößen (einheitlich bei LINCK, in: SCHAUB, Arbeitsrechtshandbuch § 34 Rn 52). Str sind die Voraussetzungen und Wirkungen der Anfechtung eines Arbeitsvertrages wegen einer arglistigen Täuschung (ausf SZECH, Die Anfechtung des Arbeitsvertrages durch den Arbeitgeber und das Allgemeine Gleichbehandlungsrecht [2012] 305 ff).

108 Unwirksame **Dienstverträge** werden grds **bereicherungsrechtlich** rückabgewickelt. Es besteht für sie kein mit dem Arbeitsverhältnis vergleichbares Schutzsystem, das eine Relativierung der Anfechtungs- bzw Nichtigkeitsfolgen rechtfertigen würde (BGHZ 41, 282, 288). Die Rspr lässt davon allerdings teilw bei den **freien Dienstverträgen** Ausnahmen zu. Dies wird damit begründet, dass der im Bereicherungsrecht zu leistende Wertersatz der Interessenlage dann nicht entspricht, wenn das Entgelt weniger nach Arbeitszeit und Leistung als vielmehr nach Verantwortung und Aufgabenbereich bemessen wird (BGHZ 41, 282, 288 [Vorstandsmitglied]; BGH NJW 2000, 2983 [Geschäftsführer]).

dd) Wohnungseigentümergemeinschaft

109 Nach überwiegender Auffassung gelten die Grundsätze faktischer Vertragsverhältnisse auch für die **Wohnungseigentümergemeinschaft**, wenn die Rechtsstellung des angehenden Wohnungserwerbers der eines Eigentümers bereits angenähert ist, was bei Überlassung der Sache regelmäßig angenommen wird (AG Greifswald NJW-RR 2001, 591; SOERGEL/STÜRNER § 10 WEG Rn 2).

ee) Miet- und Pachtverhältnisse

110 HAUPT wendete die von ihm entwickelten Grundsätze auch auf rechtlich fehlerhafte, aber **vollzogene Mietverhältnisse** an (HAUPT 15 f). Er begründete seine Ansicht mit dem Gedanken des § 568 aF (heute § 545 BGB), wonach ein Mietverhältnis nach Ablauf der Mietzeit uU stillschweigend verlängert wird. Die Rspr hält eine Relativierung der Anfechtungs- bzw Nichtigkeitsfolgen in diesem Bereich hingegen nicht für angezeigt, weil Mietverhältnissen kein den Gesellschafts- und Arbeitsverhältnissen vergleichbarer sozialer Einschlag anhafte (BGH NJW 2009, 1266; KG MDR 1967, 404; LG Bamberg WuM 1972, 119). Sie hat darüber hinaus ausdrücklich klargestellt, dass Mietverträge nicht zu den Vertragstypen gehören, die durch schlüssiges sozialtypisches Verhalten begründet werden können (BGH NJW 1980, 1577; LG Duisburg NJW-RR 1997, 712). Der Gesetzgeber hat das Problem bei der Novellierung des Mietrechts durch das G zur Neugliederung, Vereinfachung und Reform des Mietrechts v 19. 6. 2001 (BGBl I 2001, 1149) gekannt und keine von der derzeitigen Praxis abweichende Regelung für erforderlich gehalten. Damit bleibt es für den Mietvertrag bei den allgemeinen Anfechtungs- und Nichtigkeitsfolgen.

c) Faktische Vertragsverhältnisse kraft sozialen Kontakts
Bei der dritten Fallgruppe handelt es sich um eine **Vorverlegung** vertraglicher Haftung in den Fällen, in denen die Beteiligten **geschäftlichen Kontakt** aufgenommen haben. HAUPT wies darauf hin, dass der Besucher eines Kaufhauses für den Geschäftsinhaber nicht irgendein Dritter sei, zu dem rechtliche Beziehungen über § 823 BGB erst durch einen Schadensfall entstünden (HAUPT 11). Der soziale Kontakt sollte deshalb auch ohne Vertragsverhandlungen die gesteigerten vertraglichen Rücksichtspflichten auslösen (ESSER, Gedanken zur Dogmatik der „faktischen Schuldverhältnisse", AcP 157 [1958/59] 86, 89; vgl auch dazu bereits oben Rn 98). Derartige Fallgruppen wurden vielfach über das Institut des vorvertraglichen Verschuldens gelöst (LARENZ NJW 1956, 1895; LEHMANN NJW 1958, 1, 2). HAUPT vertrat demgegenüber die Ansicht, dass vertragliche Rechtsfolgen nicht dadurch angenommen werden könnten, dass man einen Vertragstatbestand „erdichte"; lebensnaher sei es, den gesteigerten Haftungsumfang über den zwischen den Parteien bestehenden sozialen Kontakt zu erklären (HAUPT, 11). Mit der Neufassung des **§ 311 Abs 2 BGB** hat der Gesetzgeber dem Meinungsstreit (zT) die Grundlage entzogen (s oben Rn 378 ff z Rücksichtspflichten sowie FELDMANN/ LÖWISCH [2012] § 311 Rn 103 ff). Einigkeit besteht darüber, dass die Rechtsfigur des faktischen Vertrages weder die Entstehung von Leistungs- noch von Rücksichtspflichten zufriedenstellend erklären kann. Sie ist insbes wegen der Weiterentwicklung der Rechtsgeschäftslehre einerseits, ferner durch das Schuldrechtsmodernisierungsgesetz (s oben Einl 188 zum SchuldR) andererseits überholt.

111

G. Wirkungen des Schuldverhältnisses: Entstehung von Forderungen

I. Begriff der Forderung und Abgrenzungen

Abs 1 S 1 nennt als **Wirkung** des Schuldverhältnisses die Berechtigung des Gläubigers, „von dem Schuldner eine Leistung zu fordern". Diese Beschreibung des **Schuldverhältnisses ieS** (z Unterscheidung v Schuldverhältnissen ieS u iwS s oben Rn 36 ff) passt zugl aber auch auf die **Forderung** (STAUDINGER/J SCHMIDT[12] Einl 114 zu §§ 241 ff; ENNECCERUS/LEHMANN, Schuldrecht § 1 III; GERNHUBER, Schuldverhältnis § 2 I 1 b). Je nach Perspektive lassen sich noch weitere Bezeichnungen für das Schuldverhältnis ieS finden: Aus der Sicht des Schuldners sind dies **„Schuld", „Verpflichtung"** oder **„Verbindlichkeit"**, während die Bezeichnung als **„Forderung"** aus Gläubigersicht erfolgt. Den jeweiligen Betrachtungen aus der Perspektive der Beteiligten gegenüber ist der allgemeine Begriff des „Schuldverhältnisses" (z Entwicklung vgl Rn 3 ff) durch Neutralität gekennzeichnet, die letztlich für seine Auswahl als Zentralbegriff des Schuldrechts ausschlaggebend war (SCHUBERT, Vorlagen der Redaktoren, Recht der Schuldverhältnisse: Teil 1, 3, Fn 1; s auch dort z Diskussion alternativer Bezeichnungen; vgl ebenfalls WAGNER, Anm z Urt des BGH v 5. 11. 1998, JuS 1999, 505, 508 [Fn 48]; GERNHUBER, Schuldverhältnis § 2 I 1). Andererseits birgt diese Neutralität die Gefahr, die Forderung zu vergegenständlichen, sie also als etwas

112

von Gläubiger und/oder Schuldner Unabhängiges zu begreifen (z ius ad rem s oben Rn 19 ff). Jedenfalls gehören beide Parteien (§§ 398 ff BGB bzw §§ 414 ff BGB) notwendig zu ihrem Bestand: Eine Forderung ohne Gläubiger oder Schuldner gibt es nicht (z den Konsequenzen einer Vergegenständlichung s GERNHUBER, Schuldverhältnis § 3 I 3 b/c).

113 Fraglich bleibt, wie sich der Begriff des **„Anspruchs"** iSd § 194 Abs 1 BGB zu dem der Forderung verhält. Grds meint eine Forderung den **schuldrechtlichen Anspruch**, von einem anderen ein Tun oder Unterlassen verlangen zu können. Die Forderung ist so gesehen der **Anspruch des Schuldrechts** (wie hier GERNHUBER, Schuldverhältnis § 3 I 5; ESSER/SCHMIDT, Schuldrecht I § 5 I 2; OERTMANN Vorbem 3 c; **aA** BLOMEYER, Allgemeines Schuldrecht § 1 I 2). In Ermangelung eines kodifizierten allgemeinen Anspruchsrechts – die §§ 194 ff BGB betreffen nur seine Verjährung – wird das Recht der Forderungen über diesen eigentlichen Anwendungsbereich hinaus ausgedehnt, zB auch auf **dingliche Ansprüche** (s Einl 12 ff zum SchuldR; allg z Schuldrecht in anderen Büchern des BGB Einl 10 ff zum SchuldR; z Abgrenzung v obligatorischen u dinglichen Ansprüchen vgl mwNw schon OERTMANN Vorbem 3c β sowie Rn 299 ff). Eine klare Grenzziehung findet nicht statt, vielmehr werden die Begriffe wie Synonyme verwendet.

114 Ein Schuldverhältnis ieS kann ebenso wie das Schuldverhältnis iwS mehrere **Einzelbefugnisse** enthalten („Bündel-" oder „Komplextheorie"; J SCHMIDT, Aktionsberechtigung und Vermögensberechtigung [1969] 4. 1). Solche Begründungsansätze finden sich auch in der **ökonomischen Analyse** des Rechts (vgl STAUDINGER/J SCHMIDT[12] Einl 120 f zu §§ 241 ff mwNw; SCHÄFER/OTT, Lehrbuch der ökonomischen Analyse des Zivilrechts [1986] 68 ff). Dieses Verständnis bestimmter Rechtsinstitute als Bündel von Einzelbefugnissen ist dem Sachenrecht ebenfalls nicht fremd, insbes beim Eigentum gem § 903 BGB, das jedenfalls durch zwei Komponenten gekennzeichnet ist. Allerdings lässt sich keine Aussage darüber treffen, wie viele oder welche dieser Einzelbefugnisse vorliegen müssen, damit man von einem Schuldverhältnis sprechen kann. Auch die „Bündel-" oder „Komplextheorie" erlaubt daher keine eigene Definition der Forderung, sondern erleichtert uU nur die Analyse (Einzelheiten bei STAUDINGER/J SCHMIDT[12] Einl 118 ff z §§ 241 ff).

II. Forderungskollisionen

115 Es kann vorkommen, dass schuldrechtliche Ansprüche miteinander kollidieren. Eine derartige **Forderungskollision** liegt vor, wenn die Erfüllung der einen Forderung die Befriedigung der anderen ganz oder teilw verhindert (DE BOOR, Die Kollision von Forderungsrechten 12), zB beim Doppelverkauf einer Sache. Damit treten nicht nur die Interessen der betroffenen Gläubiger in Widerstreit, sondern auch die Forderungen als solche (**aA** Mot I 276 ff = MUGDAN I 505 f; wie hier schon DE BOOR, Die Kollision von Forderungsrechten 9 ff sowie GERNHUBER, Schuldverhältnis § 3 V 1). Die Erfüllung der einen Forderung hat unmittelbare Konsequenzen für die andere, die dadurch erlischt (vgl § 275 Abs 1 BGB für Fälle der Unmöglichkeit) oder in eine Sekundärabwicklung übergeht. Demzufolge handelt es sich nicht um Forderungskollisionen, wenn die Forderungen zwar inhaltsgleich sind, aber alle Gläubiger durch pflichtgemäßes Verhalten des Schuldners gleichzeitig und vollständig befriedigt werden können, zB wenn sich der Schuldner mehreren Gläubigern gegenüber zu einem Unterlassen verpflichtet hat.

Wenn und soweit die Forderungskollision nicht durch besondere Normen geregelt **116** wird, gilt der sog **"Präventionsgrundsatz"** (RGZ 166, 134, 142 f; FIKENTSCHER/HEINEMANN, Schuldrecht Rn 31: „Grundsatz der Priorität"; GERNHUBER, Schuldverhältnis § 3 V 2; DE BOOR, Die Kollision von Forderungsrechten), nach dem der schnellere Gläubiger dem langsameren vorgeht (vgl Mot I 276: „Der Wettbewerb um die Erfüllung steht frei, und kein Berechtigter braucht dabei auf den anderen Rücksicht zu nehmen." = MUGDAN I 506). Hierbei hat die Willensentscheidung des Schuldners, wessen Forderung er erfüllt, erhebliche Bedeutung. Sie orientiert sich oft an Motiven, die dem konkreten Rechtsverhältnis ursprünglich fern lagen, zB an dem Wunsch, die höchste Schadensersatzverpflichtung zu vermeiden oder aber in den Genuss einer bestimmten Gegenleistung zu kommen. Die anderen Gläubiger können sich nur im Wege einstweiligen Rechtsschutzes gem §§ 935 ff ZPO oder durch Zwangsvollstreckung davor schützen (z Frage der Zulässigkeit einstweiligen Rechtsschutzes im Fall des Doppelverkaufs einer Sache vgl PODEHL, Einstweiliger Rechtsschutz bei Doppelverkäufen, BB 2006, 2484 ff; ERNST, Doppelverkauf – Ein Panorama, in: FS Heldrich [2005] 113 ff; vertiefend HKK/MICHAELS vor § 241 – Systemfragen Rn 75 ff; umstr im Rahmen der Doppelvermietung: dafür OLG Düsseldorf NJW-RR 1991, 137; TOLANI, Einstweilige Verfügung bei Doppelvermietung? Zur Zulässigkeit, Begründetheit und Rechtsfolge des Sicherungsmittels, Jura 2010, 887 ff; KOHLER, Doppelvermietung – ein Glücksspiel für den Mieter?, NZM 2008, 545, 551 f; ders, Einstweilig verfügtes Gebrauchsüberlassungsverbot, insbesondere bei Doppelvermietung – Besitzerwerbsschutz in Analogie zu §§ 135, 136 BGB, ZZP 123 [2010] 439 ff; dagegen OLG Hamm NJW-RR 2004, 521 f mwNw; OLG Frankfurt NJW-RR 1997, 77; jurisPK-BGB/REICHOLD § 135 Rn 23 mwNw).

Der Präventionsgrundsatz wird allerdings durch verschiedene, bedeutsame Ausnah- **117** men durchbrochen. Er gilt zunächst dann nicht, wenn bestimmten Forderungen materiell-rechtlich ein **Vorrang** eingeräumt wird. Ein Bsp dafür bildet die Rangfolge der **Unterhaltsansprüche** gem § 1609 BGB. Erwähnenswert sind ferner die **"Quotenvorrechte"** gem § 86 Abs 1 S 2 VVG; § 426 Abs 2 S 2 BGB, § 774 Abs 1 S 2 BGB.

Weiterhin schreibt das Gesetz an verschiedenen Stellen eine **verhältnismäßige** Be- **118** friedigung von Gläubigern konkurrierender Forderungen vor, zB in der InsO. Doch auch andernorts hat der Gesetzgeber vergleichbare Mechanismen vorgesehen: So statuiert § 1603 Abs 2 S 1 BGB die Gleichrangigkeit der **Unterhaltsansprüche** mehrerer **minderjähriger unverheirateter Kinder** gegen ihre Eltern mit deren Verpflichtung, die zur Verfügung stehenden Mittel gleichmäßig zur Erfüllung dieser Ansprüche zu verwenden. Bei mehrfacher gleichzeitiger Handlungsvornahme im Rahmen der **Auslobung** wird die Belohnung ebenfalls gleichmäßig auf alle Handelnden verteilt, § 659 Abs 2 S 1 BGB. Die **haftungsrechtlichen Vorschriften** der §§ 37 Abs 3 LuftVG; 12 Abs 2 StVG, 10 Abs 2 HPflG beschränken gleichmäßig und anteilig die Ansprüche der Geschädigten, wenn die Summe der Haftungssumme den jeweils vorgesehenen Haftungshöchstbetrag überschreitet. Die Rspr hat im Zusammenhang mit der sog **"beschränkten Gattungsschuld"** oder **"Vorratsschuld"** den Grundsatz entwickelt, dass der Schuldner bei teilweisem Untergang seines Vorrates berechtigt sein soll, die Forderungen seiner Gläubiger anteilig zu kürzen (RGZ 84, 125; **aA** WOLF, Anleitung zum Lösen zivilrechtlicher Fälle, JuS 1962, 103; Einzelheiten bei MünchKomm/EMMERICH § 243 Rn 11 ff mwNw; näher dazu STAUDINGER/LOOSCHELDERS/OLZEN § 242 Rn 575).

Der Präventionsgrundsatz wird ebenfalls in solchen Fällen verdrängt, in denen ein **119** Gläubiger die Leistungen des Schuldners durch eine **Beteiligung** an dessen **Vertrags-**

bruch erlangt hat, zB beim Doppelverkauf (z Vertragsbruch vgl Rn 318 sowie MünchKomm/ Kramer [5. Aufl 2007] Einl z §§ 241 ff Rn 22 f). Fraglich ist in dieser Konstellation, ob der Erstkäufer bei Vorliegen der Voraussetzungen gem § 826 BGB; § 3 UWG nach dem Grundsatz der Naturalrestitution (§ 249 BGB) einen unmittelbaren Herausgabeanspruch gegen den Zweitkäufer hat (vgl RGZ 108, 59, 60) oder dieser den Kaufgegenstand erst an den Verkäufer zurückgeben und Letzterer ihn dann an den Erstkäufer herausgeben muss (so Dubischar, Doppelverkauf und „ius ad rem", JuS 1970, 8 f; MünchKomm/Kramer [5. Aufl 2007] Einl z §§ 241 ff Rn 22).

III. Abgrenzung der Forderung: unvollkommene Verbindlichkeiten und Obliegenheiten*

1. Allgemeines zu Obliegenheiten

120 Da bereits in der Einleitung (vgl Einl 248 ff zum SchuldR) ein Überblick über die **nicht perfekten Verbindlichkeiten** gegeben wurde, soll hier die Forderung nur noch von der **Obliegenheit** abgegrenzt werden. Unter Obliegenheiten versteht man alle normativen Anordnungen, die einer Partei auferlegt werden, **ohne** dass ihnen eine **verbindliche Wirkung** zukommt (MünchKomm/Kramer [5. Aufl 2007] Einl z §§ 241 ff Rn 50 spricht von „Pflichten geringerer Intensität"; Fikentscher/Heinemann, Schuldrecht Rn 70; in der älteren Lit wurden Obliegenheiten als „indirekte Verpflichtung" bezeichnet, vgl Planck/Siber

---

* **Schrifttum**: Ahrens, Zum Wesen der Obliegenheiten im Versicherungsrecht (Diss Münster 1940); Ballerstedt, Bespr v Reimer Schmidt „Die Obliegenheiten", ZHR 121 (1958) 79 ff; Bauer, Die Rechtsprechung zu den Allgemeinen Bedingungen für die Rechtsschutzversicherung (ARB) im Jahre 1980, AnwaltsBl 1981, 472 ff; Dallmeyer, Die Zulässigkeit von Risikobeschränkungen im Hinblick auf Paragraphen 15a, 34a VVG (Diss Augsburg 1977); Esser, Bespr v Reimer Schmidt „Die Obliegenheiten", AcP 154 (1955) 49 ff; Henss, Obliegenheit und Pflicht im Bürgerlichen Recht (Diss Frankfurt aM 1988); Kleuser, Die Fehleroffenbarungspflicht des Arztes unter besonderer Berücksichtigung der versicherungsrechtlichen Obliegenheiten nach einem Behandlungszwischenfall (Diss Köln 1995); Liebelt-Westphal, Schadenverhütung und Versicherungsvertragsrecht (Diss Hamburg 1997); Looschelders, Die Mitverantwortlichkeit des Geschädigten im Privatrecht (Habil Mannheim 1999); ders, Die Haftung des Versicherungsnehmers für seinen Repräsentanten – eine gelungene Rechtsfortbildung?, VersR 1999, 666; Mesmann, Zur Problematik der Obliegenheiten insbesondere in kranken Haftpflichtversicherungsverhältnissen (Diss Köln 1974); Nelle, Neuverhandlungspflichten zur Vertragsanpassung und Vertragsergänzung als Gegenstand von Pflichten und Obliegenheiten (Diss München 1993); Rech, Die Reflexwirkung des § 142 StGB zugunsten des Kraftfahrthaftpflicht- und Kaskoversicherers, NVersZ 1999, 156 ff; R Schmidt, Die Obliegenheiten (Diss Karlsruhe 1953); ders, Gedanken zu einer Reform des Versicherungsvertragsgesetzes, NVersZ 1999, 401 ff; Schuermann, Die Anwendbarkeit des Paragraphen 278 BGB im Rahmen von Obliegenheiten und des Paragraphen 61 VVG (Diss Köln 1972); Staudinger/Weber[11] Einl z § 241 mit ausf Nw z älteren Lit; Trölsch, Die Obliegenheiten in der Seeversicherung (Diss Hamburg 1997); Wegmann, Obliegenheiten in der privaten Krankenversicherung (Diss Hamburg 1997); Wessels, Summierung von Leistungsfreiheitsbeträgen bei Verletzung von vor und nach Eintritt des Versicherungsfalles zu erfüllenden Obliegenheiten in der Kraftfahrversicherung, NVersZ 2000, 262 ff; Wieling, Venire contra factum proprium und Verschulden gegen sich selbst, AcP 176 (1976) 334, 345 ff; Witt, Aktive Wahrnehmung der Interessen des anderen Teils als Schuldnerpflicht, NJW 2012, 3130.

Vorbem III C 3 b; OERTMANN Vorbem 3 d [7] mwNw). Bsp für Obliegenheiten finden sich in vielen gesetzlichen Vorschriften. Hierunter fallen etwa: **Anzeigen** des Versicherungsnehmers nach §§ 19 ff VVG; **Anzeige** bei verspäteter Annahme gem § 149 BGB; **Schadensfernhaltung** gem § 254 Abs 1 BGB; **Schadensabwendung** oder **-minderung** gem § 254 Abs 2 BGB (z § 254 ausf STAUDINGER/SCHIEMANN [2017] § 254 Rn 45 ff; SOERGEL/ MERTENS § 254 Rn 4; LOOSCHELDERS, Mitverantwortlichkeit 216 ff); **Annahme** der Leistung durch den Gläubiger gem §§ 293 ff BGB (OMLOR in MÜLBERT, Bankrechtstag 2017, 41, 73); **Antwort** eines Kaufmanns gem § 362 HGB; **Aufnahme** einer angemessenen Erwerbstätigkeit des Unterhaltsberechtigten nach der Scheidung gem § 1574 BGB; **Inventarerrichtung** durch die Erben gem §§ 1993 ff BGB; **Mitteilungen**, Aufklärung und Erklärungen, die nicht als solche eingeklagt werden können; gehörige **Mitwirkung** des Gläubigers bei der Erfüllung; **Untersuchung** und **Rüge** gem § 377 HGB (vgl dazu BVerwG NVwZ-RR 1990, 661; weitere Bspl bei LOOSCHELDERS, Mitverantwortlichkeit 217 ff) usw.

Im Gegensatz zum **Versicherungsvertragsrecht** (bspw §§ 28, 58, 82 VVG; vgl LOOSCHELDERS, Mitverantwortlichkeit 217 ff) ist dem BGB der Begriff der Obliegenheit an sich fremd. Dem entspricht, dass sein Hauptanwendungsbereich im Versicherungsrecht liegt (s auch R SCHMIDT, Die Obliegenheiten 198 ff sowie WANDT, Versicherungsrecht [6. Aufl 2016] Rn 555 ff; z Abgrenzung v „versicherten Risiko" BGH NJW 1995, 784 f). Dort normiert zB § 28 VVG die Verletzung von Obliegenheiten in Form von Anzeigen, Mitteilungen und Auskünften (vgl z § 6 VVG aF, der dem heutigen § 28 VVG entspricht: BGHZ 1, 168; 24, 382; BGH VersR 1959, 233; ESSER/SCHMIDT, Schuldrecht I § 6 VI 3; LOOSCHELDERS, Mitverantwortlichkeit 198 f). Der Begriff der Obliegenheit fand jedoch zunehmend auch seinen Platz in der allgemeinen Rechtslehre, insbes aufgrund der Ausführungen von R SCHMIDT (Die Obliegenheiten), sodass man sie heute als Bestandteil des gesamten bürgerlichrechtlichen Rechtssystem ansehen kann, wenngleich der Nutzen der Begriffsbildung auch bezweifelt wird (GERNHUBER, Schuldverhältnis § 2 III 1 Fn 29; STAUDINGER/J SCHMIDT [1995] Einl 286 zu §§ 241 ff). **121**

Um die verbindlichen und unverbindlichen Rechtsbeziehungen der genannten Art, also Verpflichtungen und Obliegenheiten, unterscheiden zu können, ist als Vorfrage zu klären, ob Obliegenheiten nur im Rahmen bestehender **Schuldverhältnisse** denkbar sind. Denn dann wären sowohl die **Gefälligkeiten** (s oben Rn 71 ff) als auch die **deliktischen Haftungsregeln** von dem Abgrenzungsproblem nicht betroffen (für das Erfordernis eines Schuldverhältnisses SOERGEL/TEICHMANN Vor § 241 Rn 7; SOERGEL/R SCHMIDT[10] Vor § 241 Rn 8 mwNw; ESSER/SCHMIDT, Schuldrecht I § 6 VI 2; HENSS, Obliegenheit 106 f; DUNZ, „Eigenes Mitverschulden" und Selbstwiderspruch, NJW 1986, 2234, 2235; wNw LOOSCHELDERS, Mitverantwortlichkeit 197). Die Befürworter dieser Betrachtungsweise verweisen einerseits auf die Nähe der Obliegenheit zu den **vertraglichen Nebenpflichten** (HENSS, Obliegenheit 108 ff), andererseits auf die **Funktion der Obliegenheiten**, Risikosphären zwischen konkret Betroffenen gegeneinander abzugrenzen (ESSER/SCHMIDT, Schuldrecht I § 6 VI 3). Dafür spricht auch, dass die eingangs genannten (gesetzlich normierten) Obliegenheiten sämtlich im Rahmen einer schuldrechtlichen Sonderverbindung bestehen (LOOSCHELDERS, Mitverantwortlichkeit 197). Dennoch erscheint der Verzicht auf dieses Erfordernis deshalb überzeugend, weil die Funktionen von Pflichten und Obliegenheiten innerhalb und außerhalb von Schuldverhältnissen gleich sind. Sonderverbindungen begründen eine latente Verpflichtung, die Rechtsgüter eines anderen nicht zu gefährden. Obliegenheiten verlangen vom Betroffenen in beiden **122**

§ 241
Abschnitt 1 · Inhalt der Schuldverhältnisse

Fällen in gleicher Weise, seine Rechtsgüter zu schützen, wenn er keine Nachteile erleiden will. Dieser **Funktionsgleichheit** widerspräche die Anforderung, Obliegenheiten nur in bestehenden Schuldverhältnissen anzuerkennen (LOOSCHELDERS, Mitverantwortlichkeit 222).

123 Bei allen Zweifelsfragen unterscheiden sich Obliegenheiten und schuldrechtliche Verpflichtungen dadurch, dass die **Erfüllung** von Obliegenheiten **nicht gerichtlich erzwingbar** ist. Folglich zählen Obliegenheiten auch im Rahmen bestehender Verträge nicht zum Leistungsinhalt (FIKENTSCHER/HEINEMANN, Schuldrecht Rn 70). Während die Verletzung einer schuldrechtlichen Verpflichtung dem Betreffenden einen Ausgleichsanspruch gewährt, entsteht ein solcher bei Verletzung einer Obliegenheit nicht, sondern der Verletzer **mindert** nur **seine eigenen Rechte**, verliert also letztlich eine günstige Rechtsposition (ESSER/SCHMIDT, Schuldrecht I § 6 VI 2 [113] zahlreiche Nw bei LOOSCHELDERS, Mitverantwortlichkeit 195, 229; zB kann dies Auswirkungen auf Verjährungsfristen haben, vgl BGH NJW 2008, 145, 146 Rn 17 [Obliegenheit des Unternehmers zur Organisation bei arbeitsteiliger Werkherstellung]). Während über diese Gemeinsamkeiten bzw Unterschiede Einigkeit besteht, ist im Übrigen ungeklärt, anhand welcher Merkmale eine Obliegenheit bestimmt werden kann (vgl auch die Darstellung von WEYERS, Vertragsschuldverhältnisse [1974] 459 ff) und wie sie sich von schuldrechtlichen Verpflichtungen abgrenzen lässt.

2. Rechtsnatur der Obliegenheit

124 Im Bezug auf die **Rechtsnatur** der Obliegenheit gibt es eine erhebliche Meinungsvielfalt. Die sog „**Verbindlichkeitstheorie**" hat versucht, die Unterscheidung unter dem Aspekt des **Zwanges**, den eine Rechtsnorm setzt, vorzunehmen. Sie differenziert zwischen Rechtspflichten mit unmittelbarem Zwang und Rechtspflichten ohne unmittelbaren Zwang. Nur wenn eine Rechtsnorm unmittelbaren Zwang erzeuge, liege eine Verbindlichkeit vor (Nw bei STAUDINGER/WEBER[11] Einl M 13 zu §§ 241 ff).

125 Die Vertreter der „**Voraussetzungs- bzw Bedingungstheorie**" sehen in der Beachtung der Obliegenheit die tatbestandliche Voraussetzung zur **Entstehung** oder **Erhaltung** eines **Gläubigerrechts** (Literaturnachw bei STAUDINGER/WEBER[11] Einl M 12 zu §§ 241 ff; ESSER/SCHMIDT, Schuldrecht I [5. Aufl 1976] § 32). Im Grunde liegt darin das Verständnis der Obliegenheit als **Tatbestandsvoraussetzung** für den Anspruch des Gläubigers, sei sie positiver oder negativer Natur (vgl iE LOOSCHELDERS, Mitverantwortlichkeit 229 ff).

126 Eine **vermittelnde Theorie** (MünchKomm/ERNST Einl SchuldR Rn 14 ff; R SCHMIDT, Die Obliegenheiten 104) fasst die Obliegenheiten als **Pflichten** im Rahmen eines Schuldverhältnisses auf, allerdings als solche „**minderer Zwangsintensität**" oder „geringerer Intensität" (vgl LOOSCHELDERS, Mitverantwortlichkeit 194 ff, 224 ff mwNw). Das Problem liegt allerdings in einem unterschiedlichen Verständnis des Pflichtenbegriffs, der in gleicher Weise der Deutung zugänglich ist wie derjenige der Obliegenheit (LOOSCHELDERS, Mitverantwortlichkeit 229 ff).

127 Einer Entscheidung dieses Meinungsspektrums bedarf es insofern nicht, als alle Ansichten zu dem bereits eingangs geschilderten Schluss gelangen, dass jedenfalls die **Durchsetzung** von Obliegenheiten gegen den Willen des Verletzers ausgeschlossen ist (FIKENTSCHER/HEINEMANN, Schuldrecht Rn 67 f). Übereinstimmung besteht ferner

dahingehend, dass die einer Obliegenheit ausgesetzte Partei eine **Verschlechterung** ihrer Rechtsposition in Kauf nimmt, wenn sie ihrer Obliegenheit nicht Rechnung trägt (MünchKomm/Ernst Einl SchuldR Rn 14).

3. Abgrenzung der Obliegenheit von der Verbindlichkeit

Da bereits die Rechtsnatur der Obliegenheit unklar ist, kann es auch kaum Sicherheit in Bezug auf ihre **Abgrenzung zur Verbindlichkeit** geben; ein Problem, das im engen Zusammenhang mit der Rechtsnatur steht. Teilw knüpft man an die **Strukturmerkmale** von Rechtssätzen an (dazu Staudinger/J Schmidt [1995] Einl 270 ff z §§ 241 ff) und fragt deshalb nach den **äußerlichen Merkmalen**, die die Rechtssätze kennzeichnen, aus denen sich Verbindlichkeiten und Obliegenheiten ergeben. Da die entsprechenden Kriterien aber oft keine Sicherheit in der Entscheidung gewährleisten, werden auch die **Beweggründe** des Einzelnen herangezogen, die ihn dazu bestimmen, eine Verhaltensvorgabe zu erfüllen. Dies ist besonders für die Bestimmung der Obliegenheit von Bedeutung, weil ihre Befolgung im eigenen Interesse liegt, der Betroffene also nicht handelt, weil er **soll** oder **muss**, sondern weil er **will** (vgl Palandt/ Grüneberg Einl v § 241 Rn 13; MünchKomm/Ernst Einl SchuldR Rn 14; Soergel/R Schmidt[10] Vor § 241 Rn 8).

128

Die **äußere Anknüpfung** sieht in der Verbindung von **Vorteil** und **Nachteil** (vgl Enneccerus/Lehmann, Schuldrecht § 3 II; Soergel/Teichmann Vor § 241 Rn 7) ein Indiz für eine Obliegenheit. Als Abgrenzungsmerkmal überzeugt dieses Kriterium aber deshalb nicht, weil es auch für synallagmatische Verträge kennzeichnend ist. Auch der Hinweis auf **fehlende Erfüllungsansprüche** und/oder **Klage-** und **Vollstreckungsmöglichkeiten** reicht nicht aus. Beides kennzeichnet zwar die Obliegenheit, wie eingangs erwähnt (so bspw Soergel/R Schmidt[10] Vor § 241 Rn 8; Soergel/Teichmann Vor § 241 Rn 7; MünchKomm/Ernst Einl SchuldR Rn 14; vgl auch Looschelders, Mitverantwortlichkeit 298 f), lässt aber keine abschließende Unterscheidung zu den sog „**Naturalobligationen**" zu (dazu Fikentscher/Heinemann, Schuldrecht Rn 68 f; s auch Manigk, HdwRWiss V 378 f; ferner Einl 244 zum SchuldR). Denn auch die Naturalobligationen, worunter alle **unvollkommenen Verbindlichkeiten** fallen, brauchen vom Schuldner nicht erfüllt zu werden und geben dem Gläubiger deshalb nur ein **Recht zum Behaltendürfen**, das ihn gegen die Kondiktion absichert (Gernhuber, Schuldverhältnis § 4 V 2; Looschelders, Mitverantwortlichkeit 196). Ebenso schafft eine Abgrenzungsmethode, die allein auf die gerichtliche Erzwingbarkeit abstellt, einen schwierigen Grenzbereich zu den **vertraglichen Pflichten** iSd Abs 2 (so Staudinger/J Schmidt [1995] Einl 273 zu §§ 241 ff mit Hinweis auf vTuhr, AT I 1, § 4 III), die uU ebenfalls nicht einklagbar sind (Hk-BGB/Schulze Rn 4). Schließlich sehen manche deshalb das Fehlen von **Schadensersatzansprüchen** bei Nichtvornahme der normierten Handlung oder Unterlassung als Indiz für eine Obliegenheit an (Soergel/Teichmann Vor § 241 Rn 7 sowie Nw bei Soergel/R Schmidt[10] Vor § 241 Rn 8; vTuhr, AT I 1, § 4 III; Looschelders, Mitverantwortlichkeit 228). Allerdings löst auch diese Ansicht deshalb nicht alle Probleme, weil ein Verhalten, das als Verstoß gegen eine Obliegenheit zu werten ist, nicht selten bei annähernd gleichem Tatbestand einen Verstoß gegen eine Verpflichtung darstellt und dann auch zum Schadensersatz führt (vgl Esser/Schmidt, Schuldrecht I § 28 5).

129

Überzeugender erscheint es deshalb, die Grenzlinie zwischen Verbindlichkeit und Obliegenheit unter Berücksichtigung von **Sinn und Zweck** des jeweiligen Verhaltens

130

zu ziehen (LOOSCHELDERS, Mitverantwortlichkeit 229). Denn Rechtssätze, die eine Obliegenheit enthalten, berücksichtigen entweder die Interessen des Belasteten („**Pflichten im eigenen Interesse [des Belasteten]**"; vgl ESSER/SCHMIDT, Schuldrecht I § 28 5 c; LARENZ, Schuldrecht I § 12 II d; FIKENTSCHER/HEINEMANN, Schuldrecht Rn 70; ENNECCERUS/NIPPERDEY, BGB AT § 74 IV) oder die beider Parteien. Ihr Ziel ist ein **„gerechter" Interessenausgleich** (ENNECCERUS/LEHMANN, Schuldrecht § 3 II; ESSER/SCHMIDT, Schuldrecht I § 6 VI 2; LOOSCHELDERS, Mitverantwortlichkeit 196). Dies zeigt zB § 254 BGB, wonach Schadensersatz nur in dem Umfang zu leisten ist, wie der Geschädigte nicht selbst an der Schadensentstehung mitgewirkt bzw dessen Anzeige, Abwendung oder Minderung unterlassen hat.

4. Zusammenfassung

131 Damit lässt sich zusammenfassend feststellen, dass sich Verbindlichkeiten und Obliegenheiten unterscheiden, indem letztere dem Adressaten **keine Erfüllungspflicht** auferlegen, ihm aber aus der Nichtbeachtung der Anordnung ein **rechtlicher Nachteil** erwächst. Die Erfüllung einer Obliegenheit kann deshalb **nicht gerichtlich erzwungen** werden und sie muss es auch nicht. Denn dem Interesse des anderen Beteiligten ist dadurch genügt, dass eine Nichtbeachtung der Obliegenheit den Verletzer **selbst schädigt**, während die andere „Partei" für die Vergrößerung des Schadens nicht aufzukommen hat. Abgesehen von diesem Erkenntnisgewinn sind jedoch mit der Differenzierung wenig praktische Vorteile verbunden (krit gegenüber dem Begriff der Obliegenheit deshalb auch GERNHUBER, Schuldverhältnis § 2 III 1 z Fn 29; ebenso STAUDINGER/ J SCHMIDT [1995] Einl 286 zu §§ 241 ff).

132 Die Abgrenzung hätte allerdings dann praktischen Nutzen, wenn man dadurch die gesetzlich nicht geregelte Frage entscheiden könnte, ob auf die Obliegenheit als Teil eines Schuldverhältnisses iwS die Anwendung der **allgemeinen schuldrechtlichen Regeln**, zB auch des § 276 BGB, in Betracht kommt. Dabei scheidet die **direkte Anwendbarkeit** wegen des unterschiedlichen Rechtscharakters jedoch von vornherein aus (ENNECCERUS/LEHMANN, Schuldrecht § 3 II 2). Die **analoge Anwendung** bedürfte einer Regelunglücke sowie der Vergleichbarkeit der Interessenlagen (LARENZ, Methodenlehre Kap 3, 2 b [381 ff]). Gerade die letztgenannte Voraussetzung ist aber deshalb problematisch, weil Obliegenheiten bei allen Begründungsunterschieden jedenfalls nicht gerichtlich durchsetzbar sind. Auf der anderen Seite verweist das Gesetz selbst in § 254 Abs 2 S 2 BGB auf § 278 BGB, der die Brücke zu § 276 BGB schlägt (z dessen Anwendbarkeit auf Obliegenheiten STAUDINGER/CASPERS [2014] § 278 Rn 45 ff) und deshalb bei einem Verstoß gegen Obliegenheiten heranzuziehen ist (STAUDINGER/ CASPERS [2014] § 276 Rn 8). Deshalb kann man die Frage der analogen Anwendbarkeit nicht allgemein, sondern nur im Einzelfall unter Berücksichtigung von Sinn und Zweck der einschlägigen Norm beantworten. Besonderheiten bestehen im **Versicherungsvertragsrecht**, wo viele gegen die Anwendbarkeit des § 278 BGB votieren (ausf LOOSCHELDERS, Die Haftung des Versicherungsnehmers für seinen Repräsentanten – eine gelungene Rechtsfortbildung?, VersR 1999, 666; ders, in: BECKMANN/MATUSCHE-BECKMANN, Versicherungsrechts-Handbuch [2015] § 17 Rn 23 ff).

Titel 1
Verpflichtung zur Leistung § 241

H. Leistung

I. Der Leistungsbegriff

1. Allgemeines

Gem Abs 1 S 2 kann die vom Gläubiger zu fordernde Leistung „auch in einem **133** Unterlassen bestehen". Diese Formulierung verdeutlicht im Gegenschluss, dass Leistungsinhalt grds eine **Handlung** ist (Mot II 5 = MUGDAN II 3; Vorlagen der Redaktoren 2 ff). Darauf ist Abs 1 jedoch nicht beschränkt, sondern erfasst **jedes Verhalten** des Schuldners, zB auch eine **Duldung**, also die Unterlassung eines Widerspruchs oder eines Handelns gegen das Tun einer anderen Person, selbst wenn deren Verhalten in eigene Rechte eingreift (BGB-RGRK/ALFF Rn 9). Weitere Möglichkeiten für eine tatbestandsmäßige Leistung bestehen zB in der **Einwilligung**, der **Nichtausübung eines Rechts** oder der **Abgabe einer Willenserklärung**, in der **Besorgung eines Geschäfts** oder der **Versorgung eines Kindes** (unstr; vgl schon die Aufzählung in Mot II 5 = MUGDAN II 3; PLANCK/SIBER Anm 2u 3; STAUDINGER/WEBER[11] Rn 21 ff; FIKENTSCHER/HEINEMANN, Schuldrecht Rn 33 f; ausf schon OERTMANN Anm 1a, 2). Materiell-rechtlich kommt es deshalb auch nicht auf eine Abgrenzung der einzelnen Verhaltensformen gegeneinander an. Entscheidend ist vielmehr, dass Abs 1 als Leistungsinhalt ganz allgemein ein **Verhalten des Schuldners** vorsieht. Dadurch wird gleichzeitig ein **ius ad rem**, also ein auf die Sache, dh den Leistungsgegenstand bezogenes Recht, ausgeschlossen (SCHUBERT, Vorlagen der Redaktoren, Recht der Schuldverhältnisse: Teil 1, 5; näher OERTMANN Vorbem 3a; s auch oben Rn 19 ff). Die Differenzierung zwischen den verschiedenen Verhaltensformen auf Schuldnerseite spielt im **Prozessrecht**, uz im Zusammenhang mit der **Klageerhebung**, insbes den §§ 253, 259 ZPO, und der **Vollstreckung** eine entscheidende Rolle. Da solche Probleme jedoch nicht im Zusammenhang mit Abs 1 stehen, ist insoweit auf die prozessrechtliche Lit zu verweisen (ebenso KÖHLER AcP 190 [1990] 496, 499 f; z prozessrechtlichen Problematik vgl ua BAUMBACH/LAUTERBACH/ALBERS/HARTMANN ZPO § 253 Rn 89 ff; MünchKommZPO/BECKER-EBERHARD § 253 Rn 133 ff; STEIN/JONAS/ROTH, Kommentar zur ZPO [22. Aufl 2002] Vor § 253 Rn 6 ff; WIECZOREK/SCHÜTZE/ASSMANN § 253 Rn 109 ff).

Der Begriff der „Leistung" in § 241 Abs 1 BGB ist **kein Tatbestandsmerkmal** des **134** Schuldverhältnisses. Dessen Wirksamkeit hängt also nicht davon ab, ob eine Leistung als Verhalten des Schuldners vorliegt oder nicht. Diese Frage stellt sich ohnehin nur bei **rechtsgeschäftlichen Schuldverhältnissen** (z Abgrenzung v gesetzlichen u rechtsgeschäftlichen Schuldverhältnissen vgl Rn 46 ff), da **gesetzliche Schuldverhältnisse** ohne entsprechende Willensentscheidung durch Erfüllung des entsprechenden Tatbestandes begründet werden (s oben Rn 61). Wenn der rechtsgeschäftliche Begründungstatbestand das geschuldete Verhalten des Schuldners nicht erkennen lässt, muss seine Verpflichtung durch Auslegung ermittelt werden. Fraglich ist also in solchen Fällen nicht, **ob** ein Schuldverhältnis entstanden ist, sondern welchen **Inhalt** es hat. Das Problem liegt regelmäßig in dessen **Bestimmtheit** oder jedenfalls **Bestimmbarkeit** (zu dieser vgl FIKENTSCHER/HEINEMANN, Schuldrecht Rn 45; die Bestimmbarkeit ist unumstritten notwendig, vgl BGH NJW-RR 1990, 270, 271; NJW 2006, 1971, 1972), da man von den Parteien keine juristisch eindeutig gefasste Bezeichnung des Leistungsinhalts erwarten kann. Wer zB vertraglich zusagt, dass der Goldpreis nicht fallen werde, der schuldet nicht den gleichbleibenden Goldpreis, sondern die Leistung von Schadensersatz, falls das Gegenteil eintreten sollte (vgl ENNECCERUS/LEHMANN, Schuldrecht § 34 V; OERTMANN, in:

FS Zitelmann [1913] 4 ff; STAUDINGER/WEBER[11] Rn 33). Die Zusage, dass der vorbestrafte Betrüger im Falle einer Einstellung als Kassierer keine Unterschlagung begehen wird, bedeutet nicht die Zusage des Verhaltens eines Dritten, sondern möglicherweise die Einwirkung auf dessen Lebensführung; im Falle einer dennoch erfolgten Unterschlagung ist wiederum Schadensersatz zu leisten (vgl RG JW 1914, 486; OERTMANN, in: FS Zitelmann [1913] 4 ff; STAUDINGER/WEBER[11] Rn 30 f; Bsp bei STAUDINGER/J SCHMIDT[12] Rn 58).

2. Ambivalenz des Leistungsbegriffs

135 Nach Herausbildung eines Leistungsbegriffs für Abs 1 bleibt die Frage offen, ob darüber hinaus ein **einheitlicher Leistungsbegriff** für das gesamte 2. Buch existiert. Die Antwort muss berücksichtigen, dass das Schuldverhältnis sowohl **verhaltens-** als auch **erfolgsbezogen** sein kann. Der Leistungsbegriff ist demzufolge mindestens „**ambivalent**" (MünchKomm/KRAMER [5. Aufl 2007] Rn 7) oder „**doppeldeutig**" (WIEACKER, Leistungshandlung und Leistungserfolg im bürgerlichen Schuldrecht, in: FS Nipperdey [1965] 783). Die §§ 241, 320 ff, 293 ff BGB weisen eher auf ein **Schuldnerverhalten** hin; § 362 Abs 1 BGB stellt hingegen nach seinem Wortlaut auf den **Leistungserfolg** ab. Man muss sich allerdings vor Augen halten, dass solche Differenzierungen historisch aus dem Versuch resultieren, eine „Schuldverhältnisstruktur" zu erklären – eine Diskussion, die zum späten Gemeinen Recht geführt wurde (dazu ausf STAUDINGER/J SCHMIDT[12] Rn 73; PLANCK/SIBER Vorbem III A; vgl ferner SCHUBERT, Vorlagen der Redaktoren, Recht der Schuldverhältnisse: Teil 1, 5 ff). Sie bleibt für die Rechtspraxis jedenfalls so lange irrelevant, wie Leistungshandlung und Leistungserfolg zusammenfallen, also bei allen nicht erfolgsbestimmten Betätigungs- und Unterlassungspflichten. In den übrigen Fällen kann eine Auslegung des Leistungsbegriffs nur im Einzelfall und auf den anzuwendenden Rechtssatz beschränkt vorgenommen werden (vgl nur die Fälle BGHZ 87, 156, 162; 40, 326, 331 = NJW 1964, 648, 649 f; 12, 267, 268 f = NJW 1954, 794; BGH NJW 1996, 1207). Der Begriff „Leistung" bezeichnet also **keinen einheitlichen Tatbestand**, sondern steht für ganz verschiedene Sachverhalte (aA HENKE, Die Leistung [1991] 20, 26, 84; vgl ferner STAUDINGER/J SCHMIDT[12] Rn 75 ff u den Überblick bei MünchKomm/KRAMER [5. Aufl 2007] Rn 7). Von diesen Auslegungsbemühungen ist allerdings die praxisrelevante Frage zu trennen, worin der konkrete Inhalt der rechtsgeschäftlichen Verpflichtung des Schuldners besteht, ob er also eine bloße Tätigkeit oder einen Erfolg schuldet (so die Differenzierung zwischen Dienst- und Werkvertrag; STAUDINGER/RICHARDI [1999] Vorbem 25 ff zu §§ 611 ff).

3. Die Unterlassung

136 Im Zusammenhang mit dem Leistungsbegriff des Abs 1 stellt sich schließlich die Frage nach der Definition der dem Tun gleichgestellten **Unterlassung**. Im Hinblick auf die darauf gerichteten Ansprüche sind folgende Unterscheidungen zu treffen (ebenso ERMAN/WESTERMANN Rn 6 ff; MünchKomm/BACHMANN Rn 19 ff; PALANDT/GRÜNEBERG Rn 4; SOERGEL/TEICHMANN Rn 5): Zum einen kann man für bestimmte Schutzgüter **negatorische** und **quasinegatorische Unterlassungsansprüche** voneinander abgrenzen, die teils im Gesetz geregelt, teils durch Analogie etwa zu den §§ 823, 1004 BGB zum Schutz anderer subjektiver Rechte entwickelt worden sind (ERMAN/WILHELMI Vor § 823 Rn 20 ff; STAUDINGER/HAGER [1999] Vorbem 63 ff zu §§ 823 ff), vgl §§ 12, 1004 BGB. Es handelt sich dabei um eine nicht rechtsgeschäftliche, präventive Ergänzung des

repressiven **Schutzes** (insbes) **absoluter Rechte**, vor allem des **allgemeinen Persönlichkeitsrechts** (dazu auch MünchKomm/BACHMANN Rn 25). Zum anderen sind die **unselbstständigen** oder **sekundären Unterlassungsansprüche** zu nennen, die in einem Schuldverhältnis **neben** der Verpflichtung zur Leistung bestehen, also die Verpflichtung begründen, ein der Leistungserbringung entgegenstehendes oder abträgliches Verhalten zu unterlassen (dazu Rn 149 sowie MünchKomm/BACHMANN Rn 23). Schließlich gibt es „**reine**", „**selbstständige**" oder „**primäre**" **Unterlassungsansprüche**, die – idR durch Rechtsgeschäft begründet – den Schuldner zu einem **Unterlassen als primären Leistungsinhalt** verpflichten (ausf LEHMANN, Unterlassungspflicht; KÖHLER AcP 190 [1990] 496; HENCKEL AcP 174 [1974] 97, 120; ferner ERMAN/WESTERMANN Rn 6; BeckOK-BGB/SUTSCHET [1. 5. 2019] Rn 35; vgl auch KÖHLER, Zur Geltendmachung und Verjährung von Unterlassungsansprüchen, JZ 2005, 489 ff).

Von den genannten Anspruchsgruppen ist im Rahmen des Abs 1 nur die letzte **137** relevant, zB wenn jemand die vertragliche Pflicht übernimmt, sein **Grundstück nicht zu veräußern**, nachdem er einen Makler beauftragt hat (vgl § 137 S 2 BGB sowie den Fall bei RG Gruchot 49, 619, 626), oder **bei einer Auktion nicht mitzubieten** (dazu OTTO, Ist ein strafrechtlicher Schutz öffentlicher Versteigerungen, insbesondere der Zwangsversteigerung, gegen das Abhalten vom Bieten erforderlich?, Rpfleger 1979, 41, 47), **Listenpreise nicht zu unterbieten** (RGZ 133, 51, 62), eine bestimmte **Bebauungshöhe nicht zu überschreiten** (BGH NJW 1975, 344) oder sich als **Erfinder** gegenüber dem Patentinhaber **bestimmter Aktivitäten zu enthalten** (BGHZ 26, 7, 9 = NJW 1958, 137; Bsp bei KÖHLER AcP 190 [1990] 496, 498). In all diesen Fällen schränkt der Versprechende seine Rechtssphäre aus freien Stücken ein und verschafft dem Gläubiger dadurch einen Rechtszuwachs, der über das hinausgeht, was dieser ohne Vertrag hätte verlangen können (HENCKEL AcP 174 [1974] 97, 124). Die Unterlassung ist also als eine Verpflichtung des Schuldners anzusehen, etwas Bestimmtes nicht zu tun, wozu er an sich berechtigt wäre (Hk-BGB/SCHULZE Rn 10 f).

Unterlassungsansprüche weisen eine „strukturbedingte Durchsetzungsschwäche" **138** (MünchKomm/KRAMER [5. Aufl 2007] Rn 9; ähnl HKK/DORN Rn 87) auf. Sie sind letztlich nicht gegen den Schuldnerwillen erzwingbar. Es kommen lediglich **repressive Vollstreckungsmaßnahmen** in Betracht, vgl § 890 ZPO, die für sich genommen jedoch nur als **Reaktion** auf entsprechende Verstöße bzw als **Drohmittel** angesehen werden können (instruktiv MÜLLER-LAUBE, in: FS Rolland [1999] 260, 261 f). Dementsprechend stellt sich auch die **Klage auf Unterlassung** stets als eine Klage auf künftige Leistung dar, da der Unterlassungsanspruch, soweit er sich auf Unterlassungen aus der Vergangenheit oder der Gegenwart bezieht, entweder bereits erfüllt ist oder jedenfalls rückwirkend nicht mehr erfüllt werden kann. Deshalb müssen die Voraussetzungen des § 259 ZPO gegeben sein, dessen Anwendbarkeit auf Unterlassungsansprüche allerdings bestritten wird (MünchKomm/BACHMANN Rn 22; ROSENBERG/SCHWAB/GOTTWALD, Zivilprozessrecht [17. Aufl 2010] § 92 II 2; ZEUNER, Gedanken zur Unterlassungs- und negativen Feststellungsklage, in: FS Dölle [1963] Bd 1, 311; MÜLLER-LAUBE, in: FS Rolland [1999] 261, 262 f mwNw; vgl im Übrigen die Lit z den §§ 253, 259 ZPO).

Der Anspruch auf Unterlassen wird iSd § 362 Abs 1 BGB bewirkt, indem der **139** Schuldner während der vorgesehenen Dauer dem Unterlassungsgebot nachkommt. Eines Leistungswillens oder einer Leistungsfähigkeit bedarf es dazu nicht (**aA** ESSER/SCHMIDT, Schuldrecht I § 6 I 4; BEUTHIEN, Zweckerreichung und Zweckstörung 295 f; GERNHUBER,

Die Erfüllung und ihre Surrogate § 5 VI 2; näher z erfüllungsrechtlichen Problematik von Unterlassungspflichten MünchKomm/FETZER § 362 Rn 26; STAUDINGER/OLZEN [2011] Vorbem 10, 14, 16 zu § 362; HENCKEL AcP 174 [1974] 97, 122 ff; KÖHLER AcP 190 [1990] 496, 502 f). Aufgrund der dargestellten Durchsetzungsschwäche des Unterlassungsanspruchs (s oben Rn 138) bietet es sich an, eine **Vertragsstrafe** zu vereinbaren, eine Möglichkeit, die § 339 S 2 BGB ausdrücklich vorsieht. Bei wettbewerbsrechtlichen Unterlassungsverträgen ist sie üblich (dazu MÜLLER-LAUBE, in: FS Rolland [1999] 261).

140 Im **Leistungsstörungsrecht** ergeben sich für Unterlassungspflichten einige Besonderheiten. Zwar gelten die Leistungsstörungsregeln des BGB für alle Forderungen (s nur KÖHLER AcP 190 [1990] 497, 515). Jedoch gehen diese grds von positiven Leistungsverpflichtungen aus (RGZ 70, 439, 440 f). Demgegenüber sind Unterlassungspflichten häufiger (absolute) Fixschulden, da oft schon die einmalige Zuwiderhandlung die Erfüllung verhindert (sog „Einmalunterlassung"; zB die Verpflichtung, bei einer Auktion nicht mitzubieten). Doch auch bei sog „Dauerunterlassungen", also Unterlassungspflichten, die auf einen gewissen Zeitraum angelegt sind, kann je nach dem Gläubigerinteresse bereits durch eine Zuwiderhandlung **Unmöglichkeit** eintreten. Aus diesem Grunde wurde mitunter ein **Verzug** bei Unterlassungspflichten generell abgelehnt (WENDT AcP 92 [1902] 1 ff; ROGOWSKI AcP 104 [1909] 303 ff; bejahend hingegen LEHMANN, Unterlassungspflicht 263 ff; OERTMANN Anm 2a β; STAUDINGER/J SCHMIDT[12] Rn 93 mwNw; z Frage der Zweckerreichung bei Unterlassungspflichten vgl BEUTHIEN, Zweckerreichung und Zweckstörung 45, 259 ff sowie HENCKEL AcP 174 [1974] 97, 124 [Anwendung des § 320 BGB]; STAUDINGER/FELDMANN/LÖWISCH [2014] Vorbem 21 f zu §§ 286–292; GERNHUBER, Die Erfüllung und ihre Surrogate 124 [Anwendung von § 323 aF]; KÖHLER AcP 190 [1990] 519 ff [Anwendung der Regeln über den Wegfall der Geschäftsgrundlage]). Insoweit kann auf die Speziallitteratur zum Leistungsstörungsrecht verwiesen werden.

II. Die Einteilung der Leistungspflichten

1. Allgemeines

141 Die „**Leistungen**" iSd Norm unterscheiden sich nicht nur dadurch, dass sie entweder ein Tun oder Unterlassen zum Gegenstand haben, sondern auch im Hinblick auf die **Pflichten**, die ihnen zugrunde liegen und die der Durchführung des Schuldverhältnisses dienen. Grenzt man deren unterschiedliche Arten voneinander ab, so gelangt man je nach verwendeten Abgrenzungsmerkmalen zu einer Vielzahl unterschiedlicher Bezeichnungen.

2. Terminologie

a) Primär- und Sekundärpflichten

142 Eine Gliederungsmöglichkeit stellt die Unterscheidung zwischen **Primär-** und **Sekundärpflichten** dar (so zB LARENZ, Schuldrecht I § 2 I; LOOSCHELDERS, Schuldrecht AT Rn 15). Die Erstgenannten sollen sich dabei zumeist **direkt** aus dem Vertrag ergeben; auf ihre Erfüllung ziele das Schuldverhältnis ab. Die **Sekundärpflichten** seien dagegen Folge der **Verletzung einer Primärpflicht** (GERNHUBER, Schuldverhältnis § 2 III 5; MEDICUS/PETERSEN, BR Rn 205) und träten an die Stelle der ursprünglichen Pflichten (zB Schadensersatz statt der Leistung, §§ 280 Abs 1, 3, 281, 282 oder 283 BGB; HADDING, in: FS Konzen [2006] 193, 199, 204 teilt diese Unterscheidung der Pflichten, weist aber darauf hin, dass

Titel 1
Verpflichtung zur Leistung § 241

sie nur die zeitliche Folge der Pflichtenentstehung kennzeichne). UU sollen sie dem Gläubiger der Leistung aber auch zusätzlich zustehen (zB Anspruch auf Ersatz des Verzögerungsschadens, §§ 280 Abs 2, 286 BGB). Zu den Sekundärpflichten zählt diese Ansicht auch die **Abwicklungspflichten** bei **Dauerschuldverhältnissen** und solche nach **vollzogenem Rücktritt** (LOOSCHELDERS, Schuldrecht AT Rn 15; ausf LARENZ, Schuldrecht I § 2 VI, § 26 I b; z Dauerschuldverhältnissen s unten Rn 358 ff).

Allerdings spricht gegen diese Einteilung, dass etwa bei **gesetzlichen Schuldverhältnissen**, wie zB bei § 823 BGB, die Schadensersatzpflicht regelmäßig Primärpflicht ist (hierzu LARENZ, Schuldrecht I § 2 I; z Abgrenzung von Primär- u Sekundärpflichten bei Personengesellschaften vgl ausf MEDICUS/PETERSEN, BR Rn 210 ff). Auch wird so keine klare Abgrenzung zu den Pflichten des Abs 2 geschaffen und zu Unrecht nahe gelegt, dass diese Pflichten nur relevant würden, wenn der Geschädigte Schadensersatz verlange (vgl ENNECCERUS/LEHMANN, Schuldrecht § 4 II 2; LARENZ, Schuldrecht I § 2 I; z Kritik SOERGEL/TEICHMANN § 242 Rn 173). Dabei bestehen diese Pflichten bereits vorher, sind jedoch erst im Falle ihrer Verletzung durchsetzbar. Vor allem aber hat diese Differenzierung mit der durch die Schuldrechtsreform erfolgten Etablierung des Erfüllungsanspruchs als primären Rechtsbehelf ihren Sinn verloren (s auch PWW/SCHMIDT-KESSEL/KRAMME Rn 20 unter Hinw auf OLG Celle NJW 2005, 2094). Während bis zur Schuldrechtsreform im Jahr 2002 (ausf dazu Einl 188 ff zum SchuldR) alle Rechtsbehelfe des Käufers oder Bestellers bei mangelhafter Leistung des Verkäufers oder Unternehmers lediglich sekundärer Natur waren, setzt sich jetzt der primäre Anspruch auf Erfüllung im Nacherfüllungsanspruch der §§ 437 Nr 1, 439 BGB oder §§ 634 Nr 1, 635 BGB fort.

143

b) Haupt- und Nebenleistungspflichten
Zumeist findet sich in der Lit deshalb eine Unterteilung in **Haupt-** und **Nebenleistungspflichten** (so STAUDINGER/SCHWARZE [2014] § 281 Rn B 3; ERMAN/WESTERMANN Einl § 241 Rn 7; PALANDT/GRÜNEBERG Rn 5; JAUERNIG/MANSEL Rn 9; MünchKomm/BACHMANN Rn 29 ff; HKK/DORN Rn 89 f; LARENZ, Schuldrecht I § 2 I; ESSER/SCHMIDT, Schuldrecht I § 6 III; MEDICUS/PETERSEN, BR Rn 206 f; FIKENTSCHER/HEINEMANN, Schuldrecht Rn 36), wobei manche den Begriff „Hauptleistungspflicht" auch durch **„selbstständige Leistungspflicht"** ersetzen (vgl GERNHUBER, Schuldverhältnis § 2 III 4).

144

Als **Leistungspflichten** werden dabei all die Pflichten bezeichnet, die das Erreichen des **primären Obligationszwecks** fördern. Sie sind auf die **Veränderung der Güterlage** des Gläubigers gerichtet, sollen den „status ad quem" fördern und bilden den Oberbegriff für die Hauptleistungspflichten (auch auf ein Unterlassen gerichtet), ebenso wie für die Nebenleistungspflichten (ausf ESSER/SCHMIDT, Schuldrecht I § 6 III).

145

aa) Hauptleistungspflichten
Als **Hauptleistungspflichten** fasst man diejenigen Pflichten auf, mit denen ein Schuldverhältnis als solches zur **Entstehung** gelangt und durch die es in seiner besonderen **Eigenart gekennzeichnet** wird (so zB LARENZ, Schuldrecht I § 2 I; LOOSCHELDERS, Schuldrecht AT Rn 11). Sie entstehen durch **Vertrag** oder aufgrund eines **Gesetzes**. So hat etwa der Verkäufer dem Käufer die Kaufsache gem § 433 Abs 1 S 2 BGB mangelfrei zu übereignen; wer schuldhaft und rechtswidrig eine fremde Sache beschädigt, schuldet gem § 823 Abs 1 BGB Schadensersatz. Die Abwicklung der Hauptleistungspflichten folgt idR den gesetzlichen Vorgaben, im atypischen Schuldverhältnis hingegen der

146

Parteiabrede. Ie ist daher auf die Kommentierung zu den einzelnen Schuldverhältnissen zu verweisen.

bb) Nebenleistungspflichten

147 Eine einheitliche Terminologie für das **leistungsbegleitende Verhalten** der Parteien eines Schuldverhältnisses hat sich bis heute nicht herausgebildet (Überblick bei LARENZ, Schuldrecht I § 2 I [6 ff]; NEUMANN, Leistungsbezogene Verhaltenspflichten 7 ff; vgl auch ERMAN/ BÖTTCHER § 242 Rn 74 f; PALANDT/GRÜNEBERG § 242 Rn 27; SOERGEL/TEICHMANN § 242 Rn 134 ff). In der Lit findet sich vielfach die Bezeichnung „**Nebenpflichten**" (vgl etwa PALANDT/ GRÜNEBERG § 242 Rn 27; SOERGEL/TEICHMANN § 242 Rn 162; HKK/DORN Rn 85 verwendet sowohl den Begriff Neben- als auch Verhaltenspflichten), welche aber ebenso wie der Terminus „**Verhaltenspflichten**" (vgl LARENZ, Schuldrecht I § 2 I; WIEGAND, Die Verhaltenspflichten, in: FS Gagnér [1991] 547, 557 ff) insofern unbrauchbar ist, als damit der Leistungsbezug dieser Pflichten nicht zum Ausdruck kommt und daher die Abgrenzung zu den nichtleistungsbezogenen Pflichten des Abs 2 (s unten Rn 153 ff) erschwert wird.

148 Diejenigen, die diese Bezeichnung verwenden, unterscheiden weiterhin nach **Selbstständigkeit** oder **Abhängigkeit** der Pflichten von der Hauptleistung (ENNECCERUS/ LEHMANN, Schuldrecht § 4 II 2; vgl dazu auch HADDING, in: FS Konzen [2006] 193, 205 f); eine Differenzierung, die jedoch angesichts der unbestrittenen Akzessorietät solcher Pflichten zur bestehenden Hauptleistung ebenfalls zweifelhaft erscheint (so auch NEUMANN, Leistungsbezogene Verhaltenspflichten 7).

149 Der Terminus „**Unterlassungspflichten**", der verdeutlichen soll, dass der Inhalt der Pflichten grds darin besteht, eine die Erreichung des Obligationenzwecks vereitelnde oder gefährdende Tätigkeit zu unterlassen, bringt nicht genügend zum Ausdruck, dass das Leistungsgebot solcher Pflichten auch ein Handeln umfassen kann (vgl aber LEHMANN, Unterlassungspflicht 10 ff, 168 ff).

150 Auch die Einstufung als „**Sorgfalts- oder Diligenzpflichten**" schafft keine klare Abgrenzung zu den integritätsbezogenen Pflichten des Abs 2 (vgl dazu auch HÖLDER, Über Ansprüche und Einreden, AcP 93 [1902] 41 ff; STÜRNER JZ 1976, 384, 390).

151 Deshalb soll von einem weiten Begriff der **Nebenleistungspflicht** (vgl etwa auch LARENZ, Schuldrecht I § 2 I b [12]; HADDING, in: FS Konzen [2006] 193, 198 ff, insbes 201) ausgegangen werden. Damit wird zum einen deutlich, dass es sich um zur **Hauptleistung akzessorische Pflichten** handelt, zum anderen aber auch klargestellt, dass sie sich auf deren Förderung beziehen und nicht das Integritätsinteresse des Betroffenen schützen. Bei der Bezeichnung als „leistungsbezogene Nebenpflicht" (so MÜLLER/HEMPEL AcP 205 [2005] 246 ff) käme zwar der zuerst, nicht aber der zuletzt genannte Aspekt zum Ausdruck. Nebenleistungspflichten richten sich insofern auf die Verwirklichung des Leistungserfolgs, als sie der **Vorbereitung**, der ordnungsgemäßen **Durchführung** sowie der **Sicherung** einer Hauptleistung dienen (ausf u Rn 163 ff; ESSER/SCHMIDT, Schuldrecht I § 6 III; LARENZ, Schuldrecht I § 2 I; GERNHUBER, Schuldverhältnis § 2 III 4).

152 Ein neuerer Ansatz geht – wie hier im Grundsatz auch – von der Kategorisierung der Leistungspflichten in Haupt- sowie Nebenleistungspflichten aus. Daneben werden von den Leistungspflichten zu differenzierende Nebenpflichten zusätzlich in „**leistungsbezogene Nebenpflichten**" und „**nicht-leistungsbezogene Nebenpflichten**" unterteilt (GRÖSCHLER, in: FS Konzen [2006] 109 ff, insbes 114 u 115). Die letztgenannten Pflichten entsprechen den Rücksichtspflichten nach Abs 2 (zur Terminologie s unten Rn 154 ff). Die „leistungsbezogenen Nebenpflichten" sollen nach dieser Ansicht sämtlich von Abs 1 erfasst sein, da sie dem Leistungsinteresse dienten, aber streng von den Nebenleistungspflichten abzugrenzen seien (GRÖSCHLER, in: FS Konzen [2006] 109, 113, 115). Allerdings werden die Rechtsfolgen der §§ 281, 323 BGB als unangemessen erachtet. Deshalb sei in Bezug darauf eine Analogie zu §§ 282, 324 BGB zu bilden (GRÖSCHLER, in: FS Konzen [2006] 109, 123, 125, 127). Dies hat zur Folge, dass Schadensersatz statt der Leistung und Rücktritt nur im Fall der **Unzumutbarkeit** möglich sind, §§ 282, 324 BGB. Eine Ausnahme davon wird angenommen, wenn sich die „leistungsbezogenen Nebenpflichten" so „verdichtet" haben, dass sie die Hauptleistungspflicht beeinflussen. Für diesen Fall soll Abs 1 einschließlich seiner Rechtsfolgen eingreifen (GRÖSCHLER, in: FS Konzen [2006] 109, 116). Diese Auffassung führt in den meisten Fällen nicht zu anderen Ergebnissen als die hier vertretene. Soweit solche Unterschiede auftreten, spricht gegen sie, dass sich die Einteilung zwischen „leistungsbezogenen Nebenpflichten mit und ohne Verdichtung" nicht sicher ziehen lässt, und keine Vorteile im Verhältnis zur Abgrenzung nach den Schutzgütern ersichtlich sind.

III. Abgrenzung zu Rücksichtspflichten iSd Abs 2

1. Allgemeines

153 Mit Abs 2 wird seit dem 1. 1. 2002 (z Schuldrechtsmodernisierungsgesetz vgl Einl 188 ff zum SchuldR) gesetzlich anerkannt, dass ein Schuldverhältnis auch andere Pflichten als Leistungspflichten erzeugen kann. Diese zeichnen sich durch fehlenden Leistungsbezug aus und betreffen – anders als die Pflichten des Abs 1 – nicht das Äquivalenz- sondern das **Integritätsinteresse** (ausf u Rn 157 ff u 388 ff).

2. Terminologie

154 Die Terminologie bzgl dieser Pflichten war bis zur gesetzlichen Neufassung des § 241 BGB ebenso uneinheitlich wie in Bezug auf die Leistungspflichten (ausf z Abs 2 u Rn 388 ff). Manche haben sie als **„Schutzpflichten"** bezeichnet (JAUERNIG/MANSEL Rn 10; SOERGEL/TEICHMANN § 242 Rn 178 ff; THIELE JZ 1967, 649 ff; GERHARDT JZ 1970, 535 ff; KRESS, Schuldrecht § 1, 1 u § 23, 578, 580; FROST, Schutzpflichten 13; MEDICUS, Probleme um das Schuldverhältnis 15 ff; STOLL, Abschied von der Lehre von der positiven Vertragsverletzung, AcP 136 [1932] 257 ff; vgl für die Zeit des Nationalsozialismus SCHUBERT, Protokolle: Schuldrecht [1990] 207, 295/297; WESTERMANN/BYDLINSKI/WEBER, Schuldrecht AT Rn 11/6), andere als **„Sorgfaltspflichten"** (LORENZ, Die Einbeziehung Dritter in vertragliche Schuldverhältnisse – Grenzen zwischen vertraglicher und deliktischer Haftung, JZ 1960, 108, 111; STÜRNER JZ 1976, 384 ff; EVANS-VKRBEK, Nichterfüllungsregeln auch bei weiteren Verhaltens- und Sorgfaltspflichtverletzungen?, AcP 179 [1979] 85 ff). Daneben traten manchmal stattdessen die Ausdrücke **„Verhaltenspflichten"** bzw **„weitere Verhaltenspflichten"** (GERNHUBER, Schuldverhältnis § 2 IV 2 [hierin bilden die Schutzpflichten eine abgeschlossene Gruppe]; LARENZ, Schuldrecht I § 2 I [unterteilt die weiteren Verhaltenspflichten in „Schutzpflichten" und „Loyalitätspflichten"]; zust EMMERICH, Leistungsstörungen § 22 Rn 16 f), **„Wohlverhaltenspflichten"** (FIKENTSCHER, Schuldrecht [9. Aufl] Rn 15) oder **„Nebenpflichten"** (ERMAN/BÖTTCHER/HOHLOCH[10] § 242 Rn 64; Münch-Komm/BACHMANN Rn 33 [teilw auch „Schutzpflichten"]; ESSER/SCHMIDT, Schuldrecht I § 6 IV [unterteilt weiter in Rücksichts-, Treu-, Warn-, Fürsorge-, Obhuts- und sonstige Schutzpflichten]; ENNECCERUS/LEHMANN, Schuldrecht § 4 II 2; CANARIS JZ 1965, 475; HENCKEL AcP 174 [1974] 111; vBAR AcP 179 [1979] 467) auf. Die Bsp für diese Begriffsvielfalt ließen sich fortführen (Nw u vor allem Übersichten aus der älteren Lit bei STAUDINGER/WEBER[11] Rn 36 mit Fn; vgl ausf GERNHUBER, Schuldverhältnis 15 ff).

155 Auch die Neufassung des Gesetzes im Jahre 2002 hat zu keiner einheitlichen Terminologie geführt. So sprechen einige Autoren weiterhin von „**Schutzpflichten**" (Hk-BGB/SCHULZE Rn 4; HKK/DORN Rn 85, 93; NK-BGB/KREBS Rn 4; KREBS, Sonderverbindung 485 ff; MünchKomm/BACHMANN Rn 114; GRIGOLEIT, in: FS Canaris [2007] 275 ff; WITT NJW 2012, 3130), andere bezeichnen sie als „**weitere Verhaltenspflichten**" (LARENZ, Schuldrecht I § 2 I). Der Gesetzgeber hat in den parlamentarischen Materialien zwar zumeist den Begriff „**Schutzpflicht**" verwendet (vgl amtl Begr in BT-Drucks 14/6040, 125), griff jedoch auch auf die Ausdrücke „**weitere Verhaltenspflichten**", „**Rücksichtnahmepflichten**" und „**Nebenpflichten**" zurück (vgl amtl Begr in BT-Drucks 14/6040, 125). Da sich somit auch aus den Materialien keine gesicherte Begriffsbildung entnehmen lässt, sollte der Wortlaut der Norm die Grundlage der Begriffsbestimmung bilden. Daher werden die in Abs 2 angesprochenen Pflichten im Folgenden als „**Rücksichtspflichten**" bezeichnet.

156 Die Rücksichtspflichten beziehen sich auf die **Bewahrung der gegenwärtigen Güterlage** (status quo) der am Schuldverhältnis beteiligten Personen (vgl ausf STOLL, Leistungsstörungen 26 ff; THIELE JZ 1967, 650 f; STÜRNER JZ 1976, 385; KÖPCKE, Typen der positiven Vertragsverletzung [1965] 79 ff; MEDICUS, Probleme um das Schuldverhältnis 15; vor STOLL ähnl schon: KRESS, Schuldrecht 578 ff; detailliert z den Besonderheiten der Rücksichtspflichten auch GRIGOLEIT, in: FS Canaris [2007] 275, 277 f, 281 ff). Sie sollen **Schäden** von den Rechtsgütern des anderen Teils bei Begründung und Abwicklung eines Schuldverhältnisses **abwenden** und den **ungestörten Leistungsvollzug** ermöglichen bzw sichern (ausf u Rn 157 ff; BGH 20. 9. 2017 – VIII ZR 250/16 juris Rn 17, NJW-RR 2017, 1356; MünchKomm/BACHMANN Rn 95; ESSER/SCHMIDT, Schuldrecht I § 29 III 2 b–d).

3. Kriterien der Abgrenzung von Leistungs- und Rücksichtspflichten

157 Bei den unterschiedlichen Begriffsbildungen handelt es sich nicht nur um ein theoretisches Problem. Konsequenzen entstehen vielmehr im Hinblick auf die **Rechtsfolgen** von Leistungsstörungen bei Leistungs- und Rücksichtspflichten (so zuerst STOLL, Leistungsstörungen 27 ff; vgl aber auch amtl Begr in BT-Drucks 14/6040, 125; JAUERNIG/MANSEL Rn 9 f; FIKENTSCHER/HEINEMANN, Schuldrecht Rn 37, 41 ff; grundlegend: CANARIS, in: FS Larenz [1983] 84 ff; ENNECCERUS/LEHMANN, Schuldrecht § 4 II 2 [jedoch mit anderer Terminologie]; HKK/DORN Rn 85; aA MOTZER JZ 1983, 888). So löst zB die Verletzung einer Nebenleistungspflicht Gläubigerrechte gem §§ 280 Abs 1, 3 iVm 281 BGB aus (z übereinstimmenden „Rechtsfolgenprogramm" von Leistungs- und Nebenleistungspflichtverletzungen GRIGOLEIT, in: FS Canaris [2007] 275, 279 f), wohingegen bei Verletzung einer nichtleistungsbezogenen Rücksichtspflicht Schadensersatz statt der Leistung nur unter den (zusätzlichen) Voraussetzungen der §§ 280 Abs 1, 3 iVm 282 BGB verlangt werden kann (vgl z Abgrenzung BeckOK-BGB/LORENZ [1. 5. 2019] § 281 Rn 2; Hk-BGB/SCHULZE Rn 4; STAUDINGER/SCHWARZE [2014] § 282 Rn 21 ff; GRIGOLEIT, in: FS Canaris [2007] 275, 288 ff). Dasselbe Problem stellt sich ebenso bei der Abgrenzung von § 323 BGB zu § 324 BGB in Bezug auf den Rücktritt des Gläubigers. Zu der deshalb notwendigen Differenzierung werden

unterschiedliche Kriterien herangezogen (ausf z möglichen Unterscheidungsmerkmalen MEDICUS, in: FS Canaris [2007] 835, 837 ff):

a) Klagbarkeit als Unterscheidungsmerkmal
Zum einen wird vertreten, für die Abgrenzungsfrage komme der **Klagbarkeit** wesentliche Bedeutung bei (so GRÖSCHLER, in: FS Konzen [2006] 109, 113 f; vgl z Rechtsfolge bei Verletzung einer Rücksichtspflicht ausf u Rn 554 ff; z entspr Abgrenzung bei den Obliegenheiten s oben Rn 120 ff). Leistungspflichten würden danach durch Leistungs- und Unterlassungsklagen durchgesetzt, während die Verletzung von Rücksichtspflichten lediglich Schadensersatzansprüche erzeuge, wohingegen eine (Erfüllungs-)Klage ausgeschlossen sei. **158**

Zweifel an dieser Betrachtungsweise resultieren aber daraus, dass die Klagbarkeit der Rücksichtspflichten im Allgemeinen sehr umstr ist (s unten Rn 554 ff). Zudem lässt sich eine Antwort auf die Frage nach der Klagbarkeit erst nach Festlegung des Rechtscharakters der jeweiligen Pflicht geben. Deshalb stellt das Kriterium der Klagbarkeit keine taugliche Differenzierungsgrundlage dar (so auch MADAUS Jura 2004, 289, 290; MEDICUS, in: FS Canaris [2007] 835, 839; MünchKomm/BACHMANN Rn 62). **159**

b) Zeitpunkt als Unterscheidungsmerkmal
Ein neuerer Ansatz grenzt Nebenleistungs- und Rücksichtspflichten nach dem **Zeitpunkt** ihrer Fixierung ab (WELLER, Die Vertragstreue [Habil Tübingen 2009] 256 f). Bei Festlegung der Pflicht aufgrund von Gesetz oder zum Zeitpunkt des Vertragsschlusses soll es sich um Leistungspflichten, danach um Rücksichtspflichten handeln. Dieser Ansatz ist für die Treuepflichten plausibel, überzeugt jedoch als einziges Unterscheidungsmerkmal in Anbetracht der verschiedenen Interessen ebenfalls nicht. **160**

c) Zielsetzung als Unterscheidungsmerkmal
Das wichtigste Unterscheidungskriterium zwischen Leistungs- und Rücksichtspflichten bildet vielmehr die jeweilige **Zielsetzung** der Pflicht. Die **Rücksichtspflichten** haben, wie ausgeführt (s oben Rn 156), die **Bewahrung** der gegenwärtigen Güterlage („status quo") jedes am Schuldverhältnis Beteiligten, also den Schutz des **Integritätsinteresses**, zum Ziel. **Leistungspflichten** hingegen sind auf die **Veränderung der Güterlage** des Gläubigers gerichtet. Indem sie der Erreichung des konkreten **Zweckes** eines Schuldverhältnisses dienen, sollen sie den „status ad quem" fördern (z diesem Unterscheidungskriterium ausf THIELE JZ 1967, 650 f; GRIGOLEIT, in: FS Canaris [2007] 275, 276 f; ähnl MünchKomm/BACHMANN Rn 62; vgl auch BGH 28. 2. 2018 – VIII ZR 157/17 Rn 20, NJW 2018, 1746, 1747). Je nachdem, welche Zielrichtung die jeweilige Pflicht verfolgt, kann sie einer der beiden Kategorien zugeordnet werden. **161**

Die Grenzen sind jedoch insbes im Bereich vertraglicher Pflichten fließend und deshalb oft schwer zu bestimmen. Interessengerechte Lösungen bietet nur eine wertende **Einzelfallbetrachtung**, ob die jeweils betroffene Pflicht das **Leistungs-** oder das **Integritätsinteresse** schützt (so auch BeckOK-BGB/SUTSCHET [1. 5. 2019] Rn 42; MünchKomm/BACHMANN Rn 62; ähnlich MADAUS Jura 2004, 289, 291 f). Fehlen Abreden im Vertrag, erfolgt die Entscheidung nach den Regeln der (ergänzenden) Vertragsauslegung (LOOSCHELDERS, Schuldrecht AT § 1 Rn 12; JAUERNIG/MANSEL Rn 9). Als problematisch erweisen sich insbes solche Pflichten, die sowohl dem Leistungsinteresse als auch dem Schutzinteresse dienen (vgl dazu auch u Rn 217, 225, 236, 274 f, 295, 438 ff, 518). Beispielhaft **162** lässt sich hier die Pflicht zur sorgfältigen Anleitung nennen, eine gefährliche Maschine zu bedienen. Die entsprechende Aufklärungspflicht dient zum einen dazu, die Funktion der Maschine zu gewährleisten, zum anderen soll sie den Verwender des Gerätes vor Verletzungen bewahren (z einem ähnlichen Bsp vgl die Gesetzesbegr in BT-Drucks 14/6040, 125; HKK/Dorn Rn 85; Hk-BGB/Schulze Rn 8; Medicus/Lorenz, Schuldrecht I Rn 107 ff; ausf Thiele JZ 1967, 650 f; allg z Doppelcharakter von Aufklärungspflichten im Rahmen von Kaufverträgen Müller/Hempel AcP 205 [2005] 246, 262 ff). Sie ist somit gleichermaßen Leistungs- und Rücksichtspflicht. Wird eine derartige Pflicht verletzt, so muss wiederum im Wege der **Auslegung** ermittelt werden, welcher konkrete Zweck der jeweiligen Pflicht durch die Verletzungshandlung oder Unterlassung betroffen wird (Rn 149; vgl auch Staudinger/Schwarze [2014] § 282 Rn 23; ausf z typischen Überschneidungskonstellationen Grigoleit, in: FS Canaris [2007] 275, 295 ff).

IV. Arten von Nebenleistungspflichten*

1. Allgemeines

163 Da das Gesetz keine Vorgaben dafür nennt, wann eine Rechtspflicht als Nebenleistungspflicht oder als Rücksichtspflicht einzustufen ist, sind sog Informations-, Obhuts-, Fürsorge- und sonstige Rücksichtspflichten iSd Abs 2 von Abs 1 regelmäßig danach abzugrenzen, ob sie lediglich dem **Rechtsgüterschutz oder** dem **Leistungsinte-**

---

* **Schrifttum:** vBar, „Nachwirkende" Vertragspflichten, AcP 179 (1979) 452; Batereau, Die Haftung der Bank bei fehlgeschlagener Sanierung, WM 1992, 1517; Beaucamp, Das Arbeitsverhältnis als Wettbewerbsverhältnis, NZA 2001, 1011; Berkemeyer, Die Leihgabe von Berufssportlern (Diss Osnabrück 2010) 133 ff; Binder, Nachsorgende Vertragspflichten? Begründung und Reichweite fortdauernder Schutzpflichten nach Leistungsaustausch in Schuldverhältnissen, AcP 211 (2011) 587; Blomeyer, Der Widerruf von Versorgungszulagen infolge „Treuepflichtverletzungen" des Arbeitnehmers, ZIP 1991, 1113; Boewer, Der Wiedereinstellungsanspruch – Teil 1, NZA 1999, 1121; ders, Der Wiedereinstellungsanspruch – Teil 2, NZA 1999, 1177; Brand, Probleme mit der „Ikea-Klausel", ZGS 2003, 96; Bruckner, Nachvertragliche Wettbewerbsverbote zwischen Rechtsanwälten (1987); Brych, Die Zahlungsverpflichtungen des Wohnungskäufers, DNotZ 1974, 413; Buchwald, Verpfändung und Pfändung von GmbH-Anteilen, GmbHR 1960, 5; Canaris, Kreditkündigung und -verweigerung gegenüber sanierungsbedürftigen Bankkunden, ZHR 143 (1979) 113; Christensen, Verschulden nach Vertragsende (Diss Kiel 1958); Coing, Die Treuhand kraft privaten Rechtsgeschäfts (1973); Dürkes, Wertsicherungsklauseln (10. Aufl 1992); Eichholt, Kündigung von NPD-Konten, NJW 2001, 1400; Eisenhardt, Haupt- und Nebenpflichten des Mieters bei Rückgabe der Mieträume, WuM 1998, 447; Elger, Nachwirkungen nach Ende des Rechtsverhältnisses im BGB (Diss Münster 1936); Finger, Die Verpflichtung des Herstellers zur Lieferung von Ersatzteilen, NJW 1970, 2049; Fritzemeyer, Die Konkurrenzschutzpflicht des Franchisegebers – eine Zwischenbilanz, BB 2000, 472; Gaul, Die Abgrenzung nachvertraglicher Geheimhaltungsverpflichtungen gegenüber vertraglichen Wettbewerbsbeschränkungen, ZIP 1988, 689; Götz, Obliegenheiten und positive Forderungsverletzung – BGHZ 11, 80, JuS 1961, 56; Greulich, Nachwirkungen bei Lieferverträgen, BB 1955, 208; Hölder, Über Ansprüche und Einreden, AcP 93 (1902) 41; Hüffer, Leistungsstörungen durch Gläubigerhandeln (1976); Jagenburg, Die Entwicklung des privaten Bauvertragsrechts seit 2000: VOB/B, NJW 2003, 102; Janke, Die Nebenleistungspflichten bei der GmbH (Diss Stuttgart 1996); Joachim, Konkurrenzschutz im gewerblichen Mietrecht, BB 1986 Beilage 6, 1; Käuffer, Die

resse dienen (vgl deshalb die Kommentierung bei Abs 2 Rn 388 ff, 434 ff; z Abgrenzung NEUMANN, Leistungsbezogene Verhaltenspflichten 4; Hk-BGB/SCHULZE Rn 8). Dabei kann eine Vereinbarung durchaus den Schluss erlauben, dass die Verpflichtung in engem Bezug zur Hauptleistung steht und deshalb als Nebenleistungspflicht geschuldet wird (ERMAN/BÖTTCHER § 242 Rn 76; MünchKomm/SCHUBERT § 242 Rn 172; LARENZ, Schuldrecht I § 2 I b [12]; NEUMANN, Leistungsbezogene Verhaltenspflichten 4 f), allerdings nicht als Regelfall.

Vor- und Nachwirkungen des Arbeitsverhältnisses (Diss Köln 1959); KLAUE, Wettbewerbsverbote und § 1 GWB, WuW 1961, 323; KUKAT, Vorsicht ist besser als Nachsicht – Praktische Hinweise zur Vereinbarung nachvertraglicher Wettbewerbsverbote für Geschäftsführer und zur Anrechnung anderweitigen Erwerbs, BB 2001, 951; KÜNZL, Arbeitsvertragliche Nebenpflicht zur Durchführung einer Alkoholtherapie?, NZA 1998, 122; H LANGE, Leistungsstörungen beim schwebend unwirksamen Geschäft, in: FS Schmidt-Rimpler (1957) 139; K LANGE, Pflichten des Zwischenhändlers bei der just-in-time-Belieferung, ZGS 2011, 393; O LANGE, Die behördliche Genehmigung und ihre zivilrechtlichen Auswirkungen, AcP 152 (1952/53) 241; LANGHEID, Die Reform des Versicherungsvertragsgesetzes – 1. Teil: Allgemeine Vorschriften, NJW 2007, 3665; LEHMANN, Die Unterlassungspflicht im bürgerlichen Recht (1969, unveränderter Nachdruck der Ausgabe 1911); LEUPERTZ, Mitwirkung und Obliegenheit im Bauvertragsrecht, BauR 2010, 1999; LEUSCHNER, Prüfungsfristen und Darlegungsobliegenheiten bei der außergerichtlichen Inanspruchnahme, AcP 207 (2007) 64; LIESEGANG, Die Konkurrenzschutzpflicht des Franchisegebers, BB 1999, 857; LÜKE, Der Informationsanspruch im Zivilrecht, JuS 1986, 2; MÖLLERS, Die Haftung der Bank bei Kreditkündigung (1991); MONJAU, Nachwirkende Treuepflichten, BB 1962, 1439; MÜLLER/HEMPEL, Nebenpflichten des Verkäufers unter besonderer Berücksichtigung der Verjährung, AcP 205 (2005) 246; NEUMANN, Leistungsbezogene Verhaltenspflichten (Diss Augsburg 1988); NICKLISCH, Mitwirkungspflichten des Bestellers beim Werkvertrag, insbesondere beim Bau- und Industrieanlagenvertrag, BB 1979, 533; NIETSCH, Nachvertragliche Lieferpflichten beim Kauf, JZ 2014, 229; NIRK, Culpa in Contrahendo – eine richterliche Rechtsfortbildung – in der Rechtsprechung des Bundesgerichtshofes, in: FS Möhring Bd I (1965) 385; OETKER, Der Wiedereinstellungsanspruch des Arbeitnehmers beim nachträglichen Wegfall des Kündigungsgrundes, ZIP 2000, 643; PETERS, Grundfälle zum Werkvertragsrecht, JuS 1993, 29; RAAB, Der Wiedereinstellungsanspruch des Arbeitnehmers bei Wegfall des Kündigungsgrundes, RdA 2000, 147; REINFELD, Das nachvertragliche Wettbewerbsverbot im Arbeits- und Wirtschaftsrecht (Diss Köln 1993); RICKEN, Grundlagen und Grenzen des Wiedereinstellungsanspruchs, NZA 1998, 460; RICKER, Verjährungsprobleme bei Herstellungs- und Schadensersatzansprüchen des Vermieters wegen Veränderungen oder Verschlechterungen der Mietsache, NZM 2000, 216; RODIG, Verpflichtung des Herstellers zur Bereithaltung von Ersatzteilen für langlebige Wirtschaftsgüter und ausgelaufene Serien, BB 1971, 854; ROTH, Die Anpassung von Gesellschaftsverträgen, in: FS Honsell (2002) 573; SCHÄFER, Pflicht zu gesundheitsförderndem Verhalten?, NZA 1992, 529; E SCHMIDT, Zur Ökonomie ergänzender Vertragspflichten unter besonderer Berücksichtigung von Konkurrenzschutzgeboten, JA 1978, 597; SCHOPP, Formularverträge über die Automatenaufstellung, ZMR 1972, 197; SERICK, Eigentumsvorbehalt und Sicherungsübertragung: Neue Rechtsentwicklungen (2. Aufl 1993); STEINDORFF, Gesetzeszweck und gemeinsamer Zweck des § 1 GWB, BB 1977, 569; STÖREAU, Informationspflichten beim Wertpapierhandel nach § 31 Abs 2 S 1 Nr 2 WpHG (Diss Kiel 2003); STRÄTZ, Über sog „Nachwirkungen des Schuldverhältnisses und den Haftungsmaßstab bei Schutzpflichtverstößen", in: FS Bosch (1976) 999; STÜRNER, Der Anspruch auf Erfüllung von Treue- und Sorgfaltspflichten, JZ 1976, 384; THUME, Das Wettbewerbsverbot des Handelsvertreters während der Vertragszeit, WRP 2000, 1033; VOGLIS, Kreditkündigung und Kreditver-

Deshalb soll an dieser Stelle auf solche Pflichten eingegangen werden, die **typischerweise Leistungsbezug** aufweisen, mithin meist der Vorbereitung, Erbringung oder Sicherung der geschuldeten Leistung dienen. Es handelt sich iE um die Pflicht zur **Auskunft** und **Rechenschaft**, ferner die **Mitwirkungs-** und **Unterstützungs-** sowie **Leistungssicherungspflichten**.

a) Gesetzliche Nebenleistungspflichten

164 Grds geht das Gesetz davon aus, dass (nur) die – oft synallagmatisch verknüpften – **Hauptpflichten** das Wesen einer Gläubiger-Schuldner-Beziehung prägen (vgl Looschelders, Schuldrecht AT § 1 Rn 11). Detaillierte **gesetzliche Nebenleistungspflichten** belasten die Vertragsfreiheit der Parteien eher, stellen also möglicherweise Eingriffe in die Privatautonomie dar. Sie können allerdings bei Dispositivität oft durch Vereinbarung ersetzt oder modifiziert werden (Larenz, Schuldrecht I § 2 I [7]). In einigen Fällen sind jedoch aus Sicht des Gesetzgebers zwingende Schutzvorschriften unentbehrlich, um eine ordnungsgemäße Abwicklung des Schuldverhältnisses zu ermöglichen. Insgesamt liegt die Intention einer gesetzlichen Regelung von Nebenleistungspflichten deshalb zumeist einerseits in der Vorgabe einer **Erwartungshaltung** an Schuldner und Gläubiger, wie das typische und unproblematische Schuldverhältnis durchzuführen sei (vgl dazu auch Larenz, Schuldrecht I § 2 I b). Andererseits will man gewisse **Mindeststandards** zum **Schutz** einer (unterlegenen) Partei aber auch erzwingen.

165 IS der erstgenannten Zielsetzung besteht die Aufgabe einer gesetzlichen Nebenleistungspflicht vor allem darin, den Gläubiger in die Lage zu versetzen, die ihm geschuldete Hauptleistung entgegenzunehmen, sie als die geschuldete Leistung zu erkennen und schließlich, sie bestimmungsgemäß zu nutzen (so auch Gernhuber, Schuldverhältnis § 2 III 4; vgl ferner Palandt/Grüneberg Rn 5). Dem Schuldner wird darüber hinaus das zweck- und situationsgebotene Verhalten abverlangt, ohne welches die Hauptleistung nicht richtig oder sinnvoll erbracht werden kann (Esser/Schmidt, Schuldrecht I § 6 III). Der Gesetzgeber konkretisiert mithin letztlich das Prinzip von „Treu und Glauben" des § 242 BGB für einzelne Schuldverhältnisse, bei Einsatz zwingender Vorschriften sogar zu Lasten der Vertragsautonomie. Im Übrigen hat die Formulierung gesetzlicher Nebenleistungspflichten für die Parteien den positiven Effekt, einen Maßstab für die nach Ansicht des Gesetzes **gerechte Vertragsdurchführung** vorzufinden und andererseits – erheblich anders etwa als im angloamerikanischen Rechtskreis – im Falle ihrer Akzeptanz auch kurze Vereinbarungen schließen zu können, da sich der Rest aus dem Gesetz ableitet. Dementsprechend und unter Berücksichtigung der gerade in diesen Bereichen oft auftretenden Meinungsverschiedenheiten befassen sich die Pflichten vor allem mit **Auskunft, Mitwirkung** oder **Sicherung** im Schuldverhältnis (BeckOK-BGB/Sutschet [1. 5. 2019] Rn 14; Soergel/Teich-

weigerung der Banken (2001); Walz, Steuerrechtsbezogene Nebenpflichten im Recht der Leistungsstörungen, BB 1991, 880; Weller, Die Vertragstreue (Habil Tübingen 2009); Westermann, Die Anpassung von Gesellschaftsverträgen an veränderte Umstände, in: FS Hefermehl (1976) 225; Wiegand, Die Verhaltenspflichten, in: FS Gagnér (1991) 547; Winkler vMohrenfels, Abgeleitete Informationsleistungspflichten im deutschen Zivilrecht (Habil Hamburg 1986); Wisskirchen, Außerdienstliches Verhalten von Arbeitnehmern (Diss Berlin 1999); Wussow, Probleme der gerichtlichen Beweissicherung in Baumangelsachen, NJW 1969, 1401; Zöllner, Anpassung von Personengesellschaftsverträgen (1979).

MANN § 242 Rn 162). Solche „Hilfsanker des Gesetzgebers", wie man sie zT nennt, finden sich – allerdings ohne erkennbare Systematik (so ESSER/SCHMIDT, Schuldrecht I § 6 III) – sowohl im Bürgerlichen Gesetzbuch als auch im sonstigen Zivilrecht (vgl dazu die Bsp bei der Erläuterung der einzelnen Pflichten).

b) Außergesetzliche Nebenleistungspflichten

Vertragliche Nebenleistungspflichten verfolgen prinzipiell dieselbe Zielrichtung wie gesetzliche Nebenleistungspflichten, ergeben sich jedoch aus einer ausdrücklichen oder konkludenten **Parteiabrede**. Oft stellt sie erst der Richter im Wege der erweiternden oder ergänzenden **Auslegung** fest (vgl BeckOK-BGB/SUTSCHET [1. 5. 2019] Rn 44; MünchKomm/BACHMANN Rn 32 spricht insofern von einer „Interessenanalyse"; krit MÜLLER/HEMPEL AcP 205 [2005] 246, 247). Bei **gesetzlichen** Schuldverhältnissen können sich im Gesetz nicht geregelte Nebenleistungspflichten aus dem **Charakter des Schuldverhältnisses** unter Berücksichtigung der besonderen Umstände des Einzelfalls und der Wertungen des § 242 BGB ergeben. Die Gemeinsamkeit solcher Pflichten besteht in ihrem **Leistungsbezug**, der sie von den integritätsbezogenen Rücksichtspflichten des Abs 2 unterscheidet (s unten Rn 388 ff, 424 ff).

166

Der Gegenstand außergesetzlicher Nebenleistungspflichten ist kaum eingrenzbar. So können sowohl **zusätzliche Sachleistungen** (zB Aushändigung von Wagenpapieren, Stammbäumen oder sonstigen Urkunden), als auch **Sicherungsvorkehrungen** (Verpackung, Verwahrung, etc), schließlich **sonstige Aktivitäten** (etwa Auskunftserteilung, Rechenschaftslegung oder Unterweisung in die vertragsgemäße Nutzung einer Sache) neben der Hauptleistung geschuldet sein (ESSER/SCHMIDT, Schuldrecht I § 6 III). Zu beachten ist jedoch stets, dass diese Nebenleistungspflichten eine Förderung der geschuldeten Leistung bezwecken müssen.

167

2. Auskunft und Rechenschaft

a) Allgemeines

Eine **allgemeine Rechtspflicht** zur Erteilung von Auskunft oder Rechenschaft im Schuldverhältnis besteht nicht, sondern es gibt nur einzelne Regelungen (s unten Rn 169 f). Deshalb liegt es meist bei den Parteien, für diejenigen Informationen zu sorgen, die sie für die Durchsetzung ihres Rechts benötigen (st Rspr, vgl etwa RGZ 102, 235, 236; BGH NJW 1981, 1733, unstr). Bei der Abwicklung eines Schuldverhältnisses können jedoch Situationen entstehen, in denen der **Gläubiger** zur Informationsbeschaffung auf die Mithilfe des Schuldners angewiesen ist (vgl aus der neueren Rspr etwa OLG Hamm, NJW 2013, 1167; OLG Dresden BauR 2000, 103; allg dazu WINKLER vMOHRENFELS, Abgeleitete Informationsleistungspflichten im deutschen Zivilrecht [Habil Hamburg 1986]; allg z Auskunft im Zivilrecht auch LÜKE JuS 1986, 2 ff; s unten Rn 427 ff z Informationspflichten). Hiervon zu unterscheiden ist die Obliegenheit des Gläubigers zur Darlegung der anspruchsbegründenden Tatsachen gegenüber dem von ihm – außergerichtlich – in Anspruch genommenen **Schuldner**. Da sich ein entsprechender Auskunftsanspruch nicht auf die Erweiterung der Pflichten des Schuldners richtet, sondern vielmehr die Wahrung des „status quo" durch Verhinderung seiner potenziell unberechtigten Inanspruchnahme bezweckt, stellt die sog **Darlegungsobliegenheit** keinen Fall einer Nebenleistungs-, sondern einer Rücksichtspflicht iSv **Abs 2** dar (ausf zur Problematik LEUSCHNER AcP 207 [2007] 64, 69 ff).

168

b) Gesetzlich normierte Pflichten

169 Obwohl das Gesetz also selten die Pflicht des Schuldners, Auskunft oder Rechenschaft als Nebenleistung zu erbringen, normiert, finden sich doch zahlreiche Anhaltspunkte für die Existenz solcher Verpflichtungen. So ergibt sich aus § 259 Abs 1 BGB eine Rechnungs- und Belegerstellungspflicht für denjenigen, der auf anderer Grundlage verpflichtet ist, über eine mit Einnahmen oder Ausgaben verbundene Verwaltung Rechenschaft abzulegen. § 260 Abs 1 BGB normiert die Nebenleistungspflichten des Schuldners bei einer Hauptpflicht zur Herausgabe oder Auskunft über einen Inbegriff von Gegenständen. Die Vorschriften setzen also die Möglichkeit eines solchen Anspruchs voraus.

170 Bsp dafür, dass der Schuldner in den Grenzen der Zumutbarkeit die Leistungsdurchsetzung seitens des Gläubigers durch ihm verfügbare Auskunft unterstützen muss, sind im **Schuldrecht** in den §§ 374, 402, 469 Abs 1 S 1, 613a Abs 5, 630c; 630e; 630g; 649 Abs 2, 666, 681 S 1, 692 S 2, 716, 789 BGB zu finden, im **Sachenrecht** in den §§ 1042, 1214 Abs 1 BGB. Für das **Familienrecht** lassen sich die §§ 1379, 1435, 1580, 1605, 1686, 1698 BGB anführen, für das **Erbrecht** die §§ 2027, 2057, 2121, 2127, 2146, 2215, 2218, 2314, 2384 BGB. **Außerhalb des BGB** kann man die **gesellschaftsrechtlichen** Regelungen der §§ 90, 91, 131, 132 AktG oder die §§ 41, 42 a, 51 a GmbHG nennen, im **Versicherungsrecht** die §§ 19, 30, 31, 146, 202 VVG, im **Wechsel- und Scheckrecht** Art 45 WG bzw Art 42 ScheckG. Im Rahmen eines **Arbeitsverhältnisses** schuldet der Arbeitgeber gem § 108 GewO bei Zahlung des Arbeitsentgelts die Erteilung einer Abrechnung in Textform.

c) Außergesetzliche Pflichten

171 Unabhängig von den genannten Vorschriften kann sich eine Pflicht zur Auskunft oder Rechenschaft aus einer ausdrücklichen **Vereinbarung** bzw durch **Auslegung**, §§ 133, 157, 242 BGB, ergeben. Daraus ist der allgemeine Grundsatz entwickelt worden, dass jeder, der **fremde Angelegenheiten besorgt**, Rechenschaft zu legen hat (vgl bereits RGZ 164, 348, 350; 110, 1, 16; 73, 286, 288), ferner, dass der Schuldner Auskunft leisten muss, wenn der **Berechtigte** sich in **entschuldbarem Irrtum** über Bestehen und Umfang seines Rechts befindet, der **Verpflichtete** aber **unschwer Auskunft** erteilen kann (RGZ 158, 377, 379 f; 108, 1, 7; BGHZ 87, 346, 351 f; 55, 201, 203; 10, 385, 387; aus jüngerer Zeit s BGH NJW 2007, 1806, 1807 Rn 13; BAG NZA 2005, 983, 984). Informationsansprüche setzen damit ein **Wissensgefälle** zwischen den Beteiligten voraus (PWW/Schmidt-Kessel/Kramme § 242 Rn 71). Eigenes Fachwissen sowie sachkundige Beratung durch Dritte können einem Auskunftsanspruch daher im Einzelfall entgegenstehen (vgl etwa OLG Saarbrücken NZBau 2006, 444, 445). Umstr ist schließlich, ob Ansprüche auf Auskunft und Rechenschaft dogmatisch auch nach der Neufassung des § 241 BGB am 1. 1. 2002 (vgl Einl 188 ff zum SchuldR) auf dem Rechtsgedanken von **Treu und Glauben**, also § 242 BGB fußen (so etwa BGH NJW-RR 2006, 496, 498 Rn 16; NJW 1988, 1906; NJW 1993, 2737 mit Besprechung von Hohloch, Wertermittlungsanspruch des pflichtteilsberechtigten Erben auf eigene Kosten – Anm z BGH NJW 1993, 2737, JuS 1994, 76 f mwNw; BGH NJW-RR 1994, 454, 455; BB 1993, 1612; OLG Hamm NJW 2013, 1167, 1168; OLG Köln FamRZ 1992, 469, 470; vgl auch Müller/Hempel AcP 205 [2005] 246, 247 f) oder bereits **Gewohnheitsrecht** geworden sind (vgl dazu bereits BGH Betrieb 1980, 682; Staudinger/J Schmidt [1995] § 242 Rn 829 mwNw).

Titel 1
Verpflichtung zur Leistung § 241

d) Prozessuales
Als auf ein zukünftiges Verhalten gerichtete und damit **klagbare Ansprüche** (Beck- 172
OK-BGB/Sutschet [1. 5. 2019] Rn 70; z Klagbarkeit als Unterscheidungskriterium s oben Rn 158 f)
treten Nebenleistungspflichten neben die Hauptleistungspflicht und sichern deren
ordnungsgemäße Abwicklung (vgl z prozessualen Durchsetzung auch OLG Hamburg FamRZ
2003, 701; Staudinger/Bittner [2014] § 259 Rn 44 ff, § 260 Rn 42 ff; allg z prozessualen Durchsetzung von Nebenleistungspflichten auch Soergel/Teichmann § 242 Rn 173 ff). Mangels gesetzlicher Normierung eines allgemeinen Anspruchs haben Rspr und Lit Kriterien herausgebildet, ob und in welchem **Umfang** Rechenschaft bzw Auskunft zu leisten ist;
eine entsprechende Auflistung des Fallmaterials enthält die Kommentierung zu
§§ 259 ff BGB (vgl Staudinger/Bittner [2014] §§ 259 f).

3. Mitwirkungs- und Unterstützungspflichten

a) Allgemeines
Parteien, die durch Vertragsschluss oder gesetzliches Schuldverhältnis in einer **Nä-** 173
hebeziehung stehen, müssen unter Berücksichtigung evtl Vereinbarungen und des
Grundsatzes von Treu und Glauben, § 242 BGB, alles tun, um die Durchführung des
Schuldverhältnisses zu ermöglichen (vgl auch BGH 19. 1. 2018 – V ZR 273/16 Rn 19, MDR
2018, 589, 590; BGH NJW 2007, 3777, 3779 f; Palandt/Grüneberg § 242 Rn 32; Soergel/Teichmann § 242 Rn 155; BeckOK-BGB/Sutschet [1. 5. 2019] Rn 55). Der reine Austausch der
Hauptleistungen allein entspricht im Regelfall nicht den Parteiinteressen (MünchKomm/Bachmann Rn 72). Die Anforderungen an das Parteiverhalten variieren mit
ihrer Nähebeziehung (Erman/Böttcher § 242 Rn 65) und sind bei rechtsgeschäftlicher
Verbindung größer als bei gesetzlicher. Ebenso fallen das **schutzwürdige Vertrauen**
oder die **überlegene Fachkunde** einer Partei bei der Auslegung der Pflichten ins
Gewicht (BeckOK-BGB/Sutschet [1. 5. 2019] Rn 44).

Entsprechende Pflichten können etwa darin bestehen, Erfüllungshindernisse im 174
Risikobereich einer Partei aus dem Weg zu schaffen (s unten Rn 204 ff) oder die
Leistungsdurchführung insgesamt zu fördern (s unten Rn 210 ff). UU kann sogar eine
über die eigentliche Vereinbarung hinausgehende Leistung geschuldet sein (s unten
Rn 246 f). Die Mitwirkung zur Schaffung von Rechtssicherheit (s unten Rn 248 ff) sowie
die Unterstützung der anderen Partei gegenüber Dritten (hier Rn 257 ff) sind weitere
typische Inhalte entsprechender Verpflichtungen.

Eine **Grenze** für Mitwirkungspflichten verläuft dort, wo der ausschließliche **Interes-** 175
sen- und **Risikobereich** einer Partei betroffen ist. Kein Vertragspartner hat die
Pflicht, in einem Bereich mitzuwirken, der sich seinem tatsächlichen und rechtlichen
Zugriff entzieht (so auch BGH ZIP 1990, 224; 1982, 742; BeckOK-BGB/Sutschet [1. 5. 2019]
Rn 55; MünchKomm/Bachmann Rn 72; Soergel/Teichmann § 242 Rn 159 stellt auf die Zumutbarkeit als Kriterium ab).

Der Grundgedanke all dieser Pflichten liegt in der **Durchsetzung des Erfüllungsinte-** 176
resses der Parteien, weshalb Mitwirkungspflichten auch als Sonderfall der **Leistungs-**
treuepflichten bezeichnet werden (vgl etwa BeckOK-BGB/Sutschet [1. 5. 2019] Rn 55;
Gernhuber, Schuldverhältnis § 2 IV 1; allg z Terminologie s oben Rn 142 ff). Hingegen vermag
die Bezeichnung „Loyalitätspflichten" (so Larenz, Schuldrecht I § 2 I) insofern nicht zu
überzeugen, als es sich um Pflichten handelt, die darauf zielen, das Erreichen des

Vertragszweckes **aktiv zu fördern** und alles zu **unterlassen**, was den Vertragszweck gefährdet. Dieses Förderungsmoment bringt die Bezeichnung als **Mitwirkungspflicht** treffender zum Ausdruck (so auch GERNHUBER, Schuldverhältnis § 2 IV 1). Dafür spricht auch, dass solche Pflichten grds einklagbar sind (vgl RGZ 168, 343, 344 f; BGH MDR 1963, 837, 839; MünchKomm/BACHMANN Rn 70; ESSER/SCHMIDT, Schuldrecht I § 6 III), was sie von der sog **allgemeinen Leistungstreuepflicht** unterscheiden soll (BeckOK-BGB/SUTSCHET [1. 5. 2019] Rn 55; s oben Rn 147 f). Überdies kann der Begriff der allgemeinen Leistungstreuepflicht bestenfalls als Sammelbegriff für das gesamte leistungsorientierte und -fördernde Verhalten des Schuldners dienen. Zur näheren Bezeichnung der konkret geschuldeten Verhaltenspflicht erscheint er aufgrund seiner Unbestimmtheit hingegen wenig hilfreich (dennoch als Einteilungskriterium verwendet etwa von NK-BGB/KREBS § 242 Rn 43; BeckOK-BGB/SUTSCHET [1. 5. 2019] Rn 46 ff; PALANDT/GRÜNEBERG § 242 Rn 27 ff).

177 Mitwirkungspflichten kann man zum einen danach unterscheiden, ob sie im **Vorfeld** eines Vertrages, während der **Vertragsdurchführung** oder aber **außerhalb des vertraglichen Bereichs**, also in gesetzlichen Schuldverhältnissen, bestehen. Zum anderen lässt sich auf die verfolgte **Zielrichtung** der Pflichten abstellen. Anhand dieser Unterscheidungsmerkmale soll im Folgenden auf Einzelfälle aus Rspr und Lit eingegangen werden.

b) Mitwirkung im Vorfeld des Vertragsschlusses
aa) Allgemeines

178 Grds besteht im Vorfeld eines Vertragsschlusses aufgrund der Privatautonomie in Form der Abschlussfreiheit (BeckOK-BGB/SUTSCHET [1. 5. 2019] Rn 56) kein klagbarer Anspruch darauf, am **Abschluss des Vertrages** mitzuwirken (MünchKomm/BACHMANN Rn 73; NIRK, Culpa in Contrahendo – eine richterliche Rechtsfortbildung in der Rechtsprechung des Bundesgerichtshofes, in: FS Möhring [1965] 385, 397; vgl insgesamt z Problematik des klagbaren Anspruchs bei Nebenleistungspflichten NEUMANN, Leistungsbezogene Verhaltenspflichten 19 ff). Ausgleich für verletztes Parteivertrauen, insbes im Fall des unbegründeten Abbruchs von Vertragsverhandlungen (BeckOK-BGB/SUTSCHET [1. 5. 2019] Rn 56), erzeugt damit allenfalls die grds. auf das **negative Interesse** beschränkte Haftung aus cic, §§ 280 Abs 1, 311 Abs 2, 241 Abs 2 BGB. Das **positive Interesse** wird nur ausnahmsweise umfasst (MünchKomm/BACHMANN Rn 73; vgl ferner STAUDINGER/FELDMANN/LÖWISCH [2012] § 311 Rn 157 ff).

179 Lediglich vereinzelt hat der Gesetzgeber dieses Prinzip durchbrochen (s unten Rn 180 f) und auch die Rspr hat stets mit Zurückhaltung angenommen, dass sich aus besonderen rechtlichen Nähebeziehungen eine Pflicht ergeben kann, auf den Abschluss eines Vertrages hinzuwirken, so zB bei der **Miterbengemeinschaft** im Hinblick auf das Zustandekommen eines **Auseinandersetzungsvertrages** (OLG Nürnberg RdL 1967, 329; MünchKomm/BACHMANN Rn 73). Bei einem bereits geschlossenen **Vorvertrag** kommt eine schadensersatzpflichtige Erfüllungsverweigerung in Betracht (BGH NJW 1984, 479 f). Auch können Mitwirkungspflichten bei **bedingten Rechtsgeschäften** während des Schwebezustandes bestehen (BGHZ 90, 302, 308; z der problematischen Konstellation, dass die Entstehung der Leistungspflichten von Mitwirkungshandlungen abhängig ist, etwa im Falle zu beschaffender Genehmigungen, s unten Rn 181 ff). Ein Vermieter ist aber beispielsweise nicht verpflichtet, durch eine Mietschuldenfreiheitsbestätigung an der Anbahnung eines vom Mieter mit einem Dritten zu schließenden Mietvertrags mitzuwirken (BGH NZM 2009, 853; MünchKomm/BACHMANN/ROTH [6. Aufl 2012] Rn 63).

bb) Gesetzlich normierte Mitwirkungspflichten vor Vertragsschluss
In der **Anbahnungsphase eines Vertrages** kann die Mitwirkung einer „Partei" von 180
Gesetzes wegen geschuldet sein. Darüber hinaus beinhalten auch die §§ 305 Abs 2
Nr 1, 312a Abs 2 S 1, 312d, 356 Abs 3 S 1, 415 Abs 1 S 2, 482, 491a, 630c Abs 3; 663,
675a BGB Mitwirkungspflichten, die auf der Schutzwürdigkeit einer Partei im Vorfeld eines Vertragsschlusses beruhen.

Darüber hinaus findet sich im **Wertpapierhandelsrecht** mit § 31 Abs 3 WpHG eine 181
Vorschrift, die ebenfalls in diesen Zusammenhang fällt (ausf STÖREAU, Informationspflichten beim Wertpapierhandel nach § 31 Abs 2 S 1 Nr 2 WpHG [Diss Kiel 2003]; LEISCH, Informationspflichten nach § 31 WpHG [Diss München 2004]; aus der Rspr zu § 31 WpHG auch BGH MDR 2004, 1256; NJW-RR 2004, 484). Vor Abschluss eines **Versicherungsvertrages** hat der Versicherer den potenziellen Versicherungsnehmer nach Maßgabe des § 6 VVG hinsichtlich der angebotenen Versicherung zu beraten (z den Einzelheiten LANGHEID NJW 2007, 3665 f).

cc) Außergesetzliche Mitwirkungspflichten vor Vertragsschluss
(1) Allgemeines
Die Rspr hat außergesetzliche **Mitwirkungspflichten vor Vertragsschluss** vor allem 182
dann angenommen, wenn andernfalls die Rechtsbeziehungen der Parteien nicht
zustande kämen. So bedarf es oft im Vorfeld eines Vertragsschlusses **behördlicher Genehmigungen**, die zur wirksamen Durchführung des Schuldverhältnisses erforderlich sind (allg z Problemkreis HÜFFER, Leistungsstörungen durch Gläubigerhandeln [1976] 45 ff; O LANGE AcP 152 [1952/53] 241; H LANGE, in: FS Schmidt-Rimpler [1957] 139 ff). Gläubiger und Schuldner trifft dann die Pflicht, diese Erfüllungshindernisse im Zusammenwirken zu beseitigen bzw alles zu unterlassen, was eine Genehmigung gefährden oder vereiteln könnte (vgl BGHZ 67, 34, 35; 14, 1, 2; BVerwG NJW-RR 1986, 756, 758; PALANDT/GRÜNEBERG § 242 Rn 33).

Die **dogmatische Begründung** einer solchen Pflicht stellt sich allerdings als schwierig 183
dar: Man könnte zum einen darauf abstellen, dass bereits vor vertraglicher Bindung eine allgemeine „**Treuepflicht**" der Parteien besteht, auf den Eintritt der für den Vertragsschluss erforderlichen Bedingungen hinzuwirken (so die hM; vgl etwa für die Rspr RGZ 168, 343, 344 f; 129, 357, 376; 119, 332, 334; 115, 35, 38; BGHZ 14, 1, 2; BGH NJW 1967, 830; 1960, 523; BB 1976, 1291 mwNw; für die Lit MünchKomm/BACHMANN Rn 74). Dies führt jedoch zu einem Wertungswiderspruch gegenüber der oben genannten Prämisse, dass – abgesehen von einem Vorvertrag – keine klagbaren Pflichten im vorvertraglichen Bereich im Hinblick auf die Förderung des Vertragsschlusses bestehen. Deshalb liegt eine Lösung nahe, die sich an der ratio legis des Genehmigungserfordernisses orientiert (so auch STAUDINGER/J SCHMIDT [1995] § 242 Rn 859). Sein Zweck besteht nämlich nicht darin, den Parteien eine Möglichkeit zu geben, sich von dem angebahnten Schuldverhältnis zu lösen, sondern es soll fremde, oft auch öffentlich-rechtliche Belange wahren. Dies verwirklicht das Gesetz durch Anordnung einer (schwebenden) Unwirksamkeit des Schuldverhältnisses bis zur Erteilung der Genehmigung (STAUDINGER/J SCHMIDT [1995] § 242 Rn 859). Die ratio des Genehmigungszwanges erfordert aber andererseits, dass die „Parteien" bereits vor Vertragsschluss insofern gebunden sind, als sie an der Herbeiführung der Genehmigung mitzuwirken haben. Andernfalls würde man ihnen ein allgemeines Reuerecht einräumen, das durch die ratio legis des Genehmigungserfordernisses nicht gedeckt ist (STAUDINGER/J SCHMIDT [1995] § 242 Rn 859).

184 Im Einzelfall sind die „Parteien" deshalb zum einen verpflichtet, durch Herbeiführen oder Unterlassen der Gefährdung einer erforderlichen Genehmigung den Schwebezustand zu beenden, um so die Abwicklung des Schuldverhältnisses zu ermöglichen (BGHZ 14, 1, 2; vgl etwa BGHZ 14, 306, 313 = NJW 1954, 1684 – z – mittlerweile aufgehobenen – § 3 WährG; BGHZ 23, 342, 344 = NJW 1957, 830 – z aufgehobenen WohnsiedlungsG; NJW 1954, 1442; BB 1976, 1291; 1956, 869; DNotZ 1966, 739, 742; JZ 1972, 368; MünchKomm/Bachmann Rn 74; mit Rückgriff auf den Gedanken des § 162 BeckOK-BGB/Sutschet [1. 5. 2019] Rn 66).

185 Zum anderen kann sich in derartigen Fällen eine Pflicht ergeben, **zumutbaren Änderungen** am Rechtsgeschäft selbst zuzustimmen, um die Genehmigung oder Genehmigungsfreiheit herbeizuführen, wenn sich zeigt, dass ein Vertrag in seiner ursprünglichen Form nicht genehmigungsfähig ist (dazu BGH NJW 1976, 1939; 1960, 523; 1957, 543; DB 1970, 584; DNotZ 1966, 739, 742; OLG Köln NJW 1967, 839). Dabei werden nicht nur den Parteien ausschließlich günstige (BGH NJW 1960, 523), sondern vielmehr auch unwesentliche bzw rein formelle (OLG Nürnberg WM 1959, 1251, 1253), teilw sogar nachteilige (BGH NJW 1967, 830, 831) Veränderungen des Rechtsgeschäftes als zumutbar angesehen. In den ehemals praktisch relevanten Fällen nicht genehmigungsfähiger **Wertsicherungsklauseln bzw Preisklauseln** (vgl § 3 WährG aF; ausf z Problematik Dürkes, Wertsicherungsklauseln [10. Aufl 1992] Rn D 343 ff; sowie § 2 PaPkG aF) hat die Rspr Korrekturen von Parteiabreden über die **ergänzende Vertragsauslegung** unter Berücksichtigung von §§ 316, 315 BGB durchgeführt (vgl BGHZ 63, 132, 135; BGH NJW 1986, 932, 933; 1979, 2250; WM 1976, 385; OLG Karlsruhe BB 1981, 2097). Diese Problematik hat ihre Aktualität jedoch mittlerweile verloren, da für Preisklauseln nunmehr kein Genehmigungserfordernis mehr besteht (vgl PrKG v 7. 9. 2007, BGBl I 2007, 2246, 2247; MünchKomm/Bachmann Rn 77). Die von der Rechtsprechung entwickelten Kriterien sind aber weiterhin für die Mitwirkungspflichten vor allem bei behördlichen Genehmigungen heranzuziehen.

(2) Voraussetzungen

186 Allerdings besteht eine solche Mitwirkungspflicht nur dann, wenn die fehlende Genehmigung den einzigen Wirksamkeitsmangel des Vertragsverhältnisses darstellt (MünchKomm/Bachmann Rn 75; Palandt/Grüneberg § 242 Rn 33). Dies hat zur Folge, dass zB bei **Formnichtigkeit** eines Grundstückskaufvertrages keine Verpflichtung des Verkäufers besteht, auf die Erteilung einer Genehmigung hinzuwirken, wenn nicht der Formmangel ausnahmsweise gem § 242 überwunden werden kann (vgl RGZ 119, 332, 334; 115, 35, 38 f; BGH WM 1963, 763, 766; MünchKomm/Bachmann Rn 75; z Überwindung der Formnichtigkeit Staudinger/Looschelders/Olzen § 242 Rn 445 ff). Ebenso wenig entstehen Mitwirkungspflichten, wenn das Genehmigungserfordernis gerade die Entschließungsfreiheit einer Partei sichern will (vgl zB § 108 BGB; ferner Staudinger/ J Schmidt [1995] § 242 Rn 857).

187 Schließlich scheiden solche Pflichten dann aus, wenn der ablehnende behördliche Bescheid unanfechtbar ist (BGH JZ 1972, 368 mwNw; MünchKomm/Bachmann Rn 78) oder die Erteilung der Genehmigung aus sonstigen Gründen aussichtslos geworden ist (BGHZ 76, 242, 248; BGH ZIP 1994, 910; MünchKomm/Bachmann Rn 78). Dabei sind die Erfolgsaussichten eines Rechtsbehelfs nach objektiver ex-ante-Prognose, also aus der Sicht eines vernünftigen Dritten, zu berücksichtigen (BGH WM 1975, 366, 367; MünchKomm/Bachmann Rn 78). Weitergehende Mitwirkungspflichten als die Einlegung möglicher und zumutbarer Rechtsbehelfe bestehen schon deshalb nicht, weil

eine endgültige Versagung der Genehmigung zur Nichtigkeit des Vertrages führt und das gesamte Pflichtenprogramm erlischt. Nach dem Gedanken des § 139 BGB gilt dies grds auch dann, wenn nur einzelne Klauseln betroffen sind (MünchKomm/ BACHMANN/ROTH [6. Aufl 2012] Rn 70; aA für den Bereich der Wertsicherungsklauseln BGH BB 1959, 1006).

Eine Mitwirkungspflicht an einer gem § 141 BGB stets möglichen **Neuvornahme** gibt **188** es nicht grds (so auch MünchKomm/BACHMANN Rn 79), sondern allenfalls als **Naturalrestitution** bei **schuldhafter Verletzung** einer anderen Mitwirkungspflicht (vgl BGH MDR 1963, 837, 838; MünchKomm/BACHMANN Rn 79; für eine verschuldensunabhängige Haftung aufgrundlage der ratio legis des Genehmigungserfordernisses STAUDINGER/J SCHMIDT [1995] § 242 Rn 860).

(3) **Prozessuales**
Die Mitwirkungspflichten auf Herbeiführung einer (behördlichen) Genehmigung **189** sind als selbstständige Nebenpflichten **klagbar** (RG JW 1926, 1427, 1428; RGZ 168, 343, 344 f; PALANDT/GRÜNEBERG § 242 Rn 32; MünchKomm/BACHMANN Rn 80). Dementsprechend kann sich das Klagebegehren auf die **Vornahme der Mitwirkungshandlung** richten; eine Beschränkung auf Schadensersatz besteht also grds nicht. Wenn bei der Verletzung einer Mitwirkungspflicht aber doch Schadensersatz geschuldet wird (vgl dazu STAUDINGER/SCHWARZE [2014] § 281 Rn B 4, D 20, 29 ff), ist der hypothetische Zustand herzustellen, der bei pflichtgemäßem Verhalten vorläge. Stand dem Vertragsschluss und seiner Durchführung allein die fehlende Genehmigung entgegen, richtet sich die Ersatzpflicht daher auf eine Leistung des Erfüllungsinteresses.

(4) **Einzelfälle**
Im Einzelfall müssen die Parteien etwa **schriftliche Ausfertigungen** eines mündlich **190** geschlossenen Vertrages gegenüber der Behörde erteilen oder die nach dem Genehmigungsverfahren **erforderlichen Erklärungen** abgeben (so bereits RG JW 1926, 1427). Das Genehmigungsverfahren darf **nicht hintertrieben** (RGZ 110, 356, 364; 129, 357, 378 ff), mögliche **Verzögerungen** bei der Genehmigungserteilung müssen **bedacht** (OLG Stuttgart NJW 1953, 670) und die **Leistungsfähigkeit** der Parteien nach Beseitigung eines etwaigen Schwebezustandes **sichergestellt** werden (OLG Hamburg MDR 1972, 947; vgl z Ganzen auch MünchKomm/BACHMANN Rn 74).

Im Bereich der **familien- und betreuungsgerichtlichen Genehmigung** trifft den **Vor- 191 mund und Betreuer** lediglich eine **eingeschränkte Mitwirkungspflicht**: Sofern Rechte eingeschränkt würden, deren Ausübung dem Betroffenen aus übergeordneten Gründen vorbehalten bleiben sollen, ist der Vormund oder Betreuer zur Mitwirkung an der Herbeiführung der gerichtlichen Genehmigung verpflichtet (vgl auch STAUDINGER/ J SCHMIDT [1995] § 242 Rn 858). Ansonsten können Vormund und Betreuer grds nach ihrem Ermessen von einem Antrag an das Familien- oder Betreuungsgericht absehen oder auch auf die Mitteilung der erteilten Genehmigung verzichten (vgl dazu auch § 1829 Abs 1 S 2 BGB; MünchKomm/BACHMANN/ROTH [6. Auflage 2012] Rn 66). Der **Schutz des Mündels und des Betreuten** überlagert eine mögliche Mitwirkungspflicht nach den Grundsätzen von Treu und Glauben, sodass der Vormund oder Betreuer seine eigene Genehmigung gem § 108 BGB bzw § 1903 Abs 1 S 2 BGB verweigern kann, ohne treuwidrig zu handeln (vgl BGHZ 54, 71, 75 = NJW 1970, 1414).

c) Mitwirkung bei der Durchführung des Vertrages
aa) Allgemeines

192 Von den bisher behandelten Konstellationen unterscheidet sich die Situation, bei der das Verpflichtungsgeschäft bereits wirksam zustande gekommen ist, die **Durchführung des Vertrages** aber weiterer Mitwirkung der Parteien bedarf, zB weil auch das Erfüllungsgeschäft von einer Genehmigung abhängt (s etwa § 1365 BGB). Hier ergibt sich eine Mitwirkungspflicht der Parteien bereits aus dem rechtswirksamen Grundgeschäft, das auf Abwicklung, also auf Erfüllung, zielt (vgl dazu auch ERMAN/BÖTTCHER § 242 Rn 82; MünchKomm/BACHMANN Rn 83; STAUDINGER/J SCHMIDT [1995] § 242 Rn 858). **Art und Umfang** dieser weiteren Pflichten sind wiederum gesetzlich vorgegeben oder gem §§ 133, 157, 242 BGB im Wege der **Auslegung** festzustellen (z den Rechtsfolgen bei Verletzung der Pflichten STAUDINGER/SCHWARZE [2014] § 281 Rn B 4, D 29 ff).

bb) Gesetzliche Mitwirkungspflichten

193 An zahlreichen Stellen innerhalb und außerhalb des BGB gibt das Gesetz also den Parteien den Umfang der geschuldeten Mitwirkung zur Durchführung ihrer Verpflichtung vor.

(1) Pflichten innerhalb des Bürgerlichen Gesetzbuches

194 Gem § 403 BGB muss etwa der Zedent dem Zessionar eine **öffentlich beglaubigte Urkunde** über die **Abtretung** ausstellen, die dieser uU gem § 410 Abs 1 BGB dem Schuldner auszuhändigen hat.

195 Bei Gewährung eines Darlehens verpflichtet § 492 Abs 3 BGB den Darlehensgeber, dem Darlehensnehmer eine **Abschrift der Vertragserklärungen** zur Verfügung zu stellen. Im Falle der Gesamtfälligstellung eines **Teilzahlungsdarlehens** muss er uU sogar ein **Gespräch** über die Möglichkeiten einer einverständlichen Regelung anbieten, § 498 Abs 1 S 2 BGB.

196 Gem § 546 Abs 1 BGB ist der **Mieter** verpflichtet, die Mietsache nach Beendigung des Mietverhältnisses zurückzugeben (z Umfang dieser Verpflichtung s unten Rn 225). Den **Pächter** trifft diese Mitwirkungspflicht gem § 596 BGB, für den **Entleiher** gilt § 604 BGB. Die §§ 553, 554a, 555a ff BGB beinhalten weitere Nebenleistungspflichten im **Mietrecht**.

197 Auch im **Arztvertragsrecht** finden sich Mitwirkungspflichten der Parteien. Das in § 630c BGB vorgesehene Zusammenwirken von Arzt und Patient im Rahmen des **Behandlungsvertrages**, das auch unter dem Begriff „compliance" bekannt ist, begründet aber lediglich eine Obliegenheit zur Mitwirkung des Patienten an der Behandlung (OLZEN/METZMACHER, Erste Überlegungen zum Referentenentwurf für ein Patientenrechtegesetz, JR 2012, 271, 272; OLZEN/LILIUS-KARAKAYA BtPrax 2013, 127, 128; GERECKE, Non-Compliance und grober Behandlungsfehler – zur fehlenden Mitwirkung des Patienten am pflichtwidrigen Behandlungsgeschehen, MedR 2010, 689 ff). Den **Arzt** trifft hingegen die Pflicht, die relevanten medizinischen Fakten zu Diagnose und Therapie ausreichend zu **dokumentieren**, § 630 f BGB, ebenso zur **Information** und **Aufklärung** des Patienten, §§ 630c, 630e BGB.

198 Nach Abschluss eines **Werkvertrages** ist die Abnahmepflicht des Bestellers gem § 640 BGB zu nennen. UU trifft diesen auch eine Mitwirkungspflicht iSd § 642

BGB oder aber die Pflicht, Sicherheit gem §§ 647, 647a BGB zu leisten. Der Sicherungsgedanke als Nebenleistungspflicht findet sich ebenso in §§ 651r, 651s BGB für den **Reisevertrag**.

Das **Auftragsrecht** kennt mit § 669 BGB eine Vorschrift, die Mitwirkungspflichten im Innenverhältnis von Auftraggeber und Beauftragtem betreffen. Im Recht der **Gesellschaft** bürgerlichen Rechts ist § 735 BGB zu erwähnen, beim **Verwahrungsvertrag** § 697 BGB, bei der **Inhaberschuldverschreibung** § 798 BGB. **199**

Als Mitwirkungspflichten iwS können schließlich die gesetzlichen Regelungen über **Kostentragung** und **Verzinsung** angesehen werden, weil sie ebenfalls Vorgaben für Gläubiger oder Schuldner zur wirtschaftlich angemessenen Durchführung des Schuldverhältnisses beinhalten. Insbes findet sich dieser Gedanke etwa in den §§ 386, 436, 448 Abs 1 und Abs 2, 668, 698 BGB oder auch außerhalb des BGB in § 111 Abs 1 HGB wieder. **200**

(2) Weitere Pflichten außerhalb des BGB
Mitwirkungspflichten außerhalb des BGB begründen zum einen die **handelsrechtlichen Wettbewerbsverbote** der §§ 60, 61 HGB für den Handlungsgehilfen und das aus § 86 Abs 1 HS 2 HGB abzuleitende Wettbewerbsverbot für den Handelsvertreter, sofern dieser Konkurrenzunternehmen im Absatzgebiet vertreten will (vgl dazu auch MünchKomm/BACHMANN Rn 106 mwNw). Für Handelsgeschäfte statuiert § 358 HGB ferner die Pflicht zur **Bewirkung** der Leistung innerhalb der gewöhnlichen Geschäftszeit. Zum anderen kennt auch das Recht der **Personenhandelsgesellschaften** Mitwirkungspflichten bei der Durchführung des Gesellschaftsverhältnisses: Als solche lassen sich etwa die **Anmeldepflichten** der §§ 106, 162 HGB sowie die **Zeichnungspflicht** gem § 153 HGB einordnen. Für das **Kapitalgesellschaftsrecht** seien zB die §§ 53a, 55, 67, 80, 81, 88, 170, 176 AktG und § 35a GmbHG genannt. Im Hinblick auf den **Versicherungsvertrag** ist die durch die VVG-Reform zum 1. 1. 2008 eingeführte **Beratungspflicht** des § 6 (s bereits oben Rn 180) zu beachten, die gem Abs 4 auch nach Vertragsschluss gilt. **201**

Bzgl weiterer zivilrechtlicher Nebengesetze ist auf Art 39 WG und Art 34, 35, 47 ScheckG hinzuweisen. **202**

cc) Außergesetzliche Mitwirkungspflichten
Was iE von den Parteien zur Mitwirkung an der Durchführung eines Vertrages verlangt werden kann, ist zwar im Wege einer **wertenden Einzelfallbetrachtung** gem §§ 133, 157, 242 BGB festzustellen. Die in der Rspr entschiedenen Konstellationen lassen sich aber systematisch anhand der Zielrichtung der jeweils geschuldeten Mitwirkung unterteilen. So kann die Mitwirkungshandlung im Wesentlichen der **Beseitigung von Erfüllungshindernissen** dienen, die **Erbringung der Leistung** als solche erleichtern, in einer eigentlich **nicht geschuldeten Mehrleistung** liegen, die **Schaffung von Rechtssicherheit** bezwecken oder eine **Unterstützung gegenüber Dritten** ermöglichen. **203**

(1) Mitwirkung zur Beseitigung von Erfüllungshindernissen
(a) Allgemeines
Der **Erfüllung** gem § 362 Abs 1 BGB, also dem Bewirken der geschuldeten Leistung, können Hindernisse entgegenstehen, die entweder in einer Parteisphäre begründet **204**

liegen oder aber von außen an das Schuldverhältnis herantreten und so seine ordnungsgemäße Abwicklung stören oder sogar ausschließen. Insofern kann die Parteien eine Pflicht treffen, darauf hinzuwirken, dass solche Hindernisse vermieden bzw aus dem Weg geräumt werden.

(b) Einzelfälle

205 Ist jemand zur **Abtretung** verpflichtet und bezieht sich seine Abtretungserklärung (evtl nach ergänzender Vertragsauslegung) auf einen anderen als den in der Abtretungsurkunde bezeichneten Anspruch, so muss der zur Abtretung verpflichtete Altgläubiger eine erneute klarstellende Erklärung abgeben (OLG Hamburg MDR 1959, 123). Bei Abtretung eines vinkulierten Geschäftsanteils hat der Zedent in der Gesellschafterversammlung für die Genehmigung der Abtretung zu stimmen (BGHZ 48, 163, 166 = NJW 1967, 1963; Müller/Hempel AcP 205 [2005] 246, 266 f).

206 Bei Leistungen ins **Ausland** sind die Parteien uU verpflichtet, etwaige Ausfuhr- oder Devisengenehmigungen einzuholen (MünchKomm/Bachmann Rn 81) oder erforderliche Atteste bzw Analysen der Ware dem Exporteur auszuhändigen, sofern dieser sie benötigt, um Exportgenehmigungen für die Waren zu erhalten. Eine Pflicht zur Duldung der Werkskontrolle durch eine ausländische Dienststelle wurde bei einem unbedeutenden Auftrag hingegen verneint (BGH BB 1956, 869; OLG München BB 1954, 547).

207 Beim Wechsel seiner **Bankverbindung** ist der Gläubiger idR verpflichtet, in besonders auffälliger Weise oder sogar durch ausdrückliche Information darauf aufmerksam zu machen (OLG Frankfurt NJW 1998, 387).

208 Der Verkäufer einer fremden Sache kann gehalten sein, die Zustimmung des **Eigentümers** zur Eigentumsübertragung gem §§ 929, 185 BGB einzuholen, sofern sich letzterer gegen Entgeltzahlung dazu bereit erklärt hat (Staudinger/J Schmidt [1995] § 242 Rn 882). Mit der Pflicht, alles zu unterlassen, was die Erteilung einer Genehmigung gefährden oder vereiteln könnte, lässt es sich nicht vereinbaren, wenn eine **Eigentumswohnung** zum Gebrauch an einen nicht wohnberechtigten Käufer überlassen wird (vgl § 4 Abs 2 S 1 WoBindG; ferner BVerwG NJW-RR 1986, 756, 758). Zu den Mitwirkungspflichten des Verkäufers eines Grundstücks gehört die Beseitigung von Hindernissen, welche einer Umschreibung des Eigentums im **Grundbuch** im Wege stehen (BGH NJW 2007, 3777, 3779 Rn 33).

209 Bei **fehlender Genehmigungsfähigkeit** der Erfüllungsmodalitäten einer Parteiabrede kann Anpassung oder Vertragsänderung geschuldet sein, wenn unter Wahrung der Identität des Leistungsgegenstandes eine Erfüllung in anderer Weise als ursprünglich vorgesehen möglich und dem Schuldner nach Abwägung der Interessenlage auch zumutbar ist (BGH NJW 1976, 1939). Dies gilt etwa für den Fall einer erforderlichen Registereintragung, zu deren Herbeiführung vertragliche Mängel behoben werden müssen (für den Fall der Gründung einer Kapitalgesellschaft MünchKomm/Bachmann Rn 82 mwNw). Eine Anpassung von Leistung und Gegenleistung kommt ausnahmsweise gem § 313 BGB wegen Störung der Geschäftsgrundlage in Betracht (vgl Staudinger/Schmidt-Kessel [2006] § 313; ferner BGHZ 38, 146, 149 = NJW 1963, 49).

Titel 1
Verpflichtung zur Leistung § 241

(2) Mitwirkung zur Durchführung der Leistung
(a) Allgemeines
Bei der **Durchführung der Leistung** haben sowohl Schuldner als auch Gläubiger, 210
jedoch in unterschiedlichem Maße, mitzuwirken.

(aa) Pflichten des Schuldners
Die **Bewirkung der Leistung** fällt grds in den Risikobereich des **Schuldners**. Er muss 211
aus eigener Kraft sicherstellen, dass der Leistungserfolg beim Gläubiger eintritt.
Wenn zB ein Grundstück veräußert wird, ist es Sache des Käufers, den Kaufpreis
aufzubringen, § 433 Abs 2 BGB. Hilfestellungen des Gläubigers bzw Verkäufers,
etwa in Form der Bestellung eines Grundpfandrechtes an seinem Grundstück zur
Aufbringung des Geldes, darf der Schuldner deshalb prinzipiell nicht erwarten (RG
LZ 1927, 1124; MünchKomm/BACHMANN Rn 88).

Der Schuldner kann über die eigentliche Leistungshandlung hinaus zu **zusätzlichen** 212
Handlungen verpflichtet sein, um den Eintritt des Leistungserfolgs zu ermöglichen.
Er hat generell Vorkehrungen dafür zu treffen, dass der angestrebte Leistungserfolg
nicht gefährdet oder verhindert wird (vgl auch BGH NJW-RR 1996, 949, 950). Als Unterfall trifft ihn die Pflicht zu **Schutz und Obhut** für den Leistungsgegenstand (so auch
STAUDINGER/J SCHMIDT [1995] § 242 Rn 863 ff; hingegen stuft MünchKomm/BACHMANN Rn 96
diesen Fall als leistungssichernde Nebenpflicht ein; ERMAN/BÖTTCHER § 242 Rn 76 mit eigenständiger Kategorie). Weitere mögliche Mitwirkungshandlungen zur Durchführung der Leistung können in der **Erteilung von Bescheinigungen und Informationen** (so etwa nach
früherem Recht auch das Beigeben einer verständlichen Montageanleitung, vgl OLG Oldenburg
NJW-RR 1988, 540; z Rechtslage nach der Schuldrechtsreform BRAND, Probleme mit der „Ikea-Klausel", ZGS 2003, 96 ff), dem **Einhalten von Vertragstreue**, der Beachtung der **Vertraulichkeits- und Geheimhaltungspflicht** (für den Detektivvertrag AG Leer NJW-RR 2007,
683 f) und dem **Unterlassen von Vertrauensmissbrauch** liegen (MünchKomm/BACHMANN
Rn 101 ff bezeichnet diese Fälle ebenfalls als leistungssichernde Nebenpflichten). Die Intensität
der Schuldnerpflichten wächst dabei mit der **personalen Nähe** der Parteien des
Schuldverhältnisses und dessen Rechtscharakter (vgl HUECK, Der Treuegedanke im modernen Privatrecht 17 f; vgl insgesamt dazu auch FUCHS, Kooperationspflichten der Bauvertragsparteien [Diss München 2003] 142 ff).

(bb) Pflichten des Gläubigers
Dagegen besteht prinzipiell **keine Rechtspflicht** des **Gläubigers**, den Schuldner bei 213
der erforderlichen Leistungshandlung **zu unterstützen**. Mitwirkungen des Gläubigers
bei der Leistungserbringung sind deshalb regelmäßig Gegenstand einer bloßen **Obliegenheit** (vgl dazu MünchKomm/ERNST § 280 Rn 135 u oben Rn 120 ff).

Dennoch kann sich im Wege der Auslegung gem §§ 133, 157 BGB iVm § 242 BGB 214
ausnahmsweise doch eine Hilfspflicht des Gläubigers ergeben, wenn die erforderliche Handlung oder Unterlassung dem Gläubiger zumutbar ist und ihm daraus
keinerlei Nachteile erwachsen. Die umfangreiche Kasuistik lässt sich wiederum anhand des **Näheverhältnisses** von Schuldner und Gläubiger ordnen (vgl z einem ähnlichen
Ansatz auch HUECK, Der Treuegedanke im modernen Privatrecht 17 f).

Bei Schuldverhältnissen, deren alleiniges Ziel der **Austausch von Leistungen** dar- 215
stellt, sind keine weit reichenden Mitwirkungspflichten des Gläubigers anzunehmen

(STAUDINGER/J SCHMIDT [1995] § 242 Rn 869). Hingegen wächst die Intensität der Gläubigerverpflichtung mit der Dichte des Schuldverhältnisses. So lassen sich bei Fällen der **Gebrauchsgewährung**, bei **Sicherungsvereinbarungen**, bei **Dienst- und Arbeitsverhältnissen** sowie insgesamt bei **Dauerschuldverhältnissen** aufgrund der gesteigerten Parteinähe auch an das Gläubigerverhalten erhöhte Anforderungen stellen (vgl z dieser Unterteilung auch STAUDINGER/J SCHMIDT [1995] § 242 Rn 869 ff; zu Schuldnerpflichten s unten Rn 216 ff), deren Missachtung eine Schadensersatzpflicht des Gläubigers begründen kann.

(b) Einzelfälle zur Mitwirkung des Schuldners bei der Leistungserbringung
(aa) Pflichten im Austauschverhältnis

216 Im **reinen Austauschverhältnis** steht also die Konzentration auf den eigentlichen Leistungsgegenstand im Mittelpunkt (STAUDINGER/J SCHMIDT [1995] § 242 Rn 869). Das Programm der Nebenleistungspflichten umfasst jedoch nicht nur die Leistungserbringung als solche, sondern auch deren Modalitäten. Der Schuldner hat aus diesem Grunde insbes darauf hinzuwirken, dass seine Leistung **nicht verspätet** oder zur **Unzeit** erfolgt (s bereits RGZ 92, 208, 210 f; PWW/SCHMIDT-KESSEL/KRAMME § 242 Rn 69). Hingegen gefährden **Ehrverletzungen** oder **Denunziationen** grds den Vertragszweck nicht (BGH LM § 276 [Hd] Nr 1; OLG Hamburg MDR 1955, 289; s Rn 153, 157, 162, 501, 528), weil die Pflichten im Vertrauensbereich hier nicht besonders stark ausgeprägt sind. UU kann jedoch derjenige gegen seine Pflicht zu **vertragskonformem Verhalten** verstoßen, der ohne rechtfertigenden Grund erklärt, sich nicht mehr an ein gegebenes Leistungsversprechen oder an vereinbarte Bedingungen halten zu wollen oder die Gültigkeit eines Vertrages bestreitet (vgl RGZ 171, 297, 301 – grundloses Nachbesserungsverlangen; BGH MDR 1968, 915; VersR 1972, 970, 971; NJW 1978, 103; vgl z den Nebenleistungspflichten im Werkvertrag auch BGH BB 2001, 1224).

217 Betrifft die Leistung einen **körperlichen Gegenstand**, kann sich eine Pflicht zur ordnungsgemäßen **Aufbewahrung und Obhut**, zum **Schutz vor Einwirkungen** durch Dritte oder vor **Gefährdung durch Naturerscheinungen** ergeben (vgl dazu auch RGZ 108, 341, 343; BGH DB 1972, 34; OLG Naumburg NJ 2003, 267 [z Werkvertrag]; NK-BGB/KREBS § 242 Rn 44; MünchKomm/BACHMANN Rn 96; SOERGEL/TEICHMANN § 242 Rn 166). Diese Pflicht weist aber uU auch Integritätsbezug iSd Abs 2 auf (s Rn 153, 157, 162, 487 ff), sodass man für die Rechtsfolgen einer Pflichtverletzung unterscheiden muss (s auch MÜLLER/HEMPEL AcP 205 [2005] 246, 267 f), ob der Schwerpunkt dort oder auf dem Schutz des Äquivalenzinteresses liegt.

218 Der Vertragsgegenstand ist zB vor **Verderb und Verschlechterung** zu bewahren und insgesamt in einem **ordnungsgemäßen Zustand** zu erhalten (STAUDINGER/J SCHMIDT [1995] § 242 Rn 864). Dabei darf sich ein **Reinigungsbetrieb** aber grds auf Pflegezeichen in Kleidungsstücken verlassen und schuldet bei ihrer Einhaltung deshalb auch keinen Schadensersatz (AG Offenbach NJW-RR 2003, 385). **Tiere** sind uU zu füttern, **Maschinen** zu warten und **Waren** sicher zu lagern oder zu verpacken (vgl BGH NJW 1999, 3487; LG Frankfurt aM NJW-RR 1986, 967; MünchKomm/BACHMANN Rn 96; ENNECCERUS/LEHMANN, Schuldrecht § 4 II 2). **Verzögert** sich die **Abnahme** der Ware, besteht, solange der Verkäufer von seinem Recht zur Hinterlegung bzw zum Selbsthilfeverkauf keinen Gebrauch gemacht hat, diese Obhutspflicht weiter (RGZ 108, 341, 343; BGH LM § 323 Abs 1 aF Nr 3). Der **Verkäufer** einer Maschine schuldet die notwendige **Bedienungsanleitung** bzw **Einweisung** in den Gebrauch (BGHZ 47, 312; GRIGOLEIT, in: FS Canaris

[2007] 275, 279; MÜLLER/HEMPEL AcP 205 [2005] 246, 264 ff; vgl z Montageanleitung nunmehr auch § 434 Abs 2 S 2 BGB u oben Rn 212) und grds den **Einbau** und nicht nur die Zusendung **fehlender Einzelteile** (BGH WM 1989, 1866, 1868). Werden **neuartige Werkstoffe** verkauft, ist über die zweckmäßige Verwendung zu informieren (BGH LM § 459 Abs 1 aF Nr 7). Der Verkäufer von **Benzin** hat das Normal- und Superbenzin in den für die jeweilige Sorte vorgesehen Tank zu füllen (BGHZ 107, 249).

Bei einem **Werkvertrag** kann sich etwa die Pflicht zur **ordnungsgemäßen Verladung** 219 von Waren ergeben (vgl dazu BGH NJW-RR 1995, 1241). Zudem hat der Unternehmer **Mängelbehauptungen** des Bestellers zu prüfen sowie Grund und Umfang seiner Leistungspflicht selbst zu beurteilen (OLG Oldenburg 21. 8. 2018 – 2 U 62/18 juris Rn 54, NJW 2019, 83 m Anm FELDMANN, NZBau 2019, 90, 92). Ein durch einen Architekten vorgegebener **Kostenrahmen** ist vom Unternehmer **einzuhalten** (BGH NJW-RR 1997, 850). Im Einzelfall kennt ein Austauschverhältnis die Verpflichtung, eine **Sachversicherung** abzuschließen (RGZ 50, 169; s Rn 153, 157, 161, 481), **Geld** ist uU verzinst anzulegen (BGHZ 26, 7, 9 = NJW 1958, 137). Der Schuldner eines **Luftbeförderungsvertrages** hat den Fluggast mit Wohnsitz in Deutschland bei Vertragsabschluss auf Stornokosten für den Fall seines Rücktritts ausdrücklich hinzuweisen (AG Frankfurt aM NJW-RR 2003, 641; vgl Rn 477 f).

Bei **Rechten** geht die entsprechende Verpflichtung des Schuldners dahin, das **Recht** 220 ungeschmälert in seinem vertragsgemäßen Bestand **zu erhalten** und evtl Umstände, die ein Erlöschen des Rechts zur Folge hätten, zu beseitigen (STAUDINGER/J SCHMIDT [1995] § 242 Rn 864). Ist der Schuldner zur Bestellung eines beschränkt dinglichen Rechts verpflichtet, so muss er vor der Eintragung dieses Rechts im Grundbuch darauf achten, dass weitere Verfügungen über das Grundstück die Eintragung weder unmöglich machen noch ins Belieben eines Dritten stellen (BGH 19. 1. 2018 – V ZR 273/16 Rn 20, MDR 2018, 589, 590).

(bb) Pflichten bei Gebrauchsgewährung
Bei Verträgen, die eine **Gebrauchsgewährung** zum Gegenstand haben (etwa Miete 221 oder Pacht), den **Sicherungs- und Treuhandschuldverhältnissen** (hierzu Rn 226), **Dienst- und Arbeitsverhältnissen** sowie sonstigen **Dauerschuldverhältnissen** (vgl u Rn 227 ff) erhöhen sich aufgrund der durch sie begründeten Nähebeziehung die Anforderungen, die gem §§ 133, 157, 242 BGB an das Leistungsverhalten des **Schuldners** zu stellen sind (z Gläubigerpflicht s oben Rn 213 ff). Zum charakteristischen Leistungsinhalt gehören hier neben den konkret zu erbringenden Sach-, Dienst- oder Arbeitsleistungen und der Obhut für diesen Leistungsgegenstand (dazu mit Bsp SOERGEL/TEICHMANN § 242 Rn 166) gerade auch die Herstellung und Aufrechterhaltung des **Vertrauensverhältnisses** zwischen den Vertragsparteien (STAUDINGER/J SCHMIDT [1995] § 242 Rn 864).

So darf etwa nicht verhindert werden, dass ein **gewerblicher Nutzer** von **Mieträumen** 222 auf seinen Betrieb aufmerksam macht. Der Vermieter hat vielmehr die Anbringung von **Praxisschildern** und **Reklametafeln** sowie von sonstigen Hinweisen im Rahmen des Ortsüblichen zu dulden (AG Frankfurt aM NJW 1957, 1600; s Rn 153, 157, 161, 506). Auch hat er den **Zugang** von Publikum – ggf auch in größerem Umfang (zB Arztpraxis, Vertreter- oder Maklerbüro) – **hinzunehmen** (STAUDINGER/J SCHMIDT [1995] § 242 Rn 869).

223 Unberechtigte Kündigungen (BGHZ 89, 296; 53, 150; 51, 192; BGH NJW 1988, 1268, 1269; OLG München NJW-RR 1995, 292, 294), etwa unter **Vorspiegelung eines Kündigungsgrundes** (OLG Karlsruhe NJW 1982, 54), sowie deren **Androhung** (vgl PALANDT/GRÜNEBERG § 280 Rn 26; **aA** OLG Hamm NJW-RR 1996, 1294) sind zu unterlassen.

224 Darüber hinaus darf der **Gebrauchsüberlasser** weder durch eigene Tätigkeit noch durch die Überlassung von Räumen in demselben Gebäude – oder sogar in einem Nebenhaus (vgl OLG Koblenz NJW 1960, 1253) – an einen Konkurrenten des Nutzungsberechtigten bewirken, dass diesem **Wettbewerb** entsteht (RGZ 136, 266, 267 ff; BGHZ 70, 79; BGH NJW-RR 1989, 263; WM 1985, 1175, 1176; NJW 1979, 1405; MDR 1961, 593; OLG Karlsruhe WM 1990, 1120, 1121; JOACHIM, Konkurrenzschutz im gewerblichen Mietrecht, BB 1986 Beilage 6, 12; s Rn 153, 157, 161, 518 ff). Dies gilt ebenso zugunsten freiberuflich Tätiger (BGHZ 70, 79; OLG Karlsruhe NJW 1972, 2224). Diese Grundsätze wurden von der Rspr auf das **Pachtverhältnis** (OLG Celle MDR 1964, 59; vgl aber auch OLG Koblenz ZMR 1993, 72, 73) sowie auf das Verhältnis von Eigentümer und **Erbbauberechtigtem** übertragen (OLG Karlsruhe WM 1962, 26, 27). Einzubeziehen sind **Umgehungsversuche** durch die Parteien (vgl MünchKomm/BACHMANN/ROTH [6. Aufl 2012] Rn 94 mwNw). Bei der Annahme einer solchen Pflicht zur **Unterlassung von Wettbewerb** ist jedoch stets das Verhältnis zu den uU einschlägigen wettbewerbsrechtlichen Sonderregelungen zu berücksichtigen (vgl dazu krit STAUDINGER/J SCHMIDT [1995] § 242 Rn 871).

225 Umstr ist, welche Art von Pflicht den **Mieter** zur **Wiederherstellung einer beschädigten Mietsache** iRd Rückgabepflicht des § 546 BGB trifft. Das Problem liegt darin, ob der Mieter gem § 546 BGB die Rückgabe im vertragsgemäßen Zustand schuldet, sodass es sich bei der Wiederherstellung um die Erfüllung einer **Nebenleistungspflicht** handelt (so etwa BGH WuM 1997, 217), oder aber ob eine solche Pflicht nur als allgemeine **Rücksichtspflicht** iSd Abs 2 besteht (so BGH 28. 2. 2018 – VIII ZR 157/17 juris Rn 9, NJW 2018, 1746; BGH 27. 6. 2018 – XII ZR 79/17 juris Rn 16, NJW-RR 2018, 1103; GRÖSCHLER, in: FS Konzen [2006] 109, 111; z den Pflichten bei der Rückgabe der Mietsache auch EISENHARDT, Haupt- und Nebenpflichten des Mieters bei Rückgabe der Mieträume, WuM 1998, 447 ff; s Rn 153, 157, 161, 505). Gegen die Annahme einer Nebenleistungspflicht spricht, dass § 546 BGB nur die Pflicht zur **Herausgabe** begründet, aber nicht definiert, in welchem Zustand sich die Mietsache dabei zu befinden hat. Zudem betrifft die Beschädigung des Mietgegenstandes oftmals nicht das Leistungs-, sondern das Integritätsinteresse, sodass idR eine **Rücksichtspflicht** iSd Abs 2 verletzt ist (vgl z Problematik insgesamt auch KANDELHARD, Kurze Verjährung rückgabeveranlasster Vermieterersatzansprüche, NJW 2002, 3291 ff; RICKER, Verjährungsprobleme bei Herstellungs- und Schadensersatzansprüchen des Vermieters wegen Veränderungen oder Verschlechterungen der Mietsache, NZM 2000, 216 ff).

(cc) Pflichten bei Sicherung und Treuhand

226 Bei **Sicherungs- und Treuhandschuldverhältnissen** bestimmt in erster Linie der Sicherungszweck das Pflichtenprogramm der Parteien. Insofern trifft sie regelmäßig auch eine ergänzende Pflicht, durch Mitwirkung Gefährdungen dieser Zwecke zu vermeiden, also alle **Maßnahmen zur Sicherung, Erhaltung** und **Verwirklichung** der übertragenen Rechte zu treffen (BGH NJW 1966, 2009). Drohende Zwangsvollstreckungen sind etwa abzuwehren, und der Sicherungsnehmer muss den Sicherungsgeber entsprechend informieren (SERICK, Eigentumsvorbehalt und Sicherungsübertragung § 1 IV 4a; z weiteren Bsp s unten Rn 256).

(dd) Pflichten in Arbeits-, Dienst- und sonstigen Dauerschuldverhältnissen
Im Bereich eines **Arbeitsverhältnisses** kann es dem **angestellten Erfinder** verwehrt 227
sein, eine **Patentnichtigkeitsklage** zu erheben (vgl BGH MDR 1956, 83 mit abl Anm Nipperdey). Die arbeitsrechtliche Treuepflicht (vgl Staudinger/Looschelders/Olzen § 242 Rn 797 f, 803 ff) begründet durch die Einbindung des Arbeitnehmers in den Produktionsprozess (vgl auch Beaucamp, Das Arbeitsverhältnis als Wettbewerbsverhältnis, NZA 2001, 1011 ff; Wisskirchen, Außerdienstliches Verhalten von Arbeitnehmern [Diss Berlin 1999]) **Nebenleistungspflichten** (vgl etwa LAG Sachsen NJOZ 2001, 1904; Schäfer, Pflicht zu gesundheitsförderndem Verhalten?, NZA 1992, 529; z arbeitsvertraglichen Nebenleistungspflicht z Durchführung einer Alkoholtherapie LAG Düsseldorf BB 1997, 1799; Künzl, Arbeitsvertragliche Nebenpflicht zur Durchführung einer Alkoholtherapie?, NZA 1998, 122 ff; z Pflicht des Arbeitnehmers z Unterlassung beleidigender Äußerungen s unten Rn 509), die sich etwa darin äußern, dass bestimmte **Wettbewerbshandlungen** für den Zeitraum der Beschäftigung zu unterlassen sind. Eine **Nebentätigkeit** des Arbeitnehmers kann selbst dann, wenn sie keinen unzulässigen Wettbewerb darstellt, zu vermeiden sein (vgl dazu LAG Baden-Württemberg BB 1970, 710; BAG NZA 2010, 693, 694; MünchKomm/Bachmann/Roth [6. Aufl 2012] Rn 96 mwNw; s Rn 153, 157, 161, 518 ff, 527).

Für den **Arbeitgeber** als Schuldner der Entgeltzahlungsverpflichtung besteht aber 228
keine Pflicht, den Arbeitnehmer mit Verkehrsmitteln zum Arbeitsplatz zu befördern (vgl dazu BAG BB 2003, 795; z den idR integritätsbezogenen Fürsorgepflichten des Arbeitgebers u Rn 507 f).

Beim **Dienstverhältnis** soll ein **Handelsvertreter** auch ohne ausdrückliches Verbot im 229
Vertrag während seiner Laufzeit weder für ein Konkurrenzunternehmen tätig werden (BGHZ 42, 59, 61 = NJW 1964, 1621) noch Geschäfte auf eigene Rechnung vornehmen dürfen. Diese Verpflichtung trifft uU sogar andere Arbeitnehmer des Unternehmers (vgl z Problemkreis für selbstständige Handelsvertreter Thume, Das Wettbewerbsverbot des Handelsvertreters während der Vertragszeit, WRP 2000, 1033 ff). Das Gleiche gilt für einen **Verfasser**, der während der Dauer eines Verlagsvertrages kein Werk in einem anderen Verlag erscheinen lassen darf, das für seinen Verleger zu einem ernsthaften Wettbewerbsdruck führen kann (BGH NJW 1973, 802; z entspr Beschränkungen bei einem Vertrag über die Herstellung u den Vertrieb eines Kajütmotorbootes BGH NJW-RR 1989, 1304, 1305).

Der **Anwaltsvertrag** begründet für den Anwalt uU die Pflicht, Zahlungsansprüche 230
gegen den Mandanten erst dann geltend zu machen, wenn er keine anderen Zahlungsverpflichteten in Anspruch nehmen kann, insbes also keine Erstattung aus der Staatskasse für Kosten eines Ordnungswidrigkeitenverfahrens möglich ist (vgl dazu AG Bielefeld VersR 2001, 399).

Den **Franchisegeber** kann eine Pflicht treffen, alles zu unterlassen und bei Franchi- 231
senehmern zu unterbinden, was die Durchführung der Franchisevereinbarung gefährdet (BGH NJW 1997, 3304, 3307 – Benetton I; MünchKomm/Bachmann/Roth [6. Aufl 2012] Rn 96).

Ein **Makler**, der sich in einem Alleinauftrag verpflichtet, für den Verkäufer einer 232
Immobilie provisionsfrei tätig zu werden, darf seinem Auftraggeber nicht drohen, den Abschluss eines Kaufvertrages scheitern zu lassen, falls dieser sich nicht bereit

findet, doch eine Provision zu zahlen (OLG Hamm NJW-RR 2001, 710). Ebenso kommt die Verletzung einer vertraglichen Nebenpflicht dann in Betracht, wenn sich ein Makler iR eines Maklergemeinschaftsgeschäfts im Widerspruch zu einer vertraglichen Absprache gegenüber seinen Kunden auf einen niedrigeren als den zuvor zwischen den Maklern vereinbarten Provisionssatz einlässt (OLG Dresden VersR 2003, 902, 903). Hingegen liegt keine Verletzung einer Nebenleistungspflicht durch einen Makler vor, wenn er in **Doppeltätigkeit** für einen Vertragsteil als Vermittlungsmakler und für den anderen als Nachweismakler tätig ist, weil es in solchen Fällen regelmäßig nicht zu vertragswidrigen Interessenkollisionen kommt (LG Hannover NJW-RR 2001, 566).

233 Der **Subunternehmer** verletzt seine vertraglichen Nebenpflichten gegenüber seinem Auftraggeber, wenn er das Vertragssoll durch direkte Verhandlungen mit dem Planer des Bauherrn abweichend vom üblichen Stand der Technik konkretisiert, ohne dies seinem Auftraggeber mitzuteilen (OLG Dresden NJW-RR 2001, 664).

234 Im Gesellschaftsrecht haben die Mitwirkungspflichten unter dem Stichwort Treuepflichten besondere Relevanz (MünchKomm/Bachmann Rn 92; vgl Staudinger/Olzen/Looschelders § 242 Rn 955 ff). Die Regelung im **Gesellschaftsvertrag** einer GmbH, an der mehrere gleichzeitig zu Geschäftsführern bestellte Gesellschafter beteiligt sind, wonach Beschlüsse der Gesellschafterversammlung Einstimmigkeit erfordern, kann zwar regelmäßig nicht dahin ausgelegt werden, dass sie eine Nebenleistungspflicht der Gesellschafter zur Geschäftsführung begründet, sodass eine einseitige Niederlegung des Geschäftsführeramts eine Pflichtverletzung darstellen würde (OLG Hamm BB 2002, 1063; allg z Nebenleistungspflichten in der Gesellschaft auch BGH NJW-RR 1993, 607; Janke, Die Nebenleistungspflichten bei der GmbH [Diss Stuttgart 1996]). In Ausnahmefällen ist ein Gesellschafter (bei Sanierungsfällen) aber dazu verpflichtet, einem Gesellschaftsbeschluss, der seine Gesellschafterstellung aufhebt, zuzustimmen (BGH NJW 2010, 65, 67). Ferner folgt aus einem Gesellschaftsvertrag unter Berücksichtigung der gesellschaftsrechtlichen Treuepflicht uU die Vorgabe, **Wettbewerb** in bestimmter Form zu **unterlassen** (vgl etwa LG Hamburg NZG 1998, 687; s Rn 153, 157, 161, 518 ff).

235 Im **Sukzessiv-** bzw **Ratenlieferungsvertrag** erfordert die Gesamtabwicklung ebenfalls regelmäßig die besondere Verlässlichkeit des Vertragspartners. Seine **Zuverlässigkeit** kann demnach als Nebenleistung geschuldet sein (vgl RGZ 149, 187, 190; 104, 39, 41; 54, 98, 102 f; BGH NJW 1978, 260; 416, 417; OLG Frankfurt JZ 1985, 337). So darf etwa der Käufer, der in langjähriger Geschäftsbeziehung vom Verkäufer regelmäßig gleichartige, mangelfreie Ware bezieht, darauf vertrauen, auf Änderungen der Beschaffenheit des Kaufgegenstandes hingewiesen zu werden (BGH NJW 1996, 1537).

236 In sonstigen **Dauerschuldverhältnissen** mit personenrechtlichem Einschlag ist es geboten, ein ungehöriges oder beleidigendes Verhalten zu unterlassen, das die Zusammenarbeit dem anderen Teil unzumutbar macht (RGZ 140, 378, 385; 128, 1, 16; 78, 385, 387 f; RG DR 1939, 1441; BGHZ 4, 108, 121; BGH NJW 1990, 40, 41; 1989, 1482, 1483; 1981, 1264; 1973, 92; LAG Chemnitz ZfSH/SGB 2003, 37; z Recht anders, wenn nur noch Leistungen ausstehen, für die kein Zusammenwirken mehr erforderlich ist, OGHZ 1, 258, 262 m Anm Coing NJW 1949, 262; z ähnlichen Fall des Sukzessiv- oder Ratenlieferungsvertrages RGZ 149, 187, 190; 104, 39, 41; 54, 98, 102; BGH NJW 1978, 260; 416, 417; OLG Frankfurt JZ 1985, 337; s Rn 153, 157, 161, 515). Auch dürfen die Parteien die Verträge nicht unberechtigt kündigen bzw

hiervon zurücktreten (MünchKomm/BACHMANN Rn 103; BGH NJW 2009, 1262; NJW 2009, 2059). Ebenso kann die Pflicht im Dauerschuldverhältnis (vgl etwa BAG NJW 2001, 2994; LAG Berlin NZA-RR 2001, 85) bestehen, dass der Leistende, der an sich zur Kündigung berechtigt ist, schutzwürdige Belange der Gegenpartei berücksichtigen und insofern etwa auf eine in die Insolvenz treibende **Kreditkündigung** verzichten muss (BGH WM 1987, 921; OLG Hamm ZIP 1985, 1387; vgl aber auch OLG Karlsruhe WM 1991, 1332; OLG Hamm WM 1991, 402; z Kündigung einer Kontoverbindung OLG Brandenburg NJW 2001, 450; EICHHOLT, Kündigung von NPD-Konten, NJW 2001, 1400; z Problematik allg CANARIS ZHR 143 [1979] 113; MÖLLERS, Die Haftung der Bank bei Kreditkündigung [1991]; VOGLIS, Kreditkündigung und Kreditverweigerung der Banken [2001]). Eine Pflicht zur **Gewährung neuer Kredite** besteht dagegen grds nicht (so OLG Karlsruhe WM 1991, 1332; BATEREAU, Die Haftung der Bank bei fehlgeschlagener Sanierung, WM 1992, 1517, 1519; **aA** CANARIS ZHR 143 [1979] 113, 124 ff). Neben dem **Leistungsinteresse** ist in solchen Fällen gleichzeitig regelmäßig das **Integritätsinteresse** in Form des Vermögensschutzes einer Partei betroffen, weshalb auch eine Einstufung als Rücksichtspflicht iSd Abs 2 in Betracht kommt, wenn der Vermögensschutz im Vordergrund steht (s Rn 153, 157, 161, 503). Letzteres trifft etwa auf die Pflicht einer Bank zu, die Kreditwürdigkeit ihrer Kunden nicht durch öffentliche Äußerungen zu gefährden (BGH NJW 2006, 830 ff; z den Einzelheiten daher Rn 503).

(ee) Pflichten in atypischen Vertragsverhältnissen
Es steht den Parteien offen, **untypische Vertragszwecke** zu vereinbaren, die ein 237 besonderes Pflichtenprogramm für den Schuldner entstehen lassen. Auch hier ergibt sich für ihn eine Pflicht, alles zu unterlassen, was die Erreichung der vereinbarten Zwecksetzungen gefährden könnte (vgl etwa z Bankgarantievertrag LG Frankfurt aM NJW 1981, 56; z Bauträgervertrag BGH NJW 1974, 849, 850; z Entsorgungsvertrag OLG Hamm NJW-RR 1990, 667; z Mehrwertdienstevertrag ZAGOURAS, Zivilrechtliche Pflichten bei der Verwendung von Sprachmehrwertdiensten – Ansprüche und Einwendungen der Nutzer von 0190er- und 0900er-Rufnummern nach dem TKG, MMR 2005, 80 ff; z Mobilfunkvertrag KÖHLER, Der Mobilfunkvertrag [Diss Düsseldorf 2005] 70 ff; z Sponsoring-Vertrag HOHLOCH, Sponsoring-Vertrag – zur Struktur eines „atypischen Vertrags", in: FS Westermann [2008] 299 ff).

(c) Einzelfälle zur Mitwirkung des Gläubigers bei der Leistungserbringung
Obwohl die Leistungserbringung grds in den Risikobereich des Schuldners fällt 238 (s oben Rn 211), kann auch der Gläubiger im Einzelfall verpflichtet sein, die Durchsetzung vereinbarter oder üblicher Leistungs- oder Finanzierungsmodalitäten zu fördern. Entsprechende Verpflichtungen basieren nur im Einzelfall auf **gesetzlicher** Grundlage. So hat etwa der Käufer im Rahmen eines Handelskaufes die ihm zugesendete Sache im Falle einer Beanstandung gem § 379 Abs 1 HGB vorübergehend aufzubewahren. Im Übrigen sind sie im Wege der **Auslegung** des Schuldverhältnisses gem §§ 133, 157, 242 BGB zu ermitteln. Die Intensität der Gläubigerpflichten wächst hierbei ebenso wie diejenige der Schuldnerpflichten (s oben Rn 212) mit der **Nähebeziehung** zwischen den Parteien aufgrund der Besonderheiten des jeweiligen Rechtsverhältnisses.

Deshalb hat der **Arbeitgeber** an einer optimalen Arbeitsleistung des Arbeitneh- 239 mers mitzuwirken, indem er nicht nur auf dessen Fähigkeiten, sondern auch seine persönlichen Bedürfnisse Rücksicht nimmt (MünchKomm/BACHMANN/ROTH [6. Aufl 2012] Rn 79; für schwerbehinderte Arbeitnehmer vgl § 164 Abs 4 SGB IX; hierzu

LAG Schleswig-Holstein NZA-RR 2005, 514, 515). Er hat als Gläubiger ggf eine Mitwirkungspflicht im Rahmen seines **Direktionsrechtes** gem § 106 GewO. Wenn der Arbeitnehmer aufgrund in seiner Person liegender Umstände eine ihm vorher unter Ausübung des Direktionsrechtes zugewiesene Tätigkeit nicht mehr erfüllen kann, ist der Arbeitgeber uU verpflichtet, sein Direktionsrecht erneut auszuüben, um den Arbeitnehmer in den Stand zu versetzen, seine Leistung zu erbringen (BAG NJW 2010, 3112, 3114 Rn 26 ff). Diese Pflicht wird zwar von der Rechtsprechung als Rücksichtnahmepflicht iSd Abs 2 kategorisiert. Tatsächlich handelt es sich hierbei jedoch um eine Nebenleistungspflicht iSd Abs 1, da der Arbeitgeber sein Direktionsrecht ausüben muss, um dem Arbeitnehmer die Erfüllung überhaupt zu ermöglichen (so auch GREINER RdA 2013, 9, 11 f). Unter engen Voraussetzungen gilt dies auch bei Arbeitnehmern, die eine Freiheitsstrafe verbüßen. Hier kann eine Mitwirkungspflicht des Arbeitgebers, einen Freigang zu erwirken, bestehen, damit der Arbeitnehmer in dieser Zeit seine Leistungspflicht erfüllen kann, sofern dies für den Arbeitgeber kein Risiko darstellt (BAG NZA 2011, 686, 689; NZA 2011, 1084, 1086; mit Besprechung PICKER RdA 2012, 40, 48).

240 Beim **Frachtvertrag** ist eine Hilfspflicht des Gläubigers anzunehmen, wenn der Schuldner ohne dessen intensive Mitwirkung nicht tätig werden kann (vgl BGHZ 11, 80, 83 ff; BGH WM 1986, 73, 74; VersR 1960, 693, 694; GÖTZ, Obliegenheiten und positive Forderungsverletzung – BGHZ 11, 80, JuS 1961, 56 ff; NICKLISCH, Mitwirkungspflichten des Bestellers beim Werkvertrag, insbesondere beim Bau- und Industrieanlagenvertrag, BB 1979, 533; sowie zusammenfassend MünchKomm/ERNST § 280 Rn 138 f). Ein **Luftbeförderungsvertrag** verpflichtet den Fluggast, einen Auslandsflug nicht ohne die für die Einreise in den Zielstaat notwendigen Dokumente einschließlich eines erforderlichen Visums anzutreten (BGH 15. 5. 2018 – X ZR 79/17 juris Rn 7, VersR 2018, 1409).

241 Der **Grundstücksverkäufer** muss dem Notar notfalls treuhänderisch eine Löschungsbewilligung erteilen, wenn die Finanzierung eines Grundstückskaufpreises durch eine Restkaufpreishypothek erfolgen soll (BGH NJW 1973, 1793, 1794 f). Bei einer entsprechenden Finanzierung durch Bausparvertrag kann eine Pflicht zur Überlassung der Unterlagen bestehen, die der Käufer zur Inanspruchnahme der Valuta benötigt (zB Wohnungseigentümervertrag sowie Baufortschritts-, Versicherungs- und Finanzierungsnachweis, vgl BGH WM 1968, 1299, 1301; MünchKomm/BACHMANN Rn 89; BRYCH, Die Zahlungsverpflichtungen des Wohnungskäufers, DNotZ 1974, 413, 414).

242 Beim **Kaufvertrag** besteht die Pflicht, Gewährleistungsrechte nur in berechtigten Fällen geltend zu machen (BGH NJW 2008, 1147).

Der **Pfandgläubiger** muss uU ermöglichen, dass von Kursstürzen bedrohte verpfändete Wertpapiere in kurssichere umgetauscht werden (RGZ 101, 47, 49).

243 Im **Sicherungsschuldverhältnis** sind alle Maßnahmen zur Sicherung, Erhaltung und Verwirklichung des übertragenen Rechts durch den Sicherungsnehmer zu treffen (RGZ 76, 345, 347; BGHZ 32, 67, 70; BGH NJW 1966, 2009), etwa in Form der Abwendung einer drohenden Zwangsvollstreckung in den Sicherungsgegenstand oder der Information an den Sicherungsgeber (z entspr Schuldnerpflichten s oben Rn 226; vgl ferner SERICK, Eigentumsvorbehalt und Sicherungsübertragung § 1 IV 4a).

Ebenso trifft den Gläubiger uU die Pflicht, die Gegenpartei bei der Ausnutzung von **244**
Steuervorteilen zu unterstützen (für den Fall des sog begrenzten Realsplittings vgl BGH NJW 1983, 1545; 1985, 195; für die Abführung der Umsatzsteuer zwecks Ermöglichung des Vorsteuerabzugs BGH DNotZ 1995, 137; vgl auch OLG Hamm MDR 2004, 205; insgesamt z steuerrechtsbezogenen Nebenpflichten WALZ, Steuerrechtsbezogene Nebenpflichten im Recht der Leistungsstörungen, BB 1991, 880 ff). Auch in familienrechtlichen **Unterhaltsverhältnissen** besteht eine besondere Treuepflicht, die die Parteien dazu verpflichtet, beispielsweise Steuervorteile oder Kinderfreibeträge zu ihren Gunsten auszunutzen (MünchKomm/BACHMANN Rn 92; BGH NJW 2010, 1879).

Eine Mitwirkungspflicht bei der zur Überprüfung seiner Forderungen erforderlichen **245**
Vermessung trifft den **Werkunternehmer** (OLG Köln NJW 1973, 2111; vgl allg auch z den Nebenleistungspflichten beim Bauvertrag LEUPERTZ BauR 2010, 1999 ff). Ebenso muss aber der **Auftraggeber** Hindernisse gegen die Erbringung der Werkleistung ausräumen (OLG Düsseldorf NZBau 2000, 427), mögliche Genehmigungen zur Erbringung der Werkleistung einholen, Auswahlentscheidungen treffen sowie unterschiedliche Gewerke koordinieren (LEUPERTZ BauR 2010, 1999, 2003, vgl oben Rn 182 ff).

(3) Mitwirkung als Mehrleistung
(a) Allgemeines
Darüber hinaus erscheint fraglich, ob den Parteien neben der Mitwirkung an der **246**
Leistungserbringung weitere – klagbare – Pflichten auferlegt werden können, die über das **ursprünglich** zur Erfüllung notwendige **Pflichtenprogramm** hinausgehen (vgl z diesem Problembereich auch STAUDINGER/J SCHMIDT [1995] § 242 Rn 883 ff). Da das Äquivalenzverhältnis des Vertrages dadurch Störungen erleidet, ist jedenfalls Zurückhaltung bei der Ausdehnung der Pflichten geboten (STAUDINGER/J SCHMIDT [1995] § 242 Rn 883). Solche Pflichten lassen sich auch nicht auf einheitliche dogmatische Kriterien stützen; vielmehr ist eine **Einzelfallbetrachtung** des konkreten Rechtsverhältnisses erforderlich. Dennoch haben Rspr und Lit – zumeist unter Rückgriff auf §§ 133, 157, 242 BGB – eine Reihe solcher Pflichten entwickelt. Der folgende Katalog greift einige wesentliche heraus. Weitere Bsp für solche „Mehrleistungspflichten" finden sich auch in den jeweiligen Kommentierungen zu den einzelnen Schuldverhältnissen; sie kommen in jedem gesetzlichen und vertraglichen Schuldverhältnis vor (STAUDINGER/J SCHMIDT [1995] § 242 Rn 836 ff, 883 ff).

(b) Einzelfälle
Ein **Automatenaufstellungsvertrag** kann die Pflicht auslösen, einer Änderung des **247**
Aufstellplatzes zuzustimmen (SCHOPP, Formularverträge über die Automatenaufstellung, ZMR 1972, 197 ff). Umstr ist eine Verpflichtung der **darlehensgewährenden Bank**, dem Darlehensschuldner in wirtschaftlicher Bedrängnis die Kreditlinie zu erhöhen (offen gelassen von BGH NJW-RR 1990, 110, 111). Wenn das Grundbuchamt eine Belastung falsch und damit unwirksam einträgt, besteht eine Verpflichtung, die **Belastung des Grundstücks** erneut zu bestellen (BGH WM 1971, 1475, 1476). Beim Verkauf eines Unternehmens in **Mieträumen** ist uU darauf hinzuwirken, dass der Vermieter den Vertrag mit dem Käufer fortsetzt (OLG Hamburg OLGE 28, 149; MÜLLER/HEMPEL AcP 205 [2005] 246, 267). Eine Pflicht zur Nachproduktion und zur **Lieferung von Ersatzteilen** kann sich bei der Produktion technischer Industrieprodukte ergeben (so AG München NJW 1970, 1852; GREULICH BB 1955, 208 ff; FINGER NJW 1970, 2049 ff; dagegen RODIG BB 1971, 854 ff). Den **Werkunternehmer** trifft evtl die Verpflichtung, an der Beschaffung von

Massenberechnungen, Zeichnungen oder anderen Belegen zur Überprüfung seiner Forderungen mitzuwirken (OLG Köln NJW 1973, 2111). Zu weitgehend erscheint demgegenüber die Annahme einer Pflicht des Werkunternehmers, nachfolgende Arbeiten anderer Unternehmer zu beobachten (BGH NJW 1983, 875, 876). Bei mangelhafter Leistung im Werkvertrag kann uU eine Vorschusspflicht über die gesetzlichen Ansprüche hinaus bestehen (vgl BGHZ 110, 205, 207 f; 94, 330; 54, 244, 246; 47, 272, 274; BGH NJW-RR 1989, 405; dazu auch Peters, Grundfälle zum Werkvertragsrecht, JuS 1993, 29, 30 f). Die **Wohnsitzverlegung** des Gläubigers hat zur Folge, dass vom vereinbarten Leistungsort abzuweichen ist (OLG Celle NJW 1953, 1831). Eine Einverständniserklärung bzgl einer anderweitigen Nutzung von Wohnraum kann bei einem **Wohnrecht** Pflichtinhalt werden, wenn der Berechtigte aufgrund Pflegebedürftigkeit nicht mehr imstande ist, das Wohnrecht persönlich wahrzunehmen (OLG Köln FamRZ 1991, 1432, 1433).

(4) Mitwirkung zur Schaffung von Rechtssicherheit
(a) Allgemeines

248 Es liegt im Interesse der Parteien, dass ihre Erklärungen klar und verständlich, mithin auch für den Rechtsverkehr nachvollziehbar, abgegeben werden. Durch Auslegung, §§ 133, 157 BGB, dh unter Berücksichtigung von Verkehrssitte und Treu und Glauben, § 242 BGB, lassen sich aus dieser Grundaussage im Einzelfall Parteipflichten zur **Richtigstellung** oder **Reaktion** ableiten. Auch hier ist keine abschließende Aufzählung möglich, wohl aber sollen einige ausgesuchte Bsp aus Rspr und Lit dargestellt werden.

(b) Einzelfälle

249 Der **Arbeitgeber** hat selbst nach Beendigung des Arbeitsverhältnisses die Pflicht, dem Arbeitnehmer **Einsichtnahme** in die Personalakte zu gewähren (Krause JA 2012, 147 ff zugl Bespr BAG NJW 2011, 1306, 1308 f).

250 Auch der Patient hat mittlerweile einen Anspruch aus dem **Behandlungsvertrag** auf Einsichtnahme in die Krankenakte gem § 630g BGB. Dies schließt sogar entgegen der früheren Rechtsprechung (LG Dortmund NJW-RR 1998, 261) die Herausgabe von Abschriften ein, § 630g Abs 2 BGB.

251 Ebenso ist der **Darlehensgeber** verpflichtet, dem **Darlehensnehmer Einsicht** in die Vertragsurkunde zu gewähren, wenn dieser seine Ausfertigung verloren hat (LG Frankfurt aM NJW-RR 1988, 1129; Erman/Wilhelmi § 810 Rn 3; z Bankkunden BGH NJW-RR 1988, 1072, 1073).

252 Ferner kann eine Parteipflicht bestehen, formlos wirksame Erklärungen dennoch in bestimmter **Form** einer Behörde oder einem Registergericht vorzulegen (vgl dazu auch § 29 GBO; ferner KG NJW 1962, 1062; MünchKomm/Bachmann Rn 84). Die gegenläufige Pflicht, bei **formloser Einigung** eine gesetzliche Form herbeizuführen, besteht jedoch – wie ausgeführt – nicht (s oben Rn 186). Unter engen Voraussetzungen entsteht ein solcher Anspruch auf formgültigen Abschluss des Vertrages als Naturalrestitution oder die Formnichtigkeit wird durch den Gedanken des § 242 BGB überwunden (s oben Rn 186 sowie Staudinger/Looschelders/Olzen § 242 Rn 445).

253 **Unklare Verträge** oder solche, die erst unter Berücksichtigung des Grundsatzes der falsa demonstratio verständlich werden, müssen uU **klar oder richtig gestellt werden**

Titel 1
Verpflichtung zur Leistung   § 241

(OLG Hamburg MDR 1959, 123; MünchKomm/Bachmann Rn 85; Köhler, Kritik der Regel protestatio facto contraria, JR 1984, 14, 15), wenn sich diese Umstände vor einem Konflikt herausstellen. Der Zedent einer Forderung, dessen Abtretungserklärung sich erst aus einer ergänzenden Vertragsauslegung ergibt, kann ebenfalls zur Abgabe einer **klarstellenden Erklärung** gegenüber dem Zessionar verpflichtet sein (OLG Hamburg MDR 1959, 123). **Ungeeignetes Hilfspersonal** zur Durchführung des Vertrages muss im Einzelfall ausgewechselt werden (BGHZ 87, 156, 165 f; Palandt/Grüneberg § 242 Rn 34).

Aus Gründen der **Rechtssicherheit** besteht keine Pflicht, nur berechtigte Forderungen gerichtlich geltend zu machen. Das Geltendmachen einer **unberechtigten Forderung** stellt deshalb keine Nebenleistungspflichtverletzung dar, weil § 91 ZPO und § 826 BGB den anderen Teil hinreichend schützen (BGHZ 95, 10, 18 = NJW 1985, 1959; ferner BGH NJW 2003, 817; AG München NJW-RR 1994, 1261; Palandt/Grüneberg § 280 Rn 27). Ebenso wenig trifft den Schuldner eine Nebenleistungspflicht, den Gläubiger rechtzeitig auf die fehlende Berechtigung seiner Forderungen aufmerksam zu machen. Dies ergibt sich aus einem Umkehrschluss zu § 840 ZPO, welcher vergleichbare Erklärungspflichten ausschließlich auf Seiten des Drittschuldners begründet (vgl BeckOK-BGB/Sutschet [1. 5. 2019] Rn 54). Da die Problematik der (außer)gerichtlichen Geltendmachung von Forderungen jedoch häufig nicht in erster Linie das Leistungsinteresse des Gläubigers berührt, sondern vor allem Integritätsbezug aufweist, wird sie im Rahmen der Kommentierung zu Abs 2 erneut aufgegriffen (s unten Rn 554 ff).

253a

Rechtsunsicherheit entsteht, wenn sich nach Vertragsschluss wesentliche Umstände ändern, sodass die Erwartungshaltung der Parteien nicht mehr mit der ursprünglichen Vorstellung im Zeitpunkt des Vertragsschlusses übereinstimmt. Das Bedürfnis nach Anpassung und damit nach Schaffung von Klarheit könnte deshalb hier eine **Parteipflicht zur Vertragsänderung** auslösen. So hat der BGH entschieden, dass der Vermieter dem Verlangen des Mieters auf eine Vertragsänderung dahin gehend zuzustimmen hat, den nach Verbrauch zu berechnenden Teil der Warmwasserkosten auf das gesetzliche Mindestmaß von 50 % der Gesamtkosten abzusenken, um die Fixkosten bei hohen Leerständen angemessen zu verteilen (BGH NJW-RR 2015, 457, 459). Jedoch ist insofern zu beachten, dass das Institut der **Störung der Geschäftsgrundlage**, § 313 BGB, gerade solche Konfliktlagen löst. Ansonsten läuft der Grundsatz der Privatautonomie (wenn auch im kleinen Rahmen) Gefahr, ausgehöhlt zu werden. Wirtschaftliche Kalkulationen der Parteien sind in diesem Zusammenhang unbeachtlich (Staudinger/J Schmidt [1995] § 242 Rn 878).

254

Deshalb kann nur ganz **ausnahmsweise** eine Parteipflicht zur **Änderung von Verträgen** außerhalb von § 313 BGB anerkannt werden, sofern es sich entweder um eine **geringfügige Modifikation** oder die **Ersetzung** durch eine für den konkreten Vertragszweck wirtschaftlich völlig **äquivalente Leistung** handelt (Staudinger/J Schmidt [1995] § 242 Rn 880 f m Beispielsfällen aus der Rspr). Gleiches gilt, wenn das Änderungsmoment einen wesentlichen Bestandteil des Pflichtenkanons einer **Dauerrechtsbeziehung** darstellt (MünchKomm/Bachmann Rn 86 spricht insofern von einer dahingehenden Institutionalisierung des Dauerschuldverhältnisses). **Gesellschaftsrechtliche Zustimmungspflichten** zu Vertragsänderungen bestehen demnach uU auf der Grundlage der Treuepflicht eines Gesellschafters zu seiner Gesellschaft (s oben Rn 234; BGH NJW 2010, 65; vgl dazu auch K Schmidt, Gesellschaftsrecht § 5 IV 2; Westermann, Die Anpassung von Gesellschaftsverträgen

255

an veränderte Umstände, in: FS Hefermehl [1976] 225; ROTH, in: FS Honsell [2002] 573; ausf ZÖLLNER, Anpassung von Personengesellschaftsverträgen [1979]).

256 Bei Geringfügigkeit der Änderung hat im Einzelfall ein **Auftraggeber** insofern mitzuwirken, als er die Abweichung von einem Auftrag mangels Verletzung seiner berechtigten Interessen als unschädlich hinnehmen kann (BGH NJW 1969, 320). Anstelle von **Barzahlung** ist deshalb in engen Ausnahmefällen die Hingabe eines Schecks zu akzeptieren (STAUDINGER/OLZEN [2000] Vorbem 22 zu §§ 362 ff). Die Überweisung auf ein **Konto** steht üblicherweise einer Barzahlung gleich (ausf STAUDINGER/OLZEN [2000] Vorbem 37 zu §§ 362 ff). Hat der Schuldner **Prozesssicherheit** zu leisten, darf der Austausch einer beigebrachten Prozessbürgschaft gegen eine andere, gleichartige eines ebenso leistungsfähigen Kreditinstituts verlangt werden (BGH WM 1994, 623, 625). Die **Sicherheitsleistung** durch Verpfändung kann uU durch eine Sicherheitsleistung durch Sicherheitsabtretung ersetzt werden, soweit keine Gläubigerinteressen entgegenstehen (RG JW 1909, 734).

(5) Mitwirkung und Unterstützung gegenüber Dritten
(a) Allgemeines

257 Manchmal wird der geplante Ablauf eines Schuldverhältnisses dadurch gefährdet, dass **Dritte** auf dessen Verwirklichung Einfluss nehmen und es **beeinträchtigen**. Dann kann sich aus §§ 133, 157, 242 BGB für die Parteien des Schuldverhältnisses die Pflicht ergeben, alles zu tun, um Dritte von solchen Störungen abzuhalten, oder sogar die jeweils andere Partei in ihrem Vorgehen gegen solche Dritten zu unterstützen (vgl etwa MünchKomm/BACHMANN Rn 108; STAUDINGER/J SCHMIDT [1995] § 242 Rn 861).

258 Stets ist jedoch zu berücksichtigen, dass eine Vertragspartei **keine allgemeine Interessenverfolgung** zugunsten der anderen betreiben muss (BGH NJW 2012, 2184, 2185; STAUDINGER/J SCHMIDT [1995] § 242 Rn 878). Die Parteien sind eben „nur" Vertragspartner mit vielfach gegenläufigen Interessen und nicht „Verbündete". Gleichzeitig hat demnach auch kein Teil Veranlassung, eigene Interessen hinter die des anderen zurückzustellen (BGH WM 1968, 1299, 1301; MünchKomm/BACHMANN Rn 108; PALANDT/GRÜNEBERG § 242 Rn 31). Insofern beschränkt sich das Pflichtenprogramm regelmäßig auf eine **Störungsabwehr** zugunsten der anderen Partei (vgl dazu auch BGH BB 1976, 1000, 1001; 1969, 464).

259 Am weitesten sind solche Pflichten naturgemäß in den **Schuldverhältnissen** mit großer **Verbundenheit der Parteien** entwickelt, also etwa bei Schuldverhältnissen mit dienst-, arbeits- oder gesellschaftsrechtlichem Inhalt, Geschäftsbesorgungsabreden oder Treuhandvereinbarungen (vgl z Treuhand COING, Die Treuhand kraft privaten Rechtsgeschäfts [1973] 137 ff; MünchKomm/BACHMANN Rn 108). Einen gesetzlichen Anhaltspunkt für diese Feststellung beinhaltet auch § 384 HGB, der für das Kommissionsgeschäft umfangreiche Pflichten des Kommissionärs festlegt. Im Folgenden sollen wichtige Einzelfälle aus Rspr und Lit dargestellt werden.

(b) Einzelfälle

260 So trifft den **Arbeitgeber** uU die Pflicht, seine Angestellten bei der Verfolgung von Ansprüchen gegen eine Pensionskasse (LAG Stuttgart RdA 1949, 115), das Finanzamt (BAG NZA 2005, 983) oder öffentlich-rechtliche bzw private Versicherungsträger (BAG NJW 2010, 1098, 1099) zu unterstützen. Ein Anspruch des Verkäufers von Ferien-

häusern gegenüber dem von ihm beauftragten **Architekten**, potenzielle Käufer nicht auf die Unzulässigkeit der Anmeldung als Hauptwohnsitz aufgrund der Lage in einem Sondernutzungsgebiet hinzuweisen, besteht hingegen nicht (OLG Düsseldorf NJOZ 2005, 1657, 1658 f). Ebenso wenig muss der **Arzt** im Verhältnis zum Patienten grds einen Arztbrief korrigieren, der dem nachbehandelnden Arzt vorgelegt werden soll (AG Monschau NJW-RR 1998, 1430). Der **Franchisegeber** hat uU eine Konkurrenzschutzpflicht gegenüber seinem Franchisenehmer (dazu OLG Düsseldorf ZVertriebsR 2012, 174 ff.); Liesegang BB 1999, 857 ff; krit Fritzemeyer BB 2000, 472 ff). Ein **Gesellschafter**, dem bei der Verpfändung von Gesellschaftsanteilen weiterhin ein Stimmrecht zusteht, ist verpflichtet, dieses jetzt auch im Interesse des Pfandgläubigers auszuüben (vgl MünchKomm/Bachmann [6. Auflage 2012] Rn 97; Roth/Altmeppen/Roth, GmbHG [7. Aufl 2012] § 47 Rn 20 f; Buchwald, Verpfändung und Pfändung von GmbH-Anteilen, GmbHR 1960, 5, 7). Den **Gläubiger** trifft hingegen keine generelle Pflicht zur Wahrung der Interessen des **Bürgen** (BGH NJW 1988, 3205, 3206; 1983, 1850; dazu aber auch OLG München NJW 1976, 1096, 1097). Zudem ist der **Hauptschuldner** nicht verpflichtet, dem Gläubiger die Zustimmung zur Inanspruchnahme des Bürgen zu erteilen, da dieser selbst unmittelbar gegen den Bürgen vorgehen kann (OLG Köln MDR 2011, 286). Ebenso hat der **Haftpflichtversicherte**, der mit einem Dritten einen beschränkten Haftungsverzicht vereinbart, dabei nicht den Vorteil des Versicherers zu berücksichtigen (BGH MDR 1960, 576). Der **Käufer** kann im Einzelfall verpflichtet sein, Ansprüche des Verkäufers wegen Transportschäden gegen Dritte zu sichern (BGH 28. 1. 1987 – VIII ZR 46/86 juris Rn 14 f, MDR 1987, 576, 577). Beim **Kauf einer Erfindung** muss der Käufer uU den Erfinder in Bezug auf eine Ehrung durch Dritte unterstützen (BGH MDR 1961, 572). Eine **Kreditkartenorganisation** trifft uU die Pflicht, zugunsten des Vertragsunternehmens Einziehungsversuche zu unternehmen (OLG Köln WM 1995, 1914). **Kreditkartenunternehmen** sind im Interesse der Vertragsunternehmen an der Verhinderung von Missbrauch spätestens nach der Einreichung der Leistungsbelege und vor der Zahlung zur Prüfung der Identität von Besteller und Karteninhaber verpflichtet (BGH NJW-RR 2004, 481, 482). Den **Lizenzgeber** trifft möglicherweise eine Verpflichtung, aus dem Lizenzvertrag gegen Verletzungshandlungen Dritter vorzugehen (BGH NJW 1965, 1861). Ein **Rechtsanwalt** hat, wenn er konkrete Hinweise erhält, dass der Ehegatte seines Mandanten dessen Zugewinnausgleichsansprüche zu vereiteln beabsichtigt, Maßnahmen zur Sicherung der Vollstreckbarkeit eines Ausgleichsanspruchs zu ergreifen (OLG Hamm FamRZ 2003, 758). Es kann sich die Pflicht der einen Vertragspartei ergeben, im Vermögensinteresse der anderen Partei **Rechtsmittel** (BGH NJW 2012, 2184, 2185: Widerspruch gegen Verwaltungsakt, m zust Anm Witt NJW 2012, 3130 f) einzulegen, wenn gleich- oder höherrangige eigene Interessen nicht entgegenstehen. Bei drohender Zwangsvollstreckung in das Sicherungsgut besteht für den besitzenden **Sicherungsgeber** einerseits die Pflicht, den Sicherungsnehmer unverzüglich zu benachrichtigen und den Pfändungspfandgläubiger über das Recht des Sicherungsnehmers zu unterrichten (vgl Serick, Eigentumsvorbehalt und Sicherungsübertragung § 1 IV 4a). Den **Sicherungsnehmer** trifft andererseits eine Pflicht, die Interessen des Sicherungsgebers im Verhältnis zu Dritten zu wahren (vgl dazu BGH ZIP 2002, 1390, 1391; 2000, 69; 1989, 157), insbes Sicherungsgut ordnungsgemäß und im besten Interesse des Sicherungsgebers zu verwerten (BGH NJW 2000, 352, 353; 1993, 2043; 1991, 1946; 1966, 2009; ZIP 1987, 764, 768). Ein **Treuhänder** muss die Maßnahmen ergreifen, die zur Erhaltung und Verwirklichung des übertragenen Rechts erforderlich sind, wenn der Treugeber diese nicht oder nur unter erschwerten Umständen treffen kann (BGHZ 32, 67, 70 = NJW 1960, 959; NJW 1966, 2009; OLG Frankfurt WM 1991, 930). Der **Verkäufer** hat beim

Verkauf einer Eigentumswohnung mit Abtretung der Gewährleistungsansprüche gegen die Handwerker Verträge und Abnahmeprotokolle herauszugeben (BGH WM 1989, 420, 421). Auch für den **Versicherer** besteht die Verpflichtung, Interessen des Versicherten gegen Dritte zu verteidigen (BGHZ 9, 34, 49). So ist er etwa vor Kündigung einer Direktversicherung nach § 1b Abs 2 S 1 BetrAVG verpflichtet, den unwiderruflich bezugsberechtigten Arbeitnehmer rechtzeitig über den Prämienverzug des Arbeitgebers zu unterrichten, um ihm die Möglichkeit zu verschaffen, durch eigene Beitragsleistung den Versicherungsschutz zu erhalten (OLG Düsseldorf VersR 2003, 627). **Vertragshändler** haben im Einzelfall Wünsche des Kunden an den Hersteller weiterzuleiten (AG Regensburg DAR 1982, 331). Der **Zessionar** hat bei einer fiduziarischen Abtretung oder einer erfüllungshalber abgetretenen Forderung die Interessen des Zedenten bestmöglich gegenüber Dritten zu verfolgen (OLG Celle OLGZ 1970, 450, 451; MünchKomm/ROTH/KIENINGER § 398 Rn 105 ff). Hingegen trifft den **Zwischenhändler**, der Kleinteile verschiedener Hersteller vertreibt, die ohne Herkunftsbezeichnung produziert werden, keine Pflicht, seinen Betrieb so zu organisieren, dass er seinen Abnehmern den Produzenten der an sie verkauften Ware nennen kann (OLG Bamberg BB 1998, 664; weitere Fälle aus der früheren Rspr in STAUDINGER/WEBER[11] § 242 Rn A 951, 952; vgl ansonsten auch die Kommentierungen z den einzelnen Schuldverhältnissen).

d) Mitwirkungspflichten in gesetzlichen Schuldverhältnissen
aa) Allgemeines

261 Mitwirkungshandlungen sind nicht nur vertraglich geschuldet. Vielmehr kann Schuldner und Gläubiger auch in **gesetzlichen Schuldverhältnissen** die Pflicht treffen, die Abwicklung der entstandenen Nähebeziehung zu fördern. Insofern ist ebenso wie im Rahmen vertraglicher Pflichten zwischen **gesetzlich normierten** und **sonstigen Mitwirkungspflichten** zu unterscheiden.

bb) Gesetzlich normierte Mitwirkungspflichten

262 So betreffen etwa die §§ 380, 384 BGB die Mitwirkungspflichten der Beteiligten im Rahmen der **Hinterlegung**. Bei **Besichtigung einer Sache** bzw **Einsicht in Urkunden** sind entsprechende Handlungspflichten in den §§ 809, 810 BGB normiert. **Kosten-** oder **Zinsregelungen** beinhalten die §§ 748 und 849 BGB. Im **Sachenrecht** finden sich die Vorschriften der §§ 896, 897, 1047, 1214, 1220, 1285 BGB, im **Familienrecht** lassen sich die §§ 1360, 1435, 1451 BGB anführen. Bei ordnungsgemäßer Nachlassverwaltung sind **Miterben** untereinander gem § 2038 Abs 1 S 2 HS 1 BGB zur Mitwirkung verpflichtet. Miteigentümer einer **Wohnungseigentümergemeinschaft** trifft gem § 10 Abs 2 S 3 WEG die Pflicht, eine Zustimmung zur Änderung der Teilungserklärung zu erteilen (vgl zur alten Rechtslage OLG Schleswig WuM 2006, 407, 408; LG Wuppertal NJW-RR 1986, 1074, 1075).

cc) Nicht geregelte Mitwirkungspflichten in gesetzlichen Schuldverhältnissen

263 Durch **Auslegung** der entsprechenden gesetzlichen Bestimmungen unter Berücksichtigung des Grundsatzes von Treu und Glauben, § 242 BGB, können sich auch in gesetzlichen Schuldverhältnissen außergesetzliche Mitwirkungspflichten ergeben (vgl auch Rn 165).

264 Bei Gefährdung eines gesetzlichen **Altenteilsrechts** (vgl § 14 HöfeO) soll etwa ein Anspruch auf Bestellung dinglicher Sicherheiten bestehen (so OLG Oldenburg NdsRpfl

1973, 234). Das Innenverhältnis zwischen **Gesamtschuldnern** ist ein gesetzliches Schuldverhältnis, das eine wechselseitige Pflicht zur Mitwirkung bei der Befriedigung des Gläubigers und dadurch einen Befreiungsanspruch jedes Gesamtschuldners begründet (BGH NJW 2010, 60, 61; PALANDT/GRÜNEBERG § 426 Rn 1, 4 f; STAUDINGER/LOOSCHELDERS [2017] § 426 Rn 92 ff mwNw). Aus den §§ 166 ff InsO, 241 Abs 1 BGB ergibt sich das Recht des **Insolvenzverwalters**, vom absonderungsberechtigten Gläubiger die Herausgabe der Zulassungsbescheinigung Teil II zur Verwertung des sicherungsübereigneten Fahrzeugs zu verlangen (OLG Stuttgart ZIP 2012, 1519). Durch einen **Pfändungs- und Überweisungsbeschluss** wird ein gesetzliches Schuldverhältnis begründet, welches über die in § 836 Abs 3 ZPO benannten Pflichten hinausgehende Nebenpflichten des Vollstreckungsschuldners erzeugt (vgl WOLF/MÜLLER, Nebenpflichtenkanon bei der Forderungspfändung, NJW 2004, 1775 ff). Ein Patentverletzer, der dem **Verletzten** die Möglichkeit abschneidet, den Verletzungsvorwurf darzulegen, verstößt gegen die Mitwirkungspflicht, die aus dem zwischen beiden Parteien entstehenden gesetzlichen Schuldverhältnis resultiert (LG München MittdtschPatAnw 2012, 41, 44). Auch die **Vormundschaft** kann besondere Mitwirkungspflichten erzeugen (s oben Rn 191). Für weitere Einzelfälle sei auf die Kommentierung zu den jeweiligen gesetzlichen Schuldverhältnissen verwiesen.

4. Leistungssicherungspflichten

a) Allgemeines

Die Verpflichtung, das Leistungsinteresse durch **Mitwirkung zu fördern**, endet in einigen Schuldverhältnissen nicht mit der Leistungserbringung (oder mit dem endgültigen Ausfall einer aufschiebenden Bedingung, vgl BGH NJW 1990, 507). Vielmehr müssen Schuldner und Gläubiger manchmal daran mitwirken, den Leistungserfolg **dauerhaft zu erhalten**, damit er nicht im Nachhinein entwertet oder gefährdet wird (allg z diesen „nachwirkenden" Pflichten BeckOK-BGB/SUTSCHET [1. 5. 2019] Rn 71 ff; BGB-RGRK/ ALFF § 242 Rn 50; ERMAN/BÖTTCHER § 242 Rn 72; MünchKomm/BACHMANN Rn 109 ff; STAUDINGER/J SCHMIDT [1995] § 242 Rn 887 ff; vBAR AcP 179 [1979] 452 ff mwNw; BINDER AcP 211 [2011] 587 ff mwNw; BODEWIG Jura 2005, 505 ff; BRUCKNER, Nachvertragliche Wettbewerbsverbote zwischen Rechtsanwälten [1987]; CHRISTENSEN, Verschulden nach Vertragsende [Diss Kiel 1958]; ELGER, Nachwirkungen nach Ende des Rechtsverhältnisses im BGB [Diss Münster 1936]; FIKENTSCHER/ HEINEMANN, Schuldrecht Rn 98; GAUL, Die Abgrenzung nachvertraglicher Geheimhaltungsverpflichtungen gegenüber vertraglichen Wettbewerbsbeschränkungen, ZIP 1988, 689; GREULICH BB 1955, 208; KÄUFFER, Die Vor- und Nachwirkungen des Arbeitsverhältnisses [Diss Köln 1959]; MONJAU BB 1962, 1439; STRÄTZ, in: FS Bosch [1976] 999 ff; WELLER, Die Vertragstreue 302 ff). Denn für die Pflichten der Parteien entscheidet nicht allein der Zeitpunkt des Leistungsaustausches, wenn sie – wie es häufig geschieht – mit diesem einen darüber hinausgehenden Zweck verfolgen, der als „verbleibende soziale Nähe der Beteiligten" (so SOERGEL/TEICHMANN § 242 Rn 167) noch beeinträchtigt werden kann. Allerdings besteht vor dem Hintergrund der Privatautonomie und der wirtschaftlichen Betätigungsfreiheit der Parteien **keine generelle Pflicht**, Leistungen nachwirkend zu sichern (so auch BINDER AcP 211 [2011] 587, 599). **265**

Falls eine solche Pflicht (ausnahmsweise) anzunehmen ist, muss der Schuldner alles tun, um den eingetretenen **Leistungserfolg** zu sichern, und alles unterlassen, was der anderen Partei die nach Durchführung des Schuldverhältnisses zugeflossenen Positionen entzieht, schmälert oder entwertet (RGZ 161, 330, 338; 111, 298, 303; BGHZ 16, 4, 10; **266**

BGH NJW-RR 2005, 241, 243; MDR 1967, 109, 110; Hk-BGB/Schulze § 242 Rn 20; MünchKomm/ Bachmann Rn 95; Soergel/Teichmann § 242 Rn 168; Staudinger/J Schmidt [1995] § 242 Rn 887). Im Einzelfall entstehen daraus wiederum Mitteilungs-, Rechenschafts-, Handlungs-, Obhuts-, Herausgabe- (LG Aachen NJW 1986, 1551) oder Unterlassungspflichten (Hk-BGB/Schulze § 242 Rn 20; Soergel/Teichmann § 242 Rn 168).

267 Sie betreffen allerdings nicht das **Unterlassen der gerichtlichen Verfolgung** von Ansprüchen (vgl BGHZ 36, 18, 20 = NJW 1961, 2254; 20, 169, 172; ferner BGH NJW 2003, 1934), weil sonst die Garantie des gerichtlichen Rechtsschutzes unterlaufen würde. Den Interessen der Parteien wird durch den gesetzlich geregelten Verfahrensablauf ausreichend Rechnung getragen (BGHZ 36, 18, 20 = NJW 1961, 2254, 2255; so auch Staudinger/ J Schmidt [1995] § 242 Rn 887 und MünchKomm/Bachmann/Roth [6. Aufl 2012] Rn 106).

268 Zu berücksichtigen ist auch, dass die Parteien im Gegensatz zum noch bestehenden Schuldverhältnis die Sonderverbindung nach Erfüllung der Ansprüche möglichst schnell lösen und frei sein wollen (Soergel/Teichmann § 242 Rn 168; Binder AcP 211 [2011] 587, 599 ff, 623 f). Leistungssichernde Nebenleistungspflichten sind daher idR nur für eine im Einzelfall **angemessene Übergangsphase** begründet (so auch Soergel/Teichmann § 242 Rn 168; MünchKomm/Bachmann Rn 109; für eine maximale Begrenzung auf die längstmögliche [30-jährige] Verjährungsfrist OLG Saarbrücken OLGR 2005, 770, 771).

269 Bei diesen Pflichten ist einerseits zwischen **gesetzlichen** und **außergesetzlichen Leistungssicherungspflichten** zu unterscheiden und andererseits zu den **Rücksichtspflichten** des Abs 2 abzugrenzen (s unten Rn 388 ff).

aa) Gesetzliche Leistungssicherungspflichten
270 Gesetzliche Leistungssicherungspflichten finden sich zumeist, wenn der Gesetzgeber eine erbrachte Leistung für besonders schützenswert hält oder die durch die Durchführung des Schuldverhältnisses entstandene Vertrauensbeziehung zwischen den Parteien in den Vordergrund stellt. Insbes geht es darum, eine Entwertung der Leistung, etwa durch **unzulässigen Wettbewerb** (s unten Rn 295 ff) oder sonstiges **rechtsmissbräuchliches Verhalten**, zu verhindern. Das Ziel einer gesetzlichen Vorgabe besteht daher in einer gerechten Grenzziehung zwischen dem schutzwürdigen Interesse des Gläubigers an einer fortdauernden Sicherung seiner Leistungserwartungen und dem legitimen Interesse des Schuldners an der eigenen Vorteilsverfolgung (MünchKomm/Bachmann/Roth [6. Auflage 2012] Rn 100; Soergel/Teichmann § 242 Rn 170).

271 Die Intention des Gesetzgebers im Hinblick auf Leistungssicherungspflichten ähnelt somit derjenigen, die bei den gesetzlichen Mitwirkungspflichten besteht (s oben Rn 164 f, 193 ff). Weiterhin soll den Parteien gesetzliche Hilfestellung bei einer **verkehrsgerechten Abwicklung** des Schuldverhältnisses geboten werden. Die Erwartungen an ein Idealverhalten der Parteien auch nach der Durchführung eines Schuldverhältnisses werden deshalb zu Lasten der Vertragsautonomie durch den Gesetzgeber konkretisiert, unterliegen aber meist der Disposition der Parteien.

bb) Außergesetzliche Leistungssicherungspflichten
272 Nicht normierte Leistungssicherungspflichten finden ihren Rechtsgrund im **vertraglichen Leistungsversprechen** (vgl MünchKomm/Bachmann Rn 95; Soergel/Teichmann § 242 Rn 167; Staudinger/J Schmidt [1995] § 242 Rn 887). Nach Auslegung der Abrede gem

§§ 133, 157 BGB kann sich unter Berücksichtigung des Grundsatzes von Treu und Glauben, § 242 BGB, ergeben, dass die Parteien verpflichtet sind, durch konkrete Maßnahmen die erbrachte Leistung abzusichern, also Vorteile zu erhalten oder Nachteile abzuwehren. Solche Pflichten sind darauf gerichtet, den mit dem vertraglichen Leistungsaustausch bezweckten Erfolg dauerhaft aufrechtzuerhalten (Münch-Komm/BACHMANN Rn 109). IdR handelt es sich um **Unterlassungspflichten** (BeckOK-BGB/SUTSCHET [1. 5. 2019] Rn 71; STAUDINGER/J SCHMIDT [1995] § 242 Rn 887), etwa im Hinblick auf nachvertraglichen **Wettbewerb** (s Rn 153, 157, 162, 295 ff, 518 ff) oder die Bewahrung von **Geschäftsgeheimnissen** (hierzu MÜLLER/HEMPEL AcP 205 [2005] 246, 273; OHLY/SOSNITZA, UWG [7. Aufl 2016] § 17 Rn 35 ff; ZIEGLER, Arbeitsrecht und UWG [Diss München 2011] 204 ff). Im Einzelfall kommen aber auch **Duldungspflichten** oder sogar **Handlungspflichten** in Betracht (vgl dazu auch Hk-BGB/SCHULZE § 242 Rn 20; MünchKomm/BACHMANN Rn 109; BINDER AcP 211 [2011] 587, 618 ff). Außergesetzliche Leistungssicherungspflichten können sowohl in reinen Austauschverhältnissen – mit geringer persönlicher Bindung der Parteien – als auch und idR in personenrechtlichen Dauerschuldverhältnissen – mit hoher persönlicher Bindung – entstehen (BGH NJW 1960, 718; 1952, 867; MünchKomm/BACHMANN Rn 109; STAUDINGER/J SCHMIDT [1995] § 242 Rn 887).

Auch bei **gesetzlichen Schuldverhältnissen** ergeben sich uU außergesetzliche Leistungssicherungspflichten unter Berücksichtigung der **Eigenart der gesetzlichen Nähebeziehung** und des Grundsatzes von **Treu und Glauben**, § 242 BGB. Dies kommt vor allem für das quasi-vertragliche Schuldverhältnis der **GoA** in Betracht, etwa wenn der Geschäftsführer für den Geschäftsherrn unter den Voraussetzungen der §§ 677, 683 BGB ein Rechtsgeschäft abschließt. 273

cc) **Abgrenzung zu den Rücksichtspflichten iSd Abs 2**
Dass es sich bei den Leistungssicherungspflichten um Pflichten handelt, die grds erst **nach** Durchführung des Schuldverhältnisses Bedeutung erhalten, erfordert es oft eine Abgrenzung zu den nichtleistungsbezogenen Pflichten des Abs 2. Entscheidend ist, ob die jeweilige Pflicht allein dem allgemeinen **Rechtsgüterschutz einer Partei** dient oder das erhalten soll, was nach dem vereinbarten Leistungsgegenstand bzw der gesetzlichen Vorgabe den **Inhalt des Schuldverhältnisses** bildet und deshalb beide Vertragspartner betrifft (vgl STAUDINGER/J SCHMIDT [1995] § 242 Rn 887). Auch hierüber bestimmen die Auslegungskriterien der §§ 133, 157, 242 BGB (für eine Einstufung aller Leistungstreuepflichten unter Abs 2 offenbar MünchKomm/BACHMANN Rn 46 ff; BeckOK-BGB/SUTSCHET [1. 5. 2019] Rn 71). 274

Bei der Pflicht, nach Erfüllung der Ansprüche den Parteien die zugeflossenen Positionen (das Äquivalenzinteresse) zu **sichern**, handelt es sich regelmäßig (zum Meinungsstand s BINDER AcP 211 [2011] 587, 605 ff mwNw) um eine solche iSd Abs 1 (vgl dazu auch RGZ 161, 330, 338; 113, 70, 72; BGHZ 20, 169, 172; 16, 4, 10; BGH MDR 1967, 109, 110; OLG Stuttgart NJW-RR 1986, 1448; krit PALANDT/GRÜNEBERG Rn 8). Intendiert sie hingegen den reinen **Vermögensschutz** (das Integritätsinteresse) einer Partei, ist von einer Rücksichtspflicht iSd Abs 2 auszugehen (so auch FIKENTSCHER/HEINEMANN, Schuldrecht Rn 42; BINDER AcP 211 [2011] 587, 597, 604 f). Hier wie im Allgemeinen (s oben Rn 153, 157, 162) sind Überschneidungen dann denkbar, wenn der Pflicht eine **Doppelnatur** zukommt, weil sie gleichzeitig Leistungs- und Integritätsbezug aufweist. 275

b) Einzelfälle gesetzlich normierter Leistungssicherungspflichten

276 Das BGB, aber auch privatrechtliche Sondergesetze, normieren einige Leistungssicherungspflichten: Gem § 368 BGB hat etwa der Gläubiger gegen Empfang der Leistung auf Verlangen ein schriftliches Empfangsbekenntnis als **Quittung** zu erteilen. Ähnliche Pflichten zur Belegerstellung nach Ende des Schuldverhältnisses sind den Art 39 Abs 3 WG bzw 34 Abs 3 ScheckG zu entnehmen. Eine Pflicht zur **Zeugniserteilung** nach Beendigung des Dienstverhältnisses enthalten § 630 BGB und § 109 GewO. § 629 BGB verpflichtet zur **Freizeitgewährung** zwecks Stellensuche und § 312 SGB III zur Aushändigung der **Arbeitsbescheinigung**. § 74 HGB bildet die gesetzliche Grundlage für ein **nachvertragliches Wettbewerbsverbot** zwischen Prinzipal und Handlungsgehilfen.

c) Einzelfälle außergesetzlicher Leistungssicherungspflichten

277 Im nicht normierten Bereich hat sich eine umfassende Rspr herausgebildet, die im Folgenden nur exemplarisch dargestellt wird. Aus diesen Einzelfällen, die auf der Grundlage des Vertrauensschutzes beruhen, lassen sich drei allgemeingültige Voraussetzungen der nachvertraglichen außergesetzlichen Pflichten herauslesen: Erforderlich ist die **Erkennbarkeit des Risikos** für die verantwortliche Partei, der die **Verhinderung** oder Verringerung **des Schadens möglich** sein muss. Zudem darf eine dahingehende Erwartung der anderen Partei **nicht** durch die **Parteiabrede ausgeschlossen** sein (s dazu BINDER AcP 211 [2011] 587, 614 ff).

278 Dementsprechend hat etwa der Zedent nach erfolgter **Abtretung** alles zu unterlassen, was die Geltendmachung der Forderung durch den Zessionar behindern könnte. Dagegen verstößt der Altgläubiger, wenn er die vom Schuldner in Unkenntnis der Abtretung angebotene Erfüllungsleistung annimmt (RG JW 1926, 982 m Anm OERTMANN).

279 Der abberufene Abwickler einer **Aktiengesellschaft** kann verpflichtet sein, einen Nachfolger auf dringend zu erledigende oder für die Gesellschaft besonders wichtige Angelegenheiten ausdrücklich hinzuweisen (BGH NJW-RR 2012, 813, 814 m Anm VON DER LINDEN EWiR 2012, 469 f).

280 Der **Arbeitgeber** darf den Arbeitnehmer nach dessen Ausscheiden nicht bei der Suche nach einem neuen Arbeitsplatz nachteilig beeinflussen (BAG AP Nr 80 z § 611 – Fürsorgepflicht; LAG Berlin NJW 1979, 2582, 2584). Insgesamt trifft ihn uU eine **nachvertragliche Fürsorgepflicht** (vgl OLG Frankfurt OLGZ 1993, 79, 80 f), die sich ausnahmsweise sogar in einem Anspruch auf **Wiedereinstellung nach Kündigung** äußert (vgl BAG AP KSchG § 1 „Wiedereinstellung" Nr 4 und Nr 6; ZIP 2000, 676; vgl auch LAG Hamm LAGReport 2003, 31; BOEWER, Der Wiedereinstellungsanspruch – Teil 1, NZA 1999, 1121; ders, Der Wiedereinstellungsanspruch – Teil 2, NZA 1999, 1177 ff; OETKER, Der Wiedereinstellungsanspruch des Arbeitnehmers beim nachträglichen Wegfall des Kündigungsgrundes, ZIP 2000, 643 ff; RAAB, Der Wiedereinstellungsanspruch des Arbeitnehmers bei Wegfall des Kündigungsgrundes, RdA 2000, 147 ff; RICKEN, Grundlagen und Grenzen des Wiedereinstellungsanspruchs, NZA 1998, 460 ff; s Rn 153, 157, 162, 507; MünchKomm/BACHMANN Rn 113). Ebenso kann der Arbeitgeber verpflichtet sein, nach Ausscheiden des Arbeitnehmers mitzuteilen, ob die Voraussetzungen für eine **betriebliche Altersversorgung** erfüllt sind; der Arbeitnehmer hat in diesem Fall die benötigten sozialversicherungsrechtlichen Unterlagen vorzulegen (BAG NZA 2001, 206; BB 1998, 1537 f; abw wegen der Umstände des Einzelfalles BAG NZA 2002, 1150). Den Arbeitgeber trifft hingegen nicht die Pflicht, eine beitragspflichtige

Fortsetzung der Direktversicherung zugunsten des Arbeitnehmers zu ermöglichen, da ihm § 2 Abs 2 S 2, 3 BetrAVG die Entscheidung über Fortführung oder Beendigung überlässt (BAG 12. 2. 2013 – 3 AZR 99/11). Darüber hinaus hat der Arbeitnehmer einen Anspruch auf Einsicht in seine vom ehemaligen Arbeitgeber weiter aufbewahrte **Personalakte**, ohne dafür ein konkretes berechtigtes Interesse darlegen zu müssen (vgl Rn 249). Im Gegenzug muss der **Arbeitnehmer** wie ein Beauftragter, § 667 BGB, dem Arbeitgeber alles, was er zur Ausführung der ihm übertragenen Arbeit erhalten und was er aus dem Arbeitsverhältnis erlangt hat, herausgeben, insbes Geschäftsunterlagen (BAG NZA 2011, 501, 502; MünchKomm/Müller-Glöge § 611 Rn 1218) und die ihm überlassenen Arbeitsmittel (ErfK/Preis [13. Aufl 2013] § 611 BGB Rn 754; MünchKomm/ Müller-Glöge § 611 Rn 1217).

Aus dem **Behandlungsvertrag** ergibt sich gem § 630g BGB die Pflicht des Arztes oder **281** Krankenhausträgers, dem Patienten **Einsicht** in die zu seiner Behandlung gefertigten **Krankenunterlagen** zu gewähren und daraus ggf Fotokopien zu fertigen (vgl zur alten Rechtslage OLG München NJW 2001, 2806; vgl auch Rn 250). Des Weiteren trifft ihn die Pflicht, ein ärztliches Zeugnis als Beweismittel für die Geltendmachung von Zahlungsansprüchen des Patienten gegenüber Dritten auszustellen (Spickhoff/Scholz, Medizinrecht [3. Aufl 2018] § 25 MBO Rn 11). Im Falle einer Überweisung des Patienten verbleiben hingegen keine Behandlungspflichten beim Arzt, selbst wenn der Überweisungsempfänger die Behandlung nicht vollständig übernimmt (OLG Sachsen-Anhalt 10. 10. 2013 – 1 U 78/12, die Revision ist beim BGH unter VI ZR 479/13 anhängig).

Beim **Bauwerkvertrag** kann nach Erfüllung der Hauptpflicht eine Parteipflicht dahin- **282** gehend bestehen, die erbrachte Leistung nicht grundlos zu beanstanden (BGH NJW 2008, 1147, 1148; LG Hamburg NJW-RR 1992, 1301; MünchKomm/Bachmann/Roth [6. Aufl 2012] Rn 89; Staudinger/Schwarze [2014] § 280 Rn C52). Fraglich erscheint allerdings, ob daraus auch ein Anspruch auf Durchführung eines Beweissicherungsverfahrens abgeleitet werden kann (OLG Stuttgart NJW-RR 1986, 1448; dazu auch Wussow, Probleme der gerichtlichen Beweissicherung in Baumangelsachen, NJW 1969, 1401, 1407).

Nach Ablauf eines **Chefarztvertrages** darf eine Klinik idR nichts dagegen unternehmen, **283** dass der ausgeschiedene Chefarzt bei Gründung einer eigenen Praxis auf seine frühere Tätigkeit in der Klinik hinweist. Dies gilt zumindest dann, wenn er zur Mehrung des Rufes der Klinik maßgeblich beigetragen hat (OLG München OLGZ 1974, 280, 283).

Den ausgeschiedenen **Gesellschafter** kann eine Pflicht treffen, die Gesellschaft auch **284** nach Beendigung der Gesellschafterstellung nicht zu schädigen (Staudinger/J Schmidt [1995] § 242 Rn 888).

Bei Verträgen über die Nutzung **gewerblicher Schutzrechte** besteht für den Benutzer **285** des Rechtes auch nach Beendigung eines solchen Vertrages die Pflicht, dem Inhaber keine Konkurrenz durch Weiterbenutzung des Rechts zu machen, selbst wenn er dem Recht durch Werbung Verkehrsgeltung eingebracht hat (BGH GRUR 1963, 485, 487 m Anm Reimer MDR 1967, 109 f; GRUR 1959, 87, 89).

Bei **Internetauktionen** kann die Vertragsparteien eine nachvertragliche Pflicht zur **286** Abgabe einer sachlich gerechtfertigten Bewertung der erbrachten Leistungen treffen (vgl etwa AG Peine NJW-RR 2005, 275).

§ 241

287 Der **Kaufvertrag** verpflichtet den **Verkäufer**, nach dem Verkauf eines Grundstücks mit Fernblick Bebauungen zu vermeiden, die diesen Fernblick beeinträchtigen (RGZ 161, 330, 338 m Anm LARENZ DR 1940, 248). Eine Gemeinde, die Holz verkauft, muss „Doppelverkäufe" vermeiden (BGH NJW 1952, 867), ein Verkäufer oder Produzent von Spezialapparaten Ersatzteile nachbeschaffen (z Problematik AG München NJW 1970, 1852; FINGER NJW 1970, 2049 ff; GREULICH BB 1955, 208; RODIG BB 1971, 854). Auch den **Käufer** können Pflichten dieser Art treffen. So darf etwa ein Käufer, der den Preis für einen Grundstückskauf an einen Notar geleistet hat, diesem keine die Auszahlung an den Verkäufer hindernden Anweisungen erteilen (RGZ 167, 236, 240). Ebenso ist ein Käufer nur dann berechtigt, auf Einhaltung nachvertraglicher Nebenpflichten durch den Verkäufer zu bestehen, wenn er sich selbst vertragstreu verhält und nach Abschluss eines Kaufvertrages und Lieferung des Kaufgegenstandes den Kaufpreis auch bezahlt (vgl BGH 11. 7. 2001 – VIII ZR 119/00 [unveröffentlicht]). Hingegen ist der Empfänger einer Rechnung nach Vertragsdurchführung nicht verpflichtet, einseitigen, außerhalb des Rechnungszwecks liegenden Vermerken nachzugehen und ihnen bei fehlendem Einverständnis zu widersprechen (BGH NJW 1997, 1578; 1959, 1679).

288 **Nichtigkeitsklagen**, die nach Ende der vertraglichen Beziehungen von einer Seite erhoben werden, können uU eine Leistungssicherungspflicht verletzen (BGH NJW 1965, 491, 492; GRUR 1956, 264, 265). Gleiches gilt im Falle der **Vertragsanfechtung** ohne Vorliegen eines Anfechtungsgrundes (vgl OLG Düsseldorf IBR 2006, 95). Auch der Ausspruch einer nicht berechtigten **Kündigung** kann den Vorwurf einer Leistungssicherungspflichtverletzung begründen (BGH NJW 2009, 1262; 2005, 2395; 1988, 1268, 1269).

289 Aus einem **Praxistausch** ergibt sich möglicherweise ein Rückkehrverbot an die alte Wirkungsstätte (vgl BGHZ 16, 71, 76 ff).

Nach der Niederlegung des Mandats bleibt der **Rechtsanwalt** verpflichtet, seine frühere Partei über eine an ihn erfolgte Zustellung unverzüglich zu unterrichten (BGH BRAK-Mitt 2011, 282).

290 Beim **Reisevertrag** trifft den Reiseveranstalter auch nach Ablauf des ursprünglich vorgesehenen Rückflugtermins und durch Erkrankung bedingter stationärer Behandlung des Reisenden am Reiseort die Pflicht, einen (verspäteten) Rückflug zu organisieren (LG Duisburg NJW-RR 1999, 1067).

291 **Subunternehmerverhältnisse** erzeugen uU eine Pflicht zum Unterlassen des Abwerbens von Kunden nach Auslaufen des Vertragsverhältnisses (vgl dazu BGH WM 1979, 59).

292 Ausnahmsweise hat der **Vermieter** über die Mietvertragsbeendigung hinaus **Versorgungsleistungen** wie die Belieferung mit Heizenergie zu erbringen (BGH NJW 2009, 1947, 1948; MünchKomm/BIEBER § 546a Rn 29), wenn sich dies aus der Eigenart des beendeten Mietvertrags (zB Wohnraummiete) oder den besonderen Belangen des Mieters ergibt. Umstr ist, ob einen Vermieter des Weiteren die Pflicht trifft, seinem Mieter bei Beendigung des Mietverhältnisses eine **Mietschuldenfreiheitsbescheinigung** auszustellen (abl BGH NJW 2010, 1135, 1137; DAUB, Anspruch auf Ausstellung einer „Mietschuldenfreiheitsbescheinigung"?, GE 2006, 961 f; TIMME, Mietschuldenfreiheitsbescheinigung durch den bisherigen Vermieter?, MDR 2010, 60 f; bejahend AG Berlin-Hohenschönhausen

MM 2006, 183; STERNEL, Mietrecht aktuell [4. Aufl 2009] VII Rn 251b). Jedenfalls trifft den Vermieter die Pflicht zur schonenden und rücksichtsvollen **Verwertung** der vom Mieter eingebrachten Sachen (vgl OLG Frankfurt OLGZ 79, 338, 339; zur Obhutspflicht bei nachvertraglicher Inbesitznahme durch verbotene Eigenmacht des Vermieters BGH NJW 2010, 3434, 3435; zur Obhutspflicht hinsichtlich zurückgelassener Sachen des Mieters wie nachträglich eingeworfener Postsendungen, LG Darmstadt NJW-RR 2014, 454). Bei einer Kündigung wegen Eigenbedarfs hat der Vermieter dem Mieter bis zum Ablauf der Kündigungsfrist eine ihm zu diesem Zeitpunkt zur Verfügung stehende vergleichbare Wohnung im selben Haus oder in derselben Wohnanlage anzubieten (BGH 14.12. 2016 – VIII ZR 232/15 juris Rn 55, NJW 2017, 547, 555; 2003, 2604, 2605; 2009, 1141 mwNw zum Streitstand über den maßgeblichen Zeitpunkt). Den Mieter hingegen trifft die nachvertragliche Pflicht, dem Vermieter nach Beendigung des Mietverhältnisses seine neue Adresse mitzuteilen, sofern noch nicht alle Ansprüche aus dem Mietverhältnis ausgeglichen sind (HORST, Neue Mieteradresse – Der allgemeine Auskunftsanspruch des Vermieters, MietRB 2010, 146, 147). Des Weiteren hat der Mieter, der eine in neutraler Dekoration übernommene Wohnung bei Mietende in einem Zustand zurückgibt, der von vielen Mietinteressenten nicht akzeptiert wird, aus Treu und Glauben die ungewöhnliche Dekoration wieder zu beseitigen (BGH NJW 2014, 143).

Die Annahme, einen **Vertreter** treffe die Leistungssicherungspflicht, nichts zu unternehmen, um den von seinem Geschäftsherrn geschlossenen Vertrag zu vereiteln (BGHZ 14, 313, 318; vgl auch LEHMANN, Anm z Urt des BGH v 17.9.1954, JZ 1955, 159 f), ist insofern problematisch, als der Vertreter selbst nicht Vertragspartner wird und deshalb keine Leistung aus einem eigenen Vertragsverhältnis sichern kann. Insofern kommt aber die Verletzung einer entsprechenden **Rücksichtspflicht** iSd Abs 2 im Verhältnis zum Geschäftsherrn in Betracht (so auch STAUDINGER/J SCHMIDT [1995] § 242 Rn 888). **293**

Hat der **Werkunternehmer** seine vom Besteller abgenommene und vergütete Leistung ordnungsgemäß erbracht und wird im Anschluss daran ein anderes Unternehmen mit Folgearbeiten am ursprünglichen Werk befasst, verletzt der Unternehmer keine Pflicht gegenüber dem Besteller, wenn er dem später tätig gewordenen Unternehmen Monteure zur Verfügung stellt, die auf dessen Weisung arbeiten und dabei Schäden verursachen (OLG Zweibrücken NJW-RR 2003, 1600). Eine Nebenleistungspflicht kann indes dann verletzt sein, wenn der Werkunternehmer die Herausgabe von Unterlagen verweigert, welche das Werk betreffen und an deren Erhalt der Besteller ein berechtigtes Interesse hat (OLG Köln NZBau 2000, 78; anders für den Fall des Auftragsentzugs OLG Köln OLGR 2005, 152). **294**

Ein weites Problemfeld hängt mit der Pflicht zusammen, **nachvertraglichen Wettbewerb** zu unterlassen (vgl dazu ausf REINFELD, Wettbewerbsverbot [Diss Köln 1993]; ferner s oben Rn 265, 272). Eine solche Pflicht kann als Leistungssicherungspflicht iSd Abs 1 eingestuft werden, wenn die Vorteile eines Schuldverhältnisses gesichert werden sollen. Wird hingegen reiner Vermögensschutz bezweckt, stellt sich eine entsprechende Pflicht meist als Rücksichtspflicht iSd Abs 2 dar (z Abgrenzung s Rn 274 f, 518 ff). Weiter ist zu berücksichtigen, ob durch ein nachvertragliches Wettbewerbsverbot die Berufsfreiheit der Parteien, Art 12 GG, in rechtswidriger Weise eingeschränkt wird (BVerfGE 81, 242; OLG Düsseldorf NJW-RR 1994, 35, 36 f). Ebenso sind bei der Annahme eines solchen Verbots stets die Wertungen des Wettbewerbsrechts (STAUDINGER/ **295**

J Schmidt [1995] § 242 Rn 888) sowie die Grundprinzipien des BGB zu berücksichtigen, die dagegen sprechen, einem Nutzungsberechtigten unentgeltliche Wettbewerbsbeschränkungen aufzudrängen, die seinem Gläubiger Vermögensvorteile verschaffen (vgl dazu E Schmidt, Zur Ökonomie ergänzender Vertragspflichten unter besonderer Berücksichtigung von Konkurrenzschutzgeboten, JA 1978, 597 ff). Aus diesem Grunde koppelt das Gesetz eine entsprechende Verpflichtung regelmäßig an eine Entschädigung (s unten Rn 296).

296 Dennoch gibt es eine Vielzahl von Entscheidungen, die eine solche nachvertragliche Pflicht zur **Unterlassung von Wettbewerb** in Betracht ziehen (vgl aus der neueren Rspr etwa BGH DNotZ 2004, 375 ff; WRP 2003, 500 ff; 2003, 763 ff; 2002, 1082 ff; BB 2003, 919 ff; LMK 2003, 1; WM 2002, 815 ff; WuW 2002, 864 ff; BB 2002, 324 ff; BAG BB 2003, 106 ff; 2002, 2386 ff; OLG Stuttgart NJW 2002, 1431 ff; OLG Celle GmbHR 2000, 1258 ff; LAG Hamm NZA-RR 2003, 513 ff; aus der Lit Kukat, Vorsicht ist besser als Nachsicht – Praktische Hinweise zur Vereinbarung nachvertraglicher Wettbewerbsverbote für Geschäftsführer und zur Anrechnung anderweitigen Erwerbs, BB 2001, 951 ff; Weller, Wettbewerbsverbote und ihre Drittwirkung in der Kapitalgesellschaft & Co KG, ZHR 175 [2011] 110 ff; Wertheimer, Bezahlte Karenz oder entschädigungslose Wettbewerbsenthaltung des ausgeschiedenen Arbeitnehmers, BB 1999, 1600 ff). So entsteht für einen **Arbeitnehmer** aus dem Arbeitsverhältnis zwar grds keine Pflicht zur Unterlassung von Wettbewerb nach Ablauf der Beschäftigung (BAG Betrieb 1994, 887, 888; MDR 1959, 700; BeckOK-BGB/Sutschet [1. 5. 2019] Rn 74; Ziegler 220 f). Etwas anderes kann sich aber aus einer Vereinbarung mit dem Arbeitgeber ergeben (vgl zB §§ 74 ff, 90a HGB, § 110 GewO; z Möglichkeit, durch den Arbeitgeber einseitig vorgegebene nachvertragliche Wettbewerbsverbote einer AGB-Inhaltskontrolle zu unterziehen, Koch, Das nachvertragliche Wettbewerbsverbot im einseitig vorformulierten Arbeitsvertrag, RdA 2006, 28 ff). Der Arbeitgeber hat dann idR eine Karenzentschädigung zu leisten (BAG NJW 1971, 74; 1970, 626; MünchKomm/Müller-Glöge § 611 Rn 1225; Zöllner/Loritz/Hergenröder, Arbeitsrecht [7. Aufl 2015] § 16 Rn 9). Bei Abzug des gesamten Kundenkreises durch den ausgeschiedenen Arbeitnehmer stellt sich sein Verhalten uU als unlauter iSd § 3 Abs 1 UWG dar (dazu BGH WM 1977, 619, 620; GRUR 1964, 215 m Anm Bussmann). Umstr ist, inwiefern den **Arbeitnehmer im Ruhestand** ein nachvertragliches Wettbewerbsverbot trifft (vgl BAG Betrieb 1994, 887, 889; EWiR 1991, 125; ZIP 1990, 1612, 1617; Soergel/Teichmann § 242 Rn 171; ausf z Streit Blomeyer, Der Widerruf von Versorgungszulagen infolge „Treuepflichtverletzungen" des Arbeitnehmers, ZIP 1991, 1113 ff).

297 Im Einzelfall darf ein **Forscher** bei einem **Entwicklungsauftrag** nach Abschluss der Entwicklungsarbeiten dem Auftraggeber keine Konkurrenz mit gleichartigen Produkten machen (BGH JZ 1956, 95).

298 Unter Berücksichtigung wettbewerbsrechtlicher Vorschriften muss auch die Frage beantwortet werden, ob beim **Verkauf eines Unternehmens** ein **nachvertragliches Wettbewerbsverbot** des Verkäufers anzunehmen ist (vgl BGH NJW 1977, 804 ff m Anm Ulmer; OLG Hamm GRUR 1973, 421; Klaue, Wettbewerbsverbote und § 1 GWB, WuW 1961, 323 ff; Steindorff, Gesetzeszweck und gemeinsamer Zweck des § 1 GWB, BB 1977, 569 f; Staudinger/J Schmidt [1995] § 242 Rn 888). Ein generelles Wettbewerbsverbot zugunsten des Käufers besteht unter Berücksichtigung der Berufsfreiheit der Parteien und der grds wettbewerbsoffenen Haltung der Zivilrechtsordnung nicht (vgl auch BGB-RGRK/Alff § 242 Rn 50). Im Einzelfall kann es sich jedoch aus ausdrücklicher oder konkludenter **Parteivereinbarung** (RGZ 117, 176, 179) ergeben bzw mit Hilfe **ergänzender Vertrags-**

auslegung (BGHZ 16, 71, 76) ermitteln lassen. Problematisch erscheint dagegen die Annahme eines Wettbewerbsverbotes auch ohne feststellbarem Parteiwillen, also in den Fällen, in denen der Erwerber für den Kundenstamm und den „good will" Zahlungen erbracht hat, ohne dass ein Wettbewerbsverbot vereinbart wurde, also sich zumindest im Wege ergänzender Vertragsauslegung feststellen lässt. Dann sollte man aus Gründen der Rechtssicherheit und der Ausstrahlungswirkung des Art 12 GG von einer entsprechenden Pflicht des Erwerbers absehen (**aA** STAUDINGER/ J SCHMIDT [1995] § 242 Rn 889; MÜLLER/HEMPEL AcP 205 [2005] 246, 272).

J. Relativität und Ausnahmen*

I. Allgemeines

Das Recht, vom Schuldner eine Leistung zu fordern, steht gem Abs 1 (allein) dem **299** Gläubiger gegen den Schuldner zu; nur dieser ist zur Leistung verpflichtet. Forderung und Schuld kennzeichnen also beide Seiten einer einheitlichen Gläubiger-Schuldner-Beziehung (GERNHUBER, Schuldverhältnis § 3 I [1]). **Relativität** bedeutet damit zunächst, dass nur diejenigen Personen, die die Entstehungsvoraussetzungen eines Schuldverhältnisses selbst verwirklichen, darin Gläubiger und Schuldner iSd § 241 BGB sind (DÖRNER, Dynamische Relativität 10). Diese Relativitätswirkung tatbestandlichen Handelns findet ihre Grundlage im Gedanken der **Selbstverantwortlichkeit**. Obwohl sich das Schuldverhältnis als personales Verhältnis zwischen Gläubiger und Schuldner darstellt, schließt dieser Umstand nicht aus, dass auf Gläubiger- und Schuldnerseite mehrere Personen stehen, wie die §§ 420–432 BGB zeigen. Gegenüber **Dritten** (vgl z Begriff SPIELBÜCHLER, Der Dritte im Schuldverhältnis [1973]) wirkt das Schuldverhältnis hingegen grds nicht (z den vielen Ausnahmen s unten Rn 308 ff; vgl im Übrigen FIKENTSCHER/HEINEMANN, Schuldrecht Rn 64; MünchKomm/ERNST Einl SchuldR Rn 18; LARENZ, Schuldrecht I § 2 II; MEDICUS JuS 1974, 613; DENCK, Die Relativität im Privatrecht, JuS 1981, 9 ff; LOOSCHELDERS/MAKOWSKY JA 2012, 721 ff). Man versteht die **Relativität** des Schuldverhältnisses als begriffliches Gegenstück zur **Absolutheit dinglicher Positionen** (s unten Rn 305 ff).

* **Schrifttum:** BÄRTSCHI, Verabsolutierte Relativität – Die Rechtsstellung des Dritten im Umfeld von Verträgen (2009); BECKER, Schutz von Forderungen durch das Deliktsrecht?, AcP 196 (1996) 439; DÖRNER, Dynamische Relativität (1985); GRUNDMANN/RENNER, Vertrag und Dritter – zwischen Privatrecht und Regulierung, JZ 2013, 379; HÜBNER/SAGAN, Die Abgrenzung von Vertrag mit Schutzwirkung zugunsten Dritter und Drittschadensliquidation, JA 2013, 741; KRASSER, Der Schutz vertraglicher Rechte gegen Eingriffe Dritter (1971); KOZIOL, Die Beeinträchtigung fremder Forderungsrechte (1967); LÖBL, Geltendmachung fremder Forderungsrechte im eigenen Namen, AcP 129 (1928) 286; LOOSCHELDERS/MAKOWSKY, Relativität des Schuldverhältnisses und Rechtsstellung Dritter, JA 2012, 721; MARTENS, Rechtsgeschäft und Drittinteressen, AcP 177 (1977) 113; MEDICUS, Drittbeziehungen im Schuldverhältnis, JuS 1974, 613; OERTMANN, Das Problem der relativen Rechtszuständigkeit, JherJb 66 (1916) 130; REHBEIN, Die Verletzung von Forderungsrechten durch Dritte (Diss Freiburg 1968); SCHMALZBAUER, Die Drittwirkung verpflichtender Verträge (Diss Regensburg 1982); WEITNAUER, Verdinglichte Schuldverhältnisse, in: FS Larenz (1983) 705; ZENNER, Der Vertrag mit Schutzwirkung zu Gunsten Dritter – Ein Institut im Lichte seiner Rechtsgrundlage, NJW 2009, 1030; ZULLIGER, Eingriffe Dritter in Forderungsrechte (Diss Zürich 1988).

300 Im Hinblick auf den Relativitätsbegriff lassen sich zwei unterschiedliche Aspekte herausstellen: Zum einen beschränkt das personale Element zwischen Gläubiger und Schuldner deren Möglichkeit, ein zwischen ihnen zu begründendes oder bereits begründetes Schuldverhältnis auf Dritte auszuweiten. Zum anderen kennzeichnet der Relativitätsbegriff den Inhalt des Forderungsrechtes im Verhältnis zu Außenstehenden, insbes die Frage, inwieweit Dritte auf das Schuldverhältnis Rücksicht nehmen müssen. Diese geschilderten Grundsätze unterliegen allerdings vielen Ausnahmen, die im Folgenden kurz geschildert werden sollen (STAUDINGER/J SCHMIDT[12] Einl 433 zu §§ 241 ff; DÖRNER, Dynamische Relativität 11).

II. Relativität der Wirkungen des Schuldverhältnisses

1. Gesetzlich begründete Schuldverhältnisse

301 Die Wirkungen **gesetzlicher Schuldverhältnisse** treffen wegen des Relativitätsgrundsatzes nur den Handelnden, der die Voraussetzungen des Tatbestandes zurechenbar erfüllt, zB des § 812 BGB oder des § 823 BGB. Ob er für die Rechtsfolgen tatsächlich einstehen muss, hängt uU von weiteren Voraussetzungen, zB der Erfüllung allgemeiner Zurechnungsvoraussetzungen, ab, wie etwa der Deliktsfähigkeit, § 828 BGB.

2. Rechtsgeschäftlich begründete Schuldverhältnisse

302 Das BGB normiert den Grundsatz der Relativität im Hinblick auf die Wirkung eines **Rechtsgeschäftes** ungeachtet seiner zentralen Bedeutung nicht; er kommt aber in den Wertungen der §§ 137, 241, 311, 328, 333 BGB zum Ausdruck. Andere Rechtsordnungen hingegen haben der Relevanz des Prinzips entsprechend dafür eigene Regelungen vorgesehen (z Rechtslage in der EU vgl REMIEN, Drittbeteiligung am Schuldverhältnis im Europäischen Vertragsrecht, in: HARKE, Drittbeteiligung am Schuldverhältnis [2010] 97 ff; z römischen Recht s HKK/MICHAELS vor § 241 – Systemfragen Rn 44). Der **französische Code Civil** zB bestimmt in Art 1199 ausdrücklich, dass sich die Vertragswirkungen nur zwischen den Parteien entfalten. Dort heißt es: „Le contrat ne crée d'obligations qu'entre les parties" (vgl REHBEIN, Die Verletzung von Forderungsrechten durch Dritte 54 ff; BAUDENBACHER/KLAUER, Der Tatbestand der „concurrence deloyale" des französischen Rechts und der Vertrieb selektiv gebundener Ware durch einen Außenseiter, GRUR Int 1991, 799, 801; z Annäherung an den Vertrag mit Schutzwirkung für Dritte s DELGRANGE, Drittwirkung von Verträgen im französischen Recht, IHR 2009, 97). Im **anglo-amerikanischen Recht** gibt es einen entsprechenden Grundsatz der „privity of contract" (vgl KÖTZ, Europäisches Vertragsrecht Bd I [1996] 375 f, der durch das Gesetz „Contracts [Rights of Third Parties] Act" v 1. 1. 1999 im Hinblick auf die Zulässigkeit von Verträgen zugunsten Dritter verändert wurde). Der Vertrag mit Schutzwirkung für Dritte ist dagegen nicht anerkannt; z Reformbestrebungen vgl LORENZ, Reform des englischen Vertragsrechts – Verträge zugunsten Dritter und schadensrechtliche Drittbeziehungen, JZ 1997, 105 ff; vBERNSTORFF, Großbritannien: Neues Gesetz zum Vertrag zu Gunsten Dritter, RIW 2000, 435 ff; ders, Einführung in das englische Recht [4. Aufl 2011] 66 ff; MÜLLER, Die Einführung des Vertrages zugunsten Dritter in das englische Recht, RabelsZ 67 [2003] 140 ff; z Europäisierung des Privatrechts insgesamt Einl 276 ff zum SchuldR; z englischen Recht u insgesamt z ausländischen Rechtsordnungen in Bezug auf den Vertrag zugunsten Dritter vgl STAUDINGER/KLUMPP [2015] Vorbem 111 ff zu §§ 328 ff).

Bei **vertraglichen Schuldverhältnissen** spricht man von der „Relativität der Rechts- **303** geschäftswirkungen" oder auch von der „Relativität der Vertragswirkungen" (vgl Krasser, Der Schutz vertraglicher Rechte gegen Eingriffe Dritter 87 ff), um damit zum Ausdruck zu bringen, dass Dritte danach nicht gegen ihren Willen den Wirkungen eines solchen Schuldverhältnisses unterworfen werden, unabhängig davon, ob dies positiv oder negativ für sie wäre.

Die Relativität der Rechtsgeschäftswirkungen markiert dogmatisch gesehen eine **304** **Grenze der Privatautonomie** (z Privatautonomie allg s Einl 49 ff zum SchuldR). Die positive Vertragsfreiheit der am Rechtsgeschäft beteiligten Parteien findet also ihre Schranke in der negativen Vertragsfreiheit Dritter. Die Vertragsparteien können nur im Rahmen ihrer eigenen Handlungsfreiheit disponieren; Dritte hingegen müssen stets in ihrer Entscheidung darüber frei bleiben, ob sie eine Bindung eingehen und damit ihre Entscheidungs- und Handlungsfreiheit für einen bestimmten Bereich beschränken wollen (Krasser, Der Schutz vertraglicher Rechte gegen Eingriffe Dritter 299; Neuner, Der Schutz und die Haftung Dritter nach vertraglichen Grundsätzen, JZ 1999, 126 f). Nur so wird die gem Art 2 Abs 1 GG garantierte **allgemeine Handlungsfreiheit** ausreichend geschützt (vgl z Schutz der allgem Handlungsfreiheit im Zivilrecht BVerfG NJW 1994, 36 f).

III. Relative Wirkung der Forderung

Der Begriff der **Relativität des Schuldverhältnisses** wird in Rspr und Lit zumeist aber **305** auch noch in einem anderen Sinne gebraucht, vor allem bezogen auf das Schuldverhältnis ieS (s oben Rn 36 ff). Man diskutiert nicht allein die Binnenwirkung obligatorischer Rechte auf Dritte (s Rn 299 f; dazu Dörner, Dynamische Relativität 11), sondern die Abgrenzung zwischen den **Forderungsrechten** und den **absolut wirkenden dinglichen Rechten** (MünchKomm/Ernst Einl SchuldR Rn 19; Palandt/Grüneberg Einl v § 241 Rn 5; Erman/Westermann Einl § 241 Rn 6; Soergel/Teichmann Vor § 241 Rn 4; Fikentscher/Heinemann, Schuldrecht Rn 64 ff). Das Merkmal der Relativität wirkt sich vor allem bei Einordnung der **Forderung** in die Systematik der **subjektiven Rechte** aus.

1. Grundsatz

Nach hM haben (relative) Forderungsrechte und absolute Rechte Folgen, die sich **306** gegenseitig ausschließen (MünchKomm/Ernst Einl SchuldR Rn 19). Die **absolut** wirkenden (Sachen-)Rechte gelten gegenüber **allen** am Rechtsverkehr teilnehmenden **Personen**. Der dinglich Berechtigte kann jedem anderen die Einwirkung auf seine Sache verbieten und dies auch klageweise durchsetzen. Dementsprechend erlaubt § 903 S 1 BGB zB dem Eigentümer einer Sache, mit dieser deshalb nach seinem Willen zu verfahren, weil alle übrigen Rechtssubjekte dazu verpflichtet sind, seine Eigentumsbefugnis nicht zu beeinträchtigen. Mit dem Herrschaftsrecht Eigentum korrespondiert mithin eine Verhaltenspflicht aller anderen (Aicher, Das Eigentum als subjektives Recht [1975] 63).

Die **relativen Forderungsrechte** sind im Gegensatz dazu nur **gegen den Schuldner** **307** gerichtet (Palandt/Grüneberg Einl v § 241 Rn 5). Bereits das RG hat plakativ formuliert: Das Forderungsrecht „bindet nur eine Person; nur deren Wille ist gebunden; die Rechte des Gläubigers sind nur Rechte gegen den Vertragspartner" (RGZ 57, 353, 356). Die relativen Forderungsrechte eines Gläubigers gebieten oder verbieten somit nur dem Schuldner selbst eine Verhaltensweise; von dritten Personen müssen sie grds nicht beachtet werden (FIKENTSCHER/HEINEMANN, Schuldrecht Rn 64). Relative Rechte begründen deshalb grds auch keinen Schutz gegen Beeinträchtigungen durch Dritte (MünchKomm/WAGNER § 823 Rn 291; vgl z Schutz der Forderung ausf unten Rn 307 ff). Vereinzelt wird allerdings eine Ausnahme von diesem Grundsatz in der Möglichkeit gesehen, den Zweitkäufer im Wege der einstweiligen Verfügung zu verpflichten, das Forderungsrecht des Erstkäufers gegen den Schuldner nicht zu vereiteln (vgl Rn 119).

2. Ausnahmen vom Grundsatz der Relativität

308 Die starre Trennung zwischen Forderungen und absoluten Rechten lässt sich nicht in allen Bereichen aufrechterhalten. Der dafür verwendete Begriff der **Verdinglichung obligatorischer Rechte** deutet darauf hin, dass es zwischen absoluten und relativen Rechten einen Überschneidungsbereich gibt, in dem manche Forderungen durch die Rechtsordnung einen Schutz erhalten, der dem der absoluten Rechte entspricht. Dieses Phänomen wird als „**Verdinglichung**" oder „**quasidingliche Wirkung**" von Forderungen bezeichnet (GERNHUBER, Schuldverhältnis § 3 III 1; z Begriff u z Abgrenzungsproblemen DÖRNER, Dynamische Relativität 81; DULCKEIT, Die Verdinglichung obligatorischer Rechte [1951]; dazu WESTERMANN AcP 152 [1952] 93; CANARIS, Die Verdinglichung obligatorischer Rechte, in: FS Flume [1978] 379; WEITNAUER, in: FS Larenz [1983] 705). Eine Verdinglichung von Forderungen kann in dem Umfang erfolgen, wie sie die Rechtsordnung vorsieht; Vereinbarungen sind daher Grenzen gezogen. Denn eine unbeschränkte Zulassung der Verdinglichung von Forderungen würde über die Annäherung an die absoluten Rechte den Grundsatz des **numerus clausus** der Sachenrechte aufweichen.

a) Gesetzliche Ausnahmen

309 Bereits das Gesetz selbst durchbricht in gewissem Umfang die Grenze zwischen Forderung und absolutem Recht. Die „gesetzliche Verdinglichung" des Schuldverhältnisses iwS besteht zum einen in dem Umstand, dass das Schuldverhältnis gegen etwaige **Rechtsnachfolger** wirkt, also in seiner Wirkung über die Vertragsparteien hinausgeht. Technisch wird dies meist durch eine **gesetzliche Vertragsübernahme** erreicht (weiterführend GERNHUBER, Schuldverhältnis § 3 III 1 b; WEITNAUER, in: FS Larenz [1983] 705 ff), zB in den §§ 566, 567 ff BGB (vgl auch §§ 563 Abs 1, 565, 578, 578a, 581 Abs 2, 613a Abs 1, 1056, 1251 Abs 2, 2135, BGB 37 Abs 2 WEG, 57 ZVG, 95 Abs 1 VVG, 899 Abs 1 HGB). Solche Ausnahmeregeln gewährleisten zB den Schutz des **Mieters** (BGHZ 141, 239, 247 zu § 571 aF), uz auch für den Fall, dass der Vermieter das vermietete Grundstück (vgl § 578 Abs 1 BGB) oder den Wohn- bzw Geschäftsraum (vgl § 578 Abs 2 S 1 BGB) veräußert. Der Erwerber hat dann für alle Rechte und Pflichten aus dem Mietverhältnis einzustehen (z Analogiefähigkeit v § 566 BGB u § 571 aF grds nur bei Personenidentität vgl BGH NJW-RR 2010, 1095; 2004, 657, 658; SCHÖN, Zur Analogiefähigkeit des § 571 BGB, JZ 2001, 119; bewusst offen gelassen von BGH WuM 2012, 323, 324; NJW-RR 2010, 1309, 1310; bei Eigentumserwerb kraft Gesetzes vgl BGH NJW-RR 2009, 948; NJW 2008, 2773).

310 Bei Forderungen findet die „Verdinglichung" weiterhin in der Anwendung von Schutzformen Ausdruck, wie sie üblicherweise nur für absolute Rechte gelten (vgl z Abgrenzung oben Rn 305 ff), indem der Leistungsgegenstand gesichert und Dritte von ihm ausgeschlossen werden. Man kann – stark vereinfacht – auch sagen, dass die

„Verdinglichung" Elemente einer vorweggenommenen Erfüllung hat: Der Schuldner behält in den betroffenen Fällen seine Verfügungsmacht über den Leistungsgegenstand nur, soweit er sie zu einer Verfügung zugunsten seines Gläubigers benötigt. Die endgültige Zuordnung des Leistungsgegenstandes an den Gläubiger erfolgt dagegen erst später. Bsp für eine solche Konstruktion bildet zum einen die **Vormerkung** gem §§ 883 ff BGB, zum anderen dienen auch die **Veräußerungsverbote** der §§ 135, 136 BGB diesem Zweck. Im selben Zusammenhang ist ferner – wenngleich mit Unterschieden (dazu Gernhuber, Schuldverhältnis § 3 III 3) – § 392 Abs 2 HGB zu nennen.

Auch § 986 Abs 2 BGB, der dem Besitzer einer Sache **Schutz gegen Herausgabe-** **311** **ansprüche** des neuen Eigentümers gewährt (in Fällen des Eigentumserwerbs gem §§ 929, 931 BGB oder auch gem §§ 929, 930 BGB bzw § 929 S 2 BGB; vgl z den beiden letzten Fällen MünchKomm/Baldus § 986 Rn 57; Erman/Ebbing § 986 Rn 32 ff), gehört in diesen Zusammenhang. Das Recht zum Besitz gem § 986 Abs 2 BGB ist nämlich inhaltlich mit der Forderung gleichzusetzen, die dem Besitzer gegen den ursprünglichen Eigentümer zustand und deren Inhalt seinen Besitz legitimiert. Diese wirkt dann über das Verhältnis von Gläubiger und Schuldner hinaus als Einwendung gegen Dritte (vertiefend Gernhuber, Schuldverhältnis § 3 III 5). Allerdings sind solche Schutzmechanismen – im Gegensatz zu denjenigen Schutznormen, durch die dingliche Rechte charakterisiert sind – nicht lückenlos. Mangels Offenkundigkeit der Forderung ist deshalb etwa der **Gutglaubensschutz** des betroffenen Dritten vorrangig, vgl nur §§ 892 Abs 1 S 2, 135 Abs 2, 136 BGB.

Relativität bedeutet auch, dass Gläubiger und Schuldner grds keine **Einwendungen** **312** und **Einreden** aus dem Rechtsverhältnis mit einem Dritten gegen den anderen geltend machen können (exceptio ex iure tertii non datur; MünchKomm/Ernst Einl SchuldR Rn 21; BeckOK-BGB/Sutschet [1. 5. 2019] Rn 8). Nur ausnahmsweise findet ein Einwendungsdurchgriff zB bei verbundenen Verträgen, § 359 BGB, und der Sicherungsgrundschuld, § 1192 Abs 1a BGB, statt.

Gem § 10 Abs 3 WEG können **Wohnungseigentümer** untereinander getroffenen **313** Vereinbarungen eine dingliche Wirkung auch gegenüber Nachfolgern verleihen, wenn diese als Inhalt des Sondereigentums im Grundbuch eingetragen sind und dem sachen- und grundbuchrechtlichen Bestimmtheitsgrundsatz genügen (BGH NJW 2012, 676, 677).

b) Sonstige Ausnahmen von der Relativität der Forderung
Eine Forderung ist uU **Einwirkungen Dritter** ausgesetzt, zB indem der Dritte als **314** Nichtberechtigter über die Forderung verfügt oder eine Leistung mit Erfüllungswirkung gegenüber dem Gläubiger annimmt, § 816 BGB (s unten Rn 323). Dies führt möglicherweise beim Gläubiger zum Forderungsentzug. Denkbar ist ferner, dass bei einer auf Sachübertragung gerichteten Forderung der Gegenstand zerstört und so ihre Erfüllung verhindert wird (Gernhuber, Schuldverhältnis § 3 II 2, 3). Schon die wenigen Bsp zeigen, dass ein Bedürfnis für den Schutz der Forderung im Rechtsverkehr besteht (s unten Rn 328). Am meisten wird dabei die Anwendung des § 823 Abs 1 BGB auf Forderungen diskutiert (s unten Rn 323).

aa) Die Forderung als Eigentumsrecht

315 Ältere Auffassungen gingen davon aus, dass dem Gläubiger ein **Eigentumsrecht** an der Forderung zustehe (vgl Bähr, Zur Cessionslehre, JherJb 1 [1857] 401; vGierke, Entwurf eines BGB 367; Leonhard, Allgemeines Schuldrecht des BGB 60 ff, 662). Obwohl eine solche wirtschaftliche Betrachtungsweise der verfassungsrechtlichen Eigentumsdefinition entspricht (BVerfG NJW 1976, 1783, 1786; BGH NJW 1980, 2705), ist diese Einordnung nicht mit der Systematik des BGB zu vereinbaren (Gernhuber, Schuldverhältnis § 3 I 3a). Denn die Begriffe Forderung und Eigentum kennzeichnen auf gleicher Ebene jeweils ein „alternatives" Vermögensrecht. Bereits früh wurde dementsprechend erkannt, dass eine Vermischung beider Kategorien durch die Anerkennung des „Eigentums einer Forderung" eine „verwirrende Verdoppelung des Rechtes" zur Folge hätte (Löbl, Geltendmachung fremder Forderungsrechte im eigenen Namen, AcP 129 [1928] 297; vgl dazu ausf Larenz, Schuldrecht I § 33 III Fn 8 mwNw). Diese Betrachtungsweise hat sich zu Recht deshalb nicht durchgesetzt.

bb) Die Lehre von der absoluten Rechtszuständigkeit des Gläubigers

316 Der Umstand, dass diese Lehre scheitern musste, während der Gedanke eines schutzwürdigen Interesses an der Forderung Anerkennung fand, führte zur Lehre von der **absoluten Rechtszuständigkeit** an der Forderung (z früheren Vertretern vgl die Ausf bei Oertmann Vorbem 3; sowie ders JherJb 66 [1916] 130, 154 ff; Löbl, Geltendmachung fremder Forderungsrechte im eigenen Namen, AcP 129 [1928] 286 ff; Leonhard, Allgemeines Schuldrecht des BGB 60 ff; Larenz, Schuldrecht I § 33 III; Koziol, Die Beeinträchtigung fremder Forderungsrechte 140 ff; Dörner, Dynamische Relativität 62 f; Rehbein, Die Verletzung von Forderungsrechten durch Dritte 234 f; HKK/Michaels vor § 241 – Systemfragen Rn 73 f). Da die Forderung als subjektives Recht notwendig einer bestimmten Person zustehe, könne der Berechtigte – so formulierte es Larenz – sagen: „Diese Forderung gehört mir" (Schuldrecht I § 33 III). Darin komme zwar kein dingliches Herrschaftsrecht zum Ausdruck, wohl aber die Rechtszuständigkeit des Gläubigers im Hinblick auf die Forderung.

317 Um den oben dargelegten Widerspruch im Begriffsverständnis zu vermeiden, versuchen die Vertreter dieser Ansicht das Begriffspaar **absolut** und **relativ** auf das Verhältnis des Gläubigers zum Schuldner und zu einem Dritten zu beziehen (s oben Rn 305 ff). Ausgangspunkt ihrer Überlegungen ist dabei die Unterscheidung zwischen **Innen-** und **Außenwirkung** der Forderung (Oertmann JherJb 66 [1966] 154 ff). Erstere betrifft das Verhältnis Gläubiger-Schuldner, letztere das Verhältnis Gläubiger-Dritter.

318 Im Außenverhältnis wird die Forderung von Vertretern dieser Auffassung als **subjektives Recht** des Gläubigers qualifiziert (Gernhuber, Schuldverhältnis § 3 I 2 a), und zwar mit der Begründung, dass er zu ihrer Durchsetzung über seine Rechtsposition auch verfügungsberechtigt sein müsse. Darin komme die notwendige Ausschließlichkeit der rechtlichen Zuordnung zum Ausdruck (vgl dazu H C Ficker, Interference with contractual relations und deliktsrechtlicher Schutz der Forderung, in: FS H G Ficker [1967] 181; Becker AcP 196 [1996] 458 ff), die man als „absolut" bezeichnen könne (Larenz, Schuldrecht I § 33 III). Nur ein solches Forderungsverständnis bilde auch die materiell-rechtliche Grundlage für den **Prätendentenstreit** gem § 75 ZPO, in dem mehrere Personen über die Berechtigung an einer Forderung streiten. Die „Berechtigung" iSd Norm sei als ausschließliche Rechtszuständigkeit zu verstehen (Larenz, Schuldrecht I § 33 III). Ferner wird mit § 771 ZPO argumentiert, der gegen Eingriffe

in schuldnerfremde Forderungen schützt (so vor allem STAUDINGER/HAGER [1999] § 823 Rn B 165). Die Notwendigkeit der Anerkennung einer absoluten Forderungszuständigkeit stützen die Vertreter dieser Lehre schließlich noch darauf, dass der Zessionar in den Fällen der §§ 406 ff BGB schutzwürdig sei, sofern er nur den Zedenten, nicht aber den Schuldner erreichen könne. In einem solchen Fall sei er außer Stande, den guten Glauben des Schuldners zu zerstören, indem er ihm positive Kenntnis bzgl des Gläubigerwechsels verschaffe (§§ 406, 407 Abs 1 BGB aE), sodass dieser mit befreiender Wirkung an den Altgläubiger leisten könne (vgl für die Notwendigkeit einer solchen ausschließlichen Verbotsnorm STAUDINGER/J SCHMIDT [1995] Einl 442 zu §§ 241 ff).

cc) Kritik an der Lehre von der absoluten Rechtszuständigkeit

Die Lehre von der absoluten Rechtszuständigkeit hat viel Kritik erfahren. Sie überzeugt zwar insofern, als Forderungen grds ausschließlich einer bestimmten Person zuzuordnen sind (STAUDINGER/J SCHMIDT [1995] Einl 441 zu §§ 241 ff; MünchKomm/KRAMER [5. Aufl 2007] Einl z §§ 241 ff Rn 19; BECKER AcP 196 [1996] 459). Diese Erkenntnis wird von den Vertretern der dargestellten Ansicht aber auch dazu benutzt, um die Forderung zu vergegenständlichen und sie so der ausschließlichen Zuständigkeit des Gläubigers zuzuweisen (s oben Rn 308). Dieser Schluss ist jedoch nicht zwingend. Die Forderung stellt das Anrecht des Gläubigers dar und gibt ihm deshalb das Recht zu ihrer Durchsetzung. Die Rechtszuständigkeit des Gläubigers tritt **nicht** zu einer bestehenden **Forderung hinzu** und kann deshalb nicht unabhängig von ihr bestehen. Somit ist sie nicht von der Gläubigereigenschaft zu trennen; es gibt sie nur dort, wo es auch einen Gläubiger gibt (vgl GERNHUBER, Schuldverhältnis § 3 I 3 b). Auf diese Weise kann der absolute Schutz der Forderungszuständigkeit also nicht begründet werden (vgl ausf STAUDINGER/HAGER [1999] § 823 B 164 f). **319**

Gegen diese Lehre spricht ferner ein **systematisches Argument**: Absolute Rechte erhalten ihren besonderen Charakter (s oben Rn 306) nur dadurch, dass es gegen jedermann gerichtete Verbotsnormen zu ihrem Schutz gibt (STAUDINGER/J SCHMIDT [1995] Einl 442 ff z §§ 241 ff; vgl auch GERNHUBER, Schuldverhältnis § 3 I, 3 b, II). Überspitzt formuliert bedeutet dies, dass gerade die entsprechenden Verbotsnormen das absolute Recht kennzeichnen, etwa die §§ 12, 985, 1004 BGB. Das BGB schützt die Forderung aber eben nicht durch solche Verbotsnormen gegen den Eingriff Dritter. **320**

Auch der Hinweis auf Schwächen des Abtretungsrechts überzeugt nicht (GERNHUBER, Schuldverhältnis § 3 II 8 b). Es bedarf keines Schadensersatzanspruches des Zessionars gegen den Schuldner aus § 823 Abs 1 BGB, sofern letzterer schuldhaft an den Zedenten leistete und damit das Forderungsrecht als sonstiges Recht iSv § 823 BGB verletzte. Denn der Gläubiger wird durch die Regelungen des Abtretungsrechts ausreichend geschützt. Neben einen Anspruch des Neugläubigers gegen den Zedenten aus § 816 Abs 2 BGB treten die Rechte des Gläubigers aus dem der Zession zu Grunde liegende Rechtsverhältnis (vgl MEDICUS/PETERSEN, BR Rn 610; MünchKomm/WAGNER § 823 Rn 292). Die Vorschriften der §§ 406–408 BGB stellen somit ein in sich geschlossenes System dar, das durch die Anerkennung einer Forderungszuständigkeit als absolutes Recht nur gestört würde. **321**

Schließlich gilt, dass alle Normen, die den Schutz der Forderung erweitern, gleichzeitig zu einer Beschränkung der rechtsgeschäftlichen Freiheit Dritter führen. Sie **322** müssten auf fremde Vertragsverhältnisse Rücksicht nehmen, obwohl Forderungen im Rechtsverkehr grds für sie nicht erkennbar sind (vgl dazu ausf MünchKomm/Kramer [5. Aufl 2007] Einl z §§ 241 ff Rn 15). Dafür lässt sich kein wirkliches Bedürfnis der Praxis anführen. Die Rspr ist seit mehr als 100 Jahren ohne besondere Schutznormen für Forderungen ausgekommen (Enneccerus/Lehmann, Schuldrecht § 1 II 1a; Gernhuber, Schuldverhältnis § 3 II 8 b; vgl dazu oben Rn 306 u Rn 323 ff). Die Lehre von der absoluten Forderungszuständigkeit überzeugt damit insgesamt nicht.

dd) Folgen des Meinungsstreits

323 Die verschiedenen Ansichten unterscheiden sich in erster Linie im Hinblick auf die Frage, ob die Forderung selbst oder jedenfalls die absolute Forderungszuständigkeit als **sonstiges Recht** im Rahmen des § 823 Abs 1 BGB geschützt wird. Jeder, der in die Abwicklung der eigenen oder auch fremden Rechtsbeziehung störend eingreift, wäre nach dieser Auffassung zum Schadensersatz verpflichtet. Ein Bsp dafür bildet die unberechtigte, aber wirksame Leistungsannahme. Die Einordnung der Forderungen in den Zusammenhang der absolut geschützten Rechte birgt also für am Schuldverhältnis unbeteiligte Dritte ein enormes Haftungsrisiko, da sie zur Vermeidung von Schadensersatzverpflichtungen stets die Rechtsbeziehungen zwischen Schuldner und Gläubiger berücksichtigen müssten. Schon aus diesem pragmatischen Grund wird ein deliktischer Forderungsschutz ganz überwiegend abgelehnt (RGZ 57, 353, 357; 57, 138, 142; BGHZ 29, 65, 73 f; 7, 30, 36 f; BGH NJW 1970, 137, 138; vgl z Meinungsstand Erman/Wilhelmi § 823 Rn 36; Palandt/Sprau § 823 Rn 11; MünchKomm/ Wagner § 823 Rn 291; Soergel/Spickhoff § 823 Rn 88; Fikentscher/Heinemann, Schuldrecht Rn 1570; Larenz/Canaris, Schuldrecht II/2 § 76 II 4 g; Medicus/Lorenz, Schuldrecht II § 77 Rn 13; Gernhuber, Schuldverhältnis § 3 II 8 c). Auch die **Forderungszuständigkeit** nimmt aus den gleichen Überlegungen nicht am deliktischen Rechtsgüterschutz teil (diesbzgl aA Soergel/Spickhoff § 823 Rn 88; Koziol, Die Beeinträchtigung fremder Forderungsrechte 140 ff; Löwisch, Der Deliktsschutz relativer Rechte [1970] 81; Canaris, Der Schutz obligatorischer Forderungen nach § 823 I BGB, in: FS Steffen [1995] 85 ff; Larenz/Canaris, Schuldrecht II/2 § 76 II 4 g; Hager, Die Forderungszuständigkeit als absolutes Recht, in: FS: Westermann [2008] 287 ff mwNw; Picker, Der deliktische Schutz der Forderung als Beispiel für das Zusammenspiel von Rechtszuweisung und Rechtsschutz, in: FS Canaris Bd I [2007] 1001 ff; Becker AcP 196 [1996] 439 ff; wie hier hingegen wiederum RGZ 57, 353, 354 f; Erman/Wilhelmi § 823 Rn 36; Gernhuber, Schuldverhältnis § 3 II 8 b; Fikentscher/Heinemann, Schuldrecht Rn 718 f; Medicus, Die Forderung als „sonstiges Recht" nach § 823 Abs 1 BGB?, in: FS Steffen [1995] 333 ff; ders, Schuldrecht II Rn 812; Schwerdtner, Recht der unerlaubten Handlungen, Jura 1981, 414 ff).

324 Umstr ist allerdings, ob diese Wertungen wegen des Zusammenhangs von Forderung und Sicherungsrecht auf das **Pfandrecht an Forderungen** zu übertragen sind (dafür RGZ 138, 252, 255; 108, 318, 321; aA Soergel/Spickhoff § 823 Rn 88; differenzierend MünchKomm/Wagner § 823 Rn 271). Dagegen wird eingewendet, dass der Schutz des Sicherungsrechts nicht weiter gehen könne als der des Vollrechts (MünchKomm/Wagner § 823 Rn 271). Andere verweisen auch auf die mangelnde Offenkundigkeit. Geht man – wie hier – davon aus, dass Forderung und Forderungszuständigkeit keine absoluten Rechte sind, überzeugt diese Argumentation.

325 Zutreffend wird ebenfalls abgelehnt, dass die Registrierung des Namens einer **Internet-Domain** dem Inhaber ein sonstiges Recht iSd § 823 Abs 1 BGB verschafft.

Vielmehr begründe der Vertragsschluss mit der Registrierungsstelle lediglich ein relativ wirkendes vertragliches Nutzungsrecht an der technischen Adresse, deren Ausschließlichkeit allein technisch bedingt sei (BVerfG NJW 2005, 589; BGHZ 192, 204 = BGH NJW 2012, 2034, 2036; GRUR 2009, 1055, 1058; NJW 2008, 3716, 3718; BORNKAMM, Der Prätendentenstreit im Domainrecht – Wie fügt sich der Dispute-Eintrag in das Rechtsschutzsystem?, in: FS Schilling [2007] 31, 38 f; krit BERBERICH, Anm z Urt des BGH v 18. 1. 2012, MMR 2012, 310, 312; MARLY/NESTLER, Anm z Urt des BGH v 18. 1. 2012, LMK 2012, 330732; HAGER, Absolutes Recht und Zuweisungsgehalt, JA 2012, 548, 551; **aA** OLG Köln MMR 2006, 469, 470 m abl Anm UTZ; MünchKomm/WAGNER § 823 Rn 293; FEZER, MarkenR [4. Aufl 2009] Einl G Rn 15; KOOS, Die Domain als Vermögensgegenstand zwischen Sache und Immaterialgut – Begründung und Konsequenzen einer Absolutheit des Rechts an der Domain, MMR 2004, 359 ff; KREBS/BECKER, Die Teilverdinglichung und ihre Anwendung auf Internetdomains, JZ 2009, 932, 943. Zum Nutzungsrecht als eigentumsfähige Position iSd Art 14 Abs 1 GG s BVerfG NJW 2005, 589. Allg z Domainnamen BÜSCHER/DITTMER/SCHIWY/BROCKMANN, Gewerblicher Rechtsschutz, Urheberrecht, Medienrecht [2. Aufl 2011] Kap 14 Rn 417 ff).

Nach neuerer Rspr hat dagegen ein einfaches Nutzungsrecht im Rahmen einer **326** urheberrechtlichen **Unterlizenz** (Enkelrecht), das sich von einem ausschließlichen Nutzungsrecht (Tochterrecht) ableitet, nicht nur schuldrechtlichen, sondern auch dinglichen Charakter und besteht somit trotz erloschener Hauptlizenz von dieser unabhängig fort („Take Five" BGH NJW-RR 2012, 1127; „Reifen Progressiv" BGHZ 180, 344 = NJW-RR 2010, 186, 189; SCHOLZ, Zum Fortbestand abgeleiteter Nutzungsrechte nach Wegfall der Hauptlizenz, GRUR 2009, 1107, 1109 mwNw z Streitstand; krit dazu stellvertretend für viele DIESELHORST, Zur Dinglichkeit und Insolvenzfestigkeit einfacher Lizenzen, CR 2010, 69 ff; HAUCK, Die Verdinglichung obligatorischer Rechte am Bsp einfacher immaterialgüterrechtlicher Lizenzen, AcP 211 [2011] 626 ff mwNw).

Trotz ihrer relativen Wirkung gehört eine Forderung zum **Vermögen** des Schuld- **327** ners, vorausgesetzt, ihr kommt ein Vermögenswert zu. Sie ist veräußerlich; der Gläubiger kann sie verkaufen, abtreten oder zur Sicherheit an einen Dritten übertragen (LARENZ, Schuldrecht I § 33 I). Ihre gewichtige Stellung im Rechtsverkehr zeigt nicht zuletzt der in der Praxis entwickelte **Factoringvertrag** (vgl BLAUROCK, Die Factoring-Zession, ZHR 142 [1978] 340 u ZHR 143 [1979] 71; CANARIS, Verlängerter Eigentumsvorbehalt und Forderungseinzug durch Banken, NJW 1981, 249, 250; STUMPF, Factoring – ein modernes und attraktives Finanzierungsinstrument zur Liquiditätssicherung, BB 2012, 1045 ff). Die hohe Bedeutung der Forderung als Vermögensrecht kommt ferner in den §§ 828 ff ZPO zum Ausdruck, wonach sie Gegenstand der **Zwangsvollstreckung** sein kann. Die Forderung stellt sich somit insgesamt als umlauffähiger Vermögensbestandteil dar (PALANDT/GRÜNEBERG § 398 Rn 1). Sie dient der **Güterbewegung** und bildet die **causa** für dingliche Rechtsgeschäfte (MünchKomm/KRAMER [5. Aufl 2007] Einl z §§ 241 ff Rn 17).

Deshalb nehmen Forderungen nach allgM am Schutz gegen **sittenwidrige Schädigung** **328** durch § 826 BGB teil, dem insoweit eine Ergänzungsfunktion zum Vertragsrecht zukommt (vgl auch die Systematisierung bei STAUDINGER/OECHSLER [2014] § 826 Rn 145 ff). Allerdings verwirklicht die (bloße) Beeinträchtigung fremder Forderungen grds noch nicht den Tatbestand, weil die Relativität des Schuldverhältnisses zur Folge hat, dass letzteres für Dritte grds nicht maßgeblich ist (s oben Rn 299 f). Daher müssen mit dem Vertragsbruch weitere Umstände zusammentreffen, um ein Sittenwidrigkeitsurteil zu begründen (RGZ 103, 419, 421; BGHZ 12, 308, 318; BGH NJW 2007, 2689, 2691; NJW-RR 1999, 1186; JZ 1996, 416, 418; FamRZ 1992, 1066 sowie 1401, 1402; NJW 1981, 2184, 2185; WM 1981, 624, 625; Palandt/Sprau § 826 Rn 22 f; MünchKomm/Wagner § 826 Rn 71 ff; Gernhuber, Schuldverhältnis § 3 II 9).

329 Insofern haben sich mehrere, aber nicht abschließende **Fallgruppen** herausgebildet (z den Einzelheiten Staudinger/Oechsler [2018] § 826 Rn 224; BGH JZ 1996, 416, 418; FamRZ 1992, 1401, 1402; NJW 1981, 2184, 2185). Ihnen ist gemeinsam, dass der Schädigende durch sein Eindringen in das Schuldverhältnis eine **besondere Rücksichtslosigkeit** erkennen lässt, sodass sich die Berufung auf die Relativität der Bindungswirkung als missbräuchliche Ausnutzung der Rechtsordnung für die eigenen Interessen darstellt (vgl BGH JZ 1996, 416, 418; FamRZ 1992, 1401, 1402; NJW 1981, 2184, 2185). Oft handelt es sich um den zeitlich nachrangigen Erwerb einer konkurrierenden Forderung, die der Dritte zum Schaden des Gläubigers der älteren Forderung ausübt. Dies gilt zB bei erneutem Verkauf eines bereits verkauften Gegenstands, wenn die Übereignungspflicht vor dem Zugriff des ersten Käufers erfüllt wird. Hinzutreten müssen allerdings weitere die Sittenwidrigkeit begründende Umstände, zB die Freistellung des Schuldners von Ersatzansprüchen des älteren Gläubigers (vgl BGH NJW 1981, 2184, 2185).

330 Der **deliktische Schutz** ist von der Regelung des § 138 BGB zu trennen, der die **Nichtigkeit** eines schädigenden Rechtsgeschäfts nach sich zieht (krit z Vernachlässigung dieser Vorschrift durch die Rspr Gernhuber, Schuldverhältnis § 3 II 9 b mwNw). Da in diesem Fall die Haftung gem § 826 BGB mangels Schädigung verdrängt wird, ist der Schutz des § 138 BGB vorgelagert. Im geschäftlichen Verkehr greift bei Sittenwidrigkeit eines Verhaltens zudem uU das UWG ein, insbes § 3 UWG. Zwar wird dort der Begriff der guten Sitten nicht mehr verwendet – anders als in seinem Vorgänger § 1 UWG aF –, sondern der der **Unlauterkeit**. Damit sollte jedoch lediglich verdeutlicht werden, dass die Schädigung der Wettbewerber in der Natur marktwirtschaftlichen Konkurrenzkampfes liegt. Einen sachlichen Richtungswechsel wollte der Gesetzgeber damit nicht bewirken (z Einzelheiten vgl die Lit z UWG, zB Emmerich/Lange, Unlauterer Wettbewerb [11. Aufl 2019]).

3. Tatbestandswirkungen des Schuldverhältnisses auf Dritte (weitere Ausnahmen zur Relativität)

331 Unter **Drittwirkungen des Schuldverhältnisses** versteht man die vielfältigen sonstigen Ausnahmen vom Grundsatz der „Relativität des Schuldverhältnisses" (z Begriff s oben Rn 299 f). Ging es oben um den **Schutz der Forderung** vor **Eingriffen Dritter**, soll hier kurz dargestellt werden, inwieweit **Dritten Rechtsfolgen eines Tatbestandes auferlegt werden**, den sie nicht erfüllt haben.

332 Von der rechtlichen Drittwirkung ist zunächst die sog **faktische Drittwirkung** abzugrenzen (vgl Jhering, Die Reflexwirkungen oder die Rückwirkung rechtlicher Tatsachen auf dritte Personen, JherJb 10 [1871] 245; Hueck, Normenverträge, JherJb 73 [1923] 33; Lukes, Der Kartellvertrag. Das Kartell als Vertrag mit Außenwirkungen [1959] 150 f; ders, Gedanken zur Begrenzung des Inhalts allgemeiner Geschäftsbedingungen, in: FS Hueck [1959] 459 ff; MünchKomm/Kramer [5. Aufl 2007] Einl z §§ 241 ff Rn 29; Fikentscher/Heinemann, Schuldrecht Rn 66; Martens AcP 177 [1977] 113, 164 ff; Schmalzbauer, Die Drittwirkung verpflichtender Verträge [1982] 116 ff;

WIEDEMANN, Anmerkung zu BAG, Beschl v 29. 11. 1967 – GS 1/67, SAE 1969, 268; CANARIS, Handelsrecht [24. Aufl 2006] § 31 Rn 29 ff z Wirkung von § 434 Abs 2 HGB; WESTERMANN, Drittinteressen und öffentliches Wohl als Elemente der Bewertung privater Rechtsverhältnisse, AcP 208 [2008] 141, 157). Bei volkswirtschaftlicher Betrachtungsweise entfaltet sie fast jedes Schuldverhältnis. Dritte sind jedenfalls dann mittelbar betroffen, wenn das Schuldverhältnis eine Güterverteilung zum Gegenstand hat, da ihnen die vom Umsatzgeschäft erfassten Güter uU nicht mehr zur Verfügung stehen. Konkretere Auswirkungen auf Dritte haben **Preisbindungs-** und **Lizenzverträge** sowie **Ausschließlichkeitsbindungen.** Sie erlangen im Kartellrecht und in besonderen Fällen auch bei der Inhaltskontrolle am Maßstab des § 138 BGB besondere Bedeutung (MünchKomm/KRAMER [5. Aufl 2007] Einl z §§ 241 ff Rn 29; vgl auch MARTENS AcP 177 [1977] 182).

Mit **rechtlicher Drittwirkung** meint man Sachverhalte, bei denen die **Rechtsfolgen** eines Tatbestandes nicht den Handelnden, sondern einen Dritten treffen; man spricht daher auch von „**Fremdzurechnung**". Dass eine solche Fremdzurechnung zulässig ist, bestreitet in der modernen Schuldrechtsdogmatik niemand mehr, während ältere Rechtsordnungen auf der Basis des römischen Rechts (das römische Recht schloss zB die Stellvertretung aus, GAIUS 2, 95: „per extraneam personam nobis adquiri non posse") keine solchen Drittwirkungen kannten (ausf z geschichtlichen Entwicklung vor allem des Vertrages zugunsten Dritter STAUDINGER/KLUMPP [2015] Vorbem 101 ff zu §§ 328 ff). 333

Die verschiedenen Konstellationen, in denen eine Fremdzurechnung anerkannt ist, stammen sowohl aus dem Bereich des rechtsgeschäftlichen als auch des nicht rechtsgeschäftlichen Handelns; kodifiziert sind sie nur teilw. Die Motive, die jeweils zur Durchbrechung des Relativitätsgrundsatzes führen, sind vielfältig, ebenso wie die Fälle, in denen eine solche für zulässig erachtet wird. Ob der Relativitätsgrundsatz tatsächlich durchbrochen wird, ist jeweils im Einzelfall zu prüfen. 334

a) Drittbeteiligung am Schuldverhältnis ohne Zurechnung

Dritte können an einem Schuldverhältnis beteiligt sein, ohne (grds) davon betroffen zu werden. Zur Verdeutlichung sei auf das Bsp der **Stellvertretung** hingewiesen. Dort nimmt gem § 164 Abs 1 S 1 BGB ein Dritter zwar Einfluss auf das Verhältnis zwischen Gläubiger und Schuldner, indem er für eine der Parteien an der Begründung oder an der Durchführung des Schuldverhältnisses mitwirkt. Da die Folgen seines Handelns aber den Vertretenen treffen, wird der Relativitätsgrundsatz rechtsgeschäftlicher Wirkungen nicht durchbrochen (LOOSCHELDERS/MAKOWSKY JA 2012, 721, 722). Die Tatbestandswirkungen entfalten sich **nur** zwischen den Parteien des Schuldverhältnisses selbst. 335

Weitere Sachverhalte, die sich trotz ihrer Nähe zum Problem nicht als Durchbrechung des Relativitätsgrundsatzes darstellen, finden sich etwa bei der **Leistungsbestimmung durch einen Dritten** gem § 317 BGB. Auch hier wird keine außerhalb des Schuldverhältnisses stehende Person berechtigt oder verpflichtet, sondern sie nimmt nur von außen auf das zwischen Gläubiger und Schuldner bestehende Schuldverhältnis Einfluss (MünchKomm/KRAMER [5. Aufl 2007] Einl z §§ 241 ff Rn 27). 336

Das Gleiche gilt für die **Leistung durch Dritte.** Ohne besondere Vereinbarung hat der Gläubiger gem § 267 Abs 1 BGB grds keinen Anspruch darauf, dass der Schuldner die Leistung persönlich erbringt. Nur wenn der Schuldner der Leistung durch den

Dritten widerspricht, kann der Gläubiger diese Leistung ablehnen, § 267 Abs 2 BGB (z umstrittenen Problem des Erfordernisses eines Tilgungswillens des Dritten vgl Fikentscher/Heinemann, Schuldrecht Rn 287; ausf Medicus JuS 1974, 613, 620). Die Leistung durch einen Dritten lässt sich gleichwohl nicht in den Zusammenhang der Drittwirkung des Schuldverhältnisses einordnen, da der Dritte durch die zwischen Gläubiger und Schuldner begründete Rechtsbeziehung nicht verpflichtet wird, für den Schuldner zu leisten, sondern aufgrund autonomer Motive handelt bzw aufgrund einer Verpflichtung gegenüber dem Schuldner. Diese stellt sich aber als eigenständiges Schuldverhältnis zwischen Schuldner und Drittem dar und nicht als Auswirkung desjenigen Schuldverhältnisses, in dem die Leistung erbracht wird.

337 Bei der **Drittschadensliquidation** (ausf Staudinger/Schiemann [2017] Vorbem 62 ff zu §§ 249 ff; s ferner Einl 217 f zum SchuldR) handelt es sich aus der Sicht des Schädigers um ein Ereignis, dessen Folgen zufällig nicht den Vertragspartner, sondern einen Dritten treffen. Um den Schädiger dadurch nicht zu privilegieren, wird der beim Dritten entstandene Schaden zum vertraglichen Anspruch des Vertragspartners gezogen, sodass dieser, ohne einen eigenen Schaden erlitten zu haben, einen Anspruch gegen den schädigenden Vertragspartner erhält. Der Vertragspartner bleibt dann originärer Anspruchsberechtigter (vgl ausf Looschelders, Schuldrecht AT § 46 Rn 9 ff). Selbst wenn er den Anspruch gegen seinen Vertragspartner an den Geschädigten abtritt, wird dennoch durch das Schuldverhältnis zwischen dem Schädiger und dem nicht geschädigten Vertragspartner kein Anspruch des geschädigten Dritten begründet (Medicus JuS 1974, 613 ff).

338 Schließlich weisen solche Fälle, in denen es zu einem **Wechsel der Person** auf Gläubiger- oder Schuldnerseite kommt, keinen echten Drittbezug iS einer Fremdzurechnung auf. Bei der **Abtretung einer Forderung** gem §§ 398 ff BGB, bei der **Schuldübernahme** gem §§ 414 ff BGB und auch bei der **Vertragsübernahme** werden zwar die ursprünglich am Schuldverhältnis Beteiligten durch Dritte ersetzt; eine dreiseitige Wirkung des Schuldverhältnisses entsteht dadurch aber nicht (vgl BeckOK-BGB/Sutschet [1. 5. 2019] Rn 9; Looschelders/Makowsky JA 2012, 721, 723 f).

b) Fremdzurechnung von Tatbestandsverwirklichungen

339 Drittwirkung von Schuldverhältnissen kann es demnach nur geben, wenn ein Dritter entweder aus dem Schuldverhältnis verpflichtet wird oder daraus Rechte ableiten kann (einen detaillierten Überblick dazu bietet Medicus JuS 1974, 613 ff; seiner Systematik folgt MünchKomm/Ernst Einl SchuldR Rn 18 ff).

aa) Verpflichtung Dritter

340 Eine **Verpflichtung dritter**, am Schuldverhältnis **unbeteiligter Personen** durch eine entsprechende Übereinkunft zwischen Gläubiger und Schuldner ist als **Vertrag zu Lasten Dritter** unzulässig (BGHZ 61, 359, 361; 58, 216, 220; ausf Staudinger/Klumpp [2015] Vorbem 53 ff zu §§ 328 ff mwNw; Grenzfälle bei Staudinger/Jagmann [2009] § 328 Rn 25). Es gibt jedoch gesetzlich geregelte Fälle, in denen Dritte aufgrund vertraglicher Bindungen, an denen sie nicht unmittelbar teilnehmen, verpflichtet werden können (Henke, Die sog Relativität des Schuldverhältnisses [1989]). Obwohl dabei der Grundsatz der Relativität rechtsgeschäftlicher Wirkungen durchbrochen wird, liegt kein Vertrag zu Lasten Dritter vor. Es handelt sich vielmehr um **gesetzliche Ansprüche**, auf

deren Begründung die Vertragsparteien keinen Einfluss haben (MünchKomm/Kramer [5. Aufl 2007] Einl z §§ 241 ff Rn 28).

Wichtige Fälle dieser belastenden Drittwirkung sind die **Herausgabeansprüche** gem §§ 546 Abs 2, 581 Abs 2, 604 Abs 4 BGB gegen am Vertrag unbeteiligte Dritte. Auch die oben (vgl Rn 309) als Bsp der Verdinglichung obligatorischer Rechte angeführten §§ 566, 567 ff BGB führen zu einer belastenden Drittwirkung. Gleiches gilt im Bereich des **Dienstvertragsrechts** für die arbeitnehmerschützende Vorschrift des § 613a BGB (MünchKomm/Ernst Einl SchuldR Rn 26). In diesen Zusammenhang gehört ferner die **Vormerkung**, die als Sicherungsmittel eigener Art zu einer Art „Verdinglichung" der Forderung führt (s oben Rn 310) und damit uU eine drittbelastende Wirkung hervorruft (Palandt/Bassenge [73. Auflage 2014] § 883 Rn 1). 341

Bzgl der Geltendmachung von **Einwendungen durch Dritte** ist noch auf **§ 986 Abs 2** BGB hinzuweisen, wonach der Besitzer im Vindikationsfall dem Eigentümer, der nach § 931 BGB erworben hat, alle Einwendungen entgegenhalten kann, die ihm aufgrund seines obligatorischen Besitzrechts auch gegenüber dem Voreigentümer zustanden (s oben Rn 311). Ebenso müssen alle Gläubiger im Falle der **Insolvenz** grds die schuldrechtlichen Verpflichtungen des Gemeinschuldners beachten. Dies kommt nicht zuletzt darin zum Ausdruck, dass sie nur zu einer Quote befriedigt werden (z Behandlung der Fälle eines unzureichenden Vorrats u des fremdfinanzierten Abzahlungsgeschäfts vgl nur Medicus JuS 1974, 617 f). 342

bb) Berechtigung Dritter
Umgekehrt kann uU der Fall eintreten, dass dem **Dritten** aus einem Schuldverhältnis, an dem er nicht beteiligt ist, ein **Anspruch** oder ein Gegenrecht gegen eine der Parteien dieses Rechtsverhältnisses zusteht. 343

Der wichtigste Fall eines eigenen vertraglichen Anspruchs des Dritten gegen den Schuldner ist der **Vertrag zugunsten Dritter** gem § 328 BGB (ausf Staudinger/Klumpp [2015] Vorbem 20 ff zu §§ 328 ff). Bei diesem geht der Wille des Gläubigers nicht dahin, selbst Leistungsberechtigter zu werden, sondern es besteht ein Interesse daran, dass der Schuldner an einen Dritten leistet (Larenz, Schuldrecht I § 17 Ia). Dabei kann man zwei verschiedene Rechtslagen unterscheiden: 344

Zunächst gibt es Situationen, in denen der Gläubiger den Anspruch gegen seinen Schuldner als **Erfüllungsleistung** im Verhältnis zu seinem eigenen Gläubiger einsetzt. Sein Schuldner soll dann gem § 362 Abs 2 BGB iVm § 185 BGB analog direkt an den Drittgläubiger leisten, obwohl zwischen diesen Beteiligten kein Schuldverhältnis begründet wurde (ausf Staudinger/Klumpp [2015] Vorbem 16 zu §§ 328 ff). Als Bsp dafür dienen die sog **Durchlieferungsfälle**, in denen der Käufer mit dem Verkäufer einen Kaufvertrag schließt, den Kaufgegenstand aber direkt an seinen Gläubiger versenden lässt. Dieser erhält jedoch regelmäßig mangels Vertrages keinen eigenen Anspruch gegen den Verkäufer. Man spricht deshalb von einem „**ermächtigenden Vertrag zugunsten Dritter**" (Erman/Westermann § 328 Rn 3; Larenz, Schuldrecht I § 17 I a), andere nennen ihn „**unechter Vertrag zugunsten Dritter**" (Esser/Schmidt, Schuldrecht I § 36 I) oder „**einfacher Vertrag zugunsten Dritter**" (Soergel/Hadding § 328 Rn 6, 68 ff). Es liegt in solchen Fällen also nur eine **tatsächliche**, aber keine rechtliche **Wirkung** des Schuldverhältnisses auf einen Dritten vor. Die Abrede zwischen Käufer und 345

Verkäufer verbessert die Rechtsstellung des Gläubigers nicht (vgl Looschelders/Makowsky JA 2012, 721, 723).

346 Dagegen sollen die Verträge gem § 328 BGB idR eine wirtschaftliche Versorgung des Begünstigten sicherstellen, weshalb das Interesse des Gläubigers dahin geht, dem begünstigten Dritten auch ein **eigenes Forderungsrecht** auf Leistung gegen seinen Schuldner, den Versprechenden, zu verschaffen. Der **Dritte** wird dadurch selbst **Gläubiger**, erlangt jedoch sein Recht ohne Mitwirkung am Vertragsschluss. Es steht ihm direkt und ohne Zwischenerwerb des Versprechensempfängers zu (ausf Staudinger/Klumpp [2015] § 328 Rn 30; Larenz, Schuldrecht I § 17 I a; Westermann AcP 208 [2008] 141, 152). Die Rechte des Dritten folgen allein aus dem Vertrag zwischen dem Versprechenden und dem Versprechensempfänger, dem sog **Deckungsverhältnis**. Es kann auf den **Tod des Versprechensempfängers** bezogen werden, § 331 BGB.

347 Dass der Dritte auf diese Weise ohne seine Zustimmung uU eine für ihn positive Rechtsstellung erlangen kann, wird teilw kritisiert (Soergel/Hadding Vor §§ 328 ff Rn 10). In der Tat durchbricht § 328 BGB den Grundsatz „alteri stipulatio nemo potest" (für einen anderen kann sich niemand etwas versprechen lassen). Bedenken an der Regelung bestehen aber deshalb nicht, weil § 333 BGB dem Dritten die Möglichkeit gibt, das erworbene Recht jederzeit zurückzuweisen (Staudinger/Klumpp [2015] § 328 Rn 41; Larenz, Schuldrecht I § 17 I a).

348 Praktisch bedeutsam ist neben dem Vertrag zugunsten Dritter der **Vertrag mit Schutzwirkung für Dritte**. Nach den dazu im Wege der **Rechtsfortbildung** herausgebildeten Grundsätzen können Dritte die aus dem Schuldverhältnis folgenden Schutz- und Rücksichtnahmepflichten für sich in Anspruch nehmen, ohne selbst in einer vertraglichen Verbindung mit dem Verpflichteten zu stehen. Der Vertrag mit Schutzwirkung für Dritte stellt damit eine weitere Art der Drittberechtigung dar (ausf Staudinger/Klumpp [2015] § 328 Rn 89 ff; Staudinger/Schwarze [2014] § 280 Rn B 19 ff; zur Abgrenzung von der Drittschadensliquidation Hübner/Sagan JA 2013, 741) und bildet eine Ausnahme zum Grundsatz der Relativität rechtsgeschäftlicher Wirkungen. Im Gegensatz zum Vertrag zugunsten Dritter (s oben Rn 344) folgt aus ihm kein Anspruch des Dritten auf die Hauptleistung, sondern es werden lediglich **Schadensersatzansprüche** im Falle der Verletzung vertraglicher Rücksichtspflichten begründet (BGHZ 49, 350, 353; NJW 1959, 1676; schon das RG erkannte solche Schutzpflichten an, vgl RGZ 127, 218, 222; 102, 231 f; 91, 21, 24). Ein weiterer Unterschied besteht darin, dass im Unterschied zu den **Erfüllungsansprüchen** des Vertrages zugunsten Dritter die **Schadensersatzansprüche** aus einem Vertrag mit Schutzwirkung schon im Bereich **vorvertraglicher Schuldverhältnisse** Rücksichtnahmepflichten begründen (BGHZ 66, 51, 58).

349 Die **dogmatische Begründung** dieses Instituts ist umstr (z den Folgen der verschiedenen Ansätze vgl Zenner NJW 2009, 1030 ff): Vielfach wird vertreten, dass der neu gestaltete § 311 Abs 3 S 1 BGB alle Fälle betreffe, in denen Dritte an einem Schuldverhältnis beteiligt sind, also auch den Vertrag mit Schutzwirkung für Dritte (Looschelders, Schuldrecht AT § 9 Rn 6; Muthers, in: Henssler/Graf vWestfalen, Praxis der Schuldrechtsreform [2. Aufl 2002] § 311 Rn 23; Lorenz/Riehm, Schuldrecht [2002] Rn 376; Canaris JZ 2001, 499, 520; Eckebrecht, Vertrag mit Schutzwirkung für Dritte – Die Auswirkungen der Schuldrechtsreform, MDR 2002, 425, 427 f; Hübner/Sagan JA 2013, 741, 743; Schwab, Das neue Schuldrecht im

Überblick, JuS 2002, 1, 4 u 872, 873; Petersen, Die Drittwirkung von Schutzpflichten, Jura 2013, 893, 894). Die Systematik des § 311 Abs 3 S 1 BGB deutet dagegen eher in eine andere Richtung. Wie Abs 3 S 2 zeigt, werden dort Fälle geregelt, in denen der Dritte als **Anspruchsgegner** wegen einer Sorgfalts- bzw Rücksichtnahmepflichtverletzung haften soll (AnwK-BGB/Krebs [2002] § 311 Rn 47; NK-BGB/Becker § 311 Rn 109 f; Palandt/ Grüneberg § 311 Rn 60, § 328 Rn 13 f; Olzen/Wank, Die Schuldrechtsreform Rn 312; Dauner-Lieb/Arnold/Dötsch/Kitz, Fälle zum Neuen Schuldrecht [2002] 203; Schmidt-Räntsch, Das neue Schuldrecht Rn 475; mittlerweile aA Sutschet, Schutzansprüche und Schutzpflichten Dritter im Lichte des § 311 Abs 3 BGB, in: FS Ehmann [2005] 101 ff). Dem steht wohl auch die Auffassung des Gesetzgebers nicht entgegen (Begr z SchuldrechtsmodernisierungsG BT-Drucks 14/6040, 163).

Letztlich lohnt keine tiefgreifende Diskussion. Denn der Meinungsstreit bereitet deshalb wenig praktische Probleme, weil § 311 Abs 3 S 1 BGB jedenfalls keine Tatbestandsmerkmale eines Vertrages mit Schutzwirkungen für Dritte enthält (so auch Canaris JZ 2001, 499, 520, der freilich einen anderen Rückschluss zieht; Looschelders, Schuldrecht AT § 9 Rn 7; anders Zenner NJW 2009, 1030 ff). Deshalb muss man weiterhin auf die früheren – insbes von der Rspr entwickelten – Grundsätze zurückgreifen, unabhängig davon, ob man den Vertrag mit Schutzwirkung für Dritte als eine auf § 242 BGB gestützte richterliche Rechtsfortbildung ansieht (MünchKomm/Gottwald § 328 Rn 170; Brors, Vertrauen oder Vertrag – gibt es eine Haftung für Wertgutachten nach § 311 Abs 3 BGB?, ZGS 2005, 142, 148), oder mit der Rspr die dogmatische Grundlage in einer ergänzenden Vertragsauslegung sieht (RGZ 127, 222; BGHZ 123, 378, 380; 56, 269, 273; BGH NJW 2004, 3035, 3036; 1984, 355, 356; NJW-RR 1986, 2510, 2511; Palandt/Grüneberg § 328 Rn 14; Dahm, Vorvertraglicher Drittschutz, JZ 1992, 1167). 350

Als Ausnahme zum Relativitätsgrundsatz ist schließlich § 991 Abs 2 BGB zu erwähnen. Danach steht dem **Eigentümer** ein eigener **Schadensersatzanspruch** auch gegen den **unmittelbaren Besitzer** zu, der beim Besitzerwerb gutgläubig war und den er deshalb an sich nicht in Anspruch nehmen könnte. Voraussetzung ist allerdings, dass der unmittelbare Besitzer aus seinem Rechtsverhältnis mit dem mittelbaren Besitzer diesem gegenüber selbst schadensersatzpflichtig wäre. Umgekehrt haftet der unmittelbare Besitzer also dem Eigentümer dann nicht, wenn er auch vom mittelbaren Besitzer nicht in Anspruch genommen werden könnte. 351

cc) Haftungsbegrenzungen zugunsten Dritter*

Durchbrechungen der Relativität von Schuldverhältnissen liegen auch darin, dass sie die Haftung Dritter beeinflussen, die nicht an ihnen beteiligt sind. Gesetzlich geregelte **Haftungsbegrenzungen zugunsten Dritter** findet man vor allem im **Transportrecht**. Die Normen erweitern die gesetzlich oder vertraglich geregelten Haftungsbeschränkungen, die zugunsten des Beförderers gelten, auch auf dessen Hilfspersonen, zB § 607a Abs 2 HGB aF (aufgehoben zum 25. 4. 2013, BGBl I 2013, 831, 860 f; Klein JZ 1997, 390, 391; ausf Staudinger/Klumpp [2015] § 328 Rn 150). 352

---

* **Schrifttum**: Katzenstein, Haftungsbeschränkungen zugunsten und zulasten Dritter (Diss Tübingen 2004); Klein, Haftungsbeschränkungen zu Gunsten und zu Lasten Dritter und ihre Behandlung in der Schuldrechtsreform, JZ 1997, 390; Räcke, Haftungsbeschränkungen zugunsten und zu Lasten Dritter (1995).

353 Solche Drittwirkungen bestehen sofern auch, wenn der zwischen den Vertragsparteien vereinbarte **Haftungsausschluss** für Dritte ebenfalls gilt. Dies ist regelmäßig dann der Fall, wenn die zur Vertragserfüllung Verpflichteten sich Hilfspersonen bedienen. Solche Gehilfen würden ohne eine Erweiterung der Haftungsbeschränkung auf ihr Verhalten zumindest deliktsrechtlich unbeschränkt haften (vgl dazu ausf BLAUROCK, Haftungsfreizeichnung zugunsten Dritter, ZHR 146 [1982] 238 ff; STAUDINGER/KLUMPP [2015] § 328 Rn 148).

354 Die Rspr hat deshalb in vielen Fällen die Ausdehnung der Haftungsprivilegierung – etwa auf Arbeitnehmer oder sonstige Hilfspersonen – bejaht, unabhängig davon, ob sie individuell oder in AGB vereinbart worden waren (STAUDINGER/KLUMPP [2015] § 328 Rn 148 ff). In gleicher Weise ließ sie Gehilfen an einer **Verkürzung der Verjährungsfristen** für Schadensersatzansprüche teilhaben (STAUDINGER/KLUMPP [2015] § 328 Rn 139).

dd) Haftungsbegrenzungen zu Lasten Dritter

355 Aber auch **Haftungsbeschränkungen zu Lasten Dritter** sind denkbar und gehören deshalb in den Zusammenhang der Drittwirkung von Schuldverhältnissen. Dabei werden zu Lasten eines Vertragspartners dessen Ansprüche gegen einen außenstehenden Dritten beschränkt. Beispielhaft dafür sind ebenfalls Fälle des **Transportrechts**. Wird aufgrund einer Vereinbarung mit einem **Spediteur** transportiertes Gut beschädigt und verlangt der **Eigentümer** vom **Frachtführer Schadensersatz**, so kann sich dieser nach der Rspr des BGH auf seine haftungsbeschränkenden Geschäftsbedingungen auch dann berufen, wenn zwischen dem Frachtführer und dem Eigentümer des Frachtguts kein vertragliches Schuldverhältnis besteht (BGH NJW 1974, 2177; KLEIN JZ 1997, 390, 393 mwNw). Dieses Ergebnis erscheint gerechtfertigt, falls der Versender weiß oder nach den Umständen erkennen muss, dass der Transport nicht vom Spediteur selbst, sondern von einem Frachtführer durchgeführt werden wird, der gesetzlich oder durch Verwendung von Vertragsbedingungen nur eingeschränkt haftet (BGH NJW 1985, 2411; OLG Düsseldorf TransportR 1996, 38, 39 f; LG München I TransportR 1990, 19; CANARIS, Handelsrecht [24. Aufl 2006] § 31 Rn 29 ff; ausf KLEIN JZ 1997, 390, 393 mwNw; vgl z Ganzen STAUDINGER/JAGMANN [2009] Vorbem 45 zu §§ 328 ff).

K. Dauer des Schuldverhältnisses*

356 Schuldverhältnisse lassen sich schließlich auch nach **zeitlichen Kriterien** unterscheiden. So kann sich das Schuldverhältnis in einer **einmaligen Leistungserbringung** erschöpfen oder **ständig neue Leistungspflichten** auslösen.

---

* **Schrifttum:** BEITZKE, Nichtigkeit, Auflösung und Umgestaltung von Dauerrechtsverhältnissen (1948; Nachdruck von 1968); CHRISTODOULOU, Vom Zeitelement im Schuldrecht (1968); FUCHS-WISSEMANN, Die Abgrenzung des Rahmenvertrages vom Sukzessivlieferungsvertrag (Diss Marburg 1979); GAUCH, System der Beendigung von Dauerverträgen (1968); GOLLUB, Verzug und Zurückbehaltungsrecht beim Sukzessivlieferungsvertrag (Diss Münster 1989); HAARMANN, Wegfall der Geschäftsgrundlage bei Dauerrechtsverhältnissen (1979); HENSSLER, Risiko als Vertragsgegenstand (1994) 1 ff mwNw; HORN/FONTAINE/MASKOW/SCHMITTHOFF, Die Anpassung langfristiger Verträge Vertragsklauseln und Schiedspraxis (1984); JAHR, Schriften des Vereins für Sozialpolitik (1964); LÖRCHER, Die Anpassung lang-

Titel 1
Verpflichtung zur Leistung § 241

I. Einfache Schuldverhältnisse

Für die auf **einmalige Leistungserbringung** gerichteten Schuldverhältnisse hat sich kein 357
allgemein anerkannter Terminus etabliert. Es wurden Begriffe wie „vorübergehendes
Schuldverhältnis" (KLANG/BYDLINSKI, Kommentar zum AGBG IV/2 [2. Aufl 1971] 193 f), „einfaches Schuldverhältnis" (CHRISTODOULOU, Vom Zeitelement im Schuldrecht [1968] 142; ESSER/SCHMIDT, Schuldrecht I § 20 2; WIESE, in: FS Nipperdey Bd I [1965] 837 ff), „einmaliges Schuldverhältnis" (CHRISTODOULOU, Vom Zeitelement im Schuldrecht [1968] 142), „Schuldverhältnis auf einmaligen Leistungstausch" (JAUERNIG/MANSEL Rn 3), „Austauschvertrag" (BEITZKE, Dauerrechtsverhältnisse 21, 35 Fn 302) und „Umsatzgeschäft" vorgeschlagen. In Österreich hat sich auch der Begriff „Zielschuldverhältnis" eingebürgert
(EHRENZWEIG/MAYRHOFER, Schuldrecht AT 23 ff; GSCHNITZER/FAISTENBERGER/BARTA/ECCER,
Österreichisches Schuldrecht AT 25). Eine terminologische Vereinheitlichung ist aber
deshalb nicht erforderlich (GERNHUBER, Schuldverhältnis 380), weil sich die dogmatische
Bedeutung eines entsprechenden Begriffs allein in der Abgrenzung zum Dauerschuldverhältnis erschöpft und demzufolge lediglich diejenigen Schuldverhältnisse
zusammenfasst, die keine Dauerschuldverhältnisse sind. Dafür reicht die Bezeichnung **„sonstige Schuldverhältnisse"**. Teilw werden innerhalb dieser Gruppe der
Schuldverhältnisse noch die „langfristigen Verträge ieS" besonders hervorgehoben,
weil sie sich zwar über einen längeren Zeitraum erstrecken, der Inhalt der Leistungspflicht aber nicht von der Dauer des Schuldverhältnisses abhängt (HORN, in: BMJ [Hrsg],
Gutachten und Vorschläge zur Überarbeitung des Schuldrechts [Köln 1981–1983] 562).

II. Dauerschuldverhältnisse

Nachdem man diejenigen Schuldverhältnisse, die dauernd Rechte und Pflichten 358
erzeugen, zunächst „dauernde Schuldverhältnisse" nannte (vGIERKE JherJb 64 [1914]
355 f), hat sich mittlerweile der Begriff **„Dauerschuldverhältnis"** durchgesetzt. Er hat
sowohl als **gesetzlicher Terminus** als auch als **dogmatische Kategorie** Bedeutung.

1. Gesetzlicher Terminus

Als **gesetzlicher Terminus** hat das Dauerschuldverhältnis erstmals mit dem Inkraft- 359
treten des AGBG am 1. 4. 1977 und verstärkt seit dem 1. 1. 2002 durch die Modernisierung des Schuldrechts (vgl Einl 188 ff zum SchuldR) Eingang in die Gesetzessprache gefunden. Er findet sich nunmehr in §§ 313 Abs 3, 314 BGB, die die **Laufzeit**
und **Kündigung** von Dauerschuldverhältnissen regeln, den **AGB-Regelungen** der
§§ 308 Nr 3, 309 Nr 1 und Nr 9 BGB, in § 108 InsO, der das Fortbestehen von
Dauerschuldverhältnissen in der **Insolvenz** betrifft sowie in Art 229 § 5 S 2 EGBGB,
der Übergangsregeln für vor dem 1. 1. 2002 entstandene Schuldverhältnisse statuiert

---

fristiger Verträge an veränderte Umstände, DB
1996, 1269; MACAULAY, Non-Contractual Relations in Business, American Sociological Review
28 (1963) 55; MACNEIL, The new Social contract:
An inquiry into modern contractual relations
(1980); MARTINEK, Moderne Vertragstypen
Bd III (1993) 363 ff; NICKLISCH, Der komplexe

Langzeitvertrag, Strukturen und Internationale
Schiedsgerichtsbarkeit (1987); OETKER, Das
Dauerschuldverhältnis und seine Beendigung
(1994); ULLMANN, Der Einfluss des Konkurses
auf Wiederkehrschuldverhältnisse (Diss Leipzig
1933).

(z gesetzlichen Erfassung der Dauerschuldverhältnisse Horn, in: BMJ [Hrsg], Gutachten und Vorschläge zur Überarbeitung des Schuldrechts [Köln 1981–1983] 551 ff).

360 Der Begriff des Dauerschuldverhältnisses ist aber auch heute **nicht legaldefiniert**. Zwar enthält § 309 Nr 9 BGB Anhaltspunkte für eine nähere Bestimmung; diese sind aber nicht abschließend, sondern der Begriff ist in einem umfassenderen Sinne zu verstehen. Eine Definition kann auch nicht pauschal vorgenommen werden, sondern muss vielmehr stets unter Einbeziehung des jeweiligen Regelungsgehaltes der Norm erfolgen (Staudinger/J Schmidt [1995] Einl 350 zu §§ 241 ff). Insofern wird auf die entsprechenden Kommentierungen verwiesen.

2. Dogmatische Kategorie

a) Zeitliche Abgrenzungskriterien

361 Als **dogmatische Kategorie** geht der Begriff des Dauerschuldverhältnisses auf Otto von Gierke zurück (JherJb 64 [1914] 355 ff), der sich 1914 erstmals eingehend damit befasste. Folgende Grundsätze haben sich seitdem Geltung verschafft:

362 Dauerschuldverhältnisse unterscheiden sich von den auf eine einmalige Leistung gerichteten Schuldverhältnissen dadurch, dass während ihrer Laufzeit **ständig neue Leistungs-, Nebenleistungs-** und **Rücksichtspflichten** entstehen. Da das Dauerschuldverhältnis im Gegensatz zum einfachen Schuldverhältnis grds **zeitlich unbegrenzt** ist, muss eine zeitliche Begrenzung von den Parteien gesetzt werden (MünchKomm/Gaier § 314 Rn 5), sei es durch Kündigung, Aufhebungsvertrag, Befristung oä. Das entscheidende Kriterium für den Charakter als Dauerschuldverhältnis besteht also – insoweit herrscht weitgehend Einigkeit – in der gegenüber den einfachen Schuldverhältnissen „essentiellen Bedeutung des Zeitmomentes" (MünchKomm/Gaier § 314 Rn 6), das sich als konstitutives Merkmal des Leistungsumfangs darstellt (ähnl Horn, in: BMJ [Hrsg], Gutachten und Vorschläge zur Überarbeitung des Schuldrechts [Köln 1981–1983] 561).

363 Es lässt sich aber mit guten Gründen bezweifeln, ob die genannten Kriterien wirklich eine klare Abgrenzung ermöglichen. Vor allem stellt sich die Frage, wann das Zeitmoment konstitutiv für die Einordnung sein soll (Staudinger/J Schmidt [1995] Einl 364 zu §§ 241 ff). Man könnte es bereits als ausreichend erachten, dass der Inhalt der Hauptleistungspflicht von der Dauer des Schuldverhältnisses bestimmt wird oder zusätzlich fordern, dass der Leistungsinhalt bei Vertragsschluss noch nicht feststeht. Ein weites Verständnis würde zB den befristeten Kaufvertrag zum Dauerschuldverhältnis werden lassen. Fordert man hingegen, dass der Leistungsinhalt bei Vertragsschluss noch nicht bestimmbar ist, müssten befristete Mietverträge aus dieser Kategorie ausscheiden.

364 Daher haben andere den Aspekt der **besonderen Risikoverteilung** für eine Abgrenzung herangezogen (Staudinger/J Schmidt [1995] Einl 367 zu §§ 241 ff; Jahr, Schriften des Vereins für Sozialpolitik [1964] 14 ff, 18 ff). Danach wird ein Dauerschuldverhältnis durch eine typische Risikoverteilung gekennzeichnet. So trage zB der Vermieter, der dem Mieter die Wohnung auf Zeit überlässt, zwar das Sachrisiko, nicht aber das Insolvenzrisiko (Jahr 23). Demgegenüber sei ein Verkäufer nach der Übereignung grds nicht mehr am Schicksal der verkauften Sache interessiert. Allerdings erlaubt auch diese Risikoverteilung keine genaue Grenzziehung, wie insbes die Gesellschaftsverträge zeigen, für die das Kriterium untauglich ist (so unter Aufgabe der früheren Auffassung STAUDINGER/J SCHMIDT [1995] Einl 368 zu §§ 241 ff). Der Arbeitsvertrag lässt sich ebenfalls auf diese Weise schlecht erklären.

Da die sozialethischen Anforderungen an das Verhalten des Einzelnen mit der Intensität des rechtlichen oder sozialen Kontaktes steigen (LOOSCHELDERS, Schuldrecht AT § 4 Rn 5), wird teilw darüber hinaus das Merkmal der **„ständigen Pflichtenanspannung"** (ESSER/SCHMIDT, Schuldrecht I § 15 II) als Besonderheit von Dauerschuldverhältnissen angesehen. Danach sei den Dauerschuldverhältnissen neben der auch einfachen Schuldverhältnissen immanenten Verpflichtung zur Leistung einschließlich der zu beachtenden Neben- und Rücksichtspflichten die Verpflichtung zum **„vertrauensvollen Zusammenwirken"** eigen, deren Verletzung sich nach § 242 BGB beurteilen soll (STAUDINGER/J SCHMIDT [1995] § 242 Rn 874; LARENZ, Schuldrecht I § 2 VI; anders HORN, in: BMJ [Hrsg], Gutachten und Vorschläge zur Überarbeitung des Schuldrechts [Köln 1981–1983] 551 f; SOERGEL/WIEDEMANN [12. Aufl] Vor § 323 Rn 59). Obwohl die Berechtigung des Kriteriums vertrauensvollen Zusammenwirkens für ein Dauerschuldverhältnis kennzeichnend ist, hat es die Diskussion nicht beendet. Oft werden die Aspekte kumulativ verwendet, um das Wesen des Dauerschuldverhältnisses zu kennzeichnen (MünchKomm/GAIER § 314 Rn 5). **365**

b)   Andere Abgrenzungsversuche
Die Dogmatik der Dauerschuldverhältnisse ist also – wie der Meinungsstreit zeigt – nach wie vor nicht eindeutig geklärt. Der Sinn einer Systematisierung von Schuldverhältnissen nach zeitlichen Bewandtnissen wurde daher insgesamt mit beachtlichen Argumenten in Zweifel gezogen (STAUDINGER/J SCHMIDT [1995] Einl 361 ff z §§ 241 ff). Die Schwierigkeiten hängen aber in erster Linie damit zusammen, dass es sich bei dem Begriff des „Dauerschuldverhältnisses" seiner Rechtsnatur nach um einen **Sammelbegriff** für dogmatische Einzelprobleme ganz unterschiedlicher Art handelt (GERNHUBER, Schuldverhältnis 379 Fn 8). Dennoch haben sich folgende begriffliche Abgrenzungen im Wesentlichen durchgesetzt: **366**

aa)   Dauerschuldverhältnisse ieS und iwS
Manche unterscheiden Dauerschuldverhältnisse ieS und iwS. Zur ersten Gruppe werden diejenigen Schuldverhältnisse gezählt, bei denen sich der Leistungsumfang nach der **Dauer** des Schuldverhältnisses richtet, aber **im Voraus nicht zu bestimmen ist** (s oben Rn 359 f). Wird hingegen – wie zB bei einer ratenweise zu liefernden, jedoch von vornherein festgelegten Gesamtmenge – lediglich die Leistungsmodalität abweichend von den einfachen Schuldverhältnissen in der Weise bestimmt, dass sich die **Leistungshandlungen** über einen **längeren Zeitraum** erstrecken, kann allenfalls von **Dauerschuldverhältnissen iwS** gesprochen werden (LARENZ, Schuldrecht I § 2 VI; SOERGEL/TEICHMANN Rn 6). Teilw hält man den Terminus „Dauerschuldverhältnis" in solchen Fällen auch für vollständig unpassend und beschränkt ihn auf die erstgenannte Situation (BGH NJW 1981, 679; MünchKomm/GAIER § 314 Rn 8; ERMAN/HOHLOCH [13. Aufl 2011] § 314 Rn 14). **367**

bb)   Sukzessivlieferungsverhältnisse
Parallel zur Dogmatik des Dauerschuldverhältnisses hat sich der Begriff des **Sukzessivlieferungsvertrages** herausgebildet, vor allem in Abgrenzung zum sog **Wieder- 368**

kehrschuldverhältnis (s unten Rn 372 f). Bei einem Sukzessivlieferungsvertrag (zB Lieferung von Buchreihen LG Hamburg NJW 1973, 804) handelt es sich nach Auffassung der Rspr um einen **einheitlichen** Kauf- oder Werkvertrag, der auf die Erbringung von **Leistungen** in zeitlich aufeinander folgenden **Raten** gerichtet ist (BGH NJW 1977, 35; BGH NJW 1981, 679, 680). Die Einordnung in die Kategorie der Dauerschuldverhältnisse iwS rechtfertigt sich also durch das die Leistung bestimmende **Zeitmoment**. Abhängig von dessen Reichweite lassen sich innerhalb dieser Gruppe wiederum zwei Untergruppen bilden.

369 Beim **Ratenlieferungsvertrag** wird eine von vornherein **festgelegte Gesamtmenge** geschuldet, deren Leistung aber in Teilmengen erfolgt. Die **Zeitabschnitte** der Leistungen werden in Abweichung von § 266 BGB entweder bereits bei Vertragsschluss genau bestimmt oder sie richten sich nach dem Bedarf („auf Abruf") des Gläubigers (MünchKomm/Westermann Vor § 433 Rn 32). Der Ratenlieferungsvertrag wird auch als „echter Sukzessivlieferungsvertrag" (Hk-BGB/Schulze Vor §§ 311–319 Rn 24) bezeichnet, da ihm das Merkmal der ständigen Leistungsbereitschaft fehlt und daher nicht von einem „Dauerschuldverhältnis ieS" gesprochen werden kann (MünchKomm/Westermann Vor § 433 Rn 33; Palandt/Grüneberg § 314 Rn 2; Hk-BGB/Schulze Vor §§ 311–319 Rn 25). Für Verzug und Unmöglichkeit gelten grds die allgemeinen Regeln. Wird lediglich eine Teilleistung unmöglich, kann gem § 326 Abs 1 S 1 HS 2 BGB, § 441 Abs 3 BGB gemindert, ausnahmsweise gem §§ 280 Abs 1 u 3, 283, 281 Abs 1 S 2 BGB auch Schadensersatz statt der ganzen Leistung verlangt werden, wenn an der noch offenen Teilleistung kein Interesse mehr besteht.

370 Beim **Bezugs-** (Palandt/Grüneberg v § 311 Rn 28; Soergel/Teichmann Rn 6) oder **Dauerlieferungsvertrag** (Erman/Grunewald Vor § 433 Rn 33) ist die **Liefermenge nicht** bei Vertragsschluss **festgelegt**, sondern richtet sich auch hinsichtlich der Gesamthöhe nach dem **Bedarf des Abnehmers** (MünchKomm/Gaier § 314 Rn 8; gesetzlich geregelt in Art 1559 ff ital Codice Civile). Die Leistungszeitpunkte bestimmen sich nach **Abruf** (z den insoweit bestehenden Gläubigerpflichten vgl RG JW 1916, 1188; angemessene Frist RGZ 94, 47; BGH WM 1973, 694; z Abrufbestellung BGH BB 1980, 1823). Mit dem Abruf wird kein neuer Kaufvertrag geschlossen, sondern die bereits bestehende **Lieferpflicht konkretisiert** (MünchKomm/Westermann Vor § 433 Rn 33). Deshalb erfordert der Bezugsvertrag **ständige Leistungsbereitschaft** des Schuldners. Auf der Seite des Bezugsberechtigten ist damit oft eine **ausschließliche Bezugsverpflichtung** verbunden (MünchKomm/Westermann Vor § 433 Rn 33). Wegen der „dauernden Pflichtenanspannung" stellt sich der Bezugsvertrag als „echtes Dauerschuldverhältnis" (Hk-BGB/Schulze Vor §§ 311–319 Rn 24, 28) oder „Dauerschuldverhältnis ieS" und damit als „unechter Sukzessivlieferungsvertrag" dar (ähnl Soergel/Huber Vor § 433 Rn 53; MünchKomm/Gaier § 314 Rn 8).

371 Die hier vorgeschlagene Einteilung ist nicht unbestritten. Teilw werden zu den Sukzessivlieferungsverhältnissen auch nur die Ratenlieferungsverträge (BGH NJW 1979, 674; NJW 1981, 679) oder nur die Dauerlieferungsverträge (Soergel/Teichmann Rn 6) gezählt.

cc) Wiederkehrschuldverhältnisse

372 Bei den sog **Wiederkehrschuldverhältnissen** soll das Zeitmoment lediglich einen **Rahmen-** oder **Grundvertrag** betreffen, der die Modalitäten für den Fall regelt, dass

künftig überhaupt Verträge über bestimmte Leistungen geschlossen werden. Eine Verpflichtung zur Leistungserbringung erwächst dann also nicht aus dem Rahmenvertrag, sondern aus jeweils **singulären Verträgen**, deren nähere Ausgestaltung sich allerdings nach dem Rahmenvertrag richtet (BGH NJW 1997, 933, 934; MünchKomm/ WESTERMANN [6. Aufl 2012] Vor § 433 Rn 39, 41). Der Umfang der beiderseitigen Leistungen sei dabei nicht nur von der Zeitdauer, sondern innerhalb der einzelnen Teilabschnitte von der Höhe des tatsächlichen Verbrauchs abhängig (MünchKomm/WESTERMANN [6. Aufl 2012] Vor § 433 Rn 39; MünchKomm/GAIER § 314 Rn 7; LARENZ, Schuldrecht I § 2 VI Fn 45). Der Abnehmer habe keinen Anspruch auf Verlängerung des Rechtsverhältnisses. Das Wiederkehrschuldverhältnis wäre nach den oben dargestellten Kriterien (Rn 368) aufgrund der eingeschränkten Bedeutung des Zeitmomentes also lediglich als Dauerschuldverhältnis iwS einzuordnen.

Der Begriff des Wiederkehrschuldverhältnisses ist allerdings heute entbehrlich **373** (MünchKomm/WESTERMANN [6. Aufl 2012] Vor § 433 Rn 41; MünchKomm/GAIER § 314 Rn 7; MEDICUS/LORENZ, Schuldrecht I Rn 13). Die Schaffung einer eigenständigen Kategorie war durch die damaligen konkursrechtlichen Schwierigkeiten bei der Behandlung von Bezugsverträgen motiviert (RGZ 148, 326, 330; JAEGER, KO [8. u 9. Aufl] § 17 Rn 85 ff; ULLMANN, Der Einfluss des Konkurses auf Wiederkehrschuldverhältnisse [Diss Leipzig 1933]), da die Qualifizierung als Dauerschuldverhältnis ieS die Gefahr einer unerwünschten Privilegierung der Versorgungsunternehmen über § 17 KO aF in sich barg (BGHZ 81, 90 = NJW 1981, 2195 z § 17 KO). Die Einordnung von Bezugsverträgen in die Kategorie der Wiederkehrschuldverhältnisse konnte aber bereits vor dem Inkrafttreten der InsO im Jahre 1999 vor dem Hintergrund der damaligen Rechtsentwicklung als veraltet betrachtet werden (BGH DtZ 1997, 196, 197; SOERGEL/R SCHMIDT Rn 10; PALANDT/GRÜNEBERG Überbl v § 311 Rn 28: Dauerschuldverhältnis; LARENZ, Schuldrecht I § 2 VI Fn 2; HORN, in: BMJ [Hrsg], Gutachten und Vorschläge zur Überarbeitung des Schuldrechts [Köln 1981–1983] 551 f; offengelassen jedoch in BGHZ 83, 359, 363 = NJW 1982, 2196, 2197; STAUDINGER/J SCHMIDT [1995] Einl 385 zu §§ 241 ff). Mit Inkrafttreten der InsO sind die insolvenzrechtlichen Schwierigkeiten jedenfalls endgültig ausgeräumt. Entscheidet sich der Insolvenzverwalter nämlich für die Erfüllung des Vertrages, so stellen die Ansprüche wegen bereits erbrachter Teilleistungen gem § 105 InsO **einfache Insolvenzforderungen** dar, die Ansprüche wegen noch folgender Teilleistungen sind demgegenüber gem § 103 InsO **Masseschulden**.

dd) Vertragsverhältnisse mit personenrechtlichem Einschlag
Neben den Dauerschuldverhältnissen ieS, die auf **Austausch von Leistungen** gerichtet **374** und bei denen die **Interessen der Parteien** in erster Linie **gegenläufig** sind, besteht bei Vertragsverhältnissen wie dem **Gesellschaftsvertrag** eine **Interessengleichrichtung** (MünchKomm/KRAMER [5. Aufl 2007] Einl z §§ 241 ff Rn 106), die neben die wechselseitigen Interessen der einzelnen Gesellschafter tritt. Eine solche Interessenlage wurde in älteren Publikationen häufig auch dem Arbeitsvertrag zugeordnet. Entsprechende Schuldverhältnisse, die man als **personenrechtliche Verhältnisse** oder **Gemeinschaftsverhältnisse** bezeichnet, unterscheiden sich also durch ein personenrechtliches Element von den Dauerschuldverhältnissen ieS. Ihnen ist nach überwiegender Ansicht eine Verpflichtung zum vertrauensvollen Zusammenwirken immanent (ESSER/ SCHMIDT, Schuldrecht I § 20 2). Aber auch wenn man den Ansatzpunkt teilt, dass es sich sowohl beim Arbeits- als auch beim Gesellschaftsverhältnis um ein Dauerschuldverhältnis handelt, folgt daraus noch nicht, dass ihnen das personenrechtliche Element

generell eigen wäre (Larenz, Schuldrecht I § 2 VI Fn 46; aA Beitzke, Dauerrechtsverhältnisse 10). Diese Betrachtungsweisen beruhen vielmehr historisch auf einem mittlerweile überwundenen deutsch-rechtlichen Ansatz Otto vGierkes iS eines Gemeinschaftsgedankens, der später insbes vom Nationalsozialismus aufgenommen wurde (Einl 176 ff zum SchuldR). Da damit kein praktischer Nutzen verbunden ist (Nw bei MünchKomm/Kramer [5. Aufl 2007] Einl z §§ 241 ff Rn 106), sollten entsprechende Überlegungen heute als überwunden angesehen werden.

ee) Relationale Verträge

375 Der dargelegten Systematik der Dauerrechtsverhältnisse entspricht in der US-amerikanischen Lit die Theorie der **relationalen Verträge** (Macneil, The new Social contract: An inquiry into modern contractual relations [1980]; Macaulay, Non-Contractual Relations in Business, American Sociological Review 28 [1963] 55; Martinek, Moderne Vertragstypen Bd III [1993] 363 ff; Henssler, Risiko als Vertragsgegenstand 1 ff mwNw; Buriánek, Vertragsgestaltung bei hybriden Leistungsangeboten [2009] 118 f).

376 Der in diesem Zusammenhang geprägte Terminus der **long-term-contracts** (instruktiv Staudinger/Martinek [1995] § 675 Rn A 155 f) erfasst auf längere Zusammenarbeit angelegte, komplexe Vertragsbeziehungen, wobei es sich hierbei nach klassischem Verständnis sowohl um Dauerschuldverhältnisse ieS als auch um einfache Schuldverhältnisse handeln kann (MünchKomm/Kramer [5. Aufl 2007] Einl z §§ 241 Rn 105). Erforderlich ist daher also nicht – im Unterschied zu Dauerschuldverhältnissen iS einer deutschen Rechtsterminologie (s oben Rn 358 ff) –, dass der Leistungsinhalt von der Dauer des Schuldverhältnisses abhängt. Von den long-term-contracts werden die sog **transaktionalen Vertragsbeziehungen** (discrete contracts) unterschieden, die auf **punktuellen Leistungsaustausch** gerichtet sind. In der Praxis kommen alle diese Geschäftstypen nicht nur in ihrer Reinform, sondern in unterschiedlicher Gewichtung der jeweiligen Elemente gemischt vor (Fallgruppen bei Staudinger/J Schmidt [1995] Einl 371 zu §§ 241 ff).

377 Die Theorie der „relationalen Verträge" empfindet es in ihrem Ausgangspunkt als einen Mangel, dass die klassische Vertragstheorie der meisten Rechtsordnungen an den sog discrete transactions ausgerichtet ist, die idealtypisch von der Vollständigkeit der Vertragsabfassung ausgehen, Vertragsinhalten also, bei denen nur solche Fragen offen gelassen werden, deren Beantwortung schon durch dispositives Recht vorgegeben ist (Henssler, Risiko als Vertragsgegenstand 1 ff). Daran erscheint zutreffend, dass das Ideal einer Vertragsabfassung, die für alle auftretenden Störungen sichere rechtliche Prognosen ermöglicht, nicht der Lebenswirklichkeit entspricht. Allerdings betrifft dieser Erkenntnisgewinn entsprechend dem ökonomischen und soziologischen Ursprung der Theorie der relationalen Verträge zunächst nur das Vertragsverhalten der Parteien und hat insoweit auch nur beschreibenden Charakter (Staudinger/Martinek [1995] § 675 Rn A 169 f). Rechtsanwendungsbezogen hat sich die Lit bislang in erster Linie mit der Anpassung von **Langzeitverträgen** an neue Gegebenheiten befasst (Kötz/Marschall/vBieberstein, Die Anpassung langfristiger Verträge [1984]), wobei dafür § 313 BGB seit der Schuldrechtsreform (s Staudinger/Olzen Einl zum SchuldR Rn 176 ff) eine ausdrückliche gesetzliche Regelung enthält. Eine umfassende Dogmatik zur Theorie der relationalen Verträge steht dagegen noch aus (Nicklisch, Der komplexe Langzeitvertrag, Strukturen und Internationale Schiedsgerichtsbarkeit [1987] 17 ff). Dementspre-

chend hält sich der US-amerikanische Einfluss auf die klassische deutsche Dogmatik zum Dauerschuldverhältnis (noch) in Grenzen.

3. Beendigung

Die Einordnung eines Schuldverhältnisses als Dauerschuldverhältnis hat insbes bei seiner **Beendigung** Konsequenzen. Dauerschuldverhältnisse verlieren ihren Charakter als solche durch **Zeitablauf, Aufhebungsvertrag** (STAUDINGER/LÖWISCH [2001] § 305 Rn 72) oder **Kündigung**. **378**

a) Kündigung

Für die auf **unbestimmte Zeit** eingegangenen Dauerschuldverhältnisse sieht das Gesetz in einigen Spezialregelungen (§§ 568, 620 ff, 671, 723 BGB) das Recht zur **ordentlichen Kündigung** vor, das an die Einhaltung von **Fristen** sowie regelmäßig an **sachliche Gründe** geknüpft ist. Dieses Recht kann zuweilen von den Parteien abbedungen bzw modifiziert werden (MünchKomm/KRAMER [5. Aufl 2007] Einl z §§ 241 ff Rn 99). **379**

Auch das Recht zur **fristlosen Kündigung** aus wichtigem Grund in § 314 BGB fand sich vor der Schuldrechtsreform (s oben Einl 176 ff zum SchuldR) nur in einigen Spezialregelungen wie den §§ 543, 569, 626, 671 Abs 2, 3, 723 Abs 1 S 2 und 3 BGB. Rspr und Lehre hatten aber, teilw im Wege einer Gesamtanalogie zu den genannten Kündigungsvorschriften, teilw als allgemeinen Rechtsgedanken aus der Verpflichtung zum vertrauensvollen Zusammenwirken, ein **allgemeines außerordentliches Kündigungsrecht** hergeleitet, wenn eine Partei die ihr obliegenden Pflichten zur Rücksichtnahme derart verletzte, dass dem anderen Teil eine Fortsetzung des Vertrages unter Berücksichtigung der Eigenart des Schuldverhältnisses und der beiderseitigen Interessen im Einzelfall nicht zugemutet werden konnte (st Rspr RGZ 78, 385, 389; 128, 16; für Mietverträge RGZ 150, 193, 199; BGHZ 50, 312, 315 = NJW 1969, 37; für Bierbezugsverträge BGH NJW 1960, 1614; für Schiedsverträge BGHZ 41, 108 = BGH NJW 1964, 1129, 1130; für Rahmenlieferverträge BGH NJW 1081, 1264 f; LARENZ, Schuldrecht I § 2 VI [33]). **380**

§ 313 Abs 3 S 2 BGB bestimmt seit dem 1.1.2002 (vgl oben Einl 193 zum SchuldR; HEINRICHS, Vertragsanpassung bei Störung der Geschäftsgrundlage, in: FS Heldrich [2005] 183 ff) ausdrücklich, dass auch **Störungen der Geschäftsgrundlage** zu einer Beendigung des Dauerschuldverhältnisses führen können. Für solche Schuldverhältnisse (HAARMANN, Wegfall der Geschäftsgrundlage bei Dauerrechtsverhältnissen [1979]; LÖRCHER, Die Anpassung langfristiger Verträge an veränderte Umstände, DB 1996, 1269 ff; NAUEN, Leistungserschwerung und Zweckvereitelung im Schuldverhältnis. Zur Funktion und Gehalt der Lehre von der Geschäftsgrundlage im BGB und im System des Reformentwurfs der Schuldrechtskommission [2001]) tritt also das Recht zur Kündigung an die Stelle des Rücktrittsrechts. Nach Ansicht des BGH und der hM verdrängt das Kündigungsrecht aus wichtigem Grund (§ 314 BGB) die Grundsätze des Wegfalls der Geschäftsgrundlage, soweit es um die Auflösung des Vertrages geht, also eine Vertragsanpassung nach § 313 BGB nicht möglich oder unzumutbar ist (BGH ZIP 97, 257, 259; PALANDT/GRÜNEBERG § 313 Rn 14; ERMAN/BÖTTCHER § 313 Rn 52; so im Umkehrschluss auch BT-Drucks 14/6040, 177; EIDENMÜLLER, Der Spinnerei-Fall: die Lehre von der Geschäftsgrundlage, Jura 2001, 824, 832 vertritt einen generellen Vorrang von § 314 BGB gegenüber § 313 BGB; aA FELDHAHN, Die Störung der Geschäftsgrundlage im System des reformierten Schuldrechts, NJW 2005, 3381 ff und [z Mietrecht] HIRSCH, Kündigung **381** aus wichtigem Grund oder Geschäftsgrundlagenstörung bei Wegfall des Anmietinteresses, NZM 2007, 110 ff, die kein Konkurrenzverhältnis zwischen §§ 313, 314 BGB erkennen).

b) Rücktritt

382 Der im Hinblick auf die Leistungsmenge begrenzte Sukzessivlieferungsvertrag – in der hier vertretenen Terminologie also der Ratenlieferungsvertrag – (s oben Rn 369), endet nicht durch **Kündigung**, sondern durch **Rücktritt**. Da es sich (meist) um einen in Teilakte aufgespaltenen Kaufvertrag handelt, scheidet eine Anwendung der für Dauerschuldverhältnisse geltenden Grundsätze aus. Dem Umstand, dass auch eine solche Vertragsgestaltung (s oben Rn 368) auf einen Leistungsaustausch über einen längeren Zeitraum angelegt ist, wird aber dadurch Rechnung getragen, dass der Rücktritt gem § 323 Abs 5 BGB grds lediglich für die **Zukunft** wirkt (so iE bereits vor Schaffung des § 323 Abs 5 BGH NJW 1991, 2699; BGH NJW 1981, 679). Dies gilt zum einen für den Fall, dass eine Partei ihre Pflichten derart verletzt, dass der anderen die Fortsetzung des Vertrages **nicht mehr zugemutet werden kann** (BGH NJW 1981, 679), zum anderen für den Fall der **Unmöglichkeit einer Teilleistung**.

383 Im Falle des **Verzuges** ist der Vertragspartner im Unterschied zur Kündigung allerdings gem § 323 Abs 1 BGB gezwungen, dem Vertragspartner durch Nachfristsetzung eine abschließende Möglichkeit zur ordnungsgemäßen Vertragserfüllung zu geben (so iE schon BGH NJW 1981, 679; 1977, 35, 36; WM 1976, 75).

c) Erfüllung

384 Teilw wurde in der älteren Lit aus dem den Dauerschuldverhältnissen innewohnenden Zeitmoment geschlossen, dass eine Beendigung allein durch Zeitablauf oder Kündigung, nicht aber durch Erfüllung eintreten könne, uz mit der Konsequenz, dass die §§ 362 ff BGB im Bereich der Dauerschuldverhältnisse unanwendbar seien (vGierke JherJb 64 [1914] 359, 363; Gschnitzer, Die Kündigung nach deutschem und österreichischem Recht, JherJb 76 [1926] 323).

385 Die generelle Unanwendbarkeit der §§ 362 ff BGB erscheint jedoch nur dann sachgerecht, wenn die Vorschriften über die Erfüllung ihrem Wesen nach auf Dauerschuldverhältnisse nicht passen, oder wenn deren Anwendung unhaltbare Konsequenzen hätte. Dies ist bei genauer Betrachtung aber nicht der Fall. § 362 Abs 1 BGB kann seinem Wesen nach zum einen auf die **singulären Leistungspflichten** (Schuldverhältnis ieS, s oben Rn 36) bezogen werden, die innerhalb dieses Schuldverhältnisses (iwS) entstehen (Wiese, in: FS Nipperdey Bd I [1965] 837, 839 Fn 369; Staudinger/Olzen [2016] § 362 Rn 11). Zum anderen liegt eine **Gesamterfüllung** im Rahmen eines Dauerschuldverhältnisses gem §§ 362 ff BGB vor, wenn der Schuldner seinen Leistungspflichten während der gesamten Dauer des Schuldverhältnisses ordnungsgemäß nachgekommen ist (Staudinger/Olzen [2016] § 362 Rn 11 mwNw).

386 Auch das Dauerschuldverhältnis wird also durch Erfüllung beendet. Zeitablauf und Kündigung können mit der Erfüllung nicht gleichgesetzt werden (Beitzke, Dauerrechtsverhältnisse 19), sondern haben nur zur Folge, dass keine neuen **Leistungspflichten** mehr entstehen (MünchKomm/Gaier § 314 Rn 23), da das Schuldverhältnis seinen Charakter als Dauerschuldverhältnis verliert (Larenz, Schuldrecht I § 2 VI) und sich in ein einfaches Schuldverhältnis umwandelt, das auf die Abwicklung noch offener Leistungen und die Beachtung der Rücksichtspflichten gerichtet ist. Damit konkretisieren iE sowohl

Zeitablauf als auch Kündigung den Gesamtumfang der noch nicht erfüllten Leistungspflichten (LARENZ, Schuldrecht I § 2 VI). Sie sind so notwendige Voraussetzung für eine vollständige Beendigung des Schuldverhältnisses durch Gesamterfüllung. Zwar können auch nach diesem Zeitpunkt noch Dauerverpflichtungen fortbestehen (zB nachvertragliche Konkurrenzverbote); diese betreffen aber selten die Hauptleistungspflichten (s unten Rn 518 ff; ferner STAUDINGER/LÖWISCH [2001] Vorbem 44 zu §§ 275–283 aF; STAUDINGER/SCHWARZE [2014] § 280 Rn B 11 f). Das Dauerschuldverhältnis kann im Übrigen schon deshalb durch Zeitablauf und Kündigung nicht gänzlich erlöschen, weil manche Pflichten, wie zB die Rückgabepflicht des Mieters, erst in diesem Zeitpunkt entstehen (z Beendigung von Dauerschuldverhältnissen durch Erfüllung vgl im Übrigen STAUDINGER/OLZEN [2016] § 362 Rn 11).

d) Fehlerhafte Dauerschuldverhältnisse

Besonderheiten weisen auch die Fälle **fehlerhaft** begründeter und in Vollzug gesetzter **Dauerschuldverhältnisse** auf, in denen konditionsrechtliche Lösungen sowohl praktisch als auch wertungsmäßig ungeeignet erscheinen (vgl iE oben Rn 104 ff; Einl 231 zum SchuldR). 387

L. § 241 Abs 2*

I. Entstehungsgeschichte

1. Entwicklung der Rücksichtspflichten

Bei Inkrafttreten des BGB waren Rücksichtspflichten (z Terminologie ausf oben Rn 154 ff) weder ausdrücklich geregelt noch im Wege der Rechtsfortbildung anerkannt. Zwar hatte die 1. Kommission im Gesetzgebungsverfahren eine generalklauselartige Regelung vorvertraglicher Aufklärungspflichten erwogen, letztlich aber 388

---

* **Schrifttum**: BALLERSTEDT, Zur Haftung für Culpa in contrahendo bei Geschäftsabschluss durch Stellvertreter, AcP 151 (1950/51) 501 ff; vBAR, Vertragliche Schadensersatzpflichten ohne Vertrag?, JuS 1982, 673 ff; ders, Anm z Urt des BGH v 15. 5. 1979, JZ 1979, 728 ff; ders, Verkehrspflichten (Habil Köln ua 1980); BLANK, Das Gebot der Rücksichtnahme nach § 241 Abs 2 BGB im Mietrecht, ZGS 2004, 104 ff; vCAEMMERER, Wandlungen des Deliktsrechts, in: FS zum 100-jährigen Bestehen des Deutschen Juristentages 1860–1960 Bd 2 (1960) 49 ff; CANARIS, Ansprüche wegen „positiver Vertragsverletzung" und „Schutzwirkung für Dritte" bei nichtigen Verträgen, JZ 1965, 475 ff; ders, Die Reform des Rechts der Leistungsstörungen, JZ 2001, 499 ff; ders, Schutzgesetze – Verkehrspflichten – Schutzpflichten, in: FS Larenz (1983) 27 ff; DAUNER-LIEB, Kodifikation von Richterrecht, in: ERNST/ZIMMERMANN 305 ff; DAUNER-LIEB/HEIDEL/LEPA/RING, Das Neue Schuldrecht (2002); EMMERICH, Das Recht der Leistungsstörungen (6. Aufl 2005); ERNST/ZIMMERMANN, Zivilrechtswissenschaft und Schuldrechtsreform (2001); FLEISCHER, Konkurrenzprobleme um die culpa in contrahendo: Fahrlässige Irreführung versus arglistige Täuschung, AcP 200 (2000) 91 ff; FLEISCHER, Vorvertragliche Pflichten im Schnittfeld von Schuldrechtsreform und Gemeinschaftsprivatrecht dargestellt am Beispiel von Informationspflichten, in: SCHULZE/SCHULTE-NÖLKE 243 ff; FROST, Vorvertragliche und vertragliche Schutzpflichten (Diss Berlin 1981); HUBER, Das geplante Recht der Leistungsstörungen, in: ERNST/ZIMMERMANN 31 ff; ders, Zur Haftung des Verkäufers wegen positiver Vertragsverletzung, AcP 177 (1977) 296 ff; JAKOBS,

verworfen (Mot I 208 = Mugdan I 467). Erst zahlreiche Gerichtsentscheidungen und Publikationen führten dazu, Rücksichtspflichten (vor allem durch Kress, Schuldrecht 1 ff, 578 ff und Stoll, der erkannte, dass Rücksichtspflichten das eigentliche Leistungsinteresse nicht berühren, vgl Stoll, Leistungsstörungen 27 ff; vgl auch §§ 2 Abs 1, Abs 3; 3 Abs 1; 8 Abs 1 des Entwurfs von Stoll [1936] für die Akademie für Deutsches Recht, dazu: Schubert, Protokolle: Schuldrecht [1990] 295 ff mit Begründung 263 f; vgl auch Staub, Die positiven Vertragsverletzungen [1904]) aus den Grundgedanken des Allgemeinen Schuldrechts zu entwickeln, vor allem mit dem Ziel, die Mängel des Deliktsrechts zu überwinden. Sie bestanden in der damals geltenden, deutlich kürzeren Verjährungsfrist des § 852 aF iVm § 195 aF, ferner in der Exkulpationsmöglichkeit im Hinblick auf die Haftung für Verrichtungsgehilfen gem § 831 Abs 1 S 2 BGB sowie in der fehlenden Haftung für Vermögensschäden aus § 823 Abs 1 BGB. Auch die Beweislastverteilung zu Lasten des Geschädigten im Verhältnis zu § 282 aF wurde als bedenklich empfunden (vgl z Überblick über die Geschichte der pFV HKK/Schermaier §§ 280–285 Rn 18 ff und der cic HKK/Harke § 311 II, III Rn 2 ff).

Unmöglichkeit und Nichterfüllung (1969); Köhler, Vertragliche Unterlassungspflichten, AcP 190 (1990) 496 ff; Köndgen, Die Positivierung der culpa in contrahendo als Frage der Gesetzgebungsmethodik, in: Die Schuldrechtsreform vor dem Hintergrund der Gemeinschaftsrechts, in: Schulze/Schulte-Nölke 231 ff; Köpcke, Typen der positiven Vertragsverletzung (1965); Krebs, Sonderverbindungen und außerdeliktische Schutzpflichten (Habil München 2000); Kuhlmann, Leistungspflichten und Schutzpflichten, Ein kritischer Vergleich des Leistungsstörungsrechts des BGB mit den Vorschlägen der Schuldrechtskommission (Diss Berlin 2001); Lackum, Verschmelzung und Neuordnung von cic und pVV (Diss Bonn 1970); Larenz, Bemerkungen zur Haftung für „culpa in contrahendo", in: FS Ballerstedt (1975) 397 ff; Lutter, Diskussionsbericht, in: Ernst/Zimmermann 329 ff; Mayr, Schutzpflichten im deutschen und französischen Recht: Eine rechtsvergleichende Untersuchung mit Einbeziehung der europäischen Rechtsharmonisierung (Diss München 2004); Medicus, Zur Anwendbarkeit des Allgemeinen Schuldrechts auf Schutzpflichten, in: FS Canaris (2007) 835 ff; ders, Probleme um das Schuldverhältnis (1987); ders, Vertragliche und deliktische Ersatzansprüche für Schäden aus Sachmängeln, in: FS Kern (1968) 313 ff; Mertens, Deliktsrecht und Sonderprivatrecht – Zur Rechtsfortbildung des deliktischen Schutzes von Vermögensinteressen, AcP 178 (1978) 227 ff; Motzer, Schutzpflichtverletzung und Leistungsunmöglichkeit, JZ 1983, 884 ff; L Müller, Schutzpflichten im Bürgerlichen Recht, JuS 1998, 894 ff; U Müller, Die Haftung des Stellvertreters bei culpa in contrahendo und positiver Forderungsverletzung, NJW 1969, 2169 ff; Petersen, Examens-Repetitorium Allgemeines Schuldrecht (6. Aufl 2013); Picker, Positive Forderungsverletzung und culpa in contrahendo – Zur Problematik der Haftung „zwischen" Vertrag und Delikt, AcP 183 (1983) 369 ff; ders, Vertragliche und deliktische Schadenshaftung – Überlegungen zu einer Neustrukturierung der Haftungssysteme, JZ 1987, 1041 ff; Reischl, Grundfälle zum neuen Schuldrecht, JuS 2003, 40 ff; Schapp, Empfiehlt sich die „Pflichtverletzung" als Generaltatbestand des Leistungsstörungsrechts?, JZ 2001, 583 ff; Staub, Die positiven Vertragsverletzungen (1904); Heinrich Stoll, Die Lehre von den Leistungsstörungen (1936); Hans Stoll, Überlegungen zu Grundfragen des Rechts der Leistungsstörungen, in: FS Lorenz (2001) 287 ff; ders, Vertrauensschutz bei einseitigen Leistungsversprechen, in: FS Flume Bd I (1978) 741 ff; Stürner, Der Anspruch auf Erfüllung von Treue- und Sorgfaltspflichten, JZ 1976, 384 ff; Teichmann, Nebenverpflichtungen aus Treu und Glauben, JA 1984, 545 ff und 709 ff; Thiele, Leistungsstörung und Schutzpflichtverletzung, JZ 1967, 649 ff; Zimmer, Das neue Recht der Leistungsstörungen, NJW 2002, 1 ff.

2. Normierung der Rücksichtspflichten

Die Reformbestrebungen für das Schuldrecht, die in das G zur Modernisierung des **389** Schuldrechts mündeten (s Einl 188 ff zum SchuldR), setzten schon Ende der 70er Jahre des 20. Jahrhunderts ein, allerdings ohne eine spezielle Auseinandersetzung mit § 241 BGB. Erst die **Kommission zur Überarbeitung des Schuldrechts** empfahl 1991, dass § 241 BGB ein zweiter Abs zur Regelung der Rücksichtspflichten anzufügen sei (vgl BMJ [Hrsg], Abschlussbericht der Kommission zur Überarbeitung des Schuldrechts [Köln 1992] 114; MEDICUS, Probleme um das Schuldverhältnis 26 Fn 58). Auf diese Weise sollte die von der modernen Schuldrechtslehre vorgenommene Unterscheidung zwischen **Leistungs-** und **Rücksichtspflichten** im Gesetz Ausdruck finden (vgl BMJ [Hrsg], Abschlussbericht der Kommission zur Überarbeitung des Schuldrechts [Köln 1992] 113 ff).

§ 241 aF beschränkte sich nämlich allein auf die Regelung der **Leistungspflichten** **390** (z Abgrenzung vgl oben Rn 153 ff). Rücksichtspflichten fanden sich dagegen nur vereinzelt im Besonderen Schuldrecht, zB in §§ 618, 701 BGB (ausf z den geregelten Rücksichtspflichten vgl u Rn 421 f, insbes Rn 434 ff). Neben den geregelten Fällen beruhten sie auf **ausdrücklicher Vereinbarung**, man begründete sie im Wege der **ergänzenden Vertragsauslegung** gem § 157 BGB oder aus dem in § 242 BGB verankerten Gebot von **Treu und Glauben** (z Herleitung der Rücksichtspflichten vgl ausf Rn 393 ff). Das allein reichte jedoch Ende des vergangenen Jahrhunderts nach Meinung des Gesetzgebers nicht mehr aus. Denn die Rücksichtspflichten gehörten nach seiner Auffassung zum „Kernbereich des deutschen Zivilrechts" und sollten daher auch ihren Platz in seiner zentralen Kodifikation finden (vgl amtliche Begründung in BT-Drucks 14/6040, 125). Dementsprechend wurde der Vorschlag der Kommission zur Überarbeitung des Schuldrechts aus dem Jahre 1991, § 241 BGB einen zweiten Abs anzufügen (vgl BMJ [Hrsg], Abschlussbericht der Kommission zur Überarbeitung des Schuldrechts [Köln 1992] 113 ff), im Zuge des Schuldrechtsmodernisierungsgesetzes (vgl oben Einl 188 ff zum SchuldR) weiter verfolgt (BT-Drucks 14/6040, 125) und schließlich zum 1. 1. 2002 Gesetz.

Die einzige Abweichung zu der älteren Formulierung aus dem Jahre 1991 besteht **391** darin, dass die jetzige Fassung des § 241 Abs 2 BGB keinen S 2 mehr enthält, der ursprünglich klarstellen sollte, dass die Rücksichtspflichten uU auch ohne Leistungspflichten – also isoliert – bestehen können (vgl BMJ [Hrsg], Abschlussbericht der Kommission zur Überarbeitung des Schuldrechts [Köln 1992] 114; der Text wurde zunächst im Diskussionsentwurf eines Schuldrechtsmodernisierungsgesetzes v 4. 8. 2000, 305 übernommen; eine entspr Formulierung findet sich in ERNST/ZIMMERMANN 619; bereits vor der Kodifikation: STOLL, Leistungsstörungen 27 ff). Die Klarstellung zielte insbes auf die Anerkennung des **Verschuldens bei Vertragsanbahnung** sowie auf die Anerkennung des Vertrages mit **Schutzwirkung für Dritte** und darauf ab, dass auch der **nichtige** Vertrag Rücksichtspflichten erzeugen kann (vgl BMJ [Hrsg], Abschlussbericht der Kommission zur Überarbeitung des Schuldrechts [1992] 114). Der Verzicht auf diese Regelung sollte an der Grundaussage aber nichts ändern (vgl Konsolidierte Fassung des Diskussionsentwurfs v 6. 3. 2001, 10). Teilw hielt man die Regelung deshalb für nicht erforderlich, weil § 311 Abs 2 und 3 BGB, der die vorvertraglichen Pflichten regelt, auf § 241 Abs 2 BGB verweise und so verdeutliche, dass auch das vorvertragliche Schuldverhältnis und der Vertrag mit Schutzwirkung für Dritte unabhängig von Leistungspflichten Rücksichtspflichten begründen könnten (so BT-Drucks 14/6040, 125). Allerdings ist die Aussage im Hinblick auf Rücksichtspflichten aus **nichtigen Verträgen** damit unklar geworden, ebenso teilw im Bereich

§ 241
Buch 2
Abschnitt 1 · Inhalt der Schuldverhältnisse

der Gefälligkeit (s unten Rn 401 ff). In Bezug auf den Vertrag mit Schutzwirkung für Dritte bleibt nach wie vor unklar, ob sich dieser aus § 311 Abs 3 BGB herleiten lässt (s oben Rn 349).

II. „Schuldverhältnis"

392 Erstes Merkmal des Tatbestandes von Abs 2 stellt das **Schuldverhältnis** (z Begriff des Schuldverhältnisses vgl bereits oben Rn 36 ff) dar. Sein Inhalt ist dem Wortlaut der Norm zufolge maßgebend für Entstehung und Umfang der Rücksichtspflichten.

1. Entstehung der Rücksichtspflichten durch gesetzliches oder rechtsgeschäftliches Schuldverhältnis?

a) Der Meinungsstand

393 Bereits vor Inkrafttreten des Abs 2 hat sich um die Frage, ob dieses (zumindest) Rücksichtspflichten erzeugende Schuldverhältnis **gesetzlicher** oder **vertraglicher** Art ist, eine Diskussion entfacht. Sie ist bis heute nicht klar beantwortet, insbes weil der Gesetzgeber eine Stellungnahme zu diesem Problem ausdrücklich verweigert hat (vgl amtliche Begründung BT-Drucks 14/6040, 126; s unten Rn 399).

394 Die Rspr des RG entwickelte die **außerdeliktischen Schutzpflichten** zunächst für den **vorvertraglichen Bereich** (im berühmt gewordenen Linoleumrollenfall, RGZ 78, 239 ff). Sie dehnte sie jedoch nach und nach auch auf die Zeit der **Vertragsdurchführung** und sogar auf die Zeit nach **Erfüllung** der Vertragspflichten aus (grundlegend RGZ 161, 330, 337 ff; ähnl auch SOERGEL/TEICHMANN § 242 Rn 178 ff; GERNHUBER, Schuldverhältnis § 2 IV 2). Die dogmatische Herleitung fand sie in **Treu und Glauben**, § 242 BGB (statt vieler: TEICHMANN, Nebenpflichten aus Treu und Glauben, JA 1984, 709 ff; krit z Herleitung v Rücksichtspflichten aus § 242: MEDICUS, Probleme um das Schuldverhältnis 16 f).

395 In der Lit gab und gibt es andere Ansätze: Einige Autoren verstanden und verstehen bis heute die Rücksichtspflichten im Unterschied zur Rspr als einen dritten, **eigenen Haftungsgrund** zwischen vertraglicher und deliktischer Haftung (CANARIS JZ 1965, 475, 478 ff, ders, in: FS Larenz [1983] 27, 85 ff; BALLERSTEDT AcP 151 [1950/51] 501 ff). Sie ordnen sie demgemäß einem eigenständigen, **gesetzlich begründeten Schuldverhältnis** zu (so MEDICUS/PETERSEN Rn 203; HARKE, Schuldrecht AT Rn 17; HIRSCH, Schuldrecht AT Rn 24), welches unabhängig von Wirksamkeit und Erfüllung eines Vertrages zwischen den Parteien aufgrund ihres gesteigerten sozialen Kontaktes bestehe (ähnl auch THIELE JZ 1967, 653 f; U MÜLLER, Die Haftung des Stellvertreters bei culpa in contrahendo und positiver Forderungsverletzung, NJW 1969, 2169, 2172 ff; GERHARDT JuS 1970, 597 ff; ders JZ 1970, 535 ff; PICKER, Positive Forderungsverletzung und culpa in contrahendo – Zur Problematik der Haftung „zwischen" Vertrag und Delikt, AcP 183 [1983] 369, 460; ders, Vertragliche und deliktische Schadenshaftung – Überlegungen zu einer Neustrukturierung der Haftungssysteme, JZ 1987, 1041, 1047 ff; L MÜLLER JuS 1998, 897; JAKOBS, Unmöglichkeit und Nichterfüllung 37 ff, 40; LACKUM, Verschmelzung und Neuordnung von cic und pVV [Diss Bonn 1970] 158 ff; FROST, Schutzpflichten 62 f; dagegen HUBER, Zur Haftung des Verkäufers wegen positiver Vertragsverletzung, AcP 177 [1977] 296; krit MEDICUS, in: FS Kern [1968] 313, 327 ff; z der Herleitung der Rücksichtspflichten beim Gefälligkeitsverhältnis auch: SCHWERDTNER NJW 1971, 1673, 1675, ähnl FLUME, AT § 7, 4, der die Pflichten aus einer Garantenstellung ableiten will; GRIGOLEIT, Leistungspflichten und Schutzpflichten, in: FS Canaris [2007] 275, 282 f; **aA** SCHREIBER Jura 2001, 810, 811 der die Pflichten aus dem Gefälligkeitsverhältnis durch Auslegung rechtsgeschäftlich begründen will [s dazu Rn 397]; ebenfalls MAIER JuS 2001, 746, 749). Die daraus entstehenden Rücksichtspflichten seien jedoch insoweit **vertragsähnlich**, als sie insbes im Rahmen von Verträgen entstünden und zudem die für Verträge geltenden Regeln grds auf sie anwendbar seien (vgl CANARIS, in: FS Larenz [1983] 27, 85 ff; vgl NK-BGB/KREBS Rn 20; ders, Sonderverbindungen 561 ff).

Dagegen vertreten andere Autoren, dass die Konstruktion außerdeliktischer Schutz- **396** pflichten eine Entwicklung praeter legem darstelle. Richtig sei es deshalb, die zu den vertraglichen Schutzpflichten entwickelten Ergebnisse in das Deliktsrecht zu übertragen und die Rücksichtspflichten dort als Teil der **Verkehrspflichten** einzugliedern, also unter Verzicht auf einen vertraglichen Rechtscharakter (MERTENS, Deliktsrecht und Sonderprivatrecht – Zur Rechtsfortbildung des deliktischen Schutzes von Vermögensinteressen, AcP 178 [1978] 227, 235 ff; vBAR, Verkehrspflichten [1980] 220 ff, 312 ff; ders, Vertragliche Schadensersatzpflichten ohne Vertrag?, JuS 1982, 637, 645; ders, Anm z Urt des BGH v 15. 5. 1979, JZ 1979, 729; MÜLLER/HEMPEL AcP 205 [2005] 246, 248 f; vCAEMMERER, in: FS DJT [1960] 49, 56–58; STOLL, in: FS Flume [1978] 742, 752; ähnl auch: MEDICUS, in: FS Kern [1968] 313, 327 ff; vgl z Einordnung der Verkehrspflichten im Deliktsrecht STAUDINGER/HAGER [2017] § 823 Rn A 11 ff; MünchKomm/ WAGNER § 823 Rn 396).

Der Gesetzgeber des Schuldrechtsmodernisierungsgesetzes hat (s Rn 393) ungeachtet **397** des Meinungsstreits die weniger praktisch als dogmatisch interessante Frage offen gelassen, ob ein Rücksichtspflichten erzeugendes Schuldverhältnis stets auf Gesetz beruht oder seine Grundlage uU auch in einem Rechtsgeschäft findet (vgl amtliche Begründung in BT-Drucks 14/6040, 126), sondern gefordert, dass die systematische Einordnung von der Rechtswissenschaft zu leisten sei (vgl amtliche Begründung in BT-Drucks 14/6040, 126). Dementsprechend erlaubt der Wortlaut der Norm auch keinen eindeutigen Schluss, sondern stellt nur klar, dass sich aus einem Schuldverhältnis generell Rücksichtspflichten ergeben können.

Verschiedene Stimmen in der Lit legen sich auch heute im Hinblick auf die Rechts- **398** grundlage nicht fest (Hk-BGB/SCHULZE Rn 4; MEDICUS, in: FS Canaris [2007] 835, 838 f). Manche verweisen darauf, dass **§ 242 BGB** die Grundlage der nichtleistungsbezogenen Pflichten des Abs 2 bilde (vgl ausf SCHAPP JZ 2001, 584, der neben § 242 BGB aber auch § 157 BGB als Grundlage sieht). Nur vereinzelte Stimmen beschäftigten sich ausführlich mit dem Problem, insbes unter Auswertung der Entstehungsgeschichte des Abs 2 (KUHLMANN, Schutzpflichten 159 f; BODEWIG Jura 2005, 505, 507 ff für rechtsgeschäftliche Einordnung). Daraus werden zwei Hinweise entnommen: Zum einen verdeutliche der Wortlaut der Gesetzesbegründung („Der neue Abs 2 verzichtet bewusst auf eine Regelung der Frage, ob das die Schutzpflichten erzeugende Schuldverhältnis in jedem Fall auf Gesetz beruht oder auch auf einem wirksamen Rechtsgeschäft beruhen kann" so amtliche Begründung in BT-Drucks 14/6040, 126), dass die **gesetzliche Herleitung** der Rücksichtspflicht die **Regel** und die **rechtsgeschäftliche** eine **Ausnahme** darstelle (so KUHLMANN, Schutzpflichten 160). Zum anderen lasse sich im Gegenschluss aus dem zweiten Halbsatz „oder auch auf einem **wirksamen** Rechtsgeschäft" folgern, dass – da Rücksichtspflichten nicht aus einem **unwirksamen Rechtsgeschäft** entstehen können – also jedenfalls in diesem Fall gesetzlicher Natur sein müssten (so KUHLMANN, Schutzpflichten 159). Diese Argumentation leidet allerdings darunter, dass die Gesetzesbegründung deshalb keinen zwingenden Schluss erlaubt, weil sie im Wesentlichen von Kommissionsmitgliedern beeinflusst wurde, die schon vorher die Ansicht vertraten, dass Rücksichtspflichten auf einem separaten gesetzlichen Schuldverhältnis beruhen (zB Canaris JZ 1965, 475, 478 ff u in: FS Larenz [1983] 27, 85 ff, s unten Rn 400).

399 Bei allen Unterschieden der einzelnen Betrachtungsweisen erscheinen folgende Überlegungen überzeugend: Aus dem **Wortlaut der Norm** kann lediglich der Schluss gezogen werden, dass als Grundlage für Rücksichtspflichten ein **Schuldverhältnis** erforderlich ist. Unproblematisch lässt sich der Ursprung der Rücksichtspflichten folglich bei einem **bestehenden und wirksamen Schuldverhältnis** bestimmen. Dieses kann **gesetzlicher** (zB § 812 BGB) oder **vertraglicher Natur** (zB § 433 BGB) sein.

400 Ein Schuldverhältnis mit Pflichten nach § 241 Abs 2 BGB entsteht ferner auch durch die **Aufnahme** von **Vertragsverhandlungen**, § 311 Abs 2 Nr 1 BGB, die **Anbahnung eines Vertrags**, bei welcher der eine Teil im Hinblick auf eine etwaige rechtsgeschäftliche Beziehung dem anderen Teil die Möglichkeit zur Einwirkung auf seine Rechte, Rechtsgüter und Interessen gewährt oder ihm diese anvertraut, § 311 Abs 2 Nr 2 BGB, oder **ähnliche geschäftliche Kontakte**, § 311 Abs 2 Nr 3 BGB. Zudem besteht ein solches Schuldverhältnis gem § 311 Abs 3 S 1 BGB uU auch zu Personen, die **nicht selbst Vertragspartei** werden sollen, sodass es keinerlei zusätzlicher Überlegungen zu der Frage bedarf, wie der Drittschutz im Rahmen vertraglicher Beziehungen begründet werden kann.

Die Entstehung von Rücksichtspflichten lässt sich zT auf ein eigenständiges **vertrauensrechtliches Haftungsverhältnis** stützen, welches dogmatisch zwischen der Vertrags- und der Deliktshaftung einzuordnen ist (zur Rspr des BGH zur Vertrauenshaftung insgesamt Canaris, in: FG 50 Jahre BGH, Bd I, 2000, 171 ff). So bietet § 311 Abs 3 BGB zB die Grundlage für die **Sachwalterhaftung** (Staudinger/Feldmann [2018] § 311 Rn 183 ff) und die **Berufshaftung** (MünchKomm/Emmerich § 311 Rn 182; **aA** vBar, Verkehrspflichten [1980] 220 ff, der die Auskunfts- und Berufshaftung deliktsrechtlich einordnet). Ferner finden sich auch spezialgesetzliche Regelungen, welche Rücksichtspflichten auf der Basis von Vertrauensgesichtspunkten begründen. In diesem Zusammenhang ist vor allem die **Prospekthaftung** zu nennen, die durch §§ 20, 22 VermAnlG und §§ 21, 22 WpPG, § 127 InvG aF zunehmend spezialgesetzlich geregelt wird. Schließlich resultiert bei den sog „weichen" Patronatserklärungen, die im Gegensatz zu „harten" Patronatserklärungen keine rechtsgeschäftlichen Verpflichtungen erzeugen, die Haftung ebenfalls auf Vertrauenserwägungen (MünchKomm/Habersack Vor §§ 765–778 Rn 54).

b) Problemfälle

401 Es bleiben daher heute nur wenige Problemfälle, bei denen die dogmatische Begründung von Rücksichtspflichten Schwierigkeiten bereitet. Fraglich bleibt die Herleitung der Rücksichtspflichten bei den **Gefälligkeiten** (s unten Rn 404 ff), beim **nichtigen Vertrag** (s unten Rn 407 f) sowie beim **nachbarlichen Gemeinschaftsverhältnis** (s unten Rn 409 ff). Hier liegen keine vertraglichen Schuldverhältnisse vor, die als Grundlage herangezogen werden können, es sei denn, im Rahmen von Gefälligkeiten wollten die Parteien zwar keine rechtsgeschäftliche Bindung für die Hauptleistung, wohl aber für die Rücksichtspflichten begründen. Insofern ist der vor dem Schuldrechtsmodernisierungsgesetz vertretene „rechtsgeschäftliche Ansatz" nicht überflüssig geworden (vgl ua Schreiber Jura 2001, 810, 811 mwNw).

Zur Lösung der **Gefälligkeitsproblematik** sowie derjenigen bei **nichtigen Verträgen** **402** bietet sich nach der Schuldrechtsreform (vgl iE oben Einl 188 ff zum SchuldR) ein Rückgriff auf Abs 2 an. Eine Subsumtion solcher Fälle unter die Norm hätte zur Folge, dass ein **Schuldverhältnis** vorliegt, welches gem Abs 2 Rücksichtspflichten erzeugen kann; die **Rechtsnatur** dieses Schuldverhältnisses wäre damit allerdings noch nicht bestimmt.

Einen dogmatischen Ansatzpunkt für ein solches Vorgehen bildet zunächst die **403** Überschrift des § 311 BGB, der von **rechtsgeschäftlichen** und **rechtsgeschäftsähnlichen Schuldverhältnissen** spricht. Da § 311 Abs 1 BGB nur rechtsgeschäftliche Schuldverhältnisse meint, könnte der Gesetzgeber die in § 311 Abs 2 BGB genannten Schuldverhältnisse als rechtsgeschäftsähnlich bezeichnet haben wollen (dafür iE auch REISCHL JuS 2003, 40, 43). Dies erlaubt den Schluss, dass alle Schuldverhältnisse, die nicht rechtsgeschäftlicher Natur sind, iS einer Negativabgrenzung (ähnl bereits oben Rn 61) gesetzlicher Art sein müssen. Allerdings sind beide Schlussfolgerungen nicht zwingend: Zum einen erfolgt durch die Überschrift allein noch keine eindeutige Zuordnung des Begriffes „rechtsgeschäftsähnlich" zu den Abs 2, 3, zum anderen könnten rechtsgeschäftsähnliche Schuldverhältnisse eher den rechtsgeschäftlichen als den gesetzlichen zuzuordnen sein oder sogar eine dritte Art von Schuldverhältnissen darstellen. Dies zeigt, dass auch die Schuldrechtsreform die theoretische Diskussion um die Einordnung der Schuldverhältnisse nicht beendet hat.

aa) Gefälligkeiten
Das Problem hat sich jedoch für die **Gefälligkeiten** durch die Neufassung der §§ 311, **404** 241 BGB teilw entschärft. Dort sind diejenigen Rücksichtspflichten normiert worden, aus denen man zuvor die vertragsähnliche Haftung aufgrund **gesteigerten sozialen Kontakts** abgeleitet hatte. § 311 Abs 2 Nr 1, 2 BGB setzen allerdings grds ein **vorvertragliches Schuldverhältnis** voraus, das die Parteien bei einem Gefälligkeitsverhältnis gerade nicht vereinbaren wollten (s oben Rn 71 ff; vgl die Ansätze von KÖNDGEN und HEPTING: KÖNDGEN, Selbstbindung ohne Vertrag [1981] 280; HEPTING, Ehevereinbarungen [1984] 268). Daneben genügen gem § 311 Abs 2 Nr 3 BGB für die Entstehung von Rücksichtspflichten nach § 241 Abs 2 BGB aber auch „**ähnliche geschäftliche Kontakte**", wie sie in Nr 3 beschrieben sind. Die Auslegung dieses Merkmals ist allerdings nicht unproblematisch. Sie ergibt sich einerseits aus dem **systematischen Zusammenhang** zwischen den einzelnen Nrn des Abs 2 und andererseits unter Berücksichtigung der **Entstehungsgeschichte** der Vorschrift.

Laut Begründung zum Regierungsentwurf (BT-Drucks 14/6040, 163) sollten „ähnliche **405** geschäftliche Kontakte" zwischen zwei potenziell an einem Vertrag Beteiligten stattfinden und der **Vorbereitung eines Vertrages** dienen (BT-Drucks 14/6040, 163), eine Betrachtungsweise, die eher gegen eine Subsumtion der Gefälligkeitsverhältnisse unter diesen Tatbestand spricht. Eine genauere Analyse dieser nicht eindeutigen Aussage (CANARIS JZ 2001, 499, 520) zeigt indessen, dass der Gesetzgeber das frühe Vorfeld des Vertrages zwar im Auge hatte, dieses aber nicht als ausschließlichen Anwendungsfall der Nr 3 betrachtete.

Die **systematische** Auslegung ergibt, dass die zur Vorbereitung eines Vertragsschlus- **406** ses notwendigen Kontakte im Wesentlichen von § 311 Abs 2 Nr 1, 2 BGB erfasst werden. Falls sie auch noch unter § 311 Abs 2 Nr 3 BGB fielen, zöge dies eine sehr enge Auslegung der Nr 2 nach sich (Canaris JZ 2001, 499, 520). Es ist schwer ersichtlich, worin sich die **Anbahnung eines Vertrages**, § 311 Abs 2 Nr 2 BGB, von **ähnlichen geschäftlichen Kontakten**, § 311 Abs 2 Nr 3 BGB, unterscheiden soll, wenn sich beide Regelungen auf das Vorfeld eines Vertragsschlusses beziehen (so BT-Drucks 14/6040, 163; Hk-BGB/Schulze § 311 Rn 17). Die Regelungen des § 311 Abs 2 Nr 1, 2 BGB decken das Vorfeld eines Vertrages an sich umfassend ab. Deshalb kann man vernünftigerweise **§ 311 Abs 2 Nr 3 BGB** nur **als Generalklausel** für die Weiterentwicklung anderer, früher ebenfalls von der cic erfasster Konstellationen verstehen (Staudinger/Kindl [2017] § 311 Rn 22; Canaris JZ 2001, 499, 520). Zu weitgehend erscheint es allerdings, darunter **alle Gefälligkeitsverhältnisse** zu subsumieren (so wohl aber MünchKomm/Kramer [5. Aufl 2007] Einl z §§ 241 ff Rn 36 ff). Vielmehr werden nur solche Situationen erfasst, in denen jemand einem anderen die Gefährdung seiner Rechtsgüter aufgrund freiwilliger Entscheidung in gleicher Weise ermöglicht, wie es bei einem Rechtsgeschäft der Fall wäre (so auch Palandt/Grüneberg § 311 Rn 24; Reischl JuS 2003, 40, 43). Demgegenüber verlangt der Wortlaut keine gewerblich-unternehmerische Tätigkeit (vgl auch BeckOK-BGB/Sutschet [1. 5. 2019] § 311 Rn 51). Dementsprechend können nach Ansicht mancher Stimmen in der Lit entsprechende Rücksichtspflichten entstehen, wenn zB im Rahmen einer bestehenden Geschäftsverbindung unverbindliche **Auskunft** (s unten Rn 484) erteilt wird (Palandt/Sprau § 675 Rn 40, 42; MünchKomm/Emmerich § 311 Rn 48; NK-BGB/Becker § 311 Rn 102; Canaris JZ 2001, 499, 520; insgesamt zur Auskunftshaftung aus § 675 Abs 2 BGB Staudinger/Martinek/Omlor [2017] § 675 C1 ff). Es muss sich jedoch um Auskünfte handeln, die für den Empfänger von **wesentlicher wirtschaftlicher Bedeutung** sind oder die deshalb Vertrauen erzeugen, weil sie im Rahmen **beruflicher Tätigkeit** abgegeben werden (z den Auskunftspflichten s oben Rn 168 ff; damit korrespondiert die Beurteilung des Vorliegens des Rechtsbindungswillens, die nach höchstrichterlicher Rechtsprechung generell anhand objektiver Kriterien wie Erklärungen und Verhalten der Parteien erfolgen soll, wofür insbes die wirtschaftliche und rechtliche Bedeutung der Angelegenheit für den Begünstigten maßgeblich ist, BGH NJW-RR 2006, 117 Rn 37; s oben Rn 76 ff). Insgesamt bleiben im Hinblick auf § 311 Abs 2 Nr 3 BGB in dieser Hinsicht jedoch immer noch Unklarheiten.

bb) Nichtige Verträge

407 Ebenso wie beim Gefälligkeitsverhältnis fehlt es auch beim **nichtigen Vertrag** auf den ersten Blick zumindest an einem rechtsgeschäftlichen Schuldverhältnis als Grundlage der Rücksichtspflichten. Wie bereits zuvor erläutert (s oben Rn 394), wurden diese Pflichten beim nichtigen Vertrag vor der Normierung des Abs 2 zum einen auf § 242 BGB gegründet, zum anderen zog man hierfür ein zwischen den Parteien durch gesteigerten **sozialen Kontakt** entstehendes gesetzliches Schuldverhältnis heran (MünchKomm/Kramer [5. Aufl 2007] Einl z §§ 241 ff Rn 79; weitere Nw s oben Rn 395).

408 Nach Inkrafttreten des Schuldrechtsmodernisierungsgesetzes steht fest, dass auch nach Ansicht des Gesetzgebers Rücksichtspflichten beim nichtigen Vertrag vorkommen können (so BT-Drucks 14/6040, 125; vgl oben ausf Rn 391). Fraglich bleibt aber ihre dogmatische Grundlage. Eine isolierte rechtsgeschäftliche Begründung kommt – anders als evtl beim Gefälligkeitsverhältnis (s oben Rn 404 ff) – deshalb nicht in Betracht, weil die Parteien ihre Rechte und Pflichten sämtlich in dem (nichtigen) Vertrag begründen wollten. Wenn man nicht der Auffassung folgt, dass unabhängig vom Vertrag stets ein gesetzliches Schuldverhältnis zwischen den Parteien im Hinblick auf den Schutz der beiderseitigen Rechtsgüter besteht (s oben Rn 68; Staudinger/

Löwisch/Feldmann [2012] § 311 Rn 106) oder weiterhin § 242 BGB als Grundlage ansieht, überzeugt es, den nichtigen Vertrag als „**ähnlichen geschäftlichen Kontakt**" iSd § 311 Abs 2 Nr 3 BGB anzusehen, ermöglicht er doch in gleicher Weise wie der wirksame Vertrag Verletzungen des Integritätsinteresses (so auch Reischl JuS 2003, 40, 43).

cc) Nachbarliches Gemeinschaftsverhältnis
Das **nachbarschaftliche Gemeinschaftsverhältnis** erzeugt – wenn man es überhaupt akzeptiert – allein Rücksichtspflichten iSd Abs 2. Vor Darstellung des Anerkennungsstreits (vgl Staudinger/Althammer [2016] § 903 Rn 15; Staudinger/Gursky [2012] § 1004 Rn 67, 178; ferner Reinicke/Tiedtke, Kaufrecht [7. Aufl 2004] 332; Neuner, Das nachbarrechtliche Haftungssystem, JuS 2005, 385 f) ist festzustellen, dass es sich jedenfalls nicht unter § 311 Abs 2, 3 BGB subsumieren lässt, weil der Wille der Nachbarn nicht auf den Abschluss eines Rechtsgeschäfts gerichtet ist. Daher muss ein anderer Ansatzpunkt gesucht werden als bei Gefälligkeiten und nichtigen Verträgen (s oben Rn 404 ff u Rn 407 f). Dabei standen sich bisher in der Hauptsache zwei Ansichten gegenüber: Die eine verstand das nachbarliche Gemeinschaftsverhältnis als ein durch **§ 242 BGB** begründetes **gesetzliches Schuldverhältnis** (Nw s Rn 410), die andere sah es lediglich als **rein sachenrechtliche Beziehung** mit abschließender Regelung in den §§ 906 ff BGB an (Nw s unten Rn 410). **409**

Soweit § 242 BGB für die Begründung eines gesetzlichen Schuldverhältnisses herangezogen wird bzw wurde (z sog Ergänzungsfunktion des § 242 BGB s Staudinger/Looschelders/Olzen § 242 Rn 187 ff), kann es nach dieser Meinung (weitere Vertreter: Prütting, Sachenrecht Rn 351; Larenz/Canaris, Schuldrecht II/2 § 75 I 4 c; Mühl, Grundlagen und Grenzen des nachbarlichen Gemeinschaftsverhältnisses, NJW 1960, 1133, 1136; Paschke AcP 187 [1987] 60, 79 f) eine Grundlage für Rücksichtspflichten zwischen Nachbarn gem Abs 2 bilden. Ähnlich bezeichnet Krebs das nachbarschaftliche Gemeinschaftsverhältnis als Unterfall einer sachenrechtlichen Dauerbeziehung ohne primären Leistungszweck und zählt es daher zwar nicht zu den Schuldverhältnissen, wohl aber zu den sog „**Sonderverbindungen**" (Krebs, Sonderverbindung 166, 232 ff; z Begriff der Sonderverbindung vgl auch Staudinger/Looschelders/Olzen § 242 Rn 127 ff), die er zumindest als durch Abs 2 anerkannt sieht. **410**

Die Rspr akzeptiert zwar einzelne Rücksichtspflichten zwischen Nachbarn (BGHZ 28, 110, 114; 225, 229 f; 58, 149, 159; 68, 350, 353 f; 88, 345, 351 f; 113, 384, 389; OLG Frankfurt MDR 2005, 268), lehnt aber mit der hL (Soergel/Baur § 903 Rn 51 ff, 57; Staudinger/Caspers [2014] § 278 Rn 10 mwNw; Wilhelm, Sachenrecht [5. Aufl 2016] Rn 746 ff; Baur/Stürner, Sachenrecht [18. Aufl 2008] § 5 II 1 c cc; Medicus/Petersen, BR Rn 799; Heiseke, Das nachbarliche Gemeinschaftsverhältnis und § 278, MDR 1961, 461 ff; Böhmer, „Gefahrengemeinschaft" von Grundstücksnachbarn – eine Fehlkonstruktion, MDR 1959, 261 ff; ders, Anwendung des § 278 BGB bei gemeinsamer Mauer, MDR 1959, 904 f; vgl auch Soergel/Teichmann § 242 Rn 74 f) eine Einordnung als Schuldverhältnis, das zB auch zur Anwendung des § 278 BGB führen würde, ab. Nach hM gelten somit allein die §§ 906 ff BGB. Das nachbarliche Gemeinschaftsverhältnis beschränkt also lediglich die Rechtsausübung, erzeugt aber keine weitergehenden Rechte und Pflichten (vgl RGZ 132, 51, 56; BGHZ 42, 374, 377; BGH MDR 2012, 1027 ff; WM 2001, 1299, 1301; NJW 2001, 3119, 3120 f; Soergel/Baur § 903 Rn 51 ff, 57; Staudinger/Caspers [2014] § 278 Rn 10 mwNw; Baur/Stürner § 903 Rn 51 ff, 57; z Kritik an der hM vgl auch zB Soergel/Teichmann § 242 Rn 74 f). **411**

412 Besteht dagegen eine **gemeinschaftliche Grenzmauer**, so geht die hLit (anders als die Rspr, vgl nur BGHZ 42, 374, 379 f) von einem Schuldverhältnis aus, insbes weil § 922 S 4 BGB auf die §§ 741 ff BGB verweist (vgl neben den in Rn 412 genannten auch: OLG Düsseldorf NJW 1959, 580; Medicus/Petersen, BR Rn 799; Maier/Bornheim, Das nachbarschaftliche Gemeinschaftsverhältnis – ein gesetzliches Schuldverhältnis?, JA 1995, 978, 981 ff).

413 Zwei Gesichtspunkte könnten diese Diskussion verändern: Zum einen zieht der BGH seit längerer Zeit seine frühere und die bisher hM ausdrücklich in Zweifel. So führte er schon 1997 aus (BGHZ 135, 235, 244): „Soweit bisher die Anwendung des § 278 BGB auf das nachbarliche Gemeinschaftsverhältnis verneint worden ist (BGHZ 42, 374, 377), mag zweifelhaft sein, ob sich dieser Standpunkt in Anbetracht der **heutigen Bewertung** (Hervorhebung v Verf) dieses Verhältnisses aufrechterhalten ließe." Zum anderen wird darauf hingewiesen, das nachbarliche Gemeinschaftsverhältnis habe durch die **Neufassung der §§ 905 ff** BGB, laufenden Verbesserungen der **Immissionenschutzgesetzgebung, sonstigen Umweltschutzgesetze** und **Nachbargesetze der Länder** stark an Bedeutung verloren. Damit sei die Anwendung der §§ 241, 242 BGB durch spezielle Gesetzgebung weitgehend verdrängt worden. Diese Entwicklung war oft nach Kodifikation von Leitsätzen der Rspr (ähnlich das Recht der AGB) zu beobachten (s auch BGHZ 68, 350, 354; 69, 1, 26; Erman/Böttcher § 242 Rn 187). Allerdings werden die §§ 241, 242 BGB nicht generell ausgeschlossen (anders BGH in BGHZ 38, 61 m krit Anm Westermann JZ 1963, 407 f z § 906 BGB; s auch BGH NJW 2003, 1392; ferner Soergel/Teichmann § 242 Rn 73 ff, bes 74, 75).

414 Diese Aspekte sprechen für die Einordnung des nachbarlichen Gemeinschaftsverhältnisses in die Kategorie des **gesetzlichen Schuldverhältnisses**. Wenn zum einen § 278 BGB Anwendung findet, zum anderen der Gesetzgeber das Verhältnis zwischen Nachbarn in jüngerer Zeit detailliert geregelt hat, so erlaubt dies – in Anlehnung an die Grundsätze für die Entstehung gesetzlicher Schuldverhältnisse (s oben Rn 61 ff) – den Schluss, dass auch hier Rechte und Pflichten zwischen zwei Personen unabhängig vom rechtsgeschäftlichen Willen begründet werden. Zwar normiert das Gesetz keine gemeinsamen Erhaltungs- und Verwaltungspflichten zwischen Nachbarn (abgesehen von der gemeinschaftlichen Grenzmauer, s oben Rn 412), doch erfordern die Möglichkeiten einer Beeinträchtigung benachbarter Grundstücke die Anerkennung außerdeliktischer Rücksichtspflichten (ähnl MünchKomm/Schubert § 242 Rn 222 f; s auch Krebs, Sonderverbindung 166, der iE jedoch nicht folgt, sondern das nachbarliche Gemeinschaftsverhältnis als Sonderverbindung versteht, z diesem Begriff vgl auch Staudinger/Looschelders/Olzen § 242 Rn 127 ff). Die faktische Verbundenheit des Grundeigentums und die daraus entstehende, unvermeidbare wechselseitige Beeinflussung der jeweiligen Grundstücksnutzung hat eine rechtsverhältnisbegründende, gemeinschaftsstiftende Wirkung, die die Annahme von **Duldungs- und Unterlassungspflichten** rechtfertigt (so auch, iE sogar weitergehend, Paschke AcP 187 [1987] 60, 80 mwNw). Dahin geht auch die neuere höchstrichterliche Rspr. So formuliert der BGH: „Auf sie (dh die Rechte und Pflichten von Grundstücksnachbarn, Einfügung des Verf) ist der allgemeine Grundsatz von Treu und Glauben (§ 242 BGB) anzuwenden; daraus folgt für die Nachbarn eine Pflicht zur gegenseitigen Rücksichtnahme, deren Auswirkungen auf den konkreten Fall man unter dem Begriff des nachbarlichen Gemeinschaftsverhältnisses zusammenfasst" (z Rechtslage vor dem Schuldrechtsmodernisierungsgesetz BGH NJW 2003, 1392; vgl ferner BGH 13. 7. 2018 – V ZR 308/17 Rn 11, BeckRS 2018, 28296; BGH NJW-RR 2008, 610, 611 Rn 19).

Nach diesem Verständnis besteht also das **nachbarschaftliche Gemeinschaftsverhältnis** **415**
als **gesetzliches Schuldverhältnis** mit **Rücksichtspflichten** gem Abs 2. Es bedarf weder
für die Entstehung des Schuldverhältnisses selbst noch für die Entstehung der aus
ihm resultierenden Rücksichtspflichten des Rückgriffs auf § 242 BGB (vgl STAUDIN-
GER/LOOSCHELDERS/OLZEN § 242 Rn 188 ff z fehlenden Ergänzungsfunktion des § 242 BGB sowie
Rn 127 ff z Sonderverbindung). Lediglich bzgl der inhaltlichen Ausgestaltung der Rücksichtspflichten findet § 242 BGB weiterhin Anwendung.

Ob das gesetzliche Schuldverhältnis nur auf den §§ 906 ff BGB und den Bundes- **416**
immissionsschutzgesetzen beruht, oder ob die **Landesimmissionsschutzgesetze** bzw die
Nachbargesetze der Länder (ihre Zusammenstellung findet sich bei STAUDINGER/ALBRECHT
[1998] Art 124 EGBGB Rn 11 ff) ebenfalls eine Grundlage bilden, wurde bisher – soweit
ersichtlich – weder in der einschlägigen Lit noch der Rspr diskutiert. Die Frage ist
weniger von praktischer als von dogmatischer Bedeutung. Deshalb sei nur auf zweierlei hingewiesen: Zum einen bleiben gem Art 1 Abs 2, 124 EGBGB dem Landes-
gesetzgeber vorbehaltene Regelungen vom BGB unberührt; zum anderen gilt auch
iRd Auslegung die Normenhierarchie. Daraus folgt, dass ein bestehender Widerspruch zwischen Landes- und Bundesgesetz bei identischem Regelungsinhalt zu
Gunsten des höherrangigen Bundesgesetzes aufzulösen ist (s auch STAUDINGER/SEILER
[2002] § 903 Rn 15). Entsprechend können zB die §§ 241, 242 BGB dazu führen, dass ein
Nachbar auch nach Ablauf der in den Landesnachbarrechtsgesetzen vorgesehenen
Ausschlussfristen seine Bäume zurückschneiden muss, wenn ein über die gesetzliche
Regelung hinausgehender billiger Ausgleich der widerstreitenden Interessen geboten
erscheint (BGH NJW 2007, 3636 Rn 13; 2004, 1037).

2. Der Inhalt des Schuldverhältnisses

Die Grundlage aller Rücksichtspflichten bildet also gem Abs 2 das jeweilige **Schuld-** **417**
verhältnis, nicht § 242 BGB, der dadurch seine wichtige **Ergänzungsfunktion** verliert
(s auch STAUDINGER/LOOSCHELDERS/OLZEN § 242 Rn 187 ff). Im Hinblick auf Art und Umfang der Rücksichtspflichten hatte die Schuldrechtsreformkommission im Zuge der
Vorarbeiten zum Schuldrechtsmodernisierungsgesetz (s Einl 188 ff zum SchuldR) ursprünglich vorgeschlagen, im Gesetzestext des § 241 BGB nicht nur auf den **Inhalt**,
sondern daneben auch auf die **Natur** des Schuldverhältnisses Bezug zu nehmen (vgl
amtliche Begründung in BT-Drucks 14/6040, 126). Mit dem Begriff „**Natur des Schuldverhältnisses**" sollte in Anlehnung an § 269 Abs 1 aF und § 9 Abs 2 Nr 2 AGBG aF alles
das bezeichnet werden, was der **Zweck** eines Schuldverhältnisses erfordert, auch
wenn dies unter den Parteien nicht abgesprochen wurde. Dagegen meint der „**Inhalt**" das **konkret** im Schuldverhältnis Geregelte. Der Gesetzgeber entschied jedoch,
dass das Tatbestandsmerkmal „Inhalt" bereits alles zum Ausdruck bringe, was maßgeblich sei und verzichtete demgemäß auf den Begriff der „Natur" (vgl amtliche
Begründung in BT-Drucks 14/6040, 126).

Die Rücksichtspflichten bestimmen sich heute nach dem Inhalt des Schuldverhält- **418**
nisses (krit: KUHLMANN, Schutzpflichten 157), unter besonderer Berücksichtigung der Umstände des Einzelfalls (LG Heidelberg NJW 2002, 2960, 2961; ähnl OLG Hamm NJW 2003, 760,
761). Dabei ziehen Rspr und Lit im Rahmen der Auslegung **Rechtscharakter, Dauer**
und auch den **Zweck** des Schuldverhältnisses, ferner die **Intensität** des damit verbundenen **sozialen Kontaktes** zur Beurteilung heran (BGH NJW 1983, 2813, 2814; BAG

NJW 2000, 3369, 3370; REISCHL JuS 2003, 40, 45; Hk-BGB/SCHULZE Rn 5; ausf z den einzelnen Arten v Rücksichtspflichten u Rn 434 ff; z Konkretisierung der Pflichten durch § 242 s STAUDINGER/LOOSCHELDERS/OLZEN § 242 Rn 182 ff). Daran zeigt sich, dass für die Begründung und den Umfang von Rücksichtspflichten iE keine trennscharfe Unterscheidung zwischen Inhalt und Natur des Rechtsverhältnisses im oben genannten Sinne erfolgt.

III. „kann"

419 Gem Abs 2 „kann" ein Schuldverhältnis zur Rücksicht verpflichten. Diese offene Formulierung verdeutlicht zweierlei: Zum einen differieren die von Abs 2 umfassten Pflichten entsprechend dem jeweiligen Schuldverhältnis nach Art und Umfang (NK-BGB/KREBS Rn 22), zum anderen ist die Existenz solcher Pflichten in jedem Fall begründungsbedürftig, also nicht zwingend vorgegeben (NK-BGB/KREBS Rn 21; REISCHL JuS 2003, 40, 45; z Kritik an dieser Formulierung vgl u Rn 562).

IV. „jeden Teil"/„des anderen Teils" (Beteiligte)

420 Der Gesetzgeber hat in Abs 2 bewusst nicht die Formulierung „Gläubiger" und „Schuldner", sondern **„jeder Teil"** und der **„andere Teil"** gewählt. Dadurch sollte zum Ausdruck kommen, dass nicht nur den **Schuldner** einer Leistung Rücksichtspflichten treffen können, sondern dass uU auch der **Gläubiger** der Leistungspflicht Schuldner einer solchen Rücksichtspflicht ist (vgl amtliche Begründung in BT-Drucks 14/6040, 125; früher bereits: STOLL, Leistungsstörungen 27 ff; vgl auch KUHLMANN, Schutzpflichten 115; MEDICUS, in: FS Canaris [2007] 835, 840).

V. „Rücksicht"

421 Das Schuldverhältnis verpflichtet also jeden Beteiligten zur **Rücksicht** auf die Rechte, Rechtsgüter und Interessen des anderen Teils. Mit dem Begriff der **Rücksichtspflichten** umschreibt das Gesetz die anerkannten Pflichten, die das **Integritätsinteresse** der am Schuldverhältnis Beteiligten sichern sollen (vgl amtliche Begründung in BT-Drucks 14/6040, 125; z Terminologie s oben Rn 154 ff). Im Falle der gerichtlichen Durchsetzung trifft den Anspruchsteller die **Darlegungs-** und **Beweislast** für den jeweiligen Tatbestand, während das für den Schadensersatzanspruch notwendige **Verschulden vermutet** wird, § 280 Abs 1 S 2 BGB (PETERSEN, Examens-Repetitorium Allgemeines Schuldrecht [6. Aufl 2013] Rn 52 ff; STOLL, in: FS Lorenz [2001] 287, 295).

422 Das ursprüngliche Erfordernis einer **„besonderen Rücksicht"**, das noch im Regierungsentwurf vom Mai 2001 (z Schuldrechtsreform Einl 188 ff zum SchuldR) enthalten war, sollte verdeutlichen, dass die Rücksichtspflichten nicht völlig denen des Deliktsrechts entsprechen, sondern diese in ihren Anforderungen übersteigen können. Zudem wollte der Gesetzgeber eine Abgrenzung zu den allgemeinen **Verkehrssicherungspflichten** vornehmen, die im Gegensatz zu Abs 2 keine Sonderverbindung iS eines Schuldverhältnisses schaffen oder erfordern (vgl amtliche Begründung in BT-Drucks 14/6040, 125). Auf die Ergänzung des Adjektivs „besondere" wurde jedoch im weiteren Verlauf des Gesetzgebungsverfahrens zur Vermeidung von Missverständnissen verzichtet (vgl Beschlussempfehlung u Bericht des Rechtsausschusses in BT-Drucks 14/7052, 182). Sonst könne man zu der Auffassung gelangen, es sei zwischen **„besonderen Rücksichtspflichten"** mit der Folge einer möglichen Haftung, etwa aus cic, und **„einfachen Rück-**

sichtspflichten" ohne solche Konsequenzen zu differenzieren, ein Abgrenzungskriterium, das der Gesetzgeber aber nicht wollte (vgl Beschlussempfehlung u Bericht des Rechtsausschusses in BT-Drucks 14/7052, 182; krit KUHLMANN, Schutzpflichten 156).

VI. „Rechte, Rechtsgüter, Interessen"

Neben den **Rechtsgütern** beabsichtigte der Gesetzgeber, die **Rechte** und die **Interes-** 423 **sen** der Beteiligten zu schützen. Insbes die Erwähnung der „**Rechte**" stellt klar, dass Abs 2 im Gegensatz zum begrenzten Schutzbereich des § 823 Abs 1 BGB auch das **Vermögen** schützt (CANARIS JZ 2001, 499, 519). Eine entsprechende Rücksichtspflichtverletzung kommt zB in Betracht, wenn jemand durch falsche Beratung oder in sonstiger Weise, zB durch die Erzeugung eines unbegründeten Vertrauens, zu schädlichen Vermögensdispositionen veranlasst wird (vgl amtliche Begründung in BT-Drucks 14/6040, 125). Die Einfügung des allgemeinen Begriffs „**Interessen**" sollte schließlich verdeutlichen, dass Vermögensinteressen und andere Interessen, wie zB die Entscheidungsfreiheit, vom Schutzbereich des Gesetzes erfasst werden (vgl amtliche Begründung in BT-Drucks 14/6040, 126; hierzu auch CANARIS JZ 2001, 499, 519; FLEISCHER AcP 200 [2000] 91, 111 ff; LOOSCHELDERS, Schuldrecht AT § 1 Rn 21).

VII. „verpflichten"

Die in Abs 2 genannten Rücksichtspflichten könnten dem Wortlaut nach auch – als 424 Kehrseite – das **Verbot des Rechtsmissbrauchs** begründen. Es verlangt vom Gläubiger, seine Rechte unter Berücksichtigung der Schuldnerinteressen auszuüben (ausf z Rechtsmissbrauchsverbot STAUDINGER/LOOSCHELDERS/OLZEN § 242 Rn 214 ff): Aus ihm wurden – idR iVm § 242 BGB – verschiedene Fallgruppen hergeleitet, wie zB das Verbot des „**venire contra factum proprium**", die **Verwirkung** oder das Verbot **unzulässiger Rechtsausübung**. Eine wesentliche Grundlage dieser Dogmatik bildete die sog **Schrankenfunktion** des § 242 BGB (STAUDINGER/LOOSCHELDERS/OLZEN § 242 Rn 202 ff), die dementsprechend oft auch als **Rücksichtnahmepflicht des Gläubigers** bezeichnet wurde (vgl zB BGH NJW 2001, 3119, 3120 f; MünchKomm/SCHUBERT § 242 Rn 180 ff). Dies führt zu der Überlegung, ob der Gesetzgeber sie ähnlich der bisherigen Ergänzungsfunktion (STAUDINGER/LOOSCHELDERS/OLZEN § 242 Rn 187 ff) in Abs 2 „gesetzessystematisch verselbstständigt" hat (Formulierung von MünchKomm/ROTH/SCHUBERT [7. Auflage 2016] § 242 Rn 176), womit § 242 BGB (auch) in dieser Hinsicht keine eigenständige Bedeutung mehr zukäme.

Der **Wortlaut** des Abs 2 deckt wegen des Begriffs „**Rücksicht**" sowie des bewussten 425 Verzichts auf die Verwendung der Worte „Gläubiger"/"Schuldner" (s oben Rn 420) durchaus ein Gebot an den Schuldner der Rücksichtspflicht, der gleichzeitig Gläubiger der Leistungspflicht ist, zur schonenden Rechtsausübung ab. Andererseits kann die Betonung in Abs 2 aber auch auf das Wort „**verpflichten**" gelegt werden, das die Schuldnerperspektive stärker betont als diejenige des Gläubigers. So wäre Abs 2 eher für die **Begründung** von Rechten und Pflichten als für deren **Beschränkung** heranzuziehen und die Schrankenfunktion des § 242 BGB nicht durch die Schuldrechtsreform „verloren" gegangen.

Systematische Erwägungen führen kaum weiter: Die §§ 280, 249 BGB deuten zwar 426 darauf hin, dass es bei der Pflichtverletzung iSd § 241 Abs 2 BGB mehr um

Schadensersatzansprüche geht als um die Beschränkung von Rechten. Aber ebenso kann gem § 249 Abs 1 BGB der Gläubiger den Schuldner nach Verletzung des Rechtsmissbrauchsverbots im Wege der Naturalrestitution so zu stellen haben wie bei ordnungsgemäßer Rechtsausübung. Ähnlich verfuhr die Rspr zT bei der **Anwaltspflicht** zur Aufklärung des Mandanten über **eigenes Fehlverhalten**: Wenn der Rechtsanwalt sich auf die Verjährung des Ersatzanspruchs gem § 51b BRAO aF berief, wurde der Mandant im Wege der Naturalrestitution so gestellt, als sei die Aufklärungspflicht erfüllt worden und hätte den Mandanten zu verjährungsunterbrechenden Maßnahmen bewogen (vgl zB BGHZ 83, 17, 27; BGH NJW 1984, 2204; 1985, 1151, 1152; spätestens nach ersatzloser Streichung des § 51b BRAO aF kommt diese Vorgehensweise allerdings nicht mehr in Frage [BT-Drucks 15/3653, 29]; z gesamten Themenkomplex der Anzeigepflicht bzgl eigener Fehler Schwarz, Die zivilrechtliche Pflicht zur Anzeige eigener Fehler [Diss Düsseldorf 2005]). Eine entsprechende Konstruktion wäre für den Rechtsmissbrauch grds denkbar, im dargestellten Bsp vor allem als Fall der unzulässigen Rechtsausübung (s § 242 Rn 213 ff).

427 Ein systematischer Vergleich des Abs 2 mit Abs 1 der Norm spricht eher gegen die Verlagerung des Rechtsmissbrauchs von § 242 BGB in § 241 Abs 2 BGB. Abs 1 erfasst **leistungsbezogene Pflichten**, die das **Äquivalenzinteresse** der Leistung betreffen, während Abs 2 **leistungsunabhängige Pflichten** anspricht, die dem Schutz des **Integritätsinteresses** dienen (vgl oben Rn 153). Berücksichtigt der Gläubiger bei Ausübung seiner leistungsbezogenen Rechte die Interessen des Schuldners nicht hinreichend, indem er sich zB unzulässigerweise auf den Eintritt der Verjährung eines gegen ihn gerichteten Schadensersatzanspruchs beruft, so ist jedoch nicht das Integritätsinteresse des Schuldners, sondern vielmehr sein Äquivalenzinteresse verletzt. Insofern kann der Rechtsmissbrauch zwar als Kehrseite des in Abs 1 angesprochenen Pflichtenkreises verstanden werden, nicht aber als solche des Abs 2.

428 Eine **historische Analyse** des Instituts „Rechtsmissbrauch" gibt keinen Hinweis auf eine gesetzgeberische Intention zur Veränderung. Auch die Materialien zur Schuldrechtsreform, insbes zu Abs 2, zeigen, dass der Gesetzgeber lediglich die Lehre von den Schutzpflichten klarstellen wollte (BT-Drucks 14/6040, 125; s z Schuldrechtsmodernisierungsgesetz auch Staudinger/Olzen Einl 188 ff zum SchuldR).

429 Demnach entscheidet der **Zweck des Gesetzes**. Eine ergebnisorientierte Betrachtung hat zur Folge, dass § 242 BGB mit dem Verlust der Schrankenfunktion eine seiner wesentlichsten, wenn nicht sogar seine letzte (ausf u Staudinger/Looschelders/Olzen § 242 Rn 202 ff) Aufgabe verlöre. Dies spricht jedoch nicht gegen eine entsprechende Auslegung, sondern beschreibt lediglich eine ihrer Konsequenzen und ist auch praktisch nicht relevant. Ausschlaggebend erscheinen indessen zwei andere Gesichtspunkte:

430 Zum einen gilt für die Verletzung von Rücksichtspflichten eine andere **Beweislastverteilung** als für § 242 BGB. Während ein Verstoß gegen Treu und Glauben grds **von Amts wegen zu berücksichtigen** ist (vgl ausf u Staudinger/Looschelders/Olzen § 242 Rn 322 ff; hier nur BGHZ 3, 94, 103; 31, 77, 84; 37, 147, 152), muss im Rahmen des § 280 BGB der Anspruchsteller Pflichtverletzung, Kausalität und Schaden beweisen, während allein die Beweislast für den Einwand mangelnden Verschuldens gem § 280 Abs 1 S 2 BGB beim Schuldner liegt. Dies hat Konsequenzen für das **Säumnisverfahren**.

Der Kläger könnte bei Säumnis des Beklagten zB für eine verwirkte Forderung keinen Titel erlangen, wenn man § 242 BGB zugrunde legt, wohl aber, wenn man eine entsprechende Rücksichtspflicht des Gläubigers der Hauptleistung annimmt, die der Beklagte als Schuldner und Gläubiger der Rücksichtnahmepflicht darlegen und beweisen muss. Den daraus resultierenden Bedeutungsverlust des Gebotes von Treu und Glauben hat der Gesetzgeber offensichtlich nicht gewollt und er entspricht auch nicht dem objektiven Gesetzeszweck.

Zum anderen berücksichtigt die Auslegung der Merkmale „Treu und Glauben" in **431** § 242 BGB nicht nur Interessen der anderen Partei, sondern ebenso **öffentliche und Drittinteressen** (ausf STAUDINGER/LOOSCHELDERS/OLZEN § 242 Rn 144 ff; z Einfluss des öffentlichen Rechts auf das Schuldrecht bereits STAUDINGER/OLZEN Einl 263 ff zum SchuldR). Ein Verhalten des Gläubigers kann deshalb auch rechtsmissbräuchlich sein, wenn es nur gegen die Interessen Dritter verstößt, nicht aber gegen die des Schuldners. Ein Bsp bildet der Ehevertrag, in dem die Eheleute gegenseitig auf Unterhalt verzichten. Der durch den Verzicht begünstigte Ehegatte handelt bei Berufung auf den Ehevertrag uU nicht rechtsmissbräuchlich, wenn er dadurch (nur) die Interessen des (ehemaligen) Ehepartners missachtet. Denn eine solche Regelung ist gem § 1585c BGB zu Lasten des anderen Ehegatten grds möglich, selbst wenn es um Betreuungsunterhalt gem § 1570 BGB geht. Dennoch darf er sich nach Treu und Glauben auf den Unterhaltsverzicht zB dann nicht berufen, wenn das Wohl des von der Ehefrau betreuten Kindes entgegensteht oder das öffentliche Interesse, den Unterhaltsgläubiger nicht aus Mitteln der Sozialhilfe bezahlen zu müssen (grundlegend zur Sittenwidrigkeit von Eheverträgen im Allgemeinen BGH MDR 2013, 227 ff; BGH 5. 11. 2008 – XII ZR 157/06, Rn 36; NJW 2007, 904 Rn 19 ff; NJW 2004, 930 ff; 1995, 1148 mwNw; z Eheverträgen insgesamt s STAUDINGER/LOOSCHELDERS/OLZEN § 242 Rn 964 f; z rechtsmissbräuchlichen Berufung auf eine einvernehmliche Missachtung eines Formerfordernisses wegen betroffener öffentlicher Interessen vgl STAUDINGER/LOOSCHELDERS/OLZEN § 242 Rn 449 u PALANDT/ELLENBERGER § 125 Rn 16 ff).

Rücksichtspflichten basieren dagegen (s oben Rn 417 f) allein auf dem **jeweiligen** **432** **Schuldverhältnis**. In die zu ihrer Bestimmung durchzuführende Interessenabwägung (s unten Rn 454 ff, 497 ff) können daher nur **Parteiinteressen** Eingang finden. Eine Verlagerung des Instituts „Rechtsmissbrauch" in Abs 2 hätte zur Folge, dass öffentliche und Drittinteressen keinen unmittelbaren Einfluss mehr auf die **Entstehung** solcher Pflichten hätten, sondern lediglich später, im Rahmen ihrer Konkretisierung durch § 242 BGB (z Konkretisierungsfunktion STAUDINGER/LOOSCHELDERS/OLZEN § 242 Rn 182 ff), Berücksichtigung finden könnten. Dieses Ergebnis liefe der überragenden Bedeutung des § 242 BGB für das Zivilrecht zuwider (STAUDINGER/LOOSCHELDERS/OLZEN § 242 Rn 401 ff).

Folglich spricht der Gesetzeszweck dagegen, das Institut des Rechtsmissbrauchs aus **433** dem Anwendungsbereich des § 242 BGB heraus in Abs 2 zu verlegen. Da Wortlaut, Systematik und Entstehungsgeschichte sich jedenfalls auch für dieses Verständnis anführen lassen (s oben Rn 425 ff), wird das Institut des Rechtsmissbrauchs weiterhin als wesentliche Fallgruppe iRd § 242 BGB behandelt (s STAUDINGER/LOOSCHELDERS/ OLZEN § 242 Rn 214 ff).

VIII. Arten von Rücksichtspflichten

1. Allgemeines

434 Bei Inkrafttreten des BGB waren **Rücksichtspflichten** noch nicht anerkannt, sondern sie wurden erst später durch Gerichtsentscheidungen und Publikationen aus den Grundgedanken des allgemeinen Schuldrechts, vor allem zur Überwindung der Mängel des Deliktsrechts, entwickelt (s oben Rn 388). Aufgrund fehlender Normen herrschte Streit um ihre dogmatische Herleitung sowie um ihre Grenzen (s oben Rn 388 ff).

435 Auch nach Einfügung des Abs 2 durch das Schuldrechtsmodernisierungsgesetz zum 1. 1. 2002 (s oben Einl 188 ff zum SchuldR), welche (zumindest) die Geltung der Rücksichtspflichten positivrechtlich geklärt hat (Grigoleit, in: FS Canaris [2007] 275; Medicus, in: FS Canaris [2007] 835), erfolgt die Einteilung der verschiedenen Arten außerdeliktischer Rücksichtspflichten uneinheitlich. Dies liegt nicht zuletzt darin begründet, dass Abs 2 selbst keine Konkretisierung enthält, sondern ein ausfüllungsbedürftiges Blankett darstellt (NK-BGB/Krebs Rn 4; MünchKomm/Bachmann Rn 52; Dauner-Lieb, Kodifikation von Richterrecht, in: Ernst/Zimmermann 316; Canaris JZ 2001, 499, 519). Es gibt zum einen Differenzierungen nach dem **chronologischen Ablauf** des Schuldverhältnisses, also **vorvertragliche** Pflichten, **nachvertragliche** sowie solche, die **während** des **Schuldverhältnisses** Wirkung entfalten (so MünchKomm/Bachmann Rn 53). Zum anderen werden Unterscheidungen in **leistungsbegleitende Schutzpflichten** und **allgemeine Schutzpflichten** getroffen (vgl zB Teichmann JA 1984, 545 ff und 709 ff). Andere versuchen, sich am **Inhalt** der jeweiligen Pflicht zu orientieren.

Schulze (Hk-BGB/Schulze Rn 6) nennt zB **Schutzpflichten** als Oberbegriff, um als Untergruppen **Obhutspflichten** einerseits und **Aufklärungspflichten** andererseits zu finden. Krebs (Sonderverbindungen 504 ff) dagegen differiert das „**Verbot der aktiven Schädigung**", die Pflicht zum „**aktiven Schutz der Gegenseite**" und „**Informationsschutzpflichten**" (z Schwierigkeit der Terminologie s oben Rn 154 ff, ferner Medicus/Petersen, BR Rn 208; Braun, Leistung und Sorgfalt, AcP 205 [2005] 127; unentschieden auch Fikentscher/ Heinemann, Schuldrecht Rn 37). Der Gesetzgeber selbst entschied sich nicht konsequent für den Begriff der **Schutzpflichten**, sondern benutzt auch denjenigen der „**weiteren Verhaltenspflichten**" (BT-Drucks 14/6040, 125; so auch Larenz, Schuldrecht I § 9). Hier soll – orientiert am Gesetzeswortlaut – vom Oberbegriff der **Rücksichtspflichten** ausgegangen werden (s oben Rn 155; Kandelhard, Kurze Verjährung rückgabeveranlasster Vermieterersatzansprüche, NJW 2002, 3291 f; auch Stoll, in: FS Lorenz [2001] 287, 293; Krebs, in: Dauner-Lieb ua, Das neue Schuldrecht § 3 Rn 4 u Reischl gehen ähnlich v Begriff der Rücksichtnahmepflicht aus, JuS 2003, 40, 42, 45).

436 Einigkeit besteht hingegen darüber, dass die Einfügung des Abs 2 in § 241 BGB den bestehenden Rechtszustand inhaltlich nicht geändert hat (so ausdrücklich die Begründung des RegE BT-Drucks 14/6040, 125): Rücksichtspflichten stellen nach wie vor leistungsunabhängige Nebenpflichten zum Schutz des **Integritätsinteresses** der Gegenpartei dar (s oben Rn 161, ferner Grigoleit, in: FS Canaris [2007] 275, 277). Trotz der gesetzlichen Anerkennung der Rücksichtspflichten bleibt also die bisherige Rspr relevant. Zum Zwecke der übersichtlichen Darstellung wird im Folgenden nach **Art der Rücksichtspflichten** unterschieden, wobei die beiden wesentlichen Gruppen die **Informationspflichten** auf der einen und die **Fürsorge- und Obhutspflichten** auf der anderen Seite

Titel 1
Verpflichtung zur Leistung § 241

ausmachen (z den Sorgfaltspflichten als Untergruppe der Rücksichtspflichten vgl auch BGH NJW 1983, 2813 ff). Schließlich sind die **leistungsunabhängigen Treuepflichten** zu erörtern.

2. Informationspflichten*

a) Allgemeines

Bezüglich der **Informationspflichten** besteht keine einheitliche Terminologie. So werden als Begriffe Auskunfts-, Informations-, Informationsschutzpflichten (so KREBS, Sonderverbindung 508 ff) und (aus Perspektive des Anspruchstellers) Informationsschutzansprüche (so POHLMANN, Aufklärungspflichten 30) genannt. Andere bezeichnen **437**

---

* **Schrifttum**: BECHTEL, Anlageberatung der Kreditinstitute im Wandel – Aufklärungs-, Beratungs- und Informationspflichten am Beispiel von Optionsgeschäften mit Privatkunden (Diss Hamburg 1998); BECKER-SCHAFFNER, Umfang und Grenzen der arbeitgeberseitigen Hinweis- und Belehrungspflichten, BB 1993, 1281 ff; BÖHME, Die Aufklärungspflicht bei Vertragsverhandlungen (Diss Göttingen 1964); BÖHNER, Bestand und Ausmaß der vorvertraglichen Aufklärungspflicht des Franchisegebers: Das „Aufina"-Urteil unter der Lupe, BB 2001, 1749 ff; F BRAUN, Aufklärungspflichten des Franchisegebers bei den Vertragsverhandlungen, NJW 1995, 504 ff; S BRAUN, Fragerecht und Auskunftspflicht – Neue Entwicklungen in Gesetzgebung und Rechtsprechung, MDR 2004, 64 ff; BREIDENBACH, Die Voraussetzungen von Informationspflichten beim Vertragsschluss (Diss München 1988); CANARIS, Die Vermutung „aufklärungsrichtigen Verhaltens" und ihre Grundlagen, in: FS Hadding (2004) 3 ff; ELLENBERGER, Die neuere Rechtsprechung des Bundesgerichtshofes zu Aufklärungs- und Beratungspflichten bei der Anlageberatung, WM 2001, Sonderbeilage 1; FLEISCHER, Informationsasymmetrie im Vertragsrecht – Eine rechtsvergleichende und interdisziplinäre Abhandlung zu Reichweite und Grenzen vertragsschlussbezogener Aufklärungspflichten (Habil Köln 1998); GÄNTGEN, Die Pflicht zum Hinweis auf eigene und fremde Fehler in zivilrechtlichen Vertragsverhältnissen (Diss Köln 1991); GALLANDI, Die Aufklärungspflicht bei Innenprovisionen, WM 2000, 279 ff; GRIGOLEIT, Rechtsfolgespezifische Analyse „besonderer" Informationspflichten am Beispiel der Reformpläne für den E-Commerce, WM 2001, 597 ff; ders, Vorvertragliche Informationshaftung – Vorsatzdogma, Rechtsfolgen, Schranken (Diss München 1997); GRÖSCHLER, Die Pflicht des Verkäufers zur Aufklärung über Mängel nach neuem Kaufrecht, NJW 2005, 1601 ff; GRUNEWALD, Aufklärungspflichten ohne Grenzen, AcP 190 (1990) 609 ff; HADDING, Zur Abgrenzung von Unterrichtung, Aufklärung, Auskunft, Beratung und Empfehlung als Inhalt bankrechtlicher Pflichten, in: FS Schimansky (1999) 67 ff; HEMMING, Die Aufklärungspflichten des Arbeitgebers (Diss Augsburg 1997); HOPT, Anlegerschutz beim Wertpapiergeschäft der Kreditinstitute (Habil Tübingen 1973) 414 ff; HOSS/EHRICH, Hinweis- und Aufklärungspflichten des Arbeitgebers beim Abschluss von Aufhebungsverträgen, DB 1997, 625 ff; KIENINGER, Informations-, Aufklärungs- und Beratungspflichten beim Abschluss von Versicherungsverträgen, AcP 199 (1999) 190 ff; KIRCHNER, Kreditgeberhaftung aufgrund der Verletzung von Informations- und Aufklärungspflichten im deutschen und US-amerikanischen Recht (Diss Gießen 2003); KLINGLER, Aufklärungspflichten im Vertragsrecht – Hypothesen zu ihrer richterlichen Instrumentalisierung (1981); KLUTH/BÖCKMANN/GRÜN, Beratungshaftung – Bewertungskriterien für rechtsverbindliche Aussagen beim Sachkauf, MDR 2003, 241 ff; KÖTZ, Vertragliche Aufklärungspflichten – eine rechtsökonomische Studie, in: FS Drobnig (1998) 563 ff; KREBS, Sonderverbindung und außerdeliktische Schutzpflichten (Habil Köln 2000) 508 ff; KURSAWE, Die Aufklärungspflicht des Arbeitgebers bei Abschluss von Arbeitsverträgen, NZA 1997, 245 ff; LANG, Einmal mehr: Berufsrecht, Berufspflichten und Berufshaftung, AcP 201 (2001) 451 ff; ders, Informa-

Sie als Aufklärungs-, Hinweis-, Anzeige-, Offenbarungs-, Warn- und Mitteilungspflichten (vgl zB Hk-BGB/Schulze Rn 7; Soergel/Teichmann § 242 Rn 135, 162; Böhme, Aufklärungspflicht 3 ff; Breidenbach, Informationspflichten 3 f; Grigoleit, Informationshaftung 5; Klingler, Aufklärungspflichten 1, 20 ff; Pohlmann, Aufklärungspflichten 35; Rehm, Aufklärungspflichten 3 ff; Thamm/Pilger BB 1994, 729, 730; Thiele JZ 1967, 649, 650). Sie werden nur vereinzelt voneinander abgegrenzt. Hier soll der Terminus der „**Informationspflichten**" als Oberbegriff (so G Müller, Informationspflichten 22; wohl auch Pohlmann, Aufklärungspflichten 35) für **Aufklärungspflichten** sowie **Beratungspflichten** verwendet werden (so auch MünchKomm/Bachmann Rn 110; Lang, Informationspflichten 30 ff). **Aufklärungspflichten** charakterisieren sich dabei als durch konkrete Umstände ausgelöste Hinweispflichten auf besondere Gegebenheiten, während „**Beratung**" eine umfassendere

---

tionspflichten bei Wertpapierdienstleistungen (2003); ders, Aufklärungspflichtverletzungen bei der Anlageberatung (1995); Lüke, Der Informationsanspruch im Zivilrecht, JuS 1986, 2 ff; Matusche-Beckmann, Berufsrecht und zivilrechtliche Beratungs- und Informationspflichten für Versicherungsvermittler, NVersZ 2002, 385 ff; G Müller, Vorvertragliche und vertragliche Informationspflichten nach englischem und deutschem Recht (Diss Heidelberg 1994); Osing, Informationspflichten des Versicherers und Abschluss des Versicherungsvertrages (Diss Köln 1995); Pohlmann, Haftung wegen Verletzung von Aufklärungspflichten (Diss Trier 2002); Rehm, Aufklärungspflichten im Vertragsrecht (Diss München 2002); Römer, Zu den Informationspflichten der Versicherer und ihrer Vermittler, VersR 1998, 1313; Rümker, Aufklärungs- und Beratungspflichten der Kreditinstitute aus der Sicht der Praxis, in: Hadding/Hopt/Schimansky, Aufklärungs- und Beratungspflichten der Banken (2003); Rust, Leistungs- und Schutzpflichten in der Gewährleistungshaftung, MDR 1998, 947 ff; Schleeh, Vorvertragliches Fehlverhalten und der Schutz Dritter (Diss Tübingen 1965); Schneider, Uberrima fides: Treu und Glauben und vorvertragliche Aufklärungspflichten im englischen Recht (Diss Regensburg 2003); Schwarz, Die zivilrechtliche Pflicht zur Anzeige eigener Fehler (Diss Düsseldorf 2005); Skibbe, Zur Aufklärungspflicht bei Kaufvertragsverhandlungen, in: FS Rebmann (1989) 807 ff; Spindler/Klöhn, Fehlerhafte Informationen und Software – Die Auswirkungen der Schuld- und Schadensrechtsreform, VersR 2003, 273 ff; Stengel/Scholderer, Aufklärungspflichten beim Beteiligungs- und Unternehmenskauf, NJW 1994, 158 ff; Stürner, Die Aufklärungspflicht der Parteien des Zivilprozesses (Habil Tübingen 1976) 1, 287 ff; Taupitz, Die zivilrechtliche Pflicht zur unaufgeforderten Offenbarung eigenen Fehlverhaltens (1989); Tempel, Informationspflichten bei Pauschalreisen – Eine Bestandsaufnahme: Arten, Rechtsnatur, Sanktionen – unter Einbeziehung der Reisebüros, NJW 1996, 1625 ff; Thamm/Pilger, Vertragliche Nebenpflicht zur Aufklärung und Beratung bei Lieferverträgen und deren Regelung in Geschäftsbedingungen des kaufmännischen Verkehrs, BB 1994, 729 ff; Vortmann, Die neuere Rechtsprechung zu den Aufklärungs- und Beratungspflichten der Banken, WM 1989, 1557 ff; ders, Aufklärungs- und Beratungspflichten der Banken (10. Aufl 2013); Wagner, Informationspflichten des Verkäufers bei M+A Transaktionen nach neuerer BGH-Rechtsprechung unter Berücksichtigung von altem und neuem Schuldrecht, DStR 2002, 958 ff; Wahrenberger, Vorvertragliche Aufklärungspflichten im Schuldrecht (unter besonderer Berücksichtigung des Kaufrechts), zugleich ein Beitrag zur Lehre von der culpa in contrahendo (Diss Zürich 1991); Werres, Aufklärungspflichten in Schuldverhältnissen und deren Grenzen (1985); Zahrnt, Aufklärungspflichten und Beratungsverhältnisse vor Computer-Beschaffungen, NJW 2000, 3746 ff; ders, Die Rechtsprechung zu Aufklärungs- und Beratungspflichten vor Computer-Beschaffungen, NJW 1995, 1785 ff; Zugehör, Berufliche „Dritthaftung" – insbesondere der Rechtsanwälte, Steuerberater, Wirtschaftsprüfer und Notare – in der deutschen Rechtsprechung, NJW 2000, 1601 ff.

Informationspflicht und Entscheidungshilfe meint, die unabhängig von speziellen Auslösungsfaktoren besteht (MünchKomm/Bachmann Rn 124; dagegen ist Müller, Informationspflichten 22, der Ansicht, Aufklärungspflichten würden durch fehlerhafte Informationen verletzt, während Offenbarungspflichten die Pflicht z ungefragten Hinweis erfassten). Der Begriff der Aufklärungspflicht enthält damit auch die zT sog Hinweis-, Anzeige-, Offenbarungs- und Mitteilungspflichten.

Hervorzuheben ist erneut, dass Informationspflichten zum Schutz des **Integritäts-** **438** **interesses** bestehen (z den Informationspflichten als Nebenleistungspflichten s oben Rn 163; vgl auch BeckOK-BGB/Sutschet [1. 5. 2019] Rn 14 f). Dieses umfasst nicht nur die von § 823 Abs 1 BGB geschützten Rechtsgüter, sondern insbes wegen des Tatbestandsmerkmals „Interesse" in § 241 Abs 2 BGB auch das **Vermögen** und die **Willensfreiheit** (BT-Drucks 14/6040, 163 u oben Rn 423; s auch Looschelders, Schuldrecht AT § 8 Rn 10 ff). Beide werden meist im **vorvertraglichen Bereich** verletzt (Breidenbach, Informationspflichten 3, nennt diese vertragsschlussbezogene Informationspflichten; vgl auch Larenz, Schuldrecht I § 9 I 2), sodass eine Schadensersatzhaftung gem §§ 311 Abs 2, 280 Abs 1, 241 Abs 2 BGB in Betracht kommt (s die Gesetzesbegründung BT-Drucks 14/6040, 162), während die auch von § 823 Abs 1 BGB geschützten Rechtsgüter (Medicus, in: BMJ [Hrsg], Gutachten und Vorschläge zur Überarbeitung des Schuldrechts [Köln 1981–1983] 486, nennt sie vertragsfremde Rechtsgüter) vor allem von Informationspflichtverletzungen tangiert werden, die **nach Vertragsschluss** eintreten (Breidenbach, Informationspflichten 3, nennt diese Warnpflichten; vgl z deliktischen Haftung Mansel, Informationsrechtliche Verkehrspflichten im Rahmen des § 823 Abs 1, in: FS Lorenz [2001] 215, 219 ff). Sie finden ihre Haftungsgrundlage in §§ 280 Abs 1, 241 Abs 2 BGB.

Abs 2 erfasst **keine Auskunftspflichten**. Sie fallen vielmehr als **leistungsbezogene Ne-** **439** **benpflichten** in den Anwendungsbereich des Abs 1 (s oben Rn 163 ff). Der grundsätzliche Unterschied zu den Informationspflichten des Abs 2 besteht zum einen in ihrer **Klagbarkeit**, die bei Informationspflichten iSd Abs 2 überwiegend verneint wird (MünchKomm/Bachmann Rn 160; Klingler, Aufklärungspflichten 20; so auch Stürner in JZ 1976, 384, 386, der sich grds jedoch für die Klagbarkeit von Schutzpflichten ausspricht; Pohlmann, Aufklärungspflichten 30; z den Auskunftspflichten zusammenfassend Lüke JuS 1986, 2 ff; ausf z Klagbarkeit v Rücksichtspflichten im Allgemeinen u Rn 554 ff). Außerdem sind Informationspflichten wie alle Rücksichtspflichten **retrospektiv**: Es geht stets um Informationen, an denen der Gegenüber im Falle der Kenntnis sein früheres Verhalten hätte ausrichten können (Böhme, Aufklärungspflicht 8 f; Hadding, in: FS Schimansky [1999] 67, 73 f; Klingler, Aufklärungspflichten 21; Pohlmann, Aufklärungspflichten 29; Werres, Aufklärungspflichten 4; einschränkend Breidenbach, Informationspflichten 2 f). Sie sind ferner dadurch gekennzeichnet, dass dem anderen Teil nicht nur der informationspflichtige Umstand verborgen bleibt, sondern auch sein Recht, darüber informiert zu werden (Pohlmann, Aufklärungspflichten 29). Erst bei Schadenseintritt weiß der Berechtigte uU, dass eine ihm gegenüber bestehende Informationspflicht verletzt wurde (Pohlmann, Aufklärungspflichten 29). Informationspflichten müssen also spontan, dh ohne vorhergehende Frage oder Aufforderung, erfüllt werden (Pohlmann, Aufklärungspflichten 29). Diese beiden Merkmale – **Retrospektivität** und **spontane Erfüllung** – fehlen den Auskunftspflichten (s oben Rn 168 ff; z Abgrenzung auch Frost, Schutzpflichten 174 ff).

Informationsleistungspflichten, dh vertraglich als Haupt- und Nebenleistungspflichten **440** vereinbarte Pflichten zur Erteilung von Informationen, werden dagegen ebenso wie die Auskunftspflichten von Abs 1 erfasst und daher nicht an dieser Stelle behandelt (s oben Rn 168 ff; ausf WINKLER VON MOHRENFELS, Abgeleitete Informationsleistungspflichten im deutschen Zivilrecht [1986]; z Abgrenzung der Informationspflicht als Leistungs- u als Schutzpflicht s BREIDENBACH, Informationspflichten 1 f).

441 Die Einordnung der Informationspflichten als eigene Kategorie der Rücksichtspflichten beruht schließlich auf der Überlegung, dass ihre Verletzung **nicht** zu einer **unmittelbaren Schädigung** durch den Schutzpflichtigen oder einen Dritten führt. Vielmehr **schädigt sich der Geschützte** aufgrund mangelhafter oder fehlender Information **selbst**, sei es durch Handeln oder Unterlassen einer Abwehrmaßnahme (KREBS, Sonderverbindung 508). Bei der Frage nach Bestand und Umfang von Informationspflichten ist deshalb der Gedanke entscheidend, dass der Vertragspartner erst durch die notwendigen Informationen in die Lage versetzt wird, seine Interessen richtig einzuschätzen und sich dementsprechend zu verhalten. Informationspflichten dienen also dazu, das **Wissensgefälle** zwischen den Vertragspartnern **abzubauen** und den ursprünglich Benachteiligten zu befähigen, sich gegen Übervorteilungen zu wehren und seine Belange zu wahren (SOERGEL/TEICHMANN § 242 Rn 140; GRUNEWALD AcP 190 [1990] 609, 611).

b) Aufklärungspflichten

442 **Aufklärungspflichten** als Unterfall der Informationspflichten finden sich **gesetzlich** und **außergesetzlich**.

aa) Gesetzliche Aufklärungspflichten

443 Eine allgemeine Normierung der Aufklärungspflichten, etwa in Form einer Generalklausel, gibt es nicht. Bereits die Erste Kommission stellte in den Mot zu § 123 BGB fest, dass sich diese Frage einer gesetzlichen Regelung entziehe (Mot I 208 = MUGDAN I 467). MEDICUS schlug anlässlich der Schuldrechtsreform noch einmal eine Regelung vor, welche ua die Haftung wegen Veranlassung zum Vertragsschluss durch Verletzung einer Aufklärungspflicht enthalten sollte (MEDICUS, in: BMJ [Hrsg], Gutachten und Vorschläge zur Überarbeitung des Schuldrechts [Köln 1981–1983] 549; § 305e lautete nach seinem Vorschlag: „Schadensersatz wegen unerlaubter Veranlassung zum Vertragsschluss unter anderem durch die Verletzung einer Aufklärungspflicht"); sein Vorschlag wurde jedoch bereits 1992 verworfen und fand auch keinen Eingang in das Schuldrechtsmodernisierungsgesetz (vgl zu rechtshistorischen Überblick BÖHME, Aufklärungspflicht 12 ff; krit zu den Aufklärungspflichten, vor allem mit Verweis auf nachteilige Konsequenzen aus der Erfüllung von Aufklärungspflichten für die aufgeklärte Partei vgl GRUNEWALD AcP 190 [1990] 609, 616 ff, ferner MÜLLER/HEMPEL AcP 205 [2005] 246, 248).

444 Bei der folgenden Darstellung einzelner gesetzlicher Aufklärungspflichten ist wiederum zu berücksichtigen, dass es nicht um diejenigen Auskunfts- und Anzeigepflichten geht, die sich auf das **Leistungs-** bzw **Äquivalenzinteresse** beziehen und zahlreich normiert sind (s oben Rn 170). Aufklärungspflichten zum Schutze des **Integritätsinteresses** finden sich dagegen nur selten im BGB (vgl auch KUHLMANN, Schutzpflichten 58 ff; z weiteren gesetzlich normierten Aufklärungspflichten außerhalb des BGB s BÖHME, Aufklärungspflicht 36 ff u WERRES, Aufklärungspflichten 8 ff mwNw).

445 Dennoch zeigt beispielsweise § 444 BGB im Umkehrschluss, dass den Verkäufer uU eine Pflicht zur Aufklärung über ihm bekannte **Mängel der Kaufsache** treffen kann (vgl ähnl Kuhlmann, Schutzpflichten 59). Ein Pflichtverstoß führt bei Beeinträchtigung des Integritätsinteresses – etwa durch auftretende Mangelfolgeschäden – zu einer Haftung aus §§ 437 Nr 3, 280, 241 Abs 2 BGB (vgl Krebs, in: Dauner-Lieb ua, Das neue Schuldrecht § 1 Rn 151; auch Looschelders, Schuldrecht AT § 27 Rn 8). Ähnliches gilt für §§ 523 Abs 1 und 524 Abs 1 BGB bzgl der **Haftung des Schenkers** gegenüber dem Beschenkten (vgl ähnl Kuhlmann, Schutzpflichten 60). Danach ist auch der Schenker verpflichtet, den Beschenkten auf ihm bekannte Mängel hinzuweisen, um einer Haftung für Mangelfolgeschäden zu entgehen. Ebenso muss der **Vermieter** den Mieter über Mängel der Mietsache und der **Unternehmer** den Besteller über Werkmängel aufklären, was aus § 536d BGB und § 639 BGB gefolgert werden kann (vgl Kuhlmann, Schutzpflichten 59). Der **Verleiher** hat gem § 600 BGB zwar den Entleiher über Mängel der entliehenen Sache zu unterrichten. Die Norm findet aber keine Anwendung auf Mangelfolgeschäden (Palandt/Weidenkaff § 599 Rn 2), sodass ihr auch keine Aufklärungspflicht zum Schutz des Integritätsinteresses entnommen werden kann.

bb) Außergesetzliche Aufklärungspflichten

Abs 2 zeigt mangels Differenzierung, dass sich aus einem **rechtsgeschäftlichen** **446** **Schuldverhältnis** Aufklärungspflichten ergeben können, und zwar zum einen aus **ausdrücklichen Vereinbarungen**. Zum anderen führt uU eine erläuternde oder ergänzende **Vertragsauslegung** zu dem Ergebnis, dass eine Partei der anderen gegenüber zur Aufklärung verpflichtet ist. Wenn zwischen den Parteien lediglich ein **gesetzliches Schuldverhältnis** besteht, kann keine an Abreden anknüpfende Auslegung vorgenommen werden. Dann muss – worauf Abs 2 hinweist – der Charakter dieses gesetzlichen Schuldverhältnisses unter besonderer Berücksichtigung des Einzelfalls und der Wertung des § 242 BGB auf das Bestehen etwaiger Aufklärungspflichten hin überprüft werden.

(1) Voraussetzungen
(a) Informationsgefälle

Problematisch ist, unter welchen Voraussetzungen Aufklärungspflichten entstehen. **447** Rspr und Lit haben sie meist angenommen, ohne eine genauere Begründung zu geben. Die „goldene Regel" der Rspr (so Pohlmann, Aufklärungspflichten 103) war bzw ist, dass Aufklärungspflichten hinsichtlich sämtlicher Umstände bestehen, die für den **Vertragsschluss** der anderen Partei **erkennbar** von **wesentlicher Bedeutung** sind und deren **Mitteilung** nach Treu und Glauben **erwartet werden kann** (RGZ 120, 249, 252; 111, 233, 234 f; 103, 47, 50; 62, 149, 150 f; BGHZ 123, 126, 128 ff [Bond-Urteil]; 96, 302, 311; 72, 92, 101; 71, 386, 396; 47, 207, 210 f; BGH 14. 9. 2017 – VII ZR 307/16 juris Rn 15, NJW 2017, 3586, 3587; 2003, 1811, 1812; 2002, 1042, 1043; 2000, 803, 804; BB 2001, 1276, 1277; 1991, 933, 934; ein Nachw z Entwicklung der Rspr bis 1985 bietet Werres, Aufklärungspflichten 13 ff und 21 ff; vgl auch Böhme, Aufklärungspflicht 39 ff u Klingler, Aufklärungspflichten 2 f sowie die Nachw bei Thamm/Pilger BB 1994, 729, 730 f). Im Folgenden sollen diese eher pauschalen Kriterien konkretisiert werden.

Wesentliche, sogar logisch zwingende Voraussetzung für eine Aufklärungspflicht ist **448** der Umstand, dass eine Partei über mehr Informationen verfügt als die andere, eine Situation, die in der Lit als **Informationsgefälle** bezeichnet wird (Krebs, in: Dauner-Lieb ua, Das neue Schuldrecht § 3 Rn 29; Krebs, Sonderverbindung 509; Kieninger AcP 199 [1999] 190, 232 mwNw, die den Oberbegriff „Informationsbedarf" wählt; Pohlmann, Aufklärungspflichten

104 f; Teichmann JA 1984, 545, 547, der die Informationspflichten jedoch als leistungsbezogene Pflichten versteht; vgl auch Kursawe NZA 1997, 245, 246; Thamm/Pilger BB 1994, 729, 730). Das Informationsgefälle kann zum einen auf **besonderer Sachkunde** einer Partei (vgl dazu zB BGH NJW 1977, 1055; 1971, 1795, 1799; BB 1977, 1625, 1626; LG Kleve RRa 2001, 83, 84; BeckOK-BGB/Sutschet [1. 5. 2019] § 311 Rn 74; Böhme, Aufklärungspflicht 76 ff; Kursawe NZA 1997, 245, 248; Werres, Aufklärungspflichten 74 ff, 139 ff) zum anderen auf **schichtenspezifischer Unerfahrenheit** des anderen Teils beruhen (BGHZ 80, 80, 84 f; BGH NJW 1992, 300, 302; 1974, 849, 851; 1966, 1451; OLG Frankfurt BB 1980, 124, 125; vgl auch PWW/Schmidt-Kessel/Kramme § 242 Rn 71; Böhme, Aufklärungspflicht 75 f; Klingler, Aufklärungspflichten 109 ff, 113 ff). Entsprechendes gilt bei dessen **persönlicher Behinderung** (RG JW 1934, 571; Böhme, Aufklärungspflicht 75) sowie **Rechts- bzw Sprachunkenntnis** (OLG Stuttgart NJW 1982, 2608, 2609). Auch die **strukturelle Unterlegenheit** einer Partei wird als Ursache in Betracht gezogen (vgl dazu ausf Fleischer, Informationsasymmetrie 296 ff), so vor allem im Bankwesen (BGH NJW 2008, 2245; OLG Düsseldorf WM 1996, 1082, 1085 unter Bezugnahme auf BVerfG NJW 1994, 36, 38 f; vgl auch OLG Karlsruhe 31. 3. 2017 – 12 U 112/16 Rn 44 ff), teilw auch im Familienrecht im Zusammenhang mit der Beurteilung von Eheverträgen. Dort kam die Überlegung auf, dass Ehefrauen ihren Ehemännern strukturell unterlegen sein sollen, ein Gedanke, dem allerdings zu Recht die Gefolgschaft versagt geblieben ist (vgl Schwenzer, Vertragsfreiheit im Ehevermögens- und Scheidungsfolgenrecht, AcP 196 [1996] 88, 103 ff; zur Inhaltskontrolle von Eheverträgen vgl auch dazu Einl 49 zum SchuldR und Staudinger/Looschelders/Olzen § 242 Rn 948 ff).

449 Selbst in Fällen, in denen die eine Partei (noch) keinen Informationsvorsprung hat, kann eine Aufklärungspflicht bestehen, wenn dieser eine **Informationsbeschaffungspflicht** vorgeschaltet ist (verneint v BGH WM 1992, 602; vgl Emmerich, Leistungsstörungen § 5 Rn 16 ff; BeckOK-BGB/Sutschet [1. 5. 2019] § 311 Rn 76; MünchKomm/Bachmann Rn 134; Krebs, Sonderverbindung 509; Überblick mit rechtsvergleichenden Aspekten bei Fleischer Informationsasymmetrie 450 ff). Eine solche Pflicht wird allerdings ohne ein dem Schuldverhältnis immanentes besonderes Fürsorge- oder Beratungselement abgelehnt (Krebs, Sonderverbindung 508). Man bejaht sie aber zB aufgrund der allgemeinen Sachkunde des Bankpersonals im Bankgeschäft (Assmann/Schütze/Roth, Hdb des Kapitalanlagerechts [1990] § 12 Rn 49 ff; s z Bankvertrag u Rn 479 f) oder wenn die Kosten des Verkäufers für die Informationsbeschaffung erheblich niedriger als die des Käufers sind (Müller/Hempel AcP 205 [2005] 246, 248].

(b) Erkennbarkeit des Informationsgefälles

450 Ein zweites konstituierendes Auslegungskriterium für die Annahme einer Aufklärungspflicht besteht in der **Erkennbarkeit des Informationsgefälles** für die wissende Partei. Sie muss zumindest damit rechnen, dass die andere Partei weder über die betreffende Information verfügt noch darüber verfügen kann (BGH NJW 1971, 1795; Emmerich, Anm z Urt des BGH v 13. 6. 2002, JuS 2003, 402, 403; Böhme, Aufklärungspflicht 81 ff; Klingler, Aufklärungspflichten 42 ff mit Nachw d Rspr z Bürgschaftsverträgen; Kursawe NZA 1997, 245, 246; Teichmann JA 1984, 545, 547; s oben Rn 448 f; so auch die sog „goldene Regel" der Rspr in RGZ 120, 249, 252; 111, 233, 234 f; 103, 47, 50; 62, 149, 150 f; BGHZ 96, 302, 311; 72, 92, 101; 71, 386, 396; 47, 207, 210 f; BGH BB 1991, 933, 934). Diese Voraussetzung lässt sich als **Subsidiaritätsprinzip** verstehen: Es führt dazu, dass die Informationspflicht keine jedem zugänglichen Tatsachen betrifft, wie zB die allgemeinen Marktverhältnisse (RGZ 111, 233, 234 f; vgl auch BGH NJW 2003, 424, 425; 1811, 1812 bzgl der Angemessenheit des Kaufpreises; BGH JA 2001, 825, 827 bzgl offenkundiger Schädlingsbekämpfungsnotwendigkeit;

MünchKomm/Bachmann Rn 145; Erman/Westermann § 241 Rn 14 f; vgl auch die Nachw z Rspr bei Böhme, Aufklärungspflicht 134 ff; Kötz, Aufklärungspflichten 569; Werres, Aufklärungspflichten 104 f, 123 ff) oder die eigene Leistungsfähigkeit (OLG Stuttgart BB 2001, 1426 = VuR 2001, 381).

Auch ist nicht erforderlich, dass der Pflichtige Erkundigungen über den Sachverstand des anderen einholt, sondern entscheidend ist, ob sich dem Pflichtigen als einem verständigen Partner das Informationsbedürfnis aufdrängen musste (BGH FamRZ 2006, 478; NJW 1971, 1795, 1799). Bei der Anlageberatung akzeptiert die Rspr indes eine Ausnahme: Die Bank hat den Informationsstand und das Anlageziel des Kunden zu erfragen, wenn ihr Kenntnisse von seinem Wissensstand fehlen (BGHZ 123, 126, 128 f [Bond-Urteil]; ausf dazu Lang, Aufklärungspflichtverletzungen 29 ff; z Aufklärungspflichten im Bankvertrag s auch u Rn 471 f; die allgem Berufserfahrung eines Anwalts oder Notars reicht zur Verneinung seiner Aufklärungsbedürftigkeit in Bezug auf Börsentermingeschäfte nicht aus, BGH MDR 2005, 102). **451**

(c) Entscheidungserheblichkeit
Ferner muss der anderen Partei ersichtlich daran gelegen sein, die besondere Information zu erlangen (Emmerich, Anm z Urt des BGH v 13. 6. 2002, JuS 2003, 402, 403; Böhme, Aufklärungspflicht 67; Klingler, Aufklärungspflichten 22; Kötz, Aufklärungspflichten 567; Kieninger AcP 199 [1999] 190, 232 mwNw, die aber den Oberbegriff „Informationsbedarf" wählt; ebenso Breidenbach, Informationspflichten 61 ff und auf ihn Bezug nehmend Kluth/Böckmann/Grün MDR 2003, 241, 242; Pohlmann, Aufklärungspflichten 103; Teichmann JA 1984, 545, 547; vgl auch Krebs, Sonderverbindung 509), weil sie für den Vertragsschluss oder die Vertragsdurchführung wichtig ist. Das dritte Merkmal für den Bestand einer Aufklärungspflicht besteht demnach in der **Entscheidungserheblichkeit** der Information (vgl RGZ 120, 249, 252; 111, 233, 234 f; 103, 47, 50; 62, 149, 150 f; BGHZ 96, 302, 311; 72, 92, 101; 71, 386, 396; 47, 207, 210 f; BGH NJW 2003, 1811, 1812; 2002, 1042, 1043; 2000, 803, 804; 1979, 2243; BB 1991, 933, 934; NJW-RR 1990, 78, 79; OLG Oldenburg NJW-RR 2003, 179, 180). Meist betreffen die entsprechenden **vorvertraglichen Pflichten** Informationen, welche geeignet sind, den anderen vom **Vertragsschluss abzuhalten** (vgl zB BGH 2. 6. 2016 – VII ZR 107/15 juris Rn 15, NJW-RR 2016, 859; OLG Oldenburg NJW-RR 2003, 179 f bzgl der erschwerten Handelbarkeit v nicht börsennotierten Aktien und die diesbezügliche Aufklärungspflicht des Anlageberaters; BGH 1. 6. 2017 – VII ZR 95/16 juris Rn 24, NJW 2017, 2403 bzgl der Ersatzfähigkeit des Honorars eines Kfz-Sachverständigen m Anm Kresse, WuB 2018, 137; Böhme, Aufklärungspflicht 68; Grunewald AcP 190 [1990] 609). Denn Informationen, die für den Abschluss des Vertrages eine positive Rolle spielen, werden von dem am Vertragsschluss Interessierten meist auch ohne Rechtspflicht mitgeteilt (Grunewald AcP 190 [1990] 609). Außerdem würde eine Pflicht, abschlussfördernde Informationen zu erteilen, mit der negativen Abschlussfreiheit kollidieren (Teichmann JA 1984, 545, 546). **Nach Vertragsschluss** ist eine Information dagegen umso wesentlicher, je mehr sie das Vermögen oder andere Rechtsgüter des Vertragspartners tangiert (Pohlmann, Aufklärungspflichten 106). Dabei geht es jetzt um die Entscheidungserheblichkeit für das Verhalten des Informationsbedürftigen bei oder nach Vertragsdurchführung (teilw auch Warnpflichten genannt, vgl Breidenbach, Informationspflichten 3). So ist zB die Mitteilung von Bedienungshinweisen erheblich für die Entscheidung des Käufers, wie er mit dem gekauften Gegenstand umgeht, ohne seine Gesundheit oder sein Eigentum zu gefährden (vgl das Bsp der Bedienungsanleitung für eine Motorsäge in der Gesetzesbegründung, BT-Drucks 14/6040, 125; z Abgrenzung v den entspr Nebenleistungspflichten s oben Rn 163). **452**

(d) Schutzwürdigkeit

453 Ein viertes Merkmal zur auslegungsweise begründeten Aufklärungspflicht stellt die **Schutzwürdigkeit** des Interesses der nichtwissenden Partei an der Information dar. Sie fehlt, wenn die Information zB vom Schutz des **allgemeinen Persönlichkeitsrechts** der wissenden Partei erfasst ist (POHLMANN, Aufklärungspflichten 106 f; vgl auch BÖHME, Aufklärungspflicht 85; STÜRNER, Aufklärungspflicht 368 ff). Das Gleiche gilt, wenn es sich um deren **betriebliche Geheimnisse** handelt, die dem Schutzbereich von Art 12 oder Art 14 GG unterfallen (vgl zB BGH ZIP 1991, 90; SCHWARZ, Die zivilrechtliche Pflicht zur Anzeige eigener Fehler [Diss Düsseldorf 2005] 220). UU muss bereits an diesem Punkt eine **Interessenabwägung** stattfinden, wie zB beim **Bankgeheimnis**, bei dem ein grundsätzlicher Konflikt zwischen der **Aufklärung des Kunden** und der **Wahrung des Bankgeheimnisses** besteht (BGH ZIP 1991, 90 = NJW 1991, 693 = JuS 1991, 422 ff m Anm EMMERICH, MünchKomm/ BACHMANN Rn 152; vgl iE MünchKomm/HEERMANN § 675 Rn 75). Das Gleiche gilt auch im **Arbeitsrecht**, vor allem für das **Fragerecht des Arbeitgebers** (vgl auch u Rn 472 bei Arbeitsvertrag; ausf STAUDINGER/RICHARDI/FISCHINGER [2016] § 611 Rn 558 ff; MünchKomm/BACHMANN/ROTH [6. Auflage 2012] Rn 171; POHLMANN, Aufklärungspflichten 107; HERGENRÖDER, Fragerecht des Arbeitgebers und Offenbarungspflicht des Arbeitnehmers, AR-Blattei 2007, SD 715) und das möglicherweise aus der Falschbeantwortung durch den Arbeitnehmer folgende Anfechtungsrecht aus § 123 BGB (vgl dazu STAUDINGER/SINGER/vFINCKENSTEIN [2017] § 123 Rn 32 ff; PALANDT/WEIDENKAFF § 611 Rn 5, 9; umfassend HAUSMANN, Die Reaktion auf Willensmängel beim Arbeitsvertragsschluss [Diss München 2008]; z den Aufklärungspflichten beim Arbeitsvertrag s unten Rn 462 f). Hier ist es entscheidend, das Recht des Arbeitnehmers auf **informationelle Selbstbestimmung** aus Art 1 Abs 1 iVm Art 2 Abs 1 GG in ein angemessenes Verhältnis zum Interesse des Arbeitgebers an der Kenntnis über Eigenschaften des (künftigen potenziellen) Arbeitnehmers zu setzen, welches ebenfalls iRd Vertragsfreiheit verfassungsrechtlich geschützt wird (vgl umfassend ROSENSCHON, Der Schutz der Privatsphäre im Arbeitsverhältnis [Diss Bayreuth 2007]).

(e) Abwägung

454 Die letzte und gleichzeitig schwierigste Voraussetzung einer im Wege der Auslegung zu ermittelnden Aufklärungspflicht besteht in der **Zumutbarkeit** der Informationsweitergabe (vgl BGH BB 1981, 700; BÖHME, Aufklärungspflicht 83 ff; GRIGOLEIT, Informationshaftung 6 f; KIENINGER AcP 199 [1999] 190, 235 mwNw wählt den Oberbegriff „betriebliche und finanzielle Tragbarkeit"; KLINGLER, Aufklärungspflichten 22, 23 ff; KREBS, Sonderverbindung 485 f) für die wissende Partei. Sie ist durch eine **Abwägung der Risikoverteilung** (vgl KLINGLER, Aufklärungspflichten 23; KREBS, Sonderverbindung 485 f; KURSAWE NZA 1997, 245, 246; TEICHMANN JA 1984, 545, 547; WERRES, Aufklärungspflichten 16 ff, auch z historischen Verlauf der Entwicklung; vgl auch die eigenständige Darstellung bei FLEISCHER, Informationsasymmetrie 277 ff) zu beurteilen. Wegen des natürlichen Interessenwiderstreits zwischen den Parteien (BGH NJW 2003, 1811, 1812) verlangt die Annahme der unerlaubten Ausnutzung eines Wissensvorsprunges mehr als das bloße wirtschaftlich intendierte Verschweigen einer Information. Eine uneingeschränkte Aufklärungspflicht wird deswegen zutreffend von der Rspr abgelehnt (RGZ 111, 233, 234 f; BGH 1. 6. 2017 – VII ZR 95/ 16 juris Rn 24, NJW 2017, 2403; NJW-RR 1997, 144, 145; NJW 1984, 2289, 2290; 1983, 2493, 2494; WM 1977, 394, 396). Die Abwägung erfolgt zwischen dem Prinzip der **Eigenverantwortlichkeit** auf der einen und der **Zumutbarkeit der Haftung** als Folge einer Pflichtverletzung auf der anderen Seite (vgl KREBS, Sonderverbindung 486; KLINGLER, Aufklärungspflichten 23, 122 ff; POHLMANN, Aufklärungspflichten 101 f; WERRES, Aufklärungspflichten 18 f). Es muss zB ein Verstoß gegen die **Waffengleichheit** oder **Fairness** am Markt vorliegen

Titel 1
Verpflichtung zur Leistung   § 241

(MünchKomm/Bachmann Rn 136). Deshalb besteht eine grundsätzliche und allgemeine Aufklärungspflicht über die eigene **Vermögenslage** und **Kreditwürdigkeit** ebenso wenig (MünchKomm/Bachmann Rn 148; vgl aber zB Emmerich, Anm z Urt des BGH v 13. 6. 2002, JuS 2003, 402, 403; ders, Leistungsstörungen § 7 I 3) wie über **übliche Geschäftsrisiken** (BGH NJW 2003, 424, 425; ZIP 1991, 90; LG Freiburg WM 1991, 279; LG Darmstadt WM 1984, 332; MünchKomm/Bachmann Rn 149). Auch das **eigene**, einen Schadensersatzanspruch begründende **Fehlverhalten** ist generell nicht aufklärungspflichtig (vgl umfassend Gänt-gen, Die Pflicht zum Hinweis auf eigene und fremde Fehler in zivilrechtlichen Vertragsverhältnissen [Diss Köln 1991]; Schwarz, Die zivilrechtliche Pflicht zur Anzeige eigener Fehler [Diss Düsseldorf 2005]; Taupitz, Die zivilrechtliche Pflicht zur unaufgeforderten Offenbarung eigenen Fehlverhaltens [1989]; z Aufklärungspflicht des Rechtsanwaltes bzgl gegen ihn bestehender Schadensersatzansprüche s allerdings u Rn 468, bei Dienstvertrag). Für den **Arzt** besteht seit Inkrafttreten des Patientenrechtegesetzes am 26. 2. 2013 gem § 630c Abs 2 S 2 BGB bei begründeten Umständen für die Annahme eines Behandlungsfehlers eine Aufklärungspflicht. Allerdings handelt es sich hierbei um eine Pflicht iSd Abs 1 in Form einer Nebenleistungspflicht. Die Informationspflicht über Behandlungsfehler weist einen zur Hauptleistungspflicht der ordnungsgemäßen Behandlung gem § 630a BGB akzessorischen Charakter auf (s oben Rn 151). Sie dient der Informationserteilung im Hinblick auf das Erreichen des primären Obligationszwecks, nicht aber dem über Abs 2 geschützten Integritätsinteresse (s oben Rn 145), da sie in erster Linie ermöglichen will, den Patienten nach einem Kunstfehler noch ordnungsgemäß zu behandeln. Dies erscheint überzeugender, als den Zweck des § 630c Abs 2 S 2 BGB darin zu sehen, dem Patienten einen Anspruch wegen eines Aufklärungsfehlers zuzusprechen und ihm so die Inanspruchnahme des Arztes zu erleichtern (Wagner, Kodifikation des Arzthaftungsrechts? – Zum Entwurf eines Patientenrechtegesetzes, VersR 2012, 789). Ein solches Verständnis deutete eher auf eine das Integritätsinteresse schützende Pflicht iSd Abs 2.

Die Abwägung fällt zu Gunsten einer Partei aus, wenn der Gegenstand der Information für sie gravierende, besonders bedeutsame Umstände betrifft (BeckOK-BGB/Sutschet [1. 5. 2019] § 311 Rn 75; MünchKomm/Bachmann Rn 138). Je wichtiger der Umstand und je ausgeprägter das Informationsgefälle ist, umso mehr spricht für eine Aufklärungspflicht (BGH BB 2006, 1650; Schwarz, Die zivilrechtliche Pflicht zur Anzeige eigener Fehler [Diss Düsseldorf 2005] 222). Die Pflicht einer **Bank** zur Aufklärung über die Unangemessenheit des Kaufpreises eines zu erwerbenden Objekts (zB Eigentumswohnung) wird nur dann und ausnahmsweise angenommen, wenn die Bank von einer sittenwidrigen Übervorteilung des Käufers durch den Verkäufer ausgehen muss (BGH NJW 2003, 1811, 1812; 2003, 224, 225; 2000, 2352 mwNw; vgl auch BGH ZIP 2004, 1188; NJW-RR 2003, 1203 ff). Das bejahte der BGH in einem Fall, in dem der Verkaufspreis knapp doppelt so hoch war wie der Verkehrswert des Objekts (BGH MDR 2008, 871). Ein besonderes **Näheverhältnis** der Parteien eines Schuldverhältnisses spricht für eine Aufklärungspflicht (vgl auch Böhme, Aufklärungspflicht 68 ff; Kieninger AcP 199 [1999] 190, 233 mwNw; Erman/Westermann [13. Aufl 2011] § 241 Rn 15; Werres, Aufklärungspflichten 78, 147 ff), zB bei **Gesellschaften** und anderen **Dauerrechtsverhältnissen**, in denen der Interessengegensatz zwischen den Parteien von vornherein geringer ist als bei einfachen Schuldverhältnissen (RGZ 143, 219, 223; BGH NJW 1980, 44; MünchKomm/Bachmann Rn 141; Larenz, Schuldrecht I § 2 I und VI; Pohlmann, Aufklärungspflichten 105; z entspr Problematik bei den Nebenleistungspflichten s oben Rn 227 ff, 238; allg z Dauerschuldverhältnissen s oben Rn 358 ff). Ebenso kann eine Aufklärungspflicht angenommen wer-

455

den, wenn eine Partei durch deren Erfüllung evtl Gefahren leichter oder billiger abwehren kann als die andere (Krebs, Sonderverbindung 509). In neuerer Zeit wird vertreten, Aufklärungspflichten bestünden, weil dem Aufklärungsschuldner seine **Informationsleistungspflicht** typischerweise vergolten und er folglich für die Übernahme des Informationsrisikos der Gegenseite kompensiert werde (Rehm, Aufklärungspflichten 235 ff). Die Übertragung dieser These auf **Rücksichtspflichten** wurde bisher nicht unternommen, liegt aber nahe.

456 Ausschlaggebendes Kriterium im Rahmen der Abwägung sind vor allem im Bereich vorvertraglicher Aufklärungspflichten die näheren **Umstände des Vertragsschlusses** (MünchKomm/Bachmann Rn 144). So macht uU das **vorangegangene Tun** die eine Seite schutzpflichtig (MünchKomm/Bachmann Rn 144; Böhme, Aufklärungspflicht 71 ff; Krebs, Sonderverbindung 509; Werres, Aufklärungspflichten 78 ff), zB wenn sie die erhöhte Gefahr für den Vertragspartner geschaffen oder einen Irrtum veranlasst hat (BGH ZIP 1987, 764; WM 1986, 11; 1984, 1394; 1968 398, 399; BB 1975, 153, 154). Ebenso steigt die Pflicht zur Aufklärung, je mehr **Eigeninitiative** der Anbieter entfaltet, indem er sein Gegenüber zum Vertragsschluss überredet (MünchKomm/Bachmann Rn 144, 167; Pohlmann, Aufklärungspflichten 107). So musste zB die Stadt Köln Schadensersatz an einen ausländischen Künstler leisten, weil ihr Kulturdezernent ihm zur Anmietung einer Wohnung im Gemeindegebiet geraten hatte, ohne zu berücksichtigen, dass diese Begründung eines Zweitwohnsitzes zu einer erhöhten Steuerlast führte (BGH MDR 2008, 993). Auch die **persönlichen Verhältnisse** der nichtwissenden Partei fließen in die Abwägung ein (so MünchKomm/Bachmann Rn 143), jedoch meist schon beim Merkmal des Informationsgefälles sowie seiner Erkennbarkeit.

(f) Mitverschulden

457 Im Rahmen der Abwägung stellt sich schließlich die Frage, ob ein etwaiges **Mitverschulden des zu Schützenden** – zB an der Gefahrerhöhung oder der Unwirksamkeit eines Vertrages – die Aufklärungspflicht entfallen lässt. Früher wurde dazu teilw eine analoge Anwendung der §§ 122 Abs 2, 179 Abs 3 BGB erwogen (RGZ 104, 265; vgl dazu Eisenhardt, Ansprüche aus culpa in contrahendo wegen Verletzung der Verpflichtung, über erkennbare Unwirksamkeitsgründe aufzuklären, in: FS Kitagawa [1992] 297 ff, 311 ff; vgl auch die Nachw z Lit bei Böhme, Aufklärungspflicht 224 ff). Gegen diese Analogie spricht jedoch, dass dann auch § 122 Abs 2 BGB eingriffe, wonach die Schadensersatzpflicht des Anfechtenden vollständig entfällt, wenn der Gegner des Irrenden den Grund der Anfechtbarkeit kannte oder kennen musste. Der arglistig handelnde Vertragspartner brauchte sogar bei einer mitwirkenden leichten Fahrlässigkeit des Verletzten nicht mehr für den Schaden aufzukommen (Böhme, Aufklärungspflicht 225). Ein Mitverschulden des Geschädigten fällt stattdessen nach der allgemeinen Regelung des § 254 BGB ins Gewicht, der eine flexiblere Lösung für die Probleme mitverschuldeter Pflichtverletzung als die starre Regelung des § 122 Abs 2 BGB erlaubt (Nachw z diesem Argument bei Böhme, Aufklärungspflicht 226 u Grigoleit, Informationshaftung 257 Fn 9). Dass grob fahrlässiges Schweigen eines Vertragsteils ohne Rechtsfolgen bleiben soll, weil der anderen Seite hinsichtlich der Unkenntnis der mitteilungsbedürftigen Umstände ein leicht fahrlässiges Verhalten vorzuwerfen ist, kann nicht eingesehen werden (Böhme, Aufklärungspflicht 226). Daher steht ein Mitverschulden des zu Schützenden einer Aufklärungspflicht grds nicht entgegen, mindert allerdings evtl den Anspruchsumfang oder schließt – im Falle seines Überwiegens – den Schadensersatz sogar völlig aus (so auch die hM, grundlegend RGZ 104, 265 ff; RGZ 143, 219, 221; BGHZ 99, 101, 106 f; Staudinger/

Bork [2015] § 155 Rn 17; Erman/Armbrüster § 155 Rn 6; Soergel/Wiedemann Vor § 275 Rn 30; Böhme, Aufklärungspflicht 226 f; Krebs, Sonderverbindung 509; wohl auch Klingler, Aufklärungspflichten 24 f; weitere Nachw aus Rspr u Lit bei Grigoleit, Informationshaftung 256 ff).

(g) Vorsatzerfordernis
Teile der Lit (vor allem Grigoleit, Informationshaftung 7 ff; dagegen bereits Pohlmann, Aufklärungspflichten 32 ff) leite(te)n aus einer Gesamtanalogie zu den §§ 123, 463 Abs 1 S 2 aF, 676 aF, 826, 823 Abs 2 BGB; 263 StGB die sog These vom **informationellen Vorsatzdogma** ab und nehmen (bzw nahmen) eine Haftung für Aufklärungspflichtverletzungen nur bei Vorsatz des Wissenden an; die Rspr folgte dem jedoch nicht (vgl z Fahrlässigkeitshaftung bspw RGZ 103, 47, 50; BGH NJW 1989, 1793, 1794; 1985, 1769, 1771; 1962, 1196, 1198; WM 1991, 695, 697 u weitere Nachw bei Grigoleit, Informationshaftung 8; ohne Begründung auch BeckOK-BGB/Sutschet [1. 5. 2019] § 311 Rn 79). Insbes die Schuldrechtsreform (s oben Einl 188 ff zum SchuldR) hat die These vom informationellen Vorsatzdogma entkräftet: Eine gesetzliche Haftungsbeschränkung auf Fälle vorsätzlicher Aufklärungspflichtverletzung in den §§ 280 ff BGB wurde nicht normiert.

458

(h) Sonderfall: Auf Nachfrage erteilte Falschinformation
Fraglich bleibt, ob sich eine Vertragspartei durch falsche Informationen schadensersatzpflichtig macht, wenn grds keine Aufklärungspflicht besteht, der andere Teil sich aber nach bestimmten Umständen erkundigt hat. Die Frage einer Partei bringt jedenfalls deren Aussage zum Ausdruck, auf die richtige und ordnungsgemäße Beantwortung angewiesen zu sein. Informationsgefälle und Entscheidungserheblichkeit der Information für den Fragenden sind jetzt für den Befragten erkennbar, also alle wesentlichen Voraussetzungen einer Aufklärungspflicht damit gegeben. Auch die Abwägung der widerstreitenden Interessen spricht für ihren Bestand. Denn wenn der Gefragte sich entscheidet zu antworten, zeigt er damit die Bereitschaft, für die Richtigkeit seiner Auskunft einzustehen; andernfalls muss er die Antwort verweigern oder schweigen (so iE auch BeckOK-BGB/Sutschet [1. 5. 2019] § 311 Rn 77; vgl ferner MünchKomm/Bachmann Rn 126 f mwNw). Eine Frage im Rahmen eines Schuldverhältnisses begründet somit immer die Pflicht zur ordnungsgemäßen Informationserteilung (so iE unter Verweis auf eine Haftung aus cic BGH NJW-RR 1997, 144, 145; zuvor BGHZ 74, 103, 110 = NJW 1979, 1449; NJW-RR 1988, 458 = WM 1988, 95, 96; Taupitz, Die zivilrechtliche Pflicht zur unaufgeforderten Offenbarung eigenen Fehlverhaltens [1989] 4). Eine evtl Haftung für **unaufgeforderte Falschinformation** ohne entsprechende Aufklärungspflicht gehört dagegen nicht in den Kontext dieser Kommentierung (vgl insoweit Staudinger/Oechsler [2018] § 826 Rn 149 ff, 156 f).

459

(2) Inhalt
Der **Inhalt der Aufklärungspflicht** ergibt sich aus ihren Voraussetzungen (vgl auch MünchKomm/Bachmann Rn 156). Es ist also soweit aufzuklären, wie das Informationsdefizit der schutzwürdigen Partei es erfordert.

460

Dabei sind mögliche **Gegenstände** der Aufklärungspflicht zB die **eigene Person**, der **Leistungsgegenstand** oder die **Gegenleistung** (Teichmann JA 1984, 545, 548; vgl auch Böhme, Aufklärungspflicht 86 ff). Wichtige Inhalte von Aufklärungspflichten stellen ferner zB **anfängliche Leistungshindernisse** (dazu Pohlmann, Aufklärungspflichten 130 ff), das Fehlen branchenüblicher Versicherungen (so BGH 2. 6. 2016 – VII ZR 107/15 juris Rn 15, NJW-RR 2016, 859, 860 zur fehlenden Diebstahlversicherung eines Juweliers für zu verwahrende

461

Schmuckstücke) sowie die nicht oder nicht mehr vorhandene **Abschlussbereitschaft** (dazu POHLMANN, Aufklärungspflichten 151 ff) und das Fehlen der gesetzlich vorgeschriebenen **Form eines Vertrages** (vgl FLEISCHER, Informationsasymmetrie 456 ff; POHLMANN, Aufklärungspflichten 164 ff) dar.

462 Dieselbe Aufklärungspflicht kann sowohl durch **Tun** (Falschinformation) als auch durch **Unterlassen** (fehlende Aufklärung) verletzt werden (vgl POHLMANN, Aufklärungspflichten 31 f). Der Inhalt der Aufklärungspflicht besteht nämlich gerade nicht nur in der Informationserteilung selbst, sondern auch in der **richtigen Information** (ähnl auch GRIGOLEIT, Informationshaftung 6, mwNw z Rspr; THAMM/PILGER BB 1994, 729, 730 mit Bezug auf BGHZ 88, 130 [135]; WERRES, Aufklärungspflichten 29, 158; vgl ferner die Differenzierung zwischen Aufklärungspflicht auf der einen und Wahrheitspflicht auf der anderen Seite bei GRIGOLEIT, Informationshaftung 4 u KLINGLER, Aufklärungspflichten 21; sowie KREBS, in: DAUNER-LIEB ua, Das neue Schuldrecht § 3 Rn 30; **aA** BÖHME, Aufklärungspflicht 3 f).

(3) Rechtsfolgen

463 Bei **Falschinformation** stellt sich die Frage, ob die Haftung allein aus der Verletzung der Aufklärungspflicht folgt, sodass §§ 280 Abs 1, 241 Abs 2 uU iVm 311 Abs 2 oder 3 BGB die Anspruchsgrundlage bilden oder aus einem **Auskunftsvertrag** zwischen Wissendem und Informationsbedürftigem. Anspruchsgrundlage wäre dann eine Pflichtverletzung im Rahmen dieser Vereinbarung gem § 280 Abs 1 BGB (vgl zB RGZ 139, 103, 105; 52, 365, 367 f sowie BGHZ 133, 36, 42; BGH NJW-RR 2001, 768, 769; 1998, 1343, 1344 jew mwNw; wNw z Rspr bei LANG AcP 201 [2001] 451 ff, 459 f u VORTMANN WM 1989, 1557 ff; s auch mit rechtsvergleichenden Ausführungen LORENZ, Das Problem der Haftung für primäre Vermögensschäden bei der Erteilung einer unrichtigen Auskunft, in: FS Larenz [1973] 575 ff; wNw bei STAUDINGER/WITTMANN [1995] § 676). Seit der Schuldrechtsreform (s Einl 188 ff zum SchuldR) muss jedoch davon ausgegangen werden, dass die Normierung der Haftung für Pflichtverletzungen auch im vorvertraglichen bzw gesetzlichen Schuldverhältnis nach § 311 Abs 2 und 3 BGB die Annahme eines stillschweigend geschlossenen Auskunftsvertrages erübrigt, die sich nicht selten als Fiktion darstellte (STAUDINGER/WITTMANN [1995] § 676 Rn 7 f). Die Haftung ist idR auf den Ersatz des Vertrauensschadens, nicht auf Vertragsanpassung gerichtet (BGH BB 2006, 1650, 1653 Rn 25 ff). Ausnahmsweise kann jedoch ein Anspruch darauf bestehen, den Vertrag rückgängig zu machen (BGH NJW 2007, 3057, 3059 Rn 34).

(4) Einzelfälle

464 Der folgende Überblick über von der Rspr angenommene Aufklärungspflichten erhebt keinen Anspruch auf Vollständigkeit; weitere Nachw finden sich in den Kommentierungen der einzelnen Vertragstypen sowie derjenigen Vorschriften, die gesetzliche Aufklärungspflichten begründen.

(a) Kaufvertrag

465 Häufig befasste sich die Rspr mit Aufklärungspflichtverletzungen des **Verkäufers**. Aufgrund der gegenläufigen Interessen darf ein Käufer nicht vom Verkäufer erwarten, über alle ungünstigen Eigenschaften des Kaufgegenstandes oder die die Preisbildung beeinflussenden Umstände aufgeklärt zu werden (RGZ 111, 233, 234 f; BGH WM 1977, 394, 396; 1983, 1006, 1008; NJW 1984, 2289, 2290; 2003, 1811, 1812; GRÖSCHLER NJW 2005, 1601; POHLMANN, Aufklärungspflichten 169; SCHMIDT-RÄNTSCH, Aufklärungspflichten beim Verkauf von Immobilien, ZfIR 2004, 569 ff; vgl z Aufklärung bei M+A-Transaktionen WAGNER DStR 2002, 958 ff).

Titel 1
Verpflichtung zur Leistung § 241

Jedoch muss der Verkäufer auf Fragen des Käufers bzgl wesentlicher Umstände eine richtige Auskunft geben (Pohlmann, Aufklärungspflichten 169; Müller/Hempel AcP 205 [2005] 246, 262 f; vgl schon oben Rn 463 z Haftung wegen Erteilung falscher Auskunft). In die notwendige Abwägung (s oben Rn 454 ff) hat die Wertung der kaufrechtlichen Gewährleistungshaftung in die §§ 434 ff BGB einzufließen, die die Risikoverteilung zwischen Käufer und Verkäufer gesetzlich vorzeichnet (vgl z dieser Analyse Pohlmann, Aufklärungspflichten 169 ff, z Rechtslage vor und nach der Schuldrechtsreform; ähnl auch BeckOK-BGB/Sutschet [1. 5. 2019] § 311 Rn 78). In erster Linie bestehen Aufklärungspflichten des Verkäufers bzgl der **Verwendung** oder **Aufstellung des Kaufgegenstandes** (vgl OLG Köln NJW 2005, 1666; BGH ZIP 2004, 2059 = MDR 2004, 1173; NJW 1962, 1196 ff; MDR 1958, 422; WM 1977, 1027 ff; BGHZ 47, 312, 315; OLG Nürnberg NJW-RR 2001, 1558; BeckOK-BGB/Sutschet [1. 5. 2019] Rn 83; vgl ferner Staudinger/Beckmann [2014] § 433 Rn 138 ff; z Aufklärungspflicht über das Erfordernis von Fachkenntnissen bei der Selbstmontage BGH NJW 2007, 3057; s daneben bspw für den Unternehmenskauf BGH NJW 2002, 1042 ff sowie Klingler, Aufklärungspflichten 92 ff; z Kaufvertrag im Allg mNw z Rspr BeckOK-BGB/Sutschet [1. 5. 2019] § 311 Rn 82 ff; Fleischer, Informationsasymmetrie 469 ff; Paulusch, Die Rspr des Bundesgerichtshofs zum Kaufrecht, WM Sonderbeilage Nr 9/1991, 28 f; Rust MDR 1998, 947, 949; Skibbe, in: FS Rebmann [1989] 807 ff; Thamm/Pilger BB 1994, 729, 731 f; Werres, Aufklärungspflichten 110 ff, 139; Zahrnt NJW 2000, 3746 ff; ders NJW 1995, 1785 ff). Allerdings führt eine Aufklärungspflichtverletzung dann nicht zu einer Haftung aus cic oder §§ 280, 241 Abs 2 BGB, soweit das kaufvertragliche **Gewährleistungssystem** eine abschließende **Spezialregelung** trifft (BGHZ 114, 263, 266 = NJW 1991, 2556; BGHZ 60, 319, 320 f = NJW 1973, 1234; Staudinger/Beckmann [2014] Vorbem 19 zu §§ 433 ff; Staudinger/Matusche-Beckmann [2014] § 437 Rn 53; BeckOK-BGB/Sutschet [1. 5. 2019] § 311 Rn 82; PWW/Stürner § 311 Rn 63 ff).

(b) Mietvertrag
Aufklärungspflichten im Rahmen des **Mietverhältnisses** (dazu iE Staudinger/Emmerich **466** [2018] Vorbem 62 ff, 71 z § 535; BeckOK-BGB/Sutschet [1. 5. 2019] § 311 Rn 89) werden von der Rspr sowohl dem Vermieter als auch dem Mieter auferlegt (vgl Blank ZGS 2004, 104, 105 ff; Timme, Hinweispflichten des Vermieters auf nach Mietende geplante Umbauarbeiten – Freiwerden des Mieters von Schönheitsreparaturlast, NZM 2005, 777). So haftet der **Vermieter** uU für die fehlende vorvertragliche Aufklärung über Sachmängel (BGH NJW 2000, 1714, 1718; WM 1980, 1365; vgl auch Pohlmann, Aufklärungspflichten 184 ff), zB bei der Vermietung gefährlicher Geräte (BGH VersR 1976, 1084). Der **Mieter** muss dagegen uU über später entstehende Mängel (vgl § 536c Abs 1 S 1 BGB; Pohlmann, Aufklärungspflichten 186 f; OLG Düsseldorf MDR 2008, 1330) oder auch die eigenen Einkommens- und Vermögensverhältnisse (BGH MDR 1964, 750; BB 1977, 121) aufklären. Kennt die andere Partei den Mangel der Mietsache bereits oder ist dieser offensichtlich, so entfällt die Aufklärungspflicht (so bei Erkennbarkeit Rn 450; dazu zB RGZ 103, 372, 374; BGHZ 68, 281, 284; OLG Hamburg NJW-RR 1991, 1296, 1297; OLG Karlsruhe ZMR 1988, 52). Wie im Kaufrecht wirkt sich die gesetzliche Wertung in den §§ 535 ff BGB auf die Beurteilung von Aufklärungspflichtverletzungen aus, insbes im Hinblick auf den **Haftungsmaßstab** (vgl Pohlmann, Aufklärungspflichten 184 ff und u Rn 519 ff). Soweit es um Mängel der Mietsache geht, ist ferner der Charakter der §§ 536 ff BGB als die cic ausschließende **Sonderregelung** zu beachten (BGHZ 136, 102, 106 f = NJW 1997, 2813; 1980, 777). Eine weitere Pflicht des **Vermieters** besteht darin, den Mieter darauf hinzuweisen, wenn aufgrund von Umbauarbeiten nach Mietende dessen Schönheitsreparaturleistungen zumindest teilw wertlos würden (Timme, Hinweispflichten des Vermieters auf nach Mietende geplante Umbauarbeiten – Freiwerden des Mieters von Schönheitsreparaturlast, NZM 2005, 777). Bei der

Vermietung eines Unfallersatzfahrzeugs zu einem Tarif, der deutlich über dem Normaltarif auf dem örtlich relevanten Markt liegt, und deshalb die Möglichkeit hervorruft, dass die Haftpflichtversicherung nicht den vollen Tarif übernimmt, muss der Vermieter hierüber aufklären (zuletzt BGH MDR 2009, 799; **aA** Rehm, Zum sog „Unfallersatztarif", JZ 2007, 786). Ebenso besteht eine Aufklärungspflicht des Vermieters eines an sich haftpflichtversicherungsfreien Baufahrzeugs, wenn der Wille des Mieters, der diese versicherungsrechtliche Situation nicht erfasst, zur Teilnahme am öffentlichen Straßenverkehr erkennbar ist (BGH NJW-RR 2007, 298). Bei Verletzung der in § 16 Abs 2 S 1, 2 Energieeinsparverordnung (EnEV) vorgesehenen Pflicht zur Vorlage eines Energieausweises nach Aufnahme von Vertragsverhandlungen kommt eine Haftung des Vermieters oder Verkäufers gegenüber dem potenziellen Mieter oder Käufer wegen Verletzung seiner Aufklärungspflicht ebenfalls in Betracht (Flatow, Auswirkungen der EnEV 2007/2009 auf Miet-, Kauf- und Werkverträge, NJW 2008, 2886, 2889; Thole, Die zivilrechtlichen Folgen einer Vorenthaltung des neuen Wärmepasses, ZfIR 2008, 278).

(c) Dienstvertrag

467 Ob im Rahmen eines **Dienstverhältnisses** Aufklärungspflichten bestehen, beurteilt sich insbes nach der Art der geschuldeten Dienste sowie der Vertrauensbeziehung zwischen den Beteiligten.

468 Dementsprechend trifft den **Rechtsanwalt** (aufgrund seines wirtschaftlich intendierten Handelns) zB eher die Pflicht zur Aufklärung über die voraussichtliche Höhe der Vergütung (BGHZ 77, 27; vgl auch BGH NJW 2007, 2332 Rn 10; Staudinger/Martinek/Omlor [2017] § 675 Rn C172a) als den **Arzt** (z Arztvertrag und zur wirtschaftlichen Aufklärung durch den Arzt gem § 630c Abs 3 BGB vgl u Rn 469 ff), uU sogar ohne entsprechende Nachfrage des Mandanten (OLG Köln VersR 1998, 1282). Ein Rechtsanwalt kann ferner dazu verpflichtet sein, über gegen ihn selbst bestehende Schadensersatzansprüche des Mandanten aufzuklären (dazu BGH MDR 1984, 477 u Bruns, Der „Schutzwzeck der Sekundärhaftung" des Rechtsanwalts – kenntnisunabhängiger Wegfall der sekundären Hinweispflicht, NJW 2003, 1498 ff; vgl z Haftung des Rechtsanwaltes für Aufklärungspflichtverletzungen BGH NJW-RR 1990, 459; NJW 1985, 1151; 1975, 1665; VersR 1967, 979, 980 sowie Staudinger/Martinek/Omlor [2017] § 675 Rn B174; Gebler, Die Aufklärungspflicht des Anwalts im Rahmen des Mandats und die Beratungs- und Belehrungspflichten beim Vergleichsabschluss sowie die Rechtsfolgen eines Pflichtenverstoßes [1996] u Borgmann, Die Rechtsprechung des BGH zum Anwaltshaftungsrecht in der Zeit von Mitte 1991 bis Mitte 2000, NJW 2000, 2953 ff; s auch BeckOK-BGB/Sutschet [1. 5. 2019] § 311 Rn 90; Krebs, Sonderverbindung 506 f; Zugehör NJW 2000, 1601 ff; z Berufsrecht allg vgl Hopt, Nichtvertragliche Haftung außerhalb von Schadens- und Bereicherungsausgleich, AcP 183 [1983] 608, 705 ff; Lang AcP 201 [2001] 451 ff; Schwarz, Die zivilrechtliche Pflicht zur Anzeige eigener Fehler – Unter besonderer Berücksichtigung von Anwalt und Arzt; Steinkraus/Schaaf, Zur Einführung: Das Berufsrecht der Rechtsanwälte, JuS 2001, 167 ff).

(d) Behandlungsvertrag*

469 Der Arztvertrag als Sonderfall des Behandlungsvertrags war bis 2013 nicht als besonderer Typenvertrag geregelt. Die in diesem Vertragsverhältnis bedeutsamen Aufklärungspflichten wurden von der Rspr aus § 241 Abs 2 BGB oder § 242 BGB

---

* Eine Auswahl an Abhandlungen: Bender, Creutzfeldt-Jakob-Erkrankung und ärztliche Aufklärungspflicht vor der Anwendung von Blutproben, MedR 2001, 221; ders, Entbindungsmethoden und ärztliche Aufklärungspflicht, NJW 1999, 2706 ff; Deutsch, Die Pflicht

Titel 1
Verpflichtung zur Leistung § 241

abgeleitet. Seit dem 26. 2. 2013 ist das G zur Verbesserung der Rechte von Patientinnen und Patienten in Kraft (BGBl 2013, 277). Die in den §§ 630a ff BGB enthaltenen Regelungen zum Behandlungsvertrag kodifizieren nun auch die Aufklärungspflichten des Arztes oder anderer Behandler. Die Darstellung bleibt der Kommentierung zu §§ 630a ff BGB vorbehalten. Der Überblick behält die schon zuvor von Rspr und Lit vorgenommene Unterscheidung zwischen solchen Aufklärungspflichten, die sich auf den **Körper des Patienten** (§ 630e BGB) oder sein **Vermögen** (§ 630c Abs 3 BGB) beziehen, bei, obwohl nach Inkrafttreten des Patientenrechtegesetzes und der Normierung des § 630e BGB die Aufklärungspflicht als integritätsschützende Leistungspflicht zu § 241 Abs 1 BGB und nicht zu Abs 2 gehört.

Letztere wird als **wirtschaftliche Aufklärungspflicht** bezeichnet und zB dann angenommen, wenn der Behandelnde weiß, dass die Behandlungskosten nicht durch **470**

des Arztes, den Patienten auf eine Impfung hinzuweisen, VersR 2003, 801 ff; DEUTSCH/GEIGER, Empfiehlt sich eine besondere Regelung der zivilrechtlichen Beziehung zwischen dem Patienten und dem Arzt im BGB? In: BMJ [Hrsg], Gutachten und Vorschläge zur Überarbeitung des Schuldrechts (Köln 1981–1983) 1049 ff; ENGISCH, Die ärztliche Aufklärungspflicht aus rechtlicher und ärztlicher Sicht (1970); FRANZ, Aufklärungspflicht aus ärztlicher und juristischer Sicht (2. Aufl 1997); GIEBEL/WIENKE/SAUERBORN ua, Das Aufklärungsgespräch zwischen Wollen, Können und Müssen. Wege vom richterrechtlichen Aufklärungspflichtverschulden zum ärztlichen Aufklärungsstandard, NJW 2001, 863 ff; GIESEN/WALTER, Die klassische Entscheidung: Ärztliche Aufklärungspflicht und Selbstbestimmungsrecht des Patienten, BGH Urt v 10. 7. 1954, Jura 1991, 182 ff; GRÜNDEL, Einwilligung und Aufklärung bei psychotherapeutischen Behandlungsmaßnahmen, NJW 2002, 2987 ff; HEIM, Ärztliche Aufklärungspflicht (1984); HEMPFING, Aufklärungspflicht und Arzthaftung (1995); HOPPE, Der Zeitpunkt der Aufklärung des Patienten – Konsequenzen der neuen Rechtsprechung, NJW 1998, 782 ff; KUHNERT, Die vertragliche Aufklärungspflicht des Arztes – insbesondere bei der Anwendung und Verschreibung von Arzneimitteln (Diss Bochum 1982); KURCZ, Die Begrenzung der ärztlichen Aufklärungspflicht unter Einschränkung des Selbstbestimmungsrechts des Patienten (Diss Tübingen 2002); MAYER-MALY, Ärztliche Aufklärungspflicht und Haftung (1998); MICHALSKI, (Zahn-)Ärztliche Aufklärungspflicht über die Ersatzfähigkeit von Heilbehandlungskosten, VersR 1997, 137 ff; MÜLLER-HEGEN, Die Haftung für Aufklärungsfehler im Arztrecht: Unter besonderer Berücksichtigung ihrer dogmatischen Grundlagen (Diss Mainz 2005); MUSCHNER, Haftungsrechtliche Besonderheiten bei der Aufklärung ausländischer Patienten, VersR 2003, 826 ff; RADNER, Die ärztliche Aufklärungspflicht in Rechtsprechung und Praxis (1999); RUMLER-DETZEL, Die Aufklärungspflichtverletzung als Klagegrundlage; in: FS Deutsch (1999) 699 ff; SCHLUND, Umfang und Grenzen der ärztlichen Aufklärungspflicht, ArztR 2004, 32 ff; SCHOLZ, Zur Arzthaftung bei Verletzung der Aufklärungspflicht, MDR 1996, 649 ff; SCHWAB/KRAMER/KRIEGLSTEIN, Rechtliche Grundlagen der ärztlichen Aufklärungspflicht (1983); SCHWARZ, Die zivilrechtliche Pflicht zur Anzeige eigener Fehler – Unter besonderer Berücksichtigung von Anwalt und Arzt (Diss Düsseldorf 2005); dies, Hinweispflicht des Arztes auf eigene Behandlungsfehler, JR 2008, 89 ff; SPICKHOFF, Die Entwicklung des Arztrechts 2007/2008, NJW 2008, 1636 ff; SPINDLER/RIECKES, Die Auswirkungen der Schuld- und Schadensrechtsreform auf die Arzthaftung, JuS 2004, 272 ff; TEMPEL, Inhalt, Grenzen und Durchführung der ärztlichen Aufklärungspflicht unter Zugrundelegung der höchstrichterlichen Rechtsprechung, NJW 1980, 609 ff; STRÜCKER-PITZ, Verschärfung der ärztlichen Aufklärungspflicht durch den BGH, VersR 2008, 752 ff; TERBILLE/SCHMITZ-HERSCHEIDT, Zur Offenbarungspflicht bei ärztlichen Behandlungsfehlern, NJW 2000, 1749 ff.

einen Dritten (typischerweise die Krankenkasse) übernommen werden (§ 630c Abs 3 Var 1 BGB), oder begründete Zweifel bestehen, ob der private Krankenversicherer die Kosten einer ärztlichen Behandlung bezahlt (§ 630c Abs 3 Var 2 BGB; zur Rechtslage vor Inkrafttreten des PatRG: BGH NJW 1983, 2630; vgl dazu allg FEHSE, Der Behandlungsvertrag und die wirtschaftliche Aufklärung, MedR 1986, 2304; SOERGEL/SPICKHOFF § 823 Anh I Rn 131; vgl auch BGH VersR 2005, 1005 ff zur Pflicht des Krankenhauses; sich anschließend BGH MDR 2004, 1229); insoweit besteht regelmäßig ein Wissensgefälle zwischen Arzt und Patient, weshalb Letzterer schutzwürdig ist. Etwas anderes gilt, wenn das Wissensgefälle dem Arzt verborgen bleibt. Legt zB ein Patient, der sich bei der Aufnahme in die Klinik als Privatpatient vorstellt, eine Klinik-Card mit der Eintragung vor, die Garantie erfasse nicht die Erstattung privatärztlicher Behandlungskosten, so besteht für die aufnehmende Klinik nicht die Verpflichtung, den Patienten diesbezüglich gesondert aufzuklären (OLG Hamm NJW-RR 1991, 1141 ff). Ebenso trifft den Zahnarzt vor einer prothetischen Behandlung grds keine dahingehende Pflicht, die Kostenübernahme durch die private Krankenversicherung zu überprüfen (OLG Düsseldorf NJW-RR 2000, 906; vgl ferner MICHALSKI VersR 1997, 137 ff). Gibt er allerdings eine persönliche Einschätzung zur Kostenerstattung ab, muss sie richtig sein (OLG Köln VersR 2005, 1589). Gleiches gilt, wenn der Arzt bei Beginn einer Behandlung erkennt, dass die Kostenfrage noch nicht hinreichend geklärt ist, insbes wenn noch keine Antwort auf einen eingereichten Heil- und Kostenplan vorliegt, der Patient aber ersichtlich von einer vollen Kostenerstattung ausgeht (OLG Köln VersR 2005, 1589). Auch in den Bereich der wirtschaftlichen Aufklärungspflicht des Arztes fällt die – von der hM bisher verneinte – Frage, ob er zur Aufklärung über eigene Behandlungsfehler verpflichtet ist (vgl SCHWARZ, Die zivilrechtliche Pflicht zur Anzeige eigener Fehler – Unter besonderer Berücksichtigung von Anwalt und Arzt; dies JR 2008, 89 ff; TERBILLE/SCHMITZ-HERSCHEIDT NJW 2000, 1749 ff; z parallelen Problematik bei Rechtsanwälten s auch oben Rn 458). Mit dem PatRG ist nun in § 630c Abs 2 S 2 BGB die Pflicht des Arztes zur Offenbarung von eigenen und (erkennbaren) fremden Behandlungsfehlern normiert. Sie besteht jedoch nur auf Nachfrage des Patienten oder in den Fällen, in denen ein Verschweigen des Fehlers gesundheitliche Gefahren begründet (ausf OSMIALOWSKI ArztR 2013, 201 ff). Die Auskunftspflicht umfasst auch die Mitteilung an den nachfragenden Patienten, dass für den Behandelnden keine behandlungsfehlerbegründenden Umstände erkennbar sind (OLG Oldenburg 25. 8. 2015 – 5 W 35/15 juris Rn 17, VersR 2015, 1383). Der Arzt muss dem Patienten jedoch nicht mitteilen, ob und bei welcher Versicherung er berufshaftpflichtversichert ist (KG Berlin 4. 10. 2018 – 20 U 113/17 juris Rn 59, MDR 2019, 280).

471 Die Aufklärungspflicht des Arztes bzgl **Körper und Gesundheit** des Patienten betrifft insbes die Aufklärung über sämtliche für die Einwilligung wesentlichen Umstände (§ 630e Abs 1 S 1 BGB). S 2 der Regelung nennt exemplarisch aufklärungsbedürftige Umstände, wie Art, Umfang und zu erwartende Folgen sowie Risiken der Maßnahme, ferner ihre Notwendigkeit, Dringlichkeit, Eignung und Erfolgsaussichten im Hinblick auf Diagnose oder Therapie (vgl schon zB BGHZ 29, 176, 179 ff; 90, 103, 109; MünchKomm/BACHMANN/ROTH [6. Auflage 2012] Rn 197). So muss zB der Arzt die Frage einer Schwangeren, ob eine pränatale Diagnostik, insbes die vorsorgliche Durchführung einer Amniozentese, angezeigt sein kann, nach medizinischem Erfahrungs- und Wissensstand umfassend beantworten, um ihr die Entscheidung über einen von der Rechtsordnung gestatteten Schwangerschaftsabbruch zu ermöglichen (BGHZ 89, 95, 99 = NJW 1984, 658; NJW 1987, 1481; OLG Zweibrücken NJW-RR 2000, 235).

Auch trifft den Arzt bei einer fremdnützigen Blutspende die Aufklärungspflicht über mögliche irreversible Folgen in Form einer Nervenläsion als seltenes Risiko deshalb umso mehr, weil es sich um einen nicht medizinisch gebotenen Eingriff handelt (BGH NJW 2006, 2108). Allerdings unterliegt der Arzt keiner Aufklärungspflicht über allgemein bekannte Krankheitsverläufe, die im Falle der Nichtdurchführung gebotener ärztlicher Behandlung zu erwarten sind (vgl OLG Stuttgart VersR 1999, 1500 = NJW-RR 1999, 751; OLG Schleswig NJW 2002, 227). Für die Praxis ist von besonderer Bedeutung, dass die aufgrund unzureichender Aufklärung erteilte **Einwilligung** keine rechtfertigende Wirkung entfaltet (jetzt § 630d Abs 2 BGB; vorher schon: BGH NJW 2003, 2012 ff; BGHZ 90, 96, 102; BGH NJW 1980, 1905; vgl ausf Gründel NJW 2002, 2987 ff), nicht einmal bei einer nachträglichen Indikation aufgrund eines später eingetretenen Befundes (BGH NJW 2003, 1862). Nicht nur der behandelnde Arzt selbst, sondern auch der Arzt, der einen Patienten ausschließlich über den von einem anderen Arzt angeratenen und durchzuführenden Eingriff aufklärt, kann dem Patienten im Falle einer fehlerhaften oder unzureichenden Aufklärung aus unerlaubter Handlung haften (BGH 21.10.2014 – VI ZR 14/14 juris Rn 13, NJW 2015, 477, 478). Inwieweit eine Reduktion der Aufklärungspflicht aufgrund eines sog **„therapeutischen Privilegs"** vorzunehmen ist, beantworteten Rspr und Lit uneinheitlich (v BGH teilw bejaht, zB in BGHZ 85, 327 = BGH NJW 1983, 328; BGHZ 85, 339 = BGH NJW 1983, 330; vgl ausf Kurcz, Die Begrenzung der ärztlichen Aufklärungspflicht unter Einschränkung des Selbstbestimmungsrechts des Patienten [Diss Tübingen 2002] 127 ff mwNw, die sich iE für das therapeutische Privileg ausspricht, 142 ff). Das Problem ist jetzt in § 630e Abs 3 BGB ansatzweise geregelt. Dabei geht es um die Abwägung des Interesses an ärztlichen Heilerfolgen gegenüber der Achtung des Selbstbestimmungsrechts eines Patienten. Aufklärungsreduktionen aus therapeutischen Erwägungen müssen zum Schutz des Selbstbestimmungsrechts des Patienten, für welches Art 2 Abs 1 GG streitet, jedenfalls die Ausnahme bleiben (vgl BT-Drucks 17/10488, 22 f; BGHZ 90, 103 = BGH NJW 1984, 1397 = VersR 1984, 465, 467; Erman/Böttcher § 242 Rn 95; Soergel/Spickhoff § 823 Anh I Rn 149 f; Böhme, Aufklärungspflicht 79 ff; Rumler-Detzel, in: FS Deutsch [1999] 699, 701 ff; Spickhoff, Das System der Arzthaftung im reformierten Schuldrecht, NJW 2002, 2530 ff).

(e) Arbeitsvertrag
Auch einen **Arbeitgeber** können Aufklärungspflichten gegenüber seinem Arbeitnehmer treffen, zB eine Warnpflicht bzgl drohender Gefahren auf dem Betriebsgelände (BAG NJW 2000, 3369, 3370). Gesteigerte Hinweis- und Aufklärungspflichten treffen den Arbeitgeber (allerdings nur ausnahmsweise), wenn er den Abschluss eines Aufhebungsvertrages vorschlägt, während der Arbeitnehmer offensichtlich mit den Besonderheiten der ihm zugesagten Zusatzversorgung des öffentlichen Dienstes nicht vertraut ist. Durch das Angebot eines Aufhebungsvertrages kann der Arbeitgeber den Eindruck erwecken, bei vorzeitiger Beendigung des Arbeitsverhältnisses auch die Interessen des Arbeitnehmers zu wahren. Zusätzlich verlangt das BAG, dass sich der baldige Eintritt eines Versorgungsfalles abzeichnet und durch die vorzeitige Beendigung des Arbeitsverhältnisses außergewöhnlich hohe Versorgungseinbußen drohen (Versicherungsrente statt Versorgungsrente; so BAG NZA 2001, 206 = AP BGB § 611 Fürsorgepflicht Nr 116; vgl auch LArBG Hamm 9.6.2011 – 15 Sa 410/11; sowie ArbG Karlsruhe 6.12.2007 – 8 Ca 295/07 [unveröffentlicht], das in dem ähnl gelagerten Fall eines Aufhebungsvertrages, der aufgrund der fehlenden Voraussetzungen für die Gewährung der in Aussicht gestellten vorzeitigen Rente risikobehaftet ist, eine Aufklärungspflicht sowohl über die arbeits- und sozialversicherungsrechtlichen Folgen des Aufhebungsvertrages als auch darüber annimmt, in

welcher Weise sich der Arbeitnehmer verhalten muss, damit er die Voraussetzungen für die vorzeitige Rente schafft; sowie ArbG Lübeck 20. 6. 2006 – 3 Ca 698/06 [unveröffentlicht], das eine Aufklärungspflicht für den Fall annimmt, dass der Arbeitgeber dem Arbeitnehmer drohende Nachteile beim Bezug des Arbeitslosengeldes bei Abschluss eines Aufhebungsvertrags kennt oder vermutet; vgl für Einzelheiten z Aufklärungspflicht iRd Arbeitsverhältnisses STAUDINGER/RICHARDI/FISCHINGER [2016] Vorbem 130 zu §§ 611 ff; ausf HEMMING, Die Aufklärungspflichten des Arbeitgebers [Diss Augsburg 1997]; HOSS/EHRICH DB 1997, 625 ff; BECKER-SCHAFFNER BB 1993, 1281 ff; ausf auch KURSAWE NZA 1997, 245 ff). Auch wenn die Beendigung des Arbeitsverhältnisses nicht vom Arbeitgeber vorgeschlagen wird, entsteht wegen des erkennbar gesteigerten Informationsbedürfnisses des Arbeitnehmers einerseits und der Beratungsmöglichkeit des Arbeitgebers andererseits ausnahmsweise eine Aufklärungspflicht. Letzterer muss dem Arbeitnehmer eine Information bei einem fachkundigen Versorgungsträger ermöglichen, indem er über die Ausgestaltung des Auskunftsersuchens unterrichtet, wenn er zu einer „detaillierten Rentenauskunft" bei dem Versorgungsträger rät (BAG VuR 2009, 267). Grds ist der Arbeitgeber allerdings nicht verpflichtet, den Arbeitnehmer über sozialrechtlich nachteilige Folgen der Beendigung des Arbeitsverhältnisses aufzuklären (BAG NJW 2006, 2062; LAG Hamm NZA-RR 2005, 606; vgl LAG Berlin NZA-RR 2006, 327). Ferner kommt ihm zwar eine grds Pflicht zu, über bestehende Umstände, die die vollständige Durchführung des Rechtsverhältnisses in Frage stellen, aufzuklären. Jedoch fällt darunter kein aufgrund der schlechten wirtschaftlichen Betriebslage möglicher Stellenabbau, der dem Arbeitgeber zur Zeit der Vertragsverhandlungen bekannt ist oder sein muss, so lange noch keine konkrete Planung besteht, einen Arbeitsplatz zu streichen (BAG NZA 2005, 1298).

473 Der **Arbeitnehmer** kann ebenso über einen Wissensvorsprung verfügen, zB wenn es um seinen eigenen körperlichen Zustand geht. Daher wird seine diesbezügliche Aufklärungspflicht angenommen, sofern von Krankheiten oder anderen körperlichen Umständen eine Gefährdung Dritter ausgeht oder wenn sie die Erfüllung des Arbeitsvertrages wesentlich erschweren (vgl BRAUN MDR 2004, 64 ff; z fehlenden Aufklärungspflicht über das Bestehen einer Schwangerschaft vgl EuGH NJW 2000, 1019 ff).

(f) Werkvertrag

474 Im Rahmen eines **Werkvertrages** sind vor allem die Aufklärungspflichten des **Werkunternehmers** von Bedeutung, der aufgrund seiner Fachkenntnis gegenüber dem Besteller grds einen Vorsprung an Information und Sachkunde hat (vgl iE STAUDINGER/SINGER/vFINCKENSTEIN [2017] § 123 Rn 27; s auch BeckOK-BGB/SUTSCHET [1. 5. 2019] § 311 Rn 92; POHLMANN, Aufklärungspflichten 187 ff). Schon vorvertraglich ist der Unternehmer verpflichtet, dem Besteller die für die Kosten maßgeblichen Umstände mitzuteilen, wenn dies für den Vertragsabschluss erkennbar von erheblicher Bedeutung ist (BGH 14. 9. 2017 – VII ZR 307/16 juris Rn 15, NJW 2017, 3586; vgl zudem BGH 2. 6. 2016 – VII ZR 107/15 juris Rn 15, NJW-RR 2016, 859, 860 zur vorvertraglichen Pflicht eines Juweliers, bei der Anbahnung eines Kauf- oder Werkvertrags seine Kunden über das Fehlen einer branchenüblichen Diebstahlsversicherung aufzuklären). Zudem nimmt die Rspr oft eine Pflicht von Architekten und Ingenieuren zur Aufklärung über eigenes Fehlverhalten an (BGH NJW 1964, 1002; BauR 1996, 418; 1986, 112; 1985, 232; 1985, 97; 1978, 235; ausf z dieser sog Sekundärhaftung WEISE, Die Sekundärhaftung der Architekten und Ingenieure [1997]; z entsprechenden Problem bei Ärzten s SCHWARZ, Die zivilrechtliche Pflicht zur Anzeige eigener Fehler [Diss Düsseldorf 2005]; vgl ferner zum Auskunftsanspruch des Fluggastes nach Annullierung eines Flugs BLECKAT NZV 2017, 209 ff).

Auch kann der Werkunternehmer, bspw der Betreiber einer Auto-Waschstraße, verpflichtet sein, seine Kunden in zumutbarer Weise über die notwendigen Verhaltensregeln aufzuklären, um Schädigungen zu vermeiden (BGH 19. 7. 2018 – VII ZR 251/ 17 juris Rn 25, NJW 2018, 2956).

IRd Aufklärungspflichten des Werkunternehmers muss jedoch das Haftungssystem **475** der §§ 634 ff BGB beachtet werden (POHLMANN, Aufklärungspflichten 187 ff), weil es für entsprechende Verpflichtungen bzgl Mängeln am Werk selbst grds eine abschließende Spezialregelung trifft (BGH DB 1976, 958; BeckOK-BGB/SUTSCHET [1. 5. 2019] § 311 Rn 92). Bei der Auslegung ist zu berücksichtigen, dass der Rahmen der vertraglich übernommenen Verpflichtungen gleichzeitig den Umfang der leistungsunabhängigen Beratungspflichten absteckt (BGH NJW 2000, 2102 = NZBau 2000, 328).

Auch den **Besteller** kann eine Aufklärungspflicht treffen, insbes bzgl der Eigenschaf- **476** ten solcher Gegenstände, die er selbst zur Vertragserfüllung einbringt. So wurde zB die Aufklärungspflicht eines Unternehmens dahingehend diskutiert, ob er verpflichtet ist, den von ihm beauftragten Frachtführer auf die Gefräßigkeit eines Zirkusschweins hinzuweisen, oder ob dieser nicht vielmehr aufgrund der beiden Vortransporte über die Neigung des Schweins, die Böden des Transportfahrzeugs aufzufressen, hinreichend informiert und vorgewarnt war (iE jedoch v OLG Düsseldorf NJW 1995, 891 ff verneint).

(g) Reisevertrag
Im **Reisevertragsrecht** finden sich zahlreiche Aufklärungspflichten des **Reiseveran- 477 stalters** gegenüber dem Reisenden, vor allem in § 651d Abs 1 S 1 iVm Art 250 §§ 1–3 EGBGB (BGBl I 2017 S 2394), welche die BGB-Informationspflichten-VO vom 5. 8. 2002 ablösen (ausf z Aufklärungspflicht beim Reisevertrag TEMPEL NJW 1996, 1625 ff; ders, Die Pflichten des vermittelnden Reisebüros – Zugleich zur Konditionenempfehlung „Allgemeine Geschäftsbedingungen für Reisemittler" [1999] 3657 ff; STAUDINGER/STAUDINGER [2016] Vorbem 58 zu §§ 651a–651m u § 651a Rn 203 ff).

Er wurde jedoch von der Rspr vielfach vorgenommen, als es um Aufklärungspflichten **478** des **Reisebüros** gegenüber dem Reisenden ging, da insoweit die BGB-Informationspflichten-VO keine Anwendung findet. So wird zB kontrovers beurteilt, ob das vermittelnde Reisebüro ungefragt über **Einreisebestimmungen des Zielstaates** aufklären muss (dagegen OLG Rostock NJW-RR 2009, 346 = RRa 2009, 98; LG Kleve RRa 2001, 83 = NJW-RR 2002, 557; dafür vor Inkrafttreten der Informationspflichtverordnung BGH NJW 1985, 1165; AG Stuttgart RRa 1999, 93; TEMPEL NJW 1996, 1625, 1633, 1635; vgl auch AG Berlin-Mitte NJW-RR 1996, 1400). Den **Reiseveranstalter** selbst trifft diese Pflicht bereits aus Art 250 § 3 Nr 6 EGBGB. Die Verpflichtung bezieht sich aber nur auf Angehörige des Mitgliedstaates, in dem die Reise angeboten wird, mithin deutsche Staatsangehörige (zur alten Rechtslage LG Duisburg NJW-RR 2013, 59). Er hat im Rahmen seiner Hinweispflicht auch auf eine Reiserücktrittskosten- und eine Rücktransportkostenversicherung, nicht aber auf eine Reiseabbruchversicherung hinzuweisen (BGH NJW 2006, 3137). Bei „Last-minute"-Reisen muss das Reisebüro dagegen ebenso wenig wie ein Reiseveranstalter auf die Möglichkeit des Abschlusses einer **Versicherung zur Deckung der Rückführungskosten** bei Unfall oder Krankheit hinweisen (LG Hannover RRa 2001, 51 f). Gleiches gilt für die Aufklärung über das Nichtbestehen einer **Unfallversicherung**, wenn ein Sportlehrerverband ein Nichtmitglied zu einem Fortbildungskurs im Skilaufen mitreisen lässt (OLG Celle NVersZ 2002, 144 f = NJW-RR 2002, 559 f). Die aus Art 250 § 10 EGBGB folgende Verpflichtung des Reiseveranstalters, den Reisenden über wesentliche Änderungen der Reise und die Möglichkeit des Rücktritts nach § 651g Abs 1 S 2 Nr 2 BGB zu informieren, gehört in den Bereich **leistungsbezogener Aufklärungspflichten** (s oben Rn 163). Den Reiseveranstalter kann uU auch eine **vorvertragliche Hinweispflicht** bzgl eines im Zielgebiet drohenden Hurrikans treffen (vgl BGH NJW 2002, 3700 ff = MDR 2003, 377). Diese Pflicht stellt – mangels zu diesem Zeitpunkt bestehender Leistungspflichten – eine Rücksichtspflicht dar, die dem Schutz des Vermögens eines Reisenden dient. Der Reiseveranstalter ist schließlich verpflichtet, den Reisenden auf dessen Obliegenheiten bei Mängeln hinzuweisen. Verletzt er diese Pflicht, trifft den Reisenden am Unterlassen einer rechtzeitigen Mängelanzeige kein Verschulden (LG Frankfurt StBT 2007 Nr 12, 3).

(h) Banken

479 Im Rechtsverkehr mit Banken wird zunächst die den Aufklärungspflichten vorgelagerte Frage diskutiert, ob die **Geschäftsverbindung** zwischen Kunde und Bank ausreicht, um ein Schuld- und damit ein Schutzpflichtverhältnis zu begründen (dafür zB Müller-Graff, Die Geschäftsverbindung als Schutzpflichtverhältnis, JZ 1976, 153 ff; dagegen BGH NJW 2002, 3695 ff; zust Lang, Das Aus für die Lehre vom allgemeinen Bankvertrag?, BKR 2003, 227 ff; vgl allg Martis, Aufklärungspflichten der Banken im Rechtsprechungsüberblick, MDR 2005, 788 ff).

480 Im Rahmen eines bestehenden Schuldverhältnisses entscheiden die oben (Rn 447 ff) dargestellten Kriterien über Bestand und Umfang der Aufklärungspflicht. Wegen des typischen Informationsgefälles zwischen Bank und Kunde haftet die Bank zB als **Kapitalanlagevermittlerin**, wenn sie es unterlässt, ein Anlagekonzept auf wirtschaftliche Plausibilität hin zu prüfen (vgl BGH NJW-RR 2001, 260 = BGH NJW 2000, 2503 ff; ausf Lang, Aufklärungspflichtverletzungen; Lenz, Inhalt der Aufklärungspflichten des Verkäufers beim Vertrieb von Kapitalanlagen, BGH Report 2005, 77 f; z Aufklärungspflicht über Nachteile und Risiken eines Kapitalanlagemodells BGH ZIP 2005, 759, 763, 766 [„Göttinger Gruppe"]). Im Gegensatz zum reinen Auskunftsvertrag ist die Bank im Rahmen eines **Beratungsvertrags** zu mehr als einer Plausibilitätsprüfung verpflichtet. Vielmehr erfordert dies eine anlegergerechte und objektgerechte Beratung (BGH 22. 3. 2011 – XI ZR 33/10 juris Rn 24, NJW 2011, 1949; ausf Palandt/Grüneberg § 280 Rn 47 ff) sowie eine Prüfung mit bankenüblichem kritischen Sachverstand (BGH NJW 2008, 3700 ff, Rn 10 ff). Dabei kann die Aufklärungspflicht durch rechtzeitige Übergabe des Verkaufsprospekts erfüllt werden (OLG Frankfurt 24. 2. 2017 – 19 U 87/16 juris Rn 18, WM 2017, 770). Die Vermittler von **Terminoptionen** sind grds verpflichtet, Kaufinteressenten vor Vertragsschluss schriftlich die Kenntnisse zu vermitteln, die sie in die Lage versetzen, den Umfang ihres Verlustrisikos und die Verringerung ihrer Gewinnchance durch den Aufschlag auf die Optionsprämie richtig einzuschätzen (st Rspr, vgl zuletzt BGH WM 2011, 735 Rn 34). Auch muss die Bank den Kunden beim **Einlagengeschäft** auf einen Zinsverlust bei vorzeitiger Kündigung von Spareinlagen aufmerksam machen (BGHZ 28, 373). Bei einer **Kreditaufnahme** durch unerfahrene Kunden ist die Bank uU dazu verpflichtet, auf eine zu hohe Verschuldung hinzuweisen (BGHZ 23, 227; vgl auch Kirchner, Kreditgeberhaftung aufgrund der Verletzung von Informations- und Aufklärungspflichten im deutschen und US-amerikanischen Recht [Diss Gießen 2003]). Allerdings setzt eine Aufklärungspflicht einen konkreten Wissensvorsprung der Bank über spezielle Risiken des Projekts voraus (vgl Staudinger/Singer/vFinckenstein [2017] § 123 Rn 23 ff). Dazu

gehören ferner Wissen der Bank um die aufklärungspflichtigen Umstände und die Erkennbarkeit dieses Wissensvorsprungs (OLG Stuttgart BB 2001, 1426 = VuR 2001, 381). Ein solcher Wissensvorsprung der Bank wird nicht nur bei Kenntnis der Sittenwidrigkeit einer Kaufpreisvereinbarung (ausnahmsw bereits bei bloßer Erkennbarkeit der sittenwidrigen Überteuerung einer zu finanzierenden Eigentumswohnung, vgl BGH NJW-RR 2008, 1226), sondern insbes auch bei Kenntnis von einer arglistigen Täuschung des Verkäufers über wesentliche Eigenschaften der Kaufsache angenommen (BGH NJW 2006, 2099; NJW-RR 2007, 257). Macht eine finanzierende Bank den Beitritt des Darlehensnehmers zu einem für das Erwerbsobjekt bestehenden Mietpool zur Voraussetzung der Darlehensauszahlung, ist sie nicht grds aufklärungspflichtig über die damit verbundenen Risiken. Etwas anderes gilt in den Fällen, in denen die Bank eine besondere Gefährdung des Anlegers bekannt ist, etwa weil die Bank den Beitritt in Kenntnis einer bestehenden Überschuldung des Mietpools verlangt oder in Kenntnis des Umstands, dass dem Mietpool Darlehen gewährt wurden, für die die Anleger haften müssen. Ebenso wird eine Aufklärungspflicht bei Kenntnis des Umstands angenommen, dass an die Poolmitglieder konstant überhöhte Ausschüttungen ausbezahlt werden, die ihnen einen falschen Eindruck von der Rentabilität und Finanzierbarkeit der Anlage vermitteln (BGH NJW 2007, 2396). Bei Finanzierung eines unwirtschaftlichen Grundstückskaufs ergibt sich hingegen nur **ausnahmsweise** eine Aufklärungspflicht, wenn die Bank im Zusammenhang mit der Planung, der Durchführung oder dem Vertrieb des Projekts über ihre Rolle als Kreditgeberin hinausgeht (OLG Frankfurt OLGR Frankfurt 2007, 414) oder die Bank von einer sittenwidrigen Übervorteilung des Käufers durch den Verkäufer ausgehen muss, etwa weil der Kaufpreis knapp doppelt so hoch ist wie der Verkehrswert (BGH 8.1.2019 – XI ZR 535/17 juris Rn 14, WM 2019, 308). Bei Einschaltung mehrerer Banken ist grundsätzlich nur das kundennähere Unternehmen zur Befragung des Anlegers hinsichtlich seiner Erfahrungen, Kenntnisse, Anlageziele und finanziellen Verhältnisse verpflichtet. Für die kundenfernere Bank kann eine haftungsbewehrte Warnpflicht als Nebenpflicht gem § 241 Abs 2 BGB bestehen, wenn sie die Fehlberatung des Kunden bei dem in Auftrag gegebenen Wertpapiergeschäft kennt oder wenn diese Fehlberatung aufgrund massiver Verdachtsmomente objektiv evident ist (BGH BeckRS 2013, 06896). Insgesamt gestaltet sich die Haftung der Bank für Aufklärungspflichtverletzungen als besondere Ausprägung ihrer **Berufshaftung** und muss je nach Interessenlage im Einzelfall beurteilt werden (Staudinger/Martinek/Omlor [2017] § 675 Rn C14; vgl ferner BeckOK-BGB/Sutschet [1.5.2019] Rn 84 und § 311 Rn 98 f; informativer Überblick über Haftungsmodelle bei Auskunft von Banken Hadding, in: FS Schimansky [1999] 67 ff u Lang AcP 201 [2001] 451, 456 ff, 459 ff; ferner Ellenberger WM 2001, Sonderbeilage 1; Fleischer, Informationsasymmetrie 548 ff; z Kapitalmarktrecht insgesamt Lang, Informationspflichten; ders, Aufklärungspflichtverletzungen; Siol, Beratungs- und Aufklärungspflichten der Discount Broker, in: FS Schimansky [1999] 781 ff; Stöterau, Informationspflichten beim Wertpapierhandel nach § 31 Abs 2 S 1 Nr 2 WpHG [Diss Kiel 2003]; Vortmann, Aufklärungs- und Beratungspflichten der Banken [10. Aufl 2013]).

(i) Versicherungsvertrag

Das **Versicherungsverhältnis** ist in besonderem Maße Treu und Glauben unterworfen, **481** sodass sich für beide Teile Aufklärungspflichten ergeben (Erman/Böttcher § 242 Rn 96; ausf Kieninger AcP 199 [1999] 190 ff), insbesondere wenn ein Informationsgefälle besteht (OLG Karlsruhe 31.3.2017 – 12 U 112/16 juris Rn 43, EWiR 2017, 531). Dementsprechend muss der **Versicherer** vor Vertragsschluss darauf hinweisen, dass der Vertrag entgegen dem erkennbaren Wunsch des Versicherungsnehmers bestimmte versicherbare Risiken nicht abdeckt (OLG Frankfurt NJW 1998, 3359; OLG Hamm VersR 1984, 853). Der Versicherungsmakler ist verpflichtet, den Bedarf seines Kunden nach Versicherungsschutz durch Nachfragen aktiv aufzuklären (BGH VersR 2014, 625). Ebenso besteht eine Aufklärungspflicht über den Umfang der Hausratversicherung (OLG Frankfurt VersR 2006, 406). Ferner muss der Versicherer den Versicherten auf das Erfordernis einer ärztlichen Feststellung der Invalidität binnen einer bestimmten Frist hinweisen, allerdings nur, wenn ihm ein entsprechender Belehrungsbedarf bekannt wird und Anhaltspunkte für das eine Invalidität bestehen (BGH NJW-RR 2005, 902), nicht jedoch, wenn es an greifbaren Anhaltspunkten dafür fehlt (BGH NJW 2006, 911). Die in § 6 VVG verankerte Beratungspflicht des Versicherers verpflichtet diesen neben der Auskunft auch zur Aufklärung (MünchKommVVG/ARMBRÜSTER § 6 Rn 370 ff; LANGHEID NJW 2007, 3665; WERBER, Information und Beratung des Versicherungsnehmers vor und nach Abschluss des Versicherungsvertrags, VersR 2007, 1153). Der **Versicherungsnehmer** ist seinerseits verpflichtet, das Bestehen einer Vielzahl ähnlicher Versicherungen wie der abzuschließenden zu offenbaren (OLG Düsseldorf VersR 1972, 197; KLIMKE, Anzeigepflichten des VN bei Abschluss einer Rückwärtsversicherung, VersR 2004, 287 ff). Auch aus den Allgemeinen Bedingungen für die Kraftfahrtversicherung (AKB) folgen Aufklärungspflichten des Versicherungsnehmers, so zB aus § 7 I Abs 2 AKB (dazu zB OLG Düsseldorf NVersZ 2002, 190 ff) sowie aus dem VVG, dort allerdings in § 19 VVG als **Anzeigeobliegenheiten** (allg z Obliegenheiten s oben Rn 120 ff) ausgestaltet (dazu DEUTSCH, Versicherungsvertragsrecht [4. Aufl 2000] Rn 196; LOOSCHELDERS/POHLMANN VVG [3. Aufl 2016] § 19 Rn 17 ff; vgl ausf z Aufklärung iRd Versicherungsvertrages BeckOK-BGB/SUTSCHET [1. 5. 2019] § 311 Rn 96 f; DÖRNER, Rechtsfolgen einer Verletzung vorvertraglicher Aufklärungs- und Informationspflichten durch den Versicherer, in: Kontinuität und Wandel des Versicherungsrechts [2004] 195 ff; FLEISCHER, Informationsasymmetrie 497 ff z Informationsasymmetrie als Kernproblem des Versicherungsvertragsrechts; FRICKE, Beweislast und Beweisführung bei Verletzung der vorvertraglichen Anzeigepflicht – eine kritische Würdigung der Rechtsprechung des BGH, VersR 2007, 1614; HEISS, Grund und Grenzen der vorvertraglichen Aufklärungspflicht des Versicherers, ZVersWiss 2003, 339 ff; KUBIAK, Gendiagnostik bei Abschluss von Privatversicherungen – unter besonderer Berücksichtigung der VVG- und Gesundheitsreform sowie des in Aussicht stehenden Gendiagnostikgesetzes [Diss Düsseldorf 2007] 54 ff; LANGE, Die vorvertragliche Anzeigepflicht nach der VVG-Reform, RuS 2008, 56; NEUHAUS, Die vorvertragliche Anzeigepflichtverletzung im neuen VVG, RuS 2008, 45; LANGHEID NJW 2007, 3665, 3667 f; OSING, Informationspflichten des Versicherers und Abschluss des Versicherungsvertrages [Diss Köln 1995]; außerdem MATUSCHE-BECKMANN NVersZ 2002, 385 ff; REUSCH, Die vorvertraglichen Anzeigepflichten im neuen VVG 2008, VersR 2007, 1313; RÖMER VersR 1998, 1313 ff). Eine vorvertragliche Anzeigepflicht bei Gendefekten wird teilw abgelehnt (so LG Bielefeld m krit Anm KUBIAK, Zur fehlenden vorvertraglichen Anzeigepflicht bei Gendefekten, VersR 2007, 638; **aA** OLG Hamm NJW-RR 2008, 702).

(k) Parteien im Zivilprozess

482 Das **Prozessrechtsverhältnis** ist von vornherein auf die Verfolgung widerstreitender Interessen angelegt, sodass eine Aufklärung durch den Gegner hier am allerwenigsten erwartet werden kann. Nur im Rahmen der **Wahrheitspflicht** gem § 138 ZPO gilt etwas Gegenteiliges (vHIPPEL, Wahrheitspflicht und Aufklärungspflicht der Parteien im Zivilprozess [1939] 282 ff; WERRES, Aufklärungspflichten 156 f). In Analogie zu §§ 138, 372a, 423, 445 ff ZPO werden zB Informationspflichten zur Bewältigung des Kostenrisikos und zur Erleichterung der Rechtsverfolgung angenommen (vgl STÜRNER, Aufklärungspflicht 378 f). Im Falle der außergerichtlichen Inanspruchnahme diskutiert man eine **Darlegungsobliegenheit** des Gläubigers aufgrund der für den Schuldner bestehenden Unsicherheit über die Berechtigung der Inanspruchnahme, wenn der Gläubiger an dem Bestehen des Anspruchs zweifelt (LEUSCHNER AcP 207 [2007] 64, 69 ff), da die Ungewissheit über die Berechtigung eine schwierige Situation schafft: Entweder leistet der Schuldner auf eine Nichtschuld und setzt sich damit dem Risiko aus, auf einen Rückforderungsanspruch angewiesen zu sein, oder er leistet vorerst nicht und riskiert damit den Eintritt der Verzugsfolgen oder der gerichtlichen Inanspruchnahme. Da aber generell das Risiko der Geltendmachung von Forderungen bei jeder Partei selbst liegt, können diese Grundsätze nur ganz ausnahmsweise angewendet werden, etwa weil die Nichtoffenlegung eigener Kenntnis rechtsmissbräuchlich wäre (zum Rechtsmissbrauch vgl § 242 Rn 214 ff).

(l) Sonstige Aufklärungspflichten
Abschließend sollen überblicksartig einige weitere wichtige Bsp aus Rspr und Lit zu 483 verschiedenen Arten von Aufklärungspflichten wiedergegeben werden.

Bei **Anlageberatungsverträgen** handelt es sich idR um Geschäftsbesorgungsverträge 484 (BGH NJW 1983, 1730; MünchKomm/HEERMANN § 675 Rn 13), die wegen der wirtschaftlichen Bedeutung und des Verlustrisikos sowie des regelmäßig zwischen Anlageberater und Kunde bestehenden Informationsgefälles zu einer besonders umfangreichen Aufklärungspflicht des **Beraters** über das Risiko des Anlagegeschäftes führen (STAUDINGER/ MARTINEK/OMLOR [2017] § 675 Rn B7; LANG, Aufklärungspflichtverletzungen; PALANDT/GRÜNEBERG § 280 Rn 47 ff). Hierzu zählt bspw auch ohne Nachfragen des Interessenten die Pflicht zur Aufklärung über die begrenzte Weiterverkaufsmöglichkeit einer Beteiligung; dem wird nicht durch einen Hinweis im Prospekt genügt, wenn vor der Anlageentscheidung keine Gelegenheit bestand, den Prospekt durchzulesen (LG Köln 10. 6. 2008 – 22 O 276/07, VuR 2009, 38). Ferner haften organschaftliche Vertreter einer kapitalsuchenden Gesellschaft, die Anlageinteressenten über die für ihre Entscheidung wesentlichen Umstände informieren, wenn sie ihnen gegenüber unmittelbar unrichtige und/oder unvollständige Angaben erteilen. Unklar ist allerdings, ob diese Haftung auf der allgemeinen Dritthaftung aus cic beruht oder vielmehr eine besondere Art kapitalmarktrechtlicher Informationseigenhaftung der Organmitglieder anzunehmen ist (vgl BGH 2. 6. 08 – II ZR 210/06 m krit Anm KERSTING JR 2009, 221). Bei einem **Architektenvertrag** (§ 650p ff BGB, besonderer Fall des Werkvertrags, vgl § 650q Abs 1 BGB, dazu s oben Rn 474 ff; ERMAN/BÖTTCHER § 242 Rn 96) treffen den **Architekten** Aufklärungspflichten bzgl der am Werk bestehenden Mängel (vgl STAUDINGER/PETERS/ JACOBY [2014] Vorbem 131 zu §§ 631 ff u § 631 Rn 49 ff; vgl vRINTELEN, Die Sekundärhaftung des Architekten – Bestandsaufnahme, Grenzen und Kritik, NZBau 2008; 209). Auch aus dem Charakter des **Automatenaufstellvertrages** als Mietvertrag (vgl STAUDINGER/J EMMERICH [2018] Vorbem 42 zu § 535) können Schlüsse auf Aufklärungspflichten gezogen werden. So ist der **Vermieter** des Aufstellplatzes zur Aufklärung über alle für den Automatenaufsteller wesentlichen Umstände verpflichtet, zB bzgl des dort zu erwartenden Publikums oder des Zugangs. Im Vorfeld und bei der Durchführung eines **Bürgschaftsvertrages** hat vor allem der **Bürge** Aufklärungspflichten bzgl seiner eigenen Vermögenssituation, während der **Gläubiger** zur Aufklärung des Bürgen über das Bürgschaftsrisiko verpflichtet sein kann (vgl BGH NJW 1968, 986 = WM 1968, 398; BGH NJW 1998, 2280; OLG Celle WM 1988, 1436, 1437; vgl OLG Frankfurt WM 1996, 715 = ZIP 1995, 1579; z fehlenden Berücksichtigung v Schwierigkeiten m der deutschen Sprache jedoch OLG Hamburg ZMR 1999, 630; STAUDINGER/HORN [2013] § 765 Rn 135 f, 170, 214 ff; ausf auch KLINGLER,

Aufklärungspflichten 34 ff). Im **Franchisesystem** entsprechen die Aufklärungspflichten wegen der Rechtsnatur des Franchisevertrages, die zwischen Pacht- und Dienstvertrag zu verorten ist (dazu STAUDINGER/SCHAUB [2018] Vorbem 95 zu § 581), in etwa denjenigen bei Pacht- sowie bei Dienstverträgen. Da Franchiseverträge auf eine langfristige enge und vertrauensvolle Zusammenarbeit der Parteien angelegte Absatzmittlungsverhältnisse sind, wird dem **Franchisegeber** die Verpflichtung zur umfassenden vorvertraglichen Information des Franchisenehmers über dessen Pflichten auferlegt (vgl STAUDINGER/J EMMERICH [2003] Vorbem 147 zu § 581). Außerdem muss er ihn vor Vertragsschluss über seine bisherigen Erfahrungen mit der Funktionsweise des Systems aufklären und ihm die sich hiernach vermutlich ergebenden Risiken schildern. Dazu gehört vor allem eine realistische Kalkulation der Kosten und der zu erwartenden Erträge (vgl BGH NJW-RR 2007, 776, 777 Rn 10 ff; OLG Düsseldorf m Anm FLOHR BB 2007, 738; vgl auch BÖHNER BB 2001, 1749 ff; F BRAUN NJW 1995, 504 ff; SCHULZ, Die Schadensersatzansprüche des Franchisenehmers wegen der Verletzung vorvertraglicher Aufklärungspflichten [Diss Augsburg 2003]; HAAGER, Pflicht zur Weitergabe von Einkaufsvorteilen an Systempartner, NJW 2004, 1220, 1221 f; s auch CANARIS, Handelsrecht [24. Aufl 2006] § 18 IV Rn 59; vgl z weiteren Fällen ferner BAUMBACH/HOPT/HOPT, Handelsgesetzbuch [38. Aufl 2018] Einl vor § 373 Rn 44 mwNw). Der **Gastwirt** muss zB bei Zusage eines Abstellplatzes für einen Pkw klarstellen, dass eine hoteleigene Garage nicht zur Verfügung steht, sondern das Fahrzeug durch verkehrsreiche Straßen in eine fremde Garage zu fahren ist (BGH NJW 1965, 1709; STAUDINGER/WERNER [2015] Vorbem 15 zu §§ 701 ff). Beim Abschluss eines **Gesellschaftsvertrages** besteht uU eine Aufklärungspflicht über das Bestehen von Patenten (BGHZ 15, 204, 205 = NJW 1955, 219; BGH NJW 1961, 1308) oder die Bewertung von Sacheinlagen (RGZ 18, 56, 70; BGH WM 2004, 1823; ausf FLEISCHER, Informationsasymmetrie 520 ff). An die Aufklärungspflicht eines **Heilpraktikers**, der Behandler iSd § 630a BGB ist (KATZENMEIER, Der Behandlungsvertrag – Neuer Vertragstypus im BGB, NJW 2013, 817, 818), sind grds dieselben Maßstäbe anzulegen wie an die ärztliche Aufklärungspflicht (s oben Rn 469 ff; MünchKomm/WAGNER § 650a Rn 135); bei einer in Aussicht genommenen homöopathischen Behandlung gilt dies namentlich für die Feststellung des homöopathischen Patiententyps (AG Bottrop NJWE-VHR 1996, 91). Durch den **Krankenhausaufnahmevertrag** wird der Krankenhausträger Schuldner sämtlicher medizinischer und nicht medizinischer Leistungen, mithin auch der ärztlichen Aufklärungspflichten (s dazu oben Rn 470). Die Rechtsnatur des **Leasingvertrages** zwischen Kauf- und Mietvertrag führt dazu, dass Aufklärungspflichten der Parteien ähnlich denen bei Kauf und Miete bestehen. Besonders weitgehende Aufklärungspflichten treffen zB die Lieferanten von EDV-Anlagen als Leasinggeber (so im Rahmen v Kaufverträgen; dazu auch OLG Dresden NJW-RR 1998, 1351), die vor Abschluss der Verträge klären müssen, ob die ins Auge gefasste Anlage für den Leasingnehmer geeignet ist (OLG Koblenz WM 1989, 222; STAUDINGER/STOFFELS [2018] Leasing Rn 88). Der **Makler** muss den Auftraggeber nicht nur über das aufklären, was unerlässlich ist, damit dieser vor Schäden bewahrt wird, sondern auch über alle ihm bekannten Umstände, die für die Entschließung des Auftraggebers von Bedeutung sein können (BGH NZM 2008, 218, 219; NJW-RR 2007, 711, 712; NJW-RR 2003, 700, 701 f). So verletzt er seine Aufklärungspflicht zB, wenn er unrichtige Angaben seines Kunden in einem Exposé nicht richtig stellt, sofern sie nach den in seinem Berufsstand vorauszusetzenden Kenntnissen ersichtlich unrichtig, nicht plausibel oder bedenklich sind (BGH NJW-RR 2007, 711 ff; NJW 2000, 3642 = NZM 2001, 474; OLG Düsseldorf 9. 9. 2016 – 7 U 82/15 juris Rn 32; OLG Hamm NJW-RR 1996, 1081) oder eine „Schmiergeldzahlung" verheimlicht (BGH NJW 2001, 1065, 1067; ferner STAUDINGER/REUTER [2003] Vorbem 6 zu §§ 652 ff). Wenn sich Zweifel an der Finanzierbarkeit gerade bei einem unerfahrenen Auftraggeber **aufdrängen**, muss der Makler diesen **ausnahmsweise** vor einem Geschäftsabschluss warnen (OLG Dresden NZM 1998, 91). Beim Verkauf eines vermieteten Objekts hat der Makler darauf hinzuweisen, dass er die Bonität des Mieters nicht geprüft hat (BGH NJW-RR 2003, 700 ff). Der **Verpächter** muss den Pächter über alle Umstände aufklären, die die Person oder das Vermögen des Pächters gefährden (ausf STAUDINGER/SONNENSCHEIN [1996] § 581 Rn 172). Dies gilt dann, wenn der Pächter entschuldbarerweise über Bestehen und Umfang seiner Rechte im Ungewissen, der Verpächter hingegen in der Lage ist, entsprechende Informationen zu erteilen (BGHZ 19, 385, 387 = NJW 1954, 70, 71; vgl z ähnl Aufklärungspflicht des Rechtsanwalts gegenüber seinem Mandanten bereits oben Rn 458). Davon umfasst ist daher bspw nicht die Pflicht, ungefragt über die Rentabilität des Pachtobjekts aufzuklären, da es jedem Vertragspartner selbst obliegt, wirtschaftliche Chancen und Risiken einer rechtlichen Bindung zu prüfen (OLG Düsseldorf 3. 11. 2005 – I-24 U 103, GuT 2007, 88, 89). Zur allgemeinen Haftung für **Rat oder Empfehlung** vgl STAUDINGER/MARTINEK/OMLOR (2017) § 675 Rn C 1 ff. Zur Haftung des **Rechtsanwalts** s oben Rn 437 beim Dienstvertrag. Bzgl der Haftung des **Schenkers** für Aufklärungspflichtverletzungen gilt es, die Wertung des Gewährleistungsrechts zu berücksichtigen, vor allem das Haftungsprivileg des § 521 BGB sowie die Haftungstatbestände der §§ 523, 524 BGB (dazu POHLMANN, Aufklärungspflichten 181 ff). Dies hat allerdings eher Auswirkung auf den Haftungsmaßstab als auf den Bestand von Aufklärungspflichten (vgl dazu auch MünchKomm/KOCH § 521 Rn 4 ff; SOERGEL/TEICHMANN § 242 Rn 144 ff, 166 ff). Über das einer **Treuhandkommanditistin** bekannte aufsichtsrechtliche Tätigwerden der Bundesanstalt für Finanzdienstleistungen gegen die Kommanditgesellschaft muss die Treuhandkommanditistin vor Vertragsschluss mit beitrittswilligen Treugebern aufklären (OLG München WM 2009, 651). Bei Verletzung der in § 16 Abs 2 S 1, 2 Energieeinsparverordnung (EnEV) vorgesehenen Pflicht zur **Vorlage eines Energieausweises** nach Aufnahme von Vertragsverhandlungen kommt eine Haftung des Vermieters oder Verkäufers gegenüber dem potenziellen Mieter oder Käufer wegen Verletzung seiner Aufklärungspflicht in Betracht (FLATOW, Auswirkungen der EnEV 2007/2009 auf Miet-, Kauf- und Werkverträge, NJW 2008, 2886, 2889; THOLE, Die zivilrechtlichen Folgen einer Vorenthaltung des neuen Wärmepasses, ZfIR 2008, 278).

c) Beratungspflichten

Die Annahme von **Beratungspflichten** (z Begriff oben Rn 437) bedarf – ebenso wie diejenige von Aufklärungspflichten – stets einer besonderen Rechtfertigung. Diese gründet sich grds auf die zu den Aufklärungspflichten dargestellten Auslegungskriterien (s oben Rn 447 ff; so wohl auch BREIDENBACH, Informationspflichten 61 ff u KLUTH/BÖCKMANN/GRÜN MDR 2003, 241, 243 ff). Der Umstand, dass die Beratungspflicht umfassender ist als die Aufklärungspflicht, muss im Rahmen der Abwägung besondere Berücksichtigung finden (vgl auch MünchKomm/BACHMANN/ROTH [6. Aufl 2012] Rn 172). **485**

So wird zB bei **Kapitalanlagegeschäften** grds keine allgemeine Vermögensberatungspflicht (s oben Rn 480) und bei **Kaufvertragsabschlüssen** keine Informationspflicht über steuergünstige Gestaltungsmöglichkeiten angenommen (MünchKomm/BACHMANN Rn 150; ausf ASSMANN/SCHÜTZE/ROTH, Hdb des Kapitalanlagerechts [1990] § 12 Rn 49 ff; LANG, Aufklärungspflichtverletzungen 29 ff, 36 ff). Nur in Ausnahmefällen, insbes im Geschäftsverkehr mit **Banken und Versicherungen** (z Versicherungsvertrag vgl RÖMER VersR 1998, 1313; z den Banken ELLENBERGER WM 2001, Sonderbeilage 1; LANG, Aufklärungspflichtverletzungen; STEUER, Haftung für fehlerhafte Anlageberatung – Eine unendliche Geschichte, in: **486**

FS Schimansky [1999] 793 ff), fällt die Abwägung eher zu Gunsten des Beratungsbedürftigen aus (vgl zB BGHZ 123, 126 ff = NJW 1993, 2433 ff [Bond-Rechtsprechung]; WM 1976, 1165; OLG Hamm ZIP 1996, 2069; z dem seltenen Fall der Beratungspflichten bei Kaufverträgen zB über EDV-Anlagen vgl BGH NJW 1984, 2938; OLG Köln NJW 1994, 1355; OLG Dresden NJW-RR 1998, 1351 u Zahrnt NJW 2000, 3746 ff; ders NJW 1995, 1785 ff mwNw; Bechtel, Anlageberatung der Kreditinstitute im Wandel – Aufklärungs-, Beratungs- und Informationspflichten am Beispiel von Optionsgeschäften mit Privatkunden [Diss Hamburg 1998]). Gleiches gilt für besondere **Vertrauenspersonen** wie Steuerberater, Notare und Versicherungsgesellschaften, die aufgrund ihres Mandates umfassende Beratung schulden (BGH ZIP 2000, 2114; NJW 1996, 312; NJW-RR 1989, 40; 1987, 473; Staudinger/Martinek/Omlor [2017] § 675 C 13; MünchKomm/Bachmann Rn 150). Dort kann die Beratungspflicht sogar Hauptleistungspflicht sein und in den Anwendungsbereich des Abs 1 fallen (so zB wenn ein Architekt sich z Beratung des Bauherrn verpflichtet, vgl OLG Hamm NJW-RR 1995, 400; offen gelassen von BGH NZBau 2001, 504, 505 = NJW 2001, 2630 ff = JuS 2001, 1119 ff; s auch BGH NJW 1997, 3227 ff; z den Nebenleistungspflichten s oben Rn 163 ff). Hinsichtlich der einzelnen Beratungspflichten wird auf die Kommentierungen der jeweiligen Schuldverhältnisse verwiesen (vgl z Kaufvertrag Staudinger/Beckmann [2014] § 433 Rn 154 f; z Werkvertrag Staudinger/Peters/Jacoby [2014] § 631 Rn 49 ff; beim Architektenvertrag Vorbem 98 ff, 116 zu §§ 631 ff; z Reisevertrag Staudinger/Staudinger [2016] Vorbem 22 zu §§ 651a–m; § 651a Rn 33, 62 ff; allg auch mwNw z Rspr Thamm/Pilger BB 1994, 729, 731 f; Vortmann WM 1989, 1557, 1559 f).

3. Obhuts- und Fürsorgepflichten*

a) Allgemeines

487 Aus Abs 2 iVm dem jeweiligen Schuldverhältnis folgt außerdem die Pflicht zur **Obhut** und **Fürsorge** gegenüber dem anderen Teil. Der Unterschied zwischen beiden Pflichtarten besteht darin, dass sich **Obhut** auf einen **Gegenstand** bezieht (vgl MünchKomm/Ernst § 280 Rn 106), während **Fürsorge** Rücksichtnahme auf eine **Person** meint. Synonym findet sich der Begriff der **Erhaltungspflichten** (Larenz, in: FS Ballerstedt [1975] 397, 400 f m Verw auf den Linoleumrollen- [RGZ 78, 239 ff] sowie den Bananenschalen-Fall [BGH NJW 1962, 31 ff]) sowie der **Sorgfaltspflichten** (BGH NJW 1983, 2813 ff). Allerdings soll hier in Anlehnung an § 619 BGB, der den Begriff der Fürsorgepflicht enthält (BT-Drucks 14/6040, 163), und die Rspr (zB BGH JZ 1954, 53 benutzt den Begriff „Verkehrssicherungspflicht", BGH VersR 1978, 350, 351 dagegen bereits den der „Fürsorgepflicht"; NJW 2000, 280, 282) das Begriffspaar **„Obhuts- und Fürsorgepflichten"** verwendet werden (andere Terminologie mit selben Inhalten bei Frost, Schutzpflichten 180 ff; Teichmann orientiert sich zur

---

* **Schrifttum**: Brors, Die Abschaffung der Fürsorgepflicht (Habil Münster 2002); Evans-vKrbek, Nichterfüllungsregeln auch bei weiteren Verhaltens- und Sorgfaltspflichtverletzungen?, AcP 179 (1979) 85 ff; Kort, Inhalt und Grenzen der arbeitsrechtlichen Personenfürsorgepflicht, NZA 1996, 854 ff; Krebs, Sonderverbindung und außerdeliktische Schutzpflichten (Habil Köln 2000) 485 ff; L Müller, Schutzpflichten im Bürgerlichen Recht, JuS 1998, 894 ff; Rust, Leistungs- und Schutzpflichten in der Gewährleistungshaftung, MDR 1998, 947 ff; Schliemann, Fürsorgepflicht und Haftung des Arbeitgebers beim Einsatz von Arbeitnehmern im Ausland, BB 2001, 1302 ff; Schnellenbach, Die Fürsorgepflicht des Dienstherrn in der Rechtsprechung des Bundesverfassungsgerichts, VerwArch 2001, 2 ff; Teichmann, Nebenverpflichtungen aus Treu und Glauben, JA 1984, 545 ff und 709 ff; Weber, Die Nebenpflichten des Arbeitgebers, RdA 1980, 289 ff; U Westermann, Dogmatik und Bedeutung der allgemeinen Fürsorge- und Treuepflicht im Arbeits- und Beamtenrecht (Diss Münster 1982).

Systematisierung der Schutzpflichten auch an den jeweils betroffenen Rechtsgütern SOERGEL/TEICHMANN § 242 Rn 185 ff und JA 1984, 709, 713 f).

Obhuts- und Fürsorgepflichten können sowohl den Leistungsgegenstand als auch die **488** übrigen Rechte, Rechtsgüter und Interessen des Gegenübers betreffen. Ersteres soll hier wegen des allein betroffenen Äquivalenzinteresses ausgeklammert (s oben Rn 216 f), auf Letzteres wegen der Beeinträchtigung des **Integritätsinteresses** dagegen genauer eingegangen werden, vornehmlich im Hinblick auf solche Obhuts- und Fürsorgepflichten, deren Verletzung die Rechtsgüter aus § 823 Abs 1 BGB beeinträchtigt (MEDICUS, in: BMJ [Hrsg], Gutachten und Vorschläge zur Überarbeitung des Schuldrechts [Köln 1981–1983] 486, nennt sie vertragsfremde Rechtsgüter). Der **Wille** und die **Entscheidungsfreiheit** einer Partei lassen sich auch unter den Begriff „Interesse" fassen (s bereits oben Rn 423), können allerdings von der Verletzung einer Obhuts- und Fürsorgepflicht kaum berührt werden. Das **Vermögen** fällt dagegen in den Schutzbereich bestimmter Obhuts- und Fürsorgepflichten.

Der **Inhalt** der Fürsorge- und Obhutspflichten unterscheidet sich ebenso wie derjenige der Informationspflichten (s oben Rn 437 ff): Auf der einen Seite steht die Pflicht, **489** Schädigungen zu unterlassen, auf der anderen Seite die aktive Schutzpflicht (Münch-Komm/BACHMANN Rn 96) – jeweils bezogen auf das entsprechende Rechtsgut.

Vor allem im **vorvertraglichen Bereich** wurde lange diskutiert, ob angesichts der **490** Existenz des Deliktsrechts ein Bedarf für Obhuts- und Fürsorgepflichten als Schutz- bzw Rücksichtspflichten besteht (ausf vCAEMMERER, in: FS DJT 49, 57 ff; HUBER, Leistungsstörungen, in: BMJ [Hrsg], Gutachten und Vorschläge zur Überarbeitung des Schuldrechts [Köln 1981–1983] 647, 736, 742; LARENZ, in: FS Ballerstedt [1975] 397, 403; vgl auch MEDICUS, in: BMJ [Hrsg], Gutachten und Vorschläge zur Überarbeitung des Schuldrechts [Köln 1981–1983] 489 ff; STOLL, Tatbestände und Funktionen der Haftung für culpa in contrahendo, in: FS v Caemmerer [1978] 435, 437, 452 ff). Durch Einfügung der §§ 241 Abs 2 und 311 Abs 2 BGB ist der Streit iSd bisher hM (vor allem seit dem Linoleumrollenfall des RG in RGZ 78, 239 und im später vom BGH entschiedenen Gemüseblattfall in BGHZ 66, 51) entschieden. Die vertraglichen Fürsorge- und Obhutspflichten entsprechen weitgehend den zu § 823 Abs 1 BGB entwickelten **Verkehrssicherungspflichten**. Dies führt inhaltlich dazu, dass Verkehrssicherungspflichten innerhalb eines Vertragsverhältnisses zugl vertragliche (Rücksichts-)Pflichten darstellen können (vgl BeckOK-BGB/SUTSCHET [1. 5. 2019] Rn 92; ähnl LOOSCHELDERS, Schuldrecht AT § 8 Rn 9).

b) Gesetzliche Obhuts- und Fürsorgepflichten
Wie bei den anderen Rücksichtspflichten, liegt auch Obhuts- und Fürsorgepflichten **491** ein vertragliches oder gesetzliches Schuldverhältnis zu Grunde. Da die gesetzlichen Pflichten Wertentscheidungen des Gesetzgebers erkennen lassen, kann daraus auf die Voraussetzungen außergesetzlicher Obhuts- und Fürsorgepflichten rückgeschlossen werden. Deshalb sollen die gesetzlichen Regelungen zunächst dargestellt werden.

aa) Fürsorgepflichten
Die einzige ausdrücklich geregelte und zugl sehr wichtige gesetzliche Fürsorgepflicht **492** im BGB findet sich für den **Dienstherrn** in den §§ 617, 618 BGB. Sie betrifft die Krankenfürsorge sowie die Vornahme sonstiger Schutzmaßnahmen zu Gunsten der

körperlichen Unversehrtheit des Dienstverpflichteten und wird zB durch das Arbeitsschutzgesetz sowie die Arbeitsstättenverordnung (BGBl I 1975, 729; vgl zu Einzelheiten STAUDINGER/OETKER [2016] § 618 Rn 77 ff; z Fürsorgepflicht aus §§ 617, 618 BGB im Allgemeinen STAUDINGER/OETKER [2016] § 617 und § 618) konkretisiert. Lediglich mit § 694 BGB zeigt der Gesetzgeber noch, dass auch einen **Hinterleger** gegenüber dem Verwahrer Fürsorgepflichten treffen, indem er Schadensersatzansprüche des Verwahrers gegen den Hinterleger normiert, sofern durch die Beschaffenheit der hinterlegten Sache Schäden entstehen. Entsprechendes lässt sich aus den Schadensersatzansprüchen des Käufers gegen den **Verkäufer** für Mangelfolgeschäden aus §§ 437 Nr 3, 280 Abs 1, 241 Abs 2 BGB folgern.

bb) Obhutspflichten

493 **Obhutspflichten** begründet das Gesetz dagegen häufiger (vgl zu den normierten Schutzpflichten im BGB allg KUHLMANN, Schutzpflichten 58 ff), idR bzgl des Vertragsgegenstandes selbst (so bei Abs 1, Rn 216 f). So folgt zB aus § 535 Abs 1 S 2 BGB die Verpflichtung des Vermieters, dem Mieter den vertragsgemäßen Gebrauch zu ermöglichen. § 536c BGB begründet die Pflicht des Mieters zur Mängelanzeige. **Obhutspflichten des Mieters**, die das **Integritätsinteresse** (s oben Rn 153) des Vermieters schützen, lassen sich im Mietverhältnis allenfalls aus § 541 BGB ableiten (so wohl auch BeckOK-BGB/SUTSCHET [1. 5. 2019] Rn 91). Dagegen können Obhutspflichten des **Vermieters** aus § 536a BGB gefolgert werden, der dem Mieter einen Schadensersatzanspruch auch für Mangelfolgeschäden zuspricht (PALANDT/WEIDENKAFF § 536a Rn 14). Gleiches gilt iRd **Kaufvertrages**, wo der Schadensersatzpflicht für Mangelfolgeschäden aus §§ 437 Nr 3, 280 Abs 1, 241 Abs 2 BGB eine Obhutspflicht des Verkäufers gegenüber dem Käufer im Hinblick auf den Kaufgegenstand zu Grunde liegt.

494 Einigkeit besteht darüber, dass § 701 BGB eine gesetzliche Obhutspflicht des **Gastwirtes** gegenüber seinen Gästen an den von ihnen eingebrachten Sachen begründet (BeckOK-BGB/SUTSCHET [1. 5. 2019] Rn 94). Ebenso lässt sich die Rückgabepflicht der **Gesellschafter** aus § 732 BGB als gesetzliche Obhutspflicht charakterisieren. Das Gleiche gilt für die Pflicht zur schonenden Ausübung einer **Grunddienstbarkeit** gem § 1020 BGB, bzw für diejenige des **Nießbrauchers** zur Erhaltung der Sache in ihrem wirtschaftlichen Bestand gem § 1041 BGB. Auch außerhalb des BGB finden sich Ausprägungen solcher gesetzlicher Obhutspflichten, zB in § 130a HGB und §§ 92 Abs 2, 93 Abs 1 sowie § 116 AktG.

c) Außergesetzliche Obhuts- und Fürsorgepflichten
aa) Voraussetzungen

495 Die Rspr nimmt außergesetzliche Sorgfalts- und Obhutspflicht im Wege der Auslegung dann an, wenn Vertragszweck, Verkehrssitte und die Anforderungen des redlichen Geschäftsverkehrs dies erfordern (schon RGZ 78, 239, 240; 73, 148; 66, 402; 65, 17; 55, 335; RG JW 1904, 358 Nr 10; 484, Nr 6; BGH NJW 1972, 1363 f; OLG Hamm NJW 2003, 760, 761; LG Heidelberg NJW 2002, 2960, 2961).

(1) Wissensgefälle/Einflussmöglichkeit

496 Dementsprechend muss – wie bei den Aufklärungspflichten (s oben Rn 442 ff) – ein **Gefälle** zwischen den Parteien bzgl ihres **Wissens um bestimmte Tatsachen** (so zB BGH NJW 1983, 2813, 2814) oder der **Macht** bestehen, **Umstände zu beeinflussen** (so bei LG Heidelberg NJW 2002, 2960, 2961; OLG Hamm NJW 2003, 760, 761; vgl auch BGH NJW 1972, 1363

für die Möglichkeit des Kfz-Händlers, eine Versicherung für Vorführwagen abzuschließen). Diese Voraussetzung lässt sich auf die Wertungen der §§ 617, 618 BGB stützen, welche auf der umfassenden Einwirkungsmöglichkeit des Dienstherrn vor allem bzgl des Ortes der Tätigkeit des Dienstverpflichteten beruhen. Ferner spricht § 701 BGB für eine solche Wertung, der die tatsächliche Herrschaft des Gastwirtes über seine Räume zur Grundlage hat.

(2) Abwägung
Die Auslegung verlangt ferner eine **mehrstufige Interessenabwägung** (z der Abwägung bei Aufklärungspflichten s oben Rn 454 ff; vgl auch LG Dortmund WM 1981, 280, 282; TEICHMANN JA 1984, 709, 713). Die besondere Schutzbedürftigkeit des Gegners ergibt sich aus den sonderverbindungsspezifischen **Einwirkungsmöglichkeiten** der einen bei gleichzeitig reduzierten **Abwehrmöglichkeiten** der anderen Seite (vgl BeckOK-BGB/SUTSCHET [1. 5. 2019] Rn 90; KREBS, Sonderverbindung 504). **497**

In einem weiteren Schritt erfolgt eine Güterabwägung zwischen **Gefährdung** der Rechtsgüter einer Partei und dem **Risikobeseitigungsaufwand** der anderen Partei (vgl BGH NJW 1972, 1363; ähnlich TEICHMANN JA 1984, 709, 713 für die Schutzpflichten insgesamt); dabei spielt die **Zumutbarkeit** der auferlegten Pflicht (vgl BGH NJW 1983, 2813, 2814; OLG Düsseldorf WM 1972, 546, 547) eine Rolle, ihre Kalkulierbarkeit ebenso wie die Vermeidbarkeit der Haftung (vgl KREBS, Sonderverbindung 505). Eine **Pflicht zum aktiven Schutz** der Gegenseite gegen Gefahren durch **Dritte** (vgl auch Rn 173, 257 ff) sowie **Naturgefahren** oder sonstige **Erhaltungspflichten** des einen Teils gegenüber dem anderen bedürfen stets **besonderer Rechtfertigung**, weil der aktiv Schutzpflichtige diese Gefahren nicht selbst begründet hat (vgl KREBS, Sonderverbindung 505 f). Denn soweit man eine solche aktive Schutzpflicht annimmt, wird der Grundsatz der Eigenverantwortlichkeit durchbrochen (vgl KREBS, Sonderverbindung 506). Sofern der Schutzpflichtige die Gefahren für Gegenstand oder Person der anderen Partei jedoch leichter und billiger bewältigen kann als dieser, weil seine eigenen berechtigten Interessen nicht erheblich sind, lässt sich diese Durchbrechung jedoch begründen (vgl BGH NJW 1972, 1363; KREBS, Sonderverbindung 505 f). Insbes ein **vorangegangenes risikoerhöhendes Verhalten** des Schuldners rechtfertigt uU seine Schutzpflicht (vgl KREBS, Sonderverbindung 507). Im Rahmen von **Dauerschuldverhältnissen** (s oben Rn 358 ff) muss ferner das zwischen den Parteien bestehende **Vertrauensverhältnis** Berücksichtigung finden (vgl MünchKomm/ERNST § 280 Rn 107). **498**

Für den Bereich der **Fürsorge** hat sich aus den mehrfach erwähnten §§ 617, 618 BGB eine umfassende Verpflichtung entwickelt (SOERGEL/TEICHMANN § 242 Rn 61; ERMAN/BÖTTCHER § 242 Rn 87). Insbes § 618 Abs 1 BGB wird als Ausdruck eines allgemeinen aus Treu und Glauben fließenden Rechtsgedankens verstanden und immer dann entsprechend angewandt, wenn eine Vertragspartei in Erfüllung ihrer Pflichten unter ähnlichen Voraussetzungen tätig wird (unter Anwendung v § 618 BGB analog RGZ 159, 268, 270; BGHZ 5, 62, 65; unter Anwendung v § 242 BGB RGZ 80, 27, 28; RG HRR 35, 336; vgl auch ERMAN/BÖTTCHER § 242 Rn 87), so vor allem beim „dienstvertragsähnlichen" **Werkvertrag** (RGZ 80, 27, 28; BGHZ 5, 62, 68; BGH NJW 1958, 710), aber auch bei anderen Verträgen mit dienst- oder werkvertraglichem Einschlag (vgl RGZ 159, 268, 269 f; beim Gastaufnahmevertrag RGZ 160, 153, 155; beim Auftrag BGHZ 16, 265, 267 ff). **499**

bb) Einzelfälle

500 Die Rspr zu den Obhuts- und Fürsorgepflichten ist umfangreich; eine abschließende und vollständige Darstellung kann deshalb an dieser Stelle nicht stattfinden. Für Einzelheiten wird vielmehr auf die Kommentierungen zu dem jeweiligen Schuldverhältnis verwiesen.

(1) Kaufvertrag

501 Eine wichtige Obhuts- und Fürsorgepflicht im Rahmen eines Kaufvertrages bildet die **Verkehrssicherungspflicht** hinsichtlich der dem Publikumsverkehr geöffneten Räumlichkeiten (so schon im sog Gemüseblattfall in BGHZ 66, 51; BeckOK-BGB/Sutschet [1. 5. 2019] Rn 94; OLG Hamm NJW-RR 2013, 1242 ff). Bei ihrer Verletzung haftet der **Verkäufer** einem (potenziellen) Käufer für auftretende Schäden an seinen Gegenständen oder seiner körperlichen Unversehrtheit wegen Verletzung einer Rücksichtspflicht aus §§ 241 Abs 2, 280 Abs 1 uU iVm 311 Abs 2, 3 BGB. Da diese Pflicht sowohl dem Schutz der Person als auch ihres Eigentums dient, stellt sie eine Obhuts- und Fürsorgepflicht zugl dar. Die Verkehrssicherungspflicht hat aber auch Grenzen. So ist der Supermarktbetreiber nicht verpflichtet, den Kunden vor Gefahren durch Stolpern über in der Verkaufsfläche betriebene Palettenhubwagen zu schützen, sofern diese gut sichtbar und nur bei Rückwärtsbewegungen nicht erkennbar sind (OLG Brandenburg MDR 2009, 807).

502 Der **Kfz-Händler** muss hingegen uU eine Kaskoversicherung für Probefahrten abschließen, um seiner Obhutspflicht für das Vermögen des Kaufinteressenten nachzukommen (BGH NJW 1986, 1099 f; 1972, 1363; BeckOK-BGB/Sutschet [1. 5. 2019] Rn 98; s Rn 153, 157, 162, 217). Für die Zumutbarkeit spricht, dass Kaufinteressenten das Modell, das sie zur Probe fahren, regelmäßig noch nicht vertraut ist und daher ein erhöhtes Unfallrisiko besteht, gegen das sich der Interessent selbst kaum versichern kann (vgl BGH NJW 1972, 1363 f; zu weiteren Obhuts- und Fürsorgepflichten im Rahmen eines Kaufvertrages vgl Staudinger/Beckmann [2014] § 433 Rn 133 ff, 232 ff; Rust MDR 1998, 947, 949). Der Tankstellenbetreiber verletzt seine Obhutspflicht aus einem Benzinkaufvertrag, wenn er nicht dafür Sorge trägt, dass das Gehäuse einer Zapfpistole derart befestigt ist, dass es nicht herunterfällt und dadurch Fahrzeuge beschädigt (AG München ZfSch 2007, 334).

(2) Gelddarlehensvertrag

503 Die Besonderheit des **Darlehensvertrages** iSd § 488 BGB liegt in dessen Dauerschuldcharakter (z Dauerschuldverhältnissen s oben Rn 358 ff) mit gesteigerter Einwirkungsmöglichkeit der einen Partei auf die Rechtsgüter der anderen. Die Parteien vertrauen daher in einem höheren Maße als sonst auf Wahrung und Schutz ihrer Rechtsgüter durch den anderen Teil (BGH NJW 1983, 2813, 2814). Deshalb hat zB die Bundesrepublik Deutschland gegenüber dem Vermieter bei der Ausübung des mit einem Darlehensvertrag verbundenen Wohnungsbesetzungsrechts eine Sorgfaltspflicht, keine Bundesbedienstete als Mieter zuzuweisen, die wegen ihrer zerrütteten Vermögensverhältnisse mit hoher Wahrscheinlichkeit ihrer Zahlungspflicht nicht nachkommen können (BGH NJW 1983, 2813, 2814). Für eine Bank ergibt sich aus dem Darlehensvertrag die Verpflichtung zur Interessenwahrung und Loyalität gegenüber ihrem Vertragspartner. Vertreter der Bank dürfen deshalb die Kreditwürdigkeit des Darlehensnehmers weder durch Tatsachenbehauptungen, auch wenn sie wahr sind, noch durch Werturteile oder Meinungsäußerungen gegenüber Dritten gefährden (BGH NJW 2006, 830; PWW/Schmidt-Kessel/Kramme § 242 Rn 84).

Titel 1
Verpflichtung zur Leistung
§ 241

(3) Mietvertrag

Auch beim **Mietvertrag** handelt es sich um ein Dauerschuldverhältnis, welches auf **504** gegenseitigem Vertrauen basiert und deshalb erhöhte Obhuts- und Fürsorgepflichten der Vertragsparteien begründet. So hat der **Vermieter** vor allem für die Sicherheit der Zu- und Abgänge, der Treppen und Flure sowie der sonstigen Räume, Hausteile und Fahrstühle zu sorgen (OLG Karlsruhe ZMR 1960, 306 ff; Staudinger/ J Emmerich [2018] § 535 Rn 29; BeckOK-BGB/Sutschet [1. 5. 2019] Rn 95; zur entsprechenden Pflicht des Hoteliers siehe OLG Brandenburg 11 U 32/07 [unveröffentlicht]). Diese Pflicht dient – wie die **Verkehrssicherungspflicht** zB im Rahmen eines Kaufvertrages (s oben Rn 501) – sowohl dem Schutz der Person des Mieters als auch der in seinem Eigentum befindlichen Gegenstände, stellt also wiederum Obhuts- und Fürsorgepflicht zugl dar. Umstr war, ob die Pflicht des Vermieters so weit reicht, dass er – unabhängig von einem konkreten Mangel – regelmäßig die Elektroinstallationen in den Wohnräumen und im gesamten Haus überprüfen muss (OLG Saarbrücken NJW 1993, 3077; **aA** LG Hamburg ZMR 1991, 440). Der BGH hat entschieden, dass sich diese Pflicht nur aus einer nahe liegenden Gefahr ergeben kann, die bei ordnungsgemäß installierten Leitungen und Anlagen nicht ohne Weiteres zu bejahen ist (NJW 2009, 143). Der Betreiber eines Parkhauses haftet ebenfalls grds nicht wegen Verletzung einer Obhutspflicht aus dem Mietvertrag über einen Abstellplatz, dafür dass er abgestellte Fahrzeuge nicht gegen Diebstahl versichert hat (OLG Düsseldorf NJW-RR 2001, 1607; LG Frankfurt aM NJW-RR 1988, 955). Eine Pflicht, für **Versicherungsschutz** zu sorgen, kann sich zwar ausnahmsweise aus einem Schuldverhältnis ergeben. So war ein Warenhaus, das iVm einem Kaufhaus im Zentrum einer Großstadt eine Tiefgarage betrieb, nach der Rspr nur dann nicht zu erhöhten Sicherungsmaßnahmen gegen Diebstahl und Beschädigung der abgestellten Fahrzeuge verpflichtet, wenn es eine Kaskoversicherung für den Kunden geschlossen hatte (BGH NJW 1972, 150, 152 = LM § 276 [Ce] Nr 2; s Rn 153, 157, 162, 217). Aus dieser Entscheidung folgt aber keine generelle entsprechende Verpflichtung, sondern es entscheidet stets die Abwägung der widerstreitenden Interessen im Einzelfall (s oben Rn 497 ff; OLG Düsseldorf NJW-RR 2001, 1607). Dementsprechend wurde zB die Pflicht des Kfz-Halters gegenüber dem Mieter und Fahrer des Kfz, eine Haftpflichtversicherung abzuschließen, deshalb angenommen, weil der Eintritt eines Schadens wahrscheinlich und dessen Umfang hoch war (BGH VersR 1971, 429, 430; 1964, 239, 240 f; BAG AP Nr 9 u 21 z § 611 BGB Haftung des Arbeitnehmers; BAGE 14, 226, 228 für den Arbeitgeber der öffentlichen Hand; BeckOK-BGB/Sutschet [1. 5. 2019] Rn 98). Darüber hinaus ist der Vermieter bei der Ausübung der Eigenbedarfskündigung verpflichtet, dem Mieter eine ihm zur Verfügung stehende vergleichbare Wohnung zur Anmietung anzubieten (ausf dazu Staudinger/Looschelders/Olzen § 242 Rn 779 ff). Dies folgt aus dem Gedanken, dass der Vermieter die Folgen einer auf Eigenbedarf gestützten Kündigung möglichst gering zu halten hat. Ein Verstoß gegen die Anbietpflicht führt allerdings nicht zur Unwirksamkeit der Kündigung, kann jedoch Schadensersatzpflichten begründen (BGH 14. 12. 2016 – VIII ZR 232/15 Rn 55 ff, JR 2018, 281 m Anm Hinz).

Auch den **Mieter** treffen Obhutspflichten, meist in Bezug auf die Mietsache selbst **505** (daher bereits oben Abs 1 Rn 221, 225; s auch BGH 28. 2. 2018 – VIII ZR 157/17, NJW 2018, 1746), aber ebenso bzgl des iRd Mietverhältnisses überlassenen Inventars (LG Essen ZMR 2012, 442 f). So muss er zB dafür sorgen, dass die gemietete Wohnung nicht durch einen von ihm verschuldeten Wasserrohrbruch oder Brand beschädigt wird (BGH NJW 1964, 33, 35; AG Wiesbaden NJW-RR 1992, 76; z durch fehlende Nutzung der Wohnung durch den Mieter entstehenden „Muff" vgl AG Hamburg NZM 1998, 477; BeckOK-BGB/Sutschet [1. 5. 2019] Rn 95). Weiter verletzt der Mieter durch die Aufbewahrung von Betäubungsmitteln seine Obhutspflichten, weil er damit rechnen muss, dass es im Rahmen strafprozessualer Maßnahmen zu Schäden an der Wohnung kommt (BGH 14.12. 2016 – VIII ZR 49/16 Rn 14 f, JR 2018, 281 m Anm Hinz). Die Einordnung einer Pflicht als Rücksichts- oder aber als Nebenleistungspflicht (s oben Rn 225) hängt von der umstrittenen Frage ab, ob § 546 BGB zur Rückgabe in vertragsgemäßem Zustand verpflichtet (so die bisherige hM, vor allem die Rspr, vgl BGHZ 104, 6 = NJW 1988, 1778, 1779; BGH WuM 1997, 217) oder lediglich zur Rückgabe als solcher (dafür Kandelhard, Kurze Verjährung rückgabeveranlasster Vermieterersatzansprüche, NJW 2002, 3291 ff mwNw; so Abs 1, Rn 225; vgl auch Katzenstein/Hüftle, „Zwangslauf" im Mietrecht? – Schadensersatz statt der Leistung bei Verletzung der Rückgabepflicht des Mieters, NZM 2004, 601 ff). Jedenfalls aber bestehen Obhutspflichten des Mieters zB bzgl des Treppenhauses oder auch des nicht gemieteten Gartens, die auf den Schutz des Integritätsinteresses gerichtet sind. Ebenso können den Mieter Obhutspflichten bzgl des Vermögens des Vermieters treffen. Ein gemietetes Kfz muss zB so gebraucht werden, dass dem Vermieter und Eigentümer keine Schadensersatzpflicht aus § 7 StVG entsteht (BGHZ 116, 200, 203 = NJW 1992, 900; BeckOK-BGB/Sutschet [1. 5. 2019] Rn 95). Eine Obhutspflicht aus § 241 Abs 2 BGB trifft den Mieter zudem bzgl der ihm zur Verfügung gestellten Schlüssel (BGH NZM 2014, 303 ff).

506 Der Charakter der Miete als Dauerschuldverhältnis führt außerdem dazu, dass zwischen den Mietvertragsparteien vielfältige **nachwirkende Obhuts- und Fürsorgepflichten** bestehen. Dementsprechend muss der **Vermieter** zB nach Auszug des Mieters eine gewisse Zeit ein Umzugsschild an seinem Haus dulden (so Abs 1, Rn 222; RGZ 161, 330, 338; MünchKomm/Ernst § 280 Rn 120; BeckOK-BGB/Sutschet [1. 5. 2019] Rn 103; z den nachwirkenden Pflichten grds Larenz, Schuldrecht I § 10 II f mwNw), um insbes die Vermögensinteressen des Mieters zu schützen. Auch darf er sein Vermieterpfandrecht nicht an unpfändbaren Sachen des Mieters ausüben (OLG Frankfurt BB 1979, 136; BeckOK-BGB/Sutschet [1. 5. 2019] Rn 103; für Einzelheiten wird bzgl der Obhutspflichten auf Staudinger/J Emmerich [2018] § 535 Rn 93 ff verwiesen, bzgl der Fürsorgepflichten auf Staudinger/J Emmerich [2018] § 535 Rn 82).

(4) Dienst- und Arbeitsverträge

507 Die wichtigste Rücksichtspflicht des **Dienstherrn** bzw **Arbeitgebers** folgt – wie erörtert – aus den §§ 617, 618 BGB (s oben Rn 492; z Geschichte der Fürsorgepflicht des Arbeitgebers vgl Brors, Fürsorgepflicht 7 ff; z Rechtsvergleichung, insbes mit den USA, Brors, Fürsorgepflicht §§ 5–7; Müller-Petzer, Fürsorgepflichten des Arbeitgebers nach europäischem und nationalem Arbeitsschutzrecht [Diss Bochum 2003]; für den Dienstherrn des Beamten sind zusätzlich die Vorschriften der verschiedenen Beamtengesetze heranzuziehen, so zB § 82 LBG NW; vgl auch § 62 Abs 1 HGB für den Prinzipal), wobei die Pflichten aus § 618 BGB durch das ArbSchG konkretisiert werden (BAG NZA 2006, 920; PWW/Schmidt-Kessel/Kramme § 242 Rn 82). In Anlehnung an diese Fürsorgepflicht wird vor allem von der Rspr ein **Wiedereinstellungsanspruch** des Arbeitnehmers nach betriebsbedingter Kündigung abgeleitet, wenn sich zwischen der Kündigung und dem Ablauf der Kündigungsfrist unvorhergesehen eine Weiterbeschäftigungsmöglichkeit ergibt (vgl BAG NZA 2002, 1416 im Anschluss an BAG NZA 1998, 254; dagegen Brors, Fürsorgepflicht 232; s Rn 280). Wurde zur Vermeidung einer betriebsbedingten Kündigung ein Aufhebungsvertrag geschlossen, ist dieser nach den Regeln über den Wegfall der Geschäftsgrundlage (§ 313 BGB)

anzupassen, sofern sich im genannten Zeitraum eine Weiterbeschäftigungsmöglichkeit ergibt. Die Vertragsanpassung kann dabei auch in einer Wiedereinstellung liegen (BAG NJW 2008, 3372). Aus der Fürsorgepflicht des Arbeitgebers folgt ebenso das allgemeine Gebot, Schädigungen des Arbeitnehmers zu unterlassen (BAG NJW 2000, 3369, 3370). Ferner stellt jede unbillige Ausübung des arbeitgeberseitigen Direktionsrechts, die zB den angestellten Anwalt in vermeidbare Gewissenskonflikte hinsichtlich des Gebots der gewissenhaften Berufsausübung bringt, zugl eine Verletzung der Fürsorgepflicht dar (COMPENSIS, Die Fürsorgepflichtverletzung im Anwaltsarbeitsverhältnis, BB 1996, 321, 324; WEBER RdA 1980, 289, 292 mwNw). Neben dieses Schädigungsverbot tritt die Pflicht zum aktiven Schutz des Arbeitnehmers bzw Dienstverpflichteten. Sie wurden im Arbeitsschutzgesetz (v 7. 8. 1996) sowie der Arbeitsstättenverordnung (v 20. 3. 1975) konkretisiert (s oben Rn 492 bei gesetzl Fürsorgepflicht; vgl auch das Beschäftigungsschutzgesetz v 24. 6. 1994, BGBl I 1994, 146), zB im Hinblick auf die Pflicht des Arbeitgebers, zu Gunsten des Nichtrauchers für rauchfreie Arbeitsplätze zu sorgen (seit dem 12. 8. 2004 in § 5 ArbStättV normiert, vgl BAG NJW 2009, 2698 ff; WELLENHOFER-KLEIN, Der rauchfreie Arbeitsplatz – Was bringt die Änderung der Arbeitsstättenverordnung?, RdA 2003, 155 ff; zu den weiteren offenen Rechtsfragen BERGWITZ, Das betriebliche Rauchverbot, NZA-RR 2004, 169 ff; früher COSACK, Verpflichtung des Arbeitgebers bzw Dienstherrn zum Erlass eines generellen Rauchverbots am Arbeitsplatz?, DB 1999, 1450 ff, 1452; SCHILLO/BEHLING, Rauchen am Arbeitsplatz – ein nach Anspruchsgrundlagen geordneter Leitfaden für die Praxis, DB 1997, 2022 ff). Es bestehen jedoch darüber hinausgehende Pflichten des Arbeitgebers, die aus seiner allgemeinen Fürsorgepflicht abgeleitet werden (z jetzigen Verortung bei § 241 Abs 2 vgl zB OTTO, Arbeitsrecht [4. Aufl 2008] Rn 567 ff). Dem Schutz des **Persönlichkeitsrechts** der Arbeitnehmer kann die Fürsorgepflicht des Arbeitgebers bzgl der Möglichkeit privater Nutzung von E-Mails am Arbeitsplatz dienen (vgl BALKE/MÜLLER, Arbeitsrechtliche Aspekte beim betrieblichen Einsatz von E-Mails, DB 1997, 326 ff). Sie erfordert jedoch die oben dargestellte (vgl oben Rn 497 ff) Abwägung zwischen der Missbrauchsgefahr der privaten E-Mail-Nutzung auf der einen und dem allgemeinen Persönlichkeitsrecht des Arbeitnehmers auf der anderen Seite. Ein absolutes Verbot der privaten Nutzung von E-Mail und Internetdiensten am Arbeitsplatz wird nach dieser Abwägung kaum zu begründen sein, ist aber grds möglich (HOLZNER, Neues zur Regelung der Nutzung von E-Mail und Internet am Arbeitsplatz?, ZRP 2011, 12 ff). Stellt ein Unternehmen einem Vertragspartner einen E-Mail-Account zur Verfügung, kann es rechtlich wie ein E-Mail-Provider behandelt werden, dh es besteht uU eine nachvertragliche Treuepflicht, vorhandene E-Mails – solange der Vertragspartner ein potenzielles Interesse daran hat – zur Verfügung zu halten (OLG Dresden NJW-RR 2013, 27 f).

Die Fürsorgepflicht geht schließlich dahin, **Schädigungen des Eigentums** eines Arbeitnehmers bzw Dienstverpflichteten zu unterlassen (vgl WEBER RdA 1980, 289, 290). So haftet der **Arbeitgeber** uU für die Beschädigung eines vom Arbeitnehmer berechtigterweise auf dem Betriebsgelände abgestellten PkW (so das BAG zuletzt in NJW 2000, 3369, 3370; vgl MünchKomm/BACHMANN/ROTH [6. Aufl 2012] Rn 112). Dabei entsteht ein Schadensersatzanspruch jedoch nur im Hinblick auf solche Sachen, die der Arbeitnehmer im üblichen Rahmen in den Dienst einbringt und notwendigerweise dort belässt (LAG Rheinland-Pfalz: Urteil v 15. 1. 2009 – 10 Sa 615/08; BVerwG NJW 1995, 271; hier ging es um einen Beamten). Auch können Arbeitgeber verpflichtet sein, zum Schutz des Vermögens bzw der finanziellen Existenz angestellter Kraftfahrer eine Kaskoversicherung abzuschließen (LAG Bremen VersR 1980, 1182; OLG Stuttgart 1980, 1169; aA BAG NJW 1988, 2820; BRORS, Fürsorgepflicht; KORT NZA 1996, 854 ff; SCHLIEMANN BB 2001, 1302 ff;

WEBER RdA 1980, 289 ff, z den **leistungsbezogenen Nebenpflichten** [s oben Rn 227, 260] des Arbeitgebers). Eine Grenze dieser arbeitgeberseitigen Verpflichtung zieht die Rspr zum einen bei Treu und Glauben und zum anderen durch Berücksichtigung der besonderen betrieblichen und örtlichen Verhältnisse (BAG NJW 2000, 3369, 3370).

509 Auch den **Arbeitnehmer** können Fürsorgepflichten gegenüber seinem Arbeitgeber treffen. Er ist ua verpflichtet, auf die geschäftlichen Interessen des Arbeitgebers Rücksicht zu nehmen und sie in zumutbarem Umfang zu wahren (BAG NJW 2004, 1547; LArbG Chemnitz MMR 2008, 416). Diese Pflicht besteht auch im ruhenden Arbeitsverhältnis fort (BAG NZA 2009, 671). Näher ausgestaltet wird sie durch die Grundrechte. Erstattet der Arbeitnehmer Strafanzeige gegen den Arbeitgeber oder seine Repräsentanten, beeinträchtigt er dadurch das als Ausfluss der verfassungsrechtlich geschützten Unternehmerfreiheit (Art 12 GG) rechtlich geschützte Interesse, nur mit solchen Arbeitnehmern zusammenzuarbeiten, die die Ziele des Unternehmens fördern und das Unternehmen vor Schäden bewahren. Andererseits nimmt der Arbeitnehmer ein von der Rechtsordnung eingeräumtes Grundrecht auf Rechtsverfolgung (Art 2 Abs 2 GG iVm dem Rechtsstaatsprinzip, Art 20 Abs 3 GG) wahr. Stützt er die Strafanzeige jedoch auf wissentlich oder leichtfertig falsche Angaben, verstößt der Arbeitnehmer damit in erheblichem Maße gegen seine Rücksichtsnahmepflichten (BAG NJW 2004, 1547; LArbG Berlin ArbuR 2007, 51). Auch grobe Beleidigungen des Arbeitgebers und seiner Vertreter, die nach Form und Inhalt eine erhebliche Ehrverletzung bedeuten, stellen uU einen Verstoß gegen die Fürsorgepflicht des Arbeitnehmers dar. Allerdings ist das Grundrecht auf Meinungsfreiheit zu beachten (Art 5 Abs 1 GG), weshalb allgemeine Kritik am Arbeitgeber und den betrieblichen Verhältnissen, selbst wenn sie überspitzt und polemisch ausfällt, den Tatbestand der Pflichtverletzung noch nicht erfüllt (BAG NJW 2006, 2348; BAG NJW 2005, 619). Weiterhin ist der Arbeitnehmer verpflichtet, alles zu unterlassen, was Leben oder Gesundheit von Arbeitskollegen sowie das Eigentum des Arbeitgebers gefährdet (LAG Kiel 6 Sa 158/08). Auch die eigenmächtige Installation von Software auf den Computern des Arbeitgebers ist zu unterlassen; ein Verstoß kann ohne Abmahnung zur Kündigung des Arbeitsverhältnisses führen (BAG NJW 2006, 2510; BAG DB 2011, 1865 ff bejaht zwar die Pflichtverletzung, erachtet jedoch eine Abmahnung als notwendig). In der unerlaubten Speicherung unternehmensbezogener Daten auf einer privaten Festplatte ohne Sicherung gegen unbefugten Zugriff kann ebenfalls ein Verstoß gegen die Pflicht zur Rücksichtnahme aus Abs 2 zu erblicken sein (BAG DB 2011, 1865). Offenkundige Lohnüberzahlungen schließlich müssen gegenüber dem Arbeitgeber angezeigt werden (BAG NZA 2009, 192 ff).

(5) Werkvertrag

510 Die dargestellte **Fürsorgepflicht** (o Rn 492) aus §§ 617, 618 BGB wird von Teilen der Lit und Rspr analog auf **Werkverträge** angewandt (RGZ 159, 268, 271 ff; BGHZ 26, 365, 371 = BGH NJW 1958, 70; BGH NJW 1971, 1931, 1933; vgl BeckOK-BGB/SUTSCHET [1. 5. 2019] Rn 96; STAUDINGER/PETERS/JACOBY [2014] § 631 Rn 59 u Anhang IV z § 638 Rn 16 ff; LARENZ, Schuldrecht I § 10 IIe; ausf, iE aber dagegen LEWER, Die Haftung des Werkbestellers nach Dienstleistungsrecht gem den §§ 618, 619 BGB, JZ 1983, 336 ff mwNw; vgl oben Rn 499). So wurde zB erwogen (OLG Frankfurt NJW-RR 1994, 633, 634), ob eine Fluggesellschaft gehalten sein kann, insbes einen insoweit besonders gefährdeten Fluggast in angemessener Entfernung zur Raucherzone der Fluggastkabine unterzubringen, ein Problem das zwischenzeitlich nicht mehr auftreten wird.

Den **Werkunternehmer** können grds auch **Obhutspflichten** treffen. Allerdings muss **511** zB ein Kfz-Händler, der ein ihm zur Reparatur übergebenes Wohnmobil bzw Kfz vor oder nach Durchführung der Arbeiten auf einem jedermann zugänglichen Teil seines Betriebsgeländes abstellt, nicht den Diebstahl des Fahrzeugs bzw die Entwendung von Fahrzeugteilen verhindern, wenn diese Gefahr dem Besteller bekannt ist (BGH NJW-RR 1997, 342 f; AG Trier NJW-RR 2006, 1684; bzgl der Einzelheiten vgl Staudinger/Peters/Jacoby [2014] § 631 Rn 59 ff u Anhang IV zu § 638 Rn 16 ff).

(6) Sonstige Fälle von Obhuts- und Fürsorgepflichten
Der **Auftraggeber** hat hinsichtlich der Sachen, die er dem Beauftragten überlässt, **512** notwendige Schutzmaßnahmen zu ergreifen, zB durch ausreichenden Versicherungsschutz für ein überlassenes Kfz (BAG AP Nr 18 z § 670 BGB). Ferner wird auch iRd Auftrags bei Ähnlichkeit der Tätigkeit des Beauftragten mit einem Dienstverpflichteten § 618 BGB analog angewandt (vgl Staudinger/Wittmann [1995] § 662 Rn 11). Obwohl die **Auslobung** ein einseitiges Rechtsgeschäft ist, können aus ihr auch Ansprüche wegen Verletzung einer Obhutspflicht entstehen, die zB in dem schutzwürdigen Vertrauen des Interessenten auf die ordnungsgemäße Durchführung des öffentlich bekannt gemachten Wettbewerbs begründet sind (OLG Köln NJWE-VHR 1996, 45, 46 mwNw). Zu den entsprechenden Nebenpflichten des Veranstalters gehört demnach auch die Pflicht, geeignete und sichere Wettkampfanlagen zur Verfügung zu stellen (vgl OLG Köln NJWE-VHR 1996, 45, 46). Obhutspflichten des **Arztes** sind dagegen meist leistungsbezogen (s oben Rn 210, 260; vgl aber zB OLG Köln AuR 1992, 4; z Krankenhaus s sogleich u). **Banken** können Schuldner von Obhutspflichten gegenüber Kunden sein, die sich meist auf den Schutz des Vermögens richten und in Form von Sorgfaltspflichten bzgl Kundendaten und -informationen bestehen (vgl BGHZ 166, 84 ff = NJW 2006, 830 ff; BGHZ 157, 256 ff = NJW-RR 2004, 481 ff; Lang, Das Aus für die Lehre vom allgemeinen Bankvertrag?, BKR 2003, 227, 230 ff). Zu den Nebenpflichten des zwischen einem Pflegedienst und einem Patienten geschlossenen **Betreuungsvertrages** gehört es, die Wohnung der betreuten Person gelegentlich auf technische Mängel zu überprüfen (bzgl einer mangelhaften Toilette AG Laufen FamRZ 2001, 1554). Der **Gastwirt** haftet für die vom Gast eingebrachten Sachen gesetzlich aus § 701 BGB. Daraus werden jedoch auch Fürsorgepflichten des Gastwirtes gegenüber den Gästen abgeleitet, ähnlich denen des Vermieters gegenüber dem Mieter (vgl oben Rn 493 u für Einzelheiten Staudinger/Werner [2015] Vorbem 14 zu §§ 701 ff). Im Rahmen eines **Geschäftsbesorgungsvertrages** können Fürsorgepflichten des Geschäftsherrn gegenüber dem Geschäftsführer bestehen (vgl Staudinger/Martinek [1995] § 675 Rn A 173). Gleiches gilt iRd **Geschäftsführung ohne Auftrag** (vgl Staudinger/Wittmann [1995] Vorbem 36 zu §§ 677 ff). Ebenso treffen das **Krankenhaus** Obhutspflichten, zB für den Schmuck des bewusstlosen Patienten (LG Hannover ArztR 2000, 52). Wegen der Vergleichbarkeit des **Maklervertrages** und einem Kaufvertrag mit vorangegangenem geschäftlichen Kontakt (Staudinger/Arnold [2016] Vorbem 4 zu §§ 652 ff) sind die bestehenden Obhuts- und Fürsorgepflichten in beiden Vertragsverhältnissen ähnlich. Allerdings führt das besondere Treueverhältnis zwischen Makler und Auftraggeber zu einer gesteigerten Fürsorgepflicht des Ersteren gegenüber Letzterem (BGH NJW 1986, 150, 151; 1985, 2595; ausf z Ganzen Staudinger/Arnold [2016] Vorbem 9 zu §§ 652 ff). Obhutspflichten im Rahmen **gesetzlicher Schuldverhältnisse** bedürfen mangels freiwilligen Zusammenschlusses besonderer Anhaltspunkte. So wird zB diskutiert, ob im **Nachbarschaftsverhältnis** (allgemein z nachbarschaftlichen Gemeinschaftsverhältnis s oben Rn 409) eine Verpflichtung besteht, eigene Reben gegen Mehltau zu schützen, um ein Übergreifen des Schädlingsbefalls auf das

Nachbargrundstück zu verhindern (von BGH JA 2001, 825 ff m Anm LEPPICH abgelehnt). Außerdem ist fraglich, ob ein Schadensersatzanspruch wegen schuldhafter Verletzung einer Obhutspflicht vorliegt, wenn jemand eine Feuerwerksrakete in geringer Entfernung von einem später in Brand gesetzten Bauwerk seines Nachbarn startet (von OLG Stuttgart NJOZ 2008, 3647 ff abgelehnt; vgl dazu BGH NJW 2009, 3787). Entscheidend ist, ob derjenige, der das Feuerwerk abbrennt, einen Platz gewählt hat, von dem aus fehlgehende Raketen aller Voraussicht nach keinen nennenswerten Schaden anrichten können (OLG Jena NJW-RR 2008, 831). Wegen der Ähnlichkeit des **Pachtvertrages** mit dem Mietvertrag sowie seines Dauerschuldcharakters bestehen zahlreiche Obhuts- (z Einzelheiten STAUDINGER/SCHAUB [2018] Vorbem 34 zu §§ 581 ff u STAUDINGER/SONNENSCHEIN [1996] § 581 Rn 230, 238, 167, 307, 322, 404) und Fürsorgepflichten (ausf STAUDINGER/SONNENSCHEIN [1996] § 581 Rn 125, 172, 238). So trifft den **Verpächter** zB eine umfassende Verkehrssicherungspflicht, die sich zugl als Fürsorge- und Obhutspflicht darstellt und in so engem Zusammenhang mit der Hauptleistungspflicht steht, dass im Einzelfall von dieser abgegrenzt werden muss (STAUDINGER/SONNENSCHEIN [1996] § 581 Rn 172 f). Der **Pächter** hat dafür Sorge zu tragen, dass der Verpächter nicht in seiner Person Schaden erleidet (STAUDINGER/SONNENSCHEIN [1996] § 581 Rn 238). Zu den Obhutspflichten des **Reiseveranstalters** gehört es zB, liegen gelassene Kleidungsstücke aufzubewahren (STAUDINGER/STAUDINGER [2016] § 651a Rn 134; z den Fürsorgepflichten vgl STAUDINGER/SCHMID [2017] § 651a Rn 33). Im Hinblick darauf, dass es bis April 1993 weltweit noch zu keinem Attentatsversuch auf Teilnehmer eines internationalen Tennisturniers gekommen war, musste der **Veranstalter eines Sportturniers** jedenfalls bis zu diesem Zeitpunkt keine Vorkehrungen gegen die Verwirklichung einer solchen Gefahr treffen (LG Hamburg NJW 1997, 2606); dies würde heute uU anders zu beurteilen sein. Ein **Waschanlagenbetreiber** wurde hingegen verpflichtet, bei bestimmten Ausstattungen bzw Formgebungen der Benutzerfahrzeuge (zB Dachheckspoilern) auf Risiken und Gefahren bei der Benutzung der Waschanlage hinzuweisen, etwa durch einen gut sichtbaren Hinweis am Eingang der Waschanlage (OLG Düsseldorf NJW-RR 2004, 962; AG Ludwigsburg NZV 2008, 250). Auf Warnhinweise mit ausreichender Signalwirkung muss auch ein **Hotelbetreiber** achten, der seinen Gästen Duplextiefgaragenplätze zur Verfügung stellt. In diesem Fall können zusätzliche Schilder in geeigneter Höhe und ausreichender Anzahl oder auch abgehängte Messlatten vor den Parkplätzen geeignete Maßnahmen darstellen (OLG München MDR 2009, 801). Auch den **Telefondienstanbieter** treffen Obhutspflichten: So entschieden das LG Heidelberg (NJW 2002, 2960 ff) und ähnlich das OLG Hamm (NJW 2003, 760 ff), dass er und der **Netzbetreiber** in Erfüllung einer Rücksichtspflicht Schutzvorkehrungen vor unbeabsichtigten Kosten treffen muss. Darauf reagierte der Gesetzgeber zunächst mit dem sog G zur Bekämpfung des Missbrauchs von 0190er/0900er Mehrwertdienstnummern (G v 9. 8. 2003, BGBl I 2003, 1590). Nach Inkrafttreten des Gesetzes zur Änderung telekommunikationsrechtlicher Vorschriften (G v 18. 2. 2007, BGBl I 2007, 106) finden sich die entsprechenden Regelungen in den §§ 66a–66 f TKG wieder. Inhalt des **Verwahrungsvertrages** ist gem § 688 BGB zwar die Obhutspflicht des Verwahrers bzgl der verwahrten Sache als Hauptleistungspflicht. Den **Hinterleger** treffen aber auch Obhuts- und Fürsorgepflichten (STAUDINGER/REUTER [2015] Vorbem 46 zu §§ 688 ff) gegenüber dem Verwahrer. Dies zeigt § 694 BGB, der Schadensersatzansprüche des Verwahrers gegenüber dem Hinterleger bei durch die Beschaffenheit der hinterlegten Sache entstandener Schäden normiert. Zum **Wohnungsbesetzungsrecht** vgl oben beim Darlehensvertrag Rn 493 (z weiteren Einzelfällen s auch ERMAN/BÖTTCHER § 242 Rn 89 f). Auch den Stadionbesucher treffen aus dem **Zuschauervertrag** Pflichten zur Rücksichtnahme auf das Interesse des Vereins an einem ungestörten Spielablauf (zur Schadensersatzpflicht eines Zuschauers wegen Zündens eines Sprengkörpers BGH 22. 9. 2016 – VII ZR 14/16 juris Rn 13, NJW 2016, 3715, 3716).

4. Leistungsunabhängige Treuepflichten*

a) Allgemeines

Vor der Einfügung des Abs 2 wurden von der hM die sog **Schutzpflichten** ausdrücklich von den **Treuepflichten** (z den Treuepflichten sehr ausf KREBS, Sonderverbindung 440 ff; z Terminologie s oben Rn 154 ff) abgegrenzt. Dem lag die Annahme zugrunde, Schutzpflichten seien auf Handlungen zum Schutz der Gegenseite gerichtet und griffen intensiver in die Rechtsstellung des Verpflichteten ein als Treuepflichten (KREBS, Sonderverbindung 468 f). Auch sah man die Existenz von Schutzpflichten neben bereits bestehenden Treuepflichten als möglich an (KREBS, Sonderverbindung 470). Schließlich unterschieden die Vertreter dieser Ansicht Schutz- und Treuepflichten hinsichtlich ihres Zwecks: Schutzpflichten sollten der **Kompensation besonderer Einwirkungsmöglichkeiten** und damit dem Schutz der Gegenseite dienen, den Leistungszweck aber

513

---

* Zu den Treuepflichten allg: BARTSCH, Die Entwicklung der personengesellschaftsrechtlichen Treuepflicht in der Rechtsprechung (Diss Göttingen 1989); BAUS, Treuepflichten des Aktionärs im Gemeinschaftsunternehmen (Diss Freiburg 1991); FILLMANN, Treuepflichten der Aktionäre (Diss Mainz 1991); FLEISCHER, Zur organschaftlichen Treuepflicht der Geschäftsleiter im Aktien- und GmbH-Recht, WM 2003, 1045 ff; FREESE, Die positive Treuepflicht (Diss Münster 1970); GEISER, Die Treuepflicht des Arbeitnehmers und ihre Schranken (Diss Basel 1983); GESSNER, Treuepflichten bei Mehrheitsumwandlungen von GmbH: Im Vergleich zum amerikanischen Recht (Diss Freiburg 1993); HUERHOLZ, Die Treuepflichten des Arbeitnehmers – zugleich ein Beitrag zur Theorie des Treubegriffs (Diss Würzburg 1968); JANKE, Gesellschaftsrechtliche Treuepflicht: Neubewertung der richterrechtlichen Generalklausel im Rahmen einer rechtsvergleichenden und ökonomischen Analyse (Diss Osnabrück 2003); JUNG, Privatversicherungsrechtliche Gefahrengemeinschaft und Treuepflicht des Versicherers, VersR 2003, 282 ff; KASKE, Das arbeitsrechtliche Direktionsrecht und die arbeitsrechtliche Treuepflicht im Berufssport (Diss Bayreuth 1983); KLATT, Treuepflichten im Arbeitsverhältnis: eine rechtshistorische Untersuchung (Diss Freiburg 1990); KLOPFER, Die Treuepflicht des Arbeitnehmers im Arbeitsverhältnis (Diss Jena 1928); LI, Die mitgliedschaftliche Treuepflicht der Aktionäre (Diss Göttingen 2000); MIKUS, Die Entwicklung der Honorarbeziehung zwischen Verleger und Verfasser und die verlegerische Treuepflicht (Diss Freiburg 2002); RAAFLAUB, Die Treuepflicht des Arbeitnehmers beim Dienstvertrag (Diss Bern 1959); SCHOELER, Ausgestaltung und Durchsetzung der Treuepflichten eines Vorstandes (Diss Bonn 1978); SCHULZ, Treuepflichten unter Insolvenzgläubigern (Diss Gießen 2003); STELZIG, Die Treuepflicht des Aktionärs unter besonderer Berücksichtigung ihrer geschichtlichen Entwicklung (Diss Münster 2000); STRASSER, Die Treuepflicht der Aufsichtsratmitglieder der Aktiengesellschaft (Diss Wien 1998); WESTERMANN, Dogmatik und Bedeutung der allgemeinen Fürsorge- und Treuepflicht im Arbeits- und Beamtenrecht (Diss Münster 1982); WOHLMANN, Die Treuepflicht des Aktionärs (Diss Zürich 1968); WORCH, Treuepflichten von Kapitalgesellschaften untereinander und gegenüber der Gesellschaft (Diss Hamburg 1983); ZWISSLER, Treuegebot – Treuepflicht – Treuebindung – die Lehre von den mitgliedschaftlichen Treuepflichten und Treuebindungen und ihre Anwendungsfehler im Recht der Aktiengesellschaft (Diss München 2002).

nur mittelbar fördern. Bei Treuepflichten hingegen sah man deren Hauptziel in der **unmittelbaren Zweckerreichung** (Krebs, Sonderverbindung 470).

514 Obwohl die Gesetzesmaterialien zum Schuldrechtsmodernisierungsgesetz die Treuepflichten nicht ansprechen, muss dennoch Abs 2 Beachtung finden. In systematischer Auslegung ist im Hinblick auf die Abgrenzung von Schutz- und Treuepflichten darauf hinzuweisen, dass nur § 242 BGB von „Treu und Glauben" spricht, nicht jedoch der Abs 2. Dies spräche dafür, die Treuepflichten weiterhin (vgl zB Soergel/Teichmann § 242 Rn 178 ff; ähnlich Erman/Böttcher § 242 Rn 20) bei § 242 BGB zu verorten (NK-BGB/Krebs Rn 19; Krebs, in: Dauner-Lieb ua, Das neue Schuldrecht § 3 Rn 4, 28; MünchKomm/Schubert § 242 Rn 174). Allerdings formuliert Abs 2 eindeutig (s oben Rn 153), dass das Schuldverhältnis jeden Teil zur **Rücksicht** auf Rechte, Rechtsgüter und Interessen des anderen Teils verpflichten kann. Unter den umfassenden Begriff der „Rücksicht" fallen aber alle leistungsunabhängigen Nebenpflichten (ähnl sogar Krebs, in: Dauner-Lieb ua, Das neue Schuldrecht § 3 Rn 4 selbst, der den Kern der Treuepflichten als vom Oberbegriff „Rücksichtnahmepflichten" erfasst verstehen will; auch Larenz, Schuldrecht I § 9 verstand Loyalitätspflichten als Unterfall weiterer Verhaltenspflichten). Außerdem fordert § 242 BGB die **Leistungserbringung** nach Treu und Glauben und spricht damit die **leistungsbezogenen Pflichten** an, sodass er zur Begründung nichtleistungsbezogener Treuepflichten (zumindest) nicht direkt herangezogen werden kann (Larenz, Schuldrecht I § 2 I und § 10 II g z sog „Erwirkung" gem § 242 BGB; Looschelders, Schuldrecht AT § 4 Rn 1). Dass er als Ausdruck eines allgemeinen bürgerlich-rechtlichen Prinzips auf deren konkrete **Ausgestaltung** Einfluss hat, wird dadurch nicht in Frage gestellt (ausf Staudinger/Looschelders/Olzen § 242 Rn 182 ff; auch Looschelders, Schuldrecht AT § 4 Rn 16). Ihre Grundlage bildet aber Abs 2.

515 Treuepflichten (vgl dazu auch Staudinger/Looschelders/Olzen § 242 Rn 570) werden teilw auch als **Loyalitätspflichten** bezeichnet (Larenz, Schuldrecht I § 2 VI), vor allem deshalb, weil sie oft ihren Ursprung in **Dauerschuldverhältnissen** haben (vgl OLG Hamburg MDR 1955, 289; Larenz, Schuldrecht I § 2 I und VI). So beherrschen vor allem in **Arbeitsverhältnissen** (Staudinger/Looschelders/Olzen § 242 Rn 786 ff, 792 ff) und **Gesellschaften** (Staudinger/Looschelders/Olzen § 242 Rn 971 ff) Treuepflichten die Beziehung zwischen den Vertragsparteien (vgl das vorstehende Literaturverzeichnis sowie OLG Hamburg MDR 1955, 289). Die Treuepflicht des **Minderheitsaktionärs** einer AG verpflichtet diesen zB dazu, seine Mitgliedsrechte unter angemessener Berücksichtigung der gesellschaftsbezogenen Interessen der anderen Aktionäre auszuüben (BGH NJW 1995, 1739 in Ergänzung z BGHZ 103, 184; weitere Bsp s unten bei sonstigen Unterlassungspflichten Rn 525 ff). Auch verlangt die gesellschaftsrechtliche Treuepflicht von dem **Gesellschafter einer GbR**, dass er seine Mitgesellschafter im Rahmen der Auseinandersetzung über Umstände, die deren mitgliedschaftliche Vermögensinteressen berühren, zutreffend und vollständig informiert (BGH NJW-RR 2003, 169). Meist hat die Treuepflicht jedoch ein Unterlassen zum Inhalt, so etwa ein Unterlassen von Wettbewerb oder Geheimnisoffenbarung (s unten Rn 519 ff).

516 Das besondere Vertrauensverhältnis als Grundlage der Treuepflichten hat zur Folge, dass bloße **Güterumsatzgeschäfte** selten solche Pflichten hervorrufen, da ihnen das personenrechtliche Element fehlt (vgl BGH LM [Hd] § 276 Nr 1; für den Kaufvertrag zB OLG Hamburg MDR 1955, 289; Larenz, Schuldrecht I § 2 VI; **aA** Beitzke, Dauerrechtsverhältnisse 10).

Wegen der hier vertretenen Annahme, dass § 242 BGB Treuepflichten **nicht begründet**, sondern lediglich deren Inhalt und Umfang **konkretisiert**, wurden die **leistungsbezogenen Treuepflichten** bereits unter Abs 1 dargestellt (s oben Rn 163 ff, 216 ff). Allerdings ist die Grenze zwischen leistungs- und nichtleistungsbezogenen Treuepflichten (s oben Rn 157 ff, 274 f) nicht immer leicht zu ziehen (vgl MünchKomm/SCHUBERT § 242 Rn 192). Unter Berücksichtigung dieses Umstandes bilden die nachfolgenden Ausführungen keine allgemeingültigen Prinzipien, sondern zeigen nur Regelfälle auf. Der Übersichtlichkeit dient die Einteilung **nichtleistungsbezogener Treuepflichten** in **Wettbewerbsverbote, Geheimhaltungspflichten, sonstige Unterlassungspflichten** und das **Verbot** der anderweitigen **Störung der Vertrauensgrundlage**. 517

b) Wettbewerbsverbote*
aa) Allgemeines
Eine praktisch wichtige Konkretisierung leistungsunabhängiger Treuepflichten stellen **Wettbewerbsverbote** dar. Sofern der Wettbewerb zu einer Entwertung der Leistung eines Arbeitnehmers oder Gesellschafters führen könnte, handelt es sich um eine **Nebenleistungstreuepflicht** (vgl MünchKomm/BACHMANN/ROTH [6. Aufl 2012] Rn 94; s Rn 265 ff, 295 ff). Dient das Wettbewerbsverbot dagegen dem Schutz des gesamten Vermögens oder auch des Rufes eines Vertragspartners, so stellt es sich als Ausprägung einer **nichtleistungsbezogenen Treuepflicht** dar. Nur Letztere sollen hier kurz erörtert werden, beginnend mit den gesetzlich normierten Wettbewerbsverboten. 518

bb) Gesetzlich normierte Wettbewerbsverbote
§§ 60, 61 HGB normieren das Wettbewerbsverbot des **Handlungsgehilfen** (vgl STAUDINGER/LOOSCHELDERS/OLZEN § 242 Rn 793), der während der Dauer des Vertrages ohne Einwilligung des Prinzipals weder ein Handelsgewerbe betreiben noch in dem Handelszweig des Prinzipals für eigene oder fremde Rechnung Geschäfte machen darf. Ein entsprechendes Wettbewerbsverbot trifft gem §§ 112, 113 HGB auch die **Gesellschafter einer OHG** sowie über § 161 Abs 2 HGB die **Komplementäre einer KG**, während die Kommanditisten gem § 165 HGB nicht davon betroffen sind. Schließlich unterliegen auch die **Vorstandsmitglieder einer AG** gem § 88 AktG einem entsprechenden Wettbewerbsverbot. 519

cc) Außergesetzliche Wettbewerbsverbote
Wettbewerbsverbote können im Rahmen der vertraglichen Schuldverhältnisse auf ausdrücklicher Abrede beruhen oder durch Vertragsauslegung begründet werden. So ergibt zB die Auslegung eines Miet- oder Pachtvertrages, dass der **Vermieter** gewerblicher Räume oder **Verpächter** eines Unternehmens dem Mieter bzw Pächter nicht selbst Konkurrenz machen oder Räume an einen Konkurrenten vermieten darf (BGH NJW 1978, 585; vgl STAUDINGER/J EMMERICH [2018] § 535 Rn 23 sowie STAUDINGER/SONNENSCHEIN 520

---

* **Schrifttum:** ANGELIS, Ungeschriebene Wettbewerbsverbote für Gesellschafter im GmbH-Recht (Diss Münster 1997); BAUER/DILLER, Wettbewerbsverbote (4. Aufl 2006); GÖSSLINGHOFF, Einbeziehung Dritter in Wettbewerbsverbote (Diss Bielefeld 2000); RÖMERMANN, Nachvertragliche Wettbewerbsverbote bei Freiberuflern, BB 1998, 1489 ff; STRELAU, Wettbewerbsverbote für den GmbH-Geschäftsführer und Befreiungsmöglichkeiten (Diss Marburg 1999); WERTHEIMER, Bezahlte Karenz oder entschädigungslose Wettbewerbsenthaltung des ausgeschiedenen Arbeitnehmers, BB 1999, 1600 ff; WÜNDISCH, Wettbewerbsverbote im Verlagsvertrag (Diss Leipzig 2001).

[1996] § 581 Rn 152 ff; s Rn 153, 157, 162, 224). Gleiches kann auch zwischen Eigentümer und **Erbbauberechtigtem** gelten (OLG Karlsruhe WM 1962, 26, 27). Ob der **Arbeitnehmer** im Geschäftszweig des Arbeitgebers nach Beendigung des Arbeitsverhältnisses stets einem Wettbewerbsverbot unterliegt, ist zwar teilw umstr (vgl MünchKomm/BACHMANN Rn 111; s Rn 153, 157, 162, 227, 296), wird jedoch auch ohne entsprechende vertragliche Vereinbarung weitgehend bejaht (vgl BAG BB 1999, 212 ff; LAG Köln NZA-RR 1996, 2 nimmt ein Wettbewerbsverbot nur bei entspr Karenzentschädigung gem §§ 74 ff HGB an; LAG München 3 Sa 973/07 bejaht auf Grundlage von § 60 HGB eine wettbewerbswidrige Tätigkeit, sobald der Arbeitnehmer eine eigene werbende Tätigkeit im Betätigungsfeld des Arbeitgebers entfaltet; z Einordnung als nachwirkende Treuepflicht vor allem WERTHEIMER BB 1999, 1600, 1603). Wettbewerbsverbote gelten uU auch für Freiberufler, zB in einer Gemeinschaftspraxis zusammengeschlossene **Ärzte** (SPOERR/BRINKER/DILLER, Wettbewerbsverbote zwischen Ärzten, NJW 1997, 3056 ff; DEUTSCH/SPICKHOFF, Medizinrecht Rn 135) oder **Rechtsanwälte**, die Mitglied einer Sozietät sind (ausf mwNw RÖMERMANN BB 1998, 1489 ff).

c) Geheimhaltungspflichten

521 Zum Schutz des Vermögens zB in Form eines Unternehmens können **Geheimhaltungspflichten** als nichtleistungsbezogene Treuepflichten bestehen, die zT auch als **Diskretionspflichten** bezeichnet werden (LARENZ, Schuldrecht I § 9 I 2, der sie als Unterfall der von ihm als Loyalitätspflichten bezeichneten Rücksichtspflichten versteht). Sie sind von den Nebenleistungstreuepflichten abzugrenzen, die gleichfalls die Geheimhaltung bestimmter Informationen schützen soll (s oben Rn 153, 157, 161). Sobald jedoch das **Integritätsinteresse** des Gegenübers, meist in Form des allgemeinen Vermögensschutzes, betroffen wird, ist der Anwendungsbereich des Abs 1 verlassen und auf Abs 2 zurückzugreifen.

522 **Gesetzliche** Geheimhaltungspflichten finden sich innerhalb des BGB überhaupt nicht. Lediglich im **Gesellschaftsrecht** sind einige Geheimhaltungspflichten ausdrücklich normiert, etwa in § 93 Abs 1 S 3 AktG oder in § 116 S 2 AktG (z Strafbarkeit vgl § 404 AktG, § 17 UWG).

523 Daneben erkennt die Rspr im Wege der Auslegung **außergesetzliche** Geheimhaltungspflichten an, uz unter ähnlichen Voraussetzungen, wie sie für außergesetzliche Obhutspflichten bestehen (s oben Rn 495 ff). Deshalb wird dem **Arbeitnehmer** die Pflicht zur Bewahrung der Geschäfts- und Betriebsgeheimnisse seines Arbeitgebers auferlegt (vgl MünchKomm/BACHMANN Rn 118; Einzelheiten bei STAUDINGER/RICHARDI/FISCHINGER [2016] § 611 Rn 1201 ff). Eine solche Pflicht trifft auch die **Gesellschafter** bzgl der Geschäftsgeheimnisse der Gesellschaft, aus der sie ausgeschieden sind. Ferner ist die **Bank** zur Geheimhaltung aller Daten verpflichtet, die ihre Kunden betreffen und deren Geheimhaltung in deren Interesse liegt (BGH NJW 2006, 830; MünchKomm/ERNST § 280 Rn 1054). Eine Bank verletzt uU eine leistungsunabhängige Treuepflicht, wenn sie entgegen dem Wunsch des Kunden seinen Gläubigern Zahlungseingänge mitteilt (BGH NJW 1958, 1232).

d) Unberechtigte Geltendmachung von Forderungen/ Unberechtigte Geltendmachung von Gestaltungsrechten

524 In einer Klageerhebung oder der sonstigen Inanspruchnahme eines gesetzlich geregelten Verfahrens zur Durchsetzung vermeintlicher Rechte liegt weder die Verletzung einer Nebenleistungspflicht (s oben Rn 253) noch die Verletzung einer Pflicht iSd Abs 2 (BGHZ 36, 18, 20 f; BGH NJW 2008, 1147). Ob dies für die außergerichtliche Geltendmachung unberechtigter Forderungen und Gestaltungsrechte gleichermaßen gilt, wird nicht einheitlich beantwortet. Manche meinen, die außergerichtliche Geltendmachung könne nicht anders behandelt werden als die gerichtliche (KGR Berlin 2005, 977; OLG Düsseldorf NJW-RR 1999, 746; KAISER, Pflichtwidriges Mangelbeseitigungsverlangen, NJW 2008, 1709, 1711), eine Auffassung die außer Betracht lässt, dass die Prozesspartei durch Verfahrensnormen geschützt ist. Außerdem gebe es jedenfalls in bestehenden Schuldverhältnissen ein Recht, in subjektiv rechtlicher Weise – wenn auch unter fahrlässiger Verkennung der Rechtslage – Ansprüche geltend zu machen (KGR Berlin 2005, 977). Der BGH dagegen hat zu Recht entschieden, dass es die Pflicht zur Rücksichtnahme aus Abs 2 verletzt, wenn eine Vertragspartei von der anderen etwas verlangt, das ihr vertraglich nicht geschuldet ist (BGH NJW 2009, 1262; s auch BGH NJW 2008, 1147 für unberechtigtes Mängelbeseitigungsverlangen), sodass die Ersatzpflicht nur vom Vertretenmüssen abhängt. Für die Ausübung eines Gestaltungsrechts ohne Gestaltungsgrund (unberechtigte Kündigung) ist eine solche Pflichtverletzung schon mehrfach bejaht worden (BGH NJW 1988, 1268; BGH NJW 2005, 2395). Eine Verletzung der Rücksichtnahmepflicht des Abs 2 kann auch gegeben sein, wenn übermächtige Abnehmer wie Monopolunternehmen oder die öffentliche Hand grundlose Beanstandungen und Prüfungen gegenüber ihren wirtschaftlich unterlegenen Lieferanten durchsetzen (BGH WM 1981, 270; BeckOK-BGB/SUTSCHET [1. 5. 2019] Rn 54).

e) Sonstige Unterlassungspflichten

Parteien eines Schuldverhältnisses können auch zu **sonstigen Unterlassungen** verpflichtet sein, die neben das Wettbewerbsverbot sowie die Geheimhaltungspflicht treten. Dabei muss wiederum zwischen leistungsbezogenen und leistungsunabhängigen Unterlassungspflichten unterschieden werden (s oben Rn 518). Gesetzlich normiert sind solche Unterlassungspflichten zwar nicht. Sie entstammen aber dem jeweiligen Schuldverhältnis unter Berücksichtigung des Abs 2 und des Prinzips von Treu und Glauben gem § 242 BGB. 525

Aus dieser Überlegung verstieß ein einzelner **Aktionär** zB gegen die unter den Aktionären bestehende Treuepflicht (vgl dazu STAUDINGER/LOOSCHELDERS/OLZEN § 242 Rn 984 ff), als er eine sinnvolle und mehrheitlich angestrebte Sanierung der Gesellschaft – einschließlich einer zum Sanierungskonzept gehörenden Kapitalherabsetzung – aus eigennützigen Gründen zu verhindern trachtete (BGH NJW 1995, 1739 ff; z Treuepflicht u der Verjährung v Schadensersatzansprüchen gegen GmbH-Gesellschafter-Geschäftsführer vgl BGH NJW 1999, 781 ff). Wird das Grundkapital einer AG im Zuge der Herabsetzung auf Null erhöht, gebietet die Treuepflicht dem Mehrheitsaktionär außerdem, möglichst vielen Aktionären den Verbleib in der Gesellschaft zu eröffnen. Daraus ergibt sich grds die Pflicht, den Nennwert der neuen Aktien auf den gesetzlichen Mindestbetrag festzulegen (BGH NJW 1999, 3197). 526

Ein **Arbeitnehmer** muss sich in seiner Freizeit so verhalten, dass das Ansehen des Arbeitgebers nicht geschädigt wird. Einem Angestellten des öffentlichen Dienstes, der ein vorsätzliches Tötungsdelikt beging, wurde deswegen außerordentlich gekündigt (BAG NZA 2000, 1282 f). 527

Der Nutzer einer **Social-Media-Plattform** kann von dem Betreiber die Unterlassung der Entfernung von eingestellten Meinungsäußerungen verlangen, sofern sie vom

Schutzbereich der Meinungsfreiheit nach Art 5 Abs 1 S 1 GG umfasst sind (OLG München 28. 12. 2018 – 18 W 1955/18 juris Rn 13, nv).

f) Störung der Vertrauensgrundlage

528 Verfehlungen einer Partei können schließlich zur **Störung der Vertrauensgrundlage** zwischen den Beteiligten führen, vor allem bei Dauerschuldverhältnissen von großer Bedeutung (s Rn 153, 157, 161, 221 ff). Auf diesem Gedanken beruhen § 313 BGB und § 314 BGB, die regelmäßig zu einer Beendigung des Vertragsverhältnisses führen, wenn die Vertrauensgrundlage erschüttert ist. Meist führt ihre Störung zu einer Gefährdung des Leistungserfolges und des Vertragszwecks (vgl MünchKomm/ BACHMANN Rn 105). Dann liegt die Verletzung einer **leistungsbezogenen Nebenpflicht** vor (s oben Rn 163 ff). Bei einem reinen **Güterumsatzgeschäft** bedeuten **Ehrverletzungen** allerdings regelmäßig keine solche Gefährdung des Vertragszwecks (vgl OLG Hamburg MDR 1955, 289; vgl MünchKomm/BACHMANN/ROTH [6. Aufl 2012] Rn 92; s Rn 153, 157, 161, 221). Ein derartiges uU auch strafbares oder unredliches Verhalten einer Partei kann jedoch zu einer Beeinträchtigung des **Integritätsinteresses** der anderen Partei führen (vgl BGH LM [Hd] § 276 Nr 1) und damit in den Anwendungsbereich des Abs 2 fallen, zB bei einer Beleidigung des Arbeitgebers durch den Arbeitnehmer (BAG NJW 2006, 2348; 1978, 1874; MünchKomm/BACHMANN/ROTH [6. Auflage 2012] Rn 92 f) oder bei anderweitigen dauernden Rücksichtslosigkeiten, Schikanen oder persönlichen Kränkungen (vgl MünchKomm/BACHMANN/ROTH [6. Aufl 2012] Rn 92; LARENZ, Schuldrecht I § 24 Ia).

IX. Haftungsmilderungen bei Rücksichtspflichten*

529 Das viel diskutierte Problem, ob **Haftungsmilderungen**, die für **Leistungspflichten** gelten, auch auf **Rücksichtspflichten** anzuwenden sind, stellt sich in unterschiedlichen Konstellationen: Zum einen ist die Frage im Hinblick auf Rücksichtspflichten innerhalb eines **wirksamen Vertrages** zu beantworten, uz unterschieden nach **vertraglichen** und **gesetzlichen Haftungsmilderungen**. Da der **nichtige Vertrag** zwar keine Leistungs-, wohl aber Rücksichtspflichten erzeugen kann (s oben Rn 407 f), stellt sich dort unter

---

* **Schrifttum**: DEUTSCH, Fahrlässigkeit und erforderliche Sorgfalt (2. Aufl 1995); GERHARDT, Der Haftungsmaßstab im gesetzlichen Schuldverhältnis (Positive Vertragsverletzung, culpa in contrahendo), JuS 1970, 597 ff; ders, Die Haftungsfreizeichnung innerhalb des gesetzlichen Schuldverhältnisses, JZ 1970, 535 ff; GRIGOLEIT, Unentgeltliche Verträge und Gefälligkeitsverhältnisse – Die Perspektive des Haftungsrechts, VersR 2018, 769 ff; GRUNDMANN, Zur Dogmatik der unentgeltlichen Rechtsgeschäfte, AcP 198 (1998) 457, 461 ff; HENCKEL, Vorbeugender Rechtsschutz im Zivilrecht, AcP 174 (1974) 97 ff; MAIER, Gefälligkeit und Haftung, JuS 2001, 746 ff; MEDICUS, Zur Reichweite gesetzlicher Haftungsmilderungen, in: FS Odersky (1996) 589 ff; MICHAELIS, Beiträge zur Gliederung und Weiterbildung des Schadensrechts (1943); SCHLECHTRIEM, Schutzpflichten und geschützte Personen, in: FS Medicus (1999) 529 ff; WACKE, Anm z Urt des BGH v 20. 11. 1984, BB 1985, 1356 ff; ders, Vertragsordnung und außervertragliche Haftung (1972); SCHLEEH, Vorvertragliches Fehlverhalten und der Schutz Dritter (Diss Tübingen 1965); SCHMIDT, in Nachdruck von JHERING cic und STAUB pVV (1969) 131 ff; SCHREIBER, Haftung bei Gefälligkeiten, Jura 2001, 810 ff; SCHUBERT, Anm z Urt des BGH v 20. 11. 1984, JR 1985, 324; SCHWERTNER, Der Ersatz des Verlustes des Schadensfreiheitsrabattes in der Haftpflichtversicherung, NJW 1971, 1673 ff; STOLL, Anm z Urt des BGH v 20. 11. 1984, JZ 1985, 384 ff.

Wertungsgesichtspunkten das Problem in gleicher Weise. Auch das **Gefälligkeitsverhältnis**, aus dem ebenfalls Rücksichtspflichten entstehen können (s oben Rn 404 f), muss wegen seiner Nähe zu den unentgeltlichen Verträgen daraufhin untersucht werden. Von Bedeutung ist schließlich, ob solche Haftungsbeschränkungen auf die **deliktische Haftung** auszudehnen sind (s unten Rn 540 f).

1. Haftungsmodifikationen in bestehenden Verträgen

Auf die erste Frage, ob Haftungsmodifikationen für Leistungspflichten in **bestehenden Verträgen** auch die Verantwortlichkeit für die Erfüllung von Rücksichtspflichten beeinflussen, gibt es verschiedene Antworten. Dabei wird zwischen **vertraglichen** und **gesetzlichen Haftungsbeschränkungen** unterschieden. 530

Vereinzelt bezieht man **gesetzliche Haftungsbeschränkungen** nur auf den Vertragsgegenstand bzw die **Leistungspflicht** (FROST, Schutzpflichten 234). Daher sollen sie im Hinblick auf Rücksichtspflichten sowohl im vorvertraglichen Bereich als auch während der Vertragsdurchführung generell unanwendbar sein (FROST, Schutzpflichten 234 f). Andere vertreten dagegen die Ansicht, dass die **gesetzlichen Haftungsmodifikationen** generell auf die Rücksichtspflichten auszudehnen seien, uz auch im vorvertraglichen Stadium (so ausdrücklich CANARIS JZ 1965, 475, 481; MEDICUS, in: FS Canaris [2007] 835, 847). Lediglich bei **vertraglich vereinbarten Haftungsbeschränkungen** seien die Wechselwirkungen im Wege der **Auslegung** zu ermitteln (ausf hierzu CANARIS JZ 1965, 475, 481). Die Haftungsbeschränkung gelte dann nicht für bereits im vorvertraglichen Bereich entstandene Schäden, sondern nur für solche, die im Zeitpunkt der Vereinbarung noch nicht eingetreten oder bekannt waren (vgl CANARIS JZ 1965, 475, 481). 531

Wieder andere Autoren wenden sich gegen jede Einheitslösung. Vielmehr müsse die Antwort im **Einzelfall** (so THIELE JZ 1967, 649, 654; GERHARDT JuS 1970, 597, 600 f; MEDICUS/PETERSEN, BR Rn 209a) entsprechend dem **Zweck der beschränkenden Norm** und ihrer danach zu bestimmenden **Reichweite** gefunden werden (so THIELE JZ 1967, 649, 654; MEDICUS/PETERSEN, BR Rn 209a). Nur wenn die Haftungsbeschränkung sich nicht allein auf den Vertragsgegenstand ieS und damit auf das Leistungsinteresse beziehe, sondern auch das **Erhaltungsinteresse** berühre, könne sie auf Rücksichtspflichten Anwendung finden (vgl GERHARDT JuS 1970, 597, 603). 532

Dieser Tendenz folgte auch der BGH jedenfalls für **gesetzliche Haftungsbeschränkungen** (sog Kartoffelpülpefall vgl BGHZ 93, 23 ff; dazu teils krit STOLL JZ 1985, 384 ff; SCHLECHTRIEM BB 1985, 1356 ff; SCHUBERT, Anm z Urt des BGH v 20. 11. 1984, JR 1985, 324 ff). So hielt er etwa die Haftungsmilderung für die Leistungspflicht des Schenkers in § 521 BGB deshalb auf Rücksichtspflichtverletzungen für anwendbar, weil die im Streit stehende Pflichtverletzung Bezug zum Vertragsgegenstand hatte (ähnlich auch OLG Köln VersR 1988, 381 f; MEDICUS, in: FS Odersky [1996] 589 ff; ders auch ausf in BR Rn 209a; ähnlich SCHMIDT, in Nachdruck von JHERING, cic und STAUB, pvv 159; vgl grds auch GRUNDMANN AcP 198 [1998] 457, 461 ff). Daran wurde jedoch kritisiert, dass weder der Wille des historischen Gesetzgebers noch das Schutzbedürfnis des Leistungsempfängers die Anwendung gesetzlicher Haftungsmilderungen erzwinge, soweit es um das Erhaltungsinteresse des Betroffenen gehe (L MÜLLER JuS 1998, 897; LARENZ/CANARIS, Schuldrecht II/1 § 47 II a; SCHLECHTRIEM BB 1985, 1356 ff; STOLL JZ 1985, 384 ff; ähnlich bereits DEUTSCH, 533

Fahrlässigkeit und erforderliche Sorgfalt [1963] 321; SCHLECHTRIEM, Vertragsordnung und außervertragliche Haftung [1972] 332 ff; SCHLEEH, Vorvertragliches Fehlverhalten und der Schutz Dritter [Diss Tübingen 1965] 89 ff; MICHAELIS, Beiträge zur Gliederung und Weiterbildung des Schadensrechts [1943] 25; **aA** MEDICUS, in: FS Odersky [1996] 589 ff m ausf Begr).

534 Auch wenn die Kritik an der Entscheidung des BGH berechtigt sein mag, so bleibt die Frage, ob gesetzliche und vertragliche Haftungsmilderungen auch für Rücksichtspflichten iSv Abs 2 gelten, dennoch einer **Einzelfallabwägung** vorbehalten (z entspr Problemen der Entstehung v Rücksichtspflichten im Rahmen nichtiger Verträge s oben Rn 407. Maßstab der Abwägung muss der **Zweck der beschränkenden Norm** sein (s oben Rn 532).

2. Haftungsmodifikationen beim nichtigen Vertrag

535 Da nach der hier vertretenen Ansicht die **Nichtigkeit eines Vertrages** der Annahme von Rücksichtspflichten nicht entgegensteht (s oben Rn 407 f), stellt sich die Frage des Haftungsmaßstabes dort ebenso wie beim bestehenden Vertrag. **Vertragliche Vereinbarungen** können hier zwar keine unmittelbaren Auswirkungen entfalten, weil das Rechtsgeschäft insgesamt unwirksam ist. Sofern aber dessen Nichtigkeit nicht gerade auf dem Haftungsausschluss beruht, sollten zulässige Haftungsbeschränkungen ihre Wirkungen auf entsprechende Pflichtverletzungen behalten, weil der Geschädigte im Falle eines nichtigen Vertrages nicht besser gestellt sein darf als im Falle seiner Wirksamkeit. Voraussetzung dafür ist allerdings, dass sich die Haftungsmilderungen nicht nur auf die Leistungspflicht, sondern auch auf die Rücksichtspflicht beziehen. Insofern gelten die gleichen Erwägungen wie beim wirksamen Vertrag (s oben Rn 530 ff).

536 Ähnliche Überlegungen sind auch für die Anwendung **gesetzlicher Haftungsmodifikationen** bestimmend. Lässt sich im Einzelfall feststellen, dass die für die **Leistungsverpflichtung** geschaffenen Erleichterungen auf die Verletzung des Integritätsinteresses auszudehnen sind, bestehen keine Bedenken, sie für nichtige Verträge gelten zu lassen. Im sog Kartoffelpülpefall (s oben Rn 533) war deshalb die analoge Anwendung des § 521 BGB auf Rücksichtspflichten unabhängig davon in Betracht zu ziehen, ob der zugrunde liegende Schenkungsvertrag wirksam oder nichtig ist.

3. Haftungsmodifikationen bei Gefälligkeitsverhältnissen

537 Unterschiedliche gesetzliche Haftungsmaßstäbe für **unentgeltliche Verträge** haben zur Folge, dass die **Haftungsmilderung** für Rücksichtspflichtverletzungen in **Gefälligkeitsverhältnissen** ebenfalls kontrovers diskutiert wird. **Vereinbarungen** über Haftungsmilderungen sind im gesetzlich zulässigen Rahmen möglich, manchmal auch im Wege der Auslegung gem §§ 133, 157, 242 BGB zu ermitteln.

538 Eine analoge Anwendung **gesetzlicher Haftungsreduzierungen** aus anderen Vertragsmodellen erscheint jedenfalls dann überzeugend, wenn das fragliche Verhalten in einem unentgeltlichen Vertrag unter die entsprechende Haftungsreduktion fallen würde (MünchKomm/KRAMER [5. Aufl 2007] Einl z §§ 241 ff Rn 42; GERNHUBER, Schuldverhältnis § 7 I [122]; MEDICUS/PETERSEN, AT Rn 189; SCHWERTNER NJW 1971, 1665). Der Schuldner soll für die Verletzung von Rücksichtspflichten in Gefälligkeitsverhältnissen nicht schärfer haften als bei bestehendem Vertrag. Lässt sich eine komplexe Gefälligkeit im Falle ihrer Rechtsverbindlichkeit mehreren (unentgeltlichen) Vertragstypen zuordnen, entscheiden über die (analoge) Anwendung der jeweiligen Haftungsmaßstäbe die gleichen Regeln, die auf **gemischte Verträge** Anwendung finden (MEDICUS/PETERSEN, AT Rn 189).

Davon abgesehen gibt es aber **keine Ansatzpunkte**, um die Haftung für Rücksichtspflichtverletzungen in Gefälligkeitsverhältnissen **grds zu reduzieren** (MünchKomm/ KRAMER [5. Aufl 2007] Einl z §§ 241 ff Rn 42; PALANDT/GRÜNEBERG Einl v § 241 Rn 8; FLUME, AT II § 7, 6; GERNHUBER, Schuldverhältnis § 7 I 3 [129]; SCHREIBER Jura 2001, 810, 813; vgl auch HOFFMANN AcP 167 [1967] 394, 402; **aA** GRIGOLEIT VersR 2018, 769, 773 ff). Allerdings erlaubt die Auslegung anhand objektiver Kriterien, das Interesse der Beteiligten an einer gerechten Schadensverteilung zu berücksichtigen, ähnlich wie bei der Feststellung des Rechtsbindungswillens für eine Leistungspflicht (s oben Rn 71 ff). Sind also schwerwiegende Schäden aus einem versprochenen Verhalten zu befürchten, so spricht dies als Indiz für vertragliche Bindung. 539

4. Die Auswirkung der Haftungsbeschränkungen auf die deliktische Haftung

Ohne ein Rücksichtspflichten erzeugendes Schuldverhältnis bleiben dem Geschädigten stets die **deliktischen Ansprüche** der §§ 823 ff BGB, die mit denjenigen aus einer vertraglichen Rücksichtspflichtverletzung konkurrieren können. Dieses Problem steht im Zusammenhang mit der zivilrechtlichen Konkurrenzlehre, also mit der Frage, inwieweit Ansprüche nebeneinander bestehen oder sich gegenseitig ausschließen bzw wie sie sich wechselseitig beeinflussen. Die frühere Relevanz für das Verjährungsrecht ist aufgrund des Schuldrechtsmodernisierungsgesetzes (s oben Einl 188 ff zum SchuldR) und insbes aufgrund des Gesetzes zur Anpassung von Verjährungsvorschriften an das G zur Modernisierung des Schuldrechts vom 14. 12. 2004 (BGBl I 2004, 3214; s oben Einl 194 zum SchuldR) – abgesehen von Einzelfragen zu Mangelfolgeschäden und etwa zu § 548 BGB – weitgehend weggefallen (z Verjährungsrecht vgl STAUDINGER/PETERS/JACOBY [2014] § 195 Rn 18 ff). 540

Im Zusammenhang mit den Auswirkungen von **Haftungsmilderungen** bleibt aber nach wie vor umstr, ob die deliktischen Ansprüche ihnen in gleicher Weise unterworfen sind wie die Rücksichtspflichtverletzungen im Rahmen bestehender Schuldverhältnisse (bejahend BGHZ 93, 23, 29; 46, 313, 316; 46, 140, 145; BGH NJW 1972, 475; 1967, 558; 1967, 42; vgl auch OLG Köln VersR 1988, 381 f; für einen generellen Haftungsausschluss bei leichter Fahrlässigkeit HOFFMANN AcP 167 [1967] 394, 406 mwNw in Fn 70; ERMAN/WILHELMI Vor § 823 Rn 26; nur in Fällen „echter Hilfeleistung" FIKENTSCHER/HEINEMANN, Schuldrecht Rn 29). 541

Wenn zulässige **vertragliche Haftungsbeschränkungen** ihren Sinn behalten sollen, kann ihre Ausdehnung auf deliktische Ansprüche nicht bezweifelt werden (MünchKomm/KOCH § 521 Rn 6 mwNw). Teilt man den Ansatzpunkt, dass die Haftung bei **nichtigen Verträgen** nicht schärfer sein soll als im Falle der Wirksamkeit eines Vertrages (s oben Rn 535), so müssen Haftungsreduktionen auch die deliktische Haftung beeinflussen. 542

Hinsichtlich der Übertragung des Haftungsmaßstabs für Rücksichtspflichtverletzungen in **Gefälligkeitsverhältnissen** (ausf dazu STAUDINGER/REUTER [1996] Vorbem 11 ff zu 543

§§ 598 ff) auf deliktische Ersatzansprüche gelten die gleichen Überlegungen wie für die übrigen Rücksichtspflichten: Sofern die Parteien eine Vereinbarung getroffen haben, kann man diesen den Einfluss auf die (allgemeinen) deliktischen Ansprüche nicht absprechen. Entsprechendes gilt, sofern gesetzliche Wertungen aus **unentgeltlichen Verträgen** im Wege der Analogie übertragen werden.

544 Die Mehrzahl der in diesem Zusammenhang ergangenen Entscheidungen bezog sich auf die Haftung im Rahmen von **Gefälligkeitsfahrten** (RGZ 145, 390, 394; BGHZ 63, 51, 57; OLG Hamm NJW-RR 2007, 1517 ff; vgl auch 61, 101; 53, 352; 46, 313 sowie DEUTSCH JuS 1967, 496 ff; z § 430 HGB aF vgl BGHZ 46, 140, 144 f). Die dort gewonnenen Erkenntnisse passen jedoch auch auf andere Gefälligkeiten (vgl ausf STAUDINGER/HAGER [1999] Vorbem 41 ff zu §§ 823 ff). Dogmatisch ist zu beachten, dass die Argumente meist vermischt werden, ob im Rahmen von Gefälligkeiten überhaupt für die Verletzung von Rücksichtspflichten gehaftet wird und wie sich evtl Haftungsbeschränkungen auf die deliktischen Ansprüche auswirken.

545 Rspr und hL lehnen eine **generelle Haftungsbeschränkung** auf Vorsatz und grobe Fahrlässigkeit ab (RGZ 145, 390, 394; BGH NJW 1958, 905; MünchKomm/KRAMER [5. Aufl 2007] Einl z §§ 241 ff Rn 43 mwNw; GERNHUBER, Schuldverhältnis § 7 I 3 c; ROTHER, Haftungsbeschränkungen im Schadensrecht [1965] 170; ähnl MEDICUS/PETERSEN, AT Rn 194; MERSSON, Zur Haftung bei Gefälligkeitsfahrten, DAR 1993, 87, 90; MAIER JuS 2001, 746, 751; aA GRIGOLEIT VersR 2018, 769, 773 ff; z Haftungsprivilegierung im Zusammenhang mit § 1359 BGB vgl BGHZ 63, 51, 57 ff; 61, 101 ff; 53, 352 ff; BGH NJW 1992, 1227, 1228). Die rechtliche Bewertung (dazu HIRTE/HEBER, Haftung bei Gefälligkeitsfahrten im Straßenverkehr, JuS 2002, 241 ff) hat sich allerdings dadurch verändert, dass seit dem 1. 8. 2002 auch **unentgeltlich** beförderte Personen in die **Gefährdungshaftung** einbezogen sind (vgl § 8a StVG), während eine Ersatzpflicht vorher gem § 8a Abs 1 S 1, 2 aF iVm § 7 StVG nur bei Verletzung einer Person oder Beschädigung einer Sache innerhalb einer **entgeltlichen, geschäftsmäßigen Beförderung** in einem Kraftfahrzeug bestand (BGH NJW 1992, 2474, 2475). Dieser erweiterte gesetzliche Schutz kann nicht ohne Auswirkung auf die Auslegung bleiben, ob eine Haftungsreduktion gewollt ist. Das Interesse des Schädigers daran dürfte sich durch die Neuregelung ersichtlich verstärkt haben.

546 In Bezug auf **alle Ansprüche**, also auch im Hinblick auf deliktische, ist in entsprechenden Fällen an einen **stillschweigenden Haftungsverzicht** zu denken (BGH NJW 1992, 2474, 2475; 1959, 1221; VersR 1980, 384; OLG Hamm NJW-RR 2007, 1517, 1518; STAUDINGER/HAGER [1999] Vorbem 41 ff zu §§ 823 ff), der allerdings wegen der Schwierigkeiten, den Rechtsbindungswillen verlässlich festzustellen, nicht selten fingiert würde (MünchKomm/KRAMER [5. Aufl 2007] Einl z §§ 241 ff Rn 43; GRIGOLEIT VersR 2018, 769, 781; z vergleichbaren Problem bei der Begründung v Leistungsansprüchen s oben Rn 71 ff). Legt man das Verhalten der Beteiligten unter Berücksichtigung der Interessenlage im Einzelfall aus, so sprechen viele Gründe gegen die Annahme einer Haftungsreduktion oder eines Haftungsverzichts. Denn während auf der Seite des Geschädigten immense Verluste auftreten können, besteht der Schaden des Verpflichteten bei entsprechender Versicherung allenfalls in seiner Rückstufung, also einer temporären Erhöhung der Beiträge (vgl dazu auch BGHZ 63, 51, 59; 39, 156, 158; BGH NJW 1993, 3067; 1969, 41, 42; OLG Zweibrücken NJW-RR 2000, 1191; kritisch GRIGOLEIT VersR 2018, 769, 783; z Versicherbarkeit v Risiken s Einl 89 ff zum SchuldR; ferner GERNHUBER, Schuldverhältnis § 7 I 3 c; ausf HUBER, Das neue Schadensersatzrecht [2003] § 4 Rn 157 ff).

Die teilw vertretene Ansicht, die Teilnahme an einer Gefälligkeitsfahrt enthalte als **547** „**Handeln auf eigene Gefahr**" (dazu ausf STOLL, Das Handeln auf eigene Gefahr [Habil Hamburg 1960] 14 ff; vgl auch LOOSCHELDERS, Mitverantwortlichkeit 440 ff) **grds** eine **Einwilligung** in die Gefährdung oder Verletzung mit der Folge eines Anspruchsverlusts oder einer Anspruchsminderung, erscheint deshalb nicht überzeugend, weil die Beteiligten auf den Nichteintritt des Schadens vertrauen. Vielmehr müssten solche Fälle mangels Anhaltspunkten für eine vertragliche Regelung über **§ 254 BGB** gelöst werden (BGHZ 34, 355, 363 = NJW 1961, 655; BGHZ 43, 72, 77; vgl insgesamt auch STAUDINGER/HAGER [1999] Vorbem 42 ff zu §§ 823 ff; MünchKomm/KRAMER [5. Aufl 2007] Einl z §§ 241 ff Rn 42), während zunächst § 276 BGB anzuwenden ist. Ein **Mitverschulden** des Geschädigten lässt sich aber nur dann annehmen, wenn gefahrerhöhende Aspekte, wie zB die Trunkenheit oder der bekannte Leichtsinn des Fahrers, ersichtlich waren (ausf STAUDINGER/SCHIEMANN [2017] § 254 Rn 62; z Handeln auf eigene Gefahr u z Gefälligkeiten Rn 71 ff).

X. Rechtsfolgen der Pflichtverletzung

1. Allgemeines

Gem Abs 2 kann das Schuldverhältnis nach seinem Inhalt zur Rücksicht auf die **548** Rechte, Rechtsgüter und Interessen verpflichten (so iE Rn 388 ff). Auch wenn die Klagbarkeit im Hinblick auf die **Erfüllung** der Rücksichtspflicht umstr ist (s unten Rn 554 ff), so stehen dem Gläubiger jedenfalls bei ihrer Verletzung **Schadensersatzansprüche** zu (s unten Rn 550 ff; ausf KUHLMANN, Schutzpflichten 251 ff; hierzu auch REISCHL JuS 2003, 45 ff; ausf z Rechtslage vor der Schuldrechtsreform: KREBS, Sonderverbindung 533 ff; auch JAKOBS, Typen der positiven Vertragsverletzung [1965] 150 ff; krit MOTZER JZ 1983, 889; s auch STAUDINGER/SCHWARZE [2014] Vorbem C9 zu §§ 280–285 u STAUDINGER/SCHWARZE [2014] § 280 Rn C 37 ff). Darüber hinaus kann er vom Vertrag **zurücktreten** (s unten Rn 553).

Bei der Geltendmachung eines Schadensersatzanspruches oder beim Rücktritt vom **549** Vertrag wirkt sich die Problematik aus, dass manche Pflichten sowohl Leistungs- als auch Rücksichtspflicht sein können (s oben Rn 153, 157, 161). Je nach Qualifizierung der Pflicht müssen unterschiedliche Voraussetzungen im Hinblick auf die Rechte des Gläubigers vorliegen (vgl §§ 281, 282 BGB u §§ 323, 324 BGB). ZB kann der Gläubiger bei Verletzung der Rücksichtspflicht **Schadensersatz statt der Leistung** nur dann verlangen, wenn ihm die Leistung durch den Schuldner nicht mehr zuzumuten ist (s unten Rn 551). Der ambivalente Charakter entsprechender Pflichten hat also zur Folge, dass man für die Rechtsfolgen jeweils darauf abstellen muss, ob eine Beeinträchtigung des **Erfüllungs-** oder des **Erhaltungsinteresses** geltend gemacht wird (so bereits THIELE JZ 1967, 649, 650).

2. Schadensersatz

a) Schadensersatz gem § 280 Abs 1

Bei Verletzung einer Rücksichtspflicht kann der Gläubiger **Schadensersatz** verlangen. Abs 2 bildet dafür keine Anspruchsgrundlage, sondern der Anspruch gründet sich auf § 280 Abs 1 S 1 BGB (so auch Hk-BGB/SCHULZE Rn 4; auch schon z früheren Rechtslage: LARENZ, Schuldrecht I § 9). Die Beweislast für die Voraussetzungen des Anspruchs trägt der Gläubiger (so amtl Begr in BT-Drucks 14/6040, 136) mit Ausnahme **550** des Verschuldens, welches gem § 280 Abs 1 S 2 BGB vermutet wird (z Beweislast bei § 280 BGB auch STAUDINGER/SCHWARZE [2014] § 280 Rn F 31 ff; BGH NJW 2006, 2262 f). Abs 2 muss also lediglich herangezogen werden, um festzulegen, ob im fraglichen Fall eine Rücksichtspflicht verletzt wurde. Der Anspruch richtet sich auf Ersatz des Schadens, der durch die **Verletzung des Erhaltungsinteresses** entstanden ist. Dies bedeutet, dass der Gläubiger so zu stellen ist, als wäre die Rücksichtspflicht beachtet worden. Ein darüber hinausgehendes positives Interesse muss nicht ersetzt werden (BGH NJW 1981, 1035).

b) Schadensersatz statt der Leistung gem § 280 Abs 3 iVm § 282

551 Wie bereits erwähnt (s oben Rn 549), kann der Gläubiger gem § 280 Abs 3 BGB iVm § 282 BGB bei Verletzung einer Rücksichtspflicht iSd Abs 2 **Schadensersatz statt der Leistung** verlangen, wenn ihm die Leistung durch den Schuldner nicht mehr zuzumuten ist. Dies erfordert eine Wertung, bei der sowohl die Interessen des Gläubigers als auch die des Schuldners Berücksichtigung finden müssen (so die amtliche Begründung in BT-Drucks 14/6040, 142). Als Bsp nennen die Gesetzesmaterialien den Fall, dass ein Maler zwar seine eigentlichen Malerarbeiten ordentlich ausführt, auf dem Weg zu seiner Wirkungsstätte jedoch mehrfach die Eingangstür und Einrichtungsgegenstände beschädigt (BT-Drucks 14/6040, 141). Im Gegensatz zum Schadensersatz gem § 280 Abs 1 BGB erhält der Geschädigte im Fall des § 282 BGB den Ersatz des **positiven Interesses**. Soweit sich die Verletzung seiner Rücksichtspflichten auf die Hauptleistung auswirkt und dabei zur Folge hat, dass diese Leistung nicht vertragsgemäß erbracht wird, greift § 281 BGB ein und nicht § 280 Abs 3 BGB iVm § 282 BGB (vgl auch BT-Drucks 14/6040, 141).

c) Aufwendungsersatz gem § 284

552 Gem § 284 BGB darf der Gläubiger anstelle des Schadensersatzes statt der Leistung **Ersatz der Aufwendungen** verlangen, die er im Vertrauen auf den Erhalt der Leistung gemacht hat und billigerweise machen durfte, es sei denn, deren Zweck wäre auch ohne die Pflichtverletzung des Schuldners nicht erreicht worden (MÜLLER JuS 1998, 894, 898). Der Gläubiger hat unter diesen Voraussetzungen folglich ein **Wahlrecht** zwischen dem Schadensersatz gem § 280 Abs 3 BGB iVm § 282 BGB und dem Aufwendungsersatz gem § 284 BGB.

3. Rücktritt gem § 324

553 Verletzt der Schuldner in einem **gegenseitigen Vertrag** eine Rücksichtspflicht nach Abs 2, so kann der Gläubiger gem § 324 BGB **zurücktreten**, wenn ihm das Festhalten am Vertrag nicht mehr zuzumuten ist (ausf STAUDINGER/SCHWARZE [2015] § 324 Rn 38 ff; ZIMMER NJW 2002, 1, 6; vgl z Kommissionsentwurf: KUHLMANN, Schutzpflichten 279 ff). § 325 BGB erlaubt den Rücktritt neben der Geltendmachung des Schadensersatzanspruches. Die Zumutbarkeit wird ebenso wie im Rahmen des § 282 BGB durch eine Interessenabwägung ermittelt (ausf oben Rn 551). Bei Dauerschuldverhältnissen (s oben Rn 358 ff) muss die Rechtslage jedoch anders beurteilt werden. An die Stelle des Rücktrittsrechts tritt in diesem Fall das Recht zur **Kündigung aus wichtigem Grund** gem § 314 BGB (BeckOK-BGB/SUTSCHET [1. 5. 2019] Rn 106).

XI. Prozessuale Aspekte

1. Klagbarkeit der Rücksichtspflichten

Auch wenn es in der Rechtspraxis meist um den nachträglichen Ausgleich eines **554** durch die Verletzung von Rücksichtspflichten entstandenen Schadens geht, ist es nicht ohne Belang, ob Rücksichtspflichten eingeklagt werden können (s oben Rn 158 f). Insoweit muss zwischen **gesetzlichen Rücksichtspflichten** und **vereinbarten Pflichten** unterschieden werden (s oben Rn 531).

Einigkeit herrscht über die Klagbarkeit der Rücksichtspflichten, die **gesetzlich** aus- **555** drücklich **normiert** sind, zB in § 618 BGB. Bei nicht ausdrücklich geregelten Rücksichtspflichten ist die Frage der Klagbarkeit dagegen str. Früher waren die meisten Autoren der Ansicht, Rücksichtspflichten seien **grds unklagbar**, weil ihnen der für eine klagbare Verpflichtung eigene Zweck fehle (so ENNECCERUS/LEHMANN, Schuldrecht § 4 II 2; vgl auch LEHMANN, Unterlassungspflichten 90 ff; ähnlich Hk-BGB/SCHULZE Rn 4; LARENZ, Schuldrecht I § 9 [105]).

Die vorherrschende Ansicht legt sich heute insoweit nicht mehr fest. Man bestreitet **556** eine generelle Unklagbarkeit ebenso wie eine unbeschränkte Klagbarkeit (vgl SOERGEL/TEICHMANN § 242 Rn 189; MünchKomm/BACHMANN Rn 66 ff, 1209; GERNHUBER, Schuldverhältnis § 2 IV 3 [24 f]; BeckOK-BGB/SUTSCHET [1. 5. 2019] Rn 43; HENCKEL AcP 174 [1974] 97, 112 Fn 28; STÜRNER JZ 1976, 384 ff; KÖHLER AcP 190 [1990] 496, 509; **aA** MOTZER JZ 1983, 884, 886 f). Manche wenden ein, die Klagbarkeit erweitere die Möglichkeit des vorbeugenden Rechtsschutzes für den Gläubiger so stark zu Lasten des Schuldners, dass sie ihn veranlasse, Risiken möglichst nur begrenzt zu übernehmen (so MEDICUS, BR [2002] Rn 208). Viele Rücksichtspflichten seien zudem den Anforderungen des Prozessrechts nicht gewachsen, wozu die Konkretisierung des verlangten Verhaltens gehöre (so GERNHUBER, Schuldverhältnis § 2 IV 3 [24 f]).

Eine Lösung soll daher durch Abwägung zwischen den Gläubiger- und Schuldner- **557** interessen bestimmt werden (so KÖHLER AcP 190 [1990] 496, 509; HENCKEL AcP 174 [1974] 97, 112 Fn 28). Danach sind Rücksichtspflichten nur **ausnahmsweise einklagbar**, weil andernfalls das vertrauensvolle Miteinander, das durch die Rücksichtspflichten gefördert werden solle, behindert werde (BeckOK-BGB/SUTSCHET [1. 5. 2019] Rn 43; PALANDT/GRÜNEBERG § 242 Rn 25; KREBS, Sonderverbindung 547 ff). Sie können nach dieser Betrachtungsweise nur bei drohender Rechtsverletzung gerichtlich geltend gemacht werden, und nur dann, wenn sie inhaltlich hinreichend bestimmt sind und ein effektiver Schutz der Gläubigerinteressen auf andere Weise entfällt (ausf KÖHLER AcP 190 [1990] 496, 509 ff; STÜRNER JZ 1976, 384 ff; SOERGEL/TEICHMANN § 242 Rn 189). Das so erforderliche **besondere Präventionsinteresse** liege vor, wenn existenzgefährdende Schäden oder die Verletzung von Rechtsgütern iSd § 823 Abs 1 BGB drohten (NK-BGB/KREBS Rn 68; näher KREBS, Sonderverbindung 547 ff).

Die Frage, ob Rücksichtspflichten einklagbar sind, hat der Gesetzgeber ungeachtet **558** ihrer Anerkennung in Abs 2 im Rahmen der Schuldrechtsmodernisierung (s oben Einl 188 ff zum SchuldR) nicht entschieden. Die Tatsache, dass er bei der Neufassung des § 241 BGB als Rechtsfolgen nur Schadensersatzansprüche und Rücktrittsrechte bestimmt (s oben Rn 548 f), bedeutet jedoch keine bewusste Ablehnung ihrer

Klagbarkeit. Vielmehr spricht die Gesetzesbegründung, nach der an der allgemeinen Lehre von den Schutzpflichten durch die Reform nichts geändert werden sollte (BT-Drucks 14/6040, 125), eher dafür, die Klagbarkeit wie bisher nach den von der überwiegenden Ansicht herausgearbeiteten Kriterien zu beurteilen.

2. Anwendbarkeit des § 29 ZPO auf Rücksichtspflichten?

559 § 29 ZPO regelt den besonderen Gerichtsstand des **Erfüllungsortes**. In den Gesetzesmaterialien zur Schuldrechtsmodernisierung wurde über die Reichweite dieses Begriffes ausdrücklich keine Festlegung getroffen (BT-Drucks 14/6040, 126). Es gibt bis heute keine Stellungnahmen zu der Frage einer Anwendbarkeit der Norm auf **Rücksichtspflichten**. Gem dem Wortlaut des § 29 Abs 1 ist für Streitigkeiten aus einem Vertragsverhältnis und über dessen Bestehen das Gericht des Ortes zuständig, an dem die streitige Verpflichtung **erfüllt** werden muss. Eine **Vereinbarung** über den Erfüllungsort begründet gem § 29 Abs 2 ZPO nur dann die Zuständigkeit des entsprechenden Gerichtes, wenn die Vertragsparteien Kaufleute, juristische Personen des öffentlichen Rechts oder öffentlich-rechtliche Sondervermögen sind.

560 Der **gesetzliche Erfüllungsort** im Rahmen eines Schuldverhältnisses ist nicht einheitlich zu bestimmen, sondern kann für die jeweils verschiedenen Verpflichtungen auch unterschiedlich sein. Das BGB kennt zahlreiche besondere gesetzliche Regeln über den Erfüllungsort, die jedoch für die Erfüllung von Rücksichtspflichten nicht zum Tragen kommen. Daneben gilt die allgemeine Vorschrift des § 269 BGB. Im Hinblick auf die Rücksichtspflichten könnte man einerseits annehmen, dass sie der Absicherung der Hauptpflicht dienen und deshalb deren Schicksal bzgl der örtlichen Zuständigkeit teilen (MünchKommZPO/Patzina § 29 Rn 3, 70; Baumbach/Lauterbach/Albers/Hartmann, ZPO § 29 Rn 29). Dieser Ansatz überzeugt aber vollständig nur für die **Nebenleistungspflichten** (s oben Rn 147 ff), weil diese akzessorisch zur Hauptleistungspflicht verlaufen. Demgegenüber schützen die Rücksichtspflichten das **Integritätsinteresse** des Gläubigers (s oben Rn 153), sodass für die Frage der örtlichen Zuständigkeit im Falle ihrer Verletzung entscheidend ist, wo das **Integritätsinteresse des Gläubigers** betroffen war. Mithin ist es möglich, dass der Ort der Integritätsverletzung vom Erfüllungsort bzgl der Hauptleistungspflicht abweicht. So stellt zB die Kanzlei eines Rechtsanwaltes den Erfüllungsort dar, wenn die Rücksichtspflicht darin besteht, die Treppe zu streuen, damit sich im Winter ein Mandant hierauf nicht verletzt.

XII. Kritik an der Regelung des Abs 2

1. Die generelle Kritik

561 Zur Einführung des Abs 2 haben im Rahmen der Diskussion um die Schuldrechtsreform insgesamt (s Einl 188 ff zum SchuldR) und auch danach viele Stimmen im Schrifttum Stellung bezogen. Bereits der Diskussionsentwurf (s Einl 189 zum SchuldR) wurde auf einem von Zimmermann und Ernst veranstalteten Symposium kritisch diskutiert (Die Referate u Diskussionen sind veröffentlicht in Ernst/Zimmermann). Manche zweifelten die **Notwendigkeit** der Regelung insgesamt an, weil in Abs 2 etwas „selbstverständlich anmutendes" geregelt sei (Zimmer NJW 2002, 1, 6). Andere zeigten sich von der **Stellung der Norm im Gesetzessystem** überrascht (Schapp JZ 2001, 584; Zimmer

NJW 2002, 1, 6). Sie sahen darin die Gefahr einer Überbetonung der Rücksichtspflichten im Verhältnis zu den Leistungsansprüchen (SCHAPP JZ 2001, 584).

2. Kritik an der Formulierung

Besonders viel Kritik erntete die **Formulierung** des Abs 2. Manche merkten hierzu 562 an, es handele sich um eine **„Leerformel"** ohne jeden Regelungsgehalt (HUBER, Das geplante Recht der Leistungsstörungen, in: ERNST/ZIMMERMANN 31, 37). Andere beanstandeten den Terminus **„Rücksichtspflichten"**, weil dieser sich von der üblichen Typologie der „weiteren Verhaltenspflichten" des Schuldners entferne (so KÖNDGEN, Die Positivierung der culpa in contrahendo als Frage der Gesetzgebungsmethodik, in: SCHULZE/SCHULTE-NÖLKE 231, 242; ähnlich auch: FLEISCHER, Vorvertragliche Pflichten im Schnittfeld von Schuldrechtsreform und Gemeinschaftsprivatrecht dargestellt am Beispiel von Informationspflichten, in: SCHULZE/SCHULTE-NÖLKE 243, 250, 252; ähnlich auch: DAUNER-LIEB, in: ERNST/ZIMMERMANN 305, 313). Auch die Formulierung: „das Schuldverhältnis **kann** (...) zur Rücksichtnahme verpflichten" fanden viele nicht überzeugend. Denn die Formulierung „kann" bedeute, dass nicht jedem Schuldverhältnis Schutzpflichten immanent seien. Es gebe aber kaum Schuldverhältnisse, die nicht mit Rücksichtspflichten verbunden seien (DAUNER-LIEB, in: ERNST/ZIMMERMANN 305, 313; LOOSCHELDERS, Schuldrecht AT § 1 Rn 20; ähnlich auch LUTTER, Diskussionsbericht, in: ERNST/ZIMMERMANN 329 ff).

Zudem wurde bemängelt, dass der Gesetzgeber erheblich hinter dem in der Lit 563 längst erreichten **„deutlich präziseren Stand"** zurückgeblieben sei (so AnwK-BGB/ KREBS Rn 12 [2002]; DAUNER-LIEB, in: ERNST/ZIMMERMANN 305, 314). Letztlich sollte durch diese Kritik aber die Arbeit des Gesetzgebers beeinflusst werden, oft im Zusammenhang mit dem Widerstand gegen die gesamte Schuldrechtsreform (s Einl 189 ff zum SchuldR). Dieser Versuch ist jedoch gescheitert und dürfte in absehbarer Zeit auch keine Früchte tragen. Man kann sich gut darüber streiten, ob man die Norm brauchte oder jedenfalls anders hätte fassen müssen. Sie dient aber immerhin der Klarstellung und erlaubt iVm dem §§ 313, 314 BGB eine Entlastung des § 242 BGB. § 241 BGB zeigt jetzt eine Gesamtsystematik des Pflichtenprogramms in einem Schuldverhältnis, ohne dass man dafür uneingeschränkt auf die noch unbestimmtere Formel von Treu und Glauben zurückgreifen müsste.

§ 241a
Unbestellte Leistungen

(1) Durch die Lieferung beweglicher Sachen, die nicht auf Grund von Zwangsvollstreckungsmaßnahmen oder anderen gerichtlichen Maßnahmen verkauft werden (Waren), oder durch die Erbringung sonstiger Leistungen durch einen Unternehmer an den Verbraucher wird ein Anspruch gegen den Verbraucher nicht begründet, wenn der Verbraucher die Waren oder sonstigen Leistungen nicht bestellt hat.

(2) Gesetzliche Ansprüche sind nicht ausgeschlossen, wenn die Leistung nicht für den Empfänger bestimmt war oder in der irrigen Vorstellung einer Bestellung erfolgte und der Empfänger dies erkannt hat oder bei Anwendung der im Verkehr erforderlichen Sorgfalt hätte erkennen können.

(3) Von den Regelungen dieser Vorschrift darf nicht zum Nachteil des Verbrauchers abgewichen werden. Die Regelungen finden auch Anwendung, wenn sie durch anderweitige Gestaltungen umgangen werden.

Schrifttum

ALTMEPPEN, Unbestellte Leistungen: Die Kampfansage eines „Verbraucherschutzes" an die Grundlagen der Privatautonomie, in: FS Westphalen (2010) 1
BERGER, Der Ausschluss gesetzlicher Rückgewähransprüche bei der Erbringung unbestellter Leistungen nach § 241a BGB, JuS 2001, 649
BÖTTCHER/MÖRITZ, Unternehmerschützender Verbraucherschutz? – Zur anspruchsausschließenden Wirkung des § 241a BGB, VuR 2005, 46
BREDEMEYER, Das Prinzip „Drittschadensliquidation", JA 2012, 102
BRENNECKE, Ärztliche Geschäftsführung ohne Auftrag (Diss Köln 2009)
BÜLTE/BECKER, Von ungedeckten Konten, unbestellten Waren und unbesetzten Kassen, Jura 2012, 319
BUNTE, Zusendung unbestellter Waren – Gedanken zu einem alten, neuen Thema, in: FS Gaedertz (1992) 87
CASPER, Die Zusendung unbestellter Waren nach § 241a BGB, ZIP 2000, 1602
CZEGUHN/DICKMANN, Die Fortwirkung des § 241a BGB nach Zusendung unbestellter, mangelhafter Ware, JA 2005, 587
DECKERS, Zusendung unbestellter Ware, NJW 2001, 1474
DORNHEIM, Sanktionen und ihre Rechtsfolgen im BGB unter besonderer Berücksichtigung des § 241a BGB (Diss Bayreuth 2003)
DORNIS, Das Dilemma der Erbensucher, JZ 2013, 592
ders, Die GoA auf der Schnittstelle von realem und hypothetischem Vertrag, ZJS 2013, 216
EMMERICH/DOEHNER, Aliud und Zusendung unbestellter Waren im neuen Schuldrecht, in: FS Kramer (2004) 485
FLUME, Vom Beruf unserer Zeit für Gesetzgebung, Die Änderungen des BGB durch das Fernabsatzgesetz, ZIP 2000, 1427
GEBAUER/WIEDMANN, Zivilrecht unter europäischem Einfluss, Die richtlinienkonforme Auslegung des BGB und anderer Gesetze – Kommentierung der wichtigsten EU-Verordnungen (2. Aufl 2010)
GEIST, Die Rechtslage bei Zusendung unbestellter Waren nach Umsetzung der Fernabsatzrichtlinie (Diss Konstanz 2002)
HAFT/EISELE, Auswirkungen des § 241a BGB auf das Strafrecht, in: GS Meurer (2002) 245
HAU, Geschäftsführung ohne Verbraucherauftrag, NJW 2001, 2863
HEINZE, Die Vereinbarkeit der §§ 241a, 661a BGB mit dem Ausgleichsprinzip und anderen Wertungsmodellen des Bürgerlichen Gesetzbuches (Diss Frankfurt/Main 2006)
JÄCKEL/TONIKIDIS, Der Anspruchsausschluss im Fall einer unbestellten Leistung – Ist § 241a I BGB richtlinienkonform?, JuS 2014, 1064
JACOBS, Deliktsschutz bei der Beschädigung unbestellter Ware durch Dritte, JR 2004, 490
KOCH, Das unbestellte Lesevergnügen – Eine fallorientierte Darstellung der Rechtsprobleme bei unbestellten Lieferungen im Anwendungsbereich des § 241a BGB, Ad Legendum 2009, 11
KOHLER, Kaufrechtliche Rückabwicklung bei Aliud- und Peius-Lieferung gem § 439 Abs 4 BGB im Konflikt mit § 241a BGB, AcP 204 (2004) 606
KÖHLER, Unbestellte Waren und Dienstleistungen – neue Normen, neue Fragen, GRUR 2012, 217
ders, Unbestellte Leistungen – Die richtlinienkonforme Auslegung am Beispiel des neugefassten § 241a BGB, JuS 2014, 865
ders, Zur richtlinienkonformen Auslegung des neu gefassten § 241a BGB („Unbestellte Leistungen"), in: FS Gottwald (2014) 363
KOHLHEIM, Ein neuer wirtschaftlicher Fremdheitsbegriff im Strafrecht – Strafrechtliche Folgen einer zivilrechtlichen Neuerung (Diss Heidelberg 2007)

LAMBERZ, § 241a BGB – Der Weg zur Straflosigkeit für den Empfänger unbestellt zugesandter Leistungen, JA 2008, 425
LANGE, Die nicht bestellten Weihnachtskarten, JuS 1997, 431
LEISS, Die unbestellte Leistungserbringung – § 241a BGB im Spannungsfeld zwischen Verbraucherschutz und Systemkonformität (Diss Regensburg 2005)
LIENHARD, Missbräuchliche Internet-Dialer – eine unbestellte Dienstleistung, NJW 2003, 3592
LINK, Ungelöste Probleme bei Zusendung unbestellter Sachen – Auswirkungen im Dreipersonenverhältnis, NJW 2003, 2811
LÖHNIG, Zusendung unbestellter Waren und verwandte Probleme nach Inkrafttreten des § 241a BGB, JA 2001, 33
S LORENZ, § 241a BGB und das Bereicherungsrecht – zum Begriff der „Bestellung" im Schuldrecht, in: FS W Lorenz (2001) 193
W LORENZ, Im BGB viel Neues: Die Umsetzung der Fernabsatzrichtlinie, JuS 2000, 833
LOYAL, Die „entgeltliche" Geschäftsführung ohne Auftrag (Diss Tübingen 2011)
MATZKY, § 241a BGB – ein neuer Rechtfertigungsgrund im Strafrecht?, NStZ 2002, 458
MITSCH, Der Anspruchsausschluss bei unbestellten Leistungen nach § 241a Abs 1 BGB und die gestörte Gesamtschuld, ZIP 2005, 1017
ders, Einziehung und § 241a BGB, NStZ 2005, 534
MÜLLER-HELLE, Die Zusendung unbestellter Ware – Europäische Rechtsangleichung durch die Fernabsatzrichtlinie (Diss Bonn 2004)
NAUMANN, Unbestellte Leistungen: Die Bedeutung des § 241a BGB für eine strafrechtliche Verantwortlichkeit des Verbrauchers (Diss Köln 2009)
OTTO, Konsequenzen aus § 241a BGB für das Strafrecht, Jura 2004, 289
PEINTINGER, Der Verbraucherbegriff im Lichte der Richtlinie über die Rechte von Verbrauchern und des Vorschlages für ein Gemeinsames Europäisches Kaufrecht – Plädoyer für einen einheitlichen europäischen Verbraucherbegriff, GPR 2013, 24
PIEKENBROCK, § 241a BGB und die neue Verbraucherschutzrichtlinie: ein methodologisches Brennglas, GPR 2012, 195

PURNHAGEN, Die Auswirkungen der E-Commerce-Regelungen der EU-Richtlinie über Verbraucherrechte auf das BGB, JIPITEC 2012, 93
REICHLING, § 241a BGB und die Strafbarkeit aus Eigentumsdelikten, JuS 2009, 111
RIEHM, Das Gesetz über Fernabsatzverträge und andere Fragen des Verbraucherrechts, Jura 2000, 505
ROTH, Grundfälle zum Eigentümer-Besitzer-Verhältnis, JuS 1997, 518
J SCHMIDT, „Inertia selling" de lege lata und de lege ferenda – die Reform im europäischen und deutschen Recht, GPR 2014, 73
K SCHMIDT, Die Zusendung unbestellter Waren – Kodifikation eines Faktums (Diss Saarbrücken 2005)
SCHÖNE/FRÖSCHLE, Unbestellte Waren und Dienstleistungen (2001)
SCHWARZ, § 241a BGB als Störfall für die Zivilrechtsdogmatik – Zu den systemwidrigen Folgen der Umsetzung der EG-Fernabsatzrichtlinie, NJW 2001, 1449
SCHWARZ/POHLMANN, Der Umfang des Anspruchsausschlusses bei unbestellter Warenlieferung gemäß § 241a I BGB: Die Umsetzung der EG-Fernabsatzrichtlinie als methodisches Problem, Jura 2001, 361
SCHWUNG, Die Zusendung unbestellter Waren, JuS 1985, 449
SOSNITZA, Wettbewerbsrechtliche Sanktionen im BGB: Die Reichweite des neuen § 241a BGB, BB 2000, 2317
TACHAU, Berechtigte Geschäftsführung ohne Auftrag als unbestellte Leistung? Zur Konkurrenz von § 683 BGB und § 241a BGB, Jura 2006, 889
ders, Ist das Strafrecht strenger als das Zivilrecht? – Zur Problematik des § 241a BGB (Diss Potsdam 2005)
UNGER, Die Richtlinie über die Rechte der Verbraucher – Eine systematische Einführung, ZEuP 2012, 270
WAGNER, Prävention und Verhaltenssteuerung durch Privatrecht – Anmaßung oder legitime Aufgabe?, AcP 206 (2006) 352
WALTER, Die rechtliche Behandlung der Erbringung unbestellter Leistungen nach § 241a BGB (Diss Marburg 2009)

WEIMAR, Zweifelsfragen zur unbestellten Ansichtssendung, JR 1967, 417
WESSEL, Die Zusendung unbestellter Waren, BB 1966, 432

WRASE/MÜLLER-HELLE, Aliud-Lieferung beim Gebrauchsgüterkauf – ein nur scheinbar gelöstes Problem, NJW 2002, 2537.

Systematische Übersicht

I.	Normzweck	1
II.	**Allgemeines**	
1.	Rechtslage vor der Normierung	2
2.	Entstehungsgeschichte	9
3.	Reform	11
4.	Kritik	13
a)	Privatrechtliche Bedenken	13
b)	Verfassungsrechtliche Bedenken	15
c)	Stellungnahme	17
III.	**Voraussetzungen**	
1.	Persönlicher Anwendungsbereich	19
2.	Sachlicher Anwendungsbereich, Abs 1	23
3.	Verstoß gegen Art 5 Abs 5 iVm Anh I Nr 29 UGPRL	29
IV.	**Rechtsfolgen**	
1.	Grundsätzlich keine vertraglichen Ansprüche	30
2.	Keine Auswirkungen auf die dingliche Rechtslage	32
3.	Umfang des Anspruchsausschlusses: Gegenleistung	35
a)	Ansprüche aus Geschäftsführung ohne Auftrag?	39
b)	Herausgabeansprüche	43
c)	Erlösansprüche	48
d)	Schadensersatzansprüche	50
e)	Nutzungsansprüche	52
f)	Umfassender Anspruchsausschluss	53
4.	Ansprüche gegen Dritte	56
a)	Ansprüche des Unternehmers auf Herausgabe der Sache	57
b)	Ansprüche bei Beschädigung oder Zerstörung der Sache durch Dritte	60
5.	Ansprüche Dritter gegen den Verbraucher	62
6.	Ansprüche Dritter gegen den Versender	64
V.	**Abs 2**	65
VI.	**Abs 3**	68
VII.	**Prozessuales**	71
VIII.	**Strafrechtliche Folgen**	72
IX.	**Rechtsvergleichendes**	73

I. Normzweck

1 § 241a BGB dient dem **Verbraucherschutz** und wird durch die Sanktion bestimmter unternehmerischer Verhaltensweisen verwirklicht. Das Gesetz knüpft privatrechtliche Konsequenzen an wettbewerbsrechtlich unzulässige Vertriebskonzepte: Ein Verbraucher, dem unbestellte Ware oder sonstige Leistungen geliefert oder erbracht werden, soll sich nicht Ansprüchen des Unternehmers ausgesetzt sehen. Die Norm unterlag von Anfang an scharfer Kritik (s unten Rn 13 ff). Viele haben darüber hinaus ihre Notwendigkeit in Abrede gestellt (s STAUDINGER/OLZEN [2015] § 241a Rn 10 f). Sie hat ihre präventive Funktion aber wohl erfüllt. Denn die Gerichte haben sich mit dem Thema nicht befassen müssen.

II. Allgemeines

1. Rechtslage vor der Normierung

Die zivilrechtlichen Folgen der Zusendung unbestellter Waren haben die Rspr 2 wegen der überwiegend geringen Streitwerte bereits vor Inkrafttreten der Norm nur wenig beschäftigt (RGZ 64, 145; RG JW 1900, 297; OLG München HRR 1931, Nr 287; OLG Köln NJW 1995, 3128, 3129; LG Frankfurt aM NJW 1991, 2842, 2843; LG Frankenthal EWIR 1995, 545). Das Schrifttum hat sich mit der Problematik dagegen schon immer eingehend befasst (ROTH JuS 1997, 518, 521; SCHWUNG JuS 1985, 449 f; WEIMAR JR 1967, 417; WESSEL BB 1966, 432). Diese Ansätze bilden die Grundlage der heutigen Lehre, sodass sie selbst über ein Jahrzehnt nach der Kodifizierung noch zur Auslegung der Norm herangezogen werden.

Die mit einer Zahlungsaufforderung versehene Zusendung unbestellter Ware allein 3 konnte nach den allgemeinen Grundsätzen über die Entstehung von Verträgen **keine Gegenleistungspflicht** begründen (BERGER JuS 2001, 649, 650). Zwar wurde dem Empfänger durch die Zusendung ein Angebot iSd § 145 BGB unterbreitet (CASPER ZIP 2000, 1602, 1603; SCHWUNG JuS 1985, 449 f; WEIMAR JR 1967, 417). Dessen (konkludente) Annahme lag jedoch nicht bereits in der Entgegennahme und Öffnung der unbestellten Sendung. Ein Schweigen auf ein Angebot erzeugte selbst dann keine rechtliche Bindung, wenn der Anbietende erklärte, es als Zustimmung werten zu wollen (BERGER JuS 2001, 649, 650; CASPER ZIP 2000, 1602, 1603; SCHWUNG JuS 1985, 449; WEIMAR JR 1967, 417). Ob man aus dem Ge- oder Verbrauch der zugesandten Ware oder deren Veräußerung auf eine konkludente Annahmeerklärung schließen konnte, deren Zugang nach § 151 BGB entbehrlich war, blieb bis zuletzt umstr (dagegen SCHWUNG JuS 1985, 449, 450; dafür WEIMAR JR 1967, 417), wobei die Tendenz vor Inkrafttreten der Norm vermehrt zur Annahme eines Vertragsschlusses ging (MünchKomm/KRAMER [4. Aufl 2001] § 151 Rn 55).

Einigkeit herrschte darüber, dass ein **Herausgabeanspruch** des Versenders nur aus 4 § 985 BGB oder § 812 Abs 1 BGB folgen konnte (CASPER ZIP 2000, 1602, 1603). Rückgabepflichten aus einem Verwahrungsvertrag schieden meist aus, da es regelmäßig insoweit ebenfalls an einer Annahmeerklärung fehlte (WEIMAR JR 1967, 417). Selbst der Gebrauch der Sache bildete dafür kein entscheidendes Indiz. Umstr war, ob es sich bei der Zusendung unbestellter Waren zum Zwecke des Vertragsschlusses um einen Fall der **Leistungskondiktion** gem § 812 Abs 1 S 1 1. Fall BGB (LORENZ JuS 2000, 833, 841) oder der **Zweckverfehlungskondiktion** gem § 812 Abs 1 S 2 2. Fall BGB (RIEHM Jura 2000, 505, 512) handelte. Diese Unterscheidung gewann im Hinblick auf § 814 BGB Bedeutung, der nur für den Fall der Leistungskondiktion gilt (CASPER ZIP 2000, 1602, 1603). Ein Ausschluss des Anspruchs konnte sich darüber hinaus in beiden Fällen nach den Grundsätzen der aufgedrängten Bereicherung ergeben (BERGER JuS 2001, 649, 650).

Der **Leistungsort** im Zusammenhang mit vindikations- bzw konditionsrechtlichen 5 Herausgabeansprüchen lag beim Empfänger, da es sich gem § 269 BGB um eine **Holschuld** handelte. Eine Rückgabeverpflichtung bestand also nicht (BT-Drucks 14/2658, 23; BERGER JuS 2001, 649, 650) und konnte auch nicht durch Beilegung des erforderlichen Portos begründet werden (BT-Drucks 14/2658, 22; BERGER JuS 2001, 649, 650; CASPER ZIP 2000, 1602, 1603).

6 Veräußerte der Empfänger die zugesendete Ware allerdings an einen Dritten, so standen dem Unternehmer **Erlösherausgabeansprüche** nach den Regeln einer unberechtigten GoA (§§ 667, 682 S 2, 687 Abs 2 BGB) oder aus ungerechtfertigter Bereicherung gem § 816 Abs 1 S 1 BGB zu (Schwung JuS 1985, 449, 453).

7 Ein praktisch wenig relevanter Streit herrschte darüber, ob der Versender **Nutzungs- und Schadensersatz** fordern konnte (BT-Drucks 14/2658, 23; Lange JuS 1997, 431, 432 f; Schwung JuS 1985, 449; Berger JuS 2001, 649, 650; s unten Rn 50 ff), und zwar gem §§ 987 ff BGB (Soergel/Wolf § 145 Rn 26; Lange JuS 1997, 431, 434; Schwung JuS 1985, 449, 451). Dagegen wendeten manche ein, dass der Empfänger unbestellter Waren zunächst berechtigter Besitzer sei, selbst wenn er sie nach Ablauf einer Prüfzeit dem Absender nicht zurücksende (Palandt/Herrler Vorb v § 987 Rn 5 mwNw). Etwas anderes sollte allenfalls ab einer Herausgabeverweigerung gelten. Andere schlugen dagegen die entsprechende Anwendung der Haftungsregeln des Verwahrungsverhältnisses oder die Anwendung der §§ 678, 687 Abs 2 BGB, § 823 Abs 1 BGB, § 823 Abs 2 BGB iVm § 303 StGB vor. Der Sorgfaltsmaßstab sollte nach überwiegender Ansicht analog § 300 Abs 1 BGB (MünchKomm/Raff Vor §§ 987–1003 Rn 31; Roth JuS 1997, 518, 521) auf grobe Fahrlässigkeit (BT-Drucks 14/2658, 46) oder analog § 690 BGB (Lange JuS 1997, 431, 434) auf eigenübliche Sorgfalt reduziert, die unbestellte Warenzusendung als Mitverschulden über § 254 BGB zu berücksichtigen sein (Schwung JuS 1985, 449, 452; Casper ZIP 2000, 1602, 1603).

8 Unabhängig von dieser problematischen zivilrechtlichen Behandlung war die Zusendung unbestellter Waren wegen eines Verstoßes gegen § 1 UWG aF (§ 3 UWG nF) regelmäßig **wettbewerbswidrig** (BGH NJW 1992, 3040; NJW 1976, 1977; NJW 1965, 1662; Emmerich/Lange, Unlauterer Wettbewerb [11. Aufl 2019] § 13 Rn 17 f; Casper ZIP 2000, 1602; Sosnitza BB 2000, 2317 mwNw). Dies galt nach der älteren Rspr selbst dann, wenn gleichzeitig mit der Zusendung ein Vertretertermin angekündigt wurde, der eine eventuelle Rückgabe ermöglichen sollte (BGH GRUR 1959, 277). Ausnahmen wurden für solche Fälle in Betracht gezogen, in denen man den Empfänger bei Erhalt der Sendung eindeutig darauf hingewiesen hatte, dass ihn weder eine Zahlungs- noch eine Aufbewahrungspflicht traf, sofern es sich um geringwertige Verbrauchsgüter des täglichen Gebrauchs handelte (BGH GRUR 1959, 277, 280). Das Gleiche wurde angenommen, wenn der Versender im Rahmen einer laufenden Geschäftsbeziehung davon ausgehen konnte, dass der Kunde mit der Zusendung einverstanden war (BGH GRUR 1960, 382, 384). Mittlerweile ergibt sich die Unlauterkeit wegen Aufforderung zur Bezahlung nicht bestellter Waren oder Dienstleistungen oder zur Rücksendung oder Aufbewahrung nicht bestellter Sachen aus dem Katalog der stets unzulässigen geschäftlichen Handlungen gem § 3 Abs 3 iVm Anh Nr 29 UWG. Die Ausnahmeregelung bzgl einer nach den Vorschriften über Vertragsabschlüsse im Fernabsatz zulässigen Ersatzlieferung ist mit Wirkung zum 13. 6. 2014 entfallen (BGBl I 2013, 3660). Daneben besteht das generelle Verbot der §§ 3, 4a Abs 1 UWG wegen unsachlicher Beeinflussung der Entscheidungsfreiheit des Verbrauchers sowie des § 7 Abs 1 S 1 UWG aufgrund unzumutbarer Belästigung (BGH MDR 2012, 44, 45; zust Köhler GRUR 2012, 217, 223). Seit der UWG-Novelle 2009 erlauben die §§ 3 und 7 UWG als selbstständige Tatbestände einer Zuwiderhandlung den in § 8 Abs 3 UWG genannten Personen, Unterlassensansprüche geltend zu machen (weitere Einzelheiten bei Ohly/Sosnitza, UWG [7. Aufl 2016] § 7 Rn 85 ff sowie Köhler/Bornkamm/Feddersen/ Köhler, UWG [37. Aufl 2019] § 7 Rn 77 ff). An dieser wettbewerbsrechtlichen Behandlung hat sich durch § 241a BGB nichts geändert. Die Verbraucher selbst können uU gem §§ 823 Abs 1, 1004 BGB unter Heranziehung der Grundsätze, die der BGH zur Verletzung des allgemeinen Persönlichkeitsrechts durch unerwünschte Briefkastenwerbung entwickelt hat (BGH NJW 1989, 902; NJW 1973, 119; BERGER JuS 2001, 649, 650; vgl zur unerwünschten E-Mail-Werbung AG Ludwigshafen MMR 2006, 421; AG Strausberg MDR 2012, 914), auf Unterlassung klagen. Dem Betroffenen steht iRd Unterlassungsklage gem § 13a UKlaG auch ein Auskunftsanspruch gegen Post-, Telekommunikations- oder Telemediendienste zu.

2. Entstehungsgeschichte

Auf der Ebene des **Europäischen Gemeinschaftsrechts** gab es seit langer Zeit Bestrebungen, die Zusendung unbestellter Waren zu unterbinden. Bereits die Entschließung des Rates vom 14. 4. 1975 über das „Erste Programm der Europäischen Wirtschaftsgemeinschaft für eine Politik zum Schutz und zur Unterrichtung der Verbraucher" verlangte, die Empfänger unbestellter Güter oder Dienstleistungen vor Zahlungsforderungen zu schützen (ABl EG 1975 Nr C 92/1). § 241a BGB entstand aber erst in Umsetzung des Art 9 der Fernabsatzrichtlinie (FARL) 1997/7/EG durch das „G über Fernabsatzverträge und andere Fragen des Verbraucherrechts sowie zur Umstellung von Vorschriften auf Euro" vom 27. 6. 2000 (BGBl I 2000, 897 mit Berichtigung 1139). Art 9 FARL verpflichtete die Mitgliedstaaten, die mit einer Zahlungsaufforderung verbundene Lieferung unbestellter Waren und Dienstleistungen zu unterbinden und dafür Sorge zu tragen, dass der Empfänger von jedweder Gegenleistungspflicht befreit ist. Den Mitgliedstaaten wurde im Hinblick auf die „erforderlichen Maßnahmen" allerdings ein weiter Umsetzungsspielraum belassen. 9

Mit Art 9 der Richtlinie über den Fernabsatz von Finanzdienstleistungen (FinDRL) 2002/65/EG wurde der Anwendungsbereich der Richtlinie schließlich um Finanzdienstleistungen, die mit der Aufforderung zur sofortigen oder späteren Zahlung verbunden sind, erweitert. Mit der Anpassung von Art 9 FARL sowie Art 9 FinDRL an die Richtlinie über unlautere Geschäftspraktiken (UGPRL) 2005/29/EG waren keine inhaltlichen Änderungen verbunden. 10

3. Reform

Mit Inkrafttreten der **Verbraucherrechterichtlinie** (VRRL) 2011/83/EU vom 25. 10. 2011 am 12. 12. 2011 (Art 34 VRRL; ABl EU 2011 Nr L 304/64) wurde die FARL mit Wirkung zum 13. 6. 2014, Art 31 Abs 1 VRRL, aufgehoben. Während die Wirksamkeit des Art 9 FinDLR hinsichtlich Finanzdienstleistungen von der neuen Richtlinie unberührt blieb, Art 3 Abs 3 lit d VRRL, trat an die Stelle des Art 9 FARL der Art 27 VRRL. Art 27 VRRL befreit den Verbraucher bei Verstoß des Unternehmers gegen Art 5 Abs 5 und Anh I Nr 29 der UGPRL von der Pflicht zur Erbringung der Gegenleistung. Die Vorschrift liegt versteckt im V. Kapitel der Richtlinie über „Allgemeine Vorschriften", und zwar zwischen Regeln zur Bindungswirkung und Umsetzung, sodass ihrer Existenz neben neugeregelten Informationspflichten und dem Widerrufsrecht bislang wenig Beachtung zuteil wurde (krit z systematischen Stellung des Art 27 VRRL, GRUNDMANN, Die EU-Verbraucherrechte-Richtlinie, JZ 2013, 53, 61 Fn 54; vgl z Art 45 KOM [2008] 614, ABl EG 2009 Nr C 317/57). Darüber hinaus enthält Art 2 Nr 3 VRRL die Definition des Begriffs „Ware", die durch das „G zur Umsetzung der 11

Verbraucherrechterichtlinie und zur Änderung des Gesetzes zur Regelung der Wohnungsvermittlung" vom 20. 9. 2013 (BGBl I 2013, 3642) an die Stelle des Begriffs „Sache" in § 241a Abs 1 BGB trat (dazu iE s unten Rn 23). Des Weiteren wurde durch diese Novelle die Ausnahme in Abs 3 gestrichen, die den Fall erfasste, dass dem Verbraucher eine gleichwertige Leistung mit dem Hinweis angeboten wurde, dass er zur Annahme und zur Kostentragung der Rücksendung nicht verpflichtet ist. Diese Norm wurde durch eine Art 25 VRRL entsprechende Regelung ersetzt, wonach von § 241a BGB nicht zum Nachteil des Verbrauchers abgewichen werden darf (s unten Rn 68 ff).

12 Obwohl den Änderungen des Wortlauts gegenüber dem geltenden Recht auf den ersten Blick lediglich erläuternder Charakter zukommt (BT-Drucks 17/12637, 37), resultiert aus Art 4 VRRL seit 2011 auch eine bedeutsame inhaltliche Abweichung. Danach dürfen die Mitgliedstaaten weder von den Bestimmungen der VRRL abweichende innerstaatliche Rechtsvorschriften aufrechterhalten noch einführen, sofern die Richtlinie selbst nichts anderes bestimmt. In Abkehr von der den Mitgliedstaaten bislang im Rahmen der **Mindestharmonisierung** eingeräumten Möglichkeit, zugunsten des Verbrauchers über die Vorgaben der Europäischen Union hinauszugehen und auf diese Weise ein höheres Verbraucherschutzniveau zu gewährleisten, beruht die VRRL auf dem Grundsatz der **Vollharmonisierung**. Sie dient vor dem Hintergrund einer unangemessenen Rechtszersplitterung der Schaffung eines zwar vereinfachten, jedoch hohen, einheitlichen Verbraucherschutzniveaus (Art 1 VRRL; Erwägungsgründe Nr 1, 6 und 7; s auch KÖHLER JuS 2014, 865, 868).

4. Kritik

a) Privatrechtliche Bedenken

13 Die Norm war von Anfang an heftiger Kritik ausgesetzt (DECKERS NJW 2001, 1474) und wurde sogar in kräftigen Worten als „Ausdruck gesetzgeberischer Unfähigkeit" bezeichnet (FLUME ZIP 2000, 1427). Für verfehlt hielt man insbesondere die amtliche Überschrift, die den Regelungsgehalt der Norm nicht vollständig erfasse, ferner ihre systematische Stellung zwischen zwei zentralen Normen des Schuldrechts (BeckOGK/ FRITZSCHE [1. 3. 2019] Rn 18; HENSEN, Das Fernabsatzgesetz oder: Man könnte heulen, ZIP 2000, 1151; FLUME ZIP 2000, 1427, 1428). Außerdem wurde kritisiert, dass bei der Normierung neben den verbraucherschützenden Aspekten auch der Sanktion wettbewerbswidrigen Verhaltens Bedeutung zugekommen sei. Dieses gesetzgeberische Ziel im BGB zu verfolgen, das seinem Wesen nach auf Interessenausgleich und nicht auf Sanktion angelegt sei, sahen manche als fragwürdig an (SCHWARZ NJW 2001, 1449; RIEHM Jura 2000, 505, 511). Auch inhaltlich hielt man teilweise die Norm für derart verfehlt, dass sogar vorgeschlagen wurde, ihre Existenz zu ignorieren (FLUME ZIP 2000, 1427, 1428): Ein vollständiger Anspruchsausschluss führe zu Folgen, die der Systematik des BGB zuwiderliefen (SCHWARZ NJW 2001, 1449; LÖHNIG JA 2001, 33, 35). Damit war insbesondere das dauernde Auseinanderfallen von Eigentum und Besitz gemeint (SCHWARZ NJW 2001, 1449, 1455; s unten Rn 32 ff).

14 Diesem Vorwurf fehlt allerdings deshalb die Überzeugungskraft, weil eine solche Divergenz dem BGB auch an anderer Stelle nicht fremd ist, etwa bei der Verjährung von Herausgabeansprüchen (BT-Drucks 14/2658, 46). Bis zur Neufassung des § 216 Abs 2 S 1 BGB durch das Schuldrechtsmodernisierungsgesetz (s Einl 180 ff zum

SchuldR) traten solche Situationen ferner ein, wenn der Vorbehaltseigentümer nach Verjährung der Kaufpreisforderung seine Sache nicht mehr herausverlangen konnte, sofern man nicht § 223 Abs 2 aF analog anwendete. Weiterhin kennt das BGB durchaus die Sanktion, wie etwa der Ersatz des immateriellen Schadens für Persönlichkeitsrechtsverletzungen einerseits, aber auch der Konditionsausschluss des § 817 S 2 BGB andererseits zeigen (BeckOGK/FRITZSCHE [1. 3. 2019] Rn 17; ausf S LORENZ, in: FS W Lorenz [2001] 193, 201 f). Ebenfalls auf diesem Gedanken beruht das Verbot geltungserhaltender Reduktion unwirksamer AGB (SOSNITZA BB 2000, 2317, 2320). Die systematische Positionierung des § 241a BGB kann man sicher angreifen und die Vorschrift hätte vielleicht im Zusammenhang mit § 151 BGB oder § 312k BGB einen besseren Platz gefunden (MünchKomm/FINKENAUER Rn 5; für eine Verankerung des § 241a BGB im UWG MENKE, Wettbewerbsrechtlicher Verbraucherschutz [Diss Göttingen 2011] 260 f, 277 f); zwingend wirken jedoch beide Platzierungen nicht. Die systematische Stellung einer Norm im Gesetz ist zwar als Auslegungshilfe bedeutsam, aber auch kein entscheidendes Kriterium.

b) Verfassungsrechtliche Bedenken
Verfassungsrechtliche Bedenken knüpfen an folgender bürgerlich-rechtlicher Situation an: Abs 1 schließt zwar alle Ansprüche des Unternehmers aus, verhindert aber den Vertragsschluss bei Annahme unbestellter Waren nicht. Indessen wird man allein im Ge- oder Verbrauch der Ware keine Willenserklärung des Verbrauchers sehen können, da er diese Unternehmerleistung kostenlos in Anspruch nehmen darf (LORENZ JuS 2000, 833, 841). Da aber der Unternehmer mit der Zusendung kein unbedingtes Übereignungsangebot abgeben will, sondern bei verständiger Auslegung den Eigentumsverlust vom Abschluss des Kaufvertrages und der Zahlung des Kaufpreises (doppelt aufschiebend bedingt) abhängig machen möchte (LANGE JuS 1997, 431, 433; RIEHM Jura 2000, 505, 508; BERGER JuS 2001, 649, 653; ALTMEPPEN, in: FS Westphalen [2010] 1). 15

Der Gesetzgeber war sich der damit verbundenen verfassungsrechtlichen Probleme auch bewusst. Unter dem Aspekt des Art 14 Abs 1 S 1 GG erschien ihm der dogmatisch bessere Weg, die Norm als Eigentumserwerbsgrund auszugestalten, als zu bedenklich (SCHWARZ NJW 2001, 1449, 1456; s unten Rn 33). Auch im Hinblick auf die jetzige Regelung fürchtete insbesondere der **Bundesrat**, bereits das Auseinanderfallen von Eigentum und Besitz verstoße gegen das genannte Grundrecht (BT-Drucks 14/2920, 5; ferner DECKERS NJW 2001, 1474). Demgegenüber wies die **Bundesregierung** darauf hin, dass ein Aufdrängen unbestellter Waren auch nach früherer Rechtslage unzulässig gewesen sei. Die Unsicherheit dieser Rechtslage hätten manche Unternehmer ausgenutzt, eine Situation, die nur durch eindeutige Regelungen zu verhindern sei (BT-Drucks 14/2920, 14; LORENZ JuS 2000, 833, 841). 16

c) Stellungnahme
Die zuletzt geschilderte verfassungsrechtliche Einschätzung kann man deshalb teilen, weil Abs 1 jedenfalls keine Legalenteignung bewirkt: Durch Inkrafttreten der Norm wurde keinem Unternehmer das Eigentum unmittelbar entzogen (RIEHM Jura 2000, 505, 508). Denn die Regelung lässt infolge der Übergangsvorschrift in Art 229 § 2 Abs 1 EGBGB bestehende Herausgabeansprüche unberührt (CASPER ZIP 2000, 1602, 1606; SOSNITZA BB 2000, 2317, 2319). Auch im Hinblick auf die späteren Auswirkungen der Norm verliert der Versender sein Eigentum nicht unmittelbar aufgrund des § 241a BGB, sondern durch sein eigenes wettbewerbswidriges Verhalten 17

(s MünchKomm/Finkenauer Rn 6), sodass es sich lediglich um eine **Inhalts- und Schrankenbestimmung** gem Art 14 Abs 1 S 2 handelt (S Lorenz, in: FS W Lorenz [2001] 193, 199; aA Altmeppen, in: FS Westphalen [2010] 1, 8, der eine rechtswidrige Enteignung annimmt, sofern die Sanktion nicht in einem inneren Zusammenhang mit der Besitzbelastung steht, weil der Verbraucher die Ware behalten will, ohne sie bezahlen zu wollen). Bei der Anschlussfrage, ob der Gesetzgeber den **Verhältnismäßigkeitsgrundsatz** gewahrt hat, kam als milderes Mittel uU eine gesetzlich vorgesehene Abholung der unbestellt zugesendeten Ware auf Kosten des Unternehmers in Betracht (Riehm Jura 2000, 505, 508). Eine solche Regelung war unter dem Gesichtspunkt des Verbraucherschutzes aber deshalb nicht in gleicher Weise geeignet, weil sie den Adressaten zwingt, einen Abholtermin wahrzunehmen, den er nicht veranlasst hat (iE zust auch Erman/Saenger Rn 3).

18 Problematisch erscheint der Anspruchsausschluss unter Verhältnismäßigkeitsgesichtspunkten nur dann, wenn der zusendende **Unternehmer** selbst nicht Eigentümer der Ware war, sondern seinerseits **unter Vorbehalt erworben** hatte, da der **Vorbehaltsverkäufer** an der Handlung, die schließlich seinen Rechtsverlust bewirkt, selbst nicht beteiligt ist (dazu ausf Böttcher/Möritz VuR 2005, 46 ff). Zwar erfolgt auch bei gutgläubigem Erwerb gem §§ 932 ff BGB der Eigentumsverlust ohne Mitwirkung des Eigentümers, was bei entgeltlichem Erwerb aus Gründen des Verkehrsschutzes hingenommen wird (krit Peters, Der Entzug des Eigentums an beweglichen Sachen durch gutgläubigen Erwerb [1991] insbes im Hinblick auf den unentgeltlichen Eigentumserwerb eines Dritten). Bei unentgeltlichem Erwerb kann der frühere Eigentümer mangels Schutzwürdigkeit des Erwerbers immerhin gem § 816 Abs 1 S 2 BGB kondizieren. Das Kriterium der Entgeltlichkeit eignet sich bei der Zusendung unbestellter Ware jedoch nicht zur Entscheidung über das Bestehen von Herausgabeansprüchen, da dieser Erwerb stets unentgeltlich erfolgt. Der pauschale Vergleich mit dem gutgläubigen Erwerb muss also scheitern. Andererseits hat der Verbraucherschutz aufgrund der Neukonzeption des BGB stark an Bedeutung gewonnen. Der Eigentümer (Vorbehaltsverkäufer) verliert in Anwendung des Abs 1 auch nur die Sicherung seiner Kaufpreisansprüche, ein Risiko, das ihm in anderen Fällen – etwa bei Zerstörung oder Verlust der Sache – ebenfalls nicht fremd ist. Solche Risiken müssen Bestandteil seiner Vertragsbeziehungen mit dem Unternehmer sein. Art 14 GG zwingt deshalb unter dem Aspekt der Verhältnismäßigkeit nicht zu einer verfassungskonformen Reduktion; der Gesetzgeber konnte **ohne Grundrechtsverstoß** die uneingeschränkte Fassung des Abs 1 auch zu Lasten Dritter wählen. Es stellt sich jedoch davon unabhängig die Frage, ob **teleologische Aspekte** für eine Reduzierung sprechen (s unten Rn 62 f).

III. Voraussetzungen

1. Persönlicher Anwendungsbereich

19 § 241a BGB verlangt, dass ein **Unternehmer** iSd § 14 BGB einem **Verbraucher** iSd § 13 BGB **unbestellt Waren zusendet** oder **Dienstleistungen erbringt**. Da für alle anderen Fälle die alte Rechtslage beibehalten wird, ist insbesondere im kaufmännischen Geschäftsverkehr denkbar, dass bei entsprechenden Situationen über Handelsbrauch, bestehende Geschäftsverbindungen oder auch gem § 362 HGB ein Vertragsschluss angenommen werden kann, soweit dort Schweigen als Zustimmung bewertet wird. Für die Einordnung des Versenders als Unternehmer iSd § 14 BGB ist im

Übrigen grds nicht von Bedeutung, ob es sich um den Eigentümer der Ware handelt (s z Eigentumsverlust in derartigen Fällen oben Rn 18 und u Rn 62 f; BeckOK-BGB/Sutschet [1. 5. 2019] Rn 4).

20 Schwierigkeiten bereitet der Begriff des **Verbrauchers**. Gem § 13 BGB fällt darunter jede natürliche Person, die ein Rechtsgeschäft abschließt, das überwiegend weder ihrer gewerblichen noch ihrer **selbstständigen** beruflichen Tätigkeit zuzurechnen ist. Damit entscheidet nicht die persönliche Eigenschaft, sondern der **Zweck des Rechtsgeschäftes**. Da der Empfänger unbestellter Waren aber regelmäßig gerade kein Rechtsgeschäft abschließt, kann seine Verbrauchereigenschaft nur durch eine hypothetische Betrachtung ermittelt werden, also ob ein Vertrag seinem privaten oder gewerblichen Bereich zuzuordnen wäre (BeckOGK/Fritzsche [1. 3. 2019] Rn 27; Palandt/Grüneberg Rn 2; Berger JuS 2001, 649, 651; Hau NJW 2001, 2863, 2864; Schwarz/Pohlmann Jura 2001, 361, 362 Fn 9; aA Purnhagen JIPITEC 2012, 93, 96 f, der wegen der Trennung von rechtsgeschäftlichem und rechtsgeschäftsähnlichem Handeln gem § 311 BGB dafür plädiert, die Formulierung des § 13 BGB „bei Abschluss eines Rechtsgeschäfts" durch „in Bezug auf den Abschluss von Verträgen" zu ersetzen). Art 2 Nr 1 VRRL begrenzt die Verbrauchereigenschaft auf Zwecke, die außerhalb der gewerblichen, geschäftlichen, handwerklichen oder **beruflichen** (also nicht zwingend selbstständigen) Tätigkeit der natürlichen Person liegen, und ist dem Wortlaut nach somit enger als § 13 BGB (Peintinger GPR 2013, 24 f; Unger ZEuP 2012, 270, 275). Ein Verstoß gegen die Richtlinie ist trotz Vollharmonisierung (aA Purnhagen JIPITEC 2012, 93, 95 Rn 11 sieht im Verbraucherbegriff lediglich eine minimalharmonisierende Regelung) aber dennoch nicht darin zu erblicken, dass der deutsche Gesetzgeber mit § 13 BGB über die europäischen Vorgaben hinausgegangen ist. Zwar verbietet Art 4 VRRL Abweichungen von den materiell-rechtlichem Vorgaben der Richtlinie. Der Verbraucherbegriff wird jedoch zum einen in Art 2 Nr 1 VRRL definiert und ist deshalb systematisch nicht von Art 4 VRRL betroffen, der nur Einfluss auf die darauf folgenden Regeln nimmt. Zum anderen steckt Art 2 Nr 1 VRRL nur den Geltungsbereich der Richtlinie ua im Hinblick auf den geschützten Personenkreis ab, sodass Abweichungen davon erlaubt sind, solange nur mindestens die von Art 2 VRRL erfassten Sachverhalte unter den Schutz der Richtlinie gestellt werden (Unger ZEuP 2012, 270, 276; vgl dazu auch Arnold, Vollharmonisierung im europäischen Verbraucherrecht, RIW 2009, 679, 681; Föhlisch/Dyakova, Fernabsatzrecht und Informationspflichten im Onlinehandel – Anwendungsbereich nach dem Referentenentwurf zur Umsetzung der Verbraucherrechterichtlinie, MMR 2013, 3, 4). Die Option, den Anwendungsbereich auf nicht unter den Verbraucherbegriff der VRRL fallende Personen, wie zB den selbstständig beruflich Tätigen, auszudehnen, eröffnet schließlich Erwägungsgrund Nr 13 S 3 VRRL. Die Richtlinie und § 241a BGB erfassen nach deutschem Verständnis einen erweiterten Personenkreis, ohne dass dieser unter den Begriff des Verbrauchers iSd Art 2 Nr 1 VRRL fällt (Peintinger GPR 2013, 24, 26, 28).

21 Die Ausdehnung der Verbrauchereigenschaft in § 13 BGB führt gleichzeitig dazu, dass der Begriff des **Unternehmers** in § 14 BGB, der eine Ausübung der gewerblichen oder selbstständigen beruflichen Tätigkeit fordert, eine unzulässige Beschränkung der Definition des Art 2 Nr 2 VRRL enthält, da sie bereits eine berufliche Tätigkeit der natürlichen oder juristischen Person für die Unternehmereigenschaft ausreichen lässt. Da Erwägungsgrund Nr 13 S 3 VRRL jedoch explizit die Erweiterung des Verbraucherbegriffs erlaubt und dementsprechend auch immer eine Beschränkung der Unternehmereigenschaft mit sich zieht, ist die Richtlinie über ihren

Wortlaut hinaus dahingehend zu verstehen, dass insoweit ebenfalls eine einschränkende Auslegung von Art 2 Nr 2 VRRL zulässig ist (Purnhagen JIPITEC 2012, 93, 96 Rn 18). Sonst wäre in den Fällen, in denen eine natürliche Person zum Zwecke ihrer beruflichen, aber unselbstständigen Tätigkeit handelt, zwar gem Art 2 Nr 1 und 2 VRRL die Unternehmereigenschaft zu bejahen, aber gem §§ 13, 14 BGB von einem Verbraucher auszugehen.

22 Probleme bereitete die Fallgestaltung, dass der betreffende Gegenstand sowohl dem privaten als auch dem geschäftlichen Bereich zugeordnet werden kann (vgl z alten Rechtslage Staudinger/Olzen [2009] § 241a Rn 22). Erwägungsgrund Nr 17 S 2 VRRL sieht für derartige Verträge mit **doppeltem Zweck** vor, dass die Person auch als Verbraucher betrachtet werden soll, sofern der gewerbliche Zweck im Gesamtzusammenhang des Vertrags nicht überwiegt (ausf z Erwägungsgrund Nr 17 s Unger ZEuP 2012, 270, 276 f). Dem schloss sich auch der deutsche Gesetzgeber in der Neufassung des § 13 BGB durch Einfügung des Wortes „überwiegend" an (BGBl I 2013, 3643). Sowohl Erwägungsgrund Nr 17 S 2 als auch § 13 BGB sehen den Adressaten somit **im Zweifel** als Verbraucher an (Purnhagen JIPITEC 2012, 93, 95 Rn 9, 12).

2. Sachlicher Anwendungsbereich, Abs 1

23 Abs 1 kennt zwei Varianten: die **„Lieferung unbestellter Waren"** und die **„Erbringung sonstiger unbestellter Leistungen"**. Gem Art 2 Nr 3 VRRL sind unter Waren bewegliche körperliche Gegenstände – mit Ausnahme von Gegenständen, die aufgrund von Zwangsvollstreckungsmaßnahmen oder anderen gerichtlichen Maßnahmen verkauft werden – sowie Wasser, Gas und Strom zu verstehen, wenn man sie in einem begrenzten Volumen oder in einer bestimmten Menge zum Verkauf anbietet. Für die Umsetzung in innerstaatliches Recht wurde der **Warenbegriff** in § 241a BGB durch den Begriff „Sache" ersetzt und seine Definition übernommen (krit z Inhalt der Definition BeckOGK/Fritzsche [1. 3. 2019] Rn 31; Köhler, in: FS Gottwald [2014] 363, 365; Wendehorst, Das neue Gesetz zur Umsetzung der Verbraucherrechtsrichtlinie, NJW 2014, 577, 578). Dass auch Wasser, Gas und Strom als Waren, also als körperliche Gegenstände iSd § 90 BGB, gelten, ist für das deutsche Recht selbstverständlich und bedurfte daher keiner ausdrücklichen Regelung (BT-Drucks 17/12637, 44). Eine **Lieferung** liegt vor, wenn die Sache derart in den Herrschaftsbereich des Empfängers gelangt, dass dieser daran **Besitz ergreifen kann**. Unmittelbarer Besitz ist deshalb nicht erforderlich, weil dieser am Besitzwillen des Empfängers scheitern könnte, ohne dass deshalb die Rechtsfolgen des § 241a BGB entfallen dürfen (BeckOK-BGB/Sutschet [1. 5. 2019] Rn 2; z Besitzwillen vgl MünchKomm/Joost § 854 Rn 8).

24 Unter **„sonstige Leistungen"** fallen also Leistungen aller Art, die nicht in der Lieferung einer Sache bestehen (BT-Drucks 17/12637, 44), insbesondere Werk- und die in Art 27 VRRL genannten Dienstleistungen (zB die Verbesserung der Kaufsache über die gewährleistungsrechtliche Nachbesserungspflicht hinaus, vgl dazu Mankowsky, Nachbesserung und Verbesserung beim Kauf, NJW 2011, 1025, 1026 f; zur Einordnung als Ware vgl MünchKomm/Finkenauer Rn 10; nicht jedoch die Leistungserbringung im Rahmen einer berechtigten GoA, s unten Rn 39 ff, sowie die öffentlich-rechtliche Rundfunkgebührenpflicht bzgl im Internet bereitgestellter Rundfunksendungen, OVG Münster MMR 2009, 646, 650; **aA** VG München 28. 12. 2009 – M 6b K 09.768 Rn 56). Sie sind **erbracht**, wenn der Empfänger sie nutzen kann (BeckOK-BGB/Sutschet [1. 5. 2019] Rn 2). Insbesondere die Anwendbarkeit der

Norm auf derartige Dienstleistungen hat bisher wenig Beachtung gefunden. Gute Gründe sprechen zB dafür, missbräuchliche **Dialer**, dh Programme, die einen Internetzugang auf dem PC errichten und dafür wechselnde Verbindungen schalten, unter die Norm zu fassen (so auch LG Gera CR 2004, 543; anders BGH NJW 2004, 1590; NJW 2006, 286). **Missbräuchlich** idS bedeutet, dass ein solches Programm entweder **unbestellt** oder aber, dass entgegen einer Bestellung ein **anderer Dialer** aufgespielt wurde. Da die entsprechenden Vermittlungsdienste eine Leistung iSd Norm anbieten, ist ein Gegenleistungsanspruch ausgeschlossen, soweit die weiteren Voraussetzungen vorliegen (ausf LIENHARD NJW 2003, 3592 ff). Die in Art 27 VRRL darüber hinaus genannte Lieferung von **digitalen Inhalten** braucht in Abs 1 nicht gesondert genannt zu werden, da sie – je nachdem, ob die Inhalte verkörpert übermittelt werden oder nicht – als Lieferung von Waren oder als Erbringen einer sonstigen Leistung anzusehen ist (BT-Drucks 17/12637, 44 f).

Unter **Bestellung** versteht man ein **Einverständnis** des Verbrauchers mit der Lieferung oder Leistung (BERGER JuS 2001, 649, 651). Sie liegt vor, wenn über den betreffenden Gegenstand ein **Verpflichtungsgeschäft** geschlossen wurde; es reicht aber auch das entsprechende **Angebot** eines Verbrauchers (CASPER ZIP 2000, 1602, 1604) oder die **Bitte um Zusendung** einer Ware zur Ansicht (BERGER JuS 2001, 649, 651). Die Lieferung einer Sache oder eine Leistungserbringung erfolgt also insgesamt dann unbestellt, wenn sie dem Verbraucher ohne **zurechenbare Aufforderung** zugeht (Beck-OGK/FRITZSCHE [1. 3. 2019] Rn 45 ff; PALANDT/GRÜNEBERG Rn 4). 25

Ein Umkehrschluss zu § 241a Abs 3 aF in der Weise, dass auch die Lieferung einer **anderen** als der bestellten Ware (Aliud-Lieferung) grds „unbestellt" iSd Norm erfolgt, ist nach Wegfall der Ausnahmeregelung des Abs 3 nicht mehr möglich, da Art 27 VRRL keine entsprechende Regelung enthält (ausf s unten Rn 68 ff; vgl z alten Rechtslage STAUDINGER/OLZEN [2009] § 241a Rn 26; BeckOGK/FRITZSCHE [1. 3. 2019] Rn 56 ff; KÖHLER JuS 2014, 858, 870 f). Die im Rahmen eines bestehenden Vertrages erfolgte Lieferung einer mangelhaften Sache (Peius-Lieferung) fällt nicht in den Anwendungsbereich des § 241a BGB, sondern unterliegt den spezielleren Vorschriften des kaufrechtlichen Gewährleistungsrechts (vgl MünchKomm/FINKENAUER Rn 19). 26

Der Gesetzeszweck spricht dafür, eine **nichtige Bestellung** vom Anwendungsbereich der Norm auszunehmen (BeckOK-BGB/SUTSCHET [1. 5. 2019] Rn 5; CASPER ZIP 2000, 1602, 1604; iE auch LÖHNIG JA 2001, 33). Der Unternehmer, der eine Bestellung erhält und daraufhin liefert, handelt nicht wettbewerbswidrig, da es auf die Wirksamkeit des Vertrages oder des Angebots nicht ankommt (KÖHLER/BORNKAMM/FEDDERSEN/KÖHLER, UWG [37. Aufl 2019] § 7 Rn 77). Auch der Verbraucherschutz führt zu keiner anderen Bewertung; denn der Verbraucher soll nur vor solchen Leistungen geschützt werden, die er nicht veranlasst hat. Entscheidend für die Beurteilung, ob die Zuwendung auf Veranlassung des Verbrauchers erfolgt, ist das **tatsächliche Verhalten**. Rechtsgeschäftliche Grundsätze entscheiden diese Frage nicht (ausf S LORENZ, in: FS W Lorenz [2001] 193, 208 ff). 27

Der Wortlaut der Norm erfasst ebenfalls nicht den Fall **bestellter Leistungen**, wenn der Unternehmer einen **höheren Preis** verlangt als ursprünglich angegeben. Nach allgemeinen Regeln gilt dafür § 150 Abs 2 BGB. Der Verbraucher ist damit frei in seiner Entscheidung, ob er dieses Änderungsangebot annimmt. Manche schlagen 28 jedoch eine **analoge Anwendung** des Abs 1 vor (BERGER JuS 2001, 649, 652). Allerdings betrifft der direkte Anwendungsbereich der Norm sämtlich Fallgestaltungen, in denen jemand **ohne Veranlassung** mit einer Ware oder einer Dienstleistung konfrontiert wird. Die bestellte Ware oder Leistung – wenn auch verbunden mit einer Preiskorrektur – ist damit nicht vergleichbar, da der Besteller aus freien Stücken den Geschäftskontakt mit dem Unternehmer gesucht hat. Anforderungen an das Verhalten des Einzelnen steigen mit der Intensität des Sozialkontaktes, sodass von demjenigen, der eine Ware oder Leistung bestellt hat, entsprechend mehr verlangt werden kann als von einem Empfänger, der keine solche Verhaltensweise an den Tag gelegt hat. § 150 Abs 2 BGB enthält dafür die interessengerechte Regelung.

3. Verstoß gegen Art 5 Abs 5 iVm Anh I Nr 29 UGPRL

29 Die Rechtsfolge des Art 27 VRRL und somit des § 241a BGB im Falle unbestellter Lieferung und Leistung ist anders als in Art 9 FARL und § 241a aF an einen **Verstoß** des Unternehmers gegen Art 5 Abs 5 iVm Anh I Nr 29 UGPRL geknüpft (Art 5 Abs 5 iVm Anh I Nr 29 UGPRL wurde durch G gegen den unlauteren Wettbewerb vom 3. 3. 2010 in der geänderten Fassung vom 27. 9. 2013 [BGBl I 2013, 3660] in Anh Nr 29 zu § 3 Abs 3 UWG umgesetzt; ausf KÖHLER/BORNKAMM/FEDDERSEN/KÖHLER, UWG [37. Aufl 2019] Anh z § 3 Abs 3 Rn 29. 1 ff; KÖHLER, in: FS Gottwald [2014] 363, 365 f). Der Verstoß setzt die **Aufforderung des Unternehmers an den Verbraucher** zur sofortigen oder späteren Bezahlung, zur Rücksendung oder zur Verwahrung voraus (KÖHLER JuS 2014, 865, 868). Der Verbraucher wäre also umgekehrt nach dem Wortlaut des Art 27 VRRL dann zur **Gegenleistung verpflichtet**, wenn eine solche Aufforderung unterbliebe (PURNHAGEN JIPITEC 2012, 93, 100 Rn 38). Praktisch stellt sich das Problem aber deshalb nicht, weil grds jeder Leistung eine Aufforderung der gegnerischen Partei vorangeht. Denkbar wäre auch eine freiwillige Leistung des Verbrauchers, die dieser dann gem § 812 Abs 1 S 1 1. Fall BGB zurückfordern könnte. Mit solchen Ansprüchen des **Verbrauchers** gegen den **Unternehmer** befasst sich aber Art 27 VRRL nicht.

IV. Rechtsfolgen

1. Grundsätzlich keine vertraglichen Ansprüche

30 Gem Art 27 S 2 VRRL sowie bereits Art 9 FARL gilt eine ausbleibende Antwort des Verbrauchers auf eine unbestellte Lieferung oder Leistungserbringung nicht als Zustimmung. Durch Schweigen des Verbrauchers wird mithin kein Vertrag geschlossen. Diese Folge ergab sich allerdings bereits vor der Existenz des § 241a BGB aus allgemeinem Vertragsrecht. Die Bedeutung der Regelung liegt darin, an den Annahmewillen des Verbrauchers strenge Anforderungen zu stellen (LORENZ JuS 2000, 833, 841; RIEHM Jura 2000, 505, 508). Teilweise wurde nach Inkrafttreten des § 241a BGB angenommen, dass im Falle des **Gebrauchs** oder **Verbrauchs** der unbestellten Ware bzw ihrer **Veräußerung** grds ein Vertragsschluss anzunehmen sei, bei unbestellten Dienstleistungen im Falle ihrer **Inanspruchnahme** (DECKERS NJW 2001, 1474; LÖHNIG JA 2001, 33, 35). Die Gesetzesbegründung zu § 241a BGB (BT-Drucks 14/2658, 46) habe nur auf die allgemeinen Grundsätze des Vertragsrechts verwiesen (RIEHM Jura 2000, 505, 508). Andere wiederum meinten, den hohen Anforderungen an den Annahmewillen würde nur genügt, wenn der Verbraucher die Leistung erkennbar seinem eigenen

Vermögen zuführte, indem er sie ständig gebrauchte, verbrauchte oder auch veräußerte (Casper ZIP 2000, 1602, 1607; Löhnig JA 2001, 33, 34). Dann spräche für den Vertragsschluss auch der teleologische Aspekt, dass Abs 1 zwar den Verbraucher vor Belästigungen durch unbestellte Leistungen schützen, aber nicht um den Wert der empfangenen Leistung unentgeltlich habe bereichern wollen (Berger JuS 2001, 649, 653; Casper ZIP 2000, 1602, 1607).

Sofern man den Schutzzweck des Abs 1 einerseits ernst nimmt, andererseits einen **31** Vertragsschluss nach wie vor nicht ausschließt, da der Verbraucherschutz nicht aufgedrängt werden muss (Altmeppen, in: FS Westphalen [2010] 1, 4 f), bleibt als Konsequenz nur, ausnahmsweise eine konkludente Annahme nicht als ausreichend zu erachten. Ein Vertragsschluss kann daher nur noch bei **ausdrücklicher Annahme** bejaht werden (so die hM: BeckOGK/Fritzsche [1. 3. 2019] Rn 107; Erman/Saenger Rn 15a; Palandt/Grüneberg Rn 6; Czeguhn/Dickmann JA 2005, 587, 589). Allerdings wird selbst dieser idR zumindest daran scheitern, dass das Angebot des Unternehmers nach § 134 BGB iVm §§ 3, 4a Abs 1, 7 UWG nichtig ist (PWW/Schmidt-Kessel/Kramme Rn 13). Damit sind gleichzeitig alle vertraglichen Ansprüche ausgeschlossen. Folglich entstehen auch keine Nebenpflichten des Verbrauchers, sodass eine Haftung aus cic ebenfalls nicht in Betracht kommt (Erman/Saenger Rn 23; MünchKomm/Finkenauer Rn 25).

2. Keine Auswirkungen auf die dingliche Rechtslage

Abs 1 hat keinen Einfluss auf die Eigentumsverhältnisse (Sosnitza BB 2000, 2317, 2322). **32** Ein **rechtsgeschäftlicher Eigentumserwerb** des Verbrauchers ist aus der Sicht des Unternehmers – erkennbar für den Empfänger – dergestalt mit dem Abschluss des Kaufvertrages und der Kaufpreiszahlung verknüpft, dass er nur angenommen werden kann, wenn es zu beidem kommt (Löhnig JA 2001, 33, 34; Sosnitza BB 2000, 2317, 2322; Altmeppen, in: FS Westphalen [2010] 1, 7).

Abs 1 ordnet auch **keinen gesetzlichen Eigentumsübergang** an (Sosnitza BB 2000, 2317, **33** 2322; aA PWW/Schmidt-Kessel/Kramme Rn 3; MünchKomm/Finkenauer Rn 36), da die Norm dem Wortlaut nach und ihrem Zweck entsprechend nur das Verhältnis zwischen Verbraucher und Unternehmer betrifft, also lediglich relative Wirkung entfaltet (aA Müller-Helle, Die Zusendung unbestellter Ware 234). Dafür spricht ferner (wenn auch nicht zwingend) ihre Stellung im Allgemeinen Schuldrecht. Zudem erteilt Art 27 VRRL, indem er nur von der Erbringung der Gegenleistung befreit, gerade eine Absage an diejenigen Rechtsordnungen, die bislang von einer Schenkung des Unternehmers an den Verbraucher und als Folge vom Eigentumsübergang an diesen ausgingen (so in Großbritannien, reg 24 Abs 2, 3 der Consumer Protection [Distance Selling] Regulations 2000 No 2334). Allerdings steht der Wortlaut des Art 27 VRRL und § 241a Abs 1 BGB, die nur einen Anspruchsausschluss normieren, zur dinglichen Rechtslage aber keine Aussage treffen, dem Eigentumserwerb auch nicht zwingend entgegen (so z § 241a aF Müller-Helle, Die Zusendung unbestellter Ware 232). Die hM bejaht etwa auch einen Eigentumserwerb des gutgläubigen Erwerbers im Falle des Art 16 Abs 2 WG und Art 21 ScheckG, obwohl diese Normen dem Wortlaut nach ebenfalls nur Herausgabeansprüche ausschließen (Riehm Jura 2000, 505, 508). ZT wurden deshalb schon früher objektiv-teleologische Erwägungen für einen Eigentumsübergang angeführt: Die mit § 241a Abs 1 BGB beabsichtigte Sanktion begünstigt zugleich den Empfänger der Ware. Diesem Gesetzeszweck entspreche ein Eigentumsübergang auf den Verbraucher (Müller-Helle, Die Zusendung unbestellter Ware 234). Der Gesetzgeber hat sich aber bei der Schaffung des Abs 1 bewusst gegen eine entsprechende Lösung entschieden (BT-Drucks 14/2658, 46; s oben Rn 15 f z den verfassungsrechtlichen Bedenken). Zwingende Gründe, diese Entscheidung wenige Jahre nach Inkrafttreten der Norm zu missachten, sind nicht ersichtlich und wären nach der Neufassung auf Grundlage des Art 27 VRRL darüber hinaus unbeachtlich. Eine Dereliktion iSd § 959 BGB durch den Unternehmer scheidet ebenfalls aus, weil ihm der Verzichtswille fehlt (Schwarz NJW 2001, 1449, 1451; Altmeppen, in: FS Westphalen [2010] 1, 7).

33a Zum Teil wird vertreten, der Verbraucher könne trotz fehlenden Eigentums als Berechtigter über den zugesandten Gegenstand verfügen. Der Grund liege darin, dass der Versender sein Eigentum nicht mehr wirksam übertragen könne und der Verbraucher es nicht dürfe. Um diese Patt-Situation aufzuheben, sei daher von einer Verfügungsbefugnis des Verbrauchers auszugehen (Tachau, Ist das Strafrecht strenger als das Zivilrecht? 121 f; MünchKomm/Finkenauer Rn 28; **aA** Sosnitza BB 2000, 2317, 2322; NK-BGB/Krebs Rn 43; BeckOK-BGB/Sutschet [1. 5. 2019] Rn 9; BeckOGK/Fritzsche [1. 3. 2019] Rn 112). Dies überzeugt jedoch aus zweierlei Gründen nicht: Zum einen bewirkt § 241a BGB gerade keinen Eigentumserwerb des Verbrauchers (vgl Rn 33). Wäre er verfügungsbefugt, so bestünde kein nennenswerter Unterschied mehr zur Eigentümerstellung. Zum anderen soll § 241a BGB dem Verbraucher lediglich Kompensation für den Eingriff in seine Privatsphäre verschaffen. Die Verfügungsbefugnis würde diesen Ausgleich übersteigen (Sosnitza BB 2000, 2317, 2322).

34 Abs 1 vermittelt dem Verbraucher auch **kein Recht zum Besitz** (Berger JuS 2001, 649, 653; Altmeppen, in: FS Westphalen [2010] 1, 8; **aA** Sosnitza BB 2000, 2317; MünchKomm/Finkenauer Rn 35). Er soll verschont, nicht belohnt werden. Einem Recht zum Besitz liegt zumindest ein gesetzliches Rechtsverhältnis zugrunde, das Abs 1 jedoch gerade verhindern will (Schwarz NJW 2001, 1449, 1451; Koch Ad Legendum 2009, 11, 14). Selbst ohne Recht zum Besitz steht dem Verbraucher indessen der possessorische Besitzschutz gem §§ 859, 861 BGB zu, und zwar auch gegenüber dem Unternehmer, der den Besitz freiwillig aufgegeben hat. Der Besitz des Verbrauchers ist somit nicht fehlerhaft iSd § 858 Abs 2 S 1 BGB.

3. Umfang des Anspruchsausschlusses: Gegenleistung

35 Da gem Abs 1 kein Anspruch gegen den Verbraucher besteht, stellt sich die Frage nach dem **Umfang dieses Anspruchsausschlusses**. Insbesondere an dieser Stelle muss beachtet werden, dass § 241a BGB wegen der geltenden Vollharmonisierung, Art 4 VRRL, grds kein über die Bestimmungen der Richtlinie hinausgehendes Verbraucherschutzniveau gewähren darf. Art 27 VRRL sieht in seiner Rechtsfolge vor, dass der Verbraucher von der Pflicht zur Erbringung der **Gegenleistung** befreit ist. Da Art 27 VRRL – anders als zB Artt 5 Abs 4, 6 Abs 8, 7 Abs 3 S 2, 8 Abs 6, 9 Abs 3 S 2 VRRL – keine Abweichungen im nationalen Recht zugunsten des Verbrauchers zulässt, hängt der Umfang des Anspruchsausschlusses von dem Verständnis dieses Begriffes ab. Neben einer Beschränkung auf die Zahlungspflicht könnte wegen des Verweises in Art 27 VRRL auf Art 5 Abs 5 und Anh I Nr 29 UGPRL auch ein Ausschluss von Ansprüchen aus Verwahrung und auf Rücksendung erfasst sein. Eine noch extensivere Interpretation würde Nutzungs-, Schadensersatz- oder Erlösansprüche einschließen. Der **Wortlaut des Abs 1** „durch die Lieferung ... wird ein

Anspruch gegen den Verbraucher nicht begründet" findet seine Grenze mithin insgesamt in dem **Begriff der Gegenleistung iSd Art 27 VRRL**.

Nach dem **Verständnis des BGB** meint „Gegenleistung" nur das mit der zugesandten **36** Ware bzw sonstigen Leistung synallagmatisch verknüpfte **Entgelt** (CASPER ZIP 2000, 1602, 1604). Eine darüber hinausgehende Umsetzung des Anspruchsausschlusses wäre demnach nicht mit Art 27 VRRL vereinbart (so PIEKENBROCK GPR 2012, 195, 197; **aA** PWW/SCHMIDT-KESSEL/KRAMME Rn 2, der einen Verstoß trotz des engen Wortlauts ablehnt, da Art 27 VRRL nicht die Rechtsfolgen in Artt 23, 24 VRRL verdränge). Denn der Begriff der „Gegenleistung" wird, soweit es um die Erfüllung europarechtlicher Vorgaben geht, nicht durch nationale Dogmatik determiniert, sondern ist **europarechtskonform** auszulegen.

Zunächst kann der unterschiedliche **Wortlaut** der Richtlinien für die Auslegung **37** herangezogen werden. Art 9 FARL spricht im Fernabsatz davon, den Verbraucher „von **jedweder Gegenleistung**" zu befreien, sodass hiermit mehr gemeint sein könnte als die bloße Zahlungspflicht (NAUMANN, Unbestellte Leistungen 52 f; DORNHEIM, Sanktionen und ihre Rechtsfolgen im BGB 88). Jedoch geht die Rechtsfolge des speziell für Finanzdienstleistungen geltenden Art 9 FinDRL mit der Befreiung „von **jeder Verpflichtung**" darüber hinaus. Der Anspruchsausschluss gem Art 9 FARL also ist seinem Wortlaut nach enger gefasst als derjenige in Art 9 FinDRL. Dies rechtfertigt die Schlussfolgerung, dass Art 9 FARL wirklich nur die **Gegenleistung iSd BGB** erfassen will. Gleiches könnte für Art 27 VRRL gelten, der ebenfalls die „Pflicht zur Erbringung der Gegenleistung" und nicht jede Verpflichtung ausschließt. Die identische Wortwahl der französischen („toute contreprestation") und englischen („any consideration") Fassungen spricht ebenfalls für dasselbe Verständnis des Begriffs der Gegenleistung in Art 9 FARL und Art 27 VRRL, wiederum in Abgrenzung zu dem der Verpflichtung („toute obligation", „any obligation") gem Art 9 FinDRL (so auch GEBAUER/WIEDMANN/SCHINKELS, Zivilrecht Kap 8 Rn 103 ff; KÖHLER, in: FS Gottwald [2014] 363, 366 f; MünchKomm/FINKENAUER Rn 1 Fn 5). Zudem lässt sich im europarechtlichen Kontext für eine enge Auslegung der Umstand anführen, dass Erwägungsgrund Nr 5 der FARL nur vom Schutz vor der „**Zahlung** nicht bestellter Waren" spricht (BT-Drucks 14/2658, 23; BERGER JuS 2001, 649, 650; CASPER ZIP 2000, 1602, 1604). Dagegen ist jedoch einzuwenden, dass die zwischen Art 9 FinDRL, der von der VRRL unberührt bleibt, Art 3 Abs 3 lit d) VRRL, und Art 27 VRRL nicht differenzierende Umsetzung in § 241a BGB Probleme in der Anwendung aufwirft. Denn wäre der Anspruchsausschluss gem Art 9 FinDRL und Art 27 VRRL in seiner Reichweite unterschiedlich zu behandeln, während § 241a BGB im Tatbestand gerade nicht zwischen unbestellten Finanz- und anderen Leistungen oder Lieferungen unterscheidet, sondern in beiden Fällen dieselbe Rechtsfolge anordnet, müsste der Anspruchsausschluss gem § 241a BGB wegen Art 27 VRRL für alle Leistungen außer Finanzdienstleistungen auf die Gegenleistung beschränkt werden, ohne dass diese Einschränkung des Wortlauts des § 241a BGB für den Verbraucher erkennbar wäre. Die Wortlautauslegung führt damit zu keinem eindeutigen Ergebnis.

Des Weiteren steht der Anspruchsausschluss gem Art 9 2. Spiegelstrich FARL im **38** **systematischen** Zusammenhang mit dem Verbot einer **Zahlungsaufforderung** des Unternehmers gem Art 9 1. Spiegelstrich FARL, sodass sich eine Gegenleistung an dieser Stelle auf die Pflicht zur Zahlung des geforderten Kaufpreises beschränken könnte. Art 27 VRRL fordert andererseits neben der Lieferung oder Erbringung unbestellter Waren bzw Dienstleistungen einen Verstoß gegen Art 5 Abs 5 und Anh I Nr 29 UGPRL (ausf z Art 5 Abs 5 iVm Anh I Nr 29 UGPRL s Rn 29). Danach gilt die Aufforderung des Verbrauchers zur sofortigen oder späteren **Bezahlung**, zur **Rücksendung** oder **Verwahrung** von unbestellten Produkten als unlauter. Die auszuschließende Gegenleistung richtet sich folglich nach dem, was der Unternehmer davon konkret gefordert hat. Gem Art 27 VRRL besteht deshalb **weder** eine Pflicht zur **Zahlung** noch zu einer **Rücksendung** der Ware oder ihrer **Verwahrung**. Aus der systematischen Auslegung folgt somit eher ein weiteres Verständnis der Gegenleistung und damit ein Ausschluss auch der Ansprüche auf Verwahrung oder Rücksendung. Ob dem Unternehmer darüber hinaus Ansprüche, zB auf Schadens- oder Nutzungsersatz, zustehen oder ob § 241a BGB schlussendlich zu einem umfassenden Anspruchsausschluss führt, richtet sich nach der Reichweite des von der VRRL intendierten **Verbraucherschutzes** (Art 1 VRRL; Erwägungsgrund 7), muss also anhand des Telos der Vorschrift geklärt und soll im Folgenden erläutert werden.

a) Ansprüche aus Geschäftsführung ohne Auftrag?

39 Wenn eine Leistung unbestellt, aber dem (mutmaßlichen) Willen des Verbrauchers entsprechend und damit berechtigt erbracht wird, stehen **Vergütungs- bzw Aufwendungsersatzansprüche** in Rede. Der Geschäftsführer kann in einem solchen Falle **Aufwendungsersatz** gem §§ 683 S 1, 670 BGB, nach überwiegender Ansicht gem § 1835 Abs 3 BGB analog sogar in Höhe der üblichen Vergütung verlangen, wenn die entsprechende Tätigkeit zu seinem Beruf gehört (Erman/Dornis § 683 Rn 12). Nach dem umfassenden Anspruchsausschluss gem § 241a Abs 1 aF war also der professionelle Helfer (Unternehmer) gegenüber dem Laien benachteiligt (**aA** Loyal, Die „entgeltliche" Geschäftsführung ohne Auftrag 272 Fn 17), wenn die Leistung an einen Verbraucher erfolgt, zB ein Abschleppunternehmer einen PKW vor drohender Überschwemmung aus der Gefahrenzone schleppte oder der **Arzt** im Rahmen einer spontanen Rettungsaktion einen Bewusstlosen behandelte (ausf z § 241a BGB iRd ärztlichen Geschäftsführung ohne Auftrag Brennecke, Ärztliche Geschäftsführung ohne Auftrag 138 ff).

40 Dies erschien schon damals nicht interessengerecht, weil das System der GoA ua einen Anreiz zu altruistischem Handeln schaffen sollte. Deshalb hat man zT das Merkmal der „**Vertragsanbahnungsabsicht**" in Abs 1 hineingelesen, um die GoA-Ansprüche nicht zu blockieren (MünchKomm/Finkenauer Rn 30; Hau NJW 2001, 2863, 2865; krit Brennecke, Ärztliche Geschäftsführung ohne Auftrag 137 f). Allerdings war dieses Erfordernis „zum Zwecke der Anbahnung eines Vertrages" gerade auf Initiative des Rechtsausschusses gestrichen worden (BT-Drucks 14/3195, 32). Andere erachteten die §§ 677 ff BGB als **leges speciales** zu § 241a BGB (jurisPK/Toussaint Rn 16). Dagegen sprach jedoch, dass sie im Hinblick auf ihren persönlichen Anwendungsbereich nicht auf das Verhältnis zwischen Unternehmer und Verbraucher beschränkt sind. Spezialität erfordert aber, dass die spezielle Norm vollständig in der allgemeinen aufgeht. ZT schloss man die Anwendbarkeit des § 241a BGB aus, indem die **Unternehmereigenschaft** des Geschäftsführers verneint wurde, weil dieser idR eher in alltäglichen Situationen Hilfe leistet (Loyal, Die „entgeltliche" Geschäftsführung ohne Auftrag 271 f). Dies überzeugte jedoch nicht, weil der Vergütungsersatz gerade für die Ausübung der beruflichen Fähigkeit gewährt und nicht für das, was jeder leisten kann (MünchKomm/Seiler § 683 Rn 25). Eine Ausnahme von der rigiden Ausschluss-

wirkung des Abs 1 ließ sich nach altem Recht zum einen damit begründen, dass man das Tätigwerden des Geschäftsführers **nicht als unbestellt** iSd Abs 1 ansah, sondern letztlich um eine dem Verbraucher zuzurechnende Aufforderung, da es zumindest seinem mutmaßlichen Interesse entsprechen musste (s oben Rn 25; PWW/SCHMIDT-KESSEL/KRAMME Rn 10). Zum anderen ließ sich die Norm mit der Begründung **teleologisch reduzieren**, dass dem Verhalten der spezifische wettbewerbswidrige Charakter fehlte, der durch Abs 1 sanktioniert werden sollte (s oben Rn 1; DORNHEIM, Sanktionen und ihre Rechtsfolgen im BGB 152 ff; MünchKomm/FINKENAUER Rn 3). Sowohl aus dem Wortlaut als auch aus dem Zweck der Vorschrift leitete man schließlich ab, dass nur Leistungen, die typischerweise im Fernabsatz erfolgen, erfasst sein sollten (TACHAU Jura 2006, 889, 893 f). In den Nothelferfällen ergab sich dann schon mangels **räumlicher Distanz** kein Konkurrenzproblem (aA LOYAL, Die „entgeltliche" Geschäftsführung ohne Auftrag 277 f).

Ein Rückgriff auf diese unterschiedlichen Ansätze ist nach der Reform des § 241a **41** BGB in Anbetracht des vollharmonisierten Art 27 VRRL nicht mehr notwendig, hilft aber bei der Einordnung. Weil der Unternehmer bei einer altruistischen Dienstleistung nicht zur Zahlung auffordert, sondern lediglich im Nachhinein seine Aufwendungen erstattet haben möchte (so bspw bei der professionellen Nothilfe, BeckOGK/FRITZSCHE [1. 3. 2019] Rn 81; MünchKomm/FINKENAUER Rn 30; HAU NJW 2001, 2863, 2864 f; LOYAL, Die „entgeltliche" Geschäftsführung ohne Auftrag 274 ff), fehlt es an der durch den Verweis des Art 27 VRRL auf Art 5 Abs 5 iVm Anh I Nr 29 UGPRL zu sanktionierenden **Wettbewerbswidrigkeit** des Verhaltens und gleichzeitig an der Schutzbedürftigkeit des Verbrauchers. Anknüpfend an die teleologische Reduktion des Abs 1 aF fallen Aufwendungs- und Vergütungsansprüche gem §§ 683 S 1, 670 BGB deshalb grds nicht unter den Begriff der Gegenleistung iSd Art 27 VRRL, werden also nicht durch Abs 1 ausgeschlossen.

Anders ist hingegen zu entscheiden, wenn ein **Erbensucher** in der Absicht Kontakt **42** zu den Erben eines vermeintlich verwaisten Nachlasses aufnimmt, einen Vertrag anzubahnen, und für seine Informationsbeschaffung eine Vergütung fordert (HAU NJW 2001, 2863, 2864; aA DORNIS JZ 2013, 592, 595 f). Wegen der mit der unbestellten (aA DORNIS JZ 2013, 592, 596; LOYAL, Die „entgeltliche" Geschäftsführung ohne Auftrag 278, 280) Dienstleistung verbundenen Zahlungsaufforderung iSd Anh I Nr 29 UGPRL steht dem Erbensucher kein Anspruch auf die Gegenleistung des Erben zu, zumal jede Partei das Risiko des Scheiterns von Vertragsverhandlungen selbst trägt (BGH NJW-RR 2006, 656; NJW 2000, 72, 73).

b) Herausgabeansprüche
Ein Herausgabeanspruch aus **Verwahrungsvertrag** gem § 695 BGB scheidet regel- **43** mäßig aus, da bereits für den Abschluss eines Kauf-, Dienst- bzw Werkvertrages eine ausdrückliche Erklärung verlangt wird (s oben Rn 30 f; KOCH Ad Legendum 2009, 11, 13). Darüber hinaus soll der Verbraucher gem Art 27 VRRL iVm Art 5 Abs 5 iVm Anh I Nr 29 UGPRL jedenfalls von der Gegenleistung bei **Aufforderung zur Verwahrung** befreit sein.

Die Voraussetzungen des **§ 985 BGB** liegen an sich vor. Auch hier richtet sich **44** aber die Reichweite des Anspruchsausschlusses gem Abs 1 nach Art 27 VRRL iVm Art 5 Abs 5 iVm Anh I Nr 29 UGPRL, die den Verbraucher von einer Pflicht zur Rücksendung befreien. Ob dieser Begriff nur die Pflicht zur Versendung an den Unternehmer ausschließt oder auch das passive Verhalten des Verbrauchers bei Abholung durch den Unternehmer erfasst, ist zunächst durch Auslegung des **Wortlauts** zu ermitteln. Sowohl die deutsche als auch die französische Fassung der Nr 29 sprechen von „Rücksendung" („renvoi"), der englische Wortlaut verbietet hingegen sogar die Aufforderung zur Rückgabe („return"). Der Wortlaut lässt demnach keinen eindeutigen Schluss zu.

45 Unter **teleologischen** Gesichtspunkten soll die VRRL ein hohes Verbraucherschutzniveau gewährleisten (Art 1 VRRL; Erwägungsgrund Nr 7). Einem Ausschluss des § 985 BGB wurde früher entgegengehalten, der Verbraucher würde bei Rückforderung der Ware gerade von der wettbewerbswidrig aufgedrängten Leistung befreit (Casper ZIP 2000, 1602, 1607; Altmeppen, in: FS Westphalen [2010] 1, 8). Allerdings wiesen die Materialien zu § 241a aF darauf hin, dass der Ausschluss des Herausgabeanspruches in erster Linie das unternehmerische Verhalten sanktionieren solle (BT-Drucks 14/2658, 46). Verfassungsrechtliche Überlegungen halfen nicht weiter. Die Prüfung der Eigentumsgarantie des Art 14 GG (s oben Rn 15 f, 17 ff) hat zwar gezeigt, dass der Ausschluss des Herausgabeanspruchs verhältnismäßig ist, das Verfassungsrecht würde aber andererseits einen Herausgabeanspruch des Unternehmers auch nicht blockieren (vgl Deckers NJW 2001, 1474; s oben Rn 15 ff).

46 Auf der Ebene des Europarechts soll Art 27 VRRL aber gerade als „Rechtsbehelf" für den Fall der unlauteren Geschäftspraktik gem Anh I Nr 29 UGPRL dienen (Erwägungsgrund Nr 60 VRRL) und den Unternehmer für sein Verhalten sanktionieren. Selbst eine Berücksichtigung seiner Interessen spricht nicht für eine einschränkende Auslegung des Abs 1. Denn der Verbraucher könnte sich jedem Herausgabeanspruch mangels Verwahrungspflicht durch Besitzaufgabe entziehen (BeckOGK/Fritzsche [1. 3. 2019] Rn 88; Schwarz NJW 2001, 1449, 1450). Der Herausgabeanspruch wäre also nur sinnvoll, wenn man den Verbraucher gleichzeitig nach §§ 987 ff BGB haften ließe (Casper ZIP 2000, 1602, 1607), ein Ergebnis, das aber die Rechtsfolgen des Abs 1 konterkariert (s unten Rn 49). Deshalb bleibt es dabei, dass der Unternehmer sein Eigentum nicht nach § 985 BGB herausverlangen kann (iE Purnhagen JIPITEC 2012, 93, 100 f Rn 38 f; PWW/Schmidt-Kessel/kramme Rn 14; BeckOGK/Fritzsche [1. 3. 2019] Rn 88; Schmidt GPR 2014, 73, 78, der zufolge sich die Vollharmonisierung nicht auf gesetzliche Ansprüche und etwaige Sanktionen erstreckt; Jäckel/Tonikidis JuS 2014, 1064, 1065 befürworten methodisch eine Rechtsfortbildung des Art 27 VRRL; **aA** Köhler, in: FS Gottwald [2014] 363, 367 f; Piekenbrock GPR 2012, 195, 197, der aufgrund der Vollharmonisierung zwar davon ausgeht, dass die Vindikation nicht mehr ausgeschlossen werden darf, der Verbraucher wohl aber vor Ansprüchen aus §§ 987 ff BGB zu schützen ist, ohne jedoch darauf einzugehen, wie der Begriff der Gegenleistung zu verstehen ist; Altmeppen, in: FS Westphalen [2010] 1, 9; krit vor dem Hintergrund der VRRL Jauernig/Mansel Rn 1, 6). Abs 1 begründet demnach eine anspruchsausschließende **Einwendung gegen den Vindikationsanspruch** (Berger JuS 2001, 649, 652; Gaertner/Gierschmann DB 2000, 1601, 1605; Lorenz JuS 2000, 833, 841; Sosnitza BB 2000, 2317, 2319; **aA** Bülow/Arzt, Fernabsatzverträge und Strukturen eines Verbraucherprivatrechts im BGB, NJW 2000, 2049, 2056). Dies entsprach bereits dem Willen des Gesetzgebers zu § 241a aF, obwohl er sich des Umstandes bewusst war, dass die Konstruktion im wirtschaftlichen Ergebnis auf eine Schenkung ohne Enteignung hinausläuft (BT-Drucks 14/2658, 46).

Abs 1 schließt aus ganz ähnlichen Erwägungen auch **bereicherungsrechtliche Ansprüche** des Unternehmers gegen den Verbraucher aus (BT-Drucks 14/2658, 46; BeckOK-BGB/ SUTSCHET [1. 5. 2019] Rn 9; BeckOGK/FRITZSCHE [1. 3. 2019] Rn 79; GAERTNER/GIERSCHMANN, Das neue Fernabsatzgesetz, DB 2000, 1601, 1605; PURNHAGEN JIPITEC 2012, 93, 100 f Rn 38 f; KOCH Ad Legendum 2009, 11, 14 f; **aA** PIEKENBROCK GPR 2012, 195, 197). 47

c) Erlösansprüche

Demgegenüber wurde dem Unternehmer unter § 241a aF überwiegend bei **Weiterveräußerung** der unbestellten Ware durch den Verbraucher ein Anspruch auf Herausgabe des **Erlöses** gem § 816 Abs 1 S 1 BGB oder §§ 687 Abs 2 S 2, 681 S 2, 667 BGB zugesprochen (BERGER JuS 2001, 649, 653; CASPER ZIP 2000, 1602, 1608; SCHWARZ NJW 2001, 1449, 1454; SOSNITZA BB 2000, 2317, 2322; ALTMEPPEN, in: FS Westphalen [2010] 1, 10; **aA** BeckOK-BGB/SUTSCHET [1. 5. 2019] Rn 9; KOCH Ad Legendum 2009, 11, 17). Man konnte dafür anführen, dass dieser Anspruch nicht „durch die Lieferung" entstand; der Wortlaut zwang jedoch nicht zu einer solchen Beschränkung auf **unmittelbar** dadurch entstandene Ansprüche. Auch teleologische Erwägungen zielten eher in die gegenteilige Richtung: Zwar sprach die Gesetzesbegründung zu § 241a aF lediglich Herausgabe-, Schadensersatz-, und Nutzungsansprüche ausdrücklich an (BT-Drucks 14/2658, 46). Darunter fiel der Erlösherausgabeanspruch aber deshalb ebenfalls, weil sich die Veräußerung als spezielle Form der Nutzung begreifen lässt (BeckOGK/ FRITZSCHE [1. 3. 2019] Rn 91; SCHWARZ NJW 2001, 1449, 1450). Zudem griffen auch damals der Gedanke einer Sanktionierung wettbewerbswidrigen Verhaltens und der Verbraucherschutz ein (LINK NJW 2003, 2811; RIEHM Jura 2000, 505, 508; SCHWARZ NJW 2001, 1449, 1450). 48

Nach europarechtskonformer Auslegung ergibt sich kein anderes Ergebnis. Zwar sind nach dem Wortlaut des Art 27 VRRL lediglich die Pflichten zur **Zahlung, Rücksendung** oder **Verwahrung** ausgeschlossen. Der Ausschluss dieser Pflichten macht jedoch nur Sinn, wenn der Verbraucher auch von Ersatzansprüchen infolge der Beschädigung, Zerstörung, Nutzung oder Veräußerung der Ware befreit ist (so zumindest hinsichtlich der Ansprüche aus §§ 987, 989, 990 BGB auch PIEKENBROCK GPR 2012, 195, 197). Davon geht ersichtlich Art 45 der französischen Fassung des Richtlinienvorschlags (KOM [2008] 614 endg) aus, der den Verbraucher von der Pflicht zur Leistung **irgendwelcher Zahlung** („d'un quelconque paiement") als Synonym für „keinerlei Gegenleistung" und „any consideration" befreit. In Anbetracht des Art 27 VRRL, der den Verbraucher somit über die Zahlungs-, Herausgabe- oder Verwahrungspflicht hinaus vor jeglicher Zahlung schützen soll, sind Erlösherausgabeansprüche nach der Neuregelung ebenfalls von der Ausschlusswirkung des Abs 1 erfasst (iE BeckOGK/FRITZSCHE [1. 3. 2019] Rn 93; PWW/SCHMIDT-KESSEL/KRAMME Rn 14). 49

d) Schadensersatzansprüche

Das gleiche Auslegungsergebnis gilt für **Schadensersatzansprüche** des Unternehmers gegen den Verbraucher gem § 823 BGB bzw §§ 989, 990 BGB (BeckOGK/FRITZSCHE [1. 3. 2019] Rn 94; LÖHNIG JA 2001, 33, 36; PIEKENBROCK GPR 2012, 195, 197). Auch hier wird nur durch einen Anspruchsausschluss dem Willen sowohl des europäischen als auch des historischen Gesetzgebers (BT-Drucks 14/2658, 46) Rechnung getragen, weil anderenfalls verhindert würde, dass der Empfänger die Leistung wegwerfen darf (CASPER ZIP 2000, 1602, 1607). 50

51 Hingegen sind Schadensersatzansprüche des Empfängers gegen den Versender nicht ausgeschlossen, da Art 27 iVm Art 4 VRRL allein die Reichweite des Ausschlusses der Ansprüche des Unternehmers festlegt, nicht aber bestehende Ansprüche des Verbrauchers ausschließt. Mangels Vertragsschlusses stehen dem Empfänger zwar keine kaufvertraglichen Gewährleistungsrechte zu. Denkbar ist aber eine cic-Haftung gem § 280 Abs 1 BGB iVm §§ 241 Abs 2, 311 Abs 2 BGB, wenn die Mangelhaftigkeit der Sache zu Schäden an seinen sonstigen Rechtsgütern führt. Daneben kommt auch ein Anspruch aus § 823 Abs 1 BGB in Betracht. Mangels Eigentums (vgl Rn 32 f) oder berechtigten Besitzes (vgl Rn 34) stellt ein Schaden an der Sache selbst jedoch keine Rechtsgutsverletzung iSd § 823 Abs 1 BGB dar. Ersatzfähig sind damit nur Schäden am **sonstigen Eigentum** des Versenders (vgl Czeguhn/Dickmann JA 2005, 587, 589).

e) Nutzungsansprüche

52 Teilweise wurden **Nutzungsansprüche** vom Anwendungsbereich des Abs 1 ausgenommen, wiederum aufgrund des Wortlauts „durch die Lieferung". Auch die Zielsetzung des Gesetzgebers, den Verbraucher vor wettbewerbswidrigem Unternehmerverhalten zu schützen, sprach nach dieser Ansicht nicht gegen einen Anspruch gem § 812 Abs 1 S 1 2. Fall BGB (Berger JuS 2001, 649, 653). Jedoch ist die Begründung des europäischen Gesetzgebers eindeutig iS eines gegenteiligen Ergebnisses, den Verbraucher vor jeglicher Zahlung zu schützen (s oben Rn 49; zur Gesetzesbegründung der alten Rechtslage vgl BT-Drucks 14/2658, 46). Diese Bewertung ändert sich nicht dadurch, dass der Verbraucher die Sache einem Dritten zur Nutzung überlässt (NK-BGB/Krebs Rn 38).

f) Umfassender Anspruchsausschluss

53 Insgesamt bestehen – abgesehen von Ansprüchen aus berechtigter GoA – deshalb keinerlei Ansprüche des Unternehmers gegen den Verbraucher. Mit der Einführung der vollharmonisierten VRRL ergeben sich somit hinsichtlich der Reichweite des Anspruchsausschlusses gem Abs 1 keine Abweichungen zur bisherigen Rechtslage in Deutschland. Dieses Ergebnis entspricht **Sinn und Zweck** der VRRL, einen Beitrag zur Gewährleistung eines hohen Verbraucherschutzniveaus zu leisten (Art 1 VRRL; Erwägungsgrund Nr 7). Dem schloss sich der deutsche Gesetzgeber bereits in seiner Auffassung zu § 241a aF an (BT-Drucks 14/2658, 23, allerdings in der Annahme, mit dem umfassenden Anspruchsausschluss in § 241a BGB hinsichtlich § 985 BGB und § 812 Abs 1 BGB die Vorgabe des Art 9 FARL überschießend umzusetzen, BT-Drucks 14/2658, 46; Lorenz JuS 2000, 833, 841).

54 Dieses Auslegungsergebnis findet seine Stütze schließlich auch in Art II.-3:401 Abs 1 lit b des Gemeinsamen Referenzrahmens (**Draft Common Frame of Reference**, DCFR; vgl Einl 304 zum SchuldR), wonach „no non-contractual obligation arises from the costumer's acquisition, retention, rejection or use of the goods or receipt of benefit from the services" (allg zu den Regelungen über unbestellte Leistungen iSd § 241a BGB in DCFR und CESL, vgl Lorenz, Das Kaufrecht und die damit verbundenen Dienstverträge im Common European Sales Law, AcP 212 [2012] 702, 812). Diese Regelung wurde zwar nicht in Art 130 Abs 5 des Vorschlags für ein Gemeinsames Europäisches Kaufrecht (**Common European Sales Law**, CESL; vgl Einl 305 f zum SchuldR) übernommen. Dennoch ist Art II.-3:401 Abs 1 lit b DCFR für die Auslegung des Begriffs der Gegenleistung in Art 27 VRRL wegen des gemeinsamen Regelungsgegenstandes heranzuziehen.

Da der Begriff der Gegenleistung jedoch in den meisten anderen Mitgliedstaaten 55
enger iS einer **synallagmatisch verknüpften Hauptleistungspflicht** verstanden wird,
sind in Ermangelung eines einheitlichen europäischen Schuldrechts (vgl jedoch zur
fortschreitenden Entwicklung eines europäischen Zivilgesetzbuches Einl 280 ff zum SchuldR) Unklarheiten über den Umfang des von Art 27 VRRL erfassten Anspruchsausschlusses
zu erwarten. Aufgrund ihrer geringen Relevanz in der Praxis werden diese Probleme
allerdings eher theoretischer Natur bleiben.

4. Ansprüche gegen Dritte

Ansprüche gegen **Dritte** könnten dem Unternehmer oder dem Verbraucher zuste- 56
hen. Beide Konstellationen werden vom Wortlaut des Abs 1 und Art 27 VRRL nicht
erfasst (Hk-BGB/Schulze Rn 9). Sie beruhen regelmäßig auf einer vorherigen freiwilligen Entscheidung des Verbrauchers in Bezug auf die gelieferte Sache, bei der er
keiner wettbewerbswidrigen Belästigung ausgesetzt ist.

a) Ansprüche des Unternehmers auf Herausgabe der Sache
Veräußert der Verbraucher die Sache an einen Dritten, so ist der Unternehmer 57
dennoch – falls nicht ausnahmsweise eine wirksame Annahmeerklärung des Verbrauchers vorliegt (s oben Rn 30 f) – Eigentümer und der Verbraucher verfügt damit
als **Nichtberechtigter** (Berger JuS 2001, 649, 653; Schwarz NJW 2001, 1449, 1454; Sosnitza
BB 2000, 2317, 2322; **aA** MünchKomm/Finkenauer Rn 31, vgl dazu Rn 33a; z Streitstand in dieser
Hinsicht s unten Rn 72), allerdings nicht über eine abhanden gekommene Sache iSd
§ 935 Abs 1 BGB. Der Dritte wird über § 932 BGB geschützt, muss also nur im Falle
der Bösgläubigkeit herausgeben (gegen eine Herausgabepflicht bei Bösgläubigkeit BeckOK-BGB/Sutschet [1. 5. 2019] Rn 9). Bei gutgläubigem unentgeltlichem Erwerb kann
der Unternehmer allerdings aus § 816 Abs 1 S 2 BGB vorgehen (BeckOGK/Fritzsche
[1. 3. 2019] Rn 98; Koch Ad Legendum 2009, 11, 15 f).

Nach früher teilweise vertretener Ansicht nahm der Verbraucher durch die Veräu- 58
ßerung jedoch das schuldrechtliche und dingliche Angebot des Unternehmers an
und verfügte dann als **Berechtigter** (Casper ZIP 2000, 1602, 1608), schuldete andererseits
aber auch dem Unternehmer die Zahlung des Kaufpreises. Gegen eine solche Betrachtungsweise bestehen indessen erhebliche Bedenken. Nach heutiger Rechtslage
genügt keine konkludente Annahmeerklärung des Verbrauchers (s oben Rn 31), da
man davon ausgehen muss, dass dieser den ihm durch Abs 1 gewährten Schutz
gegenüber dem Unternehmer ausnutzen will (ebenso Link NJW 2003, 2811).

Vermietet oder **verleiht** der Verbraucher den erlangten Gegenstand an einen Drit- 59
ten, kann der Unternehmer nach § 986 Abs 1 S 2 BGB vorgehen, weil der Verbraucher trotz des Abs 1 nicht berechtigter Besitzer iSd § 986 Abs 1 S 1 BGB wird
(Berger JuS 2001, 649, 653; s oben Rn 30 f). Die faktische Position des Verbrauchers gem
Abs 1 (Sosnitza BB 2000, 2317, 2323) wirkt nur als Einwendung im Verhältnis zum
Unternehmer (s oben Rn 46). Dadurch, dass (auch) der Verbraucher evtl einen schuldrechtlichen Rückübertragungsanspruch geltend machen kann, wird der Dritte aber
nicht zwei unterschiedlichen Herausgabeansprüchen ausgesetzt (so jedoch Schwarz
NJW 2001, 1449, 1454), da der Unternehmer nach § 986 Abs 1 S 2 BGB vorrangig
Rückgabe an den Verbraucher zu verlangen hat, eine gesetzliche Möglichkeit,
von der er kaum Gebrauch machen wird. Allerdings droht dem Verbraucher uU

von seinem Vertragspartner eine Schadensersatzpflicht wegen Nichteinhaltung der miet- bzw leihvertraglichen Überlassungspflicht. Eine entsprechende Freistellung auf der Grundlage des § 241a BGB würde sich zum Nachteil eines Dritten auswirken und wäre nicht mit der Sanktion wettbewerbswidrigen Verhaltens des Unternehmers zu begründen, sondern fände ihren Grund im Verhalten des Verbrauchers.

b) Ansprüche bei Beschädigung oder Zerstörung der Sache durch Dritte

60 Eigene **deliktische Ansprüche** des Verbrauchers kommen in Betracht, soweit der Besitz als sonstiges Recht anerkannt wird (RGZ 59, 326, 328; BGHZ 32, 194, 204; Münch-Komm/Wagner § 823 Rn 287 ff; Larenz/Canaris, Schuldrecht II/2 § 76 II 4 f). Manche wollen jede Form des Besitzes schützen (Honsell, Schadensersatz nach verbotener Besitzentziehung, JZ 1983, 531, 532; Wieser, Der Schadensersatzanspruch des Besitzers aus § 823, JuS 1970, 557), andere beschränken den Deliktschutz auf diejenigen Fälle, in denen dem Besitzer Nutzungsbefugnisse zustehen (Medicus/Petersen, BR Rn 607). Überwiegend wird jedoch die **Berechtigung** als entscheidendes Kriterium angesehen (Canaris, Die Verdinglichung obligatorischer Rechte, in: FS Flume [1978] 384, 401; Larenz/Canaris, Schuldrecht II/2 § 76 II 4 f; Soergel/Zeuner Rn 58). Danach stünden dem Empfänger unbestellter Waren keine deliktischen Ansprüche zu, da Abs 1 kein Besitzrecht vermittelt (s oben Rn 34).

61 Ein völliger Ausschluss von Schadensersatzansprüchen erscheint jedoch deshalb unbefriedigend, weil der Verbraucher so die ihm durch Abs 1 faktisch zugewiesene Nutzungsmöglichkeit verliert, während der Schädiger unbillig entlastet wird. Eine Korrektur kann über die Grundsätze der **Drittschadensliquidation** erfolgen. Dass die geschilderte Konstellation unter keine der herkömmlichen Fallgruppen fällt (vgl Staudinger/Schiemann [2017] Vorbem 62 ff zu §§ 249 ff) steht dieser Annahme deshalb nicht entgegen, weil sich Abs 1 im System des BGB als Fremdkörper darstellt. Gerade das Auseinanderfallen von Eigentum und Besitz zeigt jedoch, dass die Interessenlage den anerkannten Fällen der Drittschadensliquidation vergleichbar ist: Der durch den deliktisch begründeten Verlust der Nutzungsmöglichkeit geschädigte Verbraucher hat keinen Anspruch (nach Bredemeyer JA 2012, 102, 106 hat der Verbraucher auch keinen Schaden), der Unternehmer, in dessen Eigentum durch Beschädigung oder Zerstörung der unbestellten Leistung eingegriffen wird, hat zwar einen Anspruch, aber keinen Schaden (aA Verweyen, Gegenläufige Entwicklungstendenzen bei der Drittschadensliquidation?, Jura 2006, 571, 575). Die Gesetzesbegründung zu § 241a aF befasst sich nicht mit Dreipersonenverhältnissen, sodass dieses Auseinanderfallen von Anspruch und Schaden aus Sicht des Gesetzgebers ungewollt war. Der Unternehmer hat daher seinen Anspruch analog § 285 BGB an den Verbraucher abzutreten (Link NJW 2003, 2811; z einem Anspruch des Unternehmers gegen den Verbraucher vgl Bredemeyer JA 2012, 102, 106 f). Der praktische Bedarf für die Konstruktion dürfte allerdings gering sein (z schadensersatzrechtlichen Situation bei Beschädigung der unbestellt zugesendeten Ware durch den Empfänger und einen Dritten vgl Mitsch ZIP 2005, 1017 ff).

5. Ansprüche Dritter gegen den Verbraucher

62 Problematisch erscheint der Anspruchsausschluss gem Abs 1, wenn der Unternehmer die unbestellt versendete Ware nur unter Vorbehalt erworben hat (z verfassungsrechtlichen Beurteilung dieses Problems s oben Rn 18). Die Rechtsfolgen iS eines Anspruchsausschlusses treffen dann einen Dritten, dem selbst kein Wettbewerbsverstoß zur

Last fällt. Das Verhältnis des Dritten zum Verbraucher ist vom Anwendungsbereich der VRRL nicht erfasst, da der Dritte zwar uU Unternehmer ist, jedoch nicht selbst oder durch eine andere Person handelt und deshalb nicht unter den Unternehmerbegriff des Art 2 Nr 2 VRRL fällt. Insofern ist es dem deutschen Gesetzgeber möglich, für diese Konstellation selbstständige Verbraucherschutzregelungen zu treffen, sodass der Dritte unabhängig von der VRRL als Unternehmer von der Ausschlusswirkung des Abs 1 betroffen sein kann.

Der Gesetzgeber des § 241a aF hat sich mit dieser Frage nicht befasst. Der Wortlaut des Abs 1 schließt **alle** durch die Lieferung unbestellter Waren oder die Erbringung unbestellter Dienstleistungen entstandenen Ansprüche gegen den Verbraucher aus. Für eine streng am Wortlaut orientierte Auslegung im Sinne eines generellen Anspruchsausschlusses wird zunächst die **Missbrauchsgefahr** angeführt. Ein Unternehmer könne anderenfalls die Wirkungen des Abs 1 umgehen, indem er sich eines Dritten, nur „formalen Eigentümers", bediene (NK-BGB/Krebs [2. Aufl 2012] Rn 31). Gegen das Argument der Missbrauchsgefahr wird jedoch zu Recht eingewandt, dass eine Norm nicht allein im Hinblick auf Missbrauchsgefahren ausgelegt werden kann (BeckOGK/Fritzsche [1. 3. 2019] Rn 102; Link NJW 2003, 2811, 2812). Eher trifft schon das Argument zu, der Unternehmer als Versender unbestellter Waren kalkuliere den Rechtsverlust ein, anders als der Vorbehaltsverkäufer (Berger JuS 2001, 649, 653). Dennoch spricht die Perspektive des Verbrauchers dafür, ihn vor jedwedem Herausgabeanspruch zu schützen: Bei den Verflechtungen des Marktes kann er regelmäßig die Eigentumsverhältnisse an der ihm zugesendeten Ware nicht überprüfen (Erman/Saenger Rn 34). Dem Vorbehaltseigentümer, der die Ware freiwillig aus der Hand gibt, ist das Risiko des Sachverlustes eher zuzumuten. Er kann sich durch entsprechende Vertragsgestaltungen auch dann absichern, wenn sein Vorbehaltskäufer die Ware mit oder ohne sein Einverständnis weitergibt. Im Sinne einer klaren Rechtslage sollte man also dabei bleiben, dass Abs 1 Herausgabeansprüche nicht nur des Unternehmers, sondern auch Dritter blockiert (iE zust auch BeckOK-BGB/Sutschet [1. 5. 2019] Rn 4; BeckOGK/Fritzsche [1. 3. 2019] Rn 102; Erman/Saenger Rn 34; Böttcher/Möritz VuR 2005, 46, 47; **aA** MünchKomm/Finkenauer Rn 33; NK-BGB/Krebs Rn 42). 63

6. Ansprüche Dritter gegen den Versender

Veräußert der Empfänger die Sache an einen Dritten und führt dies aufgrund eines Sachmangels zu einer Schädigung seines sonstigen Eigentums, so steht dem Dritten ein Schadensersatzanspruch gem § 823 Abs 1 BGB gegen den Versender zu. Konnte er beim Verschicken der Ware die Mangelhaftigkeit erkennen, macht es keinen Unterschied, ob der Schaden beim ursprünglichen Empfänger oder bei einem Dritten eintritt (Czeguhn/Dickmann JA 2005, 587, 591). Daran ändert sich auch nichts durch Art 27 VRRL, da er nur die Ansprüche des Unternehmers gegen denjenigen erfasst, dem die Waren oder Dienstleistungen ursprünglich geliefert oder erbracht wurden. 64

V. Abs 2

Gem Abs 2 bleiben **gesetzliche Ansprüche** des Unternehmers unter zwei Voraussetzungen erhalten. Erforderlich ist entweder, dass die **Leistung nicht für den tatsächlichen Empfänger bestimmt** war oder an den richtigen Empfänger **in der irrigen** 65

Annahme einer Bestellung erfolgte und der Empfänger dies erkannt hat oder hätte erkennen können. Der Begriff der **Leistung** ist als Oberbegriff für beide Tatbestandsvarianten des Abs 1 zu verstehen (Casper ZIP 2000, 1602, 1604). Er befindet sich zum einen in der amtlichen Überschrift, die den vollständigen Regelungsgehalt der Norm zu erfassen hat, zum anderen sind keine sachlichen Gründe dafür ersichtlich, dass damit die Tatbestandsalternative der Lieferung **unbestellter Sachen** ausgeklammert werden sollte. Das **Versehen** iSd Abs 2 Var 1 kann sowohl dem Unternehmer selbst als auch einer Transportperson unterlaufen sein. Auf Verschulden des Unternehmers kommt es nicht an, jeder Irrläufer der Ware fällt hierunter (BeckOGK/Fritzsche [1. 3. 2019] Rn 117).

66 Für die **Erkennbarkeit des Irrtums** aus Empfängersicht folgt aus der Bezugnahme auf die im Verkehr erforderliche Sorgfalt, dass ein objektiver Maßstab zugrunde zu legen ist, wobei ungeachtet des nicht ganz identischen Wortlauts auf die Auslegung zu § 122 Abs 2 BGB zurückgegriffen werden kann (Casper ZIP 2000, 1602, 1608). Umstritten ist, ob das Erfordernis der Kenntnis oder fahrlässigen Unkenntnis des Empfängers (§ 276 Abs 1 S 1 BGB) aus § 241a Abs 2 Var 2 HS 2 BGB auch für die erste Variante gilt. Eine Ansicht lehnt diese zusätzliche Voraussetzung sowohl mit dem Wortlaut als auch mit Sinn und Zweck der Norm ab (Jauernig/Mansel Rn 4; MünchKomm/Finkenauer Rn 20). Eine Fehlleitung der Leistung sei kein Ausfluss von wettbewerbswidrigem Verhalten, sondern nur die Realisierung des allgemeinen Lebensrisikos und erfordere deshalb keinen erhöhten Schutz des Empfängers (Jauernig/Mansel Rn 4; MünchKomm/Finkenauer Rn 20). Demnach sei der Empfänger auch bei fehlender Erkennbarkeit der Fehlleitung den Ansprüchen des Versenders ausgesetzt.

67 Gegen diese Ansicht spricht jedoch, dass allein der Irrtum des Unternehmers die Unlauterkeit der Geschäftspraxis nicht ausschließt (BGH NJW 2009, 3365, 3367; OLG Koblenz MMR 2010, 38; Ohly/Sosnitza, UWG [7. Aufl 2016] § 3 Rn 41; **aA** BGH MDR 2012, 44, 45; Köhler/Bornkamm/Feddersen/Köhler, UWG [37. Aufl 2019] Anh zu § 3 Abs 3 Rn 29. 8, § 7 Rn 88; Köhler GRUR 2012, 217, 223 f). Für das Vorliegen von unlauterem Verhalten kommt es gem Art 5 Abs 5 iVm Anh I Nr 29 UGPRL allein auf die objektive Beurteilung aus der Sicht des Verbrauchers an (Harte-Bavendamm/Henning-Bodewig/Keller, UWG [4. Aufl 2016] § 2 Rn 47). Nur wenn der Empfänger den Irrtum des Versenders erkennen kann, wird seine Entscheidungs- oder Verhaltensfreiheit nicht beeinträchtigt und es liegt deshalb keine aggressive Geschäftspraxis des Unternehmers gem Art 8 UGPRL vor. Aus diesem Grund muss die Voraussetzung aus § 241a Abs 2 Var 2 HS 2 BGB auch im Rahmen der ersten Variante Anwendung finden. Diesem Ergebnis entspricht auch der dem DCFR zu entnehmende Wille des europäischen Gesetzgebers, der den Ausschluss außervertraglicher Ansprüche gem Art II.-3:401 Abs 1 lit b DCFR verneint, sofern die Leistung „in error or in such other circumstances that there is a right to reversal of an unjustified enrichment" erbracht wurde, Art II.-3:401 Abs 2 lit b DCFR.

68 In Ausnahme zu Abs 1 bleiben alle gesetzlichen Ansprüche erhalten, eine Reduktion des Haftungsmaßstabes zu Gunsten des Verbrauchers tritt ebenfalls nicht ein (Casper ZIP 2000, 1602, 1608). **Vertragliche Ansprüche** scheiden bereits deswegen aus, weil der Unternehmer im Falle eines erkennbaren Irrläufers nie ein wirksames Angebot unterbreitet hat (Casper ZIP 2000, 1602, 1608).

VI. Abs 3

Für die **aliud-Lieferung** enthielt Abs 3 aF eine weitere Ausnahme vom Anspruchs- **68a**
ausschluss, wenn der Unternehmer eine nach Qualität und Preis **gleichwertige Leistung** angeboten und darauf hingewiesen hatte, dass der Empfänger weder zur Annahme verpflichtet war noch die Kosten der Rücksendung tragen musste. Dieser Hinweis hatte vor oder bei der Lieferung zu erfolgen und sich konkret auf diese zu beziehen (Deckers NJW 2001, 1474). Die Systematik des Abs 3 zeigt, dass der Gesetzgeber allein **wissentliche Falschlieferungen** gemeint hat, da andernfalls der geforderte Hinweis des Unternehmers nicht denkbar wäre (mit abw Begründung Deckers NJW 2001, 1474).

Die bisherige Fassung des § 241a Abs 3 aF wurde im Zuge der Umsetzung der VRRL **69**
gestrichen, da sie mit Art 27 VRRL, der **keine entsprechende Ausnahme** zu Abs 1 vorsieht, nach Ansicht des Gesetzgebers nicht vereinbar ist (BT-Drucks 17/12637, 45). Eine solche Ausnahme könnte sich allerdings aus dem von Art 27 VRRL in Bezug genommenen Art 5 Abs 5 iVm Anh I Nr 29 UGPRL ergeben, der eine aggressive Geschäftspraxis für **Ersatzlieferungen** gem Art 7 Abs 3 FARL, auf dem Abs 3 aF beruhte, verneint. Da die FARL jedoch gem Art 31 Abs 1 VRRL aufgehoben und von der VRRL abgelöst wurde, läuft der Verweis in der UGPRL nunmehr ins Leere (BT-Drucks 17/12637, 45; Purnhagen JIPITEC 2012, 93, 101 Rn 40; Köhler GRUR 2012, 217 Fn 3). Zwar wird zT vertreten, der ausdrückliche Verweis in Art 5 Abs 5 iVm Anh I Nr 29 UGPRL auf Art 7 Abs 3 FARL sowie das Unterlassen einer Korrektur der UGPRL spreche dafür, dass der Gesetzgeber seinen Regelungsgehalt erhalten wollte (Purnhagen JIPITEC 2012, 93, 101 Rn 40). Da der Gesetzgeber jedoch darauf verzichtet hat, den Verweis auf Art 7 Abs 3 FARL in der Entsprechungstabelle in Anh II der VRRL, vgl Art 31 Abs 2 VRRL, zu ersetzen, ist aber eher anzunehmen, dass er von der Ausnahmevorschrift Abstand nehmen wollte. Davon geht auch der deutsche Gesetzgeber aus, der ebenfalls die bisherige auf Art 7 Abs 3 FARL beruhende Ausnahme in Anh Nr 29 zu § 3 Abs 3 UWG aufgehoben hat (s oben Rn 10). Eine Ausnahme, wie sie Abs 3 aF enthielt, kann demnach nicht mehr auf Art 7 Abs 3 FARL gestützt werden (BT-Drucks 17/12637, 45). Will der Unternehmer dem Verbraucher statt der bestellten eine nach Qualität und Preis gleichwertige Leistung anbieten, muss er künftig vor der Leistungserbringung die Annahmeerklärung des Verbrauchers einholen (BT-Drucks 17/12637, 45). Ansonsten liegt bei wissentlicher Falschlieferung nach neuer Rechtslage eine unbestellte Leistung iSd Abs 1 vor (aA Köhler, in: FS Gottwald [2014] 363, 369; vgl z alten Rechtslage Staudinger/Olzen [2009] Rn 58 ff).

Die Neufassung des Abs 3 dient der Umsetzung von Art 25 VRRL, wonach von **70**
§ 241a BGB nicht zum Nachteil des Verbrauchers abgewichen werden darf. Die Vorschrift ist mithin **unabdingbar** und darf auch nicht durch anderweitige Gestaltungen umgangen werden. Auf diese Weise wird der Verbraucher umfassend davor geschützt, seine Rechtsposition aus Abs 1 gegenüber dem Unternehmer zu verlieren (BT-Drucks 17/12637, 45).

VII. Prozessuales

Die Voraussetzungen vertraglicher Ansprüche hat ein Unternehmer nach allgemei- **71**
nen Grundsätzen darzulegen und zu beweisen. Für den Ausschlusstatbestand des

Abs 1 kann sich der Verbraucher mit der Behauptung begnügen, es liege eine **unbestellte Lieferung** vor. Die **Beweislast** für eine **Bestellung** trifft den Unternehmer aus teleologischen Gründen sowie aus dem Umstand, dass es bei Beweisbedürftigkeit von Negativtatsachen regelmäßig zu einer Beweislastumkehr kommt, weil das Entkräften einer Negativbehauptung weniger Schwierigkeiten mit sich bringt als deren Beweis. Die Voraussetzungen des Abs 2 hat der Unternehmer, da sie anspruchserhaltend sind, ohnehin zu beweisen.

VIII. Strafrechtliche Folgen

72 Teilweise wurden Wertungswidersprüche zwischen Abs 1 und dem Strafrecht bemängelt: Die vorsätzliche Beschädigung sowie die Veräußerung durch den Verbraucher lösen zwar keine zivilrechtlichen Ansprüche aus, erfüllen aber die Tatbestände der § 303 StGB und des § 246 StGB, weil der Verbraucher eine fremde Sache beschädigt bzw sich zueignet (Schwarz NJW 2001, 1449, 1453; Riehm Jura 2000, 505, 508; z Strafbarkeit des Verbrauchers wegen Betruges gegenüber Dritten gem § 263 StGB vgl Naumann, Unbestellte Leistungen 179 ff). Die Ursache dieses Wertungswiderspruchs liegt in dem dauerhaften Auseinanderfallen von Eigentum und Verfügungsmöglichkeit, weshalb vereinzelt für eine **Neudefinition** des Tatbestandsmerkmals „fremd" plädiert wird (Kohlheim, Ein neuer wirtschaftlicher Fremdheitsbegriff im Strafrecht 90 ff; Lamberz JA 2008, 425, 428; Otto Jura 2004, 389, 390). Einige schlagen vor, das dogmatische Problem auf der Ebene der Rechtswidrigkeit zu lösen, indem entweder § 241a BGB als eigenständiger **Rechtfertigungsgrund** herangezogen (BeckOGK/Fritzsche [1. 3. 2019] Rn 126; Naumann, Unbestellte Leistungen 142 ff; Haft/Eisele, in: GS Meurer [2002] 245, 257; Berger JuS 2001, 649, 653; Matzky NStZ 2002, 458, 464; Bülte/Becker Jura 2012, 319, 325) oder von einer **rechtfertigenden Einwilligung** des Verbrauchers selbst ausgegangen wird (Tachau, Ist das Strafrecht strenger als das Zivilrecht? 187 ff; Reichling JuS 2009, 111, 113). Nach letzterer Ansicht ginge bei Annahme der zivilrechtlichen Verfügungsbefugnis damit auch die strafrechtliche Einwilligungsbefugnis einher. Ob sich dies tatsächlich aus dem Wortlaut ergibt, erscheint zweifelhaft, entspricht aber der verbraucherschützenden Intention des Gesetzgebers, sodass der Empfänger jedenfalls im Ergebnis gerechtfertigt ist. Ein Unternehmer, der sich die Sache gewaltsam wiederbeschafft, macht sich nicht nach § 242 bzw § 249 StGB strafbar, weil die Sache seine eigene ist (Schwarz NJW 2001, 1449, 1453). Möglich bleibt jedoch eine Strafbarkeit wegen (eigennütziger) Pfandkehr gem § 289 StGB, sofern § 241a BGB für den Empfänger ein gesetzliches Gebrauchsrecht begründet (so Reichling JuS 2009, 111, 113; s oben zum fehlenden Besitzrecht Rn 34). Im europäischen Ausland existieren sogar **eigene Strafvorschriften** für die Zusendung unbestellter Ware. In **Österreich** droht zB gem § 32 Abs 1 Nr 5 KonsumentenschutzG eine Geldstrafe bis zu 1450 €, in **Frankreich** wird das Verhalten gem Art 122-3 Abs 3 iVm Art 122-12 Abs 1 Code de la consommation mit bis zu zwei Jahren Haft oder einer Geldstrafe bis zu 300 000 € bestraft; Nebenstrafen wie die Einziehung der Sache bezeichnet Art R635-2 Code pénal näher (dazu Martini, Die Zusendung unbestellter Ware, in: Wolf/Mona/Hürzeler, Prävention im Recht [2008] 183, 195 f).

IX. Rechtsvergleichendes

73 Die Bekämpfung der Zusendung unbestellter Ware durch zivilrechtliche Spezialgesetze begann in den **USA** bereits im 19. Jahrhundert. Mittlerweile existiert dort eine bundesrechtliche Vorschrift mit einem Verbot unbestellter Zusendungen, die dem

Empfänger einer solchen Ware erlaubt, sie wie ein Geschenk zu behandeln und den Absender verpflichtet, den Empfänger über seine Rechte zu informieren (ausf MÜLLER-HELLE, Die Zusendung unbestellter Ware 176). Bei einer Betrachtung des **europäischen Auslandes** fällt auf, dass die Rechtslage bereits vor Schaffung der Fernabsatzrichtlinie in einem Punkt länderübergreifend einheitlich war: Reagierte der Empfänger auf das in der Zusendung liegende Vertragsangebot nicht, wurde er auch nicht verpflichtet (GEIST, Zusendung unbestellter Waren 22, 261). So sieht zB § 864 Abs 2 des österreichischen ABGB bereits seit 1997 vor, dass das Behalten, Verwenden oder Verbrauchen einer Sache, die dem Empfänger ohne seine Veranlassung übersandt worden ist, nicht als Annahme eines Antrags gelte. Ähnlich normiert Art 6a Abs 1 des schweizerischen OR seit 1990, dass in der Zusendung einer unbestellten Sache kein Antrag zu sehen ist. Auch nach § 15 des portugiesischen Gesetzesdekrets Nr 272/97 vom 3. 7. 1987 darf der Empfänger unbestellter Erzeugnisse diese behalten, was im Ergebnis auf eine Schenkung hinausläuft (BT-Drucks 14/2658, 46).

74 Daher bestand eigentlich für das Europäische Parlament zunächst kein Handlungsbedarf (GEIST, Zusendung unbestellter Waren 22, 261). Denn über die Befreiung von der Gegenleistungspflicht hinausgehende Freistellungen des Verbrauchers wurden auch nach der FARL von den Mitgliedstaaten nicht gefordert (s oben Rn 2). Erwägungsgrund Nr 5 der Richtlinie wollte lediglich den Anspruch auf „Zahlung nicht bestellter Ware" ausgeschlossen wissen und meinte damit nur die im Gegenseitigkeitsverhältnis stehende **Hauptleistungspflicht** (s auch Rn 37). Dennoch sind die nationalen Gesetzgeber tätig geworden und haben die gem Art 14 S 1 FARL bestehende Möglichkeit, über die Richtlinie hinausgehende strengere Bestimmungen zu erlassen, wahrgenommen (vgl Voraufl Rn 67 ff; MARTINI, Die Zusendung unbestellter Ware, in: WOLF/ MONA/HÜRZELER, Prävention im Recht [2008] 183 ff).

75 Mit Einführung der VRRL und dem sich aus der **Vollharmonisierung** gem Art 4 VRRL ergebenden Verbot, strengere oder weniger strenge Rechtsvorschriften zur Gewährung eines anderen Verbraucherschutzniveaus aufrechtzuerhalten oder zu schaffen, gilt nunmehr innerhalb ihres Anwendungsbereichs in der gesamten Europäischen Union **derselbe Umfang** des Anspruchsausschlusses (s Rechtsfolgen Rn 35 ff).

76 So hat **Frankreich** mit G vom 17. 3. 2014 den Wortlaut des Art 27 VRRL iVm Art 5 Abs 5 iVm Anh I Nr 29 UGPRL in Art L122-3 Abs 1, 2 Code de la Consommation übernommen. In der Literatur umstritten ist jedoch, ob Art L122-3 dem Empfänger das Recht verleiht, die zugesandte Ware ohne Gegenleistung zu behalten, also einen Herausgabeanspruch des Versenders ausschließt (LORENZ, in: FS Lorenz [2001] 193, 202; MünchKomm/FINKENAUER Rn 2). Für den Fall unberechtigt erlangter Geldbeträge steht dem Verbraucher gem Art L122-3 Abs 5 Code de la consommation zusätzlich ein Rückerstattungsanspruch gegen den Unternehmer zu. Mit Art IV 108 Abs 2 des am 31. 5. 2014 in Kraft getretenen Code de droit économique wurde ebenfalls die Gesetzeslage in **Belgien** der VRRL angepasst.

77 In der **Schweiz** bleibt trotz Art 6a OR, der vertragliche Leistungsansprüche und alle Ansprüche auf Schadensersatz ausschließt, der Herausgabeanspruch des Unternehmers hingegen gem Art 641 Abs 2 ZGB bestehen, den dieser also zumindest so lange realisieren kann, wie die Sache sich noch beim Verbraucher befindet (GEIST, Zusendung unbestellter Waren 206 mwNw u 262).

§ 242
Leistung nach Treu und Glauben

Der Schuldner ist verpflichtet, die Leistung so zu bewirken, wie Treu und Glauben mit Rücksicht auf die Verkehrssitte es erfordern.

Schrifttum

AUER, Materialisierung, Flexibilisierung, Richterfreiheit. Generalklauseln im Spiegel der Antinomien des Privatrechtsdenkens (2005)
BEATER, Generalklausel und Fallgruppen, AcP 194 (1994) 82
BITTMANN, Treu und Glauben in der Zwangsvollstreckung, ZZP 97 (1984) 32
BUSS, De minimis non curat lex, NJW 1998, 337
BYDLINSKI, Möglichkeiten und Grenzen der Präzisierung aktueller Generalklauseln, in: BEHRENDS/DIESSELHORST/DREIER (Hrsg), Rechtsdogmatik und praktische Vernunft, Symposion zum 80. Geburtstag von Franz Wieacker (1990) 189
CALLIESS/RUFFERT (Hrsg), Kommentar des Vertrages über die Europäische Union und des Vertrages zur Gründung der Europäischen Gemeinschaft (5. Aufl 2016)
CANARIS, Verstöße gegen das verfassungsrechtliche Übermaßverbot im Recht der Geschäftsfähigkeit und im Schadensersatzrecht, JZ 1987, 99
DERNBURG, Bürgerliches Recht I (1./2. Aufl 1899)
ENDEMANN, Lehrbuch des Bürgerlichen Rechts (8. Aufl 1903)
ENNECCERUS/KIPP/WOLF (Hrsg), Lehrbuch des Bürgerlichen Rechts, Recht der Schuldverhältnisse, Bd II, Bearb: LEHMANN (14. Aufl 1954)
ESSER, § 242 und die Privatautonomie, JZ 1956, 555
FASTRICH, Richterliche Inhaltskontrolle im Privatrecht (Habil München 1992)
GERNHUBER, § 242 – Funktionen und Tatbestände, JuS 1983, 764
HAERTLEIN, Die Verwirkung von Ansprüchen, in: FS Schilken (2015) 35
ders, Gläubigerverhalten und Umstandsmoment bei der Anspruchsverwirkung, DGVZ 2019, 74
HAGEBÖCK, Die normative Bedeutung der Verkehrssitte im § 242 BGB und ihr Verhältnis zu den ergänzenden Bestimmungen des bürgerlichen Rechts (Diss Göttingen 1933)
HAMBURGER, Treu und Glauben im Verkehr (1930)
HANAU, Objektive Elemente im Tatbestand der Willenserklärung, AcP 165 (1965) 220
HÄUSER, Unbestimmte „Maßstäbe" als Begründungselement richterlicher Entscheidungen (Diss Mainz 1981)
HEDEMANN, Die Flucht in die Generalklauseln (1933)
HEINRICH, Die Generalklausel des § 242 BGB, in: FS Laufs (2006) 585
HENLE, Treu und Glauben im Rechtsverkehr (1912)
HERBERGER/MARTINEK/RÜSSMANN/WETH/WÜRDINGER (Hrsg), Juris-Praxiskommentar BGB, Band 2 (8. Aufl 2017)
HOHMANN, § 242 BGB und unzulässige Rechtsausübung in der Rspr des BGH, JA 1982, 112
JAHR, Die Einrede des bürgerlichen Rechts, JuS 1964, 125, 294
KASER/KNÜTEL/LOHSSE, Römisches Privatrecht (21. Aufl 2017)
KLAKA, Zur Verwirkung im gewerblichen Rechtsschutz, GRUR 1970, 265
KNOPS, Die subjektiven Voraussetzungen der Verwirkung wegen illoyaler Verspätung nach internationalem und deutschem Recht, AöR 143 (2018) 554
KOHLER, Lehrbuch des Bürgerlichen Rechts, 2. Hbbd (1904)
LARENZ, Richtiges Recht, Grundzüge einer Rechtsethik (1979)
ders, Schuldrecht Bd I, Allgemeiner Teil (14. Aufl 1987)
LEHMANN, Missbrauch der Geschäftsgrundlage, JZ 1952, 10

LIEBS, Römisches Recht (6. Aufl 2004)
LIMBACH, Die Feststellung von Handelsbräuchen, in: FS Hirsch (1968) 77
LOOSCHELDERS, Schuldrecht Allgemeiner Teil (16. Aufl 2018)
LÜDERITZ, Auslegung von Rechtsgeschäften (1966)
MADER, Venire contra factum proprium nemini licet?, in: FS Fenyves (2013) 257
MAYER-MALY, Wertungswandel im Privatrecht, JZ 1981, 801
MEDICUS, Der Grundsatz der Verhältnismäßigkeit im Privatrecht, AcP 192 (1992) 35
MEDICUS/LORENZ, Schuldrecht I, Allgemeiner Teil (21. Aufl 2015)
MEDICUS/PETERSEN, Bürgerliches Recht (26. Aufl 2017)
MENEZES CORDEIRO, Die Dogmatisierung des Systemdenkens durch Treu und Glauben, in: FS Canaris (2007) 857
MEYER, Bona fides und lex mercatoria in der europäischen Rechtstradition (1994)
OERTMANN, Rechtsordnung und Verkehrssitte (1914, Neudruck 1971)
ROTH, Die Einrede des Bürgerlichen Rechts (1988)
J SCHMIDT, Präzisierung des § 242 – eine Daueraufgabe?, in: BEHRENDS/DIESSELHORST/DREIER (Hrsg), Rechtsdogmatik und praktische Vernunft, Symposion zum 80. Geburtstag von Franz Wieacker (1990) 231
K SCHNEIDER, Treu und Glauben im Recht der Schuldverhältnisse (1902)
SIEBERT, Verwirkung und Unzulässigkeit der Rechtsausübung (1934)
SINGER, Wann ist widersprüchliches Verhalten verboten? – Zu den Rechtsfolgen der form- und grundlosen Eigenkündigung eines Arbeitnehmers, NZA 1998, 1309

SONNENBERGER, Verkehrssitten im Schuldvertrag (Habil München 1970)
STAMMLER, Recht der Schuldverhältnisse (Berlin 1897)
STRÄTZ, Treu und Glauben, Bd I, Beiträge und Materialien zur Entwicklung von „Treu und Glauben" in deutschen Privatrechtsquellen vom 13. bis zur Mitte des 17. Jahrhunderts (1974)
TEICHMANN, Venire contra factum proprium – Ein Teilaspekt rechtsmissbräuchlichen Handelns, JA 1985, 497
ders, Strukturveränderungen im Recht der Leistungsstörungen nach dem RegE eines Schuldrechtsmodernisierungsgesetzes, BB 2001, 1485
TEUBNER, Standards und Direktiven in Generalklauseln (Diss Tübingen 1971)
vTUHR, Der Allgemeine Teil des Deutschen Bürgerlichen Rechts, Bd II/1 (1914)
ders, Der Allgemeine Teil des Deutschen Bürgerlichen Rechts, Bd II/2 (1918)
WACKE, Dolo facit, qui petit quod (statim) rediturus est, JA 1982, 477
WAGNER, Zur Feststellung eines Handelsbrauches, NJW 1969, 1282
WEBER, Entwicklung und Ausdehnung des § 242 zum „königlichen Paragraphen", JuS 1992, 631
ders, Einige Gedanken zur Konkretisierung von Generalklauseln durch Fallgruppen, AcP 192 (1992) 516
vWESTPHALEN/THÜSING, Vertragsrecht und AGB Klauselwerke (42. EL Dezember 2018)
WIEACKER, Zur rechtstheoretischen Präzisierung des § 242 BGB (1956)
WIELING, Venire contra factum proprium und Verschulden gegen sich selbst, AcP 176 (1976) 334.

Systematische Übersicht

A.	**Geschichte der Vorschrift**	
I.	**Einleitung**	1
II.	**Die Entstehung der Vorschrift im Bürgerlichen Gesetzbuch**	6
1.	Einfluss des Römischen Rechts	7

a)	Fides und bona fides	8
b)	Aequitas	12
aa)	Der Ursprung	12
bb)	Rezeption und Kanonistik	13
2.	Der Einfluss des Deutschen Privatrechts	14
3.	Das Gesetzgebungsverfahren	25

a)	Der Teilentwurf (TE) zum Obligationenrecht (1882)	25
b)	Beratungen über den TE und Gesetzgebungsdebatten	29
aa)	Änderungen im TE zum Obligationenrecht Nr 20 § 1 bis zum E I	30
bb)	Änderungen im TE zum Obligationenrecht Nr 13 § 196 bis zum E I	32
cc)	Änderungen durch die Vorkommission des RJA/E I – RJA	33
dd)	Änderungen der 2. Kommission (E II und E III)	34
ee)	Beratungen des Reichstags	35
c)	Endgültige Fassung der Norm im	37
III.	**Die Entwicklung der Vorschrift nach 1900**	**38**
1.	Die Zeit bis zum 1. Weltkrieg	39
a)	Die Stellung der Rechtswissenschaft zu § 242	40
aa)	Vertragsrechtlicher Ansatz	41
bb)	Der sog „gesellschaftliche Ansatz"	46
cc)	Der Ausgang der Meinungsverschiedenheiten	48
b)	Die Rechtsprechung	50
2.	Die Zeit des 1. Weltkrieges (1914–1918)	53
3.	Der sog „Aufwertungskampf" (1919–1932)	55
a)	Die Aufwertungsrechtsprechung und ihre Folgen	56
b)	Die Entwicklung der Literatur bis 1933	64
4.	Die Zeit des Nationalsozialismus (1933–1945)	66
a)	„Volksgesetzbuch" und Ansätze	67
b)	Die Rspr während der NS-Zeit	77
5.	Die Zeit nach dem 2. Weltkrieg	78
a)	Zur Rspr im Einzelnen	79
b)	Literatur und Gesetzgebung	82
aa)	Ausbau und Verfeinerung der Systematik	83
bb)	Neue Systematisierungsbemühungen	89
(1)	Änderung des systematischen Standorts	90
(2)	Ersetzung des § 242 als Entscheidungsargument	93
(a)	Dogmatische Ersetzung	94
(b)	Gewohnheitsrechtliche Ersetzung	95
(c)	Kodifikatorische Ersetzung	96
IV.	**§ 242 in Gegenwart und Zukunft**	**101**
1.	Aktuelle Anwendungsfelder	102
2.	Ausblick	104
B.	**Unmittelbarer Anwendungsbereich**	**105**
I.	**IPR – räumlicher Anwendungsbereich**	**106**
II.	**Abdingbarkeit**	**107**
III.	**Normgehalt**	
1.	Einleitung	110
a)	Auffassungen zum normativen Gehalt des § 242	113
aa)	Gleichheitstheorien	114
bb)	Differenzierungstheorien	116
cc)	Appellwirkung	119
b)	Stellungnahme	120
2.	„Tatbestandsmerkmale"	124
a)	„Schuldner"	125
b)	„Leistung"	134
c)	Sonstige Merkmale	135
3.	„Rechtsfolgemerkmale"	138
a)	„Treu und Glauben"	140
aa)	Interessenabwägung	144
(1)	Grundgesetz und § 242	145
(a)	Wirkung der Grundrechte	146
(b)	Art 20 und 28 GG	147
(2)	Sonstige gesetzliche Grundwertungen	148
(3)	Sozialethische Anschauungen	150
(4)	Sonstige Interessen Dritter oder der Allgemeinheit	151
(5)	Idee des Rechts	152
bb)	Einfluss der Zeit auf „Treu und Glauben"	153
(1)	Maßgeblicher Zeitpunkt	153
(2)	„Wirkungsdauer"	157
cc)	Rang der Konkretisierungsmittel	158
b)	„mit Rücksicht auf die Verkehrssitte"	159
aa)	Objektiver Tatbestand	160
bb)	Erfordernis einer subjektiven Komponente?	164

cc)	Abgrenzung vom Gewohnheitsrecht	166	(1)	Fehlendes Eigeninteresse	258
dd)	Verhältnis zu „Treu und Glauben"	167	(2)	Geringfügiges Eigeninteresse des Rechtsinhabers	262
c)	„so zu bewirken"	170	(a)	Allgemeine Voraussetzungen	262
aa)	Funktionskreise-Theorie	171	(b)	Anwendungsfälle	267
(1)	Meinungsstand	171	(3)	Grundsatz der Verhältnismäßigkeit	277
(2)	Stellungnahme	179	(4)	Pflicht zur alsbaldigen Rückgewähr	279
bb)	Konkretisierungsfunktion	181	cc)	Widerspruch zwischen früherem und gegenwärtigem Verhalten	284
cc)	Ergänzungsfunktion	186			
d)	„(nur) verpflichtet"	199	(1)	Allgemeines	284
aa)	Schrankenfunktion	201	(2)	Die Voraussetzungen des widersprüchlichen Verhaltens	289
bb)	Korrekturfunktion	204			
4.	Ergebnis	205	(a)	Schutzwürdiges Vertrauen	290
			(b)	Unauflöslicher Widerspruch	296
C.	**Fallgruppen**		(3)	Verwirkung	300
			(a)	Allgemeines	300
I.	**Allgemeines**	210	(b)	Voraussetzungen	304
			(c)	Verhältnis zur Verjährung	311
II.	**Einzelne Fallgruppen**		(d)	Verhältnis zu Ausschlussfristen	314
1.	Randprobleme	211	(e)	Ausschluss	315
2.	Rechtsmissbrauch	213	(f)	Rechtsfolgen der Verwirkung	316
a)	Rechtsmissbrauch als Unterfallgruppe des § 242?	213	(4)	Erwirkung	317
			(5)	Rechtsscheinshaftung	318
b)	Allgemeine Voraussetzungen	216			
aa)	Interessen der Parteien/Gesetzliche Wertungen	221	**D.**	**Prozessuale Probleme**	319
bb)	Subjektive Elemente	222	**I.**	**Einwendung oder Einrede?**	
cc)	Drittinteressen/Öffentliche Interessen	224	1.	Der Meinungsstand	320
			2.	Sonderfälle	321
c)	Rechtsfolgen	225	a)	Verwirkung	322
aa)	Grundsatz	225	b)	Unzumutbarkeit	323
bb)	Begrenzung nach Sinn und Zweck	226	c)	Bewertung	324
cc)	Zeitliche Reichweite	227			
dd)	Persönliche Reichweite	228	**II.**	**Dauerhafte oder vorübergehende Wirkung?**	327
d)	Die einzelnen Fälle	233			
aa)	Früheres Verhalten	234	**III.**	**Beweislast**	329
(1)	Unredlicher Erwerb der eigenen Rechtsposition	237			
			IV.	**Revisibilität**	331
(a)	Rechtlich missbilligter Erwerb des Rechts	239			
			E.	**Das Verhältnis des § 242 zu anderen Vorschriften und Rechtsgrundsätzen**	
(b)	Rechtlich missbilligte Schaffung von Tatbestandsvoraussetzungen	242			
(2)	Unredliche Vereitelung der gegnerischen Rechtsposition	245	**I.**	**Ausschluss durch andere Normen**	332
(3)	Eigenes vertrags- oder gesetzwidriges Verhalten als genereller Ausschlussgrund?	250	1.	Gesetzliche Regelungen	333
			2.	Vertragliche Vereinbarungen	340
bb)	Gegenwärtiges Verhalten	255			

II.	**Das Verhältnis zu teleologischer Reduktion und Analogie**	343	(1)	Ausschluss des § 118 bei notariellen Verträgen	420
1.	Teleologische Reduktion	344	(2)	Pflicht zur Aufklärung über die mangelnde Ernstlichkeit	421
2.	Analogie	346	bb)	Anfechtbarkeit wegen Irrtums, § 119	422
a)	Extrempositionen	347	(1)	Gemeinsamer Irrtum	423
b)	Vermittelnde Ansätze	348	(2)	Ausweitung der Beachtlichkeit von Irrtümern	424
III.	**Die Abgrenzung zu anderen Normen des BGB**	351	(3)	Einschränkung oder Ausschluss der Irrtumsanfechtung	430
1.	§ 157	352	cc)	Schadensersatzpflicht des Anfechtenden, § 122	436
a)	Notwendigkeit der Abgrenzung	353			
b)	Kriterien der Abgrenzung	358			
2.	§ 134	362	dd)	Anfechtung nach § 123	441
3.	§ 138	365	(1)	Ausnutzung missbräuchlich erworbener Rechtspositionen	442
4.	§ 162	372			
5.	§ 226	373	(2)	Täuschung durch Dritte	443
6.	§ 254	376	(3)	Einschränkung der Anfechtung nach § 123	444
7.	§ 275 Abs 2 und 3	378			
8.	§§ 307–309	379	f)	Formverstöße, § 125	445
9.	§ 313	385	g)	Zugang von Willenserklärungen, § 130	453
10.	§ 314, 324	387			
11.	§ 358 Abs 3, 359	389	h)	Materielle Schranken der Privatautonomie, §§ 134, 138	456
12.	§ 826	390			
a)	Naturalrestitution	391	aa)	Vertragsfreiheit und Vertragsgerechtigkeit	458
b)	Schadenskompensation in Geld	395			
13.	Gesetzesumgehung	396	bb)	Der Maßstab der Inhaltskontrolle	463
			cc)	Erweiterte Inhaltskontrolle bei gestörter Vertragsparität?	466
IV.	**Die Abgrenzung zu Normen in anderen Rechtsgebieten**	400	(1)	Miet- und Arbeitsrecht	467
			(2)	Vorformulierte Vertragsbedingungen	471
F.	**Die Anwendungsfälle im Einzelnen**	401	(a)	Deklaratorische Klauseln, Leistungsbeschreibungen und Preisvereinbarungen	472
I.	**Innerhalb des BGB**				
1.	Allgemeiner Teil des BGB	403	(b)	Vorformulierte Individualverträge	475
a)	Natürliche Personen, §§ 1–12	404	(c)	Gesellschaftsverträge und Vereinssatzungen	477
b)	Verbraucher und Unternehmer, §§ 13, 14	406			
c)	Vereinsrecht, §§ 21–79	407	(d)	Tarifverträge, Betriebsvereinbarungen, Dienstvereinbarungen	479
d)	Geschäftsfähigkeit, §§ 104–115	408	(e)	Familien- und Erbrecht	480
aa)	Einschränkung der §§ 105 Abs 1, 108 Abs 1	408	(3)	Verbraucherschutzrecht	482
bb)	Nichtigkeit nach § 105 Abs 2	414	(4)	Störung der Vertragsparität im Einzelfall	483
cc)	Eintritt der Volljährigkeit nach § 108 Abs 3	415	(5)	Fazit	484
			dd)	Zusammenspiel von § 134 und § 242	485
dd)	Erweiterung des § 110 durch § 242?	416	(1)	Einschränkung der Nichtigkeitsfolge	485
e)	Willensmängel, §§ 116–124, 142	418	(2)	Rückgriff auf § 242 bei Wirksamkeit des Rechtsgeschäfts	489
aa)	Mangel der Ernstlichkeit, § 118	419			

ee)	Zusammenspiel von § 138 und § 242	490	2.	Schuldrecht: Allgemeiner Teil	568
(1)	Einschränkung der Nichtigkeitsfolge	491	a)	Allgemeine Tendenzen im Schuldrecht	568
(a)	Grundlagen	491	b)	Inhalt der Leistungspflicht	571
(b)	Fallgruppen	494	aa)	Überblick	571
(aa)	Einseitige Sittenverstöße	495	bb)	Typische Gegenstände der Leistung	573
(bb)	Beiderseitige Sittenverstöße	496	(1)	Gattungsschuld	573
(cc)	Wegfall der Sittenwidrigkeit nach Vornahme des Rechtsgeschäfts	497	(a)	Abweichender Qualitätsstandard	574
			(b)	Repartierungspflicht des Schuldners	575
(2)	Anwendung des § 242 bei Wirksamkeit des Rechtsgeschäfts	498	(c)	Recht des Schuldners zur „Rekonzentration"	578
i)	Teilnichtigkeit, § 139	502	(2)	Wahlschuld und Ersetzungsbefugnis	581
aa)	Allgemeines	502	cc)	Inhalt einzelner Ansprüche oder Rechte	584
bb)	Die einzelnen Fallgruppen	504			
(1)	Irrelevanz des nichtigen Teils bei der Vertragsdurchführung	505	(1)	Schadensersatz	584
			(a)	Ausweitung des Schadensersatzanspruchs	585
(2)	Ungerechtfertigter Vorteil für eine Partei	506	(b)	Einschränkung des Schadensersatzanspruchs	586
k)	Vertrag, §§ 145–157	511			
l)	Bedingung und Zeitbestimmung, §§ 158–163	514	(c)	Insbesondere: Mitverschulden	590
			(aa)	Konkretisierung der tatbestandlichen Voraussetzungen	591
m)	Vertretungsmacht, §§ 164–181	515			
aa)	Rechtsscheinvollmacht (Duldungs- und Anscheinsvollmacht)	515	(bb)	Anspruchskürzung außerhalb des Schadensrechts	592
bb)	Kollusion	516	(cc)	Schadensminderungspflicht	593
cc)	Missbrauch der Vertretungsmacht	517	(dd)	Die Rechtsfolgen des Mitverschuldens	594
(1)	Problemstellung und Meinungsstand	517			
(2)	Praktische Konsequenzen	521	(ee)	Einschränkung des § 254	595
(3)	Stellungnahme	524	(d)	Handeln auf eigene Gefahr	597
dd)	Missbrauch von treuhänderischer Macht	525	(e)	Abtretung des Ersatzanspruchs	601
			(f)	Ergebnis	602
ee)	Zurückweisung gem § 174	527	(2)	Aufwendungsersatz	603
ff)	Pflicht zur Genehmigung des Vertretergeschäfts aus Treu und Glauben	528	(3)	Wegnahmerecht	604
			(4)	Auskunft	605
			dd)	Modalitäten der Leistung	609
gg)	Einschränkung von § 179 Abs 3 S 1	530	(1)	Teilleistungen, § 266	609
n)	Verjährung, §§ 194–218	531	(a)	Recht des Schuldners zu Teilleistungen	610
aa)	Überblick	531			
bb)	Ausprägungen des Grundsatzes von Treu und Glauben im Verjährungsrecht	538	(b)	Recht des Gläubigers zu Teilforderungen	614
			(2)	Leistung durch Dritte, § 267	615
cc)	Vorrangige gesetzliche Regelungen	539	(a)	Nachträgliche Änderung der Tilgungsbestimmung	615
dd)	Keine Treuwidrigkeit der Verjährungseinrede per se	545	(b)	Ablehnung der Leistung	616
			(3)	Leistungsort und Leistungszeit	617
ee)	Berücksichtigung des Schuldnerverhaltens	550	ee)	Rechte des Schuldners zur Leistungsverweigerung	619
ff)	Rechtsfolgen	559	(1)	Allgemeines	619
gg)	Ausschlussfristen	563	(2)	Zurückbehaltungsrecht, §§ 273, 274	620

(a)	Konnexität	620
(b)	Erweiterung des Zurückbehaltungsrechts	621
(c)	Ausschluss oder Einschränkung des Zurückbehaltungsrechts	622
(3)	Einrede des nicht erfüllten Vertrages, §§ 320–322	623
(a)	Funktionelles Synallagma und Treu und Glauben	623
(b)	Ausschluss des Leistungsverweigerungsrechts nach § 320 Abs 2	624
(c)	Sonstige Fälle des Rechtsmissbrauchs	625
(d)	Eigene Vertragstreue als Voraussetzung des Leistungsverweigerungsrechts	626
(e)	Ausschluss der Vorleistungspflicht bei fehlender Vertragstreue des anderen Teils	630
(f)	Unsicherheitseinrede	631
c)	Leistungsstörungen	633
aa)	Allgemeines	633
bb)	Unmöglichkeit	635
(1)	Zeitweilige Unmöglichkeit	636
(a)	Abgrenzung von dauernder und zeitweiliger Unmöglichkeit	637
(b)	Wiederaufleben der Leistungspflicht bei dauernder Unmöglichkeit	638
(2)	Rechtliche Unmöglichkeit	639
cc)	Verzögerung der Leistung (insbesondere Verzug)	641
(1)	Ersatz des Verzögerungsschadens	642
(2)	Schadensersatz statt der Leistung und Rücktritt	645
(a)	Fristsetzung	645
(b)	Das Wahlrecht des Gläubigers nach Fristablauf	649
(c)	Eigene Vertragstreue des Gläubigers	654
dd)	Schlechtleistung	655
ee)	Verletzung von Rücksichtspflichten	657
ff)	Gläubigerverzug	660
gg)	Vertragsstrafe	666
d)	Begründung von Schuldverhältnissen	672
e)	Rücktritt	674
aa)	Rücktrittsregelungen, §§ 346–353	674
bb)	Verwirkungsklausel, § 354	679
f)	Erlöschen der Schuldverhältnisse, §§ 362–397	682
aa)	Erfüllung, §§ 362–371	683
bb)	Hinterlegung, §§ 372–386	687
cc)	Aufrechnung, §§ 387–396	688
(1)	Durchbrechungen des Gegenseitigkeitserfordernisses	689
(a)	Treuhandverhältnisse und Strohmannfälle	690
(b)	Durchgriffshaftung bei juristischen Personen	692
(c)	Sonstige Fälle	694
(2)	Einschränkungen der Aufrechnung	695
(a)	Ausweitung der gesetzlichen Aufrechnungsverbote	696
(aa)	Vorsätzlich begangene unerlaubte Handlung, § 393	697
(bb)	Unpfändbare Forderungen, § 394	698
(b)	Natur des Rechtsverhältnisses und Zweck der Leistung	699
(c)	Unzulässige Rechtsausübung	702
(3)	Einschränkung von Aufrechnungsverboten	705
(a)	Vertragliche Aufrechnungsverbote	706
(b)	Gesetzliche Aufrechnungsverbote	710
dd)	Erlass, § 397	714
ee)	Erlöschen des Schuldverhältnisses nach § 242	715
g)	Übertragung von Forderungen, §§ 398–413	716
aa)	Ausschluss der Abtretung, §§ 399, 400	717
bb)	Einwendungen des Schuldners, § 404	722
cc)	Abtretung unter Urkundenvorlegung, § 405	723
dd)	Rechtshandlungen gegenüber dem bisherigen Gläubiger, § 407	724
ee)	Aushändigung der Abtretungsurkunde, § 410	725
ff)	Gesetzlicher Forderungsübergang, § 412	726
h)	Mehrheit von Schuldnern und Gläubigern	727
3.	Schuldrecht: Besonderer Teil 731	
a)	Kaufvertrag, §§ 433–479	731
aa)	Allgemeines	731
bb)	Zustandekommen des Vertrages	734
cc)	Konkretisierung von Nebenpflichten	736

dd)	Gewährleistung des Verkäufers für Sach- und Rechtsmängel	737	(α)	Treuwidrige Auswahlentscheidung bei betriebsbedingter Kündigung	816
(1)	Wahl zwischen Nachbesserung und Ersatzlieferung	738	(β)	Erfordernis eines Sachgrundes bei personen- oder verhaltensbedingter Kündigung	819
(2)	Nacherfüllung und sonstige Mängelrechte	742	(bb)	Ausübung des Kündigungsrechts	822
(3)	Minderung und Rücktritt oder „großer" Schadensersatz	743	(b)	Widersprüchliches Verhalten einer Vertragspartei	825
(4)	Einschränkung und Ausschluss von Gewährleistungsrechten	745	(aa)	Überwindung von Wirksamkeitserfordernissen der Kündigung	826
(5)	Verhältnis zur Anfechtung nach § 119 Abs 2	749	(bb)	Wiedereinstellungsanspruch	830
ee)	Besonderheiten des Verbrauchsgüterkaufs	750	(α)	Allgemeines	830
			(β)	Dogmatische Herleitung	833
b)	Darlehen und andere Kreditverträge, §§ 488–512	752	(γ)	Voraussetzungen	834
			(δ)	Auswahl unter mehreren Arbeitnehmern bei betriebsbedingter Kündigung	838
c)	Schenkung, §§ 516–534	759			
d)	Mietvertrag, §§ 535–580a	763	(ε)	Befristete Arbeitsverhältnisse	839
aa)	Allgemeines	763	(3)	Versorgungsansprüche	840
bb)	Rechte und Pflichten im Mietverhältnis	764	dd)	Verwirkung	842
cc)	Mietzahlung, Kaution und Betriebskostenabrechnung	773	(1)	Ausschluss der Verwirkung im Arbeitsrecht	843
dd)	Beendigung des Mietverhältnisses	777	(2)	Der Verwirkung unterliegende Ansprüche und Rechte	846
ee)	Insbesondere: Verwirkung mietrechtlicher Ansprüche	784	(3)	Insbesondere: Verwirkung zu Lasten des Arbeitnehmers bei Beendigung des Arbeitsverhältnisses	849
e)	Pachtvertrag, §§ 581–597	786			
f)	Dienst- und Arbeitsvertrag, §§ 611–630	788	ee)	Erwirkung von Rechten – betriebliche Übung	852
aa)	Allgemeines	788	ff)	Rechtsmissbrauch bei der Arbeitnehmerüberlassung	856
bb)	Konkretisierung arbeitsvertraglicher Pflichten	793	g)	Werkvertrag und ähnliche Verträge, §§ 631–650v	858
(1)	Leistungsbezogene Nebenpflichten	795			
(2)	Rücksichtspflichten	797	h)	Maklervertrag, §§ 652–656	870
(a)	Informationspflichten	799	i)	Auftrag, Geschäftsbesorgung und Geschäftsführung ohne Auftrag, §§ 662–687	874
(b)	Obhutspflichten des Arbeitgebers	801			
(c)	Leistungsunabhängige Treuepflichten des Arbeitnehmers	803	aa)	Allgemeines	874
(aa)	Wettbewerbsverbote	804	bb)	Einzelfragen	875
(bb)	Geheimhaltungspflichten	805	k)	Bürgschaft, §§ 765–778	878
(cc)	Sonstige Unterlassungspflichten	807	aa)	Bürgschaften vermögensloser Familienangehöriger	878
cc)	Rechtsmissbräuchliches Verhalten der Arbeitsvertragsparteien	808	bb)	Bürgschaft auf erstes Anfordern	883
(1)	Arbeitsvertragliche Forderungen	809	cc)	Sonstige Fälle	884
(2)	Beendigung des Arbeitsverhältnisses, insbesondere Kündigung	811	l)	Ungerechtfertigte Bereicherung, §§ 812–822	888
(a)	§ 242 als Inhaltsbegrenzung des Kündigungsrechts	813	m)	Unerlaubte Handlungen, §§ 823–853	898
(aa)	Kündigungsgrund	816	aa)	Allgemeines	898

bb)	Einschränkung der Haftung Minderjähriger über § 242	902	aa)	Personengesellschaften	997	
4.	Sachenrecht	907	bb)	Körperschaften	998	
a)	Grundsätzliches	907	(1)	Vereinsrecht	998	
b)	Besitz, §§ 854–872	912	(2)	Aktiengesellschaft	999	
c)	Allgemeines Grundstücksrecht, §§ 873–902	913	(3)	GmbH	1002	
			(4)	Genossenschaft	1003	
d)	Inhalt des Eigentums, insbesondere nachbarrechtliche Verhältnisse, §§ 903–924	916	b)	Einzelfälle	1004	
			aa)	Unterlassungspflichten	1005	
			bb)	Mitwirkungspflichten	1006	
e)	Eigentumserwerb, §§ 925–984	920	cc)	Inhaltskontrolle	1008	
aa)	Rückerwerb vom Nichtberechtigten	921	dd)	Haftung	1015	
bb)	Sicherungsübereignung	923	ee)	Auskunfts- und Rechenschaftspflichten	1023	
f)	Ansprüche aus dem Eigentum, §§ 985–1007	927	ff)	Gesellschafterbeschlüsse	1024	
			gg)	Gesellschafterstellung und Geschäftsführung	1028	
g)	Miteigentum, §§ 1008–1011	932				
h)	Dienstbarkeiten, §§ 1018–1093	933	hh)	Umwandlung und Auflösung der Gesellschaft	1033	
i)	Vorkaufsrechte, §§ 1094–1104	936				
k)	Reallasten, §§ 1105–1112	938	ii)	Übertragung von Gesellschaftsanteilen	1034	
l)	Hypotheken, Grundschulden, Rentenschulden, §§ 1113–1203	939				
			kk)	Verwirkung	1035	
m)	Pfandrechte an beweglichen Sachen und Rechten, §§ 1204–1296	942	2.	Handelsrecht	1038	
			a)	Allgemeines	1038	
n)	Erbbaurechtsgesetz	943	b)	Einzelfälle	1039	
o)	Gesetz über das Wohnungseigentum und das Dauerwohnrecht	945	3.	Gewerblicher Rechtsschutz und Urheberrecht	1042	
aa)	Inhaltskontrolle der Gemeinschaftsordnung und des Kaufvertrages	946	a)	Verwirkung	1043	
			aa)	Markenrecht	1044	
bb)	Das gesetzliche Schuldverhältnis zwischen den Wohnungseigentümern	948	bb)	Wettbewerbsrecht	1050	
			cc)	Sonstige Materien des gewerblichen Rechtsschutzes	1051	
cc)	Sonstige Fälle	952				
5.	Familienrecht	954	b)	Auskunftsansprüche	1054	
a)	Allgemeines	954	c)	Sonstige Bedeutung von Treu und Glauben im gewerblichen Rechtsschutz	1057	
b)	Aufhebung der Ehe und Heilung von Nichtehen	956				
c)	Abwendung von steuerlichen Nachteilen	963	aa)	Markenrecht	1058	
			bb)	Wettbewerbsrecht	1059	
d)	Wirksamkeits- und Ausübungskontrolle bei Eheverträgen	964	cc)	Sonstige Materien des gewerblichen Rechtsschutzes	1061	
e)	Unterhaltsrecht	969	4.	Wertpapierrecht	1065	
f)	Abstammungsrecht	974	a)	Allgemeines	1065	
6.	Erbrecht	976	b)	Einzelfälle	1066	
a)	Allgemeines	976	5.	Versicherungsvertragsrecht	1068	
b)	Einwand des Rechtsmissbrauchs	984	a)	Allgemeines	1068	
II.	**Außerhalb des BGB liegende zivilrechtliche Anwendungsbereiche**		b)	Aufklärungs-, Beratungs- und Informationspflichten des Versicherers; Widerrufsrecht	1073	
1.	Gesellschaftsrecht	992	c)	Inhalts- und Ausübungskontrolle bei AVB	1074	
a)	Allgemeines	992				

d)	Einschränkung der Rechtsfolgen von Obliegenheitsverletzungen	1075	III.	Sonstige Rechtsgebiete	
			1.	Straf- und Strafprozessrecht	1134
aa)	Vorvertragliche Anzeigepflicht des Versicherungsnehmers (§§ 19 ff VVG)	1075	a)	Materielles Strafrecht	1134
			b)	Strafprozessrecht	1137
			2.	Öffentliches Recht	1141
bb)	Vertragliche Obliegenheiten des Versicherungsnehmers (§ 28 VVG)	1078	a)	Bedeutung von Treu und Glauben im öffentlichen Recht	1141
(1)	Alles-oder-nichts-Prinzip und Quotenprinzip	1078	b)	Fallgruppen	1143
(2)	Relevanzrechtsprechung und Kausalitätsgegenbeweis	1079	c)	Ausgewählte Bereiche des Verwaltungsrechts	1146
(3)	Besonderheiten bei Auskunfts- und Aufklärungsobliegenheiten	1080	aa)	Öffentlich-rechtlicher Erstattungsanspruch	1146
			bb)	Baurecht	1148
(4)	Sonstige Einschränkungen der Leistungsfreiheit nach § 28 Abs 2 VVG	1082	cc)	Steuerrecht	1150
			dd)	Verwaltungsprozessrecht	1153
			d)	Völkerrecht	1156
cc)	Gesetzliche Obliegenheiten des Versicherungsnehmers	1085	IV.	Ausländische Rechtsordnungen	
			1.	Einleitung	1160
e)	Leistungsfreiheit bei Nichtzahlung der Erstprämie	1087	2.	Kontinentaleuropäische Rechtsordnungen	1164
f)	Versäumnis von Ausschlussfristen	1090			
g)	Gesetzlicher Forderungsübergang	1095	a)	Frankreich	1164
h)	Versicherung für fremde Rechnung	1096	aa)	Begriff und Bedeutung der bonne foi	1164
i)	Besondere Versicherungszweige	1098			
6.	Verfahrensrecht	1102	bb)	Stillschweigender Verzicht	1170
a)	Allgemeines	1102	cc)	Rechtsmissbrauch (abus de droit)	1171
b)	Einzelfälle	1105	b)	Österreich	1173
aa)	Prozesskostenhilfeverfahren	1105	aa)	Begriff und Bedeutung von Treu und Glauben	1173
bb)	Erkenntnisverfahren	1106			
(1)	Einschränkungen der Klagbarkeit	1106	bb)	Dogmatische Einordnung	1175
(2)	Widerklage	1112	cc)	Rechtsmissbrauch und widersprüchliches Verhalten	1178
(3)	Partei	1113			
(4)	Zuständigkeit	1114	dd)	Zusammenfassung	1181
(5)	Beweisführung	1115	c)	Schweiz	1182
(6)	Fristen	1117	aa)	Grundkonzeption	1182
(7)	Vergleich	1118	bb)	Fallgruppen	1185
(8)	Prozesssicherheit	1119	d)	Italien	1188
(9)	Verwirkung	1120	e)	Niederlande	1191
cc)	Schiedsverfahren	1122	f)	Polen	1195
dd)	Kostenfestsetzungsverfahren	1123	g)	Türkei	1198
ee)	Zwangsvollstreckung	1124	3.	Anglo-Amerikanischer Rechtskreis	1204
(1)	Einzelzwangsvollstreckung	1124	a)	England	1204
(a)	Vollstreckung von Bagatellforderungen	1124	aa)	Begriff und Bedeutung von „good faith" im englischen Common Law	1204
(b)	Titelmissbrauch	1127	bb)	Die Equity-Rechtsprechung als Korrektiv	1208
(c)	Missbrauch von Sicherheiten	1130			
(d)	Weitere Anwendungsfälle	1131	cc)	Auslegung und Rückgriff auf „implied terms"	1210
(2)	Insolvenz	1132			
ff)	Sonstiges: Zustellungen	1133			

§ 242
Abschnitt 1 · Inhalt der Schuldverhältnisse

dd) Einschränkung des Rücktritts bei „warrenties" und „intermediate terms" 1211
ee) „Promissory estoppel", widersprüchliches Verhalten und „economic duress" 1212
ff) „Specific Performance" 1215
b) USA 1216
4. Zusammenfassung 1222

V. **Staatsverträge und Regelwerke auf internationaler und europäischer Ebene** 1224
1. UN-Kaufrecht 1225
2. Principles of European Contract Law 1229
3. Draft Common Frame of Reference 1235

4. UNIDROIT-Principles of International Commercial Contracts (PICC) 1239

VI. **Treu und Glauben im Privatrecht der Europäischen Union**
1. Ausprägungen von Treu und Glauben im geltenden Privatrecht der EU 1242
2. Das Verbot des Rechtsmissbrauchs im Privatrecht der EU 1244
3. Der Vorschlag der Kommission für ein Gemeinsames Europäisches Kaufrecht (GEK) 1248
4. Aktuelle Entwicklungen 1254
5. Abschließende Würdigung 1255

Alphabetische Übersicht

Abstammungsrecht	974 f
Abtretung	716 ff
– Abtretungsanzeige	724
– Abtretungsurkunde	725
– Ausschluss der Abtretung	717 ff
– Einwendungen des Schuldners	722
– Scheinabtretung	723
Aequitas	12 ff
AGBG	97, 379
Allgemeine Geschäftsbedingungen	97, 379, 471 ff
– Betriebsvereinbarungen	479
– deklaratorische Klauseln	472 ff
– Dienstvereinbarungen	479
– Erbrecht	480
– Familienrecht	481
– Gesellschaftsverträge	477
– Individualverträge, vorformulierte	475 f
– Leistungsbeschreibungen	472 f
– Preisvereinbarungen	472 f
– Tarifverträge	479
– Vereinssatzungen	478
Altenteilsleistungen	938
Arbeitsvertrag	788 ff
– Anfechtung	809
– Anhörung des Arbeitnehmers	823
– Arbeitnehmerüberlassung	856 f
– Auskunft	796

– Ausschlussfrist	810, 829, 844
– betriebliche Übung	192, 852 ff
– Betriebsübergang	798, 815, 831, 835
– Beweislast bei Kündigung	812
– Diskriminierung	819 f
– Erwirkung von Rechten	852 ff
– Geheimhaltungspflichten	805 f
– Gleichbehandlungsgrundsatz	802
– Hauptleistungspflichten	793
– Informationspflichten	799 f
– Kündigung s Kündigung, Arbeitsvertrag	
– Leistungssicherungspflicht	795
– Nebentätigkeit	807
– Obhutspflichten	801 f
– Rücksichtspflichten	797 ff
– Schwarzarbeit	809
– Versorgungsansprüche	840 f
– Verwirkung	842 ff
– Wettbewerbsverbote	804
– Wiedereinstellungsanspruch	830 ff
Aufrechnung	688 ff
– Aufrechnungsverbote, gesetzliche	710 ff
– Aufrechnungsverbote, vertragliche	706 ff
– Gegenseitigkeitserfordernis	689 ff
– Unzulässigkeit	699 ff
– Vergleich	703
– Verzug des Schuldners	704

Titel 1
Verpflichtung zur Leistung
§ 242

Auftrag	874 ff	Eingriffsnormen	106
Aufwendungsersatz	603	Einkommenssteuer, Gemeinsame Veranlagung	936
Aufwertungskampf	55 ff		
Auskunft	605 ff	Einrede des nicht erfüllten Vertrages	623 ff
Auskunftspflicht	90, 99	– eigene Vertragstreue	626 ff
		– Teilleistungen	624
Badisches Landrecht	19	– Unsicherheitseinrede	631 f
Baurecht	1148 f	– Vorleistungspflicht	630
– Rücksichtnahmegebot	1148	Einwendungsdurchgriff	98, 389
Bedingung	514	England	1204 ff
– Rechtsbedingungen	514	– Abuse of rights	1208
Besitzschutzansprüche	912	– Economic duress	1214
Betriebliche Übung s Arbeitsvertrag		– Equity	1208
Bewegliches System	158	– Good faith	1204
bona fides	8 ff	– Implied terms	1210
– Völkerrecht	1156 ff	– Promissory estoppel	1212
Bürgschaft	878 ff	– Specific performance	1215
– Bürgschaft auf erstes Anfordern	883	Entstehungsgeschichte	1
– Familienangehörige	878 ff	Erbbaurecht, Kaufzwangklauseln	943
		Erbvertrag, rechtsmissbräuchliches Verhalten	984 ff
clausula rebus sic stantibus	54, 64, 631, 1185		
Common Frame of Reference	1235 ff	Erfüllung	683 ff
Common Law	1204 ff	– Leistung erfüllungshalber	685
culpa in contrahendo	100, 197, 633	– Minderjähriger	683
		– Quittung	686
Darlehensvertrag	752 ff	Ergänzende Vertragsauslegung	513
– Aufklärungspflichten der Bank	752 f	Erlass	714
– Einwendungsdurchgriff	754	Ersetzungsbefugnis	582
– Verwirkung	758a ff	Erwirkung	191 f, 317, 852 ff
Dauerschuldverhältnisse	992	Europäisches Gemeinschaftsrecht	103, 149, 1242 ff
– Anfechtung	430 ff	– Treu und Glauben	1242
– Arbeitsverhältnis	790	– venire contra factum proprium	1246
– Kündigung aus wichtigem Grund	212, 387 f	– Verbot des Rechtsmissbrauchs	1244
Dienstbarkeiten	933 ff	exceptio doli generalis	64, 215, 438
Dienstvertrag	788 ff		
dolo agit	279 ff	Formverstöße	445 ff
Doppelehe	957 ff	– Einwendung	450
		– Existenzgefährdung	446
Ebenbürtigkeitsklauseln	978	– Treuepflichtverletzung	446
Ehegattentestament	984	Frankreich	1164 ff
– Rechtsmissbräuchliches Verhalten	984	– Abus de droit	1171 f
Eheverträge	964 f	– Bonne foi	1164 ff
Eigeninteresse		– Équité	1168
– fehlendes	258 ff	– Loyalitäts- und Kooperationspflichten	1169
– geringfügiges	262 ff		
Eigentumserwerb	920 ff	– Nebenpflichten	1166, 1168 f
– Innenverkehrsgeschäft	921	– Reform des Vertragsrechts	1165
– Rückerwerb vom Nichtberechtigten	921	– Verzicht	1170

- vorvertragliche Pflichten — 1166
- Wegfall der Geschäftsgrundlage — 1164 f
Funktionsanalyse — 87
Funktionskreise — 171 ff
- Ergänzungsfunktion — 46, 134, 186 ff
- Konkretisierungsfunktion — 181 ff
- Korrekturfunktion — 204
- Schrankenfunktion — 201 ff

Garantenpflicht s Strafrecht
Gattungsschuld — 573 ff
- Konkretisierung — 578 ff
Gefälligkeiten — 197
Gefälligkeitsverhältnisse — 131
Gemeinsames Europäisches Kaufrecht — 1248 ff
Gemeinschaftliches Testament — 985 ff
- Verbot des widersprüchlichen Verhaltens — 985
Gesamtgläubiger — 729
Gesamtschuld — 728
Geschäftsbesorgung, entgeltliche — 874 ff
Geschäftsfähigkeit — 408 ff
Geschäftsführung ohne Auftrag — 874 ff
Geschäftsgrundlage — 54, 60, 81, 100, 109, 204, 212, 361
- Abgrenzung zu § 242 — 385 f
Gesellschaftsrecht — 997 ff
- Abfindung — 1032
- Aktiengesellschaften — 999 ff
- Anfechtung des Hauptversammlungsbeschlusses — 1025
- Anfechtung von Gesellschafterbeschlüssen — 967
- Auskunfts- und Rechenschaftspflicht — 1023
- Durchgriffshaftung — 1016
- Genossenschaft — 1003
- Geschäftsgeheimnisse — 1023
- GmbH — 1002
- Inhaltskontrolle von Gesellschaftsverträgen — 477, 1008
- Körperschaften — 998 ff
- Missbrauch des Stimmrechts — 1024
- Personengesellschaften — 997
- qualifizierter faktischer Konzern — 1019
- Stimmbindungsvertrag — 1006
- Stimmpflicht — 1006
- Übernahme von Gesellschaftsanteilen — 1034
- Unterkapitalisierung — 1018

- Verlustdeckungspflicht — 1019
- Zurechnungsdurchgriff — 1021
Gesetzesumgehung — 396 ff
Gesetzlicher Forderungsübergang — 726
Gewaltenteilung — 104, 1166, 1204
Gewerblicher Rechtsschutz — 1042 ff
- Verwirkung — 1043
- Vorrats- und Defensivzeichen — 1043
Gewissen — 146, 202
- Leistungsverweigerung aus Gewissensgründen — 272
Gewohnheitsrecht — 166
Gläubigerverzug — 660 ff
Glossatoren — 16
Grundbuchberichtigungsanspruch — 913 ff
- dolo-agit-Einwand — 913
- Verbot widersprüchlichen Verhaltens — 914
- Verwirkung — 915
Grundgesetz und § 242 — 145 ff
Grundrechte — 146 ff
Grundschuld — 940 f
- Nachträgliche Übersicherung — 941

Handeln auf eigene Gefahr — 597 ff
Handelsbräuche — 163
Handelsrecht — 1038 ff
- Handelsbrauch — 1038
- Handelsvertreter — 1041
- Handlungsgehilfen — 1040
Herausgabeanspruch des Eigentümers — 1041 ff
- Verbot widersprüchlichen Verhaltens — 1041
Hinterlegung — 687

Insolvenzrecht — 1132
Italien — 1188
- Rechtsmissbrauch — 1189 f
- Schikaneverbot — 1190
- Treu und Glauben — 1188

Kanonistik — 13, 16
Kartellrecht, Preisbindungsvertrag — 1063
Kaufvertrag — 731 ff
- Anzeige des Mangels — 748
- Gewährleistung — 737 ff
- Gewährleistungsausschluss — 476
- Grundstückskauf — 734
- Internetauktion — 735
- Nacherfüllungsanspruch — 737
- Rücktrittsrecht — 743

Titel 1
Verpflichtung zur Leistung § 242

- Untersuchungspflicht 747
- Verbrauchsgüterkauf 750
Konkretisierung s Gattungsschuld
Kontrollfunktion 46
Kostenfestsetzungsverfahren 1123
Kreditwürdigkeitsprüfung 753
Kündigung, Arbeitsvertrag 811 ff
- Ausschlussfrist 829
- Ausübung 822 f
- betriebsbedingte 816 ff, 831, 838
- Form 827
- personenbedingte 819, 831
- Verdachtskündigung 823, 831
- verhaltensbedingte 819, 831
- Wirksamkeit 826 ff

Leistung durch Dritte 615 ff
Leistungsort 617
Leistungspflicht, persönliche 272
Leistungsstörungen 634 ff
Leistungszeit 619
Lückenergänzung 50

Maklervertrag 870 ff
Mietvertrag 763 ff
- Besichtigungsrecht 772
- Eigenbedarfskündigung 778
- Ersatzmieter 782
- Gebäudeversicherung 768
- Gleichbehandlung der Mieter 770
- Hausschlüssel, Verlust 766
- Satellitenempfangsantenne 766
- Tierhaltung 770
- Treppenhauslift 766
- Verwertungskündigung 782
- Verwirkung 784
Miteigentum 932
Miterbengemeinschaft 991
Mitverschulden 376
- Rechtsfolgen 594
- Schadensminderungspflicht 593
Mutmaßlicher Parteiwillen 41 f

Nachbarschaftliches Gemeinschaftsverhältnis 132, 197, 917
- Bauvorhaben 919
- Duldungspflichten 918
- mangelndes Eigeninteresse 917
- nachbarliche Abwehransprüche 918

Namensrecht 404 ff
Nationalsozialismus 66 ff
- Volksgesetzbuch 67 ff
Nebenleistungspflichten 190, 211
Niederlande 1191 ff
- Rechtsmissbrauch 1194
- Treu und Glauben 1160

Offener Einigungsmangel 511
Öffentliches Recht 1141 ff
- beamtenrechtliche Treue- und Fürsorgepflicht 1143
- Bedeutung von Treu und Glauben 1141 f
- Bindungswirkung 1144
- Koppelungsverbot 1147
- öffentlich-rechtlicher Vertrag 1147
- Rechtsstaatsprinzip 1141
- Sperrgrundstücke 1155
- Verwirkung 1145
Ordre public 106, 500, 559
Österreich 1173 ff
- Arglisteinwand 14, 1177
- Auslegung von Willenserklärungen 132
- Rechtsmissbrauch 1178
- Verwirkung 113
- Verzicht 1177

Paarformel 15
Pacht 786 f
Parteiwillen 41 ff
Patentrecht 1052 f
- Lizenznehmer 123
- Meistbegünstigungsklausel 1062
- Nichtangriffspflicht 1061
Pfandrecht, Nachträgliche Übersicherung 940
Polen 1195 ff
- AGB-Kontrolle 1202
- Rechtsmissbrauch 1197
Positive Forderungsverletzung 80, 95, 100, 633
Postglossatoren 11
Preußisches Allgemeines Landrecht 18
Principles of European Contract Law 1229 ff
- Treu und Glauben 1230
- Verbot widersprüchlichen Verhaltens 1233
Privatautonomie, Schranken 456 ff
- Arbeitsrecht 468
- Bürgschaft naher Familienangehöriger 460
- Eheverträge 460

- Maßstab der Inhaltskontrolle _____ 463 ff
- Mietverträge _____ 470
- Vertragsfreiheit und Vertragsgerechtigkeit _____ 458 ff
- Vertragsparität _____ 459
Provokation begünstigender Rechtslagen _____ 254
Prozesskostenhilfeverfahren, Rechtsmissbrauch _____ 1105

Rechtsanwalt
- Erfolgshonorar _____ 509
- Sekundäranspruch _____ 543
- Verjährung _____ 543
Rechtsmissbrauch _____ 213 ff
- Arglist _____ 240 ff
- individueller Rechtsmissbrauch _____ 217
- institutioneller Missbrauch _____ 217, 857
- Rechtsformmissbrauch _____ 246
Rechtsscheinhaftung _____ 318
Rechtsstaatsprinzip _____ 111, 1141
Repartierungspflicht _____ 575 ff
Rezeption _____ 13
Rheinisches Recht _____ 19
Richtlinie über den Warenkauf _____ 1254
Richtlinie über digitale Inhalte _____ 1254
Römisches Recht _____ 6 ff
Rücksichtspflichten _____ 190, 657 ff
Rücktritt _____ 674 ff
- Verwirkung _____ 677 f
- Verwirkungsklausel _____ 679 ff

Samenspende _____ 975
Schadensersatz _____ 584 ff
- Mitverschulden _____ 590 ff
- sittenwidrige Tätigkeit _____ 587
- Vorhaltekosten _____ 585
- Vorteilsausgleichung _____ 588
- Zurechnung _____ 586
Schenkung _____ 759 ff
Schiedsverfahren _____ 1122
Schikaneverbot _____ 373 ff
Schlechtleistung _____ 655 f
Schuldrechtmodernisierungsgesetz _____ 100
Schutzpflichten _____ 211
  s a Rücksichtspflichten
Schwarzarbeit _____ 49
Schweiz _____ 1182 ff
- clausula rebus sic stantibus _____ 1186
- Gesetzesumgehung _____ 1187

- Rechtsmissbrauch _____ 1183
- Treu und Glauben _____ 1183
Sicherungsübereignung _____ 923 ff
- ergänzende Vertragsauslegung _____ 925
- Freigabeanspruch _____ 924
- Übersicherung _____ 923 f
Sittenwidrigkeit _____ 491 ff
- beiderseitige Sittenverstöße _____ 496
- einseitige Sittenverstöße _____ 495
- Ordre public _____ 500
Sonderverbindung _____ 127
Sozialstaatsprinzip _____ 147
Sozialtypisches Verhalten _____ 197
Spanien _____ 1160, 1223
Steuerrecht _____ 1150 ff
- Rechtsmissbrauch _____ 1151
- Vertrauensschutz _____ 1151
Strafprozessrecht _____ 1137 ff
Strafrecht _____ 1134 ff
- Einwilligungslehre _____ 1135
- Garantenpflicht _____ 1134
- Rechtsmissbrauch _____ 1136
- Untreue _____ 1136

Teilleistungen _____ 609 ff
Teilnichtigkeit _____ 502 ff
- Eheverträge _____ 964
Treu und Glauben _____ 140 ff
- AGB-Kontrolle _____ 379 ff
- als Idee des Rechts _____ 152 ff
- als stilbildendes Element _____ 1223
- Appellfunktion _____ 119
- Beweislast _____ 329 ff
- Differenzierungstheorie _____ 116 ff
- Einwendung oder Einrede _____ 320 ff
- Einwendungsdurchgriff _____ 389
- Gleichheitstheorie _____ 114
- Revisibilität _____ 331 ff
- und Analogie _____ 346 ff
- und ergänzende Auslegung _____ 352 ff
- und Gesetzesverstoß _____ 362 ff
- und sittenwidrige Schädigung _____ 390 ff
- und Sittenwidrigkeit _____ 365 ff
- und Störung der Geschäftsgrundlage _____ 385 ff
- und teleologische Reduktion _____ 344 ff
Treuhandverhältnisse
- Aufrechnung _____ 702
- Missbrauch von treuhänderischer Macht _____ 525 ff

Titel 1
Verpflichtung zur Leistung

§ 242

tu quoque-Einwand	252, 628
Türkei	1198 ff
– AGB-Kontrolle	1202
– Rechtsmissbrauch	1200, 1203
Unerlaubte Handlung	898 ff
– Haftung Minderjähriger	902 ff
– Herausgabeanspruch nach Verjährung	900
– Verwirkung	900
– Vorsätzliche unerlaubte Handlung	900
Ungerechtfertigte Bereicherung	888 ff
– Kondiktionssperre	891 f
– Schwarzarbeit	893
UNIDROIT-Principles	1239 ff
– Good faith	1239
– Verbot widersprüchlichen Verhaltens	1240
UN-Kaufrecht	1225 ff
– Missbrauchseinwand	1228
– venire contra factum proprium	1226
– Verbot missbräuchlicher Rechtsausübung	1226
Unmöglichkeit	635 ff
Unterhaltsrecht	968
– Unterhaltsregress	973
– Unterhaltsverzicht	968
Unverhältnismäßigkeit	268 ff, 277 ff
Unzeit	
– Abbruch der Geschäftsführung	877
– Geltendmachung von Rechten	255, 618
– Leistung	185, 618
– Kündigung des Arbeitsvertrages	822
– Kündigung des Darlehens	756
Unzumutbarkeit	271 ff
Urheberrecht	1042 ff, 1064
USA	1216 ff
– Abuse of rights	1220
– Good faith	1216 ff
– Uniform Commercial Code	1216 ff
Vaterschaftsanerkennung	975
venire contra factum proprium	284 ff
Verbraucherrechte-Richtlinie	647, 1243, 1247
Verbraucherschutz	102, 482
Verbrauchsgüterkauf	750
Vereine	407, 478, 998
Verfolgungsrecht	912
Verjährung	531 ff
– Anerkenntnis	542
– gemeinsamer Irrtum	558
– Neubeginn	560
– Hemmung	560
– pactum de non petendo	542
– Schuldnerschutz	531
– Verhandlungen	540
– Verjährungsanpassungsgesetz	544
Verkehrssitte	159 ff
Verschulden	137
Versicherungsvertragsrecht	1068 ff
– Alles-oder-nichts-Prinzip	1078
– Aufklärungs- und Informationspflichten	1073 ff
– Auskunftsobliegenheiten	1080
– Ausschlussfristen	1090
– Ausübungskontrolle	1074
– Erstprämie	1087 ff
– Inhaltskontrolle	1074
– Krankenversicherung	1074, 1101
– Obliegenheitsverletzungen	1075
– Policenmodell	1247a
– Quotenprinzip	1078
– Relevanzrechtsprechung	1079
– Risikoprüfung	1076
– Unfallversicherung	1093
– Versicherung für fremde Rechnung	1096 f
– vertragliches Abtretungsverbot	1098
– vorvertragliche Anzeigepflicht	1075
Vertrag mit Schutzwirkung für Dritte	673
Vertragsanpassung	53
Vertragsstrafe	660 ff
Vertrauensschutz	286, 289, 297
– im öffentlichen Recht	1141 f
Vertretungsmacht	515 ff
– Insichgeschäft	529
– Interessenkollision	529
– Kollusion	516
– Missbrauch der Vertretungsmacht	517 ff
– Rechtsscheinvollmacht	515
– Selbstkontrahieren	529
– Vorvertrag	528
– Zurückweisung	527
Verwaltungsprozessrecht	1153 ff
– Bebauungsplan	1154
Verwirkung	191 ff, 300 ff
– Verhältnis zu Ausschlussfristen	314
– Verhältnis zur Verjährung	311 ff
Verzögerung der Leistung	641 ff
– eigene Vertragstreue	654

– Erfüllungsanspruch	649 ff	– Täuschung durch Dritte	443
– Zuvielforderung	642, 645	– widerrechtliche Drohung	441 ff
Völkerrecht	1156 f	Wohnungseigentum	945 ff
Vorkaufsrechte	936 f	– Kostenverteilungsschlüssel	949
		– Teilungserklärung	946
Wahlschuld	581	– Verwalter	952
Wegnahmerecht	604		
Werkvertrag	858 ff	Zeitbestimmung	514 ff
– Gewährleistungsausschluss	476, 858	Zivilprozessrecht	1102 ff
– Schlussrechnung des Architekten	864 f	– Ausschlussfrist	1117
– Sicherungshypothek	863	– Bagatellklagen	1106
Wertpapierrecht	1065 ff	– Beweisverwertungsverbot	1116
– Ausfüllen eines Blanketts	1067	– Prozessstandschaft	1113
Wettbewerbsrecht, Unclean-hands-Einwand	1059	– Rechtsmissbrauch	1104
		– Verwirkung	1120
Widerklage	1112	Zugang von Willenserklärungen	453 ff
Widerrufsrecht		– Zugangsvereitelung	455
– ewiges	309, 758a ff, 1247 f	– Zugangsverzögerung	454
– Verwirkung	758a ff	Zurückbehaltungsrecht	620 ff
Widerspruchsrecht des Versicherungsnehmers	1247	Zwangsvollstreckung	1124 ff
		– Bagatellforderungen	1124
Widerspruch zu früherem Verhalten s venire contra factum proprium		– Drittwiderspruchsklage	1129
		– Globalzession	1130
Willensmängel	418 ff	– Teilungsversteigerung	1131
– arglistige Täuschung	441 ff	– Titelmissbrauch	1127
– Ausschluss der Irrtumsanfechtung	430 ff	– vollstreckbare Urkunde	1129
– gemeinsamer Irrtum	423, 437	– Zustellung	1133
– Kalkulationsirrtum	424 ff	Zweckerreichung	715
– mangelnde Ernstlichkeit	419	Zweckstörung	715
– Schadensersatzpflicht	436 ff		

A. Geschichte der Vorschrift*

I. Einleitung

1 Generalklauseln haben einen schweren Stand. Mit anderen Vorschriften nicht vergleichbar befinden sie sich in fortdauernder Diskussion um Notwendigkeit, Bedeutung und Inhalt, werden einerseits als „Notventile" (MünchKomm/SCHUBERT Rn 2), als „Superrevisionsnormen" (WEBER JuS 1992, 631, 633) gefordert, andererseits als „lettre mort"

---

* **Schrifttum:** AL-SHAMARI, Die Verkehrssitte im § 242 BGB: Konzeption und Anwendung seit 1900 (Diss Tübingen 2006); BEHRENDS, Treu und Glauben, in: LOMBARDI-VALLAURI/DILCHER, Christentum und Säkularisation (1981) 957 ff; BETTI, Der Grundsatz von Treu und Glauben in rechtsgeschichtlicher und -vergleichender Betrachtung, in: FS Müller-Erzbach (1954) 7; BÖRNER, Die Bedeutung der Generalklauseln für die Umgestaltung der Rechtsordnung in der nationalsozialistischen Zeit (Diss Frankfurt aM 1989); BUECKLING, Der Fluch der Generalklauseln, Vom Treu und Glaubenssatz zum gemeinsamen Erbe der Menschheit, ZRP 1983, 190 ff; DAUNER-LIEB/KONZEN/SCHMIDT, Das neue Schuldrecht in der Praxis (2002); DILCHER,

diskreditiert und als „Leerformeln" abgetan (vgl STAUDINGER/HONSELL [2018] Einl 71 zum BGB). Gefahren (vgl etwa HEDEMANN, Die Flucht in die Generalklauseln 66 ff) und Chancen (vgl insgesamt die Kommentierung AK-BGB/TEUBNER zB Rn 6) solcher Vorschriften, insbes des Grundsatzes von Treu und Glauben, werden also je nach Blickwinkel des Betrachters höchst unterschiedlich bewertet (z Ganzen a WEBER JuS 1992, 631, 633).

Kritik und Zustimmung wechselten sich bereits in den Jahrhunderten vor Inkrafttreten des BGB ab. So formulierte etwa der Humanist OLDENDORP im Jahre 1529 eher krit: „Wie wohl dieser Spruch: Was billig und recht ist, gemeiniglich überall, in freundschaftlichen und rechtlichen Handlungen, schriftlich und mündlich, angeführt und ausgesprochen wird, so ist doch zu besorgen, daß nicht jedermann dieselbigen Worte gründlich verstehe" (J OLDENDORP, Wat byllick unn Recht ys 1529, übersetzt v E WOLF, Quellenbuch zur Geschichte der deutschen Rechtswissenschaften [1950] Vorrede an den Leser 52). **2**

Paarformeln in der Rechtsprache des frühen Mittelalters (Diss Frankfurt aM 1961); DÖRNER, Erster Weltkrieg und Privatrecht, Rechtstheorie 17 (1986); EMMERT, Auf der Suche nach den Grenzen vertraglicher Leistungspflichten: Die Rechtsprechung des Reichsgerichts 1914–1923 (2001); HAFERKAMP, Die heutige Rechtsmissbrauchslehre – Ergebnis nationalsozialistischen Rechtsdenkens? (1995); ders, Die exceptio doli generalis in der Rechtsprechung des Reichsgerichts vor 1914, in: FALK/MOHNHAUPT, Das Bürgerliche Gesetzbuch und seine Richter (Rechtsprechung. Materialien und Studien) (2000); HAMBURGER, Treu und Glauben im Verkehr (1930); HEDEMANN, Werden und Wachsen im Bürgerlichen Recht (1913); ders, Die Flucht in die Generalklauseln (1933); HENLE, Treu und Glauben im Rechtsverkehr (1912); HUBERNAGEL, Nationalsozialistische Rechtsauffassung und Generalklauseln, in: FRANK, Nationalsozialistisches Handbuch für Recht und Gesetzgebung (1935); HÜBNER, Kodifikation und Entscheidungsfreiheit des Richters in der Geschichte des Privatrechts (1980); KASER/KNÜTEL/LOHSSE, Römisches Privatrecht (21. Aufl 2017); KLEMMER, Gesetzesbindung und Richterfreiheit. Die Entscheidungen des Reichsgerichts in Zivilsachen während der Weimarer Republik und im späten Kaiserreich (Diss Baden-Baden 1995); KUNKEL, Fides als schöpferisches Element im römischen Schuldrecht, in: FS Koschaker II (1939) 1 ff; LANGE, Liberalismus, Nationalsozialismus und Bürgerliches Recht (1933); LEHMANN, Mißbrauch der Geschäftsgrundlage, JZ 1952, 10 ff; LIEBS, Römisches Recht (6. Aufl 2004); LUDWIG, Synonymabildung in Formeln der Rechtssprache, Zeitschrift für Mundartforschung 13 (1937) 215 ff; LUIG, Treu und Glauben in der Rechtsprechung des Reichsgerichts in den Jahren 1900 bis 1909, in: FS Wiedemann (2002); MEYER, Bona fides und lex mercatoria in der europäischen Rechtstradition (1994); NÖRR, Die fides im römischen Völkerrecht (1991); ders, Der Richter zwischen Gesetz und Wirklichkeit. Die Reaktion des Reichsgerichts auf die Krisen von Weltkrieg und Inflation und die Entfaltung eines neuen richterlichen Selbstverständnisses (1996); OGOREK, Richterkönig oder Subsumtionsautomat? (Rechtsprechung. Materialien und Studien 1) (2008); SCHNEIDER, Treu und Glauben im Recht der Schuldverhältnisse (1902); SCHOTT, „Rechtsgrundsätze" und Gesetzeskorrektur. Ein Beitrag zur Geschichte gesetzlicher Rechtsfindungsregeln (1975); SIEBERT, Verwirkung und Unzulässigkeit der Rechtsausübung (1934); STAMMLER, Recht der Schuldverhältnisse (1897); STOLLEIS, Gemeinwohlformeln im nationalsozialistischen Recht (1974); STRÄTZ, Treu und Glauben Bd I, Beiträge und Materialien zur Entwicklung von „Treu und Glauben" in deutschen Privatrechtsquellen vom 13. bis zur Mitte des 17. Jahrhunderts (1974); WEBER, Entwicklung und Ausdehnung des § 242 BGB zum „königlichen Paragraphen", JuS 1992, 631 ff; WHITTAKER/ZIMMERMANN, Good faith in European Contract Law (2000); WIEACKER, Zur rechtstheoretischen Präzisierung des § 242 BGB (1956).

Abl formulierte auch der Vater des Codex Maximilianeus Bavaricus Civilis, Kreittmayr, die aequitas als „Schein- und Hirnbilligkeit", dass „sich selbst gemachte Dictamina den Namen Aequität" so wenig verdienten „als der Aberglaube den Namen der Frommheit" (Kreittmayr, Wigulaeus, Xaverius, Alaysius, Anm über den Codicem Maximilianeum Bavaricum Civilem [1759] 1. Teil 1. Kapitel § 10 [29]). Das Naturrecht insgesamt hat die Generalklausel als Grundlage freier Rechtschöpfung also nicht gewollt (vgl auch HKK/Duve/Haferkamp Rn 21). Svarez, einer der Schöpfer und geistigen Väter des über 19 000 Paragraphen umfassenden „Allgemeinen Landrecht für die preußischen Staaten" von 1794 (ALR, vgl die Textausgabe v Hattenhauer [1996]), drückte die „Misere" später so aus: „Undeutlichkeit und Ungewißheit des Gesetzes sind für den Bürger von Übel. Denn alsbald wird der Richter Gesetzgeber und nichts kann der bürgerlichen Freiheit gefährlicher sein, zumal wenn der Richter ein besoldeter Diener des Staates und das Richteramt lebenswierig ist" (zit nach Weber JuS 1992, 631). Bis zu und noch bei Schaffung des BGB haben Notwendigkeit sowie Inhalt der Generalklauseln heftige Diskussionen ausgelöst, wenngleich man immer mehr erkannte, dass keine Rechtsordnung ohne sie auskommt (Staudinger/Honsell [2018] Einl 71 f zum BGB).

3 Sohm befand deshalb 1895, dass durch Generalklauseln der Praxis „ein feuriges Schwert" in die Hand gegeben werde „mit dem sie durch alle Paragraphen des Vertragsrechts hindurchzuschlagen im Stande sei" und die Macht, die Vorschriften des gerade in der Entstehung befindlichen Entwurfs zum BGB „im Sinne sozialer Gerechtigkeit weiter zu gestalten" (Sohm, Ueber den Entwurf eines bürgerlichen Gesetzbuchs für das Deutsche Reich in zweiter Lesung [1895], zit nach Strätz, Treu und Glauben 18). 1897 pflichtete Stammler bei, dass durch die Aufnahme des Grundsatzes von Treu und Glauben in das BGB „der Rechtsprechung eine neue Bahn und veränderte Richtung gegenüber unseren seitherigen Zuständen zugewiesen sein wird" (Stammler, Recht der Schuldverhältnisse 50). Hedemann, ein Wegbereiter für die Dogmatik der Generalklauseln, war sich indes der Wirkung dieser Normen nicht sicher, als er sie zunächst „königliche Regeln und dominierende Paragraphen" nannte (Hedemann, Werden und Wachsen im Bürgerlichen Recht [1913] 10), dann aber skeptisch eine „Flucht in die Generalklauseln", in „Denkverweichlichung", und „blanke Willkür" (Hedemann, Die Flucht in die Generalklauseln 66 f) prognostizierte.

4 Zeitgleich fand H Lange in ihnen „Kuckuckseier im liberalistischen Rechtssystem" (Lange, Liberalismus, Nationalsozialismus und Bürgerliches Recht [1933] 5). Larenz schrieb 1936 dagegen – dem Zeitgeist aufgeschlossen – zum Gebot von „Treu und Glauben": „[...] Jeder Deutsche weiß, was gemeint ist" (Larenz, Vertrag und Unrecht, 1. Teil: Vertrag und Vertragsbruch [1936] 109). Lehmann fand 1952 wieder zu einer eher kritischen Formulierung: „Man kann das Leid der Welt nicht mit § 242 BGB beseitigen" (Lehmann JZ 1952, 10, 11). Bueckling kritisierte in neuerer Zeit eine „generalklausulierende Rechtszerrüttung", eine Tendenz zum „semantisch-politischen Spielmaterial" (Bueckling, Der Fluch der Generalklauseln vom Treu- und Glaubenssatz zum gemeinsamen Erbe der Menschheit, ZRP 1983, 190 ff). Dagegen prägte Ogorek 1986 als Bezeichnung für den Richter den Begriff „Subsumtionsautomat" (Ogorek, Richterkönig oder Subsumtionsautomat [1986] 5). Weber merkte 1989 an, die Begriffsinhalte von „Treu und Glauben" ließen sich „besser fühlen als beschreiben" (Weber, Die vertrauensvolle Zusammenarbeit zwischen Arbeitgeber und Betriebsrat gemäß § 2 I BetrVG [Diss Heidelberg 1989] 184). Auch Rspr und Kommentarliteratur fanden und finden zu überzogenen Wortschöpfungen, sodass § 242 BGB schnell zum „das gesamte Rechtsleben beherrschenden Grundsatz" (BGHZ 85, 39, 48), „zum allgemeinen Maßstab, unter dem das gesamte private und öffentliche Recht steht" (BGB-RGRK/Alff Rn 1), zur „Einflussstelle der Sozialethik" (Staudinger/Weber[11] [1961] Anm A 113), sogar zum „Grundelement der westlich-abendländischen Rechtskultur" (MünchKomm/Schubert Rn 10) wird.

Hinter und in diesen gleichermaßen komplexen wie diffusen Aussagen steht eine 5
lange Rechtsentwicklung. Da die Wortauslegung des § 242 BGB kaum zu letzter Klarheit über den Inhalt führt, lohnt sich ein historischer Auslegungsansatz in diesem Falle ganz besonders.

II. Die Entstehung der Vorschrift im Bürgerlichen Gesetzbuch

Die Wurzeln der Regelungselemente „Treu und Glauben" und der „Verkehrssitte" 6
liegen einerseits im **Römischen Recht**, andererseits – was insbes auch die Terminologie des § 242 BGB beeinflusst hat – in der Entwicklung bestimmter Rechtsgedanken des **deutschen Privatrechts**. Hingegen ist der Nachw eines direkten Einflusses **christlichen Gedankenguts** bisher nicht gelungen, auch wenn der Grundgedanke der Vorschrift sicherlich christlich-abendländischen Prinzipien entspricht (vgl dazu ausf Behrends, Treu und Glauben, in: Lombardi-Vallauri/Dilcher, Christentum und Säkularisation [1981] 957 ff) und deshalb dem kanonischen Recht auch nicht völlig fremd war (s unten Rn 13). Die Zurückhaltung des Naturrechts wurde bereits dargestellt (s oben Rn 2).

1. Einfluss des Römischen Rechts

Als Bausteine des Römischen Rechts, die die gesamte westliche Rechtstradition 7
aufgegriffen hat, sind vor allem **fides (bona fides)** und **aequitas** zu nennen (vgl Beck-OGK/Kähler [15. 4. 2019] Rn 5 ff; z bona fides ausf Nörr, Die fides im römischen Völkerrecht [1991] insbes 4 ff; Wieacker, Zum Ursprung der bonae fidei iudica, ZRG RA 80 [1962] 1 ff; z aequitas vgl etwa HKK/Duve/Haferkamp Rn 7 f).

a) Fides und bona fides

Die **fides** verkörperte ursprünglich als Grundkategorie römischen Rechtsverständ- 8
nisses die **Erwartung normgerechten Verhaltens**, mithin die Einhaltung eines Versprechens und das korrespondierende Vertrauen des Adressaten darauf (vgl Betti, Der Grundsatz von Treu und Glauben in rechtsgeschichtlicher und -vergleichender Betrachtung, in: FS Müller-Erzbach [1954] 7, 9 f; HKK/Duve/Haferkamp Rn 4 mwNw; Liebs, Römisches Recht 264 ff). Der Begriff der **Treue** geht zunächst auf sakrale Ursprünge zurück, wurde später jedoch auch ohne religiöse Rückbindung als selbstständiges **sittliches Moment** verstanden, das Grundlage jeder Rechtsordnung sein sollte (vgl etwa Kaser/Knütel/Lohsse RPR § 34 I Rn 10; HKK/Duve/Haferkamp Rn 4; Cordeiro, in: FS Canaris [2007] 857).

Die steigende Durchlässigkeit des ius für außerrechtliche Wertvorstellungen führte im 3. Jahrhundert v Chr dazu, dass aus der früher eher faktischen eine rechtlich geschützte Erwartungshaltung werden konnte, sodass aus der fides schließlich der Rechtsbegriff der **bonae fidei iudicia** entstand (HKK/Duve/Haferkamp Rn 5; Meyer, Bona fides 52). Sie wurde von den **Prätoren** geschaffen (vgl dazu auch Kunkel, Fides als schöpferisches Element im römischen Schuldrecht, in: FS Koschaker II [1939] 1 ff) und ergänzte den mit dem römischen **Formularprozess** verbundenen **Typenzwang** der **stricti iuris iudicia** für formfreie Rechtsgeschäfte wie Kauf, Miete und Gesellschaft. Als Klageformel richtete sie sich also neben den formalisierten Klagetypen auf etwas, was der Beklagte **ex bona fide** zu leisten hatte (vgl auch die Aufzählung bei C Inst 4, 6 § 28; ferner HKK/ Duve/Haferkamp Rn 5; Cordeiro, in: FS Canaris [2007] 857 f). Die Prätoren konnten seitdem Klagen statt auf eine lex auf eine allgemein anerkannte ethische Grundlage stützen (vgl Kaser/Knütel/Lohsse RPR § 34 I Rn 1 ff). Hieran zeigt sich ein Prozess der Verrechtlichung der fides zur bona fides als **gleichberechtigter Klageart**, der somit zu einer Erweiterung der klagbaren Ansprüche im römischen Recht führte (vgl HKK/ Duve/Haferkamp Rn 6; Al-Shamari 48 ff). Auf diese Weise wurde von den Prätoren Rechtsschutz für eine Vielzahl von Obligationen geschaffen, die zu den wichtigsten Einrichtungen des römischen Rechtslebens gehörten. Dazu zählten etwa emptio venditio, locatio conductio, mandatum, depositum und societas.

9 Neben dieser **rechtsbegründenden Funktion** erhielt die bona fides weitere, iE allerdings umstrittene Anwendungsbereiche (ausf Meyer, Bona fides 52 ff; HKK/Duve/Haferkamp Rn 5 ff). Jedenfalls bestand eine ihrer Aufgaben darin, dem Richter einen Maßstab für die **Inhaltskontrolle** und **-ergänzung** von Rechtsverhältnissen an die Hand zu geben, sodass sie auch der **Auslegung von Verträgen** diente (Kaser/Knütel/Lohsse RPR § 8 I Rn 6). So wurden etwa Fälle des **Rechtsmissbrauchs** gelöst, ohne dass es – wie bei den iudicia stricti iuris üblich – der Erteilung einer förmlichen **exceptio doli** bedurft hätte (vgl dazu auch Haferkamp, Die heutige Rechtsmissbrauchslehre – Ergebnis nationalsozialistischen Rechtsdenkens? [1995] 78 ff). Ebenso hat man zuweilen das **Erlöschen der Forderung** oder die **Verwirkung eines Anspruchs** ex bona fide hergeleitet (HKK/Duve/Haferkamp Rn 6). Unter Berücksichtigung der Parteiabreden konnten schließlich sogar **Nebenpflichten** begründet werden, wenn sie für ein bestimmtes Rechtsverhältnis unter Berücksichtigung des Ortsgebrauches und der allgemeinen Verkehrssitte als geschuldet anzusehen waren (Staudinger/J Schmidt [1995] Rn 5). Am Ende dieser Entwicklung bildete die bona fides somit eine Grundlage für **Leistungspflichten** außerhalb von Formularklagen und diente als **Auslegungshilfe** im Rahmen der actiones stricti iuris. Aus ihr ließ sich ebenfalls eine Pflicht zur **Haftung** für Schäden ableiten, die daraus entstanden, dass durch das Tun oder Unterlassen des Schuldners gegen die Anschauungen des redlichen Verkehrs oder die Anforderungen eines hilfsbereiten Zusammenwirkens verstoßen wurde (Betti, in: FS Müller-Erzbach [1954] 7, 14).

10 Von dieser **objektiven Bedeutung** der bona fides im Bereich der Obligationen ist noch ein anderer Bedeutungsgehalt des Prinzips zu unterscheiden. Es geht um die **subjektive Bewusstseinslage** einer Person, die auf das Bestehen einer bestimmten Rechtslage vertraut. Diese Wurzel endet in der heutigen Rechtssprache stärker in den Worten „**guter Glaube**", zB in § 932 Abs 2 BGB.

11 Zusammenfassend entwickelte sich die bona fides also bereits im Römischen Recht zu einer Art von „**unbestimmtem Rechtsbegriff**", dem sowohl zur **Rechtsbegründung** als auch zur **inhaltlichen Bestimmung** von Rechten Bedeutung zukam (vgl Liebs, Römisches Recht 267). Die Umwandlung bzw Erweiterung vom ursprünglich im Formularprozess verankerten prozessualen bona-fides-Gedanken in materielle Rechtssätze schritt im **justinianischen Recht** fort und wurde insbes in der Zeit der **Glossatoren und Postglossatoren** noch verfeinert und abgeschlossen. Dieser Entwicklungsstand hat sich danach bis in die **Pandektistik** des 19. Jahrhunderts nicht mehr entscheidend verändert und lag demnach den Verfassern des BGB als Grundlage vor.

b) Aequitas
aa) Der Ursprung

Die **aequitas**, die 2. Säule des heutigen § 242 BGB, diente im Römischen Recht als **objektiver Maßstab** zur Bewertung von Rechtsverhältnissen. Man nutzte sie für die Feststellung, dass eine rechtliche Entscheidung so und nicht anders lauten durfte, insbes dafür, dass **Gleiches gleich behandelt** werden sollte (HKK/DUVE/HAFERKAMP Rn 7 f). Eine Abgrenzung zur objektiven Bedeutung der bona fides bereitet demgemäß Schwierigkeiten (z Verschmelzung v bona fides u aequitas PRINGSHEIM, Römische Aequitas der christlichen Kaiser, Excerptum ex Actis Congressus Iuridici Internationalis I [1935] 121 ff; dazu auch HKK/DUVE/HAFERKAMP Rn 7). Den Ursprung der aequitas sah das römische Recht wie bei der fides zunächst in der **Religion**. Sie fand sich als **Rechtsinstitut** aber bereits in den **Klagformeln** der Ädilen und Prätoren in republikanischer Zeit, allerdings in uneinheitlichem Gebrauch (vgl z Ganzen ausf HKK/DUVE/HAFERKAMP Rn 8 sowie Rn 4; insbes z sog Codexantinomie in C 3, 1, 8 einerseits u C 1, 114, 1 andererseits).

bb) Rezeption und Kanonistik

Während der **Rezeption** fand eine **Funktionserweiterung** der aequitas statt. Unter **aristotelischem** und **christlichem Einfluss** wurde sie zur allgemeinen rechtsethischen und rechtspolitischen Rechtfertigung eines Ergebnisses und gleichzeitig zu einer **Leitidee richterlicher Rechtschöpfung**. GRATIAN sah sie als „mater iustitiae" (C 25 Q 2 C 21). Die kanonistische Ausformung als sog **aequitas canonica** verstand man als Gegensatz zur **rigor iuris**. Die aequitas stellte damit eine **Billigkeitserwägung** zur Überwindung bindender Rechtssätze dar, ähnlich wie im nachklassischen Recht mit seiner Gegenüberstellung von ius strictum und ius aequum (z dieser Entwicklung HKK/DUVE/HAFERKAMP Rn 8). In ihrer Funktion als **Korrektiv** diente die aequitas ebenfalls den Gesetzgebern des BGB als Vorlage; allerdings verschmolz sie auch mit naturrechtlichem Gedankengut. Im kanonischen Recht erfolgte die Abmilderung als zu hart empfundener Rechtsfolgen im Übrigen nach dem besonderen Prinzip der **misericordia**.

2. Der Einfluss des Deutschen Privatrechts

Der materiell-rechtliche Einfluss des älteren **Deutschen Privatrechts** auf die heutige Fassung des § 242 BGB ist gegenüber demjenigen des Römischen Rechts weniger bedeutsam (vgl insgesamt STRÄTZ, Treu und Glauben 22 ff, 283 ff; STAUDINGER/J SCHMIDT [1995] Rn 8 mwNw auch z Gegenmeinung). Die Stammesrechte banden den Richter teilw vollkommen oder jedenfalls weitgehend an ihre rechtlichen Vorgaben. Erst in den späteren fränkischen Königsgesetzen und Kapitularien diente die aequitas zur **Lückenfüllung**, während die Milderung (zu) hart empfundener Rechtsfolgen eher auf dem kirchenrechtlichen Grundsatz der **misericordia** fußte (HKK/DUVE/HAFERKAMP Rn 9).

Soweit sich entsprechende Begriffe in den älteren Quellen überhaupt finden, zeigt sich, dass damit in erster Linie die Sicherheit zum Ausdruck gebracht wurde, **Versprochenes werde eingehalten**. Erst im späten Mittelalter erlangte der Begriff spezifisch rechtliche Bedeutung und überlagerte fortan das römisch-rechtliche bona-fides-Prinzip. In sprachlicher Hinsicht stellt die Wortverbindung „Treu und Glauben", die letztlich Eingang in das BGB gefunden hat, eine typische **Paarformel** der deutschen Rechtssprache des frühen Mittelalters dar (vgl DILCHER, Paarformeln in der Rechtssprache des frühen Mittelalters [Diss Frankfurt aM 1961] 18 ff, 61 ff; STRÄTZ, Treu und Glauben 42 ff; WEBER

JuS 1992, 631, 632; BeckOGK/Kähler [15. 4. 2019] Rn 14 ff). Die Verwendung zweier weitgehend synonymer Begriffe ist kennzeichnend für die frühneuhochdeutsche Sprachentwicklung (Ludwig, Synonymabildung in Formeln der Rechtssprache, Zeitschrift für Mundartforschung 13 [1937] 215 ff; Strätz, Treu und Glauben 284).

Inhaltlich hatte das Prinzip zunächst eine **Rechtsbegründungsfunktion**, während nur bei einzelnen speziellen Rechtsverhältnissen **rechtsgestaltende Einflüsse** von „Treu und Glauben" belegbar sind (dazu ausf Strätz, Treu und Glauben 105 ff). **Ergänzung und Korrektur** von Rechtsgeschäften waren in dieser Zeit stärker mit dem Grundsatz der **aequitas** verbunden (HKK/Duve/Haferkamp Rn 11).

16 Dies änderte sich einerseits durch die **Kanonistik**, andererseits aber auch durch die bereits erwähnten **Glossatoren** und **Postglossatoren** mit ihrer Bezugnahme auf die Quellen des Römischen Rechts. Die aequitas verstärkte ihre Bedeutung iS von **Gleichbehandlung**, diente aber auch zur **Abmilderung unangemessener Rechtsfolgen**. Damit korrespondiert eine Abnahme der Bedeutung des bona-fides-Gedanken. Ein Grund liegt in der Entwicklung der modernen Vertragslehre, die den Typenzwang des Römischen Rechts ablöste und so die Funktion der Klagezuweisung in nicht geregelten Formularen erübrigte (HKK/Duve/Haferkamp Rn 11 ff; Zimmermann, The law of obligations. Roman foundations of the civilian tradition [Cape Town 1990] 508 ff). Darin bestand vorher ein Hauptanwendungsbereich der bona-fides-Lehre.

17 Nimmt man die eingangs erwähnte Zurückhaltung des Naturrechts gegenüber den geschilderten Prinzipien hinzu, so zeigt die historische Entwicklung am Vorabend der Kodifikationsbewegung, dass keine gerade Linie vom Prinzip der bonas fides zu einem solchen von Treu und Glauben führt, sondern unterschiedliche Begriffsverständnisse vorhanden waren (die Kontinuitäten betonend dagegen BeckOGK/Kähler [15. 4. 2019] Rn 43). Auch insoweit fand der bereits oben (s oben Rn 2) erwähnte Kreittmayr 1759 deutliche Worte: „Aequität oder Billigkeit wird bald für die Gerechtigkeit, bald für das Recht der Natur, auch öfter für das blosse gutbedunken und arbitrarische Wesen, hier aber in engen und eigentlichen Verstand für obbemeldte Interpretationem restrictiram genommen" (Anm über den Codicem Maximilianeum Bavaricum Civilem 1. Teil [1758] Bd I, I. Kapitel § XI [32] S 11). Diese Kritik bringt auf den Punkt, dass Treu und Glauben ebenso wie seine historischen Vorläufer gut zur Problemlösung im Einzelfall geeignet sind, sich aber nur schwer als abstrakte Prinzipien fassen lassen (vgl auch HKK/Duve/Haferkamp Rn 20).

18 Ein Blick auf den Niederschlag der geschilderten geschichtlichen Entwicklung auf die modernen Kodifikationen des ausgehenden 18. und insbes des 19. Jahrhunderts zeigt folgendes Bild: Das **prALR** von 1794, das auch die Mot (II 197) insoweit als Vorgänger des § 242 BGB ansehen, enthielt mit § 270 I 5 prALR lediglich eine Regelung, nach der Verträge idR „nach ihrem ganzen Inhalt erfüllt werden (müssen)", weist also nur wenig konkreten Bezug zur geschilderten Entwicklung auf.

19 In anderen Kodifikationen finden sich dagegen Regeln, die auf den französischen **Code civil** zurückgehen und deutliche Ansätze für den heutigen Grundsatz von „Treu und Glauben" enthalten; diese Regelungen wurden deshalb mitentscheidend für die spätere Entwicklung des § 242 BGB (s unten Rn 38 ff). So übernahmen das

Rheinische Recht (ab 1814) und das **Badische Landrecht** (1810) in ihren Art 1134 Abs 3, 1135 die Vorschriften des Code civil in folgender Übersetzung: „Sie [die Verträge] erfordern redlichen Vollzug" (Art 1134 Abs 3 Badisches Landrecht) bzw „Sie müssen redlich vollzogen werden" (Art 1134 Abs 3 Rheinisches Recht); „Verträge verbinden ... auch zu allem, was aus solchen nach Billigkeit, Herkommen oder Gesetzen folgt" (Art 1135 Badisches Landrecht) bzw „... auch zu allem, was Billigkeit, Herkommen oder Gesetze aus der Natur der Verbindlichkeit folgen lassen" (Art 1135 Rheinisches Recht).

§ 858 **BGB für das Königreich Sachsen** von 1863 – auf das sich der Redaktor des Schuldrechts vKüBEL (s unten Rn 24 f) ebenfalls bezog – enthielt folgende Regelung: 20

„Die Erfüllung eines Vertrages hat Dasjenige zu fassen, was nach der besonderen Verabredung der Beteiligten, nach den gesetzlichen Vorschriften über den in Frage stehenden Vertrag und überhaupt nach Treu und Glauben und nach der Handlungsweise eines redlichen Mannes zu leisten ist."

Der ausdrückliche Gebrauch der Worte „Treu und Glauben" findet sich im sächsischen BGB ferner in § 835.

Der **Entwurf eines BGB** für das **Königreich Bayern** von 1861 sprach den betreffenden Problemkreis in Art 83 nur wie folgt an: 21

„Der Schuldner hat nicht nur dasjenige zu leisten, wozu er ausdrücklich verpflichtet ist, sondern auch alles, worauf sich das Schuldverhältnis nach seiner Natur oder nach Gesetz oder Herkommen von selbst erstreckt."

Der **Dresdner Entwurf** von 1866 lautet in Art 150 ähnlich: 22

„Ein Vertrag verpflichtet den Vertragsschließenden nicht nur zu Dem, was er versprochen hat, sondern auch zu Dem, was sich nach Gesetz oder Herkommen aus der Natur des Vertrages ergiebt, sofern nicht eine Ausnahme hiervon vereinbart worden ist."

Ein Blick auf § 279 **ADHGB** von 1861 zeigt folgende Formulierung: 23

„In Beziehung auf die Bedeutung und Wirkung von Handlungen und Unterlassungen von Handlungen ist auf die im Handelsverkehr geltenden Gewohnheiten und Gebräuche Rücksicht zu nehmen."

Dies wurde durch die entsprechende Rspr des RG konkretisiert, die von einem „im Handelsverkehr vor allem aufrecht zu erhaltenden Grundsatz von Treu und Glauben" oder dem „den Handelsverkehr beherrschenden Geboten von Treu und Glauben" ausging (vgl RGZ 37, 24, 26; 34, 15, 19; 19, 63, 67; 13, 68, 77).

Die genannten Vorgängerregelungen finden nahezu sämtlich in **sprachlicher Kombination** Verwendung in vKüBELS Teilentwurf von 1882, ohne dass damit jedoch eine neuartige materiell-rechtliche Ausprägung gegenüber den historischen Vorbildern verbunden gewesen wäre (s unten Rn 25 vKüBELS Teilentwurf z BGB). 24

3. Das Gesetzgebungsverfahren

a) Der Teilentwurf (TE) zum Obligationenrecht (1882)

25 Am 28. 2. 1874 berief der Bundesrat eine **Vorkommission** ein, die Plan und Methode für die Aufstellung des Entwurfs eines deutschen Bürgerlichen Gesetzbuches ausarbeitete und schließlich am 15. 4. 1874 Bericht erstattete (STAUDINGER/HONSELL [2018] Einl 74 ff zum BGB; BENÖHR, Die Grundlage des BGB – Das Gutachten der Vorkommission von 1874, JuS 1977, 79 ff). Auf der Grundlage dieses Berichts wurde am 22. 6. 1874 die **1. Kommission** tätig, welcher im Bereich des Schuldrechts federführend der königlich württembergische Obertribunalsdirektor und spätere Senatspräsident bei dem Oberlandesgerichte vKÜBEL (vgl näher z Vita STAUDINGER/OLZEN Einl 123 zum SchuldR) angehörte. Als Redaktor legte vKÜBEL 1882 einen **Teilentwurf zum Obligationenrecht** vor. Er basierte auf dem Dresdner Entwurf von 1866, den vKÜBEL im Wesentlichen verfasst hatte (vgl STAUDINGER/OLZEN Einl 126, 129 zum SchuldR). Der Inhalt des späteren § 242 BGB war zunächst aber noch auf **zwei** verschiedene systematische **Abschnitte** verteilt, die sich zum einen mit **Verträgen**, zum anderen mit **Schuldverhältnissen im Allgemeinen** befassten (vgl z den Teilentwürfen insgesamt AL-SHAMARI 14 ff).

26 In dem **Teilentwurf Nr 20** „Rechte und Pflichten aus **Verträgen**" enthielt § 1 TE folgende Regelung:

„Ein Vertrag verpflichtet den Vertragsschließenden zu demjenigen, was sich als Inhalt seiner Verbindlichkeit aus den besonderen Vertragsbestimmungen und aus der Natur des Vertrages, dem Gesetz oder Herkommen gemäß ergibt."

27 In **Teilentwurf Nr 13** zu den „Wirkungen des Schuldverhältnisses im Allgemeinen" hieß es in § 196 TE:

„Die in einem Schuldverhältnis Stehenden sind sich gegenseitig verpflichtet, die daraus für sie entspringenden Verbindlichkeiten redlich und treu und unter Aufwendung desjenigen Grades an Sorgfalt zu erfüllen, welchen sie versprochen haben oder zu welchem sie gesetzlich verpflichtet sind."

28 Alle dem TE insoweit zugrunde gelegten Rechtsgedanken hatten ihre Wurzeln in der geschilderten historischen Entwicklung bzw den Kodifikationen vor allem des 19. Jahrhunderts, in denen die Begriffe „Treu und Glauben" und „bona fides" inhaltlich miteinander verschmolzen, während die Grundsätze der aequitas weitgehend in den Prinzipien des Naturrechts aufgegangen waren (HKK/DUVE/HAFERKAMP Rn 26 ff). Der Teilentwurf zeigte zum einen die Relevanz des **konkreten Vertragstyps** mit seiner Bezugnahme auf die Begriffe „Vertrag" und „Natur des Vertrages", zum anderen sah er aber auch das **allgemeine Schuldverhältnis** als Bezugspunkt von Treu und Glauben an („Schuldverhältnis"). Ebenso findet sich bereits der Verweis auf das **(dispositive) Gesetzesrecht** als Quelle zur Ergänzung privatautonomer Vereinbarungen („dem Gesetz […] gemäß ergibt"; „zu welchem sie gesetzlich verpflichtet sind"). Darüber hinaus wird durch den Begriff **„Herkommen"** ein übergeordneter Bezugspunkt gefunden, der in engem Zusammenhang mit dem im kaufmännischen Rechtsverkehr geltenden Begriff „usage", bzw „Gewohnheiten" und „Gebräuche" stand und die Tür zur späteren Einbeziehung der **Verkehrssitte** öffnete. Schließlich verweisen die Formulierungen bereits auf eine **„redliche"** und **„treue"** Erfüllung des Schuldverhältnisses.

b) Beratungen über den TE und Gesetzgebungsdebatten

Mit Vorlage des Teilentwurfs im Jahre 1882 begannen die Kommissionsberatungen, 29 welche zu verschiedenen Änderungen im Wortlaut führten. Überwiegend teilte man die in der geschilderten Aufspaltung der Regelung zum Ausdruck kommenden Zurückhaltung vKübels gegenüber einem allgemeinen Grundsatz von „Treu und Glauben" nicht. Die 1. Kommission war vielmehr der Ansicht, dass eine „allgemeine Interpretationsregel ... von nicht geringer praktischer Bedeutung sei und von großem Nutzen zu sein verspreche" (Jakobs/Schubert §§ 241–432, 47; z Ganzen ausf HKK/Duve/Haferkamp Rn 45 ff).

aa) Änderungen im TE zum Obligationenrecht Nr 20 § 1 bis zum E I

Zunächst wurde im Vertragsrecht des 1. Entwurfs zum BGB an die Stelle des als 30 antiquiert empfundenen Wortes „Herkommen" in Anlehnung an das ADHGB, welches von „Handelsverkehr" sprach, auf Antrag des Präsidenten des Sächsischen Oberappellationsgerichtes vWeber das Wort „Verkehrssitte" gesetzt. Ähnlich wie das Sächsische BGB von 1863 und ebenfalls auf Antrag von vWeber schob man zwischen „gemäß" und „ergiebt" den Satzteil „und überhaupt nach Treu und Glauben und nach der Handlungsweise eines redlichen Mannes" ein und übernahm auf diese Weise den Regelungsgehalt des „redlich und treu" aus dem Teilentwurf zum Obligationenrecht Nr 13 § 196 TE.

In der **vorredaktionellen Fassung** lautete Nr 20 § 1 TE dementsprechend: 31

„Der Vertrag verpflichtet jeden Vertragsschließenden zu demjenigen, was sich nach Treu und Glauben (nach der Handlungsweise eines redlichen Mannes) aus den Vertragsbestimmungen und aus der Natur des Vertrages, dem Gesetz und der Verkehrssitte gemäß als Inhalt seiner Verbindlichkeit ergiebt."

Der Redaktionsausschuss änderte die nunmehr als § 61 TE geführte Vorschrift in der „Zusammenstellung der sachlich beschlossenen Bestimmungen des Obligationenrechtes nach den Beschlüssen des Redaktionsausschusses der 1. Kommission" (1882–1884) wie folgt:

„Der Vertrag verpflichtet den Vertragsschließenden zu demjenigen, was sich aus den Bestimmungen und der Natur des Vertrages nach Gesetz und Verkehrssitte, sowie mit Rücksicht auf Treu und Glauben als Inhalt seiner Verbindlichkeit ergiebt."

Dieser Normtext wurde schließlich als § 356 in den „Entwurf eines Bürgerlichen Gesetzbuches in der Fassung der ersten Beratung der ersten Kommission" (1884–1887) und als § 359 in den am 31. 1. 1888 publizierten E I übernommen (vgl Staudinger/Honsell [2018] Einl 79 f zum BGB).

bb) Änderungen im TE zum Obligationenrecht Nr 13 § 196 bis zum E I

Durch die geschilderte Neufassung des § 61 erübrigte sich in § 196 TE-Obligationenrecht, der sich auf die **Schuldverhältnisse im Allgemeinen** bezog, der Passus „redlich und treu". Nach seiner Streichung lautete die Norm, jetzt als § 166: 32

„Der Schuldner ist verpflichtet, die nach dem Schuldverhältnis ihm obliegende Leistung vollständig zu bewirken."

In den gleich lautenden Bestimmungen des § 221 Abs 1 S 1 E I sowie des § 224 Abs 1 S 1 E I fehlte also dementsprechend ebenfalls der Hinweis auf „redlich und treu".

cc) Änderungen durch die Vorkommission des RJA/E I – RJA

33 In der **Vorkommission des Reichsjustizamts** (RJA) beantragte der bayerische Oberregierungsrat JACUBETZKY, § 224 Abs 1 S 1 E I wie folgt zu fassen: „Der Schuldner ist verpflichtet, die Leistung, wie Treue und Glauben es erfordert, zu bewirken." Damit stellte sich die Problematik des Verhältnisses einer solchen für **Schuldverhältnisse im Allgemeinen** geltenden Vorschrift zu § 359 E I, der ausdrücklich auf **vertragliche** Schuldverhältnisse abstellte. In der 40. Sitzung vom 4. 9. 1891 wurde deshalb beschlossen, § 359 E I zu streichen und in Verallgemeinerung des in § 359 E I aufgestellten Grundsatzes zum Ausdruck zu bringen, dass die Leistung so zu bewirken sei, wie Treu und Glauben mit Rücksicht auf die Verkehrssitte es erfordern (vgl dazu MUGDAN II 521). Diese Streichung sah man auch dadurch als gedeckt an, dass § 73 E I (der heutige § 157 BGB) flankierend an der Seite des § 224 Abs 1 E I stand. Die Fassung des § 224 Abs 1 E I-RJA lautete folglich:

„Die Leistung ist so zu bewirken, wie Treu und Glauben mit Rücksicht auf die Verkehrssitte es erfordern."

dd) Änderungen der 2. Kommission (E II und E III)

34 In den Beratungen der **Zweiten Kommission** (vgl STAUDINGER/HONSELL [2018] Einl 83 ff zum BGB) wurde zum einen erwogen, den Wortlaut des § 224 Abs 1 S 1 E I-RJA auf Antrag des Tübinger Professors vMANDRY abzuändern, der folgende Fassung vorschlug: „Zu welcher Leistung das Schuldverhältniß den Schuldner verpflichtet und wie die Leistung zu bewirken ist, ist nach Treu und Glauben mit Rücksicht auf die Verkehrssitte zu beurtheilen." Zum anderen warf man die Frage auf, ob § 224 Abs 1 E I-RJA in den **Allgemeinen Teil** verlagert werden sollte, da die Regelung inhaltlich auch für sachenrechtliche, güterrechtliche und erbrechtliche Rechtsverhältnisse gelten könne (vgl Prot I 625 = MUGDAN II 522). Die Redaktions-Kommission der 2. Kommission (1891–1895) veranlasste letztlich aber nur eine unbedeutende Änderung des Wortlautes der Norm. § 224 E I-RJA erhielt die Fassung:

„Der Schuldner ist zur Bewirkung der Leistung in solcher Weise verpflichtet, wie es Treu und Glauben und der Verkehrssitte entspricht."

Die **heutige Fassung** wurde am 22. 10. 1895 als § 206 E II dem Reichskanzler überreicht. Sie ist wortgleich mit § 236 der Bundesratsvorlage und, nachdem auch im Bundesrat keine Änderungen vorgenommen wurden, schließlich mit § 236 E III:

„Der Schuldner ist verpflichtet, die Leistung so zu bewirken, wie Treu und Glauben mit Rücksicht auf die Verkehrssitte es erfordern."

Diese Fassung legte der Reichskanzler am 17. 1. 1896 dem Reichstag vor.

ee) Beratungen des Reichstags

35 Der **Reichstag** änderte die Vorschrift nicht mehr; heftige Debatten liefen ins Leere. Im Wesentlichen betrafen sie den tief greifenden und andauernden Streit, inwiefern § 242 BGB eine allgemeine **exceptio doli generalis** enthalte oder durch Wortlautänderung erhalten sollte (ausf HKK/Duve/Haferkamp Rn 47 ff). Diesbezüglich gab es verschiedene Änderungsvorschläge, wie den des Abgeordneten vDziembowski, der in der 2. Beratung im Reichstag am 20. 6. 1896 beantragte, die Norm wie folgt zu fassen: „Der Verpflichtete kann einer solchen Ausübung der Rechte widersprechen, die nach dem eigenen Verhalten oder nach den Erklärungen des Berechtigten gegen Treu und Glauben verstießen" (vgl Mugdan II 1310 f; z ähnl Anträgen vgl HKK/Duve/ Haferkamp Rn 49). IE blieben alle entsprechenden Änderungsversuche aber erfolglos.

Darüber hinaus wurden im Plenum aber auch lobende Äußerungen über den späteren § 242 BGB laut, etwa durch den Abgeordneten Kauffmann, wonach die Vorschrift „in der That in der Fassung und Sprache einen großen Fortschritt bedeutet [...]: Es erscheint hier zum ersten Mal in einem deutschen Gesetzbuch die Berücksichtigung der Verkehrssitte, und es ist schon [...] darauf hingewiesen worden, dass gerade diese Bestimmungen des bürgerlichen Gesetzbuches außerordentlich entwicklungsfähig sind, dass sich daran eine weitere gedeihliche Ausgestaltung des Rechts schließen kann." **36**

c) Endgültige Fassung der Norm im BGB
Nachdem der **Bundesrat** am 14. 6. 1896 dem vom Reichstag beschlossenen Text zustimmte, konnte die im Wortlaut seit dem E II unveränderte Fassung als § 242 BGB nach Ausfertigung am 18. 8. 1896 am 1. 1. 1900 Gesetz werden. Die Wortkombination „Treu und Glauben" wird außer in dieser Vorschrift im BGB in den §§ 157, 162 Abs 1 und 2, 307 Abs 1, 320 Abs 2 und 815 BGB verwendet. **37**

III. Die Entwicklung der Vorschrift nach 1900

Der Wortlaut des § 242 BGB ist von 1895 bis heute gleich geblieben. In Bezug auf Inhalt und Bedeutung lassen sich jedoch verschiedene Entwicklungen nach der Jahrhundertwende beobachten, die eine neue oder zumindest eine andere Deutung der Vorschrift hervorbrachten. **38**

1. Die Zeit bis zum 1. Weltkrieg

Die ersten Jahre nach Inkrafttreten der Norm standen im Zeichen einer Diskussion über ihren **rechtlichen Inhalt**. Dabei setzte man verständlicherweise unmittelbar bei dem Diskussionsstand an, der auf der Grundlage von Rspr und Schrifttum im 19. Jahrhundert in der Phase der Gesetzgebungsdebatten erreicht worden war. Erste Impulse gingen dabei von der **Lehre** aus. **39**

a) Die Stellung der Rechtswissenschaft zu § 242
Das wissenschaftliche Lager entwickelte zwei unterschiedliche dogmatische Standpunkte, von denen aus man versuchte, **Grund, Umfang und Maßstab** des Eingriffes in Schuldverhältnisse über § 242 BGB näher zu beschreiben, wobei auf bereits vorhandene historische Ansätze zurückgegriffen wurde. **40**

aa) Vertragsrechtlicher Ansatz
Eine **vertragsrechtliche Betrachtungsweise** erschloss den Bedeutungsgehalt des § 242 BGB aus dem **(mutmaßlichen) Parteiwillen** und in Fortentwicklung der jeweiligen **41**

Willenserklärungen (vgl dazu Schneider, Treu und Glauben, durchgehend, bes 47 f, 132, 228; daneben vgl zB Henle, Treu und Glauben 8; Kohler, Lehrbuch des Bürgerlichen Rechts 535; Dernburg, Bürgerliches Recht I 24), eine Entwicklung, die auf der (damals) modernen Vertragslehre basierte.

42 Hiernach lag der **Grund** eines richterlichen Eingriffs in Schuldverhältnisse auf der Basis des § 242 BGB in einer (doppelten) **Lückenhaftigkeit der Leistungspflicht** (Begriff von Chiotellis, Rechtsfolgenbestimmung bei Geschäftsgrundlagenstörungen in Schuldverträgen [1981] 24 ff), nämlich darin, dass die Parteien zum einen bestimmte Fragen rechtsgeschäftlich nicht geklärt hatten und zum anderen auch das dispositive Gesetzesrecht keine Lösung bereit stellte. Bei **gesetzlichen Schuldverhältnissen** setzte die Anwendung des § 242 BGB nach dieser Ansicht voraus, dass eine Normierung der Leistungsmodalitäten fehlte.

43 Der **Umfang** des Eingriffes beschränkte sich dementsprechend ausschließlich auf die **Schließung** vorhandener **Lücken** im **konkreten Schuldverhältnis**. Den legitimierenden **Maßstab** solcher Eingriffe in das Schuldverhältnis bildete sowohl bei vertraglichen als auch bei gesetzlichen Schuldverhältnissen der **Parteiwille**, der entweder durch Auslegung des vorhandenen oder aber (bei gesetzlichen Schuldverhältnissen) als **mutmaßlicher Parteiwille** (also als derjenige eines „ordentlichen Bürgers", vgl Staudinger/J Schmidt [1995] Rn 60) zu ermitteln war.

44 Den Vorteil dieser Betrachtungsweise sah man darin, dass auf das Instrumentarium zurückgegriffen werden konnte, das auch sonst zur Beurteilung (rechtsgeschäftlicher) Schuldverhältnisse benötigt wurde, nämlich dasjenige der Willenserklärung und ihrer Dogmatik, insgesamt also auf die Grundsätze der **Privatautonomie**. Eine gewisse Beschränkung der „Richtermacht" durch den Parteiwillen nahm man dabei ebenso in Kauf wie die Unstimmigkeiten der dogmatischen Begründung im Hinblick auf gesetzliche Schuldverhältnisse.

45 Die damit verbundene Angreifbarkeit der Konstruktion wurde aber zum Hauptkritikpunkt. Ihre Gegner bemängelten darin eine übertriebene Affinität zum Vertragsrecht, insbes in Fortführung des Gedankengutes im Code civil (so vor allem Dernburg, Bürgerliches Recht I 23 f; Endemann, Lehrbuch des Bürgerlichen Rechts I 591). Man wendete ein, gesetzliche Schuldverhältnisse bezögen ihren Schuldgrund und ihren Inhalt aus **gesellschaftlichen Wertungen**, nicht aus der Privatautonomie. Ebenso wurde kritisiert, dass auch die Ermittlung des Parteiwillens letztlich dazu führe, auf den Maßstab eines „vernünftigen, objektiven Dritten" abzustellen. Ein solcher normativ geprägter Begriff fuße aber seinerseits ebenfalls auf gesellschaftlichen Wertungen (vgl dazu Dernburg, Bürgerliches Recht I 24 [„anständig und gerecht denkende Menschen"]; Kohler, Lehrbuch des Bürgerlichen Rechts 535 [„gutgläubiger Verkehr"]; insgesamt auch vTuhr, AT II 1 547; Sonnenberger, Verkehrssitten 115 ff).

bb) Der sog „gesellschaftliche Ansatz"

46 Vor diesem Hintergrund vertraten andere Autoren den Standpunkt, die Legitimation für alle Rechtssätze, die anhand des § 242 BGB geschaffen worden seien, läge in einem **objektiven, gesellschaftlichen Maßstab** (vor allem Stammler, Recht der Schuldverhältnisse 36 ff; aber auch vTuhr, AT II 1 545 ff; Crome, System I [1900] 68; Endemann, Lehrbuch des Bürgerlichen Rechts I 58, auch 592; Heilfron, Lehrbuch des Bürgerlichen Rechts, Schuldrecht

[1900] 35; dazu auch Danz, Die Auslegung der Rechtsgeschäfte [3. Aufl 1911] 141 ff; weitere Angaben bei Oertmann, Rechtsordnung und Verkehrssitte 318 ff). Stammler formulierte, dass der Grundsatz von „Treu und Glauben" berücksichtigt sei, wenn eine Wertung „[...] das für diesen Fall objektiv Richtige angiebt" (Stammler, Recht der Schuldverhältnisse 37; vgl auch Crome, System I [1900] 67 [„materielle" statt „blos formaler Gerechtigkeit"]) und fand damit breite Unterstützung (etwa Heilfron, Lehrbuch des Bürgerlichen Rechts, Schuldrecht [1900] 35 [„den Grundsätzen der Sittlichkeit entsprechend"]; Endemann, Lehrbuch des Bürgerlichen Rechts I 58, 592 [„die im Volk wirkenden sittlichen Gebote"; „letztes Ziel [...] rechtlichen Zusammenlebens"]; sogar noch ähnlich formuliert von Erman/Werner[9] [1993] Rn 2). Der **Umfang** eines möglichen Eingriffs über § 242 BGB in ein Schuldverhältnis wurde dadurch erweitert, dass nunmehr der gesamte Regelungsbereich erfasst sein sollte, den objektiv gesellschaftliche Wertungen in irgendeiner Weise betreffen. Davon waren also nicht nur lückenhafte, sondern auch zwar lückenlose, aber neu bzw anders zu bewertende Schuldverhältnisse umfasst. § 242 BGB erhielt demnach neben einer **Ergänzungs-** auch eine **Kontrollfunktion**. Der Grund eines Eingriffs bestand folglich zum einen in der **Lückenhaftigkeit** von Regelungen, zum anderen aber auch in ihrer **Ungerechtigkeit** – Überlegungen, die die Rechtsgeschichte mit den Grundsätzen der aequitas, bzw der objektiven Ausprägung des bona-fides-Gedankens bereits seit langem bereithielt (s oben Rn 7 ff).

Den Vorteil dieser Betrachtungsweise sah man darin, dass sie die durch Streichung des § 359 E I beabsichtigte Verallgemeinerung eines Gerechtigkeitsprinzips besser zum Ausdruck brächte, ferner, dass sie ein dogmatisch lückenloses Grundkonzept gewährleisten konnte, welches im Unterschied zur vertragsrechtlichen Lösung auch bei gesetzlichen Schuldverhältnissen zu systemgerechten Ergebnissen führen sollte. Jedoch lag auch die Problematik dieser Ansicht auf der Hand: Durch Berücksichtigung objektiver gesellschaftlicher Wertungen öffnete man ein weites Tor und schuf so eine Einbruchstelle für die Rspr von einer privatautonomen hin zu einer als **sinnvoll erachteten Ordnung** (vgl Staudinger/J Schmidt [1995] Rn 67). **47**

cc) Der Ausgang der Meinungsverschiedenheiten
Der in den ersten Jahren des 20. Jahrhunderts geführte Streit entschied sich dennoch alsbald aufgrund seiner dogmatischen Vorteile zu Gunsten des gesellschaftlichen Ansatzes. Nach 1910 wurde die gegenteilige Auffassung immer seltener vertreten, zumal sich die Unterschiede auch dadurch verwischten, dass insbes der mutmaßliche Parteiwille als Auslegungsmaßstab nicht selten unter Rückgriff auf die Verkehrssitte und damit auf gesellschaftliche Wertungen gewonnen wurde (vgl zur Situation zu Beginn des 20. Jh auch HKK/Duve/Haferkamp Rn 60 ff; vgl ferner etwa Siber: in diesen Fällen lieber Auslegung u Analogie statt Anwendung des § 242 [Planck/Siber Anm 1, 2; anders noch Henle, Treu und Glauben 8; auch dieser aber nur noch sehr einschränkend, in: Schuldrecht [1934] 275]). **48**

Um die zunehmenden Anwendungsfälle der Norm besser zu systematisieren, begann man erstmalig damit, **Sachverhaltsgruppen** zu bilden (vgl etwa Staudinger/Riezler[3/4] §§ 226, 242) – eine Praxis, die gut zur kasuistischen Struktur des Römischen Rechts passte. **49**

b) Die Rechtsprechung
Die Anzahl der Fälle, in denen das RG § 242 BGB als Begründungsnorm heranzog, war zunächst gering (1. Entscheidung am 25.4.1901 = RGZ 48, 139), weitete sich aber ab **50**

dem 57. Band im Jahre 1904 kontinuierlich aus. Der weitgehend in der Lit vertretene gesellschaftliche Ansatz kam der Rspr des RG entgegen. Das Gericht verwendete § 242 BGB nicht mehr nur zur **Lückenergänzung**, sondern auch zur oft sehr weit reichenden **Kontrolle und Korrektur von Rechtssätzen** (vgl aber auch RGZ 52, 1, 5, wo eine Heranziehung des § 242 abgelehnt wurde; vgl insgesamt z Bedeutung des Merkmals „Verkehrssitte" in den Entscheidungen seit Inkrafttreten des BGB AL-SHAMARI 75 ff, insbes 107 ff).

51 Neben der **Lückenfüllung** und **Konkretisierung vertraglicher Pflichten** (etwa RGZ 59, 207 [Pflichten des Bürgen im Interesse des Hauptschuldners]; RGZ 53, 70 [Abnahmepflicht]; RGZ 63, 53 [Pflichten im Arbeitsverhältnis]) sowie der **Lückenschließung** im dispositiven **Gesetzesrecht** (RGZ 84, 125, 128 ff für die Entwicklung der Regeln über die „beschränkte Gattungsschuld"; 57, 116, 118 oder RGZ 78, 385, 388 f für die Kündigung aus wichtigem Grund bei Dauerschuldverhältnissen) finden sich somit in der Folgezeit auch Entscheidungen des RG, in denen eine **Korrektur vertraglicher** oder sogar **gesetzlicher Regelungen** über § 242 BGB vorgenommen wurde. In einem Urt vom 9. 2. 1903 berief sich das RG zB auf § 242 BGB, als bei einer Inkassozession der „materiell nur zur Einziehung der Forderung für den Cedenten ermächtigte Cessionar seine formelle Legitimation gegen den Willen des Cedenten zum Nachteil des Schuldners geltend macht(e)" (RGZ 53, 416, 420). In RGZ 58, 425, 428 f wurde dem Schuldner wegen eines Gläubigerverhaltens, das absichtlich die rechtliche und wirtschaftliche Lage des Schuldners verschlechtert hatte, Befreiung von seiner Verbindlichkeit gewährt. RGZ 60, 160, 164 korrigierte auf ähnliche Weise § 326 BGB aF, RGZ 60, 294, 296 erklärte ein vertragliches Aufrechnungsverbot, RGZ 61, 92, 94 die Wandelung (nunmehr den Rücktritt) des Wandelungsberechtigten wegen Verstoßes gegen § 242 BGB für unwirksam. RGZ 66, 126 schloss ansonsten bestehende Ansprüche gem §§ 985, 1004 BGB über § 242 BGB aus. Die einzige erkennbare Grenze dieser Entwicklung bildeten – anders als in der späteren Rspr des BGH – die **Formvorschriften** (vgl RGZ 73, 205, 209 f; 52, 1, 5).

52 Diese Entwicklungslinie mündete schließlich in einer Entscheidung des RG vom 26. 5. 1914, in der zusammenfassend klargestellt wurde: „Das System des BGB wird durchdrungen von dem Grundsatz von Treu und Glauben mit Rücksicht auf die Verkehrssitte. [...] Die §§ 157, 226, 242, 826 BGB erscheinen nur als besondere Ausprägungen eines allgemeinen Prinzips [...] das Prinzip beherrscht alle Einzelbestimmungen und muß gerade in ihnen lebendige Wirkung üben zur Klärung, Erweiterung, Ergänzung oder Beschränkung des vereinzelten Wortlauts" (das RG, RGZ 85, 108, 117, hat dies damit begründet, dass man § 394 S 1 BGB entgegen seinem klaren Wortlaut dann nicht anwenden könne, wenn mit einer Forderung des Dienstherrn aus vorsätzlich begangener unerlaubter Handlung des „Diensteinkommensberechtigten" aufgerechnet wurde).

2. Die Zeit des 1. Weltkrieges (1914–1918)

53 Die Zeit des **1. Weltkrieges** verursachte wegen der besonders schwierigen wirtschaftlichen Situation ein breites Betätigungsfeld für die Anwendung der Vorschrift im Bereich der **Pflichtenänderung** und **Vertragsanpassung** (vgl insgesamt DÖRNER, Erster Weltkrieg und Privatrecht, Rechtstheorie 17 [1986]; ferner HKK/DUVE/HAFERKAMP Rn 66). DÖRNER fasste die Entwicklung plakativ wie folgt zusammen: „Wirtschaftliche Notwendigkeit schlägt Buchstabentreue. Interessenanalyse schlägt positivistische Konstruktion.

Materiale Vertragsgerechtigkeit schlägt formale Pflichtenbindung" (Dörner, Erster Weltkrieg und Privatrecht, Rechtstheorie 17 [1986] 385 ff, 400 f).

Für die vielen (neuen) Probleme bot der weite Spielraum der Generalklausel angemessene „Lösungsfreiheit" (vgl insgesamt Emmert, Auf der Suche nach den Grenzen vertraglicher Leistungspflichten: Die Rechtsprechung des Reichsgerichts 1914–1923 [2001] 247 ff; Nörr, Der Richter zwischen Gesetz und Wirklichkeit. Die Reaktion des Reichsgerichts auf die Krisen von Weltkrieg und Inflation und die Entfaltung eines neuen richterlichen Selbstverständnisses [1996] 8 ff). Vor allem das **staatliche Zwangsbewirtschaftungsrecht** dieser Zeit hatte begrenzende Auswirkungen auf die **Vertragsfreiheit**, sodass der Gedanke des § 242 BGB zB fruchtbar gemacht werden konnte, um **Kontrahierungszwang** und **Preisregulierung** rechtlich zu bewältigen (dazu etwa Nipperdey, Kontrahierungszwang und Diktierter Vertrag [1920] 140 ff). Zum anderen fasst man die gehäuft auftretenden Fälle der **wirtschaftlichen Unmöglichkeit** unter den Anwendungsbereich der Norm, was erstmals im Rahmen einer **clausula rebus sic stantibus**, also eines **Wegfalls der Geschäftsgrundlage**, diskutiert wurde (vgl dazu näher jetzt aktuelle Staudinger-Bearbeitung zu 313; insgesamt auch Klemmer, Gesetzesbindung und Richterfreiheit [1995] 286 ff, insbes 297 mit Darstellung der übrigen „Lösungsmechanismen"; HKK/Duve/Haferkamp Rn 66). **54**

3. Der sog „Aufwertungskampf" (1919–1932)

Die **Weimarer Zeit** brachte in Aufarbeitung der Kriegsereignisse einen Wechsel der Vorzeichen gegenüber den frühen zwanziger Jahren des 20. Jahrhunderts mit sich, so weit es die von Rspr und Lit ausgehenden Impulse für die Entwicklung des § 242 BGB anging. Die Rspr weitete den Anwendungsbereich des § 242 BGB stark aus, während sich die Lit im Wesentlichen darauf beschränkte, diese Ausweitung zu registrieren und nachzuweisen. **55**

a) Die Aufwertungsrechtsprechung und ihre Folgen
Geldentwertung und sinkende Kaufkraft nach dem 1. Weltkrieg stellten die Rspr vor das Problem, gegenseitige Schuldverträge veränderten Umständen anzupassen (umfangreiche Literaturhinweise bei Staudinger/Weber[11] Rn F 2 ff). Dieser sog „**Aufwertungskampf**" der Rspr führte zu einer deutlichen Vermehrung der mit Hilfe des § 242 BGB entschiedenen Fälle. Ihre Anzahl stieg von durchschnittlich drei im 57. bis 105. Band auf dreiundzwanzig im 107. Band und siebenundzwanzig im 110. Band der Entscheidungssammlung an. **56**

Die „Entscheidungsfreudigkeit" des RG auf der Grundlage des § 242 BGB stärkte allgemein die bereits in der Entscheidung vom 26. 5. 1914 (RGZ 85, 108, 117) geäußerte Überzeugung, dass sich die §§ 157, 226, 242, 826 BGB als Teil eines „allgemeinen Prinzips" darstellten, wie es im Gesetzgebungsverfahren auch bereits diskutiert worden war (Staudinger/Honsell [2018] Einl 71 f zum BGB). Mehr und mehr verzichtete das RG auf eine Ableitung seiner Grundsätze aus der Summe einschlägiger Einzelvorschriften und verwendete Treu und Glauben als einen eher vorrechtlichen Maßstab, an dem nach seiner Ansicht jedes Recht zu messen war. Dieser Eindruck wird durch eine Eingabe des Richtervereins am RG vom 8. 1. 1924 gestützt, in der man androhte, das im Verordnungswege geplante Aufwertungsverbot wegen Verstoßes gegen Treu und Glauben nicht anzuwenden (JW 1924, 90; DRiZ 1924, 7 ff). Dort heißt es: „Dieser Gedanke von Treu und Glauben steht außerhalb des einzelnen Gesetzes, **57** außerhalb einer einzelnen positiv-rechtlichen Bestimmung. Keine Rechtsordnung, die diesen Ehrennamen verdient, kann ohne jenen Grundsatz bestehen. Darum darf der Gesetzgeber nicht ein Ergebnis, das Treu und Glauben gebieterisch fordern, durch sein Machtwort vereiteln." Diese Ankündigung der Rspr, der Exekutive ernsthaft die Gefolgschaft zu verweigern, erwies sich damals als unerhörter Vorgang (HKK/Duve/Haferkamp Rn 67), der das „neue Selbstbewusstsein" der Richterschaft verdeutlichte. IE setzte sie sich jedoch nicht durch (vgl z Entgegnung des Reichsjustizministers DRiZ 1924 Sp 40 u die Rede des Reichsgerichtspräsidenten DRiZ 1924 Sp 419 ff, in der die Aussage stark zurückgenommen wurde, u schließlich die nachfolgende Entscheidung des RG 1. 3. 1924, RGZ 107, 370, 373, 376, in der man die inzwischen ergangene 3. SteuerNotVO, RGBl 1924 I 74, schließlich nicht verwarf).

58 Dennoch ging das RG aus dem „Aufwertungskampf" in seiner Ansicht gestärkt hervor, mit Hilfe von § 242 BGB gestaltend in alle Rechtsverhältnisse eingreifen zu können. Nicht nur quantitativ, sondern auch qualitativ wurde der Anwendungsbereich des § 242 BGB erweitert. Die obergerichtliche Rspr erschloss § 242 BGB zunehmend für neue Gebiete, in denen man bis dahin regelmäßig mit Analogien gearbeitet hatte oder in denen die Frage noch offen stand, ob eine Analogie oder die Argumentation mit § 242 BGB angebracht war (zB für den Arglisteinwand: in RGZ 58, 425, 428 noch gestützt auf eine Analogie zu §§ 138, 157, 162, 242, 320, 815, 817, 826; in RGZ 71, 432, 435 wurde der Arglisteinwand anerkannt, nur sah man es noch nicht als völlig geklärt an, ob z Rechtfertigung §§ 133, 157, 242 oder § 826 heranzuziehen sei; RGZ 85, 108, 117 fasste die §§ 157, 226, 242, 826 als besondere Ausprägung eines allgemeinen Prinzips des „Grundsatzes von Treu und Glauben mit Rücksicht auf die Verkehrssitte" auf, sodass später allein die Berufung auf den § 242 genügte, vgl RGZ 129, 252, 258; 108, 105, 110).

59 Ie wurde so in den folgenden Jahrzehnten § 242 BGB in vielen neuen Rechtsgebieten angewendet (vgl z Folgenden die zeitgenössischen Zusammenstellungen bei Staudinger/Weber[10] Rn 22 ff; BGB-RGRK/Oegg[9] [1939] Anm 2 ff; insgesamt auch Hamburger, Treu und Glauben im Verkehr sowie Hedemann, Die Flucht in die Generalklauseln 15 ff):

60 Im **Schuldrecht** diente § 242 BGB zur Begründung von **Nebenpflichten**, insbes **Auskunftspflichten**. Auf diese hatte man zuvor eine Analogie zu zahlreichen Einzelregelungen im BGB gestützt (s §§ 666, 675, 681 Abs 2, 713 BGB sowie §§ 27 Abs 3, 86, 1214 Abs 1, 1461 BGB usw; z Auskunftspflichten auch Staudinger/Olzen § 241 Rn 168 ff sowie u Rn 605 ff). Aus ihnen leitete das RG zunächst einen allgemeinen Grundsatz ab (RGZ 73, 286, 288), während man sich später nur noch auf § 242 BGB bezog (RG JW 1928, 2092 ff). Weiterhin sind die Grundsätze des „**Rechtsmissbrauches**" bzw der „**unzulässigen Rechtsausübung**" und schließlich die verschiedenen Fälle der „**Geschäftsgrundlage**" in diesem Zusammenhang zu nennen.

61 Auch im **Sachenrecht** (vgl die Darstellung bei Schlegelberger/Vogels/Epping, BGB [1939] Rn 8; Staudinger/Weber[11] Rn A 29 mwNw), **Familienrecht** und **Erbrecht** wurde § 242 BGB herangezogen, Anwendungsbereiche, in denen über die Funktion der Norm aus verschiedenen Gründen lange Zeit vorher gestritten worden war.

62 Jenseits des BGB begründete man ferner Entscheidungen im **Handels- und Gesellschaftsrecht** mit Hilfe des § 242 BGB, wo Treu und Glauben sowie die Handelsbräuche allerdings bereits im 19. Jahrhundert ihren festen Platz gehabt hatten.

Titel 1
Verpflichtung zur Leistung § 242

§ 242 BGB gewann ferner Bedeutung im **Arbeitsrecht** (HEDEMANN, Die Flucht in die Generalklauseln 16, meint sogar, das RAG habe „den Rekord in der Verwendung von ‚Treu und Glauben' [...] geschlagen"), im **Versicherungsrecht**, im **Urheber- und Verlagsrecht**, im **Prozessrecht** (sowohl im Erkenntnisverfahren als auch im Vollstreckungsverfahren), schließlich im gesamten **Öffentlichen Recht**, gleich ob es sich um allgemeines Verwaltungsrecht, Beamtenrecht, Straßenrecht oder Steuerrecht handelte.

Zusammenfassend lässt sich festhalten, dass das RG und die Obergerichte allgemein 63 einen Vorrang des § 242 BGB **„gegenüber allen Gesetzesvorschriften"** annahmen (HAMBURGER, Treu und Glauben im Verkehr 13; im gleichen Sinne später: „da alle gesetzlichen Regelungen unter dem allumfassenden Grundsatz von Treu und Glauben stehen [...]", bis in die Gegenwart: LAG Hamm VersR 1979, 787; der BGH spricht von dem „das gesamte Rechtsleben beherrschende[n] Grundsatz von Treu und Glauben", zB BGH NJW 2009, 1882, 1885; BGHZ 85, 39, 48; ähnliche Diktion schon in RGZ 107, 78, 88).

b) Die Entwicklung der Literatur bis 1933
Die Lit dieses Zeitraums sah ihre vorrangige Aufgabe in der bereits angesprochenen 64 Bemühung, die vielen Entscheidungen der Rspr zu registrieren und sie mit dogmatischen Kategorien des BGB und älterer Rechtsvorstellungen in Verbindung zu bringen. Der Umfang der Kommentierungen schwoll deshalb stetig an. Während PLANCK 1914 noch mit 7 Seiten auskam, benötigte der Reichsgerichtsrätekommentar im Jahre 1928 21 Seiten und die Darstellung von HAMBURGER aus dem Jahre 1930 umfasste immerhin schon 290 Seiten (vgl z wachsenden Bedeutung des § 242 u insbes z geringen Berücksichtigung des Merkmals „Verkehrssitte" in der Kommentarliteratur AL-SHAMARI 123 ff). Den meisten Werken fehlte jedoch eine **stimmige Systematik**: Neben einer ausführlichen Aufbereitung des damals sehr aktuellen Themas „Aufwertung" (oft der größte Teil der gesamten Darstellung; vgl etwa BGB-RGRK/MICHAELIS[6] [1928] Anm 5b, c = 14 v 21 Seiten bzw 8 v 10 Seiten bei BOHNENBERG/FREYMUTH/KAMNITZER, BGB [12. Aufl 1929] Anh 1 zu 242 Anm III) und neben allgemeinen Betrachtungen zur Geschichte und zum Inhalt des § 242 BGB findet sich oft nur eine unsystematische Aufreihung von Entscheidungen zum Inhalt von Schuldverhältnissen, zB zum **Leistungsverweigerungsrecht** (vgl neben BGB-RGRK/MICHAELIS[6] [1928] Anm 2, 3 bes HAMBURGER, Treu und Glauben im Verkehr 60 ff, 137 ff), zur **exceptio doli generalis** (die zT auch als Oberbegriff für die Fälle der clausula rebus sic stantibus angesehen wurde [so BGB-RGRK/MICHAELIS[6] [1928] Anm 4]), sowie eine Darstellung der **clausula rebus sic stantibus** (vgl BGB-RGRK/MICHAELIS[6] [1928] Anm 5; HAMBURGER, Treu und Glauben im Verkehr 117 ff).

In der Folgezeit wuchs das „Unbehagen" der Lit an der Ausweitung der Rspr 65 (STAUDINGER/J SCHMIDT [1995] Rn 85) in zweifacher Hinsicht: Zum einen sah man sich vor der Schwierigkeit, sie noch überschaubar darzustellen, zum anderen äußerte man die Furcht, dass mit der ausufernden Anwendung von Generalklauseln eine „Unsicherheit des gesamten Rechtslebens" und „Willkür" in der Rechtsanwendung einhergehe (vgl insgesamt HEDEMANN, Die Flucht in die Generalklauseln 66 ff; mit etwas abw Bewertung auch HKK/DUVE/HAFERKAMP Rn 68: „situationsbedingtes Krisenmanagement").

4. Die Zeit des Nationalsozialismus (1933–1945)

Die hM einer objektiven, „gesellschaftlichen Deutung" (s oben Rn 46 f) sowie die 66 Schwierigkeit einer „dogmatischen Durchdringung" der Norm kamen einer Ideologie zu Gute, welche die bisherigen gesellschaftlichen Strukturen zerrüttete und die Weimarer Republik zum totalitären System umgestaltete. Der Zeitraum des Nationalsozialismus steht deshalb auch für eine **Politisierung** der Grundsätze von Treu und Glauben (insgesamt dazu BÖRNER, Die Bedeutung der Generalklauseln für die Umgestaltung der Rechtsordnung in der nationalsozialistischen Zeit [Diss Frankfurt aM 1989]; WALDMÜLLER, „Die königlichen Paragraphen" 157, 242 BGB [Diss Bonn 1940]).

a) „Volksgesetzbuch" und Ansätze

67 Mit dem Gedanken von „Treu und Glauben" befassten sich ua verschiedene Ausschüsse der Akademie für Deutsches Recht in ihren Arbeiten zur Schaffung eines „**Volksgesetzbuches**" nach 1933.

68 Von dem zuständigen Ausschuss wurde vorgeschlagen, in dem „Entwurf für die Grundregeln und für Buch I" folgende „**Grundregeln**" aufzustellen:

„15. Kein Volksgenosse darf einen Vertrag zur Ausbeutung eines anderen Volksgenossen ausnützen.

16. Die Ausübung aller Rechte muß sich nach Treu und Glauben und nach den anerkannten Grundsätzen des völkischen Gemeinschaftslebens richten. Das Wohl der Gemeinschaft ist dem eigenen Nutzen voranzustellen.

17. Rechtsmißbrauch findet keinen Rechtsschutz. Mißbräuchlich handelt besonders, wer auf der wörtlichen Erfüllung einer sinn- und zwecklos gewordenen Verpflichtung besteht, wer eine Befugnis so spät geltend macht, daß er sich dadurch mit seinem eigenen früheren Verhalten in einen unerträglichen Widerspruch setzt, wer bei der Vollstreckung mit einer Härte vorgeht, die dem gesunden Volksempfinden gröblich widerspricht." (Volksgesetzbuch. Grundregeln u Buch I, Entwurf u Erläuterungen vorgelegt v HEDEMANN/LEHMANN/SIEBERT, Arbeitsberichte der Akademie für Deutsches Recht Nr 22 [1942] 12 f, wieder abgedruckt in: SCHUBERT, Protokolle: Volksgesetzbuch [1988] 516).

69 In den Erläuterungen heißt es dazu, die Grundregeln hielten sich „fern von künstliche(r) Neuerungssucht" und „verschmähen es deshalb nicht, die sehr wirksame und gutes deutsches Sprachgut darstellende Formel von Treu und Glauben' zu übernehmen" (39).

70 Die dem Ausschuss für **Personen-, Vereins- und Schuldrecht** der Akademie vorgelegten verschiedenen **Entwürfe** von HEINR STOLL und LEHMANN sahen folgende Regelungen für ein neues Schuldrecht vor:

71 Bei STOLL hieß es in seinem Entwurf von 1934:

„§ 242 (§ 1) Schuldverhältnis. Schuldner und Gläubiger stehen von Beginn der Vertragsverhandlungen an bis zur Beendigung des Schuldverhältnisses in einem gegenseitigen Vertrauensverhältnis, das sie wechselseitig zur Rücksichtnahme verpflichtet (Schutzpflicht). Sie haben zur Verwirklichung der Leistung unter Beachtung des Gemeinwohls so zusammen zu arbeiten, wie Treu und Glauben mit Rücksicht auf die Verkehrssitte es erfordern."

72 Der Entwurf STOLLS aus dem Jahre 1936 lautete:

„§ 2 (BGB § 242). Vertrauensverhältnis und Schutzpflicht."

Titel 1
Verpflichtung zur Leistung § 242

„Schuldner und Gläubiger stehen vom Beginn der Vertragsverhandlungen bis zur Beendigung des Schuldverhältnisses in einem gegenseitigen Vertrauensverhältnis (Treupflicht).

Damit der Leistungserfolg erzielt wird, haben Gläubiger und Schuldner so zusammenzuwirken, wie Treu und Glauben mit Rücksicht auf die Verkehrssitte es erfordern.

Schuldner und Gläubiger müssen in wechselseitiger Rücksichtnahme dafür sorgen, daß keiner den anderen durch sein Wirken schädigt (gegenseitige Schutzpflicht)." (STOLL, Leistungsstörungen 61, 129).

Der Entwurf LEHMANNS formulierte: 73

(z § 241) „Der Schuldner hat seine Kräfte so weit in den Dienst des Schuldzweckes zu stellen, als ihm das nach Treu und Glauben unter Berücksichtigung der Verkehrssitte zugemutet werden kann."

„§ 242. Schutzpflicht. Schuldner und Gläubiger stehen vom Beginn der Vertragsverhandlungen an in einem gegenseitigen Vertrauensverhältnis, das sie zu wechselseitiger Rücksichtnahme verpflichtet (beiderseitige Schutzpflicht)."

(Zu den Entwürfen vgl die Verhandlungen des Ausschusses für Personen-, Vereins- und Schuldrecht 1934–1936, SCHUBERT, Protokolle: Schuldrecht [1990] 160, 207, 297).

Schließlich wurden auch in dem Ausschuss für **Schadensersatzrecht** der Akademie für 74 Deutsches Recht Entwürfe erarbeitet, die sich mit Treu und Glauben beschäftigten (SCHUBERT, Protokolle: Schadensrecht [1993]); in ihnen unternahm man durchweg den Versuch, den Regelungsgehalt von § 241 BGB und von § 242 BGB miteinander zu verknüpfen, wie es auch die oben dargestellten Vorschläge von STOLL und LEHMANN zeigen. Insgesamt lässt sich also die Bemühung feststellen, den Treuegedanken des § 242 BGB durch den vorrangigen Grundsatz des **Gemeinwohls** zu ergänzen und auf diese Weise **öffentlich-rechtliche Elemente** in das Schuldverhältnis einzubringen (vgl insgesamt STOLLEIS, Gemeinwohlformeln im nationalsozialistischen Recht [1974] 103 ff).

Neben diesen Ausschussarbeiten zum Entwurf eines Volksgesetzbuches forderten 75 auch Stimmen in der Lit eine „Politisierung" des § 242 BGB (vgl z Ganzen HKK/DUVE/ HAFERKAMP Rn 71 ff). So unterschied etwa HUBERNAGEL 1935 zwischen einer Lücken-, Rechtsschöpfungs- und Gerechtigkeitsfunktion einerseits und einer **Kulturfunktion** der Vorschrift andererseits (HUBERNAGEL, Nationalsozialistische Rechtsauffassung und Generalklauseln, in: FRANK, Nationalsozialistisches Handbuch für Recht und Gesetzgebung [1935] 971 ff). Diese Kulturfunktion sollte „unter Belassung der Rechtsordnung neuen weltanschaulichen, wirtschaftlichen, staatspolitischen und technischen Entwicklungen Raum geben" (vgl HKK/DUVE/HAFERKAMP Rn 71). Auch C SCHMITT äußerte sich bereits 1933 dahingehend, dass nach „Grundsätzen [der nationalsozialistischen Bewegung] bestimmt werden muß, was [...] Treu und Glauben [ist]" (C SCHMITT, Fünf Leitsätze für die Rechtspraxis, DR 1933, 201 f) und 1934: „Sobald Begriffe wie Treu und Glauben [...] nicht auf die individuelle bürgerliche Verkehrsgesellschaft, sondern auf das Interesse des Volksganzen bezogen werden, ändert sich [...] das gesamte Recht, ohne daß ein einziges positives Gesetz geändert werden brauchte" (C SCHMITT, Über die drei Arten des rechtswissenschaftlichen Denkens [1934] 59). Der **„Gemeinschaftsgedanke"** der nationalsozialistischen Weltanschauung beherrsche „über Treu und Glauben den Inhalt der

Rechtsgeschäfte, den Inhalt der schuldnerischen Leistung und damit gleichzeitig den Umfang des Forderungsrechtes des Gläubigers, die Auslegung der Parteierklärungen und überhaupt das gesamte Verhalten der an einem Rechtsverhältnis Beteiligten. [...] Eine ganz besonders weitgehende Wirkung [...], die Einheit von Recht und Pflicht, die Wandlung vom eigennützigen Machtrecht zur Aufgabe im Dienste der Gemeinschaft [konnte] mit Hilfe dieser Bestimmungen schon im geltenden bürgerlichen Recht erreicht werden" (FRANK, Nationalsozialistische Handbuch für Recht und Gesetzgebung [1935] 965).

76 Dieses politische Verständnis beeinflusste nicht zuletzt auch Rechtsinstitute, die seit den 20er Jahren zunehmend getrennt von § 242 BGB diskutiert worden waren (z Ganzen HKK/DUVE/HAFERKAMP Rn 74 ff). So stellte SIEBERT etwa 1934 in seinem Werk „Verwirkung und Unzulässigkeit der Rechtsausübung" zum **Rechtsmissbrauch** fest, dass es nun möglich sei „den großen Grundsatz, dass **Gemeinnutz vor Eigennutz** gehen solle, auch zu einem Rechtsgrundsatz zu machen" (132). Für ihn galt § 242 BGB selbstverständlich vorrangig gegenüber jedem „zwingenden Recht" (124), und ließ deshalb nach seiner Ansicht zB § 226 BGB in weiten Teilen überflüssig werden (130). § 826 BGB sollte nur noch bei „gänzlich fehlender Sonderverbindung" anwendbar sein (129 ff). § 242 BGB wurde so für „Auflockerung und Umbruch" (SIEBERT, Auflockerung und Umbruch im „bürgerlichen Recht", DRW 1935, 56) des Bürgerlichen Rechts genutzt. Die Auswirkungen der NS-Ideologie zeigen sich im Umgang mit Gegenansichten zur SIEBERTschen Rechtsmissbrauchslehre – wie sie etwa OPPENHEIMER in seiner Dissertation äußerte. Eine Dissertation SEDLMAYRS aus dem Jahre 1937 (Die Ausübung der Rechte und ihre allgemeinen Schranken [1937] IX) zitierte OPPENHEIMER dementsprechend in der von C SCHMITT zuvor geforderten Weise: „Oppenheimer: Der Gesetzesmissbrauch. Kölner Dissertation 1930 (Jude.)" (vgl auch HKK/DUVE/HAFERKAMP Rn 83).

b) Die Rspr während der NS-Zeit

77 Die Rspr übernahm die **politische Deutung** der Norm (umfassende Darstellung dazu etwa bei MEINCK, Justiz und Justizfunktion im Dritten Reich, ZNR 1981, 28, 31 ff; ferner HKK/DUVE/HAFERKAMP Rn 73). So wurden etwa **Pensionszusagen** insofern angepasst, als „von denen, die bisher besonders hohe Vergütungen erhalten haben, ein größeres Opfer erwartet wird, namentlich wenn dieses einem größeren Kreise von Volksgenossen zum Vorteil [...] und zum Wiederaufbau der deutschen Wirtschaft dient" (RGZ 148, 81, 94). Nichtjüdische Unternehmer konnten sich aufgrund der nunmehr auch „rassepolitischen Dimension" des § 242 BGB von Lehrverträgen mit Juden lösen, weil man davon ausging, „welche schädlichen Folgen wirtschaftlicher Art die Einhaltung eines Dienstverhältnisses mit einem Nichtarier für den Dienstherrn haben kann" (RAG DR 1939, 2041). Außerdem wurde der weite Anwendungsbereich der **„allgemeinen Rechtsmissbrauchslehre"** SIEBERTS zur gesellschaftspolitischen Argumentation über § 242 BGB verwendet (dazu HKK/DUVE/HAFERKAMP Rn 74 ff).

5. Die Zeit nach dem 2. Weltkrieg

78 Nach dem **2. Weltkrieg** verschwand die offene politische Instrumentalisierung der Norm, wenn auch die personelle Kontinuität in der Richterschaft zu gewissen Nachwirkungen führte (Bsp bei HKK/DUVE/HAFERKAMP Rn 77 ff). Gleichzeitig nahm die Zahl der Entscheidungen ab, die auf § 242 BGB beruhten. In der **Lit** bemühte man sich

weiterhin um eine umfassende Gliederung der Vorschrift, ferner darum, den Regelungsbereich des § 242 BGB durch dogmatische, gewohnheitsrechtliche oder kodifikatorische Ansätze einzuschränken.

a) Zur Rspr im Einzelnen

Die Quote der Entscheidungen, die nach 1945 mit Hilfe von § 242 BGB begründet **79** wurden, pendelte sich bei ungefähr 10% der veröffentlichten Urteile ein. Die Standpunkte des RG änderten sich nicht wesentlich. Die Kontinuität der Rspr des BGH gegenüber den „alten Anschauungen des RG" zeigte sich insbes im Bereich der **Rechtsmissbrauchslehre**, obwohl diese nach kritischer Einschätzung zwischenzeitlich eine „völlig unberechenbare Weite" (HKK/DUVE/HAFERKAMP Rn 82) erhalten hatte (vgl vor allem BGHZ 12, 357 v 27. 1. 1954: „Jede Rechtsausübung muß nicht nur auf die eigenen Belange und die Belange des Volksganzen, sondern auch auf die jedes einzelnen Rücksicht nehmen, denn sie ist dem für die ganze Rechtsordnung maßgebenden Grundsatz von Treu und Glauben unterworfen, wie er in § 242 BGB niedergelegt ist."). Die Hauptaspekte der SIEBERTschen Lehre (s oben Rn 76) blieben dennoch auch nach 1945 bestimmend (bis in die neuere Rspr hinein, vgl etwa BAG DB 1990, 740, 741). Indem die seit Beginn des Jahrhunderts vorherrschende **gesellschaftliche Deutung** der Norm fortgeführt wurde, konnte die herrschende nationalsozialistische Anschauung von 1939 ohne große Änderungen durch die allgemeine Anschauung der Nachkriegszeit ersetzt werden (dazu HKK/DUVE/HAFERKAMP Rn 82).

Darüber hinaus ging die Rspr noch stärker als früher dazu über, an die Stelle von **80** Analogien oder anderen methodischen Argumentationen Urteilsbegründungen allein auf § 242 BGB zu stützen, wie sich etwa an der „positiven Vertragsverletzung" zeigen lässt: Während das RG die Haftung noch aus § 276 BGB hergeleitet hatte (RGZ 106, 25; 66, 289, 291; 53, 200, 201; 52, 18, 19), bzw bei gegenseitigen Verträgen auf eine Analogie zu den §§ 325, 326 BGB aF stützte (RGZ 149, 401, 404; 67, 5, 7; 57, 106, 115), und während auch die Lehre verschiedene andere Begründungsversuche unternommen hatte (Analogie z den Unmöglichkeits- u Verzugsregeln: STAUB, Die positiven Vertragsverletzungen[2] [1904]; OERTMANN, Recht der Schuldverhältnisse[2] [1906] § 325 Anm 6; STAUDINGER/WERNER[10/11] § 325 Anm 7; ENNECCERUS/LEHMANN, Schuldrecht § 55; Teilunmöglichkeit: HIMMELSCHEIN, Zur Frage der Haftung für fehlerhafte Leistung, AcP 158 [1959/60] 273; vgl auch SOERGEL/WIEDEMANN[12] [1990] Vor 350–352 z § 275; PALANDT/HEINRICHS[63] [2004] § 276 Rn 105), beschied sich der BGH alsbald mit dem Hinweis, das Institut „finde [seinen] Rechtsgrund aber letztlich in § 242 BGB" (BGHZ 11, 80, 84; vgl auch MünchKomm/EMMERICH[3] [1993] Vorbem 220 ff zu 275 mit ausf Nw sowie STAUDINGER/LÖWISCH[12] Vorbem 19 ff zu § 275–283).

Ein völlig neues Anwendungsfeld erhielt die Vorschrift in der Rspr schließlich im **81** Zusammenhang mit der **deutschen Einigung** in den Jahren nach 1989. In der Folgezeit galt es – zumeist unter Rückgriff auf die Grundsätze des Wegfalls der Geschäftsgrundlage oder des Rechtsmissbrauchs – Unbilligkeiten des DDR-Rechts oder die unerwarteten Folgen des einschneidenden politischen und gesellschaftlichen Ereignisses zu bewältigen (vgl etwa BGH ZIP 1993, 955; 1992, 1787; NJW 1993, 259; KG ZIP 1991, 1176; LAG Berlin ZIP 1992, 353; LG Berlin ZIP 1992, 1660; allg HORN, Das Zivil- und Wirtschaftsrecht im neuen Bundesgebiet [1991] 91 ff; insgesamt auch MünchKomm/SCHUBERT Rn 39 f). Der BGH stellte sich auf den Standpunkt, dass mit In-Kraft-Treten des Staatsvertrages v 18. 5. 1990 die Prinzipien von Treu und Glauben Eingang in das fortgeltende Recht der DDR gefunden hätten (BGH ZIP 1995, 1935; MünchKomm/Schubert Rn 39). Unproblematisch war diese Wertung bei Vertragsverhältnissen, die die Parteien noch nicht beiderseitig erfüllt hatten (vgl BGH ZIP 1993, 709 u 955). Schwierigkeiten hingegen bereitete sie, wenn der Leistungsaustausch schon erfolgt war, aber von dem Rechtsverhältnis „noch relevante Fortwirkungen" ausgingen (vgl z den Grenzen MünchKomm/Schubert Rn 40) und erst recht, sofern es sich um einen rechtskräftig abgeschlossenen Zivilprozess handelte (BGH ZIP 1995, 685 allerdings zu 826 BGB). In diesen „Problemfällen" neigte der BGH indessen zu einer restriktiven Handhabung des Grundsatzes von Treu und Glauben (MünchKomm/Schubert Rn 40). Auch die vorrangige Anwendung sondergesetzlicher Regelungen, wie etwa des VermG, machte in manchen Fällen einen Rückgriff auf § 242 BGB entbehrlich (etwa BGHZ 118, 34).

b) Literatur und Gesetzgebung

82 Der eigentliche Motor für die Fortwirkung des Prinzips „Treu und Glauben" in der Zeit nach dem 2. Weltkrieg waren **Lit** und **Gesetzgebung**. So wurde zum einen das System des § 242 BGB in der Kommentarliteratur ausgebaut und verfeinert, zum anderen deutete sich eine Entwicklung an, (teilw) § 242 BGB nicht länger als systematischen Standort zur Entscheidungsfindung und als Begründung von Urteilen zu verwenden.

aa) Ausbau und Verfeinerung der Systematik

83 Beispielhaft sollen im Folgenden einige „Verfeinerungsbemühungen" aufgezeigt werden:

84 Die Webersche Kommentierung des § 242 BGB aus dem Jahr 1940/41 (Staudinger/Weber[10]) wurde etwa 1961 (Staudinger/Weber[11]) – gleichzeitig mit einer Erhöhung der Seitenzahl von 224 auf über 1500 – um zwei Systematisierungskategorien nämlich „Zumutbarkeit und Nichtzumutbarkeit" (Rn B 1 ff) sowie „Der eigene Rechts- und Gefahrenkreis. Die Teilnahme Dritter an ihm aus Treu und Glauben" (Rn C 1 ff) erweitert sowie in den übrigen Systematisierungskategorien verfeinert. Daneben spielen noch zwei Randerscheinungen eine unterschiedlich gewichtige Rolle: die Frage der „Aufwertung" sowie der „Vertragshilfe".

85 Das gleiche Bild lässt sich im Palandtschen Kommentar verfolgen. In groben Zügen liegt der Kommentierung aus dem Jahr 1949 (Palandt/Danckelmann[7] [1949]) das gleiche Gliederungssystem zugrunde wie etwa derjenigen aus dem Jahr 1994 (Palandt/Heinrichs[53] [1994]). Jedoch sind auch hier Verfeinerungen innerhalb der systematischen Gruppen auszumachen sowie den Zeitbedürfnissen entsprechend unterschiedlich starke Gewichtungen etwa der Fragen „Aufwertung" und „Vertragshilfe" festzustellen, die inzwischen jedoch (seit Palandt/Heinrichs[63] [2004]) wieder weggefallen sind.

86 Insgesamt wird deutlich, dass sich in den Kommentierungen nach 1945 das **„Fallgruppensystem"** als sinnvolles Gliederungssystem durchgesetzt hat. Auch die großen Lehrbücher folgen ihm (soweit sie § 242 überhaupt insgesamt ansprechen, zB Larenz, Schuldrecht I § 10; Enneccerus/Lehmann, Schuldrecht § 4). Lediglich die Fallgruppenzusammenstellungen differieren (vgl zB Staudinger/Weber[11] Erl zu 242 einerseits gegenüber Lindenmaier/Möhring, Nachschlagewerk des BGH [1976] Gliederung zu 242 andererseits).

Ebenso entwickelte die Lit aber auch anders gegliederte Darstellungen, die auf einer 87
„Funktionsanalyse" der Vorschrift beruhen. ESSER unterschied etwa 1949 nach „regulativer oder Standardfunktion", „Schrankenfunktion", „Sozialfunktion", „Billigkeitsfunktion" und „Ermächtigungsfunktion" (Schuldrecht[2] [1960] § 31). SIEBERT stellte die Funktionskreise „Die Erweiterung und Grundlegung von Pflichten", „Die Begrenzung der Rechte und Normen", „Die Anpassung von Verträgen und Rechtsstellungen an veränderte Umstände" (SOERGEL/SIEBERT[8] [1952]) fest. Folgenreich wurde in dieser Zeit auch erstmals die Funktion von Generalklauseln als „Einbruchstellen" für eine **mittelbare Drittwirkung der Grundrechte** vorgeschlagen (dazu HKK/DUVE/HAFERKAMP Rn 87, sowie ausf u Rn 146).

Oft findet sich schließlich in aktuellen Kommentierungen und Lehrbüchern eine 88
Verschränkung von Funktionsanalyse und Fallgruppendarstellung (vgl etwa PALANDT/ GRÜNEBERG Rn 42 ff; BeckOK-BGB/SUTSCHET [1. 5. 2019] Rn 29; FIKENTSCHER/HEINEMANN, Schuldrecht Rn 198 ff).

bb) Neue Systematisierungsbemühungen
Daneben traten Bestrebungen auf, die systematische Bearbeitung der Vorschrift 89 dahingehend zu verbessern, dass man zunehmend bestimmte Regelungsbereiche aus den Erläuterungen zu § 242 BGB herausnahm, um sie in das allgemeine System des BGB oder aber in Nebengesetze zu integrieren. Zum einen betraf dies nur eine (formelle) **Änderung des systematischen Standorts** der Kommentierung, zum anderen bedeutete es aber auch inhaltlich die **Ersetzung des § 242 BGB als Entscheidungsbegründung**.

(1) Änderung des systematischen Standorts
Eine solche systematische Änderung betrifft etwa die Kommentierungen zu den 90 **Auskunftspflichten** (vgl dazu STAUDINGER/OLZEN § 241 Rn 168 ff). Soweit man aus „Treu und Glauben" eine Auskunftspflicht begründen wollte, wurde dies bis dahin üblicherweise im System der §§ 241, 242 BGB, uz im Rahmen der Fallgruppe „Nebenpflichten" verortet (so zB STAUDINGER/WEBER[11] Rn A 814–828; SOERGEL/SIEBERT/KNOPP[8] [1952] Rn 133 ff; zT auch SOERGEL/TEICHMANN[12] [1990] Rn 190 ff; ERMAN/WERNER[9] [1993] Rn 65 ff). Als möglichen Alternativstandort wählte man aber mittlerweile auch die Kommentierungen zu §§ 259 ff BGB (so noch jetzt PALANDT/GRÜNEBERG § 260 Rn 4; STAUDINGER/BITTNER [2014] § 260 Rn 18 ff).

Ähnlich verhält es sich bei der Untergruppe des Rechtsmissbrauchs **„Formmiss-** 91 **brauch"**. Seine Korrektur über die Grundsätze von Treu und Glauben wurde entweder im Zusammenhang des § 242 BGB bei der Fallgruppe „Rechtsmissbrauch. Sondergruppen" (SOERGEL/TEICHMANN[12] [1990] Rn 325 ff) oder „unzulässige Rechtsausübung" (STAUDINGER/WEBER[11] Rn D 56 ff) angeregt, oder im Zusammenhang mit § 125 BGB erläutert (so MünchKomm/EINSELE[3] [1993] § 125 Rn 57 ff; PALANDT/ELLENBERGER § 125 Rn 22 ff; z gleichzeitigen Behandlung an beiden Stellen vgl zB ERMAN/ARNOLD[9] [1993] § 125 Rn 33 u ERMAN/WERNER[9] [1993] § 242 Rn 90 ff).

Ebenso kommentierten diejenigen, die Entstehungstatbestände einer **Vertretungs-** 92 **macht** mit Hilfe des § 242 BGB („Anscheinsvollmacht") begründeten, das entsprechende Problem dort (Fallgruppe: „Allgemeine Gesichtspunkte von Treu und Glauben im Schuldverhältnis"; STAUDINGER/WEBER[11] Rn A 203 ff); andere integrierten sie in das System des Vertretungsrechtes, §§ 164 ff BGB (zB Palandt/Ellenberger § 172 Rn 11 ff). Damit waren dementsprechend dogmatisch unterschiedliche Konzepte verbunden.

(2) Ersetzung des § 242 als Entscheidungsargument

93 Daneben setzte eine noch heute festzustellende Entwicklung ein, § 242 BGB als Entscheidungsargument durch andere Rechtsinstitute zu ersetzen.

(a) Dogmatische Ersetzung

94 Dies geschah zB durch stärkere Einbeziehung des **dispositiven Rechts**, weil und soweit es nicht nur als Ersatzrechtsordnung bei fehlender Parteivereinbarung, sondern auch als Rahmenrechtsordnung angesehen wird, von der die Parteien nur abweichen können, wenn „sachliche Gründe" vorliegen und die Abweichung durch „die ‚rule of reason' gerechtfertigt", also „fair" ist (so etwa Enneccerus/Nipperdey BGB AT § 49 III). Ähnlich verhält es sich, wenn man die Sittenwidrigkeit in § 138 Abs 1 BGB als Verstoß gegen die „Anforderungen sozialer Gerechtigkeit" begreift (vgl dazu etwa Esser/Schmidt, Schuldrecht I[7] [1992] § 1 II 1 u 2 sowie § 10 II 2): Statt mit § 242 BGB kann man dann mit § 138 Abs 1 BGB argumentieren, ersetzt allerdings eine Generalklausel durch die andere. Nähme man schließlich in den Fällen des **„venire contra factum proprium"** einen **Verzicht** auf eine Rechtsposition durch schlüssiges Verhalten an (so etwa Wieling AcP 176 [1976] 334 ff), wäre der Rückgriff auf § 242 BGB ebenfalls überflüssig (vgl Rn 285, 303).

(b) Gewohnheitsrechtliche Ersetzung

95 Mit der Zeit bildete sich ferner die Annahme heraus, die **„positive Forderungsverletzung"** beruhe inzwischen auf **Gewohnheitsrecht** (so etwa zB Palandt/Heinrichs[63] [2004] § 276 Rn 105; Staudinger/Löwisch[12] Vorbem 21 zu § 275 –283; wohl auch Soergel/Wiedemann[12] [1990] Vor 360 zu 275; Larenz, Schuldrecht I § 24 I a; Medicus, Schuldrecht I [7. Aufl] § 35 II 3). Dies entband von der geschilderten Begründung mit Hilfe des § 242 BGB, die der BGH in seinen frühen Urteilen noch unternahm (BGHZ 11, 80, 84 = NJW 1954, 229; ebenso: Schlechtriem/Schmidt-Kessel, Schuldrecht AT [6. Aufl 2005] Rn 136), ein Ansatz, der zwischenzeitlich durch die **Regelung** in den §§ 280 Abs 1, 241 Abs 2 BGB seit der Schuldrechtsreform am 1. 1. 2002 überholt ist. Dieses Beispiel schlägt die Brücke zur nächsten Fallkategorie, in der die Begründung mit Hilfe des § 242 BGB durch gesetzliche Neuregelungen entbehrlich wurde.

(c) Kodifikatorische Ersetzung

96 Als frühes Beispiel für eine spezialgesetzliche Überwindung des § 242 BGB kann man das **Kündigungsschutzgesetz** vom 10. 8. 1951 anführen, das (nachdem der Anwendung des § 242 BGB bereits einmal ein KündigungsschutzG voranging, §§ 84 ff BRG, abgelöst durch §§ 56 ff AOG, das am 1. 1. 1947 aufgehoben wurde) einen Teil des nach dem 2. Weltkrieg in der Britischen Zone mit Hilfe des § 242 BGB gewährten Kündigungsschutzes in die **Sozialklausel des § 1 KSchG** übernahm (vgl dazu BAG AP Nr 2, 5 zu § 242 BGB [Kündigung]; BAG AP Nr 2 zu 134 BGB; BAG Betrieb 1989, 2382; vgl auch den Erlass des Präsidenten des Zentralamtes für Arbeit v 23. 1. 1947 [III/95/47] im Arbeitsblatt für die Britische Zone 1947, 72: „Eine Kündigung ist, selbst wenn sie die Zustimmung des Betriebsrates und des Arbeitsamtes gefunden hat, jedenfalls dann nichtig, wenn sie sich als Rechtsmißbrauch darstellt [§ 242 BGB]"). Nur so weit der Anwendungsbereich der §§ 1, 23 KSchG nicht eröffnet ist, insbes also in Kleinbetrieben, bleibt Raum für eine Berücksichtigung der

Grundsätze von Treu und Glauben, § 242 BGB (vgl etwa BAG Arb u R 2004, 117 = AP Nr 17 zu 242 BGB u Kündigung, ausf dazu u Rn 811 ff); daneben wird der im KSchG nicht geregelte **Weiterbeschäftigungsanspruch** während des Kündigungsschutzprozesses (seit BAG gr Senat NJW 1985, 2968, 2971; in neuerer Zeit etwa ArbG Nürnberg NZA-RR 2004, 76) teilweise auf § 242 BGB gestützt.

Darüber hinaus ist der **Erlass des AGBG** vom 9. 12. 1976 (BGBl I 1976, 3317) (seit der **97** Schuldrechtsreform §§ 305 ff BGB) zu nennen: Allgemeine Geschäftsbedingungen wurden vorher von der Rspr vornehmlich mit Hilfe des § 242 BGB kontrolliert (vgl etwa RGZ 168, 329; BGHZ 22, 90, 96; z Entwicklung auch FUCHS, in: ULMER/BRANDNER/HENSEN, AGB-Recht [12. Aufl 2016] Vorbem 62 zu 307).

Auch der **Einwendungsdurchgriff** im verbundenen Geschäft, der früher auf § 242 **98** BGB gestützt wurde (vgl etwa BGH DB 1987, 629; NJW 1987, 1813), findet sich jetzt in den §§ 358, 359 BGB (früher in § 9 VerbrKrG) gesetzlich normiert (s unten Rn 389).

Zusätzlich ist in einigen Vorschriften des BGB außerhalb des Schuldrechts der bis **99** dahin durch die Rspr entwickelte Rechtszustand ebenfalls gesetzlich ausgeprägt worden. Als Beispiel hierfür können etwa die **Auskunftspflichten** gem §§ 1580, 1605 BGB dienen (dazu BGHZ 85, 16, 27 f sowie OLG Braunschweig FamRZ 1981, 383 f; LG Hamburg NJW-RR 1987, 393, 394).

Ein tiefer Eingriff in den Anwendungsbereich der Vorschrift entstand insbes durch **100** das **Schuldrechtsmodernisierungsgesetz** (vgl z Entstehungsgeschichte STAUDINGER/OLZEN Einl 188 ff zum SchuldR), welches am 1. 1. 2002 in Kraft getreten ist. Zum einen erhielten verschiedene Inhalte des § 242 BGB **gesetzliche Ausformungen** (so die cic und die bereits angesprochene pFV in den §§ 280 Abs 1, 311 a Abs 2, 241 BGB; der Wegfall der Geschäftsgrundlage in § 313 BGB, das außerordentliche Kündigungsrecht bei Dauerschuldverhältnissen in § 314 BGB, z früheren Rechtszustand vgl RGZ 169, 203, 206). Zum anderen entfachte es die Diskussion über den Standort einzelner Probleme im Zusammenhang des § 242 BGB vor dem Hintergrund neuer schuldrechtlicher Bestimmungen (etwa im Bereich der Einordnung der Nebenpflichten, vgl STAUDINGER/OLZEN § 241 Rn 513, der Leistungsbefreiung des Schuldners im Hinblick auf die Regelungen des § 275 Abs 2 u Abs 3 [s unten Rn 268 ff] oder bei der Frage nach der Verortung des Vertrages mit Schutzwirkung für Dritte in § 311 Abs 3).

IV. § 242 BGB in Gegenwart und Zukunft

§ 242 BGB ist somit eine Norm, deren Entwicklung nicht stehen geblieben ist, die **101** aber in ihren Grundaussagen trotz Schwankungen unangreifbar erscheint, weil offenbar keine Rechtsordnung ohne solche allgemeinen Rechtsregeln auskommt. Im Folgenden sollen nur einige **aktuelle Anwendungsfelder** der Vorschrift kurz dargestellt werden, um an- und abschließend einen **Ausblick** auf die Zukunft der Vorschrift zu geben.

1. Aktuelle Anwendungsfelder

Die gegenwärtige Diskussion um § 242 BGB ist vor allem dadurch gekennzeichnet, **102** dass die Norm (immer noch) für eine Vielzahl unterschiedlichster Rechtsprobleme innerhalb und außerhalb des BGB (s unten Rn 401 ff) einerseits als **Einzelfallkorrektiv** benutzt wird. Andererseits hat aber auch, vor allem im Zuge der Schuldrechtsreform, eine **dogmatische Neubesinnung**, insbes über die Folgen der in den 70er Jahren begonnenen Spezialgesetzgebung, eingesetzt. Vor allem sind die Auswirkungen des verstärkten Verbraucherschutzes im BGB auf die Maßstäbe von Treu und Glauben sowie die Verkehrssitte noch nicht vollständig absehbar.

103 Im Fluss befindlich und von nicht zu überschätzender Bedeutung ist ferner die Frage, welche Stellung der Vorschrift im **europäischen Kontext** zukommt (ausf u Rn 149, 1242 ff). Insofern gilt es zu klären, ob der Grundsatz von Treu und Glauben oder ein vergleichbares Rechtsprinzip europaweit Geltung beanspruchen, oder aber europäisches Recht einer Anwendung des nationalen Grundsatzes entgegenstehen kann (dazu auch MünchKomm/SCHUBERT Rn 150 ff).

2. Ausblick

104 § 242 BGB bleibt also eine unverzichtbare Norm mit Chancen und Risiken gleichermaßen (s oben Rn 1). Wegen des erheblichen Umfangs der Schuldrechtsreform ist die Vorschrift wohl in naher Zukunft vor gravierenden Änderungen sicher. Dem Richter wird damit noch immer „ein Stück offen gelassene Gesetzgebung" (HEDEMANN, Die Flucht in die Generalklauseln 58) überantwortet. Bei der Anwendung des § 242 BGB müssen ihm einerseits die **Missbrauchsgefahr** und andererseits die Problematik der **Gewaltenteilung** bewusst sein (grundlegend z dieser Problematik SCHOTT, „Rechtsgrundsätze" und Gesetzeskorrektur. Ein Beitrag zur Geschichte gesetzlicher Rechtsfindungsregeln [1975] 1 ff). Die Frage, ob letztlich der Richter oder der Gesetzgeber für Rechtsetzung zuständig ist, steht damit in engem Zusammenhang. Indessen sind die politischen und gesellschaftlichen Vorzeichen (gegenwärtig) andere als in den unruhigen Vorjahrhunderten. Eine „ruhige" Normgesellschaft führt grds auch zu einer „ruhigen" Handhabung rechtlicher Freiheiten. Vorsicht sollte jedoch stets und akut dann geboten sein, wenn sich andeutet, dass die Vorzeichen wechseln, was der Rückblick auf die Geschichte eindringlich belegt. Ein solcher Vorzeichenwechsel steht in ganz anderem Zusammenhang mit der zunehmenden Internationalisierung des Rechts an. Hier müssen Inhalt und Bedeutung des Grundsatzes von Treu und Glauben mit besonderer Sorgfalt herausgearbeitet werden.

B. Unmittelbarer Anwendungsbereich

105 Obwohl § 242 BGB eine Generalklausel darstellt, deren Subsumierbarkeit manche insgesamt in Zweifel ziehen (vgl nur MünchKomm/SCHUBERT Rn 2; PALANDT/GRÜNEBERG Rn 2), soll im Folgenden zwischen dem **unmittelbaren Anwendungsbereich** der Norm und ihrer **darüber hinausgehenden Bedeutung** unterschieden werden. Im Rahmen des unmittelbaren Anwendungsbereichs wird dargestellt, ob und inwieweit § 242 BGB angesichts der unbestimmten Formulierungen dennoch **normativer Gehalt** zukommt. Danach bilden die **einzelnen Anwendungsfälle** der **Norm** in den verschiedenen Rechtsbereichen den Untersuchungsgegenstand (s unten Rn 210 ff; ähnl Differenzierungen finden sich auch bei SOERGEL/TEICHMANN Rn 32; FIKENTSCHER/HEINEMANN, Schuldrecht Rn 198, 208; FIKENTSCHER, Methoden des Rechts IV Kap 31, 32).

Titel 1
Verpflichtung zur Leistung § 242

I. IPR – räumlicher Anwendungsbereich

Aus kollisionsrechtlicher Sicht hängt die Anwendbarkeit des § 242 BGB davon ab, ob **106** ein in Frage stehendes Rechtsverhältnis nach deutschem Recht zu beurteilen ist. Bei **vertraglichen Schuldverhältnissen** richtet sich dies nach der Rom I-VO, bei **gesetzlichen Schuldverhältnissen** nach der Rom II-VO sowie den Art 38 ff EGBGB (s dazu STAUDINGER/OLZEN Einl 258 ff zum SchuldR). § 242 BGB zählt ebenso wenig wie die Generalklausel des § 138 Abs 1 BGB zu den international zwingenden Bestimmungen (sog **Eingriffsnormen**) iS des Art 9 Rom I-VO (STAUDINGER/MAGNUS [2016] Art 9 Rom I-VO Rn 147; PALANDT/THORN Art 9 Rom I-VO Rn 10, ebenso schon bisher auch BGHZ 135, 124, 139; LOOSCHELDERS, Internationales Privatrecht Art 34 EGBGB Rn 24; **aA** LG Tübingen NJW-RR 1995, 1142; LG Duisburg NJW-RR 1995, 883). Bei Anwendbarkeit ausländischen Rechts kann den Wertungen des § 242 BGB daher nur im Einzelfall über den Vorbehalt des **ordre public** (Art 6 S 1 EGBGB, Art 21 Rom I-VO, Art 26 Rom II-VO) Rechnung getragen werden (so schon zur vorherigen Rechtslage ERMAN/HOHLOCH[12] [2008] Art 34 EGBGB Rn 13; PALANDT/THORN[68] [2009] Art 34 EGBGB Rn 3; z Bedeutung des ordre public für Generalklauseln im Allgemeinen TEUBNER, Generalklauseln 36 ff).

II. Abdingbarkeit

Die unmittelbare Anwendung des § 242 BGB entfällt, soweit die Norm **abbedungen** **107** werden kann. Dagegen wird vorgebracht, dass dem Grundsatz von Treu und Glauben eine „zwingende Natur" zukomme (STAUDINGER/WEBER[11] Rn A 141; ähnlich Hk-BGB/ SCHULZE Rn 5) oder dass § 242 BGB „zwingendes Recht" sei (vgl BGB-RGRK/ALFF Rn 3; LARENZ, Schuldrecht I § 10 I, 128).

Als Grundgebot der **Redlichkeit** ist § 242 BGB **unabdingbar** (vgl RG JW 1935, 2619, 2620; **108** OGH NJW 1947/48, 521, 523; BGH VersR 1979, 173, 174 f; NJW 1987, 2808 ff; BGB-RGRK/ ALFF Rn 3; SOERGEL/TEICHMANN Rn 108; PALANDT/GRÜNEBERG Rn 20; ERMAN/BÖTTCHER Rn 19; LARENZ, Schuldrecht I § 10 I, 128). § 138 Abs 1 BGB setzt der Privatautonomie eine Grenze (SOERGEL/TEICHMANN Rn 107), sodass ein rechtsgeschäftlicher Ausschluss des § 242 BGB sittenwidrig ist. Private Verfügungsfreiheit besteht nur innerhalb der Grenzen sozialer Gerechtigkeit, nicht über die soziale Gerechtigkeit als solche (z Verhältnis v § 242 u § 138 s unten Rn 365 ff).

Davon zu unterscheiden ist die Frage, ob die mit Hilfe von § 242 BGB gebildeten **109** **Fallgruppen** (dazu u Rn 210 ff) privater Übereinkunft unterliegen. Soweit sie Regeln des **dispositiven Rechtes** betreffen, können die Parteien in den allgemeinen Grenzen der Privatautonomie hierüber Vereinbarungen treffen (MünchKomm/SCHUBERT Rn 91 f; PALANDT/GRÜNEBERG Rn 20; PWW/SCHMIDT-KESSEL Rn 11). Die Antwort kann im Übrigen nicht allgemein gegeben werden und gehört deshalb in den Zusammenhang der einzelnen Fallgruppen (s unten Rn 210 ff). Abhängig vom **Funktionskreis** (ausf dazu u Rn 171 ff), aus dem die jeweilige Einzelfallanwendung des § 242 BGB abgeleitet wird (z den Anwendungen s unten Rn 210 ff), muss dort auch die Abdingbarkeit des § 242 BGB beurteilt werden (ähnl SOERGEL/TEICHMANN Rn 108 f). Angesichts der Problematik haben sich **vertragliche Anpassungsregelungen**, zB für den (seit der Schuldrechtsreform [Einl 180 ff zum SchuldR] in § 313 geregelten) Wegfall der Geschäftsgrundlage, entwickelt. Sie stellen ein Anwendungsfeld vertraglicher Abweichung von § 242 BGB dar, weil die Praxis die Konsequenzen richterlicher Vertragsanpassung zuweilen für unvorhersehbar hält (ausf Baur, Vertragliche Anpassungsregelungen: dargestellt am Beispiel langfristiger Energielieferungsverträge [1983]; Bilda, Besondere Arten von Anpassungsklauseln in Verträgen, DB 1969, 427 ff; Fikentscher/Heinemann, Schuldrecht Rn 222). Soweit die Fallgruppen hingegen **zwingendes Recht** berühren – also insbes im Bereich des **Rechtsmissbrauchs** (BGH NJW 1987, 2808; s oben Rn 108) – ist den Parteien darüber keine wirksame Vereinbarung möglich.

III. Normgehalt

1. Einleitung

110 Dass die Darstellung des Normgehalts einer Generalklausel naturgemäß Schwierigkeiten bereitet, hat die Rechtsgeschichte gezeigt (s oben Rn 6 ff). Aber sie hat ebenfalls deutlich werden lassen – insbes unter der Geltung des prALR –, dass kein Gesetzgeber in der Lage war, alle einen Sachverhalt prägenden Motive, Interessen und Sachzwänge zu bedenken, viel weniger alle wirtschaftlichen und gesellschaftlichen Entwicklungen (Westermann/Bydlinski/Weber, Schuldrecht AT [8. Aufl 2013] Rn 4/5; vgl auch Häuser, Unbestimmte „Maßstäbe" 214). Das Gesetz ist somit nach einem gängigen Wort „im Zeitpunkt seines In-Kraft-Tretens bereits veraltet" (Schwab/Löhnig, Einführung in das Zivilrecht [20. Aufl 2016] Rn 97). Deshalb sind Generalklauseln unerlässlich, weil sie die **Anpassung des Rechts** an den Wandel der Lebenssachverhalte und gesellschaftliche Auffassungen ermöglichen (Looschelders/Roth, Methodik 198 mwNw in Fn 2). Gerade § 242 BGB kann man in dieser Funktion als Prototyp einer Generalklausel bezeichnen (MünchKomm/Schubert Rn 3; Westermann/Bydlinski/Weber, Schuldrecht AT [8. Aufl 2013] Rn 4/5). Allerdings hat bereits der Gesetzgeber auch ihre Gefahren nicht verkannt, wenn es in den Mot zu § 157 BGB (Mot I 155 = Mugdan I 437) heißt: „Denkregeln ohne positiv rechtlichen Gehalt: der Richter erhält Belehrungen über praktische Logik. Dabei liegt die Gefahr nahe, dass die Vorschriften für wirkliche Rechtssätze genommen werden …".

111 Unbestimmtheit und Weite der Generalklausel des § 242 BGB haben deshalb auch immer wieder die Diskussion um seine **Entbehrlichkeit** hervorgebracht (für die Entbehrlichkeit insbes Staudinger/J Schmidt [1995] Rn 133 ff; ders, Präzisierung 244). Maßgeblich stützt man sich dabei auf das in Art 20 Abs 3 GG normierte **Rechtsstaatsprinzip** (vgl zB Staudinger/J Schmidt [1995] Rn 133 ff, 181). Nach dieser Ansicht wären alle Entscheidungen der Rspr ohne Existenz des § 242 BGB in gleicher Weise ausgefallen wie bei seiner Geltung – lediglich mit einem anderen normativen Ansatzpunkt. Damit fehle es der Norm an Informationsgehalt (so auch Rüssmann, Rezension von Fikentscher, Schuldrecht[7] [1985], AcP 186 [1986] 291, 293; vgl auch Häuser, Unbestimmte „Maßstäbe" Zusammenfassung 214 f). Überraschend ist die Erkenntnis allerdings deshalb nicht, weil sich der Inhalt subjektiver Privatrechte regelmäßig mit dem der Grundrechte deckt, sodass man die gleiche Aussage für viele andere Normen treffen könnte.

112 Demgegenüber geht die hLit davon aus, dass § 242 BGB **nicht überflüssig** (vgl nur MünchKomm/Schubert Rn 6; Jauernig/Mansel Rn 2; BeckOGK/Kähler [15. 4. 2019] Rn 50 ff; Zöllner, Schuldrecht im Spiegel des neuen „Staudinger", NJW 1999, 3240, 3241; Larenz, Schuldrecht I § 10 I, Fn 3, 126; ähnl ders, Richtiges Recht 86), sondern sogar eine wichtige Norm (zumindest) des Zivilrechts sei (z Anwendung über das Zivilrecht hinaus vgl u Rn 1134 ff).

Titel 1
Verpflichtung zur Leistung § 242

a) Auffassungen zum normativen Gehalt des § 242

Da diejenigen, die die Existenzberechtigung der Norm bestreiten, gleichzeitig auch **113** ihre Anwendung ablehnen müssten, sollen der Erläuterung der Tatbestandselemente ein kurzer Überblick über den Meinungsstreit sowie eine eigene Stellungnahme vorangestellt werden. Als entscheidend für die Entbehrlichkeit des § 242 BGB stellt sich dabei die Frage dar, ob der Vorschrift ein eigener **normativer Gehalt** zukommt. Sollte dies nicht der Fall sein oder sich ein entsprechender normativer Gehalt bereits vollständig in anderen Normen finden, so wäre die Vorschrift in der Tat überflüssig. Oft enthalten die Kommentierungen zu § 242 BGB diesbezüglich den Hinweis, der Wortlaut **konkretisiere** nur die Art und Weise der Leistung (Palandt/Grüneberg Rn 1), stelle aber **keinen Rechtssatz** mit deskriptiven Tatbestandsmerkmalen auf, aus dem man durch Subsumtion unmittelbar bestimmte Rechtsfolgen ableiten könne (s oben Rn 138 f; MünchKomm/Schubert Rn 2; vgl auch Soergel/Teichmann Rn 5; Palandt/Grüneberg Rn 2). Worin der normative Gehalt des § 242 BGB besteht, ja sogar ob er überhaupt existiert, bleibt dagegen bis heute str. Diesbezüglich bestehen zwei Hauptströmungen, die sich allerdings nur in Einzelheiten unterscheiden (vgl dazu J Schmidt, Präzisierung 231 ff; Weber AcP 192 [1992] 516 ff):

aa) Gleichheitstheorien

Eine Betrachtungsweise geht davon aus, § 242 BGB sei zwar eine „normale" **Ver- 114 haltensnorm**, aber eben in Form einer „**Generalklausel**" (AK-BGB/Teubner Rn 1 ff; Bydlinski, Präzisierung 189 ff mwNw) oder einer „**offenen Norm**" (Soergel/Teichmann Rn 5 mwNw spricht in Anlehnung an Wieacker, Präzisierung 10 ff auch von „offenem Tatbestand"). Dabei wird darauf hingewiesen, dass der Normcharakter des § 242 BGB durch die Notwendigkeit einer Konkretisierung nicht infrage gestellt wird (BeckOGK/Kähler [15. 4. 2019] Rn 51) Die Gleichstellung des § 242 BGB mit anderen Normen des BGB hat J Schmidt zur Kennzeichnung dieser Ansicht als „**Gleichheitstheorie**" veranlasst (vgl J Schmidt, Präzisierung 234 ff).

Eine Variante (Soergel/Teichmann Rn 5 ff; vorsichtig abwägend MünchKomm/Schubert **115** Rn 1 ff, 4 ff) will durch **Präzisierung** der Wertentscheidungen des § 242 BGB im Einzelfall erreichen, **Entscheidungshilfen** für künftige Fälle zu entwickeln (MünchKomm/Schubert Rn 38; s auch J Schmidt, Präzisierung 235). Die „**Konkretisierungstheorie**" (Fikentscher, Methoden des Rechts IV Kap 31, 32, vor allem 186 ff; ders, Schuldrecht Rn 206 ff) als **zweite Variante** (so J Schmidt, Präzisierung 235) folgert dagegen aus der Generalklausel **konkrete Verhaltensnormen** (basierend allerdings auf seiner „Fallnormenlehre", dazu ausf Fikentscher, Methoden des Rechts IV Kap 31, 32, va 186 ff). Schließlich lässt sich die Auffassung von Teubner als **dritte Variante** verstehen, wonach sich § 242 BGB als Generalklausel von gewöhnlichen Rechtssätzen nicht prinzipiell, sondern nur graduell unterscheide (vgl AK-BGB/Teubner Rn 1 ff; ders, Generalklauseln 13 ff).

bb) Differenzierungstheorien

Die zweite Hauptströmung der Lit lehnt es dagegen ab, § 242 BGB qualitativ wie **116** andere Bestimmungen des BGB zu behandeln (daher die Namensgebung; so J Schmidt, Präzisierung 239). Manche ihrer Vertreter halten § 242 BGB für eine sog **institutionelle Norm**, die gar nicht das Verhalten von Rechtssubjekten iSv „Erlaubnis" oder „Verbot" regeln solle. Andere sehen ihren Gehalt in einer sog **Ermächtigungsnorm**, die dem Richter die **Rechtsgestaltung** erlaube (z unterscheiden v der Ermächtigungsfunktion; vgl etwa Lehmann JZ 1952, 10, 12 [„prozessuale Ermächtigungsnorm zur

Rechtsgestaltung"]; Schwab/Löhnig, Einführung in das Zivilrecht [20. Aufl 2016] Rn 99; vgl dazu auch Göldner, Verfassungsprinzip und Privatrechtsnorm in der verfassungskonformen Auslegung und Rechtsfortbildung [1969] 155 ff, bes 159) oder schließlich – so weit ihre Notwendigkeit völlig geleugnet wird – eine **„Hilfsfigur der Methodenlehre"** (so Staudinger/J Schmidt[12] Rn 155–162 im Anschluss an die Mot [Mot I 155 = Mugdan I 437]; vgl dazu Flume, BGB AT II § 16, 3 a, 309; gegen diese Bewertung der Mot etwa Sonnenberger, Verkehrssitten 169).

117 Wieder andere Anhänger der Differenzierungstheorien verstehen § 242 BGB als **Prinzip** (vgl Alexy, Zum Begriff des Rechtsprinzips, Rechtstheorie Beiheft 1 [1979] 59 ff; ders, Theorie der Grundrechte [1985] 71 ff; z Ganzen J Schmidt, Präzisierung 239 ff). Solche speziell verstandenen Prinzipien drücken nach dieser Ansicht aus, dass etwas in einem „im Hinblick auf die rechtlichen und tatsächlichen Möglichkeiten möglichst hohem Maß realisiert" werden solle (Alexy, Theorie der Grundrechte [2. Aufl 1994] 75 f). Rechtsprinzipien sind demnach **leitende Gedanken einer rechtlichen Regelung**, die zwar selbst noch nicht anwendungsfähig sind, aber in Rechtsregeln umgesetzt werden können (vgl Larenz, Richtiges Recht 23 mwNw). Wichtig ist in Abgrenzung zum „bloßen" Verständnis der Norm als Generalklausel und zur Analogie, dass sich das Prinzip nicht aus der Verallgemeinerung von Regeln ergibt, sondern durch das „Zurück-Gehen" von einer Regelung auf den ihr zugrunde liegenden Regelungsgedanken (Larenz, Richtiges Recht 25 f).

118 Schließlich versteht eine dritte Konzeption der Differenzierungstheorien § 242 BGB als eine **„Idee des Rechts"** (vgl Gernhuber JuS 1983, 764; ferner Larenz, Richtiges Recht 23 ff, 80 ff; ähnliche Überlegungen bei BezG Cottbus DtZ 1992, 361, 362 und KG DtZ 1992, 358, 359; z Ganzen vgl J Schmidt, Präzisierung 244 ff). Der Inhalt dieses rechtsethischen Prinzips müsse vom Richter durch „eigenes Wertverstehen" konkretisiert werden, wofür § 242 BGB Leitmaßstäbe enthalte.

cc) Appellwirkung
119 Unabhängig von dem geschilderten Meinungsstand und ohne Bezug zum normativen Gehalt von § 242 BGB ist noch darauf hinzuweisen, dass manche ihm eine allgemeine **„Appellwirkung"** zumessen („Appellfunktion"; vgl zB Clemens, Strukturen juristischer Argumentation [1977] 69, 70; Wiethölter, Rechtswissenschaft [1968] 12 ff; krit Beck-OGK/Kähler [15. 4. 2019] Rn 50: „kein bloßer Appell"), sich gerecht und redlich zu verhalten.

b) Stellungnahme
120 Eine Entscheidung zwischen diesen verschiedenen, sich nicht ausschließenden Positionen (vgl J Schmidt, Präzisierung 248 ff; ähnlich – allerdings nur auf [Verhaltens-]„Norm" und „Prinzip" bezogen – Fastrich, Richterliche Inhaltskontrolle 66 f) kann deshalb nicht unterbleiben, weil die praktische Handhabung der Norm von der Einordnung ihres theoretischen Hintergrundes abhängt. Zum gegenteiligen Ergebnis gelangt wohl nur J Schmidt mit seiner Aussage, der Bedarf für § 242 BGB als „institutionelle Norm" sei spätestens mit Erlass des GG weggefallen (s oben Rn 111; Staudinger/J Schmidt [1995] Rn 134, 181; z Zusammenhang von § 242 und Art 20 Abs 3 GG vgl auch BGHZ 116, 319, 325 = NJW 1992, 967, 968 sowie Fikentscher/Heinemann, Schuldrecht Rn 199, 221; ähnlich auch Hartkamp, Einführung in das Niederländische Schuldrecht, AcP 191 [1991] 396, 399 zur Neukodifizierung im NBW der Niederlande; Häuser, Unbestimmte „Maßstäbe" Zusammenfassung 214 f, der darauf hinweist, dass der Richter bei Lückenhaftigkeit des Gesetzes zur Rechtsfortbildung verpflichtet sei;

vermittelnd RÜSSMANN, Rezension von FIKENTSCHER, Schuldrecht[7] [1985], AcP 186 [1986] 291, 293).

Gegen die Annahme der völligen Funktionslosigkeit des § 242 BGB lässt sich einwenden, dass es einen erheblichen und nicht nur formalen Unterschied darstellt, ob man eine Entscheidung auf eine Vorschrift des Zivilrechts oder auf Art 20 Abs 3 GG als verfassungsrechtliche Norm stützt. § 242 BGB steht in einem lang tradierten **Wertungszusammenhang**, in den sich neue Entscheidungen einordnen lassen, welche gleichzeitig zur weiteren Ausdifferenzierung der Vorschrift beitragen (MünchKomm/ SCHUBERT Rn 6; BeckOGK/KÄHLER [15. 4. 2019] Rn 54). „Treu und Glauben mit Rücksicht auf die Verkehrssitte" setzt als Tatbestand infolge der rechtsgeschichtlichen Entwicklung speziellere Maßstäbe als die allgemeine Bindung an Recht und Gesetz in Art 20 Abs 3 GG (s unten Rn 206). Außerdem verpflichtet § 242 BGB originär die am Schuldverhältnis Beteiligten, dh erst in zweiter Linie den Richter (s unten Rn 144), während Art 20 Abs 3 GG jedenfalls vorrangig Gesetzgebung und Rspr bindet. Hinzu tritt, dass eine Generalklausel das Bewusstsein dafür verschärft, dass Zukunftsentwicklungen möglich sind (zu diesem Anliegen AK-BGB/TEUBNER Rn 4 ff; BEHRENDS in seiner Verteidigung der Bedeutung des „Wertes" neben der „Struktur": Struktur und Wert. Zum institutionellen und prinzipiellen Denken im geltenden Recht, in: BEHRENDS/DIESSELHORST/DREIER, Rechtsdogmatik und praktische Vernunft, Symposion zum 80. Geburtstag von Franz Wieacker [1990] 138, 166 f; ZÖLLNER, Das Bürgerliche Recht im Spiegel seiner großen Kommentare, 3. Teil, JuS 1984, 985, 987). Zwar kann man einwenden, mit dieser Zielsetzung stünde die Norm besser im Allgemeinen Teil des BGB – wie auch Art 2 ZGB – (STAUDINGER/ J SCHMIDT [1995] Rn 134, 181). Mängel ihrer systematischen Stellung begründen aber nicht ihre Entbehrlichkeit. So verstanden bildet § 242 BGB ein unentbehrliches Instrument zur Anpassung schuldrechtlicher Pflichten an grundlegende Veränderungen der Tatsachen und Wertüberzeugungen sowie zur „gerechten" Einzelfallentscheidung (WESTERMANN/BYDLINSKI/WEBER, Schuldrecht AT [8. Aufl 2013] Rn 4/4).

121

Die **Konkretisierung** des unbestreitbar offenen Tatbestandes (z Begriff zB SOERGEL/ TEICHMANN Rn 5) erfolgt durch Beschreibung von **Funktionskreisen** und **Fallgruppen** (vgl die Nachw o Rn 109; PALANDT/GRÜNEBERG Rn 2). Aus Gründen der **Rechtssicherheit** und **Rechtsklarheit** (auf die Berücksichtigung dieser Gebote weisen auch SOERGEL/TEICHMANN Rn 5, 7 u Hk-BGB/SCHULZE Rn 1 hin) versucht man, den Grad der Vorausberechenbarkeit einer auf § 242 BGB gestützten Entscheidung zu verbessern (SOERGEL/TEICHMANN Rn 7 u 29; ERMAN/BÖTTCHER Rn 12 ff). Die dafür notwendige **Präzisierung** des § 242 BGB verlangt, dass aus einer Ausgangsnorm und weiteren gesicherten normativen Sätzen die zur Lösung des Rechtsstreits benötigte konkrete Regel abgeleitet wird (grundlegend dazu ENGISCH, Die Idee der Konkretisierung in Recht und Rechtswissenschaft unserer Zeit [1953]; FIKENTSCHER, Methoden des Rechts IV 176 ff; BYDLINSKI, Präzisierung 196 f). Dafür müssen zunächst die **Tatbestandselemente** in Form **unbestimmter Rechtsbegriffe** sowie die **Rechtsfolgen** des § 242 BGB erläutert werden (vgl auch HÄUSER, Unbestimmte „Maßstäbe"). Da sich beides innerhalb der Norm nicht klar voneinander trennen lässt (darauf weist zB auch MEDICUS/LORENZ, Schuldrecht I Rn 135 hin), werden die normativen Merkmale des § 242 BGB ausnahmsweise unter dem Oberbegriff „normativer Gehalt" erläutert (MünchKomm/SCHUBERT Rn 8 benutzt den Begriff „Wortsinn"), um hier die Schwierigkeit einer Grenzziehung zwischen „Tatbestand" und „Rechtsfolge" zu verdeutlichen.

122

123 Zu Recht wird dieser **normative Gehalt**, dh das Ziel, das die Vorschrift objektiv verfolgt, von ihrem **empirischen Gehalt** abgegrenzt (Staudinger/J Schmidt [1995] Rn 113), dh von ihren **tatsächlichen Anwendungsfällen**. Diese beiden Problemkreise unterscheidet man nicht immer klar; dies hängt weniger mit dem Normverständnis des § 242 BGB zusammen (so aber Staudinger/J Schmidt [1995] Rn 113, der die sog Funktionstheorie [dazu u Rn 171 ff] als geradezu kennzeichnend für die Verwischung der beiden Problemkreise versteht), als mit der Schwierigkeit, das mit Hilfe von § 242 BGB entwickelte Richterrecht systematisch und dogmatisch darzustellen (Bydlinski, Präzisierung 193 warnt vor einer bloßen Orientierung am Präjudizienrecht).

2. „Tatbestandsmerkmale"

124 § 242 BGB setzt nach seinem Wortlaut zweierlei voraus: Eine Person muss **Schuldner** sein und eine **Leistung** erbringen.

a) „Schuldner"

125 Nach der **Wortlautauslegung** kennzeichnet den „Schuldner", dass er einer anderen Person verpflichtet ist, also einen Gläubiger hat. Beide werden durch das **Schuldverhältnis** miteinander verbunden, die erste „Tatbestandsvoraussetzung" des § 242 BGB. Es kann sich um ein **gesetzliches** oder **rechtsgeschäftliches Schuldverhältnis** handeln (vgl Staudinger/Olzen § 241 Rn 46 ff, 403 ff).

126 Die **systematische** Stellung der Norm im Allgemeinen Schuldrecht bestätigt dieses Ergebnis ebenso wie ihre **Entstehungsgeschichte**. Die Prot zum BGB weisen ausdrücklich darauf hin, dass man die Verweisung auf Treu und Glauben und auf die Verkehrssitte bei Schuldverhältnissen aus Verträgen, darüber hinaus aber auch bei allen übrigen Schuldverhältnissen für erforderlich erachtete, um das gesamte zwischen Gläubiger und Schuldner bestehende Verhältnis seinem wahren Inhalt nach zur Anerkennung zu bringen (Prot I 608 = Mugdan II 521; ausf zur Entstehungsgeschichte s oben Rn 6 ff).

127 Manche meinen darüber hinaus, man müsse das Schuldverhältnis in einem weiten Sinne verstehen und **Sozialkontakte** ebenso wie **nichtige Rechtsgeschäfte** darunter subsumieren (BeckOK-BGB/Sutschet [1. 5. 2019] Rn 14; Palandt/Grüneberg Rn 5; Münch-Komm/Schubert Rn 93 ff). Krebs (Sonderverbindung 47 ff; ders, in: Dauner-Lieb ua, Das neue Schuldrecht § 3 B III 1 und 2 b) bb)) verwendet angelehnt an Canaris (Ansprüche wegen positiver Vertragsverletzung und Schutzwirkung für Dritte bei nichtigen Verträgen, JZ 1965, 475 ff) den Begriff **„Sonderverbindung"** für jede Beziehung, die entweder auf eine Leistung oder Unterlassung gerichtet sei oder in der jedenfalls besondere Einwirkungsmöglichkeiten auf die Rechtsgüter eines anderen bestünden. Dieses ungeschriebene Merkmal „Sonderverbindung" wird in der Lit von anderen Stimmen auch als „weitere tatbestandliche Voraussetzung" der Norm bezeichnet (Soergel/Teichmann Rn 30; Canaris, Schutzgesetze – Verkehrspflichten – Schutzpflichten, in: FS Larenz [1983] 27, 34; Fastrich, Richterliche Inhaltskontrolle 67 f für § 242 „als Rechtsnorm"; Fikentscher/Heinemann, Schuldrecht Rn 199; Hubmann, Grundsätze der Interessenabwägung, AcP 155 [1956] 85, 87; Larenz, Schuldrecht I § 10 I, 127; Schilling, Wandlungen des modernen Gesellschaftsrechts, JZ 1953, 489 ff; Siebert, Verwirkung 118; krit Erman/Böttcher Rn 15).

128 Damit **verlässt** man jedoch bereits den **unmittelbaren Anwendungsbereich** des § 242 BGB (Krebs weist einerseits darauf hin, dass es sich dabei um eine Rechtsfortbildung extra legem handele, in: DAUNER-LIEB ua, Das neue Schuldrecht § 3 B III 1 und 2 b. bb; andererseits soll § 242 wegen § 241 Abs 2 alle Sonderverbindungen erfassen, NK-BGB/KREBS Rn 2). Der Wortlaut lässt einen solchen Schluss nicht zu. Auch widerspricht dieses Verständnis der Stellung des § 242 BGB zu Beginn des Allgemeinen Schuldrechts und überzeugt deshalb in systematischer Hinsicht nicht. Ebenso wenig deutet die Entstehungsgeschichte in diese Richtung (s oben Rn 6 ff; Prot I 608 = MUGDAN II 522). Schließlich ist der Zweck des § 242 BGB zu berücksichtigen, der ua darin besteht, die Verhaltensanforderungen innerhalb von Schuldverhältnissen gegenüber denjenigen, die gegenüber jedermann bestehen, abzugrenzen (FASTRICH, Richterliche Inhaltskontrolle 67 f mwNw).

Einigkeit besteht wieder darin, dass die **Intensität des Schuldverhältnisses** (bzw der **129** Sonderverbindung – so weit man sie genügen lässt) Einfluss auf die Verhaltensanforderungen der Parteien hat (vgl schon SCHNEIDER, Treu und Glauben 127 f; auch SOERGEL/ TEICHMANN Rn 40; ENNECCERUS/LEHMANN, Schuldrecht § 4 II 1 II; anschaulich STAUDINGER/KESSLER[12] Vorbem 41 zu 705): So besteht ein relativ **geringer Einfluss** des § 242 BGB auf solche Rechtsverhältnisse, in denen sich **entgegengesetzte Interessen** gegenüberstehen (zB Umsatzgeschäfte), **stärkerer Einfluss** bei **fremdnützigen Betätigungen** (zB Geschäftsbesorgungen) und **stärkster Einfluss** bei Rechtsverhältnissen, die gerade auf ein **Zusammenwirken gerichtet** sind (zB Gesellschaften; hier wieder Abstufung nach dem Maße des notwendigen Zusammenwirkens zur Erreichung der „überpersönlichen Aufgabe" möglich. Grundlegend BEYERLE, Die Treuhand im Grundriß des deutschen Privatrechts [1932]; vgl auch SOERGEL/SIEBERT/KNOPP[10] [1967] Rn 6 f; EICHLER, Die Rechtslehre vom Vertrauen [1950] 27 ff). Auch stellt niemand in Frage, dass für Schuldverhältnisse höhere sozialethische Anforderungen gelten als für den allgemeinen Rechtsverkehr (LOOSCHELDERS, Schuldrecht AT § 4 Rn 5).

Das BGB definiert den **Begriff des „Schuldverhältnisses"** nicht allgemein (z Einzel- **130** heiten s STAUDINGER/OLZEN § 241 Rn 36 ff). In § 311 Abs 1 BGB regelt es jedoch dessen Entstehung durch **Vertrag** und in § 311 Abs 2 BGB eine weitere Entstehungsmöglichkeit durch die Aufnahme von **Vertragsverhandlungen**, die **Vertragsanbahnung** oder **ähnliche geschäftliche Kontakte** (vgl STAUDINGER/OLZEN § 241 Rn 408). Damit hat der Gesetzgeber einen großen Bereich des Kriteriums „Sonderverbindung" normiert, für den § 242 BGB unmittelbar gilt; der oben beschriebene Konflikt (Rn 127) hat sich auf diese Weise also deutlich entschärft.

Die Frage, ob auch **Gefälligkeitsverhältnisse** unter § 242 BGB fallen, bleibt als Teil- **131** problem des Fragenkreises um den „sozialen Kontakt" jedoch umstr (ausf STAUDINGER/OLZEN § 241 Rn 395 ff). Nach der hier vertretenen Auffassung fällt dieser Bereich unter § 311 Abs 2 BGB und damit in den unmittelbaren Anwendungsbereich des § 242 BGB.

Ein weiterer Problemkreis betrifft das **nachbarschaftliche Gemeinschaftsverhältnis**, **132** welches hier als gesetzliches Schuldverhältnis behandelt wird (s STAUDINGER/OLZEN § 241 Rn 67 u Rn 409 ff), ebenfalls mit der Folge der unmittelbaren Anwendbarkeit des § 242 BGB.

Offen bleibt die Existenz einer Sonderverbindung in solchen juristischen Beziehun- **133** gen, die auf die Klärung der Existenz einer Leistungs- oder Unterlassungspflicht gerichtet sind. Darunter versteht KREBS zB das **Prozessrechtsverhältnis** sowie das wettbewerbsrechtliche Abmahnverhältnis (Krebs, Sonderverbindung 241 ff; Krebs, in: Dauner-Lieb ua, Das neue Schuldrecht § 3 B III 1 und 2 b. bb). Selbst bei Annahme entsprechender Rechtsbeziehungen zwischen den Parteien besteht aber Einigkeit darüber, dass es sich dabei jedenfalls nicht um ein Schuldverhältnis iSd BGB handelt. Deshalb wird diesem Problem erst im Rahmen des jeweiligen Rechtsgebiets bei der Prüfung einer weiteren Bedeutung des § 242 BGB nachgegangen, also außerhalb seines unmittelbaren Anwendungsbereichs (ähnlich NK-BGB/Krebs Rn 1, der von einer Rechtsfortbildung ausgeht).

b) „Leistung"

134 Der Wortlaut des § 242 BGB verlangt als zweite „Tatbestandsvoraussetzung" eine **Leistung**. Der Leistungsbegriff sowie der mögliche Inhalt von Leistungen wurden oben bereits dargestellt (vgl ausf Staudinger/Olzen § 241 Rn 133 ff). Der Frage, ob § 242 BGB selbst **Leistungspflichten** begründen kann, wird später iRd umstrittenen sog **Ergänzungsfunktion** der Norm nachgegangen (s unten Rn 186 ff).

c) Sonstige Merkmale

135 Der „Tatbestand" des § 242 BGB kennt nach seinem Wortlaut keine weiteren Merkmale. Etwas anderes vertreten Teile der Lit, die dann allerdings meist nicht zwischen „Tatbestand" und „Rechtsfolge" trennen. Die von den Vertretern dieser Ansicht geforderten zusätzlichen Merkmale lassen sich jedoch eher dem Bereich des „Tatbestandes" als der Rechtsfolge zuordnen, weshalb sie im Folgenden kurz dargestellt werden. Praktische Relevanz kommt den Überlegungen nur in wenigen Fällen zu.

136 Eine Beschränkung des Anwendungsbereiches auf „Gleichordnungsverhältnisse" (Bürger-Bürger) bzw die Ausnahme staatsorganisatorischer Normen und Rechtsverhältnisse würde sich lediglich im Bereich des **öffentlichen Rechts** auswirken, also nicht im unmittelbaren Anwendungsbereich des § 242 BGB (z Einfluss des Allgemeinen Schuldrechts auf das öffentliche Recht ausf Staudinger/Olzen Einl 267 ff zum SchuldR; z Anwendung des § 242 im öffentlichen Recht s unten Rn 1141 ff; vgl dazu Hedemann, Die Flucht in die Generalklauseln 48 f).

137 Ebenfalls ist an dieser Stelle die verbreitete Meinung nicht weiter relevant, dass zu einem „Verstoß" gegen Treu und Glauben **kein Verschulden** erforderlich sei (vgl BGHZ 64, 5, 9; BGH NJW 2009, 1343, 1346; Soergel/Siebert/Knopp[10] [1967] Rn 11; Staudinger/Weber[11] Rn A 147; Palandt/Grüneberg Rn 7; Erman/Böttcher Rn 14; NK-BGB/Krebs Rn 15; Siebert, Verwirkung 121 f; sehr vorsichtig formulierend Oertmann [1928] Anm 2a [„innere Absicht ... weder erforderlich noch ausreichend"]; z schweizerischen Recht vgl Berner Kommentar/Hausheer/Aebi-Müller [2012] Art 2 ZGB Rn 4, 13), weil sie gerade keine Einschränkung des Tatbestandes mit sich bringt. Eine Antwort lässt sich auch nicht pauschal finden, da man nicht ausschließen kann, dass bei einzelnen aus § 242 BGB entwickelten Rechtsinstituten Verschulden eine Rolle spielt (vgl dazu Wieacker, Präzisierung 6, 28, 30, 34): Das Problem soll deshalb im Zusammenhang mit den Fallgruppen behandelt werden (ebenso MünchKomm/Schubert Rn 54 f; Soergel/Teichmann Rn 62 ff; s unten Rn 210 ff). Schließlich wird bei der Interessenabwägung (s unten Rn 144 ff) iRd „Rechtsfolge" des § 242 BGB auf das Verschulden zurückzukommen sein (vgl auch MünchKomm/Schubert Rn 50 f; Soergel/Teichmann Rn 62; Erman/Böttcher Rn 14).

3. „Rechtsfolgemerkmale"

Im Hinblick auf die „Rechtsfolge" des § 242 BGB, also die Begriffe **„Treu und** 138 **Glauben"** und **„Verkehrssitte"**, stehen sich wiederum zwei Meinungen gegenüber: Eine Ansicht verneint einen eigenen Informationsgehalt der Worte „Treu und Glauben" und „Verkehrssitte" in § 242 BGB, während die wohl hM § 242 BGB im Wesentlichen so behandelt, als seien damit „tatbestandliche Voraussetzungen" formuliert (so PALANDT/GRÜNEBERG Rn 5 ff).

Die zunächst genannte Ansicht etablierte sich in der Lit schon früh als Minder- 139 meinung (vgl PLANCK/SIBER Anm 2; BGB-RGRK/ALFF Rn 2). Ihre Vertreter äußerten, Analysen des § 242 BGB seien „müßig" und sie wiesen darauf hin, dass es leichter sei „zu empfinden als zu formulieren", was „Treu und Glauben bedeute" (OERTMANN [1928] Anm 2). Die Merkmale bezögen sich auf eine außerrechtliche, moralische Begriffswelt (WEBER JuS 1992, 631, 632; ders, Die vertrauensvolle Zusammenarbeit zwischen Arbeitgeber und Betriebsrat gemäß § 2 I BetrVG [Diss Heidelberg 1989] 184). Andere sehen Ausführungen zum Informationsgehalt für die Handhabung des § 242 BGB als wertlos an (so MünchKomm/SCHUBERT Rn 8). Bezeichnenderweise werde in anderen Gesetzen häufig konsequenzlos auf die „Verkehrssitte" verzichtet (vgl § 9 Abs 1 AGBG aF; §§ 8 Abs 2 S 2, 39 Abs 2 UrhG – von KÖTZ jedoch in § 9 Abs 1 AGBG aF „vermisst", s MünchKomm/BASEDOW[4] [2001] § 9 AGBG Rn 10 aE, allerdings mit Verw auf § 24 AGBG aF; SCHLOSSER/COESTER-WALTJEN/GRABA, Kommentar zum Gesetz zur Regelung des Rechts der Allgemeinen Geschäftsbedingungen [1997] § 9 Rn 15). Demgegenüber meint die wohl hM, dass den Begriffen ein Informationsgehalt zukomme (s oben Rn 138; vgl zB PALANDT/GRÜNEBERG Rn 5 ff), der im Folgenden erläutert wird, weil dieser Betrachtungsweise gefolgt werden soll.

a) „Treu und Glauben"

Den ersten wichtigen Schlüsselbegriff der „Rechtsfolge" stellt die Wortverbindung 140 „Treu und Glauben" dar. Der unbestimmte Rechtsbegriff **„Treue"** bezeichnet eine „äußere und innere Haltung" (BeckOK-BGB/SUTSCHET [1. 5. 2019] Rn 16; PALANDT/GRÜNEBERG Rn 6; vgl auch BeckOGK/KÄHLER [15. 4. 2019] Rn 381) gegenüber derjenigen Person, der sie geschuldet wird. Er ist gekennzeichnet durch „selbstlose Bereitschaft zur Einhaltung der Verpflichtungen" (SOERGEL/SIEBERT/KNOPP[10] [1967] Rn 6), „Loyalität", „Wohlverhalten", „Verlässlichkeit" (PWW/SCHMIDT-KESSEL Rn 9), „Zuverlässigkeit" (STAUDINGER/WEBER[11] Rn A 124; PALANDT/GRÜNEBERG Rn 6), „Aufrichtigkeit" (PALANDT/GRÜNEBERG Rn 6), „Rücksichtnahme" (PALANDT/GRÜNEBERG Rn 6), „Gewissenhaftigkeit" (HEINRICH, in: FS Laufs [2006] 585, 587), „Anhänglichkeit", „unerschütterliche Hingabe" (STAUDINGER/WEBER[11] Rn A 124; z diesen Elementen in der geschichtlichen Entwicklung s oben Rn 6 ff; ferner WEBER JuS 1992, 631, 632).

Der ebenfalls unbestimmte Rechtsbegriff **„Glaube"** meint das „Vertrauen" auf die 141 Haltung des Treuepflichtigen (z bona fides s oben Rn 8 ff u z älteren deutschen Recht o Rn 14 ff; SOERGEL/SIEBERT/KNOPP[10] [1967] Rn 6; BeckOGK/KÄHLER [15. 4. 2019] Rn 379; PALANDT/GRÜNEBERG Rn 6; Hk-BGB/SCHULZE Rn 12; vgl auch WEBER JuS 1992, 631, 632; WENDT, Die exceptio doli generalis im heutigen Recht oder Treu und Glauben im Recht der Schuldverhältnisse, AcP 100 [1906] 1, 4; z Aspekt des „Vertrauensschutzes" und seinen Voraussetzungen CORDEIRO, in: FS Canaris [2007] 858, 864 f). Die Wortverbindung **„Treu und Glauben"** hat eine lange rechtsgeschichtliche Tradition (s oben Rn 6 ff; Nachw z sprachwissenschaftlichen

Diskussion bei WEBER JuS 1992, 631 f) und wird im BGB vielfach verwendet, vgl §§ 157, 162, 275 Abs 2 S 1, 307 Abs 1 S 1, 320 Abs 2, 815 BGB. Ihre Wurzel liegt im Römischen Recht (s oben Rn 6). Die **Paarformel**, die zwei Ausdrücke mit mehr oder weniger synonymer Bedeutung aus verschiedenen Blickwinkeln zusammenfasst (s oben Rn 140 f), meint in ihrer ursprünglichen Wortbedeutung das Ansehen, das jemand als Person in einer bestimmten Funktion genießt und dem er gerecht werden soll (STRÄTZ, Treu und Glauben 213 ff, 285 ff).

142 Insgesamt wird der Wortkombination ein Inhalt zugesprochen, der zwar die Bedeutungen der Ausdrücke „Treue" und „Glauben" in sich aufgenommen hat, gleichzeitig aber auch „als ein Ganzes zu verstehen" ist und damit einen über die Einzelelemente hinausgehenden spezifischen Sinngehalt hat (MünchKomm/BUSCHE § 157 Rn 4 f). Allgemein soll damit „**sozialethischen Wertvorstellungen**" Eingang in das Recht verschafft werden (PALANDT/GRÜNEBERG Rn 6; z Bedeutung während des Nationalsozialismus vgl WALDMÜLLER, Die „königlichen Paragraphen" 157, 242 BGB [Diss Bonn 1940]; s oben Rn 66 ff). Eine davon betroffene Regelung in einem Schuldverhältnis muss mit der in der herrschenden Wirtschafts- und Sozialordnung immanenten **Rechtsethik** verträglich sein (LG Münster NJW 1975, 2070, 2073; MünchKomm/BUSCHE § 157 Rn 10), ferner mit den **Interessen der Allgemeinheit** (RGZ 170, 257, 262; 163, 91, 100; 160, 257, 268; 155, 148, 152) und mit **Recht und Gerechtigkeit** (PALANDT/HEINRICHS[39] [1980] Anm 1c). Dabei handelt es sich zT um Rechtsgedanken, die vor allem der sog „**gesellschaftliche Ansatz**" bereits zu Beginn des Jahrhunderts entwickelt hatte (s oben Rn 46 f).

143 Gemeinsam ist allen Überlegungen, dass diese Maßstäbe aus **überrechtlichen sozialen Geboten** (WIEACKER, Präzisierung 10) und **ethischen Prinzipien** (auf den Einfluss rechtsethischer Elemente weist auch SOERGEL/TEICHMANN Rn 39 hin) zu beziehen sind, die jeder Rechtsordnung zu Grunde liegen (MünchKomm/SCHUBERT Rn 10), sodass sie in gewisser Weise auch mit verfassungsrechtlichen Prinzipien ausgetauscht werden können (s oben Rn 120). Denn darin verkörpert sich letztlich das Grundelement einer Rechtskultur, bestehend aus dem Prinzip wechselseitigen Vertrauens unter den Mitgliedern der Gesellschaft (MünchKomm/SCHUBERT Rn 10; FIKENTSCHER, Methoden des Rechts I 109, 179; z Vertrauensaspekt in der geschichtlichen Entwicklung s oben Rn 71 ff). Durch Bezugnahme darauf trägt der Gesetzgeber der Einsicht Rechnung, dass viele allgemeine Wertvorstellungen nicht seine Produkte sind, sondern Ergebnisse einer langen religiösen, philosophischen, aber auch sittlich-moralischen Entwicklung, die von Staat und Gesetzgeber bereits vorgefunden werden (vgl LOOSCHELDERS/ROTH, Methodik 198). Darin manifestieren sich gleichzeitig der **Verzicht** des Staates auf einen **Wertemonopolismus** (vgl LOOSCHELDERS/ROTH, Methodik 199) und die **Anerkennung** eines möglichen **Wertewandels**.

aa) Interessenabwägung

144 Die Anwendung des Grundsatzes von Treu und Glauben erfordert zunächst eine **Interessenabwägung** unter Berücksichtigung der vorgenannten Grundprinzipien (BGB-RGRK/ALFF Rn 2; SOERGEL/TEICHMANN Rn 46; MünchKomm/SCHUBERT Rn 46 ff), deren Ausgangspunkt eine **Risikozuordnung unter den Beteiligten** ist (MünchKomm/SCHUBERT Rn 46 ff). Jeden von ihnen trifft die Pflicht zur Berücksichtigung der Interessen und der berechtigten Erwartungen des anderen Teils (SIEBERT, Verwirkung 117 f). Dabei kann uU auch das Verschulden einer Person besondere Berücksichtigung finden (s oben Rn 137; SOERGEL/TEICHMANN Rn 62; MünchKomm/SCHUBERT Rn 50; BeckOK-BGB/

SUTSCHET [1. 5. 2019] Rn 20; ERMAN/BÖTTCHER Rn 14). In zweiter Linie erst gibt § 242 BGB dem **Richter** auf, bei der **Entscheidungsfindung** die **beiderseitigen Interessen** festzustellen und mit dem Ziel eines gerechten Ergebnisses gegeneinander abzuwägen (SIEBERT, Verwirkung 118 mwNw). Schwierigkeiten bestehen bzgl der Frage, ob und inwiefern daneben sonstige Gesichtspunkte das Abwägungsergebnis beeinflussen, zB gesetzliche Wertungen wie das **Grundgesetz**, andere **öffentliche Interessen** und die **Interessen dritter Privatpersonen**.

(1) Grundgesetz und § 242 BGB
Der Einfluss der Verfassung auf Auslegung und Konkretisierung der Merkmale **145**
„Treu und Glauben" (dazu allg SOERGEL/TEICHMANN Rn 43; PALANDT/GRÜNEBERG Rn 8 ff; ERMAN/BÖTTCHER Rn 29 ff; ferner MEDICUS/LORENZ, Schuldrecht I Rn 131) stellt einen Ausschnitt aus dem größeren Problemkreis der Auswirkung verfassungsrechtlicher Wertungen auf das Zivilrecht im Allgemeinen dar (s oben STAUDINGER/OLZEN Einl 269 f zum SchuldR). Die Beeinflussung des Zivilrechtes jedenfalls durch die **Grundrechte** ist heute unstr, unklar bleiben hingegen deren Reichweite und die dogmatische Konstruktion (dazu vgl STAUDINGER/OLZEN Einl 269 f zum SchuldR; die Klärung der dogmatischen Lösungsmöglichkeiten hat das BVerfG im Übrigen den Fachgerichten anheimgestellt, vgl BVerfG NJW 1991, 2272 f).

(a) Wirkung der Grundrechte
Gerade bei der Anwendung des § 242 BGB haben die Grundrechte Bedeutung **146**
für die **Interessenabwägung** unter den Beteiligten (vgl auch die Bsp bei MünchKomm/ SCHUBERT Rn 53 ff; ERMAN/BÖTTCHER Rn 32 ff; BeckOK-BGB/SUTSCHET [1. 5. 2019] Rn 22 ff; Beck-OGK/KÄHLER [15. 4. 2019] Rn 135 ff; SOERGEL/TEICHMANN Rn 48 ff; für § 138 NK-BGB/LOOSCHELDERS § 138 Rn 40 ff; iRd einzelnen Anwendungsfälle des § 242 werden einzelne Grundrechte wieder aufgegriffen, s unten Rn 401 ff), weil sie das Ergebnis gesellschaftlicher und gesetzgeberischer Grundentscheidungen sind (LOOSCHELDERS/ROTH, Methodik 198 f). Folgende Grundrechte sind besonders hervorzuheben: **Menschenwürde und Freiheit** in Art 1, 2 GG (vgl dazu die ausf Abwägungen im Rahmen eines „Atomstromboykott-Urteils": AG Stuttgart NJW 1980, 1108 ff; z der Frage, ob die Versorgung mit Energie zu den verfassungsrechtlich garantierten Grundbedürfnissen eines jeden Bürgers zählt, weshalb „Liefersperren" nicht zulässig sind, vgl LG Aachen NJW-RR 1987, 443, 444; 1988, 1522); **allgemeines Persönlichkeitsrecht** (zu einem Anspruch auf Einsicht in die Krankenakte vgl BGH NJW 1989, 764, 765; zum Einsichtsrecht in therapeutische Unterlagen BGH NJW 2014, 298, 299 f); **Gleichheit** gem Art 3 GG (vgl dazu va HUECK, Der Grundsatz der gleichmäßigen Behandlung im Privatrecht [Habil Münster 1958]; MEYER-CORDING, Der Gleichheitssatz im Privatrecht und das Wettbewerbsrecht, in: FS Nipperdey I [1965] 537 ff; RAISER, Der Gleichheitsgrundsatz im Privatrecht, ZHR 111 [1948] 75 ff; vHOYNINGEN-HUENE, Die Billigkeit im Arbeitsrecht [Habil München 1978] 102 ff mwNw; MAUNZ/DÜRIG/KIRCHHOF, Grundgesetz-Kommentar [83. EL April 2018] Art 3 Abs 1 GG, Rn 331 f – aus der Rspr allg zB BAG Betrieb 1993, 169 ff [ausf]); der **„arbeitsrechtliche Gleichbehandlungsgrundsatz"** wird zwar formal noch auf § 242 BGB gestützt (vgl zB BAG NJW 2012, 699; BAG NJOZ 2005, 570 ff; NZA 1993, 171 ff, 405 f, 839 f und 991 f sowie u Rn 802), hat sich aber zu einem eigenen Rechtsinstitut entwickelt; das BVerfG hat die Rspr des BGH zum **Mieterschutz** des Untermieters bei gewerblicher Untervermietung (vgl z früheren Meinungsstand BGH WM 1991, 902 ff) mit Hilfe von Art 3 Abs 1 GG korrigiert (vgl BVerfG NJW 1991, 2272 f; dazu KRENEK, Mieterschutz bei der gewerblichen Zwischenvermietung, Jura 1993, 79 ff; LANGENBERG, Herausgabeanspruch des Eigentümers gegen den Endmieter bei Zwischenmietverhältnissen, MDR 1993, 102 ff; MEDICUS AcP 192 [1992] 35, 64; SCHÜREN, Gewerbliche Zwischenvermietung und

Bestandsschutz, JZ 1992, 79 ff; Sonnenschein, Die Rechtsprechung des Bundesverfassungsgerichts zum Mietrecht, NJW 1993, 161, 170 f; s auch BVerfG NJW 1993, 2601 f; allg z Thema GG und Arbeitsrecht Leibholz, Verfassungsrecht und Arbeitsrecht, in: Zwei Vorträge zum Arbeitsrecht [1960] 21 ff); die Frage ist inzwischen in § 565 BGB geregelt (vgl dazu Gärtner, Wohnungsmietrechtlicher Bestandsschutz auf dem Weg zu einem dinglichen Recht, JZ 1994, 440 ff mit Nachw); **Glaubens- und Gewissensfreiheit** gem Art 4 Abs 1 GG (bes häufig erörtert; vgl zB ErfKomm-ArbR/Dieterich Art 4 GG, Rn 20 ff, 68; Bosch/Habscheid, Vertragspflicht und Gewissenskonflikt, JZ 1954, 213 ff; vgl auch Brecher, Grundrechte im Betrieb, in: FS Nipperdey II [1965] 29, 48; Denninger/Hohm, Arbeitsverweigerung aus Gewissensgründen. Eine grundrechtliche Untersuchung, AG 1989, 145 ff; Derleder, Arbeitsverhältnis und Gewissen, AuR 1991, 193 ff; Diederichsen, Gewissensnot als Schuldbefreiungsgrund?, in: FS Michaelis [1972] 36 ff; Habscheid, Arbeitsverweigerung aus Glaubens- und Gewissensnot, JZ 1964, 246 ff; ders, Das deutsche Zivilrecht im Dienst ethischer Gebote, in: FS Küchenhoff [1972] 221, 238 ff; Heffter, Auswirkung der Glaubens- und Gewissensfreiheit im Schuldverhältnis [Diss Freiburg 1968]; Konzen/Rupp, Gewissenskonflikte im Arbeitsverhältnis [1990] [ausf und mwNw]; Larenz, Schuldrecht I § 10 II c, bes Fn 39; Leuze, Arbeitsverweigerung aus Gewissensgründen, RdA 1993, 16 ff; Löwisch, Rechtswidrigkeit und Rechtfertigung von Forderungsverletzungen, AcP 165 [1965] 421, 444; Scheschonka, Arbeits- und Leistungsverweigerung aus Glaubens- oder Gewissensnot [Diss Hamburg 1972]; Wieacker, Vertragsbruch aus Gewissensnot, JZ 1954, 466 ff; vgl auch OLG Hamm NJW 1981, 2473 ff [Atomstrom]; BAG NJW 1986, 85 ff [Druckwerk politischen Inhalts]; 1990, 203 ff [Atomkriegsfolgen]; ArbG Köln NJW 1991, 1006 [Irak/Jude]; LAG Düsseldorf NZA 1993, 411, 412 f [„Troubadour"]); **Meinungsfreiheit** gem Art 5 Abs 1 S 1 GG (vgl etwa Bucher, Anm LG Essen NJW 1973, 2291 f; Söllner, „Wes Brot ich eß', des Lied ich sing'" – Zur Freiheit der Meinungsäußerung im Arbeitsverhältnis –, in: FS Herschel [1982] 389 ff; ErfKomm-ArbR/Dieterich Art 5 GG, Rn 32; speziell z Grundrecht auf **Informationsfreiheit**: BVerfG NJW 1992, 493 f; 1994, 1147 ff sowie EuGMR NJW 1991, 620. Hier ist insbesondere die Unzahl von „Antennen-Entscheidungen" im Miet- und Wohnungseigentumsrecht zu erwähnen.); **Schutz von Ehe und Familie** gem Art 6 Abs 1 GG (vgl zB: BAG VersR 1980, 468, 469; BVerfGE 78, 128 ff; BayObLG NJW 1984, 60; z Bedeutung des Grundrechts für die Inhaltskontrolle von Eheverträgen BGH NJW 2004, 930, 932; vgl auch Rn 460); bzw Art 6 Abs 2 GG (vgl die ausf Erörterungen v Reuter, Elterliche Sorge und Verfassungsrecht, AcP 192 [1992] 108 ff mwNw); die Rechte des **nichtehelichen Kindes** gem Art 6 Abs 5 GG (vgl BAG MDR 1993, 247); **Schutz des Berufs** gem Art 12 Abs 1 GG (vgl zB BVerfG NJW 2003, 2815 ff [Kündigung einer Verkäuferin mit islamischem Kopftuch; s dazu noch u Rn 821]; JZ 1990, 691 ff [Wettbewerbsverbot, dazu auch Staudinger/Olzen § 241 Rn 518]; OLG Düsseldorf NJW-RR 1994, 35 ff [GG Art 12; BGB §§ 138 I, 242]); Schutz des **Eigentums und Erbrechts** gem Art 14 Abs 1 GG (vgl BVerfG NJW 1994, 36 ff; BGH NZM 2007, 597 ff). Häufig werden auch mehrere Verfassungsvorschriften gleichzeitig herangezogen, um den Inhalt von subjektiven Rechten zu bestimmen: So sah man eine „existenzvernichtende Haftung" eines Minderjährigen im Regress über § 67 Abs 1 S 1 VVG aF (mittlerweile § 86 Abs 1 S 1 VVG), § 828 Abs 3 BGB wegen Verstoßes gegen Art 1 Abs 1, 2 Abs 1, 3 Abs 1, 6 Abs 1 und 20 Abs 1 GG als rechtsmissbräuchlich an, solange der Minderjährige einkommens- und vermögenslos war (LG Bremen NJW-RR 1991, 1432, 1433 ff; mittlerweile wird die „existenzvernichtende Haftung" eines Minderjährigen allein als Verstoß gegen Art 2 Abs 1 iVm Art 1 Abs 1 GG angesehen, vgl BerlVerfGH NJW-RR 2010, 1141, 1142; vgl dazu auch den 1998 eingefügten § 1629a sowie u Rn 902 ff).

(b) Art 20 und 28 GG

147 Zu den genannten gesetzgeberischen Grundentscheidungen gehören ferner die in den Art 20, 28 GG festgeschriebenen **Verfassungsprinzipien**. Insbes das **Sozialstaats-**

prinzip wurde mehrfach von Rspr und Lit zur Konkretisierung des Maßstabs von „Treu und Glauben" herangezogen (vgl z Sozialstaatsklausel BVerfGE 1, 97, 105; BAG AP Nr 1 zu § 620 BGB; Nr 161 zu § 242 BGB; WEITNAUER, Der Schutz des Schwächeren im Zivilrecht [1975]; WOLF, Rechtsgeschäftliche Entscheidungsfreiheit und vertraglicher Interessenausgleich [1970] 101 ff; z Arbeitsrecht vgl bes G MÜLLER, Der Gedanke des sozialen Staates in der bisherigen Rechtsprechung des Bundesarbeitsgerichts, DB 1956, 524 ff, 549 ff; wNw bei MünchKomm/SCHUBERT Rn 69; SOERGEL/TEICHMANN Rn 55 f; PALANDT/GRÜNEBERG Rn 11), besonders in Fällen, in denen ein **unangemessenes Machtgefälle** vorlag (vgl auch REGER, Generalklauseln als Konfliktlösungsregeln? [Diss Frankfurt aM 1974] 74 ff; z weiteren Einwirkung des GG auf das Schuldrecht s STAUDINGER/OLZEN Einl 267 ff zum SchuldR).

(2) Sonstige gesetzliche Grundwertungen
Neben der Verfassung fließen in die bei der Ermittlung von Treu und Glauben 148 einzubeziehenden Interessen auch **(einfach-)gesetzliche Grundwertungen** ein (BYDLINSKI, Präzisierung 203 mit Bezug auf LARENZ, Kommentar z Urt d OGH 27. 6. 1969, ZAS 1970, 147; wNw in BYDLINSKI, Präzisierung 199 ff). Denn konkrete Normen sind oft Ausdruck eines allgemeinen Rechtsprinzips, welches bei der Abwägung iRv § 242 BGB Berücksichtigung finden kann, vor allem dann, wenn sich im Einzelfall ein Analogieschluss oder eine teleologische Reduktion aus dogmatischen Gründen verbietet (z Abgrenzung des § 242 von Analogie u teleologischer Reduktion s unten Rn 343 ff; ähnl BYDLINSKI, Präzisierung 203 Fn 40).

Dieses Vorgehen ist im Hinblick auf **deutsche Normen** unproblematisch. Im Zuge der 149 zunehmenden Europäisierung des Rechts, vor allem des Schuldrechts (ausf STAUDINGER/OLZEN Einl 280 ff zum SchuldR), fragt sich, inwiefern „Treu und Glauben" auch durch **europäische Maßstäbe** beeinflusst werden (MünchKomm/SCHUBERT Rn 70 ff; RITTER, Europarechtsneutralität mitgliedstaatlicher Generalklauseln?, NJW 2012, 1549; PWW/SCHMIDT-KESSEL Rn 19; einschränkend in Bezug auf die GR-Charta BAG NZA 2012, 286 Rn 12; näher dazu u Rn 1242 ff). Eine Grenze muss man beachten: Auch wenn eine deutsche Norm europarechtskonform ausgelegt wird, darf die Rspr nicht an die Stelle des nationalen Gesetzgebers treten. Sofern dieser etwa EU-Richtlinien nicht ordnungsgemäß umsetzt, liegt es nicht in der Hand des Rechtsanwenders, das Versäumnis über die europarechtskonforme Auslegung zu beheben. Vielmehr muss der Bürger die deutsche Norm beachten und kann sich grds nicht unmittelbar auf die EU-Richtlinie berufen, es besteht also keine unmittelbare horizontale Drittwirkung (vgl NK-BGB/LOOSCHELDERS Anh zu § 133 Rn 33 ff; speziell zum Streit um die Europarechtswidrigkeit v § 357 Abs 3 DAUNER-LIEB ua, Das Neue Schuldrecht Rn 51). Schäden sind im Wege der Amtshaftungsklage geltend zu machen (z Rechtsvergleichung s unten Rn 1160 ff).

(3) Sozialethische Anschauungen
Bereits bei der Wortlautauslegung von „Treu und Glauben" (s oben Rn 140 ff) wurde 150 festgestellt, dass damit auf außerrechtliche Maßstäbe Bezug genommen wird, vor allem die **sozialethischen Anschauungen** (vgl BYDLINSKI, Präzisierung 203; z Bedeutung der Verkehrssitte s unten Rn 159 ff). Damit meint man rechtsethische Maximen und Standards, wie sie sich häufig in zT jahrhundertealter Tradition im allgemeinen Rechtsbewusstsein verfestigt haben (BYDLINSKI, Präzisierung 201 mit Bezug auf LARENZ, Kommentar z Urt d OGH v 27. 6. 1969, ZAS 1970, 147 u wNw; s auch HEINRICH, in: FS Laufs [2006] 585, 588 mwNw; z Entwicklung von Treu und Glauben in der Rechtsgeschichte s oben Rn 6 ff).

(4) Interessen Dritter oder der Allgemeinheit

151 Umstr ist, inwiefern die Interessen **Dritter** oder der **Allgemeinheit** (= öffentliche Interessen) Einfluss auf die erforderliche Abwägung haben. Der Streit geht weniger um die Existenz eines entsprechenden Einflusses, der regelmäßig akzeptiert wird (zB BeckOK-BGB/Sutschet [1. 5. 2019] Rn 21; MünchKomm/Schubert Rn 52; allg z Auswirkung von Dritt- und Allgemeininteressen auf private Rechtsverhältnisse Westermann, Drittinteressen und öffentliches Wohl als Elemente der Bewertung privater Rechtsverhältnisse, AcP 208 [2008] 141 ff), als um eine dogmatische Konstruktion, die es erlaubt, öffentliche Interessen in privatrechtlichen Schuldverhältnissen zu berücksichtigen (dazu zB Siebert, Verwirkung 117 ff mwNw; z weiteren Einwirkung des GG auf das Schuldrecht s Staudinger/Olzen Einl 269 ff zum SchuldR). Ältere Ansichten vertreten, dass sich jedes Privatrechtsverhältnis als ein **dreiseitiges Rechtsverhältnis** darstelle, an dem der Staat neben den Privatrechtssubjekten teilnehme, sodass seine Beteiligung auf die Gestaltung des Rechtsverhältnisses entscheidenden Einfluss habe (Nachw dazu bei Siebert, Verwirkung 119). Andere wollten in ein **zweiseitiges Rechtsverhältnis** den Gemeinschaftsgedanken transportieren (vgl Siebert, Verwirkung 119 f mwNw). Diese Ansichten unterscheiden sich jedoch iE nicht, sodass es keiner Stellungnahme bedarf. Zunächst ist deshalb im Einzelfall zu prüfen, ob Drittinteressen oder solche der Allgemeinheit betroffen sind, danach muss die Gewichtung bestimmt und die Abwägung vollzogen werden (so Siebert, Verwirkung 119 f, der sich in der Begründung auch auf die Verkehrssitte beruft, dazu sogleich u Rn 159 ff; z Rang der Konkretisierungsmittel u Rn 158). Zu Vorsicht und richtiger Gewichtung veranlasst jedoch der Umstand, dass die entsprechenden Erwägungen bereits während des Nationalsozialismus vertreten worden sind (s oben Rn 66 ff).

(5) Idee des Rechts

152 Die Wortverbindung „Treu und Glauben" wird schließlich als Ausdruck einer **allgemeinen Rechtsidee** iSv Larenz (Richtiges Recht 29 ff; Bydlinski, Präzisierung 209; s bereits o Rn 118; eingehend J Schmidt, Präzisierung 247 ff) verstanden. Auch darin liegt der Verweis auf außerrechtliche soziale und rechtsethische Maßstäbe und damit auf ein Grundelement der westlich-abendländischen Rechtskultur. Es besteht im wechselseitigen Vertrauen ihrer Mitglieder auf rechtmäßiges, redliches Verhalten (s oben Rn 143).

bb) Einfluss der Zeit auf „Treu und Glauben"
(1) Maßgeblicher Zeitpunkt

153 Der maßgebliche Zeitpunkt für die Beurteilung dessen, was „Treu und Glauben" im Einzelfall meint, war selten Gegenstand der Diskussion. Soweit er überhaupt angesprochen wird, geht man mit Bezug auf die Rspr davon aus, dass für die Bestimmung der Leistung der Zeitpunkt der **Fälligkeit** ausschlaggebend sei (RGZ 148, 81, 93; Erman/Werner[11] [2004] Rn 5), für die Auslegung von Rechtsgeschäften der **Vertragsschluss** und für das Erfordernis des schutzwürdigen Eigeninteresses oder bei Veränderungen der Leistungspflicht der Zeitpunkt der letzten **mündlichen Verhandlung** (BGHZ 12, 337, 343). Für die Feststellung eines **Rechtsmissbrauchs** (hierzu u Rn 213) wird schließlich auf den Zeitpunkt der Geltendmachung des Rechts bzw – im Rechtsstreit – wiederum die letzte mündliche Tatsachenverhandlung abgestellt (BeckOK-BGB/Sutschet [1. 5. 2019] Rn 50; s unten Rn 218).

154 Die Festlegung des maßgeblichen Zeitpunkts im Anwendungsfall (vgl u Rn 401 ff) zeigt sich als vergleichbares Problem bei der viel häufiger diskutierten Frage des Beurteilungszeitpunktes für die **Sittenwidrigkeit** gem § 138 Abs 1 BGB (andere Vergleiche zeigt zB MAYER-MALY JZ 1981, 801 ff; z Verhältnis von § 138 u § 242 s im Übrigen auch u Rn 490 ff). Dafür ist der Zeitpunkt des **Vertragsschlusses**, nicht derjenige des Eintritts der Rechtswirkungen entscheidend (BGHZ 107, 96; 100, 359; 7, 111). Die Wirksamkeit eines zur Zeit seiner Vornahme gültigen Rechtsgeschäfts wird somit durch den späteren Wandel sittlicher Wertmaßstäbe nicht mehr berührt (BGHZ 20, 71, 73; 10, 391, 394; ausf STAUDINGER/SACK/FISCHINGER [2017] § 138 Rn 135, speziell zu den letztwilligen Verfügungen Rn 139; NK-BGB/LOOSCHELDERS § 138 Rn 122 ff). Umgekehrt erscheint es unbefriedigend, ein längst zurückliegendes Geschäft, das damals sittenwidrig war, während man es heute als zulässig ansieht, nicht gelten zu lassen (MAYER-MALY JZ 1981, 801, 804). Daher entschied die Rspr in der Frage der Sittenwidrigkeit zT differenziert: Die Beurteilung **tatsächlicher Verhältnisse** richte sich nach dem Zeitpunkt der **Vornahme** des Rechtsgeschäfts, für die Ermittlung der **Wertmaßstäbe** komme es dagegen auf den Zeitpunkt seiner **Beurteilung** an (zB OLG Hamm OLGZ 1979, 425, 427 f; vgl MAYER-MALY JZ 1981, 801, 804).

Solche Maßstäbe gelten nicht für die Beurteilung der **Gesetzeswidrigkeit** gem § 134 BGB. Die Aufhebung eines Verbotsgesetzes behebt nicht die Nichtigkeit von Geschäften, die zur Zeit seiner Geltung abgeschlossen wurden (RGZ 138, 52, 55; BGHZ 11, 59, 60; LG Hamburg MDR 1976, 402 f; NK-BGB/LOOSCHELDERS § 134 Rn 53 ff; STAUDINGER/SACK/SEIBL [2017] § 134 Rn 56). Vielmehr bedarf es entweder einer **Bestätigung** gem § 141 BGB (vgl BGHZ 11, 59, 60) oder einer besonderen gesetzlichen Regelung, wenn Schuldverhältnisse dem neuen Recht unterworfen werden sollen (BGHZ 10, 391, 394 mwNw). Einen ähnlichen Grundsatz drückt Art 170 EGBGB aus, der im Hinblick auf Schuldverhältnisse, die vor dem Inkrafttreten des BGB entstanden sind, die bisherigen Gesetze für maßgebend erklärt; vergleichbar sind ferner die Übergangsvorschriften zur Schuldrechtsreform in Art 229 §§ 5 bis 7 EGBGB (s STAUDINGER/OLZEN Einl 203 f zum SchuldR). **155**

Vergleicht man die Fallgestaltungen, ergibt sich Folgendes: Bei Normen, die auf die „guten Sitten" Bezug nehmen, sei es § 138 BGB oder § 826 BGB, handelt es sich um Generalklauseln, die mit ihren unbestimmten Rechtsbegriffen auf außerrechtlichen, **veränderlichen Wertvorstellungen** gründen (z Abgrenzung v § 242 zu 138 s unten Rn 490 ff). Im Rahmen des § 134 BGB dagegen kommt **ein „Wandel mit der Zeit"** deshalb **nicht in Betracht**, weil die Verbotsnorm konkrete Anordnungen für den Fall ihres Eingreifens trifft und keinen Spielraum lässt. § 242 BGB mit seinem Bezug auf „Treu und Glauben" ähnelt stärker den §§ 138, 826 BGB. Darauf gegründete Entscheidungen müssen also der Veränderbarkeit der Werte Rechnung tragen. Dogmatisch erscheint es überzeugend (MAYER-MALY JZ 1981, 801, 804 f mwNw), grds die **sittlichen Maßstäbe** zum Zeitpunkt der **Entstehung** des Schuldverhältnisses zu Grunde zu legen, im Rahmen der **Interessenabwägung** jedoch die **Entwicklung der Wertmaßstäbe** einzubeziehen, ohne dabei das berechtigte Vertrauen der Parteien in die Bestandskraft von Rechtsakten zu erschüttern, die zur Errichtungszeit rechtmäßig waren (die konkreten Auswirkungen dieser allgemeinen Grundsätze zeigen sich im Rahmen der Fallgruppen u der Anwendungsfälle iE s dort, u Rn 401 ff; zu 138 vgl ausf STAUDINGER/SACK/FISCHINGER [2017] § 138 Rn 135 ff). Inwiefern § 242 BGB darüber hinaus ein Rechtsprinzip ausdrückt, das **zeitlose (ideale) Geltung** beansprucht, kann an dieser Stelle nicht untersucht werden (vgl BYDLINSKI, Präzisierung 192; z Missbrauch v § 242 in der NS-Zeit s oben Rn 66 ff; z Idee des Rechts s oben Rn 152), weil sich die Frage von der einzelnen Generalklausel löst (z **„Entwicklungsfunktion"** des § 242 u z **Funktionswandel** zB **156**

Bydlinski, Präzisierung 214 ff mit Verweis auf Mayer-Maly JZ 1981, 801, 803; Larenz, Richtiges Recht va 28 ff, 32 ff; s auch Jansen, Die Struktur der Gerechtigkeit [Diss Kiel 1997] 276 ff z Idee einer freistehenden Prinzipienkonzeption der Gerechtigkeit, 300 ff z Abwägungskonsistenz).

(2) „Wirkungsdauer"

157 Die Veränderungen der für § 242 BGB beachtlichen Wertungsgrundlagen führen dazu, dass nach Auffassung mancher zB der aus der Norm abgeleitete **Rechtsmissbrauch** (ausf u Rn 213 ff) eine Rechtsausübung nicht schlechthin unzulässig werden lässt, sondern nur insoweit wirkt, wie die Gründe für die Anwendung des § 242 BGB reichen (vgl BGH LM § 242 [Ca] Nr 13; § 1598 Nr 2; BAG JZ 1956, 322 f; OVG Münster NJW 1992, 2245 [„Untergang"]). Auch hierin liegt kein spezielles Problem des § 242 BGB, sondern die Frage stellt sich für Generalklauseln insgesamt: Es geht hier darum, ob die Befugnisse des Berechtigten im Falle des Rechtsmissbrauchs **auf Zeit oder für immer** ausgeschlossen sind. Der Unterschied zwischen den scheinbar gegensätzlichen Meinungen, dass die Befugnis des Berechtigten durch Rechtsmissbrauch entweder „untergehe" (so zB Manigk, Das Problem der Verwirkung, DJZ 1936, 350 ff; im Regelfalle auch Esser, Schuldrecht² [1960] § 34, 8 zitiert nach Staudinger/J Schmidt [1995] Rn 770) oder bei „Änderung der Umstände" die „Rechtsausübung wieder zulässig" werde (so BGHZ 52, 365, 368; BAG JZ 1956, 322 f; Siebert, Verwirkung 153), fällt weg, wenn man die „Befugnisse" der Berechtigten zeitlich aufspaltet. Dann kann man nach dem Grundsatz der **Wahl des mildesten Mittels** einen Ausschluss der Befugnis auf Zeit einem Ausschluss der Befugnis auf Dauer vorziehen, so weit die angestrebten Zwecke auf diese Weise erreicht werden können (ausf bei den Fallgruppen u Rn 211 ff, 227; z ähnlich gelagerten verfahrensrechtlichen Problem, ob § 242 eine Einrede oder eine Einwendung darstellt, vgl u Rn 320 ff).

cc) Rang der Konkretisierungsmittel

158 Im Hinblick auf die **Rangfolge der Abwägungskriterien** (z Nachrangverhältnis v „Treu und Glauben" und „Verkehrssitte" u Rn 167) könnte man vor allem bei Interessen, die auch im GG Ausdruck finden, auf die Normenhierarchie zurückgreifen. Danach hätten zB Grundrechte im Zweifel Vorrang vor anderen verfassungsrechtlich geschützten Werten wie zB dem in Art 20 a GG angesprochenen Umweltschutz. Allerdings führt diese Methode selten zu handhabbaren Ergebnissen, weil im Anwendungsbereich von § 242 BGB regelmäßig grundrechtlich geschützte Interessen miteinander kollidieren (s oben Rn 144 ff); eine Hierarchie der einzelnen Grundrechte besteht jedoch nicht. Deshalb müssen im Rahmen eines sog **beweglichen Systems** (dazu Bydlinski, Präzisierung va 211 ff und 229 ff; zu 138 auch NK-BGB/Looschelders § 138 Rn 100; Staudinger/Sack/Fischinger [2017] § 138 Rn 99 die Abwägungskriterien zunächst festgestellt werden, um sie in einem zweiten Schritt zu bewerten. Dabei handelt es sich jedoch um ein Vorgehen, das außerhalb der anerkannten Fallgruppen nicht selten Unsicherheit hinterlassen wird, weil es auf sehr allgemeine Prinzipien zurückgreift.

b) „mit Rücksicht auf die Verkehrssitte"[*]

159 Der Ausdruck „Verkehrssitte" bezeichnet die den Verkehr **tatsächlich beherrschende Übung** (RGZ 135, 339, 345; 118, 139 ff; 110, 47 ff; 55, 375, 377; 49, 157, 162; BGH LM § 157 [B] Nr 1; WM 1973, 677 ff; NJW 1952, 257 f; OLG Koblenz NJW-RR 2010, 203; NK-BGB/Looschel-

---

[*] **Schrifttum:** Al-Shamari, Die Verkehrssitte im § 242 BGB: Konzeption und Anwendung seit 1900 (Diss Frankfurt 2006); Canaris, Die Vertrauenshaftung im deutschen Privatrecht (1971); Hageböck, Die normative Bedeutung der Verkehrssitte im § 242 BGB und ihr Verhältnis

DERS § 133 Rn 59 ff; MünchKomm/BUSCHE § 157 Rn 16; SOERGEL/TEICHMANN Rn 42; SOERGEL/ WOLF § 157 Rn 63; PALANDT/ELLENBERGER § 133 Rn 21; ERMAN/ARMBRÜSTER § 157 Rn 8 sowie ERMAN/BÖTTCHER Rn 13 – vgl auch STAUDINGER/DILCHER[12] §§ 133, 157 Rn 34 ff; ausf HAGEBÖCK, Verkehrssitte; z historischen Herkunft des Begriffs AL-SHAMARI 61 ff) und bedarf wegen seiner sehr allgemeinen Formulierung der Konkretisierung.

aa) Objektiver Tatbestand

Die „Verkehrssitte" setzt zunächst eine **tatsächliche Übung** voraus. Sie liegt vor, wenn der Rechtsverkehr in einer größeren Zahl von Fällen gleichartig verfährt. Die verbreitete oder allgemeine Überzeugung, eine entsprechende Übung bestehe, reicht nicht aus (RG SeuffA 74 Nr 160). Es genügt ferner nicht, dass die Übung nur regelmäßig beachtet wird (vgl RGZ 75, 338, 340 ff; RAG 13, 190 ff; STAUDINGER/DILCHER[12] §§ 133, 157 Rn 35; SOERGEL/WOLF § 157 Rn 63; ERMAN/ARMBRÜSTER § 157 Rn 10; SCHLEGELBERGER/HEFERMEHL HGB § 346 Rn 9, 13). Schließlich erlischt eine Verkehrssitte, wenn eine (früher anerkannte) Übung ihre Akzeptanz verloren hat. **160**

Eine tatsächliche Übung setzt ein entsprechendes Verhalten über einen gewissen **Zeitraum** voraus (BGH NJW 1990, 1723, 1724; dazu ausf Großkomm-HGB/KOLLER § 346 Rn 7 mwNw; SCHLEGELBERGER/HEFERMEHL HGB § 346 Rn 9; STAUDINGER/SINGER [2017] § 133 Rn 66). Dabei ist die Art der Geschäfte für die Länge des Zeitraumes maßgebend. Bei häufig vorkommenden Geschäften oder bei Geschäften des täglichen Lebens muss man einen längeren Zeitraum fordern als bei seltenen Geschäften (vgl BGH Betrieb 1966, 29, 30; OLG Hamburg MDR 1963, 849). In Ausnahmesituationen können sogar ganz kurze Zeiträume genügen (BGH NJW 1952, 257 f). **161**

Die Übung braucht sich nur in **bestimmten Gruppen** gebildet zu haben, sofern die fraglichen Rechtsverhältnisse ausschließlich Gruppenangehörige betreffen (vgl RGZ 135, 339, 345; 114, 9, 12; BGH LM § 157 [B] Nr 1; OLG Koblenz NJW-RR 2010, 203; MünchKomm/ BUSCHE § 157 Rn 22 ff; SOERGEL/WOLF § 157 Rn 65, 66; PALANDT/ELLENBERGER § 133 Rn 21; FLUME, BGB AT II § 16, 3 d). Dabei können die Gruppen nach **persönlichen** – insbes beruflichen – und nach **örtlichen Merkmalen** gebildet werden (HEINRICH, in: FS Laufs [2006] 585, 589; SONNENBERGER, Verkehrssitten 92 ff, nimmt sehr weitgehend an, es genüge, dass bestimmte Personen gleichartige Interessenkonstellationen auf dem gleichen Sachgebiet verwirklichen; krit LÜDERITZ, Auslegung von Rechtsgeschäften [1966] 416 f; vgl auch MünchKomm/BUSCHE § 157 Rn 22; SOERGEL/WOLF § 157 Rn 66; ERMAN/ARMBRÜSTER § 157 Rn 10). **162**

Zu den bedeutendsten berufsspezifischen Gruppenübungen – den **Handelsbräuchen** gem § 346 HGB – vgl insbes BAUMBACH/HOPT/HOPT HGB § 346 Rn 1 ff; SCHLEGELBERGER/HEFERMEHL HGB § 346 Rn 1 ff, 8; Großkomm-HGB/KOLLER § 346 Rn 5 ff, 52 ff; SOERGEL/WOLF § 157 BGB Rn 65; sowie u Rn 1038 ff. Zu **örtlichen Übungen** vgl RGZ 97, 215 ff; OGH NJW 1951, 111 f; SCHLEGELBERGER/HEFERMEHL HGB **163**

zu den ergänzenden Bestimmungen des bürgerlichen Rechts (Diss Göttingen 1933); SCHLEGELBERGER/HEFERMEHL, Kommentar zum HGB (5. Aufl 1976) § 346 Anm 1 ff; LIMBACH, Die Feststellung von Handelsbräuchen, in: FS Hirsch (1968) 77 ff; LÜDERITZ, Auslegung von Rechtsgeschäften (1966) 235 ff; PFLUG,

Schecksperre und Handelsbrauch, ZHR 135 (1971) 48 ff; Großkomm-HGB/KOLLER (4. Aufl 2004) § 346 Rn 1 ff; RUMMEL, Vertragsauslegung nach der Verkehrssitte (1972) 14 ff; WAGNER, Zur Feststellung eines Handelsbrauches, NJW 1969, 1282 f.

§ 346 Rn 33; eine Erstreckung auf Nicht-Ortsansässige kommt nur in Ausnahmefällen in Betracht, wenn ein besonderer Anknüpfungspunkt vorliegt (etwa in der Form eines Markt- oder Messebrauches; vgl z Ganzen Schlegelberger/Hefermehl HGB § 346 Rn 1 ff, 8 sowie Soergel/Wolf § 157 Rn 66, 67; ferner Looschelders, Schuldrecht AT § 4 Rn 10).

bb) Erfordernis einer subjektiven Komponente?

164 Str ist, inwieweit das Merkmal der Verkehrssitte eine **subjektive Komponente** erfordert. Die hM verlangt eine die Übung tragende **Überzeugung** der beteiligten Gruppen, oft auch als deren **„Zustimmung"** bezeichnet (sog „opinio necessitatis"; vgl dazu RGZ 135, 339, 345; BGH NJW 1990, 1723, 1724; 1957, 1105 f; OLG München BB 1955, 748; MünchKomm/Busche § 157 Rn 17; Soergel/Wolf § 157 Rn 63, vgl aber auch Rn 72; Schlegelberger/Hefermehl HGB § 346 Rn 10; Limbach, Handelsbräuche 77, 88; Wagner NJW 1969, 1282). Dagegen verlangt die Gegenansicht **keine Kenntnis** der Parteien vom Bestand der Übung (RGZ 114, 9, 12; 95, 122, 124 u 242 ff; BGH LM § 157 [B] Nr 1; NJW 1970, 1737 f; OLG Hamburg MDR 1963, 849; OLG Köln OLGZ 1972, 10, 12; MünchKomm/Busche § 157 Rn 18; Erman/Armbrüster § 157 Rn 12; Palandt/Ellenberger § 133 Rn 21; Schlegelberger/Hefermehl HGB § 346 Rn 31; Heinrich, in: FS Laufs [2006] 585, 589; Sonnenberger, Verkehrssitten 62 ff mwNw). Eine vermittelnde Meinung will auf die **Freiwilligkeit** der Übung abstellen (dh, die Übung müsse „machtfrei" entstanden sein, Großkomm-HGB/Koller § 346 Rn 9 ff) oder sieht in ihrem Bestand jedenfalls ein **widerlegbares Indiz** für die Überzeugung der Beteiligten (so Schlegelberger/Hefermehl HGB § 346 Rn 10 aE; Pflug ZHR 135 [1971] 1, 48 ff; Wagner NJW 1969, 1282 f). Sie verdient deshalb den Vorzug, weil sie allein praktikabel ist: Bereits die Ermittlung des objektiven Tatbestandes einer Übung bereitet – vor allem außerhalb der Handelsbräuche – erhebliche Schwierigkeiten. Darüber hinaus noch Bewusstseinslagen bei den beteiligten Kreisen verlässlich zu ermitteln und zu gewichten, würde die Anforderungen überspannen.

165 Unabhängig von diesem unterschiedlichen Meinungsbild besteht jedenfalls Einigkeit darüber, dass die Rechtsfolgen einer bestehenden Verkehrssitte auch Personen treffen, welche sie nicht kennen oder akzeptieren (vgl nur Soergel/Wolf § 157 Rn 72 mwNw; missverständlich Staudinger/J Schmidt [1995] Rn 146 und 150). Alleiniges Erfordernis für die Anwendbarkeit ist die **Gruppenzugehörigkeit der Betroffenen**. Dies beruht auf der normativen Wirkung, die der Verkehrssitte über § 242 BGB verliehen wird.

cc) Abgrenzung vom Gewohnheitsrecht

166 Die Verkehrssitte als tatsächliche Übung muss vom **Gewohnheitsrecht** (vgl Staudinger/Honsell [2018] Einl 232 ff zum BGB) abgegrenzt werden, weil beide sich in den **Rechtsfolgen** unterscheiden. Während das Gewohnheitsrecht ebenso eine **unmittelbare Rechtsquelle** darstellt wie formelles Recht (Erman/Armbrüster § 157 Rn 8), erlangt die Verkehrssitte nur **mittelbare Rechtsgeltung** über die Generalklauseln (Erman/Armbrüster § 157 Rn 8; vgl darüber hinaus Erman/Böttcher Rn 13). Soweit man mit der MM annimmt, dass die Verkehrssitte lediglich den objektiven Tatbestand der gleichmäßigen Übung unter den beteiligten Verkehrskreisen voraussetzt, bestehen keine Abgrenzungsprobleme. Denn die Bildung von Gewohnheitsrecht erfordert jedenfalls als subjektive Komponente die sog „opinio iuris" (RGZ 135, 339 ff; BGH LM § 157 [B] Nr 1; BB 1956, 868; Soergel/Wolf § 157 Rn 70; Erman/Armbrüster § 157 Rn 8;

Großkomm-HGB/KOLLER § 346 Rn 16 – aA DANZ, Laienverstand und Rechtsprechung, JherJb 38 [1898] 373 ff). Für die hM aber, die für eine Verkehrssitte als subjektives Element das Bewusstsein ihrer Notwendigkeit fordert (opinio necessitatis), fällt die Differenzierung nicht leicht. Allerdings lässt sich der Unterschied doch wie folgt fixieren: Beim Gewohnheitsrecht muss die Überzeugung der beteiligten Kreise dahingehen, dass der betreffende Regelungsgegenstand durch **Recht** geregelt sei, während die Verletzung einer Verkehrssitte nur **soziale Sanktionen** nach sich zieht (Sozialnorm; vgl dazu LIMBACH, Handelsbräuche 79, 85 ff; WAGNER NJW 1969, 1282 f; demgegenüber PFLUG ZHR 135 [1971] 1, 15 ff; ferner SONNENBERGER, Verkehrssitten 67 ff; z historischen Inhalt der Ausdrücke „opinio necessitatis" und „opinio iuris" als Synonyma vgl SONNENBERGER, Verkehrssitten 246 ff mwNw).

dd) Verhältnis zu „Treu und Glauben"

Die Verkehrssitte ist Treu und Glauben **nachrangig**, wie aus der Wortverknüpfung **167** **„mit Rücksicht auf"** folgt (MünchKomm/SCHUBERT Rn 9, 13). Auch die Materialien stellen ausdrücklich klar, dass die beiden Maßstäbe nicht gleichgestellt sein sollten (Prot I 1253 = MUGDAN II 522; ausf z den historischen Hintergründen AL-SHAMARI 66 ff). Im Kollisionsfalle hat deshalb grds das von Treu und Glauben Geforderte Vorrang (RGZ 135, 339, 340, 345; 114, 9, 13; OLG Köln BB 1957, 910; STAUDINGER/DILCHER[12] §§ 133, 157 Rn 37; Hk-BGB/ SCHULZE Rn 13; ERMAN/ARMBRÜSTER § 157 Rn 11; FLUME, BGB AT II § 16, 3 d, 312 f; vgl auch HAGEBÖCK, Verkehrssitte 42; SCHNEIDER, Treu und Glauben 149 ff m Verweis auf das Römische Recht). Dies liegt darin begründet, dass sich Verkehrsanschauungen, die mit gesetzlichen Grundwertungen im Widerspruch stehen, rechtlich als Missbräuche darstellen (BYDLINSKI, Präzisierung 212).

Daraus könnte man allerdings schließen, die „Verkehrssitte" sei ein überflüssiges **168** Merkmal des § 242 BGB, zumal der Begriff in § 307 Abs 1 S 1 BGB fehlt (vgl STAUDINGER/J SCHMIDT [1995] Rn 154). Nach dem oben dargestellten Rangverhältnis müsste man stets prüfen, ob die festgestellte „Verkehrssitte" nicht gegen „Treu und Glauben" verstößt. Die Auslegung, was im konkreten Fall Treu und Glauben entspricht, führt also bei solchem Vorgehen nicht nur zu einer Art „Rahmenentscheidung", innerhalb derer sich die „Verkehrssitte" dann entfaltet (so klingen manche Äußerungen in der Lit, vgl: Großkomm-HGB/KOLLER § 346 Rn 14; SOERGEL/TEICHMANN Rn 42; OERTMANN [1928] Anm 3; differenzierend: SCHLEGELBERGER/HEFERMEHL HGB § 346 Rn 40 [Handelsbrauch selbst verstößt gegen „Treu und Glauben"; bei Handeln innerhalb eines „an sich" Treu-und-Glauben-gemäßen Handelsbrauches wird gegen „Treu und Glauben" verstoßen]), sondern zu einer konkreten Entscheidung, mit der man eine evtl Verkehrssitte nur noch vergleicht. Zur Entscheidungsfindung – der wesentlichen Aufgabe von Tatbestandsmerkmalen – ist die Verkehrssitte nach teilw vertretener Ansicht somit entbehrlich (STAUDINGER/ J SCHMIDT [1995] Rn 154). Deshalb wurde schon früh darauf hingewiesen, dass die „Verkehrssitte" als Merkmal neben „Treu und Glauben" in der Praxis keine Rolle spiele (vgl schon HEDEMANN, Reichsgericht und Wirtschaftsrecht [1929] 322 ff).

Allerdings dient das Tatbestandserfordernis durchaus als **praktische Entscheidungs- 169 hilfe** bei der Rechtsanwendung. Es fällt leichter, „Treu und Glauben" zu ermitteln, wenn man sich an Verkehrssitten orientieren kann. IdR kommt ihr also **Indizwirkung** bezüglich der Merkmale „Treu und Glauben" zu (ähnl auch MünchKomm/SCHUBERT Rn 13; SOERGEL/TEICHMANN Rn 42; PALANDT/GRÜNEBERG Rn 6; ENNECCERUS/LEHMANN, Schuldrecht § 4 II 1 II; z Verkehrssitte als Hilfsmittel der Gesetzesauslegung OERTMANN, Rechtsordnung und Verkehrssitte 369 ff). Schließlich sollte die Anwendung von Treu und Glauben auch nicht zu „verkehrsfremden" Ergebnissen führen (so bereits Oertmann, Rechtsordnung und Verkehrssitte 310 ff, 374; Schneider, Treu und Glauben 135, 149).

c) „so zu bewirken"

170 Der Schuldner ist gem § 242 BGB zum **Bewirken** der Leistung verpflichtet. Damit begründet die Norm allerdings nichts, was nicht bereits aus § 241 Abs 1 BGB folgen würde (z Leistungsverpflichtung s Staudinger/Olzen § 241 Rn 23 f). Deshalb genügt der Hinweis, dass es nicht auf die Vornahme der Leistungshandlung ankommt, sondern der geschuldete **Leistungserfolg** eintreten muss (ausf Staudinger/Olzen [2016] § 362 Rn 9; MünchKomm/Schubert Rn 8). § 242 BGB definiert aber darüber hinaus (mindestens) die **Art und Weise der Leistungsbewirkung**, worauf insbes das Wort „so" hinweist (z Konkretisierungsfunktion ausf u Rn 181 ff). Dadurch ergänzt die Norm die folgenden §§ 243 ff BGB (Palandt/Grüneberg Rn 22; Hk-BGB/Schulze Rn 15).

aa) Funktionskreise-Theorie
(1) Meinungsstand

171 Ob die Norm mehr als die **Art und Weise der Leistung** vorschreibt, stellt eine wesentliche Streitfrage dar, die für die Systematisierung einer umfangreichen Kommentierung der Norm ebenso wie für die Rechtsanwendung bedeutsam ist. Dazu gibt es verschiedene Auffassungen, im Vordergrund steht die sog **Funktionskreistheorie** (in einer besonderen Abwandlung, s unten Rn 176; z Uneinheitlichkeit im Rahmen der hM vgl sogleich u Rn 172 ff). Sie wurde entwickelt, um die Norm zu strukturieren (vgl o Rn 122), indem man „Rechtsgebiete, Rechtsinstitute und typische Fallgruppen" herausgearbeitet hat, „die ihre Grundlage in § 242 BGB suchen müssen" (vgl Staudinger/Weber[11] Rn A 3 aE; im Übrigen dort auch Rn A 168; ein anderer Funktionsbegriff wird wieder in Rn A 113 f verwandt, daneben wird von „Funktionsrichtungen, Funktionstypen, Funktionsgruppen, Funktionsbereichen, Funktionsschichten" gesprochen; Rn A 117). Eine einheitliche Theorie der „Funktionskreise" des § 242 BGB existiert jedoch nicht, sondern man fasst unter dieser Bezeichnung unterschiedliche Denkansätze zusammen (manche sprechen von „Wirkungsmöglichkeiten", Soergel/Siebert/Knopp[10] [1967] Rn 43. Palandt/Grüneberg Rn 15 spricht von „Funktionskreisen").

172 Der ursprüngliche Ansatz von Siebert (vgl Soergel/Knopp bis z 10. Aufl) kannte drei Funktionskreise (Soergel/Siebert/Knopp[10] [1967] Rn 34 ff, bes 43): Neben der „Erweiterung von Pflichten und Grundlage selbstständiger Pflichten" standen die „Begrenzung der Rechte und Begrenzung der Normen" sowie schließlich die „Umwandlung des Inhalts von Verträgen und Rechtsstellungen zwecks Anpassung an veränderte Umstände". Teichmann hat im Folgenden – nach Ausschluss des Missbrauchsverbots – nur noch zwei Funktionskreise unterschieden, und zwar „Begründung und Erweiterung von Pflichten und Obliegenheiten" einerseits und deren „Eingrenzung und Veränderung" andererseits (Soergel/Teichmann Rn 58).

173 Eine ähnliche Konzeption, aber sogar für vier Funktionskreise, wurde früher von Heinrichs zu Grunde gelegt (vgl zB Palandt/Heinrichs[39] [1980] Anm 4). Er unterschied die „Regelung der Art und Weise der Leistung" von der Funktion „rechtserzeugende Wirkung", der „Begrenzung des Umfangs der Rechte" und schließlich dem „Fehlen und Wegfall der Geschäftsgrundlage".

Dieses System hat ESSER weiter verfeinert (Schuldrecht² [1960] § 31). Er differenzierte **174**
die „dispositive Normierung des ‚Wie' und ‚Was' der Schuldnerleistung" („regulative
Funktion/Standardfunktion") von der „Normierung des ‚wie-weit' der Leistung"
(„Schrankenfunktion"), einer Kontrolle der „Rechtlichkeit" der Ausübung eines
Anspruchs oder einer Einrede („Sozialfunktion"). Dabei waren nach seiner Ansicht
Fragen der „materialen Gerechtigkeit" zu berücksichtigen („Billigkeitsfunktion"),
und der Richter habe „die dogmatischen Maßstäbe des BGB durch neue Institutionen zu verfeinern und der Zeitproblematik anzupassen" („Ermächtigungsfunktion").

Eine andere Theorie entwickelte WIEACKER (Präzisierung 20 ff; ähnl ENNECCERUS/LEH- **175**
MANN, Schuldrecht § 4 II 1 II 6). Er verstand § 242 BGB als Konkretisierung einer
vorgegebenen gesetzlichen Regelung durch den Richter („officium iudicis"). Ferner
fällt nach dieser Betrachtungsweise darunter: Die Anforderung an Parteien, sich bei
Geltendmachung und Abwehr von Rechten „gerecht" und „rechtsgenössisch" zu
verhalten („praeter legem"). Schließlich schaffe die Norm „neues Richterrecht über
die Verwirklichung eines gesetzgeberischen Entwurfs hinaus" („contra legem") (ähnl
GERNHUBER JuS 1983, 764, 765 ff).

Die neue „Funktionskreise"-Konzeption (zur „alten" vgl oben Rn 171 ff) von HEINRICHS **176**
lehnt sich an die soeben vorgestellten Theorien an, unterscheidet aber vier Funktionen (jetzt PALANDT/GRÜNEBERG Rn 15 f), uz die „Konkretisierungsfunktion", die „Ergänzungsfunktion", die „Schrankenfunktion" und schließlich die „Korrekturfunktion". Eine gewisse Akzentverschiebung findet sich bei TEUBNER (Generalklauseln 50 ff,
Zusammenfassung 116 ff).

Alle Betrachtungsweisen werden von J SCHMIDT (STAUDINGER/J SCHMIDT [1995] Rn 124 ff) **177**
kritisiert: Die Unklarheit des Funktionsbegriffes trage zu seiner „Funktionslosigkeit"
bei. Manche umschrieben damit die Arbeit des Rechtsanwenders (wenn man von
„Ermächtigungsfunktion" des § 242 BGB spreche), andere sähen darin einen Ausdruck für eine Systematik der Fallgruppen (SOERGEL/SIEBERT/KNOPP sowie SOERGEL/TEICH-
MANN zT; PALANDT/GRÜNEBERG Rn 15). Die „Funktion" des § 242 BGB werde aber auch
für die Begründung neu geschaffener Rechtsnormen herangezogen („Billigkeitsfunktion" bei ESSER; „Standardfunktion" bei ESSER und TEUBNER). Bei ESSER entfalte der Ausdruck „Funktion des § 242" sogar mehrere Bedeutungen.

Entscheidend sei, dass alle Betrachtungsweisen letztlich nur empirische Analysen **178**
der Anwendung des § 242 BGB darstellten. Sie zeigten dementsprechend nur die
Anwendung des § 242 BGB durch Rspr und Lit und systematisierten diese Fakten.
Eine Umschreibung des normativen Gehalts von § 242 BGB könne man auf diese
Weise nicht erreichen.

Dem sind andere Autoren unter Hinweis darauf gefolgt, dass deshalb zunehmend auf
die „Funktionskreise"-Theorie verzichtet werde (vgl MünchKomm/SCHUBERT Rn 136 ff;
SOERGEL/TEICHMANN Rn 5 ff, 8 ff). Ihre Bedeutung bestimme nur noch die **Stoffanordnung** der Kommentierungen (so iE SOERGEL/TEICHMANN Rn 58 ff; z weiteren Argumenten im
Hinblick auf die rückläufige Relevanz der Funktionskreise-Theorie STAUDINGER/J SCHMIDT [1995]
Rn 200 ff und 250).

(2) Stellungnahme

179 Bei aller Berechtigung dieser Argumente darf nicht unberücksichtigt bleiben, dass die Funktionskreis-Lehre mehr als die bloße Systematisierung des Stoffes leistet. Mit ihrer Hilfe lassen sich die Rechtsprechungsaussagen in Zukunft prognostizieren, weil sie als **Wertentscheidung** und **Orientierungshilfe** dient (in diese Richtung auch MünchKomm/Schubert Rn 32, 44), um **„gemeinsame Nenner"** zu finden (MünchKomm/Schubert Rn 42). Die (abstrakten) Funktionskreise stellen insoweit den Ausgangspunkt dar, als sich von ihnen iRd Kommentierung eine immer konkretere Darstellung ableiten lässt, die zur **Fallgruppenbildung** führt, um schließlich in **einzelne Anwendungsfälle einzumünden** (insoweit ähnl der Konkretisierungstheorie, s bereits o Rn 115; va Fikentscher/Heinemann, Schuldrecht Rn 199, 206 ff). Dass sich Funktionskreise nicht immer klar trennen lassen (MünchKomm/Schubert Rn 136; auch Esser JZ 1956, 555, 556 mVerw auf Wieacker), steht ihrer Berechtigung nicht entgegen. Orientierungshilfen schaffen keine unumstößlichen Kriterien, an die der Rechtsanwender gebunden wäre, sondern geben Unterstützung (dazu ausf Bydlinski/Krejci/Schilcher/Steininger, Das bewegliche System im geltenden und künftigen Recht [1986]; vgl auch Bydlinski, Präzisierung 229 ff; dazu bereits o iRd Abwägung Rn 144 ff), mit der eine Entscheidung gefunden wird, ohne sich ausschließlich an der Einzelfallbilligkeit zu orientieren (ähnl auch Bydlinski, Präzisierung 211).

180 Die Funktionskreis-Lehre lässt sich auch aus dem Gesetz ableiten. Neben gesetzlichen Grundwerten (zB der Verfassung, vgl o Rn 121) werden dabei also auch rechtsethische und sozialethische Prinzipien sowie Regeln der Verkehrssitte für die Begründung der Funktionskreise und der aus ihnen entwickelten Fallgruppen (s unten Rn 401 ff) berücksichtigt.

Die hier zunächst folgende Einteilung entspricht weitgehend der von Heinrichs ausgehenden hM (s oben Rn 176; aber zB auch Soergel/Teichmann Rn 58 ff; Erman/Böttcher Rn 17 f; Looschelders, Schuldrecht AT § 4 Rn 15 ff), allerdings unter Einbeziehung der von Fikentscher begründeten Konkretisierungstheorie (s oben Rn 115). Indes trifft eine ausschließliche Ordnung der Kommentierung nach Funktionskreisen auch auf Grenzen, insbes im Hinblick auf die Übersichtlichkeit (s unten Rn 401). Sie beruhen vor allem auf den Überschneidungen und letztlich nicht zwingenden Unterscheidungskriterien zwischen den einzelnen Funktionen. Deshalb wird ein **Mischsystem** gewählt: Nach Darstellung der Funktionskreise und Fallgruppen im Allgemeinen orientiert sich die Bearbeitung bezüglich der Rechtswirkungen des § 242 BGB an der Systematik des BGB und berücksichtigt danach die anderen Rechtsgebiete.

bb) Konkretisierungsfunktion

181 § 242 BGB verpflichtet den Schuldner zur Leistung nach Treu und Glauben. Die am stärksten am Wortlaut orientierte und damit unproblematische Funktion des § 242 BGB besteht also darin, die **Art und Weise der Leistung** über die in den §§ 243 ff BGB geregelten Einzelfragen hinaus zu konkretisieren (s oben Rn 113), zB im Hinblick auf die in § 271 BGB nur unzureichend geregelte **Leistungszeit** (Gernhuber JuS 1983, 764, 766; s unten Rn 618).

182 Folglich bewirkt § 242 BGB in generalisierender Betrachtungsweise primär eine Konkretisierung der **Schuldnerpflichten**. Oft wird darauf hingewiesen, die Konkretisierungsfunktion betreffe „entgegen dem Gesetzeswortlaut" auch den **Gläubiger** (zB MünchKomm/Schubert Rn 180; Larenz, Schuldrecht I § 10 II, 131; Looschelders, Schuld-

recht AT § 4 Rn 16). So dürfe er zB nicht auf den vereinbarten Leistungsort oder die vereinbarte Leistungszeit bestehen, wenn dies den Schuldner unzumutbar belaste (LOOSCHELDERS, Schuldrecht AT § 4 Rn 16). Doch muss zur Lösung dieser Probleme der unmittelbare Anwendungsbereich des § 242 BGB noch nicht verlassen werden: Stellt sich die Leistungserbringung am vereinbarten Ort für den Schuldner als unzumutbar dar, dann wird seine Pflicht dergestalt konkretisiert, dass sie vom vereinbarten Leistungsort unabhängig ist.

Fälle, in denen der Gläubiger **weniger fordern** darf, als ihm gesetzlich oder vertraglich zusteht, betreffen dagegen nicht die Konkretisierungsfunktion des § 242 BGB. Die Beschränkung der Gläubigerrechte steht vielmehr damit nur in mittelbarem Zusammenhang und gehört eigentlich in den Bereich der **Schrankenfunktion** (s unten Rn 201 ff). Daran zeigt sich bereits, dass **Konkretisierungs-** und **Ergänzungsfunktion** aus **Schuldnerperspektive, Schranken-** und **Korrekturfunktion** dagegen besser aus der **Gläubigerperspektive** zu verstehen und darzustellen sind. **183**

Bsp für eine Konkretisierungsfunktion des § 242 BGB nach dem dargestellten Verständnis finden sich deshalb seltener, als man annehmen könnte. Der Schuldner hat bei seiner Leistung etwa auf folgende berechtigte Interessen des Gläubigers Rücksicht zu nehmen: **184**

So ist ihm uU nach § 242 BGB verwehrt, zur **„Unzeit"**, zB nachts oder an einem Feiertag, **zu leisten**, selbst wenn ihm Tag und Stunde der Leistung an sich freigestellt sind (LARENZ, Schuldrecht I § 10 II a; vgl auch § 358 HGB). Auch verstößt eine **Teilaufrechnung** gegen § 242 BGB, wenn dadurch dem Gläubiger eine Belästigung erwächst (grundlegend RGZ 79, 359, 361; s auch MünchKomm/SCHLÜTER § 389 Rn 5; ausf z Aufrechnung Rn 688). Ferner ist der Schuldner dann jedem Gläubiger gegenüber zur anteilsmäßigen Befriedigung verpflichtet bzw zur verhältnismäßigen Kürzung aller Leistungen berechtigt, wenn er aus einem **begrenzten Vorrat** mehreren Gläubigern je eine bestimmte Menge schuldet, dieser Vorrat in Folge unvorhergesehener Ereignisse aber nicht zur vollen Befriedigung aller ausreicht (ausf dazu u Rn 575 ff). **185**

cc) Ergänzungsfunktion
Jedenfalls bis zum Schuldrechtsmodernisierungsgesetz, dh bis zum 1. 1. 2002 (ie STAUDINGER/OLZEN Einl 184 ff zum SchuldR), wurde § 242 BGB auch zur **Ergänzung von Schuldverhältnissen** herangezogen, wurden also mit seiner Hilfe zusätzliche Leistungs- und Rücksichtspflichten begründet, die weder Vertrag noch Gesetz ausdrücklich hergaben (zB ENNECCERUS/LEHMANN, Schuldrecht § 4 II 1 II 2, 3; LARENZ, Schuldrecht I § 10 II e, 138; OERTMANN [1928] Anm 1; Überbl auch bei GERNHUBER JuS 1983, 764, 765). Insbes entnahm man der Norm die Verpflichtung der Parteien zur gegenseitigen Rücksichtnahme (vgl auch LARENZ, Richtiges Recht 85), die sich uU in einer Pflicht zur Aufklärung, zur Obhut und zur Fürsorge ausdrücken konnte. Die Ergänzungsfunktion wurde als eine Präzisierung des § 242 BGB verstanden. Die Begründung „an sich" nicht bestehender Rechte durch § 242 BGB stand dagegen nie im Vordergrund (WESTERMANN/BYDLINSKI/WEBER, Schuldrecht AT [8. Aufl 2013] Rn 4/2), sondern wurde vielmehr iE oft abgelehnt (BGH NJW 1981, 1779 f; 1954, 1524 ff). **186**

Nach der Reform des Schuldrechts stellte sich jedoch die Frage, inwiefern diese Ergänzungsfunktion des § 242 BGB noch ihre Berechtigung findet, sei es im Hin- **187** blick auf **Rücksichtspflichten**, aber auch auf Leistungspflichten, wenngleich der Schwerpunkt immer in erstgenanntem Bereich lag.

188 In diesem Zusammenhang ist darauf hinzuweisen, dass sich das **„Wie"** (Konkretisierung) einer Leistung vom **„Ob"** (Ergänzung) nicht immer deutlich trennen lässt, weil eine Präzisierung der Schuldnerpflichten regelmäßig eine Mehrbelastung des Schuldners iS einer Ausweitung (Ergänzung) seiner Pflichten bewirkt (vgl auch Looschelders, Schuldrecht AT § 4 Rn 17). Oft stellt sich die Abgrenzung auch nur als Formulierungsfrage dar: Ob man sagt, im Privatrechtsverkehr dürfe nur zu üblichen Stunden erfüllt werden, oder den Schuldner treffe neben seiner Erfüllungspflicht die zusätzliche Pflicht, sich an übliche Leistungszeiten zu halten, läuft inhaltlich auf das Gleiche hinaus (Fikentscher/Heinemann, Schuldrecht Rn 208). Dennoch ist aus systematischen Gründen eine Trennung der beiden Funktionskreise „Konkretisierung" und „Ergänzung" wünschenswert, wenngleich der Frage nachrangig, ob § 242 BGB seine Ergänzungsfunktion (mittlerweile) verloren hat.

189 Zunächst ließ sich – sogar bereits vor dem 1. 1. 2002 – der **Wortlaut** der Norm gegen die Ergänzungsfunktion des § 242 BGB, jedenfalls in seinem unmittelbaren Anwendungsbereich, anführen: Indem er Schuldner und Gläubiger voraussetzt, deutet er auf eine bereits **bestehende Leistungspflicht** hin.

190 Andere Gründe sprechen noch entscheidender gegen eine Pflichtenbegründung mit Hilfe der Norm: Zunächst hat der Gesetzgeber – wie auch die Formulierungen der §§ 282 und 324 BGB zeigen – die **Rücksichtnahmepflichten** im Rahmen der Schuldrechtsmodernisierung eindeutig § 241 Abs 2 BGB zugeordnet (ausf o Staudinger/Olzen § 241 Rn 388 ff). Die **leistungsbezogenen Nebenpflichten** sind im Wege systematischer Auslegung seit der Schuldrechtsreform von § 241 Abs 1 BGB erfasst (ausf o Staudinger/Olzen § 241 Rn 147). Daraus folgt, dass § 242 BGB keine Grundlage mehr für die Entstehung der entsprechenden Pflichten bildet, sondern allein ihre Konkretisierung in seinen Anwendungsbereich fällt, und selbst diese „nur" neben § 133 und § 157 BGB (z Verhältnis von § 242 zu §§ 133 und 157 s unten Rn 352 ff).

191 Ob § 242 BGB im Hinblick auf **Hauptleistungspflichten** eine Ergänzungsfunktion zukommt, wird in Anlehnung an Larenz (Schuldrecht I § 10 II g, 142) und Canaris (Vertrauenshaftung 372 ff) meist unter dem Begriff **„Erwirkung"** erörtert (der Terminus findet sich, so weit ersichtlich, zuerst bei Siebert, Verwirkung 246; vgl Canaris, Vertrauenshaftung 372; Larenz, Schuldrecht I § 10 II g, 142 ohne eindeutige Festlegung, ob die Pflicht aus § 242 begründet wird und daraus ein Schuldverhältnis folgt, oder ob § 242 zur Begründung des Schuldverhältnisses herangezogen wird, aus dem die entsprechende Pflicht entsteht), spiegelbildlich zur **„Verwirkung"** (dazu ausf u Rn 300 ff). Die **Voraussetzungen** einer „Erwirkung" sollen in einem **Vertrauenstatbestand** auf Seiten des Berechtigten und auf Seiten des Haftenden in der **Zurechnung** aufgrund des Verschuldens- oder Risikoprinzips liegen (vgl Canaris, Vertrauenshaftung 372 f; Staudinger/J Schmidt [1995] Rn 582 ff). Als Bsp für die „Erwirkung" eines Anspruchs wird der Fall genannt (Larenz, Schuldrecht I § 10 II g, 142), dass jemand über längere Zeit Unterhaltsbeiträge ohne rechtliche Verpflichtung erbringt, sodass der Empfänger darauf vertraut, er könne auch in Zukunft mit diesen Leistungen rechnen und auf diese Weise einen an sich nicht bestehenden Anspruch erhält.

Eine solche „Erwirkung" käme grundsätzlich für alle subjektiven Rechte in Betracht **192**
(praktische Bsp aus der Rspr fehlen aber im Mietrecht, wo man sie erwarten könnte;
so auch CANARIS, Vertrauenshaftung 382; z einem Sonderfall: Anspruch auf Überlassung eines
Gebäudes zu Eigentum durch Wohnungsberechtigten im Bergbau kraft Erwirkung vgl BGH NJW
1972, 536, 537; z Erwirkung im Namensrecht vgl BayOLGZ 1971, 216; z Erwirkung eines Rechts auf
höhere Rente vgl BSG NJW 1966, 125 ff; z jahrelangen Abweichen von einem gesellschaftsvertraglichen Gewinnverteilungsschlüssel vgl BGH WM 1966, 159). Die wichtigsten Fälle werden
aber – vor allem seit BAGE 5, 44, 47 – im Arbeitsrecht unter dem Schlagwort
betriebliche Übung diskutiert (s dazu u Rn 852 ff).

Unabhängig davon, wie man zu dieser Rechtsfigur steht, kommt jedenfalls eine **193**
Gleichsetzung mit den Fällen der **„Verwirkung"** (hierzu ausf u Rn 300 ff) nicht in Betracht: Denn bei der Verwirkung eines Rechtes gewinnt der von der Verwirkung
Begünstigte an Rechtspositionen. Wer vorher als Schuldner gebunden war, erlangt
mit Verwirkung des Forderungsrechtes seine Handlungsfreiheit ganz oder teilw zurück. Wer zB zunächst durch das Recht des Eigentümers gehindert war, eine Sache zu
nutzen, erlangt durch die Verwirkung der entsprechenden Befugnisse das Nutzungsrecht. Diese Fälle sind also dadurch gekennzeichnet, dass die Freiheit des ursprünglich Nichtberechtigten zu Lasten des vorher Berechtigten erweitert wird, **ohne** dass
allerdings **neue Pflichten begründet** werden. Am Bsp der Forderung bedeutet dies:
Zwar verliert der alte Gläubiger seinen Anspruch gegenüber dem Schuldner durch
„Verwirkung", er wird aber dadurch nicht gleichzeitig zu dessen Schuldner.

Schwierigkeiten bereiten die Sachverhalte, in denen durch „Erwirkung" tatsächlich **194**
eine Pflicht des anderen Teils begründet werden soll. Die Frage lautet dabei, ob eine
faktische Übung während eines bestimmten Zeitraumes zur Anpassung der rechtlichen Situation dergestalt führen kann, dass eine Forderung des Begünstigten entsteht. Trotz des arbeitsrechtlichen Schwerpunkts dieses Problems (s oben Rn 192 u
Rn 852 ff) ist es von allgemeiner Relevanz (allg Lit: MünchKomm/SCHUBERT Rn 446 f;
CANARIS, Vertrauenshaftung 372 ff; SINGER, Das Verbot widersprüchlichen Verhaltens [Diss München 1993] 223 ff).

Die meisten der unter diesem Oberbegriff behandelten Fälle sind ohne weiteres mit **195**
den (vorrangigen) **Vertragsschluss- und Auslegungsregeln** zu lösen (so auch häufig in
Rspr und Lit, vgl RAG ARS 40, 215 ff; 39, 153 ff; 38, 252 ff; 37, 365 ff; 33, 216, 223; BAGE 6, 59;
BAG NJW 1987, 2101, 2102 [in einer Auslegung der konkludenten Willenserklärung „gem §§ 133,
157, 242 BGB"]; PALANDT/ELLENBERGER Einf 14 v § 116; RICHARDI, Die betriebliche Übung – ihre
rechtliche Bedeutung – insbes ihr Verhältnis zur Betriebsvereinbarung, RdA 1960, 401, 403; vgl auch
EBERLE, Kann aus wiederholten, gleichmäßigen, irrtümlichen Leistungen eine betriebliche Übung
entstehen?, BB 1972, 1326; CANARIS, Vertrauenshaftung 372 ff, 411 ff; HANAU AcP 165 [1965] 220,
261 f; VEIT/WAAS, Die Umdeutung einer kompetenzwidrigen Betriebsvereinbarung, BB 1991, 1329;
1337; WEBER, Vertrauensschutz aus fortgesetztem Verhalten, Betrieb 1974, 709. Bedenken gegen die
Annahme einer Willenserklärung auch von SIEBERT, Ruhegeldanspruch und Betriebsgemeinschaft,
DR 1940, 1410 ff; ZEUNER, Zum Problem der betrieblichen Übung, BB 1957, 647 ff. Zu einer
Diskussion der „Vertrags-/Vertrauens"-Theorie vgl SINGER, Neue Entwicklungen im Recht der
Betriebsübung, ZfA 1993, 487 ff mit ausf Nachw). Mit vorbehaltlosem Gewähren einer
Leistung bietet jemand konkludent den Abschluss oder die Änderung eines entsprechenden Vertrages an, den der andere durch Entgegennahme der Leistung
konkludent annimmt, wobei regelmäßig gem § 151 S 1 BGB auf den Zugang der

Annahmeerklärung verzichtet wird. Die Ergänzungsfunktion des § 242 BGB mit dem Ziel der Begründung von Leistungspflichten ist dafür also nicht erforderlich. Die neuere Rspr scheint in anderem Zusammenhang ebenfalls zu diesem Ergebnis zu gelangen, wenn der BGH (NJW 2001, 3119, 3120) ausführt, dass der Gedanke von Treu und Glauben keine selbstständigen Ansprüche begründe (z nachbarlichen Gemeinschaftsverhältnis s STAUDINGER/OLZEN § 241 Rn 409 ff).

196 Obwohl auch gegen die vertragsrechtliche Lösung Bedenken angeführt werden (STAUDINGER/J SCHMIDT [1995] Rn 581 ff; iE auch MünchKomm/SCHUBERT Rn 447; s unten Rn 852 ff), kommt der „Erwirkung" als Rechtsbegründungstatbestand also keine eigenständige Bedeutung zu (aA STAUDINGER/J SCHMIDT [1995] Rn 581). In den Fällen, in denen mit Hilfe der Rechtsgeschäftslehre kein Vertrag begründet werden kann, entstehen eben keine Ansprüche, weil ein Rückgriff auf § 242 BGB am Vorrang der §§ 145 ff BGB scheitert (z Verhältnis des § 242 z anderen Vorschriften vgl ausf u Rn 332 ff).

197 Schließlich lässt sich der früher unternommene Versuch, mit Hilfe des § 242 BGB ein **Schuldverhältnis „kraft Treu und Glauben"** zu begründen (dagegen aber bereits OERTMANN [1928] Anm 1mit Verweis auf die Spezialität von § 157) ebenfalls nach der Schuldrechtsreform nicht länger vertreten. Im Bereich der **cic** und der **Gefälligkeiten** hat § 311 Abs 2, 3 BGB diese Funktionen (bereits o Rn 130 f; ausf z Entstehen des Schuldverhältnisses STAUDINGER/OLZEN Einl 47 u 78 zum SchuldR) übernommen. Die in der Vergangenheit ebenfalls diskutierte Fallgruppe des sog **sozialtypischen Verhaltens** wird von der hM heute zu Recht abgelehnt (STAUDINGER/OLZEN § 241 Rn 99) und schließlich auch das **nachbarliche Gemeinschaftsverhältnis** nicht mehr unter diesem Aspekt behandelt (vgl Rn 132 und STAUDINGER/OLZEN § 241 Rn 409 ff).

198 Zusammenfassend lässt sich daher feststellen, dass § 242 BGB in seinem **unmittelbaren Anwendungsbereich** – dh iRv Schuldverhältnissen (ausf o Rn 125 ff) – **keine Ergänzungsfunktion** (mehr) zukommt (anders wohl LG Münster FamRZ 2003, 1666 ff, allerdings z Rechtszustand vor der Schuldrechtsreform).

d) „(nur) verpflichtet"

199 Seinem Wortlaut nach verpflichtet § 242 BGB nur den **Schuldner**, sodass die §§ 226, 826 BGB für den **Gläubiger** abschließende Regelungen zu treffen scheinen. Jede Verkürzung der Leistungspflicht des Schuldners führt aber zugl zu einer entsprechenden Anspruchsverminderung beim Gläubiger (vgl NK-BGB/KREBS Rn 1; vgl o Rn 76 sowie u Rn 213, 215, 258, 373 ff und GERNHUBER JuS 1983, 764, 765). Dementsprechend könnte man § 242 BGB auch wie folgt lesen: „Der Schuldner ist **nur verpflichtet**, die Leistung so zu bewirken, wie Treu und Glauben mit Rücksicht auf die Verkehrssitte es erfordern."

200 Wenn ein Gläubiger nicht mehr vom Schuldner fordern darf, als Treu und Glauben mit Rücksicht auf die Verkehrssitte erlauben, betrifft die Norm mittelbar also auch ihn. Die Auslegung der Wortkombination „Treu und Glauben" (z deren Bedeutung o Rn 140 ff) unterstützt dieses Ergebnis: Beides bedingt einander, weil die Treue eines Vertragsteiles ohne das entsprechende Vertrauen des anderen darauf, den Glauben, unvollständig wäre. Deshalb muss der Grundsatz für **beide Partner** gelten (WEBER JuS 1992, 631, 634 f). Die hM (vgl nur LARENZ, Schuldrecht I § 10 II, 131), die über § 242 BGB ungeachtet seines Wortlauts eigene Pflichten für den Gläubiger begründet, erscheint

deshalb dogmatisch zweifelhaft und auch unnötig, wenn man die Reflexwirkung der Norm auf den Gläubiger beachtet (klarer insoweit bereits OERTMANN [1928] Anm 4b). Die sog **Schrankenfunktion** der Norm folgt also vielmehr aus einer Präzisierung des Normgehalts von § 242 BGB mit Hilfe seiner **teleologischen Auslegung** (z praktisch bedeutungslosen Streit um die sog Innentheorie und Außentheorie vgl die ausf Nachw in STAUDINGER/WERNER[11] [1961] Rn 24 ff).

aa) Schrankenfunktion
Die Schrankenfunktion des § 242 BGB bildet eine wesentliche Grundlage der Fall- 201
gruppenbildung (dazu u Rn 211 ff) innerhalb seines unmittelbaren Anwendungsbereiches (WESTERMANN/BYDLINSKI/WEBER, Schuldrecht AT [8. Aufl 2013] Rn 4/2 bezeichnet sie als dem § 242 ursprünglich zukommende Funktion). Obwohl sie oft als **Rücksichtnahmepflicht** des Gläubigers bezeichnet wird (zB BGH NJW 2001, 3119, 3120 f; MünchKomm/SCHUBERT Rn 180 ff), folgt daraus nicht, dass sie nun ihren Platz in § 241 Abs 2 BGB gefunden hätte (dazu s STAUDINGER/OLZEN § 241 Rn 434 ff).

Aus ihr gewinnt der Richter einen Spielraum bei **geringfügigen Abweichungen** von 202
Leistung und Vereinbarung, zB bzgl des Umfangs der Leistung oder ihrer Zeit (WIEACKER, Präzisierung 26). Beides muss der Gläubiger hinnehmen (MünchKomm/SCHUBERT Rn 180 mwBsp z diesem Bereich in Rn 159 ff; ähnl auch BGB-RGRK/ALFF Rn 23 f mNw). Er darf auch eine fast vollständige Leistung entgegen § 266 BGB dann nicht zurückweisen, wenn nur ein verhältnismäßig geringer Teil aussteht (LARENZ, Schuldrecht I § 10 II b). Ferner kann sich ein Gläubiger nach Treu und Glauben nicht auf eine **Fristüberschreitung** berufen, wenn er bei seinem Schuldner einen Vertrauenstatbestand geschaffen hat, er werde daraus nicht die vereinbarten Folgen herleiten (BGH NJW 2003, 2448 ff im Anschluss an 1980, 1043, 1044; dabei könnte es sich allerdings auch um eine konkludente Vertragsänderung handeln; z ähnl Problem der Erwirkung s unten Rn 317). Ebenso verbietet § 242 BGB dem Gläubiger, vom Schuldner eine Leistung zu verlangen, die dieser mit seinem **Gewissen nicht zu vereinbaren** vermag (z Abgrenzung dieses Falles von § 275 Abs 3 und § 315 Abs 1 s unten Rn 268, 272 ff; z früheren Rechtslage zB LARENZ, Schuldrecht I § 10 II c; z Einfluss des Grundrechts der Gewissensfreiheit va auf das Arbeitsrecht vgl bereits o Rn 146) oder welche ihm **wirtschaftlich unmöglich** ist (z Abgrenzung dieses Falles von § 275 Abs 2 und § 313 s unten Rn 268 ff; z alten Rechtslage zB SOERGEL/TEICHMANN Rn 61; ENNECCERUS/LEHMANN, Schuldrecht § 4 II 1 II 4).

Wichtige Fallgruppen, die daneben aus der Schrankenfunktion bzw dem Rechtsmiss- 203
brauchsverbot des § 242 BGB entstanden sind, stellen zB die **unzulässige Rechtsausübung**, insbes die **dolo agit-Einrede** (dazu ausf s unten Rn 279 ff), der **Missbrauch der Vertretungsmacht** (dazu ausf s unten Rn 517 ff), das Verbot des **venire contra factum proprium** (dazu ausf s unten Rn 284 ff) und die **Verwirkung** (dazu ausf s unten Rn 300 ff) dar (vgl auch LOOSCHELDERS, Schuldrecht AT § 4 Rn 20 ff).

bb) Korrekturfunktion
Die Leseweise „nur verpflichtet" verdeutlicht schließlich die **Korrekturfunktion** des 204
§ 242 BGB. Danach ist der Schuldner zB nicht zur Leistung verpflichtet, wenn die Geschäftsgrundlage des Vertrages derart gestört ist, dass eine Vertragsanpassung verlangt werden kann. Die Korrekturfunktion wurde erst spät entwickelt, in jüngerer Zeit jedoch besonders bedeutsam (vgl zB EICHLER, Die Rechtslehre vom Vertrauen [1950] 27 ff; ENNECCERUS/LEHMANN, Schuldrecht § 4 II 1 II 4; GERNHUBER JuS 1983, 764, 766). Ihre

Notwendigkeit entstand zum einen aufgrund der Alterung des BGB und der Zurückhaltung der Legislative in ihrer Reaktion darauf. Zum anderen sollte so Vertragskontrolle betrieben werden, um dem Prinzip der ausgleichenden Vertragsgerechtigkeit (GERNHUBER JuS 1983, 764, 766) Wirkung zu verleihen, das in der Wortverknüpfung „Treu und Glauben" seinen Ausdruck findet. Tatbestände der Korrekturfunktion stellen daher vor allem die **Inhaltskontrolle** sowie die **Ablaufkontrolle** von Individualverträgen dar. Durch das Schuldrechtsmodernisierungsgesetz (s STAUDINGER/OLZEN Einl 188 ff zum SchuldR) wurden beide Tatbestände spezialgesetzlich im BGB geregelt. Der Wegfall bzw die Störung der **Geschäftsgrundlage** findet sich in § 313 BGB, das Recht zur **Kündigung von Dauerschuldverhältnissen** aus wichtigem Grund in § 314 BGB. Darin besteht nun die spezialgesetzliche Regelung der **Ablaufkontrolle** von Verträgen. Die **Inhaltskontrolle** findet ihren Platz in den §§ 305 ff BGB, indem das Recht der AGB ebenfalls in das Schuldrecht integriert wurde. Sofern der Korrekturfunktion des § 242 BGB darüber hinaus noch ein (geringer) Anwendungsbereich verbleibt (für eine weitgehende Bedeutungslosigkeit HEINRICH, in: FS Laufs [2006] 585, 586), wird darauf iRd Darstellung der Fallgruppen sowie der Anwendungsfälle des § 242 BGB Bezug genommen (vgl u Rn 210 ff, o Rn 49 ff).

4. Ergebnis

205 Die Untersuchung des normativen Gehalts der Vorschrift hat Folgendes gezeigt: Zunächst lässt sich § 242 BGB ein sachlicher Regelungsinhalt nicht absprechen (entgegen STAUDINGER/J SCHMIDT [1995] insbes Rn 133, 153 ff, 179 ff). Dies zeigen Wortlautauslegung sowie Sinn und Zweck der Norm, auch unter Einbeziehung historischer und systematischer Bezüge, obwohl die beiden letztgenannten Methoden kein eindeutiges Ergebnis erbringen (s dazu aber J SCHMIDT, Präzisierung 249 f, der iRd historischen Auslegung auf § 157 Bezug nimmt). Obwohl § 242 BGB als Generalklausel einen offenen Tatbestand mit unbestimmten Rechtsbegriffen enthält, kann er nach hier vertretener Ansicht konkretisiert und damit handhabbar gemacht werden (auch STAUDINGER/J SCHMIDT [1995] Rn 175 weist darauf hin, dass es möglich sei, § 242 auch als normativen Ausdruck mit extrem vagem „Tatbestand" und extrem vager „Rechtsfolgenanordnung" zu interpretieren, wie es etwa KOCH, Unbestimmte Rechtsbegriffe und Ermessensermächtigungen im Verwaltungsrecht [1979], versuchte; krit VOLSHAUSEN, Rezension von KOCH, Unbestimmte Rechtsbegriffe und Ermessensermächtigungen im Verwaltungsrecht [1979], NJW 1980, 113 f; krit auch HÄUSER, Unbestimmte „Maßstäbe" 214 f).

206 Daraus folgt, dass § 242 BGB **nicht entbehrlich** ist (entgegen STAUDINGER/J SCHMIDT [1995] Rn 133, 153 ff, 179 ff), sondern in seinem unmittelbaren Anwendungsbereich ein geeignetes Mittel zur Lösung vom Gesetzgeber nicht berücksichtigter Interessenkollisionen darstellt und allgemein eine Regel der Risikoverteilung (so auch FIKENTSCHER/HEINEMANN, Schuldrecht 193 f, 198 f, 208; RÜSSMANN, Rezension von FIKENTSCHER, Schuldrecht⁷ [1985], AcP 186 [1986] 291, 295) enthält. „Treu und Glauben mit Rücksicht auf die Verkehrssitte" setzen engere Maßstäbe als „bloße" Bindungen des Richters an Recht und Gesetz in Art 20 Abs 3 GG (s oben Rn 121). Auch bindet § 242 BGB in erster Linie die am Schuldverhältnis Beteiligten und erst danach den Richter (s oben Rn 144), während Art 20 Abs 3 GG vorrangig Gesetzgebung und Rspr verpflichtet.

207 Ferner wurde deutlich, dass der Kompromiss zwischen der herrschenden **Funktionskreislehre** (s oben Rn 171 ff) und der **Konkretisierungstheorie** FIKENTSCHERS (s oben

Rn 181 ff) eine gangbare Lösung sowohl für die Rechtsanwendung als auch für die Systematisierung der Norm bildet. Er vermeidet eine Vermengung der Rechtsbereiche von Schuldner und Gläubiger (dies ist die Hauptkritik FIKENTSCHERS an der hL, vgl Schuldrecht 206) und rückt den Wortlaut der Norm in den Vordergrund, ohne andererseits so eng an ihm zu haften, dass eine Zuordnung der aus § 242 BGB entwickelten Fallgruppen erschwert würde. Damit kann im Einzelfall subsumiert und § 242 BGB für eine konkrete Entscheidung eingesetzt werden, anstatt sich mit einem bloßen Bezug auf die „Umstände des Einzelfalls" zu begnügen (so aber der frühere Vorwurf von STAUDINGER/J SCHMIDT [1995] Rn 156 mit Bezug auf SOERGEL/SIEBERT/KNOPP[10] [1967] Rn 10 f; vgl auch MünchKomm/SCHUBERT Rn 32 ff; ERMAN/WERNER[9] [1993] Rn 3, 42 f; iE ebenso PALANDT/GRÜNEBERG Rn 2).

208 Es hat sich schließlich gezeigt, dass der Streit zwischen den sog **Gleichheits- und Differenzierungstheorien** im Hinblick auf den Rechtscharakter des § 242 BGB (s oben Rn 113 ff) nicht entschieden werden muss, weil beide Ansätze ihre Berechtigung haben und sich gegenseitig nicht ausschließen, sondern vielmehr ergänzen.

209 Auf eine Kurzformel gebracht, kann man damit die Bedeutung von § 242 BGB wie folgt erfassen: Die Vorschrift enthält eine **Generalklausel** in Form einer **Verhaltensnorm**, deren normativer Gehalt feststellbar ist, sodass sie der Entwicklung von **Fallgruppen** dient, die sich aus den verschiedenen **Funktionen** des § 242 BGB ableiten lassen. Daneben enthält § 242 BGB ein zeitloses Bekenntnis zur situationsbezogenen **sozialen Gerechtigkeit** beim Handeln von Rechtssubjekten und bei der Urteilsfindung durch den Richter. Das Gesetz appelliert schließlich hierin an die Rechtssubjekte, redlich und gerecht zu handeln und fordert den Richter auf, darüber zu wachen (s oben Rn 121, 144).

C. Fallgruppen*

I. Allgemeines

210 Die Rechtspraxis hat in Anwendung des § 242 BGB im Laufe der Zeit Fallgruppen gebildet (zur Entstehung s oben Rn 82 ff), die eng im Zusammenhang mit dessen Funktionen stehen. Ungeachtet der Gefahr (WEBER AcP 192 [1992] 516 ff) einer schematischen Subsumtion (vgl auch LOOSCHELDERS, Schuldrecht AT § 4 Rn 15; BROX/WALKER, Allgemeines

---

* **Schrifttum:** BEATER, Generalklausel und Fallgruppen, AcP 194 (1994) 82 ff; BEIER/WIECZOREK, Zur Verwirkung im Patentrecht, GRUR 1976, 566 ff; CANARIS, Verstöße gegen das verfassungsrechtliche Übermaßverbot im Recht der Geschäftsfähigkeit und im Schadensersatzrecht, JZ 1987, 993 ff; ders, Die Reform des Rechts der Leistungsstörungen, JZ 2001, 499 ff; GERNHUBER, § 242 BGB – Funktionen und Tatbestände, JuS 1983, 764 ff; HENSSLER, Das Leistungsverweigerungsrecht des Arbeitnehmers bei Pflichten- und Rechtsgüterkollision, AcP 190 (1990) 538 ff; HOHMANN, § 242 BGB und unzulässige Rechtsausübung in der Rspr des BGH, JA 1982, 112 ff; KEGEL, Verwirkung, Vertrag und Vertrauen, in: FS Pleyer (1986) 513 ff; LORENZ, Der Tu-quoque-Einwand beim Rücktritt der selbst vertragsuntreuen Partei wegen Vertragsverletzung des Gegners, JuS 1972, 311 ff; MARTINEK, Anm z BGH JZ 1996, 469 f, JZ 1996, 470 ff; MEDICUS, Der Grundsatz der Verhältnismäßigkeit im Privatrecht, AcP 192 (1992) 35 ff; PRÖLSS, Der Einwand der „unclean hands" im Bürgerlichen Recht sowie im Wettbewerbs- und

Schuldrecht § 7 Rn 7; BEATER AcP 194 [1994] 82, 89; WEBER AcP 192 [1992] 516, 563 f; ders, Erwiderung auf BEATER, AcP 194 [1994] 90, 92) bilden sie einen wertvollen Ausgangs- und Orientierungspunkt für die Argumentation im Einzelfall (BEATER AcP 194 [1994] 82, 89).

II. Einzelne Fallgruppen

1. Randprobleme

211 Manche dieser Fallgruppen bedürfen keiner weiteren Begründung, andere haben durch das Schuldrechtsmodernisierungsgesetz zum 1. 1. 2002 eine gesetzliche Ausformung erfahren (s zum Schuldrechtsmodernisierungsgesetz STAUDINGER/OLZEN Einl 188 ff zum SchuldR). So besteht zunächst kein Zweifel daran, dass § 242 BGB iE konkretisiert, auf welche **Art und Weise** der Schuldner die Leistung zu erbringen hat (zur Ergänzungsfunktion s oben Rn 186 ff; MünchKomm/SCHUBERT Rn 139; BeckOK-BGB/SUTSCHET [1. 5. 2019] Rn 39; PALANDT/GRÜNEBERG Rn 15; Hk-BGB/SCHULZE Rn 1; BROX/WALKER, Allgemeines Schuldrecht § 7 Rn 8); er ergänzt damit die Sonderregelungen der §§ 243 ff BGB (s oben Rn 170). Aus der Ergänzungsfunktion des § 242 BGB wurden vor der Schuldrechtsreform vielfach sowohl die **Nebenleistungspflichten** als auch die **Schutzpflichten** abgeleitet (vgl z alten Recht etwa LARENZ, Schuldrecht I § 10 II e; GERNHUBER JuS 1983, 764, 765); diese sind nun in § 241 BGB geregelt (s oben Rn 186 ff).

212 Auch die früher über § 242 BGB gelösten Fälle der Störung oder des Wegfalls der **Geschäftsgrundlage** (vgl z alten Rechtszustand etwa SOERGEL/TEICHMANN Rn 199 ff; LARENZ, Schuldrecht I § 10 II d; GERNHUBER JuS 1983, 764, 767; ferner o Rn 60, 173) finden nunmehr in § 313 BGB eine spezielle Regelung. Das Gleiche gilt für das **Kündigungsrecht aus besonderem Grunde** im Rahmen von Dauerschuldverhältnissen (vgl BGHZ 133, 316, 320; 82, 354, 359; 41, 104, 108; BGH NJW 1983, 749; LARENZ, Schuldrecht I § 10 II c; FIKENTSCHER/HEINEMANN, Schuldrecht Rn 217; dagegen aber GERNHUBER JuS 1983, 764, 767 f); es ist in § 314 BGB normiert.

2. Rechtsmissbrauch

a) Rechtsmissbrauch als Unterfallgruppe des § 242?

213 Damit steht gegenwärtig eher der Gedanke des **Rechtsmissbrauchs** bzw der **unzulässigen Rechtsausübung** als Ausprägung des § 242 BGB im Vordergrund (MünchKomm/SCHUBERT Rn 145; NK-BGB/KREBS Rn 64 ff; Hk-BGB/SCHULZE Rn 21; JAUERNIG/MANSEL Rn 7;

Warenzeichenrecht, ZHR 132 (1969) 35 ff; SINGER, Wann ist widersprüchliches Verhalten verboten? – Zu den Rechtsfolgen der form- und grundlosen Eigenkündigung eines Arbeitnehmers, NZA 1998, 1309 ff; SOYKA, Verteilung der Haftung unter mehreren Unterhaltspflichtigen, Zuständigkeitsprobleme bei Inanspruchnahme mehrerer Kinder auf Elternunterhalt und Verwirkung von Unterhaltsansprüchen, FPR 2003, 631 ff; TEICHMANN, Venire contra factum proprium – Ein Teilaspekt rechtsmissbräuchlichen Handelns, JA 1985, 497 ff; ders, Strukturveränderungen im Recht der Leistungsstörungen nach dem RegE eines Schuldrechtsmodernisierungsgesetzes, BB 2001, 1485 ff; TEUBNER, Gegenseitige Vertragsuntreue (1979); WACKE, Dolo facit, qui petit quod (statim) rediturus est, JA 1982, 477 ff; WEBER, Einige Gedanken zur Konkretisierung von Generalklauseln durch Fallgruppen, AcP 192 (1992) 516 ff; WIELING, Venire contra factum proprium und Verschulden gegen sich selbst, AcP 176 (1976) 334 ff; WOLF, Rücktritt, Vertretenmüssen und Verschulden, AcP 153 (1954) 97 ff.

LARENZ, Schuldrecht I § 10 II b; LOOSCHELDERS, Schuldrecht AT § 4 Rn 21; ENNECCERUS/LEHMANN, Schuldrecht § 4 I 1; WESTERMANN/BYDLINSKI/WEBER, Schuldrecht AT [8. Aufl 2013] Rn 4/10; BROX/WALKER, Allgemeines Schuldrecht § 7 Rn 14 f; GERNHUBER JuS 1983, 764, 765; dazu auch HEINRICH, in: FS Laufs [2006] 585, 590 ff). Einer Einordnung unter die Norm wird allerdings zT mit der Erwägung widersprochen, es handele sich um eine **eigenständige Rechtsfigur** (SOERGEL/TEICHMANN Rn 11 ff). Dafür lassen sich zwar Vorschriften wie §§ 226, 826 BGB anführen, denen der Gedanke zugrunde liegt, dass das Gesetz keine schrankenlose Ausübung der Rechte zulassen will. Gegen ein allgemeines Rechtsmissbrauchsverbot greift aber letztlich doch der Einwand durch, dass diese eher speziellen Normen dafür nicht genügend konkrete Erfordernisse enthalten.

Jedenfalls im Rahmen bestehender Sonderverbindungen entspricht die Ableitung des Rechtsmissbrauchs aus § 242 BGB ohnehin dessen Wortlaut. Die Frage, ob die Inanspruchnahme eines Rechts missbräuchlich ist, steht nämlich in untrennbarem Zusammenhang mit dem Gebot zur **gegenseitigen Rücksichtnahme** (so auch MünchKomm/SCHUBERT Rn 185), welche Treu und Glauben den Parteien des Schuldverhältnisses abverlangt. Insofern treffen sich Konkretisierungs- und Beschränkungsfunktion (s oben Rn 181 ff und Rn 201 ff) der Norm. Die Folgen des Rechtsmissbrauchs decken sich deshalb auch in weiten Teilen mit den Sanktionen einer Nichtbeachtung dieses Gebots zur gegenseitigen Rücksichtnahme (vgl die Ausf bei den einzelnen Anwendungsfällen), weil der Gesetzeswortlaut so gelesen werden kann, dass § 242 BGB den Schuldner eben **nur** verpflichtet, die Leistung entsprechend Treu und Glauben zu erbringen (s oben Rn 199). **214**

Gegen ein von § 242 BGB losgelöstes **allgemeines Missbrauchsverbot** spricht ferner die **Entstehungsgeschichte** des Gesetzes (s oben Rn 1 ff). Bei der Abfassung des BGB wurde es erwogen, letztlich aber verworfen (Prot I 477 f), weil man eine ausufernde Anwendung und somit eine Aufweichung der festen Rechtsnormen befürchtete. Die Materialien verweisen dabei ausdrücklich auf den Vorläufer des § 242 BGB, den § 359 E I, der dem Zweck einer exceptio doli generalis Genüge tun sollte (Prot I 478). Die Gesetzesverfasser beschlossen als allgemeine Missbrauchsvorschrift nur den in seinen tatbestandlichen Voraussetzungen sehr engen § 226 BGB und ließen damit erkennen, die Lösung der übrigen Fälle unter § 242 BGB fassen zu wollen (vgl dazu auch HEINRICH, in: FS Laufs [2006] 585, 590). **215**

b) Allgemeine Voraussetzungen
Anders als es die Formulierung „Rechtsmissbrauch" vermuten lässt, greift diese Fallgruppe nicht nur dann ein, wenn ein Recht **bewusst zweckentfremdet** zur Schädigung der Gegenpartei eingesetzt wird, sondern schon, wenn seine Ausübung aus anderen Gründen dem Gebot von Treu und Glauben widerspricht (BAG NJW 1997, 2256, 2258; Hk-BGB/SCHULZE Rn 21; JAUERNIG/MANSEL Rn 32). Dieses Rechtsprinzip begrenzt also jedes Recht dergestalt, dass allein seine Nichtbeachtung dazu führt, die Ausübung des Rechts als unzulässig anzusehen (sog **Innentheorie**; BGHZ 30, 140, 145; BGH NJW-RR 2005, 619; BAG NJW 2011, 2684; NJW 1997, 2256, 2258; MünchKomm/SCHUBERT Rn 199; BeckOK-BGB/SUTSCHET [1. 5. 2019] Rn 47; PALANDT/GRÜNEBERG Rn 38; JAUERNIG/MANSEL Rn 33; HOHMANN JA 1982, 112; GERNHUBER JuS 1983, 764, 765). So kann jede atypische Interessenlage berücksichtigt werden, bei der ein Abweichen von der gesetzlichen Rechtslage **zwingend geboten** erscheint (BAG NZA 2007, 866, 869; MünchKomm/SCHUBERT Rn 202; ähnl LARENZ, Schuldrecht I § 10 I). **216**

217 Im Allgemeinen werden zwei Ausprägungen unterschieden: der **institutionelle** und der **individuelle Rechtsmissbrauch** (vgl etwa BGHZ 48, 396, 398; BeckOK-BGB/Sutschet [1. 5. 2019] Rn 51; Palandt/Grüneberg Rn 40; NK-BGB/Krebs Rn 69; Heinrich, in: FS Laufs [2006] 585, 591). Als individuellen Rechtsmissbrauch bezeichnet man die Ausübung, die nach Abwägung **im Einzelfall** gegen Treu und Glauben verstößt (NK-BGB/Krebs Rn 69; Hk-BGB/Schulze Rn 22; Heinrich, in: FS Laufs [2006] 585, 596). Dagegen liegt ein institutioneller Missbrauch vor, wenn die Rechtsfolgen, die sich aus einem **Rechtsinstitut** ergeben, deshalb zurücktreten müssen, weil sie zu einem **untragbaren Ergebnis** führen (vgl etwa BeckOK-BGB/Sutschet [1. 5. 2019] Rn 51; Palandt/Grüneberg Rn 40; Heinrich, in: FS Laufs [2006] 585, 592). Auch insofern begrenzt das Prinzip von Treu und Glauben also alle Rechtslagen und Rechtsnormen (BAG NZA 1994, 1080, 1081; 2000, 437, 438). Der Unterschied zwischen den beiden Anwendungsfällen liegt darin, dass sich beim institutionellen Missbrauch der Vorwurf bereits aus **Sinn und Zweck des Rechtsinstituts**, beim individuellen Rechtsmissbrauch dagegen erst aus einem **Verhalten des Gläubigers** ergibt. Die Bedeutung dieser Unterscheidung sollte allerdings deshalb nicht überschätzt werden, weil in beiden Fällen erst der **Bezug zum Einzelfall** die Feststellung eines Rechtsmissbrauchs erlaubt.

218 Im Hinblick auf den **Zeitpunkt** der zur Feststellung eines missbilligten Verhaltens notwendigen Abwägung entscheidet derjenige der **Rechtsausübung**, dh der Ausübung oder Geltendmachung des Rechts (BGH 17. 10. 2018 – XI ZR 69/18, NJW 2019, 66 Rn 19; BeckOGK/Kähler [15. 4. 2019] Rn 373). Im Rechtsstreit sind darüber hinaus alle Umstände zu berücksichtigen, die bis zum Zeitpunkt der **letzten mündlichen Tatsachenverhandlung** eingetreten sind (BGHZ 13, 346, 350; BGH 7. 11. 2017 – XI ZR 369/17, WM 2018, 45 Rn 17; 17. 10. 2018 – XI ZR 69/18, NJW 2019, 66 Rn 19; BeckOK-BGB/Sutschet [1. 5. 2019] Rn 50; Palandt/Grüneberg Rn 38; s oben Rn 153 ff).

219 Zur Konkretisierung relevanter, also atypischer Interessenlagen hat die Rechtsanwendung unter Beachtung der Tatsache, dass stets eine Abwägung im Einzelfall erforderlich bleibt und entsprechend den oben herausgearbeiteten Funktionen des § 242 BGB (s oben Rn 87, 171 ff) wiederum bestimmte **Fallgruppen** gebildet, in denen ein rechtsmissbräuchliches Verhalten jedenfalls nahe liegt, wobei jedoch weder die Terminologie noch die Einteilung einheitlich ist (BeckOK-BGB/Sutschet [1. 5. 2019] Rn 57). Es handelt sich dementsprechend nur um **Indizien**; weitere Feststellungen werden dadurch nicht entbehrlich. Denn nicht jede Unbilligkeit darf dazu führen, gesetzlich vorgesehene Ergebnisse über § 242 BGB zu korrigieren (BGHZ 45, 179, 182; BeckOK-BGB/Sutschet [1. 5. 2019] Rn 49). Bei der Anwendung der Grundsätze unzulässiger Rechtsausübung ist daher **Zurückhaltung** geboten (BGHZ 68, 299, 304; 55, 274, 279; MünchKomm/Schubert Rn 387; Erman/Böttcher Rn 104; Heinrich, in: FS Laufs [2006] 585, 591). Es muss eine Situation bestehen, die es nach **sorgfältiger Abwägung der beteiligten Interessen** als **untragbar** erscheinen lässt, das aus der Gesetzesanwendung folgende Resultat zu akzeptieren.

220 Soweit das Gesetz selbst eine Möglichkeit zur Interessenabwägung im Einzelfall bietet, haben **spezielle Normen Vorrang** (z Verhältnis des § 242 z anderen Normen s unten Rn 332 ff), es sei denn, das Institut des Rechtsmissbrauchs ermöglicht eine weniger einschneidende Lösung als die gesetzliche (Spezial-)Regelung (MünchKomm/Schubert Rn 223). Bei der im Übrigen notwendigen **Einzelfallprüfung** sind folgende Gesichtspunkte zu beachten:

aa) Interessen der Parteien/Gesetzliche Wertungen

Die Feststellung eines Rechtsmissbrauchs verlangt die Berücksichtigung aller durch 221
die Inanspruchnahme des Rechts objektiv betroffenen **Interessen der Parteien**. Die
Interessenabwägung hat **einzelfallbezogen** zu erfolgen, wobei sich nicht jedes Interessenungleichgewicht rechtsbeschränkend auswirkt, sondern für die Annahme eines
Rechtsmissbrauchs eine **grob und unerträglich empfundene Unbilligkeit** zu verlangen
ist (MünchKomm/Schubert Rn 461). Ferner ist auf den **Sinn und Zweck der Norm**, auf
die sich der rechtsmissbräuchlich handelnde Rechtsinhaber berufen will, und – wie
allgemein im Rahmen des § 242 BGB – auf **gesetzliche Wertungen**, und **Risikobeurteilungen** zurückzugreifen, die in anderen Vorschriften zum Ausdruck kommen
(MünchKomm/Schubert Rn 126; Brox/Walker, Allgemeines Schuldrecht § 7 Rn 5; Looschelders, Schuldrecht AT § 4 Rn 9).

bb) Subjektive Elemente

Hinsichtlich der Frage, ob und wie stark **subjektive Elemente** Berücksichtigung finden, 222
ist zu differenzieren, woran die Einschränkung der Rechtsausübung durch
den Gläubiger angeknüpft wird. Stellt man vorwiegend auf eine **Interessenabwägung** ab, so stehen **objektive Gesichtspunkte** im Vordergrund (MünchKomm/Schubert
Rn 427 ff; aA Wieacker, Präzisierung 35). Sofern die Beschränkung der Rechtsausübung
auf ein **Verhalten** des Gläubigers gestützt wird, gewinnen dagegen subjektive Elemente im Rahmen der Interessenabwägung Bedeutung. Teilw wird dann **Zurechenbarkeit**, zumindest **Fahrlässigkeit**, verlangt (MünchKomm/Schubert Rn 209, der dann aber
bei fehlender Zurechenbarkeit auf die Interessenabwägung zurückgreift; z Verschulden s oben
Rn 137). Dem steht allerdings entgegen, dass im Rahmen einer umfassenden Abwägung Verschulden nicht den einzigen zu berücksichtigenden Umstand bildet und
deshalb fehlendes Verschulden durch andere Gesichtspunkte ausgeglichen werden
kann (Palandt/Grüneberg Rn 39; Jauernig/Mansel Rn 35). Auch insoweit gilt also der
Gedanke des **beweglichen Systems** (s oben Rn 158).

Bei den Zurechnungsaspekten stellen sich zwei Probleme: zum einen, wann eine 223
Zurechnung **eigenen Verhaltens** erfolgt, zum anderen, wann ein Verhalten von **Hilfspersonen** iwS zugerechnet wird. In beiden Fällen sollte man danach trennen, ob
rechtsgeschäftliches Handeln gegeben ist oder nicht, da das Gesetz auch sonst insoweit unterschiedliche Anforderungen an die Zurechnung stellt. Im erstgenannten
Fall kann auf Regeln der **Geschäftsfähigkeit** einerseits und der **Stellvertretung** bei
Handeln von Hilfspersonen andererseits zurückgegriffen werden, also insbes § 166
BGB. Handelt es sich dagegen um ein nicht rechtsgeschäftliches Handeln, so sind die
§§ 827 ff BGB für die Frage der **eigenen Zurechnungsfähigkeit** und § 278 BGB für die
Frage der **Zurechnung** des Verhaltens von **Hilfspersonen** maßgebend (MünchKomm/
Schubert Rn 211).

cc) Drittinteressen/Öffentliche Interessen

Auch das **Verhalten** oder die **Interessen Dritter** bzw der **Öffentlichkeit** können in die 224
Interessensabwägung einbezogen werden (s oben Rn 151; MünchKomm/Schubert Rn 212),
Ebenso das Verhalten einer Partei in Drittbeziehungen (MünchKomm/Schubert
Rn 212). Bei Einschaltung eines Treuhänders soll der Treugeber bspw dadurch weder
besser noch schlechter stehen (BGHZ 177, 108, 117 = ZIP 2008, 1317; VuR 2008, 378, 379;
NJW 2008, 3357, 3358; NJW 2011, 2351, 2354). Liegt der Missbrauch im **Verhalten eines
Dritten**, der dem Gläubiger nicht als Vertreter oder Gehilfe zugerechnet werden

kann, ist allerdings ein anderes Zurechnungskriterium erforderlich. Sofern Dritter und Gläubiger zur Schädigung des Schuldners **zusammenarbeiten**, liegt regelmäßig ein eigenes unredliches Handeln des Gläubigers vor (Soergel/Teichmann Rn 278), was schon für sich allein einen Rechtsmissbrauch bedeutet. Sonst ist entsprechend dem Rechtsgedanken des § 123 Abs 2 S 1 BGB **Kenntnis** oder **Kennenmüssen** erforderlich, da sich der Gläubiger das Handeln des Dritten in einem solchen Fall zu eigen macht bzw sich so behandeln lassen muss, als hätte er es in seinen Willen aufgenommen (**aA** MünchKomm/Schubert Rn 212, der Kenntnis verlangt). Auch in den Fällen, in denen allein eine **objektive Interessenabwägung** den Rechtsmissbrauch begründet (s oben Rn 221), können die **Interessen Dritter** in die Abwägung eingestellt werden, wenn sie schutzwürdig erscheinen. Ebenso sind **öffentliche Interessen** in die Abwägung mit einzubeziehen (MünchKomm/Schubert Rn 214), sodass zB ein arglistiges Verursachen der Nichtigkeit eines Rechtsgeschäftes dennoch unbeachtlich bleibt, wenn die Interessen, die hinter der die Nichtigkeit anordnenden Norm stehen, überwiegen (MünchKomm/Schubert Rn 214). Andererseits kann die Nichtigkeit eines Vertrages trotz dahingehender Einzelinteressen dann nicht überwunden werden, wenn sie aus europarechtlichen Vorschriften zum Schutz des freien Wettbewerbs resultiert (BGH NJW 1972, 2180, 2183).

c) Rechtsfolgen
aa) Grundsatz

225 Die **Rechtsfolge** eines Rechtsmissbrauches besteht darin, dass die Ausübung des Rechts oder die Geltendmachung einer Rechtsposition durch den Gläubiger **unzulässig** ist (BGHZ 12, 154, 157; MünchKomm/Schubert Rn 199; BeckOK-BGB/Sutschet [1. 5. 2019] Rn 52). Dies kann sowohl dazu führen, dass ein an sich bestehendes Recht oder eine Rechtsposition nicht geltend gemacht werden kann, als auch dazu, dass der anderen Partei ein an sich nicht zustehendes Recht durch „Ersetzung" der fehlenden Umstände zuerkannt wird (s Rn 192 f, 195, 833 ff, 999, MünchKomm/Schubert Rn 200, Jauernig/Mansel Rn 36; **aA** bzgl der Begründung von Rechten BGH NJW 1981, 1779). Die Übergänge sind dabei fließend, stellt sich doch die Beschränkung der einen Partei spiegelbildlich als Begünstigung der anderen dar (ferner BeckOK-BGB/Sutschet [1. 5. 2019] Rn 47; Jauernig/Mansel Rn 36; vgl auch BGHZ 12, 337, 345). Aus diesem Grunde erscheint eine Beschränkung der unzulässigen Rechtsausübung allein auf eine **anspruchsausschließende Funktion** (vgl BGH NJW 1981, 1779) nicht überzeugend. Wenn zB über § 242 BGB eine Formunwirksamkeit mit der Folge des § 125 S 1 BGB überwunden wird (vgl dazu näher u Rn 445 ff), besteht ungeachtet der häufig verwendeten Formulierung „Versagung der Berufung auf die Formunwirksamkeit" die Folge des Rechtsmissbrauchs darin, dass ein sonst nicht gegebener Anspruch iE doch gewährt wird (s unten Rn 445 ff), uz auch ohne entsprechenden Schuldnervortrag bezüglich der mangelnden Form.

bb) Begrenzung nach Sinn und Zweck

226 Die Rechtsfolgen des Rechtsmissbrauchs treten nicht ein, wenn er an ein vorwerfbares Verhalten anknüpft, die entstandenen Folgen aber auch bei ordnungsgemäßem Verhalten eingetreten wären, weil dann das Ergebnis letztlich mit der Rechtsordnung übereinstimmt (BGH MDR 1980, 561; MünchKomm/Schubert Rn 223). Insoweit besteht eine Parallele zu dem aus dem Haftungsrecht bekannten Institut des **rechtmäßigen Alternativverhaltens**, sodass grds derjenige beweisbelastet ist, der sich darauf beruft, dass die entsprechenden Folgen sich bei einem an Treu und Glauben orientierten Verhalten identisch dargestellt hätten.

cc) Zeitliche Reichweite

Da für die Beurteilung des Rechtsmissbrauches der **Zeitpunkt der Geltendmachung** 227
des Rechts entscheidet (s oben Rn 218), müssen die Rechtsfolgen nicht für immer
eintreten. Fallen die Voraussetzungen des Rechtsmissbrauches weg, kann der Gläubiger das Recht wieder geltend machen (BGHZ 12, 286, 307; 52, 365, 368; Soergel/
Teichmann Rn 275; MünchKomm/Schubert Rn 221; BeckOK-BGB/Sutschet [1. 5. 2019] Rn 50;
Gernhuber JuS 1983, 764, 765). Daran zeigt sich, dass der Einwand der unzulässigen
Rechtsausübung nicht zu einem Untergang des Rechts oder der Rechtsposition
führt, sondern nur die **Durchsetzung hemmt**.

dd) Persönliche Reichweite

Primär treten die Rechtsfolgen der unzulässigen Rechtsausübung zwischen den **Par-** 228
teien des entsprechenden Schuldverhältnisses ein. Steht auf einer Seite des Schuldverhältnisses eine **Personenmehrheit** und haben nicht alle Beteiligten das vorwerfbare Verhalten an den Tag gelegt, so kann der Beitrag des einen nach dem Rechtsgedanken der §§ 429 Abs 3, 425 Abs 1 BGB den übrigen nicht ohne weiteres zugerechnet werden (BGHZ 44, 367, 370; MünchKomm/Schubert Rn 226; BeckOK-BGB/
Sutschet [1. 5. 2019] Rn 54; BeckOK-BGB/Gehrlein [1. 5. 2019] § 432 Rn 7; Erman/Böttcher
Rn 132; s dazu auch u Rn 727 ff). Eine Ausnahme gilt, wenn die übrigen Mitglieder der
Personenmehrheit das Recht nicht wahrnehmen, sondern allein der missbräuchlich
Handelnde. Andernfalls würde dieser nämlich nur deshalb besser gestellt, weil formell auch noch andere die Rechtsposition innehaben, die aber an ihrer Durchsetzung
kein Interesse zeigen. In einem solchen Fall greift der Einwand der unzulässigen
Rechtsausübung somit auch gegenüber dem Anspruch der Personenmehrheit durch
(BGHZ 44, 367, 372).

Bei Einbeziehung eines **Dritten** in den **Vertrag** (§ 328 BGB) oder auch in seinen 229
Schutzbereich (vgl § 311 Abs 3 S 1 BGB) gilt die Rechtsfolge der unzulässigen Rechtsausübung auch gegenüber ihm (MünchKomm/Schubert Rn 225; BeckOK-BGB/Sutschet
[1. 5. 2019] Rn 54), da er nach dem Rechtsgedanken des § 334 BGB aus einem Schuldverhältnis nicht mehr Rechte herleiten kann als der Vertragsschließende selbst.

Hinsichtlich der Erstreckung einer unzulässigen Rechtsausübung auf den **Rechts-** 230
nachfolger ist zunächst danach zu differenzieren, ob der Vorwurf des Rechtsmissbrauchs an eine **objektive Bewertung** oder ein **missbilligtes Verhalten** anknüpft. Davon zu unterscheiden sind die Fälle, in denen sich die Missbräuchlichkeit der Geltendmachung des Rechts durch den Nachfolger aus dessen **eigenem** (vergangenem)
Verhalten ableiten lässt (BGH NJW 2001, 1859, 1863); insoweit bestehen keine Besonderheiten.

Wenn der Vorwurf des Rechtsmissbrauchs dagegen an eine **objektive Interessen-** 231
wertung anknüpft, muss bei Geltendmachung des Rechts durch den Nachfolger eine
neue Abwägung vorgenommen werden, da in seiner Person Interessen vorliegen
können, die uU zu einem anderen Ergebnis als vor Eintritt der Rechtsnachfolge
führen.

Bei **missbilligtem Verhalten** des Rechtsvorgängers ist zwischen Gesamt- und Einzel- 232
rechtsnachfolge zu unterscheiden. Im Falle der **Gesamtrechtsnachfolge** treffen die
Wirkungen des Rechtsmissbrauchs den Rechtsnachfolger uneingeschränkt (BGHZ 64,

5, 10; SOERGEL/TEICHMANN Rn 277; MünchKomm/SCHUBERT Rn 235), da er in die Rechtsposition seines Vorgängers eintritt. Für die **Einzelrechtsnachfolge** existiert ein solcher Grundsatz nicht, sodass der Nachfolger die Rechtsfolgen der unzulässigen Rechtsausübung grds nur dann gegen sich gelten lassen muss, wenn er die sie begründenden Umstände kannte (BGH NJW 1962, 1388, 1390; MünchKomm/SCHUBERT Rn 235; BeckOK-BGB/SUTSCHET [1. 5. 2019] Rn 55). In einem solchen Fall tritt seine Schutzwürdigkeit hinter die der Gegenpartei zurück. Etwas anderes gilt allerdings für Forderungen (vgl dazu iE u Rn 716 ff, 726).

d) Die einzelnen Fälle

233 Unter **zeitlichen Gesichtspunkten** lassen sich drei verschiedene Konstellationen unterscheiden, die ein rechtsmissbräuchliches Verhalten nahelegen. Entweder knüpft der Vorwurf der Missbräuchlichkeit an ein **früheres** bzw **gegenwärtiges Verhalten** an, oder er folgt aus einer **Zusammenschau** von früherem und gegenwärtigem Verhalten (wie hier SOERGEL/TEICHMANN Rn 27, 280; iE ähnlich MünchKomm/SCHUBERT Rn 145).

aa) Früheres Verhalten

234 Der Behandlung des Rechtsmissbrauches wegen eines **früheren Verhaltens** liegt der in § 162 BGB verankerte Gedanke zugrunde, dass niemand sich auf den Eintritt oder Nichteintritt eines Ereignisses berufen darf, den er selbst treuwidrig herbeigeführt bzw verhindert hat (BGHZ 88, 240, 248; BGH NJW-RR 1991, 177, 178; JAUERNIG/MANSEL § 162 Rn 3; NK-BGB/KREBS Rn 75; Hk-BGB/SCHULZE Rn 26). Die genannte Vorschrift zeigt, dass das Gesetz eine solch treuwidrig geschaffene Position nicht als schützenswert ansieht. Hieraus folgt im Rahmen des § 242 BGB, dass die Norm der Ausübung einer Rechtsposition entgegensteht, die (gerade) entgegen den Grundsätzen von Treu und Glauben geschaffen wurde (BGH MDR 1980, 561; TEICHMANN JA 1985, 497, 499). Zu unterscheiden ist hierbei, wie auch die verschiedenen Abs des § 162 BGB zeigen, zwischen dem **unredlichen Erwerb** der eigenen und der **unredlichen Verhinderung** einer gegnerischen Rechtsposition.

235 Manche stützen sich in solchen Fällen allein auf eine entsprechende Anwendung des § 162 BGB (vgl BeckOK-BGB/RÖVEKAMP [1. 5. 2019] § 162 Rn 10; ERMAN/ARMBRÜSTER § 162 Rn 7; PALANDT/ELLENBERGER § 162 Rn 6 mwNw). Im Rahmen eines Schuldverhältnisses fehlt allerdings die planwidrige Lücke deshalb, weil § 242 BGB in seiner **Beschränkungsfunktion** eingreift (s oben Rn 201 ff). Darüber hinaus erscheint auch die Vergleichbarkeit der Interessenlagen zweifelhaft. Bei den von § 162 BGB erfassten Sachverhalten geht es darum, den bereits in einem bedingten Geschäft zum Ausdruck gekommenen Regelungswillen der Parteien durchzusetzen (MünchKomm/WESTERMANN § 162 Rn 18), der in den vom Rechtsmissbrauch betroffenen Sachverhaltskonstellationen gerade fehlt. Daher ist jedenfalls im Rahmen von **Schuldverhältnissen** eine Lösung der rechtsmissbräuchlichen Situation mit Hilfe der Schrankenfunktion des § 242 BGB vorzuziehen (MünchKomm/WESTERMANN § 162 Rn 18). Aber auch darüber hinaus besteht der Vorrang des Grundsatzes von Treu und Glauben (§ 242 BGB), weil er flexiblere Rechtsfolgen erlaubt als die Anwendung des § 162 BGB (so auch MünchKomm/WESTERMANN § 162 Rn 18; STAUDINGER/BORK [2015] § 162 Rn 15).

236 Über die vom Gedanken des § 162 BGB erfassten Fälle hinaus stellt sich ferner die Frage, ob ein **vertrags- oder gesetzeswidriges Verhalten** generell die Ausübung eigener Rechte als unzulässig erscheinen lässt (vgl dazu näher u Rn 250 ff).

(1) Unredlicher Erwerb der eigenen Rechtsposition

Im ersten Unterfall dieser Gruppe knüpft der Vorwurf unzulässiger Rechtsausübung **237** daran an, dass das geltend gemachte Recht bzw die Rechtsposition **unredlich erworben** wurde (BGHZ 57, 108, 111; BGH NJW 2010, 289; BAG ZIP 2007, 643; OLG München NJW-RR 2002, 886, 888; MünchKomm/Schubert Rn 253; BeckOK-BGB/Sutschet [1. 5. 2019] Rn 58; Erman/Böttcher Rn 108 ff; Prölss ZHR 132, 35; Hohmann JA 1982, 112, 113; Teichmann JA 1985, 497, 499; Singer NZA 1998, 1309, 1312; abl Staudinger/J Schmidt [1995] Rn 667) bzw der Rechtsinhaber die tatbestandlichen Voraussetzungen des Rechts **unredlich geschaffen hat** (Soergel/Teichmann Rn 281).

ZT wird die rechtstheoretische Begründung für den Rechtsmissbrauch hier im **238** **Gleichheitssatz** gesehen. Zu diesem stehe es in Widerspruch, wenn das Recht dem Gläubiger die Vorteile eines rechtswidrigen Verhaltens sichere, zugl aber verlange, dass der Gegner den Anspruch erfülle, also sich rechtstreu verhalte (Prölss ZHR 132, 35, 36 f; Wieacker, Präzisierung 31 unter Hinweis auf die „goldene Regel der ethischen Tradition: ‚was Du nicht willst, das man Dir tue, das füg auch keinem anderen zu'"). Entscheidender ist indessen der Gesichtspunkt der **Selbstbehauptung** des Rechts. Die Negation einer rechtswidrig erlangten Position dient der Beachtung des Rechts (so auch Prölss ZHR 132, 35, 37). Der Gedanke, dass die Durchsetzung eines Rechtes von seiner Entstehungsgeschichte abhängt, findet sich als Rechtsgedanke ua in den §§ 162 Abs 2, 241a Abs 1, 815 2. Alt, 817 S 2, 853 BGB wieder.

(a) Rechtlich missbilligter Erwerb des Rechts

Nach den Wertungen der §§ 134, 138 BGB (z Verhältnis zu 242 s unten Rn 362 ff u **239** Rn 365 ff) ist von einem missbilligten Verhalten beim **Erwerb des Rechts** zunächst immer dann auszugehen, wenn die Rechtsposition auf **gesetzwidrige** oder **sittenwidrige Weise** erworben wurde (Soergel/Teichmann Rn 282; Palandt/Grüneberg Rn 43; Jauernig/Mansel Rn 44; Prölss ZHR 132, 35, 38; Hohmann JA 1982, 112, 113). In vielen Fällen sind entsprechende Rechtsgeschäfte bereits nichtig, allerdings nicht zwingend (vgl zB BGHZ 101, 113).

Ebenfalls steht es grds der Geltendmachung eines Rechts entgegen, wenn es auf **240** **arglistige Weise** erlangt wurde (Soergel/Teichmann Rn 282; BeckOK-BGB/Sutschet [1. 5. 2019] Rn 60; krit Staudinger/J Schmidt [1995] Rn 450). Demgegenüber enthält § 123 BGB für die arglistige Täuschung eine gesetzgeberische Entscheidung dahingehend, dass eine so herbeigeführte Willenserklärung zunächst wirksam sein soll und nur durch Anfechtung beseitigt werden kann. Solange die Anfechtungsfrist des § 124 BGB läuft, ist somit das **Anfechtungsrecht** als **spezieller Rechtsbehelf** anzusehen. Aber auch danach kann der Einwand der unzulässigen Rechtsausübung grds nicht allein mit der arglistigen Täuschung begründet werden. Ansonsten wäre die Anfechtungsfrist bedeutungslos (BGH NJW 1969, 604 f; Soergel/Teichmann Rn 282; MünchKomm/Armbrüster § 124 Rn 11; BGB-RGRK/Krüger-Nieland § 124 Rn 10; Gernhuber JuS 1983, 764, 767; aA Hk-BGB/Schulze Rn 27). Eine praktisch sehr wichtige Ausnahme gilt jedoch für den Fall, dass die arglistige Täuschung die Voraussetzungen einer cic (§§ 280 Abs 1, 311 Abs 2, 241 Abs 2 BGB) oder – was regelmäßig der Fall ist – einer unerlaubten Handlung (§§ 823 Abs 2 BGB iVm 263 StGB, 826 BGB) erfüllt. Hier steht dem Geschädigten nach § 249 Abs 1 BGB nicht nur ein Leistungsverweigerungsrecht (in letztgenannten Fall nach § 853; vgl dazu MünchKomm/Wagner § 853 Rn 4), sondern darüber hinaus auch ein Anspruch auf Rückabwicklung des Vertrages zu, der nicht an

§ 242

die Voraussetzungen der §§ 123, 124 BGB gebunden ist (vgl PALANDT/ELLENBERGER § 124 Rn 1; STAUDINGER/SINGER/VFINCKENSTEIN [2016] § 123 Rn 94; speziell zur cic BGH NJW-RR 2002, 308, 309; NJW 1998, 302, 303 ff; NJW 1979, 1883, 1884; krit MünchKomm/ARMBRÜSTER § 123 Rn 98; ERMAN/ARNOLD § 123 Rn 7; zur deliktischen Haftung vgl BGH NJW 1969, 604). Die gleichen Überlegungen gelten für die **widerrechtliche Drohung** (vgl STAUDINGER/ J SCHMIDT [1995] Rn 453). Hier kommt nach Ablauf der Anfechtungsfrist eine **Einrede** über §§ 853, 823 Abs 2 BGB iVm §§ 240, 253, 255 StGB, 826 BGB in Betracht. Soweit das unredliche Verhalten sich dagegen auf einen Realakt bezieht, gilt uneingeschränkt § 242 BGB.

241 **Arglist** ist andererseits zur Begründung eines unredlichen Verhaltens **nicht erforderlich** (vgl BGH LM Nr 5 zu 242 [Cd]; BGH NJW 1993, 593, 594; BGH NJW 2010, 289); eine missbräuchliche Verhaltensweise braucht nicht einmal schuldhaft begangen worden zu sein (s oben Rn 222 f; ferner SOERGEL/TEICHMANN Rn 283; BeckOK-BGB/SUTSCHET [1. 5. 2019] Rn 59; PALANDT/GRÜNEBERG Rn 43; JAUERNIG/MANSEL Rn 44; PRÖLSS ZHR 132, 35, 39; HOHMANN JA 1982, 112, 113; **aA** MünchKomm/SCHUBERT Rn 209, 255). Denn die Parteien sind zur **gegenseitigen Rücksichtnahme** verpflichtet (s STAUDINGER/OLZEN § 241 Rn 421 f). Diese verletzt ein Beteiligter bereits dann, wenn er aus einem Verstoß hiergegen zum Nachteil der Gegenpartei eigene Rechte oder Rechtspositionen begründet, die bei redlichem Verhalten nicht entstanden wären. Eine solche Pflichtverletzung liegt – wie die Differenzierung in § 280 Abs 1 BGB zeigt – unabhängig davon vor, ob der Verstoß gegen das Pflichtenprogramm verschuldet oder unverschuldet erfolgte. Auch die §§ 323 ff, 437 Nr 2 BGB zeigen, dass an die objektive Pflichtverletzung negative Folgen für die Geltendmachung eines Gläubigerrechtes geknüpft werden. Eines Verschuldens bedarf es erst dann, wenn die Gegenpartei über die Abwehr des gegnerischen Verhaltens hinaus Schadensersatzansprüche geltend machen will.

(b)   Rechtlich missbilligte Schaffung von Tatbestandsvoraussetzungen

242 Rechtsmissbrauch liegt ferner vor, wenn zwar nicht das Recht selbst, aber seine **tatbestandlichen Erfordernisse** in missbilligenswerter Weise herbeigeführt wurden (MünchKomm/SCHUBERT Rn 269). Dies hat die ältere Rspr zB angenommen, wenn die Voraussetzungen einer Rechtsstellung vorwiegend durch nationalsozialistische Betätigung geschaffen worden waren, weil ein Ruhegeldanspruch letztlich auf der Mitgliedschaft in der NSDAP beruhte, und der Betroffene ohne diese nicht in das Amt gelangt wäre (BGHZ 12, 337, 345; 9, 94, 96 ff; PRÖLSS ZHR 132, 35, 52; vgl auch BGHZ 23, 282, 286 in einer Entscheidung zu 157). Eine spezielle gesetzliche Ausprägung findet dieser Grundsatz nicht nur in § 162 Abs 2 BGB, sondern auch in §§ 1579 Nr 4, 1611 Abs 1, 2339 Abs 1 Nr 1 BGB. Ebenso enthält § 254 BGB den Gedanken, da er dem Gläubiger Schadensersatz versagt, soweit er durch Verletzung einer im eigenen Interesse bestehenden Sorgfaltsanforderung (mit) zur Entstehung des Schadens bzw zu seiner Höhe beigetragen hat (vgl unten Rn 376 u 590), unabhängig von einem diesbezüglichen Verschulden.

243 Daraus folgt etwa, dass ein **Anfechtungs- oder Kündigungsrecht** ausgeschlossen sein kann, wenn der Berechtigte den Grund dafür selbst gesetzt hat (BGHZ 122, 168; BGH NJW 2009, 1200, 1202; NJW 2010, 289, 290 f; MünchKomm/SCHUBERT Rn 271 ff), vor allem, wenn er dabei die Absicht verfolgte, von diesem Recht später Gebrauch zu machen (OLG Hamburg NJW-RR 1991, 673, 674).

Soweit Teile der Lit mit solchen Erwägungen sogar Schadensersatzansprüche völlig **244**
ablehnen, wenn der Geschädigte in vorwerfbarer Weise die Situation geschaffen hat,
aus der der Anspruch resultiert (vgl MünchKomm/Schubert Rn 290), kann dem allerdings
nicht gefolgt werden. Auf das Institut der unzulässigen Rechtsausübung sollte man
nicht zurückgreifen, soweit Spezialregelungen anwendbar sind (s oben Rn 220), wie hier
§ 254 BGB (so auch Staudinger/J Schmidt [1995] Rn 665). Damit können die beiderseitigen Verursachungsbeiträge bis zum völligen Anspruchsausschluss gegeneinander
abgewogen werden (MünchKomm/Oetker § 254 Rn 105; Larenz, Schuldrecht I § 31 I).

(2) Unredliche Vereitelung der gegnerischen Rechtsposition
Der Vorwurf des früheren missbräuchlichen Verhaltens kann auch daran anknüpfen, **245**
dass eine **günstige Rechtsposition** der Gegenpartei **verhindert** wurde (Jauernig/Mansel
Rn 46; Hk-BGB/Schulze Rn 28; Looschelders, Schuldrecht AT § 4 Rn 25; Prölss ZHR 132, 35,
59; Teichmann JA 1985, 497, 499; aA Staudinger/J Schmidt [1995] Rn 645 ff, zur einvernehmlichen Beseitigung eines bereits entstandenen Rechts des Dritten durch Versprechenden und Versprechensempfänger beim Vertrag zugunsten Dritter s BGH WM 2013, 1115). Dass der treuwidrig Handelnde sich auf diese Weise seinen Pflichten nicht entziehen kann, zeigt das
Gesetz in den §§ 162 Abs 1, 815 BGB. Er muss sich vielmehr so behandeln lassen,
als sei das Recht entstanden (BeckOK-BGB/Sutschet [1. 5. 2019] Rn 81; Jauernig/Mansel
Rn 46; MünchKomm/Schubert Rn 307). Nur insoweit und anders als bei der sog **Erwirkung** (s oben Rn 192 und u Rn 317, 852 ff) kommt der unzulässigen Rechtsausübung iE
eine anspruchsbegründende Funktion (s oben Rn 196) zu, gleich, ob das treuwidrige
Verhalten den Erwerb eines Rechts oder nur seine tatsächliche Ausübung verhindert
hat (BGH NJW-RR 1991, 527, 528).

Ein Anwendungsfall dieser Grundsätze liegt vor, wenn jemand mit dem Ziel, Ansprüche **246**
der Gegenpartei zu vereiteln, eine bestimmte Rechtsform oder Rechtsgestaltung gewählt hat, sog **Rechtsformmissbrauch** (BAG NJW 1983, 645, 646; MünchKomm/Schubert Rn 254; z Missbrauch gesellschaftsrechtlicher Gestaltungsmöglichkeiten s unten Rn 1024 ff).
Darin liegt meist gleichzeitig eine sittenwidrige Schädigung iSd § 826 BGB. Der
Geschädigte könnte dann im Wege der Naturalrestitution gem § 249 Abs 1 BGB
verlangen, dass ihm das vorenthaltene Recht gewährt wird. Beruft sich der rechtsmissbräuchlich Handelnde auf das Nichtvorliegen der entsprechenden Rechtsposition, verstößt er gegen Treu und Glauben (vgl auch den Gedanken des dolo agit; s unten
Rn 279 ff).

Über diese Fälle des **zielgerichteten Handelns** hinaus genügt für einen Verstoß gegen **247**
Treu und Glauben, dass sich das Verhalten, das die Entstehung des Rechts verhindert, als **Pflichtverletzung** darstellt. So wird zB dem **Unterhaltsverpflichteten** die
Berufung auf seine Leistungsunfähigkeit versagt, wenn er diese selbst herbeigeführt hat (BGH NJW 1982, 2491, 2492; 1981, 1609, 1610; s auch OLG Koblenz NJW 2012,
1453; OLG Köln FamFR 2010, 298), zB durch grundlose Arbeitsplatzniederlegung
(BGH NJW 1982, 1050, 1052; 1981, 1609, 1610; ausf dazu u Rn 971) oder indem er wegen
Verletzung der Unterhaltspflicht gem § 170 StGB eine Haftstrafe in Kauf genommen
hat (BGH NJW 1982, 2491, 2492). Sofern die Pflichtverletzung auch **schuldhaft** erfolgte,
trifft den Schuldner darüber hinaus eine Pflicht zum Schadensersatz, die darauf
gerichtet ist, die betreffende Rechtsposition herzustellen. Aber selbst bei unverschuldeter Pflichtverletzung bleibt die entsprechende Partei hinter dem Pflichtenprogramm zurück, und es würde sich als Verstoß gegen das Rücksichtnahmegebot

darstellen, wenn sie aus der Pflichtverletzung günstige Folgen ableiten könnte (s oben Rn 241). Die Berufung auf den Wegfall des Anspruchs ist deshalb in solchen Fällen missbräuchlich.

248 Die unredliche Vereitelung einer Rechtsposition liegt auch dann vor, wenn die **Formnichtigkeit** eines Vertrages gem § 242 BGB überwunden wird, weil eine Partei die Nichteinhaltung der Form herbeigeführt hat (ausf o Rn 225 und u Rn 445 f), ferner bei **Verhinderung des Zugangs** einer Willenserklärung (ausf u Rn 453 ff).

249 Fraglich ist, ob nicht nur **unmittelbare**, sondern auch **mittelbare** Beiträge zur Vereitelung einer Rechtsposition zu berücksichtigen sind, um einen Rechtsmissbrauch festzustellen. Insoweit zeigen die §§ 287 (vgl insoweit MünchKomm/Schubert Rn 290), 678, 848 BGB, dass eine Haftung ohne Verschulden für die unmittelbare Schadensverursachung eintreten kann, sofern ein Fehlverhalten vorangegangen ist. Allerdings muss dieses Vorverhalten – wie sich aus §§ 286 Abs 4, 678, 848 iVm 823 ff BGB ergibt – **schuldhaft** gewesen sein. Daraus lässt sich die Wertung entnehmen, dass ein mittelbares, schuldhaftes, mit der Nichtentstehung einer Rechtsposition in Zusammenhang stehendes Verhalten des rechtsmissbräuchlich Handelnden im Rahmen der Abwägung beachtlich sein kann (Bspw kann der Teilnehmer an einer Schwarzfahrt einen dabei erlittenen Unfall nicht dem Eigentümer des Fahrzeugs anlasten mit der Begründung, dass die mangelhafte Verwahrung des Fahrzeugs die Schwarzfahrt erst ermöglicht habe, vgl RGZ 167, 381, 400).

(3) Eigenes vertrags- oder gesetzwidriges Verhalten als genereller Ausschlussgrund?

250 Über die beiden geschilderten Fallgruppen hinaus stellt sich die Frage, ob ein eigenes **vertrags- oder gesetzwidriges Verhalten** die Geltendmachung von Rechten ausschließt (sog **tu quoque-Einwand**; s dazu auch u Rn 628, 654, 1059). Das BGB kennt insoweit keinen generellen Anspruchsausschluss aufgrund nicht rechtstreuen Verhaltens (BeckOK-BGB/Sutschet [1. 5. 2019] Rn 72; Palandt/Grüneberg Rn 46), sondern nur Sanktionen für Pflichtverletzungen und Abwehrmöglichkeiten. Vorschriften wie die §§ 241a, 661a, 817 BGB und der etwas mildere § 654 BGB, die generellen Strafcharakter haben, bilden vielmehr eine Ausnahme.

251 In diesen Zusammenhang gehören die durch das Schuldrechtsmodernisierungsgesetz zum 1. 1. 2002 (s Staudinger/Olzen Einl 188 ff zum SchuldR) eingeführten §§ 314, 324 BGB. Sie erlauben die **Kündigung** eines Dauerschuldverhältnisses bzw einen **Rücktritt** vom gegenseitigen Vertrag aus **wichtigem Grund**. Dieser kann – wie § 314 Abs 2 BGB zeigt – auch in einer Pflichtverletzung liegen, sei es einer Leistungs- oder einer Rücksichtspflichtverletzung gem § 241 Abs 2 BGB. Stets ist aber erforderlich, dass ein Festhalten des Gläubigers am Vertrag für ihn **unzumutbar erscheint**. Soweit diese gesetzlichen Abwehrrechte gelten, bedarf es keines Rückgriffs auf die Grundsätze der unzulässigen Rechtsausübung (Jauernig/Mansel Rn 47), selbst dann nicht, wenn der Schuldner (noch) nicht von seinem Abwehrrecht Gebrauch gemacht hat. Eine Ausnahme gilt unter Berücksichtigung des Grundsatzes der **Verhältnismäßigkeit**, wenn durch § 242 BGB ein milderer und deshalb interessengerechterer Eingriff in das Schuldverhältnis erfolgen kann, als derjenige, der zur völligen Aufhebung führt (MünchKomm/Schubert Rn 297, 408; s oben Rn 220).

Titel 1
Verpflichtung zur Leistung § 242

Eine über diese Vorschriften hinausgehende Einschränkung der Gläubigerrechte 252
gem § 242 BGB hat man aufgrund der Unvollständigkeit des Gesetzes jedenfalls
vor dem Schuldrechtsmodernisierungsgesetz überwiegend zugelassen (vgl BGH NJW
1999, 352 f; 1993, 1645, 1646; Soergel/Teichmann Rn 288; Hohmann JA 1982, 112, 113; **aA**
Lorenz, Der Tu-quoque-Einwand beim Rücktritt der selbst vertragsuntreuen Partei wegen Vertragsverletzung des Gegners, JuS 1972, 311, 315; auch Teubner). Die gleichen Argumente
gelten in eingeschränkter Form aber fort, da die §§ 314, 324 BGB weder für nicht
gegenseitige Verträge noch für gesetzliche Schuldverhältnisse eingreifen, sodass
Anwendungslücken verbleiben (MünchKomm/Schubert Rn 297).

Die Voraussetzungen eines rechtlich missbilligten Verhaltens müssen auch hier 253
durch eine **Interessenabwägung** zwischen dem **Schutzinteresse** des Schuldners und
dem **Leistungsinteresse** des Gläubigers festgestellt werden. Ergibt sie, dass ein von
gesetzlichen Vorstellungen abweichendes Ergebnis vorliegt, hat das Interesse des
Gläubigers zurückzustehen (BGHZ 55, 274, 280 verlangt, dass sich das treuwidrige Verhalten
des Gläubigers besonders **schwerwiegend** auf das Unternehmen des Verpflichteten auswirkt oder
auszuwirken droht und die Aberkennung des Anspruchs nicht außer Verhältnis zu Art, Ausmaß und
Folgen der Verletzung stehen darf). Die Abwägung verlangt ferner eine Berücksichtigung
der Wertungen der §§ 314, 324 BGB, sodass die Pflichtverletzung des Gläubigers
erhebliches Gewicht haben muss und eine Durchsetzung seiner Rechte den Schuldner **schwer belasten würde** (so schon Soergel/Teichmann Rn 288). Dies gilt insbes bei der
Geltendmachung weit reichender Befugnisse (vgl etwa Jauernig/Mansel Rn 47), bei
schweren Verfehlungen (MünchKomm/Schubert Rn 299 f; Hohmann JA 1982, 112, 113)
oder schwerwiegenden Folgen der Vertragsverletzung (BGHZ 55, 274, 280). Dem entspricht es, dass einem Gläubiger, der sich selbst nicht vertragsgemäß verhalten hat,
bei Pflichtverletzungen des Schuldners zwar Schadenersatzansprüche zugesprochen
werden, ihm hingegen der weitergehende Rücktritt verwehrt bleibt (vgl etwa BGH
NJW 1971, 1747; MünchKomm/Schubert Rn 454). Ähnliche Überlegungen führen dazu,
dass auch teilw in die §§ 323 ff BGB die **eigene Vertragstreue** des Anspruchsstellers
als ungeschriebenes Tatbestandsmerkmal hineingelesen wird (MünchKomm/Ernst
§ 323 Rn 276; BeckOK-BGB/Schmidt [1. 5. 2019] § 323 Rn 49; ferner zu § 325, 326 aF Hohmann
JA 1982, 112, 113; vgl z Ganzen auch u Rn 626 ff, 654, 658).

Ferner liegt eine Einschränkung der Gläubigerrechte nahe, wenn der Gläubiger 254
Rechte aus einem Verhalten des Schuldners herleitet, das er durch einen **schwerwiegenden Vertragsbruch** selbst **herbeigeführt** oder **provoziert** hat (BGH NJW 1993,
1645, 1646; NJW 2008, 1148, 1150; Teubner, Generalklauseln 29). Umgekehrt kommt der
Ausschluss eines Forderungsrechts aufgrund der Interessenabwägung nur ausnahmsweise in Betracht, wenn die Position des Rechtsinhabers besonders schützenswert ist,
etwa weil es sich um Ansprüche mit Versorgungscharakter handelt, zB Unterhaltsansprüche (vgl etwa BGH NJW-RR 1997, 348; BAG NJW 1981, 188). Unter Zugrundelegung
der Wertung des § 324 BGB ist es aber grds nicht erforderlich, dass der Rechtsinhaber sein vertrags- oder gesetzeswidriges Verhalten gem § 276 BGB zu vertreten
hat. Dem Umstand kann allerdings im Rahmen der Interessenabwägung Bedeutung
zukommen (so für § 324 auch MünchKomm/Ernst § 324 Rn 11; s oben Rn 253).

bb) Gegenwärtiges Verhalten
Der Vorwurf des Rechtsmissbrauchs kann auch in einem **gegenwärtigen** Verhalten 255
begründet sein, zunächst wegen der **Art und Weise der Ausübung** eines Rechts

(BeckOK-BGB/Sutschet [1. 5. 2019] Rn 71; Gernhuber JuS 1983, 764, 767). Neben diesem eher seltenen Fall (BAG NZA 2000, 437, 438; LAG München NJW 1950, 399 mit krit Anm von Molitor; Hohmann JA 1982, 112, 113) kommt vor allem die Geltendmachung eines Rechts **zur Unzeit** in Betracht (BAG NZA 1994, 1080, 1081; NJW 2001, 2994; Gernhuber JuS 1983, 764, 767).

256 Ein Missbrauch liegt uU auch darin, dass ein Recht in Anspruch genommen wird, obwohl der Gläubiger **kein schützenswertes Interesse** damit verfolgt, oder darin, dass der Inanspruchnahme **überwiegende Interessen** des Schuldners oder anderer Personen **entgegenstehen** (Soergel/Teichmann Rn 290; MünchKomm/Schubert Rn 461). Aber nicht jede Ungleichverteilung der Interessen darf schon zu einer Aberkennung des Rechtes führen, sondern nur bei **groben, inakzeptablen Missverhältnissen** kann auf die unzulässige Rechtsausübung zurückgegriffen werden (MünchKomm/Schubert Rn 461).

257 Bei dem nachfolgenden Versuch, die verschiedenen Konstellationen darzustellen, in denen das Leistungsinteresse des Gläubigers ausnahmsweise zurückstehen muss, ist eine genaue Grenzziehung schwer möglich, aber auch nicht erforderlich, da es sich nicht um abschließende Gruppen handelt, sondern nur um Indizien, die ein Überwiegen des Schuldnerinteresses an der Nichterbringung der Leistung besonders nahe legen.

(1) Fehlendes Eigeninteresse

258 Ein Rechtsmissbrauch liegt zunächst vor, wenn der Gläubiger mit der Geltendmachung seiner Rechtsposition **kein schutzwürdiges Eigeninteresse** verfolgt (BGH NJW 2011, 1957; NJW 2008, 3438; OLG Frankfurt BeckRS 2013, 04350; MünchKomm/Schubert Rn 483; BeckOK-BGB/Sutschet [1. 5. 2019] Rn 82; Palandt/Grüneberg Rn 50; NK-BGB/Krebs Rn 84; Jauernig/Mansel Rn 38; Looschelders, Schuldrecht AT § 4 Rn 21; Teichmann JA 1985, 497, 499; vOlshausen, Die verwechselten Grundstücke oder: § 242 BGB im Sachenrecht, JZ 1983, 288, 290). Eine Rechtsausübung (nur) zu dem Zweck, den Schuldner zu schädigen, ist bereits gem § 226 BGB unzulässig. Zwar erfasst auch § 242 BGB diesen Fall (vgl etwa Palandt/Grüneberg Rn 50), eines Rückgriffs bedarf es deshalb nicht. § 226 BGB setzt allerdings voraus, dass die Rechtsausübung **allein** das Ziel verfolgt, einem anderen **Schaden zuzufügen** (RGZ 68, 424, 425; BGH ZInsO 2012, 828; NJW 2008, 3438; NJW 1995, 1488, 1489; LG Gießen NJW-RR 2000, 1255; Soergel/Fahse § 226 Rn 5; Palandt/Ellenberger § 226 Rn 2). Sofern dieser Ausschließlichkeitsaspekt fehlt oder nicht nachweisbar ist, greift häufig der Einwand des Rechtsmissbrauchs ein (Soergel/Teichmann Rn 291; z Verhältnis von § 226 u § 242 s auch u Rn 373 ff).

259 Das ist zB der Fall, wenn es dem Rechtsinhaber nicht um Schädigung, sondern um die Verfolgung **gesetzes- bzw vertragsfremder** oder **unlauterer Zwecke** geht (BGHZ 134, 325, 330; 30, 140, 144; 5, 186, 189; BGH NJW 2008, 3438; NStZ 2004, 37; Soergel/Teichmann Rn 302; BeckOK-BGB/Sutschet [1. 5. 2019] Rn 97; Jauernig/Mansel Rn 38; Brox/Walker, Allgemeines Schuldrecht § 7 Rn 15; Hohmann JA 1982, 112, 114). Dabei entscheidet, welche Zielsetzung die das Recht gewährende Vorschrift bzw vertragliche Vereinbarung verfolgt. Entspricht die Rechtsausübung durch den Gläubiger nicht dieser Zielsetzung, so steht ein Missbrauch in Rede (BGHZ 5, 186, 189; MünchKomm/Schubert Rn 487; BeckOK-BGB/Sutschet [1. 5. 2019] Rn 85; vgl zB BGHZ 90, 198, 204, wo ein Wandelungsrecht geltend gemacht wurde, nachdem der Mangel beseitigt worden war; anders aber BGH NJW 2018,

549, 550, wo mit dem Sicherungsverlangen nach § 648a Abs 1 BGB aF auch andere Motive als die Erlangung einer Sicherheit verfolgt wurden). Daneben kommen auch Fälle in Betracht, in denen der Rechtsinhaber **ausschließlich Drittinteressen** verfolgt. Fehlt ihnen der Zusammenhang mit dem Schuldverhältnis, so ist die Beanspruchung des Rechts uU ebenfalls missbräuchlich (vgl BGH NJW 1981, 1600; 1983, 1735 f: Eine Bank kann ihr bestellte Sicherheiten für von einem Dritten abgetretene Forderungen nicht in Anspruch nehmen, wenn sie die Forderungen entweder nicht auf bankenübliche Weise erworben hat oder wenn sie die Forderungen ohne eigenes wirtschaftliches Interesse nur deshalb einzieht, um dem Dritten Deckung aus den von ihr nicht voll benötigten Sicherheiten zu verschaffen).

In diesen Zusammenhang gehört auch der Sachverhalt, dass eine **Rechtsposition** formal noch **existiert**, aber der hinter ihr stehende materielle **Zweck** sich bereits **erledigt** hat (MünchKomm/Schubert Rn 486; BeckOK-BGB/Sutschet [1. 5. 2019] Rn 86). Deshalb handelt es sich um eine unzulässige Rechtsausübung, wenn der verfolgte Sicherungszweck bereits anderweitig hinreichend erfüllt ist (BGHZ 100, 95, 105; vgl z einem Bsp öffentlich-rechtlicher Natur BVerwG NJW 1989, 118, 119; BeckOK-BGB/Sutschet [1. 5. 2019] Rn 92). **260**

Dagegen lässt sich aus der **Geringwertigkeit des Anspruchs** allein kein mangelndes oder geringfügiges Interesse des Gläubigers ableiten (Soergel/Teichmann Rn 292). Im Gegenteil lassen Vorschriften wie §§ 312 Abs 3 Nr 2, 491 Abs 2 Nr 1 BGB erkennen, dass das Gesetz von einer geringeren Schutzbedürftigkeit des Schuldners ausgeht, soweit er Bagatellforderungen ausgesetzt ist (z Problem des Rechtsschutzinteresses für entspr Klagen vgl Olzen/Kerfack, Zur gerichtlichen Durchsetzung von Minimalforderungen, JR 1991, 133). Es wäre nicht sinnvoll, zB demjenigen, der nur einen geringen Schaden durch eine unerlaubte Handlung anrichtet, zu ermöglichen, die Schadensersatzleistung unter Hinweis darauf zu verweigern, der Gläubiger handele missbräuchlich. **261**

(2) Geringfügiges Eigeninteresse des Rechtsinhabers
(a) Allgemeine Voraussetzungen
Die Missbräuchlichkeit eines Rechts ergibt sich in anderen Situationen oft erst aus einem **Interessenvergleich** (MünchKomm/Roth/Schubert Rn 510; BeckOK-BGB/Sutschet [1. 5. 2019] Rn 82; Jauernig/Mansel Rn 37; Looschelders, Schuldrecht AT § 4 Rn 22; Teichmann JA 1985, 497, 499; Canaris JZ 1987, 993, 1002). Im Gegensatz zur soeben dargestellten Fallgruppe hat der Rechtsinhaber in solchen Fällen zwar ein eigenes sachliches Interesse an der Geltendmachung seines Anspruchs, jedoch muss dieses nach Abwägung mit den gegnerischen Interessen deshalb zurücktreten, weil dessen Schutzbedürftigkeit **wesentlich höher** erscheint (Soergel/Teichmann Rn 293). Dabei wirkt sich erneut das Gebot zur **gegenseitigen** Rücksichtnahme aus (s oben Rn 215; ferner Soergel/Teichmann; Gernhuber JuS 1983, 764, 767). **262**

Allerdings ist insoweit mit der Annahme eines Rechtsmissbrauchs **Vorsicht geboten** (Soergel/Teichmann Rn 47; Medicus AcP 192 [1992] 35, 69). Denn es gibt keinen allgemeinen Grundsatz, wonach man verpflichtet ist, seine Interessen hinter denjenigen anderer Beteiligter zurückzustellen (MünchKomm/Schubert Rn 511; Jauernig/Mansel Rn 41). Ein Rechtsmissbrauch kann daher nur bei Bestehen einer **atypischen Interessenlage** angenommen werden, die über die bloße Ungleichgewichtung der beteiligten Interessen **weit hinausgeht** (sehr weitgehend Canaris JZ 1987, 993, 1002 ff, der sogar bei vorsätzlichem Handeln eine Reduktion der Schadensersatzpflicht aufgrund der schlechten Vermögens- **263** verhältnisse des Schädigers zulassen will und Ähnliches umgekehrt bei schlechten Vermögensverhältnissen des Versicherten auch für die Leistungsbefreiung des Versicherers nach § 81 Abs 1 VVG vertritt; dagegen aber zu Recht MEDICUS AcP 192 [1992] 35, 65 ff).

264 Bei der notwendigen Abwägung kommt den Interessen besonderes Gewicht zu, die **grundrechtlich** geschützt sind (SOERGEL/TEICHMANN Rn 45; MünchKomm/SCHUBERT Rn 513; HENSSLER AcP 190 [1990] 538, 546). Insoweit wirkt sich die mittelbare Wirkung der Grundrechte über § 242 BGB aus (s oben Rn 146). Allerdings müssen sich **grundrechtlich geschützte Positionen** auch nicht zwingend durchsetzen (SOERGEL/TEICHMANN Rn 51), zumal sich im Verhältnis zwischen Privatrechtssubjekten typischerweise beide Parteien auf die Grundrechte berufen können.

265 **Subjektiver Elemente** bedarf es nicht (MünchKomm/SCHUBERT Rn 461; aA WIEACKER, Präzisierung 35 f). Der Schutz der deutlich überwiegenden Interessen der Gegenpartei kann nicht davon abhängen, ob sich die Inanspruchnahme eines Rechts „als zu missbilligende subjektive Fehlabwägung" darstellt oder nicht (so aber WIEACKER, Präzisierung 35). Dafür sprechen ua die Wertungen der §§ 275 Abs 2, Abs 3 BGB (dazu u Rn 268 ff, 378). Schon die objektive Inanspruchnahme des Rechtes stellt also möglicherweise einen Verstoß gegen das Rücksichtsgebot dar (s oben Rn 214).

266 Schließlich sind auch die **Interessen Dritter**, die von der Rechtsstellung umfasst sind, mit zu berücksichtigen (SOERGEL/TEICHMANN Rn 295). So ist die Berufung auf einen Unterhaltsverzicht unter Ehegatten missbräuchlich, wenn dadurch eine hinreichende Versorgung der Kinder gefährdet würde (BGH NJW 1987, 776, 777; 1985, 1835, 1836; OLG Hamm FamRZ 2004, 201; s dazu auch u Rn 964 f).

(b) Anwendungsfälle

267 Als missbilligenswert wird die Inanspruchnahme eines Rechts angesehen, wenn der Schuldner durch die Geltendmachung zu einem **gesetzes- oder sittenwidrigen** Verhalten gezwungen wird (BGH NJW 1994, 728, 729; MünchKomm/SCHUBERT Rn 258). Meist liegt dann allerdings bereits ein Fall der **rechtlichen Unmöglichkeit** mit der Folge des § 275 Abs 1 BGB vor (vgl BGH NJW 1983, 2873; Hk-BGB/SCHULZE § 275 Rn 12; BROX/WALKER, Allgemeines Schuldrecht § 22 Rn 4; s unten Rn 635 ff). Entsprechendes galt bis zum Schuldrechtsmodernisierungsgesetz (s STAUDINGER/OLZEN Einl 17 zum SchuldR) nach dem Rechtsgedanken des § 251 Abs 2 BGB, wenn das von der Gegenpartei verlangte Verhalten mit einem unverhältnismäßig großen, ihm billigerweise **nicht zuzumutenden Aufwand** verbunden (BGHZ 62, 388, 390; BGH NJW 1988, 699, 700) oder aus anderen Gründen **unzumutbar** war (BGHZ 36, 370, 375 f; ERMAN/BÖTTCHER Rn 101; LARENZ, Schuldrecht I § 10 II c; LOOSCHELDERS, Schuldrecht AT § 4 Rn 23; WIEACKER, Präzisierung 36; HENSSLER AcP 190 [1990] 538, 542).

268 Allerdings regeln seit dem 1. 1. 2002 die §§ 275 Abs 2, Abs 3 BGB bestimmte Ungleichgewichtungen speziell. § 275 Abs 2 BGB befasst sich damit, dass der Schuldner einen Leistungsaufwand erbringen muss, der in einem **groben Missverhältnis** zu dem Leistungsinteresse des Berechtigten steht. § 275 Abs 3 BGB gewährt ein Leistungsverweigerungsrecht, wenn dem Schuldner eine **persönlich zu erbringende Leistung** nicht zugemutet werden kann. Sofern sich wesentliche Umstände gegenüber der ursprünglichen Vereinbarung verändert haben oder aber sich die Vorstellung bzgl solcher Umstände als falsch erweist und dies ein Festhalten am Vertrag unzumutbar

erscheinen lässt, darf jetzt jede Partei **Vertragsanpassung** verlangen, §§ 313 Abs 1, Abs 2 BGB.

Im Hinblick auf die Abgrenzung all dieser Regeln zu § 242 BGB gilt Folgendes: Im **269** originären Anwendungsbereich des § 275 Abs 2 BGB kommt § 242 BGB deshalb keine Bedeutung zu, weil bei der Feststellung, ob der vom Schuldner zu erbringende Aufwand zu dem Leistungsinteresse des Gläubigers in einem **groben Missverhältnis** steht, bereits die Gebote von Treu und Glauben zu beachten sind (vgl MünchKomm/ ERNST § 275 Rn 73 f, der von einem Kosten-Nutzen-Kalkül spricht; SCHULZE/EBERS, Streitfragen im neuen Schuldrecht, JuS 2004, 265, 266). Insoweit besteht also ein **Vorrang** des § 275 Abs 2 BGB (MünchKomm/OETKER § 251 Rn 35; TEICHMANN BB 2001, 1485, 1488; CANARIS, Die Reform des Rechts der Leistungsstörungen, JZ 2001, 499, 505).

Fraglich bleibt, ob **unterhalb** des groben Missverhältnisses iSd § 275 Abs 2 BGB noch **270** Raum für die Anwendung des Rechtsgedankens der §§ 251 Abs 2, 439 Abs 4, 635 Abs 3, 651k Abs 1 S 2 Nr 2 BGB über § 242 BGB bleibt (offen gelassen bei MünchKomm/ ERNST § 275 Rn 76). Dafür lässt sich anführen, dass der Gesetzgeber mit Einführung der §§ 439 Abs 4, 635 Abs 3 BGB neben § 275 Abs 2 BGB zwei Fälle anerkannt hat, in denen ein bloßes Missverhältnis zur Leistungsbefreiung führen kann. Eine **allgemeine Unverhältnismäßigkeitsschranke** würde allerdings § 275 Abs 2 BGB widersprechen. Denn die dort geregelte Anhebung gegenüber dem früher aus §§ 251 Abs 2, 651k Abs 1 S 2 Nr 2 BGB gewonnenen Rechtsgedanken auf die Schwelle eines **groben Missverhältnisses** war vom Gesetzgeber gewollt (vgl BT-Drucks 14/6040, 130). §§ 251 Abs 2, 439 Abs 4, 635 Abs 3 und 651k Abs 1 S 2 Nr 2 BGB stellen deshalb gesetzliche Sondervorschriften zu § 275 Abs 2 BGB dar, die in ihrer Aussage nicht über § 242 BGB verallgemeinert werden dürfen.

§ 275 Abs 2 BGB stellt allerdings allein auf den **Leistungsaufwand des Schuldners** **271** einerseits und das **Leistungsinteresse des Gläubigers** andererseits ab. Die Norm ermöglicht **keine Abwägung sonstiger Umstände** (MünchKomm/ERNST § 275 Rn 73 f) und schließt deshalb eine Anwendung des § 242 BGB nicht vollständig aus (TEICHMANN BB 2001, 1485, 1488). In diesem Rahmen kann auch der Leistungsaufwand als Abwägungskriterium Bedeutung haben, wenn er erst im Zusammenhang mit weiteren Umständen zur Begründung der Unzumutbarkeit für den Schuldner herangezogen wird.

Sofern die Befreiung des Schuldners aus anderen **persönlichen Umständen** als der **272** Belastung durch den Leistungsaufwand begründet werden soll, bedarf es einer Abgrenzung zu § 275 Abs 3 BGB. Dessen Wortlaut erlaubt, anders als § 275 Abs 2 BGB, eine **umfassende Interessenabwägung**, in der **alle negativen Folgen** für den Schuldner zu berücksichtigen sind, wie etwa die notwendige Versorgung des schwer erkrankten Kindes oder sonstiger Angehöriger (MünchKomm/ERNST § 275 Rn 120; Beck-OK-BGB/LORENZ [1. 5. 2019] § 275 Rn 46; OLZEN/WANK, Die Schuldrechtsreform Rn 139), sodass bei **persönlich zu erbringenden Leistungen** kein Rückgriff mehr auf § 242 BGB erfolgen kann (vgl AnwK-BGB/DAUNER-LIEB § 275 Rn 57; abw für die alte Rechtslage etwa SOERGEL/TEICHMANN Rn 295; vgl auch u Rn 378). Vielmehr ist § 275 Abs 3 BGB nunmehr als **lex specialis** zu § 242 BGB anzusehen (LOOSCHELDERS, Schuldrecht AT § 4 Rn 23; ZIMMER, Das neue Recht der Leistungsstörungen, NJW 2002, 1, 4). Dies gilt auch für die **Leistungsverweigerung aus Gewissensgründen**. Letzteres ist allerdings nicht unumstritten:

Einige Literaturstimmen beurteilen die Leistungsverweigerung aus Gewissensgründen auch bei persönlichen Leistungspflichten nicht nach § 275 Abs 3 BGB, sondern nach § 242 BGB oder § 313 BGB (so etwa WESTERMANN/BYDLINSKI/WEBER, Schuldrecht AT [8. Aufl 2013] Rn 7/26 f; zur Rechtslage vor Inkrafttreten des Schuldrechtsmodernisierungsgesetzes [Lösung über § 242] vgl STAUDINGER/J SCHMIDT [1995] Rn 1196 ff mwNw). Dabei wird auf die Gesetzesbegründung verwiesen, wonach sich auch Fälle der Leistungsverweigerung aus Gewissensgründen „nicht über § 275 Abs 2 S 1 RE, sondern nur über § 313 oder über die Anwendung von Treu und Glauben lösen" lassen (BT-Drucks 14/6040, 130). Für die vorliegende Frage ist diese Passage jedoch wenig aussagekräftig, weil sie sich allein auf § 275 Abs 2 BGB (= § 275 Abs 2 S 1 RE) bezieht, nicht aber auf § 275 Abs 3 BGB (= § 275 Abs 2 S 2 RE). Aus sachlichen Gründen besteht jedenfalls kein Anlass, die Leistungsverweigerung aus Gewissensgründen bei persönlichen Leistungspflichten aus dem Anwendungsbereich des § 275 Abs 3 BGB auszunehmen. Deshalb ist mit der hM (Hk-BGB/SCHULZE § 313 Rn 9; MünchKomm/ERNST § 275 Rn 123; LOOSCHELDERS, Schuldrecht AT § 23 Rn 15; OTTO, Die Grundstrukturen des neuen Leistungsstörungsrechts, Jura 2002, 1, 4) davon auszugehen, dass § 242 BGB und § 313 BGB auch insoweit durch § 275 Abs 3 BGB verdrängt werden. Das Leistungsverweigerungsrecht aus Gewissengründen richtet sich somit nur dann nach § 242 BGB (bzw § 313 BGB), wenn es nicht um persönliche Leistungspflichten geht.

273 Ein Ausschluss der Leistungspflicht wegen Unzumutbarkeit gem § 242 BGB kommt also nur noch bei Leistungen, die der Schuldner **nicht persönlich** zu erbringen hat, in Betracht. (In diesen Zusammenhang gehört etwa der Fall, dass Kernkraftgegner unter Berufung auf ihre Gewissensfreiheit [Art 4 GG] die Stromrechnung nicht bezahlen wollen [vgl dazu OLG Hamm NJW 1981, 2473; LG Dortmund NJW 1981, 764; PALANDT/GRÜNEBERG Rn 9], wobei ein Leistungsverweigerungsrecht hier aber nach allgemeiner Ansicht nicht anzuerkennen ist.) Dafür spricht, dass der Schutz des Schuldners vor unzumutbaren Leistungsforderungen unabhängig davon bestehen muss, ob ein anderer für ihn eintreten kann oder nicht (MünchKomm/ERNST § 275 Rn 114 will auf § 313 oder eine analoge Anwendung des § 275 Abs 3 BGB zurückgreifen).

274 Zusammenfassend lässt sich damit festhalten, dass ein Anspruchsausschluss gem § 242 BGB wegen Rechtsmissbrauchs infolge der Spezialität des § 275 Abs 2 BGB nicht (mehr) in Frage kommt, wenn die Unzumutbarkeit der Leistung allein auf die Abwägung des **Gläubigerinteresses** gegen den **wirtschaftlichen Leistungsaufwand** des Schuldners gestützt wird. Sofern andere Umstände einen entsprechenden Schluss erlauben, ist für **persönlich zu erbringende** Leistungen § 275 Abs 3 BGB spezieller als § 242 BGB. Für diese Norm bleibt Raum in Fällen, in denen der Anspruch auf eine **nicht in Person zu erbringende Leistung** gerichtet ist und aufgrund anderer bzw weiterer Umstände als dem erforderlichen wirtschaftlichen Aufwand unzumutbar sein soll.

275 Jedoch ist dann unter Berücksichtigung des Rechtscharakters der §§ 275 Abs 2, Abs 3 BGB auch im Rahmen des verbleibenden Anwendungsbereichs von § 242 BGB **ausnahmsweise von einer Einrede** auszugehen. Andernfalls würde man den Schuldner bei nicht in Person zu erbringenden Leistungen von Amts wegen, dh uU sogar gegen seinen Willen, schützen, während derjenige Schuldner, der in Person zu leisten hat, über § 275 Abs 3 BGB ein Wahlrecht erhielte, ob er die Leistung trotz der Unzumutbarkeit erbringen will oder nicht (s auch u Rn 323).

Für Sachverhalte, in denen sich die Unzumutbarkeit der Leistung allein aus dem Verhältnis von **Leistungsaufwand** und **Gegenleistung** ergibt, stellt § 313 BGB nach dem Willen des Gesetzgebers ebenfalls eine **abschließende Sondervorschrift** dar (vgl BT-Drucks 14/6040, 130; s auch MünchKomm/Schubert Rn 531; MünchKomm/Ernst § 275 Rn 80; BeckOK-BGB/Sutschet [1. 5. 2019] Rn 94; für das frühere Recht bereits Soergel/Teichmann Rn 295). 276

(3) Grundsatz der Verhältnismäßigkeit

Eine Rechtsausübung darf sich weiterhin nicht als **unverhältnismäßige Reaktion** auf das Verhalten des anderen Teils darstellen (BGHZ 88, 81, 95; BeckOK-BGB/Sutschet [1. 5. 2019] Rn 100; NK-BGB/Krebs Rn 88; Hohmann JA 1982, 112, 114); ein Grundsatz, der in vielen Vorschriften seine Ausprägung gefunden hat, vgl etwa die §§ 259 Abs 3, 260 Abs 3, 281 Abs 1 S 3, 320 Abs 2, 323 Abs 5 S 2, 536 Abs 1 S 3, 543 Abs 2 Nr 3a BGB. Der Übergang zu der soeben dargestellten Fallgruppe ist fließend. Auch hier handelt es sich um eine Folgerung aus dem Gebot zur **gegenseitigen Rücksichtnahme**. Im Vordergrund steht aber weniger die Frage, inwiefern die Interessen der Gegenpartei durch die Rechtsausübung unzumutbar benachteiligt werden, sondern es geht um die **Beziehung** zwischen **Rechtsausübung** und dem sie auslösenden **Vorverhalten des Schuldners**, so etwa wenn eine Kündigung bzw ein Rücktritt als Reaktion auf einen unerheblichen Zahlungsrückstand erfolgt (RGZ 86, 334; 169, 140, 143). 277

Eine Rechtsausübung ist danach zB unverhältnismäßig, wenn sie in einem vorausgegangenen Verhalten der Gegenpartei **keinen vernünftigen Grund findet** (Hk-BGB/Schulze Rn 33; Hohmann JA 1982, 112, 114; Gernhuber JuS 1983, 764, 766). Allerdings bedeutet es noch keinen Rechtsmissbrauch, dass an eine geringfügige Beeinträchtigung überhaupt eine Reaktion geknüpft wird (so aber Buss NJW 1998, 337, 343; wie hier BGHZ 88, 91, 95; Palandt/Grüneberg Rn 53; Hk-BGB/Schulze Rn 33; z Durchsetzung von Minimalforderungen s Rn 261, 1106 f, 1124 ff). Zwar liegt den angeführten Vorschriften der Gedanke zugrunde, dass eine Rechtsausübung nicht unverhältnismäßig zur Pflichtverletzung sein darf. Die Annahme aber, das Gesetz wolle – sogar vorsätzliche – Pflichtverletzungen deshalb evtl überhaupt nicht sanktionieren, geht zu weit. Aus dem Grundsatz der Verhältnismäßigkeit resultiert dagegen das Gebot der **schonendsten Sanktion** (Soergel/Teichmann Rn 307; MünchKomm/Schubert Rn 450; BeckOK-BGB/Sutschet [1. 5. 2019] Rn 107; Palandt/Grüneberg Rn 54; Looschelders, Schuldrecht AT § 4 Rn 22; Hohmann JA 1982, 112, 115). Als milderes Mittel kommt uU eine **Abmahnung** vor der Rechtsausübung in Betracht, wie die §§ 314 Abs 2, 323 Abs 3 BGB zeigen. 278

(4) Pflicht zur alsbaldigen Rückgewähr

Die Geltendmachung eines Anspruches ist ferner als missbräuchlich einzustufen, wenn der geforderte **Leistungsgegenstand** alsbald wieder **zurückgegeben werden muss** und kein schutzwürdiges Interesse daran besteht, ihn zwischenzeitlich zu behalten (**dolo agit qui petit quod statim redditurus est-Einwand**; BGHZ 115, 132, 137; 110, 30, 34; 79, 201, 204; 74, 293, 300; 10, 69, 75; BGH VersR 2005, 498, 499; OLG München WM 2006, 862; OLG Frankfurt NJW-RR 2004, 206; Soergel/Teichmann Rn 298; MünchKomm/Schubert Rn 462; BeckOK-BGB/Sutschet [1. 5. 2019] Rn 87; Hohmann JA 1982, 112, 114; Wacke JA 1982, 477; Teichmann JA 1985, 497, 499; Heinrich, in: FS Laufs [2006] 585, 594 f). So kann zB niemand etwas verlangen, was er umgehend als Schadensersatz aus einer unerlaubten Handlung oder wegen ungerechtfertigter Bereicherung wieder herauszugeben hätte (BGHZ 116, 200, 203 f; 66, 302, 305; Jauernig/Mansel Rn 39; BGB-RGRK/Alff Rn 135). 279

280 Als Begründung wurde zT auf den Gedanken der „Einheit der Rechtschutzverheißung" verwiesen (so etwa Wieacker, Präzisierung 29). Er stehe der Rechtsausübung desjenigen entgegen, der seinen Anspruch ohne Rücksicht auf eventuelle Gegenansprüche durchsetzen wolle (Wacke JA 1982, 477, 478). Entscheidender ist in einem solchen Fall aber erneut die **Interessenabwägung**. Sie ergibt, dass das Interesse des Schuldners, einen Gegenstand behalten zu dürfen, das Herausgabeinteresse des Gläubigers überwiegt, da neben dem Beschädigungs- oder Untergangsrisiko die Gefahr besteht, dass der Gläubiger bis zur endgültigen Entscheidung über den Gegenstand verfügt, in ihn vollstreckt wird oder der Gläubiger in Insolvenz fällt (MünchKomm/Schubert Rn 462; Hk-BGB/Schulze Rn 32; Heinrich, in: FS Laufs [2006] 585, 594). Damit handelt es sich um einen Unterfall der Fallgruppe des **fehlenden schutzwürdigen Eigeninteresses** (Palandt/Grüneberg Rn 52). Dem Gläubiger ist deshalb die Durchsetzung seines Anspruchs erlaubt, wenn er seinerseits ein höherwertiges schutzwürdiges Interesse am „zwischenzeitlichen Innehaben" des geschuldeten Leistungsgegenstandes hat als der Schuldner an der Verweigerung der Herausgabe.

281 Als Wertungskriterium dient die **Ähnlichkeit** der geschilderten Situation zur **Aufrechnung** gem § 387 BGB (Wacke JA 1982, 47), die als gesetzliche Ausprägung einer solchen Interessenwertung angesehen werden kann (Jauernig/Mansel Rn 39). Der Unterschied liegt darin, dass in den dolo agit-Fällen kein fälliger Gegenanspruch besteht, der dem Leistungsverlangen entgegensteht. Aufgrund der Nähe zur Aufrechnung gelten aber dennoch die Einschränkungen der Aufrechenbarkeit und die Aufrechnungsverbote entsprechend (Soergel/Teichmann Rn 299). Zum Zurückbehaltungsrecht gem § 273 Abs 1 BGB besteht ebenfalls eine gewisse Vergleichbarkeit, wobei sich der Unterschied wiederum aus der fehlenden Fälligkeit des Gegenanspruchs ergibt.

282 Als Gegenanspruch kommt für den dolo agit-Einwand **jeder Anspruch** in Betracht, der sich gegen den Rechtsausübenden richtet. Rechtsmissbrauch liegt auch vor, wenn der Drittwiderspruchskläger gem § 771 ZPO für den vollstreckten Anspruch nur mithaftet (HansOLG Hamburg MDR 1959, 580, 581, dort steht dem Inhaber eines Lagerhalterpfandrechtes gegenüber der Drittwiderspruchsklage des Eigentümers der gelagerten Sache die Arglisteinrede zu, mit der Folge, dass letzterer die Zwangsvollstreckung dulden muss). **Ansprüche eines Dritten** gegen den Gläubiger auf den Leistungsgegenstand rechtfertigen die Leistungsverweigerung des Schuldners, sofern dieser Dritte den Leistungsgegenstand sofort an den in Anspruch genommenen Schuldner herausgeben müsste (Wacke JA 1982, 477, 478; Heinrich, in: FS Laufs [2006] 585, 595). Hat der Dritte allerdings ein schutzwürdiges Interesse am **zwischenzeitlichen Behalten** des Leistungsgegenstandes, so scheidet der dolo agit-Einwand genauso aus wie bei einem entsprechenden schutzwürdigen Eigeninteresse des Gläubigers.

283 Ferner kommt der dolo agit-Einwand zur Anwendung, wenn der Anspruchsinhaber dem Schuldner das von ihm Geforderte mittelbar über einen Dritten wieder zurückgewähren müsste (sog **Regresskreisel**; bereits RGZ 161, 94, 98; BeckOK-BGB/Sutschet [1. 5. 2019] Rn 111; Wacke JA 1982, 477, 478). Dementsprechend kann zB die Geltendmachung eines nach § 86 VVG übergegangenen **Regressanspruches** durch den **Haftpflichtversicherer** rechtsmissbräuchlich sein, wenn der Schuldner (Versicherungsnehmer) bei einem Mitversicherten im Umfang seiner Inanspruchnahme Regress nehmen könnte und der Versicherer für diesen ebenfalls einzustehen hätte (s dazu u Rn 1095).

cc) Widerspruch zwischen früherem und gegenwärtigem Verhalten
(1) Allgemeines

Die Unzulässigkeit einer Rechtsausübung folgt schließlich daraus, dass sich der Gläubiger in **Widerspruch** zu seinem **früheren Verhalten** setzt (sog **venire contra factum proprium-Einwand**; SOERGEL/TEICHMANN Rn 312; MünchKomm/SCHUBERT Rn 353; Hk-BGB/ SCHULZE Rn 36; BGB-RGRK/ALFF Rn 93; BROX/WALKER, Allgemeines Schuldrecht § 7 Rn 16; WOLF AcP 153 [1954] 97, 135; HEINRICH, in: FS Laufs [2006] 585, 596). 284

ZT wird angenommen, es handle sich dabei um einen **konkludenten Verzicht** (WIELING AcP 176 [1976] 334, 335; ähnl STAUDINGER/J SCHMIDT [1995] Rn 629 ff; z entspr Überlegungen im Österreichischen Recht s unten Rn 1133), weshalb es keines Rückgriffs auf § 242 BGB bedürfe. Die Annahme eines Verzichts gem § 397 BGB setzt aber einen entsprechenden Rechtsfolgewillen voraus, der nicht selten fehlt (so auch SOERGEL/TEICHMANN Rn 312 f; TEICHMANN JA 1985, 497, 500). Die Einordnung der Fallgruppe unter § 242 BGB ermöglicht zudem eine umfassende Berücksichtigung von **öffentlichen Interessen** und **Interessen Dritter**, während dies bei Annahme eines konkludenten Verzichts nur in den engen Grenzen der §§ 134, 138 BGB möglich wäre. Die gegenteilige Auffassung kann im Übrigen auch die Probleme **unverzichtbarer Rechtspositionen** nicht bewältigen (vgl WIELING AcP 176 [1976] 334, 339). Deshalb lässt sich das Institut des widersprüchlichen Verhaltens jedenfalls nicht insgesamt durch Rückgriff auf den Verzicht erklären (MünchKomm/SCHUBERT Rn 317; TEICHMANN JA 1985, 497, 500) und findet jedenfalls dort Anwendung, wo keine rechtsgeschäftliche Vereinbarung vorliegt (SINGER NZA 1998, 1309, 1310). 285

Entscheidend ist meist der Aspekt des **Vertrauensschutzes** (LARENZ, Schuldrecht I § 10 II b; LOOSCHELDERS, Schuldrecht AT § 4 Rn 26; TEICHMANN JA 1985, 497, 500; MARTINEK JZ 1996, 470; SINGER NZA 1998, 1309, 1310; CORDEIRO, in: FS Canaris [2007] 858, 862). Er liegt vielen gesetzlichen Vorschriften zu Grunde, wie etwa den §§ 122, 170–172, 179 BGB. Sie lassen erkennen, dass sich derjenige, der ein **berechtigtes Vertrauen** der Gegenpartei hervorgerufen hat, daran festhalten lassen muss. Ebenso wirkt aber auch das Gebot zur **gegenseitigen Rücksichtnahme**. Es verlangt, dass man die Folgen eines gesetzten Rechtsscheins trägt, wenn sich die Gegenseite darauf eingelassen hat; die eigenen Interessen müssen dann zurückstehen. 286

Jedoch bleibt die Einordnung des widersprüchlichen Verhaltens nicht auf die Fälle enttäuschten Vertrauens beschränkt (vgl etwa BGHZ 130, 371, 375; SOERGEL/TEICHMANN Rn 315; MünchKomm/SCHUBERT Rn 353; NK-BGB/KREBS Rn 92; aA MADER, in: FS Fenyves [2013] 257, 264/269: Entscheidend sei nicht die Widersprüchlichkeit im Gesamtverhalten eines Rechtsträgers; zwar bilde Verhaltenskonstanz einen rechtsethischen Wert, dies allein rechtfertige aber nicht materielle Rechtsänderungen). Obwohl das Gesetz grds dem Rechtsinhaber überlässt, wie er von seinem Recht Gebrauch macht und damit auch widersprüchliches Verhalten prinzipiell toleriert (BGHZ 87, 169, 177; BGH NJW 1986, 2104, 2107; OLG Köln NJW-RR 1998, 343, 344; PALANDT/GRÜNEBERG Rn 55; SINGER NZA 1998, 1309, 1311), folgt doch aus der **Beschränkungsfunktion** des § 242 BGB (s oben Rn 201 ff), dass der Rechtsausübung Grenzen gesetzt sind. Gleichzeitig erscheint jedoch nicht jeder Wechsel des Rechtsstandpunktes bereits als missbräuchlich; vielmehr wird verlangt, dass es sich um einen **unlösbaren Widerspruch** handelt (MünchKomm/SCHUBERT Rn 353; s unten Rn 296 ff). 287

288 Lehnt man mit der hier vertretenen Ansicht ab, den venire contra factum proprium-Einwand generell als rechtsgeschäftlichen Verzicht zu werten, so hat dies zur Konsequenz, dass die Annahme eines „unlösbaren Widerspruchs" nur in Ausnahmefällen in Betracht kommt. Andernfalls könnte man die Vorschriften über das Zustandekommen von Rechtsgeschäften umgehen, indem man die Bindungswirkung § 242 BGB entnimmt (Singer NZA 1998, 1309, 1310). Dies wäre vor allem dort bedenklich, wo die fehlenden besonderen Wirksamkeitsvoraussetzungen eines Rechtsgeschäfts gerade dem Schutz desjenigen dienen, der dann über § 242 BGB an der Durchsetzung seines Rechts gehindert werden soll, zB bei Mängeln in der Geschäftsfähigkeit.

(2) Die Voraussetzungen des widersprüchlichen Verhaltens
289 Wann die Geltendmachung einer Rechtsposition als widersprüchlich zu bewerten ist, lässt sich nur durch **Interessenabwägung** im Einzelfall beurteilen (OLG Köln NJW-RR 1998, 343, 344; BeckOK-BGB/Sutschet [1. 5. 2019] Rn 111). Fälle, in denen die Annahme widersprüchlichen Verhaltens jedenfalls nahe liegt, knüpfen an die bereits genannten Aspekte des **Vertrauensschutzes** einerseits und der **Unauflöslichkeit des Widerspruchs** im Verhalten des Rechtsträgers andererseits an.

(a) Schutzwürdiges Vertrauen
290 Eine unzulässige Rechtsausübung kommt danach zunächst in Betracht, wenn durch ein Verhalten des Rechtsinhabers ein **schutzwürdiges Vertrauen** auf eine bestimmte Sach- oder Rechtslage bei der Gegenpartei hervorgerufen wurde (s oben Rn 286; BGH MDR 2012, 1220; WuM 2010, 512; NJW 2009, 435; OLG Hamm NZM 2011, 277 f; BGHZ 47, 184, 189; BGH NJW-RR 1991, 1033, 1034; NJW 1991, 974, 975; OLG Köln NJW-RR 1998, 343, 344; MünchKomm/Schubert Rn 323; BeckOK-BGB/Sutschet [1. 5. 2019] Rn 113; Erman/Böttcher Rn 106; Jauernig/Mansel Rn 50; Looschelders, Schuldrecht AT § 4 Rn 26; Hohmann JA 1982, 112, 114; Singer NZA 1998, 1309, 1311). Der vertrauensbegründende Tatbestand kann dabei sowohl in einem **Tun** als auch in einem **gebotswidrigen Unterlassen** liegen (Soergel/Teichmann Rn 317 ff; Teichmann JA 1985, 497, 501).

291 Es bedarf weder einer **Arglist** noch eines **Verschuldens** desjenigen, der sein Recht ausüben will (MünchKomm/Schubert Rn 317; NK-BGB/Krebs Rn 93; Hk-BGB/Schulze Rn 36; Wieacker, Präzisierung 28; BGH NJW 2009, 1343). Gleichwohl ist die **Zurechenbarkeit** des Verhaltens zu verlangen (ebenso BeckOK-BGB/Sutschet [1. 5. 2019] Rn 112; Teichmann JA 1985, 497, 501). Dafür gelten allerdings nicht die rechtsgeschäftlichen Zurechnungsregeln (aA BeckOK-BGB/Sutschet [1. 5. 2019] Rn 112; so konsequenterweise auch Wieling AcP 176 [1976] 334, 342 ff, der die Verwirkung als Verzicht auffasst), da es sich bei dem Verhalten nicht zwingend um ein Rechtsgeschäft handelt. Es reicht vielmehr aus, dass der Handelnde die vertrauensbegründenden Umstände **beherrscht** und sie hätte **vermeiden können** (Soergel/Teichmann Rn 319). Darüber entscheiden **objektive Kriterien**; dieselben gelten, wenn sich das Vertrauen auf das **Verhalten Dritter** stützt (MünchKomm/Schubert Rn 318; BeckOK-BGB/Sutschet [1. 5. 2019] Rn 112).

292 Um die Rechtsfolgen des § 242 BGB auszulösen, ist es erforderlich, dass die Gegenpartei auf das Bestehen oder Nichtbestehen einer bestimmten Rechts- oder Tatsachenlage **vertraut** hat. Der Rechtsmissbrauch entfällt deshalb bei **Kenntnis** der wahren Sachlage oder bei eigenem widersprüchlichem Verhalten des Schuldners in derselben Sache (BGH BeckRS 2010, 24791; Knops AöR 143 [2018] 554, 584). Hinzutreten muss die **Schutzwürdigkeit** des Vertrauens, wie auch §§ 122, 173, 179 Abs 3 S 1 BGB zeigen, uz unter Berücksichtigung der **beiderseitigen Belange** (MünchKomm/Schubert Rn 320; Teichmann JA 1985, 497, 501). Im Rahmen der Interessenabwägung kommt (auch) subjektiven Kriterien Bedeutung zu. So spricht es – wie sich aus §§ 122, 173, 179 Abs 3 S 1 BGB ableiten lässt – gegen die Schutzwürdigkeit eines Beteiligten, wenn er sich **fahrlässig** auf das Verhalten des Gegners verlassen hatte (Soergel/ Teichmann Rn 320). Umgekehrt sind – wie § 179 Abs 2 BGB zeigt – auch subjektive Umstände auf der Seite desjenigen zu berücksichtigen, der am gesetzten Vertrauenstatbestand festgehalten werden soll (MünchKomm/Schubert Rn 319). Das Vertrauen verdient Schutz, wenn der Betroffene von dem anderen Teil in diesem Glauben bestärkt worden ist (BAG NZA 2005, 1193, 1196).

Besonders schutzwürdig erscheint, wer bereits vertrauensvoll **Dispositionen** getroffen **293** hat (MünchKomm/Schubert Rn 320; Palandt/Grüneberg Rn 56; Hk-BGB/Schulze Rn 37). Teilw wird dieses Erfordernis sogar als unerlässliche Voraussetzung des venire contra factum proprium-Einwandes angesehen (vgl Soergel/Teichmann Rn 321; Teichmann JA 1985, 497, 501). Dem steht allerdings entgegen (MünchKomm/Schubert Rn 320; Palandt/Grüneberg Rn 56), dass die Abwägung der beiderseitigen Interessen auch ohne Vermögensdisposition des Vertrauenden aus anderen Gründen zur Annahme eines Rechtsmissbrauchs führen kann.

Probleme bereitet die Schutzwürdigkeit, wenn der vertrauensbildende Tatbestand an **294** ein Verhalten anknüpft, das sich als **gesetzes- oder sittenwidrig** darstellt. Obwohl dadurch regelmäßig wegen §§ 134, 138 BGB kein Recht begründet wird, kann (zumindest) eine der beteiligten Parteien in Unkenntnis der wahren Rechtslage zB an einen wirksamen Vertragsschluss geglaubt haben. Im Hinblick auf die Frage, ob § 242 BGB die Rechtsfolgen der §§ 134, 138 BGB verdrängt (s unten Rn 362 ff, 365 ff), muss **nach Art des** die Gesetzes- oder Sittenwidrigkeit begründenden **Verhaltens differenziert** werden. Bringt es (auch) Nachteile für öffentliche Interessen oder Interessen Dritter mit sich, tritt die Schutzwürdigkeit des Vertrauens zurück, soweit die Nichtigkeit gerade dem Schutz Dritter oder eben der Öffentlichkeit dient. Etwas anderes gilt uU, wenn die Umstände, die die Gesetzes- oder Sittenwidrigkeit begründen, ausschließlich die Beteiligten betreffen. Sofern derjenige, der durch das „Urteil" der Gesetzes- oder Sittenwidrigkeit gerade geschützt werden soll, den Vertrauenstatbestand gesetzt hat, sind an die Schutzwürdigkeit des Vertrauens der Gegenpartei jedoch hohe Anforderungen zu stellen. Denn das Gesetz bringt mit den §§ 134, 138 BGB zum Ausdruck, dass es die Rechtsposition der Gegenpartei grds nicht als schutzwürdig bzw die Position des anderen als besonders schutzbedürftig ansieht.

Die **Rechtsfolge** widersprüchlichen Verhaltens liegt darin, dass sich der Handelnde **295** an dem von ihm **verursachten Vertrauen festhalten** lassen muss (Teichmann JA 1985, 497, 502). Die konkreten Konsequenzen bestimmen sich nach der jeweiligen Rechtsposition, auf die sich einer der Beteiligten verlassen hat, etwa dass der Rechtsinhaber ein bestimmtes **Recht nicht ausüben** werde (MünchKomm/Schubert Rn 323), oder dass eine bestimmte **Rechts- oder Tatsachenlage geschaffen oder verstärkt** wurde (BGH NJW 1996, 2724; MünchKomm/Schubert Rn 330). Solche Situationen können sogar iE bis zum **Erfüllungsanspruch** führen, etwa wenn dem Schuldner verwehrt wird, sich auf die Nichtigkeit eines Vertrages zu berufen (z Anspruchsbegründung gem § 242 vgl o Rn 186 ff).

(b) Unauflöslicher Widerspruch

296 Wie eingangs erwähnt, liegt nach überwiegender Auffassung ein Rechtsmissbrauch auch bei einem **unauflösbaren Widerspruch** zwischen dem **gegenwärtigen** und einem **früheren Verhalten** des Rechtsinhabers vor (s oben Rn 287; BGHZ 130, 371, 375; BeckOK-BGB/Sutschet [1. 5. 2019] Rn 131; Palandt/Grüneberg Rn 59). Mit einer entsprechenden Annahme sollte man aber deshalb äußerst zurückhaltend sein, weil sich der Nachteil des Rechtsinhabers in diesem Fall allein aus seinem **objektiven Verhalten** ableitet (so BGH NJW 1986, 2104, 2107). Dadurch besteht die bereits oben angesprochene Gefahr (s oben Rn 288) der **Missachtung** von **Wirksamkeitsvoraussetzungen** eines Rechtsgeschäftes wie Formmängeln oder fehlender Geschäftsfähigkeit. Manche lehnen die Rechtsfigur des venire contra factum proprium daher in derartigen Sachverhalten mit guten Argumenten sogar vollständig ab (Singer NZA 1998, 1309, 1312 f; krit auch Martinek JZ 1996, 470, 471).

297 Dem steht allerdings die **Auffassung des Gesetzgebers** in den Gesetzesmaterialien zu § 346 Abs 2 BGB gegenüber (vgl BT-Drucks 14/6040, 195). Für die Einschränkung des Rücktrittsrechts gem § 346 Abs 1 BGB bei vorsätzlicher Zerstörung des Rückgewährgegenstands greift er auf den Einwand des Rechtsmissbrauches zurück, uz gerade unter dem Aspekt widersprüchlichen Verhaltens (vgl insofern auch die v Gesetzgeber zitierte Entscheidung OLG Düsseldorf NJW 1989, 3163 f u BGH NJW 1972, 155, wo §§ 351 ff aF als Ausprägung des venire contra factum proprium-Einwandes angesehen werden; dazu auch Wolf AcP 153 [1954] 97, 131; sowie u Rn 674), obwohl in diesem Falle keine Vertrauensschutzgesichtspunkte eingreifen. Entscheidend ist vielmehr, dass sich die Partei durch ihr späteres Verhalten objektiv in Widerspruch zu dem ursprünglich in Anspruch genommenen Rechtsstandpunkt stellt, wenn Vorteile in Anspruch genommen und die dazugehörigen Nachteile abgewehrt werden (sollen) (MünchKomm/Schubert Rn 344). Damit zeigt sich, dass allein objektive Umstände den Vorwurf widersprüchlichen Verhaltens zu begründen vermögen.

298 Ein derartiges Handeln der Partei liegt über den genannten Fall hinaus dann vor, wenn sie sich auf eine **Rechtsvorschrift beruft**, die sie selber zuvor **missachtet** hat (MünchKomm/Schubert Rn 353). Durch den früheren Rechtsverstoß zu Lasten des Gegners hat der Berechtigte zu verstehen gegeben, dass er die betreffende Vorschrift für das fragliche Rechtsverhältnis als unbeachtlich ansieht; dazu wäre es widersprüchlich, sich nun eben darauf zu berufen. Daher kann ein Arbeitnehmer gegenüber Ansprüchen des Arbeitgebers wegen nicht erbrachter Arbeitsleistung nicht geltend machen, es habe ein Leistungsverweigerungsrecht wegen Überschreitung der Höchstarbeitszeit bestanden, wenn er in derselben Zeit bei einem anderen Arbeitgeber gearbeitet hat (BAG BB 1968, 206). Als Argument lässt sich hier je nach Einzelfallgestaltung bei entsprechendem Rechtsfolgewillen auch der Gedanke des Verzichts heranziehen (s oben Rn 285, 288).

299 Weiterhin wird zT ein solches widersprüchliches Verhalten darin gesehen, dass eine Partei ihre **Tatsachen- und Rechtsbehauptungen wechselt** (MünchKomm/Schubert Rn 356). Eine solche Annahme ist aber deshalb bedenklich, weil in der Fallkonstellation des „unauflöslichen Widerspruchs" Vertrauensgesichtspunkte gerade keine Rolle spielen. Als Äquivalent dafür ist mehr erforderlich als der bloße Standpunktwechsel, da das Gesetz keine generelle Missbilligung eines solchen Verhaltens kennt. Vielmehr müssen besondere Umstände hinzutreten (so auch BGHZ 130, 371, 375;

BGH NJW 1986, 2104, 2107; OLG Köln NJW-RR 1998, 343, 344), die die Position der Gegenpartei trotz des fehlenden Vertrauenstatbestandes als schutzwürdig erscheinen lassen, zB, dass die Partei bereits Vorteile aus ihrer ursprünglichen Behauptung gezogen hat (BeckOK-BGB/Sutschet [1. 5. 2019] Rn 131; Palandt/Grüneberg Rn 59; vgl BAG NJW 1973, 963, wo sich jemand als Erbe ausgab, den Arbeitnehmern des Erblassers gegenüber aber die Erbenstellung bestritt) oder aber der Gegenpartei aus dieser schon Nachteile erwachsen sind (vgl BGHZ 50, 191, 196, wo eine Partei vor dem Schiedsgericht erfolgreich dessen Zuständigkeit bestritten hatte u sich danach vor dem ordentlichen Gericht auf die Schiedsvertragsklausel berufen wollte [Fortführung durch OLG Frankfurt 6. 2. 2009 – 24 U 183/08 [unveröffentlicht]; andererseits OLG Düsseldorf OLGZ 1987, 375, 377 – dort veranlasste eine Partei die Gegenpartei unter Hinw auf eine Schiedsgerichtsklausel z Rücknahme einer Klage vor dem ordentlichen Gericht u berief sich dann vor dem Schiedsgericht auf die Unwirksamkeit dieser Klausel; ähnl bereits RGZ 40, 401, 403).

(3) Verwirkung
(a) Allgemeines

Als besondere Fallgruppe widersprüchlichen Verhaltens wird allg die **Verwirkung** 300 angesehen (MünchKomm/Schubert Rn 315; Palandt/Grüneberg Rn 87; Larenz, Schuldrecht I § 10 II b; Brox/Walker, Allgemeines Schuldrecht § 7 Rn 17; Wieacker, Präzisierung 28; Hohmann JA 1982, 112, 115; differenzierend Heinrich, in: FS Laufs [2006] 585, 598, 603; zur Verwirkung im Gesellschaftsrecht s AG Duisburg NJW-RR 2009, 1137, 1139 oder zur Untreue des Betreuers s OLG Hamm NJW-RR 2007, 1081, 1082; zur Verwirkung bei mit besonderen Treuepflichten verbundenen Tätigkeiten BGH NJW-RR 2009, 1710, 1711). Darunter versteht man den **Verlust eines Rechtes**, das der **Gläubiger** einen **gewissen Zeitraum nicht ausgeübt** hat, sodass sich der Schuldner in **schutzwürdiger Weise** darauf **einrichten** konnte, **nicht mehr in Anspruch genommen** zu werden (BGHZ 105, 290, 298; 43, 289, 292; 25, 47, 52; BGH NJW 2011, 212; 2010, 3714, 3716; 2006, 219; OLG Frankfurt NJW-RR 1991, 674, 678; MünchKomm/Schubert Rn 369; BeckOK-BGB/Sutschet [1. 5. 2019] Rn 137; Heinrich, in: FS Laufs [2006] 585, 598). Die Verwirkung ist mittlerweile durch §§ 4 Abs 4 S 2 TVG, 21 Abs 4 MarkenG gesetzlich anerkannt. Demgegenüber handelt es sich bei § 15 StVG um keinen Sonderfall der Verwirkung, sondern um eine gesetzliche Ausschlussfrist (vgl BeckOGK/Walter StVG [1. 12. 2018] § 15 Rn 2; **aA** BeckOK-BGB/Sutschet [1. 5. 2019] Rn 151 ff).

Sinn und Zweck der Verwirkung bestehen darin, dem Schuldner vor allem bei **sehr** 301 **langen Verjährungsfristen** bereits vor deren Ablauf Leistungsfreiheit zu verschaffen, wenn besondere Umstände dazu führen, dass sich die Geltendmachung des Rechts durch den Gläubiger als **widersprüchlich** und **missbräuchlich** erweist (BGH NJW 1992, 1255, 1256; NJW-RR 1992, 1240; krit z Institut der Verwirkung wegen Aushebelung der gesetzlichen Verjährungsregeln Koziol, Glanz und Elend der deutschen Zivilrechtsdogmatik. Das deutsche Zivilrecht als Vorbild für Europa?, AcP 212 [2012] 1, 57).

Den Gegenstand der Verwirkung bilden nicht nur Rechte, die der Verjährung un- 302 terliegen, sondern grds **alle Rechte und Rechtspositionen**, zB auch **Gestaltungsrechte** (Soergel/Teichmann Rn 335; BeckOK-BGB/Sutschet [1. 5. 2019] Rn 140; Palandt/Grüneberg Rn 88; NK-BGB/Krebs Rn 101; vgl nur Löwisch/Göpfert/Siegrist, Verwirkung des Widerspruchsrechts beim Betriebsübergang, DB 2007, 2538). Auch rechtskräftig festgestellte Rechte sind nicht vor der Verwirkung geschützt (OLG Koblenz 30. 4. 2018 – 1 U 261/18 juris Rn 35, MDR 2018, 1146). Im Rahmen von **dinglichen Rechten, Mitgliedschaftsrechten** oder **Immaterialgüterrechten** betrifft die Verwirkung nicht das (Stamm-)Recht, sondern nur die jeweiligen daraus fließenden (Einzel-)Ansprüche und -Rechte (KG Berlin 20. 3. 2018 – 13 UF 22/17 juris Rn 22, FamRZ 2018, 1242; MünchKomm/Schubert Rn 372; NK-BGB/ Krebs Rn 102). Damit ist allerdings nicht ausgeschlossen, dass das gesamte Recht durch die Verwirkung einzelner Befugnisse in seinem Umfang geschmälert wird (ausf Staudinger/J Schmidt [1995] Rn 538). Die Frage, ob **Einwendungen** der Verwirkung unterliegen (offen gelassen in BGH NJW 2004, 3330, 3331; vgl auch u Rn 451), ist zu verneinen, fehlt es doch an einer Frist, innerhalb derer die Einwendung geltend zu machen wäre. In Betracht kommt allerdings eine Überwindung der Einwendung aus anderen Gesichtspunkten, etwa nach den Grundsätzen des venire contra factum proprium (vgl Rn 452 u Rn 284 ff).

303 Für die Abgrenzung zum **Verzicht** entscheidet erneut ein entsprechender **Rechtsfolgewillen** (s oben Rn 285). Ist er vorhanden, bedarf es keines Rückgriffs auf Treu und Glauben (so in der Sache auch Staudinger/J Schmidt [1995] Rn 533); ohne Willenserklärungen muss man dagegen auf § 242 BGB zurückgreifen (Soergel/Teichmann Rn 333).

(b) Voraussetzungen

304 Da die Verwirkung einen Unterfall des **widersprüchlichen Verhaltens** darstellt, gelten die oben (Rn 289 ff) aufgezeigten Grundsätze. Der Berechtigte muss also ein Verhalten an den Tag gelegt haben, dass bei der **Gegenpartei** in zurechenbarer Weise ein **schutzwürdiges Vertrauen** auf ihre weitere **Nichtinanspruchnahme hervorgerufen** hat (MünchKomm/Schubert Rn 404; Palandt/Grüneberg Rn 95; Fikentscher/Heinemann, Schuldrecht Rn 216; Hohmann JA 1982, 112, 115; Heinrich, in: FS Laufs [2006] 585, 600 f; z Versagung des Anspruchs auf Ersatz von Mängelbeseitigungskosten bei vorherigem Einverständnis mit behelfsmäßiger Mängelbeseitigung s BGH NJW 2010, 3299, 3300). Zur **Untätigkeit** des Rechtsinhabers müssen weitere **Umstände** hinzutreten, die dem Schuldner nahe legen, dass das **Recht nicht ausgeübt werden wird** (BGH 31. 1. 2018 – XII ZB 133/17, NJW 2018, 1013 Rn 15; 7. 2. 2018 – XII ZB 338/17, NJW-RR 2018, 579 Rn 21; NJW 2014, 854, 856; NJW 2010, 1074, 1076; BGHZ 105, 290, 298; 43, 289, 292; BGH NJW 2003, 824; DB 1969, 569; OLG München FamRZ 2005, 1120, 1122 f; LAG Hamm VersR 1967, 70, 71; MünchKomm/Schubert Rn 378; Enneccerus/Lehmann, Schuldrecht § 4 I 5; Haertlein, in: FS Schilken [2015] 35, 36 ff; ders DGVZ 2019, 74, 75). Es tritt keine Verwirkung ein, wenn der Berechtigte sich die Wahrnehmung seiner Rechte (ernsthaft) vorbehalten hat oder aber, wenn er durch zwingende Umstände faktischer oder persönlicher Art an ihrer Ausübung gehindert war (dazu ausf Staudinger/J Schmidt [1995] Rn 550).

305 Eine genaue Bestimmung des erforderlichen **Zeitablaufes** ist aufgrund der Tatsache, dass die unzulässige Rechtsausübung eine Interessenabwägung erfordert, nicht möglich. Dies zeigt etwa auch § 21 Abs 4 MarkenG, der neben den zeitlich fixierten Fällen der Verwirkung gem § 21 Abs 1, 2 MarkenG allgemeine Grundsätze anerkennt, weil sonst nicht alle regelungsbedürftigen Fälle erfasst werden könnten (BGH NJW 1995, 2032, 2033; OLG Frankfurt NJW-RR 1991, 674, 678; Hohmann JA 1982, 112, 116; Gernhuber JuS 1983, 764, 766; vgl z Vorschrift auch Kochendörfer WRP 2005, 157). Allgemein lässt sich sagen, dass im Rahmen der Interessenabwägung dem Umstand, innerhalb welchen Zeitraums ein **durchschnittlicher Rechtsinhaber** sein Recht üblicherweise geltend macht, entscheidende Bedeutung zukommt (BeckOK-BGB/Sutschet [1. 5. 2019] Rn 143; Soyka FPR 2003, 631, 634; abw MünchKomm/Schubert Rn 380; z Einfluss der Verjährungsfristen s unten Rn 311 ff). Die entsprechende Frist **beginnt** dabei mit dem Zeitpunkt der **Fälligkeit**, sofern es um **Forderungen** geht, was der Wertung der §§ 199 ff BGB entspricht

(s auch STAUDINGER/J SCHMIDT [1995] Rn 554; s auch BAG NZA 2010, 883, 888), bzw bei sonstigen subjektiven Rechten in dem Moment, in dem das Recht erstmals hätte ausgeübt werden können (MünchKomm/SCHUBERT Rn 395). In Bezug auf eine Unterbrechung der Verwirkungsfrist durch **Rechtsnachfolge** ist zu unterscheiden: War bereits beim Rechtsvorgänger die Verwirkung eingetreten, muss der Rechtsnachfolger sie gegen sich gelten lassen. Andernfalls beginnt die Frist von neuem, es sei denn, der Nachfolger wusste um den Lauf der Verwirkungsfrist (dazu auch STAUDINGER/J SCHMIDT [1995] Rn 570; zur Rechtsnachfolge s oben Rn 230 ff).

Der Zeitablauf reicht allein nicht aus; ansonsten würde über das Institut der Verwirkung eine Art neues Verjährungsrecht geschaffen. Vielmehr müssen als prognostisches Element **Umstände** hinzutreten, die den Schuldner darin bestärken, dass er weiterhin nicht mit einer Inanspruchnahme durch den Gläubiger zu rechnen hat (BGH 31. 1. 2018 – XII ZB 133/17, NJW 2018, 1013 Rn 15; 7. 2. 2018 – XII ZB 338/17, NJW-RR 2018, 579 Rn 21; NJW 2003, 824 mwNw; BAG NJW 2001, 2907, 2908; BSG NJW 1969, 767; vgl auch BGH NJW-RR 2014, 195 = MDR 2014, 51: ohne Umstandsmoment können auch Zeiträume von über 13 Jahren die Verwirkung nicht begründen; so auch KG Berlin 20. 3. 2018 – 13 UF 22/17 juris Rn 28 ff, FamRZ 2018, 1242 für Zeiträume über 30 Jahre; ERMAN/BÖTTCHER Rn 123; BROX/WALKER, Allgemeines Schuldrecht § 7 Rn 17; HEINRICH, in: FS Laufs [2006] 585, 604; HAERTLEIN, in: FS Schilken [2015] 35, 36 ff). Da auch dafür keine festen Kriterien gebildet werden können, formuliert man üblicherweise, dass sich die spätere Geltendmachung des Rechts als mit Treu und Glauben nicht zu vereinbarende **Illoyalität** des Berechtigten darstellen müsse (BGH NJW 1992, 1255, 1256; BSG SGb 2011, 223, 227; NJW 1969, 767; BEIER/WIECZOREK GRUR 1976, 566; HOHMANN JA 1982, 112, 115; SOYKA FPR 2003, 631, 634; HAERTLEIN DGVZ 2019, 74, 75; gegen eine Definition der Verwirkung als [lediglich] „illoyale Verspätung" KANDELHARD, Verwirkung im laufenden Mietverhältnis – Rechtsverlust durch Unterlassen?, NZM 2005, 43, 47) oder aber, dass die verspätete Inanspruchnahme des Schuldners für diesen **unzumutbar** sei (BGHZ 25, 47, 52; BGH NJW 2010, 1074; NJW 2014, 1230; MünchKomm/SCHUBERT Rn 382; NK-BGB/KREBS Rn 109; HOHMANN JA 1982, 112, 115). Letztlich kommt es darauf an, dass die **konkreten Umstände** zusammen mit der **abgelaufenen Zeit** die Folge der Verwirkung rechtfertigen (BSG NJW 1969, 767). Insofern besteht also eine **Wechselwirkung** zwischen beiden Faktoren (BGH NJW 2006, 219, 220; GRUR 2001, 323, 327; BAG NZA 2007, 396, 398; BeckOK-BGB/SUTSCHET [1. 5. 2019] Rn 142; HEINRICH, in: FS Laufs [2006] 585, 604: „Zeit- und Umstandsmoment stehen in engem Zusammenhang"). Je kürzer der verstrichene Zeitraum ist, desto gravierender müssen die Umstände sein, die dem Schuldner die Annahme nahe legen, dass er nicht mehr in Anspruch genommen werden wird (BGH NJW 2006, 219, 220; BAG NZA 2007, 396, 398; Hk-BGB/SCHULZE Rn 46 f).

Anhaltspunkte, auf die sich das Vertrauen stützt, können sich vor allem aus einer **Handlung** des Gläubigers ergeben, zB der längeren Inanspruchnahme eines Rechts, obwohl er beabsichtigt, das Rechtsverhältnis durch Ausübung eines Gestaltungsrechts zu vernichten. **Bloße Untätigkeit** reicht grundsätzlich nicht aus (s Rn 304). Eine Ausnahme kommt allenfalls dann in Betracht, wenn vom Berechtigten nach den sonstigen Umständen des Einzelfalls gerade die Wahrnehmung seines Rechtes erwartet werden kann (MünchKomm/SCHUBERT Rn 399 ff; krit HAERTLEIN, in: FS Schilken [2015] 35, 36 ff; ders DGVZ 2019, 74, 75). Die neuere Rspr ist insoweit allerdings sehr zurückhaltend. So hat der BGH mehrfach betont, dass die bloße Nichtverfolgung von Unterhaltsansprüchen für die Verwirkung nicht ausreicht (s Rn 969). Bei titulierten Ansprüchen kann die Verwirkung nicht allein darauf gestützt werden, dass der

Gläubiger über einen sehr langen Zeitraum keinen Vollstreckungsversuch unternimmt (s dazu Rn 758, 1131).

308 Die zur Vertrauensbildung führenden Umstände müssen dem Rechtsinhaber **zurechenbar** sein (Heinrich, in: FS Laufs [2006] 585, 604 f), was auch § 15 S 2 StVG zum Ausdruck bringt. Dies ist der Fall, wenn der Berechtigte sie **beherrscht** oder jedenfalls **hätte vermeiden** und so die Bildung des Vertrauens hätte verhindern können (s bereits o Rn 291; Soergel/Teichmann Rn 337; aA Jauernig/Mansel Rn 60, der ein Verschulden verlangt). Dafür gelten **objektive Kriterien** (s oben Rn 291), sodass letztlich entscheidet, ob die Nichtausübung des Rechts in die **Risikosphäre** des Berechtigten fällt.

309 Das Vertrauen des Schuldners muss schließlich **schutzwürdig** sein (Erman/Böttcher Rn 124; Kegel, Verwirkung, Vertrag und Vertrauen, in: FS Pleyer [1986] 533; Heinrich, in: FS Laufs [2006] 585, 600 f). Im Rahmen der dazu erforderlichen Abwägung (BGH GRUR 1966, 427, 428) sind auch **subjektive Umstände** der beteiligten Parteien beachtlich. Einzelne Stimmen in der Lit messen dem subjektiven Element entscheidende Bedeutung bei, sodass ohne dieses Element keine Verwirkung in Betracht komme (Knops AöR 143 [2018] 554, 574). Abweichend davon stellte der XI. Zivilsenat in seinen jüngsten Urteilen allein auf objektive Kriterien ab (BGH 15. 5. 2018 – XI ZR 199/16 juris Rn 17; 23. 1. 2018 – XI ZR 298/17, NJW 2018, 1390 Rn 17; 12. 3. 2019 – XI ZR 9/17, WM 2019, 917 Rn 11). Dies ist damit zu erklären, dass die einschlägigen Entscheidungen den Sonderfall der Verwirkung von Widerrufsrechten bei Verbraucherdarlehensverträgen behandeln, bei dem es zu einem **ewigen Widerrufsrecht** kommen kann (krit Knops AöR 143 [2018] 554, 576 ff; ferner dazu unten Rn 758a). Die Schutzwürdigkeit des Berechtigten ist bspw zu verneinen, wenn der Berechtigte von seinem Recht nichts weiß, insbes, wenn er diese Unkenntnis nicht zu vertreten hat (MünchKomm/Schubert Rn 384; Beier/Wieczorek GRUR 1976, 566, 567; OLG München FamRZ 2005, 1120, 1123). Hierbei ist jedoch der erforderliche **Verschuldensgrad** umstritten (für das Erfordernis grob fahrlässiger Unkenntnis des Berechtigten Knops AöR 143 [2018] 554, 582 f). Das Gleiche gilt, wenn die Gegenpartei die Lage gut oder sogar besser als der Berechtigte einschätzen konnte (MünchKomm/Schubert Rn 385; Palandt/Grüneberg Rn 95). Erst recht fehlt es an der Schutzwürdigkeit, wenn die Gegenpartei die Unkenntnis oder Untätigkeit auf unredliche Weise selbst verursacht hat (BGHZ 25, 47, 53; MünchKomm/Schubert Rn 404; BeckOK-BGB/Sutschet [1. 5. 2019] Rn 147; Jauernig/Mansel Rn 61). Für die Position des Berechtigten spricht ferner, wenn er zur Ausübung seines Rechts nicht in der Lage war (s oben Rn 306; MünchKomm/Schubert Rn 403). Umgekehrt erscheint das Vertrauen des Gegners schutzwürdig, wenn der Berechtigte zunächst Maßnahmen der Rechtsverfolgung einleitet, sie dann aber nicht weiterverfolgt, zB im Mahnverfahren keinen Vollstreckungsbescheid beantragt (s ferner AG Pankow-Weißensee FÜR 2003, 679 f – z Verwirkung rückständigen Elternunterhalts, zudem BGH NJW 2014, 1177). Noch stärker müssen die Interessen desjenigen geachtet werden, der aufgrund des Vertrauenstatbestandes bereits Dispositionen getroffen hat (BGH NJW 2009, 435; MDR 1970, 486; BeckOK-BGB/Sutschet [1. 5. 2019] Rn 148; Palandt/Grüneberg Rn 95; zT wird dies auch z Voraussetzung gemacht, vgl etwa Erman/Böttcher Rn 124; Larenz, Schuldrecht I § 10 II b; Heinrich, in: FS Laufs [2006] 585, 601; dagegen bereits o Rn 295). In Betracht zu ziehen ist allerdings die Möglichkeit, dass der Berechtigte die Investitionskosten und sonstigen Dispositionen seines Gegenübers übernimmt und dadurch eine Verwirkung abwendet (so auch MünchKomm/Schubert Rn 409, der von einem „Abkauf an Vertrauensinvestitionen" spricht; Staudinger/J Schmidt [1995] Rn 552).

Darüber hinaus sind in die Interessenabwägung auch **öffentliche Interessen** einzube- 310
ziehen (MünchKomm/Schubert Rn 414), die uU einer Verwirkung entgegenstehen
(NK-BGB/Krebs Rn 110), weil der Einzelne darüber nicht wirksam disponieren kann
(BeckOK-BGB/Sutschet [1. 5. 2019] Rn 149; BGB-RGRK/Alff Rn 142; vgl auch BGHZ 126, 287,
294, wo das überragende öffentliche Interesse an der ausschließlichen Verwendung des „Roten
Kreuzes" z Kennzeichnung v Nonkombattanten durch die entspr Institution dem Verwirkungsein-
wand entgegenstand. BGH NJW 1995, 1488, 1489 lehnte die Verwirkung v Ansprüchen gem § 13
Abs 2 AGBG aF – vgl § 3 Abs 1 UKlaG – ab, weil dieser Anspruch nicht dem klagebefugten
Verband, sondern der Allgemeinheit diene).

(c) Verhältnis zur Verjährung
Sowohl bei der Verwirkung als auch bei der Verjährung spielt die **Untätigkeit** des 311
Rechtsinhabers eine erhebliche Rolle. Beide Rechtsinstitute sind aber unabhängig
voneinander und schließen sich deshalb nicht aus (MünchKomm/Schubert Rn 391; Hoh-
mann JA 1982, 112, 115; Kegel, Verwirkung, Vertrag und Vertrauen, in: FS Pleyer [1986] 527).
Denn die Verwirkung erfordert über den für eine Verjährung erforderlichen bloßen
Zeitablauf hinaus weitere Umstände.

Dennoch sollte man eine **Verwirkung** verjährbarer Ansprüche nur **ausnahmsweise** 312
annehmen, um dem Verjährungsrecht nicht die praktische Bedeutung zu nehmen
(Looschelders, Schuldrecht AT § 4 Rn 29; vgl auch OLG München FamRZ 2005, 1120, 1123;
BGH NJW 2011, 212). Deshalb kommt den **Verjährungsfristen** für die Bestimmung des
Zeitraumes, ab dem eine Verwirkung in Betracht kommt, maßgebliche Bedeutung zu
(OLG Frankfurt MDR 1980, 755; BeckOK-BGB/Sutschet [1. 5. 2019] Rn 143). Denn darin hat
der Gesetzgeber grds seine Wertentscheidung zum Ausdruck gebracht, wie lange der
Schuldner mit seiner Inanspruchnahme zu rechnen hat. Danach ist eine Verwirkung
(zwangsläufig) zwar vor Ablauf der Verjährungsfrist möglich (BGH 10. 10. 2017 – XI
ZR 393/16 Rn 9, NJW-RR 2018, 47, 48; NJW 1992, 1255, 1256; DB 1969, 569; Erman/Böttcher
Rn 126; Larenz, Schuldrecht I § 10 II b); je weiter aber die Verjährungsfrist unterschritten
werden soll, desto höhere Voraussetzungen gelten für den im Übrigen erforderlichen
Vertrauenstatbestand (Jauernig/Mansel Rn 59), insbes bei kurzen Verjährungsfristen (BGH NJW-RR 2010, 879, 881; NJW 1992, 1255, 1256; BSG SGb 2011, 223, 227). Deshalb
verlangt zB eine Verwirkung von Ansprüchen, die der dreijährigen Regelverjährung des § 195 BGB unterliegen, außergewöhnliche Umstände (BGH NJW 1982, 1999;
DB 1969, 569; MünchKomm/Schubert Rn 379; Palandt/Grüneberg Rn 93; Beier/Wieczorek
GRUR 1976, 566, 567; ähnl Staudinger/J Schmidt [1995] Rn 538).

Ein **Verzicht** auf die Einrede der Verjährung steht der Verwirkung nicht zwingend 313
entgegen, muss jedoch bei der Abwägung als ein wesentliches Gegenindiz berücksichtigt werden. Da der Schuldner hat erkennen lassen, dass er mit einer Inanspruchnahme auch nach einem langen Zeitraum einverstanden ist, sind an seine Schutzwürdigkeit besonders hohe Anforderungen zu stellen. Zwar wird vertreten, dass
ungeachtet eines vorliegenden Verjährungsverzichts die Erfordernisse einer Verwirkung nach Ablauf der Verjährungsfrist geringer werden, je länger diese Frist verstrichen ist (vgl MünchKomm/Schubert Rn 393). Aber auch nach ihrem Ablauf sollte
man berücksichtigen, dass der Schuldner durch den Verzicht auf die Verjährungseinrede eine längere Inanspruchnahme in Kauf genommen hat.

(d) Verhältnis zu Ausschlussfristen

314 **Ausschlussfristen** und Verwirkung bestehen als Rechtsinstitute unabhängig voneinander (HOHMANN JA 1982, 112, 115). Kurze Ausschlussfristen, wie etwa nach § 626 Abs 2 BGB, können indessen zur Folge haben, dass eine Verwirkung kaum möglich ist, weil innerhalb eines solchen Zeitraums für eine Vertrauensbildung des Schuldners wenig Raum bleibt. Den Ausschlussfristen kommt im Rahmen der Verwirkung noch eine weitere Bedeutung zu. Sie zeigen nämlich, dass nach den Vorstellungen des Gesetzgebers Gestaltungsrechte im Vergleich zu Ansprüchen in einem wesentlich kürzeren Zeitraum ausgeübt werden müssen. Diese Wertung ist auf die Verwirkung zu übertragen.

(e) Ausschluss

315 Die Verwirkung ist gem § 4 Abs 4 S 2 TVG **ausgeschlossen**, soweit tarifliche Rechte betroffen sind (ausf dazu u Rn 843).

(f) Rechtsfolgen der Verwirkung

316 Ein verwirktes Recht oder eine Rechtsposition kann nicht mehr geltend gemacht werden. Offen bleibt, ob diese Wirkung nur eine **Ausübungshemmung** bedeutet (MünchKomm/SCHUBERT Rn 388) oder zum **Untergang** des Rechtes führt (SOERGEL/TEICHMANN Rn 343; PALANDT/GRÜNEBERG Rn 96; NK-BGB/KREBS Rn 111; ähnlich JAUERNIG/MANSEL Rn 63). Die speziellen Verwirkungstatbestände des § 21 MarkenG sehen vor, dass der Inhaber das entsprechende Recht nicht hat, und legen damit einen Anspruchsausschluss nahe. Die Annahme einer Ausübungshemmung steht demgegenüber mit der allgemeinen Folge unzulässiger Rechtsausübung (s oben Rn 225 ff) besser in Einklang. Sie ermöglicht, nach dem Eintritt der Verwirkung auftretende Umstände, wie etwa eine erhöhte Bedürftigkeit des Berechtigten, in eine neue Abwägung einfließen zu lassen. Deshalb ist ihr der Vorzug zu geben.

(4) Erwirkung

317 Oft wird auch die **Erwirkung** in den Bereich des venire contra factum proprium eingeordnet (vgl etwa MünchKomm/SCHUBERT Rn 446). Dabei handelt es sich jedoch nicht um einen Anwendungsfall des § 242 BGB, sondern in den meisten Fällen um einen **konkludenten Vertragsschluss** (s oben Rn 195).

(5) Rechtsscheinshaftung

318 Die Haftung kraft **Rechtsscheins** stellt ebenfalls eine spezielle Ausprägung des Verbots widersprüchlichen Verhaltens dar (MünchKomm/SCHUBERT Rn 347; BeckOK-BGB/SUTSCHET [1. 5. 2019] Rn 128). Ihre Voraussetzung besteht darin, dass in **zurechenbarer Weise** ein **Rechtsschein gesetzt** wurde, auf den die **Gegenpartei in schutzwürdiger Weise vertraut** hat (MünchKomm/SCHUBERT Rn 347). Diese Erfordernisse werden oft nicht konsequent verlangt (vgl etwa die Figur des Scheinkaufmanns: Meist fehlt es an der Kausalität des Rechtsscheins für den Vertragsabschluss; krit z Recht vOLSHAUSEN, Wider den Scheinkaufmann des ungeschriebenen Rechts, in: FS Raisch [1995] 147, 159 ff). Gesetzliche Ausprägungen dieses Prinzips finden sich etwa in §§ 171 ff BGB, 15 Abs 1, 3 HGB. Ohne solche speziellen Regelungen kann die Berufung auf die wirkliche Rechtslage als venire contra factum proprium unbeachtlich sein (BGH BB 1976, 1479, 1480). Die Rechtsfolge besteht darin, dass sich derjenige, der den Vertrauenstatbestand gesetzt hat, entsprechend der vermeintlichen Rechtslage behandeln lassen muss. Dadurch können objektiv nicht gegebene Tatbestandsvoraussetzungen überbrückt werden.

Anwendungsfälle sind etwa die Lehre von der **Scheingesellschaft** (ausf dazu STAUDINGER/ HABERMEIER [2003] § 705 Rn 63 ff) sowie die **Anscheinsvollmacht** (s unten Rn 515).

D. Prozessuale Probleme

In **verfahrensrechtlicher** Hinsicht geht es zunächst um das Problem, ob es sich bei dem Einwand treuwidrigen Verhaltens um eine **Einrede** oder eine **Einwendung** handelt (s unten Rn 320 ff); ferner um die **Beweislastverteilung** (s unten Rn 329 f) und die **Revisibilität** einer auf § 242 BGB gestützten Entscheidung (s unten Rn 331). **319**

I. Einwendung oder Einrede?

1. Der Meinungsstand

Ein Verstoß gegen § 242 BGB stellt nach hM eine **Einwendung** dar. Er ist deshalb im Prozess von Amts wegen zu berücksichtigen, also unabhängig davon, ob sich die begünstigte Partei darauf beruft (st Rspr, vgl BGHZ 54, 222; 3, 94, 103 f; BGH NJW 2011, 3149; NJW 1966, 343, 345; PALANDT/GRÜNEBERG Rn 21; ERMAN/BÖTTCHER Rn 19; SOERGEL/TEICHMANN Rn 265, 279, 343; MünchKomm/SCHUBERT Rn 83; NK-BGB/KREBS Rn 37). Nur eine ältere, insb von SIBER vertretene Gegenauffassung (vgl PLANCK/SIBER Anm 3c α bb; SIBER, Schuldrecht [1931] 67) sah § 242 BGB grds als **Einrede** an. Zu einer Einwendung gelangte diese Ansicht nur bei einer Vergleichbarkeit des Treueverstoßes mit den Wertungen des § 138 BGB (z Verhältnis der beiden Normen s unten Rn 365 ff). Sie ließ jedoch außer Betracht, dass nach der sog Innentheorie (s oben Rn 216) die aus § 242 BGB folgenden Begrenzungen sämtlichen subjektiven Rechte immanent sind (BGH NJW-RR 2005, 619, 620; MünchKomm/SCHUBERT Rn 83). Soweit die Anwendung der Norm also zu einer Beschränkung eines Anspruchs führt, entfallen damit seine materiellrechtlichen Voraussetzungen. Das Gericht kann sich über diesen Wegfall auch bei fehlender Berufung des Begünstigten hierauf nicht hinwegsetzen (BGH NJW 2008, 3434; z Ausn s unten Rn 322 ff). **320**

2. Sonderfälle

Aber auch innerhalb der hM gibt es Vertreter, die in **Ausnahmefällen** aus der Norm eine Einrede ableiten (vgl STAUDINGER/J SCHMIDT [1995] Rn 316; MünchKomm/SCHUBERT Rn 83, 348; SOERGEL/SIEBERT/KNOPP[10] [1967] Rn 185; MEDICUS/LORENZ, Schuldrecht I Rn 145; ROTH 254 f). **321**

a) Verwirkung
Erwogen wird dies insbes für die **Verwirkung** (s oben Rn 300 ff), und zwar wegen ihrer besonderen Nähe zur Verjährung, § 214 Abs 1 BGB. Hier wie dort bestehe kein Anlass, dem Begünstigten Rechtsfolgen aufzudrängen; vielmehr solle es seiner privatautonomen Entscheidung überlassen sein, ob er sich auf den entsprechenden Tatbestand berufe (vgl STAUDINGER/J SCHMIDT [1995] Rn 568; MünchKomm/SCHUBERT Rn 390; ROTH 263). Weniger überzeugend ist das Argument, dem Fall, dass die begünstigte Partei sich bei Vorliegen der Voraussetzungen einer Verwirkung nicht darauf berufe, komme keine praktische Bedeutung zu (so STAUDINGER/J SCHMIDT [1995] Rn 568; MünchKomm/SCHUBERT Rn 390). Denn selbst dann besteht im **Versäumnisverfahren** ein **322**

Bedürfnis für eine Berücksichtigung des Rechtsmissbrauchs von Amts wegen. Entscheidend ist jedoch, dass es sich bei der Verwirkung unbeschadet ihrer Verwandtschaft mit der Verjährung um einen Sonderfall der **unzulässigen Rechtsausübung** handelt (s oben Rn 300 f; SOERGEL/SIEBERT/KNOPP10 [1967] Rn 336; ähnl SOERGEL/TEICHMANN Rn 343). Für eine abweichende Behandlung gegenüber deren sonstigen Ausprägungen müssten deshalb gewichtigere Gründe sprechen als die bloße Ähnlichkeit zur Verjährungseinrede. Selbst diese ist nicht groß. Verjährung entsteht durch bloßen Zeitablauf, während die Verwirkung verlangt, dass der Anspruchsberechtigte durch sein Verhalten bei dem anderen Teil das Vertrauen hervorgerufen hat, er werde sein Recht nicht ausüben (s oben Rn 306). Deshalb ist es vorzuziehen, auch die Verwirkung als **Einwendung** zu behandeln.

b) Unzumutbarkeit

323 Daneben wird zT eine Einrede für den Fall der **Unzumutbarkeit** einer Leistung angenommen (vgl MEDICUS/LORENZ, Schuldrecht I Rn 145). Unzumutbarkeit könne kaum bejaht werden, ohne dass sich ein Verpflichteter hierauf berufe (MEDICUS, Schuldrecht I [16. Aufl] Rn 136, 447). Dem steht der Vorteil einer einheitlichen Behandlung der Rechtsfolgen des § 242 BGB gegenüber. Soweit indes die Unzumutbarkeit nach Einführung des § 275 Abs 2, 3 BGB noch von § 242 BGB erfasst wird (dazu s oben Rn 273), ist sie dennoch als **Einrede** zu behandeln, weil der Gesetzgeber für zwei ähnliche Sachverhalte eine Wertung getroffen hat, die man nicht unbeachtet lassen kann. Es wäre nicht überzeugend, dem Schuldner bei Unzumutbarkeit einer **höchstpersönlichen** Leistung eine Einrede zu gewähren und ihm damit ein Wahlrecht einzuräumen, bei **vertretbaren Leistungen** hingegen **nicht** (s oben Rn 275). Diese Ausnahme ist deshalb anzuerkennen.

c) Bewertung

324 Die praktischen Auswirkungen des Meinungsstreites entschärfen sich, wenn man mit denjenigen, die in Ausnahmefällen § 242 BGB als Einrede ansehen, eine **außerprozessuale Berufung** auf die Norm genügen lässt (vgl STAUDINGER/J SCHMIDT [1995] Rn 318; JAHR JuS 1964, 295, 304 mwNw; aA NIKISCH, Zivilprozessrecht [1950] § 54 III 1; ROTH 134 f). Allerdings muss der notwendige **Tatsachenvortrag** auf der Grundlage der Verhandlungsmaxime (vgl BVerfG NJW 1979, 1925, 1927; BGH NJW 1990, 3151) stets in prozessrechtlich beachtlicher Weise in den Rechtsstreit eingeführt werden, um dort Beachtung zu finden. Dies geschieht durch Behauptungen der einredeberechtigten Partei, aber auch dadurch, dass die Gegenpartei die entsprechenden Tatsachen in den Prozess einbringt, sei es ausdrücklich in der mündlichen Verhandlung oder durch Bezugnahme auf einen vorbereitenden Schriftsatz gem § 137 Abs 3 S 1 ZPO (vgl BGH NJW 2008, 3434, 3435; MDR 1981, 1012; OLG Düsseldorf NJW 1991, 2089, 2090). Dementsprechend könnte im Versäumnisverfahren das tatsächliche Vorbringen des erschienenen Klägers zu einer Klageabweisung durch Sachurteil führen, wenn er die außerprozessuale Berufung des Beklagten auf den **Rechtsmissbrauch** selbst in das Verfahren einführt (MUSIELAK/VOIT/STADLER, ZPO [16. Aufl 2019] § 331 Rn 7; NIERWETBERG, Die Behandlung materiell-rechtlicher Einreden, ZZP 98 [1985] 442). Somit liegt es letztlich immer in der Hand der Parteien, ob das Gericht den Verstoß gegen Treu und Glauben berücksichtigen kann oder nicht. Die (Zivil-)Rechtsordnung ist – wie schon WIEACKER es formuliert hat – kein System totaler Verwirklichung subjektiver Rechte, sondern auf die Realisierung durch die Parteien im Rechtsstreit angewiesen (vgl WIEACKER, Präzisierung 46). Die gerichtliche Pflicht, Einwendungen „von Amts wegen" zu beachten, bedeutet nicht die Aufhebung des Beibringungsgrundsatzes, sondern nur, dass ihre materiell-rechtliche Wirkung ohne zusätzliche materiell-rechtliche Rechtsausübung des Schuldners eintritt (BGH NJW 2008, 3434).

Andere versuchen, die prozessuale Beachtlichkeit eines treuwidrigen Verhaltens von folgendem Ausgangspunkt aus zu beurteilen. Es handelt sich insbes um einen allgemeinen Ansatz von JAHR zu allen Einreden und Einwendungen (JAHR JuS 1964, 125, 129 ff; 294, 303 ff), der von J SCHMIDT auf die Wirkungen eines Verstoßes gegen § 242 BGB übertragen wurde (STAUDINGER/J SCHMIDT [1995] Rn 315 ff; vgl auch ROTH 254 f). Auf der Basis einer Unterscheidung zwischen den **materiell-rechtlichen** und den **prozessualen Wirkungen** der Gegenrechte sehen die Vertreter dieser Ansicht den Unterschied zwischen Einrede und Einwendung nicht darin, dass Letztere stets von Amts wegen zu berücksichtigen sei. Vielmehr könne auch eine Einwendung lediglich auf einer Gestaltungsbefugnis beruhen, etwa einer Aufrechnungslage oder einem Anfechtungsrecht. Dann sei das Gericht an die unterlassene Ausübung durch den Berechtigten ebenso gebunden wie bei einer nicht erhobenen Einrede (vgl JAHR JuS 1964, 294, 304). Danach stellt sich die Einordnung des § 242 BGB als Einrede oder Einwendung in prozessrechtlicher Hinsicht als überflüssig dar. Maßgeblich für den Richter sei allein, ob ein rechtsvernichtender oder rechtshemmender Umstand **ipso iure** wirke oder lediglich ein **Gestaltungsrecht begründe**.

Insgesamt erscheint die unterschiedliche Behandlung materieller und prozessualer Wirkungen von Einrede und Einwendung jedoch zutreffend, obwohl die Begriffe nicht klar getrennt werden (ausf MEDICUS/PETERSEN, BR Rn 731 ff). Jedenfalls darf man einen wesentlichen materiell-rechtlichen Unterschied zwischen Einrede und Einwendung nicht übersehen: Eine **Einrede** erzeugt bereits Rechtswirkungen ab ihrer **Entstehung**, und nicht erst mit ihrer **Geltendmachung** (vgl WOLF/NEUNER, BGB AT § 21 Rn 20) So ist zB die **Aufrechnung** mit einer einredebehafteten Forderung gem § 390 BGB **ausgeschlossen**, und der Schuldner kann jedenfalls nach hM mit einer solchen Forderung auch **nicht in Verzug** geraten (vgl BGHZ 104, 6, 11; 48, 249, 250; BGH WM 1984, 1095, 1097; BeckOK-BGB/LORENZ [1. 5. 2019] § 286 Rn 12; MünchKomm/ERNST § 286 Rn 23). Bei **Gestaltungsrechten** tritt die materiell-rechtliche Wirkung hingegen erst mit der **Rechtsausübung** ein, sofern das Gesetz keine Rückwirkung anordnet; erst ab diesem Zeitpunkt stellt sich deshalb auch die Frage nach evtl prozessualen Folgen. Die Gleichsetzung nicht ausgeübter Gestaltungsrechte mit nicht erhobenen Einreden vermengt daher in unzulässiger Weise verschiedene Rechtsebenen. Zusammenfassend spricht also mehr dafür, die Tatbestände des § 242 BGB als Einwendung von Amts wegen zu berücksichtigen, so weit nicht die Unzumutbarkeit der Leistung (s oben Rn 323) in Rede steht.

II. Dauerhafte oder vorübergehende Wirkung?

Von Interesse ist ferner, ob § 242 BGB eine **dauerhafte** oder nur eine **vorübergehende Einwendung** gewährt, ob also die sich aus Treu und Glauben ergebenden Beschränkungen für immer eintreten oder Veränderungen der tatsächlichen Umstände zu ihrem nachträglichen Fortfall führen können. Eine allgemeine Antwort auf diese Frage findet sich nicht. Die unterschiedlichen Ansichten beziehen sich auf einzelne Ausprägungen von Treu und Glauben und werden deshalb dort angesprochen (s oben Rn 227, 316; zur Wandelbarkeit der Begriffsinhalte von Treu und Glauben s oben Rn 153 ff).

328 Beim **Rechtsmissbrauch** nehmen manche an, dass die Befugnis des Berechtigten untergehe. Andere vertreten, dass die Rechtsausübung bei entsprechender Änderung der Umstände wieder zulässig werden könne (s oben Rn 227). Nach zutreffender Ansicht sollte die Einschränkung nach Treu und Glauben stets nur so weit reichen, wie es zur Erreichung des jeweiligen Zwecks einer Beschränkung notwendig ist (s oben Rn 157). Diese einzelfallbezogene Betrachtung gilt als Ausprägung des **Verhältnismäßigkeitsgrundsatzes** für alle Fälle des § 242 BGB. Der Grundsatz der Wahl des mildesten Mittels betrifft nicht nur den Rechtsmissbrauch selbst. Eine Ausnahme bildet entgegen einer teilw vertretenen Ansicht auch nicht die Verwirkung (so aber STAUDINGER/J SCHMIDT [1995] Rn 566; vgl iE o Rn 316).

III. Beweislast

329 Die Verteilung der Beweislast richtet sich nach den **allgemeinen Grundsätzen**. Wer sich auf einen Verstoß gegen „Treu und Glauben" beruft, muss die tatsächlichen Voraussetzungen darlegen und beweisen (vgl BVerfG NJW 1988, 2233; BGHZ 64, 5, 11; 12, 154, 160; BGH NJW 1999, 353, 354; BGH JZ 1987, 250, 251 m Anm KUCHINKE; BAUMGÄRTEL/LAUMEN/PRÜTTING/REPGEN, Handbuch der Beweislast II [4. Aufl 2018] BGB § 242 Rn 2 mwNw; ERMAN/BÖTTCHER Rn 19; BGB-RGRK/ALFF Rn 6; PALANDT/GRÜNEBERG Rn 21; MünchKomm/SCHUBERT Rn 85; NK-BGB/KREBS Rn 38; allg ROSENBERG, Die Beweislast [5. Aufl 1965] § 9). Auch ein Verstoß gegen Vorschriften der VOB/A begründet keine Abweichung von diesen Grundsätzen. Zu Unrecht wurde bisweilen im privaten Bauvergaberecht angenommen, dass öffentliche Auftraggeber nach Treu und Glauben gehindert seien, Ansprüche gegen den Auftragnehmer geltend zu machen, wenn sie nicht darlegen und beweisen konnten, dass ihnen kein Verstoß gegen § 242 BGB zur Last fiel (BGH NJW 1992, 827; OLG Jena BauR 2001, 1446). Richtigerweise ist es auch hier Aufgabe des Anspruchsgegners, substantiiert die Voraussetzungen vorzutragen, die im Einzelfall Ansprüche an Treu und Glauben scheitern lassen (BGH NJW 2006, 2555, 2557).

330 Im Fall der **Verwirkung** (s oben Rn 300 ff) ergibt sich die Besonderheit, dass der Verpflichtete eine ua **negative Tatsache** darlegen und beweisen müsste, nämlich die **Untätigkeit** des Rechtsinhabers während einer gewissen Zeitdauer. Diese Schwierigkeit ist dadurch zu beheben, dass der Berechtigte nach entsprechendem Beklagtenvortrag seinerseits substantiiert darlegen muss, wann und unter welchen Umständen er sein Recht geltend gemacht hat (BGH NJW 1958, 1188, 1189; STAUDINGER/WEBER[11] [1961] Rn D 622; MünchKomm/SCHUBERT Rn 390; BeckOK-BGB/SUTSCHET [1. 5. 2019] Rn 177; PALANDT/GRÜNEBERG Rn 96; BAUMGÄRTEL, Anm z BGH 13. 12. 1984 – III ZR 20/83, JZ 1985, 540 f; aA NARITOMI, Die Verteilung der Beweislast bei der Verwirkung, NJW 1959, 1419). Falls er die Pflicht zum Nachw derartiger verwirkungshindernder Aktivitäten nicht erfüllt, spricht sein Verhalten dafür, dass er es unterlassen hat, seinen Anspruch zu erheben. Andernfalls ist es wiederum Aufgabe des (ursprünglich) Beweisbelasteten, die evtl Unrichtigkeit dieses Vortrages zu beweisen (vgl SOERGEL/TEICHMANN Rn 344). Dadurch wird bewirkt, dass sich die Beweislast des Verpflichteten iE immer nur auf eine bestimmte Anzahl konkreter Vorgänge erstreckt und sich nicht uferlos ausweitet (vgl BGH NJW 1958, 1188, 1189; SOERGEL/SIEBERT/KNOPP[10] [1967] Rn 336).

IV. Revisibilität

Ein Verstoß gegen Treu und Glauben kann sowohl **Tatsachen-** als auch **Rechtsfrage** 331 sein. Aus diesem Grund unterliegt eine Entscheidung, die sich auf § 242 BGB stützt, im vollen Umfang der Nachprüfung der Revisionsinstanz (allgM, vgl RGZ 145, 26, 32; BGB-RGRK/Alff Rn 5; NK-BGB/Krebs Rn 38). Bei der **Verwirkung** wird es als ausreichend erachtet, wenn sich die begünstigte Partei in der Revisionsinstanz auf § 242 BGB beruft. Dabei genügt gem § 551 Abs 3 S 1 Nr 2 lit a ZPO, dass der Revisionskläger die **tatsächlichen Umstände**, aus denen sich der Verstoß gegen Treu und Glauben ergibt, bezeichnet. Eine konkrete Angabe der verletzten Rechtsnorm – wie es § 554 Abs 3 Nr 3 lit a ZPO aF forderte – ist nicht mehr notwendig. Damit hat sich der zum alten Recht geführte Streit, ob die bloße Angabe der Paragraphen-Nummer den Anforderungen an die Revisionsbegründung entsprach oder eine inhaltliche Umschreibung der Norm erforderlich war, erledigt (vgl dazu Staudinger/ J Schmidt [1995] Rn 321).

E. Das Verhältnis des § 242 zu anderen Vorschriften und Rechtsgrundsätzen

I. Ausschluss durch andere Normen

Betrachtet man das Verhältnis des § 242 BGB zu anderen Vorschriften, so stellt sich 332 zunächst die Frage, ob die Berufung auf Treu und Glauben im Anwendungsbereich bestimmter Rechtsnormen prinzipiell ausgeschlossen ist, ob es also „§ 242-feste" Rechtssätze gibt (so Staudinger/J Schmidt [1995] Rn 252).

1. Gesetzliche Regelungen

Eine in der älteren Rspr und Lit verbreitete Ansicht hielt die Generalklausel des 333 § 242 BGB im Geltungsbereich anderer – namentlich zwingender – Rechtsnormen für nicht anwendbar (so insbes RGZ 52, 1, 5 [Form]; vgl auch OLG Koblenz DRZ 1949, 40; BGH WM 1966, 518, 520). Dahinter stand die Befürchtung, die in Frage stehenden Rechtsnormen könnten ansonsten bedeutungslos werden (vgl RGZ 51, 1, 5). Diese strikte Haltung wurde jedoch schon früh dahingehend eingeschränkt, dass man auch gegenüber den zwingenden Vorschriften des Privatrechts prüfen müsste, ob ihre Anwendung nicht aufgrund besonderer Umstände gegen Treu und Glauben verstoße (so schon RGZ 85, 108, 117; vgl auch BGHZ 58, 146, 147; 30, 315, 322; 3, 94, 104; BGH NJW 1961, 408, 410; 1960, 625, 626; Larenz, Schuldrecht I § 10 I).

Heute entspricht es der **hM**, dass § 242 BGB auch im Bereich **zwingender Rechtssätze** 334 **Anwendung findet** (MünchKomm/Schubert Rn 122; Erman Rn 27; aA Soergel/Teichmann Rn 117). Die Voraussetzungen sind jedoch umstr. So wollte Siebert/Knopp an der Unanwendbarkeit des § 242 BGB festhalten, wenn die in Frage stehende Vorschrift auf **„vorrangigen Ordnungszwecken"** beruhte, also einem **übergeordneten öffentlichen Interesse** diente und nicht nur private Interessen schützen sollte (vgl Soergel/Siebert/ Knopp[10] [1967] Rn 44; grds zust Soergel/Teichmann Rn 117). Als übergeordnete Schutzzwecke wurden insbes die für die Funktion der Rechtsordnung wesentlichen Grundsätze wie etwa die Geltung **rechtskräftiger Urteile** sowie die Verwirklichung **wirtschafts- und sozialpolitischer Zielsetzungen** genannt. Nach Ansicht von Larenz (Schuldrecht I § 10 I) konnte die Abweichung von einer gesetzlichen Regelung nur dann auf § 242 BGB gestützt werden, wenn der konkrete Einzelfall von den geregelten „Normalfällen" derart abweicht, dass die Nichtberücksichtigung der besonderen Situation **offenbar sachwidrig** oder **in hohem Maße unbillig** wäre. Im gleichen Sinne – wenn auch etwas entschärft – spricht SCHUBERT (wie zuvor ROTH) sich dafür aus, den Rückgriff auf Treu und Glauben im Anwendungsbereich anderer Vorschriften auf Fälle mit **atypischer Interessenlage** zu beschränken (MünchKomm/SCHUBERT Rn 124).

335 Eine abweichende Konzeption hat J SCHMIDT entwickelt. Hiernach soll es für die Anwendbarkeit des § 242 BGB darauf ankommen, ob die einschlägige Norm im historischen Zusammenhang noch den Maßstäben der **sozialen Gerechtigkeit** entspricht. Nur wenn die Norm diesen Anforderungen nicht mehr genüge, sei § 242 BGB anwendbar (STAUDINGER/J SCHMIDT [1995] Rn 254).

Indes ist es nicht Sache des Richters, geltende Normen auf ihre Übereinstimmung mit den schwierigen Maßstäben der sozialen Gerechtigkeit zu überprüfen und sie bei Abweichungen unter Rückgriff auf § 242 BGB einer generellen Korrektur zu unterziehen (vgl LOOSCHELDERS/ROTH, Grundrechte und Vertragsrecht: Die verfassungskonforme Reduktion des § 565 Abs 1 S 2 BGB, JZ 1995, 1038, 1043). Es fehlen auch Anhaltspunkte dafür, wie die Maßstäbe der sozialen Gerechtigkeit zu ermitteln sind und wie stark die Abweichung im konkreten Fall ausfallen muss, damit der Richter zu einer „Korrektur" der Norm mit Hilfe des § 242 BGB legitimiert ist.

336 Die übrigen Ansichten gehen zu Recht davon aus, dass das Eingreifen des § 242 BGB im Regelungsbereich anderer Normen auf einer Entscheidung im **Einzelfall** beruht. Ansatzpunkt ist nicht der unbefriedigende Inhalt der Norm, sondern das **unbefriedigende Ergebnis**, welches bei ihrer strikten Anwendung zustande kommen würde (vgl LARENZ, Schuldrecht I § 10 I). Es handelt sich also um die von ROTH als maßgeblich erachtete **atypische Interessenlage**, die den Rückgriff auf § 242 BGB rechtfertigt. Bei der Konkretisierung dieser Überlegungen hilft der von SIEBERT/KNOPP entwickelte Lösungsansatz allein nicht weiter, weil er zu einseitig auf öffentliche Interessen abstellt. Hiergegen spricht zunächst, dass auch die Wahrung von Treu und Glauben der öffentlichen Ordnung dient und damit im öffentlichen Interesse liegt (vgl Berner Kommentar/MERZ [1962] Art 2 ZGB Rn 96). Davon abgesehen ist nicht ersichtlich, warum man öffentlichen Interessen von vornherein einen höheren Stellenwert als privaten Interessen einräumen sollte. In neuerer Zeit wird daher zu Recht anerkannt, dass auch der Schutz **privater Interessen** des anderen Vertragspartners oder Dritter dem Rückgriff auf § 242 BGB entgegenstehen kann (vgl SOERGEL/TEICHMANN Rn 118 ff). Man muss daher aufgrund einer **umfassenden Interessenabwägung** feststellen, ob der **individuellen Gerechtigkeit** im Einzelfall der Vorrang gegenüber den **Wertungen** einzuräumen ist, die für die unveränderte Anwendung der Norm sprechen (ähnlich SOERGEL/TEICHMANN Rn 118). Dabei kommt den **Zwecken** der jeweiligen Norm sowie dem Gedanken der **Rechtssicherheit** entscheidende Bedeutung zu.

337 Die **Interessenabwägung** hat zu berücksichtigen, inwieweit der jeweilige Rechtssatz bereits selbst besonderen Interessenlagen Rechnung trägt (vgl BGH NJW 1985, 2579, 2580; BGH 16. 12. 2011 – V ZR 235/10 = BeckRS 03002; einschränkend MünchKomm/SCHUBERT Rn 124). Je spezieller eine Norm einer bestimmten Situation angepasst ist, desto eher kann davon ausgegangen werden, dass sie auch im konkreten Fall zu einem interessengerechten Ergebnis führt. Auch darf eine Generalklausel nicht dazu eingesetzt werden, um eine bewusste Wertentscheidung des Gesetzgebers außer Kraft zu setzen (vgl BYDLINSKI, Präzisierung 213 f).

In der Lit wird teilw die Auffassung vertreten, dass das **geringe Alter eines Rechts-** **338** **satzes** eine besonders zurückhaltende Anwendung des § 242 BGB gebiete (vgl Münch-Komm/SCHUBERT Rn 124). Dafür spricht die Funktion der Generalklauseln, dem Richter ein flexibles Instrumentarium zur Verfügung zu stellen, damit er etwaigen Änderungen der tatsächlichen und rechtlichen Verhältnisse sowie den in der Gesellschaft vorherrschenden Wertanschauungen in angemessener Weise Rechnung tragen kann (vgl LOOSCHELDERS/ROTH, Methodik 198). Diese Funktion hat bei neueren Gesetzen (zunächst) keine oder wenig Bedeutung. Auf der anderen Seite muss sich der Gesetzgeber bei der Ausgestaltung von Rechtsnormen in erster Linie an den **typischen Fallgestaltungen** orientieren; atypische Konstellationen bleiben uU selbst dann außer Betracht, wenn sie bekannt sind. Davon abgesehen zeigen die Erfahrungen mit dem Schuldrechtsmodernisierungsgesetz (vgl auch o Rn 100), dass auch bei neueren Gesetzen Fallgestaltungen auftreten können, die vom Gesetzgeber nicht bedacht worden sind. Von daher kann § 242 BGB also bei neueren Gesetzen Bedeutung zukommen.

IE ist damit davon auszugehen, dass es im deutschen Privatrecht **keine Rechtsnormen** **339** gibt, die generell als „**§ 242-fest**" zu qualifizieren sind (ähnlich ERMAN/BÖTTCHER Rn 27; aA STAUDINGER/J SCHMIDT [1995] Rn 260). Die Vorschriften unterscheiden sich lediglich danach, inwieweit die von ihnen geschützten Interessen dem Rückgriff auf § 242 BGB entgegenstehen. Während § 242 BGB bei einigen Vorschriften nur in Ausnahmefällen anwendbar ist, lässt sich der Rückgriff auf Treu und Glauben bei anderen Vorschriften leichter rechtfertigen (krit KOZIOL AcP 2012, 54 ff). Die Einzelfragen sind deshalb im Zusammenhang mit den jeweils betroffenen Normen (s unten Rn 351 ff) zu erörtern.

2. Vertragliche Vereinbarungen

Im Verhältnis zu **vertraglichen Vereinbarungen** muss § 242 BGB besonders zurück- **340** haltend angewendet werden, weil der Rückgriff auf Treu und Glauben zugl einen Eingriff in die **privatautonome Gestaltungsfreiheit** der Parteien darstellt (vgl zu dieser Problematik insbes ESSER JZ 1956, 555, 556 f; WEIL, Spannungsverhältnis zwischen Privatautonomie und gerichtlicher Kontrolle von Parteivereinbarungen, FPR 2010, 450 ff; ausf dazu u Rn 456 ff).

Soweit es um die **Ergänzung** vertraglicher Vereinbarungen geht, handelt es sich nicht **341** um ein Problem des § 242 BGB. Denn eine ergänzende Funktion kommt dem Grundsatz von Treu und Glauben nach der Schuldrechtsreform nicht mehr zu (dazu ausf o Rn 186). Klärungsbedürftig bleibt aber, ob und unter welchen Voraussetzungen der **Inhalt** einer vertraglichen Vereinbarung mit Hilfe von § 242 BGB **korrigiert** werden kann (dazu o Rn 204). Sofern die Wirksamkeit einer **AGB** in Rede steht, stellen die §§ 305 ff BGB eine Konkretisierung des Gebots von Treu und Glauben dar, sodass § 242 BGB hierfür nicht bemüht werden muss (z Verhältnis des § 242 zu diesen Normen s unten Rn 471). **Individualvereinbarungen** unterliegen – unter der Prämisse der Vertragsparität – nicht der Inhaltskontrolle nach § 242 BGB. Vielmehr erlaubt es der Grundsatz der Privatautonomie den Vertragsparteien – bis an die Grenze der Sittenwidrigkeit – auch unangemessene Regelungen zu vereinbaren (vgl BAG NJW 2005, 3305, 3309; z Verhältnis zwischen § 242 und § 138 s unten Rn 456 ff).

342 Von der Inhaltskontrolle zu unterscheiden ist aber die Frage, ob die Geltendmachung eines vertraglich begründeten Anspruchs aufgrund der besonderen Umstände des Einzelfalls als **unzulässige Rechtsausübung** anzusehen ist (zur unzulässigen Berufung auf einen wirksamen Haftungsausschluss OLG Celle NZBau 2006, 651, 652). Bei dieser sog **„Ausübungskontrolle"** wiegt der Eingriff in die Privatautonomie weniger schwer, weil der Inhalt der vertraglichen Vereinbarungen als solcher unberührt bleibt. Anders als bei der Inhaltskontrolle hat § 242 BGB bei der Ausübungskontrolle daher nach wie vor große praktische Bedeutung (vgl zur Ausübungskontrolle von Eheverträgen BGH 17. 7. 2013 – XII ZB 143/12; BGH NJW 2008, 3426; 2007, 2848).

II. Das Verhältnis zu teleologischer Reduktion und Analogie

343 Soweit es um die Einschränkung oder Ausdehnung einer speziellen Rechtsnorm geht, stellt sich die **methodische Frage** des Verhältnisses von § 242 BGB zur teleologischen Reduktion bzw Analogie.

1. Teleologische Reduktion

344 Bei der teleologischen Reduktion wird der **Tatbestand** einer Norm entgegen dem möglichen Wortsinn **eingeschränkt**, weil der Anwendungsbereich der Norm sonst über den Zweck der gesetzlichen Regelung hinausgehen würde (vgl BVerfGE 88, 145, 166 ff; BGHZ 4, 153, 154; NK-BGB/Looschelders Anh zu § 133 Rn 45 ff; Soergel/Hefermehl Anh zu § 133 Rn 14; Looschelders/Roth, Methodik 261 ff). Alternativ dazu könnte die notwendige Einschränkung an sich ebenso durch Heranziehung des Grundsatzes von Treu und Glauben verwirklicht werden (vgl Honsell, Teleologische Reduktion versus Rechtsmissbrauch, in: FS Mayer-Maly [1996] 369; für das Bsp des § 125: Larenz, Methodenlehre 396).

345 Zur Lösung des Problems bietet sich folgende Vorgehensweise an: Zunächst muss geprüft werden, ob Sachverhalte der vorliegenden Art generell vom **Regelungszweck** der einschlägigen Vorschrift erfasst werden. Dabei kommt auch das Instrument der teleologischen Reduktion zum Einsatz. Da die gesetzliche Norm damit auf den ihrem Regelungszweck entsprechenden Anwendungsbereich zurückgeführt wird, ist ein Rückgriff auf § 242 BGB insoweit nicht notwendig (z Vorrang der teleologischen Reduktion gegenüber § 242 vgl Looschelders/Roth, Grundrechte und Vertragsrecht: Die verfassungskonforme Reduktion des § 565 Abs 1 S 2 BGB, JZ 1995, 1038, 1043). Sollte sich eine teleologische Reduktion nicht begründen lassen, so muss in einem zweiten Schritt geprüft werden, ob die Anwendung der Norm mit Rücksicht auf die Umstände des Einzelfalles nach § 242 BGB einzuschränken oder zu modifizieren ist. Die Entscheidung setzt in diesem Fall eine **Interessenabwägung** voraus. Erforderlich ist, dass die im Rahmen des § 242 BGB zu berücksichtigenden Gründe der Einzelfallgerechtigkeit die für die unveränderte Anwendung der Norm streitenden Interessen überwiegen (dazu ausf o Rn 144 ff). IE handelt es sich allerdings mehr um ein methodisches als um ein praktisches Problem. Die teleologische Reduktion setzt stärker am Normzweck, die Anwendung des § 242 BGB stärker beim Einzelfall an.

2. Analogie

Im Vergleich mit der teleologischen Reduktion betrifft die **Analogie** den umgekehr- 346
ten Fall, dass ein Rechtssatz einen Sachverhalt dem **Wortlaut** nach **nicht erfasst**,
obwohl dies wegen der **Ähnlichkeit der Interessenlage** an sich **geboten wäre** (vgl
BVerfGE 82, 6, 12; NK-BGB/Looschelders Anh zu § 133 Rn 41 ff; Bydlinski, Juristische Methodenlehre und Rechtsbegriff [2. Aufl 1991] 475; Larenz, Methodenlehre 381; Looschelders/
Roth, Methodik 304). Auch hier stellt sich die Frage, inwieweit zur Schließung der
Gesetzeslücke vorrangig auf § 242 BGB zurückgegriffen werden kann.

a) Extrempositionen

Zum Verhältnis von Analogie und § 242 BGB finden sich zwei extreme Ansätze: 347
Nach einer Auffassung ist die Rechtsfortbildung im Wege der Analogie stets vorrangig (dafür Larenz, Schuldrecht I § 10 I, der die Anwendung von § 242 für eine „Verlegenheitslösung" hält). Zu einem Rückgriff auf § 242 BGB kann es hiernach nur kommen,
wenn zur Lückenfüllung keine analogiefähige Rechtsnorm vorhanden ist. Nach der
Gegenauffassung sind zumindest im unmittelbaren Anwendungsbereich von § 242
BGB – also bei bestehendem Schuldverhältnis (ausf o Rn 127 ff) – allein die Grundsätze von Treu und Glauben heranzuziehen, weil es insoweit an einer für die Analogie erforderlichen Regelungslücke fehle (in diese Richtung wohl Terbille/Schmitz-Herscheid, Zur Offenbarungspflicht bei ärztlichen Behandlungsfehlern, NJW 2000, 1749, 1752 Fn 38).
Beiden Ansätzen kann zugutegehalten werden, dass sie eine klare Abgrenzung
ermöglichen. Letztlich ist eine generelle Vorrangregel jedoch zu starr, weil sie
den Rechtsanwender zwingen würde, Besonderheiten des Einzelfalls außer Betracht
zu lassen.

b) Vermittelnde Ansätze

Nach einer vermittelnden Auffassung von Roth/Schubert ist bei der Abgrenzung 348
von der Funktion des § 242 BGB auszugehen, die individuellen Besonderheiten des
Einzelfalls zur Geltung zu bringen (vgl MünchKomm/Schubert Rn 123 und Rn 24). Zu
einer Heranziehung des spezielleren Rechtssatzes im Wege der Analogie soll es nur
kommen, wenn die betreffende Norm dem Sachverhalt so nahe steht, dass die in ihr
enthaltenen Wertentscheidungen des Gesetzgebers bei der Interessenabwägung
über das Für und Wider der Rechtsfortbildung verwertet werden können (vgl MünchKomm/Schubert Rn 123). Beruhe die Rechtsfortbildung hingegen eher auf einer einzelfallbezogenen Wertung, müsse § 242 BGB die maßgebliche Grundlage für die Lückenschließung bilden.

Ein ähnlicher Ansatz findet sich bei Bydlinski. Hiernach kommt es bei der Ab- 349
grenzung maßgeblich auf Zweck und Rechtsfolge der jeweiligen gesetzlichen Regelung an. Soweit diese auf den nicht geregelten Fall passen, soll der Analogie der
Vorrang zukommen. Knüpfe die Rechtsfortbildung hingegen an allgemeine gesetzliche Grundwertungen und Rechtsprinzipien an, so stelle die Generalklausel des
§ 242 BGB das bessere „Einfallstor" dar (vgl allg z Verhältnis von Generalklauseln und
Analogie Bydlinski, Präzisierung 203 Fn 40).

Bei der Würdigung dieser Ansätze ist zu beachten, dass die Analogie einen weiten 350
Bereich „ähnlicher" Sachverhalte erfasst, in dem die Rechtsfortbildung nicht allein
durch den Zweck der Norm und den Gleichheitssatz gerechtfertigt wird (ausf dazu

LOOSCHELDERS/ROTH, Methodik 304 ff; z „vieldeutige[n] Begriff der Ähnlichkeit" als „Angelpunkt" der Analogie vgl auch ENGISCH, Einführung in das juristische Denken [12. Aufl 2018] 204). Hier muss die Analogie ergänzend auf andere Gründe gestützt werden. Dabei kommt auch dem Grundsatz von Treu und Glauben Bedeutung zu. Umgekehrt ist anerkannt, dass im Rahmen einer Abwägung nach Treu und Glauben ebenfalls gesetzgeberische Wertungen zu berücksichtigen sind, die in einer speziellen Rechtsnorm zum Ausdruck kommen (vgl MünchKomm/SCHUBERT Rn 123). Eine klare Abgrenzung zwischen beiden Methoden ist daher schon theoretisch nicht möglich. Bei der Entscheidung kann man sich daher nur daran orientieren, welche Argumente im Einzelfall das größere Gewicht haben: die Argumente aus dem Zweck der Norm oder aus Treu und Glauben. Dabei erscheint es aus Gründen der methodischen Klarheit gerechtfertigt, der **(Einzel-)Analogie** einen gewissen **Vorrang** gegenüber § 242 BGB einzuräumen.

III. Die Abgrenzung zu anderen Normen des BGB

351 Zu klären bleibt die Frage, wie der Anwendungsbereich des § 242 BGB vom Anwendungsbereich anderer Vorschriften des BGB abgegrenzt werden kann. Die Darlegungen beschränken sich dabei auf das systematische Verhältnis des § 242 BGB zu tragenden Normen des Bürgerlichen Rechts, die allgemeine Geltung beanspruchen. Spezielle Konkurrenzprobleme werden dagegen bei den Fallgruppen angesprochen (Rn 401 ff).

1. § 157

352 Als besonders schwierig erweist sich die Grenzziehung zwischen § 242 BGB und der „Auslegungsvorschrift" des § 157 BGB, uz wegen des nahezu identischen Wortlauts beider Normen (zur Geschichte der Normen s oben Rn 1 ff). Zwar hat die eine Vorschrift die **Auslegung** von **Verträgen** zum Gegenstand, während die andere das **Bewirken der Leistung** in allen **Schuldverhältnissen** betrifft. Den Maßstab soll jedoch in beiden Fällen das Gebot von Treu und Glauben mit Rücksicht auf die Verkehrssitte bilden. Abgrenzungsschwierigkeiten ergeben sich, wenn der Geltungsbereich beider Normen berührt ist, also bei **vertraglichen Schuldverhältnissen**. Wird die Ergänzung bzw Konkretisierung oder Korrektur einer vertraglichen Vereinbarung durch den Richter notwendig, so ist oftmals zweifelhaft, auf welcher Grundlage dies zu erfolgen hat (vgl hierzu SÜSS, Zur Frage der beschränkten Wirkung eines Abfindungsvergleichs entgegen seinem Wortlaut, JZ 1958, 365 f, der im konkreten Fall eine Lösung sowohl über § 242 als auch über § 157 für möglich hält; LÜDERITZ, Auslegung von Rechtsgeschäften [1966] 416 ff; ders, Rezension zu: OTTO SANDROCK, Zur ergänzenden Vertragsauslegung im materiellen und internationalen Schuldvertragsrecht, AcP 171 [1971] 160, 164 f; SONNENBERGER, Verkehrssitten 120 ff).

a) Notwendigkeit der Abgrenzung
353 In der **Rspr** zeigt sich ein sehr uneinheitliches Bild. Vereinzelt wird auf eine klare Abgrenzung zwischen Treu und Glauben und § 157 BGB Wert gelegt (vgl RGZ 141, 198, 201; BGHZ 16, 4, 8; 9, 273, 277; BGH WM 1971, 509; WM 1969, 769, 771; JZ 1969, 70, 72), wobei die **ergänzende Auslegung** gegenüber der Anwendung des § 242 BGB als vorrangig angesehen wird (vgl BGHZ 164, 286, 292; 90, 69, 74; 81, 135, 143). In anderen Urteilen hingegen verwischen sich die Grenzen (vgl RGZ 160, 268; 152, 403; BGHZ 87, 309, 317; 77, 310, 317; 48, 296, 301; 13, 346; 10, 2; BGH NJW 1989, 2625, OLG Schleswig NJW-RR

1987, 1022; OLG Bamberg NJW-RR 1987, 1644). Die Gerichte sprechen teilw sogar von einer „Auslegung nach § 242" (vgl RGZ 80, 27, 28; BGHZ 84, 1, 8; 12, 375; BGH NJW-RR 1987, 230, 231; BGH NJW 1958, 1483;) bzw von einer Auslegung nach „§§ 133, 157, 242" (vgl OLG Frankfurt FamRZ 1994, 198).

Angesichts dieser begrifflichen Ungenauigkeiten überrascht es nicht, dass die in der **354** Lit vertretenen Ansichten gleichermaßen auseinander gehen. Eine Meinung erachtet die Grenzziehung zwischen § 242 BGB und § 157 BGB als **unmöglich** und **überflüssig** (FLUME, BGB AT II § 16, 3a aE; HECK, Schuldrecht § 4, 5; LARENZ, Schuldrecht I § 10 I; MEDICUS/LORENZ, Schuldrecht I Rn 132; HENCKEL, Die ergänzende Vertragsauslegung, AcP 159 [1960/1961] 106, 121; STUMPF, Erläuternde und ergänzende Auslegung letztwilliger Verfügungen im System privatautonomer Rechtsgestaltung [Berlin 1991] 198 ff). Zur Begründung wird angeführt, dass beide Vorschriften ohnehin keinen konkreten Inhalt hätten, sodass Überschneidungen unerheblich seien (FLUME, BGB AT II § 16, 3a aE; MEDICUS/LORENZ, Schuldrecht I Rn 132: „Beide Vorschriften enthalten keine einigermaßen konkrete Rechtsfolgenanordnung [...]; sie eignen sich daher nicht zur Anwendung durch schlichte Subsumtion"). Auch wird mit der Gleichheit der Maßstäbe – also mit der Identität der Ergebnisse bei Anwendung beider Normen – argumentiert (so etwa STAUDINGER/J SCHMIDT [1995] Rn 266). Dem entspricht auch die Aussage von ROTH/SCHUBERT, dass es bei beiden Vorschriften letztlich um die Ermittlung der interessengerechten Rechtsfolge gehe und der Streit um die richtige Etikettierung im Einzelfall deshalb müßig sei (MünchKomm/SCHUBERT Rn 120).

So verbreitet diese Sichtweise auch sein mag, so kann sie doch nicht überzeugen. Aus **355** **dogmatischer Sicht** ist zunächst zu beachten, dass es sich bei § 242 BGB um eine subsumtionsfähige Rechtsnorm mit konkretem Inhalt handelt. Davon abgesehen haben Treu und Glauben und die Verkehrssitte bei der Auslegung nach § 157 BGB nicht den gleichen Stellenwert wie bei § 242 BGB (MünchKomm/BUSCHE § 157 Rn 4). Während bei § 242 BGB **unmittelbar** auf diese Kriterien abzustellen ist, steht bei der ergänzenden Auslegung der **hypothetische Parteiwille** im Vordergrund (z hypothetischen Parteiwillen MAYER-MALY, Die Bedeutung des tatsächlichen Parteiwillens für den hypothetischen, in: FS Flume Bd I [1978] 621 ff). Treu und Glauben und die Verkehrssitte entfalten in diesem Bereich nur **mittelbare** Bedeutung – soweit sie nämlich Rückschlüsse auf den hypothetischen Willen der Parteien zulassen (vgl NK-BGB/LOOSCHELDERS § 133 Rn 15; SOERGEL/ M WOLF § 157 Rn 26). Eine an Treu und Glauben orientierte Auslegung gegen den tatsächlichen oder mutmaßlichen Parteiwillen ist daher **unzulässig** (BGHZ 90, 69, 77; 19, 269, 273; BGH NJW 2002, 2310, 2311; BGH NJW-RR 2013, 494, 495; STAUDINGER/ROTH [2015] § 157 Rn 39).

Der hier herausgearbeiteten Unterscheidung kann nicht entgegengehalten werden, **356** dass der BGH (BGHZ 84, 1, 7; 169, 215, 219) auch bei der ergänzenden Vertragsauslegung darauf abstellt, welche Vereinbarung **redliche Vertragsparteien** nach Treu und Glauben **vernünftigerweise** getroffen hätten (so aber STAUDINGER/J SCHMIDT [1995] Rn 266 gegen SOERGEL/TEICHMANN Rn 124). Denn die Maßstabsfigur der redlichen und vernünftigen Vertragspartei gilt bei § 157 BGB nur insoweit, wie den Vereinbarungen der konkreten Parteien im Einzelfall keine abweichenden Interessenwertungen entnommen werden können. Da bei der Ermittlung des hypothetischen Parteiwillens im Rahmen des § 157 BGB auch objektive Kriterien zu berücksichtigen sind, können die ergänzende Vertragsauslegung und die Konkretisierung oder Einschränkung vertraglicher Pflichten nach § 242 BGB in einem gewissen Grenzbereich ineinander übergehen (vgl BeckOK-BGB/Sutschet [1. 5. 2019] Rn 34; Soergel/Teichmann Rn 124; Looschelders, Schuldrecht AT § 4 Rn 12). Solche **Überschneidungen** sind jedoch unschädlich, solange der Vorrang des Parteiwillens gegenüber objektiven Kriterien gewahrt bleibt.

357 Auch bei der **praktischen Rechtsanwendung** ist eine rein ergebnisorientierte Betrachtung keineswegs ungefährlich. Denn sie verführt dazu, einen Eingriff in vertragliche Regelungen mit dem pauschalen Hinweis auf die §§ 242, 157 BGB zu rechtfertigen, anstatt die Voraussetzungen der ergänzenden Vertragsauslegung oder des § 242 BGB im Einzelfall zu prüfen. Es besteht mithin die Gefahr, dass die Lösung allein auf **Billigkeitserwägungen** gründet. Mit der überwiegenden Ansicht in der Lit (Erman/Böttcher Rn 21; Palandt/Grüneberg Rn 17; BGB-RGRK/Alff Rn 4; Soergel/Teichmann Rn 124; Soergel/M Wolf § 157 Rn 26 ff, 104 f) ist deshalb davon auszugehen, dass eine **Abgrenzung** von § 242 BGB und § 157 BGB **möglich** und **notwendig** ist.

b) Kriterien der Abgrenzung

358 Nach welchen Kriterien die Abgrenzung zwischen § 157 BGB und § 242 BGB zu erfolgen hat, ist umstr. So vertritt Sonnenberger die Auffassung, dass die Überschneidungen durch Beschränkung des Anwendungsbereiches einer der beiden Normen zu beseitigen sind (vgl Sonnenberger, Verkehrssitten 131). Zwei Lösungen kommen hiernach in Betracht. Zum einen könnte § 157 BGB auf die reine Ermittlung des Sinnes von Willenserklärungen beschränkt und alles darüber Hinausgehende § 242 BGB zugeordnet werden (vgl Sonnenberger, Verkehrssitten 131; so bereits ausdrücklich Wieacker, Die Methode der Auslegung des Rechtsgeschäfts, JZ 1967, 385, 390). Zum anderen könnte der Auslegung nach § 157 BGB die Aufgabe zugewiesen werden, sämtliche in einem Vertrag offen gebliebene Fragen zu beantworten, womit ein Bedeutungsverlust von § 242 BGB einherginge (vgl Sonnenberger, Verkehrssitten 131). Doch unabhängig davon, welche Alternative man bevorzugt, wird einer der beiden Normen ein Inhalt beigelegt, den sie tatsächlich nicht hat. Weder hat § 242 BGB die Funktion, den Willen der Vertragsparteien zu ermitteln (Staudinger/J Schmidt [1995] Rn 266), noch dient § 157 BGB dazu, vertragliche Vereinbarungen unabhängig vom Willen der Parteien zu konkretisieren (NK-BGB/Looschelders § 157 Rn 21 ff). IE würde diese Vorgehensweise somit auf eine analoge Anwendung der einen und eine teleologische Reduktion der anderen Vorschrift hinauslaufen. Ob die für eine solche Rechtsfortbildung erforderlichen Regelungslücken vorliegen, erscheint mehr als fraglich.

359 Die hM folgt der auf Oertmann zurückgehenden Abgrenzung zwischen § 157 BGB und § 242 BGB (sog Oertmannsche Metapher). Ausgangspunkt ist die Überlegung, dass bei der Auslegung gem § 157 BGB der Parteiwille, dh das „rechtliche Wollen", im Rahmen des § 242 BGB dagegen das „rechtliche Sollen" entscheidet (Oertmann, Rechtsordnung und Verkehrssitte [1914] 314). Vorrangig sei das „rechtliche Wollen" (BGHZ 16, 4, 8; NK-BGB/Looschelders § 133 Rn 16; BeckOK-BGB/Sutschet [1. 5. 2019] Rn 34; Erman/Böttcher Rn 21; MünchKomm/Busche § 133 Rn 20; BGB-RGRK/Piper § 157 Rn 3; Soergel/Knopp[11] [1978] § 157 Rn 96; Esser JZ 1956, 555, 557). Denn der Inhalt eines vertraglichen Schuldverhältnisses bestimme sich in erster Linie nach der Parteivereinbarung uz nicht allein nach ihrem Wortlaut, sondern nach ihrem durch Auslegung, also unter Heranziehung des § 157 BGB, festgestellten Sinn (vgl Oertmann 312).

Dieser Ansatz entspricht dem Grundsatz der **Privatautonomie**. Für das Verhältnis 360
von § 157 BGB und § 242 BGB bedeutet dies, dass der Richter sich bei der Ergänzung eines Vertrages solange nach § 157 BGB zu richten hat, wie in der Vereinbarung Anhaltspunkte für den hypothetischen Willen vorhanden sind. Mit der vorrangigen Anwendung des § 157 BGB geht zwar nicht zwangsläufig ein „Mehr an Sicherheit" einher – insoweit ist ROTH/SCHUBERT zuzustimmen (vgl MünchKomm/ SCHUBERT Rn 120). Der Gefahr einer Verschleierung von Wertentscheidungen unter dem Deckmantel des § 157 BGB kann aber dadurch begegnet werden, dass man sich bei der ergänzenden Vertragsauslegung strikt an dem konkreten Rechtsgeschäft und den darin zum Ausdruck gebrachten individuellen Zwecksetzungen und Wertungen der Parteien orientiert (NK-BGB/LOOSCHELDERS § 157 Rn 23; ERMAN/ARMBRÜSTER § 157 Rn 20).

In der Praxis stellt sich die Frage nach dem Verhältnis von ergänzender Vertrags- 361
auslegung und Vertragsergänzung nach dem Grundsatz von Treu und Glauben besonders häufig bei Störungen der Geschäftsgrundlage (vgl NICKLISCH, Ergänzende Vertragsauslegung und Geschäftsgrundlagenlehre – ein einheitliches Rechtsinstitut zur Lückenfüllung, BB 1980, 949). Nachdem die Grundsätze über die Störung der Geschäftsgrundlage im Zuge der Schuldrechtsreform (vgl o Rn 100) in § 313 BGB kodifiziert worden sind, muss diese Problematik allerdings nicht mehr im Rahmen des § 242 BGB erörtert werden (vgl dazu NK-BGB/LOOSCHELDERS § 157 Rn 7).

2. § 134

Bei § 242 BGB handelt es sich nach allgemeiner Ansicht nicht um ein Verbotsgesetz 362
iSd § 134 BGB (vgl STAUDINGER/J SCHMIDT [1995] Rn 267; ERMAN/BÖTTCHER Rn 22). Demzufolge erfüllt nicht jeder Verstoß gegen Treu und Glauben die Voraussetzungen des § 134 BGB. Umgekehrt verstößt aber ein Rechtsgeschäft, das unter Verletzung eines gesetzlichen Verbots zustande kommt, regelmäßig gegen die Anforderungen des § 242 BGB (vgl STAUDINGER/J SCHMIDT [1995] Rn 267). Eine Ausnahme mag zwar bei Verstößen gegen bloße **Ordnungsvorschriften** in Betracht kommen. Der Gesetzesverstoß führt aber in solchen Fällen im Allgemeinen auch nicht über § 134 BGB zur Nichtigkeit des Geschäfts (vgl NK-BGB/LOOSCHELDERS § 134 Rn 58 ff).

Soweit sich die Anwendungsbereiche von § 134 BGB und § 242 BGB überschneiden, 363
besteht das Problem, dass beide Vorschriften **unterschiedliche Rechtsfolgen** vorsehen. Während es bei § 134 BGB allein um die Frage geht, ob das Rechtsgeschäft aufgrund des Gesetzesverstoßes **nichtig** ist (dazu ausf NK-BGB/LOOSCHELDERS § 134 Rn 56 ff), erlaubt § 242 BGB **flexiblere Lösungen** (vgl STAUDINGER/J SCHMIDT [1995] Rn 268). Ebenso wie § 138 BGB (s unten Rn 365 ff) dient § 134 also der **Wirksamkeitskontrolle**, § 242 BGB dagegen zumindest primär der **Ausübungskontrolle**. Man kann dies auch so formulieren, dass § 134 BGB eine **Außenschranke** und § 242 BGB eine **Binnenschranke** der Rechtsausübung enthält (so PALANDT/GRÜNEBERG Rn 18; Beck-OK-BGB/SUTSCHET [1. 5. 2019] Rn 35).

Für die praktische Rechtsanwendung bedeutet dies, dass in einem **ersten Schritt** der 364
Frage nachzugehen ist, ob das Rechtsgeschäft nach § 134 BGB **unwirksam** ist. Sollte dies der Fall sein, so muss **als nächstes** das Verhältnis zu § 242 BGB geprüft werden. Abstrakt betrachtet geht es dabei um die Anwendbarkeit von Treu und Glauben im

Geltungsbereich anderer Normen. Konkret stellt sich die Frage, ob die Nichtigkeitsfolge des § 134 BGB nach Treu und Glauben einzuschränken ist (dazu s unten Rn 485). Auf der anderen Seite mag es in Ausnahmefällen denkbar sein, aus § 242 BGB zusätzliche Rechtsfolgen abzuleiten, wenn die Nichtigkeitsfolge zum Schutz des Benachteiligten nicht ausreicht (Erman/Böttcher Rn 22). In der Praxis spielt diese Möglichkeit aber keine Rolle. Die von Erman/Böttcher (Rn 22) als Beleg herangezogene Entscheidung des BGH (BGHZ 12, 286) betrifft jedenfalls die Nichtigkeit nach § 125 BGB (vgl Staudinger/J Schmidt [1995] Rn 269). Ist das Rechtsgeschäft nicht nach § 134 BGB unwirksam, so kann sich im Rahmen der Ausübungskontrolle die Frage stellen, ob § 242 BGB den Begünstigten daran hindert, die aus dem Geschäft folgenden Rechte geltend zu machen (s unten Rn 489).

3. § 138

365 Konkurrenzprobleme stellen sich ebenfalls im Verhältnis von § 242 BGB zu § 138 BGB. Wie im Vergleich mit § 134 BGB setzt § 242 BGB auch gegenüber § 138 BGB die **strengeren Maßstäbe** (NK-BGB/Looschelders § 138 Rn 17; Palandt/Grüneberg Rn 18; Soergel/Teichmann Rn 128; Schapp/Schur, Einführung in das Bürgerliche Recht [4. Aufl 2006] Rn 487; **aA** Medicus/Lorenz, Schuldrecht I Rn 134, der von einem Verschwimmen der Abgrenzung zwischen Treu und Glauben und den guten Sitten spricht). Im Rahmen von Schuldverhältnissen gelten mit den Geboten von Treu und Glauben (§ 242 BGB) **gesteigerte sozialethische Anforderungen**. Demgegenüber geht es bei dem Merkmal der guten Sitten (§ 138 Abs 1 BGB) nur um die Einhaltung eines **„sozialethischen Minimums"** (vgl NK-BGB/Looschelders § 138 Rn 89; Hk-BGB/Dörner § 138 Rn 3; Jauernig/Mansel § 138 Rn 6). Ein Fall der Sittenwidrigkeit stellt somit notwendig auch einen Verstoß gegen Treu und Glauben dar, was umgekehrt nicht zwingend zutrifft (vgl BAG NJW 1964, 1542; OLG Hamm NJW 1981, 465, 466; OLG Hamburg MDR 1964, 321; Erman/Böttcher Rn 23; BeckOK-BGB/Sutschet [1. 5. 2019] Rn 35; MünchKomm/Schubert Rn 128; Palandt/Grüneberg Rn 18; Larenz, Schuldrecht I § 10 I). Dadurch entsteht bei § 138 BGB die gleiche Überschneidungsproblematik wie bei § 134 BGB (s oben Rn 362).

366 Bei der Abgrenzung ist davon auszugehen, dass § 138 BGB genau wie § 134 BGB (s oben Rn 363) eine **Außenschranke** für die Wirksamkeit von Rechtsgeschäften darstellt (vgl BeckOK-BGB/Sutschet [1. 5. 2019] Rn 35; Palandt/Grüneberg Rn 18; Schapp/Schur, Einführung in das Bürgerliche Recht [4. Aufl 2006] Rn 487). Demgegenüber lässt § 242 BGB die Wirksamkeit des Rechtsgeschäfts grds unberührt und begrenzt lediglich die **Ausübung** der daraus folgenden Rechte. Vorzugswürdig erscheint es daher, § 138 BGB gegenüber § 242 BGB **vorrangig** anzuwenden (vgl NK-BGB/Krebs Rn 27; NK-BGB/Looschelders § 138 Rn 18; MünchKomm/Schubert Rn 128; vgl die gefestigte Rspr des BGH zur Inhaltskontrolle v Eheverträgen in NJW 2008, 3426, 3427; 2007, 2848, 2849; 2005, 2386, 2388; 2004, 930, 935).

367 Ist das Rechtsgeschäft nicht nach § 138 BGB unwirksam, so muss in einem **zweiten Schritt** geprüft werden, ob die Geltendmachung der daraus folgenden Rechte aufgrund der Umstände des Einzelfalls wegen **unzulässiger Rechtsausübung** nach § 242 BGB entfällt (vgl BGH NJW 2004, 930, 935). Im umgekehrten Fall – Unwirksamkeit des Rechtsgeschäfts nach § 138 BGB – steht der Rechtsanwender ebenso wie bei § 134 BGB vor der Frage, ob der Begünstigte nach Treu und Glauben (§ 242 BGB) gehindert ist, sich auf die Unwirksamkeit zu berufen (s unten Rn 490 ff).

Ob das hier beschriebene Zusammenspiel von § 138 BGB (Wirksamkeitskontrolle) **368** und § 242 BGB (Ausübungskontrolle) in allen Bereichen gilt, ist allerdings umstr. In der Lit wird teilw dafür plädiert, die Parteivereinbarungen in bestimmten Fällen einer **erweiterten Inhaltskontrolle** am Maßstab des § 242 BGB zu unterwerfen (vgl MünchKomm/Schubert Rn 528 f), welche an die Stelle der Wirksamkeitskontrolle nach § 138 BGB treten soll. Die Rspr hat diese Vorgehensweise insbes bei vorformulierten Vertragsbedingungen praktiziert (s unten Rn 471). In Bezug auf AGB ist sie in den §§ 307 ff BGB gesetzlich anerkannt. Im Übrigen berührt das Problem der erweiterten Inhaltskontrolle Grundfragen der **Privatautonomie** und soll daher in diesem Kontext eingehender behandelt werden (s unten Rn 471 ff).

Eine andere Frage lautet, ob die **Sittenwidrigkeit** einer Vertragsklausel durch Anwendung des § 242 BGB von vornherein **beseitigt** werden kann. Überwiegend wird eine solche Abänderung nach § 242 BGB für möglich gehalten (dafür RGZ 152, 254; 138, 90; BGHZ 12, 286, 294 ff; BGH WM 1977, 642; BGH NJW 1971, 1034, 1035; BGH JZ 1952, 366, BayObLG NJW-RR 1992, 15; BeckOK-BGB/Wendtland [1. 5. 2019] § 138 Rn 8; Erman/Schmidt-Räntsch § 138 Rn 2; Palandt/Grüneberg Rn 18 und § 138 Rn 14; Soergel/Teichmann Rn 129; Hübner, BGB AT [2. Aufl 1996] Rn 926; Lindacher, Grundsätzliches zu § 138 BGB – Zur Frage der Relevanz subjektiver Momente, AcP 173 [1973] 124). Teichmann beschränkt dies jedoch auf Fälle, in denen sich die Sittenwidrigkeit nicht aus dem Verstoß gegen einen allgemeinen, für die Parteien nicht verfügbaren Wert ergibt und der benachteiligten Partei die Bindung an den veränderten Vertrag zugemutet werden kann (vgl Soergel/Teichmann Rn 129). **369**

Bei der Würdigung dieser Ansätze ist davon auszugehen, dass § 138 BGB als **Außenschranke** der Rechtsausübung grds vor § 242 BGB geprüft werden muss (s oben Rn 366). Aus dogmatischer Sicht sind Wirksamkeits- und Ausübungskontrolle daher klar voneinander getrennt. Bei der praktischen Rechtsanwendung lässt sich eine gewisse **Wechselwirkung** aber insofern nicht ausschließen, als die Sittenwidrigkeit auf der Grundlage einer umfassenden **Interessenabwägung** festgestellt werden muss (NK-BGB/Looschelders § 138 Rn 39; Soergel/Hefermehl § 138 Rn 10); dabei kann auch berücksichtigt werden, ob die Interessen des Benachteiligten durch die Ausübungskontrolle nach § 242 BGB hinreichend geschützt sind. Der mit der Nichtigkeitsanordnung nach § 138 Abs 1 BGB verbundene Eingriff in die Privatautonomie ist dann jedenfalls nicht zum Schutz des Benachteiligten erforderlich, also unverhältnismäßig. **370**

Erweist sich ein Rechtsgeschäft als sittenwidrig, so kann es zu einer (faktischen) Aufrechterhaltung vertraglicher Vereinbarungen nach § 242 BGB nur kommen, wenn die **Geltendmachung der Nichtigkeitsfolge** aus § 138 BGB mit Treu und Glauben unvereinbar ist. Im Kern handelt es sich wieder um das Problem, inwieweit die von anderen Rechtssätzen vorgesehenen Rechtsfolgen durch Rückgriff auf § 242 BGB eingeschränkt oder modifiziert werden können. Der Sache nach entspricht dies auch der Ansicht von Teichmann. Denn er verwendet mit den „allgemeinen Werten" und der „Zumutbarkeit für die benachteiligte Partei" die gleichen Kriterien wie bei der generellen Frage nach der Anwendbarkeit von § 242 BGB im Geltungsbereich anderer (zwingender) Rechtssätze. Eine Einschränkung der Nichtigkeitsfolge nach § 242 BGB kommt also nur in Betracht, soweit die von § 138 Abs 1 BGB verfolgten Schutzzwecke nicht entgegenstehen (ausf dazu u Rn 490 ff). **371**

4. § 162

372 Eine besondere Ausprägung des Grundsatzes von Treu und Glauben findet sich in § 162 BGB. Danach darf niemand aus einem von ihm treuwidrig verhinderten (Abs 1) bzw herbeigeführten (Abs 2) **Bedingungseintritt** Vorteile ziehen (s oben Rn 234 f). Durch die Fiktion zu Lasten des treuwidrig Handelnden soll aber nicht dessen Verhalten sanktioniert, sondern der ursprüngliche Regelungswille der Parteien durchgesetzt werden (vgl Staudinger/Bork [2015] § 162 Rn 2 mwNw). In seinem Anwendungsbereich **verdrängt** daher § 162 BGB den § 242 BGB. In sonstigen Fällen rechtsmissbräuchlichen Verhaltens liegt es aber näher, § 242 BGB in seiner Beschränkungsfunktion heranzuziehen, als § 162 BGB analog anzuwenden (Münch-Komm/Westermann § 162 Rn 18; vgl auch u Rn 514).

5. § 226

373 Die unzulässige Rechtsausübung nach § 226 BGB unterscheidet sich von derjenigen nach § 242 BGB in zweierlei Hinsicht (s dazu o Rn 213 ff). Auf der einen Seite verlangt § 226 BGB, dass die **Schädigung** eines anderen der **alleinige Zweck** der Rechtsausübung sein muss (vgl Looschelders, Schuldrecht AT § 4 Rn 14). Auf der anderen Seite gilt das **Schikaneverbot** für jegliche Rechtsausübung, § 242 BGB betrifft unmittelbar nur den Bereich des Schuldrechts.

374 Aus diesen Unterschieden wurde zunächst gefolgert, bei § 242 BGB handele es sich zumindest bei Vorliegen schuldrechtlicher Beziehungen um die **speziellere Vorschrift** (vgl vTuhr, AT II 2 § 93 III, 568). Im Laufe der Zeit ist diese im Wortlaut des § 242 BGB angelegte Beschränkung allerdings mehr und mehr aufgeweicht worden (vgl o Rn 127 f). Für das Gebot von Treu und Glauben wird zT schon jede Art von **Sonderverbindung** als ausreichend erachtet (z Ausweitung der unzulässigen Rechtsausübung über § 226 hinaus: RGZ 152, 147, 150; 146, 385, 396). Der so erweiterte Anwendungsbereich des Gebots von Treu und Glauben deckt den Anwendungsbereich des § 226 BGB nahezu vollständig ab. Unabhängig von der Reichweite des Wortlauts geht § 226 BGB aus systematischer Sicht gleichwohl als die **speziellere Norm** dem allgemeinen Grundsatz von Treu und Glauben vor (so auch MünchKomm/Schubert Rn 130; jurisPK-BGB/Pfeiffer Rn 21; Staudinger/Weber[11] [1961] Rn A 8). Bei jeder unzulässigen Rechtsausübung müsste damit an sich geprüft werden, ob die strengeren Voraussetzungen des Schikaneverbots erfüllt sind (vgl Erman/Böttcher Rn 24). Da die subjektiven Erfordernisse des § 226 BGB aber nur schwer nachweisbar sind, kann dies selten bejaht werden. Bei der praktischen Rechtsanwendung spielt § 226 BGB daher neben § 242 BGB kaum eine Rolle (vgl Staudinger/J Schmidt [1995] Rn 272: „totes Recht"; Palandt/Grüneberg Rn 18; MünchKomm/Grothe § 226 Rn 1; Soergel/Teichmann Rn 125).

375 Aus dogmatischer Sicht hat das Schikaneverbot noch insofern Bedeutung, als es teilw als Analogiebasis für die Fallgruppe der unzulässigen Rechtsausübung angesehen wird (ausf o Rn 213 ff). Schließlich dient § 226 BGB über § 823 Abs 2 BGB der Begründung von **Schadensersatz-** sowie deliktischen **Beseitigungs- und Unterlassungsansprüchen** (MünchKomm/Schubert Rn 130). In den einschlägigen Fällen dürfte jedoch regelmäßig auch der Tatbestand der vorsätzlichen sittenwidrigen Schädigung (§ 826 BGB) verwirklicht sein.

6. § 254

Einen besonderen Schwerpunkt der Argumentation mit Treu und Glauben bildet **376** die **Mitverantwortlichkeit des Geschädigten** nach § 254 BGB (vgl BGHZ 143, 189, 194; 135, 235, 240; 119, 268, 271; 96, 98, 100; 76, 216, 217; 74, 25, 35 f; 34, 355, 363 f; BGH NJW-RR 2015, 1056, 1057; NJW 2014, 2493, 2494; 2010, 927 Rn 16; 1999, 3627, 3628; 1997, 2234, 2235; 1978, 2024, 2025; 1972, 334, 335; Erman/Ebert § 254 Rn 4; Palandt/Grüneberg § 254 Rn 1; PWW/Luckey § 254 Rn 1; Jauernig/Teichmann § 254 Rn 1). Manche sehen die **Anspruchskürzung** als Ausfluss des allgemeinen Billigkeitsgedankens; überwiegend wird aber etwas konkreter damit argumentiert, der Geschädigte verstoße gegen das **Verbot widersprüchlichen Verhaltens**, wenn er den Schädiger auf vollen Schadensersatz in Anspruch nehme, obwohl er den Schaden mitverschuldet habe (vgl zB BGHZ 34, 355, 363 f; 63, 140, 144; 135, 235, 240; Erman/Ebert § 254 Rn 4; MünchKomm/Schubert Rn 317; Soergel/Teichmann Rn 315; Palandt/Grüneberg § 254 Rn 1; BGB-RGRK/Alff § 254 Rn 1; Dunz, „Eigenes Mitverschulden" und Selbstwiderspruch, NJW 1986, 2234 ff; krit MünchKomm/Oetker § 254 Rn 4; Soergel/Ekkenga/Kuntz § 254 Rn 4; Jauernig/Teichmann § 254 Rn 3; Dette, Venire contra factum proprium [1985] 99 ff; Greger, Mitverschulden und Schadensminderungspflicht – Treu und Glauben im Haftungsrecht?, NJW 1985, 1130 ff).

Daran ist richtig, dass man § 254 BGB als Ausfluss des **Billigkeitsgedankens** verstehen kann. Die Vorschrift konkretisiert diesen Gedanken aber durch eigenständige Kriterien – nämlich das **Verantwortlichkeitsprinzip** sowie den Gedanken der **Gleichbehandlung** von Schädiger und Geschädigtem (vgl MünchKomm/Oetker § 254 Rn 2 ff; Looschelders, Mitverantwortlichkeit 115 ff; ders, Schuldrecht AT § 50 Rn 2 ff; Koziol, Die Mitverantwortlichkeit des Geschädigten: Spiegel- oder Differenzierungslehre?, in: FS Deutsch [2009] 781 ff). Im Übrigen mag es zwar Parallelen zum Verbot widersprüchlichen Verhaltens (s oben Rn 284 ff) geben. Warum die Geltendmachung des vollen Schadensersatzanspruchs indessen widersprüchlich wäre, kann nur aus den spezifischen Wertungen des § 254 BGB abgeleitet werden (BeckOGK/Looschelders [1. 6. 2019] § 254 Rn 10). Der Hinweis auf das Prinzip des venire contra factum proprium hat hier also keinen eigenständigen Begründungswert. **377**

7. § 275 Abs 2 und 3

Die Regelungen des § 275 Abs 2 und 3 BGB (s dazu o Rn 268 ff) enthalten ebenfalls **378** eine **Teilkodifikation** dessen, was vor dem Inkrafttreten des Schuldrechtsmodernisierungsgesetzes (vgl Staudinger/Olzen Einl 188 ff zum SchuldR) allgemein als Ausprägung von Treu und Glauben angesehen worden ist. Die damit angesprochene Fallgruppe der **Unzumutbarkeit** einer Leistung geht freilich nicht vollständig in § 275 Abs 2 und 3 BGB auf. Zumindest in dem von § 275 Abs 3 BGB nicht erfassten Bereich der nicht persönlichen Leistungspflichten ist kein Grund ersichtlich, warum das Problem der Unzumutbarkeit nicht weiter über § 242 BGB gelöst werden sollte (ausf o Rn 268 ff).

8. §§ 307–309

Bei den §§ 307–309 BGB handelt es sich um eine **spezielle gesetzliche Ausgestaltung** **379** der Grundsätze, die Rspr und Lit zur Inhaltskontrolle von AGB aus § 242 BGB entwickelt haben (vgl BGHZ 22, 90, 94 ff; 51, 55, 58; 75, 15, 20; für Fälle aus der Zeit vor der

Schuldrechtsreform BGH NJW 1991, 2141, 2142; NJW 1998, 2206). Von 1976 bis 2001 fanden sich die entsprechenden Regelungen in den §§ 9–11 AGBG.

380 Aus der Eigenschaft der §§ 307–309 BGB als **leges speciales** folgt, dass in ihrem unmittelbaren Anwendungsbereich der Rückgriff auf § 242 BGB entfällt (vgl z den alten §§ 9–11 AGBG aF: Soergel/Teichmann Rn 126; Staudinger/Schlosser¹² § 9 AGBG Rn 11; vHoyningen-Huene, Inhaltskontrolle nach § 9 AGBG [1992] Rn 107; Wolf, in: Wolf/Horn/Lindacher AGBG⁴ [1999] Einl 6 vor § 1 und § 9 Rn 25 – zu den §§ 307–309: MünchKomm/Schubert Rn 135; BeckOK-BGB/Sutschet [1. 5. 2019] Rn 37; Palandt/Grüneberg Überbl 16 v § 305; Jauernig/Mansel Rn 15). Daneben bleibt der allgemeine Grundsatz von Treu und Glauben aber anwendbar (vgl z alten Recht: BGHZ 105, 71, 88; 93, 391, 399; BGH WM 1985, 522; Soergel/Teichmann Rn 126; Schmidt, Vertragsfolgen der Nichteinbeziehung und Unwirksamkeit von AGB [1986] 101 ff – z neuen Recht: MünchKomm/Schubert Rn 135; BeckOK-BGB/Sutschet [1. 5. 2019] Rn 37). So enthalten die §§ 307–309 BGB gem § 310 Abs 4 S 1 BGB keine Regelungen für Verträge auf dem Gebiet des Erb-, Familien- und Gesellschaftsrechts sowie für Tarifverträge, Betriebs- und Dienstvereinbarungen. Eine weitere wichtige Einschränkung des Kontrollumfangs ergibt sich aus § 307 Abs 3 BGB. In diesen Bereichen wird eine Inhaltskontrolle formularmäßiger Vereinbarungen gem § 242 BGB jedenfalls nicht durch den Vorrang der §§ 307 ff BGB ausgeschlossen. Es bleibt jedoch die grundsätzliche Frage der Legitimität einer inhaltlichen Kontrolle vertraglicher Vereinbarungen am Maßstab von Treu und Glauben (ausf u Rn 463 ff).

381 Der Vorrang der §§ 307 ff BGB steht einer **Ausübungs- oder Missbrauchskontrolle** nach § 242 BGB nicht entgegen (vgl dazu Fuchs, in: Ulmer/Brandner/Hensen AGB-Recht [12. Aufl 2016] Vorbem 63 zu 307; BeckOK-BGB/Sutschet [1. 5. 2019] Rn 37; jurisPK-BGB/Pfeiffer Rn 19, 83). So kann der Verwender im Einzelfall unter dem Aspekt des **Rechtsmissbrauchs** (allg z Rechtsmissbrauch s oben Rn 213 ff) gehindert sein, sich auf eine nach §§ 307–309 BGB an sich wirksame Vertragsklausel zu berufen (vgl BGHZ 105, 88; BGH ZIP 2000, 78; NJW 1989, 582, 583; NJW 1988, 2536, 2537; NJW-RR 1986, 272; BeckOK-BGB/Sutschet [1. 5. 2019] Rn 37; Jauernig/Mansel Rn 15; MünchKomm/Wurmnest Vorbem 11 zu 307; Wolf/Lindacher/Pfeiffer/Pfeiffer § 307 Rn 29 ff; vHoyningen-Huene, Inhaltskontrolle nach § 9 AGBG [1992] Rn 108, 109).

382 Auf der anderen Seite stellt uU auch die Geltendmachung der aus §§ 307–309 BGB folgenden Unwirksamkeit einen **individuellen Rechtsmissbrauch** dar (vgl BGH NJW-RR 1998, 594; dazu Bernuth, Die Bindung des AGB-Verwenders an unwirksame Klauseln – Grund und Grenzen, BB 1999, 1284; Fuchs, in: Ulmer/Brandner/Hensen, AGB-Recht [12. Aufl 2016] Vorbem 64 zu 307; Palandt/Grüneberg Überbl 16 v § 305; vHoyningen-Huene, Inhaltskontrolle nach § 9 AGBG [1992] Rn 110), zB wenn der bei Vertragsschluss ausreichend informierte Kunde die Unwirksamkeit einer Klausel allein wegen Intransparenz geltend macht (vgl BGH NJW 1988, 410; Fuchs, in: Ulmer/Brandner/Hensen, AGB-Recht [12. Aufl 2016] Vorbem 65 zu 307). Nach dem Schutzzweck der §§ 307 ff BGB ist der Grundsatz von Treu und Glauben insoweit aber zurückhaltend anzuwenden.

383 Denkbar ist schließlich noch die Anwendung der Grundsätze über die **Verwirkung** eines Rechts als Unterfall der unzulässigen Rechtsausübung (vgl Graba, in: Schlosser/Coester-Waltjen/Graba, AGBG § 9 Rn 13; MünchKomm/Wurmnest Vorbem 11 zu 307; Soergel/Teichmann Rn 127; zur Verwirkung s oben Rn 300 ff).

Mit Blick auf die letztgenannten Fälle hat sich J Schmidt allerdings gegen die **384** Anwendung des § 242 BGB ausgesprochen. Er will die einschlägigen Fragen allein auf der Grundlage des **§ 9 Abs 1 AGBG aF (§ 307 Abs 1 BGB)** lösen, weil die Kriterien von Treu und Glauben auch hier maßgeblich seien und der Rückgriff auf § 242 BGB im Geltungsbereich anderer Normen stets mit der Gefahr der Umgehung gesetzlicher Wertungen verbunden sei (Staudinger/J Schmidt [1995] Rn 280; ähnlich BGH NJW 1988, 410, 411; vHoyningen-Huene, Inhaltskontrolle nach § 9 AGBG [1992] Rn 110). Diese Überlegungen können indes nicht darüber hinweghelfen, dass § 307 Abs 1 BGB allein die Kontrolle des **Vertragsinhalts** ermöglicht. Das treuwidrige **Verhalten eines Vertragspartners** bleibt dagegen grds außer Betracht (vgl Roussos, Die Anwendungsgrenzen der Inhaltskontrolle und die Auslegung von § 9 AGBG, JZ 1988, 997, 1001 [zu § 9 Abs 1 AGBG]). Eine Ausnahme besteht zwar gem § 310 Abs 3 Nr 3 BGB für Verträge zwischen einem **Unternehmer** und einem **Verbraucher**, bei denen auch die den Vertragsschluss begleitenden Umstände im Rahmen der Inhaltskontrolle zu beachten sind. Die Berücksichtigung **nachträglich eingetretener Umstände** gem § 242 BGB ist aber auch hier ausgeschlossen.

9. § 313

Mit der **Störung der Geschäftsgrundlage** ist in § 313 BGB eine seit langem anerkannte **385** Fallgruppe des § 242 BGB zu einem gesetzlichen Sondertatbestand verselbstständigt worden. Für diese Fallgruppe muss deshalb nicht mehr auf § 242 BGB zurückgegriffen werden. Bei der praktischen Rechtsanwendung ist freilich denkbar, dass § 313 BGB mit anderen Ausprägungen von Treu und Glauben konkurriert (vgl Erman/Böttcher Rn 26; MünchKomm/Schubert Rn 142 ff, 531 f). So kann man bei einer Änderung der von den Parteien bei Vertragsschluss vorausgesetzten Verhältnisse eine Vertragsanpassung nach § 313 BGB in Erwägung ziehen oder den Vertrag unverändert lassen und den Begünstigten unter dem Aspekt des **Rechtsmissbrauchs** daran hindern, die daraus folgenden Rechte uneingeschränkt geltend zu machen.

In solchen Fällen müssen zunächst die speziellen Voraussetzungen des § 313 BGB **386** geprüft werden. Wenn diese vorliegen, hat der Rechtsanwender sich bei der **Anpassung** des Vertrages am Ziel eines gerechten **Interessenausgleichs** zu orientieren (MünchKomm/Finkenauer § 313 Rn 81 ff; Looschelders, Schuldrecht AT § 37 Rn 17). Da dabei alle Umstände des Einzelfalles zu berücksichtigen sind, entfällt die Anwendung des § 242 BGB. Werden die strengen Voraussetzungen des § 313 BGB – zB wegen Fehlens einer schwerwiegenden Veränderung – verneint, so bleibt der Vertrag mit seinem ursprünglichen Inhalt bestehen. Im Rahmen der **Ausübungskontrolle** (s oben Rn 342) muss dann aber erörtert werden, ob die Geltendmachung der aus dem Vertrag folgenden Rechte im Einzelfall rechtsmissbräuchlich erscheint.

10. §§ 314, 324

Die §§ 314, 324 BGB stellen Positivierungen von Kündigungs- bzw Rücktrittsrechten **387** dar, die früher aus § 242 BGB abgeleitet worden sind. Sie gehen § 242 BGB grds als **leges speciales** vor. Zu klären bleibt allerdings, ob hierdurch der Rückgriff auf § 242 BGB generell ausgeschlossen wird. Ein Bedürfnis für die Heranziehung des § 242 BGB im Anwendungsbereich der §§ 314, 324 BGB könnte insbes bestehen, wenn sich über die allgemeinen Kriterien von Treu und Glauben eine interessengerechtere

Lösung entwickeln lässt, die eine vollständige Aufhebung des Vertragsverhältnisses vermeidet (dafür ERMAN/BÖTTCHER Rn 26; MünchKomm/SCHUBERT Rn 297). Denn gem §§ 314, 324 BGB hat der Berechtigte nur die **Wahl** zwischen einem unveränderten **Festhalten** am Vertrag und seiner vollständigen **Aufhebung**, während § 242 BGB flexiblere Vorgehensweisen ermöglicht. In früherer Zeit war dabei insbes an eine Anpassung des Vertrages wegen **Störung der Geschäftsgrundlage** zu denken. Nachdem die Grundsätze über die Störung der Geschäftsgrundlage in § 313 BGB gesondert geregelt worden sind, geht es insoweit nunmehr aber um ein Problem der Abgrenzung zu dieser Vorschrift (z Vorrang des § 313 gegenüber § 314 Begr BT-Drucks 14/6040, 177; PALANDT/GRÜNEBERG § 313 Rn 14; LOOSCHELDERS, Schuldrecht AT § 40 Rn 4; aA Hk-BGB/SCHULZE § 314 Rn 2; EIDENMÜLLER, Der Spinnereifall: Die Lehre von der Geschäftsgrundlage nach der Rechtsprechung des Reichsgerichts und im Lichte der Schuldrechtsmodernisierung, Jura 2001, 824, 832). Im Hinblick auf andere Ausprägungen des § 242 BGB (zB Rechtsmissbrauch, Verwirkung, s oben Rn 213 ff und Rn 300 ff) ist das Abgrenzungsproblem damit allerdings nicht entfallen. Da das Rücktrittsrecht nach §§ 314, 324 BGB davon abhängt, dass dem Berechtigten ein Festhalten am Vertrag **nicht zumutbar** ist, können die Kriterien der unzulässigen Rechtsausübung im Allgemeinen jedoch bereits bei der Prüfung der tatbestandlichen Voraussetzungen berücksichtigt werden. Eigenständige Bedeutung hat aber jedenfalls noch die **Verwirkung** (vgl STAUDINGER/SCHWARZE [2015] § 324 Rn 44; allg z Verwirkung s oben Rn 300 ff).

388 Zu prüfen bleibt ferner, ob § 242 BGB außerhalb des tatbestandlichen Anwendungsbereichs der §§ 314, 324 BGB noch zur Begründung von **Kündigungs- bzw Rücktrittsrechten** herangezogen werden kann. Da der Gesetzgeber mit den §§ 314, 324 BGB keine abschließende Regelung treffen wollte (BT-Drucks 14/6040, 177), ist diese Frage zu bejahen (MünchKomm/SCHUBERT Rn 297; ERMAN/BÖTTCHER Rn 26).

11. §§ 358 Abs 3, 359

389 Die §§ 358 Abs 3, 359 BGB (§ 9 VerbrKrG aF) ermöglichen dem Verbraucher einen **Einwendungsdurchgriff** bei rechtlich zwar selbstständigen, aber wirtschaftlich einheitlichen Verträgen. Bereits vor Inkrafttreten dieser Normen ging der BGH in st Rspr davon aus, dass bei finanzierten Abzahlungsgeschäften die formale Unterscheidung zwischen Finanzierungsgeschäft und finanziertem Geschäft treuwidrig sein kann und ließ einen Einwendungsdurchgriff über § 242 BGB zu (vgl BGH NJW 2000, 3065, 3066; BGH NJW 1992, 2560, 2562; BGH NJW 1987, 1813; BGH NJW 1982, 1694; BGH NJW 1980, 1514, 1515; s oben Rn 98). Umstr ist, ob die Kodifikation dieser Rspr in §§ 358, 359 BGB den Rückgriff auf § 242 BGB außerhalb des Verbraucherkreditrechts ausschließt. ZT wird in dem richterrechtlich entwickelten Einwendungsdurchgriff ein allgemeines Institut gesehen, das unabhängig von der Verbrauchereigenschaft des Kreditnehmers Geltung beansprucht (CANARIS, Grundprobleme des Finanzierungsleasing im Lichte des Verbraucherkreditgesetzes, ZIP 1993, 401, 411 f). Dagegen spricht aber, dass sich der Gesetzgeber schon mit § 9 VerbrKrG aF – in Kenntnis der BGH-Rechtsprechung – bewusst für eine Begrenzung des persönlichen Anwendungsbereichs auf **Verbraucher** entschieden hat (vgl Gegenäußerung der BReg zur Stellungnahme des BRat, BT-Drucks 11/5462, 34, 41; idS auch BGH NJW 2004, 1376, 1378; MünchKomm/HABERSACK[3] [1995] § 9 VerbrKrG Rn 79; TONNER, Probleme des novellierten Widerrufsrechts: Nachbelehrung, verbundene Geschäfte, Übergangsvorschriften, BKR 2002, 856, 860; KNOTT, Die Rückabwicklung von Realkreditverträgen bei Widerruf nach dem Haustürwiderrufsgesetz, WM 2003, 49, 52; ferner s unten Rn 755). In anderen Dreipersonenverhältnissen bleibt § 242 BGB deshalb anwendbar.

12. § 826

Mit Blick auf das Verhältnis des § 242 BGB zu § 826 BGB ist zu beachten, dass der **390** im Fall einer vorsätzlichen sittenwidrigen Schädigung nach §§ 249 ff BGB geschuldete Schadensersatz auf **Naturalrestitution** oder auf die **Kompensation** des eingetretenen Schadens in Geld gerichtet sein kann. Diese Unterscheidung nach der Art des Schadensersatzes hat für die Frage nach dem Verhältnis zwischen beiden Vorschriften wesentliche Bedeutung.

a) Naturalrestitution
Soweit es um Schadensersatz durch Naturalrestitution (§ 249 Abs 1 BGB) geht, **391** können sich die Regelungsbereiche von § 242 BGB und § 826 BGB überschneiden. Jedes objektiv sittenwidrige Verhalten verstößt zwangsläufig gegen Treu und Glauben. Handelt es sich bei dem in Frage stehenden sittenwidrigen Verhalten um die Wahrnehmung eines Rechts, so führt § 826 BGB über die Herstellungspflicht aus § 249 Abs 1 BGB zu einer **Begrenzung der Rechtsausübung** (vgl STAUDINGER/J SCHMIDT [1995] Rn 274; PALANDT/GRÜNEBERG Rn 19). Gegenüber einem Anspruch des Schädigers kann § 826 BGB zudem als **Einrede** geltend gemacht werden (SOERGEL/TEICHMANN Rn 131; STAUDINGER/J SCHMIDT [1995] Rn 274; vTUHR, AT II 2 570). In diesen Fällen besteht zu § 826 BGB ein ähnliches Konkurrenzverhältnis wie zu § 226 BGB.

Aufgrund der Ähnlichkeit zwischen beiden Problemkreisen betrachtet eine in der **392** Lit verbreitete Auffassung **§ 242 BGB** – genau wie im Verhältnis zu § 226 BGB (s oben Rn 373) – als **lex specialis** für Schuldverhältnisse. § 826 BGB wäre hiernach lediglich außerhalb solcher Rechtsbeziehungen anwendbar (vgl PALANDT/GRÜNEBERG Rn 19; CANARIS, Verlängerter Eigentumsvorbehalt und Forderungseinzug durch Banken, NJW 1981, 249, 252; in diese Richtung auch BeckOK-BGB/SUTSCHET [1. 5. 2019] Rn 36; aus der älteren Lit: SOERGEL/SIEBERT/KNOPP[10] [1967] Rn 99; SIEBERT, Rechtsmissbrauch [1935] 129). In Anbetracht der starken Ausweitung des Begriffs der Sonderbeziehung wird darüber hinaus sogar die Auffassung vertreten, dass § 826 BGB generell durch die Fallgruppe der unzulässigen Rechtsausübung (vgl dazu allg Rn 214) verdrängt wird (vgl STAUDINGER/ J SCHMIDT [1995] Rn 274). Die Rspr geht demgegenüber davon aus, dass beide Vorschriften nebeneinander anwendbar sind (vgl RGZ 152, 147, 150; 146, 385, 396; BGHZ 19, 72, 75).

Gegen eine vollständige Verdrängung des § 826 BGB spricht, dass das Merkmal der **393** **Sonderbeziehung** durchaus noch Bedeutung hat (ausf dazu o Rn 127 ff). Der Rückgriff auf § 826 BGB bleibt jedenfalls dann möglich, wenn § 242 BGB mangels einer solchen Sonderbeziehung nicht (unmittelbar) anwendbar ist. Für den Fall der **missbräuchlichen Berufung** auf ein **rechtskräftiges Urteil** wird die Anwendung des § 826 BGB deshalb auch nach wie vor ganz überwiegend befürwortet (vgl RGZ 78, 389; 75, 213; 61, 359; RG JW 1934, 613; BGHZ 112, 54, 57 ff; 13, 71, 72; BGH NJW 1998, 2818; JAUERNIG/ TEICHMANN § 826 Rn 23; MünchKomm/WAGNER § 826 Rn 141 ff).

Selbst bei Vorliegen einer Sonderbeziehung gibt es aus dogmatischer Sicht aber **394** keinen Anlass, dem Grundsatz von Treu und Glauben generellen Vorrang gegenüber § 826 BGB einzuräumen. Denn nach allgemeinen Regeln können vertragliche und deliktische Ansprüche und Rechte grds nebeneinander geltend gemacht werden. In faktischer Hinsicht besteht allerdings ein Vorrang von § 242 BGB (so auch BGHZ 64, 5, 9 ff; Soergel/Teichmann Rn 131), weil sich die prozessuale Darlegungs- und Beweislast hier für den Berechtigten erheblich günstiger gestaltet (vgl dazu Horn, Die Verwendung von Scheckkarten für Kreditzwecke, NJW 1974, 1484; allg zur Darlegungs- und Beweislast s unten Rn 1115 f). Davon abgesehen beschränkt sich die Konkurrenzproblematik auf vorsätzliche sittenwidrige Schädigungen gerade durch **missbräuchliche Ausübung** eines Rechts; auf andere sittenwidrige Schädigungen ist § 826 BGB ohnehin anwendbar (so iE auch Staudinger/J Schmidt [1995] Rn 275; MünchKomm/Schubert Rn 131).

b) Schadenskompensation in Geld

395 Eine eigenständige Bedeutung kommt § 826 BGB überdies als Grundlage für die Schadenskompensation in Geld zu (vgl – allerdings nicht differenzierend zwischen Naturalrestitution und Schadenskompensation in Geld – BeckOK-BGB/Sutschet [1. 5. 2019] Rn 36; Palandt/Grüneberg Rn 19). Da im Rahmen des § 242 BGB keine entsprechenden Ansprüche entwickelt worden sind, scheidet eine Konkurrenz in diesem Bereich aus (Staudinger/J Schmidt [1995] Rn 275; Soergel/Siebert/Knopp[10] [1967] Rn 99).

13. Gesetzesumgehung

396 Wollen die Parteien einen Erfolg herbeiführen, der von einer zwingenden Rechtsnorm missbilligt wird, so liegt die Wahl einer rechtlichen Gestaltungsmöglichkeit nahe, die von der Norm nicht erfasst zu sein scheint. Da es den Parteien darum geht, die Anwendung der von der Rechtsnorm angeordneten – aus ihrer Sicht unerwünschten – Rechtsfolge auszuschließen, wird dieses Vorgehen als **Gesetzesumgehung** bezeichnet (vgl dazu BGHZ 85, 39, 46; BAG NJW 1999, 2541; NK-BGB/Looschelders § 134 Rn 81 ff; BeckOK-BGB/Wendtland [1. 5. 2019] § 134 Rn 19; MünchKomm/Armbrüster § 134 Rn 11; Soergel/Hefermehl § 134 Rn 37).

397 Die Gesetzesumgehung weist aus historischer Sicht über das gemeinrechtliche Institut der „fraus legis" eine gewisse Verwandtschaft mit dem Verbot des **Rechtsmissbrauchs** (s oben Rn 213 ff) auf (vgl A Zimmermann, Das Rechtsmissbrauchsverbot im Recht der Europäischen Gemeinschaft [2002] 78]). Im schweizerischen Recht finden sich daher Überlegungen, das Problem der Gesetzesumgehung mit Hilfe von Treu und Glauben (Art 2 ZGB) zu lösen (vgl Züricher Kommentar/Egger Art 2 ZGB Anm 38 ff; Berner Kommentar/Hausheer/Aebi-Müller [2012] Art 2 ZGB Rn 93; allg z schweizerischen Recht s unten Rn 1182 ff). Auch in der Rspr des EuGH zum Europäischen Gemeinschaftsrecht werden beide Institute nicht immer klar unterschieden (vgl EuGH C-212/97 NJW 1999, 2027, 2028 Rn 24; A Zimmermann 185 ff mwNw; krit Fleischer, Der Rechtsmißbrauch zwischen Gemeineuropäischem Privatrecht und Gemeinschaftsprivatrecht, JZ 2003, 865, 870).

398 Im deutschen Recht sind bislang mit Blick auf die Gesetzesumgehung keine spezifischen Ausprägungen von § 242 BGB entwickelt worden (vgl Staudinger/J Schmidt [1995] Rn 276). Es gibt vielmehr eine Reihe von **speziellen Regelungen** (zB §§ 306a, 312k Abs 1 S 2, 476 Abs 1 S 2, 487 S 2, 506 Abs 1 S 2, 655e Abs 1 S 2 BGB, 75d S 2 HGB, 8 FernUSG, 42 S 1 AO), die eine Umgehung bestimmter zwingender Vorschriften (zB durch Vertragsgestaltung) ausdrücklich verbieten. Soweit keine

speziellen Regelungen eingreifen, löst die hM das Problem im Rahmen von § 134 BGB durch extensive Auslegung oder analoge Anwendung der umgangenen Rechtsnorm (vgl BGHZ 110, 47, 64; NK-BGB/Looschelders § 134 Rn 81 ff; Jauernig/Mansel § 134 Rn 17; Soergel/Hefermehl § 134 Rn 37; Flume, BGB AT II § 17, 5; Wolf/Neuner, BGB AT § 45 Rn 26 f; Medicus/Petersen, BGB AT Rn 660; Teichmann, Die Gesetzesumgehung [1962] 78 ff; ders, Die „Gesetzesumgehung" im Spiegel der Rechtsprechung, JZ 2003, 761, 765 ff); die Gegenauffassung (MünchKomm/Mayer-Maly/Armbrüster[4] [2001] § 134 Rn 11 ff) befürwortete ein **eigenständiges Institut** der Gesetzesumgehung, das auch subjektive Elemente enthält. Eine Konkurrenz mit § 242 BGB besteht nach beiden Ansätzen aber nicht.

Spezifische Probleme der Gesetzesumgehung stellen sich im Bereich des **Internationalen Privatrechts** (vgl dazu BGHZ 78, 318, 325; Soergel/Kegel Vorbem 132 ff z Art 3 EGBGB). Hier wurde früher teilw auf den Grundsatz von **Treu und Glauben** abgestellt (so etwa Raape, Internationales Privatrecht[5] [1961] 132; Raape/Sturm, Internationales Privatrecht I [6. Aufl 1977] 329). In neuerer Zeit hat sich im Internationalen Privatrecht jedoch ebenfalls die Auffassung durchgesetzt, dass die Gesetzesumgehung ein methodisches Problem ist, das mit Hilfe der erweiternden Auslegung oder der Analogie gelöst werden muss (Staudinger/Looschelders [2019] Einl 1210 ff z IPR; Looschelders, Internationales Privatrecht [2004] Vorbem 30 z Art 3–6 EGBGB; Soergel/Kegel Vorbem 143 z Art 3 EGBGB; Kegel/Schurig, Internationales Privatrecht [9. Aufl 2004] § 14 IV). Konkurrenzprobleme zu § 242 BGB ergeben sich somit auch hier nicht. 399

IV. Die Abgrenzung zu Normen in anderen Rechtsgebieten

Aufgrund der Ausweitung des Anwendungsbereiches von § 242 BGB stellt sich auch die Frage, in welchem Verhältnis der allgemeine Grundsatz von Treu und Glauben zu Vorschriften außerhalb des BGB steht. Konkurrenzprobleme können insbes im Verhältnis zu § 1 KSchG auftreten (s Rn 813). Im Ausgangspunkt sind hier die gleichen Überlegungen wie bei Vorschriften des BGB maßgeblich. Ein Rückgriff auf Treu und Glauben muss also ausscheiden, wenn die betreffende Norm die Problematik **abschließend** regelt. Im Übrigen muss geprüft werden, ob **höherrangige Normzwecke oder Rechtsprinzipien** (zB Rechtssicherheit) der Anwendung des Grundsatzes von Treu und Glauben entgegenstehen. Eine sinnvolle Darstellung der Einzelheiten kann jedoch nur im Zusammenhang mit den jeweiligen Normen erfolgen. 400

F. Die Anwendungsfälle im Einzelnen

Aufgrund der überragenden Bedeutung des Grundsatzes von Treu und Glauben für das Bürgerliche Recht und die Gesamtrechtsordnung finden sich in allen Rechtsgebieten Anwendungsfälle des § 242 BGB. In der Kommentarliteratur wird überwiegend eine Systematisierung nach den einzelnen **Funktionskreisen** des § 242 BGB befürwortet (vgl MünchKomm/Schubert Rn 136 ff; BGB-RGRK/Alff Rn 22 ff; Soergel/Teichmann Rn 132 ff; krit Staudinger/J Schmidt [1995] Rn 246 ff). Eine solche Systematisierung verdeutlicht, dass die einzelnen Anwendungsfälle nicht selten Konkretisierungen von allgemeinen Rechtsgedanken und Wertungen sind, die für verschiedene Regelungsbereiche Relevanz haben (MünchKomm/Schubert Rn 126). Sie hat jedoch den Nachteil, dass sich die einzelnen Funktionen und Fallgruppen nicht immer klar voneinander trennen lassen (s oben Rn 180; vgl hierzu auch MünchKomm/Schubert Rn 142: 401

„Einordnungsprobleme und Grenzverwischungen"). Die vorliegende Kommentierung orientiert sich deshalb an der **Systematik des BGB und der anderen Rechtsgebiete**. Die notwendige Vernetzung mit gleich gelagerten Fragen in anderen Rechtsbereichen und die Rückkoppelung an allgemeine Rechtsgedanken sollen durch entsprechende Verweisungen gewährleistet werden.

402 Im Vordergrund der nachfolgenden Darlegungen steht die Frage, inwieweit den einzelnen Anwendungsfällen des § 242 BGB **allgemeingültige Aussagen** über die Bedeutung von Treu und Glauben für den jeweiligen Problemkreis entnommen werden können. Dabei soll auch untersucht werden, inwieweit die jeweiligen Lösungen auf **spezifischen Wertungen des § 242 BGB** beruhen oder sich letztlich aus **anderen Wertungen** (zB ratio der betroffenen Normen) speisen, sodass § 242 BGB nur den Argumentationsrahmen liefert. Teilweise haben sich seit Inkrafttreten des BGB auch konkrete Ausformungen von Treu und Glauben herausgebildet, die den Rückgriff auf § 242 BGB entbehrlich machen. Soweit die entsprechenden Fälle an anderer Stelle des Kommentars bereits ausführlich behandelt worden sind, bleibt es zur Vermeidung von „Doppelungen" idR bei einem Verweis.

I. Innerhalb des BGB

1. Allgemeiner Teil des BGB*

403 Der Allgemeine Teil des BGB enthält sehr unterschiedliche Regelungskomplexe, sodass sich die Relevanz des § 242 BGB in diesem Bereich nicht einheitlich beurteilen lässt. Große Bedeutung hat der Grundsatz von Treu und Glauben in der neueren Rspr und Lit bei der Begründung von **materiellen Schranken der Privatautonomie** erlangt (s unten Rn 456 ff). Weitere Anwendungsschwerpunkte des § 242 BGB finden sich bei der **Einschränkung der Irrtumsanfechtung** (s unten Rn 430 ff) sowie bei der **Zugangsvereitelung** (s unten Rn 455). Demgegenüber wird die Möglichkeit einer **Einschränkung der Formnichtigkeit** über § 242 BGB traditionell eher zurückhaltend beurteilt (s unten Rn 445 ff).

a) Natürliche Personen, §§ 1–12

404 Im Recht der **natürlichen Personen** spielt § 242 BGB nur mit Blick auf das **Namensrecht** (§ 12 BGB) eine größere Rolle. Zwei Fragenkreise sind hier zu unterscheiden.

---

* **Schrifttum**: Bork, Allgemeiner Teil des Bürgerlichen Gesetzbuchs (4. Aufl 2016); Brox/Walker, Allgemeiner Teil des BGB (42. Aufl 2018); Enneccerus/Nipperdey, Allgemeiner Teil des Bürgerlichen Rechts (15. Aufl 1959/60); Flume, Allgemeiner Teil des Bürgerlichen Rechts, Bd. II (4. Aufl 1992); Hübner, Allgemeiner Teil des Bürgerlichen Gesetzbuches (2. Aufl 1996); Köhler, BGB Allgemeiner Teil (42. Aufl 2018); Medicus/Petersen, Allgemeiner Teil des BGB (11. Aufl 2016); Oertmann, Bürgerliches Gesetzbuch, Allgemeiner Teil (3. Aufl 1927); Pawlowski, Allgemeiner Teil des BGB (7. Aufl 2003); Planck, Kommentar zum Bürgerlichen Gesetzbuch, Bd 1 (4. Aufl 1913); Schmoeckel (Hrsg), Historisch-kritischer Kommentar zum BGB, Bd 1, Allgemeiner Teil: §§ 1–240 (2003); E Wolf, Allgemeiner Teil des Bürgerlichen Gesetzbuches (3. Aufl 1982); Wolf/Neuner, Allgemeiner Teil des Bürgerlichen Rechts (11. Aufl 2016).

Zum einen hat die Rspr vor Inkrafttreten des MarkenG den Grundsatz entwickelt, dass niemand daran gehindert werden kann, sich im geschäftlichen Verkehr unter seinem bürgerlichen Namen zu betätigen (vgl BGHZ 149, 191, 200 [„shell.de"]; Münch-Komm/Säcker § 12 Rn 134). Bei **Gleichnamigkeit** müsse der Prioritätsjüngere aber alles Erforderliche und Zumutbare tun, um eine Verwechselungsgefahr auszuschließen oder auf ein hinnehmbares Maß zu vermindern (BGH GRUR 1993, 597, 580 f = DB 1993, 1278 [„Römer GmbH"] zu § 16 UWG aF; aus neuerer Zeit BGHZ 149, 191 ff [„shell.de"]; BGH GRUR 2002, 706, 707 f [„vossius.de"]). Bei Vorliegen besonderer Beziehungen zwischen den Parteien sollte diese Verpflichtung unabhängig von den wettbewerbsrechtlichen Regelungen aus § 242 BGB abzuleiten sein (BGH GRUR 1958, 143 [„Schwardmann"]; Baumbach/Hefermehl, Wettbewerbsrecht[22] [2001] Rn 247). Nach allgemeiner Ansicht gelten die Grundsätze des Gleichnamigenrechts auch iRd MarkenG fort (BGH GRUR 2008, 801 Rn 25 – Hansen-Bau; GRUR 2011, 623 Rn 43 – Peek & Cloppenburg II; BeckOK-Markenrecht/Kretschmar [1. 4. 2019] § 23 MarkenG Rn 14; Ingerl/Rohnke, MarkenG [3. Aufl 2010] § 23 Rn 29; s auch MünchKomm/Säcker § 12 Rn 134 ff; Staudinger/Fritzsche [2018] § 12 Rn 5; zum streitigen Verhältnis zwischen § 12 und dem MarkenG Staudinger/Fritzsche [2018] § 12 Rn 8 mwNw). Die Regeln des Wettbewerbs- und Markenrechts sowie des Namensrechts sind inzwischen aber so differenziert, dass nicht mehr auf § 242 BGB zurückgegriffen werden muss, um die **Rücksichtspflicht des Prioritätsjüngeren** zu begründen.

Große Bedeutung hat im Namensrecht nach wie vor das Institut der **Verwirkung** **405** (s oben Rn 300 ff). Die Verwirkung setzt hier voraus, dass der Verletzer an dem Namen oder der Bezeichnung einen **schutzwürdigen Besitzstand** von beachtlichem Wert erworben hat, weil der Berechtigte über einen längeren Zeitraum nicht eingeschritten ist und der Verletzer davon ausgehen durfte, die Benutzung des Namens bzw der Bezeichnung werde geduldet (BGHZ 21, 66, 78 ff; BGH NJW 1966, 343, 346; BGH NJW-RR 1989, 808, 809; 1991, 934, 936; 1993, 1387, 1388; MünchKomm/Säcker § 12 Rn 179 ff; Palandt/Grüneberg Rn 101). Maßgeblicher Grund für die Anwendung des § 242 BGB ist also der Gedanke des **Vertrauensschutzes** (z den Einzelheiten s Staudinger/Fritzsche [2018] § 12 Rn 358 ff; zur Verwirkung im Marken- und Wettbewerbsrecht s unten Rn 1043 ff).

b) Verbraucher und Unternehmer, §§ 13, 14
Im Zusammenhang mit den Vorschriften über **Verbraucher und Unternehmer** (§§ 13, **406** 14 BGB) ist der Grundsatz von Treu und Glauben bislang nur vereinzelt herangezogen worden. So hat sich der BGH in Bezug auf den **Verbrauchsgüterkauf** damit auseinandergesetzt, ob der Verbraucher aufgrund des Verbots widersprüchlichen Verhaltens gehindert sein kann, sich auf die Schutzvorschriften der §§ 474 ff BGB zu berufen, wenn er dem Verkäufer einen gewerblichen Verwendungszweck vorgetäuscht hat (vgl BGH NJW 2005, 1045, 1046 = JR 2005, 284 m Anm Looschelders; näher dazu u Rn 750). Dies führt zu dem weitergehenden Problem, inwieweit die auf unionsrechtlichen Vorgaben beruhenden Vorschriften zum Schutz des Verbrauchers unter Rückgriff auf den allgemeinen Grundsatz von Treu und Glauben eingeschränkt werden können (vgl MünchKomm/Micklitz § 13 Rn 47; näher dazu u Rn 1244).

c) Vereinsrecht, §§ 21–79
Im Vereinsrecht hat § 242 BGB zwei hauptsächliche Anwendungsbereiche: Die **407** **Pflicht der Mitglieder zur Rücksichtnahme** auf die Interessen des Vereins und die **inhaltliche Kontrolle der Vereinssatzung**. Die hiermit verbundenen Fragen sollen

im Zusammenhang mit dem Gesellschaftsrecht (s unten Rn 992 ff) näher erörtert werden.

d) Geschäftsfähigkeit, §§ 104–115
aa) Einschränkung der §§ 105 Abs 1, 108 Abs 1

408 Schließt ein **Minderjähriger** ohne die erforderliche Einwilligung des gesetzlichen Vertreters einen Vertrag, so ist dieser nach § 108 Abs 1 BGB schwebend unwirksam. Etwas anderes gilt nur, wenn das Geschäft für den Minderjährigen lediglich einen rechtlichen Vorteil mit sich bringt. Die Willenserklärung eines **Geschäftsunfähigen** ist dagegen nach § 105 Abs 1 BGB selbst dann nichtig, wenn das Geschäft für den Betroffenen lediglich rechtlich vorteilhaft ist (Soergel/Hefermehl § 105 Rn 1). In der Lit wird die Auffassung vertreten, dass diese Rechtsfolgen in engen Grenzen mit Hilfe des § 242 BGB eingeschränkt werden können, wobei die Entscheidung aufgrund einer **Abwägung** zwischen der Schutzbedürftigkeit des nicht (voll) Geschäftsfähigen und den Interessen des Geschäftsgegners getroffen werden soll (MünchKomm/Gitter[3] [1993] Vorbem 11 zu 104 unter Hinweis auf BGHZ 44, 367, 371; ähnlich BeckOK-BGB/Wendtland [1. 5. 2019] § 105 Rn 13; Staudinger/Klumpp [2016] Vorbem 28 f zu § 104–115; einschränkend MünchKomm/Spickhoff Vorbem 13 zu 104). Weniger weitgehend ist bei § 105 Abs 1 BGB vorgeschlagen worden, eine Interessenabwägung zumindest bei „**unbedeutenden Geschäften**" zuzulassen (Soergel/M Wolf[12] [1988] Vor 119 zu 145), um so die strikte Nichtigkeitsfolge zu beschränken. Praktische Bedeutung haben diese Überlegungen insbesondere für die Frage, ob der nicht (voll) Geschäftsfähige nach Treu und Glauben gehindert sein kann, sich auf die Nichtigkeit oder schwebende Unwirksamkeit eines Vertrages zu berufen, den er in Kenntnis seiner fehlenden bzw beschränkten Geschäftsfähigkeit abgeschlossen hat.

409 Nach allgemeinen Grundsätzen (s oben Rn 336 ff) hängt die Entscheidung davon ab, welches Gewicht den durch die §§ 104 ff BGB geschützten Interessen zukommt. Im Ausgangspunkt ist hierzu festzustellen, dass die §§ 104 ff BGB in erster Linie den Zweck haben, **nicht** oder **nicht voll geschäftsfähige Personen** vor den nachteiligen Folgen von Rechtsgeschäften zu schützen, deren rechtliche Wirkungen sie aufgrund ihrer **mangelnden Fähigkeit zur eigenverantwortlichen Willensbildung** nicht vollständig erfassen können (vgl Erman/Müller Vorbem 1 zu 104; Hk-BGB/Dörner Vorbem 1 zu § 104–113; MünchKomm/Spickhoff Vorbem 6 zu 104; Soergel/Hefermehl Vorbem 10 zu 104). Der Schutz von Minderjährigen und anderen nicht (voll) geschäftsfähigen Personen hat im deutschen Recht großes Gewicht. Entgegenstehende Interessen des Rechtsverkehrs müssen dahinter grundsätzlich zurücktreten (vgl RGZ 120, 170, 174; BGHZ 17, 160, 168; BGH FamRZ 1977, 44, 45; MünchKomm/Spickhoff Vorbem 11 zu 104; Wolf/Neuner, BGB AT § 34 Rn 71; Medicus/Petersen, BGB AT Rn 552). Dies zeigt sich nicht zuletzt daran, dass der gute Glaube an die Geschäftsfähigkeit nicht geschützt wird (vgl Soergel/Hefermehl Vorbem 10 zu 104).

410 Auf der anderen Seite kann den Wertungen der §§ 108 Abs 2, 109 Abs 1, 111 BGB entnommen werden, dass der Minderjährigenschutz **nicht grenzenlos** gewährleistet werden soll; vielmehr geht es partiell auch um den Schutz des Geschäftspartners (MünchKomm/Spickhoff Vorbem 10 zu 104). Ferner zeigt ein Vergleich zu ausländischen Rechtsordnungen, dass die strikte Rechtsfolge des § 105 Abs 1 BGB keineswegs selbstverständlich ist (vgl Zweigert/Kötz, Rechtsvergleichung § 25). Diese Überlegungen ändern jedoch nichts daran, dass der Schutz des Geschäftspartners nach den Wertungen des deutschen Rechts **keine Durchbrechung** der Rechtsfolgen der §§ 105 Abs 1, 108 Abs 1 BGB **zu Lasten** des nicht (voll) Geschäftsfähigen rechtfertigt. Der Vorrang des Minderjährigenschutzes muss insoweit allgemein und ohne Ausnahmen gelten. Der Entscheidung des BGH vom 11. 1. 1966 (BGHZ 44, 367, 371) ist nichts anderes zu entnehmen, denn hier ist es nicht dem Geschäftsunfähigen selbst, sondern dessen Sohn als Erben nach § 242 BGB verwehrt worden, sich auf die Nichtigkeit des Geschäfts zu berufen. Aber selbst insoweit muss § 242 BGB zurückhaltend gehandhabt werden. So kann dem Erben grundsätzlich nicht entgegengehalten werden, er hätte den Geschäftspartner über den Geisteszustand des Erblassers aufklären müssen (BGH ZEV 1994, 242, 243).

Nicht ganz so problematisch wie Einschränkungen des Minderjährigenschutzes sind **411** **Einschränkungen** der Nichtigkeitsfolge **zu Gunsten** des nicht (voll) Geschäftsfähigen (vgl dazu STAUDINGER/KLUMPP [2017] Vorbem 28 zu § 104–115 und § 105 Rn 15; ENNECCERUS/ NIPPERDEY, AT § 150 IV Fn 5; BUCHER, Für mehr Aktionendenken, AcP 186 [1986] 1, 40). Bei der Abwägung muss allerdings berücksichtigt werden, dass die Interessen des Geschäftspartners nach den Wertungen der §§ 104 ff BGB keineswegs irrelevant sind (s oben Rn 410). Dies gilt insbesondere unter dem Aspekt der Rechtssicherheit. Soweit die Schutzwürdigkeit des Geschäftspartners nicht im Einzelfall aus besonderen Gründen zu verneinen ist, wird ihm daher ebenfalls nicht nach § 242 BGB verwehrt werden können, sich auf die Nichtigkeit des Geschäfts zu berufen. Bei beschränkt Geschäftsfähigen ist dies schon deshalb hinzunehmen, weil der gesetzliche Vertreter ein für den Betroffenen günstiges Geschäft nachträglich genehmigen kann.

Bei **volljährigen Geschäftsunfähigen** ist schließlich der durch das OLGVertrÄndG **412** vom 23. 7. 2002 (BGBl I 2850) eingefügte § 105a BGB zu beachten (zur Entstehungsgeschichte MünchKomm/SPICKHOFF § 105a Rn 2). Der Gesetzgeber hat damit dem Gedanken Rechnung getragen, dass eine strikte Anwendung des § 105 Abs 1 BGB bei Geschäften des täglichen Lebens unverhältnismäßig sein kann (zur Kritik an der damaligen Rechtslage vgl CANARIS JZ 1987, 993, 996 ff; weiterhin krit WOLF/NEUNER, BGB AT § 34 Rn 18). Für weitergehende Einschränkungen des § 105 Abs 1 BGB nach Maßgabe des § 242 BGB ist daher auch bei „unbedeutenden Geschäften" kein Raum mehr.

Bei **Minderjährigen** bleibt zu klären, ob der **gesetzliche Vertreter** im Einzelfall nach **413** § 242 BGB gehalten sein kann, das Geschäft gem § 108 Abs 1 BGB zu **genehmigen**. Auch hier ist große Zurückhaltung geboten. Nach dem Willen des Gesetzgebers soll die Entscheidung über die Genehmigung als Ausfluss der elterlichen Sorge ausschließlich dem gesetzlichen Vertreter zustehen. Der Geschäftspartner und der Minderjährige selbst haben daher keinen Anspruch auf Erteilung der Genehmigung (MünchKomm/SPICKHOFF § 108 Rn 15 ff; SOERGEL/HEFERMEHL § 108 Rn 4; vgl auch BGHZ 54, 71, 73 ff = NJW 1970, 1414: keine Pflicht des gesetzlichen Vertreters zur Herbeiführung einer vormundschaftsgerichtlichen Genehmigung nach § 1829). Diese Entscheidungsfreiheit des gesetzlichen Vertreters darf nicht durch Rückgriff auf § 242 BGB eingeschränkt werden. Nach der Wertung des § 107 BGB kann dem gesetzlichen Vertreter insbesondere nicht entgegengehalten werden, die Verweigerung der Genehmigung sei missbräuchlich, weil der Vertrag bei objektiver Betrachtung für den Minderjährigen **wirtschaftlich vorteilhaft** ist.

bb) Nichtigkeit nach § 105 Abs 2

414 Hat der Erklärende sich **schuldhaft in den Zustand einer Störung nach § 105 Abs 2 BGB** versetzt und dann in diesem Zustand eine rechtsgeschäftliche Erklärung abgegeben, so soll die Erklärung nach hM (OLG Nürnberg NJW 1977, 1496; Staudinger/ Klumpp [2017] § 105 Rn 28; Erman/Müller § 105 Rn 5; Palandt/Ellenberger § 105 Rn 2; Soergel/Hefermehl § 105 Rn 6) gleichwohl gem § 105 Abs 1, 2 BGB nichtig sein. Dafür spricht, dass eine dem § 827 S 2 BGB entsprechende Sonderregelung in § 105 Abs 2 BGB fehlt. Es erscheint indes zweifelhaft, ob die Rechtsfolge der Nichtigkeit in solchen Fällen stets sachgemäß ist. Im Unterschied zu einem Geschäftsunfähigen kann derjenige, der sich schuldhaft in den Zustand des § 105 Abs 2 BGB versetzt, die Folgen seiner rechtsgeschäftlichen Handlungen grundsätzlich durchaus abschätzen. Auf der anderen Seite ist der Geschäftspartner schutzwürdig, wenn er den Zustand des Erklärenden nicht erkannt hat. Hat der Betreffende sich im **Wissen** oder sogar in der **Absicht**, ein bestimmtes Rechtsgeschäft abzuschließen, in den **Zustand der Störung versetzt**, so verstößt er deshalb gegen das **Verbot widersprüchlichen Verhaltens**, wenn er sich später gegenüber seinem gutgläubigen Geschäftspartner auf die Nichtigkeit des Geschäfts beruft. Die Nichtigkeitsfolge ist somit über § 242 BGB einzuschränken. Stattdessen kommt auch eine an den Wertungen der §§ 116 S 2, 118 BGB orientierte **teleologische Reduktion** des § 105a Abs 2 BGB in Betracht (dafür: Kiehnle, Die actio libera in causa außerhalb des Strafrechts, insbesondere im Zivilrecht, AcP 218 [2018] 816, 838). Aus methodischer Sicht wäre die teleologische Reduktion vorrangig (s oben Rn 345). Nach dem derzeitigen Stand der Argumentation bleibt aber eine auf den Einzelfall bezogene Lösung vorzugswürdig.

cc) Eintritt der Volljährigkeit nach § 108 Abs 3

415 Gem § 108 Abs 3 BGB kann ein Minderjähriger nach Eintritt der unbeschränkten Geschäftsfähigkeit einen vorher geschlossenen, schwebend unwirksamen Vertrag **nachträglich genehmigen**. Die Genehmigung kann auch konkludent erteilt werden. Dies setzt aber voraus, dass der Betroffene die schwebende Unwirksamkeit des Vertrages kennt oder zumindest Zweifel an dessen Wirksamkeit hat (s BGHZ 2, 150, 153; 47, 341, 352; 53, 174, 178; BGH NJW 2004, 59, 61; OLG Düsseldorf NJW-RR 1995, 755, 757; BGB-RGRK/Krüger-Nieland § 108 Rn 11; krit NK-BGB/Baldus § 108 Rn 7; Erman/Müller § 108 Rn 3, 8: Maßgeblichkeit des objektiven Empfängerhorizonts). Führt der Minderjährige den schwebend unwirksamen Vertrag **nach Eintritt** der **Volljährigkeit** trotz Kenntnis der Unwirksamkeit oder Zweifeln an der Wirksamkeit **effektiv fort**, ohne dass von einer (zumindest konkludenten) Genehmigung auszugehen ist, so kann er sich mit Rücksicht auf den Einwand der **unzulässigen Rechtsausübung** nach § 242 BGB nicht „unbeschränkt lange" auf die Ungültigkeit des Vertrages berufen (Soergel/ Hefermehl § 108 Rn 9; vgl auch NK-BGB/Baldus § 108 Rn 29). Die Rspr hat hierzu ausgeführt, es könne rechtsmissbräuchlich sein, wenn jemand über einen langen Zeitraum an einem schwebend unwirksamen Vertrag festhalte und sich erst dann auf die Nichtigkeit berufe, wenn das Geschäft für ihn Nachteile bringe. Diese Judikatur betrifft insbesondere den Fall, dass der Schwebezustand auf der Minderjährigkeit einer Partei beruht, die nach Eintritt der Volljährigkeit am Vertrag festgehalten hat (BGH LM § 1829 BGB Nr 3 = BGH NJW 1961, 216; LG Frankfurt r+s 1998, 270; LG Wuppertal NJW-RR 1995, 152, 153; LG Verden NJWE-VHR 1998, 5). Der Einwand der unzulässigen Rechtsausübung soll aber nur durchgreifen, wenn dem Vertragspartner die mangelnde Geschäftsfähigkeit weder bei Vertragsschluss noch bei Eintritt der Volljährigkeit bekannt war. Denn anderenfalls wird er durch die

Möglichkeit der Beendigung des Schwebezustands nach § 108 Abs 2 BGB ausreichend geschützt.

dd) Erweiterung des § 110 durch § 242?
Eine ältere Auffassung hat § 242 BGB zur Erweiterung des § 110 BGB für den Fall **416** herangezogen, dass ein Minderjähriger einen Vertrag durch Leistungen erfüllt hat, die wegen ihrer Natur nicht mehr rückgängig gemacht werden können, zB durch Einsatz der Arbeitskraft (Riezler, Venire contra factum proprium [1912] 134 ff). In neuerer Zeit wird in solchen Fällen dagegen häufig für eine **unmittelbare** (so Palandt/Ellenberger § 110 Rn 3; Larenz/Wolf, BGB AT⁹ [2004] § 25 Rn 43; Weimar, Die frei verfügbare Arbeitskraft als Mittel im Sinne des § 110 BGB, JR 1973, 143) oder **analoge** (Hk-BGB/Dörner § 110 Rn 2; BGB-RGRK/Krüger-Nieland § 110 Rn 9; Staudinger/Dilcher¹² [1980] § 110 Rn 13) **Anwendung des § 110 BGB** plädiert.

In erster Linie geht es bei diesem Streit um die Frage, ob die **Arbeitskraft** eines **417** Minderjährigen als **Mittel iSd § 110 BGB** anzusehen ist. Dagegen spricht, dass die Arbeitskraft als solche dem Minderjährigen schon begrifflich nicht durch den gesetzlichen Vertreter „überlassen" werden kann (BeckOK-BGB/Wendtland [1. 5. 2019] § 110 Rn 11; MünchKomm/Spickhoff § 110 Rn 22; Soergel/Hefermehl § 110 Rn 6; aA Palandt/Ellenberger § 110 Rn 3). § 110 BGB ist damit zumindest nicht unmittelbar anwendbar. Eine Analogie zu § 110 BGB kommt ebenfalls nicht in Betracht, weil es an der dafür erforderlichen (planwidrigen) Regelungslücke fehlt (vgl BeckOK-BGB/Wendtland [1. 5. 2019] § 110 Rn 11; MünchKomm/Spickhoff § 110 Rn 22; Soergel/Hefermehl § 110 Rn 6; aA Larenz/Wolf, BGB AT⁹ [2004] § 25 Rn 39). Bei einem Einverständnis des gesetzlichen Vertreters mit dem Einsatz der Arbeitskraft des Minderjährigen lassen sich die meisten Fälle über **§ 107 BGB** bzw **§ 113 BGB** lösen; im Übrigen können die Interessen des Minderjährigen durch die Grundsätze über das **fehlerhafte Arbeitsverhältnis** gewahrt werden (BeckOK-BGB/Wendtland [1. 5. 2019] § 110 Rn 11; MünchKomm/Spickhoff § 110 Rn 22; Soergel/Hefermehl § 110 Rn 6; Staudinger/Klumpp [2017] § 110 Rn 22; vgl ferner § 241 Rn 105). Ein Rückgriff auf § 242 BGB ist somit erst recht entbehrlich.

e) Willensmängel, §§ 116–124, 142*
Der Grundsatz von Treu und Glauben (§ 242 BGB) hat im Zusammenhang mit der **418** rechtlichen Beurteilung von Willensmängeln große Bedeutung. Dabei ist allerdings zu beachten, dass eine angemessene Lösung in diesem Bereich oft schon durch

---

* **Schrifttum**: Brox, Die Einschränkung der Irrtumsanfechtung (1960); Kindl, Der Kalkulationsirrtum im Spannungsfeld von Auslegung, Irrtum und unzulässiger Rechtsausübung, WM 1999, 2198; Lobinger, Irrtumsanfechtung und Reurechtsausschluß, AcP 195 (1995) 274; Pawlowski, Die Kalkulationsirrtümer: Fehler zwischen Motiv und Erklärung, JZ 1997, 741; Picker, Die Anfechtung von Arbeitsverträgen – Theorie und Praxis der höchstrichterlichen Judikatur, ZfA 1981, 1; Singer, Der Kalkulationsirrtum – ein Fall für Treu und Glauben?, JZ 1999, 342; Spiess, Zur Einschränkung der Irrtumsanfechtung, JZ 1985, 593; Thiessen, Scheingeschäft, Formzwang und Wissenszurechnung, NJW 2001, 3025; Volkmann, Irrtum und Reurecht, Göttingen 1924; Waas, Der Kalkulationsirrtum zwischen Anfechtung und unzulässiger Rechtsausübung – BGHZ 139, 177, JuS 2001, 14; Wieser, Der Kalkulationsirrtum, NJW 1972, 708; Wilhelm, Anfechtung und Reurecht, Versuch einer Problemlösung (Diss Tübingen 1990).

Auslegung nach §§ 133, 157 BGB gefunden werden kann (zum Verhältnis von § 157 zu § 242 s oben Rn 352 ff).

aa) Mangel der Ernstlichkeit, § 118

419 Ein erster Schwerpunkt der Argumentation mit Treu und Glauben (§ 242 BGB) im Bereich von Willensmängeln liegt bei der Nichtigkeit der Erklärung wegen mangelnder Ernstlichkeit (§ 118 BGB). **Zwei Problemkreise** sind zu unterscheiden.

(1) Ausschluss des § 118 BGB bei notariell beurkundeten Verträgen

420 Nach einer in Rspr und Lit verbreiteten Auffassung, die auf eine Entscheidung des RG aus dem Jahre 1941 zurückgeht (RGZ 168, 204, 206 m Anm Friesecke ZAkDR 1942, 140), ist der Erklärende mit Rücksicht auf „Treu und Glauben und die Bedürfnisse des redlichen Geschäftsverkehrs" daran gehindert, sich auf die Nichtigkeit nach § 118 BGB zu berufen, wenn über die Erklärung eine **notarielle Urkunde** errichtet worden ist, aus der die Nichternstlichkeit nicht hervorgeht (vgl OLG München NJW-RR 1993, 1168, 1169 f; Hk-BGB/Dörner § 118 Rn 4; BGB-RGRK/Krüger-Nieland § 118 Rn 2; Soergel/Hefermehl § 118 Rn 8). Dem hat der BGH in neuerer Zeit zu Recht entgegengehalten, dass der Gedanke von Treu und Glauben im Fall der Errichtung einer notariellen Urkunde keinen generellen Ausschluss des § 118 BGB rechtfertigt. Erforderlich sei vielmehr eine **Einzelfallbetrachtung**, wobei insbesondere berücksichtigt werden müsse, ob der Erklärende die nicht ernst gemeinte Erklärung zu Täuschungszwecken verwenden wollte (BGHZ 144, 331, 334 = NJW 2000, 3127, 3128; ebenso Erman/Arnold § 118 Rn 3; Palandt/Ellenberger § 118 Rn 1; MünchKomm/Armbrüster § 118 Rn 9; Thiessen, Scheingeschäft, Formzwang und Wissenszurechnung, NJW 2001, 3025 ff; vgl auch NK-BGB/Feuerborn § 118 Rn 12; BeckOK-BGB/Wendtland [1. 5. 2019] § 118 Rn 8; Staudinger/Singer [2017] § 118 Rn 7).

(2) Pflicht zur Aufklärung über die mangelnde Ernstlichkeit

421 Bemerkt der Erklärende nach Abgabe der Erklärung, dass der Erklärungsempfänger den Mangel der Ernstlichkeit nicht erkannt hat, so ist er nach allgemeiner Ansicht dazu verpflichtet, den anderen Teil unverzüglich aufzuklären; kommt er dieser Pflicht nicht nach, so muss er die Willenserklärung als von Anfang an gültig gegen sich gelten lassen (**aA** insoweit Staudinger/Singer [2017] § 118 Rn 8; Staudinger/J Schmidt [1995] Rn 365: Haftung aus § 122 genügt). Dieses Ergebnis wird überwiegend auf § 242 BGB gestützt (so etwa Palandt/Ellenberger § 118 Rn 2; NK-BGB/Feuerborn § 118 Rn 11; Erman/Arnold § 118 Rn 5; Hk-BGB/Dörner § 118 Rn 4; Soergel/Hefermehl § 118 Rn 6; Staudinger/Dilcher[12] § 118 Rn 7; Brox/Walker, Allgemeiner Teil des BGB § 17 Rn 10; Canaris, Vertrauenshaftung § 26 I 3 Fn 16; Larenz, BGB AT[7] [1989] § 20 Ib; mit etwas anderer Begründung auch Wolf/Neuner, BGB AT § 40 Rn 13; BeckOK-BGB/Wendtland [1. 5. 2019] § 118 Rn 7). Die Gegenauffassung geht davon aus, dass der **„gute Scherz"** sich in einem solchen Fall in einen **„bösen Scherz"** umwandele, womit die Erklärung gem § 116 BGB wirksam sei (so MünchKomm/Armbrüster § 118 Rn 10; Flume, BGB AT II § 20, 3; Medicus/Petersen, BGB AT Rn 604). Dem ist jedoch entgegenzuhalten, dass es für die Abgrenzung von § 116 BGB und § 118 BGB auf die Vorstellungen des Erklärenden bei **Abgabe der Willenserklärung** ankommt (vgl NK-BGB/Feuerborn § 118 Rn 11). Zutreffend ist dagegen der Hinweis auf § 242 BGB: Es handelt sich um einen Fall **widersprüchlichen Verhaltens** (s oben Rn 284 ff).

bb) Anfechtbarkeit wegen Irrtums, § 119

Ein zweiter wichtiger Anwendungsbereich des § 242 BGB ist die Anfechtbarkeit wegen Irrtums (§ 119 BGB). Drei Fragen stehen hier im Vordergrund: **422**

(1) Gemeinsamer Irrtum

Zu beachten ist zunächst, dass die §§ 119, 142 Abs 1 BGB an die Fehlerhaftigkeit einer **einzelnen** Willenserklärung anknüpfen. Bei Verträgen kann aber das Problem auftreten, dass der Fehler nicht nur einer, sondern **beiden** bzw **allen** Willenserklärungen anhaftet. Dabei geht es insbesondere – wenn auch nicht ausschließlich – um den Fall des **gemeinsamen Motivirrtums** (vgl Hk-BGB/SCHULZE § 313 Rn 18; BROX/WALKER, Allgemeiner Teil des BGB § 20 Rn 1 ff). Die hM löst das Problem traditionell über das aus § 242 BGB entwickelte Institut des **Fehlens der Geschäftsgrundlage** (vgl STAUDINGER/ J SCHMIDT [1995] Rn 370 ff mwNw). Im Einzelnen können sich dabei schwierige Abgrenzungsprobleme zu den §§ 119 ff BGB ergeben (vgl MünchKomm/FINKENAUER § 313 Rn 273 ff). Da das ursprüngliche Fehlen der subjektiven Geschäftsgrundlage in § 313 Abs 2 BGB eine eigenständige Regelung gefunden hat, muss hierauf bei § 242 BGB nicht weiter eingegangen werden. **423**

(2) Ausweitung der Beachtlichkeit von Irrtümern

Im Zusammenhang mit § 119 BGB stellt sich des Weiteren die Frage, ob der Kreis der beachtlichen Irrtümer mit Hilfe von Treu und Glauben ausgeweitet werden kann. Besonders umstritten ist insoweit die Behandlung des **einseitigen Kalkulationsirrtums**. Nach allgemeinen Grundsätzen handelt es sich bei dem Kalkulationsirrtum um einen unbeachtlichen Motivirrtum (vgl BGH NJW 2002, 2312 f; ERMAN/ARNOLD § 119 Rn 30; STAUDINGER/SINGER [2017] § 119 Rn 51). Das gilt sowohl für den **verdeckten** als auch für den **offenen** Kalkulationsirrtum (BGHZ 139, 177, 180 f; ERMAN/ARNOLD § 119 Rn 31; PALANDT/ELLENBERGER § 119 Rn 18 f; NK-BGB/FEUERBORN § 119 Rn 55; BROX/WALKER, Allgemeiner Teil des BGB § 18 Rn 19; WOLF/NEUNER, BGB AT § 41 Rn 79, 81; anders noch für den offenen Kalkulationsirrtum RGZ 64, 266; 90, 268; 101, 107; 116, 15, 17; 149, 235, 239; 162, 198, 201; BGB-RGRK/KRÜGER-NIELAND § 119 Rn 69 f: erweiterter Inhaltsirrtum). **424**

Hat der Erklärungsempfänger den Kalkulationsirrtum **erkannt** oder hätte er ihn zumindest **erkennen müssen**, so wird dem Erklärenden teilweise ein **Anfechtungsrecht nach § 119 BGB (analog)** zugebilligt (so etwa MünchKomm/ARMBRÜSTER § 119 Rn 128; STAUDINGER/SINGER [2017] § 119 Rn 62 ff; PAWLOWSKI JZ 1997, 741 ff; SINGER JZ 1999, 342 ff; WIESER NJW 1972, 708 ff). Der BGH lehnt diese Lösung indes kategorisch ab. Eine Anfechtung nach § 119 BGB soll bei einem Kalkulationsirrtum auch dann nicht in Betracht kommen, wenn der Erklärungsempfänger den Irrtum **erkannt** oder die **Kenntnisnahme treuwidrig vereitelt** hat. In einem solchen Fall könne der Erklärungsempfänger jedoch unter dem Aspekt der **unzulässigen Rechtsausübung** gehindert sein, den Erklärenden an dem Vertrag festzuhalten (BGHZ 139, 177, 184 ff; auf § 242 abstellend auch OLG München NJW 2003, 367; NK-BGB/FEUERBORN § 119 Rn 59; PALANDT/ELLENBERGER § 119 Rn 18, 21b; SOERGEL/HEFERMEHL § 119 Rn 29; STAUDINGER/DILCHER[12] § 119 Rn 69; FLUME, BGB AT II § 25; WOLF/NEUNER, BGB AT § 41 Rn 83 ff; KINDL WM 1999, 2198, 2206; WAAS JuS 2001, 14, 18 ff; für Anwendung des § 313 MünchKomm/FINKENAUER § 313 Rn 280). Dass der Erklärungsempfänger den Kalkulationsirrtum erkannt hat, rechtfertigt für sich genommen nach Ansicht des BGH aber noch nicht den Vorwurf der unzulässigen Rechtsausübung. Die Vertragsdurchführung müsse vielmehr darüber hinaus für den Erklärenden **schlechthin unzumutbar** sein, etwa weil er dadurch in erhebliche **425** wirtschaftliche Schwierigkeiten geriete; überdies müsse der Empfänger bei Vertragsschluss auch die für die Unzumutbarkeit maßgeblichen Gründe gekannt haben (BGHZ 139, 177, 185).

426 Bei der Würdigung der Rspr zum Kalkulationsirrtum sind zwei Aspekte auseinander zu halten. Zum einen stellt sich aus **dogmatischer Sicht** die Frage, ob die Lösung der Problematik bei § 119 BGB oder bei § 242 BGB anzusiedeln ist. Gegen eine entsprechende Anwendung des § 119 BGB spricht zum einen, dass der Gesetzgeber sich klar gegen die Beachtlichkeit von Motivirrtümern entschieden hat. Außerdem sind die für die Lösung maßgeblichen Kriterien im Irrtumsrecht Fremdkörper. Eine analoge Anwendung oder teleologische Extension des § 119 BGB ist daher methodisch schwer begründbar (Waas JuS 2001, 14, 15 ff). Davon abgesehen ermöglichen der Rückgriff auf § 242 BGB und die Haftung aus culpa in contrahendo (dazu Wolf/Neuner, BGB AT § 41 Rn 85) flexiblere Lösungen.

427 Eine andere Frage lautet, unter welchen Voraussetzungen der Einwand der unzulässigen Rechtsausübung durchgreifen soll. Die restriktive Auffassung des BGH, wonach die Vertragsdurchführung für den Erklärenden **schlechthin unzumutbar** sein muss und die erforderliche Kenntnis des Erklärungsempfängers auch die insoweit maßgeblichen Umstände zu umfassen hat, stößt in der Lit auf erhebliche Kritik (vgl Staudinger/Singer [2017] § 119 Rn 64; Berger Anm zu BGH LM Nr 36 zu § 119 BGB; Kindl WM 1999, 2198, 2206; Medicus EWiR 1998, 871, 872; Singer JZ 1999, 342, 348). Dabei wird darauf hingewiesen, dass das Merkmal der Unzumutbarkeit der Vertragsdurchführung seinen Platz beim Institut des **Fehlens der Geschäftsgrundlage** habe. Bei genauerer Betrachtung zeigt sich jedoch, dass die Voraussetzungen der unzulässigen Rechtsausübung und des Fehlens der Geschäftsgrundlage hier keineswegs in unsachgemäßer Weise zum Nachteil des Erklärenden kumuliert werden. Es geht allein um die Frage, unter welchen Voraussetzungen die bewusste Ausnutzung eines Kalkulationsirrtums unter dem Aspekt der **unzulässigen Rechtsausübung** zu missbilligen ist. Ausgangspunkt muss die Feststellung sein, dass die Kalkulation des Angebots grundsätzlich im alleinigen Risikobereich des Auftragnehmers liegt. Für die rechtliche Missbilligung kann daher nicht genügen, dass der Auftraggeber den Irrtum bewusst ausnutzt; der Auftraggeber muss vielmehr zusätzlich erkennen, dass die unveränderte Durchführung des Vertrages für den Auftragnehmer mit schwerwiegenden Belastungen verbunden wäre. Da die für die Missbilligung maßgeblichen Elemente iS eines beweglichen Systems zusammenspielen (vgl Waas JuS 2001, 14, 18 f), ist eine abstrakte Festlegung des erforderlichen Maßes der Belastungen nicht möglich. Erforderlich ist vielmehr eine Interessenabwägung im Einzelfall. Dabei dürften letztlich die gleichen Grundsätze wie bei der Zumutbarkeitsprüfung nach § 313 BGB maßgeblich sein.

428 Ein Kalkulationsirrtum kann auch unter dem Aspekt des **Fehlens der Geschäftsgrundlage** relevant werden (vgl etwa BGH NJW-RR 1995, 1360). Dies gilt insbesondere bei einem beiderseitigen Irrtum über die Berechnungsgrundlage (vgl NK-BGB/Feuerborn § 119 Rn 58; Staudinger/Singer [2017] § 119 Rn 60; MünchKomm/Finkenauer § 313 Rn 278). Darüber hinaus kommt im Einzelfall auch ein Schadensersatzanspruch aus culpa in contrahendo (§§ 280 Abs 1, 311 Abs 2, 241 Abs 2 BGB) in Betracht (vgl BGHZ 139, 177, 184; Staudinger/Singer [2017] § 119 Rn 58; Wolf/Neuner, BGB AT § 41 Rn 85).

Das Problem der bewussten Ausnutzung einer nach § 119 BGB an sich nicht relevanten Fehlvorstellung kann sich auch bei **anderen Motivirrtümern** stellen. Hier wird man im Allgemeinen von den gleichen Grundsätzen wie bei den Kalkulationsirrtümern ausgehen können (so auch LARENZ/WOLF, BGB AT[9] [2004] § 36 Rn 68; BERGER Anm zu BGH LM Nr 36 zu § 119 BGB). **429**

(3) Einschränkung oder Ausschluss der Irrtumsanfechtung
Im Einzelfall kann die Anfechtung wegen Irrtums mit Rücksicht auf Treu und Glauben einzuschränken oder ganz auszuschließen sein. Hierher gehörte früher der Grundsatz, dass die Anfechtung bei einigen wichtigen in Vollzug gesetzten **Dauerschuldverhältnissen** (insbesondere Arbeits- und Gesellschaftsverträgen) entgegen § 142 Abs 1 BGB keine ex tunc-Wirkung hat, sondern lediglich zur Auflösung des Rechtsgeschäfts für die Zukunft (ex nunc) führt (vgl RGZ 165, 193; BGHZ 3, 285 = NJW 1952, 97 m Anm WOLFF 500; 55, 5, 8; BROX, Einschränkung der Irrtumsanfechtung S 214 ff; st Rspr; zum aktuellen Meinungsstand MünchKomm/BUSCHE § 142 Rn 17 ff; NK-BGB/FEUERBORN § 142 Rn 7 ff; ERMAN/ARNOLD § 142 Rn 7; STAUDINGER/SINGER [2017] § 119 Rn 111 ff; STAUDINGER/ H ROTH [2015] § 142 Rn 32 ff). Die Einschränkung der Anfechtungswirkung wird heute aber nicht mehr auf Treu und Glauben gestützt. Nach überwiegender Ansicht handelt es sich vielmehr um eine contra legem erfolgte Rechtsfortbildung, die inzwischen zu **Gewohnheitsrecht** erstarkt ist (vgl MünchKomm/BUSCHE § 142 Rn 17). Im Zusammenhang mit § 242 BGB muss hierauf daher nicht weiter eingegangen werden. **430**

Nach hM verstößt die Anfechtung wegen Irrtums gegen Treu und Glauben, wenn der bei Abgabe der Willenserklärung vorhandene **Anfechtungsgrund bei Abgabe der Anfechtungserklärung seine Bedeutung verloren** hat (MünchKomm/ARMBRÜSTER § 119 Rn 152; SOERGEL/HEFERMEHL § 119 Rn 76; STAUDINGER/SINGER [2017] § 119 Rn 102; STAUDINGER/SINGER/vFINCKENSTEIN [2017] § 123 Rn 95; MünchKomm/BUSCHE § 142 Rn 16; NK-BGB/ FEUERBORN § 142 Rn 11; MEDICUS/PETERSEN, BGB AT Rn 781; WOLF/NEUNER, BGB AT § 41 Rn 149 ff; zum maßgeblichen Zeitpunkt – Abgabe und nicht Zugang der Anfechtungserklärung BGH NJW 2000, 2894 [zu § 123]). Im Mittelpunkt der diesbezüglichen Rspr stehen wiederum **Dauerschuldverhältnisse** (vgl für das Arbeitsverhältnis: BAG AP Nr 17 zu § 123 BGB = NJW 1970, 1565; BAG NZA 1988, 731; GAMILLSCHEG, Zivilrechtliche Denkformen und die Entwicklung des Individualarbeitsrechts, AcP 176 [1976] 197, 217; WOLF/GANGEL, Anfechtung und Kündigungsschutz, AuR 1982, 273 f; aA PICKER ZfA 1981, 64 ff mwNw – Für das Gesellschaftsrecht: BGHZ 13, 322, 324; 55, 5, 9; BGH DB 1976, 861; WINDBICHLER, Gesellschaftsrecht [24. Aufl 2017] § 12 Rn 15). Zu denken ist etwa an den Fall, dass sich der Arbeitgeber bei Vertragsschluss über bestimmte tatsächlich nicht vorhandene Fertigkeiten des Arbeitnehmers irrte, die dieser zwischenzeitlich in Abendkursen erworben hat (vgl STAUDINGER/ J SCHMIDT [1995] Rn 438). Nach der Rspr soll es in solchen Fällen keine Rolle spielen, ob die Anfechtung schon zu einem früheren Zeitpunkt möglich war oder unverzüglich nach Kenntniserlangung erfolgt ist; entscheidend sei allein der objektive Wegfall der Bedeutung des Anfechtungsgrundes (so BAG AP Nr 17 zu § 123 BGB = NJW 1970, 1565). Dieser Ansicht ist zuzustimmen. Da der Irrende bei Ausübung des Gestaltungsrechts kein schutzwürdiges Interesse daran hat, von seiner Willenserklärung abzurücken, verstößt die Anfechtung gegen das Verbot rechtsmissbräuchlichen Verhaltens. **431**

Vor dem Inkrafttreten des VVG 2008 ist § 242 BGB teilweise auch bei **Versicherungsverträgen** herangezogen worden, um die in § 142 Abs 1 BGB statuierte **Rück-** **432** wirkung der Anfechtung im Einzelfall **auszuschließen**. So hat das OLG Nürnberg dafür plädiert, bei Anfechtung eines Versicherungsvertrages wegen arglistiger Täuschung die Nichtigkeit nach § 242 BGB auf die Zeit nach der Anfechtungserklärung zu begrenzen, wenn die vom Versicherungsnehmer verschwiegenen Gefahrumstände sich bislang nicht ausgewirkt haben (OLG Nürnberg VersR 1998, 217 = NJW-RR 1998, 535, 536; VersR 2000, 437; 2001, 1368 m Anm TECKLENBURG; vgl auch STAUDINGER/SINGER/vFINCKENSTEIN [2016] § 123 Rn 95; anders in neuerer Zeit aber OLG Nürnberg VersR 2006, 1627). Die hM ist diesem Ansatz jedoch nicht gefolgt. Dabei wurde zu Recht darauf hingewiesen, dass die Einführung eines Kausalitätserfordernisses mit Hilfe des § 242 BGB den Wertungen der §§ 21 Abs 2, 22 VVG aF widersprach, wonach der Kausalitätsgegenbeweis nur im Fall des Rücktritts, nicht aber im Fall der Arglistanfechtung zulässig war. Bei fehlender Kausalität stellte sich die Berufung auf die Rückwirkung der Anfechtung daher auch nicht als unzulässige Rechtsausübung dar (so BGHZ 163, 148 = NJW 2005, 2549 = JR 2006, 421 m Anm LOOSCHELDERS; OLG Saarbrücken VersR 2001, 751; vgl auch OLG Köln NVersZ 2001, 500; LG Berlin VersR 2001, 177; Berliner Kommentar/VOIT VVG [1999] § 22 Rn 46; PRÖLSS/MARTIN/PRÖLSS, VVG[27] [2004] § 22 Rn 15). Dahinter steht der Gedanke, dass § 242 BGB nicht dazu herangezogen werden kann, um eine Rechtsfortbildung contra legem zu rechtfertigen. Bei der **Reform des VVG** ist der Ausschluss des Kausalitätsgegenbeweises auf den Fall erstreckt worden, dass der Versicherer wegen einer **arglistigen Verletzung der vorvertraglichen Anzeigepflicht** aus § 19 VVG vom Vertrag zurücktritt (§ 21 Abs 2 S 2 VVG; näher dazu LOOSCHELDERS, in: LOOSCHELDERS/POHLMANN VVG [3. Aufl 2016] § 21 Rn 22). Dies ist eine indirekte Bestätigung dafür, dass der Kausalitätsgegenbeweis auch bei der Anfechtung wegen arglistiger Täuschung unzulässig sein muss (LOOSCHELDERS, in: LOOSCHELDERS/POHLMANN VVG [3. Aufl 2016] § 22 Rn 27; LOOSCHELDERS JR 2010, 530, 531). Auf der Grundlage des neuen VVG kann der Einwand der unzulässigen Rechtsausübung im Hinblick auf diese Fälle also erst recht nicht durchgreifen.

433 Die Irrtumsanfechtung ist auch dann ausgeschlossen, wenn sich der Anfechtungsgegner bereit erklärt, den Vertrag so gelten zu lassen, wie er den **subjektiven Fehlvorstellungen** des Anfechtenden entspricht. Diese in Art 25 Abs 2 schweizOR, Art 3. 13 der UNIDROIT Principles of International Commercial Contracts sowie Art 4. 105 der Principles of European Contract Law und Art II.–7:203 des Draft Common Frame of Reference ausdrücklich angeordnete Einschränkung ist heute auch im deutschen Recht anerkannt (vgl BeckOK-BGB/WENDTLAND [1. 5. 2019] § 119 Rn 46; ERMAN/ARNOLD § 119 Rn 48; MünchKomm/ARMBRÜSTER § 119 Rn 152; PALANDT/ELLENBERGER § 119 Rn 2; SOERGEL/HEFERMEHL § 119 Rn 76; STAUDINGER/SINGER [2017] § 119 Rn 103; BROX/WALKER, Allgemeiner Teil des BGB § 18 Rn 36; FLUME, BGB AT II § 21, 6; WOLF/NEUNER, BGB AT § 41 Rn 149; MEDICUS/PETERSEN, BGB AT Rn 781; LOBINGER AcP 195 [1995] 274, 278 f; **aA** in neuerer Zeit nur SPIESS JZ 1985, 593 ff). Streitig bleibt jedoch die dogmatische Begründung. Während einige Autoren durch **Auslegung** oder **Umdeutung** den Inhalt des wirklich Gewollten ermitteln wollen (für Auslegung: BROX, Einschränkung der Irrtumsanfechtung 175 ff), stützt sich die hM auf § 242 BGB (vgl ERMAN/ARNOLD § 119 Rn 48; MünchKomm/ARMBRÜSTER § 119 Rn 152; BROX/WALKER, Allgemeiner Teil des BGB § 18 Rn 35; WOLF/NEUNER, BGB AT § 41 Rn 151; MEDICUS/PETERSEN, BGB AT Rn 781; zu den einz Ansätzen vgl auch WILHELM, Anfechtung und Reurecht 64 ff). Dabei wird teilweise darauf abgestellt, dass der Anfechtende sich **rechtsmissbräuchlich** oder **widersprüchlich** verhalte (vgl ERMAN/ARNOLD § 119 Rn 48; MünchKomm/ARMBRÜSTER § 119 Rn 152; MünchKomm/SCHUBERT Rn 205 ff; FLUME, BGB AT II § 21, 6; dazu auch WILHELM, Anfechtung und Reurecht 81 ff), andere Autoren ziehen allgemein den Grundsatz von **Treu und Glauben** heran (vgl Wolf/Neuner, BGB AT⁹ § 41 Rn 151; Medicus/Petersen, BGB AT Rn 781). Der richtige Ansatzpunkt liegt indes in der ratio des § 119 BGB: Diese erfasst den vorliegenden Fall nicht. Denn der Erklärende muss nur vor den Folgen irrtümlicher Willenserklärungen geschützt werden; ihm soll aber keine Gelegenheit gegeben werden, „sich von dem, was er wirklich gewollt hat, aus anderen Motiven loszusagen" (vThur AT II 1, 592). Aus methodischer Sicht handelt es sich damit um einen Fall der **teleologischen Reduktion** (so auch schon Staudinger/J Schmidt [1995] Rn 439; desgleichen Staudinger/Singer [2017] § 119 Rn 103; Wolf/Neuner, BGB AT § 41 Rn 150; zum Verhältnis des § 242 zur teleologischen Reduktion s allg Rn 344 f).

Nach Ansicht von Hefermehl ist die Anfechtung auch dann unter dem Gesichtspunkt des venire contra factum proprium (s oben Rn 284 ff) ausgeschlossen, wenn die **irrende Partei ein grobes Verschulden** an der Fehlvorstellung trifft und der Vertragsgegner im Vertrauen auf die Wirksamkeit der Erklärung bereits Vermögensdispositionen vorgenommen hat, die durch den Ersatz des negativen Interesses nach § 122 Abs 1 BGB nicht ausgeglichen werden können (Soergel/Hefermehl § 119 Rn 76; dagegen Staudinger/J Schmidt [1995] Rn 440). Diese Auffassung verstößt jedoch gegen den Grundsatz, dass die Anfechtung selbst durch ein grobes Verschulden des Irrenden nicht ausgeschlossen wird (dazu Staudinger/Dilcher¹² § 119 Rn 76). **434**

Das Anfechtungsrecht kann nach allgemeinen Grundsätzen auch unter dem Aspekt der **Verwirkung** (s oben Rn 300 ff) ausgeschlossen sein (vgl MünchKomm/Armbrüster § 119 Rn 151; Soergel/Hefermehl § 121 Rn 11; Staudinger/Singer [2017] § 119 Rn 105). Neben der kurzen Ausschlussfrist des § 121 Abs 1 BGB kommt der Verwirkung aber kaum praktische Bedeutung zu. **435**

cc) Schadensersatzpflicht des Anfechtenden, § 122

Im Rahmen des § 122 BGB ist streitig, ob die Beschränkung des Anspruchs auf Ersatz des negativen Interesses nur dann sachgerecht ist, wenn der Erklärungsgegner die Anfechtbarkeit kannte oder kennen musste (§ 122 Abs 2 BGB), oder ob **weitere Beschränkungen** aus dem Grundsatz von Treu und Glauben (§ 242 BGB) abgeleitet werden können. **436**

Ist ein **gemeinsamer Irrtum** der Parteien gegeben, so wurde das Problem bis zur Schuldrechtsreform (Staudinger/Olzen Einl 180 ff zum SchuldR) über § 242 BGB mit Hilfe des Instituts des Fehlens der Geschäftsgrundlage bewältigt (s oben Rn 421). Die Problematik ist daher bei der Kommentierung von § 313 BGB nF zu erörtern. **437**

Das RG hatte angenommen, dass eine Ersatzpflicht nach § 122 Abs 1 BGB ausscheiden müsse, wenn der Irrtum, den der Erklärungsempfänger nicht kannte oder kennen musste, von diesem **(mit)veranlasst** war (RGZ 81, 395, 398 f). Dem Erklärenden wurde eine auf § 242 BGB zu stützende exceptio doli generalis gewährt, da die Geltendmachung des Ersatzanspruches als missbräuchliche Ausnutzung einer formalen Rechtsstellung anzusehen sei. **438**

Ein Teil der neueren Lit stimmt dem Ausschluss der Ersatzpflicht gem § 122 Abs 1 BGB zu. Dabei wird über die Stellungnahme des RG hinaus damit argumentiert, dass sich die grundsätzliche Relevanz der Veranlassung aus der **ratio legis** des § 122 **439**

Abs 1 BGB ergebe, wonach eine Haftung nicht eingreifen könne, wenn der Anfechtungsgrund nicht oder nicht alleine aus der Sphäre des Irrenden stamme. Da § 254 Abs 1 BGB durch § 122 Abs 2 BGB als lex specialis verdrängt werde und § 122 Abs 2 BGB auch bei fahrlässiger Unkenntnis des Irrtums keine Abwägung nach der Intensität des beiderseitigen Verschuldens zulasse, müsse die Veranlassung des Irrtums ebenfalls zu einem **vollständigen Ausschluss der Haftung** führen (so MünchKomm/ Armbrüster § 122 Rn 23; Staudinger/Singer [2017] § 122 Rn 19; s auch Flume, BGB AT II § 21, 7). Nach richtiger Ansicht kann die bloße (Mit-)Veranlassung des Irrtums jedoch nicht genügen, um den Schadensersatzanspruch aus § 122 Abs 1 BGB nach Treu und Glauben auszuschließen. Es müssen vielmehr weitere Umstände hinzukommen, welche den Vorwurf rechtsmissbräuchlichen Verhaltens im Einzelfall rechtfertigen (so auch NK-BGB/Feuerborn § 122 Rn 15).

440 Eine andere Frage lautet, ob die bloße **(Mit-)Veranlassung des Irrtums** durch den Erklärungsempfänger die (entsprechende) Anwendung des **§ 254 Abs 1 BGB** rechtfertigt. Dies wird von der hM bejaht (vgl BGH NJW 1969, 1380; NK-BGB/Feuerborn § 122 Rn 15; Hk-BGB/Dörner § 122 Rn 4; HKK/Schermaier §§ 116–124 Rn 98; Soergel/Hefermehl § 122 Rn 6; Staudinger/Dilcher[12] § 122 Rn 13; Köhler, AT § 7 Rn 36; Wolf/Neuner, BGB AT § 41 Rn 153; krit Medicus/Petersen, BGB AT Rn 786; Medicus/Petersen, BR Rn 145; für entsprechende Anwendung des § 122 Abs 2 Staudinger/J Schmidt [1995] Rn 448). Dafür lässt sich anführen, dass der vollständige Ausschluss des Ersatzanspruches nach dem Alles-oder-nichts-Prinzip unangemessen erscheint, wenn der Irrtum durch den Erklärungsempfänger nur (mit-)veranlasst wurde, der Erklärende aber selbst schuldhaft gehandelt hat. Entgegen der hM genügt die schuldlose Mitveranlassung des Irrtums durch den Erklärungsempfänger aber nicht für die entsprechende Anwendung des § 254 BGB. Dass der Anspruch aus § 122 Abs 1 BGB kein Verschulden des Erklärenden voraussetzt, ist für die Mitverantwortlichkeit des Erklärungsempfängers im Rahmen des § 254 Abs 1 BGB irrelevant. Die verschuldensunabhängige Einstandspflicht aus § 122 Abs 1 BGB ist nämlich der Preis dafür, dass der Erklärende seinen wahren Willen gegen den objektiven Erklärungswert zur Geltung bringen kann. Auf Seiten des Erklärungsempfängers gibt es dagegen keine entsprechenden Gründe, die den Verzicht auf das Verschuldenserfordernis rechtfertigen (so iE auch Medicus/Petersen, BGB AT Rn 786; ausf zum Ganzen Looschelders, Mitverantwortlichkeit 424 ff).

dd) Anfechtung nach § 123

441 Auch im Zusammenhang mit der Anfechtung wegen **arglistiger Täuschung** oder **widerrechtlicher Drohung** können sich Fragen von Treu und Glauben (§ 242 BGB) stellen. Drei Problemkreise sind hier zu unterscheiden:

(1) Ausnutzung missbräuchlich erworbener Rechtspositionen

442 Nach Rspr und hL kann der Ausnutzung einer rechtsmissbräuchlich erworbenen Rechtsposition der Einwand der unzulässigen Rechtsausübung (§ 242 BGB) entgegengehalten werden. Da arglistige Täuschung und widerrechtliche Drohung Sonderfälle des missbräuchlichen Rechtserwerbs darstellen, führt dies im rechtsgeschäftlichen Bereich zu **Spannungen mit § 123 BGB** (ausf dazu Rn 240). Soweit das unredliche Verhalten sich auf einen **Realakt** bezieht, bleibt § 123 BGB unberührt. Hier kann daher uneingeschränkt auf § 242 BGB zurückgegriffen werden.

(2) Täuschung durch Dritte

443 Der BGH geht im Zusammenhang mit der Anfechtung wegen arglistiger Täuschung davon aus, dass als **„Dritter"** iSd § 123 Abs 2 BGB auch der nicht angesehen werden könne, dessen „Verhalten dem des Anfechtungsgegners gleichzusetzen" sei (BGH WM 1980, 1452, 1453; 1986, 1032, 1034; BGH NJW 1990, 1661, 1662; 1996, 1051; BGH NJW-RR 1992, 1005, 1006). Eine solche Gleichsetzung sei insbesondere geboten, wenn der „Erklärungsempfänger sich die Täuschung durch eine andere Person nach Billigkeitsgesichtspunkten unter Berücksichtigung der Interessenlage zurechnen lassen muss" (so BGH NJW 1990, 1661, 1662; ähnlich BGH WM 1986, 1032, 1034; 1989, 1368, 1370; BGH NJW 1996, 1051; NK-BGB/Feuerborn § 123 Rn 70; Medicus/Petersen, BGB AT Rn 801). Um hier zu sachgemäßen Ergebnissen zu gelangen, genügt jedoch eine enge **teleologische Auslegung** des § 123 Abs 2 BGB (MünchKomm/Armbrüster § 123 Rn 74; für entsprechende Anwendung des § 278 f Schubert AcP 168 [1968] 466 ff); ein Rückgriff auf allgemeine Billigkeitserwägungen ist also nicht erforderlich.

(3) Einschränkung der Anfechtung nach § 123

444 Wird die Rechtslage des Getäuschten durch die arglistige Täuschung nicht oder nicht mehr beeinträchtigt, so soll eine Anfechtung nach § 123 BGB mit Rücksicht auf Treu und Glauben (§ 242 BGB) als **unzulässige Rechtsausübung** (s oben Rn 213 ff) ausgeschlossen sein (vgl RGZ 128, 116, 121; BGH LM § 417 BGB Nr 2 = WM 1976, 111, 113; LM § 123 BGB Nr 48 = WM 1977, 343, 344 = BB 1977, 515 = JA 1977, 255; BGH WM 1983, 1055, 1056; BGH NJW 1992, 2346 = LM H 19/1992 § 123 BGB Nr 74 = ZIP 1992, 775, 777; dazu EWiR 1992, 959; BGH NJW-RR 1993, 948, 949; 1998, 904; BGH NJW 2000, 2894 = ZIP 2000, 1674, 1675; BAG NJW 1999, 3653, 3655; MünchKomm/Armbrüster § 123 Rn 89; Soergel/Hefermehl § 123 Rn 24; Soergel/Teichmann Rn 304; Hk-BGB/Dörner § 123 Rn 12; Wolf/Neuner, BGB AT § 41 Rn 83). Eine solche Einschränkung des Anfechtungsrechts kommt zunächst für den Fall in Betracht, dass ein verständiger Erklärender die Willenserklärung auch abgegeben hätte, wenn keine Täuschung erfolgt wäre. Rechtfertigen lässt sich dies mit einer sachgerechten Auslegung der Merkmale „durch [...] bestimmt worden ist" in § 123 Abs 1 BGB. Der Rückgriff auf § 242 BGB ist damit entbehrlich. Nach hM greift die gleiche Einschränkung des Anfechtungsrechts indessen auch dann ein, wenn die Beeinträchtigung bei Abgabe der Willenserklärung vorlag, im Zeitpunkt der Anfechtung aber entfallen ist (BGH WM 1977, 343, 344; 1983, 1055, 1056; BGH NJW-RR 1998, 904, 906; NJW 2000, 2894; BAG BB 1984, 533, 534; BAG JuS 1989, 242; OLG Frankfurt NJW-RR 1986, 1205, 1206; MünchKomm/Armbrüster § 123 Rn 89; Soergel/Hefermehl § 123 Rn 24; Staudinger/Singer/vFinckenstein [2017] § 123 Rn 95; zur entsprechenden Problematik bei § 119 s oben Rn 431). Da § 123 Abs 1 BGB insoweit keinen Ansatzpunkt zur Einschränkung des Anfechtungsrechts enthält, muss auf das allgemeine **Verbot rechtsmissbräuchlichen Verhaltens** zurückgegriffen werden (s oben Rn 213 ff). Liegt der Anfechtungsgrund sowohl bei Vertragsschluss als auch in dem für die Entscheidung über die Anfechtung maßgeblichen Zeitpunkt vor, so ist die Anfechtung nicht deshalb unwirksam, weil die Beeinträchtigung im Zeitpunkt der Anfechtungserklärung vorübergehend weggefallen war (BGH NJW 1992, 2346, 2348 = WM 1992, 1071; Erman/Arnold § 124 Rn 2; MünchKomm/Armbrüster § 123 Rn 92; Staudinger/Singer/vFinckenstein [2017] § 123 Rn 95).

f) Formverstöße, § 125

445 Bei Formverstößen stellt sich die Frage, inwieweit die in § 125 S 1 BGB bestimmte **Nichtigkeitsfolge** mit Rücksicht auf die besonderen Umstände des Falles nach dem Grundsatz von Treu und Glauben (§ 242 BGB) **eingeschränkt** werden kann. Grundsätzlich ist die Einhaltung von Formvorschriften sowohl im **Interesse der Rechtssicherheit** (BGHZ 116, 251, 257; BGH NJW 1975, 43; 1977, 2072; BGH ZIP 1996, 1174; OLG Celle NJW 2001, 607; MünchKomm/Schubert Rn 333; Erman/Böttcher Rn 117) als auch im **Interesse der Parteien** (Warnfunktion, Schutz vor Übereilung) unerlässlich (BGHZ 23, 249, 254). Der Wortlaut des § 125 S 1 BGB sieht daher keine Ausnahmen von der Nichtigkeitsfolge vor. Streitig ist aber, ob und unter welchen Voraussetzungen eine Partei durch das Verbot der **unzulässigen Rechtsausübung** daran gehindert sein kann, sich auf die Formnichtigkeit eines Rechtsgeschäfts zu berufen.

446 Nach der **Rspr des BGH** kann ein an sich formnichtiges Rechtsgeschäft aus Gründen der Rechtssicherheit **nicht** schon aufgrund von **bloßen Billigkeitserwägungen** als wirksam behandelt werden. Denn andernfalls würde der **Schutzzweck** der einzelnen Formvorschriften **ausgehöhlt** (vgl BGHZ 140, 167, 173; 121, 224, 233; 92, 164, 171 f; 85, 315, 318 f; 45, 179, 182; BGH NJW 1996, 1467, 1469; vgl auch BAG 16. 9. 2004 – 2 AZR 659/03; OLG Düsseldorf MDR 2004, 1179; NK-BGB/Noack/Kremer § 125 Rn 45; BeckOK-BGB/Wendtland [1. 5. 2019] § 125 Rn 24; Erman/Arnold § 125 Rn 30; Staudinger/Hertel [2017] § 125 Rn 111; Larenz, Schuldrecht I § 10 III; Wolf/Neuner, BGB AT § 44 Rn 76). Für die Nichtbeachtung eines Formverstoßes soll es daher nicht ausreichen, dass ein Vertragsteil durch die Nichtigkeitsfolge hart getroffen wird. Vielmehr müsse das **Ergebnis schlechthin untragbar sein** (BGHZ 16, 334, 337; 23, 249, 255 f; 26, 142, 151; 29, 6, 10; 45, 179, 184; 48, 396, 398; 85, 315, 318; 92, 164, 172; 121, 224, 233; 138, 339, 348 = NJW 1998, 2350; BGHZ 140, 167, 173 = NJW 1999, 950, 952; BGH WM 1964, 828, 829; BGH NJW 1968, 39, 42; 1969, 1167, 1169; 1975, 43 f; 1984, 606, 607; 1985, 1778, 1780; 1987, 1069, 1070; 1996, 1960; 1996, 2503, 2504; 1998, 3058, 3060; 2002, 1050; 2004, 1960, 1961; 2004, 3330, 3331; BGH NJW-RR 2017, 596, 597). Als mögliche Anwendungsfälle des § 242 BGB hat die Rspr insbesondere die **Existenzgefährdung** einer Vertragspartei sowie die **besonders schwere Treuepflichtverletzung** des anderen Teils anerkannt (BGHZ 12, 286; 16, 334, 337 f; 23, 249, 255; 48, 396; 85, 315, 318 f; 87, 237; 92, 164, 172 f; BGH NJW 1975, 43; 1983, 563; 1989, 166, 167; 2004, 3330, 3331; 2007, 3202, 3203; 2008, 2181, 2183; BGH NJW-RR 2017, 596, 597, OLG München BeckRS 2011, 00285; s auch NK-BGB/Noack/Kremer § 125 Rn 47; Palandt/Ellenberger § 125 Rn 22 ff; Staudinger/Hertel [2017] § 125 Rn 112 ff; Looschelders, Schuldrecht AT § 7 Rn 11). Eine besonders schwere Treuepflichtverletzung liegt regelmäßig dann vor, wenn eine Partei in schwerwiegender Weise gegen das Verbot des **venire contra factum proprium** verstoßen hat, zB indem sie die Erfüllung der von ihr übernommenen Verpflichtung verweigert, nachdem sie über längere Zeit die Vorteile aus der formunwirksamen Vereinbarung in Anspruch genommen hat (BGH NJW 1996, 2503, 2504; 2004, 3330, 3332; BGH 3. 11. 2016 – III ZR 286/15, NJW-RR 2017, 596, 597). Wer einen Vertrag in Kenntnis der Formbedürftigkeit abschließt, ohne die Formvorschriften einzuhalten, soll sich dagegen grundsätzlich nicht auf § 242 BGB berufen können. Denn in einem solchen Fall sei der durch die Formnichtigkeit Benachteiligte im Allgemeinen nicht schutzwürdig (vgl RGZ 117, 124; BGH WM 1965, 482; BGH NJW 1961, 180; 1969, 1167; 1973, 1456; BGH NJW-RR 2017, 596, 597; MünchKomm/Einsele § 125 Rn 61). In besonders gelagerten Ausnahmefällen lässt die Rspr jedoch auch hier eine Durchbrechung der Nichtigkeitsfolge zu (vgl BGHZ 16, 334, 337; 23, 249, 255 f; 48, 396, 398; krit Medicus/Petersen, BR Rn 181).

Ein Rückgriff auf § 242 BGB kommt auch dann in Betracht, wenn eine **Honorarvereinbarung** für eine über das zahnmedizinisch notwendige Maß hinausgehende **zahnärztliche Versorgung** wegen Verstoßes gegen das Schriftformerfordernis aus § 2 Abs 3 S 1 GOZ formnichtig ist. Der BGH hat die dafür erforderliche besonders schwere Treuepflichtverletzung im konkreten Fall darin gesehen, dass der Patient über die geplanten Leistungen und die voraussichtlichen Kosten der Behandlung umfassend aufgeklärt worden war und sich dennoch bewusst für die teurere Behandlungsalternative entschieden hatte. Der BGH betont in diesem Zusammenhang, dass das Vertrauen der anderen Partei auf die Formgültigkeit des Rechtsgeschäfts nicht nur bei **Kenntnis**, sondern auch bei **grob fahrlässiger Unkenntnis** des Formmangels nicht schutzwürdig ist. Hier lag jedoch keine grobe Fahrlässigkeit vor. Vielmehr hatte ein schlichtes Büroversehen der Praxismitarbeiter der Zahnärztin dazu geführt, dass die fehlende Unterzeichnung des Heil- und Kostenplans unentdeckt blieb (BGH 3. 11. 2016 – III ZR 286/15, NJW-RR 2017, 596, 597 = MDR 2017, 18, 19).

447 In der **Lit** ist diese Rspr wegen der daraus resultierenden **Rechtsunsicherheit** auf **Kritik** gestoßen (Soergel/Teichmann Rn 325; Einsele LMK 2017, 385190; Esser/Schmidt, AT § 10 2 c; Kipp/Coing, Erbrecht § 19 III, IV; Medicus/Petersen, BR Rn 180 ff; E Wolf, AT 318 ff; Gernhuber, in: FS Schmidt-Rimpler [1957] 151 ff). Teilweise wird darüber hinaus geltend gemacht, die Einhaltung der gesetzlichen Formvorschriften sei als **konstitutives Element** eines Rechtsgeschäfts unabdingbare Voraussetzung für dessen rechtliche Anerkennung; hiervon könnten keine Ausnahmen anerkannt werden (Flume, BGB AT II § 15 III; Häsemeyer, Die gesetzliche Form der Rechtsgeschäfte [1971] 47 ff, 287 ff, 294 ff; vgl auch Canaris, Vertrauenshaftung 274 ff). Beanstandet wird außerdem, dass die Kriterien der Rspr nicht subsumtionsfähig seien (so Coester, Die Zahlungszusage auf der Baustelle – OLG Hamm NJW 1993, 2625; JuS 1994, 370, 372), sodass die Entscheidungen letztlich nach **subjektivem Billigkeitsempfinden** – und mithin **willkürlich** – getroffen würden (so E Wolf, AT 320). Insbesondere sei die Unterscheidung zwischen „nur harten" und „schlechthin untragbaren" Ergebnissen (BGHZ 23, 255; 48, 398) nicht praktikabel (Canaris, Vertrauenshaftung 289; Larenz, Schuldrecht I § 10 III; Medicus/Petersen, BGB AT Rn 630; E Wolf, AT 320; Soergel/Teichmann Rn 325).

448 Bei der **Würdigung** des Meinungsstreits ist davon auszugehen, dass den gesetzlichen Formvorschriften aus Gründen der **Rechtssicherheit** und der **Rechtsklarheit** großes Gewicht zukommt. Dies heißt aber nicht, dass die durch die Formvorschriften geschützten Interessen einer Abwägung mit entgegenstehenden Gerechtigkeitserwägungen generell unzugänglich wären (so auch Larenz, Schuldrecht I § 10 III). Denn anders als beim Schutz von Minderjährigen und anderen nicht (voll) geschäftsfähigen Personen (dazu s oben Rn 406 ff) verfolgen die Formvorschriften **keinen Selbstzweck**, der ohne Rücksicht auf die Umstände des Einzelfalls zu verwirklichen ist. Es sind vielmehr Fälle denkbar, in denen der Schutzzweck der Formvorschriften nicht zutrifft oder gegenüber höherrangigen Interessen zurücktreten muss. Der Rspr ist daher insofern zuzustimmen, als § 242 BGB bei Formverstößen **prinzipiell anwendbar** ist, dabei aber wegen des Zwecks der Formvorschriften **besonders restriktiv gehandhabt** werden muss (ebenso Palandt/Ellenberger § 125 Rn 22 ff; NK-BGB/Noack/Kremer § 125 Rn 45 ff; BeckOK-BGB/Sutschet [1. 5. 2019] Rn 121; MünchKomm/Schubert Rn 333; Hk-BGB/Schulze Rn 40; Wolf/Neuner, BGB AT § 44 Rn 61; Hagen, Formzwang, Formzweck, Formmangel und Rechtssicherheit, in: FS Schippel [1996] 173, 178). Demgegenüber kann die Unterscheidung zwischen „nur harten" und „schlechthin untragbaren" Ergebnissen nicht überzeugen. Dem Grundsatz nach muss vielmehr immer eine Interessenabwägung im Einzelfall entscheiden; wichtigste Maßstäbe sind der **Zweck der jeweiligen Formvorschrift** und das **Gewicht der hierdurch geschützten Interessen** (ähnlich MünchKomm/Einsele § 125 Rn 63 ff).

449 Da dem Gedanken der Rechtssicherheit bei Formverstößen besonders große Bedeutung zukommt, kann man es mit einer solchen allgemeinen Leitlinie aber nicht bewenden lassen. Zur Konkretisierung ist vielmehr die Bildung von **Fallgruppen** erforderlich, in denen eine Durchbrechung der Nichtigkeitsanordnung des § 125 S 1 BGB in Betracht kommt (vgl NK-BGB/Noack/Kremer § 125 Rn 48 ff; Palandt/Ellenberger § 125 Rn 27 ff; Wolf/Neuner, BGB AT § 44 Rn 63 ff; Medicus/Petersen, BR Rn 180 ff). Ausnahmen von der Nichtigkeitsfolge sollten jedenfalls in den von Rspr und Lit herausgearbeiteten Fällen zugelassen werden, dass dem durch die Nichtigkeit begünstigten Teil ein **grob treuwidriges Verhalten** zur Last fällt oder die **wirtschaftliche Existenz** des benachteiligten Teils **gefährdet** wird (vgl BGHZ 92, 164, 171 ff; OLG Düsseldorf BauR 2012, 284; Staudinger/Hertel [2017] § 125 Rn 112 ff; Brox/Walker, Allgemeines Schuldrecht § 4 Rn 20 ff; Larenz, Schuldrecht I § 10 III; Looschelders, Schuldrecht AT § 7 Rn 11; Medicus/Petersen, BR Rn 180 ff). Bei **bewusster Außerachtlassung der Form** durch beide Parteien ist die Durchbrechung der Nichtigkeitsfolge in der Regel abzulehnen (NK-BGB/Noack/Kremer § 125 Rn 46). Indes sind auch hier Fälle denkbar, in denen die durch die Nichtigkeit benachteiligte Partei aufgrund einer spezifischen Unterlegenheitssituation ausnahmsweise schutzwürdig ist (vgl Wolf/Neuner, BGB AT § 44 Rn 68). Bei formbedürftigen **dinglichen Rechtsgeschäften** hat der Gedanke der Rechtssicherheit ein besonders großes Gewicht, sodass es im Allgemeinen bei der Nichtigkeitsfolge bleiben muss (Palandt/Ellenberger § 125 Rn 33). Das Gleiche gilt bei Formverstößen im **Erbrecht** (vgl OLG Köln NJW-RR 2006, 225, 226).

450 Der hier befürworteten Anwendung des § 242 BGB im Rahmen des § 125 S 1 BGB lässt sich nicht entgegenhalten, dass die Nichtigkeit des Vertrages wegen Verletzung einer Formvorschrift eine **Einwendung** darstellt, die **von Amts wegen** berücksichtigt werden muss. Streng genommen ist zwar die Formulierung, die durch die Nichtigkeit begünstigte Partei sei aufgrund des **Verbots rechtsmissbräuchlichen Verhaltens** (s oben Rn 213 ff) gehindert, sich auf die Nichtigkeit zu berufen, deshalb unzutreffend, weil die Nichtigkeitsfolge bei § 125 S 1 BGB unabhängig davon eintritt, ob eine Partei sich darauf beruft. Die Angreifbarkeit der Formulierung entwertet jedoch nicht die dahinter stehende Erwägung, dass der Eintritt der Nichtigkeitsfolge im Einzelfall aufgrund übergeordneter Gerechtigkeitserwägungen unbillig erscheinen kann.

451 Ob der Eintritt einer von Amts wegen zu berücksichtigenden Nichtigkeitsfolge auch unter dem Aspekt der **Verwirkung** (s oben Rn 300 ff) außer Acht gelassen werden kann, ist noch nicht abschließend geklärt. Der BGH hat hierzu aber festgestellt, dass die für die Einschränkung der Nichtigkeitsanordnung des § 125 S 1 BGB entwickelten restriktiven Kriterien (vgl Rn 445 ff) jedenfalls nicht durch den Rückgriff auf die weniger strengen Voraussetzungen der Verwirkung umgangen werden dürfen (BGH NJW 2004, 3330, 3331 f). Bei Formverstößen kann der Einwand der Verwirkung damit im Ergebnis nicht durchgreifen (vgl zur Verwirkung auch BGH MDR 2004, 1231 f).

452 Die Geltendmachung von Formfehlern verstößt uU auch bei **rechtsgeschäftlich vereinbarten Formerfordernissen** gegen Treu und Glauben (BGH NJW-RR 1987, 1073, 1074; NK-BGB/Noack/Kremer § 125 Rn 69). So kann einer Partei das Verbot des venire contra factum proprium (s oben Rn 284 ff) entgegengehalten werden, wenn sie sich auf den Formfehler beruft, nachdem sie den Vertrag zunächst als wirksam behandelt hat (BGH NJW-RR 1987, 1073, 1074). Nicht selten wird hier aber schon eine **stillschweigende Aufhebung** des Formerfordernisses angenommen (vgl BGHZ 119, 283, 291; BGH NJW

1991, 1750, 1751; OLG Rostock NJW 2009, 3376, 3377; ERMAN/ARNOLD § 125 Rn 26; PALANDT/
ELLENBERGER § 125 Rn 19; MEDICUS/PETERSEN, BR Rn 187a; PUFAL, Schriftformklauseln im deutschen und südafrikanischen Recht [2011] 28 ff; krit NK-BGB/NOACK/KREMER § 125 Rn 66; zur abweichenden Rechtslage nach dem UN-Kaufrecht s unten Rn 1222).

g) Zugang von Willenserklärungen, § 130*

Verzögert oder verhindert der Adressat den Zugang einer **empfangsbedürftigen** 453
Willenserklärung, zB indem er ein bei der Post niedergelegtes Einschreiben verspätet oder überhaupt nicht abholt, so kann nach Treu und Glauben (§ 242 BGB) unter bestimmten Voraussetzungen doch vom rechtzeitigen Zugang einer wiederholten oder zu spät zugegangenen Erklärung auszugehen sein (so grdl RGZ 58, 406, 408; aus neuerer Zeit BGHZ 137, 205, 209; BAG NJW 1987, 146, 147; NZA 2003, 719, 723; OLG Bamberg WM 2010, 1457, 1458 f; WOLF/NEUNER, BGB AT § 33 Rn 51 ff; MROSK NJW 2013, 1481, 1483 f; krit STAUDINGER/SINGER/BENEDICT [2016] § 130 Rn 83 ff). Die Einzelheiten sind zwar umstritten; überwiegend wird aber zwischen der bloßen Zugangsverzögerung und der gänzlichen Zugangsvereitelung differenziert.

Bei der **Zugangsverzögerung** stellt sich zunächst das Problem, ob der Adressat gel- 454
tend machen kann, dass in der Zeit zwischen der ersten Abholmöglichkeit und der tatsächlichen Abholung eine Frist abgelaufen ist, die der Absender bei der Erklärung einzuhalten hatte. Nach **hM** kann der Adressat sich nach Treu und Glauben nicht auf den Fristablauf berufen, wenn er die Verzögerung wegen einer in seinem Verantwortungsbereich liegenden Ursache selbst zu vertreten hat (vgl RGZ 58, 406, 408; 95, 315, 317; 97, 336, 339; RG HRR 1928 Nr 1397; BGHZ 57, 108, 111; 64, 5, 8; 67, 271, 277 f; BGH LM Nr 1 zu § 130; BGH NJW 1952, 1169; BGH VersR 1971, 262 f; BGH NJW 1983, 929, 930; BGH WM 1987, 1496, 1497; BAG AP Nr 5 zu § 130; BAG NJW 1984, 1651, 1652; 1985, 823, 824; 1987, 1508; 1997, 146, 147; BAG NZA 2003, 719, 723; NZA 2006, 204, 205; OLG Frankfurt VersR 1982, 790; OLG Hamm VersR 1982, 1070; KG WM 1989, 669; BeckOK-BGB/SUTSCHET [1. 5. 2019] Rn 81; PALANDT/ELLENBERGER § 130 Rn 18; SOERGEL/TEICHMANN Rn 282; SOERGEL/HEFERMEHL § 130 Rn 24 f; BRINKMANN 164 ff; DILCHER AcP 154 [1955] 120, 132 f; FLUME, BGB AT II § 14, 3e; MEDICUS/PETERSEN, BGB AT Rn 277 ff; FRANZEN JuS 1999, 429, 432; HERBERT, Zugangsverzögerung einer Kündigung per Einschreiben und der Lauf der Klagefrist des § 4 KSchG, NJW 1997, 1829, 1830; JOHN AcP 184 [1984] 385, 411; LOOSCHELDERS VersR 1998, 1198, 1200). Der Grundsatz von Treu und Glauben ist jedoch für sich genommen zu unspezifisch, um die zum Schutz des Absenders erforderliche Einschränkung der Rechtsposition des Adressaten zu rechtfertigen (krit auch BRINKMANN 164 f). Da dem Empfänger nicht immer ein rechtsmissbräuchliches Verhalten (s oben Rn 213 ff) zur Last fällt, können die Grundsätze der Zugangsverzögerung auch nicht generell aus dem Verbot unzulässiger Rechtsausübung abgeleitet werden (auf den Gedanken des Rechtsmissbrauchs abstellend aber MünchKomm/SCHUBERT Rn 308). Letztlich handelt es sich um eine **Zurechnungsfrage**, die durch

---

* **Schrifttum**: BRINKMANN, Der Zugang von Willenserklärungen (Berlin 1984); DILCHER, Der Zugang von Willenserklärungen, AcP 154 (1955) 120; FRANZEN, Zugang und Zugangshindernisse bei eingeschriebenen Briefsendungen, JuS 1999, 429; JOHN, Grundsätzliches zum Wirksamwerden empfangsbedürftiger Willenserklärungen, AcP 184 (1984) 385; LOOSCHEL-
DERS, Das Wirksamwerden empfangsbedürftiger Willenserklärungen bei Übermittlung per Einschreiben, VersR 1998, 1198; MROSK, Der Nachweis des Zugangs von Willenserklärungen im Rechtsverkehr, NJW 2013, 1481; SCHWARZ, Kein Zugang bei Annahmeverweigerung des Empfangsboten?, NJW 1994, 891.

eine sorgfältige Abgrenzung der Risikosphären nach den **Wertungen des § 130 Abs 1 BGB** beantwortet werden muss. Wenn das Wirksamwerden einer Willenserklärung unter Abwesenden voraussetzt, dass die Erklärung in den Herrschaftsbereich des Adressaten gelangt, folgt hieraus, dass jeder Beteiligte die aus seiner Sphäre hervorgehenden Risiken zu tragen hat (vgl Looschelders VersR 1998, 1198, 1201). Wer mit dem Zugang rechtserheblicher Erklärungen rechnen muss, hat daher geeignete Vorkehrungen zu treffen, damit die Erklärungen ihn rechtzeitig erreichen können (RGZ 110, 34, 36; BGH VersR 1971, 262, 263; BGHZ 67, 271, 278; 137, 205, 208 = NJW 1998, 976, 977; BAG NZA 2006, 204, 205; LG Hamburg NJW-RR 2001, 586; MünchKomm/Einsele § 130 Rn 36; aA Staudinger/Singer/Benedict [2016] § 130 Rn 88). Verletzt der Empfänger diese Obliegenheit, so kann er sich nicht auf die Verspätung berufen.

455 Im Fall der **Zugangsvereitelung** kann man es nicht damit bewenden lassen, dem Adressaten die Berufung auf einen Fristablauf zu verwehren. Zwei Lösungsmöglichkeiten kommen in Betracht: Zum einen könnte dem Erklärenden zugemutet werden, einen **wiederholten Zustellungsversuch** zu unternehmen; zum anderen könnte im Wege einer **Zugangsfiktion** von vorneherein auf den tatsächlichen Zugang verzichtet werden (vgl RGZ 58, 406, 408; 95, 315, 317; 110, 34, 36; BGH NJW 1983, 929, 930 f; BAG NJW 1993, 1093, 1094; HKK/Oestmann §§ 130–132 Rn 36; Schwarz NJW 1994, 891 f). Die neuere Rspr verlangt grundsätzlich einen wiederholten Zustellungsversuch. Der erneute Zustellungsversuch muss zwar grundsätzlich unverzüglich nach Kenntniserlangung vom Fehlschlag des ersten Zustellungsversuchs erfolgen. Hieran sind jedoch, da es sich bei dem Erfordernis des erneuten Zustellungsversuchs um eine Ausprägung von Treu und Glauben handelt, keine überzogenen Anforderungen zu stellen. So soll die Vornahme eines weiteren Zustellungsversuchs nach 13 Tagen noch unverzüglich sein (OLG Hamburg BeckRS 2014, 06332). Eine Ausnahme vom Erfordernis des erneuten Zustellungsversuchs wird aber anerkannt, wenn der Adressat den Zugang arglistig vereitelt oder die Annahme einer an ihn gerichteten schriftlichen Mitteilung grundlos verweigert, obwohl er mit dem Eingang rechtserheblicher Mitteilungen seines Vertrags- oder Verhandlungspartners rechnen muss (BGHZ 137, 205, 209 f; OLG Bamberg WM 2010, 1457; 1458 f; ebenso zB NK-BGB/Faust § 130 Rn 70; BeckOK-BGB/Wendtland [1. 5. 2019] § 130 Rn 22 f; Wolf/Neuner, BGB AT § 33 Rn 51 ff; Looschelders VersR 1998, 1198, 1202 f; für Zugangsfiktion ohne wiederholten Zustellungsversuch noch BGHZ 67, 271, 275; desgleichen LG Freiburg NJW-RR 2004, 1377; Palandt/Ellenberger § 130 Rn 18; Hk-BGB/Dörner § 130 Rn 7; MünchKomm/Einsele § 130 Rn 34). Diese Lösung schützt nicht nur die Interessen des Adressaten. Sie wahrt vielmehr auch die Dispositionsfreiheit des Erklärenden, der nach dem Scheitern des ersten Zustellungsversuchs selbst darüber entscheiden kann, ob er an dem Geschäft festhalten will.

h) Materielle Schranken der Privatautonomie, §§ 134, 138*

456 Die Rechtsgeschäftslehre des BGB wird durch den **Grundsatz der Privatautonomie** beherrscht (s Staudinger/Olzen Einl 49 ff zum SchuldR). Danach ist es dem Einzelnen überlassen, seine rechtlichen Verhältnisse in freier Selbstbestimmung zu gestalten (vgl Flume, BGB AT II § 1; Wolf/Neuner, BGB AT § 10 Rn 28). Wichtigster Ausdruck dieses

---

* **Schrifttum:** Becker, Der unfaire Vertrag (2003); ders, Vertragsfreiheit, Vertragsgerechtigkeit und Inhaltskontrolle, WM 1999, 709; Bosch, Verstöße gegen § 1 II Nr 2 Schwarz- ArbG nF und der Grundsatz von Treu und Glauben, NJOZ 2008, 3044; Canaris, Verfassungs- und europarechtliche Aspekte der Vertragsfreiheit in der Privatrechtsgesellschaft, in:

Gedankens ist die **Vertragsfreiheit**. Sie ermöglicht dem Einzelnen, seine Rechtsverhältnisse im Konsens mit einem oder mehreren anderen Privatrechtssubjekten selbst zu bestimmen (vgl LARENZ, Schuldrecht I § 4; LOOSCHELDERS, Schuldrecht AT § 3 Rn 2). Weitere Erscheinungsformen der Privatautonomie sind die Vereinigungs- und die Testierfreiheit (WOLF/NEUNER, BGB AT § 10 Rn 31). Verfassungsrechtlich sind diese Freiheiten durch **Grundrechte** geschützt (vgl Art 2 Abs 1, 9 Abs 3, 12, 14 Abs 1 GG).

Die Privatautonomie ist nicht schrankenlos. Nach der Grundkonzeption des BGB werden die **materiellen Schranken** vor allem durch die **§§ 134, 138 BGB** konstituiert. Darüber hinaus hat die Rspr nicht selten auf **§ 242 BGB** zurückgegriffen, um eine inhaltliche Kontrolle von Rechtsgeschäften zu verwirklichen (s oben Rn 363; vgl WOLF/NEUNER, BGB AT § 17 Rn 88; zur Zulässigkeit einer Inhaltskontrolle am Maßstab des § 242 s auch HEINRICH, Formale Freiheit und materiale Gerechtigkeit [2000] 303 f, 392 ff). Welche Bedeutung § 242 BGB in diesem Zusammenhang hat, ist im Einzelnen aber unsicher und soll daher nachfolgend eingehender behandelt werden. **457**

aa) Vertragsfreiheit und Vertragsgerechtigkeit
Die **Vertragsfreiheit** steht in einem natürlichen Spannungsverhältnis zur **Vertragsgerechtigkeit** (vgl MünchKomm/BUSCHE Vorbem 6 zu 145). Dieses Spannungsverhältnis ist **458**

FS Lerche (1993); ders, Wandlungen des Schuldvertragsrechts – Tendenzen zu seiner „Materialisierung", AcP 200 (2000) 273 ff; ders, Grundrechtswirkungen und Verhältnismäßigkeitsprinzip in der richterlichen Anwendung und Fortbildung des Privatrechts, JuS 1989, 161; COESTER-WALTJEN, Die Inhaltskontrolle von Verträgen außerhalb des AGBG, AcP 190 (1990) 1 ff; DÄUBLER/BONIN/DEINERT, AGB-Kontrolle im Arbeitsrecht (4. Aufl 2014); DREXL, Verbraucherrecht – allgemeines Privatrecht – Handelsrecht, in: SCHLECHTRIEM (Hrsg), Wandlungen des Schuldrechts (2002) 97 ff; FASTRICH, Richterliche Inhaltskontrolle im Privatrecht (1992); HAGER, Grundrechte im Privatrecht, JZ 1994, 373; HEINRICH, Formale Freiheit und materiale Gerechtigkeit (2000); LIEB, Sonderprivatrecht für Ungleichgewichtslagen? Überlegungen zum Anwendungsbereich der sog Inhaltskontrolle privatrechtlicher Verträge, AcP 178 (1978) 196; LOOSCHELDERS/ROTH, Grundrechte und Vertragsrecht: Die verfassungskonforme Reduktion des § 565 Absatz 2 Satz 2 BGB, JZ 1995, 1034 ff; LORENZ, „Brauchen Sie eine Rechnung?": Ein Irrweg und sein gutes Ende, NJW 2013, 3132; MAYER-MALY, Wertungswandel und Privatrecht, JZ 1981, 801; OECHSLER, Gerechtigkeit im modernen Austauschvertrag (Habil 1997); RITGEN, Vertragsparität und Vertragsfreiheit, JZ 2002, 114; RITTNER, Über das Verhältnis von Vertrag und Wettbewerb, AcP 188 (1988) 101; ROLFS, Die Inhaltskontrolle arbeitsrechtlicher Individual- und Betriebsvereinbarungen, RdA 2006, 349; SCHMIDT-RIMPLER, Zum Vertragsproblem, in: FS Raiser (1974); ders, Grundfragen der Erneuerung des Vertragsrechts, AcP 147 (1941) 3; SCHMOECKEL, Der maßgebliche Zeitpunkt zur Bestimmung der Sittenwidrigkeit nach § 138 I BGB, AcP 197 (1997) 1; STAMM, Die Rechtsvereinheitlichung der Schwarzarbeitsproblematik im Lichte der neuesten Rechtsprechung des BGH zum reformierten Schwarzarbeitsbekämpfungsgesetz, NZBau 2014, 131; THÜSING, Inhaltskontrolle von Formulararbeitsverträgen nach neuem Recht, BB 2002, 2666; WACKERBARTH, Unternehmer, Verbraucher und die Rechtfertigung der Inhaltskontrolle vorformulierter Verträge, AcP 200 (2000) 45; WENDLAND, Vertragsfreiheit und Vertragsgerechtigkeit (2019); WOLF/LINDACHER/PFEIFFER, AGB-Recht (6. Aufl 2013); ZÖLLNER, Die Privatrechtsgesellschaft im Gesetzes- und Richterstaat (1996); ders, Regelungsspielräume im Schuldvertragsrecht – Bemerkungen zur Grundrechtsanwendung im Privatrecht und zu den sogenannten Ungleichgewichtslagen, AcP 196 (1996) 1.

darin angelegt, dass der Vertrag auf dem Konsens der Parteien beruht. Bei Verträgen ist also nicht der Wille des **Einzelnen** ausschlaggebend; der Einzelne kann seinen Willen vielmehr nur im **Zusammenwirken mit anderen Privatrechtssubjekten** verwirklichen (vgl Larenz, Schuldrecht I § 4; Looschelders, Schuldrecht AT § 3 Rn 2). Nach dem Gedanken der ausgleichenden Gerechtigkeit sollte der Vertrag daher idealiter zu einem Ergebnis führen, das den Interessen beider Parteien gleichermaßen gerecht wird (s Staudinger/Olzen Einl 66 zum SchuldR: Äquivalenzprinzip). Bei der Definition des „gerechten" Ergebnisses besteht indes das Problem, dass es für die Angemessenheit des Vertragsinhalts **keinen allgemeingültigen Maßstab** gibt (Ritgen JZ 2002, 114). Davon abgesehen kann es in einer freiheitlichen Gesellschaftsordnung **nicht Sache des Staates** sein, den Parteien vorzuschreiben, welcher Vertragsinhalt angemessen ist (Canaris, in: FS Lerche [1993] 873, 884; vgl auch Looschelders, Schuldrecht AT § 3 Rn 4). Das Spannungsverhältnis zwischen Vertragsfreiheit und Vertragsgerechtigkeit lässt sich daher nur durch die Annahme auflösen, dass die Vertragsparteien im Regelfall durch das freie Aushandeln der Vertragsbedingungen in einem Prozess des wechselseitigen Gebens und Nehmens zu einem Ergebnis gelangen, welches den Anforderungen der ausgleichenden Gerechtigkeit zumindest nicht krass widerspricht (Canaris, in: FS Lerche [1993] 873, 884; Ritgen JZ 2002, 114, 117). In diesem Sinne kommt dem Vertragsmechanismus also eine gewisse **„Richtigkeitsgewähr"** oder zumindest **„Richtigkeitschance"** zu (grundlegend Schmidt-Rimpler AcP 147 [1941] 130 ff und in: FS Raiser [1974] 3 ff, der sogar von einer positiven Richtigkeitsgewähr ausgeht; krit Oechsler, Gerechtigkeit 125 ff; vgl auch MünchKomm/Schubert Rn 527).

459 Der Vertragsmechanismus bietet indes nur dann eine (begrenzte) Richtigkeitsgewähr, wenn sich beim Vertragsschluss **gleichberechtigte Partner** gegenüberstehen (vgl MünchKomm/Busche Vorbem 6 zu 145; Flume, BGB AT II § 1, 7; Larenz/Wolf, BGB AT^9 [2004] § 42 Rn 1 ff). In der Praxis zeigt sich jedoch, dass die **Vertragsparität** aus verschiedenen Gründen **gestört** sein kann. Dies heißt nicht, dass jede Störung der Vertragsparität eine richterliche Inhaltskontrolle des Vertrages rechtfertigt; die entscheidende Frage ist vielmehr, welche Störungen so schwerwiegend sind, dass die Richtigkeitsgewähr entfällt (vgl Zöllner AcP 196 [1996] 1, 24 f; Canaris AcP 200 [2000] 273, 278 ff). Im Ausgangspunkt ist dabei daran festzuhalten, dass der Ausgleich von wirtschaftlichen Ungleichgewichten in einer marktwirtschaftlichen Ordnung primär dem **Wettbewerb** überlassen bleiben muss (Rittner AcP 188 [1988] 101, 126 ff). Aus verfassungsrechtlicher Sicht geht es um die Konkretisierung staatlicher **Schutzpflichten**. Der an die **Grundrechte** gebundene Zivilrichter (Art 1 Abs 3 GG) hat zu verhindern, dass der Vertrag von einem Mittel der beiderseitigen Selbstbestimmung zu einem solchen der **Fremdbestimmung** der schwächeren durch die stärkere Partei wird (vgl BVerfGE 81, 242, 255 f; 89, 214, 233; BVerfG VersR 2005, 1127, 1131; NJW 2006, 596, 598; MünchKomm/Schubert Rn 526 f; MünchKomm/Busche Vorbem 3 zu 145; Canaris AcP 184 [1984] 201, 225 ff; ders JuS 1989, 161, 163; Hager JZ 1994, 373, 374 ff; Looschelders/Roth JZ 1995, 1034, 1041; Becker, Der unfaire Vertrag [2003] 8 ff; ders WM 1999, 709 ff; ähnlich schon Flume, BGB AT II § 1, 7; Lieb AcP 178 [1978] 196, 212; Limbach, Forum: Das Rechtsverständnis in der Vertragslehre, JuS 1985, 10 ff; krit Zöllner AcP 196 [1996] 1, 15 ff).

460 Das BVerfG hat die Verpflichtung des Zivilrichters zur inhaltlichen Kontrolle von Verträgen zunächst in mehreren aufsehenerregenden Entscheidungen für die **Bürgschaft naher Familienangehöriger** herausgestellt (BVerfGE 89, 214, 229 ff; BVerfG NJW 1994, 2749, 2750; 1996, 2021; zusammenfassend Staudinger/Horn [2013] § 765 Rn 182 ff; aus

Titel 1
Verpflichtung zur Leistung § 242

verfassungsrechtlicher Sicht W ROTH, Die Grundrechte als Maßstab der Vertragsinhaltskontrolle in WOLTER/RIEDEL/TAUPITZ [Hrsg], Einwirkungen der Grundrechte auf das Zivilrecht, Öffentliche Recht und Strafrecht [1999] 229 ff). Später wurden diese Grundsätze auf die Kontrolle von **Eheverträgen** übertragen, die nicht auf einer gleichberechtigten Partnerschaft beruhen, sondern „eine auf ungleichen Verhandlungspositionen basierende Dominanz eines Ehegatten" widerspiegeln (BVerfGE 103, 89 = NJW 2001, 957, 958; BVerfG NJW 2001, 2248; hieran anknüpfend BGHZ 158, 81 = NJW 2004, 930; BGH NJW 2005, 2391; NJW 2006, 2331; ausf z Ganzen DAUNER-LIEB, Reichweite und Grenzen der Privatautonomie im Ehevertragsrecht, AcP 201 [2001] 295 ff; näher dazu s unten Rn 964). Dies zeigt, dass sich das Problem der gestörten Vertragsparität nicht auf das Schuldrecht beschränkt.

Die Rückbindung der Inhaltskontrolle von Verträgen an die Grundrechte stößt in **461** der Lit zum Teil auf heftige Kritik (vgl JAUERNIG/MANSEL § 138 Rn 12; ADOMEIT, Die gestörte Vertragsparität – ein Trugbild, NJW 1994, 2467 ff; DIEDERICHSEN, Das Bundesverfassungsgericht als oberstes Zivilgericht – ein Lehrstück der juristischen Methodenlehre, AcP 198 [1998] 171, 247 f; MEDICUS AcP 192 [1992] 35, 62; ZÖLLNER AcP 196 [1996] 1, 24 ff; ders, Privatrechtsgesellschaft [1996] 37). In neuerer Zeit mehren sich aber die Stimmen, die sich bei einer grundsätzlichen Billigung der Rspr des BVerfG für eine stärkere **Integration der Inhaltskontrolle** von Verträgen **in die zivilrechtliche Dogmatik** aussprechen (so etwa CANARIS AcP 200 [2000] 273 ff; DREXL, in: SCHLECHTRIEM, Wandlungen des Schuldrechts [2002] 97, 114 ff; BECKER WM 1999, 709, 718; ders, Der unfaire Vertrag [2003] 73). Dabei wird zu Recht darauf hingewiesen, dass der Gedanke der Inhaltskontrolle von Verträgen bei gestörter Vertragsparität dem BGB keineswegs fremd ist. Dies zeigt **§ 138 Abs 2 BGB**, der mit den Kriterien der Zwangslage, der Unerfahrenheit, des Mangels an Urteilsvermögen und der erheblichen Willensschwäche typische Fälle der **gestörten Vertragsparität** nennt (CANARIS AcP 200 [2000] 273, 280 ff, 296 ff; DREXL, in: SCHLECHTRIEM, Wandlungen des Schuldrechts [2002] 97, 114; MünchKomm/SCHUBERT Rn 528; NK-BGB/LOOSCHELDERS § 138 Rn 105 ff). § 138 Abs 2 BGB lässt darüber hinaus erkennen, dass eine Störung der Vertragsparität für sich genommen unschädlich ist; hinzukommen muss ein „**auffälliges Missverhältnis**" von Leistung und Gegenleistung" (CANARIS AcP 200 [2000] 273, 280; MünchKomm/SCHUBERT Rn 528; vgl auch BECKER, Der unfaire Vertrag [2003] 52). Hier findet sich eine deutliche Parallele zur Auffassung des BVerfG, das neben der Störung der Vertragsparität eine „**besonders einseitige Verteilung der Lasten**" verlangt (BVerfGE 89, 214, 232; vgl auch RITGEN JZ 2002, 114, 119). Soweit die Inhaltskontrolle nach **§ 242 BGB** erfolgt, lassen sich die Wertungen der Grundrechte bei der **Interessenabwägung** berücksichtigen (s oben Rn 146). Die Rspr des BVerfG lässt sich insofern also durchaus mit der Dogmatik des Zivilrechts vereinbaren.

Zusammenfassend ist festzustellen, dass die Rspr des BVerfG zu einem **materiellen** **462** **Verständnis der Privatautonomie** zwingt. Letztlich handelt es sich dabei aber um die Weiterentwicklung von Gedanken, die schon im BGB angelegt sind. Für die Zukunft ist zu erwarten, dass die „Materialisierung" der Privatautonomie durch die bei der Schuldrechtsreform erfolgte Integration der Verbraucherschutzgesetze in das BGB gestärkt wird (DREXL, in: SCHLECHTRIEM, Wandlungen des Schuldrechts [2002] 97, 117). In diesem Zusammenhang werden auch **unionsrechtliche Vorgaben** eine zunehmende Bedeutung gewinnen (vgl MünchKomm/BUSCHE Vorbem 4 zu 145). Die Generalklauseln des BGB erweisen sich dabei als wichtige allgemeine Instrumente zur Umsetzung der betreffenden materiellen Wertmaßstäbe (vgl AUER, Materialisierung 42 ff).

bb) Der Maßstab der Inhaltskontrolle

463 Nach welchem Maßstab die Inhaltskontrolle von Verträgen bei gestörter Vertragsparität zu erfolgen hat, ist streitig. Während ein Teil der Lit es grundsätzlich mit der Anwendung des § 138 BGB bewenden lassen will (Coester-Waltjen AcP 190 [1990] 1, 15; Wackerbarth AcP 200 [2000] 45, 68 ff; Zöllner, Privatrechtsgesellschaft [1996] 41), spricht sich ein anderer Teil der Lit für eine **„erweiterte Inhaltskontrolle"** (Staudinger/ J Schmidt [1995] Rn 458 ff) am Maßstab des § 242 BGB aus (so etwa Becker, Der unfaire Vertrag [2003] 11; grundsätzlich auch MünchKomm/Schubert Rn 528, 530). Da der Maßstab des § 242 BGB wesentlich strenger als jener des § 138 BGB ist (s oben Rn 365 ff), hat der Meinungsstreit nicht nur dogmatische Bedeutung. Außerdem führt § 138 BGB – vorbehaltlich einer zulässigen „geltungserhaltenden Reduktion" – zur Nichtigkeit des Geschäfts (vgl NK-BGB/Looschelders § 138 Rn 129 ff). Demgegenüber ermöglicht § 242 BGB flexiblere Lösungen (MünchKomm/Schubert Rn 528; Becker, Der unfaire Vertrag [2003] 11).

464 Bei der Würdigung des Meinungsstreits ist davon auszugehen, dass die inhaltliche Kontrolle der Parteivereinbarungen aus Gründen der **Verhältnismäßigkeit** so zurückhaltend wie möglich ausgeübt werden muss. Diese Überlegung spricht dafür, die Kontrolle grundsätzlich auf die Einhaltung des von § 138 Abs 1 BGB geschützten **„sozialethischen Mindeststandards"** (Hk-BGB/Dörner § 138 Rn 3) zu beschränken. Eine richterliche **Angemessenheitsprüfung** greift demgegenüber tief in die Gestaltungsfreiheit der Parteien ein und kann deshalb nur unter besonderen Voraussetzungen gerechtfertigt werden (s dazu Rn 340). Eine andere Beurteilung ist auch nicht deshalb geboten, weil die Anwendung des § 138 BGB grundsätzlich zur Nichtigkeit des Geschäfts führt (so aber Becker, Der unfaire Vertrag [2003] 11). Denn die richterliche Modifikation des Vertrages stellt uU einen noch schwereren Eingriff in die Gestaltungsfreiheit der Parteien dar als die bloße Nichtigkeitsanordnung (zutreffend Zöllner, Privatrechtsgesellschaft [1996] 41). Im Übrigen hat die Rspr auf der Grundlage des § 138 BGB verschiedene Möglichkeiten entwickelt, um das Verdikt der vollständigen Nichtigkeit aus Gründen der Verhältnismäßigkeit zu vermeiden (vgl dazu NK-BGB/Looschelders § 138 Rn 133 ff; Staudinger/Sack/Fischinger [2017] § 138 Rn 157 ff). Der Vorrang des § 138 Abs 1 BGB hat zwar zur Folge, dass die Vorschrift auch Fälle betrifft, in denen dem Einzelnen **keine sittlich verwerfliche Gesinnung** angelastet werden kann (krit deshalb Zöllner, Privatrechtsgesellschaft [1996] 28). Dies ist jedoch unbedenklich, weil die sittlich verwerfliche Gesinnung bei § 138 Abs 1 BGB kein notwendiges Element der Sittenwidrigkeit darstellt (NK-BGB/Looschelders § 138 Rn 93 ff).

465 Auch wenn das Rechtsgeschäft inhaltlich nicht zu beanstanden ist, kann die Geltendmachung der daraus folgenden Rechte aufgrund der Umstände des Einzelfalls als **unzulässige Rechtsausübung** (s oben Rn 213 ff) zu qualifizieren sein. Hier muss daher gegebenenfalls im Wege der **Ausübungskontrolle** (s oben Rn 342) zusätzlich auf § 242 BGB zurückgegriffen werden.

cc) Erweiterte Inhaltskontrolle bei gestörter Vertragsparität?

466 In Rspr und Lit haben sich einige Fallgruppen herausgebildet, in denen der Vertragsmechanismus typischerweise **keine hinreichende Richtigkeitsgewähr** bietet. Hier kommt daher in besonderem Maße eine erweiterte Inhaltskontrolle in Betracht.

Titel 1
Verpflichtung zur Leistung § 242

(1) Miet- und Arbeitsrecht
Zu nennen sind zunächst einmal solche Fälle, in denen eine Partei **existenziell auf den** 467
Vertragsgegenstand angewiesen ist (vgl SCHMIDT-RIMPLER, in: FS Raiser [1974] 3, 6; M WOLF, Rechtsgeschäftliche Entscheidungsfreiheit und vertraglicher Interessenausgleich [1970] 180). Diese Situation besteht vor allem bei der Wohnraummiete sowie im Arbeitsrecht (vgl WOLF/ NEUNER, BGB AT § 10 Rn 62 f; WELLENHOFER-KLEIN, Strukturell ungleiche Verhandlungsmacht und Inhaltskontrolle von Verträgen, ZIP 1997, 774, 775; speziell zur Wohnraummiete BVerfGE 68, 361, 370; 85, 219, 224; FASTRICH, Richterliche Inhaltskontrolle [1992] 109 ff; LOOSCHELDERS/ROTH JZ 1995, 1034, 1039; zum Arbeitsrecht BVerfGE 98, 365, 395 ff; THÜSING BB 2002, 2666 ff; z Bedeutung dieses Aspekts im Versicherungsvertragsrecht s unten Rn 1068). In diesen Bereichen wird der Schutz der schwächeren Partei zwar bereits weitgehend durch zwingendes oder halbzwingendes Recht gewährleistet. Gleichwohl besteht ein besonderes Bedürfnis nach einer inhaltlichen Kontrolle der Verträge.

Im **Arbeitsrecht** hat sich deshalb schon früh eine auf § 242 BGB bzw § 315 Abs 3 468
BGB gestützte **Angemessenheitskontrolle** entwickelt (vgl MünchKomm/SCHUBERT Rn 533; STAUDINGER/RIEBLE [2015] § 315 Rn 46 ff; FASTRICH, Richterliche Inhaltskontrolle [1992] 159 ff; HEINRICH, Formale Freiheit und materiale Gerechtigkeit [2000] 487 ff; LIEB AcP 178 [1978] 196, 207 ff; BECKER WM 1999, 709, 715; COESTER-WALTJEN AcP 190 [1990] 1, 5 ff; THÜSING BB 2002, 2666 ff). Diese Kontrolle bezog sich vor allem auf Fälle, in denen der Arbeitgeber aufgrund der gestörten Vertragsparität in der Lage war, **vorformulierte Vertragsbedingungen** durchzusetzen, die einseitig seinen Interessen dienten (vgl MünchKomm/ BASEDOW § 310 Rn 130; STAUDINGER/J SCHMIDT [1995] Rn 472). Der Rückgriff auf § 242 BGB blieb hier auch nach Inkrafttreten des AGBG notwendig, weil dieses Gesetz auf dem Gebiet des Arbeitsrechts gem § 23 Abs 1 AGBG nicht anwendbar war (zuletzt BAG NZA 2007, 1154, 1157). Nach § 310 Abs 4 S 2 BGB unterliegen Arbeitsverträge nunmehr der **Inhaltskontrolle nach §§ 307 ff BGB**, wobei aber die im Arbeitsrecht geltenden Besonderheiten angemessen zu berücksichtigen sind (vgl BAG NZA 2004, 727, 731 f; 2006, 872, 873; NJW 2006, 2653; STAUDINGER/KRAUSE [2013] Anh zu § 310 Rn 9 ff; MünchKomm/BASEDOW § 310 Rn 135 ff; LOOSCHELDERS, Schuldrecht AT § 16 Rn 20; GOTTHARDT, Arbeitsrecht nach der Schuldrechtsreform [2. Aufl 2003] Rn 234; HANSEN, Die Anwendung der §§ 305 ff BGB auf vorformulierte Arbeitsverträge, ZGS 2004, 21 ff; THÜSING, Inhaltskontrolle von Formulararbeitsverträgen nach neuem Recht, BB 2002, 2666, 2667; zur Inhaltskontrolle so auch Rn 341, 372 ff). Die hier auftretenden Probleme sind daher nicht mehr im Rahmen des § 242 BGB zu erörtern. Ausnahmen gelten nur noch für Tarifverträge sowie Betriebs- und Dienstvereinbarungen, auf welche das AGB-Recht gem § 310 Abs 4 S 1 BGB weiter nicht anwendbar ist (s unten Rn 479).

Auf **Individualvereinbarungen** in Arbeitsverträgen finden die §§ 307 ff BGB zwar 469 keine Anwendung. Eine erweiterte Inhaltskontrolle nach § 242 BGB ist hier aber aus systematischen Gründen idR ebenfalls ausgeschlossen (BAG NZA 2005, 1111, 1116; WOLF/LINDACHER/PFEIFFER/STOFFELS Anh zu § 310 ArbR Rn 43; ROLFS, Die Inhaltskontrolle arbeitsrechtlicher Individual- und Betriebsvereinbarungen, RdA 2006, 349, 351 ff). Eine Ausnahme soll allerdings gelten, wenn sich im Einzelfall eine **strukturelle Störung der Vertragsparität** feststellen lässt (vgl MünchKomm/SCHUBERT Rn 540 f). Hiervon ist nach der Rspr des BAG auszugehen, wenn der Inhalt des Vertrages eine Seite (konkret: den Arbeitnehmer) ungewöhnlich belastet und als Interessenausgleich offensichtlich ungeeignet ist (BAG NZA 2005, 1111, 1116; näher dazu u Rn 782).

470 Für **Mietverträge** galt schon vor 2002 die inhaltliche Kontrolle Allgemeiner Geschäftsbedingungen nach §§ 9 ff AGBG. Die Schuldrechtsreform hat insofern zu keinen neueren Entwicklungen geführt. Im Übrigen wird die Vertragsfreiheit im Mietrecht vor allem durch die §§ 134, 138 BGB begrenzt (s dazu STAUDINGER/EMMERICH [2018] Vorbem 114 ff zu 535). Wegen des Vorrangs der §§ 307 ff BGB besteht für eine Inhaltskontrolle nach § 242 BGB dagegen grundsätzlich kein Raum.

(2) Vorformulierte Vertragsbedingungen

471 Eine weitere wichtige Fallgruppe gestörter Vertragsparität sind Verträge unter Verwendung von **vorformulierten Vertragsbedingungen**, insbesondere **Allgemeinen Geschäftsbedingungen** (AGB). Da solche Bedingungen der anderen Partei einseitig auferlegt („gestellt") werden (vgl § 305 Abs 1 S 1 BGB), liegt eine „Fremdbestimmung" besonders nahe (WENDLAND, Vertragsfreiheit und Vertragsgerechtigkeit [2019] 491 ff). Davon abgesehen kann der Wettbewerb hier nicht als „Garant" für einen angemessenen Vertragsinhalt (s oben Rn 456) angesehen werden, weil die andere Partei die Tragweite der einzelnen Klauseln oft nur schwer abschätzen und den Verwender idR auch nicht zu einer abweichenden Individualvereinbarung bewegen kann (vgl MünchKomm/BASEDOW Vorbem 4 ff zu 305; ERMAN/ROLOFF Vorbem 1 zu 305; LOOSCHELDERS, Schuldrecht AT § 3 Rn 8; SCHLECHTRIEM/SCHMIDT-KESSEL, Schuldrecht AT [6. Aufl 2005] Rn 85; COESTER-WALTJEN AcP 190 [1990] 1, 23 ff; FASTRICH, Richterliche Inhaltskontrolle [1992] 229 ff; WACKERBARTH AcP 200 [2000] 45, 68 ff). Da der Vertragsmechanismus bei der Verwendung von AGB in besonderem Maße gestört ist, ist eine **erweiterte Inhaltskontrolle am Maßstab von Treu und Glauben** gerechtfertigt (STAUDINGER/J SCHMIDT [1995] Rn 462). Vor Inkrafttreten des AGBG hatte die Rspr diese Inhaltskontrolle auf der Grundlage des § 242 BGB verwirklicht (MünchKomm/BASEDOW Vorbem 12 zu 305). Nach geltendem Recht gehen die §§ 307 ff BGB vor (s oben Rn 372 f). Eine **Ausübungskontrolle** nach § 242 BGB bleibt daneben allerdings möglich (vgl dazu bereits o Rn 342). Im Übrigen gibt es einige Gebiete, in denen die §§ 307 ff BGB nicht anwendbar sind (s oben Rn 379 ff). Hier stellt sich daher die Frage, ob die Inhaltskontrolle auf § 242 BGB gestützt werden kann.

(a) Deklaratorische Klauseln, Leistungsbeschreibungen und Preisvereinbarungen

472 Nach § 307 Abs 3 S 1 BGB sind **deklaratorische Klauseln** sowie formularmäßige Vereinbarungen über den **Gegenstand der Leistung** und die **Höhe der Gegenleistung** grundsätzlich von der AGB-Kontrolle nach §§ 307 ff BGB ausgeschlossen (z den Einzelheiten ERMAN/ROLOFF § 307 Rn 38 ff; MünchKomm/WURMNEST § 307 Rn 6 ff; speziell zur Kontrolle von AVB PRÖLSS/MARTIN/PRÖLSS, VVG [30. Aufl 2018] Einl Rn 85 ff); eine Ausnahme gilt nach § 307 Abs 3 S 2 BGB iVm § 307 Abs 1 S 1 BGB nur für Verstöße gegen das **Transparenzgebot** (dazu MünchKomm/WURMNEST § 307 Rn 22; WOLF, in: WOLF/LINDACHER/PFEIFFER § 307 Rn 289, 305). Entgegen einer in der älteren Lit vertretenen Auffassung (STAUDINGER/J SCHMIDT [1995] Rn 286; SOERGEL/TEICHMANN Rn 126 aE; GRABA, in: SCHLOSSER/COESTER-WALTJEN/GRABA, AGBG § 9 Rn 12) können solche Klauseln auch keiner **Inhaltskontrolle nach § 242 BGB** unterzogen werden, weil die dem Ausschluss der Inhaltskontrolle nach § 307 Abs 3 S 1 BGB zugrunde liegenden Erwägungen auch dem Rückgriff auf § 242 BGB entgegenstehen.

473 Die grundsätzliche Unanwendbarkeit der §§ 307 ff BGB auf Klauseln über das **Preis-/Leistungsverhältnis** beruht auf dem Gedanken, dass es in diesem Bereich **keinen rechtlichen Maßstab zur Kontrolle der Angemessenheit** gibt (STAUDINGER/COESTER [2013] § 307

Rn 284). Davon abgesehen sollen der Gegenstand der Leistung und die Höhe der Gegenleistung als Kernbereich der verfassungsrechtlich gewährleisteten **Vertragsfreiheit** unterhalb der Schwelle des § 138 BGB keiner generellen Kontrolle unterworfen werden (vgl BGH NJW 1991, 832, 833; Palandt/Grüneberg § 307 Rn 41). Diese Zwecke darf man nicht durch Rückgriff auf den allgemeinen Grundsatz von Treu und Glauben unterlaufen (so auch BGH NJW 1991, 832, 833 zu § 315). Die abweichenden Ansätze in der älteren Lit lassen sich damit erklären, dass die Zulässigkeit der Transparenzkontrolle für die betreffenden Klauseln erst bei der Schuldrechtsreform ausdrücklich geregelt worden ist; hierdurch ist ein wesentliches Schutzbedürfnis für den Vertragspartner entfallen (Staudinger/Coester [2013] § 307 Rn 314). Bei Verträgen über **Leistungen der Daseinsvorsorge** (Strom, Wasser, Gas etc) kontrolliert die Rspr zwar auch die vereinbarten Entgelte (vgl BGHZ 115, 311, 317; 171, 374; 172, 315; 178, 362). Sie stützt sich dabei aber weder auf § 307 BGB noch auf § 242 BGB, sondern zieht § 315 Abs 3 BGB heran (vgl MünchKomm/Schubert Rn 529). Dies zeigt, dass es um keine Inhaltskontrolle nach **normativen** Maßstäben geht, sondern um eine Prüfung der Angemessenheit unter dem Aspekt der **Billigkeit** (vgl Staudinger/Coester [2013] § 307 Rn 326).

Mit dem grundsätzlichen Ausschluss der §§ 307 ff BGB bei **deklaratorischen Klauseln** **474** will der Gesetzgeber verhindern, dass andere gesetzliche Vorschriften einer mittelbaren richterlichen Inhaltskontrolle am Maßstab von Treu und Glauben unterzogen werden (vgl BeckOK-BGB/Schmidt [1. 5. 2019] § 307 Rn 71; Staudinger/Coester [2013] § 307 Rn 294). Diese Erwägung steht auch der Anwendung des § 242 BGB entgegen.

(b) Vorformulierte Individualverträge
Die Rspr greift häufig auf § 242 BGB zurück, wenn **vorformulierte Vertragsbedin-** **475** **gungen** von einem **neutralen Dritten** – namentlich einem Notar – in einen **Individualvertrag** eingeführt werden (vgl MünchKomm/Schubert Rn 542; Coester-Waltjen AcP 190 [1990] 1, 11 f). Im Vordergrund steht der **formelhafte Ausschluss der Gewährleistung** beim Erwerb neu errichteter oder noch zu errichtender Eigentumswohnungen und Häuser; hier führt der BGH in st Rspr eine Inhaltskontrolle nach § 242 BGB durch (vgl BGH NJW 1984, 2094, 2095; BGH NJW-RR 1986, 1026, 1027; BGHZ 101, 350, 353 ff; 108, 164, 168 ff; BGH NJW 2005, 1115, 1117; NJW-RR 2007, 895, 897; OLG Köln DNotZ 2012, 126; zust zB Staudinger/Peters/Jacoby [2014] § 639 Rn 72 ff; Emmerich JuS 1988, 311; Schlosser JR 1988, 329; vHoyningen-Huene, Inhaltskontrolle nach § 9 AGB-Gesetz [1992] Rn 64 ff; vgl u Rn 947). Maßgeblich ist die Erwägung, die „Richtigkeitsgewähr des Vertrags" sei in solchen Fällen typischerweise beeinträchtigt, weil die entsprechenden Klauseln den Anschein der Rechtmäßigkeit, Vollständigkeit und Ausgewogenheit weckten und die Beteiligten sich die damit verbundenen Nachteile deshalb nicht ausreichend bewusst machten (so BGHZ 101, 350, 354 im Anschluss an Kramer, Nichtausgehandelter Individualvertrag, notariell beurkundeter Vertrag und AGBG, ZHR 146 [1982] 105, 111). Die Freizeichnung wird daher nach § 242 BGB für unwirksam erachtet, wenn sie nicht mit dem Erwerber unter **ausführlicher Belehrung** über die einschneidenden Rechtsfolgen eingehend erörtert wurde (BGHZ 101, 350, 353; BGH NJW 2005, 1115, 1117; NJW-RR 2007, 895, 897; OLG Celle MDR 1997, 1008; OLG Schleswig NJW-RR 1995, 590, 591). In neuerer Zeit hat die Problematik insofern an praktischer Bedeutung verloren, als der Anwendungsbereich des AGB-Rechts bei **Verbraucherverträgen** durch § 310 Abs 3 BGB (§ 24a AGBG) erheblich erweitert worden ist (vgl Palandt/Grüneberg § 307 Rn 6). Nach hM (Palandt/Grüneberg § 310 Rn 16; MünchKomm/Basedow § 310 Rn 94, 70 f; Staudinger/

Coester [2013] § 307 Rn 35) unterliegen damit nicht nur **notarielle Standardverträge**, sondern auch **notarielle Einzelverträge** der Kontrolle nach §§ 307 ff BGB. Außerhalb von Verbraucherverträgen bleibt § 242 BGB für vorformulierte Individualverträge aber weiter anwendbar. Der Umstand, dass es sich beim Verkäufer um keinen gewerblichen Bauträger handelt, führt dabei nicht zu geringeren Anforderungen an die maßgeblichen notariellen Hinweispflichten (OLG Köln DNotZ 2012, 126).

476 Die Rspr zur **inhaltlichen Kontrolle notarieller Einzelverträge** nach § 242 BGB ist teilweise auf heftige **Kritik** gestoßen (vgl etwa Medicus, Zur gerichtlichen Inhaltskontrolle notarieller Verträge [1989]; Brambring DNotZ 1988, 296; Habersack, Richtigkeitsgewähr notariell beurkundeter Verträge, AcP 189 [1989] 401, 415 ff; Michalski/Römermann, Inhaltskontrolle von Einzelvereinbarungen anhand des AGB-Gesetzes, ZIP 1993, 1434 ff; H Roth, Die Inhaltskontrolle nichtausgehandelter Individualverträge im Privatrechtssystem, BB 1987, 977, 982; Zöllner, Die politische Rolle des Privatrechts, JuS 1988, 329, 333). Die sachliche Rechtfertigung dieser Rspr erscheint in der Tat zweifelhaft. In der Lit wird teilweise auf die wirtschaftliche oder intellektuelle **Unterlegenheit** des Vertragspartners verwiesen (Staudinger/Peters/Jacoby [2014] § 639 Rn 74; ähnlich bereits Lieb AcP 178 [1978] 205 ff). Dieser Ansatz kann aber seit dem Inkrafttreten des § 24a AGBG (§ 310 Abs 3 BGB) nicht mehr überzeugen. Denn nach den Wertungen dieser Vorschrift liegt die für eine Ausweitung der AGB-Kontrolle erforderliche Unterlegenheit eben nur im Verhältnis von Verbrauchern und Unternehmern vor. Die Rspr lässt sich daher sachlich nur mit den **besonderen Gefahren des Gewährleistungsausschlusses bei Immobilien** rechtfertigen. Hinzu kommt das formale Argument, dass der Vertragspartner bei Fehlen einer ausführlichen Belehrung gegenüber **notariell vorformulierten Einzelverträgen** ebenso schutzwürdig ist wie gegenüber AGB. Der Anwendungsbereich der AGB-Kontrolle wird damit über § 242 BGB auf eine Fallgruppe erweitert, bei der eine Inhaltskontrolle nach § 138 Abs 1 BGB aufgrund eines spezifischen Schutzbedürfnisses nicht ausreichend erscheint. Dies erklärt, warum die Angemessenheitskontrolle nach § 242 BGB den gleichen Maßstäben wie die AGB-Kontrolle nach §§ 307 ff BGB folgt (dazu Staudinger/Peters/Jacoby [2014] § 639 Rn 75). In der Lit wird teilweise dafür plädiert, die Inhaltskontrolle nach § 242 BGB auf sämtliche Werkverträge unabhängig von der notariellen Beurkundung zu erstrecken (Staudinger/Peters/Jacoby [2014] § 639 Rn 74). Hiergegen spricht jedoch, dass die besonderen Gefahren des Gewährleistungsausschlusses allein nicht ausreichen, um eine erweiterte Inhaltskontrolle zu rechtfertigen.

(c) Gesellschaftsverträge und Vereinssatzungen

477 Im Gesellschaftsrecht ist die Anwendung der §§ 307 ff BGB gem § 310 Abs 4 BGB ausgeschlossen. Dies führt bei **Gesellschaftsverträgen von Publikumsgesellschaften** zu Problemen. Nach der Rspr ist der Vertragsmechanismus hier so ineffektiv, dass die Gesellschafter durch eine erweiterte Inhaltskontrolle nach § 242 BGB geschützt werden müssen (vgl BGHZ 64, 238 ff = NJW 1975, 1318; MünchKomm/Schubert Rn 535; ausf dazu u Rn 1008).

478 Die Ausschlussregelung für „Verträge auf dem Gebiet des Gesellschaftsrechts" (§ 310 Abs 4 BGB) erfasst auch **Vereinssatzungen** (MünchKomm/Basedow § 310 Rn 120). Diese unterliegen damit ebenfalls nicht der Kontrolle nach §§ 307 ff BGB. Hat der Verein im wirtschaftlichen oder sozialen Bereich eine überragende Rolle, so nimmt die Rspr jedoch auch hier eine **Angemessenheitskontrolle nach Treu und Glauben**

(§ 242 BGB) vor (vgl BGHZ 105, 306; 128, 93; OLG Karlsruhe SpuRt 2013, 31; MünchKomm/ Schubert Rn 537). Dies gilt sowohl im Verhältnis zu den Mitgliedern des Vereins als auch im Verhältnis zu Dritten (vgl MünchKomm/Basedow § 310 Rn 121 f; s auch u Rn 998). Auf die Satzung eines **Versicherungsvereins auf Gegenseitigkeit** sind die §§ 307 ff BGB dagegen anwendbar, so weit die darin getroffenen Bestimmungen zumindest auch auf das Versicherungsverhältnis bezogen sind (BGHZ 136, 394; 141, 153; Staudinger/Schlosser [2013] § 310 Rn 79). Eine Inhaltskontrolle nach § 242 BGB ist daher in diesem Bereich nicht erforderlich.

(d) Tarifverträge, Betriebsvereinbarungen, Dienstvereinbarungen
Im Arbeitsrecht erfasst die AGB-Kontrolle nach §§ 307 ff BGB weder Tarifverträge noch Betriebs- oder Dienstvereinbarungen (§ 310 Abs 4 BGB). Bei **Tarifverträgen** erklärt sich dies daraus, dass sie mit Rücksicht auf die verfassungsrechtlich garantierte Tarifautonomie (Art 9 Abs 3 GG) keiner gerichtlichen Angemessenheitskontrolle unterliegen sollen (Däubler, in: Däubler/Bonin/Deinert § 310 Rn 25; Staudinger/Krause [2013] Anh zu § 310 Rn 88). Eine Inhaltskontrolle nach § 242 BGB muss daher ebenfalls ausscheiden. Entsprechende Überlegungen gelten nach Ansicht der Bundesregierung auch für Betriebs- und Dienstvereinbarungen (BT-Drucks 14/6857, 54). Indessen sind **Betriebsvereinbarungen** nach der Rspr des BAG nicht im gleichen Maße wie Tarifverträge der gerichtlichen Inhaltskontrolle entzogen. Das Gericht praktiziert hier vielmehr eine Billigkeitskontrolle (vgl Richardi, Betriebsverfassungsgesetz [16. Aufl 2018] § 77 Rn 131 mwNw; Thüsing BB 2002, 2666, 2669). Gerechtfertigt wird dies mit der Abhängigkeit der Betriebsratsmitglieder als Arbeitnehmer (vgl BAGE 22, 252, 267 = AP Nr 142 zu § 242 Ruhegehalt). Als Maßstab der Billigkeitskontrolle dienten zunächst „Treu und Glauben unter besonderer Berücksichtigung des Vertrauensschutzgedankens" (BAGE 22, 252, 267 = AP Nr 142 zu § 242 BGB Ruhegehalt). In neuerer Zeit werden mit dem Grundsatz der **Gleichbehandlung** aus § 75 BetrVG und dem **Verhältnismäßigkeitsprinzip** aber spezifischere Kriterien herangezogen (vgl BAGE 37, 237, 242; BAG AP Nr 17 zu § 77 BetrVG 1972 [unter C II 5]; MünchKomm/Schubert Rn 539; Däubler, in: Däubler/Bonin/Deinert § 310 Rn 33). Dies zeigt, dass die Billigkeitskontrolle von Betriebsvereinbarungen sich vom Maßstab des § 242 BGB gelöst und zu einer Rechtskontrolle hin entwickelt hat (vgl Richardi, Betriebsverfassungsgesetz [16. Aufl 2018] § 77 Rn 132; Stoffels, in: Wolf/Lindacher/Pfeiffer Anh zu § 310 ArbR Rn 11). Eine allgemeine Billigkeitskontrolle nach § 242 BGB oder § 315 BGB wäre im Übrigen mit den Wertungen des § 310 Abs 4 BGB unvereinbar (Staudinger/Krause [2013] Anh zu § 310 Rn 38 ff; Rolfs RdA 2006, 349, 354 ff). Zur Inhaltskontrolle von **Dienstvereinbarungen** vgl Däubler, in: Däubler/Bonin/Deinert § 310 Rn 37.

(e) Familien- und Erbrecht
Eine Inhaltskontrolle nach §§ 307 ff BGB scheidet gem § 310 Abs 4 BGB auch im Familien- und Erbrecht aus. In der Lit wird aber teilweise angenommen, dass eine auf § 242 BGB gestützte Inhaltskontrolle auch bei **erbrechtlichen Verträgen** zulässig sei, wenn darin vorformulierte Klauseln verwendet werden (so etwa Ulmer/Schäfer, in: Ulmer/Brandner/Hensen, AGB-Recht [12. Aufl 2016] § 310 Rn 46; Staudinger/J Schmidt [1995] Rn 472). Diese Situation kann insbesondere bei Beteiligung eines Notars eintreten (vgl MünchKomm/Basedow § 310 Rn 117). Die Rspr hat sich im Erbrecht bislang mit einer Inhaltskontrolle nach § 138 Abs 1 BGB begnügt (vgl NK-BGB/Looschelders § 138 Rn 195 ff; Erman/Schmidt-Räntsch § 138 Rn 105 mwNw). Dies steht zwar in einem gewissen Gegensatz zur Kontrolle vorformulierter Individualverträge beim Erwerb

von neu errichteten Eigentumswohnungen und Häusern. Der Unterschied besteht aber darin, dass das Interesse an der Verwirklichung eines gerechten Interessenausgleichs im Erbrecht grundsätzlich hinter der **Testierfreiheit** des Erblassers (Art 14 Abs 1 GG) zurücktreten muss (allg dazu o Rn 454).

481 Die gleiche Problematik wie im Erbrecht kann sich auch bei **familienrechtlichen Verträgen** (insbesondere Eheverträgen) stellen, in welche der Notar vorformulierte Klauseln eingeführt hat. In der Lit wird auch hier eine **Inhaltskontrolle** nach § 242 BGB befürwortet (so ULMER/SCHÄFER, in: ULMER/BRANDNER/HENSEN, AGB-Recht [12. Aufl 2016] § 310 Rn 46; STAUDINGER/J SCHMIDT [1995] Rn 472; für eine generelle Inhaltskontrolle von Eheverträgen nach § 242: SCHWENZER, Vertragsfreiheit im Ehevermögens- und Scheidungsfolgenrecht, AcP 196 [1996] 88, 103). Rspr und hL orientieren sich dagegen zu Recht am Maßstab des § 138 Abs 1 BGB (ausf dazu u Rn 964 f). Neben dem formalen Aspekt der Vorformulierung durch den Notar sind nämlich keine sachlichen Gründe ersichtlich, die eine erweiterte Inhaltskontrolle rechtfertigen. Insbesondere kann dem Schutzbedürfnis des schwächeren Ehepartners im Rahmen des § 138 Abs 1 BGB ausreichend Rechnung getragen werden. § 242 BGB hat daher in diesem Bereich nur bei der **Ausübungskontrolle** Bedeutung (vgl MünchKomm/SCHUBERT Rn 542).

(3) Verbraucherschutzrecht

482 Der Gedanke der gestörten Vertragsparität liegt darüber hinaus zahlreichen Vorschriften zugrunde, die in neuerer Zeit unter dem Einfluss der europäischen Verbraucherschutzrichtlinien für **Verträge zwischen Verbrauchern** (§ 13 BGB) **und Unternehmern** (§ 14 BGB) erlassen worden sind (vgl MünchKomm/MICKLITZ § 13 Rn 1 ff, § 14 Rn 1 f; DREXL, Die wirtschaftliche Selbstbestimmung des Verbrauchers [1998] 282 ff; ders, in: SCHLECHTRIEM, Wandlungen des Schuldrechts [2002] 97, 114 ff; HÜBNER, AT Rn 607; WOLF/NEUNER, BGB AT § 43 Rn 1 ff; § 42 Rn 25 ff; in der älteren Lit: LIEB AcP 178 [1978] 196, 202 ff; DAUNER-LIEB, Verbraucherschutz durch Ausbildung eines Sonderprivatrechts für Verbraucher [1983] 66 f). Die **Inhaltskontrolle** von Verträgen hat in diesem Bereich indes keine über das AGB-Recht hinausgehende Bedeutung; der Schutz des Verbrauchers wird lediglich durch § 310 Abs 3 BGB verstärkt. Im Übrigen wird die Entscheidungsfreiheit des Verbrauchers durch vorvertragliche Informationspflichten des Unternehmers (zB §§ 312a II, 312d, 312j, 482, 491a, 650j BGB) sowie durch **Widerrufsrechte** des Verbrauchers geschützt (vgl §§ 312g, 485, 495, 506 Abs 1, 510 Abs 2, 514 Abs 2, 515, 650l BGB). Daneben gibt es zahlreiche **zwingende oder halbzwingende Vorschriften**, welche die Privatautonomie zum Schutz des Verbrauchers begrenzen (vgl insbes §§ 312k, 475, 487, 512, 650o, 655e BGB).

(4) Störung der Vertragsparität im Einzelfall

483 Soweit diese gesetzlich anerkannten Fallgruppen nicht einschlägig sind, muss die Störung der Vertragsparität auf der Grundlage **sämtlicher Umstände des Einzelfalls** festgestellt werden (vgl WOLF/NEUNER, BGB AT § 46 Rn 29; LOOSCHELDERS, Schuldrecht AT § 3 Rn 10). Praktische Bedeutung hat dies vor allem bei **Bürgschaften naher Familienangehöriger** sowie bei **Eheverträgen** (s oben Rn 460). Ob die Inhaltskontrolle in diesen Fällen nach § 138 Abs 1 BGB oder nach § 242 BGB zu erfolgen hat, ist umstritten (vgl MünchKomm/SCHUBERT Rn 128 f; BECKER, Der unfaire Vertrag [2003] 11). Das BVerfG hat die Frage bewusst offen gelassen (BVerfGE 89, 214, 229 ff). Der BGH stellt in beiden Bereichen auf § 138 Abs 1 BGB ab (vgl zur Bürgschaft u Rn 878; zu den Eheverträgen Rn 964). Bei Eheverträgen wird darüber hinaus aber auch eine **Ausübungskontrolle**

nach § 242 BGB vorgenommen. Dieser zweistufigen Konzeption ist zuzustimmen. Die Anwendung des § 138 Abs 1 BGB gewährleistet, dass die Kontrolle des **Vertragsinhalts** auf das notwendige Maß begrenzt bleibt (s oben Rn 366 f). Durch den ergänzenden Rückgriff auf § 242 BGB wird gleichzeitig sichergestellt, dass es nicht im Einzelfall aufgrund besonderer Umstände zu unangemessenen **Ergebnissen** kommt.

(5) Fazit
Außerhalb des Anwendungsbereichs der §§ 307 ff BGB richtet sich die **inhaltliche** **484** **Kontrolle** von Rechtsgeschäften grundsätzlich nicht nach § 242 BGB, sondern nach § 138 Abs 1 BGB. Eine Ausnahme gilt nur für den Fall, dass ein vorformulierter notarieller Vertrag über den Erwerb neu errichteter Häuser oder Eigentumswohnungen einen Gewährleistungsausschluss vorsieht. Die §§ 307 ff BGB greifen hier nur ein, wenn es sich um einen Verbrauchervertrag handelt; im Übrigen kommt eine Inhaltskontrolle nach § 242 BGB in Betracht. In allen anderen Fällen der gestörten Vertragsparität beschränkt sich die Funktion des § 242 BGB auf die Verhinderung **unzulässiger Rechtsausübung**.

dd) Zusammenspiel von § 134 und § 242
(1) Einschränkung der Nichtigkeitsfolge
Ist ein Rechtsgeschäft wegen eines Gesetzesverstoßes nach § 134 BGB nichtig, so **485** stellt sich die Frage, ob die Beteiligten unter dem Aspekt des § 242 BGB gehindert sein können, sich auf die Nichtigkeit zu berufen. Die Rspr hat diese Frage zunächst verneint (vgl OLG Hamburg MDR 1962, 213). In der Entscheidung vom 23. 9. 1982 hat der BGH jedoch klargestellt, dass „der das gesamte Rechtsleben beherrschende Grundsatz von Treu und Glauben" auch im Rahmen von Rechtsgeschäften gilt, die nach § 134 BGB nichtig sind; „in besonders gelagerten Ausnahmefällen" könne die Berufung auf die Nichtigkeit eine **unzulässige Rechtsausübung** darstellen (BGHZ 85, 39, 48 = BGH NJW 1983, 109 – Schwarzarbeit; krit TIEDTKE, Baubetreuungsvertrag und Schwarzarbeit, NJW 1983, 713; KÖHLER Anm JR 1983, 106). Dies entspricht heute der hM (vgl BGHZ 111, 308, 311 – Schwarzarbeit; 118, 182, 191 = NJW 1992, 2557, 2559; OLG Frankfurt NJW-RR 1991, 243, 245 – Kontaktanzeigen; BGH NJW-RR 2008, 1050; NJW-RR 2008, 1051 – Ohne Rechnung-Abrede; OLG Köln NJW-RR 2014, 241; NK-BGB/LOOSCHELDERS § 134 Rn 80; ERMAN/BÖTTCHER Rn 22; PALANDT/ELLENBERGER § 134 Rn 13; SOERGEL/HEFERMEHL § 134 Rn 30; STAUDINGER/SACK/SEIBL [2017] § 134 Rn 188; BOSCH NJOZ 2008, 3044, 3054; aA JAUERNIG/MANSEL § 134 Rn 17; MünchKomm/ARMBRÜSTER § 134 Rn 130). Wie die besonders gelagerten Ausnahmefälle beschaffen sein müssen, um einen Rückgriff auf § 242 BGB zu rechtfertigen, wird aber teilweise unterschiedlich beurteilt.

Bei der Anwendung des § 242 BGB im Rahmen von § 134 BGB ist zu beachten, dass **486** ein Gesetzesverstoß nach dieser Vorschrift – anders als etwa ein Formverstoß nach § 125 BGB – keineswegs notwendig zur Nichtigkeit des Rechtsgeschäfts führt; entscheidend ist vielmehr, ob **Sinn und Zweck der verletzten Rechtsnorm** den Eintritt der Nichtigkeitsfolge gebieten (vgl MünchKomm/ARMBRÜSTER § 134 Rn 119 ff). Da dies auf der Grundlage einer umfassenden **Interessenabwägung** beurteilt werden muss (dazu NK-BGB/LOOSCHELDERS § 134 Rn 59 ff), bleibt für die ergänzende Anwendung des § 242 BGB kaum Raum. Sind Erwägungen der Einzelfallgerechtigkeit nach dem Zweck der Norm irrelevant, so darf diese Wertung nicht mit Hilfe von § 242 BGB überspielt werden. Auch dem Gedanken des **Vertrauensschutzes** kann in diesem Zusammenhang keine große Bedeutung zukommen (hierauf abstellend aber BGHZ 118, 182, 192). Denn das Vertrauen auf die Wirksamkeit eines gesetzwidrigen Rechtsgeschäfts ist grundsätzlich nicht schutzwürdig (so zutreffend MünchKomm/ARMBRÜSTER § 134 Rn 130).

487 Ein Rückgriff auf § 242 BGB kommt damit nur in Betracht, wenn die Nichtigkeitsfolgen im Einzelfall eine Partei entgegen dem Schutzzweck der verletzten Norm **unerträglich benachteiligen** (vgl BGH NJW 2012, 3424, 3426; BOSCH NJOZ 2008, 3044, 3054). Diese Situation kann etwa bei nichtigen Verträgen über **Schwarzarbeit** eintreten (vgl § 134 BGB iVm § 1 Abs 2 Nr 2 SchwarzArbG) hinsichtlich der Mängelansprüche des Bestellers (vgl BGHZ 85, 39, 49; 111, 308, 313; BGH NJW 2013, 3167). Auf der anderen Seite gebietet es der Zweck des SchwarzArbG, dem Werkunternehmer ausnahmslos weder einen Anspruch auf die vereinbarte Zahlung noch auf Aufwendungsersatz aus GoA oder Wertersatz bzgl der erbrachten Werkleistungen zuzubilligen (BGH 10. 4. 2014 – VII ZR 241/13, BGHZ 201, 1 = NJW 2014, 1805; OLG Schleswig MDR 2013, 1399). Nach der Einführung des **§ 1 Abs 2 Nr 2 SchwarzArbG** mit Wirkung ab dem 1. 8. 2004 handelt es sich bei der Ohne-Rechnung-Abrede nunmehr ausdrücklich um einen Tatbestand der Schwarzarbeit. Dies hat zur Folge, dass die Nichtigkeit des Werkvertrages unmittelbar aus § 134 BGB herzuleiten ist. Entgegen der früheren Rechtsprechung des BGH (vgl BGHZ 111, 308, 312 f; NK-BGB/LOOSCHELDERS § 134 Rn 115 ff; LORENZ NJW 2013, 3132, 3135) ist es aufgrund der Neuregelung des SchwarzArbG nicht mehr geboten, den Gegenleistungsanspruch des Werkunternehmers mit Rücksicht auf § 242 BGB zumindest über einen **bereicherungsrechtlichen Wertersatzanspruch** (§ 818 Abs 2 BGB) aufrechtzuerhalten (BGH 10. 4. 2014 – VII ZR 241/13; BGHZ 201, 1 = NJW 2014, 1805; OLG Schleswig MDR 2013, 1399; vgl auch BGH NJW 2013, 3167 zu Mängelansprüchen des Bestellers). Denn die Zubilligung eines Bereicherungsanspruchs widerspricht der generalpräventiven Missbilligung der Schwarzarbeit, welche der Gesetzgeber durch die verschiedenen Tatbestände im SchwarzArbG zum Ausdruck gebracht hat (BGH 10. 4. 2014 – VII ZR 241/13; BGHZ 201, 1 = NJW 2014, 1805 Rn 19 ff unter Rückgriff auf § 817 S 2; aA STAMM NZBau 2014, 131, 136). Umgekehrt ist der Unternehmer grundsätzlich auch nicht mehr nach § 242 BGB gehindert, sich gegenüber **Mängelansprüchen** des Bestellers auf die Nichtigkeit des Vertrages zu berufen (s unten Rn 867 ff).

488 Eine großzügigere Handhabung des § 242 BGB ist geboten, wenn die **Gesetzwidrigkeit nachträglich entfällt**. Das nach § 134 BGB nichtige Rechtsgeschäft wird in diesem Fall nicht automatisch „geheilt" (NK-BGB/LOOSCHELDERS § 134 Rn 55; STAUDINGER/SACK/SEIBL [2017] § 134 Rn 56). Die Geltendmachung der Nichtigkeit kann aber rechtsmissbräuchlich sein.

(2) Rückgriff auf § 242 bei Wirksamkeit des Rechtsgeschäfts

489 Führt der Gesetzesverstoß nach dem Zweck des verletzten Gesetzes nicht zur Nichtigkeit des Rechtsgeschäfts, so kann die Geltendmachung der aus dem Geschäft folgenden Ansprüche und Rechte im Einzelfall doch nach § 242 BGB wegen unzulässiger Rechtsausübung ausgeschlossen sein (s oben Rn 221 ff). Da § 134 BGB die strengeren Voraussetzungen aufstellt, ergeben sich dabei im Allgemeinen keine spezifischen Konkurrenzprobleme. Eine Ausnahme kommt allerdings in Betracht, wenn die Nichtigkeit daran scheitert, dass das **Verbotsgesetz** erst **nach Vornahme des Rechtsgeschäfts in Kraft getreten** ist. Soweit das Gesetz keine Rückwirkung entfaltet, wird das Rechtsgeschäft grundsätzlich nicht im Nachhinein gem § 134 BGB nichtig (MünchKomm/ARMBRÜSTER § 134 Rn 20; PALANDT/ELLENBERGER § 134 Rn 12a; STAUDINGER/

Sack/Seibl [2017] § 134 Rn 55; NK-BGB/Looschelders § 134 Rn 53; zu den Besonderheiten bei Dauerschuldverhältnissen BGH NVwZ 2003, 1140, 1142 = NJW 2003, 3055 [LS]: Nichtigkeit ex nunc). Im Einzelfall können die Wertungen des Verbotsgesetzes jedoch herangezogen werden, um den Verstoß gegen Treu und Glauben zu begründen. Denn die Ausübungskontrolle nach § 242 BGB bezieht sich allein auf die Frage, ob die Geltendmachung des Rechts nach den **aktuell gültigen Maßstäben** mit Treu und Glauben vereinbar ist.

ee) Zusammenspiel von § 138 und § 242

Im Verhältnis des § 242 BGB zu § 138 BGB können die gleichen Probleme auftreten wie im Verhältnis zu § 134 BGB. Damit sind auch hier **zwei Fragenkreise** zu unterscheiden. 490

(1) Einschränkung der Nichtigkeitsfolge
(a) Grundlagen

Die hM geht davon aus, dass eine Partei im Einzelfall nach § 242 BGB gehindert sein kann, die Sittenwidrigkeit (und damit Nichtigkeit) eines Rechtsgeschäfts nach § 138 BGB geltend zu machen (vgl BGH NJW 1981, 1439, 1440; NJW 1986, 2944, 2945; Palandt/ Ellenberger § 138 Rn 21; Staudinger/Sack/Fischinger [2017] § 138 Rn 33 ff; **aA** RGZ 150, 181, 186; 160, 52, 56; Jauernig/Mansel § 138 Rn 27; MünchKomm/Armbrüster § 138 Rn 155; Staudinger/J Schmidt [1995] Rn 480). Ebenso wie bei § 134 BGB wird diese Möglichkeit jedoch auf „**besonders gelagerte Ausnahmefälle**" beschränkt (so BGH NJW 1981, 1439, 1440). Maßgeblich ist die Erwägung, dass sittenwidrige Geschäfte nicht auf dem Umweg über § 242 BGB wirksam werden dürfen. Eine Aufrechterhaltung des Rechtsgeschäfts für die Zukunft soll deshalb von vornherein ausscheiden (BGH NJW 1981, 1439, 1440). 491

Gegen die Einschränkung der Nichtigkeitsfolge des § 138 BGB über § 242 BGB wird eingewandt, dass die Sittenwidrigkeit als **Einwendung** von Amts wegen zu beachten sei. Die Geltendmachung der Sittenwidrigkeit könne daher nicht treuwidrig sein (vgl BAG NJW 1976, 1758, 1759; MünchKomm/Armbrüster § 138 Rn 155). Dem ist insofern zuzustimmen, als es bei der Prüfung des § 242 BGB nicht darauf ankommt, ob der Betreffende sich auf die Nichtigkeit des Rechtsgeschäfts beruft; entscheidend ist vielmehr, ob die Nichtigkeit zu Ergebnissen führt, welche der Billigkeit (iSv Individualgerechtigkeit) widersprechen. Es geht also ebenso wie in den Fällen der Formnichtigkeit nach § 125 BGB (s oben Rn 445) darum, die Unwirksamkeit eines Rechtsgeschäfts mit Rücksicht auf Treu und Glauben zu überwinden und dem Gläubiger auf diese Weise einen an sich nicht gegebenen Anspruch zu gewähren (allg dazu o Rn 216 ff). 492

Nach allgemeinen Grundsätzen (s oben Rn 332 ff) scheidet ein Rückgriff auf § 242 BGB im Anwendungsbereich anderer Normen aus, wenn die für deren unveränderte Anwendung sprechenden Belange dem Interesse an einer gerechten Einzelfallentscheidung vorgehen. Im Verhältnis zu § 138 BGB hat J Schmidt einen solchen Ausschluss des § 242 BGB generell bejaht, weil die Nichtigkeitsanordnung bei Sittenwidrigkeit nicht allein individuellen Interessen diene, sondern in erster Linie die **öffentliche Ordnung** schützen solle; dieser Zweck dürfe nicht dadurch vereitelt werden, dass man das Rechtsgeschäft unter Berufung auf Individualinteressen aufrechterhalte (Staudinger/J Schmidt [1995] Rn 480). Die **individuellen Interessen** des 493

Benachteiligten haben jedoch auch bei § 138 BGB eigenständige Bedeutung (vgl NK-BGB/Looschelders § 138 Rn 4). Dies zeigt nicht zuletzt die Rspr des BVerfG zur verfassungsrechtlichen Notwendigkeit eines Schutzes der strukturell schwächeren Partei (BVerfGE 89, 214, 229 ff), die von den Zivilgerichten auf der Grundlage des § 138 Abs 1 BGB umgesetzt wird (s oben Rn 365). Man muss daher unterscheiden: Verletzt das sittenwidrige Rechtsgeschäft öffentliche Interessen oder Interessen Dritter, kann die Nichtigkeitsfolge nicht nach § 242 BGB eingeschränkt werden (s oben Rn 224). Steht der Schutz des Benachteiligten im Vordergrund, so kommt ein Rückgriff auf § 242 BGB in Betracht. Da die Nichtigkeitsfolge auch hier auf einem **gesteigerten Unwerturteil** beruht, müssen die für die Außerachtlassung der Nichtigkeit streitenden Gründe aber besonders schwerwiegend sein. Außerdem ist zu prüfen, ob die Einzelfallgerechtigkeit nicht schon durch sachgemäße Anwendung der §§ 817–820, 823 ff BGB gewährleistet werden kann (vgl Staudinger/J Schmidt [1995] Rn 480).

(b) Fallgruppen

494 Unter welchen Voraussetzungen § 242 BGB im Rahmen des § 138 BGB ausnahmsweise zur Einschränkung der Nichtigkeitsfolge herangezogen werden kann, hat der BGH bislang nicht allgemein umschrieben. Es lassen sich jedoch einige Fallgruppen unterscheiden, in denen die Rspr den Rückgriff auf § 242 BGB zugelassen hat.

(aa) Einseitige Sittenverstöße

495 Den wichtigsten Anwendungsbereich hat § 242 BGB bei **einseitigen Sittenverstößen**. Dem Grundsatz nach ist anerkannt, dass die Nichtigkeit auch von dem selbst sittenwidrig handelnden Vertragsteil geltend gemacht werden kann (vgl RGZ 150, 181, 186; 160, 52, 56; BGHZ 27, 172, 180; 60, 102, 105; BAG NJW 1976, 1959; Soergel/Hefermehl § 138 Rn 61). Eine Ausnahme soll aber für den Fall gelten, dass dieser dadurch einen ungerechtfertigten Vorteil zu Lasten des anderen Teils erlangen würde (so BGH Betrieb 1957, 843; BGH WM 1957, 1118, 1121 und 1155, 1158; 1972, 486, 488; Palandt/Ellenberger § 138 Rn 21; BGB-RGRK/Krüger-Nieland/Zöller § 138 Rn 40; Staudinger/Sack/Fischinger [2017] § 138 Rn 34; **aA** MünchKomm/Armbrüster § 138 Rn 155; Staudinger/Dilcher[12] § 138 Rn 107). Zur Begründung wird ausgeführt, die Nichtigkeit diene vor allem dem Schutz des redlichen Teils (so schon vTuhr, AT II 2 § 70 IV, bes Fn 136; in neuerer Zeit vor allem Soergel/Hefermehl § 138 Rn 61). Dem ist iE zuzustimmen. Aus methodischer Sicht muss aber vorrangig geprüft werden, ob sich diese Fälle nicht bereits über eine **teleologische Reduktion der Nichtigkeitsfolge des § 138 BGB** lösen lassen (vgl NK-BGB/Looschelders § 138 Rn 20; z Verhältnis zwischen § 242 und teleologischer Reduktion s oben Rn 344). Denn die Anwendung einer Vorschrift darf nicht zu einem Ergebnis führen, das ihrem Schutzzweck geradezu widerspricht (vgl allg Looschelders/Roth, Juristische Methodik 261 ff).

(bb) Beiderseitige Sittenverstöße

496 Bei **beiderseitigen Sittenverstößen** ist die hM mit dem Rückgriff auf § 242 BGB noch zurückhaltender (vgl BGH NJW 1986, 2944, 2945; Soergel/Hefermehl § 138 Rn 61; PWW/Ahrens § 138 Rn 7; gegen Anwendung des § 242 in diesen Fällen BGB-RGRK/Krüger-Nieland/Zöller § 138 Rn 40). Eine Ausnahme wird für den Fall erwogen, dass jemand die **Vorteile eines nichtigen Geschäfts in Anspruch nimmt** und sich auf dessen Nichtigkeit erst dann beruft, wenn er seine Gegenleistung erbringen soll. Die Rspr hat hier Erfüllungsansprüche bejaht (vgl BGH NJW 1981, 1439, 1440 – Vorführung pornographischer Filme; OLG Celle BB 1968, 642, 643 – Bierlieferung); die Lit ist dem zum Teil gefolgt

(BeckOK-BGB/Wendtland [1. 5. 2019] § 138 Rn 31; Staudinger/Sack/Fischinger [2017] § 138 Rn 34; vgl auch Dressel und Wittmann in Anm zu OLG Celle BB 1968, 643). Andere Autoren wollen § 242 BGB dagegen nur anwenden, wenn die eine Partei von vornherein darauf aus war, zunächst „die Vorteile einzuheimsen und sich dann auf die Nichtigkeit zu berufen" (so Soergel/Hefermehl § 138 Rn 61). Der Sache nach besteht eine Parallele zu den Schwarzarbeitsfällen bei § 134 BGB, in denen die neuere Rechtsprechung dem leistenden Werkunternehmer aber aufgrund der Sperre des § 817 S 2 BGB keinen Wertersatzanspruch nach § 818 Abs 2 BGB mehr zubilligt (BGH 10. 4. 2014 – VII ZR 241/13, BGHZ 201, 1 = NJW 2014, 1805; OLG Schleswig MDR 2013, 1399; zum Mängelbeseitigungsanspruch des Bestellers BGH NJW 2013, 3167; s oben Rn 362).

(cc) Wegfall der Sittenwidrigkeit nach Vornahme des Rechtsgeschäfts
Nach hM kann § 242 BGB schließlich anwendbar sein, wenn die Sittenwidrigkeit **497** aufgrund einer Änderung der tatsächlichen Verhältnisse oder der Wertanschauungen nach Vornahme des Rechtsgeschäfts entfallen ist (vgl Staudinger/Sack/Fischinger [2017] § 138 Rn 33, 138; PWW/Ahrens § 138 Rn 7; Schmoeckel AcP 197 [1997] 1, 23). Dieser Auffassung ist für den Fall einer Änderung der **tatsächlichen Verhältnisse** zu folgen. Bei einer Änderung der **Wertanschauungen** erscheint es dagegen zumindest im Hinblick auf **letztwillige Verfügungen** vorzugswürdig, den neuen Maßstab schon bei der Entscheidung über die Sittenwidrigkeit zu berücksichtigen (so auch Erman/Schmidt-Räntsch § 138 Rn 34 f; BeckOK-BGB/Wendtland [1. 5. 2019] § 138 Rn 28; MünchKomm/Armbrüster § 138 Rn 137; PWW/Ahrens § 138 Rn 39; Soergel/Hefermehl § 138 Rn 44; Hübner, AT Rn 895; ausf z Ganzen NK-BGB/Looschelders § 138 Rn 122 ff; Mayer-Maly JZ 1981, 801 ff, vgl ferner u Rn 498 ff). Ein Rückgriff auf § 242 BGB ist damit entbehrlich.

(2) Anwendung des § 242 BGB bei Wirksamkeit des Rechtsgeschäfts
Ist das Rechtsgeschäft nicht nach § 138 BGB nichtig, so kann die Geltendmachung **498** der daraus folgenden Rechte im Einzelfall immer noch nach § 242 BGB als unzulässige Rechtsausübung (s oben Rn 367) anzusehen sein. Insoweit kann auf die allgemeinen Überlegungen zum Verhältnis von **Wirksamkeits-** und **Ausübungskontrolle** (s oben Rn 368) verwiesen werden.

Spezifische Fragen des Zusammenwirkens von § 138 BGB und § 242 BGB treten **499** auf, wenn die **Sittenwidrigkeit** nicht schon im Zeitpunkt des Vertragsschlusses, sondern erst **im Zeitpunkt der Erfüllung des Vertrages** gegeben ist. Die hM stellt in diesen Fällen bei der Beurteilung der Sittenwidrigkeit auf die Vornahme des Rechtsgeschäfts ab. Führt eine Änderung der tatsächlichen Verhältnisse oder der Wertanschauungen dazu, dass das Rechtsgeschäft im Zeitpunkt der Erfüllung als sittenwidrig anzusehen ist, so soll der Schuldner dem Erfüllungsanspruch des Gläubigers jedoch den Einwand der unzulässigen Rechtsausübung entgegensetzen können (vgl BGH NJW 1983, 2692; NJW 1996, 990, 991; Erman/Schmidt-Räntsch § 138 Rn 24; MünchKomm/Armbrüster § 138 Rn 136, 138; Palandt/Ellenberger § 138 Rn 9 f; PWW/Ahrens § 138 Rn 37; Soergel/Hefermehl § 138 Rn 40 ff; Staudinger/Sack/Fischinger [2017] § 138 Rn 136; Wolf/Neuner, BGB AT § 46 Rn 26; aA Staudinger/Dilcher[12] § 138 Rn 19; Pawlowski, AT Rn 499b; Bunte, Rechtsanwendungsprobleme im Bereich des Konsumentenkredits, NJW 1985, 705, 706 [Nichtigkeit]; s ferner o Rn 371).

Mit Blick auf den **Wandel der Wertanschauungen** hat J Schmidt dieser Konzeption **500** entschieden widersprochen. Maßgeblich ist die Erwägung, dass der Bereich der Sittenwidrigkeit ganz überwiegend zum deutschen **ordre public** gehört. Im Rahmen des § 138 BGB sei es daher aufgrund überwiegender öffentlicher Interessen geboten, die im Zeitpunkt der Entscheidung geltenden Maßstäbe anzuwenden. Der Rückgriff auf § 242 BGB liege somit „völlig neben der Sache" (Staudinger/J Schmidt [1995] Rn 476).

501 Gegen eine **generelle** Berücksichtigung des Wertungswandels zu Lasten der Wirksamkeit von Rechtsgeschäften spricht der Gedanke des **Vertrauensschutzes**. Ist ein Rechtsgeschäft im Zeitpunkt seiner Vornahme wirksam, so darf seine Gültigkeit im Nachhinein grundsätzlich nicht wieder in Frage gestellt werden (vgl BGH NJW 1983, 2692; NK-BGB/Looschelders § 138 Rn 125; PWW/Ahrens § 138 Rn 37; Mayer-Maly JZ 1981, 801, 804; Staudinger/Sack/Fischinger [2017] § 138 Rn 137; Schmoeckel AcP 197 [1997] 1, 41 ff). Etwas anderes lässt sich auch nicht mit dem Hinweis auf „überwiegende öffentliche Interessen" rechtfertigen. Denn der Gedanke des Vertrauensschutzes gehört zu den wesentlichen Grundsätzen des deutschen Rechts (vgl Art 20 Abs 3 GG) und ist gegenüber den anderen Elementen des ordre public keineswegs generell nachrangig. Es bleibt damit nur die Möglichkeit, dem Gläubiger **im Einzelfall** die Geltendmachung der aus dem Geschäft folgenden Rechte zu verwehren. Hierfür ist § 242 BGB die geeignete Grundlage.

i) Teilnichtigkeit, § 139
aa) Allgemeines

502 Im Rahmen des § 139 BGB hat die Rspr verschiedene Konstellationen anerkannt, in denen es einer Partei mit Rücksicht auf Treu und Glauben verwehrt sein kann, die **Gesamtnichtigkeit** eines Rechtsgeschäfts **geltend zu machen** (vgl dazu zB RGZ 153, 59; BGH LM Nr 36 zu § 139; BGH WM 1959, 566; BGH NJW 1967, 245; BGH WM 1971, 99; BGHZ 112, 288, 296 = NJW 1991, 105, 107; BGH NJW 1993, 1587, 1589; BGH NJW-RR 1997, 684, 686; OLG Schleswig NJW-RR 2006, 1665, 1667; aus der Lit: Erman/Arnold § 139 Rn 24; Palandt/Ellenberger § 139 Rn 16; MünchKomm/Busche § 139 Rn 35; Soergel/Hefermehl § 139 Rn 44 ff; Staudinger/Roth [2015] § 139 Rn 89 ff; PWW/Ahrens § 139 Rn 23; Wolf/Neuner, BGB AT § 56 Rn 28 ff; zu sittenwidrigen Eheverträgen s unten Rn 966). In der Lit wird zu Recht darauf hingewiesen, dass die Geltendmachung der Gesamtnichtigkeit als solche nicht zu missbilligen sei (vgl etwa Soergel/Hefermehl § 139 Rn 45, 47; ausf Staudinger/J Schmidt [1995] Rn 483). Letztlich handelt es sich dabei aber um eine terminologische Frage. Der Sache nach kommt es allein darauf an, ob die (Gesamt-)Nichtigkeit des Geschäfts Konsequenzen hat, die mit der Einzelfallgerechtigkeit unvereinbar erscheinen (s dazu auch Rn 505 und Rn 508).

503 Die Tragweite des § 242 BGB wird bei § 139 BGB dadurch gemindert, dass die Gesamtnichtigkeit ohnedies nicht eintritt, wenn der wirksame Teil des Rechtsgeschäfts nach dem wirklichen oder hypothetischen Willen der Parteien aufrechterhalten werden soll. In vielen Fällen wird sich daher schon durch eine **sachgemäße Bestimmung des hypothetischen Parteiwillens** eine interessengerechte Lösung finden lassen (Erman/Arnold § 139 Rn 22; vgl auch BGH NJW 1993, 1587, 1588 f). Die partielle Aufrechterhaltung des Rechtsgeschäfts muss freilich dem hypothetischen Willen **beider Parteien** im **Zeitpunkt des Vertragsschlusses** entsprechen (vgl Wolf/Neuner, BGB AT § 56 Rn 23). Ist anzunehmen, dass (mindestens) eine Partei das Rechtsgeschäft nicht ohne den nichtigen Teil vorgenommen hätte, so ist das ganze Rechtsgeschäft nach § 139 BGB nichtig. Unbillige Ergebnisse lassen sich hier nur auf der Grundlage des § 242 BGB vermeiden.

bb) Die einzelnen Fallgruppen

Rspr und Lit haben im Rahmen des § 139 BGB einige Fallgruppen entwickelt, in 504 denen die Geltendmachung der Gesamtnichtigkeit mit Treu und Glauben unvereinbar erscheint.

(1) Irrelevanz des nichtigen Teils bei der Vertragsdurchführung

Die erste Fallgruppe ist dadurch gekennzeichnet, dass der nichtige Teil des Rechts- 505 geschäfts – namentlich eine nichtige Vertragsklausel – **bei der Durchführung des Geschäfts bedeutungslos** blieb (vgl RGZ 153, 59; RG SeuffA 77 Nr 114; BGHZ 112, 288, 296; NK-BGB/Faust § 139 Rn 52; MünchKomm/Busche § 139 Rn 35; Soergel/Hefermehl § 139 Rn 44 ff; Flume, BGB AT II § 32, 7; Wolf/Neuner, BGB AT § 56 Rn 29; Pierer v Esch, Teilnichtige Rechtsgeschäfte [1968] 90; Steindorff, Teilnichtigkeit kartellrechtswidriger Vereinbarungen in der Rechtsprechung des Bundesgerichtshofs, in: FS Hefermehl [1971] 177, 183). Ein praktisches Bsp liefert der sog „Bäckereifall" (RGZ 153, 59): In einem Pachtvertrag wurde dem Pächter ein Vorkaufsrecht eingeräumt und ein nachvertragliches Wettbewerbsverbot auferlegt; die Einräumung des Vorkaufsrechts war wegen Formmangels nichtig. Nachdem die Pachtzeit ohne Eintritt des Vorkaufsfalls abgelaufen war, machte der Pächter geltend, das Wettbewerbsverbot sei wegen der Nichtigkeit des Vorkaufsrechts nach § 139 BGB unwirksam. Nach dem hypothetischen Willen der Parteien **im Zeitpunkt des Vertragsschlusses** ist nicht davon auszugehen, dass der Pächter das Wettbewerbsverbot ohne das Vorkaufsrecht auf sich genommen hätte (**aA** offenbar Steindorff 183). Da der Vorkaufsfall aber nicht eintrat, stand der Pächter iE nicht schlechter als bei wirksamer Einräumung des Vorkaufsrechts (ähnlich das „Relevanzkriterium" von Flume, BGB AT II § 32, 8). Er musste sich daher nach Treu und Glauben das Wettbewerbsverbot entgegenhalten lassen.

(2) Ungerechtfertigter Vorteil für eine Partei

In der zweiten Fallgruppe soll durch Anwendung des § 242 BGB verhindert wer- 506 den, dass eine Partei durch die Gesamtnichtigkeit des Rechtsgeschäfts einen **ungerechtfertigten Vorteil** erlangen würde. Hierher gehört zunächst der Fall, dass die nichtige Vertragsklausel **ausschließlich den Interessen einer Vertragspartei** dient und diese an dem Vertrag festhalten will; hier soll sich die **andere Partei** unter bestimmten Voraussetzungen nicht auf die Nichtigkeit des gesamten Vertrages berufen können (vgl dazu RG JW 1916, 390; RGZ 86, 323, 326; 91, 359 ff; 121, 80, 84; BGH WM 1959, 566; NJW 1967, 245; WM 1971, 99; 1983, 267; ZIP 1985, 668; GRUR 1991, 558, 559; NJW 1993, 1587, 1589; NJW-RR 1997, 684, 686; OLG Schleswig NJW-RR 2006, 1665, 1667; NK-BGB/Faust § 139 Rn 50; MünchKomm/Busche § 139 Rn 35; Soergel/Hefermehl § 139 Rn 46; PWW/Ahrens § 139 Rn 23; Wolf/Neuner, BGB AT § 56 Rn 31). Nach der **Rspr des RG** galt § 139 BGB in diesen Fällen allerdings nur, wenn die durch die Klausel nicht begünstigte Vertragspartei sich lediglich ihrer Verpflichtung entziehen wollte, obwohl sie die Gegenleistung bereits erhalten hatte (so RGZ 86, 323, 326; 121, 80, 84; RG JW 1916, 390; deshalb wurde in RGZ 91, 359, 361 die Anwendung des § 242 abgelehnt; zustimmend Larenz, BGB AT[7] [1989] § 23 IIe). Der **BGH** wendet § 242 BGB dagegen schon dann an, wenn die nichtige Klausel einseitig eine Vertragspartei begünstigt; dass die begünstigte Partei die Gegenleistung bereits erbracht habe, sei nicht erforderlich (BGH NJW 1967, 245; zustimmend Erman/Arnold § 139 Rn 24; Soergel/Hefermehl § 139 Rn 46; Flume, BGB AT II § 32, 8). Dafür spricht, dass die Nichtigkeit der Klausel die Interessen der nicht begünstigten Partei unberührt lässt. Könnte diese Partei den Gesamtvertrag gleichwohl nach § 139 BGB zu Fall bringen, würde sie einen ungerechtfertigten

Vorteil erlangen, weil die Rechtsordnung damit iE dem Fortfall ihres Interesses an den übrigen Vertragsbestimmungen Rechnung tragen würde; ein solches „Reuerecht" kommt aber nicht in Betracht. Da diese Erwägungen unabhängig davon gelten, ob der Begünstigte den Vertrag schon erfüllt hat, kann diesem Umstand keine Bedeutung beigemessen werden.

507 Eine andere Frage ist, ob die Teilnichtigkeit in den eben beschriebenen Fällen **ipso iure** eintreten soll (so wohl die hM) oder ob der durch die Klausel begünstigten Partei ein **Wahlrecht** (in Form eines Gestaltungsrechts) zuzubilligen ist (so Soergel/ Hefermehl § 139 Rn 46; Staudinger/Roth [2015] § 139 Rn 89; Flume, BGB AT II § 32, 8; für analoge Anwendung der §§ 108 Abs 2, 177 Abs 2, 1366 Abs 3 NK-BGB/Faust § 139 Rn 50). Für die letztere Auffassung spricht, dass es keinen Grund gibt, einer Partei die Wirksamkeit des Vertrages aufzudrängen, obwohl eine für sie günstige Klausel nichtig ist. Dies gilt umso mehr, als die andere Partei durch das Wahlrecht nicht benachteiligt wird, weil sie bei uneingeschränkter Anwendung des § 139 BGB ohnehin nicht besser stünde (ähnlich Flume, BGB AT II § 32, 8). Für die praktische Rechtsanwendung hat die Frage freilich keine große Bedeutung. Denn auch die hM verlangt, dass die begünstigte Partei an dem Vertrag festhalten will. Da dieser Wille in irgendeiner Form geäußert werden muss, geht es vor allem darum, ob diese Äußerung als – grundsätzlich unwiderrufliche – **Gestaltungserklärung** zu qualifizieren ist, was aus Gründen der Rechtssicherheit vorzugswürdig erscheint. Darüber hinaus sollte die andere Partei die Möglichkeit haben, dem Begünstigten eine angemessene Frist für die Abgabe einer solchen Erklärung zu setzen. Gibt der Begünstigte innerhalb der Frist keine Erklärung ab, so bleibt es bei der Rechtsfolge des § 139 BGB (so auch Soergel/Hefermehl § 139 Rn 46).

508 In den eben beschriebenen Fällen ist der Anwendungsbereich des § 242 BGB teilweise dahingehend erweitert worden, dass auch die von der nichtigen Klausel **begünstigte Partei** sich unter bestimmten Voraussetzungen nicht auf die Gesamtnichtigkeit (§ 139 BGB) berufen könne (so OLG Frankfurt NJW 1974, 2239; Palandt/Ellenberger § 139 Rn 16). Dem wird zu Recht entgegengehalten, dass niemand unter dem Aspekt des § 242 BGB gehindert werden darf, sich auf die Verschlechterung seiner Rechtsposition zu berufen (so Ulmer NJW 1974, 2240; Staudinger/J Schmidt [1995] Rn 489). Es gibt jedoch auch Ausnahmen. So kann die Gesamtnichtigkeit **unverhältnismäßig** sein, wenn die Nichtigkeit der Klausel den durch sie Begünstigten nur unerheblich belastet, während die andere Partei ihre Leistungen bereits erbracht hat und eine Rückabwicklung nicht möglich ist (vgl Erman/Arnold § 139 Rn 24). Die Einschränkung des § 139 BGB beruht auch hier auf dem Gedanken, dass keine Partei durch die Gesamtnichtigkeit einen **ungerechtfertigten Vorteil** erlangen soll. Die durch die nichtige Klausel begünstigte Partei kann sich schließlich auch dann nicht auf die Gesamtnichtigkeit berufen, wenn der andere Teil sich zu einer erneuten – wirksamen – Vereinbarung der in Frage stehenden Klausel bereit erklärt (NK-BGB/Faust § 139 Rn 51; Flume, BGB AT II § 32, 8).

509 Führt die Anwendung des § 139 BGB zur **Teilnichtigkeit** des Rechtsgeschäfts, so kann ein Rückgriff auf § 242 BGB ebenfalls gerechtfertigt sein. Viel diskutiert wurde in diesem Zusammenhang der Fall, dass ein Rechtsanwalt für seine Tätigkeit ein **Erfolgshonorar** verlangt (vgl Wolf/Neuner, BGB AT § 56 Rn 34; Medicus/Petersen, BGB AT Rn 515; s auch Staudinger/J Schmidt [1995] Rn 481). Eine solche Vereinbarung war nach der früher ganz hM gemäß § 138 Abs 1 BGB nichtig (vgl BGHZ 34, 66, 71; 39, 142, 148; 51, 290, 294; BGH NJW 1981, 197, 199; 1992, 681, 682; 1996, 2499, 2500). Nach geltendem Recht kann sich die Nichtigkeit aus § 134 BGB iVm § 49b Abs 2 BRAO ergeben (vgl NK-BGB/Looschelders § 134 Rn 205 mwNw). Das BVerfG hat das strikte Verbot von Erfolgshonoraren nach § 49b Abs 2 BRAO aF allerdings für **verfassungswidrig** erklärt, so weit es auch für den Fall galt, dass der Mandant ohne die Vereinbarung eines Erfolgshonorars davon abgehalten würde, seine Rechte zu verfolgen (BVerfG NJW 2007, 979). Nach der am 1. 7. 2008 in Kraft getretenen Neufassung des § 49b Abs 2 BRAO ist die Vereinbarung eines Erfolgshonorars nur noch insoweit unzulässig, wie das RVG nichts anderes bestimmt. Eine solche andere Bestimmung findet sich für die vom BVerfG angesprochenen Fälle in § 4a RVG. Sofern eine Gebührenvereinbarung unwirksam ist, führt dies nach der Rspr **nicht** über § 139 BGB zur **Gesamtnichtigkeit des Anwaltvertrages**; dieser wird vielmehr zum Schutz des Mandanten aufrechterhalten (vgl BGHZ 18, 340, 348; BGH JR 1962, 369; OLG München NJW 2002, 3641, 3642). Zur Lückenfüllung kann auf die Sätze des RVG (früher: der BRAGO) abgestellt werden (vgl § 612 Abs 2 BGB). Dieses Verständnis wird durch den neuen § 4b RVG bestätigt. Die durch das Gesetz vom 12. 6. 2008 (BGBl I 1000) zum 1. 7. 2008 eingefügte Vorschrift sieht vor, dass der Rechtsanwalt aus einer Vergütungsvereinbarung, die nicht den Anforderungen des § 4a RVG entspricht, **keine höhere als die gesetzliche Vergütung** fordern kann. Sie geht also davon aus, dass dem Rechtsanwalt ein Vergütungsanspruch zusteht. Ob der Rechtsanwalt die gesetzliche Vergütung uneingeschränkt verlangen kann, ist nicht ausdrücklich geregelt. Der BGH hat vor Inkrafttreten des § 4b RVG die Auffassung vertreten, der Rechtsanwalt werde durch § 242 BGB daran gehindert, im Nachhinein eine erfolgsunabhängige oder eine höhere als die vereinbarte Vergütung zu verlangen. Denn der Mandant habe sich darauf verlassen können, das Honorar nur im Erfolgsfall und nur in einer bestimmten Höhe zahlen zu müssen (BGHZ 18, 340, 348 ff; ähnlich RG SeuffA 77, 181; BGH NJW 1980, 2407; vgl auch Wolf/Neuner, BGB AT § 56 Rn 34). Hieran ist auf der Grundlage der Neuregelung festzuhalten (vgl Begr BT-Drucks 16/8384, 12; krit Mayer, in: Gerold/Schmidt, RVG [23. Aufl 2017] § 4b Rn 4). Voraussetzung ist aber die Schutzwürdigkeit des Auftraggebers. § 242 BGB greift daher nicht ein, wenn er den Rechtsanwalt durch falsche Angaben über seine wirtschaftlichen Verhältnisse oder die sonstigen für die Möglichkeit einer anderweitigen Rechtsverfolgung relevanten Umstände zum Abschluss der (objektiv unzulässigen) Vereinbarung über das Erfolgshonorar veranlasst hat (vgl Teubel, in: Mayer/Kroiss, RVG [7. Aufl 2018] § 4b Rn 6).

Vergleichbare Probleme ergeben sich, wenn eine **Vergütungsvereinbarung** nicht den **510** formellen Anforderungen des § 3a Abs 1 S 1 und 2 RVG genügt, insbesondere **nicht in Textform** (§ 126b BGB) geschlossen worden ist. Nach allgemeinen Grundsätzen wäre eine solche Vereinbarung nach § 125 BGB nichtig. Da der Anwaltsvertrag als solcher zum Schutz des Mandanten wirksam bliebe, müsste die Lücke wiederum durch die Gebührensätze des RVG gefüllt werden. § 4b RVG besagt auch für diesen Fall lediglich, dass der Rechtsanwalt **keine höhere** als die gesetzliche Vergütung fordern kann, und bestätigt insoweit die Unwirksamkeit der Vergütungsvereinbarung. Fraglich erscheint allerdings, ob der Rechtsanwalt auch dann einen Anspruch auf die gesetzliche Gebühr hat, wenn die **vereinbarte Vergütung niedriger** wäre. Die hM will den Rechtsanwalt mit Rücksicht auf das **Verbot widersprüchlichen Verhaltens** an der vereinbarten niedrigeren Gebühr festhalten, sofern der Auftraggeber schutzwürdig ist (Teubel, in: Mayer/Kroiss, RVG [7. Aufl 2018] § 4b Rn 3). Dahinter steht die Erwägung, der mit den Formvorschriften vertraute Rechtsanwalt solle aus der Unwirksamkeit der Vereinbarung keinen Vorteil haben. Zu den gleichen Ergebnissen gelangt man im Allgemeinen, wenn man dem § 4b RVG im **Gegenschluss** entnimmt, dass die Vereinbarung über eine niedrigere Vergütung wirksam bleibt. Ein Rückgriff auf Treu und Glauben wäre hier nur noch erforderlich, wenn der Auftraggeber ausnahmsweise nicht schutzwürdig erscheint. Er wäre dann nämlich nach § 242 BGB gehindert, sich auf die Vereinbarung der niedrigeren Vergütung zu berufen. Für die letztere Lösung spricht, dass sie sich stärker an Sinn und Zweck des § 4b RVG orientiert. Sie macht zudem deutlich, dass die vereinbarte niedrigere Vergütung **im Regelfall** maßgeblich ist und eine höhere gesetzliche Vergütung nur ausnahmsweise verlangt werden kann.

k) Vertrag, §§ 145–157

511 Im Zusammenhang mit den Vorschriften dieses Titels kommt § 242 BGB keine große Bedeutung zu, weil unangemessene Ergebnisse im Allgemeinen schon durch eine **interessengerechte Auslegung** nach §§ 133, 157 BGB (dazu NK-BGB/LOOSCHELDERS § 133 Rn 53 ff und § 157 Rn 21 ff) zu vermeiden sind. Eine gewisse Ausnahme gilt im Anwendungsbereich des **§ 154 BGB**. Nach dieser Auslegungsregel ist bei einem **offenen Einigungsmangel** im Zweifel davon auszugehen, dass kein Vertrag geschlossen wurde. Nach hM ist die Geltendmachung des Einigungsmangels jedoch rechtsmissbräuchlich, soweit der Betreffende sich nur seiner eigenen Verpflichtung entziehen, die durch die einvernehmliche Ausführung des Vertrages bereits erlangten Vorteile aber behalten will. Dies soll jedenfalls dann gelten, wenn die andere Partei bereit ist, die offen gebliebenen Punkte im Sinne der bisherigen Vorschläge dessen zu regeln, der sich auf den Einigungsmangel beruft (so BGH MDR 1954, 217 = LM Nr 2 zu § 154; STAUDINGER/BORK [2015] § 154 Rn 10; ERMAN/ARMBRÜSTER § 154 Rn 9; FLUME, BGB AT II § 34, 6e).

512 Der hM ist zuzustimmen. Durch die Mitwirkung an der Durchführung des Vertrages haben beide Parteien zu erkennen gegeben, dass sie den Vertrag grundsätzlich nicht scheitern lassen wollen (FLUME, BGB AT II § 34, 6e). Es erscheint damit **widersprüchlich**, wenn eine Partei sich auf den offenen Einigungsmangel beruft, obwohl sich die andere Partei mit ihren bisherigen Vorschlägen einverstanden erklärt. Dies gilt umso mehr, wenn die andere Partei im **Vertrauen auf das Zustandekommen des Vertrages** Leistungen erbracht hat, deren Rückabwicklung nicht in Betracht kommt. Hier muss verhindert werden, dass eine Partei den offenen Einigungsmangel nutzt, um für sich einen **ungerechtfertigten Vorteil** zu erzielen.

Bedeutung kann § 242 BGB auch im Rahmen des § 150 Abs 2 BGB zukommen. Hiernach gilt eine Annahme, die unter Änderungen abgegeben wird, als Ablehnung in Verbindung mit einem neuen Antrag. Nach den Grundsätzen des **kaufmännischen Bestätigungsschreibens** kann dem Schweigen des Empfängers eines abändernden Bestätigungsschreibens normative Wirkung zukommen, sodass der Vertrag mit dem Inhalt des Bestätigungsschreibens zustande kommt (MünchKomm/BUSCHE § 147 Rn 14). Das Schweigen soll jedoch nicht als Annahme zu werten sein, wenn es inhaltlich so weit von den Vertragsverhandlungen **abweicht**, dass mit einer Annahme nach Treu und Glauben nicht mehr gerechnet werden kann (BGH NJW-RR 2013, 1241, 1242; NJW-RR 2001, 680, 681; MünchKomm/BUSCHE § 147 Rn 20).

Bei der **ergänzenden Vertragsauslegung** bestand in der älteren Rspr eine gewisse Nei- 513
gung, neben § 157 BGB auch § 242 BGB mitzuzitieren (vgl etwa BGH VersR 1962, 809,
810; OLG Frankfurt FamRZ 1994, 198). Nach der hier vertretenen Ansicht sind beide
Vorschriften jedoch klar voneinander zu unterscheiden (s oben Rn 360), damit der nach
§ 157 BGB maßgebliche **hypothetische Parteiwille** nicht unter Rückgriff auf die objektiven Kriterien des § 242 BGB überspielt wird (vgl auch STAUDINGER/H ROTH [2015]
§ 157 Rn 8).

l) Bedingung und Zeitbestimmung, §§ 158–163
Im Rahmen der §§ 158–163 BGB ist ein Rekurs auf § 242 BGB im Allgemeinen 514
entbehrlich, weil unangemessene Ergebnisse mit Hilfe des **§ 162 BGB als besonderer
Ausprägung des Grundsatzes von Treu und Glauben** (s oben Rn 235 und 372) vermieden
werden können. Der Grundsatz von Treu und Glauben hat bei § 162 BGB den
gleichen Inhalt wie bei § 157 BGB und § 242 BGB (vgl FLUME, BGB AT II § 40, 1 b;
MEDICUS/PETERSEN, BGB AT Rn 835). Die wichtigste Besonderheit des § 162 BGB besteht in seiner spezifischen Rechtsfolgenanordnung: der **Fiktion** des Eintritts bzw
Nichteintritts der Bedingung (vgl ERMAN/ARMBRÜSTER § 162 Rn 1). Auf **Rechtsbedingungen** (zB behördliche Genehmigungen) ist § 162 BGB jedenfalls nicht unmittelbar
anwendbar. Nach der Rspr kann der Rechtsgedanke des § 162 BGB hier auch „nur
ausnahmsweise gem dem allgemeinen Grundsatz von Treu und Glauben (§ 242
BGB) herangezogen werden" (BGH NJW 1996, 3338, 3340). Dies bedeutet, dass der
Eintritt einer Rechtsbedingung **nicht nach § 162 BGB fingiert** werden kann. Die
Parteien sind aber aufgrund des Schuldverhältnisses verpflichtet, nach Treu und
Glauben (§ 242 BGB) auf die Erfüllung der Rechtsbedingung hinzuwirken (vgl ERMAN/ARMBRÜSTER § 162 Rn 1; PWW/BRINKMANN § 162 Rn 2; STAUDINGER/BORK [2015] § 162
Rn 14; allg zu solchen Mitwirkungspflichten STAUDINGER/OLZEN § 241 Rn 173 ff).

m) Vertretungsmacht, §§ 164–181
aa) Rechtsscheinvollmacht (Duldungs- und Anscheinsvollmacht)
Duldungs- und **Anscheinsvollmacht** wurden früher häufig auf § 242 BGB gestützt (vgl 515
STAUDINGER/DILCHER[12] [1980] § 167 Rn 32). Da beide Rechtsinstitute sich inzwischen
durch **eigenständige Voraussetzungen und Rechtsfolgen** von § 242 BGB emanzipiert
haben, werden sie in diesem Zusammenhang nicht mehr behandelt (ausf zu beiden
Instituten STAUDINGER/SCHILKEN [2014] § 167 Rn 28 ff).

bb) Kollusion
Im Falle der **Kollusion**, also des einverständlichen und bewussten Zusammenwir- 516
kens zwischen dem Vertreter und dem Geschäftsgegner zum Nachteil des Vertretenen, ist das Rechtsgeschäft sittenwidrig und somit schon nach **§ 138 Abs 1 BGB
nichtig** (vgl RGZ 9, 148; 58, 356; 145, 311, 315; BGH NJW 1954, 1159; 1966, 1911; BGH WM 1980,
953, 954 f; BGH MDR 1984, 646, 647; BGH NJW 1989, 26, 27; 1999, 2882, 2883; 2000, 2896, 2897;
2002, 1497, 1498; NZG 2014, 389, 390; OLG Hamm WM 1984, 1445, 1446; ERMAN/MAIER-REIMER
§ 167 Rn 71; JAUERNIG/MANSEL § 164 Rn 8; BROX/WALKER, Allgemeiner Teil des BGB § 26 Rn 3;
FLUME, BGB AT II § 45 II 3; KÖHLER, AT § 11 Rn 63; WOLF/NEUNER, BGB AT § 49 Rn 107;
MEDICUS/PETERSEN, BGB AT Rn 966). Auf den Einwand der unzulässigen Rechtsausübung muss daher nicht abgestellt werden. Darüber hinaus haften regelmäßig
sowohl der Vertreter als auch der Geschäftsgegner dem Vertretenen auf Schadensersatz nach § 826 BGB. Schließlich können dem Vertretenen gegen den Vertreter Ansprüche aus § 280 Abs 1 BGB wegen Verletzung der Pflichten aus dem

Innenverhältnis zustehen (s MünchKomm/Schubert § 164 Rn 211 f; Larenz/Wolf, BGB AT⁹ [2004] § 46 Rn 144).

cc) Missbrauch der Vertretungsmacht*
(1) Problemstellung und Meinungsstand

517 Von der Kollusion abzugrenzen ist der „gewöhnliche" Missbrauch der Vertretungsmacht durch pflichtwidrige Überschreitung der sich aus dem Innenverhältnis ergebenden Grenzen (MünchKomm/Schubert § 164 Rn 213; Soergel/Leptien § 177 Rn 15; PWW/Frensch § 164 Rn 70 ff). Den Ausgangspunkt der Überlegungen bildet der Grundsatz, dass der **Vertretene** nach der gesetzlichen Wertung das **Risiko eines Vollmachtsmissbrauchs** zu tragen hat (BGHZ 127, 239, 241; BGH NJW-RR 1992, 1135, 1136; NJW 1994, 2082, 2083; 1995, 250, 251; 1999, 2883; MünchKomm/Schubert § 164 Rn 213; Wolf/Neuner, BGB AT § 49 Rn 100). Die damit verbundene Belastung des Vertretenen wird zum Schutz des redlichen Rechtsverkehrs in Kauf genommen. Deshalb trifft den **Geschäftsgegner** im Hinblick auf den Umfang der Vertretungsmacht grundsätzlich **keine Prüfungspflicht** (s BGH NJW-RR 1992, 1135, 1136; BGH NJW 1994, 2082, 2083; 1995, 250, 251; Palandt/Ellenberger § 164 Rn 14; Soergel/Leptien § 177 Rn 18).

518 Die einseitige Risikobelastung des Vertretenen wird jedoch durchbrochen, wenn der Geschäftsgegner den Missbrauch der Vertretungsmacht **erkennt** oder der Missbrauch **evident** ist. Dann treten die Interessen des Vertretenen in den Vordergrund. Die Grundsätze über den Missbrauch der Vertretungsmacht schränken somit den Verkehrsschutz ein, der durch die Abstraktion der Vertretungsmacht von dem zugrunde liegenden Innenverhältnis bezweckt wird (so MünchKomm/Schubert § 164 Rn 224; Staudinger/Schilken [2014] § 167 Rn 95; vgl auch Frotz, Verkehrsschutz im Vertretungsrecht [1972] 609, 615 f, 621 f; Flume, BGB AT II § 45 II 3). Auch im Rahmen der **Wissenszurechnung** entsprechend § 166 BGB wird eine Verlagerung des Risikos angenommen, wenn der Geschäftsgegner weiß oder damit rechnen muss, dass der Wissensvertreter sein Wissen dem Vertretenen vorenthalten wird. Eine Berufung des Geschäftsgegners auf die Zurechnung des Wissens erscheint in diesen Fällen treuwidrig und ist daher nach § 242 BGB unzulässig (BGH NJOZ 2012, 375, 376; NJW 2013, 2015, 2017).

---

* **Schrifttum:** Deggau, § 174 BGB – eine ungenutzte Vorschrift, JZ 1982, 796; Drexl/Mentzel, Handelsrechtliche Besonderheiten der Stellvertretung (Teil I), Jura 2002, 289; Frotz, Verkehrsschutz im Vertretungsrecht (1972) 518; Gessler, Zum Missbrauch organschaftlicher Vertretungsmacht, in: FS vCaemmerer (1978) 532; Heckelmann, Mitverschulden des Vertretenen bei Missbrauch der Vertretungsmacht, JZ 1970, 62; Hübner, Die Prokura als formalisierter Vertrauensschutz, in: FS Klingmüller (1974) 173; H H Jakobs, Verfügung eines Nichtberechtigten durch Verfügungsmachtmissbrauch, JZ 2000, 28; John, Der Missbrauch organschaftlicher Vertretungsmacht, in: FS Mühl (1981) 349; Kipp, Zur Lehre von der Vertretung ohne Vertretungsmacht, RG-Praxis II (1929) 273; Mertens, Die Schranken gesetzlicher Vertretungsmacht im Gesellschaftsrecht, Jura 1970, 466; Pawlowski, Die gewillkürte Stellvertretung, JZ 1996, 125; Petersen, Bestand und Umfang der Vertretungsmacht, Jura 2003, 310; Prölss, Vertretung ohne Vertretungsmacht, JuS 1985, 577; K Schmidt, Liquidationszweck und Vertretungsmacht der Liquidatoren, AcP 174 (1974) 55; Schott, Der Missbrauch der Vertretungsmacht, AcP 171 (1971) 385; Tietz, Vertretungsmacht und Vertretungsbefugnis im Recht der BGB-Vollmacht und der Prokura (1990); H P Westermann, Missbrauch der Vertretungsmacht, JA 1981, 521.

Im Unterschied zur Anscheins- und Duldungsvollmacht sowie zu den Kollusions- 519
fällen wird der Missbrauch der Vertretungsmacht von **Rspr und hL** bis heute als
Anwendungsfall der **unzulässigen Rechtsausübung** (s oben Rn 213 ff) nach § 242 BGB
angesehen (vgl RGZ 136, 356, 359; 145, 311; BGHZ 50, 112, 114; 113, 315, 320; BGH WM 1976,
658, 659; WM 1981, 66, 67; BGH NJW 1984, 1461, 1462; 1988, 3012, 3013; 1990, 384, 385; NJW-RR
1992, 1135; 1136; NJW 1999, 2883; BAG NJW 1997, 1940, 1942; OLG München BeckRS 2012, 07948;
BAUMBACH/HOPT/HOPT § 50 HGB Rn 6; MünchKomm/SCHUBERT § 164 Rn 217; MünchKommHGB/
KREBS [4. Aufl 2016] Vorbem 69 zu 48; PALANDT/ELLENBERGER § 164 Rn 14; BGB-RGRK/STEFFEN
§ 167 Rn 24; SOERGEL/LEPTIEN § 177 Rn 15; CANARIS, Handelsrecht [24. Aufl 2006] § 12 Rn 40;
WOLF/NEUNER, BGB AT § 49 Rn 103; H P WESTERMANN, Mißbrauch der Vertretungsmacht, JA
1981, 521, 525). Dies hat zur Folge, dass das Rechtsgeschäft trotz des evidenten Missbrauchs der Vertretungsmacht wirksam ist. Der Geschäftsgegner darf sich aber nach
Treu und Glauben nicht auf die Vertretungsmacht des Vertreters berufen. Freilich
steht es im Belieben des Vertretenen, das Geschäft trotz des pflichtwidrigen Vertreterhandelns aufrechtzuerhalten, indem er den Einwand der unzulässigen Rechtsausübung nicht erhebt.

Demgegenüber vertritt ein beachtlicher Teil der **neueren Lit** die Auffassung, dass 520
den schutzwürdigen Interessen des Vertretenen durch einen **Rückgriff** auf die **Regelungen des Stellvertretungsrechts** (insbes § 177 ff BGB) Rechnung zu tragen ist (vgl
ERMAN/MAIER-REIMER § 167 Rn 73; NK-BGB/STOFFELS § 164 Rn 88; STAUDINGER/SCHILKEN
[2014] § 167 Rn 101; Großkomm-HGB/JOOST [5. Aufl 2008] § 50 Rn 51; BROX/WALKER, Allgemeiner
Teil des BGB § 26 Rn 4; ENNECCERUS/NIPPERDEY, BGB AT § 185 I, 5; FLUME, BGB AT II § 45 II 3;
HÜBNER, AT Rn 1298; MEDICUS/PETERSEN, BGB AT Rn 967; K SCHMIDT, Handelsrecht [6. Aufl
2014] § 16 Rn 68; ders, Gesellschaftsrecht [4. Aufl 2002] § 10 II 2 d; ders, Liquidationszweck und
Vertretungsmacht der Liquidatoren, AcP 174 [1974] 55, 60; H H JAKOBS JZ 2000, 28, 30; PAWLOWSKI
JZ 1996, 125, 129; PRÖLSS, Vertretung ohne Vertretungsmacht, JuS 1985, 577, 577 f). Danach hält
sich der Vertreter in den Fällen des evidenten Missbrauchs gerade nicht im Rahmen
seiner Vertretungsmacht. Somit ist ein solches Geschäft nicht von der Vertretungsmacht gedeckt und gem § 177 BGB schwebend unwirksam.

(2) Praktische Konsequenzen
Die praktischen Konsequenzen des Meinungsstreits sind gering. Denn die **Voraus-** 521
setzungen für die Verlagerung des Missbrauchsrisikos auf den Geschäftsgegner des
Vertretenen werden unabhängig von der dogmatischen Einordnung des Problems
weitgehend einheitlich beurteilt (zu den einzelnen Voraussetzungen s STAUDINGER/SCHILKEN
[2014] § 167 Rn 91 ff).

Für die **Rechtsfolgen** sind die unterschiedlichen Begründungen ebenfalls nicht ent- 522
scheidend. Geht man mit der neueren Lit davon aus, dass der Vertreter bei einem
evidenten oder dem Geschäftsgegner bekannten Missbrauch der Vertretungsmacht
die Stellung eines **falsus procurator** hat, sind die **§§ 177 ff BGB unmittelbar anwendbar**
(vgl NK-BGB/STOFFELS § 164 Rn 88; FLUME, BGB AT II § 45 II 3; BROX/WALKER, Allgemeiner Teil
des BGB § 26 Rn 4; K SCHMIDT, Handelsrecht [6. Aufl 2014] § 16 Rn 68; ders, Gesellschaftsrecht
[4. Aufl 2002] § 10 II 2 d; MEDICUS/PETERSEN, BGB AT Rn 967). Stellt man mit der hM auf
§ 242 BGB ab, scheidet ein unmittelbarer Rückgriff auf die §§ 177 ff BGB zwar aus;
möglich ist aber eine **Analogie** (vgl MünchKomm/SCHUBERT § 164 Rn 217; PWW/FRENSCH
§ 164 Rn 72; MünchKommHGB/KREBS [4. Aufl 2016] Vorbem 73 zu 48; BGB-RGRK/STEFFEN
§ 177 Rn 2; SOERGEL/LEPTIEN § 177 Rn 15; CANARIS, Handelsrecht [24. Aufl 2006] § 12 Rn 41;

Wolf/Neuner, BGB AT § 49 Rn 104; ausf zum Ganzen Staudinger/Schilken [2014] § 167 Rn 100 ff).

523 Sofern der Vertretene den Missbrauch der Vertretungsmacht schuldhaft ermöglicht hat (zB durch unzureichende Kontrolle des Vertreters), will der BGH den **Erfüllungsanspruch** des Geschäftsgegners nicht vollständig ausschließen, sondern **nach § 254 BGB herabsetzen**. Dabei wird darauf verwiesen, dass § 254 BGB nur „eine besondere Ausprägung des Gedankens von Treu und Glauben" sei (BGHZ 50, 112, 115; ebenso OLG Hamm WM 1976, 140; BGB-RGRK/Steffen § 167 Rn 24). Dem ist jedoch entgegenzuhalten, dass die Voraussetzungen des § 254 BGB nicht durch den pauschalen Verweis auf § 242 BGB unterlaufen werden dürfen (vgl Staudinger/Schilken [2014] § 167 Rn 104 mwNw; Looschelders, Mitverantwortlichkeit 262 ff; allg zum Verhältnis von § 242 und § 254 s oben Rn 376). Bei evidentem Missbrauch der Vertretungsmacht steht dem Geschäftsgegner schon gar kein Erfüllungsanspruch gegen den Vertretenen zu; er ist vielmehr auf einen **Schadensersatzanspruch** gegen den Vertretenen aus culpa in contrahendo (§§ 280 Abs 1, 311 Abs 2, 241 Abs 2 BGB) verwiesen (vgl Soergel/Leptien § 177 Rn 19). Insofern ist dann § 254 BGB in der Tat anwendbar (PWW/Frensch § 164 Rn 72). Auch dies gilt unabhängig davon, ob man die Lehre vom Missbrauch der Vertretungsmacht auf die §§ 164 ff BGB oder auf § 242 BGB stützt (vgl Looschelders, Mitverantwortlichkeit 264 f).

(3) Stellungnahme

524 Die Regeln über die Verlagerung des Missbrauchsrisikos auf den Geschäftsgegner sind im Rahmen der Generalklausel des § 242 BGB herausgearbeitet worden. Die aktuelle Diskussion wird jedoch entscheidend durch die Wertungen des Stellvertretungsrechts geprägt; die allgemeinen Kriterien des rechtsmissbräuchlichen Verhaltens treten demgegenüber in den Hintergrund. Diese Entwicklung beruht auf der zutreffenden Erkenntnis, dass die Verlagerung des Missbrauchsrisikos eine **Durchbrechung des Abstraktionsprinzips** beinhaltet, die aus dem **spezifischen Zweck dieses Prinzips im Stellvertretungsrecht** heraus legitimiert werden muss. Dient das Abstraktionsprinzip dem Schutz des Geschäftsgegners, so ist seine Durchbrechung gerechtfertigt, wenn der Geschäftsgegner nicht schutzwürdig ist, weil er die Abweichung des Vertreters von der Bindung im Innenverhältnis kennt oder weil diese evident ist (so schon Staudinger/J Schmidt [1995] Rn 508). Da hiernach bereits die vorrangige Frage nach der Wirksamkeit der Vertretung verneint werden muss, kommt es auf die allgemeinen Kriterien der unzulässigen Rechtsausübung nicht mehr an.

dd) Missbrauch von treuhänderischer Macht*

525 Ähnliche Probleme wie beim Missbrauch der Vertretungsmacht können sich auch beim Missbrauch treuhänderischer Macht stellen. Die **hM** lehnt eine Übertragung der zum Missbrauch der Vertretungsmacht entwickelten Grundsätze hierauf ab (vgl RGZ 99, 142; BGH NJW 1968, 1471 mit abl Anm Kötz = JZ 1968, 791 mit zust Anm U Huber; BGH WM 1977, 525, 527; BGH NJW-RR 1998, 1057, 1058 f; NK-BGB/Looschelders § 137 Rn 13; Palandt/Ellenberger § 164 Rn 14a; Staudinger/Schilken [2014] § 167 Rn 99;

---

* **Schrifttum:** Gruber, Der Treuhandmissbrauch, AcP 202 (2002) 435; Henssler, Treuhandgeschäft – Dogmatik und Wirklichkeit, AcP 196 (1996) 37; Timm, Außenwirkungen vertraglicher Verfügungsverbote?, JZ 1989, 13; Wank, Mißbrauch der Treuhandstellung und der Vertretungsmacht – BGH, WM 1977, 529, JuS 1979, 402.

Titel 1
Verpflichtung zur Leistung § 242

Soergel/Leptien § 177 Rn 20; Medicus/Petersen, BR Rn 502; Henssler AcP 196 [1996] 37, 67); eine beachtliche **Mindermeinung** in der Lit plädiert demgegenüber für Gleichbehandlung (so insbes MünchKomm/Schubert Rn 262; MünchKommHGB/K Schmidt [3. Aufl 2012] Vorbem 69 zu 230; K Schmidt, Gesellschaftsrecht [4. Aufl 2002] § 61 III 3; Coing, Die Treuhand kraft privaten Rechtsgeschäfts [1973] 163 ff; Kötz, Trust und Treuhand [1963] 141; Gruber AcP 202 [2002] 435, 444 ff; Timm JZ 1989, 13, 22 ff; differenzierend Wank JuS 1979, 402, 407).

Für eine Gleichbehandlung spricht, dass es in beiden Fällen um die Verletzung des **526** rechtlichen „Dürfens" im Rahmen des rechtlichen „Könnens" geht; überdies erscheint der Geschäftsgegner bei evidentem Missbrauch hier wie dort nicht schutzwürdig. Auf der anderen Seite ist jedoch zu beachten, dass der Treuhänder **im eigenen Namen** handelt (hierauf abstellend BGH NJW 1968, 1471; Staudinger/Schilken [2014] § 167 Rn 99). Der Unterschied zur Vertretung ist insoweit nicht bloß formaler Natur (so aber MünchKommHGB/K Schmidt [3. Aufl 2012] Vorbem 69 zu 230). Nach **§ 137 S 1 BGB** sind dingliche Einschränkungen der Verfügungsmacht des Berechtigten generell ausgeschlossen (Henssler AcP 196 [1996] 37, 67); diese Wertentscheidung darf nicht durch „analoge Anwendung" der Grundsätze über den Missbrauch der Vertretungsmacht oder durch sonstige allgemeine Gerechtigkeitserwägungen im Rahmen des § 242 BGB unterlaufen werden. Davon abgesehen können die Interessen des Treugebers bei beweglichen Sachen auch gegenüber Dritten durch Zuerkennung eines Anwartschaftsrechts sowie die Vorschriften über den gutgläubigen Erwerb („Wegerwerb" des Anwartschaftsrechts durch den Dritten nur bei Gutgläubigkeit) geschützt werden (Staudinger/J Schmidt [1995] Rn 510). Bei Grundstücken besteht für den Treugeber die Möglichkeit, sich einen durch die vertragswidrige Veräußerung bedingten Rückauflassungsanspruch einräumen zu lassen, der sich durch eine Vormerkung sichern lässt (vgl NK-BGB/Looschelders § 137 Rn 21). Eine „Analogie" zum Missbrauch der Vertretungsmacht ist somit auch nicht zum Schutz des Treugebers erforderlich.

ee) Zurückweisung gem § 174
Bei einem einseitigen Rechtsgeschäft ist die Zurückweisung gem § 174 BGB nach **527** § 242 BGB unzulässig, wenn dem Geschäftspartner die Vollmacht bekannt war (KG NJWE-WettbR 1998, 110, 111 f; Erman/Maier-Reimer § 174 Rn 7; PWW/Frensch § 174 Rn 5). Das Gleiche gilt, wenn der Geschäftspartner den Vertreter **während längerer geschäftlicher Beziehungen** stets ohne Vorlage der Vollmachtsurkunde anerkannt hat (vgl OLG München NJW-RR 1997, 904; LG Aachen NJW 1978, 1387; PWW/Frensch § 174 Rn 5; Soergel/Leptien § 174 Rn 5). Dem Geschäftspartner ist die Aufklärung der Rechtslage in diesem Fall zumutbar, sodass sein Zurückweisungsrecht aus § 174 BGB eingeschränkt wird. Eine andere Betrachtung kann indes gerechtfertigt sein, sofern neue Tatsachen Zweifel an der Vertretungsmacht des Handelnden begründen (ebenso MünchKomm/Schubert § 174 Rn 31). Davon abgesehen stehen längere geschäftliche Beziehungen der Zurückweisung auch dann nicht entgegen, wenn die Rechtshandlungen des Vertreters den Rahmen der bisherigen Übung überschreiten (so zutreffend Deggau JZ 1982, 796, 798).

ff) Pflicht zur Genehmigung des Vertretergeschäfts aus Treu und Glauben
Der Vertretene kann frei darüber entscheiden, ob er das durch den vollmachtlosen **528** Vertreter geschlossene Geschäft nach **§ 177 Abs 1 BGB** genehmigt. Diese Entscheidungsfreiheit darf nicht dadurch ausgehöhlt werden, dass man aus Treu und

Glauben eine **Genehmigungspflicht** ableitet (Staudinger/Schilken [2014] § 177 Rn 17 und § 181 Rn 48; Flume, BGB AT II § 48, 1 Fn 11). Eine Ausnahme gilt allerdings, wenn der Vertreter aus einem besonderen Rechtsgrund zum Abschluss eines entsprechenden Vertrages verpflichtet ist (vgl BGH WM 2003, 2375, 2378; OLG Hamm BeckRS 2013, 06908; PWW/Frensch § 177 Rn 8). Der Vertretene verstößt daher gegen das Verbot **rechtsmissbräuchlichen Verhaltens**, wenn er den vom vollmachtlosen Vertreter geschlossenen Hauptvertrag nicht genehmigt, obwohl er sich in einem **Vorvertrag** zum Abschluss verpflichtet hat (BGHZ 108, 380, 385 = NJW 1990, 508, 509; Hk-BGB/Schulze Rn 40; MünchKomm/Schubert § 177 Rn 47; Staudinger/Schilken [2014] § 177 Rn 17; Schmidt, Zur Durchsetzung vorvertraglicher Pflichten, DNotZ 1990, 708). Aus den Vorschriften über die **Geschäftsführung ohne Auftrag** lässt sich dagegen über § 679 BGB hinaus keine Pflicht zur Genehmigung des vom vollmachtlosen Vertreter geschlossenen Geschäfts ableiten (BGH LM Nr 1 zu § 177 = NJW 1951, 398).

529 In den Fällen des **§ 181 BGB** stellt sich ebenfalls die Frage, ob der Vertretene nach Treu und Glauben verpflichtet sein kann, ein (hier wegen **unzulässigen Selbstkontrahierens**) schwebend unwirksames Rechtsgeschäft zu genehmigen. Die hM bejaht eine Genehmigungspflicht, wenn die Verweigerung der Genehmigung gegen Treu und Glauben verstoßen würde oder arglistig wäre (RGZ 64, 366, 373; erwogen auch in RGZ 110, 214, 216; ferner NK-BGB/Stoffels § 181 Rn 54; MünchKomm/Schubert § 181 Rn 68; Soergel/Leptien § 181 Rn 45; BeckOK-BGB/Schäfer [1. 5. 2019] § 181 Rn 29; Erman/Maier-Reimer § 181 Rn 35; Enneccerus/Nipperdey, BGB AT § 181 Fn 26). Die Gegenauffassung lehnt eine solche Pflicht mit der Erwägung ab, die Genehmigung müsse der **freien Entscheidung des Vertretenen** überlassen bleiben (so insbes Flume, BGB AT II § 48, 1 Fn 11; dem folgend Staudinger/Schilken [2014] § 181 Rn 48). Dieser Einwand ist berechtigt. Zu beachten ist zunächst, dass zahlreiche Insichgeschäfte schon nach dem Wortlaut des § 181 BGB zulässig sind. Dazu gehört insbesondere der Fall, dass der Vertretene aus einem besonderen Rechtsgrund zur Vornahme des Geschäfts verpflichtet ist; ein Rückgriff auf § 242 BGB ist hier also – anders als bei § 177 BGB (s oben Rn 528) – entbehrlich. Ist eine Interessenkollision aus sonstigen Gründen ausgeschlossen, kommt eine teleologische Reduktion des § 181 BGB in Betracht (zu den einschlägigen Fällen vgl NK-BGB/Stoffels § 181 Rn 21 ff), sodass § 242 BGB wieder nicht angewendet werden muss (zum Vorrang der teleologischen Reduktion s oben Rn 344 f). Bei Gefahr einer Interessenkollision darf die Entscheidungsfreiheit des Vertretenen aber auch nicht unter Berufung auf Treu und Glauben eingeschränkt werden. Für § 242 BGB bleibt damit kein praktischer Anwendungsbereich. Die hM verweist zwar auf Ausnahmefälle. In der Rspr findet sich indes nur eine ältere einschlägige Entscheidung (RGZ 64, 366, 373), deren Begründung überdies zweifelhaft ist (Flume, BGB AT II § 48, 1 Fn 11 spricht von einer „skurrilen Konstruktion").

gg) Einschränkung von § 179 Abs 3 S 1

530 Die Rspr versagt dem vollmachtlosen Vertreter unter Berufung auf § 242 BGB die Möglichkeit, sich auf den Haftungsausschluss nach § 179 Abs 3 S 1 BGB zu berufen, wenn er für eine **noch nicht entstandene GbR** aufgetreten ist (BGHZ 105, 285, 289 = NJW 1989, 894, 895; OLG Frankfurt BB 1984, 692; OLG Köln WM 1987, 1081; OLG Hamm BauR 1987, 592). In einer neueren Entscheidung hat der BGH allerdings klargestellt, dass § 242 BGB in solchen Fällen nur eingreift, wenn der andere Teil aufgrund besonderer Umstände – insbesondere entsprechender Erklärungen des Vertreters – auf das Wirksamwerden des Vertrages vertrauen durfte (BGH NJW 2009, 215, 216 f). In der

Leitentscheidung des BGH zur entsprechenden Problematik beim Handeln für eine **noch nicht entstandene GmbH & Co KG** (BGHZ 63, 45, 48 ff = NJW 1974, 1905) wurde § 242 BGB noch nicht herangezogen. Das Gericht hat hier vielmehr damit argumentiert, dass § 179 BGB auf das Handeln für eine nicht existente Person nur entsprechend anwendbar sei (vgl dazu allg ERMAN/MAIER-REIMER § 179 Rn 23 mwNw); eine analoge Anwendung des § 179 Abs 3 S 1 BGB auf diesen Fall könne aber mit dem **„Sinngehalt der Vorschrift"** nicht vereinbart werden. Der BGH verweist nunmehr ergänzend darauf, die Gründer der Kommanditgesellschaft hätten in der Leitentscheidung durch eine besondere rechtliche Verbindung mit dem Vertretenen bzw durch besondere Erklärungen ein **schutzwürdiges Vertrauen des Geschäftspartners** in das Wirksamwerden des Vertrages erweckt. Nach der neueren Rspr ergibt sich die Einschränkung des § 179 Abs 3 S 1 BGB also nicht mehr aus der ratio der Vorschrift, sondern aus allgemeinen Vertrauensschutzerwägungen.

n) Verjährung, §§ 194–218*
aa) Überblick

Das Recht, von einem anderen ein Tun oder Unterlassen zu verlangen, unterliegt **531** gem § 194 BGB der Verjährung. Nach deren Eintritt ist der Schuldner berechtigt, die Leistung zu verweigern (§ 214 BGB); die Forderung bleibt aber erfüllbar. Sinn und Zweck dieser Regelung liegen zunächst im **Schuldnerschutz**: Der Schuldner soll nicht zeitlich unbegrenzt Ansprüchen ausgesetzt sein. Die Notwendigkeit zur Bildung von Rücklagen über einen langen Zeitraum hinweg würde seine Dispositionsfreiheit in unangemessener Form einschränken. Zugleich dient die Verjährung dem Schutz des Schuldners vor der „verdunkelnden Wirkung der Zeit" (Mot I 512), die zu einer Verschlechterung seiner Beweisposition führen kann und damit die Gefahr einer unberechtigten Inanspruchnahme birgt. Ein weiterer Zweck der Verjährung ist die Schaffung von **Rechtssicherheit** und **Rechtsfrieden**. Die Verjährung dient damit auch dem öffentlichen Interesse an dem Bestand und der rechtlichen Wirkung von tatsächlichen Zuständen, die über einen langen Zeitraum unangefochten bestanden haben (vgl BGH NJW-RR 1993, 1059, 1060; allg zu den Zwecken der Verjährung ZIMMERMANN, Comparative Foundations 62 ff). Zur Abgrenzung der Verjährung gegenüber der Verwirkung Rn 311.

Die Überlegungen zum Zweck der Verjährung verdeutlichen, dass das Verjährungs- **532** recht in besonderem Maße dem Prinzip von Treu und Glauben unterworfen ist. Das Spannungsfeld zwischen dem Interesse des Gläubigers an der Durchsetzbarkeit seiner Forderung einerseits und dem Interesse des Schuldners an einem Schutz vor der Inanspruchnahme andererseits verlangt nämlich geradezu nach einem angemessenen Ausgleich. Diesem Verlangen ist der Gesetzgeber bereits selbst durch

---

* **Schrifttum**: BIRR, Verjährung und Verwirkung (2003); LOOSCHELDERS, Verjährungsbeginn und -frist im subjektiv-objektiven System sowie die Wirkung von Treu und Glauben, in: REMIEN (Hrsg), Verjährungsrecht in Europa – zwischen Bewährung und Reform (2011) 181; MANSEL, Die Neuregelung des Verjährungsrechts, NJW 2002, 89; SPIRO, Die Begrenzung privater Rechte durch Verjährungs-, Verwirkungs- und Fatalfristen (2 Bände) (Bern 1975); WINDEKNECHT, Die Verjährung des gegen den Rechtsanwalt gerichteten Schadensersatzanspruchs (1990); ZIMMERMANN, „... ut sit finis litium". Grundlinien eines modernen Verjährungsrechts auf rechtsvergleichender Grundlage, JZ 2000, 853; ders, Comparative Foundations of a European Law of Sett-Off and Prescription (Cambridge 2002).

eine **differenzierte Gestaltung von Hemmungs- und Unterbrechungstatbeständen** nachgekommen. Besonders durch das Schuldrechtsmodernisierungsgesetz sind wichtige Lösungsansätze, die früher aus § 242 BGB abgeleitet wurden, als konkrete gesetzliche Regelungen in das BGB aufgenommen worden (vgl dazu noch Rn 539 ff).

533 Trotz der Präzisierung und Ergänzung der gesetzlichen Regelungen besteht nach wie vor ein Bedürfnis für die Anwendung des § 242 BGB. Im Vordergrund steht die Überlegung, dass die schuldnerschützende Wirkung der Verjährung im Einzelfall aufgrund eines **treuwidrigen Verhaltens des Schuldners** oder aufgrund der **besonderen Umstände des Lebenssachverhalts** ungerechtfertigt erscheinen kann. Erfasst werden sollen vor allem die Fälle, in denen der Schuldner den Gläubiger veranlasst hat, von der rechtzeitigen Durchsetzung des Anspruchs abzusehen (PWW/Schmidt-Kessel Rn 47). Die Korrektur über § 242 BGB ist abhängig von der Wirkung des Verjährungseintritts: Sind an den Verjährungseintritt ipso iure Konsequenzen geknüpft, wie zB bei den sachenrechtlichen Tatbeständen der §§ 901, 1028 Abs 1 S 2, 1090 Abs 2 BGB, so richtet sich die Anwendung des § 242 BGB auf die **Beseitigung des Verjährungseintritts**. In den häufigeren Fällen des § 214 BGB, in denen der Verjährungseintritt zu einem Leistungsverweigerungsrecht des Schuldners und damit zur Undurchsetzbarkeit der Forderung des Gläubigers führt, soll die Erhebung der **Verjährungseinrede** mit Hilfe des § 242 BGB überwunden werden (zu den Rechtsfolgen der Anwendung des § 242 vgl noch u Rn 559 ff).

534 Der Grundsatz von Treu und Glauben kann auch **zu Gunsten des Schuldners** eingreifen. Zögert beispielsweise der Gläubiger treuwidrig den Beginn der Verjährungsfrist durch verspätete Rechnungsstellung hinaus, so muss er sich uU so behandeln lassen, als sei die Rechnung innerhalb einer angemessenen Frist erteilt worden (BGH NJW-RR 1986, 1279; NJW-RR 2000, 386 zu § 8 HOAI; vgl aber auch LG Berlin NZBau 2004, 220; LG München I NJW-RR 2003, 311 zu § 12 GOÄ). Der Gläubiger kann sich auch nicht auf die Hemmung der Verjährung nach § 204 BGB berufen, wenn er die Zustellung des Mahnbescheids an den Schuldner durch die wahrheitswidrige Angabe, der Leistungsanspruch hinge nicht von einem Gegenleistungsanspruch ab, bewirkt hat (BGH MDR 2012, 363). Ein **Missbrauch des Mahnverfahrens** liegt insbes dann vor, wenn der Gläubiger entgegen § 688 Abs 2 Nr 2 ZPO einen Anspruch auf „großen" Schadensersatz geltend macht (BGH NJW 2015, 3160; NJW 2015, 3162 m Anm Kähler). Das Problem beruht darauf, dass der „große" Schadensersatz nur Zug um Zug gegen Herausgabe eines vom Geschädigten durch das schädigende Ereignis adäquat kausal erlangten Vorteils zu gewähren ist. Nach § 690 Abs 1 Nr 4 ZPO muss der Mahnantrag die Erklärung enthalten, dass der Anspruch nicht von einer Gegenleistung abhängt oder dass die Gegenleistung erbracht ist. Macht der Antragsteller hierzu **bewusst falsche Angaben**, so ist es ihm nach § 242 BGB grundsätzlich verwehrt, sich auf die Hemmung der Verjährung durch Zustellung des Mahnbescheids (§ 204 Abs 1 Nr 3 BGB) zu berufen.

Die **Anrufung der Gütestelle** zum Zweck der Verjährungshemmung ist nicht generell rechtsmissbräuchlich. Etwas anderes gilt aber, wenn schon vor der Einreichung des Antrags feststeht, dass der Antragsgegner nicht bereit ist, an einem Güteverfahren mitzuwirken und sich auf eine außergerichtliche Einigung einzulassen, und er dies dem Antragsteller schon im Vorfeld in eindeutiger Weise mitgeteilt hat. In einem solchen Fall ist der Antragsteller nach § 242 BGB gehindert, sich auf die

Hemmung der Verjährung gem § 204 Abs 1 Nr 4 BGB zu berufen (BGH NJW 2016, 233 Rn 34).

Unter Geltung des **§ 852 Abs 2 BGB aF** wurde der Beginn der Verjährungsfrist nach 535 Treu und Glauben bejaht, wenn sich der Gläubiger der an sich notwendigen positiven Kenntnis von den anspruchsbegründenden Umständen und der Person des Schädigers verschloss und es versäumte, „eine gleichsam auf der Hand liegende Erkenntnismöglichkeit wahrzunehmen" (vgl BGHZ 133, 192, 198 ff; BGH VersR 1990, 539; 1998, 378, 380; NJW 1999, 423, 424 f; 2002, 869, 870; 2003, 75). Diese Praxis entsprach einer allgemeinen Tendenz in den europäischen Rechtsordnungen, das Erfordernis der Kenntnis auf die Erkennbarkeit zu reduzieren (vgl ZIMMERMANN, Comparative Foundations 92 ff). § 199 Abs 1 Nr 2 BGB lässt nunmehr ausreichen, dass der Gläubiger ohne **grobe Fahrlässigkeit** von den betreffenden Tatsachen Kenntnis erlangen müsste. Der Gesetzgeber hat damit zwar an die bisherigen Rspr zu § 852 Abs 2 BGB aF angeknüpft. Das Kriterium der groben Fahrlässigkeit geht aber über die von § 242 BGB erfassten Fälle des **missbräuchlichen Verhaltens** hinaus (MünchKomm/GROTHE § 199 Rn 31). Ein Rückgriff auf § 242 BGB ist somit nicht mehr erforderlich.

Zu § 852 BGB aF hat der BGH ebenfalls den Grundsatz entwickelt, dass der 536 Geschäftsherr sich die Kenntnis seines Wissensvertreters zurechnen lassen müsse. Wenn jemand einen anderen mit einem bestimmten Aufgabenkreis betraut, in welchem dem anderen insbesondere auch die Kenntnisnahme von Tatsachen obliegen soll, stellt es ein treuwidriges Verhalten dar, wenn er aus der inneren Geschäftsverteilung den Einwand der Unkenntnis herleiten will (BGH NJW 1968, 988; BGH MDR 2014, 330; MünchKomm/SCHUBERT § 166 Rn 87). Diese Rspr gilt auch im Rahmen des § 199 BGB (BGH NJW 2013, 448, 449). Eine Ausnahme von der Wissenszurechnung ist aber mit Rücksicht auf Treu und Glauben dann zu machen, wenn sich der Anspruch gerade gegen den Wissensvertreter richtet (BGH MDR 2014, 330, 331). Es ist nicht zu erwarten, dass der Wissensvertreter zur Geltendmachung gegen ihn selbst gerichteter Ansprüche beiträgt (BGH NJW-RR 2011, 832, 833). Dies soll ebenfalls gelten, wenn der betreffende Anspruch mit einem gegen den Wissensvertreter gerichteten Anspruch in einem so engen Zusammenhang steht, dass auch hier die Befürchtung besteht, der Vertreter werde nicht zu einer sachgerechten Verfolgung des Anspruchs beitragen (BGH MDR 2014, 330, 331).

Da die Verjährung nicht nur den Schuldner schützen soll, sondern auch dem öffent- 537 lichen Interesse an **Rechtssicherheit und Rechtsfrieden** dient, ist § 242 BGB im Verjährungsrecht besonders restriktiv anzuwenden. Der Verstoß gegen Treu und Glauben muss demnach so schwerwiegend sein, dass nicht nur die Interessen des Schuldners, sondern auch die genannten öffentlichen Interessen am Eintritt der Verjährung zurücktreten. In Rspr und Lit ist daher zu Recht anerkannt, dass die Verjährung nur bei einem besonders **groben Verstoß gegen Treu und Glauben** eingeschränkt werden darf (st Rspr: BGH VersR 1969, 857, 858 f; 1972, 394, 396; NJW 1988, 2247; BGH NJW-RR 1989, 215, 217; BGH NJW 1996, 1895, 1897; 1998, 1488, 1490; PALANDT/ELLENBERGER Überbl 17 v § 194; MünchKomm/GROTHE Vorbem 19 zu 194; PWW/DEPPENKEMPER § 194 Rn 11; BIRR Rn 126).

bb) Ausprägungen des Grundsatzes von Treu und Glauben im Verjährungsrecht
Der Grundsatz von Treu und Glauben wird bei der Verjährung in verschiedenen 538 Ausprägungen relevant, wobei es häufig zu Überschneidungen kommt. So wurde zu

Gunsten des Gläubigers die Wirkung der Verjährung bzw der Verjährungseinrede unter dem Gesichtspunkt der **unzulässigen Rechtsausübung** bzw des **Rechtsmissbrauchs** (RGZ 115, 139; 144, 378, 383 f; 145, 244; 153, 101, 111; RG JW 1938, 1592; BGH NJW 1988, 265; NZG 2002, 815; NJW-RR 2005, 415), der **Arglist** (BGH NJW-RR 1991, 1033) oder des **widersprüchlichen Verhaltens** (BGH MDR 1981, 737; WM 1982, 403; NJW 1985, 2411; 1991, 974; NJW-RR 2005, 415, 416; NJW 2008, 2776, 1779; BAG NJW 1997, 3461; BVerwG DVBl 1995, 627) ausgeschlossen. Schließlich kann die Verjährungseinrede auch der **Verwirkung** (s oben Rn 313) unterliegen (OLG Frankfurt NJW-RR 1990, 574, 575; OLG Celle NJW-RR 1993, 559; LOOSCHELDERS, in: REMIEN [Hrsg], Verjährungsrecht in Europa – zwischen Bewährung und Reform [2011] 181, 195 f). Die unterschiedlichen Einordnungen sind Folge unterschiedlicher Anknüpfungspunkte bei der Beurteilung des Schuldnerverhaltens. Wird an die **Erhebung der Verjährungseinrede** angeknüpft, ergibt sich ein anderer Blickwinkel, als wenn man auf das der Verjährungseinrede **vorangehende Verhalten** des Schuldners abstellt, durch welches der Gläubiger von der rechtzeitigen Geltendmachung des Anspruchs abgehalten wird. Im Interesse einer einheitlichen Handhabung erscheint ein Abstellen auf das **vorangegangene Verhalten des Schuldners** vorzugswürdig. Diese Sichtweise passt auch für die Vorschriften, nach denen die Wirkung der Verjährung unabhängig von der Erhebung der Einrede eintritt. Die Anknüpfung an das Vorverhalten trägt außerdem der Erkenntnis Rechnung, dass die Erhebung der Verjährungseinrede als solche grundsätzlich nicht zu missbilligen ist (s unten Rn 545). Der Konstruktion „negativer Tatbestandsmerkmale" (STAUDINGER/ J SCHMIDT [1995] Rn 590 ff) bedarf es somit nicht.

cc) Vorrangige gesetzliche Regelungen

539 Die Anwendung des § 242 BGB kommt dort nicht in Betracht, wo **spezielle gesetzliche Vorschriften** bereits eine Bewertung des relevanten Schuldnerverhaltens enthalten. Aufgrund der durch das Schuldrechtsmodernisierungsgesetz eingefügten Neuregelungen ist der Anwendungsbereich der Generalklausel daher stark eingeschränkt worden.

540 Die wohl wichtigste Ergänzung der gesetzlichen Regelung stellt **§ 203 BGB** dar. Nach altem Recht führten **Verhandlungen** über das Bestehen des Anspruchs oder die den Anspruch begründenden Umstände nur im Fall des § 852 Abs 2 BGB aF zu einer Hemmung der Verjährung. Im Werkvertragsrecht enthielt § 639 Abs 2 BGB aF einen vergleichbaren Hemmungstatbestand bei Mängelprüfung oder -beseitigung. In allen anderen Bereichen konnte eine entsprechende Hemmung der Verjährung nur im Einzelfall über § 242 BGB begründet werden (vgl BGH NJW 1999, 1101, 1103 f; OLG Düsseldorf NJW 1983, 1434, 1435). Demgegenüber schreibt § 203 BGB generell vor, dass die Verjährung durch Verhandlungen zwischen den Parteien gehemmt wird (vgl auch MANSEL NJW 2002, 89, 98; zur Rechtslage vor Inkrafttreten des § 203 nF ERMAN/WERNER[10] [2000] Rn 156). Der Begriff der „Verhandlungen" ist weit auszulegen; für eine Beurteilung des Schuldnerverhaltens am Maßstab des § 242 BGB bleibt daneben grundsätzlich kein Raum mehr (PALANDT/ELLENBERGER Überbl 16 v § 194; MünchKomm/GROTHE § 203 Rn 5). Demgegenüber schließt § 207 BGB die Verwirkung während des Hemmungszeitraums nicht aus (BGH 31. 1. 2018 – XII ZB 133/17, NJW 2018, 1013 Rn 16 f).

541 Dem Anwendungsbereich des § 242 BGB ebenfalls weitgehend entzogen sind die mit dem Verbot einer **vertraglichen Verjährungserschwerung** verbundenen Probleme. Nach **§ 225 S 2 BGB aF** war eine entsprechende Vereinbarung über den (auch

befristeten) Verzicht auf die Verjährung unwirksam. Entgegen der gesetzlichen Regelung wurde einer solchen Vereinbarung aber über § 242 BGB Wirksamkeit beigemessen: Da der Schuldner durch die Verzichtserklärung einen Vertrauenstatbestand gesetzt habe, dass er dem Anspruch nur sachliche Einwendungen entgegensetzen werde, könne er sich nicht auf die Verjährung berufen (RG JW 1937, 27; BGH NJW 1974, 1285; 1976, 2344; 1978, 1256; 1991, 974, 975; 1998, 902, 903; BGH VersR 1963, 145; 1974, 862; 1977, 617; 1984, 689, 690; vgl auch BGH NJW-RR 2004, 109, 111 zum Verjährungsverzicht im Teilungsabkommen zwischen Haftpflichtversicherer und Krankenkasse). Nach der Neuregelung in **§ 202 Abs 2 BGB** sind solche Ansätze entbehrlich (PALANDT/ELLENBERGER Überbl 16 v § 194: MünchKomm/GROTHE Vorbem 16 zu 194). Dies gilt jedenfalls, so weit keine Verjährungsfrist von über **30 Jahren** vereinbart worden ist. Wird diese zeitliche Obergrenze überschritten, so ist die Vereinbarung allerdings nach wie vor unwirksam (vgl MünchKomm/GROTHE § 202 Rn 11, 13). Maßgeblich ist dann die gesetzliche Verjährungsfrist. Der Schuldner kann aber nach Treu und Glauben (§ 242 BGB) gehindert sein, sich innerhalb der nach § 202 Abs 2 BGB einer vertraglichen Erschwerung zugänglichen 30-Jahresfrist auf die Verjährung zu berufen (NK-BGB/MANSEL/STÜRNER § 202 Rn 39).

Die Anwendung von § 242 BGB ist auch entbehrlich, wenn zwischen den Parteien **542** ein **pactum de non petendo** vorliegt. In diesem Fall droht dem Gläubiger aufgrund der Hemmung der Verjährung gem § 205 BGB im Hinblick auf die Verjährungswirkungen kein Nachteil. Gleiches gilt für den Fall des **Anerkenntnisses** gem § 212 BGB, weil hier die Verjährung erneut beginnt (vgl SOERGEL/NIEDENFÜHR § 214 Rn 12).

Bei der Haftung von **Rechtsanwälten** und **Steuerberatern** hatte die Rspr die Ver- **543** jährung nicht über § 242 BGB erschwert, sondern eine abweichende Konstruktion entwickelt, um dem Mandaten eine „faire Chance" (BGH NJW 2003, 822, 823) zur Durchsetzung seiner Regressansprüche zu verschaffen: den sog **Sekundäranspruch**. Ausgangspunkt war die Erwägung, dass ein Rechtsanwalt oder Steuerberater verpflichtet sei, den Mandanten auf die drohende Verjährung der gegen sich selbst gerichteten Ersatzansprüche hinzuweisen. Andernfalls stehe dem Mandaten ein Schadensersatzanspruch zu, wobei er gem § 249 Abs 1 BGB so gestellt werden müsse, als wenn der Anspruch nicht verjährt wäre (vgl BGHZ 83, 17, 19 ff; 94, 380; BGH NJW 1964, 1023; 1975, 1655; 1978, 1313; BGH VersR 1967, 979; 1970, 816; BGH Betrieb 1977, 2443; BGH NJW-RR 1987, 86; BGH NJW 1987, 326; BGH NJW-RR 1991, 92; BGH ZIP 1991, 592; BGH NJW 1996, 2797, 2798; VersR 2006, 556; DStR 2008, 1803, 1804; NJW 2009, 1350; NJW-RR 2011, 858, 859 ff; NJW 2011, 1594; NJW 2011, 3086 [Sekundärhaftung des Architekten] OLG Braunschweig MDR 1972, 324; OLG Stuttgart VersR 1980, 54, 55; OLG Düsseldorf NJW-RR 2005, 648, 649; ausf WINDEKNECHT, Verjährung. – Kein Sekundäranspruch bestand allerdings, wenn der Gläubiger rechtzeitig vor Ablauf der Verjährung für den Schuldner erkennbar anwaltlich beraten wurde: BGH NJW 1987, 326; 1999, 2183; 2001, 3543; 2003, 822, 823). Nach der neueren Rspr handelte es sich hierbei um keinen Schadensersatzanspruch ieS, sondern um eine „im Wege der Rechtsfortbildung ... geschaffene[n] Rechtsfigur zum Ausgleich unerträglicher, verfassungsrechtlich bedenklicher Rechtsfolgen einer wortlautgetreuen Auslegung der Verjährungsvorschrift des § 51b BRAO" (BGH NJW 2002, 1117, 1120; krit dazu BRUNS, Der „Schutzweck der Sekundärhaftung" des Rechtsanwalts – kenntnisunabhängiger Wegfall der sekundären Hinweispflicht, NJW 2003, 1498 ff) bzw des § 68 StBerG. Die Notwendigkeit einer Einschränkung der Verjährung beruhte darauf, dass der Beginn der Verjährung bei diesen Vorschriften nach objektiven Kriterien unabhängig von der Kenntnis des Mandanten festgelegt war.

544 Seit dem Inkrafttreten des **Verjährungsanpassungsgesetzes** (BGBl I 2004, 3214) am 15. 12. 2004 richtet sich die Verjährung von Ansprüchen gegen Rechtsanwälte und Steuerberater nach den allgemeinen Regeln der §§ 195, 199 BGB. Da der Beginn der Verjährung nunmehr von der Kenntnis des Mandanten abhängt, besteht für eine Einschränkung der Verjährungseinrede über die Figur des Sekundäranspruchs kein Bedarf mehr (vgl BT-Drucks 15/3653, 14; MünchKomm/Grothe Vorbem 18 zu 194; Mansel/Budzikiewicz, Verjährungsanpassungsgesetz: Neue Verjährungsvorschriften, insbesondere für die Anwaltshaftung und im Gesellschaftsrecht, NJW 2005, 321, 325; Sontheimer, Die neuen Verjährungsvorschriften für die StB- und RA-Haftung und im Gesellschaftsrecht, DStR 2005, 834, 835). Ein Rückgriff auf § 242 BGB ist damit im Einzelfall zwar nicht ausgeschlossen, darf jedoch nicht dazu führen, dass die Rspr zum Sekundäranspruch im Ergebnis beibehalten wird.

dd) Keine Treuwidrigkeit der Verjährungseinrede per se

545 Die **Erhebung der Verjährungseinrede** ist für sich genommen **nicht zu missbilligen**. Denn der Schuldner macht damit eine Einrede geltend, die ihm das Gesetz ausdrücklich zubilligt (vgl Staudinger/Peters/Jacoby [2014] § 214 Rn 19; MünchKomm/Grothe Vorbem 15 zu 194). Die Anwendung des § 242 BGB muss daher auf zusätzliche Umstände gestützt werden, welche die Erhebung der Verjährungseinrede ausnahmsweise treuwidrig erscheinen lassen.

546 Keine Rückschlüsse auf eine Treuwidrigkeit lassen sich aus dem **Ansehen** oder der **Stellung des Schuldners** im öffentlichen Leben ziehen (MünchKomm/Grothe Vorbem 15 zu 194). Auch wenn die Erhebung der Verjährungseinrede gegenüber berechtigten Ansprüchen im Geschäftsverkehr heute noch missbilligt und als „anstößig" betrachtet werden mag, führt dies nicht zu einer unzulässigen Rechtsausübung (vgl Spiro I § 23, 31). Daher können auch der **Staat** oder sonstige **öffentlich-rechtliche Körperschaften** (BAG NJW 1967, 174; BVerwGE 23, 166, 172; BVerwG NVwZ 1983, 740, 741; BGH NJW-RR 2006, 1277, 1280) die Verjährungseinrede erheben. Das Gleiche gilt für **Kaufleute** sowie für Personen, die dem Standesrecht unterliegen (Soergel/Niedenführ § 214 Rn 17). **Rechtsanwälte** und **Steuerberater** sind somit grundsätzlich ebenfalls nicht gehindert, sich auf die Verjährung der gegen sie gerichteten Ansprüche zu berufen (BGH VersR 1965, 1000, 1001; OLG Hamburg VersR 1976, 1071; MünchKomm/Grothe Vorbem 17 zu 194). Für „Altfälle" ist aber die Rspr zum sog Sekundäranspruch (s oben Rn 543) zu beachten.

547 Ferner bleibt der **Gegenstand des Anspruchs** grundsätzlich ohne Auswirkung auf die Zulässigkeit der Verjährungseinrede. Sie kann daher nach der Rspr auch bei Ansprüchen „aus den denkbar schlimmsten und scheußlichsten Delikten" erhoben werden, ohne dass dies dem Schuldner als unzulässige Rechtsausübung anzulasten wäre (OLG Stuttgart NJW 2000, 2680, 2683 – Zwangsarbeiterentschädigung; vgl auch BGHZ 48, 125, 133 – Ansprüche eines ehemaligen KZ-Häftlings gegen eine frühere Rüstungsfirma; OLG Köln NJW-RR 2000, 558 – Verletzung des sexuellen Selbstbestimmungsrechts). Das Gesetz schafft hier allerdings selbst teilweise Abhilfe. So wird der erhöhten Schutzwürdigkeit des Gläubigers bei einer Verletzung der zentralen Rechtsgüter Leben, Körper, Gesundheit und Freiheit durch die Verlängerung der absoluten (kenntnisunabhängigen)

Höchstfrist Rechnung getragen (§ 199 Abs 2 BGB). In den besonders problematischen Fällen des sexuellen Missbrauchs Minderjähriger soll der Hemmungstatbestand des § 208 BGB unbefriedigende Ergebnisse verhindern.

Eine für die Anwendung der Generalklausel unbeachtliche Tatsache stellt auch der **548 Zeitpunkt der Erhebung der Verjährungseinrede** dar. Der Schuldner kann die Verjährungseinrede somit zu dem von ihm bevorzugten Zeitpunkt erheben, ohne sich dem Vorwurf des widersprüchlichen Verhaltens bzw der unzulässigen Rechtsausübung ausgesetzt zu sehen (allgM; vgl BGH NJW-RR 1988, 1195; OLG Braunschweig NJW-RR 1989, 799, 800; s auch PALANDT/ELLENBERGER Überbl 18 v § 194). Dies schließt die Erhebung der Einrede erst im Prozess, ja sogar erst in der Berufungsinstanz oder im Nachverfahren mit ein, auch wenn der Beklagte vorprozessual noch den Anspruch als solchen bestritten hat (BGH NJW 2014, 213, 214 = JA 2014, 388; OLG Frankfurt MDR 1981, 228; OLG Celle NJW-RR 1993, 559; PALANDT/ELLENBERGER Überbl 18 v § 194; SOERGEL/NIEDENFÜHR § 214 Rn 17). Die Grenze bildet allein die Verwirkung (STAUDINGER/J SCHMIDT [1995] Rn 597; vgl dazu o Rn 538).

Im Anwendungsbereich des § 197 Abs 1 Nr 1 BGB verstößt die Einrede der Ver- **549** jährung nicht allein deshalb gegen Treu und Glauben, weil die **Verjährung des dinglichen Herausgabeanspruchs** aus § 985 BGB zu einem dauernden Auseinanderfallen von Eigentum und Besitz führt. Denn der Gesetzgeber hat diese missliche Konsequenz aus übergeordneten Erwägungen – Rechtssicherheit und Rechtsfrieden, Schutz des gutgläubigen Erwerbers – bewusst hingenommen (vgl Beschlussempfehlung des Rechtsausschusses BT-Drucks 14/7052, 179). Problematisch erscheint die Verjährung vor allem in Hinblick auf den Herausgabeanspruch des Eigentümers von **abhanden gekommenen Kunstgegenständen** (zur Problemstellung LOOSCHELDERS, Der zivilrechtliche Herausgabeanspruch des Eigentümers auf Rückgabe von abhanden gekommenen Kulturgütern nach deutschem Recht, in: Veröffentlichungen der Koordinierungsstelle für Kulturgutverluste Bd 5 [2007] 103, 111 ff). In diesem Fall besteht nämlich eine besondere Gefahr, dass die Verjährung gerade dem bösgläubigen Besitzer zugute kommt, der den Kunstgegenstand bis zum Ablauf der Verjährungsfrist „bunkert". Ein genereller Ausschluss der Verjährung wäre zwar auch hier mit § 197 Abs 1 Nr 1 BGB unvereinbar; dem Besitzer kann aber uU im Einzelfall der Einwand des Rechtsmissbrauchs entgegengehalten werden, wenn er sich auf die Verjährung beruft (vgl HARTUNG, Kunstraub in Krieg und Verfolgung [2005] 422; LOOSCHELDERS, in: REMIEN [Hrsg], Verjährungsrecht in Europa – zwischen Bewährung und Reform [2011] 181, 197).

ee) Berücksichtigung des Schuldnerverhaltens

Die Begründung für eine Einschränkung der Verjährungswirkungen zu Lasten des **550** Schuldners darf sich nicht in der wenig aussagekräftigen Berufung auf „Treu und Glauben" erschöpfen; erforderlich ist vielmehr eine Konkretisierung dieses Grundsatzes mit Blick auf die spezifische **Risikoverteilung**. Ausgangspunkt ist die Feststellung, dass das Risiko des Verjährungseintritts im Normalfall allein vom Gläubiger getragen werden muss. Dieser verliert das Recht auf Durchsetzung seines Anspruchs, weil er objektiv über den Zeitpunkt des Verjährungseintritts hinaus mit der Durchsetzung des Anspruchs zugewartet hat. Dem Gläubiger wird dabei kein Verschulden gegen sich selbst vorgeworfen; der Zurechnungsgrund liegt allein in der **Veranlassung** des Verjährungseintritts durch Untätigkeit (STAUDINGER/J SCHMIDT [1995] Rn 596; vgl auch SPIRO I 16 ff, 24 ff). Unkenntnis von Beginn und Dauer der Verjährung gehen daher grundsätzlich zu Lasten des Gläubigers (OLG Stuttgart NJW 2000, 2680, 2683 – Zwangsarbeiterentschädigung).

551 Die einseitige Risikoverteilung zu Lasten des Gläubigers ist nicht immer interessengerecht. Auch aus der Sphäre des Schuldners können Umstände herrühren, die einen Verjährungseintritt begründen. Diese Umstände müssen nach allgemeiner Auffassung bei der **Risikoverteilung** berücksichtigt werden. Für eine Reihe von Situationen hat der Gesetzgeber diesem Gedanken mit der Schaffung von Hemmungs- und Neubeginnsregelungen selbst Rechnung getragen (s unten Rn 560). Solche gesetzlichen Regelungen können aber nicht jedes mit Blick auf die Verjährung relevante Verhalten des Schuldners erfassen. Für die verbleibenden Fälle bedarf es eines Rückgriffs auf § 242 BGB, um eine gerechte Risikoverteilung zu erzielen.

552 Damit eine Vergleichbarkeit der aus Gläubiger- und Schuldnersphäre stammenden Umstände gewährleistet wird, dürfen auf Gläubiger- und Schuldnerseite nur **gleichartige Zurechnungsgründe** berücksichtigt werden. Da auf der Gläubigerseite allein auf die Veranlassung des Verjährungseintritts abgestellt wird (s oben Rn 550), kommt auch für den Schuldner nur der Gesichtspunkt der **Veranlassung** als Zurechnungsgrund in Betracht. Dagegen ist – wie beim Gläubiger – **kein Verschulden** erforderlich, sondern es reicht aus, dass der Schuldner den Gläubiger unabsichtlich an der Verjährungsunterbrechung gehindert hat (st Rspr; vgl RGZ 115, 135, 137; 142, 280, 284; 144, 378, 381; 145, 239, 244; 153, 101; BGHZ 9, 1, 5; 71, 96; BGH VersR 1977, 617, 619; BGH NJW 1990, 1231, 1232; BGH NJW-RR 1991, 1033, 1034; BGH NJW 2002, 3110, 3111; NJW 2008, 2776, 2779; BGH DB 2014, 479; OLG Hamm NZG 2002, 1064, 1065; PWW/Schmidt-Kessel Rn 47).

553 Eine relevante Veranlassung des Verjährungseintritts ist gegeben, wenn der Schuldner durch sein Verhalten eine **adäquate (Mit-)Ursache** dafür gesetzt hat, dass die Verjährungsfrist verstrichen ist, ohne dass der Anspruch vom Gläubiger geltend gemacht wurde (vgl BGH VersR 2006, 556, 557; NJW 2008, 2776, 2779). Das (mit-)ursächliche Verhalten des Schuldners kann in einem positiven Tun oder in einem Unterlassen bestehen, wobei letzteres nur relevant ist, wenn für den Schuldner nach allgemeinen Regeln eine Rechtspflicht zum Handeln (zB aus rechtsgeschäftlicher Übernahme, sozialem Kontakt oder Ingerenz) besteht (Staudinger/J Schmidt [1995] Rn 596). **Bloßes Ausweichen, Ablenken** oder **Schweigen** begründet keine unzulässige Rechtsausübung (BGH NJW 1988, 2245, 2247; vgl auch 1988, 265, 266; 1990, 1231, 1232). Nicht ausreichend ist auch, wenn der Gläubiger „des Glaubens war, ... noch zuwarten zu können", ohne dass der Schuldner dies veranlasst hat (BGH NJW-RR 1993, 1060, 1061).

554 Aus der unüberschaubaren Vielzahl an einschlägigen Urteilen sollen nur einige Bsp herausgegriffen werden. Eine adäquate (Mit-)Verursachung des Verjährungseintritts durch **aktives Tun des Schuldners** wird von der Rspr in folgenden Fällen bejaht: Erwecken der Annahme, der Schuldner werde dem Anspruch nur sachliche Gründe entgegenhalten (BGH VersR 1977, 617; 1982, 444, 445; BGH NJW 1990, 1231, 1232; BGH Betrieb 1991, 593; BGH FamRZ 1992, 926, 927; BGH MDR 1993, 654; OLG Koblenz WM 1991, 1399, 1400); Behinderung der rechtzeitigen Geltendmachung des Anspruchs (BVerwG NVwZ 1983, 740); Abhalten von einer gerichtlichen Geltendmachung des Anspruchs (RGZ 57, 372, 376; BGH VersR 1966, 536; 1971, 439, 440; BGH NJW-RR 1989, 215, 217; 1991, 1033, 1034; BGH WM 1992, 1080, 1081; OLG Düsseldorf VersR 1978, 377, 378; OLG Frankfurt NJW 1980, 2531, 2532); Anregung, den Ausgang eines Rechtsstreites in einer gleich gelagerten

Sache abzuwarten (OLG Düsseldorf MDR 1984, 843, 844); Vergleichsverhandlungen (RGZ 57, 372); Erklärung, auf die Verjährung eventuell verzichten zu wollen, auch so weit kein pactum de non petendo vorliegt (BGH VersR 1960, 517; BGH NJW 1959, 96); falsche polizeiliche Anmeldung, um den Gläubiger über den eigenen Wohnort im Unklaren zu lassen (RG HRR 1941 Nr 111; BGH ZIP 2004, 2273); vertragswidrige Nichtanzeige eines Wohnungswechsels in Erwartung eines Mahnverfahrens (BGH NJW-RR 2005, 415, 416); ständiger Aufenthaltswechsel, um zeitliche Verzögerung zu verursachen (BGH MDR 1987, 924; nicht gegeben, wenn in 14 Jahren fünfmal die Wohnung aus persönlichen und beruflichen Gründen gewechselt wird: LG München I WM 1993, 1674, 1676); Falschbelehrung des Arbeitnehmers durch seinen Arbeitgeber (BAGE 3, 253, 258; 8, 279, 284); Anfordern von Unterlagen und Hinweis auf längere Untersuchungen (BGH MDR 1973, 562); Erwecken oder Verstärken von (unberechtigten) Zweifeln an der Haltereigenschaft (OLG Hamburg MDR 1972, 515); Herbeiführen oder Bestärken der Fehlannahme des Gläubigers, es gelte eine längere Verjährungsfrist (BGH NJW-RR 1989, 1270, 1271).

Ein **Abhalten des Gläubigers von der Geltendmachung des Anspruchs** (s oben Rn 538) **555** kann auch darin bestehen, dass der Schuldner „um Geduld" bittet (vgl dazu BGH NJW 1959, 96; OLG Karlsruhe MDR 1972, 150, 151) oder durch eigene Äußerungen den Anschein erweckt, es werde „zu einem gütlichen Schadensausgleich" kommen (BGH NJW 1985, 2411, 2412). Das Gleiche gilt, wenn die wegen eines Beratungsfehlers in Anspruch genommene Rechtsanwaltskanzlei dem Mandanten mitteilt, mit Rücksicht auf die zwischenzeitlich erfolgte Einschaltung ihrer Haftpflichtversicherung halte sie es für sachgerecht, „auf Weiterungen zunächst zu verzichten" (OLG Düsseldorf VersR 2003, 1047); ebenso, wenn der Schuldner zusagt, er werde Mängel bis zu einem bestimmten Zeitpunkt (= Fristende) beheben (OLG Koblenz CR 1994, 210, 211). Eine relevante (Mit-)Veranlassung ist auch anzunehmen, wenn der Schuldner gegenüber dem Gläubiger arglistig falsche Angaben über das Entstandensein des Anspruchs macht (BGH MDR 1977, 468) oder ihn über den Verpflichteten täuscht (OLG Düsseldorf OLGZ 1972, 205 f). Falsche Informationen über den Anspruchsgegner können aber auch bei Fehlen einer Täuschungsabsicht die Anwendung des § 242 BGB rechtfertigen (BGH NJW-RR 1991, 1034; OLG München BB 1992, 1742, 1743; LG Frankfurt aM NJW-RR 2001, 1423, 1425).

Eine relevante (Mit-)Veranlassung durch **aktives Handeln** ist dagegen **abzulehnen**, **556** wenn der Schuldner lediglich erklärt, für den Schaden aufzukommen (OLG Karlsruhe BB 1970, 147, 148), denn eine solche Erklärung enthält nicht notwendig einen Bezug zur Verjährungsfrist. Das Gleiche gilt, wenn der Schuldner in einem Schreiben an den Gläubiger zwar von einem „eventuellen Anspruch auf Karenzentschädigung" spricht, gleichzeitig aber Nachweise zur Prüfung und Berechnung von Entschädigungsleistungen verlangt (BAG WM 1985, 37, 38), oder wenn der Schuldner gegenüber einem Zugewinnausgleichsanspruch nach § 1371 Abs 2 BGB erklärt, er könne sich erst nach Kenntnis der Testaments- und Erbscheinsakten dazu äußern (BGH NJW 1984, 2935, 2937). Dem Schuldner ist es auch ohne Nachteile gestattet, sich nach einer Änderung der Rspr auf die nunmehr maßgebliche (kürzere) Verjährungsfrist zu berufen (vgl BGH NJW 1964, 1022, 1023). Keine relevante (Mit-)Veranlassung durch den Schuldner wird schließlich angenommen, wenn die Verjährung nur aufgrund einer in den „Verantwortungsbereich des Gläubigers fallenden [...] unvollständigen Abfassung der Klageschrift" eintritt (BGH Betrieb 1980, 1255, 1256), wenn der Schuldner den Gläubiger im Prozess gegen andere potenzielle Schuldner (hier: Architekt einerseits, Bauhandwerker andererseits) unterstützt hat (OLG Köln VersR 1971, 378, 380) oder wenn der Schuldner (Versicherer) nach Fristablauf noch ein Gutachten einholt (OLG Hamm VersR 1992, 1255). Durch ein Geständnis im Strafverfahren und die dort erfolgten Reuebekundungen schafft der Schuldner keinen Vertrauenstatbestand, der ihn im Zivilprozess an der Geltendmachung der Verjährung hindert (OLG Köln NJW-RR 2000, 558; dazu BIRR Rn 126; vgl jetzt aber § 208 nF).

557 Der Schuldner kann auch durch **Unterlassen** eine adäquate Ursache für den Verjährungseintritt setzen. Hieran ist etwa zu denken, wenn der Schuldner dem Gläubiger einen Umwandlungsvorgang pflichtwidrig verschweigt und die zur Unterbrechung der Verjährung erhobene Klage deshalb gegen den falschen Schuldner gerichtet wird (BGH NJW 2002, 3110, 3111). Weitere Beispiele sind die Nichtangabe von Daten über Baumassen (BGH WM 1978, 1298), die Nichtunterrichtung des Arbeitnehmers über einen ihm eingeräumten Anspruch (BAG NJW 1957, 558) sowie die Verzögerung notwendiger Mitwirkungshandlungen durch den Schuldner (RGZ 87, 281, 282 f; BAG BB 1972, 222).

558 Die adäquate Kausalität fehlt regelmäßig, wenn Schuldner und Gläubiger sich in einem **gemeinsamen Irrtum** über die Verjährungsfristen befinden (vgl OLG Celle VersR 1975, 250; PALANDT/ELLENBERGER Überbl 19 v § 194; anders aber OLG Köln FamRZ 1982, 1071, 1072). Die Kausalität ist auch zu verneinen, wenn die Verjährung eingetreten ist, weil die öffentliche Zustellung der Klage unwirksam war, und dies auch darauf beruhte, dass der Kläger keinen aktuellen Handelsregisterauszug eingeholt hatte (OLG München VersR 2010, 1244). Dass der Beklagte sich evtl unredlich verhalten hat, indem er über einen Zeitraum hinweg nicht als Adressat erreichbar war, ist insofern nicht von Belang.

ff) Rechtsfolgen

559 Ein relevanter (Mit-)Verursachungsbeitrag des Schuldners führt zu der Frage, welche Auswirkungen der Grundsatz von Treu und Glauben (§ 242 BGB) auf die Verjährung hat. Dabei ist unbestritten, dass die **Verjährung nicht völlig ausgeschlossen** werden darf. Andernfalls entstünden unverjährbare Forderungen, was schon aus Gründen der Rechtssicherheit abzulehnen ist (BGH NJW 1993, 1004, 1005; vgl auch SOERGEL/TEICHMANN Rn 324); nach hM widerspricht die Unverjährbarkeit einer Forderung sogar dem deutschen ordre public (vgl bereits RGZ 106, 82, 85 f; ferner LOOSCHELDERS, Internationales Privatrecht [2004] Art 6 EGBGB Rn 32). Zur Lösung bieten sich drei Wege an:

560 In Betracht käme ein **Neubeginn** der Verjährung analog § 212 BGB, eine **Hemmung** der Verjährung analog § 209 BGB oder eine **Rechtsfolge sui generis**. Der Vorteil der beiden erstgenannten Lösungen liegt in der Konsistenz mit den übrigen Verjährungsvorschriften. Durch Einbindung in die Systematik des Verjährungsrechts würde eine verlässliche Vorhersage der Ergebnisse, dh eine genaue Bestimmung des (neu berechneten) Ablaufes der Verjährungsfrist ermöglicht. Bei Anwendung des § 212 BGB begänne nach Wegfall der den Einwand der unzulässigen Rechtsausübung begründenden Umstände eine neue Verjährungsfrist zu laufen; gem § 209 BGB würde der Zeitraum, in dem diese Umstände vorlagen, nicht in die Verjährungsfrist eingerechnet (hierfür STAUDINGER/J SCHMIDT [1995] Rn 606). Zu berücksichtigen ist jedoch, dass die Anwendung des **§ 212 BGB** den Schuldner massiv benachteiligt. Gerade bei langen Verjährungsfristen kann der Neubeginn der Verjährung mit Rücksicht auf

das im Einzelfall vielleicht nur geringe Gewicht des rechtsmissbräuchlichen Verhaltens unverhältnismäßig sein. Die Anwendung der **Hemmungsvorschriften** verlagert das Problem der Unbestimmbarkeit letztlich nur auf eine andere Ebene. Denn häufig wird unklar bleiben, über welchen Zeitraum hinweg die Voraussetzungen für den Einwand der unzulässigen Rechtsausübung vorlagen. Zudem passt die Hemmung nicht, wenn die Gründe für die Unzulässigkeit der Verjährungseinrede bereits vor Verjährungseintritt wieder entfallen sind. Da der Gläubiger den Anspruch durchaus noch rechtzeitig geltend machen kann, bleibt für eine Verlängerung der Verjährung kein Raum.

Zu bevorzugen ist daher die Annahme einer **Rechtswirkung sui generis**, die sich jeweils an den Anforderungen des redlichen Geschäftsverkehrs und den Umständen des Einzelfalles orientiert (st Rspr und hM; vgl RGZ 115, 135, 139; BGH NJW 1998, 1488, 1490; Palandt/Ellenberger Überbl 20 v § 194; Soergel/Niedenführ § 214 Rn 16). Der Gläubiger hat den Anspruch nach Wegfall der für den Vorwurf der unzulässigen Rechtsausübung maßgeblichen Umstände zügig geltend zu machen; anderenfalls tritt die Verjährung ein (BGH NJW 1991, 974; 1993, 1004, 1005: OLGR Saarbrücken 2007, 223). Erforderlich ist ebenfalls die Kenntnis des Gläubigers von den die unzulässige Rechtsausübung begründenden Umständen (BGH DB 2014, 479, 481). 561

In der Rspr hat sich die Auffassung herauskristallisiert, dass eine **Frist von vier Wochen bzw einem Monat** in „durchschnittlichen" Fällen für den Gläubiger ausreichend sei, um seinen Anspruch geltend zu machen oder zumindest die Hemmung bzw den Neubeginn der Verjährung zu bewirken (BGH Betrieb 1991, 593, 594 mwNw; OLG Düsseldorf NJW 1983, 1434, 1435; OLG Koblenz WM 1991, 1399, 1400). Dabei handelt es sich aber um keine starre Grenze. Im Einzelfall kann die Frist für den Gläubiger auch (deutlich) darüber hinausgehen (BGH WM 1977, 870; OLG Düsseldorf NJW 1983, 1434, 1435 – 6 Wochen; vgl auch OLG Düsseldorf VersR 1978, 377 – 5 1/2 Monate bei einem Gläubiger aus der Schweiz; zweifelhaft). Umgekehrt wurde ein Zeitraum von mehr als sechs Wochen (BGH VersR 1964, 66, 68) bzw von knapp drei Monaten (RGZ 128, 211, 214; BGH NJW 1955, 1834; 1959, 96; 1978, 1256; 1991, 975; OLG Düsseldorf NJW 1983, 1434, 1435; OLG Koblenz WM 1991, 1399, 1400; OLG Koblenz NJW-RR 1993, 413, 414 – 4 Monate) als zu lang angesehen, um die Verjährungseinrede des Schuldners zu überwinden. 562

gg) Ausschlussfristen
Im Gegensatz zu den Verjährungsvorschriften fehlt für die sog Ausschlussfristen (dazu oben Rn 314) jede gesetzliche Regelung von Hemmungs- und Neubeginnstatbeständen (zur Diskussion über die Anwendbarkeit der Verjährungsvorschriften auf Ausschlussfristen vgl Palandt/Ellenberger Überbl 14 v § 194; Soergel/Niedenführ Vorbem 25 zu 194). Es stellt sich daher die Frage, ob die zum **Einwand der unzulässigen Rechtsausübung gegenüber der Verjährungseinrede** entwickelten Grundsätze auf die entsprechenden Probleme bei Ausschlussfristen **übertragbar** sind. Dabei muss zunächst zwischen den vertraglichen (insbesondere tarifvertraglichen) und den gesetzlichen Ausschlussfristen (vgl zB §§ 121, 124, 626 Abs 2 BGB) differenziert werden. 563

Bei **vertraglichen Ausschlussfristen** wird die Anwendung der für den Einwand der unzulässigen Rechtsausübung gegenüber der Verjährungseinrede maßgeblichen Grundsätze allgemein befürwortet. Die Interessenlage entspricht im Wesentlichen der Situation bei der Verjährung; erleichternd tritt der Umstand hinzu, dass – anders 564 als bei der Verjährung – regelmäßig keine öffentlichen Interessen (zB Rechtssicherheit und Rechtsfrieden) tangiert werden. Trägt der Schuldner durch sein Verhalten dazu bei, dass der Gläubiger seinen Anspruch nicht rechtzeitig geltend macht, so kann die Geltendmachung des Anspruchs also über § 242 BGB zugelassen werden (RG Recht 1925 Nr 909; RGZ 142, 280, 285; 148, 298, 301; BGHZ 31, 77, 83; 43, 237; BGH NJW-RR 1987, 157; NJW-RR 1991, 949; BAGE 14, 140, 145 f; BAG Betrieb 1985, 659; Soergel/Niedenführ Vorbem 26 zu 194; zu vertraglichen Ausschlussfristen im Arbeitsrecht s unten Rn 784).

565 Nicht so eindeutig stellt sich die Situation bei **gesetzlichen Ausschlussfristen** dar. Hier ist nach dem Zweck der Frist zu differenzieren, ob und inwieweit § 242 BGB über deren Versäumung hinweghelfen kann (BGHZ 31, 77, 83; MünchKomm/Grothe Vorbem 22 zu 194). Die Rspr hat dies für eine beamtenrechtliche Klagefrist verneint (BGHZ 14, 122, 128); ebenso für die Ausschlussfrist nach § 27 PatG aF (BPatG GRUR 1971, 569; vgl jetzt § 41 PatG). Entscheidend bleibt letztlich, welches Gewicht den für die strikte Anwendung der Ausschlussfrist streitenden Gründen im Einzelfall zukommt.

566 Zur Anwendung des § 242 BGB auf Ausschlussfristen findet sich in der **Rspr** eine reichhaltige Kasuistik. Keine Mitveranlassung liegt danach vor, wenn das Recht nur deshalb nicht geltend gemacht wurde, weil die Rechtslage zweifelhaft war (BAG AP Nr 34 zu § 4 TVG – Ausschlussfrist) oder weil der Berechtigte einseitig annahm, der Gegner werde sich nicht auf die Frist berufen (BAG BB 1971, 309). Ebenfalls verneint wurde eine Mitveranlassung für den Fall, dass das Recht, eine Aufwandsentschädigung geltend zu machen, wegen Unkenntnis nicht ausgeübt wurde und das Amtsgericht nicht auf diese Möglichkeit hingewiesen hatte (OLG Brandenburg FamRZ 2013, 319). Dagegen hat man eine Mitveranlassung bejaht, wenn der Gegner den Anschein erweckt hatte, er werde sich nicht auf die Ausschlussfrist berufen (RGZ 148, 300; 150, 257; 155, 106; RG DR 1940, 736; BGH VersR 1963, 640; VersR 1985, 439, 440; BAG NJW 1963, 1566; BAG Betrieb 1970, 688; Betrieb 1972, 1300; Betrieb 1985, 659; OLG Köln VersR 1963, 568); wenn ein Reiseveranstalter beim Reiseteilnehmer den Eindruck hervorgerufen hatte, er werde die angemeldeten Gewährleistungsansprüche inhaltlich prüfen (LG Frankfurt/M NJW 1987, 132; NJW-RR 1987, 567, 568); wenn der Gegner (Versicherer) dem Gläubiger nach Fristablauf anheim stellt, den Anspruch durch ein ärztliches Gutachten zu begründen und dadurch der Eindruck entstand, er werde den Fristablauf nicht geltend machen (BGH VersR 1985, 439, 440); wenn das Nachlassgericht durch seine bisher geübte Praxis den Vertrauenstatbestand geschaffen hat, eine pauschale Geltendmachung von Ansprüchen durch den Nachlasspfleger genüge zur Wahrung der Frist des § 2 VBVG (BGH NJW-RR 2013, 519).

567 Eine **Mitveranlassung durch Unterlassen** wurde angenommen, als der Verpflichtete dem Berechtigten bei einem Vorkaufsrecht die Besichtigung der Sache verweigerte (RG DR 1941, 1461; BGH MDR 1972, 128); der Gläubiger von dem Anspruch nichts wusste, weil der Schuldner ihm die geschuldete Abrechnung oder Auskunft nicht erteilt hatte (BAG AP Nr 41 zu § 4 TVG – Ausschlussfrist); als ein Kunde den Irrtum eines Energieversorgungsunternehmens über den Umfang des Strombezugs ausnutzte, obwohl er den Berechnungsfehler bemerkt hatte. Dagegen hinderte ein fahrlässig fehlerhaftes Ablesen des Zählerstandes (Versehen beim Ablesen der Zehntel-Stelle) durch den Schuldner das Eingreifen der Ausschlussfrist nicht (KG NJW-RR 1988, 1524 mwNw; aA zB LG Weiden RdE 1986, 122, 123; LG Bad Kreuznach RdE 1961, 29). Zur Versäumnis von Ausschlussfristen im **Versicherungsrecht** s unten Rn 1090 ff.

2. Schuldrecht: Allgemeiner Teil

a) Allgemeine Tendenzen im Schuldrecht

Das Schuldrecht bildet traditionell einen **Anwendungsschwerpunkt** des § 242 BGB. **568**
Das kann schon aufgrund des Wortlauts und der systematischen Stellung des § 242
BGB nicht verwundern. Die Gründe liegen aber auch in der Sache: Denn in **schuldrechtlichen Sonderverbindungen** haben die gegenseitigen Rücksichts- und Treuepflichten typischerweise einen besonders hohen Stellenwert. Hinzu kommt, dass
die Tendenzen zu einer **„Materialisierung" der Privatautonomie** dort besonders stark
ausgeprägt sind (vgl CANARIS, Wandlungen des Schuldvertragrechts – Tendenzen zu seiner
„Materialisierung", AcP 200 [2000] 273 ff; krit MünchKomm/ERNST Einl 53 z SchuldR); neben
der Generalklausel des § 138 Abs 1 ist § 242 BGB aber das zweite wichtige Medium
zur Verwirklichung dieser Tendenzen (ausf dazu o Rn 456 ff).

Schließlich weist das Schuldrecht einen unmittelbaren Bezug zu den jeweiligen **569**
wirtschaftlichen und sozialen Verhältnissen auf, weil hier das rechtliche Instrumentarium zur Lösung wesentlicher Probleme aus dem Bereich des Güteraustauschs und
der Güterverteilung angesiedelt ist (vgl ESSER/E SCHMIDT, Schuldrecht AT § 1 I; ausf dazu
REBE, Privatrecht und Wirtschaftsordnung [1978]; aus Sicht der Theorie von der „ökonomischen
Analyse des Rechts" SCHÄFER/OTT, Lehrbuch der ökonomischen Analyse des Zivilrechts [5. Aufl
2012]). Infolgedessen schlagen **Änderungen der wirtschaftlichen und sozialen Verhältnisse** unmittelbar auf die schuldrechtlichen Interessenwertungen durch. Soweit der
Gesetzgeber auf solche Änderungen nicht selbst reagiert, müssen sie von der Rspr in
Anwendung der zivilrechtlichen Generalklauseln abgefangen werden. So haben
Krieg und Inflation zur Entwicklung der Lehre vom Wegfall der Geschäftsgrundlage
geführt (STAUDINGER/OLZEN Einl 222 zum SchuldR); die Inhaltskontrolle von AGB nach
§ 242 BGB war eine Reaktion auf die Ausbreitung formularmäßiger Vereinbarungen im Wirtschaftsleben (s oben Rn 471 ff).

In einigen Bereichen des Schuldrechts hat das **Tätigwerden des Gesetzgebers** allerdings zu einer deutlichen „Entlastung" des § 242 BGB geführt. Zu nennen sind **570**
insbesondere die **Inhaltskontrolle von AGB** nach §§ 307 ff BGB (§§ 9 ff AGBG)
sowie die Kodifizierung der Lehre von der **Störung der Geschäftsgrundlage** in § 313
BGB und der **Kündigung aus wichtigem Grund** bei Dauerschuldverhältnissen in § 314
BGB (vgl STAUDINGER/OLZEN Einl 222, 225 f zum SchuldR). Darüber hinaus sind im **Leistungsstörungsrecht** einige Fragen geregelt worden, die vor der Reform auf der
Grundlage des § 242 BGB bewältigt werden mussten. So stellen sich etwa die Regelungen der §§ 281 Abs 2, 286 Abs 2 Nr 3 und 4, 323 Abs 2 Nr 1 und 3, 440, 636
BGB über die Entbehrlichkeit der Fristsetzung bzw der Mahnung als gesetzliche
Ausprägungen des Grundsatzes von Treu und Glauben dar (s dazu u Rn 644). Das
Gleiche gilt für die Leistungsverweigerungsrechte des Schuldners nach § 275 Abs 2
und 3 BGB wegen **groben Missverhältnisses von Aufwand und Leistungsinteresse** und
persönlicher Unzumutbarkeit der Leistung (s oben Rn 268 ff). Weitere Beispiele sind
die Vorschriften über die Unzumutbarkeit des Festhaltens am Vertrag bzw der
Leistung durch den Schuldner in §§ 282, 324 BGB. § 242 BGB ist bei der **Schuldrechtsreform** also durch zahlreiche „kleine" Generalklauseln ergänzt worden, die
dem Richter eine Interessenabwägung im Einzelfall erlauben, ohne dass ein Rückgriff auf den allgemeinen Grundsatz von Treu und Glauben erforderlich ist (vgl JUNG,
Die Generalklausel im deutschen und französischen Vertragsrecht, in: BALDUS/MÜLLER-GRAFF, Die

Generalklausel im Europäischen Privatrecht [2006] 37, 53). Schließlich sind auch die **Reform des Mietrechts** von 2001 sowie die Einführung der diversen **Sonderregelungen zum Verbraucherschutz** mit einer gewissen Entlastung des § 242 BGB einhergegangen. Denn je genauer das Gesetz auf aktuelle Entwicklungen eingeht, desto weniger ist ein Rückgriff auf § 242 BGB erforderlich. Dh freilich nicht, dass § 242 BGB in diesen Bereichen irrelevant wäre. Denn keine noch so genaue und detaillierte Regelung kann alle Fragen des Einzelfalles einer befriedigenden Lösung zuführen.

b) Inhalt der Leistungspflicht
aa) Überblick

571 Eine wesentliche Funktion des § 242 BGB besteht in der Beantwortung der Frage, auf welche Weise der Schuldner die Leistung zu erbringen hat (s oben Rn 181). § 242 BGB dient insofern der **Konkretisierung der Rechte und Pflichten** der Parteien (vgl STAUDINGER/OLZEN § 241 Rn 409 ff). Diese Konkretisierungsfunktion betrifft zum einen die für die Erbringung der **Hauptleistung** relevanten Modalitäten. Die damit verbundenen Fragen sind zwar im Wesentlichen schon in den §§ 266–272 BGB geregelt; daneben kann aber ergänzend auf § 242 BGB zurückgegriffen werden (s Rn 181 ff). Zum anderen dient § 242 BGB der **Konkretisierung der Nebenpflichten** von Gläubiger und Schuldner. Dabei geht es zum einen um **leistungsbezogene Nebenpflichten** (insbesondere Auskunfts- und Rechenschaftspflichten, Mitwirkungs-, Unterstützungs- sowie Leistungssicherungspflichten), zum anderen um die **Verpflichtung zur Rücksichtnahme** auf die Rechtsgüter, Rechte und Interessen des anderen Teils (vgl LOOSCHELDERS, Schuldrecht AT § 4 Rn 17). Vor Inkrafttreten der Schuldrechtsreform wurden diese Pflichten im Allgemeinen bei § 242 BGB behandelt (vgl etwa SOERGEL/TEICHMANN Rn 134 ff; STAUDINGER/J SCHMIDT [1995] Rn 836 ff). Da die Nebenpflichten nach der Reform **systematisch bei § 241 BGB anzusiedeln** sind (s unten Rn 732), kann auf die einschlägigen Darlegungen bei dieser Vorschrift verwiesen werden (vgl STAUDINGER/OLZEN § 241 Rn 147 ff).

572 In einem engen Zusammenhang mit § 242 BGB stehen auch die Vorschriften, die sich auf **typische Gegenstände der Leistungspflicht** (Gattungsschuld, Wahlschuld, Geldschuld) beziehen oder den **Inhalt einzelner Ansprüche oder Rechte** (zB Schadensersatz, Aufwendungsersatz, Wegnahmerecht, Auskunft) konkretisieren. Die betreffenden Regelungen gehen dem allgemeinen Grundsatz von Treu und Glauben zwar vor; im Einzelfall kann aber dennoch auch hier ergänzend auf § 242 BGB zurückgegriffen werden. Darüber hinaus kann § 242 BGB schließlich auch im Anwendungsbereich der Vorschriften über die **Leistungsverweigerungsrechte des Schuldners** (§§ 273, 274, 320–322 BGB) Bedeutung erlangen.

bb) Typische Gegenstände der Leistung
(1) Gattungsschuld

573 Im Zusammenhang mit § 243 BGB wird dem Grundsatz von Treu und Glauben in drei Fallgruppen Bedeutung beigemessen:

(a) Abweichender Qualitätsstandard

574 In der älteren Lit wurde zum Teil die Auffassung vertreten, aus Treu und Glauben könne im Einzelfall folgen, dass eine vom Standard des § 243 Abs 1 BGB **abweichende** (bessere oder schlechtere) **Qualität** geschuldet sei; das sollte zB bei preisentsprechender Ware gelten (FISCHER, Konzentration und Gefahrtragung bei Gattungs-

schulden, JhJb 51 [1907] 159, 182; vgl auch LABAND AcP 73 [1888] 161, 177). Heute ist allgemein anerkannt, dass Vereinbarungen über den Preis nicht erst bei der Auswahl der konkret zu leistenden Sache, sondern schon bei der **Bestimmung der Gattung** zu berücksichtigen sind (vgl STAUDINGER/SCHIEMANN § 243 Rn 21). Im Übrigen ist es den Parteien unbenommen, im Rahmen der Gattung eine höhere oder niedrigere Qualität zu vereinbaren (MünchKomm/EMMERICH § 243 Rn 19). Dies kann auch konkludent erfolgen, zB durch Festlegung eines besonders hohen oder besonders niedrigen Preises (Hk-BGB/SCHULZE § 243 Rn 5). Dabei handelt es sich jedoch um kein Problem des § 242 BGB, sondern um eine Frage der **Auslegung** nach §§ 133, 157 BGB.

(b) Repartierungspflicht des Schuldners

Vor allem bei Vorratsschulden stellt sich die Frage, ob der Schuldner nach Treu und **575** Glauben berechtigt oder sogar verpflichtet ist, die **vorhandene Warenmenge gleichmäßig auf alle Gläubiger aufzuteilen**, wenn sie aufgrund eines vom Schuldner nicht zu vertretenden Umstands nicht mehr zur vollständigen Befriedigung aller Gläubiger ausreicht. In der älteren Rspr wurde diese Frage häufig bejaht (vgl RGZ 84, 125, 128 f; 91, 312, 313; 95, 264, 268; 100, 134, 137; RG Recht 1918 Nr 306). Dem ist der überwiegende Teil der Lit gefolgt (vgl GERNHUBER, Schuldverhältnis § 10 IV 8; LARENZ, Schuldrecht I § 10 IIa und § 11 I; MEDICUS/PETERSEN, BR Rn 255 f; MEDICUS/LORENZ, Schuldrecht I, Rn 194; grundsätzlich auch ERMAN/WESTERMANN § 243 Rn 12; **aA** MünchKomm/EMMERICH § 243 Rn 17; STAUDINGER/SCHIEMANN § 243 Rn 20; LESSMANN, Grundprobleme der Gattungsschuld, JA 1982, 280, 285; E WOLF, Anleitung zum Lösen zivilrechtlicher Fälle, JuS 1962, 103 ff). Kritische Stimmen weisen dagegen insbesondere darauf hin, dass das **Kartellrecht** (§§ 19 Abs 1 und 2 Nr 1, 20 Abs 1 und 2 GWB) eine Repartierungspflicht nur in eng begrenzten Ausnahmefällen kennt (MünchKomm/EMMERICH § 243 Rn 17).

Zur Würdigung des Meinungsstreits ist Folgendes zu sagen: Kann der Schuldner **576** nicht alle von ihm übernommenen Leistungspflichten voll erfüllen, so steht es ihm nach den Wertungen des Schuldrechts grundsätzlich frei, welche Verpflichtung er in welchem Umfang erfüllt. Dieser Grundsatz gilt auch, wenn der Schuldner nicht in der Lage ist, mit den vorhandenen Gegenständen alle Gläubiger vollständig zu befriedigen (E WOLF JuS 1962, 103). Aus Treu und Glauben können sich zwar **im Einzelfall** Einschränkungen ergeben, sodass der Schuldner nach § 242 BGB gehalten sein kann, einen bestimmten Gläubiger vorrangig zu befriedigen, weil dieser ein besonders schutzwürdiges Interesse an der Leistung hat (ERMAN/WESTERMANN § 243 Rn 12). Sofern alle Gläubiger in besonderem Maße auf den Erhalt der Leistung angewiesen sind (was in Notzeiten durchaus denkbar ist), kann der Schuldner uU zu einer gleichmäßigen Verteilung der vorhandenen Güter verpflichtet sein. Eine darüber hinausgehende **generelle** Verpflichtung zur gleichmäßigen Befriedigung aller Gläubiger lässt sich außerhalb des Anwendungsbereichs der §§ 19, 20 GWB aber nicht begründen.

Von dem Problem der **Repartierungspflicht** muss die Frage unterschieden werden, ob **577** der Schuldner sich in einem „Mangelfall" für die gleichmäßige Befriedigung aller Gläubiger entscheiden darf, sodass der einzelne Gläubiger nicht mit Erfolg die volle Leistung verlangen kann. Ein solches **Repartierungsrecht** ist zu bejahen. Dies ergibt sich indes weder aus dem Vorliegen einer **Interessen- oder Gefahrengemeinschaft** zwischen den einzelnen Gläubigern (so aber RGZ 84, 125, 128; MEDICUS/PETERSEN,

BR Rn 255 f) noch aus einer **Rücksichtspflicht der Gläubiger** gegenüber dem Schuldner (so aber GERNHUBER, Schuldverhältnis § 10 IV 8); soweit der Schuldner die anderen Gläubiger befriedigt, entfällt seine Leistungspflicht vielmehr aufgrund von **Unmöglichkeit** nach § 275 Abs 1 BGB (so auch MünchKomm/EMMERICH § 243 Rn 17).

(c) Recht des Schuldners zur „Rekonzentration"

578 Für den Schuldner, der **nach Eintritt der Konkretisierung** über den betreffenden Gegenstand verfügt, stellt sich die Frage, ob er die Konkretisierung rückgängig machen und mit einem anderen Gegenstand aus der Gattung erfüllen darf. Diese Möglichkeit wird ihm zum Teil generell eingeräumt, jedoch um den Preis, dass er ab Rückgängigmachung der Konkretisierung wieder die volle Leistungsgefahr trägt (so etwa MEDICUS/LORENZ Schuldrecht I Rn 207; MEDICUS/PETERSEN BR Rn 262; ders, Die konkretisierte Gattungsschuld, JuS 1966, 297, 303 ff; vgl auch SOERGEL/ARNOLD § 243 Rn 15; ESSER/SCHMIDT, Schuldrecht I § 13 I 2c; HAGER, Rechtsfragen des Finanzierungsleasing von Hard- und Software, AcP 190 [1990] 324, 332 mit Fn 51; LARENZ, Schuldrecht I § 11 I S 153 f; grundsätzlich auch STAUDINGER/SCHIEMANN § 243 Rn 43; CANARIS, Die Bedeutung des Übergangs der Gegenleistungsgefahr im Rahmen von § 243 Abs 2 BGB und § 275 Abs 2 BGB, JuS 2007, 793 ff). Maßgeblich ist die Erwägung, dass die Konkretisierung in erster Linie dem Schutz des Schuldners dient. Demgegenüber misst die hM der Konkretisierung grundsätzlich **Bindungswirkung** zu. Im Einzelfall soll der Gläubiger jedoch nach **Treu und Glauben** gehindert sein, einen anderen (gleichwertigen) Gegenstand abzulehnen (vgl RGZ 91, 110, 112 f; 108, 184, 187; RG Recht 1906 Nr 2075; BGH WM 1964, 1023, 1024 f = BB 1965, 349; BGH NJW 1982, 873; OLG Köln NJW 1995, 3128, 3129; ERMAN/WESTERMANN § 243 Rn 18; MünchKomm/EMMERICH § 243 Rn 32; PALANDT/GRÜNEBERG § 243 Rn 7; BGB-RGRK/ALFF § 243 Rn 12; BROX/WALKER, Allgemeines Schuldrecht § 8 Rn 7; LOOSCHELDERS, Schuldrecht AT § 13 Rn 18 f; FISCHER, Konzentration und Gefahrtragung bei Gattungsschulden, JhJb 51 [1907] 159, 202 ff; U HUBER, Zur Konzentration beim Gattungskauf, in: FS Ballerstedt [1975] 327, 339 ff; VAN VENROOY, Konzentration zu Lasten des Schuldners, WM 1981, 890 ff). Dafür lässt sich anführen, dass die Verfasser des BGB die Konkretisierung mit Bindungswirkung ausstatten wollten, um dem Gläubiger schon vor der vollständigen Erfüllung des Vertrages Dispositionen über die Ware zu ermöglichen und den Schuldner an Spekulationen auf Kosten des Gläubigers zu hindern (vgl Mot II 12, 74; Prot I 287 f).

579 Geht man mit dem historischen Gesetzgeber davon aus, dass der Gläubiger **im Regelfall** ein schutzwürdiges Interesse daran hat, sich auf die einmal erfolgte Konkretisierung einrichten zu können (so etwa ERMAN/WESTERMANN § 243 Rn 18; aA STAUDINGER/SCHIEMANN § 243 Rn 43), so hat der Schuldner nur dann ein Recht zur „Rekonzentration", wenn diesem Interesse **im Einzelfall** lediglich ein geringeres Gewicht zukommt. Erforderlich ist also eine Interessenabwägung auf der Grundlage des § 242 BGB.

580 Nach der Rspr kann die Bindungswirkung der Konkretisierung in Anwendung des § 242 BGB durchbrochen werden, wenn der Gläubiger die ordnungsgemäß angebotene Sache zurückgewiesen (vgl RGZ 91, 110, 112; 108, 184, 187; OLG Bremen MDR 1958, 919; ähnlich OLG Koblenz BeckRS 2012, 24995) oder eine andere gleichwertige Sache bereits angenommen hat (BGH WM 1964, 1023, 1024 f). Dann verstößt er gegen das **Verbot widersprüchlichen Verhaltens** (venire contra factum proprium), indem er sich auf die Konkretisierung beruft. Darüber hinaus ist dem Schuldner ein Recht zur

Rekonzentration zuzubilligen, wenn sich im Einzelfall feststellen lässt, dass der Gläubiger kein Interesse am Erhalt der Ware hat, auf die das Schuldverhältnis zunächst beschränkt war (vgl RGZ 91, 110, 112; OLG Bremen MDR 1958, 919). Maßgeblich ist hier der Gedanke des **fehlenden schutzwürdigen Eigeninteresses** (s oben Rn 258).

(2) Wahlschuld und Ersetzungsbefugnis
Bei der Wahlschuld (§§ 262 ff BGB) steht es dem Berechtigten grundsätzlich frei, welche der alternativ geschuldeten Leistungen er fordern bzw erbringen will. Rspr und Lit erkennen jedoch an, dass der **Grundsatz von Treu und Glauben** die **Ausübung des Wahlrechts begrenzt** (vgl BGH NJW 1983, 2701, 2703 = WM 1983, 926, 928; BGH NJW-RR 2003, 45, 46; STAUDINGER/BITTNER [2014] § 263 Rn 4). Der Berechtigte hat hiernach auf die Interessen des anderen Teils Rücksicht zu nehmen. So muss eine Bank bei der Entscheidung über die Frage, welche von mehreren Sicherheiten sie freigibt, die Belange des Sicherungsgebers berücksichtigen (BGH NJW 1983, 2701). Entscheidet sie sich dafür, ihre Forderung nicht über die vorrangige Sicherheit abzudecken, so ist dies aber **nicht** per se **rechtsmissbräuchlich** (BGH NJW-RR 2003, 45, 46; NK-BGB/LOOSCHELDERS § 138 Rn 261). Die Bank kann nämlich ein schutzwürdiges Interesse an der Verwertung der nachrangigen Sicherheit haben, zB weil die Verwertung der rangersten Sicherheit mit einem höheren Aufwand verbunden wäre. 581

Allgemein anerkannt wird, dass der Berechtigte die Wahlerklärung ohne Einwilligung des anderen Teils nicht widerrufen kann (vgl STAUDINGER/BITTNER [2014] § 263 Rn 2). Demgegenüber ist die Bindungswirkung der Ersetzungserklärung bei der gesetzlich nicht geregelten **Ersetzungsbefugnis** streitig. Die hM verneint aus Gründen der Rechtssicherheit zutreffend eine **Widerrufsmöglichkeit** (vgl OLG Celle NJW 1949, 223; SOERGEL/FORSTER § 263 Rn 7; SCHLECHTRIEM/SCHMIDT-KESSEL, Schuldrecht AT [6. Aufl 2005] Rn 230). Die Gegenauffassung differenziert danach, ob dem Gläubiger oder dem Schuldner die Ersetzungsbefugnis zusteht (MünchKomm/KRÜGER § 263 Rn 10; LARENZ, Schuldrecht I § 11 IIIa, b; MEDICUS/LORENZ, Schuldrecht I Rn 203a). Bei einer **Ersetzungsbefugnis des Gläubigers** führt die Ausübung des Gestaltungsrechts zu einer Bindung des Schuldners und Verpflichtung, die Ersatzleistung zu erbringen. Die rechtsgestaltende Erklärung des Gläubigers ist trotz mangelnder Rückwirkung prinzipiell unwiderruflich. Steht dem **Schuldner die Ersetzungsbefugnis** zu, führt nicht eine Erklärung des Schuldners zur Konzentration, sondern die Konzentration tritt erst mit der Erbringung der Leistung ein. Aufgrund der fehlenden rechtsgestaltenden Wirkung der Erklärung des Schuldners, von der Ersetzungsbefugnis Gebrauch machen zu wollen, besteht keine Bindung des Schuldners und die vereinbarte Leistung bleibt die ursprünglich geschuldete. 582

Die **Auslegung** der vertraglichen oder gesetzlichen Regelung, auf der die Ersetzungsbefugnis beruht, kann aber eine abweichende Lösung rechtfertigen (vgl OLG Brandenburg VIZ 1997, 697, 701; BeckOK-BGB/LORENZ [1. 5. 2019] § 262 Rn 12; PALANDT/ GRÜNEBERG § 262 Rn 7). Im Übrigen ist der andere Teil nach **Treu und Glauben** daran gehindert, den Berechtigten an dessen Entscheidung festzuhalten, wenn er kein schutzwürdiges Interesse daran hat, anstelle der an sich geschuldeten Leistung die Ersatzleistung erbringen zu dürfen oder zu erhalten (vgl LOOSCHELDERS, Schuldrecht AT § 13 Rn 30). 583

cc) **Inhalt einzelner Ansprüche oder Rechte**
(1) **Schadensersatz***

584 Im Schadensrecht (§§ 249–254 BGB) wird § 242 BGB besonders oft erwähnt. Manche sprechen sogar davon, dass das gesamte Schadensrecht von Treu und Glauben beherrscht wird (so etwa ERMAN/EBERT § 254 Rn 4). In der Rspr hat der Rückgriff auf § 242 BGB insbesondere die Funktion, einen **der Billigkeit entsprechenden Interessenausgleich** zwischen Schädiger und Geschädigtem zu verwirklichen, indem die Haftung des Schädigers teils erweitert, teils aber auch beschränkt wird (vgl BGHZ 60, 353, 358; ausf dazu MEDICUS VersR 1981, 593 ff). Folgende Problemkreise sind besonders hervorzuheben:

(a) **Ausweitung des Schadensersatzanspruchs**

585 Zur Ausweitung des Schadensersatzanspruchs hat der BGH im Zusammenhang mit dem umstrittenen Anspruch auf **Ersatz von Vorhaltekosten** auf § 242 BGB zurückgegriffen. Maßgeblich war die Erwägung, dass es mit Treu und Glauben unvereinbar sei, wenn der Schädiger dem Geschädigten für die vorsorgliche Bereithaltung von Reservefahrzeugen keinen Ausgleich zahlen müsse, obwohl der Geschädigte ihm hierdurch die höheren Kosten für die Anmietung eines Ersatzfahrzeugs erspart habe (BGHZ 32, 280, 285; hieran anknüpfend BGHZ 70, 199, 201; vgl auch LG Offenburg VersR 1967, 242; FRANKE, Die Substantiierungs- und Beweispflicht bei der Verfolgung von Vorhaltungskosten [Fahrzeugausfälle durch Unfälle bei Straßenbahnen], VersR 1961, 966). Dem wird zu Recht entgegengehalten, dass § 242 BGB keine geeignete Grundlage ist, um das **Kausalitätserfordernis** aus Billigkeitsgründen zu überspielen (STAUDINGER/SCHIEMANN [2017] § 249 Rn 117). Erst wenn bezüglich eines konkret bevorstehenden Schadensereignisses Schadensersatzmaßnahmen ergriffen werden, ist die für die Ersatzfähigkeit notwendige Kausalität zu bejahen. Davon abgesehen erscheint es zweifelhaft, ob die Verneinung der Ersatzpflicht wirklich zu einer **unbilligen Entlastung des Schädigers** führt (so aber MünchKomm/OETKER § 249 Rn 201). Hiergegen spricht nämlich die Erwägung, dass dem Schädiger die geringere Schadensanfälligkeit des Geschädigten ebenso zugutekommen muss, wie dessen besondere Anfälligkeit ihn belasten würde (so LANGE/SCHIEMANN, Schadensersatz [3. Aufl 2003] § 6 VIII 4b; LARENZ, Schuldrecht I § 29 II f; NIEDERLÄNDER, Schadensersatz bei Aufwendungen des Geschädigten vor dem Schadensereignis, JZ 1960, 617, 619; vgl auch LOOSCHELDERS, Mitverantwortlichkeit 496 ff; ders, Schuldrecht AT § 49 Rn 14). Der Rückgriff auf allgemeine Billigkeitsüberlegungen hilft hier also nicht weiter.

(b) **Einschränkung des Schadensersatzanspruchs**

586 Auf der anderen Seite ist § 242 BGB auch herangezogen worden, um Einschränkungen des Schadensersatzanspruchs zu begründen. So hat die ältere Rspr die **Adäquanztheorie** auf § 242 BGB gestützt (vgl BGHZ 3, 261, 267; BGH NJW 1952, 1010, 1011; OLG Düsseldorf NJW 1957, 1153; vgl auch RG HRR 1933 Nr 398; LINDENMAIER, Adäquate Ursache und nächste Ursache, ZHR 113 [1950] 207 ff). Dabei wurde darauf abgestellt, ob „dem Urheber einer Bedingung eine Haftung ... billigerweise zugemutet werden kann" (BGHZ 3, 261, 267). Dahinter steht die richtige Erkenntnis, dass man sich bei der objektiven Zurechnung von Schäden nicht auf die Kausalität im naturwissenschaftlichen Sinne beschränken darf, sondern darüber hinaus eine wertende Betrachtung vornehmen

---

* **Schrifttum**: DEUTSCH, Allgemeines Haftungsrecht (2. Aufl 1996); ESSER, § 242 und die Privatautonomie, JZ 1956, 555; MEDICUS, Schadensersatz und Billigkeit, VersR 1981, 593 ff.

muss. Die notwendige **Begrenzung der objektiven Zurechnung** lässt sich jedoch **nicht auf der Grundlage des § 242 BGB** durch **allgemeine Billigkeits- und Zumutbarkeitserwägungen** im Einzelfall verwirklichen; notwendig ist vielmehr die Entwicklung spezifischer Kriterien, welche am **Schutzzweck der jeweiligen Haftungsnorm** orientiert sind. Nach entsprechender Kritik in der **Lit** (ENNECCERUS/LEHMANN, Schuldrecht § 15 III; LARENZ, Tatzurechnung und „Unterbrechung des Kausalverlaufs", NJW 1955, 1009, 1011 ff; ESSER JZ 1956, 555, 557) wird dieser Ansatz heute deshalb zu Recht nicht mehr vertreten, während die Adäquanz als Zurechnungskriterium nach wie vor zahlreiche Anhänger hat (zum Verhältnis des Adäquanzkriteriums zur Lehre vom Schutzzweck der Norm vgl etwa MünchKomm/OETKER § 249 Rn 118; DEUTSCH, Allgemeines Haftungsrecht Rn 145; LOOSCHELDERS, Schuldrecht AT § 45 Rn 17).

Eine **anspruchsbegrenzende Wirkung** ist § 242 BGB auch bei der Ersatzfähigkeit **587** entgangenen „**Dirnenlohns**" beigemessen worden. Nach Ansicht des BGH ging es hier nämlich „um den berechtigten Einwand des Schädigers, es könne ihm billigerweise (§ 242 BGB) nicht zugemutet werden, einen durch sittenwidriges Tun geprägten Erwerb zu substituieren" (BGHZ 67, 119, 126; dazu MEDICUS VersR 1981, 593 ff). Der Rückgriff auf allgemeine Billigkeits- und Zumutbarkeitserwägungen wirkt jedoch auch hier zu unspezifisch. Entscheidend ist, ob die Ersatzfähigkeit von entgangenem Gewinn (§ 252 BGB) nach den **Wertungen der §§ 138 Abs 1, 817 S 2** BGB eingeschränkt werden muss, wenn der Gewinn durch eine sittenwidrige Tätigkeit erlangt worden wäre (vgl dazu MünchKomm/OETKER § 252 Rn 9 ff). Da den Prostituierten nach Inkrafttreten des ProstG vom 20. 12. 2001 (BGBl I 3983) ein wirksamer Entgeltanspruch zusteht (§ 1 Satz 1 ProstG; vgl dazu NK-BGB/LOOSCHELDERS Anh zu § 138 Rn 8), kommt eine Einschränkung des Anspruchs auf Ersatz von entgangenem Gewinn in diesem Bereich nicht mehr in Frage (so auch MünchKomm/OETKER § 252 Rn 9; MEDICUS/LORENZ, Schuldrecht I Rn 732).

Auch die Lehre von der **Vorteilsausgleichung** wird häufig auf § 242 BGB gestützt (zB **588** BGHZ 8, 325, 329; 60, 353, 358; 91, 206, 210 = NJW 1984, 2457, 2458; 120, 261, 268 = NJW 1993, 593, 595; BGH NJW 1984, 2520, 2521; 1987, 2741; BGH WM 1989, 857, 859 und 898, 899; OLG Karlsruhe NJW-RR 1988, 370, 372; OLG Nürnberg VersR 1995, 929). Kriterien für die Entscheidung von Einzelfragen lassen sich hieraus aber nicht ableiten (vgl zum Ganzen STAUDINGER/SCHIEMANN [2017] § 249 Rn 132 ff; LOOSCHELDERS, Schuldrecht AT § 45 Rn 42 ff; ERM, Vorteilsanrechnung beim Schmerzensgeld [2013] 179 ff).

Ist die Herstellung nur mit unverhältnismäßigen Aufwendungen möglich, so kann der **589** Ersatzpflichtige den Gläubiger nach § 251 Abs 2 S 1 BGB in Geld entschädigen. Die Vorschrift begrenzt den Anspruch auf Naturalrestitution unter dem Aspekt der **Verhältnismäßigkeit** und kann insofern – ähnlich wie § 275 Abs 2 BGB (dazu o Rn 267 ff) – als Konkretisierung des § 242 BGB verstanden werden (vgl MünchKomm/OETKER § 251 Rn 35; ähnlich BGH NJW 1970, 1180, 1181 und BGH NZM 2010, 442, 443: „Ausfluss des Grundsatzes von Treu und Glauben"; OLG Hamm NJW 1981, 827; OLG Köln NJW-RR 1993, 1492; OLG München VersR 1980, 878; OLG Nürnberg NJW-RR 1986, 1346, 1348; JAUERNIG/TEICHMANN § 251 Rn 9; KELLER VersR 1977, 145). Auf Personenschäden ist § 251 Abs 2 S 1 BGB nach hM nicht anwendbar (MünchKomm/OETKER § 251 Rn 48; STAUDINGER/SCHIEMANN [2017] § 251 Rn 19, 21; LOOSCHELDERS, Schuldrecht AT § 47 Rn 16). Der BGH vertritt aber die Auffassung, der Geschädigte könne in extremen Ausnahmefällen nach Treu und Glauben (§ 242 BGB) gehindert sein, die Beseitigung eines geringfügigen Körperschadens (zB einer Narbe) zu verlangen, wenn dazu **unverhältnismäßige Aufwendungen** (zB Operationskosten) erforderlich wären (BGHZ 63, 295, 300 ff; ebenso in der Lit MünchKomm/ OETKER § 251 Rn 48 ff; vgl auch Hk-BGB/SCHULZE § 251 Rn 4). Die Ablehnung des Herstellungsanspruchs soll insbesondere dann in Betracht kommen, wenn dem Interesse des Geschädigten durch ein höheres Schmerzensgeld ausreichend Rechnung getragen sei. Dies erscheint insofern bedenklich, als es nach der Wertordnung des Grundgesetzes (Art 1, 2 Abs 1 GG) der Entscheidung des Geschädigten überlassen bleiben muss, ob er einen Körperschaden behandeln lassen oder sich mit einem höheren Schmerzensgeld zufrieden geben will (vgl LOOSCHELDERS, Schuldrecht AT § 47 Rn 16). In der Lit wird allerdings zu Recht darauf hingewiesen, dass es im konkreten Fall um den Ersatz **fiktiver Heilungskosten** ging (vgl STAUDINGER/SCHIEMANN [2017] § 251 Rn 21); nach der neueren Rspr wäre ein solcher Anspruch von vornherein ausgeschlossen (vgl BGHZ 97, 14). Hat der Geschädigte die Operation tatsächlich durchführen lassen, so wird man ihm aber auch nach den Grundsätzen des BGH kaum den Einwand des Rechtsmissbrauchs entgegenhalten können (so auch STAUDINGER/SCHIEMANN [2017] § 251 Rn 21; aA MünchKomm/OETKER § 251 Rn 49).

(c) Insbesondere: Mitverschulden

590 Die Vorschrift über das Mitverschulden nach § 254 BGB wird in Rspr und hL als **besondere Ausprägung von Treu und Glauben** angesehen (s oben Rn 376). Dies wirkt sich auch bei der praktischen Anwendung des § 254 BGB aus.

(aa) Konkretisierung der tatbestandlichen Voraussetzungen

591 Die Rspr hat § 242 BGB herangezogen, um die **tatbestandlichen Voraussetzungen** des § 254 BGB zu **konkretisieren**, und dabei zum Teil darauf abgestellt, ob es „gerade im Verhältnis zwischen Schädiger und Geschädigtem unbillig erscheinen (würde), wenn der Geschädigte seinen Anspruch in vollem Umfang liquidieren will" (BGH NJW 1982, 168). Dies birgt jedoch die Gefahr, dass § 254 BGB als Grundlage für reine Billigkeitslösungen missbraucht wird, obwohl die Vorschrift mit der Mitverantwortlichkeit und dem Gleichbehandlungsgrundsatz wesentlich präzisere Kriterien enthält, die nicht durch Rückgriff auf § 242 BGB relativiert werden dürfen (so auch MünchKomm/OETKER § 254 Rn 4; LARENZ, Schuldrecht I § 31 Ia mit Fn 3b; ausf dazu LOOSCHELDERS, Mitverantwortlichkeit 145 ff). Soweit die Widersprüchlichkeit des Verhaltens auf die Mitverantwortlichkeit des Geschädigten gestützt werden soll, ist für eine ergänzende Anwendung des § 242 BGB daher kein Raum (zutreffend BGH NJW 1999, 3627, 3628).

(bb) Anspruchskürzung außerhalb des Schadensrechts

592 In Rspr und Lit wird auf § 242 BGB außerdem abgestellt, um eine **Anspruchskürzung wegen Mitverschuldens außerhalb des Schadensrechts** zu begründen. Die Argumentation ist häufig freilich nicht konsequent. So geht die hM einerseits davon aus, dass § 254 BGB auf **Bereicherungsansprüche** (vgl BGHZ 14, 7, 10; 37, 363, 370; 57, 137, 151 f = JZ 1972, 441 f m Anm LIEB; ERMAN/EBERT § 254 Rn 19; BGB-RGRK/ALFF § 254 Rn 11; SOERGEL/ EKKENGA/KUNTZ § 254 Rn 21) und auf **Gewährleistungsansprüche** (BGH NJW 1972, 447 [VOB]; NJW 1978, 2240 [§ 459 aF]; BGHZ 90, 344, 348 = NJW 1984, 1676, 1677; OLG Bremen NJW 1963, 495; OLG Koblenz NJW-RR 1996, 919 [§ 633 aF]; OLG Düsseldorf NJW-RR 2003, 59, 61; LG Hannover NJW-RR 1986, 1055, 1056 [§ 651c aF]; ERMAN/EBERT § 254 Rn 19) nicht anwendbar sei; andererseits wird § 242 BGB aber ein entsprechender Regelungsinhalt entnommen (für Bereicherungsansprüche BGHZ 14, 7, 10; 57, 137, 151 f; für Gewährleistungsansprüche BGH NJW 1972, 447; BGHZ 90, 344, 348; OLG Düsseldorf NJW-RR 2003, 59, 61;

OLG Koblenz NJW-RR 1996, 919; LG Hannover NJW-RR 1986, 1055, 1056; Palandt/Grüneberg § 254 Rn 4). Bei **Erfüllungsansprüchen** wird sogar „die Anwendung des § 254 BGB entsprechend § 242 BGB" erwogen (so OLG Koblenz WM 1989, 1278, 1280; zur Unanwendbarkeit des § 254 auf Erfüllungsansprüche BGH NJW-RR 2006, 394, 396; OLG Köln NJW-RR 2006, 263, 266; vgl zum Ganzen auch H Roth, Ansprüche auf Rechtsfortsetzung und Mitverschulden, AcP 180 [1980] 263, 294 ff). In all diesen Fällen ist es aus methodischer Sicht vorzugswürdig, die Voraussetzungen für eine **analoge Anwendung des § 254 BGB** zu prüfen (vgl BeckOGK/Looschelders [1. 6. 2019] § 254 Rn 64 ff; Looschelders, Mitverantwortlichkeit 255 ff; die Rspr nimmt eine solche Prüfung bei Beseitigungsansprüchen nach § 1004 vor, vgl etwa BGHZ 135, 235, 239 ff); die hierfür notwendige Begründung darf nicht durch den formalen Hinweis auf § 242 BGB ersetzt werden. Ist eine analoge Anwendung des § 254 BGB ausgeschlossen, kann dies auch nicht über § 242 BGB korrigiert werden (so auch MünchKomm/Oetker § 254 Rn 4).

(cc) Schadensminderungspflicht
Entgegen einer in Rspr und Lit verbreiteten Auffassung (RGZ 154, 236, 240; BGHZ 4, **593** 170, 173 ff; BGH NJW 1985, 2639; BGH NJW-RR 1986, 1400, 1402; 1989, 730, 731; Erman/Ebert § 254 Rn 53; Palandt/Grüneberg § 254 Rn 36, 38) hilft der Rückgriff auf § 242 BGB auch im Zusammenhang mit der Schadensminderungspflicht aus § 254 Abs 2 S 1 BGB nicht weiter. Missverständlich ist insbesondere die Formulierung, das Unterlassungsverschulden iSd § 254 BGB setze nicht die Verletzung einer besonderen Rechtspflicht voraus, sondern umfasse **jeden Verstoß gegen Treu und Glauben** (BGHZ 4, 170, 174). Auch im Rahmen des § 254 Abs 2 S 1 BGB geht es nämlich nicht um reine Billigkeitsentscheidungen; Bezugspunkt des Verschuldens ist vielmehr die Verletzung einer **Obliegenheit** des Geschädigten gegenüber dem Schädiger. Der Umfang dieser Obliegenheit ergibt sich nicht aus § 242 BGB, sondern muss aufgrund einer sorgfältigen Abwägung zwischen den Interessen von Schädiger und Geschädigtem bestimmt werden (vgl Looschelders, Mitverantwortlichkeit 459 ff; ders, Schuldrecht AT § 50 Rn 18 ff).

(dd) Die Rechtsfolgen des Mitverschuldens
Der Grundsatz von Treu und Glauben hat auch auf der Rechtsfolgenseite des § 254 **594** BGB keine eigenständige Bedeutung (in diesem Sinne auch Soergel/Ekkenga/Kuntz § 254 Rn 148; aA wohl Deutsch, Allgemeines Haftungsrecht Rn 563). Insbesondere wäre es unangebracht, die **Verteilung des Schadens** zwischen dem Schädiger und dem Geschädigten mit Hilfe allgemeiner Billigkeits- oder Zumutbarkeitserwägungen vorzunehmen. Maßgeblich bleibt vielmehr das jeweilige **Gewicht der Zurechnungsfaktoren**, aus denen sich die Verantwortlichkeit des Schädigers und des Geschädigten für den Schaden ergibt (vgl Palandt/Grüneberg § 254 Rn 61; Looschelders, Schuldrecht AT § 50 Rn 4; ausf dazu ders, Mitverantwortlichkeit 154 f, 564 ff).

(ee) Einschränkung des § 254
Der Schädiger kann im Einzelfall nach Treu und Glauben gehindert sein, sich auf ein **595** Mitverschulden zu berufen. Nach Ansicht des BGH verstößt er zB gegen das **Verbot widersprüchlichen Verhaltens**, wenn er den Einwand des Mitverschuldens darauf stützt, der Geschädigte habe sich auf seine Bitte um Hilfeleistung hin freiwillig in Gefahr begeben (BGH NJW 2005, 419, 421). Der Rückgriff auf § 242 BGB ist hier jedoch entbehrlich. Kommt der Geschädigte einer solchen Bitte nach, so stellt dies **im Verhältnis zum Schädiger** schon gar **keine Obliegenheitsverletzung** dar. Eine andere

Beurteilung kann im Verhältnis des Geschädigten zu einem Dritten (etwa dem Versicherer des Geschädigten) geboten sein. Hier zeigt sich die Relativität von Obliegenheiten.

596 Ist ein Schadensersatzanspruch wegen **unrichtiger Beratung** gegeben, so ist dem Schädiger in aller Regel nach Treu und Glauben der Einwand verwehrt, der Geschädigte habe sich auf die Richtigkeit seiner Angaben nicht verlassen dürfen. Das Vertrauen desjenigen, der sich von einem anderen beraten lässt, der für sich Sachkunde in Anspruch nimmt, verdient besonderen Schutz (OLG Frankfurt NJOZ 2011, 51, 54).

(d) Handeln auf eigene Gefahr

597 Einen weiteren Schwerpunkt der Argumentation mit § 242 BGB bildet das sog Handeln auf eigene Gefahr (grundlegend dazu STOLL, Das Handeln auf eigene Gefahr [1961]; vgl auch LOOSCHELDERS, Mitverantwortlichkeit 62 ff, 440 ff; BeckOGK/LOOSCHELDERS [1. 6. 2019] § 254 Rn 47 ff; STAUDINGER/SCHIEMANN [2017] § 254 Rn 62 ff). Der Ausschluss bzw die Einschränkung der Haftung wird hier auf die Erwägung gestützt, der Geschädigte verstoße gegen das Verbot des **venire contra factum proprium**, wenn er den Schädiger auf (vollen) Schadensersatz in Anspruch nehme, obwohl er die Gefahr einer Schädigung bewusst auf sich genommen habe (so BGHZ 34, 355, 363; vgl auch BGHZ 63, 140, 144; 154, 316, 323; BGH NJW 2008, 1591, 1592). Die Rspr zieht hieraus freilich unterschiedliche Konsequenzen. Besteht das Handeln auf eigene Gefahr darin, dass der Geschädigte **in Kenntnis gefahrerhöhender Umstände** (zB Trunkenheit des Fahrers) in einem fremden Kfz **mitgefahren** ist, so belässt sie es bei der Anwendung des § 254 BGB (so BGHZ 34, 355, 363 f). Der Schadensersatzanspruch wird also nach dem Maß der jeweiligen Verantwortlichkeit **gekürzt**. Hat der Geschädigte **an einer gefährlichen Sportart** (Fußball, Boxen, Autorennen) teilgenommen, so greift sie dagegen unmittelbar auf das Verbot widersprüchlichen Verhaltens zurück (vgl BGHZ 63, 140, 145; 154, 316, 323; BGH NJW 2008, 1591, 1592; OLG Celle NJW 1980, 874; OLG München NJW-RR 2013, 800, 801; für Anwendung von § 254 MünchKomm/OETKER § 254 Rn 67; krit gegenüber der Differenzierung STAUDINGER/SCHIEMANN [2017] § 254 Rn 66). Der damit verbundene **Ausschluss des Schadensersatzanspruchs** sei deshalb gerechtfertigt, weil das Verbot des Selbstwiderspruchs keinen Raum für Abwägungen lasse; wegen der Gefährlichkeit des Wettkampfes hätte der Geschädigte ebenso gut selbst Schädiger sein können (BGHZ 63, 140, 145; OLG Celle NJW 1980, 874). Die Verletzungen sind aber nur dann entschädigungslos in Kauf zu nehmen, wenn dem Spiel für jeden Teilnehmer verbindliche Regeln zu Grunde liegen, die von vornherein feststehen und insbesondere durch das Verbot so genannter „Fouls" auch auf den Schutz der körperlichen Unversehrtheit der Spieler ausgerichtet sind. Solche Regeln fehlen beispielsweise beim sog „Rempeltanz" (BGH NJW 2006, 672, 674). Die Inanspruchnahme des Schädigers soll aber wieder nicht treuwidrig sein, wenn er Versicherungsschutz genießt (BGH NJW 2008, 1591, 1592; NJW 2010, 537, 538; OLG München NJW-RR 2013, 800, 802).

598 Bei genauerer Betrachtung zeigt sich, dass der Rückgriff auf den Grundsatz von Treu und Glauben bzw das Verbot widersprüchlichen Verhaltens auch in den Fällen des Handelns auf eigene Gefahr **entbehrlich** ist. Bei regelgerechtem Verhalten (zB im **Sport**) verletzt der Schädiger schon gar keine haftungsbegründende Norm (vgl LOOSCHELDERS, Mitverantwortlichkeit 446 ff; ders, Die haftungsrechtliche Relevanz außergesetzlicher Verhaltensregeln im Sport, JR 2000, 265, 269 ff; ders, Auswirkungen der Versicherung auf die

Haftung beim Sport, in: FS G Müller [2009] 129, 133 ff; ebenso und ausf zur deliktischen Haftung im Sport Götz, Die deliktische Haftung für Sportverletzungen im Wettkampfsport [2009] 130 ff), sodass sich die Frage des Mitverschuldens gar nicht erst stellt. In den **Mitfahrt-Fällen** kann die Verantwortlichkeit des Schädigers dagegen nicht verneint werden. Deshalb bleibt nur der Rückgriff auf § **254 BGB** (Looschelders, Mitverantwortlichkeit 444; ders, Schuldrecht AT § 50 Rn 28).

Ähnlich stellt sich das Problem bei der **Tierhalterhaftung** nach § 833 S 1 BGB dar. In der Lit wird die Auffassung vertreten, die Haftung nach § 833 Satz 1 BGB sei vollständig ausgeschlossen, wenn der Geschädigte – etwa als Reiter – die Tiergefahr freiwillig und im eigenen Interesse auf sich genommen hat (vgl Deutsch, Allgemeines Haftungsrecht Rn 593 f; Larenz/Canaris Schuldrecht II/2 § 84 II 1 e; einschränkend BGH NJW-RR 2006, 813, 814 f mwNw). Große Teile des Schrifttums wollen diesen Aspekt dagegen allein bei der Abwägung nach § 254 BGB berücksichtigen (BeckOK-BGB/ Spindler [1. 5. 2019] § 833 Rn 21; Staudinger/Eberl-Borges [2018] § 833 Rn 192, 197 ff). Im Hinblick auf die Besonderheiten der Gefährdungshaftung stellt sich jedoch vorrangig die Frage, ob § 833 S 1 BGB seinem Schutzzweck nach überhaupt anwendbar ist (vgl Looschelders, Schuldrecht AT § 50 Rn 31 f; ders, in: FS G Müller [2009] 129, 136 ff). Neben diesen beiden Lösungsmöglichkeiten ist ein Rückgriff auf § 242 BGB aber jedenfalls entbehrlich. **599**

In neuerer Zeit hat sich der BGH mehrfach mit dem Handeln auf eigene Gefahr durch **Teilnahme an motorsportlichen Veranstaltungen** beschäftigt (BGHZ 154, 316; BGH NJW 2008, 1591). Inwieweit in diesem Bereich ein Ausschluss bzw eine Einschränkung der Haftung gemäß § 242 BGB in Betracht kommt, wird durch die besonderen Verhältnisse der Gefährdungshaftung nach § 7 StVG sowie die Frage nach der Reichweite der obligatorischen Kfz-Haftpflichtversicherung bestimmt (eingehend Looschelders, in: FS G Müller [2009] 129, 139 ff). **600**

(e) Abtretung des Ersatzanspruchs
Neben § 251 Abs 2 S 1 BGB und § 254 BGB wird auch § **255** BGB teilweise auf § 242 BGB zurückgeführt (BGH NJW 1993, 593, 594). Hierbei handelt es sich aber letztlich ebenfalls um eine **eigenständige Ausprägung** des Grundsatzes von Treu und Glauben, die maßgeblich auf dem schadensrechtlichen Bereicherungsverbot beruht (vgl BGH NJW 2010, 1961, 1964). **601**

(f) Ergebnis
Die vorstehenden Überlegungen zeigen, dass § 242 BGB im Schadensrecht viel geringere Bedeutung hat, als Rspr und Lit weithin annehmen. Das Schadensrecht soll zwar einen „billigen" Ausgleich der Interessen von Schädiger und Geschädigtem herbeiführen. Für einen Rückgriff auf allgemeine Billigkeitserwägungen bleibt aber wenig Raum, weil die Billigkeit meist durch **spezifischere Vorschriften oder Kriterien** konkretisiert wird. **602**

(2) Aufwendungsersatz
Bei Sachaufwendungen stellt sich die Frage, ob der Berechtigte **Ersatz in Natur** verlangen kann. Die hM leitet aus § 256 BGB ab, dass der Anspruch grundsätzlich auf **Geld** gerichtet ist (BGHZ 5, 197, 199; Palandt/Grüneberg § 256 Rn 2). Wird dies den Interessen des Berechtigten nicht gerecht, soll ihm nach **Treu und Glauben** ein **603**

Anspruch auf Ersatz in Natur zustehen (so BeckOK-BGB/LORENZ [1. 5. 2019] § 256 Rn 7; SOERGEL/FORSTER § 256 Rn 8; STAUDINGER/BITTNER [2014] § 256 Rn 8; LARENZ, Schuldrecht I § 13 I; auf den Rechtsgedanken des § 249 abstellend OLG Braunschweig MDR 1948, 112, 113). Der Rückgriff auf § 242 BGB wirkt aber auch hier zu unspezifisch. Präziser erscheint der Hinweis auf den Zweck des § 256 BGB, dem Berechtigten einen möglichst vollwertigen Ersatz seiner Aufwendungen zu verschaffen (so ERMAN/ARTZ § 256 Rn 6; MünchKomm/KRÜGER § 256 Rn 8; vgl auch LOOSCHELDERS, Schuldrecht AT § 14 Rn 2).

(3) Wegnahmerecht

604 Bei Ausübung eines Wegnahmerechts muss der Berechtigte die Sache gem § 258 BGB auf seine Kosten wieder in den vorigen Stand setzen. Ist eine Wiederherstellung nicht oder nur mit unverhältnismäßigen Aufwendungen möglich, steht dem Duldungspflichtigen ein Schadensersatzanspruch in Geld analog § 251 BGB zu (PALANDT/GRÜNEBERG § 258 Rn 3). Wenn dessen Interessen hierdurch nicht hinlänglich gewahrt werden können, ist der Berechtigte idR nach **Treu und Glauben** daran gehindert, das Wegnahmerecht auszuüben (STAUDINGER/BITTNER [2014] § 258 Rn 5; LARENZ, Schuldrecht I § 13 II; LOOSCHELDERS, Schuldrecht AT § 14 Rn 2).

(4) Auskunft*

605 Das BGB sieht in einer **Vielzahl von Einzelregelungen** für bestimmte Situationen Auskunftspflichten vor (zB §§ 402, 666, 675, 740 Abs 2, 799 Abs 2, 1042, 1214, 1379, 1435; 1605, 1978 Abs 1, 2003 Abs 2, 2057, 2218 BGB). Daneben finden sich in den §§ 259–261 BGB **allgemeine Regeln** für den Fall, dass Auskunft und Rechenschaft aufgrund einer anderen Vorschrift geschuldet sind. Eine allgemeine Auskunftspflicht ist dem BGB aber an sich fremd (RGZ 102, 336; BGH NJW 1981, 1733; LOOSCHELDERS, Schuldrecht AT § 14 Rn 8; HAEFFS, Der Auskunftsanspruch im Zivilrecht [2010] 31 ff). Gleichwohl hat die Rspr einen Auskunftsanspruch unter Berufung auf § 242 BGB gewährt, wenn eine „besondere rechtliche Beziehung zwischen dem Auskunftsfordernden und dem Inanspruchgenommenen" besteht und es das „Wesen des Rechtsverhältnisses mit sich bringt, dass der Berechtigte in entschuldbarer Weise über Bestehen und Umfang seiner Rechte im Ungewissen, der Inanspruchgenommene aber in der Lage ist, die verlangte Auskunft unschwer zu erteilen" (so BGH NJW 1980, 2463 in fast noch gleicher Formulierung wie RGZ 158, 377, 379; ferner BGHZ 95, 274, 278 f; 95, 285, 288; 97, 188, 192; 152, 307, 316 = NJW 2003, 582; 191, 259, 265 f = NJW 2012, 450 Rn 18 ff; BGH NJW 1986, 1244, 1245; BGH NJW-RR 1987, 1521; BGH NJW 1995, 386, 387; 2001, 821, 822; 2002, 3771; BGH NJW-RR 2005, 1408; NJW 2007, 1806 Rn 13; 9. 11. 2017 – III ZR 610/16, WM 2017, 2296 = VersR 2018, 230 Rn 24; 8. 2. 2018 – III ZR 65/17, NJW 2018, 2629 Rn 26; st Rspr – vgl dazu auch STAUDINGER/OLZEN § 241 Rn 171; S LORENZ, Auskunftsansprüche im Bürgerlichen Recht, JuS 1995, 569, 572; HAEFFS, Der Auskunftsanspruch im Zivilrecht [2010] 125 ff; zu den Einzelfällen STAUDINGER/BITTNER [2014] § 260 Rn 22 ff). Der Auskunftsanspruch nach § 242 BGB hat somit vier Voraussetzungen: (1) das Vorliegen einer besonderen rechtlichen Beziehung, (2) die dem Grunde nach feststehende oder (im vertraglichen Bereich) zumindest wahrscheinliche Existenz eines Leistungsanspruchs des Auskunftsfordernden gegen den Anspruchsgegner, (3) die entschuldbare Ungewissheit des Auskunftsfordernden über Bestehen und Umfang seiner Rechte sowie (4) die Zumutbarkeit der Auskunftserteilung durch den Anspruchsgegner (ausführlich

---

* **Schrifttum**: HAEFFS, Der Auskunftsanspruch im Zivilrecht – Zur Kodifikation des allgemeinen Auskunftsanspruchs aus Treu und Glauben (§ 242 BGB) (2010).

MünchKomm/Krüger § 260 Rn 13 ff). Die Entscheidung kann nur **im Einzelfall** aufgrund einer **umfassenden Abwägung** zwischen den Interessen des Anspruchstellers und des Anspruchsgegners getroffen werden (vgl BGH NJW 2007, 1806 Rn 18; Staudinger/Bittner [2014] § 260 Rn 21a).

Bei **vertraglichen Schadensersatzansprüchen** genügt für die erforderliche **Wahrscheinlichkeit** der Existenz eines Leistungsanspruchs der begründete Verdacht einer Vertragspflichtverletzung (BGH VersR 2018, 230 Rn 24). Die **Zumutbarkeit** der Auskunftserteilung ist gegeben, wenn der Verpflichtete die zur Beseitigung der Unsicherheit erforderlichen Auskünfte unschwer, dh ohne unbillige Belastung geben kann (BGHZ 126, 109, 113; BGH NJW 2007, 1806 Rn 18; 9. 11. 2017 – III ZR 610/16, WM 2017, 2296 = VersR 2018, 230 Rn 24). Der Anspruchsteller muss aber zunächst alle ihm zumutbaren Anstrengungen unternehmen, um die Auskunft *auf andere Weise* zu erlangen. Hieran ist insbesondere zu denken, wenn ihm ein unmittelbarer, nicht auf § 242 BGB gestützter gesetzlicher oder vertraglicher Auskunftsanspruch gegen eine andere Person oder Stelle zusteht. Sieht der Berechtigte von vornherein schuldhaft von der Heranziehung anderer Erkenntnismöglichkeiten ab, so kann er den Auskunftsanspruch nicht auf § 242 BGB stützen (BGH 8. 2. 2018 – III ZR 65/17, NJW 2018, 2629 Rn 26).

Der BGH hat in neuerer Zeit mehrfach entschieden, dass ein Anspruch auf Auskunftserteilung auch dann in Betracht kommt, wenn der **Hauptanspruch des Anspruchstellers**, dessen Durchsetzung durch die Auskunft ermöglicht werden soll, nicht gegen den auf Auskunft in Anspruch Genommenen selbst, sondern **gegen einen Dritten** gerichtet ist (BGHZ 201, 380 = BGH NJW 2014, 2641 Rn 7; BGH NJW 2015, 1525 Rn 8; NJW 2015, 2652 Rn 11). Bei der Prüfung der **Zumutbarkeit** der Auskunftserteilung ist zu berücksichtigen, ob der Auskunftspflichtige ein **schutzwürdiges Geheimhaltungsinteresse** an den Angaben geltend machen kann. Dabei sind auch datenschutzrechtliche Bestimmungen sowie die Strafvorschrift des § 203 StGB in die Betrachtung einzubeziehen (BGH NJW 2015, 2652 Rn 18 ff). Ein Klinikträger ist hiernach grundsätzlich nicht verpflichtet, dem Patienten zur Durchsetzung möglicher arzthaftungsrechtlicher Ansprüche die Privatanschrift des behandelnden Arztes mitzuteilen (BGH NJW 2015, 1525 Rn 11 ff). Demgegenüber soll einem Patienten ein Anspruch gegen den Klinikträger auf Auskunft über die Anschrift eines Mitpatienten zustehen, damit der Patient gegen diesen einen deliktischen Schadensersatzanspruch wegen einer während des Krankenhausaufenthalts begangenen vorsätzlichen Körperverletzung geltend machen kann (BGH NJW 2015, 2652 Rn 18 ff).

In einer neueren Entscheidung hat der BGH außerdem betont, dass die **allgemeinen Beweisgrundsätze** nicht mit Hilfe des Auskunftsanspruchs aus § 242 BGB unterlaufen werden dürfen (BGH 17. 4. 2018 – XI ZR 446/16, WM 2018, 1358 Rn 24 im Anschluss an BGH 28. 11. 1989 – VI ZR 63/89, WM 1990, 445, 446). Dabei hat der Senat darauf hingewiesen, dass Beweisschwierigkeiten auch durch **Beweiserleichterungen** in Gestalt widerleglicher Vermutungen gemildert werden können. Im konkreten Fall wurde der Anspruch eines Verbrauchers auf Auskunft über die von der Bank konkret gezogenen Nutzungen nach Widerruf eines Darlehensvertrags abgelehnt, weil dem Darlehensnehmer die **widerlegliche Vermutung** zugutekommt, die Bank habe als Rückgewährschuldner aus Zins- und Tilgungsleistungen Nutzungen in Höhe des gesetzlichen Zinssatzes gezogen.

606 In der neueren Lit dringt die Auffassung vor, dass der allgemeine Auskunftsanspruch aus Treu und Glauben zu **Gewohnheitsrecht** erstarkt sei (so etwa MünchKomm/ KRÜGER § 260 Rn 12; PALANDT/GRÜNEBERG § 260 Rn 4; STAUDINGER/BITTNER [2014] § 260 Rn 19; GERNHUBER, Schuldverhältnis § 24 III 2a; S LORENZ, Auskunftsansprüche im Bürgerlichen Recht, JuS 1995, 569, 573; HAEFFS, Der Auskunftsanpruch im Zivilrecht [2010] 158 f). Die Rspr bleibt zurückhaltend (für Herleitung aus § 242 zB noch BGH NJW 1988, 1906; 1993, 2737; BGH BB 1993, 1612; BGH NJW-RR 1994, 454, 455; BGH NJW 1995, 386, 387; 2001, 821, 822; 2002, 3771; für Gewohnheitsrecht BGH DB 1980, 682 betr Schadensersatzanspruch). Dies ändert aber nichts daran, dass die **allgemeinen Kriterien des § 242 BGB** bei der Prüfung des Auskunftsanspruchs auch in der Rspr **keine Rolle** mehr spielen.

607 Im Zusammenhang mit der Loslösung des Auskunftsanspruchs von der Vorschrift des § 242 BGB wird zum Teil die Auffassung vertreten, dass das Merkmal des **„Rechtsverhältnisses"** entbehrlich sei (so STAUDINGER/J SCHMIDT [1995] Rn 829). Die hM hält hieran aber fest (vgl BGH NJW 1995, 386, 387; 1986, 1244, 1245; BeckOK-BGB/LORENZ [1. 5. 2019] § 260 Rn 10; ERMAN/ARTZ § 260 Rn 3 f; MünchKomm/KRÜGER § 260 Rn 13; HAEFFS, Der Auskunftsanspruch im Zivilrecht [2010] 128 f). Da der Begriff des Rechtsverhältnisses iwS (unter Einschluss gesetzlicher Schuldverhältnisse etc) verstanden wird, führt dies in der Praxis jedoch zu keinen erheblichen Beschränkungen (vgl GERNHUBER, Schuldverhältnis § 24 III 2c). Die Art des Rechtsverhältnisses und die Intensität der daraus folgenden Sonderbeziehung kann im Einzelfall aber große Bedeutung bei der Beurteilung der Zumutbarkeit der Auskunftserteilung haben (MünchKomm/KRÜGER § 260 Rn 20).

608 Der allgemeine Auskunftsanspruch aus Treu und Glauben wird seinerseits – wie jeder andere Auskunftsanspruch – durch § 242 BGB begrenzt (vgl MünchKomm/KRÜGER § 260 Rn 45). Er kann daher nach allgemeinen Regeln **verwirkt** sein (zB BGHZ 39, 87, 92 f). Außerdem besteht die Möglichkeit, dass seine Geltendmachung **rechtsmissbräuchlich** erscheint, zB wenn die Auskunft für den in Frage stehenden Anspruch unter keinem Aspekt relevant ist (BGH NJW 1985, 384, 385; 1982, 2771; OLG Düsseldorf NJW 1988, 2389) oder wenn der Gläubiger sie zu „sachwidrigen Zwecken" begehrt (RGZ 127, 243, 245; BGHZ 10, 385, 387; PALANDT/GRÜNEBERG § 259 Rn 9; vgl dazu SOERGEL/FORSTER § 260 Rn 61 ff; GERNHUBER, Schuldverhältnis § 24 VI 1 und 2). Allein die Tatsache, dass die Erteilung der Auskunft dem Schuldner Mühe bereitet und ihn Zeit und Geld kostet, führt jedoch nicht zu einem Ausschluss des Auskunftsanspruchs. Eine unbillige Belastung des Schuldners ist nämlich nicht nur dann zu verneinen, wenn die mit der Auskunft verbundenen Belastungen so gering sind, dass sie nicht ins Gewicht fallen; der Schuldner muss vielmehr auch größere Belastungen auf sich nehmen, wenn sie ihm aufgrund der Beweisnot des Gläubigers und der Bedeutung der verlangten Auskunft für diesen zumutbar sind (BGH NJW 2007, 1806, 1808). Zu den **verfassungsrechtlichen Grenzen** des Auskunftsanspruchs des Scheinvaters gegen die Kindesmutter auf Nennung des mutmaßlichen biologischen Vaters s u Rn 973.

Mit Blick auf die **Verjährung** hat der BGH in einem aktuellen Urteil (BGH 25. 7. 2017 – VI ZR 222/16, NJW 2017, 2755) klargestellt, dass der **Auskunftsanspruch aus § 242 BGB** nicht vor dem Hauptanspruch, dem er dient, verjähren kann. Nach der gefestigten höchstrichterlichen Rspr unterliege der Auskunftsanspruch aus § 242 BGB zwar grundsätzlich selbstständig und unabhängig vom Hauptanspruch der allgemeinen Verjährungsfrist. Die Verjährung des Hauptanspruchs schlage daher nicht auf den Auskunftsanspruch durch, auch wenn der Auskunftsanspruch bei einer Verjährung

Titel 1
Verpflichtung zur Leistung § 242

des Hauptanspruchs regelmäßig am fehlenden Informationsbedürfnis des die Auskunft Verlangenden scheitern werde (BGH NJW 2017, 2755 Rn 8). Die für die Verjährung maßgeblichen Gedanken des Schuldnerschutzes, des Rechtsfriedens und der Rechtssicherheit stünden umgekehrt aber der Annahme entgegen, der Hilfsanspruch auf Auskunft könne vor dem Hauptanspruch verjähren, zu dessen Geltendmachung die Auskunft benötigt werde (BGH 25. 7. 2017 – VI ZR 222/16, NJW 2017, 2755 Rn 9).

dd) Modalitäten der Leistung
(1) Teilleistungen, § 266*
Dem Grundsatz von Treu und Glauben wird im Anwendungsbereich des § 266 BGB 609
traditionell große Bedeutung beigemessen (vgl schon RGZ 161, 58; HAMBURGER, Treu und Glauben im Verkehr [1930] 62 ff). Im Einzelnen geht es um folgende Fragenkreise:

(a) Recht des Schuldners zu Teilleistungen
Rspr und Lit erkennen an, dass dem Gläubiger die **Ablehnung von Teilleistungen** 610
nach Treu und Glauben entgegen § 266 BGB **verwehrt** bleibt, wenn ihm die Annahme bei verständiger Würdigung der Lage des Schuldners und seiner eigenen schutzwürdigen Interessen zuzumuten ist (so BGH VersR 1954, 297; BGH NJW 1965, 1763, 1764; OLG Stuttgart VersR 1972, 448, 449; OLG Karlsruhe FamRZ 1985, 955, 956; BeckOK-BGB/ LORENZ [1. 5. 2019] § 266 Rn 15; JAUERNIG/STADLER § 266 Rn 10; MünchKomm/KRÜGER § 266 Rn 13; SOERGEL/FORSTER § 266 Rn 11; STAUDINGER/BITTNER [2014] § 266 Rn 30; ROTHER NJW 1965, 1749 ff). Dabei soll „eine feste Regelung, wann dem [Gläubiger] die Annahme zumutbar ist, nicht auf[zu]stellen" sein; es komme vielmehr „auf die Umstände des Einzelfalles an" (so BGHZ 61, 240, 246 = NJW 1973, 2202; vgl auch BAUMGÄRTEL, Das Problem der „Klageveranlassung" [§ 93 ZPO] bei Teilleistungen [§ 266 BGB] in Kraftfahrzeug-Haftpflichtprozessen, VersR 1970, 971; OLG Hamm VersR 1957, 824; LG Augsburg VersR 1968, 1152). In der Praxis haben sich aber einige Fallgruppen herausgebildet, in denen § 266 BGB durch § 242 BGB eingeschränkt wird (ausf dazu STAUDINGER/BITTNER [2014] § 266 Rn 30 ff). Nach allgemeinen Grundsätzen (s oben Rn 144 ff) ist dabei jeweils entscheidend, welches Gewicht den von § 266 BGB geschützten Interessen im Vergleich mit den für die Zumutbarkeit sprechenden Gründen zukommt.

§ 266 BGB hat den Zweck, den Gläubiger vor **Belästigungen durch Teilleistungen** zu 611
schützen (so schon RGZ 79, 359, 361 – unstr; vgl aus neuerer Zeit nur JAUERNIG/STADLER § 266 Rn 1; LOOSCHELDERS, Schuldrecht AT § 12 Rn 3). Eine Durchbrechung kommt daher nur dann in Betracht, wenn die **Interessen des Gläubigers** durch die Teilleistung **weder in rechtlicher noch in wirtschaftlicher oder faktischer Hinsicht beeinträchtigt** werden. Deshalb ist eine Teilleistung unzulässig, wenn ihre Annahme als **Verzicht** auf weitergehende Ansprüche gedeutet werden könnte (rechtlicher Nachteil; vgl zB OLG München VersR 1959, 550; OLG Düsseldorf VersR 1966, 1055; KG VersR 1971, 966; BeckOK-BGB/LORENZ [1. 5. 2019] § 266 Rn 17; FIKENTSCHER/HEINEMANN, Schuldrecht Rn 265; ROTHER NJW 1965, 1749, 1751; SCHMALZL, Die vom Haftpflichtversicherer ohne nähere Bestimmungen an den Geschädigten gezahlten Vorschüsse und ihre Verrechnung auf den Schaden, VersR 1965, 423), wenn eine Pachtsache nur teilweise zurückgegeben wird (wirtschaftlicher Nachteil; vgl LG Mannheim MDR 1965, 140) oder wenn dem Gläubiger durch die ratenweise Leistung faktische Unannehmlichkeiten entstehen. Demgegenüber hat die Teilleistung für den Gläubi-

---

* **Schrifttum**: ROTHER, Zur Zulässigkeit von Teilleistungen, NJW 1965, 1749 ff.

ger keine Nachteile, wenn er – ebenso wie der Schuldner – nicht weiß, dass es sich um eine Teilleistung handelt (BGH VersR 1954, 297, 298 f; Jauernig/Stadler § 266 Rn 10), wenn der Schuldner nach Maßgabe seiner finanziellen Leistungsfähigkeit Abschlagszahlungen erbringt (Palandt/Grüneberg § 266 Rn 8) oder wenn der Schuldner den unstreitigen Teil des Anspruchs bezahlt und sich zur Zahlung des streitigen Teils bereit erklärt, sobald dieser bewiesen ist (OLG Nürnberg VersR 1965, 1185; BeckOK-BGB/Lorenz [1. 5. 2019] § 266 Rn 16).

612 Unabhängig davon, ob eine Belästigung eintritt, darf der Gläubiger die Leistung nach Treu und Glauben nicht wegen Fehlens **unbedeutender Leistungsrückstände** (sog „Spitzen") ablehnen (RG Recht 1906 Nr 602; RG SeuffA 61 Nr 149; SeuffA 77 Nr 22; OLG Schleswig FamRZ 1984, 187; OLG Karlsruhe FamRZ 1985, 955, 956; OLG Bremen NJW-RR 1990, 6, 7; LG Nürnberg-Fürth VersR 1965, 1060, 1061; MünchKomm/Krüger § 266 Rn 14; Palandt/Grüneberg § 266 Rn 8; Soergel/Forster § 266 Rn 13; PWW/Zöchling-Jud § 266 Rn 3). Dies folgt aus dem Gedanken der **Verhältnismäßigkeit**.

613 Die größte praktische Bedeutung haben solche Fragen für **Leistungen von Haftpflichtversicherern** (OLG Hamm VersR 1957, 824; OLG Nürnberg VersR 1964, 834 und VersR 1965, 1184; OLG Düsseldorf NJW 1965, 1763 und VersR 1966, 1055 m Anm H W Schmidt VersR 1967, 45; OLG München VersR 1962, 673; LG Augsburg VersR 1968, 1152; MünchKomm/Krüger § 266 Rn 13; Jauernig/Stadler § 266 Rn 10; Prölss/Martin/Lücke, VVG[30] [2018] Ziff 5 AHB 23 mwNw; Ruhkopf, Zur Problematik der Klaglosstellung, VersR 1960, 13 und ders, Nochmals: Teilleistung und Klaglosstellung, VersR 1967, 927; H W Schmidt, Zur Teilleistung des Haftpflichtversicherers, VersR 1966, 226; sehr restriktiv Rother NJW 1965, 1749; Roidl, Teilleistung, Teilanerkenntnis, Teilerledigung, NJW 1968, 1865; Boetzinger, Pflicht zur Annahme von Teilleistungen bei Unfallschäden, VersR 1968, 1124) und für **Unterhaltsansprüche** (OLG Karlsruhe FamRZ 1985, 955, 956; OLG Schleswig FamRZ 1984, 187; OLG Bremen NJW-RR 1990, 6; Staudinger/Bittner [2014] § 266 Rn 33). Ist die Höhe des Anspruchs streitig, so stellt sich die Frage, ob der Gläubiger eine Leistung in Höhe des unstreitigen Teils annehmen muss. Die hM geht hier zu Recht davon aus, dass der Gläubiger im Allgemeinen kein berechtigtes Interesse daran hat, die Leistung nach § 266 BGB zurückzuweisen (vgl Staudinger/Bittner [2014] § 266 Rn 31). Die Unanwendbarkeit des § 266 BGB ergibt sich freilich bereits daraus, dass der Schutzzweck der Vorschrift nicht zutrifft (vgl OLG Düsseldorf NJW 1965, 1763, 1764). Im Übrigen gilt, dass die Zulässigkeit von **Teilhinterlegungen** nach den gleichen Grundsätzen zu beurteilen ist (BGH WM 1961, 1376).

(b) Recht des Gläubigers zu Teilforderungen

614 § 266 BGB hindert den Gläubiger nach allgM nicht, Teilleistungen zu fordern, welche er dann auch annehmen muss (RGZ 66, 271). Grenzen ergeben sich hier aus dem Grundsatz von Treu und Glauben (Erman/Artz § 266 Rn 6; MünchKomm/Krüger § 266 Rn 21; Palandt/Grüneberg § 266 Rn 11). Da § 266 BGB nicht eingreift, bestehen aber **keine spezifischen Kollisionsprobleme**. Ist die **Höhe des Anspruchs streitig**, kann der Schuldner aus § 266 BGB iVm § 242 BGB nicht das Recht ableiten, die Leistung auch „in dem mindestens geschuldeten Umfange" zu verweigern (BGHZ 80, 269, 278).

(2) Leistung durch Dritte, § 267
(a) Nachträgliche Änderung der Tilgungsbestimmung

615 Mangels persönlicher Leistungspflicht darf die Leistung gem § 267 Abs 1 BGB auch durch einen Dritten bewirkt werden, ohne dass der Schuldner einwilligen muss.

Voraussetzung ist allerdings, dass der Dritte mit **Fremdtilgungswillen** handelt und dies auch zum Ausdruck bringt. Bei Leistung auf eine vermeintlich eigene Schuld soll es ihm aber in den **Grenzen des § 242 BGB** erlaubt sein, die Tilgungsbestimmung nachträglich zu ändern (vgl BGH NJW 1964, 1898; 1983, 812, 814; 1986, 2700; PALANDT/GRÜNEBERG § 267 Rn 3; LOOSCHELDERS, Schuldrecht AT § 12 Rn 8; ders, Schuldrecht BT § 55 Rn 44 f; von BGHZ 137, 90, 95 offen gelassen). Dieser Lösung wird teilweise entgegengehalten, sie führe zu einer ungerechtfertigten Privilegierung des sog Putativschuldners (so insbes STAUDINGER/BITTNER [2014] § 267 Rn 45; MünchKomm/KRÜGER § 267 Rn 12; MEDICUS/PETERSEN, BR Rn 951; W LORENZ, Gläubiger, Schuldner, Dritte und Bereicherungsausgleich, AcP 168 [1968] 286, 306 ff). Richtig ist hieran jedenfalls, dass die Stellung des wirklichen Schuldners durch das **Wahlrecht des Putativschuldners** nicht verschlechtert werden darf (W LORENZ AcP 168 [1968] 286, 310). Dies lässt sich jedoch schon dadurch gewährleisten, dass die Ausübung des Wahlrechts unter dem Vorbehalt des § 242 BGB steht (vgl LOOSCHELDERS, Schuldrecht BT § 55 Rn 45). Umgekehrt würde der wirkliche Schuldner gegen Treu und Glauben verstoßen, wenn er sich auf das Fehlen des Fremdtilgungswillens im Zeitpunkt der Leistung beriefe, obwohl seine Interessen durch die nachträgliche Änderung der Tilgungsbestimmung unberührt bleiben (LARENZ/CANARIS, Schuldrecht II/2 § 69 III 2c).

(b) Ablehnung der Leistung
Gem § 267 Abs 2 BGB ist der Gläubiger nur dann berechtigt, die Leistung des Dritten abzulehnen, wenn der Schuldner widerspricht. Nach Treu und Glauben kann dem Gläubiger in Ausnahmefällen aber auch **ohne Widerspruch des Schuldners und ohne die Folgen des Annahmeverzuges** ein Ablehnungsrecht zustehen, zB wenn ihm die Person des Leistenden nicht zumutbar ist (MünchKomm/KRÜGER § 267 Rn 16; PALANDT/GRÜNEBERG § 267 Rn 5; STAUDINGER/BITTNER [2014] § 267 Rn 48).

(3) Leistungsort und Leistungszeit
Im Anwendungsbereich des **§ 269 BGB** besteht Raum für den Rückgriff auf § 242 BGB, wenn die **Leistung am ursprünglichen Erfüllungsort unmöglich** oder (mindestens) einer Partei **unzumutbar** ist; in diesem Fall wird nach Treu und Glauben ein anderer – angemessener – Erfüllungsort festgelegt (vgl RGZ 107, 121, 122; OGH MDR 1949, 289; BGH BB 1955, 844; OLG Celle NJW 1953, 1831; MünchKomm/KRÜGER § 269 Rn 51; LOOSCHELDERS, Schuldrecht AT § 4 Rn 16).

Im Zusammenhang mit der **Leistungszeit** (§ 271 BGB) lässt sich dem § 242 BGB entnehmen, dass der **Gläubiger** seine Rechte **nicht zur Unzeit** in Anspruch nehmen bzw ausüben darf (RG DR 1943, 1220; OGH NJW 1950, 503; BGH NJW 1977, 761; LG Düsseldorf FamRZ 1955, 503; speziell zur Kündigung von Arbeitsverträgen s unten Rn 811 ff). Umgekehrt ist es dem **Schuldner** nach Treu und Glauben verwehrt, seine Leistung zur Unzeit zu erbringen (RGZ 91, 67; JAUERNIG/MANSEL Rn 17; MünchKomm/KRÜGER § 271 Rn 11 – für Handelsgeschäfte vgl § 358 HGB).

ee) Rechte des Schuldners zur Leistungsverweigerung
(1) Allgemeines
Die Regelungen über Zurückbehaltungsrechte iwS (§§ 273, 274, 320–322 BGB) werden oft als **Ausprägungen des Grundsatzes von Treu und Glauben** bezeichnet (so für § 273 BGB das RG und der BGH in st Rspr: RGZ 68, 32, 34; 126, 383, 385; 152, 71, 73; RG DR 1940, 795; BGH LM Nr 7 zu § 273; BGHZ 91, 73, 83 = NJW 1984, 2151, 2154; BGH

NJW 1990, 1171, 1172; 2000, 948, 949; 2004, 3484, 3485; 2014, 55, 57; vgl auch Hk-BGB/Schulze § 273 Rn 1; MünchKomm/Krüger § 273 Rn 2; Palandt/Grüneberg § 273 Rn 1; Soergel/Forster § 273 Rn 2; PWW/Zöchling-Jud § 273 Rn 2; NK-BGB/Schmidt-Kessel § 273 Rn 3; Looschelders, Schuldrecht AT § 15 Rn 1. – Zu § 320 vgl etwa BGH WM 1974, 369, 371; Soergel/Gsell § 320 Rn 10). Dies ist keineswegs nur ein entbehrlicher Hinweis auf den eigenen Gerechtigkeitsgehalt der Vorschriften (so aber Staudinger/J Schmidt [1995] Rn 891); vielmehr wirkt sich der Grundsatz von Treu und Glauben auch in vielfältiger Weise bei der praktischen Rechtsanwendung aus. Meist geht es um eine **Einschränkung des Leistungsverweigerungsrechts** (vgl PWW/Zöchling-Jud § 273 Rn 16). § 320 Abs 2 BGB enthält hierzu eine Sonderregelung, die selbst den Grundsatz von Treu und Glauben in Bezug nimmt (PWW/Stürner/Medicus § 320 Rn 9). Ein Rückgriff auf § 242 BGB erübrigt sich insoweit also (vgl BGH WM 1989, 1574, 1578).

(2) Zurückbehaltungsrecht, §§ 273, 274
(a) Konnexität

620 Das Zurückbehaltungsrecht nach §§ 273, 274 BGB beruht auf dem Gedanken, dass es im Rahmen eines **einheitlichen Rechtsverhältnisses** mit Treu und Glauben nicht vereinbar wäre, wenn der Gläubiger die ihm zustehende Leistung verlangen könnte, ohne den Gegenanspruch des Schuldners zu erfüllen (vgl Staudinger/Bittner [2014] § 273 Rn 8). Die Rückbindung an Treu und Glauben führt zu einer weiten Auslegung des Merkmals „aus demselben rechtlichen Verhältnis". Anspruch und Gegenanspruch müssen nicht auf demselben Schuldverhältnis beruhen; es genügt vielmehr ein innerlich zusammengehörendes **einheitliches Lebensverhältnis**. Entscheidend ist, dass beide Ansprüche in einem engen natürlichen, wirtschaftlichen und inhaltlichen Zusammenhang stehen und es deshalb treuwidrig wäre, wenn der eine Anspruch ohne Rücksicht auf den anderen durchgesetzt werden könnte (so schon RGZ 134, 144, 146; 158, 6, 14 – st Rspr: BGHZ 47, 157, 167; 64, 122, 125; 92, 194, 196; 115, 99, 103 f; BGH NJW 2004, 3084, 3085; ausf zum Ganzen Staudinger/Bittner [2014] § 273 Rn 38 ff).

(b) Erweiterung des Zurückbehaltungsrechts

621 Über die Vorschrift des § 273 BGB hinaus kann der Schuldner **unmittelbar aus Treu und Glauben** ein **Zurückbehaltungsrecht** haben, insbesondere nach dem **dolo agit-Grundsatz**, wonach arglistig handelt, wer fordert, was er sofort wieder zurückgeben muss (vgl BGHZ 38, 122, 126; Palandt/Grüneberg § 273 Rn 1; zum dolo agit-Grundsatz s oben Rn 279 ff). Daneben hat die **Rspr** vereinzelt geprüft, ob dem Schuldner „in entsprechender Anwendung des § 273 Abs 1 BGB eine Art Zurückbehaltungsrecht" (BGH NJW 1984, 1676, 1678) oder ein „Zurückbehaltungsrecht ... unter dem Gesichtspunkt von Treu und Glauben" (BGH WM 1987, 878, 880; vgl auch LG Dortmund NJW 1981, 764: „Zurückbehaltungsrecht ... gem § 242 iVm Art 4 Abs 1, 5 Abs 1, 20 Abs 4 GG" [Atomstromboykott]) zusteht. Unter welchen Voraussetzungen ein solches Zurückbehaltungsrecht entstehen soll, bleibt dabei jedoch unklar. In den einschlägigen Entscheidungen wurde es stets abgelehnt. Die diesbezüglichen Überlegungen führen also nicht weiter.

(c) Ausschluss oder Einschränkung des Zurückbehaltungsrechts

622 § 273 BGB schränkt das Zurückbehaltungsrecht für den Fall ein, dass sich aus dem Schuldverhältnis etwas anderes ergibt. In Betracht kommen hiernach insbesondere Einschränkungen aufgrund vertraglicher Vereinbarungen, besonderer gesetzlicher Regelungen (zB § 175 BGB) oder der Natur des Schuldverhältnisses (vgl NK-BGB/Schmidt-Kessel § 273 Rn 24 ff; Looschelders, Schuldrecht AT § 15 Rn 6 ff). Darüber hinaus

kann die Geltendmachung des Zurückbehaltungsrechts wegen **unzulässiger Rechtsausübung** ausgeschlossen sein (vgl BGH NJW 2004, 3084, 3085; 2014, 55, 57; MünchKomm/ Schubert Rn 302; Palandt/Grüneberg § 273 Rn 17; zu den Einzelfällen Staudinger/Bittner [2014] § 273 Rn 100 ff). Dabei kommt dem Gedanken der Verhältnismäßigkeit große Bedeutung zu (vgl PWW/Zöchling-Jud § 273 Rn 16; Looschelders, Schuldrecht AT § 15 Rn 9), wobei das Wertverhältnis eine entscheidende Rolle spielen kann (BGH NJW 2012, 528, 529 f). Umgekehrt kann der Gläubiger nach Treu und Glauben aber auch gehindert sein, sich auf eine vertragliche oder gesetzliche Einschränkung des Zurückhaltungsrechts zu berufen (BGHZ 48, 264, 268 ff; Staudinger/Bittner [2014] § 273 Rn 75).

(3) Einrede des nicht erfüllten Vertrages, §§ 320–322
(a) Funktionelles Synallagma und Treu und Glauben
Die Einrede des nicht erfüllten Vertrages (§§ 320–322 BGB) wird in Rspr und Lit mit dem Gedanken des **funktionellen Synallagma** gerechtfertigt (BeckOK-BGB/Schmidt [1. 5. 2019] § 320 Rn 1; Jauernig/Stadler § 320 Rn 2; Palandt/Grüneberg § 320 Rn 1; PWW/ Zöchling-Jud § 273 Rn 2; Larenz, Schuldrecht I § 15 I; Looschelders, Schuldrecht AT § 15 Rn 14 ff). Die dogmatischen Überlegungen zum „Wesen des Synallagma" dürfen jedoch nicht darüber hinwegtäuschen, dass es den §§ 320 ff BGB nicht (nur) um die Verwirklichung eines formalen Prinzips geht; dahinter steht vielmehr ebenfalls der Grundsatz von **Treu und Glauben**. Insofern besteht zwischen § 273 BGB und § 320 BGB kein Gegensatz (Soergel/Gsell § 320 Rn 10; aA BGB-RGRK/Ballhaus § 320 Rn 2; allg z Verhältnis zwischen § 273 und § 320 MünchKomm/Krüger § 273 Rn 101). 623

(b) Ausschluss des Leistungsverweigerungsrechts nach § 320 Abs 2
Bei **Teilleistungen** ist das Leistungsverweigerungsrecht der anderen Partei gem § 320 Abs 2 BGB insoweit ausgeschlossen, als die Verweigerung nach den Umständen, insbesondere wegen **verhältnismäßiger Geringfügigkeit** des rückständigen Teils, gegen Treu und Glauben verstoßen würde. Gernhuber (Schuldverhältnis § 14 IV 1) hält diese Regelung für entbehrlich, weil das gleiche Ergebnis „jederzeit auch unmittelbar § 242 BGB ... entnommen werden" könne. Dem hat J Schmidt entgegnet, § 320 Abs 2 BGB sei wegen des Kriteriums der Verhältnismäßigkeit eine „etwas informationsreichere Vorschrift" als § 242 BGB (Staudinger/J Schmidt [1995] Rn 898). Die eigentliche Bedeutung des § 320 Abs 2 BGB liegt indessen darin, für Teilleistungen klarzustellen, dass **grundsätzlich** die **ganze Gegenleistung verweigert** werden darf (vgl PWW/Stürner/Medicus § 320 Rn 9). Einschränkungen des Leistungsverweigerungsrechts müssen also **im Einzelfall** mit den Kriterien von Treu und Glauben gerechtfertigt werden (MünchKomm/Emmerich § 320 Rn 56). 624

(c) Sonstige Fälle des Rechtsmissbrauchs
Die Geltendmachung des Zurückbehaltungsrechts kann auch **außerhalb der Fälle der Teilleistung** wegen **missbräuchlicher Rechtsausübung** ausgeschlossen sein. Da § 320 Abs 2 BGB hier nicht anwendbar ist, muss die Problematik nach den allgemeinen Grundsätzen des § 242 BGB behandelt werden (zu den Einzelheiten s Staudinger/ Schwarze [2015] § 320 Rn 61). 625

Der BGH hat in einer neueren Entscheidung (26. 10. 2016 – VIII ZR 211/15, ZIP 2016, 2420) dargelegt, dass der Käufer im Hinblick auf die Pflicht des Verkäufers zur Verschaffung einer mangelfreien Sache (§ 433 Abs 1 S 2 BGB) auch bei **geringfügigen** behebbaren Mängeln berechtigt ist, bis zur Beseitigung des Mangels gemäß § 320 Abs 1 BGB die Zahlung des (vollständigen) Kaufpreises und gemäß § 273 Abs 1 BGB die Abnahme der gekauften Sache zu verweigern. Dabei hat der Senat darauf hingewiesen, dass der Käufer die Zahlung des Kaufpreises ausnahmsweise nicht nach § 320 Abs 1 S 1 BGB verweigern könne, wenn dies nach den Gesamtumständen, insbesondere wegen verhältnismäßiger Geringfügigkeit der Pflichtverletzung des Verkäufers, gegen **Treu und Glauben** verstoße (BGH ZIP 2016, 2420 Rn 21). Bei einem Verstoß gegen die vereinbarte Beschaffenheit sei die Erheblichkeit der Pflichtverletzung des Verkäufers jedoch in der Regel indiziert (Rn 24). Im Hinblick auf die Verweigerung der Abnahme nach § 273 Abs 1 BGB hat der Senat darauf abgestellt, dass § 433 Abs 1 S 2 BGB – anders als § 323 Abs 5 S 2 BGB und § 281 Abs 1 S 3 BGB – nicht zwischen erheblichen und unerheblichen Pflichtverletzungen des Verkäufers unterscheidet. Wenn der Käufer am Vertrag festhalte und die Verschaffung einer mangelfreien Sache verlange, könne er daher auch eine mit einem behebbaren Mangel behaftete Sache nach § 273 Abs 1 BGB zurückweisen (BGH ZIP 2016, 2420 Rn 34). Besondere Umstände, die unter dem Aspekt der unzulässigen Rechtsausübung eine abweichende Beurteilung rechtfertigen könnten, waren nicht ersichtlich.

(d) Eigene Vertragstreue als Voraussetzung des Leistungsverweigerungsrechts

626 Nach Rspr und hL soll die Einrede des nicht erfüllten Vertrages nur dem zustehen, der selbst vertragstreu ist. Die eigene Vertragstreue sei jedenfalls dann zu verneinen, wenn die betreffende Partei die **Erbringung der geschuldeten Leistung** ihrerseits **ernsthaft und endgültig verweigert** und sich **vom Vertrag losgesagt** habe (in diesem Sinne schon RGZ 58, 173, 176; RGZ 171, 287, 301; RG WarnR 1908 Nr 296; aus neuerer Zeit BGHZ 50, 175, 177; 88, 91, 96; BGH WM 1976, 964, 966; 1978, 731, 733; BGH NJW 1982, 874, 875; 1989, 3222, 3224; BGH NJW-RR 1995, 564, 565; BGH ZIP 1999, 367, 369; BGH NJW 2002, 3541, 3542; 2013, 1458, 1459; OLG Hamm NJW-RR 1986, 1179, 1180; OLG Düsseldorf NJW-RR 1993, 1207, 1208; Erman/Westermann § 320 Rn 6 f; Hk-BGB/Schulze § 320 Rn 6; MünchKomm/Emmerich § 320 Rn 36; Staudinger/Schwarze [2015] § 320 Rn 38; Looschelders, Schuldrecht AT § 15 Rn 19; **aA** Hüffer, Leistungsstörungen durch Gläubigerhandeln [1976] 197, 206 ff; Gernhuber, Schuldverhältnis § 14 III 5a; vermittelnd Soergel/Gsell § 320 Rn 76).

627 Die **dogmatische Einordnung** der eigenen Vertragstreue ist umstritten. Nach hM handelt es sich um ein **ungeschriebenes Tatbestandsmerkmal** des § 320 BGB (vgl BeckOK-BGB/Schmidt [1. 5. 2019] § 320 Rn 14; Hk-BGB/Schulze § 320 Rn 6; MünchKomm/ Emmerich § 320 Rn 28; Staudinger/Schwarze [2015] § 320 Rn 37). Die Gegenauffassung will die fehlende eigene Vertragstreue nach Inkrafttreten des Schuldrechtsmodernisierungsgesetzes unter dem Aspekt des **Rechtsmissbrauchs als Ausschlussgrund** einordnen. Zur Begründung wird darauf hingewiesen, dass die eigene Vertragstreue bei den §§ 281, 323 BGB – anders als bei § 326 BGB aF – nicht als Voraussetzung des Anspruchs auf Schadensersatz statt der Leistung bzw des Rücktritts anzusehen sei (s unten Rn 626, 654); dies müsse auf § 320 BGB übertragen werden, um eine einheitliche Einordnung des Merkmals zu ermöglichen (so Palandt/Grüneberg § 320 Rn 6).

628 Das Erfordernis der eigenen Vertragstreue hängt entstehungsgeschichtlich eng mit dem **Tu-quoque-Einwand** zusammen (vgl Staudinger/Schwarze [2014] § 281 Rn B 70 und Staudinger/Schwarze [2015] § 323 Rn E 10 mwNw). Es gilt damit die Feststellung, dass das BGB **keinen eigenständigen Ausschlussgrund** des nicht rechtstreuen bzw nicht vertragstreuen Verhaltens kennt. Es muss daher bei jeder einzelnen Vorschrift

geprüft werden, welche Bedeutung der eigenen Vertragstreue zukommt. Einheitliche Lösungen verbieten sich. Insbesondere erscheint es nicht angemessen, das Problem ausschließlich beim Einwand des Rechtsmissbrauchs anzusiedeln. So kann die eigene Vertragsuntreue beim Anspruch auf Schadensersatz statt der Leistung aus §§ 280 Abs 1, 3, 281 Abs 1 S 1 Alt 1 BGB und beim Rücktrittsrecht aus § 323 Abs 1 Alt 1 BGB schon die tatbestandlichen Voraussetzungen ausschließen (s unten Rn 654).

Bei § 320 BGB ist daran festzuhalten, dass die eigene Vertragstreue ein **ungeschrie-** 629 **benes Tatbestandsmerkmal** darstellt. Die **Funktion des § 320 BGB**, den anderen Teil zur Erbringung der Gegenleistung anzuhalten, verbietet es nämlich, dem Schuldner das Leistungsverweigerungsrecht einzuräumen, obwohl er selbst nicht am Vertrag festhalten will (so BGH NJW 2002, 3541, 3542; 2013, 1458, 1459; Hk-BGB/Schulze § 320 Rn 6; Jauernig/Stadler § 320 Rn 13). Der Einwand des Tu-quoque oder des Rechtsmissbrauchs muss damit nicht herangezogen werden.

(e) **Ausschluss der Vorleistungspflicht bei fehlender Vertragstreue des anderen Teils**

Die Vorleistungspflicht einer Partei entfällt nach Treu und Glauben bei **ernsthafter** 630 **Erfüllungsverweigerung** durch die andere Partei, und zwar mit der Folge, dass wieder die Grundregel des § 320 BGB gilt (RG WarnR 1908 Nr 451; RG SchlHAnz 1918, 102; RG JW 1924, 1141; RG SeuffA 81 Nr 25; BGHZ 88, 240, 247 f = NJW 1984, 230; BGH WM 1964, 1247; 1978, 731, 733; BGH NJW 1983, 2437; BGH NJW-RR 1987, 1159; BGH NJW 1994, 2025, 2026; NJW 1997, 938, 939; BGH BB 1995, 1209; MünchKomm/Emmerich § 320 Rn 36; Staudinger/Schwarze [2015] § 321 Rn 29). Die **grundlose und endgültige** Verweigerung der Erfüllung schließt darüber hinaus nach allgemeinen Regeln (s oben Rn 624) das Leistungsverweigerungsrecht des § 320 BGB aus (BGHZ 50, 175, 177; BGH WM 1986, 73, 74; BGH NJW 1990, 3008, 3009; aA Hüffer, Leistungsstörungen durch Gläubigerhandeln [1976] 209 ff; Gernhuber, Schuldverhältnis § 15 V 1; differenzierend Soergel/Gsell § 320 Rn 76). Der Wegfall der Vorleistungspflicht erklärt sich aus dem **Verbot des venire contra factum proprium** (vgl Ernst, Die Gegenseitigkeit im Vertragsvollzug, AcP 199 [1999] 485, 503; dazu o Rn 284 ff). Wer selbst nicht am Vertrag festhalten will, verhält sich widersprüchlich, wenn er den anderen Teil auf Vorleistung in Anspruch nimmt.

(f) **Unsicherheitseinrede**

Die Unsicherheitseinrede nach § 321 BGB wird überwiegend als besondere Aus- 631 prägung der **clausula rebus sic stantibus** bzw der **Störung der Geschäftsgrundlage** (jetzt § 313 BGB) verstanden (vgl etwa RGZ 50, 255, 257 f; Hk-BGB/Schulze § 321 Rn 1; Jauernig/ Stadler § 321 Rn 1; Palandt/Grüneberg § 321 Rn 1; Staudinger/Schwarze [2015] § 321 Rn 13); sie weist damit einen engen Bezug zum Grundsatz von Treu und Glauben auf. Umgekehrt kann der Vorleistungspflichtige nach § 242 BGB im Einzelfall aber auch an der Geltendmachung der Unsicherheitseinrede gehindert sein (Staudinger/ Schwarze [2015] § 321 Rn 29; vgl auch BGH NJW 2010, 1272, 1274).

Vor Inkrafttreten des Schuldrechtsmodernisierungsgesetzes bestand das Problem, 632 dass die Erhebung der Einrede zu einem **unbegrenzten Schwebezustand** führen konnte, wenn die andere Partei hierauf nicht reagierte. Die Rspr billigte dem Vorleistungspflichtigen deshalb über § 242 BGB ein **Rücktrittsrecht** zu, sobald eine der anderen Partei gesetzte angemessene Frist zur Leistung Zug um Zug oder zur Sicherheitsleistung fruchtlos verstrichen war (vgl BGHZ 11, 80, 85; 112, 279, 287). Dieses

Rücktrittsrecht ist in erweiterter Form (Palandt/Grüneberg § 321 Rn 9) in § 321 Abs 2 BGB geregelt. Ein Rückgriff auf Treu und Glauben ist insoweit also nicht mehr erforderlich.

c) Leistungsstörungen*
aa) Allgemeines

633 Das Schuldrechtsmodernisierungsgesetz hat das **Leistungsstörungsrecht** völlig **neu strukturiert**. Dabei sind einige Institute, die bislang auf § 242 BGB gestützt wurden, ausdrücklich geregelt worden (s oben Rn 100), namentlich die Störung der Geschäftsgrundlage (§ 313 BGB), das Kündigungsrecht aus wichtigem Grund bei Dauerschuldverhältnissen (§ 314 BGB) sowie die pFV (§ 280 Abs 1 BGB) und die cic (§§ 280 Abs 1, 311 Abs 2, 241 Abs 2 BGB), wobei sich die beiden letzteren Institute aber schon vor der Reform von § 242 BGB emanzipiert hatten (s Staudinger/Olzen Einl 213 ff zum SchuldR). Im Detail finden sich einige weitere Regelungen, die den Rückgriff auf § 242 BGB entbehrlich machen (s Rn 571), nicht selten freilich auf Kosten von Abgrenzungsproblemen. Im Übrigen gibt es aber nach wie vor zahlreiche Fragen, die mit Hilfe des § 242 BGB gelöst werden müssen.

634 Zentrales Element des geltenden Leistungsstörungsrechts ist die **Pflichtverletzung** (vgl § 280 Abs 1 S 1 BGB). Vier **Fallgruppen** lassen sich unterscheiden: die **Verzögerung** der Leistung (insbesondere Verzug), die **Schlechtleistung**, die Verletzung von **Rücksichtspflichten** sowie die **nachträgliche Unmöglichkeit** (vgl Looschelders, Schuldrecht AT § 22 Rn 1 ff). Für die **anfängliche Unmöglichkeit** gilt die Sonderregelung des § 311a BGB. Außerhalb dieser Konzeption steht die **Unmöglichkeit als Ausschlussgrund für die primäre Leistungspflicht** (§ 275 BGB). Hier hat die Unmöglichkeit nach wie vor eigenständige Bedeutung; ob eine Pflichtverletzung vorliegt, ist irrelevant (Looschelders, Schuldrecht AT § 20 Rn 14). Zu den Leistungsstörungen iwS zählt außerdem der **Gläubigerverzug** (§§ 293–304 BGB), der ebenfalls keine Pflichtverletzung voraussetzt.

bb) Unmöglichkeit

635 Bei der Neuregelung der Unmöglichkeit sind zwei spezielle Ausprägungen von Treu und Glauben in § 275 Abs 2 und 3 BGB gesondert geregelt worden (s oben Rn 267 ff).

---

* **Schrifttum:** Arnold, Die vorübergehende Unmöglichkeit nach der Schuldrechtsreform, JZ 2002, 866; Canaris, Die Neuregelung des Leistungsstörungs- und des Kaufrechts – Grundstrukturen und Problemschwerpunkte, in: E Lorenz (Hrsg), Karlsruher Forum 2002: Schuldrechtsmodernisierung (2003) 5; ders, Die einstweilige Unmöglichkeit der Leistung, in: FS Huber (2006) 143; Finn, Kann der Gläubiger die (Nach-)Erfüllung zwischen Fristablauf und Schadensersatzverlangen zurückweisen?, ZGS 2004, 32; Hanau, Der Schuldner in der Hand des Gläubigers? – Beendigung der Schwebelage nach Ablauf einer gem § 323 BGB gesetzten Frist, NJW 2007, 2806; Medicus, Bemerkungen zur „vorübergehenden Unmöglichkeit, in: FS Heldrich (2005) 347; Otto, Der Ausschluss der Leistungspflicht gemäß § 275 Abs 2 und 3 BGB im Schwebezustand, in: FS Canaris I (2007) 945; Ramming, Wechselwirkungen bei den Voraussetzungen der gesetzlichen Kündigungs- und Rücktrittsrechte nach allgemeinem Schuldrecht (§§ 314, 323, 324 BGB), ZGS 2003, 113; Schwab, Schadensersatzverlangen und Ablehnungsandrohung nach der Schuldrechtsreform, JR 2003, 133; Schwarze, Das Recht der Leistungsstörungen (2. Aufl 2017); Wendehorst, Das neue Gesetz zur Umsetzung der Verbraucherrechterichtlinie, NJW 2014, 577.

Darüber hinaus kann § 242 BGB im Zusammenhang mit der Unmöglichkeit aber an einigen anderen Stellen Bedeutung erlangen. Folgende Fallgruppen sind hervorzuheben:

(1) Zeitweilige Unmöglichkeit

Nach § 275 Abs 1 BGB erlischt die primäre Leistungspflicht des Schuldners nur bei **636** **dauernder Unmöglichkeit**; bei zeitweiliger Unmöglichkeit lebt die Leistungspflicht nach Beseitigung des Leistungshindernisses wieder auf (so schon RGZ 117, 127, 130 zu § 275 aF; vgl jetzt STAUDINGER/CASPERS [2014] § 275 Rn 48; PWW/SCHMIDT-KESSEL § 275 Rn 5; LOOSCHELDERS, Schuldrecht AT § 21 Rn 16; MEDICUS/LORENZ, Schuldrecht I Rn 410; SCHWARZE, Leistungsstörungen § 4 Rn 25; CANARIS, in: FS Huber [2006] 143, 145 ff; MEDICUS, in: FS Heldrich [2005] 347, 349; zu § 275 Abs 2 und 3 OTTO, in: FS Canaris I [2007] 945, 952). § 275 Abs 1 BGB ist insoweit nur entsprechend anwendbar (STAUDINGER/CASPERS [2014] § 275 Rn 49; PWW/ SCHMIDT-KESSEL § 275 Rn 6).

(a) Abgrenzung von dauernder und zeitweiliger Unmöglichkeit

Nach **st Rspr** soll die Abgrenzung zwischen zeitweiliger und dauernder Unmöglich- **637** keit nach **Treu und Glauben** unter Abwägung der Belange beider Parteien vorgenommen werden. Ein vorübergehendes Leistungshindernis steht hiernach einem dauernden gleich, wenn es die Erreichung des Vertragszwecks in Frage stellt und der einen oder anderen Partei das Festhalten am Vertrag nach Treu und Glauben nicht mehr zugemutet werden kann (so schon RGZ 5, 279; 158, 321, 331; BGH LM Nr 4 zu § 275; BGHZ 47, 48, 50; 83, 197, 200; zum neuen Recht BGHZ 174, 61, 67; OLG Karlsruhe NJW 2005, 989, 990; PALANDT/GRÜNEBERG § 275 Rn 11; MEDICUS, in: FS Heldrich [2005] 347, 351 ff; SCHWARZE, Leistungsstörungen § 4 Rn 22 ff; ausf zum Ganzen STAUDINGER/CASPERS [2014] § 275 Rn 48 ff; für Lösung über § 313: NK-BGB/DAUNER-LIEB § 275 Rn 69; ARNOLD JZ 2002, 866, 871; CANARIS, in: FS Huber [2006] 143, 157 ff). Dies kommt zB für den Fall in Betracht, dass sich die nach der Grundstücksverkehrsordnung erforderliche **Genehmigung** des Vertrags **um fast acht Jahre verzögert** und der Abschluss des verwaltungsgerichtlichen Verfahrens nicht absehbar ist (so iE auch LG Konstanz NJW-RR 2004, 91, das sich allerdings für eine Rückabwicklung nach §§ 812 ff analog ausspricht). Das Gleiche gilt beim Verkauf eines abhanden gekommenen Gebrauchtwagens, wenn nicht absehbar ist, ob und zu welchem Zeitpunkt der Verkäufer das Fahrzeug vom Eigentümer bzw von dessen Versicherung erwerben kann (OLG Karlsruhe NJW 2005, 989, 990).

(b) Wiederaufleben der Leistungspflicht bei dauernder Unmöglichkeit

Stellt sich die Unmöglichkeit zum maßgeblichen Zeitpunkt – nämlich bei Eintritt des **638** Leistungshindernisses (BGHZ 174, 61, 67; BGH NJW 2012, 3096) – als eine dauernde dar, so wird der Schuldner von seiner Leistungspflicht frei; diese Rechtsfolge bleibt bestehen, wenn die Leistung dem Schuldner bis zur letzten mündlichen Verhandlung wieder möglich werden sollte (BGH LM Nr 4 zu § 275). Vor Inkrafttreten des Schuldrechtsmodernisierungsgesetzes wurde teilweise die Auffassung vertreten, der Schuldner könne sich in einem solchen Fall nach Treu und Glauben **nicht auf die Unmöglichkeit berufen**, wenn er das Leistungshindernis – etwa nach § 287 BGB – zu vertreten habe (so BGB-RGRK/ALFF § 275 Rn 23; PALANDT/HEINRICHS[62] [2003] § 275 Rn 19). Dies erscheint jedoch zu weitgehend. Denn auch im Fall des Vertretenmüssens darf es für den Schuldner nicht bis zuletzt ungewiss bleiben, ob er die Leistung zu erbringen hat oder nicht. In Ausnahmefällen können die Parteien aber nach Treu und Glauben zum **Abschluss einer neuen Vereinbarung** (ggf mit geänderten Konditionen) verpflichtet

sein (RGZ 158, 321, 331; BGH NJW 2012, 3096; JAUERNIG/STADLER § 275 Rn 10; PALANDT/GRÜNE-
BERG § 275 Rn 12; SCHWARZE, Leistungsstörungen § 4 Rn 30).

(2) Rechtliche Unmöglichkeit

639 Bei **genehmigungspflichtigen Rechtsgeschäften** sind die Parteien gehalten, sich um die erforderlichen Genehmigungen zu bemühen und das Bemühen des anderen Teils nach Kräften zu unterstützen sowie – als Kehrseite – alles zu unterlassen, was die Erteilung der Genehmigung verhindern könnte (vgl RGZ 115, 35, 38; 129, 357, 376; BGHZ 14, 1, 2; 67, 34, 35; PALANDT/GRÜNEBERG Rn 33; STAUDINGER/CASPERS [2014] § 275 Rn 42; zur dogmatischen Einordnung STAUDINGER/OLZEN § 241 Rn 183 ff).

640 Bei rechtlicher Unmöglichkeit wegen **Versagung einer erforderlichen behördlichen Genehmigung** kann der Schuldner nach Treu und Glauben zur Mitwirkung an einer **Vertragsänderung** verpflichtet sein, um die Genehmigungsbedürftigkeit zu beseitigen. Voraussetzung ist, dass der Gläubiger ein besonderes Interesse an der Durchführung des Vertrages hat und die berechtigten Belange des Schuldners durch die Änderung des Vertrages nicht beeinträchtigt werden (BGHZ 67, 34, 36 f; STAUDINGER/CASPERS [2014] § 275 Rn 42).

cc) Verzögerung der Leistung (insbesondere Verzug)

641 Bei bloßer Verzögerung der (möglichen) Leistung kann der Gläubiger den **Ersatz des Verzögerungsschadens** nach §§ 280 Abs 1, 2, 286 BGB nur unter den (zusätzlichen) Voraussetzungen des Verzugs verlangen. Dagegen setzt der Anspruch auf **Schadensersatz statt der Leistung** nach §§ 280 Abs 1, 3, 281 BGB keinen Verzug voraus; wegen des Fristsetzungserfordernisses in § 281 BGB ist es aber praktisch ausgeschlossen, dass der Gläubiger Schadensersatz statt der Leistung erhält, obwohl der Schuldner sich nicht in Verzug befindet (LOOSCHELDERS, Schuldrecht AT § 27 Rn 7; vgl auch STAUDINGER/SCHWARZE [2014] § 281 Rn B 8 und B 18). Das **Rücktrittsrecht** des Gläubigers ergibt sich in den Verzögerungsfällen aus § 323 BGB, der im Wesentlichen die gleiche Struktur wie § 281 BGB aufweist.

(1) Ersatz des Verzögerungsschadens

642 Nach §§ 280 Abs 1, 2, 286 BGB setzt der Anspruch auf Ersatz des Verzögerungsschadens grundsätzlich eine **Mahnung** voraus. Ob die Mahnung auch dann wirksam ist, wenn der Gläubiger damit eine größere Leistung einfordert, als sie vom Schuldner (ggf noch) geschuldet wird (sog **Zuvielforderung**), hängt nach hM ua davon ab, ob der Schuldner die Erklärung unter Berücksichtigung der Umstände des Einzelfalls nach **Treu und Glauben** als Aufforderung zur Bewirkung der tatsächlich geschuldeten Leistung verstehen musste (BGH NJW 1999, 3115, 3116; NJW 2006, 3271; ausf dazu STAUDINGER/LÖWISCH/FELDMANN [2014] § 286 Rn 37).

643 § 286 Abs 2 BGB regelt einige Fälle, in denen eine Mahnung ausnahmsweise entbehrlich ist. **Abs 2 Nr 3** kodifiziert die Rspr zum alten Recht, wonach eine Mahnung nach Treu und Glauben (Gedanke des venire contra factum proprium) entbehrlich ist, wenn der Schuldner die **Leistung ernsthaft und endgültig verweigert** (vgl RGZ 119, 1, 5; BGHZ 2, 310, 312; 65, 372, 377; HUBER, Leistungsstörungen I 448 ff; zum neuen Recht STAUDINGER/LÖWISCH/FELDMANN [2014] § 286 Rn 86; PALANDT/GRÜNEBERG § 286 Rn 24; LOOSCHELDERS, Schuldrecht AT § 26 Rn 12).

Nach **§ 286 Abs 2 Nr 4** BGB ist die Mahnung auch dann entbehrlich, wenn der 644
sofortige Eintritt des Verzugs **aus besonderen Gründen** unter Abwägung der beiderseitigen Interessen gerechtfertigt ist. Die Regelung erfasst ua alle sonstigen Fälle, in denen die Mahnung nach **Treu und Glauben** verzichtbar erscheint (STAUDINGER/LÖWISCH/FELDMANN [2014] § 286 Rn 90). In diesem Rahmen muss nunmehr auch die Frage diskutiert werden, ob und unter welchen Voraussetzungen die sog **Selbstmahnung** der Mahnung gleichsteht (vgl dazu BGH NJW 2008, 1216; OLG Köln NJW-RR 2000, 73; PALANDT/GRÜNEBERG § 286 Rn 25; PWW/SCHMIDT-KESSEL § 286 Rn 22).

(2) Schadensersatz statt der Leistung und Rücktritt
(a) Fristsetzung
Nach § 281 Abs 2 BGB bzw § 323 Abs 1 BGB setzen der Anspruch auf Schadensersatz 645
statt der Leistung und der Rücktritt im Fall der Verzögerung grundsätzlich voraus, dass der Gläubiger dem Schuldner erfolglos eine **angemessene Frist** zur Leistung oder Nacherfüllung gesetzt hat. Eine **Zuvielforderung** schließt auch hier uU nach Treu und Glauben die Wirksamkeit der Fristsetzung aus (PALANDT/GRÜNEBERG § 281 Rn 9).

Die **Fristsetzung** ist gem § 281 Abs 1 BGB bzw § 323 Abs 2 Nr 1 und 3 BGB **ent-** 646
behrlich, wenn der Schuldner die Leistung ernsthaft und endgültig verweigert oder besondere Umstände vorliegen, die unter Abwägung der beiderseitigen Interessen die sofortige Geltendmachung des Schadensersatzanspruchs bzw den sofortigen Rücktritt rechtfertigen. Ebenso wie bei den entsprechenden Regelungen des § 286 Abs 2 Nr 3 und 4 BGB (s oben Rn 643 f) handelt es sich auch hier um besondere Ausprägungen des Grundsatzes von Treu und Glauben, die früher ebenfalls aus § 242 BGB abgeleitet worden sind (vgl dazu STAUDINGER/J SCHMIDT [1995] Rn 928).

Bei der Umsetzung der **Verbraucherrechte-Richtlinie** vom 25. 10. 2011 (RL 2011/83/ 647
EU) ist die Entbehrlichkeit der Fristsetzung aus besonderen Gründen für den Rücktritt (§ 323 Abs 2 Nr 3 BGB) auf den Fall der **nicht vertragsgemäßen Leistung** beschränkt worden. In den Verzögerungsfällen ist § 323 Abs 2 Nr 3 BGB somit seit dem 13. 6. 2014 nicht mehr anwendbar. Der Gesetzgeber hat damit dem Umstand Rechnung getragen, dass Art 18 Abs 2 UAbs 2 der Richtlinie keine entsprechende Ausnahme für die Entbehrlichkeit des Fristsetzung vorsieht. Die amtliche Begründung verweist aber darauf, dass in besonders gelagerten Ausnahmefällen der Rückgriff auf den allgemeinen Grundsatz von Treu und Glauben (§ 242 BGB) möglich bleibt (vgl BT-Drucks 17/12637, 59). Die Kodifikation einer anerkannten Fallgruppe des § 242 BGB ist somit rückgängig gemacht worden, um einen möglichen Widerspruch zum Unionsrecht zu vermeiden (krit zu diesem „qualitativen Rückschritt" WENDEHORST NJW 2014, 577, 583). Dahinter steht das Problem, dass der Grundsatz der **Vollharmonisierung** auch einer Besserstellung des Verbrauchers gegenüber den Vorgaben der Richtlinie entgegensteht. Da der Grundsatz von Treu und Glauben dem europäischen Privatrecht nicht fremd ist (dazu u Rn 1242 ff), erscheint ein Rückgriff auf § 242 BGB auch bei der Anwendung von Vorschriften mit unionsrechtlichem Hintergrund im Einzelfall nicht prinzipiell unzulässig. Freilich müssen hier strengere Anforderungen gestellt werden als nach der bisherigen Regelung des § 323 Abs 2 Nr 3 BGB (BeckOGK/LOOSCHELDERS [1. 6. 2019] § 323 Rn 198 ff).

Bei Mängeln der Kaufsache ist die Fristsetzung für den Rücktritt nach § 437 648
Nr 2 BGB iVm § 323 Abs 2 Nr 3 BGB insbesondere dann entbehrlich, wenn der

Verkäufer den Mangel **arglistig verschwiegen** hat (vgl BGH NJW 2007, 835, 837; NJW 2008, 1371, 1373). Setzt der Käufer dem Verkäufer gleichwohl in Kenntnis der Arglist des Verkäufers eine Frist zur Nacherfüllung, so wird er durch das Verbot widersprüchlichen Verhaltens gehindert, vor Ablauf der Frist doch zurückzutreten (vgl Staudinger/Schwarze [2014] § 281 Rn B 121 und § 323 Rn E 1; Looschelders LMK 2010, 305065). Hat der Verkäufer den Mangel vor Fristablauf beseitigt, so fehlt es für den Rücktritt nach §§ 437 Nr 2, 323 BGB bereits am Vorliegen eines Sachmangels (BGH NJW 2010, 1805). Der Ausschluss des Rücktrittsrechts muss hier also nicht mit Hilfe von § 242 BGB begründet werden.

(b) Das Wahlrecht des Gläubigers nach Fristablauf

649 Der (Nach-)Erfüllungsanspruch erlischt nicht schon mit fruchtlosem Ablauf der Frist, sondern erst dann, wenn der Gläubiger Schadensersatz statt der Leistung **verlangt** (§ 281 Abs 4 BGB) oder den Rücktritt **erklärt**. Bis dahin kann der Gläubiger den Erfüllungsanspruch geltend machen oder die Leistung zurückweisen und auf Schadensersatz statt der Leistung bzw Rücktritt übergehen (BGH NJW 2006, 1198; Palandt/Grüneberg § 281 Rn 49; Staudinger/Schwarze [2014] § 281 Rn D 3; BeckOGK/Looschelders [1. 6. 2019] § 323 Rn 234 ff; Looschelders, Schuldrecht AT § 27 Rn 26; Canaris Karlsruher Forum 2002 [2003] 49; Finn ZGS 2004, 32 ff; Schwab JR 2003, 133, 134; ebenso für den Nachbesserungsanspruch nach § 633 Abs 3 aF BGH NJW 2003, 1526, 1527; MünchKomm/Ernst § 281 Rn 72; aA Jauernig/Stadler § 281 Rn 15). Dies führt für den Schuldner zu einem misslichen **Schwebezustand**. Es stellt sich die Frage, ob § 242 BGB Abhilfe schafft.

650 In Betracht kommt zunächst, das **Recht** des Gläubigers **auf Zurückweisung der (Nach-)Erfüllung** nach Treu und Glauben **einzuschränken**. So kann die Zurückweisung im Einzelfall rechtsmissbräuchlich sein, wenn der Schuldner dadurch schwere Nachteile erleidet, während das Interesse des Gläubigers an der Leistung durch die Fristüberschreitung nicht ernsthaft beeinträchtigt wird (vgl Staudinger/Schwarze [2014] § 281 Rn D 4). Das Gleiche gilt, wenn der Gläubiger bei der Fristsetzung den Eindruck erweckt hat, er werde auch nach Ablauf der Frist nicht sogleich Schadensersatz statt der Leistung verlangen oder vom Vertrag zurücktreten (vgl Beschlussempfehlung des Rechtsausschusses BT-Drucks 14/7052, 185; Brox/Walker, Besonderes Schuldrecht § 4 Rn 68). Verlangt der Gläubiger nach Ablauf der Frist zunächst weiter Erfüllung, so gehen sein Anspruch auf Schadensersatz statt der Leistung und sein Rücktrittsrecht zwar nicht unter. Leistet der Schuldner unmittelbar nach dem erneuten Erfüllungsverlangen, ist der Gläubiger aber unter dem Aspekt des **widersprüchlichen Verhaltens** (s oben Rn 284 ff) gehindert, sich auf den Fristablauf zu berufen (vgl BGH NJW 2006, 1198, 1199; OLG Stuttgart NJW 2013, 699, 701; MünchKomm/Ernst § 281 Rn 107 und § 323 Rn 157; Staudinger/Schwarze [2014] § 281 Rn D 7; PWW/Schmidt-Kessel Rn 46; BeckOK-BGB/Schmidt [1. 5. 2019] § 323 Rn 20; Finn ZGS 2004, 32, 36; Hanau NJW 2007, 2806, 2810).

651 Auf der anderen Seite ist auch die **Geltendmachung des Erfüllungsanspruchs** durch Treu und Glauben **begrenzt**. Der Gläubiger verstößt deshalb uU gegen das Verbot widersprüchlichen Verhaltens, wenn er Erfüllung verlangt, nachdem er die Annahme der Leistung zuvor wegen des Fristablaufs abgelehnt hat (vgl Canaris, Karlsruher Forum 2002 [2003] 49; Finn ZGS 2004, 32, 37; Hanau NJW 2007, 2806, 2809).

652 Soweit § 242 BGB das Wahlrecht nicht einschränkt, wollen einige Autoren dem Schuldner das Recht einräumen, dem Gläubiger für dessen Ausübung analog § 264

Abs 2 BGB **eine Frist zu setzen**. Dabei wird darauf verwiesen, dass § 264 Abs 2 BGB als Ausprägung des § 242 BGB zu verstehen sei (so Palandt/Grüneberg § 262 Rn 5 und Palandt/Grüneberg § 281 Rn 51; iE auch Staudinger/Schwarze [2014] § 281 Rn D 6; Erman/ Westermann § 281 Rn 21; Schwab JR 2003, 133, 134 ff). Dem steht aber entgegen, dass der Gesetzgeber eine solche Lösung ausdrücklich abgelehnt hat, weil er verhindern wollte, „dass ausgerechnet der vertragsbrüchige Schuldner dem Gläubiger eine ihm ungünstige Lösung aufzwingen kann" (BT-Drucks 14/6040, 140); diese klare Wertentscheidung darf nicht durch analoge Anwendung des § 264 Abs 2 BGB unterlaufen werden (Hanau NJW 2007, 2806, 2810; gegen Anwendung des § 264 Abs 2 auch BGH NJW 2006, 1198, 1199; BeckOGK/Looschelders § 323 Rn 238; BeckOK-BGB/Faust [1. 11. 2018] § 439 Rn 18; von MünchKomm/Ernst § 281 Rn 76 offen gelassen).

Ein anderer Teil der Lit will den Schwebezustand dadurch begrenzen, dass der **653** Gläubiger den Anspruch auf Schadensersatz statt der Leistung – ebenso wie das Rücktrittsrecht – nach Treu und Glauben bzw nach dem Rechtsgedanken des § 314 BGB innerhalb einer **angemessenen Frist** geltend zu machen habe; ansonsten bleibe er auf den Erfüllungsanspruch verwiesen (so MünchKomm/Ernst § 281 Rn 105 und § 323 Rn 152; Ramming ZGS 2003, 113, 117 f; Erman/Westermann § 281 Rn 20). Die damit verbundene Einschränkung der Rechtsstellung des Gläubigers geht jedoch zu weit. Gegen eine analoge Anwendung des § 314 BGB spricht, dass das Kündigungsrecht auf dem Gedanken der Unzumutbarkeit der Vertragsfortsetzung beruht. Übt der Kündigungsberechtigte sein Kündigungsrecht nicht innerhalb einer angemessenen Frist aus, so ist ihm die Fortsetzung des Vertragsverhältnisses im Regelfall nicht unzumutbar (MünchKomm/Gaier § 314 Rn 31). Die Interessenlage ist somit nicht mit derjenigen bei §§ 281, 323 BGB vergleichbar. Im Einzelfall kommt aber ein Ausschluss des Schadensersatzanspruchs bzw des Rücktritts unter dem Aspekt der Verwirkung in Betracht (BeckOGK/Looschelders § 323 Rn 239; MünchKomm/Ernst § 323 Rn 153).

(c) Eigene Vertragstreue des Gläubigers
Nach § 326 BGB aF konnte der Gläubiger nur dann Schadensersatz wegen Nicht- **654** erfüllung verlangen oder vom Vertrag zurücktreten, wenn er sich selbst vertragstreu verhalten hatte (vgl RGZ 123, 238, 241; BGH NJW 1974, 36, 37; Palandt/Heinrichs[61] [2002] § 326 aF Rn 10 ff). Die **eigene Vertragstreue** des Gläubigers wurde dabei überwiegend als **ungeschriebenes Tatbestandsmerkmal** des § 326 BGB aF aufgefasst, welches seine Grundlage in § 242 BGB hatte (vgl BGH NJW 1371, 1747; Staudinger/J Schmidt [1995] Rn 930; s oben Rn 627). Nach Inkrafttreten des Schuldrechtsmodernisierungsgesetzes wird zu Recht darauf hingewiesen, dass die eigene Vertragstreue sich **nicht generell** als ungeschriebenes Tatbestandsmerkmal des § 281 BGB (und damit wegen des sachlichen Zusammenhangs auch nicht des § 323 BGB) verstehen lässt, weil die Vorschrift nicht nur für gegenseitige Verträge, sondern für **sämtliche Schuldverhältnisse** gilt (Jauernig/Stadler § 281 Rn 13; Palandt/Grüneberg § 281 Rn 35; vgl auch Staudinger/Schwarze [2014] § 281 Rn B 2; zur abweichenden Rechtslage bei § 320 s Rn 623 ff). Insofern muss also zumindest ergänzend auf § 242 BGB zurückgegriffen werden. Davon abgesehen ist zu beachten, dass der pauschale Hinweis auf die eigene Vertragsuntreue nicht ausreicht, um dem Gläubiger den Schadensersatzanspruch aus §§ 280 Abs 1 und 3, 281 BGB bzw das Rücktrittsrecht nach § 323 BGB zu versagen (BeckOGK/Looschelders § 323 Rn 103). Vielmehr ist eine differenzierte Betrachtung notwendig. Dabei stellt sich die vorrangige Frage, ob die fehlende Vertragstreue des Gläu-

bigers nicht schon die (geschriebenen) **tatbestandlichen Voraussetzungen** des § 281 BGB bzw des § 323 BGB (ggf iVm §§ 320 ff BGB) entfallen lässt (STAUDINGER/ SCHWARZE [2014] § 281 Rn B 71). So fehlt es an der erforderlichen Nichterfüllung eines **fälligen und vollwirksamen Anspruchs** (§ 281 Abs 1 S 1 BGB bzw § 323 Abs 1 BGB), wenn der Schuldner wegen der Vertragsuntreue des Gläubigers die Einrede des nichterfüllten Vertrages (§ 320 BGB) geltend machen kann oder die Unsicherheitseinrede (§ 321 BGB) erhebt (PALANDT/GRÜNEBERG § 281 Rn 8, 11 und § 323 Rn 11). Im Übrigen muss geprüft werden, ob der Gläubiger sich wirklich **rechtsmissbräuchlich** verhält, wenn er trotz eigener Vertragsuntreue Schadensersatz statt der Leistung verlangt oder vom Vertrag zurücktritt. Dies ist idR nur dann der Fall, wenn die Vertragsuntreue des Gläubigers den Leistungsaustausch gefährdet oder den Vertragszweck aus sonstigen Gründen in Frage stellt (zu den einzelnen Fallgruppen STAUDINGER/SCHWARZE [2014] § 281 Rn B 72 ff und STAUDINGER/SCHWARZE [2015] § 323 Rn E 10).

dd) Schlechtleistung

655 Im Fall der Schlechtleistung haben der Anspruch auf Schadensersatz statt der Leistung und das Rücktrittsrecht des Gläubigers nach §§ 280 Abs 1, 3, 281 BGB bzw § 323 BGB ähnliche Voraussetzungen wie bei der Verzögerung der Leistung. Insbesondere sind die auf Treu und Glauben beruhenden **Ausnahmen vom Fristsetzungserfordernis** (s oben Rn 646) anwendbar. Für eine mögliche **Begrenzung des Schwebezustands** nach Fristablauf und das Erfordernis der **eigenen Vertragstreue** des Gläubigers gelten ebenfalls die gleichen Grundsätze (s oben Rn 654 ff).

656 Die Fallgruppe der Schlechtleistung erfasst nicht nur die Schlechterfüllung der Hauptleistungspflicht, sondern auch die Verletzung **leistungsbezogener Nebenpflichten**. Vor Inkrafttreten des Schuldrechtsmodernisierungsgesetzes gingen Rspr und hL davon aus, dass der Gläubiger sich wegen der Verletzung einer Nebenpflicht nur dann vom Vertrag lösen kann, wenn ihm dessen Fortsetzung **nach Treu und Glauben nicht zuzumuten** ist (vgl BGHZ 11, 80, 83 ff; 59, 104, 105 ff; BGH NJW 1978, 260; BGB-RGRK/ BALLHAUS § 326 Rn 44; vgl auch STAUDINGER/SCHWARZE [2015] § 323 Rn C 12 mwNw). Diese einschränkende Voraussetzung ist in den §§ 281, 323 BGB – anders als bei der Verletzung nicht leistungsbezogener Nebenpflichten in den §§ 282, 324 BGB – entfallen. Entsprechend § 281 Abs 1 S 2 BGB bzw § 323 Abs 5 S 1 BGB kann der Gläubiger bei Verletzung einer einzelnen leistungsbezogenen Nebenpflicht aber nur dann Schadensersatz statt der ganzen Leistung verlangen bzw vom ganzen Vertrag zurücktreten, wenn er wegen der Pflichtverletzung kein Interesse an der gesamten Leistung – namentlich an der Hauptleistung – hat (vgl MünchKomm/ERNST § 281 Rn 145, 149). Hieran ist insbesondere zu denken, wenn die Erfüllung der Hauptleistungspflicht durch die Verletzung der Nebenleistungspflicht in Frage gestellt wird (vgl STAUDINGER/SCHWARZE [2014] § 281 Rn C 2). Im Fall der Verletzung einer leistungsbezogenen Nebenpflicht kommt es also letztlich weiterhin darauf an, ob dem Gläubiger die Fortsetzung des Vertrages nach Treu und Glauben noch **zumutbar** ist (vgl STAUDINGER/SCHWARZE [2014] § 281 Rn B 184). Ein Rückgriff auf § 242 BGB ist in diesem Bereich aber nicht mehr erforderlich.

ee) Verletzung von Rücksichtspflichten

657 Für den Fall der Verletzung nicht leistungsbezogener Nebenpflichten iSd § 241 Abs 2 BGB (dazu allg STAUDINGER/OLZEN § 241 Rn 388 ff) sehen die §§ 282, 324 BGB vor, dass der Gläubiger nur dann Schadensersatz statt der Leistung verlangen bzw

vom Vertrag zurücktreten kann, wenn ihm die Leistung durch den Schuldner nicht mehr zuzumuten ist. Dies entspricht der hM zum alten Recht, wonach der Gläubiger bei einer pFV nur dann Schadensersatz wegen Nichterfüllung verlangen oder sich vom Vertrag lösen konnte, wenn dessen Fortsetzung ihm **nach Treu und Glauben nicht zumutbar** war (vgl Staudinger/Schwarze [2014] § 282 Rn 2 und Staudinger/Schwarze [2015] § 324 Rn 50 mwNw).

Welche Auswirkungen die **eigene Vertragstreue** auf den Schadensersatzanspruch **658** bzw das Rücktrittsrecht des Gläubigers hat, ist nach altem Recht auch mit Blick auf die Verletzung von Rücksichtspflichten meist unter dem Aspekt von Treu und Glauben erörtert worden (vgl BGH NJW 1958, 177; Staudinger/J Schmidt [1995] Rn 689 mwNw: Haftung aus pFV). Auf der Grundlage der §§ 282, 324 BGB erscheint es dagegen sachgerecht, die eigene Vertragsuntreue bereits im Zusammenhang mit der Unzumutbarkeit der Vertragsfortsetzung zu würdigen (vgl Staudinger/Schwarze [2014] § 282 Rn 42 f und Staudinger/Schwarze [2015] § 324 Rn 58 ff).

Der **Erfüllungsanspruch** des Gläubigers erlischt auch in den Fällen der §§ 282, 324 **659** BGB nicht automatisch; erforderlich ist vielmehr, dass der Gläubiger Schadensersatz statt der Leistung **verlangt** (§ 281 Abs 4 BGB analog) oder den Rücktritt **erklärt** (zur analogen Anwendbarkeit des § 281 Abs 4 Staudinger/Schwarze [2014] § 282 Rn 52; Münch-Komm/Ernst § 282 Rn 12; Looschelders, Schuldrecht AT § 27 Rn 41). Dies führt zu einem ähnlichen **Schwebezustand** wie bei §§ 281, 323 BGB; deshalb kann man sich an den dort entwickelten Grundsätzen (s oben Rn 642 ff) orientieren. In einem ersten Schritt ist also zu prüfen, ob Treu und Glauben den Gläubiger an der Geltendmachung von Schadensersatz statt der Leistung bzw der Ausübung des Rücktrittsrechts hindern, etwa weil er sich vom Vertrag lösen will, obwohl er in Kenntnis der Pflichtverletzung noch Leistungen entgegen genommen hat. Denn in einem solchen Fall wird regelmäßig widersprüchliches Verhalten vorliegen (MünchKomm/Ernst § 324 Rn 16; Palandt/Grüneberg § 324 Rn 5). Steht dem Gläubiger das Wahlrecht (noch) zu, so muss er es nach Treu und Glauben innerhalb einer angemessenen Frist ausüben; ansonsten ist ihm die Fortsetzung des Vertrages nach dem Rechtsgedanken des § 314 Abs 3 BGB zumutbar (MünchKomm/Ernst § 324 Rn 14; Ramming ZGS 2003, 117 f; ähnlich Jauernig/Stadler § 324 Rn 6; Staudinger/Schwarze [2015] § 324 Rn 44).

ff) Gläubigerverzug

Die Vorschriften über den Gläubigerverzug (§§ 293–304 BGB) weisen ebenfalls **660** vielfältige Berührungspunkte zum Grundsatz von Treu und Glauben auf. So wird **§ 299 BGB** als „eine besondere Ausformung des § 242" verstanden (Palandt/Grüneberg § 299 Rn 1; ähnlich MünchKomm/Ernst § 299 Rn 1). Das Gleiche lässt sich über die **Entbehrlichkeit des tatsächlichen Angebots** bei Ablehnung der Annahme durch den Gläubiger (§ 295 Abs 1 S 1 Alt 1 BGB) sagen. Davon abgesehen kann der Grundsatz von Treu und Glauben im Zusammenhang mit dem Gläubigerverzug bei folgenden Fragen relevant werden.

Der Annahmeverzug setzt nach § 294 BGB voraus, dass die Leistung dem Gläubiger **661** **in der geschuldeten Art und Weise** tatsächlich angeboten wird (vgl Palandt/Grüneberg § 294 Rn 3). Der Gläubiger muss die Leistung daher nicht annehmen, wenn deren Entgegennahme ihm an dem in Frage stehenden **Ort** oder zu der in Frage stehenden **Zeit** unzumutbar ist. **Teilleistungen** dürfen nach § 266 BGB zurückgewiesen werden, sofern sich aus Treu und Glauben nichts anderes ergibt (s oben Rn 610 ff). Wird dem Gläubiger mehr als die geschuldete Leistung angeboten (sog **Mehrangebot)**, liegt ebenfalls kein ordnungsgemäßes Angebot vor. Eine Ausnahme gilt nach Treu und Glauben, falls sich die mit der Aussortierung der geschuldeten Leistung verbundenen Belastungen für den Gläubiger in einem verkehrsüblichen Rahmen halten (RGZ 23, 126, 128; vgl auch STAUDINGER/FELDMANN [2014] § 294 Rn 6).

662 Im Rahmen des § 295 BGB kann auch das an sich erforderliche **wörtliche Angebot** nach Treu und Glauben (§ 242 BGB) **entbehrlich** sein, wenn der Gläubiger die Annahme eindeutig und bestimmt verweigert hat und im Einzelfall keine Zweifel daran bestehen, dass er an seiner Weigerung festhalten wird (so BGH NJW 2001, 287, 288; Hk-BGB/SCHULZE § 295 Rn 6; JAUERNIG/STADLER § 295 Rn 1; PALANDT/GRÜNEBERG § 295 Rn 4; LARENZ, Schuldrecht I § 25 Ib; LOOSCHELDERS, Schuldrecht AT § 36 Rn 6; **aA** STAUDINGER/ FELDMANN [2014] § 295 Rn 2).

663 Im Unterschied zum Schuldnerverzug (§ 286 Abs 4 BGB) setzt der Gläubigerverzug **kein Verschulden** voraus (vgl BGHZ 24, 91, 96; PALANDT/GRÜNEBERG § 293 Rn 10). Diese gesetzgeberische Wertentscheidung darf nicht mit Hilfe des Grundsatzes von Treu und Glauben in Frage gestellt werden. § 242 BGB kann daher nicht entnommen werden, der Gläubiger gerate nur dann in Annahmeverzug, wenn er die Nichtannahme der Leistung **zu vertreten habe** oder wenn sie ihm sonst **zurechenbar** sei (zu ähnlichen Gedankengängen vgl BAG AP Nr 5 zu § 9 MutterSchG m Anm HUECK). Hat der Schuldner die Nichtannahme der Leistung in zurechenbarer Weise (mit-)verursacht, so wird er uU durch Treu und Glauben gehindert, sich auf den Eintritt des Gläubigerverzugs zu berufen (vgl LARENZ, Schuldrecht I § 25 Id; LOOSCHELDERS, Schuldrecht AT § 36 Rn 12; **aA** bei bloßer Fahrlässigkeit des Schuldners: STAUDINGER/FELDMANN [2014] § 293 Rn 18; WERTHEIMER, Der Gläubigerverzug im System der Leistungsstörungen, JuS 1993, 646, 650; vgl auch FEUERBORN, Der Verzug des Gläubigers – Allgemeine Grundsätze und Besonderheiten im Arbeitsverhältnis, JR 2003, 177, 180).

664 Der Gläubiger kann sich nach Treu und Glauben nicht auf ein **Annahmehindernis iSv § 299 BGB** berufen, das er selbst **absichtlich herbeigeführt** hat, um den Schuldner an der Leistung zu hindern (MünchKomm/ERNST § 299 Rn 4; SOERGEL/SCHUBEL § 299 Rn 2). Umgekehrt tritt trotz rechtzeitiger Ankündigung der Leistung durch den Schuldner kein Annahmeverzug ein, sofern dem Gläubiger die **Annahme nach Treu und Glauben nicht zumutbar** ist (AG Bremen NJW-RR 2013, 1276; MünchKomm/ERNST § 299 Rn 5; PALANDT/GRÜNEBERG § 299 Rn 3).

665 Gem § 302 BGB muss der Schuldner im Annahmeverzug nur die **tatsächlich gezogenen Nutzungen** herausgeben oder ersetzen. Bei grobem Verstoß gegen Treu und Glauben hat er nach hM darüber hinaus aber auch die **schuldhaft nicht gezogenen Nutzungen** zu ersetzen (so ERMAN/HAGER § 302 Rn 1; PALANDT/GRÜNEBERG § 302 Rn 1; BGB-RGRK/ALFF § 302 Rn 2).

gg) Vertragsstrafe

666 In engem funktionellen Zusammenhang mit dem Leistungsstörungsrecht steht das Institut der Vertragsstrafe (§§ 339–345 BGB). Die hM geht davon aus, dass dem Grundsatz von Treu und Glauben in diesem Bereich besonders große Bedeutung zukommt (vgl LG Berlin NJW 1996, 1142; MünchKomm/GOTTWALD § 339 Rn 42; GERNHUBER,

Schuldverhältnis § 34 III 5). So haben Rspr und Lit verschiedene Fallgruppen anerkannt, in denen der Gläubiger durch das **Verbot rechtsmissbräuchlichen Verhaltens** gehindert wird, den Anspruch auf die Vertragsstrafe geltend zu machen (ausf dazu Köhler, Vereinbarung und Verwirkung der Vertragsstrafe, in: FS Gernhuber [1993] 207, 220 ff). Hierher gehört ua der Fall, dass der Gläubiger die Vertragsstrafe verlangt, obwohl er sich **selbst** in erheblichem Maße **vertragswidrig verhalten**, insbesondere die Pflichtverletzung des Schuldners durch einen eigenen Vertragsbruch provoziert hat (vgl RGZ 147, 228, 233; BGH NJW 1971, 1126; 1984, 919, 920; BGH NJW-RR 1991, 568, 569; Palandt/Grüneberg § 343 Rn 6; MünchKomm/Gottwald § 339 Rn 45; Looschelders, Schuldrecht AT § 38 Rn 12; zum Erfordernis der eigenen Vertragstreue s auch Rn 626 ff).

Unter dem Aspekt der **Unverhältnismäßigkeit** kann ferner ein Rechtsmissbrauch **667** vorliegen, wenn der Gläubiger die Vertragsstrafe nach einer **geringfügigen Pflichtverletzung** fordert (so schon RG JW 1904, 139; 1923, 825; aus neuerer Zeit LG Berlin NJW 1996, 1142; BeckOK-BGB/Janoschek [1. 5. 2019] § 339 Rn 6). Dass die Interessen des Gläubigers durch die Pflichtverletzung weder beeinträchtigt noch ernsthaft gefährdet worden sind, steht der Geltendmachung des Anspruchs auf die Vertragsstrafe allerdings nicht entgegen (BGH NJW 1984, 919, 920; aA Palandt/Grüneberg § 343 Rn 6). Eine formularmäßige Vereinbarung, wonach die Vertragsstrafe unabhängig von einem **Verschulden** des Vertragspartners verwirkt sein soll, führt demgegenüber im Regelfall zu einer unangemessenen Benachteiligung des Vertragspartners und ist damit grundsätzlich schon nach § 307 BGB unwirksam (vgl BGH NJW 2013, 2111, 2113 = r+s 2014, 103, 104). Eine Ausübungskontrolle nach § 242 BGB ist in diesen Fällen daher nur notwendig, wenn die Vereinbarung einer verschuldensunabhängigen Vertragsstrafe ausnahmsweise durch gewichtige Interessen des Verwenders gerechtfertigt ist.

Verspricht ein **Kaufmann** im Betrieb seines Handelsgewerbes eine Vertragsstrafe, so **668** kann die Vertragsstrafe gem § 348 HGB nicht wegen unverhältnismäßiger Höhe nach § 343 BGB herabgesetzt werden. In besonders gelagerten Fällen kann aber trotzdem eine Herabsetzung der übernommenen Vertragsstrafe nach § 242 BGB in Betracht kommen, wenn zB die Vertragsstrafe in einem außerordentlichen Missverhältnis zu der Bedeutung der Zuwiderhandlung steht (vgl BGH NJW 1984, 919; NJW 1998, 1144; NJW 2009, 1882, 1885; krit Staudinger/Rieble [2015] § 339 Rn 419 und § 343 Rn 178). Da § 343 BGB auf Kaufleute nicht anwendbar ist, kann die Vertragsstrafe aber nur auf das Maß herabgesetzt werden, das nach Treu und Glauben gerade noch hinnehmbar ist (BGH NJW 2009, 1882, 1885).

Nach hM verbieten Treu und Glauben dem Gläubiger, die verwirkte Vertragsstrafe **669** einzufordern, wenn der Schuldner die Leistung nachträglich erbringt oder tatsächlich anbietet, bevor der Gläubiger die Vertragsstrafe verlangt, sog **„Verfallbereinigung"** (vgl dazu Knütel, Verfallsbereinigung, nachträglicher Verfall und Unmöglichkeit bei der Vertragsstrafe, AcP 175 [1975] 44 ff; ferner LG Berlin NJW 1996, 1142; MünchKomm/Gottwald § 339 Rn 44; Soergel/Lindacher § 339 Rn 24; Larenz, Schuldrecht I § 24 IIa). Dies erscheint jedoch zu weitgehend. Wenn die Voraussetzungen erfüllt sind, hat der Gläubiger grundsätzlich das Recht, die Zahlung der Vertragsstrafe zu verlangen (so auch Staudinger/Rieble [2015] § 340 Rn 27 ff; BGB-RGRK/Ballhaus § 340 Rn 7). Bei geringfügigen Verzögerungen kann die Geltendmachung des Anspruchs auf die Vertragsstrafe allerdings wegen **Unverhältnismäßigkeit** ausgeschlossen sein (vgl Gernhuber, Schuldverhältnis § 34 III 4; ferner MünchKomm/Gottwald § 339 Rn 44; aA Staudinger/Rieble [2015] § 339 Rn 332).

670 Im Bereich der Vertragsstrafe führt § 242 BGB nach hM nicht nur zu Einschränkungen. Vielmehr sollen Treu und Glauben im Einzelfall auch eine ausdehnende Auslegung von Vertragsstrafevereinbarungen auf **Umgehungsversuche** rechtfertigen (so LG Berlin NJW 1996, 1142; MünchKomm/GOTTWALD § 339 Rn 43). Ob § 242 BGB in diesen Fällen eigenständige Bedeutung zukommt, ist jedoch zweifelhaft, weil sich die Umgehungsproblematik durch eine an Sinn und Zweck der jeweiligen Vereinbarung orientierte Auslegung nach §§ 133, 157 BGB lösen lässt (allg zum Verhältnis zwischen § 242 BGB und der Gesetzesumgehung s Rn 396 ff).

671 Aus Treu und Glauben folgt nicht, dass der Anspruch auf Entrichtung der Vertragsstrafe bei einem Verstoß gegen **Unterlassungspflichten** (§ 339 S 2 BGB) von einem **Verschulden** abhängt (anders noch RGZ 152, 251, 258). Die Erstreckung des Verschuldenserfordernisses auf Unterlassungspflichten wird vielmehr durch die Erwägung gerechtfertigt, dass Unterlassungspflichten nicht strenger behandelt werden können als Handlungspflichten (vgl MünchKomm/GOTTWALD § 339 Rn 38; LARENZ, Schuldrecht I § 24 IIa mwNw).

d) Begründung von Schuldverhältnissen

672 Das der Haftung aus culpa in contrahendo zugrunde liegende **vorvertragliche Schuldverhältnis** ist schon vor der Schuldrechtsreform nicht mehr auf § 242 BGB gestützt worden (vgl STAUDINGER/J SCHMIDT [1995] Rn 1454 mwNw). Seitdem die Entstehung vorvertraglicher Schuldverhältnisse in § 311 Abs 2 BGB ausdrücklich geregelt ist, besteht für einen Rückgriff auf § 242 BGB erst recht kein Bedarf mehr (vgl dazu STAUDINGER/OLZEN § 241 Rn 67).

673 Demgegenüber wird das Institut des **Vertrages mit Schutzwirkung für Dritte** in der Lit häufig auf § 242 BGB gestützt (so insbes LARENZ, Schuldrecht I § 14 II; vgl auch JAUERNIG/ STADLER § 328 Rn 21; MünchKomm/GOTTWALD § 328 Rn 170; STAUDINGER/KLUMPP [2015] § 328 Rn 103; BROX/WALKER, Allgemeines Schuldrecht § 33 Rn 6; BAYER, Vertraglicher Drittschutz, JuS 1996, 473, 476; differenzierend ZENNER, Der Vertrag mit Schutzwirkung zu Gunsten Dritter, NJW 2009, 1034, 1033 f). Die Rspr stellt dagegen auf eine ergänzende Vertragsauslegung gem §§ 133, 157 BGB ab (vgl BGHZ 56, 269, 273; 123, 378, 380; 159, 1, 4; zustimmend PALANDT/ GRÜNEBERG § 328 Rn 14; krit NK-BGB/LOOSCHELDERS § 157 Rn 72). Auf der Grundlage des geltenden Rechts zieht die Lit zunehmend § 311 Abs 3 S 1 BGB heran (so etwa BROX/ WALKER, Allgemeines Schuldrecht § 5 Rn 13; LORENZ/RIEHM, Lehrbuch zum neuen Schuldrecht Rn 376; LOOSCHELDERS, Schuldrecht AT § 9 Rn 6; CANARIS JZ 2001, 499, 520; in Bezug auf vorvertragliche Schuldverhältnisse auch SCHLECHTRIEM/SCHMIDT-KESSEL, Schuldrecht AT [6. Aufl 2005] Rn 37, 44; **aA** MünchKomm/GOTTWALD § 328 Rn 171; STAUDINGER/FELDMANN [2018] § 311 Rn 222). Einigkeit besteht aber darüber, dass sich die genauen Kriterien des Vertrages mit Schutzwirkung für Dritte weder aus dem hypothetischen Parteiwillen (§§ 133, 157 BGB) noch aus § 311 Abs 3 S 1 BGB noch aus § 242 BGB (GERNHUBER, Schuldverhältnis § 21 II 6) ableiten lassen (vgl BGH NJW 1977, 2073, 2074; MünchKomm/ GOTTWALD § 328 Rn 171; STAUDINGER/KLUMPP [2015] § 328 Rn 96; JOUSSEN, Schuldrecht I [5. Aufl 2018] Rn 1205).

e) Rücktritt
aa) Rücktrittsregelungen, §§ 346–353

674 **Vor der Schuldrechtsreform** spielte der Grundsatz von Treu und Glauben im Zusammenhang mit den §§ 350–353 BGB aF eine wichtige Rolle (vgl STAUDINGER/J SCHMIDT

Titel 1
Verpflichtung zur Leistung § 242

[1995] Rn 1467). Denn der Ausschluss des Rücktrittsrechts bei schuldhafter Zerstörung oder Verschlechterung des empfangenen Gegenstands durch den Rücktrittsberechtigten beruhte nach hM auf dem **Verbot widersprüchlichen Verhaltens** (vgl BGH NJW 1984, 1525, 1526; MünchKomm/Janssen[4] [2001] § 351 Rn 5 und § 352 Rn 1; s dazu auch o Rn 284 ff).

Nach **geltendem Recht** schließen der Untergang oder die Verschlechterung des **675** Leistungsgegenstands den Rücktritt auch bei Verschulden des Berechtigten nicht mehr aus. Dem anderen Teil steht vielmehr ein Anspruch auf **Wertersatz** zu (§ 346 Abs 2 BGB). Diese gesetzgeberische Wertentscheidung darf nicht dadurch korrigiert werden, dass man dem Berechtigten die Ausübung des Rücktrittsrechts unter dem Aspekt des widersprüchlichen Verhaltens verwehrt, wenn er den empfangenen Gegenstand schuldhaft zerstört oder wesentlich verschlechtert hat (so überzeugend MünchKomm/Gaier § 346 Rn 15; Gaier, Das Rücktritts[folgen]recht nach dem Schuldrechtsmodernisierungsgesetz, WM 2002, 1, 3; zu möglichen Ausnahmen „in krass liegenden Fällen" [zB bei vorsätzlicher Zerstörung des empfangenen Gegenstands] vgl Begr BT-Drucks 14/6040, 195). Soweit in der Lit für den Bereich der **kaufrechtlichen Gewährleistung** ein weitergehender Ausschluss des Rücktrittsrechts des Käufers bei schuldhafter Zerstörung der Kaufsache befürwortet wird (so etwa BeckOK-BGB/Faust [1. 11. 2018] § 437 Rn 40; MünchKomm/Westermann § 437 Rn 6; Kohler, Rücktrittsausschluss im Gewährleistungsrecht bei nachträglicher Erfüllungsunmöglichkeit, AcP 203 [2003] 539 ff; S Lorenz, Rücktritt, Minderung und Schadensersatz wegen Sachmängeln im neuen Kaufrecht: Was hat der Verkäufer zu vertreten?, NJW 2002, 2497, 2499), geht es nicht um Treu und Glauben, sondern um die Frage, unter welchen Voraussetzungen der Rücktritt nach § 323 Abs 6 Fall 1 BGB ausgeschlossen ist.

Im **Kaufrecht** kann das Rücktrittsrecht damit auch nicht mehr wegen widersprüch- **676** lichen Verhaltens verneint werden, wenn der Käufer die Kaufsache in Kenntnis des Mangels weiter benutzt (Erman/Grunewald § 437 Rn 7; Staudinger/Kaiser [2012] § 349 Rn 62; zur Rechtslage vor Inkrafttreten des SMG BGH NJW 1958, 1773, 1774; NJW 1992, 170, 171; Soergel/Huber[12] [1991] § 467 Rn 71 ff; zu weiteren Einschränkungen des Rücktrittsrechts im Kaufrecht s Rn 624, 649 ff). Der Rücktritt ist nach hM aber weiter nach § 242 BGB ausgeschlossen, sofern der Berechtigte die empfangenen Leistungen ganz oder teilweise behalten will (BGH NJW 1972, 155; NK-BGB/Hager § 349 Rn 7; Palandt/Grüneberg § 349 Rn 1; BGB-RGRK/Ballhaus § 346 Rn 8; krit Staudinger/Kaiser [2012] § 349 Rn 62).

Das Rücktrittsrecht unterliegt nach allgemeinen Grundsätzen der **Verwirkung** (vgl **677** Palandt/Grüneberg § 349 Rn 1; zur Verwirkung s oben Rn 300 ff). Der BGH hat hierzu klargestellt, dass es beim Rücktritt ebenso wie bei anderen Gestaltungsrechten keinen allgemeinen Grundsatz gibt, wonach die Verwirkung bereits nach einem kurzen Zeitraum eintritt (BGH NJW 2002, 669, 670; MünchKomm/Gaier § 349 Rn 8). Der Berechtigte könne im Einzelfall aber nach Treu und Glauben gehalten sein, dem anderen Teil möglichst schnell Klarheit darüber zu verschaffen, ob er seine Rechte ausüben wolle oder nicht.

Die Erwägungen des BGH zur Verwirkung des Rücktrittsrechts haben nach der **678** Schuldrechtsreform an Gewicht gewonnen. Nach früherem Recht war ein Schutz des Rücktrittsgegners über die Grundsätze der Verwirkung weniger dringlich, weil er sich durch **Fristsetzung** nach § 355 BGB aF selbst Klarheit darüber verschaffen konnte, ob er mit der Ausübung des Rücktrittsrechts rechnen muss (vgl dazu BGH NJW 2002, 669, 670). Diese Möglichkeit ist nach neuem Recht (§ 350 BGB nF) nur noch für **vertragliche Rücktrittsrechte** gegeben. Da diese Wertentscheidung nicht durch die entsprechende Anwendung des § 264 Abs 2 BGB auf **gesetzliche Rücktrittsrechte** unterlaufen werden darf (Staudinger/Kaiser [2012] § 350 Rn 6; aA Palandt/Grüneberg § 350 Rn 1; Schwab JR 2003, 133, 136), dürfte der Verwirkung in solchen Fällen künftig größere Bedeutung beizumessen sein (vgl Ramming ZGS 2003, 113, 117 f [§ 314 Abs 3 analog]; aA Staudinger/Kaiser [2012] § 349 Rn 58, wonach die gesetzlichen Rücktrittsrechte wegen Leistungsstörungen nicht vor Ablauf der Frist aus § 218 BGB verwirken können).

bb) Verwirkungsklausel, § 354

679 Bei **geringfügigen Fristüberschreitungen** oder anderen **unbedeutenden Pflichtverletzungen** kann die Ausübung des Rücktrittsrechts gem § 242 BGB auch im Fall einer Verwirkungsklausel (§ 354 BGB) ausgeschlossen sein (vgl RGZ 117, 354, 356; KG OLGE 22, 162; NK-BGB/Hager § 354 Rn 2; MünchKomm/Gaier § 354 Rn 2; für ergänzende Auslegung Staudinger/Kaiser [2012] § 354 Rn 7). Dahinter steht der Gedanke der Unverhältnismäßigkeit, so wie er für andere Rücktrittsrechte in § 323 Abs 5 S 2 BGB und § 324 BGB konkretisiert wird (für analoge Anwendung dieser Vorschriften Hk-BGB/Schulze § 354 Rn 2).

680 **Eigene Vertragsuntreue** schließt die Ausübung des Rücktrittsrechts wegen Rechtsmissbrauchs aus (BGH WM 1968, 1299, 1301 f; Erman/Röthel § 354 Rn 2; Soergel/Lobinger § 354 Rn 4; MünchKomm/Gaier § 354 Rn 2). Das Gleiche gilt, wenn die Ausübung des Rücktrittsrechts im Einzelfall rücksichtslos erscheint (RG HRR 1931 Nr 732).

681 Nach der Rspr des RG war der Rücktritt gem § 360 BGB aF in **angemessener Frist** nach Entstehung des Rücktrittsrechts zu erklären; anderenfalls nahm das RG **Verwirkung** an, da ein längerer Schwebezustand treuwidrig (§ 242 BGB) wäre (RG WarnR 1908 Nr 283; RG JW 1912, 385; RG WarnR 1913 Nr 223; RG JW 1915, 573; RG WarnR 1918 Nr 201; WarnR 1920 Nr 192; RG Recht 1924 Nr 635; vgl auch BGB-RGRK/Ballhaus § 360 Rn 6; Soergel/Hadding[12] [1990] § 360 Rn 6). Im Interesse der Rechtssicherheit ist hieran auf der Grundlage des § 354 BGB festzuhalten (so auch Hk-BGB/Schulze § 354 Rn 3; Palandt/Grüneberg § 354 Rn 3). Da der andere Teil sich bei vertraglichen Rücktrittsrechten durch Fristsetzung gem § 350 BGB Klarheit verschaffen kann, erscheint eine zeitliche Begrenzung zwar weniger dringlich als bei gesetzlichen Rücktrittsrechten (s dazu o Rn 674 ff). Eine treuwidrige Verzögerung der Entscheidung kann aber keinesfalls erlaubt werden.

f) Erlöschen der Schuldverhältnisse, §§ 362–397

682 Im Zusammenhang mit dem Erlöschen der Schuldverhältnisse durch Erfüllung, Hinterlegung, Aufrechnung und Erlass hat der Grundsatz von Treu und Glauben (§ 242 BGB) **vergleichsweise geringe Bedeutung**. Die hiermit verbundenen Fragen werden zudem bei den Erläuterungen zu §§ 362–397 BGB umfassend behandelt (vgl Staudinger/Olzen [2016] Einl 69 ff zu § 362 ff). Deshalb soll hier nur auf einige besonders wichtige Aspekte hingewiesen werden.

aa) Erfüllung, §§ 362–371*

Nach hM erlischt die Verpflichtung des Schuldners nicht gem § 362 Abs 1 BGB, **683** wenn der **minderjährige Gläubiger** die Leistung ohne Zustimmung seines gesetzlichen Vertreters angenommen hat, weil ihm insoweit die Empfangszuständigkeit fehlt (vgl STAUDINGER/OLZEN [2016] § 362 Rn 38 ff; LOOSCHELDERS, Schuldrecht AT § 17 Rn 20; MEDICUS/PETERSEN, BGB AT Rn 566; aA SOERGEL/SCHREIBER Vorbem 7 zu 362; WOLF/NEUNER, BGB AT § 34 Rn 35). Mit Rücksicht auf das **Verbot widersprüchlichen Verhaltens** soll aber Erfüllung eintreten, wenn der gesetzliche Vertreter zwar die Genehmigung verweigert, die Leistung aber endgültig behalten will (vgl MünchKomm/FETZER § 362 Rn 15). In solchen Fällen lässt sich die Inanspruchnahme der Leistung indes meist schon als konkludente Genehmigung deuten; die Verweigerung der Genehmigung stellt dann eine unbeachtliche protestatio facto contraria dar.

Tritt der Leistungserfolg aufgrund der vorgenommenen **Leistungshandlung** nicht ein, **684** so kann der Schuldner zu deren Wiederholung verpflichtet sein (PALANDT/GRÜNEBERG § 362 Rn 2; MünchKomm/FETZER § 362 Rn 2). Diese Verpflichtung wird teilweise auf § 242 BGB gestützt (so BGH LM Nr 25 zu § 157 [D]; STAUDINGER/J SCHMIDT [1995] Rn 1481). Da die Erfüllungswirkung nach § 362 Abs 1 BGB erst eintritt, wenn der Schuldner den **Leistungserfolg** bewirkt hat (STAUDINGER/OLZEN [2016] § 362 Rn 13), ist der Rückgriff auf § 242 BGB hier jedoch entbehrlich.

Bei Annahme einer **Leistung erfüllungshalber** muss der Gläubiger zunächst aus dem **685** erfüllungshalber angenommenen Gegenstand Befriedigung suchen (vgl BGHZ 96, 182, 193; 116, 278, 282; ERMAN/BUCK-HEEB § 364 Rn 11; BeckOGK/LOOSCHELDERS [1. 6. 2019] § 364 Rn 38 ff; LOOSCHELDERS, Schuldrecht AT § 17 Rn 24). Diese Verpflichtung folgt nicht unmittelbar aus § 242 BGB, sondern aus dem zwischen den Parteien bestehenden auftragsähnlichen Rechtsverhältnis (dazu STAUDINGER/OLZEN [2016] § 364 Rn 25). Sie ist jedoch nach **Treu und Glauben** auf das zumutbare Maß begrenzt. Erhebt der Drittschuldner ernsthafte Einwendungen, so muss der Gläubiger sich daher nicht darauf verweisen lassen, zunächst die erfüllungshalber angenommene Forderung auf eigenes Risiko und eigene Kosten einzuklagen (STAUDINGER/OLZEN [2016] § 364 Rn 24 mwNw).

Im Rahmen von Kleingeschäften des täglichen Lebens kann der Anspruch auf **686** Erteilung einer **Quittung** (§ 368 BGB) nach § 157 BGB bzw § 242 BGB ausgeschlossen sein (vgl NK-BGB/AVENARIUS § 368 Rn 3; ERMAN/BUCK-HEEB § 368 Rn 5; PALANDT/GRÜNEBERG § 368 Rn 6). Dies gilt jedenfalls dann, wenn das Verlangen nach einer Quittung als bloße Schikane (§ 226 BGB) zu werten ist (MünchKomm/FETZER § 368 Rn 12). Auch bei Kleingeschäften muss der Gläubiger dem Schuldner aber eine Quittung erteilen, wenn dieser ein berechtigtes Interesse hieran geltend machen kann (STAUDINGER/OLZEN [2016] § 368 Rn 14; BeckOGK/LOOSCHELDERS [1. 6. 2019] § 368 Rn 8).

bb) Hinterlegung, §§ 372–386

Im Fall des **rechtmäßigen Selbsthilfeverkaufs** tritt der Verkaufserlös nach dem **687** Rechtsgedanken des § 1247 BGB an die Stelle des ursprünglich geschuldeten Gegenstands. Der Schuldner braucht den Erlös daher nicht zu hinterlegen, sondern kann

---

* **Schrifttum**: GERNHUBER, Die Erfüllung und ihre Surrogate (2. Aufl 1994); HELLER, Der Ausschluss der Aufrechnung, AcP 207 (2007) 456.

ihn auch an den Gläubiger auszahlen oder gegen dessen Auszahlungsanspruch mit eigenen Geldforderungen aufrechnen (vgl MünchKomm/Fetzer § 383 Rn 8; Staudinger/ Olzen [2016] § 383 Rn 16; Larenz, Schuldrecht I § 18 Va; Looschelders, Schuldrecht AT § 19 Rn 5). Ein Rückgriff auf § 242 BGB ist zur Begründung dieses Ergebnisses nicht erforderlich (auf § 242 BGB abstellend aber noch RGZ 64, 366, 368 ff; vgl auch BGB-RGRK/ Weber § 383 Rn 8).

cc) Aufrechnung, §§ 387–396

688 Die Aufrechnung bildet im 4. Abschnitt des Rechts der Schuldverhältnisse den Schwerpunkt des § 242 BGB. Im Einzelnen geht es um folgende drei Problemkreise:

(1) Durchbrechungen des Gegenseitigkeitserfordernisses

689 Die Aufrechnung setzt nach § 387 BGB die **Gegenseitigkeit** der Forderungen voraus. Einige Ausnahmen sind im BGB ausdrücklich geregelt (vgl etwa §§ 406, 409, 566d, 1056 Abs 1, 2135 BGB). Weitere **Ausnahmen** können sich **aus Treu und Glauben** ergeben (vgl Hk-BGB/Schulze § 387 Rn 6; Erman/Wagner § 387 Rn 9; Palandt/Grüneberg § 387 Rn 7; Looschelders, Schuldrecht AT § 18 Rn 4).

(a) Treuhandverhältnisse und Strohmannfälle

690 Ist der Inhaber der Hauptforderung ein **Treuhänder** und stehen dem Schuldner nur Gegenforderungen gegen den Treugeber zu, so fehlt es an sich an der Gegenseitigkeit. Der Treuhänder soll jedoch nach Treu und Glauben gehindert sein, sich auf das **Fehlen der Gegenseitigkeit** zu berufen, wenn die Ausgestaltung des Treuhandverhältnisses ihm eine so geringe Selbstständigkeit gegenüber dem Treugeber einräumt, dass er wirtschaftlich gesehen nur dessen Vermögen verwaltet (BGHZ 25, 360, 367; 110, 47, 81; BGH NJW 1968, 594 f; BGH WM 1975, 79 f; BGH NJW 1989, 2386, 2387; 1990, 982, 990; OLG Hamm Rpfleger 1965, 174; Jauernig/Stürner § 387 Rn 5; MünchKomm/Schlüter § 387 Rn 15). Dahinter steht die Erwägung, dass dem Schuldner aus der formalen Rechtsinhaberschaft des Treuhänders kein Nachteil entstehen darf, wenn die Forderung wirtschaftlich weiter dem Treugeber zuzurechnen ist (BGHZ 110, 47, 81). Dies trifft jedenfalls auf **Umgehungsfälle** zu, in denen sich die Rechtsinhaberschaft des Treuhänders als vorgeschobene, zweckwidrige Ausnutzung einer Gestaltungsmöglichkeit darstellt (Staudinger/J Schmidt [1995] Rn 1488). Darüber hinaus sind aber weitere Fälle denkbar, in denen die formale Rechtsinhaberschaft des Treuhänders nach Treu und Glauben außer Betracht bleiben muss. Letztlich muss eine **Interessenabwägung** im Einzelfall erfolgen, bei der dem Maß der Abhängigkeit des Treuhänders und den von den Parteien verfolgten Absichten besondere Bedeutung zukommt (vgl MünchKomm/Schlüter § 387 Rn 15; krit unter dem Aspekt der Rechtssicherheit Staudinger/Gursky [2016] § 387 Rn 36). Zur Aufrechnungsmöglichkeit des Schuldners bei der **Inkassozession** BGHZ 25, 360, 367; Soergel/Schreiber § 387 Rn 2; Staudinger/Gursky (2016) § 387 Rn 32.

691 Aus den vorstehenden Erwägungen folgt, dass dem Schuldner eines **Strohmannes** nach Treu und Glauben uU auch die Aufrechnung mit Gegenforderungen gegen den Hintermann des Strohmanns gestattet werden muss (BGH WM 1962, 1174, 1175; BGH NJW 1989, 2386, 2387; MünchKomm/Schlüter § 387 Rn 27; Palandt/Grüneberg § 387 Rn 7; differenzierend Staudinger/Gursky [2016] § 387 Rn 39 m Rn 31 ff).

(b) Durchgriffshaftung bei juristischen Personen

Steht die Hauptforderung einer juristischen Person zu, so ist eine Aufrechnung mit 692
Forderungen gegen die Gesellschafter nur unter den Voraussetzungen der **Durchgriffshaftung** (s Rn 1016 ff) zulässig (vgl BGHZ 26, 31, 33; LG Bonn WM 2003, 780, 783; ERMAN/ WAGNER § 387 Rn 5; PALANDT/GRÜNEBERG § 387 Rn 7).

Über die allgemeinen Kriterien der Durchgriffshaftung hinaus hat die Rspr in der 693
Nachkriegszeit den Schuldnern von sog „**Reichs-**" oder „**Kriegsgesellschaften**", die vom Deutschen Reich zu kriegswirtschaftlichen Zwecken in der Form von juristischen Personen gegründet worden waren, nach § 242 BGB die Möglichkeit zugebilligt, trotz fehlender Gegenseitigkeit mit Forderungen gegen das Reich oder andere Reichsstellen aufzurechnen (vgl STAUDINGER/GURSKY [2016] § 387 Rn 62 mwNw). Diese Problematik hat heute jedoch keine praktische Bedeutung mehr. Da die einschlägigen Erwägungen der Rspr weder auf andere gesellschaftsrechtliche Konstellationen im Allgemeinen (BGHZ 26, 31, 36) noch auf die Durchbrechung des Gegenseitigkeitserfordernisses bei sonstigen Staatsunternehmen im Besonderen (LG Bonn WM 2003, 780, 783 betr irakische Zentralbank und Staat Irak) übertragen werden können, muss hierauf nicht weiter eingegangen werden.

(c) Sonstige Fälle

Nach einer älteren Entscheidung des BGH kommt es auf die Gegenseitigkeit nicht an, 694
wenn die Hauptforderung der Generalvertreterin einer staatlichen Handelsorganisation zusteht, während die Gegenforderung sich gegen die Handelsorganisation selbst richtet. Dabei hat das Gericht maßgeblich darauf abgestellt, der Schuldner müsste seine Gegenforderung sonst vor Gerichten geltend machen, die nicht nach rechtsstaatlichen Grundsätzen urteilten (BGH BB 1959, 1041 f: DDR). Die Entscheidung mag sich mit der **engen Verflechtung** zwischen der Generalvertreterin und der Handelsorganisation rechtfertigen lassen. Dass die für die Gegenforderung zuständigen Gerichte **nicht nach rechtsstaatlichen Grundsätzen** entscheiden, kann dagegen keine Durchbrechung der Gegenseitigkeit rechtfertigen, weil dies dem Gläubiger nicht zurechenbar ist.

(2) Einschränkungen der Aufrechnung

In der Rspr hat die Einschränkung der Aufrechnung nach Treu und Glauben (§ 242 695
BGB) eine besonders große Bedeutung. Dabei lassen sich folgende Ansätze unterscheiden:

(a) Ausweitung der gesetzlichen Aufrechnungsverbote

In einigen Fällen hat die Rspr die in §§ 390–395 BGB geregelten Aufrechnungs- 696
verbote mit Hilfe von Treu und Glauben auf andere, ähnlich gelagerte Fälle ausgeweitet. Da die **Wertungen der jeweiligen Vorschriften** dabei eine entscheidende Rolle spielen, besteht aus methodischer Sicht eine enge Verwandtschaft mit der **Analogie** (zur Abgrenzung s oben Rn 346 ff).

(aa) Vorsätzliche unerlaubte Handlung, § 393

§ 393 BGB schließt nur die Aufrechnung **gegen** eine **Forderung aus einer vorsätzlich** 697
begangenen unerlaubten Handlung aus. Nach einer Entscheidung des RG (RG JW 1939, 355: unzulässige Rechtsausübung) sollen Treu und Glauben aber auch der Aufrechnung **mit** einer solchen Forderung entgegenstehen, so weit die der unerlaubten Handlung zugrunde liegenden Tatsachen vom Gläubiger selbst verursacht, wenn

auch nicht verschuldet worden sind. Einer solchen Ausweitung des § 393 BGB steht jedoch entgegen, dass die **Mitverursachung** des Schadens durch den Gläubiger zur Kürzung des Schadensersatzanspruchs gem. § 254 BGB führen kann. Warum der Gläubiger mit dem verbleibenden Anspruch nicht aufrechnen darf, ist nicht ersichtlich (so auch Staudinger/Gursky [2016] § 393 Rn 31). Sollten die Voraussetzungen des § 254 BGB mangels Verschuldens fehlen, entfällt zwar eine Anspruchskürzung gem. § 254 BGB. Dann besteht jedoch erst recht kein Anlass, die Mitverursachung des Schadens über die entsprechende Anwendung des § 393 BGB zu sanktionieren, zumal der **Zweck des § 393** BGB – Abschreckung von der Begehung unerlaubter Handlungen zur Erlangung einer Befriedigungsmöglichkeit für uneinbringliche Forderungen (dazu Soergel/Schreiber § 393 Rn 1) – auf Fälle des Mitverschuldens und der Mitverursachung nicht zutrifft.

(bb) Unpfändbare Forderungen, § 394

698 § 394 BGB schließt die Aufrechnung nur bei **unpfändbaren Forderungen** aus. Der Wortlaut erfasst daher nicht den Fall, dass die **Pfändung vom Vollstreckungsgericht** auf Antrag des Schuldners zum Schutz bestimmter Verwendungszwecke **aufzuheben ist**, wie insbesondere bei Miet- und Pachtzinsforderungen gem. § 851b ZPO. Nach hM ist die Aufrechnung auch hier unzulässig, und zwar wegen Verstoßes gegen Treu und Glauben (vgl OLG Köln ZMR 1954, 44; LG Lüneburg MDR 1968, 667; Palandt/Grüneberg § 394 Rn 3; BGB-RGRK/Weber § 394 Rn 18; MünchKommZPO/Smid § 851b Rn 13; Wieczorek/Schütze/Lüke, ZPO [4. Aufl 2015] § 851b Rn 7). Dem wird zum Teil entgegengehalten, dass § 394 BGB den Pfändungsschutz nach § 851b ZPO gerade nicht erfasse; diese Rechtslage dürfe nicht über § 242 BGB konterkariert werden (so Staudinger/Gursky [2016] § 394 Rn 41). Der enge Wortlaut des § 394 BGB beruht indes nicht darauf, dass der Gesetzgeber die Aufrechnung bei Miet- und Pachtzinsforderungen zulassen wollte. § 851b ZPO stammt aus dem Jahre 1953 und konnte daher bei der Formulierung des § 394 BGB nicht berücksichtigt werden (Staudinger/J Schmidt [1995] Rn 1495). Entscheidend ist die vergleichbare sozialpolitische Zielsetzung des Pfändungsschutzes (MünchKommZPO/Smid § 851b Rn 13); demgegenüber müssen die verfahrensmäßigen Unterschiede (Unpfändbarkeit – Aufhebung der Pfändung durch das Vollstreckungsgericht) zurücktreten. Da die Lösung aus der **ratio legis** folgt, erscheint eine analoge Anwendung des § 394 BGB aber methodisch vorzugswürdig. Ein solches methodisches Vorgehen entkräftet auch den Einwand, dass die aus § 394 BGB folgende Rechtslage nicht über § 242 BGB korrigiert werden darf.

(b) Natur des Rechtsverhältnisses und Zweck der Leistung

699 Rspr und Lit erkennen an, dass die Aufrechnung über den Kreis ausdrücklich vereinbarter und gesetzlich geregelter Aufrechnungsverbote hinaus unzulässig ist, wenn nach dem Inhalt des Schuldverhältnisses von einem **stillschweigenden Ausschluss** auszugehen ist (§ 157 BGB) oder wenn die Aufrechnung nach der **Natur des Rechtsverhältnisses** oder dem **Zweck der geschuldeten Leistung** mit Treu und Glauben unvereinbar wäre (vgl BGHZ 73, 380, 383; 95, 109, 113; 113, 90, 93; 189, 45, 50 f; 194, 180, 190; BGH NJW 1995, 1425, 1426; 2003, 140, 142; 2013, 862, 864; NJOZ 2013, 494, 496; OLG Düsseldorf NJW-RR 1999, 1040, 1042; Palandt/Grüneberg § 387 Rn 15). Die **Abgrenzung** zwischen § 157 BGB und § 242 BGB bleibt dabei zum Teil unklar. Wegen des Vorrangs der ergänzenden Auslegung (s oben Rn 355) muss zunächst der stillschweigende Ausschluss der Aufrechnung geprüft werden. § 242 BGB ist erst anwendbar, wenn der nach § 157 BGB maßgebliche hypothetische Parteiwille nicht weiter hilft.

In der Rspr finden sich zahlreiche Bsp, in denen die Unzulässigkeit der Aufrechnung **700** mit Hilfe von Treu und Glauben (§ 242 BGB) aus der **Natur des Rechtsverhältnisses** oder dem **Zweck der geschuldeten Leistung** abgeleitet wird. So kann der **fremdnützige Treuhänder** nach dem Zweck des Treuhandverhältnisses gegenüber dem Anspruch des Treugebers auf Herausgabe des Erlangten (§§ 667, 675 BGB) nicht mit Gegenforderungen aufrechnen, deren Grund außerhalb des Treuhandverhältnisses liegt (BGHZ 95, 109, 113; BGH NJW 1993, 2041, 2042; 1994, 2885, 2886; 2003, 140, 142; NJOZ 2013, 260, 262). Gleichfalls ist eine Aufrechnung gegen den Anspruch auf Rückgewähr der Mietkaution mit mietfremden Forderungen auch dann ausgeschlossen, wenn das Mietverhältnis beendet ist und die Kaution zur Befriedigung des Vermieters wegen Forderungen aus dem Mietverhältnis nicht benötigt wird (BGH NJW 2012, 3300, 3301). Ebenso verbieten Sinn und Zweck eines **Auftrags** dem Beauftragten nach Treu und Glauben, gegen den Anspruch des Geschäftsherrn auf Herausgabe des Erlangten mit Gegenforderungen aufzurechnen, die nicht aus dem Auftrag und den damit verbundenen Aufwendungen herrühren (BGHZ 54, 244, 247; 71, 380, 383; BGH NJW 2003, 140, 142).

Beim **Geldwechseln** widerspricht es dem Zweck der geschuldeten Leistung, dass der **701** Wechsler mit einer Gegenforderung aufrechnet, statt das Wechselgeld herauszugeben (SOERGEL/SCHREIBER § 387 Rn 13). Im Fall einer **Hinterlegung** ist die hinterlegte Summe voll auszuzahlen und darf nicht vom Fiskus mit Steuerrückständen (BGHZ 95, 109, 113) oder anderen dem Hinterlegungsverhältnis fremden Forderungen (OLG Karlsruhe VersR 1991, 334: Hinterlegung zur Aussetzung des Vollzugs eines Haftbefehls) aufgerechnet werden. Gegen den Anspruch auf Rückzahlung eines **Soforthilfedarlehens** kann nicht mit anderen Forderungen aufgerechnet werden, weil die Mittel nach der Natur des Rechtsverhältnisses in den Soforthilfefonds zurückfließen müssen (BGHZ 25, 211, 214 ff). Nach der Rspr des BGH ist es der Justizverwaltung unter dem Aspekt der unzulässigen Rechtsausübung verwehrt, gegenüber dem **Geldentschädigungsanspruch eines Strafgefangenen** wegen menschenunwürdiger Haftbedingungen mit einer Gegenforderung auf Erstattung offener Kosten des Strafverfahrens aufzurechnen (BGH NJW-RR 2010, 167). Die Rspr zur Unzulässigkeit einer Aufrechnung gegenüber dem Entschädigungsanspruch eines Strafgefangenen aus § 839 BGB iVm Art 34 GG mit einer Gegenforderung des Landes auf Ersatz der Kosten des zugrundeliegenden Strafverfahrens lässt sich nach einem neueren Urteil des BGH indes nicht auf die Aufrechnung gegenüber einem **Schadensersatzanspruch aus Art 5 Abs 5 EMRK** wegen **konventionswidriger Sicherungsverwahrung** mit einem Anspruch auf Ersatz der Kosten eines neuen Strafverfahrens übertragen (BGH 12. 11. 2015 – III ZR 204/15, NJW 2016, 636). Ein wesentlicher Unterschied besteht nach Ansicht des Senats darin, dass der Anspruch aus Art 5 Abs 5 EMRK **verschuldensunabhängig** ist. Im konkreten Fall lag kein Verschulden der staatlichen Organe vor. Außerdem bezog sich der Gegenanspruch auf die Kosten eines nach der Entlassung des Klägers aus der Sicherungsverwahrung gegen diesen eingeleiteten Verfahrens wegen neuer einschlägiger und schwerwiegender Straftaten. In einem solchen Fall soll die Aufrechnung nicht an dem Rechtsmissbrauchsverbot aus § 242 BGB scheitern.

(c) Unzulässige Rechtsausübung
In anderen Fällen hat die Rspr den Ausschluss der Aufrechnung nicht auf die Natur **702** des Rechtsverhältnisses oder den Zweck der geschuldeten Leistung gestützt, sondern

unmittelbar mit **unzulässiger Rechtsausübung** (Arglist, venire contra factum proprium, Verwirkung etc) argumentiert (vgl BGHZ 139, 325, 332; OLG Hamm NJOZ 2012, 806, 808; ERMAN/WAGNER § 387 Rn 37; STAUDINGER/GURSKY [2016] § 387 Rn 259). In diesem Sinne geht der BGH davon aus, dass die treuhänderische Bindung des Sicherungsnehmers bei **Nichtigkeit der Sicherungsabrede** einer Aufrechnung gegen den Anspruch des Sicherungsgebers auf Auskehrung des bei der Verwertung des Sicherungsguts erlangten Mehrerlöses mit anderen, ungesicherten Ansprüchen nicht entgegensteht; der Sicherungsnehmer verhalte sich jedoch widersprüchlich, wenn er sich nach der Verwertung des Sicherungsguts im Zusammenhang mit der Aufrechnung auf die Nichtigkeit der Sicherungsabrede berufe, obwohl er deren Nichtigkeit von Anfang an gekannt habe (BGH NJW 1994, 2885, 2886). Verschafft sich der Aufrechnende die Aufrechnungslage dadurch, dass er bei seinem Schuldner Ware bestellt, so ist die Aufrechnung nach § 242 BGB unzulässig, wenn der Aufrechnende weiß, dass an der Ware ein **verlängerter Eigentumsvorbehalt** besteht und dass der Schuldner aufgrund seiner schlechten wirtschaftlichen Verhältnisse nicht in der Lage sein wird, seine Verpflichtungen gegenüber dem Warenlieferanten zu erfüllen. Da die Aufrechnung hier allein zu Lasten des Warenlieferanten geht, steht diesem der Einwand der Arglist zu (BGH LM Nr 48 zu § 387; STAUDINGER/GURSKY [2016] § 387 Rn 259). Beauftragt ein Rechtsanwalt einen anderen Rechtsanwalt mit der Einziehung von Honorarforderungen, so handelt der beauftragte Rechtsanwalt widersprüchlich, wenn er einerseits gegen den Anspruch des Auftraggebers auf Auskehr der vereinnahmten Honorare mit vermeintlichen eigenen Gebührenforderungen aufrechnet, andererseits aber den Auftraggeber über den Verbleib der Einnahmen im Dunkeln lässt (OLG Hamm NJOZ 2012, 806, 808).

703 Hat der Aufrechnende sich bei einem vor der Aufrechnung geschlossenen **Vergleich** weder die Aufrechnung vorbehalten noch zu erkennen gegeben, dass ihm eine Gegenforderung zusteht, so verstößt die Aufrechnung jedenfalls dann gegen Treu und Glauben, wenn der Aufrechnende sich die Gegenforderung eigens zum Zweck der Aufrechnung gegen die Vergleichsforderung verschafft hat (BGH NJW 1993, 1396, 1398). Desgleichen kann die Aufrechnung gegen eine sonst entscheidungsreife Klageforderung nach § 242 BGB unzulässig sein, wenn der Beklagte über die Gegenforderung **pflichtwidrig keine Abrechnung erteilt** hat und die Entscheidung über die Gegenforderung deshalb mit einer langwierigen und schwierigen Beweisaufnahme verbunden wäre (BGH WM 1963, 509, 510).

704 Treu und Glauben stehen der Aufrechnung schließlich auch dann entgegen, wenn die Aufrechnungslage nur dadurch entstehen konnte, dass der Schuldner bei Fälligkeit seiner Gegenforderung bereits **längere Zeit in Verzug** war (so OLG Bremen NJW 1968, 1139; PALANDT/GRÜNEBERG § 387 Rn 15; aA STAUDINGER/GURSKY [2016] § 387 Rn 259). Denn der Schuldner soll aus seinem eigenen vertragswidrigen Verhalten keinen Vorteil erlangen. Insbesondere darf ihm kein Anreiz gegeben werden, seine Leistung pflichtwidrig zu verzögern.

(3) Einschränkung von Aufrechnungsverboten

705 Bei der Einschränkung von Aufrechnungsverboten muss zwischen vertraglichen und gesetzlichen Aufrechnungsverboten unterschieden werden:

(a) Vertragliche Aufrechnungsverbote

Bei vertraglichen Aufrechnungsverboten ergeben sich zunächst Einschränkungen **706** aus § 309 Nr 3 BGB. Da diese Vorschrift als „konkretisierte Ausgestaltung" des § 307 BGB auch im Geschäftsverkehr zwischen Kaufleuten zu beachten ist (BGHZ 92, 312, 316; PALANDT/GRÜNEBERG § 309 Rn 21; LOOSCHELDERS, Schuldrecht AT § 18 Rn 11), sind **formularmäßige Aufrechnungsverbote** bei unbestrittenen oder rechtskräftig festgestellten Forderungen grundsätzlich unwirksam. Klauseln in einem Architektenvertrag, wonach eine Aufrechnung gegen den Honoraranspruch des Architekten nur mit einer unbestrittenen oder rechtskräftig festgestellten Forderung zulässig sei, benachteiligen den Vertragspartner des Architekten entgegen Treu und Glauben unangemessen und sind daher ebenfalls bereits nach § 307 BGB unwirksam (BGH NJW 2011, 1729 f; zur abweichenden Rechtslage bei der Gewerberaummiete LG Köln NJW-RR 2012, 980). Darüber hinaus sind mit Hilfe des § 242 BGB folgende Einschränkungen entwickelt worden:

Die Rspr lässt ein vertragliches Aufrechnungsverbot nach Treu und Glauben zu- **707** rücktreten, wenn die Gefahr besteht, dass die betroffene Partei ohne die Aufrechnung überhaupt nicht befriedigt wird. Dahinter steht die Erwägung, dass vertragliche Aufrechnungsverbote im Zweifel nur die Befriedigung **durch Aufrechnung** ausschließen sollen, nicht aber die **Befriedigung als solche**. Genau genommen geht es also nicht um Rechtsmissbrauch, sondern um eine an Sinn und Zweck der Vereinbarung orientierte restriktive Auslegung nach §§ 133, 157 BGB (STAUDINGER/GURSKY [2016] § 387 Rn 251). Das Aufrechnungsverbot greift danach nicht ein, wenn über das Vermögen der anderen Partei das **Konkurs- bzw Insolvenzverfahren** eröffnet wurde (RGZ 60, 356; 124, 8, 9 f; BGH NJW 1975, 442; 1981, 762; 1984, 357; PALANDT/GRÜNEBERG § 387 Rn 17; ERMAN/WAGNER § 387 Rn 43; SOERGEL/SCHREIBER § 387 Rn 14 f; LARENZ, Schuldrecht I § 18 VI b4) oder die Erfüllung der Gegenforderung aus **anderen Gründen** (zB Vermögensverfall) nicht mehr gewährleistet ist (BGHZ 23, 17, 26; 35, 248, 254; BGH NJW 1975, 442 = WM 1975, 134; BGH WM 1975, 614, 616; 1978, 620 f; 1991, 731, 733; BGH NJW-RR 1987, 883, 884; BGH MDR 1989, 44, 45; BGH NJW 2003, 140, 142; OLG Frankfurt WM 1984, 1021, 1022; OLG Köln NJW-RR 1995, 566; STAUDINGER/GURSKY [2016] § 387 Rn 251; LOOSCHELDERS, Schuldrecht AT § 18 Rn 12). Eine Ausnahme soll allerdings bei einer **Forderungsabtretung** gelten, sofern der Neugläubiger auf das Aufrechnungsverbot vertraut hat (BGHZ 14, 61, 62 f; BGH NJW-RR 1989, 124, 125; OLG Hamm ZIP 2000, 925; GERNHUBER, Erfüllung und ihre Surrogate § 12 VI 8d). Dies widerspricht indes der Wertung des § 406 BGB, wonach die Rechtsstellung des Schuldners durch die Abtretung auch im Hinblick auf eine mögliche Aufrechnung nicht verschlechtert werden darf (krit auch STAUDINGER/GURSKY [2016] § 387 Rn 253).

Dient ein vertragliches Aufrechnungsverbot der **zügigen Abwicklung der Forderun-** **708** **gen**, so kann es nach Treu und Glauben nicht geltend gemacht werden, wenn dieses Ziel durch die Aufrechnung nicht in Frage gestellt wird, zB weil im Fall der Prozessaufrechnung die Entscheidung über die Gegenforderung den Rechtsstreit nicht verzögert (BGHZ 12, 136, 143; BGH NJW 1960, 859; BGH WM 1972, 73; 1975, 614, 616; 1978, 620 f; OLG Köln BB 1987, 432, 433; MünchKomm/SCHLÜTER § 387 Rn 61). Dies wird sich im Allgemeinen aber ebenfalls schon aus den Grundsätzen der ergänzenden Auslegung (§§ 133, 157 BGB) ableiten lassen, sodass auf § 242 BGB nicht zurückgegriffen werden muss.

709 Ein vertragliches Aufrechnungsverbot bleibt schließlich nach Treu und Glauben auch dann außer Acht, wenn die zur Aufrechnung gestellte Gegenforderung auf einer **vorsätzlichen unerlaubten Handlung**, einer **vorsätzlichen Vertragsverletzung** oder einer **vorsätzlichen Verletzung vorvertraglicher Rücksichtspflichten** beruht (vgl RGZ 60, 294, 296; BGH LM Nr 20 zu § 387 = WM 1956, 563; LM Nr 42 zu § 387 = NJW 1966, 1452; BGH WM 1976, 1332, 1333; BGH Betrieb 1977, 993; BGH ZIP 1985, 921, 926; OLG Nürnberg WM 1972, 264; MünchKomm/Schlüter § 387 Rn 61; Staudinger/Gursky [2016] § 387 Rn 256; Gernhuber, Erfüllung und ihre Surrogate § 12 VI 8d; Larenz, Schuldrecht I § 18 VI b4). Die Rspr stellt auf die **Umstände des Einzelfalles** ab. Ein Verstoß gegen § 242 BGB liegt dabei nahe, wenn die vorsätzliche Pflichtverletzung erwiesen ist und in engem Zusammenhang mit der Hauptforderung steht (vgl BGH LM Nr 20 zu § 387; LM Nr 42 zu § 387). Umgekehrt erscheint die Geltendmachung des Aufrechnungsverbots idR nicht treuwidrig, wenn die Überprüfung der Gegenforderung langwierige und umfangreiche Beweisaufnahmen erfordern würde (RGZ 142, 143, 144; BGH WM 1976, 1332, 1333; 1977, 311, 312; Palandt/Grüneberg § 387 Rn 17; Soergel/Schreiber § 387 Rn 14). Das heißt aber nicht, dass der Einwand der unzulässigen Rechtsausübung auf die Aufrechnung mit liquiden (Gernhuber, Erfüllung und ihre Surrogate § 12 VI 8d) oder konnexen Gegenforderungen aus vorsätzlichen Pflichtverletzungen (Staudinger/J Schmidt [1995] Rn 1502) beschränkt wäre (so auch Staudinger/Gursky [2016] § 387 Rn 256).

(b) Gesetzliche Aufrechnungsverbote

710 Ob das Aufrechnungsverbot des **§ 393 BGB** auch dann gilt, wenn **beide Forderungen** auf einer **vorsätzlichen unerlaubten Handlung** beruhen, ist umstritten. Das RG hat es unter Hinweis auf Treu und Glauben abgelehnt, die Aufrechnung in solchen Fällen zuzulassen (RGZ 123, 6, 8; ebenso unter Verweis auf den Wortlaut des § 393 OLG Celle NJW 1981, 766; für Einzelfallentscheidungen nach § 242 BGB Glötzner, Zum Aufrechnungsverbot des § 393, MDR 1975, 718, 720 f). Dem ist der überwiegende Teil der Lit gefolgt (vgl MünchKomm/Schlüter § 393 Rn 5; Palandt/Grüneberg § 393 Rn 4; PWW/Pfeiffer § 393 Rn 5; Looschelders, Schuldrecht AT § 18 Rn 11). Nach der Gegenauffassung soll § 393 BGB nicht eingreifen, wenn die Ansprüche auf demselben Lebensvorgang (zB einer Schlägerei) beruhen (so LG Stade MDR 1958, 99; BGB-RGRK/Weber § 393 Rn 7; Soergel/Schreiber § 393 Rn 5; BeckOK-BGB/Dennhardt [1. 5. 2019] § 393 Rn 7; Deutsch NJW 1981, 735). Andere Autoren sprechen sich für die generelle Unanwendbarkeit des § 393 BGB bei wechselseitigen vorsätzlichen Delikten aus (so Jauernig/Stürner § 393 Rn 1; Larenz, Schuldrecht I § 18 VI b1; Heller AcP 207 [2007] 456, 459). Die Einschränkung des § 393 BGB wird jedoch nicht auf § 242 BGB gestützt, sondern auf die Erwägung, der **Zweck des § 393** BGB treffe in solchen Fällen nicht zu (näher dazu Staudinger/Gursky [2016] § 393 Rn 32). Methodisch handelt es sich damit um eine Frage der **teleologischen Reduktion**. Der BGH hat sich in einer neueren Entscheidung (BGH NJW 2009, 3508) der hM angeschlossen, wonach das Aufrechnungsverbot des § 393 BGB auch bei gegenseitigen Ansprüchen aus unerlaubter Handlung uneingeschränkt gilt.

711 Anders als bei § 393 BGB spielen Einschränkungen des Aufrechnungsverbots nach § 242 BGB bei **§ 394** BGB eine große Rolle. Dies gilt insbesondere mit Blick auf den Einwand der **Arglist** bei Ansprüchen aus **vorsätzlichen unerlaubten Handlungen** und anderen **vorsätzlichen Schädigungen** (ausf dazu MünchKomm/Schlüter § 394 Rn 14 ff; Staudinger/Gursky [2016] § 394 Rn 59 ff). So geht die hM seit langem davon aus, dass der Arbeitgeber in bestimmten Grenzen auch gegen unpfändbare

Lohn- und Gehaltsansprüche des Arbeitnehmers mit Gegenforderungen aus vorsätzlichen Vertragsverletzungen aufrechnen kann (vgl BAG AP Nr 8 zu § 394 BGB m Anm POHLE; PALANDT/GRÜNEBERG § 394 Rn 2; STAUDINGER/GURSKY [2016] § 394 Rn 60 mwNw). Hieran anknüpfend ist dem Unterhaltsschuldner das Recht zugebilligt worden, gegen eine an sich unpfändbare Unterhaltsforderung mit Ansprüchen aus einer im Rahmen des Unterhaltsverhältnisses begangenen vorsätzlichen unerlaubten Handlung aufzurechnen (BGHZ 123, 49, 51 ff; STAUDINGER/GURSKY [2016] § 394 Rn 62 mwNw).

Anders als bei vertraglichen Aufrechnungsverboten (s oben Rn 706 ff) sollen der reine **712** **Vermögensverfall** und die damit verbundene Gefährdung der Einbringlichkeit der Forderungen das gesetzliche Aufrechnungsverbot nach **§ 394 BGB** nicht ausschließen (so BGH JZ 1978, 799). Dem ist angesichts der sozialpolitischen Zielsetzung des § 394 BGB zuzustimmen.

Auch das aus der Natur des Rechtsverhältnisses nach § 242 BGB abgeleitete **Auf-** **713** **rechnungsverbot bei Treuhandverhältnissen** (s oben Rn 713) kann im Einzelfall unter dem Aspekt des **Rechtsmissbrauchs** einzuschränken sein (vgl dazu BGH NJW 1993, 2041, 2042).

dd) Erlass, § 397
Im Zusammenhang mit dem Erlass (§ 397 BGB) stellen sich keine spezifischen **714** Fragen des § 242 BGB. Bedeutung haben aber auch hier die allgemeinen Institute des § 242 BGB, insbesondere das **Verbot rechtsmissbräuchlichen Verhaltens** (s oben Rn 213 ff). So kann der durch den Erlass begünstigte Teil nach Treu und Glauben gehindert sein, sich auf den Erlass zu berufen, so weit davon auch Forderungen erfasst werden, die der Begünstigte bei Abschluss der Vereinbarung arglistig verschwiegen hat (vgl BAG AP Nr 1 zu § 397 BGB m Anm BRECHER = BB 1961, 567; BGB-RGRK/WEBER § 397 Rn 29). In solchen Fällen wird man bei einer an Treu und Glauben orientierten **Auslegung** (§§ 133, 157 BGB) allerdings meist zu dem Ergebnis kommen, dass die betreffenden Forderungen vom Erlass nicht erfasst werden (vgl BGH BB 1960, 754, 755).

ee) Erlöschen des Schuldverhältnisses nach § 242
Neben den gesetzlich geregelten Formen des Erlöschens von Schuldverhältnissen **715** werden in der Lit teilweise einige auf der Grundlage des § 242 BGB entwickelte Institute genannt, nach denen das Schuldverhältnis erlischt. Dies betrifft neben der **Verwirkung** (dazu oben Rn 300 ff) insbesondere auch den **Wegfall des Gläubigerinteresses** und die **Zweckerreichung** (ERMAN/BUCK-HEEB Vorbem 3 zu 362). In der neueren Rspr und Lit wird jedoch überwiegend dafür plädiert, die Zweckerreichung und den Wegfall des Gläubigerinteresses infolge Zerstörung des Leistungssubstrats (sog Zweckfortfall) nach den Regeln der **Unmöglichkeit** zu behandeln (vgl STAUDINGER/CASPERS [2014] § 275 Rn 26 ff; STAUDINGER/OLZEN [2016] Einl 68 zu § 362 ff; MünchKomm/ERNST § 275 Rn 158 ff; aA STAUDINGER/J SCHMIDT [1995] Rn 1213); in den sonstigen Fällen des Wegfalls des Gläubigerinteresses (sog Zweckverfehlung oder Zweckstörung) kommt allenfalls ein Rückgriff auf **§ 313 BGB** in Betracht (vgl STAUDINGER/CASPERS [2014] § 275 Rn 36; LOOSCHELDERS, Schuldrecht AT § 18 Rn 6 f).

g) Übertragung von Forderungen, §§ 398–413*

716 Im Zusammenhang mit der Übertragung von Forderungen (§§ 398–413 BGB) hat § 242 BGB bislang **keine große Bedeutung** erlangt. Folgende Fälle sind aber doch nennenswert:

aa) Ausschluss der Abtretung, §§ 399, 400

717 Der Grundsatz von Treu und Glauben führt uU zu einer **Erweiterung des Abtretungsausschlusses**. Unzulässig ist insbesondere eine Abtretung, die für den Schuldner unzumutbare Belastungen begründet. Nach hM können dabei sowohl wirtschaftliche als auch ideelle Belastungen relevant werden.

718 Eine **unzumutbare wirtschaftliche Belastung** kann vorliegen, wenn die Forderung durch Teilabtretungen so zerstückelt wird, dass dem Schuldner zur Erfüllung der einzelnen Teilforderungen Mehrkosten entstehen, die im Verhältnis zum Umfang der Forderung unangemessen sind. Dies gilt jedoch nur in extremen Ausnahmefällen (zB: eine Forderung über 1000 Euro wird in hundert Teilforderungen zu 10 Euro zerlegt). Eine gewisse Mehrarbeit ist dem Schuldner dagegen zumutbar (vgl BGHZ 23, 53, 56; BGH NJW 1967, 388, 389; OLG Düsseldorf MDR 1981, 669; PALANDT/GRÜNEBERG Rn 61; STAUDINGER/BUSCHE [2017] Einl 45 zu § 398 ff; BAUMGÄRTEL AcP 156 [1957] 265, 281). Die Abtretung von **Lohn-** und **Gehaltsforderungen** verstößt deshalb nicht allein wegen des Mehraufwands für den Arbeitgeber gegen Treu und Glauben (BGHZ 23, 53, 56; unklar RGZ 146, 398, 402). Dies gilt umso mehr, als der Arbeitgeber sich durch Vereinbarung eines Abtretungsausschlusses mit dem Arbeitnehmer hinreichend schützen kann (vgl zum Ganzen MünchArbR/HANAU² [2000] § 73 Rn 9).

719 **Unzumutbarkeit ideeller Art** wird zum Teil angenommen, wenn dem Schuldner aufgrund der Abtretung ein Neugläubiger gegenübertritt, an den zu leisten für ihn aus persönlichen Gründen (Feindschaft, vorausgegangener Ehebruch etc) eine übergroße psychische Belastung mit sich bringen würde (STAUDINGER/J SCHMIDT [1995] Rn 1508). Unzumutbarkeit aus persönlichen Gründen kommt indes vor allem bei **höchstpersönlichen Ansprüchen** in Betracht. Hier greift aber schon § 399 Alt 1 BGB ein (vgl MünchKomm/ROTH/KIENINGER § 399 Rn 24 ff; STAUDINGER/BUSCHE [2017] § 399 Rn 5 ff). Für die verbleibenden Fälle ist zu beachten, dass die Verkehrsfähigkeit von Forderungen durch persönliche Beziehungen zwischen den Parteien und subjektive Befindlichkeiten grundsätzlich nicht in Frage gestellt werden darf. Der Einwand des § 242 BGB muss daher auf Ausnahmefälle begrenzt bleiben (STAUDINGER/BUSCHE [2017] Einl 45 zu § 398 ff), in denen die für die persönliche Unzumutbarkeit maßgebenden Umstände nach außen erkennbar (BAUMGÄRTEL AcP 156 [1957] 265, 288) oder dem Zessionar positiv bekannt sind.

720 Auf der anderen Seite kann ein Abtretungsausschluss nicht durchgreifen, so weit die Berufung auf die Unabtretbarkeit der Forderung eine **unzulässige Rechtsausübung** (s Rn 213 ff) darstellt (vgl BGHZ 56, 173, 176; OLG Hamburg VersR 1972, 631; PALANDT/GRÜNEBERG § 399 Rn 12). Ein Verstoß gegen Treu und Glauben kommt hiernach zB in Betracht, wenn der Schädiger durch Geltendmachung des Abtretungsverbots die

---

* **Schrifttum:** BAUMGÄRTEL, Die Unzumutbarkeit der Forderungsabtretung, AcP 156 (1957) 265.

Verwirklichung eines Schadensersatzanspruchs erschwert, obwohl er kein schutzwürdiges Interesse an der Durchsetzung des Verbots vorweisen kann und den Schaden grob fahrlässig verursacht hat (BGH NJW-RR 1996, 1313). Ist die **Wirksamkeit der Abtretung** nach den AGB des Schuldners von dessen **Zustimmung** abhängig, so darf der Schuldner die Zustimmung nach Treu und Glauben nicht verweigern, wenn er an dem Verbot kein schutzwürdiges Interesse mehr hat oder wenn die berechtigten Interessen des Vertragspartners an der Abtretbarkeit der Forderung überwiegen (BGH NJW ZIP 2000, 78, 79; BeckOK-BGB/Rohe [1. 5. 2019] § 399 Rn 18; vgl auch BGH NJW 1995, 665, 666).

Nach Rspr und hL greift das **Abtretungsverbot des § 400** BGB nicht ein, sofern der Zedent vom Zessionar eine wirtschaftlich gleichwertige Leistung erhält (vgl BGHZ 4, 153, 156; 59, 109, 115; Palandt/Grüneberg § 400 Rn 3; Staudinger/Busche [2017] § 400 Rn 11 ff). Diese Einschränkung beruht jedoch nicht auf Treu und Glauben, sondern auf dem Zweck des § 400 BGB. Aus methodischer Sicht handelt es sich also um eine **teleologische Reduktion** (Larenz, Methodenlehre 393 f; Looschelders/Roth, Juristische Methodik 262; allg zur Abgrenzung s Rn 344 f). 721

bb) Einwendungen des Schuldners, § 404

Nach allgemeiner Ansicht ist der Begriff der Einwendungen bei § 404 BGB in einem weiten Sinne zu verstehen und erfasst daher auch die **unzulässige Rechtsausübung** (vgl BeckOK-BGB/Rohe [1. 5. 2019] § 404 Rn 5; OLG Frankfurt WM 1997, 609, 610). Gleichwohl kann eine Forderung, deren Durchsetzung durch den Altgläubiger nach § 242 BGB unzulässig wäre, vom Neugläubiger geltend gemacht werden und umgekehrt, sofern der Einwand des Rechtsmissbrauchs maßgeblich auf die Person des Anspruchstellers gestützt wird (BGHZ 151, 136, 143; NJW 2001, 1859, 1862; BGH BB 2002, 1829, 1830; OLG München NJW 1970, 663, 664; PWW/H F Müller § 404 Rn 2; MünchKomm/Schubert Rn 235 und MünchKomm/Roth/Kieninger § 404 Rn 9; Palandt/Grüneberg § 404 Rn 1; Staudinger/Busche [2017] § 404 Rn 18; allg zur persönlichen Reichweite der unzulässigen Rechtsausübung s Rn 227 ff) 722

cc) Abtretung unter Urkundenvorlegung, § 405

Das RG hat § 405 BGB auf die **Scheinabtretung** erweitert. Der Gläubiger kann sich hiernach gegenüber einem gutgläubigen Zweiterwerber der Forderung nicht darauf berufen, die Abtretung an den Ersterwerber sei ein Scheingeschäft, wenn der Ersterwerber die Forderung unter Vorlage einer über die Scheinabtretung ausgestellten Urkunde abgetreten hat (RGZ 90, 273, 275 f; 115, 303, 308; MünchKomm/Roth/Kieninger § 405 Rn 15; Palandt/Grüneberg § 405 Rn 5; Staudinger/Busche [2017] § 405 Rn 15; Looschelders, Schuldrecht AT § 52 Rn 43). Die Ausweitung des Gutglaubensschutzes wird häufig damit begründet, die Geltendmachung der Nichtigkeit durch den Gläubiger sei in einem solchen Fall **arglistig** (so RGZ 115, 303, 308; BGB-RGRK/Weber § 405 Rn 2; vgl auch Staudinger/Busche [2017] § 405 Rn 15). Methodisch ist die entsprechende Anwendung des § 405 BGB aber vorzugswürdig (so auch BeckOK-BGB/Rohe [1. 5. 2019] § 405 Rn 7; Erman/Westermann § 405 Rn 5; PWW/H F Müller § 405 Rn 6; aA MünchKomm/Roth/Kieninger § 405 Rn 14 f: Rechtsscheinhaftung als Ausprägung des venire contra factum proprium-Grundsatzes). 723

dd) Rechtshandlungen gegenüber dem bisherigen Gläubiger, § 407

Bei § 407 BGB ist anerkannt, dass der Schuldner sich nur **positive Kenntnis** der Abtretung entgegenhalten lassen muss (RGZ 135, 247, 251; BGHZ 135, 39, 42). Dies gilt 724 selbst bei Zugang einer Abtretungsanzeige. Nach **Treu und Glauben** kann der Schuldner aber nicht geltend machen, er habe die Anzeige nicht (rechtzeitig) zur Kenntnis genommen, sofern er seine Unkenntnis zu vertreten hat (vgl RGZ 135, 244, 251; BGHZ 135, 39, 42 ff; BGH NJW 1977, 581, 582; OLG München NJOZ 2011, 1046, 1047; MünchKomm/ROTH/ KIENINGER § 407 Rn 18; STAUDINGER/BUSCHE [2017] § 407 Rn 39: Rechtsmissbrauch). Nach der Rspr kommen vor allem Versäumnisse der zuständigen Angestellten und eigenes Organisationsverschulden in Betracht; für Zufall, höhere Gewalt oder das Verhalten Außenstehender besteht keine Einstandspflicht (BGHZ 135, 39, 44).

ee) Aushändigung der Abtretungsurkunde, § 410

725 Nach § 410 BGB muss der Schuldner die Leistung gegenüber dem neuen Gläubiger nur gegen Aushändigung einer vom bisherigen Gläubiger ausgestellten Abtretungsurkunde erbringen. Dies gilt auch dann, wenn die Beschaffung der Urkunde für den neuen Gläubiger mit Schwierigkeiten verbunden ist. Eine Grenze ergibt sich aus dem Verbot **rechtsmissbräuchlichen Verhaltens** (s oben Rn 213 ff): Wenn der neue Gläubiger die Abtretungsurkunde nicht oder nur mit völlig unverhältnismäßigem Aufwand beschaffen könnte, muss der Schuldner sich uU mit einem anderen Nachweis über die Abtretung (zB Vorlage des Sparbuchs) zufrieden geben (vgl BGH WM 1969, 598, 599; WM 1982, 706; MünchKomm/ROTH/KIENINGER § 410 Rn 6; STAUDINGER/BUSCHE [2017] § 410 Rn 7). Ist eine anderweitige Inanspruchnahme des Schuldners wegen der geltend gemachten Forderung ausgeschlossen, so hat der Schuldner **kein schutzwürdiges Interesse** an der Aushändigung der Urkunde; die Geltendmachung des Leistungsverweigerungsrechts aus § 410 BGB ist daher rechtsmissbräuchlich (BGH NJW 2012, 3426, 3427).

ff) Gesetzlicher Forderungsübergang, § 412

726 In der **Lit** wird zum Teil darauf hingewiesen, dass auch die Geltendmachung einer gem § 412 BGB übergegangenen Forderung **rechtsmissbräuchlich** sein kann (vgl SOERGEL/SCHREIBER § 412 Rn 5; R SCHMIDT, Regreßprobleme der Sachversicherung, NJW 1956, 1055, 1056). Praktische Bedeutung hat dieses Problem vor allem für den **Regressanspruch des Versicherers** nach § 86 VVG (s unten Rn 1095). Im Übrigen kann es dem Schuldner auch bei gesetzlichem Forderungsübergang nach Treu und Glauben verwehrt sein, sich im Rahmen des § 407 BGB auf seine **Unkenntnis** zu berufen (BGH VersR 1962, 515, 516).

h) Mehrheit von Schuldnern und Gläubigern

727 § 242 BGB ist auch für Schuldverhältnisse mit Gläubiger- und Schuldnermehrheiten von Bedeutung. Spezifische Probleme treten hier im Allgemeinen nicht auf. Folgende Punkte sind aber zu beachten:

728 Nach § 421 BGB steht es dem Gläubiger im Fall der **Gesamtschuld** grundsätzlich frei, welchen Schuldner er in Anspruch nehmen will. Die **Wahlfreiheit des Gläubigers** wird jedoch nach § 242 BGB durch das **Verbot unzulässiger Rechtsausübung** begrenzt (BGH NJW 1983, 1423, 1424; NJW-RR 2008, 176, 178; BGHZ 184, 35, 45 = NJW 2010, 861, 863; NJW 2012, 1070, 1071; STAUDINGER/LOOSCHELDERS [2017] § 421 Rn 126). So kann die Inanspruchnahme eines bestimmten Gesamtschuldners rechtsmissbräuchlich sein, wenn der Gläubiger aus missbilligenswerten Motiven gerade diesen Schuldner mit dem Regressrisiko belasten will (BGH NJW 1991, 1289; BGH WM 1984, 906; BGH NJW-RR 2008, 176, 178). Ähnliches gilt in dem Fall, dass eine Bank einen Gesamtschuldner

in Anspruch nimmt und auf die Rechte aus der Übertragung der Forderung gegen den Ersteher nach § 118 Abs 2 S 2 ZVG verzichtet (BGH NJW 1983, 1423, 1424) oder dass der Gläubiger gegenüber einem im Innenverhältnis allein haftenden Gesamtschuldner eine dingliche Sicherheit verschlechtert (OLG Hamm NJW-RR 1993, 1071, 1072). Allerdings wird der (Darlehens-) Gläubiger idR nicht durch § 242 BGB daran gehindert, einen Gesamtschuldner in Anspruch nehmen, von dem er weiß, dass dieser im Innenverhältnis von einem anderen Gesamtschuldner von der Verbindlichkeit freigestellt werden muss (BGH NJW 1991, 232). Ist ein Tierarzt wegen eines Fehlers bei der Ankaufsuntersuchung eines Pferdes neben dem Verkäufer des Pferdes als Gesamtschuldner haftbar, so handelt der Käufer nicht missbräuchlich, wenn er sich gleich an den Tierarzt und nicht zunächst an den Verkäufer hält (BGH NJW 2012, 1070, 1071). Im Fall einer Gesamtschuld ist die Inanspruchnahme eines bestimmten Grundstücks rechtsmissbräuchlich, sofern sie nicht im eigenen Interesse des Grundschuldgläubigers, sondern rein willkürlich zum Nachteil des Schuldners erfolgt (BGH WM 1987, 356, 358).

Einwendungen aus § 242 BGB haben nach der Grundregel des § 425 BGB **Einzelwirkung**. Dies hat der BGH für die **Verwirkung** ausdrücklich festgestellt (BGH NJW-RR 2002, 478, 479). Ist die Inanspruchnahme eines Gesamtschuldners rechtsmissbräuchlich, so können die anderen Gesamtschuldner sich hierauf im Allgemeinen nicht berufen. Umgekehrt wirkt das rechtsmissbräuchliche Verhalten eines **Gesamtgläubigers** sich grundsätzlich auch nicht zu Lasten der anderen Gesamtgläubiger aus (RGZ 132, 81, 87; BGHZ 44, 367, 370; anders für Miteigentümer BGH NJW 1992, 1095, 1096). Die persönliche Reichweite der unzulässigen Rechtsausübung ist also auch insoweit beschränkt (s Rn 227 ff). **729**

Macht der leistende Gesamtschuldner einen **Ausgleichsanspruch aus § 426 Abs 1 S 1 BGB** geltend, so können die anderen Gesamtschuldner ihm grundsätzlich keine Einwendungen aus dem Grundverhältnis, dh aus dem Verhältnis zwischen den Gesamtschuldnern und dem Gläubiger, entgegenhalten. Ausnahmen können sich aber aus einer abweichenden vertraglichen Vereinbarung zwischen den Gesamtschuldnern oder aus Treu und Glauben ergeben. Letzteres kommt vor allem dann in Betracht, wenn die Einwendungen aus dem Grundverhältnis bei der Zahlung so schwerwiegend und offensichtlich waren, dass die Leistung des den Ausgleich begehrenden Gesamtschuldners an den Gläubiger rechtsmissbräuchlich war (OLG München NJW 2008, 3505, 3507; SOERGEL/GEBAUER § 426 Rn 17). **730**

3. Schuldrecht: Besonderer Teil*

a) Kaufvertrag, §§ 433–479
aa) Allgemeines
Im Rahmen von Kaufverträgen kommt dem Grundsatz von Treu und Glauben in mehrfacher Hinsicht Bedeutung zu. Wie bei allen Verträgen können allgemein im Hinblick auf das **Zustandekommen und die Erfüllung** des Kaufvertrags die aus § 242 BGB entwickelten Rechtsinstitute relevant werden, so das Verbot der unzulässigen **731**

---

* **Schrifttum**: ALTHAMMER, Ius variandi und Selbstbindung des Leistungsgläubigers, NJW 2006, 1179; BROX/WALKER, Besonderes Schuldrecht (43. Aufl 2019); CANARIS, Grundprobleme des Finanzierungsleasing im Lichte des Verbraucherkreditgesetzes, ZIP 1993, 401; DERLE-

Rechtsausübung (s oben Rn 279 ff), die Verwirkung (s oben Rn 300 ff) und das Verbot widersprüchlichen Verhaltens (s oben Rn 284 ff). Insoweit wird auf die entsprechenden Ausführungen verwiesen.

732 Bei der **Begründung von Nebenrechten und Nebenpflichten** ist die Ergänzungsfunktion des § 242 BGB traditionell von herausragender Bedeutung. Nach überwiegender Ansicht hat der durch die Schuldrechtsreform neugestaltete § 241 BGB hieran nichts geändert (vgl Palandt/Grüneberg § 241 Rn 1, 7 und § 242 Rn 23). Nach der hier vertretenen Auffassung ist die **Begründung** von Nebenpflichten jedoch dem § 241 BGB zuzuordnen, sodass § 242 BGB nur noch für deren **Konkretisierung** gilt (vgl oben Rn 190; ausf dazu Staudinger/Olzen § 241 Rn 390 ff). Im Ergebnis besteht freilich Einigkeit, dass die von Rspr und Lit aus § 242 BGB entwickelten Inhalte und Grenzen der leistungs- und nichtleistungsbezogenen Nebenpflichten weiter uneingeschränkt zur Anwendung kommen (vgl Staudinger/Olzen § 241 Rn 433).

733 Die kaufrechtlichen Vorschriften sind bei der Schuldrechtsreform in weitesten Teilen völlig neu gefasst geworden. Dabei wurde die **kaufrechtliche Gewährleistung für Sach- und Rechtsmängel** in das allgemeine Leistungsstörungsrecht integriert. In diesem Zusammenhang haben sich einige kaufrechtsspezifische Anwendungsbereiche des § 242 BGB entwickelt. Zudem kann der Grundsatz von Treu und Glauben auch beim **Verbrauchsgüterkauf** nach den §§ 474 ff BGB von Bedeutung sein.

bb) **Zustandekommen des Vertrages**

734 Bei Kaufverträgen über Grundstücke zieht die hM § 242 BGB in Ausnahmefällen zur **Einschränkung der Formnichtigkeit** aus §§ 311b Abs 1 S 1, 125 BGB heran (vgl dazu Reinicke/Tiedtke, Kaufrecht [8. Aufl 2009] Rn 88 ff mwNw sowie allg zu Formverstößen s oben Rn 445 ff). Ist der Kaufvertrag über ein Grundstück nach §§ 311b Abs 1 S 1, 125 BGB formnichtig, so handelt der Erwerber **nicht rechtsmissbräuchlich**, wenn er gleichwohl die Grundbucheintragung erwirkt. Denn § 311b Abs 1 S 2 BGB führt hier zur Heilung des Formmangels (vgl MünchKomm/Schubert Rn 463).

735 Kein rechtsmissbräuchliches Verhalten stellt im Regelfall auch das Verlangen von Erfüllung bzw Schadensersatz statt der Leistung durch den Käufer dar, der eine

---

der, Der Wechsel zwischen den Gläubigerrechten bei Leistungsstörungen und Mängeln, NJW 2003, 998; Emmerich, BGB-Schuldrecht Besonderer Teil (15. Aufl 2018); Herresthal, Rechtsmissbräuchliche Ausübung des Widerrufsrechts bei Verbraucherdarlehensverträgen, NJW 2019, 13; Knops, Gläubigerkenntnis und Schuldnervertrauen als Verwirkungsvoraussetzungen, NJW 2018, 425; Laws, Strukturen des Kauf-, Werkvertrags- und Werklieferungsvertragsrechts nach der Schuldrechtsreform, MDR 2002, 320; Looschelders, Schuldrecht Besonderer Teil (14. Aufl 2019); Medicus/Lorenz, Schuldrecht II Besonderer Teil (18. Aufl 2018); Oetker/Maultzsch, Vertragliche Schuldverhältnisse (5. Aufl 2018); Omlor, Erlöschen des „ewigen" Widerrufsrechts bei Immobiliardarlehensverträgen, NJW 2016, 1265; Reinicke/Tiedtke, Kaufrecht (8. Aufl 2009); Schlechtriem, Schuldrecht Besonderer Teil (6. Aufl 2003); Schroeter, Das Wahlrecht des Käufers im Rahmen der Nacherfüllung, NJW 2006, 1761; Spickhoff, Der Nacherfüllungsanspruch des Käufers: Dogmatische Einordnung und Rechtsnatur, BB 2003, 589; Stöber, Das Verhältnis der Minderung zu Rücktritt und Schadensersatz im Kaufgewährleistungsrecht, NJW 2017, 2785; Wertenbruch, Die eingeschränkte Bindung des Käufers an Rücktritt und Minderung, JZ 2002, 862.

Sache über eine **Internet-Auktionsplattform** zu einem **außergewöhnlich günstigen Preis** erstanden hat (BGH NJW 2015, 548), und zwar selbst dann nicht, wenn dieser Preis nur aufgrund eines Versehens des Verkäufers im Internet erschienen ist (OLG Köln MMR 2007, 448 – Rübenroder im Wert von 60 000 EUR für 51 EUR; AG Moers MMR 2004, 563 – PKW-Anhänger für 1 EUR aufgrund versehentlicher Einstellung des Artikels mit der „Sofort-Kaufen"-Option; vgl auch AG Hamburg-Barmbek MMR 2004, 772 – zwei Handys zum Kaufpreis von 14,95 EUR [durchgestrichener Neupreis je 699,- EUR]; offen gelassen von LG Hamburg NJW-RR 2004, 1569 in der Berufungsinstanz, da das Vorliegen eines wirksamen Vertragsschlusses verneint wurde). Der Verkäufer wird in diesen Fallkonstellationen durch die Möglichkeit einer Anfechtung nach § 119 Abs 1 Alt 2 BGB ausreichend geschützt. Im Übrigen muss der Verkäufer sich grundsätzlich an dem abgegebenen Höchstgebot festhalten lassen. Etwas anderes ist nur in krassen Ausnahmesituationen denkbar, in denen sich das tatsächliche Geschehen außerhalb der von beiden Parteien erkennbaren Risiken und Chancen bewegt (OLG Koblenz MMR 2009, 630: Porsche Carrera im Wert von 75 000 EUR für 5,50 EUR). Die Annahme einer solchen Ausnahmesituation liegt auch in dem vom OLG Köln (MMR 2007, 448) entschiedenen Fall des Verkaufs eines Rübenroders im Wert von 60 000 EUR für 51 EUR nahe. Der Verkäufer war hier aber nicht schutzwürdig, weil er noch vor der Abgabe von Kaufgeboten auf den Fehler hingewiesen worden war und gleichwohl die vorhandenen Möglichkeiten zur Rücknahme seines Angebots oder zur vorzeitigen Beendigung der Auktion nicht genutzt hatte. Der Käufer muss sich den Einwand des Rechtsmissbrauchs auch dann nicht entgegenhalten lassen, wenn der niedrige Preis nur dadurch zustande gekommen ist, dass der Verkäufer selbst **unwirksame Eigengebote** abgegeben hat (BGH 24. 8. 2016 – VIII ZR 100/15, NJW 2017, 468, 472). Rechtsmissbrauch kommt dagegen in Betracht, wenn die Absicht des Bieters von vornherein nicht auf den Erfolg des Vertrags, sondern auf dessen Scheitern gerichtet ist (sog Abbruchjäger; dazu BGH 22. 5. 2019 – VIII ZR 182/17 Rn 24 ff).

cc) Konkretisierung von Nebenpflichten
Über die Nebenpflichten des Verkäufers und Käufers geben das Gesetz und auch die reformierten kaufrechtlichen Normen nur wenig Aufschluss (vgl aber §§ 446 Abs 1 S 2, 448 Abs 1, 2 bzw § 379 Abs 1 HGB). Fehlen vertragliche Abreden, müssen die Nebenpflichten der Parteien durch § 242 BGB **konkretisiert** werden. Der Bedeutungsgehalt von § 242 BGB liegt hier vor allem in dem Gebot, den Vertrag redlich zu erfüllen (vgl Staudinger/Beckmann [2014] § 433 Rn 133). Rspr und Lit haben hier eine umfangreiche Kasuistik entwickelt, welche sowohl vorvertragliche und vertragliche als auch nachvertragliche Nebenpflichten beinhaltet (ausf zu den einzelnen Nebenpflichten im Kaufrecht Staudinger/Beckmann [2014] § 433 Rn 133 ff; 232 ff). **736**

dd) Gewährleistung des Verkäufers für Sach- und Rechtsmängel
Für die **Gewährleistungsrechte des Käufers** verweist § 437 BGB in weitem Umfang auf die Vorschriften des allgemeinen Leistungsstörungsrechts. Die diesbezüglichen Überlegungen zum Einfluss des § 242 BGB (s oben Rn 625 ff) sind daher auch hier relevant. Darüber hinaus gibt es im Kaufrecht einige Sonderregeln, die als Ausfluss von Treu und Glauben verstanden werden können. Zu nennen sind insbesondere die **Begrenzung des Nacherfüllungsanspruchs** gem § 439 Abs 4 BGB unter dem Aspekt der Unverhältnismäßigkeit (dazu Kirsten, Die Unverhältnismäßigkeit der Nacherfüllung im Kaufrecht, ZGS 2005, 66 ff) sowie die ergänzenden Regeln zur **Entbehrlichkeit der Fristsetzung** in § 440 BGB. Soweit diese Vorschriften eingreifen, bleibt für § 242 BGB kein Raum. **737**

(1) Wahl zwischen Nachbesserung und Ersatzlieferung

738 Mit Blick auf den Nacherfüllungsanspruch steht dem **Käufer** gem § 439 Abs 1 BGB die **Wahl zwischen Nachbesserung und Ersatzlieferung** im Sinne einer **elektiven Konkurrenz** zu (Palandt/Grüneberg § 262 Rn 5; Palandt/Weidenkaff § 439 Rn 5; BeckOK-BGB/Faust [1. 11. 2018] § 439 Rn 17; Oetker/Maultzsch § 2 Rn 218; Reinicke/Tiedtke, Kaufrecht [8. Aufl 2009] Rn 413; MünchKomm/Westermann § 439 Rn 6 f; Staudinger/Matusche-Beckmann [2014] § 439 Rn 9; Derleder, Das ius variandi des Käufers bei Sach- und Rechtsmängeln, in: Dauner-Lieb ua, Das neue Schuldrecht in der Praxis 411, 424; Jacobs, Die kaufrechtliche Nacherfüllung, in: Dauner; aA [Wahlschuld iSd §§ 262 ff BGB]: Jauernig/Berger § 439 Rn 17; NK-BGB/Büdenbender § 439 Rn 17 ff; BeckOK-BGB/Lorenz [1. 5. 2019] § 262 Rn 11; Spickhoff BB 2003, 589). Bei seiner Wahl ist der Käufer grundsätzlich **nicht** nach Treu und Glauben gehalten, die **Interessen des Verkäufers** zu berücksichtigen (BGH 24. 10. 2018 – VIII ZR 66/17, ZIP 2018, 2272 Rn 51; Palandt/Weidenkaff § 439 Rn 5; Staudinger/Matusche-Beckmann [2014] § 439 Rn 117). Die Interessen des Verkäufers werden durch § 275 Abs 2, 3 BGB und § 439 Abs 4 BGB (s oben Rn 270) hinreichend geschützt.

739 Bei Mangelhaftigkeit der Sache kann der Käufer die **Kaufpreiszahlung gem § 320 BGB verweigern**. Allerdings verhält sich der Käufer **widersprüchlich**, wenn er sich einerseits auf sein Leistungsverweigerungsrecht beruft, anderseits aber nicht alsbald von seinem Wahlrecht zwischen Nachbesserung und Ersatzlieferung Gebrauch macht (Palandt/Weidenkaff § 439 Rn 5; MünchKomm/Westermann § 439 Rn 7; Oetker/Maultzsch § 2 Rn 220; Schroeter NJW 2006, 1761, 1764 f).

740 Hat der Käufer sich für die eine oder andere Art der Nacherfüllung entschieden, so stellt sich die Frage, ob er sich hierdurch **bindet** oder ob ihm insoweit ein **ius variandi** zusteht. Bei Annahme einer Wahlschuld wäre eine Bindungswirkung nach § 263 Abs 2 BGB zu bejahen. Nach Sinn und Zweck des dem Käufer eingeräumten Wahlrechts ist § 263 Abs 2 BGB jedoch weder unmittelbar noch entsprechend anwendbar (BGH 24. 10. 2018 – VIII ZR 66/17, ZIP 2018, 2272 Rn 46). Eine Antwort auf die Frage der Bindungswirkung ergibt sich somit nicht unmittelbar aus dem Gesetz. Insofern kommt dem **Grundsatz von Treu und Glauben** daher wieder entscheidende Bedeutung zu, weil das ius variandi im Sinne des **Vertrauensschutzes** und der **Rechtssicherheit** begrenzt werden muss. Eine Bindungswirkung ist deshalb zu bejahen, wenn der Verkäufer darauf **vertrauen** durfte, dass er mit der vom Käufer bestimmten Art der Nacherfüllung seine Pflicht aus § 439 BGB erfüllen kann. Dies ist dann der Fall, wenn der Verkäufer die gewählte Nacherfüllungsart **tatsächlich ausführt**, zB nach Aufforderung zur Nachbesserung damit beginnt, die Sache zu reparieren. Hat der Verkäufer die vom Käufer gewählte Nachbesserung **nicht fachgerecht** ausgeführt, so ist der Käufer dagegen nicht nach § 242 BGB daran gehindert, wegen des fortbestehenden Mangels der Kaufsache Ersatzlieferung zu verlangen. In einem solchen Fall verstößt der Verkäufer seinerseits gegen Treu und Glauben, wenn er den Käufer an seiner ursprünglichen Wahl festhält (BGH ZIP 2018, 2272 Rn 48). Hat der Verkäufer den Mangel nach einem wirksamen Verlangen des Käufers nach Lieferung einer mangelfreien Sache **mit Einverständnis des Käufers** beseitigt, so kann der Käufer nach Treu und Glauben nicht an der Ersatzlieferung festhalten. Die **eigenmächtige** Beseitigung des Mangels durch den Verkäufer steht der Geltendmachung des Anspruchs auf Ersatzlieferung durch den Käufer aber nicht entgegen (BGH ZIP 2018, 2272 Rn 54).

Die Bindungswirkung besteht im Übrigen nur, solange der Verkäufer die Nacherfüllung innerhalb einer **angemessenen Frist** bewirkt (OLG Celle NJW 2013, 2203, 2204; BeckOK-BGB/Faust [1. 11. 2018] § 439 Rn 19; Oetker/Maultzsch § 2 Rn 219; Palandt/Weidenkaff § 439 Rn 8; Spickhoff BB 2003, 589, 593). **Verzögert** der Verkäufer die bereits begonnene Nacherfüllungsart, etwa weil er die Reparaturarbeiten nicht zügig durchführt, handelt der Käufer nicht rechtsmissbräuchlich, wenn er seine Wahl ändert, also etwa statt Mängelbeseitigung Lieferung einer neuen Sache fordert. Die Frist muss vom Käufer – anders als für den Übergang auf die Sekundärrechte – auch nicht ausdrücklich gesetzt werden; der angemessene Zeitumfang bestimmt sich wie bei §§ 281 Abs 1 S 1, 323 Abs 1 S 1 BGB nach den Umständen des Einzelfalls (Palandt/ Weidenkaff § 439 Rn 7; Oetker/Maultzsch § 2 Rn 219). Hat der Käufer eine Frist gesetzt, muss er sich bis zu deren Ablauf an seiner Wahl festhalten lassen, es sei denn die gewählte Art der Nacherfüllung wird vom Verkäufer abgelehnt oder schlägt fehl (BeckOK-BGB/Faust [1. 11. 2018] § 439 Rn 19; Ball, Die Nacherfüllung beim Autokauf, NZV 2004, 217, 219). Eine Bindungswirkung ist auch dann zu bejahen, wenn der Verkäufer aufgrund einer Klage des Käufers rechtskräftig zu einer Form der Nacherfüllung **verurteilt wurde** oder der Verkäufer den Käufer mit einer Form der Nacherfüllung in **Annahmeverzug** gesetzt hat (OLG Hamm NJW-RR 2017, 47 Rn 40; BeckOK-BGB/Faust [1. 11. 2018] § 439 Rn 19; MünchKomm/Westermann § 439 Rn 7). Hier wäre eine Änderung der gewählten Art der Nacherfüllung rechtsmissbräuchlich. **741**

(2) Nacherfüllung und sonstige Mängelrechte
Ganz ähnliche Fragestellungen ergeben sich, wenn der Käufer zwischen der Nacherfüllung (§ 437 Nr 1 BGB) und den sonstigen Mängelrechten (§ 437 Nr 2 und 3 BGB) wählen kann. Nach fruchtlosem Ablauf einer Nachfrist zur Nacherfüllung stehen dem Käufer mehrere Ansprüche bzw Rechte zu. Er kann zum einen weiterhin Nacherfüllung verlangen; er kann sich zum anderen aber auch für Rücktritt oder Minderung entscheiden oder ggf Schadensersatz statt der Leistung bzw Ersatz vergeblicher Aufwendungen geltend machen. Dieses „Wahlrecht" gründet auf **gesetzlicher Anordnung** und nicht wie bei einer Wahlschuld auf vertraglicher Vereinbarung. Zu Recht hat der BGH daher entschieden, dass der Gläubiger zur Auswahl im Sinne einer **elektiven Konkurrenz** befugt ist (BGH NJW 2006, 1198; zustimmend Althammer NJW 2006, 1179; ebenso: MünchKomm/Krüger § 262 Rn 11 f; BeckOK-BGB/Lorenz [1. 5. 2019] § 262 Rn 6). Der Käufer kann also – auch wenn er zunächst weiter Nacherfüllung verlangt hat – grundsätzlich zum Schadensersatz statt der Leistung übergehen (s oben Rn 649 ff). Umgekehrt ist der Anspruch auf Nacherfüllung aber ausgeschlossen, wenn der Gläubiger nach § 323 Abs 1 BGB zurückgetreten ist oder Schadensersatz statt der Leistung geltend gemacht hat (§ 281 Abs 4 BGB). Der Übergang vom erneuten Nacherfüllungsbegehren auf Schadensersatz bzw Rücktritt kann im Einzelfall allerdings gegen **Treu und Glauben** verstoßen. Daran ist insbesondere dann zu denken, wenn der Käufer kurz nach einer erneuten Leistungsaufforderung den Rücktritt erklärt (BGH NJW 2006, 1198; MünchKomm/Ernst § 323 Rn 157) oder wenn der Käufer selbst an der Nacherfüllung mitwirkt (Oetker/Maultzsch § 2 Rn 265). **742**

(3) Minderung und Rücktritt oder „großer" Schadensersatz
Keine Probleme bereitet das Käuferwahlrecht zwischen Rücktritt und Minderung. Es handelt sich hier um **Gestaltungsrechte**, die einander inhaltlich ausschließen (BeckOK-BGB/Faust [1. 11. 2018] § 437 Rn 179; Derleder NJW 2003, 998, 1002). Ein Übergang von Rücktritt auf Minderung oder umgekehrt ist damit nicht möglich. Nach hM ist die **743**

Ausübung dieser Gestaltungsrechte **unwiderruflich** (BeckOK-BGB/Faust [1. 11. 2018] § 437 Rn 179; MünchKomm/Ernst § 325 Rn 25; Staudinger/Schwarze [2015] § 325 Rn 26). Dies hat allerdings zur Konsequenz, dass ein Käufer, der zunächst den Rücktritt erklärt hat, sodann aber auch Schadensersatz fordern will (vgl § 325 BGB) auf die **Differenzmethode** verwiesen ist: Eine Schadensabwicklung nach der Surrogationsmethode scheidet aus, da die Gegenleistungsverpflichtung durch den zuvor erklärten Rücktritt beseitigt worden ist (zur Problemstellung ausf MünchKomm/Ernst § 325 Rn 25; Staudinger/ Schwarze [2015] § 325 Rn 26). Hat der Gläubiger den Rücktritt erklärt, so kann er dies wegen der Gestaltungswirkung der Erklärung nicht wieder rückgängig machen, indem er nach §§ 280, 281 Abs 1 S 1 BGB „kleinen" Schadensersatz verlangt (BGH 9. 5. 2018 – VIII ZR 26/17, NJW 2018, 2863 Rn 51 ff). Hat der Käufer den Kaufpreis wegen eines Mangels nach §§ 437 Nr 2, 441 BGB **gemindert**, so kann er nicht mehr zu einem Anspruch auf **großen Schadensersatz** wechseln, weil er mit der wirksamen Ausübung der Minderung das **Wahlrecht** zwischen Festhalten am Vertrag und Lösen von demselben „**verbraucht**" hat (BGH 9. 5. 2018 – VIII ZR 26/17, NJW 2018, 2863 Rn 42; **aA** Stöber NJW 2017, 2785, 2788 – Einschränkung des Wahlrechts nur ausnahmsweise nach § 242 BGB).

Vereinzelt wird vorgeschlagen, die Bindungswirkung von Rücktritt und Minderung unter dem Aspekt von **Treu und Glauben** einzuschränken (Wertenbruch JZ 2002, 862 ff; Soergel/Gsell § 325 Rn 31; Gsell JZ 2004, 643, 648 f mwNw). Dagegen spricht aber der Gedanke der Rechtssicherheit. Dem Verkäufer kann daher nur in Extremfällen unter dem Aspekt des Rechtsmissbrauchs verwehrt werden, sich auf die Bindungswirkung der Rücktrittserklärung zu berufen (MünchKomm/Ernst § 325 Rn 25). Hierfür reicht es nach Ansicht des BGH nicht aus, dass der Verkäufer den Mangel bestreitet und die Durchführung des vom Käufer gewählten Gewährleistungsrechts verweigert. Denn der Verkäufer verhalte sich hierdurch **nicht treuwidrig**. Der Käufer müsse vielmehr genau überlegen, für welches der in § 437 Nr 2 und 3 BGB genannten Rechte er sich entscheidet (BGH 9. 5. 2018 – VIII ZR 26/17, NJW 2018, 2863 Rn 42).

744 Ob das **Rücktrittsrecht** des Käufers **bei Sach- oder Rechtsmängeln** nach § 242 BGB **eingeschränkt** werden kann, ist zweifelhaft. In der Lit wird zT die Auffassung vertreten, der Rücktritt des Käufers verstoße gegen Treu und Glauben, wenn die Rückabwicklung des Vertrages für den Verkäufer mit erheblichen Belastungen verbunden wäre, während es für den Käufer mit Rücksicht auf das geringe Gewicht des (freilich nicht unerheblichen) Mangels zumutbar erscheint, sich mit der Minderung zu begnügen (vgl Erman/Grunewald § 437 Rn 7; **aA** MünchKomm/Westermann § 437 Rn 17; Soergel/U Huber[12] [1991] § 462 Rn 4 [zu § 462 aF]). Ansatzpunkt solcher Überlegungen ist der Gedanke der **Verhältnismäßigkeit**. Ob § 242 BGB hier wirklich einen praktischen Anwendungsbereich erhält, hängt davon ab, nach welchen Kriterien man die Unerheblichkeit der Pflichtverletzung bzw des Mangels in § 323 Abs 5 S 2 BGB bestimmt. Beschränkt man die Unerheblichkeit im Einklang mit der hM zu § 459 Abs 1 S 2 BGB aF auf bloße **Bagatellfälle** (so NK-BGB/Dauner-Lieb § 281 Rn 32; BeckOK-BGB/Faust [1. 11. 2018] § 437 Rn 29; vgl auch BT-Drucks 14/6040, 231; BGH NJW 2007, 2111), dürfte dem Grundsatz von Treu und Glauben eigenständige Bedeutung zukommen. Sieht man die Pflichtverletzung dagegen mit der heute weit überwiegenden Auffassung schon dann als unerheblich an, wenn die Rückabwicklung des Vertrages bei Abwägung aller Interessen **unverhältnismäßig** wäre (so BGH NJW 2013, 1431, 1433; NJW-RR 2010, 1289, 1291; NJW 2009, 508; 2008, 1517; OLG Düsseldorf ZGS 2007, 157, 159; OLG Köln NJW 2007, 1694, 1696; BeckOK-BGB/ Lorenz [1. 5. 2019] § 281 Rn 73; MünchKomm/Ernst § 281 Rn 155; Palandt/Grüneberg § 281

Rn 47; LOOSCHELDERS, Schuldrecht AT § 27 Rn 30 und Schuldrecht BT Rn 108), so ist der Rücktritt in den einschlägigen Fällen bereits nach § 323 Abs 5 S 2 BGB ausgeschlossen; ein Rückgriff auf § 242 BGB wird damit entbehrlich. Bei **behebbaren Mängeln** soll die Erheblichkeit nach der Rspr des BGH im Regelfall zu bejahen sein, wenn die Mängelbeseitigungskosten mehr als 5 % des Kaufpreises betragen (BGH NJW 2014, 3229). Da der BGH auch in diesem Fall alle Umstände des Einzelfalls wie zB eine etwaige Arglist des Verkäufers (BGH NJW 2006, 1960) berücksichtigt, bleibt für § 242 BGB kein Raum. Bei **nicht behebbaren Mängeln** stellt der BGH auf das Maß der Funktionsbeeinträchtigung und die Höhe des merkantilen Minderwerts ab (BGH NJW 2008, 1517; NJW 2011, 2872). Auch diese Kriterien können nicht mit Hilfe von § 242 BGB überspielt werden.

(4) Einschränkung und Ausschluss von Gewährleistungsrechten
Nach früherem Recht war es dem Käufer unter dem Aspekt der **unzulässigen Rechts-** **745** **ausübung** verwehrt, das Rücktrittsrecht auszuüben, wenn der bei Gefahrübergang vorhandene **Mangel** zwischenzeitlich **beseitigt** worden war (BGHZ 90, 198, 204 = NJW 1984, 2287; LARENZ, Schuldrecht I § 10 IIb; krit SOERGEL/U HUBER[12] [1991] § 462 Rn 4; vgl auch BGH NJW 1996, 2647, 2648; zur Minderung NJW 2001, 66, 67). Auf der Grundlage des geltenden Rechts wird die Problematik dadurch entschärft, dass der Verkäufer bei behebbaren Sachmängeln nach §§ 437 Nr 2, 323 Abs 1 BGB grundsätzlich ein **Recht zur „zweiten Andienung"** hat (vgl NK-BGB/HAGER § 349 Rn 8; MünchKomm/GAIER § 349 Rn 8; allg zum Recht auf „zweite Andienung" LOOSCHELDERS, Schuldrecht BT § 4 Rn 1). Es kommt also von vornherein darauf an, ob der Mangel nach Fristablauf noch vorliegt. An anderer Stelle stellen sich aber doch vergleichbare Fragen: Hat der **Käufer** nach vorangegangener oder entbehrlicher Fristsetzung den Rücktritt erklärt, ist er unter dem Gesichtspunkt treuwidrigen Verhaltens gehindert, an der durch den wirksamen Rücktritt erlangten Rechtsposition festzuhalten, sofern der Mangel inzwischen **mit seiner Zustimmung** vollständig beseitigt worden ist (BGH NJW 2009, 508 Rn 23; OLG Düsseldorf 19. 7. 2004 – 1 U 41/4). Entsprechendes gilt, wenn der Käufer den Mangel selbst beseitigt und dann trotz nunmehr vertragsgerechten Zustandes der Kaufsache – in widersprüchlicher Weise – vom Kaufvertrag zurücktritt (OLG Schleswig NJW-RR 2013, 1144). Bei **eigenmächtiger Mangelbeseitigung** durch den **Verkäufer** bleibt der Rücktritt dagegen unberührt (BGH NJW 2009, 508 Rn 23; NJW 2017, 153 Rn 31). Insoweit gilt also das Gleiche wie für den Fall, dass der Käufer an seinem Anspruch auf Ersatzlieferung festhält (dazu oben Rn 740). Zum möglichen Ausschluss des Rücktrittsrechts bei Zerstörung oder Weiterbenutzung der Kaufsache s oben Rn 676 ff.

Der Käufer kann auch dann unter dem Gesichtspunkt treuwidrigen Verhaltens gehindert sein, an der durch den Rücktritt erlangten Rechtsposition festzuhalten, wenn ein gerichtlich bestellter Sachverständiger den von ihm festgestellten Mangel **mit seiner Zustimmung** beseitigt hat. Die **widerspruchslose Hinnahme** eines allein der Feststellung der Mangelursache dienenden Austauschs von Teilen durch den Sachverständigen stellt aber kein stillschweigendes Einverständnis des Käufers mit der Mangelbeseitigung dar (BGH 26. 10. 2017 – VIII ZR 240/15, NJW 2017, 153, 155 f).

Die Gewährleistungsrechte des Käufers sind nach § 442 S 1 BGB ausgeschlossen, wenn **746** er den **Mangel** bereits **bei Vertragsschluss gekannt** hat. Die Vorschrift beruht auf dem Verbot widersprüchlichen Verhaltens (NK-BGB/BÜDENBENDER § 442 Rn 4; STAUDINGER/MATUSCHE-BECKMANN [2014] § 442 Rn 1) und ist daher nicht anwendbar, wenn dieser Gedanke trotz Kenntnis des Mangels nicht zutrifft (BGH NJW 1989, 2050, 2051).

747 Für den Fall der **grob fahrlässigen Unkenntnis des Mangels** trifft § 442 S 2 BGB eine differenzierte Regelung, die nicht durch Rückgriff auf § 254 BGB oder das Verbot widersprüchlichen Verhaltens (s oben Rn 279 ff) unterlaufen werden darf (vgl BGHZ 110, 196, 202 ff; STAUDINGER/MATUSCHE-BECKMANN [2014] § 442 Rn 46). Dennoch kommt dem Grundsatz von Treu und Glauben auch hier Bedeutung zu. So wird in der Lit darauf hingewiesen, dass der Käufer im Einzelfall nach Treu und Glauben verpflichtet sein könne, die Kaufsache bei Vertragsschluss zu untersuchen; verletze der Käufer diese Verpflichtung, so könne die Annahme grober Fahrlässigkeit gerechtfertigt sein (STAUDINGER/MATUSCHE-BECKMANN [2014] § 442 Rn 27).

748 Die Reform des Kaufrechts führte zu einer Diskussion über die Frage, ob dem Käufer zum Ausgleich für die Ausweitung der Gewährleistungsrechte eine **Obliegenheit zur Anzeige** von festgestellten Mängeln auferlegt werden soll (vgl STAUDINGER/MATUSCHE-BECKMANN [2014] Vorbem 22 ff zu § 474 ff). Da der Gesetzgeber dies abgelehnt hat, findet sich eine solche „Rügepflicht" nach wie vor nur beim Handelskauf (§ 377 HGB). In der Lit wird zT aber vertreten, die Nichtanzeige eines Mangels könne unter dem Aspekt des Rechtsmissbrauchs zum Ausschluss von Mängelrechten führen (so SCHLECHTRIEM, Schuldrecht BT Rn 70; vgl auch STAUDINGER/MATUSCHE-BECKMANN [2014] § 434 Rn 262: Untersuchungspflicht des Käufers aus Treu und Glauben). In Anbetracht der klaren Entscheidung des Gesetzgebers kann es dabei indes nur um besonders gelagerte Ausnahmen gehen.

(5) Verhältnis zur Anfechtung nach § 119 Abs 2 BGB
749 Die Mängelrechte aus § 437 schließen eine Anfechtung durch den **Käufer** wegen **Irrtums über eine verkehrswesentliche Eigenschaft** (§ 119 Abs 2 BGB) jedenfalls nach Gefahrübergang aus (MünchKomm/WESTERMANN § 437 Rn 55; STAUDINGER/MATUSCHE-BECKMANN [2014] § 437 Rn 24 ff). Demgegenüber wird das Anfechtungsrecht des **Verkäufers** nach § 119 Abs 2 BGB nicht durch die Mängelrechte verdrängt. Der Verkäufer verstößt jedoch gegen das **Verbot des Rechtsmissbrauchs** (s oben Rn 213 ff), wenn er sich durch die Ausübung des Anfechtungsrechts seiner Gewährleistungspflicht entzieht (BGH NJW 1998, 2597, 2598; ERMAN/GRUNEWALD Vorbem 28 zu 437; MünchKomm/WESTERMANN § 437 Rn 56). Die Anfechtung ist damit nicht rechtsmissbräuchlich, wenn der Käufer aus dem Mangel keine Gewährleistungsrechte ableiten kann oder will (vgl LOOSCHELDERS, Schuldrecht BT § 8 Rn 5 f).

ee) Besonderheiten beim Verbrauchsgüterkauf
750 Der Grundsatz von Treu und Glauben ist auch beim **Verbrauchsgüterkauf** zu beachten. So kann sich der Käufer nach der Rechtsprechung des BGH (BGH NJW 2005, 1045, 1046 = JR 2005, 284 m Anm LOOSCHELDERS; vgl auch OLG Karlsruhe NJW-RR 2012, 289, 290; MünchKomm/LORENZ § 474 Rn 30; zu den unionsrechtlichen Implikationen s unten Rn 1207 ff) wegen des **Verbots widersprüchlichen Verhaltens** nicht auf die Schutzvorschriften über den Verbrauchsgüterkauf berufen, wenn er gegenüber dem Verkäufer einen **gewerblichen Verwendungszweck** vorgetäuscht hat. Bestimmt man die Verbrauchereigenschaft nach den Erkenntnismöglichkeiten des Unternehmers (OLG Karlsruhe NJW-RR 2012, 289; Hk-BGB/DÖRNER §§ 13, 14 Rn 3; JAUERNIG/BERGER § 474 Rn 3; SOERGEL/PFEIFFER § 13 Rn 28; LOOSCHELDERS, Schuldrecht BT § 14 Rn 4; MÜLLER, Die Umgehung des Rechts des Verbrauchsgüterkaufs im Gebrauchtwagenhandel, NJW 2003, 1975, 1979; STAUDINGER/FRITZSCHE [2018] § 13 Rn 42; ebenso zu Art 1 VerbrKauf-RL NK-BGB/PFEIFFER Art 1 KaufRL Rn 18 ff; **aA** STAUDINGER/MATUSCHE-BECKMANN [2014] § 474 Rn 8; STAUDINGER/FRITZSCHE

[2018] § 13 Rn 42; MünchKomm/Lorenz § 474 Rn 30; Reinicke/Tiedtke, Kaufrecht [8. Aufl 2009] Rn 762; Erman/Saenger § 13 Rn 19; Laws MDR 2002, 320, 321; von BGH NJW 2005, 1045 offen gelassen), so sind die §§ 474 ff BGB schon tatbestandlich nicht anwendbar; der Rückgriff auf § 242 BGB wird damit entbehrlich.

Bei einer **objektiven Bestimmung** der Verbrauchereigenschaft (vgl BGH NJW 2008, 435; Palandt/Ellenberger § 13 Rn 4) kommt grundsätzlich eine **Korrektur** nach den Grundsätzen von **Treu und Glauben** in Betracht (MünchKomm/Lorenz § 474 Rn 30; Herresthal JZ 2006, 695, 698 f). Daher haftet der verkaufende Verbraucher, der sich bewusst als Unternehmer geriert, nach den §§ 474 ff BGB. Gibt sich umgekehrt der kaufende Verbraucher als Unternehmer aus, kann er sich nicht auf den Schutz der §§ 474 ff BGB berufen. Unterhalb der Schwelle einer **bewussten Vortäuschung** wird der **Arglisteinwand** allerdings kaum einmal durchgreifen. Auch wenn der Anschein der Unternehmereigenschaft in zurechenbarer Weise gesetzt wurde, überwiegt idR der Gedanke des Verbraucherschutzes (MünchKomm/Lorenz § 474 Rn 30: bei grob fahrlässigem Verhalten sei Arglisteinwand aber gegeben). 751

b)   Darlehen und andere Kreditverträge, §§ 488–515
In der Rspr hat der Grundsatz von Treu und Glauben beim Darlehensvertrag in Bezug auf die **Aufklärungspflichten** des Darlehensgebers sowie die Regeln über den **Einwendungsdurchgriff bei verbundenen Verträgen** größere Bedeutung erlangt. In beiden Bereichen wird heute aber kaum noch mit § 242 BGB argumentiert, da die einschlägigen Grundsätze inzwischen für Verbraucherverträge weitgehend kodifiziert worden sind. Im Übrigen werden im Darlehensrecht die Ausformungen der einzelnen Fallgruppen des § 242 BGB (dazu Rn 210 ff) relevant. Im Folgenden soll ein kurzer Überblick über die bislang von der Rspr behandelten Problemkreise gegeben werden. Weitere Einzelheiten sind bei den Kommentierungen der §§ 488 ff BGB zu finden. 752

Aus § 242 BGB lässt sich keine Verpflichtung des Kreditinstituts ableiten, sich um den **Verwendungszweck eines Darlehens** zu kümmern oder den Kreditnehmer vor diesbezüglichen Risiken zu warnen (BGH BGHReport 2003, 963; KG NJOZ 2002, 961, 966). Dies gilt grundsätzlich auch für den Fall der Finanzierung eines steuersparenden Bauherren-, Bauträger- oder Erwerbermodells. Die Bank kann nämlich idR davon ausgehen, dass die Kunden entweder selbst über die notwendigen Kenntnisse und Erfahrungen verfügen oder sachkundige Beratung eingeholt haben (BGH NJW 2006, 2099, 2103). Die Rspr erkennt aber eine Ausnahme an, wenn der Darlehensnehmer im Einzelfall besonders aufklärungs- und schutzbedürftig ist und ein Hinweis der finanzierenden Bank daher **nach Treu und Glauben geboten** erscheint (so schon BGH NJW-RR 1990, 876, 877). Hiervon wird insbesondere dann ausgegangen, wenn die Bank in Bezug auf spezielle Risiken des Projekts einen **konkreten Wissensvorsprung** gegenüber dem Darlehensnehmer hat, wenn sie im Zusammenhang mit der Planung, Durchführung oder dem Vertrieb des Projekts über ihre Rolle als Kreditgeberin hinausgeht oder wenn sie sich in schwerwiegende Interessenkonflikte zu Lasten des Darlehensnehmers verwickelt (vgl BGH NJW 2006, 2099, 2103; NJW 2008, 2572, 2576; NJW 2010, 602, 605; NJW-RR 2011, 124, 125; zusammenfassend Palandt/Weidenkaff § 488 Rn 7). Auf dieser Grundlage hat sich eine umfangreiche Rspr zur **Haftung der Banken wegen Aufklärungspflichtverletzung** nach § 280 Abs 1 BGB iVm § 241 Abs 2 BGB (ggf iVm §§ 311 Abs 2 BGB) entwickelt (vgl Palandt/Grüneberg § 280 Rn 56 ff mwNw). Diese 753

Rspr ist inzwischen so differenziert, dass der allgemeine Gedanke von Treu und Glauben nicht mehr herangezogen wird. Eine Pflicht des Darlehensgebers, vor Abschluss eines Verbraucherdarlehensvertrages zum Schutz des Verbrauchers dessen **Kreditwürdigkeit** zu prüfen, ergibt sich aus § 505a BGB, der über § 506 Abs 1 auch auf Finanzierungshilfen zwischen einem Unternehmer und einem Verbraucher anwendbar ist. Hat der Darlehensgeber gegen die Pflicht zur Kreditwürdigkeitsprüfung verstoßen, so kann er gegen den Darlehensnehmer nach § 505d Abs 2 BGB keine Ansprüche wegen Pflichtverletzung geltend machen, wenn dieser Pflichten aus dem Darlehensvertrag nicht vertragsgemäß erfüllen kann und die Pflichtverletzung auf einem Umstand beruht, der bei ordnungsgemäßer Kreditwürdigkeitsprüfung dazu geführt hätte, dass der Darlehensvertrag nicht hätte geschlossen werden dürfen. Nach der Gesetzesbegründung beruht diese Regelung auf dem Verbot **unzulässiger Rechtsausübung**, das es dem Darlehensgeber untersagt, sich auf die mittels eines Pflichtverstoßes erworbenen Rechte zu berufen (Begr RegE, BT-Drs 18/5922, 103; krit zu diesem Verständnis MünchKomm/Schürnbrand/Weber § 505d Rn 2). Auf den Gedanken der unzulässigen Rechtsausübung werden auch die Zinsreduktion nach § 505d Abs 1 S 1 und 2 BGB sowie das Kündigungsrecht des Darlehensnehmers nach § 505d Abs 1 S 3 BGB gestützt (Begr RegE, BT-Drucks 18/5922, 101).

754 Bei einer engen Verknüpfung von Darlehen und finanziertem Geschäft hat die Rspr vor Inkrafttreten des VerbrKrG den Grundsatz entwickelt, dass es mit Treu und Glauben unvereinbar sei, das Risiko der Aufspaltung eines wirtschaftlich einheitlichen Vorgangs in zwei rechtlich selbstständige Verträge einseitig dem Darlehensnehmer aufzubürden. Beim **finanzierten Kauf** wurde dem Käufer und Darlehensnehmer daher nach § 242 BGB erlaubt, dem Darlehensgeber seine Einwendungen aus dem Kaufvertrag entgegenzuhalten, wenn beide Verträge eine wirtschaftliche Einheit bildeten und die Risiken des Gesamtgeschäfts sonst nicht angemessen verteilt wären (BGHZ 83, 303, 304; 95, 350, 352; BGH NJW 1992, 2560, 2562; NJW 2000, 3065, 3066; Staudinger/Herresthal [2017] § 358 Rn 14). Entsprechende Grundsätze galten für **andere fremdfinanzierte Geschäfte** (näher dazu Staudinger/Herresthal [2017] § 358 Rn 20 mwNw). Die Rspr zum **Einwendungsdurchgriff bei verbundenen Verträgen** ist später mit einigen Modifikationen in den Vorschriften des § 9 VerbrKrG bzw der §§ 358, 359 BGB aufgegangen (zur Entstehungsgeschichte Staudinger/Herresthal [2017] § 358 Rn 21 ff). Diese Vorschriften sind in ihrem Anwendungsbereich grundsätzlich **abschließend**; ein Rückgriff auf § 242 BGB ist insoweit also nicht mehr zulässig (BGH NJW 2004, 1376, 1378; NJW 2006, 2099, 2101; Palandt/Grüneberg § 359 Rn 1).

755 Ob die nach § 242 BGB entwickelten Regeln **außerhalb von Verbraucherverträgen** weiter herangezogen werden können, um einen Einwendungsdurchgriff bei verbundenen Verträgen zu rechtfertigen, ist streitig. Den §§ 358, 359 BGB lässt sich keine gesetzgeberische Entscheidung entnehmen, den Einwendungsdurchgriff im Verhältnis zwischen Unternehmern generell auszuschließen. § 242 BGB wird somit nicht von vornherein verdrängt (so iE auch Palandt/Grüneberg Überbl 18 v § 311; Canaris ZIP 1993, 401, 412; **aA** MünchKomm/Habersack § 358 Rn 21 und § 359 Rn 20; Staudinger/Herresthal [2017] § 358 Rn 245). Die Rspr zu § 242 BGB beruhte indes auf der gesteigerten Schutzwürdigkeit des Darlehensnehmers, die bei Unternehmern grundsätzlich fehlt. Einen Sonderfall bilden die **Existenzgründer**; diese werden aber schon über § 512 BGB geschützt (zur Anwendbarkeit der §§ 358, 359 BGB auf Existenzgründer MünchKomm/

HABERSACK § 358 Rn 21; STAUDINGER/KESSAL-WULF [2012] § 512 Rn 1). Bei Verträgen zwischen Unternehmern kommt ein Einwendungsdurchgriff nach § 242 BGB daher nur in besonders gelagerten Ausnahmefällen (zB zu Gunsten von Kleinunternehmern) in Betracht (s PALANDT/GRÜNEBERG Überbl 18 v § 311).

Ist für die Rückerstattung des Darlehens kein bestimmter Zeitpunkt vereinbart, **756** kann jede Partei das Darlehen gem § 488 Abs 3 BGB mit einer Frist von drei Monaten **kündigen**. Das Kündigungsrecht des Darlehensgebers wird jedoch durch **Treu und Glauben** (§ 242 BGB) eingeschränkt. Die Kündigung eines Darlehens zur **Unzeit** ist daher unzulässig (vgl MünchKomm/BERGER § 488 Rn 238; ERNE, in: CLAUSSEN, Bank- und Börsenrecht [5. Aufl 2014] § 5 Rn 43 f mwNw). Ebenso führt die Vernachlässigung der dem Gläubiger erkennbaren Interessen des Schuldners uU nach § 242 BGB zum vorübergehenden Ausschluss des Kündigungsrechts. So darf der Schuldner bei einem langfristigen Darlehen idR darauf vertrauen, dass der Gläubiger sein ordentliches Kündigungsrecht **nicht ohne ernstlichen Anlass** ausübt (BGH NJW 1981, 1363; NJW 1986, 1928, 1930; vgl aber auch OLG Hamm NJW-RR 1991, 242). Dass eine Bank über längere Zeit die Überziehung des Kreditrahmens geduldet hat, macht die Kündigung allein aber noch nicht rechtsmissbräuchlich (BGH NJW 1998, 602, 603). Bei Verbraucherdarlehen sind zudem die Einschränkungen des Kündigungsrechts nach § 498 BGB zu beachten.

Das **Verlangen der sofortigen Rückzahlung** des Darlehenskapitals kann gegen Treu **757** und Glauben verstoßen, wenn der Darlehensvertrag eine Verfallklausel für den Fall des Zahlungsrückstands enthält, der aufgelaufene Rückstand aber allein darauf beruht, dass der Schuldner – ebenso wie der Gläubiger – die vereinbarte Verdoppelung der Tilgungsrate nach 15 Jahren mehrere Jahre lang übersehen hat (OLGReport Düsseldorf 2000, 392).

Für die **Verwirkung** von **Rückzahlungsansprüchen des Darlehensgebers** gelten die **758** allgemeinen Regeln (s oben Rn 300 ff). Das Problem stellt sich vor allem bei **titulierten Ansprüchen**. In der Rspr sind die Voraussetzungen der Verwirkung bejaht worden, wenn die Bank mehr als acht Jahre lang keine Zwangsvollstreckungsmaßnahmen gegen den Darlehensschuldner durchgeführt hat (LG Trier NJW-RR 1993, 55; AG Worms NJW-RR 2001, 415; MünchKomm/BERGER § 488 Rn 86; vgl auch OLG Frankfurt BKR 2003, 200 – 16 Jahre zurückliegender Vollstreckungsversuch). In neuerer Zeit hat der BGH jedoch mit Blick auf einen titulierten Mietzahlungsanspruch betont, dass der Gläubiger einen rechtskräftig ausgeurteilten Zahlungsanspruch nicht allein dadurch verwirkt, dass er über einen Zeitraum von 13 Jahren keinen Vollstreckungsversuch unternimmt. Wenn der Gläubiger seinen Anspruch titulieren lasse, mache er nämlich deutlich, dass er seinen Anspruch auf einem Weg durchsetzen wolle, der ihm dies grundsätzlich für die Dauer von 30 Jahre ermöglicht. Die Annahme, ein anschließendes Ruhen der Angelegenheit können bedeuten, dass der Gläubiger seinen Anspruch endgültig nicht mehr geltend machen wolle, sei daher fernliegend (BGH 9. 10. 2013 – XII ZR 59/12, NJW-RR 2014, 195, 196; vgl auch HAERTLEIN DGVZ 2019, 74, 77). Diese Überlegungen müssen auch bei titulierten Rückzahlungsansprüchen des Darlehensgebers beachtet werden. Umgekehrt kann dem Anspruch des Darlehensnehmers aus § 315 Abs 3 BGB auf **Anpassung der Zinsen an ein niedrigeres Zinsniveau** jedenfalls dann die Verwirkung entgegenstehen, wenn dieser Anspruch mehr als 6 Jahre nicht geltend gemacht worden ist (BGH WM 1986, 580, 582; OLG Köln NJW-RR 1993, 1459).

Zur schnelleren Klärung der Zinsfrage wird in der Lit teilweise sogar eine Verwirkungsfrist von einem Jahr befürwortet (so MünchKomm/BERGER § 488 Rn 183).

758a In neuerer Zeit wird die Relevanz des Einwands der **Verwirkung** in Bezug auf das **Widerrufsrecht des Darlehensnehmers** bei Verbraucherdarlehensverträgen besonders lebhaft diskutiert. Die besondere Relevanz der Verwirkung beruht in diesen Fällen darauf, dass § 356b BGB für Allgemein-Verbraucherdarlehensverträge bei Fehlen oder Fehlerhaftigkeit der vorgeschriebenen Angaben keine objektive zeitliche Begrenzung des Widerrufsrechts vorsieht. Die Widerrufsfrist beginnt in diesen Fällen vielmehr erst mit Nachholung der Angaben. Es kommt damit zu einem „ewigen" **Widerrufsrecht**. Das Gleiche galt bis zum 21. 3. 2016 auch für Immobiliar-Verbraucherdarlehensverträge (s unten Rn 758c). In Rspr und Lit finden sich verschiedene Ansätze, das ewige Widerrufsrecht unter dem Aspekt der Verwirkung oder des Rechtsmissbrauchs zu begrenzen. Der BGH hat hierzu in neuerer Zeit wiederholt klargestellt, dass das **Widerrufsrecht** des Verbrauchers bei **Verbraucherdarlehensverträgen** (§ 495 Abs 1 BGB) nach allgemeinen Grundsätzen **verwirkt** werden kann (BGH 12. 7. 2016 – XI ZR 564/15, WM 2016, 1930 = NJW 2016, 3512 Rn 36 ff; zur Verwirkung des „ewigen" Widerrufsrechts vgl auch BGH 12. 7. 2016 – XI ZR 501/15, WM 2016, 1835 = NJW 2016, 3518 Rn 39 ff; BGH 12. 3. 2019 – XI ZR 9/17, WM 2019, 917 Rn 11). Der BGH hat dabei betont, dass die Verwirkung als Unterfall der unzulässigen Rechtsausübung wegen illoyal verspäteter Geltendmachung von Rechten neben einem **Zeitmoment** auch ein **Umstandsmoment** voraussetzt. Ein Recht sei verwirkt, wenn sich der Schuldner wegen der Untätigkeit seines Gläubigers **bei objektiver Betrachtung** darauf einrichten durfte und eingerichtet habe, dieser werde sein Recht nicht mehr geltend machen, sodass die verspätete Geltendmachung gegen Treu und Glauben verstoße (BGH WM 2016, 1835 Rn 40; WM 2016, 1930 Rn 37).

Nach der Rspr des BGH kann der Unternehmer aber nicht allein wegen eines laufend vertragstreuen Verhaltens des Verbrauchers ein schutzwürdiges Vertrauen darauf bilden, dass dieser seine Willenserklärung nicht widerrufen wird. Für das **Umstandsmoment** der Verwirkung soll es auch nicht darauf ankommen, wie schwerwiegend der zur Wirkungslosigkeit der Widerrufsbelehrung führende Fehler sei. Die in der Lit teilweise befürwortete Differenzierung zwischen fehlender, erheblich fehlerhafter oder bloß geringfügig fehlerhafter Widerrufsbelehrung (so etwa BRAUN-SCHMIDT NJW 2014, 1558, 1560; WAHLERS WM 2015, 1043, 1047 ff) wird vom BGH abgelehnt. Im konkreten Fall stellte sich der Widerruf des Verbraucherdarlehensvertrages nach Ansicht des BGH auch nicht aus anderen Gründen als **unzulässige Rechtsausübung** dar. Wichtig ist dabei die Feststellung, dass die Ausübung eines Widerrufsrechts nicht allein deshalb rechtsmissbräuchlich ist, weil der **Schutzzweck** des Verbraucherwiderrufsrechts **nicht für den Widerruf** leitend war (BGH 12. 7. 2016 – XI ZR 564/15, WM 2016, 1930 Rn 47; 7. 11. 2017 – XI ZR 369/16, WM 2018, 45 Rn 16; einschränkend HERRESTHAL NJW 2019, 13 ff). Das Ziel des Verbrauchers, „sich von langfristigen Verträgen mit aus gegenwärtiger Sicht hohen Zinsen zu lösen", steht der Ausübung des Widerrufsrechts daher für sich genommen ebenfalls nicht nach § 242 BGB entgegen (BGH 12. 7. 2016 – XI ZR 501/15, WM 2016, 1835 Rn 23).

758b Das Widerrufsrecht des Verbrauchers wird auch nicht dadurch ausgeschlossen, dass der Darlehensvertrag zuvor **gekündigt** oder von den Parteien gegen Zahlung eines Aufhebungsentgelts **einvernehmlich beendet** wurde (BGH 11. 10. 2016 – XI ZR 482/15,

NJW 2017, 243 Rn 28). Unter dem Aspekt der **Verwirkung** ist allerdings zu beachten, dass das Vertrauen des Unternehmers auf ein Unterbleiben des Widerrufs nach der Rspr gerade bei **beendeten Verträgen** auch dann schutzwürdig sein kann, wenn die Widerrufsbelehrung nicht den gesetzlichen Anforderungen entsprach und keine Nachbelehrung erfolgt ist. Dies gilt nach Ansicht des BGH in besonderem Maße, wenn die Beendigung des Darlehensvertrags auf einen Wunsch des Verbrauchers zurückgeht (BGH NJW 2017, 243 Rn 30; BGH WM 2019, 917 Rn 11). Denn eine Nachbelehrung sei nach Beendigung des Verbraucherdarlehensvertrages sinnvoll nicht mehr möglich (BGH WM 2016, 1835 Rn 41). Hat die Bank nach der Beendigung der Darlehensvertrags mit den Leistungen des Darlehensnehmers gearbeitet oder Sicherheiten an diesen zurückgewährt, so soll darin die **Ausübung beachtlichen Vertrauens** iSd § 242 BGB liegen (BGH 16. 10. 2018 – XI ZR 45/18, WM 2018, 2274 = BeckRS 2018, 29284 Rn 13 ff; 16. 10. 2018 – XI ZR 69/18, WM 2018, 2275 = NJW 2019, 66 Rn 14 ff; WM 2019, 917 Rn 11). Dass der Darlehensgeber davon ausgehen musste, dass der Darlehensnehmer von seinem Widerrufsrecht wegen der nicht ordnungsgemäßen Belehrung **keine Kenntnis** hatte, stehe der Verwirkung dabei nicht entgegen (BGH WM 2019, 917 Rn 11).

In der Lit wird diese Rspr mit dem Argument kritisiert, dass es ohne **Kenntnis** oder **grob fahrlässige Unkenntnis** des Widerrufsrechts durch den Berechtigten keine Verwirkung geben könne (Knops NJW 2018, 425, 426; ders AöR 143 [2018] 554, 576 ff; BeckOK-BGB/Sutschet [1. 5. 2019] Rn 175; allg zur Relevanz subjektiver Momente o Rn 309). Von einer solchen Kenntnis könne bei fehlender oder fehlerhafter Belehrung aber nicht ausgegangen werden. Außerdem sei das Vertrauen des Unternehmers regelmäßig nicht schutzwürdig, weil er durch die fehlende oder fehlerhafte Belehrung die Ursache für das „ewige" Widerrufsrecht gesetzt habe. Richtig ist hieran jedenfalls, dass der BGH zu wenig auf die **subjektiven Voraussetzungen der Verwirkung** eingeht. Auch wenn man die Kenntnis oder grob fahrlässige Unkenntnis des Rechts von Seiten des Berechtigten nicht als zwingende Voraussetzung der Verwirkung ansieht, müsste dieser Aspekt wenigstens bei der Abwägung stärker berücksichtigt werden.

758c Im Hinblick auf das **Zeitmoment** lassen sich auch für das Widerrufsrecht des Verbrauchers bei Verbraucherdarlehensverträgen keine festen Fristen festlegen (allg dazu oben Rn 305). Da das Widerrufsrecht als Gestaltungsrecht nicht verjährt, kann aus den **gesetzlichen Verjährungshöchstfristen** nicht auf ein „Mindestzeitmoment" geschlossen werden (BGH 10. 10. 2017 – XI ZR 393/16, ZIP 2017, 2244 Rn 9). Das BVerfG hat zur parallelen Problematik beim Widerrufsrecht des Versicherungsnehmers nach Art 8 VVG klargestellt, dass das Zeitmoment bei einer verstrichenen Vertragslaufzeit von einem Jahr keinesfalls verwirklicht ist (BVerfG 10. 10. 2013 – 1 BvR 1848/13, r+s 2014, 6).

758d Die vorstehenden Grundsätze galten bis zum 20. 3. 2016 auch für **Immobiliar-Verbraucherdarlehensverträge**. Bei der Umsetzung der Wohnimmobilienkredit-Richtlinie (RL 2014/17/EU) durch G vom 11. 3. 2016 (BGBl I, 396) hat der deutsche Gesetzgeber aber in § 356b Abs 2 S 4 BGB eine Regelung aufgenommen, wonach das Widerrufsrecht bei einem Immobiliar-Verbraucherdarlehensvertrag ohne Belehrung spätestens 12 Monate und 14 Tage nach dem Vertragsschluss oder nach Erhalt der Vertragsurkunde durch den Darlehensnehmer erlischt. Um die Rechtsunsicherheit für Altverträge zu beenden, sieht Art 229 § 38 Abs 3 S 1 EGBGB vor, dass „ewige" Widerrufsrechte aufgrund fehlerhafter Belehrung bei Immobiliar-Verbraucherdarlehensverträgen spätestens am 21. 6. 2016 erlöschen. Insoweit muss also künftig nicht mehr auf die Verwirkung zurückgegriffen werden. Bei vollständigem Fehlen einer Widerrufsbelehrung bleibt es dagegen bei der bisherigen Rechtslage (Begr RegE BT-Drs 18/7584, 146; OMLOR NJW 2016, 1265, 1267). Bei **Haustürgeschäften** kommt es mit Rücksicht auf die Rspr des EuGH in der Rechtssache Hamilton (EuGH NJW 2008, 1865) nur dann zum Erlöschen des Widerrufsrechts, wenn die beiderseitigen Leistungen aus dem Darlehensvertrag bei Ablauf des 21. 6. 2016 bereits **vollständig erbracht** waren; andernfalls erlöschen die Widerrufsrechte erst einen Monat nach vollständiger Leistungserbringung (Art 229 § 38 Abs 3 S 2 EGBGB).

Der BGH sieht in Art 229 § 38 Abs 3 EGBGB eine Bestätigung seiner Rspr zur Möglichkeit einer Verwirkung des „ewigen" Widerrufsrechts bei Verbraucherverträgen (BGH WM 2016, 1835 Rn 39; WM 2016, 1930 Rn 34). Diese Annahme lässt sich vor allem darauf stützen, dass das Widerrufsrecht des Darlehensnehmers nach dem Wortlaut von Art 229 § 38 Abs 2 S 1 **„spätestens"** drei Monate nach dem 21. 3. 2016 erlischt. Ein früheres Erlöschen nach den Grundsätzen der Verwirkung bleibt also vorbehalten (vgl Begr RegE, BT-Drs 18/7584, 147; OMLOR NJW 2016, 1265, 1267).

c) Schenkung, §§ 516–534

759 Der Grundsatz von Treu und Glauben ist auch im Schenkungsrecht zu berücksichtigen. In der Vergangenheit wurde § 242 BGB dort vor allem unter dem Aspekt des **Wegfalls der Geschäftsgrundlage** im Zusammenhang mit den §§ 527, 528, 530 BGB relevant. Nach geltendem Recht sind diese Fälle indes im Rahmen des § 313 BGB zu behandeln.

760 Eine besondere Ausprägung von Treu und Glauben findet sich in § 529 BGB. Die Vorschrift enthält keine abschließende Regelung der Fälle, in denen die Geltendmachung des Rückforderungsanspruchs durch den Schenker treuwidrig wäre (STAUDINGER/CHIUSI [2013] § 529 Rn 1; MünchKomm/KOCH § 529 Rn 5; BeckOK-BGB/GEHRLEIN [1. 5. 2019] § 529 Rn 1; einschränkend BGHZ 147, 288, 295). In anderen Fällen bleibt der Rückgriff auf § 242 BGB daher grundsätzlich zulässig. So kann das **Rückforderungsrecht des verarmten Schenkers** aus § 528 BGB nach § 242 BGB ausgeschlossen sein, wenn der verschenkte Gegenstand keinen Wert hat und sich deshalb nicht zur Sicherung des Unterhalts einsetzen lässt (OLG München HRR 1938 Nr 1327). Dass der Schenker die eigene Bedürftigkeit selbst verschuldet hat, lässt die Rückforderung nicht treuwidrig erscheinen. Eine Ausnahme kommt aber bei Arglist des Schenkers in Betracht (vgl LOOSCHELDERS, Schuldrecht BT § 18 Rn 19). Umgekehrt muss sich der Beschenkte bzw dessen Erbe den Einwand der unzulässigen Rechtsübung entgegenhalten lassen, wenn er sich nach § 529 Abs 2 BGB auf die eigene Bedürftigkeit beruft, obwohl er seine **Bedürftigkeit** in Kenntnis vom Notbedarf des Schenkers **mutwillig herbeigeführt** hat (BGH NJW 2001, 1207, 1208; ERMAN/HÄHNCHEN § 529 Rn 5; LOOSCHELDERS, Schuldrecht BT § 18 Rn 19).

Dem Beschenkten ist die **Notbedarfseinrede** aus § 529 Abs 2 BGB nach Treu und Glauben auch dann verwehrt, wenn ihm ein Vermögensgegenstand zugewendet wird, den der Schenker zur Deckung seines eigenen Unterhaltsbedarfs benötigt und dieser Unterhaltsbedarf deshalb vom Sozialhilfeträger befriedigt werden muss. Die Erhebung der Notbedarfseinrede durch den Beschenkten verstößt dabei nicht nur dann gegen Treu und Glauben, wenn der Beschenkte die Möglichkeit der

Notbedarfseinrede gegenüber einem Rückforderungsanspruch des Sozialversicherungsträgers erkennt; es reicht die **allgemeine Vorstellung**, mit der Zuwendung den Gegenstand **dem Zugriff des Sozialversicherungsträgers** zu **entziehen** (BGH 20. 11. 2018 – X ZR 115/16, NJW 2019, 1229 Rn 20 ff).

Das Verbot widersprüchlichen Verhaltens kann bei der Frage relevant werden, ob der Schenker dem Beschenkten eine Verfehlung iSd § 532 BGB verziehen hat. Bei der **Verzeihung** handelt sich um einen inneren Vorgang. Der Schenker kann sich jedoch nach Treu und Glauben nicht darauf berufen, er habe dem Beschenkten nicht verzeihen wollen, wenn eine Verzeihung aufgrund seines äußeren Verhaltens anzunehmen ist (vgl STAUDINGER/CHIUSI [2013] § 532 Rn 3 und STAUDINGER/OTTE [2014] § 2337 Rn 21: venire contra factum proprium). Im Allgemeinen wird in solchen Fällen aber bereits eine konkludente Verzeihung vorliegen (für analoge Anwendung von § 116 BGB BGH FamRZ 1957, 208, 209). Die verbale Verweigerung der Verzeihung stellt dann eine unbeachtliche protestatio facto contraria dar. **761**

Hat der Schenker die Schenkung wirksam widerrufen, so richtet sich sein Herausgabeanspruch gem § 531 Abs 2 BGB iVm § 812 Abs 1 BGB grundsätzlich auf das **Geschenk als solches**; Wertersatz ist nach § 818 Abs 2 BGB nur geschuldet, wenn die Herausgabe aufgrund der Beschaffenheit des Geschenks nicht möglich ist oder der Beschenkte aus einem anderen Grund zur Herausgabe außerstande ist (BGH NJW-RR 2001, 6, 7). In Ausnahmefällen kann der Schenker aber nach Treu und Glauben gehindert sein, das Geschenk als solches herauszuverlangen; stattdessen muss er sich mit einem Wertersatzanspruch begnügen (STAUDINGER/CHIUSI [2013] § 531 Rn 20). **762**

d) Mietvertrag, §§ 535–580a*
aa) Allgemeines

Dem Grundsatz von Treu und Glauben (§ 242 BGB) kommt im Mietrecht besondere Bedeutung zu. Dies beruht insbesondere auf dem Charakter des Mietvertrags als **Dauerschuldverhältnis** (MünchKomm/HÄUBLEIN § 535 Rn 147), der im Bereich der Wohnungsmiete durch die Regelungen des „sozialen Mietrechts" flankiert wird (WELLER JZ 2012, 881, 883). Dabei hat der Wohnraummietvertrag eine „personale Dimension", da die Wohnung für den Mieter von **existenzieller Bedeutung** ist. Der **763**

---

* **Schrifttum**: BLANK, Der Wegfall des Eigenbedarfs nach Ablauf der Kündigungsfrist, NJW 2006, 739; BLANK/BÖRSTINGHAUS, Miete (5. Aufl 2017); JOACHIM, Unbestimmte Rechtsbegriff im Mietrecht, in: ARTZ/BÖRSTINGHAUS (Hrsg), 10 Jahre Mietrechtsreformgesetz – eine Bilanz (2011) 108; FLATOW, Typische Fehler bei der Kündigungserklärung, NZM 2004, 281; KANDELHARD, Verwirkung im laufenden Mietverhältnis – Rechtsverlust durch Unterlassen?, NZM 2005, 43; LEHMANN-RICHTER, Verwirkung der zukünftigen Minderung bei vorbehaltloser Mietzahlung – ein methodischer Irrweg, in: ARTZ/BÖRSTINGHAUS (Hrsg), 10 Jahre Mietrechtsreformgesetz – eine Bilanz (2011) 134; SCHMIDT-FUTTERER (Hrsg), Mietrecht (13. Aufl 2017); TIMME, Rechtsfolgen vorbehaltloser Mietzahlung in Mangelkenntnis – Mehr als bloß eine Etappe beim BGH?, NJW 2003, 3099; ders, Minderungsrechtsausschluss und spiegelbildliche Verwirkung des Mietnachforderungsrechts, NZM 2003, 508; ders, Vermieters Reaktionspflichten nach Wegfall des Eigenbedarfs, NZM 2006, 249; VENTSCH/STORM, Verwirkung des Anspruchs auf die Miete, NZM 2003, 577; WELLER, Der Mietvertrag als enfant terrible der Privatrechtsdogmatik, JZ 2012, 881.

Mietvertrag berührt zudem sowohl auf der Vermieter- als auch auf Mieterseite **Grundrechte** (insb Artt 2, 13, 14 GG), deren Drittwirkung im Rahmen des § 242 BGB zu beachten ist (dazu allg Rn 146). Der Dauerschuldcharakter führt ferner dazu, dass der Gedanke der **Vertragstreue** eine entsprechende Relevanz gewinnt (WELLER JZ 2012, 881, 882). So hat die soziale Dimension des Mietvertrages stabilisierende Wirkung und der mietvertragliche Bestandsschutz schützt vor Umgehungskonstellationen wie vor dem faktischen Hinausdrängen des Mieters aus der Wohnung durch Eigenbedarfskündigungen oder Mieterhöhungen. In diesem Zusammenhang ist außerdem darauf hinzuweisen, dass das Besitzrecht des Mieters an der Wohnung nach der Rspr des BVerfG (BVerfGE 89, 1, 5 ff = NJW 1993, 2035; BVerfG NJW 2000, 2658, 2659) ebenso wie das Eigentumsrecht des Vermieters durch **Art 14 Abs 1 GG** geschützt wird. Die hierauf beruhende Kollisionslage muss im Einzelfall mit Hilfe einer Interessenabwägung nach dem Grundsatz der **praktischen Konkordanz** aufgelöst werden (vgl LOOSCHELDERS/ROTH, Grundrechte und Vertragsrecht: Die verfassungskonforme Reduktion des § 565 Abs 2 S 2 BGB, JZ 1995, 1034, 1040 ff). Die Generalklausel des § 242 BGB bietet auch hierfür nicht selten einen geeigneten Rahmen. Das geltende Mietrecht enthält freilich auch in zahlreichen anderen Vorschriften **unbestimmte Rechtsbegriffe**, die eine Berücksichtigung von übergeordneten Wertungen und Billigkeitserwägungen ermöglichen (vgl JOACHIM, in: ARTZ/BÖRSTINGHAUS [Hrsg] 108 ff).

bb) Rechte und Pflichten im Mietverhältnis

764 § 242 BGB dient im Mietrecht traditionell als Anknüpfungspunkt für eine **Erweiterung** der Rechte und Pflichten von Mieter und Vermieter über das gesetzlich normierte bzw vertraglich vereinbarte Maß hinaus, wobei aber der Grundsatz von Treu und Glauben streng genommen nur zur Konkretisierung der aus dem Schuldverhältnis folgenden Rechte und Pflichten herangezogen werden kann. Auf der anderen Seite werden den Rechten der Vertragsparteien auch im Mietrecht über § 242 BGB **Grenzen** gesetzt. Schon vor dem Abschluss des Mietvertrages ist der Vermieter verpflichtet, den Mieter, welcher mit einer längeren Dauer des Mietverhältnisses rechnet, über die Absicht oder zumindest die **Aussicht einer begrenzten Mietdauer** aufzuklären. Andernfalls verhält sich der Vermieter widersprüchlich, wenn er die Wohnung auf unbestimmte Zeiten vermietet. Der Mietinteressent ist dagegen nicht gehalten, einen möglichen Eigenbedarf des Vermieters zu erkunden (BGH WuM 2010, 512; siehe Rn 778 zu einer nach § 242 BGB eingeschränkten Kündigungsmöglichkeit in Fällen des Eigenbedarfs).

765 Vor Abschluss eines Gewerberaummietvertrages muss der **Mieter** über außergewöhnliche Umstände aufklären, mit denen der Vermieter nicht rechnen kann und die für ihn offensichtlich von erheblicher Bedeutung sind. Die Aufklärungspflicht des Mieters gilt nicht für Umstände, über die der Vermieter sich nach dem Grundsatz der Eigenverantwortung selbst zu informieren hat. Der Vermieter muss indes nicht nach Tatsachen forschen, für die er keinen Anhaltspunkt hat und die so außergewöhnlich sind, dass er mit ihnen nicht rechnen kann (BGH NJW 2010, 3362 zum Warensortiment „Thor Steinar"). Der **Vermieter** hat über diejenigen Umstände aufzuklären, welche für den Mieter von Bedeutung sind, sodass ein Gleichlauf der Aufklärungspflichten besteht (BGH NJW 2000, 1714, 1718; BGH NJW 2004, 2674; BGH NJW 2006, 2618, 2619; BGH NJW-RR 2007, 298).

766 Unter bestimmten Voraussetzungen hat der **Vermieter** nach der Rspr das Anbringen einer **Satellitenempfangsanlage** außerhalb der Miträume zu dulden. Denn das durch

Art 5 Abs 1 HS 2 GG gewährleistete Informationsrecht des Mieters umfasst den Empfang allgemein zugänglicher Fernseh- und Rundfunkprogramme sowie die Errichtung der hierzu erforderlichen technischen Anlagen, sodass das Eigentumsrecht des Vermieters aus Art 14 Abs 1 GG im Einzelfall zurücktreten muss (grundlegend BVerfGE 90, 27, 32 f = NJW 1994, 1147; vgl auch BVerfG NJW 1992, 493; OLG Karlsruhe NJW 1993, 2815; OLG Frankfurt NJW 1992, 2490). Ausreichend ist für den in Deutschland lebenden Mieter aber, wenn er über einen kostenpflichtigen Kabelanschluss mehrere Programme seines Heimatlandes empfangen kann (BVerfG NZM 2005, 252, 253; BGH NJW 2006, 1062, 1064; Looschelders, Schuldrecht BT § 22 Rn 14). Darüber hinaus hat die Rspr dem Vermieter über § 242 BGB die Pflicht auferlegt, den **Einbau von Treppenhausliften** zu dulden, sofern der Mieter oder ein Angehöriger seines Haushaltes aufgrund einer Behinderung für den Zugang zur Mietwohnung bzw dessen Benutzung hierauf angewiesen sind (BVerfG NJW 2000, 2658; LG Duisburg ZMR 2000, 463). In der Zwischenzeit hat diese Problematik in § 554a BGB eine ausdrückliche Regelung erfahren, bei deren Konkretisierung die im Rahmen von § 242 BGB entwickelten Grundsätze aber weiterhin zu berücksichtigen sind (s im Einzelnen Staudinger/Rolfs [2018] § 554a Rn 3). Im Einzelfall kann es auch rechtsmissbräuchlich sein, wenn der Vermieter dem Mieter andere **bauliche Veränderungen** untersagt, obwohl diese ihn nur unwesentlich beeinträchtigen und zu keiner Verschlechterung der Mietsache führen (BGH NJW 1963, 1539, 1540; BayObLG NJW 1981, 1275, 1276 f; MünchKomm/Schubert Rn 505; vgl auch Schmidt-Futterer/Eisenschmid § 535 Rn 422). Der Vermieter verhält sich aber nicht rechtsmissbräuchlich, wenn er dem Mieter den Einbau einer modernen Heizungsanlage verwehrt, weil er die Wohnung während der Mietdauer in dem bisherigen Zustand erhalten und etwaige Investitionen erst bei einer späteren Neuvermietung vornehmen will, um bei der Neuvermietung eine höhere Miete zu erzielen. Ein solches Vorgehen ist durch die prinzipielle Entscheidungsfreiheit des Vermieters und Eigentümers über den Zeitpunkt von Investitionen in die Mietsache gedeckt (BGH NJW-RR 2012, 262).

Bei dem **Verlust eines Haustürschlüssels** steht dem Vermieter ein Schadensersatzanspruch aus § 280 Abs 1 BGB zu. Nach Treu und Glauben darf er jedoch nicht die Kosten für die Auswechselung der gesamten Schließanlage eines Mehrfamilienhauses geltend machen, sofern eine missbräuchliche Verwendung des Schlüssels nach den Umständen des Einzelfalls ausgeschlossen ist (BGH NZM 2014, 303; LG Berlin ZMR 2000, 535; LG Mannheim WuM 1977, 121; Ruthe, Der „verlorene" Haustürschlüssel, NZM 2000, 365; Flatow, Der verlorene Schlüssel, NZM 2011, 660, 663). Der Schadensersatzanspruch besteht im Übrigen nur, wenn der Vermieter die Schlösser tatsächlich austauscht. Der Vermieter kann daher die Kosten eines fiktiven Austauschs der Schließanlage nicht nach § 249 Abs 2 S 1 BGB geltend machen (BGH NZM 2014, 303). Will der Mieter in seiner Wohnung eine **geschäftliche Tätigkeit** ausüben, die tatsächlich nach außen in Erscheinung tritt, so benötigt er dafür eine Erlaubnis des Vermieters. Der Vermieter kann dabei nach Treu und Glauben verpflichtet sein, diese erforderliche Erlaubnis zu erteilen. Dies kommt insbesondere in Betracht, wenn die vom Mieter geplante oder ausgeübte gewerbliche oder freiberufliche Tätigkeit ohne Mitarbeiter und ohne erheblichen Kundenverkehr stattfindet (BGH 14. 7. 2009 – VIII ZR 165/08: Tätigkeit als Makler). Die Versagung der Erlaubnis wäre hier freilich rechtsmissbräuchlich, da die geschäftliche Tätigkeit im Vergleich mit der reinen Wohnnutzung keine weitergehenden Störungen für den Vermieter sowie die anderen Mieter mit sich bringt. Aus dem gleichen Grunde muss der Vermieter auch die Beaufsichtigung von

767

Kindern im Rahmen einer Tätigkeit als sog Tagesmutter gestatten, sofern die Zahl der „Tageskinder" nicht allzu groß ist (vgl Staudinger/Emmerich [2018] § 535 Rn 37: höchstens zwei bis drei Kinder).

768 Trägt der Mieter nach dem Mietvertrag die anteiligen Kosten der **Gebäudeversicherung**, so muss der Vermieter sich bei einem vom Mieter verursachten Schaden an der Mietsache nach Treu und Glauben grundsätzlich an den Versicherer halten (BGH VersR 2005, 498, 499). Gem § 86 VVG steht diesem zwar an sich ein **Regressanspruch** gegen den Schädiger zu. Die Rspr geht jedoch im Wege ergänzender Vertragsauslegung (§§ 133, 157 BGB) davon aus, dass der Versicherer für den Fall einfacher Fahrlässigkeit auf einen Regress gegen den Mieter verzichtet hat (vgl BGHZ 145, 393, 398 ff; 169, NK-BGB/Looschelders § 157 Rn 68 f). Dies gilt auch dann, wenn der Mieter eine Haftpflichtversicherung hat, die Ansprüche wegen Schäden an gemieteten Sachen abdeckt (BGHZ 169, 86, 88 ff). Bei grober Fahrlässigkeit des Mieters ist der Regress des Vermieters dagegen nicht ausgeschlossen. Hieran hat das Inkrafttreten des neuen VVG von 2008 nichts geändert. In der Lit ist bei grober Fahrlässigkeit zwar für eine am Maß des Verschuldens des Mieters orientierte Einschränkung des Regresses nach § 81 Abs 2 VVG analog plädiert worden (Bruck/Möller/Voit [9. Aufl 2010] § 86 Rn 206; Wandt, Versicherungsrecht [6. Aufl 2016] Rn 940; Looschelders JR 2007, 424, 426; Piepenbrock VersR 2008, 319 f; Staudinger/Kassing VersR 2007, 10, 11). Der BGH ist dem jedoch nicht gefolgt. Er hat vielmehr in neuerer Zeit klargestellt, dass der Versicherer bei grober Fahrlässigkeit des Mieters in vollem Umfang Regress nehmen kann (BGH 26. 10. 2016 – IV ZR 52/15, NJW-RR 2017, 22; näher dazu Looschelders/ Paffenholz, Versicherungsvertragsrecht [2. Aufl 2019] Rn 413).

Die Einschränkung des Regressanspruchs des Versicherers hilft dem Mieter für sich genommen nicht weiter, wenn der Vermieter auf die Inanspruchnahme des Versicherers verzichtet und stattdessen den Mieter selbst nach §§ 280 Abs 1, 823 Abs 1 BGB auf Schadensersatz in Anspruch nimmt. Nach der Rspr des BGH (BGH 9. 11. 2014 – VIII ZR 191/13, BGHZ 203, 256 = NJW 2015, 699 Rn 30; BGH VersR 2014, 999 Rn 5) stellt die unmittelbare **Inanspruchnahme des Mieters** durch den versicherten Vermieter aber eine Pflichtverletzung dar, die einen Schadensersatzanspruch des Mieters gegen den Vermieter begründet. Diesen Anspruch kann der Mieter dem Schadensersatzanspruch des Vermieters wegen der Obhutspflichtverletzung des Mieters nach dem **dolo agit-Grundsatz** gem § 242 BGB entgegenhalten.

769 Aus dem Mietvertrag ergibt sich **keine Pflicht des Vermieters**, den Mietern über die Wohnräume hinaus einen **(Garagen-)Stellplatz** zur Verfügung zu stellen. Auch eine vom Vermieter verwaltungsintern geführte Liste von Mietern, die sich für einen solchen Stellplatz interessieren, begründet kein einklagbares Recht der Mieter auf einen Garagenstellplatz (BGH WuM 2010, 678).

770 Vorbehaltlich der Diskriminierungsverbote des AGG trifft den Vermieter gegenüber seinen Mietern auch unter Berücksichtigung des Gleichheitssatzes (Art 3 Abs 1 GG) **keine allgemeine Gleichbehandlungspflicht** (BayObLG NJW 1981, 1275, 1277; Münch-Komm/Häublein § 535 Rn 147 f; Palandt/Grüneberg Rn 10; Schmidt-Futterer/Eisenschmid § 535 Rn 104; Sternel, Mietrecht [4. Aufl 2009] I Rn 301 ff; Wallerath ZMR 1969, 159; Weimar, Trifft den Vermieter eine Pflicht zur Gleichbehandlung der Mieter?, MDR 1971, 108, 109 f; **aA** Rathjen, Gleichbehandlung und Mietrecht, MDR 1980, 713; wohl auch Soergel/Teichmann

Rn 49; allg dazu Rn 146). Der Vermieter darf daher dem Grundsatz nach mit den einzelnen Mietern unterschiedliche Vereinbarungen zB über die **Höhe des Miete** und das **Recht zur Tierhaltung** treffen (MünchKomm/Häublein § 535 Rn 95). Unzulässige Rechtsausübung kann aber vorliegen, wenn der Vermieter einzelnen Mietern unter Verweis auf ein entsprechendes Verbot oder einen Genehmigungsvorbehalt im Mietvertrag die weitere Tierhaltung verbietet, obwohl er dies anderen Mietern in vergleichbarer Lage gestattet hat und für das konkrete Verbot keine sachlichen Gründe bestehen (LG Berlin WuM 1987, 213; ZMR 1999, 28; NZM 1999, 455; LG Hamburg MDR 1986, 937; AG Frankfurt aM NZM 1998, 758, 759; MünchKomm/Schubert Rn 505; Schmidt-Futterer/Eisenschmid § 535 Rn 564; zur Tierhaltung in der Wohnung s auch Staudinger/V Emmerich [2018] § 535 Rn 52 ff).

Der Vermieter kann vor der Erteilung der Erlaubnis zur **Untervermietung** nach § 540 BGB verlangen, dass der (Haupt-)Mieter ihm Auskunft über die wesentlichen Bedingungen der geplanten Untervermietung erteilt (BGH NJW 2007, 288, 289). Im Hinblick auf schon begründete Untermietverhältnisse hat der Vermieter dagegen idR keine **Auskunftsansprüche** gegen den Hauptmieter hinsichtlich der aus der **Untervermietung** erzielten Einkünfte. Eine solche Pflicht lässt sich nur dann aus § 242 BGB herleiten, wenn besondere Umstände des Einzelfalls ein nachträglich entstandenes Informationsbedürfnis des Vermieters (nicht bloße Neugier) nahelegen (OLG Düsseldorf NJW-RR 2013, 13; zum Sonderfall der Umsatzmiete vgl KG MDR 2012, 516). **771**

Der **Mieter** hat es grundsätzlich hinzunehmen, wenn der Vermieter/Eigentümer sein (in besonders gelagerten Fällen nach Treu und Glauben bestehendes) Recht zur **Besichtigung der vermieteten Räume** ausüben möchte. Ein allgemeines Besichtigungsrecht des Vermieters ist aber nicht anzuerkennen (zu den Einzelheiten Staudinger/V Emmerich [2018] § 535 Rn 97 ff mwNw). Die Duldungspflicht des Mieters bei **Erhaltungs- und Modernisierungsmaßnahmen** des Vermieters wurde früher ebenfalls auf § 242 BGB gestützt (vgl Staudinger/V Emmerich [2018] § 555a Rn 2 ff mwNw). Seit dem 1. 5. 2013 ist die Problematik in §§ 555a ff BGB umfassend geregelt (vgl Looschelders, Schuldrecht BT § 22 Rn 4). § 555b Nr 6 BGB erstreckt die Duldungspflicht des Mieters auf bauliche Veränderungen, die aufgrund von Umständen durchgeführt werden, welche der Vermieter **nicht zu vertreten** hat, und die **keine Erhaltungsmaßnahmen** nach § 555a BGB darstellen. Der Rückgriff auf § 242 BGB ist also auch insoweit nicht mehr erforderlich (vgl Staudinger/V Emmerich [2018] § 555b Rn 35; zur früheren Rechtslage BGH NJW 2009, 1736). Der Vermieter ist nach § 555a Abs 2 BGB und § 555c Abs 1 BGB grundsätzlich verpflichtet, Erhaltungs- und Modernisierungsmaßnahmen **rechtzeitig anzukündigen**. Auch hierbei handelt es sich um Ausprägungen der §§ 241 Abs 2, 242 BGB (vgl BGH NJW 2009, 1736; Staudinger/V Emmerich [2018] § 555a Rn 12 und § 555c Rn 1). **772**

cc) Mietzahlung, Kaution und Betriebskostenabrechnung
Ist der Mieter mit der Mietzahlung in **Verzug**, so kann der Vermieter auch bei Vorliegen der Voraussetzungen des § 543 Abs 2 Nr 3 BGB an einer außerordentlichen Kündigung gehindert sein, wenn diese im Einzelfall rechtsmissbräuchlich erscheint (Staudinger/V Emmerich [2018] § 543 Rn 60). Der Anspruch auf die Miete ist nicht **verwirkt**, wenn der Vermieter vor Ablauf der Verjährungsfrist zunächst untätig bleibt und keine Mietzahlung einfordert (OLG Düsseldorf NZM 2010, 820; KG NZM 2008, 129). **773**

774 Ein **Zurückbehaltungsrecht** an den Mietzahlungen kann der Mieter nur geltend machen, wenn er dem Vermieter den Mangel der Mietsache angezeigt hat oder wenn der Mangel dem Vermieter anderweitig bekannt ist (BGH NJW-RR 2011, 447; LG Berlin NZM 1998, 475). Nach höchstrichterlicher Rechtsprechung kann der Mieter nur solche **Mängelbeseitigungsansprüche** (§ 536a Abs 2 BGB) geltend machen, welche die für den Vermieter zumutbare **„Opfergrenze"** nicht überschreiten (BGH NJW 2010, 2050, 2052; BGH NJW 2005, 3284; OLG Hamburg NZM 2002, 343; OLG Karlsruhe NJW-RR 1995, 849, 850). Insbesondere hat der Mieter keinen Anspruch auf Kostenvorschuss für Maßnahmen, welche zur nachhaltigen Mangelbeseitigung ungeeignet sind (vgl BGH NJW 2010, 2050, 2052: keine „Flickschusterei"). Der BGH hat die „Opfergrenze" im Mietrecht auf der Grundlage des § 242 BGB entwickelt. Seit der Schuldrechtsreform ist § 275 Abs 2 BGB maßgeblich (vgl BGH NJW 2005, 3284; NJW 2010, 2050, 2052; STAUDINGER/V EMMERICH [2018] Vorbem 6 ff zu 536; BLANK/BÖRSTINGHAUS, § 535 Rn 374 ff; JOACHIM, in: ARTZ/BÖRSTINGHAUS [Hrsg] 108, 120 f).

Die **Minderung** stellt im Mietrecht kein Gestaltungsrecht des Mieters dar, sondern tritt bei Mängeln der Mietsache gem § 536 BGB **kraft Gesetzes** ein. Verhindert der Mieter unberechtigt die Beseitigung der Mängel durch den Vermieter, zB indem er Erhaltungsmaßnahmen des Vermieters pflichtwidrig nicht duldet, so ist er ab dem Zeitpunkt, zu dem die Mängel ohne sein pflichtwidriges Verhalten voraussichtlich behoben worden wären, aufgrund des **Verbots widersprüchlichen Verhaltens** gem § 242 BGB gehindert, sich auf die Minderung zu berufen. Ab diesem Zeitpunkt schuldet der Mieter also wieder die ungeminderte Miete (BGH 13. 5. 2015 – XII ZR 65/14, NJW 2015, 2419 Rn 17).

775 Der Einwand der unzulässigen Rechtsausübung kann auch dazu führen, dass der Mieter sich gegenüber dem Anspruch des Vermieters auf Zahlung der Miete nicht nach **§ 537 Abs 2** BGB auf die Gebrauchsüberlassung der Mietsache an einen Dritten berufen kann. So kann der Mieter gegenüber dem Anspruch des vertragstreuen Vermieters auf Zahlung der Miete nicht nach § 537 Abs 2 BGB einwenden, dieser sei wegen einer **Weitervermietung** der Mietsache zur Gebrauchsüberlassung nicht in der Lage gewesen, sofern die Weitervermietung letztlich dadurch veranlasst wurde, dass der Mieter ohne Rücksicht auf den bestehenden Mietvertrag ausgezogen ist und keine Miete mehr gezahlt hat (BGHZ 122, 163, 164 f; BGH NJW 2000, 1105, 1106; STAUDINGER/V EMMERICH [2018] § 537 Rn 36). Das Gleiche gilt, wenn der Mieter sich von vornherein geweigert hat, die Mietsache zu übernehmen und den Mietvertrag zu erfüllen (BGH NJW 2008, 1148, 1149 f; PALANDT/WEIDENKAFF § 537 Rn 12). Der Vermieter muss sich in diesen Fällen nur die Vorteile anrechnen lassen, die er durch die Weitervermietung erlangt hat (§ 537 Abs 1 S 2 BGB). Umgekehrt kann der Vermieter den Entschädigungsanspruch aus § 546a Abs 1 BGB nicht geltend machen, wenn er für die Vorenthaltung der Mietsache mitverantwortlich ist (BGHZ 104, 285, 290; STAUDINGER/ROLFS [2018] § 546a Rn 36). Bei einer Veräußerung der Mietsache ist der Mieter nach Treu und Glauben verpflichtet, die vom Voreigentümer zurückerhaltene **Kaution** an den Erwerber des Mietobjekts als neuen Vermieter zu leisten (BGH NJW-RR 2012, 214 zu einer persönlich für den Alteigentümer abgegebenen Verpfändungserklärung).

776 Dem Mieter kann ein Anspruch aus § 242 BGB auf **Auskunft** über die tatsächliche Höhe der **Betriebskosten** zustehen, wenn konkrete Anhaltspunkte für eine nachträgliche Ermäßigung der Betriebskostenpauschale bestehen (BGH NJW 2012, 303). Die

Ermäßigung einzelner Betriebskosten ist dabei aber irrelevant, wenn sie durch Erhöhungen in anderen Bereichen ausgeglichen wird. Kommt der Vermieter bei einer Betriebskostenabrechnung einem berechtigten Verlangen des Mieters nach **Vorlage von Belegen** nicht nach, so ist der Mieter nach der neueren Rspr nicht auf die Geltendmachung eines Zurückbehaltungsrechts nach §§ 273, 274 BGB verwiesen. Da der Mieter die Möglichkeit haben soll, die Abrechnung anhand der Belege zu überprüfen, wäre eine Verurteilung zur Zahlung Zug um Zug gegen Vorlage der Belege in diesen Fällen nicht interessengerecht. Durch die Nichtvorlage der Belege beeinträchtigt der Vermieter das Recht des Mieters auf eine vorherige Überprüfung der Abrechnung. Ein gleichwohl erhobenes Zahlungsverlangen stellt damit eine **unzulässige Rechtsausübung** dar. Dem Mieter steht deshalb ein temporäres Leistungsverweigerungsrecht aus § 242 BGB zu (BGH 7. 2. 2018 – VIII ZR 189/17, NJW 2018, 1599 Rn 25 ff).

dd) Beendigung des Mietverhältnisses

Der Vermieter ist nach der **Beendigung** des Mietverhältnisses grundsätzlich nicht **777** mehr verpflichtet, dem weiternutzenden Mieter die Miträume zum **Gebrauch** zu überlassen und vertraglich übernommene **Versorgungsleistungen** fortzusetzen (zB Heizenergie, Wasser) (BGH NJW 2009, 1947; KG NJW-RR 2012, 15). Etwas anderes kann aber nach Treu und Glauben bei drohenden Gesundheitsgefahren oder sonstigen besonders hohen Schäden für den Mieter gelten, sofern die Versorgungsleistungen den berechtigten Interessen des Vermieters nicht in einer Weise zuwiderlaufen, welche ihm die weitere Leistung unzumutbar machen (BGH NJW 2009, 1947; KG NJW-RR 2012, 15). Dieser Grundsatz trifft auch bei Gewerbemietverhältnissen zu. Eine aus § 242 BGB folgende Pflicht des Vermieters zur Fortsetzung von Versorgungsleistungen ist hiernach jedenfalls dann abzulehnen, wenn der Mieter sich mit den Mietzahlungen und der Nutzungsentschädigung im Verzug befindet und dem Vermieter wegen des Ausbleibens der Zahlungen ein stetig wachsender Schaden droht (BGH NJW 2009, 1947).

Besondere Praxisrelevanz hat der Einwand des Rechtsmissbrauchs bei der **Eigen- 778 bedarfskündigung gem § 573 Abs 2 S 1 BGB** (Einzelheiten bei Staudinger/Rolfs [2018] § 573 Rn 112 ff). So verstößt die Geltendmachung eines Eigenbedarfs gegen Treu und Glauben, wenn dieser Eigenbedarf schon bei der Begründung des Mietverhältnisses vorhanden bzw absehbar war (BGH NJW 2013, 1596; NJW 2009, 1139; LG Hamburg NJW-RR 2011, 92; LG Berlin NJW-RR 1993, 661, 662; LG Hamburg ZMR 1975, 121; NJW-RR 1994, 465, 466; LG Karlsruhe WuM 1988, 276; LG Paderborn WuM 1994, 331; LG Trier NJW-RR 1992, 718; AG Köln WuM 1988, 70; MünchKomm/Schubert Rn 341; Staudinger/Rolfs [2018] § 573 Rn 113 f) oder die gekündigte Wohnung die Bedürfnisse des Vermieters gar nicht erfüllen kann (BVerfGE 79, 292, 303 ff; Looschelders, Schuldrecht BT § 23 Rn 32).

In Rspr und Lit ist zudem anerkannt, dass der Vermieter bei einer Eigenbedarfs- **779** kündigung nach Treu und Glauben verpflichtet ist, den Mieter darüber zu informieren, wenn der **Eigenbedarf** an der Wohnung **bis zum Ablauf der Kündigungsfrist entfällt**, und ihm die Fortsetzung des Mietverhältnisses anzubieten. Zudem muss der Vermieter dem Mieter eine vergleichbare, im selben Haus oder in derselben Wohnanlage zur Verfügung stehende **Alternativwohnung**, welche frei geworden ist und vermietet werden soll, anbieten (BGH NJW 2003, 2604; Looschelders, Schuldrecht BT § 23 Rn 32; krit Blank NJW 2006, 739 ff; weitere Einzelheiten bei Staudinger/Rolfs [2018] § 573

Rn 131 ff). In neueren Entscheidungen hat sich der BGH (BGH NJW 2009, 1141; NJW 2003, 2604) allerdings auf den Standpunkt gestellt, dass dem wegen Eigenbedarfs gekündigten Mieter nur solche Wohnungen angeboten werden müssen, welche *nach der Kündigung* und *vor Ablauf der Kündigungsfrist* zur Verfügung stehen; eine Wohnung, die zwar vor Ablauf der Kündigungsfrist für die wegen Eigenbedarfs gekündigte Wohnung gekündigt worden ist, aber erst danach frei werden soll, sei von der Anbietpflicht nicht mehr umfasst. Für diese klare **zeitliche Grenzziehung** argumentiert der BGH mit den allgemeinen Prinzipien der Rechtssicherheit und Rechtsklarheit. Eine über den Ablauf der Kündigungsfrist hinaus reichende Anbietpflicht würde zur systemwidrigen Durchbrechung der Grundsätze von Kündigungserklärungen führen. Diese Schlussforderung erscheint aber keineswegs zwingend. Zwar hat das BVerfG zur Parallelproblematik beim nachträglichen Wegfall des Eigenbedarfs entschieden, dass die Außerachtlassung von Änderungen nach Ablauf der Kündigungsfrist keinen Bedenken begegnet (BVerfG NJW 2006, 2033). Indes gibt die Verfassung keine konkrete Lösung der Problematik vor.

780 Informiert der Vermieter den Mieter nicht über den Wegfall des Eigenbedarfs oder bietet er dem Mieter eine Alternativwohnung nicht an, die **vor dem Ablauf der Kündigungsfrist** frei geworden ist, so verstößt er in treuwidriger Weise gegen das Gebot, die Folgen der erheblich in die Lebensführung des Mieters eingreifenden Kündigung abzumildern (vgl BGH NJW 2003, 2604). Der BGH hat hieraus zunächst die Konsequenz gezogen, dass die ursprünglich wirksame Kündigung **wegen Rechtsmissbrauchs nachträglich unwirksam** wird (BGHZ 165, 75, 81 f = NJW 2006, 220, 222; NJW 2010, 3775; NJW-RR 2012, 341 Rn 24; von BGH 23. 9. 2015 – VIII ZR 297/14, NJW 2015, 3368 Rn 18 m Anm Kappus bereits offen gelassen). In neuerer Zeit hat der Senat diese Rspr indes aufgegeben (BGH 14. 12. 2016 – VIII ZR 232/15, BGHZ 213, 236 = NJW 2017, 547 Rn 56 ff = JR 2018, 281 m Anm Hinz; 15. 3. 2017 – VIII ZR 270/15, NJW 2017, 1474; vgl auch BGH 23. 9. 2015 – VIII ZR 297/14, NJW 2015, 3368 Rn 18; Selk NJW 2017, 521 ff; zustimmend Singbartl/Zintl NZM 2017, 119; teilw krit Staudinger/Rolfs [2018] § 573 Rn 131a ff). Maßgeblich ist die Erwägung, dass der Vermieter nicht durch die rechtmäßig ausgesprochene Eigenbedarfskündigung, sondern erst durch das Nichtanbieten der Fortsetzung des Mietverhältnisses oder der anderen Wohnung gegen Treu und Glauben verstößt. Durch das Nichtanbieten der Fortsetzung des Mietverhältnisses oder der anderen Wohnung verletzt der Vermieter aber eine **Schutzpflicht** iSd § 241 Abs 2 BGB und macht sich daher nach § 280 Abs 1 BGB schadensersatzpflichtig. Der Schadensersatzanspruch des Mieters richtet sich dabei nicht im Wege der Naturalrestitution nach § 249 Abs 1 BGB auf „Fortsetzung" des Mietverhältnisses oder Abschluss eines neuen Mietvertrags über die gekündigte Wohnung, sondern auf Geldersatz. Das Argument, eine wirksame Kündigung könne nicht dadurch „rechtsmissbräuchlich" werden, dass sich die tatsächlichen Verhältnisse nach ihrem Zugang ändern, kann indes nicht überzeugen. Rechtsmissbräuchlich ist nicht die Kündigung als solche, sondern nur das Festhalten an der Kündigung. Die Kündigung wird hierdurch daher nicht im Nachhinein unwirksam. Der Vermieter wird aber durch das Rechtsmissbrauchsverbot daran gehindert, die Rechtsfolgen der Kündigung geltend zu machen.

781 Geht man dagegen mit der neuen Rspr des BGH davon aus, dass die Verletzung der Anbietpflicht nicht zur Unwirksamkeit der Eigenbedarfskündigung führt, sondern nur einen Schadensersatzanspruch des Mieters aus §§ 280 Abs 1, 241 Abs 2 BGB auslöst, so muss wenigstens die Frage der Anbietpflicht **nach Ablauf der Kündigungs-**

frist (Rn 779) neu bedacht werden. Dem BGH ist zwar darin zuzustimmen, dass das Nichtanbieten einer nach Ablauf der Kündigungsfrist frei gewordenen Alternativwohnung – nach der neuen Rspr erst recht – nicht unter dem Aspekt des Rechtsmissbrauchs zur Unwirksamkeit der Kündigung führen kann. Zu weit geht die Rspr aber, wenn sie darüber hinaus auch eine nachvertragliche Treuepflicht des Vermieters, dem Mieter nach Beendigung des Mietverhältnisses – also nach Fristablauf – noch eine Alternativwohnung anzubieten, generell ausschließt. Dass Rücksichts- und Treuepflichten gem §§ 241 Abs 2, 242 BGB auch nach der Beendigung eines Vertragsverhältnisses existieren können, ist jedenfalls dem Grundsatz nach anerkannt (vgl Looschelders, Schuldrecht AT § 22 Rn 20). Bei hinreichend engen Beziehungen zwischen Vermieter und Mieter kann daher im Einzelfall eine Anbietpflicht bis zum Ablauf einer gerichtlich gewährten Räumungsfrist anzunehmen sein (vgl Staudinger/Rolfs [2018] § 573 Rn 131a; Timme NZM 2006, 249, 251). Das Gleiche gilt für den Fall, dass der Eigenbedarf nach Ablauf der Kündigungsfrist entfällt. Auch nach der hier vertretenen Ansicht kommt in diesen Fällen aber allenfalls ein Schadensersatzanspruch des Mieters in Betracht. Eine Grenze ist beim Rechtsmissbrauch des Mieters zu ziehen: Kommt der Mieter seiner **Rückgabepflicht** vorsätzlich nicht nach, handelt er rechtsmissbräuchlich, was bei der Bestimmung des Umfangs der Rücksichtspflichten des Vermieters beachtet werden muss (Blank NJW 2006, 739, 741). Der vertragsuntreue Mieter wird also keineswegs privilegiert. Oft wird der Mieter ohnehin aus Zweifeln an der Wirksamkeit der Kündigung in der Wohnung verbleiben, um eine gerichtliche Klärung abzuwarten. Hierin lässt sich aber regelmäßig kein rechtsmissbräuchliches oder arglistiges Verhalten des Mieters erkennen (Blank NJW 2006, 741; Looschelders Anm z Urt des BGH 4. 6. 2008, JA 2009, 146, 147).

Auch einer **Verwertungskündigung nach § 573 Abs 2 Nr 3** BGB kann der Einwand des Rechtsmissbrauchs entgegenstehen. Dies wird man vor allem dann annehmen müssen, wenn der Voreigentümer oder der Vermieter selbst das Mietgebäude bewusst heruntergewirtschaftet hat, um einen Abriss mit anschließendem Neubau leichter durchsetzen zu können. Nach der Rspr des BGH liegt eine treuwidrige Kündigung aber nicht schon deshalb vor, weil über viele Jahre keine Investitionen in das Gebäude getätigt wurden, welche den sanierungsbedürftigen Zustand vermieden hätten (BGH NJW 2009, 1200, 1202). Auf der anderen Seite handelt der Vermieter nicht rechtsmissbräuchlich, wenn er von seinem **ordentlichen Kündigungsrecht** Gebrauch macht, um einem Mängelbeseitigungsverlangen des Mieters nicht mehr nachkommen zu müssen (OLG Düsseldorf NJOZ 2011, 678). Anders ist es aber, wenn der Vermieter sich allein dafür „rächen" möchte, dass der Mieter die Erfüllung unberechtigter Ansprüche verweigert (BGH NZM 2008, 728). Für den Mieter ist die Ausübung eines **außerordentlichen Kündigungsrechts** aus § 540 Abs 1 S 2 BGB dann rechtsmissbräuchlich, wenn ihm bekannt ist, dass ein Mietnutzungsinteresse des benannten Untermieters, für den der Vermieter die Erlaubnis zur Untervermietung verweigert hat, tatsächlich nicht besteht (BGH NJW-RR 2010, 306). Der Vermieter verhält sich auch dann rechtsmissbräuchlich, wenn er einen vom Mieter gestellten, grundsätzlich zumutbaren **Ersatzmieter** ohne Angabe sachlicher Gründe ablehnt (BGH NZM 2003, 277; OLG Rostock MDR 2010, 1045; OLG Frankfurt NZM 2001, 586; Blank/Börstinghaus § 542 Rn 231; MünchKomm/Schubert Rn 506). Auf der anderen Seite verletzt der Mieter seine Pflichten zur Rücksichtnahme, wenn er die in neutraler **Dekoration** übernommene Wohnung im Zeitpunkt der Beendigung des Mietverhältnisses in einem Zustand zurückgibt, der von den meisten Mietern nicht akzeptiert werden würde, und der Vermieter die Dekoration in ungewöhnlichen, kräftigen Farben beseitigen muss, um eine Weitervermietung zu ermöglichen (BGH NJW 2014, 143; LG Frankfurt aM NJW-RR 2008, 24; KG NJW 2005, 3150; AG Berlin-Schöneberg GE 2009, 55).

783 Wird ein Mietvertrag über Wohnraum für längere Zeit als ein Jahr geschlossen, bedarf er gem § 550 BGB der Schriftform. Dem Mietvertrag fehlt es auch dann an der gesetzlichen Schriftform, wenn eine **vertragswesentliche Vereinbarung** ohne Einhaltung der Anforderungen des § 550 BGB **geändert** wird (BGH 25. 11. 2015 – XII ZR 114/14, NJW 2016, 311 Rn 17). Bei einem gewerblichen Mietverhältnis ist das Schriftformerfordernis des § 550 BGB allerdings hinreichend gewahrt, wenn die Parteien nur eine die mietvertraglichen Regelungen abschließende **Anlage zum Mietvertrag** unterschrieben haben, sofern der Mietvertrag einen eindeutigen Hinweis auf die Anlage enthält und ersichtlich ein einheitliches Vertragswerk bestehen soll (BGH NJW-RR 2014, 132). Bei **Nichteinhaltung der Schriftform** ist der Vertrag nicht nach § 125 BGB unwirksam; er kann aber nach den für Mietverträge über unbestimmte Zeit geltenden Regeln (§§ 573 ff BGB) gekündigt werden, wobei die Kündigung frühestens nach einem Jahr ab Überlassung des Wohnraums zulässig ist (§ 550 S 2 BGB).

Die Ausübung des Kündigungsrechts bei fehlender Schriftform ist nicht allein deshalb **rechtsmissbräuchlich**, weil der Mietvertrag zuvor jahrelang ohne Beanstandungen durchgeführt wurde, da durch die Formvorschrift auch ein nicht am Vertrag beteiligter Dritter geschützt werden soll (BGH ZMR 2006, 116; BGH NJW 2004, 1103, OLG Düsseldorf ZMR 2013, 276; PALANDT/GRÜNEBERG Rn 77). Eine andere Beurteilung kommt aber in Betracht, wenn die Ausübung des Kündigungsrechts im Einzelfall aus besonderen Gründen zu einem **schlechthin untragbaren** Ergebnis führt (BGH NZM 2008, 4484, 486; JOACHIM, in: ARTZ/BÖRSTINGHAUS [Hrsg] 108, 119; MünchKomm/BIEBER § 550 Rn 19 mwNw) oder die Geltendmachung des Formverstoßes allein dazu dient, sich von einem inzwischen lästig gewordenen Mietvertrag zu lösen (BGH NJW 2016, 311 Rn 27; OLG Bamberg GuT 2011, 50). In der Praxis finden sich häufig sog **Schriftformheilungsklauseln**, durch die sich die Parteien verpflichten, etwaige Formmängel nachträglich zu beseitigen, um so die Möglichkeit einer ordentlichen Kündigung auszuschließen. Nach der neuen Rspr des BGH sind solche Klauseln wegen Verstoßes gegen die zwingende Vorschrift des § 550 **unwirksam** (BGH 27. 11. 2017 – XII ZR 114/16, NJW 2017, 3772 Rn 30 ff; BGH 11. 4. 2018 – XII ZR 43/17, NZM 2018, 515 Rn 25). Eine Mietvertragspartei handelt daher auch nicht allein deshalb **treuwidrig**, weil sie den Vertrag trotz vorheriger Vereinbarung einer Schriftformklausel vorzeitig kündigt (BGH 27. 9. 2017 – XII ZR 114/16, NJW 2017, 3772 Rn 24 ff; BGH 11. 4. 2018 – XII ZR 43/17, NZM 2018, 515 Rn 24 f; anders noch OLG Düsseldorf 11. 5. 2004 – 24 U 264/03, NZM 2005, 147; OLG Köln 23. 9. 2005 – 1 U 43/04, NJOZ 2006, 325; OLG Naumburg 26. 7. 2012 – 9 U 38/12, NJW 2012, 3587). Eine Ausnahme muss allerdings auch hier gelten, wenn eine Partei den Formmangel zum Anlass nimmt, um sich unter Berufung auf § 550 BGB von einem lästig gewordenen Vertrag zu lösen. Dies gilt insbesondere dann, wenn der Formmangel durch eine **Vertragsänderung** herbeigeführt wurde, die allein für die betreffende Partei günstig ist (BGH 27. 9. 2017 – XII ZR 114/16, NJW 2017, 3772 Rn 41 ff).

ee) Insbesondere: Verwirkung mietrechtlicher Ansprüche

784 Eine **Verwirkung** von Rechten kommt im Mietrecht insbesondere im Zusammenhang mit **Nachzahlungsansprüchen des Vermieters** und **Rückzahlungsansprüchen des**

Mieters in Betracht (vgl BGH MDR 1965, 902; für Indexmiete OLG Düsseldorf NZM 2001, 892; ERMAN/BÖTTCHER Rn 185; BeckOK-BGB/SUTSCHET [1. 5. 2019] Rn 165 mwNw). Nach der Neufassung der §§ 536b, 536c BGB bei der Mietrechtsreform von 2001 erlangt die Verwirkung daneben auch wieder für die Frage Bedeutung, inwieweit Gewährleistungsrechte bei weiterer Mietzahlung trotz Mängelanzeige bestehen. Denn der BGH hat eine entsprechende Anwendung des § 536b BGB auf diese Problematik abgelehnt, den Rückgriff auf § 242 BGB aber zugelassen (BGHZ 155, 380, 385 = NJW 2003, 2601, 2602 f; BGH NJW 2005, 1503; vgl auch BLANK/BÖRSTINGHAUS § 536b Rn 30 ff; MünchKomm/HÄUBLEIN § 536b Rn 8 ff; PALANDT/WEIDENKAFF § 536b Rn 8; STAUDINGER/V EMMERICH [2018] § 536 Rn 122; LOOSCHELDERS, Schuldrecht BT § 22 Rn 43; LEHMANN-RICHTER, in: ARTZ/BÖRSTINGHAUS [Hrsg] 134 ff; TIMME NZM 2003, 508 f; ders NJW 2003, 3099 ff; VENTSCH/STORM NZM 2003, 577 ff). Die früher befürwortete Analogie zu § 539 BGB aF (§ 536b BGB nF) (zB BGH NJW 2000, 2663, 2664) kommt damit nicht mehr in Betracht (so auch BLANK/BÖRSTINGHAUS § 536b Rn 31; MünchKomm/BIEBER § 543 Rn 31; KANDELHARD NZM 2005, 43, 44; VENTSCH/STORM NZM 2003, 577, 578 f; anders TIMME, Mietminderung wegen Mängeln trotz Weiterzahlung der Miete?, NZM 2002, 685 ff; ders NZM 2003, 508 f; ders NJW 2003, 3099 ff). Umgekehrt ist § 536b BGB (§ 539 BGB aF) auch nicht auf den Fall anwendbar, dass der Vermieter eine Mietminderung des Mieters über einen längeren Zeitraum hinnimmt. Trotz Fehlens eines Mangels kann der Vermieter hier aber unter dem Aspekt der Verwirkung gehindert sein, die vereinbarte Miete nachträglich in vollem Umfang zu verlangen (vgl BGH NJW-RR 2003, 727, 728, NZM 2006, 58 ff; STAUDINGER/V EMMERICH [2018] § 536 Rn 122). Denn der Mieter darf in einem solchen Fall darauf vertrauen, nicht rückwirkend wegen der ausstehenden Miete in Anspruch genommen zu werden. Für die Zukunft ist die Minderung aber auch in diesen Fällen nicht wegen Verwirkung ausgeschlossen (vgl LEHMANN-RICHTER, in: ARTZ/BÖRSTINGHAUS [Hrsg] 134 ff; WELLER JZ 2012, 881, 890; LOOSCHELDERS, Schuldrecht BT § 22 Rn 44).

Das Rechtsinstitut der Verwirkung kann auch eine **Nebenkostennachforderung** des Vermieters ausschließen, obschon § 556 Abs 3 S 2, 3 BGB für diesen Fall schon eine gesetzliche Ausschlussfrist vorsieht (BGH NJW-RR 2012, 1227). Umgekehrt kann es dem Mieter bei einem offensichtlichen Abrechnungsfehler des Vermieters nach Treu und Glauben verwehrt sein, sich gegenüber einer Nachforderung auf die Ausschlussfrist zu berufen (vgl BGH NJW 2011, 1957, 1958).

Nach dem Rechtsgedanken des § 314 Abs 3 BGB muss auch die **außerordentliche Kündigung** eines Mietverhältnisses nach §§ 543, 569 BGB innerhalb einer angemessenen Frist seit Kenntnis des Kündigungsgrundes erklärt werden (vgl MünchKomm/BIEBER § 543 Rn 72). Das Recht zur außerordentlichen Kündigung kann daher **verwirkt** werden, wenn der Berechtigte trotz Vorliegens eines wichtigen Grundes mit der Erklärung der Kündigung zuwartet (BGH WM 1967, 515, 517; BGH NZM 2005, 703; LG Berlin NZM 2002, 214; STAUDINGER/V EMMERICH [2018] § 543 Rn 92; KANDELHARD NZM 2005, 43, 45 f). In vielen Fällen muss allerdings erst gar nicht auf den Gedanken der Verwirkung zurückgegriffen werden, weil ein langes Zuwarten mit der Kündigung schon die **Unzumutbarkeit** der weiteren Fortsetzung des Mietverhältnisses in Frage stellt (vgl BGH NJW-RR 1988, 77, 78; MünchKomm/BIEBER § 543 Rn 30; FLATOW NZM 2004, 281, 282).

e) Pachtvertrag, §§ 581–597

Ebenso wie bei der Miete handelt es sich auch bei der Pacht um ein **Dauerschuldverhältnis** (vgl Hk-BGB/EBERT § 581 Rn 1; LOOSCHELDERS, Schuldrecht BT § 25 Rn 2). Dies hat zur Folge, dass der Grundsatz von Treu und Glauben auch hier von großer Bedeutung ist. Dies gilt zum einen für die **Konkretisierung der Nebenpflichten** der Parteien (STAUDINGER/SCHAUB [2018] § 581 Rn 294 ff). Zum anderen wird § 242 BGB häufig herangezogen, um das ordentliche oder außerordentliche **Kündigungsrecht** der Parteien unter dem Aspekt der **unzulässigen Rechtsausübung** (s oben Rn 279 ff) zu begrenzen (STAUDINGER/SCHAUB [2018] § 581 Rn 431).

787 Dem Pächter steht anders als dem Mieter von Wohnraum (§ 553 BGB) kein Anspruch auf die Erteilung der Erlaubnis zu einer **Untergebrauchsüberlassung** an Dritte zu (ERMAN/DICKERSBACH § 584a Rn 2; STAUDINGER/SONNENSCHEIN/SCHAUB [2018] § 584a Rn 12 ff). In Ausnahmefällen kann die Verweigerung der Erlaubnis zur Unterverpachtung durch den Verpächter aber als unzulässige Rechtsausübung anzusehen sein (vgl STAUDINGER/SCHAUB [2018] § 581 Rn 352 und STAUDINGER/SCHAUB [2018] § 584a Rn 14; MünchKomm/HARKE § 584a Rn 1). Dabei ist allerdings große Zurückhaltung geboten, weil der Verpächter im Allgemeinen ein besonderes Interesse daran hat, dass die Bewirtschaftung der Pachtsache gerade durch den von ihm ausgewählten Pächter erfolgt (vgl Hk-BGB/EBERT § 584a Rn 3; BeckOK-BGB/WAGNER [1. 5. 2019] § 584a Rn 3).

f) Dienst- und Arbeitsvertrag, §§ 611–630*
aa) Allgemeines

788 **Dienstverträge** werden in besonderem Maße durch das Gebot von Treu und Glauben geprägt. Dies beruht vor allem darauf, dass der Dienstverpflichtete regelmäßig eng mit Rechtsgütern und Interessen des Dienstberechtigten in Berührung kommt (ERMAN/BÖTTCHER Rn 89). Aus diesem Grund haben sich im Dienstvertrags-

---

* **Schrifttum:** ASCHEID/PREIS/SCHMIDT, Kündigungsrecht (5. Aufl 2017) (zit: APS/Bearbeiter); BECKSCHULZE, Der Wiedereinstellungsanspruch nach betriebsbedingter Kündigung, DB 1998, 417; BOEWER, Der Wiedereinstellungsanspruch – Teil 1, NZA 1999, 1121; ders, Der Wiedereinstellungsanspruch – Teil 2, NZA 1999, 1177; CLEMENS, Entgeltumwandlung zur betrieblichen Altersversorgung (Diss Berlin 2005); DÜTZ/THÜSING, Arbeitsrecht (23. Aufl 2018); EBERLE, Geltendmachung der Unwirksamkeit der mündlichen Kündigung, NZA 2003, 1121; Erfurter Kommentar zum Arbeitsrecht (19. Aufl 2019); ERTL, Der Wiedereinstellungsanspruch bei Abschluss eines Abfindungsvergleichs im zu Grunde liegenden Kündigungsschutzprozess, DStR 2001, 442; FEUERBORN, Sachliche Gründe im Arbeitsrecht (Habil München 2003); HEIN, AGG x KSchG = Europa²? – Die Kündigung zwischen allgemeinem und besonderem Kündigungsschutz, Allgemeinem Gleichbehandlungsgesetz und Europarecht, NZA 2008, 1033; HENSSLER/WILLEMSEN/KALB (Hrsg), Arbeitsrecht Kommentar (8. Aufl 2018) (zit: HWK/Bearbeiter); vHOYNINGEN-HUENE/LINCK, Kündigungsschutzgesetz (15. Aufl 2013); HROMADKA, Zur betrieblichen Übung, NZA 1984, 241; HROMADKA/MASCHMANN, Arbeitsrecht, Bd I (7. Aufl 2018); KAISER, Wegfall des Kündigungsgrundes – Weder Unwirksamkeit der Kündigung noch Wiedereinstellungsanspruch, ZfA 2000, 205; KETTLER, Vertrauenstatbestände im Arbeitsrecht, NZA 2001, 928; KONTUSCH, Der Wiedereinstellungsanspruch des Arbeitnehmers (Diss Berlin 2004); KR, Gemeinschaftskommentar zum Kündigungsschutzgesetz und zu sonstigen kündigungsschutzrechtlichen Vorschriften (12. Aufl 2019) (zit: KR/Bearbeiter); KRENZ, Zur Sozialauswahl in Kleinbetrieben (Diss Aachen 2001); KRIEGER/WILLEMSEN, Der Wiedereinstellungsanspruch nach Betriebsübergang, NZA 2011, 1128; LETTL, Der arbeitsrechtliche Kündigungsschutz nach den zivilrechtlichen Generalklauseln, NZA-RR 2004, 57; LÖWISCH, Grenzen der ordentlichen Kündigung in kündigungsschutzfreien Betrieben, BB 1997, 782; LUKE, Gilt die dreiwöchige Klagefrist des § 4 KSchG auch für den Wiedereinstellungs-

recht umfangreiche **Nebenpflichten** herausgebildet. Dabei sind die Aufklärungspflichten für Rechtsanwälte (ausf STAUDINGER/OLZEN § 241 Rn 468; MünchKomm/MÜLLER-GLÖGE § 611 Rn 121) an besonders strengen Maßstäben zu messen. Die Aufklärungspflichten von Ärzten und anderen Behandelnden sind seit dem 26. 2. 2013 in § 630e BGB gesondert geregelt. Es handelt sich um vertragliche Hauptpflichten, die das Selbstbestimmungsrecht des Patienten wahren sollen (PALANDT/WEIDENKAFF § 630e Rn 1). Ein Rückgriff auf § 242 BGB ist zur Konkretisierung nicht erforderlich. In der neueren Zeit haben Aufklärungspflichten nach §§ 241 Abs 2, 242 BGB dagegen bei Verträgen über Telekommunikations-Dienstleistungen Bedeutung erlangt (OLG Schleswig MMR 2011, 836 zu Aufklärungspflichten des Mobilfunkanbieters über Gebühren eines Datentarifs).

Einen weiteren Schwerpunkt des § 242 BGB bildet im Dienstvertragsrecht der Einwand **unzulässiger Rechtsausübung** (s oben Rn 214 ff). Dem **Vergütungsanspruch des Dienstverpflichteten** kann dieser Einwand aber nur unter strengen Voraussetzungen entgegengehalten werden (vgl aber OLG Schleswig MMR 2011, 836, 837). Der Verstoß gegen ein Wettbewerbsverbot reicht deshalb idR nicht aus, um den Vergütungsanspruch des Dienstverpflichteten zu verneinen (BGH NJW-RR 1988, 352, 353); vielmehr muss es sich um einen besonders krassen Verstoß mit schwerwiegenden Folgen für den Dienstberechtigten handeln (BGHZ 55, 274, 279 f; BGH NJW-RR 1988, 352, 353). Besondere praktische Relevanz hat schließlich die **Verwirkung** (s oben Rn 300 ff), insbesondere bei Kündigungsrechten (vgl BGH DStR 2001, 861, 862 m Anm GOETTE [zu § 626 BGB]; z Verwirkung s oben Rn 300 ff). Im Arbeitsrecht ist die Verwirkung tarifvertraglicher Ansprüche und Rechte des Arbeitnehmers gem § 4 Abs 4 S 2 TVG generell ausgeschlossen (s unten Rn 843). **789**

Besonders große Bedeutung hat § 242 BGB im **Arbeitsrecht**. Dies beruht darauf, dass es sich bei Arbeitsverhältnissen um **Dauerschuldverhältnisse** handelt (BeckOGK/KÄHLER **790**

---

anspruch?, NZA 2005, 92; MEINEL/BAUER, Der Wiedereinstellungsanspruch, NZA 1999, 575; Münchener Handbuch zum Arbeitsrecht (3. Aufl 2009); NÄDLER, Der Wiedereinstellungsanspruch des Arbeitnehmers nach Wegfall des Kündigungsgrundes (Diss Frankfurt aM 2004); NICOLAI/NOACK, Grundlagen und Grenzen des Wiedereinstellungsanspruchs nach wirksamer Kündigung des Arbeitsverhältnisses, ZfA 2000, 87; OETKER, Die Ausprägung der Grundrechte des Arbeitnehmers in der Arbeitsrechtsordnung der Bundesrepublik Deutschland, RdA 2004, 8; ders, Der Wiedereinstellungsanspruch des Arbeitnehmers bei nachträglichem Wegfall des Kündigungsgrundes, ZIP 2000, 643; ders, Gibt es einen Kündigungsschutz außerhalb des Kündigungsschutzgesetzes?, AuR 1997, 41; PREIS, Der Kündigungsschutz außerhalb des Kündigungsschutzgesetzes, NZA 1997, 1256; RAAB, Der Wiedereinstellungsanspruch des Arbeitnehmers bei Wegfall des Kündigungsgrundes, RdA 2000, 147; ROLFS/GIESEN/KREIKEBOHM/UDSCHING (Hrsg), Beck'scher Online-Kommentar Arbeitsrecht (Ed 51, Stand: 1. 3. 2019) (BeckOK-ArbR); SCHAUB, Arbeitsrechts-Handbuch (17. Aufl 2017); SINGER, Wann ist widersprüchliches Verhalten verboten? – Zu den Rechtsfolgen der form- und grundlosen Eigenkündigung eines Arbeitnehmers, NZA 1998, 1309; WALTERMANN, Grundriss des Arbeitsrechts (19. Aufl 2018); STAHLHACKE, Grundrechtliche Schutzpflichten und allgemeiner Kündigungsschutz, in: FS Wiese (Neuwied 1998) 513; STAHLHACKE/PREIS/VOSSEN, Kündigung und Kündigungsschutz im Arbeitsverhältnis (11. Aufl 2015); WANK, Die Kündigung außerhalb des Kündigungsschutzgesetzes, in: FS Hanau (Köln 1999) 295; ZWANZIGER, Neue Tatsachen nach Zugang einer Kündigung, BB 1997, 42.

[15. 4. 2019] Rn 394), die aufgrund der persönlichen Leistungspflicht (§ 613 BGB) einen **personalen Charakter** aufweisen, der durch die Eingliederung des Arbeitnehmers in den Betrieb des Arbeitgebers oft verstärkt wird (vgl ErfK/Preis § 611 Rn 6; Dütz/Thüsing, Arbeitsrecht Rn 136; MünchKomm/Schubert Rn 99; BeckOK-BGB/Sutschet [1. 5. 2019] Rn 8). Hinzu kommt, dass der Arbeitsplatz für den Arbeitnehmer von **existenzieller Bedeutung** ist. Das hierdurch verursachte Ungleichgewicht der Vertragsparteien führt dazu, dass die Wertordnung des Grundgesetzes in besonderer Weise als Maßstab für die Konkretisierung von Treu und Glauben dient (Oetker RdA 2004, 8, 9 ff; vgl auch Schaub/Linck § 3 Rn 2 ff; allg zur Bedeutung der Grundrechte s oben Rn 146).

791 Diese Überlegungen ändern indes nichts daran, dass der Arbeitsvertrag zu den **schuldrechtlichen Austauschverträgen** gehört; die früher verbreitete Einordnung als „personenrechtliches Gemeinschaftsverhältnis" (so noch BAGE 2, 221, 224 = AP Nr 2 zu § 611 BGB Beschäftigungspflicht; Hueck/Nipperdey, Lehrbuch des Arbeitsrechts I [7. Aufl 1967] 129) wird heute zu Recht allgemein abgelehnt (vgl ErfK/Preis § 611 Rn 6; Erman/Edenfeld § 611 Rn 69; MünchKomm/Müller-Glöge § 611 Rn 161 f). Die besondere Bedeutung von Treu und Glauben im Arbeitsrecht kann damit auch nicht mehr auf diesen Gedanken gestützt werden.

792 Bei der Anwendung des § 242 BGB im Arbeitsrecht stehen die **Konkretisierung** der arbeitsvertraglichen Pflichten und die **Begrenzung von Rechten** unter dem Gesichtspunkt rechtsmissbräuchlichen Verhaltens im Vordergrund. Für eine **Inhaltskontrolle** von Arbeitsverträgen anhand des § 242 BGB bleibt seit der Neuregelung des AGB-Rechts durch das Schuldrechtsmodernisierungsgesetz kein Raum mehr. Aus § 310 Abs 4 BGB folgt nämlich, dass nur vorformulierte Arbeitsverträge einer Kontrolle am Maßstab von Treu und Glauben unterworfen sein sollen (s oben Rn 468). In Betracht kommt nur eine **Ausübungskontrolle** (s allg dazu o Rn 342). Eine intensivere Inhaltskontrolle soll aber erforderlich sein, wenn sich im Einzelfall eine **strukturelle Störung der Vertragsparität** ergibt, der Arbeitgeber also seine wirtschaftliche Überlegenheit ausnutzt, um ein für den Arbeitnehmer ungünstiges Verhandlungsergebnis durchzusetzen, das als Interessenausgleich offensichtlich ungeeignet ist (s oben Rn 469).

bb) Konkretisierung arbeitsvertraglicher Pflichten
793 § 242 BGB dient ua dazu, die **Art und Weise der Leistung** außerhalb des gesetzlich normierten Bereichs zu konkretisieren (s oben Rn 181 ff). Die konkrete Gestalt der arbeitsvertraglichen **Hauptleistungspflichten** kann allerdings nicht pauschal festgelegt werden, sondern hängt entscheidend vom Einzelfall ab, wobei die Gepflogenheiten der Branche, des Betriebs und des Ortes der Leistungserbringung besonders zu berücksichtigen sind (MünchKomm/Müller-Glöge § 611 Rn 1011 f). Dementsprechend umfasst die Arbeitspflicht eines Kraftfahrers nicht nur den Fahrdienst, sondern auch die Wartung und Pflege des Fahrzeugs und die Durchführung kleinerer Reparaturen (BAG AP Nr 2 zu § 21 MTL II; MünchKomm/Müller-Glöge § 611 Rn 1011 Fn 3406 mwBsp).

794 Im Bereich des Arbeitsrechts hat sich eine Vielzahl von **Nebenpflichten** herausgebildet. Es handelt sich dabei im Allgemeinen um die notwendige Konkretisierung des durch die besondere Nähebeziehung zwischen den Parteien geprägten Arbeitsverhältnisses (vgl nur ErfK/Preis § 611 Rn 707). Die Verletzung von Nebenpflichten aus dem Arbeitsverhältnis kann zu Schadensersatzansprüchen nach § 280 Abs 1 BGB

Titel 1
Verpflichtung zur Leistung § 242

sowie zu Kündigungsrechten führen; auf Arbeitnehmerseite kommen darüber hinaus Leistungsverweigerungsrechte in Betracht.

(1) Leistungsbezogene Nebenpflichten
Von den leistungsbezogenen Nebenpflichten haben die Pflichten zur Leistungssicherung sowie die Auskunfts- und Rechenschaftspflichten im Arbeitsrecht die größte Bedeutung (vgl allg zu diesen Pflichten STAUDINGER/OLZEN § 241 Rn 168 ff). Zur **Leistungssicherungspflicht** des Arbeitgebers gehört etwa die richtige Lohnberechnung (MünchKomm/MÜLLER-GLÖGE § 611 Rn 986). Außerdem hat er dafür Sorge zu tragen, dass Lohnsteuer und Sozialversicherungsabgaben in richtiger Höhe abgeführt werden (STAUDINGER/RICHARDI/FISCHINGER [2016] § 611 Rn 1758 mwNw). 795

Nach ständiger Rspr sind die Arbeitsvertragsparteien einander nach Treu und Glauben zur **Auskunft** verpflichtet, wenn der Auskunftsberechtigte über Bestehen und Umfang von Rechten im Ungewissen ist und der Auskunftsverpflichtete unschwer Auskunft erteilen kann (BAG AP Nr 24 zu § 242 BGB Auskunftspflicht; AP Nr 25 zu § 242 BGB Auskunftspflicht; BAG NJW 2009, 2616 zur Aufklärungspflicht bzgl Doppelbesteuerung bei Auslandseinsatz; MünchKomm/MÜLLER-GLÖGE § 611 Rn 1111; allg zu Auskunftspflichten STAUDINGER/OLZEN § 241 Rn 168 ff). So muss der **Arbeitnehmer** eine Nebentätigkeit anzeigen bzw genehmigen lassen, so weit dadurch Interessen des Arbeitgebers beeinträchtigt werden (BAG AP Nr 25 zu § 242 BGB Auskunftspflicht; MünchKomm/MÜLLER-GLÖGE § 611 Rn 1113; HUNOLD, Rechtsprechung zur Nebentätigkeit des Arbeitnehmers, NZA-RR 2002, 505, 506; zur Unterlassungspflicht s oben Rn 807). Der **Arbeitgeber** ist zB bei Zahlungsansprüchen wegen Arbeitnehmererfindungen zu Auskunft und Rechnungslegung verpflichtet (BGH NJW 1995, 368, 387 f; NJW 1998, 3492, 3493 f; NJW-RR 2002, 978 f [zu § 16 Abs 1 ArbNErfG]; NJW-RR 2003, 1710, 1711 [zu § 9 ArbNErfG; vgl auch ROSENBERGER, Zur Auskunftspflicht des Arbeitgebers gegenüber dem Arbeitnehmer-Erfinder im Hinblick auf die Kriterien für den Erfindungswert, GRUR 2000, 25 ff]). In engem Zusammenhang mit der Auskunftspflicht des Arbeitgebers steht das Recht des Arbeitnehmers auf Einsicht in seine Personalakten (dazu ausf STAUDINGER/RICHARDI/FISCHINGER [2016] § 611 Rn 1763 ff). 796

(2) Rücksichtspflichten
Die Rücksichtspflichten werden traditionell als Ausfluss der **Fürsorgepflicht** des Arbeitgebers und der **Treuepflicht** des Arbeitnehmers verstanden (vgl ERMAN/EDENFELD § 611 Rn 483; SOERGEL/TEICHMANN Rn 67; zu den Begriffen MünchKomm/MÜLLER-GLÖGE § 611 Rn 984, 1074; STAUDINGER/RICHARDI/FISCHINGER [2016] § 611 Rn 1162 ff, 1686 ff). In neuerer Zeit wird zu Recht betont, dass die Fürsorgepflicht des Arbeitgebers und die Treuepflicht des Arbeitnehmers keine selbstständigen Rechtsgrundlagen darstellen. Die gegenseitigen **Rücksichtspflichten** iSd § 241 Abs 2 BGB ergeben sich vielmehr auch hier nach allgemeinen Regeln (dazu STAUDINGER/OLZEN § 241 Rn 389 ff) **aus dem Arbeitsvertrag**, wobei zur Konkretisierung auf § 242 BGB abgestellt werden kann (vgl BAG NZA 2008, 223, 225; ErfK/PREIS § 611 Rn 610; ERMAN/EDENFELD § 611 Rn 482 ff; MünchKomm/MÜLLER-GLÖGE § 611 Rn 986, 1074; DÜTZ/THÜSING, Arbeitsrecht Rn 151, 178; WALTERMANN, Arbeitsrecht Rn 755; eingehend dazu BRORS, Die Abschaffung der Fürsorgepflicht [Habil 2002]; zur Konkretisierungsfunktion des § 242 BGB s oben Rn 181 ff). Die Begriffe der Fürsorge- und der Treuepflicht haben damit aus dogmatischer Sicht keine eigenständige Bedeutung; sie machen lediglich deutlich, dass die gegenseitigen Rücksichtspflichten aufgrund des **personalen Charakters** von Arbeitsverhältnissen (s oben Rn 790) im Einzelfall besonders intensiv sein können (ErfK/PREIS § 611 Rn 6; ERMAN/EDENFELD § 611 Rn 69, 483). 797

798 Bei den **Rücksichtspflichten im Arbeitsrecht** ist nach allgemeinen Grundsätzen zwischen den Informationspflichten einerseits und den Obhuts- und Fürsorgepflichten andererseits zu unterscheiden; hinzu treten die leistungsunabhängigen Treuepflichten (zu dieser Einteilung STAUDINGER/OLZEN § 241 Rn 434 ff). Da viele Rücksichtspflichten für das Gebiet des Arbeitsrechts **gesetzlich normiert** worden sind, erübrigt sich allerdings häufig ein Rückgriff auf § 241 Abs 2 BGB bzw § 242 BGB. Beispielsweise findet sich eine Informationspflicht des Arbeitgebers in § 613a Abs 5 BGB (vgl BAG NZA 2013, 376, 378; ausf FRANZEN, Informationspflichten und Widerspruchsrecht beim Betriebsübergang nach § 613a Abs 5 und 6, RdA 2002, 258 ff; WILLEMSEN, Aktuelles zum Betriebsübergang – § 613a BGB im Spannungsfeld von deutschem und europäischem Recht, NJW 2007, 2065, 2067 ff; WILLEMSEN/LEMBKE, Die Neuregelung von Unterrichtung und Widerspruchsrecht der Arbeitnehmer beim Betriebsübergang, NJW 2002, 1159 ff). Für den arbeitsunfähigen Arbeitnehmer ergeben sich aus § 5 EFZG Anzeige- und Nachweispflichten. §§ 617–619 BGB legen Obhuts- und Fürsorgepflichten des Arbeitgebers für das Leben und die Gesundheit des Arbeitnehmers fest (vgl KORT, Inhalt und Grenzen der arbeitsrechtlichen Personenfürsorgepflicht, NZA 1996, 854 ff). § 2 Abs 1 BeschSchG regelte bis zum 17. 8. 2006 die Pflicht des Arbeitgebers, die Beschäftigten vor sexueller Belästigung am Arbeitsplatz zu schützen (vgl OETKER RdA 2004, 8, 16). Eine entsprechende Verpflichtung ergibt sich seit dem 18. 8. 2006 aus dem AGG (vgl BAG NZA 2008, 223, 226).

(a) Informationspflichten

799 Die Informationspflicht umfasst die **Aufklärung und Beratung** des anderen Vertragsteils über die für das Vertragsverhältnis relevanten Umstände (z Arbeitsrecht bereits STAUDINGER/OLZEN § 241 Rn 472 f; vgl auch MünchKomm/BACHMANN § 241 Rn 121). Sie besteht bereits bei Abschluss des Vertrages und betrifft hier in erster Linie den Arbeitnehmer. Dieser ist verpflichtet, auf Fragen des Arbeitgebers wahrheitsgemäß zu antworten, so weit ein berechtigtes Interesse des Arbeitgebers vorliegt und das Persönlichkeitsrecht des Arbeitnehmers nicht verletzt wird. Ungefragt muss der Arbeitnehmer aber nur in Ausnahmefällen Einzelheiten über seine Person offenbaren, etwa wenn er zur Ausübung der Tätigkeit generell nicht geeignet ist (Einzelheiten bei ERMAN/ARNOLD § 123 Rn 21; SCHAUB/LINCK § 26 Rn 8 ff; BRAUN, Fragerecht und Auskunftspflicht – Neue Entwicklungen in Gesetzgebung und Rechtsprechung, MDR 2004, 64 ff). Auf der anderen Seite hat der Arbeitgeber den Arbeitnehmer zu informieren, wenn der Kündigungsgrund nach Ausspruch der Kündigung vor Ablauf der Kündigungsfrist entfällt (BAG BB 2002, 2335, 2337; APS/KIEL § 1 KSchG Rn 741; HWK/QUECKE § 1 KSchG Rn 85; BOEWER NZA 1999, 1177, 1180 f; NÄDLER, Wiedereinstellungsanspruch 151 ff), da der Arbeitnehmer im Einzelfall einen Wiedereinstellungsanspruch haben kann (s unten Rn 830 ff).

800 Große Bedeutung hat die Pflicht des Arbeitgebers, den Arbeitnehmer über **betriebliche Sozialleistungen** zu informieren (ERMAN/EDENFELD § 611 Rn 489; MünchKomm/MÜLLER-GLÖGE § 611 Rn 1008; KURSAWE, Die Aufklärungspflicht des Arbeitgebers bei Abschluss von Arbeitsverträgen, NZA 1997, 245, 248). Allerdings muss der Arbeitgeber den Arbeitnehmer nicht ohne weiteres unaufgefordert über die Auswirkungen der Beendigung des Arbeitsverhältnisses auf die betriebliche Altersversorgung unterrichten; entsprechende Hinweis- und Aufklärungspflichten können sich nur aus den Umständen des Einzelfalles aufgrund einer Interessenabwägung ergeben (BAG AP Nr 2 zu § 1 BetrAVG Auskunft; AP Nr 3 zu § 1 BetrAVG Auskunft; ausf CLEMENS 116 ff). Eine erhöhte Informationspflicht besteht zB, wenn der Arbeitnehmer offensichtlich mit der Zusatzversorgung nicht vertraut ist und ihm daher hohe Vermögenseinbußen drohen (vgl BAG AP Nr 32 zu § 242 BGB Auskunftspflichten).

(b) Obhutspflichten des Arbeitgebers
Die Obhutspflichten des Arbeitgebers betreffen vor allem das **Eigentum** und die sonstigen **Vermögensinteressen** des Arbeitnehmers (ausf STAUDINGER/OLZEN § 241 Rn 508; STAUDINGER/RICHARDI/FISCHINGER [2016] § 611 Rn 1757 ff mwNw) sowie dessen **Persönlichkeitsrecht** (vgl im Einzelnen ErfK/PREIS § 611 Rn 619 ff; STAUDINGER/OLZEN § 241 Rn 507; STAUDINGER/RICHARDI/FISCHINGER [2016] § 611 Rn 1760 ff mwNw). Beim Persönlichkeitsschutz geht es insbesondere um die Pflicht des Arbeitgebers, den Arbeitnehmer vor fortgesetzten Anfeindungen oder Diskriminierungen durch Vorgesetzte oder andere Arbeitnehmer (Mobbing) zu schützen (vgl BAG NZA 2007, 1154, 1159; NZA 2008, 223, 225; LAG Hamm AP Nr 3 zu § 611 BGB Mobbing = NZA-RR 2003, 8; LAG Rheinland-Pfalz NZA-RR 2004, 232; 233; LAG Thüringen NZA-RR 2001, 347, 356 ff; PALANDT/WEIDENKAFF § 611 Rn 99a; SCHAUB/LINCK § 36 Rn 43d; BENECKE, „Mobbing" im Arbeitsrecht, NZA-RR 2003, 225 ff; HILLE, Rechte und Pflichten beim Mobbing, BC 2003, 81, 82; HOHMANN, Rechtliche Voraussetzungen des Mobbingvorwurfs und gerichtlicher Prüfungsumfang, NZA 2006, 530 ff; PAUKEN, Mobbing – so wird es [nicht] gemacht, ArbRAktuell 2013, 350). **801**

In der Praxis hat der allgemeine **arbeitsrechtliche Gleichbehandlungsgrundsatz** eine große Bedeutung. Danach ist dem Arbeitgeber die sachfremde Schlechterstellung einzelner Arbeitnehmer gegenüber anderen Arbeitnehmern in vergleichbarer Lage ebenso verboten wie die sachfremde Unterscheidung zwischen verschiedenen Arbeitnehmergruppen (BAG AP Nr 23 zu § 1 BetrAVG Gleichbehandlung; AP Nr 211 zu § 611 BGB Gratifikation; AP Nr 184 zu § 242 BGB Gleichbehandlung; AP Nr 204 zu § 242 BGB Gleichbehandlung; BAG NZA 2005, 289, 291; NZA 2007, 1424, 1425; ERMAN/EDENFELD § 611 Rn 219 ff; MünchKomm/MÜLLER-GLÖGE § 611 Rn 1121 ff; STAUDINGER/RICHARDI/FISCHINGER [2016] § 611 Rn 1001 ff). Traditionell wird das Institut nicht selten dem § 242 BGB zugeordnet (s oben Rn 146); seine Rechtsgrundlagen werden aber sehr uneinheitlich beurteilt. Die Rspr hat den arbeitsrechtlichen Gleichbehandlungsgrundsatz zunächst aus der **Fürsorgepflicht des Arbeitgebers** hergeleitet (vgl etwa BAG AP Nr 3 zu § 242 BGB Gleichbehandlung). Später wurde vor allem an Art 3 Abs 1 GG angeknüpft (vgl BAG AP Nr 162 zu § 242 BGB Gleichbehandlung; ErfK/SCHMIDT Art 3 GG Rn 29). In der Lit gibt es diverse abweichende Erklärungsansätze. Häufig wird dabei auf **allgemeine Rechtsprinzipien** wie das Ideal der Gerechtigkeit, den Gedanken der verteilenden (distributiven) Gerechtigkeit oder den Grundsatz von Treu und Glauben abgestellt (vgl BeckOK-ArbR/JOUSSEN [1. 6. 2019] § 611a BGB Rn 314 f; HWK/THÜSING § 611a BGB Rn 397; MünchKomm/MÜLLER-GLÖGE § 611 Rn 1121, jeweils mwNw). In neuerer Zeit wird zunehmend auf eine dogmatische Herleitung verzichtet. Stattdessen spricht man von einem richterrechtlich entwickelten Grundprinzip des deutschen Arbeitsrechts, das im Ergebnis einer arbeitsrechtlichen Norm gleichgestellt werden muss (so BAG NJW 2006, 2875, 2876; vgl auch ErfK/PREIS § 611 BGB Rn 572; PALANDT/WEIDENKAFF § 611 Rn 111). Die allgemeinen Kriterien des § 242 BGB spielen in diesem Zusammenhang keine Rolle. **802**

(c) Leistungsunabhängige Treuepflichten des Arbeitnehmers
Zu den **leistungsunabhängigen Treuepflichten** gehören Wettbewerbsverbote (allg dazu STAUDINGER/OLZEN § 241 Rn 518 ff), Geheimhaltungspflichten und sonstige Unterlassungspflichten des Arbeitnehmers. Diese Pflichten können im Einzelfall auch nach **803**

der Beendigung des Arbeitsverhältnisses fortbestehen; hier ist aber mit Rücksicht auf die Berufsfreiheit des ausgeschiedenen Arbeitnehmers (Art 12 GG) Zurückhaltung geboten, da dessen berufliches Fortkommen nicht übermäßig beschränkt werden darf.

(aa) Wettbewerbsverbote

804 **Während des Arbeitsverhältnisses** ist dem Arbeitnehmer eine Konkurrenztätigkeit untersagt; es besteht also ein Wettbewerbsverbot (ausf STAUDINGER/RICHARDI/FISCHINGER [2016] § 611 Rn 1176 ff). Dies ergibt sich für Handlungsgehilfen aus § 60 Abs 1 HGB, für andere Arbeitnehmer aus dem Arbeitsverhältnis (§ 241 Abs 2 BGB) iVm dem Grundsatz von Treu und Glauben (vgl BAG AP Nr 7, 8 und 10 zu § 611 BGB Treuepflicht; ErfK/PREIS § 611 Rn 720; WALTERMANN, Arbeitsrecht Rn 758). Maßgeblich ist dabei die Erwägung, dass die konkurrierende Tätigkeit mit der Rücksichtspflicht des Arbeitnehmers aus dem Arbeitsverhältnis kollidiert (BAG AP Nr 10 zu § 611 BGB Treuepflicht). **Nach Beendigung des Arbeitsverhältnisses** sind dem Arbeitnehmer konkurrierende Tätigkeiten grundsätzlich nur bei Vorliegen einer entsprechenden vertraglichen Vereinbarung und gegen Leistung einer Karenzentschädigung durch den Arbeitgeber verboten (BAG AP Nr 11 zu § 611 BGB Treuepflicht; MünchKomm/BACHMANN § 241 Rn 109, 111; Einzelheiten bei STAUDINGER/OLZEN § 241 Rn 296, 520; STAUDINGER/RICHARDI/ FISCHINGER [2016] § 611 Rn 1188 ff).

(bb) Geheimhaltungspflichten

805 Der Arbeitnehmer hat **während des Arbeitsverhältnisses** Betriebs- und Geschäftsgeheimnisse zu wahren (HWK/QUECKE § 1 KSchG Rn 248). Darüber hinaus darf er keine **persönlichen Tatsachen** über den Arbeitgeber oder andere Arbeitnehmer preisgeben, die er anlässlich seiner Tätigkeit im Betrieb erfahren hat (Einzelheiten bei STAUDINGER/ RICHARDI/FISCHINGER [2016] § 611 Rn 1201 ff).

806 **Nach Beendigung des Arbeitsverhältnisses** ist der Arbeitnehmer dagegen nur in engen Grenzen zur Verschwiegenheit verpflichtet (Einzelheiten bei STAUDINGER/RICHARDI/ FISCHINGER [2016] § 611 Rn 1214 f). Eine Geheimhaltungspflicht besteht grundsätzlich nur bei einer besonderen tarif- oder individualvertraglichen Abrede (BAG AP Nr 1 und 5 zu § 611 BGB Betriebsgeheimnis; STAUDINGER/RICHARDI/FISCHINGER [2016] § 611 Rn 1215) oder so weit die Preisgabe der Informationen gegen gesetzliche Vorschriften wie §§ 17 Abs 2, 1 UWG verstoßen würde (BAG AP Nr 11 zu § 17 UWG; MünchKomm/ MÜLLER-GLÖGE § 611 Rn 1219; STAUDINGER/RICHARDI/FISCHINGER [2016] § 611 Rn 1214). In Ausnahmefällen, zB bei besonders wichtigen Geheimnissen, kann der Arbeitnehmer aber auch darüber hinaus zur Verschwiegenheit verpflichtet sein (BAG AP Nr 1 zu § 611 BGB Betriebsgeheimnis; ERMAN/EDENFELD § 611 Rn 500; MünchArbR/REICHOLD § 54 Rn 44). Auf der anderen Seite darf es dem Arbeitnehmer grundsätzlich nicht verwehrt werden, **betriebliche Missstände**, die für die Öffentlichkeit von besonderem Interesse sind, zu offenbaren (BAG AP Nr 4 zu § 611 BGB Schweigepflicht m krit Anm BETTERMANN NJW 1981, 1065 ff; ERMAN/EDENFELD § 611 Rn 507; SCHAUB/LINCK § 53 Rn 29; PALANDT/WEIDENKAFF § 611 Rn 41). Im Einzelfall ist eine Abwägung zwischen den Interessen des Arbeitnehmers, insbesondere an seinem beruflichen Fortkommen (Art 12 GG) und an der Meinungsäußerung (Art 5 GG), und dem Interesse des Arbeitgebers an der Geheimhaltung von betrieblichen oder persönlichen Informationen erforderlich (OETKER RdA 2004, 8, 18).

(cc) Sonstige Unterlassungspflichten

Der Arbeitnehmer hat alle Handlungen und Äußerungen zu unterlassen, die mit **807** seiner Arbeitsverpflichtung und seiner Rücksichtspflicht **unvereinbar** sind. In diesem Rahmen trifft ihn insbesondere die Pflicht zur Unterlassung einer Nebentätigkeit (dazu Erman/Edenfeld § 611 Rn 491; Staudinger/Richardi/Fischinger [2016] § 611 Rn 1195 ff mwNw). Von besonderer Bedeutung ist auch die Pflicht, sich gegenüber dem Arbeitgeber **loyal** zu verhalten (Einzelheiten bei Staudinger/Richardi/Fischinger [2016] § 611 Rn 1173 ff mwNw). So darf der Arbeitnehmer sich bei Tendenzbetrieben nicht in Widerspruch zu der grundsätzlichen Zielsetzung des Arbeitgebers setzen (Staudinger/Richardi/Fischinger [2016] § 611 Rn 1174 f).

cc) Rechtsmissbräuchliches Verhalten der Arbeitsvertragsparteien

Eine wichtige Fallgruppe des § 242 BGB ist auch im Arbeitsrecht der **Rechtsmiss- 808 brauch**. Folgende Problemkreise haben dabei besondere Bedeutung.

(1) Arbeitsvertragliche Forderungen

Im Einzelfall kann es einer Arbeitsvertragspartei verwehrt sein, sich auf die **Nichtig- 809 keit des Arbeitsvertrages** zu berufen. Dies kommt auch bei Nichtigkeit des Arbeitsvertrages wegen **Schwarzarbeit** nach § 134 BGB in Betracht (LAG Berlin BB 2003, 1569, 1570; Erman/Böttcher Rn 143; Schaub/Linck § 42 Rn 25 zur Einschränkung der Nichtigkeitsfolge des § 134 BGB in Fällen der Schwarzarbeit vgl auch BGH NJW 2013, 3167; BGH 10. 4. 2014 – VII ZR 241/13; BGHZ 85, 39, 47 ff = NJW 1983, 109; BGHZ 111, 308, 313 = NJW 1990, 2524; OLG Schleswig MDR 2013, 1399; NK-BGB/Looschelders § 134 Rn 115 sowie o Rn 487). Der Arbeitgeber ist deshalb nach Treu und Glauben gehindert, dem Vergütungsanspruch des Arbeitnehmers die Nichtigkeit des Vertrages entgegenzuhalten, wenn er ihm bei Abschluss des Vertrages bewusst unzutreffend versichert hat, das Arbeitsverhältnis sei legal (LAG Berlin BB 2003, 1569, 1570). § 242 BGB schließt auch die **Anfechtung** des Arbeitsvertrages wegen arglistiger Täuschung (§ 123 BGB) aus, wenn der Arbeitgeber bei Abgabe der Anfechtungserklärung nicht mehr durch die Täuschung beeinträchtigt wird (BAG AP Nr 32 zu § 123 BGB; allg dazu Rn 444).

Hat der Arbeitgeber den Arbeitnehmer daran gehindert, einen Anspruch aus dem **810** Vertrag innerhalb einer gesetzlichen oder tariflichen **Ausschluss- oder Verfallfrist** geltend zu machen, so verstößt er gegen das Verbot widersprüchlichen Verhaltens, wenn er dem Arbeitnehmer später den Ablauf der Frist entgegenhält (BAG NJOZ 2004, 1270, 1272 = ZTR 2003, 626; BAG AP Nr 27 zu BAT § 70; BeckOK-BGB/Sutschet [1. 5. 2019] Rn 117; ErfK/Franzen § 4 TVG Rn 47; allg zur Anwendung des § 242 BGB gegenüber Ausschlussfristen s oben Rn 563 ff; zur parallelen Problematik bei Kündigungen s unten Rn 829). Umgekehrt handelt der Arbeitnehmer rechtsmissbräuchlich, sofern er sich nach der **deklaratorischen Anerkennung** einer Forderung aus dem Arbeitsverhältnis auf bestehende Ausschluss- oder Verfallfristen beruft (BAG AP Nr 169 zu § 4 TVG Ausschlussfristen = NZA 2003, 329; Erman/Böttcher Rn 146).

(2) Beendigung des Arbeitsverhältnisses, insbesondere Kündigung

Im Bereich des Kündigungsrechts hat der Rechtsmissbrauch im Wesentlichen zwei **811** Anwendungsgebiete: Zum einen dient er als **Inhaltsbegrenzung** der Kündigung, wobei die Berücksichtigung grundrechtlich geschützter Werte eine besondere Rolle spielt. Zum anderen schützt er das von dem einen Vertragspartner geschaffene Vertrauen des anderen Vertragspartners in den **Fortbestand des Verhaltens**.

812 Besonderheiten bestehen bei der **Darlegungs- und Beweislast**. Da die Beweisregel des § 1 Abs 2 S 4 KSchG außerhalb des KSchG nicht anwendbar ist, trüge der Arbeitnehmer nach allgemeinen Regeln insgesamt die Darlegungs- und Beweislast für die Unwirksamkeit der Kündigung. Bei treuwidrigen Kündigungen gilt aber nach Rspr und Lit eine abgestufte Darlegungs- und Beweislast (BAG AP Nr 30 zu § 23 KSchG 1969; AP Nr 12 und 17 zu § 242 BGB Kündigung; AP Nr 37 zu § 1 KSchG 1969 Krankheit; MünchArbR/WANK § 110 Rn 36 ff; SCHAUB/LINCK § 129 Rn 19; LETTL NZA-RR 2004, 57, 64 f; PREIS NZA 1997, 1256, 1270; Gleiches gilt für den Wiedereinstellungsanspruch des Arbeitnehmers APS/KIEL § 1 KSchG Rn 761; dazu Rn 741 ff). Danach genügt es, wenn der Arbeitnehmer einen Sachverhalt behauptet, der die Treuwidrigkeit der Kündigung **indiziert**. Der Arbeitgeber hat diesen Vortrag gem § 138 Abs 2 ZPO qualifiziert zu bestreiten. Entkräftet er das Vorbringen des Arbeitnehmers nicht, so gelten die vom Arbeitnehmer vorgetragenen Tatsachen nach § 138 Abs 3 ZPO als zugestanden. Anderenfalls obliegt es dem Arbeitnehmer, die Tatsachen zu beweisen, die die Treuwidrigkeit der Kündigung begründen.

(a) § 242 als Inhaltsbegrenzung des Kündigungsrechts

813 Das KSchG stellt eine **Konkretisierung** des Gebotes von Treu und Glauben dar und ist daher in seinem Regelungsbereich abschließend (BAG AP Nr 12 zu § 242 BGB Kündigung; vgl KR/LIPKE § 242 BGB Rn 7; FEUERBORN 84 ff). Soweit aber das KSchG die in Frage stehenden Umstände nicht erfasst oder von vornherein keine Anwendung findet, schützen die zivilrechtlichen Generalklauseln den Arbeitnehmer (vgl im Einzelnen BAG NJW 1995, 275, 276; BAG AP Nr 16 zu § 242 BGB Kündigung; NZA 2006, 913; MünchArbR/WANK § 110 Rn 36; SCHAUB/LINCK § 129 Rn 4 ff; LETTL NZA-RR 2004, 57, 58 f; LÖWISCH BB 1997, 782, 785 f). Hier muss allerdings ein strengerer Maßstab als nach dem KSchG gelten, sodass letztlich nur **willkürliche Kündigungen** durch **§ 242 BGB bzw § 138 BGB** verboten sind (BVerfGE 97, 169, 179 = NJW 1998, 1475; BAG AP Nr 30 zu § 23 KSchG 1969; AP Nr 12 zu § 242 BGB Kündigung; BAG NZA-RR 2008, 404, 406; NK-BGB/LOOSCHELDERS § 138 Rn 149 ff; ERMAN/BÖTTCHER Rn 38; PALANDT/GRÜNEBERG Rn 62; SCHAUB/LINCK § 129 Rn 4 ff). Auf der anderen Seite kann allerdings auch die Berufung auf einen besonderen gesetzlichen Kündigungsschutz nach § 242 BGB ausgeschlossen sein, wenn die Kündigungsschutzvoraussetzungen **kollusiv** geschaffen wurden (BAG NZA 2012, 400; NZA 2005, 600).

814 Das **Verhältnis zwischen § 138 Abs 1 BGB und § 242 BGB** ist im Bereich des Kündigungsrechts unklar. Die Rspr bejaht die Sittenwidrigkeit der Kündigung nach § 138 Abs 1 BGB nur „in besonders krassen Fällen" (BAG NZA 2001, 834, 835; eingehend NK-BGB/LOOSCHELDERS § 138 Rn 149 ff mwNw; vgl auch u Rn 819 f) und greift im Übrigen auf § 242 BGB zurück. Mitunter wird die Frage der Sittenwidrigkeit auch offen gelassen, weil jedenfalls die weniger strengen Voraussetzungen des § 242 BGB erfüllt sind (vgl BAG NJW 1995, 275, 276).

815 In den Sonderfällen eines **Übergangs des Arbeitsverhältnisses** (§ 613a BGB) kann sich die Ausübung eines Widerspruchsrechts nach § 613a Abs 6 BGB als rechtsmissbräuchlich erweisen, wobei für die Feststellung des **Rechtsmissbrauchs** im Wesentlichen auf den Sinn und Zweck des zugrundeliegenden Rechtsinstitutes abzustellen ist (BAG NJW 2009, 3386; BAG NJW 2005, 775). Die Ausübung des Widerspruchsrechts ist danach nur dann treuwidrig, wenn die Verfolgung unlauterer Zwecke beabsichtigt ist oder wenn eine Schädigungsabsicht besteht. Dazu reicht es nicht aus, dass der

Arbeitnehmer den Abschluss eines neuen Arbeitsvertrages mit günstigeren Bedingungen anstrebt (BAG NJW 2009, 3386; vgl zu Kollektivwidersprüchen KOPPENFELS-SPIES RdA 2010, 72). Der Arbeitnehmer kann sein Recht zum Widerspruch auch **verwirken** (vgl BAG NZA 2007, 793; NZA 2010, 393; BAG AP Nr 14 zu § 613a BGB Widerspruch). Auf die Verwirkung des Widerspruchsrechts können sich sowohl der Betriebsveräußerer als auch der Betriebserwerber stützen (BAG NZA 2010, 393).

(aa) Kündigungsgrund
(α) Treuwidrige Auswahlentscheidung bei betriebsbedingter Kündigung
In einem Kleinbetrieb mit bis zu fünf bzw zehn Arbeitnehmern (§ 23 Abs 1 S 2–4 **816** KSchG) ist der Arbeitgeber bei der Auswahlentscheidung zwischen austauschbaren Arbeitnehmern im Zuge einer betriebsbedingten Kündigung nach Treu und Glauben iVm Art 12 GG verpflichtet, ein **Mindestmaß an sozialer Rücksichtnahme** zu beachten (BVerfGE 97, 169, 179 = NJW 1998, 1475 m Anm GRAGERT/WIEHE, Das Aus für die freie Auswahl in Kleinbetrieben – § 242 BGB!, NZA 2001, 934 ff; BAG AP Nr 30 zu § 23 KSchG 1969 = NJW 2003, 2188; AP Nr 12 zu § 242 BGB Kündigung; vgl auch MünchArbR/WANK § 110 Rn 14 ff; SCHAUB/LINCK § 129 Rn 10 ff; KRENZ, Sozialauswahl 92 ff; FEUERBORN EzA § 242 BGB 2002 Kündigung Nr 1). Nach der **Rspr** sind nicht die Maßstäbe des § 1 Abs 3 KSchG heranzuziehen (BVerfGE 97, 169, 178 f; BAG AP Nr 30 zu § 23 KSchG 1969; AP Nr 12 zu § 242 BGB Kündigung), sondern es erfolgt eine **Abwägung der Interessen** des Arbeitnehmers am Erhalt seines Arbeitsplatzes und der Interessen des Arbeitgebers an der Beendigung des Arbeitsverhältnisses. Der Berufsfreiheit des Arbeitnehmers (Art 12 GG) stehen dabei die Berufsfreiheit sowie die wirtschaftliche Betätigungsfreiheit (Art 2 Abs 1 GG) des Arbeitgebers gegenüber (BVerfGE 97, 169, 177 f). Hierbei sind die betrieblichen, persönlichen und sonstigen Beweggründe des Arbeitgebers ebenso zu berücksichtigen wie die Dauer der Betriebszugehörigkeit, das Alter und etwaige Unterhaltspflichten des Arbeitnehmers (BAG AP Nr 30 zu § 23 KSchG 1969 = NJW 2003, 2188; AP Nr 12 zu § 242 BGB Kündigung).

Mit der Dauer der Betriebszugehörigkeit, dem Lebensalter, den Unterhaltspflichten **817** des Arbeitnehmers etc bezieht die Rspr die **Auswahlkriterien des § 1 Abs 3 KSchG** in die Abwägung ein, obwohl diese Vorschrift bei Kleinbetrieben gerade nicht gelten soll. Hierin ist aber kein Widerspruch zu sehen (krit aber PREIS NZA 1997, 1256, 1268; RICHARDI/KORTSTOCK Anm zu AP Nr 12 zu § 242 BGB Kündigung). Denn die Interessen der Arbeitsvertragsparteien sind im Rahmen des § 1 KSchG anders zu bewerten als im Rahmen des § 242 BGB. Während im Rahmen des KSchG die Interessen des Arbeitnehmers im Vordergrund stehen, muss bei der Abwägung im Rahmen des § 242 BGB die Entscheidungsfreiheit des Arbeitgebers in betrieblichen Angelegenheiten stärker gewichtet werden (vgl MünchArbR/WANK § 110 Rn 23; LETTL NZA-RR 2004, 57, 63). Die Anwendung des § 242 BGB führt also nicht dazu, dass der spezifische Schutz des KSchG auf Arbeitnehmer ausgedehnt wird, die nicht in dessen Geltungsbereich fallen.

Die vorgenannten Grundsätze gelten nicht für Arbeitnehmer **während der sechs- 818 monatigen Wartezeit** nach § 1 Abs 1 KSchG. Während dieses Zeitraums kann einem Arbeitnehmer somit auch dann gekündigt werden, wenn eine nach § 242 BGB durchzuführende Sozialauswahl zu seinen Gunsten verliefe (BAG AP Nr 9, 10 und 13 zu § 242 BGB Kündigung). Denn anderenfalls könnte der Zweck der Probezeit, die Eignung des Arbeitnehmers zu überprüfen, nicht erreicht werden (BAG AP Nr 10 und 13 zu § 242 BGB Kündigung; Krenz, Sozialauswahl 160 ff; Wank, in: FS Hanau [1999] 295, 314). Eine **willkürliche Kündigung** ist aber auch während der Wartezeit unzulässig (BAG AP Nr 9, 10, 13 und 19 zu § 242 BGB Kündigung; dazu sogleich Rn 819 f).

(β) Erfordernis eines Sachgrundes bei personen- oder verhaltensbedingter Kündigung

819 Außerhalb des KSchG kann eine personen- oder verhaltensbedingte Kündigung auch dann unzulässig sein, wenn sie sich nicht auf einen im Zusammenhang mit dem Arbeitsverhältnis stehenden **Sachgrund** bezieht (vgl Oetker AuR 1997, 41, 51 f; ihm folgend Kittner, Das neue Recht der Sozialauswahl bei betriebsbedingten Kündigungen und die Ausdehnung der Kleinbetriebsklausel, AuR 1997, 182, 190; Lakies, Änderung des Kündigungsschutzgesetzes und allgemeiner Kündigungsschutz nach § 242 BGB – Verfassungsrechtliche Fragen, DB 1997, 1078, 1081). Da der Arbeitgeber hier gerade nicht den Schranken des KSchG unterliegen soll, ist eine **generelle Rechtfertigungspflicht** für personen- und verhaltensbedingte Kündigungen abzulehnen (ebenso APS/Preis, Grundlagen J Rn 51 ff; vHoyningen-Huene/Linck KSchG § 13 Rn 87; Löwisch BB 1997, 782, 786; Stahlhacke/Preis/Vossen Rn 237; Stahlhacke, in: FS Wiese [1998] 513, 523 f; Wank, in: FS Hanau [1999] 295, 306; anders Oetker AuR 1997, 41, 51 f). In besonders gelagerten Einzelfällen kommt eine Kontrolle des Kündigungsgrundes aber in Betracht. Dabei erlangt die **objektive Wertordnung der Grundrechte** besondere Bedeutung. Neben § 242 BGB kommt hier auch ein Rückgriff auf § 138 Abs 1 BGB in Betracht (vgl NK-BGB/Looschelders § 138 Rn 152; vHoyningen-Huene/Linck KSchG § 13 Rn 85 f; Preis NZA 1997, 1256, 1266). Seit dem Inkrafttreten des AGG sind aber auch dessen Vorschriften zu beachten. Das **AGG** ist nach dem Wortlaut des § 2 Abs 4 AGG zwar nicht auf Kündigungen anwendbar. Die hM vertritt hierzu indes eine differenzierende Auffassung. Soweit das KSchG anwendbar ist, geht es zwar dem AGG vor. Da die einschlägigen Richtlinien für Kündigungen keine Ausnahmen vorsehen, müssen die Wertungen des AGG aber im Rahmen des § 1 Abs 2 KSchG – berücksichtigt werden (BAG AP Nr 182 zu § 1 KSchG 1969 Betriebsbedingte Kündigung = NZA 2009, 361; MünchKomm/Thüsing § 2 AGG Rn 25; Hein NZA 2008, 1033 ff). Außerhalb des Anwendungsbereichs des KSchG wurde früher für die Berücksichtigung der Wertungen des AGG im Rahmen der zivilrechtlichen Generalklauseln (§§ 138 Abs 1, 242 BGB) plädiert. In neuerer Zeit wird dagegen eine teleologische Reduktion des § 2 Abs 4 AGG befürwortet, um dem Vorrang des EU-Rechts möglichst weit Rechnung zu tragen. Verstößt eine Kündigung gegen § 1 AGG, so ist sie daher schon wegen **Gesetzesverstoßes** nach § 7 Abs 1 AGG iVm § 134 BGB nichtig. Ein Rückgriff auf § 138 Abs 1 BGB oder § 242 BGB ist insoweit also nicht mehr erforderlich (BAGE 147, 60 = NZA 2014, 372 Rn 14 f; NZA 2015, 1380 Rn 22 ff; Staudinger/Sack/Fischinger § 138 Rn 597; Staudinger/Richardi/Fischinger § 611 Rn 501; MünchKomm/Thüsing § 2 AGG Rn 17; Palandt/Ellenberger § 2 AGG Rn 17).

820 Die vorliegende Problematik lässt sich an einigen Beispielen verdeutlichen. Eine Kündigung, die nur wegen der **sexuellen Ausrichtung** des Arbeitnehmers ausgesprochen wird, verletzt dessen Persönlichkeitsrecht (Art 2 Abs 1, 1 Abs 1 GG) und stellt überdies eine unzulässige **Diskriminierung** dar (BAG NJW 1995, 275 = AP Nr 9 zu § 242 BGB Kündigung). In Rspr und Lit wurde die Nichtigkeit der Kündigung außerhalb des Anwendungsbereichs des KSchG früher meist auf § 242 BGB (BAG NJW 1995, 275) oder § 138 Abs 1 BGB gestützt (vgl Preis NZA 1997, 1256, 1266). Da die sexuelle Identität zu den unerlaubten Kriterien nach § 1 AGG gilt, ergibt sich die Nichtigkeit

der Kündigung nach geltendem Recht jetzt aber aus § 7 Abs 2 AGG iVm § 134 BGB.

Wird die Kündigung allein auf das **Tragen eines Kleidungsstücks** aus religiösen Motiven (islamisches Kopftuch) gestützt, so kommt ein Verstoß gegen die Glaubens- und Bekenntnisfreiheit des Arbeitnehmers (Art 4 GG) in Betracht. Außerhalb des Anwendungsbereichs des KSchG wurde früher auch in diesen Fällen ein Rückgriff auf § 138 Abs 1 BGB oder § 242 BGB befürwortet (vgl BVerfG NJW 2003, 1908 ff; BAG NJW 2011, 3319 ff; BAG AP Nr 44 zu § 1 KSchG 1969 m Anm ADAM; BAG NJOZ 2004, 1258, 1263; LETTL NZA-RR 2004, 57, 61). Nach geltendem Recht kommt ein Verstoß gegen § 1 AGG (Religion) in Betracht (vgl EuGH 14. 10. 2017 – C-157/15 – Achbita; NZA 2017, 373; EuGH 14. 10. 2017 – C-188/15, NZA 2017, 375 – Bougnaoui), der gemäß § 7 Abs 1 AGG iVm § 134 BGB zur Nichtigkeit der Kündigung führt. Nach der Rspr des EuGH darf der Arbeitgeber das Verbot aber erlassen, wenn er das sichtbare Tragen jedes politischen, philosophischen oder religiösen Zeichens am Arbeitsplatz zur Gewährleistung einer Politik der Neutralität generell und ohne Rücksicht auf eine bestimmte Religion untersagt (EuGH NZA 2017, 373 Rn 30 – Achbita; NZA 2017, 375 Rn 33 – Bougnaoui). 821

(bb) Ausübung des Kündigungsrechts
Die Kündigung kann sich aufgrund der Modalitäten der Ausübung als treuwidrig erweisen (vgl PALANDT/WEIDENKAFF Vorbem 49 zu 620; krit SCHAUB/LINCK § 129 Rn 20). So muss ein Arbeitnehmer eine **Kündigung zur Unzeit** nicht gegen sich gelten lassen (BAG NZA 2000, 437, 438; BAG AP Nr 5 zu § 242 BGB Kündigung; PALANDT/GRÜNEBERG Rn 62; STAHLHACKE/PREIS/VOSSEN Rn 242). Die Rspr legt hier aber strenge Maßstäbe an. So soll eine Kündigung nicht schon deshalb treuwidrig sein, weil sie in unmittelbarem zeitlichen Zusammenhang mit dem Tod eines nahen Angehörigen (BAG AP Nr 13 zu § 242 BGB Kündigung; ErfK/KIEL § 13 KSchG Rn 20) oder einer Fehlgeburt steht (BAG AP Nr 87 zu § 613a BGB; LETTL NZA-RR 2004, 57, 64). Auch eine Kündigung am 24. 12. ist nicht ohne weiteres rechtsmissbräuchlich (BAG AP Nr 88 zu § 626 BGB; LETTL NZA-RR 2004, 57, 64). Etwas anderes gilt aber, wenn im Einzelfall weitere Umstände hinzu treten, die für die Sittenwidrigkeit sprechen. Besondere Bedeutung erlangt dabei der Anspruch des Arbeitnehmers auf **Achtung seiner Persönlichkeit** (BAG AP Nr 87 zu § 613a BGB; AP Nr 88 zu § 626 BGB; AP Nr 13 zu § 242 BGB Kündigung; HWK/THIES § 13 KSchG Rn 24). Beispielsweise hat das LAG Bremen eine Kündigung als treuwidrig erachtet, die dem Arbeitnehmer nach einem schweren Arbeitsunfall am gleichen Tag unmittelbar vor der aufgrund des Unfalls notwendigen Operation erklärt wurde (LAGE BGB § 242 Nr 2; APS/PREIS, Grundlagen J Rn 47). Eine **Kündigung in verletzender Form** (zB unter Verwendung von beleidigenden Worten oder unter herabsetzenden Umständen) verstößt ebenfalls gegen Treu und Glauben (KR/LIPKE § 242 BGB Rn 36; PALANDT/WEIDENKAFF Vorbem 49 zu 620; LETTL NZA-RR 2004, 57, 64). 822

Ob die Treuwidrigkeit einer Kündigung in einem betriebsratslosen Unternehmen darauf gestützt werden kann, dass der **Arbeitnehmer nicht vorher angehört** wurde, ist streitig. Nach der Rspr des BAG gibt es keinen allgemeinen Grundsatz, dass der Arbeitnehmer vor einer außerordentlichen Kündigung nach § 626 BGB stets anzuhören wäre (BAG AP Nr 138 zu § 626 BGB; AP Nr 63 zu § 626 BGB m zust Anm HERSCHEL). Etwas anderes gilt nur bei Kündigungen, die mit dem schwerwiegenden Verdacht einer Straftat oder einer sonstigen Verfehlung begründet werden – sog **Verdachtskündigungen** (BAG AP Nr 25 zu § 626 BGB Verdacht strafbarer Handlungen; AP Nr 39 zu § 102 823

BetrVG 1972; ErfK/MÜLLER-GLÖGE § 626 Rn 173; allg zu Verdachtskündigungen BAG AP Nr 24 zu § 626 BGB Verdacht strafbarer Handlungen m Anm BELLING/KÜNSTER; zum Wiedereinstellungsanspruch s unten Rn 830 ff). Die Notwendigkeit der Anhörung dient als Ausgleich dafür, dass ein bloßer Verdacht als Kündigungsgrund ausreicht (BAG AP Nr 138 zu § 626 BGB; AP Nr 25 zu § 626 BGB Verdacht strafbarer Handlung). Da es in allen anderen Fällen nicht auf den subjektiven Kenntnisstand des Kündigenden ankommt, ist vor der Kündigung keine Anhörung erforderlich (BAG AP Nr 138 zu § 626 BGB; APS/PREIS, Grundlagen J Rn 49). Dies gilt umso mehr, als der Arbeitnehmer in einem möglichen Kündigungsrechtsstreit Stellung nehmen kann. Eine andere Beurteilung wird auch nicht durch die Grundrechte geboten, weil das Fehlen der Anhörung den Arbeitnehmer weder in seiner Menschenwürde (Art 1 Abs 1 GG) noch in seinem Persönlichkeitsrecht (Art 2 Abs 1 GG) oder seiner Berufsfreiheit (Art 12 GG) verletzt (so aber AG Gelsenkirchen NZA-RR 1999, 134, 136; NZA-RR 1999, 137, 138 ff; ERMAN/BÖTTCHER Rn 143).

824 Erhält der Arbeitnehmer berechtigterweise eine **Abmahnung**, so kann er die Entfernung der Abmahnung aus der Personalakte nach der Rspr des BAG „in entsprechender Anwendung der §§ 242, 1004 I 1 BGB" nur verlangen, wenn das gerügte Verhalten für das fortbestehende Arbeitsverhältnis bedeutungslos geworden ist (BAG NZA-RR 2011, 162; NJW 2013, 808). Im Vorfeld einer Kündigung ist es dem Arbeitgeber gestattet, den Arbeitnehmer, der einen **Behindertenschutz** nach den §§ 85 ff SGB IX erworben hat, nach einer möglichen Schwerbehinderung zu fragen, um die für die Kündigung erforderliche Zustimmung des Integrationsamtes einzuholen (vgl BAG NJW 2012, 2058; NZA-RR 2011, 516). Verneint der Arbeitnehmer wahrheitswidrig diese Frage, so verstößt er gegen das Verbot widersprüchlichen Verhaltens, wenn er sich im Nachhinein darauf beruft, dass die Kündigung nach § 134 BGB unwirksam sei, weil die erforderliche Zustimmung des Integrationsamtes fehlt (BAG NJW 2012, 2058). Im Übrigen kann das Recht des Arbeitnehmers, sich nachträglich auf eine Schwerbehinderung zu berufen und die Zustimmungsbedürftigkeit der Kündigung geltend zu machen, auch der Verwirkung unterliegen (BAG NZA 2011, 411; vgl auch BAG NZA 2006, 1035).

(b) Widersprüchliches Verhalten einer Vertragspartei
825 Im Bereich des Kündigungsrechts erlangt § 242 BGB unter dem Gesichtspunkt des **widersprüchlichen Verhaltens** in zweierlei Hinsicht Bedeutung: Zum einen kann ein Vertragspartner wegen Verstoßes gegen das Verbot des venire contra factum proprium gehindert sein, sich auf Form- und Fristerfordernisse oder das Bestehen eines Kündigungsgrundes zu berufen. Zum anderen besteht bei betriebsbedingten Kündigungen uU ein Wiedereinstellungsanspruch des Arbeitnehmers.

(aa) Überwindung von Wirksamkeitserfordernissen der Kündigung
826 Das Kündigungsrecht ist weitgehend reglementiert. Beispielsweise müssen aus Gründen der Rechtsklarheit bestimmte **Form- und Fristerfordernisse** beachtet werden. Zudem bedarf es im Anwendungsbereich des KSchG eines **Kündigungsgrundes**. Allerdings ist es rechtsmissbräuchlich, sich auf das Fehlen einer Wirksamkeitsvoraussetzung zu berufen, wenn dadurch das berechtigte Vertrauen des anderen Vertragspartners enttäuscht wird (SINGER NZA 1998, 1309, 1310; s oben Rn 290 ff). Da das KSchG hierzu keine Regelungen enthält, kommt es dabei nicht darauf an, ob die in Frage stehende Kündigung in den Anwendungsbereich des KSchG fällt oder nicht (vgl nur APS/PREIS, Grundlagen D Rn 101).

Erklärt der **Arbeitnehmer** mehrfach und mit besonderer Verbindlichkeit und End- 827
gültigkeit die außerordentliche Kündigung des Arbeitsvertrages ohne Einhaltung
der Form und ohne Vorliegen eines Kündigungsgrundes, so handelt er nach Ansicht
des BAG widersprüchlich und damit treuwidrig, wenn er sich anschließend auf das
Fehlen des Kündigungsgrundes oder die Formnichtigkeit der Kündigung beruft
(BAG NZA-RR 2012, 129; DB 2005, 232; AP Nr 141 zu § 626 BGB = NJW 1998, 1659; Erman/
Böttcher Rn 106, 120). Dies lässt sich mit Blick auf den **Kündigungsgrund** damit rechtfertigen, dass es primär um den Schutz des Kündigungsempfängers geht. Demgegenüber dienen **Formerfordernisse** im Allgemeinen auch dem Schutz des Erklärenden
vor Übereilung (einschränkend daher Singer NZA 1998, 1309, 1310; vgl auch MünchKomm/
Henssler § 623 Rn 36: „diskussionswürdig"). Aus diesem Grund kann die Entscheidung
darüber, ob widersprüchliches Verhalten vorliegt, bei formwidrigen Kündigungen
nur anhand der Umstände des Einzelfalles getroffen werden. Um die Formerfordernisse nicht auszuhöhlen, müssen an deren Durchbrechung strenge Anforderungen gestellt werden (BAG DB 2005, 232; MünchKomm/Henssler § 623 Rn 36; Preis/Gott-
hardt, Schriftformerfordernis für Kündigungen, Aufhebungsverträge und Befristungen nach § 623
BGB, NZA 2000, 348, 353).

Widersprüchlich verhält sich ein **Arbeitgeber**, der zunächst ausdrücklich oder kon- 828
kludent erklärt, er werde einen bestimmten Umstand nicht als Kündigungsgrund
verwenden, und sich schließlich doch auf eben diesen Umstand beruft (APS/Preis,
Grundlagen D Rn 103). Gleiches gilt, wenn er an der Entstehung des Kündigungsgrun-
des maßgeblich mitgewirkt hat (BeckOK-BGB/Sutschet [1. 5. 2019] Rn 67; MünchKomm/
Schubert Rn 271). Die Kündigung darf auch nicht auf eine Pflichtverletzung des
Arbeitnehmers gestützt werden, die der Arbeitgeber bei einem zuvor ausgestellten
Zeugnis bewusst außer Betracht gelassen hat (BGH NJW 1972, 1214, 1215; BeckOK-BGB/
Sutschet [1. 5. 2019] Rn 133). Denn in diesem Fall darf der Arbeitnehmer mangels
gegenteiliger Anhaltspunkte darauf vertrauen, dass der Arbeitgeber ihm die in
Frage stehende Pflichtverletzung nicht mehr entgegenhalten werde.

Die fristlose Kündigung aus wichtigem Grund kann gem § 626 Abs 2 BGB nur 829
innerhalb einer **Ausschlussfrist** von zwei Wochen ab Kenntnis der für die Kündigung
maßgebenden Tatsachen erfolgen. In Ausnahmefällen kann der andere Teil aber
nach Treu und Glauben gehindert sein, sich auf die Fristversäumnis zu berufen (vgl
BAG AP Nr 5 und 6 zu § 626 BGB Ausschlussfrist; BAG NZA 2012, 808 zu § 37 TV-L Ausschlussfrist; BAG NZA 2011, 219; BAG NZA 1997, 445 zu § 4 TVG Ausschlussfrist; BAG NZA 1988, 429;
MünchKomm/Henssler § 626 Rn 283; vgl hierzu auch o Rn 810). Ein Arbeitnehmer, der den
Zugang einer Kündigung bewusst vereitelt hat, muss sich uU so behandeln lassen, wie
wenn die Kündigung rechtzeitig zugegangen wäre (BAG AP Nr 19 zu § 620 BGB Kün-
digungserklärung; ErfK/Müller-Glöge § 620 Rn 54; KR/Klose § 4 KSchG Rn 168 ff; Herbert,
Zugangsverzögerung einer Kündigung per Einschreiben und der Lauf der Klagefrist des § 4 KSchG,
NJW 1997, 1829, 1831; Einzelheiten zum Zugang o Rn 453 ff).

(bb) Wiedereinstellungsanspruch
(α) Allgemeines
Der Kündigungsgrund beruht immer auf einer Prognoseentscheidung. Falls diese sich 830
nachträglich nicht bestätigt, entstehen im Einzelfall unbillige Ergebnisse. Denn für die
Beurteilung der Kündigung ist der Zeitpunkt ihres Zugangs maßgeblich (BAG AP
Nr 74 zu § 613a BGB; AP Nr 1 zu § 1 KSchG Wiedereinstellung; Kaiser ZfA 2000, 205, 209 mwNw).

Soweit sich die Prognose innerhalb der Kündigungsfrist zu Gunsten des Arbeitnehmers ändert, steht diesem nach überwiegender Ansicht ein **Anspruch auf Fortsetzung des Arbeitsverhältnisses** zu (MünchKomm/Hergenröder § 1 KSchG Rn 79 ff; abl Feuerborn S 239 ff; Kaiser ZfA 2000, 205 ff).

831 Praktisch relevant wird der Wiedereinstellungsanspruch vor allem bei **betriebsbedingten Kündigungen** (vgl BAG AP Nr 1, 2, 4 und 5 zu § 1 KSchG 1969 Wiedereinstellung; Beckschulze DB 1998, 417 ff; Ricken, Grundlagen und Grenzen des Wiedereinstellungsanspruchs, NZA 1998, 460, 461 ff) sowie bei **unerwartetem Betriebsübergang** (ausf dazu APS/Kiel § 1 KSchG Rn 742; Kontusch, Wiedereinstellungsanspruch 59 ff; Nicolai/Noack ZfA 2000, 96 ff; Raab RdA 2000, 147, 158 ff; Krieger/Willemsen NZA 2011, 1128 ff), aber auch bei **Verdachtskündigungen** (vgl BAG AP Nr 3 und 27 zu § 626 BGB Verdacht strafbarer Handlung; ErfK/Müller-Glöge § 626 Rn 173; Luke NZA 2005, 92) und **personenbedingten Kündigungen** (BAG AP Nr 37 zu § 1 KSchG 1969 Krankheit = NJW 2000, 2762; Raab RdA 2000, 147, 153; Ricken 464; anders LAG Berlin NZA-RR 2003, 66, 67; vgl ausf Lepke, Zum Wiedereinstellungsanspruch bei krankheitsbedingter Kündigung, NZA-RR 2002, 617 ff). Bei **verhaltensbedingten Kündigungen** ist für einen solchen Anspruch dagegen regelmäßig kein Raum (HWK/Quecke § 1 KSchG Rn 82; KR/Rachor § 1 KSchG Rn 834; Meinel/Bauer NZA 1999, 575, 577; Raab RdA 2000, 147, 153; anders Boewer NZA 1999, 1121, 1123).

832 **Inhaltlich** richtet sich der Wiedereinstellungsanspruch auf die Abgabe eines Angebots zur Fortsetzung des Arbeitsverhältnisses durch den Arbeitgeber (vgl HWK/Quecke § 1 KSchG Rn 84; Raab RdA 2000, 147, 157 f; offen gelassen von BAG AP Nr 1 zu § 1 KSchG 1969 Wiedereinstellung; zum Wiedereinstellungsanspruch nach Aufhebungsvertrag bei Weiterbeschäftigungsmöglichkeit in einem anderen Konzernunternehmen BAG BB 2002, 2335; zu betriebsverfassungsrechtlichen Fragen Boewer NZA 1999, 1177, 1181 f).

(β) Dogmatische Herleitung

833 Rspr und Lit stützen den Wiedereinstellungsanspruch meist auf § 242 BGB; die genaue **Einordnung** ist aber umstritten (zum Meinungsstand vgl APS/Kiel § 1 KSchG Rn 741 ff; MünchKomm/Hergenröder § 1 KSchG Rn 79). Zum Teil wird der Anspruch aus dem **Verbot widersprüchlichen Verhaltens** abgeleitet (BAG AP Nr 1 zu § 1 KSchG 1969 Wiedereinstellung; Boewer NZA 1999, 1121, 1128). In neuerer Zeit wird neben § 242 BGB häufig auch § 241 Abs 2 BGB herangezogen (vgl Krieger/Willemsen NZA 2011, 1128). Es finden sich jedoch auch Stimmen, die nicht auf § 242 BGB, sondern auf eine nachvertragliche Fürsorge- bzw Interessenwahrungspflicht (BAG AP Nr 6 zu § 1 KSchG 1969 Wiedereinstellung; BB 2002, 2335; Oetker ZIP 2000, 643, 646 f), eine systemimmanente Rechtsfortbildung (Raab RdA 2000, 147, 152), die Grundsätze der Vertrauenshaftung (vHoyningen-Huene/Linck KSchG § 1 Rn 254) oder – für die betriebsbedingte Kündigung – eine erweiterte Auslegung des § 1 Abs 3 KSchG (Zwanziger BB 1997, 42, 43) zurückgreifen.

(χ) Voraussetzungen

834 Der Wiedereinstellungsanspruch kann nur geltend gemacht werden, wenn der Arbeitnehmer allgemeinem oder besonderem Kündigungsschutz unterliegt (APS/Kiel § 1 KSchG Rn 744; Beckschulze DB 1998, 417, 418; Oetker ZIP 2000, 643, 647; für Anwendbarkeit des KSchG Boewer NZA 1999, 1121, 1130). Dass der Arbeitnehmer eine Kündigungsklage erhoben hat, ist aber nicht erforderlich (MünchKomm/Hergenröder KSchG § 1 Rn 83; Boewer NZA 1999, 1121, 1130). Für die **Voraussetzungen** des Anspruchs gilt im Übrigen Folgendes:

Titel 1
Verpflichtung zur Leistung § 242

Zunächst muss sich die Prognoseentscheidung **innerhalb der Kündigungsfrist** wegen 835
eines nach Ausspruch der wirksamen Kündigung eingetretenen Umstands als falsch
herausstellen (BAG AP Nr 2 und 6 zu § 1 KSchG 1969 Wiedereinstellung; KR/Rachor § 1
KSchG Rn 827; Boewer NZA 1999, 1177, 1178; Oetker ZIP 2000, 643, 649; für Anwendbarkeit
auch bei Änderung der Umstände nach Beendigung des Arbeitsverhältnisses MünchArbR/Rachor
§ 126 Rn 30 f; Raab RdA 2000, 147, 154 f mwNw; ausf zum Meinungsstand Nädler, Wiedereinstellungsanspruch 127 ff). **Nach Beendigung des Arbeitsverhältnisses** ist zu differenzieren:
Bei **betriebsbedingten Kündigungen** kommt ein Wiedereinstellungsanspruch aus
Gründen der Rechtssicherheit und des Rechtsfriedens nur in besonders gelagerten
Ausnahmefällen in Betracht (BAG AP Nr 2 und 6 zu § 1 KSchG 1969 Wiedereinstellung). Bei
Verdachtskündigungen ist dagegen ein Ausräumen des Verdachts wegen des Reha-
bilitierungsinteresses des Arbeitnehmers auch nach Ablauf der Kündigungsfrist zu
berücksichtigen (BAG AP Nr 2 zu § 611 BGB Fürsorgepflicht m Anm Hueck = NJW 1957, 1513;
AP Nr 24 zu § 626 BGB Verdacht strafbarer Handlungen m Anm Belling/Künster; Oetker ZIP
2000, 643, 649); hierzu reicht die Einstellung des Ermittlungsverfahrens nach § 170
Abs 1 StPO aber nicht aus (BAG AP Nr 27 zu § 626 BGB Verdacht strafbarer Handlungen).
Bei einem **Betriebsübergang** gelten ebenfalls Besonderheiten; hier kommt es für den
Wiedereinstellungsanspruch gegenüber dem neuen Arbeitgeber nicht auf die Been-
digung des Arbeitsverhältnisses an (vgl BAG AP Nr 169 zu § 613a BGB; APS/Kiel § 1
KSchG Rn 742).

Des Weiteren muss die Weiterbeschäftigung für den Arbeitgeber **zumutbar** sein. 836
Nicht zumutbar ist die Weiterbeschäftigung beispielsweise, wenn der Arbeitgeber
nach der Kündigung bereits Dispositionen über den Arbeitsplatz getroffen hat (BAG
AP Nr 1 zu § 1 KSchG 1969 Wiedereinstellung; MünchKomm/Hergenröder KSchG § 1 Rn 81);
allerdings darf er den Weiterbeschäftigungsanspruch hierdurch nicht treuwidrig vereiteln (BAG AP Nr 6 zu § 1 KSchG 1969 Wiedereinstellung). Es ist eine umfassende Interessenabwägung vorzunehmen (BAG AP Nr 6 zu § 1 KSchG 1969 Wiedereinstellung; Oetker
ZIP 2000, 643, 646; ausf Raab RdA 2000, 147, 155 f); bei krankheitsbedingten Kündigungen
bedarf es zudem einer entsprechenden Prognose (BAG AP Nr 1 zu § 1 KSchG 1969
Wiedereinstellung; AP Nr 37 zu § 1 KSchG 1969 Krankheit; Ertl DStR 2001, 442, 443; Nicolai/
Noack ZfA 2000, 87, 101).

Der Arbeitnehmer hat sein Interesse an der Fortsetzung des Arbeitsverhältnisses 837
dem Arbeitgeber **unverzüglich** mitzuteilen, wobei eine an §§ 4, 7 KSchG orientierte
dreiwöchige Frist der Praxis als Anhaltspunkt dient (BAG AP Nr 5 zu § 1 KSchG 1969
Wiedereinstellungsanspruch [bezogen auf Betriebsübergang]; APS/Kiel § 1 KSchG Rn 759; Boe-
wer NZA 1999, 1177, 1180; Meinel/Bauer NZA 1999, 575, 580; Raab RdA 2000, 147, 156). Nach
Ablehnung des Begehrens muss der Arbeitnehmer seinen Wiedereinstellungsanspruch innerhalb von drei Wochen (§§ 4, 7 KSchG) gerichtlich verfolgen (Luke
NZA 2005, 92, 93; Meinel/Bauer NZA 1999, 575, 580; krit Boewer NZA 1999, 1177, 1183;
Oetker ZIP 2000, 643, 651; Raab RdA 2000, 147, 154; insg gegen eine zeitliche Begrenzung
KR/Rachor § 1 KSchG Rn 836; Zwanziger BB 1997, 42, 45); im Übrigen gelten die Grund-
sätze der **Verwirkung** (Boewer NZA 1999, 1177, 1183; Raab RdA 2000, 147, 154; Einzelheiten
zur Verwirkung u Rn 842 ff und allg o Rn 300 ff).

(δ)   Auswahl unter mehreren Arbeitnehmern bei betriebsbedingter Kündigung
Machen mehrere Arbeitnehmer einen Weiterbeschäftigungsanspruch nach betriebs- 838
bedingter Kündigung geltend, so ist die Auswahl durch den Arbeitgeber anhand

betrieblicher Belange und sozialer Gesichtspunkte durchzuführen (BAG AP 6 zu § 1 KSchG 1969 Wiedereinstellung; BOEWER NZA 1999, 1177, 1179; RAAB RdA 2000, 147, 157), und zwar aufgrund einer **umfassenden Interessenabwägung** (BAG AP Nr 66 zu § 1 KSchG 1969 Betriebsbedingte Kündigung; APS/KIEL § 1 KSchG Rn 752 ff). Als Indizien haben die Maßstäbe des § 1 Abs 3 KSchG dabei ebenso Bedeutung (BAG AP Nr 6 zu § 1 KSchG 1969 Wiedereinstellung; BECKSCHULZE DB 1998, 417, 420; KONTUSCH, Wiedereinstellungsanspruch 143 ff; NICOLAI/NOACK ZfA 2000, 87, 107 f; OETKER ZIP 2000, 643, 651) wie das unternehmerische Interesse des Arbeitgebers an der Wiedereinstellung eines bestimmten Arbeitnehmers (ERTL DStR 2001, 442, 447). Auch der Abschluss eines Abfindungsvergleichs kann zu Lasten des Arbeitnehmers in die Abwägung einfließen (BAG AP Nr 6 zu § 1 KSchG 1969 Wiedereinstellung; kritisch APS/KIEL § 1 KSchG Rn 754; ERTL DStR 2001, 442, 448). Sollte der Vergleich das Arbeitsverhältnis endgültig beenden, besteht idR kein Wiedereinstellungsanspruch (BAG AP Nr 6 zu § 1 KSchG 1969 Wiedereinstellung; NICOLAI/NOACK ZfA 2000, 87, 111; ZWANZIGER BB 1997, 42, 45).

(ε) **Befristete Arbeitsverhältnisse**

839 Die Rspr zum Wiedereinstellungsanspruch ist nicht auf **befristete Arbeitsverhältnisse** übertragbar, da der Arbeitnehmer dort nicht auf das Fortbestehen des Vertrages vertrauen darf (BAG AP Nr 11 zu § 1 KSchG 1969 Wiedereinstellung; MEINEL/BAUER NZA 1999, 575, 577 f; LUKE NZA 2005, 92). Es erscheint deshalb nur in eng begrenzten Ausnahmefällen treuwidrig, sich auf eine **wirksame Befristung** des Arbeitsverhältnisses zu berufen. Der Verstoß gegen Treu und Glauben setzt dabei voraus, dass der Arbeitnehmer aufgrund objektiver Anhaltspunkte davon ausgegangen ist und ausgehen durfte, das Arbeitsverhältnis werde über den Befristungszeitpunkt hinaus fortgesetzt (BAG AP Nr 9 zu § 57c HRG; AP Nr 4 zu § 91 AFG; ErfK/MÜLLER-GLÖGE § 15 TzBfG Rn 9; MünchKomm/HESSE § 15 TzBfG Rn 5; BOEWER NZA 1999, 1177, 1180; ausf zum Ganzen BRAUN, Anspruch auf Arbeitsvertrag nach wirksamer Befristung, ZTR 2007, 78 ff). Auch bei **missbräuchlichen Vertragsgestaltungen** zur Umgehung des Anschlussverbots des § 14 II 2 TzBfG kommt kein unbefristeter Arbeitsvertrag mit dem früheren Vertragsarbeitgeber zustande (BAG NJW 2013, 3465; vgl auch BAG NZA 2011, 1147).

(3) **Versorgungsansprüche**

840 Der Arbeitnehmer kann **Versorgungsansprüche** unter dem Aspekt der unzulässigen Rechtsausübung verlieren, wenn er die durch das Versorgungsversprechen abgegoltene Betriebstreue **nachhaltig entwertet**, indem er durch schwere Verfehlungen einen **existenzbedrohenden Schaden** für den Betrieb verursacht (BAG AP Nr 1 und 12 zu § 1 BetrAVG Treuebruch; AP Nr 22 zu § 7 BetrAVG Widerruf; BGH NJW 2000, 1197, 1198; NJW 1984, 1529). Wegen des Entgeltcharakters der Leistungen der betrieblichen Altersversorgung und der belastenden Folgen für den Arbeitnehmer wird die Aberkennung der Versorgungsbezüge aber an strenge Voraussetzungen geknüpft (BAG NZA 2013, 1279, 1282; BeckOK-BGB/SUTSCHET [1. 5. 2019] Rn 73; MünchKomm/SCHUBERT Rn 90). Entscheidend ist eine Interessenabwägung, bei der die Schwere der Verfehlung und ihre Folgen auf der einen Seite und die Dauer der Betriebszugehörigkeit, das Lebensalter und die weiteren Erwerbsaussichten auf der anderen Seite zu bewerten sind (BAG AP Nr 12 zu § 1 BetrAVG Treuebruch; BGH NJW 1984, 1529 f; BeckOK-BGB/SUTSCHET [1. 5. 2019] Rn 73). Die Zulässigkeit einer fristlosen Kündigung kann allenfalls als Indiz für den Verlust der Versorgungsbezüge dienen (BAG AP Nr 1 und 7 zu § 1 BetrAVG Treuebruch; MünchKomm/SCHUBERT Rn 300). Selbst bei groben Pflichtverletzungen des Arbeitnehmers kommt ein Widerruf der Versorgungszusage allein in Betracht,

wenn sich die Berufung des Arbeitnehmers auf das Versorgungsversprechen als rechtsmissbräuchlich darstellt, was dann der Fall sein kann, wenn der Arbeitnehmer die Unverfallbarkeit seiner Versorgungsanwartschaft durch Vertuschung schwerer Verfehlungen erschlichen hat oder wenn er dem Arbeitgeber einen schweren und durch Ersatzleistungen nicht wiedergutzumachenden Schaden zugefügt hat (BAG NZA 2013, 1279, 1282).

Bejaht wurde der Ausschluss von Versorgungsbezügen bei Annahme von **Schmier-** **841** **geldern** in erheblichem Umfang (BGH NJW 1984, 1529 f; Palandt/Grüneberg Rn 47), bei einer laufenden Erpressung (BAG AP Nr 5 zu § 1 BetrAVG Treuebruch = NJW 1983, 2048; BeckOK-BGB/Sutschet [1. 5. 2019] Rn 73; Palandt/Grüneberg Rn 47) und bei Gefährdung der wirtschaftlichen Grundlagen des Unternehmens durch **fortgesetzte Schädigungen** (BGH AP Nr 12 zu § 1 BetrAVG Treuebruch = NJW-RR 1997, 348; BAG NJW 2000, 1197, 1198; MünchKomm/Schubert Rn 300). Die **Unterschlagung von Geld** in den letzten Monaten des Arbeitsverhältnisses ist dagegen bei langer Betriebszugehörigkeit nicht ausreichend (BAG AP Nr 7 zu § 1 BetrAVG Treuebruch = NJW 1984, 141). Anwartschaften aus **Entgeltumwandlung** bleiben dem Arbeitnehmer auch bei schweren Verfehlungen erhalten, da es sich dabei um eine arbeitnehmerfinanzierte Altersvorsorge handelt (Clemens 272 ff). Zur Verwirkung von Versorgungsansprüchen s unten Rn 843.

dd) Verwirkung
Im Ausgangspunkt gelten auch im Arbeitsrecht die allgemeinen Grundsätze der **842** Verwirkung (MünchKomm/Schubert Rn 422). Ein Recht ist danach verwirkt, wenn es der Gläubiger längere Zeit nicht ausgeübt hat und der Schuldner nach Treu und Glauben davon ausgehen darf, dass es nicht mehr geltend gemacht wird (vgl BAG AP Nr 46 zu § 242 BGB Verwirkung = NJW 2001, 2907, 2908; BAG Nr 47 zu § 242 BGB Verwirkung; BAG NJOZ 2003, 1522). Die Verwirkung beinhaltet demnach **ein Zeit- und ein Umstandsmoment** (allg zu den Voraussetzungen der Verwirkung s oben Rn 300 ff).

(1) Ausschluss der Verwirkung im Arbeitsrecht
Einige Rechte und Ansprüche des Arbeitnehmers sind kraft **ausdrücklicher gesetz-** **843** **licher Anordnung** von der Verwirkung ausgenommen, zB tarifliche Rechte gem § 4 Abs 4 S 2 TVG. Gleiches gilt nach § 77 Abs 4 S 3 BetrVG für Rechte, die durch Betriebsvereinbarungen eingeräumt wurden, und nach § 19 Abs 3 S 4 HAG für Ansprüche aus bindenden Festsetzungen nach dem HAG. Zum Schutz des Arbeitnehmers unterliegen außerdem weder Lohn- und Gehaltsansprüche (BAG BB 1958, 117; BeckOK-BGB/Sutschet [1. 5. 2019] Rn 151) noch der gesetzliche Urlaubsanspruch (BAG DB 1970, 787; Palandt/Grüneberg Rn 97) der Verwirkung (anders Kettler NZA 2001, 928, 931 f; MünchKomm/Schubert Rn 374). Der Anspruch auf Versorgungsbezüge ist für den Arbeitnehmer von so existenzieller Bedeutung, dass er grundsätzlich ebenfalls nicht verwirken kann (BAG AP Nr 11 zu § 9 BetrAVG = ZIP 1990, 735; BAG AP § 1 BetrAVG Gleichberechtigung Nr 1; BeckOK-BGB/Sutschet [1. 5. 2019] Rn 151). Der allgemeine Rechtsmissbrauchseinwand bleibt aber in jedem Fall unberührt (MünchArbR/ Krause § 71 Rn 10 f; dazu Rn 284 ff).

Bei **kurzen gesetzlichen Fristen** wie der zweiwöchigen Kündigungsfrist nach § 626 **844** Abs 2 S 1 BGB kommt eine Verwirkung regelmäßig nicht in Betracht (BAG AP § 626 BGB Nr 160; MünchKomm/Schubert Rn 375; aA Palandt/Grüneberg Rn 64; s oben Rn 314). Denn innerhalb kurzer Zeiträume kann das für die Verwirkung erforderliche Vertrauen des Gläubigers nicht gebildet werden (zum Verhältnis von Verjährung und Verwirkung o Rn 311 ff). Zudem stellen die kurzen Ausschlussfristen eine Konkretisierung der Verwirkungsregeln dar (BAG AP Nr 20 zu § 626 BGB Ausschlussfrist; APS/PREIS, Grundlagen D Rn 108).

845 Nach der Rspr ist die Verwirkung auch bei Schadensersatzansprüchen wegen **vorsätzlicher unerlaubter Handlung** grundsätzlich ausgeschlossen (BAG AP Nr 17 zu § 242 BGB Verwirkung; AP Nr 36 zu § 242 BGB Verwirkung; krit KETTLER NZA 2001, 928, 932). Dem ist insoweit zuzustimmen, als dass das Vertrauenselement bei vorsätzlichen deliktischen Schädigungen nur unter besonderen Voraussetzungen vorliegt. Ein genereller Ausschluss der Verwirkung erscheint aber nicht gerechtfertigt.

(2) Der Verwirkung unterliegende Ansprüche und Rechte

846 Alle übrigen Rechte und Ansprüche aus dem Arbeitsverhältnis unterliegen grundsätzlich der Verwirkung. So kann der Anspruch des **Arbeitnehmers** auf Arbeitnehmererfindervergütung (BAG NZA-RR 2003, 253; AP Nr 3 zu § 9 ArbNErfG) und Urlaubsentgelt (BAG AP Nr 7 zu § 11 BUrlG = DB 1970, 787; BeckOK-BGB/SUTSCHET [1. 5. 2019] Rn 151; wegen der kurzen Verjährungsfrist offen gelassen von BAG AP Nr 34 zu § 11 BUrlG) ebenso verwirken wie der Anspruch auf Entfernung von Abmahnschreiben aus den Personalakten (BAG NJW 1989, 2562, 2564), der Anspruch nach § 613a Abs 1 S 1 BGB (BAG AuA 2002, 408; BAG NZA 2007, 793; BAG NZA 2010, 393; vgl Rn 815), der Anspruch auf Zeugniserteilung (BAG AP Nr 17 zu § 630 BGB = NJW 1988, 1616; LAG Hamm NZA-RR 2003, 73 f) und der Anspruch auf Ersatz von Umschulungskosten (LAG Schleswig-Holstein BB 1976, 1418). Mit Blick auf die Ansprüche des Arbeitnehmers ist bei der Verwirkung aber besondere Zurückhaltung geboten (BeckOK-BGB/SUTSCHET [1. 5. 2019] Rn 151; MünchKomm/SCHUBERT Rn 401).

847 Für die Verwirkung von **Ansprüchen und Rechten des Arbeitgebers** gelten die allgemeinen Grundsätze (vgl BAG AP Nr 8 zu § 1 HausarbTagsG Nds = BAGE 6, 166 [Schadensersatz]; BAG AP Nr 3 zu § 818 BGB = DB 1994, 1039 [Lohnüberzahlung]; BAG AP Nr 9 zu § 79 LPVG Baden-Württemberg = BAGE 89, 279 [Anpassung von Ruhegehalt]; zur Verwirkung des Abmahnungsrechts vgl BRILL, Verwirkung und Wirkungslosigkeit von Abmahnungen, NZA 1985, 109 ff). Insbesondere kann der Arbeitgeber sein Kündigungsrecht bei längerem Untätigbleiben verwirken, wenn hierdurch beim Arbeitnehmer ein schutzwürdiges Vertrauen begründet worden ist (vgl nur BAG AP Nr 42 zu § 1 KSchG 1969 Verhaltensbedingte Kündigung = NZA 2003, 795; AP Nr 9 zu § 242 BGB Verwirkung; ZTR 1998, 565; SCHAUB/LINCK § 129 Rn 17), beispielsweise bei wiederholt folgenlosen Abmahnungen. Eine Regel, dass bei drei aufeinander folgenden Abmahnungen die dritte bereits unwirksam ist, besteht aber nicht (BAG AP Nr 50 zu § 1 KSchG 1969 Verhaltensbedingte Kündigung = NZA 2005, 459).

848 In **welchem Zeitraum** ein Recht verwirkt, lässt sich nur anhand der Umstände des Einzelfalles beurteilen (vgl nur MünchArbR/WANK § 109 Rn 86; EBERLE NZA 2003, 1121, 1123). Für einzelne Ansprüche und Rechte gibt es allerdings gewisse Anhaltspunkte. So soll das Zeitelement (s oben Rn 842) bei einem Zeugnisberichtigungsanspruch nach ungefähr einem Jahr erfüllt sein (BAG AP Nr 17 zu § 630 BGB – 10 Monate; LAG Hamm NZA-RR 2003, 73 f – 15 Monate; LAG Köln NZA-RR 2001, 130, 131 – 12 Monate). Das Zeitmoment kann allerdings nicht unabhängig vom Umstandsmoment (s oben Rn 842) beurteilt werden. Die Verwirkungsfrist ist vielmehr umso kürzer, je schwerer das

Umstandsmoment wiegt (LAG Baden Württemberg AP Nr 40 zu § 242 BGB Verwirkung; MünchKomm/Schubert Rn 378). Als weiterer Anhaltspunkt kann die Verjährungsfrist herangezogen werden: Je kürzer diese ist, desto strengere Anforderungen gelten für die Verwirkung (BAG AP Nr 44 zu § 242 BGB Verwirkung; vgl Rn 312).

(3) Insbesondere: Verwirkung zu Lasten des Arbeitnehmers bei Beendigung des Arbeitsverhältnisses

Das Recht des Arbeitnehmers, sich gerichtlich gegen die Beendigung des Arbeits- 849
verhältnisses zu wehren, unterliegt ebenfalls der Verwirkung (BAG AP Nr 1 und 5 zu § 242 BGB Prozessverwirkung; AP Nr 71 zu § 620 BGB Befristeter Arbeitsvertrag), sofern der Arbeitnehmer erst nach Ablauf eines längeren Zeitraumes klagt und der Arbeitgeber darauf vertraut hat, nicht mehr gerichtlich in Anspruch genommen zu werden (vgl nur BAG AP Nr 5 zu § 242 BGB Prozessverwirkung). Die Rspr misst der Verwirkung in diesen Fällen prozessuale Wirkung bei **(sog prozessuale Verwirkung)** mit der Folge, dass die Klage unzulässig ist (vgl nur BAG AP Nr 54 zu § 620 BGB Befristeter Arbeitsvertrag; für materielle Verwirkung – Unbegründetheit der Klage – hingegen APS/Hesse § 7 KSchG Rn 6; Eberle NZA 2003, 1121, 1123). Ob die prozessuale Verwirkung eingreift, hängt von einer Einzelfallbetrachtung ab. Konkrete Zeiträume dienen nur als Orientierungshilfe (BAG AP Nr 5 zu § 242 BGB Prozessverwirkung). Das Zeitmoment der Verwirkung ist im Allgemeinen jedenfalls nach mehr als 12 Monaten erfüllt (BAG AP Nr 1, 5 und 6 zu § 242 BGB Prozessverwirkung); in der Rspr werden oft aber auch wesentlich kürzere Verwirkungsfristen von 2–4 Monaten angenommen (vgl die Bsp bei BAG AP Nr 5 zu § 242 BGB Prozessverwirkung; Eberle NZA 2003, 1121, 1123 f).

Bei **Kündigungen** kommt der prozessualen Verwirkung nur noch eingeschränkte 850
Bedeutung zu. Denn seit der Änderung des KSchG durch das Gesetz zu Reformen am Arbeitsmarkt vom 24. 12. 2003 (BGBl I 3002) gilt die dreiwöchige Klagefrist des § 4 KSchG auch für die Geltendmachung der Unwirksamkeit einer außerordentlichen Kündigung seitens des Arbeitgebers (vgl § 13 Abs 1 S 2 KSchG). Da § 4 KSchG auf den Zugang der **schriftlichen** Kündigung abstellt, wird der Verstoß gegen das Schriftformerfordernis des § 623 BGB allerdings nicht erfasst (vgl MünchKomm/Hergenröder § 13 KSchG Rn 63). Bei **mündlichen** Kündigungen muss daher nach wie vor auf die prozessuale Verwirkung zurückgegriffen werden (ausf dazu Eberle NZA 2003, 1121, 1122 ff).

Nach **Anfechtung** eines Aufhebungsvertrages wegen widerrechtlicher Drohung sei- 851
tens des Arbeitgebers (§ 123 BGB) kann der Arbeitnehmer sein Klagerecht nur in besonders gelagerten Fällen verwirken. Da der Arbeitgeber nicht schutzwürdig ist, muss er damit rechnen, dass der Arbeitnehmer die Nichtigkeit noch einige Monate nach der Anfechtung geltend macht (BAG AP Nr 45 zu § 242 BGB Verwirkung = DB 1998, 521; Erman/Böttcher Rn 127).

ee) Erwirkung von Rechten – betriebliche Übung

Im Gegensatz zur Verwirkung hat die Erwirkung zur Folge, dass ein Recht nach 852
einem gewissen Zeitablauf aufgrund gebildeten Vertrauens entstehen soll (s oben Rn 191 ff, 317). Im Arbeitsrecht erlangt in diesem Zusammenhang der allgemein anerkannte Grundsatz der **betrieblichen Übung** Bedeutung (s oben Rn 192; Einzelheiten zur betrieblichen Übung bei MünchArbR/Fischinger § 10; MünchKomm/Müller-Glöge § 611 Rn 411 ff; Staudinger/Richardi/Fischinger [2016] § 611 Rn 969 ff; Hromadka NZA 1984, 241 ff;

KETTLER NZA 2001, 929 ff). Es geht dabei darum, dass der Arbeitgeber durch regelmäßige Wiederholung bestimmter Verhaltensweisen beim Arbeitnehmer den berechtigten Eindruck erweckt, die betreffenden Leistungen oder Vergünstigungen würden auch in Zukunft gewährt (st Rspr; vgl nur BAG NZA 2012, 37 mwNw; NZA 1999, 1162; BAG AP Nr 63 zu § 242 BGB Betriebliche Übung; AP Nr 100 zu § 315 BGB). Das BAG deutet das Verhalten des Arbeitgebers als **konkludente Willenserklärung**, die der Arbeitnehmer nach § 151 S 1 BGB annimmt (sog Vertragstheorie; vgl aus neuerer Zeit BAG AP Nr 43, 46, 50, 53, 55, 63, 74 und 81 zu § 242 BGB Betriebliche Übung); in der Lit wird dagegen überwiegend eine aus § 242 BGB abgeleitete **Vertrauenshaftung** befürwortet (STAUDINGER/RICHARDI/FISCHINGER [2016] § 611 Rn 972; HROMADKA NZA 1984, 241, 244; KETTLER NZA 2001, 929; differenzierend ErfK/PREIS § 611 Rn 220; MünchKomm/MÜLLER-GLÖGE § 611 Rn 426; zu weiteren Ansätzen vgl MünchArbR/FISCHINGER § 10 Rn 4 ff).

853 Für den Standpunkt der hL scheint zu sprechen, dass der **Verpflichtungswille** des Arbeitgebers **nicht fingiert** werden muss (ErfK/PREIS § 611 Rn 221; MünchArbR/FISCHINGER § 10 Rn 11; STAUDINGER/RICHARDI/FISCHINGER [2016] § 611 Rn 973 f; HROMADKA NZA 1984, 241, 244; KETTLER NZA 2001, 928, 930). Denn die Abweichung von der betrieblichen Übung wird allein wegen der Schaffung eines Vertrauenstatbestands als widersprüchlich angesehen, ohne dass es auf den Willen des Arbeitgebers ankommt. Auf der anderen Seite ist jedoch zu beachten, dass die Vertragstheorie ebenfalls auf die Fiktion eines Verpflichtungswillens des Arbeitgebers verzichten kann. Denn nach der neueren Rspr ist eine Willenserklärung bereits dann anzunehmen, wenn der Erklärende bei Anwendung der im Verkehr erforderlichen Sorgfalt hätte erkennen und vermeiden können, dass seine Äußerung bzw sein Verhalten nach Treu und Glauben und der Verkehrssitte als (konkludente) Willenserklärung aufgefasst werden durfte (BGHZ 91, 324, 330; 109, 171, 177; 149, 129, 136; MünchKomm/MÜLLER-GLÖGE § 611 Rn 414). Aus Sicht der Vertragstheorie geht es also um die **Zurechnung eines Verhaltens als Willenserklärung** (vgl zu diesem Verständnis allg PAWLOWSKI, BGB AT [7. Aufl 2003] Rn 442 ff). Da die Besonderheiten des Arbeitsrechts dabei über die Kriterien von Treu und Glauben und der Verkehrssitte (§ 157 BGB) berücksichtigt werden können, ermöglicht die Vertragstheorie sachgemäße Ergebnisse. Ein Rückgriff auf die zweifelhafte Figur der „Erwirkung" (allg dazu Rn 191 ff, 317) ist damit entbehrlich.

854 Zur betrieblichen Übung besteht eine umfangreiche Kasuistik. Dazu gehören (ohne Anspruch auf Vollständigkeit) folgende **Fallgruppen**: Die jahrelange Fehlinterpretation von Ausdrücken im Arbeitsvertrag (RAG ARS 47, 221 – „Direktgeschäft"); die Pensionszusage und Pensionsgewährung an einzelne Arbeitnehmer ohne arbeitsvertragliche Grundlage, aber entsprechend einer Betriebsübung (vgl RAG ARS 23, 37 ff; 33, 172 ff; BAG AP Nr 38 zu § 242 BGB [Betriebliche Übung]; BGH NJW 1957, 257; vgl SINGER, Neue Entwicklungen im Recht der Betriebsübung, ZfA 1993, 487 ff mit ausf Nachw); die Gratifikation (freiwillige Leistung), die dreimal gewährt worden ist, was den Arbeitgeber zur Wiederholung der Zuwendung verpflichtet (vgl insbes BAGE 5, 44, 47); sonstige freiwillige Leistungen wie zB Jubiläumsgeschenke, Ehrengaben, Prämien, Zuschläge uä mehr (vgl dazu CANARIS, Vertrauenshaftung 409 f sowie BAG NJW 1987, 2101, 2102). Gegen die Annahme, bei der **Gratifikation** solle die **dreimalige Zahlung** den Anspruch auf Weiterzahlung begründen, wird eingewandt, man könne kaum rechtfertigen, warum gerade die dritte Zahlung den Rückschluss auf eine entsprechende Willenserklärung des Arbeitgebers zulasse (STAUDINGER/J SCHMIDT [1995] Rn 581; HANAU AcP 165 [1965] 220, 261). Die Vertreter der Vertragstheorie weisen demgegenüber darauf hin, dass der

Arbeitnehmer idR erst die dritte Zahlung des Arbeitgebers als stillschweigende Willenserklärung deuten dürfe (MünchKomm/MÜLLER-GLÖGE § 611 Rn 426). Das BAG geht dementsprechend davon aus, dass eine betriebliche Übung im Einzelfall auch schon durch eine einmalige Leistung entstehen kann (BAG Nr 81 zu § 242 BGB Betriebliche Übung).

Die betriebliche Übung kann auch **zu Lasten des Arbeitnehmers** wirken (vgl dazu BAG AP Nr 50 zu § 242 BGB Betriebliche Übung; MünchArbR/FISCHINGER § 10 Rn 28 f; SPEIGER, Die Reduzierung von Gratifikationsleistungen durch betriebliche Übung, NZA 1998, 510 ff). In diesem Fall wäre es aber nicht interessengerecht, die Annahme der (konkludenten) Willenserklärung des Arbeitgebers durch den Arbeitnehmer auf § 151 S 1 BGB zu stützen. Eine entsprechende Verkehrssitte kann nämlich idR nur bei unentgeltlichen Zuwendungen oder anderen lediglich vorteilhaften Geschäften angenommen werden (vgl BGH NJW 2004, 287, 288; JAUERNIG/MANSEL § 151 Rn 3). Es muss daher im Einzelfall geprüft werden, ob eine konkludente Annahme vorliegt (MünchKomm/MÜLLER-GLÖGE § 611 Rn 418). 855

ff) Rechtsmissbrauch bei der Arbeitnehmerüberlassung
In Fällen der Arbeitnehmerüberlassung stellt sich die Frage, ob zwischen dem Entleiher und dem Leiharbeitnehmer ein Arbeitsverhältnis zustande kommt, wenn der Einsatz des Leiharbeitnehmers entgegen der Vorschrift des § 1 Abs 1 S 2 AÜG **nicht nur vorübergehend** erfolgt. Für den Fall, dass der Vertrag zwischen dem Verleiher und dem Leiharbeitnehmer nach § 9 Nr 1 AÜG wegen fehlender Erlaubnis des Verleihers zur Arbeitnehmerüberlassung unwirksam ist, fingiert § 10 Abs 1 AÜG ein Arbeitsverhältnis zwischen dem Leiharbeitnehmer und dem Entleiher. Sofern der Verleiher die erforderliche Erlaubnis hat, ist diese Regelung auf den Verstoß gegen § 1 Abs 1 S 2 AÜG aber **weder direkt noch entsprechend anwendbar** (BAG NJW 2014, 956, 957 ff m Anm HOFFMANN-REMY; BeckOK-ArbR/KOCK [1. 6. 2019] § 1 AÜG Rn 138; aA LAG Berlin-Brandenburg NZA-RR 2013, 234; SCHAUB/KOCH § 120 Rn 12c). 856

Nach Ansicht des BAG lässt sich das Zustandekommen eines Arbeitsverhältnisses zwischen dem Entleiher und dem Leiharbeitnehmer in diesen Fällen auch nicht unter dem Aspekt des **institutionellen Rechtsmissbrauchs** (allg dazu o Rn 217) bejahen. Zur Begründung verweist das BAG darauf, dass die nicht nur vorübergehende Überlassung von Leiharbeitnehmern nach der bis zum 30. 11. 2011 geltenden Fassung nicht unzulässig war, sodass es bereits an den Voraussetzungen eines institutionellen Rechtsmissbrauchs fehlt (ebenso schon BAG NZA 2013, 1267, 1270). Seit dem 1. 12. 2011 würden der Verleiher und der Entleiher mit der vorübergehenden Überlassung von Leiharbeitnehmern zwar gegen ein gesetzliches Verbot verstoßen. Wenn der Gesetzgeber als Sanktion nicht die Entstehung eines Arbeitsverhältnisses mit dem Entleiher vorgesehen habe, dürfe diese Entscheidung aber nicht über § 242 BGB korrigiert werden (BAG NZA 2014, 956, 960). 857

g) Werkvertrag und ähnliche Verträge, §§ 631–650v
Ähnlich wie beim Dienstvertrag (vgl Rn 788 f) besteht auch beim Werkvertrag ein **besonderes Vertrauensverhältnis** zwischen den Parteien, bedingt durch die Einwirkungsmöglichkeiten des Werkunternehmers auf die Rechtsgüter und Interessen des Bestellers (ERMAN/BÖTTCHER Rn 89). Daher wird das Vertragsverhältnis durch zahlreiche Nebenpflichten des Werkunternehmers geprägt. Dazu gehören zum einen 858

Aufklärungs- und Beratungspflichten (ausf STAUDINGER/OLZEN § 241 Rn 474 ff; vgl aus der neueren Rechtsprechung BGH NJW 2000, 280; NJW-RR 2011, 3291). So muss eine Kfz-Werkstatt den Kunden im Rahmen eines Inspektionsvertrages nach Treu und Glauben darauf hinweisen, dass bestimmte Maßnahmen (zB Austausch des Zahnriemens) in unmittelbarer Zukunft (Zeitraum von weniger als drei Monaten oder Laufleistung von 5000 Kilometern) notwendig werden (OLG Schleswig NJW-RR 2011, 692; AG Brandenburg NJW 2007, 3072). Zum anderen werden auch Obhuts- und Aufbewahrungspflichten häufig relevant (ausf STAUDINGER/OLZEN § 241 Rn 510 f). Besondere wirtschaftliche Bedeutung kommt Werkverträgen über die **Errichtung von Bauwerken** zu. Hier finden sich auch die meisten Anwendungsfälle des § 242 BGB. Zur **Inhaltskontrolle** nach § 242 BGB bei **Gewährleistungsausschlüssen** in notariell beurkundeten Individualvereinbarungen s oben Rn 475.

859 Ebenso wie bei anderen Schuldverträgen gilt auch bei Werkverträgen das **Verbot der unzulässigen Rechtsausübung** (s oben Rn 213 ff; z Architektenvertrag s unten Rn 864 f), einschließlich der Grundsätze über die Verwirkung (allg dazu o Rn 300 ff; zu Einwendungen bzgl der Schlussrechnung Rn 865 f). Ein Fall widersprüchlichen Verhaltens liegt etwa vor, wenn ein Unternehmer den Werkvertrag über mehrere Jahre selbstständig abwickelt, sich im Mängelprozess dann aber darauf beruft, ein namensgleiches Unternehmen der gleichen Unternehmensgruppe sei richtiger Klagegegner (BGH DB 1987, 628 f).

860 Wählt der Unternehmer zur Ausführung des Werkes eine technische Konstruktion, die von der vertraglich vereinbarten Konstruktion abweicht, dieser aber überlegen ist, so weist das Werk nach § 633 Abs 2 S 1 BGB gleichwohl einen **Mangel** auf (vgl MünchKomm/BUSCHE § 633 Rn 14 mwNw). Der Besteller verstößt aber gegen **Treu und Glauben**, wenn er im Nachhinein auf der vertragsgemäßen Ausführung des Werkes besteht, obwohl dies eine vollständige Neuherstellung erfordert und der Besteller auf die vereinbarte Konstruktion des Werkes nicht erkennbar besonderen Wert gelegt hatte (OLG Düsseldorf NJW-RR 2012, 1231). Maßgeblich ist der Gedanke des **fehlenden schutzwürdigen Eigeninteresses**. Davon zu unterscheiden ist der Fall, dass der Unternehmer die Nacherfüllung wegen **grober Unverhältnismäßigkeit** verweigert. Hierbei handelt es um eine Frage, die nach § 275 Abs 2 BGB bzw § 635 Abs 3 BGB zu beurteilen ist.

861 Nach § 641 Abs 1 S 1 BGB hängt die Fälligkeit des Vergütungsanspruchs des Unternehmers grundsätzlich davon ab, dass der Besteller das Werk **abgenommen** hat. Dies kann für den Unternehmer zu Schwierigkeiten führen, wenn der Besteller die Abnahme zu Unrecht verweigert, zB wegen unwesentlicher Mängel (§ 640 Abs 1 S 2 BGB). Die Rspr billigt dem Unternehmer in diesen Fällen nach Treu und Glauben das Recht zu, den Vergütungsanspruch auch ohne Abnahme geltend zu machen (BGH NJW 1996, 1280; OLG Brandenburg 25. 1. 2012 – 4 U 7/10, NJW-RR 2012, 655; 20. 10. 2010 – 4 U 55/08; OLG Karlsruhe NJW-RR 2010, 1609, 1610; PALANDT/SPRAU § 641 Rn 5). Inwieweit der Rückgriff auf § 242 BGB erforderlich ist, erscheint jedoch zweifelhaft, weil der Unternehmer nach § 640 Abs 2 S 1 BGB das Recht hat, dem Besteller eine **angemessene Frist** zur Abnahme zu setzen; hat der Besteller die Abnahme des Werks nicht innerhalb dieser Frist unter Angabe mindestens eines Mangels verweigert, so wird die Abnahme fingiert (zur Problemstellung vgl MünchKomm/BUSCHE § 641 Rn 4). Nach dem Zweck der Vorschrift ist davon auszugehen, dass der Vergütungsanspruch

grundsätzlich erst nach dem Fristablauf geltend gemacht werden kann (vgl PALANDT/ SPRAU § 641 Rn 5). Die Fälligkeit ergibt sich dann bereits aus § 640 Abs 2 S 1 BGB iVm § 641 Abs 1 S 1 BGB. Die **Fristsetzung** kann jedoch nach Treu und Glauben **entbehrlich** sein, zB wenn der Besteller die Abnahme ernsthaft und endgültig verweigert (vgl JAUERNIG/MANSEL § 641 Rn 2).

Entzieht der Besteller dem Werkunternehmer den **Auftrag** gem § 8 Nr 3 VOB/B, so kann er nach Treu und Glauben gehalten sein, hergestellte, aber noch nicht eingebaute Bauteile zu übernehmen und angemessen zu vergüten, sofern dies zumutbar erscheint (BGH NJW 1995, 1837, 1838; STAUDINGER/PETERS/JACOBY [2014] § 649 Rn 84). Dabei müssen die für die Entziehung des Auftrags maßgeblichen Gründe ebenso berücksichtigt werden wie die Verwendbarkeit der betreffenden Teile für die Weiterführung des Bauvorhabens (BGH NJW 1995, 1837, 1838). Im Rahmen einer **werkvertraglichen Leistungskette** ist der Besteller (Generalunternehmer) nach Treu und Glauben auch daran gehindert, den Werklohnanspruch des Nachunternehmers zu **mindern** (BGH NJW-RR 2011, 377) bzw **Mängelansprüche** gegen ihn geltend zu machen (BGHZ 173, 83 = NJW 2007, 2695; OLG Köln NJW 2012, 1295; OLG Celle NJW-Spezial 2014, 76), wenn im Rahmen der Leistungskette feststeht, dass der Bauherr das Werk billigt und den Generalunternehmer wegen Mängeln nicht mehr in Anspruch nehmen wird. Denn wirtschaftlich betrachtet handelt es sich beim Generalunternehmer innerhalb der Leistungskette lediglich um eine Zwischenstation und der Nachunternehmer erbringt seine Leistung regelmäßig zugunsten des Bauherrn. Gleichwohl rechtfertigen diese Erwägungen es nicht, dem Generalunternehmer das **Leistungsverweigerungsrecht wegen Mängeln** gegenüber dem Nachunternehmer zu versagen (BGH NJW 2013, 3297; OLG Celle NJW-Spezial 2014, 76), um die begehrte Mängelbeseitigung durchzusetzen, die den Bauherrn begünstigt. Dabei hängt das Leistungsverweigerungsrecht nicht davon ab, ob der Bauherr die Mängelbeseitigung noch vom Generalunternehmer fordern kann. Erst wenn der Bauherr diese nicht mehr zulässt und die Mängelbeseitigung dem Nachunternehmer unmöglich wird, ist der Generalunternehmer nach Treu und Glauben daran gehindert ein Leistungsverweigerungsrecht geltend zu machen. **862**

§ 242 BGB wird im Bereich des Werkvertragsrechts auch herangezogen, um die nach § 650e BGB (§ 648 BGB aF) erforderliche **Identität** von Grundstückseigentümer und Besteller für die Einräumung einer **Sicherungshypothek** zu überwinden, wenn sich die Berufung auf die Verschiedenheit der Personen (zB bei Auftreten juristischer Personen) als rechtsmissbräuchlich darstellt (BGHZ 102, 95, 99, 102 ff = NJW 1988, 255; OLG Düsseldorf BauR 1985, 337, 338; OLG Köln NJW-RR 1986, 960, 961; BeckOK-BGB/VOIT [1. 2. 2019] § 650e Rn 14; MünchKomm/BUSCHE § 650e Rn 28; offen gelassen von OLG Bremen NJW 1976, 1320, 1321; vgl z Ganzen STAUDINGER/PETERS/JACOBY [2014] § 648 Rn 23 ff). Dies gilt zB für den Fall, dass der Grundstückseigentümer die Vorteile aus der Werkleistung des Unternehmers an dem Grundstück zieht, weil die Bestellerin eine Gesellschaft ist, die von ihm wirtschaftlich und tatsächlich vollständig beherrscht wird (BGHZ 102, 95, 104 f). Zudem stellt es keine unzulässige Rechtsausübung dar, wenn dem Sicherungsverlangen des Unternehmers auch andere Motive als die bloße Erlangung einer Sicherheit zugrunde liegen (BGH 23. 11. 2017 – VII ZR 34/15, NJW 2018, 549, 550). **863**

Von besonderer praktischer Relevanz sind Fragen in Bezug auf die **Honorarforderung des Architekten** nach der Honorarordnung für Architekten und Ingenieure **864**

(HOAI). Nach hM kommt der **Schlussrechnung** zwar keine **Bindungswirkung** zu; etwas anderes muss aber nach Treu und Glauben gelten, wenn der Auftraggeber in schutzwürdiger Weise darauf vertraut hat, dass es sich um eine abschließende Berechnung der Leistungen handelt (BGHZ 120, 133, 135 ff; BGH NJW-RR 1990, 725, 726; NJW-RR 1998, 952, 953; OLG Düsseldorf NJW-RR 1995, 340, 341; Erman/Böttcher Rn 106; MünchKomm/Schubert Rn 339). Allerdings ist in besonderen Ausnahmefällen eine Nachforderung zulässig, insbesondere wenn das Vertrauen des Bestellers in die Endgültigkeit der Rechnung nicht schutzwürdig erscheint. Erforderlich ist eine umfassende Abwägung der Interessen des Architekten und des Bestellers, wobei man berücksichtigen muss, inwieweit der Besteller sich bereits auf die abschließende Rechnung eingestellt hat (BGHZ 120, 133, 139 f; BGH NJW-RR 1998, 952, 953).

865 Widersprüchliches Verhalten kann im Einzelfall auch vorliegen, wenn der Architekt nach Mindestsätzen abrechnet, obwohl zuvor ein (Pauschal-)Honorar vereinbart wurde, das die **Mindestsätze unterschreitet** (BGHZ 136, 1, 9 f). Jedoch ist der Architekt nicht daran gehindert die Mindestsätze zu fordern, wenn der Auftraggeber geschäftserfahren ist, gemessen am Gesamtvolumen des Bauvorhabens durch die Honorardifferenz nicht unzumutbar hart getroffen wird und keine Dispositionen im Vertrauen auf die niedrigere Honorarrechnung getätigt hat (OLG München NJW-RR 2013, 922). Dem steht indessen nicht entgegen, dass der Architekt zunächst nur das (Pauschal-)Honorar eingefordert hat und erst später zur höheren Mindestsatzabrechnung übergegangen ist (BGH NJW-RR 2010, 1176).

866 In Bezug auf **Einwendungen gegen die Schlussrechnung** ist zu beachten, dass der Ablauf der zweimonatigen Prüfungsfrist nach § 16 Nr 3 Abs 1 VOB/B allein nicht den Einwand der **Verwirkung** rechtfertigt (BGH NJW 2001, 1649; OLG Nürnberg NJW-RR 1999, 1619; anders OLG Düsseldorf NJW-RR 1991, 278; NJW-RR 1998, 376, 377 = BauR 1997, 1052 m krit Anm Welte, Verwirkung von Einwendungen gegen die Schlußrechnung nach Ablauf der Prüfungszeit von 2 Monaten oder beweisrechtliche Konsequenzen?, BauR 1998, 384 ff). Vielmehr gelten die allgemeinen Grundsätze (s oben Rn 300 ff), wonach es neben dem Zeitablauf besonderer Umstände bedarf, die bei dem Werkunternehmer das Vertrauen begründet haben und begründen durften, dass der Besteller seine Rechte nicht mehr geltend machen wird (BGH NJW 2001, 1649; OLG Nürnberg NJW-RR 1999, 1619 [bewusstes Hinauszögern des Fälligkeitstermins]).

867 In der Praxis kommt es nicht selten vor, dass werkvertragliche Leistungen unter Verletzung steuerlicher Pflichten **ohne Rechnung** erbracht werden, weil die Parteien verhindern wollen, dass das Geschäft den Steuerbehörden bekannt wird (vgl § 1 Abs 2 Nr 2 SchwarzArbG). Der BGH ist auf der Grundlage des früheren Gesetzes zur Bekämpfung der Schwarzarbeit (in Kraft bis 31. 7. 2004) davon ausgegangen, dass der Verstoß gegen die Vorgaben dieses Gesetzes zunächst nur zur Nichtigkeit der „Ohne-Rechnung-Abrede" führe. Dahinter stand die Erwägung, dass die Steuerhinterziehung regelmäßig nicht den Hauptzweck des Werkvertrages darstellt, sodass dieser nicht bereits wegen §§ 134, 138 BGB in seiner Gesamtheit nichtig ist (vgl dazu BGHZ 14, 25 = NJW 1954, 1401; BGH WM 1961, 727; WM 1975, 1279; BGHR BGB § 134 Steuerhinterziehung 1; BGHZ 136, 125 = NJW 1997, 2599; BGH, NJW-RR 2002, 1527; NJW 2003, 2742 = NZM 2003, 716). Die Nichtigkeit des gesamten Vertrages hing damit gem § 139 BGB davon ab, ob die Parteien den Vertrag auch ohne die „Ohne-Rechnung-Abrede" geschlossen hätten (vgl BGH NJW-RR 2008, 1050: im Zweifel Gesamtnichtigkeit). Der

Unternehmer sollte aber nach **Treu und Glauben** gehindert sein, sich gegenüber den **Gewährleistungsansprüchen** des Bestellers auf eine etwaige Gesamtnichtigkeit des Vertrages gem § 139 BGB zu berufen (BGH NJW-RR 2008, 1050; BGH NJW-RR 2008, 1051; aA POPESCU/MAJER, Gewährleistungsansprüche bei einem wegen Ohne-Rechnung-Abrede nichtigen Vertrags, NZBau 2008, 424, 425).

Der BGH hat seine Rspr zu den Auswirkungen der „Ohne-Rechnung-Abrede" mit **868** Rücksicht auf das **neue SchwarzArbG** v 23. 7. 2004 (BGBl I 1842) geändert. Das neue Gesetz hat gem seinem § 1 Abs 1 den Zweck, die Bekämpfung der Schwarzarbeit zu intensivieren. Der BGH folgert hieraus, dass der mit einer **„Ohne-Rechnung-Abrede"** geschlossene Werkvertrag nach **§ 134 BGB iVm § 1 Abs 2 Nr 2 SchwarzArbG insgesamt nichtig** ist. Dies soll jedenfalls dann gelten, wenn der Unternehmer vorsätzlich gegen das SchwarzArbG verstößt und der Besteller den Verstoß des Unternehmers bewusst zum eigenen Vorteil ausnutzt (BGH NJW 2013, 3167; BGH 10. 4. 2014 – VII ZR 241/13; OLG Schleswig 16. 8. 2013 – 1 U 24/13, MDR 2013, 1399; näher dazu LOOSCHELDERS, Schuldrecht BT § 33 Rn 2; S LORENZ, „Brauchen Sie eine Rechnung?": Ein Irrweg und sein gutes Ende, NJW 2013, 3132 ff). Die Gesamtnichtigkeit muss hier also nicht mehr über § 139 BGB begründet werden.

Die vollständige Nichtigkeit des Werkvertrages gem § 134 BGB hat nach der neuen **869** Rspr zur Folge, dass dem Besteller in den Fällen des § 1 Abs 2 Nr 2 SchwarzArbG grundsätzlich **keine Mängelrechte** zustehen (BGH NJW 2013, 3167). Diese Rechtsfolge kann auch nur noch in ganz eng begrenzten Ausnahmefällen durch die Berufung auf **Treu und Glauben** überwunden werden. Dass der Besteller die mangelhafte Werkleistung wegen den Schwierigkeiten der Rückabwicklung (insbes des Eigentumserwerb nach § 946 BGB bei Bauverträgen) typischerweise behalten wird, reicht hierfür nicht aus (anders noch BGH NJW-RR 2008, 1050; NJW-RR 2008, 1051). Umgekehrt steht dem Werkunternehmer aufgrund der Gesamtnichtigkeit des Vertrages auch kein Anspruch auf Werklohn zu (BGH 10. 4. 2014 – VII ZR 241/13, NJW 2014, 1805; vgl dazu auch o Rn 487). Diese Grundsätze gelten auch dann, wenn die Schwarzgeldabrede erst **nachträglich** getroffen worden ist (BGH 16. 3. 2017 – VII ZR 197/16, NJW 2017, 1808 m Anm STAMM; krit SCHIPPERS, Die rechtlichen Auswirkungen nachträglicher Schwarzgeldabreden auf den ursprünglichen Werkvertrag [2018] 183 ff und passim).

h) Maklervertrag, §§ 652–656*

Nach Rspr und hL besteht zwischen dem Makler und dem Auftraggeber ein **be- 870 sonderes Treueverhältnis**, das den Makler verpflichtet, bei seiner Tätigkeit im Rahmen des Zumutbaren das Interesse des Auftraggebers zu wahren (vgl BGH NJW 1968, 150, 151; 1985, 2595; 2000, 3642; NJW-RR 2007, 711, 712 = JA 2007, 546 [LOOSCHELDERS]; OLG Düsseldorf NJW-RR 1996, 1012; OLG Karlsruhe NJW-RR 1995, 500; JAUERNIG/MANSEL § 654 Rn 3; PALANDT/SPRAU § 652 Rn 13; SOERGEL/ENGEL § 652 Rn 135). Aus diesem Treueverhältnis wird eine Vielzahl von **Nebenpflichten** (insbesondere Aufklärungs- und Beratungspflichten) abgeleitet, für deren Konkretisierung auf § 242 BGB verwiesen wird (so PALANDT/SPRAU § 652 Rn 14; SOERGEL/ENGEL § 652 Rn 135).

---

* **Schrifttum**: PAULY, Zur Frage der treuwidrigen Vereitelung des Hauptvertrages beim Maklervertrag, JR 1998, 353; SCHEIBE, Der Provisionsanspruch des Maklers beim Vertragsschluss durch einen mit dem Auftraggeber nicht identischen Dritten, BB 1988, 849.

871 Aus dogmatischer Sicht ist der hM entgegenzuhalten, dass die in Frage stehenden Nebenpflichten nach allgemeinen Regeln unmittelbar aus dem **Schuldverhältnis** abgeleitet werden können; die Konstruktion eines besonderen Treueverhältnisses ist also nicht erforderlich (vgl MünchKomm/Roth § 652 Rn 260a; Staudinger/Arnold [2016] Vorbem 9 zu §§ 652 ff; zur parallelen Problematik im Arbeitsrecht s oben Rn 797). Davon abgesehen helfen die Grundsätze des § 242 BGB bei der Konkretisierung der Nebenpflichten im Maklerrecht kaum weiter. Entscheidend ist vielmehr die Ausgestaltung des jeweiligen Maklervertrages (Erman/Fischer § 652 Rn 57; vgl auch BGH NJW 1985, 2595 betr Versicherungsmakler). Wichtige Abwägungsfaktoren bilden außerdem die wirtschaftliche Bedeutung des Geschäfts und das Maß der geschäftlichen Erfahrenheit des Auftraggebers (OLG Karlsruhe NJW-RR 1995, 500). Es handelt sich damit um spezifische Fragen des Maklerrechts, die hier nicht weiter vertieft werden können.

872 Ein Sonderfall des **treuwidrigen Verhaltens auf Seiten des Maklers** wird in § 654 BGB geregelt. Danach steht dem Makler kein Anspruch auf Zahlung des Maklerlohns zu, wenn er dem Inhalt des Vertrages zuwider auch für den anderen Teil tätig geworden ist (unerlaubte Doppeltätigkeit). Die amtliche Überschrift des § 654 BGB bezeichnet dies als **„Verwirkung des Lohnanspruchs"**. Nach allgemeiner Ansicht handelt es sich jedoch um keine Verwirkung im rechtstechnischen Sinne (vgl MünchKomm/Roth § 654 Rn 1). Es geht vielmehr darum, Interessenkonflikte zu vermeiden und die Objektivität des Maklers zu gewährleisten (Looschelders, Schuldrecht BT § 37 Rn 6).

873 Auf der anderen Seite stellt sich die Frage, ob der **Provisionsanspruch des Maklers** mit Hilfe des § 242 BGB **begründet** werden kann, wenn der Auftraggeber das Zustandekommen oder die Durchführung des Hauptvertrages **treuwidrig vereitelt** hat. Dagegen spricht, dass die Entscheidungsfreiheit des Auftraggebers grundsätzlich nicht durch die Annahme einer Pflicht zum Abschluss des Hauptvertrages entwertet werden darf (vgl Erman/Fischer § 652 Rn 41). Davon abgesehen erscheint es aus dogmatischer Sicht nicht überzeugend, das Fehlen einer Anspruchsvoraussetzung mit Hilfe von Treu und Glauben zu überspielen (vgl Pauly JR 1998, 353, 355; für Anwendung des § 242 BGB aber Scheibe BB 1988, 849, 856). Die hM geht deshalb zu Recht davon aus, dass dem Makler idR nur Schadensersatzansprüche aus § 280 Abs 1 BGB gegen den Auftraggeber zustehen (so BGH LM Nr 28 zu § 652 BGB; OLG Köln MDR 1993, 1175, 1176; MünchKomm/Roth § 652 Rn 114 und § 654 Rn 27). In extremen Ausnahmefällen wird zwar die entsprechende Anwendung des § 162 Abs 1 BGB befürwortet (vgl BGH LM Nr 28 zu § 652 BGB; OLG Köln MDR 1993, 1175, 1176; Erman/Fischer § 652 Rn 42). Die hierfür erforderliche Regelungslücke lässt sich in Anbetracht der Existenz des Schadensersatzanspruchs aus § 280 Abs 1 BGB jedoch nicht feststellen (vgl dazu Pauly JR 1998, 353, 355; Scheibe BB 1988, 849, 856).

i) **Auftrag, Geschäftsbesorgung und Geschäftsführung ohne Auftrag, §§ 662–687**

aa) **Allgemeines**

874 Der Auftrag (§§ 662–674 BGB), der Geschäftsbesorgungsvertrag (§ 675 Abs 1 BGB) und die Geschäftsführung ohne Auftrag (§§ 677–687 BGB) weisen eine wesentliche **Gemeinsamkeit** auf: Sie beziehen sich allesamt auf **Tätigkeiten in fremdem Interesse** (Staudinger/Martinek/Omlor [2017] Vorbem 22 zu §§ 662 ff). Dies hat zur Folge, dass der

Beauftragte bzw der Geschäftsführer zu **besonderer Rücksicht auf die Interessen des Auftraggebers** (Geschäftsherrn) verpflichtet ist (vgl zum Auftrag MünchKomm/Schäfer § 662 Rn 51; zur GoA BGB-RGRK/Steffen § 677 Rn 4). Für die Geschäftsführung ohne Auftrag schreibt § 677 BGB vor, dass der Geschäftsführer das Geschäft so zu führen hat, wie das Interesse des Geschäftsherrn mit Rücksicht auf dessen wirklichen oder mutmaßlichen Willen es erfordert. Beim Auftrag ergibt sich die „Treuepflicht" des Beauftragten aus dem Auftragsverhältnis (MünchKomm/Schäfer § 662 Rn 52). Der Grundsatz von Treu und Glauben kann also auch hier nur zur **Konkretisierung** und **Begrenzung** der Pflichten herangezogen werden (vgl Larenz, Schuldrecht II/1 § 56 II).

bb) Einzelfragen

Der Beauftragte darf nach **§ 665 BGB** nur unter bestimmten Voraussetzungen von den **Weisungen** des Auftraggebers abweichen. Anderenfalls muss der Auftraggeber das weisungswidrig durchgeführte Geschäft nicht als Erfüllung des Auftrags gelten lassen (Palandt/Sprau § 665 Rn 7). Die Zurückweisung des Geschäfts verstößt jedoch gegen Treu und Glauben, wenn die Abweichung geringfügig und unbedeutend ist (RGZ 106, 26, 29 f; MünchKomm/Schäfer § 665 Rn 23) oder die Interessen des Auftraggebers aus sonstigen Gründen in keiner Weise beeinträchtigt (vgl BGH LM Nr 5 zu § 665 BGB = NJW 1969, 320; BGH ZIP 1983, 781, 782 f; Staudinger/Martinek/Omlor [2017] § 665 Rn 25), zB weil der vom Auftraggeber verfolgte Zweck trotz der Abweichung erreicht wurde (BGHZ 130, 87, 96; BGH NJW 1991, 3208, 3209; Jauernig/Mansel § 665 Rn 8) oder auch ohne die Abweichung nicht erreicht worden wäre (NK-BGB/Schwab § 665 Rn 12). Macht der Auftraggeber sich die weisungswidrige Ausführung nachträglich zu Eigen, so kann er unter dem Aspekt des venire contra factum proprium an der Geltendmachung von Schadensersatzansprüchen wegen der Abweichung gehindert sein (vgl RGZ 57, 392, 394; BGH VersR 1968, 792, 794; MünchKomm/Schäfer § 665 Rn 25). Im Allgemeinen liegt in solchen Fällen allerdings schon eine stillschweigende Genehmigung der Abweichung vor (vgl BGB-RGRK/Steffen § 665 Rn 8), sodass der Rückgriff auf § 242 BGB entfällt.

875

Nach **§ 666 BGB** trifft den Beauftragten eine **Auskunfts- und Rechenschaftspflicht**, die durch den Grundsatz von Treu und Glauben begrenzt wird. Der Beauftragte kann hiernach die Auskunft verweigern, wenn der Auftraggeber daran kein vernünftiges Interesse hat oder wenn das Gewicht seines Interesses in keinem angemessenen Verhältnis zu dem mit der Erteilung der Auskunft verbundenen Aufwand steht (vgl BGH NJW 1998, 2969; KG NJW-RR 2002, 708; OLG Frankfurt NJW-RR 2012, 1075). Anders als die aus § 242 BGB abgeleitete Auskunftspflicht (s oben Rn 605 ff) setzt die Auskunftspflicht aus § 666 BGB aber nicht voraus, dass der Auftraggeber sich die erforderlichen Informationen nicht selbst auf zumutbare Weise beschaffen kann (BGH NJW 1998, 2969, 2970; KG NJW-RR 2002, 708).

876

Der Grundsatz von Treu und Glauben gilt auch bei der **Geschäftsführung ohne Auftrag** (RGZ 63, 280, 285). Der Geschäftsführer ist hiernach zwar nicht verpflichtet, die übernommene Geschäftsführung zu Ende zu führen (RGZ 63, 280, 283; Palandt/Sprau § 677 Rn 14); er darf sie aber nicht **„zur Unzeit"** abbrechen (MünchKomm/Schäfer § 677 Rn 118; BGB-RGRK/Steffen § 677 Rn 4; für entsprechende Anwendung des § 671 Abs 2 BGB Erman/Dornis § 677 Rn 57; Jauernig/Mansel § 677 Rn 9; Larenz, Schuldrecht II/1 § 57 Ib).

877

k) Bürgschaft, §§ 765–778*
aa) Bürgschaften vermögensloser Familienangehöriger

878 Im Bürgschaftsrecht wird die Bedeutung von Treu und Glauben (§ 242 BGB) vor allem bei Bürgschaften **vermögensloser Familienangehöriger** diskutiert (vgl aus der Rspr BVerfGE 89, 214 229 ff = NJW 1994, 36; BVerfG NJW 1994, 2749; NJW 1996, 2021; BGH NJW-RR 1996, 1262; 1997, 684; BGH NJW 1995, 592; 1996, 2088; 1999, 55; 2000, 362; 2001, 1859; aus der Lit GRÜN WM 1994, 713 ff; HEINRICHSMEYER FamRZ 1994, 129 ff; HONSELL NJW 1994, 565 ff; REINICKE/TIEDTKE NJW 1995, 1449 ff; TONNER ZIP 1999, 901, 911; vWESTPHALEN MDR 1994, 5 ff). Umstritten ist dabei insbesondere, ob der verfassungsrechtlich gebotene Schutz des Bürgen über **§ 138 Abs 1** BGB **oder § 242** BGB verwirklicht werden kann.

879 Nach allgemeinen Grundsätzen kommt ein Rückgriff auf § 242 BGB in Betracht, wenn das Rechtsgeschäft nicht nach § 138 Abs 1 BGB nichtig ist, dem Begünstigten aber im Einzelfall aus sozialethischen Gründen die Ausübung der daraus folgenden Rechte verwehrt werden muss (s oben Rn 365 ff; vgl auch NK-BGB/LOOSCHELDERS § 138 Rn 17 f). Bei Bürgschaften vermögensloser Familienangehöriger hatte der **IX. Senat des BGH** die Anwendbarkeit des § 242 BGB bejaht, wenn die Bürgschaft vor allem den Zweck hatte, den Gläubiger vor künftigen Vermögensverlagerungen vom Hauptschuldner auf den Bürgen zu schützen oder ihm den Zugriff auf eine in Aussicht stehende Erbschaft des Bürgen zu ermöglichen. In diesen Fällen wurde die Bürgschaft nicht für sittenwidrig erachtet; der Gläubiger sollte jedoch nach **Treu und Glauben** (§ 242 BGB) an der Inanspruchnahme des Bürgen gehindert sein, solange dessen Einkommens- und Vermögensverhältnisse sich nicht verbessert hatten (BGHZ 128, 230, 234 f = NJW 1995, 592, 594). Eine endgültige Befreiung von der Bürgschaft wurde dem Bürgen nur zugebilligt, wenn die Gefahr künftiger Vermögensverschiebungen – zB aufgrund einer Ehescheidung – ausgeschlossen war. Der IX. Senat des BGH argumentierte hier mit dem **Wegfall der Geschäftsgrundlage** (so vor allem BGHZ 128, 230, 233 ff = NJW 1995, 592, 594; BGHZ 134, 325, 328 f = NJW 1997, 1003; vgl auch OLG Köln WM 1996, 2052 f; BeckOK-BGB/ROHE [1. 5. 2019] § 765 Rn 68; MünchKomm/SCHUBERT Rn 128; krit BGH Vorlagebeschluss des XI. Senats NJW 1999, 2584 ff und REINICKE/TIEDTKE NJW 1995, 1449 ff).

880 Nach der Rspr des nunmehr allein für das Bürgschaftsrecht zuständigen **XI. Senats des BGH** schließt das berechtigte Interesse des Gläubigers an der Vermeidung von Vermögensverlagerungen oder am Zugriff auf eine zu erwartende Erbschaft die Sittenwidrigkeit nur dann aus, wenn dieser Zweck im Bürgschaftsvertrag **ausdrücklich**

---

* **Schrifttum:** GRÜN, Die Generalklauseln als Schutzinstrumente der Privatautonomie am Beispiel der Kreditmithaftung von vermögenslosen nahen Angehörigen, WM 1994, 713 ff; HEINRICHSMEIER, Die Einbeziehung einkommens- und vermögensloser Familienangehöriger in die Haftung für Bankkredite: eine unendliche Geschichte?, FamRZ 1994, 129 ff; HONSELL, Bürgschaft und Mithaftung einkommens- und vermögensloser Familienmitglieder, NJW 1994, 565 ff; HORN, Bürgschaften und Garantien zur Zahlung auf erstes Anfordern, NJW 1980, 2153 ff; KUPISCH, Bona fides und Bürgschaft auf erstes Anfordern, WM 2002, 1626 ff; REINICKE/TIEDTKE, Bürgschaft und Wegfall der Geschäftsgrundlage, NJW 1995, 1449 ff; TONNER, Die Haftung vermögens- und einkommensloser Bürgen in der neueren Rechtsprechung, ZIP 1999, 901 ff; GRAF vWESTPHALEN, Das Recht des Stärkeren und seine grundgesetzliche Beschränkung, MDR 1994, 5 ff; ders, Ist das rechtliche Schicksal der „auf erstes Anfordern" zahlbar gestellten Bürgschaft besiegelt?, BB 2003, 116 ff.

vereinbart worden ist (BGHZ 151, 34, 37 ff = NJW 2002, 2228, 2229 f; BGH NJW 1999, 2584, 2585; NJW 2002, 2230, 2231 f; BGH ZIP 2003, 796, 798; vgl NK-BGB/Looschelders § 138 Rn 244; Staudinger/Horn [2013] § 765 Rn 197; Erman/Zetzsche § 765 Rn 55; MünchKomm/Habersack § 765 Rn 28; Looschelders, Schuldrecht BT § 50 Rn 29; ebenso für ab dem 1. 1. 1999 geschlossene Bürgschaftsverträge BGH [IX. Senat] NJW 1999, 58, 60). Solange es weder zu einer Vermögensverlagerung noch zu einer Erbschaft kommt, wird der Gläubiger schon durch diese Vereinbarung an der Inanspruchnahme des Bürgen gehindert; ein Rückgriff auf § 242 BGB entfällt damit (Oetker/Maultzsch § 13 Rn 60).

Gerade bei Bürgschaften vermögensloser Familienangehöriger können den Gläubiger überdies **vorvertragliche Aufklärungspflichten** treffen, deren Umfang sich im Einzelfall nach Treu und Glauben beurteilt (vgl Erman/Zetzsche § 765 Rn 45; MünchKomm/Schubert Rn 143; Staudinger/Olzen § 241 Rn 436 ff). Entsprechende Grundsätze gelten im Verhältnis zu ausländischen oder geschäftlich sehr unerfahrenen Bürgen (vgl BGH NJW 1997, 3230, 3231; 1999, 2814). Hier muss eine Bank den Bürgen uU über die finanziellen Verhältnisse des Hauptschuldners und das Haftungsrisiko aufklären (MünchKomm/Bachmann § 241 Rn 143). **881**

Auch den Bürgen kann der Vorwurf rechtsmissbräuchlichen Verhaltens treffen: Ist der Bürgschaftsvertrag wegen krasser finanzieller Überforderung des Bürgen sittenwidrig, so darf sich der Bürge nach Treu und Glauben uU nicht auf die Nichtigkeit der Bürgschaft berufen, wenn bei ihm inzwischen ein **deutlicher Vermögenszuwachs** eingetreten ist (NK-BGB/Looschelders § 138 Rn 244; Staudinger/Sack/Fischinger [2017] § 138 Rn 407). **882**

bb) Bürgschaft auf erstes Anfordern

Bei einer „**Bürgschaft auf erstes Anfordern**" erklärt sich der Bürge bereit, auf Verlangen des Bürgschaftsgläubigers sofort zu leisten, auch wenn der Hauptschuld Einwendungen oder Einreden entgegenstehen (BGH NJW 1999, 55, 57; Staudinger/Horn [2013] Vorbem 24, 32 zu §§ 765 ff; Brox/Walker, Besonderes Schuldrecht § 32 Rn 50; Emmerich, Schuldrecht BT § 14 Rn 36). Trotz des Garantiecharakters dieser Abrede hat der Gläubiger nach Treu und Glauben keinen Anspruch auf sofortige Befriedigung durch den Bürgen, wenn der Gläubiger seine formale Rechtsposition **offensichtlich missbraucht**, insbesondere weil sich die Einwände des Bürgen gegen die Hauptforderung schon aufgrund des unstreitigen Sachverhalts oder des Inhalts der vorliegenden Vertragsurkunden als berechtigt erweisen (BGHZ 143, 381, 383; 147, 99, 102; BGH NJW 1992, 1881, 1883; 1994, 380, 381; 2002, 1493; BGH NJW-RR 2003, 14; Erman/Böttcher Rn 150; Jauernig/Stadler Vorbem 12 zu 765; Brox/Walker, Besonderes Schuldrecht § 32 Rn 50; Looschelders, Schuldrecht BT § 50 Rn 44; Emmerich, Schuldrecht BT § 14 Rn 37; ausf hierzu Staudinger/Horn [2013] Vorbem 36, 334 ff zu §§ 765; Horn NJW 1980, 2153, 2156; Kupisch WM 2002, 1626 ff; zur Übertragbarkeit dieser Grundsätze auf die Bankgarantie auf erstes Anfordern vWestphalen BB 2003, 116 ff). **883**

cc) Sonstige Fälle

Hat der Gläubiger den **Bürgschaftsfall selbst ausgelöst**, so verstößt er gegen das **Verbot widersprüchlichen Verhaltens**, sofern er gleichwohl gegen den Bürgen vorgehen will (vgl BGH MDR 1966, 498; BGH BB 1968, 853; BGH WM 1984, 586; BGH ZIP 1987, 1065; OLG Bamberg NJW 1956, 1240, 1241; Erman/Böttcher Rn 150; MünchKomm/Schubert Rn 303). Dies gilt insbesondere, wenn der Bürgschaftsgläubiger den Hauptschuldner **884** zur Nichtleistung veranlasst (BGH MDR 1966, 498) oder dessen wirtschaftlichen Zusammenbruch schuldhaft herbeigeführt und jeden Rückgriff des Bürgen vereitelt hat (vgl BGH NJW 2004, 3779, 3780 = WM 2004, 1676; NJW 2004, 3782, 3783 = WM 2004, 2200; BGHZ 166, 84, 99; OLG Naumburg EWiR 2003, 905; STAUDINGER/HORN [2013] § 765 Rn 234; JAUERNIG/STADLER § 765 Rn 24; PALANDT/SPRAU § 768 Rn 2).

885 Der Bürgschaftsgläubiger handelt auch dann **rechtsmissbräuchlich**, wenn er sich nur auf die Bürgschaft beruft, um dem Bürgen **Schaden** zuzufügen (BGH NJW 1984, 2455, 2456).

886 Der Anspruch aus der Bürgschaft unterliegt nach allgemeinen Regeln der **Verwirkung** (JAUERNIG/STADLER § 765 Rn 24; allg z Verwirkung o Rn 300 ff). In der Rspr finden sich hierzu allerdings nur Extremfälle. So soll die Inanspruchnahme des Bürgen ausgeschlossen sein, wenn der Bürgschaftsgläubiger sich nahezu **40 Jahre** nicht auf die Bürgschaft berufen hat (so OLG Frankfurt MDR 1978, 52; vgl auch BeckOK-BGB/SUTSCHET [1. 5. 2019] Rn 155; STAUDINGER/HORN [2013] § 765 Rn 234).

887 Hat die Ehefrau des Schuldners eine Bürgschaft übernommen, um eine **Strafanzeige** gegen ihren Mann **abzuwenden**, so verstößt die Geltendmachung des Bürgschaftsanspruchs nach Ansicht des BGH (BGH WM 1973, 36) gegen das Verbot widersprüchlichen Verhaltens, wenn die Anzeige doch erfolgt ist. Bei genauerer Betrachtung erscheint der Rückgriff auf § 242 BGB hier jedoch entbehrlich. Sofern die Bürgschaft nicht schon nach §§ 123, 142 BGB oder § 138 Abs 1 BGB nichtig ist, kann sie wegen Zweckverfehlung nach § 812 Abs 1 S 2 Alt 2 BGB kondiziert werden. Der Inanspruchnahme der Ehefrau durch den Gläubiger steht dann die Einrede der Bereicherung (§ 821 BGB) entgegen (so bereits STAUDINGER/J SCHMIDT [1995] Rn 685).

l)   **Ungerechtfertigte Bereicherung, §§ 812–822***

888 Der Grundsatz von Treu und Glauben (§ 242 BGB) kann auch im Bereicherungsrecht (§§ 812–822 BGB) relevant werden (grundlegend RGZ 159, 99, 105; 161, 52, 58). Dies gilt insbesondere für den Einwand der **unzulässigen Rechtsausübung** und die **Verwirkung** (vgl BGB-RGRK/HEIMANN-TROSIEN Vorbem 43 f zu § 812; STAUDINGER/S LORENZ [2007] Vorbem 32 zu §§ 812 ff mwNw; speziell zur Verwirkung RGZ 159, 99, 105). In Rspr und Lit wird darüber hinaus oft davon gesprochen, dass Bereicherungsansprüche dem **Billigkeitsrecht** angehören und daher in besonderem Maße unter den Geboten von Treu und Glauben stehen (BGHZ 36, 232, 235; ähnlich BGHZ 55, 128, 134; 111, 308, 312; 132, 198, 215; BGH WM 1978, 708, 711; PALANDT/SPRAU Einf 1 v § 812; zum geschichtlichen Hintergrund STAUDINGER/S LORENZ [2007] § 818 Rn 1). Dies ist insofern zutreffend, als der Zweck des Bereicherungsrechts – der Ausgleich ungerechtfertigter Vermögensverschiebungen – der Billigkeit entspricht (vgl LARENZ/CANARIS, Schuldrecht II/2 § 67 I 1d; LOOSCHELDERS, Schuldrecht BT § 53 Rn 2). Die zur Verwirklichung dieses Zwecks entwickelten gesetzlichen Regeln sind indes so differenziert, dass der Versuch einer Rückbindung an allgemeine Billigkeitserwägungen von vornherein zum Scheitern verurteilt wäre (so auch NK-BGB/vSACHSEN GESSAPHE Vorbem 2 zu §§ 812 ff; BeckOK-BGB/WENDEHORST [1. 5. 2019] § 812 Rn 3; ERMAN/BUCK-HEEB Vorbem 2 zu 812).

---

* **Schrifttum**: KERN, Die zivilrechtliche Beurteilung von Schwarzarbeitsverträgen, in: FS Gernhuber (1993) 191; REUTER/MARTINEK, Ungerechtfertigte Bereicherung (1983); H ROTH, Rücktrittsrecht und Leistungskondiktion, in: FS Canaris I (2007) 1131.

Die praktische Bedeutung des § 242 BGB wird im Bereicherungsrecht dadurch **889** geschmälert, dass die §§ 812 ff BGB zahlreiche spezifische Ausformungen des Grundsatzes von Treu und Glauben enthalten. So mag die Geltendmachung eines bereicherungsrechtlichen Anspruchs für den Bereicherungsschuldner im Einzelfall eine besondere Härte beinhalten, welche nach allgemeinen Grundsätzen die Anwendung des § 242 BGB nahe legen würde. Der notwendige Vertrauensschutz wird hier jedoch im Allgemeinen bereits dadurch gewährleistet, dass der Bereicherungsschuldner sich nach **§ 818 Abs 3** BGB auf den **Wegfall der Bereicherung** berufen kann, sodass ein Rückgriff auf § 242 BGB regelmäßig ausscheidet (BGHZ 55, 128, 134; BGH VersR 1977, 471, 474; PALANDT/GRÜNEBERG Rn 67). Bei **aufgedrängter Bereicherung** kommt die Anwendung des § 242 BGB dagegen grundsätzlich in Betracht (vgl BGH NJW 1965, 816), doch dürften sich auch hier meist spezifischere Lösungen entwickeln lassen (allg zum Problem der aufgedrängten Bereicherung LARENZ/CANARIS, Schuldrecht II/2 § 72 IV).

Umgekehrt hat der BGH entschieden, dass der Bereicherungsschuldner im Einzel- **890** fall nach **Treu und Glauben** gehindert sein kann, sich auf den **Wegfall der Bereicherung zu berufen**, etwa dann, wenn der **getäuschte Käufer die Kaufsache schuldhaft zerstört oder beschädigt hat** (BGHZ 57, 137). Die Saldotheorie findet bei arglistiger Täuschung durch den Verkäufer zwar keine Anwendung (vgl BGHZ 53, 144; BROX/WALKER, Besonderes Schuldrecht § 43 Rn 15; LOOSCHELDERS, Schuldrecht BT § 56 Rn 32 ff). Allerdings soll sich der Käufer nach Treu und Glauben das Verschulden am Unfall anrechnen lassen müssen, wobei das Maß der Anspruchskürzung nach den Umständen des Einzelfalls zu bestimmen sei (BGHZ 57, 137, 146; PALANDT/SPRAU § 818 Rn 49). Diese Lösung ist bereits nach altem Recht auf Kritik gestoßen (vgl LARENZ/CANARIS, Schuldrecht II/2, 74 III 5b). Auf der Grundlage des neuen Rechts kann man sich an den Wertungen des gesetzlichen Rücktrittsrechts orientieren. Gemäß § 346 Abs 3 S 1 Nr 3 BGB träfe den Käufer im Fall des Rücktritts aufgrund eines gesetzlichen Rücktrittsrechts keine Wertersatzpflicht, wenn er bei der Zerstörung oder Beschädigung der Kaufsache die eigenübliche Sorgfalt (§ 277 BGB) beachtet hat. Bei der Anfechtung des Kaufvertrages wegen arglistiger Täuschung darf der Käufer aber nicht schlechter stehen. Vielmehr kommt eine Anrechnung des Wertes der Kaufsache auf den Bereicherungsanspruch des Käufers entsprechend § 346 Abs 3 S 1 Nr 3 BGB nur in Betracht, wenn der Käufer die eigenübliche Sorgfalt missachtet hat. Ein Rückgriff auf § 242 BGB ist damit nicht erforderlich (so auch H ROTH, in: FS Canaris I [2007] 1131, 1144).

Mit den **Kondiktionssperren der §§ 814, 815 BGB** enthält das Bereicherungsrecht **891** darüber hinaus spezielle Ausprägungen des Verbots unzulässiger Rechtsausübung, welche die allgemeine Vorschrift des § 242 BGB verdrängen (vgl MünchKomm/SCHUBERT Rn 134; STAUDINGER/S LORENZ [2007] Vorbem 32 zu §§ 812 ff). So beruhen die §§ 814 Alt 1, 815 Alt 1 BGB auf dem Gedanken des venire contra factum proprium (vgl BGHZ 73, 202, 205; STAUDINGER/S LORENZ [2007] § 814 Rn 2 und § 815 Rn 1; LOOSCHELDERS, Schuldrecht BT § 54 Rn 32; MEDICUS, Schuldrecht II Rn 656, 658; REUTER/MARTINEK § 6 I 1 und § 15 III 2a), während § 815 Alt 2 BGB den Wertungen des § 162 Abs 1 BGB entspricht (vgl PALANDT/SPRAU § 815 Rn 3; STAUDINGER/S LORENZ [2007] § 815 Rn 2; REUTER/MARTINEK § 6 IV 1).

Ob die **Kondiktionssperre des § 817 S 2 BGB** ebenfalls eine besondere Ausprägung **892** des Verbots unzulässiger Rechtsausübung darstellt (so grundsätzlich MünchKomm/SCHU-

BERT Rn 134; **aA** BGB-RGRK/HEIMANN-TROSIEN § 817 Rn 22, wonach der Gesetzgeber den Gedanken eines gerechten Ausgleichs zwischen den Parteien bei § 817 S 2 BGB bewusst zurückgestellt hat), hängt von der umstrittenen Frage nach der ratio der Vorschrift ab (dazu STAUDINGER/S LORENZ [2007] § 817 Rn 4 f; REUTER/MARTINEK § 6 V 1b). Weitgehend anerkannt ist heute jedenfalls, dass die unveränderte Anwendung des **§ 817 S 2 BGB** bei der Rückabwicklung von gesetz- oder sittenwidrigen Verträgen nicht selten zu unbilligen Ergebnissen führt (vgl BGHZ 75, 299, 305; STAUDINGER/S LORENZ [2007] § 817 Rn 5). Die hM geht davon aus, dass der Kondiktionsschuldner in solchen Fällen unter dem Aspekt der **unzulässigen Rechtsausübung** gehindert sein kann, sich auf den Ausschluss des Bereicherungsanspruchs nach § 817 S 2 BGB zu berufen (vgl BGHZ 85, 39; 111, 308, 312 f; BGH NJW 1990, 2542; VersR 2006, 419; OLG Köln NJW-RR 2002, 1630; MünchKomm/SCHUBERT Rn 134; PALANDT/SPRAU § 817 Rn 18; STAUDINGER/SACK/SEIBL [2017] § 134 Rn 191; LARENZ/CANARIS, Schuldrecht II/2 § 68 III 3g; **aA** KERN, in: FS Gernhuber [1993] 191, 204). Aus methodischer Sicht erscheint die Argumentation mit dem **Schutzzweck** der verletzten Gesetzes- oder Sittennorm aber vorzugswürdig (so auch NK-BGB/vSACHSEN GESSAPHE § 817 Rn 23; MünchKomm/SCHWAB § 817 Rn 22).

893 Besondere Bedeutung hatte die Einschränkung des § 817 S 2 BGB bislang bei Verträgen, die wegen eines **beiderseitigen Verstoßes gegen das SchwArbG** nach **§ 134 BGB** nichtig sind. Wegen der Nichtigkeit des Vertrages stehen dem Auftragnehmer in diesem Fall zwar keine vertraglichen Vergütungsansprüche zu. Die Rspr billigte ihm jedoch einen **Wertersatzanspruch** aus §§ 812 Abs 1, 818 Abs 2 BGB zu. Dieser Anspruch sollte nicht durch § 817 S 2 BGB ausgeschlossen sein, weil der Auftraggeber sich **treuwidrig** verhalte, wenn er sich unter Berufung hierauf der Wertersatzpflicht entziehen wolle (BGHZ 111, 308, 312 f; so auch MünchKomm/SCHUBERT Rn 266; SOERGEL/HEFERMEHL § 134 Rn 55; KÖHLER, Schwarzarbeitsverträge: Wirksamkeit, Vergütung, Schadensersatz, JZ 1990, 466, 467; krit STAUDINGER/SACK/SEIBL [2017] § 134 Rn 278; STAUDINGER/S LORENZ [2007] § 817 Rn 10; PWW/PRÜTTING § 817 Rn 15; LARENZ/CANARIS, Schuldrecht II/2 § 68 III 3g; KERN, in: FS Gernhuber [1993] 191, 204 ff). Diese Rspr ist jedoch nach dem Inkrafttreten des neuen SchwarzArbG (dazu oben Rn 487, 876 f) überholt. Nach einer aktuellen Entscheidung des BGH (10. 4. 2014 – VII ZR 241/13, NJW 2014, 1805 Rn 19 ff) verbietet es der **Zweck des neuen SchwarzArbG**, dem Unternehmer einen Wertersatzanspruch nach §§ 812 Abs 1, 818 Abs 2 BGB zuzubilligen (so auch OLG Schleswig 16. 8. 2013 – 1 U 24/13, MDR 2013, 1399). Die Kondiktionssperre des § 817 S 2 BGB kann insoweit also nicht mehr über § 242 BGB eingeschränkt werden. Parallel dazu ist der Unternehmer auch nicht mehr nach § 242 BGB gehindert, sich gegenüber etwaigen Gewährleistungsansprüchen des Bestellers auf die Nichtigkeit des Vertrages zu berufen (s dazu o Rn 487, 876 f).

894 Auf Fälle der **Nichtleistungskondiktion** ist § 817 S 1 BGB nicht anwendbar (MünchKomm/SCHWAB § 817 Rn 11). Hat der Bereicherungsgläubiger sich rechts- oder sittenwidrig verhalten, kann er aber unter dem Aspekt der unzulässigen Rechtsausübung an der Geltendmachung des Anspruchs gehindert sein (BeckOK-BGB/WENDEHORST [1. 5. 2019] § 817 Rn 2; LOOSCHELDERS, Schuldrecht BT § 54 Rn 39).

895 Nach der Rspr bildet die Kürzung von Bereicherungsansprüchen wegen **Mitverschuldens** einen wichtigen Anwendungsfall des § 242 BGB (vgl BGHZ 14, 7, 10; 37, 363, 370; 57, 137, 151 f). Vorzugswürdig erscheint aber die entsprechende Anwendung des § 254 BGB (s oben Rn 592).

Nach st Rspr umfasst der Anspruch aus § 816 Abs 1 S 1 BGB auf Herausgabe „des 896
durch die Verfügung Erlangten" auch den von dem Nichtberechtigten erzielten
Gewinn (vgl etwa BGH NJW 1997, 190, 191). Soweit sich aus diesem Verständnis im
Einzelfall grobe Unbilligkeiten ergeben, soll aber auf § 242 BGB zurückgegriffen
werden können. Hieran sei insbesondere zu denken, wenn der Berechtigte die
Voraussetzungen des § 816 Abs 1 BGB erst durch **Genehmigung** der Verfügung
geschaffen habe (grdl BGHZ 29, 157, 161; vgl STAUDINGER/S LORENZ [2007] § 816 Rn 25;
PALANDT/SPRAU § 816 Rn 21). Nach Ansicht von LARENZ/CANARIS (Schuldrecht II/2 § 72
I 2b; ebenso PWW/PRÜTTING § 816 Rn 22) ist die Genehmigung vor allem dann **rechtsmissbräuchlich**, wenn der Berechtigte keine wesentlichen Schwierigkeiten hätte, seinen Herausgabeanspruch gegen den Erwerber aus § 985 BGB zu realisieren, hierauf
aber verzichtet, um den vom Verfügenden erlangten Erlös „abzukassieren". CANARIS weist dabei allerdings auch darauf hin, dass ein solches Verhalten durch den
Schutzzweck von § 816 Abs 1 S 1 BGB nicht gedeckt sei. Der Sache nach geht es also
um eine **teleologisch begründete Einschränkung** der Genehmigungsmöglichkeit. Die
Problematik ist im Übrigen vor allem im Hinblick auf die Dogmatik des Bereicherungsrechts von Interesse. In der Praxis hat sie dagegen noch keine Bedeutung
erlangt (vgl STAUDINGER/S LORENZ [2007] § 816 Rn 25).

Zusammenfassend lässt sich damit feststellen, dass die **praktische Bedeutung des** 897
§ 242 BGB im Bereicherungsrecht **gering** ist. Eine Ausnahme gilt zwar im Anwendungsbereich des § 817 S 2 BGB; dessen rechtspolitischer Sinn erscheint aber ohnehin zweifelhaft.

m) Unerlaubte Handlungen, §§ 823–853*
aa) Allgemeines
Im Recht der unerlaubten Handlungen (§§ 823–853 BGB) kommt dem Grundsatz 898
von Treu und Glauben (§ 242 BGB) keine besondere Bedeutung zu. Dies gilt vor
allem für die **Tatbestandsseite** der Haftungsvorschriften. Hier haben sich mit der
Adäquanz und dem **Schutzzweck der Norm** spezifische Zurechnungskriterien entwickelt, die eine angemessene Risikoverteilung ermöglichen (zur Loslösung dieser Kriterien
von Treu und Glauben s oben Rn 586; zu den Verkehrspflichten STAUDINGER/HAGER [2009] § 823
Rn E 1 ff). Auf der **Rechtsfolgenseite** wird zwar wesentlich häufiger mit Treu und
Glauben argumentiert. Die einschlägigen Probleme sind aber bereits im Zusammenhang mit dem **allgemeinen Schadensrecht** (§§ 249–255 BGB) erörtert worden (s oben
Rn 584 ff). Insbesondere sei hier auf das im Grundsatz vom Treu und Glauben verwurzelte **Rechtsinstitut der bewussten Risikoübernahme** bzw des **Handelns auf eigene
Gefahr verwiesen** (s oben Rn 597).

---

* **Schrifttum:** CANARIS, Verstöße gegen das
Übermaßverbot im Recht der Geschäftsfähigkeit und im Schadensrecht, JZ 1987, 993; ders,
Die Verfassungswidrigkeit von § 828 II BGB als
Ausschnitt aus einem größeren Problemfeld, JZ
1990, 679; GOECKE, Die unbegrenzte Haftung
Minderjähriger im Deliktsrecht (1997); ders,
Unbegrenzte Haftung Minderjähriger?, NJW
1999, 2305; KUHLEN, Strafrechtliche Grenzen
der zivilrechtlichen Deliktshaftung Minderjähriger?, JZ 1990, 273; LOOSCHELDERS, Verfassungsrechtliche Grenzen der deliktischen Haftung Minderjähriger – Grundsatz der Totalreparation und Übermaßverbot, VersR 1999, 141;
ROLFS, Neues zur Deliktshaftung Minderjähriger, JZ 1999, 233; SIMON, „Grundrechtstotalitarismus" oder „Selbstbehauptung des Zivilrechts", AcP 204 (2004) 264.

§ 242
Buch 2
Abschnitt 1 · Inhalt der Schuldverhältnisse

899 Die vorstehenden Überlegungen ändern nichts daran, dass die **allgemeinen Grundsätze** von Treu und Glauben auch im Deliktsrecht zu beachten sind (vgl Erman/Böttcher Rn 43). So kann die Geltendmachung von Schadensersatzansprüchen aus unerlaubter Handlung im Einzelfall **rechtsmissbräuchlich** sein (vgl Palandt/Sprau Einf 38 v § 823). Auf der anderen Seite muss der Schädiger bzw dessen Versicherer den Geschädigten nach Treu und Glauben uU über Zweifel an der eigenen Passivlegitimation **aufklären**, damit dieser sich noch vor Eintritt der Verjährung an den richtigen Anspruchsgegner halten kann (BGH NJW 1996, 2724).

900 Bei der **Verwirkung** von Schadensersatzansprüchen aus Delikt war die Rspr bislang besonders zurückhaltend. Maßgeblich war die Erwägung, dass die Frist von 3 Jahren ab Kenntniserlangung dem Verletzten nach der Wertung des § 852 BGB aF grundsätzlich ungeschmälert erhalten bleiben soll (BGH NJW 1992, 1755, 1756; Jahnke, Verjährung und Verwirkung im Schadensersatzrecht [Teil 2], VersR 1998, 1473, 1480). Nachdem der Gesetzgeber Schadensersatzansprüche aus unerlaubter Handlung der Regelverjährung (§§ 195, 199 BGB) unterstellt hat, erscheint eine Sonderbehandlung unter dem Aspekt der Verwirkung indes nicht mehr gerechtfertigt. Eine Ausnahme gilt lediglich für den **Herausgabeanspruch nach Eintritt der Verjährung** aus § 852 S 1 BGB (dazu OLG Köln VersR 1996, 239, 240; MünchKomm/Wagner § 852 Rn 7). Denn der Schutzzweck der Vorschrift – Aufrechterhaltung der Herausgabepflicht des Schädigers trotz Verjährung des Schadensersatzanspruchs – darf nicht durch Rückgriff auf das Institut der Verwirkung unterlaufen werden. Davon abgesehen ist die Verwirkung auch bei Ansprüchen wegen **vorsätzlicher unerlaubter Handlung** nicht generell ausgeschlossen; das für die Verwirkung notwendige Vertrauenselement liegt hier aber nur in Ausnahmefällen vor (zur entsprechenden Problematik im Arbeitsrecht s oben Rn 845).

Bei **Gefälligkeitsverhältnissen** kann sich eine **Haftungsbeschränkung** nach der Rspr im Wege ergänzender Vertragsauslegung auf der Grundlage von § 242 BGB ergeben (vgl BGH 18. 12. 1979 – VI ZR 52/78, NJW 1980, 1681, 1682; NJW 2006, 54, 55; dazu Spallino, Haftungsmaßstab bei Gefälligkeit, 2016, 280 ff). Der BGH hat in neuerer Zeit aber noch einmal deutlich gemacht, dass eine solche Beschränkung nur ausnahmsweise bei Vorliegen besonderer Umstände in Betracht kommt (BGH 26. 4. 2016 – VI ZR 467/15, MDR 2016, 1018 = r+s 2016, 424 Rn 10 ff m krit Anm Günther). Er verweist darauf, dass es sich um eine „künstliche Rechtskonstruktion aufgrund einer Willensfiktion" handle, da kein Beteiligter an eine solche Vereinbarung gedacht habe. Für die Annahme eines Haftungsverzichts genüge es daher nicht, dass zwischen Schädiger und Geschädigtem enge persönliche Beziehungen bestünden. Erforderlich sei grundsätzlich vielmehr, dass der Schädiger keinen Haftpflichtversicherungsschutz genieße, für ihn ein nicht hinzunehmendes Haftungsrisiko bestünde und darüber hinaus besondere Umstände vorlägen, die im konkreten Fall einen Haftungsverzicht als besonders nahe liegend erscheinen ließen. Diese Voraussetzungen seien bei **alltäglichen Gefälligkeiten unter Nachbarn** nicht ohne Weiteres gegeben.

901 Einen **Sonderfall der unzulässigen Rechtsausübung** regelt § 853 BGB (zur dogmatischen Einordnung vgl NK-BGB/Katzenmeier § 853 Rn 1; MünchKomm/Wagner § 853 Rn 1; Larenz/Canaris, Schuldrecht II/2 § 83 VI 3). Hat der Schädiger durch eine unerlaubte Handlung (zB § 263 StGB) eine Forderung gegen den Geschädigten erlangt, so steht diesem hiernach auch dann ein Leistungsverweigerungsrecht zu, wenn der Anspruch auf

Aufhebung der Forderung verjährt ist. Bei Geltendmachung des Leistungsverweigerungsrechts muss der Geschädigte dem Schädiger aber im Rahmen von gegenseitigen Verträgen nach Treu und Glauben zurückgeben, was er aufgrund des Vertrages selbst erhalten hat (vgl RGZ 60, 294, 295 f; 130, 215, 216; MünchKomm/WAGNER § 853 Rn 3; PALANDT/SPRAU § 853 Rn 1).

bb) Einschränkung der Haftung Minderjähriger über § 242
Sehr umstritten ist in Rspr und Lit die Frage, ob der Geschädigte bzw sein Versicherer nach § 242 BGB gehindert sein kann, einen **minderjährigen Schädiger** auf Ersatz des gesamten Schadens in Anspruch zu nehmen, wenn dessen wirtschaftliche Existenz hierdurch vernichtet würde (für Anwendung des § 242 BGB insbes CANARIS JZ 1987, 993, 1001 f; ders JZ 1990, 679, 680; dem folgend LG Bremen NJW-RR 1991, 1432; ROLFS JZ 1999, 233, 237 f; grundsätzlich auch PALANDT/SPRAU § 828 Rn 8; LOOSCHELDERS VersR 1999, 141 ff; einschränkend SOERGEL/SPICKHOFF § 828 Rn 5; **aA** MünchKomm/WAGNER § 828 Rn 16 ff; STAUDINGER/OECHSLER [2018] § 828 Rn 7 ff; SIMON AcP 204 [2004] 264, 277 ff; von BVerfG NJW 1998, 3557 = VersR 1998, 1289 und OLG Celle VersR 2002, 241 offen gelassen). Die Problematik entsteht vor dem Hintergrund, dass eine **existenzvernichtende Haftung** gerade bei Minderjährigen mit dem allgemeinen Persönlichkeitsrecht des Betroffenen (Art 1 Abs 1 iVm Art 2 Abs 1 GG) unvereinbar ist (vgl BVerfGE 72, 155, 171 ff zur vertraglichen Haftung von Minderjährigen; ausf zum Ganzen GOECKE 46 ff; vgl auch ders NJW 1999, 2305).

Für die **vertragliche Haftung** von Minderjährigen hat der Gesetzgeber die Problematik durch Einfügung des § 1629a BGB gelöst. Demgegenüber fehlt bei **deliktischen Ansprüchen** eine entsprechende Regelung. Dies mag man damit rechtfertigen, dass die deliktische Haftung auf Umständen beruht, die der Minderjährige selbst – und nicht sein gesetzlicher Vertreter – zu verantworten hat (vgl AHRENS, Existenzvernichtung durch Deliktshaftung? – Zu einer Fehlentscheidung des LG Dessau, VersR 1997, 1064, 1065). Auf der anderen Seite ist jedoch zu beachten, dass die in § 828 BGB enthaltenen Kriterien für die Verantwortlichkeit von Minderjährigen der heutigen „sozialen Konzeption und Realität der Kindheit" in Deutschland nicht gerecht werden (so überzeugend KUHLEN JZ 1990, 273, 276; vgl auch LG Bremen NJW-RR 1991, 1431, 1432). Hieran hat auch die Heraufsetzung der generellen Altersgrenze bei Unfällen im Straßen- und Bahnverkehr auf 10 Jahre (§ 828 Abs 2 BGB) nichts geändert. In neuerer Zeit kreist der Meinungsstreit daher vor allem um die Frage, mit welchen rechtstechnischen Mitteln Abhilfe zu schaffen ist (ausf dazu SIMON AcP 204 [2004] 264 ff). Das BVerfG hat hierzu in seinem Beschluss vom 13. 8. 1999 (BVerfG 13. 8. 1998 – 1 BvL 25–96, NJW 1998, 3557, 3558) verschiedene Möglichkeiten aufgezeigt. Dabei hat das Gericht ua dargelegt, dass ein Rückgriff auf § 242 BGB aus verfassungsrechtlicher Sicht nicht zu beanstanden wäre.

Gegen die Anwendbarkeit des § 242 BGB wird indessen eingewandt, dass die Geltendmachung von exorbitant hohen Schadensersatzansprüchen gegen Minderjährige von keiner anerkannten Fallgruppe des Rechtsmissbrauchs erfasst wird. Letztlich gehe es nicht um Treu und Glauben, sondern um spezifisch verfassungsrechtliche Erwägungen (so SIMON AcP 204 [2004] 264, 277 f). Dem ist jedoch entgegenzuhalten, dass die Funktion des § 242 BGB als **„Einbruchstelle" für grundrechtliche Wertungen** heute kaum noch bestritten wird (s oben Rn 146). Davon abgesehen kann man an das **Verhältnismäßigkeitsprinzip** als anerkannte Ausprägung von Treu und Glauben anknüpfen (s oben Rn 277 f). Ein allgemeines Verbot der Geltendmachung exorbitanter

Forderungen lässt sich hieraus zwar nicht ableiten. Ein Rückgriff auf § 242 BGB kommt aber in Betracht, wenn der Anspruchsteller keine realistische Aussicht auf die Verwirklichung seiner Forderung hat und der Anspruchsgegner aufgrund spezifischer Wertungen besonders schutzwürdig erscheint.

905 Dass **billigkeitsorientierte Korrekturen** dem Deliktsrecht trotz aller Gefahren für die Rechtssicherheit nicht völlig fremd sind, zeigt **§ 829 BGB**. Ist der Schädiger nach den §§ 827, 828 BGB nicht für den Schaden verantwortlich, so hat er dem Geschädigten den Schaden nach dieser Vorschrift gleichwohl insoweit zu ersetzen, als die Billigkeit nach den Umständen, insbesondere nach den Verhältnissen der Beteiligten, eine Schadloshaltung erfordert und ihm nicht die Mittel entzogen werden, deren er zum angemessenen Unterhalt sowie zur Erfüllung seiner gesetzlichen Unterhaltspflichten bedarf. Wenn die Billigkeit eine Ausweitung der Haftung gegenüber einem nicht deliktsfähigen Schädiger rechtfertigen kann, dann ist nicht ersichtlich, warum es im umgekehrten Fall ausgeschlossen sein soll, die Billigkeit zur Einschränkung der Haftung von Minderjährigen heranzuziehen.

906 Der Ersatzanspruch gegen einen minderjährigen Schädiger, der nach § 828 Abs 3 BGB für den Schaden verantwortlich ist, kann somit nach § 242 BGB herabgesetzt werden, so weit die **Billigkeit** nach den Umständen, insbesondere nach den Verhältnissen der Beteiligten, **eine Einschränkung der Ersatzpflicht erfordert** (vgl LOOSCHELDERS, Schuldrecht AT § 43 Rn 4; ders VersR 1999, 141, 149 ff). Eine Herabsetzung des Anspruchs muss aber entfallen, wenn der Geschädigte selbst existenziell auf die Ersatzleistung angewiesen ist. Im Ergebnis wird eine Herabsetzung des Anspruchs daher im Allgemeinen nur dann in Betracht kommen, wenn der Schaden durch eine Versicherung des Geschädigten abgedeckt wird.

4. Sachenrecht*

a) Grundsätzliches

907 In Rspr und Lit war lange Zeit **umstritten**, ob § 242 BGB im Sachenrecht Anwendung findet (vgl hierzu etwa STAUDINGER/WEBER[11] [1961] Rn A 29 ff; MÜHL NJW 1956, 1657 und auch bei G SCHMIDT 184 ff). So wollte das **RG** zunächst die Grundsätze von Treu und Glauben nur im Rahmen von Vertragsverhältnissen oder bei Erfüllung sonstiger

---

* **Schrifttum:** ARMBRÜSTER, Die Treuepflicht der Wohnungseigentümer, ZWE 2002, 333; BÄRMANN, Wohnungseigentumsgesetz (14. Aufl 2018); BAUR/STÜRNER, Sachenrecht (18. Aufl 2009); BÜLOW, Recht der Kreditsicherheiten (9. Aufl 2017); CANARIS, Die Problematik der Sicherheitenfreigabeklauseln im Hinblick auf § 9 AGBG und § 138 BGB, ZIP 1996, 1109; ders, Deckungsgrenze und Bewertungsmaßstab beim Anspruch auf Freigabe von Sicherheiten gemäß § 242 BGB, ZIP 1996, 1577; ders, Voraussetzungen und Inhalt des Anspruchs auf Freigabe von Globalsicherheiten gemäß § 242 BGB, ZIP 1997, 813; LIEB, Schutzbedürftigkeit oder Eigenverantwortlichkeit?, DNotZ 1989, 274; LIEDER, Die Anwendung schuldrechtlicher Regeln im Sachenrecht, JuS 2011, 874; MÜHL, Treu und Glauben im Sachenrecht, NJW 1956, 1657; MÜLLER/GRUBER, Sachenrecht (2016); PRÜTTING, Sachenrecht (36. Aufl 2017); G SCHMIDT, Die Anpassung von Grunddienstbarkeiten an entwicklungsbedingte Veränderungen. Ein Beitrag zur Präzisierung von Treu und Glauben im Sachenrecht (Diss München 1970); VIEWEG/WERNER, Sachenrecht (8. Aufl 2018); VON OEFELE/WINKLER/SCHLÖGEL, Handbuch des Erbbaurechts (6. Aufl 2016); WEITNAUER, Wohnungseigentumsgesetz

schuldrechtlicher Verpflichtungen anwenden (RGZ 92, 8, 11; 93, 100, 105; 108, 83, 85; 131, 158, 178; RG JW 1904, 17; RG WarnR 1910 Nr 271). In der **Lit** wiederum ging man zunächst überwiegend davon aus, dass der Rechtsgedanke des § 242 BGB zumindest im Rahmen der gesetzlichen Schuldverhältnisse des Sachenrechts, insbesondere des Eigentümer-Besitzer-Verhältnisses, herangezogen werden müsse (BALLERSTEDT SJZ 1948, 389, 390 Anm zu OLG Frankfurt SJZ 1948, 398; H WESTERMANN Sachenrecht[5] [1966] § 2 III 4). Dieser Ansatz wurde später dahingehend modifiziert, dass § 242 BGB über die dinglichen gesetzlichen Schuldverhältnisse hinaus auch für die „rein dinglichen Ansprüche aus dem Eigentum" (§§ 985, 1004, 894, 1005 BGB) und die Ansprüche „aus den beschränkt dinglichen Rechten" (§§ 1027, 1065, 1090, 1094 ff, 1227 BGB) gelte. Allein dingliche Rechte könnten Billigkeitserwägungen nicht unterzogen werden (STAUDINGER/WEBER[11] [1961] Rn A 29). Dem hat sich iE auch der BGH angeschlossen (vgl nur BGHZ 79, 201, 210 [Herausgabeanspruch]; BGH NJW 1969, 673 [Grunddienstbarkeit]; BGH NJW 1979, 1656 [Grundbuchberichtigungsanspruch]; ausf zu den verschiedenen Ansätzen STAUDINGER/J SCHMIDT [1995] Rn 1517 ff).

Gegen die generelle Anwendbarkeit des § 242 BGB im Sachenrecht wird einge- **908** wandt, dass es sich um eine besondere juristische Materie „stricti juris" handele. Die **eindeutige Struktur dinglicher Rechte** und die dadurch gewährleistete **Rechtssicherheit** dürften nicht durch allgemeine Überlegungen aufgeweicht werden (vgl HP WESTERMANN/GURSKY/EICKMANN, Sachenrecht § 1 Rn 10). Dem ist aber entgegenzuhalten, dass Billigkeitserwägungen die gesamte Rechtsordnung durchdringen (so auch MÜLLER/GRUBER, Sachenrecht Rn 625). Angesichts der relativ starren Regelungen des Sachenrechts bietet § 242 BGB im Übrigen nicht selten die einzige Möglichkeit, um neueren Entwicklungen und geänderten Wertvorstellungen Rechnung zu tragen und unbillige Ergebnisse im Einzelfall zu vermeiden (idS bereits STAUDINGER/J SCHMIDT [1995] Rn 1526, 1534). § 242 BGB ist somit grundsätzlich auch **im Sachenrecht anwendbar** (vgl BeckOK-BGB/SUTSCHET [1. 5. 2019] Rn 5; MünchKomm/SCHUBERT Rn 94 f; WESTERMANN/STAUDINGER, BGB-Sachenrecht Rn 18; ferner STAUDINGER/SEILER [2012] Einl 86 zu SachenR mit Hinweis auf die römisch-gemeinrechtliche Tradition).

Die prinzipielle Anwendbarkeit des Grundsatzes von Treu und Glauben darf jedoch **909** nicht den Blick darauf verstellen, dass die **spezifischen Grundsätze des Sachenrechts im Einzelfall** der Berücksichtigung von Billigkeitserwägungen entgegenstehen können (hierzu BeckOK-BGB/SUTSCHET [1. 5. 2019] Rn 5; MünchKomm/SCHUBERT Rn 96; SOERGEL/TEICHMANN Rn 72; STAUDINGER/SEILER [2012] Einl 86 zum SachenR). So darf die **dingliche Zuordnung** eines Rechts aus Gründen der Rechtssicherheit grundsätzlich nicht unter Rückgriff auf § 242 BGB in Frage gestellt werden (vgl PALANDT/GRÜNEBERG Rn 79; SOERGEL/TEICHMANN Rn 70, 72; LIEDER JuS 2011, 874, 877). Dingliche Rechte unterliegen als solche auch nicht der **Verwirkung**, sondern nur die daraus resultierenden Ansprüche (vgl auch BGH WM 1973, 82, 83; WM 1979, 644, 646; BeckOK-BGB/SUTSCHET [1. 5. 2019] Rn 170; ERMAN/BÖTTCHER Rn 151; ähnlich MünchKomm/SCHUBERT Rn 96, 372, 389). § 242 BGB beschränkt damit nur die **Ausübung** des dinglichen Rechts (BGHZ 122, 308, 314; Bay-

---

(9. Aufl 2005); WELLENHOFER, Sachenrecht (33. Aufl 2018); H WESTERMANN, Sachenrecht (5. Aufl 1980); HP WESTERMANN/GURSKY/EICKMANN, Sachenrecht (8. Aufl 2011); WESTERMANN/STAUDINGER, BGB-Sachenrecht (13. Aufl 2017); WIELING, Sachenrecht (5. Aufl 2007); WILHELM, Sachenrecht (6. Aufl 2019).

ObLG NJW-RR 1991, 1041; OLG Köln NJW-RR 1995, 851; NJW-RR 1997, 14; STAUDINGER/SEILER [2012] Einl 86 zum SachenR).

910 In der Lit wird der Unterscheidung zwischen der dinglichen Zuordnung und der Ausübung eines Rechts zT entgegengehalten, dass die dingliche Zuordnung auch durch das Entziehen der Ansprüche aus § 985 BGB oder § 894 BGB geändert werde (so WIELING, Sachenrecht § 1 I 2). Dies ist insofern zutreffend, als ein dauernder Ausschluss der Ansprüche aus § 985 BGB und § 894 BGB über § 242 BGB die dingliche Zuordnung faktisch entwertet. Ein **dauerndes Auseinanderfallen von Eigentum und Besitz** tritt zwar auch bei der Verjährung des dinglichen Herausgabenanspruchs nach § 197 Abs 1 Nr 1 BGB ein. Die zur Rechtfertigung dieser Vorschrift herangezogenen Erwägungen – Rechtssicherheit und Rechtsfrieden, Schutz des gutgläubigen Erwerbers (Beschlussempfehlung und Bericht des Rechtsausschusses, BT-Drucks 14/7052, 179) – zeigen jedoch, dass eine solche Rechtslage nur aus **besonders schwerwiegenden Gründen** hingenommen werden kann. Ein dauernder Ausschluss der Ansprüche aus § 985 BGB und § 894 BGB kommt daher nur in extremen Ausnahmefällen in Betracht (so auch STAUDINGER/GURSKY [2013] § 985 Rn 108).

911 Aus den dargelegten Gründen kommt § 242 BGB im Sachenrecht verglichen mit den anderen Rechtsgebieten nur eine **untergeordnete Rolle** zu (ähnlich SOERGEL/TEICHMANN Rn 72). Eine größere Relevanz haben Billigkeitserwägungen zwar im **nachbarlichen Gemeinschaftsverhältnis**; die wichtigsten Fallgestaltungen sind hier aber inzwischen spezialgesetzlich geregelt (s unten Rn 917 und STAUDINGER/OLZEN § 241 Rn 409 ff).

b) Besitz, §§ 854–872

912 Das Besitzrecht kann als dingliches Recht nicht verwirkt werden (PALANDT/GRÜNEBERG Rn 88, 105), wohl aber das Recht zur Ausübung der **Besitzschutzansprüche nach §§ 861, 862 BGB** oder das **Verfolgungsrecht** des Besitzers **aus § 867 BGB** (BGH NJW 1978, 2157, 2158; ERMAN/BÖTTCHER Rn 151). Um nicht die Wertung des § 863 BGB zu unterlaufen, wonach die Geltendmachung von Besitzschutzrechten nicht durch petitorische Einwendungen erschwert werden soll, darf aber nur in Extremfällen mit Treu und Glauben argumentiert werden (vgl NK-BGB/HOEREN § 863 Rn 11; PWW/PRÜTTING § 863 Rn 3; PALANDT/HERRLER § 863 Rn 2). Nach der Rspr kommt die Anwendung des § 242 BGB vor allem in zwei Fallgruppen in Betracht: „bei der Unzumutbarkeit der Anspruchserfüllung und der Kollision mit einem höherwertigen Rechtsgut" (OLG Stuttgart NJW 2012, 625, 627 m Anm VOIT). So hat der BGH die Anwendbarkeit von § 242 BGB für den Fall bejaht, dass bei Wiederherstellung der ursprünglichen Besitzlage Gewalttätigkeiten des rechtmäßigen Mitbesitzers gegen den eigenmächtigen Mitbesitzer mit Gefahren für dessen Leib und Leben zu erwarten sind (BGH NJW 1978, 2157, 2158).

c) Allgemeines Grundstücksrecht, §§ 873–902

913 Im allgemeinen Grundstücksrecht kann § 242 BGB der Geltendmachung von **Grundbuchberichtigungsansprüchen aus § 894 BGB** entgegenstehen (vgl BGHZ 122, 309, 314; BGH WM 1999, 91, 94; ERMAN/BÖTTCHER Rn 153; PALANDT/GRÜNEBERG Rn 79; SOERGEL/TEICHMANN Rn 78; hierzu ausf STAUDINGER/PICKER [2019] § 894 Rn 144). Besondere Bedeutung hat dabei der **„dolo agit-Einwand"** (s oben Rn 279 ff). Der Berechtigte kann hiernach keine Berichtigung des Grundbuchs verlangen, wenn er schuldrechtlich zur Bestellung des eingetragenen Rechts verpflichtet ist (vgl BGH NJW 1974, 1651; NK-BGB/

Titel 1
Verpflichtung zur Leistung § 242

Krause § 894 Rn 50; MünchKomm/Kohler § 894 Rn 30; zur parallelen Problematik bei § 888 BGB vgl BGHZ 79, 201, 204).

Darüber hinaus ist auch das **Verbot widersprüchlichen Verhaltens** bei § 894 BGB zu **914** beachten: Hatte der Erbe eines Grundstücks in der DDR als Vertreter ohne Vertretungsmacht auf das Eigentum des Erblassers an dem Grundstück verzichtet und sich auch nach dem Erbfall hierzu bekannt, so ist er deshalb nach der Wiedervereinigung gehindert, den Grundbuchberichtigungsanspruch geltend zu machen (BGH WM 1999, 91, 94; Staudinger/Picker [2019] § 894 Rn 144). Widersprüchliches Verhalten liegt auch dann vor, wenn der Eigentümer des Grundstücks den Anspruch aus § 894 BGB geltend macht, nachdem er die Unrichtigkeit des Grundbuchs selbst herbeigeführt hat, als dies ihm noch vorteilhaft erschien (BGH VIZ 1999, 38, 40; vgl auch BGH BeckRS 2008, 01718 zu § 888 BGB).

Beim Grundbuchberichtigungsanspruch wird der Rückgriff auf das Institut der **Ver-** **915** **wirkung** zT mit der Begründung abgelehnt, dass dies zu einem dauerhaften Auseinanderfallen von materieller Rechtslage und formellem Grundbuchinhalt führe (vgl NK-BGB/Krause § 894 Rn 51; Wieling, Sachenrecht § 20 II 1a cc; Finkenauer, Eigentum und Zeitablauf [2000] 222 ff). Die Verwirkung habe insofern ähnliche Konsequenzen wie die Verjährung, die für den Anspruch aus § 894 BGB mit Rücksicht auf die **Publizität des Grundbuchs** ausgeschlossen sei (§ 898 BGB). Der Hinweis auf die **Parallele zur Verjährung** ist indes nicht zwingend, weil der bloße Zeitablauf für die Verwirkung gerade nicht ausreicht. Erforderlich sind vielmehr **zusätzliche Umstände**, welche die Geltendmachung des Anspruchs treuwidrig erscheinen lassen (s oben Rn 311 f). Sofern diese Umstände ein hinreichendes Gewicht haben, muss das Interesse an der Vermeidung von Divergenzen zwischen materieller und formeller Rechtslage im Einzelfall zurücktreten (so schon RG JW 1934, 3054 m Anm Siebert; OGH NJW 1949, 182 = MDR 1949 161 f m Anm Beitzke; vgl auch BGHZ 44, 367, 369 f; 122, 308, 314 = BGH NJW 1993, 2178, 2179; Erman/Böttcher Rn 153; MünchKomm/Kohler § 894 Rn 37; Palandt/Herrler § 894 Rn 11; Soergel/Teichmann Rn 78; Soergel/Stürner § 894 Rn 31; Staudinger/Picker [2019] § 894 Rn 144).

d) Inhalt des Eigentums, insbesondere nachbarrechtliche Verhältnisse, §§ 903–924

Auch aus dem Eigentum können Pflichten erwachsen, zu deren Konkretisierung **916** der Grundsatz von Treu und Glauben eingreift. Neben **öffentlich-rechtlichen Pflichten** der Allgemeinheit gegenüber – namentlich der Sozialbindung nach Art 14 Abs 2 GG (dazu NK-BGB/Keukenschrijver § 1004 Rn 133 f) und deren gesetzliche Konkretisierungen im Öffentlichen Recht (Baur/Stürner, Sachenrecht § 26 Rn 1 ff) – bestehen **privatrechtliche Verpflichtungen zur Rücksichtnahme** auf die Interessen anderer. Dies ergibt sich bereits aus § 903 S 1 BGB, wonach die Befugnisse des Eigentümers durch Gesetze und Rechte Dritter beschränkt werden („so weit"). Die wichtigsten Beschränkungen des Eigentums sind in den §§ 904–906 BGB und in landesrechtlichen Vorschriften (s unten Rn 916) ausdrücklich geregelt; darüber hinaus kann im Einzelfall aber auch auf § 242 BGB (sowie die §§ 226, 826 BGB) zurückgegriffen werden (Palandt/Herrler § 903 Rn 12). Dies gilt insbesondere im Rahmen des nachbarlichen Gemeinschaftsverhältnisses, welches ein **gesetzliches Schuldverhältnis** mit Rücksichtspflichten nach § 241 Abs 2 BGB darstellt (vgl Staudinger/Olzen § 241 Rn 409 ff).

917 Das **nachbarschaftliche Gemeinschaftsverhältnis** kann Grundlage für die Entstehung oder Begrenzung von Rechtspflichten sein (BGHZ 113, 384, 389; NK-BGB/Ring § 903 Rn 82 ff; Staudinger/Althammer [2016] § 903 Rn 15; Westermann/Staudinger, BGB-Sachenrecht Rn 108; aA Soergel/Teichmann Rn 74 und krit MünchKomm/Baldus § 985 Rn 171; Wellenhofer, Sachenrecht § 25 Rn 4, 24). Der BGH hat hervorgehoben, dass sich das nachbarliche Gemeinschaftsverhältnis in der Regel jedoch allein als **Schranke der Rechtsausübung** auswirkt (BGHZ 88, 344, 351 = NJW 1984, 729; BGHZ 113, 384, 389 = NJW 1991, 1671, 1672; BGH NJW-RR 2013, 650, 651; vgl auch OLG Hamm MDR 2012, 838, 839). Selbstständige Ansprüche ließen sich hieraus grundsätzlich nicht ableiten. Nur in seltenen Ausnahmefällen soll das nachbarliche Gemeinschaftsverhältnis eine Pflicht zu positivem Handeln begründen, wenn dies für einen billigen Ausgleich der widerstreitenden Interessen zwingend geboten erscheint (BGH 13. 7. 2018 – V ZR 308/17, NJW-RR 2019, 78 Rn 11; BGH 8. 2. 2013 – V ZR 56/12, NJW-RR 2013, 650, 651). So hat der BGH eine Pflicht des Grundstücksnachbarn zur rechtzeitigen Ankündigung des Abrisses einer das nachbarliche Grundstück stützenden Mauer bejaht, um den Nachbarn in die Lage zu versetzen, eigene Stützmaßnahmen zu treffen (BGH 29. 6. 2012 – V ZR 97/11, NZM 2012, 735, 736). Viele Fallgestaltungen, die früher unter dem Gesichtspunkt des nachbarlichen Gemeinschaftsverhältnisses diskutiert worden sind, werden heute allerdings durch die **Landesimmissionsschutzgesetze** und die **Nachbargesetze der Länder** geregelt (Erman/Böttcher Rn 187; Staudinger/Olzen § 241 Rn 416). Bei der praktischen Rechtsanwendung kann das Institut des nachbarlichen Gemeinschaftsverhältnisses daher nur noch in Ausnahmefällen bei atypischen nachbarlichen Interessenkonflikten relevant werden, für die es keine spezialgesetzlichen Regelungen gibt (vgl BGHZ 113, 384, 389 ff; BGH NJW-RR 2001, 232, 233; BGH NJW 2003, 1392; NJW-RR 2008, 610, 611; NZM 2012, 735, 736; ähnlich bereits BGB-RGRK/Alff Rn 8). Beispielsweise wird das nachbarliche Gemeinschaftsverhältnis relevant, wenn zwischen Nachbarn eine **„Grenzverwirrung"** vorliegt. Hier gebietet es der Gedanke des billigen Interessenausgleichs, dass der streitige Bereich nicht von einem Eigentümer einseitig gegen den Willen der anderen in Besitz genommen wird, um so vollendete Tatsache zu schaffen und die Anwendung des § 920 Abs 1 S 1 BGB zu erreichen (BGH NJW-RR 2008, 610, 611). Die Geltendmachung eines **Wegerechts** ist mangels schutzwürdiger Eigeninteressen **rechtsmissbräuchlich**, wenn dem Berechtigten gleichwertige andere, für den Verpflichteten weniger beeinträchtigende Zufahrtsmöglichkeiten zur Verfügung stehen (so bereits RGZ 169, 180, 183; vgl auch BGH WM 1974, 429; OLG Saarbrücken MDR 2006, 1166; MünchKomm/Schubert Rn 218).

918 Das für die Anwendung des § 242 BGB erforderliche **besondere Vertrauensverhältnis** zwischen den Nachbarn beruht auf dem Gedanken, dass dauerhaftes Zusammenleben auf engem Raum ein gesteigertes Bedürfnis nach gegenseitiger Rücksichtnahme begründet (BGH NJW-RR 2003, 1313, 1314; MünchKomm/Schubert Rn 216; Palandt/Herrler § 903 Rn 13; s auch Staudinger/Althammer [2016] § 903 Rn 15). Hieraus resultieren zB Duldungspflichten bei Nutzung von Industrie- oder Chemieparks durch mehrere Unternehmen, welche die Infrastruktur des Parks (Schienenanlagen, Entsorgungssysteme, Abwasserkanäle etc) gemeinsam benutzen (hierzu Schlemminger/Fuder, Der Verzicht auf nachbarrechtliche Abwehransprüche im Industrie- und Chemiepark, NVwZ 2004, 129).

919 **Nachbarliche Abwehransprüche** gegenüber **ungenehmigten Bauvorhaben** können **verwirkt** werden, wenn der beschwerte Nachbar nicht innerhalb einer angemessenen

Frist Widerspruch eingelegt hat (BVerwG NJW 1974, 1260, 1262; NVwZ 1991, 1182, 1183; BVerwG NJW 1998, 329; OVG Greifswald NVwZ-RR 2003, 15). Dies gilt auch dann, wenn der Nachbar vom Bauvorhaben nicht amtlich, sondern auf sonstige Weise Kenntnis erlangt (vgl Troidl, Verwirkung von Nachbarrechten im öffentlichen Baurecht, NVwZ 2004, 315, 317). Gegen ein genehmigtes Bauvorhaben können keine nachbarrechtlichen Abwehrrechte geltend gemacht werden, wenn der Antragsteller an der Bauplanung beteiligt war (OVG Münster NVwZ-RR 1991, 171) oder wenn er die zur Bebauung vorgesehenen Grundstücke in Kenntnis der Bebauungsabsicht des Käufers verkauft hat (VGH Kassel NVwZ-RR 1991, 171).

e) Eigentumserwerb, §§ 925–984

Beim Eigentumserwerb nimmt der Grundsatz von Treu und Glauben angesichts der strengen gesetzlichen Regelungen, die Ausfluss des **Trennungs-** und **Abstraktionsprinzips** und des **Offenkundigkeitsgrundsatzes** sind, eine untergeordnete Rolle ein. Es gibt jedoch zwei Fallgruppen, in denen § 242 BGB eine gewisse Bedeutung hat. **920**

aa) Rückerwerb vom Nichtberechtigten

In der Lit wird das Problem des „**Rückerwerbs vom Nichtberechtigten**" zT unter dem Gesichtspunkt von Treu und Glauben diskutiert. Hat ein bösgläubiger Nichtberechtigter eine Sache zunächst nach § 932 BGB wirksam an einen gutgläubigen Dritten veräußert und dann von diesem nach §§ 929 ff BGB zurückerworben, so wird ein wirksamer Eigentumserwerb durch den Nichtberechtigten verneint, wenn der Rückerwerb allein der Rückabwicklung der ursprünglichen Veräußerung diente (sog **Innenverkehrsgeschäft**) oder von vornherein geplant war (sog **mittelbarer bösgläubiger Erwerb**). Das Eigentum soll dann automatisch an den früheren Eigentümer zurückfallen (so Erman/Bayer § 932 Rn 26; Baur/Stürner, Sachenrecht § 52 Rn 34 ff; HP Westermann/Gursky/Eickmann, Sachenrecht § 47 Rn 16; Prütting, Sachenrecht Rn 438; Wilhelm, Sachenrecht Rn 1017 ff; Wieling, Sachenrecht, § 10 V 2; Wellenhofer § 8 Rn 37; **aA** BGH NJW-RR 2003, 170, 171; NK-BGB/Meller-Hannich § 932 Rn 38; Jauernig/Berger § 932 Rn 2; MünchKomm/Oechsler § 932 Rn 24 f; Palandt/Herrler § 932 Rn 17; Soergel/Henssler § 932 Rn 40 f; Staudinger/Wiegand [2017] § 932 Rn 116 ff; zur parallelen Problematik bei § 892 BGB Staudinger/Picker [2019] § 892 Rn 235 ff mwNw). Dies wird meist mit einer teleologischen Einschränkung des gutgläubigen Erwerbs oder den Grundsätzen über das „Geschäft für den, den es angeht" begründet (vgl Vieweg/Werner, Sachenrecht § 5 Rn 14 mwNw; Wellenhofer § 8 Rn 37). Bei mittelbarem bösgläubigem Erwerb kommt aber auch ein Rückgriff auf das **Rechtsmissbrauchsverbot** in Betracht (Soergel/Teichmann Rn 76; Soergel/Mühl[12] [1990] § 932 Rn 5). **921**

All diese Ansätze zur Verhinderung eines wirksamen Erwerbs durch den Nichtberechtigten verstoßen jedoch gegen den Grundsatz, dass die dingliche Zuordnung einer Sache mit Rücksicht auf das **Abstraktionsprinzip** und den Gedanken der **Rechtssicherheit** nicht unter Berufung auf Treu und Glauben oder allgemeine Gerechtigkeitserwägungen in Frage gestellt werden darf (s oben Rn 908; zur Kritik vgl ausf Wiegand, Der Rückerwerb des Nichtberechtigten, JuS 1971, 62 ff; ferner Soergel/Henssler § 932 Rn 40; Staudinger/Wiegand [2017] § 932 Rn 120 ff). Bei § 892 BGB wiegen diese Prinzipien noch schwerer, weil der Eigentumserwerb eine Eintragung im Grundbuch voraussetzt (differenzierend daher Wieling, Sachenrecht § 20 II 3 i aa). Eine unterschiedliche Behandlung der Problematik bei § 932 BGB und § 892 BGB kann aber erst recht nicht überzeugen (so auch MünchKomm/Oechsler § 932 Rn 25). Das Miss- **922** brauchsproblem wird im Übrigen dadurch entschärft, dass der frühere Eigentümer **schuldrechtliche Ansprüche gegen den Nichtberechtigten** auf Rückübertragung der Sache oder Schadensersatz geltend machen kann (vgl BGH NJW-RR 2003, 170, 171). Die Durchbrechung der sachenrechtlichen Grundprinzipien ist insofern also auch nicht aus übergeordneten Gerechtigkeitserwägungen erforderlich (STAUDINGER/PICKER [2019] § 892 Rn 237).

bb) Sicherungsübereignung

923 Bei der **Sicherungsübereignung** (§ 930 BGB) tritt das Problem der **Übersicherung** auf, sofern dem Kreditgeber erheblich mehr Sicherheiten zur Verfügung stehen, als zur Kreditsicherung notwendig sind (BÜLOW, Kreditsicherheiten Rn 1106; WESTERMANN/STAUDINGER, BGB-Sachenrecht Rn 190). Nach hM kann der Grundsatz von Treu und Glauben allerdings nur bei nachträglicher Übersicherung eingreifen, weil die Sicherungsübereignung bei anfänglicher Übersicherung bereits nach § 138 Abs 1 BGB nichtig ist (vgl BGHZ 137, 212, 223 = NJW 1998, 671, 674; BGH NJW 1998, 2047; BGH NJW-RR 2003, 1490, 1492; NK-BGB/LOOSCHELDERS § 138 Rn 256 ff; VIEWEG/WERNER, Sachenrecht § 12 Rn 26; PRÜTTING, Sachenrecht Rn 420b; WESTERMANN/STAUDINGER, BGB-Sachenrecht Rn 190).

924 Zu einer **nachträglichen Übersicherung** kann es bei revolvierenden Globalsicherheiten kommen (vgl BÜLOW, Kreditsicherheiten Rn 1107; VIEWEG/WERNER, Sachenrecht § 12 Rn 27), zB wenn ein Warenlager mit ständig wechselndem Bestand zur Sicherheit übereignet wurde und im Laufe der Zeit deutlich an Wert gewinnt oder wenn der Wert der gesicherten Forderungen durch Tilgung abnimmt (NK-BGB/MELLER-HANNICH § 930 Rn 70; WESTERMANN/STAUDINGER, BGB-Sachenrecht Rn 190; CANARIS ZIP 1996, 1109, 1123). In diesen Fällen ist die Sicherungsübereignung als solche nicht sittenwidrig; wird die Deckungsgrenze überschritten, so hat der Sicherungsgeber aber selbst bei Fehlen einer entsprechenden ausdrücklichen Vereinbarung einen **Freigabeanspruch** gegen den Sicherungsnehmer, der auf die Rückübereignung des Sicherungsguts gerichtet ist (grundlegend BGHZ 137, 212; anders noch BGHZ 124, 371, 376 ff, wonach der Sicherungsvertrag bei Fehlen einer „qualifizierten Freigabeklausel" auch im Fall nachträglicher Übersicherung nach § 138 Abs 1 BGB nichtig ist; ausf dazu NK-BGB/LOOSCHELDERS § 138 Rn 259 ff; NK-BGB/MELLER-HANNICH § 930 Rn 70; PRÜTTING, Sachenrecht Rn 420b; WESTERMANN/STAUDINGER, BGB-Sachenrecht Rn 191). Zur Konkretisierung der Deckungsgrenze wird auf § 237 S 1 BGB abgestellt. Beträgt der Schätzwert der bestellten Sicherheiten 150 % der gesicherten Forderungen, so besteht die widerlegliche Vermutung, dass die Deckungsgrenze erreicht ist (BGHZ 137, 212, 233; BAUR/STÜRNER, Sachenrecht § 57 Rn 28; BÜLOW, Kreditsicherheiten Rn 1124 ff; WESTERMANN/STAUDINGER, BGB-Sachenrecht Rn 191).

925 Die hM leitet den Freigabeanspruch mittels **ergänzender Vertragsauslegung** aus der Sicherungsabrede ab (BGHZ 137, 212, 218 ff; NK-BGB/MELLER-HANNICH § 930 Rn 70; ERMAN/BAYER Anh §§ 929–931 Rn 28; HP WESTERMANN/GURSKY/EICKMANN, Sachenrecht § 44 Rn 34; WELLENHOFER, Sachenrecht § 15 Rn 32; WESTERMANN/STAUDINGER, BGB-Sachenrecht Rn 191); dabei werden die §§ 157, 242 BGB zT nebeneinander zitiert (vgl etwa WELLENHOFER, Sachenrecht § 15 Rn 32). Ob der hypothetische Wille der Parteien ein sachgemäßer Anknüpfungspunkt ist, erscheint indes zweifelhaft. Man kann diesen Ansatz zwar damit rechtfertigen, dass es bei der ergänzenden Auslegung von AGB **nicht** auf den hypothetischen Willen der **konkreten Parteien** ankommt (so STAUDINGER/ROTH [2015] § 157 Rn 48; ROTH JZ 1998, 462, 463), letztlich handelt es sich aber um eine **objektive**

Rechtsfortbildung, die auf dem Treuhandgedanken beruht (vgl NK-BGB/Looschelders § 157 Rn 60; Prütting, Sachenrecht Rn 420b; krit gegenüber der Begründung der hM auch Canaris ZIP 1997, 813, 815).

Bei der Erfüllung des Freigabeanspruchs unterliegt es gem § 262 BGB der Entscheidung des Sicherungsnehmers, welche Sachen er zurückübereignen will (BGHZ 137, 212, 219; Wellenhofer, Sachenrecht § 15 Rn 33). Das **Wahlrecht** wird durch Treu und Glauben begrenzt (vgl BGH NJW-RR 2003, 45; NK-BGB/Looschelders § 138 Rn 261). Im Übrigen muss der Sicherungsnehmer das Sicherungsgut nach Treu und Glauben wirtschaftlich vernünftig verwerten (vgl BGH NJW 1991, 1946; MünchKomm/Schubert Rn 245) und darf es nicht zu einem Zweck ausnutzen, der vom Sicherungsvertrag nicht gedeckt wird (vgl BGH WM 1983, 1049; BGH NJW 1991, 1946, 1947; BeckOK-BGB/Sutschet [1. 5. 2019] Rn 86). 926

f) Ansprüche aus dem Eigentum, §§ 985–1007

Der Grundsatz von Treu und Glauben begrenzt auch die Ausübung von Ansprüchen aus dem Eigentum (RGZ 133, 293, 296; 169, 180, 182; BGHZ 10, 69, 75; 47, 184, 189; 79, 201, 210), insbesondere die Geltendmachung des **Herausgabeanspruchs aus § 985 BGB** (vgl NK-BGB/Schanbacher § 985 Rn 37 ff; Erman/Böttcher Rn 152; MünchKomm/Baldus [2004] § 985 Rn 166 ff; Soergel/Teichmann Rn 78; Soergel/Stadler § 985 Rn 28; Staudinger/Gursky [2013] § 985 Rn 108 ff; aA MünchKomm/Baldus § 985 Rn 166 ff). Besondere Bedeutung kommt dabei dem **Verbot widersprüchlichen Verhaltens** (s oben Rn 284 ff) zu. Der Eigentümer kann hiernach keine Herausgabe der Sache verlangen, wenn er zuvor das Vertrauen des Besitzers geweckt hat, er werde den Herausgabeanspruch nicht geltend machen, und der Besitzer daraufhin bestimmte Dispositionen (RGZ 133, 293, 296: Bebauung des Grundstücks; BGHZ 47, 184, 189: Mitarbeit im landwirtschaftlichen Betrieb des Eigentümers) getroffen hat. Da der Rückgriff auf § 242 BGB hier zu einem dauernden Auseinanderfallen von Eigentum und Besitz führen kann, müssen die für den Ausschluss des Herausgabeanspruchs sprechenden Umstände besonders schwer wiegen (ähnlich Staudinger/Gursky [2013] § 985 Rn 109). Im Einzelfall kann das Problem des *dominus sine re* freilich auch dadurch gelöst werden, dass man dem Besitzer einen Anspruch auf Übereignung der Sache Zug um Zug gegen Wertersatz zubilligt (so RGZ 133, 293, 296; NK-BGB/Schanbacher § 985 Rn 38). 927

Ein Verstoß gegen den **dolo agit-Grundsatz** (dazu allg o Rn 279 ff) liegt vor, wenn der Eigentümer von einem Anwartschaftsberechtigten Herausgabe der Sache verlangt, obwohl er zur alsbaldigen Rückgewähr verpflichtet sein wird (BeckOK-BGB/Sutschet [1. 5. 2019] Rn 88). Diese Situation kann eintreten, wenn der Anwartschaftsberechtigte das Anwartschaftsrecht gutgläubig von einem Dritten erworben hat und sein Eigentumserwerb durch Kaufpreiszahlung unmittelbar bevorsteht (vgl BGHZ 10, 69, 75; NK-BGB/Schanbacher § 985 Rn 39; Erman/Böttcher Rn 152). Hat der Anwartschaftsberechtigte das Anwartschaftsrecht vom Eigentümer erworben, so steht ihm dagegen nach § 986 BGB ein Recht zum Besitz zu, sodass ein Rückgriff auf § 242 BGB entbehrlich ist (zum Vorrang des § 986 BGB NK-BGB/Schanbacher § 985 Rn 37). Ebenso kann das Institut der **Verwirkung** dem Herausgabeanspruch aus § 985 BGB entgegenstehen (vgl OLG Sachsen-Anhalt NJ 2006, 182). Eine Verwirkung kann jedoch nur angenommen werden, wenn die Herausgabe für den Besitzer eine schlechthin unerträgliche Belastung darstellen würde (vgl BGH NJW 2007, 2183, 2184; MünchKomm/Baldus § 985 Rn 176). 928

929 Der Grundsatz von Treu und Glauben steht uU auch der Geltendmachung von **Beseitigungs- und Unterlassungsansprüchen aus § 1004 BGB** entgegen (vgl RGZ 133, 293, 296; BGHZ 62, 388, 391; BGH WM 1979, 644, 646), insbesondere im Rahmen des nachbarlichen Gemeinschaftsverhältnisses (NK-BGB/Keukenschrijver § 1004 Rn 134; s dazu o Rn 917 ff). Praktische Bedeutung gewinnt dabei vor allem die **Verwirkung** (vgl BGH NJW-RR 2006, 235, 236; NK-BGB/Keukenschrijver § 1004 Rn 149 f; MünchKomm/Baldus § 1004 Rn 258; aA Wieling, Sachenrecht § 20 II 1 a cc). Nach allgemeinen Grundsätzen (s oben Rn 306 ff) genügt der bloße Zeitablauf aber nicht; auch hier müssen vielmehr besondere Umstände hinzukommen, welche die Geltendmachung des Anspruchs im Einzelfall treuwidrig erscheinen lassen (OLG Köln NJW 1995, 3319, 3321; NK-BGB/Keukenschrijver § 1004 Rn 149 f; MünchKomm/Baldus § 1004 Rn 258; Staudinger/Gursky [2013] § 1004 Rn 207 ff; vornehmlich auf das Zeitmoment abstellend aber BayObLG NJW 1993, 1165).

930 Die Geltendmachung des **Beseitigungsanspruchs aus § 1004** BGB ist wegen **Unverhältnismäßigkeit** treuwidrig, wenn die Beeinträchtigung geringfügig ist und die Beseitigung den Nachbarn mit unzumutbaren Kosten oder sonstigen Nachteilen belasten würde (BGHZ 62, 388, 390 ff; 143, 1, 6; BGH MDR 1977, 568; VGH Mannheim NVwZ 1989, 76, 78; NK-BGB/Keukenschrijver § 1004 Rn 151; vgl auch A Lorenz, Zu den privatrechtlichen Folgen der nachbarrelevanten Baulast, NJW 1996, 2612, 2614; gegen Anwendung des § 242 BGB MünchKomm/Baldus § 1004 Rn 239). Vor der Schuldrechtsreform hat die Rspr sich in diesen Fällen auf die Wertungen der §§ 633 Abs 2 S 2 BGB aF (§ 635 Abs 3 BGB nF), 251 Abs 2 BGB gestützt. In neuerer Zeit wird stattdessen auf § 275 Abs 2 BGB abgestellt (BGH NZM 2008, 861, 862; NZM 2008, 863 f; NJW-RR 2010, 315 Rn 14 ff; aA MünchKomm/Baldus § 1004 Rn 239 ff). Der Geltendmachung des **Unterlassungsanspruchs** kann ebenfalls § 242 BGB wegen Rechtsmissbrauchs entgegengehalten werden, wenn mit der Rechtsausübung ein Interesse verfolgt wird, das nicht in den Schutzbereich des § 1004 BGB fällt (LG Köln BeckRS 2013, 19157). Weiterhin kann der Durchsetzung des Unterlassungsanspruchs der Einwand unzulässiger Rechtsausübung entgegenstehen. Dies hat der BGH für den Fall angenommen, dass der Berechtigte einer Dienstbarkeit durch Geltendmachung des Anspruchs aus §§ 1090 Abs 2, 1027, 1004 Abs 1 S 2 BGB eine inhaltlich unzulässige Vereinbarung durchzusetzen versucht (BGH NZM 2013, 324).

931 Beim Eigentümer-Besitzer-Verhältnis handelt es sich um ein **gesetzliches Schuldverhältnis**, aus dem sich **Rücksichtspflichten** iSd § 241 Abs 2 BGB ableiten lassen, für deren Konkretisierung § 242 BGB gilt. Zu denken ist insbesondere an **Auskunftsansprüche**. Kann zB der gutgläubige Besitzer eine gestohlene Sache nicht herausgeben, weil er sie inzwischen weiterveräußert hat, so muss er den Eigentümer über die Person des Erwerbers informieren (OLG Hamm NJW 1993, 2623, 2624). Umgekehrt kann die Geltendmachung von Ansprüchen aus dem Eigentümer-Besitzerverhältnis nach § 242 BGB unzulässig sein, wenn der Anspruchsteller die **Vindikationslage** durch eigenes pflichtwidriges Verhalten im Wesentlichen **selbst geschaffen** hat (BGH NJW-RR 2005, 743, 746; Staudinger/Gursky [2013] Vorbem 38 zu §§ 987–993).

g) Miteigentum, §§ 1008–1011

932 Bei einer Bruchteilsgemeinschaft gem § 1008 BGB verstößt ein Miteigentümer gegen den dolo agit-Grundsatz, wenn er gegen den anderen Miteigentümer die **Zwangsversteigerung zur Aufhebung der Gemeinschaft** betreibt, obwohl er vertraglich zur baldigen Übertragung seines Bruchteils auf den anderen verpflichtet ist (vgl MünchKomm/Schubert Rn 463). In einem Schadensersatzprozess wegen **Beschädigung des gemeinschaftlichen Eigentums** dürfen die Miteigentümer nach Treu und Glauben nicht den gesamten Schaden geltend machen, ohne zu berücksichtigen, dass einer von ihnen den Schaden schuldhaft mitverursacht hat (BGH NJW 1992, 1095, 1096; NJW 1997, 3026, 3027; MünchKomm/Heinemeyer § 432 Rn 12).

h) Dienstbarkeiten, §§ 1018–1093

Der Grundsatz von Treu und Glauben (§ 242 BGB) erlangt auch bei der **Grund-** 933 **dienstbarkeit** Bedeutung, weil die in § 1020 BGB statuierte Pflicht zur schonenden Ausübung der Grunddienstbarkeit nach ganz hM ein **gesetzliches Schuldverhältnis** zwischen den Eigentümern der betroffenen Grundstücke begründet (BGHZ 95, 144, 146 ff = NJW 1985, 2944; BGHZ 106, 348, 351; NJW 2008, 3703, 3704; NK-BGB/Otto § 1020 Rn 1; MünchKomm/Mohr § 1018 Rn 10; Staudinger/Weber [2017] § 1020 Rn 1; anders noch BGH LM § 242 BGB [D] Nr 31 = BB 1959, 360; BGH NJW 1960, 673). Der Berechtigte muss dementsprechend nach Treu und Glauben dafür Sorge tragen, dass die Ausübung der Grunddienstbarkeit keine übermäßigen Gefahren für das dienende Grundstück mit sich bringt (BGH LM § 242 BGB [D] BGB Nr 31; Soergel/Teichmann Rn 73). Der **Ausübung der Grunddienstbarkeit** steht uU der Einwand der unzulässigen Rechtsausübung entgegen (BGH NJW 1960, 673; Erman/Böttcher Rn 153; Palandt/Grüneberg Rn 80; MünchKomm/Mohr § 1018 Rn 63; Mühl NJW 1956, 1657 f). Kann die Dienstbarkeit deshalb auf Dauer nicht ausgeübt werden, soll der Berechtigte sogar analog § 1169 BGB gehalten sein, auf die Dienstbarkeit zu verzichten (RGZ 169, 180, 183; Erman/Böttcher Rn 153; vgl auch BGH NJW-RR 2003, 733, 734; einschränkend BayObLG NZM 2000, 358, 359).

In einer aktuellen Entscheidung hat der BGH sich damit auseinandergesetzt, ob der Grundstückseigentümer von dem Berechtigten eines dinglichen Wohnungsrechts aufgrund von Treu und Glauben die **Aufgabe dieses Rechts verlangen** kann, weil der Berechtigte an ihm oder einer ihm nahestehenden Person ein (versuchtes) **vorsätzliches Tötungsdelikt** begangen habe. Der Senat äußert sich hierzu mit Recht sehr zurückhaltend. Aus seiner Sicht kommt ein auf § 242 BGB gestützter Löschungsanspruch allenfalls dann in Betracht, wenn das dienende Grundstück durch das Bestehenbleiben oder die Ausübung der betreffenden Dienstbarkeit erhebliche Nachteile erleide, welche in keinem vernünftigen Verhältnis zu einem bloß geringfügigen Nutzen stünden, den sie für den Berechtigten hätten (BGH 11. 3. 2016 – V ZR 208/15, MDR 2016, 820 Rn 14 m Anm Apathy LMK 2016, 380118). Eine den beiderseitigen Interessen gerecht werdende Auflösung der Konfliktlage lasse sich im deutschen Recht der Dienstbarkeiten aber regelmäßig auch ohne dieses letzte Mittel verwirklichen. So könne es in Extremsituationen geboten sein, dass der Wohnungsberechtigte auf Verlangen des Grundstückseigentümers von der persönlichen Nutzung seines Wohnungsrechts Abstand nehme und dessen **Ausübung einem Dritten** überlasse (BGH 11. 3. 2016 – V ZR 208/15, MDR 2016, 820 Rn 25).

Die häufig sehr langfristigen Bindungen von herrschendem und dienendem Grund- 934 stück lassen mitunter das Problem auftreten, dass die bei der Bestellung der Grunddienstbarkeit gegebenen tatsächlichen Verhältnisse sich zwischenzeitig **verändern** (Palandt/Grüneberg Rn 80; Soergel/Teichmann Rn 73). Der Inhalt der Grunddienstbarkeit muss dann uU nach Treu und Glauben an die geänderten Verhältnisse **angepasst** werden (vgl BGH LM § 242 BGB [D] Nr 31; BGHZ 44, 171, 175; 106, 348, 351; NK-BGB/Otto § 1018 Rn 75 ff; MünchKomm/Mohr § 1018 Rn 59 ff; Palandt/Grüneberg Rn 80; G Schmidt 194; ähnl HP Westermann/Gursky/Eickmann Sachenrecht § 121 Rn 19). Eine Ausweitung des Umfangs der Dienstbarkeit ist hiernach aber nur möglich, wenn sie sich in den Grenzen einer der Art nach gleich bleibenden Benutzung des dienenden Grundstücks hält und nicht auf einer unvorhersehbaren willkürlichen Änderung in der Benutzung des herrschenden Grundstücks beruht (BGHZ 106, 348, 350). Aus diesem Grund kann ein für private oder landwirtschaftliche Zwecke eingeräumtes Wegerecht grundsätzlich nicht auf gewerbliche Nutzungen erstreckt werden (BGH MDR 1961, 672; BGH NJW 1963, 1247; MünchKomm/Mohr § 1018 Rn 62; zu weiteren Bsp G Schmidt 199 ff; aA Soergel/Teichmann Rn 73; vgl auch Mühl NJW 1956, 1657 f). Als **Rechtsgrundlage** für die Anpassung der Dienstbarkeit wird traditionell der Grundsatz von Treu und Glauben (§ 242 BGB) herangezogen (grdl BGH LM § 242 BGB [D] Nr 31; vgl auch BGHZ 106, 348, 351; MünchKomm/Mohr § 1018 Rn 60; Staudinger/Weber [2017] § 1018 Rn 153); seit der Schuldrechtsreform ist aber § 313 BGB einschlägig (BGH NJW 2008, 3703).

935 Der **Nießbrauch an Sachen** (§§ 1030 ff BGB) **und Rechten** (§§ 1068 ff BGB) begründet ebenso wie die Grunddienstbarkeit ein **gesetzliches Schuldverhältnis** (vgl BGHZ 95, 144, 147; NK-BGB/Lemke § 1030 Rn 23; MünchKomm/Pohlmann § 1030 Rn 16 ff; Staudinger/Heinze [2017] Vorbem 6 ff zu § 1030 ff). Hieraus folgen für beide Teile Rechte und Pflichten, zu deren Konkretisierung § 242 BGB uneingeschränkt anwendbar ist.

i) Vorkaufsrechte, §§ 1094–1104

936 Bei einem dinglichen Vorkaufsrecht findet der Grundsatz von Treu und Glauben (§ 242 BGB) im Verhältnis zwischen dem Vorkaufsverpflichteten und dem Vorkaufsberechtigten Anwendung (BGH DNotZ 1992, 414, 416). Der Verpflichtete ist daher nach Treu und Glauben gehindert, sich auf den Ablauf der **Frist zur Ausübung des Vorkaufsrechts** zu berufen, sofern er dem Berechtigten die Besichtigung der Sache verweigert (RG DR 1941, 1461; BGB-RGRK/Mezger § 510 Rn 4). Hat der Verpflichtete zur **Vereitelung des Vorkaufsrechts** mit dem Dritten eine Gestaltung vereinbart, die formell keinen Kaufvertrag darstellt, inhaltlich einem solchen aber sehr nahe kommt, so verstößt er uU gegen Treu und Glauben, wenn er sich gegenüber dem Berechtigten auf die formale Rechtslage beruft (BGH DNotZ 1992, 414, 417).

937 Die Ausübung des Vorkaufsrechts verstößt gegen das Verbot widersprüchlichen Verhaltens, wenn der Vorkaufsberechtigte **offenkundig nicht in der Lage ist**, seine Verpflichtungen aus dem Kaufvertrag zu erfüllen (BGH LM § 505 BGB Nr 3). Das Gleiche gilt für den Fall, dass der Berechtigte die Erfüllung der Pflichten aus dem Kaufvertrag **ernsthaft und endgültig ablehnt** oder durch Vorschützen von Hindernissen **unbillig verzögert** (vgl BGH LM § 505 BGB Nr 6). Der Grundsatz von Treu und Glauben steht der Ausübung des Vorkaufsrechts schließlich auch dann entgegen, wenn der Berechtigte schuldrechtlich verpflichtet ist, vom Vorkaufsrecht keinen Gebrauch zu machen (BGHZ 37, 147, 152).

k) Reallasten, §§ 1105–1112

938 Bei Reallasten ist der Grundsatz von Treu und Glauben in der Vergangenheit öfter im Zusammenhang mit der Abänderung von Altenteilsleistungen wegen **veränderter Lebensverhältnisse** herangezogen worden (vgl RGZ 147, 94, 100; BGH NJW 1957, 1798 f). Der durch Art 11a EuroEG v 9. 6. 1998 eingefügte § 1105 Abs 1 S 2 BGB stellt

nunmehr klar, dass als Inhalt der Reallast auch die automatische Anpassung der Leistungen an veränderte Verhältnisse in Betracht kommt, wenn Art und Umfang der Belastung des Grundstücks sich anhand der in der Vereinbarung festgelegten Voraussetzungen bestimmen lassen. Zur Konkretisierung kann auf die frühere Rspr zurückgegriffen werden, da eine inhaltliche Änderung nicht bezweckt war (BT-Drucks 13/10334, 42; vgl auch MünchKomm/Mohr § 1105 Rn 33 ff).

l) Hypotheken, Grundschulden, Rentenschulden, §§ 1113–1203

Im **Hypothekenrecht** hat die Rspr früher bei sog „Ost-Enteignungen" auf § 242 BGB zurückgegriffen, um den Schuldner bei Auseinanderfallen von Hypothek und Forderung vor doppelter Inanspruchnahme zu schützen (vgl BGHZ 12, 79, 86). Diese dogmatisch nicht unumstrittene Lösung hat heute keine praktische Bedeutung mehr. Es sei deshalb auf Staudinger/J Schmidt[12] Rn 1397 verwiesen. **939**

Davon abgesehen gelten für die Anwendbarkeit des § 242 BGB in Bezug auf Grundpfandrechte die gleichen Grundsätze wie hinsichtlich anderer dinglicher Rechte. Der dolo agit-Einwand hindert den Inhaber einer Grundschuld deshalb an deren Verwertung, wenn er aufgrund des Sicherungsvertrags zur **Rückübertragung der Grundschuld** auf den Eigentümer verpflichtet ist (BGHZ 19, 205, 206; vgl auch BeckOK-BGB/Sutschet [1. 5. 2019] Rn 88). **940**

Nach der Rspr des BGH ist der Gläubiger einer durch ein Grundpfandrecht gesicherten Darlehensforderung verpflichtet, einem **Austausch der vereinbarten Sicherheiten** zuzustimmen, wenn der Darlehensnehmer ein berechtigtes Interesse an der Veräußerung seines belasteten Grundstücks hat und der Austausch der Sicherheiten dem Gläubiger mangels schutzwürdigen Eigeninteresses zumutbar ist. Letzteres sei der Fall, wenn eine vom Darlehensnehmer als Ersatz angebotene Grundschuld das Risiko des Gläubigers genauso gut abdecke wie die im Darlehensvertrag vereinbarte und dem Gläubiger daraufhin eingeräumte Grundschuld und der Darlehensnehmer bereit und in der Lage sei, alle mit dem Austausch der Sicherheiten verbundenen Kosten zu tragen (BGH 3. 2. 2004 – XI ZR 398/02, BGHZ 158, 11, 15 = NJW 2004, 1730). In einem aktuellen Urteil (BGH 30. 6. 2017 – V ZR 248/16, WM 2017, 1937 Rn 9) hat der BGH demgegenüber klargestellt, dass es **keinen allgemeinen Grundsatz** gibt, wonach der Sicherungsgeber einen Austausch der vereinbarten gegen eine ihm genehmere Sicherheit verlangen kann. Wenn die Möglichkeit zum Austausch der Sicherheiten nicht in der vertraglichen Vereinbarung der Parteien angelegt sei, könne sie auch nicht losgelöst davon aus allgemeinen Billigkeitsgesichtspunkten bzw aus § 242 BGB hergeleitet werden. Den Unterschied zwischen beiden Fällen sieht der BGH darin, dass die Möglichkeit eines Austauschs der Sicherheit für den Realkreditnehmer in dem Vertragsverhältnis mit dem Darlehensgeber angelegt ist. Im konkreten Fall war dagegen eine Sicherungshypothek zur Sicherung einen Rentenanspruchs vereinbart und bestellt worden (BGH 30. 6. 2017 – V ZR 248/16, WM 2017, 1937 Rn 10). Die zum Austausch angebotene Sicherheit war zudem nicht gleichwertig, weil es sich nicht um ein Grundpfandrecht, sondern um eine selbstschuldnerische Bankbürgschaft handelte.

Bei **nachträglicher Übersicherung** steht dem Eigentümer ein Anspruch auf Rückübertragung der Grundschuld zu, selbst wenn der Sicherungsvertrag keine Freigabeklausel enthält (ausf dazu Staudinger/Wolfsteiner [2015] Vorbem 95 zu § 1191 ff). Dieser **941**

Anspruch wird zumeist aus der Sicherungsabrede iVm §§ 133, 157 BGB oder § 242 BGB abgeleitet. Wegen der Einzelheiten vgl die Ausführungen zum parallelen Problem bei der Sicherungsübereignung (s oben Rn 923 ff).

m) Pfandrechte an beweglichen Sachen und Rechten, §§ 1204–1296

942 Bei Pfandrechten an beweglichen Sachen kann der Gläubiger nach Treu und Glauben gehindert sein, die Rückgabe einzelner Sachen zu verweigern, wenn er auf andere Weise ausreichend gesichert erscheint (vgl BGH WM 1966, 115; BGHZ 128, 295, 300; MünchKomm/DAMRAU § 1218 Rn 4 und § 1222 Rn 2; PALANDT/GRÜNEBERG Rn 80). Diese Problematik stellt sich insbesondere im Fall der **nachträglichen Übersicherung bei Verpfändung mehrerer Sachen** (zB eines Warenlagers). Trotz der Parallele zur nachträglichen Übersicherung bei der Sicherungsübereignung (s dazu o Rn 923) lehnt es die hM ab, die dort entwickelten Grundsätze auf das Pfandrecht an mehreren Sachen zu übertragen, weil der Verpfänder durch den Grundsatz der Akzessorietät und die dingliche Surrogation nach § 1247 S 2 BGB hinreichend geschützt sei (vgl ERMAN/SCHMIDT § 1222 Rn 5; MünchKomm/DAMRAU § 1222 Rn 2; SOERGEL/HABERSACK § 1222 Rn 3; aA NK-BGB/BÜLOW § 1222 Rn 4). Die dogmatischen Unterschiede ändern jedoch nichts daran, dass der Rückgabeanspruch des Verpfänders bei nachträglicher Übersicherung letztlich auf den gleichen Erwägungen wie der Freigabeanspruch des Sicherungsgebers im Fall der Sicherungsübereignung beruht (STAUDINGER/WIEGAND [2019] § 1222 Rn 2), sodass beide Konstellationen nach den gleichen Kriterien zu beurteilen sind (so auch RIMMELSPACHER JZ 1995, 678, 680; WIEGAND/BRUNNER, Übersicherung und Freigabeanspruch, NJW 1995, 2513, 2520). Im Ergebnis bedeutet dies, dass man sich bei der Konkretisierung des Rückgabeanspruchs des Verpfänders ebenfalls an den Kriterien des § 237 S 1 BGB orientieren kann (so auch NK-BGB/BÜLOW § 1222 Rn 4).

n) Erbbaurechtsgesetz

943 Anders als Grunddienstbarkeit und Nießbrauch (s oben Rn 933 ff) begründet das Erbbaurecht nach hM **kein gesetzliches Schuldverhältnis** (vgl NK-BGB/HELLER § 2 ErbbauVO Rn 1; STAUDINGER/RAPP [2016] § 1 ErbbauRG Rn 40 und § 2 ErbbauRG Rn 1). Soweit die Beteiligten den Inhalt des Erbbaurechts durch Vertrag regeln, ist § 242 BGB jedoch uneingeschränkt anwendbar. Praktische Bedeutung hat dies insbesondere für sog **Kaufzwangklauseln**, welche den Erbbauberechtigten verpflichten, das Grundstück nach einer gewissen Zeit anzukaufen. Solche Klauseln sind zwar nicht prinzipiell nach § 138 Abs 1 BGB nichtig; die Ausübung der daraus folgenden Rechte kann aber im Einzelfall nach § 242 BGB unzulässig sein (vgl BGHZ 68, 1, 5; 75, 15, 18 ff; NK-BGB/HELLER § 2 ErbbauVO Rn 20). Maßgeblich ist die Erwägung, dass der Eigentümer in Anbetracht der **sozialpolitischen Zielsetzung des ErbbauRG** bei der Ausübung seiner Rechte nach Treu und Glauben auf die Interessen des Erbbauberechtigten Rücksicht zu nehmen hat (BGHZ 68, 1, 5; ERMAN/BÖTTCHER Rn 160).

944 Im Rahmen des ErbbauRG kann § 242 BGB auch im Hinblick auf die Konkurrenz mit **erstrangig eingetragenen Grunddienstbarkeiten** Bedeutung erlangen. Gemäß § 10 Abs 1 ErbbauRG kann ein Erbbaurecht nur erstrangig bestellt werden. Sofern vorrangig eine Grunddienstbarkeit eingetragen wurde, ist die Bestellung eines Erbbaurechts mithin ausgeschlossen. In diesem Zusammenhang wird diskutiert, ob der Grundstückseigentümer von dem Grunddienstbarkeitsberechtigten aufgrund des nachbarlichen Gemeinschaftsverhältnisses nach § 242 BGB einen **Rangrücktritt verlangen** kann. Der BGH hat dies bislang nur für den Fall angenommen, dass der

Entschädigungsanspruch aus § 27 ErbbauRG dinglich ausgeschlossen wird (BGH WM 1974, 429). Dahinter steht die Erwägung, dass die Grunddienstbarkeit im Falle einer Zwangsvollstreckung wegen des Entschädigungsanspruchs aus § 27 ErbbauRG ausfallen kann (von Oefele/Winkler/Schlögel, Handbuch des Erbbaurechts, § 2 Rn 100). Der Rangrücktritt wäre dem Dienstbarkeitsberechtigten damit nicht zumutbar. Unter welchen Voraussetzungen ein Anspruch auf Rangrücktritt nach § 242 BGB besteht, obwohl kein Ausschluss des Entschädigungsanspruchs vorliegt, ist noch nicht geklärt. Nach einer neueren Entscheidung des OLG Hamm reicht hierfür eine Vereinbarung im Erbbaurechtsvertrag, wonach der Anspruch auf Entschädigung bei Erlöschen des Erbbaurechts gegenüber der Dienstbarkeit nachrangig sein soll. Die Vereinbarung müsse **dingliche Wirkung** haben, da der Dienstbarkeitsberechtigte sonst nicht hinreichend gesichert sei (OLG Hamm RNotZ 2013, 605, 611 ff).

o) Gesetz über das Wohnungseigentum und das Dauerwohnrecht
Mit dem WEG verfolgt der Gesetzgeber das **sozialpolitische Ziel**, weniger begüterten 945 Personen den Erwerb eigenen Wohnraums zu ermöglichen (vgl BGHZ 75, 26, 29 = NJW 1979, 2101; BGH NJW 1959, 2160, 2162; NJW 1977, 44, 45; Erman/Grziwotz Vorbem 1 z WEG). Auch wenn die Verhältnisse auf dem Wohnungsmarkt sich seit Inkrafttreten des WEG erheblich verändert haben, muss diese Zielsetzung auch heute noch bei der Konkretisierung des Grundsatzes von Treu und Glauben Berücksichtigung finden.

aa) Inhaltskontrolle der Gemeinschaftsordnung und des Kaufvertrages
Die Rspr trägt dem **Schutzbedürfnis der Wohnungseigentümer** dadurch Rechnung, 946 dass sie die vom teilenden Eigentümer einseitig gesetzte **Teilungserklärung** (§ 8 WEG) mitsamt der darin enthaltenen **Gemeinschaftsordnung** einer Inhaltskontrolle nach § 242 BGB unterzieht (BGHZ 99, 90, 94; 151, 164, 174; BGH NJW 1994, 2950, 2952; BayObLG NJW-RR 1996, 1037; Staudinger/Rapp [2018] § 7 WEG Rn 37). Die Anwendung der §§ 307 ff BGB wird dagegen überwiegend abgelehnt (so etwa NK-BGB/Heinemann § 8 WEG Rn 5; Staudinger/Rapp [2018] § 7 WEG Rn 35; aA Soergel/Wendt § 8 WEG Rn 2; von BGHZ 99, 90, 94 und BGHZ 151, 164, 174 offen gelassen).

Nach ständiger Rspr des BGH ist der **formelhafte Ausschluss der Gewährleistung für** 947 **Sachmängeln in einem notariellen Individualvertrag** beim Erwerb einer neu errichteten Eigentumswohnung nach § 242 BGB unwirksam, wenn der Erwerber über die rechtlichen Konsequenzen einer solchen Freizeichnung nicht eingehend belehrt worden ist (vgl BGH NJW-RR 1987, 1035 f; NJW 1988, 135; 1988, 1972; 1989, 2748, 2749). Da aus dem WEG insoweit keine Besonderheiten folgen, kann für die Einzelheiten auf die Ausführungen zur **Inhaltskontrolle notarieller Individualverträge** (s oben Rn 475 f) verwiesen werden.

Der Anspruch eines Erwerbers auf plangerechte Herstellung kann nach Treu und Glauben ausgeschlossen sein, wenn diese Eingriffe in das Bauwerk erfordert oder Kosten verursacht, die den übrigen Wohnungseigentümern nicht zuzumuten sind (BGH NZM 2016, 132 Rn 22 m Anm Zimmer; vgl auch BGH NJW 2015, 2027 Rn 21).

bb) Das gesetzliche Schuldverhältnis zwischen den Wohnungseigentümern
Treu und Glauben entfalten auch im Verhältnis zwischen den einzelnen Wohnungs- 948 eigentümern Bedeutung. Denn zwischen diesen besteht ein **gesetzliches Schuldverhältnis** mit gegenseitigen Rechten und Pflichten (insbesondere Rücksichtspflichten),

zu deren Konkretisierung und Begrenzung § 242 BGB herangezogen werden kann (vgl BGH NJW 1999, 2108, 2109; BayObLG NJW 2002, 71, 72; NK-BGB/Schultzky § 10 WEG Rn 35; Palandt/Wicke Einl 5 z WEG; Staudinger/Kreuzer [2018] § 10 WEG Rn 106; Weitnauer/Lüke § 10 WEG Rn 12; Armbrüster ZWE 2002, 333). Folgende Problemkreise stehen im Vordergrund.

949 Nach der Veräußerung der Wohnungseigentumsrechte bedürfen **Änderungen der Teilungserklärung und der Gemeinschaftsordnung** grundsätzlich der Zustimmung aller Wohnungseigentümer (BGHZ 145, 133, 136; Staudinger/Kreuzer [2018] § 10 WEG Rn 43). Die Rspr hat dem einzelnen Wohnungseigentümer aber auf der Grundlage von Treu und Glauben (§ 242 BGB) einen **Anspruch** gegen die anderen Eigentümer **auf Zustimmung** zugebilligt, wenn deren Verweigerung im Einzelfall aufgrund außergewöhnlicher Umstände grob unbillig wäre (OLG Düsseldorf FGPrax 2003, 115). Im Vordergrund stand dabei die Pflicht der Wohnungseigentümer, der **Änderung des Kostenverteilungsschlüssels** (§ 16 Abs 2 WEG) auf Verlangen eines Wohnungseigentümers zuzustimmen, sofern der geltende Kostenverteilungsschlüssel zu grob unbilligen Ergebnissen führte (vgl BGHZ 130, 304, 312 = NJW 1995, 2791; BGHZ 156, 192, 196, 202 = NJW 2003, 3476; BGHZ 160, 354, 358 ff = BGH NJW 2004, 3413, 3414). Ob **grobe Unbilligkeit** vorlag, wurde von der Rspr nach einem strengen Maßstab aufgrund einer Interessenabwägung im Einzelfall beurteilt. Die Zustimmungspflicht entfiel, wenn die Ursachen für die Mehrbelastung im alleinigen Risikobereich des benachteiligten Wohnungseigentümers lagen (BGHZ 160, 354, 359 = NJW 2004, 3413, 3415).

950 Der Anspruch auf Abschluss bzw Anpassung einer Vereinbarung ist nunmehr in § 10 Abs 2 S 3 WEG **ausdrücklich geregelt** (vgl NK-BGB/Schultzky § 10 WEG Rn 24). Erforderlich ist danach, dass ein Festhalten an der geltenden Regelung aus schwerwiegenden Gründen unter Berücksichtigung aller Umstände des Einzelfalles unbillig erscheint (zu den Einzelheiten MünchKomm/Commichau § 10 WEG Rn 64 ff). Die Anforderungen an die Zustimmungspflicht sind damit gegenüber der bisherigen Rspr abgesenkt worden. Insbesondere ist keine **grobe** Unbilligkeit mehr erforderlich (Palandt/Wicke § 10 WEG Rn 15). Im Hinblick auf die **Verteilung der Betriebskosten** lässt § 16 Abs 3 WEG überdies Änderungen durch Beschluss der Wohnungseigentümer mit **einfacher Stimmenmehrheit** zu. Der Rückgriff auf § 10 Abs 2 S 3 WEG wird hierdurch aber nicht ausgeschlossen (Palandt/Wicke § 10 WEG Rn 15). Die frühere Rspr, die auf der Grundlage von Treu und Glauben einen **Anspruch auf Zustimmung** vorsah, wird durch § 10 Abs 2 S 3 WEG allerdings nicht völlig verdrängt. Soweit sich der Abänderungsanspruch auf die sachenrechtlichen Grundlagen der Gemeinschaft bezieht, ist der Normbereich des § 10 Abs 2 S 3 WEG nicht berührt (BGH NJW-RR 2012, 1036, 1037). Insoweit bleibt es dabei, dass sich bei Vorliegen außergewöhnlicher Umstände, die die Verweigerung der Zustimmung als grob unbillig erscheinen lassen, ein Anspruch auf Zustimmung aus § 242 BGB ergeben kann (BGH NJW-RR 2012, 1036, 1037; NJW 2013, 1962, 1963).

951 Erhebliche Bedeutung kann dem Grundsatz von Treu und Glauben auch bei der **Durchführung von Beschlüssen der Wohnungseigentümer** zukommen. Gem § 21 Abs 4 WEG kann jeder Wohnungseigentümer eine ordnungsgemäße Verwaltung des Eigentums verlangen (MünchKomm/Engelhardt § 21 WEG Rn 12). Sofern ein Beschluss der Wohnungseigentümer diesem Standard nicht entspricht, kann er nach § 46 WEG angefochten werden. Die Anfechtung ist ausgeschlossen, sobald der

Anspruch bestandskräftig geworden ist. In diesem Fall besteht auch dann kein Anspruch auf Nichtdurchführung der Maßnahme, wenn der diesbezügliche Beschluss ursprünglich anfechtbar war (MERLE, in: BÄRMANN § 21 WEG Rn 71). Eine Ausnahme kann sich aber unter dem Gesichtspunkt von Treu und Glauben ergeben, etwa wenn die tatsächlichen Verhältnisse sich so schwerwiegend geändert haben, dass eine Durchführung des Beschlusses als grob unbillig und treuwidrig anzusehen wäre (BGH NJW 2012, 3719, 3721 m Anm ELZER; ZWE 2012, 218, 219).

cc) Sonstige Fälle

Ein wichtiger Grund zur **Abberufung des Verwalters** nach § 26 Abs 1 S 3 WEG liegt nach Treu und Glauben vor, wenn das Vertrauensverhältnis zu den Eigentümern derart gestört ist, dass diese ihre Interessen nicht mehr gewahrt sehen (vgl BGH NJW 2002, 3240, 3243; NK-BGB/SCHULTZKY § 26 WEG Rn 21; BECKER, in: BÄRMANN § 26 WEG Rn 218). Eine zukünftige Zusammenarbeit ist zB dann nicht mehr zumutbar, wenn über einen längeren Zeitraum ohne nachvollziehbare Gründe weder Wirtschaftspläne erstellt, noch Jahresabrechnungen vorgelegt und dringend erforderliche Eigentümerversammlungen nicht rechtzeitig einberufen worden sind (BGH NJW 2002, 3240, 3243). Der Anspruch des einzelnen Wohnungseigentümers auf eine ordnungsgemäße Verwaltung, der nach der Rspr Treu und Glauben entspringt (BGH NJW 2002, 3704, 3707), ist in § 21 Abs 4 WEG ausdrücklich festgeschrieben. Die **Kündigung des Verwaltervertrages** aus wichtigem Grund richtet sich nach § 626 Abs 1 BGB (vgl NK-BGB/SCHULTZKY § 26 WEG Rn 25), der § 314 BGB (dazu o Rn 387 f) verdrängt.

952

Wer als **Treuhänder** die Vermietung, Verwaltung und Finanzierung des Wohneigentums übernommen hat, muss auch **nach Auflösung des Treuhandverhältnisses** im Rahmen des Zumutbaren dafür Sorge tragen, dass der Treugeber keine unverhältnismäßigen Schäden erleidet, die im Zusammenhang mit der vorherigen Treuhandtätigkeit stehen (BGH NJW-RR 1990, 141, 142). Es handelt sich um eine **nachvertragliche Rücksichtspflicht** (§ 241 Abs 2 BGB), zu deren Konkretisierung § 242 BGB herangezogen werden kann.

953

5. Familienrecht*

a) Allgemeines

Im Ehe- und Kindschaftsrecht spielt § 242 BGB nur eine **untergeordnete Rolle**. Seine Funktion wird ganz überwiegend durch entsprechende familienrechtliche Vorschriften wahrgenommen. Ein Rückgriff auf § 242 BGB ist nur in den Bereichen möglich und notwendig, in denen spezialgesetzliche Regelungen fehlen.

954

---

* **Schrifttum:** BERGSCHNEIDER, Beck'sches Formularbuch Familienrecht (5. Aufl 2017); BERGSCHNEIDER/WOLF, Richterliche Inhaltskontrolle von Eheverträgen, Teil 4: Unterhalt, Versorgungsausgleich, NZFam 2018, 344; BORTH, Verhindern Billigkeitsregeln im Familienrecht Ungerechtigkeiten?, FPR 2005, 313; BRUDERMÜLLER, Teil- oder Gesamtnichtigkeit beim Ehevertrag, NJW 2007, 865; DAUNER-LIEB, Reichweite und Grenzen der Privatautonomie im Ehevertragsrecht, AcP 201 (2001) 295; EICKELBERG, Das neue Unterhaltsrecht – Hintergründe, ausgewählte Inhalte und Auswirkungen auf die notarielle Praxis, RNotZ 2009, 1; FINK/GRÜN, Der Auskunftsanspruch über die Abstammung des durch heterologe Insemination gezeugten Kindes gegen den Arzt, NJW 2013, 1913; GERNHUBER/COESTER-WALTJEN, Familienrecht (6. Aufl 2010); GRABA, Auf dem Weg zu einem Ehegattenunterhaltsrecht nach Billigkeit,

955 Im Familienrecht nimmt das **Rücksichtnahmegebot** aufgrund der besonderen Treueprägung der Rechtsbeziehungen eine herausragende Stellung ein (BeckOK-BGB/Sutschet [1. 5. 2019] Rn 6). Für das Verhältnis zwischen **Eltern und Kindern** ist die Pflicht zu Beistand und Rücksichtnahme in § 1618a BGB geregelt (vgl BeckOGK/Kähler [15. 4. 2019] Rn 401); für das Verhältnis zwischen **Ehegatten** ergibt sich eine entsprechende Pflicht aus § 1353 Abs 1 S 2 BGB (vgl Palandt/Brudermüller § 1353 Rn 9 ff; OLG Jena 30. 8. 2018 – 1 UF 38/18, MDR 2019, 107 Rn 71: Ein Rückgriff auf § 242 BGB ist daher allenfalls nach der Scheidung möglich). Besondere Ausgestaltungen des Rücksichtnahmegebots finden sich darüber hinaus für die elterliche Sorge (zB §§ 1626 Abs 2, 1631a BGB) sowie für die Unterhaltspflicht (insbes §§ 1610, 1611 BGB). Spezielle **Auskunftspflichten** sind in §§ 1361 Abs 4 S 4, 1580 BGB und § 1605 BGB vorgesehen; im Übrigen kann ergänzend auf § 1353 Abs 1 S 2 und § 1618a BGB zurückgegriffen werden (vgl Erman/Döll § 1618a Rn 15 und Palandt/Brudermüller § 1353 Rn 13; vgl aber auch BGH NJW 2012, 450; BGH NJW 2011, 226; BGH FamRZ 2003, 1836, 1837). Das familienrechtliche **Missbrauchsverbot** ist in den §§ 1315 Abs 1 Nr 2–5, 1318 Abs 3, 1353 Abs 2, 1361 Abs 3, 1381, 1577 Abs 3, 1579, 1587c, 1666 BGB geregelt. Weitere **Billigkeitsregeln** finden sich zB in den §§ 1361a, 1361b, 1565 Abs 2, 1568, 1568a, 1568b, 1570 Abs 1 S 2, Abs 2, 1576, 1578b und 1579 BGB (zusammenfassend Borth FPR 2005, 313 ff; speziell zum neuen Unterhaltsrecht für Ehegatten Graba FamRZ 2008, 1217 ff). Soweit es um spezifisch familienrechtliche Fragen geht, sind diese Vorschriften abschließend. Der Grundsatz von Treu und Glauben kann allenfalls zur Auslegung und Konkretisierung herangezogen werden (MünchKomm/Schubert Rn 238; Soergel/Teichmann Rn 80). Einen eigenständigen Anwendungsbereich hat § 242 BGB dagegen dort, wo die Entscheidung auf die **allgemeinen Kriterien von Treu und Glauben** (Rechtsmissbrauch, Verwirkung etc) gestützt wird und familienrechtliche Aspekte nur am Rande einfließen (Soergel/Teichmann Rn 80; vgl zB OLG München FamRZ 2004, 1874 f).

b) Aufhebung der Ehe und Heilung von Nichtehen

956 Für die Aufhebung der Ehe enthält § 1315 BGB spezielle Ausschlussgründe. Daneben kann in Ausnahmefällen der Gedanke der **unzulässigen Rechtsausübung** (dazu allg o Rn 213 ff) herangezogen werden (vgl NK-BGB/Finger § 1315 Rn 1).

957 Besonders große Bedeutung hat der Einwand der unzulässigen Rechtsausübung in neuerer Zeit bei der Geltendmachung von Verstößen gegen das Verbot der **Doppelehe** (§ 1306 BGB) erlangt. Vor der Reform des Eheschließungsrechts von 1998 ging die Rspr davon aus, dass die für die Erhebung der Nichtigkeitsklage maßgeblichen Beweggründe wegen des **öffentlichen Interesses** an der Durchsetzung des

---

FamRZ 2008, 1217; Heiss/Born, Unterhaltsrecht (54. EL Juli 2018); Herrler, Bemessung des Unterhaltsbedarfs konkurrierender Ehegatten im Wege der Gleichteilung und Folgen für die Gestaltungspraxis, MittBayNot 2009, 110; Krause, Vereinbarungen über den nachehelichen Unterhalt, FPR 2013, 295; Krumm, „Das Studium zahlen meine Eltern!" – Der Ausbildungsunterhalt für das nach der Schule erstmals studierende volljährige Kind, NZFam 2014, 54;

Neumann, Anspruch des Scheinvaters auf Auskunft über die Identität des biologischen Vaters, FPR 2011, 366; Rauscher, Familienrecht (2. Aufl 2008); Reinken, Praxisfragen zum Elternunterhalt, NJW 2013, 2993; Remus/Liebscher, Wohnst du noch oder sorgst du schon mit? – Das Recht des Samenspenders zur Anfechtung der Vaterschaft, NJW 2013, 2558; Schnitzler, Verwirkung und Verzicht, FPR 2013, 532.

Verbots der Doppelehe grundsätzlich unerheblich seien, sodass die sittliche Rechtfertigung nur unter ganz besonderen Umständen entfalle (vgl BGHZ 30, 140, 143; 37, 51, 56; BGH NJW 1986, 3083; Erman/Böttcher Rn 157).

Bei der Reform des Eheschließungsrechts wurde die **ex tunc** wirkende **Nichtigerklärung** durch die **ex nunc** wirkende **Aufhebung** der zweiten Ehe ersetzt. Dies hat zur Folge, dass der Antrag auf Aufhebung einer Zweitehe sich nicht mehr allein mit dem öffentlichen Interesse an der Durchsetzung des Verbots der Doppelehe rechtfertigen lässt, wenn die Erstehe zwischenzeitig geschieden worden ist. Denn aufgrund der Scheidung der Erstehe ist dieses Interesse **für die Zukunft** irrelevant; **für die Vergangenheit** kann dem Vorrang der Erstehe aber durch eine ex nunc wirkende Aufhebung der Zweitehe keine Geltung mehr verschafft werden. Der geschiedene Ehegatte verstößt daher uU gegen das Verbot rechtsmissbräuchlichen Verhaltens, wenn er die Aufhebung der Zweitehe begehrt (vgl BGHZ 149, 357, 361 ff = BGH NJW 2002, 1268, 1269; Staudinger/Voppel [2018] § 1315 Rn 53 ff; Rauscher Rn 218). Der Einwand des rechtsmissbräuchlichen Verhaltens entfällt jedoch, wenn der Antragsteller aus anderen Gründen ein schutzwürdiges Interesse an der Aufhebung der Zweitehe hat. In Betracht kommen dabei insbesondere renten- und versorgungsrechtliche Belange (BGHZ 149, 357, 362; BGH NJW-RR 2004, 1514, 1515; vgl auch NJW 2001, 2394). Für den Aufhebungsantrag der Verwaltungsbehörde ist der Rechtsmissbrauchseinwand in § 1316 Abs 3 BGB speziell geregelt (vgl Gernhuber/Coester-Waltjen § 14 Rn 31). 958

Nach der Rspr des BGH zum EheG lag ein Fall der unzulässigen Rechtsausübung auch dann vor, wenn der Ehegatte die Nichtigerklärung seiner Zweitehe nur deshalb begehrte, weil er eine dritte Ehe eingehen wollte (BGHZ 30, 140, 142 ff). Maßgeblich war die Erwägung, dass die Nichtigkeitsklage in einem solchen Fall auf **sittlich verwerflichen Gründen** beruht. In der Folgezeit wurde diese Rspr überwiegend als überholt angesehen (vgl OLG Düsseldorf NJW-RR 1993, 135, 136; Palandt/Grüneberg Rn 69; **aA** MünchKomm/Schubert Rn 250). Dies ist zwar für die Argumentation mit der sittlichen Verwerflichkeit zutreffend. Ist die Erstehe bereits geschieden, so kann das zwischenzeitige Nebeneinander beider Ehen nach geltendem Recht aber nicht mehr durch die Aufhebung beseitigt werden. Der Antragsteller muss daher andere schutzwürdige Interessen geltend machen, die eine Aufhebung der Zweitehe rechtfertigen (s oben Rn 958). Die **Wiedererlangung der Eheschließungsfreiheit** stellt kein solches Interesse dar, weil die Möglichkeit einer Scheidung der Zweitehe insoweit ausreichend erscheint. 959

Der **lange Bestand der zweiten Ehe** führt allein nicht dazu, dass der Aufhebungsantrag als missbräuchlich zu bewerten ist (vgl BGH NJW 2001, 2394, 2395 [39 Jahre]; BGH NJW-RR 1994, 264, 265 [35 Jahre]; BGH NJW 1986, 3083 [40 Jahre]; Palandt/Grüneberg Rn 69). Besteht die erste Ehe nicht mehr, so kann die Dauer der zweiten Ehe aber die Prüfung beeinflussen, ob das Interesse des Antragstellers an der Aufhebung der Ehe schutzwürdig ist (s oben Rn 958). 960

Der Antrag auf Aufhebung der Ehe wegen **arglistiger Täuschung** (§ 1314 Abs 2 Nr 3 BGB) ist nicht allein deshalb rechtsmissbräuchlich, weil der Antragsteller schon vor der Aufdeckung der Täuschung die Absicht hatte, sich von der Ehe zu lösen (BGHZ 29, 265, 269) oder sich einem anderen Partner zuzuwenden (Palandt/Grüneberg Rn 69; 961

aA BGHZ 5, 186, 188 f; Erman/Böttcher Rn 157; Staudinger/Voppel [2018] § 1315 Rn 54). Die arglistige Täuschung darf zwar nicht als Vorwand für die Aufhebung der Ehe genutzt werden (BGHZ 5, 186, 189). Ein solcher Missbrauch wird jedoch schon dadurch ausgeschlossen, dass die Täuschung sich nach § 1314 Abs 2 Nr 3 BGB auf Umstände beziehen muss, die den Antragsteller „bei Kenntnis der Sachlage und bei richtiger Würdigung des Wesens der Ehe" von der Eingehung der Ehe abgehalten hätten. Gegenüber dem Aufhebungsgrund der **fehlenden Ehemündigkeit** (§ 1303 BGB) ist der Einwand der unzulässigen Rechtsausübung ausgeschlossen, weil der Schutz des nicht ehemündigen Partners vorgeht. Hatte der Minderjährige bei Eingehung der Ehe das 16. Lebensjahr schon vollendet, so kann die Aufhebung der Ehe aber nach dem neuen § 1315 Abs 1 Nr 1 lit b BGB ausgeschlossen sein, wenn die Aufhebung der Ehe aufgrund außergewöhnlicher Umstände eine so **schwere Härte** für den Minderjährigen darstellen würde, dass die Aufrechterhaltung der Ehe ausnahmsweise geboten erscheint. Nach der Gesetzesbegründung soll die Härteklausel nur in **besonderen Ausnahmefällen** (zB schwere und lebensbedrohliche Erkrankung, krankheitsbedingte Suizidabsicht des Minderjährigen) eingreifen (BT-Drs 18/12086, 17). Hierher soll allerdings auch der Fall gehören, dass die Aufhebung einer unter Beteiligung eines minderjährigen Unionsbürgers geschlossenen Ehe dessen Freizügigkeitsrecht verletzen würde. In Anbetracht der großen verfassungsrechtlichen Bedeutung des Kindeswohls dürften jedoch auch andere Gründe zu berücksichtigen sein. Im Übrigen kann die aufhebbare Ehe in diesen Fällen nach Eintritt der Volljährigkeit durch Bestätigung geheilt werden (§ 1315 Abs 1 Nr 1 lit a BGB).

Wurde die Ehe mit einer Person geschlossen, die das 16. Lebensjahr noch nicht vollendet hat, so handelt es sich nach dem durch das Gesetz zur Bekämpfung von Kinderehen vom 17. 7. 2017 (BGBl I, 2429) eingeführten § 1303 S 2 BGB um eine **Nichtehe** (Palandt/Brudermüller Einf 3 v § 1303). Nach dem Schutzzweck der Vorschrift kommt eine Einschränkung dieser Rechtsfolge unter dem Aspekt des § 242 BGB nicht in Betracht. Eine Nichtehe liegt nach Art 13 Abs 3 Nr 1 EGBGB auch vor, wenn die Ehemündigkeit des betroffenen Verlobten ausländischem Recht unterliegt und die im Ausland geschlossene Ehe nach diesem Recht wirksam ist. Diese starre Regelung ist aus **verfassungsrechtlicher Sicht** bedenklich (Staudinger/Looschelders [2019] Einl 668 z IPR mwNw). Der BGH (14. 12. 2018 – XII ZB 292/16, NZFam 2019, 65 m Anm Löhnig) hat dem BVerfG daher nach Art 100 Abs 1 GG die Frage vorgelegt, ob Art 13 Abs 3 Nr 1 EGBGB mit Art 1, 2 Abs 1, 3 Abs 1 und 6 Abs 1 GG vereinbar ist.

962 Gem § 1310 Abs 3 BGB kann eine Ehe, die im Inland nicht vor dem Standesbeamten oder einer nach Art 13 Abs 3 S 2 EGBGB ordnungsgemäß ermächtigten Person geschlossen worden ist (sog **Nichtehe**), nur unter engen Voraussetzungen geheilt werden, die nicht durch Rückgriff auf § 242 BGB oder Art 6 Abs 1 GG umgangen werden dürfen (vgl BGH NJW-RR 2003, 852; krit Pfeiffer LMK 2003, 128 ff; vgl auch Palandt/Grüneberg Rn 69 mwNw). Diese Überlegung steht jedoch nur der **vollständigen Heilung** fehlerhafter Ehen entgegen. Bei langjährigem gutgläubigem Zusammenleben als Ehegatten ist es dagegen möglich, der fehlerhaften Ehe in Bezug auf **einzelne Rechtsfolgen** (zB Erbrecht) nach § 242 BGB iVm Art 6 Abs 1 GG Wirkungen beizumessen. Dies gilt insbesondere, wenn das gemeinsame Heimatrecht der Ehegatten die Ehe als wirksam ansieht (vgl Staudinger/Looschelders [2019] Einl 1078 z IPR; Looschelders, Internationales Privatrecht [2004] Art 13 EGBGB Rn 82).

Titel 1
Verpflichtung zur Leistung § 242

c) Abwendung von steuerlichen Nachteilen
Nach st Rspr des BGH ist ein Ehegatte während der bestehenden Ehe nach § 1353 **963**
Abs 1 S 2 BGB verpflichtet, einer vom anderen Ehegatten zur Abwendung steuerlicher Nachteile gewünschten **gemeinsamen Veranlagung zur Einkommenssteuer** zuzustimmen, wenn für ihn selbst daraus keine höheren Belastungen resultieren oder der andere Ehegatte zum Ausgleich solcher Belastungen bereit ist (vgl BGH NJW 1977, 378; 1988, 2032; 2003, 2982, 2983; FamRZ 2007, 1229; ERMAN/KROLL-LUDWIGS § 1353 Rn 22). Nach einer Scheidung soll der unterhaltsberechtigte Ehegatte dagegen im Rahmen des Unterhaltsverhältnisses gem § 242 BGB gehalten sein, dem **begrenzten Realsplitting** zuzustimmen (BGH NJW 1983, 1545; KG NJW Spezial 2014, 5). Dahinter steht aber letztlich ebenfalls die aus dem Wesen der Ehe folgende Pflicht der Ehegatten, die finanziellen Lasten des anderen Teils im Rahmen des Zumutbaren zu mindern; diese Pflicht setzt sich nach der Scheidung als **Nachwirkung der Ehe** fort (vgl BGH NJW-RR 1998, 1153).

d) Wirksamkeits- und Ausübungskontrolle bei Eheverträgen
Nach der Rspr des BVerfG sind die Zivilgerichte gem Art 2 Abs 1 GG iVm Art 6 **964**
GG gehalten, Eheverträge einer **Inhaltskontrolle** zu unterziehen, um eine unangemessene Benachteiligung des schwächeren Ehegatten zu verhindern (vgl BVerfGE 103, 89 = NJW 2001, 957, 958; BVerfG NJW 2001, 2248; NK-BGB/LOOSCHELDERS § 138 Rn 188). In Rspr und Lit ist zT dafür plädiert worden, diese Kontrolle mit Hilfe des § 242 BGB zu verwirklichen (so insbes OLG München FamRZ 2003, 35; DAUNER-LIEB AcP 201 [2001] 295 ff; vgl auch Hk-BGB/KEMPER § 1408 Rn 7). Der BGH hat sich jedoch für eine **Wirksamkeitskontrolle** nach § 138 Abs 1 BGB entschieden (BGHZ 158, 81, 93 ff = NJW 2004, 930, 935 = FamRZ 2004, 601; BGH NJW 2005, 137, 138 = FamRZ 2005, 26, 27; BGH NJW 2005, 139, 140; NJW 2005, 2386, 2387; NJW 2005, 2391; NJW 2007, 904, 905; NJW 2007, 907; NJW 2008, 1080, 1081; NJW 2009, 842, 844; NJW 2009, 2124; BGH 8. 10. 2014 – XII ZB 318/11, NJW 2015, 52 Rn 20; 20. 6. 2018 – XII ZB 84/17, NJW 2018, 2871 Rn 18 m Anm BRAEUER; ebenso OLG Düsseldorf NJW-RR 2005, 1, 2; BeckOK-BGB/SIEDE [1. 5. 2019] § 1408 Rn 45; PALANDT/BRUDERMÜLLER § 1408 Rn 8 ff; SCHWAB Anm FamRZ 2001, 349, 350; krit GRZIWOTZ, Ehevertragsranking oder Ehevertragsgerechtigkeit?, MDR 2005, 73, 75; s auch o Rn 365 ff). Die Sittenwidrigkeit ist danach zu bejahen, wenn die Vereinbarung zu einer **offensichtlich einseitigen Lastenverteilung** führt **und** auf einer **Störung der Vertragsparität** (zB wegen Schwangerschaft der Frau) beruht oder mit **sonstigen** die rechtliche Missbilligung verstärkenden **Umständen** (zB Gefährdung des Kindeswohls, Belastung der Sozialhilfe) verbunden ist (vgl PALANDT/BRUDERMÜLLER § 1408 Rn 10 ff mwNw). Im Vordergrund steht der Schutz des unterhaltsberechtigten Ehegatten. Im Einzelfall kann die Wirksamkeitskontrolle aber auch dem zahlungspflichtigen Ehegatten zugute kommen (BGH NJW 2009, 842, 844 m Anm GRZIWOTZ; HERRLER MittBayNot 2009, 110, 113 ff). Die vertraglichen Vereinbarungen der Ehegatten sind dabei umso genauer zu prüfen, je weiter die durch sie abbedungenen gesetzlichen Regelungen in den Kernbereich des Scheidungsfolgenrechts hineinreichen (sog Kernbereichslehre, BGH NJW 2004, 930, 936; OLG Hamm FamFR 2013, 310; vgl dazu KRAUSE FPR 2013, 295).

Bezugspunkt der Wirksamkeitsprüfung nach § 138 Abs 1 BGB sind die Verhältnisse **965**
bei **Abschluss des Ehevertrages**. Nach hM führt die Sittenwidrigkeit gem § 139 BGB grundsätzlich zur **Nichtigkeit des gesamten Vertrages**, auch wenn nur eine einzelne Klausel gegen § 138 Abs 1 BGB verstößt (BGH NJW 2005, 2386, 2388; NJW 2006, 2331; NJW 2008, 3426; MünchKomm/KANZLEITER § 1408 Rn 31; BeckOK-BGB/SIEDE [1. 5. 2019] § 1408

Rn 56; Palandt/Brudermüller § 1408 Rn 15). Dies kann zu unbilligen Ergebnissen führen, wenn sich die Verhältnisse nach Abschluss des Ehevertrages so geändert haben, dass die Vereinbarung nunmehr zu Gunsten des ursprünglich benachteiligten Ehegatten wirkt (ausf dazu Brudermüller NJW 2007, 865 ff). In solchen Fällen könnte der benachteiligende Ehegatte durch das Rechtsmissbrauchsverbot des § 242 BGB gehindert sein, sich auf die Gesamtnichtigkeit zu berufen (allg dazu s oben Rn 502 ff). Vorzugswürdig erscheint aber, die Nichtigkeitsfolge nach dem Schutzzweck des § 138 Abs 1 BGB teleologisch zu reduzieren (so Brudermüller NJW 2007, 865, 870; vgl auch o Rn 495).

966 Hält der Ehevertrag der Wirksamkeitskontrolle nach § 138 Abs 1 BGB stand, kann der durch den Vertrag begünstigte Ehegatte im Einzelfall gem § 242 BGB an der **Ausübung** der daraus folgenden Rechte gehindert sein, wenn dies nach den **Verhältnissen bei Scheitern der Ehe** bzw Geltendmachung des Verzichts **rechtsmissbräuchlich** erscheint (vgl BGHZ 158, 81, 100; BGH 25. 5. 2005 – XII ZR 296/01, NJW 2005, 2386, 2390; 25. 5. 2005 – XII ZR 221/02, NJW 2005, 2391, 2392 f; 28. 11. 2007 – XII ZR 132/05, NJW 2008, 1080, 1083; 17. 7. 2013 – XII ZB 143/12, NJW 2013, 2753, 2755; 27. 2. 2013 – XII ZB 90/11, DNotZ 2013, 773, 776; 21. 11. 2012 – XII ZR 48/11, MittBayNot 2013, 235, 239; BGH 8. 10. 2014 – XII ZB 318/11, NJW 2015, 52 Rn 22 ff; 20. 6. 2018 – XII ZB 84/17, NJW 2018, 2871 Rn 20 m Anm Braeuer; OLG Düsseldorf NJW-RR 2005, 1, 2; NK-BGB/Looschelders § 138 Rn 190; Palandt/Brudermüller § 1408 Rn 16; MünchKomm/Kanzleiter § 1408 Rn 36; Gernhuber/Coester-Waltjen § 26 Rn 21; allg zum Rechtsmissbrauchsverbot s oben Rn 213 ff). Wichtige Anwendungsfälle dieser Ausübungskontrolle sind die nicht vorausgesehene Geburt eines gemeinsamen Kindes (BGH NJW 2013, 380, 383; Palandt/Brudermüller § 1408 Rn 17; Rauscher Rn 366; für Anwendung des § 313 Bergschneider/Wolf NZFam 2018, 344, 346) oder die schwere Erkrankung eines Ehegatten (BGH NJW 2008, 1080, 1083). Im Allgemeinen geht es auch hier um den Schutz des Unterhaltsberechtigten. Ebenso wie § 138 Abs 1 BGB kann aber auch § 242 BGB herangezogen werden, um übermäßig belastende Unterhaltspflichten zu Gunsten des Unterhaltspflichtigen zu begrenzen (Herrler MittBayNot 2009, 110, 115). Die richterliche Ausübungskontrolle der Regelungen zum Zugewinnausgleich in Eheverträgen dient der Kompensation ehebedingter Nachteile. Sie darf jedoch nicht dazu führen, dass der durch den Vertrag benachteiligte Ehegatte besser steht, als hätte es die Ehe und die mit der ehelichen Rollenverteilung einhergehenden Dispositionen über Art und Umfang seiner Erwerbstätigkeit nicht gegeben (BGH 20. 6. 2018 – XII ZB 84/17, NJW 2018, 2871 Rn 31).

967 Einen Schwerpunkt der Rspr zur Inhaltskontrolle von Eheverträgen bildet der Verzicht auf **nachehelichen Unterhalt**. Mit Rücksicht auf § 1585c BGB ist ein solcher **Unterhaltsverzicht** nicht von vornherein unzulässig. Dies gilt auch für den **Betreuungsunterhalt** nach § 1570 BGB (BGHZ 158, 81, 97; BGH NJW 2013, 380, 381; NK-BGB/Looschelders § 138 Rn 191; Erman/Maier § 1570 Rn 19). Aufgrund des hohen Rangs dieses Unterhaltsanspruchs werden an die Wirksamkeit eines solchen Verzichts aber besonders strenge Anforderungen gestellt. Im Übrigen geht die Rspr im Rahmen der Ausübungskontrolle seit längerem davon aus, dass der unterhaltspflichtige Ehegatte sich nach § 242 BGB nicht auf einen an sich wirksamen Unterhaltsverzicht des anderen Ehegatten berufen kann, wenn **schutzwürdige Interessen der Kinder** aufgrund einer nachträglichen Entwicklung die Unterhaltszahlung gebieten (BGH NJW 1985, 1833; 1991, 913, 914; 1992, 3164; 1995, 1148; NK-BGB/Sanders § 1585c Rn 14). Das UntÄndG vom 21. 12. 2007 (BGBl I 3189) hat den Anspruch des geschiedenen Ehegatten auf Unterhalt wegen Betreuung eines Kindes nach § 1570 BGB völlig neu geregelt (vgl Palandt/Brudermüller § 1570 Rn 1). Dabei ist der Grundsatz der **Eigenverantwortung der Ehegatten** (§ 1569 BGB) betont worden. Dies schlägt sich in einem „Basisunterhalt" von (nur noch) drei Jahren ab der Geburt des Kindes nieder (§ 1570 Abs 1 S 1 BGB), der aber aus **Billigkeitsgründen** mit Rücksicht auf die Belange des Kindes (§ 1570 Abs 1 S 3 BGB) oder des betreuenden Elternteils (§ 1570 Abs 2 BGB) verlängert werden kann (vgl BGH NJW 2009, 1876; Palandt/Brudermüller § 1570 Rn 12 ff; Eickelberg RNotZ 2009, 1, 12 ff; Graba FamRZ 2008, 1217, 1221).

Welche Auswirkungen diese veränderten unterhaltsrechtlichen Maßstäbe auf die Kontrolle von Eheverträgen nach § 138 Abs 1 BGB und § 242 BGB haben, ist noch nicht umfassend geklärt. In der Lit wird zT darauf verwiesen, dass der Schutz des kinderbetreuenden Ehegatten auf den **allgemeinen Kriterien** der §§ 138 Abs 1, 242 BGB sowie den **Vorgaben des Grundgesetzes** beruht; sie würden durch eine Änderung des Unterhaltsrechts nicht „automatisch" berührt (so Eickelberg RNotZ 2009, 1, 22). Andere Autoren vertreten die Auffassung, dass die Gestaltungsfreiheit der Ehegatten durch die Betonung des Grundsatzes der Eigenverantwortung erweitert worden sei (so Berringer/Menzel, Das neue Unterhaltsrecht – Folgerungen für die notarielle Praxis, MittBayNot 2008, 165, 174; Krause FPR 2013, 295; wohl auch Palandt/Brudermüller § 1585c Rn 16). Hierfür spricht, dass eine den Vorschriften des neuen Unterhaltsrechts entsprechende Vereinbarung als solche jedenfalls nicht als sittenwidrig oder rechtsmissbräuchlich qualifiziert werden kann. Problematisch erscheint allerdings, dass ein Unterhaltsverzicht für die Zukunft bei dem (weitgehend) parallelen Anspruch eines nicht verheirateten Elternteils auf Betreuungsunterhalt nach § 1615l Abs 3 S 1 BGB iVm § 1614 BGB ausgeschlossen ist (zur Problemstellung Schwab, Koinzidenz – Zur gegenwärtigen Lage der Unterhaltsrechtsreform, FamRZ 2007, 1053, 1056; Eickelberg RNotZ 2009, 1, 25). Da eine Schlechterstellung des geschiedenen Ehegatten mit Rücksicht auf das durch den Betreuungsunterhalt (mit-) geschützte Kindeswohl nicht zu rechtfertigen ist, wird man einen Unterhaltsverzicht in diesem Bereich nur anerkennen können, so weit es um die Verlängerung des „Basisunterhalts" aus eltern- bzw ehebezogenen Gründen nach § 1570 Abs 2 BGB geht (z besonderen Bedeutung des Basisunterhalts nach § 1570 Abs 1 S 1 vgl auch Bergschneider/Wolf NZFam 2018, 344, 345). Der BGH hat jedenfalls festgestellt, dass die im Zuge der Unterhaltsrechtsreform eingetretenen Änderungen bei der Beurteilung von Einschränkungen des Unterhaltsanspruchs im Rahmen eines Ehevertrages berücksichtigt werden müssen (BGH NJW 2011, 2969).

e) Unterhaltsrecht
Für den **Unterhaltsanspruch des geschiedenen Ehegatten** ist die Beschränkung oder der Wegfall aus Billigkeitsgründen in § 1579 BGB ausdrücklich geregelt (zur dogmatischen Einordnung vgl MünchKomm/Maurer § 1579 Rn 3: „Ausprägung des Grundsatzes von Treu und Glauben"; vgl auch BGH MDR 2004, 689 ff; OLG Koblenz NJW-RR 2004, 1373 ff; OLG Köln MDR 2004, 1003; OLG Schleswig FPR 2004, 610 ff). Darüber hinaus ermöglicht § 1578b BGB beim Scheidungsunterhalt eine Herabsetzung oder zeitliche Begrenzung wegen Unbilligkeit. Im Hinblick auf den Unterhaltsanspruch bei **Getrenntlebenden** verweist § 1361 Abs 3 BGB auf § 1579 Nr 2 bis 8 BGB. Für den **Verwandtenunterhalt** findet sich eine dem § 1579 BGB entsprechende Billigkeitsklausel in § 1611 BGB (dazu BGH NJW 1998, 1555, 1556; Breiholdt, Zur Verwirkung von Kindesunterhalt, NJW 1993, 305 ff). Im Anwendungsbereich dieser Vorschriften kommt ein Rückgriff auf den allgemeinen Grundsatz von Treu und Glauben regelmäßig nicht in Betracht (MünchKomm/

BORN § 1611 Rn 4; vgl BGH FamRZ 2004, 1559 ff m Anm BORN; aber auch OLG Hamm NJW-RR 2004, 1229, 1230; FamRZ 2004, 1968). Es gibt aber auch Ausnahmen. So muss ein geschiedener Ehegatte dem anderen Ehegatten nach § 242 BGB iVm §§ 1569 ff BGB **Unterhaltsleistungen erstatten**, wenn sein Unterhaltsanspruch sich aufgrund der nachträglichen Bewilligung einer Erwerbsunfähigkeitsrente ermäßigt hat (BGH NJW 1989, 1990, 1991). Im Übrigen kann die Geltendmachung von Unterhaltsansprüchen auch unter dem Aspekt der **Verwirkung** ausgeschlossen sein (BGH 31. 1. 2018 – XII ZB 133/17, NJW 2018, 1013; 7. 2. 2018 – XII ZB 338/17, NJW-RR 2018, 579; NJW 2003, 128; OLG Brandenburg FamRZ 2004, 972; OLG Oldenburg FamRZ 2005, 722, 723; im Hinblick auf Kindesunterhalt: OLG Brandenburg MDR 2012, 228; OLG Hamm MDR 2013, 1468; SCHNITZLER FPR 2013, 532). Für das **Zeitmoment** können dabei Unterhaltsrückstände von etwas mehr als einem Jahr genügen (BGH NJW 2018, 1013 Rn 13; NJW-RR 2018, 579 Rn 18). Der darüber hinaus notwendige Vertrauenstatbestand kann aber nicht durch den bloßen Zeitablauf geschaffen werden. Daher reicht auch die bloße Untätigkeit des Gläubigers für die Verwirkung nicht aus (vgl Rn 304 und 307). Die Nichtverfolgung des Anspruchs muss dem Schuldner vielmehr Grund zu der Annahme geben, der Gläubiger werde seinen Anspruch nicht mehr geltend machen, insbesondere weil er seinen Rechtsstandpunkt aufgegeben habe (BGH NJW 2018, 1013 Rn 15; NJW-RR 2018, 579 Rn 21). Das hiernach erforderliche **Umstandsmoment** ist bspw erfüllt, wenn die im Namen des Kindes beantragte Feststellung der Vaterschaft zurückgenommen wird, weil ein gerichtliches Sachverständigengutachten die Vaterschaft des betroffenen Mannes verneint (OLG Karlsruhe 10. 4. 2018 – 16 UF 5/18 juris Rn 28 ff = FamRZ 2018, 1313 [LS]). Im Hinblick auf den **Ausbildungsunterhalt** volljähriger Kinder müssen Eltern jedoch nach Treu und Glauben leichtere Verzögerungen und ein zeitweiliges Versagen des Kindes hinnehmen, wenn es später seine Ausbildung weiter fortführt (BGH NJW 2006, 2984, 2985; KRUMM NZFam 2014, 54). Selbst eine Unterbrechung von 3 Jahren führt damit nicht ohne weiteres zur Verwirkung des Ausbildungsunterhalts (OLG Hamburg NJW-RR 2010, 1589). Bei der Berechnung des Verwandtenunterhaltes kann die vollständige Anrechnung des Einkommens aus überobligatorischer Tätigkeit gegen den Grundsatz von Treu und Glauben verstoßen (BGH NJW 2011, 670, 675; NJW 2013, 461, 462).

970 § 242 BGB kann auch im Rahmen des Unterhaltsrechts einen **Auskunftsanspruch** begründen (vgl BGH NJW 2012, 450; NJW 2011, 226; REINKEN NJW 2013, 2993). Der Auskunftsbegehrende muss dafür auf die Auskunft angewiesen sein. Demnach kann, wenn ein Elternteil aus freien Stücken den vollen Ausbildungsunterhalt für seine Kinder zahlt, der andere Elternteil nicht Auskunft über die Vermögensverhältnisse des zahlenden Elternteils verlangen (BGH MDR 2013, 717). Auch im Streit um einen Volljährigenunterhalt lässt die fehlende Erforderlichkeit der Auskunft den Anspruch uU entfallen. Allerdings muss ein volljähriges Kind dem unterhaltspflichtigen Elternteil Auskunft über die Einkünfte des anderen Elternteils erteilen, da ansonsten die Höhe der Unterhaltspflicht nicht zu berechnen ist (HAMM, in: BERGSCHNEIDER, Familienrecht, F II 3). Daneben hat der BGH dem unterhaltsverpflichteten Elternteil gegen den anderen Elternteil auch einen eigenen Auskunftsanspruch aus § 242 BGB zugebilligt (BGH NJW 1988, 1906). Ziel dieser Rspr war, das Kind weitgehend von dem Unterhaltsstreit zu verschonen (HAMM, in: BERGSCHNEIDER, Familienrecht, F II 3). Sofern ein Elternteil das Kind jedoch bereits in ein Abänderungsverfahren hineingezogen hat, kann er den Auskunftsanspruch gegen den anderen Elternteil nicht mehr geltend machen (OLG Hamm FamFR 2012, 518 m Anm BEGER-OELSCHLEGEL). Denn in diesem

Fall ist das Kind bereits in dem Abänderungsverfahren zur Auskunft über die Einkünfte des anderen Elternteils verpflichtet.

Dem Unterhaltsschuldner ist es nach Treu und Glauben verwehrt, sich auf die eigene Leistungsunfähigkeit (§ 1603 BGB) zu berufen, wenn er diese durch **unterhaltsbezogene Mutwilligkeit** selbst herbeigeführt hat (BGH NJW 2000, 2351, 2352; OLG Schleswig NJW-RR 2007, 152; MünchKomm/BORN § 1603 Rn 61 ff). Die wichtigsten Bsp bilden der selbst zu verantwortende Verlust und die Aufgabe des Arbeitsplatzes. Der Unterhaltsschuldner kann dem Berechtigten daher auch nicht entgegenhalten, er sei aufgrund einer Erkrankung **arbeitsunfähig**, wenn er zuvor leichtfertig eine versicherungspflichtige Arbeit verloren oder ausgeschlagen hat, durch welche er einen Anspruch auf Lohnfortzahlung im Krankheitsfall erworben hätte (BGH NJW 1988, 2239, 2240). **971**

Will der **Scheinvater** beim **mutmaßlichen Erzeuger des Kindes** gem § 1607 Abs 3 BGB wegen geleisteten Unterhalts **Regress** nehmen, so setzt dies nach § 1600d Abs 5 BGB voraus, dass die Vaterschaft des Erzeugers entweder anerkannt oder mit Wirkung für und gegen alle gerichtlich festgestellt worden ist. Die Rechtsausübungssperre des § 1600d Abs 5 BGB führt uU dazu, dass ein bestehender Anspruch nicht durchgesetzt werden kann (zur Problemstellung MünchKomm/WELLENHOFER § 1600d Rn 99 ff; NEHLSEN/vSTRYK, Probleme des Scheinvaterregresses, FamRZ 1998, 225, 235: „Anspruchsvereitelung trotz bestehender Anspruchsnorm"). In der instanzgerichtlichen Rspr finden sich Ansätze, das Problem durch Rückgriff auf § 242 BGB zu lösen (vgl OLG Düsseldorf FamRZ 2000, 1032; LG Halle FamRZ 1999, 1295; LG Duisburg NJW-RR 1996, 1475). So soll der Erzeuger des Kindes nach **Treu und Glauben** gehindert sein, sich auf die Rechtsausübungssperre zu berufen, wenn er sich zu der Vaterschaft bekannt hat und seine Vaterschaft nach einem im Rahmen des Anfechtungsverfahrens erstellten Abstammungsgutachten als praktisch erwiesen anzusehen ist (OLG Düsseldorf FamRZ 2000, 1032, 1033; zustimmend C HUBER, Der Unterhaltsregress des Scheinvaters, FamRZ 2004, 145, 146). Dieser Lösungsweg hilft jedoch nur in Ausnahmefällen weiter. Problematisch erscheint insbesondere der Fall, dass der Scheinvater seinen Regressanspruch nicht verwirklichen kann, weil die zur Erhebung einer Vaterschaftsfeststellungsklage Berechtigten – insbesondere die Mutter und der mutmaßliche Erzeuger – eine solche ablehnen. In einem solchen Fall lässt sich dem § 242 BGB keine Pflicht der Betreffenden gegenüber dem Scheinvater entnehmen, ein Vaterschaftsfeststellungsverfahren einzuleiten (vgl HENRICH, Ist auf die Rechtsausübungssperre des § 1600d Abs 4 BGB noch Verlass?, in: FS Deutsch [2009] 1063, 1065). Der BGH hat sich daher dafür ausgesprochen, die Rechtsausübungssperre des § 1600d Abs 5 BGB im Wege der **teleologischen Reduktion** einzuschränken und eine Inzidentfeststellung der Vaterschaft im Regressverfahren zuzulassen, um in Ausnahmefällen, die der Gesetzgeber offensichtlich nicht vollständig bedacht hat, untragbare Ergebnisse zu vermeiden (BGH NJW 2008, 2433, 2434 m Anm MAURER; zum Vorrang der teleologischen Reduktion gegenüber dem Rückgriff auf § 242 BGB s oben Rn 345). **972**

Nach der bisherigen Rspr des BGH stand dem **Scheinvater** im Übrigen ein **Auskunftsanspruch gegen die Mutter** auf Nennung des mutmaßlichen biologischen Vaters aus § 242 BGB zu (vgl BGHZ 191, 259, 265 f = NJW 2012, 450, 451 f m Anm MAURER; BGH NJW 2013, 2108, 2110). Diesem Anspruch konnte jedoch das **allgemeine Persönlichkeitsrecht der Mutter** aus Art 2 Abs 1 iVm Art 1 Abs 1 GG entgegenstehen. Nach der Rspr war **973** daher eine Interessenabwägung dahin geboten, ob dem allgemeinen Persönlichkeitsrecht der Mutter Vorrang gegenüber dem Auskunftsinteresse des Scheinvaters zukommt (BGH NJW 2012, 450, 452; OLG Brandenburg NJW-RR 2013, 1282, 1283). Dies wurde insbesondere für den Fall bejaht, dass der Scheinvater in erster Linie aus persönlichen Gründen Klarheit wünschte und eine Bloßstellung der Mutter und des mutmaßlichen Vaters begehrte (OLG Brandenburg NJW-RR 2013, 1282, 1283). Nach einem neueren Urteil des BVerfG (BVerfG 24. 2. 2015 – 1 BvR 472/14, BVerfGE 138, 377 = NJW 2015, 1506 Rn 39 ff m Anm Reuss) unterliegt der Auskunftsanspruch aus § 242 BGB indes **verfassungsrechtlichen Grenzen**. Dass der Gesetzgeber den Zivilgerichten mit den Generalklauseln besonders weite Möglichkeiten der Rechtsfortbildung eingeräumt habe, sei aus verfassungsrechtlicher Sicht zwar nicht zu beanstanden. Je stärker die mit der Rechtsfortbildung verbundene Belastung sei, desto größere Zurückhaltung sei aber geboten. Im konkreten Fall hat das BVerfG einen auf § 242 BGB gestützten Auskunftsanspruch des Scheinvaters gegen die Mutter über die Person des mutmaßlichen Vaters eines Kindes mit der Begründung abgelehnt, dass das Interesse des Scheinvaters an der Verwirklichung seines zivilrechtlichen Regressanspruchs gegen den wirklichen Vater im Verhältnis zu der mit der Auskunftspflicht verbundenen Belastung der Mutter verfassungsrechtlich gering zu gewichten sei. Wenn der Regressanspruch des Scheinvaters durch einen Auskunftsanspruch gestärkt werden solle, müsse also der Gesetzgeber tätig werden (BVerfGE 138, 377 Rn 52; vgl Heiss/Born, Unterhaltsrecht, Kap 6 Rn 58b). Die damit verbundene Wertung, dass das Auskunftsinteresse des Scheinvaters mangels einer gesetzlichen Grundlage für den Auskunftsanspruch *generell* hinter dem Persönlichkeitsschutz der Mutter zurücktreten muss, erscheint jedoch zu pauschal (krit auch Wolf/Neuner BGB AT § 2 Rn 12; Neuner JZ 2016, 435 ff; Reuss NJW 2015, 1509 f). Da das **Interesse des Kindes** an der Kenntnis seines wirklichen Vaters aus verfassungsrechtlicher Sicht wesentlich höher zu gewichten ist, lässt sich die Argumentation des BVerfG zudem jedenfalls nicht auf den Auskunftsanspruch des Kindes gegen die Mutter über die Person seines mutmaßlichen Vaters aus § 242 BGB bzw § 1618a BGB (s Rn 974) übertragen (Reuss NJW 2015, 1509, 1510).

f)   Abstammungsrecht

974 Auch im Rahmen des Abstammungsrechts spielt der Auskunftsanspruch aus § 242 BGB eine Rolle. Das **allgemeine Persönlichkeitsrecht des Kindes** umfasst das Recht, die eigene Abstammung zu kennen. Das Kind hat daher gegen seine Mutter einen Anspruch aus § 1618a BGB bzw § 242 BGB auf Auskunft über die Person seines leiblichen Vaters. Da die Mutter sich auf eigene Grundrechte berufen kann, ist aber eine Interessenabwägung im Einzelfall erforderlich (vgl BVerfGE 96, 56 = NJW 1997, 1769; LG Bremen NJW 1999, 729; LG Münster FamRZ 1999, 1441; AG Rastatt FamRZ 1996, 1299; Staudinger/Rauscher [2011] Einl 110 ff zu § 1589 ff; BeckOK-BGB/Hahn [1. 5. 2019] § 1591 Rn 18). Ist ein Kind mittels **heterologer Insemination** gezeugt worden, so steht ihm nach überwiegender Ansicht ein Anspruch gegen den behandelnden Arzt aus § 242 BGB auf Auskunft über die Person des Samenspenders zu (OLG Hamm NJW 2013, 1167 = ZD 2013, 185 m krit Anm Schröder; Staudinger/Rauscher [2011] Einl 114 zu § 1589 ff und 15 Anh zu 1592; BeckOK-BGB/Hahn [1. 5. 2019] § 1591 Rn 23; vgl auch Fink/Grün NJW 2013, 1913). Die Abwägung, ob die Auskunftserteilung dem behandelnden Arzt zumutbar ist, hat auch die durch die ärztliche Schweigepflicht geschützten rechtlichen Belange des Samenspenders zu berücksichtigen. Nach der Rspr des BGH überwiegt in der Regel jedoch das Recht des Kindes auf Kenntnis der eigenen Abstammung (BGH 23. 1. 2019 – XII ZR 71/18, NJW 2019, 848 Rn 27, 30 ff).

Mit dem **Gesetz zur Regelung des Rechts auf Kenntnis der Abstammung bei heterologer Verwendung von Samen** wurde dementsprechend ein zentrales Samenspenderregister beim Deutschen Institut für Medizinische Dokumentation und Information (DIMDI) eingeführt. Alle Kinder, die ab dem 1. Juli 2018 durch die heterologe Verwendung von Samen gezeugt wurden, haben einen Anspruch auf Auskunft aus dem Samenspenderregister über Name, Geburtstag und -ort, Staatsangehörigkeit und Wohnort sowie Spendennummer (BeckOK-BGB/Hahn [1. 5. 2019] § 1600d Rn 12). Gleichzeitig wurde in § 1600d Abs 4 die **Feststellung der rechtlichen Vaterschaft** in diesen Fällen **ausgeschlossen**, um die Spender von sorge-, unterhalts- und erbrechtlichen Ansprüchen freizustellen (BT-Drucks 18/11291, 37 f).

Nach der Rspr des BGH ist die **Anerkennung der Vaterschaft** durch einen die soziale Elternschaft nicht anstrebenden Dritten **rechtsmissbräuchlich**, wenn sie ausschließlich darauf abzielt, eine Adoption zu erleichtern, indem der an einer Elternschaft in Wirklichkeit nicht interessierte Dritte in die Adoption einwilligt (BGH 15. 5. 2013 – XII ZR 49/11, NJW 2013, 2589, 2592; krit dazu Remus/Liebscher NJW 2013, 2558, 2560). Um einen solchen Rechtsmissbrauch zu unterbinden, könne der leibliche Vater die Vaterschaftsanerkennung durch den Dritten auch im Fall einer Samenspende nach § 1600 Abs 1 Nr 2 BGB anfechten, sofern das Kind nicht mit Einwilligung des Mannes und der Mutter durch künstliche Befruchtung nach § 1600 Abs 4 BGB gezeugt worden ist. **975**

6. Erbrecht*

a) Allgemeines

Im Erbrecht ist bei Anwendung des § 242 BGB zu beachten, dass dem **Willen des Erblassers** – vorbehaltlich der Einschränkungen durch das Pflichtteilsrecht – absoluter Vorrang gegenüber den Interessen der Angehörigen oder sonstiger potenzieller Erben zukommt (Brox/Walker, Erbrecht § 1 Rn 2, § 16 Rn 2; Lange/Kuchinke, Erbrecht § 2 IV; Olzen/Looschelders, Erbrecht Rn 42; Gimple 95 ff). Da die Aussicht der potenziellen Erben auf die Erbschaft keinen rechtlichen Schutz genießt, findet auch keine Abwägung zwischen den Interessen des Erblassers und denen der Erbschaftsanwärter statt. Dies führt zu einer deutlichen Einschränkung der Anwendbarkeit des § 242 BGB. **976**

Auch zur Verwirklichung des Erblasserwillens ist ein Rückgriff auf § 242 BGB im Allgemeinen nicht erforderlich. Denn den Interessen des Erblassers lässt sich bei Verfügungen von Todes wegen meist schon im Rahmen der **Auslegung** Rechnung tragen (vgl NK-BGB/Looschelders § 133 Rn 38 ff; Brox/Walker, Erbrecht § 16 Rn 1 ff). Soweit dies mit Rücksicht auf die **Formbedürftigkeit** der Verfügung von Todes wegen

---

* **Schrifttum:** Brox/Walker, Erbrecht (28. Aufl 2018); Gimple, § 242 BGB als Zuordnungsnorm im Erbrecht? (München 2003); Horn, Zurückbehaltungsrecht bei gegenseitiger Auskunftsverpflichtung im Pflichtteilsrecht?, ZEV 2013, 178; Kipp/Coing, Erbrecht (14. Bearb 1990); Lange/Kuchinke, Erbrecht (5. Aufl 2001); Miler, Die Geltendmachung des Pflichtteilsanspruchs als Rechtsmissbrauch?, ZEuP 2018, 65; Olzen/Looschelders, Erbrecht (5. Aufl 2017); Sarres, Erbrechtliche Auskunftsansprüche aus Treu und Glauben (§ 242 BGB), ZEV 2001, 225; Spanke, Den Vertragserben beeinträchtigende Schenkungen in der Beratungspraxis, ZEV 2006, 485.

nicht möglich ist, kann der „bessere Erblasserwille" grundsätzlich auch nicht mit Hilfe des § 242 BGB verwirklicht werden (vgl BGH NJW 1981, 1900, 1901; aA KEGEL, Die lachenden Doppelerben: Erbfolge bei Versagen von Urkundspersonen, in: FS Flume [1978] 545, 555).

977 Eine weitere Besonderheit des Erbrechts besteht darin, dass der Rechtserwerb **ohne Beteiligung des Erben** im Wege der **Universalsukzession** (§§ 1922, 1942 BGB) erfolgt. Der Rechtserwerb als solcher kann damit auch nicht unter Berufung auf Treu und Glauben in Frage gestellt werden (STAUDINGER/OTTE [2013] Vorbem 182 zu § 2064 ff; GIMPLE 92 ff; MünchKomm/LEIPOLD § 1922 Rn 144). Eine andere Frage ist, ob der Erbe nach Treu und Glauben gehindert sein kann, sich auf sein Erbrecht zu berufen. Nach dem Tod des Erblassers kann diese Frage sich allenfalls im Verhältnis zu anderen (Mit-) Erben oder Erbprätendenten stellen. Dort fehlt jedoch meist schon eine rechtliche Sonderverbindung (näher dazu STAUDINGER/OTTE [2013] Vorbem 182 zu § 2064 ff). Außerdem besteht auf Seiten der potenziellen Erben kein schutzwürdiges Vertrauen auf eine bestimmte Erbfolge (s oben Rn 941). Besonderheiten gelten hingegen für das **Vermächtnis** (§ 2147 BGB), weil dieses lediglich einen schuldrechtlichen Anspruch des Vermächtnisnehmers gegen den Erben begründet (§ 2174 BGB). Für das zwischen Vermächtnisnehmer und Erben bestehende **Schuldverhältnis** gilt § 242 BGB daher uneingeschränkt (BGHZ 37, 233, 240 f; MünchKomm/RUDY § 2174 Rn 5).

978 **Inhaltliche Schranken der Testierfreiheit** ergeben sich aus den §§ 134, 138 Abs 1 BGB (vgl BGHZ 140, 118, 128; ausf NK-BGB/LOOSCHELDERS § 134 Rn 155 f und § 138 Rn 195 ff; STAUDINGER/OTTE [2013] Vorbem 229 zu § 2064 ff; BROX/WALKER, Erbrecht § 18 Rn 7 ff; OLZEN/LOOSCHELDERS, Erbrecht Rn 244 ff). Eine darüber hinausgehende **Inhalts-** bzw **Wirksamkeitskontrolle** nach § 242 BGB ist auch bei vorformulierten **Erbverträgen** abzulehnen (s oben Rn 480).

Fraglich erscheint, ob bei letztwilligen Verfügungen eine **Ausübungskontrolle** nach § 242 BGB in Betracht kommt. Das Problem entsteht dadurch, dass die Rspr bei der Beurteilung der Wirksamkeit einer letztwilligen Verfügung nach § 138 Abs 1 BGB auf die **Wertanschauungen im Zeitpunkt der Errichtung** abstellt (vgl RGZ 166, 395, 399; BGHZ 20, 71, 73 f; BGH FamRZ 1969, 323, 325; BayObLG ZEV 1997, 119, 120; OLG Stuttgart ZEV 1998, 185, 186; aA SOERGEL/STEIN § 1937 Rn 24; LANGE/KUCHINKE, Erbrecht § 35 IV 9; BROX/WALKER, Erbrecht § 18 Rn 18; differenzierend NK-BGB/LOOSCHELDERS § 138 Rn 124 ff; MünchKomm/ARMBRÜSTER § 138 Rn 135; STAUDINGER/SACK/FISCHINGER [2017] § 138 Rn 131 ff; BeckOK-BGB/WENDTLAND [1. 5. 2019] § 138 Rn 28; in BGHZ 140, 118, 128 offen gelassen). Ist die letztwillige Verfügung danach wirksam, so soll ein späterer Wandel der Wertanschauungen nicht zur Unwirksamkeit führen können. In Ausnahmefällen soll der durch die letztwillige Verfügung Begünstigte sich aber den **Einwand der unzulässigen Rechtsausübung** (s oben Rn 213 ff) entgegenhalten lassen müssen (so OLG Stuttgart ZEV 1998, 185, 186; MünchKomm/ARMBRÜSTER § 138 Rn 138; BeckOK-BGB/WENDTLAND [1. 5. 2019] § 138 Rn 28, 75; STAUDINGER/SACK/FISCHINGER [2017] § 138 Rn 131 ff). Praktische Bedeutung hat das Problem bei den sog **Ebenbürtigkeitsklauseln** gewonnen, nach denen ein Abkömmling des Erblassers von der Erbfolge ausgeschlossen ist, wenn er aus keiner ebenbürtigen Ehe stammt oder in einer nicht ebenbürtigen Ehe lebt (vgl BGHZ 140, 118; OLG Stuttgart ZEV 1998, 185; NK-BGB/LOOSCHELDERS § 138 Rn 200). Das BVerfG hat hierzu in seiner sog Hohenzollern-Entscheidung auf die veränderten staatsrechtlichen Verhältnisse verwiesen; das Prinzip der Ebenbürtigkeit könne nach Inkrafttreten des Grundgesetzes seine ursprüngliche Funktion – Regelung der Thronfolge in einer Erbmonarchie – nicht mehr erfüllen (BVerfG NJW 2004, 2008, 2011; vgl auch Olzen/ Looschelders, Erbrecht Rn 253 ff). Ob dieser Aspekt bei § 138 Abs 1 BGB oder bei § 242 BGB relevant wird, hat das Gericht naturgemäß offen gelassen.

Aus dogmatischer Sicht ist zu beachten, dass es in solchen Fällen an einem tauglichen Anknüpfungspunkt für den Vorwurf des **Rechtsmissbrauchs** (dazu u Rn 984 ff) fehlt (krit auch Staudinger/Otte [2008] Einl 77 z ErbR). Nach allgemeinen Grundsätzen lässt sich dieser Vorwurf auf ein früheres Verhalten, ein gegenwärtiges Verhalten oder eine Zusammenschau von früherem und gegenwärtigem Verhalten stützen (s oben Rn 233 ff). Da es an einem früheren Verhalten des durch die letztwillige Verfügung Begünstigten fehlt, kann nur auf das gegenwärtige Verhalten abgestellt werden. Die Erbschaft geht jedoch nach § 1922 BGB unmittelbar kraft Gesetzes auf den Erben über. Ein unzulässiges Verhalten des Begünstigten kommt also auch hier nicht in Betracht. Warum der Begünstigte nach § 242 BGB gehindert sein soll, sich auf eine Rechtslage zu berufen, die ohne seine Mitwirkung kraft Gesetzes eintritt, ist nicht ersichtlich. Das Problem lässt sich damit nur lösen, wenn man den Wandel der Wertanschauungen schon bei der **Wirksamkeitskontrolle** nach § 138 Abs 1 BGB berücksichtigt. Hierfür spricht auch die Funktion des § 138 Abs 1 BGB, die für ein gedeihliches Zusammenleben unverzichtbaren Wertvorstellungen zu schützen und sittenwidrige Rechtserfolge zu verhindern (vgl Brox/Walker, Erbrecht § 18 Rn 18; NK-BGB/Looschelders § 138 Rn 124). **979**

In formeller Hinsicht ist zu beachten, dass die allgemeinen Regeln über die Aufrechterhaltung eines **formungültigen Rechtsgeschäfts** gem § 242 BGB (s oben Rn 445 ff) grundsätzlich auch im Erbrecht anwendbar sind. Da die für die Nichtigkeitsfolge im Erbrecht streitenden Erwägungen großes Gewicht haben, müssen diese Grundsätze hier jedoch besonders restriktiv gehandhabt werden (vgl Brox/Walker, Erbrecht § 18 Rn 6; Lange/Kuchinke, Erbrecht § 16 V 6; gegen Anwendung der allgemeinen Regeln zur Einschränkung des § 125 S 1 BGB im Erbrecht Kipp/Coing § 19 III; Gimple 99). So stellt es sich nicht als Verstoß gegen Treu und Glauben dar, wenn die in einem gemeinschaftlichen Testament durch wechselbezügliche Verfügung als Alleinerbin eingesetzte Ehefrau sich auf die **Unwirksamkeit des Widerrufs** der Erbeinsetzung beruft, weil ihr zwar eine beglaubigte Abschrift, nicht aber – wie nach §§ 2271 Abs 1 S 1, 2296 Abs 2 BGB erforderlich – die Ausfertigung des notariell beurkundeten Widerrufs zugegangen ist (OLG Karlsruhe ErbR 2014, 35). Dass die Ehefrau durch den Zugang der beglaubigten Abschrift Kenntnis von dem Widerruf erlangt hat, rechtfertigt es nicht, die Geltendmachung der formellen Unwirksamkeit des Widerrufs als treuwidrig anzusehen. **980**

Besonderheiten gelten nach der Rspr im **Höferecht**, wo formlose Vereinbarungen über die Hoferbnachfolge sowohl bei **Übergabeverträgen** unter Lebenden als auch bei **Erbverträgen** für rechtswirksam erachtet werden (BGHZ 12, 286, 303 ff; 23, 249, 252 ff; 47, 184, 186 ff; 73, 324, 329; 87, 237; 119, 387, 388 ff; krit Staudinger/Kanzleiter [2019] § 2276 Rn 14; Staudinger/Otte [2016] Einl 75 z ErbR). Diese Rspr ist bei der Reform des Höferechts von 1976 in die §§ 6 Nr 1 und 2, 7 Abs 2 HöfeO aufgenommen worden. Soweit die gesetzlichen Regelungen im Höferecht Lücken lassen, kann weiter auf die von der Rspr entwickelten Grundsätze zurückgegriffen werden (Erman/S Kappler/T Kappler § 2276 Rn 8). Da die Entscheidungen stark durch die Besonderheiten **981** des Höferechts geprägt sind, können sie jedoch nicht auf andere Bereiche (zB Unternehmensnachfolge) übertragen werden (BGHZ 47, 184, 186 ff; 87, 237, 238; LANGE/ KUCHINKE, Erbrecht § 16 IV 6).

982 Nach der Rspr vermag § 242 BGB auch im Erbrecht einen über die spezialgesetzlichen Bestimmungen (§§ 2027, 2028, 2057, 2127, 2314 BGB) hinausgehenden **Auskunftsanspruch** zu begründen (vgl BGHZ 61, 180, 184; BGH NJW 1984, 487; 1986, 1755; vgl dazu OLZEN/LOOSCHELDERS, Erbrecht Rn 1007; SARRES ZEV 2001, 225 ff; allg zur Bedeutung von § 242 BGB für Auskunftsansprüche s oben Rn 605 ff). Voraussetzung für einen solchen Anspruch ist, dass der Berechtigte einen dem Grunde nach feststehenden Leistungsanspruch hat und sich die nötigen Informationen nicht ohne Mitwirkung des anderen Teils verschaffen kann (BGH NJW 1979, 1832; 1981, 1738; SARRES ZEV 2001, 225, 226; OLG Brandenburg BeckRS 2011, 06531). Aus der **Miterbenstellung** alleine folgt nach hM noch keine für die Bejahung einer Auskunftspflicht ausreichende Sonderbeziehung (BGH NJW-RR 1989, 450 = JR 1990, 16 m Anm WASSERMANN; OLG Koblenz ZEV 2013, 453, 454; PALANDT/WEIDLICH § 2038 Rn 14; LANGE/KUCHINKE, Erbrecht § 43 II 7c; OLZEN/LOOSCHELDERS, Erbrecht Rn 1007; aA LG Nürnberg-Fürth NJW-FER 2000, 261; ERMAN/BAYER § 2038 Rn 10; MünchKomm/GERGEN § 2038 Rn 48; BROX/WALKER, Erbrecht § 30 Rn 10). Folglich kann ein Miterbe nicht schon deshalb Auskunft über die Testierfähigkeit des Erblassers verlangen, weil ihm bei Testierunfähigkeit möglicherweise ein Anspruch aus § 2018 BGB zusteht (BGH NJW-RR 1989, 450).

983 Neben dem Auskunftsanspruch kann sich aus § 242 BGB auch ein **Wertermittlungsanspruch** ergeben. Dies hat der BGH für den Fall eines pflichtteilsberechtigten Erben angenommen, der den vom Erblasser Beschenkten auf Pflichtteilsergänzung in Anspruch genommen hatte (BGH NJW 1990, 180). Die Voraussetzungen des Wertermittlungsanspruchs stimmen mit denen des Auskunftsanspruchs überein. Der BGH hat klargestellt, dass die Wertermittlung jedenfalls auf Kosten desjenigen erfolgt, der den Anspruch geltend macht (BGH NJW 1990, 180). Ob diese Rspr auf den Fall erstreckt werden kann, dass ein Vertragserbe zur Vorbereitung eines Anspruchs aus § 2287 BGB auf Wertsatz Wertermittlung von dem durch den Erblasser Begünstigten verlangt, ist unklar (dafür SPANKE ZEV 2006, 485, 487; PALANDT/WEIDLICH § 2287 Rn 15). Nach Ansicht des OLG Düsseldorf ist die Annahme eines Wertermittlungsanspruchs in diesem Fall zweifelhaft, da § 2314 BGB für einen anderen Fall einen solchen Wertermittlungsanspruch ausdrücklich vorsehe (OLG Düsseldorf ZEV 2012, 156, 157). Der Ausnahmecharakter der Vorschrift dürfe nicht durch eine Erweiterung ihres Anwendungsbereichs über § 242 BGB unterlaufen werden. Diese Ansicht überzeugt aber jedenfalls nicht für den Fall, dass der Vertragserbe auf andere Weise keine Information erlangen kann.

b)   Einwand des Rechtsmissbrauchs

984 Besondere Bedeutung hat im Erbrecht der Einwand rechtsmissbräuchlichen Verhaltens (s oben Rn 213 ff). Der Erblasser wird dadurch gehindert, einen **Erbvertrag** nach §§ 2078, 2281 BGB **anzufechten**, wenn er die Anfechtungsvoraussetzungen durch sein eigenes treuwidriges Verhalten (zB mutwillige Herbeiführung eines Zerwürfnisses) selbst geschaffen hat (BGHZ 4, 91, 96). Das Gleiche gilt für die rechtsmissbräuchliche Anfechtung eines wechselbezüglichen **Ehegattentestaments** durch den längstlebenden Ehegatten (BGH FamRZ 1962, 428).

Bei einem nach § 2271 Abs 2 BGB **bindenden gemeinschaftlichen Testament** sind 985
spätere Verfügungen von Todes wegen des überlebenden Ehegatten insoweit unwirksam, als sie die Stellung der durch das gemeinschaftliche Testament Bedachten beeinträchtigen (vgl Brox/Walker, Erbrecht § 16 Rn 20; Olzen/Looschelders, Erbrecht Rn 474). Nach hM können die Bedachten aber gem § 242 BGB gehindert sein, sich auf die Unwirksamkeit einer späteren Verfügung von Todes wegen zu berufen, wenn sie an dieser Verfügung mitgewirkt oder ihr zugestimmt haben (vgl BGH LM § 2271 BGB Nr 7 = MDR 1958, 490; LG Düsseldorf FamRZ 1988, 661, 662; Erman/Böttcher Rn 161; Palandt/Grüneberg Rn 70; vgl auch BGHZ 108, 252, 255). Nach allgemeinen Kriterien geht es um einen Verstoß gegen das **Verbot widersprüchlichen Verhaltens** (allg dazu Rn 284 ff). Da man durch den Rückgriff auf Treu und Glauben nicht die für den Erb- oder Zuwendungsverzicht geltenden **Formerfordernisse** (§§ 2348, 2352 BGB) aushöhlen darf, muss § 242 BGB in solchen Fällen aber besonders zurückhaltend angewendet werden (so auch MünchKomm/Musielak § 2271 Rn 16).

Der Wirksamkeit des **Widerrufs eines wechselbezüglichen gemeinschaftlichen Testa-** 986
ments durch öffentliche Zustellung steht nicht entgegen, dass letztere vom Erblasser durch arglistige Täuschung erschlichen worden ist. Allerdings kann dem durch ein späteres Testament Begünstigten der Einwand der unzulässigen Rechtsausübung entgegengehalten werden, wenn der Erblasser die öffentliche Zustellung des Widerrufs herbeigeführt hat, obgleich ihm der Aufenthaltsort seines Ehegatten bekannt war (BGHZ 64, 5, 8; MünchKomm/Musielak § 2271 Rn 8; Lange/Kuchinke, Erbrecht § 24 VI 2b). Dies gilt nach Ansicht des BGH auch dann, wenn der Begünstigte an der Bewirkung der öffentlichen Zustellung nicht beteiligt war (BGHZ 64, 5, 10). Hier zeigt sich besonders deutlich, dass die Interessen der (potenziellen) Erben grundsätzlich keinen rechtlichen Schutz genießen (s oben Rn 976).

Hat sich der Erblasser in einem **Erbvertrag vorbehalten**, bei pflichtwidrigem Verhal- 987
ten des anderen Teils vom Vertrag **zurückzutreten**, so muss er doch wegen der einschneidenden Wirkungen des Rücktritts nach Treu und Glauben zunächst versuchen, seine Interessen im Rahmen des Zumutbaren mit dem milderen Mittel der Abmahnung zu wahren (BGH LM § 242 BGB [Cd] Nr 118 = MDR 1967, 993; Looschelders, Schuldrecht AT § 4 Rn 22). Maßgeblich ist der Gedanke der **Unverhältnismäßigkeit** (s oben Rn 277 ff). Die Schwere der Pflichtwidrigkeit kann daher in Ausnahmefällen einen Verzicht auf die Abmahnung rechtfertigen (BGH DNotZ 1983, 118).

Das Verlangen des **Pflichtteilsberechtigten** nach einem **amtlichen Verzeichnis** gem 988
§ 2314 Abs 1 S 3 BGB ist grundsätzlich nicht schon deshalb rechtsmissbräuchlich, weil der Erbe bereits durch ein Privatverzeichnis Auskunft erteilt hat (RGZ 72, 379, 384; BGHZ 33, 373, 380; OLG Oldenburg FamRZ 2000, 62; Erman/Röthel § 2314 Rn 6). Die Umstände des Einzelfalles können zwar eine andere Beurteilung gebieten. Zeitablauf oder wesentliche Veränderungen des Nachlassbestandes sollen hierfür aber nicht ausreichen (BGHZ 33, 373, 380). Die **Geltendmachung des Pflichtteilsanspruchs** als solche kann allenfalls in engen Ausnahmefällen treuwidrig sein (dazu Miler ZEuP 2018, 65 ff). Der Schutz des Erben wird im Allgemeinen durch andere Vorschriften gewährleistet. So können unbillige Härten durch eine Stundung nach § 2331a BGB vermieden werden. Außerdem kommt eine Pflichtteilsunwürdigkeit nach § 2345 BGB in Betracht (s unten Rn 990). Weitere Einschränkungen kommen kaum in Betracht.

989 Eine besondere Ausprägung des Verbots **rechtsmissbräuchlichen Verhaltens** findet sich in § 2339 BGB. Die Vorschrift nennt einige Fälle, in denen ein Erbe gerichtlich für **erbunwürdig** erklärt werden kann. Nicht erfasst wird die **treuwidrige Herbeiführung des Nacherbfalles** bei vorsätzlicher Tötung des Vorerben durch den Nacherben. Die hM lehnt eine analoge Anwendung des § 2339 Abs 1 Nr 1 BGB wegen des Ausnahmecharakters der Norm ab. Stattdessen wird teilweise auf § 242 BGB abgestellt (so Palandt/Grüneberg Rn 70). Vorzugswürdig erscheint jedoch die Anwendung des § 162 Abs 2 BGB (so BGH NJW 1968, 2051, 2052; MünchKomm/Helms § 2339 Rn 9; Brox/Walker, Erbrecht § 20 Rn 2; Lange/Kuchinke, Erbrecht § 6 II 1a Fn 26; Gimple 170 ff; zum Verhältnis zwischen § 162 Abs 2 BGB und § 242 BGB s oben Rn 234 ff).

990 Die Gründe des § 2339 Abs 1 BGB gelten nicht nur für die Erbunwürdigkeit, sondern auch für die **Vermächtnis- und Pflichtteilsunwürdigkeit** (§ 2345 BGB). Für die Begünstigung durch eine **Auflage** fehlt dagegen eine entsprechende Regelung. Hier kann daher auf den Einwand des Rechtsmissbrauchs (s oben Rn 213 ff) zurückgegriffen werden (Lange/Kuchinke, Erbrecht § 6 I 2 Fn 12).

991 Handeln **einzelne Miterben** einer **Miterbengemeinschaft** rechtsmissbräuchlich, so wird dies den anderen Miterben grundsätzlich nicht zugerechnet (RGZ 132, 81, 87; bestätigt durch BGHZ 44, 367 für den Fall, dass ein Miterbe ein Rechtsgeschäft des geschäftsunfähigen Erblassers ausdrücklich billigt, sich dann jedoch als Erbe auf die Unwirksamkeit des Vertrages beruft; vgl auch BGHZ 29, 6, 12; allg z Rechtsmissbrauch bei mehreren Beteiligten o Rn 228 ff). Etwas anderes gilt allerdings, wenn allein diejenigen Miterben, die sich rechtsmissbräuchlich verhalten haben, das Recht in Anspruch nehmen (MünchKomm/Schubert Rn 226). Hier kann der Einwand der unzulässigen Rechtsausübung das Prozessführungsrecht der betreffenden Miterben aus § 2039 S 1 BGB beschränken, wenn die anderen Miterben widersprechen (BGHZ 44, 367; Erman/Böttcher Rn 161).

II. Außerhalb des BGB liegende zivilrechtliche Anwendungsbereiche

1. Gesellschaftsrecht*

a) Allgemeines

992 Inhalt und Bedeutung von Treu und Glauben variieren naturgemäß nach Art des Schuldverhältnisses. Eine Bedeutung, die über das allgemeine Gebot billiger Rücksichtnahme auf die Belange des Anderen und das Festhalten am gegebenen Wort hinausgeht, findet sich bei **fremdnützigen Tätigkeiten** sowie **Dauerschuldverhältnissen**

---

* **Schrifttum:** vArnim, US Korporation und Aktiengesellschaft im Rechtsvergleich – Haftungsdurchgriff im deutschen Kapitalgesellschaftsrecht und Piercing the corporate Veil im Recht der US-amerikanischen Corporation, NZG 2000, 1001 ff; Baumbach/Hopt, Handelsgesetzbuch (38. Aufl 2018); Baums, Bericht der Regierungskommission Corporate Governance (2001); Bungard, Die Förder- und Treupflicht des Alleingesellschafters einer GmbH, ZIP 2002, 827 ff; Dreher, Treuepflichten zwischen Aktionären und Verhaltenspflichten bei der Stimmrechtsbündelung, ZHR 157 (1993) 150; Flume, Die Rechtsprechung des II Zivilsenats des BGH zur Treuepflicht des GmbH-Gesellschafters und des Aktionärs, ZIP 1996, 161 ff; Gehrlein, Der Anspruch auf Einsicht in ein Hauptversammlungsprotokoll – eine gesetzesferne, aber interessengerechte Rechtsschöpfung, WM 1994, 2054; Grunewald, Gesellschaftsrecht (10. Aufl 2017); Habersack, Die Mitgliedschaft – subjektives und „sonstiges" Recht

(Hk-BGB/SCHULZE Rn 14; ENNECCERUS/LEHMANN, Schuldrecht § 4 II 1 II; MünchKomm/SCHUBERT Rn 94). Da gesellschaftsrechtliche Beziehungen in die letztgenannte Kategorie fallen, besteht auch in Gesellschaften eine **umfassende Treuepflicht** (BGHZ 129, 142; BGH JZ 1995, 1064, 1065; LG Wiesbaden SpuRt 1996, 64; LUTTER JZ 1995, 1053; K SCHMIDT, Gesellschaftsrecht § 10 IV; krit FLUME ZIP 1996, 161), die über eine bloße Schutzpflicht hinausgewachsen ist und sogar als fundamentales Prinzip der Gesellschafterstellung bezeichnet wird (MünchKomm/SCHUBERT Rn 174).

Die dogmatische Grundlage der Treuepflicht bleibt bislang höchstrichterlich ungeklärt. Das Schrifttum vertritt unterschiedliche Ansätze (vgl Großkomm-AktG/HENZE/ **993**

(Habil Tübingen 1996); HENNRICHS, Treupflichten im Aktienrecht, AcP 195 (1995) 221; HENSSLER, Die Haftung des Stimmrechtsvertreters – zugleich eine Anm zur Entscheidung des BGH vom 20. 3. 1995 – II ZR 205/94, DZWir 1995, 430; ders, Verhaltenspflichten bei der Ausübung von Aktienstimmrechten durch Bevollmächtigte, ZHR 157 (1993) 91; HENZE, Die Treupflicht im Aktienrecht, BB 1996, 489 ff; HIRTE, Kapitalgesellschaftsrecht (8. Aufl 2016); HUECK, Der Treuegedanke im modernen Privatrecht (1947); HÜFFER/KOCH, Aktiengesetz (13. Aufl 2018); JAQUES, Börsengang und Führungskontinuität durch die kapitalistische KGaA, NZG 2000, 401 ff; LUTTER, Das Girmes-Urteil, JZ 1995, 1053; ders, Treuepflichten und ihre Anwendungsprobleme, ZHR 162 (1998) 164; ders, Theorie der Mitgliedschaft – Prolegomena zu einem Allgemeinen Teil des Korporationsrechts, AcP 180 (1980) 84, 120; LUTTER/HOMMELHOFF, GmbH-Gesetz (19. Aufl 2016); MARSCH-BARNER, Treuepflichten zwischen Aktionären und Verhaltenspflichten bei der Stimmrechtsbündelung, ZHR 157 (1993) 172; MÖSCHEL, Monopolverband und Satzungskontrolle (1978); NICKLISCH, Inhaltskontrolle von Verbandsnormen (1992); NODOUSHANI, Die Treuepflicht der Aktionäre und ihrer Stimmrechtsvertreter (Diss Tübingen 1997); PFEIFFER, Die persönliche Haftung der Gesellschafter einer GmbH, JuS 2008, 490; ROTH, Unterkapitalisierung und persönliche Haftung, ZGR 1993, 170; ROTH/ALTMEPPEN, GmbHG (9. Aufl 2019); RUHKAMP/GERLACH, Die Gesellschaft bürgerlichen Rechts (6. Aufl 2010); SCHANZE, Einmanngesellschaft und Durchgriffshaftung als Konzeptionalisierungsprobleme gesellschaftsrechtlicher Zurechnung (Diss Frankfurt aM 1975); K SCHMIDT, Gesellschafterhaftung und Konzernhaftung bei der GmbH, NJW 2001, 3577; ders, Gesellschaftsrecht (4. Aufl 2002); ders, Zur Durchgriffsfestigkeit bei der GmbH, ZIP 1994, 837; SERICK, Rechtsform und Realität juristischer Personen (Habil Tübingen 1955); SZALAI, Die Treuepflicht als Schranke des aktienrechtlichen Anfechtungsrechts, DStR 2008, 358 ff; UNGER, Unterkapitalisierung in Frankreich und Belgien (Diss Bonn 1987); VONNEMANN, Haftung der GmbH-Gesellschafter bei materieller Unterkapitalisierung (Diss Berlin 1990); WEITBRECHT, Haftung der Gesellschafter bei materieller Unterkapitalisierung der GmbH (Diss München 1989); vWESTPHALEN/THÜSING, Vertragsrecht und AGB-Klauselwerke (42. EL Dezember 2018); WIEDEMANN, in: FS H Westermann (1974) 585; ders, Grenzen der Bindung bei langfristigen Kooperationen, ZIP 1999, 1; ders, Minderheitsrechte ernst genommen, ZGR 1999, 857; ders, Reflexionen zur Durchgriffshaftung, ZGR 2003, 283; WIMMER-LEONHARDT, Konzernhaftungsrecht (Diss Tübingen 2004); WINTER, Mitgliedschaftliche Treuebindungen im GmbH-Recht (Diss Heidelberg 1988); WÜST, Die unzureichende Eigenkapitalausstattung bei Beschränkthaftern, JZ 1995, 990; ZIEMONS, Die Haftung der Gesellschafter für Einflussnahmen auf die Geschäftsführung der GmbH (Diss Bonn 1996); ZÖLLNER, Die Schranken mitgliedschaftlicher Stimmrechtsmacht bei den privatrechtlichen Personenverbänden (Habil München 1963); ders, Treupflichtgesteuertes Aktienkonzernrecht, ZHR 162 (1998) 235; vgl weiterführende Schriftumsnachweise in HIRTE/MÜLBERT/ROTH, Großkommentar Aktiengesetz Bd 2/1 (4. Aufl 2004) Anhang zu § 53a.

Notz Anh § 53a Rn 14 ff). So wird im Recht der Personengesellschaften teilw auf das von gegenseitigem Vertrauen geprägte **Gemeinschaftsverhältnis** abgestellt (Wimmer-Leonhardt, Konzernhaftungsrecht 193), andere sehen die Grundlage in **Treu und Glauben** (Bungard ZIP 2002, 827, 834; Hennrichs AcP 195 [1995] 221, 228; Nodoushani, Die Treuepflicht der Aktionäre und ihrer Stimmrechtsvertreter [Diss Tübingen 1997] 94 ff) oder in § 705 BGB (Lutter AcP 180 [1980] 84, 102 f; OLG Frankfurt WM 2009, 309) bzw sie greifen je nach Art der Pflicht auf die eine oder die andere Vorschrift zurück (Winter, Mitgliedschaftliche Treubindungen im GmbH-Recht 13). Als Substrat **richterlicher Rechtsfortbildung** wird die Treuepflicht schließlich auch auf eine **Vielzahl von Einzelnormen** gestützt (vgl BGHZ 70, 331, 335; 89, 162, 165) oder als verbandsübergreifendes **übergesetzliches Rechtsprinzip** verstanden (vgl Großkomm-AktG/Henze/Notz Anh § 53a Rn 18 f mwNw). Die Gesetzessystematik spricht seit dem Inkrafttreten des Schuldrechtsmodernisierungsgesetzes am 1. 1. 2002 (z Entstehungsgeschichte Staudinger/Olzen Einl 188 ff zum SchuldR) für eine nach Art der jeweiligen Pflicht differenzierte Anbindung an das **Schuldverhältnis** iVm § 241 Abs 1, Abs 2 BGB, nicht mehr an § 242 BGB (z Entstehung der Pflichten vgl Staudinger/Olzen § 241 Rn 112 ff).

994 Die Treuepflicht besteht grds sowohl gegenüber der **Gesellschaft** als auch gegenüber den **Mitgesellschaftern**. Sie ist nach Inhalt und Umfang von der **Gesellschaftsform** sowie der **personalen Struktur** der Gesellschaft abhängig, sodass sich insbes im Verhältnis der Gesellschafter untereinander erhebliche Unterschiede ergeben (BGHZ 98, 276; 65, 15; BGH NJW 1989, 166; MünchKomm/Schubert Rn 187). Eine stark **personalistisch** strukturierte Gesellschaftsform erzeugt **umfassende Treuepflichten** (Hirte, Kapitalgesellschaftsrecht Rn 4. 44; Lutter AcP 180 [1980] 84, 120).

995 Die Gesellschafter werden durch die Treuepflicht bei der Wahrnehmung ihrer Rechte in der Weise beschränkt, dass sie ihre eigenen Interessen sowie die Interessen Dritter gegenüber den Interessen der Gesellschaft zurückzustellen haben (BGH 19. 11. 2013 – II ZR 150/12 Rn 14, NJW 2014, 1107, 1109; 4. 12. 2012 – II ZR 159/10, NJW-RR 2013, 363 ff; NJW 1989, 2687; 1986, 584; OLG München NZG 1999, 294; GmbHR 1998, 89). So kann ein Gesellschafter bspw gehindert sein, eigene Ansprüche gegen die Gesellschaft geltend zu machen (OLG Karlsruhe 10. 7. 2012 – 17 U 218/11, BeckRS 2013, 22674; OLG München 17. 4. 2012 – 5 U 2168/11, NZG 2012, 663, 665). Die **Grenze** der Treuepflicht bildet aber stets die **Wahrung eigener berechtigter Interessen** (Ruhkamp/Gerlach, Die Gesellschaft bürgerlichen Rechts Rn 285). Einen Alleingesellschafter (BGH NJW 1993, 193) sowie eine einstimmig handelnde Gesellschaftergesamtheit treffen gegenüber der Gesellschaft grds keine Treuepflichten; diese kommen in solchen Fällen nur aufgrund von **Gläubiger-** und **Drittinteressen** in Betracht (vgl BGH 29. 9. 2018 – II ZR 234/07, NZG 2014, 385 Rn 21; MünchKommGmbHG/Merkt § 13 GmbHG Rn 106 f; Lutter/Hommelhoff/Bayer, GmbH-Gesetz § 14 Rn 29; Lutter, Die Haftung des herrschenden Unternehmens im GmbH-Konzern, ZIP 1985, 1425, 1428; Winter, Eigeninteresse und Treupflicht bei der Einmann-GmbH in der neueren BGH-Rechtsprechung, ZGR 1994, 570, 593; aA Priester, Die eigene GmbH als fremder Dritter – Eigensphäre der Gesellschaft und Verhaltenspflichten ihrer Gesellschafter, ZGR 1993, 512; Ziemons, Die Haftung der Gesellschafter für Einflussnahmen auf die Geschäftsführung der GmbH [Diss Bonn 1996] 97; differenzierend Ulmer, Der Gläubigerschutz im faktischen GmbH-Konzern beim Fehlen von Minderheitsgesellschaftern, ZHR 148 [1984] 391, 418 f).

996 Insgesamt haben Treuebindungen sowie der Gedanke des Rechtsmissbrauchs im Gesellschaftsrecht, einschließlich des Rechts der Kapitalgesellschaften, in den letzten

Jahrzehnten wachsende Bedeutung erlangt, sich andererseits aber auch erheblich von der allgemeinen Vorschrift des § 242 BGB zu einem eigenständigen Rechtsinstitut fortentwickelt (MünchKomm/Schubert Rn 99).

aa) Personengesellschaften
Bei **Personengesellschaften** bestehen Treuepflichten aufgrund des engen Kontaktes zwischen den Gesellschaftern (Erman/Böttcher Rn 170) sowohl in der GbR (Soergel/Hadding/Kiessling § 705 Rn 58) als auch in der OHG (BGHZ 68, 82; 64, 257; 44, 40; 20, 201; Grunewald, Gesellschaftsrecht § 2 Rn 9), der KG (BGH NJW 1995, 194, 195), der Stillen Gesellschaft (BGHZ 3, 75, 81; BGH WM 1963, 1209; BGH ZIP 1987, 1316; Windbichler, Schadensersatzansprüche stiller Gesellschafter, ZGR 1989, 434, 436) und der **Partnerschaftsgesellschaft** (Grunewald, Gesellschaftsrecht § 5 Rn 7). Die meist dem Gesellschaftsvertrag im Wege der **Auslegung** entnommene Treuepflicht (Soergel/Hadding/Kiessling § 705 Rn 58; Grunewald, Gesellschaftsrecht § 10 Rn 41) besteht sowohl **zwischen den Gesellschaftern** als auch **gegenüber der Gesellschaft** selbst (Lutter AcP 180 [1980] 84, 120). **997**

bb) Körperschaften
(1) Vereinsrecht
Das **Vereinsrecht** untersteht ebenfalls dem Gebot von Treu und Glauben (BGHZ 129, 142; Grunewald, Gesellschaftsrecht § 8 Rn 13). Ähnlich wie bei den Personengesellschaften, wo die Pflicht der Gesellschafter zur Rücksichtnahme aus dem Gesellschaftsvertrag folgt, wird die Pflicht der Mitglieder zur Rücksichtnahme meist aus der **Satzung** begründet. Eine weitere Vergleichbarkeit mit den Personengesellschaften liegt in deren Rechtswirkungen zwischen den einzelnen Mitgliedern einerseits und den Mitgliedern im Verhältnis zu ihrem Verein andererseits (BGH RdL 1983, 317). **998**

(2) Aktiengesellschaft
Eine allgemeine Treuepflicht wird für die **Aktiengesellschaft** allgemein anerkannt (BGHZ 103, 184), wobei teilw auf die **Satzung** als Entstehungsgrund abgestellt (Henze BB 1996, 489, 492; Winter, Mitgliedschaftliche Treuebindungen im GmbH-Recht 63), teilw an die **Mitgliedschaft** angeknüpft (Lutter AcP 180 [1980] 84, 105) oder die Treuepflicht als Korrelat der besonderen **verbandstypischen Macht** begriffen wird, in fremde Interessen einzugreifen (Zöllner, Die Schranken mitgliedschaftlicher Stimmrechtsmacht bei den privatrechtlichen Personenverbänden [Habil München 1963] 343). IS einer **Förderpflicht**, die auf Erreichung des Gesellschaftszwecks gerichtet ist, unterscheidet sie sich von der allgemeinen Treuepflicht aus § 242 BGB, wobei die Übergänge allerdings fließend sind. Letztere gilt bereits aufgrund des zwischen Aktionär und Gesellschaft bestehenden Schuldverhältnisses, da der Grundsatz von Treu und Glauben auf sämtliche Schuldverhältnisse anzuwenden ist (Grunewald, Gesellschaftsrecht § 10 Rn 41; Lutter AcP 180 [1980] 84, 103; Zöllner, Die Schranken mitgliedschaftlicher Stimmrechtsmacht bei den privatrechtlichen Personenverbänden [Habil München 1963] 335; vgl z Anwendbarkeit der Norm auf vertragliche u gesetzliche Schuldverhältnisse o Rn 125 ff). **999**

Problematischer als die dogmatische Grundlage der Treuepflichten ist ihr jeweiliger **Umfang**. Während das RG einerseits eine Treuepflicht des **Aktionärs gegenüber der AG** bejahte (RGZ 158, 248, 254; 146, 385, 395; 146, 71, 76), stand es andererseits einer Treuepflicht der **Aktionäre untereinander** eher ablehnend gegenüber (RGZ 158, 248, 254). Dagegen hat der BGH in der sog „Linotype-Entscheidung" – wenn auch nach längerem Zögern – eine Treuepflicht der Aktionäre untereinander angenommen **1000**

(BGHZ 103, 184; 129, 136; so auch Henze BB 1996, 489; MünchKomm/Schubert Rn 179; anders noch BGH WM 1967, 449; differenzierend BGH ZIP 1992, 1464). Er befürwortete deshalb die **Anfechtbarkeit eines Hauptversammlungsbeschlusses** wegen eines Verstoßes gegen diese gegenseitige Treuepflicht. Die Gesellschafter hatten die Auflösung der Gesellschaft beschlossen, nachdem von einem Mehrheitsgesellschafter bereits Absprachen über die Übernahme wesentlicher Teile des Unternehmens getroffen worden waren (vgl dazu Lutter, Die Treuepflicht des Aktionärs, Bemerkung zur Linotype-Entscheidung des BGH, ZHR 153 [1989] 446). In der Lit wird zT eine allgemeine Treuepflicht gegenüber der Gesellschaft und den Aktionären für zu weitgehend gehalten (Flume ZIP 1996, 161; aA MünchKomm/Leuschner § 34 Rn 10) oder allenfalls für **Familiengesellschaften** mit wenigen Aktionären vorgeschlagen (K Schmidt, Gesellschaftsrecht § 20 IV 2 d).

1001 Wie weit etwaige Treuepflichten der Aktionäre untereinander reichen, hängt jedenfalls auch von der Struktur der AG ab (Lutter AcP 180 [1980] 84, 105; K Schmidt, Gesellschaftsrecht § 20 IV 2 d). Die Treuepflicht hat insbes für **Mehrheitsaktionäre** zur Folge, dass sie auf die **Belange der Minderheit** Rücksicht zu nehmen haben (BGHZ 103, 184, 195; Hirte, Kapitalgesellschaftsrecht Rn 4. 45; Lutter, Zur Treuepflicht des Großaktionärs, JZ 1976, 225). Vor allem bei Maßnahmen, welche die **gesellschaftsvertraglichen Grundlagen** berühren oder in den **Kernbereich** der Mitgliedschaftsrechte bzw in unentziehbare Rechte der Minderheit eingreifen, ist die Treuepflicht zu beachten. Die auf einer an sich wirksamen Mehrheitsklausel beruhende Entscheidung kann im Einzelfall wegen Verstoßes gegen die gesellschafterliche Treuepflicht unwirksam sein (BGH NJW 2009, 669). Ausnahmsweise bestehen aber auch Treuepflichten der **Minderheit**, wenn diese über eine kontrollfähige Einflussposition verfügt (BGH NJW 1995, 1739).

(3) GmbH

1002 Bereits lange vor den höchstrichterlichen Entscheidungen zur AG hat der BGH für die GmbH eine **Treuepflicht** der **Mehrheit** gegenüber der **Minderheit** der Gesellschafter angenommen (BGHZ 65, 15, 18; vgl ferner BGH ZIP 2005, 985). Mittlerweile ist sie **innerhalb der GmbH** allgemein anerkannt (Baumbach/Hueck/Fastrich, GmbH-Gesetz [21. Aufl 2017] § 13 Rn 20 mwNw; Winter, Mitgliedschaftliche Treubindungen im GmbH-Recht 43). Da die Bindungen der Gesellschafter an die Gesellschaft häufig durch Mitwirkung in der Geschäftsführung stärker ausgeprägt sind als in der Aktiengesellschaft, wird im Verhältnis der Gesellschafter zur GmbH sogar eine gesteigerte Treuepflicht iSe **Pflicht zum tätigen Einsatz für die Gesellschaftsinteressen** bejaht. Eine Ausnahme gilt lediglich für die sog **Einmann-GmbH**, die kein vom Gesellschafterinteresse unabhängiges Gesellschaftsinteresse kennt (BGH ZIP 1992, 1734).

(4) Genossenschaft

1003 Gesteigerte Treuepflichten gelten wegen des besonderen **personenrechtlichen Einschlages** für die Genossenschaft (BGH ZIP 1996, 674, 677; Enneccerus/Lehmann, Schuldrecht § 4 II 1 II; z den Grenzen der Treuepflicht BGH ZIP 1993, 384).

b) Einzelfälle

1004 Im Gesellschaftsrecht beschränkt sich – jedenfalls seit der Schuldrechtsreform (s Staudinger/Olzen Einl 188 ff zum SchuldR) – die Bedeutung von § 242 BGB auf dessen **Schranken-** und **Konkretisierungsfunktion** (s oben Rn 201 ff u 181 ff), während früher auch die Pflichtenbegründung zu den Funktionen der Norm zählte. Grundlage von schuldrechtlichen Verpflichtungen ist aber das Schuldverhältnis selbst iVm § 241 Abs 1 BGB oder § 241 Abs 2 BGB (vgl z Pflichtenbegründung STAUDINGER/OLZEN § 241 Rn 112 ff u z den Funktionen des § 242 BGB oben Rn 171 ff). Im Interesse einer einheitlichen Darstellung der zu § 242 BGB vorhandenen Judikatur, die sich vor der Schuldrechtsreform nicht iE mit der Abgrenzung zwischen § 241 BGB, insbes Abs 2, und § 242 BGB befassen musste, werden im Folgenden dennoch alle Fälle aufgeführt, auch die, in denen der Norm pflichtenbegründende Funktion beigemessen wurde.

aa) Unterlassungspflichten
Die Treuepflicht verbietet dem Gesellschafter jedes **Verhalten**, das sich für die Ge- 1005 sellschaft **nachteilig auswirkt**. Einer GmbH wurde deshalb ein Schadensersatzanspruch gegen ihren Gesellschafter zuerkannt, der den Geschäftsführer zu einem aussichtslosen Prozess gegenüber einem Mitgesellschafter veranlasst hatte (OLG Düsseldorf ZIP 1994, 619).

bb) Mitwirkungspflichten
Aus der Treuepflicht kann eine **Stimmpflicht** resultieren, wenn dies unter Abwägung 1006 mit den schutzwürdigen Belangen des widersprechenden Gesellschafters im Gesellschaftsinteresse geboten erscheint (BGHZ 44, 40, 41; BGH NJW 2010, 65, 67 für die OHG; 64, 253, 257 für die KG; 98, 276, 279 für die personalistisch strukturierte GmbH; für eine Übertragung auch auf die personalistisch strukturierte AG Großkomm-AktG/WIEDEMANN § 179 Rn 157). Dabei sind allerdings an die Verpflichtung, einer Beitragserhöhung zuzustimmen, besonders hohe Anforderungen zu stellen, da ein Gesellschafter grds nicht zu neuen Vermögensopfern gezwungen werden kann (BGH MDR 2007, 1144). Befindet sich die Gesellschaft im Liquidationsstadium, gelten ebenfalls besondere Voraussetzungen für eine positive Stimmpflicht. So ist ein Kommanditist bspw nicht verpflichtet, in diesem Stadium – zur Durchführung eines zeitlich ungewissen Sanierungskonzepts – einer Änderung des Gesellschaftsvertrages zuzustimmen, durch die ein Teil seiner Haftsumme in eine Zahlungspflicht gegenüber der KG umgewandelt werden soll (BGH MDR 2007, 1326).

Andererseits kann eine Zustimmungspflicht zu einer Änderung des Gesellschaftsvertrags bestehen, die ein Ausscheiden des Gesellschafters mit sich bringt, sofern die Zustimmung mit Rücksicht auf das bestehende Gesellschaftsverhältnis dringend erforderlich und unter Berücksichtigung der eigenen Belange des Gesellschafters zumutbar ist (BGH NJW 2010, 65, 67). Die Grundlage einer derartigen Treuepflicht bildet der Gesellschaftsvertrag. Sofern dieser keine entsprechende Erwartungshaltung begründet, besteht auch keine Treuepflicht (BGH NJW 2011, 1667).

Aus der Stimmpflicht folgt zum einen, dass der treuwidrig handelnde Gesellschafter 1007 keine Möglichkeit hat, sich auf die Unwirksamkeit der ohne seine Zustimmung getroffenen Maßnahme zu berufen (BGH NJW 1960, 434; 2010, 65, 66). Zum anderen kann die Stimmpflicht nach der Rechtsprechung aber auch selbstständig durchgesetzt werden (OLG München NJW-RR 1998, 174, 175). Für das **Aktienrecht** wurde einem **Stimmbindungsvertrag** eine einklagbare **Vorbereitungspflicht** entnommen, um die Erfüllung der gefährdeten Hauptleistung zu sichern (ERMAN, Zwangsweise Durchsetzung von Ansprüchen aus einem Stimmbindungsvertrag im Aktienrecht, AG 1959, 267 u 300). Ein Gesellschafter wurde ferner als verpflichtet angesehen, der Fortsetzung einer durch einen Privatgläubiger eines Mitgesellschafters gekündigten Gesellschaft zuzustimmen, nachdem der Gläubiger befriedigt worden war (RGZ 169, 153, 155; vgl auch OGH MDR 1950, 541). Ein Kommanditist ist ausnahmsweise gezwungen, einem Wechsel in der Person des Komplementärs zuzustimmen (OLG München NJW-RR 1997, 611). Mitwirkungspflichten treffen auch den geschäftsführenden Gesellschafter einer GbR (BGH NJW 1960, 91).

cc) Inhaltskontrolle

1008 Die Vorschriften über die Kontrolle Allgemeiner Geschäftsbedingungen finden auf Gesellschaftsverträge wegen § 310 Abs 4 BGB keine Anwendung. Auch der Zulässigkeit einer **Inhaltskontrolle** von Gesellschaftsverträgen nach Treu und Glauben könnte § 310 Abs 4 BGB entgegenstehen, sofern man die Vorschrift als spezielle Ausformung des Treuegedankens versteht (so BeckOK-BGB/Sutschet [1.5.2019] Rn 37). Dann würde diese Bereichsausnahme eine Inhaltskontrolle von Satzungen gänzlich verhindern. Der Wille des Gesetzgebers spricht jedoch gegen eine solche Betrachtungsweise: § 310 Abs 4 BGB diente danach der Klarstellung, dass die bisherige Rechtsprechungspraxis von einer Inhaltskontrolle über § 242 BGB nicht berührt werden sollte (BT-Drucks 7/5422, 13 z gleichlautenden § 23 AGBG aF).

1009 Begegnet die Inhaltskontrolle über § 242 BGB also keinen grundsätzlichen Bedenken (so auch MünchKomm/Basedow[4] [2001] AGBG § 23 Rn 11), so bleibt fraglich, bei welchen Gesellschaftsformen sie angezeigt ist. Im **Aktienrecht** dürfte ihr deshalb geringe Bedeutung zukommen, weil die meisten Normen zwingend und Abweichungen in der Satzung deshalb nur begrenzt zulässig sind, § 23 Abs 5 AktG. Im Übrigen wird die Inhaltskontrolle nach Treu und Glauben dadurch eingeschränkt, dass sie üblicherweise **Austauschverträge** mit **gegenläufigen Interessen** betrifft, während **Gesellschaftsverträge** durch das **gleichgerichtete Interesse** der Gesellschafter am Erfolg ihrer Gesellschaft gekennzeichnet sind (BGH MDR 2009, 814; Jaques NZG 2000, 401 Fn 87). Eine Inhaltskontrolle läge deshalb näher, wenn ein Austauschvertrag der Gesellschaft mit einem Gesellschafter überprüft würde, nicht aber der Gesellschaftsvertrag selbst. In einer **personalistisch strukturierten Gesellschaft** sprechen die verbandsspezifischen Gegebenheiten eher dagegen, die Autonomie der Gesellschafter über § 242 BGB zu beschneiden (OLG Hamburg WM 1994, 499; vgl grundlegend Lieb, Sonderprivatrecht für Ungleichgewichtslagen? Überlegungen zum Anwendungsbereich der sogenannten Inhaltskontrolle privatrechtlicher Verträge, AcP 178 [1978] 196). Satzungsgestaltungen verstoßen jedenfalls nicht schon deshalb gegen Treu und Glauben, weil sie vom gesetzlichen Leitbild abweichen (BGHZ 134, 392, 396).

1010 Für **Publikumsgesellschaften** erkennt die Rspr seit Mitte der 70er Jahre hingegen Zulässigkeit und Notwendigkeit einer Inhaltskontrolle über § 242 BGB einhellig an (BGH 15.11.2011 – II ZR 266/09 Rn 23, NJW 2012, 1439, 1441; NJW 1991, 2906; 1982, 2303; 1981, 2565; 1978, 425; 1977, 2311; 1975, 1318; BGH BB 1984, 169, 170; OLG Düsseldorf AnwBl 2008, 72; Lehmann-Richter, Publikumsgesellschaften Rn 15, in: vWestphalen/Thüsing, Vertragsrecht und AGB-Klauselwerke; offenlassend BGH 23.4.2012 – II ZR 75/10 Rn 33, NJW-RR 2012, 1312, 1315). Begründet wird dies damit, dass wenige Gründer den Gesellschaftsvertrag entwerfen und nachfolgende Gesellschafter, die lediglich über den Kapitalmarkt beteiligt sind, auf dessen Ausgestaltung keinen Einfluss haben (für die Publikums-KG BGHZ 64, 238, 241; Lehmann-Richter, Publikumsgesellschaften Rn 15, in: vWestphalen/Thüsing, Vertragsrecht und AGB-Klauselwerke; MünchKomm/Schubert Rn 535). Dies gilt unabhängig davon, ob die Gesellschaft eigene Geschäftsanteile vergibt oder ob Treuhandmodelle vereinbart werden (vgl Grunewald, Gesellschaftsrecht § 1 36 f). Bei solchen Publikumsgesellschaften ist die Satzung materiell mit AGB zu vergleichen, weil in beiden Fällen eine Vertragsbeziehung einseitig für eine Mehrzahl von Vertragspartnern vorgegeben wird, sodass hier in der Tat gewichtige Argumente für eine Inhaltskontrolle sprechen.

Eine Inhaltskontrolle ist deshalb ua für Gesellschaftsverträge der **Publikums-KG** 1011 anerkannt (BGHZ 104, 50; 84, 11, 14; 64, 238, 241; OLG Düsseldorf DB 1991, 1274; LG Wiesbaden SpuRt 1996, 64; vgl Picot, Mehrheitsrechte und Minderheitenschutz in der Personengesellschaft unter besonderer Berücksichtigung der PublikumsKG, BB 1993, 13; für eine Inhaltskontrolle des Gesellschaftsvertrages einer Familien-KG Wiedemann, in: FS H Westermann [1974] 585, 589; dagegen H P Westermann, Kautelarjurisprudenz, Rechtsprechung und Gesetzgebung im Spannungsfeld zwischen Gesellschafts- und Wirtschaftsrecht, AcP 175 [1975] 375, 407 f; Martens, Allgemeine Gesellschaftsvertragsbedingungen auf dem Prüfstand der Privatautonomie, JZ 1976, 511, 513). Das Gleiche gilt für eine entsprechend strukturierte **GbR** (BGHZ 102, 172; BGH NJW 1983, 2498; 1982, 2495; 1982, 877) oder **Stille Gesellschaft** (BGHZ 127, 182; BGH NJW 2001, 1271).

Ähnliche Grundsätze finden aber auch auf ähnlich strukturierte **Kapitalgesellschaften** 1012 wie die (seltene) **Publikums-GmbH** (LG Münster NJW-RR 1996, 676) Anwendung. Bei der **KGaA** stellt sich ebenfalls die Frage einer Satzungskontrolle aufgrund der gesellschaftsrechtlichen Treuepflicht. Für die **gesetzestypische KGaA**, die in ihrer **personalistischen Struktur** Gemeinsamkeiten mit der **Publikums-KG** ausweist, hat die Rspr eine Satzungskontrolle bislang offenbar dennoch nicht in Erwägung gezogen. Für die **kapitalistische KGaA** wurde demgegenüber erwogen, Satzungsgestaltungen in engeren Grenzen zuzulassen als bei der gesetzestypischen KGaA, wobei als Richtlinie möglicherweise die zur Publikums-KG entwickelten Grundsätze herangezogen werden können (BGHZ 134, 392, 400).

Bezogen auf **Genossenschaften** wurde die Zulässigkeit einer Satzungskontrolle teilw 1013 offen gelassen (BGH WM 1988, 707, 709), im Fall eines genossenschaftlichen Bankenverbandes aber bejaht (OLG Köln ZIP 1992, 1617). Im **Vereinsrecht** hat die Rspr eine Satzungskontrolle gem § 242 BGB jedenfalls dann befürwortet, wenn der Verein im wirtschaftlichen oder sozialen Bereich eine überragende Machtstellung innehat und das Mitglied auf die Mitgliedschaft angewiesen ist (BGHZ 105, 306, 316; OLG Oldenburg NJW-RR 1999, 422; OLG Hamm NJW-RR 1992, 1211; Palandt/Ellenberger § 25 Rn 9; Möschel, Monopolverband und Satzungskontrolle [1978] 13 f). Vor allem **Regelwerke** für die Ausübung von **Sport**, denen sich auch Nichtmitglieder des erlassenden Verbandes unterwerfen, sind einer Inhaltskontrolle nach § 242 BGB zugänglich (BGHZ 128, 93, 103).

Hinsichtlich der **Rechtsfolgen** ist zu bedenken, dass der vollständige Verband von der 1014 Inhaltskontrolle betroffen ist, also einschließlich derjenigen Gesellschafter, die an der Abfassung des Vertrages nicht beteiligt waren. Da der Gesellschaftsvertrag auch nicht in Teilverträge aufgespalten werden kann, lässt sich dieses Problem nicht durch eine relative Unwirksamkeit lösen (Schneider, Die Inhaltskontrolle von Gesellschaftsverträgen, ZGR 1978, 1, 12). Eine solche Aufspaltung verstieße im Übrigen gegen das aus § 248 Abs 1 AktG resultierende Rechtsprinzip, einander widersprechende Entscheidungen zu vermeiden.

dd) Haftung
Im Gesellschaftsrecht stellt sich ferner die Frage, ob der Berufung auf die **Selbst-** 1015 **ständigkeit juristischer Personen** nach Treu und Glauben Grenzen zu setzen sind –

ein Gedanke, der sich in der angelsächsischen Rechtsordnung unter dem Stichwort „piercing the corporate veil" findet (MünchKomm/Schubert Rn 232 f; rechtsvergleichend vArnim NZG 2000, 1001). Sowohl der **Schutz des Gesellschafters** (BGHZ 91, 380) als auch der **Schutz des Rechtsverkehrs** (z Durchgriffshaftung s auch o Rn 692 f) führen im Einzelfall uU dazu, dass ein solcher Einwand **rechtsmissbräuchlich** erscheint.

1016 Deshalb können Gesellschafter in entsprechenden Fällen gegenüber den Ansprüchen Dritter nicht die förmliche Selbstständigkeit einer von ihnen beherrschten juristischen Person geltend machen (RGZ 169, 240, 248; 129, 50, 53; 99, 232, 234, 242; BGHZ 78, 318, 333; 68, 312, 314; 54, 222, 224; 26, 31, 33; 22, 226, 230; 20, 4). Ungeachtet der grundsätzlichen Haftungsbegrenzung einer juristischen Person auf ihr Gesellschaftsvermögen kommt dann eine **Durchgriffshaftung** auf das **Privatvermögen** in Betracht (BGH 10. 12. 2007 – II ZR 239/05 Rn 15, WM 2008, 358; Schanze, Einmanngesellschaft und Durchgriffshaftung 56 f; Serick, Rechtsform und Realität juristischer Personen 5 f; Palandt/Grüneberg Rn 71; Pfeiffer JuS 2008, 490, 493 f; K Schmidt ZIP 1994, 837). Im Hinblick darauf, dass der Gesetzgeber die Haftungsbeschränkung durch Wahl entsprechender Gesellschaftsformen grds erlaubt hat, bleibt eine persönliche Inanspruchnahme der Gesellschafter allerdings die Ausnahme. Ein **Minderheitsaktionär**, der keinen wesentlichen Einfluss auf die Geschäftsführung nehmen kann, muss daher auch keinen Haftungsdurchgriff befürchten. Demgegenüber haftet derjenige, der über eine Vielzahl von Anteilen und entsprechenden Einfluss verfügt, uU persönlich (vArnim NZG 2000, 1001, 1004).

1017 Dogmatisch wird die Durchgriffshaftung teilw an den **Missbrauch** der juristischen Person, also an § 242 BGB angeknüpft (Serick, Rechtsform und Realität juristischer Personen 203; krit Hüffer/Koch, AktG § 1 Rn 17 f). Andere sehen juristische Personen als **funktionsgebundene Rechtsfiguren** an und wollen die Haftungsfreistellung der Gesellschafter auf die Sachverhalte beschränken, die der **gesetzlichen Zielvorstellung** entsprechen (sog Normzwecktheorie, vgl Lutter/Hommelhoff/Bayer, GmbHG § 13 Rn 11; Schanze, Einmanngesellschaft und Durchgriffshaftung 102), sodass im Falle eines Haftungsdurchgriffs die haftungsbeschränkende Norm **teleologisch reduziert** wird. Ein Haftungsdurchgriff wird in folgenden **Fallgruppen** diskutiert, oft aber auch wegen des Ausnahmecharakters verneint:

1018 Die **Unterkapitalisierung** betrifft Tatbestände, in denen eine Gesellschaft für einen bestimmten Zweck gegründet und mit einem Stammkapital ausgestattet wird, das zur Erreichung dieses Zwecks nicht ausreicht (Banerjea, Haftungsfragen in Fällen materieller Unterkapitalisierung und im qualifiziert faktischen Konzern, ZIP 1999, 1153; Lutter/Hommelhoff/Bayer, GmbHG § 13 Rn 20; Wüst, Das Problem des Wirtschaftens mit beschränkter Haftung, JZ 1992, 710; ders, Die unzureichende Kapitalausstattung bei Beschränkthaftern [1995] 990). Das Schrifttum steht einer persönlichen Einstandspflicht in solchen Fällen tendenziell positiv gegenüber (Lutter/Hommelhoff/Bayer, GmbHG § 13 Rn 20 mwNw); die Rspr schwankt bisher in der Bewertung (gegen einen Durchgriff BGHZ 68, 312; BAG ZIP 1999, 878 m Anm Altmeppen; zögernd BGH WM 1977, 845; BGH NJW 1981, 2810; bejahend BGHZ 54, 222, 224; BGH ZIP 1996, 1135; z Gerichtsstand OLG Köln, NZG 2004, 1009). Für sich genommen begründet die Unterkapitalisierung meist noch keine persönliche Einstandspflicht des Gesellschafters gegenüber Dritten (BGH NJW 1977, 1449, 1450; BAG ZIP 1999, 878, 879; s aber Rn 1002). So konnte sich ein Kommanditist auf die Haftungsbeschränkung berufen, obwohl er wirtschaftlich Inhaber einer KG war und eine mittellose Person als Komplementär eingesetzt hatte (BGHZ 45, 204, 207).

Titel 1
Verpflichtung zur Leistung § 242

Eine Diskussion über den Haftungsdurchgriff gibt es grds auch in **Abhängigkeits- und** **1019** **Konzernverhältnissen** (Hüffer/Koch, AktG § 1 Rn 21; K Schmidt NJW 2001, 3577). Der dogmatische Ansatz der Durchgriffshaftung wird dort allerdings in zunehmendem Maße durch den Gedanken der **Verlustdeckungspflicht** der Gesellschafter gegenüber der Gesellschaft verdrängt. Nachdem hierfür zeitweilig in entsprechender Anwendung von §§ 303, 322 Abs 2 und 3 AktG beim **qualifiziert faktischen Konzern** eine **verschuldensunabhängige Einstandspflicht** angenommen wurde (BGHZ 115, 187; 107, 7; 95, 330; BAG NJW 1991, 2923), hat sich die Rspr zwischenzeitlich unter Beibehaltung der konzernrechtlichen Betrachtungsweise (BGHZ 122, 123) für eine **verschuldensabhängige Einstandspflicht** oder **Bestandsgarantie** im Hinblick auf eine hinreichende Kapitalisierung der Gesellschaft entschieden. Daraus ergibt sich uU eine Haftung des Gesellschafters wegen **schuldhafter Existenzvernichtung** seiner Gesellschaft, wenn er auf deren Eigeninteresse an ausreichender Liquidität **keine angemessene Rücksicht** nimmt (BGHZ 149, 10, 15 f; 142, 92; BGH ZIP 2002, 1578; Bungard ZIP 2002, 827; K Schmidt NJW 2001, 3577; Ulmer, Von „TBB" zu „Bremer Vulkan" – Revolution oder Evolution? Zum Bestandsschutz der abhängigen GmbH gegen existenzgefährdende Eingriffe ihres Alleingesellschafters, ZIP 2001, 2021). Allein der Umstand der **Beherrschung** durch einen Gesellschafter begründet also noch keine persönliche Haftung (BSG NJW-RR 1997, 94, 95; BGH NJW 1977, 1449, 1451; MünchKomm/Schubert Rn 232 f). Dies gilt sowohl für den beherrschenden **Mehrheitsgesellschafter** (BGHZ 102, 95, 102) als auch für den **Einmanngesellschafter** (BGHZ 68, 312, 320).

Eine persönliche Haftung der Gesellschafter gegenüber Gläubigern wird hingegen in **1020** den Fällen der **Vermögensvermischung** erwogen, wenn also aufgrund fehlender oder undurchsichtiger Buchführung die Vermögensgegenstände weder dem persönlichen noch dem Gesellschaftsvermögen eindeutig zuzuordnen sind (Lutter/Hommelhoff/ Bayer, GmbHG § 13 Rn 19). Für die **GmbH** ist ein Haftungsdurchgriff insoweit anerkannt (BGHZ 125, 366, 368; 95, 330, 333; BGH ZIP 1994, 867; 1985, 31; BGH DB 1994, 1354; BGH WM 1958, 463; BSG NJW-RR 1995, 730, 731; OLG Nürnberg WM 1955, 1566, 1567; K Schmidt ZIP 1994, 837), allerdings nicht für den Minderheitsgesellschafter, der die Vermögensvermischung nicht zu verantworten hat (BGH ZIP 1994, 867). Für die **AG** fehlen entsprechende Entscheidungen. Eine Übertragung der Judikatur zur GmbH kann nicht ohne weiteres erfolgen, da im Gegensatz zur GmbH jede Entnahme des Aktionärs über den Bilanzgewinn gegen das Gesetz verstößt und zur Rückzahlung verpflichtet (Hüffer/Koch, AktG § 1 Rn 20). Anders als der GmbH fehlt der AG außerdem eine dem Weisungsrecht des Gesellschafters gem § 37 GmbHG vergleichbare Einflussmöglichkeit der Aktionäre auf die Geschäftsführung. Eine persönliche Einstandspflicht kommt daher nur ganz ausnahmsweise in Betracht, etwa bei **manipulativer Einwirkung auf den Vorstand** oder **kollusivem Zusammenwirken** mit diesem (MünchKommAktG/Heider [5. Aufl 2019] § 1 Rn 72 ff). Der Vermögensvermischung verwandt ist die **Sphärenvermischung** (Lutter/Hommelhoff/Bayer, GmbHG § 13 Rn 24), die zB mittels ähnlicher Firmierung den Unterschied zwischen Gesellschafter und juristischer Person verschleiert (BGH WM 1958, 463).

Der Durchgriffshaftung verwandt ist der **Zurechnungsdurchgriff**, bei dem entgegen **1021** dem Trennungsprinzip Wissen, Eigenschaften oder Handlungen der juristischen Person dem Anteilseigner zugerechnet werden. Eine Durchbrechung der rechtlichen Selbstständigkeit findet ferner insoweit statt, als **Unterlassungspflichten** uU auch die vom Schuldner beherrschte Person treffen (BGH DB 1988, 701).

1022 Eine Haftung kraft **Rechtsscheins** hat im Gesellschaftsrecht in erster Linie dann Bedeutung, wenn die Gesellschafter den **Eindruck unbeschränkter persönlicher Haftung** erwecken (BGHZ 22, 226, 230). Dementsprechend haften Gesellschafter, deren Firmierung die Beschränkung der Haftung entgegen § 19 Abs 2 HGB nicht deutlich werden lässt, mit ihrem Eigenvermögen (BGHZ 64, 11; 71, 354; 62, 226; BGH WM 1990, 600). Gleiches gilt für den persönlich haftenden Gesellschafter, der in eine Kommanditistenstellung überwechselt, ohne dies gegenüber seinen Geschäftspartnern kenntlich zu machen, so weit seine Berufung auf die Eintragung dieser Tatsache in das Handelsregister gem § 15 Abs 2 HGB und der Verweis auf die nunmehr bestehende Haftungsbeschränkung im Widerspruch zu seinem Geschäftsgebaren steht (BGH DB 1976, 1479). Dies gilt allerdings nicht, wenn der Geschäftspartner die wahre Rechtslage zumindest hätte erkennen müssen (BGH JZ 1971, 334). Wer schriftlich den Anschein erweckt, eine selbstständige GmbH werde als Zweigniederlassung betrieben, muss sich diesen Anschein ebenfalls zurechnen lassen (BGH ZIP 1987, 1167).

ee) Auskunfts- und Rechenschaftspflichten

1023 Die Rspr hat früher aus § 242 BGB auch im Gesellschaftsrecht **Auskunfts- und Rechenschaftspflichten** begründet (BGHZ 14, 53, 58, 60). Mittlerweile finden sich aber **spezialgesetzliche Regelungen** in den §§ 118, 166, 325 f HGB, § 131 AktG und in § 51a GmbHG. Für den Rückgriff auf § 242 BGB verbleibt damit nur wenig Raum. Die Rspr erwog eine darauf gestützte Auskunftspflicht, als ein Verband die Grundlage für eine gegen ein Mitglied zu verhängende Verbandsstrafe ermitteln sollte. IE wurde die Heranziehung des § 242 BGB aber abgelehnt (BGH ZIP 2003, 343). Der Auskunftsanspruch richtet sich gegen die **Gesellschaft** (MünchKommAktG/Kubis [4. Aufl 2018] § 131 Rn 19; Lutter/Hommelhoff/Bayer, GmbHG § 51a Rn 7; Baumbach/Hopt/Roth, HGB § 118 Rn 1), bei der Personengesellschaft ferner gegen den **geschäftsführenden Gesellschafter** (BGHZ 23, 302, 306). Aus der Treuepflicht der Gesellschaft gegenüber ihren Aktionären resultiert das Recht eines **jeden Aktionärs**, gegen Kostenerstattung Kopien von Aufzeichnungen bzw Protokollen der Hauptversammlungen zu verlangen, zumindest so weit eigene Redebeiträge einschließlich der Reaktionen anderer Verwaltungsmitglieder betroffen sind (BGHZ 127, 107). Auskunftsansprüche finden aber auch heute noch ihre Grenze im Grundsatz von Treu und Glauben, wenn der Anspruch lediglich als Vorwand für die Erlangung von **Geschäftsgeheimnissen** dient (so bereits BGHZ 10, 387). Insgesamt muss der Gesellschafter bei der Ausübung des Auskunfts- und Einsichtsrechts das schonendste Mittel zur Erfüllung seines Informationsbedürfnisses wählen (vgl OLG Jena ZIP 2004, 2003 f). Ein GmbH-Gesellschafter ist aufgrund der gesellschaftsrechtlichen Treuepflicht grds dazu verpflichtet, seinem Mitgesellschafter über Vorgänge, die dessen Vermögensinteressen berühren und ihm nicht bekannt sein können, vollständig und zutreffend zu informieren (BGH NJW 2007, 917).

ff) Gesellschafterbeschlüsse

1024 Aus einem Gesellschafterbeschluss, der unter **Machtmissbrauch** zustande gekommen ist, können keine Rechte hergeleitet werden (RGZ 167, 65, 76), da hierin eine unzulässige Rechtsausübung zu sehen wäre. Sie liegt mangels schutzwürdigen Eigeninteresses auch bei **Missbrauch eines Stimmrechts** vor, zB weil ein Gesellschafter aus eigennützigen Motiven die Interessen der Gesellschaft verletzt (BGHZ 14, 25, 38; BGH ZIP 1991, 1427; OLG Nürnberg MDR 1975, 761; Roth/Altmeppen/Altmeppen, GmbHG § 47

Rn 82). Das Gleiche gilt, wenn der Gesellschafter einer Maßnahme nicht zustimmt, obwohl die Versagung der Zustimmung zu einer Gefährdung von Bestand oder Funktionsfähigkeit der Gesellschaft führen könnte (OLG München NJW-RR 2004, 192, 193). Rechtsmissbräuchlich ist es auch, dass ein Gesellschafter einer ihn nicht belastenden, im Interesse der Gesellschaft aber erforderlichen Maßnahme widerspricht, obwohl er den Gesellschaftsvertrag bereits gekündigt hat (BGHZ 88, 320, 328), ferner, wenn er für die Berufung eines Geschäftsführers stimmt, in dessen Person wichtige Gründe gegen eine solche Berufung liegen (BGH MDR 1993, 1067, 1068; WM 1991, 97; WM 1988, 23, 25). Einen Rechtsmissbrauch hat die Rspr angenommen, als ein Gesellschafter eine in italienischer Sprache vorgelegte Teilnahmevollmacht eines italienischen Gesellschafters zurückwies (OLG Brandenburg NZG 1998, 909) oder einem Beschluss über die Ausgliederung zur Aufnahme zustimmte und dabei nicht dafür Sorge trug, dass der Gesellschaft ein angemessener Gegenwert für das übertragene Vermögen zukam (OLG Stuttgart ZIP 2004, 1145). Ein solcher Missbrauch führt dazu, dass die abgegebene Stimme unberücksichtigt bleibt (MünchKomm/SCHUBERT Rn 490).

Auch die **Anfechtung eines Hauptversammlungsbeschlusses** kann sich als Rechtsmissbrauch darstellen, wenn sie allein durch eigensüchtige Motive bestimmt war (vgl RGZ 146, 385, 395; BGH NJW-RR 1991, 358, 360; 1990, 350; ausf z Treuepflicht als Grenze des aktienrechtlichen Anfechtungsrechts SZALAI DStR 2008, 358 ff). Führt ein Aktionär bspw eine solche Anfechtungsklage ausschließlich mit dem Ziel, aufgrund der Sperrwirkung der Klage auf die Gesellschaft Druck auszuüben, um sie in grob eigennütziger Weise zu einer Leistung zu veranlassen, auf die er keinen Anspruch hat, ist Missbräuchlichkeit selbst dann anzunehmen, wenn sich das Verlangen des Klägers wirtschaftlich nicht gegen die Gesellschaft, sondern gegen den Hauptaktionär richtet (OLG Frankfurt WM 2009, 309). Eine sachlich begründete Anfechtung, die schutzwürdigen Zwecken dient, wird aber nicht schon dadurch rechtsmissbräuchlich, dass damit gleichzeitig eigene Motive verfolgt werden (MünchKomm/SCHUBERT Rn 489). Da das Gesetz dem Aktionär das Anfechtungsrecht zugesteht, handelt dieser in seiner Ausübung jedenfalls nicht grds rechtsmissbräuchlich (RGZ 146, 385, 396). Auch wenn sich ein Vortrag „ins Blaue hinein" zu einem von mehreren Anfechtungsgründen im Verlaufe des Prozesses als unzutreffend erweist, ist die Anfechtungsklage gegen Beschlüsse der Hauptversammlung einer AG nicht rechtsmissbräuchlich (OLG Frankfurt ZIP 2008, 2286). Mit dem Ziel missbräuchlichen Anfechtungsklagen entgegen zu wirken, trat am 1. 9. 2009 das Gesetz zur Umsetzung der Aktionärsrichtlinie (ARUG) in Kraft (BT-Drucks 16/11642). Mit Hilfe des reformierten Freigabeverfahrens können Kapital- und Strukturmaßnahmen in das Handelsregister eingetragen werden, obwohl gegen den entsprechenden Hauptversammlungsbeschluss Anfechtungsklage erhoben wurde. Mittels der Sperrwirkung einer Anfechtungsklage vermag der Aktionär also keinen Druck mehr auf die Gesellschaft auszuüben. **1025**

Einer Klage mit der Zielsetzung, sich das Anfechtungsrecht „abkaufen" zu lassen oder die Anfechtungsposition als Druckmittel in Vergleichsverhandlungen um einen Schadensersatzanspruch zu verwenden, kann der Einwand des individuellen Rechtsmissbrauchs entgegengehalten werden. Die Voraussetzungen sind bereits dann gegeben, wenn die Klage das Ziel verfolgt, die Gesellschaft in grob eigennütziger Weise zu einer Leistung zu veranlassen, auf die kein Anspruch besteht, die aber zur Abwendung der mit einem Anfechtungsprozess verbundenen Nachteile dennoch erbracht wird (BGHZ 308, 310; 107, 296; BGH NJW 1993, 2181; BGH NJW-RR 1991, 358, 360; **1026**

1990, 350; OLG Stuttgart NJW-RR 2001, 970; OLG Frankfurt ZIP 1996, 379; OLG Köln ZIP 1988, 1391; anders noch OLG Hamm ZIP 1988, 1051; LG Kassel ZIP 1989, 306; z Schadensersatzpflicht des beratenden Anwalts vgl BGH WM 1992, 1184). Ebenso sah die Rspr einen Verstoß gegen § 242 BGB darin, dass der Kläger zwar keine Sonderzahlungen für sich forderte, aber an Verhandlungen beteiligt war, in denen ein weiterer Anfechtungskläger solche Forderungen durch einen Bevollmächtigten erheben ließ (OLG Karlsruhe ZIP 1992, 401, 402). Einen Treueverstoß nahm der BGH auch an, als der Entschluss zum Missbrauch des Anfechtungsrechts erst nach Klageerhebung gefasst worden war (BGH ZIP 1991, 1577; BGH NJW 1992, 569, 570). Schließlich wurde es als rechtsmissbräuchlich erachtet, dass sich die Anfechtung auf einen Beschlussmangel stützte, den der Kläger selbst treuwidrig herbeigeführt hatte (OLG Hamburg NJW-RR 1991, 673).

1027 Rechtsmissbräuchlich ist schließlich die **Nichtigkeitsklage**, die der Kläger ohne Rücksicht auf die Interessen der Gesellschaft betreibt (OLG Düsseldorf ZIP 1997, 1153, 1157). Sie wurde deshalb wegen fehlenden Rechtsschutzbedürfnisses als unzulässig abgewiesen (OLG Frankfurt ZIP 1991, 657).

gg) Gesellschafterstellung und Geschäftsführung

1028 Die Rspr leitet bei einer KGaA aus der gesellschaftsrechtlichen Treuepflicht eine **Pflicht der Komplementär-GmbH** ab, bei der **Bestellung ihrer Geschäftsführer** auf die Kommanditaktionäre Rücksicht zu nehmen (BGHZ 134, 392, 398; ebenso PRIESTER, Die Kommanditgesellschaft auf Aktien ohne natürlichen Komplementär, ZHR 160 [1996] 250, 261; krit JAQUES NZG 2000, 401, 406).

1029 Der **Ausschluss eines Gesellschafters** (RGZ 107, 386, 388; BGHZ 16, 317, 322; 16, 117, 122; 6, 113, 117; für die GmbH; BGH WM 1971, 20, 22 für OHG u KG; OLG Celle NJW-RR 1998, 175; ERMAN/BÖTTCHER Rn 49, 170) oder die **Entziehung der Geschäftsführungsbefugnis** (BGHZ 51, 203) ist treuwidrig und damit unzulässig, wenn mildere Maßnahmen möglich und zumutbar erscheinen.

1030 Dass der **Alleingesellschafter einer GmbH** sein Amt als **Geschäftsführer** ohne wichtigen Grund **niederlegt**, obwohl kein neuer Geschäftsführer bestellt wurde, macht die Amtsniederlegung rechtsmissbräuchlich iSd § 242 BGB und daher unwirksam (BayObLG DB 1981, 2219; OLG Zweibrücken DB 2006, 662; OLG München NZG 2011, 432). Der Grund liegt im Interesse des Rechtsverkehrs an der Handlungsfähigkeit der Gesellschaft (OLG Köln ZIP 2008, 646). Ferner hat die Rspr es im Rahmen einer Satzungskontrolle als unzulässig angesehen, die **Abberufung eines Geschäftsführers** durch qualifizierte Mehrheiten **zu erschweren** (BGHZ 102, 172, 175).

1031 Die **Kündigung eines Gesellschafters** kann rechtsmissbräuchlich sein, wenn dieser nur vorübergehend an der Wahrnehmung seiner Pflichten gehindert ist (OHG NJW 1950, 503). Wird ein **Gesellschafter** bei Eintritt in die Gesellschaft **getäuscht**, so verstößt seine spätere Inanspruchnahme gegen Treu und Glauben (BGH NJW 1973, 1604; BGH GmbHR 1976, 108, 109). Die Täuschung berechtigt ihn uU auch zur Kündigung (ERMAN/BÖTTCHER Rn 170). Wer den Privatgläubiger eines Mitgesellschafters zur Kündigung der Gesellschaft veranlasst, darf sich unter dem Aspekt des Rechtsmissbrauchs nicht auf dessen Ausschluss nach vertraglich vorgesehener Fortsetzung der Gesellschaft berufen, wenn der haftende (frühere) Mitgesellschafter den Gläubiger alsbald befriedigt und der Zwangsvollstreckung dadurch die Grundlage entzieht (BGHZ 30, 195, 201). Die §§ 723, 733 BGB enthalten für die **Kündigung der Gesellschaft** aus wichtigem Grund und den Ausschluss eines Gesellschafters eine abschließende gesetzliche Regelung. Für eine Rechtsfortbildung gem § 242 BGB dahin, dass sich ein Gesellschafter trotz fehlender Ausschlussgründe wegen persönlicher Differenzen zwischen den Gesellschaftern nicht auf den Fortbestand der Gesellschaft berufen darf, bleibt daher kein Raum (BGH NZG 1998, 984).

Ausgeschiedene Gesellschafter haben jede Beeinträchtigung des Unternehmens zu unterlassen. Einem früheren Gesellschafter einer GbR ist zB nach Treu und Glauben verwehrt, die Zahlung der ihm vertraglich zustehenden **Abfindungssumme** zu verlangen, wenn er seine Treuepflicht nachträglich verletzt hat und dem Nachfolger infolgedessen die Fortführung des Betriebes nicht mehr zuzumuten ist (BGH NJW 1960, 718 f). Scheiden mehrere Gesellschafter aus einer verschuldeten GbR aus und gründen selbst eine neue GbR, welche die Forderung gegen die alte GbR zu einem reduzierten Kaufpreis erwirbt, so verstößt es gegen ihre Treuepflicht, wenn sie anschließend die alte GbR auf Begleichung der gesamten Forderung verklagt. Entsprechend ihrer Treuepflicht hätten die Gesellschafter der neuen GbR die Darlehensrückzahlung zum reduzierten Betrag für die alte GbR verhandeln müssen. Eine Inanspruchnahme ist deshalb auch nur in diesem reduzierten Umfang möglich (OLG München WM 2012, 1727). **1032**

hh) Umwandlung und Auflösung der Gesellschaft
Ein Verstoß gegen eine gesellschaftliche Treuepflicht könnte in einer formwechselnden Umwandlung einer Gesellschaft zu erblicken sein. Dies ist aber jedenfalls dann abzulehnen, wenn der Wechsel der Gesellschaftsform nicht zu einer signifikanten Schlechterstellung der jeweiligen Gesellschafter gegenüber ihrem vorherigen Status führt (BGH WM 2005, 1462, 1466). Die **Auflösung** einer Gesellschaft kommt nur als ultima ratio in Betracht (BGH ZIP 1988, 301; BGH NJW 1980, 1278). Einem Gesellschafter kann die Erhebung der **Auflösungsklage** deshalb nach Treu und Glauben verwehrt sein, wenn er den Auflösungsgrund selbst verschuldet hat (RGZ 164, 257, 263). **1033**

ii) Übertragung von Gesellschaftsanteilen
Der Grundsatz von Treu und Glauben entfaltet bzgl der Übernahme von Gesellschaftsanteilen folgende Wirkung: Dem **Übernahmerecht** eines Gesellschafters im Hinblick auf Geschäftsanteile steht seine Treuepflicht entgegen, wenn der Berechtigte das Unternehmen nicht erhalten, sondern nur einen Liquidationsgewinn erzielen will (BGH NJW 1959, 432). Das Gleiche gilt, wenn die Kündigung eines anderen Gesellschafters durch vertragswidriges Verhalten bewirkt wurde (RGZ 162, 388, 394). Dem Ehemann steht kein Übernahmerecht zu, wenn er seine Frau in rechtsmissbräuchlicher Weise aus einem Unternehmen drängen will, welches ihren räumlich-gegenständlichen Lebensbereich darstellt (BGHZ 34, 80, 88). Aus der gesellschaftsrechtlichen Treuebindung kann sich ferner die Pflicht eines GmbH-Gesellschafters ergeben, bei drohender Insolvenz der GmbH seinen Geschäftsanteil auf einen Dritten oder einen Mitgesellschafter zu übertragen, wenn ein Mitgesellschafter hierdurch von der privaten Haftung gegenüber einem Gläubiger befreit wird (OLG Köln NZG 1999, 1166). **1034**

kk) Verwirkung

1035 Die Grundsätze der Verwirkung (s oben Rn 300 ff) gelten auch im Gesellschaftsrecht. Verwirkung kann, da es sich insoweit um Ansprüche aus Dauerschuldverhältnissen mit enger persönlicher Treuebindung handelt, sogar schon kurzfristig eintreten (Hk-BGB/Schulze Rn 46; MünchKomm/Schubert Rn 439). Dies gilt vor allem für besondere Rechtsbehelfe wie die **außerordentliche Kündigung** (BGH BB 1966, 876; RG JW 1936, 2546). Der Verwirkung unterliegt auch die Möglichkeit der **Anfechtung von Gesellschafterbeschlüssen** (BGH ZIP 1999, 1391; z verwirkten Klage vgl OLG Hamm NJW-RR 1997, 989) bzw die Berufung auf deren **Nichtigkeit** (BGH DB 1973, 467). Hierbei gilt auch für die GmbH das Leitbild der **einmonatigen aktienrechtlichen Anfechtungsfrist** (BGHZ 111, 224; BGH NJW 1993, 129), für die Feststellungsklage bei Personengesellschaften dagegen eine deutlich längere Frist (BGHZ 112, 339; BGH NJW 1999, 3113). Verwirkt werden können das **Kaduzierungsverfahren** (OLG Hamburg NJW-RR 1994, 1528), der Anspruch auf **Änderung des Gesellschaftsvertrages** (BGH WM 1969, 688), das Recht zur **Abberufung des Geschäftsführers** (BGH NJW-RR 1992, 292), das **Kündigungsrecht** (RG JW 1936, 2546, 2547), das **Zustimmungsrecht** (BGH NJW 1972, 862, 863), der **Aufwendungsersatzanspruch** eines Vereinsmitglieds gem § 27 Abs 3, 670 BGB (LG Mosbach MDR 1989, 993) sowie der Anspruch auf bare **Zuzahlung** oder **Berichtigung des Geschäftsanteils** nach identitätswahrender Umwandlung (OLG Jena OLG-NL 1999, 43; BGH WM 1999, 190 sah in der Zustimmung einen konkludenten Verzicht). Die **Stellung als Gesellschafter** unterliegt mangels Anspruchsqualität dagegen nicht der Verwirkung (BGH LM § 242 BGB [Cc] Nr 58 Bl 1; Palandt/Grüneberg Rn 99).

1036 Einer Verwirkung können jedoch vorrangige schutzwürdige **Gläubiger-** und **Gesellschafterinteressen** entgegenstehen. So scheidet eine Verwirkung von Schadensersatzansprüchen gegen einen geschäftsführenden Gesellschafter uU aus, wenn dieser den anspruchsbegründenden Sachverhalt verheimlicht und damit eine frühere Geltendmachung verhindert hat (BGHZ 25, 47, 53; BGH BB 1966, 474).

1037 Eine **Erwirkung** wurde jedenfalls früher bei jahrelangem Abweichen von der gesellschaftsvertraglich geregelten Gewinnverteilung als möglich angesehen (BGH WM 1966, 159). Diese Betrachtungsweise lässt sich als Folge der Schuldrechtsreform nach hier vertretener Ansicht nicht mehr aufrechterhalten (z Krit an der sog „Erwirkungslehre" s oben Rn 194 ff).

2. Handelsrecht

a) Allgemeines

1038 Auch die dem Handelsrecht zugehörigen Rechtsverhältnisse unterstehen dem Grundsatz von Treu und Glauben (RGZ 152, 403, 404). Bei seiner Anwendung ist stets das Einzelinteresse gegen den Verkehrs- und Vertrauensschutz abzuwägen (Erman/Böttcher Rn 48; MünchKomm/Schubert Rn 100). An die Stelle der Verkehrssitte tritt unter Kaufleuten der **Handelsbrauch**, § 346 HGB, der Treu und Glauben untergeordnet ist und im Falle einer Kollision deshalb unbeachtlich bleibt (Erman/Böttcher Rn 48). Die Vereinbarkeit von Handelsbrauch und Treu und Glauben bedarf besonderer Beachtung, weil Handelsbräuche nicht der einseitigen Interessendurchsetzung dienen dürfen.

b) Einzelfälle

Zu den Treuepflichten durch Zusammenschluss in einer handelsrechtlichen Gesellschaftsform s oben Rn 997. **1039**

Ein **Kommissionär** ist einerseits bereits vor Übernahme des Kommissionsgeschäftes verpflichtet, den Kommittenten zu beraten und vor etwaigen Risiken zu warnen (BGHZ 8, 222, 235; vgl auch RGZ 83, 201, 204). Andererseits darf der Kommittent die Mängelanzeige bei Erhalt beschädigten Kommissionsgutes nicht ungebührlich verzögern (BGH MDR 1958, 774).

Den **Handlungsgehilfen** trifft eine allgemeine Treuepflicht gegenüber seinem Arbeitgeber aus § 242 BGB (BAGE 26, 232) bzw § 241 BGB (z Anwendung des § 242 BGB im Arbeitsrecht s oben Rn 788 ff). So muss er auf irrtümliche Überzahlung (BAG NJW 1981, 366) oder auf den begründeten Verdacht einer Unterschlagung (BAG 1970, 1861) hinweisen und bei Stellenvakanz in zumutbarem Umfang aushelfen (BAG 1973, 293). **1040**

Den Unternehmer trifft eine Treuepflicht gegenüber dem **Handelsvertreter** (BAUMBACH/HOPT/HOPT, HGB § 86a Rn 1; vgl auch HABERKORN, Nebenpflichten des Handelsmaklers, MDR 1960, 93). Er hat alles zu unterlassen, was diesen ungerechtfertigt benachteiligt oder gefährdet (BGH BB 1982, 1626), auch den Einsatz von Untervertretern (BGHZ 42, 61). Aus Handelsvertreter-, Vertragshändler- oder Franchiseverträgen entsteht eine gegenseitige Pflicht zur Rücksichtnahme (BGHZ 136, 295, 298). Auf § 242 BGB wurden in der Vergangenheit auch der Auskunftsanspruch des **Maklers** wegen seines **Provisionsanspruches** (BGH NJW-RR 1990, 1370) sowie der Auskunftsanspruch des **Vertragshändlers** gegen den **Hersteller** über verbundene Unternehmen gestützt (BGH NJW 2002, 3771). **1041**

3. Gewerblicher Rechtsschutz und Urheberrecht*

Die Anforderungen an das Gebot von Treu und Glauben bestimmen sich im Bereich des gewerblichen Rechtsschutzes sowie des Urheberrechts ebenfalls grds nach allgemeinen Gesichtspunkten (BGHZ 21, 66, 80). Aus § 242 BGB wird zB im **Urheber- und Markenrecht** die Verpflichtung entnommen, auch nach Beendigung des Ver- **1042**

---

* **Schrifttum:** BEIER/WIECZOREK, Zur Verwirkung im Patentrecht, GRUR 1976, 566 ff; BERLIT, Zur Frage der Einräumung einer Aufbrauchsfrist im Wettbewerbsrecht, Markenrecht und Urheberrecht, WRP 1998, 250; EMMERICH/LANGE, Unlauterer Wettbewerb (11. Aufl 2019); FEZER, Markenrecht (4. Aufl 2009); GAMERITH, Die Verwirkung im Urheberrecht, WRP 2004, 75; vGAMM, Verwirkung im Urheberrecht, NJW 1956, 1780; HARTE-BAVENDAMM/HENNING-BODEWIG, Gesetz gegen den unlauteren Wettbewerb (4. Aufl 2016); KLAKA, Erschöpfung und Verwirkung im Licht des Markenrechtsreformgesetzes, GRUR 1994, 321; ders, Zur Verwirkung im gewerblichen Rechtsschutz, GRUR 1970, 265; HOPPE, Privatrechtliche und öffentlich-rechtliche Ausschließlichkeitsrechte von Energieversorgungsunternehmen und ihre Wirksamkeit gegenüber Erdgas, MDR 1965, 954; IMMENGA/MESTMÄCKER, Wettbewerbsrecht (5. Aufl 2014); INGERL/ROHNKE, Markengesetz (3. Aufl 2010); JUNG, Zum Begriff des „Mißbrauchs" im Kartellrecht, NJW 1965, 1117; KLEINE, Zum Einwand der Verwirkung, insbesondere im Wettbewerbs- und Urheberrecht, JZ 1951, 9; KNOCHENDÖRFER, Die Rechtsprechung zur Verwirkung nach § 21 Markengesetz, WRP 2005, 157; ders, Die Verwirkung des Unterlassungsanspruchs im Markenrecht (Diss Gießen 2000); KÖHLER/BORNKAMM/FEDDERSEN, Ge-

tragsverhältnisses Handlungen zu unterlassen, die dem Vertragspartner Vorteile aus einem Vertrag entziehen oder wesentlich schmälern (BGHZ 16, 4, 10; BGH MDR 1967, 109). Im Rahmen der Interessenabwägung ist neben den Belangen des Verletzten und des Verletzers häufig das **Interesse der Allgemeinheit** zu berücksichtigen (BGHZ 5, 189, 196). So kann ein öffentliches Interesse an **Rechtsklarheit** und der Erhaltung des **Rechtsfriedens** zum Ausschluss späterer Auseinandersetzungen über das Bestehen eines Rechts führen (vgl dazu auch MünchKomm/Schubert Rn 414). Überragende Bedeutung erlangen die Aspekte der **Verwirkung** sowie der **Auskunft** bei etwaigen Verletzerhandlungen.

a) Verwirkung

1043 Die älteste Tradition, vor allem im **Marken- und Wettbewerbsrecht**, hat der **Verwirkungseinwand** (grundlegend Klaka GRUR 1994, 321; ders GRUR 1970, 265; Knochendörfer WRP 2005, 157; ders, Die Verwirkung des Unterlassungsanspruchs im Markenrecht [Diss Frankfurt 2000]; ders, Die Verwirkung des Unterlassungsanspruchs nach § 21 Markengesetz, WRP 2001, 1040; allg z Verwirkung s oben Rn 300 ff). Er greift etwa dann ein, wenn jemand, der jahrelang eine Marke genutzt hat, sich unerwartet Unterlassungsansprüchen des Verletzten ausgesetzt sieht. Der Ausschluss der Rechte durch Verwirkung liegt besonders nahe, wenn der Anspruchsinhaber aus einem Recht vorgeht, das er selbst noch nicht genutzt hat. Nachdem zunächst die Verwirkung von Rechten aus unbenutzten sog **Vorrats- und Defensivzeichen** anerkannt worden war (RGZ 111, 192; RGZ 114, 360; BGH MDR 1966, 575; vgl nunmehr auch § 49 MarkenG), hat die Rspr später auch der Geltendmachung von Rechten aus **benutzten Warenzeichen** bzw Marken (RGZ 134, 38, 40) unter Verwirkungsgesichtspunkten Grenzen gesetzt.

aa) Markenrecht

1044 Inzwischen regelt § 21 Abs 1–3 MarkenG, dass der Berechtigte nach **fünf Jahren wissentlicher Duldung** der Benutzung seiner Marke durch einen Gutgläubigen alle Ansprüche gegen diesen verwirkt (ausf Ring DZWiR 1995, 494). Daneben bleiben jedoch nach Abs 4 die **allgemeinen Grundsätze** der Verwirkung unberührt (z Verhältnis der allgemeinen Verwirkungsgrundsätze und den markengesetzlichen Verwirkungstatbeständen ausf Müller, Die Verwirkung im Kennzeichenrecht nach der EuGH-Entscheidung „Budweiser", WRP 2013, 1301). Die durch Schrifttum und Rspr entwickelten Prinzipien behalten daher ihre Geltung, sodass unabhängig vom Ablauf einer bestimmten Frist Verwirkung dann eintritt, wenn durch **länger andauernde, redliche und ungestörte Benutzung** ein **wertvoller Besitzstand** geschaffen wurde (BGH GRUR 2001, 323; BGH NJW 1993, 920; NJW 1988, 2470; NJW 1974, 2282; BGH NJW-RR 1993, 1387; NJW-RR 1989, 809; BGH DB 1974, 2147; OLG Frankfurt Mitteilungen 2003, 314; OLG Karlsruhe Mitteilungen 2004, 316; OLG Koblenz GRUR-RR 2006, 184; OLG Jena GRUR 2012, 113, 117) und das **Vertrauen des Verletzers schutzwürdig** erscheint (BGH GRUR 1989, 449, 451, 452; 1993, 913, 915; OLG

---

setz gegen den unlauteren Wettbewerb (37. Aufl 2019); Lange, Marken- und Kennzeichnungsrecht (2. Aufl 2012); Lüderitz, Ausforschungsverbot und Auskunftsanspruch bei Verfolgung privater Rechte (1966); Oppermann, Der Auskunftsanspruch im gewerblichen Rechtsschutz und Urheberrecht (1997); Ohly/

Sosnitza, Gesetz gegen den unlauteren Wettbewerb (7. Aufl 2016); Ring, Das Rechtsinstitut der Verwirkung nach dem Markengesetz sowie nach allgemeinem Recht, DZWiR 1995, 494; Stauder, Umfang und Grenzen der Auskunftspflicht im Gewerblichen Rechtsschutz und Urheberrecht, GRUR-Int 1982, 226.

Hamburg GRUR-RR 2004, 5, 7; 2004, 71; OLG München GRUR-RR 2004, 14, 15; INGERL/ROHNKE, Markengesetz § 21 Rn 43; allg z Verwirkung s oben Rn 300 ff).

Umstr bleibt, welche Anforderungen an die Annahme eines **wertvollen Besitzstandes** **1045** zu stellen sind. Während das RG noch forderte, das Zeichen des Verletzers müsse zumindest örtlich beschränkte **Verkehrsgeltung** iSd § 25 WZG aF erlangt haben (RGZ 167, 190; 167, 171, 181; 143, 157, 190; RG JW 1931, 878, 879), wurde in späteren Entscheidungen (RGZ 171, 159, 163; RG GRUR 1942, 560; GRUR 1943, 345), denen sich der BGH angeschlossen hat (BGHZ 5, 189, 195; 21, 66, 80; BGH GRUR 1957, 25 „Hausbücherei-Entscheidung"; GRUR 1981, 60; **aM** KLEINE JZ 1951, 9), auf dieses Erfordernis verzichtet. Heute verlangt die Rspr, dass der Verletzer infolge der Benutzung **beachtliche wirtschaftliche Werte** erlangt hat, deren Entziehung eine **fühlbare Einbuße** bedeutet (BGHZ 66, 78; BGH NJW-RR 1993, 1387; NJW-RR 1989, 809; BGH NJW 1993, 920; NJW 1988, 2470; NJW 1974, 2282). Das Markenrecht misst damit der **aktiven Tätigkeit des Verletzers** bei der Verwirkung besondere Bedeutung zu (KLAKA GRUR 1970, 265, 268).

Ein wertvoller Besitzstand kann im Einzelfall bereits **vor Ablauf der Frist** des § 21 **1046** Abs 1–3 MarkenG entstehen (BGH DB 1991, 2650); bei Gutgläubigkeit des Verletzers genügen uU schon wenige Monate (vgl RGZ 127, 321, 323; z den Anforderungen an die Darlegung BGH NJW 1974, 2282). Im Falle eines **unbenutzten Zeichens** hat die (ältere) Rspr einen Zeitraum von acht Monaten als ausreichend angesehen (RGZ 114, 360 „Grammofox/Vox"). Ferner entsteht nach ständiger Rspr ein schutzwürdiger Besitzstand, wenn ein anfänglich unredlicher Verletzer durch eigenen Gebrauch und Untätigkeit des Verletzten später dadurch redlich wird, dass er auf das Einverständnis des Verletzten vertraut (BGH GRUR 1993, 913, 914; GRUR 1989, 449, 453). In diesen Fällen verlängert sich allerdings die erforderliche Benutzungsdauer (BGHZ 21, 66, 83; BGH DB 1991, 2650; BGH NJW-RR 1991, 935 [50 Jahre]; BEIER/WIECZOREK GRUR 1976, 566, 568 mwNw; LANGE, Marken- und Kennzeichnungsrecht § 8 Rn 5326). Verwirkung kann nach der Rspr uU auch eintreten, obwohl der Verletzte von der Verletzung keine Kenntnis hat (BGH NJW 1966, 343, 346; OLG Stuttgart GRUR-RR 2004, 8, 13).

Die mit der Entwicklung des Kriteriums des „wertvollen Besitzstandes" einherge- **1047** hende Betonung des **Zeitmoments** gegenüber dem **Umstandsmoment** hat eine ständige Erweiterung des Anwendungsbereiches von § 242 BGB mit sich gebracht, die unter Rechtssicherheitsaspekten problematisch erscheint (BOEHMER, Grundlagen der Bürgerlichen Rechtsordnung Bd 2, 2 [1951] § 27 B III 2a; KLEINE JZ 1951, 10). So ließ die Rspr im Wettbewerbsrecht ein **Unterlassen** als Umstandsmoment ausreichen, uz aufgrund der geschuldeten Rücksichtnahme (BGH GRUR 1990, 381, 382) und der aus einer Vertragsstrafevereinbarung resultierenden Verpflichtung des Gläubigers, das Verhalten des Schuldners zu beobachten (BGH NJW 1998, 1144; ERMAN/BÖTTCHER Rn 127a).

Aus der Verwirkung der Ansprüche eines Verletzten folgt das **Recht des Verletzers,** **1048** **die Marke ungestört nutzen zu dürfen.** Da die Verwirkung weder ein absolutes Recht voraussetzt noch ein solches entstehen lässt, kann er sie allerdings nicht schützen lassen oder dem Berechtigten die Nutzung untersagen (BGH NJW-RR 1992, 172; OLG Koblenz GRUR-RR 2006, 184; für das Firmenrecht BGH NJW-RR 1993, 1129); vielmehr bleibt dessen Recht bestehen (FEZER, Markenrecht § 21 Rn 54; KLAKA GRUR 1970, 265, 271). Der Verletzer ist schließlich nicht befugt, sich auszudehnen oder sich durch Eintragung weitergehende Rechte zu verschaffen (RG GRUR 1943, 345 „Goldsonne"; BGHZ 16, 82,

92). Dementsprechend kann zwar der Unterlassungsanspruch wegen Verletzung eines Namensrechts verwirkt werden (BGHZ 119, 237; BayObLGZ 1971, 216), nicht aber das Recht zur Namensführung selbst (MünchKomm/Schubert Rn 440).

1049 Die Verwirkung von **Schadensersatzansprüchen** setzt keinen schutzwürdigen Besitzstand voraus (BGHZ 26, 52, 64; BGH NJW 1988, 2269, 2470; BGH ZIP 2001, 670 [9 Jahre]; OLG Frankfurt BB 1996, 2165; OLG Köln GRUR-RR 2003, 71, 73; OLG Frankfurt BeckRS 2013, 06349), sondern es genügt, dass der Schuldner sich bei seinen wirtschaftlichen Dispositionen darauf eingerichtet hat und einrichten durfte, keine Zahlungen an den Gläubiger mehr leisten zu müssen (BGH GRUR 2001, 323, 325; Ingerl/Rohnke, Markengesetz § 21 Rn 47; allg z Verwirkung s oben Rn 300 ff).

bb) Wettbewerbsrecht

1050 Bei Ansprüchen aus dem **Wettbewerbsrecht** können der Verwirkung **Allgemeininteressen** entgegenstehen (BGH NJW-RR 1993, 1129; BGH NJW 1985, 1488; BGH WM 1985, 1153; 1984, 1549; OLG Frankfurt NJW-WettbR 1996, 283; Köhler/Bornkamm/Feddersen/Köhler, Gesetz gegen den unlauteren Wettbewerb § 11 Rn 2.3). Verbindet der Rechtsverkehr zB eine besondere Gütevorstellung mit einer Ware, die unter einem bestimmten Zeichen vertrieben wird, so führt die Verwendung einer verwechslungsfähigen Bezeichnung die Allgemeinheit in die Irre (BGHZ 16, 82, 93; 5, 189, 196). An eine solche Irreführung sind allerdings strenge Anforderungen zu stellen; allein die Verwechselbarkeit des Zeichens reicht dafür nicht aus. Eine ernstliche Gefährdung der Belange der Allgemeinheit fehlt auch dann, wenn sich der Rechtsverkehr an die parallele Verwendung eines Kennzeichens so gewöhnt hat, dass nur noch ein kleiner Kreis dem Irrtum unterliegt (BGH GRUR 1958, 444 „Emaillelack"; Klaka GRUR 1970, 265, 271).

cc) Sonstige Materien des gewerblichen Rechtsschutzes

1051 Ebenso wie im Marken- und Wettbewerbsrecht gilt auch im **Urheber-, Erfinder- und Verlagsrecht** grds der Grundsatz von Treu und Glauben und damit kann hier ebenfalls Verwirkung in Betracht kommen (RGZ 139, 327, 339; 129, 252; grundlegend dazu Gamerith WRP 2004, 75 ff, insbes 77 ff).

Dies wird ferner bei **Patent- und Gebrauchsmusterstreitigkeiten** grds für zulässig erachtet (RG GRUR 1938, 778, 780; GRUR 1932, 718; BGHZ 68, 90; BGH GRUR 2001, 323, 324; GRUR 1976, 579, 581; BGH GRUR 1953, 29, 31; BGH NJW 1997, 3377; Beier/Wieczorek GRUR 1976, 566, 572; Klaka GRUR 1970, 265, 271; ders, Zur Verwirkung im Patentrecht, GRUR 1978, 70 ff).

1052 In der Vergangenheit hatte die ältere Rspr allerdings im **Urheber- und Patentrecht** an die Voraussetzungen der Verwirkung wesentlich **strengere Anforderungen** gestellt als im **Marken- und Wettbewerbsrecht** (RGZ 129, 252, 258 „Operettenbibliothek"; RG GRUR 1932, 718, 721; Kleine JZ 1951, 9, 11; Gamerith WRP 2004, 75, 79 f). So hat sich die höchstrichterliche Rspr mit dem Verwirkungseinwand im **Urheberrecht** zwar mehrfach auseinandergesetzt, ihn aber regelmäßig verneint (RGZ 129, 252, 258 „Operettenbibliothek"; 139, 328 „Wilhelm Busch"; 153, 1 „Schallplattensendung"; BGHZ 11, 135 „Lautsprecherübertragung"; 18, 44 „Photokopie"; BGH GRUR 1960, 253 „Autoscooter"; bejahend aber bereits OLG München OLGZ 5, 1, 3). Ähnlich zurückhaltend entschied die ältere Rspr im **Patentrecht** (BGH GRUR 1953, 29, 31 „Plattenspieler"; GRUR 1950, 70 „Holzverwertung"; GRUR 1936, 912, 914; GRUR 1935, 948, 950).

Bejaht wurde der Verwirkungseinwand allerdings in neuerer Zeit in der sog „Tem- 1053 peraturwächter-Entscheidung" (BGH GRUR 2001, 323). Der BGH knüpft in dieser patentrechtlichen Angelegenheit ausdrücklich an die Rspr zum Markenrecht an und wendet sich damit gegen eine Sonderbehandlung des Verwirkungseinwandes im Patentrecht. Eine restriktive Behandlung des Verwirkungseinwandes bedarf vielmehr nach seiner Ansicht der Rechtfertigung durch die besondere Interessenlage der Parteien (BGH GRUR 2001, 323, 327). Das aus einem Urheber- oder Patentrecht resultierende **Nutzungsrecht** des Berechtigten als solches unterliegt in keinem Fall der Verwirkung (BGH ZIP 2001, 670; BGH JZ 1976, 722; GAMERITH WRP 2004, 75, 80).

b) Auskunftsansprüche
Jenseits der gesetzlich geregelten Fälle der §§ 19 MarkenG, 101 UrhG stellte § 242 1054 BGB nach Rspr und Lit die Grundlage für ein **Auskunftsbegehren** der Parteien bei Schutzrechtsverletzungen oder unlauteren Wettbewerbshandlungen dar (vgl dazu iE EMMERICH/LANGE, Unlauterer Wettbewerb § 23 III 22 ff; STAUDER GRUR-Int 1982, 226 ff), sofern sich der Berechtigte entschuldbar über den Bestand und den Umfang seines Rechts im Ungewissen befindet, während der Anspruchsgegner unschwer Auskunft erteilen kann und diese ihm nach den Umständen des Einzelfalls auch zuzumuten ist, insbes weil das berechtigte Interesse des Anspruchstellers dasjenige des Verletzers an der Geheimhaltung deutlich überwiegt (BGHZ 148, 26, 30 ff; 10, 385, 387; BGH NJW-RR 2002, 1119; BGH GRUR 2010, 623, 626).

Als **unselbstständiger Hilfsanspruch** zur Durchsetzung eines **eigenen Unterlassungs-** 1055 **oder Schadensersatzbegehrens** beschränkt sich die Auskunftspflicht nach der Rspr jeweils auf ein konkretes Verhalten des Anspruchsgegners, betrifft hingegen keine weiteren Wettbewerbsverstöße (BGHZ 148, 26, 35 f; BGH NJW-RR 2001, 620, 623; EMMERICH/LANGE, Unlauterer Wettbewerb § 23 III 24). Der Anspruch umfasst dementsprechend auch nur Posten, die zur Berechnung oder zur Geltendmachung des jeweiligen Hauptanspruchs erforderlich sind (BGHZ 125, 322, 331; BGH NJW-RR 1987, 876; NJW-RR 1994, 944; OLG Hamburg GRUR 1995, 432). Das gilt idR nicht für Auskünfte über **Geschäftsgeheimnisse** wie Umsätze, Preise oder Lieferanten und Abnehmer (EMMERICH/LANGE, Unlauterer Wettbewerb § 23 III 24). Im Einzelfall behilft sich die Praxis bei gleichwohl betroffenen Betriebsgeheimnissen durch einen sog „**Wirtschaftsprüfervorbehalt**", sodass der Verletzer nur gegenüber einem zur Verschwiegenheit verpflichteten Sachverständigen Auskunft erteilen muss, welcher dann die erforderlichen Daten „ausfiltert" (vgl EMMERICH/LANGE, Unlauterer Wettbewerb § 23 III 28 mwNw). Hingegen sind Auskünfte über Umfang und Intensität der Verletzungshandlung selbst (zB Höhe der Auflage, Verbreitungsgebiet, uU Berechnungsmethode, vgl iE BGH NJW-RR 1987, 1521; EMMERICH/LANGE, Unlauterer Wettbewerb § 23 III 24) regelmäßig unbeschränkt Gegenstand entsprechender Ansprüche.

Wenn allerdings der Auskunftsanspruch darauf abzielt, einen (Haupt-) Anspruch 1056 auf Unterlassung, Beseitigung, Schadensersatz oder Auskunft gegen einen Dritten durchzusetzen (**selbstständiger Auskunftsanspruch**) (KÖHLER/BORNKAMM/FEDDERSEN/KÖHLER, Gesetz gegen den unlauteren Wettbewerb § 9 Rn 4. 2), macht die Rspr (unter Orientierung am Vorbild des § 19 Abs 2 MarkenG) die beschriebenen Einschränkungen nicht (vgl BGHZ 148, 26, 30 ff; BGHZ 125, 322, 328 ff; BGH NJW-RR 2002, 1119), sodass dann uU auch Auskünfte über Lieferanten und Abnehmer und über den Umfang von Lieferungen des Auskunftspflichtigen zu erteilen sind, im Einzelfall sogar unter Vorlage von Belegen (BGHZ 148, 26, 30 ff; iE dazu EMMERICH/LANGE, Unlauterer Wettbewerb § 23 III 27 f, insbes krit zu etwaigen Drittauskünften gegenüber sog Außenseitern in selektiven Vertriebssystemen; dazu auch JACOBS GRUR 1994, 634 f). Der **„Wirtschaftsprüfervorbehalt"** (vgl o Rn 1039) wird von den Gerichten bei selbstständigen Auskunftsansprüchen über die Beziehungen zu Dritten aber regelmäßig nicht akzeptiert (vgl BGH NJW-RR 2002, 1119; krit EMMERICH/LANGE, Unlauterer Wettbewerb § 23 III 28).

c) Sonstige Bedeutung von Treu und Glauben im gewerblichen Rechtsschutz

1057 Unabhängig von Verwirkung und Auskunft hat der Grundsatz von Treu und Glauben in verschiedenen Ausprägungen die Rspr zum gewerblichen Rechtsschutz und Urheberrecht als **Einzelfallkorrektiv** beschäftigt. Im Folgenden seien dazu beispielhaft einige Entscheidungen angeführt.

aa) Markenrecht

1058 Wer **markenrechtlich** ein neues **Zeichen** gebraucht, muss nachforschen, ob alte Schutzrechte seinem Verhalten entgegenstehen (BGH MDR 1960, 201). Der Anmelder einer Marke kann den Einwand des Rechtsmissbrauchs erheben, wenn der Inhaber eines eingetragenen Abwehrzeichens ihn mit seinem Widerspruch unangemessen behindert (BGHZ 52, 365). UU kann sich aus Treu und Glauben eine sog **Aufbrauchsfrist** für die Vernichtung markenrechtswidriger Produkte ergeben (ausf dazu BERLIT WRP 1998, 250 ff).

bb) Wettbewerbsrecht

1059 Im **Wettbewerbsrecht** hat § 242 BGB – neben der Verwirkung und den bereits in anderem Zusammenhang besprochenen Wettbewerbsverboten (s STAUDINGER/OLZEN § 241 Rn 295 ff, 518 ff) – in Ausnahmefällen eine weitere Bedeutung im Hinblick auf die Versagung von Beseitigungs- und Unterlassungsansprüchen bei **eigenem wettbewerbswidrigem Verhalten** in Form des sog „unclean-hands-Einwandes" (BGH GRUR 1957, 23, 24; BGH GRUR 1971, 582, 584; BGH NJW 1971, 1749: BGH GRUR 1977, 494, 497; HARTE-BAVENDAMM/HENNING-BODEWIG/GOLDMANN, Gesetz gegen den unlauteren Wettbewerb Vorbem 194 ff zu § 8 ff; dag LG Hamburg GRUR-RR 2012, 257, 258; OHLY/SOSNITZA, Gesetz gegen den unlauteren Wettbewerb [7. Aufl 2016] § 8 UWG Rn 183 mwNw; KÖHLER/BORNKAMM/FEDDERSEN/KÖHLER, Gesetz gegen den unlauteren Wettbewerb § 11 Rn 2. 38). Ansprüche können danach versagt werden, sofern die beiderseitigen unzulässigen Wettbewerbsmaßnahmen in wechselseitiger Abhängigkeit stehen bzw gleichzeitig erfolgen und gleichartig sind. Hinzutreten muss, dass der Kläger sich zu seinem eigenen Verhalten in Widerspruch setzen würde (BGH GRUR 1957, 23, 24; BGH LM § 242 BGB [Cd] Nr 148 aE; BGH GRUR 1971, 582, 584; BGH NJW 1971, 1749; OLG Karlsruhe GRUR- RR 2008, 350). Dieser Einwand ist allerdings unzulässig, sobald durch den Wettbewerbsverstoß parallel Allgemeininteressen oder die Interessen Dritter betroffen sind (BGH GRUR 1967, 430, 432; BGH GRUR 1977, 494, 497; KG BeckRS 2013, 07269; HARTE-BAVENDAMM/HENNING-BODEWIG/GOLDMANN, Gesetz gegen den unlauteren Wettbewerb Vorbem 195 zu § 8 ff; KÖHLER/BORNKAMM/FEDDERSEN/KÖHLER, Gesetz gegen den unlauteren Wettbewerb § 11 Rn 2. 39 mwNw). Gegenüber Schadensersatzansprüchen erübrigt sich der Einwand idR deswegen, weil sich eine Reduktion bereits aus schadensrechtlichen Gesichtspunkten ergibt (vgl dazu auch HARTE-BAVENDAMM/HENNING-BODEWIG/GOLDMANN, Gesetz gegen den unlauteren Wettbewerb Vorbem 199 zu § 8 ff; KÖHLER/BORNKAMM/FEDDERSEN/KÖHLER, Gesetz gegen den unlauteren Wettbewerb § 11 Rn 2. 40).

Titel 1
Verpflichtung zur Leistung § 242

Der **abgemahnte Verletzer** ist bei einem Wettbewerbsverstoß verpflichtet, den Ab- **1060**
mahnenden und die nach § 8 Abs 3 UWG klagebefugten Verbände darüber aufzuklären, ob er wegen derselben Verletzungshandlung bereits eine Unterwerfungserklärung gegenüber einem Dritten abgegeben hat (BGH MDR 1988, 933). Schließlich kann sich aus dem Grundsatz von Treu und Glauben auch der generelle **Verzicht auf ein Abmahnerfordernis** ergeben, wenn – etwa bei schweren und vorsätzlichen Wettbewerbsverstößen – eine Abmahnung von Vornherein offenkundig zwecklos oder sonst unzumutbar erscheint (OLG Düsseldorf GRUR 1979, 191; NJW-RR 1997, 1064 f; dagegen aber OLG Oldenburg NJW-RR 1990, 1330; vgl auch zur Mehrfachverfolgung von Wettbewerbsverstößen unter dem Aspekt des Rechtsmissbrauchs ULRICH WRP 1998, 826, 829).

cc) Sonstige Materien des gewerblichen Rechtsschutzes
Im **Patentrecht** ergibt sich uU aus dem Grundsatz von Treu und Glauben eine im **1061**
Einspruchsverfahren zu berücksichtigende **Nichtangriffspflicht** (BPatG GRUR 1991, 748; BGH GRUR 2011, 409, 410). Erklärt der Patentanmelder dort, für eine bestimmte Ausführungsform keinen Patentschutz zu begehren, und macht er im späteren Verletzungsstreitverfahren gleichwohl Ansprüche aus dem Patent gerade wegen dieser Ausführungsform geltend, so verstößt er gegen Treu und Glauben (BGH NJW 1997, 3377). Der Inhaber eines Patents kann sich auch nach Treu und Glauben durch **Rücktritt** von einem über das Patent geschlossenen Auswertungsvertrag lösen, wenn das Patent teilw oder völlig **vernichtet** wird (BGH NJW 1957, 1317 f). Dagegen wurde einem **Werkunternehmer**, der von einem Patentinhaber mit der Herstellung patentgeschützter Gegenstände beauftragt worden war, ohne dass dieser ihm eine über den Werklieferungsvertrag hinausgehende Herstellungslizenz eingeräumt hatte, nach Kündigung des Vertrages und Geltendmachung von Schutzrechten durch den Patentinhaber der Einwand des § 242 BGB verwehrt, obwohl er bereits erhebliche Kosten für die Herstellung aufgewendet hatte (BGH MDR 1959, 549).

Ein **Lizenznehmer** verstößt gegen Treu und Glauben, wenn er ein ihm im Rahmen **1062**
einer sog **Verbesserungsklausel** unentgeltlich zur Benutzung überlassenes Patent mit der **Nichtigkeitsklage** angreift (BGH GRUR 1957, 485). Der durch eine sog **Meistbegünstigungsklausel** gebundene Lizenzgeber einer einfachen Lizenz an einem Patent ist regelmäßig auch ohne vertragliche Regelung im Lizenzvertrag verpflichtet, gegen fortgesetzte Verletzungshandlungen Dritter vorzugehen. Schreitet der Lizenzgeber gegen den Verletzer nicht ein, kann sein Bestehen auf Lizenzzahlungen unter dem Gesichtspunkt der Unzumutbarkeit gegen Treu und Glauben verstoßen (BGH GRUR 1965, 591). Schließlich wird ein Unterlassungsanspruch rechtsmissbräuchlich geltend gemacht, der nur noch als Druckmittel zur Erzielung unverdienter Vorteile dient (BGH WM 1972, 882, 883).

Im Rahmen zulässiger **Preisbindungsverträge** verpflichtet ein gem § 30 GWB wirk- **1063**
samer **Preisbindungsvertrag** den preisbindenden **Presseverlag**, alles zu unterlassen, was die Bindung der Endverkaufspreise untergräbt; andernfalls kann der gebundene Händler dem Presseverlag den Einwand unzulässiger Rechtsausübung entgegenhalten (EMMERICH, in: IMMENGA/MESTMÄCKER, § 30 GWB Rn 49).

Im **Urheberrecht** kommt an einer weiteren Stelle der Grundsatz von Treu und Glau- **1064**
ben zum Tragen. In § 34 Abs 1 S 1 UrhG heißt es, dass ein Nutzungsrecht nur mit Zustimmung des Urhebers übertragen werden kann. Laut § 34 Abs 1 S 2 UrhG darf

der Urheber die Zustimmung nicht wider Treu und Glauben verweigern. Aus dem Vertrag zwischen dem Nutzungsberechtigten und dem Urheber kann sich als Nebenrecht bzw Nebenpflicht ergeben, dass die Zustimmung erteilt werden muss. Dafür kommt es auf die Auslegung des Vertrages im Einzelfall an (MÖHRING/NICOLINI, UrhG [4. Aufl 2018] § 34 Rn 11).

4. Wertpapierrecht*

a) Allgemeines

1065 Bei der Berücksichtigung von Treu und Glauben im Wertpapierrecht ist einschränkend neben der besonderen Bedeutung der **Rechtssicherheit** auch die **Formstrenge** zu beachten, die für die Begründung und Geltendmachung von verbrieften Rechten gilt (BAUMBACH/HEFERMEHL/CASPER, Wechselgesetz und Scheckgesetz [23. Aufl 2008] Einl 64 zu 2 WG). Die Anwendbarkeit des Grundsatzes wird demnach durch den Zweck des Wertpapierrechts begrenzt (vgl zum WG BAUMBACH/HEFERMEHL/CASPER, Wechselgesetz Scheckgesetz [23. Aufl 2008] Einl 64 z WG). Allein wenn die Umlauffähigkeit nicht in Gefahr gebracht wird, kann § 242 BGB angewendet werden (vgl für den Wechsel BAUMBACH/HEFERMEHL/CASPER, Wechselgesetz Scheckgesetz [23. Aufl 2008] Einl 64 z WG). Dennoch verbleibt ein Anwendungsbereich des § 242 BGB, insbes bei Einwendungen gegen das wertpapierrechtliche Abstraktionsprinzip (BGHZ 57, 292, 300).

b) Einzelfälle

1066 Die **bezogene Bank** ist nur unter ganz besonderen Umständen verpflichtet, das anfragende Kreditinstitut zu unterrichten, wenn nach erteilter Scheckauskunft Gründe eintreten, weshalb sie den Scheck nicht einlösen will (BGHZ 61, 176). Eine Offenbarungspflicht des **Überbringers eines Barschecks** aus Treu und Glauben gegenüber der Bank bei irrtümlicher Zahlung eines überhöhten Betrages besteht grds nicht (OLG Düsseldorf NJW 1969, 623 m Anm DEUBNER).

1067 Im Wechselrecht spielt § 242 BGB bei der abredewidrigen Ausfüllung eines Blankowechsels wegen Art 10 WG nur eine geringfügige Rolle. Bei abredewidriger Ausfüllung eines **Blanketts** haftet der **Aussteller** gegenüber dem redlichen Inhaber des Wertpapiers bzw der Urkunde analog § 172 Abs 2 BGB. Dies gilt aber nur, wenn sich der Adressat einer formwirksamen Urkunde gegenübersieht. Andernfalls kann sich der Verpflichtete ohne Verstoß gegen § 242 BGB auf die Formunwirksamkeit berufen (vgl BGH WM 1973, 750; BGH NJW 1996, 1467, jedoch für die Blankobürgschaft).

5. Versicherungsvertragsrecht**

a) Allgemeines

1068 Dem Grundsatz von Treu und Glauben kommt im Versicherungsvertragsrecht besonders große Bedeutung zu (treffend E LORENZ, in: BECKMANN/MATUSCHE-BECKMANN, Versicherungsrechts-Handbuch § 1 Rn 96: Treu und Glauben als „Leitstern des Versicherungsver-

---

* **Schrifttum:** STÖTTER, Die Wechselforderung und die Einwendungen des Wechselschuldners aus dem Grundgeschäft, NJW 1971, 359.
** **Schrifttum:** ARMBRÜSTER, Privatversicherungsrecht (2. Aufl 2019); BARG, Die vorvertragliche Anzeigepflicht des Versicherungsnehmers im VVG 2008 (2008); BECKMANN/MATUSCHE-BECKMANN (Hrsg), Versicherungsrechts-Handbuch (3. Aufl 2015); Berliner Kommentar zum Versicherungsvertragsgesetz (1999);

tragsrechts"; vgl auch RGZ 124, 343, 345; 146, 221, 224; 148, 298, 301; BGHZ 40, 387, 388; 47, 101, 107; 107, 368, 373; BGH VersR 1985, 943, 944; VersR 1991, 1129, 1131; VersR 2003, 581, 585; VersR 2013, 609, 611; BRUCK/MÖLLER/BECKMANN Einf A Rn 156; LOOSCHELDERS, in: LOOSCHELDERS/ POHLMANN Einl A Rn 67; PRÖLSS/MARTIN/ARMBRÜSTER, VVG Einl Rn 245; ARMBRÜSTER Rn 292; BRUNS § 6 Rn 6; DEUTSCH/IVERSEN Rn 14 ff; LOOSCHELDERS/PAFFENHOLZ Rn 60; WANDT Rn 147; KNAPPMANN, in: FS Kollhosser [2004] 195, 200; LOOSCHELDERS VersR 2000, 23; ders, in: GS U Hübner [2012] 147, 164). Denn der Versicherungsvertrag begründet ein **Dauerschuldverhältnis**, bei dem jede Partei in besonderem Maße auf die Loyalität der anderen

BRAND, Grenzen der vorvertraglichen Anzeigepflicht des Versicherungsnehmers, VersR 2009, 715; BRUCK/MÖLLER (Begr), Versicherungsvertragsgesetz (9. Aufl 2008 ff.); BRUNS, Privatversicherungsrecht (2015); DEUTSCH/ IVERSEN, Versicherungsvertragsrecht (7. Aufl 2015); GROTE/SCHNEIDER, VVG 2008: Das neue Versicherungsvertragsrecht, BB 2007, 2689; GÜNTHER/SPIELMANN, Vollständige und teilweise Leistungsfreiheit nach dem VVG 2008 am Beispiel der Sachversicherung [Teil 1], r+s 2008, 133; HEISS, Treu und Glauben im Versicherungsvertragsrecht (2. Aufl 1989); JACOB, Unfallversicherungsrecht (2017); JUNG, Privatversicherungsrechtliche Gefahrengemeinschaft und Treupflicht des Versicherers, VersR 2003, 282; KNAPPMANN, Zur Obliegenheit des Versicherungsnehmers, der Polizei eine „Stehlgutliste" einzureichen, in: FS Kollhosser (2004) 195; ders, Rechtliche Stellung des arglistigen Versicherungsnehmers, VersR 2011, 724; LANGHEID, Die Reform des Versicherungsvertragsgesetzes – 1. Teil: Allgemeine Vorschriften, NJW 2007, 3665; LANGHEID/MÜLLER-FRANK, Rechtsprechungsübersicht zum Versicherungsvertragsrecht 2007, NJW 2008, 337; LANGHEID/RIXECKER (Hrsg), Versicherungsvertragsgesetz (6. Aufl 2019); LANGHEID/WANDT (Hrsg), Münchener Kommentar zum VVG (3 Bde, 2. Aufl 2016/17); LOOSCHELDERS, Ausschluß der Klagebefugnis des Mitversicherten und Teilklageobliegenheit des VN in der Rechtsschutzversicherung nach den ARB 75, VersR 2000, 23; ders, Die Kontrolle Allgemeiner Versicherungsbedingungen nach dem AGBG, JR 2001, 397; ders, Quotelung bei Obliegenheitsverletzungen: Alles, Nichts oder die Hälfte, ZVersWiss 2009, 13; ders, Aktuelle Probleme der vorvertraglichen Anzeigepflicht des Versicherungsnehmers, VersR 2011, 697; ders, Arglist des Versicherungsnehmers – Privilegierung oder übermäßige Sanktionierung im Vergleich mit dem allgemeinen Vertragsrecht?, in: GS U Hübner (2012) 147; LOOSCHELDERS/DERKUM, Befugnis zur Geltendmachung des Versicherungsschutzes und Rechtsmissbrauchsverbot in der D&O-Versicherung, ZIP 2017, 1249; LOOSCHELDERS/PAFFENHOLZ, Versicherungsvertragsrecht (2. Aufl 2019); LOOSCHELDERS/ POHLMANN, VVG-Kommentar (3. Aufl 2016); MARLOW/SPUHL, Das neue VVG kompakt (4. Aufl 2010); MEIXNER/STEINBECK, Das neue Versicherungsvertragsrecht (2. Aufl 2011); NEUHAUS, Die vorvertragliche Anzeigepflichtverletzung im neuen VVG, r+s 2008, 45; NOTTHOFF, Die spontane Anzeigepflicht des VN vor dem Hintergrund der aktuellen obergerichtlichen Rspr – eine Bestandsaufnahme, r+s 2018, 169; PRÖLSS/MARTIN (Begr), Versicherungsvertragsgesetz (30. Aufl 2018); REUSCH, Hat der Versicherungsnehmer trotz Wegfalls der Nachmeldeobliegenheit wegen der Möglichkeit der Arglistanfechtung durch den Versicherer auch nach dem VVG 2008 eine spontane Anzeigepflicht vor und nach Abgabe seiner Vertragserklärung?, VersR 2008, 1179; ROGLER, Die Wiederentdeckung des Übermaßverbots in der privaten Krankenversicherung – § 192 Abs 2 VVG, VersR 2009, 573; RÜFFER/HALBACH/ SCHIMIKOWSKI, Versicherungsvertragsgesetz (3. Aufl 2015); SCHIMIKOWSKI, Versicherungsvertragsrecht (6. Aufl 2017); SCHWINTOWSKI/ BRÖMMELMEYER, Praxiskommentar zum Versicherungsvertragsrecht (3. Aufl 2017); STEINBECK, Die Sanktionierung von Obliegenheitsverletzungen nach dem Alles-oder-Nichts-Prinzip (2007); VAN BÜHREN, Handbuch Versicherungsrecht (7. Aufl 2017); WANDT, Versicherungsrecht (6. Aufl 2016).

angewiesen ist (vgl BGHZ 47, 101, 107; 99, 228, 235; VersR 2013, 609, 611; EBERS, in: SCHWINTOWSKI/BRÖMMELMEYER § 1 Rn 14; HEISS 20 f; JUNG VersR 2003, 282). Auf Seiten des **Versicherungsnehmers** ergibt sich dies daraus, dass es sich bei dem Vertragsgegenstand um ein höchst komplexes – und damit sehr erläuterungsbedürftiges – „Rechtsprodukt" (DREHER, Die Versicherung als Rechtsprodukt [1991] 145) handelt (WANDT Rn 9; LOOSCHELDERS/PAFFENHOLZ Rn 61). Da der Versicherungsnehmer im Allgemeinen über keine versicherungstechnischen Kenntnisse verfügt, besitzt der Versicherer meist eine überlegene Stellung. Außerdem ist der Versicherungsnehmer auch insofern besonders schutzwürdig, als der Versicherungsschutz für ihn oft von **existentieller Bedeutung** ist (LOOSCHELDERS, in: LOOSCHELDERS/POHLMANN Einl A Rn 67). § 242 BGB wird daher im Versicherungsrecht seit langem herangezogen, um die Rechte des Versicherers unter dem Aspekt der **unzulässigen Rechtsausübung** (s oben Rn 213 ff) zu beschränken (vgl schon RGZ 150, 147, 151). Dies gilt insbesondere im Hinblick auf die Geltendmachung von Ausschlusstatbeständen. Darüber hinaus dient § 242 BGB der Rspr insbesondere als Rechtsgrundlage für die Begründung bzw Konkretisierung von **Aufklärungs- und Hinweispflichten des Versicherers** (vgl BRUCK/MÖLLER/BECKMANN Einf A Rn 159; ARMBRÜSTER Rn 313 ff; s unten Rn 1073 ff). Beide Aspekte wirken zusammen, wenn der Versicherer wegen der Verletzung einer solchen Pflicht nach Treu und Glauben gehindert ist, einen Ausschlusstatbestand geltend zu machen (s unten Rn 1076 und 1093).

1069 Auf der anderen Seite ist auch der Versicherer auf ein **loyales Verhalten des Versicherungsnehmers** angewiesen (BGH VersR 2013, 609, 611; ARMBRÜSTER Rn 292 ff; WANDT Rn 147; LOOSCHELDERS/PAFFENHOLZ Rn 60). Denn zum einen verfügt oft allein der Versicherungsnehmer über bestimmte Informationen, die für die Kalkulation der Versicherungsprämie und die Abwicklung des Versicherungsfalls relevant sind. Der Versicherer muss sich daher auf dessen Erklärungen und Mitteilungen verlassen (BGH VersR 1985, 943, 945). Zum anderen besteht die Gefahr, dass der Versicherungsnehmer sich in Bezug auf die versicherte Sache allzu achtlos verhält, weil der Eintritt des Versicherungsfalls für ihn selbst keine wirtschaftlichen Nachteile mit sich bringt. Es ist daher zu Recht anerkannt, dass auch der Versicherungsnehmer die Gebote von Treu und Glauben beachten muss (vgl RGZ 156, 378, 382; BGH VersR 1985, 943, 945; PRÖLSS/MARTIN/ARMBRÜSTER, VVG Einl Rn 246). So ist die Geltendmachung der Versicherungsleistung aus einer Aussteuerversicherung **rechtsmissbräuchlich**, wenn die vom Versicherten geschlossene Ehe nur „auf dem Papier" bestehen soll (OLG Düsseldorf VersR 2002, 1092; LOOSCHELDERS, in: LOOSCHELDERS/POHLMANN Einl A Rn 70). Täuscht der Versicherungsnehmer den Versicherer nach Eintritt des Versicherungsfalles arglistig über die Höhe des entstandenen Schadens, so kann er in besonders schwerwiegenden Fällen nach Treu und Glauben (§ 242 BGB) gehindert sein, den Anspruch auf die Versicherungsleistung geltend zu machen. Dies gilt auch dann, wenn die AVB keine entsprechende Einschränkung der Leistungspflicht des Versicherers vorsehen oder wenn die diesbezüglichen AVB nach § 307 BGB unwirksam sind (vgl BGH VersR 1991, 1129, 1130; AG Köln VersR 2006, 1681; BRUCK/MÖLLER/BRÖMMELMEYER § 31 Rn 103; LANGHEID/WANDT/WANDT Vorbem 25 ff zu 28; LOOSCHELDERS, in: LOOSCHELDERS/POHLMANN § 31 Rn 3; ders, in: GS U Hübner [2012] 147, 163 f); letzteres kann insbesondere der Fall sein, wenn der Versicherer **versäumt** hat, seine AVB gem Art 1 Abs 3 EGVVG **auf die Rechtslage nach dem neuen VVG umzustellen** (vgl BGH VersR 2011, 1550). Die **Arglist** des Versicherungsnehmers führt nicht zum Ausschluss des Anspruchs auf die Versicherungsleistung, wenn der Versicherer die Leistung gegenüber dem Versicherungsnehmer abgelehnt hat (BGH VersR 2013, 609, 611). In diesem Fall ist die Grundlage für die besondere Loyalitätspflicht des Versicherungsnehmers entfallen.

In der versicherungsrechtlichen Rechtsprechung und Literatur wird der aus § 242 **1070** BGB abgeleitete Ausschluss der Leistungspflicht des Versicherers wegen Arglist des Versicherungsnehmers bei der Abwicklung des Versicherungsfalles meist als „**Verwirkung**" bezeichnet (vgl BGH VersR 1991, 1129, 1130; VersR 2013, 609, 611; LANGHEID/ WANDT/WANDT Vorbem 25 ff zu 28). In terminologischer Hinsicht ist zu beachten, dass es in diesen Fällen nicht darum geht, die Ausübung eines Rechts nach einem **längeren Zeitablauf** auszuschließen (s oben Rn 300 ff); Anknüpfungspunkt der Verwirkung ist vielmehr ein schwerer Verstoß gegen **Treu und Glauben** (LOOSCHELDERS, in: GS U Hübner [2012] 147, 163; allg zu dieser Kategorie PALANDT/GRÜNEBERG Rn 90; Hk-BGB/ SCHULZE Rn 30). Insoweit besteht eine gewisse Parallele zur Verwirkung des Anspruchs auf Maklerlohn nach § 654 BGB (s oben Rn 872).

In Rspr und Lit wird teilweise die Auffassung vertreten, der Grundsatz von Treu und **1071** Glauben sei im Versicherungsvertragsrecht nur eingeschränkt anwendbar, weil eine an der **Einzelfallgerechtigkeit** orientierte Betrachtung dem versicherungsrechtlichen Grundsatz der **Gleichbehandlung** aller Versicherungsnehmer (dazu BRUNS § 6 Rn 9 f; WANDT Rn 111 ff; einschränkend PRÖLSS/MARTIN/ARMBRÜSTER, VVG Einl Rn 236; KRÖMMELBEIN, Der versicherungsrechtliche Gleichbehandlungsgrundsatz zwischen Deregulierung und Diskriminierung [2007]) zuwiderliefe (so insbes DEUTSCH/IVERSEN Rn 17; vgl auch BGHZ 65, 142, 144 ff). Soweit der versicherungsrechtliche Gleichbehandlungsgrundsatz überhaupt anzuerkennen ist, verbietet er indes nur, einzelnen Versicherungsnehmern ungerechtfertigte Vorteile zukommen zu lassen; eine sachgemäße Berücksichtigung des Einzelfalls wird dadurch nicht ausgeschlossen (so auch JUNG VersR 2003, 282 ff; vgl LOOSCHELDERS, in: LOOSCHELDERS/POHLMANN Einl A Rn 72).

Das Versicherungsvertragsrecht ist durch das am 1. 1. 2008 in Kraft getretene VVG **1072** vom 23. 11. 2007 (BGBl I 2631) völlig neu geregelt worden. Bei der **Reform** wurden viele der durch die Rspr entwickelten Anwendungsfälle des § 242 BGB kodifiziert. Es gibt aber nach wie vor zahlreiche Probleme, bei denen ein Rückgriff auf den Grundsatz von Treu und Glauben möglich und notwendig bleibt. Die Anwendung des § 242 BGB wird durch das neue VVG also nicht ausgeschlossen (ERMAN/BÖTTCHER Rn 203; BRUCK/MÖLLER/BECKMANN Einf A Rn 160; BRUNS § 6 Rn 6).

Bei der Umsetzung der **IDD-Richtlinie** (RL 2016/97/EU) hat der Gesetzgeber mit Wirkung vom 23. 2. 2018 in das VVG einen neuen § 1a eingefügt. Die Vorschrift sieht vor, dass der Versicherer bei seiner Vertriebstätigkeit gegenüber Versicherungsnehmern stets **ehrlich, redlich und professionell** in deren **bestmöglichen Interesse** handeln muss. Es handelt sich um unbestimmte Rechtsbegriffe, die als besondere Ausprägungen des Grundsatzes von Treu und Glauben verstanden werden können.

b) Aufklärungs-, Beratungs- und Informationspflichten des Versicherers; Widerrufsrecht
Die Rspr hat vor der VVG-Reform aus dem Grundsatz von Treu und Glauben **1073** zahlreiche **Aufklärungs-, Beratungs- und Informationspflichten** des Versicherers entwickelt (vgl OLG Saarbrücken VersR 1993, 1386; OLG Karlsruhe VersR 2002, 1497; KG VersR

2007, 1649: OLG Düsseldorf VersR 2008, 1480; Bruck/Möller/Beckmann Einf A Rn 159; Kieninger, Informations-, Aufklärungs- und Beratungspflichten beim Abschluß von Versicherungsverträgen, AcP 199 [1999] 190 ff; allg z Aufklärungs- und Informationspflichten Staudinger/Olzen § 241 Rn 168 ff). Ein großer Teil dieser Pflichten ist nunmehr in §§ 6, 6a, 7 VVG und der VVG-InfoV geregelt. Aufgrund der Komplexität des Sachverhalts kann der Versicherer bzw der Versicherungsvermittler im Rahmen des Beratungsgesprächs verpflichtet sein, dem Versicherungsnehmer eine **Bedenkzeit** für die Entscheidung über den Vertragsschluss zu empfehlen (vgl Schimikowski, in: Rüffer/Halbach/Schimikowski § 7 Rn 8). In der Lit wird hierfür zT auch auf § 242 BGB verwiesen (so Brömmelmeyer, Vorvertragliche Informationspflichten des Versicherers – insbesondere in der Lebensversicherung, VersR 2009, 584, 587). Letztlich geht es aber primär um die Auslegung des Merkmals „rechtzeitig" in § 7 Abs 1 VVG (näher dazu Pohlmann, in: Looschelders/Pohlmann § 7 Rn 22 f).

Der BGH hat in neuerer Zeit herausgearbeitet, dass das Erlöschen des Widerrufsrechts des Versicherungsnehmers nach § 8 Abs 3 S 2 VVG auf dem **Verbot widersprüchlichen Verhaltens** beruht (BGH 13. 9. 2017 – IV ZR 445/14, NJW 2017, 3784). Die Vorschrift sieht vor, dass das Widerrufsrecht erlischt, wenn der Vertrag von beiden Seiten *auf ausdrücklichen Wunsch des Versicherungsnehmers* vollständig erfüllt ist, bevor der Versicherungsnehmer das Widerrufsrecht ausgeübt hat. Fraglich war, ob diese Rechtsfolge auch dann eintritt, wenn der Versicherungsnehmer vor Abgabe der auf die vollständige Erfüllung gerichteten Erklärung (im konkreten Fall: Kündigung des Versicherungsvertrags) nicht über sein Widerrufsrecht belehrt worden war. Der BGH hat dies verneint. Der Widerruf könne nur dann als widersprüchliches Verhalten angesehen werden, wenn der Versicherungsnehmer vor Abgabe der betreffenden Erklärung entweder über sein Widerrufsrecht belehrt wurde oder der Versicherer aufgrund anderer Umstände davon ausgehen konnte, dass dem Versicherungsnehmer sein Widerrufsrecht bekannt gewesen sei. Ansonsten würde der Versicherungsnehmer mit der Erklärung keinen rechtlich relevanten **Vertrauenstatbestand** für den Versicherer schaffen (BGH 13. 9. 2017 – IV ZR 445/14, NJW 2017, 3784 Rn 17). Der BGH greift damit zur Konkretisierung des Merkmals „auf ausdrücklichen Wunsch" auf die allgemeinen Kriterien des Verbots widersprüchlichen Verhaltens (o Rn 290) zurück. Die gleichen Voraussetzungen gelten nach Ansicht des BGH für die Frage, ob eine **Zustimmung** des Versicherungsnehmers zum Beginn des Versicherungsschutzes vor Ende der Widerrufsfrist (§ 9 Abs 1 S 1 VVG) anzunehmen ist. Wenn der Versicherungsnehmer nicht über sein Widerrufsrecht belehrt wurde und der Versicherer auch nicht aufgrund anderer Umstände davon ausgehen konnte, dass dem Versicherungsnehmer das Widerrufsrecht bekannt sei, liegt also keine wirksame Zustimmung vor (BGH 13. 9. 2017 – IV ZR 445/14, NJW 2017, 3784 Rn 23). Dies hat zur Folge, dass der Anspruch des Versicherungsnehmers auf Erstattung der gezahlten Prämien nicht nach Maßgabe des § 9 Abs 1 VVG beschränkt ist. Der Versicherungsnehmer kann vielmehr nach §§ 355 Abs 3, 357a BGB die Erstattung aller gezahlten Prämien verlangen.

Zur zeitlichen Begrenzung des **„ewigen" Widerspruchs- oder Widerrufsrechts** des Versicherungsnehmers über § 242 BGB s unten Rn 1247; zur Bedeutung von § 242 BGB bei einer möglichen generellen Unwirksamkeit des **Policenmodells** s Rn 1247a.

c) Inhalts- und Ausübungskontrolle bei AVB

Bei Versicherungsverträgen findet eine strenge **Inhaltskontrolle** der Allgemeinen 1074
Versicherungsbedingungen (AVB) nach §§ 307 ff BGB statt, wobei der Inhalt der
Klauseln **objektiv** nach dem Verständnis eines durchschnittlichen Versicherungsnehmers ohne versicherungsrechtliche Spezialkenntnisse bestimmt wird (vgl BGHZ 123, 83, 85 = VersR 1993, 957, 958; VersR 2001, 576; VersR 2003, 1163; VersR 2008, 1056, 1057; VersR 2011, 1275; VersR 2012, 48, 49; VersR 2012, 1149, 1153; VersR 2014, 321, 322; 6. 7. 2016 – IV ZR 44/15, BGHZ 211, 51 = VersR 2016, 1177 Rn 17; Bruck/Möller/Beckmann Einf C Rn 167, 209; Pohlmann, in: Looschelders/Pohlmann Einl B Rn 42; Prölss/Martin/Armbrüster, VVG Einl Rn 260; Looschelders JR 2001, 397 ff; allg zur Inhaltskontrolle von Verträgen s oben Rn 341, 458 ff). Unwirksam sind danach Klauseln, die den Versicherungsnehmer entgegen Treu und Glauben **unangemessen benachteiligen**. Außerdem müssen die wirtschaftlichen Nachteile und Belastungen in den AVB klar und verständlich dargestellt werden (Brömmelmeyer, in: Rüffer/Halbach/Schimikowski Einl Rn 70 f). Daneben hat die **Ausübungskontrolle** gem § 242 BGB bei AVB große Bedeutung (vgl Prölss/Martin/Armbrüster, VVG Einl Rn 129; Beckmann, in: Beckmann/Matusche-Beckmann § 10 Rn 201; allg z Ausübungskontrolle s oben Rn 342). So verstößt der Ausschluss der Leistungspflicht des Versicherers für **ärztliche Behandlungen durch nahe Verwandte des Versicherungsnehmers** in der privaten Krankenversicherung nicht gegen die §§ 307 ff BGB; der Versicherer kann sich nach Treu und Glauben aber nicht auf die Ausschlussklausel berufen, wenn die Behandlung durch den Angehörigen im Einzelfall medizinisch geboten ist, zB weil dieser zu den wenigen Spezialisten gehört, die die Behandlung durchführen können, oder wenn die Heranziehung eines anderen Arztes aus tatsächlichen Gründen nicht möglich oder nicht zumutbar ist (BGH VersR 2001, 576, 577).

d) Einschränkung der Rechtsfolgen von Obliegenheitsverletzungen
aa) Vorvertragliche Anzeigepflicht des Versicherungsnehmers (§§ 19 ff VVG)

Den Versicherungsnehmer trifft nach § 19 Abs 1 VVG eine vorvertragliche Anzei- 1075
gepflicht gegenüber dem Versicherer. Verletzt der Versicherungsnehmer diese
Pflicht, stehen dem Versicherer nach § 19 Abs 2–4 VVG verschiedene Rechte
(Rücktritt, Kündigung, Vertragsanpassung) zu, wobei die **Leistungsfreiheit** im Fall
des Rücktritts (§ 19 Abs 2 iVm § 21 Abs 2 VVG) für den Versicherungsnehmer
besonders belastend ist. Nach § 19 Abs 5 S 2 VVG ist die Geltendmachung der
Rechte ua ausgeschlossen, wenn der Versicherer die Unrichtigkeit der Anzeige
kannte. Dahinter steht der Gedanke, der Versicherer verstoße gegen das **Verbot
widersprüchlichen Verhaltens** (s oben Rn 284 ff), wenn er den Vertrag in Kenntnis der
Unrichtigkeit schließe und sich erst nach Eintritt des Versicherungsfalls auf die
Verletzung der Anzeigepflicht berufe (vgl Bruck/Möller/Rolfs § 19 Rn 117).

Im Übrigen obliegt dem Versicherer eine **ordnungsgemäße Risikoprüfung**. Dazu 1076
gehören auch **Nachfragen** an den Versicherungsnehmer, wenn dessen Angaben erkennbar unvollständig, unklar oder missverständlich sind. Kommt der Versicherer
dem nicht nach, so ist er nach dem Grundsatz von **Treu und Glauben** (§ 242 BGB)
ebenfalls daran gehindert, sich auf die Verletzung der Anzeigepflicht zu berufen
(BGHZ 117, 385, 387 = VersR 1992, 603, 604; VersR 1993, 871, 872 m Anm E Lorenz; VersR 1995, 80; BGH NJW-RR 1997, 277; VersR 2001, 620; VersR 2001, 1541; BGH VersR 2007, 96 m Anm E Lorenz; VersR 2008, 668, 669; VersR 2011, 909, 910; OLG Stuttgart VersR 2005, 819, 820; OLG Hamm VersR 2011, 994, 996; Prölss/Martin/Armbrüster, VVG § 19 Rn 34; Looschelders, in:

LOOSCHELDERS/POHLMANN § 19 Rn 47; LANGHEID/RIXECKER/LANGHEID § 19 Rn 60 ff; KNAPPMANN, in: BECKMANN/MATUSCHE-BECKMANN Versicherungsrechts-Handbuch § 14 Rn 74; SCHIMIKOWSKI Rn 191). Nach der neueren Rspr gilt dies allerdings nicht bei **Arglist** des Versicherungsnehmers (BGH VersR 2007, 96; VersR 2007, 1256; VersR 2008, 668, 669; VersR 2011, 909, 910; OLG Hamm VersR 2011, 994, 996; OLG Saarbrücken VersR 2007, 93, 95; anders noch BGHZ 117, 385, 387; KG VersR 1998, 1362; näher dazu LOOSCHELDERS, in: GS U Hübner [2012] 147, 153). Die Verletzung der Nachfragepflicht steht in diesem Fall weder dem Rücktritt noch der Anfechtung wegen arglistiger Täuschung (§ 123 iVm § 22 VVG) entgegen. Nach Treu und Glauben kann der arglistige Versicherungsnehmer sich schließlich auch nicht darauf berufen, dass der Versicherer seine **Belehrungspflicht** nach § 19 Abs 5 S 1 VVG verletzt hat (BGH 12. 3. 2014 – IV ZR 306/13; LG Dortmund r+s 2012, 426; PRÖLSS/MARTIN/ARMBRÜSTER, VVG § 19 Rn 133; LOOSCHELDERS, in: LOOSCHELDERS/POHLMANN § 19 Rn 76; LANGHEID/RIXECKER/LANGHEID § 19 Rn 118; LOOSCHELDERS, in: GS U Hübner [2012] 147, 154; aA KNAPPMANN, in: BECKMANN/MATUSCHE-BECKMANN, Versicherungsrechts-Handbuch § 14 Rn 14; ders VersR 2011, 724, 725).

1077 Die Anzeigepflicht des Versicherungsnehmers nach § 19 Abs 1 S 1 VVG bezieht sich lediglich auf solche gefahrerheblichen Umstände, nach denen der Versicherer **in Textform gefragt** hat. Verschweigt der Versicherungsnehmer gefahrerhebliche Umstände, nach denen der Versicherer nur mündlich oder überhaupt nicht gefragt hat, kommt allenfalls eine Anfechtung wegen arglistiger Täuschung nach § 123 BGB iVm § 22 VVG in Betracht. Ein solches Anfechtungsrecht steht im Einklang mit der Gesetzesbegründung und wird auch von der instanzgerichtlichen Rspr und vom überwiegenden Teil der Lit grundsätzlich bejaht (OLG Celle VersR 2017, 211, 213; BRUCK/MÖLLER/ROLFS § 22 Rn 10 f; LOOSCHELDERS, in: LOOSCHELDERS/POHLMANN § 22 Rn 6; LANGHEID/RIXECKER/LANGHEID § 22 Rn 2; PRÖLSS/MARTIN/ARMBRÜSTER, VVG § 22 Rn 3 ff; LANGHEID/WANDT/MÜLLER-FRANK § 22 Rn 6 f; NEUHAUS r+s 2008, 45, 54; GROTE/SCHNEIDER BB 2007, 2689, 2693; GÜNTHER/SPIELMANN r+s 2008, 133, 134; REUSCH VersR 2008, 1179, 1183; BRAND VersR 2009, 715, 721; LOOSCHELDERS VersR 2011, 697, 701; NOTTHOFF r+s 2018, 169 ff). Die für die Täuschung durch Unterlassen erforderliche **spontane Anzeigepflicht** wird dabei **aus § 241 Abs 2** BGB **oder § 242** BGB hergeleitet. Dagegen lässt sich nicht einwenden, die Anzeigepflicht des Versicherungsnehmers betreffe **nur** solche Gefahrumstände, nach denen der Versicherer in Textform gefragt habe (so aber MARLOW/SPUHL Rn 168; LANGHEID NJW 2007, 3665, 3668; LANGHEID/MÜLLER-FRANK NJW 2008, 337, 338; BARG 175 f). Die Vorschrift des § 22 VVG hat gerade den Zweck, die Sperrwirkung der §§ 19 ff VVG aufzuheben und eine Anfechtung wegen arglistiger Täuschung nach allgemeinen Grundsätzen zuzulassen (BRAND VersR 2009, 715, 721; LOOSCHELDERS VersR 2011, 697, 701). Hiermit wäre es unvereinbar, wenn man das Anfechtungsrecht des Versicherers aus § 123 BGB nach den Kriterien des § 19 Abs 1 S 1 VVG beschränkt. Zur **Rückwirkung der Anfechtung** nach § 123 BGB auch im Versicherungsrecht s oben Rn 432.

bb) Vertragliche Obliegenheiten des Versicherungsnehmers (§ 28 VVG)
(1) Alles-oder-nichts-Prinzip und Quotenprinzip

1078 Vor der Reform des VVG galt bei der Verletzung von vertraglichen Obliegenheiten das **Alles-oder-nichts-Prinzip** (LANGHEID/WANDT/WANDT § 28 Rn 212; ausf dazu STEINBECK 13 ff). Bei Vorsatz oder grober Fahrlässigkeit des Versicherungsnehmers war der Anspruch auf die Versicherungsleistung vollständig ausgeschlossen (§ 6 Abs 3 VVG aF). Verletzte der Versicherungsnehmer eine Obliegenheit, die er vor dem Eintritt des Versicherungsfalles zu erfüllen hatte, so schadete ihm sogar schon einfache

Fahrlässigkeit (§ 6 Abs 1 VVG aF). Diese Rechtslage wurde in vielen Fällen als unbefriedigend angesehen. Insbesondere erschien der vollständige Wegfall des Versicherungsschutzes bei einfacher oder grober Fahrlässigkeit unverhältnismäßig (vgl Begr RegE BT-Drucks 16/3945, 49; JUNG VersR 2003, 282, 285). Nach dem neuen § 28 VVG gilt der strikte Ausschluss des Versicherungsschutzes nur noch bei Vorsatz. Einfache Fahrlässigkeit schadet dem Versicherungsnehmer nicht mehr. Bei grober Fahrlässigkeit wurde das Alles-oder-nichts-Prinzip durch das **Quotenprinzip** ersetzt (eingehend dazu LOOSCHELDERS ZVersWiss 2009, 13 ff). Der Versicherer ist danach berechtigt, seine Leistung in einem der Schwere des Verschuldens des Versicherungsnehmers entsprechenden Maß zu kürzen (§ 28 Abs 2 S 2 VVG). Bei der Anwendung des Quotenprinzips ist zu beachten, dass der Gesetzgeber die Verhältnismäßigkeit durch das Maß des Verschuldens konkretisiert hat. Ein Rückgriff auf allgemeine Billigkeits- und Verhältnismäßigkeitserwägungen ist somit nicht zulässig (LOOSCHELDERS ZVersWiss 2009, 13, 21 f).

(2) Relevanzrechtsprechung und Kausalitätsgegenbeweis
Bei **vorsätzlicher Verletzung einer vertraglichen Obliegenheit**, die nach dem Eintritt **1079** des Versicherungsfalls zu erfüllen ist, entfiel der Anspruch des Versicherungsnehmers auf die Versicherungsleistung nach § 6 Abs 3 S 2 VVG aF aus generalpräventiven Gründen auch dann vollständig, wenn die Obliegenheitsverletzung weder die Feststellung des Versicherungsfalls noch die Feststellung oder den Umfang der Leistungspflicht des Versicherers beeinflusst hatte. Die Rspr hat diese Regelung unter Rückgriff auf Treu und Glauben (§ 242 BGB) und den Grundsatz der Verhältnismäßigkeit erheblich eingeschränkt. Nach der sog **Relevanzrechtsprechung** trat die Leistungsfreiheit bei folgenlosen Obliegenheitsverletzungen nur ein, wenn der Verstoß objektiv generell geeignet war, die berechtigten Interessen des Versicherers ernsthaft zu gefährden, und den Versicherungsnehmer subjektiv ein erhebliches Verschulden traf (vgl BGHZ 53, 160, 164; 84, 84, 87; BGH VersR 1998, 447, 448; VersR 2005, 493; VersR 2006, 108; dazu Berliner Kommentar/SCHWINTOWSKI VVG [1999] § 6 Rn 163 ff; JUNG VersR 2003, 282, 285 f; HEISS 53 ff; STEINBECK 151 ff). Nach § 28 Abs 3 VVG bleibt der Anspruch auf die Versicherungsleistung dagegen ohne Rücksicht auf das Verschulden des Versicherungsnehmers bestehen, soweit die Verletzung weder für die Feststellung des Versicherungsfalls noch für die Feststellung der Leistungspflicht des Versicherers oder deren Umfang ursächlich ist. Etwas anderes gilt gem § 28 Abs 3 S 2 VVG nur bei **arglistiger Verletzung** der Obliegenheit (vgl LOOSCHELDERS, GS U Hübner [2012] 147, 159 f). Der Gesetzgeber hat bei diesen Regelungen ausdrücklich auf die Relevanzrechtsprechung verwiesen (Begr RegE BT-Drucks 16/3945, 69). § 28 Abs 3 VVG kann allerdings nicht als Kodifikation der Relevanzrechtsprechung verstanden werden, weil es für das Kausalitätserfordernis nicht auf die **generelle Eignung** zur Gefährdung der Interessen des Versicherers, sondern auf die **konkrete Ursächlichkeit im Einzelfall** ankommt (vgl BRUCK/MÖLLER/HEISS § 28 Rn 160; POHLMANN, in: LOOSCHELDERS/POHLMANN § 28 Rn 40; LANGHEID/RIXECKER/RIXECKER § 28 Rn 91; LANGHEID/ WANDT/WANDT § 28 Rn 277; aA LANGHEID NJW 2007, 3665, 3669).

(3) Besonderheiten bei Auskunfts- und Aufklärungsobliegenheiten
Bei vertraglichen Auskunfts- und Aufklärungsobliegenheiten, die vom Versiche- **1080** rungsnehmer nach dem Eintritt des Versicherungsfalles zu erfüllen sind, hatte die Rspr dem Versicherer nach altem Recht schließlich die Verpflichtung auferlegt, den Versicherungsnehmer darüber zu **belehren**, dass der Anspruch auf die Versicherungs-

leistung im Fall einer vorsätzlichen Verletzung auch dann vollständig entfällt, wenn die Verletzung keine nachteiligen Folgen für den Versicherer hat; bei Fehlen einer solchen Belehrung durfte sich der Versicherer nach Treu und Glauben nicht auf die Leistungsfreiheit berufen (vgl BGHZ 47, 101, 107 ff; 48, 7, 9; BGH VersR 1973, 174, 175 = NJW 1973, 365; BGH VersR 1998, 447; BGH r+s 2008, 513, 514 m Anm Eckes; OLG Düsseldorf VersR 2001, 888; zusammenfassend Berliner Kommentar/Dörner VVG [1999] § 34 Rn 39; Heiss 67 ff; Steinbeck 134 ff; speziell zur Obliegenheit des Versicherungsnehmers, eine Stehlgutliste bei der Polizei einzureichen, Knappmann, in: FS Kollhosser [2004] 195, 199 ff). Eine Ausnahme war allerdings bei **Arglist** des Versicherungsnehmers anerkannt (BGH VersR 1971, 142, 143; VersR 1978, 121; NJW-RR 2009, 1036, 1037). Der Reformgesetzgeber hat die Belehrungspflicht des Versicherers in § 28 Abs 4 VVG ausdrücklich geregelt (vgl Wandt Rn 582). Anders als beim Kausalitätsgegenbeweis (§ 28 Abs 3 VVG) fehlt dabei aber eine Ausnahmeregelung für den Fall der Arglist. Ausweislich der Regierungsbegründung (Begr RegE BT-Drucks 16/3945, 69) ist der Gesetzgeber aber davon ausgegangen, dass es bei Arglist keiner Belehrung des Versicherungsnehmers bedarf. Während die hM (Pohlmann, in: Looschelders/Pohlmann § 28 Rn 138; Langheid/Rixecker/Rixecker § 28 Rn 115; Bruck/Möller/Heiss § 28 Rn 150) dem folgt, verweist die Gegenansicht (Knappmann VersR 2011, 724, 725 f) auf den Vorrang des Gesetzeswortlauts gegenüber den Materialien. Genau genommen geht es allerdings nicht darum, die Belehrungspflicht des Versicherers als solche auszuschließen. Dies wäre schon deshalb nicht sinnvoll, weil der Versicherungsnehmer sich im maßgeblichen Zeitpunkt meist noch nicht arglistig verhalten hat. Zur Lösung kann daher nur das allgemeine Verbot des **Rechtsmissbrauchs** (s oben Rn 213 ff) herangezogen werden (Bruck/Möller/Heiss § 28 Rn 152 und 182). Fällt dem Versicherungsnehmer eine arglistige Täuschung zur Last, so handelt er im Allgemeinen treuwidrig, wenn er sich auf einen formalen Fehler des Versicherers beruft, um der Sanktion zu entgehen (Langheid/Wandt/Wandt § 28 Rn 350). Eine spezielle Einschränkung des § 28 Abs 4 VVG ist bei diesem Ansatz entbehrlich (Looschelders, in: GS Hübner [2012] 147, 161).

1081 Vor der Reform ging die hM davon aus, dass der Versicherer nach Treu und Glauben (§ 242 BGB) gehindert sei, sich bei einer Verletzung von Auskunfts- und Aufklärungsobliegenheiten auf Leistungsfreiheit zu berufen, wenn der Versicherungsnehmer den wahren Sachverhalt **nachträglich aus eigenem Antrieb vollständig und unmissverständlich offenbart** hatte und die falschen Angaben noch nicht zu einem Nachteil für den Versicherer geführt hatte (BGH VersR 2002, 173; KG r+s 2004, 408, 409; OLG Saarbrücken VersR 2008, 1528; VersR 2008, 1643, 1644 = NJW-RR 2008, 1207, 1208; LG Berlin SP 2006, 145; Berliner Kommentar/Schwintowski VVG [1999] § 6 Rn 43; Prölss/Martin/Prölss, VVG27 [2004] § 34 Rn 11a). Hieran wird teilweise auch nach der VVG-Reform festgehalten (OLG Köln VersR 2017, 1135, 1137; Bruck/Möller/Brömmelmeyer § 31 Rn 67 ff; Prölss/Martin/Armbrüster, VVG § 31 Rn 39 ff; Langheid/Rixecker/Rixecker § 31 Rn 19). Dahinter steht die Erwägung, dass es bei einer rechtzeitigen Berichtigung an einem berechtigten Interesse des Versicherers an der Sanktionierung der Obliegenheitsverletzung fehlt (Bruck/Möller/Brömmelmeyer § 31 Rn 70). Nach geltendem Recht besteht in den meisten Fällen für einen Rückgriff auf die allgemeinen Grundsätze des § 242 BGB jedoch kein Bedarf mehr. Berichtigt der Versicherungsnehmer seine unzutreffenden Angaben, bevor der Versicherer dadurch einen Nachteil erleidet, so bleibt der Versicherer nämlich schon nach § 28 Abs 3 S 1 VVG zur Leistung verpflichtet, weil es dann jedenfalls an der Kausalität der Obliegenheitsverletzung für einen Nachteil des Versicherers fehlt (Langheid/Wandt/Wandt § 31

Rn 82; HK-VVG/MUSCHNER § 31 Rn 20 ff; vgl auch OLG Saarbrücken VersR 2008, 1643, 1645). Für den Versicherungsnehmer hat dies den Vorteil, dass es nicht mehr auf die Freiwilligkeit der Berichtigung ankommt. Bei **Arglist** ist dem Versicherungsnehmer der Kausalitätsgegenbeweis allerdings nach § 28 Abs 3 S 2 VVG verwehrt. Insoweit muss also weiter im Rahmen des § 242 BGB geprüft werden, inwieweit der Versicherer durch einen freiwilligen „Rücktritt" gehindert wird, sich auf die Leistungsfreiheit zu berufen (für grundsätzliche Möglichkeit eines „sanktionsbefreienden Rücktritts" bei Arglist LANGHEID/WANDT/WANDT § 28 Rn 309; PRÖLSS/MARTIN/ARMBRÜSTER, VVG § 31 Rn 43). Nach den Wertungen des § 28 Abs 3 S 2 VVG wird ein Rückgriff auf § 242 BGB bei Arglist allerdings regelmäßig ausscheiden (OLG Saarbrücken VersR 2008, 1643, 1645; OLG Köln VersR 2017, 1335, 1337 f).

(4) Sonstige Einschränkungen der Leistungsfreiheit nach § 28 Abs 2 VVG
Über diese wichtigen allgemeinen Bereiche hinaus gibt es einige weitere Fallgruppen, in denen der Versicherer sich bei Obliegenheitsverletzungen nach Treu und Glauben **im Einzelfall** nicht auf den Wegfall seiner Leistungspflicht berufen kann. So ist die Geltendmachung der Leistungsfreiheit durch den Versicherer **rechtsmissbräuchlich**, wenn der Verlust des Versicherungsschutzes für den Versicherungsnehmer aus besonderen Gründen eine **übermäßige Härte** darstellt. Vor der Reform hatte die Rspr diese Voraussetzung bejaht, wenn die Obliegenheitsverletzung nur einen geringen Teil des Schadens betraf und weitere Billigkeitsgesichtspunkte zu Gunsten des Versicherungsnehmers hinzutraten, namentlich wenn der Versicherungsnehmer bei Verlust des Versicherungsschutzes in seiner Existenz bedroht wäre (BGH VersR 1993, 1351; Berliner Kommentar/SCHWINTOWSKI VVG [1999] § 6 Rn 70 ff). Dass die Obliegenheitsverletzung nur einen **geringen Teil des Schadens** betrifft, lässt sich nach neuem Recht schon bei der Anwendung des § 28 Abs 3 VVG berücksichtigen („soweit"). Unter diesem Aspekt ist ein Rückgriff auf § 242 BGB also nicht mehr erforderlich (so auch SCHIMIKOWSKI Rn 234). Bei Arglist entfällt zwar der Kausalitätsgegenbeweis; insoweit handelt es sich aber um eine bewusste Entscheidung des Gesetzgebers, die nicht mit Hilfe des Grundsatzes von Treu und Glauben unterlaufen werden darf (für weitergehende Anwendung des § 242 BGB bei Arglist FELSCH, in: RÜFFER/HALBACH/SCHIMIKOWSKI § 28 Rn 160). **1082**

Demgegenüber kann der Aspekt der **drohenden Existenzvernichtung** auch nach geltendem Recht noch Bedeutung erlangen. Bei **grober Fahrlässigkeit** ergibt sich dies daraus, dass die wirtschaftlichen Verhältnisse des Versicherungsnehmers im Rahmen der Quotelung nach § 28 Abs 2 S 2 VVG außer Betracht bleiben müssen, weil es dort allein um die Schwere des Verschuldens geht (FELSCH, in: RÜFFER/HALBACH/SCHIMIKOWSKI § 28 Rn 203; LOOSCHELDERS ZVersWiss 2009, 13, 23 f). Bei **Vorsatz** kommt nach § 28 Abs 2 S 1 VVG ohnehin keine Quotelung in Betracht. Da der Vorsatz sich nicht auf den Schaden beziehen muss, kann der vollständige Leistungsausschluss bei drohender Existenzvernichtung aber auch hier im Einzelfall unverhältnismäßig sein (BRUCK/MÖLLER/HEISS § 28 Rn 155; FELSCH, in: RÜFFER/HALBACH/SCHIMIKOWSKI § 28 Rn 160; LOOSCHELDERS ZVersWiss 2009, 13, 24). In all diesen Fällen kann eine Einschränkung der Leistungsfreiheit nur auf § 242 BGB gestützt werden. Zu beachten ist aber, dass die Berücksichtigung der drohenden Existenzvernichtung zu einer **Ungleichbehandlung der Versicherungsnehmer** führt, die mit dem Grundgedanken der Privatversicherung schwer vereinbar ist. Der Rückgriff auf § 242 BGB muss daher auf **extreme Ausnahmefälle** beschränkt bleiben. **1083**

1084 Ein Rückgriff auf § 242 BGB kommt auch dann in Betracht, wenn der Versicherer selbst das **Vertrauensverhältnis** gegenüber dem Versicherungsnehmer **in schwerwiegender Weise** verletzt hat (BGHZ 107, 368, 373 ff; Bruck/Möller/Heiss § 28 Rn 155; Felsch, in: Rüffer/Halbach/Schimikowski § 28 Rn 161 ff; zur parallelen Problematik bei § 81 VVG Langheid/Wandt/Looschelders § 81 Rn 135) oder wenn die Geltendmachung der Leistungsfreiheit gegen das Verbot **widersprüchlichen Verhaltens** (allg dazu o Rn 213 ff) verstößt (vgl OLG Frankfurt VersR 1992, 1458; Berliner Kommentar/Schwintowski VVG [1999] § 6 Rn 69). So kann es einem Versicherer, der seine Rechte bisher trotz mehrerer Obliegenheitsverletzungen nicht geltend gemacht hat, gem § 242 BGB verwehrt sein, sich nach dem Eintritt des Versicherungsfalls auf eine weniger schwere Verletzung zu berufen (Knappmann, in: Matusche/Beckmann § 14 Rn 107). Ebenso kann der Versicherer nach Treu und Glauben gehindert sein, die Leistung wegen der Verletzung einer vor Eintritt des Versicherungsfalles zu erfüllenden vertraglichen Obliegenheit zu verweigern, wenn er die Obliegenheitsverletzung **kennt** und dennoch zunächst **abwartet**, um sich nach Eintritt des Versicherungsfalls auf die Obliegenheitsverletzung zu berufen. Vor der VVG-Reform hatte § 6 Abs 1 S 3 VVG aF einen solchen Missbrauch dadurch verhindert, dass der Versicherer die Leistungsfreiheit nicht geltend machen konnte, wenn er den Vertrag nicht binnen eines Monats nach Kenntniserlangung von der Obliegenheitsverletzung gekündigt hatte. Bei der Reform wurde die Kündigungsobliegenheit des Versicherers mit der Begründung abgeschafft, dass eine Kündigung nicht immer im Interesse des Versicherungsnehmers liege (Begr RegE BT-Drucks 16/3945, 69). Dies ist insofern sachgemäß, als der Versicherungsnehmer in vielen Fällen ein Interesse an der Aufrechterhaltung des Versicherungsvertrages haben wird. Dies setzt aber voraus, dass der Versicherungsschutz effektiv ist. Weiß der Versicherer von der Obliegenheitsverletzung, so wird er daher im Allgemeinen nach Treu und Glauben gehalten sein, den Versicherungsnehmer darauf aufmerksam zu machen, dass er sich wegen der Obliegenheitsverletzung bei einem möglichen Eintritt des Versicherungsfalles für nicht leistungspflichtig hält (so auch Felsch, in: Rüffer/Halbach/Schimikowski § 28 Rn 150). Der Versicherungsnehmer erhält damit die Gelegenheit, die Obliegenheitsverletzung abzustellen oder sich um anderweitigen Versicherungsschutz zu kümmern. Auf der anderen Seite kann auch die **Kündigung des Versicherungsvertrages** durch den Versicherer wegen einer Obliegenheitsverletzung nach § 28 Abs 1 VVG im Einzelfall **rechtsmissbräuchlich** sein (vgl Langheid/Wandt/Wandt § 28 Rn 203 ff; Felsch, in: Rüffer/Halbach/Schimikowski § 28 Rn 151). Hieran ist insbesondere zu denken, wenn zwischen dem objektiven Gewicht der Obliegenheitsverletzung und den mit der Kündigung verbundenen Nachteilen für den Versicherungsnehmer ein grobes Missverhältnis besteht.

cc) Gesetzliche Obliegenheiten des Versicherungsnehmers

1085 Einen Sonderfall der nachvertraglichen Obliegenheiten bildet die sog **Rettungspflicht** nach § 82 VVG, die traditionell als spezielle Ausprägung von Treu und Glauben angesehen wird (vgl Motive zum VVG 1908, 135; Langheid/Wandt/Looschelders § 82 Rn 7; Schimikowski Rn 237). § 82 Abs 2 S 1 VVG stellt klar, dass der Versicherungsnehmer die Weisungen des Versicherers bei der Abwendung oder Minderung des Schadens nur zu befolgen hat, so weit dies für ihn **zumutbar** ist. Die Vorgängervorschrift des § 62 VVG aF hatte noch keine solche Einschränkung vorgesehen. Hier musste daher auf den Grundsatz von Treu und Glauben (§ 242 BGB) zurückgegriffen werden (vgl Bruck/Möller/Möller, VVG[8] [1980] § 62 Rn 23).

Titel 1
Verpflichtung zur Leistung § 242

§ 97 VVG enthält eine gesetzliche Obliegenheit, wonach der Versicherungsnehmer **1086** und der Erwerber die **Veräußerung der versicherten Sachen** dem Versicherer unverzüglich anzeigen müssen. Der Verstoß gegen diese Obliegenheit kann zur Leistungsfreiheit des Versicherers führen (vgl § 97 Abs 1 S 2 VVG). Mit Blick auf die Vorgängervorschrift des § 71 VVG hat der BGH diese Rechtsfolge nach Treu und Glauben auf den Fall beschränkt, dass die Leistungsfreiheit **nicht außer Verhältnis zur Schwere des Verstoßes** steht (BGH VersR 1987, 477, 478 f). Die Regierungsbegründung stellt klar, dass dieser Grundsatz auch bei § 97 VVG gilt (vgl HALBACH, in: RÜFFER/HALBACH/SCHIMIKOWSKI § 97 Rn 4; BRUCK/MÖLLER/STAUDINGER § 97 Rn 26). Es handle sich um eine „Ausprägung des allgemeinen Grundsatzes von Treu und Glauben, der keiner ausdrücklichen Regelung bedarf" (Begr RegE BT-Drucks 16/3945, 85).

e) Leistungsfreiheit bei Nichtzahlung der Erstprämie
§ 37 Abs 2 VVG befreit den Versicherer von der Leistungspflicht, wenn die sog **1087** **Erstprämie** bei Eintritt des Versicherungsfalls noch nicht gezahlt war. Nach altem Recht (§ 38 Abs 2 VVG aF) kam es dabei nicht auf das Verschulden des Versicherungsnehmers an. Beruhte die Nichtzahlung der Erstprämie auf Umständen, die der Versicherer selbst zu vertreten hatte, konnte er sich jedoch nach Treu und Glauben nicht auf seine Leistungsfreiheit berufen (vgl LG Osnabrück VersR 1987, 62; Berliner Kommentar/RIEDLER VVG [1999] § 38 Rn 75; zum österr Recht österr OGH VersR 1984, 1199). In der Lit wurde zT sogar erwogen, dem Versicherungsnehmer nach § 242 BGB eine gewisse Zahlungsfrist zuzubilligen (Berliner Kommentar/RIEDLER VVG [1999] § 38 Rn 29; PRÖLSS/MARTIN/KNAPPMANN, VVG²⁷ [2004] § 38 Rn 16). Nach neuem Recht ist die Leistungsfreiheit des Versicherers generell ausgeschlossen, wenn der Versicherungsnehmer die Nichtzahlung der Erstprämie nicht zu vertreten hat (vgl § 37 Abs 2 S 1 VVG). Der allgemeine Grundsatz von Treu und Glauben hat in diesem Zusammenhang also seine Bedeutung verloren.

In anderen Fällen bleibt der Rückgriff auf § 242 BGB aber auch im Rahmen des § 37 **1088** VVG möglich. So kann der Rücktritt wegen Nichtzahlung der Erstprämie nach Treu und Glauben weiterhin ausgeschlossen sein, wenn die **Rückstände ganz gering** sind und nicht auf einer bewussten Leistungskürzung durch den Versicherungsnehmer beruhen (vgl Begr RegE BT-Drucks 16/3945, 71; KARCZEWSKI, in: RÜFFER/HALBACH/SCHIMIKOWSKI § 37 Rn 10; STAGL, in: LOOSCHELDERS/POHLMANN § 37 Rn 9; PILZ, in: SCHWINTOWSKI/BRÖMMELMEYER § 37 Rn 7; zum alten Recht BGH 21, 122, 136; BGH VersR 1985, 981, 982; VersR 1986, 54; PRÖLSS/MARTIN/REIFF, VVG³⁰ [2018] § 37 Rn 11 f).

Der Versicherer kann sich nach Treu und Glauben auch dann nicht auf Leistungs- **1089** freiheit berufen, wenn er den Anspruch auf Zahlung der Erstprämie durch **Aufrechnung** mit Gegenansprüchen des Versicherungsnehmers durchsetzen kann (BGH VersR 1985, 877 m Anm HOFMANN; OLG Koblenz VersR 1995, 527; OLG Hamm VersR 1996, 1408; KARCZEWSKI, in: RÜFFER/HALBACH/SCHIMIKOWSKI § 37 Rn 27; PILZ, in: SCHWINTOWSKI/BRÖMMELMEYER § 37 Rn 8, 18; Berliner Kommentar/RIEDLER VVG [1999] § 38 Rn 74; ebenso österr OGH VersR 1985, 652). Das Gleiche gilt für den Fall, dass der Versicherer die nach der Rücktrittserklärung erfolgte **Zahlung** der Erstprämie durch den Versicherungsnehmer **angenommen hat** (BGH VersR 1982, 358; aA SCHIMIKOWSKI Rn 160: konkludentes Einverständnis mit Antrag auf Neuabschluss eines Versicherungsvertrags). Hat der Versicherer eine Folgeprämie angenommen, obwohl der Versicherungsnehmer die Erstprämie noch nicht gezahlt hat, so kann der Versicherer nach Treu und Glauben gehalten sein, den Versicherungsnehmer auf das Ausstehen der Erstprämie hinzuweisen (LANGHEID/RIXECKER/RIXECKER § 37 Rn 19).

f) Versäumnis von Ausschlussfristen

1090 Nach Treu und Glauben kann der Versicherer uU daran gehindert sein, sich auf die Versäumnis einer **Ausschlussfrist** durch den Versicherungsnehmer zu berufen (allg z Bedeutung des § 242 BGB bei Versäumnis einer Ausschlussfrist Rn 563 ff). Nach der Rechtsprechung müssen die Wirkungen einer vertraglichen oder gesetzlichen Ausschlussfrist im Versicherungsvertragsrecht insbesondere ausbleiben, wenn den Versicherungsnehmer **kein Verschulden** an der Fristversäumnis trifft (vgl RGZ 62, 191; RGZ 88, 295; 150, 186; BGHZ 9, 208; 43, 235, 236; BGH NJW 1992, 2233; NJW 1995, 598, 600; NJW 1995, 2854; VersR 1998, 175; VersR 2011, 1173, 1175; OLG Frankfurt NJW-RR 2013, 230, 232; OLG Saarbrücken VersR 2011, 1381, 1382; zusammenfassend LANGHEID/RIXECKER/RIXECKER § 15 Rn 20).

1091 Vor der Reform des VVG ist § 242 BGB sehr oft herangezogen worden, um die 6-monatige **Klagefrist des § 12 Abs 3 VVG aF** einzuschränken (RGZ 88, 295; 150, 186; BGHZ 43, 235, 236). Nach der Rspr war es dem Versicherer nach Treu und Glauben insbesondere verwehrt, sich auf den Fristablauf zu berufen, wenn er in den Verhandlungen mit dem Versicherungsnehmer den Eindruck erweckt hatte, die Ablehnung des Versicherungsschutzes und die damit verbundene Fristsetzung seien wieder hinfällig (BGH VersR 1988, 1013; OLG Karlsruhe VersR 1992, 1205, 1206; OLG Düsseldorf NJW-RR 2001, 1039; OLG Koblenz VersR 2007, 824; BRUCK/MÖLLER/JOHANNSEN [8. Aufl] Anh § 15 Rn 26 ff; vgl auch BGH VersR 2005, 629, 631), oder wenn er den Versicherungsnehmer hinsichtlich des Laufs der Frist verwirrt hatte (BGH VersR 2005, 1225, 1226). Das BVerfG hat darüber hinaus betont, dass der **verfassungsrechtlich gebotene Rechtsschutz** (Art 2 Abs 1 iVm Art 20 Abs 3 GG) durch die Anwendung des § 12 Abs 3 VVG aF nicht verkürzt werden dürfe. Habe das Gericht es aufgrund eines Fehlers unterlassen, den Versicherungsnehmer rechtzeitig auf einen formalen Mangel der fristgerecht eingegangenen Klage (hier: fehlende Unterschrift) hinzuweisen, so müsse es „die Anforderungen an die Anwendung des § 242 BGB mit besonderer Fairness [...] handhaben" (BVerfG VersR 2004, 1585, 1586 betr Verfassungsbeschwerde zu BGH VersR 2004, 629 = NJW-RR 2004, 755).

1092 Die vielfältigen Ansätze einer billigkeitsorientierten Einschränkung des § 12 Abs 3 VVG aF haben gezeigt, dass der **Gerechtigkeitsgehalt der Vorschrift** zweifelhaft geworden war. Den Versicherern stand danach ein Privileg zu, das die Rechtsordnung für andere Schuldner nicht kennt (BGH VersR 2007, 1209, 1210). Die Vorschrift wurde daher bei der VVG-Reform zu Recht ersatzlos gestrichen (vgl Begr RegE BT-Drucks 16/3945, 64; WANDT Rn 947).

1093 Lebhaft diskutiert wird die Möglichkeit einer Einschränkung von Ausschlussfristen in der **Unfallversicherung**. Nach § 7 (I) Abs 1 AUB 94 (Ziff 2. 1. 1. 1 AUB 99/2008/2010) hat der Versicherte nur dann einen Anspruch auf **Invaliditätsleistungen**, wenn die Invalidität innerhalb eines Jahres nach dem Unfall eingetreten sowie spätestens vor Ablauf einer Frist von fünfzehn Monaten nach dem Unfall durch einen Arzt schriftlich festgestellt und beim Versicherer geltend gemacht worden ist. Die hM geht davon aus, dass der Versicherer nach Treu und Glauben an der Geltendmachung der Fristversäumnis gehindert ist, wenn sie ausreichend **entschuldigt** werden kann (BGH VersR 1995, 1179; VersR 1998, 11765; VersR 2002, 698; JACOB Ziff 2. 1 AUB 2014 Rn 92). Bloße

Unkenntnis der Frist entschuldigt zwar nicht (OLG Köln VersR 1995, 907; OLG Düsseldorf VersR 2001, 449). Vor der VVG-Reform hatte die Rspr auf der Grundlage von § 242 BGB aber den Grundsatz entwickelt, dass der Versicherer den Versicherungsnehmer auf die Fristen hinzuweisen habe, wenn nach dem Inhalt der Schadensanzeige oder den sonstigen Umständen eine Invalidität nahe liege; bei Fehlen eines solchen Hinweises verhalte der Versicherer sich **rechtsmissbräuchlich**, wenn er sich auf die Fristversäumnis berufe (BGH VersR 2006, 352, 353 = JR 2007, 106, 107 m Anm Looschelders/Bruns; OLG Hamm VersR 1995, 1181; OLG Köln VersR 1995, 907; OLG Düsseldorf VersR 2001, 449; OLG Saarbrücken VersR 2007, 1161, 1162; Mangen, in: Beckmann/Matusche-Beckmann § 47 Rn 174).

Der Reformgesetzgeber hat die **Hinweispflicht** des Versicherers in § 186 S 1 VVG **ausdrücklich geregelt**. Ein Rückgriff auf § 242 BGB ist insofern also nicht mehr erforderlich. Es gibt jedoch einige Fälle, in denen der Versicherer sich trotz ordnungsgemäßer Belehrung rechtsmissbräuchlich verhält, wenn er sich auf die Fristversäumnis beruft (vgl Götz, in: Looschelders/Pohlmann § 180 Rn 12; Mangen, in: Beckmann/Matusche-Beckmann § 47 Rn 180). Die Geltendmachung des Fristablaufs kann insbesondere dann treuwidrig sein, wenn der Versicherungsnehmer durch das Verhalten des Versicherers von der Einhaltung der Frist abgehalten worden ist (Felsch, in: Rüffer/Halbach/Schmikowski § 28 Rn 35). So verhält sich der Versicherer **widersprüchlich**, wenn er sich auf die Fristversäumnis beruft, obwohl er beim Versicherungsnehmer zuvor das berechtigte Vertrauen erweckt hat, die Beachtung der 15-Monatsfrist sei entbehrlich (vgl Mangen, in: Beckmann/Matusche-Beckmann § 47 Rn 171). Dass der Versicherer seine Leistungspflicht vor Fristablauf endgültig abgelehnt hat, reicht aber nicht aus (vgl BGH VersR 2002, 472; VersR 2002, 1181; BGH NJW 2006, 911, 912; Looschelders/Kaldenbach, in: Looschelders/Pohlmann § 180 Rn 12; aA OLG Hamm VersR 1995, 1181; OLG Köln VersR 1995, 907). Denn bei Ablehnung der Leistungspflicht kann ein entsprechendes Vertrauen des Versicherungsnehmers gerade nicht entstehen (Mangen, in: Beckmann/Matusche-Beckmann § 47 Rn 172).

1094

g) Gesetzlicher Forderungsübergang
Der dolo agit-Grundsatz (so Rn 279 ff) steht der Geltendmachung eines **gesetzlichen Forderungsübergangs** nach § 86 VVG entgegen, wenn der Dritte im Umfang seiner Inanspruchnahme einen Rückgriffanspruch gegen einen Mitversicherten hat, für den wiederum der Versicherer einstehen muss. Der Versicherer müsste dem Dritten nämlich mittelbar genau das zurückgewähren, was er aufgrund des gesetzlichen Forderungsübergangs von ihm verlangt (vgl RGZ 161, 94, 98; BGH VersR 1972, 166; BGH NJW 1992, 1508, 1509; Prölss/Martin/Armbrüster, VVG § 86 Rn 100).

1095

h) Versicherung für fremde Rechnung
Bei der Versicherung für fremde Rechnung (§§ 43 ff VVG) ist der Versicherte – sofern er nicht im Besitz eines Versicherungsscheins ist (§ 44 Abs 2 VVG) – nicht berechtigt, den Anspruch auf die Versicherungsleistung gegenüber dem Versicherer ohne Zustimmung des Versicherungsnehmers geltend zu machen. Dem Versicherer kann es aber nach Treu und Glauben verwehrt sein, sich auf die fehlende Klagebefugnis des Versicherten zu berufen, insbesondere wenn der Versicherungsnehmer **keine billigenswerten Gründe** für die Verweigerung der Zustimmung anführen kann (BGHZ 41, 327, 329 ff; BGH VersR 1995, 332, 333; VersR 1998, 1016, 1017; VersR 2007, 238; OLG Hamm VersR 1999, 964, 965; VersR 2005, 934; OLG Stuttgart r+s 1992, 331; OLG Karlsruhe

1096

VersR 1995, 1352; VersR 1997, 104; Bruck/Möller/Brand § 44 Rn 24 ff; Prölss/Martin/
Klimke, VVG § 44 Rn 25 f; Langheid/Rixecker/Rixecker § 44 Rn 10; Koch, in: Looschelders/Pohlmann § 44 Rn 24 f; zum österr Recht OGH VersR 2008, 283).

1097 Dass der **Versicherungsnehmer** für die Verweigerung seiner Zustimmung keine billigenswerten Gründe hat, kann entgegen der hM allerdings nicht genügen, um das Verhalten des **Versicherers** als rechtsmissbräuchlich zu qualifizieren. Darüber hinaus darf vielmehr der Versicherer selbst **kein schutzwürdiges Interesse** daran haben, die fehlende Klagebefugnis des Versicherten geltend zu machen. Der Versicherer handelt daher nicht rechtsmissbräuchlich, wenn er nicht zuverlässig weiß, ob der Kläger zum Kreis der Versicherten gehört, oder wenn er befürchten muss, sich wegen des Anspruchs mit weiteren Personen, etwa dem Versicherungsnehmer selbst, auseinandersetzen zu müssen (Looschelders VersR 2000, 23 ff mwNw; ausf Niessen, Die Rechtswirkungen der Versicherung für fremde Rechnung unter besonderer Berücksichtigung des Innenverhältnisses zwischen Versichertem und Versicherungsnehmer [2004] 88 ff). Die Geltendmachung der fehlenden Klagebefugnis ist dagegen **missbräuchlich**, wenn der Versicherer in der Angelegenheit bereits mit dem Versicherten korrespondiert hat, ohne ihn auf die fehlende Klagebefugnis hinzuweisen (OLG Hamm VersR 2005, 934; Bruck/Möller/Brand § 44 Rn 26).

Bei der **D&O-Versicherung** sehen die neueren AVB regelmäßig vor, dass **ausschließlich die versicherten Personen** zur Geltendmachung des Anspruchs auf Versicherungsschutz gegen den Versicherer befugt sind (vgl Ziff 10.1 AVB-AVG 2017). Dies führt an sich zu einer wünschenswerten Zusammenführung von materieller Anspruchsinhaberschaft und formeller Prozessführungsbefugnis. Da die D&O-Versicherung für das Unternehmen als Versicherungsnehmer auch den Zweck hat, sich gegen eine etwaige Zahlungsunfähigkeit der ihr gegenüber haftenden versicherten Personen abzusichern, kann die Nichtgeltendmachung des Anspruchs auf Versicherungsschutz durch die versicherten Personen die Funktion der D&O-Versicherung für den Versicherungsnehmer aushöhlen. Der Versicherer verstößt daher gegen **Treu und Glauben**, wenn er sich auf die alleinige Prozessführungsbefugnis der versicherten Personen beruft, obwohl er kein schutzwürdiges Interesse daran hat, dass der Anspruch auf Versicherungsschutz überhaupt nicht geltend gemacht wird (BGH 5.4.2017 – IV ZR 360/15, VersR 2017, 683; ausführlich dazu Looschelders/Derkum ZIP 2017, 1249 ff).

i) **Besondere Versicherungszweige**
1098 Vor der Reform des VVG hat die Rspr dem Versicherer in der **Haftpflichtversicherung** nach Treu und Glauben verwehrt, sich auf ein vertragliches Verbot der Abtretung des Freistellungsanspruchs (zB § 7 Nr 3 AHB 2002) zu berufen, wenn ihm ein schutzwürdiges, dem Zweck des Abtretungsverbots entsprechendes Interesse an dessen Einhaltung im Einzelfall fehlt (BGHZ 41, 327, 329 ff; BGH VersR 1983, 823; VersR 1983, 945; BGH NJW-RR 1987, 856; OLG Saarbrücken VersR 2002, 351; VersR 2003, 272, 277; VersR 2005, 394, 395; OLG Köln r+s 2008, 239, 240). § 108 Abs 2 VVG löst den Interessenkonflikt jetzt dahingehend auf, dass die Abtretung des Freistellungsanspruchs an den Geschädigten **nicht durch AVB** ausgeschlossen werden kann. Die Gesetzesbegründung (BT-Drucks 16/3945, 87) verweist auf die Rspr zu § 242 BGB und stellt klar, dass der Versicherungsnehmer ein berechtigtes Interesse haben könne, den Geschädigten an den Versicherer zu verweisen. § 108 Abs 2 VVG stellt damit eine beson-

dere Ausprägung von Treu und Glauben dar. Auf **individualvertraglich** vereinbarte Abtretungsverbote ist § 108 Abs 2 VVG nicht anwendbar. Insoweit muss somit weiter auf die allgemeinen Grundsätze des Rechtsmissbrauchs zurückgegriffen werden (BRUCK/MÖLLER/KOCH § 108 Rn 29; PRÖLSS/MARTIN/LÜCKE, VVG § 108 Rn 25).

Bei der **Kfz-Haftpflichtversicherung** kann der Geschädigte den Haftpflichtversicherer des schädigenden Fahrzeugs nach § 115 Abs 1 Nr 1 VVG unmittelbar auf Schadensersatz in Anspruch nehmen (sog Direktanspruch). Wird der Mittäter eines Kfz-Diebstahls bei einem vom anderen Täter als Fahrer des entwendeten Fahrzeugs verursachten Verkehrsunfall verletzt, so ist der geschädigte Mittäter aber nach Treu und Glauben (§ 242 BGB) gehindert, den Direktanspruch gegen den Haftpflichtversicherer des bestohlenen Halters geltend zu machen (BGH 27. 2. 2018 – VI ZR 109/17, NJW 2018, 1756).

In der **Lebensversicherung** ist der Versicherer nach Treu und Glauben verpflichtet, **1099** nach dem Tod des Versicherungsnehmers auf die **Interessen des Bezugsberechtigten** als seines potenziellen Gläubigers Rücksicht zu nehmen. Er verhält sich daher rechtsmissbräuchlich, wenn er die Versicherungssumme an den Inhaber des Versicherungsscheins und angeblichen Zessionar der Rechte aus dem Versicherungsvertrag auszahlt, obwohl er weiß, dass der Versicherungsnehmer eine andere Person als Bezugsberechtigten benannt hat, die Abtretung und der Widerruf des Bezugsrechts erst **nach dem Tod des Versicherungsnehmers mitgeteilt** werden und die benannte Person anwaltlich mitteilen ließ, dass ihr Bezugsrecht mit dem Tod des Versicherungsnehmers unwiderruflich geworden sei (BGH VersR 1999, 700, 701). Mit dem Tod des Versicherungsnehmers hat der Bezugsberechtigte den Leistungsanspruch gegen den Versicherer erworben (vgl BRUCK/MÖLLER/WINTER § 159 Rn 323). Die Abtretung des Anspruchs und der Widerruf der Bezugsberechtigung stehen dem Erwerb durch den Bezugsberechtigten in einem solchen Fall nicht entgegen, da die nach den AVB (§ 13 Abs 4 ALB 2008/2010) notwendige Anzeige des Widerrufs des Bezugsrechts und der Abtretung an den Versicherer erst nach dem Eintritt des Versicherungsfalles erfolgt ist (vgl LOOSCHELDERS JR 2012, 154).

Macht ein Versicherungsnehmer geltend, die ihm nach Ablauf einer kapitalbildenden Lebensversicherung ausgezahlte Beteiligung an dem **Überschuss** und der **Bewertungsreserve** gem § 153 Abs 1, Abs 3 S 2 HS 1 VVG sei zu gering, so trifft ihn dafür die Darlegungs- und Beweislast (vgl PRÖLSS/MARTIN/REIFF, VVG § 153 Rn 32). Um diesen Beweis zu führen, ist der Versicherungsnehmer in vielen Fällen auf Auskünfte des Versicherers angewiesen. Nach der Rspr kann ihm daher unter dem Gesichtspunkt von Treu und Glauben ein **Auskunftsanspruch gegen den Versicherer** zustehen (BGH 2. 12. 2015 – IV ZR 28/15, VersR 2016, 173 Rn 15 ff; s auch o Rn 605 ff). Der BGH stellt dabei auf die Umstände des Einzelfalls und den Verhältnismäßigkeitsgrundsatz ab. Grenzen ergäben sich insbesondere aus dem berechtigten **Geheimhaltungsinteresse** des Versicherers. Zu beachten sei außerdem, dass der Versicherer nach § 242 BGB nur Auskunft und **keine Rechnungslegung** schulde.

Bei der **Berufsunfähigkeitsversicherung** ist der **Versicherer** wegen ihrer speziellen **1100** Ausgestaltung und ihrer oft existenziellen Bedeutung für den Versicherungsnehmer in besonderem Maße gehalten, seine überlegene Sach- und Rechtskenntnis nicht zum Nachteil des Versicherungsnehmers auszunutzen (BGH VersR 2007, 777). Der

Versicherer kann sich daher grundsätzlich nicht auf eine bei einem möglichen Eintritt des Versicherungsfalles getroffene Individualvereinbarung berufen, wenn diese sich für den Versicherungsnehmer nachteilig auswirkt. Eine Ausnahme kommt nur dann in Betracht, wenn der Versicherer den Versicherungsnehmer klar und eindeutig darauf hingewiesen hat, wie sich seine derzeitige Rechtslage darstellt und welche Änderungen mit der Vereinbarung verbunden sind (BGH VersR 2007, 777; VersR 2011, 655, 656). Hat die versicherte Person freiwillig neue berufliche Fähigkeiten erworben, so folgt aus dem Grundsatz von Treu und Glauben, dass der Versicherer erst dann von seinem Recht zur Leistungseinstellung Gebrauch machen darf, wenn der Versicherungsnehmer einen Arbeitsplatz in einem Vergleichsberuf erlangt hat oder sich nicht mehr ausreichend darum bemüht, einen solchen Arbeitsplatz zu erlangen (BGH VersR 2000, 171, 173; Dunkel/Mokhtari, in: van Bühren § 15 Rn 345). Auf der anderen Seite treffen den **Versicherungsnehmer** im Nachprüfungsverfahren sehr weitgehende **Mitwirkungsobliegenheiten** (vgl § 13 BU 2008 und § 6 Abs 2 BUZ), die sich nach Ansicht des BGH allein damit rechtfertigen lassen, dass ein lauteres und vertrauensvolles Zusammenwirken der Parteien wegen der speziellen Ausgestaltung der Berufsunfähigkeitsversicherung unerlässlich ist (BGH NJW 1993, 723, 724). So kann der Versicherer nach § 13 Abs 2 S 1 BU 2008 bzw § 6 Abs 2 S 1 BUZ 2008 einmal jährlich umfassende Untersuchungen der versicherten Person durch einen von ihm beauftragten Arzt verlangen (vgl dazu Benkel/Hirsch, Lebens- und Berufsunfähigkeitsversicherung [2. Aufl 2011] § 6 BUZ 2008 Rn 22). Eine Minderung der Berufsunfähigkeit und die Wiederaufnahme bzw Änderung der beruflichen Tätigkeit sind dem Versicherer nach § 13 Abs 3 BU 2008 bzw § 6 Abs 3 BUZ 2008 unverzüglich anzuzeigen. Eine darüber hinausgehende Anzeigepflicht aus Treu und Glauben kann dagegen nicht anerkannt werden (OLG Saarbrücken VersR 2009, 344; aA Neuhaus, Aktuelle Probleme in der Personenversicherung – unter besonderer Berücksichtigung der Berufsunfähigkeitsversicherung, r+s 2009, 309, 317).

1101 In der **Krankenversicherung** soll der Versicherungsnehmer nach Treu und Glauben gehalten sein, bei der Inanspruchnahme nicht lebensnotwendiger, aber besonders kostenträchtiger Behandlungen auf den Versicherer und die **Gemeinschaft der Versicherten** Rücksicht zu nehmen (BGHZ 99, 228, 235; BGHZ 154, 154, 170 = VersR 2003, 581, 585; LG Köln VersR 2009, 1212; krit Brömmelmeyer, in: Rüffer/Halbach/Schimikowski Einl Rn 53; ders, in: Schwintowski/Brömmelmeyer § 192 Rn 70; Looschelders, in: Looschelders/Pohlmann Einl A Rn 70). In neuerer Zeit hat der BGH diese Auffassung aber zu Recht deutlich eingeschränkt (BGH VersR 2005, 1673, 1675 m Anm Marlow/Spuhl; vgl dazu auch Rogler VersR 2009, 573, 575). Nicht überzeugen kann insbesondere die Annahme einer Rücksichts- und Treuepflicht gegenüber der Versichertengemeinschaft. Denn im Verhältnis zwischen den einzelnen Versicherungsnehmern fehlt es an der erforderlichen Sonderverbindung (Looschelders, in: Looschelders/Pohlmann Einl A Rn 70). Eine Leistungseinschränkung nach Treu und Glauben kommt somit auch in der Krankenversicherung nur in **besonders gelagerten Einzelfällen** in Betracht. Bei Vorliegen einer **Übermaßvergütung** sieht § 192 Abs 2 VVG nunmehr allerdings ein besonderes Kürzungsrecht des Versicherers vor. Die Vorschrift betrifft aber nur den Fall, dass zwischen den **Aufwendungen** für die Heilbehandlung oder sonstigen Leistungen und den **erbrachten Leistungen** ein auffälliges Missverhältnis besteht, und knüpft insoweit an den Maßstab des § 138 Abs 2 BGB an (Rogler, in: Rüffer/Halbach/Schimikowski § 192 Rn 23 ff; ders VersR 2009, 573, 576 f; weitergehend Langheid/Wandt/Kalis § 209 Rn 82 ff). Im Übrigen kann also weiter allenfalls auf § 242 BGB zurückgegriffen werden (Brömmel-

MEYER, in: SCHWINTOWSKI/BRÖMMELMEYER § 192 Rn 70). – Zur ärztlichen Behandlung durch nahe Verwandte des Versicherungsnehmers s oben Rn 1074.

6. Verfahrensrecht*

a) Allgemeines

Der Grundsatz von Treu und Glauben gilt auch im Verfahrensrecht (BGH VersR 1995, 362; KG ZEV 1997, 247; ERMAN/BÖTTCHER Rn 199; Hk-BGB/SCHULZE Rn 4), insbes im **Zivilprozessrecht** (RGZ 102, 217, 222; BGHZ 172, 218; 112, 345, 349; 69, 37, 43; 57, 111; 43, 289, 292; 20, 198, 206; BGH VersR 1995, 362; ROSENBERG/SCHWAB/GOTTWALD, Zivilprozessrecht [18. Aufl 2018] § 65 Rn 52 ff; BAUMGÄRTEL ZZP 69 [1956] 89 und ZZP 86 [1973] 353) und im **Zwangsvollstreckungsrecht** (BGHZ 172, 218, 222; 57, 111; 1, 181; BITTMANN ZZP 97 [1984] 32). Er verpflichtet jede **Partei** zu **redlicher Prozessführung**; prozessuale Befugnisse dürfen zB nicht für verfahrensfremde Zwecke missbraucht werden (SCHENKEL, Berufungsrecht – Erklärungspflicht des Prozessgegners über unzulässiges neues Vorbringen, MDR 2004, 121, 124). Diese Gebote treffen aber auch das **Gericht**. Demgemäß ist ein richterlicher Ausschluss

1102

---

* **Schrifttum**: AHRENDT, Verwirkung der Klagebefugnis nach fristloser Kündigung eines Tarifvertrags?, jurisPR extra 2013, 67; BAMBERG, Die missbräuchliche Titulierung von Ratenkreditschulden mit Hilfe des Mahnverfahrens (Diss Bremen 1986); BAUMGÄRTEL, Die Verwirkung prozessualer Befugnisse im Bereich der ZPO und des FGG, ZZP 67 (1954) 423; ders, Treu und Glauben, gute Sitten und Schikaneverbot im Erkenntnisverfahren, ZZP 69 (1956) 89; ders, Die Unverwirkbarkeit der Klagebefugnis, ZZP 75 (1962) 385; ders, Treu und Glauben im Zivilprozess, ZZP 86 (1973) 353; BELTZ, Treu und Glauben und die guten Sitten nach neuer Rechtsauffassung und ihre Geltung in der ZPO (Diss Köln 1937); BERGES, Der Prozess als Gefüge, NJW 1965, 1505; BERNHARDT, Auswirkungen von Treu und Glauben im Prozess und in der Zwangsvollstreckung, ZZP 66 (1953) 77 f; BITTMANN, Treu und Glauben in der Zwangsvollstreckung, ZZP 97 (1984) 32; BRAUN, Die Vollstreckung von Minimalforderungen – ein Verstoß gegen Treu und Glauben?, DGVZ 1979, 109, 129; BUSS, De minimis non curat lex, NJW 1998, 337; DAHNS, Die Unmöglichkeit der Klageverwirkung im deutschen Recht (Diss Hamburg 1966); DÖLLE, Pflicht zur redlichen Prozessführung, in: FS Riese (1964) 279; KAYSER/THOLE, Heidelberger Kommentar zur Insolvenzordnung (9. Aufl 2018); FASCHING, Die Bedachtnahme auf Treu und Glauben im österreichischen Zivilprozess, in: FS Fasching (1993) 45; FLECK, Die Redlichkeitspflichten der Parteien im Zivilprozess (Diss München 2003); FOERSTE, Die Ausnutzung unrichtiger Urteile als sittenwidrige Schädigung, in: FS Werner (2009) 426; GAUL, Treu und Glauben sowie gute Sitten in der Zwangsvollstreckung oder Abwägung nach Verhältnismäßigkeit als Maßstab der Härteklausel des § 765a ZPO, in: FS Baumgärtel (1990) 75; GRIEBELING, Die Verwirkung Prozessualer Befugnisse (Diss Frankfurt aM 1966); HOPFGARTEN, Die materielle Rechtskraft im Zivilprozess – eine Frage der Verwirkung? (Diss Münster 1978); JAUERNIG, Auswirkungen von Treu und Glauben im Prozess und in der Zwangsvollstreckung, ZZP 66 (1953) 398; KAYSER/THOLE, Heidelberger Kommentar zur Insolvenzordnung (9. Aufl 2008); LIERMANN, Ruhen des Verfahrens als Verwirkungsgrund (Diss Bonn 1997); PFISTER, Die neuere Rechtsprechung zu Treu und Glauben im Zivilprozess (Diss Regensburg 1996); POHLE, Zur Verwirkung von Verfassungsbeschwerden, in „Bemerkungen über Verfassungsbeschwerde und Normenkontrolle" (1953) 96; RÜBEN, Die Geltung des Grundsatzes von Treu und Glauben zwischen Gericht und Partei im Zivilprozess (Diss Köln 1980); SCHMIEDER, De minimis non curat praetor, ZZP 120 (2007) 199; SCHNEIDER, Vollstreckungsmissbrauch bei Minimalforderungen, DGVZ 1978, 166; ZEISS, Die arglistige Prozesspartei (Habil Mainz 1967); ZÖLLER, Zivilprozessordnung (32. Aufl 2018).

vom Tatsachenvortrag allein zu dem Zweck, die Sachverhaltsaufklärung zu ersparen, unzulässig (BVerfGE 75, 190; BGHZ 98, 368, 374). Gleiches gilt für die Änderung einer geäußerten Rechtsmeinung in den Entscheidungsgründen ohne vorherigen Hinweis (BGH NJW-RR 2012, 128).

1103 Abgrenzungsprobleme zu § 241 BGB ergeben sich im Zivilverfahrensrecht deshalb nicht, weil die Norm nur für Schuldverhältnisse, nicht aber für andere rechtliche Sonderverbindungen wie das **Prozessrechtsverhältnis**, gilt.

1104 Die Anwendung des § 242 BGB muss deshalb auch den Eigenheiten des Verfahrensrechts Rechnung tragen (PALANDT/GRÜNEBERG Rn 82; Hk-BGB/SCHULZE Rn 4). So können insbes das vorherrschende **öffentliche Interesse** (PALANDT/GRÜNBERG Rn 4; SOERGEL/TEICHMANN Rn 84) sowie dessen **Formstrenge** die Wertungsmöglichkeiten einschränken, die die Anwendung von Treu und Glauben an sich eröffnet (MünchKomm/SCHUBERT Rn 104). § 242 BGB ist im Prozessrecht daher grds nur mit großer Zurückhaltung anzuwenden (BGHZ 67, 160, 165). Dabei muss die prozessuale Beachtlichkeit einer Rechtshandlung unabhängig von ihrer materiell-rechtlichen Wirksamkeit bewertet werden (OLG Köln MDR 1972, 332).

Die Relevanz des § 242 BGB im Prozessrecht hat sich in einer aktuellen Entscheidung des BGH bei der Beurteilung eines **unwirksamen Prozessvergleichs** erwiesen. Nach § 278 Abs 6 S 1 Alt 2 ZPO kann ein gerichtlicher Vergleich ua dadurch geschlossen werden, dass die Parteien einen schriftlichen Vergleichsvorschlag des Gerichts **durch Schriftsatz** gegenüber dem Gericht annehmen. Rspr und hM gehen davon aus, dass die Annahme des Vergleichsvorschlags des Gerichts durch Niederschrift einer mündlichen Erklärung der Partei zu Protokoll diesem Formerfordernis nicht genügt (BGH NJW 2015, 2965 Rn 16 ff; OLG Hamm NJW-RR 2012, 882; THOMAS/PUTZO/REICHOLD § 278 Rn 15). Die erklärende Partei kann aber durch das Verbot widersprüchlichen Verhaltens gem § 242 BGB gehindert sein, sich auf die Unwirksamkeit des Vergleichs zu berufen, wenn sie den Formmangel erst nach einem längeren Zeitraum geltend macht (BGH NJW 2015, 2965 Rn 28 ff; krit SKAMEL NJW 2015, 2967 f). Die Interessen der anderen Partei sollen insofern dem öffentlichen Interesse am sicheren Ablauf des Verfahrens vorgehen, da dieses durch die Anerkennung des Prozessvergleichs nur nachrangig berührt werde.

b) Einzelfälle
aa) Prozesskostenhilfeverfahren

1105 Rechtsmissbräuchlich kann bereits der im Vorfeld einer Klage gestellte **Prozesskostenhilfeantrag** sein, bei dem ein finanziell Hilfsbedürftiger als Antragsteller vorgeschoben wird, um Prozesskosten zu sparen (OLG München FamRZ 1994, 1531, 1533; OLG Köln VersR 1989, 277), zB im Wege einer Abtretung (BGHZ 47, 289, 292). In diesem Falle ist der Prozesskostenhilfeantrag unbegründet, weil die angestrebte Rechtsverfolgung wegen der Sittenwidrigkeit der zugrunde liegenden Abtretung keine Aussicht auf Erfolg hat (ZÖLLER/GEIMER, ZPO § 114 Rn 9). Zudem liegt ein Verstoß des Antragstellers gegen Treu und Glauben bei vorsätzlicher Herbeiführung der Bedürftigkeit vor, zB durch Verlagerung des Einkommens auf den nichtehelichen Lebenspartner (OLG Karlsruhe FamRZ 2010, 748, 749), oder bei ihrer Aufrechterhaltung, zB wenn die Partei es offenkundig leichtfertig unterlässt, eine tatsächlich bestehende und zumutbare Erwerbsmöglichkeit zu nutzen, die ihre Bedürftigkeit beseitigen würde (BGH NJW

2009, 3658). Anders wurde dies bei einer Klage auf Aufhebung einer Scheinehe beurteilt, die mit einem Ausländer zum Zwecke der Erlangung eines Aufenthaltstitels rechtsmissbräuchlich eingegangen wurde (BGH NJW 2011, 1814; OLG Hamm FamRZ 2011, 660; offen gelassen von BVerfG NJW 1985, 425; BGH NJW 2005, 2781, 2782; aA OLG Koblenz NJW-RR 2009, 1308).

Ein unzulässiges Verhalten des Gerichts kann bei Zurückweisung einer Nichtzulassungsbeschwerde nach Prozesskostenhilfebewilligung ohne vorheriges Gehör vorliegen (BGH NJW-RR 2012, 128).

bb) Erkenntnisverfahren
(1) Einschränkungen der Klagbarkeit
Einen prozessualen Ausfluss des Grundsatzes von Treu und Glauben bildet das **1106** Erfordernis des **Rechtsschutzbedürfnisses**, das der Klagbarkeit materiell-rechtlicher Positionen Grenzen setzt. Unter diesem Gesichtspunkt stellt sich die Frage, ob das Gericht eine anhängige Sache beurteilen muss, wenn es sich bei dem Streitgegenstand um eine **Bagatelle** handelt. Das wurde von einem Gericht verneint, als ein Rechtsuchender Ende der 80er Jahre einen Betrag von 41 Pfennigen eingeklagt hatte. Das Gericht hielt es im Hinblick auf die wirtschaftlich geringe Bedeutung des eingeklagten Betrages und unter Berücksichtigung der dem Steuerzahler entstehenden **Kosten** für rechtsmissbräuchlich, den Rechtsweg zu beschreiten (AG Stuttgart NJW 1990, 1054; SCHNEIDER, Problemfälle aus der Prozesspraxis, MDR 1990, 893, 895).

Gerichte haben jedoch die Aufgabe, der objektiven Rechtsordnung Geltung zu **1107** verschaffen, unabhängig von der Höhe der geltend gemachten Forderung. Hinzu kommt, dass sich bei Geschäften im Massenverkehr, zB bei Mobilfunkverträgen, eine Vielzahl von Bagatellbeträgen zu Millionensummen addieren kann. Es wäre zudem widersprüchlich, einerseits zwar einen Herausgabeanspruch bezüglich eines Gegenstandes von geringem Wert anzuerkennen, andererseits jedoch den Schadensersatzanspruch infolge dessen Untergangs mangels Rechtsschutzbedürfnisses auszuschließen (KIRCHNER, Rechtsschutz bei Bagatellforderungen, Rpfleger 2004, 395, 397). Ferner bestünde die Gefahr, dass Schuldner stets den Betrag von der Forderungssumme abziehen, der isoliert eine Bagatelle und damit nicht einklagbar wäre (Buss NJW 1998, 337, 338; SCHMIEDER ZZP 120 [2007] 199, 203). Allein die geringe Höhe rechtfertigt daher keine Einschränkungen der Klagbarkeit (ERMAN/BÖTTCHER Rn 53, 129; Buss NJW 1998, 337; OLZEN/KERFACK, Zur gerichtlichen Durchsetzung von Minimalforderungen, JR 1991, 133; s dazu auch o Rn 213 ff z Rechtsmissbrauch).

Allerdings kann ein geringer Forderungsbetrag Indiz für eine **schikanöse Rechtsver- 1108 folgung** sein, die prozessfremden Zielen dient und deshalb keines Schutzes bedarf. § 226 BGB findet insoweit über den Grundsatz von Treu und Glauben auch im Prozessrecht Anwendung (SCHMIEDER ZZP 120 [2007] 199, 206 mwNw; s aber LG Köln RPfleger 1991, 328; allg zu 226 BGB s oben Rn 373 ff). Neben diese indizierende Wirkung einer Bagatellforderung müssen aber weitere Faktoren treten, die eine Schädigungsabsicht nahe legen, zB die Vorgeschichte des Verfahrens, das Verhältnis der Parteien zueinander oder ihr Verhalten in vorangegangenen Prozessen (LG Köln DGVZ 1991, 75; Buss NJW 1998, 337; SCHMIEDER ZZP 120 [2007] 199, 212).

1109 Das Rechtsschutzbedürfnis entfällt auch dann, wenn **einfachere Wege der Rechtsverfolgung** vorhanden sind (MünchKomm/Schubert Rn 105). Im Hinblick auf Art 19 Abs 4 GG ist jedoch Zurückhaltung geboten. Selbst ein einfacherer und billigerer Weg der Rechtsverfolgung schließt das Rechtsschutzinteresse nicht aus, wenn an seinem Erfolg nicht unerhebliche Zweifel bestehen (BGH NJW 1994, 1351, 1352). Deshalb ist es grds nicht unzulässig, einen Gegenanspruch in einem selbstständigen Verfahren statt im Wege der Widerklage geltend zu machen (BGH NJW 1994, 3107, 3108). Ebenso ergeben sich nur ausnahmsweise Einschränkungen der Klagbarkeit bei **Mutwilligkeit** oder **Aussichtslosigkeit** der Rechtsverfolgung (BGH NJW 1973, 2063, 2064; AG Stuttgart NJW 1999, 1054; Ausnahme BGH JZ 1986, 1058).

1110 Rechtsmissbräuchlich ist ferner eine Klage, die **entgegen** einer **Vereinbarung** und nach **Abstandszahlungen** des Schuldners erfolgt (OLG Frankfurt WM 1992, 784). Die Entgegennahme von Teilleistungen und verspäteten Leistungen hindert die Klagbarkeit allerdings grds nicht (BGH NJW-RR 1988, 715). Auch die Verweigerung der **Zustimmung zur Klageänderung** kann rechtsmissbräuchlich sein (BGH JZ 1956, 761). Verstößt der Kläger gegen die Verpflichtung, nicht im Urkundenprozess zu klagen oder keine Patentnichtigkeitsklage zu erheben, ist seine dennoch erhobene Klage aus den gleichen Erwägungen unzulässig (RGZ 160, 241; BGHZ 10, 21).

1111 Auch die Einrede, auf Rechtsmittel sei wirksam **verzichtet** worden, kann durch den Einwand der unzulässigen Rechtsausübung entkräftet werden (RGZ 161, 350, 359). Eine Partei, die sich zur **Zurücknahme** einer Klage (RGZ 159, 186, 190, 192; OLG Frankfurt WM 1991, 682) bzw eines Rechtsmittels verpflichtet hatte (BGHZ 28, 52; BGH NJW 1984, 805), verstößt durch die Fortsetzung des Rechtsstreits ebenfalls gegen Treu und Glauben. Dieser Verpflichtung kann indessen die sog replicatio doli entgegenstehen, wenn der Rechtsmittelverzicht auf einer schwerwiegenden Beeinträchtigung der freien Willensentschließung beruht (BGH NJW 1968, 794). Der **Widerruf** der Rücknahme eines Rechtsmittels ist nach Treu und Glauben nur dann zulässig, wenn die Rücknahme im Widerspruch zum wirklichen Willen des Rechtsmittelführers steht und ein Irrtum seines Prozessbevollmächtigten bei Abgabe der Rücknahmeerklärung für das Gericht und den Gegner offensichtlich war (BGH NJW 2007, 3640, 3643; VersR 1977, 574; vgl für den ausnahmsweise zulässigen Widerruf einer Berufungsrücknahme LG Hannover NJW 1973, 1757).

(2) Widerklage

1112 Die Möglichkeit, während eines laufenden Verfahrens **Widerklage** zu erheben oder diese zu erweitern, kann nicht unter dem Aspekt rechtsmissbräuchlichen Verhaltens beschränkt werden (BGH NJW 1995, 1223). Neben den Voraussetzungen des § 533 Nr 2 ZPO muss das Gericht bei einer Widerklage des Beklagten in der zweiten Instanz die Geltendmachung des Anspruchs aber für sachdienlich halten oder der Kläger muss einwilligen. Wird diese Zustimmung rechtsmissbräuchlich verweigert, ist das unbeachtlich (BGH NJW-RR 1990, 1265; Musielak/Voit/Heinrich, ZPO [16. Aufl 2019] § 33 Rn 6).

(3) Partei

1113 Rechtsmissbräuchlich ist ferner die Vereinbarung einer **Prozessstandschaft** mit dem Zweck, das Prozesskostenrisiko auf eine vermögenslose Person zu verlagern oder um andere prozesstaktische Vorteile zu erlangen (BGHZ 100, 217, 221; 96, 151, 156; OLG Hamm WM 1992, 1649, 1650; WM 1988, 1543). Solche können sich insbes im Wege der

Abtretung ergeben, um dem eigentlichen Forderungsinhaber eine Zeugenstellung zu ermöglichen (AG Bad Homburg NJW-RR 1998, 1530, 1531; MünchKomm/ROTH/KIENINGER § 398 Rn 51; einschränkend OLG Bamberg WM 1997, 1282; STAUDINGER/BUSCHE [2017] Einl 54 zu 398 ff). Der Vorwurf ist hier ähnlich wie im Prozesskostenhilfeverfahren zu begründen (s oben Rn 1105).

(4) Zuständigkeit
Auf eine durch unwahre Angaben **erschlichene Zuständigkeit** des Gerichts kann sich **1114** eine Partei gleichfalls nicht berufen (MünchKommZPO/PATZINA § 12 Rn 103; STEIN/JONAS/ ROTH, ZPO [23. Aufl 2013] Vorbem 42, 53 zu 12). Dem Grundsatz von Treu und Glauben kommt dabei insbes dann Bedeutung zu, wenn die manipulative Begründung des Gerichtsstands zugl die örtliche und die internationale Zuständigkeit betrifft, wie zB bei arglistigen Vermögensverschiebungen im Rahmen von § 23 ZPO (MünchKommZPO/PATZINA § 23 Rn 3, 5 mwNw) oder eine vorübergehende Wohnsitzverschiebung (OLG Düsseldorf 23. 8. 2013 – I 22 U 37/13). Treuwidrig ist uU auch die stückweise Geltendmachung eines Anspruchs vor Gericht, wenn nur durch die Zerlegung der Klageforderung die sachliche Zuständigkeit des AG begründet werden kann (BAUMBACH/ LAUTERBACH/ALBERS/HARTMANN, ZPO § 2 Rn 7).

(5) Beweisführung
Treu und Glauben können sich weiterhin nach der Rspr auf die Verteilung der **1115** **Beweislast** auswirken (BGH NJW 1958, 1188; MünchKommZPO/FRITSCHE § 138 Rn 21 f; THEUERKAUF, Beweislast, Beweisführungslast und Treu und Glauben, MDR 1962, 449; z Beweislast bei Berufung auf die Vertragsuntreue der anderen Partei BGH DB 1999, 797). Nach Ansicht des BGH begründen sie **Darlegungs- und Beweispflichten** für eine an sich nicht beweisbelastete Partei (BGH ZIP 1988, 1399). So ist seit langem anerkannt, dass sich aus Treu und Glauben eine Verpflichtung der nicht beweisbelasteten Partei ergeben kann, dem Prozessgegner **Informationen** zur Erleichterung seiner Beweisführung zu geben, die diesem nicht oder nur unter unverhältnismäßigen Erschwerungen zugänglich sind, während ihre Offenlegung durch die beweisbelastete Partei ohne weiteres möglich und zumutbar erscheint (BGH BlPMZ 2004, 116; NJW 2011, 778; NJW 2002, 3771; krit MünchKommZPO/FRITSCHE § 138 Rn 21 f; zur Beweisvereitelung ausf THOLE, Die Beweisvereitelung zwischen materiellem Recht und Prozessrecht, JR 2011, 327). Zu einer darüber hinausgehenden Beweislastumkehr führt diese Auskunftspflicht jedoch nicht (MünchKomm/SCHUBERT Rn 107; ERMAN/BÖTTCHER Rn 53). Eine **Beweislastumkehr**, wie sie das Patientenrechtegesetz in § 630h Abs 5 BGB bei groben Behandlungsfehlern von Ärzten vorsieht, hat der BGH unter Rückgriff auf § 242 BGB auch für andere Berufe angenommen, die ebenso dem Schutz von Leben und Gesundheit dienen (BGH 11. 5. 2017 – III ZR 92/16, NJW 2017, 2108: Hausnotrufvertrag).

Auch für die dogmatische Begründung von **Beweisverwertungsverboten** greift man **1116** teilw auf den Grundsatz von Treu und Glauben zurück (LG Frankfurt NJW 1982, 1056; LAG Berlin ZZP 96 [1983] 113, 114; BAUMGÄRTEL ZZP 69 [1956] 89, 104; PLEYER, Schallaufnahmen als Beweismittel im Zivilprozess, ZZP 69 [1956] 321, 334; krit WERNER, Verwertung rechtswidrig erlangter Beweismittel, NJW 1988, 993, 999).

(6) Fristen
Die Berufung auf den **Ablauf einer Ausschlussfrist** kann dem Begünstigten unter dem **1117** Gesichtspunkt der **unzulässigen Rechtsausübung** verwehrt sein, zB wenn er durch

sein Verhalten verursacht hat, dass der Berechtigte die Frist nicht einhalten konnte (BGH NJW-RR 1987, 158). Das ist zB dann der Fall, wenn der Arbeitnehmer von einer fristgerechten Klageerhebung abgehalten wird. Hat der Arbeitgeber hingegen einen vertretbaren Rechtsstandpunkt eingenommen, darf er sich ohne Verstoß gegen den Grundsatz von Treu und Glauben auf die Ausschlussfrist berufen (BAG FamRZ 2008, 880). Für **prozessuale Fristen** lassen sich allerdings aus § 242 BGB keine Einschränkungen herleiten (Hk-BGB/SCHULZE Rn 39), da deren Einhaltung nicht allein im Parteiinteresse liegt. Den Parteien ist dagegen die Berufung auf **Präklusionsvorschriften** im Interesse einer materiell richtigen Entscheidung idR nach Treu und Glauben verwehrt (BGHZ 91, 293, 298). Auf die Verjährungshemmung, die durch die bewusst wahrheitswidrige Erklärung im Mahnbescheidsantrag, dass die Gegenleistung bereits erbracht ist, erschlichen wurde, kann sich eine Partei gleichfalls nicht berufen (BGH NJW 2012, 995, 996).

(7) Vergleich

1118 Haben die Parteien einen gerichtlichen **Vergleich mit Widerrufsvorbehalt** geschlossen und teilt eine Partei der anderen vor Ablauf der Widerrufsfrist mit, sie sei mit dem Vergleich nicht einverstanden, ohne ihn aber rechtzeitig beim Gericht zu widerrufen, so ist es dem Vertragspartner nicht nach Treu und Glauben verwehrt, sich auf die Bestandskraft des Vergleichs zu berufen (BAG NJW 1998, 2844). Gegenüber dem Einwand, der Gegner habe die **Frist** zum Widerruf eines Prozessvergleichs **versäumt**, ist eine Berufung auf die Grundsätze von Treu und Glauben allerdings nicht allein deshalb gerechtfertigt, weil die Fristversäumung schuldlos erfolgte (LG Stuttgart NJOZ 2001, 673).

(8) Prozesssicherheit

1119 Wer **Prozesssicherheit** zu leisten hat, kann von dem Gläubiger für die Zukunft gem § 242 BGB den Austausch einer Prozessbürgschaft gegen eine gleichwertige fordern, wenn ihm dies schutzwürdige Vorteile und dem Gläubiger im Einzelfall keine messbaren Nachteile bringt (BGH NJW 1994, 1351, 1352).

(9) Verwirkung

1120 **Prozessuale Rechtspositionen** können verwirkt werden (BGHZ 97, 220). Der bloße Zeitablauf allein bildet auch hier keine hinreichende Grundlage (BGHZ 43, 289, 292; KG ZEV 1997, 247; z Verwirkung allg s oben Rn 300 ff). Dies gilt zB für die **Klagebefugnis**, uz auch im Hinblick auf Art 19 Abs 4 GG, wenn der Kläger längere Zeit untätig geblieben ist, obwohl er den Umständen nach hätte tätig werden müssen (BVerfGE 32, 305, 308). Dabei ist die Verwirkung der Klagebefugnis von der Verwirkung des materiellen Rechts zu unterscheiden (z Verwirkung s oben Rn 300 ff). Auch das **Beschwerderecht** unterliegt grds der Verwirkung (vgl insofern z alten Rechtslage für die unbefristete Beschwerde BGHZ 20, 198, 206; BayObLG NJW-RR 1997, 389; OLG Hamm MDR 1952, 172 [z weiteren Beschwerde im Sorgerechtsverfahren]; in Ausnahmefällen wurde dies sogar schon für die befristete Beschwerde bejaht: BGHZ 43, 289, 292). Aufgrund der generellen Befristung der Beschwerde, §§ 569 Abs 1 S 1, 575 Abs 1 S 1 ZPO, kommt eine Verwirkung aber wohl nur noch in Fällen in Betracht, in denen die kurze Notfrist mangels Zustellung nicht in Gang gesetzt wird (vgl BGH VersR 2011, 553, 554; ZÖLLER/HESSLER, ZPO § 567 Rn 10 u § 575 Rn 2). Der Verwirkung unterliegen der **Einspruch** gegen ein **Versäumnisurteil** (BGH NJW 1963, 155), der **Widerspruch** gegen eine **einstweilige Verfügung** (OLG Frankfurt ZZP 69 [1956] 459; OLG Saarbrücken NJW-RR 89, 1513),

Titel 1
Verpflichtung zur Leistung § 242

der **Kostenfestsetzungsanspruch** (OLG Karlsruhe FamRZ 1994, 55; **aA** MünchKommZPO/ SCHULZ § 104 Rn 46), der **Kostenzahlungsanspruch** im Prozesskostenhilfeverfahren gem § 125 ZPO (KG Rpfleger 1977, 415), der **Erstattungsanspruch** gegen Sachverständige (OLG Frankfurt NJW 1975, 705) und das **Antragsrecht** gem § 23 Abs 4 S 2 WEG aF (KG FGPrax 1997, 174; OLG Düsseldorf NJW-RR 1998, 14). Auch der Anspruch auf **Vollstreckungsschutz**, der selbst eine Ausprägung des Grundsatzes unzulässiger Rechtsausübung darstellt, kann verwirkt werden (OLG Karlsruhe NJW 1954, 1206; **aA** HILL, Zur Frage der Verwirkung des Vollstreckungsschutzes und der Ersatzraumbeschaffung im Falle des § 30 Abs 1 S 1 WBG, MDR 1958, 647). Gleiches gilt für das eigenständige Recht zur **Fortsetzung** eines bereits rechtshängigen Verfahrens, das längere Zeit nicht betrieben wurde (st Rspr, BAGE 11, 353 = NJW 1962, 463; BAG NJW 2011, 1833, 1834).

Die Verwirkung ist ausgeschlossen, wenn ihr überwiegende **öffentliche Interessen** 1121 entgegenstehen (BGHZ 126, 287, 295; 16, 82, 93; STAUDINGER/J SCHMIDT [1995] Rn 558; MünchKomm/SCHUBERT Rn 414). **Rechtskräftig festgestellte Ansprüche** unterliegen deshalb nur unter ganz besonderen Umständen der Verwirkung, weil durch das Urteil grds Rechtssicherheit eintreten soll (BGHZ 5, 189, 194).

cc) **Schiedsverfahren**
Die im Zivilprozess erhobene **Rüge der Schiedsvereinbarung** verstößt gegen Treu 1122 und Glauben, wenn der Beklagte im Schiedsverfahren dessen Unzulässigkeit eingewandt (BGHZ 50, 191, 193; BGH NJW 1999, 647; NJW 1988, 1215; MDR 1968, 751 für das Schlichtungsverfahren; **aA** OLG Frankfurt NJW-RR 1998, 778) oder dessen Durchführung durch Nichtleistung seines Kostenanteils verhindert hatte (BGHZ 102, 199, 202). Dies gilt auch für den umgekehrten Fall, dass also die Zuständigkeit des Schiedsgerichts bestritten wird, nachdem zuvor im staatlichen Prozess die Schiedseinrede erhoben wurde (BGH NJW-RR 2009, 1582; 1987, 1195). Allein die Berufung auf die Formnichtigkeit der Schiedsabrede, die der Verwender oder der andere Teil herbeigeführt hat, ist hingegen nicht treuwidrig, es sei denn, dieses Ergebnis wäre für die betroffene Partei schlechthin untragbar oder es träte weiteres widersprüchliches Verhalten hinzu (BGH NJW 2011, 2976, 2977; WM 2010, 2032). Ebenso ist Treuwidrigkeit durch Einwände gegen eine **Vollstreckbarerklärung** ausländischer Schiedssprüche nicht schon dann anzunehmen, wenn der durch den ausländischen Schiedsspruch verurteilte Antragsgegner zuvor bewusst davon absieht, die Aufhebung des Schiedsspruchs im Erlassstaat zu betreiben (BGH NJW-RR 2008, 1083). Die Parteien trifft schließlich im Schiedsverfahren eine **Prozessförderungspflicht** (BGHZ 23, 198, 200); auf **Schlichtungsverfahren** sind diese Grundsätze übertragbar (BGH NJW 1999, 647; **aA** OLG Frankfurt NJW-RR 1998, 778; PALANDT/GRÜNEBERG Rn 81).

dd) **Kostenfestsetzungsverfahren**
Verstößt eine Prozesspartei gegen die im Kostenrecht aus Treu und Glauben fol- 1123 gende Verpflichtung, die Kosten ihrer Prozessführung möglichst niedrig zu halten, kann der Antrag, **Mehrkosten** festzusetzen, die dadurch entstanden sind, dass zusammenhängende Ansprüche ohne sachlichen Grund in getrennten Prozessen verfolgt werden, rechtsmissbräuchlich sein (BGH NJW-RR 2013, 442, 443; NJW 2013, 1369, 1370; NJW 2013, 66, 67 m krit Anm HANSENS ZfS 2012, 708; NJW 2007, 2257).

ee) Zwangsvollstreckung
(1) Einzelzwangsvollstreckung
(a) Vollstreckung von Bagatellforderungen

1124 Das oben (Rn 1106 ff) angesprochene Problem des fehlenden Rechtsschutzbedürfnisses bei **Bagatellforderungen** setzt sich in der Zwangsvollstreckung fort, wenn Vollstreckungsmaßnahmen zur Beitreibung eingeleitet werden. Die Doppelnatur des Zwangsvollstreckungsverfahrens als öffentlich-rechtliches Rechtsverhältnis, das aber gleichzeitig als Fortsetzung des zwischen Schuldner und Gläubiger bestehenden Rechtsverhältnisses und damit als Parteiverfahren gedacht werden muss, wirft allerdings im Hinblick auf den **Verhältnismäßigkeitsgrundsatz** weitere Fragen auf. Schrifttum und Rspr sind sich in den Antworten uneinig. Teilw wird die Vollstreckung wegen Bagatellforderungen unter Hinweis auf **rechtsmissbräuchliches Verhalten** (LG Tübingen DGVZ 2007, 70 [0,60 €]; LG Hannover DGVZ 1991, 190 [0,18 DM]; LG Lübeck DGVZ 1974, 77 [0,05 DM] aufgegeben in DGVZ 1979, 73; AG Monschau MDR 1963, 226 [0,10 DM]; AG Bad Hersfeld DGVZ 1970, 78 [1,58 DM]; AG Braunschweig DGVZ 1975, 12 [0,01 DM]; AG Dortmund DGVZ 1978, 121 [1,23 DM]; AG Tostedt DGVZ 1978, 171 [0,50 DM]; AG Kamen DGVZ 1983, 190 [2,16 DM]) oder **fehlendes Rechtsschutzbedürfnis** (AG Nordhorn DGVZ 1970, 60 [0,63 DM]; AG Hagen DGVZ 1973, 122; AG Ludwigshafen DGVZ 1974, 47 [0,21 DM]; Brox/Walker, Zwangsvollstreckungsrecht Rn 854 [5 €]) **abgelehnt** (vgl auch Schneider DGVZ 1978, 166, 168). Andere halten dagegen Einschränkungen nicht für geboten (LG Aachen DGVZ 1987, 139 [0,11 DM]; LG Bochum Rpfleger 1994, 117 [14,82 DM]; LG Lübeck DGVZ 1979, 73 [0,56 DM]; LG Wuppertal NJW 1980, 297 [2,37 DM]; AG Dresden 15. 4. 2008 – 501 M 5815/08 [7,60 €]; AG Siegen DGVZ 1970, 60 [0,63 DM]; AG Gelsenkirchen-Buer DGVZ 1971, 43 [3 DM]; AG Jever DGVZ 1972, 121 [4,90 DM]; AG München DGVZ 1975, 190 [5,80 DM]; AG Staufen DGVZ 1978, 189 [0,71 DM]; AG Braunschweig DGVZ 1981, 186 [0,83 DM]; AG Dinslaken DGVZ 1982, 159 [2,93 DM]; AG Bergheim DGVZ 1983, 29 [2,58 DM]; AG Karlsruhe DGVZ 1986, 92 [4,20 DM]; AG Fürstenfeldbruck DGVZ 1987, 93 [2,90 DM]; Braun DGVZ 1979, 109, 129; Sibben, Die Vollstreckung von Minimalforderungen – ein Verstoß gegen Treu und Glauben?, DGVZ 1988, 180, 181).

1125 Die Lösung des Problems hängt davon ab, in welchem Umfang der **Verhältnismäßigkeitsgrundsatz** das Zwangsvollstreckungsverfahren beherrscht (vgl Brox/Walker, Zwangsvollstreckungsrecht Rn 28; allg dazu s oben Rn 277 f). Die Doppelnatur dieses Verfahrens findet Ausdruck darin, dass der Gläubiger keinen direkten Anspruch gegen den Schuldner auf Duldung der Zwangsvollstreckung hat, sondern lediglich vom Staat die Durchsetzung seiner titulierten Forderungen verlangen kann. In Erfüllung dieser Pflicht hat der Staat seinerseits einen Anspruch auf Duldung der Zwangsvollstreckung gegen den Schuldner. Eine unmittelbare Geltung des Verhältnismäßigkeitsgrundsatzes kommt deshalb nur im Hinblick auf diesen hoheitlichen Anspruch in Betracht, also bei der Beitreibung der entsprechenden Forderung. Das Rechtsschutzbedürfnis für die Vollstreckbarkeit von Bagatellforderungen betrifft hingegen die Frage, ob überhaupt vollstreckt wird, und damit den Anspruch des Gläubigers gegen den Staat. In diesem Verhältnis wirken die Grundrechte aber lediglich mittelbar über Generalklauseln (Buss NJW 1998, 337, 340). Insofern ist die Entscheidung des Gesetzgebers zu respektieren, der im Zwangsvollstreckungsrecht für geringwertige Forderungen keine ausdrücklichen Ausnahmen vorsieht.

1126 Zwar kennt § 765a ZPO Ausnahmen zu Gunsten des Schuldners bei „besonderer Härte". Eine „besondere Härte" stellt die Vollstreckung geringwertiger Forderungen aber selbst unter Berücksichtigung der im Verhältnis zur Forderung hohen Vollstreckungskosten nicht dar (OLG Düsseldorf NJW 1980, 1171). Zu weitgehend erscheint auch die Annahme, dass der Gläubiger den Schuldner vor Einleitung der Zwangsvollstreckung noch einmal ausdrücklich zur Zahlung auffordern müsse (LG Hannover DGVZ 1991, 190 [0,18 DM]; LG Aachen DGVZ 1987, 139 [0,11 DM]; LG Lübeck DGVZ 1979, 73 [0,56 DM]; LG Wuppertal NJW 1980, 297 [2,37 DM]). Bagatellforderungen bringen also weder im Erkenntnis- noch im Vollstreckungsverfahren Besonderheiten mit sich, so „unwirtschaftlich" diese Betrachtungsweise auch sein mag.

(b) Titelmissbrauch
Bei **missbräuchlicher Ausnutzung rechtskräftiger Urteile** gebietet das **öffentliche Interesse** ebenfalls, den Grundsatz **unzulässiger Rechtsausübung** nur einschränkend anzuwenden (MünchKomm/SCHUBERT Rn 108, 276). In der Praxis wird eine Durchbrechung der Rechtskraft überwiegend an den Voraussetzungen des § 826 BGB gemessen und für den Fall bejaht, dass der Titel entweder bereits **arglistig erschlichen** wurde oder zumindest **arglistig genutzt** wird (vgl iE STAUDINGER/OECHSLER [2018] § 826 Rn 472 ff; MünchKomm/WAGNER § 826 Rn 230 ff; BROX/WALKER, Zwangsvollstreckungsrecht Rn 1328a ff; FOERSTE, in: FS Werner [2009] 426 ff; allg z Verhältnis zu § 826 BGB s oben Rn 392 ff). Dies ist der Fall, wenn das Urteil durch **unrichtigen Tatsachenvortrag erwirkt** wurde oder in **Kenntnis seiner Unrichtigkeit vollstreckt** werden soll (RGZ 156, 70, 78; 155, 55, 58; BGHZ 151, 316, 327; 103, 46; 101, 380; vgl BAUR/STÜRNER/BRUNS, Zwangsvollstreckungsrecht § 26 Rn 46). Man verlangt damit neben dem objektiven Erfordernis der **Unrichtigkeit des Urteils** stets ein **subjektives Element**, das nicht bereits den Streitgegenstand des Vorprozesses betraf (BGHZ 50, 115; 40, 130, 134; BGH NJW 1986, 1751 u 2041; MünchKomm/SCHUBERT Rn 276). **1127**

Viel diskutiert wurde in der Vergangenheit die Frage der Rechtskraftdurchbrechung bei **sittenwidrigen Kreditverträgen** (BAMBERG, Die missbräuchliche Titulierung von Ratenkreditschulden mit Hilfe des Mahnverfahrens [Diss Bremen 1986]; KOHTE, Rechtsschutz gegen die Vollstreckung des wucherähnlichen Rechtsgeschäfts nach § 826 BGB, NJW 1985, 2217), aber ebenfalls unter dem Aspekt des § 826 BGB. Anders als dort ließ die Rspr keine Rechtskraftdurchbrechung bei einem **unredlich erschlichenen DDR-Urteil** zu (BGH ZIP 1995, 685), ebenso wenig bei späterer **Rechtsprechungsänderung** (BGH ZIP 2002, 1615, 1619; OLG Köln ZIP 1999, 1707). Die Zwangsvollstreckung ist aber ausgeschlossen, wenn ein Urteil auf einer durch das BVerfG für nichtig erklärten Norm beruht bzw die Vollstreckung in Kenntnis der Grundrechtswidrigkeit einer bestimmten Auslegungsvariante dieser Norm erfolgt (BVerfGE 115, 51; 113, 88; BGH NJW 2013, 1676, 1678) oder wenn es durch Beeinflussung mit der Folge einer **Amtspflichtverletzung** zustande kam (BGH NJW 1993, 3204). Vollstreckungstitel aus Urkunden oder Mahnverfahren sind einer Rechtskraftdurchbrechung unter erleichterten Voraussetzungen zugänglich, weil hier die volle richterliche Kontrolle fehlt (MünchKomm/SCHUBERT Rn 276; dazu krit HERGENRÖDER, Rechts- und Vollstreckungsschutz bei „angeschwollenen" Bagatellforderungen, DGVZ 2009, 49, 62, der sich für eine eingeschränkte Schlüssigkeitsprüfung im Mahnverfahren ausspricht). **1128**

Die Zwangsvollstreckung aus einer **vollstreckbaren Urkunde** wird als **unzulässige Rechtsausübung** angesehen, wenn dadurch mittels einer formalen Rechtsposition ein Anspruch durchgesetzt werden soll, der in Wirklichkeit nicht besteht (BGHZ 57, 108, 111; 1, 181, 185). Einer **Drittwiderspruchsklage** steht der **Arglisteinwand** entgegen, **1129** sofern der Kläger sich auf ein formales Recht stützt, obwohl er materiell verpflichtet ist, die Zwangsvollstreckung zu dulden (RGZ 143, 275, 277; 134, 121, 124), oder wenn er den Gläubiger bewusst über die Vermögenszugehörigkeit des Vollstreckungsgegenstandes getäuscht bzw diese verschleiert hat (MünchKommZPO/K Schmidt/Brinkmann § 771 Rn 51). Andererseits kann die Einrede des **Rechtsmissbrauchs** in bestimmten Fällen den Bestand der zu vollstreckenden Forderung betreffen und somit zur Begründetheit einer Vollstreckungsgegenklage führen (vgl die Nachw bei Zöller/Herget, ZPO § 767 Rn 12).

(c) Missbrauch von Sicherheiten

1130 Es stellt weiterhin einen **Rechtsmissbrauch** dar, wenn ein **Sicherungseigentümer** der Vollstreckung eines Vermieters in die persönliche Forderung widerspricht, obwohl dem Vermieter ein ranghöheres Vermieterpfandrecht zusteht (RGZ 143, 275, 277). Bei **nichtiger Globalzession** darf die Bank Gelder, die ihr aufgrund einer Zahlstellenklausel zugegangen sind, nicht für sich in Anspruch nehmen (BGHZ 72, 316, 320). **Rechtsmissbräuchlich** werden Sicherheiten auch dann genutzt, wenn der **übersicherte Sicherungsnehmer** die Kenntnis über die wirtschaftlich schlechte Situation des Sicherungsgebers ausnutzt, indem er Forderungen eines Dritten gegen den Sicherungsgeber erwirbt, weil sie danach unter die Sicherungsabrede fallen (BGH NJW 1983, 1735; 1981, 1600; 1975, 122).

(d) Weitere Anwendungsfälle

1131 **Rechtsmissbräuchlich** stellt sich der **Antrag auf Teilungsversteigerung** dar, wenn eine Realteilung möglich und zumutbar ist, auch wenn die Voraussetzungen des § 752 BGB vorliegen (BGHZ 68, 299, 304; 63, 348, 352; 58, 146). Einem **Darlehensnehmer**, der sich im Darlehensvertrag wirksam verpflichtet hat, sich der sofortigen Zwangsvollstreckung in sein gesamtes Vermögen zu unterwerfen, kann nach Treu und Glauben verwehrt sein, sich auf die Unwirksamkeit der Abgabe der prozessualen Unterwerfungserklärung durch einen Vertreter ohne Vertretungsmacht zu berufen (vgl BGH VersR 2004, 918, 920). Nach Ehescheidung steht dem **Antrag auf Zwangsversteigerung** zur Aufhebung der Bruchteilsgemeinschaft die Einrede des Rechtsmissbrauchs entgegen, sofern einer der Ehegatten nach Treu und Glauben verpflichtet ist, dem anderen seinen Miteigentumsanteil zu übertragen (BGHZ 82, 237; 68, 299, 304). Materiell wirksame Übertragungsakte des Schuldners, die zum Zweck der **Vollstreckungsvereitelung** vorgenommen werden, können ebenfalls vollstreckungsrechtlich unter dem Aspekt des Rechtsmissbrauchs unbeachtlich sein (OLG Köln MDR 1972, 332). Wer ein **Pfändungspfandrecht** durch unredliche Erschleichung der Zustellung eines Vollstreckungstitels erwirbt, kann sich im Vollstreckungsverfahren darauf nicht berufen (BGHZ 57, 108, 111). Treuwidrig ist die **Zwangsvollstreckung** in das **Bankguthaben** des Schuldners schließlich dann, wenn sich die Gläubigerbank von einer anderen Bank unter Bruch des Bankgeheimnisses Kenntnis von dieser Vollstreckungsmöglichkeit verschafft hat (vgl BGH LM § 242 BGB [Cd] Nr 166). Im **Zwangsversteigerungsverfahren** verstößt die Ablehnung des Rechtspflegers wegen Besorgnis der Befangenheit gegen Treu und Glauben, wenn sie offensichtlich der **Verschleppung** dient (BGH NJW-RR 2005, 1226, 1227). Entsprechendes gilt für ein **Eigengebot** des Gläubigervertreters, das ausschließlich darauf gerichtet ist, zu Gunsten des Gläubigers und zu Lasten des Schuldners die Rechtsfolgen des § 85a Abs 1 und 2 ZVG herbeizuführen (BGHZ 172, 218 = NJW 2007, 3279, 3280; **aA** LG Detmold Rpfleger 2006, 491; Hasselblatt, Scheingebote im Zwangsversteigerungsverfahren oder: Werden Gläubigervertreter noch ernst genommen?, NJW

2006, 1320). Es stellt aber keinen Rechtsmissbrauch dar, wenn der Gläubiger die Zwangsversteigerung aus mehreren Grundpfandrechten betreibt und der gem §§ 1150, 268 BGB ablösungsberechtigte Ehepartner des Schuldners hiervon lediglich das Recht mit dem besten Rang **ablöst** (BGH NJW 2010, 1314, 1315). Wohl aber ist das Verlangen einer **Sicherheitsleistung** gem § 67 Abs 1 ZVG rechtsmissbräuchlich, wenn ein symbolischer Grundstückswert von 1 € festgesetzt worden ist, da ein berechtigtes Interesse des Gläubigers an der geforderten Sicherheit fehlt (BGH NJW 2012, 3376, 3377). Des Weiteren kann sich die Pfändung des **Geldentschädigungsanspruchs** eines Strafgefangenen wegen menschenunwürdiger Haftbedingungen als unzulässige Rechtsausübung erweisen (BGH NJW-RR 2011, 959, 960). UU kann auch ein titulierter Anspruch **verwirken**, wenn der Gläubiger über einen langen Zeitraum keinen Vollstreckungsversuch unternimmt (BGH NJW-RR 2014, 195). Indem der Gläubiger seinen Anspruch titulieren lässt, macht er aber deutlich, dass er die Forderung auf einem Weg durchsetzen will, der ihm dies grundsätzlich für die Dauer von 30 Jahren ermöglicht (BGH NJW-RR 2014, 195 Rn 12). Dies hat zur Folge, dass das **Umstandsmoment** besonders sorgfältig geprüft werden muss (vgl Rn 758). Dabei fehlt es an dem Umstandsmoment, wenn der Gläubiger nachvollziehbare Gründe darlegt, warum eine Durchsetzung des titulierten Anspruchs nach 22 Jahren nicht früher möglich war (OLG Koblenz 30. 4. 2018 – 1 U 261/18 juris Rn 14 ff, MDR 2018, 1146).

(2) Insolvenz
§ 242 BGB gilt grds auch im **Insolvenzverfahren** (ERMAN/BÖTTCHER Rn 181). Der **Eröffnungsantrag** eines Gläubigers verstößt aber nicht allein gegen § 242 BGB, weil die ausstehende Forderung einen geringen Betrag – zB 500 € – nicht übersteigt (BGH NJW-RR 1986, 1188 f). Etwas anderes gilt uU, wenn er aus unlauteren Motiven gestellt wird, zB ausschließlich, um einen Konkurrenten aus dem Wettbewerb zu entfernen (BGH NJW-RR 2011, 1411). Rechtsmissbräuchlich ist ferner (str LG Würzburg BB 1984, 95; BRAUN DGVZ 1979, 109) die Klage auf **Feststellung einer Forderung zur Tabelle**, nachdem der Kläger den Insolvenzverwalter veranlasst hat, dieselbe Forderung für einen anderen Gläubiger anzuerkennen (BGH NJW 1970, 810). Wer die **Liquidation** in diesem Verfahren absichtlich verzögert, kann gegenüber dem Schadensersatzanspruch der Mitgesellschafter nicht nach Treu und Glauben einwenden, ein solcher Anspruch sei ein bloßer Rechnungsposten (BGH NJW 1968, 2005). Die **Anfechtung** der Übertragung von Gesellschaftervermögen auf die Insolvenzmasse des Gesellschafters verstößt uU ebenfalls gegen § 242 BGB (BGHZ 121, 179, 193). Gleiches gilt für die **Ablehnung** eines beiderseits noch nicht erfüllten Vertrages durch den Insolvenzverwalter (Konkursverwalter) (RGZ 140, 156, 162; LICHTENBERGER, Die Auflassungsvormerkung – auch künftig unverzichtbares Sicherungsmittel beim Kauf vom Bauträger, NJW 1977, 519, 522) sowie für die **Anfechtung** der Befriedigung von Altverbindlichkeiten im Eröffnungsverfahren, wenn der vorläufige Insolvenzverwalter der Befriedigung zuvor zugestimmt und so einen schutzwürdigen Vertrauenstatbestand gesetzt hat, sodass der Empfänger damit rechnen durfte, ein später nicht mehr entziehbares Recht erhalten zu haben (BGH ZIP 2013, 528). In der Insolvenz (Konkurs) des Treugebers kann sich der **Widerspruch** des Verwalters gegen eine beim Treunehmer vorgenommene Pfändung als unzulässige Rechtsausübung darstellen (BGH NJW 1959, 1223, 1225). Auch der **Lastschriftwiderspruch** des vorläufigen Insolvenzverwalters ist treuwidrig, wenn keine anerkennenswerten Gründe dafür vorliegen (LG Bonn NZI 2009, 186). Der Drittschuldner kann sich trotz Möglichkeit der Kenntniserlangung im Internet auf seine **Unkenntnis** hinsichtlich der Eröffnung des Insolvenzverfahrens berufen (BGH NJW 2010, 1806).

ff) Sonstiges: Zustellungen

1133 Der Einwand unzulässiger Rechtsausübung ist ferner gegenüber demjenigen begründet, der Rechte aus einem Testament ableitet, das nach öffentlicher **Zustellung** des **Widerrufs** eines wechselbezüglichen gemeinsamen Testaments errichtet wurde. Dies gilt, wenn (nur) die öffentliche Zustellung bewirkt wurde, obwohl der Erblasser den Aufenthaltsort seines Ehegatten kannte (BGHZ 64, 5, 9; KG Berlin NJW-RR 2006, 1380; s dazu auch o Rn 961). Wird ein **Empfangsbekenntnis** lediglich paraphiert und nicht unterschrieben, ist dem Empfänger die Berufung auf die Unwirksamkeit der Zustellung verwehrt (BGHZ 57, 160, 165). Macht ein Adressat **fehlerhafte Ersatzzustellung** geltend, obwohl er den Irrtum über seinen tatsächlichen Lebensmittelpunkt bewusst herbeigeführt hat, handelt er ebenfalls treuwidrig (BVerfG NJW-RR 2010, 421, 422). Sich auf die Unwirksamkeit einer **öffentlichen Zustellung** zu berufen, ist rechtsmissbräuchlich, wenn der durch sie Begünstigte zielgerichtet versucht hat, eine Zustellung, mit der er sicher rechnen musste, zu verhindern (BGHZ 149, 311 = NJW 2002, 827; BGH NJW 2008, 1310, 1311). Die **arglistige Vereitelung der Zustellung** setzt schließlich auch keine Notfrist in Lauf (BGH NJW 1978, 426).

III. Sonstige Rechtsgebiete

1. Straf- und Strafprozessrecht*

a) Materielles Strafrecht

1134 Im Bereich des materiellen Strafrechts hat der Grundsatz von Treu und Glauben nur geringe Bedeutung, am ehesten noch bei **Aufklärungs- und Offenbarungspflichten**. So soll die für die Strafbarkeit des Unterlassens erforderliche **Garantenpflicht** (§ 13 StGB) beim Betrug im Einzelfall aus dem Grundsatz von Treu und Glauben hergeleitet werden können (vgl MünchKomm/Schubert Rn 111; Schönke/Schröder/Perron § 263 Rn 23 mwNw; krit Kamberger, Treu und Glauben [§ 242 BGB] als Garantenstellung im Strafrecht? [Diss Frankfurt aM 1996] 182 ff, 204 ff). Treu und Glauben reichen indes allein nicht zur direkten Begründung einer Garantenpflicht aus (so aber noch BGHSt 6, 198, 199); als Grundlage muss vielmehr eine **besondere Vertrauensbeziehung** zwischen den Beteiligten – zB durch langjährige Geschäftsbeziehungen (BGH wistra 1988, 262, 263; BGHSt 39, 392, 400 f = NJW 1994, 950) – bestehen (vgl Baumann, Betrug durch vom Geschäftspartner nicht verstandene Vertragsformulierung, JZ 1957, 367, 369; außerdem BGH wistra 1988, 262;

---

* **Schrifttum**: Börgers, Studien zum Gefahrurteil im Strafrecht. Ein Abschied vom Objektiven Dritten (Diss Berlin 2008), 181; Bruns, Venire contra factum proprium im Strafrecht?, JZ 1956, 147; Fahl, Rechtsmißbrauch im Strafprozeß (Habil Heidelberg 2004); Hamm, Kann der Verstoß gegen Treu und Glauben strafbar sein?, NJW 2005, 1993; Herdegen, Das Beweisantragsrecht – Zum Rechtsmissbrauch – Teil III, NStZ 2000, 1; Jahn, Rechtsmissbrauch im Strafverfahren bei Verweigerung notwendiger Mitwirkungshandlungen?, wistra 2001, 328; Katzorke, Die Verwirkung des staatlichen Strafanspruchs (1989); Kindhäuser, Rügepräklusion durch Schweigen im Strafverfahren, NStZ 1987, 529; Kudlich, Strafprozeß und allgemeines Mißbrauchsverbot (Diss Berlin 1998); Kühne, Strafprozessrecht (9. Aufl 2015); Meyer, Anm zu BGH v 6. 2. 1979 – 5 StR 713/78, JR 1980, 219 f; Niemöller, Rechtsmissbrauch im Strafprozeß, StV 1996, 501; Senge, Missbräuchliche Inanspruchnahme verfahrensrechtlicher Gestaltungsmöglichkeiten – wesentliches Merkmal der Konfliktverteidigung? Abwehr der Konfliktverteidigung, NStZ 2002, 225; Schönke/Schröder, Strafgesetzbuch (30. Aufl 2019); Weber, Der Mißbrauch prozessualer Rechte im Strafverfahren, GA 1975, 289.

BGH NJW 1994, 950, 951; MünchKommStGB/HEFENDEHL [3. Aufl 2019] § 263 StGB Rn 182; SCHÖNKE/SCHRÖDER/PERRON § 263 Rn 23 mwNw). Im Einzelfall kommt jedoch eine indirekte Begründung der Garantenpflicht in Betracht. Gem §§ 12 Abs 1 SchKG, 10 EschG ist niemand verpflichtet, an einem Schwangerschaftsabbruch bzw an den in § 9 EschG genannten Maßnahmen der künstlichen Befruchtung mitzuwirken, sodass eine entsprechende Garantenpflicht ausscheidet. Eine plötzliche Berufung auf das Weigerungsrecht kann aber gemäß § 242 BGB treuwidrig und daher unbeachtlich sein (FRISTER/BÖRGERS, in: FRISTER/OLZEN, Rechtliche Fragestellungen in der Reproduktionsmedizin [Düsseldorf 2009] 93, 110 f).

In der Lit gibt es vereinzelte Bestrebungen, anhand der Wertungen des § 242 BGB **1135** die **Einwilligungslehre** auszubauen (OHLY, „Volenti non fit iniuria". Die Einwilligung im Privatrecht [Habil Tübingen 2002] 232 ff) und so auch die Strafbarkeit zu begrenzen (vgl BÖRGERS [Diss Berlin 2008] 190 ff). Eine Einwilligungsfiktion nach Maßgabe der Maxime „venire contra factum proprium nulli conceditur" wird auch als Rechtfertigungsgrund in Fällen der Verteidigung gegen Scheinangriffe vorgeschlagen (BÖRGERS [Diss Berlin 2008] 153 ff, 190 ff mNw zu alternativen Lösungsmodellen). Weiterhin wird die mündliche Beschränkung einer generellen, durch die Teilnahme an einem Boxkampf ausgedrückten Einwilligung in dessen Risiken zT als unbeachtliche „protestatio facto contraria" angesehen (NK-StGB/KINDHÄUSER [5. Aufl 2017] § 228 StGB Rn 21). Große Bedeutung haben diese Überlegungen indes nicht erlangt.

Grundsätze des **Rechtsmissbrauchs** werden im materiellen Strafrecht durch das Ver- **1136** bot, sich missbräuchlich auf das **Notwehrrecht** zu berufen, und durch die Rechtsfigur der **actio libera in causa** relevant (BRUNS JZ 1956, 147, 152; ausf FAHL 21 ff, 31 ff mwNw; krit MünchKommStGB/SCHLEHOFER [3. Aufl 2017] Vorbem 66 ff zu § 32 ff und DEITERS, in: SCHNEIDER/FRISTER, Alkohol und Schuldfähigkeit [2002] 121 ff). Insoweit handelt es sich um spezifische Ausformungen des Rechtsmissbrauchsverbots, die in Rspr und Lit seit langem anerkannt sind. Hiervon abgesehen kann rechtsmissbräuchliches Verhalten des Täters wegen des **nulla poena sine lege-Grundsatzes** nicht zur Ausweitung der Strafbarkeit führen. Dies gilt insbesondere auf der Tatbestandsebene (BRUNS JZ 1956, 147, 151). Daher zieht der **Bestimmtheitsgrundsatz** dort eine Grenze, wo die strafrechtliche Tatbestandsauslegung auf zivilrechtliche Wertungen und Ausschlussprinzipien, insbesondere auf den einzelfallorientierten § 242 BGB gestützt wird (so zur Diskussion um den strafrechtlichen Vermögensbegriff SWOBODA, Betrug und Erpressung im Drogenmilieu: Abschied von einem einheitlichen Vermögensbegriff, NStZ 2005, 476 ff). So kann die Vermögensbetreuungspflicht beim **Untreuetatbestand** des § 266 StGB nicht allein damit begründet werden, dass die Parteien nach Treu und Glauben (§ 242 BGB) verpflichtet sind, auf die Interessen des anderen Rücksicht zu nehmen (MünchKommStGB/DIERLAMM [3. Aufl 2019] § 266 Rn 65; zur Irrelevanz der Verletzung des § 242 BGB bei der Begründung der Strafbarkeit nach § 266 StGB vgl auch HAMM NJW 2005, 1993 ff).

b) Strafprozessrecht
Im Strafprozessrecht wird der **Missbrauch prozessualer Rechte** vor dem Hintergrund **1137** des § 242 BGB diskutiert. Die Problematik ist Gegenstand einiger Vorschriften der StPO (zB ausdrücklich §§ 138a Abs 1 Nr 2, 241 Abs 1 StPO, aber auch §§ 26a Abs 1 Nr 3, 29 Abs 2, 137 Abs 1 S 2, 244 Abs 3 S 2, 245 Abs 2 S 3 StPO; vgl ABDALLAH, Die Problematik des Rechtsmißbrauchs im Strafverfahren [Diss Berlin 2002] 159 ff; FAHL 43 ff; KÜHNE Rn 291 mwBsp; MEYER JR 1980, 219; NIEMÖLLER StV 1996, 501). Nach der Rspr und einem

Teil der Lit gilt darüber hinaus ein **allgemeines Rechtsmissbrauchsverbot** mit der Folge, dass es dem Angeklagten versagt ist, sich auf Verfahrensrechte zu berufen, wenn damit gezielt verfahrensfremde oder verfahrenswidrige Zwecke verfolgt werden (BGHSt 38, 111, 113 = NJW 1992, 1245; BGHSt 40, 287, 289 f = NJW 1995, 603; OLG Hamburg NStZ 1998, 586, 587 m Anm KUDLICH; ERMAN/BÖTTCHER Rn 52; BEULKE/SWOBODA, Strafprozessrecht [14. Aufl 2018] Rn 126a mwNw; NIEMÖLLER StV 1996, 501, 505; SENGE NStZ 2002, 225 ff).

1138 Neben den Spezialvorschriften besteht im Strafprozessrecht kein Raum für ein **ungeschriebenes Rechtsmissbrauchsverbot** zulasten des Angeklagten (ebenso JAHN, Rechtsmissbrauch im Strafverfahren bei Verweigerung notwendiger Mitwirkungshandlungen?, wistra 2001, 328, 331 f; KÜHNE Rn 293; WEBER GA 1975, 289, 292, 304 f; für die Schaffung einer gesetzlichen allgemeinen Missbrauchsklausel bereits REBMANN, Terrorismus und Rechtsordnung, DRiZ 1979, 363, 369; außerdem KUDLICH 113 f; KRÖPIL, Zur Behandlung von prozessualen Missbrauchsfällen in Strafverfahren, DRiZ 2001, 335, 338 f; abl MEYER JR 1980, 219, 220; NIEMÖLLER StV 1996, 501, 502; SCHLÜCHTER, Beschleunigung des Strafprozesses und insbesondere der Hauptverhandlung ohne Rechtsstaatsverlust, GA 1994, 397, 417; WEBER GA 1975, 289, 299). Gegen die Anwendung des § 242 BGB spricht bereits, dass das Strafverfahren **keine** von gegenseitigem Vertrauen geprägte **Sonderverbindung** begründet, welche den Angeklagten zu besonderer Rücksichtnahme verpflichtet (HERDEGEN NStZ 2000, 1, 3; KEMPF, Rechtsmissbrauch im Strafprozeß, StV 1996, 507, 509). KINDHÄUSER (NStZ 1987, 529, 532) bezeichnet es daher zu Recht als „schlicht normativ unzumutbar, vom Angeklagten loyale Kooperation zu erwarten" (ausf dazu FAHL 79 ff). Außerdem darf dem Angeklagten der durch Verfahrensvorschriften bezweckte Schutz nicht durch ungeschriebene Grundsätze entzogen werden (JAHN wistra 2001, 328, 331 f; WEBER GA 1975, 289, 292).

1139 Aus den gleichen Gründen kann auch die im Revisionsrecht weitgehend anerkannte **Verwirkung von Verfahrensrechten** zulasten des Angeklagten durch Rügepräklusion (dazu BVerfGE 32, 305, 309 f; KUDLICH 53 ff; W SCHMID, Die Verwirkung von Verfahrensrügen im Strafprozess [1967]; SCHEFFLER StV 1992, 46) nicht mit dem rechtsmissbräuchlichen Verhalten des Angeklagten begründet werden (EBERT, Zum Beanstandungsrecht nach Anordnungen des Strafrichters gemäß § 238 Abs 2 StPO, StV 1997, 269, 272; KINDHÄUSER NStZ 1987, 529, 532 f; MOMSEN, Verfahrensfehler und Rügeberechtigung im Strafprozeß [Diss Frankfurt/Main 1997] 112 ff; krit zur Rügepräklusion im Allg HERDEGEN NStZ 2000, 1, 4 ff; ausf dazu FAHL 81, 156 ff, 163 ff mwNw). Umgekehrt ist in früherer Zeit zwar teilweise darüber diskutiert worden, inwiefern der **staatliche Strafanspruch** im Einzelfall **verwirkt** sein könne (vgl BGH NStZ 1981, 70, 71). In neuerer Zeit ist jedoch weitgehend anerkannt, dass dieser Ansatz auf einer „unzulässigen Übertragung zivilrechtlicher Kategorien auf das Strafrecht" beruht (BGHSt 32, 345, 353 = NJW 1984, 2300, 2301; OLG Düsseldorf NJW 1986, 2204, 2205; ausf KAROTZKE, Die Verwirkung des staatlichen Strafanspruchs [1989] 75 ff; FAHL 94, 150 ff). Der BGH hat hierzu überzeugend dargelegt, dass das Rechtsinstitut der Verwirkung nur materielle Rechte oder prozessuale Befugnisse betreffen kann. Der staatliche Strafanspruch ist aber kein subjektives Recht des Staates. Es geht vielmehr um die Funktion des Staates, die Rechtsgüter der Bürger und der Allgemeinheit durch die Verfolgung strafbarer Handlungen zu schützen (BGHZ 32, 345, 353 = NJW 1984, 2300, 2301). Diese Funktion kann nicht verwirkt werden.

1140 Das Gebot von Treu und Glauben kann sich im Strafprozess aber uU durchaus **zu Gunsten des Angeklagten** auswirken. So kann die Staatsanwaltschaft, die für eine Tat eine Freiheitsstrafe mit Strafaussetzung zur Bewährung beantragt, dieselbe Tat wegen des Verbots widersprüchlichen Verhaltens nicht zum Anlass nehmen, den Widerruf der Bewährung für eine frühere Tat zu beantragen (LG Berlin NStZ 2007, 424).

2. Öffentliches Recht*

a) Bedeutung von Treu und Glauben im öffentlichen Recht

Während dem Grundsatz von Treu und Glauben im Strafrecht kaum Bedeutung zukommt (s oben Rn 1134 ff), ist seine Geltung in den übrigen Bereichen des Öffentlichen Rechts anerkannt. Dies gilt insbesondere für das **Verwaltungsrecht** (zu Treu und Glauben als allg Grundsatz des Verwaltungsrechts BVerwGE 3, 199, 203; 55, 337, 339; 74, 241, 249; 111, 162, 172; BVerwG NVwZ-RR 2003, 874, 875; BFH NJW-RR 2010, 1160, 1161; BSG NJW 2010, 1485, 1486; MünchKomm/SCHUBERT Rn 110; zur Entstehungsgeschichte MÜLLER-GRUNE 4 ff; Nachw z älterem Schrifttum bei STAUDINGER/WEBER[11] [1961] Rn A 67). Aus dogmatischer Sicht ist dabei nicht immer klar, ob der Grundsatz von Treu und Glauben aus **§ 242 BGB** oder aus **übergeordneten Rechtsprinzipien** abgeleitet wird (DE WALL 238; speziell zum Steuerrecht s unten Rn 1170 ff). In der Lit wird zT auch die Auffassung vertreten, dass dem Grundsatz von Treu und Glauben als besonderer Ausprägung des Rechtsstaatsprinzips **Verfassungsrang** zukommt (so etwa MAURER, in: ISENSEE/KIRCHHOF § 79 Rn 98; vgl BLANKE, Vertrauensschutz im deutschen und europäischen Verwaltungsrecht [2000] 20 mwNw; z Verhältnis von Art 20 Abs 3 und § 242 BGB s oben Rn 121). Der Sache nach geht es zum einen um **Vertrauensschutz** zu Gunsten des Bürgers. Zum anderen ist auch das **Handeln des Bürgers** an den Geboten von Treu und Glauben zu messen, was sich etwa bei der **Verwirkung** von Rechten (s unten Rn 1145) zeigt. Im Übrigen ist das gesamte **Verwaltungsrechtsverhältnis** von dem Gebot gegenseitiger Rücksichtnahme

1141

---

* **Schrifttum**: DAHM/DELBRÜCK/WOLFRUM, Völkerrecht Band I/3 (2. Aufl 2002); DÜRR, Neuere Entwicklungen im baurechtlichen Nachbarschutz, JuS 1984, 187; ders, Nachbarschutz im öffentlichen Baurecht, KommJur 2005, 201; FIEDLER, Allgemeines Verwaltungsrecht und Steuerrecht – Probleme der offenen und verdeckten „Harmonisierung" nach dem Inkrafttreten der AO 1977, NJW 1981, 2093; GRAF VITZTHUM/PROELSS Völkerrecht (7. Aufl 2016); HEY, Steuerplanungssicherheit als Rechtsproblem (2002); IPSEN, Völkerrecht (7. Aufl 2018); KLEIN, Die Bindung der Finanzverwaltung an Treu und Glauben, DStR 1985, 391; KOENIG, Abgabenordnung (3. Aufl 2014); KOPP/RAMSAUER, Verwaltungsverfahrensgesetz (19. Aufl 2018); KREIBICH, Der Grundsatz von Treu und Glauben im Steuerrecht (Diss Augsburg 1992); LORZ, Interorganrespekt im Verfassungsrecht (2001); MATTERN, Grundsätzliches zu Treu und Glauben im Steuerrecht, in: FS Küchenhoff (Göttingen 1967) 39; MAURER, Kontinuitätsgewähr und Vertrauensschutz, in: ISENSEE/KIRCHHOF, Handbuch des Staatsrechts Bd. 4 (3. Aufl 2006) § 60; MÜLLER-GRUNE, Der Grundsatz von Treu und Glauben im Allgemeinen Verwaltungsrecht (2006); NIPPERDEY, Formmängel, Vertretungsmängel, fehlende Genehmigung bei Rechtsgeschäften der öffentlichen Hand und Treu und Glauben, JZ 1952, 577; OFFERHAUS, Von Strohmännern und Strohfrauen – Steuerrechtliche Gedanken zum Rechtsmißbrauch, MDR 1993, 925; SCHOLZ, Treu und Glauben bei Privatrechtsgeschäften der öffentlichen Hand, NJW 1953, 961; SOBOTA, Das Prinzip Rechtsstaat (1997); TIEDTKE/SZCZESNY, Gesetzlicher Vertrauensschutz und Billigkeitsregelungen der Finanzverwaltung, NJW 2002, 3733; TIPKE/LANG, Steuerrecht (23. Aufl 2018); VERDROSS, Die bona fides als Grundlage des Völkerrechts, in: FS Laun (1953) 29; DE WALL, Die Anwendbarkeit privatrechtlicher Vorschriften im Verwaltungsrecht (1999); WERNDL, Treu und Glauben im Abgabenrecht, in: FS G Stoll (1990) 375; WESSLING, Betriebsprüfung und § 242 BGB, BB 1987, 1083.

und dem Verbot widersprüchlichen Verhaltens geprägt (BRÜNING 17; SOBOTA 159). Schließlich bindet der Grundsatz von Treu und Glauben auch die Behörden untereinander (OVG Münster NVwZ 1985 118, 119). Auf der staatsrechtlichen Ebene wird die **Pflicht zu bundestreuem Verhalten** zT als besondere Ausprägung des Grundsatzes von Treu und Glauben angesehen (vgl BAUER, Der Grundsatz der Bundestreue [1992] 243 ff). Eine gewisse Verwandtschaft mit dem Grundsatz von Treu und Glauben weist auch das Prinzip der **Verfassungsorgantreue** auf (zu den Unterschieden SCHENKE, Die Verfassungsorgantreue [1977] 48 ff).

1142 In der neueren Lit wird zu Recht betont, dass bei der Anwendung des Grundsatzes von Treu und Glauben im Verwaltungsrechtsverhältnis die **Besonderheiten des öffentlichen Rechts** zu berücksichtigen sind (DE WALL 239). Außerdem besteht die Tendenz, den Grundsatz von Treu und Glauben durch Anwendung **spezifischer öffentlich-rechtlicher Institute** zurückzudrängen (DE WALL 240 ff). So führt der Gedanke des Vertrauensschutzes zu Gunsten des Bürgers zu einer Bindung der öffentlichen Gewalt und kann damit auch als besondere Ausprägung des **Rechtsstaatsprinzips** (Art 20 Abs 3 GG) aufgefasst werden (BVerfGE 59, 128, 167; BVerwGE 8, 261, 269; 19, 188, 189; MAURER, in: ISENSEE/KIRCHHOF § 79 Rn 98; auf das Rechtsstaatsprinzip abstellend auch MATTERN, in: FS Küchenhoff [1967] 39, 42; MUCKEL, Kriterien des verfassungsrechtlichen Vertrauensschutzes bei Rechtsänderungen [Diss Berlin 1989] 30 f mwNw; zu Recht verweist DE WALL 242 ff auf die „argumentative Beliebigkeit" der Ableitung des Vertrauensschutzes; vgl auch MünchKomm/SCHUBERT Rn 112; KREIBICH 17 ff; allg z Verhältnis von Art 20 Abs 3 GG und § 242 BGB s oben Rn 111 f). Soweit es um den allgemeinen Grundsatz der Einzelfallgerechtigkeit geht, behält der Grundsatz von Treu und Glauben aber jedenfalls seine eigenständige Bedeutung (vgl SOBOTA 159; zum Steuerrecht WERNDL, in: FS G Stoll [1990] 375, 377 f). Handelt die öffentliche Hand **privatrechtlich**, so gilt der Grundsatz von Treu und Glauben ohne Einschränkung (BeckOK-BGB/SUTSCHET [1. 5. 2019] Rn 12; ERMAN/BÖTTCHER Rn 57; MünchKomm/SCHUBERT Rn 118; vgl aus der älteren Lit NIPPERDEY JZ 1952, 577 ff; SCHOLZ NJW 1953, 961 ff).

b) Fallgruppen

1143 Im Rahmen öffentlich-rechtlicher Rechtsverhältnisse werden die §§ 241 Abs 2, 242 BGB ergänzend zur **Begründung von Nebenpflichten oder Obliegenheiten** herangezogen (BVerwGE 31, 190, 191 [Mitwirkung im Prüfungsverfahren]; 99, 185, 192 = NJW 1996, 2670; BVerwG NJW 1998, 323, 326 f; BFH NVwZ-RR 2000, 295, 299 [alle betr Hinweispflichten der Prüfungsbehörde]; VG Mainz AuAS 1999, 244 f [Mitwirkung eines Ausländers bei der Identitätsfeststellung]). Für öffentlich-rechtliche Verträge ordnet § 62 S 2 VwVfG die Geltung des BGB ausdrücklich an. Da viele Nebenpflichten gesetzlich normiert sind, erübrigt sich aber häufig ein Rückgriff auf die zivilrechtliche Generalklausel (DE WALL 276 ff). So findet sich die **beamtenrechtliche Treue- und Fürsorgepflicht** in §§ 54 f, 79 BBG; das SGB I sieht in §§ 60–67 umfassende Mitwirkungspflichten des Leistungsberechtigten vor (vgl LÖWER, Rechtsverhältnisse in der Leistungsverwaltung, NVwZ 1986, 793, 795 ff; vgl zu den Reisekostenregelungen für verbeamtete und tarifangestellte Lehrkräfte BAG NZA 2013, 42 mwNw). **Auskunftspflichten** der Behörde sind zB in § 25 S 2 VwVfG normiert. Sind die gesetzlichen Vorgaben abschließend, so ist ein Rückgriff auf § 242 BGB ausgeschlossen (vgl VG Potsdam LKV 2003, 149, 150 [betr Recht auf Akteneinsicht]).

1144 Das **Verbot rechtsmissbräuchlichen Verhaltens** wirkt sich bei behördlichem Handeln vor allem in Gestalt der **Bindungswirkung von Zusagen und Auskünften** aus (ausf

DE WALL 260 ff, 265 ff mwNw). Treuwidriges Verhalten des Bürgers liegt insbesondere in dem aus dem Zivilrecht (s oben Rn 453) bekannten Fall der Zugangsvereitelung (BVerwG 22. 4. 2004 – 6 B 8/04 – [juris] = BeckRS 2004, 22567; BVerwGE 85, 213, 217 ff mwNw; VG Berlin NVwZ-RR 2002, 586, 587 ff; Bay VGH 22. 1. 2009 – 4 B 08. 1591 – [juris]; vgl KOPP/ RAMSAUER § 41 Rn 19). Darüber hinaus kommt § 242 BGB unter dem Gesichtspunkt **widersprüchlichen Verhaltens** (s oben Rn 284 ff) in vielen Einzelfällen Bedeutung zu. So kann der Kläger sich nicht auf das nachbarliche Abwehrrecht berufen, wenn er zuvor eine Entschädigung zur Beilegung des Nachbarstreits angenommen hat (OVG NRW BauR 2004, 62, 64). Die Geltendmachung eines Folgenbeseitigungsanspruches ist rechtsmissbräuchlich, wenn der beanstandete rechtswidrige Zustand sogleich wieder rechtmäßig hergestellt werden könnte (BVerwG NJW 1989, 118, 119; DE WALL 275). Der Gedanke des **Vertrauensschutzes** hat für die Rücknahme und den Widerruf von Verwaltungsakten große Bedeutung (vgl MÜLLER-GRUNE 89 ff). Die Vorschriften der §§ 48, 49 VwVfG treffen insoweit aber eine abschließende Regelung.

Der **Verwirkung** unterliegen auch verwaltungsrechtliche Rechte des Bürgers oder **1145** der Verwaltung (allg dazu DE WALL 251 ff; MÜLLER-GRUNE 57 ff), zB Abwehrrechte bei Bauvorhaben im Nachbarverhältnis (dazu BVerwG BauR 2003, 22 f; NVwZ 1991, 1182 ff; OVG Münster NVwZ-RR 1993, 397 ff; OVG Greifswald NVwZ-RR 2003, 15 ff; DE WALL 278; TROIDL, Verwirkung von Nachbarrechten im öffentlichen Baurecht, NVwZ 2004, 315 ff; ausf o Rn 878), das Recht zur Rücknahme eines Verwaltungsakts (BVerwGE 110, 226, 236 = NJW 2000, 1512), Rechte aus dem Steuerschuldverhältnis (BFH NVwZ 1987, 631; NVwZ-RR 1988, 58, 59 f; MünchKomm/SCHUBERT Rn 444; ausf KREIBICH 158 ff; s dazu auch u Rn 1111), im Sozialversicherungsrecht (BSGE 50, 227, 230; 80, 41, 43 f; BVerwGE 52, 16, 25; BGH NJW 1958, 1607 f; ERMAN/BÖTTCHER Rn 193) und im Beamtenrecht (BVerwG NJW 1997, 1321, 1322; VGH Kassel ZBR 2000, 55, 57; OVG Münster ZBR 1995, 50 f; MünchKomm/SCHUBERT Rn 436), auch im Bereich der Gefahrenabwehr (dazu BLECHSCHMIDT, Die Verwirkung behördlicher Befugnisse unter besonderer Berücksichtigung des Gefahrenabwehrrechts [1999]), nicht jedoch beim disziplinarrechtlichen Verfolgungsanspruch (BVerwGE 76, 176, 180 f = NJW 1985, 215). Auch die Ausübung prozessualer Rechte kann unter denselben Voraussetzungen wie im Zivilrecht verwirkt werden (s oben Rn 300 ff): Neben dem Zeitmoment müssen also besondere Umstände vorliegen, welche die verspätete Geltendmachung des Rechts treuwidrig erscheinen lassen (BVerwGE 44, 339, 343 f; 52, 16, 25; BVerwG NVwZ 1991, 1182, 1183; NVwZ-RR 2004, 314, 315; BauR 2003, 22 f; allg dazu o Rn 306).

c) **Ausgewählte Bereiche des Verwaltungsrechts**
aa) **Öffentlich-rechtlicher Erstattungsanspruch**
Bei der Rückabwicklung eines nichtigen öffentlich-rechtlichen Vertrages sind die **1146** Grundsätze des Erstattungsrechts zu beachten, die die §§ 812 ff BGB partiell modifizieren (BVerwG NVwZ 2003, 993, 994 f [zu § 817 S 2 BGB]; BVerwGE 71, 85, 89 [zu §§ 818 Abs 3, 4, 819 BGB]; vgl KOPP/RAMSAUER § 59 Rn 33). Der **Erstattungsanspruch** wird durch Treu und Glauben begrenzt (BVerwG NJW 1998, 3135; OVG Münster NJW 1992, 2245; BeckOK-VwVfG/SPIETH [1. 4. 2019] § 59 Rn 52). Dem Bürger ist es aber nur in Ausnahmefällen verwehrt, sich auf die Nichtigkeit des Vertrages zu berufen (z Erstattungsanspruch zwischen Hoheitsträgern vgl BVerwGE 112, 351, 358 ff; OVG Weimar NVwZ-RR 2003, 830 ff). Erforderlich ist das Vorliegen besonderer Umstände, welche die Geltendmachung des Erstattungsanspruchs als treuwidrig erscheinen lassen (BVerwGE 111, 162, 174; BVerwG NVwZ-RR 2003, 874, 875; NVwZ 2003, 993, 994 f; VGH Mannheim NVwZ-RR 2007, 809, 812).

Das OVG Münster hat in einer neueren Entscheidung (9. 11. 2015 – 6 A 500/13, NWVBl 2016, 249 = BeckRS 2015, 54905) bekräftigt, dass die **Konditionssperre des § 814 BGB** auf den öffentlich-rechtlichen Erstattungsanspruch weder direkt noch entsprechend anwendbar ist, da die der Vorschrift zugrunde liegende Interessenbewertung nicht auf das öffentliche Recht übertragen werden kann. Soweit sich die Behörde durch ihr Rückforderungsverlangen in **Widerspruch zu früherem Verhalten** setze, könne der Erstattungsanspruch aber unter dem Gesichtspunkt von Treu und Glauben ausgeschlossen sein.

1147 Ist ein öffentlich-rechtlicher Vertrag wegen Verstoßes gegen das **Koppelungsverbot** (§§ 59 Abs 2 Nr 4, 56 Abs 1 VwVfG) nichtig, so findet eine Rückabwicklung gem §§ 62 VwVfG, 812 ff BGB statt. Dabei stellt sich vor dem Hintergrund des § 242 BGB die Frage, ob der Bürger seine (Geld-)Leistung zurückfordern kann, obwohl die Rückabwicklung der von der Behörde erbrachten Leistung (zB Ernennung zum Beamten) aus rechtlichen oder tatsächlichen Gründen unmöglich ist. Nach der Rspr wird der Bürger in einem solchen Fall nicht durch Treu und Glauben an der Geltendmachung des Erstattungsanspruchs gehindert. Denn anderenfalls bliebe die gesetzlich angeordnete Nichtigkeitsfolge wirkungslos (BVerwGE 111, 162, 173; BVerwG NVwZ-RR 2003, 874, 875). Ähnliche Erwägungen gelten bei Verstößen gegen **gesetzliche Verbote**. So handelt der Bürger nicht allein deshalb rechtsmissbräuchlich, weil er sich auf die Nichtigkeit eines Vertrages beruft, der auf seinen Wunsch hin abgeschlossen und von der Behörde bereits erfüllt wurde (BVerwG NVwZ 2003, 993, 994 f).

bb) Baurecht

1148 Auf dem Gebiet des Baurechts kommt dem **Rücksichtnahmegebot** eine überragende Bedeutung zu (vgl BVerwGE 52, 122 = NJW 1978, 62; 82, 343 = NJW 1990, 1192; 101, 364 = DVBl 1997, 61; BVerwG NVwZ 1985, 652; NVwZ 1985, 653; NVwZ 1987, 409; NVwZ 1999, 879; ZfBR 2000, 128, 130; OVG Saarlouis NVwZ-RR 2008, 161; BeckOK-BauGB/Spannowsky [1. 5. 2019] § 34 Rn 42 f; Dürr JuS 1984, 187, 192; ders KommJur 2005, 201, 203). Die Rspr geht allerdings davon aus, dass es **kein allgemeines**, das gesamte Baurecht umfassendes außergesetzliches **Rücksichtnahmegebot** gibt; ein solches Gebot lasse sich auch nicht aus dem Verfassungsrecht (Art 14 GG) ableiten. Vielmehr müssten die **einzelnen baurechtlichen Vorschriften** daraufhin untersucht werden, ob und in welchem Umfang sie die individuellen Interessen Dritter – namentlich der Nachbarn – schützen (so BVerwG NVwZ 1987, 409, 410; vgl auch Seibel, Das Rücksichtnahmegebot im öffentlichen Baurecht, BauR 2007, 1831 ff). Als besonders wichtige Ausprägungen des Rücksichtnahmegebots werden die Vorschriften der §§ 31 Abs 2 BauGB (dazu BVerwG NVwZ 1987, 409), 34 BauGB (dazu OVG Saarlouis NVwZ-RR 2008, 161; BeckOK-BauGB/Spannowsky [1. 5. 2019] § 34 Rn 42 ff), 35 BauGB (BVerfGE 52, 122 = NJW 1978, 62) und 15 BauNVO (BVerwG NJW 1984, 138, 139; NVwZ 2000, 1050, 1051; Roeser, in: König/Roeser/Stock, BauNVO [3. Aufl 2014] § 15 Rn 9 f) angesehen. In der Lit wird dagegen darauf hingewiesen, dass das Gebot der Rücksichtnahme sich nicht auf das Baurecht beschränke, sondern in der gesamten Rechtsordnung zu finden sei. Soweit es im Baurecht keinen spezialgesetzlichen Anknüpfungspunkt gebe, könne das Rücksichtnahmegebot daher auch hier auf § 242 BGB gestützt werden (Dürr KommJur 2005, 201, 203 f).

1149 Will eine Gemeinde einen von ihr erlassenen qualifizierten Bebauungsplan nicht mehr ausführen, muss sie diesen Plan aufheben oder abändern. Erweckt sie stattdessen beim Bürger ein berechtigtes Vertrauen darauf, dass er auf seinem Grundstück in absehbarer Zeit ein Bauvorhaben verwirklichen kann, verstößt sie gegen das Verbot widersprüchlichen Verhaltens, wenn sie sich im Nachhinein auf die fehlende Erschließung beruft. Der Bürger hat daher **aus Treu und Glauben** einen **Erschließungsanspruch** gegen die Gemeinde (OVG Lüneburg NVwZ-RR 2000, 486, 487; Ernst/Grziwotz, in: Ernst/Zinkahn/Bielenberg/Krautzberger, BauGB [131. Lfg 2018] § 123 Rn 29o).

cc) Steuerrecht

Das Steuerschuldverhältnis ist als Verwaltungsrechtsverhältnis nach allgemeiner Ansicht ebenfalls von **Treu und Glauben** geprägt (vgl BFH NJW 1990, 1251; NJW-RR 2010, 1160, 1161; König, in: Koenig § 4 AO Rn 25 ff; Erman/Böttcher Rn 58; Fiedler NJW 1981, 2093, 2096 f; Klein DStR 1985, 391 ff; Mattern, Treu und Glauben im Steuerrecht [1958]; Vogel, Treu und Glauben im Steuer- und Zollrecht [1961]; Hey 113 ff, 590 ff; Werndl, in: FS G Stoll [1990] 375 ff; z Vertrauensschutz gegenüber dem Steuergesetzgeber Spindler, Vertrauensschutz im Steuerrecht, DStR 2001, 725 ff; z Vergleich mit dem frz Recht Hahn, Vertrauensschutz im französischen Steuerrecht, IStR 2003, 593 ff). Im Steuerrecht gilt daher wie im Übrigen Verwaltungsrecht das Gebot, auf die Belange des anderen Teils **Rücksicht** zu nehmen und sich **nicht widersprüchlich** zu verhalten (BFHE 158, 131 ff; BFH DStR 1996, 1201; DStRE 2007, 1064, 1066; NJW-RR 2010, 1160, 1161; MünchKomm/Schubert Rn 119; Offerhaus MDR 1993, 925, 926 f; ausf Kreibich 186 ff; zu einem Teilaspekt Völker/Ardizzoni, Rechtsprechungsbrechende Nichtanwendungsgesetze im Steuerrecht – neue bedenkliche Gesetzgebungspraxis, NJW 2004, 2413, 2418 f; Spindler, Der Nichtanwendungserlass im Steuerrecht, DStR 2007, 1061 ff). Der BFH stellt dabei nicht auf § 242 BGB ab, sondern verweist unmittelbar auf die **Gerechtigkeitsidee** (BFH NJW 1990, 1251; NJW-RR 2010, 1160, 1161). Rspr und Lit betonen, dass der Grundsatz von Treu und Glauben idR nur im Rahmen eines (noch) **bestehenden konkreten Steuerrechtsverhältnisses** anwendbar ist, weil es ansonsten an dem erforderlichen Näheverhältnis fehlt (BFHE 158, 131 ff; BFH DStRE 2007, 1064, 1066; NJW-RR 2010, 1160, 1161; König, in: Koenig § 4 AO Rn 26). Auch in diesem Rahmen können Treu und Glauben nur zur **Konkretisierung** oder zur **Einschränkung** von Rechten und Pflichten des Steuerpflichtigen oder der Finanzbehörde herangezogen werden. Der Grundsatz ist dagegen nicht geeignet, die **Entstehung** oder das **Erlöschen** von Steueransprüchen oder Steuerpflichten zu begründen (BFH NJW 1990, 1251).

1150

Der Gesichtspunkt des **Vertrauensschutzes** bei der Änderung und Aufhebung von Steuerbescheiden findet sich neben der ausdrücklichen Regelung in § 176 AO (ausf dazu Tiedtke/Szczesny NJW 2002, 3733 ff) in der Rspr des BFH wieder. Danach ist die Änderung eines Steuerbescheides wegen nachträglich bekannt gewordener Tatsachen (§ 173 Abs 1 Nr 1 AO) nach Treu und Glauben ausgeschlossen, wenn die Finanzbehörde bei Erlass des zu ändernden Steuerbescheids ihre Ermittlungspflicht verletzt hat (BFH NVwZ-RR 1990, 119, 121; NVwZ 2002, 1404; vgl auch König, in: Koenig § 4 AO Rn 33). Außerdem können Zusagen und Auskünfte der Finanzbehörden ebenso wie im allgemeinen Verwaltungsrecht (s oben Rn 1144) einen Vertrauenstatbestand bilden (BFH NVwZ 1990, 1110, 1111; NVwZ 2000, 596, 598; DStRE 2000, 276, 278; DStR 2002, 1662, 1665; Fiedler NJW 1981, 2093, 2098 ff; Mattern, in: FS Küchenhoff [1967] 39, 52 ff; Melchior/Tschirner, Erzeugen Auskünfte einer übergeordneten Behörde in einem Einzelfall Bindungswirkung im Besteuerungsverfahren?, DStR 1997, 844, 845 f; Wessling BB 1987, 1083, 1084 f).

1151

1152 Das Verhältnis zwischen dem allgemeinen Grundsatz von Treu und Glauben und dem aus dem **Rechtsstaatsprinzip** folgenden Gedanken des Vertrauensschutzes (s oben Rn 284 ff) ist auch im Steuerrecht umstritten (zur Abgrenzung SEER, in: TIPKE/LANG § 21 Rn 13; HEY 113 ff; WALDHOFF, Vertrauensschutz im Steuerrechtsverhältnis, in: PEZZER, Vertrauensschutz im Steuerrecht [2004] 129, 155 ff). In der Praxis finden sich vielfältige Überschneidungen. HEY (591) spricht in diesem Zusammenhang treffend davon, dass der Grundsatz von Treu und Glauben in der finanzgerichtlichen Rspr „das personalisierte Pendant zum Vertrauensschutzprinzip" bildet. Ein wesentliches Unterschied besteht allerdings darin, dass der Vertrauensgrundsatz – anders als der Grundsatz von Treu und Glauben (s oben Rn 284 ff) kein konkretes (Steuer-)Rechtsverhältnis voraussetzt (SEER, in: TIPKE/LANG § 21 Rn 13). Der Grundsatz von Treu und Glauben kann auch **zu Lasten des Steuerpflichtigen** eingreifen (vgl KÖNIG, in: KOENIG § 4 AO Rn 26, 33). Dieser muss daher einen geänderten, materiellrechtlich zutreffenden Steuerbescheid gegen sich gelten lassen, wenn er die nach § 172 Abs 1 S 1 Nr 2a AO erforderliche Zustimmung zur Berichtigung treuwidrig verweigert (BFH DStR 1996, 1201, 1202 m Anm WOHLSCHLEGEL; NVwZ 1999, 919, 920 mwNw). Eine spezielle Vorschrift über die Unzulässigkeit **rechtsmissbräuchlicher Gestaltungen** durch den Steuerpflichtigen findet sich in § 42 Abs 1 AO (dazu OFFERHAUS MDR 1993, 925, 926 f). Nach hM handelt es sich aber um keinen Ausfluss des Rechtsmissbrauchsverbots, sondern um eine besondere Ausprägung des Verbots der **Gesetzesumgehung** (KOENIG, in: KOENIG, § 42 AO Rn 1; allg dazu s oben Rn 398).

dd) Verwaltungsprozessrecht

1153 Im Verwaltungsprozessrecht kommt § 242 BGB vor allem unter dem Gesichtspunkt der **unzulässigen Rechtsausübung** Bedeutung zu. So kann die Ausübung prozessualer Rechte auch hier durch verzögerte Geltendmachung **verwirkt** werden (BVerwGE 44, 294, 298 [betr Widerspruchsrecht]; BVerwG NVwZ 2001, 206 mwNw [betr Klagerecht]; 1990, 554, 555; 1992, 974, 975; OVG Münster NVwZ-RR 1996, 623, 624 [betr Antragsrecht bei § 47 VwGO]; allg z Verwirkung o Rn 302 ff).

1154 Außerdem gilt das **Verbot rechtsmissbräuchlichen Verhaltens**. Widersprüchlich verhält sich etwa ein Antragsteller, der die ihm ungünstigen Festsetzungen eines Bebauungsplans erst angreift, nachdem er die ihm günstigen Festsetzungen bereits ausgenutzt hat (OVG Lüneburg BRS 44 Nr 31). Gleiches gilt für einen Antragsteller, der sich zunächst nicht gegen die im Bebauungsplan vorgesehene unzureichende Erschließung wehrt, nach Errichtung seines Gebäudes aber eine ausreichende Erschließung fordert. Rechtsmissbrauch setzt aber voraus, dass der Antragsteller bewusst treuwidrig handelt (BVerwG NVwZ 1992, 974, 975; vgl auch BVerwG BRS 63 Nr 50).

1155 Unter dem Aspekt des **Rechtsmissbrauchs** wird auch die Problematik der sog **Sperrgrundstücke** diskutiert. Nach der Rspr kann die Klagebefugnis (§ 42 Abs 2 VwGO) nicht auf das Eigentum an einem Grundstück gestützt werden, wenn der Eigentumserwerb lediglich den Zweck hatte, die formalen Voraussetzungen für einen Prozess zu schaffen, ohne dass dem Erwerber eine materielle Rechtsposition zukommen sollte. Diese Voraussetzung kann insbesondere vorliegen, wenn der Veräußerer sich das lebenslange Nutzungsrecht an dem Grundstück vorbehalten hat (BVerwGE 112, 135, 137 ff = NVwZ 2001, 427; CLAUSING, Aktuelles Verwaltungsprozessrecht, JuS 2001, 998, 1001; krit MASING, Relativierung des Rechts durch Rücknahme verwaltungsgerichtlicher Kontrolle – Eine

Kritik anlässlich der Rechtsprechungsänderung zu den „Sperrgrundstücken", NVwZ 2002, 810, 813 ff). Das BVerwG hat seine diesbezügliche Rspr in neuerer Zeit verschärft. Rechtsmissbrauch kann hiernach auch dann vorliegen, wenn der Käufer die volle materielle Rechtsposition an dem Grundstück erhält. Entscheidend ist, dass der Eigentumserwerb den alleinigen Zweck hat, die Voraussetzungen für eine Klagebefugnis nach § 42 Abs 2 VwGO zu schaffen (BVerwG NVwZ 2012, 567, 568).

d) Völkerrecht

Im Völkerrecht gehört das **Prinzip der bona fides** zu den allgemein anerkannten Rechtsgrundsätzen (DAHM/DELBRÜCK/WOLFRUM 845 f; IPSEN/DÖRR § 20 Rn 6; GRAF VITZTHUM, in GRAF VITZTHUM/PROELSS, I Rn 59; MEYER, Bona fides und lex mercatoria in der europäischen Rechtstradition [1994] 94; VERDROSS, in: FS Laun [1953] 29 ff; ders/SIMMA, Universelles Völkerrecht [3. Aufl 1984] § 60 ff; KNOPS AöR 143 [2018] 554, 561). Dieses Prinzip ist im Völkerrecht umso wichtiger, als sich dort aufgrund des Fehlens einer Hierarchie oder eines objektiven Entscheidungsorgans oft gleichrangige Rechtsauffassungen gegenüberstehen. Dementsprechend ist die Wahrung der bona fides durch alle Parteien ein Grundpfeiler für das Funktionieren des Völkerrechts (VERDROSS, in: FS Laun [1953] 29, 32). Aus dem Grundsatz der bona fides resultieren, ähnlich wie im deutschen Recht, die Verbote des **Rechtsmissbrauchs** (s oben Rn 213 ff) und des **widersprüchlichen Verhaltens** (s oben Rn 284 ff) sowie die **Verwirkung** (s oben Rn 300 ff). **1156**

Im **Völkervertragsrecht** kommt dem Grundsatz von Treu und Glauben eine herausragende Bedeutung zu (LORZ 75). So sind völkerrechtliche Verträge gem Art 26 WVK nach Treu und Glauben zu erfüllen (ausf dazu DAHM/DELBRÜCK/WOLFRUM 845 ff). Gem Art 62 WVK kann auch das aus Treu und Glauben und den Grundsätzen der Gerechtigkeit abgeleitete Institut der **clausula rebus sic stantibus** auf völkerrechtliche Verträge Anwendung finden (DAHM/DELBRÜCK/WOLFRUM 742 ff; VERDROSS, in: FS Laun [1953] 29, 32; IPSEN/DÖRR § 20 Rn 6; GRAF VITZTHUM, in GRAF VITZTHUM/PROELSS, I Rn 130). Die Pflicht, Verträge nach Treu und Glauben zu erfüllen, begründet überdies zahlreiche Nebenpflichten und geht insofern über den auch im Völkerrecht anerkannten Grundsatz „pacta sunt servanda" hinaus (DAHM/DELBRÜCK/WOLFRUM 845 ff). Schließlich wird inzwischen selbst eine Verbindlichkeit **unilateraler Versprechen** aus der bona fides hergeleitet (LORZ 75 f mwNw). **1157**

Auch die **Auslegung völkerrechtlicher Verträge** erfolgt nach Treu und Glauben, vgl Art 31 WVK. Der Grundsatz von Treu und Glauben stellt hier allerdings keine eigene Auslegungsregel, sondern lediglich eine spezifische Ausprägung des Missbrauchsverbots dar (IPSEN/HEINTSCHEL VHEINEGG § 15 Rn 20). Konkret bedeutet dies zum Beispiel, dass stets das Auslegungsergebnis zu wählen ist, welches die andere Partei weniger belastet (IPSEN/HEINTSCHEL VHEINEGG § 15 Rn 20). **1158**

Das Gebot von Treu und Glauben greift darüber hinaus im **internationalen Nachbarrecht** ein. Dies zeigt insbesondere der letzte Grundsatz der Friendly Relations Declaration, die am 24. 10. 1970 von der UN-Vollversammlung angenommen wurde (zu dieser Deklaration IPSEN/EPPING § 59 Rn 2; KAU, in GRAF VITZTHUM/PROELLS, III Rn 125). Im **Umweltvölkerrecht** werden daraus inzwischen auch Rücksichtnahme- und Kommunikationspflichten hergeleitet (LORZ 76 mwNw). **1159**

IV. Ausländische Rechtsordnungen*

1. Einleitung

1160 Der **Begriff** „Treu und Glauben" ist in fast allen kontinentaleuropäischen Zivilrechtskodifikationen vorhanden. Einschlägige Regelungen gibt es in den Zivilgesetzbüchern Frankreichs (Art 1134 Abs 3 aF = Art 1104 Abs 1 Code civil nF), der Schweiz (Art 2 ZGB), Italiens (Art 1175, 1375 Codice Civile), Griechenlands (Art 281, 288 ZGB), Spaniens (Art 7 titolo preliminar zum Codigo Civil), Portugals (Art 334, 762 Abs 2 Código Civil), der Niederlande (Art 6:2, 6:248 NBW), Polens (Art 354 ZGB) und der Türkei (Art 2 TZGB), vgl Lando/Beale 116 ff). Der Grundsatz wird dabei teilweise ausdrücklich auf den vorvertraglichen Bereich erstreckt (zB Art 1104 Code Civil nF, Art 1137 Codice Civile, Art 197 griech ZGB). Im US-amerikanischen Recht findet der Grundsatz von Treu und Glauben sich vor allem in Section 1–203 UCC (s unten Rn 1216). Aus rechtsvergleichender Sicht handelt es sich allerdings um **kein einheitlich definiertes Rechtsinstitut.** Zimmermann/Whittaker (690) bemerken hierzu treffend: „The notion of good faith ... actually means different things both within a particular legal system and between the legal systems" (vgl auch Stapleton 3, 7). In einigen Rechtsordnungen wird der Standard von Treu und Glauben (bonne foi, good faith) auch herangezogen, wenn es auf den **guten Glauben** eines Beteiligten ankommt (vgl Basedow/Hopt/Zimmermann/Ranieri 1500; Chainais/Guillaume/Tenenbaum 196 ff). Im deutschen Recht sind beide Aspekte klar voneinander getrennt (vgl § 932 Abs 2 BGB). Im Folgenden wird hierauf daher nicht näher eingegangen.

---

* **Schrifttum:** vBar, Gemeineuropäisches Deliktsrecht, Bd. I (1996); vBar/Zimmermann, Grundregeln des europäischen Vertragsrechts, Teile I und II (2002); Basedow/Hopt/Zimmermann, Handwörterbuch des Europäischen Privatrechts, Bd II (2009); Chainais/Guillaume/Tenenbaum, Good faith, in: Fauvarque-Cosson/Mazeaud (Hrsg), European Contract Law – Materials for a Common Frame of Reference: Terminology, Guiding Principles, Model Rules (2008); Fleischer, Der Rechtsmißbrauch zwischen Gemeineuropäischem Privatrecht und Gemeinschaftsprivatrecht, JZ 2003, 865; Hesselink, Good Faith, in: Hartkamp/Hesselink/Hondius/Joustra/du Perron/Veldman, Towards a European Civil Code (3. Aufl Nijmegen 2004) 285; Kötz, Europäisches Vertragsrecht (2. Aufl 2015); Lando, Is Good Faith an Over-Arching General Clause in the Principles of European Contract Law?, in: (2007) 15 ERPL 841; Lando/Beale, Principles of European Contract Law Parts I & II (The Hague 2000); Ranieri, Europäisches Obligationenrecht (3. Aufl 2009); Riesenhuber, Europäisches Vertragsrecht (2. Aufl 2006); ders, EU-Vertragsrecht (2013); Stapleton, Good Faith in Private Law, Current Legal Problems 1999, 1; Storme, Good Faith and the Contents of Contracts in European Private Law, Electronic Journal of Comparative Law Bd 7. 1, März 2003 (http://www.ejcl.org/71/art71-1.html); Tallon, Le concept de bonne foi en droit français du contrat (1994); Tetley, Good Faith in Contract: Particularly in the Contracts of Arbitration and Chartering (2004) 35 Journal of Maritime Law & Commerce 561; Wicker, Contractual Fairness, in: Fauvarque-Cosson/Mazeaud (Hrsg), European Contract Law – Materials for a Common Frame of Reference: Terminology, Guiding Principles, Model Rules (2008); A Zimmermann, Das Rechtsmissbrauchsverbot im Recht der Europäischen Gemeinschaft (2002); Zimmermann, Konturen eines Europäischen Vertragsrechts, JZ 1995, 477; Zimmermann/Whittaker, Good Faith in European Contract Law (Cambridge 2000); Zweigert/Kötz, Einführung in die Rechtsvergleichung (3. Aufl 1996).

Bei der vergleichenden Untersuchung eines Instituts ist nach allgemeinen Regeln **1161**
von dessen **Funktion** auszugehen (allg ZWEIGERT/KÖTZ 33). Dabei besteht allerdings das
Problem, dass dem Grundsatz von Treu und Glauben in den verschiedenen Rechtsordnungen nicht per se eine einheitliche Funktion zukommt (zu dieser Problematik
ZIMMERMANN/WHITTAKER 12 f; zur Diskussion über die Funktionen des § 242 BGB im deutschen
Recht s oben Rn 171 ff).

Aus rechtsvergleichender Sicht können dem Grundsatz von Treu und Glauben **1162**
allerdings zwei wesentliche Funktionen beigemessen werden: Auf der einen Seite
steht die **inhaltliche Funktion** von Treu und Glauben iS einer **Verhaltensnorm für die
Parteien**. Hierher gehören alle Fälle, in denen dem Grundsatz eine Pflicht der
Parteien zu redlichem und loyalem Verhalten sowie zur Rücksichtnahme auf die
berechtigten Interessen des anderen Teils entnommen wird (so ZIMMERMANN/WHITTAKER 31; vgl auch PALANDT/GRÜNEBERG Rn 5). Davon zu unterscheiden ist die **formale
Funktion** von Treu und Glauben als **Ermächtigungsnorm für den Richter** (vgl STORME
4: „rule of behaviour" und „rule of construction"; s auch die Diskussion der Funktionen des § 242
BGB bei HESSELINK 475 ff). Diesem Bereich sind alle Mechanismen zuzuordnen, die es
dem Richter erlauben, die Regeln des „strengen Rechts" im Einzelfall mit Hilfe von
Billigkeits- und Gerechtigkeitserwägungen zu durchbrechen. Darüber hinaus dient
der Grundsatz von Treu und Glauben in vielen Rechtsordnungen der Auslegung von
Willenserklärungen bzw Verträgen (vgl CHAINAIS/GUILLAUME/TENENBAUM 182 f). Da diese Funktion im deutschen Recht nicht von § 242 BGB, sondern von § 157 BGB
abgedeckt wird, soll hierauf jedoch nicht weiter eingegangen werden.

Im Vordergrund der weiteren Darstellung steht die Frage, auf welche Weise die **1163**
genannten Funktionen in den einzelnen Rechtsordnungen verwirklicht werden. Der
Blick gilt zunächst mit Frankreich, Österreich, der Schweiz, Italien, den Niederlanden, Polen und der Türkei einigen weiteren Vertretern des **kontinentaleuropäischen
Rechtskreises** (zur Bedeutung von Treu und Glauben [„boa fé"] im portugiesischen Recht
[Art 762 Abs 2 Código Civil] MOTA PINTO, Die Generalklausel in Kontinentaleuropa: Erwartungen
der portugiesischen Rechtswissenschaft an die deutsche Rechtswissenschaft, in: BALDUS/MÜLLER-GRAFF, Die Generalklausel im Europäischen Vertragsrecht [2006] 115, 119 f; zur wachsenden Bedeutung von Treu und Glauben im spanischen Vertragsrecht ECKL, Treu und Glauben im spanischen
Vertragsrecht [2007]). Anschließend werden mit England und den USA die beiden
wichtigsten Repräsentanten des **anglo-amerikanischen Rechtskreises** behandelt.

2. Kontinentaleuropäische Rechtsordnungen*

a) Frankreich
aa) Begriff und Bedeutung der bonne foi

In **Frankreich** hatte Art 1134 Abs 3 CC aF bis zur Reform des französischen Vertragsrechts von 2016 bestimmt: „Elles [les conventions] doivent être executées de **1164**
bonne foi." Trotz dieser dem § 242 BGB sehr ähnlichen Formulierung besteht einer
der charakteristischen Unterschiede zwischen dem französischen und dem deutschen

---

* **Schrifttum**: ASTONE, Ritardo nell'esercizio del credito, Verwirkung e buona fede, Riv dir civ 2005, II, 603; BABUSIAUX/WITZ, Das neue französische Vertragsrecht – Zur Reform des Code civil, JZ 2017, 496; BERGER, Allgemeines Schuldrecht (3. Aufl Bern 2018); F BYDLINSKI, Juristische Methodenlehre und Rechtsbegriff (2. Aufl 1991); ders, Skizzen zum Verbot des

§ 242
Abschnitt 1 · Inhalt der Schuldverhältnisse

Zivilrecht darin, dass die **„bonne foi"** in Frankreich zu keiner Zeit eine so herausragende Stellung wie das Prinzip von „Treu und Glauben" im deutschen Recht erlangt hat (vgl Hübner/Constantinesco 176; Sonnenberger, in: Sonnenberger/Classen Rn 100; Jung 42 ff; Decker, La Réforme Du Droit Français Des Obligations: Une Perspective Allemande [2007] 15 ERPL 765, 766 f; Staudinger/J Schmidt [1995] Rn 111 mwNw). Der Grundsatz der „bonne foi" galt lange Zeit sogar als „concept mort", und es wurde

---

Rechtsmissbrauchs im österreichischen Privatrecht, in: FS Krejci (Wien 2001) 1079; P Bydlinski, Bürgerliches Recht Band I, Allgemeiner Teil (8. Aufl Wien 2018); Cian/Trabucchi, Commentario Breve al Codice Civile (13. Aufl Milano 2018); Chantepie/Latina, Le nouveau droit des obligations (2. Aufl Paris 2018); Ehrenzweig, System des österreichischen allgemeinen Privatrechts: Das Recht der Schuldverhältnisse, Allgemeine Lehren (3. Aufl Wien 1986), bearbeitet von H Mayrhofer; Falco, La buona fede e l' abuso del diritto (Mailand 2010); Ferid/Sonnenberger, Das französische Zivilrecht, Bd 1/1 (2. Aufl 1994); Flossmann, Österreichische Privatrechtsgeschichte (7. Aufl Wien 2014); Gutzwiller (Hrsg), Schweizerisches Privatrecht, Bd II, Einleitung und Personenrecht (Basel 1967); Hartkamp, Judicial Discretion Under the New Civil Code of the Netherlands, Am J Comp L 40 (1992) 551; Geiser/Fountoulakis, Basler Kommentar – Zivilgesetzbuch I (6. Aufl Basel 2018); Hübner/Constantinesco, Einführung in das französische Recht (4. Aufl 2001); Huguenin, Obligationenrecht – Allgemeiner und Besonderer Teil (2. Aufl Zürich 2014); Imre, Medeni Hukuka Giris [Einführung ins Zivilrecht] (3. Aufl Istanbul 1980); Jaluzot, La bonne foi dans les contrats – Étude comparative de droit français, allemand et japonais (Paris 2001); Jung, Die Generalklausel im deutschen und französischen Vertragsrecht, in: Baldus/Müller-Graff, Die Generalklausel im Europäischen Vertragsrecht (2006), 37; Kindler, Einführung in das italienische Recht (2. Aufl 2008); Klang, Kommentar zum Allgemeinen Bürgerlichen Gesetzbuch, Bd. §§ 897–916 (3. Aufl Wien 2011); Koziol, Glanz und Elend der deutschen Zivilrechtsdogmatik, AcP 212 (2012) 1; Koziol/Bydlinski/Bollenberger, Allgemeines Bürgerliches Gesetzbuch – Kommentar (5. Aufl Wien 2017); Liebscher/Zoll, Einführung in das polnische Recht (2005); Mader, Rechtsmißbrauch und unzulässige Rechtsausübung (Wien 1994); ders, Neuere Judikatur zum Rechtsmissbrauch, JBl 1998, 677; ders, Venire contra factum proprium nemini licet?, in: FS Fenyves (Wien 2013) 257; Miler, Die Geltendmachung des Pflichtteilsanspruchs als Rechtsmissbrauch? Polnisches und deutsches Erbrecht im Vergleich, ZEuP 2018, 65; Mincke, Einführung in das niederländische Recht (2002); Oguzman/Barlas, Medeni Hukuk – Giris, Kaynaklar, Temel Kavramlar [Zivilrecht – Einführung, Quellen, Grundprinzipien] (9. Aufl Istanbul 2002); Öztan, Medeni Hukuk'un Temel Kavramlari [Die Grundprinzipien des Zivilrechts] (43. Aufl Ankara 2019); Ranieri, Bonne foi et exercice du droit dans la tradition du civil law, Revue internationale de droit comparé 1998, 1055; Rummel/Lukas, Kommentar zum Allgemeinen Bürgerlichen Gesetzbuch (4. Aufl Wien 2015); Rumpf, Einführung in das türkische Recht (2. Aufl 2016); Schurig, Rechtsfragen des italienischen Handelsvertreterrechts mit kollisionsrechtlichen Bezügen, in: Jayme/Mansel/Pfeiffer (Hrsg), Neuerungen im italienischen Wirtschaftsrecht, Jahrbuch für Italienisches Wirtschaftsrecht, Bd 19 (2006); Schwimann/Kodek, ABGB Praxiskommentar (4. Aufl Wien 2014 ff.); Sonnenberger, Treu und Glauben – ein supranationaler Ansatz?, in: FS Odersky (1996) 702; Sonnenberger, Die Reform des französischen Schuldvertragsrechts, des Regimes und des Beweises schuldrechtlicher Verbindlichkeiten durch Ordonnance Nr 2016-131 vom 10. 2. 2016 – Erster Teil, Quellen der Schuldverhältnisse, ZEuP 2017, 6; Sonnenberger/Classen (Hrsg), Einführung in das französische Recht (4. Aufl 2012); Terré/Simler/Lequette/Chénedé, Droit civil, Les obligations (12. Aufl Paris 2018); Tuor/Schnyder/Schmid/Rumo-Jungo, Das Schweizerische Zivilgesetzbuch (14. Aufl Zürich 2015); Welser/Kletečka,

von einer „geradezu gegenläufigen Entwicklung der Funktionen des Art 1134 Abs 3 CC aF und des § 242 BGB" gesprochen (SONNENBERGER, in: FS Odersky [1996] 703, 705 f mwNw; vgl auch JALUZOT Rn 1007). Dementsprechend wurde auch die auf der Grundlage von § 242 BGB entwickelte Lehre vom **Wegfall der Geschäftsgrundlage** bei privatrechtlichen Verträgen abgelehnt (HÜBNER/CONSTANTINESCO 178 f).

In **neuerer Zeit** hat die Bedeutung der „bonne foi" im französischen Vertragsrecht allerdings deutlich zugenommen (zu dieser Entwicklung TERRÉ/SIMLER/LEQUETTE/CHÉNEDÉ Rn 42 ff, JALUZOT Rn 1028 f; JUNG 53 ff; WICKER 525 f). So hat die Cour de Cassation aus Art 1134 Abs 3 CC aF ein Verbot des **venire contra factum proprium** abgeleitet: „en vertu de l'article 1134, alinéa 3, du Code civil, nul ne peut se contredire illégitimement aux dépens d'autrui, et tromper ainsi l'attente légitime de son cocontractant" (Cass com, 11. 3. 1997, Nr 95-16853, abrufbar unter legifrance.gouv.fr). Auch der Vorentwurf zur Reform des Code civil in den Bereichen des Schuldrechts und des Verjährungsrechts aus dem Jahre 2005 (CATALA [Hrsg], Avant-projet de réforme du droit des obligations et du droit de la prescription [2006]; deutsche Übersetzung von SONNENBERGER ZEuP 2007, 633 ff) betonte den Grundsatz stärker. Art 1139 des Entwurfs sah vor, dass bei der **Vertragsauslegung** „raison" und „equité" zu berücksichtigen sind. Im Projet du Réforme du droit des contrats von 2008 (abgedruckt in Revue des contrats 2009 Nr 1) fand sich die Auslegungsregel des Art 1139 dagegen nicht mehr. Allerdings sollte zu Beginn des Abschnitts „Les obligations" ein allgemeiner Grundsatz von Treu und Glauben normiert werden. Der diesbezügliche Vorschlag lautete zunächst: „Chacune des parties est tenue d'agir de bonne foi" (Ministère de Justice, Projet de Réforme du Droit des Contracts [Erstfassung 2008]; vgl dazu BASEDOW/HOPT/ZIMMERMANN/RANIERI 1499). In der Fassung des Reformvorschlags von Mai 2009 hieß es dann in Art 6: „Les contrats doivent être formés et exécutés de bonne foi." Der Vorschlag lehnte sich damit wieder stärker an den Wortlaut des Art 1134 Abs 3 CC aF an, erweiterte den Anwendungsbereich der Vorschrift aber auf den vorvertraglichen Bereich (s unten Rn 1167).

1165

Der französische Gesetzgeber hat die **Reform des Vertragsrechts** durch die Verordnung (Ordonnance) Nr 2016-131 vom 10. 2. 2016 verwirklicht. Für Verträge, die ab dem 1. 10. 2016 geschlossen worden sind, sieht der neu gefasste Art 1104 CC eine zeitliche Ausweitung des Grundsatzes von Treu und Glauben vor. Konkret schreibt Art 1104 Abs 1 CC vor, dass „[l]es contrats doivent être négociés, formés et exécutés de bonne foi". Der Anwendungsbereich von Treu und Glauben wird also im Einklang mit der neueren französischen Rechtsentwicklung (dazu Rn 1167) ausdrücklich auf die **Vertragsverhandlungen** und den **Vertragsschlusses** erstreckt (vgl CHANTEPIE/LATINA, Tz 106; BABUSIAUX/WITZ JZ 2017, 496, 498; LOOSCHELDERS, Schuldrecht AT § 4 Rn 3). Eine inhaltliche Konkretisierung von Treu und Glauben ist dagegen nicht erfolgt. Dies hat den Vorteil, dass der Begriff auch im Hinblick auf künftige Entwicklungen und Herausforderungen des Vertragsrechts anpassungsfähig und flexibel bleibt (CHANTEPIE/LATINA Tz 103). Art 1104 Abs 2 CC nF stellt klar, dass die Vorschrift Teil der öffentlichen Ordnung („**ordre public**") ist und daher nach Art 6 CC nicht abbe-

---

Grundriss des bürgerlichen Rechts, Bd I (15. Aufl Wien 2018); WELSER/ZÖCHLING-JUD, Grundriss des bürgerlichen Rechts, Bd II (14. Aufl Wien 2015); WILL, Verwirkung im internationalen Privatrecht, RabelsZ 42 (1978) 211; ZEVKLILER, Medeni Hukuk [Zivilrecht] (3. Aufl Ankara 1992).

dungen werden kann (CHANTEPIE/LATINA Tz 112; zur Diskussion über die Abdingbarkeit von Treu und Glauben im deutschen Recht s oben Rn 107 ff). Der **Wegfall der Geschäftsgrundlage** wurde in Art 1195 CC nF in Abkehr von der traditionellen Auffassung (s oben Rn 1164) ebenfalls geregelt.

1166 Warum dem Grundsatz von Treu und Glauben im französischen Zivilrecht anders als im BGB nicht der Rang einer „Königsregel" zukommt, liegt in der **naturrechtlichen Tradition des Code civil** begründet (vgl RANIERI, in: Revue internationale de droit comparé 1998, 1055, 1058). In diesem Zusammenhang spielt der Grundsatz der **Gewaltenteilung** eine wichtige Rolle. Der Richter soll nicht über Generalklauseln wie „bonne foi" an die Stelle des Gesetzgebers treten und den Parteien seine eigenen Gerechtigkeitsvorstellungen vorgeben können (vgl den Einwand gegen die wachsende Bedeutung der „bonne foi" bei TERRÉ/SIMLER/LEQUETTE/CHÉNEDÉ Rn 49; ferner JALUZOT Rn 668, 670; JUNG 46 ff; RANIERI, Obligationenrecht 1825). Auf dieser Linie liegt auch, dass Erwägungen der **Vertragsgerechtigkeit** traditionell dem **Grundsatz der Privatautonomie** untergeordnet worden sind (vgl STAUDINGER/J SCHMIDT [1995] Rn 111; LANDO [2007] 15 ERPL 841, 847). Hier zeigen sich deutliche Parallelen zu den Vorstellungen des Common Law, wonach ein Vertrag in erster Linie als Werkzeug einer „justice of exchange" zu sehen ist, dem Gesichtspunkte einer „contractual justice" fremd sind (s unten Rn 1204 ff). Trotz dieser grundsätzlichen Unterschiede greift die französische Rspr inzwischen in einigen Bereichen auf „bonne foi" zurück, insbesondere für die Begründung **vorvertraglicher Aufklärungs- und Informationspflichten** („obligations d'information") und **vertraglicher Nebenpflichten** (s unten Rn 1168).

1167 Trotz des engeren Wortlauts von Art 1134 Abs 3 CC aF galt der Grundsatz der „bonne foi" schon bislang auch für die **Vertragsanbahnung** (SONNENBERGER, in: SONNENBERGER/CLASSEN Rn 99). Diese Rechtslage wird durch den neuen Art 1104 CC bestätigt. Art 1112 Abs 1 CC sieht überdies vor, dass die Einleitung und Durchführung sowie der Abbruch von Vertragsverhandlungen frei sind, aber den Anforderungen der „bonne foi" genügen müssen. Im Fall eines **Verschuldens bei Vertragsverhandlungen** billigt Art 1112 Abs 2 CC dem Geschädigten jetzt ausdrücklich einen Anspruch auf Ersatz des Vertrauensschadens zu. Die Rechtsnatur des Schadensersatzanspruchs aus Art 1112 Abs 2 CC ist allerdings unklar. **Vorvertragliche Pflichten** werden in Frankreich traditionell nicht als Ausdruck eines quasivertraglichen Schuldverhältnisses angesehen; eine der culpa in contrahendo (§§ 311 Abs 2, 241 Abs 2, 280 Abs 1 BGB) vergleichbare Haftung blieb vielmehr dem **Deliktsrecht** (Art 1382 CC aF) vorbehalten (vgl Cour Cass 28. 5. 2008, Bull civ 2008, I, No 154 = ZEuP 2009, 800 m Anm LOOSCHELDERS; KÖTZ, Europäisches Vertragsrecht [2. Aufl 2015] 50; SONNENBERGER, in: SONNENBERGER/CLASSEN Rn 99; CHANTEPIE/LATINA Tz 176). Bei der Ausgestaltung der verletzten Pflicht und der Frage der „faute" spielte der Grundsatz der „bonne foi" aber schon bislang eine wichtige Rolle (SONNENBERGER, in: FS Odersky [1996] 703, 713; FERID/SONNENBERGER Rn 1 F 276). So kam es für die Haftung wegen **Abbruchs von Vertragsverhandlungen** darauf an, ob der Abbruch böswillig („avec mauvaise foi") war (vgl zB Cass Com 8. 11. 1983, Bull civ IV Nr 298; 7. 1. 1997, D 1998, jurisprudence p. 45, 46 note CHAUVEL [46 ff]; TERRÉ/SIMLER/LEQUETTE/CHÉNEDÉ Rn 248; s auch JALUZOT Rn 1294; HESSELINK 479 mwNw). Nach geltendem Recht ist ein Rückgriff auf das Deliktsrecht nicht mehr erforderlich. Aus dogmatischer Sicht lässt sich daher die Auffassung vertreten, dass der Gesetzgeber eine stillschweigende Abkehr von der deliktischen Natur der Haftung vollzogen hat. Der Sache nach ist aber davon auszugehen, dass die Rspr an den von ihr entwickelten Kriterien festhalten wird (CHANTEPIE/LATINA Tz 177; SONNENBERGER ZEuP 2017, 6, 23).

Dem Grundsatz von Treu und Glauben kommt im französischen Recht auch bei der Begründung **vertraglicher Nebenpflichten** eine wachsende Bedeutung zu (vgl SONNENBERGER, in: SONNENBERGER/CLASSEN Rn 99). In diesem Zusammenhang wurde Art 1135 CC aF oft neben Art 1134 Abs 3 CC aF genannt. Art 1135 CC aF lautete: „Les conventions obligent non seulement à ce qui y est exprimé, mais encore, à toutes les suites que l'équité, l'usage ou la loi donnent à l'obligation d'après sa nature" (vgl dazu HÜBNER/CONSTANTINESCO 177). Das Verhältnis zwischen beiden Vorschriften und den darin verwendeten Begriffen der **„bonne foi"** und der **„équité"** war unklar und wurde von der französischen Rspr bis zuletzt offen gelassen (vgl SONNENBERGER, in: FS Odersky [1996] 703, 709 ff; JALUZOT Rn 417 ff; TERRÉ/SIMLER/LEQUETTE/CHÉNEDÉ Rn 600). Bei der Reform von 2016 wurde Art 1135 CC aF mit weitgehend unverändertem Wortlaut in Art 1194 CC nF verschoben. Das Verhältnis von „bonne foi" (Art 1104 CC) und „équité" (Art 1194 CC) bleibt dabei weiter offen (vgl CHANTEPIE/LATINA Tz 519 ff). Auf der Grundlage von Art 1134 Abs 3 CC aF bzw Art 1135 CC aF hatte die Rspr auch **vorvertragliche Informationspflichten** entwickelt, die jetzt in Art 1112-1 CC nF gesondert geregelt sind (CHANTEPIE/LATINA Tz 180; TERRÉ/SIMLER/LEQUETTE/ CHÉNEDÉ Rn 128). Diese Pflichten beruhen auf den Gedanken der **Loyalität** und des **gegenseitigen Vertrauens** (CHANTEPIE/LATINA Tz 187) und können daher weiter als Ausdruck von Treu und Glauben verstanden werden. **1168**

In der neueren französischen Lit ist die Auffassung verbreitet, dass Verträge durch eine **allgemeine Loyalitäts- und Kooperationspflicht** („devoir de loyauté et de coopération") beherrscht werden, aus der verschiedene konkrete Nebenpflichten („obligations") abgeleitet werden können (vgl JALUZOT Rn 543 ff, 1145 ff; JUNG 55; WICKER 549 f; SONNENBERGER, in: SONNENBERGER/CLASSEN Rn 100; SONNENBERGER, in: FS Odersky [1996] 703, 714 f mwNw). Diese treffen nicht nur den Schuldner, sondern auch den Gläubiger (WICKER 550). Nach den Kategorien des deutschen Rechts geht es dabei sowohl um Nebenleistungs- als auch um Rücksichtspflichten. Zu den **Nebenleistungspflichten** (STAUDINGER/OLZEN § 241 Rn 163 ff) könnte man etwa die Pflicht des Gläubigers zählen, den Schuldner bei der Erbringung der Leistung zu unterstützen und keine Handlungen vorzunehmen, welche die ordnungsgemäße Durchführung des Schuldverhältnisses beeinträchtigen (vgl TERRÉ/SIMLER/LEQUETTE/CHÉNEDÉ Rn 128). Als Beispiel lässt sich die Pflicht des Bauherrn anführen, die Arbeiten des Unternehmers nicht zu behindern und alles zu unterlassen, was deren Unterbrechung zur Folge haben könnte (Cass Com 31. 5. 1994, Rev trim dr civ 1995, 105). Ein Automobilhersteller, der einen exklusiven Vertriebsvertrag mit einem Händler abschließt, ist nach Treu und Glauben („bonne foi") dazu verpflichtet, den Verkauf durch andere Händler in demselben Gebiet zu verhindern (Cass Com 19. 12. 1989, Bull civ 1989 IV Nr 327 p 219). Bei den **Rücksichtspflichten** (STAUDINGER/OLZEN § 241 Rn 153 ff) haben die „obligation d'information et de renseignement" und die „obligation de sécurité" in der Praxis besonders große Bedeutung erlangt (SONNENBERGER, in: FS Odersky [1996] 703, 716; s auch die zahlreichen Beispiele in TERRÉ/SIMLER/LEQUETTE/CHÉNEDÉ Rn 613 f). So hat die Cour de Cassation dem Schuldner nach Treu und Glauben die Pflicht auferlegt, die korrekte Inrechnungstellung der vom Gläubiger erbrachten Dienstleistungen zu überprüfen und diesen von einer fehlerhaften Rechnung zu unterrichten (C Cass 23. 1. 1996, Bull civ I Nr 36). **1169**

bb) Stillschweigender Verzicht

1170 In vielen Fällen gelangt die französische Rspr auch **ohne Bezugnahme auf Treu und Glauben** zu Ergebnissen, die in Deutschland auf § 242 BGB gestützt werden. So hat die französische Rspr mit der Annahme bzw Fiktion eines **stillschweigenden Verzichts** (renonciation tacite) einen auch in Österreich (s unten Rn 1176 ff) und Italien (s unten Rn 1189) sowie im Common Law (s unten Rn 1193 ff) verbreiteten **subjektiven Ansatz** genutzt, um dem Rechtsinhaber die treuwidrige Durchsetzung seines Rechts zu versagen. Ein stillschweigender Verzicht soll zB dann in Betracht kommen, wenn der Gläubiger wissentlich sein Recht über einen so langen Zeitraum nicht einfordert, dass das Vertrauen des Schuldners auf die Nichtgeltendmachung des Rechts schutzwürdig erscheint (Basedow/Hopt/Zimmermann/Ranieri 1499; Ranieri, Obligationenrecht 1849 ff; ders Revue internationale de droit comparé 1998, 1055, 1082 f mwNw; Will RabelsZ 42 [1978] 211 ff). Nach deutschem Rechts handelt es sich um einen Fall der **Verwirkung** (s oben Rn 300 ff). Das französische Recht hat demgegenüber keine eigenständige Doktrin der Verwirkung entwickelt. Die belgische Cour de Cassation hat in einem Urt vom 17. 5. 1990 (Pasicrisie 1990 Nr 546, 1061; zit nach Ranieri, Obligationenrecht 1860 ff) sogar ausdrücklich festgestellt, dass das Institut der Verwirkung mit dem französischen und belgischen Obligationenrecht nach dem Code Civil unvereinbar ist, den Anspruch letztlich aber ebenfalls wegen eines stillschweigenden Verzichts des Gläubigers verneint. Im Code Civil finden sich neben den Vorschriften über die Verjährung zwar auch einige Vorschriften, nach denen der Berechtigte wegen der Nichtgeltendmachung eines Rechts über einen bestimmten Zeitraum an dessen Ausübung gehindert ist (sog **forclusion**). Diese Vorschriften unterscheiden sich von der Verjährung (**prescription extinctive**) vor allem dadurch, dass sie nicht notwendig zum Erlöschen des Rechts führen (vgl Terré/Simler/Lequette/Chénedé Rn 1765). Außerdem sind die Bestimmungen über die Verjährung hierauf grundsätzlich nicht anwendbar (vgl Art 2220 CC). Es geht dabei aber nicht um Fälle, die im deutschen Recht über das Institut der Verwirkung gelöst werden. Insoweit besteht vielmehr eine Parallele zu den **Ausschlussfristen** des deutschen Rechts (dazu o Rn 563 ff). Auch in Bezug auf die **Geltendmachung der Verjährung** kommt nach französischem Recht (Art 2251 CC) die Annahme eines **stillschweigenden Verzichts** in Betracht. Der Wille des Schuldners zu einem derartigen Verzicht wird aus den jeweiligen Umständen abgeleitet. Der in der deutschen Rspr und Lit befürwortete Rückgriff auf Treu und Glauben (o Rn 544 ff) findet also auch insoweit nicht statt.

cc) Rechtsmissbrauch (abus de droit)

1171 Große praktische Bedeutung kommt im französischen Recht dem „**abus de droit**" zu (vgl Terré/Simler/Lequette/Chénedé Rn 966 ff; Zimmermann/Whittaker 675; Jung 51 ff; A Zimmermann 94 ff; Fleischer JZ 2003, 865 ff). Obwohl es um „Rechtsmissbrauch" geht, ist der „abus de droit" ursprünglich kein Unterfall der „bonne foi", sondern eine **eigenständige Rechtsfigur** (vgl Ranieri, in: Revue internationale de droit comparé 1998, 1055, 1082), die ihre Grundlage in der schuldhaften Verletzung subjektiver Rechte nach Art 1382 CC aF (Art 1240 CC nF) findet (Terré/Simler/Lequette/Chénedé Rn 968 ff). Der Herkunft nach handelt es sich also um ein deliktsrechtliches Institut (Sonnenberger, in: FS Odersky [1996] 703, 711; Zweigert/Kötz 623). Der „abus de droit" spielt heute aber auch im französischen Vertragsrecht eine wichtige Rolle (Hübner/Constantinesco 177; Terré/Simler/Lequette/Chénedé Rn 968 ff). Insofern wurde als Rechtsgrundlage zT auch Art 1134 Abs 3 CC aF (Art 1104 CC nF) herangezogen (C Cass, 29. 11. 1994, Bull 1994 I Nr 348 p 251; Jaluzot Rn 1511).

Inhaltlich ist der „abus de droit" ebenfalls nur bedingt mit dem deutschen Institut **1172**
des **Rechtsmissbrauchs** (s oben Rn 213 ff) vergleichbar (vgl Ranieri, Obligationenrecht
1848 ff). Die Voraussetzung, dass „eine Person in Ausübung eines ihr zustehenden
Rechts einem anderen einen Schaden zufügt" (Ferid/Sonnenberger Rn 1 C 149), führt
zB dazu, dass die **missbräuchliche Berufung auf Formvorschriften** kein Fall des „abus
de droit" ist, sondern mit Hilfe anderer Rechtsinstitute, namentlich durch Annahme
eines **stillschweigenden Verzichts** (s oben Rn 1170), gelöst wird (Ferid/Sonnenberger
Rn 1 C 147). Auf der anderen Seite gibt es gerade im Vertragsrecht aber auch Anwendungsfälle des „abus de droit", die im deutschen Recht mit § 242 BGB in Verbindung gebracht werden. So ist es dem Vermieter unter dem Aspekt der „abus de
droit" verboten, dem Mieter eine vertraglich an sich unzulässige Veränderung der
Mietsache zu untersagen, wenn damit für ihn keine Nachteile verbunden sind (vgl
Ferid/Sonnenberger Rn 1 C 163 mwNw; zur entspr Problematik im deutschen Recht s oben
Rn 764 ff).

b) Österreich
aa) Begriff und Bedeutung von Treu und Glauben
Im österreichischen Recht gibt es **keine** dem § 242 BGB vergleichbare **Generalklau-** **1173**
sel. Dies erklärt sich aus der naturrechtlichen Herkunft des Gesetzes (Ranieri Revue
internationale de droit comparé 1998, 1055, 1074). Die Verfasser der dritten Teilnovelle von
1916 haben sich bei der Reform des ABGB zwar gerade mit Blick auf den Grundsatz
von Treu und Glauben durch die „suggestive Kraft mancher Sätze des DBGB"
(namentlich der §§ 133, 157, 242 BGB) beeinflussen lassen (vgl Klang/Vonkilch
ABGB § 914 Rn 211 f). Letztlich ist dieser Gedanke jedoch nur in Bezug auf die **Aus-**
legung von Willenserklärungen in § 914 ABGB verankert worden, der seit der 3. Teilnovelle den §§ 133, 157 BGB weitgehend entspricht („Bei Auslegung von Verträgen ist
nicht an dem buchstäblichen Sinne des Ausdrucks zu haften, sondern die Absicht der Parteien zu
erforschen und der Vertrag so zu verstehen, wie es der Übung des redlichen Verkehrs entspricht.").
Daneben gewinnt § 863 Abs 2 ABGB Bedeutung, wonach „in Bezug auf die Be-
deutung und Wirkung von Handlungen und Unterlassungen ... auf die im redlichen
Verkehr geltenden Gewohnheiten und Gebräuche Rücksicht zu nehmen" ist.

Die Erstreckung des Grundsatzes von Treu und Glauben auf die **Erfüllung von** **1174**
Verträgen wurde von den Verfassern der 3. Teilnovelle bewusst abgelehnt, um eine
die Rechtssicherheit gefährdende „Überspannung von Treu und Glauben" zu verhindern (Klang/Gschnitzer ABGB[2] [1968] § 914 Anm II 4). Dabei wurde die Gefahr
gesehen, dass § 242 BGB „zu schikanöser Einrede gegen jeden Anspruch verwendet
werden" könne; außerdem komme der Richter in Versuchung, „das, was ihm das
Richtige scheint, zu Rate zu ziehen, bevor er nach dem Inhalt des Vertrags fragt"
(OGH 4. 10. 1960 – 4 Ob 364/59, SZ 33 Nr 104). Heute ist jedoch anerkannt, dass Treu und
Glauben und die Übung des redlichen Verkehrs auch bei der Erfüllung zu berücksichtigen sind (vgl Rummel/Lukas/Rummel ABGB § 914 Rn 34; Ehrenzweig/Mayrhofer 20).
Die neuere Rspr geht darüber hinaus davon aus, dass jedes Schuldverhältnis nach
Treu und Glauben „je nach der Intensität der Sonderverbindung in verschiedenem
Maße und Umfang **Pflichten zur gegenseitigen Rücksichtnahme** und zur **Beachtung**
der berechtigten Belange des anderen" begründet (OGH SZ 57 Nr 46; vgl auch Ehren-
zweig/Mayrhofer 20 f). Das Fehlen einer einschlägigen Generalklausel wird als unschädlich betrachtet, weil Treu und Glauben und das Vertrauen auf die Übung im
redlichen Verkehr „als sittliche Grundsätze so allgemein anerkannt (§§ 863, 914

ABGB) [seien], daß es zur Anwendung dieser Grundsätze keiner Gesetzesbestimmungen in jedem einzelnen Fall bedarf" (OGH SZ 38 Nr 72 = JBl 1967, 144, 146; Schwimann/Kodek/Binder/Kolmasch, ABGB § 914 Rn 67; vgl auch Lando/Beale 118: Treu und Glauben als „generally acknowledged ethical rule"). Andere Entscheidungen verweisen auf die „allgemeinen Grundsätze der Gerechtigkeit", die Abs 1 des kaiserlichen Kundmachungspatents vom 1. 6. 1811 in Bezug nimmt (so OGH SZ 47 Nr 104). Insgesamt bleibt die Haltung der österr Rspr bei der Anwendung von Treu und Glauben aber weiter wesentlich zurückhaltender als die deutsche Rspr zu § 242 BGB. So hat der österr OGH ausdrücklich darauf hingewiesen, „dass nicht alle Thesen, die zu § 242 BGB entwickelt wurden, unbesehen für das ABGB übernommen werden" dürfen (OGH 29. 8. 1990 – 3 Ob 556/90 = JBl 1991, 250; eingehend dazu Koziol AcP 212 [2012] 1, 56 ff). **Vorvertragliche Aufklärungspflichten** werden auch in Österreich grundsätzlich anerkannt. Nach der Rspr besteht zwar keine allgemeine vorvertragliche Aufklärungspflicht. Etwas anderes gilt aber, wenn der andere Teil nach den **Grundsätzen des redlichen Verkehrs** eine Aufklärung erwarten durfte (OGH 28. 9. 2016 – 7 Ob 156/16s = ecolex 2017, 203; Welser/Zöchling-Jud Rn 69 f).

bb) Dogmatische Einordnung

1175 Entsprechend der systematischen Stellung des § 914 ABGB setzt die österreichische Rspr traditionell bei der **Auslegung von Willenserklärungen** an, um „dem unser bürgerliches Recht beherrschenden Grundsatz von Treu und Glauben zum Durchbruch zu verhelfen" (OGH JBl 1953, 625; vBar/Zimmermann 116; vgl auch Ranieri, Obligationenrecht 1832 f mwNw; Koziol/Bydlinski/Bollenberger/Bollenberger, ABGB § 914 Rn 9). So hat der österr OGH noch in neuerer Zeit ausdrücklich hervorgehoben, dass der Grundsatz von Treu und Glauben im österreichischen Recht „nur im Bereich der Vertragsauslegung und -ergänzung in § 863 Abs 2 und § 914 ABGB Ausdruck findet" (OGH 29. 8. 1990 – 3 Ob 556/90, JBl 1991, 250). Daneben wird in einigen Entscheidungen freilich auch auf die **allgemeinen Grundsätze der Gerechtigkeit** in Abs 1 des kaiserlichen Kundmachungspatents (s oben Rn 1174) Bezug genommen. Demgegenüber wird die **Rechtsanwendungsregel des § 7 ABGB**, wonach der Fall hilfsweise „mit Hinsicht auf die sorgfältig gesammelten und reiflich erwogenen Umstände nach den natürlichen Rechtsgrundsätzen entschieden werden" soll, nur selten herangezogen, um dem Grundsatz von Treu und Glauben zum Durchbruch zu verhelfen (vgl Ranieri Revue internationale de droit comparé 1998, 1055, 1075 und Obligationenrecht 1830 f). Aus Sicht des österreichischen Rechts ist die Berücksichtigung von Treu und Glauben damit vor allem als Problem der **Rechtsgeschäftslehre** anzusehen (vgl Rummel/Lukas/Rummel, ABGB § 914 Rn 34; zur systematischen Unterscheidung zwischen §§ 863, 914 ABGB und §§ 6 ff ABGB: F Bydlinski, Methodenlehre 465).

1176 Als Beispiel für den rechtsgeschäftlichen (subjektiven) Ansatz bei der Verwirklichung von Treu und Glauben lässt sich die **Verwirkung** anführen. Rspr und hL lehnen die zu § 242 BGB entwickelten Grundsätze über die Verwirkung für das österreichische Recht kategorisch ab (vgl OGH SZ 33 Nr 104; SZ 49 Nr 127; SZ 74 Nr 201; 20. 4. 1993 – 1 Ob 3/93; Rummel/Lukas/Rummel, ABGB § 863 Rn 24; Schwimann/Riedler, ABGB § 863 Rn 25 ff; Schwimann/Kodek/Mader/Janisch, ABGB § 1451 Rn 15; Koziol/Bydlinski/Bollenberger/Griss/Bydlinski, ABGB § 1444 Rn 8; P Bydlinski, BGB AT Rn 3/48; Welser/Kletečka Rn 708; Mader 308 ff; Koziol AcP 212 [2012] 1, 57 f). Im Einzelfall wird ein **stillschweigender Verzicht** (Entsagung gem § 1444 ABGB) angenommen. Das Verhalten des Berechtigten muss hierfür so beschaffen sein, dass es „nach den besonderen Umständen des Falles keinen Zweifel am Vorhandensein eines ernstlichen Verzichtswillens (§ 863 ÁBGB) aufkommen lässt" (OGH 20. 4. 1993 – 1 Ob 3/93).

Unter welchen Voraussetzungen der Schuldner gehindert sein kann, die **Einrede der** **Verjährung** zu erheben, ist in der österreichischen Rspr und Lit umstritten (zum Meinungsstand SCHWIMANN/KODEK/MADER/JANISCH, ABGB Vorbem 3 zu § 1494–1496 mwNw; KOZIOL/BYDLINSKI/BOLLENBERGER/DEHN, ABGB § 1494 Rn 3; P BYDLINSKI, BGB AT Rn 3/31; WELSER/KLETEČKA Rn 739 ff; RANIERI, Obligationenrecht 1829 ff mwNw; zur Diskussion der Problematik im deutschen Recht s oben Rn 290). Teilweise wird auch hier eine rechtsgeschäftliche Lösung in Form eines **konkludenten Verzichts** auf die Verjährungseinrede gem §§ 863, 914 ABGB befürwortet. Eine solche Lösung ist jedoch problematisch, weil die Regeln der Verjährung nach § 1502 ABGB nicht dispositiv sind (krit deshalb F BYDLINSKI, Vergleichsverhandlungen und Verjährung, JBl 1967, 130, 134; vgl auch RANIERI, Obligationenrecht 1833 ff; für teleologische Reduktion des § 1502 ABGB SCHWIMANN/KODEK/MADER/JANISCH, ABGB § 1502 Rn 1; vgl auch WELSER/KLETEČKA Rn 741). Die Rspr behilft sich mit der Annahme, der Schuldner müsse sich den **Arglisteinwand** entgegenhalten lassen, wenn er sich entgegen seiner (konkludenten) Zusicherung auf Verjährung berufe (OGH SZ 47 Nr 104; SZ 48 Nr 67). Zum Teil wird dafür aber gefordert, dass der Schuldner den Verzicht nach Ablauf der Verjährungsfrist bestätigt hat (WELSER/KLETEČKA Rn 741 mwNw). Darüber hinaus greift der Grundsatz von Treu und Glauben nach der Rspr ein, wenn der Schuldner den Gläubiger veranlasst, seine Forderung verspätet geltend zu machen. Erforderlich ist, dass der Anspruchsberechtigte nach dem Verhalten der anderen Partei davon ausgehen durfte, seine Forderung werde erfüllt oder lediglich mit sachlichen Einwendungen bestritten (OGH 29. 3. 2007 – 3 Ob 40/07i, JBl 2008, 49, 50 m Anm MADER). Die Literatur ist dem im Grundsatz gefolgt. Dabei wird aber meist zur Zurückhaltung gemahnt, weil der Rückgriff auf Treu und Glauben ultima ratio bleiben müsse (vgl MADER JBl 2008, 50, 51).

cc) Rechtsmissbrauch und widersprüchliches Verhalten
Ein **allgemeines Verbot des Rechtsmissbrauchs** ist dem ABGB traditionell fremd. Erst bei der 3. Teilnovelle von 1916 (s oben Rn 1174) wurde § 1295 Abs 2 ABGB eingefügt, der die Inhalte von § 226 BGB und § 826 BGB miteinander kombiniert (vgl SCHWIMANN/KODEK/WAGNER, ABGB § 1295 Rn 145). Die Vorschrift regelt die Schadensersatzpflicht bei absichtlicher sittenwidriger Schädigung. Der zweite Halbsatz macht dabei eine Einschränkung für den Fall, dass eine solche Schädigung in Ausübung eines Rechtes erfolgt. Hier soll die Ersatzpflicht nur eingreifen, „wenn die Ausübung des Rechtes offenbar den Zweck hatte, den anderen zu schädigen". Die Bedeutung dieses Zusatzes ist umstritten (vgl dazu SCHWIMANN/KODEK/WAGNER, ABGB § 1295 Rn 165 ff). Die Rspr hat daraus zunächst ein **Schikaneverbot** abgeleitet (vgl OGH SZ 28 Nr 133; MADER 181 ff mwNw), das nur eingriff, wenn die Schädigungsabsicht den **einzigen** Grund der Rechtsausübung bildete (so noch OGH SZ 56 Nr 46). Dem ist in der Lit entgegengehalten worden, die Schädigung eines anderen müsse nach § 1295 Abs 2 ABGB „offenbar" – und nicht wie nach § 226 BGB „nur" – den Zweck haben, einen anderen zu schädigen (vgl F BYDLINSKI, Methodenlehre 497 Fn 244). Vor dem Hintergrund dieser Kritik lässt es die neuere Rspr ausreichen, dass das unlautere Motiv der Rechtsausübung das lautere **eindeutig überwiegt** (OGH ÖJZ 2005, 384, 385; ÖJZ 2004, 102, 104; JBl 2003, 375, 376; OGH SZ 63 Nr 49; KOZIOL/BYDLINSKI/BOLLENBERGER/KARNER, ABGB § 1295 Rn 22). Eine missbräuchliche Rechtsausübung ist danach anzunehmen,

wenn zwischen den vom Handelnden verfolgten Interessen und den beeinträchtigten Interessen des anderen Teils ein **krasses Missverhältnis** besteht (OGH SZ 63 Nr 49; 70 Nr 137; OGH WBl 1987, 37, 38; JBl 2004, 239; Ennöckl/Raschauer, Rechtsmissbrauch im öffentlichen Umweltrecht, ÖJZ 2007, 443, 447; krit Welser/Zöchling-Jud Rn 1396) oder wenn der Schädigungszweck so sehr im Vordergrund steht, dass andere Ziele völlig in den Hintergrund treten (OGH ÖJZ 2004, 102, 104; JBl 2003, 375, 376; Rummel/Reischauer, ABGB² [Wien 1992] § 1295 Rn 59 mwNw; krit Schwimann/Kodek/Wagner, ABGB § 1295 Rn 181). Der OGH mahnt hierbei zwar zur Zurückhaltung. So sollen „selbst geringe Zweifel am Rechtsmissbrauch" zu Gunsten des Rechtsinhabers gehen (OGH ÖJZ 2004, 102, 104). Entscheidend ist aber, dass es im österreichischen Recht neben den reinen Schikanefällen eine **zweite Fallgruppe des § 1295 Abs 2 ABGB** gibt, die von der Rspr und Lit als Grundlage für ein allgemeines Verbot des Rechtsmissbrauchs angesehen wird, das über die Sanktion des Schadensersatzes hinausgeht (vgl OGH 25. 10. 2012 – 2 Ob 214/11a, wbl 2013, 280 m Anm Mader; ausf dazu Mader 183 ff, 321; ders JBl 1998, 677 ff; F Bydlinski, in: FS Krejci [2001] 1079 ff; vgl auch P Bydlinski, BGB AT Rn 3/19; Harrer, Schadensersatzrecht [1999] 22).

1179 Als besonderer Anwendungsfall des Verbots unzulässiger Rechtsausübung hat das **Verbot widersprüchlichen Verhaltens** in der österreichischen Rechtsprechung bislang nur vereinzelt Bedeutung erlangt (vgl OGH JBl 2006, 726 m Anm Hügel; zusammenfassend Mader, in: FS Fenyves [2013] 257, 265 ff mwNw). In einer neueren Entscheidung vom 25. 10. 2012 hat sich der OGH (2 Ob 214/11a, WBl 2013, 280 m Anm Mader) hiermit aber ausführlich auseinandergesetzt. Der OGH geht dabei im Anschluss an Mader (Rechtsmissbrauch [1994]) davon aus, dass widersprüchliches Verhalten „(nur) unter dem Gesichtspunkt des Vertrauensschutzes" den Vorwurf des Rechtsmissbrauchs rechtfertigt. Ob widersprüchliches Verhalten im Einzelfall wie nach deutschem Recht (s oben Rn 287) auch ohne einen besonderen Vertrauenstatbestand unzulässig sein kann, lässt der Gerichtshof offen. Die Anknüpfung an die „überzeugenden Ausführungen Maders" deutet aber darauf hin, dass der bloße „Selbstwiderspruch" dem Gerichtshof nicht ausreicht (Mader, in: FS Fenyves [2013] 257, 267 ff; ders wbl 2013, 282).

1180 Im Unterschied zur Rspr des BGH zu § 242 BGB (s oben Rn 445 ff) entspricht es der hM in der österreichischen Rspr und Lit, dass die **Geltendmachung eines Formmangels** grundsätzlich nicht wegen Verstoßes gegen das Verbot des Rechtsmissbrauchs unzulässig ist, weil das allgemeine Interesse an der Einhaltung des Formzwanges nach dem Zweck der Formvorschriften Vorrang gegenüber der Vertragstreue hat (OGH 28. 3. 1972 – 5 Ob 16/72; 14. 5. 1996 – 5 Ob 2085/96w; Koziol AcP 212 [2012] 1, 58 f; Mader, in: FS Fenyves [2013] 257, 266). Für Ausnahmefälle werden in neuerer Zeit aber Durchbrechungen dieses Grundsatzes anerkannt. So soll eine sittenwidrige absichtliche Vereitelung der Form oder eine arglistige Irreführung über die Erforderlichkeit der Form den Einwand des Rechtsmissbrauchs begründen können (OGH 31. 7. 2013 – 9 Ob 41/12p, JBl 2013, 663; Rummel/Gamerith, ABGB³ [Wien 2000] § 1346 Rn 8). Ebenso kann die Berufung auf den Mangel einer Vollmacht wegen widersprüchlichen Verhaltens unzulässig sein (OGH 26. 4. 2006 – 7 Ob 236/05i, JBl 2006, 726 m Anm Hügel; zustimmend Mader, in: FS Fenyves [2013] 257, 266).

dd) Zusammenfassung

1181 Zusammenfassend bleibt festzustellen, dass die österreichische Rspr trotz Fehlens einer dem § 242 BGB vergleichbaren Generalklausel nicht selten zu den **gleichen**

Ergebnissen wie die deutsche Rspr gelangt. Dabei darf auch der Einfluss der deutschen Rspr und Lit auf die österreichische Rspr nicht unterschätzt werden (sehr deutlich etwa OGH SZ 57 Nr 46 mit Bezugnahme auf LARENZ). Dies heißt aber keineswegs, dass alle zu § 242 BGB entwickelten Grundsätze auf das österreichische Recht übertragbar sind (RUMMEL/LUKAS/RUMMEL, ABGB § 863 Rn 4; KOZIOL AcP 212 [2012] 1, 56 ff). Insgesamt besteht immer noch eine viel restriktivere Tendenz bei der Handhabung von Treu und Glauben. Dies gilt insbesondere im Hinblick auf das Verbot des Rechtsmissbrauchs und des widersprüchlichen Verhaltens.

c) Schweiz
aa) Grundkonzeption

Das schweizerische Zivilrecht regelt den Grundsatz von Treu und Glauben im **Einleitungstitel des ZGB** (Art 2). Aus systematischer Sicht hätte sich zwar auch das Obligationenrecht (OR) als Standort angeboten. Die Gesetzesverfasser haben jedoch erkannt, dass der Grundsatz von Treu und Glauben nicht nur im Schuldrecht, sondern im ganzen Zivilrecht Bedeutung erlangt (vgl DESCHENAUX, in: GUTZWILLER, Schweizerisches Privatrecht II [1967] § 17 I). Er gilt sogar für die gesamte schweizerische Rechtsordnung (Basler Kommentar/HONSELL Art 2 Rn 4). **1182**

Art 2 Abs 1 ZGB bestimmt, dass „Jedermann ... in der Ausübung seiner Rechte und in der Erfüllung seiner Pflichten nach **Treu und Glauben** zu handeln" hat. Durch die allseitige, nicht nur den Schuldner in Bezug nehmende Formulierung wollten die Verfasser des ZGB die Notwendigkeit **wechselseitiger Rücksichtnahme** zum Ausdruck bringen. Gläubiger und Schuldner müssen also den gleichen Standard einhalten (Berner Kommentar/HAUSHEER/AEBI-MÜLLER [2012] Art 2 ZGB Rn 25, 31; Basler Kommentar/HONSELL Art 2 Rn 9; DESCHENAUX, in: GUTZWILLER, Schweizerisches Privatrecht II [1967] § 17 II). In Verbindung mit Art 1 Abs 2 ZGB („Kann dem Gesetz keine Vorschrift entnommen werden, so soll das Gericht nach Gewohnheitsrecht und, wo auch ein solches fehlt, nach der Regel entscheiden, die es als Gesetzgeber aufstellen würde.") ergibt sich hieraus eine dem französischen Code civil geradezu entgegengesetzte Konzeption: Dem Richter wird ausdrücklich die Schaffung von Rechtsnormen erlaubt, die die Rücksichtnahme auf die schutzwürdigen Interessen des Vertragspartners sicherstellen (STORME 5; vgl Berner Kommentar/EMMENEGGER/TSCHENTSCHER [2012] Art 1 Rn 436 ff; zum Verhältnis von Art 1 ZGB und Art 2 ZGB vgl Berner Kommentar/HAUSHEER/AEBI-MÜLLER [2012] Art 2 ZGB Rn 85; TUOR/SCHNYDER/SCHMID § 6 Rn 1 f). Art 2 Abs 2 ZGB stellt überdies klar, dass der offenbare **Missbrauch eines Rechts** keinen Rechtsschutz findet. **1183**

Das **Verhältnis zwischen den beiden Absätzen** des Art 2 ZGB ist umstritten. Die Rspr geht davon aus, dass das Rechtsmissbrauchsverbot des Abs 2 eine besondere Ausprägung des in Abs 1 verankerten Grundprinzips regelt (vgl BGE 125 III 257, 259; 122 III 97). Abs 2 kommt hiernach keine eigenständige Bedeutung zu. Nach der Gegenauffassung stellt Abs 2 die alleinige Ermächtigungsgrundlage für den Richter zu normberichtigenden Eingriffen dar. Der bloße Verstoß gegen Treu und Glauben soll solche Eingriffe nicht rechtfertigen. Vielmehr sei ein „offenbarer" Rechtsmissbrauch erforderlich (so Berner Kommentar/HAUSHEER/AEBI-MÜLLER [2012] Art 2 ZGB Rn 51 ff mwNw; vgl auch Basler Kommentar/HONSELL Art 2 Rn 1 f; DESCHENAUX, in: GUTZWILLER, Schweizerisches Privatrecht II [1967] § 17 III; TUOR/SCHNYDER/SCHMID § 6 Rn 13; ZELLER, Treu und Glauben und Rechtsmißbrauchsverbot [Zürich 1981] 145 ff). **1184**

bb) Fallgruppen

1185 Ähnlich wie in Deutschland dient der Grundsatz von Treu und Glauben auch in der Schweiz als Grundlage für eine **Vielzahl von Rechtsinstituten**, die es dem Richter ermöglichen, ein vertraglich oder gesetzlich begründetes Ergebnis im Einzelfall zu korrigieren. Hierzu zählen zB die Begründung und Konkretisierung von **Nebenpflichten**, die **Verwirkung** sowie das **Verbot widersprüchlichen** oder sonst **rechtsmissbräuchlichen Verhaltens** (BGE 108 II 278, 287; Berner Kommentar/Hausheer/Aebi-Müller [2012] Art 2 ZGB Rn 20; Basler Kommentar/Honsell Art 2 Rn 12 ff, 37 ff; Deschenaux, in: Gutzwiller, Schweizerisches Privatrecht II [1967] § 18; Tuor/Schnyder/Schmid § 6 Rn 24 ff; Huguenin Rn 99, 371; 2652; zum Einfluss der deutschen auf die schweizerische Rspr bei diesen Fragen Ranieri Revue internationale de droit comparé 1998, 1055, 1073 f; ders, Obligationenrecht 1825 f mwNw). Nach der Rspr des Schweizerischen Bundesgerichts kann etwa die Geltendmachung eines **Formmangels** rechtsmissbräuchlich sein. Das Bundesgericht geht zwar davon aus, dass das Verbot des Rechtsmissbrauchs keinen Erfüllungsanspruch begründen kann. Die Geltendmachung des Formmangels wird aber für rechtsmissbräuchlich erachtet, wenn beide Parteien den Vertrag in wesentlichen Teilen freiwillig in Kenntnis des Formmangels und seiner Folgen erfüllt haben (BGE 138 III 401 unter E. 2.3.1; 123 III 70 unter E 3c; 115 II 331 unter E 5a; 113 II 187 unter E 1b; 110 II 484 unter E 4; Berger Rn 772; Huguenin Rn 371).

1186 Der Grundsatz von Treu und Glauben und das Rechtsmissbrauchsverbot werden auch für eine punktuelle **Inhaltskontrolle von AGB** herangezogen. Im Verhältnis zu Verbrauchern enthält § 8 UWG seit dem 1.1.2012 eine Sonderregelung. Unlauter handelt danach insbesondere, „wer allgemeine Geschäftsbedingungen verwendet", die in Treu und Glauben verletzender Weise zum Nachteil der Konsumentinnen und Konsumenten ein erhebliches und **ungerechtfertigtes Missverhältnis** zwischen den vertraglichen Rechten und den vertraglichen Pflichten vorsehen (Berger Rn 967 f). Nach hM beruht auch die **Vertragsanpassung an veränderte Umstände** (clausula rebus sic stantibus) auf Art 2 Abs 2 ZGB (vgl BGE 122 III 97 unter E 3a; 107 II 343 unter E 2; 97 II 390 unter E 6; Berger Rn 1176). Eine Anpassung des Vertrages kommt danach nur in Betracht, wenn das Verhältnis von Leistung und Gegenleistung so gestört ist, dass das Beharren des Gläubigers auf seinem Anspruch geradezu eine wucherische Ausbeutung des Missverhältnisses und damit einen **offenbaren Rechtsmissbrauch** darstellt (BGE 107 II 343 unter E 2; krit zur dogmatischen Einordnung Huguenin Rn 322).

1187 Nach einer in der Schweiz verbreiteten Auffassung stellt auch die **Gesetzesumgehung** einen Sonderfall des Rechtsmissbrauchs dar. Dem wird jedoch zu Recht entgegengehalten, dass das Merkmal der Sonderverbindung in den Fällen der Gesetzesumgehung – anders als bei Art 2 ZGB – keine Rolle spielt (vgl Berner Kommentar/Hausheer/Aebi-Müller [2012] Art 2 ZGB Rn 85, 93; Deschenaux, in: Gutzwiller, Schweizerisches Privatrecht II [1967] § 17 VI; Tuor/Schnyder/Schmid § 6 Rn 33; zur Abgrenzung s auch Rn 395 f). Es ist deshalb nicht Art 2 ZGB anzuwenden, sondern die umgangene Vorschrift ist weit auszulegen oder analog anzuwenden (Basler Kommentar/Honsell Art 2 Rn 31; vgl Berner Kommentar/Hausheer/Aebi-Müller [2012] Art 2 ZGB Rn 93).

d) Italien

1188 Der italienische Codice Civile kodifiziert den Grundsatz von Treu und Glauben in **Art 1375 CC**. Die Vorschrift lautet: „Il contratto deve essere eseguito secondo buona fede" (Der Vertrag ist nach Treu und Glauben durchzuführen). Für die **Vertrags-**

verhandlungen enthält Art 1337 CC eine entsprechende Regelung (vgl Kötz, Europäisches Vertragsrecht [2. Aufl 2015] 50 Fn 67). Die Haftung wegen Nichtaufklärung über ein Wirksamkeitshindernis des Vertrags ist als Sonderfall einer Haftung für treuwidriges Verhalten bei Vertragsverhandlungen in Art 1338 CC geregelt. Die hM geht ebenso wie die traditionelle französische Doktrin (s oben Rn 1167) von der deliktischen Natur der Haftung aus (vBar, Gemeineuropäisches Deliktsrecht I [1996] Rn 476). Für die **Auslegung** schreibt Art 1366 CC vor, dass der Vertrag „secondo buona fede" zu interpretieren ist. Die Rechtslage entspricht somit auf den ersten Blick weitgehend dem deutschen Recht mit dem Nebeneinander von § 157 BGB und § 242 BGB. Gleichwohl haben Treu und Glauben ebenso wie in Frankreich erst in den letzten Jahrzehnten größere Bedeutung erlangt (vgl Basedow/Hopt/Zimmermann/Ranieri 1499; Ranieri, Obligationenrecht 1841 f mwNw; Kindler § 10 Rn 47). Dahinter steht die generelle Scheu der italienischen Gerichte gegenüber der extensiven Anwendung von Generalklauseln (vgl Kindler § 10 Rn 48). Daher wird traditionell auf andere Institute (Auslegung von Willenserklärungen, Annahme eines stillschweigenden Verzichts etc) zurückgegriffen, um unangemessene Ergebnisse im Einzelfall zu vermeiden. In neuerer Zeit ist indessen anerkannt, dass der Grundsatz von Treu und Glauben eine **allgemeine Grenze der Privatautonomie** aufstellt und die Parteien zur **Rücksichtnahme** auf die Interessen des jeweils anderen Teils verpflichtet (Cian/Trabucchi/Zaccaria Art 1375 Rn I 11). Dabei kommt dem verfassungsrechtlichen Prinzip der **„sozialen Solidarität"** (u Rn 1189) maßgebliche Bedeutung zu (vgl Falco 6 ff).

Soweit es im **Vertragsrecht** um die Berücksichtigung rechtsethischer Prinzipien geht, **1189** hat **Art 1175 CC** neben Art 1375 CC große Bedeutung erlangt (vgl Corte di Cassazione 19. 9. 2009, n 20106). Die Vorschrift bestimmt, dass Gläubiger und Schuldner sich bei der Ausübung ihrer vertraglichen Rechte „secondo le regole della correttezza" zu verhalten haben. In der Lit wird dies als spezielle Ausformung des Grundsatzes von Treu und Glauben bei der Ausübung vertraglicher Rechte verstanden, die mit der schweizerischen Vorschrift des Art 2 ZGB (dazu o Rn 1183 ff) vergleichbar sei (so Cian/Trabucchi/Zaccaria Art 1175 Rn I 1). Die Regeln der „correttezza" nehmen auf die in den Gesetzen verankerten **Wertungen** sowie die **Verkehrssitte** Bezug (Cian/Trabucchi/Zaccaria Art 1175 Rn II 1). Dabei wird insbesondere auf das in Art 2 der italienischen Verfassung verankerte „principio di solidarietà sociale" verwiesen (Corte di Cassazione 15. 2. 2007, n 3462; 19. 9. 2009, n 20106). Die Regeln der „correttezza" dienen der italienischen Rspr zur Schaffung und Konkretisierung vertraglicher **Nebenpflichten** (Schutz-, Kooperations- und Informationspflichten) sowie zur Begrenzung der Pflichten der Parteien nach den Grundsätzen des **Rechtsmissbrauchs** (Cian/Trabucchi/Zaccaria Art 1175 Rn I 2, III). Die Rspr ist insoweit jedoch weiter zum Teil sehr zurückhaltend. So wird das Institut der **Verwirkung** nicht anerkannt (vgl Corte di Cassazione 15. 3. 2004, n 5240, Foro It 2004, I, 1397; Ranieri, Obligationenrecht 1858 ff mwNw; Kindler § 9 Rn 8 f). Die Corte di Cassazione kommt im Einzelfall aber über die Annahme eines **stillschweigenden Verzichts** (rinuncia tacita) zu vergleichbaren Ergebnissen (Corte di Cassazione 28. 4. 2009, n 9924; Falco 216 ff; Astone Riv dir civ 2005, II, 603, 621 ff). Der stillschweigende Verzicht wird entsprechend dem Gedanken des venire contra factum proprium aus einem früheren Verhalten des Gläubigers abgeleitet, das mit der späteren Geltendmachung des Anspruchs unvereinbar ist. Zu vergleichbaren Ansätzen im französischen und österreichischen Recht s oben Rn 1170, 1133.

Der Codice Civile statuiert – ebenso wie das österreichische ABG – **kein allgemeines** **1190**

Verbot des Rechtsmissbrauchs (abuso del diritto). Es finden sich lediglich einige punktuelle Vorschriften, in denen das Verbot des Rechtsmissbrauchs zum Ausdruck kommt. So sieht **Art 833 CC** ein auf die Ausübung des Eigentumsrechts begrenztes **Schikaneverbot** vor (vgl A Zimmermann 82 ff). In der Lit gibt es zwar Ansätze, aus Art 833 CC ein allgemeines Rechtsmissbrauchsverbot abzuleiten. Die Rspr ist dem aber nicht gefolgt (vgl Cian/Trabucchi/Belloni Peressutti Art 833 Rn II 1). In der italienischen Rspr fanden sich lange Zeit nur vereinzelte Entscheidungen, in denen eine Begrenzung subjektiver Rechte auf der Grundlage der **Art 1175, 1375** CC vorgenommen wurde (vgl Kindler § 10 Rn 51; Astone Rev dir civ 2005, II, 603, 614 ff; Schurig Jb für Italienisches Recht Bd 19 [2006] 97, 143 ff). In neuerer Zeit hat die Corte di Cassazione den Rechtsmissbrauch aber als **allgemeines Institut** anerkannt und seine wesentlichen Elemente herausgearbeitet (Corte di Cassazione 18. 9. 2009, n 20106). Der Einwand des Rechtsmissbrauchs betrifft danach Fälle, in denen ein subjektives Recht auf verschiedene Weise ausgeübt werden kann und der Rechtsinhaber sich für eine Möglichkeit entscheidet, die **formal** die rechtlichen Grenzen einhält, der anderen Partei aber einen **unverhältnismäßigen Nachteil** zufügt.

e) Niederlande

1191 Das alte niederländische Burgerlijk Wetboek von 1838 enthielt in Art 1374 Abs 3 und Art 1375 Vorschriften, die auf die „**goede trouw**" und die „**billijkheid**" Bezug nahmen (vgl Minke Rn 86; ausf van der Werf, Redelijkheid en billijkheid in het contractenrecht [Arnheim 1982]). Entsprechend der romanischen Tradition des niederländischen Rechts wurden diese Vorschriften lange Zeit sehr restriktiv angewendet (vgl Ranieri Revue internationale de droit comparé 1998, 1055, 1076). Im Nieuw Burgerlijk Wetboek (NWB) – insoweit in Kraft seit dem 1. 1. 1992 – wird die Bedeutung von Treu und Glauben viel stärker herausgestellt (vgl Basedow/Hopt/Zimmermann/Ranieri 1498; Hartkamp Am J Comp L 40 [1992] 551, 554 ff; Drobnig, Das neue niederländische Gesetzbuch aus vergleichender und deutscher Sicht, ERPL 1993, 171, 184 f). So findet sich schon am Anfang der „algemene bepalingen" für **Schuldverhältnisse** in Art 6:2 NWB eine allgemeine Vorschrift über Treu und Glauben. Die beiden Absätze der Vorschrift haben unterschiedliche Adressaten. Während Abs 1 vorsieht, dass jede **Partei** sich gegenüber dem anderen Teil nach den Geboten von „redelijkheid en billijkheid" zu verhalten hat, ermächtigt Abs 2 den **Richter**, eine aufgrund von Gesetz, Gewohnheitsrecht oder rechtsgeschäftlicher Regelung zwischen den Parteien geltende Regelung nicht anzuwenden, wenn dies unter den gegebenen Umständen mit den Geboten von „redelijkheid en billijkheid" unvereinbar wäre (Ranieri, Obligationenrecht 1838 f; Zimmermann JZ 1995, 477, 490; zur unterschiedlichen Funktion der beiden Absätze des Art 6:2 NBW s auch Reurich, Het wijzigen van overeenkomten en de weeking van redelijkheid en billijkheid [Deventer 2005] 7 ff).

1192 Art 6:248 NWB stellt darüber hinaus für **Verträge** klar, dass deren **Rechtswirkungen** sich nicht nur aus den Vereinbarungen der Parteien, sondern auch aus Gesetz, Gewohnheitsrecht und den Geboten von „redelijkheid en billijkheid" ergeben können. Die Vorschrift ist aufgrund ihrer systematischen Stellung zwar nur auf Verträge anwendbar. Es ist jedoch anerkannt, dass der Grundsatz von Treu und Glauben darüber hinaus für alle Rechtsbeziehungen gilt (Hartkamp Am J Comp L 40 [1992], 551, 557). Im neuen niederländischen Recht kommt dem Grundsatz von Treu und Glauben somit eine überragende Bedeutung zu, die vielleicht sogar über die

Bedeutung von § 242 BGB im deutschen Recht hinausgeht (vgl LANDO/BEALE 118; WICKER 524).

Der Begriff von „**redelijkheid en billijkheid**" wird im dritten Buch des NWB, das die **1193** allgemeinen Regeln des Vermögensrechts enthält, erläutert. Art 3:12 NWB schreibt vor, dass man sich bei der Feststellung der Anforderungen von „redelijkheid en billijkheid" an den allgemein anerkannten Rechtsgrundsätzen, den in den Niederlanden lebendigen Rechtsüberzeugungen und den im Einzelfall betroffenen gesellschaftlichen und persönlichen Interessen zu orientieren hat (vgl dazu MINCKE Rn 86, 88; zum Verhältnis von redelijkheid en billijkheid und goede trouw J M SMITS, Het vetrouwensbeginsel en de contractuele gebondenheit [Arnheim 1995] 86 ff).

Art 3:13 NWB statuiert schließlich ein allgemeines Verbot des **Rechtsmissbrauchs**, **1194** das ebenfalls für das gesamte Vermögensrecht (und darüber hinaus) gilt. Rechtsmissbrauch ist ua dann anzunehmen, wenn die Rechtsausübung den alleinigen Zweck hat, einem anderen zu schaden, wenn das Recht mit einem Ziel ausgeübt wird, zu dem es nicht verliehen worden ist, oder wenn eine Abwägung der beiderseitigen Interessen ergibt, dass das Recht redlicherweise nicht ausgeübt werden kann (vgl MINCKE Rn 86, 89).

f) Polen
Das polnische Recht ist historisch stark durch das **deutsche** und das **französische** **1195** **Recht** beeinflusst worden (LIEBSCHER/ZOLL § 5 Rn 13). Dieser Einfluss spiegelt sich auch in der Regelung des Grundsatzes von Treu und Glauben im polnischen Zivilgesetzbuch vom 23. 4. 1964 wieder. So steht die Vorschrift über Treu und Glauben (Art 354 ZGB) im polnischen ZGB wie im deutschen BGB am Anfang des Buches über die Schuldverhältnisse im unmittelbaren Anschluss an die Definition des Schuldverhältnisses (Art 353 ZGB) und die nachträglich durch Gesetz vom 28. 7. 1990 eingefügte Bestimmung über die Vertragsfreiheit (Art 353^1 ZGB).

Art 354 § 1 ZGB schreibt vor, dass der **Schuldner** seine Verpflichtung in Überein- **1196** stimmung mit ihrem Inhalt und in einer ihrer sozio-ökonomischen Zweckbestimmung und den Grundsätzen des gesellschaftlichen Zusammenlebens entsprechenden Art und Weise zu erfüllen hat; ergänzend wird auf die in dem betreffenden Bereich etwa bestehenden Gebräuche Bezug genommen. Die Anknüpfung an die **Grundsätze des gesellschaftlichen Zusammenlebens** findet sich auch in der § 138 Abs 1 BGB entsprechenden Vorschrift des Art 58 § 2 ZGB über den Verstoß gegen die **guten Sitten** (vgl LIEBSCHER/ZOLL § 5 Rn 85). Diese sieht vor, dass ein Rechtsgeschäft unwirksam ist, wenn es den Grundsätzen des gesellschaftlichen Zusammenlebens widerspricht. Bezugspunkt sind jeweils die **Grundprinzipien und Wertvorstellungen** des gesellschaftlichen Zusammenlebens (vgl HARLACZ, Die Bedeutung Allgemeiner Geschäftsbedingungen im Handelsverkehr zwischen Deutschland und Polen nach dem Beitritt Polens zur Europäischen Union [2012] 208). Der Maßstab der guten Sitten wird auch bei der **AGB-Kontrolle** nach Art 385^1 § 1 ZGB herangezogen. Da die Vorschrift der Umsetzung von Art 3 Abs 1 der Klauselrichtlinie dient, muss der Begriff hier aber iS von Treu und Glauben verstanden werden (HARLACZ, Die Bedeutung Allgemeiner Geschäftsbedingungen im Handelsverkehr zwischen Deutschland und Polen nach dem Beitritt Polens zur Europäischen Union [2012] 194). Dies folgt systematisch auch daraus, dass Art 385^1 § 1 ZGB bei einem engeren Verständnis funktionslos wäre, weil die Klausel bei einem

Verstoß gegen die guten Sitten ohnehin schon nach Art 58 § 2 ZGB unwirksam ist (LIEBSCHER/ZOLL § 5 Rn 91 Fn 90, die das Bestehen „eines begrifflichen Chaos" feststellen). Die Gebote von Treu und Glauben richten sich nicht nur an den Schuldner, sondern auch an den **Gläubiger**. Art 354 § 2 ZGB stellt daher klar, dass der Gläubiger „in gleicher Art und Weise" an der Erfüllung der Verbindlichkeit mitzuwirken hat.

1197 Das **Verbot des Rechtsmissbrauchs** ist in den Einleitungsvorschriften des Ersten Buchs (Allgemeiner Teil) des ZGB eigenständig geregelt. Nach dem durch Gesetz vom 28. 7. 1990 geänderten Art 5 ZGB ist die Ausübung eines Rechts entgegen seiner sozio-ökonomischen Zweckbestimmung oder den Grundsätzen des gesellschaftlichen Zusammenlebens unzulässig. Ein solches Tun oder Unterlassen des Berechtigten wird nicht als Rechtsausübung angesehen und genießt keinen Schutz. Die Vorschrift knüpft wie Art 354 ZGB an die sozio-ökonomische Zweckbestimmung des Rechts und die Grundsätze des gesellschaftlichen Zusammenlebens an. Sie beruht auf dem französischen Konzept des **abus de droit** (s oben Rn 1227 f) und hat nach hM ausschließlich eine **Schrankenfunktion**; eigene **Ansprüche** des Benachteiligten (zB Schadensersatzansprüche) können hierauf also nicht gestützt werden (vgl LIEBSCHER/ZOLL § 5 Rn 88 mwNw). Die systematische Stellung der Vorschrift verdeutlicht, dass sie nicht nur im Schuldrecht, sondern im **gesamten Zivilrecht** Geltung beansprucht. So kann etwa die Geltendmachung des **Pflichtteilsanspruchs** im Einzelfall nach Art 5 ZGB unzulässige Rechtsausübung sein (MILER ZEuP 2018, 65, 68 ff mwNw).

g) Türkei

1198 Zum **kontinentaleuropäischen Rechtskreis** gehört auch die Türkei, die das schweizerische Zivilgesetzbuch (ZGB) und das schweizerische Obligationenrechts (OR) im Jahre 1926 rezipiert hat. Das türkische Zivilgesetzbuch (TZGB) und das türkische Obligationengesetz (TOGB) gehen auf eine weitgehend unveränderte Übersetzung der französischen Fassung beider Gesetze zurück (ZWEIGERT/KÖTZ 175 f; OGUZ, Das türkische und das europäische Verbraucherrecht [2010] 106). Hieran hat die Neufassung des TZGB durch G Nr 4721 vom 22. 11. 2001 und des TOGB durch G Nr 6098 vom 11. 1. 2011 grundsätzlich nichts geändert. Die schweizerische Rspr und Lit haben daher traditionell große Bedeutung für das türkische Zivilrecht. Daneben lassen sich aber auch Einflüsse des deutschen und französischen Rechtsdenkens feststellen (MÜLLER-GUGENBERGER, in: DAVID/GRASMANN Rn 64). Der Grundsatz von Treu und Glauben *(= dürüstlük ilkesi)* ist entsprechend der schweizerischen Systematik im Zivilgesetzbuch, nämlich in Art 2 TZGB geregelt. Er gilt damit nicht nur für das **Schuldrecht**, sondern für alle zivilrechtlichen Gebiete sowie für die **gesamte türkische Rechtsordnung** (IMRE § 54 III). Es handelt sich um einen **allgemeinen Rechtsgrundsatz**, der in verschiedenen anderen Vorschriften einen speziellen Ausdruck gefunden hat (vgl RUMPF § 5 Rn 3). So wird die Anfechtung wegen Irrtums von Art 34 TOGB ausdrücklich unter den Vorbehalt der Regeln von Treu und Glauben *(„dürüstlük kurallarina")* gestellt (RUMPF § 14 Rn 92). Beim **Wegfall der Geschäftsgrundlage** lässt Art 138 TZGB eine gerichtliche Vertragsanpassung zu. Ausnahmsweise kommt auch ein Rücktritt in Betracht (RUMPF § 14 Rn 182 ff).

1199 Der aktuelle **Wortlaut** von Art 2 TZGB stimmt nicht mit der ursprünglichen Fassung der Vorschrift (Gesetz Nr 743, veröffentlicht im Amtsblatt *[Resmi Gazete]* Nr 339 am 4. 4. 1926) überein. Der wichtigste Unterschied besteht darin, dass man bei der Reform des

Titel 1
Verpflichtung zur Leistung § 242

TZGB von 2002 nicht mehr allein die französische Fassung des schweizerischen Zivilgesetzbuches verwendet hat, wie dies in der Entstehungsphase der Fall war, sondern auch die deutsche und italienische Fassung. Das Gesetz spricht daher nicht mehr von „hüsnüniyet", sondern von „dürüstlük kurallarina" (wörtlich: „Regeln der Ehrlichkeit"). Der Begriff „hüsnüniyet" wurde in der alten Fassung sowohl für **Treu und Glauben** (Art 2 TZGB) als auch für den **guten Glauben** (Art 3 TZGB) verwendet (vgl Rumpf § 5 Rn 2; allg zu dieser begrifflichen Ambivalenz o Rn 1116). Rspr und Lit haben jedoch schon früh alternative Begriffe verwendet, um eine effektive Unterscheidung durchführen zu können (s Ataay/Sungurbey Aciklamali Medeni Kanun ve Borclar Kanunu [Kommentierung Zivilgesetzbuch und Obligationengesetzbuch] [3. Aufl 1968] Art 2 TZGB; Zevkliler § 12 I). Für den Grundsatz von Treu und Glauben wurde der Begriff „*objektif hüsnüniyet*" sowie zum Teil auch schon „dogruluk/dürüstlük" und für den guten Glauben „*sübjektif hüsnüniyet*" bzw „iyiniyet" verwendet.

Art 2 Abs 1 TZGB legt jedermann die allgemeine Pflicht auf, sich bei Ausübung **1200** seiner Rechte und bei der Erfüllung seiner Pflichten nach **Treu und Glauben** zu richten. Abs 2 stellt zusätzlich fest, dass ein **offensichtlicher Rechtsmissbrauch** („*kötüye kullanilmasi hukuk düzeni*") keinen Rechtsschutz findet (vgl Rumpf § 5 Rn 4). Das Verhältnis der beiden Absätze zueinander ist wie im schweizerischen Recht (s oben Rn 1184) umstritten und bislang nicht endgültig geklärt, zumal die Gerichte sich nicht klar und eindeutig zu dem Verhältnis der beiden Absätze äußern (vgl Oguzman/ Barlas § 6 I, IV; Barlas Istanbul Hukuk Fakültesi Mecmuasi [Zeitschrift der juristischen Fakultät der Istanbul Universität] 1997, 191, 192 mwNw).

Art 2 TZGB begrenzt das rechtliche Dürfen in dem Sinne, dass ein Recht nicht **1201** genutzt werden darf, um seine eigenen Interessen rücksichtslos durchzusetzen, ohne die Interessen der anderen zu berücksichtigen. Falls ein solcher Verstoß vorliegt, gibt das TZGB dem Richter das Recht, das Ergebnis zu korrigieren und Lücken zu füllen. Der Anwendungsbereich des Art 2 TZGB ist sehr weit, sodass wie im deutschen Recht Fallgruppen gebildet wurden. Zu diesen Fallgruppen gehören zB das **widersprüchliche Verhalten** und die Berücksichtigung von **veränderten Umständen** (Kassationshof [13. Zivilsenat] 14. 12. 1990, E 1990/5697, K 1990/8708). Der Richter ist aufgrund des ihm nach Art 1 Abs 2 TZGB zustehenden Ermessens berechtigt, auch ohne den Einwand einer Partei **von Amts wegen** auf Treu und Glauben Rücksicht zu nehmen (Kassationshof [6. Zivilsenat] 6. 2. 1996, E 1996/12044, K 1996/1068; Helvaci/Erlüle 61; Imre 301, 327). Dies gilt für beide Absätze des Art 2 TZGB.

Einen wichtigen Anwendungsbereich von Treu und Glauben bildete früher die **1202** Auslegung und Kontrolle von **Allgemeinen Geschäftsbedingungen** (Rumpf § 5 Rn 3). Das Recht der Allgemeinen Geschäftsbedingungen wurde in der Türkei erst bei der Reform des Obligationenrechts von 2012 gesetzlich geregelt (Art 20–25 TOGB). Nach Art 25 TOGB sind Bestimmungen in AGB unwirksam, wenn sie den Vertragspartner des Verwenders entgegen den Geboten von Treu und Glauben unangemessen benachteiligen (Rumpf § 14 Rn 32). Vor dem Inkrafttreten des neuen TOGB sind AGB mangels einer gesetzlichen Sonderregelung meist unmittelbar anhand des Grundsatzes von Treu und Glauben ausgelegt worden (Kassationshof [13. Zivilsenat] 7. 4. 1981, E 1981/519, K 1981/2513; Aydogdu Dokus Eylül Üniversitesi Hukuk Fakültesi Dergisi [Zeitschrift der juristischen Fakultät der Neunten September Universität] [2011] 1, 4).

1203 Beim **Rechtsmissbrauch** reicht der Eintritt eines **Schadens** nicht als Beweis für die Voraussetzungen des Abs 2 aus; umgekehrt ist die Schädigung aber auch keine notwendige Voraussetzung des Rechtsmissbrauchs (Oguzman/Barlas 169; aA Zevkliler § 13 II C). Die gegenteilige Sichtweise ist mit dem jetzigen Wortlaut des Art 2 Abs 2 TZGB nicht vereinbar und kann allenfalls für die alte Fassung gelten, die eine gewisse Ähnlichkeit mit § 226 BGB hatte (vgl Oguzman/Barlas S 174 f; aA zur alten Fassung des Art 2: Vereinigte Senate des Kassationshofs [Abtl Zivilrecht] 3. 10. 2001, E 2001/6-653, K 2001/672; Zevkliler § 13 II C). Eine **Schädigungsabsicht** ist nicht erforderlich.

3. Anglo-Amerikanischer Rechtskreis*

a) England
aa) Begriff und Bedeutung von „good faith" im englischen Common Law

1204 Das **englische Common Law** hat ebenso wenig wie das **schottische Recht** (zum schottischen Recht Lando/Beale 118; MacQueen, in: Forte [1999] 5 ff; ders, in: MacQueen/Zimmermann [2006] 55 f mwNw) einen übergreifenden Grundsatz von Treu und Glauben entwickelt (vgl Interfoto Picture Library Ltd v Stiletto Visual Programmes Ltd [1989] QB 433, 439 [CA]; Whittaker, in: Chitty on Contracts Rn 1-044 ff; Atiyah, Freedom of Contract 168 [„stillborn principle"]; Atiyah/Smith, Law of Contract 22; Lando [2007] 15 ERPL 841, 848; O'Connor 10, 18; Kötz, in: Cane/Stapleton [1998] 245; Riesenhuber Europäisches Vertrags-

---

* **Schrifttum:** Atiyah, The Rise and Fall of Freedom of Contract (Oxford 1979); Atiyah/Smith, Atiyah's Introduction to the Law of Contract (6. Aufl Oxford 2005); Beale/Bishop/Furmston, Contract, Cases and Materials (5. Aufl Oxford 2008); Burnham, Introduction to the Law and Legal System of the United States (6. Aufl St Paul, Minn 2016); Calamari/Perillo, The Law of Contracts (6. Aufl St Paul, Minn 2009); Chitty on Contracts (33. Aufl London 2018); Furmston, Cheshire, Fifoot and Furmston's Law of Contract (17. Aufl London 2017); Giesen, Zur Konstruktion englischer Vertragsvereinbarungen, JZ 1993, 16; Gillette, Limitations on the Obligation of Good Faith, Duke Law Journal 619 (1981); Goode, The Concept of „Good Faith" in English Law (1992); Graf vBernstorff, Einführung in das englische Recht (5. Aufl 2018); Grobecker, Implied terms und Treu und Glauben (1999); Hay, US-Amerikanisches Recht (6. Aufl 2015); Howells, Consumer Concepts for a European Code?, in: R Schulze (Hrsg), New Features in Contract Law (2007) 119; Kötz, Towards a European Civil Code: The Duty of Good Faith, in: Cane/Stapleton, The Law of Obligations – Essays in Celebration of John Fleming (Oxford 1998) 243; Landbrecht, Treu und Glauben im englischen Vertragsrecht, RIW 2013, 592; MacQueen, Good Faith in the Scots Law of Contract: An Undiscosed Principle?, in: Forte (Hrsg), Good Faith in Contract and Property (Oxford 1999) 5; ders, Good Faith, in: MacQueen/Zimmermann, European Contract Law: Scots and South African Perspectives (Edinburgh 2006); O'Connor, Good Faith in English Law (Aldershot 1990); Palmieri, Good Faith Disclosures Required During Precontractual Negotiations, 24 Seton Hall L Rev (1993) 70; Peel, Treitel on The Law of Contract (14. Aufl London 2015); Plender/Wilderspin, The European Private International Law of Obligations (4. Aufl London 2015); Rohwer/Skrocki/Malloy, Contracts in a Nutshell (8. Aufl St Paul, Minn 2017); Stapleton, Good Faith in Private Law, Current Legal Problems 1999, 1; Steyn, Contract law: Fulfilling the Reasonable Expectations of Honest Men, (1997) LQR 446; Tetley, Good Faith in Contract: Particularly in the Contracts of Arbitration and Chartering (2004) 35 Journal of Maritime Law & Commerce 561; Teubner, Legal Irritants: Good Faith in British Law or How Unifying Law Ends up in New Divergences, The Modern Law Review (1998) 11; Vorpeil, Englisches Sachmängelrecht bei Warenlieferung, ZVglRWiss 103 (2004) 432.

Titel 1
Verpflichtung zur Leistung § 242

recht Rn 571 mwNw). Bis in die neuere Zeit betrachten die englischen Gerichte eine allgemeine Doktrin des **„good faith"** als „inherently repugnant to the adversarial position of the parties" und als „unworkable in practice" (Walford v Miles [1992] 1 AC 128, 138; s dazu FURMSTON 87 f). Die ablehnende Haltung beruht darauf, dass im Common Law aus Gründen der **Gewaltenteilung** generell große Zurückhaltung gegenüber Generalklauseln herrscht (ZIMMERMANN/WHITTAKER 688). Damit einher geht die Auffassung, dass der **Rechtssicherheit** grundsätzlich **Vorrang gegenüber der Einzelfallgerechtigkeit** zukommt (BASEDOW/HOPT/ZIMMERMANN/RANIERI 1499; STAPLETON 13; GOODE 7; vgl Union Eagle Ltd v Golden Achievement Ltd [1997] AC 514, 519). Die traditionelle Auffassung sieht überdies die Gefahr, dass ein allgemeiner bona fides-Grundsatz auf eine generelle rechtliche Anerkennung moralischer Vorstellungen und Billigkeitserwägungen hinausliefe, was mit den Anforderungen des Geschäftsverkehrs unvereinbar wäre (ATIYAH/SMITH, Law of Contract 164 f). Nach der englischen Rspr soll es daher genügen, die **vernünftigen Erwartungen der Vertragsparteien** zu respektieren; ein darüber hinausgehender Grundsatz von Treu und Glauben sei nicht erforderlich (vgl François Abballe [Trading as G.F.A.] v Alstom U.K. Limited [2000] WL 989503, die Lord STEYN [1997] 133 LQR 433, 439 zitiert). Dies gilt insbesondere auch mit Blick auf den **vorvertraglichen Bereich** (PLENDER/WILDERSPIN 26-015; KÖTZ, Europäisches Vertragsrecht [2. Aufl 2015] 50). Eine Ausnahme bildet allerdings der **Versicherungsvertrag**, der von Rspr und Lit seit langem als **„contract of the utmost good faith"** *(uberrimae fidei)* angesehen wird (MACLEOD, in: HELLWEGE [Hrsg], A Comparative History of Insurance Law in Europe [2018] 149, 164). Dahinter steht ebenso wie im deutschen Recht (Rn 1068) die Erwägung, dass bei Versicherungsverträgen jede Partei in besonderem Maße auf die Loyalität der anderen Partei angewiesen ist (MACDONALD EGGERS, in: CHITTY on Contracts, Rn 42-030). Wichtigste Konsequenz dieses Grundsatzes ist die Pflicht des Versicherungsnehmers, bei der Vertragsanbahnung alle ihm bekannten risikorelevanten Tatsachen offenzulegen (MACDONALD EGGERS, in: CHITTY on Contracts, Rn 42-031 ff; BIRDS, Insurance Law in the United Kingdom [2010] Rn 59, 99: „duty of disclosure"). Außerdem kommt dem Verbot der „misrepresentation" bei Versicherungsverträgen unter dem Einfluss des Grundsatzes von „utmost good faith" besondere Bedeutung zu (MACDONALD EGGERS, in: CHITTY on Contracts, Rn 42-033).

1205 Die geringe Bedeutung der Einzelfallgerechtigkeit lässt sich auf die angelsächsische Sichtweise der **Funktion von Verträgen** zurückführen. Zwei Konzeptionen stehen sich dabei gegenüber: Auf der einen Seite wird darauf verwiesen, dass der Vertrag der Ermöglichung eines „market-individualism" dient, wobei der vertragsrechtliche Rahmen nur den „competitive exchange" gewährleisten soll. Auf der anderen Seite finden sich aber auch Stimmen, nach denen der Vertrag (auch) die Sicherstellung eines „consumer-welfarism" bezweckt; die Aufgabe des Vertragsrechts wird dabei vornehmlich darin gesehen, Vertragsgerechtigkeit herzustellen (ausf dazu ADAMS/BROWNSWORD, The Ideologies of Contract Law [1987] 7 Legal Studies 205 ff). In dieser Diskussion haben die englischen Richter sich lange Zeit für die Konzeption des „market individualism" entschieden, womit es keinen Anlass gab, eine übergreifende Pflicht zum Handeln nach Treu und Glauben zu konstruieren (zu dieser Auffassung zumindest mit Blick auf das heutige Common Law krit: ZIMMERMANN/WHITTAKER 698 f).

1206 Ob sich die gegenwärtige Praxis in England auf lange Sicht halten lässt, erscheint fraglich. Zu beachten ist nämlich, dass die englischen Gerichte traditionell vor allem mit Rechtsstreitigkeiten zwischen **gewerblichen Parteien** befasst sind (vgl ATIYAH/

SMITH, Law of Contract 22; KÖTZ, in: CANE/STAPLETON [1998] 256 f). Den Parteien ist hier im Allgemeinen daran gelegen, ihre Verträge vereinbarungsgemäß durchzusetzen; eine Korrektur nach Treu und Glauben ist zu ihrem Schutz nicht erforderlich (ATIYAH/ SMITH, Law of Contract 22). Die Gerichte konnten sich daher meist darauf beschränken, durch Rechtsfiguren wie „misrepresentation" oder „undue influence" die tatsächliche Willensübereinstimmung der Parteien sicherzustellen (vgl O'CONNOR 19). Der zunehmende Anteil von Rechtsstreitigkeiten mit **Verbrauchern** erhöht das Bedürfnis, Gesichtspunkte der Billigkeit zu berücksichtigen (HOWELLS 127 f; zur AGB-Kontrolle O'CONNOR 20). Im Übrigen wird zunehmend anerkannt, dass ein allgemeiner Grundsatz von Treu und Glauben ein durchaus hilfreiches „Korrekturwerkzeug" wäre (vgl STAPLETON 30). Dass ein solcher Grundsatz mit der Struktur des Common Law vereinbart werden kann, zeigt die Entwicklung in den **USA** (s unten Rn 1216 ff). Im Übrigen sind auch im **australischen** Common Law Bestrebungen erkennbar, einen allgemeinen Grundsatz von Treu und Glauben anzuerkennen (vgl FURMSTON 33 f; STAPLETON 34 f; TETLEY 589; WHITTAKER, in: CHITTY on Contracts, Rn 1-046).

1207 Für eine stärkere Bedeutung von Treu und Glauben im künftigen englischen Common Law sprechen auch der **Einfluss des Unionsrechts** (TETLEY 584; WHITTAKER, in: CHITTY on Contracts, Rn 1-048; ATIYAH/SMITH, Law of Contract 25) sowie das wachsende Interesse an einem „European Contract Law". So hat der Begriff des „good faith" durch die Umsetzung der Richtlinie 93/13/EWG des Rates vom 5.4.1993 über missbräuchliche Klauseln in Verbraucherverträgen (dazu u Rn 1242) in das englische Recht Einzug gehalten, was dort eine lebhafte Diskussion ausgelöst hat (hierzu TEUBNER 11 ff, COLLINS, Good Faith in European Contract Law [1994] Oxford Journal of Legal Studies 229, 249 ff; ATIYAH/SMITH, Law of Contract 25 f, 322 ff; zum Verständnis von „good faith" in der Richtlinie vgl die Entscheidung des House of Lords vom 25.10.2001 in der Rechtssache The Director General of Fair Trading v First National Bank plc [2001] UKHL 52, abgedruckt in: ZEuP 2003, 865 ff m Anm MICKLITZ). Auch die „Grundregeln des Europäischen Privatrechts" sehen in Art 1:201 (1) vor, dass „jede Partei im Einklang mit den Geboten von Treu und Glauben und des redlichen Geschäftsverkehrs zu handeln" hat (s unten Rn 1172). In Bezug auf das englische Recht stellen die „Grundregeln" insoweit also nicht nur ein „restatement", sondern eine Weiterentwicklung dar (vBAR/ZIMMERMANN 116). Welche Auswirkungen der **Brexit** auf diese Entwicklung haben wird, ist allerdings noch nicht abzusehen.

bb) Die Equity-Rechtsprechung als Korrektiv

1208 Anders als in Frankreich hat sich im Common Law auch kein allgemeines Rechtsinstitut des **„abuse of rights"** herausgebildet (ZIMMERMANN/WHITTAKER 696; O'CONNOR 68). Die Zulässigkeit der Rechtsausübung hängt grundsätzlich nicht von den Motiven des Rechtsinhabers ab. So wurde in Chapman v Honig ([1963] 3 WLR 19, 32 [CA]) ausgeführt: „A person who has a right under a contract or other instruments is entitled to exercise it and can effectively exercise it for a good reason or a bad reason or no reason at all." Historisch gesehen hat die **Equity-Rspr** die Aufgabe übernommen, bestimmte nach den starren Regeln des Common Law erzielte Ergebnisse zu Gunsten einer „gerechteren" Entscheidung abzuändern (vgl ZIMMERMANN/ WHITTAKER 675; ZWEIGERT/KÖTZ 184 ff; O'CONNOR 1 f, 5 ff; zur neueren rechtspolitischen Diskussion TRIEBEL, Der Kampf ums anwendbare Recht, AnwBl 2008, 305, 306). Die englische Rspr betont selbst die traditionelle Aufgabe der Equity-Rspr, im Rahmen bestimmter Rechtsverhältnisse eine mit den Anforderungen von „good faith" unvereinbare

Ausübung des „strikten Rechts" zu beschränken (O'Neill v Phillips [1999] 1 WLR 1092, 1098). Das Fehlen eines allgemeinen Grundsatzes von Treu und Glauben wurde auf diese Weise durch eine **Vielzahl spezifischer Rechtsinstitute** kompensiert, mit deren Hilfe das Ergebnis aus Gründen der Fairness im Einzelfall korrigiert werden kann (vgl Interfoto Picture Library Ltd v Stiletto Visual Programmes Ltd [1989] QB 433, 439 [CA]: „piecemeal solutions"; LANDO/BEALE 117 f; ZIMMERMANN/WHITTAKER 676; CHAINAIS/GUILLAUME/TENENBAUM 202; WICKER 523; GRAF vBERNSTORFF 7 f).

Die Prinzipien der englischen Equity-Rspr haben im Laufe der Zeit, ähnlich wie die deutsche Rspr zu § 242 BGB, ein „Eigenleben" entwickelt, das sich nur in **Fallgruppen** darstellen lässt (vgl WHITTAKER, in: CHITTY on Contracts Rn 1-039 ff; TETLEY 572 ff). Zwar wurden die Equity-Gerichte bereits 1873 mit den Common Law-Gerichten zusammengeführt, womit in der Folgezeit auch die Prinzipien von Common Law und Equity verschmolzen sind (vgl zu dieser Entwicklung ZWEIGERT/KÖTZ 195 f). Jedoch sind einige der nachfolgend dargestellten Rechtsfiguren (zB „estoppel", „specific performance") nur vor dem Hintergrund der früheren Equity-Rspr zu verstehen. **1209**

cc) **Auslegung und Rückgriff auf „implied terms"**
Wie keine andere europäische Rechtsordnung hat das Common Law Grundsätze der **Auslegung von Willenserklärungen** entwickelt, um unangemessene Ergebnisse unter Berücksichtigung der berechtigten Erwartungen des Vertragspartners zu vermeiden. Regeln von „fairness", „reasonableness" sowie der Satz „a party in default under a contract cannot take advantage of his own wrong" werden häufig durch **Auslegung** oder **„implied terms"** in Vertragsbeziehungen durchgesetzt (vgl die Darstellung der Rspr bei WHITTAKER, in: CHITTY on Contracts Rn 1-049 ff; ferner O'CONNOR 19; zu den implied terms GROBECKER passim). Implied terms dienen der Ausfüllung von Lücken im Vertrag nach dem vernünftigen Willen der Parteien. Die englische Rspr hat hierzu verschiedene Kriterien entwickelt. So soll nach dem sog „officious bystander-test" diejenige Lösung gewählt werden, der die Parteien sicher zugestimmt hätten, wenn sie ihnen bei den Verhandlungen vorgeschlagen worden wäre (vgl Shirlaw v Southern Foundries [1939] 2 KB 206, 277; MCKENDRICK, in: CHITTY on Contracts Rn 14-008; GROBECKER 118 ff). Der Privy Council hat in einer neueren Entscheidung festgestellt, dass die verschiedenen Kriterien für die Ergänzung des Vertrages durch „implied term" auf einem einheitlichen Gedanken beruhen: Das Gericht muss danach im Einzelfall prüfen, ob die fragliche Bestimmung zum Ausdruck bringt, „what the instrument read as a whole against the relevant background, would reasonably be understood to mean" (Privy Council [Belize] Attorney General of Belize v Belize Telecom Ltd [2009] UKPC 10, 21 = [2009] 1 W.L.R. 1988 [LORD HOFFMANN]). Die verschiedenen „Tests" stellen nur Hilfsmittel zur Beantwortung dieser Frage dar (MCKENDRICK, in: CHITTY on Contracts Rn 14-010). Mit einer solchen ergänzenden Auslegung wurden früher auch die Fälle des Wegfalls der Geschäftsgrundlage (**„hardship"**, **„frustration of contract"**) gelöst (ZIMMERMANN/WHITTAKER 681; MCKENDRICK, in: CHITTY on Contracts, Rn 23-009 ff; ZWEIGERT/KÖTZ 530; GROBECKER 27 f; GRAF vBERNSTORFF 74). Maßgeblich war danach, was die Parteien „als faire und vernünftige Menschen" vereinbart hätten, wenn sie die Änderung der Umstände vorausgesehen hätten (vgl MCKENDRICK, in: CHITTY on Contracts, Rn 23-011 mwNw). In Anwendung dieser Auslegungstechniken hat sich eine Rspr entwickelt, zu der ein hoher englischer Richter bemerkt hat: „there is not a world of a difference between the objective requirement of good faith and the reasonable expectations of the parties" (STEYN 450). Der Ansatz bei den vernünftigen Erwartungen der Parteien (s oben Rn 1204) **1210**

führt somit im Allgemeinen zu den gleichen Ergebnisse wie die objektiven Anforderungen von Treu und Glauben. In den Fällen der „Frustration of Contract" befürwortet die englische Rspr in neuerer Zeit übrigens einen objektiven Ansatz, indem sie darauf abstellt, ob die veränderten Umstände dazu führen, dass die wortlautgetreue Erfüllung des Vertrages mit einer fundamentalen Änderung der eingegangenen Verpflichtung verbunden wäre (McKendrick, in: Chitty on Contracts, Rn 23-012 ff). In einer neueren Entscheidung wurde bei einem Vertrag zwischen Unternehmern sogar die Annahme eines „general implied term to perform in good faith" in Erwägung gezogen (*Yam Seng Pte Ltd v International Trade Corporation Ltd* [2013] EWHC 111 [QB]). In der englischen Lit wird diese Entscheidung jedoch nur in dem Sinne verstanden, dass der Grundsatz von Treu und Glauben bei **einzelnen Vertragstypen** über die **Erwartungen der Parteien** Bedeutung gewinnen kann (Whittaker, in: Chitty on Contracts, Rn 1-058; weitergehend Landbrecht RIW 2013, 592 ff).

dd) Einschränkung des Rücktritts bei „warranties" und „intermediate terms"

1211 Im **Leistungsstörungsrecht** hängen die Rechtsfolgen traditionell davon ab, ob die verletzte Pflicht als **„condition"** oder als bloße **„warranty"** (die nur Schadensersatzansprüche begründet) zu qualifizieren ist (McKendrick, in: Chitty on Contracts, Rn 13-019 ff; Graf vBernstorff 54 f). Während die Verletzung einer „condition" zum **Rücktritt** berechtigt, löst die Verletzung einer „warranty" nur **Schadensersatzansprüche** aus. Dahinter steht die Erwägung, es widerspräche dem Gedanken des **„good faith"**, wenn unbedeutende Pflichtverletzungen eine Vertragsauflösung ermöglichen würden (Tetley 575). Der Begriff der „condition" umfasst nach der englischen Rspr alle Vertragspflichten, die für die Durchführung des Vertrages von wesentlicher Bedeutung sind (s Couchman v Hill [1947] KB 554 [CA]; zur Abgrenzung von „condition" und „warranty" vgl auch McKendrick, in: Chitty on Contracts, Rn 13-031; Peel Rn 18-047 ff; Beale/Bishop/Furmston 426 ff; aus der deutschen Lit Zweigert/Kötz 504 f; Giesen JZ 1993, 16, 19 ff; Nickel/Saenger, Die warranty-Haftung des englischen Rechts, JZ 1991, 1050, 1051; zu den mit der Umsetzung der Verbrauchsgüterkaufrichtlinie verbundenen Ergänzungen des englischen Rechts vgl Vorpeil ZVglRWiss 103 [2004] 432, 434 ff). In der Entscheidung Hong Kong Fir Shipping Co Ltd v Kawasaki Kisen Kaisha Ltd ([1962] 1 All ER 474 [CA]; vgl dazu Beale/Bishop/Furmston 570 ff) wurde jedoch klargestellt, dass eine „condition" nicht anzunehmen sei, wenn dem Gläubiger wegen des geringen Schadens zugemutet werden könne, sich auf Schadensersatzansprüche zu beschränken, und es Anzeichen dafür gebe, dass der Gläubiger sich nur wegen gesunkener Gewinnaussichten vom Vertrag lösen wolle. In diesem Sinne lassen sich einige weitere Urteile (zB Cehave NV v Bremer Handelsgesellschaft mbH, The Hansa Nord [1975] 3 All ER 739 [CA]; vgl auch Beale/Bishop/Furmston 570 f) auf den Gedanken zurückführen, dass die Ausübung des Rücktrittsrechts wegen **Unverhältnismäßigkeit** unzulässig sein kann (vgl Giesen JZ 1993, 16, 20). Inzwischen wird in der englischen Rspr und Lit überwiegend davon ausgegangen, dass es neben „conditions" und „warranties" eine dritte Art der Vertragspflichten (**„intermediate"** bzw **„innominate terms"**) gibt, deren Verletzung nur unter zusätzlichen Voraussetzungen zum Rücktritt berechtigt (vgl Atiyah/Smith, Law of Contract 198 ff; McKendrick, in: Chitty on Contracts, Rn 13-034; Peel Rn 18-050 ff).

ee) „Promissory estoppel", widersprüchliches Verhalten und „economic duress"

1212 Ein anderes wichtiges Instrument zur Verwirklichung gerechter Ergebnisse ist der im Equity-Recht entwickelte Einwand des **„promissory estoppel"** (dazu vMehren, in:

International Encyclopedia of Comparative Law, Bd VII [2008] Ch 9 [1991] Nr 16). Das englische Vertragsrecht verlangt für die Wirksamkeit von Rechtsgeschäften eine Gegenleistung („consideration") (hierzu Treitel, in: Chitty on Contracts, Rn 4-001 ff; Peel Rn 3-001 ff; Zweigert/Kötz 384 ff). In Central London Property Trust v High Trees House Ltd ([1974] KB 130) stellte sich die Frage, ob der Vermieter fünf Jahre nach einem (ohne Gegenleistung erfolgten) Mietnachlass unter Verweis auf die fehlende „consideration" wieder den ursprünglichen Mietzins verlangen konnte. In einem obiter dictum, das Grundlage für die neuere promissory-estoppel-Rspr wurde (s die Darstellung in Furmston 129 ff), machte Lord Denning klar, dass der Vermieter für den zurückliegenden fünfjährigen Zeitraum von der Geltendmachung des ursprünglichen Mietzinses „estopped" war. Ein wesentlicher Grundgedanke der estoppel-Doktrin besteht darin, dass der Rechtsinhaber bei dem anderen Teil den berechtigten Eindruck erweckt, er werde sein Recht nicht im strikten Sinne ausüben; das Verhalten des anderen Teils muss durch das Vertrauen hierauf in irgendeiner Weise beeinflusst worden sein (vgl Treitel, in: Chitty on Contracts, Rn 4-090 ff). Die Figur des „promissory estoppel" dient damit der Rechtfertigung von Ergebnissen, die auch mit einer allgemeinen Treu und Glauben-Regel begründbar wären (zu dieser Parallele Stapleton 15; Zimmermann/Whittaker 692; Basedow/Hopt/Zimmermann/Ranieri 1499; Tetley 578; O'Connor 20, 28, 32; Wicker 556 f). Nach kontinentaleuropäischen Vorstellungen geht es um das Verbot **widersprüchlichen Verhaltens**. In ähnlicher Weise können die Grundsätze von **„fair dealing and justice"** der Berufung auf ein **Formerfordernis** entgegenstehen (Plasticmoda Societa per Azioni v Davidsons [Manchester], Ltd [1952] 1 Lloyd's Rep 527, 538 f mwNw).

Als Ausdruck des Verbots **widersprüchlichen Verhaltens** kann auch angesehen werden, wenn dem Gläubiger trotz eines Verstoßes des Schuldners gegen eine ausdrückliche Vertragsbestimmung im Einzelfall der Rücktritt versagt bleibt (O'Connor 38). So wurde einem Käufer kein Rücktrittsrecht gewährt, dem die Kaufsache entgegen einer vertraglichen Vereinbarung zu spät geliefert wurde, der sie aber aus einem anderen, unzureichenden Grund zurückwies. Der Gläubiger konnte sich nach dem Ablauf von drei Jahren nicht mehr auf die verspätete Lieferung berufen (Panchaud Frères SA v Etablissements General Grain Company [1970] 1 Lloyd's Rep 53, 56 ff). **1213**

Als Ausdruck von Treu und Glauben lässt sich schließlich auch die Rechtsfigur der **„economic duress"** begreifen (vgl Tetley 575). Danach ist ein Vertrag unwirksam, der von einer Vertragspartei unter Ausübung wirtschaftlichen Drucks erzwungen wurde. Leading case ist North Ocean Shipping Co Ltd v Hyundai Construction Ltd ([1979] QB 705): Hier erzwang eine Werft eine Zahlungserhöhung von 10 Prozent, obwohl sie wusste, dass der Besteller das Schiff bereits verchartert hatte und deshalb unter beträchtlichem wirtschaftlichen Druck stand. Die Richter bejahten die Voraussetzungen der „economic duress". Nach Anerkennung in einigen weiteren Fällen hat sich der Tatbestand des „economic duress" nun als Korrektiv zu Gunsten der Willensfreiheit etabliert (vgl Beale, in: Chitty on Contracts Rn 8-015 ff; Peel Rn 10-005 ff; O'Connor 20). In diesen Zusammenhang gehört schließlich noch das Institut der **„unconscionability"**, das bei unangemessenem Vertragsinhalt zum Schutz der schwächeren Partei herangezogen werden kann (Atiyah/Smith, Law of Contract 308 ff). **1214**

ff) „Specific Performance"

Im englischen Recht ist die gerichtliche Durchsetzung des Anspruchs auf Erfüllung in natura **(„specific performance")** die Ausnahme, die Zubilligung von Schadens- **1215** ersatz in Geld dagegen der Regelfall (hierzu CHEN-WISHART, in: CHITTY on Contracts, Rn 27-001 ff; PEEL Rn 21-016 f; ZWEIGERT/KÖTZ 477 ff; zu den Besonderheiten beim Verbrauchsgüterkauf VORPEIL ZVglRWiss 103 [2004] 432, 435 ff). Der Richter hat jedoch die von der Equity-Rspr entwickelte Möglichkeit, nach seinem Ermessen „specific performance" anzuordnen. Bei der Ausübung des Ermessens kommt es entscheidend darauf an, ob die Zuerkennung von Schadensersatz in Geld **„adäquat"** ist. Dabei spielen Fragen der **Einzelfallgerechtigkeit** und der **Fairness** eine immer wichtigere Rolle (vgl Evans Marshall & Co Ltd v Bertola SA [1973] WLR 349, 379; CHEN-WISHART, in: CHITTY on Contracts Rn 27-035 ff; O'CONNOR 34 f, 72 ff). Maßgeblich sind somit Erwägungen, die einer Anwendung von Treu und Glauben funktional nahe kommen.

b) USA

1216 Dem **US-amerikanischen Common Law** war ein allgemeiner Grundsatz von Treu und Glauben lange Zeit ebenfalls fremd. Seit Mitte des 20. Jahrhunderts ist eine allgemeine Pflicht, im Rahmen von **Verträgen** nach Treu und Glauben zu handeln, dem Grundsatz nach aber weitgehend anerkannt (vgl CALAMARI/PERILLO 412; SUMMERS, in: ZIMMERMANN/WHITTAKER 118 ff; PALMIERI 24 Seton Hall L Rev 70, 84 ff [1993]), insbesondere für den Bereich des Warenkaufs. Prägende Bedeutung kommt dem **Uniform Commercial Code** (UCC) zu, der in allen US-amerikanischen Bundesstaaten – in Louisiana freilich mit gewissen Einschränkungen – übernommen worden ist (allg z UCC BURNHAM, Introduction 384 ff; ZWEIGERT/KÖTZ 247; HAY Rn 315 ff; FLECHTNER, Substantial Revisions to US Domestic Sales Law [Article 2 of the Uniform Commercial Code], IHR 2004, 225 ff). So heißt es in Section 1-203 UCC: „Every contract or duty within this Act imposes an obligation of good faith in its performance or enforcement". Eine entsprechende Bestimmung findet sich für Verträge in Section 205 des **Restatement (Second) of Contracts** von 1979: „Every contract imposes upon each party a duty of good faith and fair dealing in its performance and its enforcement" (ausf dazu PALMIERI 24 Seton Hall L Rev 70, 95 ff [1993]; allg zu den Restatements of Law ZWEIGERT/KÖTZ 246; HAY Rn 32).

1217 In Section 1-201 (20) und Section 2-103 (1) (j) des UCC findet sich eine **Definition von good faith**: „‚Good faith' (...) means honesty in fact and the observance of reasonable commercial standards of fair dealing". Section 2-103 (1) (j) UCC soll jedoch nur übernommen werden, wenn der jeweilige Bundesstaat nicht bereits Artikel 1 samt der Definition in Section 1-201 (20) UCC als Gesetz erlassen hat.

1218 Nach dem in den USA herrschenden Verständnis beruht die „duty of good faith" auf dem **Vertrag**. Im **vorvertraglichen Stadium** wird eine solche Pflicht daher grundsätzlich abgelehnt (CALAMARI/PERILLO 415; CHAINAIS/GUILLAUME/TENENBAUM 187 m Fn 137). Hier gilt der Grundsatz des „caveat emptor". In der neueren Lit finden sich aber Ansätze, den Parteien gewisse vorvertragliche Aufklärungspflichten aufzuerlegen (PALMIERI 24 Seton Hall L Rev 70, 181 ff [1993]). Überdies können missbräuchliche Verträge für nichtig erklärt werden. Bedeutung kommt insoweit dem Fall Williams v Walker-Thomas Furniture Co (350 F. 2d 445 [DC Cir 1965]) zu. Dort wurde zum ersten Mal anerkannt, dass ein Vertrag aufgrund von **„unconscionability"** unwirksam sein kann, wenn er für eine Partei besonders nachteilige Bedingungen enthält und ein Verhandlungsungleichgewicht zulasten dieser Partei bestand. Eine entsprechende Regel findet sich heute in Section 2-302 des UCC.

Die neuere amerikanische Lit misst dem Grundsatz von „good faith" verschiedene **1219**
Funktionen bei. Neben der **Auslegung** von Verträgen geht es vor allem um die
Konkretisierung und Ausweitung bis hin zur Schaffung neuer vertraglicher Rechte
und Pflichten, auch gegen die ausdrücklichen oder stillschweigenden Vereinbarungen der Parteien (Rohwer/Skrocki/Malloy 272 ff). Dem Grundsatz von Treu und
Glauben kommt damit im amerikanischen Recht eine gewisse **Konkretisierungs- und Ergänzungsfunktion** zu, deren Grenzen noch ungeklärt sind.

Neben dem Gebot des „good faith" hat sich im amerikanischen Recht mit gewissen **1220**
Überschneidungen ein eigenständiges Verbot des **„abuse of rights"** entwickelt. Repräsentativ ist der Fall, dass der Eigentümer auf seinem Grundstück einen Zaun
errichtet, um dem Nachbarn Licht und Luft zu entziehen. Das Verbot des „abuse of
rights" geht aber über solche „klassischen" Konstellationen der Schikane hinaus und
erfasst alle Fälle, in denen ein Recht aus böswilligem Beweggrund („malicious
motive"), ohne vernünftiges Eigeninteresse oder zu einem unzulässigen Zweck ausgeübt wird (ausf dazu Calamari/Perillo 417 ff). Weitere Institute zum Schutz der benachteiligten Partei, die eine funktionale Vergleichbarkeit mit dem Grundsatz von
Treu und Glauben im deutschen Recht aufweisen, werden unter den Stichwörtern
„duress", „undue influence" und **„unconscionability"** diskutiert (Burnham, Introduction 469 ff).

Die wachsende Bedeutung des „good faith" stößt in den USA unter dem Aspekt der **1221**
„Sozialisierung des Vertragsrechts" zT auf rechtspolitische Bedenken. Ähnlich wie in
Frankreich (s oben Rn 1166 f) und England (s oben Rn 1204) wird geltend gemacht, den
Parteien dürfe nicht mittels einer vagen Regel von Treu und Glauben ein **Altruismus**
aufgedrängt werden, zu dem sie sich nicht verpflichtet haben (Gillette 632, 643 ff).
Ansonsten werde die vertragliche oder gesetzliche Risikoverteilung manipuliert und
die Rechtssicherheit gefährdet (Gillette 650 f). Allgemein dürfe das Gericht den
Parteien keine Pflichten auferlegen, die sie vertraglich nicht vereinbart haben (Rohwer/Skrocki/Malloy 275 f; ferner Gilmore, The Death of Contract [2. Aufl Columbus 1995]
passim).

4. Zusammenfassung

Im Ergebnis bleibt festzuhalten, dass alle dargestellten Rechtsordnungen Institute **1222**
entwickelt haben, um den berechtigten Interessen der anderen Partei im Einzelfall
gegenüber den Regeln des „strengen Rechts" Rechnung tragen zu können (vgl Zimmermann/Whittaker 679; Ranieri, Obligationenrecht 1803). Dogmatisch geht der Weg für
die Lösung allerdings nicht immer über eine objektive Klausel von **„Treu und Glauben", „good faith"** oder **„bonne foi"**, obwohl eine solche Begrifflichkeit in fast allen
untersuchten Rechtsordnungen vorhanden ist.

Besonders große Bedeutung kommt dem Grundsatz von Treu und Glauben im **1223**
deutschen Recht zu; er wird hier sogar als **„stilbildendes Element"** angesehen (Lando/Beale 116; allg zum Stil der Rechtskreise Zweigert/Kötz 62 ff). Im schweizerischen und
neuen niederländischen Recht nimmt der Grundsatz von Treu und Glauben ebenfalls eine herausragende Stellung ein. In vielen anderen Rechtsordnungen (zB
Frankreich, Italien, Spanien) lässt sich eine zunehmende Bedeutung verzeichnen.
Die damit einhergehende **Einschränkung der Vertragsfreiheit** wird zwar in vielen

Rechtsordnungen kritisch betrachtet (s oben Rn 1166). Die in der deutschen Lit entwickelten Ansätze zu einem **materiellen Verständnis der Privatautonomie** machen jedoch deutlich, dass eine stärkere Berücksichtigung von Treu und Glauben mit dem Gedanken der Vertragsfreiheit in Einklang gebracht werden kann. Vorbehalte bestehen häufig auch mit Blick auf den Grundsatz der **Gewaltenteilung** (s oben Rn 1166 f und 1204). Weiterführend ist hier aber der Gedanke, dass der Richter sich bei der Konkretisierung von Treu und Glauben nicht an den eigenen Wertvorstellungen orientieren darf, sondern die in der Rechtsordnung verankerten Wertungen des Gesetzgebers zugrunde legen muss.

V. Staatsverträge und Regelwerke auf internationaler und europäischer Ebene*

1224 Die wachsende Bedeutung von Treu und Glauben spiegelt sich in den neueren internationalen Übereinkommen und Regelwerken wieder. Besondere Bedeutung haben in diesem Zusammenhang das UN-Kaufrecht, die Principles of European Contract Law, der Draft Common Frame of Reference sowie die UNIDROIT-Principles.

---

* **Schrifttum:** vBar/Clive, Principles, Definitions and Model Rules of European Private Law, Draft Common Frame of Reference (DCFR) – Full Edition (2009); Bonell, UNIDROIT Principles 2004 – The New Edition of the Principles of International Commercial Contracts adopted by the International Institute for the Unification of Private Law, Uniform Law Review 9 (2004) 5, abrufbar unter http://www.unidroit.org/english/principles/contracts/principles2004/2004-1-bonell.pdf; Dajczak, „Treu und Glauben" im System des Gemeinsamen Referenzrahmens, GPR 2009, 63; Eidenmüller, Parteiautonomie, Verteilungsgerechtigkeit und das Recht des Vertragsschlusses im DCFR, in: Schulze/vBar/Schulte-Nölke, Der akademische Entwurf für einen Gemeinsamen Referenzrahmen (2008); Eidenmüller/Faust/Grigoleit/Jansen/Wagner/Zimmermann, Der Gemeinsame Referenzrahmen für das Europäische Privatrecht – Wertungsfragen und Kodifikationsprobleme –, JZ 2008, 529; Chainais/Guillaume/Tenenbaum, Good faith, in: Fauvarque-Cosson/Mazeaud (Hrsg), European Contract Law, Materials for a Common Frame of Reference: Terminology, Guiding Principles, Model Rules (2008); Himmen, Die Lückenfüllung anhand allgemeiner Grundsätze im UN-Kaufrecht (Art 7 Abs 2 CISG) (2007); Keinath, Der gute Glauben im UN-Kaufrecht (1997); Lando, The Structure and the Legal Values of the Common Frame of Reference (2007) 3 ERCL 245; Leible/Lehmann (Hrsg), European Contract Law and German Law (2014); MacQueen, Good Faith, in: MacQueen/Zimmermann, European Contract Law: Scots and South African Perspectives (Edinburgh 2006); Mazeaud, Principes du droit européen du droit du contrat, Projet de cadre commun de référence, Principes contractuels commun, Revue trimestrielle du droit européen 2008, 723; Mekki/Klopefer-Pelèse, Good faith and fair dealing in the DCFR (2008) 4 ERCL 338; Schilf, UNIDROIT-Principles 2004 – Auf dem Weg zu einem Allgemeinen Teil des internationalen Einheitsprivatrechts, IHR 2004, 236; Schlechtriem/Schwenzer, Kommentar zum Einheitlichen UN-Kaufrecht – CISG (6. Aufl 2013); Vogenauer/Kleinheisterkamp (Hrsg), Commentary on the UNIDROIT Principles of International Commercial Contracts (Oxford 2009); Zimmermann, Die Unidroit-Grundregeln der internationalen Handelsverträge in vergleichender Perspektive, ZEuP 2005, 264; ders, Die Principles of European Contract Law als Ausdruck und Gegenstand europäischer Rechtswissenschaft (Teil 1), Jura 2005, 289.

Titel 1
Verpflichtung zur Leistung § 242

1. UN-Kaufrecht

Der Grundsatz von Treu und Glauben findet sich auch in **Staatsverträgen** schuld- 1225
rechtlichen Inhalts, an denen Deutschland beteiligt ist. Im Vordergrund steht das
UN-Kaufrecht (CISG), das für die Bundesrepublik am 1. 1. 1991 in Kraft getreten ist
(allg dazu STAUDINGER/OLZEN Einl 309 f zum SchuldR). Das UN-Kaufrecht hat die beiden
Haager Kaufrechtsübereinkommen von 1964 abgelöst, die durch das Einheitliche
Gesetz über den internationalen Kauf beweglicher Sachen **(EKG)** vom 17. 7. 1973
(BGBl I 856) und das Einheitliche Gesetz über den Abschluss von internationalen
Kaufverträgen über bewegliche Sachen **(EAG)** vom 17. 7. 1973 (BGBl I 868) umgesetzt worden waren (zur Bedeutung von Treu und Glauben in diesen Gesetzen STAUDINGER/
J SCHMIDT [1995] Rn 38).

Art 7 Abs 1 schreibt ua vor, bei der Auslegung des CISG seinen internationalen 1226
Charakter und die Notwendigkeit zu berücksichtigen, seine einheitliche Anwendung
und die **Wahrung des guten Glaubens im internationalen Handel** zu fördern. Nach der
Terminologie des deutschen Rechts ist die Bezugnahme auf den guten Glauben
missverständlich; die englische und französische Fassung („good faith", „bonne foi")
zeigen aber, dass es hier (auch) um Treu und Glauben geht. Rspr und Lit erkennen
daher zu Recht an, dass der Begriff des „guten Glaubens" im CISG auch typische
Ausprägungen von Treu und Glauben wie das **Verbot des venire contra factum
proprium** und das **Verbot missbräuchlicher Rechtsausübung** erfasst (OLG München
ZIP 2005, 175 [LS] = OLG-Report München 2004, 452; OLG Karlsruhe BB 1998, 392, 395; MünchKomm/GRUBER Art 7 CISG Rn 33; SCHLECHTRIEM/SCHWENZER/FERRARI Art 7 CISG Rn 50; STAUDINGER/MAGNUS [2018] Art 7 CISG Rn 25; HIMMEN 137 f, 151).

Art 7 Abs 1 betrifft unmittelbar nur die **Auslegung des CISG**. Ob auch die Geltung 1227
von Treu und Glauben als **Verhaltensnorm für die Parteien** auf diese Vorschrift
gestützt werden kann, bleibt daher streitig (dafür OLG München ZIP 2005, 175 [LS] =
OLG-Report München 2004, 452; STAUDINGER/MAGNUS [2018] Art 7 CISG Rn 10, 29; TETLEY
589 ff; aA MünchKomm/GRUBER Art 7 CISG Rn 32; SOERGEL/LÜDERITZ/FENGE Art 7 CISG Rn 8;
ausf dazu KEINATH 195 ff). Da die Gebote von Treu und Glauben zu den **allgemeinen
Grundsätzen des CISG** gehören, sind sie im Verhältnis zwischen den Parteien aber
jedenfalls über Art 7 Abs 2 CISG zu beachten (NK-BGB/MATUSCHE-BECKMANN Anh
§§ 433 ff: UN-Kaufrecht/CISG Rn 17; SCHLECHTRIEM/SCHWENZER/FERRARI Art 7 CISG Rn 49 ff;
STAUDINGER/MAGNUS [2018] Art 7 CISG Rn 43; SOERGEL/LÜDERITZ/FENGE Art 7 CISG Rn 8;
CHAINAIS/GUILLAUME/TENENBAUM 168 f; HIMMEN 150 f).

Eine Ausprägung des Grundsatzes von Treu und Glauben findet sich in Art 29 Abs 2 1228
S 2 CISG (vgl MünchKomm/GRUBER Art 29 CISG Rn 15). Nach diesem sog **Missbrauchseinwand** kann sich eine Partei auf eine nach Art 29 Abs 2 S 1 CISG bindende
Schriftformvereinbarung für die Änderung oder Aufhebung des Vertrages nicht
berufen, wenn sie durch ihr Verhalten bei der anderen Partei das **Vertrauen** in
die Gültigkeit einer formlosen Vereinbarung veranlasst hat. Art 29 Abs 2 S 2 CISG
lässt sich als Ausprägung des im Common Law entwickelten Instituts des „**estoppel**"
(s oben Rn 1211) verstehen (SCHLECHTRIEM/SCHWENZER/SCHROETER Art 29 CISG Rn 23); aus
Sicht des deutschen Rechts kann auf das **Verbot widersprüchlichen Verhaltens** verwiesen werden (MünchKomm/GRUBER Art 29 CISG Rn 13; SALGER, in: WITZ/SALGER/LORENZ,
International Einheitliches Kaufrecht [2000] Art 29 CISG Rn 16; HIMMEN 137 ff). Im deutschen

Recht fehlt eine Vorschrift wie Art 29 Abs 2 S 1 CISG, die eine Durchbrechung des Schriftformerfordernisses „auf andere Weise" ausschließt. Dies hat zur Folge, dass sich die Problematik oft schon durch Annahme einer konkludenten Aufhebung der Formvereinbarung lösen lässt (vgl BGH NJW 1976, 1395; 1991, 1750, 1751; Pufal, Schriftformklauseln im deutschen und südafrikanischen Recht [2011] 7 ff). Im Übrigen kann aber auch hier auf das Verbot widersprüchlichen Verhaltens zurückgegriffen werden (s oben Rn 454).

2. Principles of European Contract Law

1229 Ob in den Regelwerken zum Europäischen Vertragsrecht eine Vorschrift über Treu und Glauben erforderlich ist, wird in der Lit zT angezweifelt. Die Zweifel beruhen vor allem darauf, dass der Richter auch ohne eine solche Vorschrift Regeln entwickeln kann, welche den Konkretisierungen von Treu und Glauben entsprechen. Dies belegt etwa die Rechtslage in England (Hesselink 496 f m Fn 151). Für die Aufnahme einer Vorschrift über Treu und Glauben in die Regelwerke spricht indessen, dass die die **Befugnis des Richters** zur Aufstellung und Anwendung entsprechender Grundsätze und Regeln **klargestellt** werden sollte (Hesselink 497 f; MacQueen 70 ff).

1230 Die Verfasser der PECL haben den Grundsatz von Treu und Glauben an mehreren Stellen aufgegriffen: Generell steht die **Vertragsfreiheit** nach Art 1:102 (1) PECL unter dem Vorbehalt der Anforderungen von Treu und Glauben und des redlichen Geschäftsverkehrs. Darüber hinaus sollen Treu und Glauben gem Art 1:106 bei der **Auslegung der Principles** „gefördert" werden. Art 1:201 (1) bestimmt schließlich, dass jede Partei „in Einklang mit den Geboten von Treu und Glauben und des redlichen Geschäftsverkehrs" („in accordance with good faith and fair dealing") zu **handeln** hat (vBar/Zimmermann 110; Lando/Beale 113; Ranieri, Obligationenrecht 1846 f; Zimmermann Jura 2005, 289, 295; zu weiteren Bezugnahmen auf Treu und Glauben in den PECL vgl Chainais/Guillaume/Tenenbaum 176 f). Der Grundsatz von Treu und Glauben nimmt somit nicht nur eine formale Funktion iS einer **Ermächtigungsnorm für den Richter** wahr, sondern hat darüber hinaus auch eine inhaltliche Funktion iS einer **Verhaltensnorm für die Parteien** (standard of behaviour; vgl Zimmermann JZ 1995, 477, 491; Mazeaud 735; Chainais/Guillaume/Tenenbaum 183 ff; zu den Funktionen von Treu und Glauben aus rechtsvergleichender Sicht s oben Rn 1162). Ausweislich der Kommentierung ging es den Verfassern der PECL um die Statuierung eines **allgemeinen Rechtsprinzips** (Lando/Beale 113). Der Grundsatz von Treu und Glauben hat damit dieselbe Funktion wie im deutschen und niederländischen Recht (Lando [2007] 15 ERPL 852 f).

1231 Welche Bedeutung der Unterscheidung von „good faith" und „fair dealing" in Art 1:201 (1) PECL zukommt, lässt sich der Kommentierung entnehmen: Während **„good faith"** sich auf subjektive Elemente („honesty and fairness in mind") beziehe, verweise **„fair dealing"** auf objektive Anforderungen. Letztlich gehe es um die gleichen Inhalte, die durch den französischen Begriff der „bonne foi" und den deutschen Begriff von „Treu und Glauben" umschrieben werden (Lando/Beale 115 f; vgl zur Unterscheidung auch Mekki/Kloepfer-Pelèse 345 ff).

1232 Die Kommentierung zu Art 1:201 PECL hebt ferner hervor, dass die Einschränkung bzw Korrektur einer gesetzlichen Vorschrift oder einer an sich gültigen Vertragsklausel aus Gründen der **Einzelfallgerechtigkeit** dem Gedanken der **Rechtssicherheit** widersprechen kann (allg zu dieser Problematik o Rn 122). Ob dann der Einzelfallgerechtigkeit Vorrang zukommt, soll ua davon abhängen, in welchem Maße Rechtssicherheit und Vorhersehbarkeit der Ergebnisse beeinträchtigt werden (LANDO/BEALE 116; vBAR/ZIMMERMANN 113). Ebenso wie im deutschen Recht muss also eine Interessenabwägung im Einzelfall den Ausschlag geben.

Als besonders wichtige Ausprägung von Treu und Glauben haben die Verfasser der PECL das **Verbot widersprüchlichen Verhaltens** angesehen. Anders als in den neuen UNIDROIT-Principles (s unten Rn 1239 f) wurde diese Fallgruppe in den PECL zwar nicht gesondert geregelt. Die Kommentierung stellt aber klar, dass Art 1:201 PECL auch in dieser Hinsicht ein allgemeines Rechtsprinzip statuiert, das über die in den PECL ausgeformten Einzelfälle widersprüchlichen Verhaltens wie etwa Art 2:202 (3) PECL hinausgehe (LANDO/BEALE 114 f; zur einschränkenden Funktion von Treu und Glauben vgl auch CHAINAIS/GUILLAUME/TENENBAUM 190 ff). 1233

Demgegenüber hat die **Kooperationspflicht der Parteien** in Art 1:202 PECL eine gesonderte Regelung erfahren. Die Kommentierung weist darauf hin, dass diese Pflicht in den meisten europäischen Rechtsordnungen als Ausfluss von Treu und Glauben angesehen wird (LANDO/BEALE 121 mwNw). Bei der **Vertragsanbahnung** sieht Art 2:301 (2) PECL eine Schadensersatzpflicht für den Fall vor, dass eine Partei die Verhandlungen entgegen den Geboten von Treu und Glauben führt oder abbricht. Insbesondere widerspricht es Treu und Glauben, Verhandlungen zu beginnen oder fortzuführen, obwohl keine Absicht zum Vertragsschluss besteht (Art 2:301 (3) PECL). Weitere spezielle Anwendungsfälle von Treu und Glauben finden sich in Art 4:107 (1) (arglistiges Verschweigen), Art 4:110 (1) (Anfechtung bei unangemessenen Vertragsbedingungen), 5:102 lit g (Vertragsauslegung), Art 6:102 lit c (stillschweigende Vertragsbestimmungen, „implied terms") und Art 16:102 PECL (Manipulation des Eintritts von Bedingungen). Neben den speziellen Regeln behält die Generalklausel des Art 1:201 PECL aber ihre übergreifende Bedeutung (LANDO [2007] 15 ERPL 841, 852 f; MACQUEEN 72). 1234

3. Draft Common Frame of Reference

Der Grundsatz von Treu und Glauben bildet auch im Rahmen des 2009 vorgelegten Entwurfs eines Gemeinsamen Referenzrahmens (Draft Common Frame of Reference – DCFR) ein sehr wichtiges und in vielen Vorschriften aufgegriffenes **Prinzip** (vBAR/CLIVE Princ Rn 42; MAZEAUD 735). Die Verfasser haben sich – wie generell im Vertragsrecht (vgl vBAR/CLIVE Intr Rn 40) – auch bei den Bestimmungen zu Treu und Glauben an den PECL orientiert (MAZEAUD 734 f; DAJCZAK GPR 2009, 63, 64). Ebenso wie im Rahmen der PECL hat der Rechtsanwender Treu und Glauben bei der **Auslegung und Fortentwicklung** des Gemeinsamen Referenzrahmens zu berücksichtigen (Art I.-I. 102 (3) lit b DCFR). Im Detail finden sich aber Unterschiede zwischen den Regelwerken. In der Interim Outline Edition stellte Art II.–1:102 (1) DCFR die Vertragsfreiheit noch unter den Vorbehalt der Anforderungen von Treu und Glauben und des redlichen Geschäftsverkehrs („good faith and fair dealing"). Die Regelung entsprach damit Art 1:102 (1) PECL. In der Lit wurde dies mit dem Argument kritisiert, der Richter erhalte unter geringen und unklaren Voraussetzungen weitreichende Befugnisse zum Eingriff in die Vertragsgestaltung der Parteien (EIDENMÜLLER/FAUST/GRIGOLEIT/JANSEN/WAGNER/ZIMMERMANN JZ 2008, 529, 538; DAJCZAK 1235

GPR 2009, 63, 65 f; Eidenmüller 81 f). In der endgültigen Fassung des DCFR findet sich der Vorbehalt zu Gunsten der Anforderungen von Treu und Glauben nicht mehr. Nach Art II.–1:102 (1) DCFR wird die Privatautonomie der Parteien nur noch durch die anwendbaren zwingenden Vorschriften beschränkt.

1236 Im Unterschied zu den PECL enthält der DCFR in Art I.–1:103 (1) eine **allgemeine Definition** des Grundsatzes von Treu und Glauben: „The expression ‚good faith and fair dealing' refers to a standard of conduct characterised by honesty, openness and consideration for the interests of the other party to the transaction or relationship in question." Anders als in der Kommentierung zu den PECL (o Rn 1231) wird damit nicht zwischen „good faith" und „fair dealing" differenziert (vgl Mekki/Kloepfer-Pelèse 345 ff); vielmehr werden beide Begriffe als **„Paarformel"** iS von Loyalität (vgl Mekki/Kloepfer-Pelèse 368 f) und gegenseitiger Rücksichtnahme verwendet. Die Zusammensetzung soll eine Abgrenzung gegenüber dem Begriff des „good faith" iS von gutem Glauben (zB bei gutgläubigem Erwerb) ermöglichen (vBar/Clive Art I.–1:103 Comments A). Art I.–1:103 (2) DCFR hebt das Verbot des **„venire contra factum proporium"** als besondere Ausprägung von Treu und Glauben hervor. Hiernach darf sich eine Partei nicht in Widerspruch zu ihren früheren Aussagen oder ihrem früheren Verhalten setzen, wenn die andere Partei vernünftigerweise und zu ihrem Nachteil darauf vertraut hat.

1237 Art III.–1:103 DCFR statuiert eine **allgemeine Pflicht der Parteien** zur Beachtung von Treu und Glauben, die im Vergleich mit Art 1:201 PECL aber Einschränkungen erfährt (krit Mekki/Kloepfer-Pelèse 370). Nach Art III.–1:103 (1) DCFR besteht die Verpflichtung nur in folgenden Konstellationen: Erfüllung einer Verpflichtung, Ausübung eines Rechts auf Leistung, Geltendmachung oder Verteidigung gegen einen Rechtsbehelf wegen Nichtleistung und Ausübung eines Rechts zur Beendigung einer Verpflichtung oder Vertragsbeziehung. Die offizielle Begründung verweist allerdings darauf, dass dem Grundsatz von Treu und Glauben in anderen Artikeln des DCFR eine weitergehende Bedeutung zukommen kann (vBar/Clive Art III.–1:103 Comments C). Art III.–1:103 (3) DCFR stellt klar, dass der Verstoß gegen Treu und Glauben **keine unmittelbare Schadensersatzpflicht** auslöst. Die treuwidrig handelnde Partei kann lediglich gehindert sein, ein Recht, einen Rechtsbehelf, oder eine Einwendung auszuüben bzw sich darauf zu berufen. Die Vorschrift ähnelt insoweit dem **promissory estoppel** im englischen Recht (vgl Mazeaud 736). Möglich ist auch eine bloß teilweise Beschränkung der Rechtsausübung (Lando [2007] 3 ERCL 245, 252). Die Regelung bedeutet allerdings nicht, dass die Verletzung von Treu und Glauben niemals zu Schadensersatzansprüchen führen kann. Eine Ersatzpflicht besteht nur nicht unmittelbar („directly"), sondern lediglich dann, wenn im Einzelfall eine spezifische Verpflichtung verletzt wird, die sich aus dem allgemeinen Grundsatz von Treu und Glauben ergibt. Auf diese Weise soll die **Parteiautonomie** gewahrt und die Macht des Richters zum Eingriff in das vertragliche Pflichtenprogramm begrenzt bleiben (Lando [2007] 3 ERCL 245, 252 f). Nach Art III.–1:103 (2) DCFR können die Parteien ihre Pflicht zur Beachtung von Treu und Glauben vertraglich weder ausschließen noch beschränken. Wie Art 1:202 PECL verpflichtet Art III.–1:104 DCFR die Parteien zur **Zusammenarbeit**. Allerdings besteht die Pflicht nur, soweit eine Kooperation im Hinblick auf die Erfüllung der Schuldnerpflichten vernünftigerweise erwartet werden kann. In der Lit wird diese Regelung dennoch teilweise als zu weitgehend angesehen. Man sieht die Gefahr, dass der Vorrang der vertraglichen

Vereinbarungen relativiert wird (vgl LEIBLE, in: LEIBLE/LEHMANN, European Contract Law and German Law [2014] 31).

In Anlehnung an Art 2:301 PECL statuiert Art II.–3:301 DCFR die Pflicht, bei den **Vertragsverhandlungen** die Gebote von Treu und Glauben und des redlichen Geschäftsverkehrs zu beachten; ein Verstoß verpflichtet zu Schadensersatz (vgl CASTRO-NOVO, Information Duties and Precontractual Good Faith [2009] 4 ERPL 559, 568 f). Darüber hinaus nehmen zahlreiche **Einzelregelungen**, die zT den PECL entsprechen, auf Treu und Glauben Bezug (vgl MEKKI/KLOEPFER-PELÈSE 355, 368 f; MAZEAUD 735), zB Art II.–7:205 (arglistiges Verschweigen), Art II.–7:215 (Haftungsbeschränkungen bei Irrtümern), Art II.–8:101 (1) lit g (Vertragsauslegung), Art II.–9:101 (2) lit c („implied terms"), Art II.–9:403–405 (Definition von „unfair" bei der Klauselkontrolle, dazu EIDENMÜLLER 92 ff), Art III.–1:106 (4) DCFR (treuwidriges Herbeiführen oder Vereiteln des Bedingungseintritts). **1238**

4. UNIDROIT-Principles of International Commercial Contracts (PICC)

Die 1994 vom Römischen Institut für die Vereinheitlichung des Privatrechts (UNIDROIT) veröffentlichten und in den Jahren 2004 und 2010 jeweils in überarbeiteter und erweiterter Fassung neu vorgelegten „**Principles of International Commercial Contracts**" (PICC) (dazu STAUDINGER/OLZEN Einl 308 zum SchuldR) regeln den Grundsatz von Treu und Glauben in **Art 1. 7**. Die Grundregel findet sich in Abs 1: „Each party must act in accordance with good faith and fair dealing in international trade." Von Art 1:201 (1) PECL unterscheidet die Vorschrift sich somit nur durch die Bezugnahme auf den **internationalen Handelsverkehr**. Nach der Begründung zu Art 1. 7 (1) PICC hat dies zur Folge, dass die Begriffe des „**good faith**" und des „**fair dealing**" nicht nach den Standards der einzelnen nationalen Rechtsordnungen, sondern nach einem autonomen und internationalen Standard auszulegen sind. Die nationalen Standards können nur insoweit herangezogen werden, wie sie in den verschiedenen Rechtsordnungen anerkannt sind (vgl VOGENAUER, in: VOGENAUER/KLEINHEISTERKAMP Art 1. 7 Rn 16). Auch dann müssen aber die spezifischen Anforderungen des internationalen Handelsverkehrs berücksichtigt werden. Aufgrund seiner weiten Formulierung gilt Art 1:201 (1) auch im **vorvertraglichen Bereich** (vgl CHAINAIS/GUILLAUME/TENENBAUM 173 f). Art 1. 7 (2) PICC stellt in Übereinstimmung mit Art 1:201 (2) PECL klar, dass die Pflicht aus Abs 1 weder ausgeschlossen noch eingeschränkt werden kann. **1239**

Bei der Überarbeitung der UNIDROIT-Principles von **2004** (abgedruckt in IHR 2004, 257 ff; deutsche Übersetzung in ZEuP 2005, 470 ff; dazu BONELL Uniform Law Review 9 [2004] 5 ff; SCHILF IHR 2004, 236 ff; ZIMMERMANN ZEuP 2005, 264 ff) wurde im Anschluss an Art 1. 7 PICC eine besondere Ausprägung von Treu und Glauben – nämlich das **Verbot widersprüchlichen Verhaltens** („principle of the prohibition of inconsistent behaviour") – in Art 1. 8 PICC aufgenommen: „A party cannot act inconsistently with an understanding it has caused the other party to have and upon which that other party reasonably has acted in reliance to its detriment." Den Verfassern ging es allein darum, die **Voraussetzungen** des venire contra factum proprium genauer zu definieren (vgl VOGENAUER, in: VOGENAUER/KLEINHEISTERKAMP Art 1. 8 Rn 1; ZIMMERMANN ZEuP 2005, 264, 285). Die **Rechtsfolgen** eines Verstoßes gegen das Verbot widersprüchlichen Verhaltens bleiben dagegen offen. Die offizielle Begründung nennt die Schaffung, **1240** den Verlust und die Abänderung eines Rechts (VOGENAUER, in: VOGENAUER/KLEINHEISTERKAMP Art 1. 8 Rn 13 ff; BONELL [2004] 9 Uniform Law Review 5 [unter II 2 b]; SCHILF IHR 2004, 236, 239). Hierzu gehört auch ein Schadensersatzanspruch der benachteiligten Partei (VOGENAUER, in: VOGENAUER/KLEINHEISTERKAMP Art 1. 8 Rn 14).

1241 Eine weitere Ausprägung des Grundsatzes von Treu und Glauben ist die in Art 5. 1. 3 PICC normierte **Kooperationspflicht** der Parteien bezüglich der Vertragserfüllung. Wie im Rahmen des DCFR besteht diese Pflicht nur, wenn eine Zusammenarbeit vernünftigerweise erwartet werden kann. Art 2. 1. 15 PICC enthält eine spezielle Regel über **treuwidriges Verhalten bei den Vertragsverhandlungen**, die derjenigen der PECL und des DCFR entspricht. Auf die „Maßstäbe eines redlichen Geschäftsgebarens" beziehen sich außerdem zB die Art 3. 5 (1) lit a (erheblicher Irrtum), Art 3. 8 (Täuschung) und Art 3. 10 (2) PICC (grobes Missverhältnis). Zu weiteren Beispielen in den UNIDROIT-Principles vgl CHAINAIS/GUILLAUME/TENENBAUM 174 ff.

VI. Treu und Glauben im Privatrecht der Europäischen Union*

1. Ausprägungen von Treu und Glauben im geltenden Privatrecht der EU

1242 Der Grundsatz von **Treu und Glauben** hat auch im Privatrecht der Europäischen Union Niederschlag gefunden (vgl BeckOGK/KÄHLER [15. 4. 2019] Rn 277 ff; RIESENHUBER, Europäisches Vertragsrecht Rn 541 ff mwNw; RYBARZ 23 ff; ferner FLEISCHER JZ 2003, 865, 871, der den Grundsatz von Treu und Glauben sogar zu den „gemeinschaftsrechtlichen Fixsternen" zählt),

---

* **Schrifttum**: ACKERMANN, Das Gemeinsame Europäische Kaufrecht – eine sinnvolle Option für B2 B-Geschäfte?, in: REMIEN/HERRLER/LIMMER (Hrsg), Gemeinsames Europäisches Kaufrecht für die EU? (2012); ARMBRÜSTER, „Ewige" Widerrufsrechte und ihre Rechtsfolgen, VersR 2012, 513; BASEDOW/HOPT/ZIMMERMANN, Handwörterbuch des Europäischen Privatrechts, Bd II (2009); BAUDENBACHER, Überlegungen zum Verbot des Rechtsmissbrauchs im Europäischen Gemeinschaftsrecht, ZfRV 2008, 205; BRAND, Heininger Revisited – Zur Europarechtskonformität von § 5a VVG aF, VersR 2013, 1; DE LA FERIA, Prohibition of Abuse of (Community) Law: The Creation of a New General Principle of EC Law through Tax (2008) 45 CMLR 395; EIDENMÜLLER/JANSEN/KIENINGER/WAGNER/ZIMMERMANN, Der Vorschlag für eine Verordnung über ein Gemeinsames Europäisches Kaufrecht, JZ 2012, 269; ENGLISCH, Verbot des Rechtsmissbrauchs – ein allgemeiner Rechtsgrundsatz des Gemeinschaftsrechts?, StuW 2009, 3; FLEISCHER, Der Rechtsmißbrauch zwischen Gemeineuropäischem Privatrecht und Gemeinschaftsprivatrecht, JZ 2003, 865; HAHN, Kein allgemeiner Rechtsgrundsatz des Missbrauchs- bzw Umgehungsverbots, jurisPR-SteuerR 15/2006 Anm 1; HEIDERHOFF, Europäisches Privatrecht (4. Aufl 2016); HESSELINK, Good Faith, in: HARTKAMP/HESSELINK/HONDIUS/JOUSTRA/DU PERRON/VELDMAN, Towards a European Civil Code (3. Aufl Nijmegen 2004) 285; KJELLGREN, On the Border of Abuse (2000) 11 European Business Law Review 179; LANDO, Is Good Faith an Over-Arching General Clause in the Principles of European Contract Law?, in: (2007) 15 ERPL 841; LOOSCHELDERS, Das allgemeine Vertragsrecht des Common European Sales Law, AcP 212 (2012), 581; ders, Europäisches Privatrecht und deutsches Versicherungsvertragsrecht – aktuelle Probleme, Entwicklungen und Perspektiven, VersR 2013, 653; ders, Die Vereinbarkeit des Policenmodells nach § 5a VVG aF mit dem Unionsrecht, VersR 2016, 7; S LORENZ, Das Kaufrecht und die damit verbundenen Dienstverträge im Common European Sales Law, AcP 212 (2012) 702; MICHAEL/PAYANDEH, Richtlinienkonforme Rechtsfortbildung

insbesondere in Art 3 Abs 1 der Klauselrichtlinie (93/13/EWG), Art 3 Abs 1 der Handelsvertreterrichtlinie (86/653/EWG), Art 6 Abs 1 lit a der Datenschutzrichtlinie (95/46/EG), Art 3 Abs 2 der Richtlinie über den Fernabsatz von Finanzdienstleistungen (2002/65/EG) und Art 2 lit h der Richtlinie über unlautere Geschäftspraktiken (2005/29/EG). Die Bedeutung von Treu und Glauben konkretisiert für die Klauselrichtlinie deren Erwägungsgrund 16. Die Bestimmungen der Richtlinien sind autonom auf Unionsebene auszulegen (vgl Heiderhoff Rn 111). Dies gilt im Ausgangspunkt auch für die in den Richtlinien enthaltenen Generalklauseln und unbestimmten Rechtsbegriffe wie Treu und Glauben (Heiderhoff Rn 159 ff; Riesenhuber, Europäisches Vertragsrecht Rn 562 ff; M Schmidt 43). Bei der **Klausel-Richtlinie** sind allerdings Besonderheiten zu beachten. Der EuGH ist zunächst zwar noch davon ausgegangen, er könne die Missbräuchlichkeit ausnahmsweise selbst feststellen, wenn eine solche Beurteilung unabhängig vom nationalen Recht und den konkreten Umständen möglich sei (EuGH Rs C-237/02 Slg 2004, I-3403 Rn 22 f [Freiburger Kommunalbauten]; dazu Markwardt, Inhaltskontrolle von AGB-Klauseln durch den EuGH, ZIP 2005, 152 ff; Rosenfeld Anm GPR 2005, 71 ff; Röthel, Missbräuchlichkeitskontrolle nach der Klauselrichtlinie: Aufgabenteilung im supranationalen Konkretisierungsdialog, ZEuP 2005, 418, 421 ff; Hesselink Case Note [2006] 2 ERCL 366 ff). Diese Aussage hat das Gericht jedoch in der Entscheidung Pannon revidiert (C-243/08 NJW 2009, 2367 Rn 42; dazu Pfeiffer Anm NJW 2009, 2369) und überlässt die Konkretisierung im Einzelfall jetzt den nationalen Gerichten. Nach Ansicht des Gerichtshofs ist es zwar seine Aufgabe, die in Art 3 Abs 1 der Klauselrichtlinie verwendeten allgemeinen Kriterien (wie insbes Treu und Glauben) auszulegen; ob eine bestimmte Klausel rechtsmissbräuchlich sei, müsse aber das zuständige nationale Gericht unter Berücksichtigung der konkreten Umstände und der Besonderheiten des jeweiligen Rechtssystems prüfen. Der Gerichtshof könne nur Hinweise geben, die die nationalen Gerichte bei der Prüfung zu berücksichtigen hätten (EuGH C-415/11 EuZW 2013, 464 Rn 66 ff [Aziz]; dazu Heiderhoff Rn 165 ff; Riesenhuber, EU-Vertragsrecht § 10 Rn 28 ff). Die damit verbundene Beschränkung der Auslegungskompetenz des EuGH

---

zwischen Unionsrecht und Verfassungsrecht, NJW 2015, 2392; Riesenhuber, Europäisches Vertragsrecht (2. Aufl 2006); ders, EU-Vertragsrecht (2013); W-H Roth, Policenmodell und Unionsrecht, VersR 2015, 1; Rudy, § 5a VVG aF und das Unionsrecht, r+s 2015, 115; Schauer, Einleitende Bestimmungen (Teil I CESL-Entwurf), in: Wendehorst/Zöchling-Jud (Hrsg), Am Vorabend eines Gemeinsamen Europäischen Kaufrechts (Wien 2012) 43; M Schmidt, Konkretisierung von Generalklauseln im europäischen Privatrecht (2009); Schön, Der „Rechtsmissbrauch" im Europäischen Gesellschaftsrecht, in: FS Wiedemann (2002) 1271; Schulze (Hrsg), Common European Sales Law (CESL) – Commentary (2012); Sörensen, Abuse of Rights in Community Law: A Principle of Substance or Merely Rhetoric? (2006) 43 CMLR 423; Staudenmayer, Der Kommissionsvorschlag für eine Verordnung zum Gemeinsamen Europäischen Kaufrecht, NJW 2011, 3491; Storme, Good Faith and the Contents of Contracts in European Private Law, Electronic Journal of Comparative Law Bd 7. (1. 3. 2003) (http://www.ejcl.org/71/art71-1.html); Vrellis, „Abus" et „fraude" dans la jurisprudence de la Cour de Justice des Communautés Européennes, liber amicorum Gaudemet-Tallon (2008) 633; Whittaker/Riesenhuber, Conceptions of Contract, in: Dannemann/Vogenauer (Hrsg), The Common European Sales Law in Context (Oxford 2013), 120; A Zimmermann, Das Rechtsmissbrauchsverbot im Recht der Europäischen Gemeinschaft (2002); Zoll, The Influence of The Chosen Structure of the Draft for the Optional Instrument on the Functioning of the System of Remedies, in: Schulze/Stuyck (Hrsg), Towards a European Contract Law (2011).

beruht darauf, dass bei der Prüfung der Missbräuchlichkeit einer Klausel nicht zuletzt auch die dispositiven Vorschriften des jeweiligen nationalen Rechts zu berücksichtigen sind (EuGH EuZW 2013, 464 Rn 68; RIESENHUBER, EU-Vertragsrecht Rn 29 ff). Für die Auslegung dieser Vorschriften ist der EuGH aber gerade nicht zuständig (HEIDERHOFF Rn 168).

1243 Über die genannten Vorschriften hinaus finden sich in einigen Richtlinien **spezifische Ausprägungen von Treu und Glauben**. So wird die Begrenzung des Wahlrechts des Käufers zwischen Nachbesserung und Ersatzlieferung unter dem Aspekt der **Verhältnismäßigkeit** in Art 3 Abs 3 der Verbrauchsgüterkaufrichtlinie (RL 1999/44/EG) als Ausfluss dieses Prinzips verstanden (BIANCA, in: GRUNDMANN/BIANCA, EU-Kaufrechts-Richtlinie [2002] Art 3 Rn 56; RIESENHUBER, Europäisches Vertragsrecht Rn 561; vgl dazu o Rn 750). Das **europäische Verbraucherrecht** enthält allerdings bislang keinen übergreifenden Grundsatz von Treu und Glauben (Grünbuch: Die Überprüfung des gemeinschaftlichen Besitzstands im Verbraucherschutz, KOM [2006] 744 endg, 19; vgl auch RIESENHUBER, System und Prinzipien des Europäischen Vertragsrechts [2003] 409; ders, Europäisches Vertragsrecht Rn 572). Er hat in dieser Form auch keinen Eingang in die neue Richtlinie über Verbraucherrechte (RL 2011/83/EU) gefunden. Im Rahmen des **europäischen Zivilprozessrechts** hat der EuGH allerdings entschieden, dass die Berufung auf das Einigungs- bzw Formerfordernis für Gerichtsstandsvereinbarungen (Art 17 Abs 1 EuGVÜ, jetzt Art 23 Abs 1 EuGVVO) im Einzelfall gegen Treu und Glauben verstoßen kann (näher EuGH 25/76 Slg 1976, 1851 Rn 11 [Segoura]; 71/83 Slg 1984, 2417 Rn 18 [Tilly Russ]; 221/84 Slg 1985, 2699 Rn 15 [Berghofer]).

2. Das Verbot des Rechtsmissbrauchs im Privatrecht der EU

1244 Als Teilaspekt des Grundsatzes von Treu und Glauben hat im Privatrecht der EU vor allem das **Verbot des Rechtsmissbrauchs** Bedeutung erlangt (vgl HEIDERHOFF Rn 295 ff; RIESENHUBER, Europäisches Vertragsrecht Rn 573 ff; A ZIMMERMANN 199 ff; FLEISCHER JZ 2003, 865 ff; BAUDENBACHER ZfRV 2008, 205 ff; SÖRENSEN [2006] 43 CMLR 423 ff; RYBARZ 166 ff; KNOPS AöR 143 [2018] 554, 563 ff; speziell zum Gesellschaftsrecht SCHÖN, in: FS Wiedemann [2002] 1271 ff). So geht der EuGH in st Rspr davon aus, dass eine missbräuchliche oder betrügerische Berufung auf Unionsrecht unzulässig ist (vgl EuGH C-367/96 Slg 1998, I-2843 Rn 20 ff [Kefalas]; C-212/97 Slg 1999, I-1459 Rn 24 [Centros]; C-255/02 Slg 2006, I-1609 Rn 68 [Halifax]; jeweils mwNw; zur Entwicklung der Rspr DE LA FERIA [2008] 45 CMLR 398 ff; BAUDENBACHER ZfRV 2008, 205 ff). In der Lit ist umstritten, ob das Verbot bereits einen **allgemeinen Grundsatz des Unionsrechts** darstellt (dafür PWW/SCHMIDT-KESSEL Rn 2; HEIDERHOFF Rn 296; SÖRENSEN [2006] 43 CMLR 439 ff, 458; VRELLIS 646; FLEISCHER JZ 2003, 865, 871: „einheitliche, alle Anwendungsfälle überwölbende Leitidee"; aA KJELLGREN 190; HAHN jurisPR-SteuerR 15/2006 Anm 1; BAUDENBACHER ZfRV 2008, 205, 212 f, 218; s auch die Stellungnahmen der Beteiligten in der Rs C-255/02 Slg 2006, I-1609 [Halifax] Rn 62 ff; allg zur dogmatischen Einordnung DE LE FERIA [2008] 45 CMLR 395, 436 ff mwNw). Dagegen wird geltend gemacht, der EuGH habe noch keinen für alle Situationen gültigen Grundsatz aufgestellt, sondern nur Prinzipien für bestimmte Konstellationen entwickelt (so RYBARZ 166; HAHN jurisPR-SteuerR 15/2006 Anm 1mwNw). Dass das Rechtsmissbrauchsverbot einen allgemeinen Grundsatz des Unionsrechts darstellt, hat der EuGH inzwischen aber in der **Rechtssache Kofoed** (C-321/05 Slg 2007, I-5795 Rn 38) deutlich gemacht (vgl DE LA FERIA [2008] 45 CMLR 395, 433; ENGLISCH StuW 2009, 3, 5). Der EuGH führt dort wörtlich aus: „Art 11 Abs 1 Buchst a der Richtlinie 90/434 spiegelt somit den allgemeinen

Grundsatz des Gemeinschaftsrechts wider, wonach Rechtsmissbrauch verboten ist". Die Lit geht zT davon aus, dass die Rechtsquelle des Verbots nicht das Unionsrecht selbst ist; vielmehr seien die in den mitgliedstaatlichen Privatrechten verankerten Missbrauchsverbote in das Gemeinschaftsprivatrecht „hinüber gewachsen" (so HEIDERHOFF Rn 296 f; iE auch FLEISCHER JZ 2003, 865, 871).

Als **allgemeine Voraussetzung** des unionsrechtlichen Missbrauchsverbots lässt sich **1245** der Rspr des EuGH entnehmen, dass der Rechtsinhaber unrechtmäßige Vorteile anstreben muss, die dem Sinn und Zweck der jeweiligen Vorschrift widersprechen (C-110/99 Slg 2000, I-11569 Rn 52 f [Emsland-Stärke]; C-515/03 Slg 2005, I-7355 Rn 39 [Eichsfelder Schlachtbetrieb]; C-255/02 Slg 2006, I-1609 [Halifax] Rn 74 f; C-321/05 Slg 2007, I-5795 [Kofoed] Rn 38; GA LA PERGOLA, Schlussanträge, C-212/97 Slg 1999, I-1459 Rn 20 [Centros] unter Berufung auf EuGH C-367/96 Slg 1998, I-2843 Rn 28 [Kefalas]; SÖRENSEN [2006] 43 CMLR 423, 450 f; VRELLIS 638 f; RYBARZ 168 ff; BAUDENBACHER ZfRV 2008, 205, 214 mwNw). Darüber hinaus hat der EuGH den nationalen Gerichten in einigen neueren Entscheidungen **Kriterien** vorgegeben, um den Missbrauch in dem jeweils betroffenen Sachbereich zu beurteilen (s etwa C-255/02 Slg 2006, I-1609 [Halifax] Rn 77 ff; C-456/04 Slg 2006, I-3395 Rn 22 f [Agip]; BAUDENBACHER ZfRV 2008, 205, 217). So hat der EuGH in den Urteilen Kefalas, Pafitis und Diamantis dargelegt, welches Verhalten eines Aktionärs im Zusammenhang mit einer **Kapitaländerung** zulässig ist (C-367/96 Slg 1998, I-2843 [Kefalas] Rn 28; C-441/93 Slg 1996, I-1347 Rn 70 [Pafitis]; C-373/97 Slg 2000, I-1705 Rn 36 f, 39 [Diamantis]) und wann es als missbräuchlich beurteilt werden kann (C-367/96 Slg 1998, I-2843 [Kefalas] Rn 28; C-373/97 Slg 2000, I-1705 [Diamantis] Rn 40 ff; dazu FLEISCHER JZ 2003, 865, 873 f). Ob im konkreten Fall ein Missbrauch vorliegt, hat jedoch das Ausgangsgericht zu entscheiden (C-110/99 Slg 2000, I-11569 [Emsland-Stärke] Rn 54; C-373/97 Slg 2000, I-1705 [Diamantis] Rn 35; C-515/03 Slg 2005, I-7355 [Eichsfelder Schlachtbetrieb] Rn 40; C-255/02 Slg 2006, I-1609 [Halifax] Rn 76; C-456/04 Slg 2006, I-3395 [Agip] Rn 24). Dies entspricht der Rspr zur Missbrauchskontrolle nach der Klausel-Richtlinie in den Entscheidungen Freiburger Kommunalbauten und Pannon (s oben Rn 1242). Dass der EuGH sich auf die Vorgabe allgemeiner Kriterien beschränkt, spricht deshalb nicht dafür, dass er lediglich von einem nationalen und nicht von einem gemeinschaftsrechtlichen Missbrauchsbegriff ausgeht (so aber HAHN, jurisPR-SteuerR 15/2006 Anm 1).

Aus der Rspr des Gerichtshofs ergibt sich, dass **nationale Missbrauchsvorschriften** bei **1246** der Anwendung des inländischen Rechts auch dann herangezogen werden können, wenn die betreffende Vorschrift auf einer **Richtlinie** beruht (C-367/96 Slg 1998, I-2843 [Kefalas] Rn 20 ff; Rs C-441/93 Slg 1996, I-1347 [Pafitis] Rn 67 ff; C-373/97 Slg 2000, I-1705 [Diamantis] Rn 33 ff; SÖRENSEN [2006] 43 CMLR 423, 435 f; KJELLGREN 190; ENGLISCH StuW 2009, 3, 21 f; RIESENHUBER, Europäisches Vertragsrecht Rn 573 ff). Der BGH hat dementsprechend entschieden, dass der Käufer unter dem Aspekt des **venire contra factum proprium** (s oben Rn 284 ff) gehindert sei, sich auf die in Umsetzung der Verbrauchsgüterkaufrichtlinie erlassenen Vorschriften über den Verbrauchsgüterkauf (§§ 474 ff BGB) zu berufen, wenn er gegenüber dem Verkäufer einen gewerblichen Verwendungszweck vorgetäuscht hat (BGH NJW 2005, 1045, 1046 = JR 2005, 284 m Anm LOOSCHELDERS; krit RANIERI, Obligationenrecht 1888; s dazu auch o Rn 750).

Der EuGH hat auch die grundsätzliche Möglichkeit einer **Verwirkung** von unionsrechtlich begründeten Rechten nach mitgliedstaatlichen Grundsätzen anerkannt. Dabei wird aber betont, dass die entsprechenden mitgliedstaatlichen Grundsätze die Ausübung der durch das Unionsrecht gewährten Rechte mit Rücksicht auf den Effektivitätsgrundsatz nicht praktisch unmöglich machen oder übermäßig erschweren dürfen (EuGH 13. 2. 2014 – C-479/12, GRUR 2014, 368 Rn 42, 49 – Gautzsch; 9. 12. 2016 – C 212/15, NJW 2017, 144 Rn 30 – ENEFI/DGRFP; Knops AöR 143 [2018] 554, 565 f).

1247 Noch nicht abschließend geklärt ist die Frage, ob sich die in Umsetzung unionsrechtlicher Richtlinien im deutschen Recht vorgesehenen **„ewigen" Widerspruchs- oder Widerrufsrechte** von Verbrauchern bzw Versicherungsnehmern bei Fehlen einer ordnungsgemäßen Belehrung unter Rückgriff auf Treu und Glauben einschränken lassen. Die Problematik ergibt sich daraus, dass eine zeitliche Begrenzung des Widerrufsrechts bei **Haustürgeschäften** nach dem Heininger-Urteil des EuGH (EuGH NJW 2002, 281; vgl auch BGH NJW 2002, 1881) mit dem Unionsrecht unvereinbar ist. Das Urteil bezieht sich zwar auf die Haustürwiderrufs-Richtlinie (RL 85/577/EWG), die inzwischen durch die Verbraucherrechte-Richtlinie (RL 2011/83/EU) abgelöst wurde. Das Problem ist damit aber nicht obsolet. Im gleichen Sinne hat der EuGH vielmehr auf Vorlage des BGH (BGH VersR 2012, 608) entschieden, dass die bis zum 31. 12. 2007 maßgebliche Regelung des **§ 5a Abs 2 S 4 VVG aF**, nach der das Widerspruchsrecht des Versicherungsnehmers bei Fehlen einer ordnungsgemäßen Belehrung spätestens ein Jahr nach Zahlung der ersten Prämie erlöschen sollte, wegen Verstoßes gegen die Vorgaben der Zweiten und Dritten **Richtlinie über die Lebensversicherung** (RL 90/619/EWG und RL 92/96/EWG) unionsrechtswidrig ist (EuGH EuZW 2014, 235 m Anm Rehberg – Endress; hieran anknüpfend BGH VersR 2014, 817; anders noch Brand VersR 2013, 1 ff; zur Rechtslage bei ordnungsgemäßer Belehrung BGH 16. 7. 2014 – IV ZR 73/13). Der Rspr des EuGH ist somit zu entnehmen, dass das Widerrufs- oder Widerspruchsrecht bei Fehlen einer ordnungsgemäßen Belehrung **ohne jede zeitliche Begrenzung** ausgeübt werden kann, sofern die einschlägige Richtlinie nicht selbst eine zeitliche Begrenzung vorsieht. Macht der Verbraucher oder Versicherungsnehmer von seinem Recht über einen längeren Zeitpunkt keinen Gebrauch, obwohl es ihm auch ohne ordnungsgemäße Belehrung **bekannt** ist, so kommt aber ein Rückgriff auf das Institut der **Verwirkung** in Betracht (Heinig/Makowsky, in: Looschelders/Pohlmann, VVG [3. Aufl 2016] § 8 Rn 62 f; Looschelders, Schuldrecht AT § 4 Rn 28; ders VersR 2013, 653, 656; Armbrüster, Privatversicherungsrecht Rn 1017; ders VersR 2012, 513, 517 ff; vgl auch Ranieri, Obligationenrecht 1893; einschränkend BGH VersR 2014, 817 Rn 39; Palandt/Grüneberg Rn 107). Da der Versicherer die Situation durch die fehlende oder fehlerhafte Belehrung selbst herbeigeführt hat, wird es aber meist an dem erforderlichen **Umstandsmoment** fehlen (BGH 1. 6. 2016 – IV ZR 482/14, VersR 2017, 275 Rn 22). Im Einzelfall kann auch das Verbot des **Rechtsmissbrauchs** Bedeutung gewinnen. So ist es bei langlaufenden Lebensversicherungsverträgen denkbar, dass der Versicherungsnehmer einen geringfügigen formalen Fehler bei der Belehrung lediglich zum Anlass nimmt, um sich von dem Vertrag zu lösen, weil dieser seine wirtschaftlichen Erwartungen nicht erfüllt (Armbrüster, Privatversicherungsrecht Rn 1017; ders VersR 2012, 513, 519 f). Da der Widerruf bzw Widerspruch nicht durch sachliche Gründe gerechtfertigt werden muss, ist bei der Annahme von Rechtsmissbrauch aber große Zurückhaltung geboten. Nach der Rspr müssen besonders gravierende Umstände vorliegen, die den Vorwurf widersprüchlichen oder rechtsmissbräuchlichen Verhaltens rechtfertigen (BGH 27. 1. 2016 – IV ZR 130/15, r+s 2016, 230 Rn 16; 1. 6. 2016 – IV ZR 482/14, VersR 2017, 275 Rn 24; OLG Karlsruhe VersR 2018, 1175, 1176; abl im konkreten Fall BGH VersR 2014, 817 Rn 40).

Die **Verbraucherrechte-Richtlinie** vom 25. 10. 2011 (RL 2011/83/EU) sieht nunmehr in Art 10 Abs 1 vor, dass das Widerrufsrecht bei außerhalb von Geschäftsräumen geschlossenen Verträgen und Fernabsatzverträgen in den Fällen des Fehlens einer ordnungsgemäßen Belehrung zwölf Monate nach Ablauf der regulären Widerrufsfrist endet. Diese Vorgabe ist mit Wirkung zum 13. 6. 2014 in das deutsche Recht umgesetzt worden, sodass ein Rückgriff auf Treu und Glauben in diesem Bereich künftig nicht mehr erforderlich sein wird. Die Verbraucherrechte-Richtlinie gilt indes nicht für **Versicherungsverträge**. Hier bleibt es daher nach den Vorgaben der Richtlinie über den Fernabsatz von Finanzdienstleistungen (RL 2002/65/EG) beim „ewigen" Widerrufsrecht des Versicherungsnehmers (krit Looschelders VersR 2013, 653, 656 ff). Da durch den Rückgriff auf Treu und Glauben nur in besonders gelagerten Ausnahmefällen Abhilfe geschaffen werden kann, sollte die Lösung der Verbraucherrechte-Richtlinie de lege ferenda jedoch auch auf diesen Bereich ausgedehnt werden.

In neuerer Zeit wird lebhaft diskutiert, ob der in § 5a VVG aF geregelte Vertragsschluss nach dem sog **Policenmodell** für sich genommen – dh bei ordnungsgemäßer Belehrung über das Widerspruchsrecht – mit dem Unionsrecht vereinbar ist (ausf dazu Looschelders VersR 2016, 7 ff; W-H Roth VersR 2015, 1 ff; Rudy r+s 2015, 115 ff). § 5a VVG aF ist zwar bereits seit dem 1. 1. 2008 nicht mehr anwendbar. Geht man mit der hM davon aus, dass eine mögliche Unionsrechtswidrigkeit die Rückabwicklung der in der Geltungszeit der Vorschrift geschlossenen Versicherungsverträge rechtfertigen könnte (dagegen Looschelders VersR 2016, 7, 12 f; Michael/Payandeh NJW 2015, 2392, 3295 ff), hat der Meinungsstreit aber weiterhin große Bedeutung. Dies gilt insbesondere für Verträge mit langer Laufzeit wie die kapitalbildende Lebensversicherung. Der BGH hat die Richtlinienkonformität des Policenmodells dem EuGH noch nicht zur Vorabentscheidung vorgelegt, da der Versicherungsnehmer auch bei unterstellter Unionsrechtswidrigkeit des § 5a VVG aF keine Rückabwicklung des Vertrages verlangen könne. Der Versicherungsnehmer würde nämlich gem § 242 BGB gegen das **Verbot widersprüchlichen Verhaltens** verstoßen, wenn er den Versicherer auf Rückabwicklung des Vertrages in Anspruch nähme, obwohl er ordnungsgemäß über sein Widerspruchsrecht nach § 5a VVG aF belehrt worden sei und den Vertrag gleichwohl jahrelang durchgeführt habe (BGHZ 202, 102 = VersR 2014, 1065 Rn 32; BGH r+s 2015, 336; VersR 2015, 876). Der BGH verweist zu Recht darauf, dass eine missbräuchliche Berufung auf Unionsrecht nach der Rspr des EuGH unzulässig ist (s oben Rn 1244). Die Anwendung nationaler Vorschriften wie § 242 BGB dürfe zwar nicht die **Wirksamkeit des Unionsrechts** beeinträchtigen. Ob eine Beeinträchtigung gegeben sei, unterliege aber der Beurteilung durch das jeweilige nationale Gericht (BGHZ 202, 102 Rn 42). Eine Vorlage an den EuGH sei hierfür nicht erforderlich. Die Lösung des BGH entspricht den allgemeinen Grundsätzen des Verbots widersprüchlichen Verhaltens (oben Rn 284 ff). Die Ausführungen zur Vorlagepflicht geben die Rspr des EuGH zutreffend wieder und sind auch unter dem Aspekt des Art 101 Abs 1 S 2 GG nicht zu beanstanden (BVerfG VersR 2015, 693 Rn 47).

Zum parallelen Problem der Einschränkung des **ewigen Widerrufsrechts des Darlehensnehmers** bei Verbraucherdarlehensverträgen über Treu und Glauben s oben Rn 758a ff.

3. Der Vorschlag der Kommission für ein Gemeinsames Europäisches Kaufrecht (GEK)

1248 Die Kommission hat am 1. 10. 2011 den Vorschlag für eine Verordnung des Europäischen Parlaments und des Rates über ein Gemeinsames Europäisches Kaufrecht (GEK) vorgelegt (KOM [2011] 635 endg), der auf den PECL und dem DCFR aufbaut (näher dazu STAUDINGER/OLZEN [2014] Einl 305 f zum SchuldR mwNw; vgl auch EIDENMÜLLER/JANSEN/KIENINGER/WAGNER/ZIMMERMANN JZ 2012, 269 ff; STAUDENMAYER NJW 2011, 3491 ff; vgl auch STAUDINGER/OLZEN Einl SchuldR Rn 305 f). Die Kommission hat mit diesem Vorschlag nicht nur die Regelung spezifisch kaufrechtlicher Fragen bezweckt (s dazu S LORENZ AcP 212 [2012] 702 ff). Vielmehr sollten auch weite Bereiche des allgemeinen Vertragsrechts geregelt werden (dazu LOOSCHELDERS AcP 212 [2012] 581 ff). Der Anwendungsbereich des GEK sollte sich nach Art 3–5 GEK-VO auf **grenzüberschreitende Verträge** über den Kauf von Waren oder die Bereitstellung digitaler Inhalte sowie die Erbringung verbundener Dienstleistungen beschränken, bei denen wenigstens der Verkäufer als Unternehmer zu qualifizieren ist. Wenn beide Parteien Unternehmer sind, so sollte mindestens eine ein kleines oder mittleres Unternehmen (KMU) sein (Art 7 GEK-VO). Nach Art 8 GEK-VO sollte das GEK auch in diesen Fällen nur zur Anwendung kommen, wenn die Parteien eine entsprechende Vereinbarung getroffen haben (sog **optionales Instrument**). Das Projekt ist jedoch am Widerstand der Mitgliedstaaten gescheitert, die darin einen Vorläufer für ein politisch unerwünschtes Europäisches Zivilgesetzbuch sahen (vgl LOOSCHELDERS, Schuldrecht AT § 2 Rn 14). Es lässt sich freilich nicht ausschließen, dass zu einem späteren Zeitpunkt auf diese Vorarbeiten zurückgegriffen wird. Da der Vorschlag im Hinblick auf die Bedeutung von Treu und Glauben von hohem Interesse ist, soll nachfolgend darauf eingegangen werden.

1249 Das Gebot von **Treu und Glauben** und des **redlichen Geschäftsverkehrs** sind in Art 2 GEK im unmittelbaren Anschluss an den Grundsatz der Vertragsfreiheit (Art 1 GEK) geregelt. Die systematische Stellung betont den hohen Stellenwert, den der Vorschlag diesem Gebot beimisst (LOOSCHELDERS AcP 212 [2012] 581, 595; WHITTAKER/RIESENHUBER 155; krit ACKERMANN Rn 25). Es handelt sich um ein **allgemeines Rechtsprinzip**, das für die gesamten **vorvertraglichen** und **vertraglichen Beziehungen** der Parteien gilt (SCHULZE/SCHULTE-NÖLKE Art 2 Rn 1, 7). Das GEK enthält darüber hinaus zahlreiche Vorschriften (zB Art 23 (1), 32 (3) (c), 48 (1) (b) (iii), (3), 53, 68 (1) (c), 83 (1), 86 (1) (b), 170 (1) GEK), die als **spezielle Ausprägungen** des Gebotes von Treu und Glauben und des redlichen Geschäftsverkehrs anzusehen sind und dem allgemeinen Prinzip des Art 2 vorgehen (vgl Erwägungsgrund 31 GEK-VO; SCHULZE/SCHULTE-NÖLKE Art 2 Rn 6, 8; LOOSCHELDERS AcP 212 [2012] 581, 596; krit WHITTAKER/RIESENHUBER 157 f, wonach das Verhältnis zwischen allgemeinem Prinzip und speziellen Regeln unklar bleibt).

1250 Das GEK verzichtet ebenso wie die endgültige Fassung des DCFR (s oben Rn 1235) darauf, die **Vertragsfreiheit** ausdrücklich unter den Vorbehalt von Treu und Glauben zu stellen (SCHULZE/SCHULTE-NÖLKE Art 2 Rn 5). Allerdings gehören die Gebote von Treu und Glauben und des redlichen Geschäftsverkehrs nach Art 2 (3) GEK zu den **zwingenden Vorschriften**, die die Vertragsfreiheit nach Art 1 (1) GEK beschränken.

Die **Paarformel** „Treu und Glauben" und „redlicher Geschäftsverkehr" („good faith **1251** and fair dealing") bezeichnet wie im DCFR (s oben Rn 1236) einen **einheitlichen objektiven Standard** für das Verhalten der Parteien (Schulze/Schulte-Nölke Art 2 Rn 9; Schauer, in: Wendehorst/Zöchling-Jud 43, 56; Looschelders AcP 212 [2012] 581, 597). Nach der Legaldefinition des Art 2 (b) GEK-VO handelt es sich um „einen Verhaltensmaßstab, der durch Redlichkeit, Offenheit und Rücksicht auf die Interessen der anderen Partei in Bezug auf das fragliche Geschäft oder Rechtsverhältnis gekennzeichnet ist". Die damit verbundenen Rücksichtspflichten könnten sehr weit ausgelegt werden. Das Europäische Parlament hat daher vorgeschlagen, von einem Verhaltensmaßstab zu sprechen, „der durch Redlichkeit, Offenheit **und, wenn und soweit angemessen, angemessene Rücksicht** auf die Interessen der anderen Partei ... gekennzeichnet ist" (Legislative Entschließung 26. 2. 2014 – P7 TA [2014]0159 Abänderungsvorschlag 37). Eine solche Verdoppelung des Angemessenheitskriteriums ist jedoch nicht sinnvoll.

Die Rechtsfolgen einer Verletzung dieses Verhaltensstandards sind in Art 2 (2) **1252** GEK geregelt. Dabei ist einerseits vorgesehen, dass eine Partei wegen der Pflichtverletzung an der Ausübung oder Geltendmachung von Rechten, Abhilfen oder Einwänden gehindert sein kann. Dies entspricht der **Schrankenfunktion** von Treu und Glauben im deutschen Recht (s oben Rn 201 ff) sowie (zumindest partiell) der Figur des **„promissory estoppel"** im englischen Recht (s oben Rn 1252; z diesen Parallelen Looschelders AcP 212 [2012] 581, 596 mwNw). Andererseits soll die Verletzung der Pflicht zur Einhaltung des Gebots von Treu und Glauben und des redlichen Geschäftsverkehrs die Partei aber auch für jeden Verlust **haftbar** machen können, der der anderen Partei dadurch entsteht. In der Lit wird plastisch davon gesprochen, der Grundsatz von Treu und Glauben könne der anderen Partei nicht nur als Schild, sondern auch als Schwert dienen (vgl Schulze/Schulte-Nölke Art 2 Rn 10). Die Vorschrift geht insoweit über Art III.-1:103 (3) DCFR hinaus, wonach der Verstoß gegen Treu und Glauben gerade **keine unmittelbare Schadensersatzpflicht** auslöst (s oben Rn 1237). Unklar bleibt überdies, ob Art 2 (2) (Var 2) GEK eine eigenständige Anspruchsgrundlage darstellt oder ob hierfür auf andere Vorschriften wie Art 29, 55 und 159 GEK zurückzugreifen ist (zur Problemstellung Looschelders AcP 212 [2012] 581, 599; für restriktive Handhabung der Schadensersatzpflicht Schulze/Schulte-Nölke Art 2 Rn 11). Vor diesem Hintergrund schlägt das Europäische Parlament vor, Art 2 (2) (Var 2) GEK durch den Hinweis zu ersetzen, dass der Verstoß gegen die Pflicht aus Art 2 (1) GEK „nicht unmittelbar zu einer Abhilfe wegen Nichterfüllung" führt. Außerdem soll Erwägungsgrund 31 GEK-VO klarstellen, dass der allgemeine Grundsatz von Treu und Glauben und des redlichen Geschäftsverkehrs nicht zu einem Schadensersatzanspruch führt; dieser könne sich nur in „sehr spezifischen Fällen" aus einer Verletzung von Regeln des GEK ergeben, die als besondere Ausprägung des Grundsatzes zu verstehen seien.

Eine besondere Ausprägung von Treu und Glauben ist in Art 3 GEK geregelt. Die **1253** Vorschrift verpflichtet die Parteien zur **Zusammenarbeit**, soweit dies im Hinblick auf die Erfüllung ihrer vertraglichen Verpflichtungen von ihnen erwartet werden kann. Dies entspricht Art 1:202 PECL und Art III.-1:104 DCFR. Die systematische Stellung der Vorschrift im ersten Abschnitt des ersten Kapitels zeigt, dass der Pflicht zur Zusammenarbeit im Rahmen des GEK große Bedeutung beigemessen wird (vgl Schulze/Schulte-Nölke Art 3 Rn 2; krit Zoll 152). In der Lit wird teilweise die Gefahr gesehen, dass die ausdrückliche Kodifizierung einer Pflicht zur Zusammenarbeit zu einer übermäßigen Ausweitung des vertraglichen Pflichtenprogramms führen könnte (vgl Ackermann Rn 25; Eidenmüller/Faust/Grigoleit/Jansen/Wagner/Zimmermann JZ 2008, 529, 538 f). Dieser Gefahr ließe sich jedoch dadurch begegnen, dass man der Vorschrift keine neuen (originären) Pflichten entnimmt, sondern sie nur zur Konkretisierung des vertraglichen Pflichtenprogramms heranzieht (Looschelders AcP 212 [2012] 581, 598; vgl auch Schulze/Schulte-Nölke Art 3 Rn 8). Davon abgesehen stellt Art 3 HS 2 GEK iVm Art 5 (2) GEK ausdrücklich klar, dass die Zusammenarbeit **vernünftigerweise zu erwarten** sein muss (Schulze/Schulte-Nölke Art 3 Rn 7).

4. Aktuelle Entwicklungen

1254 Um den Handel im Binnenmarkt zu fördern, hat die Kommission am 9. 12. 2015 Vorschläge für zwei neue Richtlinien betreffend den Online-Warenhandel (KOM [2015] 634 endg) und die Bereitstellung digitaler Inhalte im Europäischen Binnenmarkt (KOM[2015] 635 endg) vorgelegt. Diese Vorschläge wurden nach längerer Diskussion durch die Richtlinie (EU) 2019/770 über bestimmte vertragsrechtliche Aspekte der Bereitstellung **digitaler Inhalte** und **digitaler Dienstleistungen** vom 20. 5. 2019 und die Richtlinie (EU) 2019/771 über bestimmte vertragsrechtliche Aspekte des **Warenkaufs** verwirklicht. Die Richtlinien zielen auf eine Verbesserung des Verbraucherschutzes ab. Im Vordergrund stehen Regelungen über die Vertragsmäßigkeit und die Haftung des Unternehmers für Vertragswidrigkeiten. Da die Verbrauchsgüterkauf-Richtlinie aufgehoben wird, stehen erhebliche Änderungen im Kaufrecht bevor. Fragen des allgemeinen Schuldrechts werden dagegen nicht geregelt. Dies gilt auch für den Grundsatz von **Treu und Glauben**. Insoweit ist also nur mit mittelbaren Auswirkungen zu rechnen. Die Richtlinien treten am 20. Tag nach ihrer Veröffentlichung im Amtsblatt der EU in Kraft und sind danach von den Mitgliedstaaten binnen zwei Jahren umzusetzen und nach weiteren sechs Monaten anzuwenden.

5. Abschließende Würdigung

1255 Zusammenfassend ist festzustellen, dass sich ein **allgemeiner eigenständiger Begriff von Treu und Glauben** im Privatrecht der EU **noch nicht entwickelt** hat (so auch Heiderhoff Rn 297; Ranieri, Obligationenrecht 1888; Basedow/Hopt/Zimmermann/Ranieri 1500; Riesenhuber, Europäisches Vertragsrecht Rn 572; A Zimmermann 190). Es fehlen bislang sowohl unionsrechtliche Vorschriften als auch Rechtsprechung des EuGH, die über die Anerkennung des Grundsatzes in bestimmten Bereichen bzw in einzelnen Ausprägungen wie dem **Verbot des Rechtsmissbrauchs** hinausgehen. Bei der Diskussion über ein mögliches einheitliches Europäisches Vertragsrecht, das zurzeit freilich in weiter Ferne zu liegen scheint, haben sich in der europäischen Rechtswissenschaft zuletzt allerdings immer weniger Vorbehalte gegenüber einer „offenen Norm" von Treu und Glauben ausmachen lassen. Die Verwirklichung des Gemeinsamen Europäischen Kaufrechts hätte in dieser Hinsicht einen wichtigen neuen Impuls geben können. Die starke Hervorhebung der Prinzipien von Treu und Glauben und des redlichen Geschäftsverkehrs erscheint zwar bei einem optionalen Instrument, das im Wesentlichen auf Kaufverträge im Fernabsatz beschränkt ist, etwas „überdimensioniert", zumal das wichtige Anliegen des Verbraucherschutzes im GEK durch eine Vielzahl konkreter Einzelregelungen gewährleistet wird. Die Rechtfertigung dieses

Ansatzes besteht jedoch darin, dass das GEK auch insoweit einen Modellcharakter haben sollte, der über seinen praktischen Anwendungsbereich weit hinausgeht.

§ 243
Gattungsschuld

(1) Wer eine nur der Gattung nach bestimmte Sache schuldet, hat eine Sache von mittlerer Art und Güte zu leisten.

(2) Hat der Schuldner das zur Leistung einer solchen Sache seinerseits Erforderliche getan, so beschränkt sich das Schuldverhältnis auf diese Sache.

Materialien: E I §§ 213, 214; II § 207; III § 237; Mot II 10 ff = MUGDAN II 6 f; Prot I 285 ff = MUGDAN II 505 ff; JAKOBS/SCHUBERT I 49 ff.

Schrifttum

ADAM, Die Entwicklung der Gattungsschuld im gemeinen Recht (Diss Würzburg 1960)
AMEND, Schuldrechtsreform und Mängelhaftung beim Gattungsvermächtnis, ZEV 2002, 227
BALLERSTEDT, Zur Lehre vom Gattungskauf, in: (1.) FS Nipperdey (1955) 261
BERNDORFF, Die Gattungsschuld (1900)
A BLOMEYER, Studien zur Bedingungslehre I 87
BUCK, Die Gattungsschuld im deutschen, franz. und schweiz. Recht, eine vergleichende Darstellung (Diss Tübingen 1935)
vCAEMMERER, Anleiheschulden und Einlösungsmittel, JZ 1951, 740
CANARIS, Die Einstandspflicht des Gattungsschuldners und die Übernahme eines Beschaffungsrisikos nach § 276 BGB, in: FS Wiegand (2005) 179
ders, Die Bedeutung des Übergangs der Gegenleistungsgefahr im Rahmen von § 243 II BGB und § 275 II BGB, JuS 2007, 793
ders, Der Vertrag mit ersetzbarer Primärleistung als eigenständige Rechtsfigur und die Zentralprobleme seiner Ausgestaltung, in: FS H P Westermann (2008) 137
DIECKMANN, Der Nacherfüllungsanspruch – Beleg für einen Systemwechsel im Schuldrecht von der Stück- zur Gattungsschuld (2007)
ders, Das Ende der Stückschuld?, ZGS 2009, 9
DOERNER, Kaufrechtliche Sachmängelhaftung und Schuldrechtsreform, ZIP 2001, 2264
ERNST, Die Konkretisierung in der Lehre vom Gattungskauf, in: GS Knobbe-Keuk (1997) 49
ders, Das Lieferungsgeschäft als Vertragstyp seit dem Preußischen Allgemeinen Landrecht, in: FS Zöllner (1999) 1097
ders, Kurze Rechtsgeschichte des Gattungskaufs, ZEuP 1999, 583
ders, Der Erfüllungszwang bei der Gattungsschuld in der Prozessrechtsgeschichte des 19. Jahrhunderts, in: FS Nörr (2003) 219
EISSER, Die Gefahrtragung beim Kaufvertrag (1927)
FAUST, Grenzen des Anspruchs auf Ersatzlieferung bei der Gattungsschuld, ZGS 2004, 252
H A FISCHER, Konzentration und Gefahrtragung bei Gattungsschulden, JherJb 51 (1907) 159
GRAWERT, Die Konzentration der Gattungsschuld (Diss Köln 1932)
GRUBER, Das drohende Ende der Stückschuld, JZ 2005, 707
GSELL, Beschaffungsnotwendigkeit und Leistungspflicht (1998)
dies, Beschaffungsnotwendigkeit und Ersatzlieferung beim Stück- und beim Vorratskauf, JuS 2007, 97

G Hager, Die Gefahrtragung beim Kauf (1982)
Hammen, Die Gattungshandlungsschulden (1995)
Havenstein, Die Gattung, Gruchot 55 (1911) 449
Holländer, Die Haftung des Verkäufers und Vermieters einer Gattungssache bei mangelhafter Vertragserfüllung, AcP 113 (1915) 124
Hönn, Zur Dogmatik der Risikotragung im Gläubigerverzug bei Gattungsschulden, AcP 177 (1977) 385
U Huber, Zur Konzentration beim Gattungskauf, in: FS Ballerstedt (1975) 327
Jahnke, Die Durchsetzung von Gattungsschulden, ZZP 93 (1980) 43
Jhering, Beiträge zur Lehre von der Gefahr beim Kaufcontracte, JherJb 4 (1861) 366
W Kisch, Gattungsschuld und Wahlschuld (1912)
I Koller, Unvorhergesehener Aufwand bei der Lagerung von Gütern, VersR 1995, 1385
Lemppenau, Gattungsschuld und Beschaffungspflicht (1972)
Lessmann, Grundprobleme der Gattungsschuld, JA 1982, 280
Marburger, Technische Normen, Gattungsbegriff und Rügelast (§§ 377, 378 HGB), JuS 1976, 638
Medicus, Die konkretisierte Gattungsschuld, JuS 1966, 297
ders, Modellvorstellungen im Schuldrecht, in: FS Felgentraeger (1969) 309
H Roth, Zur Reichweite des Beschaffungsrisikos bei der Gattungsschuld, in: FS Medicus (2009) 371
Schollmeyer, Erfüllungspflicht und Gewährleistung, JherJb 49 (1905) 93
J Schröder, Zur Auslegung des § 300 Abs 2 BGB, MDR 1973, 466
Schürnbrand, Die überzeichnete Kapitalerhöhung, in: FS Stilz (2014) 569
U Seibert, Gattung und Güte, MDR 1983, 177
van Venrooy, Konzentration zu Lasten des Schuldners, WM 1981, 890
Wank, Lieferung von Glykolwein als Falschlieferung, JuS 1990, 95
H P Westermann, Die Konzernverschaffungsschuld als Beispiel einer beschränkten Gattungsschuld, JA 1981, 599
Xander, Die Auswirkungen der Schuldrechtsreform auf die Gattungsschuld (2006).

Systematische Übersicht

I. Allgemeines
1. Bedeutung der Vorschrift _____ 1
2. Weitere Vorschriften über die Gattungsschuld _____ 4

II. Die Gattungsschuld
1. Definition _____ 6
2. Gattungsmerkmale _____ 8
3. Vorratsschuld _____ 10
4. Abgrenzungen _____ 12
5. Beschaffungsschuld _____ 19

III. Der Inhalt der Gattungsschuld (Abs 1)
1. Der allgemeine Qualitätsmaßstab _____ 21
2. Vereinbarungen über die Qualität _____ 23
3. Qualitätsabweichungen _____ 24

IV. Die Konkretisierung der Gattungsschuld (Abs 2)
1. Die durch die Konkretisierung zu verändernde Rechtslage _____ 27
2. Zuständigkeit für die Konkretisierung _____ 28
3. Voraussetzungen der Konkretisierung _____ 29
4. Rechtsfolgen der Konkretisierung _____ 38

V. Übertragung auf andere als Sachschulden _____ 44
1. Rechte _____ 45
2. Dienst- oder Werkleistungen _____ 46

VI. Prozessuales
1. Beweislast _____ 50
2. Vollstreckung _____ 53

Titel 1
Verpflichtung zur Leistung § 243

Alphabetische Übersicht

Siehe Sachregister.

I. Allgemeines

1. Bedeutung der Vorschrift

„Jede Leistung bedarf eines bestimmten Gegenstandes" (GERNHUBER, Schuldverhältnis **1** § 9, 1). Daran fehlt es – zunächst – bei der Gattungsschuld wie bei der Wahlschuld (§§ 262 ff BGB) und bei dem Schuldverhältnis mit einem Leistungsbestimmungsrecht (§§ 315 ff BGB). Eine relative **Unbestimmtheit der Leistung** kennzeichnet ferner die im Gesetz nicht allgemein geregelte Ersetzungsbefugnis; jedoch liegt dort die Unbestimmtheit allein in der Möglichkeit, statt eines von vornherein bestimmten Leistungsgegenstandes einen anderen, ebenso bestimmten zu wählen. Liegt keine dieser Modalitäten zur Bestimmung des Leistungsgegenstandes vor, ist das Schuldverhältnis wegen seines unbestimmten Inhalts unwirksam; insbesondere eine vertragliche Einigung ohne bestimmten oder bestimmbaren Schuldinhalt ist wegen Fehlens eines essentiale negotii unwirksam. Vor Annahme der Unwirksamkeit ist jedoch stets sorgfältig zu prüfen, ob der Vertrag durch eine (ergänzende) Auslegung im Sinne der Bestimmbarkeit der Leistung zu retten ist (GERNHUBER, Schuldverhältnis § 9, 1 mwNw aus der Rspr zu Unterrichtsverträgen).

Die **systematische Stellung** der Regelung der Gattungsschuld im Gesetz erklärt sich **2** daraus, dass der historische Gesetzgeber die Stückschuld als Modell des Schuldinhalts zugrunde gelegt hat. Die Gattungsschuld war demgegenüber bis zum SMG nur anhangsweise (MünchKomm/EMMERICH Rn 1) geregelt, wobei obendrein auch bloß die gattungsmäßig bestimmte Sachschuld von § 243 BGB unmittelbar erfasst wird (zur Frage der entsprechenden Anwendung auf andere Schuldinhalte unten Rn 44 ff). Der Anspruch auf Ersatzlieferung beim Kauf (§ 439 Abs 1 BGB) knüpft zwar typischerweise an das Vorliegen eines Gattungskaufs an; dies ist auch der historische Hintergrund (vgl den weggefallenen § 480 aF) für die Regelung. Der Wortlaut des § 439 Abs 1 BGB sieht aber von der Unterscheidung zwischen Stück- und Gattungskauf ab (zu den hieraus entstandenen Streitfragen insbes CANARIS, in: FS Westermann 138 ff). Charakteristisch für das Verhältnis der Gattungsschuld zur Stückschuld ist die – im Wortlaut des § 243 Abs 2 BGB nicht ganz deutlich zum Ausdruck gebrachte – Tendenz des Gesetzgebers, die Gattungsschuld in eine Stückschuld zu überführen („Transmutationstheorie", vgl Mot II 12 und dazu GERNHUBER, Schuldverhältnis § 10 III 1). Schon HECK (Schuldrecht § 9, 6) hat jedoch gelehrt, dass der eigentliche Regelungsgegenstand des § 243 Abs 2 BGB – die Gefahrtragung – nicht durch eine strukturelle oder gar begriffliche Einordnung erfasst werden kann, sondern nur durch eine Bewertung der Interessenlage (vgl unten Rn 36 f). Auf vergleichbare methodische Weise ist bei der Gewährung des Anspruchs auf eine Ersatzlieferung nach § 439 Abs 1 S 1 BGB zu verfahren (für den Ersatz des fehlerhaften Pkw eines aus der Produktion genommenen Modells durch das Nachfolgemodell BGH NJW 2019, 1133 u dazu ARNOLD JuS 2019, 489; **aA** noch BeckOGK/BEURSKENS [1. 6. 2019] § 243 Rn 14).

§ 243 BGB ist die **allgemeinste Vorschrift** über die Gattungsschuld. Sie regelt in **3** Abs 1 den Qualitätsstandard, den der Schuldner einhalten muss, in Abs 2 die sonstigen Anforderungen, die er in der Regel zu erfüllen hat, um nicht entweder erneut die Primärleistung erbringen oder Schadensersatz statt der Leistung schulden zu müssen. § 243 Abs 2 BGB enthält darüber hinaus eine analogiefähige Wertung für die in § 439 Abs 1 S 1 BGB mit der Nacherfüllung durch Ersatzlieferung geschaffene Möglichkeit einer ersetzbaren Primärleistung jenseits von Gattungsschulden (CANARIS, in: FS Westermann 159 f).

2. Weitere Vorschriften über die Gattungsschuld

4 Neben § 243 BGB bringen Vorschriften über die Gattungsschuld (früher auch: Genus-Schuld) **im BGB** noch: im Allgemeinen Schuldrecht § 300 Abs 2 BGB zum Übergang der Leistungsgefahr auf den Gläubiger bei Annahmeverzug, im Besonderen Schuldrecht nur § 524 Abs 2 BGB für die Gattungsschenkung. Eine weiterreichende Beschaffungspflicht des Schuldners, wie sie für Gattungsschulden typisch ist (dazu krit GSELL 115 ff), wird vom Gesetz nicht ausdrücklich angeordnet, kann sich aber aus § 276 Abs 1 BGB gemäß dem dort erwähnten „Inhalt des Schuldverhältnisses" ergeben (ERMAN/WESTERMANN Rn 9, 10); zur Nachlieferungspflicht nach § 439 Abs 1 BGB schon oben Rn 2. Zu den noch geltenden Sondervorschriften des Schuldrechts treten im Erbrecht die §§ 2155, 2182 Abs 1, 2183 BGB über das Gattungsvermächtnis (dazu AMEND ZEV 2002, 227 ff). Eine Gattungsschuld kann aber auch bei solchen Rechtsverhältnissen vorliegen, bei denen das Gesetz es nicht erwähnt, etwa bei Leasingverträgen über vertretbare bewegliche Sachen (BGH LM § 242 [CD] Nr 238 = NJW 1982, 873). Zu anderen Gattungsschulden und zur Frage der entsprechenden Anwendung des § 243 BGB vgl unten Rn 44 ff.

5 § 360 HGB enthält für das **Handelsrecht** denselben Standard wie § 243 Abs 1 BGB. Dies geht bereits auf Art 335 ADHGB zurück. In den handelsrechtlichen Vorschriften über Waren, Wertpapiere und „Güter" (§§ 373, 381, 383, 407 ff HGB) ist keine Unterscheidung nach Stück- oder Gattungsschuld erkennbar. Tatsächlich steht im Handelsrecht schon traditionell die Gattungsschuld im Vordergrund.

II. Die Gattungsschuld

1. Definition

6 Merkmal der Gattungsschuld ist die fehlende Bestimmtheit des einzelnen Leistungsgegenstandes, während die Merkmale dieses Gegenstandes, ihre natürlichen, technischen und wirtschaftlichen Eigenschaften (MünchKomm/EMMERICH Rn 5) ebenso wie etwa Menge und Gewicht festgelegt sind. Die Auswahl des konkreten **Leistungsstückes** und die Dispositionsfreiheit hinsichtlich der Beschaffung des Leistungsgegenstandes (CANARIS, in: FS Wiegand 190) bleibt dem Schuldner überlassen. Nach entsprechender vertraglicher Abrede kann die Wahl aber auch dem Gläubiger zustehen.

7 Ob überhaupt eine Gattungsschuld vorliegt, ergibt sich zuerst **aus dem Schuldvertrag** (oder etwa beim Gattungsvermächtnis aus der letztwilligen Verfügung). Manche Schuldverhältnisse sind jedoch nach Gesetz oder Denknotwendigkeit Gattungs- oder Stückschulden. So ist bei zurechenbarer Zerstörung einer vertretbaren Sache die Lieferung einer gleichartigen Sache Naturalrestitution gemäß § 249 Abs 1 BGB

(BGH NJW 1985, 2413; dazu genauer STAUDINGER/SCHIEMANN [2017] § 249 Rn 184); die Schadensersatzpflicht ist in solchen Fällen somit eine Gattungsschuld. Andererseits kann die Pflicht zur Rückgabe einer gemieteten Sache allein durch diese Sache, also als Stückschuld, erfüllt werden (GERNHUBER, Schuldverhältnis § 10 I 1 b).

2. Gattungsmerkmale

Wie das Vorliegen einer Gattungsschuld von der Parteiabrede abhängig ist, können **8** auch die Gattungsmerkmale **von den Parteien** festgelegt werden (BGH NJW 1975, 2011; NJW 1986, 659 zum „aliud"). Insbesondere sind die Parteien nicht an die Unterscheidung von vertretbaren und unvertretbaren Sachen oder Sachteilen gebunden: Das Schuldverhältnis kann irgendeine Parzelle aus einem Grundstück oder irgendein Bild eines bestimmten Malers (MünchKomm/EMMERICH Rn 6; ERMAN/WESTERMANN Rn 3; SOERGEL/ARNOLD Rn 3) zum Gegenstand haben. Anders als bei der Abgrenzung zwischen vertretbaren und unvertretbaren Sachen kommt es für die Gattungsschuld daher auch nicht auf die Verkehrsauffassung an (GERNHUBER, Schuldverhältnis § 10 I 2; MünchKomm/ EMMERICH Rn 6; für die Berücksichtigung der Verkehrsanschauung, wenn der Parteiwille nicht festgestellt werden kann, BeckOGK/BEURSKENS [1. 6. 2019] § 243 Rn 16 im Anschluss an BGH NJW 1975, 2011; NJW 1984, 1955). Fehlt eine Abrede, kann freilich auf die Verkehrsanschauung als Grundlage der ergänzenden Auslegung und Lückenfüllung der Parteivereinbarung zurückgegriffen werden (BGH NJW 1989, 218; ERMAN/WESTERMANN Rn 2). Dieselbe Funktion können industrielle oder technische Normen und gesetzlich bestimmte Qualitätsstandards erfüllen (BGH NJW 1986, 659). Unverzichtbar für die Gattungsschuld ist, dass der Gattung mehr Stücke angehören, als geschuldet werden, weil andernfalls eine Stückschuld vorläge (MünchKomm/EMMERICH Rn 7).

Die Leistung ist auch dann noch nach § 243 Abs 1 BGB bestimmbar, wenn die **9** Parteien die Gattung nur **ganz abstrakt** benennen. Auch „ein Tier" oder „ein Buch" kann hiernach die Gattung (ausnahmsweise) bezeichnen (GERNHUBER, Schuldverhältnis § 10 Fn 6), wenn es dem Gläubiger erkennbar wirklich nur auf irgendein Tier oder ein beliebiges Buch ankommt. Je ungenauer die Gattungsmerkmale beschrieben werden, um so mehr Spielraum bleibt dem Schuldner. Weitere (und realistischere) Beispiele für solche allgemeinen Merkmale sind Beschaffenheitsangaben (die nach § 434 Abs 1 S 1 BGB freilich ebenso der Qualität einer Stückschuld gelten können), Herstellungsjahr (Kraftfahrzeuge, Wein), Herkunft (Kohle, Bier, Wein), Fabrikmarke, Leistungsfähigkeit, aber auch der Preis (Wein zu 10 € die Flasche; ein Doppelzimmer zu 120 €).

3. Vorratsschuld

Da die Parteien über das Vorliegen einer Gattungsschuld entscheiden, können sie **10** auch aus der Gesamtgattung einen engeren Kreis leistungstauglicher Gegenstände durch eine begrenzende Herkunftsangabe bestimmen, so aus einem vorhandenen **Vorrat**, aus (künftiger) eigener Produktion des Schuldners oder aus den Beständen eines bestimmten Lieferanten. Auch bei solchen Vereinbarungen liegt Gattungsschuld vor (Mot II 11 gegenüber früheren Zweifeln). Vielfach wird sie begrenzte oder beschränkte Gattungsschuld genannt. Beschränkt ist aber nicht die Schuld, sondern allein die Gattung (GERNHUBER, Schuldverhältnis § 10 I 3 a, relativierend GSELL 203 Fn 375); und eine gewisse Beschränkung liegt in jeder Gattung. Das Besondere dieser Schuld liegt darin, dass der (sonstigen) Gattungsbeschreibung auch Gegenstände entsprechen, die sich der Schuldner nach dem Vertrag nicht beschaffen muss, um seine Verpflichtung zu erfüllen. Vielfach wird dies durch eine Vorrats- oder Produktionsklausel kenntlich gemacht sein, sofern solche Hinweise nicht bereits in der Aufforderung zum Angebot (zB einem Prospekt) enthalten sind. Es kann aber auch auf dem Interesse des Gläubigers, zB an einer besonders hohen Qualität, beruhen, wenn der Schuldner nur aus eigener Produktion liefern darf (GSELL JuS 2007, 103). Hilfreich bei der Auslegung der Parteivereinbarung kann die „typologische Dreiteilung in markt-, produktions- und vorratsbezogene Gattungsschulden" sein (CANARIS, in: FS Wiegand 191 f). Ausnahmsweise kann auch einmal die Verbindung zwischen der Pflicht und dem Recht zur Beschaffung aufgehoben sein, sodass der Schuldner zwar andere Stücke beschaffen darf, das aber nicht zu tun braucht. Dann liegt zwar weiterhin Vorratsschuld (und nicht: unbeschränkte Gattungsschuld) vor, aber verbunden mit der Ersetzungsbefugnis, den Gläubiger aus einem anderen Bestand zu befriedigen (GERNHUBER, Schuldverhältnis § 10 I 3 d). Dies kommt insbesondere in Betracht, wenn der Gläubiger keinerlei Interesse an Stücken gerade aus dem Vorrat hat, die Vorratsklausel also nur dem Schuldner dienen sollte. Häufiger behält sich der Schuldner die Lieferung von vorratsfremder Ersatzware ausdrücklich vor, doch stellt die Rspr insoweit strenge Anforderungen (vgl BGH NJW 1970, 992; OLG Karlsruhe JZ 1972, 120).

11 **Beispiele** für Beschränkung der Gattungsschuld auf einen Vorrat oder eine bestimmte Produktion sind etwa: die Benennung von Kohlenzechen (RGZ 28, 220; OLG Karlsruhe JZ 1972, 120) oder eines Schiffes, aus dem geliefert werden soll (RG WarnR 1918 Nr 45; 217; BGH WM 1973, 363). Doch kann sich die Beschränkung auch sonst durch Auslegung ergeben. Sie kommt insbes in Betracht, wenn der Schuldner Ware verspricht, die er – dem Gläubiger erkennbar – selbst herstellt. So RGZ 88, 287, 288: „Verkauft ein Fabrikant Ware, die er selbst herstellt, so werden, auch ohne dass es besprochen wird, die Umstände nicht selten die Annahme nahe legen, dass nur die Erzeugnisse der eigenen Fabrik den Vertragsgegenstand bilden sollen". Ebenso liegt es, wenn ein Landwirt Agrarprodukte verkauft (zB bei Rübensamen nach RGZ 84, 125. Es ging aber um die Bestellung einer bestimmten Sorte beim einzigen Züchter, daher um eine reine Gattungsschuld, GERNHUBER, Schuldverhältnis § 10 I 3 a m Fn 9. Vgl für landwirtschaftliche Vorratsschuld auch schon RGZ 57, 138, ferner RG JW 1918, 130). Hier soll der Schuldner sogar für sich behalten dürfen, was er zur Befriedigung des eigenen Bedarfs benötigt (RGZ 91, 312 f). Im Ergebnis schrumpft die Gattung so um die für den Eigenbedarf erforderliche Menge. Die Annahme einer besonderen Beschränkung macht aber keinen Sinn, wenn der Schuldner ohnehin der einzige Produzent ist (vgl den Fall von OLG München OLGZ 1973, 454: Verpflichtung zur Lieferung von 100 hl Bier einer bestimmten Brauerei). Nach RGZ 108, 419, 420 soll der Hinweis auf einen bestimmten Lagerplatz die Schuld auf die dort lagernde Ware beschränken können. Doch ist das allgemein sicher nicht richtig: Der Hinweis kann auch nur den Erfüllungsort meinen (krit auch MünchKomm/EMMERICH Fn 42; GERNHUBER, Schuldverhältnis § 10 Fn 10). Näher liegt die Annahme einer Beschränkung dagegen, wenn die Parteien die Ware auf dem Lagerplatz besichtigt haben (RG HansGZ 1930 B 38). Ein Sonderfall der beschränkten Gattungsschuld ist die Konzernverschaffungsschuld (dazu grundlegend WESTERMANN JA 1981, 599; s auch ERMAN/WESTERMANN Rn 11): Will sich ein Konzernunternehmen erkennbar nur verpflichten, die Leistung aus der Produktion des Gesamtkonzerns zu erbringen, liegt im Zweifel eine Vorratsschuld vor. Dies kann zB bedeutsam sein, wenn der Konzern eine Produktion ins Ausland verlagert hatte, den dortigen Betrieb aber aus politischen Gründen aufgeben musste (vgl WESTERMANN JA 1981, 603 ff). Zu einer (uU auch nachträglich, MünchKomm/EMMERICH Rn 13) vertraglich vereinbarten Zwischenphase, in der die Gattungsschuld auf einen Vorrat beschränkt ist, kommt es im Fall der mehrstufigen Konkretisierung (dazu unten Rn 33).

4. Abgrenzungen

Bei einer **Stückschuld** (Speziesschuld) im Gegensatz zur Gattungsschuld ist der Schuldgegenstand so genau bestimmt, dass dem Schuldner keine Auswahlmöglichkeit bleibt. Das liegt insbes vor, wenn statt **aus** einem Vorrat (oben Rn 10 f) der **ganze** Vorrat (zB auch eine ganze Schiffsladung wie die volle Tranausbeute eines Dampfers, RGZ 91, 260) versprochen wird. Dieselbe Situation kann nachträglich eintreten, wenn sich die Gattung auf die geschuldete Menge vermindert (zB der überschießende Teil des Vorrats wird an andere Gläubiger geliefert). Bereits der Verkauf eines Teils der Produktion soll nach RGZ 92, 369, 371 eine Stückschuld begründen, wenn sich die Parteien beim Vertragsabschluss „die den Gegenstand des Vertrags bildenden Sachen als konkrete Sachen vorgestellt haben". Doch ist dieses Kriterium wenig klar; entscheidend dürfte gewesen sein, dass der Schuldner nicht auswählen konnte (es waren die nächsten 35 t Erz verkauft, die in einer bestimmten Grube erzeugt werden würden). Überflüssig ist eine Auswahl durch den Schuldner, wenn der Gläubiger die Sache bereits ausgewählt hat, ohne doch ein Interesse gerade an bestimmten Stücken (und nicht einfach an mangelfreier Ware) zu haben. Dies ist etwa beim Kauf verpackter Ware in **Selbstbedienungsläden** der Fall. Hier muss der Gläubiger auch dann einzelne Stücke wählen, wenn ihm alle Stücke gleich lieb sind. In solchen Fällen ist die Konkretisierung trotz der notwendigen Mitwirkungshandlung des Gläubigers, zB der Auswahl der Ware und ihrer Vorlage an der Kasse, allein noch nicht eingetreten. Die Regeln über die Gattungsschuld bleiben anwendbar (nicht nur: entspr, so noch die 13. Aufl; wie hier insbes FAUST ZGS 2004, 255 mNw Fn 23). In Betracht kommt vor allem der Anspruch auf Nachlieferung fehlerfreier Ware nach § 439 Abs 1 aE (ebenso GERNHUBER, Schuldverhältnis § 10 I 1 c zu § 480 aF), der freilich nicht nur für den Gattungskauf gilt (BGHZ 168, 64 = NJW 2006, 2839 u hM, vgl PALANDT/WEIDENKAFF § 439 Rn 15 mwNw). 12

Bei der **Wahlschuld** (§§ 262–265 BGB) bedarf es zur endgültigen Bestimmung des Leistungsgegenstandes wie bei der Gattungsschuld entweder noch einer Wahl oder sie ist doch jedenfalls möglich. Kaum Abgrenzungszweifel zur Gattungsschuld entstehen hier, wenn das Wahlrecht beim Gläubiger liegt (was bei der Wahlschuld trotz § 262 BGB überwiegt): Dann kommt Gattungsschuld meistens (vgl aber oben Rn 6) nicht in Betracht. Als Kriterium für die Wahlschuld wird vielfach angenommen, dass die Wahl nur zwischen einer geringen Zahl von Stücken besteht und die Parteien sich diese einzelnen Stücke beim Vertragsabschluss konkret vorstellen (so STAUDINGER/MEDICUS[12] Rn 14 mwNw). Dieses Kriterium kann aber auch bei der Gattungsschuld (Beschaffung eines von nur wenigen, bekannten Sammlerstücken) erfüllt sein, während zB Wahlvermächtnisse über je ein etwa gleichwertiges, vom Erben zu bestimmendes Bild aus der durch Ein- und Verkäufe wechselnden Sammlung des Erblassers erst im Zeitpunkt des Erbfalles oder der Wahl individualisiert werden (vgl KISCH 172 ff; GERNHUBER, Schuldverhältnis § 11 Fn 9 mwNw). Die dann ausgewählten Bilder können (im Gegensatz zu § 243 Abs 1 BGB) die geringwertigsten der Sammlung sein. 13

Nur als Indizien für Wahlschuld kommen in Betracht: geringe Anzahl der möglichen Leistungsobjekte, ihre individuelle Bezeichnung und der Umstand, dass sie einander nicht vertreten können (§ 91 BGB) (nach Gernhuber, Schuldverhältnis § 11 I 3). Bestehen Zweifel, ob Wahl- oder Gattungsschuld vereinbart sein soll, ist eher von der Wahlschuld, der für den Schuldner günstigeren Möglichkeit (er muss nicht „mittlerer Art und Güte" leisten), auszugehen (BeckOGK/Beurskens [1. 6. 2019] § 243 Rn 23).

14 Möglich ist auch eine **Kombination von Wahlschuld und Gattungsschuld**: Es kann zunächst zwischen mehreren Gattungen gewählt werden und dann innerhalb der gewählten Gattung zwischen mehreren Stücken. Dahin gehört der Fall von BGH NJW 1960, 674: Verpflichtung zur Abnahme einer bestimmten Gesamtmenge von Öl, wobei der Käufer zwischen verschiedenen Arten (ua Autoöle, Getriebeöle, Schmierfette) wählen durfte (ebenso Gernhuber, Schuldverhältnis § 11 Fn 11; MünchKomm/Emmerich Rn 8; Larenz I § 11 II; Esser/Schmidt § 14 II 1). Dann sind für die Wahl **der** Gattung die §§ 262 ff BGB und für die Wahl **aus** der Gattung ist § 243 BGB anzuwenden.

15 Bei der **Ersetzungsbefugnis** des Schuldners ist die primär geschuldete Leistung vollkommen bestimmt. Der Schuldner kann jedoch an die Stelle dieser geschuldeten Leistung eine andere setzen, die dann die einzig geschuldete ist. Der Unterschied zur Gattungsschuld liegt darin, dass bei der Ersetzungsbefugnis jeweils nur eine bestimmte Leistung geschuldet wird, während diese Bestimmtheit bei der Gattungsschuld anfänglich fehlt. Freilich ist auch hier wie bei der Wahlschuld (vgl oben Rn 14) eine **Kombination mit der Gattungsschuld** denkbar: nämlich wenn der Schuldner die Gattung, aus der er primär leisten muss, durch eine andere ersetzen kann (zB 2 t Kohle statt 1000 l Heizöl).

16 Das Schuldverhältnis mit einem **Leistungsbestimmungsrecht** steht der Gattungsschuld vor allem dann nahe, wenn das Bestimmungsrecht dem Schuldner zusteht. Dieser kann im Zweifel im Rahmen der Billigkeit bestimmen (§ 315 Abs 1, 3 BGB), also mit einem weiteren Spielraum als nach § 243 Abs 1 BGB. Doch wird man § 243 BGB für die Auswahl von Stücken aus der Gattung als Spezialregelung aufzufassen haben: Insoweit ist § 315 BGB dann unanwendbar.

17 Der BGH (BGHZ 28, 123; 83, 293, krit dazu Medicus JuS 1993, 705, 709) hat auch die **Geldschuld** mehrfach als Gattungsschuld behandelt (ebenso E Wolf, SchuldR I § 4 D I, II a, d; ähnlich Fikentscher/Heinemann, SchuldR Rn 259: „Gattungsschulden besonderer Art"). In der Lit wird hingegen der Charakter der Geldschuld als Gattungsschuld teilweise deshalb verneint, weil sie keine Sachschuld sei (Larenz I § 12 3; für Sachschuld besonderer Art aber Fülbier NJW 1990, 2797 f; insgesamt wohl überholt durch den modernen bargeldlosen Zahlungsverkehr, Erman/Schaub § 244 Rn 2). Aber auch andere als Sachschulden können gattungsmäßigen Charakter haben (vgl unten Rn 44 ff). Größeres Gewicht hat daher das Argument, dass die meisten Vorschriften über die Gattungsschuld für Geldschulden nicht passen (Medicus JuS 1966, 297, 305; ausf Gernhuber, Schuldverhältnis § 10 I 6 b mwNw Fn 23, 24): § 243 Abs 1 BGB ist für die Geldschuld offenbar sinnlos, und Abs 2 wird weithin durch § 270 Abs 1 BGB verdrängt (zur entspr Anwendung von § 243 Abs 2 auf die Verspätungsgefahr bei Geldschulden vgl unten Rn 35). Das Beschaffungsrisiko als Vertretenmüssen nach § 276 Abs 1 S 1 BGB (wie schon früher § 279 aF) passt gleichfalls nicht, weil sich bei der Geldschuld die Unbeachtlichkeit des Unvermögens

aus dem Prinzip der unbeschränkten Vermögenshaftung ergibt (grundlegend MEDICUS AcP 188 [1988] 501; dem folgen auch FIKENTSCHER/HEINEMANN, SchuldR Rn 259: s auch STAUDINGER/CASPERS [2014] § 275 Rn 74 ff; § 276 Rn 162 f). Nur für § 300 Abs 2 BGB kommt eine entspr Anwendung bei der Geldschuld in Betracht (MEDICUS JuS 1966, 297, 305; GERNHUBER, Schuldverhältnis § 10 I 6 b; STAUDINGER/OMLOR [2016] Vorbem B36 zu §§ 244–248; ERMAN/J HAGER § 300 Rn 5; differenzierend STAUDINGER/FELDMANN [2014] § 300 Rn 19).

Wenn Geld **nicht als Zahlungsmittel** erworben wird, sondern etwa als Goldmünzen **18** zur Kapitalanlage, sodass es auf eine bestimmte Menge von Geldzeichen einer bestimmten Sorte statt auf einen bestimmten Geldwert ankommt, dann liegt eine „eigentliche Geldsortenschuld" vor, die echte Gattungsschuld ist. Hier gilt insbes auch § 243 Abs 1 BGB: Schadhafte Geldzeichen sind idR nicht erfüllungstauglich. Die in § 245 BGB geregelte „uneigentliche Geldsortenschuld" jedoch, bei der es primär um die Übertragung eines Geldwerts geht, ist echte Geldschuld und daher keine Gattungsschuld.

5. Beschaffungsschuld

Als Folge der Gattungsschuld, die nicht auf einen Vorrat oder eine Produktion **19** beschränkt ist (oben Rn 10 f), wird meist eine **Beschaffungspflicht** angenommen (STAUDINGER/MEDICUS[12] Rn 10 im Anschluss an BALLERSTEDT [vgl Schrifttum]; so auch noch zB BGH NJW-RR 2004, 50, 52; PWW/SCHMIDT-KESSEL Rn 7). Dies ist jedoch doppelt ungenau (GERNHUBER, Schuldverhältnis § 10 II 1; GSELL 12 ff; CANARIS, in: FS Wiegand 189 ff; vgl auch MEDICUS/LORENZ, SchuldR I Rn 401): Zum einen können Schuldverhältnisse mit Beschaffungspflichten auch für Stückschulden begründet werden (zB ein bestimmtes Kunstwerk zu ersteigern). Dies gilt vor allem, wenn man mit der hM (BGHZ 168, 64; BGH NJW 2019, 1133 Rn 31 ff; PALANDT/WEIDENKAFF § 439 Rn 15; CANARIS JZ 2003, 831 ff; H ROTH NJW 2006, 2953 ff; GSELL JuS 2007, 97 ff; **aA** insbes FAUST ZGS 2004, 252 ff) eine Nachlieferungspflicht des Verkäufers bei Stückschulden nach § 439 Abs 1 BGB annimmt. Zum andern kann zwar der Schuldner aus eigenem Interesse, um den Vertrag uU in „zweiter Andienung" erfüllen zu können, zur Beschaffung eines erfüllungstauglichen Gegenstandes gehalten sein; dies begründet aber vor einer entsprechenden Wahl des Käufers nach § 439 Abs 1 BGB keine selbstständige, etwa neben die Übereignungspflicht beim Gattungskauf tretende Verpflichtung des Verkäufers. Es geht allein darum, ob der Schuldner ein Unvermögen zur Leistung zu vertreten hat (vgl dazu CANARIS, in: FS Wiegand 190 f, 216 ff mit der Einordnung des § 276 Abs 1 S 1 als Auslegungsregel; vgl ferner STAUDINGER/CASPERS [2014] § 276 Rn 151 ff insbes 155 ff zu einschlägigen Vertragsklauseln). GERNHUBER (Schuldverhältnis § 10 II 1) spricht in diesem Zusammenhang von einer Beschaffungslast. Sie ergibt sich aus besonderen Vertragsklauseln oder aus der typischen Risikozuweisung des Vertrages wie beim „marktbezogenen Handelskauf" (auch: „marktbezogene Gattungsschuld", MEDICUS/LORENZ, SchuldR I Rn 201): Liegt er vor, braucht der Schuldner für erfüllungstaugliche Ware nur solange zu sorgen, wie solche Ware „am Markt" ist und ihn kein Vorwurf (insbes wegen Verzuges) dafür trifft, dass zu dem Zeitpunkt, in dem er der Beschaffungslast nachzukommen sucht, keine Ware mehr auf dem Markt vorhanden ist (vgl RGZ 57, 116; 88, 172; 95, 264; 107, 156). Die wohl gebräuchlichste Klausel zur Einschränkung der Beschaffungslast ist die Klausel „Selbstbelieferung vorbehalten" (vgl BGHZ 92, 396; hierzu und zu weiteren Klauseln GERNHUBER, Schuldverhältnis § 10 II 3).

20 Ist der Schuldner mehreren Gläubigern gegenüber zur Leistung verpflichtet und genügen die nach dem eben Ausgeführten beschaffbaren Waren nicht zur Befriedigung aller Gläubiger, stellt sich die Frage einer Pflicht zur anteiligen Befriedigung (**Repartierung**). Sie ist vom RG für Vorratsschulden mehrfach im Sinne einer par conditio creditorum beantwortet worden (RGZ 84, 125; 91, 312; 100, 134; MEDICUS/PETERSEN, BR Rn 256; ebenso noch Bearb 2005 u für den Regelfall PWW/SCHMIDT-KESSEL Rn 8a; zustimmend für die Fälle unverschuldeter Unzulänglichkeit des Vorrats GSELL 169 ff). Einwände hiergegen hat STAUDINGER/CASPERS ([2014] § 275 Rn 23) erhoben: Ein sachlicher Grund, die Gläubiger wie in einem Insolvenzverfahren zu einer Befriedigungsgemeinschaft zu verbinden, bestehe nicht. Umgekehrt hatte schon G HUECK (Der Grundsatz der gleichmäßigen Behandlung im Privatrecht [1958] 143 f) keine Rechtfertigung für die Beschränkung der Repartierung auf Vorratsschulden erkennen können. Das RG hat die Repartierung auf § 242 BGB gestützt. Hiergegen ist auf § 20 Abs 2 GWB (mangelbedingte Abhängigkeit der Gläubiger von einem marktstarken Lieferanten) hingewiesen worden (MünchKomm/EMMERICH Rn 17, der aber jetzt dem hier vertretenen Standpunkt folgt). § 20 GWB dient freilich nicht dem privaten Interesse (SOERGEL/ARNOLD Rn 8; vgl auch schon GERNHUBER, Schuldverhältnis § 10 IV 8 b a E zu den praktischen Schwierigkeiten bei der Durchführung einer solchen Repartierung; hiergegen aber GSELL 183 ff). Daher ist vorgeschlagen worden, dem Schuldner freie Hand zu lassen, welche Gläubiger er in welchem Umfang befriedigen wolle (so schon E WOLF JuS 1962, 101, 104 f), während CASPERS das Prioritätsprinzip anwenden will, sodass der schnellste Gläubiger den Vorteil hat. Das BGB selbst ordnet in anderen Fällen teils den Vorrang der früheren Forderung (so nach § 519 Abs 2 BGB und idR nach §§ 1990, 1991 BGB), teils die Verteilung zu gleichen Teilen (so § 659 Abs 2 BGB) an. Ein verallgemeinerungsfähiges Prinzip lässt sich daraus nicht gewinnen (H P WESTERMANN AcP 208 [2008] 141, 169, spricht im vorliegenden Zusammenhang immerhin von einem „an sich dem privaten Schuldverhältnis innewohnenden Präventionsprinzip"). Aber auch die Anwendung des § 242 BGB als Ausweg aus der Ratlosigkeit ist kein überzeugendes Rezept: Eine Möglichkeit zur Anknüpfung an eine allgemein anerkannte Fallgruppe von Treu und Glauben ist nicht ersichtlich. Vielmehr ist der Hinweis auf gleichartige, aber nicht verbundene Pflichten gegenüber Dritten im Verhältnis zum ersten (oder gerade die Erfüllung fordernden) Gläubiger als Einwand aus der Person eines Dritten zu qualifizieren. Das Problem kollidierender Pflichten ist dem Recht nicht fremd. Sind die Pflichten wie im vorliegenden Zusammenhang gleichrangig, ist die Verletzung der Pflicht gegenüber dem einen Pflichtgläubiger, um die Pflicht gegenüber einem anderen zu erfüllen, nicht rechtswidrig (vgl SCHÖNKE/SCHRÖDER/STERNBERG-LIEBEN, StGB [30. Aufl 2019] Vorbem §§ 32 ff Rn 73 ff). Hiervon für das Zivilrecht abzuweichen, besteht – abgesehen von ganz besonderer Härte im Einzelfall – kein überzeugender Grund (ebenso SCHÜRNBRAND, in: FS Stilz 580 f). Zwar mag die Gleichbehandlung der Gläubiger fairer erscheinen (SOERGEL/ARNOLD Rn 8). Allein deshalb muss das rechtmäßige Verhalten des Schuldners aber nicht schon als treuwidrig und somit „speziell zivilrechtlich" dennoch als rechtswidrig bezeichnet werden (Beck OGK/BEURSKENS [1. 6. 2019] § 243 Rn 55 verneint regelmäßig ein Verschulden).

III. Der Inhalt der Gattungsschuld (Abs 1)

1. Der allgemeine Qualitätsmaßstab

21 § 243 Abs 1 BGB und ebenso der daneben heute überflüssige § 360 HGB schreiben die Lieferung von Sachen (in § 360 HGB: Handelsgut) **mittlerer Art und Güte** vor.

Einen etwas anderen Maßstab sieht § 2155 Abs 1 BGB für das Gattungsvermächtnis vor: Dort kommt es auf die Verhältnisse des Bedachten an, was milder oder strenger als der „mittlere" Standard sein kann. Alle diese Regelungen setzen voraus, dass die Gattung aus Stücken unterschiedlicher Qualität besteht. Für die heute typische Gattungsschuld aus industrieller Massenproduktion ist eine solche Voraussetzung idR nicht zu unterstellen. Es wäre vielmehr sehr merkwürdig, wenn hinsichtlich der Lieferung von Produkten an den Käufer insoweit geringere Anforderungen bestünden als hinsichtlich des Sicherheitsstandards gegenüber den Nutzern nach dem ProdHG und nach deliktischen Verkehrspflichten (sogar von einer „Sekuritäts- und Qualitätssteuerung" durch § 243 Abs 1 sprechen ESSER/SCHMIDT § 13 I 2 a). Daher ist nach § 243 Abs 1 BGB ein den Fertigungsnormen der Serie voll entsprechendes Produkt zu liefern, nicht ein Produkt mit „durchschnittlichen" Abweichungen (GERNHUBER, Schuldverhältnis § 10 III 4 a; ERMAN/WESTERMANN Rn 8; MünchKomm/EMMERICH Rn 19). Dies folgt nicht erst aus einer Begrenzung der Gattung auf normgemäße Stücke durch entsprechende Parteivereinbarung (so aber BGH NJW 1975, 2011 und STAUDINGER/MEDICUS[12] Rn 20). Vielmehr sind normgerechte Produkte durch die Normfestlegungen selbst gattungsmäßig bestimmt (MARBURGER JuS 1976, 638, 640). Wenn aber die Parteien zB einen höheren Standard vereinbaren, führt dies zu einer speziellen privatautonomen Fixierung. Dann gehören Stücke, die nur den allgemeinen Standards entsprechen, gar nicht zur Gattung. Nur im Ergebnis stimmt hiermit überein, dass nach RGZ 69, 407, 409, wenn für die geschuldete Sache noch besondere Eigenschaften innerhalb der Gattung vereinbart sind, eine Sache mit diesen Eigenschaften auszuwählen sein soll (ebenso SOERGEL/ARNOLD Rn 6 im Anschluss an OLG Zweibrücken WM 1985, 237). Doch dürfte auch diese Vereinbarung besonderer Eigenschaften schon die Grenzen der Gattung bestimmen (vgl zur Abgrenzung SEIBERT nach Schrifttum). Ebenso dürften Vereinbarungen über den Verwendungszweck oder den Preis regelmäßig schon für die Bestimmung der Gattung und nicht erst für die geschuldete Auswahl Bedeutung haben.

Was iE dem Maßstab „mittlere Art und Güte" entspricht, ergibt sich demnach aus der **Gattung** so, **wie sie für das Schuldverhältnis maßgeblich** ist. Insbes bei der Vorratsschuld (vgl oben Rn 10 f) knüpft der „mittlere" Standard an die Qualität des konkreten Vorrats an. Beim Kauf auf Besichtigung muss der Verkäufer dem Käufer Sachen mittlerer Art und Güte zur Besichtigung stellen (RGZ 93, 254). 22

2. Vereinbarungen über die Qualität

Abweichend von § 243 Abs 1 BGB kann der Schuldner durch Vereinbarung berechtigt werden, auch schlechtere als mittlere Qualität zu liefern, oder er kann zur Lieferung besserer Qualität verpflichtet sein, ohne dass hierdurch die geschuldete Gattung selbst wie in den Rn 21 f genannten Fällen eingeengt wird. Infolgedessen bleibt dem Schuldner insbes bei der Vereinbarung eines minderen Standards die Lieferung besserer Qualität (zum selben Preis) unbenommen. Solche Abreden sind vor allem als Klauseln im kaufmännischen Geschäftsverkehr gebräuchlich. Die Klauseln „wie besehen" oder „wie besichtigt" haben im Rahmen der §§ 377, HGB, 434 ff BGB die Wirkung, dass die Gewährleistung wegen aller erkennbarer Qualitätsminderungen ausgeschlossen ist (vgl RG WarnR 1919 Nr 114), die Klausel „wie die Ware steht und liegt" sogar, dass auch verborgene Mängel hingenommen werden müssen (vgl RG SeuffA 87 [1933] Nr 39; zu Widersprüchen in der Handhabung beider Klauseln durch die Rspr 23

STAUDINGER/MATUSCHE-BECKMANN [2014] § 444 Rn 17 ff mNw). Die tel quel-(auch: telle quelle-)Klausel berechtigt den Schuldner, ausschließlich schlechteste Qualität zu liefern (BGH LM § 346 D Nr 5). RGZ 19, 30, 31 hat die Klausel auch bei Verkauf schwimmender Ware in diesem Sinne angewendet. Doch liegt, wenn die ganze Ladung geschuldet wird, überhaupt Stückschuld vor (vgl oben Rn 12). Und wenn ein Teil davon geschuldet wird, handelt es sich um eine Vorratsschuld (vgl oben Rn 10); in den Grenzen des Vorrats kann dann wieder § 243 Abs 1 BGB gelten (vgl oben Rn 22).

3. Qualitätsabweichungen

24 Liefert der Schuldner **schlechtere Ware** als er nach Abs 1 (oben Rn 21 f) oder nach den abweichenden Vereinbarungen (oben Rn 23) schuldet, hat er regelmäßig noch nicht erfüllt. In Konsequenz dieser Annahme müsste der Erfüllungsanspruch bestehen bleiben, und der Gläubiger hätte die Ware nach § 812 Abs 1 S 1 Alt 1 BGB herauszugeben (condictio indebiti). Für den praktisch weitaus wichtigsten Fall, den **Gattungskauf** (und bei Erstreckung der Nachlieferungspflicht auf den Stückkauf auch für diesen), trifft § 439 Abs 5 BGB die Regelung, dass stattdessen auf die Rückgewähr der mangelhaften Leistung Rücktrittsrecht (§§ 346 ff BGB) anzuwenden ist. Nach dem Wortlaut der Vorschrift gilt dies unabhängig davon, ob die Nachlieferung auf Verlangen des Käufers zur Erfüllung der Gewährleistungspflicht erfolgt oder auf Initiative des Verkäufers in Ausübung seines (wiederum von der Wahl des Käufers abhängigen) Rechts zur „zweiten Andienung".

25 **Bessere Ware** als die nach § 243 Abs 1 BGB (vgl oben Rn 21 f) oder den abweichenden Vereinbarungen (vgl oben Rn 23) geschuldete **darf** der Schuldner in aller Regel liefern (LARENZ I § 11 I; MünchKomm/EMMERICH Rn 22; ERMAN/WESTERMANN Rn 8). Nur wenn der Gläubiger ausnahmsweise, weil er sonst gezwungen wäre, seinerseits einen höheren Preis zu nehmen, ein nachvollziehbares Interesse an bloß mittelguter Ware hat, käme eine andere Lösung in Betracht. In einer solchen Lage bliebe es jedoch dem Gläubiger unbenommen, sein Interesse durch die Vereinbarung einer entsprechenden Begrenzung der Gattung selbst wahrzunehmen (GERNHUBER, Schuldverhältnis § 10 III 4 c).

26 Fraglich ist, ob der Schuldner bessere Ware auch als indebitum **kondizieren** kann, wenn er sie versehentlich (sonst schon § 814 BGB!) statt mittelguter geliefert hat. Das wird überwiegend verneint (LARENZ I § 11 I; MünchKomm/EMMERICH Rn 21; ERMAN/WESTERMANN Rn 8). Jedoch kann ein beachtlicher Irrtum (zB Vergreifen) bei einer der Erfüllung dienenden Willenserklärung vorliegen, insbes bei der Übereignung. Beispiel: S schuldet dem F mittelgute und dem G beste Ware; die für G bestimmte Ware wird irrtümlich an F geliefert: Hier kann die Übereignung an F nach § 119 Abs 1 BGB angefochten und dann die Ware vindiziert werden; in einem solchen Fall dürfte die F auch kein Recht zum Besitz aus dem Kauf haben. Dagegen fehlt es schon an einem zur Anfechtung berechtigenden Irrtum, wenn der Schuldner nur über den Inhalt seiner Pflicht geirrt hat. Eine Anfechtung kommt ferner nicht in Betracht, wenn der Erfüllung keine Willenserklärung zugrunde liegt. Schließlich stellt die bessere Qualität kaum eine wesentliche Eigenschaft der Ware iS von § 119 Abs 2 BGB dar, da eine solche Leistung jedenfalls ihren wesentlichen Zweck, die Erfüllungswirkung nach § 362 Abs 1 BGB, erreicht (zweifelnd noch Bearb 1995). Demnach kann der Schuldner bei einem bloßen Qualitätsirrtum nicht anfechten.

IV. Die Konkretisierung der Gattungsschuld (Abs 2)

1. Die durch die Konkretisierung zu verändernde Rechtslage

Die Rechtslage vor der Konkretisierung (Konzentration) ist durch die Beschaffungs- 27
last des Gattungsschuldners (vgl oben Rn 19) bestimmt: Dieser müsste bis zur Erschöpfung der beschränkten (oben Rn 10 f) wie der unbeschränkten Gattung immer neue Erfüllungsversuche unternehmen, wenn die früheren nicht zur Erfüllung geführt haben; er trüge also die **Leistungsgefahr**. § 300 Abs 2 BGB verbessert die Lage des Schuldners durch die Anordnung, die Gefahr (= Leistungsgefahr, heute unbestritten; zu früheren Deutungen GERNHUBER, Schuldverhältnis § 10 Fn 67) solle schon beim Eintritt des Annahmeverzugs auf den Gläubiger übergehen. § 243 Abs 2 BGB verlegt den Gefahrübergang auf den Gläubiger nochmals vor, sodass für den nach hM regelmäßig erst später einsetzenden § 300 Abs 2 BGB nur eine geringe Bedeutung bleibt (vgl MEDICUS JuS 1966, 297, 302 f; noch enger GERNHUBER, Schuldverhältnis § 10 III 5 i; zu Einzelheiten STAUDINGER/FELDMANN [2014] § 300 Rn 18 ff; ausf zum Verhältnis von § 243 Abs 2 und § 300 Abs 2 ERNST, in: GS Knobbe-Keuk 83 ff). Die Gegenleistungsgefahr (Preisgefahr, Vergütungsgefahr) ist nicht in §§ 243 Abs 2, 300 Abs 2 BGB geregelt, sondern in §§ 323 Abs 6, 326 Abs 2, 446 f (wobei § 447 BGB für den Verbrauchsgüterkauf nach § 475 Abs 2 BGB nur eingeschränkt gilt), 640, 644 Abs 1 S 2 u Abs 2, 646 BGB.

2. Zuständigkeit für die Konkretisierung

Für die Konkretisierung ist nach § 243 Abs 2 BGB in aller Regel der **Schuldner** 28
zuständig. Sowohl die Konzentration selbst als auch die Zuständigkeit für sie kann aber vertraglich herbeigeführt (zu den Konstruktionsfragen GERNHUBER, Schuldverhältnis § 10 III 3 c mwNw Fn 51) oder geregelt werden. Wählt der Gattungskäufer nach § 439 Abs 1 BGB statt der Nachlieferung die Nachbesserung (Beseitigung des Mangels), nimmt er als Gläubiger die Konkretisierung vor, obwohl die Leistung den Anforderungen des § 243 Abs 1 BGB nicht entspricht (ERMAN/WESTERMANN Rn 8, 14). Allerdings ist der Käufer wie beim Stückkauf an seine Wahl der Nacherfüllungsalternative so lange nicht gebunden, bis der Verkäufer die Nachbesserung vorgenommen oder den Käufer in Annahmeverzug gesetzt hat (STAUDINGER/MATUSCHE-BECKMANN [2014] § 439 Rn 9; BeckOK-BGB/FAUST [1. 11. 2018] § 439 Rn 17 ff; **aA** ERMAN/GRUNEWALD § 439 Rn 9: Bindung mit Zugang der Wahlerklärung; ebenso PALANDT/WEIDENKAFF § 439 Rn 6, der aber im Gegensatz hierzu Rn 8 das Wahlrecht des Käufers nach wirksamer Ausübung erst mit der Erfüllung der Nachleistungspflicht durch den Verkäufer erlöschen lässt). Auch beim Gattungsvermächtnis sieht § 2155 Abs 2 BGB die Möglichkeit der Konkretisierung durch den Gläubiger vor. Dort findet sich außerdem ein Fall möglicher Konkretisierung durch einen Dritten, zB einen Sachverständigen.

3. Voraussetzungen der Konkretisierung

Erste Voraussetzung der Konkretisierung ist nach dem Wortlaut des § 243 Abs 2 29
BGB eine „solche Sache". Demnach ist eine Konkretisierung durch den Schuldner nur mit einer nach Abs 1 oder abweichender Vereinbarung (oben Rn 23) **erfüllungstauglichen Sache** möglich (RGZ 69, 407, 409; BGH NJW 1967, 33). Im wichtigsten Anwendungsfall der Gattungsschuld, im Gattungskauf, kann der Käufer die Konkretisierung freilich trotz einer mangelhaften Lieferung herbeiführen (dazu oben Rn 28).

30 Eine allseits überzeugende allgemeine Formel, die das **„seinerseits Erforderliche"** konkreter bestimmt, ist bisher nicht gefunden worden. Die Rspr hält das Erforderliche für getan, wenn der Schuldner alles zum Leistungserfolg vorbereitet habe, sodass es nur noch am Gläubiger liege, ob er die Sache in Empfang nehmen wolle oder nicht (vgl insbes RGZ 57, 402, 403 f; BGH WM 1975, 917, 920). EMMERICH (MünchKomm Rn 25) formuliert im selben Sinne, der Schuldner müsse so weit „angeleistet" haben, wie es ihm jeweils ohne Mitwirkung des Gläubigers möglich sei, er müsse also die Voraussetzungen erfüllt haben, um den Gläubiger nach § 294 BGB in Annahmeverzug zu setzen (ähnl ERNST, in: GS Knobbe-Keuk 80 ff). Aber dies trifft etwa für die Holschuld keineswegs immer zu: Hier mag es dem Schuldner sehr wohl möglich sein, die Sache zum Gläubiger zu bringen; dennoch muss er eben dies nach vorzugswürdiger Ansicht (vgl unten Rn 37) zur Konkretisierung gerade nicht. Es kommt nicht darauf an, was dem Schuldner möglich ist, sondern allein darauf, was er schuldet: Nur dies ist das „zur Leistung seinerseits" (und nicht etwa: alles) „Erforderliche". Insbes besteht keinerlei Veranlassung, dem Schuldner das Risiko vorübergehender Annahmehindernisse beim Gläubiger (§ 299 BGB) aufzubürden (GERNHUBER, Schuldverhältnis § 10 III 5 b). Für bestimmtere Aussagen ist daher nach der Art der Schuld zu unterscheiden (iE verfährt so auch MünchKomm/EMMERICH Rn 27 ff):

31 Bei der Bringschuld, also wenn Leistungs- und Erfolgsort beim Gläubiger liegen, muss der Schuldner die erfüllungstaugliche (oben Rn 29) Sache aussondern, sie zum Gläubiger bringen und sie ihm termingerecht (vgl unten Rn 37) anbieten (tatsächliches Angebot nach § 294 BGB). Hier gerät der Gläubiger zugleich (oder doch mit der folgenden Ablehnung, vgl MEDICUS JuS 1966, 297, 302) in Annahmeverzug; die Leistungsgefahr geht dann auch nach § 300 Abs 2 BGB auf ihn über. Aussonderung und Bereitstellung des erfüllungstauglichen Gutes sowie Mitteilung davon an den Gläubiger genügen jedoch, wenn der Gläubiger zuvor erklärt, dass er nicht annehmen werde (wörtliches Angebot nach § 295 BGB): Hier wäre es sinnlos, das Gut dem Gläubiger noch zu bringen (GERNHUBER, Schuldverhältnis § 10 III 5 e).

32 Bei der Schickschuld (Leistungsort beim Schuldner, Erfolgsort beim Gläubiger) braucht der Schuldner die erfüllungstaugliche (oben Rn 29) Sache regelmäßig nur auszusuchen und sie ordentlich (also richtig adressiert und in geschuldeter Weise freigemacht, nötigenfalls auch nach Einholung erforderlicher Genehmigungen) an den Gläubiger abzusenden. Hier wird die Schuld schon mit dieser Absendung konkretisiert, also idR bevor Annahmeverzug eintreten und daher § 300 Abs 2 BGB wirken kann. Von da an trägt der Gläubiger die Leistungsgefahr. Dies gilt selbst dann, wenn die Preisgefahr (wie im Fall der Versendung beim Verbrauchsgüterkauf, § 475 Abs 2 BGB) noch nicht auf ihn übergegangen ist (BeckOK-BGB/FAUST [1. 11. 2018] § 475 Rn 16 ff; STAUDINGER/MATUSCHE-BECKMANN [2014] § 474 Rn 70). Für den Fall, dass der Gläubiger die Ablehnung der Lieferung erklärt, gilt dasselbe wie bei der Bringschuld (oben Rn 31).

33 Möglich ist insbes bei der Schickschuld auch eine **mehrstufige Konkretisierung** (GERNHUBER, Schuldverhältnis § 10 III 6): Auf einer ersten Stufe wird bereits der Kreis möglicher Leistungsgegenstände ähnlich wie bei einer Vorratsschuld (oben Rn 10) beschränkt, ohne dass hiermit schon die Konkretisierung abgeschlossen wäre. Paradebeispiel hierfür ist die Sammelsendung, wenn sie für Geschäfte der fraglichen Art üblich oder dem Schuldner besonders erlaubt ist: Mit der Absendung beschränkt sich das Schuldverhältnis bereits auf die Sammelladung, wenn diese für ganz bestimmte Gläubiger zB durch Konnossement oder Verladeanzeige (RGZ 88, 389, 391) dokumentiert (hiermit aber noch nicht notwendigerweise Miteigentum der Gläubiger) wird. Dann bilden die Gläubiger – anders als bei deren zufälligem Zusammentreffen in Fällen der Vorratsschuld (oben Rn 20) – eine Gefahrengemeinschaft. Daher geht mit dem Sammelversand die Leistungsgefahr auf sie über (dazu genauer J Schröder MDR 1973, 466 ff; Hönn AcP 177 [1977] 385, 396 ff; vgl ferner MünchKomm/Emmerich Rn 28; Gernhuber, Schuldverhältnis § 10 III 6 b mwNw Fn 84). Entsprechendes muss auch für die Sammellagerung sowie dann gelten, wenn der Schuldner bei der Einzelversendung versehentlich mehr als die geschuldete Menge abgeschickt hat.

Für Verkäufe im kaufmännischen Versand (insbes See- und Luftfracht) enthalten die gängigen Incoterms (Übersicht bei Staudinger/Beckmann [2014] § 447 Rn 62 ff) neben der Kostentragung Regelungen zum Übergang der Leistungsgefahr und somit zu den Voraussetzungen des § 243 Abs 2 BGB. Die Klauseln **fob** (auch: fob Flughafen) und **cif** führen zum Gefahrübergang erst, wenn die Ware die Schiffsreling überschritten hat oder dem Luftfrachtführer übergeben worden ist (vgl RGZ 106, 212, 213; Münch-Komm/Emmerich Rn 27; Gernhuber, Schuldverhältnis § 10 III 5 g; Huber JZ 1974, 433, 436). Ist die Ware zu diesem Zeitpunkt nicht bereits eindeutig dem Vertrag mit dem Käufer zugeordnet, bedarf es zur Konkretisierung zusätzlich der Absendung des Konnossements oder der Verladeanzeige an den Käufer. Nach Handelsbrauch ist dann die Konkretisierung rückwirkend mit der Verschiffung oder der Übergabe an den Frachtführer bewirkt. **34**

Auch die **Geldschuld** ist zwar nach §§ 270, 269 BGB Schickschuld (nach anderen modifizierte Bringschuld, Staudinger/Bittner [2014] § 270 Rn 3 mNw), aber eben keine Gattungsschuld (vgl oben Rn 17). Eine wenigstens entspr Anwendung von § 243 Abs 2 BGB scheitert regelmäßig an § 270 Abs 1 BGB, nach dem der Schuldner die Gefahr bis zur Ankunft beim Gläubiger tragen muss. Für § 243 Abs 2 BGB kommt daher nur der von § 270 Abs 1 BGB nicht erfasste Bereich in Betracht: Dies ist erstens der Fall von § 270 Abs 3 BGB, nämlich wenn der Gläubiger nach der Entstehung des Schuldverhältnisses durch einen Umzug die Gefährlichkeit der Versendung erhöht hat. Zweitens geht es um die Verspätungsgefahr, also die Gefahr, dass das rechtzeitig abgesendete Geld verspätet ankommt. Denn für sie gilt § 270 Abs 1 BGB nicht (RGZ 78, 137, 139 f, 142; 99, 258; Larenz I § 14 IV c). Drittens endlich gilt § 270 Abs 1 BGB nicht für bestimmte auf Geld bezogene Herausgabepflichten, insbes des Geschäftsführers (Beauftragten) und des Kommissionärs (so etwa BGHZ 28, 123, 128; BGH NJW 2003, 743; Staudinger/Bittner [2014] § 270 Rn 8) sowie des Schuldners aus ungerechtfertigter Bereicherung (BGHZ 83, 293; Staudinger/Bittner [2014] § 270 Rn 9). In allen drei Fallgruppen passt § 243 Abs 2 BGB in dem Sinn entspr, dass er den spätesten Zeitpunkt bezeichnet, zu dem die (Verlust- oder Verspätungs-)Gefahr auf den Gläubiger übergeht (Medicus JuS 1966, 297, 305). Bei den Herausgabepflichten der letzten Fallgruppe kann freilich der Gläubiger die Verlustgefahr schon vor der Absendung tragen, weil der Schuldner für das Gelingen der Leistung nur nach §§ 276, 278 BGB haftet (vgl Soergel/Forster § 270 Rn 4 f; Erman/Ebert § 270 Rn 1; Palandt/Grüneberg § 270 Rn 2). **35**

Hinsichtlich der **Holschuld** (Leistungs- und Erfolgsort beim Schuldner) herrscht bereits seit dem 19. Jahrhundert Streit (vgl insbes Ernst, in: GS Knobbe-Keuk 77 ff). Die hM **36** lässt sich mindestens bis zu Thöl (Das Handelsrecht [6. Aufl 1879] §§ 262–264) zurückverfolgen. Nach ihr genügt für die Konkretisierung die Aussonderung und Bereitstellung der Sache sowie eine Mitteilung hierüber an den Gläubiger („**modifizierte Ausscheidungstheorie**", vgl RGZ 57, 402, 404 f; Esser/Schmidt § 13 I 2 c; BGB-RGRK/Alff Rn 10; Palandt/Grüneberg Rn 5; MünchKomm/Emmerich Rn 29; Erman/Westermann Rn 15; PWW/Schmidt-Kessel Rn 10; Gernhuber, Schuldverhältnis § 10 III 5 d, weit Ang bei Hönn AcP 177 [1977] 385, 390 Fn 22). Unterschiedlich wird hierbei die Mitteilung behandelt: Manche verlangen deren Zugang an den Gläubiger, andere begnügen sich mit der Absendung (vgl Gernhuber, Schuldverhältnis § 10 Fn 69 mwNw). Dieser hM steht seit Jhering (vgl Schrifttum) die **Lieferungstheorie** gegenüber, nach der Konkretisierung auch bei der Holschuld erst mit Übergabe der Sache an den Gläubiger oder Begründung von Annahmeverzug herbeigeführt werde (vCaemmerer JZ 1951, 740, 744 und Huber, in: FS Ballerstedt 327, 339). Der historische Gesetzgeber hat sich, wie zunächst Huber (329 f) herausgearbeitet und dann Dorn (HKK Rn 39, 41 ff) im Einzelnen belegt hat, für die Lieferungstheorie entschieden (überholt daher Gernhuber, Schuldverhältnis § 10 Fn 62: Das BGB habe sich mit der Formulierung „das seinerseits Erforderliche getan" keiner gemeinrechtlichen Konkretisierungstheorie angeschlossen).

37 Stellungnahme: Entgegen den Absichten des Gesetzgebers erscheint es nach geltendem Recht nicht zwingend, Leistungs- und Preisgefahr gleichzeitig übergehen zu lassen. Bemerkenswerterweise ist die Gesetz gewordene Formulierung der 2. Kommission (das „seinerseits Erforderliche") nicht identisch mit der Jheringschen Formel für die Lieferungstheorie, dass der Schuldner „Alles getan" haben müsse, „was ihm oblag" (JherJb 4 [1861] 366; vgl bereit oben Rn 30). Es ist durchaus sinnvoll, den Schuldner zunächst bloß von seiner Beschaffungspflicht zu befreien (Sachgefahr) und ihm erst in einem späteren Stadium den Anspruch auf die Gegenleistung zu sichern (Preisgefahr). Bei der Stückschuld gehen Sach- und Preisgefahr ohnehin verschiedene Wege, und wenn der Gläubiger den Schuldner für längere Zeit mit der Sach- und Konkretisierungsgefahr belasten will, bleibt es ihm ja möglich, auf eine Schick- oder sogar Bringschuld zu dringen. Entscheidend ist vielmehr die Risikoverteilung nach der konkreten Abrede der Parteien oder des sonstigen Schuldverhältnisses (zB die Wertung des § 818 Abs 3 BGB bei der Rückgewähr der Zuvielleistung aus einer Gattungsschuld). Daraus erklärt sich auch, dass ein etwa **vereinbarter Zeitpunkt für die Abholung** (ebenso wie bei oben Rn 31 für das Angebot bei der Bringschuld) bei der Holschuld berücksichtigt werden muss: Früher kann die Konkretisierung nicht eintreten (ebenso MünchKomm/Emmerich Rn 29 aE; Gernhuber, Schuldverhältnis § 10 III 5 d). Andererseits darf dem Schuldner der Vorteil der Konkretisierung nicht wegen eines Hindernisses auf der Gläubigerseite vorenthalten werden. Daher muss die Konkretisierung auch während der in § 299 BGB bezeichneten Zeitspanne möglich sein (so schon Staudinger/Medicus[12] Rn 36 gegen vCaemmerer und Huber aaO, nachdem die Frage bei Medicus JuS 1966, 303 noch offengeblieben war; wie hier Canaris JuS 2007, 795). Gewahrt wird das Interesse des Gläubigers an der Erkennbarkeit der Konkretisierung (mit Larenz I § 14 IV c) bereits dann, wenn die Sache unzweideutig ausgesondert und der Gläubiger zur Abholung aufgefordert wird. Die ausgesonderte Sache muss nicht als solche angeboten, also schon dem Gläubiger gegenüber bestimmt bezeichnet werden (ebenso Palandt/Grüneberg Rn 5). Die Bezeichnung gegenüber dem Gläubiger kommt aber stets als Hilfe zum Beweis der Aussonderung (vgl unten Rn 52) in Betracht.

4. Rechtsfolgen der Konkretisierung

Nach der Konkretisierung trägt der Gläubiger die **Leistungsgefahr**. Der Schuldner braucht sich von der Beschränkung des Schuldverhältnisses „auf diese Sache" iSd § 243 Abs 2 BGB an also – wie bei der Stückschuld – im Falle des Untergangs oder der Beschädigung dieser Sache regelmäßig nicht mehr um Ersatz zu bemühen; die Rechtsfolgen aus der Beeinträchtigung der Sache ergeben sich aus den §§ 275 ff, 323 ff BGB. Der Schuldner hat jetzt insbes eine Ersatzsache nur noch nach Wahl der Ersatzlieferung durch den Käufer gemäß § 439 Abs 1 BGB zu beschaffen; sonst haftet er nach §§ 276, 278 BGB allein aus Verschulden oder Garantieübernahme. **38**

Zu differenzieren ist hinsichtlich der Frage, ob **der Schuldner an die** einmal bewirkte **Konkretisierung gebunden** ist: Für den Gattungskauf enthält das Gesetz eine klare Regelung in § 439 Abs 1 und 4 BGB. Nach ihr kann der Verkäufer, wenn der Käufer durch das Nachbesserungsverlangen die Konkretisierung vorgenommen hat, seinerseits nur unter den engen Voraussetzungen des § 439 Abs 4 S 1 und 2 BGB zur Nachlieferung mit einer anderen Sache aus der Gattung übergehen. Über die Behandlung anderer Fälle, zB der Konkretisierung durch Absendung beim Versendungskauf (oben Rn 32), herrscht Streit. Nach Meinung des Gesetzgebers (Mot II 12, 74; Prot I 287 f) sollte die vom Schuldner vollzogene Auswahl aus der Gattung unwiderruflich sein. Hiermit sollte dem Gläubiger die Möglichkeit gegeben werden, schon vor der vollständigen Erfüllung über die Sache weiter disponieren zu können. Auch meinte man, der Schuldner solle nicht auf Kosten des Gläubigers spekulieren können. Freilich war schon in der 2. Kommission gesehen worden, dass dem Schuldner (Verkäufer) in Fällen, in denen der Gläubiger (Käufer) kein vernünftiges Interesse gerade an der zunächst für ihn vorgesehene Sache habe, die exceptio doli zustehen könne (Prot I 257 f). Als Verstoß gegen Treu und Glauben oder als Verzicht auf die Konzentration wurde es auch angesehen, wenn der Käufer die zunächst angebotene erfüllungstaugliche Sache grundlos verweigere. **39**

Die **Rspr** ist dem Ansatz des Gesetzgebers stets gefolgt, hat aber in den meisten entschiedenen Fällen im Ergebnis die Bindung des Schuldners nach §§ 157, 242 BGB verneint (RGZ 91, 110, 112; RG Recht 1906 Nr 2075; OLGE 10, 165 f [Marienwerder]; 17, 374 [Königsberg]; 41, 103 f [Hamburg]; offengeblieben ist die Frage in RGZ 108, 184, 187; BGH BB 1965, 349; von einer Bindung ausgehend BGH NJW 1982, 873; OLG Köln NJW 1995, 3128; eingehende Analyse der Rspr bei HUBER, in: FS Ballerstedt 340 ff). Methodisch sind diese Entscheidungen und die gesetzgeberischen Motive wenig überzeugend: Zu Recht hat GERNHUBER (Schuldverhältnis § 10 III 2 a) darauf hingewiesen, dass eine ergänzende Vertragsauslegung nach § 157 BGB eine Regelungslücke voraussetze, die sich überhaupt erst ergebe, wenn der Wortlaut des § 243 Abs 2 BGB bereits eingeschränkt sei. Und gegen die Anwendung des § 242 BGB spreche, dass über die Reichweite einer Norm zu befinden sei und nicht über einen ungebärdigen Gläubiger, der in bestimmter Situation ein subjektives Recht in unzulässiger Manier ausübt. Die Argumentation damit, dass der Schuldner nicht auf Kosten des Gläubigers spekulieren dürfe, enthält eine petitio principii, da sie den Leistungsgegenstand bereits in irgendeiner Weise der Sphäre des Gläubigers zurechnet, was doch gerade erst zu begründen wäre (GERNHUBER § 10 III 2 c). **40**

41 Dennoch hat der Grundsatz, von dem historischer Gesetzgeber und Rspr ausgehen, in der **Lit** weitgehend Zustimmung gefunden, wobei freilich die Grenzen der Bindung teilweise weiter gezogen werden als in der Rspr. So betonen die Bindung vor allem Planck/Siber (Anm 5b; ebenso Staudinger/Feldmann [2014] § 300 Rn 21 mNw; Huber, in: FS Ballerstedt 340 ff; van Venrooy WM 1981, 890 ff; für den Regelfall auch Erman/Westermann Rn 19). Wenigstens vom Grundsatz der Gebundenheit geht Emmerich (MünchKomm Rn 32 f) aus. Für Gebundenheit des Schuldners, wenn er die Konzentration dem Gläubiger angezeigt hat, hat sich Gernhuber (Schuldverhältnis § 10 III 2 e) ausgesprochen (zustimmend Esser/Schmidt § 13 I 2 c bei Fn 52; Ernst, in: GS Knobbe-Keuk 102 ff).

42 Vor allem Medicus (JuS 1966, 297, 300 ff) hat die **Gegenposition** begründet, dass der Schuldner regelmäßig die Konkretisierung rückgängig machen dürfe mit der Folge, dass die Gattungsschuld in den Zustand zurückfällt, in dem sie sich vor der Konkretisierung befunden hat (zu dieser Rechtsfolge auch Ernst, in: GS Knobbe-Keuk 97; Jauernig/Berger Rn 11): Wenn die Preisgefahr noch nicht auf den Gläubiger übergegangen sei, werde der Schuldner häufig mit anderer Ware erfüllen wollen, um die Gegenleistung noch verdienen zu können. Auch müsste die Notwendigkeit, die ausgesonderten Stücke vielleicht über lange Zeit bis zur Abnahme oder zum Selbsthilfeverkauf getrennt aufzubewahren, dem Schuldner erhebliche Kosten verursachen, die ihm der Gläubiger nur unter den zusätzlichen Voraussetzungen des Gläubigerverzugs nach § 304 BGB zu ersetzen hätte. Dem steht regelmäßig kein Interesse des Gläubigers gerade an den ausgesonderten Stücken gegenüber: Bei Vorliegen eines solchen Interesses hätte von vornherein ein Stückkauf nahegelegen (iE ebenso Larenz I § 11 I; Fikentscher/Heinemann Rn 249; weitgehend auch Esser/Schmidt bei Fn 53; Ernst, in: GS Knobbe-Keuk 97, 102 ff; PWW/Schmidt-Kessel/Kramme Rn 13; wie hier auch Soergel/Arnold Rn 15; Jauernig/Berger Rn 11 m d zutr Hinw auf mögliche Schadensersatzpflichten des Schuldners; J Hager AcP 190 [1990] 324, 332 mit Fn 51; Canaris JuS 2007, 796 f).

43 Stellungnahme: In den Ergebnissen besteht mehr Übereinstimmung, als die Verschiedenheit der Ausgangspunkte vermuten lässt. Denn allerdings muss die Konkretisierung den Schuldner binden, wenn der Gläubiger ein Interesse gerade an der ausgesonderten Sache hat. So liegt es insbs, wenn er an der Auswahl der Sache mitgewirkt (vgl Gernhuber; Esser/Schmidt beide wie Rn 41 aE) oder diese sonst schon geprüft hat: Dann soll er Auswahl oder Prüfung nicht bei einer anderen Sache wiederholen müssen. Ebenso verhält es sich, wenn der Gläubiger schon über die Stücke soll verfügen können (insbes beim **Überseekauf**, dazu Huber, in: FS Ballerstedt 345 ff): Dann darf der Schuldner solche Verfügungen nicht vereiteln. Aber in solchen Fällen ist die Bindung an die Konkretisierung auch für die Theorie der Dispositionsfreiheit (Rn 42) begründbar: Hier ist das Änderungsrecht des Schuldners durch Vereinbarung ausgeschlossen. Umgekehrt macht auch die Bindungstheorie bedeutsame Ausnahmen von der Bindung des Schuldners. Es geht also nur darum, welche der beiden Ansichten **eher den Regelfall trifft** (sodass die Ausnahme einer besonderen Begründung bedarf). So gesehen ist mit Medicus (JuS 1966, 297, 300 ff; Medicus/Petersen, BR Rn 262) regelmäßig eine Bindung des Schuldners an die Konkretisierung zu verneinen. Denn der Schuldner kann kaum die negative Tatsache behaupten und beweisen, der Gläubiger habe kein besonderes Interesse an dem ausgesonderten Stück. Dagegen fallen dem Gläubiger Behauptung und Beweis hinsichtlich eines solchen Interesses wie auch hinsichtlich eines anderen den Schuldner etwa an die Konkretisierung bindenden Umstandes wohl erheblich leichter.

V. Übertragung auf andere als Sachschulden

§ 243 BGB regelt in beiden Absätzen Gattungsschulden an „Sachen". Der klassische Fall, an den der Gesetzgeber denkt, ist also offenbar die Sachübereignung. Eine Sachleistungsschuld ist aber außer dem Sachkauf etwa auch die **Miete** (zB eines Hotelzimmers; zum **Leasing** vgl NJW 1982, 873 und dazu schon oben Rn 4). Ausdrücklich werden freilich in den Materialien (Mot II 10 f) die „generischen Obligationen, deren Gegenstand eine Handlung ist", erwähnt. Diese seien jedoch äußerst selten. Auch hätten sie „einen so eigentümlichen Charakter, dass sie sich nicht unter allgemeine Regeln subsumieren lassen, bei ihrer Beurteilung vielmehr die besonderen Umstände des einzelnen Falles den Ausschlag geben müssen". Soweit nicht Sonderregelungen in den einzelnen Schuldvertragstypen den Weg zur richtigen Risikoverteilung weisen (vgl unten Rn 48 zu § 644 sowie schon oben Rn 27 zur Preisgefahr), kommt im Einzelnen eine Analogie zu § 243 BGB (und den übrigen Vorschriften über die Gattungsschuld) wie folgt in Betracht: 44

1. Rechte

§ 243 BGB passt regelmäßig für der Gattung nach bestimmte Rechte, etwa bei der Verpflichtung zur (sicherungsweisen) Abtretung von Forderungen oder zur Leistung von Kundenakzepten (Beck OGK/BEURSKENS [1. 6. 2019] § 243 Rn 5; MünchKomm/EMMERICH Rn 2; GERNHUBER, Schuldverhältnis § 10 I 5 c; SOERGEL/ARNOLD Rn 5; ERMAN/WESTERMANN Rn 2). Dann müssen diese Rechte insbes von mittlerer Art und Güte sein, § 243 Abs 1 BGB. MEDICUS (STAUDINGER/MEDICUS[12] Rn 44) hat die Auffassung vertreten, bei der sicherungsweisen Abtretung von Kundenforderungen handele es sich um eine beschränkte Gattungsschuld (vgl oben Rn 10), nämlich beschränkt auf diejenigen Forderungen, die der Zedent hat oder in seinem Geschäftsbetrieb erwirbt. Daher beurteile sich die mittlere Qualität auch nur nach dieser Menge (vgl oben Rn 22). Hier werden die einzelnen Forderungen jedoch idR bereits mit dem Kauf oder in der Sicherungsabrede auch abgetreten. Dies wiederum setzt eine Art von Bestimmbarkeit voraus, die bei der Vereinbarung bloßer Gattungsschulden nicht erreicht werden kann. Überhaupt keine Gattungsschuld liegt jedenfalls vor, wenn die abzutretenden Forderungen genau (etwa durch die Anfangsbuchstaben der Schuldnernamen oder durch die Geschäfte, aus denen sie herrühren) bestimmt sind: Dann kommt § 243 BGB nicht in Betracht. 45

2. Dienst- oder Werkleistungen

Denkbar ist die entspr Anwendung von § 243 BGB auch auf gattungsmäßig bestimmte Dienst- oder Werkleistungen (vgl MünchKomm/EMMERICH Rn 2 mNw; zum Vertrag über die Lagerhaltung KOLLER VersR 1995, 1386 f). Dann bedeutet **§ 243 Abs 1 BGB**, dass die Leistung von mittlerer Art und Güte sein muss. Dies hat in neuerer Zeit der BGH zB für Reiseleistungen (BGHZ 100, 157, 174) und für die Verpflichtung des Mieters zu Schönheitsreparaturen (BGHZ 105, 71, 78) ausgesprochen. Freilich ist hier wieder eine etwa durch Auslegung zu gewinnende Beschränkung der Gattung zu beachten, die nach oben Rn 22 auch den Qualitätsmaßstab bestimmt. Zudem wird 46

§ 243 Abs 1 BGB bei Werkverträgen neben der Inhaltsbestimmung durch § 631 Abs 1 BGB vielfach entbehrlich sein (Medicus, in: FS Felgentraeger [1969] 309, 313). Innerhalb der Dienstverträge ist eine (entspr) Anwendung des § 243 Abs 1 vor allem auf **Arbeitsverhältnisse** erwägenswert. Das BAG (NZA 2006, 439, 441 Rn 27) betrachtet den Urlaubsanspruch des Arbeitnehmers nach § 1 BUrlG als Gegenstand einer Gattungsschuld des Arbeitgebers. Deren Konkretisierung erfolge durch den Arbeitgeber entsprechend § 7 BUrlG (dazu PWW/Schmidt-Kessel/Kramme Rn 3, 11). Die hM betrachtet die Erfüllung der Arbeitspflicht freilich als eine ganz von der Person und dem individuellen Leistungsvermögen des einzelnen Arbeitnehmers geprägte Verpflichtung und lehnt daher die Orientierung an einer „Normalleistung" nach dem Modell des § 243 Abs 1 BGB ab (Staudinger/Richardi/Fischinger [2015] § 611 Rn 1053 f mNw). Dies passt aber schlecht dazu, dass die Gegenleistung des Arbeitgebers – der Lohn – gewöhnlich gerade nicht nach der individuellen Leistung des Arbeitnehmers bemessen wird (Hammen 312 f). Auch § 613 BGB zwingt nicht dazu, der hM zu folgen, weil diese Vorschrift nur für die Person selbst des Leistenden gilt, nicht für den Inhalt seiner Leistung. Daher spricht mehr dafür, die Leistung des Arbeitnehmers beim Fehlen speziellerer Vereinbarungen nach „mittlerer Art und Güte" zu bestimmen, den Arbeitsvertrag also als Vertrag über eine Gattungshandlungsschuld dem Grundsatz des § 243 Abs 1 BGB zu unterwerfen (ebenso Erman/Edenfeld § 611 Rn 283; für die Gattungshandlungsschuld im Allg auch Medicus/Lorenz, SchuldR I Rn 197). Darin liegt allerdings eine Fortbildung des Gesetzesrechts. Denn der historische Gesetzgeber hat sich bei der Regelung der Gattungsschuld am Modell einer auf Übergabe gerichteten (Sach-)Schuld, nicht einer Handlungsschuld orientiert (Ernst, in: FS Nörr 235; ders, in: FS Zöllner 1115 ff; Gsell 12 ff – jeweils zur „Beschaffung" als Handlungspflicht).

47 Umstritten ist ferner die entsprechende Anwendung des **§ 243 Abs 2 BGB** mit der Folge, dass die Leistungsgefahr auf den Gläubiger übergeht. Beim einfachen **Dienstvertrag** wird freilich idR die Leistung der Dienste bereits die Erfüllung bedeuten, sodass für eine Konkretisierung kein Raum bleibt. Anders ist dies beim Dienstverschaffungsvertrag oder bei Dienstverschaffungselementen innerhalb eines Werkvertrages (Beispiel nach Gernhuber, Schuldverhältnis § 10 I 5 a: Bereitstellung mehrerer Ziehleute für einen Umzug durch eine Spedition mit größerem Personalbestand). Beim **Werkvertrag** hat Medicus (JuS 1966, 297, 306; in: FS Felgentraeger 313 f) die analoge Anwendung des § 243 Abs 2 BGB entwickelt (ebenso Larenz I § 11 Fn 2; allg auch Palandt/Grüneberg Rn 1; Erman/Westermann Rn 2). Andere (insbes Gernhuber, Schuldverhältnis § 10 I 5 c) vertreten jedoch die Ansicht, die werkvertraglichen Vorschriften, insbes § 644 BGB, verdrängten § 243 Abs 2 BGB. Jedenfalls auf den Reisevertrag hat BGHZ 100, 157, 174 ohne weiteres § 243 Abs 1 BGB zur Bestimmung des Leistungsstandards herangezogen.

48 Der Streit hat **geringe praktische Bedeutung**. Denn unzweifelhaft geht die Leistungsgefahr spätestens dann auf den Besteller über, wenn dieser nach § 644 BGB sogar die Preisgefahr zu tragen hat (vgl unten Rn 49). Und das geschieht nach § 644 Abs 1 S 2 BGB insbes, wenn der Besteller in Annahmeverzug gerät. Hierhin gehört auch der Verzug mit der Abnahme (Staudinger/Peters/Jacoby [2014] § 644 Rn 25). Ebenso wie bei der auf eine Sache gerichteten Holschuld der Schuldner den Gläubiger zur Abholung auffordern muss (vgl oben Rn 36 f), dürfte regelmäßig auch beim Werkvertrag eine Aufforderung des Bestellers zur Abnahme zu dem gehören, was der Unternehmer seinerseits zur Erfüllung tun muss. Vor einer solchen Aufforderung kann also auch § 243 Abs 2 BGB nicht eingreifen; danach wird häufig schon § 644

Abs 1 S 1 BGB vorliegen. Diese Vorschrift trifft nur dann nicht zu, wenn der Besteller trotz der Aufforderung wegen § 299 BGB nicht in Annahmeverzug kommt.

Es geht also beim Werkvertrag ebenso wie bei der Holschuld (vgl oben Rn 37) um die Frage, ob der Übergang der Leistungsgefahr auf den Gläubiger durch ein auf seiner Seite bestehendes **Annahmehindernis** soll verzögert werden können. Das ist (mit STAUDINGER/MEDICUS[12] Rn 48) zu verneinen und daher § 243 Abs 2 BGB entspr anzuwenden. § 644 BGB regelt demgegenüber ebenso wie § 447 BGB, auf den § 644 Abs 2 BGB verweist, in erster Linie die Preisgefahr (so etwa LARENZ II 1 § 53 III a; PALANDT/SPRAU §§ 644/645 Rn 1; ERMAN/SCHWENKER § 644 Rn 2). Zwar muss man aus dieser Regelung folgern, dass spätestens mit den in § 644 BGB genannten Zeitpunkten auch die Leistungsgefahr auf den Besteller übergeht. Aber § 644 BGB ergibt keineswegs, die Leistungsgefahr könne nicht schon vorher auf den Besteller übergehen: Zwischen der Konzentration und dem frühesten der in § 644 BGB genannten Zeitpunkte passt also § 243 Abs 2 BGB auch für gattungsmäßig bestimmte Werkleistungen. 49

VI. Prozessuales

1. Beweislast

Im Rahmen von **§ 243 Abs 1 BGB** trifft die Beweislast **zunächst** den Schuldner: Er muss insbes beweisen, dass die von ihm ausgesuchten Stücke zur Gattung gehören und von mindestens (vgl oben Rn 21) mittlerer Art und Güte sind. Will der Schuldner mit schlechteren Stücken erfüllen, hat er eine von Abs 1 abweichende Vereinbarung zu beweisen (vgl oben Rn 23); umgekehrt muss das der Gläubiger, wenn er bessere als mittelgute Ware fordert. 50

Die Beweislast hinsichtlich der Qualität geht nach § 363 BGB auf den Gläubiger über, wenn er die gelieferten Stücke einmal als Erfüllung angenommen hat. Davon macht § 477 BGB eine Ausnahme zu Gunsten des **Käufers** bei einem Verbrauchsgüterkauf. Sonst muss auch der Käufer nach Annahme der Leistung deren Fehlerhaftigkeit darlegen und beweisen (PALANDT/WEIDENKAFF § 434 Rn 59; STAUDINGER/MATUSCHE-BECKMANN [2014] § 434 Rn 267 mNw). 51

Bei § 243 Abs 2 BGB gilt hinsichtlich der Beweislast für die Erfüllungstauglichkeit der Sache dasselbe (oben Rn 50 f). Im Übrigen muss der Schuldner beweisen, er habe das zur Erfüllung seinerseits Erforderliche getan, sodass die Schuld sich konkretisiert habe. 52

2. Vollstreckung

Für die Zwangsvollstreckung der Gattungsschuld besteht eine Schwierigkeit insofern, als § 883 ZPO die Herausgabe bestimmter und § 884 ZPO die Leistung einer bestimmten Menge vertretbarer Sachen regelt (die Konkretisierung erfolgt hier also durch den Gerichtsvollzieher). Darin spiegelt sich die nicht durchweg bis zu einem klaren Ergebnis gelangte Diskussion im 19. Jahrhundert über die richtige Art der Vollstreckung von Gattungsschulden (dazu ERNST, in: FS Nörr 228 ff). Nicht direkt erfasst ist von den genannten Vorschriften die Gattungsschuld über unvertretbare 53

Sachen (vgl oben Rn 8). Für sie wird daher vielfach die direkte Vollstreckbarkeit geleugnet (Belege bei JAHNKE ZZP 93 [1980] 43, 45 Fn 6); Abhilfemöglichkeiten sind die analoge Erstreckung von § 884 ZPO auf unvertretbare Sachen (vgl JAHNKE 53 f), die Erweiterung von § 883 ZPO auf die Vorratsschuld (vgl JAHNKE 54 ff) sowie ein Druck nach § 888 ZPO zur Konkretisierung auf den Schuldner (vgl JAHNKE 58). JAHNKE (63 ff) schlägt mit einleuchtenden Gründen eine Analogie zu § 264 Abs 1 BGB vor: Dadurch wird dem Schuldner sein Auswahlrecht so lange als möglich erhalten.

Sachregister

Die fetten Zahlen beziehen sich
auf die Paragraphen, die mageren Zahlen
auf die Randnummern.

Abfindung
  Gesellschaftsrecht **242** 1032
ABGB, österreichisches 241 9; **242** 1173 ff;
  Einl SchuldR 109, 315
Ablaufkontrolle
  von Verträgen **242** 204
Abmahnung
  Arbeitsrecht **242** 824
**Abmahnverhältnis, wettbewerbsrechtliches
242** 133
Abnahme
  Werkvertrag **242** 861
Abschlagszahlungen
  Werkvertrag **Einl SchuldR** 171
Abschlussfreiheit
  Vertragsfreiheit **241** 178; **Einl SchuldR** 52
Absolutes Schuldverhältnis Einl SchuldR 4
Absolutheitsgrundsatz
  dingliche Rechte **241** 306
Abstammungsrecht 242 974 f
Abstrakte Verpflichtungen Einl SchuldR 30
Abstraktionsprinzip Einl SchuldR 4, 26 ff
  Ausnahmen **Einl SchuldR** 35 ff
    Bedingungszusammenhang
      Einl SchuldR 36
    Eigentumsvorbehalt **Einl SchuldR** 36
    Fehleridentität **Einl SchuldR** 35
    Geschäftseinheit **Einl SchuldR** 37
  historische Entwicklung **Einl SchuldR** 27
  im BGB **Einl SchuldR** 28 ff
  römisches Recht **Einl SchuldR** 27
  Teilnichtigkeit **Einl SchuldR** 34
  Verfügungsgeschäft **Einl SchuldR** 28, 31
  Verkehrsschutz **Einl SchuldR** 33
  Verpflichtungsgeschäft **Einl SchuldR** 28
  Zweck **Einl SchuldR** 33
Abtretung 241 338; **242** 716 ff
  Abtretungsanzeige **242** 724
  Abtretungsurkunde **242** 725
  Abtretungsverbot **242** 721
  als Verfügung **Einl SchuldR** 5
  Ausschluss **242** 717 ff
  des Ersatzanspruchs **242** 601
  Einwendungen des Schuldners **242** 722
  Leistungssicherungspflichten **241** 278
  Scheinabtretung **242** 723
  unzumutbare wirtschaftliche Belastung
    242 718
Abtretungsverbot, vertragliches
  Versicherungsrecht **242** 1098
Abzahlungsgesetz Einl SchuldR 141, 145
Acquis-Gruppe Einl SchuldR 303

actio libera in causa 242 1136
Adäquanztheorie 242 586, 898
aequitas 242 12 f, 15
AGB-Gesetz 242 97; **Einl SchuldR** 175, 202
Ähnliche geschäftliche Kontakte
  Rücksichtspflichten **241** 400, 404 ff, 408
Akademie für Deutsches Recht
  Einl SchuldR 177
Aktiengesellschaft 242 999 ff
  Anfechtbarkeit eines Hauptversammlungsbeschlusses **242** 1000
  Förderpflicht **242** 999
  Mitgliedschaft **242** 999
  Satzung **242** 999
  Treuepflicht **242** 999 ff
Akzessorietätslehre Einl SchuldR 232
aliud-Lieferung 241a 68a
Alles-oder-nichts-Prinzip
  Versicherungsrecht **242** 1078
Allgemeine Geschäftsbedingungen 242 97,
  341, 471 ff
  Betriebsvereinbarung **242** 479
  deklaratorische Klausel **242** 472 ff
  Dienstvereinbarung **242** 479
  Erbrecht **242** 480
  Familienrecht **242** 481
  Gesellschaftsvertrag **242** 477
  Individualvertrag, vorformulierter
    242 475 f
  Inhaltskontrolle **242** 379 ff, 570
  Leistungsbeschreibung **242** 472 f
  Preisvereinbarung **242** 472 f
  Tarifvertrag **242** 479
  Vereinssatzung **242** 478
Allgemeine Handlungsfreiheit
  s Handlungsfreiheit, allgemeine
**Allgemeine Versicherungsbedingungen
242** 1074
Allgemeiner Teil
  BGB
    Regelungen über Schuldverhältnisse **Einl SchuldR** 10
  Schuldrecht **Einl SchuldR** 1, 11, 119
    Änderungen **Einl SchuldR** 149 ff
Allgemeines Gleichbehandlungsgesetz
  Einl SchuldR 169, 206, 285 ff
  Anwendungsbereich **Einl SchuldR** 287
  Benachteiligungsverbote **Einl SchuldR** 287
  Beseitigungsanspruch **Einl SchuldR** 287 f
  Kontrahierungszwang **Einl SchuldR** 288
  Massengeschäfte **Einl SchuldR** 287
  Schadensersatz **Einl SchuldR** 287

Allgemeines Gleichbehandlungsgesetz (Forts)
  Unterlassungsanspruch **Einl SchuldR** 287
  Versicherungsrecht **Einl SchuldR** 287 f
  zwingendes Recht **Einl SchuldR** 287
Allgemeines Landrecht 241 7; **242** 18;
  Einl SchuldR 109
Allgemeines Persönlichkeitsrecht
  s Persönlichkeitsrecht
Altenteilrecht 241 264
Alternativverhalten, rechtmäßiges 242 226
Altersversorgung, betriebliche
  Leistungssicherungspflichten **241** 280
Analogie
  Anwendbarkeit privatrechtlicher
    Vorschriften im öffentlichen Recht
    Einl SchuldR 272 f
  Verhältnis zu § 242 **242** 346 ff
Anbahnung eines Vertrags
  Rücksichtspflichten **241** 400, 406
Änderungen
  Schuldrecht **Einl SchuldR** 147 ff
    Allgemeiner Teil **Einl SchuldR** 149 ff
    Besonderer Teil **Einl SchuldR** 162 ff
Änderungsvorschläge Einl SchuldR 328 ff
Anerkenntnis
  Verjährung **242** 542
Anfechtung 242 240, 243
  Arbeitsvertrag **242** 809
Anglo-amerikanisches Recht 242 1204 ff
Anlageberatungsvertrag
  Aufklärungspflichten **241** 484
Anmeldepflichten
  Mitwirkungspflichten **241** 201
Annahmeverzug
  s Gläubigerverzug
Anscheinsvollmacht 242 92, 318
Anspruch 241 113
  dinglicher **241** 113; **Einl SchuldR** 12 ff
Antirassismusrichtlinie Einl SchuldR 285
Anwaltsvertrag
  Aufklärungspflichten **241** 468
  Leistungssicherungspflichten **241** 289
  Mitwirkungspflichten **241** 230
  Teilnichtigkeit **242** 509 f
Anwendungsbereich Einl SchuldR 255 ff
  personaler **Einl SchuldR** 265 f
  räumlicher **Einl SchuldR** 257 ff
  zeitlicher **Einl SchuldR** 262 ff
Anzeigepflicht, vorvertragliche
  Versicherungsrecht **242** 1075 ff
Appellwirkung
  Treu und Glauben **242** 119
Äquivalenzprinzip Einl SchuldR 66 ff
  Äquivalenzbegriff **Einl SchuldR** 67 f
    enger **Einl SchuldR** 67
    funktionaler **Einl SchuldR** 67
    objektiver **Einl SchuldR** 67
    subjektiver **Einl SchuldR** 67
    weiter **Einl SchuldR** 67

Äquivalenzprinzip (Forts)
  Gleichwertigkeit von Leistung und
    Gegenleistung **Einl SchuldR** 66
Arbeitnehmerüberlassung 242 856 f
Arbeitsbescheinigung
  Leistungssicherungspflichten **241** 276
Arbeitsplatzausschreibungsgebot
  Einl SchuldR 169
Arbeitsrecht 242 788 ff; **Einl SchuldR** 22, 169
  Abmahnung **242** 824
  Anfechtung des Arbeitsvertrages **242** 809
  Anwendung der schuldrechtlichen Vor-
    schriften **Einl SchuldR** 9
  Arbeitnehmerüberlassung **242** 856 f
  Aufklärungspflichten **241** 472 f; **242** 799
  Auskunftspflichten **242** 796
  Ausschlussfrist **242** 810, 829, 844
  Austauschverhältnis **242** 791
  Beendigung des Arbeitsverhältnisses
    242 811 ff
  befristetes Arbeitsverhältnis **242** 839
  Beratung **242** 799
  betriebliche Übung **242** 852 ff
  Betriebsübergang **242** 798, 815, 831, 835
  Dauerschuldverhältnis **242** 790
    fehlerhaftes **241** 107
  Diskriminierung **242** 819 f
  eingeschränkte Anfechtbarkeit von
    Arbeitsverträgen **Einl SchuldR** 228
  Erwirkung von Rechten **242** 852 ff
  fehlerhafter Arbeitsvertrag
    Einl SchuldR 228
  Fürsorgepflicht des Arbeitgebers **242** 797,
    802
  gefahrgeneigte Arbeit **Einl SchuldR** 229
  Geheimhaltungspflichten **242** 805 f
  Gleichbehandlung von Frauen und
    Männern **Einl SchuldR** 285
  Gleichbehandlungsgrundsatz, arbeits-
    rechtlicher **242** 802
  Haftung im Arbeitsverhältnis
    Einl SchuldR 229 f
    Außenhaftung **Einl SchuldR** 230
    Innenhaftung **Einl SchuldR** 230
  Hauptleistungspflichten **242** 793
  Informationspflichten **242** 799 f
  Inhaltskontrolle von Verträgen **242** 467 ff
  Kündigung **242** 811 ff
    Anhörung des Arbeitnehmers **242** 823
    Ausschlussfrist **242** 829
    Ausübung **242** 822 ff
    betriebsbedingte **242** 816 ff, 831, 835, 838
    Beweislast **242** 812
    Form **242** 826 f, 850
    mündliche **242** 850
    personenbedingte **242** 819 ff, 831
    schriftliche **242** 850
    Verdachtskündigung **242** 823, 831, 835
    verhaltensbedingte **242** 819 ff, 831

Arbeitsrecht (Forts)
　in verletzender Form **242** 822
　willkürliche **242** 813
　Wirksamkeit **242** 826 ff
　zur Unzeit **242** 822
　Leistungssicherungspflichten **241** 280;
　　242 795
　　betriebliche Altersversorgung **241** 280
　　Fürsorgepflicht, nachträgliche **241** 280
　　Herausgabepflicht des Arbeitnehmers **241** 280
　　Personalakte, Einsicht in **241** 280
　　Wiedereinstellung nach Kündigung
　　　241 280
　Mitwirkungspflichten **241** 227 f
　Nebenpflichten **242** 794 ff
　Nebentätigkeit **242** 807
　Obhuts- und Fürsorgepflichten **241** 507 ff;
　　242 801 f
　Privatautonomie, Schranken **242** 467 ff
　Rechtsfortbildung, richterliche
　　Einl SchuldR 207, 227 ff
　Rechtsmissbrauch **242** 808 ff
　Rechtsvereinheitlichung **Einl SchuldR** 284
　Rückabwicklung von Arbeitsverträgen
　　Einl SchuldR 228
　Rücksichtspflichten **242** 797 ff
　Schwarzarbeit **242** 809
　Sozialleistungen, betriebliche **242** 800
　Treu und Glauben **242** 788 ff
　Treuepflicht des Arbeitnehmers **242** 797,
　　803 ff
　Treuepflichten, leistungsunabhängige
　　241 515
　venire contra factum proprium **242** 825 ff
　Verfallfrist **242** 810
　Versorgungsansprüche **242** 840 f
　Verwirkung **242** 843 ff
　Wettbewerbsverbote **242** 804
　Wiedereinstellungsanspruch **242** 830 ff
Arbeitsverhältnis, fehlerhaftes 242 417
Architekt
　Aufklärungspflichten **241** 484
　Schlussrechnung **242** 864 f
Arglist
　Einwand der **Einl SchuldR** 278
　Gewährleistungsrecht **Einl SchuldR** 74
　Rechtsmissbrauch **242** 240 f
　Versicherungsrecht **242** 1069, 1076, 1080 f
Arglistige Täuschung 242 441 ff
Arzneimittelgesetz Einl SchuldR 156
Arzthaftungsrecht Einl SchuldR 170
Arztvertrag
　Aufklärungspflichten **241** 468 ff
　Mitwirkungspflichten **241** 197, 250
　Obhuts- und Fürsorgepflichten **241** 512
　Wettbewerbsverbot **241** 520
Atomgesetz Einl SchuldR 24

Atypische Vertragsverhältnisse
　Mitwirkungspflichten **241** 237
Aufgedrängte Bereicherung 242 889
Aufhebung der Ehe 242 956 ff
Aufhebungsvertrag
　Dauerschuldverhältnis **241** 378
Aufklärung Einl SchuldR 110
Aufklärungspflichten 241 442 ff
　Abwägung **241** 454 ff
　Arbeitsrecht **242** 799
　außergesetzliche **241** 446 ff
　　Anlageberatungsvertrag **241** 484
　　Anwaltsvertrag **241** 468
　　Arbeitsrecht **241** 472 f
　　Architektenvertrag **241** 484
　　Arztvertrag **241** 468 ff
　　Automatenaufstellungsvertrag **241** 484
　　Banken **241** 479 f
　　Behandlungsvertrag **241** 469 ff
　　Bürgschaft **241** 484
　　Dienstvertrag **241** 467 f
　　Einzelfälle **241** 464 ff
　　Franchisevertrag **241** 484
　　Gastwirt **241** 484
　　Gesellschaftsrecht **241** 484
　　Heilpraktiker **241** 484
　　Inhalt **241** 460 ff
　　Kaufrecht **241** 465
　　Krankenhausaufnahmevertrag **241** 484
　　Leasingvertrag **241** 484
　　Maklervertrag **241** 484
　　Mietrecht **241** 466
　　Pachtrecht **241** 484
　　Rechtsanwalt **241** 468
　　Rechtsfolgen **241** 463
　　Reisevertrag **241** 477 f
　　Versicherungsrecht **241** 481
　　Voraussetzungen **241** 447 ff
　　Werkvertrag **241** 474 ff
　　Zivilprozess, Parteien im **241** 482
　Darlehensvertrag **242** 752 f
　Entscheidungserheblichkeit **241** 452
　Falschinformation auf Nachfrage **241** 459
　gesetzliche **241** 443 ff
　Informationsgefälle **241** 447 ff
　Mitverschulden **241** 457
　Schutzwürdigkeit **241** 453
　Strafrecht **242** 1134
　Versicherungsrecht **242** 1068, 1073
　Vorsatzerfordernis **241** 458
Aufnahme von Vertragsverhandlungen
　Rücksichtspflichten **241** 400
Aufrechnung 242 688 ff
　Aufrechnungsverbote
　　gesetzliche **242** 696 ff, 710 ff
　　vertragliche **242** 706 ff
　Durchgriffshaftung bei juristischen
　　Personen **242** 692 f
　Eigentumsvorbehalt, verlängerter **242** 702

Aufrechnung (Forts)
Einschränkungen **242** 695 ff
Gegenseitigkeitserfordernis **242** 689 ff
Öffentliches Recht, Anwendbarkeit
  Einl SchuldR 276
Strohmannfälle **242** 691
Treuhandverhältnis **242** 690
unpfändbare Forderung **242** 698
unzulässige Rechtsausübung **242** 702 ff
Vergleich **242** 703
Verzug des Schuldners **242** 704
vorsätzliche unerlaubte Handlung, Forderung aus **242** 697
Aufsichtspflicht Einl SchuldR 85
Auftragsrecht
Gewährleistungsrecht **Einl SchuldR** 74
Mitwirkungspflichten **241** 199, 256
Obhuts- und Fürsorgepflichten **241** 512
personaler Bezug **Einl SchuldR** 74
Treu und Glauben **242** 874 ff
Aufwendungsersatz
Rücksichtspflichten **241** 552
Treu und Glauben **242** 603
Aufwertungskampf 242 55 ff
Ausschlussfristen 242 563 ff
gesetzliche **242** 565
Versicherungsrecht **242** 567
vertragliche **242** 564
Auseinandersetzungsvertrag 241 179
Ausgleichsordnung, bürgerlich-rechtliche
  Einl SchuldR 78, 80
Auskunftspflichten 241 168 ff, 439; **242** 90, 99, 605 ff
Arbeitsrecht **242** 796
Erbrecht **242** 982
Gesellschaftsrecht **242** 1023
öffentliches Recht **242** 1143
Unterhaltsrecht **242** 970
Ausländische Rechtsordnungen 242 1160 ff
Auslegung Einl SchuldR 207
einschränkende **Einl SchuldR** 208
ergänzende **242** 352 ff
richtlinienkonforme **Einl SchuldR** 280
Auslobung 241 69, 118; **Einl SchuldR** 47
Obhuts- und Fürsorgepflichten **241** 512
Ausscheidungstheorie, modifizierte
Konkretisierung der Gattungsschuld **243** 36
Ausschließlichkeitsbindung 241 332
Ausschlussfrist
Arbeitsrecht **242** 810, 829, 844
Verfahrensrecht **242** 1117
Versicherungsrecht **242** 1090 ff
Austauschverhältnis
Mitwirkungspflichten **241** 216 ff
Austauschvertrag Einl SchuldR 66
s a Synallagma
Ausübungskontrolle 242 342, 481
Ehevertrag **242** 966

Ausübungskontrolle (Forts)
Erbrecht **242** 978
Versicherungsrecht **242** 1074
Automatenaufstellungsvertrag
Aufklärungspflichten **241** 484
Mitwirkungspflichten **241** 247

Badisches Landrecht 242 19
Bagatellforderungen 242 1106 f
Zwangsvollstreckung **242** 1124
Bahnverkehr
Unfälle mit Kindern **Einl SchuldR** 154
Banken
Aufklärungspflichten **241** 479 f; **242** 752 f
Beratungspflichten **241** 486
Obhuts- und Fürsorgepflichten **241** 512
Bankgeheimnis 241 453
Bankrecht
Entwicklung **Einl SchuldR** 104
Bauhandwerkersicherung Einl SchuldR 171
Bauliche Veränderungen
Mietrecht **242** 766
Baurecht 242 1148 f
Erschließungsanspruch **242** 1149
Rücksichtnahmegebot **242** 1148
Bauwerk
Errichtung von **242** 858
Bebauungsplan 242 1154
Bedienungsanleitung
Mitwirkungspflichten **241** 218
Bedingung 242 514
Bedingungstheorie
Obliegenheiten **241** 125
Bedingungszusammenhang
Ausnahmen vom Abstraktionsprinzip
  Einl SchuldR 36
Befristetes Arbeitsverhältnis 242 839
Behandlungsvertrag Einl SchuldR 170
Aufklärungspflichten **241** 469 ff
Leistungssicherungspflichten **241** 281
Mitwirkungspflichten **241** 197, 250
Behindertentestament
Sittenwidrigkeit **Einl SchuldR** 270
Behördliche Genehmigung
Mitwirkungspflichten **241** 182
Benachteiligung, unangemessene
iSd § 307 Abs 2 **Einl SchuldR** 76
Benachteiligungsverbot Einl SchuldR 169
Allgemeines Gleichbehandlungsgesetz
  Einl SchuldR 287
Beratungspflichten 241 201, 485 f
Versicherungsrecht **242** 1073
Bereicherungsrecht 241 50; **242** 888 ff;
  Einl SchuldR 87 ff
aufgedrängte Bereicherung **242** 889
Kondiktionssperre **242** 891 f
Mitverschulden **242** 895
Nichtleistungskondiktion **242** 894
Schwarzarbeit **242** 893

Bereicherungsrecht (Forts)
  unzulässige Rechtsausübung **242** 888
  Verwirkung **242** 888
  Wegfall der Bereicherung **242** 889 f
Berufsfreiheit 242 146
Berufshaftung 241 400, 480
Berufsunfähigkeitsversicherung 242 1100
Beschaffenheitsvereinbarung
  Kaufrecht **Einl SchuldR** 199
Beschaffungsschuld 243 19 f
Beschluss 241 56
Beseitigungsanspruch 242 929 f
  Allgemeines Gleichbehandlungsgesetz
    Einl SchuldR 287 f
  Anwendung der Unmöglichkeitsregeln
    Einl SchuldR 16
Besichtigungsrecht
  Mietrecht **242** 772
Besitzschutzansprüche 242 912
Besonderer Teil
  Schuldrecht **Einl SchuldR** 1, 119
  Änderungen **Einl SchuldR** 162 ff
Bestätigungsschreiben, kaufmännisches 241 70;
242 512
Bestimmtheitsgrundsatz
  Strafrecht **242** 1136
Bestimmung der Leistung Einl SchuldR 60 ff
Betreuungsvertrag
  Obhuts- und Fürsorgepflichten **241** 512
Betrieb eines Kraftfahrzeuges Einl SchuldR 93
Betriebliche Altersversorgung
  Leistungssicherungspflichten **241** 280
Betriebliche Übung 241 92; **242** 852 ff
Betriebsbedingte Kündigung 242 816 ff, 831,
  835, 838
Betriebsgeheimnis 241 453
Betriebsübergang 242 798, 815, 831, 835;
  Einl SchuldR 169
Betriebsvereinbarung
  vorformulierte Vertragsbedingungen
    242 479
Betriebsverfassungsgesetz Einl SchuldR 169
Beweisführung 242 1115 f
Beweislast
  Gattungsschuld **243** 50 ff
  Rücksichtspflichten **241** 421, 430
  Treu und Glauben **242** 329 f
  unbestellte Leistungen **241a** 71
Beweissicherung
  Formzwang **Einl SchuldR** 57
Beweisverwertungsverbot 242 1116
Bezugsvertrag 241 370
BGB-Kommission
  erste **Einl SchuldR** 123 ff
  zweite **Einl SchuldR** 131 f
Bindungswirkung
  öffentliches Recht **242** 1144
bona fides 242 8 ff
  Völkerrecht **242** 1156 ff

Bringschuld Einl SchuldR 62
  Konkretisierung der Gattungsschuld
    243 31
Bundestreues Verhalten 242 1141
Burgerlijk Wetboek Einl SchuldR 316 ff
Bürgschaft 242 878 ff
  auf erstes Anfordern **242** 883
  Aufklärungspflichten **241** 484
  Familienangehörige **242** 460, 483, 878 ff
  Sittenwidrigkeit **Einl SchuldR** 237, 270
  venire contra factum proprium **242** 884
  Verwirkung **242** 886
Button-Lösung Einl SchuldR 161

Casebooks for the Common Law of Europe
  Einl SchuldR 303
cessio legis 242 726
  Versicherungsrecht **242** 1095
Chefarztvertrag
  Leistungssicherungspflichten **241** 283
CISG 242 1225 ff; **Einl SchuldR** 259, 309 f
  s a UN-Kaufrecht
clausula rebus sic stantibus 242 54, 631
Code civil 241 8, 26, 302; **242** 19, 1164 ff;
  Einl SchuldR 109, 314
Commission on European Contract Law
  s Lando-Kommission
Common Core of European Private Law
  Einl SchuldR 293, 300
Common European Sales Law
  Einl SchuldR 305 f
  unbestellte Leistungen **241a** 54
Common Law 242 1204 ff; **Einl SchuldR** 319 ff
  englisches Recht **Einl SchuldR** 320
  US-amerikanisches Recht
    Einl SchuldR 321 f
Common Principles of European Private Law
  Einl SchuldR 281
Cornell-Projekt Einl SchuldR 300
Corpus academicum pro codificatione europea
  Einl SchuldR 302
culpa in contrahendo 241 57, 66, 391; **242** 100,
  197, 672; **Einl SchuldR** 197
  Öffentliches Recht, Anwendbarkeit
    Einl SchuldR 276
  Rechtsfortbildung, richterliche
    Einl SchuldR 213 f

Darlehensvermittlungsvertrag
  Einl SchuldR 202
Darlehensvertrag 242 752 ff
  Aufklärungspflichten **242** 752 f
  Einwendungsdurchgriff **242** 754
  Immobiliar-Verbraucherdarlehensvertrag
    242 758d
  Mitwirkungspflichten **241** 195, 251
  Obhuts- und Fürsorgepflichten **241** 503
  Treu und Glauben **242** 752 ff
  Verbraucherdarlehensvertrag **242** 758a ff

Darlehensvertrag (Forts)
  Verwirkung 242 758 ff
  Widerrufsrecht 242 758a ff
Daseinsvorsorge
  faktischer Vertrag 241 97 ff
  Preisvereinbarung 242 473
Dauerlieferungsvertrag 241 370
Dauerschuldverhältnis 241 358 ff
  Abgrenzung zu einfachem Schuldverhältnis 241 361 ff
  AGB-Regelungen 241 359
  Aufhebungsvertrag 241 378
  Beendigung 241 378 ff
  Bezugsvertrag 241 370
  Dauerlieferungsvertrag 241 370
  dogmatische Kategorie 241 361 ff
  Erfüllung 241 384 ff
  fehlerhaftes 241 104 ff, 387
    Arbeitsrecht 241 107
    Dienstvertrag 241 108
    Gesellschaftsrecht 241 106
    Mietrecht 241 110
    Pachtrecht 241 110
    Wohnungseigentümergemeinschaft 241 109
  im engeren Sinne 241 367
  im weiteren Sinne 241 367
  Insolvenz 241 359
  Irrtum 242 430 f
  Kündigung 241 359, 379 ff; 242 204, 212, 251, 570; **Einl SchuldR** 197, 225 f
  Laufzeit 241 359
  Mitwirkungspflichten 241 227 ff
  Ratenlieferungsvertrag 241 369
  relationale Verträge 241 375 ff
  Rücktritt 241 382 f
  Störung der Geschäftsgrundlage 241 381
  Sukzessivlieferungsverhältnisse 241 368 ff
  Treuepflichten, leistungsunabhängige 241 515
  Verhältnis mit personenrechtlichem Einschlag 241 374
  Versicherungsrecht 242 1068
  Wiederkehrschuldverhältnisse 241 368, 372 f
  Zeitablauf 241 378
DDR-Recht Einl SchuldR 179, 264
Deckungsverhältnis
  Vertrag zugunsten Dritter 241 346
Deklaratorische Klausel 242 472 ff
Deliktsrecht 241 62; 242 898 ff;
  Einl SchuldR 82 ff
  Adäquanztheorie 242 898
  Aufsichtspflicht **Einl SchuldR** 85
  Einsichtsfähigkeit, mangelnde
    Einl SchuldR 85
  Haftung Minderjähriger 242 902 ff
  Haftungsausschluss **Einl SchuldR** 85

Deliktsrecht (Forts)
  Herausgabeanspruch nach Verjährung 242 900
  Kausalität **Einl SchuldR** 84
  Rechtsmissbrauch 242 899
  Rechtsfortbildung, richterliche
    Einl SchuldR 234 ff
  Schutzzweck der Norm 242 898;
    Einl SchuldR 84
  unzulässige Rechtsausübung 242 901
  Verrichtungsgehilfe **Einl SchuldR** 86
  Verschulden **Einl SchuldR** 83
  Verwirkung 242 900
  vorsätzliche unerlaubte Handlung 242 900
  Wiederherstellungspflicht **Einl SchuldR** 82 f
  Zurechnung **Einl SchuldR** 84
Deutschrechtliche Grundlagen
  Einl SchuldR 101 f
Dialer
  unbestellte Leistungen 241a 24
Dienstbarkeiten 242 933 ff
Dienstvereinbarung
  vorformulierte Vertragsbedingungen 242 479
Dienstvertrag 242 788 ff; **Einl SchuldR** 169
  Aufklärungspflichten 241 467 f
  Dauerschuldverhältnisse, fehlerhafte 241 108
  Mitwirkungspflichten 241 229
  Obhuts- und Fürsorgepflichten 241 492, 507
  Treu und Glauben 242 788 ff
Differenzierungstheorien
  Treu und Glauben 242 116 ff, 208
Dingliche Ansprüche 241 113
  Anwendung des Schuldrechts
    Einl SchuldR 12 ff
Dingliche Rechte
  Absolutheitsgrundsatz 241 306
  Verwirkung 242 302
Dingliche Verwertungsrechte Einl SchuldR 253
Diskretionspflichten
  s Geheimhaltungspflichten
Diskriminierung
  Arbeitsrecht 242 819 f
Diskriminierungsrichtlinie Einl SchuldR 285
Diskriminierungsverbot Einl SchuldR 55
Dogmatik Einl SchuldR 75 f
dolo agit-Einrede 242 203, 279 ff
  Grundbuchberichtigungsanspruch 242 913
Doppelehe 242 957 ff
Doppelnatur
  Prozessvergleich **Einl SchuldR** 279
Doppelverpflichtungslehre Einl SchuldR 232
Draft Common Frame of Reference 242 1235 ff; **Einl SchuldR** 304
  Treu und Glauben 242 1235 ff
  unbestellte Leistungen 241a 54
  venire contra factum proprium 242 1236

792

Draft Common Frame of Reference (Forts)
    Vertragsverhandlungen **242** 1238
Dresdener Entwurf 241 11, 29; **242** 22;
    Einl SchuldR 127 ff
Dritter/Dritte
    Haftung bei Beteiligung **Einl SchuldR** 71 f
    Interessen **Einl SchuldR** 216
    Leistung durch **241** 336
    Leistungsbestimmung durch **241** 336
    Mitwirkungspflichten gegenüber **241** 257 ff
    Tatbestandswirkungen des Schuldverhältnisses auf **241** 331 ff
        Drittbeteiligung ohne Zurechnung **241** 335 ff
        Fremdzurechnung **241** 339 ff
        s a dort
    Vertrag mit Schutzwirkung zugunsten **Einl SchuldR** 219 ff
Drittschadensliquidation 241 337
    Rechtsfortbildung, richterliche **Einl SchuldR** 217 f
Drittwiderspruchsklage 242 1129; **Einl SchuldR** 278
Drittwirkung
    der Grundrechte
        mittelbare **242** 87; **Einl SchuldR** 269
        unmittelbare **Einl SchuldR** 269
    des Schuldverhältnisses **241** 331 ff
        faktische Drittwirkung **241** 332
        rechtliche Drittwirkung **241** 333
Drohung, widerrechtliche 242 240, 441 ff
Duldungspflicht 241 272
    nachbarliches Gemeinschaftsverhältnis **242** 918
Duldungsvollmacht 242 515
Durchgriffshaftung
    bei juristischen Personen **242** 692 f, 1016 ff; **Einl SchuldR** 233
Durchlieferungsfälle
    Vertrag zugunsten Dritter **241** 345
Dynamik des Rechts Einl SchuldR 75

Ebenbürtigkeitsklauseln 242 978
E-Commerce-Richtlinie Einl SchuldR 188, 202
Ehegattentestament
    rechtsmissbräuchliches Verhalten **242** 984
Eheliche Lebensgemeinschaft 241 63
    Anwendung der schuldrechtlichen Vorschriften **Einl SchuldR** 9
Ehevertrag 242 964 ff
    Ausübungskontrolle **242** 483, 966
    Inhaltskontrolle **242** 460, 483, 964; **Einl SchuldR** 337
    nachehelicher Unterhalt **242** 967
    Sittenwidrigkeit **242** 964 f; **Einl SchuldR** 270
    Unterhaltsverzicht **242** 967
    Vertragsparität, gestörte **242** 964
    vorformulierte Klauseln **242** 481
    Wirksamkeitskontrolle **242** 964 f

Ehrverletzung 241 528
Eigenbedarfskündigung
    Mietrecht **242** 778 ff
Eigeninteresse
    fehlendes **242** 258 ff
    geringfügiges **242** 262 ff
Eigentümer-Besitzer-Verhältnis 241 65; **242** 931
Eigentümerfreiheit Einl SchuldR 52
Eigentumserwerb 242 920 ff
    Innenverkehrsgeschäft **242** 921
    Rückerwerb vom Nichtberechtigten **242** 921
    Sicherungsübereignung **242** 923 ff
    s a dort
Eigentumsvorbehalt
    Ausnahmen vom Abstraktionsprinzip **Einl SchuldR** 36
    verlängerter **242** 702
Eingriffsnormen
    iSd Art 9 Rom I-Vo **242** 106
Einigungsmangel, offener 242 511
Einkommensteuer
    gemeinsame Veranlagung **242** 963
Einrede
    des nicht erfüllten Vertrags **242** 623 ff
    eigene Vertragstreue **242** 626 ff
    funktionelles Synallagma **242** 623
    Rechtsmissbrauch **242** 624 f
    Teilleistungen **242** 624
    Unsicherheitseinrede **242** 631 f
    Vorleistungspflicht **242** 630
    Treu und Glauben **242** 320 ff
Einseitiges Rechtsgeschäft 241 54, 69
    Auslobung **241** 69
    Stiftungsgeschäft **241** 69
Einsichtsfähigkeit, mangelnde Einl SchuldR 85
Einstehenmüssen
    Grundprinzipien des Schuldrechts **Einl SchuldR** 38 ff
Einweisung in Gebrauch
    Mitwirkungspflichten **241** 218
Einwendung
    durch Dritte **241** 342
    Treu und Glauben **242** 320 ff
        dauerhafte **242** 327 f
        vorübergehende **242** 327 f
    Verwirkung **242** 302
Einwendungsdurchgriff 242 389
    Darlehensvertrag **242** 754
    verbundenes Geschäft **242** 98
Einwilligungslehre
    Strafrecht **242** 1135
Empfangsbekenntnis 242 1133
England 242 1204 ff; **Einl SchuldR** 320
    abuse of rights **242** 1208
    economic duress **242** 1214
    Equity-Rechtsprechung **242** 1208 f
    frustration of contract **242** 1210

England (Forts)
  good faith **242** 1204
  implied terms **242** 1210
  intermediate terms **242** 1211
  promissory estoppel **242** 1212
  specific performance **242** 1215
  warranty **242** 1211
Entscheidungserheblichkeit
  Aufklärungspflichten **241** 452
Entsprechende Anwendung des Schuldrechts
  Einl SchuldR 7 ff
Entstehungsgeschichte
  des § 241 **241** 2 ff
    Entwicklungen nach Inkrafttreten des BGB **241** 32 ff
    Grundentscheidungen des Gesetzgebers **241** 12 ff
    vor Inkrafttreten des BGB **241** 3 f
    Vorbilder **241** 5 ff
  des § 242 **242** 1 ff
Entwicklung des Schuldrechts
  bis Inkrafttreten des BGB **Einl SchuldR** 97 ff
  materielles Schuldrecht **Einl SchuldR** 98 ff
  nach Inkrafttreten des BGB **Einl SchuldR** 147 ff
  Systematik **Einl SchuldR** 105 ff
Entwicklungsfunktion
  Treu und Glauben **242** 156
Entwurf
  der ersten BGB-Kommission **Einl SchuldR** 123 ff
  der zweiten BGB-Kommission **Einl SchuldR** 131 f
Erbbaurecht 242 943 f
  Kaufzwangklauseln **242** 943
  sozialpolitische Zielsetzung **242** 943
Erbenhaftung, beschränkte Einl SchuldR 246
Erbrecht 242 976 ff
  Auskunftsanspruch **242** 982
  Ausübungskontrolle **242** 978
  Ebenbürtigkeitsklauseln **242** 978
  Inhaltskontrolle **242** 978
  Rechtsmissbrauch **242** 984 ff
  Universalsukzession **242** 977
  vorformulierte Vertragsbedingungen **242** 480
  Wertermittlungsanspruch **242** 983
  Wirksamkeitskontrolle **242** 978 f
Erbrechtlicher Vertrag
  vorformulierte Klauseln **242** 480
Erbschaftskäufer
  Haftung **Einl SchuldR** 246
Erbunwürdigkeit 242 989
Erbvertrag
  rechtsmissbräuchliches Verhalten **242** 984, 987
Erfüllung 242 683 ff
  Dauerschuldverhältnis **241** 384 ff

Erfüllung (Forts)
  Leistung erfüllungshalber **242** 685
  Minderjähriger **242** 683
  Quittung **242** 686
  venire contra factum proprium **242** 683
Erfüllungsanspruch 241 25 ff
  Rücksichtspflichten **242** 659
  Verzug **242** 649 ff
Erfüllungsgehilfe Einl SchuldR 72
Erfüllungsort 241 559 f; **Einl SchuldR** 62
Ergänzende Auslegung
  Abgrenzung zu § 242 **242** 352 ff
Ergänzungsfunktion
  Treu und Glauben **242** 186 ff
Erhaltungsmaßnahmen
  Mietrecht **242** 772
Erhaltungspflichten
  s Obhuts- und Fürsorgepflichten
Erlass 242 714
Ermächtigung 241 54
Ersatzmieter 242 782
Ersatzzustellung 242 1133
Ersetzungsbefugnis 242 582 f; **243** 1, 15
Erstattungsanspruch, öffentlich-rechtlicher
  Einl SchuldR 276
Erstprämie
  Versicherungsrecht **242** 1087 ff
Erwirkung 242 191 ff, 317
  Arbeitsrecht **242** 852 ff
  Gesellschaftsrecht **242** 1037
essentialia negotii Einl SchuldR 61
Europäisches Gemeinschaftsrecht 242 103, 149, 1242 ff
  Treu und Glauben **242** 1242 ff
  venire contra factum proprium **242** 1246, 1247a
  Verbot des Rechtsmissbrauchs **242** 1244 ff
  Verwirkung **242** 1246
Europäisches Kaufrecht Einl SchuldR 305 f
Europäisches Parlament Einl SchuldR 281
Europäisches Schuldrecht Einl SchuldR 280 ff
Europäisches Zivilgesetzbuch
  Einl SchuldR 280 ff
European Group on Tort Law
  Einl SchuldR 292, 297 f
European Law Institute Einl SchuldR 304
exceptio doli generalis 242 64, 215, 438
Existenzgefährdung
  Versicherungsrecht **242** 1083

Factoringvertrag 241 327
Fahrlässigkeit, grobe
  Gewährleistungsrecht **Einl SchuldR** 74
Faktischer Vertrag 241 49, 94 ff
  Daseinsvorsorge **241** 97 ff
  Dauerschuldverhältnisse, fehlerhafte **241** 104 ff
    Arbeitsrecht **241** 107
    Dienstvertrag **241** 108

Faktischer Vertrag (Forts)
  Gesellschaftsrecht **241** 106
  Mietrecht **241** 110
  Pachtrecht **241** 110
  Wohnungseigentümergemeinschaft
    241 109
  Fallgruppen **241** 96 ff
  Hamburger Parkplatzfall **241** 95
  Hoferbenfall **241** 95
  Massenverkehr **241** 97 ff
  sozialer Kontakt **241** 111
  sozialtypisches Verhalten **241** 97 ff
  Stromversorgungsfall **241** 95
  tatsächliches Verhalten **241** 94
Fallgruppensystem
  Treu und Glauben **242** 86
Fälligkeit der Vergütung
  Werkvertragsrecht **Einl SchuldR** 171
Fallrecht
  US-amerikanisches Recht
    Einl SchuldR 321 f
Falschinformation auf Nachfrage 241 459
falsus procurator 242 522
Familienrecht 242 954 ff
  Auskunftspflichten **242** 955
  Billigkeitsregeln **242** 955
  Missbrauchsverbot, familienrechtliches
    242 955
  Mitwirkungspflichten **241** 262
  Regelungen über Schuldverhältnisse
    Einl SchuldR 10
  Rücksichtnahmegebot **242** 955
  Treu und Glauben **242** 954 ff
  vorformulierte Vertragsbedingungen
    242 481
Fehlerbegriff, subjektiver
  Gewährleistungsrecht **Einl SchuldR** 73
  Kaufrecht **Einl SchuldR** 199
  Werkvertragsrecht **Einl SchuldR** 201
Fehlerhafte Gesellschaft Einl SchuldR 231
Fehleridentität
  Ausnahmen vom Abstraktionsprinzip
    Einl SchuldR 35
Fernabsatzgesetz Einl SchuldR 202
Fernabsatzvertrag
  bei Finanzdienstleistungen
    Einl SchuldR 161
Fernunterrichtsschutzgesetz Einl SchuldR 175
Fiktiver Schaden
  Schadensersatz **Einl SchuldR** 152
Finanzdienstleistungen
  Fernabsatzvertrag **Einl SchuldR** 161
Förderpflicht
  Aktiengesellschaft **242** 999
Forderung 241 36
  Abgrenzung zu Obliegenheiten **241** 120 ff
  als Eigentumsrecht **241** 315
  Begriff **241** 112 ff
  Forderungskollisionen

Forderung (Forts)
  Insolvenz **241** 118
  Präventionsgrundsatz **241** 116 ff
  Quotenvorrechte **241** 117
  verhältnismäßige Befriedigung **241** 118
  Vorrang von Forderungen **241** 117
  Lehre von der absoluten Rechtszuständigkeit **241** 316 ff
  relative Wirkung **241** 305 ff
    Ausnahmen **241** 308 ff
    Rechtsnachfolger **241** 309
  Verdinglichung **241** 308 ff
Forderungsrecht, relatives Einl SchuldR 63
Formfreiheit
  rechtsgeschäftliches Schuldverhältnis
    Einl SchuldR 57 ff
Formmissbrauch 242 91
Formverstöße
  Einwendung **242** 450
  Existenzgefährdung **242** 446
  Treuepflichtverletzung **242** 446
Formzwang Einl SchuldR 57 ff
  Beweissicherung **Einl SchuldR** 57
  Heilung durch Vollzug **Einl SchuldR** 58
  Hinweisfunktion **Einl SchuldR** 57
  Nichtigkeit bei Nichteinhaltung
    Einl SchuldR 58
  Übereilungsschutz **Einl SchuldR** 57
  Warnfunktion **Einl SchuldR** 57
Frachtvertrag
  Mitwirkungspflichten **241** 240
Fragerecht des Arbeitgebers 241 453
Franchisevertrag
  Aufklärungspflichten **241** 484
  Mitwirkungspflichten **241** 231
Frankreich 242 1164 ff
  abus de droit **242** 1171 f
  bonne foi **242** 1164 ff
  equite **242** 1168
  Loyalitäts- und Kooperationspflicht
    242 1169
  Nebenpflichten **242** 1166, 1168 f
  Rechtsmissbrauch **242** 1171 f
  Reform des Vertragsrechts **242** 1165
  Rücksichtspflichten **242** 1169
  venire contra factum proprium **242** 1165
  Verzicht, stillschweigender **242** 1170
  vorvertragliche Pflichten **242** 1166 f
  Wegfall der Geschäftsgrundlage **242** 1164 f
Freizeitgewährung
  Leistungssicherungspflichten **241** 276
Fremdzurechnung 241 333 f, 339 ff
  Berechtigung Dritter **241** 343 ff
  Haftungsbegrenzungen
    zu Lasten Dritter **241** 355
    zugunsten Dritter **241** 352 ff
  Verpflichtung Dritter **241** 340 ff
Fünf-Bücher-System Einl SchuldR 116
Funktionelles Synallagma 242 623

Funktionsanalyse
Treu und Glauben **242** 87
Funktionskreistheorie
Treu und Glauben **242** 171 ff
Funktionswandel
Treu und Glauben **242** 156
Fürsorgepflicht
des Arbeitgebers **242** 797, 802
Leistungssicherungspflichten **241** 280
nachträgliche **241** 280

Garantenpflicht
Strafrecht **242** 1134
Garantie
Kaufrecht **Einl SchuldR** 199
Gastwirt
Aufklärungspflichten **241** 484
Obhuts- und Fürsorgepflichten **241** 494, 512
Gastwirterecht Einl SchuldR 173
Gattungsschuld 242 573 ff; **243** 1 ff
Abgrenzung zur
Ersetzungsbefugnis **243** 15
Geldschuld **243** 17 f
Stückschuld **243** 12
Wahlschuld **243** 13
Arbeitsverhältnis **243** 46
Beschaffungsschuld **243** 19 f
beschränkte **241** 118
Beweislast **243** 50 ff
Definition **243** 6 f
Dienstleistungen **243** 47
Ersetzungsbefugnis, Kombination mit **243** 15
Gattungsmerkmale **243** 8 f
Geldschuld **243** 17 f
Handelsrecht **243** 5
Inhalt **243** 21 ff
Kombination
mit Ersetzungsbefugnis **243** 15
mit Wahlschuld **243** 14
Konkretisierung **242** 578 ff; **243** 27 ff
Ausscheidungstheorie, modifizierte **243** 36
Bindungswirkung **243** 39 ff
Bringschuld **243** 31
Geldschuld **243** 35
Holschuld **243** 36
Leistungsgefahr **243** 38
Lieferungstheorie **243** 36
mehrstufige **243** 33
Rechtsfolgen **243** 38 ff
Schickschuld **243** 32
Überseekauf **243** 43
Voraussetzungen **243** 29 ff
Zuständigkeit **243** 28
mittlere Art und Güte **243** 21 f
Qualitätsabweichungen **243** 24 ff
bessere Ware **243** 25 f

Gattungsschuld (Forts)
schlechtere Ware **243** 24
Qualitätsmaßstab **243** 21 f
Qualitätsstandard, abweichender **242** 574
Rechte **243** 46
Reiseleistungen **243** 46
Rekonzentration, Recht des Schuldners zur **242** 578 ff
Repartierungspflicht **243** 20
Repartierungspflicht des Schuldners **242** 575 ff
Schönheitsreparaturen **243** 46
systematische Stellung **243** 2
tel quel-Klausel **243** 23
Transmutationstheorie **243** 2
Vereinbarung über Qualität **243** 23
Vorratsschuld **243** 10 f
Vorschriften
im BGB **243** 4
im HGB **243** 5
Wahlschuld, Kombination mit **243** 14
Werkleistungen **243** 47 ff
Zwangsvollstreckung **243** 53
Gebäudeversicherung
Mietrecht **242** 768
Gebrauchsgewährung
Mitwirkungspflichten **241** 221 ff
Gefährdungshaftung 241 545; **Einl SchuldR** 46, 150
Gefahrübergang Einl SchuldR 62
Gefälligkeit 241 47, 71 ff; **242** 197, 900
Abgrenzung zum Schuldverhältnis **241** 71 ff
Ausschluss eines Leistungsanspruchs **241** 89 ff
Einzelfälle **241** 87
Gefälligkeitsfahrten **241** 544 ff
Gefälligkeitsvertrag **241** 71 f
Gentleman's Agreement **241** 74, 89 ff
Haftung **241** 73, 93
Merkmale **241** 76 ff
objektiver Ansatz **241** 78
rechtsgeschäftsähnliche **241** 66
Rechtsgrund zum Behaltendürfen **241** 73
Rücksichtspflichten **241** 401 ff, 537 f
Rücksichtspflichtverletzungen **241** 93
sozialer Kontakt **241** 72
subjektiver Ansatz **241** 79 ff
Treu und Glauben **242** 131, 900
Unentgeltlichkeit **241** 72
Verhaltensvereinbarung **241** 75 ff
Willensermittlung **241** 83 ff
Gefälligkeitsvertrag 241 71 f
Gegenleistungsanspruch Einl SchuldR 62
Gegenleistungsgefahr 242 27
Gegenseitigkeitserfordernis
Aufrechnung **242** 689 ff
Geheimhaltungspflichten 241 521 ff
Arbeitsrecht **242** 805 f
Gelddarlehen Einl SchuldR 202

Geldentschädigung
Schadensersatz **242** 589; **Einl SchuldR** 44
Geldkondemnation 241 16
Geldschuld 243 17 f
Konkretisierung der Gattungsschuld
243 35
Geldwerte Leistung 241 14 ff
Geldwirtschaft Einl SchuldR 102
Geltendmachung zur Unzeit 242 255
Geltungsbereich
Schuldrecht **Einl SchuldR** 6 ff, 255 ff
außerhalb des BGB **Einl SchuldR** 21
dingliche Ansprüche **Einl SchuldR** 12 ff
Gesetzestechnik **Einl SchuldR** 7 ff
öffentlich-rechtlicher Vertrag
Einl SchuldR 7
Sondergesetze **Einl SchuldR** 23 f
Sonderprivatrecht **Einl SchuldR** 22
in sonstigen Büchern des BGB
Einl SchuldR 10 ff
Verweisung **Einl SchuldR** 7 f
s a dort
Gemeinsame Veranlagung
Einkommensteuer **242** 963
Gemeinsamer Irrtum 242 423, 437, 558
Gemeinsamer Markt Einl SchuldR 289
Gemeinsamer Referenzrahmen
Einl SchuldR 304
Gemeinsames Europäisches Kaufrecht
242 1248 ff; **Einl SchuldR** 305 f
Gemeinschaftliches Testament
rechtsmissbräuchliches Verhalten **242** 985 f
Gemeinschaftsordnung
Wohnungseigentum **242** 946, 949
Gemischte Verträge 241 538
Genehmigung, behördliche 242 640
Generalklauseln
Auslegung **Einl SchuldR** 75 f, 269
Genossenschaft 242 1003, 1013
Genossenschaftliche Ordnungen
Einl SchuldR 102
Gentleman's Agreement 241 74, 89 ff
Gerechtigkeit Einl SchuldR 75
Germanisches Recht Einl SchuldR 98, 101
Gesamtgläubiger 242 729
Gesamtschuldverhältnis 241 264; **242** 728 ff
Geschäftliche Tätigkeit
Mietrecht **242** 767
Geschäftsbesorgungsvertrag
Obhuts- und Fürsorgepflichten **241** 512
Treu und Glauben **242** 874 ff
Geschäftseinheit
Ausnahmen vom Abstraktionsprinzip
Einl SchuldR 37
Geschäftsfähigkeit 242 408 ff
Geschäftsführung ohne Auftrag 241 50, 62, 65,
273; **242** 874 ff; **Einl SchuldR** 79 ff
Treu und Glauben **242** 874 ff
unbestellte Leistungen **241a** 39 ff

Geschäftsgeheimnisse 242 1023, 1055
Bewahrung von **241** 272
Geschäftsgrundlage, Wegfall der
s Wegfall der Geschäftsgrundlage
Gesellschaft bürgerlichen Rechts 242 997
Mitwirkungspflichten **241** 199
Rechtsnatur **Einl SchuldR** 232
Gesellschafterbeschluss
Bindungswirkung **Einl SchuldR** 47
Gesellschaftlicher Ansatz
Treu und Glauben **242** 142
Gesellschaftsrecht 242 992 ff; **Einl SchuldR** 22
Abfindung **242** 1032
Anfechtung eines Hauptversammlungs-
beschlusses **242** 1025
Aufklärungspflichten **241** 484
Auflösung einer Gesellschaft **242** 1033
Auskunftspflichten **242** 1023
Ausschluss eines Gesellschafters **242** 1029
Dauerschuldverhältnisse, fehlerhafte
241 106
Durchgriffshaftung **242** 1016 ff;
Einl SchuldR 233
Entziehung der Geschäftsführungs-
befugnis **242** 1029
Erwirkung **242** 1037
fehlerhafte Gesellschaft **Einl SchuldR** 231
Geschäftsgeheimnisse **242** 1023
Haftung kraft Rechtsscheins **242** 1022
Inhaltskontrolle von Gesellschaftsver-
trägen **242** 1008 ff
Körperschaften **242** 998 ff
Kündigung eines Gesellschafters **242** 1031
Leistungssicherungspflichten **241** 284
Missbrauch des Stimmrechts **242** 1024
Mitwirkungspflichten **242** 1006 f
Personengesellschaften **242** 997
Publikumsgesellschaften **242** 1010 ff
qualifizierter faktischer Konzern **242** 1019
Rechenschaftspflichten **242** 1023
Rechtsfortbildung, richterliche
Einl SchuldR 231 ff
Rechtsnatur der GbR **Einl SchuldR** 232
Rechtsvereinheitlichung **Einl SchuldR** 284
Stimmbindungsvertrag **242** 1007
Stimmpflicht **242** 1006
Stimmrecht, Missbrauch **242** 1024
Treuepflichten **241** 515; **242** 992 ff
Übernahme von Gesellschaftsanteilen
242 1034
Umwandlung einer Gesellschaft **242** 1033
Unterkapitalisierung **242** 1018
Unterlassungspflichten **242** 1005
Verlustdeckungspflicht **242** 1019
Verwirkung **242** 1035
vorformulierte Vertragsbedingungen
242 477
Zurechnungsdurchgriff **242** 1021

Gesetzesauslegung, systematische
Einl SchuldR 105
Gesetzestechnik
Geltungsbereich des Schuldrechts
Einl SchuldR 7 ff
Gesetzesumgehung 242 396 ff
Gesetzlicher Forderungsübergang 242 726
Versicherungsrecht 242 1095
Gesetzliches Verbot 242 485 ff
Abgrenzung zu § 242 242 362 ff, 485 ff
Gestaltungsfreiheit
Vertragsfreiheit Einl SchuldR 52
Gestaltungsrechte
Verwirkung 242 302
Gestaltungsspielraum des Gesetzgebers
Einl SchuldR 268
Getrenntleben
Unterhalt 242 969
Gewährleistungsfrist
Kaufrecht Einl SchuldR 200
Werkvertragsrecht Einl SchuldR 201
Gewährleistungsrecht 242 737 ff;
Einl SchuldR 73 f
Arglist Einl SchuldR 74
Auftragsrecht Einl SchuldR 74
Ausschluss der Gewährleistung 242 745 ff
Fahrlässigkeit, grobe Einl SchuldR 74
Fehlerbegriff, subjektiver Einl SchuldR 73
Mangel Einl SchuldR 73
s a dort
Sekundärrechte Einl SchuldR 73 f
Verhältnis zur Anfechtung 242 749
Gewaltenteilung 242 104, 1166, 1204
Gewerbeordnung Einl SchuldR 169
Gewerbliche Miete Einl SchuldR 166
Gewerblicher Rechtsschutz 242 1042 ff
Auskunftsansprüche 242 1054 ff
Verwirkung 242 1043 ff
Vorrats- und Defensivzeichen 242 1043
Gewinnzusage 241 69
Gewissensfreiheit 242 146
Leistungsverweigerung aus Gewissensgründen 242 272
Gewohnheitsrecht 242 95; Einl SchuldR 101, 209
Abgrenzung von Verkehrssitte 242 166
Glaubensfreiheit 242 146
Gläubigerverzug 242 660 ff
absichtliche Herbeiführung 242 664
Entbehrlichkeit
des tatsächlichen Angebots 242 660
des wörtlichen Angebots 242 662
Mehrangebot 242 661
Nutzungen 242 665
Teilleistungen 242 661
unzumutbare Annahme 242 664
Verschulden 242 663
Gleichbehandlung
der Mieter 242 770

Gleichbehandlung (Forts)
der Versicherungsnehmer 242 1071, 1083
von Frauen und Männern Einl SchuldR 285
Gleichbehandlungsgrundsatz, arbeitsrechtlicher
242 146, 802
Gleichberechtigungsgesetz Einl SchuldR 169
Gleichheitstheorien
Treu und Glauben 242 114 f, 208
Globalzession, nichtige 242 1130
Glossatoren 242 11, 16
GmbH 242 1002
Grundbuchberichtigungsanspruch 242 913 ff
dolo agit-Einrede 242 913
venire contra factum proprium 242 914
Verwirkung 242 915
Grunddienstbarkeit 242 933
Grundgesetz 242 145 ff
Grundprinzipien des Schuldrechts
Einl SchuldR 25 ff
Abstraktionsprinzip Einl SchuldR 26 ff
s a dort
allgemeine Einl SchuldR 25 ff
Äquivalenzprinzip Einl SchuldR 66 ff
s a dort
Einstehenmüssen Einl SchuldR 38 ff
Formfreiheit Einl SchuldR 57 ff
praktische Bedeutung Einl SchuldR 75 ff
Privatautonomie Einl SchuldR 49 ff
Schuldverhältnis
gesetzliches Einl SchuldR 78 ff
s a dort
rechtsgeschäftliches Einl SchuldR 47 ff
s a dort
Verschuldensprinzip Einl SchuldR 39 ff
Vertragsfreiheit Einl SchuldR 52 ff
Vertragstreue Einl SchuldR 65
Grundrechte Einl SchuldR 267 ff
Generalklauseln, Auslegung
Einl SchuldR 269
Mietrecht 242 763
mittelbare Drittwirkung 242 87;
Einl SchuldR 269
Treu und Glauben 242 146 ff
unmittelbare Drittwirkung
Einl SchuldR 269
Grundschuld 242 940 f
nachträgliche Übersicherung 242 941
Grundstückskauf 242 734
Güterschutz
gesetzliche Schuldverhältnisse
Einl SchuldR 78
Güterumsatzgeschäfte 241 516, 528
Gütestelle
Anrufung 242 534

Haager Kaufrecht 242 1225; Einl SchuldR 309
Haftpflichtgesetz 241 118; Einl SchuldR 24, 150
Haftpflichtrecht Einl SchuldR 24
Haftpflichtversicherung 242 1098

Haftung
  Begriff **Einl SchuldR** 239 f
  bei Beteiligung Dritter **Einl SchuldR** 71 f
  Erbschaftskäufer **Einl SchuldR** 246
  Gefälligkeit **241** 73, 93
  Gegenstand der Haftung **Einl SchuldR** 241 f
  Haftungsvertrag **Einl SchuldR** 241, 247
  kraft Rechtsscheins **242** 1022
  ohne Schuld **Einl SchuldR** 252 ff
    dingliche Verwertungsrechte
      Einl SchuldR 253
    vollstreckungserweiternder Vertrag
      Einl SchuldR 254
  Schuldnervermögen, gesamtes
    Einl SchuldR 242
Haftungsausschluss 241 349, 353
  Deliktsrecht **Einl SchuldR** 85
  stillschweigender **241** 546
Haftungsbeschränkungen 241 31;
  Einl SchuldR 244 ff
  gegenständliche Beschränkung
    Einl SchuldR 246
  gesetzliche **241** 530 ff, 536, 538
  Haftungsvertrag **Einl SchuldR** 247
  rechnerische Beschränkung
    Einl SchuldR 245
  vertragliche **241** 530 f, 535, 542
  zu Lasten Dritter **241** 355
  zugunsten Dritter **241** 352 ff
Haftungserweiterung Einl SchuldR 254
Haftungshöchstbeträge Einl SchuldR 46, 156, 245
Haftungssubsidiarität Einl SchuldR 96
Haftungsvertrag Einl SchuldR 241, 247
Hamburger Parkplatzfall 241 95
Handeln auf eigene Gefahr 241 547; **242** 597 ff
  Mitfahrt-Fälle **242** 597 f
  Sport **242** 597 f
Handelsbrauch 242 163, 1038
Handelsrecht 242 1038 ff; **Einl SchuldR** 22, 140
  Entwicklung **Einl SchuldR** 104
  Gattungsschuld **243** 5
  Handelsbrauch **242** 1038
  Handelsvertreter **242** 1041
  Handlungsgehilfe **242** 1040
Handelsvertreter 242 1041
Handlungsfreiheit, allgemeine 241 304;
  Einl SchuldR 234
Handlungsgehilfe 242 1040
Handlungspflicht 241 24, 272
Hauptleistungspflichten 241 144 ff
  Arbeitsrecht **242** 793
Hauptversammlungsbeschluss
  Anfechtung **242** 1025
Haustürgeschäfte
  Widerrufsrecht **242** 1247; **Einl SchuldR** 159
Haustürschlüssel, Verlust
  Mietrecht **242** 767
Haustürwiderrufsgesetz Einl SchuldR 202

Heilpraktiker
  Aufklärungspflichten **241** 484
Heilung durch Vollzug
  Formzwang **Einl SchuldR** 58
Heilungskosten, fiktive
  Schadensersatz **242** 589
Herausgabeanspruch
  Anwendbarkeit des § 281
    Einl SchuldR 13 ff
  des Eigentümers **242** 927 f
  nach Verjährung **242** 900
Hinterlegung 242 687
  Obhuts- und Fürsorgepflichten **241** 492
Hinweisfunktion
  Formzwang **Einl SchuldR** 57
Hinweispflichten
  Versicherungsrecht **242** 1068, 1094
Historische Rechtsschule Einl SchuldR 111
Hoferbenfall 241 95
Höferecht 242 981
Holschuld 241a 5; **Einl SchuldR** 62
  Konkretisierung der Gattungsschuld
    243 36
Hypothek 242 939; **Einl SchuldR** 253

IDD-Richtlinie
  Versicherungsrecht **242** 1072
Idee des Rechts
  Treu und Glauben **242** 152
Immaterialgüterrechte
  Verwirkung **242** 302
Immaterielle Schäden Einl SchuldR 44, 153, 270
Immobiliardarlehen Einl SchuldR 159
Immobiliar-Verbraucherdarlehen 242 758d
Individualvertrag, vorformulierter 242 475 f
Informationelle Selbstbestimmung 241 453
Informationsfreiheit 242 146
Informationsgefälle
  Aufklärungspflichten **241** 447 ff
Informationsleistungspflichten 241 440
Informationspflichten 241 437 ff
  Arbeitsrecht **242** 799 f
  Aufklärungspflichten **241** 437, 442 ff
    s a dort
  Beratungspflichten **241** 437, 485 f
  Versicherungsrecht **242** 1073
Inhaberschuldverschreibung
  Mitwirkungspflichten **241** 199
Inhaltskontrolle von Verträgen 242 341, 461
  Allgemeine Geschäftsbedingungen
    242 471 ff, 570
    s a dort
  Arbeitsrecht **242** 467 ff
  Ehevertrag **242** 964
  erweiterte **242** 463 ff
  Gesellschaftsvertrag **242** 1008 ff
  Maßstab **242** 463 ff
  Mietrecht **242** 470

Inhaltskontrolle von Verträgen (Forts)
  Versicherungsrecht **242** 1074
  Vertragsbedingungen, vorformulierte
    242 471 ff
  Vertragsparität, gestörte **242** 466 ff
Inkrafttreten des BGB Einl SchuldR 263
Innentheorie
  Rechtsmissbrauch **242** 216
Insemination, heterologe 242 974
Insichgeschäft 242 529
Insolvenz
  Dauerschuldverhältnis **241** 359
  Forderungskollisionen **241** 118
  Treu und Glauben **242** 1132
Insolvenzordnung Einl SchuldR 148
Institutionen Einl SchuldR 107
Integritätsinteresse
  Rücksichtspflichten **241** 153, 162, 421, 427, 436, 488
Internationales Privatrecht Einl SchuldR 258 ff
  gesetzliche Schuldverhältnisse
    Einl SchuldR 260
  Treu und Glauben **242** 106
  vertragliche Schuldverhältnisse
    Einl SchuldR 259
Internationales Schuldrecht Einl SchuldR 307 ff
  Haager Kaufrecht **Einl SchuldR** 309
  UNIDROIT-Prinzipien **Einl SchuldR** 308
  UN-Kaufrecht/CISG **Einl SchuldR** 309 f
Internetauktion 242 735
  Leistungssicherungspflichten **241** 286
Internet-Domain
  Registrierung des Namens **241** 325
Irrtum 242 422 ff
  Ausschluss der Irrtumsanfechtung
    242 430 ff
  Dauerschuldverhältnis **242** 430 f
  gemeinsamer Irrtum **242** 423, 437
  Kalkulationsirrtum **242** 424 ff
Italien 242 1188 ff
  Nebenpflichten **242** 1189
  Rechtsmissbrauch **242** 1189 f
  Rücksichtnahme **242** 1188
  Schikaneverbot **242** 1190
  Verkehrssitte **242** 1189
  Vertragsauslegung **242** 1188
  Verwirkung **242** 1189
  Verzicht, stillschweigender **242** 1189

Justinianisches Recht 242 11

Kalkulationsirrtum 242 424 ff
Kanonistik 242 13, 16
Kappungsgrenze
  Mietrecht **Einl SchuldR** 167
Kartellrecht
  Preisbindungsvertrag **242** 1063
  Repartierungspflicht **242** 575

Kaufmännisches Bestätigungsschreiben 241 70; **242** 512
Kaufrecht 242 731 ff
  Aufklärungspflichten **241** 465
  Beschaffenheitsvereinbarung
    Einl SchuldR 199
  Fehlerbegriff, subjektiver **Einl SchuldR** 199
  Garantie **Einl SchuldR** 199
  gemeinsames europäisches
    Einl SchuldR 305 f
  Gewährleistung **242** 737 ff
    Ausschluss **242** 745 ff
    Verhältnis zur Anfechtung **242** 749
  Gewährleistungsfrist **Einl SchuldR** 200
  Grundstückskauf **242** 734
  Internetauktion **242** 735
  Leistung, rechts- und sachmängelfreie
    Einl SchuldR 198
  Leistungssicherungspflichten **241** 287
  Lieferung einer zu geringen Menge
    Einl SchuldR 199
  Mangel **242** 744
    behebbarer **242** 744
    eigenmächtige Beseitigung **242** 745
    grob fahrlässige Unkenntnis **242** 747
    Kenntnis bei Vertragsschluss **242** 746
    nicht behebbarer **242** 744
    Obliegenheit zur Anzeige **242** 748
  Mangelfolgeschäden **Einl SchuldR** 199
  Minderung **242** 743
  Mitwirkungspflichten **241** 242
  Montage, fehlerhafte **Einl SchuldR** 199
  Montageanleitung, fehlerhafte
    Einl SchuldR 199
  Nacherfüllungsanspruch **242** 738 ff;
    Einl SchuldR 199
    Ersatzlieferung **242** 738
    Nachbesserung **242** 738
  Nebenpflichten, Konkretisierung **242** 736
  Obhuts- und Fürsorgpflichten **241** 493, 501 f
  Öffentliches Recht, Anwendbarkeit
    Einl SchuldR 276
  Rücktritt **242** 675 f, 744
  Sachmangelbegriff **Einl SchuldR** 199
  Schadensersatz, großer **242** 743
  Schuldrechtsreform **Einl SchuldR** 198 ff
  Treu und Glauben **242** 731 ff
  Untersuchungspflicht **242** 747
  Verbrauchsgüterkauf **242** 750 f;
    Einl SchuldR 200
  Zustandekommen des Vertrages **242** 734 f
Kaufzwangklauseln
  Erbbaurecht **242** 943
Kausalität
  Deliktsrecht **Einl SchuldR** 84
Kausalitätsgegenbeweis
  Versicherungsrecht **242** 1079

Kaution
Mietrecht **242** 775
Kfz-Haftpflichtversicherung 242 1098
Klagbarkeit der Rücksichtspflichten
241 554 ff
Klammerprinzip Einl SchuldR 3
Klausel-Richtlinie 242 1242
Kleine Lösung
Schuldrechtsreform **Einl SchuldR** 205
Kollisionsrecht Einl SchuldR 255 ff
interlokales **Einl SchuldR** 257
Internationales Privatrecht
Einl SchuldR 258 ff
intertemporales **Einl SchuldR** 262
personales **Einl SchuldR** 265 f
Kollusion 242 516
Kommanditgesellschaft 242 997
Kommission, BGB-
erste **Einl SchuldR** 123 ff
zweite **Einl SchuldR** 131 f
Kommissionär 242 1039
Kondiktionssperre
Bereicherungsrecht **242** 891 f
Konkretisierung
Gattungsschuld **243** 27 ff
Ausscheidungstheorie, modifizierte
243 36
Bindungswirkung **243** 39 ff
Bringschuld **243** 31
Geldschuld **243** 35
Holschuld **243** 36
Leistungsgefahr **243** 38
Lieferungstheorie **243** 36
mehrstufige **243** 33
Rechtsfolgen **243** 38 ff
Schickschuld **243** 32
Überseekauf **243** 43
Voraussetzungen **243** 29 ff
Zuständigkeit **243** 28
Konkretisierungsfunktion
Treu und Glauben **242** 181 ff
Konkretisierungstheorie
Treu und Glauben **242** 115, 207
Kontrahierungszwang Einl SchuldR 55 f
Allgemeines Gleichbehandlungsgesetz
Einl SchuldR 288
Korrekturfunktion
Treu und Glauben **242** 204
Kostenfestsetzungsverfahren 242 1123
Kostentragung
Mitwirkungspflichten **241** 200
Kostenverteilungsschlüssel
Wohnungseigentum **242** 949
Kostenvoranschlag
Werkvertragsrecht **Einl SchuldR** 201
Krankenhausaufnahmevertrag
Aufklärungspflichten **241** 484
Krankenversicherung 242 1074, 1101;
Einl SchuldR 94

Kreditsicherung
Rechtsfortbildung, richterliche
Einl SchuldR 237 f
Kreditwürdigkeitsprüfung 242 753
Kreuzeinteilung des BGB Einl SchuldR 117
Kritik des Schuldrechts Einl SchuldR 323 ff
Kündigung
Arbeitsrecht **242** 811 ff
Anhörung des Arbeitnehmers **242** 823
Ausschlussfrist **242** 829
Ausübung **242** 822 ff
betriebsbedingte **242** 816 ff, 831, 835, 838
Beweislast **242** 812
Form **242** 826 f, 850
mündliche **242** 850
personenbedingte **242** 819 ff, 831
schriftliche **242** 850
Verdachtskündigung **242** 823, 831, 835
verhaltensbedingte **242** 819 ff, 831
in verletzender Form **242** 822
willkürliche **242** 813
Wirksamkeit **242** 826 ff
zur Unzeit **242** 822
Dauerschuldverhältnis **241** 359, 379 ff
eines Gesellschafters **242** 1031
Mietrecht **242** 778 ff
außerordentliche **242** 785
Eigenbedarfskündigung **242** 778 ff
Verwertungskündigung **242** 782
Versicherungsvertrag **242** 1084
zur Unzeit **241** 88
Kündigungsfrist
Mietrecht **Einl SchuldR** 167
Kündigungsschutz
Mietrecht **Einl SchuldR** 165
Kündigungsschutzgesetz 242 96;
Einl SchuldR 169

Laienrichter Einl SchuldR 101
Ablösung des Laienrichterwesens
Einl SchuldR 107
Landesimmissionsschutzgesetze 242 917
Lando-Kommission Einl SchuldR 281, 292, 295 f
Leasingvertrag
Aufklärungspflichten **241** 484
Lebensversicherung 242 1099
Lehre von der absoluten Rechtszuständigkeit
241 316 ff
Leihe 241 71; **Einl SchuldR** 74
Leistung 241 133 ff; **242** 134
Begriff **241** 133 ff
Doppeldeutigkeit **241** 135
einheitlicher **241** 135
Duldung **241** 133
durch Dritte **241** 336; **242** 615 f
Handlung **241** 133
Leistungspflichten **241** 141 ff
s a dort

Leistung (Forts)
  Unterlassen **241** 136 ff
Leistung erfüllungshalber 242 685
Leistungsaustausch Einl SchuldR 61
Leistungsbeschreibung 242 472 f
Leistungsbestimmung 243 16;
  Einl SchuldR 60 ff
  durch einen Dritten **241** 336
Leistungserfolg 241 265 f; **242** 170
Leistungsgefahr
  Gattungsschuld **243** 27, 38
Leistungsgegenstand 241 23
Leistungsinteresse 241 162, 163, 444
Leistungskette, werkvertragliche 242 862
Leistungskondiktion 241a 4
Leistungsort 242 617; **241a** 5; **Einl SchuldR** 62
Leistungspflichten 241 141 ff
  Abgrenzung zu Rücksichtpflichten
    241 153 ff
  Hauptleistungspflichten **241** 144 ff
  Inhalt **242** 571 ff
  Nebenleistungspflichten **241** 147 ff
    leistungsbezogene **241** 152
    nicht-leistungsbezogene **241** 152
  Primärpflichten **241** 142 f
  Sekundärpflichten **241** 142 f
Leistungssicherungspflichten 241 265 ff
  Abgrenzung zu Rücksichtspflichten
    241 274 f
  Abtretung **241** 278
  Anwaltsvertrag **241** 289
  Arbeitsbescheinigung **241** 276
  Arbeitsrecht **241** 280; **242** 795
    betriebliche Altersversorgung **241** 280
    Fürsorgepflicht, nachträgliche **241** 280
    Herausgabepflicht des Arbeit-
      nehmers **241** 280
    Personalakte, Einsicht in **241** 280
    Wiedereinstellung nach Kündigung
      241 280
  außergesetzliche **241** 272 f
  Behandlungsvertrag **241** 281
  Chefarztvertrag **241** 283
  Einzelfälle **241** 276 ff
  Freizeitgewährung **241** 276
  Gesellschaftsrecht **241** 284
  gesetzliche **241** 270 f
  Internetauktion **241** 286
  Kaufrecht **241** 287
  Mietrecht **241** 292
  Quittung **241** 276
  Reisevertrag **241** 290
  Schutzrechte, gewerbliche **241** 285
  Subunternehmerverhältnis **241** 291
  Werkvertrag **241** 282, 294
  Wettbewerbsverbot, nachvertragliches
    241 276, 295 ff
  Zeugniserteilung **241** 276

Leistungsstörungsrecht
  culpa in contrahendo **Einl SchuldR** 197
    s a dort
  Dauerschuldverhältnisse, Kündigungs-
    recht **Einl SchuldR** 197
  Pflichtverletzungstatbestand, allgemeiner
    Einl SchuldR 195
  positive Forderungsverletzung
    Einl SchuldR 197
  Rücksichtspflichten
    s dort
  Rücktrittsrecht **Einl SchuldR** 196
  Sachwalterhaftung **Einl SchuldR** 197
  Schadensersatz statt der Leistung
    Einl SchuldR 195
  Schlechtleistung
    s dort
  Schuldrechtsreform **Einl SchuldR** 195 ff
  Schutzwirkung zugunsten Dritter
    Einl SchuldR 197
  Treu und Glauben **242** 570, 633 ff
  Unmöglichkeit **241** 140; **242** 635 ff;
    Einl SchuldR 196
  Unterlassungspflichten **241** 140
  Verzögerungsschaden **Einl SchuldR** 195
  Verzug
    s dort
  Wegfall der Geschäftsgrundlage
    Einl SchuldR 197
Leistungstreuepflichten 241 176
Leistungsverweigerungsrecht 242 619 ff
Leistungszeit 242 618
Lieferung einer zu geringen Menge
  Kaufrecht **Einl SchuldR** 199
Lieferung unbestellter Waren 241a 23
Lieferungstheorie
  Konkretisierung der Gattungsschuld **243** 36
Linoleumrollenfall Einl SchuldR 214
Lizenzvertrag 241 332
long-term-contract 241 376
Loyalitätspflichten
  s Treuepflichten
Lückenfüllung
  Anwendbarkeit privatrechtlicher
    Vorschriften im öffentlichen Recht
    Einl SchuldR 272 f
  Rechtsfortbildung, richterliche
    Einl SchuldR 208, 210 f
Luftbeförderungsvertrag
  Mitwirkungspflichten **241** 240
Luftverkehrsgesetz 241 118

Mahnung
  Verzug **242** 642
Mahnverfahren
  Missbrauch **242** 534
Maklervertrag 242 870 ff
  Aufklärungspflichten **241** 484
  Mitwirkungspflichten **241** 232

Maklervertrag (Forts)
  Obhuts- und Fürsorgepflichten **241** 512
  Treu und Glauben **242** 870 ff
Mangel Einl SchuldR 73
  Kaufrecht **242** 744
    behebbarer **242** 744
    eigenmächtige Beseitigung **242** 745
    grob fahrlässige Unkenntnis **242** 747
    Kenntnis bei Vertragsschluss **242** 746
    nicht behebbarer **242** 744
    Obliegenheit zur Anzeige **242** 748
  Werkvertrag **242** 860
Mangel der Ernstlichkeit 242 419 ff
Mangelfolgeschäden
  Kaufrecht **Einl SchuldR** 199
Markenrecht 242 1042, 1044 ff, 1058
Massengeschäfte
  Allgemeines Gleichbehandlungsgesetz
    Einl SchuldR 287
  faktischer Vertrag **241** 97 ff
Mehrangebot
  Gläubigerverzug **242** 661
Mehrseitiges Rechtsgeschäft 241 56
Meinungsfreiheit 242 146
Meistbegünstigungsklausel
  Patentrecht **242** 1062
Menschenwürde 242 146
Mieterschutzverordnungen Einl SchuldR 164
Mietrecht 242 763 ff; **Einl SchuldR** 164 ff
  Aufklärungspflichten **241** 466
  bauliche Veränderungen **242** 766
  Beendigung des Mietverhältnisses
    242 777 ff
  Besichtigungsrecht **242** 772
  Betriebskosten, Auskunftsanspruch
    242 776
  Dauerschuldverhältnis
    fehlerhaftes **241** 110
  Eigenbedarfskündigung **242** 778 ff
  Erhaltungsmaßnahmen **242** 772
  Ersatzmieter **242** 782
  Form des Mietvertrages **242** 783
  Gebäudeversicherung **242** 768
  geschäftliche Tätigkeit in Wohnung
    242 767
  gewerbliche Miete **Einl SchuldR** 166
  Gleichbehandlung der Mieter **242** 770
  Grundrechte **242** 763
  Haustürschlüssel, Verlust **242** 767
  Inhaltskontrolle von Verträgen **242** 470
  Kappungsgrenze **Einl SchuldR** 167
  Kaution **242** 775
  Kündigung **242** 778 ff
    außerordentliche **242** 785
    Eigenbedarfskündigung **242** 778 ff
    Verwertungskündigung **242** 782
  Kündigungsfrist **Einl SchuldR** 167
  Kündigungsschutz **Einl SchuldR** 165
  Leistungssicherungspflichten **241** 292

Mietrecht (Forts)
  Mängelrechte **242** 774
  Mieterschutzverordnungen
    Einl SchuldR 164
  Mietrechtsänderungsgesetz
    Einl SchuldR 167
  Mietrechtsreformgesetz **Einl SchuldR** 167
  Mietzahlungen
    Verzug **242** 773
    Zurückbehaltungsrecht **242** 774
    Minderung **242** 774
  Mitwirkungspflichten **241** 196, 222 ff, 247
  Modernisierungsmaßnahmen **242** 772
  Nachkriegszeit **Einl SchuldR** 165
  Obhuts- und Fürsorgepflichten **241** 493,
    504 ff
  Opfergrenze des Vermieters **242** 774
  Privatautonomie, Schranken **242** 470
  Reform **242** 570
  Satellitenempfangsanlage **242** 766
  Schriftform des Mietvertrages **242** 783
  Schriftformheilungsklauseln **242** 783
  soziales **Einl SchuldR** 165
  Staffelmiete **Einl SchuldR** 167
  Stellplatz **242** 769
  Tierhaltung **242** 770
  Treppenhauslift **242** 766
  Treu und Glauben **242** 763 ff
  Untervermietung **242** 771
  Vergleichsmiete **Einl SchuldR** 167
  Verwertungskündigung **242** 782
  Verwirkung **242** 773, 784 f
  Verzug **242** 773
  Weitervermietung **242** 775
  Zurückbehaltungsrecht an Mietzahlungen
    242 774
Mietrechtsänderungsgesetz Einl SchuldR 167
Mietrechtsreformgesetz Einl SchuldR 167
Minderjähriger
  Erfüllung **242** 683
Minderung
  Kaufrecht **242** 743
  Mietrecht **242** 774
Mindestharmonisierung 241a 12
misericordia 242 14
Missbrauch
  der Vertretungsmacht **242** 203, 517 ff
  von Sicherheiten **242** 1130
Missbrauchsverbot, allgemeines 242 215
Miteigentum 242 932
  Beschädigung gemeinschaftlichen Eigentums **242** 932
  Zwangsversteigerung zur Aufhebung der
    Gemeinschaft **242** 932
Miterbengemeinschaft 241 179
  Mitwirkungspflichten **241** 262
  Rechtsmissbrauch **242** 991
Mitfahrt-Fälle
  Handeln auf eigene Gefahr **242** 597 f

Mitgliedschaftsrecht
Verwirkung **242** 302
Mittelalter
gesellschaftliche Entwicklungen
Einl SchuldR 99 f, 102
Mittelbare Drittwirkung
Grundrechte **Einl SchuldR** 269
Mitverschulden 242 590 ff; **Einl SchuldR** 9, 41
Abgrenzung zu § **242 242** 376 f
Aufklärungspflichten **241** 457
Bereicherungsrecht **242** 895
Einschränkung des § 254 **242** 595
Rechtsfolgen **242** 594
Schadensminderungspflicht **242** 593
Treu und Glauben **242** 590 ff
Mitwirkungspflichten 241 173 ff
bei Vertragsdurchführung **241** 192 ff
Arbeitsverhältnis **241** 227 f
atypische Vertragsverhältnisse **241** 237
Austauschverhältnis **241** 216 ff
Beseitigung von Erfüllungshindernissen **241** 204 ff
Dauerschuldverhältnisse **241** 227 ff
Dienstverhältnis **241** 229
Dritten gegenüber **241** 257 ff
Durchführung der Leistung **241** 210 ff
Gebrauchsgewährung **241** 221 ff
Mehrleistung **241** 246 f
Schaffung von Rechtssicherheit **241** 248 ff
Sicherung und Treuhand **241** 226
Gesellschaftsrecht **242** 1006 f
gesetzliche Schuldverhältnisse **241** 261 ff
im Vorfeld des Vertragsschlusses **241** 178 ff
behördliche Genehmigung **241** 182
Einzelfälle **241** 190 f
Prozessrecht **241** 189
Versicherungsrecht **241** 181
Wertpapierrecht **241** 181
Modernisierungsmaßnahmen
Mietrecht **242** 772
Montage, fehlerhafte
Kaufrecht **Einl SchuldR** 199
Montageanleitung, fehlerhafte
Kaufrecht **Einl SchuldR** 199
Münzgeld Einl SchuldR 100

Nachbargesetze der Länder 242 917
Nachbarliche Abwehransprüche 242 919
Nachbarliches Gemeinschaftsverhältnis 241 67; **242** 197, 916 ff
Duldungspflichten **242** 918
gesetzliches Schuldverhältnis **242** 916
Grenzverwirrung **242** 917
nachbarliche Abwehransprüche **242** 919
Obhuts- und Fürsorgepflichten **241** 512
Rücksichtspflichten **241** 401, 409 ff
Treu und Glauben **242** 132, 197
Vertrauensverhältnis, besonderes **242** 918

Nacherfüllungsanspruch
Kaufrecht **242** 738 ff; **Einl SchuldR** 199
Ersatzlieferung **242** 738
Nachbesserung **242** 738
Nachkriegszeit
Mietrecht **Einl SchuldR** 165
Nachlassverbindlichkeit Einl SchuldR 10
Namensrecht 242 404 f
Nationalsozialismus 241 33; **242** 66 ff; **Einl SchuldR** 176 ff, 325
Naturalobligation 241 129
Naturalrestitution
Schadensersatz **Einl SchuldR** 42
Naturalverkehr Einl SchuldR 100
Naturrecht 242 2, 6, 17; **Einl SchuldR** 110
Nebenleistungspflichten 241 147 ff, 163 ff
Auskunftspflichten **241** 168 ff
außergesetzliche **241** 166 f
gesetzliche **241** 164 f
leistungsbezogene **241** 152
Leistungssicherungspflichten **241** 265 ff
s a dort
Mitwirkungspflichten **241** 173 ff
s a dort
nicht-leistungsbezogene **241** 152
Rechenschaftspflichten **241** 168 ff
Rechtsgüterschutz **241** 163
Treu und Glauben **242** 190, 211
Nebentätigkeit
Arbeitsrecht **242** 807
Negatives Interesse 241 178
Neue Vertragstypen Einl SchuldR 174 f
Nichtangriffspflicht
Patentrecht **242** 1061
Nichtehe 242 961 f
Nichteheliches Kind 242 146
Nichterfüllung
Rechtsfolgen **241** 25 ff
Nichtiger Vertrag
Rücksichtspflichten **241** 401 f, 407 f, 535 f
Nichtleistungskondiktion 242 894
Nichtvermögensschäden
s Immaterielle Schäden
Niederlande 242 1191 ff
Rechtsmissbrauch **242** 1194
Treu und Glauben **242** 1191 ff
Nießbrauch 242 935
Schuldverhältnis beim **Einl SchuldR** 10
Normativierung des Schadensbegriffs
Rechtsfortbildung, richterliche
Einl SchuldR 224
Normenhäufung Einl SchuldR 256
Normenmangel Einl SchuldR 256
Normzweck 241a 1
Notar
Beratungspflichten **241** 486
Notbedarfseinrede
Schenkung **242** 760
nulla poena sine lege 242 1136

numerus clausus
  Sachenrecht **241** 308
Nutzungen
  Gläubigerverzug **242** 665

Obhuts- und Fürsorgepflichten 241 487 ff
  außergesetzliche **241** 495 ff
    Abwägung **241** 497 ff
    Arbeitsrecht **241** 507 ff
    Arztvertrag **241** 512
    Auftragsrecht **241** 512
    Auslobung **241** 512
    Banken **241** 512
    Betreuungsvertrag **241** 512
    Darlehensvertrag **241** 503
    Dienstvertrag **241** 507
    Einzelfälle **241** 500 ff
    Gastwirt **241** 512
    Geschäftsbesorgungsvertrag **241** 512
    Kaufrecht **241** 501 f
    Maklervertrag **241** 512
    Mietrecht **241** 504 ff
    nachbarliches Gemeinschaftsverhältnis **241** 512
    Pachtrecht **241** 512
    Reisevertrag **241** 512
    Stadionbesucher **241** 512
    Telefonanbieter **241** 512
    Verwahrungsvertrag **241** 512
    Voraussetzungen **241** 495 ff
    Werkvertrag **241** 510 f
    Wissensgefälle **241** 496
  gesetzliche **241** 491 ff
    Dienstvertrag **241** 492
    Gastwirt **241** 494
    Hinterleger **241** 492
    Kaufrecht **241** 493
    Mietrecht **241** 493
  Integritätsinteresse **241** 488
  vorvertraglicher Bereich **241** 490
Obliegenheiten 241 120 ff
  Abgrenzung von Verbindlichkeit **241** 128 ff
  Beispiele **241** 120
  Funktion **241** 122
  Rechtsnatur **241** 124 ff
    Bedingungstheorie **241** 125
    Verbindlichkeitstheorie **241** 124
    vermittelnde Theorie **241** 126
  Versicherungsrecht **241** 121, 132
obligatio 241 4
Obligationenrecht, schweizerisches 241 10; **Einl SchuldR** 312 f
Offenbarungspflichten
  Strafrecht **242** 1134
Offene Handelsgesellschaft 242 997
Offener Einigungsmangel 242 511
Öffentliches Recht 242 1141 ff
  Anwendbarkeit privatrechtlicher Vorschriften **Einl SchuldR** 271 ff

Öffentliches Recht (Forts)
  Analogie **Einl SchuldR** 272 f
  Aufrechnung **Einl SchuldR** 276
  culpa in contrahendo **Einl SchuldR** 276
  Kaufrecht **Einl SchuldR** 276
  Lückenfüllung **Einl SchuldR** 272 f
  positive Vertragsverletzung
    Einl SchuldR 276
  Verweisung **Einl SchuldR** 271
  Vorbehalt des Gesetzes **Einl SchuldR** 274
  Wegfall der Geschäftsgrundlage
    Einl SchuldR 276
  Auskunftspflichten **242** 1143
  Baurecht **242** 1148 f
    Erschließungsanspruch **242** 1149
    Rücksichtnahmegebot **242** 1148
  beamtenrechtliche Treue- und Fürsorgepflichten **242** 1143
  Bedeutung von Treu und Glauben
    242 1141 f
  Bindungswirkung von Zusagen/Auskünften **242** 1144
  bundestreues Verhalten, Pflicht zu
    242 1141
  öffentlich-rechtlicher Erstattungsanspruch
    242 1146
  öffentlich-rechtlicher Vertrag **242** 1147
    Koppelungsverbot **242** 1147
  Rechtsstaatsprinzip **242** 1141 f
  Sperrgrundstücke **242** 1155
  Steuerrecht **242** 1150 ff
    Rechtsmissbrauch **242** 1151
    Rücksichtnahmegebot **242** 1150
    Vertrauensschutz **242** 1151
  venire contra factum proprium **242** 1144
  Verfassungsorgantreue **242** 1141
  Verwirkung **242** 1145
Öffentlich-rechtlicher Erstattungsanspruch
  242 1146; **Einl SchuldR** 276
Öffentlich-rechtlicher Vertrag 242 1147
  entsprechende Anwendung der
    BGB-Vorschriften **Einl SchuldR** 7, 276
  Koppelungsverbot **242** 1147
Ökonomische Analyse des Rechts 241 114; **Einl SchuldR** 330
OLG-Vertretungsänderungsgesetz
  Einl SchuldR 159
Opfergrenze
  Mietrecht **242** 774
Ordnungshaft Einl SchuldR 242
ordre public 242 106, 500
Ost-Enteignungen 242 939
Österreich 242 1173 ff
  Arglisteinwand **242** 1177
  Auslegung von Willenserklärungen
    242 1173, 1175
  Rechtsmissbrauch **242** 1178 ff
  Schikaneverbot **242** 1178

Österreich (Forts)
  Verbot widersprüchlichen Verhaltens
    242 1179
  Verjährungseinrede **242** 1177
  Verwirkung **242** 1176
  Verzicht, stillschweigender **242** 1176
  vorvertragliche Aufklärungspflichten
    242 1174

Paarformel
  Treu und Glauben **242** 15, 141
Pachtrecht **242** 786 f; **Einl SchuldR** 168
  Aufklärungspflichten **241** 484
  Dauerschuldverhältnisse, fehlerhafte
    241 110
  Mitwirkungspflichten **241** 196, 224
  Obhuts- und Fürsorgepflichten **241** 512
  Treu und Glauben **242** 786 f
pacta sunt servanda **Einl SchuldR** 65
pactum de non petendo **242** 542
Pandektensystem **241** 6, 37; **242** 11;
  Einl SchuldR 3, 112 ff
Partnerschaftsgesellschaft **242** 997
Patentrecht **242** 1051 f, 1061
  Meistbegünstigungsklausel **242** 1062
  Nichtangriffspflicht **242** 1061
  Verbesserungsklausel **242** 1062
Patientenrechtegesetz **Einl SchuldR** 170
Patronatserklärung **241** 69
Pauschalreise **Einl SchuldR** 172
Personalakte
  Leistungssicherungspflichten **241** 280
Personenbedingte Kündigung **242** 819 ff, 831
Personengesellschaft **242** 997; **Einl SchuldR** 22
Persönlichkeitsrecht **241** 453; **242** 146;
  Einl SchuldR 234, 270
  des Kindes **242** 974
  postmortales **Einl SchuldR** 234
  Unterlassungsanspruch **241** 136
Petitorische Rechtsverhältnisse
  Anwendung der Verzugsvorschriften
    Einl SchuldR 19
Pfandrecht **242** 942; **Einl SchuldR** 253
  nachträgliche Übersicherung **242** 942
  Schuldverhältnis beim **Einl SchuldR** 10
Pflichten
  Leistungspflichten **241** 141 ff
    Hauptleistungspflichten **241** 144 ff
    Nebenleistungspflichten **241** 147 ff
    Primärpflichten **241** 142 f
    Sekundärpflichten **241** 142 f
  Rücksichtspflichten **241** 153 ff
  s a dort
Pflichtteilsrecht **Einl SchuldR** 10
  rechtsmissbräuchliches Verhalten **242** 988
Pflichtverletzung **242** 634; **Einl SchuldR** 39
Polen **242** 1195 ff
  AGB-Kontrolle **242** 1196
  Rechtsmissbrauch **242** 1197

Policenmodell
  Versicherungsrecht **242** 1073, 1247a
Positive Vertragsverletzung **241** 57; **242** 80, 95,
  100
  Öffentliches Recht, Anwendbarkeit
    Einl SchuldR 276
  Rechtsfortbildung, richterliche
    Einl SchuldR 215
  Schuldrechtsreform **Einl SchuldR** 197
Positives Interesse **241** 178, 551
Postglossatoren **242** 11, 16
Präklusionsvorschriften **242** 1117
Präventionsgrundsatz
  Forderungskollisionen **241** 116 ff
Preisbindungsvertrag **241** 332; **242** 1063
Preisgefahr **242** 27
Preisklausel **241** 185
Preisvereinbarung **242** 472 f
Preußisches Allgemeines Landrecht **241** 7, 27;
  242 18; **Einl SchuldR** 109
Primärpflichten **241** 142 f
Principles of European Contract Law
  242 1229 ff; **Einl SchuldR** 281, 296
  fair dealing **242** 1231
  good faith **242** 1231
  Kooperationspflicht der Parteien **242** 1234
  Treu und Glauben **242** 1230 ff
  Verbot widersprüchlichen Verhaltens
    242 1233
  Vertragsanbahnung **242** 1234
**Principles of European Insurance Contract
Law** **Einl SchuldR** 299
Privatautonomie **241** 304; **Einl SchuldR** 49 ff
  Schranken **242** 456 ff
    Arbeitsrecht **242** 467 ff
    Bürgschaft naher Familien-
      angehöriger **242** 460
    Eheverträge **242** 460
    Maßstab der Inhaltskontrolle **242** 463 ff
    Mietrecht **242** 470
    Vertragsfreiheit und Vertragsgerechtig-
      keit **242** 456 ff
    Vertragsparität **242** 459
Produkthaftungsgesetz **Einl SchuldR** 24, 150
Prospekthaftung **241** 400
Prostitution
  Schadensersatz **242** 587
protestatio facto contraria **241** 102
Provokation begünstigender Rechtslagen
  242 254
Prozessführung, redliche **242** 1102
Prozesskostenhilfe **242** 1105
Prozessrecht
  s Verfahrensrecht
Prozessrechtsverhältnis **242** 133, 1103
Prozesssicherheit **242** 1119
Prozessstandschaft **242** 1113
Prozessuale Theorie
  Prozessvergleich **Einl SchuldR** 279

Prozessvergleich **Einl SchuldR** 279
  Doppelnatur **Einl SchuldR** 279
  prozessuale Theorie **Einl SchuldR** 279
  Trennungstheorie **Einl SchuldR** 279
Publikumsgesellschaften 242 1010 ff

Qualifizierter faktischer Konzern 242 1019
Quittung
  Ausschluss des Anspruchs auf **242** 686
  Leistungssicherungspflichten **241** 276
Quotenprinzip
  Versicherungsrecht **242** 1078
Quotenvorrechte
  Forderungskollisionen **241** 117

Ratenlieferungsvertrag 241 369
  Mitwirkungspflichten **241** 235
Realexekution 241 20
Reallast 242 938
Realofferte 241 99
Realsplitting, begrenztes 242 963
Rechenschaftspflichten 241 168 ff
  Gesellschaftsrecht **242** 1023
Rechtsmissbrauch
  Deliktsrecht **242** 899
Recht am eingerichteten und ausgeübten Gewerbebetrieb Einl SchuldR 235 f
Recht auf Kenntnis der eigenen Abstammung 242 974
Recht zur Sache 241 19 ff, 34
Rechtmäßiges Alternativverhalten 242 226
Rechtsanwalt
  Aufklärungspflichten **241** 468
  Erfolgshonorar **242** 509
  Sekundäranspruch **242** 543
  Verjährung **242** 543, 546
  Wettbewerbsverbot **241** 520
Rechtsausübung, unzulässige
  s Unzulässige Rechtsausübung
Rechtsbedingung 242 514
Rechtsbindungswille 241 17, 77, 83 ff
Rechtsdogmatik Einl SchuldR 75 f
Rechtsethik 242 142
Rechtsformmissbrauch 242 246
Rechtsfortbildung, richterliche
  Einl SchuldR 207 ff
  Arbeitsrecht **Einl SchuldR** 207, 227 ff
  Auswirkungen auf Rechtssystem
    Einl SchuldR 212
  culpa in contrahendo **Einl SchuldR** 213 f
  Dauerschuldverhältnisse, Kündigungsrecht **Einl SchuldR** 225 f
  Deliktsrecht **Einl SchuldR** 234 ff
  Drittschadensliquidation **Einl SchuldR** 217 f
  Gesellschaftsrecht **Einl SchuldR** 231 ff
    Durchgriffshaftung **Einl SchuldR** 233
    fehlerhafte Gesellschaft
      Einl SchuldR 231
    Rechtsnatur der GbR **Einl SchuldR** 232

Rechtsfortbildung, richterliche (Forts)
  gesetzesimmanente **Einl SchuldR** 207 f
  gesetzesübersteigende **Einl SchuldR** 207 f
  Gewohnheitsrecht **Einl SchuldR** 209
  Kreditsicherung **Einl SchuldR** 237 f
  Kritik **Einl SchuldR** 210 f
  Normativierung des Schadensbegriffs
    Einl SchuldR 224
  positive Vertragsverletzung
    Einl SchuldR 215
  Schließung unbewusster Gesetzeslücken
    Einl SchuldR 208, 210 f
  Unternehmensrecht **Einl SchuldR** 235 f
  Vertrag mit Schutzwirkung zugunsten
    Dritter **Einl SchuldR** 219 ff
  Verwirkung **Einl SchuldR** 223
Rechtsgeschäftsordnung Einl SchuldR 48 ff
Rechtsgüterschutzrecht Einl SchuldR 206
Rechtshängigkeit Einl SchuldR 277
Rechtskraft Einl SchuldR 278
Rechtskultur Einl SchuldR 75
Rechtsmissbrauch 241 270, 424; **242** 153, 157, 213 ff
  Arbeitsrecht **242** 808 ff
  Arglist **242** 240 ff
  dolo agit-Einrede **242** 279 ff
  Drittinteressen **242** 224
  Eigeninteresse, fehlendes/geringes
    242 258 ff
  Einzelfallprüfung **242** 220
  Erbrecht **242** 984 ff
  Fallgruppen **242** 219
  fehlendes/geringes Eigeninteresse
    242 258 ff
  früheres Verhalten **242** 233 ff
    unredliche Vereitelung der gegnerischen
      Rechtsposition **242** 245 ff
    unredlicher Erwerb der eigenen
      Rechtsposition **242** 237 ff
  gegenwärtiges Verhalten **242** 255 ff
  Geltendmachung zur Unzeit **242** 255
  gesetzliche Wertungen **242** 221
  individueller **242** 217
  Innentheorie **242** 216
  institutioneller **242** 217
  Interessen der Parteien **242** 221
  Interessenabwägung **242** 219
  öffentliche Interessen **242** 224
  persönliche Reichweite **242** 228 ff
  Rechtsfolgen **242** 225 ff
  Rechtsformmissbrauch **242** 246
  Rechtsnachfolge **242** 230 ff
    Einzelrechtsnachfolge **242** 232
    Gesamtrechtsnachfolge **242** 232
  Spezialitätsgrundsatz **242** 220
  Strafrecht **242** 1136
  subjektive Elemente **242** 222 f
  Treu und Glauben **242** 324
  tu quoque-Einwand **242** 250 ff

Rechtsmissbrauch (Forts)
  venire contra factum proprium **242** 284 ff
    s a dort
  Verhältnismäßigkeitsgrundsatz **242** 277 f
  Versicherungsrecht **242** 1069, 1080, 1082, 1084
  Verwaltungsprozessrecht **242** 1154 f
  Voraussetzungen **242** 216 ff
  zeitliche Reichweite **242** 227
  Zeitpunkt, maßgeblicher **242** 218
Rechtsmissbrauchslehre 242 79
Rechtsnachfolge
  Rechtsmissbrauch **242** 230 ff
    Einzelrechtsnachfolge **242** 232
    Gesamtrechtsnachfolge **242** 232
Rechtsnatur
  Gesellschaft bürgerlichen Rechts
    Einl SchuldR 232
  Obliegenheiten **241** 124 ff
Rechtsscheinhaftung 242 318
Rechtsscheinvollmacht 242 515
Rechtsschutzbedürfnis 242 1106 ff
Rechtsstaatsprinzip 242 111, 1141
Rechtsvereinheitlichung Einl SchuldR 280 ff
  Arbeitsrecht **Einl SchuldR** 284
  Gesellschaftsrecht **Einl SchuldR** 284
  Grenzen **Einl SchuldR** 282 ff
  Schuldrecht **Einl SchuldR** 284
  Versicherungsrecht **Einl SchuldR** 284
Rechtsvergleichung Einl SchuldR 311 ff
  ABGB, österreichisches **Einl SchuldR** 315
  Burgerlijk Wetboek **Einl SchuldR** 316 ff
  Code civil **Einl SchuldR** 314
  Common Law **Einl SchuldR** 319 ff
    englisches Recht **Einl SchuldR** 320
    US-amerikanisches Recht
      Einl SchuldR 321 f
  Obligationenrecht, schweizerisches
    Einl SchuldR 312 f
  Treu und Glauben **242** 1160 ff
  unbestellte Leistungen **241a** 73 ff
Rechtswahl Einl SchuldR 258
Rechtszersplitterung Einl SchuldR 101
Reformvorhaben Einl SchuldR 342
Regierungsentwurf
  Schuldrechtsreform **Einl SchuldR** 189 ff
Regresskreisel 242 283
Reichshaftpflichtgesetz Einl SchuldR 142, 146
Reisevertrag Einl SchuldR 172
  Aufklärungspflichten **241** 477 f
  Leistungssicherungspflichten **241** 290
  Mitwirkungspflichten **241** 198
  Obhuts- und Fürsorgepflichten **241** 512
Relationale Verträge 241 375 ff
Relatives Schuldverhältnis Einl SchuldR 4, 25
Relativität 241 299 ff
  der Forderung **241** 305 ff
    Dritte, Wirkung auf **241** 331 ff

Relativität (Forts)
  der Wirkungen des Schuldverhältnisses
    241 301 ff
    gesetzliche Schuldverhältnisse **241** 301
    rechtsgeschäftliche Schuldverhältnisse **241** 302 ff
Relevanzrechtsprechung
  Versicherungsrecht **242** 1079
Repartierungspflicht
  Gattungsschuld **243** 20
Restatement of European Insurance Contract Law Einl SchuldR 292, 299
Rettungspflicht
  Versicherungsrecht **242** 1085
Revisibilität
  Treu und Glauben **242** 331
Rezeption
  römisches Recht **241** 4; **242** 13;
    Einl SchuldR 103, 107
Rheinisches Recht 242 19
Richterliche Rechtsfortbildung
  s Rechtsfortbildung, richterliche
Richtlinie über den Warenkauf 242 1254;
  Einl SchuldR 206, 306
Richtlinie über digitale Inhalte 242 1254;
  Einl SchuldR 206, 306
Richtlinie über Lebensversicherung 242 1247
Risikobegrenzungsgesetz Einl SchuldR 162
Risikoprüfung
  Versicherungsrecht **242** 1076
Rom II-Verordnung Einl SchuldR 260
Rom I-Verordnung Einl SchuldR 259
Römisches Recht Einl SchuldR 98, 103, 107 f
  Abstraktionsprinzip **Einl SchuldR** 27
  Rezeption **Einl SchuldR** 107 f
  Treu und Glauben **242** 6 ff
Rückerwerb vom Nichtberechtigten 242 921 f
Rücksichtnahme
  Gebot zur gegenseitigen **242** 214, 241, 286
Rücksichtspflichten 241 153 ff, 388 ff
  Abgrenzung
    zu Leistungspflichten **241** 153 ff
    zu Leistungssicherungspflichten
      241 274 f
  ähnliche geschäftliche Kontakte **241** 400, 404 ff, 408
  allgemeine **241** 435
  Anbahnung eines Vertrags **241** 400, 406
  Anwendbarkeit des § 29 ZPO **241** 559 f
  Arbeitsrecht **242** 797 ff
  Arten **241** 434 ff
  Aufnahme von Vertragsverhandlungen
    241 400
  Aufwendungsersatz **241** 552
  Beweislast **241** 421, 430
  Entstehung **241** 388 ff, 393 ff
  Entwicklung **241** 388
  Erfüllungsanspruch **242** 659
  Gefälligkeit **241** 401 ff

Rücksichtspflichten (Forts)
Grundlage **241** 417 f
Haftungsmilderungen **241** 529 ff
Auswirkungen auf deliktische
Haftung **241** 540 ff
bestehender Vertrag **241** 530 ff
Gefälligkeit **241** 537 f, 543 f
nichtiger Vertrag **241** 535 f, 542
Informationspflichten **241** 437 ff
s a dort
Integritätsinteresse **241** 153, 162, 421, 427, 436, 438
Interessen der Beteiligten **241** 423
Klagbarkeit **241** 554 ff
Kritik an § 241 Abs 2 **241** 561 ff
leistungsbegleitende **241** 435
nachbarliches Gemeinschaftsverhältnis **241** 401, 409 ff
nachvertragliche **241** 435
nichtiger Vertrag **241** 391, 401 f, 407 f
Normierung **241** 389 ff
Obhuts- und Fürsorgepflichten **241** 487 ff
s a dort
Pflichtverletzung, Rechtsfolgen **241** 548 ff
Problemfälle **241** 401 ff
Prozessrecht **241** 554 ff
Rücktritt **241** 553
Schadensersatz **241** 550 ff
Aufwendungsersatz **241** 551
gem § 280 Abs 1 **241** 550
statt der Leistung **241** 551
Schuldverhältnis **241** 392 ff
sozialer Kontakt, gesteigerter **241** 404, 407
Treu und Glauben **242** 187, 657 ff
Treuepflichten, leistungsunabhängige **241** 513 ff
s a dort
Vermögensschutz **241** 423
vorvertragliche **241** 435
Rücktritt 242 674 ff; **Einl SchuldR** 196
Dauerschuldverhältnis **241** 382 f
gesetzliches Rücktrittsrecht **242** 678
Kaufrecht **242** 675 f, 744
Schuldrechtsreform **242** 674
venire contra factum proprium **242** 674
vertragliches Rücktrittsrecht **242** 678
Verwirkung **242** 677 f
Verwirkungsklausel **242** 679 ff
Verzug **242** 641, 645 ff
Wertersatz **242** 675
Rügeobliegenheit
eines Kaufmanns **Einl SchuldR** 22

Sachenrecht
Mitwirkungspflichten **241** 262
numerus clausus **241** 308
Regelungen über Schuldverhältnisse **Einl SchuldR** 10
Treu und Glauben **242** 907 ff

Sachenrecht (Forts)
Typenzwang **Einl SchuldR** 29
Sachhaftung Einl SchuldR 253
Sachmangelbegriff
Kaufrecht **Einl SchuldR** 199
Sächsisches BGB 241 28; **242** 20;
Einl SchuldR 116
Sachverständiger, gerichtlicher
Haftung **Einl SchuldR** 155
Sachwalterhaftung 241 400; **Einl SchuldR** 197
Samenspende 242 974 f
Satellitenempfangsanlage
Mietrecht **242** 766
Satzungsfreiheit Einl SchuldR 52
Schadensbegriff, Normativierung
Einl SchuldR 224
Schadensersatz 241 30; **Einl SchuldR** 42 ff
Adäquanztheorie **242** 586
Allgemeines Gleichbehandlungsgesetz
Einl SchuldR 287
Änderungen des Schuldrechts
Einl SchuldR 149 ff
des Anfechtenden **242** 436 ff
fiktiver Schaden **Einl SchuldR** 152
Gefährdungshaftung **Einl SchuldR** 46
Geldentschädigung **242** 589;
Einl SchuldR 44
großer Schadensersatz **242** 743
Haftungshöchstbeträge **Einl SchuldR** 46, 156
Handeln auf eigene Gefahr **242** 597 ff
Heilungskosten, fiktive **242** 589
immaterielle Schäden **Einl SchuldR** 44, 153
Kaufrecht **242** 743
Mitverschulden **242** 590 ff
Naturalrestitution **Einl SchuldR** 42
Prostitution **242** 587
Rücksichtspflichten **241** 550 ff
Aufwendungsersatz **241** 551
gem § 280 Abs 1 **241** 550
statt der Leistung **241** 551
Schadensminderungspflicht **242** 593
sittenwidrige Tätigkeit **242** 587
statt der Leistung **Einl SchuldR** 195
Verzug **242** 645 ff
Totalrestitution **Einl SchuldR** 42
Treu und Glauben **242** 584 ff
Umfang **Einl SchuldR** 43 ff
Umsatzsteuer **Einl SchuldR** 152
unbestellte Leistungen **241a** 50 f
Vertrag mit Schutzwirkung zugunsten Dritter **241** 348
Vorhaltekosten **242** 585
Vorteilsausgleich **242** 588
Zurechnung **242** 586
Schadensminderungspflicht 242 593
Scheidung
Unterhalt **242** 969

Scheinabtretung 242 723
Scheingeschäft 241 90
Scheingesellschaft 242 318
Scheinvater
　Unterhaltsregress 242 972 f
Schenkung 242 759 ff; **Einl SchuldR** 74
　Notbedarfseinrede 242 760
　verarmter Schenker, Rückforderungs-
　　recht 242 759
　Verfehlung des Beschenkten 242 761
　　Verzeihung 242 761
　　Widerruf 242 762
Schickschuld Einl SchuldR 62
　Konkretisierung der Gattungsschuld
　　243 32
Schiedsverfahren 242 1122
Schikaneverbot 242 373 ff
Schikanöse Rechtsverfolgung 242 1108
Schlechtleistung 242 655 f
Schlussrechnung
　Architekt 242 864 f
Schmiergelder 242 841
Schottland 242 1204
Schrankenfunktion
　des § 242 **241** 424; **242** 201 ff, 235
Schriftform
　Mietrecht 242 783
Schriftformheilungsklauseln
　Mietrecht 242 783
Schuld
　Begriff **Einl SchuldR** 239
　Durchsetzung der **Einl SchuldR** 240
　ohne Haftung **Einl SchuldR** 244 ff
　　Haftungsbeschränkungen
　　　Einl SchuldR 244 ff
　　　s a dort
　　Haftungsvertrag **Einl SchuldR** 247
　　unvollkommene Verbindlichkeiten
　　　Einl SchuldR 248 ff
Schuldbeschränkungen Einl SchuldR 245
Schuldnervermögen, gesamtes
　Haftungsobjekt **Einl SchuldR** 242
Schuldrecht
　Allgemeiner Teil **Einl SchuldR** 1, 119
　Änderungen **Einl SchuldR** 147 ff
　　Allgemeiner Teil **Einl SchuldR** 149 ff
　　Besonderer Teil **Einl SchuldR** 162 ff
　Änderungsvorschläge **Einl SchuldR** 328 ff
　Anwendungsbereich **Einl SchuldR** 255 ff
　　personaler **Einl SchuldR** 265 f
　　räumlicher **Einl SchuldR** 257 ff
　　zeitlicher **Einl SchuldR** 262 ff
　außerhalb des BGB **Einl SchuldR** 21,
　　139 ff
　Besonderer Teil **Einl SchuldR** 1, 119
　Entstehungsgeschichte **Einl SchuldR** 121 ff
　Entwicklung
　　bis Inkrafttreten des BGB
　　　Einl SchuldR 97 ff

Schuldrecht (Forts)
　Entwicklung
　　nach Inkrafttreten des BGB
　　　Einl SchuldR 147 ff
　Entwurf
　　erster **Einl SchuldR** 123 ff
　　zweiter **Einl SchuldR** 131 f
　europäisches **Einl SchuldR** 280 ff
　Geltungsbereich **Einl SchuldR** 6 ff, 255 ff
　　s a dort
　Gliederung, innere **Einl SchuldR** 137 f
　Grundprinzipien **Einl SchuldR** 25 ff
　　s a dort
　internationales **Einl SchuldR** 307 ff
　Internationales Privatrecht
　　Einl SchuldR 258 ff
　　gesetzliche Schuldverhältnisse
　　　Einl SchuldR 260
　　vertragliche Schuldverhältnisse
　　　Einl SchuldR 259
　Kollisionsrecht **Einl SchuldR** 255 ff
　　interlokales **Einl SchuldR** 257
　　Internationales Privatrecht
　　　Einl SchuldR 258 ff
　　intertemporales **Einl SchuldR** 262
　　personales **Einl SchuldR** 265 f
　Kommission, BGB-
　　erste **Einl SchuldR** 123 ff
　　zweite **Einl SchuldR** 131 f
　Kritik **Einl SchuldR** 323 ff
　Rechtsfortbildung, richterliche
　　Einl SchuldR 207 ff
　　s a dort
　Rechtsvereinheitlichung
　　Einl SchuldR 280 ff
　Rechtsvergleichung **Einl SchuldR** 311 ff
　　s a dort
　Reformvorhaben **Einl SchuldR** 342
　Schuldrechtsreform **Einl SchuldR** 21, 180 ff
　　s a dort
　in sonstigen Büchern des BGB
　　Einl SchuldR 10 ff
　Systematik, innere **Einl SchuldR** 119
　systematische Stellung
　　in der Gesamtkodifikation
　　　Einl SchuldR 135 f
　　Herausbildung **Einl SchuldR** 105 ff
　　im System des Privatrechts
　　　Einl SchuldR 3 ff
　Verfassungsrecht, Einflüsse
　　Einl SchuldR 267 ff
Schuldrechtsmodernisierungsgesetz
　Einl SchuldR 192
　s a Schuldrechtsreform
Schuldrechtsreform 241 1; **Einl SchuldR** 21,
　180 ff
　Anlass **Einl SchuldR** 188
　Anwaltspraxis **Einl SchuldR** 205
　Durchführung **Einl SchuldR** 188 ff

Schuldrechtsreform (Forts)
  Integration der Sondergesetze in BGB
    Einl SchuldR 202
  Kaufrecht **Einl SchuldR** 198 ff
    Beschaffenheitsvereinbarung
      Einl SchuldR 199
    Fehlerbegriff, subjektiver
      Einl SchuldR 199
    Garantie **Einl SchuldR** 199
    Gewährleistungsfrist **Einl SchuldR** 200
    Leistung, rechts- und sachmängelfreie
      Einl SchuldR 198
    Lieferung einer zu geringen Menge
      Einl SchuldR 199
    Mangelfolgeschäden **Einl SchuldR** 199
    Montage, fehlerhafte **Einl SchuldR** 199
    Montageanleitung, fehlerhafte
      Einl SchuldR 199
    Nacherfüllungsanspruch
      Einl SchuldR 199
    Sachmangelbegriff **Einl SchuldR** 199
    Verbrauchsgüterkauf **Einl SchuldR** 200
  kleine Lösung **Einl SchuldR** 205
  Kommission zur Überarbeitung des Schuldrechts **Einl SchuldR** 186
  Kritik **Einl SchuldR** 205
  Leistungsstörungsrecht
    Einl SchuldR 195 ff
    culpa in contrahendo **Einl SchuldR** 197
    Dauerschuldverhältnisse, Kündigungsrecht **Einl SchuldR** 197
    Pflichtverletzungstatbestand, allgemeiner **Einl SchuldR** 195
    positive Forderungsverletzung
      Einl SchuldR 197
    Rücktrittsrecht **Einl SchuldR** 196
    Sachwalterhaftung **Einl SchuldR** 197
    Schadensersatz statt der Leistung
      Einl SchuldR 195
    Schutzwirkung zugunsten Dritter
      Einl SchuldR 197
    Unmöglichkeit **Einl SchuldR** 196
    Verzögerungsschaden **Einl SchuldR** 195
    Wegfall der Geschäftsgrundlage
      Einl SchuldR 197
  Reformbemühungen
    der christlich-liberalen Koalition
      Einl SchuldR 186 f
    der sozial-liberalen Koalition
      Einl SchuldR 181 ff
  Regierungsentwurf **Einl SchuldR** 189 ff
  Sondergesetze, Integration in BGB
    Einl SchuldR 202
  Treu und Glauben **242** 100, 570
  Übergangsregeln **Einl SchuldR** 203
  Umsetzungskosten **Einl SchuldR** 205
  Verbraucherschutzrecht **Einl SchuldR** 23
  Verjährung **Einl SchuldR** 194
  Vorläufer **Einl SchuldR** 180 ff

Schuldrechtsreform (Forts)
  Werkvertragsrecht **Einl SchuldR** 201
    Fehlerbegriff, subjektiver
      Einl SchuldR 201
    Gewährleistungsfrist **Einl SchuldR** 201
    Kostenvoranschlag **Einl SchuldR** 201
    Selbstvornahme, Recht zur
      Einl SchuldR 201
    Werklieferungsvertrag **Einl SchuldR** 201
  wesentliche Änderungen
    Einl SchuldR 193 ff
Schuldübernahme 241 338
Schuldverhältnis 241 36 ff, 392 ff;
  Einl SchuldR 47 ff
  Abgrenzung nach **241** 46 ff
    Anzahl der Beteiligten **241** 53 ff
    Art der erzeugten Pflichten **241** 64 ff
    innerer Verknüpfung der Forderungen **241** 58 ff
    Regelung **241** 57
  absolutes **Einl SchuldR** 4
  Begriff **Einl SchuldR** 120
    vor Inkrafttreten des BGB **241** 3 f
  Bestimmtheit **241** 134
  Dauer **241** 356 ff
  Dauerschuldverhältnis **241** 358 ff
    s a dort
  Drittwirkung **241** 331 ff
    s a dort
  einfaches **241** 357
  gesetzliches **241** 46 ff, 61 ff;
    Einl SchuldR 78 ff, 149
    Abgrenzung innerhalb **241** 64 ff
    Bereicherungsrecht **Einl SchuldR** 87 ff
    Deliktsrecht **241** 62; **Einl SchuldR** 82 ff
    s a dort
    eheliche Lebensgemeinschaft **241** 63
    Eigentümer-Besitzer-Verhältnis **241** 65
    Entstehung **241** 61 ff
    Entstehungsgründe **Einl SchuldR** 78
    Geschäftsführung ohne Auftrag **241** 62, 65; **Einl SchuldR** 79 ff
    Grundprinzipien **Einl SchuldR** 78 ff
    Güterschutz **Einl SchuldR** 78
    Internationales Privatrecht
      Einl SchuldR 260
    nachbarliches Gemeinschaftsverhältnis **241** 67
  im engeren Sinn **241** 36, 39 ff
  im weiteren Sinn **241** 36, 39 ff
  Inhalt **241** 13 ff
    Haftungsbeschränkungen **241** 31
    Leistungsverpflichtung des Schuldners **241** 23 f
    Recht zur Sache **241** 19 ff
    Rechtsfolgen der Nichterfüllung **241** 25 ff
    Vermögenswert der Leistung **241** 14 ff
  rechtsgeschäftliches **241** 46 ff, 69 ff;
    Einl SchuldR 47 ff

Schuldverhältnis (Forts)
  Abgrenzung zur Gefälligkeit 241 71 ff
  Äquivalenzprinzip **Einl SchuldR** 66 ff
  Bestimmung der Leistung
    Einl SchuldR 60 ff
  Entstehung **241** 69 f
  Entstehungsgründe **Einl SchuldR** 47
  faktischer Vertrag **241** 94 ff
    s a dort
  Formfreiheit **Einl SchuldR** 57 ff
  Gewährleistung **Einl SchuldR** 73 f
  Grundprinzipien **Einl SchuldR** 47 ff
  Haftung bei Beteiligung Dritter
    Einl SchuldR 71 f
  Internationales Privatrecht
    Einl SchuldR 259
  Kontrahierungszwang **Einl SchuldR** 55 f
  Leistungsbestimmung **Einl SchuldR** 60 ff
  Privatautonomie **Einl SchuldR** 49 ff
  Rechtsgeschäftsordnung
    Einl SchuldR 48 ff
  Typenzwang, kein **Einl SchuldR** 53 f
  Vertragsfreiheit **Einl SchuldR** 52, 52 ff
  Vertragstreue **Einl SchuldR** 65
  rechtsgeschäftsähnliches **241** 47, 66, 403
  relatives **Einl SchuldR** 4, 25
  Relativität **241** 299 ff
  Streitpunkte **241** 40 ff
  Treu und Glauben **242** 125 ff
  Vermögenswert der Leistung **241** 14 ff
  Wesen **241** 13 ff
  Wirkungen **241** 112 ff
Schuldverschreibung auf Inhaber
  Einl SchuldR 47
Schutzpflichten
  s Rücksichtspflichten
Schutzpflichtverhältnis 241 68
Schutzrechte, gewerbliche
  Leistungssicherungspflichten **241** 285
Schutzwirkung zugunsten Dritter
  Einl SchuldR 197
Schutzwürdigkeit
  Aufklärungspflichten **241** 453
Schutzzweck der Norm 242 898;
  Einl SchuldR 84
Schwarzarbeit 242 487, 809, 868 f, 893
Schweiz 242 1182 ff
  clausula rebus sic stantibus **242** 1186
  Gesetzesumgehung **242** 1187
  Inhaltskontrolle von AGB **242** 1186
  Nebenpflichten **242** 1185
  Rechtsmissbrauch **242** 1183, 1185 f
  Rücksichtnahme, wechselseitige **242** 1183
  Treu und Glauben **242** 1183
  Verbot widersprüchlichen Verhaltens
    242 1185
  Verwirkung **242** 1185
Sekundärpflichten 241 142 f
Sekundärrechte Einl SchuldR 73 f

Selbstbedienungsladen 243 12
Selbsthilfe Einl SchuldR 100
Selbsthilfeverkauf 242 687
Selbstkontrahierungsverbot 242 529
Selbstmahnung
  Verzug **242** 644
Selbstvornahme
  Recht zur **Einl SchuldR** 201
Sicherungshypothek 242 863
Sicherungsschuldverhältnis
  Mitwirkungspflichten **241** 226, 243
Sicherungsübereignung 242 923 ff
  ergänzende Vertragsauslegung **242** 925
  Freigabeanspruch **242** 924
    Wahlrecht **242** 926
  Übersicherung **242** 923 f
    nachträgliche **242** 924
Sittenwidrige Schädigung 241 328 ff; **242** 390 ff
  Naturalrestitution **242** 391 ff
  Schadenskompensation in Geld **242** 395
Sittenwidrige Tätigkeit
  Schadensersatz **242** 587
Sittenwidrigkeit 241 330; **242** 154, 490 ff
  Abgrenzung zu § 242 **242** 365 ff
  Behindertentestament **Einl SchuldR** 270
  beiderseitige Sittenverstöße **242** 496
  Bürgschaft **Einl SchuldR** 270
  Bürgschaftsvertrag **Einl SchuldR** 237
  Ehevertrag **242** 964 f; **Einl SchuldR** 270
  einseitige Sittenverstöße **242** 495
  ordre public **242** 500
  Wegfall nach Vornahme des Rechtsgeschäfts **242** 497
Sondergesetze Einl SchuldR 23 f, 149, 174 f
  Integration in BGB **Einl SchuldR** 202
Sonderprivatrecht Einl SchuldR 22, 139 ff, 265
  Arbeitsrecht **Einl SchuldR** 22
  Gesellschaftsrecht **Einl SchuldR** 22
  Handelsrecht **Einl SchuldR** 22
  Versicherungsrecht **Einl SchuldR** 22
  Wertpapierrecht **Einl SchuldR** 22
Sorgfaltspflichten
  s Obhuts- und Fürsorgepflichten
  s Rücksichtspflichten
Sozialer Kontakt
  faktischer Vertrag **241** 111
  Gefälligkeit **241** 72
  gesteigerter **241** 404, 407
Soziales Mietrecht Einl SchuldR 165
Soziales Obligationsmodell Einl SchuldR 335
Sozialethische Anschauungen
  Treu und Glauben **242** 150
Sozialleistungen, betriebliche 242 800
Sozialstaatsprinzip 242 147; **Einl SchuldR** 40, 329
Sozialtypisches Verhalten 241 97 ff; **242** 197
Spanien 242 1160, 1223
Sperrgrundstücke
  Verwaltungsprozessrecht **242** 1155

Spezialitätsgrundsatz 242 220
Sport
  Handeln auf eigene Gefahr **242** 597 f
Stadionbesucher
  Obhuts- und Fürsorgepflichten **241** 512
Staffelmiete Einl SchuldR 167
Stammesrecht 242 14
Ständische Ordnungen Einl SchuldR 102
Stellplatz
  Mietrecht **242** 769
Stellvertretung 241 335
Steuerberater
  Beratungspflichten **241** 486
  Verjährung **242** 543, 546
Steuerrecht 242 1150 ff
  Rechtsmissbrauch **242** 1151
  Rücksichtnahmegebot **242** 1150
  Vertrauensschutz **242** 1151
Stiftungsgeschäft 241 69; **Einl SchuldR** 47
Stille Gesellschaft 242 1011
Stimmbindungsvertrag
  Gesellschaftsrecht **242** 1007
Stimmpflicht
  Gesellschaftsrecht **242** 1006
Stimmrecht
  Missbrauch **242** 1024
Störung der Geschäftsgrundlage
  s Wegfall der Geschäftsgrundlage
Störung der Vertragsgerechtigkeit
  Einl SchuldR 70
Strafprozessrecht 242 1137 ff
Strafrecht 242 1134 ff
  actio libera in causa **242** 1136
  Aufklärungspflichten **242** 1134
  Bestimmtheitsgrundsatz **242** 1136
  Einwilligungslehre **242** 1135
  Garantenpflicht **242** 1134
  nulla poena sine lege **242** 1136
  Offenbarungspflichten **242** 1134
  Rechtsmissbrauch **242** 1136
  Untreue **242** 1136
Straßenverkehr
  Unfälle mit Kindern **Einl SchuldR** 154
Straßenverkehrsgesetz Einl SchuldR 24, 156
Strohmannfälle
  Aufrechnung **242** 691
Stromversorgungsfall 241 95
Stückschuld 243 1
  Abgrenzung zur Gattungsschuld **243** 12
Study Group on a European Civil Code
  Einl SchuldR 293, 301
Subsidiaritätsprinzip Einl SchuldR 282
Subunternehmerverhältnis
  Leistungssicherungspflichten **241** 291
  Mitwirkungspflichten **241** 233
Sukzessivlieferungsverhältnisse 241 368 ff
Sukzessivlieferungsvertrag
  Mitwirkungspflichten **241** 235
Synallagma Einl SchuldR 61, 69

Synallagma (Forts)
  funktionelles **242** 624; **Einl SchuldR** 69
  genetisches **Einl SchuldR** 69
  konditionelles **Einl SchuldR** 69
Systematik, innere
  Schuldrecht **Einl SchuldR** 119
Systematische Stellung
  Schuldrecht
    in der Gesamtkodifikation
      Einl SchuldR 135 f
    Herausbildung **Einl SchuldR** 105 ff
    im System des Privatrechts
      Einl SchuldR 3 ff

Tarifvertrag
  vorformulierte Vertragsbedingungen
    242 479
Täuschung durch Dritte 242 443
Teilforderungen 242 614
Teilleistungen 242 609 ff, 624
  Gläubigerverzug **242** 661
Teilnichtigkeit
  Abstraktionsprinzip **Einl SchuldR** 34
  Ehevertrag **242** 964
  Treu und Glauben **242** 502 ff
Teilungserklärung
  Wohnungseigentum **242** 946, 949
Teilungsversteigerung 242 1131
Teilzeit-Wohnrechtegesetz Einl SchuldR 202
tel quel-Klausel
  Gattungsschuld **243** 23
Telefonanbieter
  Obhuts- und Fürsorgepflichten **241** 512
Teleologische Reduktion
  Verhältnis zu § 242 **242** 344 f
Testierfreiheit 242 456, 480; **Einl SchuldR** 52
  Schranken **242** 978
Tierhalterhaftung 242 599
Tierhaltung
  Mietrecht **242** 770
Titelmissbrauch 242 1127 ff
Totalrestitution
  Schadensersatz **Einl SchuldR** 42
Transmutationstheorie
  Gattungsschuld **243** 2
Transportrecht
  Haftungsbegrenzungen **241** 352, 355
Trennungsprinzip
  s Abstraktionsprinzip
Trennungstheorie
  Prozessvergleich **Einl SchuldR** 279
Treppenhauslift
  Mietrecht **242** 766
Treu und Glauben 242 1 ff; **Einl SchuldR** 5, 9, 61, 278
  Abdingbarkeit **242** 107 ff
  Abgrenzung zu
    § 134 **242** 362 ff, 485 ff
    § 138 **242** 365 ff, 490 ff

Treu und Glauben (Forts)
§ 157 **242** 352 ff
§ 162 **242** 372
§ 226 **242** 373 ff
§ 254 **242** 376 f
§ 275 Abs 2 u 3 **242** 378
§ 313 **242** 385 f
§ 826 **242** 390 ff
§§ 307 ff **242** 379 ff
§§ 314, 324 **242** 387 f
§§ 358 Abs 3, 359 **242** 389
Abmahnverhältnis, wettbewerbsrechtliches **242** 133
Abtretung **242** 716 ff
s a dort
aequitas **242** 12 f, 15
Allgemeines Landrecht **242** 18
Anwendungsbereich, unmittelbarer
242 105 ff
Anwendungsfälle **242** 401 ff
Appellwirkung **242** 119
Arbeitsrecht **242** 788 ff
s a dort
Aufrechnung **242** 688 ff
s a dort
Auftragsrecht **242** 874 ff
Aufwendungsersatz **242** 603
Aufwertungskampf **242** 55 ff
Ausschlussfristen **242** 563 ff
s a dort
Auskunftspflichten **242** 605 ff
ausländische Rechtsordnungen **242** 1160 ff
Ausübungskontrolle **242** 342, 363, 381, 465, 481
Badisches Landrecht **242** 19
Begriff **242** 140 ff
Bereicherungsrecht **242** 888 ff
s a dort
Beweislast **242** 329 f
bona fides **242** 8 ff
Bürgschaft **242** 878 ff
s a dort
clausula rebus sic stantibus **242** 54
Code civil **242** 19
Darlehensvertrag **242** 752 ff
s a dort
Dauerschuldverhältnis, Kündigung **242** 212
Deliktsrecht **242** 898 ff
s a dort
Dienstbarkeiten **242** 933 ff
Dienstvertrag **242** 788 ff
Differenzierungstheorien **242** 116 ff, 208
dogmatische Ersetzung **242** 94
dolo agit-Einrede **242** 203
Dresdener Entwurf **242** 22
Ehevertrag **242** 964 ff
s a dort
Einrede **242** 320 ff

Treu und Glauben (Forts)
Einrede des nicht erfüllten Vertrags
242 623 ff
s a dort
Einwendung **242** 320 ff
dauerhafte **242** 327 f
vorübergehende **242** 327 f
Einzelfallkorrektiv **242** 102
Entbehrlichkeit **242** 111, 206
Entstehungsgeschichte **242** 1 ff
Entwicklung der Vorschrift **242** 38 ff
Aufwertungskampf **242** 55 ff
Nationalsozialismus **242** 66 ff
Wiedervereinigung, deutsche **242** 81
Zeit bis zum 1. Weltkrieg **242** 39 ff
Zeit des 1. Weltkrieges **242** 53 f
Zeit nach dem 2. Weltkrieg **242** 78 ff
Entwicklungsfunktion **242** 156
Erbrecht **242** 976 ff
s a dort
Erfüllung **242** 683 ff
s a dort
Ergänzungsfunktion **242** 186 ff
Erlass **242** 714
Ersetzungsbefugnis **242** 582 f
Erwirkung **242** 191 ff
Fallgruppen **242** 210 ff
Fallgruppensystem **242** 86
Familienrecht **242** 954 ff
s a dort
Formverstöße **242** 445 ff
s a dort
Funktionsanalyse **242** 87
Funktionskreistheorie **242** 171 ff, 401
Funktionswandel **242** 156
Gattungsschuld **242** 573 ff
s a dort
Gefälligkeitsverhältnis **242** 131
Generalklausel **242** 209
Gesamtgläubiger **242** 729
Gesamtschuld **242** 728 ff
Geschäftsbesorgung **242** 874 ff
Geschäftsfähigkeit **242** 408 ff
Geschäftsführung ohne Auftrag **242** 874 ff
Geschichte der Vorschrift **242** 1 ff
gesellschaftlicher Ansatz **242** 46 f, 142
Gesellschaftsrecht **242** 992 ff
s a dort
Gesetzgebungsverfahren **242** 25 ff
endgültige Fassung **242** 37
Teilentwurf zum Obligationenrecht
242 25 ff
gewerblicher Rechtsschutz **242** 1042 ff
s a dort
gewohnheitsrechtliche Ersetzung **242** 95
Gläubigerverzug **242** 660 ff
s a dort
Gleichheitstheorien **242** 114 f, 208
Glossatoren **242** 11, 16

Sachregister

Treu und Glauben (Forts)
Grundbuchberichtigungsanspruch
  242 913 ff
  s a dort
Grundrechte 242 146 ff
Grundschuld 242 940 f
Handelsrecht 242 1038 ff
  s a dort
Hinterlegung 242 687
Idee des Rechts 242 152
Inhaltskontrolle von Verträgen 242 461
  s a dort
Interessen der Allgemeinheit 242 151
Interessen Dritter 242 151
Interessenabwägung 242 144 ff
Internationales Privatrecht 242 106
justinianisches Recht 242 11
Kanonistik 242 13, 16
Kaufrecht 242 731 ff
  s a dort
kodifikatorische Ersetzung 242 96 ff
Konkretisierungsfunktion 242 181 ff
Konkretisierungstheorie 242 115, 207
Korrekturfunktion 242 204
Leistung durch Dritte 242 615 f
Leistungsort 242 617
Leistungspflichten 242 187 ff
Leistungsstörungsrecht 242 633 ff
Leistungsverweigerungsrecht 242 619 ff
Leistungszeit 242 618
Maklervertrag 242 870 ff
Mietrecht 242 763 ff
  s a dort
misericordia 242 14
Missbrauch der Vertretungsmacht 242 203
Missbrauchsgefahr 242 104
nachbarliches Gemeinschaftsverhältnis
  242 132, 197, 916 ff
  s a dort
Namensrecht 242 404 f
Nationalsozialismus 242 66 ff
Naturrecht 242 2, 6, 17
Nebenleistungspflichten 242 190, 211
Normgehalt 242 110 ff
öffentliches Recht 242 1141 ff
  s a dort
ordre public 242 106
Paarformel 242 15, 141
Pachtvertrag 242 786 f
Pandektensystem 242 11
Pfandrecht 242 942
Postglossatoren 242 11, 16
Preußisches Allgemeines Landrecht 242 18
Privatautonomie, Schranken 242 456 ff
  s a dort
Provokation begünstigender Rechtslagen
  242 254
Prozessrecht 242 319 ff
Prozessrechtsverhältnis 242 133

Treu und Glauben (Forts)
Reallast 242 938
Rechtsausübung, unzulässige 242 203, 322
Rechtsmissbrauch 242 153, 157, 213 ff, 324
  s a dort
Rechtsmissbrauchslehre 242 79
Rechtsstaatsprinzip 242 111
Rechtsvergleichung 242 1160 ff
Revisibilität 242 331
Rezeption 242 13
Rheinisches Recht 242 19
römisches Recht 242 6 ff
Rücksichtspflichten 242 187, 657 ff
Rücktritt 242 674 ff
  s a dort
Sachenrecht 242 907 ff
sächsisches BGB 242 20
Schadensersatz 242 584 ff
  s a dort
Schenkung 242 759 ff
  s a dort
Schlechtleistung 242 655 f
Schrankenfunktion 242 201 ff, 235
Schuldrechtsreform 242 100, 570
Schuldverhältnis 242 125 ff
Sicherungsübereignung 242 923 ff
  s a dort
Sonderverbindung 242 127
sozialethische Anschauungen 242 150
Sozialstaatsprinzip 242 147
Stammesrecht 242 14
Strafprozessrecht 242 1137 ff
Strafrecht 242 1134 ff
  s a dort
Systematik 242 83 ff
Teilleistungen 242 609 ff
Teilnichtigkeit 242 502 ff
Unmöglichkeit 242 635 ff
  s a dort
Unterhaltsrecht 242 969 ff
  s a dort
Unverhältnismäßigkeit 242 268 ff, 277 ff
Unzumutbarkeit 242 271 ff, 323
venire contra factum proprium 242 94, 203
Verbrauchsgüterkauf 242 406
Vereinsrecht 242 407
Verfahrensrecht 242 1102 ff
  s a dort
Verfassungsprinzipien 242 147
Verhältnis zu
  Analogie 242 346 ff
  gesetzlichen Regelungen 242 333 ff
  teleologischer Reduktion 242 344 f
  vertraglichen Vereinbarungen 242 340 ff
Verjährung 242 531 ff
  s a dort
Verkehrssitte 242 138, 159 ff
  Abgrenzung von Gewohnheitsrecht
    242 166

Treu und Glauben (Forts)
  Handelsbrauch **242** 163
  örtliche Übung **242** 163
  subjektive Komponente **242** 164 f
  tatsächliche Übung **242** 160
  Verhältnis zu Treu und Glauben
    242 167 ff
Verschulden **242** 137
Versicherungsrecht **242** 1068 ff
  s a dort
Vertragsanbahnung **242** 130
vertragsrechtlicher Ansatz **242** 41 ff
Vertragsstrafe **242** 666 ff
  s a dort
Vertragsverhandlungen **242** 130
Vertretungsmacht **242** 515 ff
  s a dort
Verwirkung **242** 203, 300 ff
  s a dort
Verzug **242** 641 ff
  s a dort
Völkerrecht **242** 1156 ff
Volksgesetzbuch **242** 67 ff
Vorkaufsrecht **242** 936 f
Wahlschuld **242** 581
Wegfall der Geschäftsgrundlage **242** 212
  s a dort
Wegnahmerecht **242** 604
Werkvertrag **242** 858 ff
  s a dort
Wertpapierrecht **242** 1065 ff
Wertvorstellungen, sozialethische **242** 142, 150
Wiedervereinigung, deutsche **242** 81
Willensmängel **242** 418 ff
  s a dort
Wohnungseigentum **242** 945 ff
Zeitpunkt, maßgeblicher **242** 153 ff
Zugang von Willenserklärungen **242** 453 ff
  Zugangsvereitelung **242** 455
  Zugangsverzögerung **242** 454
Zurückbehaltungsrecht **242** 620 ff
  s a dort
Zusammenspiel von
  § 134 und § 242 **242** 485 ff
  § 138 und § 242 **242** 490 ff
Zwangsvollstreckung **242** 1124 ff
  s a dort
Treuepflichten, leistungsunabhängige 241 513 ff
  Arbeitsrecht **241** 515; **242** 797, 803 ff
  Dauerschuldverhältnis **241** 515
  Geheimhaltungspflichten **241** 521 ff
  Gesellschaftsrecht **241** 515; **242** 992 ff
  Unterlassungspflichten **241** 525 ff
  Vertrauensgrundlage, Störung der **241** 528
  Wettbewerbsverbot **241** 518 ff
    Arzt **241** 520
    außergesetzliches **241** 520

Treuepflichten, leistungsunabhängige (Forts)
    gesetzliches **241** 519
    Rechtsanwalt **241** 520
Treuhandverhältnis
  Aufrechnung **242** 690
  Missbrauch von treuhänderischer Macht **242** 525 f
  Mitwirkungspflichten **241** 226
tu quoque-Einwand 242 250 ff, 628
Türkei 242 1198 ff
  AGB-Kontrolle **242** 1202
  Rechtsmissbrauch **242** 1200, 1203
  Wegfall der Geschäftsgrundlage **242** 1198
Typenzwang
  Sachenrecht **Einl SchuldR** 29
  Schuldverhältnis, rechtsgeschäftliches
    Einl SchuldR 53 f

Übereilungsschutz
  Formzwang **Einl SchuldR** 57
Übergangsprivatrecht Einl SchuldR 262
Übergangsregeln
  Schuldrechtsreform **Einl SchuldR** 203
Übernahme von Gesellschaftsanteilen 242 1034
Überseekauf 243 43
Übersicherung Einl SchuldR 238
Umsatzsteuer
  Schadensersatz **Einl SchuldR** 152
Umsetzungskosten
  Schuldrechtsreform **Einl SchuldR** 205
Umwandlung einer Gesellschaft 242 1033
Umwelthaftungsgesetz Einl SchuldR 150
Unangemessene Benachteiligung
  iSd § 307 Abs 2 **Einl SchuldR** 76
Unbestellte Leistungen 241a 1 ff
  aliud-Lieferung **241a** 68a
  Ansprüche gegen Dritte **241a** 56 ff
  Anspruchsausschluss **241a** 30 f, 35 ff, 53 ff
  Anspruchserhalt **241a** 65 ff
  Anwendungsbereich
    persönlicher **241a** 19 ff
    sachlicher **241a** 23 ff
  Bestellung **241a** 25 ff
    nichtige **241a** 27
  Beweislast **241a** 71
  Common European Sales Law **241a** 54
  Dialer **241a** 24
  Draft Common Frame of Reference
    241a 54
  Dritte
    Ansprüche gegen Dritte **241a** 56 ff
    Ansprüche gegen Verbraucher **241a** 62 f
    Ansprüche gegen Versender **241a** 64
  Entstehungsgeschichte **241a** 9 f
  Erlösansprüche **241a** 48 f
  frühere Rechtslage **241a** 2 ff
  Geschäftsführung ohne Auftrag **241a** 39 ff
  Herausgabeansprüche **241a** 43 ff
  Kritik **241a** 13 ff

Unbestellte Leistungen (Forts)
  privatrechtliche Bedenken **241a** 13 f
  verfassungsrechtliche Bedenken
    241a 15 f
  Lieferung unbestellter Waren **241a** 23
  Normzweck **241a** 1
  Nutzungsansprüche **241a** 52
  Prozessrecht **241a** 71
  Rechtsfolgen **241a** 30 ff
  Rechtslage vor Normierung **241a** 2 ff
  Rechtsvergleichung **241a** 73 ff
  Reform **241a** 11 f
  Schadensersatz **241a** 50 f
  sonstige Leistungen **241a** 24
  strafrechtliche Folgen **241a** 72
  Unternehmer **241a** 19, 21
  Verbraucher **241a** 19 f
  Verbraucherrechterichtlinie **241a** 11 f
  Warenbegriff **241a** 23
  Wettbewerbswidrigkeit **241a** 8, 41
  zwingendes Recht **241a** 70
Unbestimmte Leistung 243 1
unclean-hands-Einwand
  Wettbewerbsrecht **242** 1059
Unentgeltlichkeit
  Gefälligkeit **241** 72
Unerlaubte Handlung
  s Deliktsrecht
Unfallversicherung **242** 1093; **Einl SchuldR** 94
Ungerechtfertigte Bereicherung
  s Bereicherungsrecht
UNIDROIT-Prinzipien **242** 1239 ff;
  Einl SchuldR 292, 308
  fair dealing **242** 1239
  good faith **242** 1239
  Kooperationspflicht der Parteien **242** 1241
  Verbot widersprüchlichen Verhaltens
    242 1240
  Vertragsverhandlungen **242** 1241
  vorvertraglicher Bereich **242** 1239
Uniform Commercial Code **242** 1216 ff
Universalsukzession
  Erbrecht **242** 977
UN-Kaufrecht **242** 1225 ff; **Einl SchuldR** 309 f
  Auslegung **242** 1227
  Missbrauchseinwand **242** 1228
  Rechtsmissbrauch **242** 1226
  venire contra factum proprium **242** 1226, 1228
Unlauterkeit **241** 330
Unmittelbare Drittwirkung
  Grundrechte **Einl SchuldR** 269
Unmöglichkeit **241** 140; **242** 635 ff
  Änderungen durch Schuldrechtsreform
    Einl SchuldR 196
  Anwendung der Vorschriften auf
    Beseitigungsanspruch **Einl SchuldR** 16
    dingliche Ansprüche **Einl SchuldR** 13
    Unterlassungsanspruch **Einl SchuldR** 16

Unmöglichkeit (Forts)
  dauernde **242** 636 ff
  rechtliche **242** 639 f
  zeitweilige **242** 636 f
Unsicherheitseinrede **242** 631 f
Unterhaltsrecht **242** 969 ff; **Einl SchuldR** 10
  Auskunftsanspruch **242** 970
  Getrenntleben **242** 969
  Mutwilligkeit, unterhaltsbezogene **242** 971
  Scheidungsunterhalt **242** 969
  Scheinvater, Regress **242** 972 f
  Unterhaltsregress **242** 972 f
  Unterhaltsverzicht **242** 968
  Verwandtenunterhalt **242** 969
  Verwirkung **242** 969
Unterhaltsverzicht
  Ehevertrag **242** 967
Unterkapitalisierung
  Gesellschaftsrecht **242** 1018
Unterlassen
  der gerichtlichen Verfolgung von Ansprüchen **241** 267
  Leistungsbegriff **241** 136 ff
Unterlassungsanspruch **242** 929 f
  Allgemeines Gleichbehandlungsgesetz
    Einl SchuldR 287
  Anwendung der Unmöglichkeitsregeln
    Einl SchuldR 16
  negatorischer **241** 136
  Persönlichkeitsrecht **241** 136
  primärer **241** 136
  quasinegatorischer **241** 136
  sekundärer **241** 136
  unselbständiger **241** 136
Unterlassungspflichten **241** 272, 525 ff
  Gesellschaftsrecht **242** 1005
Unterlizenz **241** 326
Unternehmensrecht
  Rechtsfortbildung, richterliche
    Einl SchuldR 235 f
Unternehmer **242** 406; **241a** 19, 21;
  Einl SchuldR 266
Unterstützungspflichten
  s Mitwirkungspflichten
Untersuchungsobliegenheit
  eines Kaufmanns **Einl SchuldR** 22
Untersuchungspflicht
  Kaufrecht **242** 747
Untervermietung **242** 771
Untreue **242** 1136
Unverhältnismäßigkeit **242** 268 ff, 277 ff
Unvollkommene Verbindlichkeiten
  Einl SchuldR 248 ff
Unzeit
  Abbruch der Geschäftsführung **242** 877
  Geltendmachung von Rechten **242** 255, 618
  Kündigung
    des Arbeitsvertrages **242** 822
    des Darlehens **242** 756

Unzeit (Forts)
  Leistung **242** 185, 618
Unzulässige Rechtsausübung 241 424; **242** 203, 213 ff, 322, 342; **Einl SchuldR** 278
  Aufrechnung **242** 702 ff
  Bereicherungsrecht **242** 888
  Deliktsrecht **242** 901
  Versicherungsrecht **242** 1068
  Verwaltungsprozessrecht **242** 1153
  Werkvertrag **242** 859
Unzumutbarkeit 242 271 ff, 323
Urheberrecht 242 1042, 1051 f, 1064
Urkunde über Abtretung
  Mitwirkungspflichten **241** 194
Urteilsmissbrauch Einl SchuldR 278
US-amerikanisches Recht 241 302; **242** 1216 ff; **Einl SchuldR** 321 f
  abuse of rights **242** 1220
  duress **242** 1220
  good faith **242** 1217 ff
  Restatement of Contracts **242** 1216
  unconscionability **242** 1218, 1220
  Uniform Commercial Code **242** 1216 ff

Vaterschaftsanerkennung 242 975
Vaterschaftsfeststellung 242 974
venire contra factum proprium 241 103, 424; **242** 94, 203, 284 ff
  Arbeitsrecht **242** 825 ff
  Bürgschaft **242** 884
  Erfüllung **242** 683
  Grundbuchberichtigungsanspruch **242** 914
  öffentliches Recht **242** 1144
  Rücktritt **242** 674
  Schutzwürdigkeit des Vertrauens **242** 290 ff
  Versicherungsrecht **242** 1073, 1075
  Verwirkung **242** 300 ff
  s a dort
  Widerspruch, unauflöslicher **242** 296 ff
Verantwortlichkeitsprinzip Einl SchuldR 41
Veräußerungsverbote 241 310
Verbesserungsklausel
  Patentrecht **242** 1062
Verbindlichkeitstheorie
  Obliegenheiten **241** 124
Verbot widersprüchlichen Verhaltens
  s venire contra factum proprium
Verbraucher 242 406; **241a** 19 f; **Einl SchuldR** 266
Verbraucherdarlehensvertrag 242 758a ff; **Einl SchuldR** 160, 161 f
Verbraucherkreditgesetz Einl SchuldR 175, 202
Verbraucherkreditrichtlinie Einl SchuldR 162
Verbraucherrechterichtlinie 242 647, 1247; **241a** 11 f; **Einl SchuldR** 161
Verbraucherschutzrecht 242 482, 570; **Einl SchuldR** 23, 77, 148, 158 ff, 266
  europäisches **242** 1243

Verbraucherschutzrecht (Forts)
  Inhaltskontrolle von Verträgen **242** 482
  Schuldrechtsreform **Einl SchuldR** 23
  unbestellte Leistungen **241a** 1
Verbrauchervertrag
  Internationales Privatrecht
  Einl SchuldR 259
Verbrauchsgüterkauf 242 406, 750 f; **Einl SchuldR** 200
Verbrauchsgüterkaufrichtlinie
  Einl SchuldR 188
Verbundene Verträge
  Einwendungsdurchgriff **242** 98, 754
Verdachtskündigung 242 823, 831, 835
Verdinglichung
  von Forderungen **241** 308 ff
Vereinigte Staaten
  s US-amerikanisches Recht
Vereinigungsfreiheit 242 456; **Einl SchuldR** 52
Vereinsrecht 242 407, 998, 1013
Vereinssatzung
  vorformulierte Vertragsbedingungen
  242 478
Verfahrensrecht 242 1102 ff
  Ausschlussfrist **242** 1117
  Bagatellklagen **242** 1106 f
  Beweisführung **242** 1115 f
  Beweisverwertungsverbot **242** 1116
  europäisches **242** 1243
  Kostenfestsetzungsverfahren **242** 1123
  Präklusionsvorschriften **242** 1117
  Prozesskostenhilfe **242** 1105
  Prozesssicherheit **242** 1119
  Prozessstandschaft **242** 1113
  Rechtsschutzbedürfnis **242** 1106 ff
  redliche Prozessführung **242** 1102
  Schiedsverfahren **242** 1122
  schikanöse Rechtsverfolgung **242** 1108
  Vergleich, gerichtlicher **242** 1118
  Verwirkung **242** 1120 f
  Widerklage **242** 1112
  Zuständigkeit **242** 1114
Verfallfrist
  Arbeitsrecht **242** 810
Verfassungsorgantreue 242 1141
Verfassungsprinzipien 242 147
Verfassungsrecht
  Einflüsse auf Schuldrecht
  Einl SchuldR 267 ff
Verfolgungsrecht des Besitzers 242 912
Verfügung Einl SchuldR 4
  Abtretung als **Einl SchuldR** 5
Verfügungsgeschäft Einl SchuldR 28, 31
Vergleich
  Aufrechnung **242** 703
  gerichtlicher **242** 1104, 1118
Vergleichsmiete Einl SchuldR 167
Vergütungsgefahr 242 27
Verhaltensbedingte Kündigung 242 819 ff, 831

Verhaltenspflichten
s Rücksichtspflichten
Verhaltensvereinbarung
Gefälligkeit **241** 75 ff
Verhältnismäßigkeitsgrundsatz
Rechtsmissbrauch **242** 277 f
Verhandlungen
Verjährung **242** 540
Verjährung 242 531 ff
Anerkenntnis **242** 542
Berücksichtigung des Schuldnerverhaltens **242** 550 ff
gemeinsamer Irrtum **242** 558
Gütestelle, Anrufung **242** 534
Hemmung **242** 560
Mahnverfahren, Missbrauch **242** 534
Neubeginn **242** 560
pactum de non petendo **242** 542
Rechtsanwalt **242** 543, 546
Rechtsfolge sui generis **242** 560 f
Rechtsfrieden **242** 531, 537
Schuldnerschutz **242** 531
Schuldrechtsreform **Einl SchuldR** 194
Steuerberater **242** 543, 546
Verhandlungen **242** 540
Verjährungsanpassungsgesetz **242** 544
Verjährungserschwerung, vertragliche **242** 541
Verjährungsanpassungsgesetz
Verjährung **242** 544
Verkehrsschutz
Abstraktionsprinzip **Einl SchuldR** 33
Verkehrssicherungspflichten 241 422, 490; **Einl SchuldR** 93
Verkehrssitte 242 138, 159 ff
Abgrenzung von Gewohnheitsrecht **242** 166
Handelsbrauch **242** 163
örtliche Übung **242** 163
subjektive Komponente **242** 164 f
tatsächliche Übung **242** 160
Verlagsrecht 242 1051, 1063
Verlustdeckungspflicht
Gesellschaftsrecht **242** 1019
Vermächtnis 242 977; **Einl SchuldR** 10
Vermögensrechtliches Interesse Einl SchuldR 60
Vermögenswert der Leistung 241 14 ff
Verpflichtungsgeschäft Einl SchuldR 28
Verrichtungsgehilfe Einl SchuldR 86
Verschulden
Deliktsrecht **Einl SchuldR** 83
Gläubigerverzug **242** 663
Treu und Glauben **242** 137
Verschuldensprinzip Einl SchuldR 39 ff
Versicherbarkeit von Risiken Einl SchuldR 90 ff
Versichertengemeinschaft Einl SchuldR 91

Versicherungsrecht 242 1068 ff; **Einl SchuldR** 22
Abtretungsverbot, vertragliches **242** 1098
Alles-oder-nichts-Prinzip **242** 1078
Allgemeine Versicherungsbedingungen **242** 1074
Allgemeines Gleichbehandlungsgesetz **Einl SchuldR** 287 f
Arglist **242** 1069, 1076, 1080 f
Aufklärungspflichten **241** 481; **242** 1068, 1073
Auskunftsobliegenheiten **242** 1080 ff
Ausschlussfristen **242** 567, 1090 ff
Ausübungskontrolle bei AVB **242** 1074
Beratungspflichten **241** 486; **242** 1073
Berufsunfähigkeitsversicherung **242** 1100
cessio legis **242** 1095
Dauerschuldverhältnis **242** 1068
Erstprämie **242** 1087 ff
Existenzgefährdung **242** 1083
gesetzlicher Forderungsübergang **242** 1095
Gleichbehandlung der Versicherungsnehmer **242** 1071, 1083
Haftpflichtversicherung **242** 1098
Hinweispflichten **242** 1068, 1094
IDD-Richtlinie **242** 1072
Informationspflichten **242** 1073
Inhaltskontrolle bei AVB **242** 1074
Kausalitätsgegenbeweis **242** 1079
Kfz-Haftpflichtversicherung **242** 1098
Krankenversicherung **242** 1074, 1101
Kündigung des Versicherungsvertrages **242** 1084
Lebensversicherung **242** 1099
Mitwirkungspflichten **241** 181, 201
Obliegenheiten **241** 121, 132
Obliegenheitsverletzungen **242** 1075 ff
Policenmodell **242** 1073, 1247a
Quotenprinzip **242** 1078
Rechtsmissbrauch **242** 1069, 1080, 1082, 1084
Rechtsvereinheitlichung **Einl SchuldR** 284
Reform **242** 1072
Relevanzrechtsprechung **242** 1079
Restatement of European Insurance Contract Law **Einl SchuldR** 299
Rettungspflicht **242** 1085
Risikoprüfung **242** 1076
Treu und Glauben **242** 432
Unfallversicherung **242** 1093
unzulässige Rechtsausübung **242** 1068
venire contra factum proprium **242** 1073, 1075
Versicherung für fremde Rechnung **242** 1096 f
Verwirkung **242** 1070
Vorsatz **242** 1083
vorvertragliche Anzeigepflicht **242** 1075 ff
Widerrufsrecht **242** 1073

Versorgungsansprüche
Arbeitsrecht **242** 840 f
Vertrag 241 55, 69; **Einl SchuldR** 47
 gegenseitiger **241** 553
 gemischter **241** 538
 haftungserweiternder **Einl SchuldR** 254
 nichtiger **241** 401 ff
 synallagmatischer **Einl SchuldR** 61, 69
 unentgeltlicher **241** 537
 Vertragsschluss **241** 69 f
  durch elektronische Medien **241** 70
 völkerrechtlicher **Einl SchuldR** 283
Vertrag mit Schutzwirkung zugunsten Dritter
 241 66, 348 ff, 391; **242** 229, 673
 dogmatische Begründung **241** 349
 Rechtsfortbildung, richterliche
  Einl SchuldR 219 ff
 Schadensersatz **241** 348
 vorvertragliches Schuldverhältnis **241** 348
Vertrag zu Lasten Dritter 241 340
Vertrag zugunsten Dritter 241 344 ff
 Deckungsverhältnis **241** 346
 Durchlieferungsfälle **241** 345
 einfacher **241** 345
 Forderungsrecht des Dritten **241** 346
 unechter **241** 345
Vertragsanbahnung 242 130
Vertragsanpassung 242 268
Vertragsauslegung, ergänzende 242 513;
 Einl SchuldR 61
Vertragsbedingungen, vorformulierte 242 471 ff
Vertragsfreiheit 242 456, 458 ff;
 Einl SchuldR 29, 52 ff
 Abschlussfreiheit **Einl SchuldR** 52
 Gestaltungsfreiheit **Einl SchuldR** 52
Vertragsgerechtigkeit 242 458 ff
Vertragsparität 242 459
 gestörte **242** 466 ff, 964
Vertragsstrafe 241 139; **242** 666 ff
 Rechtsmissbrauch **242** 666 ff
 Umgehungsversuch **242** 670
 Verfallbereinigung **242** 669
Vertragstreue Einl SchuldR 65, 73
Vertragsübernahme 241 338
Vertragsverhandlungen 242 130
Vertrauensgrundlage, Störung der 241 528
Vertrauensschutz 242 286, 289, 297
 im öffentlichen Recht **242** 1141 f
Vertretungsmacht 242 515 ff
 Duldungsvollmacht **242** 515
 Genehmigung des Vertretergeschäfts
  242 528 f
 Insichgeschäft **242** 529
 Kollusion **242** 516
 Missbrauch **242** 203
 Missbrauch der Vertretungsmacht
  242 517 ff
 Rechtsscheinvollmacht **242** 515
 Selbstkontrahierungsverbot **242** 529

Vertretungsmacht (Forts)
 Vorvertrag **242** 528
 Zurückweisung **242** 527
Verwahrung
 Mitwirkungspflichten **241** 199
 Obhuts- und Fürsorgepflichten **241** 512
 öffentlich-rechtliche **Einl SchuldR** 276
 unentgeltliche **241** 71
Verwalter
 Wohnungseigentum **242** 952
Verwaltungsakt Einl SchuldR 275
Verwaltungshandeln Einl SchuldR 275
Verwaltungsprozessrecht 242 1153 ff
 Bebauungsplan **242** 1154
 Rechtsmissbrauch **242** 1154 f
 Sperrgrundstücke **242** 1155
 unzulässige Rechtsausübung **242** 1153
 Verwirkung **242** 1153
Verwaltungsrecht 242 1141
Verwaltungsrechtlicher Vertrag
 Einl SchuldR 275
Verwaltungsrechtsverhältnis Einl SchuldR 275
Verwandtenunterhalt 242 969
Verweisung Einl SchuldR 7 f
 ausdrückliche **Einl SchuldR** 7
 Gebrauch eines juristischen Fachbegriffes
  Einl SchuldR 8
 im öffentlichen Recht **Einl SchuldR** 271
Verwertungskündigung
 Mietrecht **242** 782
Verwirkung 241 424; **242** 203, 300 ff
 Abgrenzung zum Verzicht **242** 303
 Arbeitsrecht **242** 843 ff
 Ausschluss **242** 315
 Bereicherungsrecht **242** 888
 Beweislast **242** 330
 Bürgschaft **242** 886
 Darlehensvertrag **242** 758 ff
 Deliktsrecht **242** 900
 dingliche Rechte **242** 302
 Einrede oder Einwendung **242** 322
 Einwendungen **242** 302
 Gesellschaftsrecht **242** 1035
 Gestaltungsrechte **242** 302
 Grundbuchberichtigungsanspruch **242** 915
 Immaterialgüterrechte **242** 302
 Mietrecht **242** 773, 784 f
 Mitgliedschaftsrecht **242** 302
 öffentliche Interessen **242** 310
 öffentliches Recht **242** 1145
 Rechtsfolgen **242** 316
 Rechtsfortbildung, richterliche
  Einl SchuldR 223
 Revisibilität **242** 331
 Rücktritt **242** 677 f
 Schutzwürdigkeit des Vertrauens **242** 309
 Umstandsmoment **242** 306 ff
 Unterhaltsrecht **242** 969
 Verfahrensrecht **242** 1120 f

Verwirkung (Forts)
 Verhältnis
  zu Ausschlussfristen **242** 314
  zur Verjährung **242** 311 ff
 Versicherungsrecht **242** 1070
 Verwaltungsprozessrecht **242** 1153
 Voraussetzungen **242** 304 ff
 Zeitmoment **242** 305
 Zweck **242** 301
Verwirkungsklausel
 Rücktritt **242** 679 ff
Verwissenschaftlichung des Rechtswesens
 Einl SchuldR 107
Verzinsung
 Mitwirkungspflichten **241** 200
Verzögerung der Leistung 242 641 ff
 s a Verzug
Verzögerungsschaden Einl SchuldR 20, 195
 Verzug **242** 642 ff
Verzug 242 641 ff
 Änderungen des Schuldrechts
  Einl SchuldR 157
 Anwendung der Vorschriften auf
  dingliche Ansprüche **Einl SchuldR** 18 f
  petitorische Rechtsverhältnisse
   Einl SchuldR 19
 eigene Vertragstreue des Gläubigers
  242 654
 Erfüllungsanspruch **242** 649 ff
 Gläubigerverzug
  s dort
 Mahnung **242** 642
 Mietrecht **242** 773
 Rücktrittsrecht **242** 641, 645 ff
 Schadensersatz statt der Leistung **242** 645 ff
 Selbstmahnung **242** 644
 Treu und Glauben **242** 641 ff
 Unterlassungspflichten **241** 140
 Verzögerungsschaden **242** 642 ff;
  Einl SchuldR 20
 Wahlrecht des Gläubigers **242** 649 ff
 Zuvielforderung **242** 642, 645
Völkerrecht 242 1156 ff
 Auslegung völkerrechtlicher Verträge
  242 1158
 bona fides **242** 1156
 clausula rebus sic stantibus **242** 1157
 internationales Nachbarrecht **242** 1159
 Umweltvölkerrecht **242** 1159
 unilaterale Versprechen **242** 1157
 Völkervertragsrecht **242** 1157
Volksgesetzbuch 241 33; **242** 67 ff;
 Einl SchuldR 177
Vollharmonisierung 242 647; **241a** 12;
 Einl SchuldR 162
Vollstreckbare Urkunde 242 1129
Vollstreckung
 s Zwangsvollstreckung
Vollstreckungsvertrag Einl SchuldR 247

Vorbehalt des Gesetzes Einl SchuldR 274
Vorhaltekosten 242 585
Vorkaufsrecht 242 936 f
Vormerkung 241 310, 341
Vormundschaft
 Mitwirkungspflichten **241** 264
Vorratsschuld 243 10 f
Vorsatz
 Versicherungsrecht **242** 1083
Vorsätzliche unerlaubte Handlung 242 900
Vorteilsausgleich 242 588
Vorvertrag 241 179; **242** 528
Vorvertragliches Verschulden
 s culpa in contrahendo

Wahlrecht des Gläubigers
 Verzug **242** 649 ff
Wahlschuld 242 581; **243** 1
 Abgrenzung zur Gattungsschuld **243** 13
 Kombination mit Gattungsschuld **243** 14
Wahrheitspflicht 241 482
Warenbegriff 241a 23
Warnfunktion
 Formzwang **Einl SchuldR** 57
Wechselgesetz Einl SchuldR 143
Wechselordnung, allgemeine deutsche
 Einl SchuldR 143
Wegfall der Geschäftsgrundlage 242 54, 60,
 100, 204, 212, 385 f; **Einl SchuldR** 69 f, 197
 Öffentliches Recht, Anwendbarkeit
  Einl SchuldR 276
Wegnahmerecht 242 604
Weiterbeschäftigungsanspruch
 während Kündigungsschutzprozesses
  242 96
Weitervermietung 242 775
Werklieferungsvertrag Einl SchuldR 201
Werkvertrag 242 858 ff; **Einl SchuldR** 171
 Abnahme **242** 861
 Abschlagszahlungen **Einl SchuldR** 171
 Architekt, Schlussrechnung **242** 864 f
 Aufklärungspflichten **241** 474 ff
 Bauwerk, Errichtung von **242** 858
 Fälligkeit der Vergütung **Einl SchuldR** 171
 Fehlerbegriff, subjektiver **Einl SchuldR** 201
 Gewährleistungsausschluss **242** 476, 858
 Gewährleistungsfrist **Einl SchuldR** 201
 Kostenvoranschlag **Einl SchuldR** 201
 Leistungskette, werkvertragliche **242** 862
 Leistungssicherungspflichten **241** 282, 294
 Mangel **242** 860
 Mitwirkungspflichten **241** 198, 219, 245, 247
 Obhuts- und Fürsorgepflichten **241** 510 f
 Schuldrechtsreform **Einl SchuldR** 201
 Schwarzarbeit **242** 868 f
 Selbstvornahme, Recht zur
  Einl SchuldR 201
 Sicherungshypothek **242** 863
 Treu und Glauben **242** 858 ff

Werkvertrag (Forts)
  unzulässige Rechtsausübung **242** 859
  Vertrauensverhältnis, besonderes **242** 858
  Werklieferungsvertrag **Einl SchuldR** 201
Wertermittlungsanspruch
  Erbrecht **242** 983
Wertersatz
  Rücktritt **242** 675
Wertpapierrecht 242 1065 ff
  Ausfüllen eines Blanketts **242** 1067
  Mitwirkungspflichten **241** 181
  Sonderprivatrecht **Einl SchuldR** 22
Wertsicherungsklausel 241 185
Wertvorstellungen, sozialethische
  Treu und Glauben **242** 142, 150
Wettbewerbsrecht 242 1050, 1059 f
  unclean-hands-Einwand **242** 1059
Wettbewerbsverbot 241 518 ff
  Arbeitsrecht **242** 804
  Arzt **241** 520
  außergesetzliches **241** 520
  gesetzliches **241** 519
  Leistungssicherungspflichten **241** 276, 295 ff
  Mitwirkungspflichten **241** 201
  nachvertragliches **241** 276, 295 ff
  Rechtsanwalt **241** 520
Wettlauf der Sicherungsgeber Einl SchuldR 238
Widerklage 242 1112
Widerrechtliche Drohung 242 441 ff
Widerrufsrecht
  Darlehensvertrag **242** 758a ff
  ewiges **242** 309, 758a ff, 1247 f
  Versicherungsrecht **242** 1073
  Verwirkung **242** 758a ff
Widerspruch zu früherem Verhalten
  s venire contra factum proprium
Widerspruchsrecht des Versicherungsnehmers 242 1247
Wiedereinstellung nach Kündigung 241 507; **242** 830 ff
  Leistungssicherungspflichten **241** 280
Wiederherstellungspflicht
  Deliktsrecht **Einl SchuldR** 82 f
Wiederkehrschuldverhältnisse 241 368, 372 f
Wiedervereinigung, deutsche 242 81; **Einl SchuldR** 262, 264
Willenserklärung 241 94
  verwaltungsrechtliche **Einl SchuldR** 275
Willensermittlung 241 83 ff
Willensmängel
  Treu und Glauben **242** 418 ff
    arglistige Täuschung **242** 441 ff
    Irrtum **242** 422 ff
      s a dort
    Mangel der Ernstlichkeit **242** 419 ff
    Schadensersatzpflicht des Anfechtenden **242** 436 ff
    Täuschung durch Dritte **242** 443

Willensmängel (Forts)
  widerrechtliche Drohung **242** 441 ff
Wirtschaftsprüfervorbehalt 242 1055 f
Wirtschaftsverfassung Einl SchuldR 206
Wissensgefälle
  Obhuts- und Fürsorgepflichten **241** 496
Wohlverhaltenspflichten
  s Rücksichtspflichten
Wohnungseigentum 242 945 ff
  Gemeinschaftsordnung **242** 946, 949
  Kostenverteilungsschlüssel **242** 949
  Mitwirkungspflichten **241** 262
  Teilungserklärung **242** 946, 949
  Verwalter **242** 952
  Wohnungseigentümergemeinschaft
    Dauerschuldverhältnisse, fehlerhafte **241** 109
    Durchführung von Beschlüssen **242** 951
    gesetzliches Schuldverhältnis **242** 948 ff
Wohnvermittlungsgesetz Einl SchuldR 175
Zahlungsdiensterichtlinie
  Einl SchuldR 162 f
Zahlungsverzugsrichtlinie Einl SchuldR 188
Zeichnungspflicht
  Mitwirkungspflichten **241** 201
Zeitbestimmung 242 514
Zeugniserteilung
  Leistungssicherungspflichten **241** 276
ZGB, schweizerisches 242 1182 ff
Zivilgesetzbuch Einl SchuldR 179
Zivilprozessrecht Einl SchuldR 277 ff
Zufallshaftung Einl SchuldR 91
Zugewinnausgleich Einl SchuldR 10
Zurechnung
  Deliktsrecht **Einl SchuldR** 84
  Schadensersatz **242** 586
Zurechnungsdurchgriff
  Gesellschaftsrecht **242** 1021
Zurückbehaltungsrecht 242 620 ff
  Ausschluss/Einschränkung **242** 622
  Erweiterung **242** 621
  Konnexität **242** 620
  Mietrecht **242** 774
Zuständigkeit 242 1114
Zustellung 242 1133
Zuvielforderung
  Verzug **242** 642, 645
Zwangsversteigerung 242 1131
Zwangsvollstreckung 242 1124 ff
  Bagatellforderungen **242** 1124
  Drittwiderspruchsklage **242** 1129
  Gattungsschuld **243** 53
  Globalzession, nichtige **242** 1130
  Missbrauch von Sicherheiten **242** 1130
  Teilungsversteigerung **242** 1131
  Titelmissbrauch **242** 1127 ff
  vollstreckbare Urkunde **242** 1129
  Zwangsversteigerung **242** 1131

Sachregister

Zweckerreichung 242 715
Zweckstörung 242 715
Zweckverfehlungskondiktion 241a 4

Zweites Buch des BGB
  Einteilung **Einl SchuldR** 1 f
  Entstehungsgeschichte **Einl SchuldR** 121 ff

J. von Staudingers Kommentar zum Bürgerlichen Gesetzbuch mit Einführungsgesetz und Nebengesetzen

Übersicht vom 1. 10. 2019

Die Übersicht informiert über die Erscheinungsjahre der Kommentierungen in der 13. Bearbeitung und deren Neubearbeitungen (= Gesamtwerk STAUDINGER). *Kursiv* geschrieben sind die geplanten Erscheinungsjahre.

Die Übersicht ist für die 13. Bearbeitung und für deren Neubearbeitungen zugleich ein Vorschlag für das Aufstellen des „Gesamtwerk STAUDINGER" (insbesondere für solche Bände, die nur eine Sachbezeichnung haben). Es wird empfohlen, die Austauschbände chronologisch neben den überholten Bänden einzusortieren, um bei Querverweisungen auf diese schnell Zugriff zu haben. Bei Platzmangel sollten die ausgetauschten Bände an anderem Ort in gleicher Reihenfolge verwahrt werden.

Neubearbeitungen

Buch 1. Allgemeiner Teil

Einl BGB; §§ 1–14; VerschG	2004	2013	2018	
§§ 21–79	2005	2019		
§§ 80–89	2011	2017		
§§ 90–124; 130–133	2012	2016		
§§ 125–129; BeurkG		2012	2017	
§§ 134–138	2003	2011	2017	
§§ 139–163	2003	2010	2015	
§§ 164–240	2004	2009	2014	2019

Buch 2. Recht der Schuldverhältnisse

§§ 241–243	2005	2009	2014	2019
§§ 244–248	2016			
§§ 249–254	2005	2016		
§§ 255–304	2004	2009	2014	2019
§§ 305–310; UKlaG	2006	2013	2019	
Anh zu §§ 305–310			2019	
§§ 311, 311a–c	2013	2018		
§§ 311b, 311c	2012			
§§ 312, 312a–k	2013	2019		
§§ 313, 314	*2021*			
§§ 315–327	2001	2004	2009	2015
§§ 328–359	2001	2004		
§§ 328–345			2009	2015
§§ 346–361			2012	
§§ 358–360				2016
§§ 362–396	2000	2006	2011	2016
§§ 397–432	2005	2012	2017	
§§ 433–480	2004	2013		
Wiener UN-Kaufrecht (CISG)	1999	2005	2013	2017
§§ 488–490; 607–609	2011	2015		
§§ 491–512	2004	2012		
§§ 516–534	2005	2013		
§§ 535–562d (Mietrecht 1)	2003	2006	2011	
§§ 563–580a (Mietrecht 2)	2003	2006	2011	
§§ 535–555f (Mietrecht 1)				2014
§§ 556–561; HeizkostenV; BetrKV (Mietrecht 2)				2014
§§ 562–580a; Anh AGG (Mietrecht 3)				2014
§§ 535–556g (Mietrecht 1)					2017
§§ 557–580a; Anh AGG (Mietrecht 2)					2017
Leasing	2004	2014	2018	
§§ 581–606	2005	2013	2018	
§§ 607–610 (siehe §§ 488–490; 607–609)	./.			
§§ 611–613	2005	2011	2015	
§§ 613a–619a		2011	2016	2019
§§ 616–630	2002			
§§ 620–630		2012	2016	2019
§§ 631–651	2003	2008	2013	
§§ 651a–651m	2003	2011	2015	
§§ 652–656	2003	2010		
§§ 652–661a			2015	
§§ 657–704	2006			
§§ 662–675b		2017		
§§ 675c–676c		2012		
§§ 677–704		2015		
§§ 741–764	2002	2008	2015	
§§ 765–778	2013			
§§ 779–811	2002	2009	2015	
§§ 812–822	1999	2007		
§§ 823 A–D	2016			
§§ 823 E–I, 824, 825	2009			
§§ 826–829; ProdHaftG	2003	2009	2013	2018
§§ 830–838	2002	2008	2012	2017
§§ 839, 839a	2007	2013		
§§ 840–853	2007	2015		
AGG	2017			
UmweltHR	2002	2010	2017	

Buch 3. Sachenrecht

§§ 854–882	2000	2007	2012	2018
§§ 883–902	2002	2008	2013	
§§ 889–902				2019

Neubearbeitungen

§§ 903–924	2002	2009	2015
§§ 925–984; Anh §§ 929 ff	2004	2011	2016
§§ 985–1011	1999	2006	2013
ErbbauRG; §§ 1018–1112	2002	2009	2016
§§ 1113–1203	2002	2009	2014
§§ 1204–1296; §§ 1–84 SchiffsRG	2002	2009	2018
§§ 1–19 WEG	2017		
§§ 20–64 WEG	2017		

Buch 4. Familienrecht

§§ 1297–1352	2007	2012	2015	2018
LPartG		2010		
§§ 1353–1362	2007	2012	2018	
§§ 1363–1563	2000	2007		
§§ 1363–1407			2017	
§§ 1408–1563			2018	
§§ 1564–1568; §§ 1568 a+b	2004	2010	2018	
§§ 1569–1586b	2014			
§§ 1587–1588; VAHRG	2004			
§§ 1589–1600d	2000	2004	2011	
§§ 1601–1615n	2000	2018		
§§ 1616–1625	2007	2014		
§§ 1626–1633; §§ 1–11 RKEG	2007	2015		
§§ 1638–1683	2004	2009	2015	
§§ 1684–1717	2006	2013	2018	
§§ 1741–1772	2007	2019		
§§ 1773–1895	2004	2013		
§§ 1896–1921	2006	2013	2017	

Buch 5. Erbrecht

§§ 1922–1966	2000	2008	2016
§§ 1967–2063	2002	2010	2016
§§ 2064–2196	2003	2013	
§§ 2197–2228	2003	2012	2016
§§ 2229–2264		2012	2017
§§ 2265–2302	2006	2013	2018
§§ 2303–2345		2014	
§§ 2339–2385	2004		
§§ 2346–2385		2010	2016

EGBGB

Einl EGBGB; Art 1, 2, 50–218	2005	2013	2018
Art 219–245	2003		
Art 219–232		2015	
Art 233–248		2015	

EGBGB/Internationales Privatrecht

Einl IPR; Art 3–6	2003		
Einl IPR		2012	2018
Art 3–6		2013	
Art 7, 9–12, 47, 48	2007	2013	2018
IntGesR	1998		
Art 13–17b	2003	2011	
Art 18; Vorbem A + B zu Art 19	2003		
Haager Unterhaltsprotokoll		2016	
Vorbem C–H zu Art 19	2009		
EU-VO u Übk z Schutz v Kindern		2018	
IntVerfREhe	2005		
IntVerfREhe 1		2014	
IntVerfREhe 2		2016	

Art 19–24	2002	2008	2014	2018
Art 25, 26	2000	2007		
Art 1–10 Rom I VO	2011	2016		
Art 11–29 Rom I–VO; Art 46b, c; IntVertrVerfR	2011	2016		
Art 38–42	2001			
IntWirtschR	2006	2010	2015	2019
Art 43–46	2014			

Eckpfeiler des Zivilrechts	2011	2012	2014	2018

Demnächst erscheinen

§§ 631–651				2019
§§ 985–1011				2019
§§ 1113–1203	2002	2009	2014	2019
§§ 2064–2196				2019
Art 3–4 EGBGB				2019

oHG Dr. Arthur L. Sellier & Co. KG – Walter de Gruyter GmbH, Berlin
Postfach 30 34 21, D-10728 Berlin, Telefon (030) 2 60 05-0, Fax (030) 2 60 05-222